运城年鉴

2004-2006

图书在版编目（CIP）数据

运城年鉴. 2004~2006/《运城年鉴》编纂委员会编.
太原：山西人民出版社，2008.12
ISBN 978-7-203-06287-5

Ⅰ. 运… Ⅱ. 运… Ⅲ. 运城市-2004~2006-年鉴
Ⅳ. Z522. 53

中国版本图书馆 CIP 数据核字(2008)第 187724 号

运城年鉴（2004-2006）

编　　者：《运城年鉴》编纂委员会
责任编辑：赵虹霞
装帧设计：李广禄

出 版 者：山西出版集团·山西人民出版社
地　　址：太原市建设南路 21 号
邮　　编：030012
发行营销：0351-4922220　4955996　4956039
0351-4922127　（传真）　4956038（邮购）
E-mail：sxskcb@163.com　发行部
sxskcb@126.com　总编室
网　　址：www.sxskcb.com

经 销 者：山西出版集团·山西人民出版社
承 印 者：山西省地质测绘院印刷厂

开　　本：787mm×1092mm　1/16
印　　张：53.5
字　　数：1930 千字
印　　数：1-1000 册
版　　次：2008 年 12 月　第 1 版
印　　次：2008 年 2 月　第 1 次印刷
书　　号：ISBN 978-7-203-06287-5
定　　价：298.00 元

《运城年鉴》编纂委员会

《运城年鉴》编纂成员

编辑说明

■《运城年鉴》是中共运城市委、市政府组织编纂的大型史册性资料工具书，是本市唯一的综合性年鉴。《运城年鉴》公开发行，逐年记载全市各个领域、各项事业的发展概况，为广大读者了解运城、认识运城、建设运城提供服务。

■本版年鉴的记事范围为2003年、2004年、2005年三年内容，上下限分别为所记年度的1月1日至12月31日。另外，在2003年、2004年、2005年的文献栏目中选载了2004年、2005年、2006年的内容。

■本版年鉴仍采用分类编排法，在结构上主要分为栏目、类目、条目，其中条目为年鉴内容主体部分。为使一些资料归类更为科学集中，在部分类目和条目之间增设了分目，便于读者查阅。

■本年鉴稿件由市直各有关单位和各县（市、区）有关单位提供，主要统计数字来源于统计部门。

■《运城年鉴》作为一种地域性史册和信息载体，所具有的信息权威性、连续性、系统性、及时性、密集性等特点，正逐步被社会各界所认识。作为年鉴编纂者，将不断总结经验，与时俱进，为运城经济和社会发展发挥应有的作用。

由于一些原因，本版年鉴在出版时间上滞后，给读者带来诸多不便，在此深表歉意。同时，对一直支持和帮助《运城年鉴》工作的社会各界表示诚挚的谢意。

运城市行政区划图

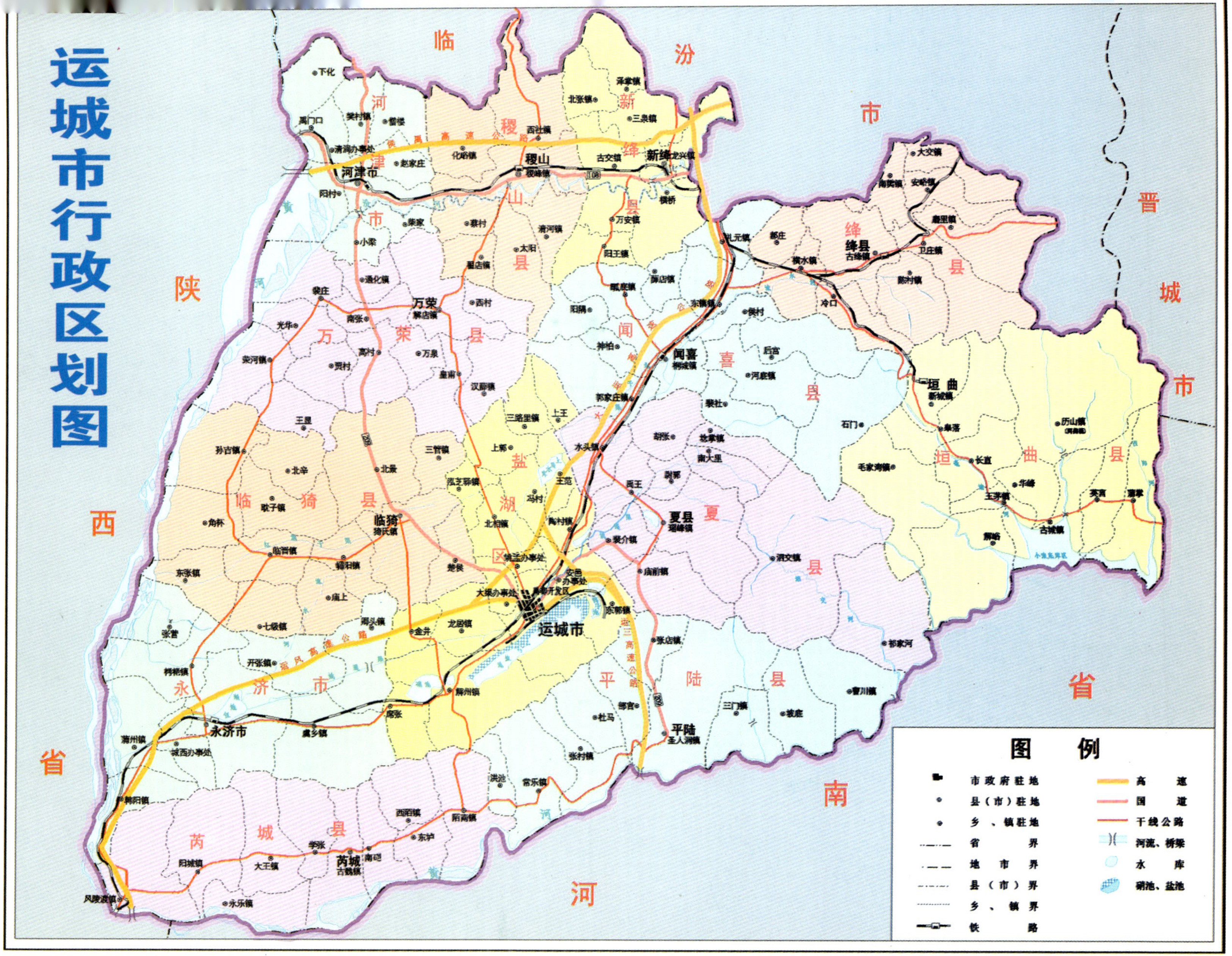

图例

	市政府驻地		高速
	县（市）驻地		国道
	乡、镇驻地		干线公路
	省界		河流、桥梁
	地市界		水库
	县（市）界		硝池、盐池
	乡、镇界		
	铁路		

临汾市 晋城市 陕西省 河南省

运城市 盐湖区 永济市 河津市 芮城县 临猗县 万荣县 闻喜县 稷山县 新绛县 绛县 垣曲县 夏县 平陆县

运城民航机场

运城民航机场是国家计委和中国人民解放军总参谋部批准立项建设的4C级支线旅游机场，总投资2.3亿元，占地2900亩，跑道全长2400米，宽48米，可起降波音737-300至800等机型，客货吞吐量覆盖晋、陕、豫三省五市（包括临汾、侯马、三门峡、韩城）10万平方公里，1800万人口。

航站航管楼位于跑道南侧，总面积4504平方米，其中航站楼2504平方米，航管楼及塔台2000平方米。航站楼全部采用玻璃墙，里面设有进港、离港、办票大厅，候机厅，贵宾厅，商店，咖啡厅，快餐等公共设施；装有大屏幕进港、离港航班显示系统，广播电视系统，消防自动报警等系统；安检系统采用国产双通道安检仪、行李安检仪等，是全国支线机场屈指可数的候机厅。航管楼使用的是美国休斯公司生产的卫星接收设备，装有意大利OTE公司生产的收发信机，实施对空通讯及航路监听，导航设备国际一流。

站前广场设有5600平方米的停车场和14000平方米的大花坛，加上两盏25米高的高杆灯、8盏中华灯以及国旗、空港旗、机场旗三面旗帜，使站前广场显得更加壮观靓丽。

运城机场的建成，将拉近运城同大城市、沿海城市的距离，对运城经济、社会发展产生巨大的推动作用。

管理局

省委书记田成平（右一）视察运城机场

省长张宝顺（前右二）视察运城机场

运城市委书记黄有泉在2003年7月30日机场跑道合拢仪式上讲话

运城市市长胡苏平（中）视察机场候机楼建设工地

运城市常务副市长、机场建设总指挥董洪运在机场跑道合拢仪式上介绍工程建设情况

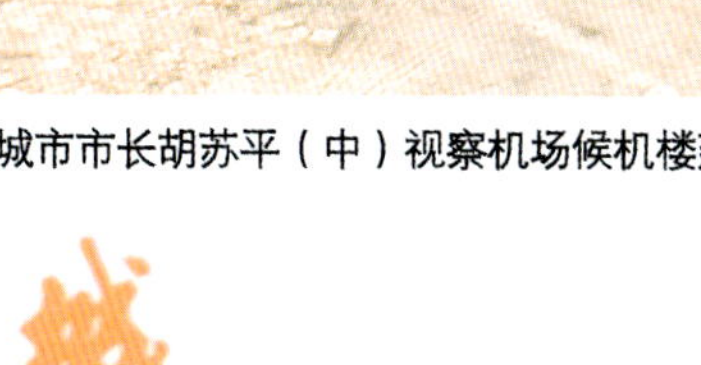

运城市财政局

省委副书记金银焕（左四）考察运城财政制度改革

副省长王昕（右一）来运城视察财政工作

副省长薛军（中）来运城视察财政工作

省财政厅副厅长张秋明（左四）调研粮食直补和医疗制度改革

副市长张建合（左一）在市财政局视察工作

市财政局局长孙太平在全市财政工作会议上讲话

运城市机构编制委员会

纪检组长段利民（左一）、主任景俊明（左二）、副主任张彩菊（右二）、副主任王奋勇（右一）

丰富多彩的文艺活动

运城市机构编制委员会办公室是运城市机构编制委员会的常设办事机构，负责全市行政管理体制和机构改革以及机构编制的日常管理工作。

近年来，市编办大刀阔斧地推进了全市党政改革，初步建立了适应市场经济的行政管理体制，促进了政府职能的进一步转变和经济社会的协调发展。在2003年党政机构改革中，全市共取消行政审批事项1077项，精简36.5%；市县乡三级下放和理顺职能189项；三级机构分别精简20%、43%、46%，人员分别精简30%、50%、35%，结束了计划经济体制下依靠专业经济部门管理企业的历史。在2004年政府机构改革中，以转变职能和理顺关系为核心，组建了国资委、商务局、宗教局等5个机构，理顺了经委、发改委、建设局等15个机构的18项职能，调整了8个机构的45名编制。在事业单位改革试点中，先后在教育、卫生等行业推行试点改革，促进了全市教育、卫生等社会公益事业的发展。对交通、农业、畜牧等部门先后实行了综合行政执法改革，合并执法机构，提升执法效能，有效解决了多头执法、重复执法、执法扰民的问题，受到了干部群众的好评。

党政机构改革以来，市编办先后制定了《运城市机构编制监督暂行办法》、《行政机关和事业单位机构编制管理相互监督制约机制》、《机关事业单位增人的程序和办法》等6个重要规章制度，并以市委、市政府名义颁布实施，有效地规范了机构编制管理，巩固了机构改革成果。在全省首创性地建立了机构编制管理“五项制度”，即：机构编制“三个一”审批制度、控编增人报告制度、机构编制管理相互配套协调的约束机制、机构编制管理证制度、总量控制下管一级制度，建立了加强机构编制管理的长效机制。中央编办《机构编制工作动态》多次刊登运城市加强机构编制管理的经验交流文章，介绍运城市加强机构编制管理的做法。

强基固本，是树立机构编制部门文明和谐形象的根本。近年来，在全省首家开发了《机构编制管理证》系统应用软件，编印了《运城机构编制》信息，开通了“运城市机构编制信息网站”，举办了全市机构编制法规知识竞赛，开展了机构编制管理政策法规学习宣传活动，大力转变工作作风，全面提升服务水平，打造政治过硬、业务过硬、作风过硬的干部队伍。市编办荣获全省“机构编制工作先进集体”、全市“机构改革先进集体”、“安全生产工作先进单位”、“机关定点扶贫工作先进单位”等省、市各项表彰奖励20余次。

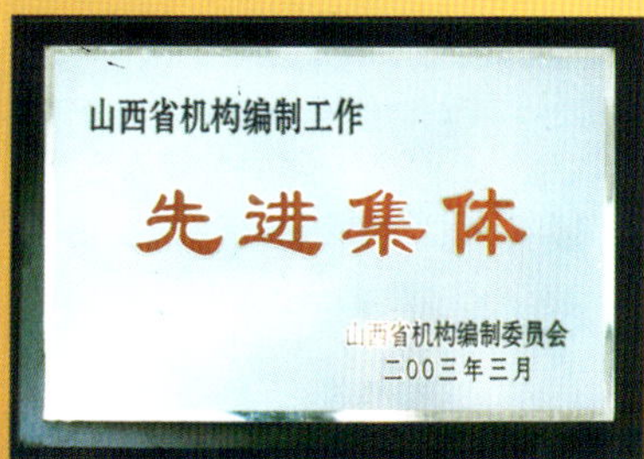

二00四年度
安全生产先进单位
运城市人民政府
二00五年二月

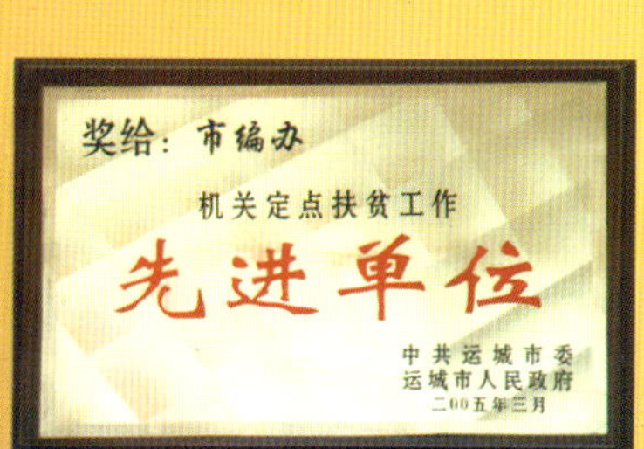

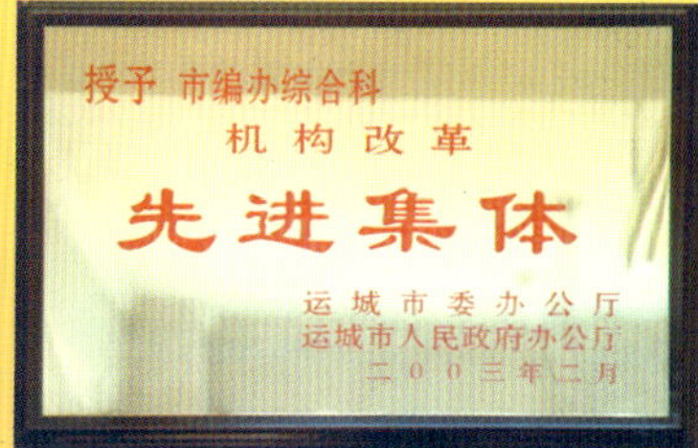

运城市环境保护局

党组书记、局长　谢爱玲

团结奋进的领导班子

炸毁违法生产厂家的烟囱

运城市环境保护局在市委、市政府的领导下，在市人大、市政协的监督支持下，坚持以人为本，依法行政，牢固树立全面、协调、可持续发展观念，紧紧围绕全面建设小康社会总目标，以创建中国优秀旅游城市为契机，以城市环境综合整治为龙头，以改善环境质量为根本，以控制污物排放总量为主线，不断加大环保执法、管理、污控、监察、稽查、监测、宣传等工作力度。2003年至2005年，先后开展各种执法、宣传活动120余次，区域环境质量明显改善，环境噪声、辐射放射源得到有效控制，生态环境保护和建设初见成效。同时，市环保局始终把“让人民喝上干净的水，呼吸上清洁的空气，吃上放心的食物”为目标，团结一心，开拓进取，扎实工作。市区二级以上天数从2002年的84天增加到2005年的209天，汾河、涑水河污染综合指数比2004年分别下降27.76%和15.95%。

省环保局领导在谢爱玲陪同下检查工作

“保护绿色家园，消灭白色污染”启动仪式

纪念“6·5”世界环境日文艺晚会

运城市公安局

省委书记田成平在运城市公安局国庆阅警仪式上

2005.5，段绪忠局长接待上访群众

2002.12.17，市公安局荣立运城市集体一等功，崔长胜局长在颁奖仪式上接受奖牌

运城市公安局是全市公安机关的领导机关。下辖12个县（市）公安局、4个分局，担负着打击犯罪、保护人民、维护稳定、服务经济建设的神圣职责。

2004年，全市公安机关在市委、市政府和省公安厅的正确领导下，深入开展大练兵活动，大力加强公安队伍正规化建设，积极推进各项公安工作顺利开展，为全市社会稳定、经济发展和人民群众安居乐业做出了贡献。被市委、市政府授予模范集体、省公安厅授予“全省严打整治工作先进集体”等称号。

2005年，全市公安机关继续深入贯彻“二十公”精神，以队伍建设为根本，以执法为民为核心，以维护稳定为重点，以创建平安河东为目标，着力推进和谐社会建设，促进全市经济文化发展，保障人民安居乐业。

运城市水务局

运城市百佳诚信单位

中共运城市委
运城市人民政府
二00四年九月

党组书记、局长　冯进喜

运城市水务局是运城市水行政主管部门，具有贯彻执行党和国家以及本省关于水利建设的方针、政策、法律、法规，负责各项水法规的宣传、贯彻、组织实施和监督检查等职能，担负着全市农田水利基本建设、水务规划、人畜饮水、农业节水、防汛抗旱、水土流失治理、水资源统一管理、水利工程建设与管理、水库移民与安置、水产养殖、运城市城区防洪、排涝、节水、污水处理以及全市水务队伍建设等重任。全局共辖28个科（室、站、院）、1个企业、4个直属单位（尊村、禹门口、夹马口引黄管理局、运城市引水供水有限公司），共有干部职工2591人。

市四大班子领导视察城市防洪体系建设

2004年，在市委、市政府的正确领导下，局领导班子一班人带领全市水务系统干部职工，以科学发展观为指导，紧紧围绕市委、市政府确定的“四大一强一中心”战略部署，坚持水务现代化“12457”建设目标不动摇，全面提升工程质量标准和管理水平。水务现代化建设引起了国家水利部的高度关注，省、市人大领导视察后一致认为：运城市水务现代化建设思路清晰、目标明确、成效显著。2004年，全市农田水利基本建设夺得满堂红，完成实灌面积681.2万亩，发展节水6.1万亩，治理水土流失45.02万亩，解决饮水困难人口12万人，年产成鱼1.64万吨，水利发电260万千瓦时，各项工作均在全省处于领先位置。2004年，局机关被评为运城市“十佳党组织”、“百佳诚信单位”等。

市长胡苏平、副市长安德天检查抗旱工作

市人大副主任焦阳生视察水务现代化建设

运城市人口和计划生育委员会

运城市人口和计划生育委员会共有干部职工53人，领导班子成员9人，内设6个科、室，下辖5个事业单位。近年来，以稳定低生育水平，提高出生人口素质为目标，整体工作再铸新辉煌。在全国发起“关爱女孩”有奖征联活动，得到国家、省有关领导的高度赞扬。杨金贵同志主编的《炽情联语》由国家人口计生委主任张维庆题写书名，国家人口宣教中心主任张建作序，山西人民出版社发行，受到全国各地的一致好评。市人口计生委率先在全省成立了人口文化促进会，率先在全省开展了充满人情味、温馨化、亲切感的技术服务。被运城市委授予“2002-2004年度党风廉政建设先进集体”；被市精神文明建设指导委员会授予“市级文明单位”；被山西省委、省政府授予全省“劳动模范单位”荣誉称号；被山西省人民政府授予“全省人民满意公务员集体”荣誉称号；被国家人口计生委授予“全国作风建设先进单位”荣誉称号；市计划生育协会被评为全国地市协会20强，受到国家人口计生委和中国计生协的表彰。

党组书记、主任 杨金贵

主任杨金贵带领班子成员深入基层调查研究人口计生工作

运城市人民检察院

检察长程志忠在全市检察机关执法监督机制建设临猗现场会上

2003年，在市人大及其常委会的监督下，在市政府、政协及社会各界的关心支持下，以“强化法律监督，维护公平正义”主题教育活动为载体，以市人大述职评议为动力，紧紧围绕全市工作大局，积极履行宪法和法律赋予的职责，深入开展以“严打”整治斗争、查办和预防职务犯罪、诉讼监督为重点的检察业务，全面加强队伍建设，取得了新的成绩。全市检察系统先后有13个单位和65名个人分别受到上级机关的表彰奖励，2名检察官受到省政法委表彰，市院控申处被市政法委授予首问责任制先进集体，4名检察官被授予首问责任制和矛盾排查调处工作先进个人；2003年调整充实了落实执法责任制和错案追究制领导机构，制定的公示、承诺、考评、奖惩等八项制度被市人大常委会转发，“六卡一书”个案跟踪监督的做法被省院推广。

运城市总工会

对2003年度全市先进工会进行表彰

运城市总工会在市委和省总工会领导下，团结进取、全面履行工会各项职能，工会工作整体水平有了新的提高。加大源头参与维权力度，努力推动了新建企业建会工作；进一步完善了职代会制度和平等协商签订集体合同两项维权基本机制；围绕市委、政府中心工作，加大实施送温暖工程和促进再就业工程力度；带领广大职工群众开展劳动竞赛，推动争先发展，有效维护了全市职工群众的合法权益，充分调动了广大职工的积极性和创造性。为全市的改革开放、经济发展、政治稳定和社会进步做出了积极贡献。

运城市教育局

2004年，是运城市教育发展环境好、力度大、步伐快、改革深入、成绩显著的一年。在市委、市政府领导下，经过全市上下共同努力，出色地完成了年度目标任务，在全省夺得了教育工作综合考评、中小学危房改造、教育行风建设三项第一，市教育局被评为“全省职业教育先进集体”、“全省教育系统纪检监察先进集体”、“全市模范集体”、“全市党风廉政建设先进单位”、“全市行风建设先进单位”、“全市文明单位”、“全市百佳诚信单位”等。主要做了以下工作：

1. 大打高考翻身仗，2万名学子圆了大学梦。2. 全面推进教育人事制度改革，3000多名不合格教师被辞退。3. 大力实施标准化学校建设工程，80%以上学生享受优质教育。4. 全面加强教育信息化建设，13个县（市、区）实现了“校校通”。5. 扎实推进未成年人思想道德建设，108万名中小学生思想道德素质明显提升。6. 加快发展民办教育，新增民办学校132所。7. 统筹职业教育和成人教育资源，毕业生就业率达90%以上。8. 全面实施校长和教师培训工程，新课程培训人次达12万。9. 深入开展贫困生救助活动，20433名学生受到资助。10. 行风建设卓有成效，查处违规收费1831万元。

运城市审计局

局长杨来管在国家审计署汇报工作（中为审计长李金华、左为副审计长令狐安）

市审计局庆祝审计机关成立二十周年

送温暖

20年来，市审计局在党委政府的领导下，在有关部门的大力支持下，在实践中探索，在探索中创新，在创新中发展，取得了显著成绩。全市共审计19465个单位，上缴财政2.1亿元，追还被挤占挪用3.2亿元，向纪检和司法部门移送案件230起257人。审计监督在维护财经秩序，加强廉政建设，完善宏观调控，促进运城市改革和发展中发挥了重要作用。

市审计局在洛阳市审计局考察学习

近年来，按照依法审计、服务大局、围绕中心、突出重点、求真务实的方针，围绕各个时期的经济工作中心，贴紧国家关于改革和发展的方针政策开展工作。在审计对象的选择上，突出对重点领域、重点部门、重点资金的审计；在具体项目实施过程中，坚持以真实性为基础，突出对重大问题和经济犯罪案件的查处。同时，站在宏观的角度，对审计中发现的普遍性、倾向性问题和改革过程中出现的新情况、新问题加强分析研究，提出审计建议，为全市深化改革、发展经济、完善管理做出了贡献。

运城市地震局

王满顺局长在市地震系统地震应急演练中下达应急命令

运城市地震局是市委市政府防震减灾主管部门。近年来，地震监测建立了测震、电磁波、地下水、宏观场、震情灾情速报五大网；科普宣传健全了领导体系和“三员一体”的宣传员队伍，采取抓长期、抓阶段、抓网络、抓阵地，实施了“3111”防震减灾宣传工程，开展了“关铝杯”防震减灾知识电视竞赛和《条例》游行宣传等大型宣传活动；工程抗震完善执法责任制，实施网上审批，加大执法力度，严把工程抗震关；地震应急坚持修订完善预案、健全指挥系统、建立救援队伍、储备应急物资、开展地震应急演练“五落实”。自2000年以来，先后在河津、永济、临猗、闻喜等县市举办大型地震应急综合演练，特别是2003年在永济市召开全国城市社区地震应急救援志愿者现场会，受到国家地震局、省地震局的充分肯定和高度赞扬。在全省防震减灾工作综合评比中荣获三等奖两次、优秀奖两次；2002年被中宣部和国家地震局授予防震减灾宣传工作先进集体。

运城市残联

运城市共有21.3万余名残疾人，涉及110余万人口。面对如此重负的残疾人保障工作，全市广大残疾人工作者发扬锲而不舍、顽强拼搏的拓荒牛精神，紧紧依靠各级党委和政府的正确领导，开拓出了残疾人事业的新天地，留下了一串串闪光的足迹。

在全省率先从整体上健全了市、县、乡、村四级残疾人工作组织网络；同时建立了较完整的残疾人工作法规和政策体系；全市累计向社会募捐款物折合人民币近1000万元；为残疾人提供康复服务2.2万余人次；开展职业技能培训1.2万余人次，帮助实现集中就业7800余名，分散就业1300余名，个体从业8000余名；与有关部门密切合作，使2万余名贫困残疾人享受到最低生活保障；全市累计建成8座残疾人综合服务设施，总建筑面积9410平方米；残疾人运动员在重要国际体育赛事中多次捧金夺银。市残联成立15年来，受到国家级表彰奖励14人次，省级表彰奖励85人次，市残联连续10年被评为全省先进集体。

张应斌参加残疾人田径世锦赛载誉归来，受到副市长、残工委主任柴林山同志的欢迎

理事长闫民智在市残疾人康复中心看望语训班聋儿

运城市国际金融组织贷款管理局

团结奋进的领导班子

2005年，运城市国际金融组织贷款管理局在市委、市政府的正确领导和省项目办、省国际金融组织贷款管理局的精心指导下，紧紧围绕全市经济工作的总目标，开拓进取，稳步推进，使全市利用外资工作在巩固中提高，在创新中发展。

新项目的争取取得突破性进展。亚行贷款河川流域农业综合开发项目列入2006——2008年国际计划，永济、芮城、临猗、万荣、河津五个县申报投资5亿元，其中贷款2亿多元，亚行贷款北方旱作农业项目绛县、稷山两县入围，申请项目投资6000万元，贷款3000万元。

债务偿还有明显进展。全市偿还省级到期债务2.2亿元，偿还率达77%，名列全省前茅。全市有六个县到期债务偿还率达50%以上，其中永济、河津、新绛、垣曲达100%，另外，卫Ⅳ项目偿还率达73%，贫教Ⅳ项目达58%，扶贫项目达51.6%。

刘峰同志陪同省财政厅领导视察浪店提水工程项目

刘峰同志陪同市领导视察夏县日光温室项目

世行亚洲项目团团长伏格乐先生视察绛县维之王公司流水生产线

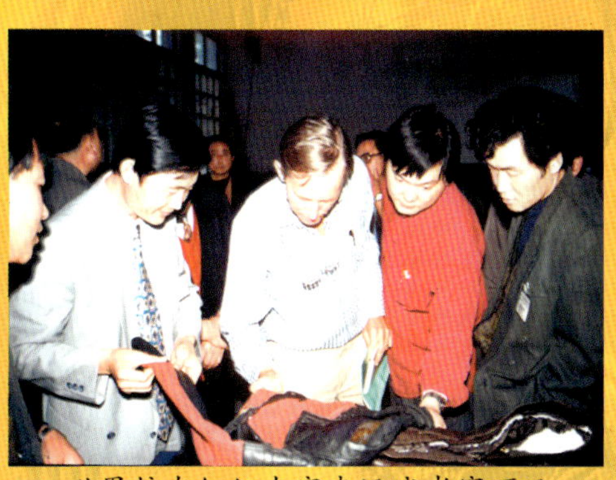

世界粮农组织专家来运城考察项目

运城市供水公司

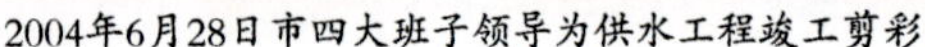
2004年6月28日市四大班子领导为供水工程竣工剪彩

祖孙三代通水后的喜悦

运城是一个严重缺水的城市。多年来，水的问题一直是困扰城市居民生产生活的一个大问题，也是制约城市经济发展和影响社会稳定的一个重要因素。从1998年起，市委、市政府果断决策，开始筹建城市供水工程。工程分引黄济运水源工程、水厂改造和管网改造三大部分，总投资1.5亿元。经过5年多的艰苦努力，到2004年6月底，三大工程全部竣工。改造后供水管网总长由68公里增加到125公里，水厂初步达到花园式环境，自动化控制水平，从水源头到水龙头建设了一条全新的供水系统，工程质量达到优良标准，水质合格率达到了100%，管网压力由过去不足2米水头达到现在的24米水头。从2004年6月起开始全天24小时不间断供水，标志着运城市区的人居环境、城市品位和人民生活质量有了新的提高。

运城市河务局

团结奋进的一班人

副局长郑士勋（左一）、副局长郭全明（左二）、局长赵海祥（中）、副局长赵银亮（右一）、副局长孙志坚（右二）

运城市老龄工作委员会办公室

崔新杰主任（左）向老龄委领导张呈祥汇报工作

近年来，在市委、市政府的重视支持下，全市老龄工作不断加强，逐步建立健全了县、乡、村三级老龄工作网络，全市13个县（市、区）、146个乡（镇、街道办事处）全部建立老龄工作机构，86.5%的行政村建立老年协会。市委、市政府出台了《关于加强老龄工作的意见》和《关于贯彻落实〈山西省实施“老年法”办法〉做好为老年人优待服务工作的的意见》，制定了《老龄事业发展十五规划》。全市老龄工作在创建先进县和加强规范化建设方面取得了可喜的成绩，有8个县和单位被评为省老龄工作先进县和单位。市老龄办多次被评为省和全国老龄工作先进单位，10余篇老年学术论文获得国际和全国优秀论文奖。

运城市水文水资源勘测分局

局长　赵文敏

运城市水文水资源勘测分局是山西省水文水资源勘测局下辖的副处级全民事业单位。承担运城市境内主要河流的水文测报、水情预报、水环境监测及地下水动态监测评价等工作任务。

多年来，市水文局坚持以服务经济建设为核心，面向市场、服务社会，发挥技术优势，积极开展水资源保护、水情报汛、水环境监测等课题研究，全方位开展水资源评价技术咨询服务。先后承担完成了运城市水资源评价、水环境保护、水情报汛等方面的十五项科研课题，为运城市防汛抗旱、引水供水、水资源管理保护工作提供了科学依据。

2001年，分局党支部被市直工委授予“六好党组织”；2002年，被运城市直文明委授予“市直文明单位”，被国家水利部授予全国水利系统水文先进集体；2003年，被运城市直文明委授予“市直文明单位标兵”。

华信经济技术开发区

华信经济技术开发区成立于1997年底，以国家特大型企业——中信机电制造公司（原五四一军工企业）为依托，规划面积14.98平方公里，首期开发面积1.5平方公里。现有注册企业60家。资产28.9亿元，企业职工2.3万人。

开发区工业基础相对雄厚，主要以冶金、机加、铸造为主导产业。2004年底，区内工业总产值达到27亿元，比建区时的1997年纯增25.4亿元，翻了4番多；财政收入达到9720万元，比建区时年纯增8926万元，翻了3番多；外贸进出口完成1120万美元，比建区时翻了3番，连年被省、市评为“先进开发区”。

华信开发区定位为“现代化的、园林式的、外向型的高新技术工业园区”。发展思路是：狠抓招商引资，调整产业结构，构建新型工业发展格局，形成冶金—铸造—机加—整车产业链。发展目标是建成现代化的机械制造精密铸造基地，保持经济年递增率不低于30%。2005年工业总产值目标35亿元，财政收入目标1.2亿元。2010年工业总产值要达到100亿元，财政收入要达到5亿元。外贸出口额要达到1亿元。

七年来，在招商引资方面，引进项目44个，引进资金10亿多元，其中外资7372万美元。在整合企业机制上，形成了国有、外资、民营三足鼎立态势；产业上形成了冶炼、机加、精铸三大产业；产品上打造了汽车前后桥、精铸缸体缸盖、汽车离合器、蜗轮蜗杆、阀体、减速器等一批名优产品。年增收上亿元，为地方增收900万元，共安排下岗职工和农民协议工8000多人，七年来区内经商户增加了352家。社会就业方面，“增收工程”企业职工由1997年的1200元增到2004年的9600元，企业职工养老医保人数达到16650人，基本做到应保尽保。

盐湖区财政局

局长 马秋来

盐湖区财政局以中共十六、十七大精神和“三个代表”重要思想为指导，以增收节支为目标，同心同德，团结拼搏，财政收入持续增长，支出结构进一步优化，保障覆盖面不断扩大，有效维护了社会稳定，促进了当地经济发展。特别是2002年以来，盐湖区财政局密切结合区情，紧紧围绕增收节支这个财政工作的永恒主题，清缴欠税，强化收支两条线管理，千方百计增加收入，2002年财政收入首次突破三个亿。2003年财政收入完成3.5亿，比上年增长13.74%，增收4279万元。

与此同时，盐湖区财政局通过认真核对编制，严格审批制度，追踪使用效果，规范会计集中核算，扩大政府集中采购，切切实实节约财政资金，保重点支出，为保证全区政治、经济、社会的稳定和发展发挥了重要作用，受到区委、区政府和上级财政部门的多次表彰，成绩和经验先后多次被《正气》、《乡镇财政》、《运城日报》、《山西日报》等媒体报道。

省委副书记、纪检委书记金银焕（前排左二）在盐湖区金井乡核算中心检查指导工作

运城交通征费稽查分局

局长　贾振卜

党委书记　高　前

山西省交通征费稽查局运城分局创建于1987年，现有职工156人，下辖14个征稽所（站）、两个稽查大队和1个通行费收费站，担负着运城市13个县（市、区）的“两费”征收任务和大运路禹都收费站的通行费征收任务。

近20年来，特别是2002年新的领导班子上任以来，全面推进征稽文化建设，坚持“团结、奋进、廉洁、奉献”的征稽精神，打造“早、严、细、实”的征稽管理品牌，确立了创全省征稽管理一流分局的目标，连年被评为优秀单位、先进单位、文明执法单位和纠风先进单位。省交通征稽局创建以来五次现场会有三次在运城分局召开：1989年“一条龙”业务管理现场会、1998年党建工作现场会、2002年征稽管理现场会。分局的城区征稽站、稷山征稽所、万荣征稽所已跨入省级文明单位行列，分局申报省级文明单位也进入公示阶段。创建20年来，分局累计征收交通规费24.5亿元，为山西省交通事业的快速发展做出了积极贡献。

分局领导班子陪同省、市文明办检查工作

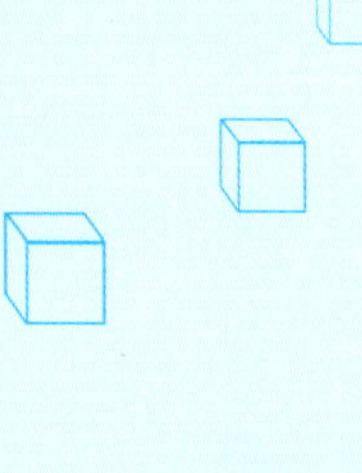

运城市中心医院

院长、党委书记 柴瑞霁

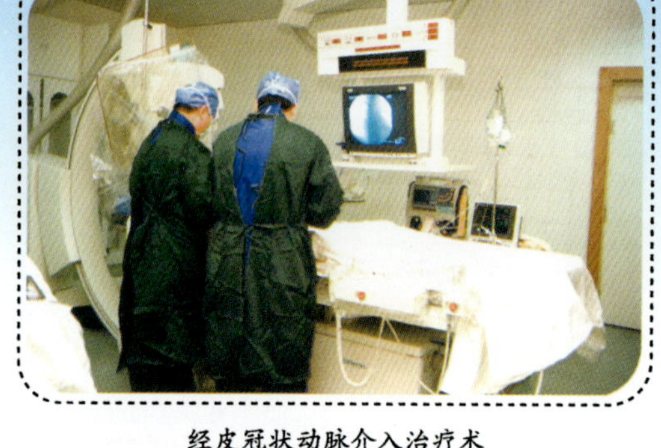

经皮冠状动脉介入治疗术

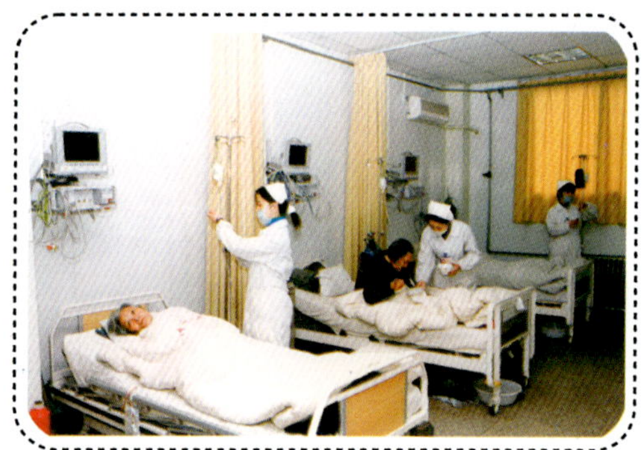

CCU（冠心病监护病房）

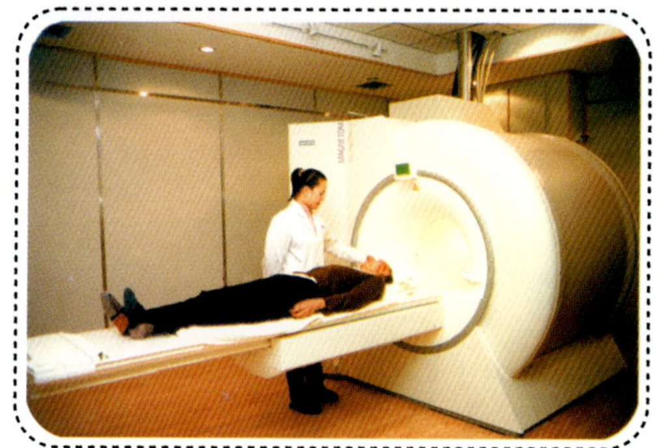

核磁共振

运城市中心医院是一所集医疗、教学、科研、预防、保健和康复为一体的全市最大的综合性医院，承担着山西医科大学、长治医学院和运城市卫校等教学任务。1993年被国家卫生部授予“三级乙等医院”，1994年被授予“爱婴医院”，并被列为全国500家大型医院之一。

医院在职职工968人，开设病床600张，有临床、医技和职能科室60个。近年来，医院引进了德国西门子超导1.5T昆腾系统磁共振、螺旋CT、数字减影血管造影机等万元以上设备400余台（件），建立了具有省内先进水平的中心ICU、CCU和放射治疗中心，并分别与北京安贞医院、德国西门子公司联合建立了“心血管疾病治疗协作中心”和“影像研究中心”。2002年底，医院进行了以人事制度改革为突破口，以运行机制、分配制度和后勤服务社会化为重点的全面改革，各项工作步入了快车道。在抗击“非典”疫情中，全院上下团结一心，众志成城，无一例医务人员感染，取得了抗击“非典”的重大胜利。2003年，医院投入537万元，购置各类大型设备57台（件），更新了全院的手术器械，并完成了部分病区的装修改造和空调安装；全院医护质量明显提高，新成立的临床服务部、社区服务部和维权部等正在为群众发挥越来越大的作用；经济收入比上年增长6.2个百分点，取得了良好的社会效益和经济效益。

运城市疾病预防控制中心

主任 周仁义

市长胡苏平在市疾控中心视察工作

运城市疾病预防控制中心是2003年12月在原运城市卫生防疫站的其础上分离组建的全民公益事业单位，现有在职职工111人，其中专业技术人员83人，副主任医师职称以上18人（其中主任医师6人）。中心下设行政办及传染病防治、免疫规划、结核病防治、性病艾滋病防治、消毒杀虫、地方病防治等18个科室。配有CD4值检测仪——流式细胞仪、气相色谱仪、原子吸收仪、酶标仪等先进诊断监测仪器30余种。中心坚持预防为主、全面控制各类传染病的发生和流行、维护健康的社会环境、促进人类健康文明的宗旨，承担着全市490万人民的疾病预防控制、重大公共卫生事件的应急处理及卫生监测工作任务，为政府制定疾病控制决策提供了可靠的依据，为推进疾病预防控制的全面发展做出积极的努力。

运城市卫校附属医院

院长 张红洲

医院领导班子成员研究工作

医院开设内、外、妇、儿、神经内科、泌尿科、骨科、耳鼻喉科、中医科、口腔科、眼科、乳腺科、皮肤科、病理科、急诊科等科室。医技科室拥有德国西门子CT、意大利彩超、东芝B超、匈牙利750mAX光机、奥林巴氏胃肠镜、纤维支气管喉镜、电测听、微波治疗仪、全自动生化分析仪、血流变仪、高压氧舱等大型医疗设备。

全院现有职工150人。医护人员中有高级职称25人，中级职称39人，一批知名老专家和年轻有为的中青年专家，在我市均享有盛誉。

医院的服务宗旨是“患者至上、质量第一，低廉收费、星级服务”。坚持“外树形象、内强素质、科技兴院、以人为本”的办院方针，全体职工决心以一流的医疗技术为广大患者服务。

运城市文化艺术学校享有“河东艺术摇篮”的美称。学校拥有一流的师资队伍，设戏曲、音乐、中国舞、群众文化、美术、艺术师范、节目主持、电视摄像与制作、导游、文物保护等十二个专业。

近年来，学校确立了“创办规范加特色学校，培养合格加特长人才”的办学宗旨，在科学发展观的指导下，着眼于学校的长远发展，着眼于教育教学质量的全面提高，着眼于学校品牌的打造，全力实施“合力、育人、名师、质量、形象”五大战略工程，面向市场开拓专业，办学规模已达1200余人，学校进入了跨跃式的发展阶段。

至2005年，共培养各类艺术人才5000余人，学校被授予省级“文明学校”，被评为市“职业教育先进集体”，“宣传文化系统先进单位”，并荣立运城市劳动竞赛“集体一等功”。

孙迎东校长与老干部畅谈学校的建设发展

市领导莅临学校检查指导工作

运城市幼儿师范学校

校长 梁周全

团结奋进的领导班子

山西省运城市幼儿师范学校创建于1978年，是经省人民政府批准的重点、公立师范学校，现已经迈向专科行列。学校分中专幼师、五年制专科、艺术高中、学前教育专科四个专业，形成了“办学有特色，教学有特点，学生有特长”的成功教育模式，生源覆盖全省各地市。建校至今，已向社会和高等院校输送优秀人才7000余人，招生和就业形式一直看好，社会需求有增无减。是“山西省文明学校”、“山西省德育示范校”、“山西省中小学教师培养工作先进集体”、“山西省模范单位”、山西省“五一”劳动奖状获得单位。

历经20多年的探索和实践，运城市幼儿师范学校继续“就业与升学兼顾、全面发展和特长共育”的办学之路，突出师范性，加强实践性，培养能够适应社会需要的高素质幼教人才，进一步扩大办学规模，向更高层次迈进！

运城老年大学

校务委员正在研究工作

组织老年人参加歌咏比赛

运城老年大学成立于1984年4月7日，是全省、全国创办最早的老年学校之一。学校先后开设课程18门，现有在校离退休干部学员300余人。学校的办学宗旨是：健康身心，增进知识，余热生辉，欢度晚年；办学原则是：民主治校，勤俭办学，联系实际，灵活施教；校风是：团结友爱，轻松愉快，高风亮节，谦虚和蔼；校规是：校规自遵，制度自守，学科自择，精力自量；学校的办学模式是：不毕业，不离校，活到老学到老；教学方法是：因需施教，寓教于乐，灵活施教，常教常新；管理方式是：硬制度，软管理。20多年来，运城老年大学针对中小城市特点，走自己的办学之路。以其独特的身影活跃在国内老年教育之坛。先后受到国家级表彰，省委、省政府及省级部门表彰，市委、市政府及市级部门表彰10多次。

加强示范化、规范化建设，实现由“办得最早到办得最好”的突破和跨跃，是市委、市政府对学校的要求，也是老年大学今后努力的方向和目标。

山西财经大学运城学院

校长 令狐学海

供需洽谈会为学生铺设就业之路

山西财经大学运城学院是运城市唯一一所财经类高等院校，学校占地面积134亩，建筑面积6.5万平方米。硬件设施有标准化计算机室、现代化多媒体语音室、会计模拟室、摄影与影视设计室、电脑设计室、塑胶运动场、图书科技楼等。学校开设14个专业，现有在校生2600人，其中大专生815人，专职教师133名，其中高级讲师32名。

学院在20年的建设与发展中，共为社会输送了3万余名合格的财经人才，绝大多数人已成为所在行业的骨干与领导力量。

山西医科大学运城学院（运城市卫生学校）

校长 李全恩　　　　党委书记 王军

山西医科大学运城学院（运城市卫生学校）的前身系运城地区卫生学校，为全民所有制事业单位。成立于1970年，现有教职工300余人，在校学生4000余人。2002年荣升为省部级重点中专学校，2003年经省政府批准成立山西医科大学运城学院。

新建立的山西医科大学运城学院，在山西医科大学的指导下，举办大专和中专两个办学层次的医学教育，现有临床医学、高级护理、口腔医学、妇幼保健四个大专专业和医士、护士、中医、检验、口腔、药剂、妇幼、康复、计划生育、针灸推拿等14个中等医学专业。招收高中三年制大专和初中五年制大专及初中三年制中专学生，大专毕业由山西医科大学颁发毕业证书，中专毕业由运城卫校颁发毕业证书。

运城卫校成立以来，为国家培养了近2万名医卫人才，分布在全国二十个省、市自治区。学校先后被省卫生厅授予“文明卫校”、“优秀学校”称号，被省教育厅授予“合格中专学校”、“职业教育先进单位”、“教育先进单位”和“德育教育先进单位”等荣誉称号。

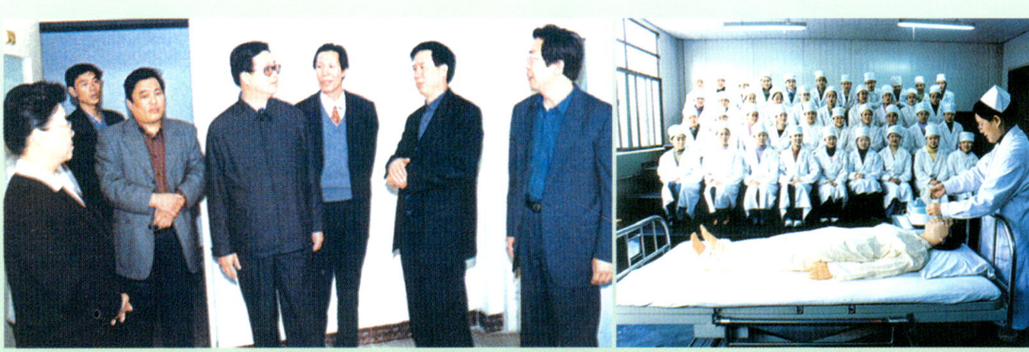

山西省卫生厅厅长李俊峰（左三）、运城市副市长吴菊仙（左一）、市卫生局局长周迎（左二）在卫校附属医院检查工作

护理教学课

太原科技大学运城工学院

院长 吕应安(中)、书记 王小俊(右二)、副院长 郭云杰(左二)、副院长 张海水(右一)、副书记 陈素琴(左一)

教学大楼

太原科技大学运城工学院是在运城农业机电工程学校的基础上，经山西省人民政府批准成立的一所全日制工科高等院校。学院现有高级讲师38人，讲师、实验师66人，设机电、电子、计算机、汽修等13个专业，常年在校生2000余人。

学院拥有6600m²的教学大楼、3000m²的实验大楼、3000m²的图书大楼和9000m²的四幢学生公寓。学院拥有一流的电教网、一流的学生食堂。

学院1997年被省教委评为“德育工作先进单位”；1999年被省教委评为“山西省文明学校”；2001年被省教委评为“教改先进单位”；2002年被省政府评为“省部级重点学校”；2004年经省政府批准，提升为“太原科技大学运城工学院”。

运城市广播电视大学

市教育局局长李晋杰（中）在电大永济工作站调研

校长解国栋领取运城市五一劳动奖状

运城广播电视大学直属市委、市政府领导，属市教育局主管，业务上受中央广播电视大学和山西广播电视大学指导的地方高等学校。其主要任务是：举办现代远程高等教育和中等专业教育，开展职业教育；举办岗位培训、继续教育等各种非学历教育，举办师范教育和中小学教师继续教育；面向农民开展农村实用技术培训；为普通高校以及其它教育机构开展现代远程教育提供教育资源、教学管理和学习支持服务。

学校配有功能完善的卫星接收系统、VBI及IP接收系统、闭路电视系统；建有功能完备的的千兆校园网、计算机室、多媒体教室、视听阅览室、网络教室和双向视频教学系统；开通了答疑电话和语音信箱。逐步建立起一个适应现代远程教育需要的教学平台和支持服务系统，是服务于运城市经济和社会发展的一所综合性远程开放大学。

中国人民财产保险公司运城市分公司

总经理 上官晓红

中国人民财产保险股份有限公司是2003年7月经国务院批准，在原中国人民保险公司的基础上，实行股份制改造后组建而成的，2003年11月6日在海外成功上市。中国人保财险运城市公司下辖13个县(市、区)支公司，从业人员230余人。主要开办的保险业务有：各类企业财产保险、城乡居民家庭财产保险、机动车辆保险、机动车辆第三者责任法定保险、货物运输保险、建筑安装工程保险、出口信用保险、小麦收获期火灾保险、短期人身意外伤害保险、健康保险和各类责任保险等。

人保财险运城市分公司在机构人员重组后，继承并发扬了人保品牌，坚持“以人为本、效益为先、笃守信誉、稳健经营”的宗旨，忠实地履行着“人民保险为人民”的庄严承诺。从2000年至2004年累计收入保费71098．6万元，为全市4867个企业、50055户城乡居民、124778台机动车辆、299万亩农作物承担了2233亿元的巨额风险责任；处理赔案50356件，支付各类赔款34940.9万元，在大灾重灾和意外事故补偿中充分展示了人保财险的雄厚实力和服务水平，为地方经济建设做出了积极的贡献。

中国人寿保险股份有限公司运城分公司

“非典”期间，公司纪委书记张水成（右一）等为夏县神头岭村送去扶贫物资

2003年2月，中国人寿运城分公司副总经理畅全亮(右一)等为客户理赔

公司总经理助理王渊(左一)代表公司为环卫工人送工作服

中国人寿保险股份有限公司运城分公司是在本辖区办理人身保险业务的国家商业性寿险公司，其前身是原中国人民保险公司运城中心支公司，上属中国人寿保险股份有限公司山西省分公司的直接领导，下辖全市12个支公司和1个营业部、1个营销部，分支机构遍布全市城乡。现有职工118人，业务员5000余人，主要办理的业务有人寿保险、健康保险、意外伤害保险、分红保险四大类。

公司1997年至2003年连续七年圆满完成省公司下达的各项经济指标，总资产由分设时的3500万元上升到17.06亿元。2003年，保费收入达7.5亿元，是分设时的21.4倍；人均保费由分设时的36万元上升到2003年的413.75万元，是分设时的11.49倍。分业8年来，全市系统共支付保险赔款达1.5亿元，给付生存金和养老金2.8亿元，使近百万河东父老得到了人寿保险的呵护和关爱，有力地促进了地方经济的发展。

中国铁通运城分公司

中国铁通运城分公司隶属于中国铁通集团有限公司山西分公司，员工130名，拥有220公里铁路沿线的通信网络资源，拥有长途光缆381公里和分布全国各地程控交换网络，容量58000线；拥有一支技术力量雄厚、维护体系完备、指挥高度统一、服务经验丰富的电信运营管理维护队伍。

中国铁通运城分公司享有管内铁路通信网的经营管理权，承担全国性的电信运营商的责任和义务。公司以“立足铁路，服务运输，面向社会，市场经营”为经营宗旨，面向铁路和社会两个市场，为铁路和社会公众提供国内长途和本地固定电话业务、全国范围内的电报和传真业务、全国范围内的公共数据传递业务，互联网接入和信息服务(ISP)等增值电信业务，以满足广大用户的多种需求。

目前开展的业务：本地电话业务、长途电话业务、智能业务、互联网业务、视讯业务、数据业务、网络元素出租及代维业务、电报及其它非话业务、综合信息服务业务、宽带综合业务、其它电信业务和增值业务。

中国铁通运城分公司坚持“求真务实、服务为先”的经营方针，严格遵守国家法律和行业管理的规定，与其他电信运营商建立“优势互补、互利合作、共同发展”的关系，共同为实现运城市政府“十五”期间的电信发展规划携手奋进，共创辉煌。

山西移动通信有限责任公司运城分公司

运城移动通信分公司党委书记、经理 张国飞

公司领导与行风监督员座谈

宣传活动现场

“动感地带”品牌得到年轻一族的青睐

一流的网络维护人员队伍

山西移动通信有限责任公司运城分公司于1999年9月20日正式挂牌成立。2002年，随着山西移动通信有限责任公司在香港和纽约上市，成为外商独资企业。现固定资产超过5亿元，拥有员工198人，下设14个营业部、8个部室。

2003年，客户规模比成立之初的6万户扩大13倍，达到80万余户；基站总数达到550余个，载频总数达到3653个；交换机容量由分营前10万门扩大到95万门；全市100%的城市、乡镇、高速公路及旅游景点全面覆盖，村庄覆盖率达到96%以上，人口覆盖率达到98%以上；国际漫游通达世界上187个国家和地区。

运城移动已创建了8个省、市级“青年文明号”集体称号，并通过“文明单位标兵”验收。公司获得了“诚信单位”、“文明单位”称号；“全省维护消费者合法权益先进企业”、“计量信得过单位”、“全省用户满意服务”、“山西省质量服务诚信单位”等称号；分公司还荣获“山西省五一劳动奖状”；分公司经理张国飞被评为“三晋功勋企业家”和“山西省劳动模范”。

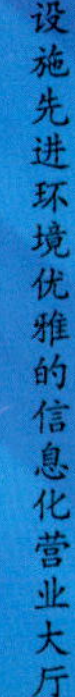

设施先进环境优雅的信息化营业大厅

中国联通运城分公司

运城石油分公司

经理 申永生

申永生经理陪同市委书记黄有泉观看石化灯展

中国石油化工股份有限公司山西运城石油分公司在市委、市政府的正确领导和有关职能部门的支持下，以“爱我中华，振兴石化，加快发展民族石化工业”为己任，营销石化精品，真诚奉献社会，竭诚为当地经济建设服务。

全市系统所属加油站以开展加油站规范化管理百日竞赛为契机，强管理、强服务，全员学习岗位责任制和安全常识，简单工作重复做，苦练硬功，全面推行“顾客至上，信誉第一，电话一打，送油上门”的服务理念，积极宣传营销长城润滑油、高标号汽油，推广IC卡业务，为顾客提供更加快捷、便利、舒适的服务。

公司投资800余万元，对加油站进行了形象改造，使每个加油站成为当地的一个新亮点。积极争取投资，对半坡油库乙区进行了扩容改造，新建2000立方米立式油罐十个，5000立方米立式油罐一个，油品储存能力大大加强。配合运城机场建设，新建半坡航煤油库和机场油库，确保了运城机场用油。

新改造的半坡油库付油楼

运城供电分公司

公司经理张兴国（左一）、党委书记霍建业（左四）陪同国家电网公司副总经理陈进行（左二）、山西省电力公司总经理李援朝（左三）视察运城500千伏变电站

运城首座500千伏变电站全貌

运城供电分公司是国有大型一类供电企业，担负运城市13个县(市、区)的电网建设和114余万用户的供电营销任务，辖13个支公司和19个直属单位，现有职工3339人。公司拥有35千伏以上变电站137座，变电容量4972兆伏安，输电线路3449公里，220千伏双环网供电。2003年公司资产总值达27.9亿元。年售电量77.5亿千瓦时，列全省第二。2003年建成首座500千伏变电站，山西全省南北500千伏输电大通道得以建成，实现山西南部超高压、大容量、远距离输电历史性跨越。2003年公司获山西省“五一”劳动奖状、全国“安康杯”竞赛优胜企业等重大奖励。该公司正在巩固发展“国家一流供电企业”成果，全力向“国际一流供电企业”迈进。

运城500千伏输变电工程是山西省中南部500千伏环网工程的重要部分。变电工程2003年4月1日开工，线路工程2003年5月1日开工，2003年11月20日输变电工程全面竣工投运。500千伏运城变电站位于永济市卿头镇，主变压器3X250MVA三卷有载调压变压器；500千伏进出线4回，本期一回，220千伏进出线12回，本期6回。500千伏输电线路工程北起临汾500千伏变电站，南至运城500千伏变电站，全长115公里，途经曲沃、绛县、闻喜、夏县、临猗、盐湖、永济7个县(市、区)。工程动态总投资近5亿元。

该工程的建设可形成山西贯通南北的500千伏主网架结构，为山西南部地区500千伏主网建设和大型电源点的方便接入进而缓解晋南地区供电紧张矛盾，促进运城经济发展发挥重要作用。

雄伟壮观的500千伏输电线路

运城市烟草专卖局

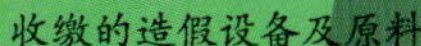

收缴的造假设备及原料

焚烧假冒卷烟现场

运城市烟草专卖局(公司)组建于1984年9月，内设11个科室，下辖14个县级烟草专卖局(公司)，中条山矿区烟草公司，共有干部职工506人。担负着全市卷烟供应工作及全市卷烟市场管理工作，已发展成为年创利税超亿元的国有中型企业。近年来，特别是2003年以来，该局(公司)以效益为中心，以规范为主线，以改革为动力，以创新为先导，通过全面深化“三网一制”工程，使企业在创新的道路上焕发出勃勃生机；通过全面推行专卖户籍化管理、诚信管理，深入开展打假打私活动，使卷烟市场流通秩序明显好转；通过大力推进网络建设，全面开展优质服务，使行业市场控制力和市场占有率明显提高；通过狠抓党风廉政建设，使企业始终在健康协调的轨道上运行；通过全面加强企业内部管理，竭力压降成本费用，使企业经济运行质量进一步提高。2003年，全市行业实现利润6508万元，占省局年计划的141.39%，较2002年增长60.01%；实现税收4993万元，较2002年增长52.6%；利税合计1.15万元，较2002年增长56%。

运城市农村信用联社

2003年，全市农村信用社各项存款余额达1020725万元，当年净增202537万元，同比多增67202万元，完成省办计划的157.9%，增幅创历史之最。其中低成本存款当年净增76777万元、占计划185.4%；各项贷款余额770888万元，当年纯投放180944万元，同比多投180943万元。存贷比例为75.5%，当年新增比例为89.3%，剔除支农再贷款实际比例为71.98%，比省办计划低3.6个百分点；当年累计发放各项贷款1226353万元，同比多投586049万元，是历史上投差最大的年份。其中累放农业贷款730902万元，同比增加320220万元，农业贷款余额为522490万元，比年初增加131734万元，占各项贷款当年净投放72.8%；农户小额信用贷款累放175847万元，同比增加94978万元，余额为158900万元，比年初增加68127万元，占各项贷款当年净投放37.7%；不良贷款余额280298万元，其中逾期贷款5492万元，双呆贷款274806万元，分别占36.4%、0.71%和35.7%。当年累计绝压不良贷款18278万元，占省办下达绝压计划的306.1%。其中绝压逾期贷款6397万元，绝压双呆贷款11881万元。不良贷款占比较年初下降14.2个百分点，其中逾期、双呆贷款分别下降1.3和12.9个百分点；实现贷款利息收入43849万元，同比增加13866万元，收息率为5.81%，比上年提高了0.6个百分点；有177个社实现盈余，盈余金额5258万元，盈余社数较年初增加52个，盈余面达81.19%；54个社亏损，亏损金额2236万元，亏损社大幅减亏，全辖年末实现利润3022万元，同比减亏增盈5882万元。

中国农业银行临猗支行

团结奋斗的支行党委成员（中：行长赵怀庆，左：副行长罗敏金，右：副行长李市元）

营业大厅

中国农业银行临猗支行现有员工122名，其中大专以上学历达60%。目前各项存款4亿余元，各项贷款2.6亿余元。在积极服务区域经济建设中，始终坚持以客户为中心，以市场为导向，以效益为目标，以创新为手段，与时俱进，锐意改革，各项业务得到了快速发展。

近年来，农行临猗支行不断创新服务手段，提升服务层次，先后投资数百万元，对各营业网点的硬件设施进行了重点改造，同时购置并全面开通了自动化办公系统，在进一步为客户提供高质量的金融服务中，实现了科技化、网络化、信息化。同时，还通过与多家保险公司、基金公司加强业务合作，并向社会推出了各类代理保险产品和基金发行业务。

运城市国家税务局

运城市国家税务局下辖13个县（市、区）局、5个直属单位，全系统共有干部职工1300人。共有管户27880户，其中在册增值税一般纳税人2218户。

党组书记、局长 陈赵戟

运城市国税局在山西省国税局和运城市委、市政府的领导下，深化征管改革，规范税收执法行为，加大制度建设和落实力度，切实改进工作作风，与时俱进，开拓创新，各项工作实现了跨越式发展，为运城经济建设做出了突出贡献。自机构分设以来，国税收入以年平均25%的速度快步增长，全市国税保持了良好的增长态势。2001年完成161181万元，2002年完成180112万元，2003年完成256454万元，收入进度、增长比例和增收绝对额均达到了历史最好水平，收入总额跃居全省第二。截至2004年10月，累计实现税收收入297528万元，占年计划的99.16%，同比增长34.56%，再创历史新高。

十年来，运城市国税局赢得了组织收入、税收征管、党风廉政建设和文明创建等314个光灿灿的奖杯（牌），曾先后获得“全省五一劳动竞赛先进集体”、“全省文明单位”、“市级文明行业”、“执法责任制先进单位”、“群众最满意单位”等骄人的荣誉。

创新发展

市直党委（党组）中心组理论学习国税局现场会

全员培训，提高素质

丰富多彩的文化生活

运城市地方税务局

党组书记、局长　李晋芳

李晋芳局长在盐湖区北相镇了解三农状况

运城市地方税务局担负着全市100多万纳税户的征收管理工作。组建10多年来，认真贯彻落实新时期加强征管、堵塞漏洞、清缴欠税、惩治腐败”的治税思想，坚持以创建文明行业为主线，以改革为动力，以科技为依托，全面推进从严治税、依法治税、科技加管理，累计组织各类收入55.2亿元，为振兴运城经济做出了突出贡献。先后荣获“全国创建文明行业示范点”、“全国创建文明行业工作先进单位”、“山西省模范公务员集体”和“山西省文明行业”等荣誉。

团结拼搏、锐意创新的局党组一班人

山西粟海集团有限公司

集团食品公司外景

花园式加工车间

肉鸡加工车间

清真食品生产负责人在车间检查产品质量

刚孵化出的美国艾维茵雏鸡

山西粟海集团有限公司，是我国中西部地区规模最大的肉鸡饲养、加工、出口一体化外向型国家级重点龙头企业，被国家民委确定为全国清真产品生产厂家。集团总资产5.8亿元，占地2000亩，建筑面积12万m^2，存栏种鸡50万套，年可孵化雏鸡5000万羽，加工肉鸡4000万只，生产各种饲料33万吨。引进美国艾维茵种鸡，采取先进的笼养工艺和人工授精技术，全套引进世界一流的荷兰设备，应用微机自动化系统从事生产管理。肉鸡产品包括速冻、冰鲜、快餐、肉串、熟食五大系列300多个品种，出口到日本、韩国、阿联酋、香港等国家和地区，成为肯德基、麦当劳、德克士等世界快餐巨头的合格供应商。企业通过IS09001国际质量体系认证，肉鸡产品获中国国际农业博览会及山西省名牌产品称号，粟海牌商标获山西省著名商标称号，跻身“全国民营企业500强”、“中国成长企业100强”、“中国机械化屠宰与肉食加工销售百强”和“中国肉类食品行业50强”企业行列，被评为“全国优秀龙头食品企业”和山西省“结构调整突出贡献企业”。

运城市鑫磊混凝土搅拌有限公司

董事长　高太绪

运城市鑫磊混凝土搅拌有限公司外景

运城市鑫磊混凝土搅拌有限公司，是根据国家关于推广应用商品混凝土的产业政策，由市委、市政府全力支持，经山西省建设厅批准，于2003年3月正式投产的一家年产300000m³商品混凝土的股份制企业。公司先后投资1600余万元购进21世纪国内国际先进的试验、生产、运输和泵送等设备。其中，完善的质量试验监测设备1套，全自动微机控制生产线2条，混凝土运输专用车12台，混凝土输送进口汽车泵1台，拖式泵2台。公司现代化的微机控制系统和自动化的监测系统及完善的质量保障体系，为满足我市的重点工程——圣惠路立交桥、南风广场、机场路综合工程、市政协办公大楼、新利通等80余起大型建设工程不同强度等级商品混凝土的需求，提供了可靠的质量、运输和泵送保障。使“鑫磊”品牌得到了社会公认。为加速运城市市政建设，确保各类工程质量，维护城市环境做出了应有的贡献。

自动化生产混凝土微机控制监测中心

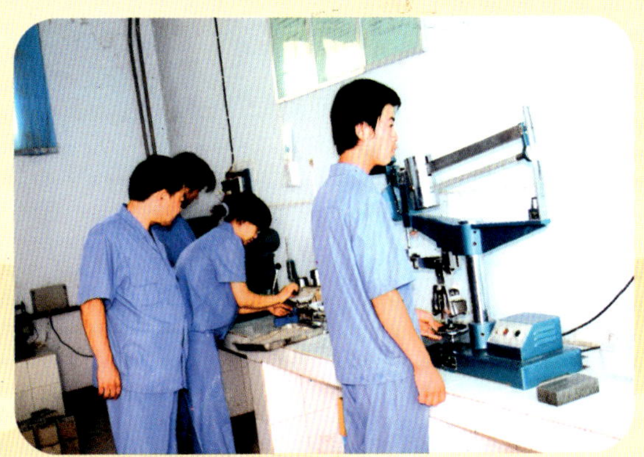

混凝土主要原材料强度检验室

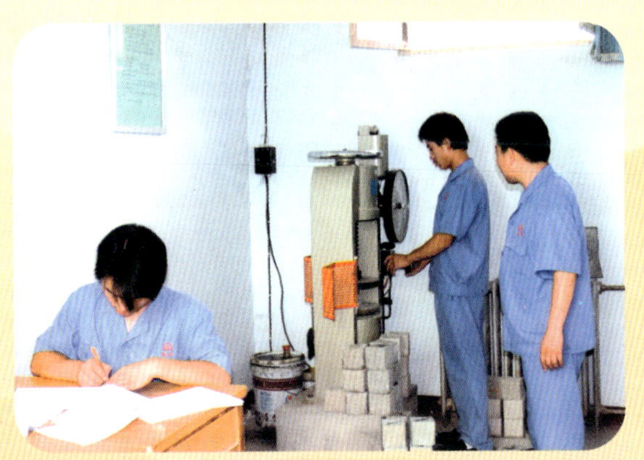

混凝土成块强度检验室

“鑫磊”牌混凝土建造的运城市重点工程——南风广场

“质量第一，用户第一，服务第一，信誉第一”是公司始终坚持的服务宗旨；铸造“鑫磊”品牌是企业的永恒主题；“与时俱进，做强做大”是鑫磊人确定的发展目标。公司将以品牌的质量保障，高效的优质服务，立足于建筑市场，奉献于河东大地。

运城市天源制药有限公司

董事长 车门庆

山西省运城市天源制药有限公司位于运城市安邑健康路1号，总占地面积5万平方米，在全省制药行业名列前茅。

公司技术力量雄厚，拥有执业药师、药剂师等高、中级职称人员35人，大中专毕业生100余人，占到员工总数的70%以上。公司在车门庆董事长的领导下，以着眼未来发展为目标，聘请省医药规划设计院对全公司按GMP标准要求设计新建造了小容量注射剂车间、口服固体制剂车间、前处理提取车间、中心化验室和质控中心等设施。生产线及质检仪器均选用国内外科技含量高、质量一流的设备，可生产硫酸庆大霉素注射液、维生素B1片、B2片，曲克芦丁片、小儿氨酚黄那敏颗粒、维U颠茄铝胶囊、诺氟沙星胶囊等四大剂型50余个品种，年可生产片剂5亿片、胶囊3亿粒、颗粒1亿袋、小容量注射剂2亿支，年产值3亿元，年创利税2500万元。

现代化办公条件

生产车间一角

山西省盐业公司运城彩印包装厂

山西省盐业公司运城彩印包装厂成立于1984年，是山西省盐业系统骨干包装企业，隶属山西省盐业公司，与成立于1948年5月的安邑盐务站实行一套机构、两块牌子合署办公，担负全省九个地（市）的食盐加碘小包装袋的生产、供应任务和盐业市场管理工作。企业位于安邑火车站道北，距市区七公里，紧邻运三（运城至三门峡）高速公路和大运二级公路，地理位置优越，交通便利。碘盐包装作为碘盐商品的载体，是企业率先在全国投资建起并生产的。建厂十五年来，公司认真落实食盐专营政策，坚持“以市场标准调整产品市场份额，以员工素质折射企业市场形象”的发展思路，统一思想，更新观念，坚持“以盐为主，多种经营”的方针，取得了一定的经济效益和社会效益。

山西五色石有限公司

董事长 卫胜龙

山西五色石有限公司前身为运城地区禹门水泥厂，始建于1972年，位于河津市龙门镇，属国有中型一类企业。现有固定资产4900万元，职工500人，是运城市骨干建材企业，山西省建材先进企业。现有两条3×10M现代立窑水泥生产线，主要生产32.5、42.5复合和普通硅酸盐水泥，注册商标“禹龙牌”为运城市知名商标。

公司坚持以诚信赢得用户，凭技术铸造品牌，在2000年率先通过ISO9000国际质量体系认证，产品质量得到显著提高。近年来，主导产品被评为“山西省名牌产品”、“运城市重点保护名优产品”，被中国建筑材料工业协会推选为“工程质量可信产品”。2000年被山西省经贸委评为“管理优秀企业”，连续五年被运城市政府评为“先进企业”。

公司积极响应国家环境保护政策，自觉主动地加强环保治理，六年间投入环保治理资金400余万元。2004年6月，企业全面通过环保验收。

公司严格对收尘设备进行管理和维护，几年来始终走在同行前列，提前达到新国际标准要求，收到较好的经济效益和社会效益，为企业赢得了更好的发展空间。

电话：0359-5232728
5232842

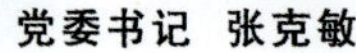

党委书记 张克敏

矿长 魏胜堂

运城市杜家沟煤矿

运城市杜家沟煤矿是山西省地方国有重点煤矿，1971年筹建，1984年简易投产。矿区位于乡宁矿区西南边缘，地处河津市清涧街道办杜家沟村北，具有独立的煤炭经营发运资格，年发运量可达15万吨。

该矿煤源充足，交通方便，地面辽阔，自然条件得天独厚。矿井井田面积8.75平方公里，地质含量1127.32万吨，可采储量805.07万吨，设计生产能力30万吨/年，实际生产能力35万吨/年，服务年限47年。

2000年和2001年分别和天津大学、清华大学博士技企联合，投资260万元和120万元，控股组建山西羽田生物有机肥有限公司和运城三英环保设备有限公司，主要生产“羽田”牌生物有机复混肥和“三英”牌臭氧消毒器等系列产品。

该矿现有职工647人，其中工程技术人员58人，总投资1341万元，固定资产2188万元。投产以来，共生产原煤250万吨，上缴省三项基金4700万元，上缴利税1800万元。曾多次被评为省、地（市）先进企业和安全生产先进单位。1992年以来，连续10年被评为省级和部级“质量标准化矿井”。

山西太兴集团有限公司

董事长　宁太奎

总经理　王颜云

山西太兴集团有限公司创建于1988年，位于河津市境内，环境优美，交通便利，是一个集焦化、选煤、电力、铁合金、化工、铁路运输和国际贸易为一体的民营企业集团。集团资产总额7.8亿元，年销售收入10亿元，利税1亿元，在岗员工1300余人，其中高、中、初级工程技术人员160余人。太兴焦化年产冶金焦70万吨；太兴电力年发电量1亿度；太兴铁合金年产硅铁、硅锰合金2万吨；太兴专用线年吞吐量400万吨；太兴钡业年产高科技化工产品硫酸钡2万吨；太兴外贸年创汇千万美元以上。

太兴集团2000年通过ISO9002国际质量体系认证，先后荣获“山西省民营科技企业”、“山西民营企业50强”、“运城市龙头企业”等荣誉称号。被中国银行山西省分行、中国农业银行山西省分行授予“AAA”级信用度企业。董事长宁太奎荣获“全国优秀乡镇企业家”、“山西省特级劳模”、“省五一劳动奖章”等称号，并当选山西省民营企业协会副会长、河津市工商联副会长、河津市人大常委。

60万吨/年焦炉

铁路专用线

选煤公司集控室

铁合金出炉

电厂汽轮机车间

运城市清华水泥厂

厂长 孟宪森

团结奋进的一班人

运城市清华水泥厂（原运城地区清华水泥厂）始建于1970年，系运城市全民所有制建材骨干企业之一。现有干部职工300余人，其中各类专业技术人员80人，拥有固定资产2800万元，年产“西厢牌”复合硅酸盐水泥30万吨。

企业技术力量雄厚，生产工艺先进，检测手段齐全。产品具有强度高、均匀性好、水化热低、耐磨、抗热、抗酸碱侵蚀能力强等特点。产品多次被省政府、省技术监督局评为省优产品、金奖产品。“西厢牌”水泥分别被山西省消协、中国质量检验协会、中国建材市场协会授予“可信产品”、“国家质量稳定合格产品”、“绿色建材产品”等称号。

企业多次被国家水利部、省水利厅、省建材局、市建材局、市水务局评为先进企业；“西厢牌”商标被评为“运城市知名商标”。2004年，“西厢牌”水泥又被中国建筑材料流通协会授予“工程建设质量可信推广应用产品”；被中国质量检验协会授予“国家质量检测合格建材产品”；被省品牌协会评为“建材行业名牌产品”，被山西省工商管理局评为“守合同重信用单位”。2005年1月，再次通过ISO19001—2000国际质量体系认证。

电话：0359-8253014
8031523

厂区一角

荣誉

厂貌

运城市建设工程交易中心

主任 刘平均

中心全体人员组织学习

开标会现场

专家正在认真评标

省人大城建工委主任马俊（右二）、省建设厅副厅长张立广（左前一）、市建设局局长刘建刚（右一）视察运城市建设工程交易中心

运城市建设工程交易中心（即运城市有形建筑市场）于2002年8月经运城市政府批准成立，并于8月15日经山西省纪监委、建设厅、计委联合验收通过，是一个集信息、管理和服务为一体的综合性服务机构，是运城市建设工程交易活动的唯一合法场所。

主要职责是宣传、贯彻、执行国家及本地区有关工程建设的法律、法规；为工程发包承包交易的各方主体提供信息、咨询及场地服务；为交易各环节提供见证服务；负责进场交易的建设工程招标投标档案材料的整理、收集和统一管理。

运城市建设工程交易中心目前有工作人员10名，其中高级工程师1名、中级职称及计算机管理人员9名。固定资产50余万元，拥有宽敞整洁、设施一流的开、评标室，配备有先进的计算机网络管理系统、电脑查询触摸屏、投影仪、摄像机等各种现代化办公设施，竭诚为建设工程承发包双方提供优质高效的服务。

两年来进场交易的建设工程项目有山西铝厂28万吨电解铝项目、南风广场、新利通MALL、关铝电解铝工程等187项，总投资15.4亿元，建筑面积330余万平方米，为国家节约资金1600余万元。2003年度省人大、省纪监委检查团来运城市检查《建筑法》执行情况和廉政建设工作时，对交易中心的成绩给予了充分肯定。

运城市金世房地产开发有限公司

国家建设部房产司司长谢家谨（右）与刘晓峰董事长合影

中国农业银行运城分行行长刘满喜（左）在公司参观指导

运城市金世房地产开发有限公司位于市区府东街126号（电影公司二楼），公司自创建以来，注重人才，注重管理。现有员工36人，其中，中、高级职称专业人员25人；拥有注册资金1019万元，总资产达4700万元。

公司在房地产开发上立足于“高起点、高标准、人性化”，投资6420万元打造运城首家高尚住宅小区——梧桐名邸。梧桐名邸是金世房地产进军房地产业的开山之作，该小区东临高专路，南临河东街，周围市政配套齐全，市政府小区，运城中学，中心医院，60亩市场，运城惟一五星级28层酒店……

随着梧桐名邸项目的热销和公司品牌的树立，金世地产在刘晓红总经理的带领下，坚持“制度创新，服务创新，营销创新，品牌创新”的企业理念，力求通过坚定不移地改革和发展，成为运城地产行业中最具活力和盈利能力最强的公司之一。努力实现公司价值和员工价值最大化。金世地产将担负起改善运城人民居住生活的社会责任，为运城的经济和文化发展贡献出应有的力量。

梧桐名邸项目效果图

运城市御苑置业有限公司

别　墅

会　馆

幼儿园

监控室

棋牌室

运城市御苑置业有限公司成立于2001年10月，注册资金1200万元，具有三级房地产开发资质，拥有各类高级工程师11人，大专以上学历占到85%以上。公司总资产达到9300万元，完成总产值1.5亿元，上缴税金320多万元。

御苑置业在成立短短两年多的时间里，先后在运城市新区开发了高水准的御溪苑、御泽苑两个多功能住宅小区。其中，御溪苑小区占地109亩，总投资1亿多元，建筑面积11.6万余平方米，可容纳700余户。小区内56套别墅群气势磅礴，高达35%的绿化率，凝聚了丰富的文化内涵，得到了广大业主的赞同和认可，所有商品房售出率高达90%以上，是小区成功运作的典范。

御泽苑小区占地78亩，建筑面积9万多平方米，总投资1.5亿元，公司自筹资金2000万元。

御溪苑、御泽苑两个姊妹住宅区在运城新区比肩而立，犹如两颗璀璨的明珠，它是运城市御苑置业追求卓越的完美体现，是城市繁华的标志性建筑。

御溪园全景

万通汽车贸易有限公司

董事长兼总经理　李建民

李建民荣获山西省“优秀企业家”和“运城市优秀企业家”称号

山西运城万通汽车贸易有限公司创建于1993年10月，位于运城市经济开发区大运路北侧。注册资金518万元，总资产5千余万元，年营业额逾亿元。

万通汽贸公司拥有三个全资子公司：万通车城汽车连锁销售有限公司、万通汽车运输有限公司、万荣汽车贸易有限公司。公司下设12个销售分公司，是运城市最大的载重汽车销售公司。主要经销一汽解放系列、南京春兰系列、青岛解放系列等载重汽车，以及东风千里马、一汽奥迪、通用别克、广州本田、北京现代、帕萨特、桑塔纳等高中低档轿车。

公司致力于开发大规模、多元化汽车贸易、货运物流服务，目前拥有各种货运汽车1500余台的大型运输公司。公司载重汽车销量连续八年处于全市领先地位，连续六年被山西省农业银行评为“AAA”级信用度企业，被运城市工商部门及消费者协会评为“重合同守信用单位”和“诚信单位”。公司董事长兼总经理李建民2001年被评为“山西省优秀企业家”，并担任运城市企业家协会副会长，工商联常委，政协委员，被誉为“汽车营销行业的开拓者”，在汽车行业有着良好口碑。

公司本着“用户至上，服务第一，力求让用户满意”的企业理念，形成了整车销售，售后服务，配件供应及信息反馈四位一体的以服务带动销售的科学营销体系，赢得了广大用户的充分信赖。

运城市万通汽车贸易有限公司
消费者信得过单位
运城市工商局

获得信誉等级及各项荣誉

展车场地

员工培训室

运城市物产汽贸公司

公司成立于1993年，是运城市最早成立的汽车销售股份制有限公司。公司本着“处处为您着想”的服务理念，诚实守信，服务于代理销售品牌内外的用户，深受广大客户的好评。多年来不论自身经营还是对外信誉，颇有口碑，是山西省工商银行个人消费贷款指定经销商；2003年度被运城工商银行评为AA级甲类优秀客户；是运城市“重合同守信用”模范单位和运城市“物资系统3.15投诉中心”。企业法人代表黄骁勇年富力强，勇于开拓，是“山西省优秀企业家”。2001年，国家工商管理局、国家计划委员会以工商市字（2001）第84号授予该公司小轿车经营权。

为提升长安铃木公司在本地汽车市场的销售形象，促进长安铃木系列车的销售，公司在位于市区西北部的圣惠路北段，新购置土地6000余平方米（近10亩），新建展厅1600余平方米，是运城最大的汽车展厅。

电话：0359-2192221 2192222

运城市金苑工程监理有限公司

董事长兼总经理卢尚武（中）与领导班子成员商讨企业规划

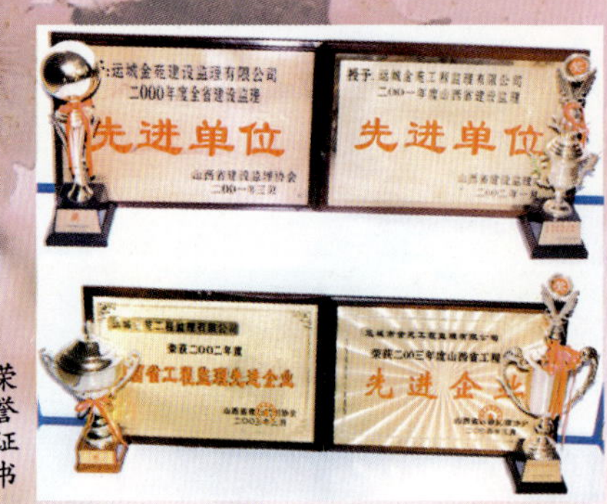

荣誉证书

运城市金苑工程监理有限公司成立于1998年11月，2003年11月经建设部批准晋升为甲级监理企业。

公司现有职员80人，其中高级工程师16人，工程师51人。取得国家级注册监理工程师证书34人，省部级注册监理工程师22人，注册造价师8人。公司连续四年被山西省建设监理协会评为“山西省工程监理先进单位”。

几年来，公司累计完成监理项目200余项，总建筑面积240万平方米，工程总投资26亿元。工程质量合格率100%，并有十余项工程被评为省优工程，五项工程获得省建筑工程“汾水杯”质量奖。

电话：0359-2020225

运城家电市场·五金机电市场

运城家电市场、五金机电市场是经运城市、盐湖区两级政府批准，在市五交化原仓库基础上创办的两个大型专业市场。

家电市场自1999年11月8日开业以来，商户已达134户，营业面积10000平方米，年销售达6亿元以上，市场分别荣获省、市工商局授予的“文明规范市场”、“诚信单位”称号。五金机电市场由双桥路、河东西街商户搬迁入市，于2004年12月8日举行了剪彩仪式，进入市五交化公司的商户共86户，营业门店120间，预计年销售3亿元左右。

市场管委会以“诚信为本，热情服务，规范管理，争创一流”为宗旨，认真做好各项基础工作。热诚欢迎广大客商和消费者进入市场从事交易和购买物美价廉的商品。 电话：0359-8656300 法定代表人：李益龙

运城市文工团

第十四届关公文化节

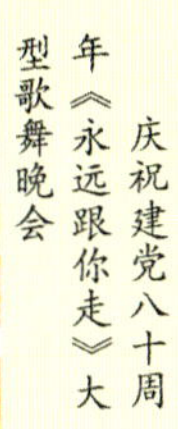
庆祝建党八十周年《永远跟你走》大型歌舞晚会

文化下乡乐万家

运城市文工团成立于1958年。建团以来，演出足迹达全国十多个省、300多个市县，共创编上演剧目400多个，其中话剧《霓虹灯下的哨兵》、《西安事变》、《槐树庄》，歌剧《白毛女》、《小二黑结婚》、《刘胡兰》，戏曲《六斤县长》、《半把剪刀》；舞剧《草原儿女》等剧目，深受广大群众的欢迎，在群众中留下了极为深刻的印象，取得了很好的社会效益和经济效益。

40多年来，编写并演出了《雷锋》、《为了六十一个阶级兄弟》、《万山丛中》等大型话剧、歌剧十余部，小歌剧、小话剧、小品百余个，歌曲、舞蹈近200个。在一年一度的中国关公文化节上，创作并演出的仿古乐舞《金秋大祭》，获得了国际友人及港澳台同胞的交口称赞。

优秀人才不断涌现，张法合、郝宗谦、张柏林、王志兰获山西省一级优秀演员奖，裴鸣、梁丽丽、侯爱玉曾多次获山西省金、银牌奖，一级作曲李井岗、二级舞美设计师梁克勤多次获得国家和省级大奖。解文芳、宋立君在省优秀中青年演员评比演出中获二级优秀青年演员奖。程艺辉在2002年第三届全国电视希望之星大赛民族组总决赛中荣获十佳歌手奖。

运城市文工团现有演职员百余人。全团高级职称15人，中级职称40余人，阵容强大，行当齐全，应变能力强。全团认真践行“三个代表”重要思想，与时俱进，探索创新，努力创作更多更好的文艺作品，为繁荣社会主义文艺事业做出新的贡献。

运城市群艺馆艺术小学

运城市群艺馆馆长、运城市艺术小学校长 张安国

运城市群艺馆艺术小学由运城市群众艺术馆2000年8月创办。在高质量完成国家规定的教学计划前提下，全面开展音乐、舞蹈、美术、书法等特色教育，提高学生综合素质，力求把每个学生都培养成适应社会发展需求的人才。

艺术小学教学成绩突出。小学毕业合格率100%，优秀率达到95%，2003年被评为“运城市社会力量办学先进单位”。

艺术特色突出。四年共有30人56人次在国家、省、市举办的各项活动或竞赛中获大奖。2003年学校在中国书画协会举办的第五届“紫荆花杯”中华少儿绘画展中获“三星紫荆花团体奖”。同年，荣获运城市师生同台才艺表演最佳奖。学校环境优美，教学设备先进，在社会上享有较高的声誉。

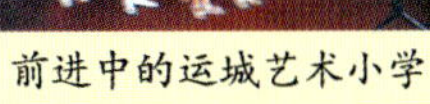
前进中的运城艺术小学

硕果累累

育人的沃土

运城市蒲剧团

Yunchengshi Pujutuan

团长武俊英成功地组织了杏花奖、梅花奖、《走进大戏台》夺擂等重大戏剧活动和下乡演出，收入超过历史最高年。在第三届新世纪之声“共和国颂歌”评比中，武俊英被评为“中华英才”；团副书记、一级编剧杨焕育根据武俊英事迹撰写的报告文学《艺高惊世，穗香怡人》获征文一等奖。图为武俊英在《西厢记》中饰崔莺莺。

梅花奖得主、一级演员王艺华工作积极、成绩突出，荣获防治“非典”优秀党员称号。图为王艺华在《沙家浜》中饰郭建光。

蒲苑新秀贾菊兰以精彩演唱和水袖、双手写字绝活，夺得山西电视台《走进大戏台》2003年专业组总擂主，获雪铁龙小轿车一辆。图为贾菊兰领奖归来同团长武俊英、支部书记赵新民合影。

市蒲剧团青年演员吉有芳进京演出折子戏专场和《西厢记》，夺得第二十一届中国戏剧梅花奖，为河东折得第四朵红梅。

市蒲剧团以蒲剧《西厢记》参加中国戏剧第二十届梅花奖评比演出前受到副市长吴菊仙、宣传部长董鹏翔等领导接见。

目　　录

2004 年

文　献

大　事　记

概　况

政　治

·组织工作·

·宣传工作·

·政法工作·

·老干部工作·

·信访工作·

军　　事

法　　制

经 济 管 理

农 林 水 牧

工 业 商 贸

财 税 金 融

教　　育

科　学　技　术

文　　化

卫生　医药　体育

社　会　生　活

旅　　游

人　　物

县（市　区）概况

附　　录

※　　※　　※

2005 年

文　　献

大　事　记

概　况

政　治

军　　事

法　　治

经　济　管　理

农 林 水 牧

工 业 商 贸

建 设 环 保

交 通 邮 电

财 税 金 融

教　　育

科学技术

文化

卫生　医药　体育

社　会　生　活

旅　　游

人　　物

县（市、区）概况

附　　录

※　　※　　※

2006 年

文　　献

大　事　记

概　况

政　治

军　　事

法　　制

经　济　管　理

农 林 水 牧

工业商贸

建设环保

交 通 邮 电

财 税 金 融

教　　育

科学技术

文　化

卫生　医药　体育

社会生活

旅　　游

人　　物

县（市、区）概况

附　　录

CONTENTS

2004

SCIENCE &. TECHNOLOGY

CULTURE

HYGIENE, MEDICINE &. PHYSICAL CULTURE

SOCIAL LIFE

TOURISM

PERSONAGES

SURVEY OF THE COUNTIES (CITIES, DISTRICTS)

APPENDIX

CONTENTS

2005

DOCUMENTS

EVENTS

GENERAL SITUATIONS

POLITICS

MILITARY AFFAIRS

LEGAL SYSTEM

ADMINISTRATION OF ECONOMY

FARMING, FORESTRY, WATER CONSERVANCY & ANIMAL HUSBANDRY

INDUSTRY & COMMERCE

CONSTRUCTION & ENVIRONMENTAL PROTECTION

COMMUNICATION, POST & TELECOMMUNICATIONS

FINANCE, TAXATION & BANKING

EDUCATION

SCIENCE & TECHNOLOGY

CULTURE

HYGIENE, MEDICINE & PHYSICAL CULTURE

SOCIAL LIFE

TOURISM

PERSONAGES

SURVEY OF THE COUNTIES (CITIES, DISTRICTS)

APPENDIX

CONTENTS

2006

DOCUMENTS

EVENTS

GEMERA; SOTIATOPMS

POLITICS

MILITARY AFFAIRS

LEGAL SYSTEM

ADMINISTRATION OF ECONOMY

FARMING, FORESTRY, WATER CONSERVANCY & ANIMAL HUSBANDRY

INDUSTRY & COMMERCE

CONSTRUCTION & ENVIRONMENTAL PROTECTION

COMMUNICATION, POST & TELECOMMUNICATIONS

FINANCE, TAXATION & BANKING

EDUCATION

SCIENCE & TECHNOLOGY

CULTURE

HYGIENE, MEDICINE & PHYSICAL CULTURE

SOCIAL lIFE

TOURISM

PERSONAGES

SURVEY OF THE COUNTIES (CITIES, DISTRICTS)

APPENDIX

SCIENCE & TECHNOLOGY

CULTURE

HEALTH, MEDICINE & PHYSICAL CULTURE

SOCIAL [illegible]

TOURISM

PERSONAGES

SURVEY OF THE COUNTIES (CITIES, DISTRICTS)

APPENDIX

2004

文　献

运城市人民代表大会常务委员会工作报告

——2004年3月31日在运城市第一届
人民代表大会第六次会议上

运城市人民代表大会常务委员会主任　陈永信

各位代表：

现在，我受市一届人民代表大会常务委员会的委托，向大会作工作报告，请予审议。

一、去年的主要工作

2003年，是本届人大常委会任期的第三年。我们在中共运城市委的领导下，在省人大常委会的指导下，按照去年代表大会通过的工作报告，积极努力，探索创新，围绕中心，依法履职，是比较有生机和活力的一年。

（一）监督工作进一步得到加强

监督工作在我们这一级人大常委会是一项重要的常规性工作。一年来，常委会把这项工作放在重要位置，投人主要精力，拓宽监督渠道，加大监督力度，督促行政机关依法行政、公安司法机关公正司法。

1．进一步开展了执法检查

农民增收缓慢，农村还比较贫穷，农业潜伏着一定的风险，“三农”问题仍然是全社会关注的热点难点问题。去年，常委会把《土地承包法》的实施情况作为执法检查的重点。督促解决了一些地方不落实二轮土地承包政策、不与农户签订土地承包合同、不发放经营权证书、超过规定的上限多留机动地等问题，及时制止了个别村违法调整农户承包地的行为，有效遏制了随意改变基本农田用途的现象，维护了农民的合法权益，为农村的稳定发挥了积极的促进作用。一年来，常委会还组织开展了对环保法、防震减灾法、归侨侨眷保护法、气象法、建筑法、审计法、未成年人保护法、村民委员会组织法、民办教育促进法等10余部法律法规的实施情况进行了执法检查和执法调研，都分别取得了不同程度的实效。

2．进一步引深了“两制”工作

开展执法责任制和错案责任追究制工作，是对权力的一种制衡，也是行之有效的监督手段。去年4月份，常委会组织力量深入市直46个行政执法部门和司法机关，对引深“两制”工作进行检查和调研，有力地推动了执法公示承诺、案件评查评析、执法责任考核、群众评议等制度的落实。在推行“两制”工作中，中级法院纠正了七起错案，对相关的七个责任人进行了纪律追究，检察院纠正错案五案八人，已对四名负有执法过错责任的办案人员追究了责任。去年，常委会还进行了个案监督，河津富源煤矿特大透水事故影响大、后果严重，但是，审判机关重罪轻判，检察机关不进行抗诉，引起社会反响。常委会过问了此事，河津法院重新审理，纠正了错判，检察院对责任人实施了过错追究。

3．进一步扩大了听取和审议政府专项工作报告的范围和领域

为了能使全市经济社会协调发展，常委会不断扩大听取和审议政府专项工作报告的范围和领域。一年来，常委会先后听取和审议了城建“2211”重点工程进展情况，地改市之后市与盐湖区之间相关职能部门理顺管理体制的情况，退耕还林实施情况，畜牧发展情况，社会保障体系建设情况等专项工作报告。为了提高审议质量，常委会的组成人员和机关同志，在会前深入基层，深入群众，按照议题进行了大量的有针对性的调研，提出了切合实际的审议意见和建议。每一次的审议意见，常委会都整理成文字，书面反馈给市政府，作为政府改进和加强工作的依据。

听取和审议计划与财政方面的专项工作报告，这是此项工作中的一个重点。常委会先后听取和审议了市政府关于2003年上半年计划与预算执行情况、2002年市本级财政决算情况以及审计情况的报告。对审计工作报告中提出的整改问题，常委会的工作部门实施了跟踪监督，督促整改。常委会的工作部门还积极探索新的监督手段，在全省率先使用计算机网

络，对年度预算执行情况实施动态监督。常委会去年拓宽了监督领域，对预算超收的使用也进行了监督，听取和审议了市政府《关于2003年市本级财政超收使用方案的议案》，作出了《关于批准2003年市本级财政超收使用方案的决议》，努力推进预算审查监督由时段性向全过程、程序性向实质性转变。

（二）决定权的行使有了新的突破

讨论、决定本行政区域内的政治、经济、教育、科学、文化、卫生、环境和资源保护、民政、民族等工作的重大问题，是法律赋予我们这一级人大及其常委会的一项重要职权。怎么样行使好这项职权，尽到应尽的责任？作为首届人大常委会，我们还缺乏这方面的工作实践。但是，我们做了努力和探索。常委会在充分调研，广泛征求意见，集思广益的基础上，制定出台了市人大常委会《关于讨论决定重大事项的规定》，以便有章可循。

去年5月，市政府对地区焦化煤气厂和市船窝煤矿进行捆绑式企业改制，这本来是符合实际情况，也是迫在眉睫、刻不容缓的。但是在具体进行过程中，市政府经贸委没有依法行政，在资产评估、土地转让、竞争招标等环节中均存在违反法规现象，尤其是出让价格引起社会强烈反响。按照市委常委会的决定和建议，主任会议认真讨论后一致认为，这是我市改革和经济发展中的重大问题，也是社会和群众关注的热点问题，应该实施工作监督并作出相应的决定。因此，主任会议向常委会提出了《关于对地区焦化煤气厂和市船窝煤矿企业改制过程中存在问题实施工作监督的议案》，常委会审议后作出了否定此次竞标的决定。这不仅阻止了巨额国有资产的流失，而且提高了市人大常委会的声望。

（三）人事任免迈出了新的步伐

常委会在履行人事任免职权过程中，十分注意党管干部原则和人大依法任免干部的有机统一，不断完善和规范人事任免程序。一年来，常委会共任免我市权力机关、行政机关、审判机关、检察机关115名工作人员。在任免工作中，我们继续坚持了任前的法律考试，既注重了基本法的常识考试，更注重了工作岗位专业法的知识考试，还对审判员、检察员的任职资格进行认真审查。凡法律知识考试不及格者，任职资格不合格者，一律建议撤回提请，不进入审议程序。

常委会还特别注意了干部的任后监督，继续开展了述职评议。评议对象，民意选择。常委会从四个方面听取民意，一是在年初的人代会上，向全体代表发出《2003年述职评议对象征询卡》，征询代表意见；二是征询各民主党派和人民团体的意见；三是征询新闻单位的意见；四是征询市纪检委、市委组织部、信访局以及市政府综合部门的意见，然后综合排队，经主任会议研究，报请市委同意，常委会确定了检察院检察长程志忠、建设局局长刘建刚为述职评议对象。评议什么，调查为据。评议能否推动工作，关键是抓准问题。常委会从组成人员和部分省、市人大代表中抽选了16名素质高、议政能力强的同志组成两个调查组。调查组不仅到被评议单位及其下属单位了解情况，而且深入到县（市、区）调查研究，掌握第一手材料，还在新闻媒体上发布公告，广泛征求社会各界对被评议对象的意见。同时，被评议的两位同志也向市人大代表发出《征求意见卡》，征求代表意见，为自己写好述职报告充实内容。在此基础上，常委会举行述职评议会，听取两位被评议对象的述职报告，听取两个调查组调查结果的报告，听取审计部门对他们履职以来的经济责任审计结果的报告，然后进行评议。肯定成绩，提出问题，看到困难，推动工作。评议如何，整改见效。评议是手段，整改是目的。两个被评单位的负责同志，针对调查阶段和评议会上提出的问题和意见，下功夫抓边评边改，集中整改。检察院针对“反贪肃贿职务犯罪查办不力”、“检务工作中的批捕、起诉、抗诉、退还扣押财物有法不依、执法不严”、“司法监督职能缺乏力度”以及个别干警办人情案、金钱案的问题，制定了整改方案，认真落实。建设局针对评议中提出的建设慢、管理乱等七个方面的问题，专题研究，明确分工，责任到人，开展专项治理。对于那些本单位无力整改，需要市委、市政府解决的问题，人大常委会都整理成书面意见报送市委和市政府，市委、市政府都很重视，研究后都作了书面回复。总之，这项工作从5月到11月，经过7个月的努力，述职评议达到了对领导有触动、对单位有震动、对工作有推动的目的。

常委会还在去年11月召开的第22次会议上，听取审议了市政府18名组成人员任职以来的履职情况报告，并对他们进行了民主测评。“一府两院”其他人员作了书面述职，强化了任后监督。

（四）代表履职有了新的提高

去年，常委会加强了为代表依法履职创造便利条件，提供有效服务。一是组织代表和代表活动小组开展闭会期间的经常性活动。常委会在开展执法检查、述职评议中，吸纳部分人大代表参加。同时，注意支持代表活动小组开展活动。对盐湖区第一代表活动小组关于西花园污水治理、圣惠路立交桥维修、有线电视线网改造的收费等问题提出的意见，都与有关部门和领导积极商讨，促使问题得到解决。12月份，常委会还组织省人大代表和部分市人大代表，集体视察海参集团、运城机场、闻垣二级路、盐湖工业园区以及舜帝庙景区的开发建设。同时，还组织专业性代表小组专题视察，为出席省人代会提出有质量的议案做准备。二是认真办理和督办代表议案、建议、批评和意见。市一届人大五次会议期间，代表提出的议案、建议、批评和意见151件，连同闭会期间的3件，总共是154件，已经全部办理并逐件答复，代表们比较满意。其中，对代表提出的《关于公民旁听市人代会和常委会会议》的议案，常委会十分重视，进行了认真调研，制定了《市人大常委会关于公民旁听运城市人民代表大会及其常务委员会会议和人大代表列席常务委员会会议暂行办法》（草案），已提请常委会第22次会议进行了初审，待进一步征求意见修改之后，提请常委会审议通过。

一年来，常委会还依法加强了对县级人大换届选举工作的指导，正确处理加强党的领导、充分发扬民主、严格依法办事的关系。由于非典疫情的影响，给我们增添了新的工作内容，大大地增加了工作量，经过多次请示省人大、全国人大，得到同意和支持以后，及时调整换届选举时间，使得县级人大换届选举圆满成功，省人大常委会在运城召开了全省县级人大换届选举总结会议。常委会还做了大量的信访工作，直接督办了一批重点案件。常委会还通过工作调研、工作座谈会、邀请县（市、区）人大负责人列席会议、联合组织执法检查、代表视察，加强了与县（市、区）人大之间的联系。

去年，面对突如其来的非典疫情，常委会坚决贯彻市委和省人大常委会的部署，认真履行自己的职责，监督和支持市政府依法做好抗击非典的各项工作。5月初，主任会议及时调整工作安排，适时开展《传染病防治法》的执法检查。常委会的工作机构约同市政府的职能部门，深入到市区设立发热门诊的医院、街道垃圾堆放点、城市垃圾处理场进行执法调研和现场督查。5月中旬，常委会的3名副主任按照市委的统一组织，带领3个督查组分别到永济、河津、垣曲进行非典防治工作的督查。5月下旬，省人大常委会作出了《关于依法防治疫病保护公共卫生和环境安全夺取抗击非典全胜的决定》，为了使这个《决定》能在全市得到认真落实，常委会印发了［2003］7号文件，作出了具体安排。同时，常委会听取和审议了市政府关于防治非典工作的专项报告。6月上旬，常委会组织部分市人大代表到盐湖、闻喜、河津对落实省人大常委会的《决定》进行了检查。六月下旬，召开各县（市、区）人大常委会主任和市直11个单位汇报会，督促省人大常委会《决定》的进一步贯彻落实。同时，把反映出来需要解决的问题梳成辫子反馈给政府，要求政府尽可能解决和改进。7月上旬，常委会又一次组织检查组，深入到盐湖、永济、临猗和市中心医院、传染病医院、防疫站、特种垃圾处理场、城市垃圾填埋场检查整改的进展情况。通过这些工作，强化了依法防治疫病的观念，把公共卫生和环境安全纳入了依法保护的轨道，为全市夺取抗击非典的重大胜利，发挥了积极作用。

总之，一年来常委会的各项工作都取得了新的进展，新的提高，但是也还存在着一些问题和不足，主要是，监督工作仍需进一步加大力度，推行“两制”工作需要迈出新的步伐，决定重大事项尚待进一步探索，常委会机关办公楼的建设还需要努力。

二、今年的主要任务

在新的一年里，常委会仍然坚持在中共运城市委的领导下，在省人大常委会的指导下，以邓小平理论和“三个代表”重要思想统揽和指导各项工作，深入贯彻党的十六大和市委一届五次全会、市一届人大六次会议精神，认真履行宪法和法律赋予的各项职责，积极进取，努力工作，为推进全市社会主义物质文明、政治文明和精神文明的协调发展，尽心出力。

（一）提高认识，用“三个代表”重要思想统领人大工作

人大是人民选举产生的国家权力机关，人大应当把“三个代表”重要思想作为人大工作的根本指针。贯彻到人大工作的各个方面和整个过程。人大的每一项职能、每一项工作，都直接关系到“三个代表”重要思想的贯彻落实。因此，我们人大代表、人大常委会机关都应该把学习贯彻“三个代表”重要思想作为重要的政治任务，把立党为公、执政为民具体地、深入地落实到各项工作中去，真正做到权为民所用、情为民所系、利为民所谋。只有这样，我们才能代表人民行使好国家权力机关的职责。

（二）开拓创新，有效行使宪法和法律赋予的各项职权

1．要继续搞好执法检查

执法检查是常委会开展监督工作的基本形式。今年要改进方式，增强执法检查的实效。按照省人大常委会已经确定的检查内容，结合我市的实际情况，安排对《土地管理法》、《安全生产法》、《矿产资源法》、《环保法》、《行政许可法》、《食品卫生法》、《人口与计划生育法》、《价格法》以及防止疫病、制止家庭暴力两个《决定》的执行情况进行检查。今年的执法检查坚持四条原则：一是少而精、少而深的原则；二是精干、效能、便于活动的原则；三是标本兼治、重在治本的原则；四是查纠并举、重在整改的原则。

2．要继续引深“两制”工作

推行执法责任制和错案责任追究制是基层人大在工作实践中的一种探索，是监督工作的一种好形式。我们运城起步比较早，也总结了一些成功经验，但是去年有些松懈，今年要增加新的力度。对市直的行政执法部门和司法机关，包括有这方面职能的条管单位，不仅要检查他们推行“两制”工作的情况，而且要对其工作人员进行岗位专业法律知识的抽查考试，还要筛选一些单位，组织人大代表和专业人员对一些案件进行评查、评析活动，促进依法行政、公正司法。

3．要多安排听取和审议“一府两院”的专项工作报告

听取和审议“一府两院”的专项工作报告，是常委会开展监督工作的又一个基本形式。5月份的常委会例会听取审议市政府水务建设情况、工业园区土地使用管理情况、能源建设和发展节能产业情况、述职评议教育局局长之后的整改情况的报告。7月份的例会听取审议经济结构调整及运行情况、农村税费改革情况以及运城市区的城市建设情况的报告。9月份的例会听取审议焦化行业环保工作、新闻文化出版执法、整顿规范市场经济秩序情况的报告。11月份例会听取审议农村卫生体制改革情况的报告。通过听取和审议这些专项工作报告，提出意见和建议，促进全市经济健康运行。

听取和审议经济和财政预算专项工作报告，这是监督工作的一个重点。今年，常委会将比照全国和省人大的相关法规，在广泛调查研究的基础上，制定《加强经济工作监督的决定》和《预算监督办法》草案，成熟的时候出台，使我市人大常委会对经济工作

和财政预算的监督逐步走上规范化、法制化的轨道。同时，要继续开展对重大经济活动和重大建设项目的监督，继续提前介入财政预算编制，加强对预算执行、超收使用和年终决算的审查，逐步形成对财政资金运行的全程监督。

今年，还将在9月或11月份的常委会例会上，听取中级人民法院关于围绕公正与效率，推进司法改革与队伍建设工作的情况报告，市人民检察院关于强化法律监督、查办职务犯罪工作的情况报告。

4．要不断强化对干部的任后监督

人大依法任免干部，大量的工作是任后监督。今年，要建立健全被任命人员兑现承诺的检查通报制度。通过听取审议工作报告、执法检查、述职评议、代表视察等方式，检查承诺兑现情况，加大对任命人员的任后监督。常委会要进一步健全干部年度述职报告制度，凡由人大及其常委会选举或任命的干部，每年都要向常委会口头报告或书面报告自己履职的情况，增强人大监督意识。

今年还安排述职评议，经过民意调查，从市直选择2名、条管单位选择1名干部到常委会述职，接受评议。

5．树立榜样，开展评选“双优”活动

根据《地方组织法》的条文规定，县级以上人大常委会有权授予地方的荣誉称号。去年11月常委会第22次会议审议通过了《关于开展评选优秀人大代表和优秀人民公仆活动的决定》。这是一项跨年度的活动，本届任期5年，今年是第4年，年末评选，明年人代会上进行表彰。也就是说，在本届任期最后一年的人代会上表彰，常委会期盼着这项活动能够卓有成效地开展起来。

（三）优质服务，积极支持代表依法履职

人大代表是人大工作的主体和依托，常委会要按照《代表法》的规定，继续加强和改进代表工作。今年要突出抓好四个方面的工作：一是创造条件优质服务，通过印发常委会公报和政情通报材料、订阅人民代表报、召开座谈会，以及选择一些与人民群众关系密切的议题，进行电视的现场直播，努力为代表知情、知政、履行职务创造条件。常委会机关要成为代表之家，为代表执行职务做好各项服务。二是委托县（市、区）人大常委会在今年适当的时候，对市人大代表普遍举办一次培训活动，学习“三个代表”重要思想，学习基本法的法律规定常识、学习人大工作的基本知识，以便提高人大代表的参政议政能力。三是探索人大代表向选民述职的活动。今年先搞试点，逐步推开，进一步强化人大代表的责任感和使命感。四是认真办理人大代表提出的议案，认真答复人大代表提出的对各方面工作的批评、意见和建议，要注意克服办理中“重书面答复、轻解决问题”，“重会议期间的建议办理、轻闭会期间的建议办理”的现象。

另外，要高度重视人民群众的来信来访。要通过信访工作，及时了解人民群众的呼声和要求，对信访中反映的重大问题，要督促有关方面调查处理；对一些带共性的问题，要通过执法检查、听取和审议专项工作报告，推动问题的解决。

（四）加强宣传，使人民代表大会制度更加深入人心

今年是我国人民代表大会制度建立50周年，地方人大常委会设立25周年，前不久闭幕的全国十届人大二次会议又通过了修改后的宪法，常委会要以此为契机，一方面要宣传宪法，深入学习宪法，牢固树立忠于宪法、遵守宪法、维护宪法的意识，切实保证宪法的有效实施。另一方面，要通过各种途径和形式，充分利用新闻媒体，加强对人民代表大会制度的宣传，进一步宣传人民代表大会制度的优越性，增强坚持人民代表大会制度的自觉性，把人民代表大会制度建设好、完善好。

各位代表，新的一年对我们提出了新的要求，我们面临的任务繁重而艰巨，让我们坚定不移地在中共运城市委的领导下，切实有效地履行宪法和法律赋予人大的各项职责，不辱使命，不负众望，为全面建设运城小康社会尽心竭力，再做贡献。

政 府 工 作 报 告

——2004 年 3 月 29 日在运城市第一届人民代表大会第六次会议上

运城市代市长　胡苏平

各位代表：

现在，我代表市人民政府向大会作工作报告，请予审议，并请市政协委员和列席人员提出意见。

一、2003 年工作回顾

2003 年，是我市经济社会发展取得重大成就的一年，也是很不寻常的一年。面对突如其来的非典疫情和雨灾、雹灾等自然灾害，各级政府和全市人民按照中央、省的决策部署，在中共运城市委的正确领导下，全面贯彻“三个代表”重要思想和党的十六大精神，齐心协力，顽强拼搏，开拓创新，扎实工作，全市经济社会发展和各项事业都取得了令人瞩目的新成就。

（一）国民经济大幅增长。全市生产总值达到292.3 亿元，同比增长 15%。财政总收入 34.2 亿元，同比增长 27%，一般预算收入 11.9 亿元，同比增长14.7%；9 个县（市、区）财政收入超亿元。规模以上工业增加值 117.6 亿元，同比增长 21.7%；实现利税 52.8 亿元，同比增长 98.8%；规模以上工业对全市生产总值贡献率达到 57.3%。全社会固定资产投资102.4 亿元，同比增长 26.5%。社会消费品零售总额80.6 亿元，同比增长 15.1%。进出口总额 3.6 亿美元，同比增长 85.5%。市一届人大五次会议确定的各项预期目标均超额完成。

（二）结构调整继续推进。一是重大调产项目进展顺利。入围省“1311”规划的 44 个调产项目已有26 个建成或部分建成，成为全市经济快速增长的重要支撑。二是产业结构继续优化。全市三次产业比例调整为 14.9∶58∶27.1，一产继续调优，二产不断调强，三产正在调大。全市粮食总产量 13.7 亿公斤，比上年增长 3.5%。设施农业达 48.6 万亩。肉、蛋、奶分别比上年增长 10.4%、14.2%、65%。农业产业化龙头企业有 3 家进入国家级重点龙头企业，8 家进入省级重点龙头企业。以山铝、关铝、永济热电厂等为骨干的煤电铝材产业链不断延伸壮大。全市 58 项重点调产项目，建成投产 26 项，新增销售收入 47 亿元，新增利税 7.3 亿元，拉动全市工业经济增长 15个百分点以上。中国死海、关帝庙、后土祠、鹳雀楼、普救寺等旅游景区景点基础设施建设和环境整治取得积极成效。城市基础设施建设投资突破 7 亿元，“2211”工程进入扫尾阶段。供水管网改造基本结束，排水管网改造取得突破性进展。盐湖防护林带一期工程竣工。退耕还林、天然林保护、“三北”防护林等国家重点林业工程完成 87.5 万亩。闻垣二级旅游路竣工通车。新禹高速公路完成征地拆迁。民用飞机场主体工程已经完成。南同蒲铁路复线工程通过铁道部论证。三是园区经济不断规范和提高。运城、华信、风陵渡三个经济技术开发区和南风工业园等有潜力和前景的经济园区，对全市经济发展的拉动力不断增强。在全省经济结构三年初见成效总结表彰会上，我市被评为唯一的“经济结构调整突出贡献市”，芮城县被评为“突出贡献县”，永济市被评为“结构调整先进市”，山铝、关铝、海鑫、亚宝、忠民、粟海、新绛蔬菜产业发展有限公司等 7 家企业被评为“突出贡献企业”。

（三）人民生活稳步提高。城镇居民人均可支配收入 6172 元，增长 12.1%；农民人均纯收入 2321 元，增长 7.6%。农村税费改革基本完成，农民人均税赋下降 55.4%。移民搬迁 1 万人，新解决 5 万人的温饱问题。建成饮水工程 427 处，解决了 537 个自然村、21 万人的饮水问题。“两个确保”继续巩固，确保率均达 100%。全市参加医疗保险的干部职工和离退休人员 23 万人，参加失业保险的人数 24 万人。安排城乡低保资金 4500 多万元，使城镇 61480 人、农村56191 人享受低保。抗灾救灾成效显著，15 万受灾群众得到妥善安置。市区空气质量二级以上天数达到133 天，比上年增加 49 天；各县（市、区）空气质量也有不同程度的改善。

（四）社会事业全面发展。科技项目开发力度进一步加大。市级科技计划项目 79 项，省级以上科技项目 22 项。高新企业总数达到 17 家，开发高新技术产品 55 个。基础教育改革继续深化，素质教育全面实施。中小学布局调整和标准化学校建设积极推进，职业教育、成人教育服务经济的功能进一步增强。民办教育在规范中发展。现代信息技术教育工程进展顺利。新型农村合作医疗试点工作积极展开，农村医疗卫生条件有所改善。计划生育、广播电视、文化艺术、民族宗教、文物、旅游、体育、档案、老龄、残疾人等社会事业都取得了新成绩，国防教育、民兵预备役和双拥工作得到加强，永济市被评为双拥模范城。

（五）民主法制建设继续加强。各级政府和部门自觉接受同级人大及其常委会的法律监督、工作监督和政协的民主监督，不断加强同民主党派、无党派人士和人民团体的联系，广泛听取社会各方面意见和建议。全年共采纳人大代表建议124件，办理政协委员提案218件，满意率均达90%以上。办理行政复议案件65件。审查各类规范性文件35件，取消行政审批事项198项和行政事业性收费项目39项，成立了运城仲裁委员会。第六届村委会换届选举工作基本结束，换届率98.9%。整顿和规范市场经济秩序成效显著。严厉打击各类刑事犯罪和经济犯罪，维护了社会稳定。

（六）抗击非典取得重大胜利。面对非典疫情，市政府及时下发了《关于防治非典型肺炎的通告》，坚持科学防治，群防群控，建立了市、县、乡、村、组五级防控网络。各级领导深入一线，靠前指挥。广大医务工作者恪尽职守，无私奉献。经过两个多月的艰苦努力，实现了"临床确诊病人'0'死亡，医护人员'0'感染"的防控目标，取得了抗击非典的重大胜利，铸就了"万众一心、和衷共济、迎难而上、敢于胜利"的伟大精神。

2003年全市经济社会发展取得的成绩来之不易。这是新一届中央领导集体和省委、省政府正确领导的结果；是全市人民在市委的领导下，团结拼搏、开拓创新的结果。在此，我代表市人民政府，向全市广大干部和人民群众致以崇高的敬意！向驻运部队指战员、武警官兵和关心支持运城发展的各界人士表示衷心的感谢！

同时，我们也清醒地看到，经济社会发展中还存在着一些突出矛盾和问题，比如，经济发展的软环境不良，一些体制性障碍仍然制约着经济社会发展；电力供需矛盾加剧，已成为制约经济快速增长的瓶颈；农民增收缓慢，"三农"问题突出；中心城市的承载功能不强，管理水平不高；就业和社会保障压力加大；有低水平盲目重复建设的倾向；水资源短缺，保护环境和资源的任务艰巨；县（市、区）之间发展不平衡；市煤气焦化厂和船窝煤矿改制中发生违规操作，造成不良影响。这些矛盾和问题，直接影响到我市翻番目标的实现和经济社会全面协调发展。我们一定要坚持以科学的发展现为指导，在改革的实践中认真加以解决。要以新的精神状态和工作作风，全面履行政府职责，不辜负全市人民的期望。

二、2004年经济社会发展的主要任务

今年是深入贯彻党的十六大和十六届三中全会精神的重要一年，也是我市实现第一个翻番目标的关键之年。根据市委确定的经济社会发展指导思想，今年政府工作的总体要求是：**以邓小平理论和"三个代表"重要思想为指导，全面贯彻十六大、十六届三中全会、省委八届五次全会和市委一届五次全会精神，坚持以人为本，依法行政，牢固树立全面、协调、可持续的科学发展观，紧紧围绕全面建设小康社会总目标，以奋力实现第一个翻番为主题，以经济结构调整为主线，以改革开放和科技进步为动力，以增加城乡居民收入和财政收入为中心，继续深化改革，全面统筹协调，狠抓项目拉动，突破瓶颈制约，促进农民增收、民营扩张、三产提升，加快推进新型工业化、农业产业化和城镇化进程，注重发展社会事业，关心群众生产生活，确保全市经济持续，陕速发展和社会全面进步。**

根据上述要求，今年全市宏观调控的主要预期目标是：生产总值增长12%；财政总收入增长12%；规模以上工业增加值增长17%；固定资产投资增长20%；社会消费品零售总额增长14%；农民人均纯收入增长7%；城镇居民人均可支配收入增长9%；外贸进出口总额增长12%；城镇新增就业人数3万；城镇登记失业率控制在4%以内；人口自然增长率控制在7‰以内；大气污染总量下降10%，水一质污染程度好转12%。

确定这样的预期目标，有利于保持全市经济持续快速稳定增长；有利于人口、资源、环境全面协调可持续发展；有利于集中精力，深化改革，调整结构，提高经济增长的质量和效益。全市上下必须以科学的发展观统揽全局，统一思想认识，增强机遇意识，克服盲目乐观情绪，切实保护好、引导好、发挥好各方面加快发展的积极性，推进经济和社会的全面进步。

（一）以经济结构调整为主线，确保五年明显见效

按照省委、省政府《关于行业调产实施方案》要求，围绕我市"六群一带"产业格局，以入围省"1311"调产规划的44个项目为重点，加快信息化步伐，促进传统产业新型化，新兴产业规模化，支柱产业多元化。

一是抓好铝电材、钢铁和镁业等冶金产业群。发挥山铝、关铝、海鑫、振兴、中条、银光等企业的龙头和排头兵作用，带动冶金产业快速发展。山铝28万吨电解铝和80万吨氧化铝项目，力争2005年部分建成投产。阳光集团140万吨焦炉技改工程、平陆武圣铝业60万吨氧化铝项目要加紧前期工作，尽快开工建设。

二是抓好日用化工和煤化工产业群。南风、丰喜、阳光等企业要进一步做强做大。南风集团的特色皂、绿色液洗项目，丰喜集团的环保型脲醛胶、专用树脂和甲醇项目，芮城福斯特甲基酚系列产品等要确保按期完工，尽快达产达效。

三是抓好农副产品加工产业群。立足我市优势，积极扶持发展果品、芦笋、脱水蔬菜、肉食品等农副产品加工业。入围省"百龙工程"的粟海、忠民、维之王、中鲁、胃乐、农之龙等19个龙头企业，要在市场开拓、科技创新、资产整合等方面发挥辐射作用，带动更多的农户进入市场。同时，紧紧抓住国家、省认定农业产业化龙头企业的契机，争取更多的企业入围。

四是抓好精密铸造、机械制造产业群。通达、中信共建重型汽车项目争取早日立项。三联集团精密铸造、华信国际铸造工程等都要加快建设步伐，力争到2005年全市铸造业规模达到10万吨，实现销售收入10亿元。

五是抓好医药、新型材料、玻璃器皿等有发展潜

力的产业群。芮城亚宝、万荣恒磁、芮城PPE、闻喜红伟玻璃等企业要下大力气做优做强，加速发展，尽快成为我市经济增长的新亮点。六是抓好以旅游业为龙头的第三产业群。继续强化“五千年文明看运城”旅游大市形象宣传，着力打造“华夏揽胜”——中国运城、“中华祭地圣境”——万荣后土词、“关公故里”——运城解州、“中国死海”——运城盐湖、“中华名楼”——永济鹳雀楼、“回归自然”——黄河历山等旅游品牌。加快关帝庙和永乐官争创4A景点步伐。重点培育中国死海、垣曲历山、永济五老峰、夏县泗交、芮城圣天湖等休闲娱乐旅游景点。推进争创中国优秀旅游城市工作，瞄准晋陕豫和周边地市一级客源市场，积极拓宽京津沪二级客源市场，重视宣传促销，着力推出“六点一线”黄金线路。创新经营体制，积极建立投资多元化的旅游产业集团。力争全市旅游业总收入达到13亿元。积极发展商贸、餐饮、房地产、信息咨询、保险、物流等第三产业，提高服务业在国民经济中的比重。七是抓好高速公路经济增长带建设，促进资源优化配置和布局调整，带动沿线经济发展。

（二）把解决“三农”问题作为重中之重，千方百计增加农民收入

增加农民收入是“三农”问题的核心。要按照今年中央“一号文件”的要求，统筹城乡经济社会发展，更多地关注农村，关心农业，关爱农民。坚持“多予、少取、放活”的方针，调整农业结构，扩大农民就业，加快科技进步，深化农村改革，减轻农民负担，强化对农业的支持保护，促进农民收入较快增长。

一是重视和保护粮食生产能力，大力发展区域特色农业。实行最严格的耕地保护制度，小麦面积稳定在400万亩，确保粮食安全。抓好棉花生产。按照优质、高效、高产、生态、安全的要求，大力发展特色农业。水果面积保持300万亩，通过建精品园、产精品果、打精品牌，使果品优质率达到60%以上。做好动物防疫检疫，截断各种疫情传播途径。大力开发以奶业、草业为主的潜力产业。设施农业要发展到58万亩，无公害农产品面积达到50万亩，绿色食品认证突破50个，不断提高农产品的市场竞争力。

二是加强农业基础设施建设，增强农业抵御风险能力。以建设“节水运城”、“绿色运城”为目标，加大农业综合开发力度，不断改善农业生产条件，提高农业机械化水平。重点抓好汾河入黄口治理、大灌区节水、农发项目、水保项目、中留、吕庄两座水库除险加固以及中型灌区改造项目争取工作；大力推广膜下滴灌等节水技术，发展节水面积10万亩；继续实施农村人畜饮水解困工程，新解决12万人吃水困难问题；做好饮水安全项目前期工作，确保高氟水地区群众的饮水安全。加快“小康林业”建设步伐，抓好“三山”、“三路”、“三河”、“三渠”绿化、退耕还林还草等生态环境体系建设，完成植树造林30万亩。

三是加快农村劳动力向二、三产业转移。转变就业观念，发展劳务中介，加强技能培训，积极拓展农民就业空间，全年培训农民20万人，转移农村劳动力15万人，争取与30个重点用工城市建立长期劳务输出协作关系。鼓励农民走出国门，务工就业。深化户籍制度改革，凡有稳定职业和住所的农业人口，都可在城市就地登记户口。优化劳动力转移就业环境，维护农民工合法权益。

四是加快小城镇建设。把推进城镇化同发展民营经济、调整产业结构、促进农业产业化结合起来。着力抓好中心城市、12个县（市）城、50个重点小城镇建设，引导民营企业向城镇集中。

五是继续推进扶贫开发和小康建设。完善扶贫开发机制，抓好平陆等县移民搬迁和整村脱贫，万荣、夏县要基本达小康。

六是全面落实党在农村的各项政策。继续稳定和完善以家庭承包经营为基础、统分结合的双层经营机制。按照依法、自愿、有偿的原则，促进土地流转和规模经营。严格界定公益性和经营性建设用地，完善土地征用程序和补偿机制。加快农业社会化服务、农产品市场和农业支持保护体系建设。加强农民产前信息引导，产中技术指导，产后流通疏导，发展合作经济，提高农民进入市场的组织化程度。深化农村税费改革，落实中央关于农业税每年降低一个百分点、五年取消农业税的规定。加大对农村教育、卫生、文化等公共事业支出。加快推进新一轮县乡机构改革和农村义务教育体制等综合配套改革。

（三）大力发展非公有制经济，壮大县域经济实力

加快发展县域经济，是富民强市的关键所在。各县（市、区）要抢抓机遇，发挥比较优势，培育一批有特色的主导产业，加快发展，争先发展。抓项目扶持。各县（市、区）要按照国家产业政策，扶持一批科技含量高、经济效益好、资源消耗低、环境污染少、能够充分吸纳劳动力的项目。遵循“超前规划、合理布局、政府引导、产业关联、资源共享”的原则，依法依规发展园区经济，重点抓好闻喜海鑫、万荣恒磁、盐湖科技工业中心等一批富有竞争力的园区。

抓环境支持。加大投资力度，抓好水、电、路、通讯等基础设施建设。放宽非公有制经济市场准入领域，允许个体、私营、外资、独资、合资等经济成份进入法律法规未禁止的基础设施、公用事业及其它行业和领域。鼓励、支持民营企业投向农副产品加工、机械制造等劳动密集型产业；对从事高新技术和国家、省、市鼓励行业的民营企业，要从政策上给予倾斜支持。继续完善对民营企业的服务机制，在政策、信息、项目、资金等方面提供全方位服务，努力使民营经济成为增加税源、扩大就业和县域经济的主体。河津市要争取2005年跨入全国百强县，闻喜县要接近百强县，盐湖、新绛、永济、临猗、芮城、稷山要力争今年翻番，其它县也要确保2005年实现翻番。

（四）加快中心城市建设，不断完善基础设施

中心城市要在完善城市功能、提升管理水平上下功夫。一要加紧完成“2211”工程。南风广场确保

"五一"正式开放；高专东路、河东街延长线道路和盐湖防护林带二期工程确保今年完工。加快新区建设步伐。建设投资公司要加快运作，为城市建设提供资金支持。二要开始启动实施"12345"工程，即：①道路畅通工程，打通断头路，疏通障碍路，拓宽拥挤路口，缓解交通拥挤状况；②改造建设两个苑(园)——人民公园、槐东文化苑；③城市绿化工程——水库绿化（八一水库、樊村水库和盐池北堤岸绿化)、解放路北段绿化改造工程和盐湖大道绿化工程(文苑小区小游园绿化)；④市政公用工程——铺安街排水、集中供热、全城道路维修和环卫设施安装工程；⑤改造建设五条道路——槐东路、人民中路（南风广场北侧)、机场路、圣惠南路和内环路（条山街、高专东路北段)。对上述工程，要区分轻重缓急，逐步推进。其中道路畅通工程、机场路工程、圣惠南路工程今年要确保完工。三要加强城市管理。增强城市意识，提高市民素质。抓好中心城市九大出入口整治。搞好城市供排水工程建设。尽快完善环境卫生四级管理网，建立长效管理机制，努力使市容市貌明显改观。四要强化基础设施建设，提高中心城市的承载力和辐射力。新禹高速公路力争年底完成路基土建工程；运城——稷山一级公路、209国道河津——临猗段力争2005年建成通车；城市外环高速要完成立项工作；济源——运城（东镇）高速公路前期准备要加紧进行；机场互通立交桥要早日完工；飞机场确保年内通航；南同蒲铁路复线要尽快开工建设；运城——三门峡股份制铁路要抓紧前期论证；运城一永济旅游专线要早日竣工。

我市已进入新一轮经济增长期，电力供需矛盾十分突出，预计今年电力缺口将近一半，要多方面采取措施，努力解决好这一事关全市经济发展和人民生活的重要问题。一要加强计划用电管理，增强全民节电意识。二要加快大唐2×60万千瓦、运城关铝2×20万千瓦热电联产、振兴2×20万千瓦、山西铝厂2×30万千瓦等在建电厂项目的建设。永济电厂2×30万千瓦机组要抓紧开工，河津电厂三期、国电集团绛县电厂、平陆电厂等新建电源点项目也要加紧立项，力争早日开工。三要积极争取省政府增加北电南送量。四要积极协调争取陕西和河南等周边省市的富余电量，弥补当前电力缺口。五要搞好电力调度，确保城乡居民生活和重点企业用电。

（五）加快推进改革开放，增强市域经济活力

完善国有资产管理和监督体制。按照"归属清晰，权责明确，保护严格，流转顺畅"的要求，建立现代产权制度，完善公司法人治理结构，形成权力机构、决策机构、监督机构和经营管理者之间各负其责、运转协调、有效制衡的法人治理结构。继续放开搞活国有中小型企业，采取改组、联合、兼并、承包经营、股份合作等形式，实现产权多元化。按照中央、省新一轮机构改革的要求，加快组建国资委、发改委、商务局，加强人口和计生委、药品食品监督管理局。推进教育和卫生事业机构改革。

充分发挥我市经济的比较优势和承东启西的区位优势，利用国际国内两种资源、两个市场发展我市经济。发挥三个开发区对外开放的先导作用。建立政府与重点外资企业对话制度。拓宽外事工作对外交往合作的领域。大力实施"引进来"战略。把吸引外商直接投资作为利用外资的重点，着力引进跨国公司的高新技术和高附加值的加工制造环节，改造提升传统支柱产业。引导外资更多地投向农副产品加工、旅游业、商贸流通、基础设施建设等。改进招商方式，推行委托招商、网上招商、在线交易会等新型模式，加强项目跟踪，确保项目落实。加强行业协会组织建设，建立健全反倾销预警机制，切实维护企业合法权益。积极实施"走出去"战略。鼓励有条件、有实力的大型企业到国外投资办厂，开展跨国经营。对"走出去"的企业实行政策扶持。积极设立外经贸发展基金。认真落实出口退税制度，市县两级财政承担部分要及时足额到位。推进内外贸一体化进程。内贸要重点抓好连锁超市、电子商务、物流配送等现代流通业态，搞好市场建设。外贸要优化出口商品结构，提高农产品、机电产品、高新技术产品的出口比重。

（六）做好财税金融工作，保障和促进经济社会健康发展

一是继续深化财税改革，强化预算管理。县(市、区）级要巩固会计集中核算的成果，市级继续完善国库集中收付，落实采管分离，扩大采购规模。加强投资评审和产权交易管理，所有政府性资金必须纳入财政管理。继续深化收支两条线管理改革，严格执行"收支脱钩，收缴分离"的政策。

二是认真落实国家税收改革的有关政策。积极推进税制改革，全面落实中央关于扶持下岗职工再就业、投资国产设备抵免所得税等各项税收优惠政策。

三是大力开展增收节支。按照建立公共财政的要求，积极调整财政支出结构，坚持保稳定、保运转、保安全、保改革、保重点，切实保障公教人员基本工资、国企下岗职工基本生活费、企业离退休人员基本养老金、城镇困难群众最低生活保障费、部分企业军转干部生活困难补助费、企业破产费、农村救灾资金以及法律法规规定的重点支出的需要。各级财政部门要从严安排预算内外支出，反对铺张浪费，确保收支平衡。严格预算管理，继续实行一般性支出零增长的政策。

四是积极推进金融改革。加快金融创新，改善金融服务，完善地方金融体系，大力培育和发展地方金融产业。积极做好农村信用社改革的前期准备工作，逐步把农村信用社改造成为服务"三农"的地方金融机构。

五是整顿和规范市场经济秩序。重点抓好直接关系人民群众身体健康和生命安全的食品、药品、加油站等专项整治，对重点大宗商品和交易市场进行专项检查，严厉打击制假售假和商业欺诈。搞好商业网点规划，完善市场监管体系，形成长效监管机制。加强工商、质监、药监、物价、海关、检验检疫等工作。加强对商标、专利、著作权等知识产权和名牌产品的保护。加快建立企业信用档案，构建统一的企业信用

信息数据综合分析、评价和发布平台。

（七）切实加强环境保护，促进可持续发展

严格审批程序，规范资源出让。强化对水资源、生态功能区、自然保护区、生态示范区监管。加强对煤、铝、铁、镁等优势矿产资源的保护。遏制钢铁、水泥、焦炭等部分行业低水平重复建设。提高污染行业的准入门槛，实行生产能力等量或减量置换。坚决关停和取缔严重浪费资源、污染环境、破坏生态的企业和设施。重点旅游景区今年要全部完成环境综合整治规划。

完善环境保护监督制约机制。加强对建设项目的环境影响评价，实行对环评报告审批终身责任追究制度。完善排污收费机制。加大环保执法，对于违法案件，要依法从严查处。

积极推进绿色 GDP 核算。发展循环经济，推行清洁生产。严格实行环境保护行政首长目标责任制，把各县（市、区）污染总量控制和环境质量作为政绩考核的重要内容。市区空气质量二级以上天数要达到150天。

（八）实施科教兴市战略，走人才强市之路

加快科技创新体系建设。建立有利于突出重点、综合集成、高效配置科技资源的管理体制。加强农科教、产学研结合，鼓励企业与高等院校、科研院所联合开发。鼓励企业增加技术开发费用，增强技术创新和应用能力。完善科技中介服务和职业技能的鉴定工作，加强科技风险投资、科技企业孵化、科技咨询服务和技术市场建设。完善科技投入体系和风险投资机制，促进技术资本与金融资本相结合。

建设学习型社会，构建终身教育体系，全面推进素质教育。切实把教育放在优先发展的战略地位，依法加大教育投入。整合教育资源，建设教育园区，加快筹建运城职业技术学院。深化农村教育综合改革，促进基础教育、职业教育、成人教育“三教统筹”，增强城乡劳动者就业创业能力，努力把人口压力转变为人才资源。巩固和完善以县为主的农村义务教育管理体制，依法保障农村教育经费足额到位。继续抓好危房改造和布局调整，启动示范性高中学校建设。继续推进校务公开和收费公示制度，坚决治理教育乱收费。大力支持和规范民办教育，鼓励中外合作办学。完善政府和社会资助困难家庭学生制度。深化中小学人事制度改革，实施全员聘用和教师资格准入制度，加强校长和骨干教师队伍建设。

大力实施人才强市战略。把人才工作纳入全市经济和社会发展的总体规划，紧紧抓住培养、吸引、用好人才三个环节，大力加强公务员、企业经营管理和专业技术人才三支队伍建设。建立和完善人才市场体系，疏通人才流通渠道，促进人才合理流动。以能力和业绩为导向，逐步建立科学的人才评价和使用机制。

（九）加快发展社会各项事业，加强社会主义精神文明建设和民主法制建设

牢固树立以人为本和全面、协调、可持续的发展观，深化改革，增加投入，完善政策，加快社会事业发展步伐。加强公共卫生建设，抓好市、县两级疾病预防控制体系、突发公共卫生事件医疗救治体系、重大疫情信息网络体系和卫生执法监督体系建设，建立重大传染病防治工作长效机制。加强农村医疗卫生基础设施和农村卫生队伍建设。改革乡镇卫生院管理体制，搞好新型农村合作医疗试点，建立完善贫困农民医疗救助制度。深化城镇医疗卫生体制改革，鼓励公平竞争，实现医疗机构多种所有制并存，积极发展城市社区卫生服务。加强卫生执法监督工作，确保人民群众卫生和医疗安全。大力开展爱国卫生运动。加大农村改水改厕力度。加强人口与计划生育工作，不断稳定低生育水平，提高出生人口素质。加快文化体制改革步伐，逐步建立党委领导、政府管理、行业自律、企事业单位依法运营的文化管理体制。健全文化市场体系，建立富有活力的文化产品生产经营机制，鼓励和支持社会力量创办文化企业。完善统计体制，做好首次全国经济普查工作。广泛开展全民健身运动，努力提高竞技体育水平。发展气象科技，提高防灾减灾能力。认真做好文物保护、档案、史志、测绘等工作，关心和支持妇女、儿童、老龄、残疾人、红十字等各项社会事业。普及科学知识，弘扬科学精神。积极开展精神文明创建活动，不断提高全民思想道德素质和科学文化素质。

发展社会主义民主，健全社会主义法制。各级政府要自觉接受同级人大及其常委会的监督，接受人民政协的民主监督，认真听取民主党派、工商联、无党派人士和各人民团体的意见。进一步扩大基层民主，以村务公开和社区服务为重点，完善村民自治和城市居民自治。坚持和完善职工代表大会和其他形式的企事业单位民主管理制度，保障职工合法权益。关心重视少数民族和侨务工作。依法加强宗教事务管理。加强律师、公证等法律服务，做好法律援助工作。加强“四五”普法，提高全民法律素质。

强化综合治理，维护社会稳定。严厉打击黑恶势力犯罪、严重暴力犯罪、多发性侵财犯罪、毒品犯罪。继续开展同黑恶势力的斗争。进一步强化以首问责任制为重点的社会治安综合治理各项措施。重视群众来信来访，高度重视并妥善处理新形势下的人民内部矛盾，协调好各方面的利益关系，努力把问题解决在基层和萌芽状态。完善国防动员体制，搞好预备役部队与民兵建设。做好复转军人安置，维护军人、军属合法权益。深入开展国防教育和双拥活动，巩固发展军政军民团结。

（十）加大就业和社会保障力度，努力改善人民生活

按照市委一届五次全会决定，大力实施“为民工程”。继续实施积极的就业政策，把财政、信贷支持和税费减免政策真正落到实处。发展壮大劳动密集型产业和非公有制经济，挖掘第三产业和各类企业特别是中小企业的用工潜力，多渠道安置下岗失业工人。探索建立就业保障制度，逐步用岗位救助替代生活救助。健全再就业援助制度，行政事业单位80%的公益性岗位，首先安置“4050”人员和城镇退役士兵。

培育发展劳动力市场，完善就业培训和服务体系，提高劳动者就业能力、工作能力和职业转换能力。健全用工备案制度，规范企业用工行为。加强劳动执法监察，维护劳动者的合法权益。

完善社会保障体系。继续做好“两个确保”工作，搞好“三条保障线”的衔接，切实保障国有企业下岗职工基本生活费和企业离退休人员基本养老金按时足额发放，不能出现新的拖欠。加强对社会保障基金的管理，完善社会统筹与个人账户相结合的基本养老保险制度，逐步做实个人账户。从今年起基本养老保险金实行市对县（市、区）统收统支，并积极创造条件实行企业退休人员社会化管理。健全失业保险制度，稳步推进国有企业下岗职工基本生活保障向失业保险并轨。继续完善城镇职工基本医疗保险制度，健全社会医疗救助和多层次的医疗保障体系。依法扩大社会保险覆盖面，重点抓好个体私营等非公有制企业和灵活就业人员的参保工作。完善城乡居民最低生活保障制度，规范低保标准和范围，努力做到应保尽保，市、县（市、区）政府配套资金要落实到位，确保按标准及时发放。

进一步理顺关系，完善制度，开展经常性社会捐助活动。切实帮助困难家庭解决就医难、上学难。继续推进农村特困户救助工作，启动实施农村医疗救助制度，搞好农村特困群众大病医疗救助试点和重点优抚对象大病医疗补助。继续建立完善农村低保和五保户生活保障制度，确保供养资金。加强灾害救助体系建设，做好灾民倒塌房屋重建和灾区税收减免工作，切实安排好群众的生产生活。

增加城乡居民特别是中低收入居民的收入。强化对企业工资支付的监控，督促企业加快偿还拖欠职工工资；抓好建设领域清理拖欠工程款和农民工工资工作；建立解决拖欠农民工工资的长效机制，防止发生新的拖欠。政府支持的农村项目建设投资，要专门列支农民报酬一项。认真落实中央和省有关调整工资的政策，切实解决好一些地方拖欠公教人员工资问题，确保不发生新的拖欠。各类企业都要按时支付工资，严格执行最低工资制度，有条件的企业，要适当增加职工工资。

以对人民高度负责的精神，切实抓好安全工作。以煤矿生产、交通、食品、消防等为重点，强化监管，加强整治，落实防范措施，健全责任制，严肃查处各类安全事故，依法追究有关人员的责任。

三、加强政府自身建设，提高行政能力和管理水平

今年工作任务艰巨。各级政府要按照建设廉洁、高效、勤政、务实、法制、服务型政府的要求，进一步加强自身建设，加快形成“政府创造环境，企业创造效益，人民安居乐业”的良好局面。

第一，转变职能，优化服务。各级各部门要强化服务型政府理念，切实把政府经济管理职能转到主要为市场主体服务和创造良好的发展环境上来。在加强经济调节、市场监管同时，更加重视政府公共服务和社会管理职能。政府的财力、物力等公共资源，要更多地向社会发展和公共服务方面倾斜。强化社会管理，规范社会组织，疏解社会矛盾，保证社会公正，维护社会稳定，建立健全各种应急机制，保障人民群众生命财产安全。按照“统筹规划，资源共享，面向公众，保障安全”的要求，实施政府“提速”工程，大力加强电子政务建设，改进管理方式，提高行政效率。建立信息公开制度，增强政府工作的透明度。

第二，发扬民主，科学决策。各级各部门要把民主科学决策做为一项基本工作制度，进一步完善公众参与；专家论证和政府决策相结合的决策机制，提高决策的科学性和正确性。建立和完善重大问题集体决策制度、专家咨询制度、社会公示和听证制度以及决策责任制度。对事关人民群众切身利益的重大决策，要认真听取各方面的意见。建设诚实守信、求真务实的政府，努力推进政府决策的民主化、制度化和科学化。

第三，依法行政，提高效率。加强政风建设和公务员队伍建设。抓好市政府已出台的《行政执法规定》、《行政投诉规定》、《文件备案规定》、《行政执法监督检查规定》、《行政效能建设和监察意见》的落实，进一步规范公务行为，加大责任追究，提高工作效率。全面贯彻实施《行政许可法》，抓好人员培训，认真清理行政许可的项目、规定和实施主体，实行行政执法责任制和执法过错追究制，做到有权必有责、用权受监督、侵权要赔偿。认真汲取市煤气焦化厂和船窝煤矿两个企业改制教训，加强对权力的监督和约束，防止权力失控，行为失范。监察、审计部门要依法独立行使监督职能，加大对违法违纪案件的查处力度，确保人民赋予的权力真正用于为人民谋利益。

第四，求真务实，勤政为民。我们的政府是人民的政府，我们的干部是人民的公仆。各级领导干部都要按照“务实、为民、清廉”的要求，树立科学的发展观和正确的政绩观，牢牢把握第一要务，时刻铭记“两个务必”，认真实践“三个代表”，大力弘扬求真务实精神，把群众利益放在第一位置，把群众满意作为第一追求，真正做到情为民所系，权为民所用，利为民所谋。反对官僚主义和形式主义，反对华而不实、劳民伤财的“形象工程”和“政绩工程”。要自重自律，以身作则，做勤奋学习、善于思考的表率，政治坚定、服务大局的表率，公道正派、清正廉洁的表率。以对人民深厚的感情和高度的政治责任感，把立党为公、执政为民落实到工作中去。

各位代表，全面建设小康社会，奋力实现第一个翻番目标，责任重大，使命光荣。全市人民对政府的信任和支持，是我们克服困难，做好工作的力量源泉。让我们在市委的正确领导下，高举邓小平理论和“三个代表”重要思想伟大旗帜，更加紧密地团结在以胡锦涛同志为总书记的党中央周围，紧紧依靠全市人民的智慧和力量，自觉接受人大和政协的监督，接受各民主党派和社会各界的监督，接受全市人民和新闻舆论的监督，求真务实，开拓创新，努力完成全年的各项工作任务，在建设“四大一强一中心”和全面建设小康社会的伟大事业中取得新的更大的成绩！

关于2003年国民经济和社会发展计划执行情况与2004年国民经济和社会发展计划草案的报告

——2004年3月29日在运城市第一届人民代表大会第六次会议上

市发展计划委员会主任 张道中

各位代表：

受市人民政府委托，我向大会报告2003年国民经济和社会发展计划执行情况，以及2004年国民经济和社会发展计划草案，请予审议，并请市政协委员和其它列席人员提出意见。

一、2003年全市经济社会发展计划执行情况

2003年全市人民在市委、市政府的正确领导下，认真贯彻党的十六大精神，努力实践“三个代表”重要思想，全面落实中央和省的各项战略部署，开拓进取，扎实工作，取得了抗击“非典”和经济发展双胜利。全市经济继续保持快速增长，主要经济指标全部实现预期目标，各项社会事业也取得明显进步。

（一）经济总量快速增长，增速创十年来新高

全市生产总值完成292.3亿元，比上年增长15%，比全国、全省分别高5.9个和1.8个百分点，增幅创近十年来新高。其中第一产业增长5.9%，第二产业增长20.9%，第三产业增长9.2%。

农业经济稳步发展。全市实现农林牧渔业总产值77. 3亿元，增长8.5%。粮、棉、油、肉、蛋、奶都有较大幅度的增长。工业经济高速运行。全市规模以上工业企业实现工业增加值117.6亿元，增长21.7%，比上年提高4.6个百分点。经济效益全面攀升，利税总额由上年26.5亿元增至52.8亿元，增长98.8%。经济的快速增长，为全市财政收入增长奠定了基础。全市实现财政总收入34.2亿元，增长27%，其中一般预算收入完成11.9亿元，增长14.7%。

（二）固定资产投资增势强劲，投资结构进一步优化

全社会固定资产投资完成102.4亿元，增长26.5%。投资结构进一步优化。一是一批重点项目进展顺利，有25项重点工程相继建成投产。二是调产项目投资比重加大，占到全市投资总量的25%，比上年提高7个百分点。三是非国有投资更趋活跃，完成投资58亿元，增长52%，占全市投资总量的56.6%。

（三）消费需求明显回升，居民收入稳定增长

社会消费品零售总额完成80L6亿元，增长15.1%。城镇居民人均可支配收入6172元，增长12.1%。农民人均纯收入2321元，增长7.6%。

（四）进出口总额大幅度提高，对外开放取得新进展

全市进出口总额完成35946万美元，增长85.5%。其中出口15445万美元，增长48%；进口20501万美元，增长129.4%。新发展三资企业13家，利用外资8545万美元，增长189.4%。合资企业芮城万士达工程塑料有限公司在新加坡成功上市。

（五）各项社会事业全面发展，劳动和社会保障继续加强

中小学校标准化改造、高校基础设施和教育信息化工程建设进程加快。年初“千所农村标准化学校建设工程”启动以来，已建成384所。运城职业技术学院已开始筹建。市、县两级疾病控制中心部分已建成。乡村医疗网络进一步加强。

全市城镇净增就业岗位2.8万个，再就业1.1万人，年末城镇登记失业率为2%。各级政府和部门组织外出务工农民43批共2.4万人。城镇居民低保人数新增21778人，农村低保人数发展到56191人，全年发放低保金3611万元。另外，金融、计划生育、文化艺术、体育运动、国防建设等各项社会事业都取得了较大进展。

二、经济结构调整进展情况

按照市委、市政府确定的“一产调优，二产调强，三产调大”的总体思路，全面实施观念、金融、体制、科技、环境五项创新，坚定不移地推进我市经济结构调整，使全市经济呈现出持续快速增长的良好态势。经济总量由1999年的156.8亿元增长到2003年的292.3亿元，年均增长14.2%。三次产业结构比例由1999年的20.6:49.9:29.5调整为2003年的14.9:58:27.1，产业结构不断得到优化。去年在全省经济结构调整总结表彰大会上，我市荣获全省地市中唯一突出贡献奖。

（一）“1311”调产项目进展顺利

全市共入围省“1311”调产规划项目44项，总投资162亿元，已完成投资86亿元。其中工业潜力

产品项目12项，总投资132亿元，8个项目已建成投产或部分建成投产。百龙企业项目19项，总投资20亿元，10个项目已建成投产。高新技术项目10项，总投资5亿元，6个项目已建成投产。这些投产项目年新增销售收入80亿元。入围省十大旅游景区的鹳雀楼景区已正式运营。垣曲历山黄河景区旅游公路改造已完成。关帝庙景区基础设施已建成，文化广场改造工程进展顺利，投资1.2亿元的圣像景区正在加紧建设。另外，芮城永乐宫、万荣后土词旅游项目已全面启动。这些项目的建设，带动了我市餐饮、住宿、商贸等行业的快速发展。

（二）区域特色产业群初步形成

通过重点调产项目的带动和引导，我市初步形成了具有区域特色的六大产业群。一是铝电材、钢铁和镁业等冶金行业产业群；二是日用化工、煤化工产业群；三是农副产品加工产业群；四是机械及精密铸造产业群；五是医药、新型材料、玻璃器皿等亮点产业群；六是以旅游业为龙头的第三产业群。

（三）重大基础设施建设成效显著

电力方面：永济热电厂10万千瓦机组改造项目已并网发电；侯马至运城500千伏输变电工程已投入运行；一批重大电源建设项目正在加紧实施，总装机超过300万千瓦，总投资达200亿元。

交通方面：闻垣二级公路已建成投入使用；运城飞机场已完成投资1.3亿元，今年五月可投入运营；新禹高速公路已完成投资7亿元，正进行路基施工；南同蒲铁路复线侯马—华山段已列入铁道部改造规划，6月份即可动工；运城——稷山、河津——临猗一级公路项目前期已经完成，四月份可开工建设；解州——永济等23条县及县乡道路正在加紧施工；运城市区环城高速公路、东镇——济源高速公路前期工作进展顺利。

城市建设方面：河东东街改造和黄河大道改造已经完成；南风广场地下停车场及商场已经试运营；城市集中供热项目已经开工；天然气工程气源已落实，首期管网建设规划已通过论证。

水利方面：禹门口、尊村、夹马口、大禹渡四大灌区改造和上马、苦池等病险水库加固工程正在顺利实施。

三、经济社会发展中存在的矛盾和问题

近年来，我市经济和社会发展取得了很大的成就，经济总量由原来全省的第八位跃居第二位。但是发展过程中还存在着一些不容忽视的矛盾与问题，我们只有高度重视这些问题，才能进一步明确我们的发展思路，使我市经济保持健康高速发展。

1. 三次产业结构还不尽合理，一产从业人口比重过大。20世纪90年代初，我市三次产业结构为40:36:24，农业占大头，经济比较落后。经过近十年的努力，我市三次产业结构调整为14.9:58:27.1，变化十分明显。但与全国、全省相比，还有一定的差距，我市一产比重比全省高出6.1百分点，三产比重却比全省低6. 9个百分点。我市从业人口在三次产业间的比重为60:19.3:20.7，一产从业人口比重比全国、全省高出近16个百分点。

2. 农民增收缓慢，城乡居民收入差距进一步拉大。近年来，由于农产品价格涨幅低于生产资料价格涨幅，致使农民增产不增收。1996年到2003年8年间，农民人均纯收入由1528元增加到2321元，年均增加100元。而城镇居民人均可支配收入由2973元增加到6172元，年均增加400元。原来农民收入相当于城镇居民收入的一半，现仅相当于三分之一，差距进一步拉大。

3、传统产业比重过大，产业链短，附加值低。一是冶金、炼焦、化工、机械、建材、食品、纺织等传统产业在全市工业经济中的比重占到85%以上，高新技术产业仍处于起步阶段；二是多数行业在产品研发、生产组织、市场开拓等方面难以形成竞争优势；三是大多数工业产品属于基础性产品，产业链短，附加值低；四是电解铝、金属镁、硅铁、棕刚玉等高耗能行业发展过快，给我市日趋紧张的电力与能源供应雪上加霜。我市每度电仅能产生3元钱的增加值，而全国已达5元钱，发达地区高达7~8元钱，经济运行质量存在着明显差距。

4. 旅游业特色不鲜明，城市承载功能不强。我市的旅游产业还处在发展阶段，虽然数量多、类别全、品位高，但景点分散，开发保护力度弱，没有形成在全国叫响的知名品牌，没有形成在全国旅游市场上的运城特色。住宿、餐饮、娱乐等相关行业发展相对滞后，城市承载功能还很差，旅游业对三产乃至整个经济的拉动作用还未充分发挥出来。

5. 乡村基础教育、医疗条件较差，还存在着辍学现象和农民看病难问题。全市中小学校布局不够合理，需调整、合并或改制的不达标学校还占学校总数的25%以上，农村特别是山区儿童辍学问题还比较严重。乡、村两级医疗网点设施简陋，设备落后，技术人员严重缺乏。

四、2004年全市经济社会发展预期目标和主要工作

今年国际国内经济形势对我市的发展比较有利。从国际上看，世界经济可望进一步复苏，全球经济增速有望超过4%；从国内看，国家继续实施积极的财政政策和稳健的货币政策，扩大内需的效应将进一步发挥；从全市看，产业结构调整的效果将会进一步显现，经济发展将会继续保持快速增长。

但是，我们也应清醒地看到，我市经济发展中还存在着一些深层次的矛盾和问题，而且国家已经对钢铁、水泥等行业过度投资采取限制措施，这对我市的发展既是机遇，又是挑战，只要我们审时度势，深化经济结构调整，抓好传统产业新型化，新型产业规模化，就可以规避市场风险，确保我市经济健康快速发展。

今年是我市实现经济总量第一个翻番和结构调整“明显见效”的关键一年，根据市委、市政府确定的经济社会发展指导思想，全市2004年国民经济和社会发展的总体思路是：**以邓小平理论和“三个代表”重要思想为指导，全面贯彻十六大、十六届三中全**

会、省委八届五次全会和市委一届五次全会精神，坚持以人为本，牢固树立全面、协调、可持续的科学发展现，紧紧围绕全面建设小康社会总目标，以奋力实现第一个翻番为主题，以经济结构调整为主线，以改革开放和科技进步为动力，以增加城乡居民收入和财政收入为中心，狠抓深化改革、项目拉动、农民增收、民营扩张、三产提升、瓶颈突破、统筹协调七大工作重点，进一步加快新型工业化、农业产业化和城镇化进程，确保全市经济持续快速发展和社会全面进步。

按照市委、市政府对全市经济和社会发展的总体要求，全市 2004 年国民经济和社会发展预期目标为：

全市生产总值增长 12%；

财政总收入增长 12%；

全社会固定资产投资增长 20%；

社会消费品零售总额增长 14%；

规模以上工业增加值增长 17%；

外贸进出口总额增长 12%；

城镇居民人均可支配收入增长 9%；

农民人均纯收入增长 7%；

城镇新增就业人数 3 万；

城镇登记失业率控制在 4%以下；

人口自然增长率控制在 7‰以内；

大气污染总量下降 10%，水质污染程度好转 12%。

要实现上述预期目标，胡苏平代市长在政府工作报告中已做了全面安排部署，根据政府工作报告的要求，今年重点要抓好以下几个方面的工作：

（一）抓产业结构调整，重点是加快推进“三化”进程

调整产业结构是我市多年来经济社会高速发展的主要动力和成功经验。今年乃至较长一个阶段，我们都要把调整结构作为经济发展的战略措施来抓。调整的重点是加快推进“三化”进程，即：新型工业化、农业产业化、城镇化。新型工业化就是要推进工业结构由企业优势向产业优势转变，走出一条科技含量高、经济效益好、资源消耗低、环境污染少、人力资源优势得到充分发挥的新型工业化路子。我们要认真贯彻和落实省委、省政府《关于实施行业结构调整的意见》和《山西省行业结构调整实施办法》，提高企业技术装备水平、产品科技含量和市场竞争能力。围绕我市初步形成的“六大产业群”，着力抓好亚宝工业园、山铝 28 万吨电解铝和 80 万吨氧化铝、丰喜 20 万吨甲醇、稷山丰海纳米氧化锌、永济电机厂特种电机等 13 个在建项目，重点确保关铝 20 万吨电解铝、振兴 10 万吨电解铝、卓里克劳耐商用车生产线、晋南机械厂重车车轿和离合器生产线、三联集团 2 万吨精密铸造等 18 个项目的投产达效。农业产业化就是要推动我市由传统农业生产向现代农业经营转变，形成“公司十农户”的产业化格局。立足我市形成的果、菜、畜、麦；棉五大主导产业和优质苹果、芦笋、葡萄等十大特色基地，着力抓好粟海、忠民、强胜、胃乐、维之王、农之龙、运城果业集团等 20 个初具规模的农副产品加工企业。城镇化就是要增强城镇第三产业承载能力，推动我市产业结构优化升级。首先要抓好中心城市建设，确保高专东路、河东街延长线、南风广场、机场路、圣惠南路、机场互通立交桥等项目年内建成投入使用；加快污水处理、集中供热、天然气等项目的建设步伐；加大城市绿化、美化力度。其次，对大型超市、连锁经营等商业网点要统筹规划，积极扶持。同时，要做大做强教育产业和服务业，带动人流、物流、信息流向城市聚集。

（二）抓“三农”问题，重点是拓宽农民增收渠道

解决好“三农”问题的重点和难点是增加农民收入，而增加农民收入的关键是拓宽农民增收渠道。我市农民收入构成中，农业经营性收入要占到 70%，近几年来，这一块收入一直在 1300 ~ 1400 元之间徘徊，几乎没有增加。在农产品价格增幅低于生产资料价格增幅的情况下，仅靠农业经营增加农民收入潜力有限。从全国和全省的情况看，农民收入增加最快的部分是工资性收入，而我市农民收入中这一块比全省平均值要低 600 ~ 700 元。因此，要重点拓宽农民工资性收入的途径。一是要重点扶持涉农企业，给农村劳动力转移提供更多的岗位；二是加快以县城和重点镇的建设，今年安排 8000 万元，尽快完成部分县城供水、污水处理和一些重点镇的基础设施建设，以城带乡，以工助农，城乡互动，协调发展，提高对农村人口的吸纳能力；三是加强劳动技能培训，提高劳动者素质，完善劳务中介机构，力争全年输出农村劳动力 15 万人；同时，要建立健全农民工的劳保、医疗、教育保障体系，保障农民工的合法权益。

（三）抓固定资产投资，重点是进一步激活民间投资

固定资产投资是拉动经济增长的“三驾马车”之一，在我市现阶段尤为重要。近几年我市民间投资增速一直保持在 40% 以上，是我市投资增长的主要来源。因此，在抓好争取国家和省投资的同时，要重点激活民间资本，提高民间资本参与投资的积极性。一是要取消一切限制非公有制经济发展的政策藩篱，放宽民间投资的准入领域，鼓励民间资本参与国有企业改制，鼓励非公有制企业购买、兼并国有企业；二是对符合国家产业政策，符合环保要求，建设条件具备的民间投资项目一律简化审批手续；三是加快现有工业园区的建设步伐，鼓励民间投资项目落户园区；四是加快城市基础设施和基础产业的管理体制改革，允许民间投资介入公用事业领域。

（四）抓基础设施建设，重点是解决电力供应问题

经过多年的努力，我市的基础设施有了很大发展，但随着经济的快速增长，对基础设施的需求进一步加大，特别是电力供应已成为制约全市经济和社会发展的瓶颈。因此，在抓好水、电、路、通讯等基础设施的同时，着重要解决好电力供应问题。要加快大唐 2 × 60 万千瓦、运城关铝 2 × 20 万千瓦热电联产、华泽铝业 2 × 30 万千瓦、永济电厂 2 × 30 万千瓦等一

批电源项目的建设速度，力争2005年底以前部分机组并网发电。扶持阳光集团、海鑫集团等一批焦炉煤气、高炉煤气综合利用小电厂项目，尽快建成投产。加快河津电厂三期、绛县电厂2×60万千瓦、平陆电厂2×30万千瓦等一批新建电源项目的报批、立项工作。同时，要进一步完善我市供电网络的建设。

（五）抓县域经济，重点是选准经济翻身项目

县域经济是统筹城乡发展，统筹工业化、城镇化和农业产业化的重要载体。我市经济发展和实现全面小康的关键在县域经济，难点在县域经济，潜力也在县域经济。河津、闻喜等县（市）能在短短的几年内步入经济发展快车道，其根本原因就是在发展县域经济上，重点抓住了一批具有一定规模的好项目。各县市要依托当地的资源优势、区位优势和经济条件，集中力量选择具有发展潜力，能够支撑县域经济翻身的重大项目。平陆县2×30万千瓦电厂和武圣铝业60万吨氧化铝项目建成后，年产值可达25亿元，能提供8亿元的GDP和亿元以上的财政收入，是平陆2003年GDP的2倍和财政收入的1.8倍，另外芮城亚宝工业园、永济强胜集团全自动转杯纺织生产线、盐湖鑫源木业30条高密度板生产线、绛县金甲山楂总黄酮扩建、新绛威顿水泥二期、稷山长兴高纯度对甲酚、万荣恒磁二期等项目都具有相当规模和带动能力，对这些项目要从资金、技术、人才等方面给予扶持，提高县域经济实力。

（六）抓对外开放，重点是树立新的开放观

对外开放是我市的薄弱环节，近年来，我市外贸增速虽然很快，但外贸依存度一直在低位徘徊。面对经济全球化、全国生产要素和产业转移的重大机遇，必须树立新的开放观，即要坚持对国外开放和对国内开放并重，吸引资金和吸引人才并重，引进设备和引进技术并重，出口和进口并重。

要继续优化投资环境，全面落实我市鼓励外商投资的若干政策。大力做好实用型人才、高级技术人才、高级经营管理人才、国际贸易人才的引进。进一步加大招商引资力度，重点在深加工方面引进高新技术和先进管理，改造和提升我市的铝、镁、机械制造等行业。

（七）抓社会保障，重点是增加就业岗位

就业是民生之本，安国之策。目前我市就业人员在总人口中的比例比全国低10个百分点。因此增加劳动岗位，提高就业比例，是强化我市社会保障的根本措施。我们要把扩大就业放在经济社会发展的突出位置，实施积极的就业政策。一是支持劳动者自主择业。努力在利用小额贷款扶持自主创业和灵活就业方面取得突破性进展；二是充分挖掘劳动密集型产业、中小企业和第三产业吸纳劳动力多的潜力，把财政、信贷支持和税费减免等促进就业和再就业的各项政策落到实处，支持企业和社会组织吸纳大中专毕业生和下岗失业人员再就业；三是抓好就业再就业培训，提高劳动者就业再就业综合素质。

（八）抓环境保护，重点是树立环保意识，一完善监督机制

按照统筹人与自然和谐发展的要求，重视环境保护和生态治理，将环境保护放在更加突出的位置。重点是完善监督机制，坚持依法治污，责任追究，一视同仁，部门联动，鼓励举报，社会监督的原则。加大环境治理的力度，环境污染严重超标的地区，禁止新建扩建有污染的项目；对被宣布取缔、关闭和停产的企业，同步停止供电。

要积极推进绿色GDP核算，对各县（市、区）的污染总量和环境质量作为政绩考核的重要内容，实行年度考核，社会公布，公众监督。大力开展环保宣传教育工作，提高全民环保意识，发挥社会监督作用，健全公众参与制度。

（九）抓社会事业发展，重点是解决与群众密切相关的问题

以人为本是科学发展观的本质和核心，因此加强我市社会事业发展，重点是要加大与群众密切相关的科教文卫等社会事业的投入力度。要统筹城乡教育改革，巩固和完善以县为主的农村义务教育管理体制，继续扩大“两基”人口覆盖率，加强高等教育学科建设，发展中等职业教育，创新科研及技术开发应用体系。尤其要加大政府资金、国债资金对基础教育和公共卫生领域的投入。今年重点加强40所农村中小学危房改造和农村医疗网点建设，确保市急救中心、市传染病医院及县级传染病区项目建设顺利实施。继续推动全民健身运动设施建设，关注残疾人等弱势群体的社会需求。

各位代表，实现今年改革和发展目标，要靠全市人民的共同努力，要靠市委、市政府的坚强领导；要靠人大、政协的监督支持，让我们紧密团结在以胡锦涛为总书记的党中央周围，高举邓小平理论和“三个代表”重要思想伟大旗帜，全面贯彻科学发展观，树立正确的政绩观，统筹兼顾，开拓创新，求真务实，为全面完成全年的各项工作任务，实现我市经济持续快速协调健康发展和社会全面进步而努力奋斗。

关于运城市2003年总预算及市本级预算执行情况和2004年总预算及市本级预算草案的报告

——2004年3月29日在运城市第一届人民代表大会第六次会议上

运城市财政局局长　孙太平

各位代表：

现在，我受市人民政府委托，向大会作全市2003年总预算及市本级预算执行情况和2004年总预算及市本级预算草案的报告，请予审议，并请市政协委员和列席人员提出意见。

一、2003年总预算及市本级预算执行情况

2003年，是我市发展进程中十分重要而又非同寻常的一年。全市上下在市委、市政府的正确领导下，全面实践“三个代表”重要思想，认真贯彻党的十六大和十六届三中全会精神，按照市委一届四次全会的决策部署，积极落实市一届人大五次会议通过的各项决议，坚持以争先发展为主题，以结构调整为主线，克服了“非典”的不利影响，战胜了各种自然灾害，取得了物质文明、政治文明和精神文明协调发展的新成就。改革不断深化，经济快速增长，社会全面进步，人民生活继续改善。全市和市本级财政预算圆满完成。

（一）全市总预算及市本级预算变动情况

2003年，市一届人大五次会议审查通过的全市财政总预算及市本级预算，在执行中，根据上级追加、追减专项指标和各级预算调整情况，作了适当变动。全市一般预算收入由107299万元调整为105299万元，减少2000万元，主要是农业税减免减少2000万元。全市一般预算支出由年初的212584万元调整为313569万元，增加100985万元。其中：上级下达专款增加支出45472万元，上级转移支付补助增加支出22529万元，增加工资补助4046万元，’使用上年结转增加支出22650万元，当年超收、调入资金及其他增加支出6288万元。

市本级一般预算收入37933万元未作调整。市级一般预算支出由41562万元调整为59911万元，增加18349万元，主要是上级下达专款增加支出6977万元，使用上年结转增加支出9135万元，当年超收、调入资金及其他增加支出2590万元，调整工资增加支出373万元，转移支付补助减少726万元。

（二）全市总预算及市本级预算执行情况

1．全市总预算执行情况

2003年，全市一般预算收入完成119497万元（剔除山西铝厂企业所得税4519万元），为调整预算（下同）的113.48%，超收14198万元，比上年实际完成数104172万元增长14.71%，增收15325万元。其中：工商税收完成74446万元，为预算的113.43%，超收8813万元，比上年增长28.06%，增收16314万元；农业四税完成12593万元，为预算的74.62%，比上年降低27.30%，减收4728万元；企业收入完成5520万元，为预算的103.72%，超收198万元，比上年降低15.65%，减收1024万元；其他各项收入完成26938万元，为预算的154.21%，比上年增长21.48%，增收4763万元。

一般预算支、出执行284701万元，为预算的90.79%，比上年执行数245923万元增长15.77%，增支38778万元。其中：生产建设性支出27165万元，为预算的82.90%，比上年下降10.54%；行政事业支出232873万元，为预算的94.77%，比上年增长16.20%；其他各项支出24663万元，‘为预算的70.30%，比上年增长62.80%。

全市财政平衡情况：2003年，全市一般预算收入完成119497万元，上级财政各项补助收入170981万元，国债转贷收入5810万元，国债转贷资金上年结余600万元，上年结余收入20779万元，调入其他资金2681万元，收入总计为320348万元。当年一般预算支出284701万元，上解省支出949万元，拨付国债转贷资金及转贷结余6410万元，调出资金1565万元，支出总计为293625万元。收支相抵，年终滚存结余26723万元，减结转下年支出27687万元，年终累计赤字964万元，再减去上年赤字1871万元，当年净结余907万元。全市13个县（市、区）有9个县收支平衡（河津、盐湖、临猗、万荣、新绛、稷山、闻喜、绛县、夏县），4个县发生赤字（永济、芮城、垣曲、平陆）。

另外，2003年全市财政基金预算收入完成14590万元，为预算的198.15%，比上年增长93.81%；基金预算支出13222万元，为预算的64.63%，比上年增长149.19%。

2．市本级预算执行情况

2003年市本级一般预算收入完成42150万元（剔除山西铝厂企业所得税4519万元），为预算的111.12%，超收4217万元，比上年增长18.01%，增收6434万元。其中：工商税收完成35476万元，为预算的109.73%，比上年增长24.39%；企业收入完成2380万元，为预算的104.16%，比上年增长26.70%；耕地占用税完成218万元，为预算的79.85%，比上年降低60.44%；行政性收费、罚没、专项及其它收入完成4076万元，为预算的199.22%，比上年增长62.07%。

市本级一般预算支出执行46830万元，为预算的78。17%，比上年增长14.63%，增支5977万元。其中：生产建设性支出3692万元，为预算的64.29%，比上年降低24.48%；行政事业支出39981万元，为预算的82.91%，比上年增长23.60%；政策性补贴和其它支出3157万元，为预算的53.09%，比上年降低12.74%。

市本级财政平衡情况：2003年，市本级一般预算收入完成42150万元，国债转贷收入4405万元，国债转贷资金上年结余600万元，上年结余收入8396万元，调入其他资金711万元，县级上解收入14388万元，收入总计70650万元。当年市本级一般预算支出46830万元，体制上解5719万元，拨付国债转贷资金及转贷结余5005万元，调出资金15万元，支出总计为57569万元。收支相抵，年终滚存结余13081万元，减结转下年支出12951万元，年终累计净结余130万元，再减去上年累计赤字739万元，当年净结余869万元。

总的来讲，2003年，我市财政收入持续稳定增长，财政支出大幅增加，基本实现了保吃饭、保稳定、保重点的预期目标。这是市委、市政府正确领导的结果，是市人大依法监督的结果，是全市上下持之以恒抓调产，齐心协力促发展的结果，是上级财政大力支持的结果，各级财政部门为此也做了大量工作。

（一）发挥职能作用，积极促进发展

2003年，在市委、市政府的高度重视下，在各职能部门的密切配合下，财政部门积极争取资金，为运城发展提供财力保障，共向上级部门争取各种资金205530万元，其中：

国债资金34840万元；

各项税收返还43452万元；

各种专款45472万元；

各种转移支付补助81802万元（其中：农村税费改革转移支付补助17042万元）。

同时，运用财政政策，千方百计扶持企业发展。增加农业投入，多渠道支持农村经济发展。确保资金到位，促进全市科教文卫等社会事业发展。

（二）深化财政改革，创新理财机制

一是部门预算继续推进，市直189个单位全面实行了部门预算，资金总额51576万元；二是政府采购工作得到加强，采购规模进一步扩大，全市采购资金总额9063万元，节支率达到13%，政府采购供应大厅运转良好，受到各预算单位的好评；三是国库集中收付得到完善，县、乡两级实行集中核算，市级实行国库集中收付、当日清算；四是实行“收缴分离、收支脱钩”，“收支两条线”。工作进一步深化；五是农村税费改革取得了突破性进展。初步统计，改革后我市农民负担为13939万元，比改革前的26686万元减少12747万元，减负率达47.8%；加上取消的屠宰税和农村的各项集资，农民总的负担减少14294万元，减负率达50.6%；农民人均负担由改革前的76.81元下降到了34.27元，农民负担明显减轻，百姓欢迎，农村稳定。

（三）确保重点支出，维护社会稳定

——认真落实工资发放责任制，严格工资专户管理，全年共发放公教人员基本工资134796万元，及时拨付县级一般转移支付补助18607万元，使全市13个县（市、区）全部兑现了财政供养人员的基本工资。

——按照“特事特办、急事急办”的原则，及时拨付防治非典专项资金4890万元，保证了非典患者及疑似病人免费治疗，为防治非典取得阶段性重大胜利提供了坚强的财力保证。同时落实了对受“非典”影响严重的行业实行减免税费的优惠政策。

——及时拨付“两个确保”资金8066万元，确保了5882名下岗职工和48697名企业离退休人员按时足额领到基本生活费和养老金；及时拨付资金4561万元，使61480名城市居民最低生活得到保障，农村低保工作进一步开展；及时拨付救灾资金2834万元，保障了灾区人民群众正常的生产生活；及时拨付优抚对象生活补助2123万元，解决了全市重点优抚对象19904人的生活补助问题。

——及时拨付公检法司支出18722万元，支持了各级政法机关装备建设、监所维修和严打办案等，为维护社会稳定提供了财力保障。

在肯定成绩的同时，我们也清醒地看到，当前我市财政运行中仍然存在一些不容忽视的矛盾和问题：一是促进经济增长方式转型，进一步优化财源结构的任务重；二是受价格因素影响，财政收入增长的基础不牢固，收入增幅与GDP增幅不相适应；三是财政收支矛盾依然突出，支持经济发展，维护社会稳定的任务重；四是财政风险不断加剧；五是部分县级财政十分困难。对此，我们要高度重视，认真研究，采取有效措施努力加以解决。

二、2004年总预算及市本级预算草案

2004年是深入贯彻党的十六大、十六届三中全会和市委一届五次全会精神的重要一年，也是我市实现“十五”计划和结构调整明显见效的关键之年。全市财政工作总的指导思想是：**以邓小平理论和“三个代表”重要思想为指导，全面贯彻党的十六大、十六届三中全会和市委一届五次全会精神，认真落实中央、全省和全市经济工作会议的各项部署，坚持科学的发展观，坚持“五个统筹”，坚持以人为本，坚持依法理财，深化财税改革，创新财政机制，调整支出结构，保障重点支出，加强财政监管，完善财政职**

能，强化宏观调控，全力促进国民经济持续快速协调健康发展和社会全面进步，为加快我市小康社会建设做出新的贡献。

根据这一指导思想，全市财政收支计划安排遵循以下原则：一是财政收入的增长幅度要与经济发展速度相适应；二是“一要吃饭，二要建设”，量力而行，收支平衡，不列赤字；三是落实公共财政要求，调整支出结构，保证重点支出需要；四是坚持预算内外收支统管，财力综合运用；五是艰苦奋斗，厉行节约。

贯彻上述指导思想及原则，今年全市总预算及市本级预算草案安排如下：

（一）全市财政总预算安排情况

2004年全市财政总收入预期目标383295万元，比上年增长12%，其中：上划中央收入219333万元，增长15.73%；上划省级收入38700万元，增长15.87%；一般预算收入126314万元，增长5.70%。分征收系统的收入计划为：国税系统276260万元，增长16.50%；地税系统84799万元，增长11%；财政系统22236万元。

按以上收入计划和现行财政体制计算，2004年全市当年预算财力为244287万元，同口径比上年年初预算数增加31703万元（合省转移支付），增长14.91%。根据《预算法》地方各级预算必须按照量入为出、收支平衡的原则编制、不打赤字之规定，按照有多少财力安排多少支出的原则，全市支出计划安排244287万元。主要项目的安排情况为：

——确保机关事业单位基本工资和国家政权机关正常运转，全市行政事业单位工资性支出及行政事业性经费支出安排18.6亿元，比上年年初预算安排数增长15.53%，增加2.5亿元。

——贯彻落实中央1号文件精神，支持解决“三农”问题，安排农业方面支出12860万元，增长13.45%，增加1525万元。

——全面推进素质教育，加快发展教育事业，安排教育事业费66250万元，增长18.27%，增加10232万元。

——加快技术创新，促进科技成果转化，安排科技三项费1500万元，增长10.86%，增加147万元。

——加快社会保障体系建设，安排社会保障支出12000万元，增长16.90%，增加1735万元。

这里需要说明的是，全市财政收支计划是市财政代编的指导性计划，待各县（市、区）预算经同级人代会通过后，市财政将汇总后的全市财政收支预算报市人大常委会备案。

（二）市本级预算安排情况

2004年市本级财政总收入计划为86921万元，同口径比上年完成数78182万元增长11.18%，增加8739万元。其中：一般预算收入46254万元，比上年增长9.74%，增加4104万元。

根据上述收入计划和现行财政体制计算，2004年市级预算财力为45899万元，比上年年初预算37411万元增加8488万元。按照量入为出、收支平衡的原则，2004年市级一般预算支出安排45899万元，比上年年初增加8488万元。主要项目的安排情况是：

科技三项费用246万元；

农业支出3352万元；

水利和气象支出1202万元；

工交和流通部门事业费66万元；

文体广播事业费2576万元；

教育事业费6332元；

科学事业费225万元；

卫生经费3227万元；

其它部门事业费1096万元；

抚恤和社会福利救济费1427万元；

社会保障支出620万元；

行政管理费支出10492万元；

公检法司支出3259万元；

政策性补助支出2218万元；

城市维护费1750万元；

专项支出515万元；

其他支出6096万元；

总预备费1200万元。

各位代表：2004年全市财政总收入比上年增长12%，这样安排，既考虑了我市经济结构调整初见成效，国民经济发展中可能存在的问题以及一些政策性减收因素，又考虑了维护全市改革、发展、稳定大局的资金需要，是实事求是、切实可行的。但财政收入的增长与改革深化、事业进步所需资金的要求相比仍有较大的差距，全市财政收支矛盾仍然十分突出，预算安排难度很大。支出预算既要考虑根据国家政策规定适当增加机关事业单位职工工资、确保公教人员基本工资按时足额发放的资金需要，又要兼顾支持社会保障体系建设、促进国有企业改革、维护社会稳定的支出需要，同时还要保证教育、科学、农业等法律法规规定的重点项目支出。由于财力有限，许多需要安排的支出项目未能安排，请各位代表给予理解。

三、坚持科学的发展观，树立正确的政绩观，求真务实，开拓创新，确保圆满完成全年预算任务

（一）坚持实事求是，狠抓增收节支。做到千方百计应收尽收，坚决反对虚收探收。继续实行一般性支出零增长的政策，从严安排预算内外支出，确保财政收支平衡。

（二）认真贯彻落实中央1号文件精神，大力支持解决“三农”问题。首先，深化农村税费改革，巩固和发展改革成果。其次，积极推进粮食流通体制市场化改革，把通过流通环节的间接补贴改为对种粮农民的直接补贴。三是教育、文化、卫生等方面的新增支出要确保主要用于农村。四是进一步增加农业农村基础设施建设、生态建设、粮食综合生产能力建设及扶贫等方面的财政投入。

（三）关心困难群众生活，大力支持就业和社会保障工作。认真落实中央关于就业和再就业的财税优惠政策措施，完善社会保障筹资机制，解决困难群众生活问题，巩固“两个确保”和“低保”工作成果，处理好就业和再就业政策与三条保障线’等社会保障制度的衔接，切实解决好部分企业军转干部生活困难问题。增加卫生投入，落实卫生事业补助政策，加强公共卫生体系建设和推进农村合作医疗改革试点等。

（四）积极支持经济结构调整，促进全市经济持续快速健康协调发展。一是继续积极支持重点调产项目，二是积极推进农业产业化，加快农村小康建设，三是积极推进新型工业化，不断增强区域经济竞争实力，四是积极推进城镇化进程，五是积极推进以旅游业为龙头的第三产业的快速发展，六是积极支持非公有制经济发展。

（五）深化财税改革，防范财政风险。一要继续深化完善国库集中收付、部门预算、“收支两条线”、政府采购工作。二要强化财政资金和国有资产管理，加强产权交易和投资评审工作。三要建立债务预警监测制度，实行政府债务全口径风险管理和报告制度，积极研究消化政府债务的有效办法。

各位代表，尽管近几年我市经济有了较快发展，综合实力明显增强，但财政收支矛盾依然十分突出，很多需要办的事情囿于财力得不到保证，我们深感责任重大。让我们在市委、市政府的坚强领导下，在各级人大的监督支持下，高举邓小平理论伟大旗帜，全面实践“三个代表”重要思想，认真贯彻执行党的十六大和十六届三中全会精神，坚持科学的发展观，树立正确的政绩观，造就一支政治坚定、业务精通、作风优良、清正廉洁、品德高尚的财政干部队伍，统筹兼顾，以人为本，求真务实，扎实工作，努力完成全年各项财政工作任务，为促进我市经济持续快速协调健康发展和社会全面进步而努力奋斗！

附：主要名词解释

一般预算收入——指按照财政体制规定列入地方预算，直接缴入地方金库的经常性财政收入。具体包括增值税、企业所得税、个人所得税、营业税、资源税、城镇土地使用税的市县分享部分，其他工商税收、农业四税、专项收入及行政性收费，罚没收入，其他收入。

上划中央收入——指实行分税制财政体制后，增值税的75%部分和消费税划为中央收入，以及从2002年起实行所得税分享改革后，所得税（包括企业所得税、个人所得税）由中央分享部分，这部分收入直接缴入中央金库。根据《预算法》和财政体制规定，上划中央收入属于列入中央预算范围的收入，地方总预算中不予包括。

上划省级收入——指从2002年起实行所得税分享改革后，增值税、所得税（包括企业所得税、个人所得税）、营业税、资源税和城镇土地使用税由省级分享部分，根据现行财政体制规定，上划省级收入属于列入省级预算范围的收入，直接缴入省级金库，市县总预算中不予包括。

财政总收入——即一般预算收入与上划中央收入、上划省级收入之和，反映本地区当年组织的财政收入总规模，是计算当年地方可用财力的主要依据。与国内生产总值比较，可反映财政的集中程度。

一般预算支出——是指列入地方预算的经常性财政支出，其项目包括经济建设支出、科教文卫等事业支出、国家管理费用支出、国防支出、各项补贴支出及其他支出等。其资金来源包括用地方可用财力安排的支出、上年结余、调入资金和上级专款补助形成的财政支出等。

当年支出预算——是指用政府当年可用财力安排的支出，不包括上年结余。根据上级财政规定，2004年全市及市本级当年支出预算中包含了上级下达的调资款、一般性转移支付等专项补助。

当年可用财力——是指按照现行财政体制规定，在预算年度内可统筹安排使用的预算内资金，其来源包括当年一般预算收入、税收返还收入、下级上解收入、转移支付补助，并从中扣减上解上级及补助下级的资金。当年可用财力不包括上年结余资金及上级专款补助。根据《预算法》的规定，当年支出预算应当小于或等于当年可用财力。

基金预算收支——是根据国务院《关于加强预算外资金管理的决定》（国发［1996］29号），从1996年起将养路费等13项数额较大的政府性基金（收费）纳入财政预算管理，与一般预算收支一起成为政府预算收支的组成部分。它是国家集中的有专门用途的财政资金，特点是目的性强、专款专用。

部门预算——部门预算简单地说就是“一个部门一本预算”，完整地反映一个部门的所有收入和所有支出，即一个部门在部门预算之外，不得再有其他收支活动。部门预算的特点就是改变财政资金按性质归口管理的做法，并实行预算内外资金收支统管，统筹使用。

转移支付——是各级政府之间的无偿支付或补助，目的是实现地方政府公共服务能力或水平的均衡。简单地讲，就是根据省确定的统一标准，测算各县标准财力和标准支出需求，凡标准财力大于标准支出需求的县，不享受转移支付；凡标准财力小于标准支出需求的县，享受转移支付。

两个确保——是指确保企业离退休人员基本养老金按时足额发放，确保国有企业下岗职工基本生活费按时足额发放。

低保——城市居民最低生活保障的简称。

运城市中级人民法院工作报告

——2004年3月31日在运城市第一届人民代表大会第六次会议上

运城市中级人民法院代院长　任连友

各位代表：

现在，我代表运城市中级人民法院向大会报告2003年工作情况和2004年的主要工作任务，请予审议，并请市政协委员和列席人员提出意见。

一、2003年工作基本情况

2003年，中级人民法院在市委的正确领导下，在市人大和省高院的监督指导下，坚持以“三个代表”重要思想为指导，以司法为民为宗旨，以实践“公正与效率”为主题，以审判工作、队伍建设和法院改革为主线，振奋精神，团结奋斗，与时俱进，开拓进取，各项工作都取得了明显成效。两级法院共受理刑事、民商事、行政一审、二审、再审和执行案件27875件，审（执）结25968件，结案率达93.2%，其中，中级人民法院受理各类案件2668件，审（执）结2533件，结案率为94。9%，为维护我市的社会稳定，促进经济发展，推动社会文明进步做出了积极的贡献。

（一）依法严厉打击刑事犯罪，积极参与社会治安综合治理，全力维护社会稳定

去年，中级人民法院从维护稳定大局出发，坚持依法严厉打击各类刑事犯罪，重点对黑恶势力犯罪、故意杀人、伤害、爆炸、绑架等暴力犯罪和抢劫、抢夺、盗窃等多发性侵财犯罪进行了集中打击，全力保障人民的生命、财产安全。全市法院共受理各类刑事案件2359件，审结2301件，结案率达到了98%；中级法院受理各类刑事案件449件，审结449件，结案率连续三年保持了百分之百。全年共受刑事处罚1505人，其中，判处死刑、死缓、无期徒刑35人，判处有期徒刑904人，其它刑事处罚566人，使一批严重刑事犯罪分子受到了严惩。曾轰动全市的杀人淫魔党成喜，道德败坏，以暴力手段强奸、杀害妇女4人，情节特别恶劣，后果特别严重，经审理，依法判处其死刑。抢劫、盗窃团伙犯谢兵义、李海军、徐胜启等15人先后在安徽、晋城、闻喜、夏县等地大肆入室抢劫、盗窃，数额巨大，严重扰乱了社会治安秩序，给人民群众的生命财产安全带来了严重危害，中级法院依法从重、从快判处3名罪犯死刑，3名无期徒刑，其余分别被判处3—15有期徒刑，在社会上产生了强烈的反响。

为了依法推动我市市场经济健康发展，去年我市法院还受理各类破坏社会主义市场经济秩序犯罪案件45件，审结45件，结案率达100%。其中：审结破坏金融管理秩序案件10件，扰乱市场经济案件9件，危害税收征管案件2件，金融诈骗案件5件，其它破坏市场经济案19件，共判处罪犯30人，其中判处无期和7年以上徒刑的9人，5年以下有期徒刑的15人，拘役、管制及其它处理6人。同时，还加大惩处贪污、贿赂和渎职三类职务犯罪的力度，对30案32人分别给予了刑事处罚，有力推动了我市反腐败斗争的深入开展，昭示了党和国家惩治腐败的坚强决心。

一年来，市中级人民法院还积极参与社会治安综合治理，依法促进城镇、乡村的文明建设。院党组建立了矛盾纠纷排查机制，进一步明确责任，积极做好矛盾纠纷排查工作。坚持以“首问责任制”为龙头，加强了信访接待工作，认真坚持了“院长接待日”和庭室一把手“值班日”制度，全年共接待来访群众2625人次，处理群众来信2836件，解决各类涉法信访案件和问题53件，努力做到了来人有接待，件件有答复，积极化解了一批不稳定因素。据统计，一年来，我市法院还利用普法宣传日先后派出1560名法官走上街头，对人民群众开展了义务普法教育，受教育群众达36000余人次。

同时，从去年7月份以来，中院还认真贯彻执行最高人民法院、最高人民检察院和公安部联合下发的通知精神，对超期羁押犯人和超审限案件，集中4个月时间进行了“两清”，并本着“有罪依法追究，无罪坚决放人”的原则，在处理刑事案件中，依法判处免予刑事处罚115人，无罪释放50人，分别比2002年增加了57人和22人。目前，我市法院没有超审限刑事案件和超期羁押的被告人。

（二）依法调处各类社会关系，充分发挥审判职能，全力促进我市经济发展

在过去的一年里，我市法院立足促进经济发展，积极调处社会矛盾和纠纷，坚持实现社会公平和正义。全年共受理各类一审民商事案件15587件，审结14777件，结案率达94.8%。其中，中级法院受理1693件，审结1615件，结案率95．4%。审结国有企业破产、联营、承包、租赁等纠纷案件148件，为国家挽回经济损失1．07亿元，促进了国有经济的健康发展；依法审结借款、股票、债券、票据、融资租赁等案件3673件，保障了金融经济安全运行；积极审理涉农案件及承包合同纠纷案件123件，维护了党在

农村基本政策的长期稳定；审结婚姻家庭纠纷案件3843件，化解了一大批社会矛盾；依法审结名誉权、荣誉权、姓名权、肖像权等人身权案件31件，以及医疗事故、道路交通事故纠纷等人身损害赔偿案件784件，劳务合同、劳动争议，下岗职工等案件114件，依法保护了公民的合法权益，维护了社会的安定，彰显了法律的正义。

一年来，我市法院还积极稳妥地开展了行政审判工作，受理各类行政一审案件283件。审结265件，结案率达93.6%；其中，中级法院受理82件，审结82件，结案100%。在审结的行政案件中，行政机关胜诉的73件，占27．5%；公民、法人和其它组织胜诉的52件，占19．6%；撤诉或作其它处理的140件，既监督和支持了行政机关依法行政，又依法保障了公民、法人和其它组织的合法权益。同时，还受理非诉行政执行案件1186件，已执结1151件，有力地维护了行政机关的权威。

（三）依法加大执行力度，努力维护司法权威，全力保护当事人的合法权益

2003年，中级法院不断加大执行力度，进一步健全完善了统一管理、统一协调的执行工作新机制，大胆适用提级执行、交叉执行、共同执行等措施，内抓建章立制，外创执行环境。在内部，先后建立了“当事人回访结案制度”、“重大执行案件汇报制度”、“执行工作通报制度”和提高执行队伍“研讨交流学习制度”，依靠制度规范执行，运用制度监督执行。在外部，通过给市委、人大、政法委专题汇报，争取领导和支持，联合公检法“三权”互动，借助新闻媒体“曝光”，积极营造和改善我市的执法和执行工作环境，较好地改变了执行工作的被动局面。全市法院共受理执行案7734件，执结6794件，执结率达到了87.8%，执结金额达到2，86亿元。其中，中级法院执结369件，执结率达到88%，不仅走在了全省法院的前列；而且创了中院执行工作的历史新高。

去年8月和12月份，在中级法院的指导和协调下，新绛县法院和临猗县法院在县委的领导下，由人大牵头，公安行使侦察权、检察院行使公诉权、法院行使审判权，多方合力，三权互动，对“骨头案”、“钉子案”，领导挂帅亲自抓；对久执不结的积案，组织精兵强将集中抓；对情况复杂的案件，及时研究重点抓；对受到干扰的案件，迎难而上敢于抓；对大要案争取党委、人大支持合力抓，使一批“执行难”的案件得到了有效的解决，当场兑现执行款130余万元，并对拒不执行生效法律裁决的28人，分别予以司法拘留、逮捕和判刑，有力地维护了法律的尊严，维护了党和政府的形象，也维护了当事人的合法权益，《人民法院报》、《山西法制报》、运城电视台、《运城日报》等新闻媒体及时进行了宣传报道，在社会上引起了强烈的反响。

（四）围绕职业化建设大目标，以“回顾过去，开拓未来”教育活动为契机，全面加强了队伍建设

根据上级法院的安排和部署，去年中级法院认真开展了“回顾过去，开拓未来”教育活动，紧紧围绕法官队伍职业化建设大目标，突出思想、作风和职业道德“三个重点”，紧密结合法院实际，采取活泼多样形式，使教育活动开展得有声有色有成效，法院队伍的思想作风、政治素质和业务素质都有了明显提高。

1．狠抓了队伍的思想和作风建设。去年5月份以来，中院党组在开展“回顾过去，开拓未来”教育活动中，始终坚持了“五个结合”，即：把教育活动与迅速兴起学习“三个代表”重要思想新高潮结合起来；与学习十六大和十六届三中全会精神结合起来；与学习胡锦涛总书记“七一”重要讲话结合起来；与党风廉政建设教育结合起来；与强化司法为民的宗旨教育结合起来。通过教育整顿，使广大法官和工作人员牢固确立了“三个代表”重要思想在法院各项工作中的指导地位，确立了司法为民的宗旨意识，强化了廉洁办案、秉公执法的职业道德，促进了队伍的作风转变，使全市法院形成了形象上自重、思想上自省、纪律上自警、工作上自励的良好氛围。去年以来，中级法院被最高人民法院评为“全国法院调研先进单位”，我市法院还有29个基层法院和庭室受到全国和省市的表彰，另有126名个人分别受到了全国和省市的表彰。

在加强思想政治建设的同时，中级法院还加强了对法官队伍业务素质的培训教育。先后在盐湖、临猗等基层法院分三批组织了审判业务培训和专项教育培训，有320余名法官分别参训。据不完全统计，全市法院还有260余名同志参加了各类在职审判业务和专升本教育，有23名同志正在攻读研究生，为提高业务素质创造了良好条件。

2．狠抓了基层法院班子和中院中层干部的调整交流和配备。去年是我市的县级换届年，为了调整配备好基层法院的班子，选举之前，中级法院党组成员分别深入到基层法院进行了认真考察，广泛征求了县委、人大、政府、政协四套班子的意见，按照省高院的要求和市委的意见，对5个法院的院长进行了调整交流，为4个基层法院配备了院长，于8月中旬全部到位。调配后的13个基层法院班子，平均年龄降低了3岁，学历全部达到了本科以上，其中有2人为研究生学历。与此同时，中院党组根据工作需要和空位、缺编情况，经过群众测评，试岗竞岗、认真考察，反复研究，配齐配强了中院的中层干部，使一批年轻有为、政绩突出的同志脱颖而出，既调动了他们的工作积极性，又为中院的长远建设注入了活力，带来了生机。

3．狠抓了队伍职业化建设典型的总结和推广；万荣县法院从2002年以来，积极探索，勇于进取，围绕职业化建设大目标，把法官、书记员、行政人员、司法警察分为四个序列，实行分类管理，量化考核，并根据各自的分工，制定了不同的工作目标和考核办法，使全院形成了不推自转的良好局面。他们的做法，受到了最高人民法院的肯定，也为我市法院队伍走职业化建设摸索了经验，探索了路子。为此，中院党组高度重视，及时总结经验，并召开现场会，在

全市法院大力推广，有力推动了全市法院队伍职业化建设的进程。

（五）围绕“公正与效率”主题，坚持司法为民，积极开展了司法大检查

司法公正是审判工作的灵魂，“司法大检查”是促进办案质量，提高执法水平的有效手段。从去年7月份以来，中院按照最高人民法院和省高院的要求，认真开展了为期4个月的司法大检查活动。为了在活动中切实发现问题，解决问题，防止走过场，院党组成立了司法大检查领导组，突出“五种重点”案件，强化内部“三大监督”。即：突出检查超过法定期限的案件；被上级法院发还重审的案件；领导机关督办的案件；在群众中反映强烈或有影响的热点案件和重点涉法上访案件；有线索反映法院工作人员收受贿赂、徇私枉法等违法违纪的案件。自觉加大内部立案、审判和纪律三大监督。具体分三个阶段进行了实施：第一阶段，庭室开展了自查，人人写出了自查报告；第二阶段，中院内部开展了自查自纠；第三阶段，中院抽调力量，对13个基层法院进行了交叉大检查，并认真接受了省高院的司法大检查。在这次司法大检查中，中级法院对省高院督办的16案、市人大监督的8案进行了重点剖析，基层法院还先后对651案进行了重点自查、复查和交叉检查。坚持边查边整、边整边改和以案查问题，以案追责任，共查处违法违纪案件7案7人，并依据人大提出的《执法责任制》、《错案责任追究制》和最高人民法院的“四项制度”，分别给予了记过、降级、撤职和调离审判岗位处理。其中，中院对2案的2名责任人分别给予了行政降级和调离审判岗位处理。

一年来，市中院坚持“司法为民”的宗旨，自觉接受人大监督。5月份，李广田院长分别在《运城日报》和运城电视台向全市人民公开了6条便民、利民、为民、保民承诺，并在全市法院大力推广了河津市法院“25条”司法为民措施。去年市一届人大五次会议闭会后，交付中院办理的建议案15件，其中12件为具体案件。中院党组高度重视，利用“非典”期间，由院长逐案批阅，责成专人承办，要求依法限期办结。除3件正在法定程序中外，其余9件均已全部办结并答复了代表。同时，中院去年还认真办结了人大常委会督办的16案，并都写出了专题报告。

（六）积极改善办案、办公条件，基层、基础建设有了新的改善

按照上级要求，从树立我市法治形象出发，中级法院认真贯’彻落实全省法院基层建设“运城”和“晋中”现场会精神，想尽千方百计、说尽千言万语、历尽千辛万苦，努力改善我市法院的办案、办公条件。经过近两年上下共同努力，到去年底，继闻喜、芮城、平陆3个基层法院新建了审判大楼之后，夏县、万荣、临猗、稷山、永济等基层法院也都相继对原审判大楼进行了改建和装修。绛县法院、平陆法院去年班子调整后，经过新班子的努力，新审判大楼也已立项。特别是中院的审判大楼，在市委、人大、政府的大力支持下，去年已开工建设，目前8层已经封顶，力争两年内投人使用。新审判大楼的落成，不仅将彻底改变中级法院审判条件落后的状况，而且将会树立我市法院的崭新形象。

回顾一年来的工作，我市法院所取得的每一点成绩，既是市委正确领导的结果，是市人大常委会和各位代表监督支持的结果，也是全市人民和社会各界对法院理解、关心的结果。借此机会，我代表全市法院对关心支持法院事业的各位代表和政协委员表示衷心的感谢！

在充分看到成绩的同时，我们也清醒地看到法院的工作中还存在着一些不足和困难，如，法官队伍的整体素质还不够高；个别法官还有作风不廉、办案不公，甚至有违法违纪的现象；审判工作的效率和质量还需要不断提高，个别案件超审限的现象仍然存在；案件“执行难”的问题还没有从根本上得到解决；物质装备建设与兄弟地市相比还比较滞后，少数基层法院经费严重不足，尤其是中院基础建设的任务还相当艰巨，审判大楼建设的资金缺口大、困难多等，这些问题的存在都有待于我们在今后的工作中，认真研究，尽快改进，我在这里也恳请各位代表给予支持和监督。

二、2004年的主要工作任务

2004年全市法院工作总的指导思想和主要任务是：**以邓小平理论和“三个代表”重要思想为指导，深入贯彻党的十六大和十六届三中全会精神，紧紧围绕“公正与效率”主题，坚持司法为民宗旨，充分发挥审判职能作用，在维护国家安全和社会稳定上，要有新作为；在为完善社会主义市场经济体制提供司法保障上，要有新举措；在切实保障人民群众合法权益上，要有新贡献**。总的要求是：**高举一面旗帜**——“三个代表”；**围绕一个主题**——公正与效率；**明确一个宗旨**——司法为民；**瞄准两个目标**——营造稳定的社会环境和良好的法治环境；**抓好三件大事**——审判工作、法院改革和队伍建设。具体讲，要做好以下四项主要工作：

（一）实践“三个代表”重要思想，继续增强讲政治、讲大局和司法为民的自觉性

学习贯彻“三个代表”重要思想和党的十六大精神是全党当前和今后一个时期的政治任务，中院党组要高度重视，精心组织，不断把学习教育引向深入。要教育广大干警不断增强讲政治、讲大局的意识，要用“三个代表”重要思想和十六大精神统揽法院的审判工作，一切司法活动都必须服从服务于“发展”这个第一要务，依法维护公平、竞争、统一的社会主义市场经济秩序，为社会的稳定、为运城经济建设的腾飞提供坚强有力的司法保障。

同时，要坚定不移地把“司法为民”的宗旨贯穿于各项审判工作之中，切实做到情为民所系，法为民所用。在司法亲民、便民、为民、利民上下功夫，对涉及经济发展的案件要优先办理，从快解决；对涉及“三农”问题和人民群众关心、关注的热点案件要积极妥善处理；对诉讼困难的农民、妇女、儿童、老人和残疾人等弱势群体要继续实行司法救助，在减、

缓、免诉讼费上给予照顾，保证他们打得起官司；对涉法信访重点案件要逐案分析研究，专人专办，妥善解决。要继续加强诉讼调解的力度，推行巡回开庭、现场办案等快捷、便捷的审判方式，以最大的努力方便群众诉讼，减少人民群众的诉讼率。

（二）紧扣“公正与效率”主题，全面抓好各项审判工作

坚持以审判为中心，是宪法对人民法院工作职能的基本定位，“公正与效率”是人民法院审判工作的主题。在新的一年里，中级法院要积极围绕“公正与效率”主题，在审判工作中突出以下三个方面：一是要坚持在全社会实现公平与正义。继续坚持严打方针不动摇，要把那些危害国家安全的恐怖犯罪，影响人民群众安居乐业的黑社会性质组织犯罪，流氓恶势力犯罪，杀人、抢劫、绑架等暴力犯罪，以及抢夺、盗窃等侵财犯罪作为打击重点，从重从快，严惩不贷。要继续积极参与整顿市场经济秩序工作，严厉制裁多发的假冒伪劣、金融诈骗、偷税骗税、非法经营、走私贩毒等犯罪活动，促进市场经济的规范和发展。要积极审理涉及“三农”和民营企业案件，依法为他们提供司法服务和法律保障。在案件审理中，要始终坚持根据证据认定事实，依照法律作出裁判的原则，严把案件的事实关、证据关、程序关和适用法律关，确保裁判公正。要严格坚持宽严相济的原则，努力实现法律效果与社会效果相统一；二是要切实把好审查立案关。要继续巩固和完善大立案改革的成果，做到分配办案、排期开庭、流程管理、跟踪监督等环节的高效运转，加快办案节奏，提高办案效率；三是要继续深化审判方式改革。进一步落实审判长和独任审判员责任制、审判流程管理和案件督查制、违法办案责任追究制，使三项制度成龙配套，真正形成一个有效制约机制和管理机制。要坚持人民陪审员制度和诉讼调解制度，实行“阳光审判”，公开开庭，当庭举证，公开宣判，不断提高审判工作的透明度和公信度，进一步弘扬司法民主。

（三）突出思想政治建设，努力向法官队伍的职业化建设大目标迈进

新形势下，要加强人民法院的队伍建设，就必须培养和造就一支政治坚定、业务精通、作风优良、纪律严明、清正廉洁的干警队伍。为此，今年在队伍建设上，一是要加强政治学习和政治思想建设。要在全院大力弘扬“三种精神”，即：大力弘扬与时俱进的精神，充分运用审判职能为大局服务；大力弘扬司法为民的精神，扎扎实实为人民群众办实事；大力弘扬艰苦奋斗的精神，努力推进法院的改革和全面建设。二是要继续加强队伍的业务素质教育和培训。要采取在职培训、离岗补训等多种形式，着力在全院培养一批复合型知识结构的人才，靠人才兴院，用人才推动我们的事业不断向前发展。三是要加强廉政建设。要不断加大内部纪律监督和案件查处的力度，认真执行《法官法》有关13个不得有规定和最高人民法院制定的“四项制度”。对有枉法裁判、索贿受贿等违法违纪问题的人，要及时坚决予以查处，该处理的处理，该清除的要坚决清除，确保队伍的纯洁。要广泛深入开展“公正司法树形象”活动，坚持抓好正反两方面的典型，大力宣传推广先进，不断弘扬正气。四是要积极推进队伍管理体制改革。要完善人事制度改革和内部人员分类管理办法，从德、能、勤、绩、廉等方面健全量化考核体系，继续抓好各项行政管理的规范化建设，实现从改革提高，用制度治院，靠科学管理，通过改革和管理出效率、促公正、树形象。

（四）认真接受人大监督，不断改进工作和审判作风

人大对法院工作实行监督，既是对法院工作的有力推动和支持，也是对法院工作的关心和爱护。要从“一班人”带头做起，首先强化自身接受监督的意识，从而影响和带动广大干警自觉接受人大的监督，主动向人大常委会报告工作。要进一步转变工作作风，加强与人民代表的联络，建立健全人民代表和政协委员视察、检查法院工作和旁听审判制度。要积极办理好人大常委会和人民代表交办、反映的案件，做到案案有人管，件件有着落，办结有答复、有反馈。要适时举行重大案件发布会，向人民代表及时通报情况，进一步增进人民代表和政协委员对法院工作的了解和支持。同时，要继续推行“首问责任制”，不断强化责任意识，认真抓好涉法信访接待工作，努力把矛盾纠纷化解在基层，解决在萌芽状态。

各位代表，在新的一年里，我市两级法院一定要在市委的正确领导下，在市人大、省高院的有力监督、指导下，以“三个代表”重要思想为指导，认真学习贯彻党的十六大精神，紧紧依靠全市人民的支持，振奋精神，履职尽责，竭尽全力，为我市社会稳定、经济发展和社会繁荣，为推进依法治市，再谱新篇章，再做新贡献！

谢谢大家！

运城市人民检察院工作报告

——2004年3月31日在运城市第一届人民代表大会第六次会议上

运城市人民检察院检察长　程志忠

各位代表：

现在，我代表运城市人民检察院向大会作工作报告，请予审议，并请市政协委员和列席人员提出意见。

2003年，全市检察机关在中共运城市委和省院的正确领导下，在市人大及其常委会的有力监督下，在市政府、政协及社会各界的大力支持下，全面贯彻“三个代表”重要思想和党的十六大、十六届三中全会精神，认真落实市一届人大五次会议通过的决议，以“强化法律监督，维护公平正义”为主题，以市人大述职评议为动力，围绕全市工作大局，积极履行宪法和法律赋予的职责，继续深入开展“严打”整治斗争，不断加大查办和预防职务犯罪力度，努力提高诉讼监督法律效果，全面加强检察队伍建设，各项工作取得了新成效。

一、坚持“严打”方针，保持“严打”声威，全力维护社会稳定

按照市委开展“三打三防三创”活动的实施意见，全市检察机关坚持稳定压倒一切的方针，加强与公安、法院等部门的配合，对严重刑事犯罪依法从快批捕起诉，始终保持了高压态势。共受理提请批捕案件1359件2334人，经审查批准逮捕1320件2210人，同比上升4.1%；受理各类移诉案件1849件2971人，经审查提起公诉1306件2062人，同比下降6.1%；配合参加公判公处大会9场次，对17名死刑犯执行死刑实施了临场监督。

*突出了严厉打击严重刑事犯罪。*共批准逮捕杀人、放火、爆炸、抢劫、强奸、绑架等严重暴力犯罪案460件785人、，盗窃、抢夺等严重影响群众安全感的多发性犯罪案350件597人；起诉黑社会性质组织犯罪和重大案件596件948人；适时介入重特大案件侦查289次。盐湖区张康杰、赵艳增等15人抢劫伤害案、临猗县党成喜特大杀人案，检察机关适时介入侦查，在侦查机关报捕当天即做出了批捕决定。最高检、公安部督办的闻喜县张更生流氓恶势力犯罪案，经市院依法审查提起公诉，主犯张更生被判处死刑，剥夺政治权利终身。

*注重了依法严惩破坏社会主义市场经济秩序犯罪。*对此类犯罪案件，一是加强与公安、工商、税务部门的联系，认真落实案件移交制度，增强打击合力；二是加快办案速度，及时查清犯罪事实，予以严厉打击；三是针对管理上的漏洞，发出检察建议，建章立制，综合治理。全年共批捕此类罪案38件57人，起诉48件79人。被告人张辉利用虚假银行承兑汇票骗取国家资金近200万元，经检察机关批捕并提起公诉，被判处有期徒刑15年。运城市煤炭冶金工业公司经理刘争鸣、副经理付章基伙同业务员董忠杰虚开增值税专用发票5109万余元，骗取国家退税款861万余元，检察机关批捕起诉后，该公司被判处罚金100万元，董忠杰被判处有期徒刑13年，刘争鸣、付章基分别被判处有期徒刑10年。

*坚持了“严打”与整治相结合，努力做好检察环节的社会治安综合治理工作。*进一步落实首问首办责任制，加大信访和矛盾排查调处工作力度，认真解决群众申诉上访反映的问题，积极化解和消除不稳定因素。控告申诉部门共受理群众来信来访497件，初查各类举报线索96件。全市两级院检察长共接待群众来访2102人次，对咨询者以热情答复，对重访者以耐心说服，对有理者以依法支持。批办涉及检察机关的案件124件，基本全部办结。在市委政法委组织开展的涉法信访案件专项治理中，市院高度重视，任务到人，明确责任，领导督办，依法办案，攻坚克难，9件涉及检察机关的信访案件全部及时办结。同时积极做好“非典”防控时期的稳定工作，一手抓防控，一手抓业务，受到上级检察机关好评。市院公诉处和侦查监督处1名检察官分别受到省委政法委表彰，市院控申处被市委政法委授予首问责任制先进集体，4名检察官被授予首问责任制和矛盾排查调处工作先进个人。

二、不断加大查办和预防职务犯罪工作力度，推动反腐败斗争深入开展

全市检察机关坚决贯彻落实市委关于推进党风廉政建设，加强反腐败斗争的总体部署，认真履行查办职务犯罪职责。共立查职务犯罪案件177件201人，其中贪污、贿赂、挪用等经济罪案132件142人，渎职侵权罪案45件59人，同比上升5%。一批腐败分子受到查处。

*切实加强了组织领导。*按照主动出击、提高质量、狠抓大要案的总体要求和一要坚决、二要慎重、务必搞准的办案原则，市院在年初对全年查办职务犯罪工作进行了周密部署，并要求早动手、早安排，排除干扰，加大力度。之后适时召开侦查工作会议，制

定措施，狠抓落实。院领导坚持一线指挥，加强督促指导，亲自上大案，并紧紧抓住7、8、9三个月的办案黄金季节，集中开展了查办职务犯罪百日集中行动，立查职务犯罪案件63件69人，一举扭转了因非典影响而导致的下滑局面。全市反贪工作在全省取得了第三名的好成绩。

突出了打击重点。共立查贪贿挪用等经济犯罪大要案55件61人，占立案总数的45.5%，同比增长7.4%，实现了新突破；其中县处级干部罪案5件5人，同比增长40%；科局级干部罪案11件11人；立查"三机关一部门"犯罪案38件40人。共立查渎职侵权犯罪大要案8件11人；司法人员渎职侵权罪案31件40人，占立案总数的66%；立查滥用职权、徇私舞弊不移交刑事案件案等新罪名案17件19人，占立案总数的37%，同比上升18%。相继查处了原运城电大校长许丰庆（正处）贪污10万余元案（被判处有期徒刑十年），夏县石英厂原副厂长刘裕民（副处）与他人共同贪污12万元案（被判处有期徒刑三年缓刑三年），新绛工行桥头储蓄所原主任黄金奎挪用公款100余万元案，运城市盐湖区外经委原主任张志锋挪用公款79万元案，芮城县公安局原副局长唐世亮非法拘禁案等一批大要案。市院抽调精兵强将协助省院查处了市企业改制领导组原常务副组长（市经贸委原主任）王因定和原副组长（市经贸委原副主任）陈惠忠利用市焦化煤气厂和船窝煤矿改制分别受贿50万元案，现二人已被逮捕并提起公诉。

提高了案件侦结率、起诉率。立足于"快侦、快结、快诉"的指导思想，狠抓办案质量，注重办案效果。年底，经济罪案已侦查终结113件122人，结案率为85.6%；移送审查起诉102件110人，移诉率为90%，同比上升3%；法院作出判决62件，同比上升34.8%。侦查终结渎职侵权罪案43件54人，结案率为95.6%；移送审查起诉39件52人，移诉率为90.6%，同比上升30%。办案质量有了明显提高，取得了较好的法律效果和社会效果。

积极开展了职务犯罪预防工作。按照党的十六大提出的"坚持标本兼治，综合治理，加大治本力度"的精神，全市检察机关通过发检察建议、开展法律宣传、与重点行业、重点部门共同制定规章制度、检查落实等方式，积极开展职务犯罪预防。两级检察机关内部已建立预防机构15个，设立行业系统预防网点75个，聘请预防联络员75人；制定签发共同开展工作的通知、实施方案等文件905份；先后在金融、医疗等系统举办预防知识讲座30次，受教育人数达2066人次；发检察建议9份。永济、芮城、盐湖、新绛等13个县（市、区）院均分别采取电视讲话、致公开信、监督招标、深入检查、法制讲座等形式，广泛开展了预防职务犯罪活动。绛县、万荣先后成立了有县委主要领导和各大部门领导参加的职务犯罪预防领导组，制定了规章制度，给县直和乡镇领导干部讲法制课，取得了明显效果。

三、进一步强化诉讼监督，促进公正执法和司法公正

全市检察机关积极履行法律监督职能，以维护司法公平正义为目标，突出重点，注重实效，力促法律统一正确实施。

侦查监督工作重点加大了对侦查机关立案和侦查活动的监督力度，共办理立案监督案件156件，同比上升83%；对侦查活动中的违法行为发出纠正违法通知书2061份；对不符合法定逮捕条件的56件147人作出不捕决定；追捕漏犯90人，同比上升165%。

审判监督，认真做好案件审查工作，共对61件105人作出不起诉决定；追诉漏罪17条，追诉漏犯23人，同比上升11.7%；对审判机关量刑畸轻畸重、适用法律不当的案件提出抗诉21件34人，法院已开庭审理11件16人，改判6件10人，改判率为55%。由万荣县院侦查并提起公诉的王森贪污、挪用公款案，一审只判王森挪用公款罪有期徒刑三年，而贪污罪不成立，经市院依法抗诉，二审认定王森犯贪污挪用二罪，改判为有期徒刑十二年。

监所检察积极配合监管改造场所做好非典时期的封闭管理，确保了在押人员无一例非典疑似病人；全年狠抓了超期羁押专项清理，共纠正超期羁押228件295人；审查减刑假释手续161份，依法纠正违规减刑2人；开展安全防范检查2908次，与有关部门联合检查238次；纠正不安全因素132起，防止逃跑、自杀等事故38起；纠正各类违法行为85起；办理监管人员职务犯罪案件6件7人。保证了监管安全，维护了在押人员的合法权益。

民事行政检察共受理案件165件，立案129件，抗诉20件，提请抗诉42件，改判20件，同比上升5%；发检察建议38件，息诉14件。同时深挖民事行政判决、裁定不公背后的司法腐败，共初查司法人员涉嫌枉法裁判案18件18人，同比上升100%；移送自侦部门立案10件13人，位居全省之首。

检察技术部门加强与公安、法院业务部门的联系，不断提高鉴定水平。共办理各类鉴定案件53件；出具检验鉴定报告12份；鉴定人出现场26人次。为案件准确定性提供了科学依据。

四、坚持从严治检，不断加强队伍建设

紧密结合"强化法律监督，维护公平正义"教育活动，始终坚持从严治检方针，加强对干警的教育和管理，不断提高队伍素质和执法水平。

1．结合换届，加强两级院领导班子建设。去年，市委配齐了市院领导班子，新任了五名党组成员，市人大新任命了三名副检察长。遵照市委县级换届工作的总体安排，对12名基层院检察长实行了任职交流。换届之后的基层院检察长具有专科学历的11人，本科以上学历的4人，平均年龄45岁，比上届下降8岁，使班子整体更加符合"四化"要求。同时配齐了市院中层干部的空缺职位，新任科级干部13人，晋升副处、正副科级检察人员54人，是市院建院20多年来提拔晋升人数最多、面最广、效果最好的一次。在市直工委的指导下，机关党委圆满完成了换届工作，为推动各项检察工作与时俱进奠定了坚实基础。

2．通过开展教育活动，提高干警的政治素质。

按照市委和上级院的部署和安排，组织全体干警坚持不懈地学习贯彻“三个代表”重要思想和党的十六大、十六届三中全会精神，深入开展了“强化法律监督，维护公平正义”教育活动。围绕“立检为公，执法为民”主题，通过“六比六看八对照”，全体干警结合自己在大局意识、公正执法、工作质量、工作效率、工作作风等八个方面存在的问题，开展了执法思想、执法观念、执法作风、执法行为和执法效果大检查，边学边整边改，确保了教育活动的扎实有效。全市检察系统先后有13个单位和65名个人分别受到上级机关的表彰奖励。

3、*开展形式多样的业务培训，不断提高干警业务素质*。利用非典期间人员流动不畅的实际，两级院专门组织全体干警强化了学习培训。组织全市78名干警参加了全国统一司法考试，组织42名干警参加了省院组织的续职资格培训，鼓励并组织236名在职干警参加了各类学历教育。全年共在地市级以上刊物上发表学术论文110篇，6篇论文分获特等奖、二等奖和优秀奖；发表新闻稿件120篇。

4. *加大力度推动廉政建设*。年初，市院与各县、市、区院，各院与本院各部门层层签订《廉政建设责任书》，加强对干警从上班到八小时以外的管理。市院还制定了《廉政档案制度》、《廉政谈话制度》、《依法办案监督制度》，建立了市院副科以上干部和基层院班子成员廉政档案。同时加大对干警违纪案件的查处力度，对基层院一名副职和一名中层干部分别给予了党政纪处分，对基层院两名严重违纪干警给予了开除公职处分。

五、自觉接受人大监督，不断提高检察工作水平

加强与人民代表联系，自觉接受人大监督是检察机关不断提高工作水平、与时俱进、创新发展的重要保证。2003年，我们重点抓了四个方面的工作：一是按照人大联络制度，积极开展同人大代表联系活动，年初、年中两次在全市范围内征求了人大代表的意见和建议。二是认真办理代表的意见和建议。市一届人大五次会议后，我们立即对人大代表提出的建议进行了专门研究，并及时向代表作了答复。在市人大常委会组织的述职评议工作中，市院党组一班人自觉地把接受述职评议作为深入贯彻落实党的十六大精神的一项重大举措，坚持边整边改，突出重点，标本兼治，力求从根本上解决问题。对调查组转办的26件案件，按照。“一把手负总责，谁主管谁负责，部门具体负责，承办人认真办理”的原则，逐案研究，责任到人，领导包案，限期结案，确保了26件案件全部及时办结，并作了专题报告。三是对调查组提出的查办职务犯罪和检务工作中存在的问题，进行了深刻剖析，坚决纠正。规范了要案党内请示报告和与纪检监察部门的案件移交制度，加强了对案件的动态管理。市人大常委会对检察经费严重不足、办公条件和装备落后的问题，专门向市政府提出建议，市政府给予了高度重视，经市长办公会进行研究，决定从今年起给市院增加专项经费80万元；就检察机关不按规定进人问题，市人大专门向市委提交了报告，市委高度重视，市委组织部协助市院严格把关，落实了“逢进必考”规定，对市院、董村区院4个缺编名额实行了公开招录。四是狠抓了执法责任制和错案追究制的落实。在原有工作制度的基础上，调整充实了落实“两制”领导机构，制定了公示、承诺、追究、考评、督办、奖惩等八项制度以及八个业务部门的公示承诺制度。集中开展执法大检查，坚持案件评查评析。共评查自侦案件、不捕、不诉案件1358件1787人，纠正错案5案8人，对4名负有执法过错责任的办案人员给予了党政纪处分。市人大常委会转发了市院落实“两制”的八项制度；“六卡一书”个案跟踪监督的做法被省院推广。2003年，各级人大及其常委会、人大代表对检察工作给予了有力的监督和指导，极大的关心和支持，促进了全市检察机关的队伍建设、业务建设、公正执法。在这里，我代表全市检察干警向各位人大代表致以崇高的敬意和诚挚的感谢！

一年来，各项检察工作进展顺利，取得了一定的成绩，但也存在着一些问题：队伍素质特别是专业化水平还不能适应形势和检察业务发展要求；查办有影响、有震动的职务犯罪案件较少，案件质量还有待于进一步提高；诉讼监督在一些环节上还缺乏与时俱进的新措施；经费紧张，装备落后，办公现代化科技含量低，特别是在一些基层院更显得突出，影响了工作开展。

在新的一年里，全市检察工作的总体思路是：**以邓小平理论和“三个代表”重要思想为指导，深入贯彻党的十六大、十六届三中全会精神，牢固树立立检为公、执法为民的思想，紧紧围绕强化法律监督、维护公平正义，全面履行检察职责，突出工作重点，加大工作力度，提高执法水平和办案质量，加强执法规范化和队伍专业化建设，深入推进检察改革，努力开创检察工作新局面，为完善社会主义市场经济体制、全面建设小康社会创造稳定的社会环境和良好的法治环境**。全市检察机关将重点抓好以下几个方面的工作：

一、要进一步认真学习贯彻党的十六大和十六届三中全会精神，自觉地把检察工作融入全市工作大局之中

要深入学习“三个代表”重要思想，全面贯彻落实党的十六届三中全会精神，树立科学的发展观。坚持以人为本、立检为公、执法为民，强化大局意识、服务意识、公正意识和公仆意识，服从服务于发展这个党执政兴国的第一要务。要充分发挥检察职能，依法服务“三农”，把实现好、维护好、发展好人民群众的根本利益作为检察工作的出发点和落脚点，真正做到权为民所用，情为民所系，利为民所谋。

二、继续坚持“严打”方针，维护社会稳定

要继续依法严厉打击危害国家安全犯罪、严重刑事犯罪、危害市场经济秩序犯罪、危害人民群众身体健康生命安全的犯罪，以及坑农害农、侵害弱势群体利益的犯罪。对重大案件要适时介入侦查，依法快捕、快诉，确保办案速度和公诉效果。要认真贯彻宽严相济的刑事政策，有效化解社会矛盾。要进一步落实首问、首办责任制，加大矛盾纠纷排查调处工作力度，解决好涉法上访案件，积极做好综合治理工作，维护社会稳定。

三、进一步加大查办和预防职务犯罪工作力度，促进反腐败斗争和党风廉政建设

要广辟案源，主动出击，集中力量查办大案要案。重点查办县处级以上领导干部职务犯罪案件；国家机关工作人员玩忽职守、徇私舞弊、滥用职权给国家和人民生命财产造成重大损失的犯罪案件；借国有企业改制之机侵吞、私分、挪用国有资产的犯罪案件；行政执法人员和司法人员贪赃枉法、徇私舞弊、滥用职权的犯罪案件；发生在基层、发生在群众身边、影响恶劣的案件和严重损害人民群众切身利益的案件。关注基层民主选举工作中违法案件的查处。要不断提高侦查技能，规范办案工作，提高办案质量。对查办的职务犯罪案件，不管涉及到谁，都要一查到底，决不姑息。同时，要坚持一手抓法制教育，一手抓制度建设，积极探索，认真研究，努力做好职务犯罪的预防工作，推动与社会主义市场经济体制相适应的惩治和预防体系的建立。

四、进一步强化诉讼监督，促进在全社会实现公平正义

要进一步增强监督意识和责任意识，不断加大诉讼监督力度。要重点加强对有案不立、有罪不究、以罚代刑、重罪轻判、轻罪重判、违法减刑、假释、保外就医、超期羁押等案件的监督，既要监督纠正放纵犯罪、打击不力，又要监督纠正违法办案。要加强对民事行政判决裁定的监督，深入调查研究，制定措施，为国有企业、民营企业、股份企业、合资企业等各类市场主体的健康发展创造良好的法治环境。要把强化诉讼监督与查办职务犯罪相结合，深挖司法不公背后的徇私舞弊、贪赃枉法、滥用职权等犯罪案件，努力增强监督实效。

五、进一步深化检察改革，逐步完善法律监督机制

按照高检和省院安排，重点开展人民监督员制度试点工作。认真探索人民监督员开展监督的有效方式，加强检察机关的外部监督。要完善法律监督程序，探索建立权责明确、程序完善、监督有效的法律监督工作机制。要切实解决制约民事行政检察工作开展的突出问题，有效解决对经济犯罪以罚代刑问题。

六、进一步加强检察队伍建设和基层院建设

要进一步加强领导班子建设，把两级院领导班子建设成为政治坚定、开拓创新、团结协作、廉政勤政的坚强领导集体。要认真开展好“公道正派树形象’’活动，加强队伍思想政治建设。加强人员进出口管理，坚持凡进必考和公开招录制度，加强专业技能培训，积极推进检察队伍专业化建设。进一步加强检察机关党风廉政建设和自身反腐败工作，完善检察人员行为规范和执法规范，严肃查处检察人员的违法违纪案件。努力解决基层院的困难和问题，把基层院建设的着眼点放到更好地履行法律监督职能，提高执法水平和办案质量上来。

七、加强科技强捡和检务保障，创造良好的工作环境

要把科技强检摆在重要位置，构建一个基本满足检察工作需要的综合信息网络。市院力争在今年建成计算机局域网，并逐步推进到县级院。要积极主动地争取各级党委、人大、政府的关心和支持，进一步抓好检察机关办公用房和侦查技术用房建设，切实解决经费困难问题，努力落实从优待检的各项措施。

各位代表：2004年是全面贯彻党的十六大和十六届三中全会精神的重要一年，检察机关肩负的任务光荣而艰巨。我们要以“三个代表”重要思想为指导，在市委的坚强领导下，在市人大及其常委会的有力监督和支持下，振奋精神，开拓进取，求真务实，扎实高效地开展各项检察业务，为我市全面建设小康社会创造和谐稳定的社会环境和公正高效的法治环境作出新的更大的贡献！

（责任编辑：景惠西　赵新慧）

大　事　记

2003年

1月

3日

全市经济工作会议在运召开。会议确定了今年全市经济工作的总体思路，市委书记黄有泉就如何贯彻落实党的十六大精神，开创今年和今后经济工作新局面作了重要讲话，市长王守祯总结了去年经济工作，并就今年经济工作作了全面安排部署。

6日

全市计划工作会议召开。确定了今年全市在结构调整、项目建设、发展龙头企业、培育优势产业、招商引资等七方面的重点工作。

7日

全市争创优秀旅游城市动员大会召开。市长王守祯等领导出席会议并讲话。会议对“创优”工作作了部署和安排，以整顿规范城市秩序为突破口，打响“创优”第一枪。

7~8日

运城500千伏输变电工程初审在太原顺利通过，标志着全市电网建设跨入了一个新的历史阶段。

8日

全市非公有制经济组织党建工作现场会在闻喜召开。市委副书记孟福贵带领与会人员实地观摩了闻喜海鑫钢铁集团公司、闻喜第二水泥厂等4家非公有制经济组织党建工作情况。

11日

下午，省长刘振华参加运城人大代表团审议，就“如何发挥运城优势”提出三点要求。

12日

参加省十届人大一次会议的代表举行全体会议。省委书记田成平参加运城人大代表团的审议，对运城的发展提出要求。

18日

省、市环保部门联合对全市黄河沿线水污染防治情况进行现场检查，对水污染严重超标单位给予处罚，责令其认真整改。中旬，市政府办公厅发出紧急通知，要求加强黄河沿线水环境保护，确保黄河水质安全。

19日

国家环保总局在本市召开了引黄济津沿线污染防治工作通报会。

同日

市四大班子领导对全市“创优”工作目标落实情况进行了检查。

中旬

由市委、市政府和中央电视台联合拍摄的大型对外宣传片《五千年文明话运城》DVD、VCD光碟在北京正式出版发行。

22日

11时35分，第九届全国政协委员、中华全国工商业联合会副主席、山西省工商联副会长、运城市人大副主任、运城市工商联会长、全国劳动模范、山西海鑫钢铁集团有限公司董事长李海仓同志在办公室遭歹徒枪击身亡，凶手冯引亮当场畏罪自杀。

23日

运城市第一届人大常委会第十五次会议召开，会议确定了第一届人民代表大会第五次会议的召开时间。

26日

市长王守祯主持召开了第34次常务会议。议定了取消全市第二批行政审批事项，通过了以“五个一”为主要内容的行政审批制度改革方案，创新了全市行政审批工作。

本月

市鑫慧文化商品商场总经理李慧卿等5名企业家，在“全省优秀青年民营企业家”活动中，榜上有名，受到团省委等单位表彰。

本月

永济粟海集团被中国肉类协会评为中国肉类食品行业50强企业，名列第36位。

2月

9日

市委召开常务会议，对城建工作进行了专题研究。

11日

市计生委举行行政执法目标责任书签字仪式，拉开了全市计生系统建立“121”执法责任落实机制的序幕。

12日

市委、市政府组织市直12家单位，对安邑火车站至圣惠路立交桥铁路沿线的环境卫生进行集中整治，打响全市“创优”、治理城市脏乱差的第一枪。

同日

市委、市政府决定成立“全球华人公祭后土圣母大典活动”组委会。并决定于4月19日（农历三月十八）在万荣后土祠举行庆典活动。

13日

市委发出通知，要求认真学习贯彻胡锦涛总书记在西柏坡的重要讲话精神，在全市广大党员干部中广泛开展坚持“两个务必”的教育活动。

17日

市委中心组召开学习会议。重温毛泽东、邓小平、江泽民关于艰苦奋斗、居安思危、保持党同人民群众血肉联系的论述，集中学习胡锦涛总书记关于《坚持发扬艰苦奋斗的优良作风，努力实现全面建设小康社会宏伟目标》的重要讲话。

18 日

市委、市政府召开城建专题会议，确定今年城建工作目标。市长王守祯参加会议并就城市建设和管理工作向有关单位提出六条要求。

19 日

全市人口与计划生育工作会议召开。会议确定了 2003 年全市人口与计划生育工作的总体思路。市委书记黄有泉、市长王守祯到会并作重要讲话。

23 日

由中共中央杂志社和山西省委、省政府联合摄制的“走进小康”大型理论文献记录片摄制组，到永济鹳雀楼景区进行实地拍摄。

25 日

全市经贸工作会议召开，确定了全市工业产业发展的新模式——“3 + A”。

同日

全市召开交通工作会议。确定了“十五”后 3 年全市工作重点是实施“11766”工程、构筑高层次的公路交通网络、建设运城市区到各县市的“一小时经济圈”。

26 ~ 27 日

市委召开第一届四次全体会议，通过了《中共运城市委关于贯彻党的十六大精神，全面建设小康社会的意见》，递补邵景阳为中共运城市委委员。市委书记黄有泉在会上就如何贯彻会议精神讲了 3 点意见。

27 日

出席第十届全国人民代表大会第一次会议的 3 名全国人大代表王守祯、吴菊仙、孙兆学离运赴京参加会议。

3 月

1 日

新修订的《中华人民共和国农业法》正式实施。副市长安德天就如何贯彻新的《农业法》于 2 月 29 日晚发表电视讲话。

3 日

市政府制定了《关于对国家公务员工作态度和效能问题投诉处理暂行规定》，决定从 5 月 1 日起正式执行。

5 日

是开展学雷锋活动 40 周年纪念日，是全国青年志愿者行动实施 10 周年纪念日，市直团委在文明街举行“青年文明示范街”揭牌仪式。市领导黄有泉及千余名青年志愿者参加了揭牌仪式。同日，赵云建被命名为“山西省学雷锋先进个人”；新绛县纪锦河、卫巧云夫妇荣获“全省十大学雷锋标兵”称号。

7 日

市委农村工作会议召开，确定了市委、市政府农业和农村工作思路，提出了 2003 年奋斗目标——农民人均纯收入增长 7% 以上，确保达到 2300 元，力争再有 16.9 万农村人口达小康，5 万贫困人口解决温饱。同时安排部署了全市农业和农村工作。市委书记黄有泉到会并讲话，副书记唐大雄强调抓好六方面工作，副市长安德天提出要实现“十个”新跨越。

9 日

运城机电工程学校隆重举办“省部级重点中专院校”命名揭牌仪式。市主要领导到会并讲话。

18 日

市委召开党史工作会议，各县（市、区）委分管书记、市直各部门党委书记及各县（市、区）委党史部门负责同志参加了会议。会议提出今年工作的总体思路，要求基础工作出精品，创新工作要有新举措，做大做强地方党史事业。会议由市委常委、宣传部长、市委党史工委副主任王水成主持，市委副书记、市委党史工委主任孟福贵等领导出席会议并讲话。

18 日

市委印发了《关于贯彻党的十六大精神，全面建设小康社会的意见》，提出了全市全面建设小康社会的经济发展、政治建设、文化建设和可持续发展的目标，要求各级党委，采取切实有效措施，加快全面建设运城小康社会步伐。

21 日

市委举行传达十届全国人大一次会议精神大会，市委书记黄有泉就如何贯彻落实会议精神进行了安排部署。

24 ~ 27 日

政协第一届运城市委员会召开第三次会议，市委书记黄有泉到会并发表重要讲话。会议审议通过了政协第一届运城市委员会第三次会议决议、政协第一届运城市常务委员会工作报告的决议、政协第一届运城市常委会关于一届二次会议以来提案工作情况报告的决议、政协第一届委员会第三次会议提案审查报告。

25 ~ 28 日

运城市第一届人民代表大会第五次会议召开。审议通过了《政府工作报告》、《运城市 2002 年国民经济和社会发展计划执行情况与 2003 年国民经济和社会发展计划的报告》《运城市 2002 年总预算及本市级预算执行情况和 2003 年全市总预算及本市级预算的报告》、《运城市人大常委会工作报告》、《运城市中级人民法院工作报告》、《运城市人民检察院工作报告》。市委书记黄有泉在会上发表了重要讲话。

26 日

市政府一届三次会议在市委南风厅举行议政发言大会。10 位委员就加快城镇化建设步伐、优化投资软环境、改革制约经济发展的落后观念、营造民营经济发展氛围等问题，发表了意见和建议。市委书记黄有泉、市长王守祯听取了发言并讲话。

下旬

全市劳动保障工作会议召开，提出了全市在今后 3 年内要组织 50 万人外出就业，实现经济纯收入 40 亿元奋斗目标。市委副书记唐大雄等领导出席会议并讲话。

本月

全市首届“十佳”律师评选活动揭晓。冯淑芳、张枝梅等 10 名律师获得首届“十佳”律师称号。

29 ~ 30 日

全省春季植树造林动员暨林业重点工程现场会在夏县召开。省长刘振华发来贺信，副省长范堆相亲临会议并作重要讲话，就今春植树造林的重点生态工程建设提出了具体意见。会议期间，省领导及参会代表实地参观了夏县部分绿化工程。

本月

市委、市政府下发了《关于加快农村劳动力转移工作的意见》。把农村劳动力转移（劳务输出）作为农民增收的一条主要渠道和全面建设小康社会的重大举措。确定了2003年至2005年，全市劳务输出的主要目标和任务。

4月

1日

市长王守祯同市直13个学校的校长进行座谈，就教育园区建设和创建教育大市听取了校长们的意见。同时，召开全市教育工作会议，市委书记黄有泉提出了建设教育大市，抓好今年教育工作的总思路、总要求以及三项教育重点工作。

3日

市政府表彰一批取得优异成绩的乡土拔尖人才。这是全市第一次对乡土拔尖人才进行表彰。

3～4日

省委书记田成平到闻喜、夏县以及运城学院等地视察工作，就运城的发展提出了要求。

7日

市委召开大会传达贯彻省委书记田成平视察运城时的讲话精神。黄有泉就如何贯彻落实讲话精神提出了四点意见。

同日

根据全国税费改革试点工作会议精神，全市召开电视电话会，对农村税费改革试点工作作了安排部署。要求5月30日前完成农村税费改革各项措施的落实。

9日

市委召开全市宣传思想工作会议，市委书记黄有泉提出了今年乃至今后一个时期全市宣传思想工作的总思路和总要求。

10日

省长刘振华率省四大班子就大运高速公路经济带的建设到运城现场办公。其间，还到关铝碳素公司、建设中的运城飞机场、盐湖区舜帝陵等地调研，并与海鑫集团的领导进行座谈，要求政府和部门要支持民营企业的发展。

同日

山西大唐运城发电有限责任公司在运城挂牌成立。

15日

市委书记黄有泉主持召开会议，专题研究劳务输出工作，提出七点具体要求，确保3年完成50余万人的劳务输出任务。

17日

市委、市政府召开全市劳动力转移暨百万农民大培训工作电视电话会议，号召全市广大干部群众进一步解放思想，提高认识，全面实施劳务经济战略，大力发展劳务输出产业，充分发挥农村劳动力资源优势，努力加快全面建设小康社会步伐，促进全市经济和社会各项事业快速发展。

17日

全市非典型肺炎防治工作会议召开，号召全社会紧急动员，构筑防疫大堤，周密部署，群防群治，确保战胜疫情。成立了以市长王守祯为组长的领导组，加强对全市非典型肺炎预防控制工作的领导。

19日

农历三月十八，13个国家和地区的华人代表200余人，以及社会各界群众数万人在万荣县举行癸未年华人公祭后土圣母大典，共同祭拜华夏始祖后土圣母。这是后土祠历史上自轩辕黄帝至宋代共8位皇帝24次祭祀后，近千年来的第一次公祭大典。中国·运城万荣首届后土旅游文化节开幕式同时举行。

同日

副省长梁滨来运，对非典型肺炎防控工作进行调研，并就下一步的预防控制工作提出了四点具体要求。

24～25日

省委常委、省公安厅厅长杨安和来运督查非典预防控制工作，对防控工作提出了八点要求。

20日

市委召开常委会，专题研究全市防治非典工作。市委书记黄有泉就防治非典工作，提出了八点具体要求；市非典型肺炎防治工作领导组组长、市长王守祯提出了三条意见。当晚市政府研究部署了进一步搞好非典防控的具体措施，要求医疗机构实行“首诊负责制”。

21日

市委、市政府紧急召开全市防治非典型肺炎电视电话会，全面部署全市下一步预防工作的重点。

同日

市四大班子领导到市中心医院现场办公，督查医疗卫生部门防治非典工作措施的落实情况，并现场察看了市中心医院的发热待诊门诊。市委书记黄有泉对防控提出具体意见和要求。

23日

市防非典督查组分赴13个县（市、区）督查非典预防控制工作。

25日

市人民政府发出通告，要求采取措施，切断非典传播途径。同日，市政府办公厅发出紧急通知，要求进一步搞好全市非典防治工作。市纪委、监委发出紧急通知，要求严格控制农村各种集会，防止非典在农村蔓延。市委组织部发出通知，号召各级党组织和共产党员，在防治非典工作中发挥先锋模范带头作用。

27～28日

省防治非典工作督查组来运督促、检查、指导防治非典工作，并就下一步防治非典工作提出了八条建议。

28日

市委就如何加强全市非典防治工作召开常委扩大会议。市委书记黄有泉就切断传染源提出了十条要求。

29日

市委、市政府召开全市非典防治工作电话会议，市长王守祯就全市进一步做好防治工作作了全面部署，并提出了工作重点和具体措施。市委书记黄有泉作了重要讲话，要求抓好十一项工作措施的落实。会上，市委、市政府号召全市为抗击非典献爱心，市四大班子领导带头捐款8900元。这一号召，很快在全市掀起了抗非典捐赠热潮，截至6月10日，全市共接收社会捐款物达1027.82727万元。

29日

芮城福斯特化工有限公司和捷克维克斯公司在运城举行了全国首座万吨级聚苯醚（PPE）项目技术

转让和工程设计签字仪式，该公司成为全国第一家拥有此项规模技术的企业，中国成为继美国、日本之后第三个聚苯醚产品生产大国。

同日

市长王守祯主持召开市长办公会，要求一手抓防治非典，一手抓经济建设。5月4日，市长王守祯到关铝集团，对防非和电解铝工程进展情况进行督查。5月5日，市委领导黄有泉、唐大雄等深入永济市的忠民集团、强胜集团、粟海集团检查企业的非典防治和企业发展情况。

5月

1日

山西省“1311”重点工程项目——“忠民南铁”铁路专用线破土动工，这标志着本市将诞生第一条高质量、高效益的合资民营铁路。

5～6日

卫生部非典防治督导组对全市非典防治控制工作进行督查。

6日

市委书记黄有泉和军分区领导到夏县尉郭乡高村慰问在海军361号潜艇执行训练任务中不幸遇难的夏县籍烈士吕建伟的亲属。

7日

市委、市政府召开全市农村非典防治工作电视电话会议，对全市农村非典防治和其它重点工作进行了再安排、再部署。

9日

市委书记黄有泉、市长王守祯与市四大班子有关领导到解州，参加关铝旅游资源开发暨20万吨电解铝项目建设现场办公会议。会议决定，成立旅游资源开发领导组和旅游道路建设领导组，由市人大主任陈永信任组长。

10日

市委书记黄有泉深入万荣、稷山部分乡村和企业检查非典防治及工农业生产情况。市领导王守祯、唐大雄等深入银海外语学校、盐湖东城办检查指导非典防治工作。市委副书记孟福贵到万荣县就非典期间农村基层如何开展工作进行调研。

13日

市委、市政府召开电视电话会议，安排部署当前非典防控应重点抓好的五项工作。市委书记黄有泉对抓好非典防控和经济建设提出了5点要求。

同日

市委书记黄有泉等到本市第一座高等级变电站——运城500KV变电站建设工地现场办公。20日至21日，全市500千伏输变电工程开工动员大会在闻喜、盐湖、临猗分片举行。

15日

全市采取措施，集中收治SARS病人，各县（市、区）医院的SARS病人和疑似病人集中在市第二医院诊治，保证全市大多数群众的正常就医。

17～19日

省人大副主任杜五安带领省非典防控工作督查组，督查非典防治工作，对全市非典防控工作提出了具体要求。

中旬

市政府办公厅发出通知，安排部署全市城市社区非典防控工作。

21日

今日健康集团董事长潘永斌向奋战在抗非一线的全市医护人员赠送了价值60万元的“健润口服液”。

同日

晚11时30分，坚守在市区黄河大道防非典检查消毒点上的值班民警贾向军病倒防非第一线。23日、24日，《运城日报》、《运城日报·晚报版》分别进行了报道，省、市、区领导和各界人士前去慰问。27日，市政府作出决定，给因劳累病倒在抗非典一线的民警贾向军记二等功，同时号召全市广大公务员向贾向军同志学习。29日，贾向军同志医治无效，以身殉职。

25日

市农村非典防控领导组与“三夏”领导组召开会议，安排贯彻落实省政府《关于做好小麦机收工作的紧急通知》精神，要求实行“五统一”工作措施，全力以赴保障小麦机收顺利进行。

26日

26日，省召开全省农村税费改革试点工作电视电话会议，全面启动全省农村税费改革试点工作。在运城分会场，市农村税费改革试点工作领导组召开会议，专题研究全市农村税费改革试点工作。

27日

市召开全市农村税费改革试点工作会议，会议确定了全市农村税费改革重点，决定全市夏征工作从7月15日开始。

同日

市委办公厅、市政府办公厅联合发文，重点解决全市果菜等销售渠道不畅，价格下滑和出卖难问题。

29～30日

省长刘振华在运城就贯彻温家宝总理视察山西时提出的“坚持不懈、恪尽职守、狠抓落实”指示精神，及省委、省政府“5·23”再掀全省非典综合防治新高潮电视电话会议精神的落实情况进行调研。

30日

市非典防控工作领导组办公室发出第25号公告，号召全市广泛开展灭苍蝇、蚊子、老鼠、蟑螂等“四害”活动，彻底铲除农村粪堆、草堆、灰堆等“三堆”和城市生活垃圾。同日，市防治非典指挥部办公室发出通告，要求加强犬类及宠物管理。

本月

省政府批准运城市城市总体规划远景目标。到2005年，城市人口增至29万，建设用地29.6平方公里；至2020年，城市人口增至52万，建设用地50平方公里，规划区域面积600平方公里。

6月

2日

市四大班子领导在河津召开治污现场办公会，依法关闭了河津市6座环保不达标焦炉。

4日

市政府召开南同蒲铁路复线建设筹备工作座谈会，标志着全市酝酿已久的南同蒲铁路复线建设筹备工作正式启动。此前，市委、市政府成立了筹备工作领导组，由市长王守祯任组长。

5日

是联合国确定的第31个世界环境日，市环保局决定即日起，本市开始空气质量日报制。

6日

市委书记黄有泉等考察了盐湖区正在开发中的蚩尤部落遗址项目，对蚩尤文化研究和池南的旅游开发提出了三点要求。

同日

市长王守祯、副市长董洪运到市经贸委，就当前全市工业经济运行、重点调产项目进展和园区建设、企业改制、非典防控和安全生产工作进行调研。

同日

市工商局执法人员对市区部分集贸市场、饭店经营野生动物情况进行了突击检查，从而拉开了全市严查违法捕猎和经营野生动物专项行动的序幕。此次活动为期4个月，到10月结束。

9日

全市首座特种垃圾焚烧炉调试完毕投入使用，由此使全市的医疗、生物等特种垃圾得到更加科学合理和安全有效的处理，全市医疗特种垃圾处理从此告别自行掩埋、焚烧的历史。

12日

市政府与山西省通信公司运城分公司举行合作建设政府系统电子政务工程签字仪式，标志着本市率先在全省启动并实施政府系统电子政务工程，电子政务建设开始步入了规范化、科学化的轨道。

17日

市委、市政府召开动员大会，决定在全市开展一次以“全民动员抗非典，清理垃圾除死角，整治环境促健康”为主题的爱国卫生大行动。此次活动从本日开始，30日结束。同时，市政府出台加强城市环境卫生长效管理实施方案。

同日

市委、市政府召开动员会，号召市区所有机关、团体、厂矿企业、村庄社区，集中15天时间，开展“全民动员抗非典，清理垃圾除死角，整治环境促健康”的爱国卫生大行动，吹响了全市围剿垃圾攻坚战的冲锋号。

18日

水利部黄河水利委员会主任李国英来运视察黄河防汛工作，对全市黄河防汛工作提出了具体要求。

同日

市磷肥厂85名下岗职工领到了首批《再就业优惠证》，这标志着国家制订的再就业扶持政策在本市施行。

18～20日

省人大副主人行张铭，就行政执法机关和司法机关实行执法责任制和执法过错责任追究制（简称“两制”）的执行情况来运调研。

19～21日

全市非典防治暨经济结构调整三年大见成效提前实现翻番动员大会召开，市长王守祯就继续做好非典防控、下半年经济工作及今后三年结构调整工作作了具体安排部署。市委书记黄有泉在会上，要求全市上下要围绕2005年实现第一个翻番的目标，紧紧把握新型工业化、农业产业化和城镇化三大重点，着重抓好7项工作，推进7个转变。

23日

市政府召开推进下岗失业人员再就业、农村劳动力转移工作会议，要求下半年完成劳务输出8万人。25日至26日，市政府召开一届十一次常务会议，就全市解决农村富余劳动力输出工作中存在的突出问题提出了建设性意见。

24日

副省长牛仁亮到永济市粮食直属仓库、运城市东留粮食储备库、关铝20万吨电解铝工地、南风广场等工地调研，并就夏粮收购、市重点工程建设问题提出具体要求。

26日

市第一届人大常委会第十八次会议，决定任命张建喜为运城市人民政府副市长。

28日

山西医科大学运城学院举行了隆重的挂牌仪式，此举标志着运城的医学教育进入了一个新的历史时期。

同日

市政府办公厅发出紧急通知，要求在全市迅速开展严厉打击传销和变相传销活动。

同日

市政府发出《关于加强和规范城市规划区范围内土地预征统征管理工作的通告》，以加强和规范城市土地管理，严肃统征管理程序。

28～29日

全省乡镇企业暨民营经济现场会在河津召开，学习和交流河津等地的先进经验。会议期间，省长刘振华、省委常委、常务副省长范堆相与受表彰的10位民营企业家进行了座谈。30日，到稷山县企业和学校进行调研，指示国企改制要优化所有制结构，“数字山西”要先从娃娃抓起。

7月

1日

中铝山西企业扩建80万吨氧化铝工程全面启动，它是中国最大、亚洲第一的氧化铝生产企业。市委书记黄有泉、市长王守祯参加了启动仪式。此前省委书记田成平就中铝山西企业的建设问题做了重要批示。

月初

市人口与计划生育领导组出台了《运城市落实计划生育“一票否决”实施办法》。此举标志着本市计划生育“一票否决”由此步入有章可循的规范化管理阶段。

3日

市政府召开全市非煤矿山安全生产专项整治验收工作会议，副市长张建喜对下一阶段整治工作提出了四点要求。

5日

全市旅游市场启动仪式在河东广场举行，这标志着遭受重创的本市旅游业即将全面复苏。同时，“全民健身，从我做起”的全民健身周活动拉开帷幕。市四大班子领导和数千名群众参加了健身步行活动。

同日

山西新利通MALL业种布局定位论证会在运城大酒店召开，此举标志着本市“商业航母”已从建设阶段转为商业运营启动阶段。

7～8日

全省经济结构调整总结表彰大会召开，本市的经济结构调整工作荣获全省惟一的突出贡献奖，市委书记黄有泉等获经济结构调整先进个人奖，会上本市获得的奖项在全省位居第一。

10～12 日

省人大副主任杜五安率领省人大检查组，对全市公共卫生和环境安全进行检查。

22～26 日

共青团第十五次全国代表大会在北京召开，市团委书记邓燕平和团员王燕出席大会。

24 日

市人大主任陈永信带领有关部门负责人，就运城至永济旅游公路建设中急需解决的“三线”迁移等问题进行现场办公，确保旅游公路国庆节通车。

25 日

由市委、市政府主办的中国·运城首届网上水果交易会拉开帷幕。截至上午 8 时，已有全国各地 2000 多家客商上网交易。

28 日

市委书记黄有泉到中铝山西企业和阳光焦化集团，解决工程建设中存在的有关问题。

29 日

全市召开县级换届工作会议，安排部署了全市县级换届工作。

30 日

运城民航跑道合龙，标志着机场建设取得阶段性重大胜利，它是本市机场建设工程中的一个里程碑。

8 月

5～6 日

全省政法队伍建设经验交流会在运城召开，本市政法系统推行的首问责任制经验在会上作了交流。期间，与会代表参观了盐湖和平陆县政法队伍建设等先进单位。

6～8 日

省人大《建筑法》执法检查组对本市贯彻实施《建筑法》情况进行了专题检查，并就进一步贯彻落实《建筑法》提出了具体要求。

8 日

市政府召开全市整顿和规范市场经济秩序工作会议，对整顿和规范市场经济秩序工作进行了安排部署，要求从十个方面整顿规范市场秩序。

15 日

运城市第一次作家代表大会在运城召开，选举产生了运城市作家协会第一届理事会及主席团成员，王西兰当选为主席。

18 日

省委、省政府召开全省煤矿安全生产紧急电视电话会议。根据会议精神，市委、市政府决定全市所有煤矿从 19 日零时起，停产整顿一周。

20 日

全省贯彻《城市生活无着落的流浪乞讨人员救助管理办法》工作电视电话会议后，副市长安德天就全市贯彻落实好救助管理办法提出了四点要求。

22 日

全市实施“药品放心工程”动员大会召开，全面启动“药品放心工程”。

23 日

全市纠风暨行风评议工作会议召开，对治理和纠正农村中小学乱收费及城市公办学校的择校高收费问题进行安排部署。26 日，市教育局、市监委、市纠风办、市财政局、市物价局、市审计局、市文化新闻出版局等 7 部门联合印发了《运城市治理教育乱收费工作实施意见》，坚决治理教育乱收费。下旬，市物价局、市财政局、市教育局联合发出通知，决定对全市教育收费实行公示制度，进一步规范教育收费行为。9 月 22 日至 25 日，省治理教育乱收费检查团深入盐湖、夏县、永济等县市区，对本市教育乱收费进行专项检查，肯定了全市在遏制教育乱收费方面所采取的方法和措施，并提出了具体要求。

25 日

全省地（市）粮食局长会议在永济市召开。从 2004 年起，全省将取消小麦收购保护价制度，逐步对小麦和玉米生产区粮农实行直接补贴。

同日

全市中小学人事制度改革会议召开，启动了中小学教职工核编工作，拉开了全市中小学人事制度改革帷幕。

下旬至 9 月上旬

全市 13 个县（市、区）分别召开了党代会、人代会、政协会，选举产生了各县（市、区）新的领导班子。

9 月

1 日

市政府召开紧急会议，研究部署圣惠路立交桥的修复问题。

同日

市公安局出台了《全市公安交警 29 项便民利民措施》以及户籍管理的有关规定。

11～14 日

黄河芮城东垆段堤坝发生险情，1600 多名军民组成的抢险抗洪大军，开赴护堤一线，昼夜苦战，使险情得到控制，受到国家水利部和黄委的高度评价。

12 日

以优秀民营企业家李海仓为主人公的大型报告文学——《超越财富》一书，由书海出版社出版，并在太原举行座谈会。省委副书记侯伍杰出席座谈会。

13 日

市长王守祯、副市长王赋到关铝集团 20 万吨电解铝工地调研。

14 日

市委书记黄有泉、市人大主任陈永信、市政协主席李天祥等四大班子领导，深入运城——永济——蒲津渡二级旅游公路，现场解决工程进展中存在的问题。

17～21 日

省爱国卫生检查团从 11 个方面，对本市创建卫生城市情况进行了严格检查，并对今后创建工作提出了具体要求。

17 日

市委召开全市群团组织劳务输出动员大会，会议提出全市要利用三年，在群团系统广泛开展组织、推动劳务输出活动，达到输出劳务 6.66 万人的目标。

18 日

师自明、杨璋德、武彩霞 3 名代表，赴京参加 20 日召开的全国工会代表大会。

28 日

纵贯山西南北，全长666公里的大同——运城高速公路全线通车。

同日

省委书记、省人大主任田成平到运城机场、中信机电制造公司、山西华信经济开发区调研，并作了重要指示。

同日

运城参加第七届厦门中国贸易洽谈会，共签约项目10个，总投资6000万美元，利用外资3000万美元。

同日

市国防动员委员会第三次全体会议在运城军分区召开。省军分区副司令员马景荣少将到会指导。会议要求，国防动员工作要坚持“突出重点，统筹兼顾，整体提升”的工作思路，实现国防动员工作的跨越式发展。会上，市委常委、常务副市长、山西陆军预备役步兵师预任副师长兼炮兵团第一政委董洪运，被命名为全军预备役部队建设先进个人。

同日

全市对新任职的县处级领导干部进行任前廉政谈话。市委副书记、市纪委书记周振华到会并对新任县处级领导干部提出具体要求。会上，新任县处级领导干部进行了廉政宣誓，并签署廉政承诺书。

29日

全市公安机关国庆阅警仪式在河东广场举行，由公安民警、武警、消防官兵、经济民警、保安人员组成的41个方队，接受了各级领导和广大人民群众的检阅，省、市领导出席会议并做重要讲话。

10月

1日

市2002年“2211”重点工程，山西新利通商业经营管理有限公司举行揭牌仪式，并启动首次招商活动。这标志着新利通MALL的商业运营进入了一个实质性的发展阶段，标志着本市乃至全省拥有了一支全程管理超大型、现代化新型商业业态的专业管理团队。

2日

全市1572名赴深圳务工人员踏上直达广州的专列，开始了南下创业的征程，这标志着全市万人赴深圳务工行动正式启动。

同日

2003年山西省“天利杯”大运路体育旅游自行车拉力赛在运城结束，本市夺得男子团体第一名，本市选手惠国获得男子个人总成绩第一名。

5日

市委书记黄有泉等到盐湖区舜帝陵庙调研，强调确保首届舜帝大祭圆满成功。

上旬

全市7个工业园、50余家企业、100余人参加山西省工业园招商暨重点投资项目洽谈会，共吸引投资21.6亿元。

8日

首届虞舜文化旅游节暨招商引资洽谈会在舜帝陵庙隆重开幕，来自全国各地的30余名客商及15000余名群众参加了开幕式。

同日

全市召开旅游工作座谈会。省旅游局局长籍振芳参会，要求运城旅游应走出五大误区，努力打开山西旅游的南大门。

9日

市召开全市预防非典工作电视电话会议，市长王守祯就全市预防非典工作提出四点意见。

同日

市委召开省管干部2002年度考核暨民主生活会情况通报大会。

同日

市委书记黄有泉到平陆县看望慰问受灾群众。当晚，市委书记黄有泉连夜主持召开市委常委扩大会议，要求各级党委、政府一定要把解决受灾群众的生产生活问题当作当前的头等大事来抓，组织人员进行排查。市四大班子领导参加会议，每人捐资500元。

9～11日

全市老区建设工作现场会在垣曲县召开。

9～12日

全省巾帼环保十大明星、十大杰出环保青年表彰大会在运城举行。

10日

市委办公厅、市政府办公厅联合发出通知，号召社会各界开展一次集中募捐活动，帮助灾民重建家园。截至29日，全市已为灾区捐款超过300万元。

11日

市委发出通知，号召全市各级党组织和广大党员立即行动起来，帮助受灾群众解决生产、生活困难。同日，市委常委、组织部长王安庞到平陆县张店镇察看灾情，要求全市基层党组织和广大党员干部在抗灾救灾工作中充分发挥战斗堡垒和先锋模范作用。

12～17日

市政府组团参加第五届中国国际高新成果交易会，累计成交额3650万美元。

13日

副省长王昕视察本市非典防控准备工作。

13～14日

全省县级人大换届选举工作座谈会在运举行。

13～15日

副省长靳善忠深入中条山有色金属公司等困难国有企业和运城盐湖、舜帝陵及盐湖工业科技中心进行调研。

15日

省政协副主席吕日周带领省政协考察团到海鑫集团、忠民集团、粟海集团就民营企业发展情况进行考察。

同日

盐湖区迎宾餐馆经理杨春霞被中国商业联合会和全国总工会财贸会投予“全国优秀服务员”。同时市公共交通总公司总经理李岩峰、山西河津礼铭铝电科技集团董事长兼总经理贺仙娥分别荣膺“新时代中国改革之星——25名最具改革理念的中国企业家”荣誉称号。

15～17日

省供销社党组书记、理事会主任刘向东深入闻喜、夏县、盐湖、临猗等棉花收购一线进行调研。

16日

市委召开全市县级换届工作总结会。市委书记黄有泉就领导班子建设发表重要讲话。

16～18日

省防非督查组对本市学校、饭店、旅游等16个单位的非典防控工作进行督查。

18日

第十四届关公文化节在解州关帝文化广场开幕。期间，市文联组织了"河东精品文化颂"大赛；市文物局在解州关帝庙举办了第六届金秋菊展，在关帝汉城举办了民间艺术表演；市文化新闻出版管理局在河东会堂组织了戏剧大会演。

19日

运城市"工行杯"第一届运动会在河东广场开幕。13个县（市、区）代表团1586名运动员参加了各项比赛。21日，运动会落下帷幕。16人24次打破14项原地区运动会记录。

20日

第三届运城农业新技术新产品展示展销会在运城蔬菜果品批发市场开幕。农业部、中国农科院、中国农业大学、省农业厅、省农科院、山西农业大学等部委和科研院所的有关专家、领导，三门峡市、渭南市有关领导及市四大班子领导与3万余名干部群众参加了开幕式。同期运城市经济技术开发区2003年经贸洽谈商品交流会在禹都市场举行，期间，共洽谈项目10项，交易总额2亿多元。

21日

市长王守祯就如何集中力量加快进度到部分重点工程施工现场调研。

21～22日

全省纪检监察案件审理工作会议在永济市召开。学习永济市纪委监委在案件审理中创新的"两级联审"经验。

22日

"运城市农业局农事110电话信息服务系统"正式开通。

22～25日

省治理教育乱收费检查团对本市盐湖区、夏县、永济市等县（市、区）的一些重点中学及乡村中小学进行教育收费专项检查。

23日

梁雨润事迹报告团，赴全省各市（地）作巡回报告。

23～24日

全省农村饮水解困工程管理工作现场会在运城召开。副市长安德天代表本市做了典型发言。

24日

全省农田水利基本建设动员会在运城召开。

同日

省外经贸厅厅长王淑珍对本市进行考察，表示全力支持中信汽车项目。

24～25日

省长助理李振喜到萨瓦莱斯制版集团、南风工业园、粟海集团和关铝20万吨电解铝建设工地进行调研。

24～27日

省人大执法检查组对本市贯彻执行《农村土地承包法》的情况进行了检查。

同日

市委书记黄有泉就粮食安全问题到临猗调研，要求依靠科技提高单产，有效化解粮食风险。

27日

省粮食厅厅长高志信来运调研，指出要搞好粮食顺价销售，不要囤积居奇。

同日

中信机电有限公司确定中信汽车城落户机场产业园，并决定将机场道冠名为中信大道。

28日

市委书记黄有泉在永济市就恢复、开发蒲州故城遗址进行调研，强调要开发保护好历史文化资源。

29～31日

省委副书记张宝顺深入新绛县的轻纺工业中心，稷山县的丰喜纯碱和东方铁合金有限公司，河津的振兴、三联、阳光集团以及盐湖区的工业科技中心，就本市的工业、农业、旅游业等进行调研。

29～31日

省消防安全责任考评组对本市两年来的消防工作进行检查，并提出了具体要求。

30～31日

俄罗斯、爱沙尼亚、乌兹别克斯坦、亚美尼亚、塔吉克斯坦、立陶宛等六国国家电视台的20名记者先后到本市的南风工业园、"中国死海"普救寺、鹳雀楼等地参观采访。

本月

运城在全省率先实施电子政务工程，一期工程涉及全市13个县（市、区）、3个经济技术开发区和市直部门共79个单位。

11月

2日

由当年在夏县泗交镇插队的北京知青重返第二故乡兴建开发扶贫工程中澳友谊大坝正式开闸放水。市领导黄有泉、王守祯、安德天为大坝落成剪彩。

3日

市委举行梁雨润事迹报告会。千余名市直机关党员干部参加了报告会。市委书记黄有泉主持了报告会，并对党员干部提出了四点要求。

同日

市委、市政府召开会议，分析了当前全市农业和农村工作形势，对农村税费改革、退耕还林、饮水解困、扶贫移民等几项重点工作进行了部署安排。

4日

全市为灾区捐衣物送温暖活动全面启动。

同日

全省旅游市场工作座谈会在运城召开。副省长宋北杉、省旅游局局长籍振芳到会并讲话。

同日

市委书记黄有泉率四大班子领导及有关部门负责人到关铝20万吨电解铝项目建设工地现场办公。市长王守祯就关铝2×20万千瓦自备电厂、污水处理系统、铁路专线等项目建设提出了指导性意见。

5日

副省长宋北杉到建设中的运城机场调研指出，要把机场建成激活经济发展的中枢。

同日

市领导黄有泉、王守祯、董洪运就黄河大道两旁垃圾清运、绿化和非机动车道扫尾工作、圣惠路立交桥修复和圣惠路拓宽等市区重点工程现场办公。

11日

市委书记黄有泉致各县（市、区）委书记一封信，要求切实保证重点党报党刊发行量稳步增长。

12日

省建行行长梁福成在运城民航机场及其工业园、舜帝陵景区、南风集团等考察。

同日

中国书协和运城市委、市人民政府主办的“王陆书法作品展”、“山西运城书法篆刻作品展”在北京美术馆开幕。

12～13日

市长王守祯到绛县、盐湖视察农业基础设施建设。

13日

市政府召开第48次常务会议，研究并通过了《运城市人民政府关于抓紧抓好农业和粮食工作的意见》。

14日

市四大班子领导带着市直77个单位捐献的各种物资分四路前往平陆县慰问灾民。

同日

市长王守祯在市果品中心市场、临猗楚侯乡万亩农业综合开发区、阎家庄工贸区及卓里集团公司调研。

15日

市直机关精神文明建设表彰大会在河东广场举行。

15日

市政府办公厅发出通知，决定从即日起，到11月底对违规新建加油站进行全面查处。

18日

全长57.35公里，总投资1.57亿元的闻垣公路竣工通车。全国人大常委会副委员长何鲁丽和国家交通部分别发来贺信，市领导黄有泉、王守祯等为竣工通车剪彩。

中旬

市委书记黄有泉带领市教育、卫生部门负责人，深入万荣、垣曲、临猗三县就农村教育和卫生工作进行专题调研。

中旬

运城组团参加首届中国国际农产品交易会，共签订了1009.75万元的产品供货合同订单。

20日

运城市13名省人大代表，联名致信省人大常委会和省人民政府，呼吁尽快解决运城市严重缺电问题。

20～21日

省体育执法检查组对运城盐湖区、夏县、万荣3县（区）贯彻落实有关体育法规的情况作了专项检查，同时就如何加强和改进新时期体育工作，构建全民健身服务体系等问题提出了具体意见。

21日

新任县处级领导干部培训班开学，市委常委、组织部长王安庞作了题为《如何做一名合格的县处级领导干部》专题报告。

26日

关铝集团20万吨电解铝项目正式投产，这是全省有色金属工业建设史上的一个重要里程碑，也是全省经济结构调整的又一丰硕成果。至此，关铝集团生产能力达33万吨，成为全国最大的电解铝生产基地。省长刘振华、中国有色金属工业协会会长康义、副省长靳善忠、省政协副主席边鸣涛等省市领导出席了投产剪彩仪式。

同日

省军区政治部副主任张瑞祥和运城市军分区司令员孟庆发到夏县温峪村慰问受灾群众。

同日

副省长靳善忠在永济热电厂调研，指出耗煤大户应与大煤矿建立战略伙伴关系。

26～29日

市人大常委会举行第22次会议，决定在市人大代表和市级国家机关工作人员中开展评选优秀人大代表和优秀人民公仆活动。

27日

市委书记黄有泉陪同省交通厅领导，就修建民航机场与高速路互通桥和修建市区环城高速路和开发、带动运城旅游业发展进行了调研。

同日

副市长张建喜到河津就河津电厂满负荷生产进行现场办公。

28日

关铝集团有限公司与武汉凯迪电力股份有限公司签订了15亿元的关铝运城热电厂2×200MW工程总承包合同，这标志着“关铝”的铝电联产重大战略正式启动，这是全省有史以来一次性投标最大的项目。

29日

民盟、民革、民建、民进、九三学社联合在中共运城市委党校举办培训班，集中学习了“三个代表”重要思想。

同日

山西振兴集团董事长史跃武获“中国乡镇企业2003年度十大经济新闻人物”称号。

12月

1日

市委书记黄有泉等视察海鑫集团40万吨机焦工程和2×2.5万千瓦发电工程的建设情况，以及棒材生产线和高速线材生产线，风陵渡大唐电厂的开工情况。

同日

第三届全国县域经济基本竞争力评价结果揭晓，河津市排名全省第一、全国第226位。

2日

市毒鼠强专项整治工作领导组召开会议，决定即日起，在全市进行大规模的排查摸底，确保年内彻底清除毒鼠强危害。

2日至4日

省委书记、省人大主任田成平到永济、芮城、平陆三县（市），就经济结构调整和增加农民收入等工作进行调研。

3日

南同蒲铁路复线工程侯马至运城增建二线可行性研究报告通过评审。此举标志着南同蒲铁路复线工程进入临战状态。

同日

市教育局正式启动初中阶段贫困生、辍学学生救助工程。

5日

副市长柴林山到平陆县圣人涧镇察看灾情，慰问灾民。

8日

市四大班子领导到本市第4条高速公路——新禹高速公路现场办公。新禹高速公路东起新绛县，西至河津禹门口，全长66.84公里，是亚行贷款项目、国家重点工程。

9日

市委书记黄有泉就如何加强企业管理在丰喜集团调研。

同日

全长6570米的运城机场路正式开工建设,明年5年底前建成通车。

10日

市长王守祯对全市电力供应状况，到供电公司调研，要求采取措施，确保人民群众的生活用电。

同日

省粮食厅继投资建设五老峰云峰阁之后，又决定投资永济蒲州古城的开发与保护。

同日

临猗眉户剧团迎来50岁华诞，来自北京、西安、太原、临汾等地戏剧专家和各界人士到会祝贺，市委书记黄有泉宣读了市委、市政府对该团的表彰决定。

上旬

稷山县通信分公司被信息产业部评为“全国信息产业系统先进集体”。同期永济市被评为“中国优秀旅游城市”。

11日

《运城日报·晚报版》头版刊登《追讨工钱未果，被褥竟被烧毁》的报道，市委书记黄有泉作出批示，要求有关部门“认真过问解决”、“调查落实”。

12日

市政府召开电视电话会，进一步加强财税工作，要求及时足额发放干部职工工资。

13日

市政府召开清理整顿不法排污企业，取缔、关闭土焦改良炉动员会，要求12月底前对辖区内的土焦、改良焦炉无条件依法实施取缔、关闭，一个不留。

16日

全市反腐败斗争公处大会召开，对10案22人予以公开处理。

17日

市长王守祯到万荣亚都金属镁工业区、恒磁有限公司、恒磁工业园、三九药业公司进行调研。

18日

全市退耕还林政策补助兑现暨大运高速公路通道绿化工作安排会议召开，要求春节前全部兑现验收合格的农民粮款。

同日

国务院税费改革暨农民减负检查团就永济市税费改革及农民减负工作进行随机检查。

同日

中央纪委、监察部发出通知，决定在全国纪检监察系统开展向梁雨润同志学习的活动。

19日

河东会堂进行超标公用车拍卖会。17辆市级领导超标公务用车全部成功拍卖。标志着本市“三项治理”工作进入一个关键阶段。

20日

市政府决定，从即日起，在全市范围内开展为期一个月的安全生产大检查。

同日

市长王守祯到闻喜的海鑫集团、宏伟玻璃器皿有限公司、职教中心和夏县的宇达集团、冠宇化工公司等工业企业进行调研。

22日

市委主办的纪念毛泽东诞辰110周年文艺晚会在河东会堂举行。由市委宣传部主办的纪念毛泽东同志诞辰110周年“我们心中的红太阳”艺术作品展举行了开展仪式。

同日

由国家投资千万元兴建的永乐宫环保休闲广场工程正式启动。

同日

市委中心组集中学习《中共中央关于完善社会主义市场经济体制若干问题的决定》。

22～24日

公安部和省消防总队检查组，分别为本市的运城学院、华联购物广场、关帝庙等处的消防设施、安全状况及市消防支队建设情况进行检查。

23日

市政府发布《关于在城区试鸣防空警报的公告》，决定于12月30日11时0分至11时15分，在运城市城区进行防空警报试鸣。30日，整个运城市区同时响起防空警报。标志着全市人防警报系统建设迈上一个新的台阶。

同日

市纪委监委发出《关于严格遵守廉洁自律规定，文明健康过好“两节”的通知》。

23～24日

市人大常委会组织全市部分省人大代表，对丰喜肥业（集团）股份有限公司临猗分公司、盐湖区舜帝陵庙景区、盐湖区民营科技中心、闻喜县海鑫集团、闻垣路工程、运城飞机场等6个企业、景区工程进行了视察，并就视察的情况及全市社会经济发展中存在的问题提出了意见和建议。

27日

北京、天津、辽宁、吉林、黑龙江、内蒙古、山西等省(市、自治区)的政协社会法制委员会的负责人就新时期、新阶段社会法制工作出现的新问题进行探讨和专题研究。

29日

投资400余万元的市政府专网核心高速网络平台建成，网上行政审批正式运行。

同日

市委书记黄有泉等到关铝集团就关铝运城热电厂建设情况进行调研。同日，市长王守祯到平陆考察，并看望了灾民。

同日

历时273天的全省重点工程，运城500KV输变电工程胜利竣工，这是全市第一座500KV变电站，它的建成投运，标志着全市电网提升到一个新的等级。

30日

据统计，全市全部国有工业企业及年产品销售收入在50万元以上的非国有工业企业累计完成现价工业总产值334.4亿元，比上年同期增长23.7%。完成工业增加值117.6亿元。按可比价计算，工业发展速度为21.7%。

本年

市委、市政府在全市范围内统一组织开展了农民负担专项审计工作。全面贯彻国务院办公厅《关于2003年减轻农民负担工作的意见》精神，市纪委副书记、监委主任、纠风办主任蔡铁刚代表市委、市政府就搞好今年全市农民负担专项审计工作发出了动员令。

（张建国　武建华）

（责任编辑：武建华）

概　况

基本情况

自然环境

【位置　面积】　运城市位于山西省西南部，处于华北平原的丘陵区，黄土高原东沿第一台阶，黄河中游地带。北界吕梁山与临汾市的乡宁、襄汾、曲沃、侯马、翼城等县（市）接壤，东连太行山与晋城市的沁水、阳城二县毗邻；西、南两面濒临黄河，河干流形成了本市与陕西、河南两省的天然分界线。本市境域轮廓大致呈不规则三角形，地理坐标为北纬 34°35′～35°50′，东经 110°15′～112°04′，东西宽约 201.87 公里，南北长约 127.47 公里，总面积 13968 平方公里，约占山西省总面积的 9%。

【气候】　2003 年度本市天气气候的主要特点是：年平均气温接近常年，降水明显偏多，日照明显偏少。其中 1 月、2 月和春季温度高、雨水少；夏、秋季温度偏低、降水较多。

1. 温度：本年度全市平均温度为 13.1℃，接近历年平均值，河津和临猗偏高最多，均为 0.7℃。年平均温度最高的是河津，为 14.4℃，其次是永济，为 13.8℃，最低的是绛县，为 11.6℃。

1～2 月，春、秋季和 12 月平均温度分别为 1.2℃、14.2℃、12.7℃和 1.2℃，分别比历年同期平均值偏高 1.2℃、0.2℃、0.4℃和 0.4℃，夏季季平均温度为 24.4℃，比历年同期平均值偏低 1.0℃。

2. 降水：年内全市平均总降水量为 827.0mm，比往年平均值偏多 311.3mm，除冬季 1～2 月降水量为 4.0mm，比历年同期平均值偏少 1.1mm，其它月份降水均偏多，其中春、夏、秋季和 12 月平均降水量分别为 113.5mm、345.3mm、342.7mm 和 21.6mm，分别比历年同期平均值偏多 10.3mm、87.8mm、205.2mm 和 9.1mm。

3. 日照：年内全市平均总日照时数为 2014.2 小时，比往年平均值偏少 232.1 小时，其中 12 月和 1～2 月平均日照时数分别为 169.9 小时和 310.8 小时，分别比历年同期平均值偏多 9.2 小时和 1.3 小时，春、夏、秋季季平均日照时数分别为 558.3 小时、545.1 小时和 430.1 小时，分别比历年同期平均值偏少 46.3 小时、118.3 小时和 78.0 小时。

（冯明理）

行政区划

【行政区划概况】　2003 年，全市 2 个县级市、10 个县、1 个区；79 个镇、54 乡、13 个街道办事处；3338 个村委会；7873 个自然村，总面积 13968 平方公里，总人口 4776269 人。

盐湖区　7 镇 6 乡、8 个街道办事处、81 个居委会、314 个村委会、430 个自然村：

解州镇、北相镇、龙居镇、金井乡、席张乡、泓芝驿镇、上郭乡、三路里镇、上王乡、冯村乡、王范乡、陶村镇、东郭镇、东城、西城、南城、北城、中城、安邑、姚孟、大渠街道办事处。

永济市　7 镇、3 个街道办事处、23 个居委会、262 个村委会、402 个自然村：

虞乡镇、卿头镇、开张镇、栲栳镇、张营镇、蒲州镇、韩阳镇、城东、城西、城北街道办事处。

河津市　2 镇、5 乡、2 个街道办事处、18 个居委会、148 个村委会、216 个自然村：

樊村镇、僧楼镇、小梁乡、柴家乡、赵家庄乡、下化乡、阳村乡、城区街道办事处、清涧街道办事处。

芮城县　7 镇、3 乡、309 个村委会、723 个自然村：

古魏镇、风陵渡镇、阳城镇、永乐镇、大王镇、学张乡、南张乡、东垆乡、西陌镇、陌南镇。

临猗县　8 镇、5 乡、373 个村委会、546 个自然村：

猗氏镇、嵋阳镇、七级镇、东张镇、临晋镇、孙吉镇、三管镇、庙上乡、角杯乡、耽子镇、北辛乡、北景乡、楚侯乡。

万荣县　4 镇、9 乡、281 个村委会、409 个自然村：

解店镇、荣河镇、通化镇、汉薛镇、皇甫乡、西村乡、万泉乡、南张乡、高村乡、贾村乡、王显乡、光华乡、裴庄乡。

新绛县　7 镇、1 乡、220 个村委会、235 个自然村：

龙兴镇、三泉镇、泽掌镇、北张镇、古交镇、万安镇、阳王镇、横桥乡。

稷山县　5 镇、2 乡、200 个村委会、228 个自然村：

稷峰镇、化峪镇、太阳乡、翟店镇、清河镇、西社镇、蔡村乡。

闻喜县　7 镇、6 乡、342 个村委会、763 个自然村：

桐城镇、东镇、河底镇、郭家庄镇、畖底镇、礼元镇、侯村乡、裴社乡、后官乡、薛店镇、阳隅乡、神柏乡、石门乡。

夏　县　6 镇、5 乡、256 个村委会、812 个自然村：

瑶峰镇、裴介镇、水头镇、庙前镇、泗交镇、埝掌镇、南大理乡、尉郭乡、禹王乡、胡张乡、祁家河乡。

绛　县　8 镇、2 乡、212 个村委会、637 个自然村：

古绛镇、大交镇、安峪镇、横水镇、南樊镇、磨里镇、卫庄镇、陈村镇、冷口乡、郝庄乡。

平陆县　6镇、4乡、229个村委会、1109个自然村：

圣人涧镇、常乐镇、张村镇、曹川镇、张店镇、三门镇、洪池乡、杜马乡、部官乡、坡底乡。

垣曲县　5镇、6乡、191个村委会、1319个自然村：

新城镇、毛家湾镇、王茅镇、古城镇、历山镇、皋落乡、长直乡、华峰乡、英言乡、蒲掌乡、解峪乡。　　（李　凯）

人口情况

【人口构成】　据抽样调查推算，2003年末全市总人口为4918959人，其中男性2506028人，女性2412931人，男女性别比为103.86。城镇人口1383167人，乡村人口3535792人，城镇化率28.12%。

（市统计局）

【人口自然变动】　据抽样调查，截止2003年底，全市全年共出生64372人，平均每天出生176.4人，全年人口出生率13.13‰。全市全年共死亡30445人，年均每天死亡83.4人，全年人口死亡率6.21‰，人口自然增长率6.92‰。

（市统计局）

【婚姻情况】　2003年，全市共办理结婚登记27064对，结婚登记率85%以上，登记合格率99%；办理离婚登记2528对，合格率为100%。此外，还办理了2对涉港澳台婚姻登记，均对当事人进行了严格的审查后，颁发了结婚证件。

（市民政局）

国民经济与社会发展

【概述】　综合　2003年，全市生产总值实现两位数增长，宏观经济稳定性逐步增强。据初步测算，2003年全市生产总值完成292.3亿元，比上年增加61.8亿元，按可比价格计算，增长15.0%，增幅比上年提高0.7个百分点。全年全市人均实现生产总值6030元，比上年增加1294元，增长14.0%。

在全市生产总值中，第一产业完成增加值43.5亿元，比上年增长5.9%；第二产业完成增加值169.6亿元，比上年增长20.9%，增幅比上年提高3.3个百分点；第三产业完成增加值79.2亿元，比上年增长9.2%。三次产业占生产总值的比重由上年的16.4:54.5:29.1调整为14.9:58.0:27.1。

在全市13个县（市、区）中，增长速度超过全市平均水平的县（市）有：河津市37.9%，闻喜县27.3%，临猗县15.9%，稷山县15.2%，新绛县15.1%；低于全市平均水平的县（区）有：万荣县14.0%，盐湖区13.2%，绛县12.8%，永济市12.1%，芮城县11.5%，夏县8.5%，平陆县6.4%，垣曲县1.9%。

就业规模基本稳定。年末全市从业人员234.8万人，比上年增长1.15%。其中：城镇从业人员32.9万人，占14.0%，农村从业人员201.9%，占86.0%。全市城镇在岗人员为31.8万人，比上年下降2.5%。从业人员按三次产业分：一产140.8万人，占60.0%；二产45.4万人，占19.3%；三产48.6万人，占20.7%。

社会劳动生产率提高。全市全年社会劳动生产率为12516元/人，比上年提高25.0%。

农业　农业获得较好收成。全市全年农林牧渔业总产值达到77.3亿元。比上年增加11.4亿元，按1990年不变价计算，比上年增长8.5%。其中：农业完成现价产值62.7亿元，占81.1%，比上年增长3.5%；林业产值1.1亿元，占1.4%，比上年下降8.6%；牧业产值10.6亿元，占13.7%，比上年增长12.7%；渔业产值0.9亿元。占1.1%，比上年增长6.2%；农林牧渔服务业完成2.0亿元，占2.6%。全年粮食播种面积389.5千公顷，比上年下降11.1%。其中：小麦播种面积267.4千公顷，比上年下降9.1%；秋粮播种面积122.0千公顷，比上年减少15.3%。据抽样调查，全市粮食总产量达到13.7亿公斤，比上年增长3.5%。其中小麦产量8.8亿公斤，比上年增长5.9%；秋粮产量4.8亿公斤，比上年下降0.6%。全市人均占有粮食278.6公斤；棉花播种面积80.0千公顷，比上年增长36.5%。棉花总产量8.2万吨。比上年增长22.4%；油料播种面积25.8千公顷，比上年下降0.8%。油料总产量4.0万吨，比上年增长18.0%，蔬菜播种面积39.5千公顷，比上年下降6.9%，蔬菜总产量107.8万吨，比上年下降11.2%；瓜类面积6.5千公顷，比上年下降14.9%。瓜类产量15.6万吨，比上年下降15.4%；水果面积88.6千公顷，比上年增长4.5%。水果产量169.9万吨，比上年增长7.0%。其中苹果面积66.8千公顷，比上年增长3.2%，苹果产量144.7万吨，比上年增长4.6%。

造林绿化有新的进展。全年全市共完成造林面积39.2千公顷，其中营造经济林5.9千公顷，幼林抚育面积5.3千公顷，四旁植树1356万株，干果产量3.1万吨。

畜牧业生产稳步发展，畜产品产量增长较快。全年全市肉类总产量8.1万吨，比上年增长10.5%。其中：猪牛羊肉产量6.6万吨，比上年增长11.8%；奶类产量1.8万吨，比上年增长65.0%；禽蛋产量7.5万吨，比上年增长14.2%。年末猪存栏63.8万头，比上年末增长10.1%；羊存栏70.3万只，比上年增长11.7%；大牲畜存栏31.9万头，比上年增长1.0%；家禽存栏1367.2万只，比上年增长2.9%。渔业产量1.5万吨，比上年增长5.1%。

农业投入增加，促进了农业生产条件的改善。2003年末，全市农业水浇地面积281.5千公顷。比上年末下降1.0%，农村用电量达到13.0亿千瓦时，比上年下降5.8%。农用化肥施用量（折纯）22.2万吨，比上年增长1.8%，农用薄膜使用量5846吨，比上年下降8.6%。

工业和建筑业　工业生产继续保持较快增长势头。2003年，全市全部工业企业完成工业增加值145.7亿元，按可比价计算比上年增长19.8%。国有工业企业及年销售收入在500万元以上的非国有工业企业（以下简称规模以上工业企业）完成工业增加值117.6亿元，比上年增长21.7%。其中：中央企业完成增加值27.9亿元，比上年增长1.1%，占规模以上工业增加值23.7%；省营企业完成增加值3.4

亿元，比上年增长3.4%，占规模以上工业增加值2.9%；地方企业完成工业增加值86.3亿元，比上年增长27.7%，占规模以上工业增加值73.4%。在地方工业中，市属企业完成工业增加值9.6亿元，比上年增长6.7%；县及县以下企业完成工业增加值76.7亿元，比上年增长34.6%。其中县（市、区）属企业完成工业增加值29.4亿元，比上年增长38.7%。按轻重工业分：轻工业完成工业增加值13.7亿元。比上年增长18.3%；重工业完成工业增加值103.9亿元，比上年增长22.5%。轻重工业占规模以上工业增加值的比重分别为11.6%和88.4%。按经济类型分：国有企业完成增加值15.6亿元，比上年增长3.3亿元，占规模以上工业增加值13.3%；集体企业完成增加值3.3亿元，比上年增长12.5%，占2.8%；股份合作企业完成增加值2.3亿元，比上年增长21.5%，占2.0%；股份制企业完成增加值83.6亿元，比上年增长21.8%，占71.1%；外商及港澳台投资企业完成4.3亿元，比上年增长63.1%，占3.6%；其他经济类型企业完成工业增加值8.5亿元，比上年增长20.9，占7.2%。按行业分，在全市29个工业行业大类中，黑色金属冶炼、有色金属冶炼和电力、蒸气、热水的生产和供应业这三大行业的工业增加值总量为69.8亿元，占全市工业增加值的比重为59.4%。其中：黑色金属冶炼及压延加工业的不变价产值拉动全市不变价产值增长9.6个百分点，有色金属冶炼及压延加工业拉动全市增长4.2个百分点，电力、蒸气、热水的生产和供应业拉动全市增长1.8个百分点，这三大行业的不变价产值增速共拉动全市不变价产值增长15.6个百分点。

企业经济效益进一步好转。全市全年规模以上工业总资产达到538.9亿元，比上年增长22.5%。实现产品销售收入322.0亿元，比上年增长39.6%，实现利税52.8亿元，比上年增长98.8%。其中利润30.8亿元，比上年增长163.6%。全市规模以上工业企业总资产贡献率12.6%，比上年增长3.5个百分点；资本保值增值率117.9%，比上年提高20.6个百分点；资产负债率62.6%，比上年上升3.4个百分点；流动资产周转率1.7次/年，比上年增长0.3次/年；成本费用利润率10.7%，比上年上升5.3个百分点；工业产品产销率97.1%，比上年提高0.5个百分点，亏损企业亏损额1.3亿元，比上年下降38.9%。

主要工业产品产量增幅较大。原煤157.2吨，增长13.8%，发电量89.6亿千瓦时，增长8.1%；生铁306.1万吨，增长54.5%；钢产量192.8万吨，增长49.3%；钢材98.2万吨，增长40.8%；氧化铝141.9万吨，增长3.7%；化肥42.6万吨，下降3.5%；水泥254.6万吨，增长15.2%；食用植物油4.9万吨，下降53.8%，十种有色金属35.3万吨，增长16.2%；合成氨60.6万吨，增长9.7%；纱2.9万吨，增长4.0%；布8495万米，增长30.1%，合成洗涤剂15.9万吨，下降0.2%。

建筑业生产经营发展迅速。据初步统计，全市资质等级在4级以上的建筑施工企业完成总产值25.2亿元，同比增长8.3%。其中国有及国有控股企业完成12.6亿元，占50.0%。竣工产值达20.8亿元，增长92.6%。全市房屋建筑施工面积达到了262.1万平方米。其中实行投标承包面积为175.8万平方米，占总施工面积67.1%。

固定资产投资　固定资产投资较上年出现了更强劲的增长势头。全年全市完成全社会投资102.4亿元，比上年增长26.5%，增幅较上年提高了7.6个百分点。其中基本建设投资增长幅度尤为迅猛，本年完成51.3亿元，比上年同期增长51.3%（不含跨地、市投资项目），更新改造投资完成29.8亿元，比上年增长29.0%。分产业来看，第一产业完成投资4909万元，较上年的24638万元下降80%，占投资总量由上年的3%下降为0.5%；第二产业完成投资66.3亿元，比上年的41.9亿元增长58.2%，占投资总量比重由上年的51.7%增长为64.7%；第三产业完成投资35.6亿元，比上年的36.6亿元下降2.7%，占投资总量比重由45.2%下降为34.8%。分经济类型看，全市全社会投资中，国有投资47.4亿元，占投资总量的46.3%，非国有投资已经成为投资的主要力量。

基础产业、基础设施建设得到加强。采掘业完成投资1.1亿元；制造业完成投资54.7亿元，比上年增长45.9%；电力、煤气及水生产供应业完成投资10.5亿元，比上年增长两倍以上；交通运输仓储及邮电通讯业完成投资5.4亿元，比上年增长31.7%；批发零售贸易餐饮业完成投资1.5亿元，比上年增长7%；房地产产业完成投资8亿元；教育、文化艺术和广播影视业完成投资4.5亿元；国家党政机关和社会团体完成投资1.0亿元。

房地产投资稳步增长，为本市投资增添了新动力。本年全市房地产投资完成7.6亿元，较上年增长19%，总量增长1.2亿，占到投资总量7.4%。比上年的7.9%略有下降。其中，住宅投资完成4.3亿元，比上年的2.9亿增长48.3%，商用房完成投资1.7亿元，比上年投资的0.9亿元增长88.9%。

全市固定资产投资项目525个，其中本年新开工368个，竣工投产项目283个。新增固定资产60.5亿元，比上年增长15.9%。全市投资主要新增生产能力有：中小学学生席位15210个，炼钢16万吨/年，粮食仓储能力850万公斤，纯碱生产10万吨/年，合成氨生产6000吨/年，日用精铝制品1万吨/年，精甲醇生产1.5万吨/年。

国内贸易和市场物价　消费品市场繁荣稳定。受“非典”影响，消费市场呈现“V”字形运行态势，一季度高开，二季度低走，三、四季度快速回升。全年全市社会消费品零售总额80.6亿元，比上年增长15.1%。其中：市零售额44.5亿元，比上年增长20.7%；县零售额19.8亿元，比上年增长5.4%；县以下零售额16.3亿元，比上年增长13.6%。按经济类型分：国有经济零售额15.1亿元，比上年增长18.5%；集体经济零售额7.4亿元，比上年增长33.7%；股份制经济零售额0.6亿元。比上年增长30.3%，个体经济零售额50.9亿元，比上年增长9.0%，其他经济零售额6.0亿元，比上年增长42.9%。分行业看，批发零售贸易零售额65.9亿元，比上年增长24.9%；餐饮业零售额8.8亿元，比上年增长11.6%；其他行业零售额5.9亿元，比上年下降36.7%。

2003年全市物价稳中有升，居民消费价格水平比上年上升1.7%(中心城市盐湖区上升0.9%)。其中城市上升1.6%，农村上升1.8%。在居民消费价格八大类中，高于全市平均水平的有3种，即：食品105.8%，居住103.7%，医疗保健和个人用品101.8%，其余5种均呈不同程度的下降。全市商品零售价格总水平比上年上升1.3%，农业生产资料较上年上升1.8%，工业品出厂价格总水平较上年上升11.1%，原材料、燃料、动力购进价格总水平较上年上升9.0%。

对外贸易和旅游业　进出口继续扩大。全年全市进出口总额35946万美元，比上年增长85.5%，其中：出口15445万美元，比上年增长47.9%；进口20501万美元，增长129.4%，贸易逆差5056万美元。全市全年协议利用外资8545万美元，比上年增长189.4%，实际利用外资3642万美元，比上年增长42.3%。

旅游业由于受"非典"影响，下达幅度较大。全市全年共接待国际游客1.0万人次，比上年下降54.5%，创汇收入240.0万美元，比上年下降64.6%；接待国内游客380万人次，同比下降35.6%，实现收入8.8亿元，比上年下降35.3%。

交通、邮政和电讯业　截至2003年年底，全市铁路营运里程基本保持上年水平，达到275公里，公路线路里程达8395公里，高速公路达到235公里。其中：运三高速公路43公里，运风高速公路86公里，侯运高速106公里。2003年，全市公路客运量3200.9万人，比上年下降5.6%。公路货运量2710万吨，下降0.1%，全社会旅客周转量比上年下降1.3%，货物周转量比上年下降3.2%。

邮政通讯业快速发展，全市邮政业务总量11081万元，比上年增长8.6%。年末固定电话用户达到95.9万户，比上年增长17.8%；移动电话拥有量为65.0万部，比上年增长46.3%。固定电话普及率为每百人19.5部，移动电话每百人拥有量为13.2部。

财政、金融和保险业　财政收入增幅较大。全年全市财政总收入(剔除山西铝厂所得税) 34.2亿元，比上年增长27.0%。一般预算收入11.9亿元，比上年增长14.7%。主体税种保持了强劲增长。全年全市增值税完成36653万元，增长40.0%；营业税完成14691万元，增长24.9%；企业所得税完成8277万元，增长101.2%（剔除山西铝厂部分，完成3758万元，增长26.6%）。城市建设维护税10311万元，增长29.3%；个人所得税、房产税、农业税分别比上年增长99.9%、27.6%、-4.7%。全市行政性收费收入、罚没收入和专项收入分别增长56.1%、46.5%和3.0%，财政支出在重点支持经济建设的同时，确保了工资、社会保障等重点公共预算支出的需要，支出结构进一步合理。全年全市一般预算支出27.9亿元，比上年增长13.5%。其中：各项行政事业费支出23.4%亿元，增长14.0%；各项生产性支出2.4%，下降4.8%。

金融形势运行平隐，支持经济建设的力度加大。年末全市金融机构各项存款余额326.4亿元，比年初增长18.8%，其中：企业存款42.0亿元，比年初增长10.3%；财政存款6.6亿元，比年初增长55.5%；活期储蓄存款64.5亿元，比年初增长34.5%；定期储蓄存款189.2亿元，比年初增长13.2%。各项贷款余额321.5亿元，比年初增长24.7%，其中：短期贷款218.1亿元，比年初增长19.1%；中期流动资金贷款8.0亿元，比年初下降27.8%；中长期贷款70.2亿元，比年初增长37.7%。在短期贷款中，工业贷款62.4亿元，比年初增长29.9%；农业贷款56.2亿元，比年初增长30.2%；乡镇企业贷款19.0亿元，比年初增长21.6%。全市全年金融机构现金收入951.4亿元，现金支出967.2亿元，收支相抵净投放货币15.8亿元，比上年同期多投放1.6亿元，增长11.1%。

保险事业继续发展。全年保费收入9.7亿元，其中财险1.7亿元，寿险8.0亿元。赔付金额1.7亿元，其中财险0.8亿元，寿险0.9亿元。

科技、教育、文化、卫生和体育　2003年末拥有市以上政府部门专业科研开发机构9个，从事科研工作的专业人员412人。全市各类专业技术人员6.1万人，比上年增长5.2%，共取得省级以上重大科技成果12项，其中获省级科技进步一等奖1项，二等奖11项。

教育事业稳定发展，全年全市普通高等学校在校学生6200人，比上年增长15.7%；中等专业技术学校在校学生达到42704人，普通中学在校学生39.1万人，比上年增长10.8%；小学在校学生53.9万人，比上年增长1.3%。

文化事业进一步繁荣。年末全市共有各种艺术表演团体16个，文化馆13个，文化站149个，公共图书馆13个，馆藏图书108万册。群众艺术馆1个，广播电台1座，中短波广播发射站和转播台1座，电视台12座，广播人口覆盖率94%，电视人口覆盖率94.5%，有线广播电视用户达到40.8万户，其中光缆用户38万户。

文物保护力度加大。全市年末共有博物馆14个，馆藏文物5.5万余件。重点文物保护单位1399个，其中国家级22个，省级65个，县(市、区）级1312个。

卫生事业得到加强。年末全市共有医疗卫生机构328个，其中：县及县以上医院109个，乡（镇、街道）卫生院150个，疾病预防控制中心12个，妇幼保健机构13个。各类医疗卫生技术人员1.16万人。病床床位数1.13万张。每千人拥有的病床床位数2.1张。

体育事业取得新成就。全年全市共举行县级以上运动会110次，参加运动员12.5万人次，有51万人达到《国家体育锻炼标准》。

质量检测、标准化建设和天气预报等项服务进一步完善。2003年末，全市共有市、县（市、区）两级产品质量监督检验测试所27个，省授权建立的检验所（站）3个，监督抽查1600家企业，共抽检样品1836批次。全市共有法定计量技术机构13个，完成强制检定计量器具7.4万余台（件）。

全市共有气象台站14个，新建自动站5个，农业网站1个，卫星云图接收站1个，气象预报警报短信服务网1个，小型卫星地球站1个，气象数据卫星接收站13个。全市开展“121”电话天气预报警报服务网13个，开展人工影响天气业务的单位14个，共组织增（消）雨防雹作业保护面积1547平方公里，高炮、火箭作业35次，增雨量约1.0亿立方米。

环境保护 1. 环境质量进一步好转。运城市区空气质量二级以上天数达到133天，比2002年增加49天。涑水河张留庄断面主要污染物化学需氧量（COD）和氨氮（NH_3-N）浓度分别控制到176mg/L和5.9mg/L，比2002年下降了14.0%和73.4%，汾河河津大桥主要污染物化学需氧量（COD）和氨氮（NH_3-N）浓度分别控制到191mg/L和13.8mg/L，比2002年下降了36.8%和13.1%。

2. 污染物排放总量进一步削减。烟尘、SO_2、工业粉尘、COD、NH_3-N、固体废物排放总量分别控制到108890吨、84080吨、45930吨、51260吨、4000吨和56300吨。比省下达指标分别削减21110吨、15920吨、3070吨、36740吨、3500吨和43700吨。

3. 环保执法力度进一步加大。取缔、关闭土小企业122家，淘汰落后工艺、设备83家，查处违反“环评”和“三同时”制度的建设项目123个。取缔关闭土焦、改良焦企业共66家（其中土焦企业10家，改良焦企业56家）。摧毁土焦炉34座、改良焦炉824座，炸掉烟囱80根。全年征收排污费达到2600万元，其中市本级达到1140万元。

人口、人民生活和社会保障 人口继续保持低速增长。据抽样调查统计，全市年末总人口为491.9万人，比上年年末增长0.69%。其中：男250.6万人，占50.9%，女241.3万人，占49.1%。人口自然增长率为6.92‰。在全市总人口中：市镇人口138.3万人，占28.12%，乡村人口353.6万人，占71.88%。

人民生活进一步改善，城乡居民收入增长较快。全市全年城镇居民人均可支配收入6172元，比上年增长12.1%。城镇居民人均消费性支出4383元，比上年增长9.3%。全年农民人均纯收入2321元，比上年增长7.6%。城镇居民人均住房面积达到24.4平方米，农村居民人均住房面积达到26.6平方米，城镇居民家庭恩格尔系数31.8%，农村居民家庭恩格尔系数37.5%，全市在岗职工年平均工资9820元，比上年增长8.6%。

居民储蓄存款大幅增长。年末全市城乡居民储蓄存款金额253.79亿元，比年初增长17.9%；人均储蓄存款为5175.6元，比上年增长17.2%。

社会保障进一步加强。年末全市城镇各种社区服务设施77个，收养性福利单位76个，各类福利院床位数951张。福利院收养人数566人，国家抚恤、补助各类优抚对象19974人。全社会销售福利彩票3498.9万元，筹集社会福利资金328.9万元，接受社会捐赠900.7万元。年末全市参加失业保险职工人数24.1万人，领取失业保险金人数7374人，22.8万名职工参加了基本医疗保险，参加基本养老保险人数达到14.7万人。给50288名离退休人员按时足额发放基本养老金27268万元。

注：1. 以上部分数据为统计公报初步统计数。

2. 全市生产总值、各产业增加值、产值绝对数按现价计算，增长速度按可比价计算。

3. “恩格尔系数”是居民家庭食品消费支出占家庭消费支出的比重。

机构设置和领导人名单

中共运城市委

市委书记 黄有泉
副书记 王守祯 安永全 唐大雄 孟福贵 周振华
市委常委 黄有泉 王守祯 安永全 唐大雄 孟福贵 周振华 马东波 董洪运 张建合 李文瑞 王安庞

市委工作部门

办公厅
秘书长 张建合
副秘书长 周当龙 张玉忠 王玉林 陈云龙 王绍良 家稳稳

组织部
部长 孟富贵* 王安庞
副部长 刘冠生(常务) 邵景阳 肖暹东 相生勤

宣传部
部长 王水成*
副部长 曹吉安(常务) 史慧玲 张民庆 黄勋会

纪律检查委员会 监察委员会
纪委书记 周振华（兼）
副书记 梁雨润（常务） 毋昆峰 蔡铁刚
监委主任 蔡铁刚
副主任 梁雨润 毋昆峰
纪委常委 姜东俊 姚云 刘腊群 董恩智 赵玉明 王运萍 贾海林

统战部
部长 李玉燕（兼）
副部长 罗俊林（常务） 李新潮 杨生荣

政法委
书记 马东波
副书记 杨建华 师争平 李俊英 高峰 李高潮 鲁恒信

机构编制委员会办公室
主任 景俊明
副主任 张彩菊 王奋勇

市直机关工委
书记 柴建良

部门管理机构

信访局
局长 王绍良*
副局长 王雪萍 肖喜成 吴国平

老干部局
局长 相生勤

副局长　吴为民　宋雷柱
赵相利

政研室

主　任　张玉忠

副主任　张志斌　裴根长

秘密局

局　长　张保贵

机要局

局　长　王　平

台湾工作办公室

主　任　董泽民

党委直属事业单位

市委党校

校　长　安永全（兼）

常务副校长　徐信安

副校长　张　健　李伶娃
畅一平　孙专科

纪检书记　卫武康

校委委员　孙续功　王怀生
陈敬伟

运城日报社

社　长　史慧玲

总　编　柴坤龙

副总编　李宏学　卫君翔

纪检组长　董长河

党史研究室

主　任　樊朝阳

讲师团

副团长　张玉焕

运城市人大常务委员会

主　任　陈永信

副主任　詹进宝　石丙录
潘新端　焦阳生
刘振龙

秘书长　原起宏

副秘书长　张建民

办公室主任　张建民（兼）

法制工作委员会

主　任　杨秦吉

财经工作委员会

主　任　王高殿

农村工作委员会

主　任　贾小兰

人事代表工作委员会

主　任　王宏铎

城建环保工作委员会

主　任　宋保珍

教科文卫工作委员会

主　任　卢兰芳

研究室

副主任　陈银狮

信访室

副主任　张会元

运城市人民政府

市　长　王守祯

副市长　董洪运　安德天
王　赋　柴林山
吴菊仙　张建喜

政府组成部门

办公室

秘书长兼主任　牛守正

副秘书长　卫新平　卫明泽
史凌云　李丰林
闫　勇　郭健平

发展和改革委员会

主　任　张道中

副主任　崔振利　席根柱
慕根生　王　胜
卫志高　姚志敏

纪检书记　杨世平

经济贸易委员会

主　任　卫明泽

教育局

局　长　梁增华*　李晋杰

副局长　王佐科　王秀香
翟立明　李玉锁
程温明

纪检组长　王应才

招考中心副主任　陈开荣　荆建功

助理调研员　陈建国　蔡俊儒

副处级督学　张俊耀

公安局

局　长　崔长胜

党委副书记　李维林

副局长　薛新锁　孙彦学
李红志　梁华奎
王　巨　白根元
冯养合　李昆生

党委委员　冯　文　周　鑫
高贯峰　李顺福

司法局

局　长　晋学苏

副局长　胡平定　郭海平
梅文君（女）　李宝基

民政局

局　长　张建中

副局长　刘志冰　唐猪娃
宁庚元　张太印

魏荣汉　杨云科

财政局

局　长　孙太平

人事局

局　长　张殿权

副局长　常五一　赵永学
席新义　姚忠诚
姚丰吉

劳动和社会保障局

局　长　罗明友

副局长　邵希舟　张旭明
李晓良　赵振明
刘建中

企业养老保险中心主任　张建设

失业保险中心主任　杨新民

交通局

局　长　王健康

副局长　王树民　鲍师选
畅汇河　解建功
刘金昭

纪检组长　王书臣

总工程师　毋智民

常组成员　荆永勤　陈新安

城建局

局　长　刘建刚

副局长　李世元　党政军
张启民　孙文中

纪检组长　周效涛

国土资源局

局　长　秦世昌

副局长　刘重光　吴万喜
尚继德
文丁寅（兼总工程师）
乔三友
戴福安

纪检组长　朱新生

助理调研员　薛学盛

水务局

局　长　冯进喜

农业局

局　长　樊剑展

副局长　李鼎龙　周志华
亢青选　刘志英
张登庆

纪检组长　陈乃家

总农艺师　李社民

林业局

局　长　闫有善

副局长　张全喜　宁星龙
张　驰　邢富生

科学技术局

局　长　李小虎

文化局

局　　长　米永祯
副 局 长　杨福林　王英杰
　　　　　闫建华　亢跃辉
　　　　　董　刚

卫生局
局　　长　周　迎
党委书记　王昭芳
副 局 长　陈金龙　吕拴过
　　　　　李起炎　田康立
纪检书记　狄泰生
爱卫会常务副主任　高　萍

人口计生委
主　　任　杨金贵

审计局
局　　长　杨来管
副 局 长　王吉海　侯曙光
　　　　　赵　鹏　王乐乐
　　　　　陈立定　王　凌
纪检组长　孙银虎
总审计师　李乃胜
助理调研员　姚向国

工商局
局　　长　王战平
副 局 长　李景耀　耿金昌
　　　　　宋志仁　王　敏
　　　　　相高峰
纪检组长　焦志强

乡镇企业服务中心
局　　长　蒋同军

改革与发展研究中心
局　　长　李丰林（兼）
副 局 长　茹进朝　张美蓉
　　　　　王　选

对外贸易经济合作局
局　　长　邓援朝

环保局
局　　长　谢爱玲
副 局 长　张景科　常福运
　　　　　王建民　李福堂
纪检组长　王利民

市政府直属机构

统计局
局　　长　邓梦海
副 局 长　程传芳　宁　涛
　　　　　李扎西
纪检组长　梁安定
总统计师　谢选立

物价局
局　　长　刘伯阳
副 局 长　王采元　谢正民
　　　　　孙政印　周　寅
纪检组长　万金科

旅游局
局　　长　安三法
副 局 长　翟光明　史小战
　　　　　朱武生
纪检组长　张春红
副处级调研员　令狐东华

体育局
局　　长　任永吉
副 局 长　白宏运　张　晓
　　　　　王　超　刘　晓
纪检组长　郭瑞璋

粮食局
局　　长　孙　伟
副 局 长　闫庆祥　程全收
　　　　　刘运发　侯茂盛
　　　　　宁学武　侯培坤
纪检组长　刘运发

直属事业单位

档案局
局　　长　韩天佑
副 局 长　王宝琴　耿秋菊
　　　　　张　静

地方志办公室
主　　任　景惠西
副 主 任　李逢瑞　宁雪瑞

老龄委
主　　任　崔新杰

果业发展中心
局　　长　姚存忠

畜牧局
局　　长　黄春元
副 局 长　姚　蔚　刘红俊
　　　　　张　斌
纪检组长　高运昌

农机局
局　　长　麻石娃

农业综合开发办公室
主　　任　柴广林
副 主 任　王国和　闫顺茂
　　　　　杜勤学

机关事务管理局
局　　长　陈云龙
副 局 长　孙全发　李明造
　　　　　乔丁亚　陈志颖
调 研 员　上官纪昌

广播电视局
局　　长　李慧芳
副 局 长　党克让　张小民
　　　　　王益民　王　刚
纪检书记　朱玲娣
常务副总编　原启民
总工程师　杨泽勇

城镇集体工业联合社
主　　任　李思科
纪检书记　张　杰
副 主 任　李昭瑞　员志辉
　　　　　杨亚朋

物资局总公司
局　　长　郭治中

公路局
局　　长　丁惠民
党委书记　姚来义
副 书 记　王发刚
副 局 长　畅良臣
纪检书记　樊肖林

政　法

山西省人民检察院运城分院
检 察 长　程志忠
副检察长　翟北安　姚立庆
　　　　　段运生　郭瑞瑄
　　　　　霍九成

运城市中级人民法院
院　　长　任连友
副 院 长　吕爱英　冯克乃
　　　　　王福生　孙仰新
纪检组长　王随旺

政协运城市委员会

主　　席　李天祥
副 主 席　李玉燕　刘高迪
　　　　　王梦飞　柴瑞霭
　　　　　王七庚　史海涌
　　　　　王正选
秘 书 长　孟昭民
副秘书长　邹光存　杜自立

提案委员会
主　　任　高晋祥

农村委员会
主　　任　霍拴孩

经济与人口资源环境委员会
主　　任　师主善
副 主 任　王小明

社会法制委员会
主　　任　李晓林

教科文卫体委员会
主　　任　马志勇

民族宗教委员会
主　　任　孙玉莲

研究室
主　　任　韩晓军

群众团体

工会
常务副主席　师自明
副主席　牛志敏　唐长柱
　　　　牛凤琴　王　勇
团委
书　记　张建元
副书记　王晓旭
科协
主　席　王林祥
副主席　黄万增　张素莉
妇联
主　席　郑凤梅
副主席　薛印芳　刘　红
侨联
主　席　范安龙
副主席　梁晓静　朱建中
　　　　上官晓红　仝　霞
文联
主　席　王西兰
残联
理事长　闫民智
副理事长　孟保林　闫敬民
纪检组长　叶豫青
贸促会
会　长　闫　勇
副会长　王都民　李天伦
　　　　李乃民
工商联
会　长　薛靛民
副会长　罗俊林　王战平
　　　　张保业　王常伟
　　　　朱建军　李兆会
　　　　朱苏海　李家林
　　　　崔小胧　吉意明
　　　　王保童　张旭婧
　　　　原贵生
秘书长　王常伟

垂直部门

国家税务局
局　长　陈赵戟
地方税务局
局　长　李晋芳
副局长　刘永屹*　刘玉晶
　　　　张宝晶
纪检组长　赵柏良
总经济师　魏　刚
质量技术监督局
局　长　乔宝贵
副局长　张永伟　毛忠诚
　　　　邵　云
纪检组长　乔泽明
检测所所长　胥金来
气象局
局　长　梁亚春
副局长　刘德芳　王淑杭
　　　　周国柱
地震局
局　长　王满顺
副局长　胡吉星　张兴龙
　　　　张永朝
纪检组长　孙良霞
总工程师　梁建华
水文水资源勘测分局
局　长　赵文敏
副局长　武建虎　曹小虎
烟草专卖局（公司）
局　长　张凤翔
经　理　景随玉
副局长　程向阳
副经理　张建康　李学军
供电分公司
局　长　宋祖建*　张兴国
书　记　霍建业
副局长　王忙虎　籍小辉
　　　　田险峰　张殿科
副书记、纪检书记　吕家柱
工会主席　尚　凯
石油公司
经　理　申永生

邮政局
局　长　李燕春
副局长　何将乍　赵新贵
　　　　卫永胜
中国人民银行运城市中心支行
行　长　薛方正

中国工商银行运城分行
行　长　王培明

中国农业银行运城分行
行　长　刘满喜
副行长　卢伟纲　张建河
中国银行运城分行
行　长　王续颜
副行长　尚订社　潘新华
　　　　姜广兴
纪检书记　卫双良
工会主席　孟庆禄
行长助理　王云龙
中国建设银行运城分行
行　长　王续彪

中国农业发展银行运城分行
行　长　范守琪

农村信用联社
理事长　兰创国
副事事长　郝新民
监事长　张智芳
主　任　张兴业
副主任　程清斌
中国人寿保险公司运城分公司
总经理　畅全亮
副总经理　秦学吉
纪检书记　张水成
总稽核　崔　斌
总经理助理　王　渊　成　元
工会主席　畅宕玖
中国人民保险公司运城分公司
总经理　邵明月
运城市通信分公司
经　理　卫红东
副经理　张小田　贾志伟
　　　　崔　浩　管艳萍
运城市移动通信分公司
经　理　张国飞
副经理　薛剑波　张绍平
运城市联通公司
经　理　郭建华

山西省军区运城军分区

司令员　孟庆发（大校）
政　委　李文瑞（大校）
副司令员　王艾文（大校）
　　　　马诚山（大校）
参谋长　李志平（大校）
政治部主任　郭来庄（大校）
后勤部部长　王功臣（上校）

中国人民武装警察部队运城市支队

支队长　周文银（上校）
第一政委　崔长胜（兼）
政　委　李志良（中校）
　　　　任　敬（中校）
　　　　翟根敬（中校）
副政委　闫济忠（中校）

参 谋 长　孙建平（中校）
政治部
主　　任　李振河（中校）
后勤处
处　　长　巩晓辉（少校）

学　校

运城广播电视大学
校　　长　解国栋
书　　记　王秀香
副 校 长　王卫国　吕建伟
运城学院
副 书 记　杨宗礼　赵小狮
梁增华
副 院 长　杨宗礼　安建平
姚纪欢　梁晋才
王卓民
纪检委书记　李德龙

（注：以上名单由本单位提供，姓名后加 * 者为当年调任或离任）

（责任编辑：石少青）

政　治

党委工作

【概述】　2003年,市委始终把争先发展作为压倒一切的中心任务,全力推进经济建设。年初,市委召开了一届四次全会,制定了《关于贯彻落实党的十六大精神,全面建设运城小康社会的意见》,明确提出2005年实现经济总量比2000年翻一番,到2012年翻两番,到2020年翻三番的目标、思路和工作重点,明确提出全市的经济工作要做到"七个坚持",即坚持把争先发展作为第一要务,坚持把结构调整作为第一战略,坚持把项目建设作为第一重点,坚持把园区经济作为第一亮点,坚持把优化环境作为第一职责,坚持把提高效益作为第一目标,坚持把造福人民作为第一追求,努力建设全省的农业大市、工业大市、教育大市、旅游大市、经济强市和晋陕豫黄河金三角地区富有河东文化特色的工贸旅游中心城市。

按照这一思路和目标,全市上下团结一致,奋力拼搏。进一步加大经济结构调整力度,使全市经济继续保持了良好的发展态势。预计全年国内生产总值完成290亿元,增长15%,与2020年实现翻三番目标相比,预计可以提前实现第一个翻番,财政总收入完成34.2亿元,超收4.4亿元,增长27%。全市规模以上企业完成工业增加值117.6亿元,同比增长21.7%,名列全省第二;全市进出口总额可完成3.3亿美元,同比增长94%;城镇居民人均可支配收入6174元,增长12.1%;农民人均纯收入2310元,增长7.1%。在全省经济结构调整总结大会上,运城市被评为唯一的"经济结构调整突出贡献市",有7家企业被评为"突出贡献企业"。

（市委办公室）

【突出抓好重点调产项目建设】　实施了58项重点调产项目,其中建成投产26项,新增销售收入47亿元,新增利税7.3亿元,拉动全市工业经济增长15个百分点以上。高新企业总数达17家,开发高新技术产品55个。上年投产达效的海鑫集团1380M^3炼铁高炉和90万吨转炉,阳光集团110万吨焦炭生产线,银光镁业集团新增的3万吨镁锭、8000吨镁粉、1万吨铁合金生产线,新绛纺织有限公司高档纯棉服装面料生产线改造项目,关铝碳素有限公司6万吨预焙阳极改造项目等已在工业上发挥突出作用。

（市委办公室）

【突出抓好特色产业群体的培育】　以海鑫、关铝、三联、华宇、银光镁业为龙头,铝电材联营、钢铁和镁业等冶金产业迅速扩张。钢铁总产量达480万吨。金属镁产量达16万吨,占世界25%,占全国50%,占全省80%。关铝集团20万吨电解铝工程投产,标志着关铝成为全国最大的电解铝企业。以南风、丰喜、舜都、芮城黄河化工、芮城福斯特等企业为龙头,日用化工和煤化工产业不断壮大。"奇强"洗衣粉成为全国首批"中国名牌产品",占全国洗涤剂市场份额20%左右。丰喜集团跨入全国同行业最大规模企业行列。以粟海、忠民、新绛蔬菜产业集团为龙头,农副产品加工产业上档升级。粟海集团成为肯德基在西北、西南市场的"中央厨房",在西安、成都、兰州的市场份额分别占到73%、75%和100%。忠民集团成为中西部地区加工规模最大的食用植物油企业。以亚宝集团、万荣恒磁、永济电机厂、晋南机械厂为龙头,医药、新型材料和精密铸造、机械制造产业形成新的竞争优势。亚宝集团"九版芦丁"产销量占全国市场份额的46%以上。　（市委办公室）

【突出发展工业园区】　按照国务院清理整顿各类园区精神,依法清理整顿不符合条件的园区,积极扶持南风工业园、盐湖科技工业中心、万荣恒磁工业园等12个有潜力和前景的工业园,入驻园区的企业达到94个,投资达61.3亿元,年可实现销售收入26.9亿元,利税4.9亿元,成为区域经济快速发展的新亮点。　（市委办公室）

【优质农产品发展实现新跨越】　果、菜、畜、麦、棉五大支柱产业和优质苹果、芦笋、中药材、葡萄等10个特色种植基地已初步形成。优质小麦达50万亩,设施农业48.6万亩,无公害基地20万亩。粮经作物比例调整为5:5。

（市委办公室）

【农业产业化实现新跨越】　大力推进农副产品深加工,初具规模的农产品加工企业达到232家,带动22万户从事产业化经营,其中新绛蔬菜批发市场、粟海、忠民等3家企业成为国家级重点龙头企业;山西强胜等8家企业成为省级重点龙头企业,山西华康等19个企业进入全省"百龙"计划,走出了一条公司+农户、公司+协会、公司+集约经营的农业产业化之路。

（市委办公室）

【农业产业机制实现新跨越】　建立健全了以水利设施为主的基础设施投入机制;以科技兴农工程为载体的科技推广体系;以67个农产品批发市场为主的农产品批发市场体系;以7230个乡村合作经济组织和服务实体、1600个农民技术协会、10万农民经纪人为主的产品营销体系,农产品流通进一步通畅。全年粮食总产13.7亿公斤,增长3.5%,肉蛋奶分别比上年增长10.3%、4.5%和46.2%。　（市委办公室）

【推进城镇建设向高品位转变】狠抓中心城市、12个县城和50个重点镇建设。中心城市“2211”重点工程已经过半，面积达200亩的南风广场即将投入使用。九大进出口正在加紧改造，新区建设已经启动。持续抓好交通、电力、通讯等基础设施建设，投入达到120多亿元。运风、运三、大运高速路相继通车，新禹高速公路全面开工，环城高速公路正在做前期科研工作，上下八车道的机场大道和圣惠南路拓宽改造工程正在建设。民航机场跑道胜利合拢，城乡电网改造全面完成。全市公路里程达到8472公里，占全省第一；高速公路235公里，占全省近1/4；中心城市通往各县（市）的1小时经济圈初步形成。同时，以城建为依托，大力发展商贸业，东星时代广场、购物中心超市、亿适家等一批大型现代物流中心投入营运。以城镇为依托，大力推进劳动力向二、三产业转移，全年劳务输出达6.5万人。

（市委办公室）

【推进所有制结构向股份制转变】以建立现代企业制度和产权制度为核心，深化企业改革。国有企业改制面达90%以上，规模以上企业改制面达到80%以上；承担“1311”调产工程项目的企业全部进行了改制。放手发展民营经济。学习借鉴浙江等发达地区的经验，进一步在政策上引导，服务上提高，环境上优化，掀起新一轮民营经济发展热潮。全市非国有单位投资完成37.7亿元，比上年翻了一番还强，非国有经济已成为全市投资增长的主要拉动力。海鑫、通达、振兴、阳光等6家企业跨入全国民企500强，占到全省总数的一半。河津、闻喜两市县民营经济已占到经济总量和财政收入90%以上。以合资、参股等形式引进外资，加快国有企业改制。世界500强企业之一的卡特彼勒公司，投资华信国际铸造有限公司发展势头良好。

（市委办公室）

【抓旅游商贸，推动三产向整体优势转变】全市充分发挥旅游的资源、区位和交通优势，以创建全国优秀旅游城市为契机，进一步深化旅游体制改革，加大景点和旅游线路建设力度，加大环境整治，扩大宣传促销，围绕“五千年文明看运城”这一主题，着力打造“华夏揽胜——中国运城”、“中华圣母——万荣后土祠”、“关公故里——运城解州”、“中国死海——运城盐湖”、“中华名楼——永济鹳雀楼”、“回归自然——黄河历山”等特色旅游品牌。入围省“1311”项目的关帝庙、鹳雀楼、黄河历山三个旅游景区成为全市旅游业的新亮点。2003年虽受“非典”影响，预计全市旅游业收入将达9亿元。在旅游业的带动下，第三产业迅速扩张，对全市经济的拉动作用日益增强。

与此同时，全市的教育、科技、文化、体育、卫生、计生、环保、民政等各项社会事业得到了蓬勃发展，取得了可喜的成绩。

（市委办公室）

【坚持“两手抓”，夺取“非典”防控重大胜利】上年4月中旬，面对突如其来的“非典”疫情，运城市委坚决贯彻中央和省委、省政府的重大决策和一系列重要指示精神，团结和带领全市人民，一手抓防治“非典”不放松，一手抓经济建设不动摇，顽强拼搏，迎难而上，有效地控制了疫情的发展，实现了“降低发病率、提高治愈率、力争零死亡和医护人员零感染”的既定目标，取得了抗击“非典”的重大胜利。（市委办公室）

【扎实搞好扶贫工作】市委高度重视扶贫开发工作，坚持开发式扶贫，动员和鼓励贫困地区干部群众开发当地资源，改善生产条件，增强自我积累、自我发展的能力。以农民增收为目标，实施生态脱贫工程、科技示范园建设工程、农产品加工工程、移民扶贫工程、基础设施建设等一系列产业化扶贫工程。同时，积极开展科教文化扶贫活动，开展了“包村扶贫、联企帮困”等全社会帮扶活动。还组织市县乡三级6676名干部进行包点试扶贫，建立联系点1040个。2003年全市安排移民搬迁1万人，新解决了5万人的温饱问题，建成饮水工程421处，解决了506个自然村、21万人的饮水问题，有效地改变了贫困地区面貌。（市委办公室）

【稳步推进社会保障和再就业工作】市委始终把巩固“两个确保”和“三条保障线”作为解决群众基本生活问题、维护社会稳定的重要保证，严格落实城镇居民最低生活保障的各项配套政策，努力使符合条件的城镇居民全部纳入最低生活保障范围，切实做到应保尽保。全市养老保险参保人数不断回升，净增额为全省第一。医保工作运行平稳，各项医疗待遇得到了较好保障。农村养老和最低生活保障制度初步建立。城乡低保去年争取救济资金5000多万元，解决了城镇61480人、农村56191人的生活困难。

就业是民生之本。运城市委认真研究和解决就业再就业工作中出现的各种问题，多渠道开辟就业门路，大力发展具有比较优势的劳动密集型企业、非公有制企业、社区服务业和旅游业，依靠经济发展吸纳就业。全市净增就业岗位2.8万个；全市城镇登记失业率为1%，低于全省3个百分点。

（市委办公室）

【积极实施灾区救助工作】8月份以来，全市遭受了历史罕见的持续阴雨侵袭，造成重大灾情。市委全力以赴开展救灾安置工作，市四大班子成员多次深入灾区，了解灾情，慰问灾民，指导救灾。采取财政扶持、社会援助等多种措施，解决灾区人民恢复重建和安全过冬问题。在财力十分紧张的情况下，紧急拨款200万元，还争取上级救济资金2540万元，接收社会各界捐赠款物600多万元，使抗灾救灾工作取得了明显效果。（市委办公室）

【把握先进文化的前进方向，积极推进精神文明建设】紧扣时代主题，做好重点宣传。围绕深入宣传“十六大”精神和引深“三个代表”重要思想学习，开展了全方位、多层次的宣传教育活动。各媒体相继开办了“身体力行三个代表”、“三个代表在一线”等专题专栏。在市直机关开展了“学习十六大、建设新运城”和建设小康运城“水务杯”知识竞赛等活动。同时，充分发挥先进典型的示范带动作用，在全市深入开展了学习梁雨润和张小民先进事迹的活动。

积极开展多形式的精神文明创建活动。大力宣传和弘扬“抗非”精神，积极开展了“向不文明行为告别”万人大签名、城乡消除垃圾大会战和“门前五包责任制”大行动等规模大、效果好的创建活动，精神文明创建工作在抗击“非典”中发挥了显著作用。

围绕建设“旅游大市”，开展系列宣传活动。成功地举办了第十三届关公文化节和首届全球华人公祭后土圣母大典活动，设计制作了《五千年文明话运城》“旅游专版”光盘和宣传运城旅游的道路指示牌、广告塔，进一步展示了运城华夏根祖文化。进一步加大了文化教育基础设施建设力度。关帝影视城、鹳雀楼复建工程已竣工，南风广场、关帝庙广场、黄河铁牛馆等重点工程正在建设之中。同时，大力实施科教兴市战略。实施了392项科技计划项目，不断加强基础教育，90%以上中小学危房得到改造，40%的中小学配备了计算机，各类职业教育蓬勃发展，市体育馆和高教园区也在建设之中。

（市委办公室）

【坚持依法治市，推进民主法制建设】 坚持和完善人民代表大会制度，支持各级人大及其常委会围绕全市工作大局，履行宪法和法律赋予的职责，开展执法检查，强化法律监督，推进依法治市进程。在依法指导县级人大换届选举工作中，精心组织，周密部署，坚持正确的舆论导向，把坚持党的领导，充分发扬民主，严格依法办事有机统一于整个工作过程。坚持和完善共产党领导的多党合作和政治协商制度，支持政协及各民主党派搞好自身建设，支持他们围绕中心，服务大局，搞好民主监督，参政议政。支持工会、共青团、妇联、科协等人民团体根据各自的章程开展工作，发挥了他们的桥梁和纽带作用。（市委办公室）

【强化社会综合治理，全力维护社会稳定】 进一步加强严打整治斗争，继续引深以“一村一警、一区一警、一警四员”为主要形式的创建活动。全年共破获各类刑事犯罪案件1648件，打掉各类犯罪团伙51个211人，逮捕犯罪嫌疑人883人，缴获赃款赃物价值137万余元。同时，进一步夯实综治工作基础，全市的社会治安形势良好。

高度重视群众来信来访工作。坚持市、县、乡三级领导逐日轮流接待群众来访制度，变群众上访为干部下访，集中开展了“进千村、入万户，进百企、到千家，社会矛盾排查调处专项治理大行动”和“抽百人，查百案，解决信访积案大会战”，处理群众来访325批（案）2571人次，有力地解决了群众反映的热点难点问题，维护了人民群众的根本利益。

继续加强打击邪教组织工作力度，高度重视“法轮功”问题的处理。先后查处“法轮功”案件3起，劳教6人。对邪教活动，坚持发现一起查处一起的原则，先后查处12起27人，其中劳教10人，治安处罚17人，有力地维护了社会稳定。

（市委办公室）

【引深“三个代表”重要思想学习】 2003年，运城市委把贯彻十六大精神，引深“三个代表”重要思想学习作为首要的政治任务，形成了引深学习和联系实际深入贯彻的热潮。领导班子带头学。市四大班子领导率先垂范，多次组织集体学习，用十六大精神和十六届三中全会精神统一思想，指导运城工作，研究事关全局的重大问题，进一步明确了争先发展思路和工作重点。通过举办干部正规化轮训班，先后分四批对1200余名县处级领导干部和乡镇书记进行了重点培训。通过举办新提任县处级领导干部短训班，先后对机构改革以来新提任的310名县处级领导干部进行了培训。通过深入学习，进一步增强了广大干部的发展意识和执政为民意识，提高了思想政治素质和领导工作能力。（市委办公室）

【抓好县级换届工作，造就朝气蓬勃、奋发有为的领导层】 按照干部队伍“四化”方针和德才兼备原则，认真贯彻《条例》精神，严格程序，严格标准，认真做好县级换届工作，进一步加强了县级领导班子建设。调整后的13个县（市、区）党政领导班子成员，平均年龄由46.5岁下降到44岁，大专以上文化程度由86.1%上升到89.6%，妇女干部在原有基础上增加了2人，县级班子的结构更加合理，整体素质明显提高。在干部队伍建设上，以县级换届为契机，全面深化干部人事制度改革。认真落实《干部任用条例》提出的21项改革措施，严格执行民主推荐、民主测评、民主评议、任前公示；公开选拔、竞争上岗等选任程序，初步形成了规范实用的选任制度和办法。进一步建立健全了干部监督管理机制和干部激励机制，实行末位淘汰制、奖惩兑现制等一系列制度，使干部队伍焕发出新的生机和活力。

（市委办公室）

【抓好农村基层组织建设，增强创造力、战斗力】 认真总结农村“三个代表”学教活动的成功经验，制定了《关于按照“三个代表”要求，加强和改进农村基层党组织建设的意见》，建立了使“干部经常受教育；农民长期得实惠”的农村基层党建“三六”工作新机制，把183名乡土拔尖人才充实到农村班子里。根据国有企业改制、改组的实际，继续推进“双向进入、交叉任职”，进一步完善了企业领导体制。制定了加强民营企业和街道社区党建工作的意见，全市有116个民营经济实体建立了党组织。

（市委办公室）

【加强党风廉政建设和反腐败斗争】 2003年，市委深入开展“两个务必”学习教育活动，认真贯彻落实党中央提出的“八个坚持、八个反对”的要求，不断推进党风廉改建设和反腐败斗争工作。狠抓案件查处工作。全市共立查案件1337件，处分各类违纪人员1281人，其中县处级干部19人。狠抓“三项治理”工作。市县两级都成立了领导组和办公室，各项清查工作正在有条不紊地紧张进行。由于“三项治理”工作行动快、工作实，受到省委领导表扬，并在全省会议上介绍了经验。狠抓源头治理工作。进一步健全了党风廉政建设责任制，并细化、量化到每个班子成员，严格实行责任追究。采取多种形式开展党风廉政教育，进一步强化廉洁自律工作。同时，继续深化财政制度改革。市、县、乡三级建立了统一的会计集中核算和国库集中收付体系，全面实施国库集中收付制度和会计集中核算制度，受到国家和省有关部门的肯定和表扬。

（市委办公室）

组织工作

【党员干部教育培训】　2003年市委组织部门共举办了四种类型的培训班，累计培训2860余人次。

2002年12月16日—2003年1月16日，以县处级干部和乡镇主干为主体，在市委党校分四期举办全市党员领导干部学习十六大精神培训班，培训1200余人，其中正县级干部170余人，乡镇主干250余人。

3月3日—6月3日、9月8日—12月7日，分别在市委党校举办了两期县处级领导干部轮训班和中青年领导干部培训班。培训县处级干部154名和中青年干部103名。

7月，分四期对全市县处级领导干部和乡镇书记进行了一次"三个代表"重要思想集中培训，市委组织部科长以上干部也参加学习，累计培训1257人。同时，还完成了上级部门的干部调训任务，其中省管干部44人，市管干部8人。

对全市88名2002年7月1日以后新提任的县处级实职领导干部进行了为期十天的岗位培训。为提高培训质量，坚持实行述学、评学、考学制度，派人跟班、每日签到点名，并将所有学员基本情况输入电脑，建立了培训档案。2002年11月至2003年3月，对全市89645名干部学历进行了认真的检查清理，高质量地通过了省里验收。同时出台了《关于实行干部学历学位登记备案的暂行规定》，使干部学历学位管理工作步入了规范化、制度化管理轨道。　（市委组织部）

【帮扶与扶贫活动】　"非典"时期，在全市党员干部中开展了"帮扶在外打工人员解决生产生活困难"活动。抽调市、县、乡三级9725名干部，组成8636个帮扶队，劝阻108666名在外人员没有返乡，帮收小麦12万亩，帮套果袋3亿多，帮扶资金188万元，有效解除了在外人员后顾之忧。《人民日报》、中央人民广播电台等分别进行了报道。市委组织部驻万荣县袁家村扶贫工作队成果显著，获"全省先进工作队"称号。

（市委组织部）

【召开民主生活会】　按照中央关于召开县处级以上党政领导班子和党员领导干部民主生活会的规定和省委、市委的具体要求，结合实际，确定了民主生活会的主题，并严格程序，制定了详细的工作流程和工作方案。8月，全市市级领导班子和党员领导干部的民主生活会，受到省委领导同志的高度评价。9月15日至10月9日对省管干部2002年度工作情况进行了全面考核。考核工作严格按照《党政领导干部考核工作暂行规定》和省委组织部要求的程序进行，取得了良好的效果。

严格审批方案提出明确要求，派专人指导县（市、区）委常委民主生活会；从7月份开始，对市直单位2002年的领导班子和领导干部进行了考核，通过把握动员大会，听取述职报告、进行民主测评和参加民主生活会等环节，对整个市直单位的工作情况和班子建设情况进行了一次督促检查，促进了干部的作风转变和领导班子的团结。

制定下发了《关于在参照国家公务员管理部门建立科级以下干部年度考核制度的通知》。以建立领导干部目标考核体系和选派年轻干部到基层帮助工作方面进行了有益探索，在学习借鉴太原、吕梁等市地先进经验的基础上，结合全市实际，起草了《关于选派党政机关事业单位年轻干部到贫困村帮助工作的意见》，将此项工作纳入了规范化管理的轨道。　（市委组织部）

【县级换届选举工作】　7月下旬开始，严格按照省委要求，加强党的领导，坚持依法办事，充分发扬民主，认真贯彻《干部任用条例》，端正会纪会风，并派出20多名组工干部到各县（市、区）驻会监督，确保了党委提名的400名候选人（包括纪委副书记）均全票或高票当选，当选率达到100%。新一届县（市、区）领导班子成员，个体素质普遍提高，整体结构更趋合理。

干部年轻化有了新发展。县（市、区）委、人大、政府、政协四套领导班子平均年龄分别比原班子下降了1.5岁、1.9岁、0.8岁、3.4岁，法检两长平均年龄44岁，特别是新提拔的33名干部，无一人超45岁，其中3人在35岁左右；人大、政协班子均配备了45岁左右的成员。

县级干部文化水平普遍提高。县（市、区）四大班子成员、法检两长中，具有大专以上文化程度的335人，占总数的89.6%，比换届前增加了3.5%。其中党委、人大、政府、政协班子分别增加了2.7%、7.4%、1.2%、3.3%；法检两长26人，占100%；新提拔的33名干部全部具有大学文化程度。

选拔女干部和非党干部有了新突破。13个县（市、区）有2个党政班子中各有1名妇女干部，10个党政班子中至少有1名妇女干部；9个人大班子中至少有1名妇女干部，8个政协班子中至少有1名妇女干部。13个县（市、区）政府、人大班子中都各配备了1名党外干部，达到了省委的要求；政协班子中1个达到党内外1:3的比例，2个达到1:2的比例，9个达到1:1的比例，1个达到2:1的比例。

干部交流力度进一步加大。市委对县（市、区）党政班子成员在同一职位任正副职满10年的13人，全部进行了交流。同时，对在同一职位或同一地任职时间较长，或年龄较大的干部也进行了交流。

配备干部职数完全符合省委要求。换届前，四大班子超职数23人。换届后，不仅合理地消化了这些职数，而且还有15个职位空缺，完全符合省委10号文件的要求。同时，县（市、区）纪委书记全部由同级副书记担任，完全符合省委组织部晋组通字（2002）45号文件的要求。　（市委组织部）

【市直干部调整】　2003年上半年，根据机构改革和市委要求，对政法等系统的干部进行了调整，调整中严把民主推荐、组织考察两个重要环节，保证了政法等系统干部工作的平稳调整；先后任免干部101人，对于董村检察院一名超生干部予以一票否决。7月底全市换届工作开始后，根据平时掌握的情况，严格按《条例》规定的程序，对涉及市直单位的40名干部进行了考察、任免、报批和宣布。2003年11月又对11名兼职干部进行了调整充实，并解决了1名干部的遗留问题。同时，为了改变全市教育不断下滑的局面，对七所重点中学领导班子进行了调整，使全市重点中学领导班子力量得到加强，为学校发展提供了组织保证。在科级干部职数使用方面，严把职数和任职资格关，严格干部任用程序，办理科级干部职数审批39个单位269人次。按照年初工作计划，对事业单位领导班子和干部结构进行了分析，为领导决策提供了比较科学的依据。

（市委组织部）

【选调生培养锻炼管理】 11月24日，召开了全市选调生培养锻炼工作经验交流会。会上下发了《运城市优秀大学生到乡镇重点培养锻炼管理工作暂行办法》，对今后做好全市选调生培养锻炼管理工作提出了具体要求。树立了优秀选调生、夏县南大里乡干部介丽英认真实践“三个代表”重要思想、安心基层、服务群众的典型事迹，得到了省委组织部和中央电视台的关注。11月8日，中央电视台《纪录片之窗》栏目播放了《介丽英天地》专题片。（市委组织部）

【干部管理】 2003年，坚持讲政策、讲程序、讲效率，及时完善新调入或新提拔干部的工资档案卡片，使调资工作有案可查，有章可循，减少了失误，提高了工作效率；及时办理干部退休手续与提前离岗享受优惠待遇；坚持原则，严格把关，做好了158人因公、因私出国政审工作；组织全市干部年报统计培训班，对各县（市、区）年报统计工作人员进行了专题辅导学习。（市委组织部）

【老干部工作】 以完善“三个机制”为重点，狠抓离休干部“两费”落实。明确提出了强化政府责任意识、履行好政府职能、抓紧测算工作三个要求，同时下发了《关于进一步建立和完善离休干部离休费、医药费保障机制和财政支持机制有关问题的通知》，有力推动了离休干部“两费”的落实。从健全制度入手，认真落实老干部的政治待遇，下发了《关于加强老干部政治待遇落实工作的意见》、《关于认真组织全市离退休干部学习贯彻十六大精神的通知》、《关于在离退休干部中兴起学习“三个代表”的重要思想新高潮的通知》，以学习十六大精神为契机，以开展第十届“百日活动”为载体，认真落实老干部政治待遇，充分发挥老干部的政治优势。（市委组织部）

【农村基层党组织建设】 2003年继续贯彻落实市委2001年25号文件精神和农村党建“三六”工作机制，先后召开了三个现场会，全面推进此项工作。和军分区联合在芮城县召开了重视选拔复转退伍军人进入村级班子现场会；抓住第六届村民委员会换届的有利时机，在临猗县召开了加强以党支部为核心的村级班子建设现场会，突出强调在村委会换届中加强党的领导，保证了全市村民委员会换届顺利进行。

在新绛、稷山、万荣、河津、临猗召开了农村基层党组织建设五县（市）流动现场会，下发了《加强农村基层党组织建设工作要求》。推广了稷山县委书记抓党建“四有”责任机制，临猗县加强基层干部自身建设“三考一评议”机制，河津市发展壮大集体经济“三型五路”模式，万荣县发展农民党员、培养后备干部的“三五”机制，新绛县拓展农村党建阵地、充分发挥党员先锋模范作用的“三位一体”机制等经验。（市委组织部）

【街道社区和非公有制经济组织党建工作】 在组织人员赴外地学习经验，确定盐湖区、闻喜县分别为街道社区和非公有制企业党建工作试点单位基础上，元月7日至8日，在盐湖、闻喜两个县（区）召开了全市街道社区党建工作盐湖现场会和全市非公有制经济组织党建工作闻喜县现场会，下发了《全市加强街道社区党建工作的意见》（征求意见稿）、《全市加强非公有制经济组织党建工作的意见》（征求意见稿），从整体上加强和推进了全市街道社区和非公有制经济党建工作，在基础设施建设、组织机构建设、规范创新、党员作用发挥等方面都取得了明显突破，特别是在抗击“非典”斗争中，街道社区和非公有制经济组织中的党员发挥了关键和保障作用。（市委组织部）

【党员教育和管理工作】 2003年，在党员管理工作方面，坚持实行动态管理办法，提高了党员发展质量，新发展党员各项结构比例进一步合理，分布也比较平衡，老化问题得到一定程度的控制。全年共发展党员4020人，其中35岁以下2588人，占66.4%；妇女党员807人，占20.1%；工农业生产一线2036人，占50.6%；教学科研一线202人，占5.1%。同时，组织对全市2001年以来发展党员和收缴党费情况进行了为期一个月的集中检查，发现和纠正了一些问题。

在党员教育方面，下发了《关于在全市基层党组织和党员干部中兴起学习贯彻“三个代表”重要思想新高潮的实施意见》，在全市9800个党组织近20万名党员中，举办了“认真学习纲要，建设小康运城”知识竞赛答题活动。结合庆“七一”，在全市表彰树立了100个先进基层党组织、200名优秀共产党员和96名优秀党务工作者等先进典型。同时，对全市240户老党员和企业困难党员职工、46户农村党员群众进行了节日慰问。及时向各县（市、区）下拨党员冬训费49.65万元，分七组对全市冬训情况进行了巡回检查，确保了教师、教材、场地、时间、人员五到位。向县（市、区）下发《“三个代表”重要思想学习辅导》和《党课一小时》电教片720余张，拍摄专题片《用生命诠释“三个代表”的人》。

（市委组织部）

【企业领导人队伍建设】 元月份，赴深圳等地考察学习沿海发达地区企业领导人员管理的先进经验和办法，并结合实际，形成考察报告，为市委决策新形势下企业干部管理提供了比较超前的科学依据。起草了《运城市委关于建设高素质企业家队伍的工作方案》初稿，对企业家的选拔、培育、管理、奖惩、监督等重要环节提出了明确规定。深入市建公司、丰喜集团、南风集团、关铝集团和新绛纺织有限公司等市管重要国有企业进行调研，及时掌握和解决企业班子建设过程中遇到的新情况和新问题，不断探索党管干部原则和董事会依法选择经营管理者以及经营管理者依法行使用人权的新路子。提名任免企业领导人员13名，市建公司改制、班子组建和丰喜集团纳入市委管理的党委班子人选配备。经市委常委研究确定。（市委组织部）

【人才队伍建设】　把工作重点放在乡土拔尖人才和青年学术技术带头人的选拔管理上。在上年推荐的基础上，对136名青年学术技术带头人和104名乡拔尖人才推荐人选进行了认真细致的筛选，初步确定了80名青年学术技术带头人人选和60名乡土拔尖人才人选。为确保选拔标准和质量，抽调15名同志，分成6个考察组，对初选对象进行了为期5天的全面考察。同时，对全市人才队伍的现状及存在的问题进行了调查摸底，找出了制约全市经济发展的瓶颈，为针对性搞好今后的人才工作提供了翔实的第一手资料。对全市专业技术人才库进行了更新，为全市人才队伍系统化、规范化管理打下了良好基础。

（市委组织部）

【人才的培养、吸引和使用】　2003年，起草了《市委、市政府实施人才强市战略的若干意见》，明确了全市人才队伍建设的现状、指导思想、基本原则和目标，进一步营造了“拴心留人”的良好环境。为100名拔尖人才发放津贴60000元。春节期间，由部领导带队对20余名专家人才代表进行了慰问；对上年考入北大、清华并提出书面申请的两名平陆籍贫困大学生进行了每人5000元资助。牵头组织了“科技创造未来”科普宣传报告会。邀请省科普宣教团团长、省科协副主席关原成来运讲课。（市委组织部）

【落实《干部任用条例》改革措施】抓好改革试点。7月7日到8月13日，集中对新绛、夏县、万荣、垣曲四个全省干部制度改革试点县逐一进行了检查、指导和调研，形成了四个专题材料和一个总体调研报告，上报省委组织部。7月13日，新绛县委书记作为全省三个县委书记之一，特邀参加了省委组织部召开的干部制度改革座谈会，并作了专题发言。省委组织部领导同志初步拟定，把该县作为全省干部制度改革座谈会的首选县，适时来新绛进行专项检查和调研；9月10日，部领导再次深入新绛进行专项调研。在认真搞好四个试点县工作的同时，按照省委组织部的要求，对全市贯彻落实《干部任用条例》确定的21项制度情况和全市党政领导干部辞职“下海”情况进行了调查摸底，对盐湖区和芮城县开展末位淘汰制和调整不称职领导干部工作进行了指导和帮助。2003年底，《干部任用条例》确定的21项改革制度，在全市13个县（市、区）普遍推行的有6项，分别是：公开选拔、任前公示、中层干部竞争上岗、民主推荐、差额考察和考察预告制。特别是干部任职试用期制、末位淘汰制、考察工作责任制、考察工作责任追究制、干部辞职降职制、常委会票决制已在部分县（市、区）陆续铺开。

总结推广典型。9、10月份，在《运城日报》头版位置先后对夏县“构建干部选用新机制”、新绛“以事论官、选贤任能”、垣曲“构建民主科学考评新机制”、万荣“全委扩大会投票确定干部考察对象”等经验进行了集中宣传。并以《打造干事创业的干部队伍》、《坚持德与才的统一》、《最大限度发挥领导职位效能》、《努力创造干部能下新机制》、《“伯乐”也要实行责任制》为题，连续在《运城日报》推出了五篇特约评论员文章。万荣县100多名群众联名向县委写信，表示支持和拥护市委这一正确的用人导向。新绛县“以事论官，以事选人”的干部制度改革的新鲜做法，在晋豫陕冀鲁五省十七市地组工网络年会上得到好评。

对《条例》贯彻落实情况进行检查。4月下旬至5月下旬，市委组织部牵头，组织各县（市、区）委、市直各单位党组对学习贯彻《条例》工作进行了一次认真自查，专门印制发放了《调查问卷》42份，广泛征求广大党员干部群众对《条例》执行情况的意见及建议，共收集各种意见和建议30余条。同时，组织全市1306名干部群众参加了中组部和人民日报联合举办的《条例》答题知识竞赛。并于7月16日—20日，配合省委组织部对全市去年七月份以来贯彻落实《条例》情况进行检查，共组织召开座谈会3次，谈话24名，问卷调查178份，查阅干部档案20份，抽查了河津市、永济市，抽查干部37名，问卷调查122份，圆满地完成了配合检查的工作任务。12月5日，又抽调16名干部，由老干部带队，市纪委参加，分四个组，对全市11个（河津市、永济市不再检查）县（区）、市直20个单位的《条例》贯彻落实情况再次进行了全面检查。（市委组织部）

【干部监督管理工作】　积极参与、监督同级党委选任干部工作。在全市县换届和市直单位班子调整选配中，严把推荐、考察、讨论、任命等各个关口，尤其在任前公示阶段，依托举报中心，全天候值班，认真受理群众来信来访，及时向领导汇报情况，为市委准确选用干部起到了较好的监督把关作用。共进行了任前公示3次，公示干部102人，公示期间，共受理举报12件，其中电话1个，信件11封，对每件信都及时作了处理。

强化手段，加强对领导干部的监督。与纪检、人事等八个部门联合下发《关于加强干部监督联系通报工作的制度》，对12名县处级干部进行了经济责任审计。2003年，除了3名县（市）长已审计结束，查处违规资金1122万元外，其它正在进行之中。对领导干部个人收入情况和领导干部配偶、子女经商办企业情况实行半年一报；依托举报中心，对反映领导干部有关问题线索具体、情节清楚的来信来访，及时组织力量从快查处，基本做到了件件有结果，事事有回音。对上级

批转要结果的信访案件进行了调查处理。（市委组织部）

【加强学习，提高认识】 2003年，为了使组工干部牢固树立公道正派的理念，结合各阶段任务，在规定必读篇目、搞好自学的基础上，主要开展了八次大的集体学习活动。集体学习了中央领导同志关于公道正派的论述和十六届三中全会精神。组织大家联系思想和工作实际，对照梁雨润、张小民等身边的先进典型，深刻认识开展学教活动的重要性。举办了“树形象”征文活动。市县两级组工干部共撰写各种题材文章300余篇。

赴革命圣地参观学习。10月中旬，利用双休日，组织部机关全体人员赴革命圣地延安，接受革命传统教育；11月下旬，又组织部里科长以上干部集体到西柏坡和大寨参观学习，增进对“两个务必”的理解，增强搞好学习教育活动的自觉性和主动性。召开新老组工干部座谈会。10月27日，聘请曾任地委组织部副部长的六位老同志给全体组工干部讲传统、讲作风，进行公道正派教育。举办了树形象主题报告会。10月28日，举办了“树形象主题报告会”，市委常委、组织部长王安庞同志作了专题报告，对全市的树形象活动起到了有力的指导和推动作用。

举办科长学习交流会。11月7日，召集全部同志，让各科室负责同志逐人上台，联系科室和本人实际，畅谈思想认识，交流学习体会，提出今后打算，有利推动了学习活动的深入发展。集体学习《干部任用条例》。11月22日，组织全部人员观看了《千秋大业，关键在人》专题片，增强大家做好干部工作的责任感和使命感。举办了“树形象”主题演讲会。12名组工干部结合自身学习和工作实际，围绕公道正派主题登台演讲，汇报了学习成果，展现了良好的精神风貌。

（市委组织部）

【查摆问题，开门纳谏】 在学习教育活动中，积极组织全部同志对照公道正派的具体要求，运用“五查五看”的办法，查摆检查存在的突出问题，始终坚持开门评比，广纳群言，接受社会各方面的监督。（一）自查。要求每个组工干部围绕公道正派的要求，结合自身的思想政治、作风和工作实际，认真查找存在的不足和问题，人人写出自查材料。（二）互查。要求部领导给科长点，科长给科员点，以科室为单位集体查摆，力求把问题查准、摆全。（三）设立举报电话和意见箱，接受社会各界的监督。

召开座谈会。11月4日到11月7日，市委组织部连续召开了县级干部、企业家和知识分子、老干部、基层党员代表、非党县级领导干部五个座谈会，组织大家评议组织部门，听取大家对组织部门和组工干部的意见。发放征求意见表。共印制征求意见表1200余份，分别发放到全市13个县（市、区）委组织部各科室、市直各党委（党组）、市级四套班子领导成员、省委组织部部门领导和各处室，广泛征求各个方面的意见和建议。针对征求意见梳理情况，对照贺国强部长的“四句话”要求，以科室为单位，逐类逐条进行认真讨论，剖析产生问题的根源，每位组工干部都写出了自查材料和整改措施。经过充分准备，以科室为单位，由分管副部长主持，分层次召开了民主生活会。在此基础上，召开了部领导民主生活会，查摆出了部机关和组工干部存在的四个突出问题。围绕问题，开展了严肃的批评和自我批评，做到了讲问题深刻尖锐，提意见直奔主题，听批评胸襟开阔，提高了认识，明确了方向。

（市委组织部）

【加强领导，严格督查】 全市树形象活动始终在市委的统一领导下进行。9月9日，全省“树形象”电视电话会议之后，市委主要领导就对迅速学习贯彻全省会议精神，认真扎实搞好全市的集中学习教育活动作了重要指示。9月15日，市委常委会专门听取了汇报，明确提出，要站在“三个代表”重要思想的高度来认识集中学习教育活动，当作一项重要的政治任务抓好抓出成效。根据省委组织部的安排和市委的要求，迅速建立了学习教育活动领导组和工作机构。抽调了20名精明强干的工作人员，制定了各小组的工作职责和工作人员纪律，为活动的正常开展提供了组织保证。在派专人赴省委组织部请示的基础上，9月16日，制定了四个阶段的工作流程，并确定了具体的承办人和负责人。9月28日，召开了全市组织系统“树形象”活动动员大会。（市委组织部）

【立说立行，边整边改】 在学习教育活动中，特别是针对查摆出的突出问题，市委常委、组织部长王安庞明确提出了抓住契机，打造一支政治、业务、作风、形象四过硬的组工干部队伍的要求。

在“帮助灾民恢复重建”活动中树组工干部形象。10月初，市委、市政府发出“帮助灾民恢复重建”的号召，全部积极响应，及时下发《关于在“帮助灾民恢复重建”活动中发挥带头作用树组工干部形象的通知》，要求全市广大组工干部把帮助灾民恢复重建工作作为学教活动的一个实际步骤，组织引导基层党组织和广大党员充分发挥战斗堡垒和先锋模范作用。10月11日，部领导集体深入到灾情最严重的平陆县张村镇土地庙村常家崖自然村察看灾情，从党费中拨专款1万元，慰问受灾群众。并动员全部人员向灾区捐款11200元，捐衣服151件。

从小事做起，树组工干部的新形象。推广学习夏县、垣曲、临猗等县委组织部的做法，开展了给前来办事的干部群众一张笑脸、让一把椅子、递一杯热水、道一声问候、送一句道别的“五个一”活动。

建章立制，从严规范组工干部行为。组织各科室对现有的制度进行了一次全面梳理、补充和完善，研究出台了《关于加强组织部门自身建设的意见》，明确提出，组工干部三年内中专必须达到大专，专科必须达到本科；逢进必考；分期进行专题交流；分期分批到基层或发达地区调研考察；分期分批到基层一线进行半年以上挂职锻炼；严格干部档案管理；实行年度工作考核等硬性要求。同时组织各科室和每个组工干部根据工作实际，对各自的工作流程进行认真梳理，组织汇编《组工干部业务知识》和应知应会资料。为了使学教活动与业务工作相得益彰，做到两促进、两不误，提出了活动与业务工作相结合，以业务工作实际体现活动成效的要求，实行了一周一报制度，要求各科室每周五以书面形式向部里上报本周工作情况和下周工作安排，标明任务完成情况，具体时限和负责人，用实际行动体现新变化、树立新形象。

此外，市组织部还圆满完成了《党代会常任制问题研究》和《加强地方党委执政能力建设的途径》课题研究任务。（市委组织部）

宣传工作

【概况】 2003年是深入贯彻落实党的十六大精神，全面建设小康社会的第一年，是贯彻落实运城市委一届四次全会精神的起步之年；也是市委带领全市人民经受严峻考验、战胜各种困难、取得显著成绩的一年。一年来，在市委的正确领导下，在省委宣传部的具体指导下，常务副部长曹吉安同志带领宣传系统全体干部职工，认真落实中宣部、省委宣传部长会议精神和市宣传思想工作会议精神，以“三个代表”重要思想为指导，为全面建设小康社会的奋斗目标，实施“争先发展”的战略部署，提供了强有力的思想保证和舆论支持。围绕中心、突出重点，唱响主旋律、坚持“三贴近”，勤奋务实、开拓创新，各项工作都取得了优异的成绩。

（王存狮）

【认真学习贯彻十六大精神】 为了让十六大精神更加深入人心，成为指导和推动各项工作的巨大动力。自元月起各媒体都纷纷开辟专题和专栏，深入宣传十六大精神和“三个代表”重要思想，宣传市委一届四次全会精神，相继开办了“身体力行‘三个代表’”、“‘三个代表’在一线”、“在十六大精神指引下”、“十六大精神在基层”等十多个栏目。市直机关在万名党员中广泛开展了“学习十六大，建设新运城”竞赛活动，为深入学习贯彻十六大精神和“三个代表”重要思想发挥了积极的引导作用。

（王存狮）

【学习贯彻“三个代表”重要思想】 为认真贯彻落实中央和省委的部署，迅速兴起一个学习贯彻“三个代表”重要思想的新高潮，下发了《关于在全市迅速兴起学习贯彻“三个代表”重要思想新高潮的通知》，对全市的学习作出了具体安排。为了把这项工作落到实处，以实际行动迎接建党82周年，进一步激发全市各级党组织和广大党员贯彻落实十六大精神、实践“三个代表”重要思想、全面建设运城小康社会的热情，在全市各级党组织和广大党员中开展了认真学习《纲要》、建设小康运城“水务杯”知识竞赛活动。全市基层党组织和党员以及入党积极分子参加了答卷竞赛。通过这次活动，有力地推动了全市广大党员干部对“三个代表”重要思想全面、系统的学习和理解。（王存狮）

【组织“三个代表”宣讲】 8月7日，省委宣讲团在我市进行学习贯彻“三个代表”重要思想宣讲，受到广大干部的热烈欢迎。参加报告会的有市四大班子成员，市级离退休老同志，各县（市、区）委书记、分管副书记、宣传部长，市直各单位副处级以上领导干部，各大企业主要负责人共600多人。8月8日，省委宣讲团还分别在盐湖区、南风集团、市公安局进行了宣讲。分别组成六个宣讲团分赴各县（市、区）开展了宣讲工作。在此基础上，各县（市、区）、市直各系统和各大企业也陆续开展了宣讲工作。有1090名县处级领导干部和136名乡镇党委书记参加了培训。各县（市、区）、各大企业也普遍对科局级干部、乡村主干和中层领导干部进行了集中轮训。

（王存狮）

【认真抓好理论武装工作】 加大市、县两级党委中心组的学习力度，制定了《运城市委中心组2003年度学习计划》。集中学习了胡锦涛关于《坚持发扬艰苦奋斗的优良作风，努力实现全面建设小康社会的宏伟目标》的重要讲话。学习了非典型肺炎的流行病学及《中华人民共和国传染病防治法》、学习了胡锦涛总书记4月28日在中央政治局第四次集体学习时的讲话。3月11日就深入学习郑培民先进事迹所作的重要批示及中央政治局召开的学习“三个代表”坚持防治“非典”与经济建设两手抓的会议精神。学习胡锦涛同志“七一”重要讲话和《“三个代表”重要思想学习纲要》。学习了《学习“三个代表”重要思想应把握的几个重要问题》。学习讨论了十六届三会中全会公报和《决定》，市委书记黄有泉还结合学习贯彻三中全会精神，对转变政府职能、转变工作作风、反腐倡廉，促进全市经济社会的协调发展，加快民营经济发展、抓好九年义务教育提高全民素质等提出了具体要求。还系统学习了《中共中央关于完善社会主义市场经济体制若干问题的决定》，使中心组成员进一步对十六届三中全会的精神有了更深更透彻的理解。

努力做好学习实践“三个代表”重要思想理论研讨会论文组织评选推荐工作。先后收到理论文章58篇。经过评委的认真审阅和评议，共评选出优秀论文28篇，并按要求向省里推荐了优秀论文6篇，其中有3篇入选。各县（市、区）、市直各单位、各大企业党委中心组的学习也抓得有声有色。注重抓好制度建设，芮城、平陆、绛县、盐湖、河津等县、市、区，对理论学习进行量化考核，收到了实效。注重理论联系实际，永济、夏县、临猗、稷山、市直工委、山西铝厂等把党委中心组的学习和完善发展思路、科学决策等实际工作紧密结合起来，使中心组学习真正落到了实处。为了认真贯彻落实十六届三中全会精神，在全市迅速掀起学习贯彻三中全会精神的热潮，下发了《关于在全市迅速开展学习贯彻党的十六届三中全会精神热潮的通知》，对学习贯彻作出了具体安排。

（王存狮）

【贯彻“防非”宣传精神立见行动】 认真落实全省“防非”宣传工作电视电话会议精神，要求①突出宣传重点；②大力弘扬民族精神；③大力营造防治“非典”的良好氛围；④一手抓大事不放松，一手抓中心工作不动摇。同时下发《关于贯彻落实中宣部、省委宣传部大力

弘扬和培育民族精神切实加强防治非典型肺炎宣传思想工作实施意见的通知》。（王存狮）

【强化舆论宣传，坚持“三个不惜”】 为尽心竭力搞好防治“非典”宣传报道工作，要求报纸不惜版面、电视不惜画面，电台不惜时间，准确及时充分地搞好报道。从四月中旬到六月底，《运城日报》、市电视台、电台共播发各类消息、通讯、言论、专题图片等2600余条（幅）。与此同时，报纸、电视台、电台还连续创意编发各种防治“非典”公益广告200余条，其中防治“非典”“一日一策”61期。

（王存狮）

【围绕抗击“非典”协调组织系列活动】 同文化新闻出版管理局组织了“永远跟你走”、“我们众志成城”两台大型演唱会。

市蒲剧团和青年实验团组织了歌颂“抗非”英雄事迹的《天使之歌》、《特别婚礼》两台蒲剧电视戏曲节目，《天使之歌》在省电视台进行了播放，以戏剧形式歌颂抗“非典”在全省是第一家。

同文联组织了一台“特别礼赞”文艺节目，在电视台进行录播；四是两次举办抗“非典”宣传品发放仪式，共赠送宣传品6778套，录音带3330盒，光盘1600盘，《防治非典知识问答》4000本。

（王存狮）

【倡导“抗非”精神，积极开展文明创建】 在“抗非”斗争中，为弘扬和培育民族精神，广泛开展了“三讲一树”和“双学双双”活动，要求在“抗非”中检验创建成果，考核文明单位。全市开展了“向不文明行为告别”万人大签名和清除垃圾城乡大会战、“门前五包责任制”大行动等规模大、声势大、效果好的创建活动。并组织文明单位发挥表率作用，积极开展捐献活动，在抗击“非典”中发挥了积极作用。（王存狮）

【搞好“抗非”图片展】 5月初，及早向各新闻单位、市摄影家协会打招呼，要求到现场、到一线采访拍摄照片，并下发了《关于举办“河东人民众志成城抗‘非典’”摄影展览的通知》，号召全市新闻工作者、摄影工作者、摄影爱好者，深入“抗非”一线，用相机记录下每一个值得铭记的瞬间，为历史留下珍贵的资料，到6月底共征集作品近500幅，于7月1日在市内展出。同时动员全市摄影工作者踊跃投稿，参加由省委宣传部组织的“三晋人民‘抗非典’网上大型摄影展”，共展出作品1600余幅，在全省取得了好名次。（王存狮）

【搞好重点新闻宣传报道】 精心组织抓好“两会”宣传报道工作。共播发公告、名单、决议和报道200余篇，未出现任何差错，受到了两会秘书处的表扬。抓好关公文化节、第三届农展会和全省饮水解困现场会的宣传报道工作，精心组织，认真把关，确保任务圆满完成。（王存狮）

【组织“钢铁是怎样炼成的”系列宣传报道】 围绕海鑫集团的创业历程，组织《运城日报》连载、电视台连播、文学作品“连篇”、文艺节目“连唱”。先后两次组织或配合中央、省、市各新闻媒体深入海鑫进行大型实地采访，各家新闻媒体也都围绕海鑫的发展进行了系列报道。（王存狮）

【旅游系列宣传掀起高潮】 设计制作《五千年文明话运城》“旅游专版”光盘。完成了列车和长途公共汽车宣传运城的录音磁带制作，精心设计制作了反映运城旅游“六点一线”的宣传资料。设计制作宣传运城旅游的道路指示牌和广告塔。抓好《运城人物志》出版发行工作，进一步开发人物资源，促进经济建设。（王存狮）

【抓好系列宣传工作】 举办纪念毛泽东诞辰110周年系列活动。按照中央、省委的通知精神，下发了《关于举办毛泽东同志诞辰110周年纪念活动的意见》，进行了安排部署。这次纪念活动共分三大系列，从12月2日开始在《运城日报》开辟专栏连续刊发系列纪念文章，在河东博物馆举办“我们心中的红太阳”艺术作品展，在河东会堂举办《红太阳颂》大型文艺晚会。

组织开展“弘扬民族精神，建设小康农村”为主题的全国农民读书征文活动。普查爱国主义教育基地。向省委宣传部作了情况汇报，并结合基层实际，提出许多改进和加强的建议。向省推荐了运城市思想政治工作优秀企业和个人。组织中国书画家协会举办“中国城市市花书画艺术展”。（王存狮）

【策划组织梁雨润事迹宣传报道】 先后多次配合各大新闻媒体进行采访报道，同时，还配合《山西日报》宣传梁雨润组织了系列言论稿。配合著名导演冯小宁筹拍宣传梁雨润的一部电影，并筹划编撰一套丛书，总书名暂定为《向梁雨润同志学习》，全书共五册，从不同侧面反映梁雨润的先进事迹。

（王存狮）

【精神文明创建工作成效显著】 组织“四下乡”活动，由“燃一把火”向唱“四季歌”转变，由原来的突出集中行动向常年性活动发展。先后组织大军团深入永济卿头镇进行集中行动。“非典”期间，组织科委、科协举办抗“非典”科技活动周，并以小分队形式赴河津农村宣传抗“非典”有关科技知识，赠送有关资料。

认真开展以“诚信、文明、小康”为主题的“文明之春”系列活动。重点是访贫问苦，帮助解决实际困难，开展健康有益的文化活动。

组织开展了“学习雷锋精神，建设精神文明”主题活动。突出新时期“学雷锋与时俱进”的特点，赋予“开放、进取、奉献”等新的时代内涵，广泛开展各种形式的学雷锋活动，市文明委命名表彰了“运城市十大学雷锋标兵”和“运城市学雷锋先进个人”14人。

完成了2003年度“西部助学工程”资助8名贫困大学生和高中“宏志班”资助5名贫困中学生的选拔、公示、申报工作。

以创建中国优秀旅游城市为目标，广泛开展创建文明城市、创建文明村镇、创建文明行业和文明单位三大创建活动。完成了2002—

2003年度省级各类精神文明创建工作先进单位和先进个人的申报、公示、推荐，以及2001年以前各类省级精神文明建设先进典型的复查工作。配合省文明委完成了检查验收工作。

完成了《星光灿烂——城市精神文明建设先进典型经验集萃》的征稿、编审工作。组织开展9月20日《公民道德宣传日》活动，市直、县直单位上街宣传咨询，开展各种公益活动，组织广场社区群众文体活动，新闻媒体集中报道活动动态及先进典型，使“河东雷锋”赵运建、道德楷模纪锦河夫妇的事迹广为传颂，成为全市人民学习的榜样。

积极组织实施“山西省环太行、吕梁革命老区宣传文化工程”。争取到上级文化扶贫工程县级文化中心两个——垣曲、万荣；乡镇宣传文化站四个——闻喜郭家庄乡、石门乡，平陆张店镇、常乐镇，共为运城市争取回317万元文化扶贫资金。（王存狮）

【文化创新出成果】 组织了精神文明建设“五个一工程”文艺作品创作征集活动。4月份，下发了《关于在全市组织第二届精神文明建设“五个一工程”文艺作品征集活动方案》。此次征集已收到戏剧剧本11部、歌曲18首、电影剧本1部、电视剧本4部。向省委宣传部上报了《关于文艺思潮有关问题的汇报》。5·23纪念活动组织了《商海情波》等作品研讨会。成立了民间民俗文化资源调查摸底组织机构，转发了省委宣传部、省文化厅、省文联“关于征集‘山西省民间艺术品博览会’展品的通知”。组织“运城市第二届青年歌手大奖赛”，受社会各界普遍好评。

（王存狮）

【成功策划举办了第十四届关公文化节】 关公文化节本着高质量、低投入、重效益的原则，体现群众性，增强影响力。共举行了开幕式文艺演出、金秋菊展、戏剧会演、关公门前耍大刀等六大系列活动，通过不同的表现形式，弘扬关公历史文化内涵，推动旅游大市建设，展示了中华“武圣”关公一生“忠、义、仁、勇”精神和河东儿女在建设“四大一强一中心”过程中所表现出的壮志豪情，以及人民以开放的胸襟欢迎四海宾客，共建美好家园的祝福与期盼。

（王存狮）

【“公祭后土圣母大典”规模空前】 4月18日至20日，配合市委、市政府在万荣后土祠成功地举办了“癸未年全球华人公祭后土圣母大典暨中国运城万荣首届后土旅游文化节”活动，参加大典的贵宾包括来自13个国家和地区的海内外华人代表、国家和省市领导、新闻记者共400余人。主要内容有中华根“后土魂”文艺晚会、中国后土文化研究高峰论坛、后土基金募捐、万荣县旅游景点导游词征集、诗词楹联和书画作品征集展览、土地文化笔会、后土圣母大典纪念封首发式、后土产品与工业产品展览、招商引资洽谈会和参观旅游等12项活动，取得了很好的社会效益，促进了运城的经济发展。

（王存狮）

【组织开展一系列重大文化活动】 与文化新闻出版管理局共同组织承办了2003年元宵节“农行杯”广场民间艺术展演活动和焰火晚会，共有节目17个，参演人员达2000余人。文化局组织稷山安福艺校高抬花鼓代表运城市参加省第二届广场艺术节，获得省艺术节唯一大奖。

市文工团的歌舞剧《娘啊娘》在省城演出反响强烈，轰动省城，剧本创作和表演艺术都上了一个新的台阶。市蒲剧团的《史外英烈》、临猗眉户剧团《十里花香》参加了省“杏花奖”调演。获得“杏花奖”者文工团两名、市蒲剧团两名、临猗眉户剧团一名。临猗眉户剧团被中宣部、文化部表彰为全国首届服务农民服务基层文化活动先进院团，该团《十里花香》参加全国第七届映山红调演，在湖南一举摺红，夺得演出剧目金奖及23个奖项，编、导、演均获一等奖。

3月份文化部在福州召开“中国民间艺术之乡命名暨现场经验交流会”，夏县水头镇被文化部命名为“全国民间艺术之乡”。五是市新华书店加大改制力度，打造图书超市，推进连锁配送体系。各县（市）书店投资改善了经营环境，提高了经营效益。（王存狮）

【“扫黄打非”取得明显成效，促进文化市场繁荣】 8月12日，在河东广场举办2003年中国销毁走私光盘大行动运城分会场，销毁走私盗版光盘、政治性非法出版物和游戏机。共出动检查人员836人次，检查店档、摊点658个，取缔关闭非法店档、摊点3个，行政处罚违法、违规店档、搜集点36个。查缴非法出版物29845件，其中政治性非法出版物377件，盗版出版物27998件，淫秽色情出版物270件，盗版计算机软件1200盘（套），通过集中行动，治理网吧，净化了校园周边环境和全市文化市场。

（王存狮）

【加大文物保护利用及外宣力度】 狠抓了文物安全保卫工作。加大文物行政执法，针对不依法进行文物保护造成文物损毁的问题，进行了依法查处。制定启动了田野石刻文物保护工程，征回田野石刻300余通。文物保护利用力度加大。加快关帝广场和“三关”旅游景区建设，特别是关帝圣像景区建设，投资200万元修建祖茔逍遥谷景区。盐湖区围绕舜帝陵庙加强文物保护和抢救工作，举办了首届舜帝文化艺术节。稷山县狠抓了大佛寺和稷王庙两大保护工程基础建设；万荣县抢修后土庙；永济市狠抓蒲州故城遗址的保护规划。夏县抢修了河东特委革命活动旧址堆云洞和圣母庙。绛县维修了文庙。

抓住制约事业发展的经费等问题，加强“五纳入”工作，积极向各方争取支持。永乐宫、万荣后土庙申请国家计委国债项目各立项到位1000万元，关帝庙省计委200万元项目资金得到落实。加大外宣力度。组织发行了《运城名胜》一书。关帝庙与《运城日报》联办了“祖茔美景·汉城风情”征文摄影大奖赛，在市区各县挂横幅100余，并在周边地区进行大规模宣传。永乐宫接待了香港凤凰卫视台和苏州电视台《走近世界遗产》剧组拍摄工作，在凤凰卫视四个频道和苏州台播放。高标准地接待了台湾指南宫的客人，使对台文化交流又达到了一个新的水平。同市旅游局联合，在文化旅游上加大外宣力度，推出精点品位高、交通条件好、知名度大的中国死海、关帝庙、鹳雀楼、普救寺、永乐宫、铁牛馆景点"六点一线"作为宣传促销的重点。"十一"旅游黄金周之前，投资50多万元在西安《华商报》、《西安晚报》等媒体上进行大规模宣传，使黄金周接待人数达30.85万人，实现总收入4800万元。与市外事办接待白俄罗斯、乌兹别克等6国20多名国家电视台记者，对运城市的企业管理、人文景观进行了实地拍摄采访。（王存狮）

【强化舆论监督提高新闻宣传水平】 2003年制定了《关于进一步改进和加强舆论监督工作的意见》，进一步明确了舆论监督的意义目的和指导思想。从把握舆论监督工作的基本原则、舆论监督的范围对象和主要内容、积极探索舆论监督的有效途径、加强对舆论监督工作的领导和支持等四个方面着手，使舆论监督工作有章可循。

10月27日下发了《关于在全市新闻界开展"筑起拒腐防线，做职业道德建设模范"主题教育活动的通知》，分阶段按步骤进行学习教育，自查自纠，公布监督方式和公开承诺，接受社会监督。此活动引起各新闻单位的高度重视，收到良好效果。12月25日，动员部署、组织安排了落实中宣部、省委宣传部在新闻战线深入开展"三项教育"活动，进一步明确了主要任务和要求，使新闻工作者职业道德和形象有明显转变。

《运城日报》社抓管理从严治社。编印了《运城日报社规章制度汇编》一书，使每个员工、每项工作、每个岗位都有了具体要求，增强了责任意识。抓培训提高竞争力。分四批对全体采编人员进行了业务培训，派出骨干赴北京、上海等地进行业务学习，并利用每周五下午集体评报，使采编人员的素质得到提高。抓设施夯实发展平台。全面启动电子编采系统，使编辑、记者彻底告别了纸与笔，大大提高了工作效益。抓质量落实"三贴近"。组织编采人员深入全市各地进行集体采访，对全市经济、社会发展的良好态势有了更深层次的了解，为全面发展创造了良好的舆论氛围。

广播电视局实施精品工程，提高节目质量。《运城新闻》、《盐湖新闻》被省台采用287条，中央台采用12条。参加全省第八届广播电视论文评选，5件作品荣获省级奖励。参加全省2002年度山西电视奖县级电视新闻评奖，荣获一等奖7件，二等奖7件，三等奖13件，在全省名列前茅。广播剧《咱们的村委主任》在荣获全省"五个一工程"奖后，又获中国戏剧文学奖、小型剧本一等奖、国家技术质量三等奖，电台5件作品获山西新闻奖与山西广播节目奖。

广播电视节目不断改革创新，电台节目增加了《今日访谈》、《百姓心声》等十多个栏目，并把品牌栏目《监督热线》实现了电视播放；电视节目增设了《新闻夜视》、《走遍运城》、戏剧擂台赛《蒲乡红》等栏目，经济类栏目增设了《大市场》和娱乐类栏目《娱乐特快》，主抓了《第三只眼》、《都市快报》、《田野风》等品牌栏目。百姓频道获省级奖励6项，部分节目在中央、省电视台进行了播放。10月份承办了全省电视节目创优经验交流会暨运城采风活动。

广播电视局加强各项管理工作，服务广播电视大局。制定完善了节目考评制度和节目奖惩制度，实行节目质量评比档次与经费挂钩制度。采取措施，加强电视监督管理力度，对违规接收境外卫星电视节目现象进行了清理整顿，查处了10个非法接收和转播境外卫星电视的单位。抓好技术维护、设施改造，提升广播电视节目播出质量。新安装有线电视光缆用户达10000余户。先后为运城石化、市公安局开通了2M专线业务。与中国电信运城分公司达成协议，把公司所属16芯光缆中的6芯出售给电信公司，该项可增收500余万元。

（王存狮）

【深入开展调查研究摸清实情】 认真落实中宣部、省宣部调研工作方案，扎扎实实开展好调研工作，下发了《运城市宣传文化系统调研工作方案》和《具体实施方案》。上报省宣部调研报告两篇，《万荣县文化产业开发调研报告》、《临猗县创建文明小城镇调研报告》。各县市也认真开展了调研工作，并上报了大量的调研报告，基本摸清了全市宣传文化事业实情，找到了亟待加强的薄弱环节，为下一步改进工作提供了可靠的依据。

（王存狮）

政法工作

【进一步加强对敌斗争和打击邪教组织工作】 2003年，全市公安和国家安全机关以维护政治稳定为中心，狠抓情报信息网络建设和业务基础调研，积极强化对敌斗争工作措施，先后获取600多条敌、政、社情信息，为上级领导决策提供了可靠依据。

全市"610"系统和政法机关不断加大对"法轮功"等邪教组织的打击力度，先后查获隐藏的"法轮功"骨干分子10人，破获了公安部网上追逃的"法轮功"顽固分子潘晓力案。全市建立了教育转化激励机制，加大对"法轮功"顽固分子的教育转化力度，先后转化28人，超额完成任务3人，巩固了斗争成果。以公安派出所为主，全市加大防控力度，对重点对象全部纳入工作视线，盯死看牢，严密控制。各部门还通过散发宣传材料、组织召开座谈会、举办反邪教主题活动等形式，教育引导广大人民群众坚决同"法轮功"邪教组织作斗争，营造起了全社会围剿"法轮功"邪教组织的浓厚氛围。经过不懈努力，全市实现了年初全省提出的"四个零"目标，即"法轮功"分子进京滋事人员为零，境外"法轮功"人员滋事为零，"法轮功"分子暴力恐怖事件为零，"法轮功"分子大规模滋事活动和电视插播活动为零。

在认真开展打击"法轮功"邪教组织斗争的同时，公安机关还不断加大对其它邪教组织的打击力度，先后查处"东方闪电"等邪教组织违法犯罪案件16案36人。8

月4日，市公安局查破了以王公平、李林秀为首的组织印刷邪教书籍案，收缴涉案书籍6000余本以及其它一批作案工具。针对当前对敌斗争面临的新形势，公安机关还认真开展了打击暴力恐怖组织工作。市公安局组织盐湖、永济、夏县、闻喜等县（市、区）公安局，侦破了以亚库甫为首的由9名人员组成的暴力恐怖组织。此案的侦破受到了省公安厅和国家公安部的充分肯定。周永康同志批示“这是打击恐怖势力的重要成果”。

（杜峰彦）

【持续深入地开展严打整治斗争】 2003年上半年是两年为期的“严打”整治斗争的最后阶段。1至4月份，全市公安机关在认真研究分析治安形势的基础上，有针对性地组织开展了打击抢劫、抢夺、盗窃专项行动，“百日严打整治”攻坚行动，破获了一大批犯罪案件，狠狠打击了犯罪分子的嚣张气焰，为取得严打整治斗争的彻底胜利奠定了坚实的基础。两年来，全市刑事案件发案总量比严打整治前下降了32.9个百分点，人民群众对社会治安的认可率上升了9.3个百分点，如期实现了中央提出的社会治安取得新的明显进步的目标。8月15日市委召开“严打”整治斗争总结表彰大会，充分肯定了两年来的严打整治斗争，并对斗争中涌现出的先进集体和个人进行了隆重表彰。

成绩面前不骄傲，根据省、市委提出的“思想不松、标准不降、力度不减”的要求和省委关于开展“三打三防三创”活动的部署，全市公安政法队伍认真总结，分析研究治安形势新动向的基础上，从5月份开始，又先后组织开展了“夏季严打”、“禁毒严打整治”、“打击强迫民工劳动”、“破案攻坚战役”等一系列针对性强、打击力度大的专项行动。在夏季严打斗争中，盐湖公安局打掉了以韩跃江为首的抢夺、盗窃团伙，破获抢夺案13起，盗窃案27起，涉案金额20余万元；河津市公安局破获了以王红磊为首的“飞车抢夺”团伙；夏县公安局破获了以董向龙等为首的14人集抢劫、伤害、吸毒等多种犯罪于一身的恶势力团伙；临猗县公安局破获了“5.18”党成喜特大系列强奸杀人案。在禁毒严打整治斗争中，全市破获涉毒案件657起，抓获涉毒人员798人。盐湖公安局破获了建国以来全市最大的一起贩毒团伙案，缴获海洛因198克。河津、万荣公安机关联合作战，成功破获了以河津杨兵彬、李去赞为首的特大跨省贩毒大案，缴获毒品咖啡因250公斤。在破案攻坚战役中，先后破获了河津“7.23”特大拦路抢劫运油款5.9万元和临猗“6.21”残杀女教师等两起省公安厅挂牌督办案。

12月上旬，针对冬季盗抢案件多发的特点，市公安局又决定从12月5日至明年1月20日，组织全市公安机关集中开展以打击盗窃、扒窃、抢劫和强化居民区、金融网点等“五管要害”部门安全防范为主要内容的“三打一防”专项斗争。他们行动组织严密，警力集中，重点突出，针对性强，有力地维护了全市的治安稳定。1至11月，全市共破获各类刑事案件3980起，其中破年内案件3037起，年内案件破案率为78.03%。8类主要刑事案件立案610起，同比下降3.79%，其中绑架案、爆炸案、放火案、强奸案同比分别下降66，67%、45.45%、41.67%、32.77%。新绛、芮城、盐湖、夏县4县、区刑事立案数同比分别下降了20.14%、19.57%、11.84%和8%。（杜峰彦）

【打击经济犯罪】 全市公安机关与工商、税务、金融等部门密切配合，不断加大和拓宽联合执法的力度和范围，先后查处各类经济犯罪案件72起，抓获犯罪嫌疑人91人，挽回经济损失868万余元。特别是在市公安局统一组织指挥下，禹门公安分局、河津、临猗、万荣、稷山公安局密切配合，联手作战，一举摧毁了“璞真公司”设立的4个二级非法吸收公众存款站点，为省公安厅侦办璞真公司非法吸收公众存款大案作出了贡献。（杜峰彦）

【开展重点整治工作】 全市公安机关先后组织开展了集中清查整治二手手机交易市场统一行动，以民爆物品管理为重点的“六项安全整治”行动，以打击强迫劳动为主的清查砖瓦窑等用工单位和企业活动。共清查二手手机交易场所232处，并从中发现了一批犯罪线索；检查涉枪涉爆单位、内部单位、重点要害部位、易燃易爆场所等4000余家，集中消除了一大批安全隐患。在清查用工单位和企业中，先后破获强迫劳动犯罪案件6起，抓获强迫劳动犯罪嫌疑人31人，解救民工197人。

各县（市、区）也根据各自治安问题实际，有针对性地组织开展重点整治活动。永济市成立了6支工作队，对城东办干樊村、韩阳镇长旺村砖瓦窑等6个治安乱点进行重点整治，特别是在对砖瓦窑的整治中，市长冯方汇亲自主持会议研究整治措施，对52个砖瓦窑逐一进行清查，停业整顿10家，吊销营业执照1家。公安机关还破获强迫劳动、故意伤害案3起，解救民工135人。河津市抽调干警组成援建工作组，集中整治铝厂、电厂周边环境。临猗县针对本县一段时期内撬盗保险柜案多发的突出问题，在全县内部单位开展了安全整治行动，对内部单位进行安全大检查、大整治，增强了内部单位的安全防范能力。（杜峰彦）

【落实严打方针，巩固严打成果】 1至11月，全市检察机关共受理提请批捕案件1266案2200人，依法批捕1224案2067人；共受理移送审查起诉案件1706案2751人，向人民法院提起公诉1147案1879人。市县两级法院共审理刑事案件2244案1416人受到了刑事处罚，其中判处有期徒刑875人，判处死刑、死缓、无期徒刑34人。

（杜峰彦）

【矛盾纠纷排查调处工作】 市矛盾纠纷排查办公室制定出台了《关于进一步加强矛盾纠纷排查调处工作的意见》和《运城市矛盾纠纷排查调处百分考评考核标准》，充实完善了动态考评考核制度、督查日记制度、越级集体上访通报制度和治安乱点整治专项汇报制度等十一项制度，把此项工作的制度完善、机构建设、调处效果、档案建设等内容细化量化为百分考评标准，使全市的矛盾排查工作又向制度化、规范化方面迈进了一大步。队伍建设上，主持编写了矛盾排查工作人员应知应会法律业务知识120题，并抽出县、乡、村、企业104人进行了统一考试，掀起业务知识学习的热潮，对提高工作人员的业务能力起到了十分积极的作用。

（杜峰彦）

【围绕中心工作，排查化解各类矛盾纠纷】 防治“非典”期间，各级政法综治部门深入开展了涉非矛盾纠纷的排查调处。稷山县针对一些农村为防“非典”而封锁道路，引发矛盾的问题，针对性地制定了工作方案，把相关矛盾纠纷列表成册，逐一明确包案领导，认真进行化解，保证了特殊时期道路交通的畅通。永济市把此项工作推向重点工程第一线，对工程建设中遇到的拆迁纠纷全力进行化解，保证了工程建设的顺利进行。夏收期间，全市在外人员陆续返乡，给“防非”工作带来极大压力。各级组织按照党委、政府的要求，组织人员进村入户，逐一排查摸底，通过各种形式宣传政策要求，劝阻在外人员不要返乡。同时积极参与帮扶工作，帮助在外人员家属收麦碾粮，使在外人员安心在当地务工。

国庆节前，为了确保节日安全，市委、市政府部署开展了“进千村入万户、进百企到千家”矛盾纠纷排查调处专项治理大行动，决定从9月16日起，利用3个月时间，对全市农村、城市和企业的矛盾纠纷进行一次深入细致的排查调处，切实消除不稳定隐患。市委书记黄有泉对大行动高度重视，市委副书记唐大雄对大行动提出明确要求，强调要把调处责任落到实处。市委常委、政法委书记马东波亲赴芮城、夏县、新绛、河津、临猗等县市督查指导，并现场研究重大矛盾纠纷的解决方案。各县（市、区）和市直相关部门都把大行动当作“一把手”工程，成立领导组，制定工作方案，确定责任人，使大行动迅速在全市铺开。市委还先后分3次派出22个督查组，对工作开展情况进行督查。至12月上旬，市里督办的98起案件，调处71起，各县（市、区）自行排查确定的574起案件，调处462起。盐湖、永济、绛县、平陆、新绛、垣曲、夏县等县（市、区）的市督办案件全部结案。这次大行动的开展，使一大批矛盾纠纷在基层得以消化，有力地维护了全市的社会稳定，并推动了全市工作的深入开展。据统计，至11月底，全市共排查各类矛盾纠纷1506起，调处1186起，调处率达78.7%。（杜峰彦）

【涉法信访排查处理工作】 从4月中旬至6月底，在马东波书记的亲自组织安排下，市委政法委筛选了83起涉法信访案件，逐一确定包案督办、查办责任人，在全市政法系统开展了涉法信访案件专项治理活动。这是继上年抽百人查百案和涉法信访百案攻坚活动，全市对涉法信访案件的又一次大规模集中治理活动。活动中，政法委书记马东波亲自督办赵晓管、张继峰两个重点信访案件，并多次协调，将两案移交市人大常委会依法进行监督。

市公安局把市委政法委确定的和自行排查的48起信访案逐案分解到市局领导头上，使人人身上有任务。局长崔长胜亲自包查15起案件，并与5月底全部查结。截至6月底，83起案件查结68起，占总数的82%。其中公安系统48起案件查结了42起，占到87.5%。永济、临猗、稷山、新绛、垣曲等10县市公安局的查结率达到100%，其中河津、绛县、垣曲、闻喜、平陆公安局实现了查结率、息诉率两个百分之百的目标。12月17日，市委政法委又召开全市政法系统信访工作会议，安排部署从12月到明年6月，以赴省进京信访案件为重点，深入开展解决缠诉、缠访重点信访案件专项治理大会战。唐大雄副书记和马东波书记明确提出要实行办案责任制，案件承办人和分管领导必须签字负责，立军令状，通过严格的责任制，切实解决好每一起信访案件。（杜峰彦）

【建立六个层次的治安防范网络】 （一）以公安110指挥中心为龙头，以交警巡警为骨干的社会全面防控机制。（二）以社区警务建设为核心的社区防控机制。（三）在农村建立了派出所民警责任区防控机制。（四）以安全文明小区（村镇）创建为核心的农村防控机制。（五）以保安队伍建设为核心的行业防控机制。（六）实行高科技公安专业防范，逐步建立移动目标GPS卫星定位跟踪系统、金融业网点电子报警系统等一大批科技含量高的防范设施。六个层次从纵向到横向互为依托，互相促进，在全市范围内形成了一个多层次、多功能、全方位、全天候、由点到面的治安防控网络。

永济市成立了城市治安管理中队，配备了工作用车，把警力摆在街面，加大了对城市治安面的控制。平陆县建立了治安防控指挥中心，实行首令制，即凡是指挥中心发出的命令，接受单位必须当作第一要务来完成；在组织行动上实行“关联到位制”，无论哪里发生治安问题，几个有关联的单位必须第一时间到位；在治安防控力量上实行“统一调度制”，即指挥中心将县直单位、条管单位、县乡村综治机构、矛盾排查调处组织、公安系统、司法调解机构、信访机构全部纳入，作为防控主力，由指挥中心统一调度。

稷山县成立了城市治安巡逻大队，由政法委牵头，以社区办为主，抽调了100多名离退休老干部、基干民兵、公安干警参加，将全县划分为东城区、中城区、西城区三个片，全天候进行巡逻。

垣曲县在农村实行十户联防和“一警五员”活动，不断完善以派出所为点，包村民警为线，五员队伍和“十户联防”组织为面的群防群控网络。在城区建立起了五道纵横交错的立体防范网络，即：以“110”、巡警、交警、刑警、治安警为主的五警联动，快速反应的社会面控制网络；以巡警为骨干，刑警、“110”、交警配合的区域堵卡网络；以内保科为龙头，以内部单位保卫干部职工为主要力量，对重点部门落实人防、物防、技防措施的阵地控制网络；以责任区民警为龙头，以五员队伍相配合的自我管理、自我防范的群防群控网络；以公安消防为主导，各机关单位、家庭住户相互配合的治安消防网络。

盐湖公安分局多方筹资，为市区出租车安装了GPS汽车防盗防抢监控系统，并利用该系统成功解救了一名被抢劫的出租车司机。

（杜峰彦）

【深入开展了安全文明创建活动】 各社区分门别类，明确治安管理责任。机关、团体、企事业单位的小区，由产权单位出人出资进行管理；商品住宅开发小区、经济条件较好的单位宿舍区，实行物业化封闭式管理，组建小区保安队，实行专人、专联、专防；大杂院、散居区通过“院户长”、“邻里互保”、“十户联防”等做法，组织群众开展群防群治。各社区建立警务区，组建巡逻队，开展区巷联防，设立治安岗亭，在社区内建立起一个以综治委牵头，党支部为核心，矛盾排查、治保、民调、帮教、普法五个机构配套联动的群防群治组织体系，形成了较完整的区域性治安防控网络。2003年底，全市有10个县（市、区）建立社区83个，其中56个社区正常开展综治工作，落实了综治各项措施。

安全文明村镇建设中，盐湖、万荣、临猗、绛县等县区积极探索实行治安承包制，选定若干名治安管理员与村委会签订协议书，明确治安管理员任务、职责、报酬和奖惩措施。盐湖区金井乡赤社村实行了治安承包制后，由于干活有报酬，工作有了量化，奖惩有了标准，承包人积极性非常高，他们带袖标，佩胸章，随时在村里巡逻，使赤社村的治安面貌大为改观，全年该村未发生一起治安和刑事案件。王范乡在治安承包中，对变压器、裸铝线、地埋管等重要集体财产，由派出所协调，承包给私人（一般为打井人），承包人交一定数额的押金，其承包报酬由集体解决，如果变压器等集体财产发生被盗和破坏，由承包人全权负责。实践证明，实行治安承包制，责权利相统一，可以从根本上提高治安防范水平。

在安全文明单位创建活动中，各单位进一步健全了综治领导组织和各项安全保卫制度。6至7月份，在全市内部单位开展了大规模的安全整治行动，共检查内部单位2104个，重点要害单位837个，改进防范措施443处，落实规章制度363条，新制订安全防范措施277条。大部分内部单位落实了人防、物防、技防的防范措施，内部单位安全系数大大提高。（杜峰彦）

【两劳释放人员安置帮教活动】 全市先后组织了两次公务员法律知识集中考试，并明确规定处级领导干部任前必须经过法律知识考试。市司法局总结推广了万荣县“法制示范户”经验，在万荣、稷山、闻喜、绛县培养了一批“法制示范户”。全市理顺了乡镇调解所和司法所的关系，市司法局与市中院联合下发了关于在民事诉讼中确认调解文书法律效力的文件，人民调解员先后调解纠纷3万多件，全年民间纠纷发生率比去年下降了25%。

全市开展了创建优秀青少年维权岗、为了明天更美好素质教育活动、安全放心网吧等一系列青少年法制教育活动，对校园及周边治安秩序进行了不间断的整治，并在虞乡劳改所筹建了青少年法制教育基地。

全市对354名刑释解教人员实行了网络化管理，新建了8个安置帮教基地，安置率达到了95%以上。铁路护路工作以营建平安三晋工程示范带为中心，确定了2县10乡50村为示范点，并全面铺开营建工作。彻底清理了南同蒲线运城市区至安邑段9公里沿线垃圾，整治了一批有事故隐患的土道口和河津、新绛、盐湖等车站、货场秩序。（杜峰彦）

【深化实施首问责任制】 2003年，全市首问责任制工作以规范化、制度化建设为重点，进一步完善和规范了硬件建设和程序运作。硬件建设上，政法各单位普遍设立了群众接待室及首问责任制工作举报箱，建立了首问责任制工作逐月考评栏和情况公示栏。程序运作上，以强化责任，提高效率为目标，规范了“三表、一卡”，即首问责任制接待表、转办处理表、反馈表和评议卡。同时规范了运作流程，图示上墙，使首问责任制工作进一步走上了首问、接问、转办、督办、反馈、评议一条龙的规范化轨道。市检察院制定了信访案件首问（办）流程10种责任制度，明确了接待人、承办人、承办部门领导、分管检察长、协作部门以及责任追究等各环节的责任。同时设计了接待、转办、处理、督办、反馈、评议等8种表卡”，把各环节的责任细化量化，确保了工作的落实。

临猗县公安局成立了首问责任督导组，对涉及部门多、疑难复杂、有争议的案件，实行首问责任协调机制，协调督促有关部门及时解决问题。通过规范运作程序，全市政法部门首问责任制工作各环节的责任更加明确，工作效率有了新的提高。

2003年，全市政法各部门共接待群众来信来访8173人次，处理办结7518件。省委对运城市实行首问责任制工作给予了充分肯定，并于8月5日至6日在运城市召开了全省政法队伍建设经验交流会。在政法系统实施首问责任制的同时，各县（市、区）委、政府也积极学习借鉴先进经验，永济、芮城县委、政府在县（市）直机关和各乡镇政府部门推广实施首问责任制。

（杜峰彦）

【清理超期羁押活动】 6月份，全市对超期羁押情况进行了全面摸底调查。各县（市、区）公安局看守所对在押嫌疑人逐人核实诉讼环节和羁押期限，对属超期羁押情况的，逐一填表上报，并由看守所长、分管局长和局长分别签字把关。7月15日，市委政法委召开会议，对清理超期羁押工作进行具体部署，逐案落实责任人。11月上旬，深入各看守所，对超期羁押情况进行实地核查。由于领导到位，责任明确，督查有力，全市清理超期羁押工作取得了明显成效。截止11月底，全市清理超期羁押案46起，13个县（市、区）中有12个县（市、区）无一例超期羁押案件。（杜峰彦）

【开展各种形式的执法检查活动】 永济市抽调人员，从政法各部门2002年以来所办的2247件案件中随机抽查100案，逐案进行评查。芮城县3次组织人大代表、政协委员和其他社会人士，对公安机关办理的取保候审、撤案处理、劳教案件，检察机关办理的自查不捕、不诉等案件进行评议。万荣县在政法系统推行“铁案”工程，聘请执法监督员。对案件程序、证据、事实、定性和处罚各关口全程进行评查监督。稷山县委政法委制定出台了《执法检查监督工作试行办法》，细化了执法监督各个环节的工作。

（杜峰彦）

【优秀“人民公仆”评选活动】 开展评选“清正廉洁、秉公执法、勤政为民、无私奉献”的人民公仆活动，对评选条件、程序作出明确规定，并于12月中下旬，组织人员对各县（市、区）、各系统推荐的67名候选人员逐一进行考察，进行命名表彰。（杜峰彦）

【开展各项教育活动】 公安机关认真贯彻落实“五条禁令”，共抽调800名民警组成116个工作组，深入基层明察暗访。纪检、督察部门现场督察，严肃查处，确保“五条禁令”贯彻执行。盐湖公安分局对东城派出所4名上班时间打扑克的协勤民警予以辞退，对3名值班民警给予通报批评，对所长、指导员和3名副所长予以调整工作。“贯彻十六大、全面建小康、公安怎么办”大讨论活动开始后，各县市公安局、各分局局长结合实际，认真探讨公安工作和公安队伍方面存在的问题，提出了公安机关服务小康社会的新思路、新举措，回答了公安怎么办的问题。特别是在民营企业保护、重要厂矿保卫、公安业务有偿服务等方面进行了深入研究探讨。

9月29日，全市公安机关举行了规模宏大的国庆大阅警，3000余名公安干警以严整的警容，昂扬的斗志，精湛的技能，向党和人民展示了公安队伍良好的精神风貌，赢得了各级领导和广大人民群众的高度赞誉。全市检察机关认真开展“强化法律监督，维护公平正义”教育活动，针对各个诉讼阶段存在的突出问题，提出强化监督的具体措施，重点对立案后撤案，群众反映强烈的不捕、不诉案件进行评查整改。

法院系统广泛开展“回顾过去，开拓未来”教育活动和司法大检查活动，中院及13个基层法院领导班子对五年来各项工作进行了深刻分析和反思，对存在的问题进行了认真总结，在审判工作、办案质量和效率、法院改革、队伍建设、基础设施建设等方面都提出了新的思路和目标。

司法行政系统狠抓领导干部廉政建设，在全系统建立了干警不良行为档案，对机关干部和社会法律服务工作者的违法违纪行为，一律记入个人不良行为档案。市国家安全局集中开展了“对党绝对忠诚教育”活动，并组织全体干警开展岗位练兵，提高队伍的政治业务素质。（杜峰彦）

【结合换届选举，调整健全基层政法部门的领导班子】 13个县（市、区）交警大队长进行了全面交流。5个基层法院院长了进行了交流，4个基层法院新选任了院长，基层法院院长平均年龄降低了3岁。检察机关换届后，基层检察院检察长的平均年龄降低了8岁。一批政治素质过硬、业务能力强的年轻干部走上了政法部门的领导岗位，为政法工作注入了新的活力。

（杜峰彦）

【以“三项治理”工作为重点，加强党风廉政建设】 7月份以来，全市政法系统按照省、市委的安排部署，认真开展了清车、清房和制止奢侈浪费等各项工作。马东波书记要求政法部门把“三项治理”作为实践“三个代表”重要思想，深化党风廉政建设，不断促进政法工作的一项重要政治任务来抓。市委政法委带头搞好“三项治理”，成立了由马东波担任组长的领导组，先后召开班子成员和全体人员会议，学习有关文件规定，统一思想。机关组织人员对机关使用的车辆、领导干部住房和历年招待费、会议费等开支情况，外出考察学习情况等逐项进行了认真清理核实，并按规定向机关同志公示，接受群众监督。

全市政法各部门也按要求认真开展了各项治理工作，“三项治理”工作取得了阶段性成果。还狠抓了政法系统的党风廉政建设工作，建立了党风廉政建设联系点，开展了评选清正廉洁的人民公仆活动，组织新任科级干部举行廉政谈话、宣誓活动，并先后两次组织人员对各部门党风廉政建设工作进行督促检查。（杜峰彦）

【政法建设】 2003年，政法队伍建设成果丰硕，全省政法队伍建设经验交流会在运城市召开，万荣县法院被评为全省政法队伍建设先进集体，该院实行职业化管理的经验引起了最高人民法院的重视。平陆县公安局大桥派出所所长王铁创被树为全省十大杰出政法干警。永济市公安局和看守所分别荣获全国优秀公安局和全国优秀公安基层单位称号。（杜峰彦）

【积极开展和参与防控“非典”工作】 针对“非典”疫情的特殊情况，各级各部门扎扎实实地搞好内部防控工作。党委政法委和政法各部门都建立了专人值班制度，开通了24小时值班电话，每天统计报告疫情情况，并实行严格的零报告制度。各部门为干警购买消毒预防药物，组织对机关办公场所和家庭进行清理消毒。对外出归来人员实行先检查后上班，对办事办案人员先检查后接待。特别是各级领导对监所防控工作高度重视。市委、市政府在财力十分困难的情况下，批拨经费10万余元，给13个看守所统一安装了律师电视会见系统和全封闭隔断式提审室。由于组织严密，措施得力，落实到位，全市政法系统无一例确诊和疑似病例，实现了“零疫情”目标。

在搞好内部防控的同时，全市政法系统以公安机关为主，积极配合有关部门开展防控工作。先后协助卫生部门强制隔离66人，查找擅自脱离治疗38人，设立隔离点82个，隔离139人；检查关闭娱乐场所1464个，检查其它场所3787个，检查流动人员5637人，检查消毒过往车辆138255辆，查处哄抬物价案9起，没收无证经营药品56种。在抗击“非典”期间，广大公安民警坚守岗位，尽职尽责，涌现了一批可歌可泣的模范人物。盐湖区交警大队民警贾向军弃小家，顾大家，始终战斗在“抗非”第一线，5月12日晚病倒在消毒站卡的工作岗位上，最终献出了自己宝贵的生命，谱写了一曲人民警察无私奉献的壮丽之歌。（杜峰彦）

老干部工作

【完善离休干部“三个机制”工作】 2003年元月3日，为贯彻全国全省建立和完善离休干部“三个机制”工作座谈会精神，进一步把“三个机制”工作抓紧抓好，市委、市政府召开了全市老干部工作会议，各县（市、区）委分管老干部工作的副书记、组织部长、老干部局长，各县（市、区）财政局长、劳动局长以及市直各单位负责人共200多人参加了会议，市长王守祯做了重要讲话，对抓紧在全市建立和完善离休干部“三个机制”进行了部署，提出了三点要求，（一）强化政府责任意识，（二）履行好政府职能，（三）抓紧测算工作，务必在年内把三个文件全部出台，并开始运行。

四月，会同市委组织部、市财政局、人事局、劳动和社会保障局联合下发了运组通字［2003］14号《关于进一步建立和完善离休干部离休费、医药费保障机制和财政支付机制有关问题的通知》，有力地推动这项工作，使全市离休干部三个机制已基本建立。全市离休费由同级财政开支的离休干部4599人，参加社会养老保险的有337人。医药费由同级财政负担的4643人，参加社保统筹的61人，原单位报销的232人。

为了做到机制运行正常，保障有力，经过不断探索，逐步形成了比较规范的财政支付运作方式，即凡由财政负担的离休干部“两费”，各级财政在年初预算中优先安排，重点保证，并设立财政专户，专人管理，保证按时足额发到离休干部手中；参加基本养老保险的离休干部“两费”，由社保经办机构按时足额发放；困难企业离休干部的“两费”转财政开支，或由同级财政拨专款帮助解决。（王世星）

【认真落实老干部的政治待遇】 2003年，针对老干部的政治待遇落实相对滞后，市老干部局与市委组织部共同起草下发了《关于加强老干部政治待遇落实工作的意见》，对新形势下落实好老干部政治待遇提出了要求。各级老干部工作部门坚持从完善制度入手，总结经验，积极探索，逐步使老干部政治待遇落实工作实现了制度化，规范化。

万荣县制订并完善了老干部阅文、参加会议、通报情况等三项制度。平陆县委、政府领导坚持定期向老干部通报情况，重大决策前征求老干部意见，召开重大会议和举行大型活动时邀请老干部参加，重大节日走访慰问老干部，坚持组织老干部参观视察“两个文明”建设等五项工作制度。盐湖区委老干部局专门建立了区、乡老干部阅览室、图书馆、县级老干部阅文点，投资万余元，为老干部征订了2000余册图书和杂志，还为县级干部订了内参，按规定组织他们阅读文件，并定期通报本区政治和经济发展中的重要情况；组织区老领导参加团拜会、三干会、盐湖会堂剪彩仪式、运城首届虞舜文化旅游节开幕式、参观科技工业园区等一系列活动。

党的十六大刚闭幕，市老干部局就立即与市委组织部联合下发了《关于认真组织全市离退休干部学习贯彻十六大精神的通知》。下发了《关于离退休干部中兴起学习“三个代表”重要思想新高潮的通知》。以学习十六大精神为契机，认真落实老干部的政治待遇，改进老干部的思想政治工作，使广大老同志在全面建设小康社会、加快推进社会主义现代化建设的新形势下，政治坚定、思想常新、思想永存。各级老干部部门普遍为老干部购买了十六大报告单行本、新《党章》、《“三个代表”重要思想学习纲要》等专题辅导材料。市委、市政府老干办邀请十六大代表、市委书记黄有泉，十六大代表、南风集团董事长张文成为老干部宣讲十六大精神。

闻喜县委书记董鹏翔、县长荆青莲等亲自为老干部辅导十六大报告，并从经济运行、基础建设、农业和工业四个方面进行了情况通报，加深了老同志对十六大精神的理解。全市各级老干部部门还十分注意发挥老同志的政治优势，组织引导老同志向广大群众宣传十六大精神。许多老同志利用书法绘画、文艺表演、诗词歌赋、理论辅导等形式，宣传十六大精神。临猗县离休干部秦德武身患癌症，仍然坚持举办歌颂十六大精神的书画展。垣曲县81岁的离休干部王甲贤，自己还拿出500元购买学习资料，送给当地群众和学校。新绛县组织了百余名老干部参加十六大精神宣讲团，深入农村宣传十六大精神，积极解决农村普遍存在的突出问题。（王世星）

【加强领导，落实措施，全力以赴抗击“非典”】 四五月份，“非典”疫情发生后，市委老干部局按照省、市委的要求，迅速成立了以市委副书记、组织部长孟福贵为组长的老干部非典型肺炎防治工作领导组，并成立了老干部“非典”防治工作领导组办公室，制定了工作细则和工作预案。全局人员进行分工，明确任务，责任到人。5月8日，市老干部“非典”防治工作领导组组长孟福贵主持召开了第一次会议，听取了前段老干部“非典”预防工作情况汇报，进一步研究制定了工作方案。会议强调，做好老干部“非典”防治工作是各级组织部门、老干部部门义不容辞的政治责任和重要任务，一定要从讲政治、讲大局的高度，充分认识到做好非典型肺炎防治工作的极端重要性和紧迫性。加强领导，坚定信心，落实好各项预防措施，确保防治工作组织机构到位，工作机制到位，防范措施到位。

根据全市老干部“非典”防治领导组的要求，立即对全市的防治工作进行了部署。4月30日，市委老干部局与市委组织部联合下发了《关于认真做好全市离退休干部“非典”预防工作的通知》，对全市老干部“非典”预防工作进行了安排。5月9日，市老干部局又与市委组织部联合下发了《关于进一步加强老干部非典型肺炎防治工作的通知》，对全市的“防非”工作做出了更加详细的部署，进一步提出要求。并先后三次召开各县（市、区）老干部局长、下属单位负责人紧急会议，要求各县（市、区）和市直各单位要层层明确老干部“非典”防治工作责任人，签订责任书，逐步建立了一级抓一级、层层抓落实、多方协调配合的工作机制。

制定了严密细致的防治措施。(1)建立了与卫生、财政、劳动保障等部门的联系协调机制，采取措施，重点保证老干部离休费、医药费的落实；想方设法落实了老干部日常看病就医办法，为老干部提供了安全、便利的就医条件。(2)建立了比较周密的控防信息网络。市、县两级认真落实了值班制度和疫情报告制度，市委老干部局和各县（市、区）老干部局坚持24小时值班，并坚持周报告、零报告制度，加强了信息沟通。(3)加强“防非”宣传。省局组织印刷的《老干部“防非”手册》下发到市局后，市委老干部局以最快速度发到每一位离休干部手中。使广大老干部掌握了科学的预防方法，增强了抗击“非典”的信心。(4)坚持分类指导，堵塞漏洞，加强对重点单位、重点部位和重点人员的疫情防范工作。对干休所、市县两级老干部局机关等老干部比较集中的地方作为预防工作的重点，实行封闭管理，持证出入，并认真做好环境消毒和公共卫生工作。

市委老干部局、市老干部活动中心和市老年大学办公大院因城市改造，拆除了原门面房，院墙一直未修，管理不善。“非典”期间市局投资了3万余元，整修了院墙，安装了栅栏和大门。购买“防非”用品，为老干部送医送药上门服务。市委副书记孟福贵亲自带领市局老干部工作人员，深入到市干休所，为老干部送去中药、口罩等“防非”用品，鼓励老同志增强信心，科学健身，预防“非典”。据统计，全市“非典”期间共为老干部购置各种防治“非典”物品折合人民币达20余万元。

广大老同志对防治“非典”工作的大力支持。为了表达对抗击“非典”工作的支持和对一线医务人员的敬意，许多老同志纷纷捐款，奉献爱心；垣曲县在“非典”期间，共收到捐款50000多元。还有的老同志主动宣传预防知识，担当农村预防“非典”宣传员、监控员、消毒员。特别是在“非典”基本控制后，广大老干部在树新风、除陋习的宣传活动中更是发挥了重要作用。（王世星）

【强素质，树形象，着力加强老干部工作队伍的自身建设】 9月中旬，根据省委老干部局和市委组织部的安排，集中时间，集中精力，在全市老干部部门扎扎实实开展了以公道正派为主要内容的“树组工干部形象”集中学习教育活动。

深入宣传发动，为开展“树形象”活动打好基础。老干部局长相生勤立即主持召开了局务会议，会议成立了市委老干部局“树组工干部形象”集中学习教育活动领导组，研究制定了《关于在全市老干部部门开展“树组工干部形象”集中学习教育活动实施方案》，对全市开展“树形象”活动进行了部署。10月3日，召集局机关全体人员，召开了动员大会，会上宣读了《实施方案》，对市局的“树形象”活动进行了具体安排，并提出了三点要求：(1)明确意义，提高认识。(2)严格程序，不走过场。四个阶段，必须严格落实各项措施，确实达到提高素质，解决问题，转变作风，推动工作的目的。(3)精心组织，加强领导。各县（市、区）老干部局、市直各单位要高度重视，精心组织，周密安排，以活动促工作，以工作促活动，确保整个活动顺利进行。

加强组织引导，营造浓厚的学习氛围。在学习教育活动中，始终注意把学习放在重要位置，把市委老干部局构建成学习型机关，从而不断提高机关工作人员的政治理论水平和业务素质。

为引深“树组工干部形象”集中学习教育活动，市委组织部先后召开了“树组工干部形象新老组工干部座谈会”，“树组工干部形象”主题报告会。撰写学习心得，采取多种形式，迅速掀起了学习高潮。局机关两名年轻司机报考华北工学院大专班。另两位年轻干部分别上了法律和经济专业本科班。

通过购建学习型机关，全局上下形成一种与时俱进，努力学习，积极向上，充满生机的良好氛围。

查问题，找原因，进一步明确努力方向。在“树形象”活动的查摆阶段，按照省局和市委组织部的总体部署，严格程序，不走过场，认真查找单位和个人存在的不符合“三个代表”重要思想和公道正派要求的症结所在，深挖思想根源，进一步提高认识，明确努力方向。发放《征求意见表》，向老干部征求意见和建议。11月7日，听取老干部的意见和建议。个人对照检查。12月初，市局召开机关全体人员和下属单位负责人会议，采取自己找、大家提、上级点的办法，通过“五查五看”，查找个人及单位存在的问题和表现，写成书面材料。（王世星）

【第十届“百日活动”】 省委组织部，老干部局关于开展第十届“百日活动”通知下发后，市委对这项活动十分重视。市老干部局召开了局长办公会议，制定实施方案，并和市委组织部联合下文，对全市第十届“百日活动”进行了安排。元月3日，市委、市政府召开了全市老干部工作会议，会议传达了全省“双先”表彰会、全省老干部工作会议以及离休干部“三个机制”工作座谈会精神，对全市第十届“百日活动”进行安排。此后，两次接受了各县市区的书面汇报，组织全面检查。各县市也先后召开会议，专题研究，加强了对“百日活动”的领导。

永济市重点解决了老干部工作方面的八个问题，制定了市委常委、市政府领导联系老干部制度，情况通报制度和座谈会制度。盐湖区成立了以区委副书记何吉祥为组长、百日活动领导组，加强了对活动的统一组织，统一指导。全市十三个县（市、区）都先后召开了专门会议，加强了对这项活动的组织指导。由于各级领导的高度重视，全市第十一届“百日活动”成绩突出，效果明显。（王世星）

【积极推动老干部活动阵地建设】 2002、2003两年，全市老干部活动中心建设势头很好，一批标准较高的老干部活动中心相继建成，如河津市老干部活动中心，临猗县老干部活动中心等，面积都在2000～3000平方米以上，而且功能齐全，设施先进，社会效益好。芮城新建的5000平方米老干部活动中心装修工作将近尾声，将投入使用。稷山县老干部局积极争取县委、县政府的支持，将老干部活动中心建设纳入全县2003年十件事实之一，他们创新工作思路，千方百计筹措资金，建起了一座2000平方米的标准较高的老干部活动中心。主体工程建成，预计明年“七一”可投入使用。永济市老干部活动中心狠抓建、管、用三个环节，管理服务不断迈上新的台阶，盐湖区投资40多万元，充实改造了老干部活动中心，在改造“硬件”的同时，不断加强“软件”建设，健全制度，完善管理，提高吸引力和利用率。夏县积极创造条件，准备新建老干部活动中心，并计划通过财政、计划部门争取资金，力争尽早立项。与此同时，还十分注意乡镇老干部活动室的建设，为老干部学习活动创造了条件。

市各级老干部部门在创造条件、建设新的老干部活动中心的同时，积极组织老干部开展健康、有益的文体活动。重阳节期间，组织了市直2000多名老干部在市老干部活动中心举办了第三届老干部“趣味运动会”，市委副书记安永全出席了运动会开幕式，代表市委市政府向老同志祝贺节日。运动会设立了进门球、猜谜语、吃元宵、行进赶猪、托球接力等项目，老同志在喜庆祥和的气氛中度过了自己的节日。

国庆、重阳两节来临之际，市局和市老年书画研究会联合举办了庆国庆、纪念毛泽东同志诞辰110周年、欢度重阳节老年书画展隆重开展。市政府副市长、市老龄委主任柴林山代表市委、市政府到场祝贺。这些作品主题鲜明，内容丰富，歌颂党和人民、宣传改革开放新成就，充分展示了老同志的书画水平和精神风采。（王世星）

【市老年大学建设出现可喜的局面】 20年来，市老年大学在探索中不断前进，办学水平越来越高，越来越受到老同志的欢迎的热爱。闻喜县老年大学在原有普通班、书画班的基础上，增设了诗歌班、舞蹈班，还在桐城、东镇、礼元镇和赵家庄村办起了四所镇、村级老年大学。永济、垣曲、绛县、平陆等老年大学在探索中不断完善和提高。

（王世星）

信访工作

【领导重视】 2003年，市委常委会多次专门听取信访工作汇报，研究指导信访工作中出现的新问题、新情况，并针对信访工作任务重、人员少的情况，决定将信访工作经费增如至每年20万元。市委书记黄有泉经常在不同场合强调信访工作的重要性。9月9日省信访工作电视电话会议后，他强调：（一）把中央8.4会议精神和张宝顺书记的讲话要求落到实处，确保运城不发生1人赴省进京上访；（二）继续加强和完善领导接待群众来访制度；（三）对全市可能赴省进京上访的重点人、重点案进行统一排查汇总，然后抽专人下去解决；（四）身体力行“三个代表”重要思想，不要把来信来访只当作是信访部门的事，要认真落实信访工作责任制。

9月21日，黄书记又主持召开各县（市、区）委书记、市公、检、法三长及有关部门负责人会议，认真传达了全省信访工作座谈会精神，根据信访形势的需要，给市信访局增拨10万元经费，各县（市、区）也至少要给信访部门增拨经费1万元。9月27日，他又同市委常委、秘书长张建合赴京看望了市驻京信访工作组成员，了解了群众赴京上访情况，要求每位工作人员都必须坚守岗位，尽职尽责，积极妥善地处理好每一起上访事宜，绝不能因疏忽大意而给首都造成影响。市委副书记唐大雄安排布置复访问题专项治理工作和矛盾排查专项治理大行动，担任领导组组长，并经常过问指导工作进展情况和案件办理情况。当得知临猗县发生9人串联进京上访一事后，他立即和市委常委、秘书长张建合把该县领导召集到一起，连夜召开联席会议。对临猗县提出了严厉批评，对这一事件进行研究处理。

市委副书记安永全、周振华也经常过问信访情况，亲自阅批群众来信，主动处置信访案件。市委常委、政法委书记马东波和市纪委常务副书记梁雨润身体力行，率先垂范，经常主动接待上访群众，亲自带领有关人员深入基层，走访群众，了解民情，办理案件，解决了一大批信访积案。市委常委、秘书长张建合经常亲自召集信访局的同志，听取工作汇报，研究解决信访案件，并在工作经费和工作待遇上积极为信访局提供支持和关心，充分调动了信访工作人员的积极性。在信访经费问题上，市委常委、常务副市长董洪运主动关心，大力支持。（张　明）

【阅信接访工作】 2003年，全年共阅处群众来信1374件，同比下降了12.3%。其中，初信1145件，复信229件。受理群众来访473批（案）3568人次，同比下降了60.3%和30.3%。其中，单人访331案368人次（初访171案202人次，复访160案166人次），同比下降了67.5%和67.3%；集体访113批3104人次（初访70批1667人次，复访43批1437人次），同比下降了5.8%和21.3%；群体访29批96人次，同比下降了45.3%和47.5%。全年共发生赴省集体访8批108人次，同比下降了11.1%和63.9%，赴省单人访37案47人次，同比上升了105.5%和147.4%；赴京单人访；5案74人次，同比下降了32.1%和8.6%；未发生一起赴京集体访，同比下降了100%。受理上级要报告案11件，报结11件，结案率达100%。（张　明）

【完善工作制度】 以市委市政府的文件制定出台了《关于信访工作责任追究制的实施办法》和《关于妥善处置影响市委市政府机关正常工作程序上访行为的工作方案》。

加强和完善了领导接待群众来访日制度。（一）要求市、县、乡三级领导必须按照日程安排逐日到信访接待室，认真坚持群众接待工作，自觉履行信访职责，亲自阅批群众来信，亲自接待群众来访，亲自包查重大信访案件。（二）针对涉法上访所占比例较大的情况，对涉法上访的接待进行了分流，即每月的6日、16日、26日，由市分管政法的领导到市中级法院接待涉法上访群众。（三）要求市、县两级法院要坚持实行院长轮流值班接待日制度。

建立了领导干部下访制度。制度规定各级各部门的领导干部要把此项工作当作一项必须坚持的经常性工作，主动深入到机关、学校、企业、农村和困难群众家中，面对面地了解民情、民忧和民难，积极解决事关群众切身利益的各类问题和矛盾。切实做到把问题解决在基层，把群众稳定在当地。并且要求，市级领导干部每两个月下访时间不得少于2～3天，县级领导干部每两个月下访时间不得少于3～4天。（张　明）

【开展专项治理工作】 5月份在全市范围内开展了关于集中解决信访案件的活动。7月份开展群众重复上访问题专项治理工作。9月16日，利用两个月的时间，在全市开展了“进千村人万户，进百企到千家”矛盾纠纷排查调处专项治理大行动。市委、市政府在群众信访问题专项治理工作的基础上，进一步充实了以市委副书记唐大雄为组长的领导组，扩大了案件排查范围，并分别从市纪委、市政法委及市直各单位抽调出得力办案人员74人，组成13个案件督办组。11月底，市里排查的98起重点案件，彻底办结92件，结案率达93.9%，各县（市、区）排查出的矛盾纠纷574起，调处558起，调处率达97.2%。（张　明）

【重大活动期间信访接待工作】 “两会”及重大活动期间，赴京上访人员增多，市委、市政府十分重视，组成了以市委副秘书长等有关领导带队的信访应急处理工作小组，接待赴京上访人员。同时，建立了信访通报制度，由市委督察室抽专人负责此项工作，对上访情况进行每天一通报，要求各涉案县（市、区）和单位必须对通报的案件实行领导包案，扎实解决，以免出现重复上访。市委督察室定期对此进行督察。（张　明）

【完成“非典”防范工作和下乡扶贫任务】 起草下发了《关于做好信访部门“非典”防范工作的通知》，要求各基层信访部门在“非典”期间，必须提高警惕，成立领导组，制定工作措施，建立报告制度，全力以赴做好“非典”预防工作。

一方面积极购置各类预防“非典”的药品和用具，坚持做到办公地点每天一消毒，办公人员每天两次测量体温，坚决确保每个工作人员的身体健康；另一方面，积极向上访人员发放“非典”宣传画报，讲解“非典”知识，劝其为了自身及他人的身体健康，“非典”期间不要越级上访。在“非典”期间，信访局内的每一个领导还主动带领有关人员深入到下乡扶贫点，帮助群众提高预防“非典”意识，完成夏收秋种工作，并且还为其捐赠了4000元钱，用以解决群众的生产生活困难。（张　明）

党校工作

【抓全员学习，努力创建学习型党校】 2003年，全校开展了“创建学习型党校，做学习型党校人”活动并于年初下发了《关于创建学习型党校的决定》，成立了学习领导组，做到了“六个坚持”：（一）坚持校委中心组学习。副处以上领导干部每月都进行学习。校中心组被市直工委授予“中心组学习先进单位”。（二）坚持全校集中学习。每两个月教职工集中学习两天，全年集中学习了5次。（三）坚持每周四科室集体学习，学习政治理论和业务知识。（四）坚持抓好个人学习。学校要求每个人都拿出学习计划，并配备了专用学习笔记本。（五）坚持多种形式学习。采取了远程教学与各种辅导讲座相结合、集中与分散相结合、政治与业务相结合、理论与实际相结合、记笔记、做剪贴、谈体会、搞展评等多种形式进行学习。（六）坚持检查考核促学习。党委于年初制订了考核方案，年中对学习情况进行了三次检查并发了一次通报，年底进行了学习成果展评和检查，评出了9名学习标兵和3个学习先进科室。全校共读书495本，搞剪贴65本，撰写讲稿103篇，整理软盘14张，撰写论文97篇，发表各类文章91篇，记笔记750.63万字。（市委党校）

【举办各类培训班，着力拓宽党校培训渠道】 全年举办各类培训班38期，培训了6873人次。其中县处级领导干部正规化轮训班、中青年领导干部培训班各两期，领导干部学习“三个代表”重要思想培训班五期，培训了1579人；行政学院办班13期，培训了3243人；电脑培训班3期，培训了203人；各类专业班13期，培训了1848人。中函报名1603人，录取1270人，在全省“一枝独秀”；省函报名957人，录取700人。省委党校直属本科班首次在此校设点招生，研究生班继续开办，二年制大专班继续招生。特别是与市人事局考试中心合作，建成计算机培训基地，开辟了党校办学的新渠道。这些班次的举办，初步形成了“主体班（培训班、轮训班、公务员班）＋工人技术等级班＋专业班＋函授班＋学历班＋电脑班”的具有自己特色的办班新格局。（市委党校）

【抗击“非典”，全面打赢校园保卫战】 从4月17日开始，全校开始抓预防“非典”工作。暂停各类办班和教室租用。“两校”（政法学校、装潢学校）立即放假。公共场所立即全面消毒。提前发放夏季福利。严防死守，门卫、保卫科、校领导立即上岗，三位一体严把入口关。校医务室暂停营业。对全校教职工进行体温测试。暂停本科、大专班的招生和函授上课。进行排查摸底，对发现的问题逐一解决。坚持“两手抓”，一手抓预防“非

典”，一手抓当前工作；一手抓物质文明建设，一手抓精神文明建设。（市委党校）

【抓精神文明建设，不断改变党校面貌】 全年紧紧抓住精神文明建设不放松，特别是利用预防“非典”的机会，大搞校园文明建设。校委下发了9号文件《关于进一步加强全校精神文明建设的通知》；对全校精神文明建设领导组和爱委会进行了调整充实；对上述两个机构的职责做出了明确规定；组建了校园文明监督队。

召开了全校创建文明校园大会，出台了《校园文明公约》，提出了“八不准”，要求在预防“非典”的斗争中，向陋习宣战，树文明之风，将环境卫生质量、树木花草管理和校园文明建设提高到一个新水平；美化了校园环境。如对树木花草进行补栽，实行社会化管理；更换了电缆；解决了两栋楼高层供不上水的问题；维修了自行车棚；增加了卫生设施，如垃圾桶、痰盂、簸箕等。

开展了爱国卫生运动。5月26日组织全校教职工和家属对环境卫生和居民区进行了整治。

抓了捐款捐物活动。积极参与“献爱心”与“扶贫济困送温暖”活动，先后向战斗在“非典”第一线的医护人员捐款3370元，向灾区捐款6995元，捐衣物339件。校工会具体承办了以“强体魄，战‘非典’，全民健身”为主题的我校首届职工运动会。（市委党校）

【抓各项改革，不断增加党校活力】 实行干部轮岗交流制度，对一些科室的负责人进行了调整。根据发展需要，设置了一些新的科室，增设了理论进修部和信息网络教研室。遵循公开透明原则。先后选聘了七名应届本科大学生充实教师队伍。改革了财务管理，做到了“五统一”，即：统一核算，统一建帐，统一标准，统一采购，统一预算。理顺了校院关系。经市委常委会研究，行政学院院长由市长兼任，党校领导全部兼任行政学院领导。（市委党校）

【抓科研工作，扩大党校社会影响】 在《运城日报》上开辟《“非典”引发的思考》专栏；胡锦涛总书记“七一”讲话发表后，张健、孙续功、孙恩恩三位同志的文章以特约评论员名义在《运城日报》发表；孙续功同志承担了“实行党代会常任制的制度安排”的科研课题，成果刊登于《山西组织工作》等刊物；张健同志和孙续功同志参加了全省“三个代表”重要思想理论研讨会，参会论文被评为“优秀论文”。

为市委组织部设计了《“三个代表”重要思想学习纲要》知识竞赛题，刊于《运城日报》；成功申报省级社科课题。陈会民同志的《山西农村经济发展动力研究》获准立项；第一次申报国家级课题；《河东论苑》继续出版。在全省地（市）级党校中名列前茅；科研工作受到省委党校的表彰奖励。在全省党校系统第二届优秀科研成果表彰会议上，该校作为典型发了言，并有五项成果获奖。全年发表各类通讯报导36篇。其中《学习时报》2篇，《山西党校报》16篇，《山西党校通讯》2篇，《运城日报》16篇。全年共发表各类文章127篇，其中国家级5篇，省级41篇。（市委党校）

【抓硬件建设，改善党校办学条件】 在改善办学条件上，主要做了几件事：投资5.4万元建起了学校大门及沿街栏杆；购置了50多台电脑9接通了宽带网，建起了两个多媒体教室；改造了二号楼东教室；购置了五菱之光面包车；更新了校文印室设备，改善了办公手段；职工住宅楼建设启动；门面开发规划已上报待批。（市委党校）

【抓机关党建，发挥政治保障作用】 校党委积极探索机关党建工作的新路子，被市直工委评为“十佳党组织”。实施了“创建学习型党校，做学习型党校人”活动，把它作为全年党建工作的重头戏。在进人、财务、考试、入党、工程招标、评选先进、职称评定、物品采购、婚丧嫁娶等环节上做到了公开、公正、公平、透明，不搞暗箱操作。抓了帮民致富工作。校处级领导干部为7个包点村送去了7000元抗击“非典”活动资金，捐赠了一些桌椅和书籍。

加强了组织建设。坚持了党日活动，对入党积极分子和新党员进行了培养教育。组织了纪念建党82周年系列活动。表彰了2002年优秀党员和优秀党务工作者，举办了“爱国、爱党、爱校”演讲会和“非典引发的思考”版面展览。纪检委、工会、老干部、妇联、青年团围绕学校的中心任务做了卓有成效的工作。（市委党校）

讲师团工作

【学习宣传十六大精神】 2003年1月和3月，讲师团充分利用骨干力量，重点深入夏县和平陆两县共20多个乡镇，逐乡镇进行宣讲40多场次，听众近万人。基层干部群众对宣讲普遍反映好，收效明显。4月份，讲师团完成省委宣传部组织编写的《学习十六大精神系列讲话》一书中两讲的修改任务，此书5月份由山西人民出版社出版发行。讲师团积极协助市直工委开展学习十六大知识竞赛活动。吴新凯教授承担竞赛活动的多种形式出题和制定出标准答案工作，用一周时间印制了《市直机关党员干部学习十六大、建设新运城竞赛试题》约10万字小册子。（吴新凯）

【推动学习贯彻“三个代表”重要思想新高潮】 2003年，讲师团积极推动兴起学习贯彻“三个代表”重要思想新高潮：组织编印了《胡锦涛“七一”讲话学习问答》；组织参与了《“三个代表”重要思想学习纲要》一书的发行工作。

组织安排了省委“三个代表”重要思想宣讲团在我市的宣讲活动，两天安排四场报告并形成轰动效应；参与组织市委“三个代表”重要思想宣讲团，集中于8月12日至14日，分赴各县市区宣讲，进一步推动学习掀起新高潮；4月至5月，组织完成了运城市参加全省“三个代表”重要思想理论研讨会论文的征集、审阅和推荐工作。全市所推荐的6篇论文，有3篇入选。（吴新凯）

【学习宣传十六届三中全会精神】 组织市委中心组进行了集体学习辅导和讨论；组织编写并印发了学习《中共中央关于完善社会主义市场经济体制若干问题的决定》的辅导报告；为干部学习把握十六届三中全会精神编发了两期学习参考；从北京购买了多种学习辅导书籍；深入各单位提供学习辅导和讲课。（吴新凯）

【狠抓市委中心组的学习】 2003年，市委中心组集体学习5次，内容包括“三个代表”重要思想，《中共中央关于在全党兴起学习贯彻“三个代表”重要思想新高潮的通知》、《“三个代表”重要思想学习纲要》、十六届三中全会精神，胡锦涛同志西柏坡讲话、“七一”讲话、关于在抗击“非典”斗争中弘扬和培育民族精神、学习郑培民同志的先进事迹等。每次学习，讲师团都是多人准备材料，专人进行辅导；同时对中心组的学习情况在本地报刊和电视台及时予以宣传报道，有力地推动了全市干部群众特别是各级领导干部的理论学习，得到了部领导和市委主要领导的肯定。（吴新凯）

【党风廉政和自身建设】 2003年，讲师团针对工作贴近基层、贴近生活、贴近群众不够；人员流动慢，年龄老化，窒息着生机和活力；经费严重不足，既影响人员进修提高，也使正常工作开展有困难等问题和现状，特别注重了理论学习、党风廉政和自身建设。通过坚持每周一下午学习制度；提高了全体人员的政治理论素质、思想道德素质和遵纪守法意识。通过建立和完善一系列规章制度和措施，包括学习、出勤、工作职责、工作量和内部考核及奖惩等，单位堵绝了违法乱纪的人和事，“三项治理”所针对的问题，在单位不存在。抗击“非典”斗争的两个月，讲师团各项工作从严从细安排，确保所有成员及家人无一疫情。同时，还深入到河津市帮扶点，送去宣传资料，帮助村委会做好夏收期间的生产、防疫各项工作，保证了该村没出现过一例疫情。（吴新凯）

纪检监察工作

【清车工作初显成效】 2003年，全市共清理出1999年3月以来购买小汽车2036辆。其中：漏报车32辆，超标车53辆（其中省管干部29辆），违规车223辆，无牌照车394辆，自筹资金购买小汽车993辆，接受奖励、馈赠、下拨的小汽车81辆。对其中的7辆违规车作了立案查处，暂扣违规小汽车39辆，拍卖违规小汽车15辆。在认真清理、严格审核的基础上，区别违规车辆的不同情况，进行了认真的纠错整改；同时注重建章立制，从源头上巩固清车成果，制止新购小汽车63辆。（王纪峰）

【清房摸底全面铺开】 坚持属地管理、分级清理原则，实行以人查房和以房查人相结合的工作方法，由各单位一把手挂帅，纪检组长牵头，清房机构组织协调，有计划、有步骤地进行清房摸底。全市初步确定在清房范围的领导干部共计7898人，其中县处级以上领导干部1469人、乡（科）级干部6429人（不含市直科级干部）。清房申报统计表下发给各有关单位和干部，申报摸底全面展开。（王纪峰）

【制止奢侈浪费工作重点突破】 在落实“收支两条线”规定和“刹风”工作上实施重点突破，推动制奢工作全面开展。共检查76个单位，查出违纪金额976.8万元，其中违反“收支两条线”规定金额350.4万元、违反制止奢侈浪费规定金额626.4万元，处罚、追缴入库金额69.6万元。同时，市县两级“刹风”办组织巡回检查1054次，检查饭店、酒店、宾馆318家，检查发现大操大办问题115件，受理群众举报153件，没收礼金2.01万元，收缴罚款9450元，查处参与大操大办公车32辆，给予党政纪处分36人，责令写出书面检查218人，通报批评68人，追究单位领导责任26人。共制止用公款大吃大喝违纪金额4.67万元，查处4人。“三项治理”工作进展较快，取得的效果也比较明显，得到了省委、省政府、省纪委的充分肯定。9月12日全省“三项治理”电视电话会议上，市委书记黄有泉代表运城市作了典型发言。（王纪峰）

【党员领导干部监督和教育工作】 市纪委印发了《关于建立领导干部配偶、子女从业个人申报制度和公示制度的意见》、《关于加强领导干部身边工作人员教育管理的实施意见》、《关于进一步加强干部监督工作的意见》，落实领导干部配偶子女从业申报459人、领导干部身边工作人员情况申报243人；建立起了领导干部述职述廉、任前廉政谈话、党风廉政巡视、党风廉政举报以及设立党风廉政监督员队伍“五项制度”。全市共进行述职述廉2712人次，对新提拔的68名县处级领导干部进行了集体任前廉政谈话并进行了廉政宣誓和书面廉政承诺，市纪委还聘请了20名退下来的正处级领导干部担任市级党风廉政巡视员，市、县两级纪委都开通了党风监督“110”接受举报，并聘请党风廉政建设监督员285名。坚持把加强党性党风党纪教育作为规范广大党员干部行为一项基础工作来抓，开展了“艰苦奋斗、廉洁从政”主题教育活动，联合《运城日报》社、市电视台、电台继续办好“反腐倡廉”和“监督热线”专栏，努力构造党风廉政建设和反腐败宣教工作“大格局”，使“三个代表”重要思想深入人心，进一步提高了广大党员干部抵御腐蚀的能力，筑牢了拒腐防变的思想防线。（王纪峰）

【大案要案查处工作】 全市各级纪检监察机关始终把查办案件作为纪检监察工作的重头戏，牢固树立起“不查案就是失职、拿不下来大案要案就是不尽职”的思想，进一步明确了稳定数量，提高质量。以“三机关一部门”和县处级以上领导干部为重点，着力突破有震动、有影响的大案要案的办案总体思路，采取有效措施，进一步加大了查办案件工作力度，案件查办工作取得了新的成效。全市共立查1337案1376人，结案1337件，处分1281人。在结案的1337案中，大要案464件，占到34.7%；在处分的1281人中，县处级干部有19人、乡科级干部有257人，合计占到21.5%。主要做法有四点：（一）是加强领导，分解任务，强化查办案件责任制。市纪委先后召开了两次县（市、区）纪委书记会议，专题研究部署查办案件工作，要求各级纪委的一把手要把主要精力放在查案上，实行各级纪委一把手负责的查办案件责任制，确保今年市、县两级公处大会县（处）级、乡（科）级领导干部违纪案件必须在60%以上。

（二）围绕提高案件质量，强化目标管理。市县两级纪委都制定了查办案件工作量化目标考评办法，将机关各室和基层纪委（纪检组）查办案件的任务量化、细化，明确查办案件的目标、任务、责任，实行了严格的奖惩制度。在案件查办考评办法中，加大了查办大要案件、重处分案件的分值，引导、鼓励各级纪检监察机关查办有质量、有分量的案件。

（三）强化办案机制，整合办案力量。积极发挥案件协调领导组的作用，强化组织协调职能，落实办案责任制，建立健全违纪违法案件线索移交和案件移送等方面的制度，对查办案件工作进行督促指导。市、县纪委打破了室、单位界限，统一调配办案人员，有效整合办案力量，形成了全市一盘棋的格局，促进了大要案的快速突破。主动出击抓案源。改变过去坐等办案的工作方式，在纠风、执法监察工作中，主动出击，深入到群众反映强烈、发案率较高的部门和单位，进行明察暗访，发现了一批有价值的案源线索，并快速查办。

为确保案件查办工作的质量，进一步加强了信访举报、案件审理和案件管理工作。全市共受理群众来信来访、电话举报1473件（次），初信初访803件（次），承办上级纪委转来信件537件。在信访工作中，着重突出了对各类案件线索的分析排查，为案件查办提供线索和依据。在审理工作中，实行了“提前介入、严把移送关口、三审定案”和“两级联审”的工作机制，得到省纪委充分肯定。在案件管理工作方面，市纪委对全市纪检监察机关2003年1—6月份初核、立查的所有案卷进行了一次全面检查，发现存在着上报非党非监察对象案件、处分错报、案卷材料不规范等问题。市委副书记、市纪委书记周振华同志专门就此作出批示，要求认真整改。市纪委办公室专门下发了《关于进一步加强案件报送工作纪律的通知》，在全市纪检监察机关引起了强烈的震动，对做好案件报送管理工作起到了积极的推动作用。（王纪峰）

【教育收费行为得到有效规范】 认真落实“一费制”及“三限”政策，减轻学生负担353.4万元，对3名高中校长违反“三限”政策的行为进行了立案查处。在全市实行了收费公示栏、收费监督手册和收费许可证三位一体的教育收费公示制度，并通过《运城日报》将2003年中小学教育收费标准及依据予以了公布。与《运城日报》社联合开办了“直击教育乱收费”栏目，对省《关于对教育乱收费行为行政处分的暂行规定》进行了广泛宣传。开展了治理教育乱收费案件查处大会战，共查核案件166起，立案114起，涉及乱收费金额757万余元，68人受到党纪政纪处分。经过综合治理，全市共取消借资款、赞助费、补习费等不合理收费项目13项1143.8万元，降低标准收费8项59.75万元，制止强行征订教辅材料和降低教材价格，减轻学生经济负担334.7万元。（王纪峰）

【有效遏制医药购销不正之风】 全市37所县级以上公立医疗机构参加了药品招标采购，超省定医院4所；招标采购药品达21类930多个品种，占省定公费医疗基本用药目录的95%。通过招标采购降低药价23%。同时，取缔非法药品生产、经营户159家，清理销毁假劣和过期药品、医疗器械价值260.1万元，查处各种违纪违法案件109件，30人受到党纪政纪处分。特别是在防控“非典”期间，会同市物价、卫生、药监、工商部门严厉打击借机哄抬物价、夸大药效、贩卖假药等不法商贩，有力维护了非常时期医药市场的正常秩序。（王纪峰）

【农民负担得到有效减轻】 全市共减轻农民负担7949.6万元，其中实行税费改革减轻农民负担7434.2万元，通过专项治理减轻农民负担515.4万元，清理向农民工收费金额13.4万元。抓公示，通过公示栏、公示墙、公示牌、价目表、农民负担监督卡等形式，以最透明、最直接的方式向农民进行公布。抓审计，对全市2002年度乡镇统筹的收取、管理和使用情况，以及各乡镇中学、农电站、土地所2001年以来的涉农收费项目进行了全面审计。抓查办。查处涉及农民负担的违纪违法案件31件，14名相关责任人受到党纪政纪处分。（王纪峰）

【企业发展环境得到有效改善】 认真贯彻落实《关于进一步减轻企业负担、优化经济发展环境》的规定，定期召开全市骨干企业代表座谈会，将企业的意见和建议以督办卡的形式发至相关部门，要求其限期解决问题。坚持企业评议行风制度，组织重点企业对行政执法和经济管理部门进行评议。经过综合治理，涉企“四乱”行为和相关举报都大为减少，与上年同期相比，减少涉企检查700余次，减少对企业的罚款和不合理收费638.2余万元，其中仅招待费一项，就减轻企业负担100余万元。（王纪峰）

【公路“三乱”得到有效治理】 “非典”防控期间，组织有关部门进行联合检查，撤消了30余处违规站（点），查处了9起借机敛财、乱收消毒费的案件。按照省纠风办的统一部署，切实加大了治理超载超限工作的力度，使超载超限现象得到有效治理。全市共核实“三乱”案件77件，立案23起，涉及金额28.12万元，39人受到党纪政纪处分。（王纪峰）

【行风评议工作得到有效加强】 在54个经济管理、行政执法、公用事业和窗口服务单位中开展了“优化经济发展环境、民主评议行风”工作。各参评单位“一把手”全部通过市电视台“监督热线”栏目向社会作出了公开承诺，而且结合实际自查自评，针对群众反映的突出问题，确定了各自的重点整改内容。组织对参评单位进行了严格的考评打分，并将评分结果作为全年行评的一个重要依据。并在报纸上刊登评议卡开展“社会评议”。社会评议、监督热线评议、企业评议三种评议方式综合运用，有力地推动了行风建设。（王纪峰）

【执法监察工作】 围绕全市中心工作，切实履行职责，共办结执法监察项目204项，协助建章立制669条，发出监察通知、建议、决定683份。发现案件线索788条，立案681起，处理有关责任人668人，挽回经济损失2.19亿元。

认真开展“非典”防控督查和捐赠款物、专项资金使用情况检查。全市共查处“非典”方面案件35案111人，其中给予党政纪处分57人、组织处理54人，并对1706.2万元防控“非典”专项资金的使用情况进行了认真检查。

深入开展行政效能监察。对芮城县行政效能监察试点工作进行了认真总结，按照“以行政效能建设为依托，以行政效能监察为手段，以责任追究为重点，积极促使全市乡（镇）以上各级政府和职能部门转变作风，提高效率，规范行为，依法行政”的工作思路，在夏县、盐湖区进行了两个月的试行工作。9月25日，组织召开了全市行政效能建设和效能监察动员大会，出台了相关文件，行政效能监察工作在全市全面铺开。

继续开展建设工程项目执法监察工作。对市人大、市政协办公楼、运城中学新校建设等73项工程进行了全程监督，为国家节约资金400余万元；对2002年以来竣工和再建的工程项目进行了全面检查，追缴规费58万元；对全市四大开发公司1997年以来开发的五个经济适用房住宅小区的建设情况进行了全面检查，追缴规费946.02万元。

开展了退耕还林和环保专项执法监察工作。对2002年以来各县（市、区）退耕还林工作的开展情况进行了为期一个月的专项检查，对发现的6个方面23个问题逐个调查，督促整改，整改率达100%；配合环保部门，严厉查处取缔了一批小土企业，对13起不履行环保监管职责的15名责任人给予了党纪政纪处分。

严肃查处责任事故案件。配合安监部门严肃查处了河津下化乡上岭村船窝沟“3.26”露头煤矿塌方事故、垣曲金鑫铁矿“4.19”责任事故、新绛三泉镇曙光村砖窑“5.12”责任事故等案件，给予党政纪处分20人、移交司法机关追究刑事责任5人。

开展了大规模的专项资金检查。检查涉及全市13个县（市、区）、787个单位（其中市直单位101个）、3079个项目，金额达12.3亿元。当时查出违纪违规资金5241.59万元，发现各类案件线索49条，核实49件，追缴违纪违规资金1040.4万元，处罚289.4万元，没收违纪违规物品价值50万元。（王纪峰）

【行政审批制度改革取得突破】 对市直43个部门和单位的行政审批事项进行了第三轮清理，共清理612项，其中保留414项、取消或改变管理方式198项。在此基础上，实行“一站式网上审批”，全面创新行政审批运行机制。其主要内容是“建立一个虚拟的电子网络审批大厅，建立一套规范便捷的审批程序，建立一个科学有效的工作机制，建立一套匹配的工作制度，构建一个立体的监督体系”，实行“专门受理、保姆式服务、在线办公、限时完成”的运行模式。在市直43个部门和单位实行了“窗口服务制”、“首问责任制”、“公开承诺制”、“超时默认制”和“责任追究制”等“五项制度”，实施“保姆式”一条龙服务。并在审批网上为党委、政府、人大、政协、纪委监委、新闻媒体设置了监督窗口，实现了时间和空间上的在线监督。从11月1日起，市直“一站式网上审批”新机制正式运行；对县（市、区）一级行政审批机制的创新，没有搞一刀切，而是根据各自实际，分为三种类型：网上行政审批型、“大厅”型、窗口服务型。全市形成了以市直网上审批为龙头，县（市、区）三种模式并存的行政审批制度改革新格局。（王纪峰）

【财政管理体制改革走向深入】 部门预算改革进一步深化。市财政局在向市人代会提交年度总预算及市本级预算的草案中，将市直181个单位的详细预算情况也列入其中，增强了部门预算的透明度和约束力；各县（市、区）实行部门预算的范围进一步扩大，其中垣曲已达100%，临猗县、绛县、盐湖区达50%。国库集中收付和会计集中核算体系进一步健全。财政资金的管理和使用得到全程监督，有效地遏制了胡支乱花、贪污、截留、挪用财政资金等违规违纪现象，节约财政资金360余万元。三是认真开展收费性年检（审）项目清理检查工作。共检查单位369个，分级清理年检（审）项目39个，查出违纪金额375.8万元，处罚上缴财政金额42.2万元，清理追缴财政专户金额93.2万元。（王纪峰）

【干部人事制度改革稳步推进】 对县处级干部的选拔考察工作和市政府公开招聘公务员工作，进行了全程监督。协调组织、人事、公安、检察、信访、计生、审计等部门联合制定了《关于加强干部监督联系通报工作的制度》。推动组织、人事部门进一步深化干部人事制度改革，逐步建立和实行干部推荐责任制、干部考察责任制、干部任免责任制、用人失察失误责任追究制，明确了干部选拔任用工作各个环节的责任内容、责任主体和追究方式，有效解决了在用人问题上责任不清和用人失察失误无人负责、无法追究的问题。

充分运用审计成果，将审计结果列入选拔任用干部的工作程序之中，注意避免和克服“审计”与“任用”两张皮的现象。参与协助市经济责任审计领导组办公室制定了《运城市2003年经济责任审计工作方案》，并提供了市本级经济责任审计名单。（王纪峰）

【政府采购工作】 市、县两级都成立了“政府采购中心”，在财政部门设立了“采管办”，做到“管”、“采”分离。印发了《运城市政府采购目录》等六个规定，将政府采购纳入部门预算，经人代会审批后执行。政府采购范围不断扩大，2003年市本级编制《政府采购预算》的采购资金由2002年的7348万元扩大至9063.8万元，增长了23%，涉及公务用车、日常印刷品等10大项。全市实行政府集中采购资金达6619.21万元，节约资金783.69万元，节约率为11.8%。

（王纪峰）

【国有土地招拍卖工作】 根据市《国有土地招标拍卖管理暂行办法》等相关规定，对经营性用地全部实行招标拍卖或挂牌，全市共供地88宗1079亩，收取土地出让金12136万元，其中拍卖7宗68.45亩，成交价款2498.3万元；挂牌5宗527.25亩，成交价款8582万元。

（王纪峰）

【建设工程招投标及产权交易】 全市工程交易行为走上了规范化、有序化的道路，建筑市场秩序得到进一步好转。在市交易中心进行交易的建设工程项目58项，工程项目总投资3.3亿元，建筑面积75万平方米，为国家节约资金600余万元。市产权交易中心共完成国有资产转让交易4项，成交额349.5万元；拍卖14场次，成交额4913万元。合计5262.5万元。在总结绛县试点经验的基础上，起草制定了规范产权交易的有关规定（草案），促进了国有资产交易管理工作初步走上了“市场有序、权责明确、交易规范、管理科学”的轨道。

（王纪峰）

【明确职责，狠抓落实】 进一步明确和重申了党政一把手要对职责范围内的党风廉政建设负总责，分管领导要各负其责的要求，市委落实党风廉政建设责任制领导组下发了《中共运城市委关于2003年全市党风廉政建设和反腐败工作任务分解的意见》，将41项任务责任明确分解到市委、市政府领导班子成员和46个职能部门。市委书记黄有泉与13个县（市、区）委书记、市直工委书记分别签订了《党风廉政建设目标责任书》，实行了“一票否决”制度，对发生严重问题的地方和单位，党政一把手和纪委书记取消党风廉政建设评选资格，并追究其党纪、政纪责任。根据市委的统一安排，各县（市、区）和市直单位，也都结合各自实际将工作任务进行了再分解、再落实、再安排。通过层层建立责任制、逐级签订责任书，在全市形成了横向到达、纵向到底的落实党风廉政建设责任网络，确保各项工作任务和责任落到实处。

（王纪峰）

【强化考核，严格奖惩】 在全市党风廉政建设暨市纪委三次全委扩大会议上，市委、市政府对在去年党风廉政建设责任制考核中排名前三位的县（市、区）和市直单位作了表扬，对排名后三位的县（市、区）和市直单位作了点名批评，专门下发了《关于2002年全市党风廉政建设责任制考核的情况通报》。特别是认真落实责任制考核中的“民主测评满意票不达三分之二或连续两年排队处于全市末位的领导班子，要调整一把手的工作岗位；民主测评满意票不达三分之二或连续两年考核排队处于班子末位的领导干部也要调整工作岗位，并都要从重要岗位调整到非重要岗位”的规定，对2002年责任制考核中民主测评满意票未达三分之二的一名市直单位主要领导予以免职。

（王纪峰）

【责任追究，严明有力】 全市共对127名领导干部实施了责任追究，其中县（处）级6人。垣曲县金鑫铁矿在未达安全生产条件下擅自生产，导致发生4人死亡的重大事故，对垣曲县分管安全生产工作的副县长给予行政警告处分。平陆县一县长助理（副县级），对劳服煤矿落实停产整顿的措施监督不力，对该矿发生事故负有重要领导责任，受到行政记过处分。夏县尉郭乡一名分管土地工作的副乡长，因出现群众上访、所包村的公粮不能按时征收，受到党内严重警告、行政撤销职务处分。（王纪峰）

【建立制度，加强督促】 市纪委制定印发了《运城市党风廉政建设责任制“工作建议书”、“督办通知书”实施办法》。通过使用“工作建议书”，促使有关领导分析责任范围内党风廉政建设工作的进展情况，及时检查指导和协调解决工作中的困难和实际问题。针对各个阶段的工作开展情况，市纪委责任制办公室通过使用“督办通知书”，督促有关单位和领导干部加大工作力度，落实整改措施，严肃查处或纠正存在的问题。同时还印发了《关于建立领导干部谈话诫勉制度的实施意见》，对年度工作考核中民主测评不称职率达15%或不称职、基本职称率之和达30%和年度党风廉政建设责任制考核中差票率达15%（不达30%），或差票、一般票率之和达30%的各级领导干部实行谈话诫勉。被谈话诫勉的干部在诫勉期间不得担任职务、评选先进；对诫勉期间整改不力的，延长诫勉期一次，连续两次诫勉仍未明显改进的，予以责令辞职或降职、免职。另外，全市坚持责任制年中检查和年底考核由市级党政班子成员带队的工作制度，在上半年落实党风廉政建设责任制检查中，由市委、市政府抽出13个副书记、常委、副市长带领检查组分赴各县（市、区）及部分市直单位进行了检查督促。

（王纪峰）

【干部作风明显转变】 在市县两级纪检监察机关进一步强化内部监督管理，修订完善了一系列内部监督管理制度，坚持对纪检干部严格要求、严格管理、严格监督。凡是纪委系统召开的会议，每次都要强调自身建设和工作作风问题，坚持警钟常敲。对了解、掌握的一些纪检干部的问题，及时进行批评教育，督促纠正；对在群众中口碑不好，影响纪检监察干部形象，已不适宜在纪检监察岗位工作的人，建议调离纪检监察机关；对构成违纪的，不姑息、不袒护，坚决按规定进行严肃处理。2002、2003两年，市县两级纪委共处理内部违纪人员15名，其中有一人涉嫌违法被移交司法机关。同时。聘请了20名纪检监察干部监督员，重点对市纪委机关干部和县（市、区）纪委书记进行监督，定期听取、收集他们对纪检干部工作作风方面存在的苗头性、倾向性问题的反映，并认真研究、及时整改。针对群众对查案工作反映比较多的情况，要求机关党委和干部室实行案件查办回访制度，对重大案件涉案单位进行回访，征求意见，发现问题，认真查处。通过内强素质，外树形象，进一步提高了队伍的战斗力。（王纪峰）

【组织建设实现突破】 全市全面落实了纪委书记由同级党委副书记担任的规定。在市纪委机关内部，各室全部按副处级建制设置，8名符合条件的室主任全部任命为副处级室主任；市纪委机关除3名同志外，符合条件的44名同志均得到了提拔重用。全市纪检监察系统干部使用问题基本理顺。（王纪峰）

【整体素质不断提高】 在全市纪检监察系统开展了建设“学习型”机关的活动，大力开展经常性的“三个代表”重要思想和党性党风党纪教育；并邀请省纪委领导，对全市近年来新提拔新从事纪检监察工作的126名纪检监察领导干部进行了为期一周的业务培训，使广大纪检监察干部的整体素质得到切实提高。（王纪峰）

【工作积极性空前高涨】 在上年的基础上进一步修订完善了县（市、区）纪委监委工作考核办法、市直纪检监察机构工作考核办法及市纪委内部各室工作考核办法，细化目标，量化任务，严格考核，按季通报，激发了各级纪检监察机关和广大干部的工作热情，广大干部的工作积极性空前高涨。各级纪检监察机关每一个干部都在认真想工作，努力干工作，全力创一流，积极争上游，呈现出一种人心思进的良好工作氛围。（王纪峰）

人大工作

【监督工作】 2003年，进一步开展了执法检查。常委会重点对《土地承包法》的实施情况进行执法检查。一年来，常委会还组织开展了对《环保法》、《防震减灾法》、《归侨眷保护法》、《气象法》、《建筑法》、《审计法》、《未成年人保护法》、《村民委员会组织法》、《民办教育促进法》等10余部法律法规的实施情况进行了执法检查和执法调研，都取得了不同程度的实效。

进一步引深了“两制”工作。上一年4月份，常委会组织力量深入市直46个行政执法部门和司法机关，对引深“两制”工作进行检查和调研，有力地推动了执法公示承诺、案件评查评析、执法责任考核、群众评议等制度的落实。在推行“两制”工作中，中级法院纠正了七起错案，对相关的七个责任人进行了纪律追究，检察院纠正错案五案8人，对四名负有执法过错责任的办案人员追究了责任。常委会还对河津富源煤矿特大透水事故案件进行了个案监督，最终河津法院重新审理，纠正了错判，检察院对责任人实施了过错追究。

进一步扩大了听取和审议政府专项工作报告的范围和领域。常委会先后听取和审议了城建“2211”重点工程进展情况，地改市之后市与盐湖区之间相关职能部门理顺管理体制的情况，退耕还林实施情况，畜牧发展情况，社会保障体系建设情况等专项工作报告。常委会先后听取和审议了市政府《关于2003年上半年计划与预算执行情况》、《2002年市本级财政决算情况以及审计情况的报告》。对审计工作报告中提出的整改问题，常委会的工作部门实施了跟踪监督，督促整改。常委会的工作部门在全省率先使用计算机网络，对年度预算执行情况实施动态监督。常委会对预算超收的使用也进行了监督，听取和审议了市政府《关于2003年市本级财政超收使用方案的议案》，作出了《关于批准2003年市本级财政超收使用方案的决议》，努力推进预算审查监督由时段性向全过程、程序性向实质性转变。（詹　鹏）

【重大事项决定权】 市人大常委会在充分调研，广泛征求意见，集思广益的基础上，制定出台了市人大常委会《关于讨论决定重大事项的规定》。上年五月，市政府对地区焦化煤气厂和市船窝煤矿进行捆绑式企业改制，这本来是符合实际情况，也是迫在眉睫、刻不容缓的。但是在具体进行过程中，市政府经贸委没有依法行政，在资产评估、土地转让、竞争招标等环节中均存在违反法规现象，尤其是出让价格引起社会强烈反响。按照市委常委会的决定和建议，主任会议认真讨论后一致认为，这是运城市改革和经济发展中的重大问题，也是社会和群众关注的热点问题，应该实施工作监督并作出相应的决定。因此，主任会议向常委会提出了《关于对地区焦化煤气厂和市船窝煤矿企业改制过程中存在问题实施工作监督的议案》，常委会审议后作出了否定此次竞标的决定。这不仅阻止了巨额国有资产的流失，而且提高了市人大常委会的声望。（詹　鹏）

【人事任免】 2003年，常委会共任免全市权力机关、行政机关、审判机关、检察机关115名工作人员。在任免工作中，继续坚持了任前的法律考试，既注重了基本法的常识考试，更注重了工作岗位专业法的知识考试，还对审判员、检察员的任职资格进行认真审查。凡法律知识考试不及格者，任职资格不合格者，一律建议撤回提请，不进入审议程序。

常委会还特别注意了干部的任后监督，继续开展了述职评议。常委会征询代表、各民主党派和人民团体、新闻单位、市纪检委、市委组织部、信访局以及市政府综合部门的意见后，综合排队，报请市委同意，常委会确定了检察院检察长程志忠、建设局局长刘建刚为述职评议对象。常委会组成两个调查组调查研究，掌握第一手材料。被评议的两位同志也向市人大代表发出《征求意见卡》，征求代表意见。在此基础上，常委会举行述职评议会，听取两位被评议对象的述职报告，然后进行评议。针对调查阶段和评议会上提出的问题和意见，人大常委会都整理成书面意见报送市委和市政府。经过七个月的努力，述职评议达到推动工作的目的。常委会还在上一年11月召开的第二十二次会议上，听取审议了市政府18名组成人员任职以来的履职情况报告，并对他们进行了民主测评。（詹　鹏）

【代表工作】 2003年，常委会加强了为代表依法履职创造便利条件，提供有效服务。认真办理和督办代表议案、建议、批评和意见154件，已经全部办理并逐件答复，代表们比较满意。

常委会还依法加强了对县级人大换届选举工作的指导，正确处理加强党的领导、充分发扬民主、严格依法办事的关系。确保县级人大换届选举圆满成功，省人大常委会在运城召开了全省县级人大换届选举总结会议。（詹　鹏）

【监督和支持市政府依法做好抗击“非典”的各项工作】 面对突如其来的“非典”疫情，常委会坚决贯彻市委和省人大常委会部署，认真履行自己的职责，监督和支持市政府依法做好抗击“非典”的各项工作。五月初，主任会议适时开展《传染病防治法》的执法检查。常委会的工作机构会同市政府的职能部门，深入到市区设立发热门诊的医院、街道垃圾堆放点、城市垃圾处理场进行执法调研和现场督查。5月中旬，常委会三名副主任按照市委的统一组织，带领三个督查组分别到永济、河津、垣曲进行“非典”防治工作的督查。为了使省人大常委会作出了《关于依法防治疫病保护公共卫生和环境安全夺取抗击“非典”全胜的决定》能在全市得到认真落实，常委会印发了［2003］7号文件，作出了具体安排。同时，常委会听取和审议了市政府关于防治“非典”工作的专项报告。6月上旬，常委会组织部分市人大代表到盐湖、闻喜、河津对落实省人大常委会的《决定》进行了检查。6月下旬，召开各县（市、区）人大常委会主任和市直11个单位汇报会，把反映出来需要解决的问题梳成辫子反馈给政府要求政府尽可能解决和改进。7月上旬，常委会又组织检查组，深入到盐湖、永济、临猗和市中心医院、传染病医院、防疫站、特种垃圾处理场、城市垃圾填埋场检查整改的进展情况。通过这些工作，把公共卫生和环境安全纳入了依法保护的轨道，为全市夺取抗击“非典”的重大胜利，发挥了积极作用。（詹　鹏）

【市一届人大五次会议】 2003年3月25—28日，运城市第一届人民代表大会第五次会议在运城召开。会议听取和审议了运城市市长王守祯《关于政府工作的报告》；听取和审议了运城市发展计划委员会主任张道中《关于运城市2002年国民经济和社会发展计划执行情况与2003年国民经济和社会发展计划草案的报告》；审查和批准《运城市2002年国民经济和社会发展计划执行情况的报告》与《2003年国民经济和社会发展计划》。听取和审议了运城市财政局局长孙太平《关于运城市2002年总预算及市本级预算执行情况》和《2003年总预算及市本级预算草案的报告》；审查了《运城市2002年总预算及市本级预算执行情况和2003总预算及市本级预算草案》；批准了《运城市2002年市本级预算执行情况的报告和2003年市本级预算》。听取和审议了运城市人民代表大会常务委员会主任陈永信《关于运城市人民代表大会常务委员会工作的报告》；听取和审议了运城市中级人民法院院长李广田《关于运城市中级人民法院工作的报告》；听取和审议了运城市人民检察院检察长程志忠《关于运城市人民检察院工作的报告》。对《政府工作报告》、《人大工作报告》等六个报告作出决议。（詹　鹏）

【市一届人大常委会第十五次会议】

2003年1月23日，运城市第一届人大常委会第十五次会议在运城举行。会议通报市人大常委会2002年工作总结；讨论市人大常委会2003年工作要点（讨论稿）；通报部分省、市人大代表视察工作情况；审议通过了市人大常委会主任会议关于提请审议《市人大常委会关于召开运城市第一届人民代表大会第五次会议的决定》（草案）。

（詹　鹏）

【市一届人大常委会第十六次会议】

2003年3月19—20日运城市第一届人大常委会第十六次会议在运城举行。审议运城市人大常委会工作报告稿；审议市一届人大第五次会议建议议程；审议市一届人大第五次会议主席团和秘书长建议名单；审议市一届人大第五次会议列席人员名单（草案）；审议市一届人大第五次会议议案审查委员会组成人员建议名单；审议市一届人大第五次会议计划和预算审查委员会组成人员建议名单；审议市人大常委会代表资格审查委员会《关于代表变动及补选代表的代表资格审查报告》；审议市人大常委会《关于市一届人大第三次会议代表建议办理情况的报告》；审议市人民政府《关于市一届人大第三次会议代表建议办理情况的报告》；审议市中级人民法院《关于市一届人大第三次会议代表建议办理情况的报告》；审议市人民检察院《关于市一届人大第三次会议代表建议办理情况的报告》；听取市人大常委会《关于市一届人大第五次会议筹备情况的报告》。

根据运城市第一届人民代表大会常务委员会主任会议的提请，任命贾小兰为运城市人大常委会农村工作委员会主任、杨秦吉为运城市人大常委会法制工作委员会主任，赵振国为运城市人大常委会办公厅副主任、杜卫国为运城市人大常委会办公厅副主任、常国才为运城市人大常委会教科文卫工作委员会副主任、张建莉为运城市人大常委会法制工作委员会副主任、杨晓康为运城市人大常委会研究室副主任、刘希文为运城市人大常委会财经工作委员会副主任，免去张恩宏运城市人大常委会法制工作委员会主任职务、贾小兰运城市人大常委会法制工作委员会副主任职务。

（詹　鹏）

【市一届人大常委会第十七次会议】

2003年5月27—28日运城市第一届人大常委会第十七次会议在运城举行。会议听取审议市政府《关于全市非典型肺炎防治工作情况的报告》；听取审议市政府《关于退耕还林实施情况的报告》；听取审议市政府《关于运城市市本级2002年财政决算情况的报告并作出决议》；听取审议市政府《关于运城市市本级2002年预算执行和其他财政收支的审计工作报告》；听取了蔡铁刚、崔长胜、孙仰新、郭瑞瑄、霍九成等被提请任命的同志所作的大会供职发言。其余提请任命同志作书面供职发言。

根据运城市人民政府市长王守

祯的提请，决定免去周振华市监察委员会主任职务、燕和平市公安局局长职务，决定任命蔡铁刚为市监察委员会主任、崔长胜为市公安局局长。根据运城市中级人民法院院长李广田的提请，免去孙世芳市中级人民法院副院长职务，刘新安市中级人民法院审判委员会委员、审判员职务，宋有成等12名同志市中级人民法院审判员职务；任命孙仰新为市中级人民法院副院长、审判委员会委员，董朝科为市中级人民法院审判委员会委员、审判员。根据运城市人民检察院检察长程志忠的提请，任命郭瑞瑄为市人民检察院副检察长、检察委员会委员，霍九成为市人民检察院副检察长、检察委员会委员，李旭明为市人民检察院检察委员会委员，张天胜为永济董村地区人民检察院检察长，段全喜、赵红泽为永济董村地区人民检察院副检察长、检察委员会委员，潘创福为永济董村地区人民检察院检察委员会委员。（詹　鹏）

【市一届人大常委会第十八次会议】 2003年6月26日，运城市第一届人大常委会第十八次会议在运城举行。听取了市人民政府市长王守祯所作的关于被提请任命人员情况的说明；听取了市人民检察院检察长程志忠所作的关于被提请免职人员情况的说明；会议听取了被提请任命的张建喜所作的供职发言。

根据运城市人民政府市长王守祯的提请，决定任命张建喜为市人民政府副市长；根据运城市人民检察院检察长程志忠的提请，批准免去肖海宝万荣县人民检察院检察长职务，解兴业临猗县人民检察院检察长职务，陈浩龙新绛县人民检察院检察长职务，霍九成垣曲县人民检察院检察长职务，王晓平闻喜县人民检察院检察长职务，苏对黎夏县人民检察院检察长职务，侯曙亮绛县人民检察院检察长职务，相明升芮城县人民检察院检察长职务。

（詹　鹏）

【市一届人大常委会第十九次会议】 2003年7月14日，运城市第一届人大常委会第十九次会议在运城举行。会议听取审议了市人大常委会主任会议提请审议《关于对地区焦化煤气厂和市船窝煤矿企业改制过程中存在问题实施工作监督》的议案，以及相关的关于运城地区焦化煤气厂与运城市船窝煤矿改制过程中有关问题的调查情况、关于对市经贸委在承办焦化煤气厂和船窝煤矿改制过程中存在问题的调查情况，通过了《市人大常委会关于对两个企业改制中存在的有关问题的决定》（草案）。（詹　鹏）

【运城市第一届人大常委会第二十次会议】 2003年7月29—31日，运城市第一届人大常委会第二十次会议在运城举行。会议听取了市人民检察院检察长程志忠所作的述职报告；听取了赴市人民检察院述职评议调查组组长王高殿所作的《关于市人民检察院检察长程志忠述职评议调查情况的报告》；听取了市审计局副局长侯曙光所作的《关于市人民检察院检察长程志忠同志任期经济责任的审计结果报告》；听取了市建设局局长刘建刚所作的述职报告；听取了赴市建设局述职评议调查组组长宋保珍所作的《关于市建设局局长刘建刚述职评议调查情况的报告》；听取了市审计局副局长赵鹏所作的《关于市建设局局长刘建刚同志任期经济责任的审计结果报告》，并进行了评议。

（詹　鹏）

【市一届人大常委会第二十一次会议】 2003年9月9—10日，运城市第一届人大常委会第二十一次会议在运城举行。听取审议市人民政府《关于畜牧经济发展情况的报告》；听取审议市人民政府《关于全市社会保障体系建设情况的报告》；听取了市人民政府常务副市长董洪运所作的关于被提请任命人员情况的说明；听取了市人民检察院检察长程志忠所作的关于被提请任命人员情况的说明；听取了市人大常委会人事代表工委主任王宏铎所作的《关于对市人民政府和市人民检察院提请的拟任免职人员进行初审的情况报告》；分别听取了被提请拟任命人员李晋杰、谢爱玲所作的供职发言。根据运城市人民政府市长王守祯的提请，决定免去梁增华市教育局局长职务、柴腾虎市环境保护局局长职务，决定任命李晋杰为市教育局局长、谢爱玲为市环境保护局局长。根据运城市人民检察院检察长程志忠的提请，批准任命董兆庆为盐湖区人民检察院检察长、卫建国为永济市人民检察院检察长、朱文峰为临猗县人民检察院检察长、陈浩龙为闻喜县人民检察院检察长、杨富管为万荣县人民检察院检察长、姚江华为新绛县人民检察院检察长、毛毓登为稷山县人民检察院检察长、王文荣为绛县人民检察院检察长、张志坚为夏县人民检察院检察长、王战康为平陆县人民检察院检察长、程建启为芮城县人民检察院检察长、吕茂川为垣曲县人民检察院检察长。

（詹　鹏）

【市一届人大常委会第二十二次会议】 2003年11月26—29日运城市第一届人大常委会第二十二次会议在运城举行。会议听取审议市人民政府《关于2003年市本级财政超收使用方案的议案》，并作出决议；听取审议市人民政府《关于市本级2002年预算执行情况审计查出问题的整改工作报告》；听取审议市人民检察院检察长程志忠《关于述职评议整改工作情况的报告》；听取审议市建设局局长刘建刚《关于述职评议整改工作情况的报告》；听取了市人民检察院检察长程志忠所作的《关于提请任免人员情况的说明》；听取了市人大常委会人事代表工委主任王宏铎所作的《关于对市检察院提请的拟任免职人员进行初审的情况报告》；听取审议市人民政府组成人员述职报告；审议市人大常委会《关于讨论决定重大事项的规定》（草案）；审议通过市人大常委会《关于评选优秀人大代表和优秀人民公仆的决定》（草案）；审议市人大常委会《关于公民旁听运城市人民代表大会及其常务委员会会议和人大代表列席常务委员会会议的暂行办法》（草案）；审议市人大常委会代表资格审查委员会《关于代表变动及另行选举代表的代表资格审查报告》；通报全市县级人大换届选举工作情况；根据运城市人民检察院检察长程志忠的提请，决定免去朱文峰等11位同志市人民检察院检察员，决定任命焦良梅为河津市人民检察院检察长。（詹　鹏）

政府工作

【经济发展概况及特点】 2003年，全市生产总值完成292.3亿元，比2002年增加61.8亿元，按可比价格计算，增长15.0%，全年全市人均实现生产总值6030元，比2002年增加1294元，增长14.0%。其中，第一产业完成增加值43.5亿元，比2002年增长5.9%；第二产业完成增加值169.6亿元，比2002年增长20.9%；第三产业完成增加值79.2亿元，比2002年增长9.2%。三次产业占生产总值的比重由2002年的16.4:54.5:29.1调整为14.9:58.0:27.1。

农业获得较好收成。2003年，全市农林牧渔业总产值达到77.3亿元，按1990年不变价计算，比2002年增长8.5%。据抽样调查，全市粮食总产量达到13.7亿公斤，比2002年增长3.5%。其中：小麦产量8.8亿公斤，比2002年增长5.9%；秋粮产量4.8亿公斤，比2002年下降0.6%。棉花总产量8.2万吨，比2002年增长22.4%；油料总产量4.0万吨，比2002年增长18.0%；蔬菜总产量107.8万吨，比2002年下降11.2%；水果面积88.6千公顷，比2002年增长4.5%；水果产量169.9万吨，比2002年增长7.0%，其中：苹果产量144.7万吨，比2002年增长4.6%。造林绿化取得新进展，全市完成造林面积39.2千公顷。畜牧业生产稳步发展。2003年，肉、蛋、奶分别比2002年增长10.5%、14.2%、65%。其中：猪牛羊肉产量增长11.8%；奶类产量增长65.0%；禽蛋产量增长14.2%。

工业生产较快增长。2003年，全市全部工业企业完成工业增加值145.7亿元，按可比价计算，比2002年增长19.8%。国有工业企业及年销售收入在500万元以上的非国有工业企业（以下简称规模以上工业企业）完成工业增加值117.6亿元，比2002年增长21.7%。按轻重工业分：轻工业完成工业增加值13.7亿元，比2002年增长18.3%；重工业完成工业增加值103.9亿元，比2002年增长22.5%。按行业分，在全市29个工业行业大类中，黑色金属冶炼、有色金属冶炼和电力、蒸气、热水的生产和供应业三大行业的工业增加值总量为69.8亿元，占全市工业增加值的比重为59.4%。企业经济效益进一步好转。规模以上工业总资产达到538.9亿元，比2002年增长22.5%。实现产品销售收入322.0亿元，比2002年增长39.6%，实现利税52.8亿元，比2002年增长98.8%。

固定资产投资强劲增长。2003年，全市完成全社会投资102.4亿元，比2002年增长26.5%，其中基本建设完成投资51.3亿元，比2002年增长51.3%（不含跨地、市投资项目），更新改造投资完成29.8亿元，比2002年增长29.0%。

消费品市场繁荣稳定。受“非典”影响，消费市场呈现“V”型运行态势，一季度高升，二季度低走，三、四季度快速回升。2003年，全市社会消费品零售总额80.6亿元，比2002年增长15.1%，其中：市零售额44.5亿元，比2002年增长20.7%，县零售额19.8亿元，比2002年增长5.4%；县以下零售额16.3亿元，比2002年增长13.6%。物价稳中有升，居民消费价格水平比2002年上升1.7%（中心城市盐湖区上升0.9%）。

外贸进出口继续扩大。2003年，全市进出口总额35946万美元，比2002年增长85.5%，其中：出口15445万美元，增长47.9%；进口20501万美元，增长129.4%，贸易逆差5056万美元。全市协议利用外资8545万美元，比2002年增长189.4%，实际利用外资3642万美元，比2002年增长42.3%。旅游业受“非典”影响，下降幅度较大。2003年，全市共接待国际游客1.0万人次，比2002年下降54.5%，创汇收入240.0万美元，比2002年下降64.4%；接待国内游客380万人次，同比下降35.6%，实现收入8.8亿元，比2002年下降35.3%。

财政收入增幅较快。2003年，全市财政总收入（剔除山西铝厂所得税）34.2亿元，比2002年增长27.0%。一般预算收入11.9亿元，比2002年增长14.7%。金融形势运行平稳。年末全市金融机构各项存款余额326.4亿元，比年初增长18.8%，各项贷款余额321.5亿元，比年初增长24.7%。

（翟俊彦　晋泽军）

【狠抓经济结构战略性调整】 2003年，运城市委、市政府抓住经济结构调整主线不放松，推动全市经济发展由单个企业优势向产业群体优势拓展，由支柱产业、主导产业向产业链、产业群、产业带拓展，由单个项目开发向园区经济拓展，推动传统农业向现代农业转变，推动三产由个别优势向群体优势转变，在全省率先实现了三年初见成效的目标。

主要标志：产业结构不断优化。一产继续调优，二产不断调强，三产正在调大。入围“1311”的42个项目已有26个建成或部分建成，其中，重大工业潜力产品项目8个，百龙企业项目9个，高新技术产业化项目6个，旅游景区建设项目3个。这些项目的顺利实施，为全市经济快速增长提供了强有力支撑。在这些项目的带动下，全市“六群一带”（铝电材联营、钢铁和镁业等冶金产业；日用化工和煤化工产业；农副产品加工产业；精密铸造、机械制造等优势产业；医药、新型材料等亮点产业；以旅游业为龙头的第三产业和高速公路经济增长带）产业格局开始形成。在全省经济结构调整三年初见成效总结表彰会上，运城市被评为唯一的“经济结构调整突出贡献市”，芮城县被评为“突出贡献县”，永济市被评为“结构调整先进市”，7家企业被评为“突出贡献企业”。

煤电铝材产业链不断延伸壮大。山铝28万吨电解铝、80万吨氧化铝已开工建设；永济热电厂10万千瓦机组改造项目、振兴10万吨电解铝工程已全部完成；关铝20万吨电解铝项目建成投产，成为全国最大的电解铝生产基地。

以引水、绿化为主的城市生命、生态工程加快推进。城市供水管网改造工程全面结束，排水管网改造取得突破性进展。盐湖防护林带一期工程竣工。退耕还林、天然林保护、“三北”防护林等国家重点林业工程完成87.5万亩。

大交通工程进展顺利。全市公

路里程达到8472公里；高速公路235公里，占全省近1/4；闻垣二级旅游公路竣工通车，新禹高速公路完成征地拆迁；民用飞机场主体工程已经完成；南同蒲铁路复线工程通过铁道部论证。

（翟俊彦　晋泽军）

【狠抓重点调产项目建设】 2003年，全市实施的重点调产项目共58项，其中建成投产26项，新增销售收入47亿元，新增利税7.3亿元，拉动全市工业经济增长15个百分点以上。园区经济不断规范和提高。按照国务院清理整顿各类园区精神，全市依法清理整顿不符合条件的园区。同时，积极扶持南风工业园、盐湖科技工业中心、万荣恒磁工业园等12个有潜力和前景的工业园。入驻园区的企业94个，项目投资总额61.3亿元，年可实现销售收入26.9亿元，利税4.9亿元，初步达到了要素聚集、资源共享和优势互补。企业技术创新势头看好，全市已拥有1个国家级技术中心，9个省级技术中心，11家省级中小科技型企业，研发高新技术产品达80个；企业改革管理不断深化，一批企业取得了国际质量、环保、安全认证。

（翟俊彦　晋泽军）

【千方百计增加农民收入】 市委、市政府坚持以科技调产、提质增效为重点，优化种植结构，大力发展果、畜、菜三大主导产业，粮经比例调整为5:5。大力发展设施农业、特色农业、无公害农业，全市设施农业达到48.6万亩。有21个产品完成了国家绿色食品申报工作。农业产业化进程加快。新绛蔬菜批发市场、粟海、忠民等3家企业成为国家级重点龙头企业，山西强胜等8家企业成为省级重点龙头企业，山西华康等19家企业入围全省“1311”百龙行列。果汁生产能力扩大到10万吨以上，年转化苹果80万吨，成为农民增收的新的重要来源。（翟俊彦　晋泽军）

【加快推进城镇化进程】 “2211”城建工程进入扫尾阶段。即：改建的两条标志性城市道路——黄河大道和河东街改造基本完成。新建的一个广场——南风广场主体完工；新建的两条高标准城市道路——高专东路、河东东街延长线工程正在加紧施工。盐湖防护林第一期工程已竣工。“2219”工程池神庙文化苑基本建成；槐东文化苑已完成初设规划；城区九大出入口整治全面展开。新区建设全面启动。城市管理开始入轨，相继出台了15个规范性文件，开展了市内交通、建筑市场、房地产市场等专项整治，中心城市面貌不断改观。经营城市迈出了实质性步伐，成立了城市建设投资有限公司，第一笔资金1.5亿元已经到位，将有力缓解城建资金短缺的压力。（翟俊彦　晋泽军）

【狠抓旅游开发，带动第三产业快速发展】 市委、市政府按照建设“华夏根祖文化与自然风光相结合的旅游大市”的目标，狠抓旅游产业。在财力十分紧张的情况下，千方百计支持重点景区建设，中国死海、关帝庙、鹳雀楼、普救寺等旅游景区景点基础设施建设和环境整治取得明显进展。运解旅游专线已竣工通车，百亩关帝广场正在修建，南风集团成功开发了“盐水漂浮”、“黑泥洗浴”新型旅游项目。入围省“1311”项目的关帝庙、鹳雀楼、黄河历山三个旅游景区成为全市旅游业的新亮点。天泰广场、凯越广场、东星时代广场、购物中心超市、亿适家超市等一批新型商场建成运营，商贸流通业在改革改造中不断提升。以旅游、商贸为主的第三产业迅速扩张。

（翟俊彦　晋泽军）

【加大改革力度，放手发展民营经济】 市县乡机构改革、财税管理和财政体制改革全面完成。市直189个单位全面推行了部门预算；政府采购范围进一步扩大；全面实行行政事业性收费和罚没收入“三分离、一脱钩”的管理办法，强化了“收支两条线”工作。商贸流通、医疗卫生改革积极推进。国有企业改制面达到90%以上；规模以上企业改制面达到80%以上；以全省民营经济河津现场会为契机，全市掀起了新一轮民营经济发展的热潮。全市规模以上民营工业企业共234个，占全市规模以上企业的55%。海鑫、通达、振兴、阳光等6家企业跨入全国民企500强。河津、闻喜两市县民营经济已占到经济总量和财政收入90%以上。

（翟俊彦　晋泽军）

【统筹经济社会协调发展，不断提高人民生活水平】 全市科技项目开发力度进一步加大。市级科技计划项目79项，省级以上科技项目22项。高新企业总数达17家，开发高新技术产品55个。成功举办了第三届农展会。基础教育继续加强，社会力量办学快速健康发展，高教园区正积极筹划。新型农村合作医疗试点工作积极展开，农村医疗卫生条件有所改善。文化体育、国防教育、民族宗教工作得到加强。环境质量有所改善。“两个确保”继续巩固，确保率均达100%。全市参加医疗保险的干部职工和离退休人员达23万人，参加失业保险的人数达24万人。安排城乡低保资金4500多万元，使城镇61480人、农村56191人享受低保。抗灾救灾成效显著，15万受灾群众得到妥善安置。人民生活进一步改善。全市城镇居民人均可支配收入完成6172元，增长12.1%。农民人均纯收入完成2321元，增长7.6%。农村税费改革基本完成，农民人均税赋下降55.4%。大力实施扶贫移民、饮水解困工程。全市安排移民搬迁1万人，新解决了5万人的温饱问题。建成饮水工程427处，解决了537个自然村、21万人的饮水问题。

（翟俊彦　晋泽军）

【创新发展环境，打造信用运城】

市委、市政府先后出台了一系列优化经济发展环境的优惠政策，全市市直单位共取消和改变审批方式的审批事项265项，13个县（市、区）共清理审批项目3682项，取消715项；设立了“优化经济环境投诉中心”。市直22家职能部门简化办事程序，提供限时服务。积极推进电子政务，网上行政审批工作开始运行。不断健全完善信用体系，以建设诚信运城为目标，大力整顿和规范市场经济秩序，积极倡导诚实守信的良好风尚，依靠道德和法律手段构筑了优质高效的政务环境、文明诚信的人文环境、健全透明的法律环境和公平有序的市场环境。

特别是面对“非典”疫情，市委、市政府及时下发了《关于防治“非典”型肺炎的通告》，坚持科学防治，群防群控，建立了市、县、乡、村、组五级防控网络。各级领导深入一线，靠前指挥。广大医务工作者恪尽职守，无私奉献。经过两个多月的艰苦努力，实现了“临床确诊病人‘零’死亡，医护人员‘零’感染”的防控目标，取得了抗击“非典”的重大胜利，铸就了“万众一心、和衷共济、迎难而上、敢于胜利”的伟大精神。

（翟俊彦　晋泽军）

民政工作

【防控“非典”疫情】　2003年上半年，面对“非典”疫情，全市民政系统广大干部职工坚持正常上班，严格遵守纪律，一手抓防控措施，一手抓工作。实现了全市民政系统无一人感染“非典”，各项民政工作在接受考验中得到加强的目标。

领导重视，四个到位防控措施严密。根据市委、市政府和省民政厅多次会议安排，市民政局充分发挥“上为中央分忧，下为百姓解愁”的职能作用。站在实践“三个代表”的高度，始终保持清醒头脑，做到在防控“非典”中思想到位，组织到位，工作到位，措施到位，成立了以党组书记、局长张建中为组长的防控“非典”领导组，负责对全系统的“非典”防控和非常时期民政工作的组织协调和落实，把责任和任务落实到科室，落实到人头，落实到具体工作中。

履行职能，主动开辟“六条战线”，直接为全市防控“非典”一线服务。提前运作，主动为市委、市政府提议，出台了《充分发挥村委会和社区居委会作用，群防群控“非典”蔓延的实施方案》，开展创建无“非典”社区和无“非典”村的群防群控活动，严防死守，筑起全市城乡防控“非典”的坚固防线。出台防控“非典”捐赠方案，做好社会捐赠款物的接收、管理、使用工作。市民政局直接接收捐款98.1万元，捐物折款24.8万元，全部用于防控“非典”专项支出。

排忧解难，帮助城乡困难群众解决实际困难。主动协调有关部门落实了社区贫困居民“非典”患者实行医疗救助优惠政策，落实了农民“非典”患者一律实行免费治疗的政策。较好地组织了对一线医护人员和特困家庭等6种人员的慰问。提前运作，下拨32万元，在对运尸车辆和火化炉进行更新和维修的同时，及时出台“非典”尸体火化预案，确保万无一失。积极引导，发挥民间组织和社团在防控“非典”工作中的作用。倡议和组织广大社会工作者和社区志愿者投身一线，服务一线。化解矛盾，扎扎实实做好信访人员的疏导和劝解工作，杜绝了民政信访对象在“非典”期间的上访问题。

精心组织，做早、做实、做细系统自身防控工作。4月19日市委、市政府动员会后，市民政局制定了一系列相应措施，对系统自身防控工作做出具体部署。特别注重做好社会福利院、复退军人精神病院、军休所、光荣院、福利彩票发行站、按摩医院等直属重点部位，以及局机关办公场所重点环节的防治工作，确保安全。严格24小时值班，建立每天“三问”、“四勤奋”、“五清楚”人员健康状况询查制，建立疫情“零”报告和日报告制度，暂停人员和车辆外出，严格执行市委、市政府规定的不集会、不聚餐、不参加婚丧嫁娶等措施，对家属区、办公区实行封闭式管理，建立有效的监控机制；对外出人员和外来人员严格排查，严格落实管好自己的人，看好自己的门，尽好自己的责，监测外来人的防范措施；积极筹集资金，购买中草药、消毒器材、消毒液，坚持一日三消毒措施。适时印发了三期《运城民政》防控“非典”专刊，综合各类信息60多条，指导防控工作。

（李　凯）

【第六届村委会换届选举】　2003年春，围绕做好第六届村委会选举工作，全市民政部门注重充分发挥职能作用，精心组织、扎实工作，通过加大宣传力度，培训选举骨干，建立完善配套法规，树立典型，以点带面，及时解决上访，严格按程序依法组织选举，确保了第六届村委会换届选举工作的顺利进行。同时，多次召开情况汇报会，并深入到各县（市、区）抓督促指导，要求严格实行一把手责任制，层层抓落实，真正把村委会换届选举工作当做一场硬仗来打，确保按期完成。6月底，全市3286个村委会已完成换届选举3251个，占98.9%。在此基础上，为了提高新当选的村委会干部素质，狠抓了培训工作。统一征订省民政厅组织编写的村委会干部培训教材3950本，做到了一村一本。及时开展自查自纠，总结经验，接受了省、市两级人大对部分县市农村换届工作的评议检查。稷山、平陆、盐湖等县区率先在全市出台了农村“四个民主”建设，进一步指导村委会健全换届交接制度、村民代表会议议事制度、村内重大事务决策程序、村民自治章程、村务公开和财务公开等制度，推进了民主决策，民主管理、民主监督进程。临猗县、稷山县被国家民政部授予“全国村民自治模范县”。

（李　凯）

【城市社区建设】　2003年上半年，在推广盐湖、夏县经验的基础上，又总结推广了闻喜社区改制“四到位、一落实”和稷山县社区建设“1363”工程的做法，以强力推进社区体制改革工作。年底，全市县城社区改制工作基本完成。先后改制组建社区96个，配备社区干部329名，共建设社区服务中心81个，社区警务室131个，社区医疗室151个，发展社区志愿者队伍1175人。千方百计改善社区条件，基本做到每个社区有人办事、有钱办事、有地方办事、有章办事。

实现了社区党建、卫生、文化、治安、环境同步建设，同步运行。协调相关部门办了实事，推动社区建设全面发展。协调配合组织部门开展社区党建工作，召开了全市社区党建先进工作经验交流现场会。协调配合市体育局，共同实施开展创建群众体育先进社区活动。协调配合市公安局在社区开展治安安全消防检查，实施综合治理，维护社区稳定。协调市卫生局，开展创建无“非典”社区活动。协调文化部门，基层文化单位，开展文化科技进社区，丰富社区居民文化活动。理顺了社区内各组织网络的关系，进而推动把社区建设成为城市管理工作的平台、城市居民服务的平台、城市民政工作的平台。

（李　凯）

【民间组织管理】　2003年，以《社会团体登记管理条例》和《民办非企业单位登记管理暂行条例》为依据，以培育发展和规范监督管理为目标，强调优化结构，合理布局，重点发展与经济发展密切相关的行业社团，与促进社会稳定密切相关的公益性民间组织，与引导农民致富密切相关的农村行业协会，与服务社区居民密切相关的社区民间组织。

在完善《社会团体重大活动申报制度》的基础上，规范了报告内容和审批程序。为激励社团组织争先创优，出台了《关于在全市社团中开展红旗社团评比活动的通知》，明确了评比范围，规定了十条标准，统一了评比方法与程序。区分六类社团，细化分类说明，掌握发展动态，解决了重视登记，忽视会员素质的问题。

为改变年检工作方式，提高年检工作效率，变等待上门为主动配合主管单位共同做好年检工作，出台了《运城市民间组织一站式联合年检办法》，做到“五联合、五统一、五严格”。在全省率先启动了民办非企业单位年检工作。全年依法注销社团5个，新登记审批社团17个，民办非企业单位8个，年检任务基本完成，社团和民间组织在社区经济发展中的作用日渐明显。

（李　凯）

【地名管理】　2003年，按照市委、市政府的总体要求，市民政局把行政区划管理同政府推动城市化建设，优化发展环境结合起来，以市政府名义出台《运城市地名管理办法》，加大宣传力度，公告标准化街路名称。加大工作力度，积极协调城建、土地等各方面关系，想方设法筹措资金，严格按照《地名标牌城乡》国家强制性标准，在市区街道“四街五路”16个交叉口设置了54块标准地名标志。以运城市区设置做示范，积极指导河津等县市做好城镇街路名称标准化处理和设置地名标志工作，促其规范化、标准化。各县（市、区）抽调专人，进行勘界资料整理归档，巩固勘界成果。完成全市村委会地名补查工作，先后七下河滩，配合市政府协调处理永济——芮城县黄河滩涂地界争议，化解了矛盾，维护了边界地区的社会稳定。　（李　凯）

【婚姻登记管理】　2003年，结合新《婚姻法》、新的《婚姻登记管理条例》的出台，在国庆节期间通过电视讲话、散发传单、出动宣传车、街头咨询等形式广泛宣传新《条例》、新规定。在基层推行公开收费标准、公开登记条件。坚持依法登记、按章办事、不断推行婚姻登记体制改革。永济等四县市争取编制。落实人员，成立了婚姻登记管理中心，开展集中登记，全天候服务，方便群众。全年全市共办理结婚登记27064对，结婚登记率85%以上，登记合格率99%；办理离婚登记2528对，合格率为100%。附表：

2003年各县（市、区）结（离）婚登记数

县（市、区）	结婚登记数（对）	离婚登记数（对）
盐湖	4566	605
永济	2900	190
河津	1568	199
临猗	2597	231
芮城	2000	350
万荣	2086	183
平陆	1078	94
新绛	1562	130
稷山	1320	46
闻喜	3296	172
夏县	1220	2
绛县	1441	158
垣曲	1430	168

此外，2003年，市民政局承办涉港、澳、台婚姻登记。共办理了2对涉港、澳、台婚姻登记。均对当事人进行了严格的审查后，颁布了结婚证件。　（李　凯）

【殡葬管理】　2003年，转发了山西省民政厅《关于重新规划火化区和制定殡仪馆发展规划的通知》。各县（市、区）积极推进土葬改革，为优化环境创造条件。永济市围绕中心，搞好服务，优化环境，实施殡改，配合市政府依法迁移市规划区坟墓220余座，受到当地市委、市政府好评。2003年，全市火化数779具，其中盐湖区殡仪馆火化尸体398具，绛县殡仪馆火化尸体381具。　（李　凯）

法制工作

【概述】　运城市法制办公室2001年成立，正处级建制，是市人民政府主管政府法制工作的直属机构。内设综合科、监督检查科和行政复议科3个职能科室。张新民担任办公室主任、党组书记，贾俊彦、樊丽霞担任副主任、党组成员。主要职责是：

（一）审查修改各部门报送市政府的规范性文件；组织起草事关全局的重要规范性文件；承办各县（市、区）人民政府和市直各部门制作的违法或不当的规范性文件的撤销和废止工作；负责各县（市、区）人民政府和市直各部门向市政府备案的规范性文件的审查工作，承办市政府的规范性文件向省政府的备案工作。

（二）组织行政执法部门对法律、法规、规章在全市的实施情况进行监督检查，依法纠正和处理违法行为或不当行为；负责抽查行政执法部门的执法质量，公开通报抽查结果；负责抽查群众举报的行政执法违法案件，并提出处理意见；负责处理市直各部门之间在执行有关法律、法规、规章中发生的矛盾和争议。

（三）具体承办行政复议工作；负责审查受理公民、法人或其它组织向市政府提出的行政复议申请；审理申请人对各县（市、区）人民政府和市直各行政执法机关的决定或行政处罚不服的复议案件，作出行政复议决定；负责审理向市政府提出的行政侵权赔偿请求，承办有关行政赔偿事宜；承办市政府的应诉事宜；指导监督县（市、区）及市直各部门的行政复议和应诉工作。

（四）负责行政执法人员的培训、考核、发证工作。

（市政府法制办公室）

【健全制度机制】 代市政府制发了《运城市行政执法监督检查规定》、《运城市行政执法投诉规定》。制订了《规范性文件草案审查制度》、《行政复议制度》，使各项工作有章可循；同时还健全了值班、请销假、档案等内部管理制度。

（市政府法制办公室）

【树立监督权威】 依法撤销了7起县级政府和市直工作部门违法不当行政决定，重点督促一市直部门停止执行了一份违法不当规范性文件，对50余起规范性文件进行了前置审核，围绕中心开展工作。对行政审批和行政事业性收费事项清理履行把关职责；协助市政府组建了运城仲裁委员会。

（市政府法制办公室）

【队伍建设】 2003年，在夏县召开了各县（市、区）法制办主任工作座谈会，组织与会人员赴侯马学习；坚持周五集体学习制度，全办80%人员发表了业务论文；对3100多名执法人员进行培训核发证件。

（市政府法制办公室）

人事工作

【大兴调查研究之风】 2003年，大力加强人事综合调研。从人事工作发展中急需解决的理论和实践问题着手，在配合省厅搞好“创新环境，人才强省”课题研究的同时，深入开展人事制度改革、人才队伍建设、人才市场建设和人事法制建设等方面的调查研究，总结实践经验，探索工作规律，为实施科学决策，转变工作作风，创新人事人才工作提供了宏观思路、理论依据和政策建议。向人事部推荐科研论文5篇。

深入调查研究，为民营经济发展提供人事人才工作支撑。为拓展人事人才工作的服务领域，积极推进民营企业人才资源开发，坚持服从和服务于经济建设这个主旋律。形成经济发展与人才开发良性互动，组织相关科室组成调研小组，对民营企业专业技术人才队伍建设进行了调研，撰写了《为民营企业做好嫁衣》调查报告，起草了《运城市人事局服务民营经济的若干意见》，对人事部门更好地服务于民营企业起到了积极的作用。

（张　晓）

【加大人才结构调整】 经济结构调整的过程就是人力资源不断优化配置的过程。班子成员多次下基层调查研究、请专家考察论证，起草了《运城“十五”和15年人才发展规划》，紧紧围绕培养、吸引和使用人才三个环节，集中精力建设具有运城市特色的人才队伍。

（一）培养乡土人才。针对农业大市，农业人口占到80%以上的特点，围绕市委提出的全面建设小康社会的目标，加大农村乡土人才开发培养力度，建立了乡土人才信息资源库，对乡土人才实行分类管理。截止2003年，全市乡土拔尖人才总量提升到3087名。年初，对140名有较大贡献的乡土拔尖人才进行了表彰奖励。本市在乡土人才资源开发工作经验，在2003年全国人事厅局长会议上进行了交流。并整理汇编了《全市乡土人才资源开发工作材料汇编》。

（二）稳定现有人才。探索专业技术职务评聘分离的实施办法，建立专业职务能上能下、待遇能高能低、充满生机和活力的用人机制。截止2003年，全市取得高、中级任职资格人员达到2.2万人，享受国务院津贴33人，各级各类专业技术人员达到6万人，全市专业技术人员接受继续教育面达到50%以上。

（三）引进优秀人才。按照急事急办、特事特办的原则，给市种子公司、中心医院引进了果树专家和心脑血管专家，及时为他们认定了职称，确定了工资，为他们长期在我市安心工作创造了有利和宽松环境。（张　晓）

【引深公务员制度改革】 紧紧抓住选拔、培养、管理三个关键环节，努力完善公务员管理制度和办法。坚持“凡进必考”。成功组织了外经贸局的录用公务员考试，择优招考公务员6名。抓好公务员培训。通过严格落实培训制度，2003年市直公务员进行十六大精神轮训达800人次。

完善年度考核工作。强化公务员激励和约束机制，对优秀等次人员实行数量控制和素质控制相结合的办法，把岗位目标责任制与年度考核结合起来，把服务对象的评价意见纳入考核的重要内容，对考核“走过场”的取消考核结果。坚持考核结果公示制度，加大了考核结果的使用力度。

加强公务员效能管理。在全省率先制定了《关于对国家公务员工作态度和效能问题投诉处理暂行规定》，设立投诉电话4部，并在新闻媒体公布，自觉接受群众监督和社会监督，有力地促进了公务员工作作风的改进。共接收举报电话35个，及时办结35件。

重点强化公务员表彰奖励工作。总结了盐湖区交警大队民警贾向军同志的先进事迹，推出了抗击“非典”中的先进典型。经向市政府领导请示，给予贾向军荣记市政府二等功，并以市政府名义进行了表彰。极大地激励了全市广大公务员在各自的工作岗位上恪尽职守，勇挑重担，夺取“抗非”战役的全面胜利。在抗击“非典”期间，市卫生局局长周迎、市中心医院医生韩爱玲因工作成绩突出，省政府荣记一等功，市传染病医院获省抗击“非典”先进集体称号。

（张　晓）

【企业军转干部解困】 竭力做好企业军转干部解困和不稳定因素的转化工作，全力维护社会稳定。为确保企业军转干部稳定，按照省、市的指示和部署，遵照“属地管理”、“谁主管、谁负责”、“条块结合，以块为主”的原则，做到点面结合，以点为主，面上普遍防范，点上重点控制，使企业军转干部无一人参与集体上访，保持了稳定局面。全市共补发企业军转干部工资189万元。妥善安置军转干部50人，接收自主择业18名，随调随迁家属10人。（张　晓）

【严格人事考试】 严格考风考纪，

实行数码摄像，为计算机考场安装“监视器”，成功组织了全国专业技术人员职称外语、经济专业技术资格考试4800多人次，对全市6000多名各类专业技术人员和管理人员进行了Windows98操作系统等八个类型累计13000多个模块的培训和考试，参考人员合格率达到78%以上。（张　晓）

【整体推进各项工作】　搞好行政审批制度改革，设立“一站式”网上行政审批服务窗口。按照“精简、统一、效能”和“决策、监督”相对分离的思路，重点在“减管、下放、规范、提高”上下功夫，进一步清理审批事项，根据“上下对接”的原则，保留7项，取消5项，改为备案1项。

扎实扶贫，帮民致富。全局共有19名县科级干部在平陆县的8个贫困村和万荣县的1个贫困村扶贫包点。市人事局一直把扶贫工作作为大事、要事来抓，先后制定了9个扶贫点的近远期发展规划和扶贫目标，一年间，共为扶贫点争取扶贫款项11万元。“非典”期间为扶贫点捐款2460元。局机关资助款项24000元。水灾期间共为扶贫点捐款12000元，捐物220件。

向各评委会推荐高级参评人员488名，中级参评人员2130名，参评人员332名。将乡土人才和民营企业专业技术人才纳入职称评审的工作范围，向各评委会推荐中级参评人员450名，初级参评人员679名。完成1465名文秘资料员中级工、144名收银审核员初级工的培训考核。协助省厅在运城市成功举办了全市机关事业单位文秘、资料员、收银审核员三个工种的技师培训班。

完成1999、2000年度1450名民办教师转正审批工作，对2002年组织选拔的85名高校毕业生到农村基层工作进行岗前培训。会同市农业局向省人事厅上报2名农村优秀人才。完成了市直单位1.5万余人两年一次正常工资晋升，建立了完善的人员数据库，实现了对市直各单位和人员的分类与动态管理。严格执行上级计划，加强宏观调控工作，向市直教育系统下达全额增干计划337名，下达复退军人安置指标34名，向县（市、区）下达事业单位增干计划1620名。共征缴养老保险费260万元，失业保险费140万元，支付养老金12万元。（张　晓）

地方志工作

【全面加强地方志办公室建设】　2003年，地方志办公室领导班子本着团结、勤勉、务实、高效的原则，在“三个代表”重要思想的指导下，坚持团结稳定、谋求发展、努力创新的指导思想，使得地方志办公室政治上有所进步，环境上有所改善。

办公室从健全领导班子集体决策、分工负责入手，建立了正常的办公制度，保证了全办日常工作的开展；以贯彻落实“十六大”精神为契机，深入进行“三个代表”重要思想的学习教育，使办公室出现了思想上共谋发展，工作上同心协力的良好局面；办公室党支部建设得到了加强，扭转了组织焕散状态，发展了两名新党员和一名预备党员，改变了过去多年来的思想混乱、纪律松弛、人心涣散的局面。（张武虹）

【修志成果】　①圆满完成了2002年版《运城年鉴》的编辑出版发行任务，并着手开展2003年版《运城年鉴》的资料征集编纂工作；②完成了《运城市交通续志》、《侯运高速公路志》、《关公文化志》、《历山志》、《运城信用合作志》等专业志和部门志的送审稿的评审；③铺开了《运城市旅游志》和征编工作；④指导有关部门开始了《康杰中学志》和《运城市军事志》的编纂工作；并积极筹划财政、教育、文化、文物、残联等志的编纂工作。（张武虹）

【利用方志资源】　至2003年全市共出版市县两级志书16部，专业志书52部，各类地情资料书11部，点校出版旧志书8部。全市各类志书出版总计达87部（册）约6000万字。这些志书的出版发行，为各级党政领导提供了有力的决策依据，对推动全市的发展起到了重要的作用。万荣县方志办通过编纂《后土》杂志和出版《后土源流》、《后土渊薮》两书，推动了全球华人到万荣县后土祠的祭奠活动，为万荣县的旅游业发展做出了贡献。永济市志办通过对志书中有关黄河铁牛、鹳雀楼、普救寺、五老峰文化的挖掘和研究，把文化资源转化为旅游资源，使旅游业成为该市最具潜力的新的经济增长点。

【省委、省政府表彰运城市地方志工作】　由于本市方志工作成绩显著，2003年9月30日省委、省政府召开的全省方志工作会议上，全市有5个县市和27名个人受到表彰奖励，市地方志办公室荣获集体一等功。（张武虹）

档案工作

【狠抓责任制落实】　2003年，由于受非典型肺炎疫情的影响，市档案局于5月9日召开了全市档案工作视频会议。市人大、市政府领导、市档案局全体人员、市直“十佳单位”主要负责人在运城主会场参加了会议；各县（市、区）分管档案工作的副县（市、区）长、档案局全体人员在各县（市、区）分会场收看了会议。会议对2002年度全市档案工作先进单位和2002年度全市档案行政执法检查情况进行了表彰通报。市人大副主任詹进宝、副市长柴林山参会并作重要讲话。会后，柴市长与各县（市、区）分管档案工作的副县（市、区）长，韩局长与各县（市、区）档案局局长分别签订了目标责任书。（薛燕萍）

【加强学习培训，提高档案人员素质】　全市14个档案（局）馆坚持每周一政治理论学习，组织广大干部职工深入学习十六大精神，准确把握十六大的思想精髓，自觉把思想和认识统一到十六大精神上来，把智慧和力量凝聚到完成十六大确定的各项任务上来，落实到档案工作中去，进一步解放思想，转变观念，开拓创新。通过学习，在全市广大档案干部职工中形成了干到老，学到老，自觉接受和进行学习教育的学习观，形成不同岗位，不同级别都有新的学习目标、任务和要求，从而培养和造就了掌握现代化知识的复合型人才和专门人才，为档案工作的顺利开展奠定了基础。

市、县两级注意加强对档案人员的业务培训，不断提高档案人员的专业素质。市档案局于10月30日至11月6日举办了《归档文件整理规则》业务知识培训班，共50余人参加了培训。各县（市、区）也针对各自的实际情况举办了不同层次、不同形式的培训班。据统计，全市市、县两级共举办培训班7期，参加培训人数达380人。通过培训，档案员了解了新事物、新方法，从而更好地为社会服务，为各级领导决策服务。　　（薛燕萍）

【宣传贯彻《档案法》，推进依法治档】　开展形式多样的宣传活动。9月5日，是《档案法》颁布16周年的日子，市档案局、垣曲、夏县、新绛、绛县等县（市）档案局的干部职工身披绶带走上街头，设立档案咨询台，进行档案法规的宣传。据统计，共悬挂横幅13条，散发《档案法》、《档案法实施办法》及《山西省档案管理条例》等宣传材料58000余份，咨询人数达2300余人次。通过宣传，使社会各界人士更加了解了《档案法》，促使大家知法、懂法、守法、依法行政、依法治档。

行使职权，进行执法检查。“非典”疫情以来，在市委、市政府的高度重视和正确领导下，万众一心，群防群控，使疫情得到了有效的控制。而且还涌现了许多好的经验和做法，形成了大量的文件材料。这些文件材料是党和政府领导人民抗击非典型肺炎疫情的真实记录，对于今后的历史研究和经验借鉴具有十分重要的价值。为此，市档案局特派业务指导人员，深入到“非典”办，具体指导防治非典型肺炎工作文件材料的收集归档工作，使档案材料能够为领导及时准确地掌握“非典”防治工作动态，进行科学决策提供鲜活、翔实的第一手材料。另外，市档案局针对性给各县（市、区）专门下发了《关于做好防治非典型肺炎工作文件材料收集归档的意见》，确保了全市“非典”文件材料收集齐全，归档有序。

为了加强对防治“非典”文件材料收集归档工作的督促指导，保障全市涉及非典的单位此项工作的顺利开展，市政府办公厅从市档案局、市防疫站等单位抽调人员组成联合检查组，于9月15日至9月22日，对全市两级防治“非典”指挥部办公室、防疫部门和定点治疗“非典”患者的医疗机构等单位在“非典”期间形成的文件材料收集归档情况进行了一次全面检查。检查采取听汇报、问情况、看档案的方式，对各单位防治“非典”工作中形成的各种文件材料是否收集齐全、整理是否规范、是否移交档案室或档案馆等，以及定点医院的病例档案进行了检查。通过检查，切实把这项工作落实到实处，提高了大家对档案，尤其是“非典”档案的重视程度。　　（薛燕萍）

【严防“非典”，奉献爱心】　为认真贯彻落实市委市政府关于“非典”防控工作，市档案局制定了防治“非典”工作实施方案，成立了防控领导组，并制定出6条具体措施，公布了值班人员名单和值班电话，坚持每天下午6时向市政府报告本局所有人员体温的情况。5月8日，市档案局党组书记、局长韩天佑组织召开了全体人员会议，安排部署，在全局开展了“抗非典、送温暖、献爱心”的捐款活动。局领导和工作人员15人共捐款700元，当即交给了捐赠接受中心。10月20日，针对全市持续降雨，部分地方出现大面积房屋倒塌，群众伤亡严重的特殊情况。档案局再次召开会议，号召全局人员积极开展“助灾民、送温暖、献爱心”的募捐活动，帮助灾民重建家园。会后，全局共为灾民捐款1800元，奉献了档案人的一片爱心。　　（薛燕萍）

【一手抓防治“非典”，一手抓档案工作】　档案局全体同志从局长到司机人人动手，针对“非典”的特殊时期和档案工作的特殊性，全力以赴改案卷、输目录，即把档案馆库内库存的全部档案按照新标准、新要求，逐个进行鉴定和修改，使之尽快符合现代化管理的需要。鉴定和修改后的档案目录全部输入微机，为档案馆尽快实现数字化管理奠定了基础。据统计，档案局共修改案卷11900卷，输入目录15万条，完成了14万件全国重点档案抢救的申报工作。农村建档工作已近尾声，全市行政村已建档3313个，建档率达94.2%。机关档案室定、升级累计完成1012个，其中省三级593个，省二级257个，省一级162个；2003年度定、升级8个，其中省二级4个，省一级4个。企业档案目标管理认定累计完成223个，其中省级166个。国家二级56个，国家一级1个。科技事业单位档案管理目标认定累计完成145个，其中省级33个，国家二级11个，国家一级1个。乡镇企业累计建档190个。　　（薛燕萍）

【改善馆库设施，拓宽服务领域】　2003年，市档案局在市政府的关心支持下，购置了3套9节底图柜，安装了档案管理软件及WPS服务器。同时。狠抓了馆内的业务建设，督促、指导、检查“非典”材料的收集归档工作，编制了各种检索工具，健全了各项规章制度，开发了档案信息资源。据统计，全市14个综合档案馆共接收进馆各种档案资料4878卷（册），为5480人（次）提供了利用档案13125卷（册），提供具有法律效力的档案凭证复印件2763页。　　（薛燕萍）

【注重通联工作，提高理论研究水平】　市、县两级档案局都注意加强档案学理论研究，调动档案人员撰写档案专著、论文向报刊杂志投稿的积极性。据统计，共撰写论文37篇，在国家级报刊杂志上发表文章、报道9篇，在省级报刊杂志上发表文章、报道36篇。在第五次全省档案学优秀成果评奖和跨世纪人才评奖活动中有16人获奖，其中二等奖1个，三等奖15个。

（薛燕萍）

机关事务管理

【开工建设荟萃花园住宅小区】　2003年5月11日，荟萃小区开工建设。荟萃花园位于新城区，占地206亩，总建筑面积18万m^2，其中住宅楼39栋共16万m^2，公共建筑2万m^2，由上海同济大学进行初规设计，运城市建筑设计院进行详规设计。整个规划富有人性化，是一个高品位的生态型绿色家园，在空间、环境和市场定位上将引领运城房地产发展的新潮流。开工之后，由于遇到了罕见的持续阴雨，在当年6～10月的几个月，因受下雨影响而无法施工的时间多达69天，再加上钢材、砖等建筑材料的价格接连上涨，工程进展较为迟缓。

在荟萃小区建设上，积极推进住房制度改革。根据国家住房制度改革的要求，按照省、市政府“停止住房实物分配，实行货币化分房，逐步实现住房分配社会化”的政策；在小区的分配上，打破论资排辈，不再实行打分排队，不管任何人，一律按照预交房款的先后顺序依次选房；在小区的售房上，价格略低于市场价。（郑文胜）

【开工建设人大、政协办公楼】 3月7日，市领导决定拆除陈旧的机关东西楼，重建人大、政协办公大楼。3月13日，向东西楼40多个楼上办公的单位下发了搬迁通知。4月15日完成搬迁。尽管东西楼拆除时，遇上防控“非典”，但仍想方设法于6月12日完成拆除。6月2日，市四大班子联席会议决定采用上海同济大学的叠式设计方案，前楼9层，后楼13层；建筑规模2.6万m^2，资金预算6500万元。6月24日破土动工，开挖基础。（郑文胜）

【组织实施“三优一创”】 根据市委办公厅、市政府办公厅的文件要求，市机关事务管理局开展了以“优美环境、优良秩序、优质服务、创建文明大院和单位”为主要内容的“三优一创”竞赛活动。7月11日召开动员大会，市直各单位的副局长和办公室主任近百人参加了会议。《运城日报》、运城电视台等等都作了重点报道。会后，进行督查指导，解决问题，积极推进“三优一创”活动。7月31日，进行了检查验收。9月5日，召开流动现场会。唐大雄副书记、张建合秘书长、牛守正秘书长等市领导带领大家先后参观了劳动局、地税局、教育局、公安局的机关大院，并在市公安局八楼会议室召开了“三优一创”总结表彰大会，共有11个单位受到表彰。（郑文胜）

【积极推进机关通讯社会化】 服务社会化是后勤改革的方向。2003年，机关通讯在社会化方面迈出了可喜的一步。机关通讯设备已经使用八年，早已超过5年的使用期限。在经费极其紧张、无力购置新设备的情况下，为确保正常通信，经过与运城市通信公司协商，由其投资技术、线路和新设备购置费340万元；提供办公用房、办公用具及水电暖等系列资源，合作组建了“运城市通信公司市委市政府机关分局”，分局实行自主经营，自负盈亏，独立核算。随着分局的成立，机关通讯进入市场，实现了社会化。（郑文胜）

【继续深化干部人事制度改革】 自2002年开始，市局就对9个服务中心主任实行聘任。2003年继续坚持聘任的同时，对幼儿园、汽修厂和加油站也实行聘任，并下发任期工作目标任务书，进行严格考核，全年分季度听取工作汇报四次，下发督查要点三期。特别是对2002年的考核方案进行了修改，完善了考核体系，细化了考核指标，使考核更具全面性、合理性和可操作性。同时，在9个服务中心进行试点，对一般人员实行全员聘用。

对全员聘用的工作流程进行了规范，制订了“一二四”工作程序，即一个原则、两个阶段、四大步骤，一个原则就是“班组长竞争上岗，一般人员双向选择，所有人员稳妥推进”；第一个阶段是班组长竞争上岗，并由中心主任聘任，第二阶段是由班组长聘任一般人员；四个阶段包括宣传动员、竞岗演说、班组长聘任、一般人员聘任。各中心按照这个程序进行了全员聘任，从3月初开始，到4月底结束，历时两个月。已经初步建立起“行政科室竞争上岗、服务中心年度任期、一般人员全员聘任”的干部选拔任用新机制。（郑文胜）

【全面加强安全保卫】 6月4日，成立了市委市政府第六家属院盐湖公安分局东城派出所警务区。6月5日，盐湖公安分局巡警六大队在大门口建立值勤点，机关三警联防正式启动，保卫科负责机关内部岗位执勤和巡逻，严控大门，24小时在街道执勤，初步形成了“打、防、控”一体化的治安防范网络。今年重建了十二院大门，机关安全保卫工作进一步得到强化。（郑文胜）

【幼教工作成绩喜人】 9月，幼儿园开办了奥尔夫音乐特色班，特色班深受家长欢迎，各个家长争相报名入班。经过严格筛选，共招收幼儿60名。幼儿园还被省妇联、省政府机关事务管理局联合授予“巾帼文明示范岗”，园长邵小英也被授予“山西省三八红旗手”。（郑文胜）

政协工作

【坚持把促进发展作为履行职能的重点】 2003年，市政协本着围绕中心、服务大局的原则，按照中共运城市委一届四次全会提出的“聚精会神抓发展，全力以赴促翻番”的战略部署，以促进发展为重点，发扬民主，深入调研，积极建言献策。市政协把一届十一次常委会的议题确定为农村富余劳动力转移问题，并组织市县两级政协同时展开调查研究。经常委会专题讨论后，向市委、市政府提交了《关于着力解决农村富余劳动力输出工作中几个突出问题的建议》，引起市委、市政府的高度重视。市委常委会议专门听取了市政协关于农村富余劳动力输出建议的专题汇报，进一步在全市明确发出了“百万农民出河东”的动员令，各县（市、区）纷纷响应，外出务工经商农民明显增多。

市政协还充分发挥专题报告、提案和反映社情民意的主渠道作用，开展经常性的调查研究，及时为市委、市政府提供决策参考。市政协充分发挥各专委会和广大委员的作用，就市委、市政府十分关注、人民群众普遍关心的热点难点问题展开调研，分别向市委、市政府提出了《构建企业信息化平台，推动我市企业步入新型化工业轨道》、《防治“非典”应采取六条断然措施》等各种重要意见和建议100余条。（刘东吉）

【履行民主监督职能迈出了新步伐】 根据市委安排，市政协把对盐湖周边环境整治工作的评议，作为强化民主监督职能的突破口，进行了有益的探索。市政协先后组织委员对整治工作进行了三次专项视察，掌握了大量的第一手资料，又提出了许多很好的整治建议。市政协一届十二次常委会议把负责盐湖周边环境整治的市政府国土资源局、城建局、水务局、环保局、林业局及盐湖区政府列为评议对象，在听取各有关单位详细汇报的基础上，常委们对“一府五局”的整治工作进行了无记名投票。这次评议既对职能部门触动较大，又对盐湖周边环境整治工作起到了有力的推动作用。

同时，市政协还把组织好委员议政发言，作为民主监督的有效形式。在市政协一届三次会议议政发言中，张建国委员反映的司法不公等问题，引起市委主要领导的高度重视。市委书记黄有泉当晚主持召开委员质询会，让公安局、检察院的负责人面对面接受政协委员的质询，并责成市纪委对委员反映的执法不公问题立案查处。此事在调查处理过程中，引起了新闻媒体尤其是《人民政协报》的关注，市政协从维护和尊重委员履行民主监督职能的权利出发，多次督促有关部门，使问题得到了妥善解决，并向《人民政协报》作了认真回复。《人民政协报》“民意周刊”在2003年12月15日头版显著位置发表了市政协《关于〈政协委员议政发言何错之有 > 的答复》，并配发了题为《一个令人欣慰的答复》的短评。评论赞扬说：“运城市有关职能部门终于向政协委员交上了一份满意的答卷；政协委员参政议政的努力，终于结出了硕果。”此外，市政协还组织部分委员对运城民航机场建设、风陵渡开发区建设及新绛县的民族宗教工作进行了三次视察，既掌握了情况，又加强了监督，收到了良好的效果。

（刘东吉）

【组织委员积极参加抗击“非典”的斗争】 2003年春夏之交，面对突如其来的“非典”疫情，市政协按照市委、市政府关于防控“非典”的工作部署，及时学习传达中央精神，动员和组织广大政协委员积极投入到抗击“非典”的战斗中去。

密切关注疫情，积极建言献策。“防非”期间，根据疫情的不断变化，各级政协组织和广大政协委员，积极通过提案和社情民意的渠道向市委、市政府建言献策。

恪尽职守，始终奋战在第一线。许多政协委员、民主党派成员担负了所在单位“防非”的领导职责。一大批身为医务工作者的政协委员，危难时刻挺身而出，战斗在“抗非”最前线，以精湛的医疗技术和无私的奉献精神，与广大人民群众风雨同舟，共赴时艰，成为战胜“非典”的中坚力量。奋战在经济战线的广大委员克服重重困难，努力搞好生产经营，做到了防控“非典”和发展经济两不误。

积极奉献爱心，踊跃捐款捐物。据不完全统计，全市政协系统共向奋战在一线的医护人员和困难群众捐款、捐物、捐药总价值约300余万元。

深入基层访查，维护社会稳定。市政协领导和各民主党派、工商联负责人多次深入到基层督查“防非”工作，慰问医务人员和干部群众，宣讲“防非”科学知识。有的政协委员还开设了咨询热线、心理门诊，用各种方式稳定人心，为维护正常的社会秩序发挥了重要作用。（刘东吉）

【加强提案和反映社情民意等经常性工作】 督办委员提案、反映社情民意、开展联络联谊、编发文史资料等既是人民政协履行职能的重要形式和经常性工作，又是政协各参加单位和委员行使民主权利、开展民主监督、实行对外交往、发挥独特优势的重要渠道。对这些经常性工作，市政协坚持常抓不懈，常抓常新。

提案办理水平明显提高。通过领导督办、协商座谈、专题调研、走访承办单位、定期联络等方式，使提案质量和办理水平有了明显提高。许多提案抓住了政治经济生活中的热点问题，所产生的经济效益和社会效益比较可观。像张建国等37名委员的联名提案《应严肃查处经济适用房建设中的问题》，经市委、市政府领导批示，职能部门联合办理，对提案涉及的四家房地产公司，在开发经济适用房中的严重违法违规问题进行了严肃处理，为国家挽回经济损失1257万余元。同时，在提案办理方式上进行了有益的探索。如在办理涉及市供电分公司的三个提案时，市政协多方协调，把政府有关领导、撰写提案的16名委员和供电分公司负责人集中到一起，现场办理提案。不仅使三个提案很快答复，达到了相互理解、增进共识的效果，而且摸索出了一条面对面、现场办的提案办理新途径。

反映社情民意工作成绩显著。2003年，市政协的反映社情民意工作，坚持以为领导科学决策服务、为履行职能服务、为经济建设服务为宗旨，在采编和报送社情民意方面逐步实现了三个转变。即由数量型向质量型转变，由个体型向群体型转变，由传统型向网络型转变。社情民意的质量和时效较过去有了明显提高，被中办、国办、全国政协、省政协和市委、市政府采用300余条（篇），荣获全省政协系统信息工作二等奖。

文史资料工作开局良好。在保护和抢救河东古老文化、征集文史资料方面，开展了三项工作。（一）历时8个月，完成了阎逢春蒲剧艺术“音配像”工作。此项工作在全国地方剧种中尚属首创；（二）编辑出版了首辑《河东文史》，先后征集各类史料200余篇、50余万字，图片资料数十张；（三）市民盟盟员、86岁高龄的运城师范离休教师周庆义老先生，在病床上对河东五千年诗词倾心编注，完成了一部《河东诗选》手稿，由市政协出资予以整理出版。这“一戏两书”的出版发行，对抢救河东古老的文化遗产，发展先进文化起到了拾遗补缺、继往开来的作用。

联络联谊工作日趋活跃。市政协十分注重与全国各地政协以及海内外的联系，去年共接待全国各地政协考察访问团79批，980多人次，外出考察5次，同全国180个地市政协建立了友好关系。通过联络联谊活动，既增进了相互之间的学习、联系和沟通，又广泛宣传了运城，扩大了运城的知名度。

（刘东吉）

【政协自身建设不断加强】 学习实践“三个代表”重要思想是一项长期的战略任务。为此，市政协始终把组织政协委员和机关干部的学习放在首要位置。

通过举办各种报告会、座谈会、培训会、专题讲座，认真学习了中共十六大和十六届三中全会精神及省委政协工作会议精神，加深了对“三个代表”重要思想的理解，进一步明确了“三个代表”重要思想的理论基础、科学内涵和精神实质；

联系工作实际，学习了统战知识、政协理论以及中央和省市关于做好政协工作的一系列方针政策。市政协联合市委统战部、闻喜白玉镁业有限公司，组织各县（市、区）政协和各民主党派，举办了“白玉杯”政协统战知识竞赛。在此基础上，又组队参加了省政协举办的“光大杯”政协统战知识竞赛，并获得三等奖；

联系思想实际，用“三个代表”重要思想武装政协干部和政协委员的头脑，引导他们不断树立正确的人生观、世界观和价值观。通过坚持不懈地学习教育，增强了广大委员和政协工作者履行职能的责任感和使命感，全面提高了素质，锻炼了队伍，在全市政协系统形成了一个比学习、做贡献的良好风气，为创新政协工作奠定了坚实的政治理论基础。 （刘东吉）

政协例会

【一届三次全会】 2003年3月24日至27日，政协第一届运城市委员会第三次会议在市委大楼南风会议厅隆重召开。334名委员出席了会议。会议听取审议了市政协副主席李玉燕所作的《全面贯彻中共十六大精神，努力开创运城市政协工作新局面》的工作报告；听取审议了市政协副主席刘高迪所作的关于一届二次会议以来提案工作情况的报告；列席了市人大一届五次会议，听取了《政府工作报告》和其他报告；审议通过了政治决议、常务委员会工作报告决议、提案工作报告决议和提案审查情况报告。省政协副主席、省工商联会长边鸣涛到会祝贺并讲话。中共运城市委书记黄有泉在开幕式上作重要讲话，市政协主席李天样在闭幕式上作了题为《努力创新政协工作》的讲话。会上，共有10位市政协委员作了议政发言。 （刘东吉）

【一届九次常委会】 3月23日，政协第一届运城市委员会常务委员会第九次会议在运城大酒店召开。市政协主席李天样，副主席李玉燕、刘高迪、柴瑞霭、王七庚、史海涌、王正选，秘书长孟昭民及常委共52人参加了会议。在运省政协委员、各县（市、区）政协主席和市政协副处级以上领导干部列席了会议。会议由市政协副主席李玉燕主持，秘书长孟昭民对一届三次会议日程变动及主席台座位安排等情况进行了说明。会议通过了变动后的一届三次会议日程。（刘东吉）

【一届十次常委会】 3月26日，政协第一届运城市委员会常务委员会第十次会议在运城大酒店召开。市政协主席李天样，副主席李玉燕、刘高迪、柴瑞霭、王七庚、史海涌、王正选，秘书长孟昭民及常委共55人参加了会议。市政协副主席李玉燕主持会议。会议讨论通过了《常委会2003年工作要点》。市政协主席李天样就如何落实好全会通过的2003年工作建议和常委会通过的22条工作要点作了重要讲话。

（刘东吉）

【一届十一次常委会】 6月25日至26日，政协第一届运城市委员会常务委员会第十一次会议在运城大酒店召开。市政协主席李天祥，副主席李玉燕、刘高迪、王梦飞、柴瑞霭、王七庚、史海涌、王正选，秘书长孟昭民及常委共54人参加了会议。中共运城市委副书记唐大雄，副市长安德天出席会议。在运省政协委员、各县（市、区）政协主席、市政协机关副处以上领导干部和市直有关部门负责人列席会议。会议进行了六项议程：(1)市政协主席李天祥通报了省委督查组督查调研运城政协工作情况；(2)运城市副市长安德天通报了全市农业和农村工作情况；(3)市政协副主席王七庚作了《关于着力解决农村富余劳动力输出工作中几个突出问题的建议》的说明；(4)平陆县委书记姚十保介绍了全县农村劳动力输出工作经验；(5)讨论通过了《关于着力解决农村富余劳动力输出工作中几个突出问题的建议》（讨论稿）；(6)市政协主席李天祥就“一手抓防治‘非典’，一手抓履行职能”作了重要讲话。

（刘东吉）

【一届十二次常委会】 9月27日至29日，政协第一届运城市委员会常务委员会第十二次会议在运城大酒店召开。市政协主席李天祥，副主席李玉燕、刘高迪、王梦飞、柴瑞霭、王七庚、史海涌、王正选，秘书长孟昭民及常委共52人参加了会议。会议期间，运城市副市长柴林山代表市人民政府向常委们通报了盐湖周边环境整治情况，盐湖区政府及市政府水务局，国土资源局、林业局、城建局、环保局负责人分别汇报了各自的治理情况。常委们在实地视察了盐湖周边环境整治情况之后，对盐湖区政府及五个职能部门进行了民主测评。副市长安德天最后代表市政府做了表态讲话。 （刘东吉）

【一届十三次常委会】 12月25日至26日，政协第一届运城市委员会常务委员会第十三次会议在运城大酒店召开。市政协副主席李玉燕、刘高迪、柴瑞霭、王七庚、史海涌、王正选，秘书长孟昭民及常委共55人参加了会议。会议讨论通过了提交市政协一届四次全会的《常委会工作报告》（讨论稿）和《关于一届三次全会以来提案工作情况报告》（讨论稿）；讨论通过了《关于学习贯彻〈中共中央关于完善社会主义市场经济体制若干问题的决定〉的意见》。中共运城市委副书

记唐大雄和市政协副主席李玉燕分别作了重要讲话。　（刘东吉）

重要活动

【深入扶贫点开展“非典”防控工作】 2003年5月9日，市政协主席李天祥，副主席李玉燕、刘高迪、柴瑞霭、王七庚、王正选，秘书长孟昭民、副秘书长邹光存、杜自立，带领机关干部深入到芮城县的县南、夭头、东石门、高金、芦王村、平陆县的横尖村和夏县的梨树坪扶贫点，开展防治“非典”知识宣传，发放了宣传张贴画，赠送了消毒药品和桌椅等办公用具。同时，帮助每个在外打工人员家属做好夏收生产生活安排，共为困难户发放资金6000元。　（刘东吉）

【视察运城民航机场建设】 6月26日，市政协一届十一次常委会全会期间，由孟昭民秘书长带队，参会同志视察了运城民航机场建设情况。　（刘东吉）

【视察风陵渡开发区】 6月27日9市政协主席李天祥带领48名市政协常委和各县（市、区）政协主席对风陵渡开发区建设情况进行了视察。通过对山西强胜集团风陵渡油脂总公司、黄化公司、联侨食品有限公司、晋宝工业园区、风陵渡中学教育园区的视察和听取开发区委员主任姚震海的情况汇报，常委们对开发区建设所取得的显著成就给予了充分肯定，并就如何进一步搞好规划，加快发展提出了意见和建议。　（刘东吉）

【视察盐湖周边环境整治情况】 9月27日，市政协一届十二次常委会期间孟昭民秘书长带队视察盐湖周边环境整治情况，常委们对盐湖区政府及五个职能部门进行了民主测评。　（刘东吉）

【“白玉杯”政协统战知识竞赛】 10月10日，市政协办公厅和市委统战部联合在市广播电台举办了“白玉杯”政协统战知识竞赛。市委副书记安永全、唐大雄，市人大副主任焦阳生、市政府副市长吴菊仙、市委宣传部副部长曹吉安应邀参加了竞赛活动。市政协副主席、市委统战部部长李玉燕，市政协副主席刘高迪、王七庚、史海涌，秘书长孟昭民、副秘书长杜自立及政协机关和统战部全体同志，市各民主党派负责同志也都参加了竞赛活动。　（刘东吉）

群众团体

运城市总工会

【全力以赴投入“防非抗非”斗争】 2003年，“非典”袭来，全市各级工会组织认真贯彻党中央和省、市委统一部署，认真执行了全国总工会、省总工会和市总工会的工作要求，积极投入到“防非抗非”斗争之中，并圆满地完成了各项任务。

发挥工会的职能作用，团结和带领全市各级工会组织和广大职工，开展“防非抗非”工作。市总工会积极参加全市防治“非典”领导组的工作，向全市各级工会组织、广大职工发出号召。要求一切行动服从命令，听从指挥，严守纪律，执行规定；要求一手抓“防非抗非”，一手抓好生产，坚守岗位，努力工作；要求把“防非抗非”作为当前维护职工权益的首要任务。许多工会组织处于“防非抗非”第一线，承担主要任务，包括发放药品，清理卫生，负责组织隔离监护，负责组织职工开展各种健身活动等等。

把握角色，积极支持“防非抗非”工作。“五·一”节到来之际，市总工会到“防非抗非”一线的医疗单位进行慰问并送去一万元慰问金。市总工会机关发动个人为“防非抗非”一线医护人员捐款1200多元。同时，市总工会还在《运城日报》上向战斗在一线的医护人员发了慰问信。五月下旬，市总工会又在市文化宫露天广场与文化局、卫生局、广播电视局联合举办了“和衷共济筑长城”防“非典”慰问演出。河津、新绛等县市都以不同方式对一线医护人员进行了慰问。市、县两级工会并对先进单位和个人进行记功表彰。

抓好工会系统自身的“防非抗非”工作。管好自己人，看好自己门。全市各级工会都建立了“防非”领导组，实行一把手负责制，实际24小时值班制度、报告制度。严格门卫登记、测温，加强机关卫生、家属院卫生、家庭卫生和个人卫生工作。各工会机关普遍购买发放了消毒液、口罩、药品等。

全市各级工会组织共投入“防非抗非”资金100多万元，其中慰问捐助10万元，购买防疫药物50万元，购健身器材20万元，投入环境卫生改造20万元。　（王　凡）

【抓学习提高素质】 “非典”打乱了正常的工作秩序，但也创造了难得的学习机遇。根据省总工会的部署，不失时机地组织安排了学习，包括学习内容、学习方法、学习交流等。市总工会首先开展了对十六大精神的学习，重点开展了对“三个代表”重要思想的学习。要求大家从时代背景、实践基础、科学内涵、精神实质和历史地位上深刻认识，学习“三个代表”的重要思想；要求大家深刻领会“三个代表”的基本精神，从解放思想、实事求是、与时俱进上去认识；要求大家学习必须联系实际，学习“三个代表”，联系全面建设小康社会、实现中华民族的伟大复兴，联系维护职工权益、与时俱进创新工会工作，联系如何适应新形势、提高自身素质、当好工会工作者。

在学习“三个代表”重要思想中，共下发学习读本1400余册，组织十六大知识竞赛，收回答卷1万余份。各级工会组织还采取了座谈会、黑板报、有线电视、知识竞赛、演讲等多种形式的学习竞赛活动。在全省职工“学习宣传贯彻中国工会十四大精神”知识竞赛中，排名第一，荣获金奖，受到省总表彰和喜奖。

还安排了对《工会法》、《劳动法》、《安全生产法》、《山西省实施〈工会法〉办法》等涉及工会工作的法律、法规的学习。（王　凡）

【建立了政府与工会联席会议制度】2003年，市总工会侧重重大问题的决策与出台，根据《工会法》和《山西省人民政府与省总工会联席会议制度》，市总工会先后几次找市长、常务副市长、政府秘书长汇报协商制定了《运城市人民政府与市总工会联席会议制度》。《联席会议制度》规定：市政府与市总工会联席会议原则上每年举行一至两次，如遇紧急和重要问题，经过提前协商可随时举行。并要求各县（市、区）人民政府都要与同级工会建立联席（联系）会议制度。

2003年，市政府研究运城市煤气焦化厂的改制问题专门向市总工会通报情况，就工人就业安置问题、养老保险问题、企业工会问题等方面进行协商。《运城市人民政府与市总工会联席会议制度》批转各县市参照执行，各县、市相继建立了与政府联席（联系）会议制度。（王　凡）

【平等协商签订集体合同的工作】根据省总工会的安排，从年初开始把平等协商、签订集体合同列入工作的重点，在全市工会工作会议上作了安排，并请省总工会张德合部长作了大会辅导。根据运城情况和防"非典"实际，把"合同月"改为"合同年"，全年对这一工作推进。市总工会为此专门召开主席办公会议，研究制定工作措施，责任落实到人，目标明确。市总工会两次下发通知，对搞好活动月作出安排部署，并制订了《全市关于推行企业工资集体协商工作的指导意见》。并选定河津、绛县、永济、夏县等县市为典型示范县市原计划召开平等协商、集体合同暨工资集体协商流动现场会，8月初召开流动现场会，再次掀起全市平等协商、集体合同工作的高潮。2003年底，全市应签集体合同企业1038个，已签930个，上半年集体合同到期数381个，续签238个，推动工资集体协商企业数289个，签订工资专项协议企业数222个。（王　凡）

【深入开展送温暖活动】办实事，搞服务，帮扶困难职工。元旦、春节期间，全市共筹措救济资金278.8万元，共有2875名党政工领导干部参加了送温暖活动，走访慰问了522个困难企业和7362名困难职工，召开各种座谈会议104次。市总工会为困难职工发放优惠卡，实行医疗减免，对431名困难职工子女9年义务教育发放助学金。市总工会及全市13个县（市、区）总工会以及十二冶和3531厂工会都相继建立起了困难职工帮扶中心，更加方便了职工，使困难职工有苦有处诉，有难有人帮。

各级工会多方位、多层次帮扶职工。想困难职工所想，急困难职工所急，南风集团工会为困难职工办实事，为困难职工子女上大学每年发放1000元助学金，首批为40多户困难职工子女发放了助学金。十二冶公司工会上半年又为280余名困难职工争取纳入了低保。为患绝症、重病大手术和家遭意外的特困职工资助5.1万元。市总工会要求各级工会大力实施再就业，由工会一把手亲身抓，积极协助各级党政促进下岗职工实现再就业，实现市总提出的2003年至2005年，全市各级工会为下岗职工提供职业培训10000人，职工介绍10000人和帮助5000名下岗职工实现再就业的奋斗目标。（王　凡）

【工会组织建设工作】2003年，全市的建会工作取得了新的进展。新建企业工会发展势头良好。全市新建企业不仅建会率和职工覆盖率保持在95%以上，建会后还积极开展工会工作，落实"八有"标准，深入开展"双爱双评"为基本内容的"建家"活动，涌现出了一批像盐湖区天龙服装有限公司、临猗卓里集团等先进新建企业工会典型。

系统、乡镇工会基本恢复。绛县率先配备了系统工会主席，平陆县对系统工会主席进行经济补贴，临猗县工会与组织部联合下发了规范县直机关、乡镇、企事业单位建立工会组织，配备工会干部的意见。全市各县（市、区）系统、乡镇90%恢复了正常工作，新建立工会工作正在进一步推进。

在一些行业建立联合工会，在经济发达地区建立了社区工作和村级工会；继续推进了在煤矿、建筑队、砖瓦厂和家庭作坊建立工会（季节性、临时性）工作。机关、事业单位建会工作有了新突破。机关、事业单位建会工作多年来是一个薄弱环节，以市委办公厅（2002）60号文件下发了《机关事业单位建立工会实施意见》。

2003年上半年，市总工会加大了对机关事业单位建会工作的督察，仅市直机关事业单位新建会10家，正在筹建5家，换届5家。河津市工会五一表彰，一律要求盖工会章，没有建工会的限期建会，防"非典"进不了企业，就看工会的牌子挂了没有。

2003年还完成了风陵渡开发区、华信开发区和禹都开发区工会组建工作，三个开发区工会的筹备和建立，为5万多名经商务工人员搭起了加入工会组织的平台。其中风陵渡开发区工会在辖区砖瓦厂建起了25个农民工工会，《工人日报》、《山西日报》、《山西工人报》等多家新闻媒体给予关注和报道，为破解农民工建会问题率开先河、探索了路子。（王　凡）

【劳动竞赛工作】紧紧围绕经济建设这个中心，以新世纪职工素质工程为载体，以建设运城小康社会为目标，深入开展经济技术创新活动。包括创建"学习型班组"，提高劳动者素质，开展学技术大练兵、大比武活动，开展技术革新和合理化建议等活动。在全市开展了"三创立功"全年竞赛，开展了全面质量管理立功竞赛、"鹳雀楼"杯旅游行业优质服务立功竞赛、全市教育行业竞赛以及"安康杯"安全生产竞赛四个单项竞赛。

5月底，结合防"非典"工作，在全市开展防治"非典"立功竞赛，将对奋战在一线，做出突出贡献的人员授奖。加大了对劳模管理力度，对全市所属全国、全省劳模开展一次大调查。加大对劳模宣传力度，因"非典"影响，把传统的五一记功表彰大会，改为召开了有市委书记黄有泉、市长王守帧、市委副书记唐大雄、人大、政协等四大班子领导参加的新闻发布会，并在报纸、电视等新闻媒体刊登宣传省市五一劳动奖章（奖状）名单，在市区主要街道搭起了彩虹门、挂起横标，宣传劳模先进精神，在社会上产生了积极的影响，既树立了工会形象，又团结、激励了一大批两个文明建设的先进集体和先进分子，在全社会形成了崇尚劳模，热爱劳模、学习劳模的良好社会风尚。（王　凡）

【收缴上解工会经费，加强经费审查工作】　2003年，市各级工会组织，认真贯彻《工会法》和《山西省实施〈工会法〉办法》，加大工会经费的收缴力度，采取多种措施，努力收缴上解工会经费。山西铝厂月月足额上解经费。中条山有色金属公司工会将依法拨缴工会经费问题同公司行政平等协商，作为一项重要内容写入集体合同，以法律约定，促进经费收缴。夏县总工会2002年在全省率先推行地税代征，又积极同国税协商，实行国税代征。（王　凡）

【全国五一劳动奖状获奖单位】

·中国铝业股份有限公司山西分公司·中国铝业山西分公司是国家组建具有国际竞争力的20家企业之一的境外上市公司，位于山西河津市。是国家“六·五”至“八·五”期间的重点建设项目之一，是国内第一家世界级氧化铝生产企业。

2001年，在减利因素达2亿元之多的情况下，成本指标提前5年达到了中铝公司的“十五”规划目标，降到了国际平均水平，完成了4.4亿元利润目标。

2002年，在企业内部实行内部市场化运作，成本低于国际平均水平10%，产量超过设计产能16.7万吨。氧化铝板块在氧化铝价格有史以来最低的年份，主要原材料大幅上涨的情况下，仍然实现利税5.09亿元，上交地方保险6378万元。企业完成了投资近2亿元的引进设备国产化项目，创造了国内最短工期和最好质量，短时间内达标超产，结束了中国氧化铝拜尔法生产设备依赖进口的局面；4月、7月，80万吨氧化铝、28万吨铝电联营项目分别立项成功，一年多的时间里，实现了企业过去8年为之努力的目标。总投资97亿元的巨大工程建成后，企业每年将形成近100亿产值，20亿元左右的税收。企业进行人员重组，实现1300多人的内退，1200余人的转岗，实现了新旧体制的平稳过渡。

2001年起，开始砂状氧化铝技术攻关，2002年技术攻关取得突破性进展，2003年2月，在全国率先产出砂状氧化铝，结束了中国不能生产砂状氧化铝的历史。

企业荣获“全国设备管理优秀单位”、“山西省创名牌优秀企业”、“全国先进基层党组织”、连续三年获“全国安康杯竞赛活动优胜企业”等荣誉称号，“达标达产工程管理”成果获国家级现代化管理创新成果二等奖。

·山西关铝股份有限公司·山西关铝股份有限公司组建于1998年，属国有控股上市公司，是国家大型一类企业和山西省最大的综合型有色加工企业。2002年，通过产业结构调整关铝公司取得了一系列显著成绩：总资产达到35.2亿元，较上年增长了26.38%，实现销售收入17亿元，较上年增长4.95%，实现利润10810.6万元，较上年增长了9.55%，净资产受益率达11.24%。该公司主要技术指标在同类槽型中最好，全国第一；产销率100%，货款回收率100%。产品零库存；产品被中国质协评为“全国用户满意产品”，并通过IS09002国际质量体系认证，公司再次被中国质协评为“全国用户满意企业”，在银行的信誉是AAA。本公司是上海金属交易所会员，伦敦金属交易所注册单位。

2002年，公司围绕管理创新与科技进步，以储备和培养人才为动力，稳定生产为前提，成本目标为重点，市场为导向，不断优化各项技术指标，强化成本管理和营销管理，加大科研资金的投入，注重生产过程控制，推行数据化、规范化、程序化管理，使公司全年较计划多产原铝2502吨，确保了产品质量高、能耗低、信誉高、服务好，并且各方面工作突飞猛进，成效显著。

·山西丰喜肥业（集团）股份有限公司临猗分公司·山西丰喜肥业（集团）股份有限公司临猗分公司，其前身为临猗化工总厂。1998年，经山西省政府批准，以临猗化工总厂为主发起人，联合省内的闻喜县化工总厂、新绛县化工总厂、稷山化工铸造厂、平陆县化肥厂等企业共同组建成大型企业集团。

多年来，公司以深化改革为龙头，以强化管理为中心，以技改扩建为主导，以规模经济抗衡市场，由原来的年产合成氨0.5万吨，单产碳酸氢铵的小氮肥厂，发展成为拥有固定资产9亿元，年产合成氨30万吨、尿素52万吨、甲醇3万吨、复混肥5万吨、液体CO_2 0.5万吨、编织袋1000万套的以肥为主、肥化并举的综合型国家大型二类企业。

2002年，丰喜临猗分公司在总经理王中刚的带领下，克服原料煤紧缺、化肥市场低迷的困难，全年生产合成氨33.2万吨，同比增长78.13%；生产尿素52.64万吨，同比增长65.5%；全年完成工业总产值5.4亿元，同比增长88.8%，实现利税总额7048万余元，利润总额4358万余元，同比增长230.5%，其中为国家上交各项税金合计4233万元，同比增长167.6%。

丰喜临猗分公司以技术改造，挖掘系统潜力，达到降低成本，环保治理双丰收。2002年，企业先后投资4000余万元，完成变压吸附氢回收、双甲工艺改造、联醇工艺、改造等137项技术改造，年效益在1450万元以上。

丰喜临猗分公司在调整产品结构上迈出了“三大步”。（一）投资约4.5亿元，完成了“30·52”工程，使企业跨入全国尿素生产最大规模行列。（二）利用清华大学技术，先后建成年产5万吨、15万吨的两套大颗粒尿素装置，提高产品的科技含量和附加值，填补了全国无生产大颗粒尿素的空白。（三）与中科院山西煤化研究所合作，走产、学、研相结合之路，建设高科技化工产品试验基地、涉足国际先进化工技术开发领域，实现从“化肥为主”向“肥化并举、科技兴化”的稳步过渡。

·山西省农科院棉花研究所·2002年，该所广大科技人员以“三个代表”重要思想为指导，坚持改革，开拓创新，扎实工作，与时俱进，共获得12项科技进步奖，其中"抗旱、高产、优质旱地小麦新品种晋麦47号选育与推广"获国家科技进步二等奖，"晋A棉花质核不育的发现与研究"等6项成果获省科技进步二等奖，"抗虫棉高产优质配套栽培技术研究与应用"等5项成果获市科技进步一等奖；争取各级科研经费460万元；5项成果通过省级鉴定；2个新品种通过审定，定名为"晋棉33号"和"晋单46号"；2项技术获得国家发明专利；在省级以上刊物上发表论文55篇；对自育、自研、自制的15个农作物新品种、甘薯及地黄脱毒技术和农化新产品进行全方位成果转化，推广面积达2610.68万亩，创社会效益11.4亿元，为全省特别是运城市农业发展、农民增收、农村小康做出了突出贡献。同时，依托本所的科技成果进行产业化开发，增创直接经济效益447.46万元，职工生活福利人均达到4300元。

本年度，该所被省科技厅授予先进单位，被省农科院授予模范研究所，被省科学技术情报学会授予先进集体，被运城市精神文明建设指导委员会授予先进集体等光荣称号。

·河津市华峰实业有限公司·河津市华峰实业有限公司1996年创建，是一家集能源开发、旅游、化工、工贸、运输、对外贸易为一体的综合性民营企业。拥有职工800人，公司下设：羊庄沟煤矿、船窝二号煤矿、工贸公司、龙门旅行社、进出口公司、煤运公司。

华峰公司与时俱进，开拓发展，投入巨资连年改造项目，扩大规模，向规模化、集团化发展。拥有总资产1.9亿元，利税1000万元。2002年，生产原煤43万吨，经营进口贸易矿粉19万吨，产值1.2亿元，销售10811万元，利税2582万元。10月份经国家经贸委、省外经贸委批复办理了进出口经营资格许可证。在取得经济效益同时，公司当年解决下岗职工80人，投入140万元建起了职工生活楼，设立了保健室、图书室、文体活动室、餐厅、浴室，使职工物质文化生活条件不断改善。公司不忘国家，不忘人民，造福社会。企业积极为市、乡、村建校、修路、通讯等建设无偿投资，为扶贫、敬老、帮助贫困学生上学，扶持贫困地区发展等捐资累计达1500万元。

公司连年荣获省"先进民营企业"、"重合同守信用单位"、"地级龙头企业"、"消费者信得过单位"等称号，中国银行运城支行曾授予"特级（AAA）信用度企业"。2002年，公司被评为"山西省民营科技企业"、市"优化产业结构先进企业"、市"模范工会"。

·运城市幼儿师范学校·运城市幼儿师范学校自1978年成立以来，为社会培养输送幼教专业人才5000余名。加快现代化建设步伐，建筑面积逾60000m²，固定资产5000余万元。有教工140人，在校生3000余人。

2002年，学校加大改革力度，实施了五项创新，成绩显著，山西省教育厅、运城市委、市政府领导多次深入本校进行调研，对本校推出的改革及取得的成就给予了充分肯定。

学校确定了"整合优势，联合办学，规模扩张"的体制创新思路，发掘幼师存在的品牌和师资两大优势资源，运用社会力量建立了西校区和禹香苑幼儿园。

学校把建校以来一直沿袭的单一幼教专业拓宽为声音、舞蹈、英语、美术、器乐、计算机、普通幼教等7个专业。2002年9月，一年级新生入学达1200余人，比上年增加200余人，增长率达20%。

学校组织了高质量的供需见面会，与会单位由2001年的70家猛增至108家。该校鼓励优秀毕业生闯市场，把20多名品学兼优的毕业生送往广东的深圳、珠海、梅州等地实习，绝大多数被用人单位留用任教。

学校在经费十分紧张的情况下，多方筹资150万元用于现代化、规范化建设，共新置微机120套、钢琴10架、电视机12台，装备了阶梯教室等。

全校教职工开拓进取，争先创优，学校先后获"省模范单位"、"省中小学教师培养工作先进集体"、"省德育示范校"、"省文明学校"等殊荣30余项，受表彰100余人次。

·运城供电分公司·运城供电分公司担负着运城电网的建设、管理和全市人民群众的生产和生活供电任务。2002年，该公司努力提高供电服务水平，积极推进电网建设，安全生产、资产经营、党风廉政建设三项责任制目标全面完成。全市用电量达到92.58亿KWH，该公司售电量达到70.26亿KWH，分别较上年同期增长16.2%和14.1%，增幅位于全省第一。

2002年，该公司先后建成投运闻喜变电站2#主变增容、临晋变电站3#主变增容、临汾至闻喜二回、河津至临晋二回、三家庄至桃园二回等6项220KV输变电工程，实现了220千伏双环网供电。500千伏输变电工程全面开工建设。

该公司完成1.57亿元的城网改造任务，完成12.67亿元农网一、二期改造任务。改造农村年用电量增长2.8亿KWH，低压线损降低1.25个百分点，供电可靠性提高6%，端电由160—180V升高到210—230V，分类综合电价平均降低0.023元/KWH，减轻农民负担1628万元。

该公司以"尽社会责任，让政府放心；做光明使者，使客户满意"为服务理念，以"人民电业为人民，运城供电为运城"为服务宗旨，大力实施供电优质服务，立足于地方经济建设，受到了市政府和人民群众的高度评价。

2002年夏季，全市天气持续高温，供电负荷连创新高，供电不足的矛盾非常突出。该公司采取多项措施，全力迎峰度夏，共实施故障抢修3963次，高质量完成了夏季供电任务，为推动运城市的经济发展和人民群众的生活水平的提高做出了突出贡献。（市总工会）

运城市妇女联合会

【概述】 2003年，市妇联在市委、市政府的重视支持下，在上级妇联的正确指导下，以党的十六大精神为指针，认真学习贯彻"三个代表"重要思想，围绕中心，服务大局，坚持一手抓发展，一手抓维权的工作方针，大力推进三大主体活动，实施科技致富、社区服务、家庭文明、女性素质四大工程，带领全市妇女开展了卓有成效的工作。

加强干部队伍建设。“三八”期间举行了运城市各界妇女十六大知识竞赛。市直九大系统27名妇女干部参加竞赛，1000余名妇女干部观看了竞赛，市电视台对整个活动进行了全程录播。活动的开展进一步加深了妇女群众对十六大知识的认识和了解，掀起了学习的新高潮。

“三八”节期间表彰了全市第一届“十行百佳妇女”。有公正执法的女警官、女检察官，有献身教育事业的女教师，救死扶伤的女医护人员，有带头致富的女农民，还有女计生工作者、女税官、女记者、女文化工作者等10个行业100名优秀妇女。为了更好地宣传这些典型，市妇联把她们的先进事迹利用各种媒体进行了广泛宣传，并先后出版了《巾帼英姿》、《河东妇运史》等系列丛书。举办了运城市第二届妇女书法、绘画、民间工艺大展，展出了350余件作品。

为保障妇女健康权利，各级妇联都为各行各业的妇女进行了妇女病普查。市妇联和市生殖保健中心联合发文，检查费用由每人90元降到30元，全市九大系统100多个单位2000余名妇女进行了全面体检。通过体检发现了6例妇科癌症，上千例妇科病患者，达到了无病早防，有病早治，保证健康，促进工作的目的。全市参加妇科病普查的妇女共10万余人。市直和各县（市、区）还邀请妇科专家讲授妇女儿童保健知识，不少单位还给妇女办理了四种妇女病保险，有力地促进了广大妇女的身心健康，促进了家庭幸福和社会稳定。

农村妇代会换届选举期间，起草了“关于在村级换届选举中，妇女参选参政、村妇代会换届选举的意见”，以市委办公厅的文件下发到各个县（市、区）和各个乡镇，对妇女参政、妇代会主任待遇等问题作出了明确规定。村级换届后，全市50%以上的村妇代会主任进了支委和村委班子，永济市100%的村妇代会主任进了“两委”，享受副村级干部待遇。对提高农村妇女的政治地位和参政比例，发挥基层妇女的作用，提供了组织保障。

按照市委、市政府的有关要求，市妇联把劳务输出当作大事来抓。

深入基层，摸底调查。全市各级妇联干部深入农户对全市16～60周岁的农村剩余女劳动力进行了摸底调查，分门别类建立了外出务工档案。同时，对全市范围内的企业用工、家政服务用工等进行了全方位的统计，详细了解妇女的从业档次，从业范围和从业方向，以便针对性地开展多形式、多渠道的技能培训，提高妇女的综合素质和从业技能。

建立机构，专门人承办。市妇联建立了劳务输出领导组，成立了巾帼服务中心，确定了分管领导和具体承办人。9月份，市巾帼服务中心与市劳动就业服务中心联合到广州、深圳、东莞等地进行实地考察，联合组织发动了800余名青年男女劳力到广东打工。

规范管理，强化服务。组织县、乡妇联干部深入到外出务工者家中耐心细致地做工作，让外出务工人员工作安心。还在农忙季节以村为单位组织“农村妇女帮扶队”，帮助在外务工者解决实际困难，消除她们的后顾之忧。针对外出务工妇女文化素质低、社会阅历浅等情况，妇联派出专人常驻用工地，稳定情绪，加强管理，消除务工人员的思想顾虑，为她们提供服务。截止10月底，市各级妇联组织妇女劳务输出8000余人，其中，向北京、珠海、深圳、福建、新疆等地输送各类工人、家政服务员、营销人员等6000余人，向本地输送各类工人和家政服务人员2000余人。全市妇女劳务输出工作日见成效，既增加了妇女的收入，又取得了良好的社会效益。（景 红）

【抗击“非典”做贡献】 2003年抗击“非典”时期，市妇联全体人员不畏艰险，积极努力，扎实有效地开展了五项工作：

（一）发动妇联组织。给各级妇联下发了抗“非典”通知，要求各级妇联发挥组织优势，力所能及地做好各项抗“非典”工作。

（二）动员妇女群众。在运城日报向全市妇女发出了“全市妇女总动员，抗击‘非典’做贡献”的倡议书，要求广大妇女姐妹们做到“三好五勤五要”，动员全市妇女积极投入抗“非典”战役。

（三）表彰先进典型。“5·12护士节”，市妇联会与市卫生局联合授予运城市第二医院SARS科护理站、运城市中心医院抗“非典”隔离病区护理组两个“三八红旗集体”，授予市二院SARS科护士长孙婷云等64名抗击“非典”优秀护士、“三八”红旗手称号。

（四）慰问医护人员。5·12护士节，市妇联发出“致全市战斗在抗击‘非典’第一线白衣战士的慰问信”，并组织运城市各界妇女慰问团，对运城市第二医院、运城市中心医院战斗在抗击“非典”最前线的医护人员及家属进行慰问，送去了全市各界妇女对一线医护人员的关爱和支持。

（五）解除后顾之忧。市妇联与市教育局联系，为30名一线医护人员解决了子女学习辅导、生活安排问题；与市民政局联系，为一线4名特困医护人员解决了4000元困难补助费；与市人事局联系为市二院4名一线医护人员兑现了职称工资，为闹事院全体医护人员提前调资；与市粮转站联系为市二院SARS科两名护士解决了分房问题；与夏县政府联系为市二院SARS科医生的父亲解决了退休补助费问题。通过辛勤工作，为抗击“非典”一线医护人员解除了后顾之忧。

（景 红）

【“玫瑰婚典”】 为在全社会倡导文明节俭、喜事新办的新风俗，抵制大操大办、铺张浪费的旧陋习，推进精神文明建设，市妇联继2000年、2001年举办了两届“福泰大型集体婚典”后，又于9月28日，举办了第三届集体婚礼——“玫瑰婚典”。

婚典在“山西·永济第六届世界情侣月”开幕式上隆重举行。20对珠联璧合的佳偶爱侣们在唢呐声声、鼓点阵阵的喜庆气氛中，手牵手步入会场。婚典由山西省民政厅副厅长田义才作证婚人，由运城市人大副主任詹进宝作主婚人。佳偶爱侣们在普救寺这块爱情圣地上，进行了拜天地、拜来宾、夫妻对拜的婚典大礼，还和观众们一起观看了精彩的节目演出，携手并肩游西厢，欢天喜地坐花轿，甜甜蜜蜜入洞房。通过活动，更增强了年轻人互敬互爱，和睦相处，共同创造美满婚姻生活的决心。（景　红）

【抗灾救灾送温暖】 8月下旬以来，运城市相继出现了大范围的强降雨过程，因持续阴雨致使全市有的县（市、区）出现了大面积房屋受损倒塌，并造成多起人员伤亡，使人民群众生产生活严重受损，灾情十分严重。面对严重的自然灾害，市妇联同民政局于11月4日联合召开了“为灾民捐衣捐物送温暖”动员大会，动员全市党政机关、企事业单位、社会团体和各行各业为灾区捐衣捐物送温暖。各县（市、区）妇联主席和市直各妇委会主任立即行动，竭尽全力组织捐赠，社会各界积极踊跃，奉献爱心。全市共捐衣捐物10万余件，其中市直机关80多个单位1.5万名干部职工捐赠衣物5万余件，大米、面粉、水泥、煤炭应有尽有。11月14日，以市委、市政府名义在河东广场举行了“为灾区捐衣捐物送温暖出发仪式”，由市四大班子领导，带领四个慰问团到重灾区进行慰问，将这些捐赠物品亲自送到灾民手中，为广大灾民安全越冬做好了准备。通过这次活动，不仅锻炼了妇联干部的组织协调能力，而且进一步提高了党和政府在广大群众中的威望，集中体现了共产党领导下的社会主义优越性。（景　红）

【爱心帮困护春蕾】 为了继续动员全社会力量，帮助贫困学生完成学业，市妇联继续在全市开展“爱心帮困护春蕾活动”。动员社会各界关注贫困家庭，关爱失学儿童。市妇儿工委办在《民生报》上每期登载4名失学儿童的情况介绍，号召社会各界人士向她们伸出援助之手；盐湖区妇联也在《运城日报·盐湖版》刊发了倡议书，还以政府办文件下发了《运城市盐湖区妇女儿童工作委员会关于开展“爱心献春蕾，琼浆哺幼苗”活动》的通知等等。活动开始后，全社会热烈响应，各市直单位及妇儿工委办成员单位纷纷慷慨解囊，踊跃参与，为贫困儿童奉献爱心，以实际行动支持我市教育事业。2003年全市共解决了近600余名贫困儿童的失学问题。此次活动，不仅使贫困儿童在学习上得到了实际资助，而且在全市弘扬了中华民族扶贫济困，乐善好施的传统美德，体现了社会主义大家庭的温暖。（景　红）

运城市侨联

【加强侨联干部政治理论学习】 2003年根据市侨联学习安排，两级侨联都把十六大报告、十六届三中全会精神和“三个代表”重要思想学习作为学习重点。市、县、区侨联理论学习中心组坚持理论学习，每月一次，每次一天，半天学习，半天讨论。学习讨论与侨联工作有机统合，学习时人人记学习笔记，学习后写理论文章。至11月25日，共写理论学习文章30篇，其中有7篇文章发表。市、县、区侨联机关工作人员坚持每周一次理论学习。学习后结合基层调研和工作实际，写理论学习文章，共写理论学习文章39篇。举办和参加培训班。中心组成员和机关工作人员，2003年集中培训一次，培训情况记入个人档案。市、县、区换届结束后，市侨联组织一次培训。集中学习十六大报告、十六届三中全会精神、侨务政策、侨联章程和《归侨、侨眷权益保护法》等。市、县侨联主要领导，参加了省侨联举办的全省侨联干部学习班并去南方考察。通过学习，市、县两级侨联干部理论水平有了进一步提高，增强了作好侨联工作的信心和责任。（王文娟）

【完成县、市侨联换届工作】 运城市有13个县(市、区),有4个县(市、区)及两个企业成立县级侨联组织,6月底之前完成换届任务,一批优秀归侨、侨眷走上侨联领导干部岗位,基本上实现了干部年青化、专业化、知识化和现代化。

运城市归侨、侨眷2万多人。在选拔后备干部时，严格按照《党政干部选拔条例》规定外，特别注重三条：（一）归侨、侨眷身份；（二）热爱、熟悉侨联工作；（三）具有广泛的代表性，根据他们的专业特长，年龄结构等，定期对他们进行政治理论和侨务知识学习、培训。（王文娟）

【搞好留学人员普查，建立分类档案】 把海外的华侨、华人、国内的归侨、侨眷、海外的留学人员、劳务输出人员统称为侨情资源。2003年侨情资源调查工作重点是留学人员，共普查出三千多名留学人员，根据职业、专业、经济状况等建立分类档案，输入电脑，从普查结果中选择有代表性的人物60人，作为联络重点，以他们为基础，扩大海内外联络范围和力度。

（王文娟）

【利用侨联优势，为经济建设服务】 立足本职工作岗位作贡献。号召广大归侨、侨眷在本职工作岗位上，开展“干一行、爱一行、争先进、比贡献”活动，市侨联和归侨、侨眷所在单位联合进行，每年评比一次。这项工作激发了全市归侨、侨眷工作热情和活力，先后68人次被省、市、县、区评为“先进个人”、“劳动模范”、“先进工作者”，产生了良好的社会效益和经济效益。

为运城市经济建设牵线搭桥，引资引智。围绕运城市经济建设这个中心，市侨联开展“热爱运城、建设运城”活动，全市归侨、侨眷、海外侨胞积极参与，先后引资2000万元人民币，建立侨资企业3个，推销运城市的工、农业产品3000多万元，引进高科技人才2个，先后有19人次被市、县、区委、政府评为：“招商引资先进个人”、“三引进工作先进个人”。

积极发展侨联自属企业、事业单位，解决归侨、侨眷就业问题，为运城市经济发展和社会稳定做贡献。先后创办企、事业单位4个，资产总额5500多万元人民币，安排就业人员744人，其中归侨、侨眷148人，年利税600多万元，多次受到市委、市政府的表扬和奖励。

2003年，中日合资炊香食品厂

建成四川省南充市顺庆分厂，新增投资500多万元人民币，将于12月底投产。该厂现有六个品种的产品，截止11月25日，生产方便面300多万箱，产值4000多万元，利税456万元，安排就业600多人，其中归侨、侨眷81人，2003年安排12人就业。运城市侨联双语幼儿园，加强内部管理，不断提高教学水平，被评为“示范幼儿园”。坤龙大厦所属晋川兴酒店于11月8日正式营业，安排侨眷子女8人就业。运城市侨联医院与云南省南疆医院联办南疆医院运城分院，筹备工作即将完成。（王文娟）

【积极拓宽侨联工作面】 全市在海外有华侨6000多人，华人1000多人。从中选择华侨代表人物60个，华人代表人物20个，侨团、侨社18个，作为海外联谊重点，通过他们开展与运城科技、文化、经贸活动，取得良好的经济效益和社会效益。

祖籍在运城，但工作在运城以外省、市、县、区的归侨、侨眷2000多人，通过他们与所在地侨联组织、侨企建立联系，进行合作。2003年与16个省级侨联，68个市级侨联，24个侨资企业建立合作交流关系。

积极参与运城市的重大活动，开展海外联谊。2003年市侨联参与了运城市举办的第14届关公文化节，邀请海外华人、华侨企业家12人参会，并就关公文化交流与工艺品开发，签字合作协议2个，合作资金300万元。（王文娟）

【开展“群众工作年”精神，扎实有效开展工作】 认真学习中国侨联和山西省侨联关于开展“群众工作年”文件精神，提高做好“群众工作年”工作的自觉性。

接到省侨联转发中国侨联关于开展“群众工作年”文件后，运城市侨联向市委分管领导做了详细汇报，并召开主席办公会和全委扩大会议。

成立“群众工作年”工作领导组，确定“群众工作年”的具体工作内容。运城市侨联成立了“群众工作年”专项工作领导组，市侨联主席范安龙主席任组长，作为第一责任人，经过调研，确定“群众工作年”五项工作：（1）全市海外留学人员情况普察。（2）建立海外留学人员档案。（3）成立海外留学人员家属联谊会；（4）成立运城市侨联青年委员会。（5）成立运城市侨联经济、科教委员会。

五项工作，根据主席分工，分别负责，作为工作考核进入个人档案，普查结果正在统计，三个社团组织筹备工作基本就绪，准备在12月底前分别召开成立大会。

（王文娟）

【完成县、市、区换届人大代表及政协委员推荐工作】 2003年是县、市、区换届年，经过两级侨联组织努力，全市共安排县级人大代表13人，政协委员34人，政协常委6人。政协开会前，两级侨联组织都认真组织侨界政协委员，人大代表深入基层，调查热点、难点问题，通过提案，反映人民群众心声。共写提案48个，立案39个，其中有6个提案被评为优秀提案，12个提案在政治、经济、教育等方面产生明显的社会和经济效益。

2003年侨联领导到基层凋研60天，调研前预定调研题目，根据调研情况，写出调研报告，全年写出调研报告3篇。调研中发现留学人员家属中有许多优秀人才和技术、资金。并撰写的《做好留学人员工作的几个建议》得到市委、市政府高度重视，并出台相应政策。

为了帮助困难归侨、侨眷子女上学和脱贫致富，运城市侨联扶助学基金会和运城市侨联扶侨脱贫基金会，先后为10个归侨、侨眷子女发放助学金2.8万元，为归侨、侨眷从事加工、种植、养殖业解决资金2.3万元，为归侨、侨眷解决经济纠纷，挽回经济损失15万元人民币。此外，在抗击“非典”斗争中，市侨联系统捐款5万余元，消毒液10箱，印刷宣传材料5000份，为炊香食品厂工人每日测体温与体检。秋季，出现灾害后，市侨联系统为灾区和受灾侨户捐款5万元，捐物500多件。国庆节前，市侨联举办“迎国庆”座谈会和健康讲座会，全市归侨、侨眷代表50余人参会。“九九”重阳节前，市侨联医院为退休老归侨、侨眷20人免费体检，并为侨界糖尿病病人送去2万多元药品。（王文娟）

（责任编辑：张武虹）

军　事

运城军分区

【思想政治建设】 2003年，军分区坚持把学习贯彻“三个代表”重要思想作为加强思想政治建设的中心任务。采取集中轮训、交流体会的方法，先后在3月、4月、7月，集中利用三个“十天”时间分别进行了“掌握新理论，投身新伟业，担当新任务”，“坚持与时俱进，不断开拓创新”，“军队体制编制调整改革”等教育。各级紧紧围绕主题，采取多种形式，强化开拓创新意识，激发奋勇争先干劲，弘扬敬业奉献精神，形成了“完成任务看自己的；调整改革听中央军委的；进退走留听组织的”共识。在与“法轮功”的斗争中，立场坚定，行动自觉，表现出坚强的党性和组织纪律性。在解决部分企业军转干部上访工作中，动手早，行动快，工作扎实有效。

（张明铎　樊旭红）

【党委班子建设】 分区和人民武装部（以下简称人武部）两级党委坚持以会代训、主动帮教，提高了决策者的素质，增强了两级党委解决自身问题和开拓创新，加强后备力量建设的能力。4月份，军分区党委推广了永济人武部事务公开的经验，下发了《关于县（市、区）人武部事务公开的实施办法》。结合召开民主生活会，组织干部职工，深入查找班子在“双勤双正”、“两个服从、两个确保”和争当“五个模范”方面存在的主要问题，认真研究解决办法，结合工作积极整改，在班子内部形成了敬业奉献、团结实干、创新创优、廉洁守纪的良好风气。9月16日，在部队调整改革期间，开展的“两个服从、两个确保”教育活动中，万荣县人武部部长王仰林突发心脏病，病倒在工作岗位上。12月，山西省军区党委发出通报，要求各级党委和领导干部，广泛开展向王仰林同志学习的活动。

（张明铎　樊旭红）

【备战训练】 以对台军事斗争准备为着眼点，提高打得赢的作战能力。通过上下合力、军地联动，提高了备战水平。2003年，军分区先后结合人武、专武干部集训、网上战役集训和召开国防动员第三次全会，提高了组织指挥能力和谋略能力。新参谋业务和专武干部集训的做法先后被省军区转发，多媒体课件受到省军区好评。为提高民兵“三队”战时参战支前、平时完成急难险重任务能力，分区把促进经济建设与国防建设、富民和兴武、用兵和练兵有机地统一起来，扎实基础训练、深化接口训练，提高打赢能力。在配合地方党委政府抗击非典、防洪救灾、防震演练等大项任务中，队伍得到了锻炼。

（张明铎　樊旭红）

【后勤建设】 后勤建设方面，主要体现在办了10件实事：取消露天垃圾点，增添了新垃圾箱和果皮箱；彻底改造供水系统，解决了用水难的问题；安装了双路供电系统；为办公室、战士宿舍和食堂安装了空调；整修了办公楼和招待所等屋顶；迁建了集资楼的储藏室；启动了第二期经济适用住房建设方案；搬迁了锅炉房，更新了供暖设备，净化了营区环境；提高了干部、战士、职工的工资福利待遇；购买了7台工作用车。这些工作，为实现《军分区营院建设六年规划》开了个好头。各人武部积极发挥桥梁纽带作用，多方筹措资金，为各项工作的完成提供了有力保障。（张明铎　樊旭红）

【民兵工作】 在落实中发［2002］9号文件中，主动协调关系，推动了民兵工作“三落实”。两级机关合力开展的“千连大调查”和“百连大验收”活动，促进了以国有大中型企业为重点，以民营企业为支撑，以小城镇为依托的民兵组织建设新格局的形成。北京军区、省军区和运城市委先后转发了《关于对运城市民兵工作的调查与思考》。10月份，关于《顺应改革需要，积极拓展队伍，大力加强新兴企业民兵组织建设》的经验，在山西省城市民兵工作会议上作了交流。

（张明铎　樊旭红）

【安全管理工作】 按照依法从严治军的要求，各级把不间断的教育整顿和经常性的管理教育结合起来，从薄弱环节抓起，从一点一滴做起，努力加强纪律建设，规范各项秩序，巩固安全管理，稳定了形势。在“百日安全无事故活动”中，针对两节期间人员外出多、容易发生事故这一问题，采取上班期间检查上岗情况、八小时以外检查情况、每周小结讲评等方法，狠抓全方位、全时段管理，规范了日常秩序，消除了不稳定因素，把安全管理工作推上了一个新台阶。

（张明铎　樊旭红）

【党管武装工作】 召开人武部党委第一书记述职暨表彰会议，收到了军地合力抓武装，破解难题求发展的效果。3月初，军分区与市委、市政府、市人大主要领导组成联合工作组，深入各县（市、区）专题调研党管武装工作，较好地解决了拖欠民兵训练统筹费、部分随军家属就业等难题。3月底，军分区组织各县（市、区）的人武部党委第一书记专题述职党管武装工作，市委、市政府与军分区联合表彰了18名先进个人，增强了第一书记想武装、管武装、抓武装的责任意识。10月份，在山西省党管武装工作经验交流暨表彰大会上，运城市委党委、常务副市长董洪运介绍了经验，有4位地方领导同志受到省委、省政府、省军区通报表彰。

（张明铎　樊旭红）

【抗击非典】　2003年，在非典疫情的工作中，军分区党委非常重视，坚持主动抓、超前防，及时报告卫生所，密切注意疫情动态。提前做好药物预防准备，各级党组织认真落实“四早”、“四勤”等制度，投入经费38万元，大力加强预防防治工作，实现了“零感染”，3名同志受到上级表彰。

（张明铎　樊旭红）

【市国防动员委员会第三次全体会议】　9月29日，市国防动员委员会（以下简称国动委）第三次全体会议在运城军分区召开。市党政军主要负责人黄有泉、王守祯、董洪运、李文瑞、孟庆发及各县（市、区）两级国动委成员、市直有关部门负责人。省军区副司令员马景然少将到会指导。市委常委、常务副市长、山西预备役步兵师副师长兼炮兵团第一政委董洪运，被中国人民解放军总参谋部、总政治部命名为全军预备役部队建设先进个人。

（张明铎　樊旭红）

武警运城市支队

【概述】　中国人民武装警察部队山西省总队运城市支队（简称运城支队），于1983年2月正式成立。支队机关驻运城市红旗东路204号。担负着山西省储备局577处守卫任务，南同蒲线汾河大桥的守护任务，山西省永济市监狱和13个县市看守所的看押看守任务。2003年，运城市支队在总队党委的正确领导下，坚持以“三个代表”重要思想为统揽，按照“坚持继承求发展、坚持制度求落实、坚持标准求质量”的工作思路，更新思想观念、创新工作方法、扎实工作作风，党委班子及部队的整体建设水平得到提高，以执勤和“处突”为中心的各项工作任务圆满完成。支队连续10年勤务安全无事故。临猗县中队连续4年被总队评为基层建设标兵中队；直属二中队、夏县中队、新绛县中队、万荣县中队被总队评为先进中队；司令部、政治处、后勤处被总队评为先进处室；作战训练股、宣传股、财务股被评为先进股室。

（邱俊伟）

【学习贯彻党的十六大精神】　2003年，全体官兵坚持用“十六大”精神武装官兵头脑，践行“三个代表”重要思想的自觉性明显增强。在学习中，他们采取领导带学、辅导讲学、检查促学、制度保学等方式，促进了基层党支部抓好理论学习的紧迫感，强化了基层官兵学习理论的自觉性。他们还组织基层官兵开展践行“三个代表”，争当“忠诚卫士”的教育活动，通过“四查四看”和“五个一”活动，官兵们立足本职，做工作的自觉性明显增强。通过组织基层开展“三个代表”重要思想基本观点的学习教育，官兵思想理论素质明显提高。通过总结推广临猗县中队经验和二中队的做法，突出抓好“个别人”的教育工作，使部队内部更加团结稳定。

（邱俊伟）

【注重建立坚强的领导核心】　2003年，坚持把学习“三个代表”重要思想作为党委班子思想建设的根本途径，组织党委机关开展“践行‘三个代表’，争做五个模范”学习教育活动，解决了党委机关以兵为本思想观念树得不牢、指导基层层次不高、个别机关干部敬业精神不强等问题；分三批组织党委机关在教导队对“三个代表”重要思想的基本观点进行系统学习，党委机关践行运用“三个代表”重要思想指导工作的意识和能力增强；视团结为班子建设的“生命线”，按照“信任、理解、支持、配合”八字原则团结共事，党委班子的凝聚力、战斗力不断增强；认真贯彻总队党委书记联席会议精神，严格按照民主集中制的原则进行决策，党委班子的决策质量不断提高；坚持把改进领导作风和工作作风的重点放在抓基层上，常委下到基层后能够主动为基层传经验、教方法、解难点，先后为基层解决了吃水、洗澡、通信等老大难问题。

对基层支部进行科学调配，使各支部健全组织，增强合力；利用各种时机，对基层党支部正副书记进行跟进培训，党支部书记的业务素质得到提高；围绕提高党支部的“三个能力”，多次派常委带队的工作组进行有针对性的帮扶，党支部的战斗堡垒作用得到增强；在全体战士党员中开展“党员挂牌”和过“政治生日”活动，强化党员的党性观念，发挥了党员的先锋模范作用。

（邱俊伟）

【战备执勤工作】　坚持按照《基层正规化执勤检查验收标准》的要求，先后四次对部队进行勤务专项教育整顿，执勤中的常见病、多发病得到解决；始终把握人防、物防、技防三个关口，为三中队、垣曲、稷山中队安装三级网，为险点勤务安装红外线报警系统，解决绛县、垣曲、稷山县中队的“三不”岗楼问题以及临猗县中队的“三小”问题，支队连续10年无勤务事故。落实首长机关训练周制度，首长机关带实兵遂行作战任务的能力得到提高；严格按纲施训，较好地落实“一体化”训练模式，年内机动中队共完成123个训练日，21个训练课目，执勤分队共完成85个训练日，23个训练课目，部队的整体训练水平得到提高；围绕担负任务实际，对各中队应急小分队采取实地、实情、实境综合拉动比武，部（分）队处突能力增强；组织各类培训9起，累计1050人次，为支队的军事训练工作上台阶提供人才支撑；累计出动兵力450人次，先后完成各种临时性勤务22起，特别是圆满完成运城市国庆阅警任务、万荣县全球华人圣典警卫勤务和芮城县东垆乡黄河大堤抢险任务，受到地方党委政府和人民群众的好评。

（邱俊伟）

【依法从严治警】　2003年，严格按照条令条例和两个正规化管理规定狠抓制度落实和作风养成，官兵的条令意识增强，部队的正规化建设水平提高；组织召开全体士官表彰大会，对10名优秀士官进行大力表彰，对3名严重违纪的士官进行严肃处理，有效调动全体士官开展工作的积极性；按照规定清理各种超占、外借兵员，调整家门口的士兵，促进部队的正规化管理；紧紧围绕“五个重点问题”的清理整治，先后三次对部队进行安全大检查，并针对问题及时制定相应的安全措施，消除部队建设的安全隐患，确保部队的安全稳定；面对突如其来的“非典”疫情，注重从源头上卡，从制度落实上堵，从日常生活中防，部队没有一名官兵被疫情感染。（邸俊伟）

【后勤规范化建设】 制订出台《财务管理规定》、《机关差旅费管理规定》、《支队机关接待费管理规定》、《基层财务管理规定》，为全支队经费管理提供依据；继续对基层的家底经费进行支队统一管理，并实行“递增责任制”，基层家底经费的使用效益得到提高；健全完善计价挂帐、经济抵押制度，加强钱变物后的跟踪管理，确保了公用物资的完好率和使用率；坚持伙食管理五项制度，严格落实分餐制，官兵伙食质量明显提高。注重开源节流、量入为出过紧日子，确保把有限的经费用在部队建设的“刀刃”上。先后为基层配发消毒柜、蒸饭车、不锈钢餐桌椅、分餐用具，并在防治“非典”期间为基层统一购置消毒药品，安装消毒灯；为每个班安上空调；为直属一中队改建食堂，修建锅炉房，新挖深水井；为教导队购置学习桌椅，为新兵配齐文化娱乐设施；完成对机关营区的绿化美化，新建车库，整修机关大门，装修司令部作战室；多次与用兵单位进行协商，河津市中队与直属二中队官兵搬入新营房，直属四中队营房改建工作基本完工。（邸俊伟）

【上级首长检查指导工作】 2003年6月24日，总部胥昌忠副主任在总队长叶景亮和政委宋广义的陪同下，来运城市支队检查工作。

9月17日至18日，总队李志斌参谋长、省监狱管理局监管处处长、作战勤务处辛副处长、李参谋等到支队解决直属三中队“三难”问题，并对直属三中队看押勤务、机关警卫勤务、机关建设情况进行检查。

9月23日，总部通信部器材处王继亮处长、刘志鑫参谋及长春长兴设备厂工程技术人员一行，在总队通信处陈昆林处长的陪同下，对运城支队的三级网勤务监控系统管理、维护和使用情况进行调研。

9月23日，总队长叶景亮在副参谋长朱刚的陪同下，带领工作组对运城支队进行为期3天的调研。调研中，总队工作组检查了支队下属基层中队和支队机关建设情况。（邸俊伟）

【协助解决垣曲县有色金属公司工人罢工事件】 2003年1月8日，垣曲县中条山有色金属公司千余名下岗职工因生活待遇问题在县城重要交通要道进行罢工请愿，致使县城通往运城方向交通堵塞长达三天，支队派出官兵协助当地公安机关成功地将此次事件顺利平息。（邸俊伟）

【完成全球华人祭祀后土大典警卫勤务】 2003年3月18日，运城市万荣县组织全球华人祭祀后土大典活动，运城市支队派出官兵协助公安机关完成这次活动的警卫任务。（邸俊伟）

【组织巡回报告】 2003年7月11日至18日，根据支队党委年初工作安排，政治处历时两个月时间的精心准备，由近年来在基层建设中涌现出来的7名先进典型组成支队先进典型报告团，在副政委闫济忠同志的具体组织下，在支队下属基层中队进行巡回报告，用先进典型的事迹来鼓舞感召支队官兵，在全支队掀起了“学典型、当典型”的高潮，进一步营造浓厚的“双争”氛围，极大地鼓舞了干部战士的工作热情，为顺利完成年度工作任务奠定了坚实的基础。（邸俊伟）

【召开优秀士官表彰大会】 2003年8月5日，支队在教导队组织优秀士官表彰大会，对在全支队范围内评选出的梁忠洪等10名“优秀士官标兵”和在部队建设中表现突出的16名士官进行了大力表彰。弘扬了正气，鼓舞了士气，增强了部队的凝聚力。（邸俊伟）

【芮城县东垆乡黄河段抗洪抢险】 2003年9月8日，运城市芮城县东垆乡黄河段堤坝出现险情，接到命令，支队由参谋长亲自组织，带领官兵，奔赴抢险第一线。经过17个小时的激烈战斗，共加固大堤100余米，扛填沙袋5000袋，装铁丝网笼近200个，圆满完成这次抗洪抢险任务，保护了当地百姓生命财产的安全。（邸俊伟）

【参加运城市首次阅警活动】 2003年9月29日，运城市举行了庆“十一”大型阅警活动。此次阅警参演人数达4000人，分别由刑警、特警、武警等18个警种，26个单位组成受阅方队40个。运城市支队共出动兵力200人，组成国旗护卫、劈枪、团体操表演等三个方队参阅，出色地完成了任务。（邸俊伟）

【周涛荣立个人二等功】 周涛，男，1975年1月出生，汉族，山西省忻州市人。1993年12月入伍，1995年3月入党。2000年1月至2001年12月任临猗县中队中队长；2002年1月至今任临猗县中队指导员。先后荣立三等功两次；连续两年被评为“优秀干部”、“优秀党员”；2003年12月25日，被总队荣记个人二等功。

作为一名政工干部，他积极探索新时期做好战士思想工作的“小招数”。他推行的“绿色之音”小广播、《战士小报》、小建议、情况小汇报、“三互”活动小评比和《爱兵教子育人公约》（简称“五小一约”）的小做法并在思想工作中加以灵活运用，有效地拉近了战士与党支部之间的距离，并被总队政治部在全总队范围内进行推广。

周涛同志始终把部队建设放在首位。2001年3月，其母患骨癌已到了晚期，当时他正值集训，没有请假，最后得到的是母亲病故的消息。2003年10月，他正准备与未婚妻举行婚礼，却接到了支队要进行年终考核的通知。于是，他又一次推迟了婚期，并带领中队再一次夺得了“标兵中队”的旗帜。（邸俊伟）

（责任编辑：景惠西　李红兵）

法　制

检察工作

【严打斗争】 按照市委开展“三打三防三创”活动的实施意见，全市检察机关加强与公安、法院等部门的配合，对严重刑事犯罪依法从快批捕起诉。共受理提请批捕案件1359件2334人，经审查批准逮捕1320件2210人；受理各类移诉案件1849件2971人，经审查提起公诉1306件2062人；配合参加公判公处大会9场次，对17名死刑犯执行死刑实施了临场监督。

严厉打击严重刑事犯罪。共批准逮捕杀人、放火、爆炸、抢劫、强奸、绑架等严重暴力犯罪案460件785人；盗窃、抢夺等严重影响群众安全感的多发性犯罪案350件597人；起诉黑社会性质组织犯罪和重大案件596件948人；适时介入重特大案件侦查289次。

依法严惩破坏社会主义市场经济秩序犯罪。对此类犯罪案件，加强与公安、工商、税务部门的联系，认真落实案件移交制度，增强打击合力；加快办案速度，及时查清犯罪事实，予以严厉打击；针对管理上的漏洞，发出检察建议，建章立制，综合治理。全年共批捕此类罪案38件57人，起诉48件79人。

“严打”与整治相结合，努力做好检察环节的社会治安综合治理工作。进一步落实首问首办责任制，加大信访和矛盾排查调处工作力度，认真解决群众申诉上访反映的问题，积极化解和消除不稳定因素。控告申诉部门共受理群众来信来访497件，初查各类举报线索96件。全市两级院检察长共接待群众来访2102人次，对咨询者以热情答复，对重访者以耐心说服，对有理者以依法支持。批办涉及检察机关的案件124件，基本全部办结。在市委政法委组织开展的涉法信访案件专项治理中，市院高度重视，任务到人，明确责任，领导督办，9件涉及检察机关的信访案件全部及时办结。（王俊燕　王文涛）

【查办和预防职务犯罪】 全市检察机关坚决贯彻落实市委关于推进党风廉政建设，加强反腐败斗争的总体部署，认真履行查办职务犯罪职责。共立查职务犯罪案件177件201人，其中贪污、贿赂、挪用等经济罪案132件142人，渎职侵权罪案45件59人，一批腐败分子受到查处。

市院在年初对全年查办职务犯罪工作进行了周密部署，之后适时召开侦查工作会议，制定措施、狠抓落实。在7－9月份集中开展了查办职务犯罪百日行动。立查职务犯罪案件63件69人。共立查贪贿挪用等经济犯罪大要案55件61人，其中县处级干部罪案5件5人，科局级干部罪案11件11人；立查“三机关一部门”犯罪案38件40人。共立查渎职侵权犯罪大要案8件11人；司法人员渎职侵权罪案31件40人，立查滥用职权、徇私舞弊不移交刑事案件案等新罪名案17件19人。

年底，经济罪案已侦查终结113件122人，移送审查起诉102件110人，法院作出判决62件，侦查终结渎职侵权罪案43件54人。移送审查起诉39件52人。按照党的十六大提出的“坚持标本兼治，综合治理，加大治本力度”的精神，全市检察机关通过发检察建议、开展法律宣传、与重点行业、重点部门共同制定规章制度、检查落实等方式，积极开展职务犯罪预防。两级检察机关内部已建立预防机构15个，设立行业系统预防网点75个，聘请预防联络员75人；制定签发共同开展工作的通知、实施方案等文件905件；先后在金融、医疗等系统举办预防知识讲座30次，受教育人数达2066人次；发检察建议9份。（王俊燕　王文涛）

【诉讼监督】 全市检察机关积极履行法律监督职能，共办理立案监督案件156件；对侦查活动中的违法行为发出纠正违法通知书2061份；对不符合法定逮捕条件的56件147人作出不捕决定；追捕漏犯90人。在案件审查工作中，共对61件105人作出不起诉决定；追诉漏罪17条；追诉漏犯23人；对审判机关量刑畸轻畸重、适用法律不当的案件提出抗诉21件34人，法院开庭审理11件16人，改判6件10人。

全年狠抓了超期羁押专项清理，共纠正超期羁押228件295人；审查减刑假释手续161份，依法纠正违规减刑2人；开展安全防范检查2908次，与有关部门联合检查238次；纠正不安全因素132起，防止逃跑、自杀等事故38起；纠正各类违法行为85起；办理监管人员职务犯罪案件6件7人。保证了监管安全，维护了在押人员的合法权益。

民事行政检察共受理案件165件，立案129件，抗诉20件，提请抗诉42件，改判20件；发检察建议38件，息诉14件。同时深挖民事行政判决、裁定不公背后的司法腐败，共初查司法人员涉嫌枉法裁判案18件18人，移送自侦部门立案10件13人，位居全省之首。

检察技术部门加强与公安、法院业务部门的联系，不断提高鉴定水平。共办理各类鉴定案件53件；出具检验鉴定报告12份；鉴定人出现场26人次。为案件准确定性提供了科学依据。（王俊燕　王文涛）

【队伍建设】 结合换届，加强两级院领导班子建设。遵照市委县级换届工作的总体安排，对12名基层院检察长实行了任职交流。配齐了市院中层干部的空缺职位，新任科级干部13人，晋升副处、正副科级检察人员54人，是市院建院20多年来提拔晋升人数最多、面最广、效果最好的一次。

通过开展教育活动，提高干警的政治素质。按照市委和上级院的部署和安排，组织全体干警坚持不懈地学习贯彻“三个代表”重要思想和党的十六大、十六届三中全会精神，深入开展了“强化法律监督，维护公平正义”教育活动。全市检察系统先后有13个单位和65名个人分别受到上级机关的表彰奖励。

开展形式多样的业务培训，不断提高干警业务素质。组织全市78名干警参加了全国统一司法考试，组织42名干警参加了省院组织的续职资格培训，鼓励并组织236名在职干警参加了各类学历教育。全年共在地市级以上刊物上发表学术论文110篇，6篇论文分获特等奖、二等奖和优秀奖；发表新闻稿件120篇。

加大力度推动廉政建设。年初，市院与各县（市、区）院，各院与本院各部门层层签订《廉政建设责任书》，加强对干警从上班到八小时以外的管理。市院还制定了《廉政档案制度》、《廉政谈话制度》、《依法办案监督制度》，建立了市院副科以上干部和基层院班子成员廉政档案。

（王俊燕 王文涛）

【接受人大监督】 2003年，按照人大联络制度，积极开展同人大代表联系活动，年初、年中两次在全市范围内征求了人大代表的意见和建议。认真办理代表的意见和建议。市一届人大五次会议后，立即对人大代表提出的建议进行了专门研究，并及时向代表作了答复。在市人大常委会组织的述职评议工作中，市院党组一班人自觉地把接受述职评议作为深入贯彻落实党的十六大精神的一项重大举措，坚持边整边改，突出重点，标本兼治，力求从根本上解决问题。对调查组转办的26件案件，按照“一把手负总责，谁主管谁负责，部门具体负责，承办人认真办理”的原则，确保了26件案件全部及时办结，并作了专题报告。对调查组提出的查办职务犯罪和检务工作中存在的问题，进行了深刻剖析，坚决纠正。规范了要案党内请示报告和与纪检监察部门的案件移交制度，加强了对案件的动态管理。集中开展执法大检查，坚持案件评查评析。共评查自侦案件、不捕、不诉案件1358件1787人，纠正错案5案8人，对4名负有执法过错责任的办案人员给予了党政纪处分。市人大常委会转发了市院落实“两制”的八项制度；“六卡一书”个案跟踪监督的做法被省院推广。

（王俊燕 王文涛）

法院工作

【概述】 2003年，全市两级法院共受理各类案件27875件，审执结25968件，结案率93.2%。其中审理一审案件17030件，二审案件1748件，再审案件220件，执行各类案件6794件，赔偿案件17件。中院受理各类案件2668件，审（执）结2530件，结案率为94.8%。

（姚运兴 卫爱元）

【巩固“严打”成果，依法惩治刑事犯罪分子】 2003年，全市两级法院在上年“严打”的基础上，依法审理刑事案件2301件，结案率为98.0%，其中中院审理445件。1505人受到了各类刑事处罚，其中判处死刑、死缓、无期徒刑35人，判处有期徒刑904人，其它刑事处罚566人，使一批扰乱社会治安，危害人民群众生命和财产的严重刑事犯罪分子受到了应有的惩罚。

（姚运兴 卫爱元）

【依法审理民商事案件】 2003年，全市两级法院按照中央和省委、市委的部署，继续参与市场经济秩序的整顿。两级法院全年审理民商事案件16352件，结案率为95.0%，其中中院审理了1539件，有力地维护了社会秩序和经济秩序的运行。

（姚运兴 卫爱元）

【开展行政审判工作】 2003年两级法院共审理行政案件345件，其中中院审理82件，有效地监督了行政机关依法行政，维护了法律的尊严以及党和政府的形象，保护了公民、法人和其他组织的合法权益。

（姚运兴 卫爱元）

【加大执行力度，树立司法权威】 2003年，两级法院进一步深化改革，通过统一管理、统一协调，上下联动，紧密配合，不断加大执行力度，健全执行工作新机制，发挥中院的监督管理指导作用，采取指定执行、交叉执行、集中执行等方法，使执行工作取得了明显成效。2003年两级法院共执结6017件，执结率为87.8%，其中中院执结369件，有效地保护了公民、法人的合法权益，创历年最好水平，维护了司法权威。（姚运兴 卫爱元）

【坚持案件评查制度，确保案件质量】 2003年3月，中院利用1个月时间，抽调了13名业务能手组成四个案件评查组，对中院上年四季度所办的912案进行了逐一评查。评查内容分为9个部分、29个项目，从程序、实体、和事实证据部分的认定、法律适用、处理结果、法律文书制作以及案卷装订等方面进行了认真的评查，实行一案一表，案案打分。通过评查，优秀755案，占82%；良好133案，占15%；及格24案，仅占3%。评查结果在全院大会上进行了讲评，增强了法官的责任心，办案的效率和质量明显提高。

2003年4月，面对突如其来的非典型肺炎，中院党组利用人员外出少，精力相对集中的机会，先后召开8次审委会，7次专题案件研究会，突击解决了人大代表反映、涉法信访以及新类型等案件45件，清理了360余件遗留积案，使一些信访和“老大难”案件在短期内得以很好解决。（姚运兴 卫爱元）

【以“公正和效率”为主题，认真进行“两清”】 2003年7月份，最高法院、最高检察院和公安部联合下发了《关于严格执行刑事诉讼法关于对犯罪嫌疑人、被告人羁押期限的规定，坚决纠正超期羁押问题的通知》以及市政法委关于及时处理涉法信访案件的要求，中院领导高度重视，立即成立了“两清”领导组和办公室，本着“有罪依法追究，无罪坚决放人”的原则，认真、扎实地开展了纠正超期羁押问题，2003年，判决生效的刑事案件中免予刑事处罚115人，无罪释放50人，分别较上年增加57人和22人。（姚运兴　卫爱元）

【信访接待】　2003年，中院以“首问责任制”为主线，下大力气抓了信访接待工作。两级法院共接待来访群众24254人次，来信2836件，基本上做到了人人有答复，件件有落实。中院接待来访965人，来信176件，其中包括赴京上访28件，赴省上访3件和各级领导、人大批转的35件。

（姚运兴　卫爱元）

【基层法院班子和中院中层干部的配备】　2003年是全市县级换届之年，为了配备好基层法院班子，特别是基层法院“一把手”，李广田院长带领中院有关人员，深入到基层法院进行了考察，广泛征求了县委、人大、政府、政协四套班子的意见，按照省高院的要求和运城市委的意见，对芮城、永济、临猗、河津、稷山5个法院的院长进行了交流，给绛县、平陆、新绛、垣曲4个基层法院配备了“一把手”。同时，中院党组在市委和市委组织部的支持下，给17名同志解决了处级职务，给审判庭室配备了13名副庭长，业务庭室配备了16名正、副职，配齐配强了中院的中层干部队伍。（姚运兴　卫爱元）

【建立审判工作机制，完善各项工作制度】　2003年，两级法院重点抓了以审判长负责制为核心的合议庭责任制的建立，完善了执法责任制度、错案责任追究制度、案件评查制度，结合审判长、审判员选任到位后，又制定了审判庭长职责、审判长职责、合议庭长职责、书记员职责，通过对责任的明确划分，使责权更加统一、职责更加分明，改变了过去那种大家负责实际无人负责的状况，保障了审判质量，提高了审判效率，二审、再审案件的改判率、发回重审率大大降低。

（姚运兴　卫爱元）

【深化立案改革，完善案件流程】　为方便群众诉讼，两级法院加大了改革的力度，普遍实行了立审、审执、审监“三个分立”，初步形成了“大立案、精审判、严执行”的工作格局。13个基层法院都设立了立案大厅，建立了柜台式立案流水线作业，实现了案件流程管理，有条件的法院及审判庭已经实行了计算机管理，有效地促进了审判的公开、公正，提高了司法的公信度。（姚运兴　卫爱元）

【硬件建设】　2003年，两级法院认真贯彻全省法院基层建设“运城现场会”精神，努力改善全市法院的办案、办公条件。经过努力，闻喜、芮城、平陆3个基层法院新建了审判大楼，夏县、万荣、临猗、稷山、永济等基层法院对原审判大楼进行了改建和装修。特别是中院期盼多年的审判大楼，经过紧张筹备，开始了开工建设。

（姚运兴　卫爱元）

司法行政工作

【概述】　2003年，按照市司法局党组提出的“围绕一个中心（市委、市政府中心工作），实现三个创新（普法依法治理要创新，法律服务工作要创新，队伍建设要创新）”的工作要求，各项业务工作取得了较快的发展。全市律师共担任法律顾问1248家，办理刑事案件736件，民事经济案件4192件；公证员办理公证事项13000余件；基层法律工作者办理民事代理3870件；人民调解员调解各类纠纷3万多件，调解成功率达到97%；全市法律服务人员共办理法律援助案件800余件；80%的农村建立了“四民主、两公开”制度，三分之二的农村开展了“法制示范户”活动，48%的农村开展了“法治示范村”活动；18640多名公务员参加了2003年的干部法律知识考试，全市中小学校法制教育基本达到“计划、课时、教材、师资”四落实；成功地组织了第二次国家司法考试，共有449名符合条件的考生参加了考试。法学自考工作共接受考生992人，报名科次达到2996科次，为120人办理了毕业证，其中专科102人，本科18人；组建了统一的司法鉴定领导和管理机构，行政审批改革取得显著成效，13项行政审批项目全部纳入“一站式”网上审批程序。（张军荣）

【“非典”防控】　省、市电视、电话会议召开之后，市局立即成立了以局党组书记、局长晋学苏同志为组长的非典型肺炎预防控制领导组，统一指挥全系统的非典防控工作。同时还成立了应急分队、文字报道组、后勤保障组、法制宣传组、思想政治工作组具体负责日常防控工作，落实各项防控措施以及应对非典突发事件。为了做好各县（市、区）司法局和市直各有关法律服务单位的非典防控工作，市局下发了《关于认真做好非典防控工作的紧急通知》，要求各单位一把手为本单位非典防控第一责任人，并制定了一系列针对本行业特点的防控措施，层层建立了责任制，责任到人。截至年底，全市司法行政系统（包括律师、公证员、基层法律服务人员、人民调解员）无一例疑似病例和确诊病例。（张军荣）

【普法工作】　普法是依法治理的一项重要基础性工作。市人大一届八次常委会作出了《加强法制宣传教育的决议》。在认真总结前三个五年普法经验的基础上，“四五”普法开展以来，市局在指导全市工作全面展开的同时，明确了四个重点：领导干部是龙头，农村基层是大头，司法执法是重头，青少年是源头。在各级领导干部带头学法用法上，结合实际，对中心学习组的学法内容作出规划安排，并为市级中心学习组成员统一购买了《中南海法制讲座》辅导材料。市委组织部、宣传部和市司法局联合下发了对领导干部学法用法的督促考核方案。明确规定副处级领导干部在任前必经参加法律知识考试，并将考试成绩作为提拔任用的一项依据。

在农村普法，依法治理这个大头上，通过全面推广建设法制示范户、法治示范村典型经验，推进了农村依法治理广泛、深入开展。以农村民主选举、民主决策、民主管理、民主监督“四民主”和财务公开、政务公开“两公开”为中心内容，以村村要达到有法制教育载体、有普法骨干、有乡规民约、有治安联防队、有民事调解会“五个有”为基本要求，针对当前影响农村社会稳定的突出问题，有计划、有步骤地开展了农村依法治理活动，确保基层的稳定与发展。

在司法和行政执法这一重头上，对市直42个司法和行政执法单位实行了年度工作通报交流制度。把各单位的执法情况收集整理，进行分析，总结经验，寻找差距，再反馈给有关单位，收到较好的效果。抗击非典工作开始不久，立即下发了《关于加大依法治理力度的通知》，要求各有关行政执法部门加大行政执法力度，规范市场秩序，维护社会稳定，为防非工作创造了良好的法制环境。

在抓青少年法制教育这个源头上，以学校、社会和家庭“三结合”为主旨，强化学校法制课硬性要求，完善法制副校长组织措施，开展不同形式的课外、校外社会活动，使青少年法制教育经常化。市局会同有关部门在永济虞乡劳教所筹建了青少年法制教育基地，运用形象、直观、现身说法和正反典型进行法制教育。同时，根据省委依法治省领导组办公室的部署，配合省厅对全市首批省级依法治理示范点申报单位进行了检查验收。以万荣县“法制示范户”为典范，在万荣、稷山、闻喜、绛县培养了一批“法制示范户”，并由点到面在全市予以推广，针对不同层次的普法对象，开展了不同形式的普法宣传活动。（张军荣）

【人民调解工作】 2003 年市局集中力量对调委会的规范化建设进行了全方位、多层次的督促、检查、验收。全市规范化一类调委会已占到 80%，三类调委会控制在 10%以下，基本适应了形势发展的要求。在加强规范化调委会建设方面，主要采取以下几种措施：①以市委、市政府名义下发了《关于加强新时期人民调解工作的意见》，对民调组织和民调员的机构设置、人员配备、误工补助、社会地位等作了明确的规定。②将人民调解工作纳入全市社会治安综合治理目标责任制，作为党委、政府工作的一项考核内容。③理顺了乡镇调解组织与司法所的关系，实行两块牌子，合署办公，明确规定由司法助理员兼任乡（镇）调委会主任，避免了互相推诿、扯皮现象，提高了工作效率。④印发了规范化调委会标准，并集中进行了两次全市范围内的分组检查。⑤采取不同形式对调解人员进行了业务培训。⑥下发了关于在民事诉讼中确认调解文书法律效力的文件，实现了人民调解制度与人民审判制度有机衔接。通过以上措施的实行，极大地调动了广大人民调解员的工作积极性，促进了基层社会的稳定与发展。2003 年全市民间纠纷发生率明显少于 2002 年，下降了 25%，调解率提高了近 10%。在 9 月份召开的全省人民调解工作会议上，柴林山副市长作为全省唯一的地市级政府的代表在大会上做了典型发言，并受到省委省政府的表彰。（张军荣）

【公证管理工作】 2003 年，市局制定下发了《关于整顿公证法律服务秩序规范办证收费行为禁止不正当竞争的管理办法》，重申了各公证处的业务范围，统一规定了一些新兴的批量办证收费标准，公布明令禁止的不正当竞争行为及处罚规定，有力地扼制了公证行业的无序竞争和不正当竞争行为。为了加强公证质量管理，市局先后印发了《公证质量检查标准》、《要素式公证书评查标准》及《公证质量百分考核标准》，采取自查和普查相结合的办法，对全市的公证质量进行了一次全面的检查，并将检查结果分类排队在全市予以通报。成功地举办了第四届公证业务培训班，高质量地组织实施了“2003 年度全市优秀公证员”评比活动，在社会上引起强烈反响。（张军荣）

【律师管理工作】 组织全市律师认真学习十六大精神和“三个代表”重要思想，增强了律师的政治责任感和社会责任感。组织开展了多种形式的论文演讲、法制论坛、疑难案例会诊等活动。制定下发了《运城市律师担任政府法律顾问实施办法》、《运城市企事业单位法律顾问实施办法》，引导律师积极开展律师顾问业务，在一定程度上促进了行政事业和企业单位的依法管理、依法决策、依法经营。制定下发了《规范诉讼代理行为暂行规定》，对改善律师执业环境、制止不正当竞争行为起到了良好的促进作用。建立律师诚信管理制度，对一些律师的违规行为，实行建档管理，并向社会公布了投诉电话，自觉接受社会各界的监督。（张军荣）

【基层法律服务工作】 通过整顿，取缔了一些非法所，暂停注册了部分不符合要求的基层法律服务工作者的执业资格，净化了法律服务市场，提高了基层法律服务工作的质量和社会影响。结合整顿，在四月份组织全市 300 余名基层法律工作者进行了一次业务培训，使全市基层法律工作者的整体业务素质迈上了一个新台阶。（张军荣）

【安置帮教】 2003 年，全市已建立市、县两级安置帮教领导小组 14 个，村（居）民委员会帮教小组 149 个，工作人员 6995 人，乡镇（街道）安置帮教工作站 149 个，从而形成了纵向到底、横向到边的全市四级安置帮教组织网络。2003 年全市在巩固、发展现有安置帮教组织网络的基础上，重点抓了刑释解教人员基本情况、帮教对象基本情况、帮教组织（人员）基本情况电脑网络管理工作，取得了明显的成效。通过多方努力新建了 8 个安置帮教基地，安置率达到 95%以上，重新犯罪率严格控制在 5%以下。（张军荣）

【司法考试工作】 按照司法部“最权威、最规范、最廉洁、最严密”的要求，圆满完成了 2003 年度国家司法考试任务。由于准备充分、考场安排合理、分工细致、监考严格，整个考试过程考场秩序良好、社会反映良好。经过考试全市共有 22 名考生通过司法考试，合格率占到 5.8%。（张军荣）

【司法鉴定工作】　按照“舆论先生、重点推进、建章立制、有序发展”的工作思路，通过多种形式的宣传在全市掀起了一个学习贯彻《山西省司法鉴定条例》的热潮。严格按照有关要求全面启动了全市司法鉴定机构登记和初审工作。全市有18家面向社会服务的司法鉴定机构，177名鉴定从业人员在市局登记；有一家专门机构、三家综合机构经过市局初审上报省厅审核，其中有一家已通过省厅审核面向社会提供服务。为了提高工作效率，改善管理方式，市局将司法鉴定机构设立登记初审、司法鉴定人职业资格证书颁发及年度注册初审程序全部在市政府网站予以公布，保障了司法鉴定管理工作的健康发展。　　（张军荣）

【法律援助工作】　全市市县两级法律援助机构、人员编制、办公场所全部落实到位，有六个中心落实了财政专项经费，位列全省之首。援助面越来越广，业务种类涉及民事、经济、行政、刑事。结合普法宣传开展了丰富多彩的法律援助宣传活动，为维护社会稳定，促进经济协调发展做出了积极的贡献。

（张争荣）

公安工作

【概述】　2003年，全市公安工作在继续引深“严打整治”斗争的同时，针对群众反映强烈的突出治安问题，适时地组织开展了打击“两抢”、盗窃和“百日侦破大会战”、“夏季严打”、“禁毒严打整治”、“打击盗窃破坏电力设备”、“打击拐卖儿童犯罪”、“打击传销和变相传销”、“打击强迫民工劳动”、“破案攻坚战役”及“指纹破案会战”等一系列专项斗争。全年破获刑事案件4295起，其中，破重特大案件1169起，有李海仓遭枪杀案、临猗“5·18”系列强奸碎尸案、闻喜“5·30”恶性入室抢劫杀人奸尸案、河津“6·23”爆炸杀人案和特大跨省贩毒团伙案以及永济强迫劳动案和“璞真公司”非法吸收公众存款2290余万元等震惊全国、轰动全省的一批大要案件。共打掉危害大、影响大的犯罪团伙142个551人，有力地打击了犯罪分子的嚣张气焰。　　（郝云峰）

【“两抢”、盗窃专项斗争】　2003年，针对抗非典时期，全市抢劫、抢夺、盗窃等犯罪活动有所抬头的问题，市县公安机关全警动员，严密组织，因地制宜开展了打击“两抢”、盗窃专项斗争。为拓宽“两抢”犯罪的线索，5月24日，崔长胜局长亲自部署组织，由市局刑侦、治安、经侦、技侦等实战部门和盐湖分局民警联手开展清理二手手机交易场所统一行动。5月28日组织全市公安机关进行突出大清查。两次行动共清查交易场所232处，查扣来历不明手机978部。通过采取多种措施，从中发现了一批犯罪线索，相继打掉一批“两抢”犯罪团伙，抓获一批涉案成员，破获一批抢劫、抢夺和盗窃案件。盐湖分局打掉以韩某为首的抢夺、盗窃团伙，破获抢夺案13起，盗窃案27起，涉案金额20余万元；河津市公安局打掉以王某为首的抢夺团伙，破获抢夺案件54起。在“夏季严打”斗争中，全市公安机关破大案、打团伙、追逃犯频传捷报，盐湖、永济、河津、临猗、万荣、稷山、新绛、绛县、夏县、垣曲、平陆、禹门等县（市）公安局、分局都侦破了一批抢劫、盗窃、杀人、投毒、爆炸等在当地有很大影响的案件。　　（郝云峰）

【破案攻坚战役】　在破案攻坚战役中，全市公安机关共破获各类刑事案件680起，其中危害严重的8类案件72起，现行案件534起，抓获网上逃犯100名。河津的“2002·7·23”特大拦路抢劫运油款5.9万元的车匪路霸案件和临猗“6·21”残杀女教师两起省厅挂牌督办案件都是在这次攻坚战役中被侦破。

（郝云峰）

【开展专项打击行动】　2003年，打击盗窃破坏电力设备、打击拐卖儿童犯罪、打击强迫劳动犯罪等专项斗争也都有计划、有步骤、有重点的扎实开展，并取得了明显战果。先后破获了6起贩卖婴儿案和35起盗窃破坏电力设施案件，成功侦破了陕西少年张徐波被强迫劳动案，抓获强迫他人劳动的犯罪嫌疑人31名，解救被强迫劳动民工197名。　　（郝云峰）

【禁毒严打整治行动】　4月下旬，互联网登载“运城市吸食安纳咖者多达十几万人”的报道，公安部周永康部长、省公安厅杨安和厅长及省市等领导对此作出重要批示。市公安局党委高度重视，市局局长崔长胜、副局长孙彦学等领导和有关部门同志放弃“五一”节假日，共同制定治理对策，在全市范围内开展了为期三个月的“禁毒严打整治”行动。行动中，全市公安机关发挥主力军作用，深入调查，重拳出击，共破获涉毒案件657起，抓获涉毒人员798人。其中贩毒案162起108人，吸毒案461起646人，非法种植案29起30人；强行戒毒36人，劳教21人，逮捕26人；收缴毒品海洛因293.8克，咖啡因330千克，铲除罂粟4483株。8月3日，盐湖分局在市局技侦部门的密切配合和大力支持下，一举捣毁一个建国以来全市最大的贩毒团伙案，缴获海洛因198克。10月14日，河津、万荣公安机关通力合作，成功破获了以河津的杨兵彬、李去赞（女）为首的特大跨省贩毒大案，缴获毒品咖啡因250公斤。

（郝云峰）

【打击经济犯罪活动】　2003年，市县两级经侦部门与工商、金融、税务、保险等行政执法部门密切配合，不断加大和拓宽联合执法力度和范围。全年共查处各类经济犯罪案件172起，抓获犯罪嫌疑人184起，为国家挽回经济损失2520余万元。特别是在侦办“璞真公司”非法吸收公众存款大案中，市局经侦科及禹门、河津、临猗、万荣、稷山公安机关在市局专案组的统一指导、指挥下，联手作战，一举将4个二级站点全部摧毁，受到省厅的充分肯定。刑事技术部门共出现场1768场，出具各类鉴定4169份。技侦部门充分发挥特有的职能作用，先后协办案件110起。监管部门在确保监所安全的前提下，广泛开展深挖犯罪攻势，先后获取举报线索384条，侦破案件23起。在一系列大要案的侦破上，技术、技侦、监管部门功不可没，为打击犯罪提供了强有力的保障，发挥了积极作用。（郝云峰）

【同“法轮功”等邪教组织的斗争】 2003年，全市公安机关采取多种措施严密监控，有效遏制了“法轮功”的违法犯罪活动。全市共查获隐藏的“法轮功”骨干分子10人，其中逮捕1人，劳教3人。同时加大对“东方闪电”邪教活动的打击力度，先后查处此类案件16起，36人。其中劳教11人，批捕2人。8月4日，市局国保部门经周密侦查，当场查处以王公平、李林秀为首的组织印刷邪教书籍案，收缴涉案书籍6000余本，有力地打击了邪教组织的违法犯罪活动。（郝云峰）

【中条山有色金属公司下岗职工请愿事件】 2003年1月7日，中条山有色金属集团有限公司胡家峪和篦子沟矿因开始实施关闭破产政策，两矿职工自发组织400余人，先后聚集在本矿办公大楼和公司总部大楼前，向公司领导请愿，提出“要吃饭、要生活、要工作”的口号。8日上午10时许，500名职工又聚集在济东公路西峰山十字路口，打着横标阻塞交通。事情发生后，市公安局副局长薛新锁、王巨带领民警迅速奔赶现场协助处置。正在太原开会的崔长胜局长连夜从太原返回组织警力，抽调市局机关、闻喜县局、绛县县局民警200人，武警支队官兵50人、消防支队官兵20人维持秩序，在市委、市政府领导下，与有关单位紧密配合，及时采取得力措施，积极参与妥善解决问题，至9日下午，聚集职工全部疏散，聚集请愿阻塞交通事件得到稳妥处置。（郝云峰）

【破获海鑫钢铁有限公司董事长李海仓被杀案件】 2003年1月22日11时35分许，山西海鑫钢铁有限公司董事长、全国工商联副主席、全国政协委员、运城市人大副主任李海仓在其办公室被枪杀。案发后，市委书记黄有泉、市人大主任陈永信、市长王守祯、市委副书记安永全、市委常委、政法委书记马东波、副市长柴林山等领导亲赴现场，要求公安机关必须高度重视，尽快破案。主持市局全面工作的副局长崔长胜带领副局长薛新锁、孙彦学、李红志、冯养合和政治部主任冯文以及刑侦、刑技、技侦等部门人员赶赴现场，组织指挥县、市公安机关展开案件侦查。国家公安部、省公安厅也派员亲临闻喜指导侦破工作。在四级公安机关的共同努力下，仅用48小时就将此案全部查清。凶手冯引亮（男，48岁，闻喜东镇人）因生产经营不善，经济陷入困境，欲将其纸厂高价强卖给“海鑫公司”，敲诈一笔巨款摆脱困境。因遭李海仓拒绝，产生绝望心理，遂起杀人邪念，在李海仓办公室用随手所带的一支双管猎枪将受害人枪杀后开枪自绝。（郝云峰）

【执行“五条禁令”】 1月22日，公安部召开加强全国公安机关内部管理电视电话会议，要求全国公安机关实施“五条禁令”加强队伍建设。会后，市公安局党委立即召开会议，迅速传达贯彻公安部和省厅电视电话会议精神，安排部署全市公安机关学习贯彻“五条禁令”，加强队伍内部管理工作。并成立了以崔长胜副局长为组长的领导小组，制定了《关于加强公安队伍内部管理的方案》，下发了《关于认真贯彻执行“五条禁令”的决定》和《运城市公安机关干部下基层加强内部管理工作指导方案》。并在全市公安机关广泛宣传，形成了一个自我监督、家庭监督、社会监督的良好氛围。组织全体民警认真学习“五条禁令”，熟记条文，理解内容，严格执行，印制“五条禁令”卡片500余张发放到每个民警手中，真正做到入耳入脑入心。充分使用电台、电视台、报刊、板报等多种形式，广泛宣传“五条禁令”，做到家喻户晓、人人皆知。同时还印制了《致公安民警家属的一封信》，请民警家属协助落实“五条禁令”。

为了切实抓好“五条禁令”的贯彻落实，坚决杜绝公安民警发生涉枪、酒、车、赌等方面的问题，全市公安机关采取多种举措，确保“五条禁令”贯彻执行。纪检督察部门实行现场督察和明察暗访，全市公安机关共抽调800名民警，组成116个工作组，深入基层明察暗访帮助工作。市局抽调54名民警、组成13个工作组，对基层公安机关103个科所队“五条禁令”的执行情况进行了检查指导。全市公安民警上下同心，各级领导齐抓共管，使“五条禁令”得到有效落实，全市公安民警的警容、警纪发生了很大变化，深得人民群众拥护。（郝云峰）

【抗击“非典”】 2003年4月中旬，突如其来的“非典”扰乱了人们的正常工作和生活，市公安局党委非常重视，按照市委、市政府和省公安厅的统一部署，从贯彻“三个代表”重要思想的高度，从保护人民群众身体健康和生命安全的高度，从维护改革发展稳定大局的高度，把防控“非典”工作当作压倒一切的头等大事，全警动员，通力协作，强化措施，精心组织。4月22日，市局成立了由局长崔长胜为组长、其余党委成员为副组长的全市公安机关防控“非典”工作领导组，下设办公室，并制定了全市公安机关防治非典型肺炎工作方案，明确了十二项工作任务和措施。4月26日，市局防非领导组召开紧急会议，研究制定了11条硬性规定，要求全市公安机关全力抓好落实。为确保防非工作扎实开展，局领导亲临防非第一线督导检查。市局防非办根据疫情的发展，及时制定了公安民警预防非典“八不准”和公安家属院预防非典“八不准”，要求县市两级公安机关结合实际，认真执行，为每个民警购买了必备的口罩、手套、体温表等，并坚持每天对家属院、机关办公室、会议室、楼梯、卫生间、车辆等进行全面消毒，不留死角死面，加强机关、家属院门卫值勤力量，每天由2名正式民警协助门卫执勤，做好外来人员登记，严防闲杂人员进入，确保了民警自身的安全。

全市公安机关积极配合有关部门开展工作。交警部门抽调600余名警力，积极协助卫生部门，在全市30个出入境点、对出入的车辆、人员进行检疫消毒，确保各疫情检测点不发生车辆人员长时间滞留，使防非药品、器械、重点工程物资和粮油、蔬菜等重点物品顺利快捷进入各县市，确保全市道路交通畅通。同时公安机关大力配合有关部门加强返乡及外来人员检查、协助卫生部门对擅自脱离治病人员进行查找，对“非典”重点区采取隔离措施。全市共设隔离点82个，对3万余名非典“二链”人员实施了隔离。强制隔离66人，查找38人，检查关闭娱乐场所1464个，检查其它场所13787个，检查流动人员85637人，检查消毒过往车辆438255辆。在抗“非典”战役中，广大民警坚守岗位，尽职尽责，涌现出一批可歌可泣的模范人物。5月21日盐湖区交警大队民警贾向军在值班过程中，突发脑溢血倒在工作岗位上，最终献出了自己宝贵的生命。（郝云峰）

【清理涉嫌销赃二手手机交易场所】 5月23日、24日，市公安局党委统一部署，组织开展了清理涉嫌二手手机交易场所统一行动。市局领导崔长胜、薛新锁、孙彦学动员部署，亲临一线指挥行动。24个行动小组、130名民警分片包干，对具有销赃嫌疑人47处二手手机交易场所进行了突击检查。共发现35处涉嫌销赃，缴获各种手机366部，来历不明手机卡46个，传呼机2部。经查，5部手机为赃物，331部为二手手机和2部传唤机来历不明，依法传唤涉嫌销赃嫌疑人54名。（郝云峰）

【破获“5·18”大案】 5月19日上午,临猗县公安局接猗氏镇百里店村群众报案:该村少女张某于18日下午失踪,19日上午又跑回家中,指控被本村党成喜绑架、强奸。接报后,民警赶赴百里店村展开调查走访,犯罪嫌疑人党成喜闻风潜逃,该局领导带领50余名民警并组织上百名群众在村外展开围捕。下午1时许,党成喜被抓获,并交待了绑架并强奸少女的犯罪事实。

经查，5月18下午5时左右，犯罪嫌疑人党成喜（男，50岁，猗氏镇百里店村人）来到儿子家，因房门紧锁，便到受害人张某（女，15岁）家，把独自在家的张某叫来，帮他取卧室门顶的钥匙。当张攀上门柜时，党成喜滋生恶念，将张摔倒在地，捆绑手脚，蒙眼堵嘴，驾驶三轮车将张某拉至村北果树地。天黑后，又将其转移到村南自家桃树地的果窑里，用极其恶劣的手段，三次将正在经期的张某强奸。经审讯，党某交待了两年间杀害2名女雇工并埋尸于其家桃树地的犯罪事实，同时还交待了将给其打工被冻死的另一名外地女工埋于桃树地的犯罪事实。并于20日下午，在党成喜的果窑附近挖出一具被开膛并肢解的女尸，22日、23日在党成喜的果树地里又挖出两具女尸。三名受害女子的尸体全部寻获。（郝云峰）

【追捕戒毒人员脱逃案犯】 7月4日凌晨6:30时许，盐湖分局戒毒所值班民警听到戒毒病室有人打架喊叫（其实为伪装打架，骗民警入室）。协警周立峰拿钥匙去后院打开打架的病室房门后，立即被该病室的戒毒人员按倒在地，并被捆绑堵嘴，抢走钥匙。随后，该病室戒毒人员又打开另一间戒毒病室，20名戒毒人员从灶房旁边围墙逃跑。脱逃事故发生后，市区两级公安机关迅速采取有效措施组织追捕。省长刘振华、公安部副部长田期玉、省委常委、省公安厅厅长杨安和和市委、市政府有关领导都作了重要批示。经过市区两级公安机关的全力追捕，逃脱的20名戒毒人员全部追捕归案。（郝云峰）

【“六项安全整治”行动】 5月30日，市公安局按照省公安厅的统一安排，迅速部署“六项安全整治”行动，认真做好爆炸等危险物品安全整治、道路交通安全整治、消防安全整治、枪支弹药安全整治、公安监管场所安全整治、内部单位安全整治六项工作。

通过2个月的努力，全市“六项安全整治行动”取得辉煌战果。共检查涉爆、涉枪单位1106家，发现隐患331处，下发限期整改通知书194份，勒令停业整顿通知书31份，督促落实11处。收缴炸药1074.7公斤，雷管6194枚，导火索12467米，爆竹551300余头，硝酸铵13325公斤，氯酸钾40公斤；收缴非法枪支108支，子弹13698发；群众主动上交枪支71支，子弹2468发，雷管577枚，炸药47.3公斤。查破涉爆案件11起，涉枪案件10起。

共检查内部单位1182家，重点要害部位837处，发现隐患502处，下发隐患整改通知书395份。改进防范措施443条，新制定安全防范措施227条。破获内部单位刑事案件18起，查处治安案件55起，处理人员122人。

共检查公众聚集场所和易燃易爆场所1139家，发现火灾隐患1470处。下发《责令当场改正通知书》213份，《责令限期改正通知书》349份。

共检查机动车辆78800辆，发现无牌无照无证以及应报废车辆6422辆，查处违章车辆3838辆，处罚违章驾驶员21091人。

共排除监所安全隐患14处，监所侦破案件9起。（郝云峰）

【打击强迫劳动犯罪专项斗争】 8月5日以来，为制止强迫劳动犯罪活动在全市蔓延，使劳务市场、用工秩序得到整治和规范，全市公安机关在全市范围内开展了严厉打击强迫劳动犯罪活动专项斗争，取得明显成果。斗争中，全市共出动警力6000余人（次），清查各类用工单位和企业4316个，其中砖厂668个，窑厂185个，煤矿128个，民营小企业1974个，其他用工单位和临时用工单位1361个。查访群众38000余人，务工人员6200余人，用工单位负责人230人，包工头427人，登记在运务工人员23600余名。破获强迫劳动犯罪案件6起，抓获强迫劳动犯罪嫌疑人31名，解救被迫劳动民工197名。

移交并协助劳动保障部门解决劳动纠纷21起，与用工单位协商解决劳务纠纷4起，协调解决民工返乡款4000元，改善民工吃住环境600余处。（郝云峰）

【国庆阅警】 9月29日上午，全市公安机关国庆阅警仪式在河东广场隆重举行。由公安民警、武警、消防官兵、经济民警、保安人员等组成的41个方队，以饱满的热情、昂扬的斗志、严整的警容、精湛的技能，接受各级领导和广大人民群众的检阅。

省委书记田成平，省委常委、省委秘书长申联彬，省委常委、省公安厅厅长杨安和，省委常务副秘书长高卫东，省公安厅副厅长、太原市公安局局长燕和平，省武警总队长叶景亮、省消防总队长田生有、省交警总队长宋建华以及市委书记黄有泉、市长王守祯等四大班子领导、离退休老干部、市直各单位、驻运各大型厂矿、企业负责人，各县（市、区）主要领导，市人大、政协常委、省人大代表、政协委员等出席了阅警仪式，阅警仪式由市政府副市长柴林山主持。

阅警副总指挥、总调理白根元下达“迎国旗”口令，阅警总指挥崔长胜向检阅领导报告，省、市领导检阅了排列在红旗东街的41个受阅方队。随后，在白根元总调理的指挥下，41个受阅方队在护旗方队和护徽方队的引导下，依次通过主席台，接受各级领导和广大人民群众的检阅。分列式结束后，紧接着进行了警体技能表演，摔擒技术、刺杀操、查缉堵截、解救人质、警犬擒敌、消除灭火等表演，赢得阵阵掌声。

市委副书记安永全在大会上对阅警的圆满成功表示祝贺，他指出，这次阅警活动是市委、市政府和全市人民特别是广大公安民警的一件大事，是全市公安机关和广大民警向党和人民的一次庄严宣誓，是凝聚警心、弘扬警威、震慑犯罪、鼓舞群众的大演练、是科技装备、综合素质、实战技能、协同作战的大展示，是全面提升公安队伍素质和业务建设水平的大促进，必将对新形势下河东公安工作和队伍建设实现新跨越产生巨大的推动作用和深远影响。

省委常委、省公安厅厅长杨安和代表厅党委对这次阅警活动表示热烈的祝贺！对全市近年来的公安工作给予了充分肯定。并要求全市公安机关和广大民警要以这次阅警为契机，坚决贯彻中央领导对公安工作的指示精神，认真落实周永康部长提出的“人要精神，物要整洁、说话和气、办事公道”的总体要求，牢固树立立警为公、执法为民的观念，把“人民公安为人民”的主旋律唱得更响更亮。要结合当前正在深入开展的“大讨论”活动和内务建设大整顿，进一步转变作风，自我赶超，切实提高队伍的整体素质和战斗力，努力把运城公安建成一支政治坚定、业务精通、作用优良、执法公正的优秀队伍。为实现运城市委、市政府提出的“四大一强一中心”的宏伟目标，创造更加良好的治安环境，提供更加优质的服务。（郝云峰）

【“三打一防”专项斗争】 12月4日，市公安局召开“三打一防”专项斗争动员大会，要求全市公安机关从12月5日至2004年1月20日，集中时间、集中精神、集中警力，在全市范围内开展以打击盗窃、扒窃、抢劫和强化居民区、金融网点等“五管要害”部门安全防范为主要内容的“三打一防”专项斗争。市委副书记唐大雄和市局党委成员出席了会议，唐大雄副书记和崔长胜局长作了重要讲话。为弥补盐湖分局警力不足，加强对开展“三打一防”专项斗争的指导和监督，市局党委从局机关各科室抽调100名工作能力强，经验丰富的民警，组成8个工作队进驻运城市区8个派出所协助工作。经过40天的努力，全市公安机关取得了辉煌的战果：共破获刑事案件712起，治安案件606起，检查重点部位2125处，盘查人员11389人，打掉团伙40个，抓获逃犯75人，收缴赃款55.58万元，收缴雷管1622个，炸药185公斤，枪支8杆，子弹13011发，烟花爆竹3053付，毒品748.8克。（郝云峰）

【科技强警“金盾工程”】 2003年，市公安局把科技强警作为一项重点工程，纳入年初总体工作目标，加强领导，加大投入，大大加快了“金盾工程”的步伐。全市公安机关多方筹集资金1200万元投入“金盾工程”，使科技强警一跃迈上了新台阶，实现了重大突破。

全市公安信息网络建设取得了实质性进展，应用系统工程呈现出良好的发展势头。全市公安二、三级网数字化运行全面启动；市局机关、二级网点程控交换机升级改造完毕；网络交换机、电视电话会议终端设备安装到位，语音数据视频系统正式开通，并进入运行阶段；三级网点临猗、新绛、盐湖语音数据网也开通并进入试运行阶段；其余各县（市、区）局、各分局光缆铺设到机房，为“金盾工程”在全市的全面启动和实施创造了条件，打下了坚实基础。市局积极筹集资金100万元，按时完成了政府系统公文无纸化传输系统和行政审批应用系统的建设任务，确保了两大系统的正常运行。消防支队局域网建设全部完成，实现了火灾数据、财务报表的互联网上传业务、防火业务的申报、审核，实现了与市政府信息网的联通。同时，盐湖分局投资268万元建立了卫星定位系统，投资100万元完善了旅店业查询联网系统工程，收到了良好的社会效果和经济效益。（郝云峰）

【科所队领导全员轮训】 为了全面提高公安机关科所队领导的执法素质，2003年市局组织全市公安机关1200余名科所队领导全部进行了一次“端正执法思想，转变执法观念”的培训。市局党委对这次轮训工作非常重视，专门成立了全市公安机关民警轮训工作领导组和轮训工作办公室，党委书记、局长崔长胜担任领导组组长，亲自参加开学典礼，并作了重要讲话。市局领导先后参加了开学、毕业典礼，并为学员亲自授课。轮训采取全封闭式管理，在考核上实行了分类考核，即从研讨材料，纪律表现、理论考试三方面综合考评，增强了考核的科学性；在课程内容的设置上，结合公安工作，贴近基层实际，内容丰富，主题突出；在师资力量上，既有专家教授，又有具有公安实践经验的民警；在授课方式上灵活多样，既有现场讲授，又有录像资料，促进了全体学员相互交流。

这次轮训使广大科所队领导统一牢固树立“立警为公，执法为民”的思想认识，明确了公安机关在新世纪、新阶段的重大政治和社会责任，明确了当前和今后一个时期公安工作和队伍建设的努力方向和工作重点，把握了民主、法制这一时代主线，为真正做好权为民所用，情为民所系，法为民所执，事为民所办奠定了良好基础。

（郝云峰）

【平息匼河村与长旺村民冲突事件】 5月31日早上9时，永济市韩阳镇长旺村村民因为对运城市政府关于争议的黄河滩涂地勘界的不满，聚集数百人，手持农具、越过地界，将芮城县风陵渡镇匼河村所种的190余亩黄河滩涂地塑膜覆盖的棉花用旋耕耙毁坏。接报后，市公安局局长崔长胜立即带领市局治安部门民警赶赴风陵渡，并召集永济、芮城公安局长现场办公，提出妥善处置的具体意见。最后，在市委、市政府的领导下和市公安局、永济、芮城二县市公安机关共同努力下，通过做群众的思想工作，事态得到了平息，避免了冲突事件的发生。 （郝云峰）

【学习“贯彻十六大”精神】 3月7日，省公安厅召开电话会议，传达公安部通知精神，要求全省公安机关进行“贯彻十六大，全面建小康，公安怎么办”大讨论活动。会后，市公安局党委立即召开党委扩大会议，组织大家认真学习和讨论公安部通知精神和省公安厅杨安和厅长讲话，并向市委、市政府汇报了大讨论活动的部署和要求，结合市公安机关的实际，认真制定了大讨论活动的具体实施方案，成立了领导组和办公室。各县（市、区）公安局、各分局及时召开会议，迅速安排部署，制订实施方案，成立了相应的组织机构。

大讨论活动开展以来，全市公安机关认真按照“理清新思路、提出新举措、创造新经验、取得新进展”的具体要求，结合实际，确定重点，制定提纲，分层次、分类别、分区域组织不同形式研讨活动。市局6月6日召开全市公安局长会议进行了专题研讨，从公安管理体制到公安工作机制，从打击犯罪到治安防范；从执法活动到警务保障；从民警思想观念到队伍整体素质等方面存在的与全面建设小康社会不适应的16个突出问题进行广泛研讨。市局党委认为亟须全市公安机关分级分层次解决的重点问题主要是：①坚持立警为公，执法为民，端正执法思想，转变执法观念，规范执法程序，加强执法监督，有效改善执法形象，切实提高执法水平；②牢固树立宗旨意识，强化服务意识，坚决杜绝冷硬横推问题；③认真回顾总结全市派出所刑侦工作改革的经验，撤地建市后的市局如何尽快适应形势，建立起一套完整的适合具体工作实践的打、防、控、管一体化的警务运行机制；④切实解决立案不实问题，如实立案，提高办案质量；⑤解决好窗口单位服务问题，进一步增大工作透明度、严禁乱收费、乱罚款；⑥队伍管理正规化，整合资源，内部挖潜，质量建警，素质强警，有效建立队伍管理长效机制建设；⑦首问责任制的落实。互相学习，取长补短，真正把首问责任制落实到位。

如何把大讨论活动全面落实到具体实际中，全市公安机关紧紧围绕省厅党委的总体思想和市局党委提出的“四大三强一减少”的战略目标，找准切入点，抓住工作重点：以发展为主题，把公安工作放在服务全面建设小康社会的高度，把公安工作放在如何更好地服务当地经济建设的高度，围绕当地经济建设制定工作举措，努力为当地经济和社会的发展提供良好的治安环境；以群众反映强烈的热点问题为重点，把立警为公、执法为民为出发点和落脚点，真正做到为民执法、为民用权、为民服务，对群众反映的治安问题、执法问题等采取有效措施；以队伍管理为切入点，解决民警干好干坏一个样、干与不干一个样以及民警教育训练等问题，真正把民警的队伍建设成一支党委放心、群众满意的公安队伍。

（郝云峰）

（责任编辑：杨春英）

经济管理

计划管理

【2003年全年经济分析】 2003年全市GDP完成292.3亿元，同比增长15%，财政收入完成34.2亿元，同比增幅27%，固定资产投资完成102.4亿元，增长26.5%。规模以上工业增加值完成117.6亿元，同比增幅21.7%，社会消费品零售总额完成80.6亿元，同比增幅为15.1%，外贸进出口完成35946万美元，同比增长85.5%，城镇居民人均可支配收入完成6172元，同比增长12.1%。 （蔡利言）

【农业结构调整持续推进，农民收入稳步提高】 由于2003年本市气候对粮食作物生长十分有利，所以全市粮食作物普遍增产，据统计平均单产218公斤，比2002年增长14.1%。播种面积584.12万亩，虽然比2002年下降了11%，但总产量完成127628.1万公斤，比2002年增长1.6%；棉花播种面积120.1万亩，比2002年增加32.1万亩，增长36.5%，由于受中后期阴雨低温寡照影响，单产比2002年下降10公斤左右；蔬菜播种面积58.2万亩，比2002年减少8.5%，受风、雹、洪涝等自然灾害影响，产量有所下降，总产量达91000万公斤，比2002年减少24%；本年本市粮经比例得到进一步调整，设施农业继续快速发展，全市设施农业达到48.6万亩，比2002年增加6.4万亩。以设施栽培为主的蔬菜产业可为农民人均提供416元收入，比2002年355元增长17.1%，全年农民人均纯收入完成2320元，同比增长7.6%。 （蔡利言）

【大企业快速扩张，工业经济持续高速增长】 2003年本市紧紧围绕国家产业政策，狠抓一批扩建和技改工程，一批大的调产项目相继竣工投产，形成新的经济增长点。海鑫集团二期扩建工程全部完成，形成260万吨铁、260万吨钢、220万吨材的生产能力。振兴集团10万吨电解铝已全部建成，由于电力问题，只形成6万吨生产能力。2002年下半年到本年年底投产达效项目的启动，新增产值46亿元，拉动全市工业经济增长近10个百分点。这些项目的顺利投产，为全市经济的快速增长奠定了坚实的基础。 （蔡利言）

【固定资产投资增势强劲，结构调整快速推进】 2003年全年全市完成投资102.4亿元，同比增长26.5%。在投资规模保持快速增长的基础上，投资结构进一步优化。

潜力产品和重点调产项目进展顺利。全市入围省“1311”调产规划的42个项目中，已有21个建成或部分建成，山铝80万吨氧化铝、亚宝中药现代化项目相继开工建设。这些重点调产项目的顺利实施，将有力促进本市经济结构的进一步优化。

调产项目投资比重加大，占到全市投资总量的25%，比上年提高7个百分点。

非国有投资更趋活跃，完成投资58亿元，增长52%，占全市投资总量的56.6%。 （蔡利言）

【消费市场繁荣稳定，第三产业发展强势不减】 2003年上半年，因“非典”的冲击，本市第三产业受到很大的损失，1~6月份，三产增幅仅为8.3%，进入下半年，随着人们对“非典”疑虑的解除和经济的增长，本市三产也步入快速发展阶段，全年全市共完成社会消费品零售总额80.6亿元，同比增长15.1%。 （蔡利言）

【经济结构调整进展情况】 近年来，按照“一产调优，二产调强，三产调大”的总体思路，全力实施观念、金融、体制、科技、环境“五项创新”，积极推进农业产业化、新型工业化、城镇化，着力培育具有运城特色的产业群体，推动全市经济由单个企业优势向产业群体优势拓展，由支柱产业、主导产业向产业链、产业群、产业带拓展，由单个项目开发向园区经济拓展。以发展潜力产品为切入点，全力实施“1311”规划，坚定不移地推进全市经济结构调整，促进结构优化升级，成功地实现了“一年起步，两年入轨，三年初见成效”的目标，受到省委、省政府的高度肯定。在本年7月召开的全省经济结构调整总结表彰大会上，运城市被评为唯一的“经济结构调整突出贡献市”，二十个“突出贡献企业”中本市就有7家，占三分之一强，芮城县获得“突出贡献县”，永济市获得“经济结构调整先进市”。

“1311”调产项目进展顺利，一大批潜力产品正在做大做强，12项重大工业潜力产品项目8个项目已建成投产或部分建成投产。具体项目建设进度为：晋南机械厂重型汽车车轿及离合器生产线技改项目已全部建成投产，全年实现销售收入2.9亿元；南风集团的4万吨特色皂已建成投产，5.5万吨绿色液洗项目已经完成；5万吨硫酸钡已形成3万吨生产能力，盐湖资源综合利用一期完成；关铝20万吨电解铝工程已于本年11月26日建成投产，预计年新增销售收入25亿元；丰喜集团年产20万吨甲醇项目，平陆公司正在做前期工作，临猗公司10万吨项目招标已经完成，正在进行土建，预计下年底完工投产；永济电机厂已完成投资2630万元，研制开发了铁路提速电机、石油钻井电机、风力发电机；山西铝厂28万吨电解铝主厂房正在施工，设备正在招标，预计2005年9月投产，80万吨氧化铝已于本年8月1日内部开工建设，主要大型设备部分订货；振兴集团10万吨电解铝工程已全部完成，由于电力不足，仅形成6万吨生产能力；卓里集团的克劳耐商用车项目完成投资4000万元，已生产出20台样车，形成小批量生产能力，同时着手开拓市场，准备二期扩建；海鑫集团二期扩建全部完成；三联集团2万吨铸造工程已建成投产，产品已通过鉴定，与玉柴厂签订了4万件的订购意向；亚宝工业园已完成投资6200万元，正在建设厂房，计划下年6月份建成投产。这些项目的顺利实施，为本市经济的快速增长提供了强有力的支撑。

入围“1311”百龙企业的项目共19项，总投资20亿元，已完成投资6.3亿元，占总投资的31.5%。其中，建成投产或部分建成投产的有9项：粟海肉鸡加工、运城苹果万亩红富士出口示范基地、忠民扩建800T/D大豆油浸出生产线、强胜120T/D食用油生产线、胃乐1.5万吨红枣系列食品扩建、农之龙万吨系列保健粉丝扩建工程，除这9个项目外，其余项目正在加紧实施。19个项目中获得省资金支持的5项，支持资金近1000万元，有力地促进农业产业化经营和特色农业的发展。通过“1311”项目的带动，全市龙头企业发展到232家，32家初具规模，带动22万户从事产业化经营。2002年实现营业收入21亿元。

入围“1311”规划高新技术产业化项目8项，除风陵渡方舟电子公司砷化铟霍尔器件项目和万荣恒磁高性能钕铁硼磁性材料生产线已建成投产外，其余7个项目稷山丰海纳米科技有限公司万吨大比表面纳米氧化锌项目、丰喜德威生化公司苦参·氰乳油项目、永济康意制药公司祖师麻系列产品项目、芮城福斯特化工有限公司2，3，5——三甲基苯酚、芮城华新纳米有限公司1.8万吨纳米碳酸钙项目、稷山华丽服饰有限公司防辐射电磁波防护服项目都在建设之中，已获省支持资金2000万元。这些项目建成投产后，可新增销售收入11.65亿元，新增利税3.73亿元。

入围十大旅游景区的三个项目是解州关帝庙旅游景区项目，永济鹳雀楼旅游开发项目，垣曲历山黄河旅游风景区建设项目，这三个项目中共吸纳省扶持资金3200多万元，银行贷款和社会融资近亿元。鹳雀楼自正式运营后，已接待游客17万人次，营业收入380万元。垣曲历山的垣曲——历山旅游公路改造已完成。关帝庙文化广场改造工程已部分完成，基础设施得到进一步改善。这些旅游项目的建设，极大地带动了本市餐饮、住宿、商贸等行业的快速发展。

一批关系重大的基础设施项目进展顺利，永济热电厂10万千瓦机组改造项目，总投资2.83亿元，已基本完成，并部分试车运行，11月底可并网发电；华泽铝业（山西铝厂28万吨电解铝捆绑项目）2×20万千瓦发电工程，已从本年9月6日开工建设，计划2005年发电运行；运城热电联产项目原计划本年开工建设，由于13.5万千瓦主机运行质量不稳定，锅炉订货周期太长，计划变更设计，装机容量改为2×20万千瓦，可研报告正审批之中，下年可开工建设；大唐运城2×60万千瓦发电工程，预可研已通过评估；晋能关铝永济2×30万千瓦机组已通过国家级评估，计划下年开工；侯马至运城500千伏输变电工程，总投资4.05亿元，全长117公里，土建及输电线路基本完成，计划下年年底前投产运行；运城飞机场建设标准3C级，旅游国内支线和机场，总投资1.9亿元，已完成投资7000万元，2400米跑道已全部完成，候机楼正在建设之中，下年5月投入运营；县乡道路改造工程，全年共安排16条县乡道路建设，安排国债资金1.2亿元，除河津张县——柴家道路尚未开工外，其余15条道路均已开工建设，年底大部分路基已贯通，部分路面已铺油，由于本年雨水偏多，不少路基水毁现象比较严重；南同蒲铁路复线，铁道部已同意列入改造规划，一次性设计，由北向南分部建设，侯马至运城段复线改造的可研报告已报国家铁道部，近期将通过评审；天然气工程取得了突破性进展，市西气东输领导组办公室和市天然气有限公司筹备组与山西省天然气股份有限公司签订了供气意向书，确定省公司负责落实气源，本年底已与陕西省供气签订了协议，陕西铜川送往韩城的输气管道已开始设计，运城供气量可达5亿立方；河东东街改造和黄河大道改造已经完成。高专东路和河东街沿长线工程正在顺利实施。南风广场总面积11.48万平方米，地下停车场及商场已经试运营正进行地面装修工程。退耕还林安排40万亩，已下达资金2000万元，正在加紧组织实施；水利四大灌区节水续建改造工程，安排资金2550万元，正在施工建设。

通过重点调产项目的带动和引导，全市民营投资日趋活跃，经济蓬勃发展，初步培育了具有区域特色的“4+3”产业群，即四大支柱产业（冶金产业、化工产业、农副产品加工产业、机电产业）和三大辅助产业（医药产业、建材产业、煤炭焦化深加工产业）。

（蔡利言）

【电力供应矛盾突出】 2003年全市最大用电负荷达195万千瓦，而本年度全市电网最大用电负荷仅160.1万千瓦，电网缺口35万千瓦，严重影响了工业企业正常生产。而且近期由于原煤价格上涨和短缺，本市内最大的河津发电厂一台35万千瓦发电机组不时“趴窝”，使本市电力供应雪上加霜。

（蔡利言）

【部分行业盲目重复建设】 电解铝、焦炭、金属镁、建材等一些行业过热，存在盲目重复建设问题。就电解铝而言，本年度全国有546万吨生产能力，在建400万吨，但其主要原材料氧化铝粉产量只能满足300万吨电解铝需求，据预测，本年中国电解铝产能将达到750万吨，到2005年末将达到1000万吨，远远超过专家预测的同期600万吨的消费量，本市已形成能力45万吨，在建和准备再上的50万吨。预计全年生产焦炭650万吨左右，国家和省批复的正在建设的项目有7个，生产能力452万吨，再加上一些没有批复的项目，预计下年将形成1500万吨左右的生产能力，需要原煤2000万吨，而本市原煤生产能力有二、三百万吨，其余需从外地购买，加大了生产成本。这些问题不仅延缓结构调整和产业升级的步伐，而且也造成资金和资源配置上的重大浪费，一旦市场需求发生变化，势必导致这些行业和相关企业经营困难。（蔡利言）

【环境污染的潜在压力加大】 受投资和市场的拉动，发展较快的电解铝、金属镁、焦炭、建材等行业对环境污染较大，尤其是煤焦过程中的废气，污水排放已经或正在形成对大气和水体的污染，环境质量进一步恶化，这些不得不引起重视。（蔡利言）

【结构性问题还很突出】 三次产业结构中，一产比重分别比全国和全省高1.9和6.7个百分点，三产比重低4.7和8.7个百分点，差距很明显；而且近几年本市三产比重一直在28～29.5之间徘徊，而全国、全省已处于二、三产共同推动期。另外，自上世纪90年代以来，本市工业虽保持着高速增长态势，在国内生产总值中的比重有了大幅度的提升，但其所提供的就业岗位一直维持在全市总岗位的16%左右，这说明在此期间，本市工业增长和就业增长间的关系没有得到较好的协调。（蔡利言）

【三次产业内存在问题】 农业方面：龙头企业明显规模偏小。全市26个大中型加工龙头企业，总营销额不足30亿元，比伊利集团一家企业还少10多个亿。工业方面：传统产业仍是主要支撑，冶金、炼焦、化工、机械、建材、食品、纺织等传统产业在全市工业经济中的比重占到85%以上，高新技术产业由于受资金、技术、人才等因素的制约，仍处于起步阶段。三产方面：传统产业内没有一定企业在全市起到龙头作用，就发展重点旅游业而言，资源丰富但合力不足还是本市旅游资源的主要特征。还没有能在全国旅游市场中叫得响当当的名牌景点、景区，还没有自己的旅游特色和游客市场。（蔡利言）

国土资源管理

【国有土地资产管理】 2003年，市国土局结合中心城市发展详规和市场需求，对城市新区和人民北路的部分土地实行了统征，业经省批复2600余亩，仅新区统征安邑办周家坡居委会土地近1800亩，为城市建设提供了保障。

将城市存量土地纳入政府统一收购储备渠道，对市区内联通公司、银湖房地产公司等多宗闲置土地进行了清查和处置。

全面推行土地公开招标拍卖挂牌出让。呈现出三个特点：①全面开花。市级和12个县（市）都先后开展了土地招拍挂；②运行规范。招拍挂运作程序完善，组织严密；③全程监督。在招拍挂整个过程中，主动接受纪检监察部门的监督，切实达到了公开、公平、公正。全市全年国土收益达3.28亿元，市本级2.08亿元。（杨　超）

【用地预审管理工作】 2003年，积极开展用地预审管理工作，先后预审建设用地16宗，严格按照规划和规定办事。

严格建设用地审批管理，全年共审查报批各类非农建设用地51宗849.1887公顷（其中耕地636.7457公顷）。尤其是侯禹高速公路作为新的《土地法》实施以来最复杂的一宗用地，不仅面积大、图斑多、地类复杂，而且涉及异地补充耕地、补充基本农田和调整规划等多项业务，市国土管理局严格把关，特事特办，全力以赴，按时按质完成了报批任务。根据实际需要，认真调整基本农田，共申报7县30个项目。

认真落实耕地占补平衡制度，加大土地开发整理工作，经省厅验收合格的补充耕地达992.8168公顷，补充面积远远大于全年建设用地占用耕地总数，达到了“补大于占”。本年又申报国家和省级开发项目4个，面积400公顷，资金1610万元。既保护了耕地，又保障了经济建设的需要。（杨　超）

【大力整顿土地市场秩序】 组织领导比较到位。2003年，市、县两级都成立了整顿领导机构，制定了整顿实施方案。市委、人大和政府主要领导多次过问，多次召会，解决整顿难题，纪检监察部门密切配合，形成了领导重视、齐抓共管的良好局面。

排查摸底比较到位。在宣传发动和组织社会全市294名执法监察人员战前培训的基础上，各县（市、区）认真进行了排查摸底，共发现违法行为1245起。

自查自纠比较到位。在排查摸底和查找自身问题的基础上，市国土管理局认真进行有的放矢的整改，建立完善了规范土地市场秩序的各项管理制度，加大了土地违法案件的查处力度。在9月份——10月份，抽调精兵强将，与纪检监察部门组成联合队伍，在全市开展了为期一个月的执法执纪交叉大检查工作，查处了一批，纠正了一批，完善了一批，有效遏制了各类土地违法行为，重点清理纠改了各类园区违规用地现象，取得了明显的整顿成效，促进了土地市场秩序的全面好转。（杨　超）

【夯实土地基础业务】 地籍调查步伐明显加快。河津、万荣、永济、芮城等8县（市）已完成地籍勘丈、权属调查任务，其余县权属调查都已过半。市级对盐湖矿区地籍调查也正在有条不紊进行之中。

土地登记步入正轨。全市集体土地使用权证覆盖率达75%，国有土地使用权发证率达60%。同时，积极推广苏州分割登记做法，在永济、万荣和市区成功取得了试点经验。土地开发整理规划进展顺利，河津、永济、临猗已经完成。

市区基准地价更新工作圆满完成，通过了省上验收，并于6月25日以市政府名义予以公布实行。农用地分等定级全面验收通过。

（杨　超）

【强化矿产资源管理】 矿产资源规划市级和河津、垣曲两县（市）全面完成，于10月份通过验收并报批实施。

矿业秩序整顿常抓不懈，坚持巡回检查，严厉打击各类违法采矿行为，先后查处关闭私开矿（点）105处，行政或刑事拘留27人，没收非法矿产品3800余吨，确保了矿业秩序的长治久安。

严格采矿权管理，积极推行采矿权公开出让工作，2003年对平陆、新绛、绛县、盐湖等10个县（市、区）的24宗采矿权进行了招标（1宗）挂牌（23宗）出让，使本市采矿权出让工作跨入了一个新的阶段。

认真对矿山企业进行年检，完成矿产补偿费征收入库任务达108万元。

加强地质灾害管理，特别是加强汛期地质灾害监督管理，形成了灾害速报制度。

加强地质勘察管理，重点申报了使用省级资源补偿地勘项目计划，申报了南风广场地热勘查项目，市区第一眼地热资源井已勘凿成功。

（杨　超）

【自身建设】 加强机关人员学习和培训。全年组织专业法、执法监察、地籍调查、土地变更调查、土地规划利用、测绘普查、统计、电脑等多起培训工作，提高了人员素质，促进了工作。

加强宣传教育。在“4·22”地球日之际，在河东街设立咨询处，展开宣传版面，散发宣传材料5000余份。在“6·25”土地日之际，利用各种传媒大力宣传，市委书记黄有泉在《运城日报》发表了署名文章，分别举行了人大代表、企业家、房地产商、纪检监察干部参加的四个专题座谈会，人大副主任焦阳生、市长王守祯、副市长董洪运，纪检书记周振华等领导都参会并予以首肯。

积极推行“一站式”网上行政审批，设施、人员、制度都已到位，并在市电视台向社会做了公开承诺，开始投入试运行。

启动了国土资源大厦工程建设。年底主体已经竣工，使全局同志多年夙愿即将付诸现实。

（杨　超）

工商行政管理

【首办责任制】 推行和引深首办责任制是市工商局实践“三个代表”重要思想，推进地方经济发展的重要措施。其目的是最大限度地为群众和企业提供便捷、高效的服务。经过几年的实践和探索，2003年，市工商局的首办责任制已有了一套内容详实、条款具体的首办制度，有了一套衔接紧密、运转协调的首办流程，有了一套责任明确、监督有力的约束机制，并已在全系统全面推广，实现全员首办、全程首办、全方位首办，创造出了既有特色、又切实际，既有形式、又有实效的首办责任制新模式，为群众和企业提供了快捷、便利、高效的“服务通道”，获得了社会群众和工商企业的好评，得到了国家工商总局和省工商局的充分肯定。10月18日，省工商局在本市召开了推行首办责任制现场会，在全省工商系统推广市工商局的做法，国家工商总局纪检组长石见元、省纠风办主任黄福莲出席会议并作了重要指示；《人民日报》、《中国纪检监察报》、《中国工商报》、《山西日报》、《工商行政管理》半月刊、山西电视台等多家新闻媒体报道了市工商局的首办责任制工作；全国有21家单位来“学经取宝”；盐湖区、万荣县、芮城县纪委、夏县人大等部门在当地工商部门召开现场会，推广首办责任制的做法。

（张　祎　王登峰）

【实施农副产品商标战略，推动了产业结构调整】 实施农副产品商标战略，是全市工商系统发挥职能优势，促进农村产业结构调整和经济发展的具体实践。

抓教育，增强农民商标意识。全年投入资金2.1万元，组织商标知识培训76次，培训农民和农副产品加工业主3000余人次。

抓注册，获取商标专用权。2003年，把运城支柱行业、农副产品商标注册工作列为重点，配合有关部门加大商标注册力度，新申请注册了农副产品商标31件，超出了历年农副产品商标数量的总和，使全市已拥有注册商标200余件，其中，农副产品注册商标191件。

抓引导，规范商标管理。针对稷山麻花、临猗梨枣等农副产品商标管理混乱的状况，市工商局与有关部门积极协调，以商标为纽带，指导成立了“稷山麻花协会”和“临猗梨枣协会”，帮助建立了商标管理制度，指导农民正确运用商标战略，开拓市场，使稷山麻花很快占领太原等市场，临猗梨枣年产值达1亿元，直接增加农民收入近千元。

抓维权，为名优商标保驾护航。全年办理商标侵权案件266起，查处侵权商标标识6万张，有效地保护了商标专用权。商标战略的实施，起到了注册一个商标，带动一个产业，富裕一方百姓的作用，加快了全市农村产业结构调整步伐，活跃了农村经济。10月15日，省工商局在临猗县工商局召开推进农副产品商标战略现场会，肯定了市工商局的成绩，并推广了经验。

（张　祎　王登峰）

【优化市场准入环境，促进个体私营经济发展】 在进一步落实“四个放宽、三年减免、首次不罚”等优惠政策，2003年出台了《关于扶持复转军人、大学毕业生从事个体私营经济的实施意见》，对高校毕业生从事个体经营的，免收一年工商管理费；对复转军人从事个体经营的，按照下岗职工优惠政策实施，简化手续，减免规费；健全和落实了农民务工经商扶持证制度，开辟了下岗职工和农村特困人员服务窗口，发放《农民务工经商扶持证》375份，帮助和引导1000余名下岗职工、复转军人和大学毕业生从事个体私营经济，减免登记费、管理费等费收27万元。截止10月底，全市各类企业发展到16920户，比上年底增长35.37%，个体工商户发展到50023户，比上年底增长35.37%。（张　祎　王登峰）

【开展四次专项执法行动，市场经济秩序明显好转】 加强市场监管，整顿和规范市场经济秩序，是新一届中央政府三大重点工作之一。2003年，市工商局按照全市整顿和规范市场经济秩序工作会议精神要求，集中时间、集中力量、集中精神，组织开展了“查无照重拳出击”、“反垄断拆除藩篱”、“打假劣放心消费”、“查广告净化视听”专项执法行动。对每一项执法行动，都制定了方案，成立了领导组，明确了工作的重点和区域，进行了周密部署和精心组织，全系统广大干部克难攻坚，全力以赴，一个案件接着一个案件查，一个战役接着一个战役打，在“查无照重拳出击”执法行动中，出动执法人员9190人次，查处和取缔无照经营户6383户，创下全市查无照数量的历史之最；在“反垄断拆除藩篱”执法行动中，查办公用企业限制竞争案件31起，超额完成了省工商局下达的13起任务；在“打假劣放心消费”行动中，在“查广告净化视听”行动中，在盐湖区人民北路创建了“净化视听”一条街，市政协、人大等多名代表多次在媒体发表文章，赞扬这次行动，抨击违法广告，形成强大的舆论攻势，在全社会营造了良好的整治氛围。行动中，共查处违法广告案件374起，查处违法印刷品广告6万余张，严厉打击了虚假违法广告，净化了广告市场。四项执法行动的开展，引深了全市整顿和规范市场经济秩序工作，对维护运城发展经济大局，保持全市经济发展良好势头起到十分重要的作用。

（张　祎　王登峰）

【消费者权益保护】 保护消费者合法权益，是市工商部门的重要职责。2003年，市工商局利用“3·15”十周年的契机，紧扣“营造放心消费环境”的主题年，在全市开展了“保护消费者权益宣传月活动”，组建了“真假对比一条街”，设立了100个真假对比台，组织真假商品34类156个品种，抽调了100名执法人员上街咨询和宣传，调集了100辆行政执法专用摩托车、60辆12315执法专用车和20辆真假对比宣传车上街游行，散发宣传材料28万份，制作版面180块，悬挂标语390条，咨询群众达5万余人次，声势浩大，规模空前；同时，与新闻媒体联手，在《运城日报》开辟了“红盾出击，打假维权专栏”，发表文章35篇，参与了运城电视台“3·15”监督热线，现场受理群众咨询和投诉23件；与《运城晚报》共同举办“消费者维权红盾行动”，现场解决消费者投诉14件。河津、绛县等县（市）工商局举办了“3·15”专题晚会；新绛、万荣等县工商局开展了“3·15打假维权万人签名活动”；稷山、盐湖等县（区）工商局活动期间销毁假冒伪劣商品价值13万余元，有效地震慑了制假售假分子的嚣张气焰。同时，加大了12315维权网络建设，开展了“12315进社区、驻商厦、入市场、下农村”活动，新建12315举报网点216个，配备12315执法专用车46辆，初步形成了以运城为中心，辐射城乡、遍布全市，反应快速、执法有力的12315执法维权网络，全年受理消费者各种投诉911件，解决率达92%，为消费者挽回经济损失76万元。

（张　祎　王登峰）

【抗击“非典”，确保稳定】 “非典”期间，全系统坚决按照市委、市政府的要求，把抗击“非典”作为压倒一切的大事来抓，响亮提出：坚持一个宗旨，实现两个确保，即坚持“履行职能，为国分忧、为民解忧”的宗旨，当好市场经济卫士，确保系统队伍安全，确保市场经济秩序稳定。在队伍自身防范方面，落实领导责任制、24小时值班制、零报告制，建立了应急预案，并定时对机关和家属院消毒，严格控制人员外出，坚持每日测量机关进出人员体温，定时为机关人员发放预防用品和药品，指导基层高度重视，加强领导，强化措施，科学防范，确保了全系统五千多名干部职工及其家属没有发生一例疫病；在维护市场秩序方面，全系统为了运城稳定的大局、为了运城人民的安全，从实践“三个代表”的高度，以打击借防“非典”之名囤积居奇、欺行霸市、制假售假、牟取暴利活动为重点，忠实履行职责，坚持市场巡查，24小时开通12315投诉热线，及时受理消费者举报，检查经营单位4.3万户次，查处违法经营行为467起，案值157万元，为全市取得抗击“非典”的全面胜利作出了贡献。另外，市工商局还组织系统人员和广大企业经营户为一线医护人员捐款捐物达15万元。省工商局授予市工商局“抗击‘非典’先进单位”。

（张　祎　王登峰）

【重要商品和重点市场监管】 市工商局深入开展了毒鼠强、报废车辆、传销和变相传销等重要市场的专项整治行动。在毒鼠强专项整治工作中，全系统三次召开会议，进行动员部署，采取“市市查，村村进，户户到”卷地毯式的办法，反复巡查，先后出动执法人员5563人次，深入9298个经营户和摊点进行宣传和检查，查扣毒鼠强系列药品48.6公斤，合计2403瓶（袋、支）；报废汽车回收、拆解市场整治是工商系统常抓不懈的工作。2004年初，对已经取缔的河津、夏县、新绛等县（市）的报废车辆市场进行了“回头看”，对出现的苗头进行了打击，同时，针对此类市场出现的个别经营户进村入户、化整为零的新动向，加强了巡查，查办了临猗县某物资回收站非法回收报废汽车案、安邑某金属回收站非法拆解报废汽车案，永济市某土产市场刘××与张××非法交易报废汽车案等，捣毁窝点3个，收缴各类报废汽车27辆，“五大总成”等零部件12.5吨，有效遏制了非法回收、拆解报废汽车行为的发生；打击传销和变相传销活动是维护正常市场经济秩序的重要工作。针对本年运城市传销活动有所抬头的状况，市政府成立了由工商部门牵头的领导组，副市长董洪运亲自担任组长，确定了工作重点，明确了各部门的职责。行动中，采取“端窝点、抓头目、封帐号、吊执照”的措施，充分发动人民群众参与，共查办传销案件17起，遣返传销人员278名，移送司法机关处理9人。在合同监管中，规范合同使用文本2860份，现场监督拍卖活动52起，办理抵押物登记45起，为企业盘活资金4000余万元。此外，还进一步加大了粮、棉、农资、成品油、野生动物、人用药品等重要商品的整治，查办非法购销粮棉案件73起，伪劣农资案件62起，成品油案件23起，查获野生动物数量及其产品数量4215件，纠正违规经营药品行为697起，进一步理顺了重要商品的经营渠道，维护了正常的市场经营秩序。　（张　祎　王登峰）

【安全生产企业监管】 加强对安全生产企业的监管，是事关人民生命财产安全的大事。2003年，除了严格审查涉危涉爆企业的主体资格外，从5月下旬起，在全市开展了安全生产企业证照专项检查，纳入了“一把手”工程，细化了各科室和县（市）工商局的责任，落实了“两日一汇报”制度，各单位反应迅速，行动果断，成效明显。2003年底，已检查企业1877户，规范证照120户，查封21户，立案293起，并对存在安全隐患的235户企业下发了限期整改责任书。同时，积极探索长效监管机制，结合“经济户口”管理，建立起重点安全生产企业“户籍”1730户，为进一步强化市场巡查，规范管理奠定了基础。（张　祎　王登峰）

【狠抓精神文明建设，创建文明单位标兵】 2003年，市工商局坚持以人为本的工作理念，以群众性活动为载体，以提高全员文明素质为手段，以创建文明单位标兵为目标，在精神文明建设上狠抓了三项工作：1. 抓理论学习，建设学习型机关。制定《关于兴起“三个代表”重要思想学习热潮的实施意见》，完善了学习制度，落实了“每日一题、每周一课、每季一评、半年统考、年终测评”的学习措施，组织学习37次，学习各种理论文章19篇，做到人人有笔记、有心得、有体会，使全员理论素质有明显提高；2. 抓道德教育，建设文明机关。举办思想、职业道德专题报告会8次，开展了“在社会做个好公民、在单位做个好干部、在家庭做个好成员”、“当合格的工商干部、做人民满意的公务员”等活动，推动全局思想道德建设。2003年，全系统收到群众表扬信32封，锦旗8面，为受灾群众等特困群众捐款捐物达7万余元；3. 抓硬件设施，建设花园式机关。针对机关建筑面积多，空地面积少的问题，采取拆墙透绿、见缝插绿、盆景添绿的办法，新植苗木20株，新添盆景200盆，拆除机关周边乱搭乱建房屋12间，清理了卫生死角，确保“黄土不露天、垃圾不露面”，使机关面貌焕然一新。精神文明建设的丰硕成果，增强了干部凝聚力，鼓舞了队伍战斗力，带动了工商行政管理各项工作的开展。11月中旬，市工商局被市委、市政府评为“文明单位标兵”。

（张　祎　王登峰）

【加强行风建设，树立行业新风】 8月份，市工商局根据市委、市政府的部署，召开了全系统行风建设动员会，出台了《关于开展“树立行业新风、优化发展环境”行风评议工作方案》，明确了行风建设的任务和要求，成立了行风建设领导组，并通过电视台，向社会做出公开承诺；局领导每月十五日走进市电视台《监督热线》栏目，直接与群众对话，现场解答群众反映的行风问题；全系统召开有人大代表、政协委员、义务监督员和经营户参加的座谈会50余次，深入到150余家企业，300余户个体工商户进行走访，收集和征求意见300余条；同时，加大工作督查力度，制定了《工作督查办法》、《关于进一步规范执法行为、严肃行政纪律的规定》等制度，由纪检组、行风办牵头，先后10余次轻车减从，带着摄像机、照相机，以明察暗访的方式，深入基层，分层次指导，针对性督查，纠正基层不文明执法行为3起，通报存在行风问题的单位2家，有力地推进了系统行风评议工作的开展。新绛县工商局制作了反映该局行风建设的专题片《天地良心》，在该县电视台连续播放，引起强烈反响；夏县工商局自加压力，出台并落实了“行风建设六项规定”；万荣县工商局实施“阳光执法工程”，设立了30个行风举报箱，聘请30名行风监督员，全面接受社会监督；临猗县工商局开展“一张笑脸相迎、一把椅子相让、一杯热茶相敬、一句问候相见、一声再见相送”五个一活动。这些措施，把全系统的行风建设推向了一个新的高度，有效遏止了工商人员不公正、不文明、不廉洁行为的发生。（张　祎　王登峰）

物价管理

【抗击非典战役中全力以赴稳定市场物价】 2003年，面对非典疫情和市场物价波动的严峻形势，市物价局局长刘伯阳带领全市干部职工迎难而上、沉着应对，坚持一手抓防治非典、稳定物价不放松，一手抓为经济建设服务不动摇，上下一心、众志成城，为保持疫情期间市场价格稳定，夺取防治非典的胜利做了大量卓有成效的工作，得到了市委、市政府和社会各方面的肯定。主要表现为七个及时：（1）及时建议市政府出台了加强市场价格监管，稳定市场物价的紧急通知，明确规定以4月15日的价格为基准价，为稳定市场物价提供了政策保证。（2）及时出台了防治非典相关药品和商品的购销差率、批零差率、最高零售限价等紧急价格干预措施，增强了政府对市场价格的把握力度。（3）及时协调、督促国有主渠道组织货源，向市场大量投放相关商品，确保了物畅其流。（4）密切监测市场价格动态，及时预警预报，为及早防止价格更大波动提供了可靠依据。（5）加大宣传力度，及时向社会发布食盐、面粉、食油、防护商品的货源充足信息，进一步稳定人心，公告了20多起哄抬物价的违法案件，震慑告诫了不法经营者。（6）及时开展了防治非典相关商品和服务价格的专项检查，严厉打击了一批借机哄抬物价、发国难财的价格违法行为。期间，全市共查处违法案件458起。查处违法金额13.3万元，经济制裁40余万元，退还群众13万元，在全省力度最大。（7）及时树立价格诚信典型，引导广大经营者守法经营，增强价格自律。市局专门向中心医院等19家不哄抬物价、不欺骗顾客、不散布涨价谣言、不囤积惜售商品的经营单位颁发了“价格诚信”牌匾，并向全市所有经营者发出倡议，争做诚信经营的模范。《运城日报》专门以《在抗击非典的另一条战线上》为题，对物价部门的工作进行了长篇报道。

（解伟龙）

【强化价格服务，积极运用价格杠杆促进经济和社会发展】 通过争取国家、省价格政策支持和制定倾斜性价格政策，进一步为全市经济发展注入了新的活力。在省物价局支持帮助下，通过与省、市电业局及有关部门协调，调整提高了龙门集团禹门口电厂上网电价，直接为企业增效150余万元。为541电厂提前争取到2004年上网电价补差达110余万元。初步解决了市供电局与山河铝业集团在“峡平线”使用上的电价纠纷。调整了关帝祖茔、鹳雀楼、中国死海、垣曲望仙景区等旅游景点的收费标准，预计每年可增加旅游收入800万元。制定出台了部分小区的采暖费标准，完善了物业收费管理，维护了广大住户的利益。加强药品招标采购价格管理，分两批核定了全市97家医疗机构的招标采购药品价格，共涉及药品1949种，进一步降低了虚高药品价格，平均降低幅度达10%以上，大大减轻了患者负担。积极推进城市供水价格改革，以闻喜为试点，积极推行居民用水阶梯式计量水价和超计划用水加价法，走在了全省的前列，受到了省物价局的表扬。

（解伟龙）

【加强农村物价管理，服务“三农”】 农业排灌电价优惠政策落到了实处。上年初国家、省正式出台政策后，市物价局就立即组织，迅速落实。据测算，全市仅这项政策的落实到位，每年就可减轻全市农民负担3366万元。

初步建立了农村物价监督网络，扩大了农村物价管理的覆盖面。全市多数乡镇都设立了物价监督站，不少乡镇还明确了分管物价工作的副乡（镇）长，有相当的行政村还确定了义务物价监督员，初步形成了农村市场物价监督队伍，为打击农村价格违法行为，维护农民合法权益发挥了积极作用。

积极解决农民生产和生活方面不少的价格问题。平抑了全市18个大型泵站的农业供水价格，直接减轻农民负担83万元。进一步完善了涉农价费公示制度，大力推行教育收费公示制和义务教育“一费制”，使农村收费初步实现了规范化。开展了农业生产性费用和农民建房收费专项整顿工作，有效纠正了不合理收费和搭车收费的现象。在临猗县夹马口推行的“一票收取水费”的管理办法得到了国家的重视，国家发改委、水利部专门到本市调研，对市物价局的做法给予高度评价，并建议在全国推广。

（解伟龙）

【加大清费治乱减负力度】 根据国家、省的安排，上年市、县两级物价部门在清费治乱减负方面采取更为有效的措施，努力为企业减负，为群众维权，取得了较好的成效。

加强行政事业性收费的治理整顿。结合历年来国家、省公布取消的收费项目，制定发布了《运城市行政事业性收费项目目录》，明确规定，除公布的收费项目以外，其余全部属于乱收费。同时与财政部门联合对《收费许可证》和收费票据进行年审，通过年审先后取消了涉及交通、文化部门的汽车客运线路标志牌工本费、文化市场管理费、音像市场管理费等53项收费项目，变更降低了11项收费标准；严格落实“非典”期间的减免政策，减免收费30余项，共减轻企业和农民负担1600多万元。

狠抓越权定价行为的治理整顿。先后成立了专门工作领导组，制定了具体的工作计划，向100多家市直单位和15个县（市、区）物价局印发了专门表格。通过各单位认真自查自纠和市局的集中重点复查，共查出越权定价行为19项，全部予以废止和纠正，有效规范了政府的定价行为。

积极推行网上行政审批制度改革。按照“行为规范、运转协调、公正透明、廉洁高效”的政府体制改革要求，全面理清了市物价局建局以来的所有审批事项，共保留28项。筹备建立了“运城市物价局一站式网上行政审批服务窗口”，与市政府、市直42个单位联网，向社会公开了市物价局审批事项、审批程序、时限、条件等，极大地提高了审批时效和服务质量，实现了价格审批的规范化、透明化、科学化。

（解伟龙）

【价格监督检查执法】 围绕社会反映强烈的价格热点问题，市、县物价部门先后组织开展了供气供热价格、农业生产性费用和农民建房收费、成品油价格、教育收费、农民进城务工、城市下岗人员再就业收费、“非典”期间对部分行业的收费政策减免等多项专项大检查；开展了防治“非典”药品、相关服务收费及群众生活必需品价格专项检查。在检查中，全市物价部门都坚持以退为主，能退必退，取得了一定的社会效益。一年来，全市共查处各类违法案件5300余件，查处违法所得6300多万元，经济制裁1400余万元，退还用户680多万元，执法力度比往年有所加大。煤炭价格稽查力度进一步加大，通过参加省稽查队组织的交叉稽查和市、县联合稽查，共收缴和追缴煤炭专项基金及水资源补偿费270余万元，取得了稽查队建队以来的最好成绩。12358举报电话的作用得到了进一步发挥。专门为举报中心安装了录音电话，配备了举报检查专用车，提高了举报查处的快速反应机制，使群众的举报都得到了及时受理、快速查处、按时反馈。全年全市共受理价格投诉、举报1380件，其中，受理咨询960件，查处419件，办结率达到了90%以上。积极参与《监督热线》节目，在全年所参加12期节目中，共接听群众热线电话90多起，现场解答群众咨询60多起，受理热线举报301多起，是参与率、上线率、结案率最好的单位之一。大抓了价格诚信建设，在全市开展了“万人评选百家价格诚信单位”的活动。经过深入宣传发动、广泛动员和认真组织实施，形成了一定的社会影响，广大经营者和群众参与活动的积极性比较高。全市共划分了11个行业、13个选区进行评选。通过《运城日报》印发选票5万多张，这为规范全市的市场价格秩序、推进诚信运城的建设发挥重要作用。

（解伟龙）

【加强价格基础性工作，全面提高整体工作水平】 成本调查工作完成了农产品成本常规调查和专项调查任务。围绕农业结构调整，重点开展了农民种植意向、农产品市场情况、农民养殖收益分析预测等，为各级政府制定农业政策，调整农业结构提供了准确依据。价格监测水平进一步提高。监测的准确性、时效性大大增强，全年共上报信息条数达127条。价格认证工作更加活跃，通过转变工作作风，提高了评估效率，全年共开展涉案评估1200件，车损评估1800多件，非涉案评估200多件，评估份额已占到了运城市场的60～70%，评估总金额达7700万元。筹备成立了价格协会，进一步完善了物价工作职能。从上到下大抓了物价宣传报道工作，全年通过电视、报纸共发表稿件280多篇次，尤其在“非典”和诚信活动期间的宣传报道最集中，效果最好，影响最大。发挥价格调节基金作用，市物价局先后投放30万元，在国庆、春节期间两次向市民提供平价商品，有效缓解了供需矛盾，稳定了市场物价。价格调研工作水平比过去有所提高，在第三届薛暮桥价格优秀论文评选活动中，有6篇优秀论文被推荐省上表彰。（解伟龙）

【坚持抓物价部门自身建设，系统凝聚力和战斗力明显增强】 2003年，市、县两级物价部门结合公民道德教育，在全系统深入开展了向郑培民、梁雨润、张小民学习活动。市物价局通过聘请梁雨润事迹报告团作报告，开展做早操，举行文体活动，丰富党的生活等多种学教形式，积极引导大家学政治、学业务、学理论，进一步提高了全员的政治素质和业务水平。4月份又组织部分县市物价局长和市直有关单位的物价工作人员赴广东、福建等地考察学习，大大开阔了视野，拓展了思维，增长了见识，增强了物价工作的创新意识。高度重视选拔优秀年轻干部，通过群众投票、推荐、考察、组织审查等环节，提拔任用了6名35岁以下的年轻干部，进一步优化了干部结构，激发了全体干部职工奋发向上、努力工作的热情和干劲。加强廉政建设，建立和完善了党风廉政建设责任制和监察回访制度，发布了“物价执法人员五条禁令”；强化警示教育，市物价局专门为全系统正科级以上干部发送了《基层领导镜鉴》，为机关全体干部职工发放《朱子家训》等书籍，督促大家通过学习，提高自身素质。深入开展行风评议，改进物价工作作风，提高了办事效率，树立了物价部门的良好形象。进一步加强物价部门的基础设施和办公自动化建设，市物价局旧办公楼拆迁工作已完成，计划新建15层以上的新办公大楼。市物价局支出经费15万元为局领导和各科室配备了电脑，建立了运城市物价局局域网，大大提高了办公自动化水平。（解伟龙）

质量技术监督

【面粉、液化气、黑心棉重点市场整治】 2003年，根据国家质监总局、省质监局的安排，组织开展了农资、建材、汽车配件、方便食品、酒类、燃油、夏粮收购等十个市场整治工作。结合运城实际，在充分调查研究的基础上，开展了面粉、液化气、棉花为重点的三项市场整治工作，解决了与人民群众生活息息相关且关系人民群众生活质量和人身财产安全的热点、难点问题。

1. 面粉市场整治中，先后深入30余家具有一定规模的面粉企业进行调研，发现存在四个方面的共性问题：

①面粉增白剂超量添加普遍存在，超标量达35%以上，且添加设施多为自行设计的简易装置，没有科学的计量检定措施；②面粉标识混乱，随意性大。企业为迎合消费者心理，“精制特一粉”、“高筋特一粉”、“家庭专用粉”、“馒头粉”、“雪花粉”等标识达二十余种，误导消费，致使消费者对面粉的质量无法辨认和选购；③计量问题普遍存在，负偏差均超过国家规定的范围；④面粉中水分超标，影响面粉保质期。增白剂主要成份是一种食用级过氧化苯甲酰，是一种化学物质，长期过量食用对肝脏功能有严重损伤，且还会诱发各种疾病。质监部门以增白剂超量添加为突破口，首先召开了全市200余家具有一定规模的面粉加工企业负责人座谈会，通报了全市面粉市场存在问题和即将要采取的行政措施，从提高群众生活质量，创运城面粉品牌等长远利益出发，基本上与企业达成共识，出台了《运城市整顿和规范面粉市场实施方案》。对全市204家企业230套增白剂添加装置进行拆除，并集中统一保管。为巩固成果，市质监局监督管理科、稽查分局、检测所相互配合，分三个环节对市场面粉进行全面抽样检测，第一环节由稽查分局对全市面粉市场进行抽样编号、登记；第二环节由监督管理科对稽查分局抽取的样品打乱重新编号登记；第三环节由检测所对监督管理科所送样品再次打乱编号并出具检验报告。这三个环节相互隔离，实现抽样与检验相分离，保证检验报告的真实性。共抽取面粉样品106个，检测结果比上次提高了20个百分点，仍有59个样品不合格，质监部门对继续超量添加增白剂的企业进行严厉的行政处罚，对检测结果在《大众标准化》、《运城日报》、运城电视台予以公告。在行政执法的同时，还在运城电视台、运城日报组织系列报道，“质量月”期间组织了面粉市场整顿启动仪式和万人签名活动，正确引导消费。

2. 在液化气市场整治中，在摸清底数和深入调研的基础上，以市政府办公厅名义下发了《运城市气瓶安全普查整治方案》，分产权转移、普查、登记建档、整治、验收五个阶段进行。各县（市、区）局对辖区内的每个充装站都派驻了监督员，确保产权转移的进度和质量，完成产权转移气瓶8万余支，达到全市在用气瓶的90%以上。对完成产权转移的气瓶都严格按照《运城市瓶装气体文字标识规定》进行了编号，配齐了安全附件，粘贴了警示标签，逐只进行登记建档工作。在整治阶段，市质监局组织了三个检查组，分片对全市各县（市、区）的78个充装站进行了全面检查，对非法充装、使用报废气瓶、充装非自有产权气瓶、未粘贴充装标签、警示标签、无证操作等问题进行了严肃处理，共取缔未经许可从事充装的单位25家，封存有重大安全隐患的充装设备27套，下发责令改正通知书及行政处罚决定书42份，共处罚款35.95万元，顺利通过了省质监局对全市气瓶普查整治工作的验收。垣曲县、永济市对气瓶普查工作认识到位，方法灵活，率先一次性通过市里验收。

3. 在棉花市场整治中，主要

由市政府牵头，质监、工商、消防等部门配合，对全市167家持有棉花收购加工资格证的企业进行复查，主要从轧花机、打包机、检验设施、计量器具、标识等方面和收购、加工、销售、仓储等环节进行全方位监督。同时组织力量对全市范围内的医院、宾馆、有寄宿的学校等场所使用的“黑心棉”进行执法检查，共检查医院28家、学校32所、销售门店7个，行政处罚11万余元，打击了制售“黑心棉”的不法行为。（杨银泰）

【全方位开展打假治劣工作】 2003年，市技术质量监督局充分发挥了打假主力军的作用，突出了大案、要案的查处力度，提高办事质量，采取集中行动与长期监控相结合，区域打假与联合打假相结合，重点打击与全面治理相结合，开展化肥、水泥、钢材、毒鼠强、电器、游乐设施等专项打假工作。

全年共出动执法人员20680人次，现场行政处罚案件1186起，立案案件728起，查处大要案46起，其中2万元以上的案件22起，平均单案罚款额是上年的1.7倍。市稽查分局稽查三科平均单案罚款15000元，是上年单案罚款额的4.4倍。

1.“两节”期间，在全市组织交叉打假行动。

年初，根据省质监局的安排，在全市范围内开展了“查市场，保两节”交叉打假大行动，以食品、黑心棉、工业产（商）品、锅容管特、烟花爆竹为重点检查对象，全市各县（市、区）质监局由局长带队，相互交叉检查，市质监局领导分领5个督查组分赴各县（市、区）督查指导，共出动执法人员2100人次，车辆560余台次，对十余类行业、千余家企业和单位依法进行了检查，查处各类案件440余起，涉及各类不合格产（商）品货值1600余万元，罚没款达120余万元，全面彻底整治了节日市场秩序，河津市质监局张龙海局长所带领的检查组在夏县检查过程中，严格执法，连破大案，充分发挥交叉打假威力，受到市质监局领导、兄弟县（市）检查组的好评。

2.“非典”期间，全面开展“非典”防护产品的执法检查行动。

在全国上下共同抗击“非典”战役中，全市系统执法人员不顾个人安危，认真履行职责，严把“非典”防护产品的质量关。市质监局连续下发运市质监党组［2003］12号、运市质监局发［2003］58号和运市质监局发［2003］60号三个文件，对全市系统防非抗疫工作进行了统一安排部署，开展了三次“非典”防护产品专项打假行动。累计出动人员3800人（次），出动车辆600多台（次），检查生产企业、批零门店、经营场所、疫情防控清毒点及相关单位2600多个，没收查封不合格口罩5万多个，封存各种不合格消毒用品4000件（箱），对100余家企业冒用标识、包装、标准及违规、违法、超范围生产和经营劣质防非产品的不法行为依法予以纠正和查处，查处不合格品货值125万余元，罚没伪劣产品货值8万余元，收缴罚没款26万余元。其中临猗县京华针织厂制售劣质“高考专用”口罩案，在社会上产生极大的影响。时值5月29日，抗击“非典”已进入关键时期，市质监局局长乔宝贵和两名执法人员以消费者的身份，用10元钱在市中心医院大门附近一售货亭购买了两个口罩，按照普通脱脂纱布强制性标准进行检查，发现其为劣质产品，尽管当时售货亭口罩数并不多，但检查组从进货渠道入手穷追不舍，顺藤摸瓜，对经销单位市防疫站和临猗京华针织厂进行执法检查，在京华针织厂查获了40000只无厂名、厂址、外包装上赫然印着“悠悠赤子情，拳拳报国心”和“高考专用”及“中药蒸汽高压消毒”等字样，中间夹层用的是汗衫的抽条布，产品的透气性、厚度均不符合国家强制性标准要求的劣质产品。此事引起了省质监局、市政府高度重视，省质监局局长孙桂芳、运城市市长王守祯等领导分别作出了重要批示，并要求追究有关责任人的行政、刑事责任。此案成功查处，把“非典”防护产品的打假工作引向了深入，市质监局和绛县联合查处了古绛镇路村一生产假冒伪劣的口罩窝点，现场查获原材料12000米，假冒包装箱160个，口罩2500个。通过查市场，堵源头，确保了抗击“非典”战役的胜利。

3.建立打假责任制，始终保持打假高压态势。

在日常的打假工作中，市质监局采取集中抓，抓重点，反复抓，抓反复，始终保持打假工作的高压态势。

为巩固取缔成果，防止“土炼油”反弹，完善、落实取缔土炼油责任制，与各县（市、区）质监局一把手签订了《取缔土炼油责任书》，绘制土炼油重点区域分布图。各县（市、区）专门成立了土炼油巡查小分队，设立了举报电话，发现一处取缔一处，共取缔土炼油窝点47家。新绛县取缔土炼油17家，没收成品油4吨；稷山县炸毁土炼油设施25处，没收油罐15个；万荣县彻底捣毁土炼油窝点5个。全市始终保持着对土炼油的打击力度。

根据国家质监总局、省质监局有关文件精神，建立了全市小轧钢、地条钢生产企业黑名单，严格按照“五不放过”、“五彻底”原则，加大取缔小轧钢、地条钢生产力度。在省质监局的配合下，对绛县死灰复燃的地条钢生产企业采取两次打击行动，彻底取缔非法生产地条钢生产企业5家，共没收模具379套，封存地条钢坯具30余吨，查获非法运输地条钢67吨，拆除并没收中频炉4套，有力打击了非法生产地条钢的违法行为。

（杨银泰）

【监督与服务并举，管理与检测结合】 市质量技术监督局充分发挥质量、标准、计量三位一体和技术检测的优势，推行零距离服务和打假关口前移，服务进企业，标准到农村，予监督于服务之中，在服务中加强监督，规范了企业和农业生产，提高地方产品的品位。

走进企业，进行服务。市质监局班子成员分成6组，带领有关科室人员对全市范围内被市政府命名的50余家优势企业和驻运的省、部大型企业进行调研，帮助企业解决难点问题93个。为加强生产许可证等质量管理，深入各县（市、区）28家水泥企业、9家白酒生产企业和21家复混肥、磷肥生产企业进行面对面的指导工作。结合3C认证工作，对涉及3C认证的20余家生产企业和百余家销售企业进行了有关法律知识的宣传。年底，全市应认证的26家企业，已有12家企业通过3C认证，9家正在审办之中。深入500余家企业，帮助企业规范食品标签530个，审查、备案企业产品标准200个，帮助企业采用国际标准20项。为推动全市农业标准化工作，组织协调有关单位和专家制定了《运城无公害茄子生产保护地技术规范》等9项运城市地方标准。为企业培训内审员、计量检定人员、司炉人员、气瓶充装人员五次共700人次，累计培训时间近60天。

发挥技术检测优势，规范企业生产。监督检验企业1600余（家）次，监督检验样品1836批（次），同时，加强安全检测，确保企业安全运营，定期检验锅炉996台，定期检验压力容器1896台，监督检验压力容器1382台，校验安全阀1195台，起重机年检403台，塔式起重机验收检验84台，门式起重机验收检验16台，桥式起重机验收检验6台，电梯定期检验110部，全年新办采码4247家，代码年检3162家，办理IC卡1424家，条码初审14家，条码复审52家。

在山西省名牌产品推选工作中，根据省质监局要求，市质监局以名牌办的名义下发了《关于组织开展我市2003年“山西省名牌产品”申报推选工作的通知》，随后市政府又下发了《关于召开全市2003年“山西省名牌产品”申报推选工作的通知》，组织召开了全市“2003年山西省名牌产品申报推选动员大会”。全市共有12个行业72家企业的98个产品递交了申报标准，申报企业和产品数量均比2001年增加了一倍。经过初审、现场审核、考核等程序，报请市政府批准，确定11家复评企业的13个产品，17家新报企业的17种产品共计30个产品参加省名牌产品评选。本市关牌重熔用铝锭、亚宝牌丁桂儿脐贴（宝宝一贴灵）等四种产品被评为“2003年山西标志性名牌产品”；奇强牌餐具洗洁精、皇牌小麦粉、顺天小麦粉、洞宾牌浓香型五粮白酒等17种产品被评为“2003年山西省名牌产品”。

在企业质量信誉等级评定工作中，以市政府办公厅名义下发了《运城市人民政府办公厅关于在全市开展山西省企业质量信誉等级评定工作的通知》，成立了以副市长张建喜为主任委员的企业质量信誉等级评定委员会，各县（市、区）也相应成立了组织机构，经过广泛宣传，123家企业参加评定工作，其中申请AAA级的49家，AA级74家。经评定组审核，本市首批评定为AAA级企业的7家，AA级企业13家，A级企业21家。

食品准入工作。为了落实国家食品放心工程，执行好市场准入制度，市质监局成立了食品市场准入工作领导组，设立了食品准入办公室，经国家、省培训，确定了3名符合条件的审查员，经国家质监总局批准，确定10家具有委托检验资格的质检机构，正常开展工作。共受理“五类食品”申报《食品生产许可证》的企业67家，其中面粉57家，油厂2家，酱油、醋厂8家，经省质检所检验合格，第一批取得食品生产许可证的企业有7家。结合食品准入工作的开展，市检测所与各企业签订质检计量检测服务协议56份，检测所所长胥金来同志带领技术机构有关人员，到顺天面粉集团、运城彦昂乳业有限公司、中意粉业等30多家企业进行现场办公，对企业重点检测项目进行跟踪服务，帮助企业把好产品出厂关。

大力推进农业标准化工作。为加快绿色农业发展，市质监局成立了“运城市农业标准化领导小组”，各县(市、区)也成立了相应的机构。经副市长安德天同意，市质监局牵头召开了“运城市农业标准化领导小组第一次工作会议暨无公害蔬菜生产保护地技术规范地方标准发布会”。加快农业标准化示范区建设的进程，临猗县红富士苹果、新绛县莲菜、芮城县大红袍花椒、夏县油桃被列为山西省农业标准化示范项目，运城双丰农业科技开发公司还被列为国家级示范园区。市质监部门依据《农业标准化示范区管理办法》的要求，引导农民按标准组织生产，初步建立了产前、产中、产后各个环节的农业标准化体系，为示范区达标验收奠定了基础。

（杨银泰）

【质量技术监督宣传工作】 宣传工作服务于中心工作，为中心工作顺利开展鸣锣开道。在宣传工作上，紧紧围绕“三个配合”，在深度、宽度上做文章，开创了宣传工作新局面。

宣传工作与中心工作相结合。2003年确定了“面粉、液化气、黑心棉”为全年市场整治的中心工作，及时与运城日报社、运城电视台、运城民生报等新闻媒体沟通，取得了新闻媒体的支持，并使新闻媒体对质监工作产生极大兴趣。与运城日报社合办了关注百姓衣食住行栏目，进行了关于面粉市场的“运城面粉状况堪忧”、“让群众吃上‘放心面’”、“面粉是否越白越好”、“确保广大消费者吃上放心面”等系列报道；关于石油液化气的“液化气市场隐患多”、“液化气瓶何时停止‘流浪’”、“警惕！液化气安全隐患多”、“液化气商家‘气足’，老百姓才能‘气顺’”等系列报道；运城民生报也对这些工作的开展进行了全面的跟踪报道。在运城电视台开辟了“质检行动”节目，对中心工作的进展进行了阶段性报道和专题报道。“质量月”期间，在运城市河东广场举行了“质量月”宣传活动暨面粉市场整顿启动仪式，组织了千人游行，万人签名大型宣传活动，组织全市50家面粉企业发出不滥加增白剂的倡议，并在新闻媒体上予以公告。各县(市、区)质监局也能充分利用本县(市、区)的宣传媒体，结合中心工作进行广泛宣传，有效地促进了中心工作的深入开展。

宣传工作与重点工作相结合。为配合各阶段重点工作的开展，质监部门充分利用和吸引各级媒体，加大宣传力度。“非典”期间，临猗京华针织厂案、临猗县南城精细化工厂生产劣质消毒品案、捣毁“地条钢”窝点行动等一些大的行动，先后在《中国质量报》、《山西日报》、《山西晚报》、《山西经济报》及山西电视台等媒体上给予了报道，打击和震慑了违法分子的嚣张气焰，为各项重点工作的推进开辟坦途。

内部宣传与外部宣传相结合。市质监局主办了《运城市质量技术监督信息》，每季度对各县(市、区)信息上报采编情况进行排队通报和讲评。各县(市、区)质监局领导也十分重视信息宣传工作。临猗、永济等县(市)信息宣传工作走在全市前列，能及时把本县(市、区)质监工作情况、打假动态及时进行宣传和反馈。每期信息除向省质监局各位领导、有关处室呈送外，还向各级媒体及时传送，始终与各级媒体保持着密切的联系，内部宣传与外部宣传相互结合，起到了较好的宣传效果。

2003年市质监局共编发信息60期，其中包括行风专刊19期。信息采编情况在全省系统各单位名列第一；在各种新闻媒体的宣传报道达875篇(次)，其中省级以上新闻媒体宣传报道56篇(次)；“质量月”宣传活动暨面粉市场整顿启动仪式，在中央电视台进行了报道。10月下旬，在全省系统宣传工作会议上，省质监局局长孙桂芳对市质监局的宣传工作给予充分肯定和表扬。

（杨银泰）

【质量技术监督队伍建设】 人员素质参差不齐，基础设施陈旧，是制约全市质监事业发展的两个根本原因。2002年8月，市质监局下发《运城市质量技术监督局关于组织系统人员进行业务学习的通知》，规定以省质监局局长孙桂芳主编的《质量技术监督行政执法必读》一书为教材，对全市系统公务员、在行政执法岗位上的工作人员进行考试，并将考试结果在全市系统进行通报，对考试不及格，通过补考还不及格者，属执法人员的，收回执法证件，取消行政执法资格。2月13日，由局长乔宝贵命题，采取严格的保密措施，成立考务组，对全市系统326名参考人员交叉编号，分布8个考场，每个考场由2名教师和1名局班子成员监考，如同高考一样严格。参考人员的平均分数达到78.5分，其中90分以上32人，占考试人数的10.3%，并对考试成绩按照干部级别以及团体平均成绩分类排队，通报全市系统各单位。7月份，对参考不及格的5人和因故缺考的15人进行了补考，对补考不及格的2名同志调换了工作岗位，扣发了行政执法证件。这对全市参考人员思想上产生了很大压力，激发了学习的内在动力，学法、论法之风蔚然形成。全市系统的执法人员具有了一定的法律知识底蕴；7月份，组织对全市系统执法文书进行检查，同时由市质监局局长乔宝贵组织，分管打假工作的副局长张永伟、市局稽查分局局长梁兴社参加，对市局稽查分局三个稽查科的执法文书进行公开讲评，结合案件，讲解法律知识。11月份，邀请了市法院行政庭领导和两名知名律师，对全市系统190名执法人员进行了专门的法律知识及执法技能等方面培训，大大提高了执法人员的用法能力。另外还组织了全市系统“法定计量检定机构岗位技术能手竞赛活动”，成立了竞赛领导组、巡视组和监督组，共设加油机、天平、压力表和衡器四个项目，共有100余人参加，66名选手参加了竞赛，占全市四项检定人员总数的90%以上。年底各业务科室都建立了数据库，对企业的管理进入程序化和系统化的管理阶段。组织了机关人员参加电脑培训，全面提高了系统人员基本素质。

在基础设施建设方面，市质监局自筹资金550余万元，建造了一座面积达5300m^{2}的新办公大楼，更换和增加了一批办公设施，建立了与省质监局、市政府数字化信息管理系统的计算机网络，为各业务科室配备了电脑终端，开通了网上行政审批窗口，彻底解决了多年来因办公场地狭小造成的各部门之间分散办公、协调不力等一系列问题。新办公大楼面积比原有场地的总面积增加了一倍，且多功能会议室、采暖、电梯等辅助设施齐全，完全满足了各部门的工作需要。市锅检所新办公大楼10月份正式投入使用。全市系统人员素质和技术设备基本上适应形势发展的需要。（杨银泰）

【质监部门行风建设】 2003年，全省组织对46个部门和行业开展行风评议，运城市在全市第一家召开了“树立行业新风，优化发展环境暨行风评议动员大会”，在会上，响亮地提出了“谁砸质监部门的牌子，我们就砸谁的饭碗”的口号。又连续三次召开了县(市、区)局长会议，对行风评议工作安排部署，11月26日全市系统在临猗县召开了“行风建设工作现场会”，随即又召开了行风监督员会议。期间，按当地政府的安排，局长乔宝贵和各县(市、区)局局长在市电视台和各县(市)电视台向社会作了公开承诺，进行了发放调查问卷，疏理、整改、走访企业等一系列工作。市质监局班子成员带领有关科室人员，对全市范围内被市政府命名的50家优势企业和驻运的省、部大型企业进行了行风调查，广泛深入征求企业对质监部门的意见和建议，帮助企业解决生产和管理上的难点问题，共收集各种建设性的意见和建议162个。同时，还成立了督查组，到126家企业、钢材市场、汽车配件市场、农机配件市场、食品商店、加油站、经销商户进行明察暗访，对在工作和执法过程中违反“十不准”、“八严禁”及相关工作制度和纪律的18名同志给予党纪、政纪处分，对性质严重的3名同志停止了执法工作，调离了执法岗位。在行风建设工作中，注重做好“四个结合”，就是坚持行风建设与系统内部管理相结合；坚持行风建设与履行职责相结合；坚持行风建设与宣传工作相结合；坚持行风建设与行风评议工作相结合，取得了较好的效果。除平陆县局在评议各单位排序第19名外，其余各县(市、区)局均在前10名。全市系统在行评工作中，总体成绩在全市参加评议的各单位中取得第4名的好成绩。通过狠抓行风，系统的管理更加科学化、规范化，全面建设也上升到一个新的水平。

在工作中，对精神文明建设工作亦毫不放松。5月中旬，在抗击“非典”行动中，全市系统累计捐款26500元；面对运城历史罕见的涝灾，市质监局捐款22300元，衣物525件，支援灾区人民安全过冬。另外，还为扶贫点闻喜县大尾沟村架起了通信电缆，接通了电话。绛县质监局捐助10吨水泥支援扶贫点古绛镇孔家庄村建设教学楼。至年底全市系统创建县级文明单位9个，市级文明单位1个。通过创建文明单位活动，促进各单位全面建设。

（杨银泰）

统计管理

【年报工作】 年报工作，是统计部门一项综合素质的全面反映，也是工作目标考核的具体内容。2003年，为了做好上年的年报工作，局党组认真学习了省统计局关于做好2002年年报工作的有关要求，进行责任分解，明确了人员分工，确定了目标任务，制定了具体的工作措施：①市政府办公厅下发了关于做好2002年统计年报工作的通知，对此项工作做了部署；②组织召开了县(市、区)分管县长和统计局长会议，进行动员发动；③认真组织各项专业人员业务培训，熟悉掌握报表统计流程、方法及要求；④层层签订目标责任书，谁组织，谁负责；⑤严格把好数据质量评估，确保数据质量。由于采取了以上行之有效的措施，党组加强领导，严密组织实施，各负其责，严格把关，经过全局人员的共同努力，2002年的年报工作在参加省统计局通报的24项专业中，有20项榜上有名，总评为先进单位，连续第九次获得此项殊荣，继续保持了良好的发展势头。 （王涑波）

【统计调查任务】 1.“五普”、“基普”工作顺利完成，受到省统计局通报表彰。规模较大、范围较广、持续时间较长的第五次人口普查工作，经过“五普”工作人员的艰苦努力，较好地完成了数据整理，资料编印、归档、开发及后续工作，局长邓梦海和省人口研究中心主任谭克俭共同完成了省人口普查资料开发利用课题研究项目——《运城市妇女生育规模转变研究》和《运城市人口死亡状况分析》两篇论文撰写任务。4月中旬召开了全市“五普”表彰大会上，市统计局及14个单位、51人受到国家级表彰，51个单位365人受到省级表彰。

历时一年的全国基本单位普查工作，经过普查工作人员艰苦努力和认真细致扎实有效的工作，完成了上级安排的各项普查任务，在运城日报上发布了“运城市第一次基本单位普查主要数据公报”，4月中旬召开了表彰大会，对在全市第二次基本单位普查中涌现出的国、省、市三级60个先进集体和148名先进个人进行了表彰。

2.深入基层，认真做好各项专项调研工作。本年以来，市统计局紧紧围绕省统计局“专项调查年”的工作重点，把专题调查工作作为经济发展、为领导决策、为调查对象服务的一项重要优质服务内容，除完成国家、省安排的专项调查任务外，又主动扩点，围绕全市社会经济发展中的热点、难点、焦点问题开展了各项专项调查。企调队全年共完成国家、省队专项调查任务38项48次，共撰写分析报告、重大信息92篇，被各级采用80篇次，采用率达94.6%。国家城调队围绕城镇居民普遍关注的工资、物价、消费、生活水平等焦点问题，开展了各项专项调查，较好地完成了国家、省安排的调查任务，并对专项调查情况写出调研报告，及时送领导、机关及新闻媒体予以报道，受到了市民的普遍关注。2003年城调队共撰写分析报告56篇，采用达125篇次，其中国家级采用2篇次，省级采用26篇次。

在市委市政府的领导下，科学安排，精心组织，较好地完成了国家安排的投入产出调查任务，本市有4个单位10名个人荣获国家表彰，8个单位19人受到省级表彰。5月份，省里对农村统计调查工作进行了表彰，市统计局及3个县局、三支农调队、27个乡镇统计站，75人受到通报奖励。此外，根据市政府的安排，开展了城镇居民最低生活保障，农村小康社会指标体系，旅游业、非典疫情、人口抽样、妇儿监测、劳动力、外出打工、群众安全感等各项专项调查任务，为领导决策提供了大量翔实可靠的数据及调研分析报告，受到了领导的充分肯定。

（王涑波）

【强化管理，努力提高数据质量】 质量是数据的生命。没有质量的数据是虚假的欺骗的数据，危害极大，后患无穷。作为政府重要的监测职能部门，为政府和社会提供翔实可靠的数据，是统计工作者义不容辞的责任，也是统计工作应具备的职业道德。因此，认真做好统计工作，严把数据质量关口，就成为统计工作中的重中之重。为了切实做好这项工作，使各项统计数据能够真实地反映社会及经济的发展状况，为政府和领导决策提供可靠的依据，重点做好了以下几项工作。

1.强化职业道德。统计职业道德的核心是数据翔实可靠，不出假数。因此，市统计局广泛开展了统计法规和统计职业道德学习宣传教育，提高统计人员的法规意识，责任意识。培养实事求是的良好道德风尚，保证自己不出假数，还要抵御来自各方面的压力，排除干预，通过调查、检查、审查、分析，保证数出有据；2.提高人员素质。主要是通过业务培训、自学，提高统计人员的业务素质，达到工作熟悉、业务熟练。培养八能能力，以熟练的工作能力保证数字不出差错。各专业在实施报表工作前都做到了认真培训，抓好每年的统计上岗资料培训、执法人员培训、计算机网络培训及相关业务培训，通过培训，提高了统计队伍的整体素质；3.抓好基层建设，完善基层台账制度，抓好基层统计人员配备，健全基层统计机构，落实基层统计制度，确保源头数据质量；4.抓好数据审核关，谁主管、谁签字、谁负责，层层落实责任制。对和往年数据出入较大，衔接不好，感到有问题的到基层逐项核对落实，查明原因，写出专题分析报告。由于抓好了以上几个环节，全年上报的各项统计数据基本做到了把关严格，数出有据，互相衔接，按时上报。

（王涑波）

【为政府和社会提供优质服务】 1.印《监测》、编《统计》，在形式上提供服务。为了及时快速准确地为政府和社会提供优质服务，非常重视《运城市经济运行监测》编印工作，及时地将全市每月的统计数据汇集成册，并报送市四大领导班子，使他们对每月全市的经济运行情况了如指掌。通过开办《运城统计》，将各大专业经济运行情况进行分析归纳总结，写出季度分析报告，为领导提供参考资料。国家企调队编印了《企业调研》，国家城调队编写了《城市调查资料》，及时准确将调研情况汇总上报，收到了预期的效果。局里领导还将月、季汇报作为一项制度，及时地向市委、市政府领导汇报工作。

2.发“公报”，整“提要”，在手段上提供服务。为了切实做好统计工作，发挥统计工作的优势，展示统计工作的成果，每项大的普查除向上级机关和政府汇报外，做到及时向社会予以公布，充分利用当地新闻媒体发布2002年运城市国民经济和社会发展统计公报，运城市第二次基本单位普查主要数据公报，运城市个体工商户清查主要数据公报，运城市2002年人口抽样调查公报等，为社会提供优质服务。在市人大和政协会议期间，届时将2002年各项统计数据、分析报告汇编成提要，分送到代表手中，为代表参政议政提供了数字依据，一致受到代表们的好评。

3.抓调研、写分析，在质量上提供服务。为了充分发挥统计工作的职能作用，加强统计工作建设，写好统计分析报告，打造精品工程，提供优质服务作为提高统计工作地位，塑造统计部门形象，检验统计质量的标准抓紧做好。统计局党组年初制定了每人每年写分析报告不少于4篇，在有关媒体发表不少于2篇的硬指标，并且制定出了严格的奖惩标准，要求全体人员调查有汇报，报表有分析报告，利用统计数据资料，从中总结分析各专业经济运行中的规律特点，为领导当好参谋。2003年来，全局内部已经形成了一种良好的写作风气，通过压担子的办法，培养锻炼了一批写作人才，整体分析写作能力有了较大提高。据统计，全年局机关（不含国家两支调查队）共写调研分析报告77篇，工作简报80篇，被市级以上刊物采用47篇，被领导批示的有8篇，各县共撰写各类统计报告619篇，县级以上报刊采用198篇次。一大批统计分析报告的发表，在社会上造成了较大影响，统计工作的地位得到了进一步的提升。（王涞波）

【统计制度方法改革】 为了加强统计队伍建设，在市政府领导的关心支持下，市统计局2003年落实了地方企调队、普查中心、执法监察队三个科室的编制工作，为适应越来越繁多的统计工作奠定了良好的基础。2003年，市编委以编发(2003)12号文件向各县（市、区）编办下发了“关于各县（市、区）成立统计局普查中心等机构的批复”，根据运编发(2002)62号文件精神，经研究同意各县（市、区）成立统计局普查中心和企业调查队，均为股级全额事业单位，隶属统计局，核实编制分别为4、3名。年底，经过各县统计局的努力，部分县编制已经得到落实。

随着国民经济的快速发展，传统的统计方法制度已不适应新的形势发展需要，特别是我国加入世贸组织后，统计制度方法要同世界接轨，就必须要以改革创新的精神，探索适应新形势发展要求的新的一套统计制度方法，能够及时准确迅速地对国民经济运行情况进行宏观监测。根据省统计局安排，主要做了以下几项工作：1.工业制度方法改革，在总结上年试算的基础上，本年又积极贯彻落实省统计局工业制度方法会议精神，专门召开了县（市、区）有关人员会议，副市长张建喜到会讲话，对此项进行了认真地总结探讨，对存在的问题进行了分析，就这项工作的深入改革进行了安排部署。9月份，通过以会代训形式，编印了教材，对县（市、区）有关人员分三批进行了价格调查、指数计算程度、发展速度计算程序的学习培训，同时到河津、万荣、临猗、稷山等县进行了具体指导，在认真调研的基础上，对本市新旧两种方法计算的速度多次进行评估，分析存在的问题，使新旧计算方法互为衔接，差距大大缩小，接近省里提出的目标。2.积极探索国民经济核算制度方案，在这项重大改革之前，积极主动地做好各项准备，探索路子，积累经验，为即将实施的这项改革做好理论上的各项准备。3.积极探索各项快速调查方法制度改革，一次性调查、专项调查等，通过深入基层，在调查中发现问题，探索快速、及时、准确的调查方法，以达到调查的目的，提高工作效率。（王涞波）

【加强统计法制建设】 国民经济快速发展对统计工作的标准和要求越来越高，因而，统计法制建设就摆在了重要位置，怎样保证统计工作的顺利开展，确保统计数据及时、快速、汇总上报，以及统计数据真实可靠，就必须要加大统计执法和监督检查力度。局里高度重视统计执法工作，建立健全了统计执法宣传、培训、检查、查处、监督等各项制度，年初召开会议专题进行了布置安排，先后利用法制宣传日进行宣传，印发宣传资料1500余份，组织参加了《中国信息报》、《统计法》颁布20周年知识竞赛活动。11月份，认真组织了全体机关干部参加了市委组织的法律及预防突发疾病知识考试，组织人员到禹都开发区宣讲《统计法》知识，对市直十多个事业单位的劳资报表依法进行了审核。认真做好技术培训工作，全年参加统计上岗培训人数达150人，参加统计证年检继续教育培训106人，其中计算机56人，《统计证》直接考核办证20人。（王涞波）

【健全制度，提高机关工作效率】

1.完善各项制度，规范统计工作。

主要健全了3项制度：①修订完善了机关工作管理制度。在上年制定的措施上通过一年的执行和运行，结合省统计局下发的地市级统计工作目标责任考核制度和市政府公务员管理制度、机关行政效能工作有关规定，主要针对制度中存在的问题进行了修订完善，该制度作为机关工作人员德、能、勤、绩考核的主要依据，涵盖了学习、工作、纪律和日常行为的方方面面，并对每项工作和活动作了量化细化，便于操作执行。机关根据制度对上年每个人的工作情况进行了全面考核，按照量化标准评出了先进，并实施了奖惩。一年多来，全体同志严格执行各项制度，认真履行自己的职责，机关按照制度检查考核，形成了用制度约束管理，以目标定量考核，极大地调动了大家的工作热情。②修订了县（市、区）经济目标责任考核制度。此制度作为县（市、区）经济、报表、法制、行政管理、后勤等方面工作验收考核的依据，由局里各科室针对分管的专业，按季度综合对县（市、区）局工作实施量化打分，每季进行一次通报，年底综合进行评比，使考核公开、公正、公平、透明，也为县（市、区）局相互学习交流，找出差距，迎头赶上起到了很好的作用。③制定岗位目标责任制。根据省统计局考核及评比办法，结合科室及个人分管的专业,将岗位目标责任具体到人,考核目标具体到奖惩,时间要求到年、月、日,分工细致,责任明确,每个人对全年的工作,完成时限,任务目标,奖惩条件一目了然,克服了以往责任目标不明确,工作协调推诿扯皮,验收考核没有标准的问题。

2.重视微机网络建设,加快统计信息化进程。

①借机关办公楼的搬迁,按照省统计局和统计信息网络化的要求,投资70万元建起了网络机房,购置了网络服务器、电源分配器、TP电话等微机网络系统,实现了与省、县、科室、个人微机联网,为统计办公信息化、现代化奠定了良好的基础。

②建立了政府网站,统计信息网络与市政府领导及有关部门专线联网,使统计数据及信息快速及时地通过网络传递到领导及政府机关,为领导及政府决策提供了数据信息平台。

③局机关建起了网络系统,每个科室建起了网页,为上行下达,互通信息,相互交流资源共享提供了快速便捷的条件。

④积极筹建市县网络联网系统。根据局里规划,2003年已安排部署了县(市、区)局区域网联网工作,对经费、设备进行了调研筹划,部分县局已作了前期准备,下年拟在各县全面铺开。

3.加强领导,认真抓好精神文明建设。

制定措施,认真做好扶贫工作,为做好三年扶贫解困工作,分工一名副局长和两名科长包住闻喜县裴社乡两个村。一年来,工作队多次深入扶贫村了解情况,帮助制定解困计划,并协助村里修建水池、农电改造、退耕还林、开办采石场、铺路和申请解决了五万元以工代赈款,2003年裴社乡也遭受了雨灾,统计局向该乡捐献了70件衣物。

加强帮民致富工作,统计局9名领导班子成员各带一名科长,积极响应市委号召,深入到盐湖区解州镇共9个村实施帮民致富工作。一年来,各组积极主动地在春节、防非典和夏、秋收期间,进村了解情况,制定计划,走村串户访贫问寒,春节给贫困户送去粮油等慰问品,防非典期间送去宣传材料和防非典药品,夏收期间到村里协助收割,送去了政府的温暖。

实施联企帮困计划,分工一名副局长带领8名科长深入到市物资局化轻总公司实施联企帮困计划,对巩周管等4户特困户实施帮困。局里非常重视这项工作,到物资局共同商讨帮困计划,深入到化轻总公司了解情况,春节带上粮油和100元现金到4位特困户家中走访慰问。工作组先后3次深入到化轻总公司和4位特困户家中了解情况,送去温暖,并积极协调特困户下岗职工的最低生活费发放情况,到市工会、民政局、劳动局咨询特困下岗职工的有关政策待遇,做了大量的工作,一致受到市委联企帮困督查组的高度评价,并指定局里整理了联企帮困事迹材料,本年度市统计局共进行了三次大的捐助活动,共捐款1.7万余元,衣物450余件,向灾区人民献上了一份爱心。

(王涑波)

审计监督

【概况】 2003年,运城市审计局在市委、市政府和省审计厅的正确领导下,以审计机关成立20周年为契机,大力开展审计宣传,改善审计环境,努力提高广大审计人员的法制意识和执法素质,提高执法水平,建立和完善依法行政的监督制约机制和质量监控体系,开展"三优一创"活动,树立责任意识、服务意识和文明意识,创建复合型机关。在全体审计人员的共同努力下,圆满完成各项审计任务,审计环境、审计形象、执法水平和内部管理得以进一步改善,全年共审计单位995个,查出各类违规违纪金额86247万元,上缴财政1533万元,归还原渠道资金1391万元,提交审计综合报告、信息527篇,向纪检监察和司法机关移送案件41起。 (景 磊)

【审计宣传】 为庆祝审计机关成立20周年,宣传审计法规,总结运城审计20年经验,扩大审计影响,市审计局举办了三项活动:(1)与《中国城市经济》合作出版审计专刊。从局长、副局长、科长到各县(市、区)审计局长都亲自撰文,对运城审计20年的成绩和经验作了全面回顾总结。20年来,本市审计机关在改革中创新,在创新中探索,在探索中发展,积累了丰富的经验,在理论和实践上不断取得突破。《中国城市经济》运城审计专刊以图片、报道、论文等多种形式,浓缩了20年运城审计的辉煌历程。

(2)9月29日,在运城市隆重举行"审计之歌"专题晚会,全市审计系统准备了丰富多彩的节目,有京剧、豫剧、现代眉户剧、小品、歌舞等各种形式,热情讴歌经济卫士风采,宣传审计监督,市电视台对晚会进行了实况转播,在全市引起较大反响。

(3)与运城市楹联协会联合开展了面向全国征联活动。先后历时4个月时间,在全国除台湾、西藏之外,各省市自治区征集到楹联8000余幅,诗词400余篇,广大楹联作者以楹联这种形式热情讴歌审计工作。闻喜一位楹联爱好者为了应征,专门到县审计局请教审计知识,反映了广大群众对审计工作的支持和对这次审计征联活动积极参与的热情。楹联协会的同志反映:这次征联活动涉及范围之广,收集楹联之多,作品质量之高,社会反响之强烈,在全市前所未有。原国家审计长于明涛为楹联活动欣然作序,李金华审计长为活动题词:"宣传审计事业,发展审计文化",原山西省审计厅长魏德卿、现任厅长郝志远,中国楹联学会副会长王庆新以及市领导黄有泉、王守祯、陈永信、李天祥、董洪运等为专刊题词,市委书记黄有泉高度评价了这次征联活动,称这次活动不仅宣传了审计,也宣传了运城,弘扬了传统文化。通过进一步加强审计宣传工作,引起了市委、市人大、市政府、市政协领导对审计工作的高度重视,每次大的活动市主要领导都亲自参加。同时,广大群众也进一步了解审计,理解审计,支持审计,有了这样的氛围和环境,为全面贯彻《审计法》,进一步加强审计监督,奠定了坚实的基础。

(景 磊)

【党风廉政建设】 为了继续落实党

中央、国务院《关于实行党风廉政建设责任制的规定》,制定了《运城市审计局领导干部党风廉政建设责任制分解》。按照"党组统一领导、党政齐抓共管,纪检部门组织协调,其他部门各负其责,依靠群众支持和参与"的党风廉政建设机制,强化责任,狠抓落实,使得局机关的党风廉政建设工作形成一级抓一级,层层抓落实的工作局面。

抓源头治理,开展"三项制度"改革。按照市纪委监委的统一安排部署,市审计局继续开展了"三项制度"改革。根据纪委要求,进行"三清"工作,完成了超标小汽车的清理任务,住房清理也按照要求严格进行。并组织了一次全体审计人员的廉政知识考试,参加人数达99%,县团级干部的考卷按要求送交纪委评阅,其余人员考卷已阅完,平均成绩在98分以上。根据省厅的要求,市审计局对全市审计系统的"罚没收入过渡专户"进行了一次清理检查,全市所有审计机关已全部取消了"罚没收入过渡专户",实行"收支两条线"。

完善各项制度,规范工作行为。为了规范审计行为,市审计局制定了一系列规章制度,例如:《审计人员十项纪律》、《审计项目公开制度》、《审计监督回访制度》等十多项内部监控制约制度。2003年以来,为进一步从源头上治理腐败,突出抓好审计队伍的廉政建设,杜绝以审谋私,提高审计质量加大审计执法力度,不但对原有制度进行了完善修订,同时又出台了一系列新的办法和措施,为切实实行审计署制定的"八不准"又迈出了可喜的一步。具体内容是:1.本市城区范围内审计,原则上实行送达审计(调账审计);2.本市城区范围内审计,一律不准在被审计单位就餐,出市区审计吃工作餐;3.本城区范围内审计处理见面会,一律在机关内召开;4.出城区审计,各审计组一律不得住宾馆、招待所,不得在外就餐,由被审计单位安排比较安静、封闭、整洁的住处和工作场所;5.由被审计单位安排身体健康的炊事员为审计组服务,审计组成员的伙食费由审计局承担。同时,进一步完善了监察回访制度,在审计项目结束后,局机关要派出监察回访组进行回访,回访面要达到审计项目的30%。另外还建立和完善了廉政谈话制度,主管领导和纪检组长每年要对所属部门负责人进行廉政谈话;对新任职务和调整岗位的领导干部,要进行任前谈话;对由群众反映有不廉洁现象的领导干部,要进行诫勉谈话。

搞好调查研究,做到有的放矢。根据省审计厅的要求和市审计局年初工作计划,为了摸清本市审计系统反腐倡廉工作的底子,在4月上旬,市审计局协同省审计厅调查组深入基层审计局和审计第一线以及被审计单位,进行了一次反腐倡廉工作调研和信访举报工作调查。这次活动,深入5个县(市、区)审计局、9个被审单位,召开各类座谈会15场次,发放并收回调查问卷187份。通过深入调查,全面了解了市审计机关反腐倡廉工作的形势、现状以及存在的问题,为今后进一步加强党风廉政建设、加大治理审计队伍的工作力度,探索研究从源头上预防和治理腐败的措施奠定了基础。

重视信访举报,做好案件查处。市审计局的信访举报中心是2000年6月份成立的,备受关注。举报信件、电话来访者不断。尽管人员有限,力量不足,但还是尽最大努力做好接访、登记、呈批、转发、查办等每一个环节。局领导非常重视,2002年,为了进一步扩大影响,在全市13个县市设立了举报点。2003年以来,市审计局共接待来访者2人次,举报电话11个,举报信4件,上级转办1件。 (景 磊)

【财政审计】 2月下旬到4月中旬对本市2002年市本级财政预算执行情况和其他财务收支进行审计,发现一些管理部门法纪观念淡薄,挤占、挪用专项资金,擅自改变专项资金用途问题时有发生。全市财政风险不容忽视,全市地方债务总额达20.31亿元,其中三年到期的债务本金就达5.1亿元(市本级3200万元),逾期债务总额已达3.2亿元(市本级997万元),而财政应建立世行贷款准备金1393万元分文未建,将进一步加大财政压力。市财政将关铝股份公司所得税返还1895万元在企业挖潜改造资金中列支,影响了财政收支的真实性。

10月初对本市2003年上半年市本级财政预算执行情况进行审计,发现部分财政财务收支仍未规范到《预算法》上来,财政部门应进一步完善预算编制,强化调整、执行、监督等方面工作规程,建立规范化的预算运行机制。在预算支出方面生产建设性支出执行1276万元,比上年同期下降44.62%,而行政性支出达到13597万元,比上年同期增长26.42%,占到上半年一般预算支出的88.32%。由此可见,财政收入的一大块用于吃饭和经费开支,真正用于经济建设的微乎其微,仅占行政性支出的9.4%。

10月底前完成了对河津市、绛县、平陆县、夏县人民政府2001至2002年财政决算审计,从财政情况看,执行国家财经制度一方面基本是好的,但由于收支矛盾比较突出及种种客观原因,仍存在一些违规问题,主要问题有:财政收入不实,存在虚收虚支问题;随意调整预算收入;应列未列虚列财政支出,财政收支平衡失真;违反分税制财政管理体制规定,挖挤上级收入;挤占挪用预算、专项资金;乱摊派、超标准乱收费问题未得到彻底治理等问题。 (景 磊)

【经济责任审计】 2003年全市共完成了对212名领导干部及企事业领导人员的任期经济责任审计。其中:县(市)长2人,乡镇领导干部77人,行政事业领导干部124人,企业领导人员4人。审计总金额201989亿元,查出违规金额11560万元,其中负直接责任1610万元,上缴财政169万元,移交纪检、监察机关13案17人。

经济责任审计是一项全新复杂的工作,没有现成的模式可以遵循,市审计部门在实践中探索,在探索中创新,在创新中提高,不断寻求搞好经济责任审计的新途径、新方法:

密切配合,规范程序,积极稳妥地推进经济责任审计。在2003年中,为稳步推进全市经济责任审计工作,在年初召开了市县两级主要负责人参加经济责任审计工作会议,会议通报了2002年经济责任审计情况以及安排了2003年的工作计划。在会议的基础上,又由经济责任审计领导组组成部门人员参加研讨会,制定出了《运城市二00三年经济责任审计工作方案》,对全市经济责任审计起到一个规范化的作用。并同时建立了由经济责任审计领导组组成部门的联席会议制度。明确责任,组织协调,定期听取汇报,及时解决出现的问题。建立了集审计职能,纪检职能,组织职能为一体的干部监督体系,形成了高效运转、整体联动的运行机制。

实行公示制度,增加经济责任审计透明度。本市在实施经济责任审计前,在开进点大会的基础上,实行公示制度,即在电视和报纸上公示,并公布举报电话,由社会共同来监督经济责任审计对象和审计组本身,这样既做到经济责任透明化,树立了审计权威,又做到了宣传经济责任审计,造出了声势,引起了被审计单位的高度重视和积极配合,在审计结束后,召开一次和进点大会同规模的会议,就审计结果进行通报,做到有始有终。

冒"非典"之险,树审计之正气。2003年5—7月是预防非典特殊时期,但审计人员为了完成全市的经济责任审计任务,在6月5日就进驻各县(市)开展县(市)长经济责任审计,审计期间采用租住民房,生活自理的方式,这样既遵守了特殊时期的紧急办法,又遵守了廉政纪律的规定,也加强了市经济责任审计的公正性。

加强培训,不断提高审计人员风险意识和业务素质。经济责任审计涉及面广,政策性强,要求审计人员具备良好的政治素质和业务技能。年初,在开展经济责任审计前夕,对市局审计人员进行审前培训,另由市审计局经济责任审计科对部分县市审计局全体人员就经济责任审计的程序、步骤、方法和内容进行了培训,使审计人员进一步提高了认识,明确了领导干部直接责任,主管责任和领导责任的界线划分,从而分清了工作成绩中个人作用与集体作用,重大问题的客观因素与主观因素,进一步规范了审计行为,防范了审计风险。

注重审计方法,完善经济责任审计。坚持以领导干部的重大经济活动为主线,重点围绕领导干部履行职责中的"四个重大"、"六个亲自"来开展审计,在审计工作中,采取了"一个协调,三个结合,三个分清"的方法。一个协调就是注重与组织、纪检、人事等部门的配合、协调,既有合作又有分工,让他们始终参与审计工作中的全过程,遇到问题及时处理,提高了工作效率,审计结束后,共同研究处理,这样加大了执法力度。三个结合就是把经济责任审计与财政决算审计相结合、与座谈了解相结合、与群众举报相结合。三个分清就是要分清工作成绩中个人作用与集体作用,分清重大问题的客观因素与主观因素,分清领导干部的直接责任,主管责任和领导责任。保证做到全面地、历史地、客观地反映经济责任审计对象的经济责任,公正地评价功过是非,为选拔任用干部提供了客观可依的依据。

加强审计内部监督,更好地履行审计监督职能。审计机关是审计的主体,始终处于经济监督的第一线,每年都对大量的党政机关、企业事业单位实施审计监督,查处大量的违规问题,甚至经济案件,其超脱的地位,无可替代的监督职能,使得审计机关的地位更显突出。同时,审计机关也是政府组成部门,它的经费也由财政供给,审计经费受不受监督,如何监督,一直是社会普遍关注的问题。

2003年市审计局依据中办、国办《两个暂行规定》的规定和工作要求,对万荣、绛县、临猗、稷山四名审计局局长实施了任期经济责任审计,取得了明显效果,在社会上引起了极大的反响。为此,运城市审计局每年都将安排部分县级审计局长的任期经济责任审计,扩大审计覆盖面。加强审计内部监督,更好地履行审计监督职能。(景　磊)

【农业审计】 2003年农业审计主要是对平陆县人民政府2002年扶贫资金管理、分配、使用和效益情况进行了就地审计,主要审计了扶贫资金主管部门平陆县财政局、扶贫办、计经贸局以工代赈办公室等。并根据工作需要延伸审计了平陆县水利水保局、果业局、优质烟开发服务中心、延康蜂蜜制品有限公司和圣人涧镇等9个乡镇用款单位和48个扶贫项目。2002年,中央、省财政下达平陆县扶贫资金计划投资总额975万元,实际拨付975万元。截止2003年3月31日,该县直接使用和拨付到项目的扶贫专项资金243万元。截止7月31日审计时,已拨付到项目506万元,其中:用于种养业30万元,基础设施建设399万元,扶持农业产业化龙头企业18万元,移民工程46万元,管理费和培训费13万元。审计查出的主要问题有:资金拨付不及时,滞留资金问题严重。平陆县财政预算2002年12月收到市财政拨入的2002年度移民补助、种草养畜等项目资金60万元,直到2003年7月21日才拨入扶贫专户,滞留时间长达半年以上;擅自改变项目计划156035元;挪用以工代赈资金5万元,平陆县曹川镇人民政府2003年1月10日经镇党委书记段毅平批准,从"2001年以工代赈——国拨扶植10个村500户养羊基地建设"投资款中,借给东升牧业有限公司5万元用于流动资金,形成挪用。扶贫资金管理中也存在有关部门配合不力,致使扶贫资金不能及时拨付;监督不力,致使编制虚假名单,克扣农户补助,县计经贸局以工代赈办公室在对以工代赈使用管理中,监督不力,检查不严,致使以工代赈资金管理混乱,弄虚作假现象时有发生。为此,审计建议,一要及时、足额拨付扶贫资金,建议县财政、扶贫办、计经贸局以工代赈办公室及有关领导每月应定时、定点集体办公,提高办事效率,以解决资金不能及时、足额到位问题;二要加强扶贫资金管理,努力提高使用效益。严格实施项目管理,阳光作业,接受群众监督,建立严格的责任制。对项目实施中数额较大的物资、材料和工程,要面向社会公开招标。对所有扶贫项目一律实行公示制,增强透明度,坚决杜绝挤占、挪用、挥霍浪费等违规违纪现象的再度发生。

根据晋审农[2003]81号《山西省审计厅关于审计我省重点贫困县扶贫专项资金的通知》,市审计局于2003年7月23日至8月30日,对中国农业银行平陆县支行2001～2002

年扶贫贷款的投放、回收、管理和使用情况进行了审计，并对项目贷款和部分到户贷款的使用及效益情况进行了延伸审计。审计查出的主要问题是：贷款计划落实到位率差，两年共计未落实扶贫贷款计划839万元，占计划数1650万元的50.85%；超限额发放扶贫贷款528100元；贷款质量差，回收率低，截止2002年底，平陆农行扶贫贷款余额5335万元，其中不良贷款就占到86.8%；审查不严，监管不力，致使骗取扶贫贷款70万元等。对此，审计提出建议：(1)认真落实贷款计划。农行今后在发放扶贫贷款过程中，应以帮助贫困农民脱贫致富的责任感和使命感，认真执行国家扶贫贷款的方针政策，将上级下达的扶贫贷款计划及时、足额地投放到贫困户手中，以促进贫困农民尽快脱贫致富。(2)强化扶贫贷款管理。应将扶贫贷款工作列入重要议事日程，强化贷款的贷前调查、贷时审查、贷后管理，维护国家贷款的信用制度，采取强有力措施，加大贷款的回收力度，促进扶贫贷款的良性循环。

（景　磊）

【外资审计】 根据省厅晋审外[2003]39号审计工作方案要求，外资审计主要完成了省厅授权的五个审计项目，即疾病预防项目、性病/艾滋病防治项目、贫困地区基础教育项目、山西扶贫项目以及黄土高原植树造林项目。在审计工作中，发现外债资金使用、管理中存在如下问题：1.贷款拨付不及时，市世行办截止2002年底世行贷款累计到位3.63亿元，累计拨付2.88亿元，未拨付贷款0.75亿元；2.配套资金不到位，如：在山西扶贫贷款项目审计中，地级财政应到位配套资金7240万元，实际到位仅为1151万元，占应配套资金的15.9%；3.职能部门滞留配套资金；4.财政风险不断加剧。本市争取的世界银行贷款及国外政府其他金融组织贷款已进入还本付息期，由于多数项目为扶贫项目、卫生开发及绿色工程，社会效益相对明显，而经济效益很不明显，加上一些单位在归还外资贷款在思想上存在侥幸心理，不愿归还，贷款本金及利息回收难度很大，加之一些项目单位又没有明显的经济效益，无法收回贷款，因而财政部门将面临巨大的偿债风险。由于绝大多数的县(市)未建立提取偿债准备金，外债也未纳入同期预算管理，还贷期间将极大地加重财政负担，影响财政预算的平衡性。另外，个别县市还存在有卫生项目设备质次价高，难以发挥作用，以及各职能部门配合不力，管理层上脱节等问题。

（景　磊）

【其它审计】 行政事业审计主要是对13个县(市、区)公安机关2002年度财政财务收支审计，重点延伸60%以上的派出所和交警中队。审计结果表明，全市公安机关在维护社会治安、加强车辆管理、控制交通事故等方面取得了一定成绩，但在财务收支和管理方面还存在许多问题：乱收费、乱摊派屡禁不止；私设“小金库”、设置“账外账”有增无减；隐瞒、截留、坐支、挪用问题严重；扩大开支范围，滥发补助、奖金；固定资产管理、票据管理混乱等。公安机关应从此次审计查出的问题中吸取教训，严格遵守国家财经法纪，健全内控制度，规范财务收支行为，加强国有资产管理，杜绝乱收费行为。

金融审计主要是对中国人寿保险公司运城分公司2002年度资产负债损益的审计，查出的主要问题是：突破财务制度规定5%最高限额，多计提佣金4125981元；违规购建固定资产307.5万元；未严格审核，使用不合规发票25.78万元；费用列支不实等。在对运城市部分农村信用合作社资产负债损益审计中，发现农村信用经营形势比较严峻，前景不容乐观，信贷资产质量低下，不良贷款比重过大，部分社负债经营，举步维艰，加之历史遗留的沉重包袱，直接制约着信用社的生存和发展。存在问题主要是，资产方面存在固定资产账实不符，违规购建固定资产等；信贷资产及经营方面存在以贷还贷、违规放贷、挤占信贷资金等；损益方面存在多计、少计利息收入，多计支出，不合理发票报销，违规吸纳股本金等。

社保审计主要是对河津市、闻喜县社会保障资金筹集使用和管理的审计，从审计情况看，两个县(市)政府及有关部门，在社会保障专项资金的筹集使用和管理方面做了大量工作，取得了一定成绩。但也存在一定的问题，政府对社保资金的重视不够、社会保险基金覆盖率低，企业及有关单位欠费问题严重；财政部门未及时拨付社保专项资金；挤占挪用职工基本医疗保险基金等。

（景　磊）

（责任编辑：石少青）

农 林 水 牧

农业和农村工作

【农业结构进一步优化，农民收入稳步增长】 2003年，全市农业生产克服灾害造成的各种困难，在粮食、油料、棉花、蔬菜等主要农产品的生产上，均保持了平稳的增长态势。据统计，2003年全市粮食播种面积584.12万亩，比上年下降了11.1%；总产127628.1万公斤，比上年增1.6%；平均单产218公斤，比上年增14.1%。其中，小麦收获面积401.16万亩，比上年减39.95万亩，减9.1%；总产81199.6万公斤，比上年增2.8%；单产202公斤，比上年增12.8%。秋粮面积183万亩，比去年减15.3%；总产46500万公斤，与上年基本持平；平均单产254公斤，比上年增17.6%。在抓好粮食生产的同时，努力作好粮食购销和仓储工作。截至2003年12月底，全市共收购入库小麦5.45亿公斤，比上年同期增加2000万公斤，顺价销售小麦3.95亿公斤，比上年同期增加了1.15亿公斤，退耕还林粮食供应1900万公斤，较好地完成了各项任务。截至今年11月底，全市库存粮食13.5亿公斤，其中租赁存粮1.95亿公斤，露天存粮0.45亿公斤。

油料播种面积38.83万亩，与上年基本持平；总产4132.2万公斤，比上年增717.1万公斤，增21%；平均单产106公斤，比上年增20.5%。

棉花播种面积120.1万亩，比上年增加32.81万亩，增36.5%。由于受中后期连续阴雨低温寡照的影响，单产水平有所下降，总产7920万公斤，比上年增1244万公斤，增18.6%；单产比上年下降10公斤左右。

蔬菜播种面积58.2万亩，比上年减少5.4万亩，减8.5%；受风、雹、洪涝等自然灾害影响，总产下降到91000万公斤，比上年减24%；瓜类面积9.8万亩，比上年减14.8%；总产15400万公斤，比上年减16.3%。

全市农民人均纯收入预计为2310元，比上年增153元，增7.1%。

（市农办）

【搞好林业建设　打造“绿色运城”】 2003年，全市共承担各项林业建设任务94.4万亩，其中：国家重点工程60.3万亩（天然林保护工程9.8万亩，退耕还林工程40万亩，“三北”防护林四期工程2.5万亩，日元贷款植树造林工程8万亩），市里下达的任务为34.1万亩（干果经济林20万亩，平原绿化0.6万亩，育苗3.5万亩，义务植树1100万株，农田林网建设10万亩）。2003年，全市林业建设任务之重，投资之大，时间之紧，工程要求之严，政策法规性之强，都是全市林业建设历史上从未有过的。由于“非典”疫情影响，加之降雨期较长，有效造林时间有限，截至年底，全市共完成各项林业建设任务87.5万亩，占全年总任务的92%。其中：天然林保护工程完成7.8万亩，占任务的79%；退耕还林工程完成35.22万亩，占任务的88%；“三北”防护林四期工程完成4.5万亩，占任务的180%；日元贷款植树造林工程完成4万亩，占任务的50%；干果经济林完成20万亩，占任务的100%；育苗完成6万亩，占任务的171%；全民义务植树完成1100万株，占任务的100%；新建农田林网10万亩，占任务的100%。剩余8%的造林任务，林业部门正在抓住秋季造林的良机，加快工程建设速度，确保上冻前全面完成年各项造林任务。（市农办）

【实施“三精”战略，拓展国内外市场】 2003年，全市水果面积基本动态保持在300万亩，总产量达30亿公斤，总产值预计达40亿元，农民人均果业纯收入预计达800元。全市新建无公害水果示范园区3个，面积达到1.8万余亩。果实套袋突破100个亿，其中纸袋超过10个亿。新建或扩建了3万吨恒温果品保鲜库，从而使全市恒温保鲜库容量达到5万吨，实现果品季产年销，全年供应。（市农办）

【畜牧业结构趋于合理，科技含量进一步提高】 2003年，全市畜牧业经济运行态势整体概括为：（1）畜禽存栏稳步增长。全市生猪存栏62万头，同比增长6.8%；牛存栏31万头，同比增长3%；羊存栏70万只，同比增长11%；鸡存栏1450万只，同比增长9.2%。（2）畜禽出栏普遍增加。全市生猪出栏69万头，同比增长7.2%；牛出栏6.5万头，同比增长5%；羊出栏30万只，同比增长13%；鸡出栏1150万只，同比增长23.1%。（3）畜产品产量明显提高。全市肉类总产量8.05万吨，同比增长10.3%；禽蛋总产量6.9万吨，同比增长4.5%；奶类总产量1.55万吨，同比增长46.2%。（4）牧业收入不断提高。全市牧业总收入可达10亿元以上，农民人均牧业纯收入250元，比上年净增加24.6元，增长10.9%。

2003年，畜牧经济发展呈现出三个显著特点：①增长期波动较大。一季度发展稳定；二季度由于“非典”影响，畜禽及其产品外销困难，畜禽该出栏的出不去，该补栏的补不上，造成二季度畜禽出栏同比降低2.3%，补栏同比降低3.1%；三季度畜禽出栏率显著提高，同比高达11.5%，由于补栏减少，商品畜禽供不应求，造成畜产品市场价格普遍反弹，由此又引发了畜禽补栏的高潮，预计四季度畜禽补栏同比高达14.3%左右。②规模养殖壮大。全市从事畜禽养殖，产品加工及饲料、兽药生产等企业发展到3000余个，其中投资在百万元以上的达71个，规模养殖大户发展到13.5万户，并涌现出了60个百头牛场，81个500只羊场，25个千头猪场和15个万只鸡场，规模养殖占到总饲养量的65%以上。③草地建设和草产品开发发展迅猛。2003年新增人工种草面积6.54万亩，同比增长8.2%，改良草地4.58万亩，同比增长7.3%。市黄牛场和永济东风牧草公司加工的草粉、草块、草饼、草颗粒、草捆等产品4000余吨，产值达500万元，提高了草地畜牧业的经济效益，改善了种植业结构，促进了畜牧业的可持续发展。（市农办）

【乡镇企业及民营经济指标全面完成】 2003年，全市乡镇企业暨民营经济可完成增加值104亿元，占年计划100.71亿元的103%，同比增长26%；完成总产值405亿元，占年计划388.31亿元的104%，同比增长22%；实现营业收入380亿元，占年计划357.4亿元的106%，同比增长23%；完成出口产品交货值12亿元，同比增长20%；上交税金12亿元，同比增长39%；从业人员47万人；可提供农民人均纯收入870元，纯增100元，占全市农民人均纯收入的33%。各项经济指标均已超额完成，实现了“满堂红”。

从全市乡镇企业及民营经济运行情况来看，呈现出四个特点：一是主要经济指标同步增长。增加值、总产值、营业收入分别以20%以上的速度增长。二是出口产品交货值增势强劲。预计年底可完成出口产品交货值12亿元，同比增长20%。三是规模企业增长速度快。营业收入500万元以上企业起到了骨干带头作用。四是固定资产投资加大。今年企业固定资产投资额达65.7亿元，新上、扩建项目123个。

（市农办）

【水务工作七大体系建设顺利进展】 2003年，全市完成实灌面积400万亩，占计划400万亩的100%；改善灌溉面积50.2万亩，占计划50万亩的100.4%；发展节水面积5.7万亩，占计划5万亩的114%；治理水土流失面积45.2万亩，占计划45万亩的100.4%。实现管护131.1万亩，占计划130万亩的100.8%；解决饮水困难人口11.49万人，占计划的100%；年产成鱼1.55万吨，占计划1.549万吨的100.05%，实现产值7750万元，占计划7745万元的100.06%；水利发电210万度，占计划200万度的105%。

尊村引黄全年开机上水176天，运行2790台时，共提水4873万方，配水2744万方，其中农业配水1625万方，工业供水1116万方，干渠有效利用率59.2%，比去年提高5.29个百分点，水费收入1180.5万元。

城市供水工作成绩良好，全年累计供水量613万方，水费收入678万元，上缴税金29万元，水质合格率一直保持在99%以上，全年用于工程建设的总投资2307万元。长期以来供水基础设施落后的局面有了根本改善，社会效益和经济效益有了明显提高。（市农办）

【搞好扶贫开发，帮助群众脱贫解困】 扶贫工作针对今年特殊的形势任务，一手抓防疫减灾，一手抓扶贫开发，带领广大贫困群众共同开创了我市扶贫开发的新局面。共向省争取财政扶贫资金3152万元，是近年来争取扶贫资金最多的一年。全年基本实现了“135”奋斗目标。即：实现扶贫移民10000人；确定和正在建设30个扶贫开发重点工程（移民、种养业、农产品加工各10个）；当年实现50000贫困群众越温达标。但是由于今年雨灾严重，当年仍有35200人因灾返贫。贫困5县还有贫困人口17万人。

（市农办）

【搞好农业综合开发，促进农业的可持续发展】 2003年，全市农业综合开发工作按照“田、林、路、水、井、渠、机、电”综合配套的标准，高标准、高质量地完成了2002年度9.3万亩中低产田、3.38万亩节水农业示范、0.2万亩农业生态工程的改造任务，2003年项目也已全面启动。全年新打机井87眼，修复机井159眼，建设万方蓄水池5个，埋设地下输水管道331.1公里，架设输变电线路74.9公里，修建防渗渠道32.5公里，修筑机耕路284公里，新增和改善灌溉面积10.7万亩，新增节水面积8万亩。项目区新增主要农产品生产能力分别为：粮食1314万公斤、棉花51.2万公斤、油料83.4万公斤。（市农办）

【抓好农机工作，提高农业现代化水平】 2003年，省局下达的七大类40项任务全部完成。全市农机总动力达到342万千瓦，农用运输车达到14.56万辆，拖拉机保有量达到3.8万台，拥有各类配套农机具6.8万台件，联合收割机2450台，完成机耕363千公顷、机播359千公顷、机收268千公顷、机铺膜129千公顷、机械深施化肥393千公顷、机械化秸秆还田247千公顷。实施机械化旱作节水工程48万亩。机械化保护性耕作28万亩、机械化两茬平作20万亩，大运经济带机械化优势农业生产工程3个。建设农机科技示范点12个，实现农机科技创新4项。

（市农办）

【农村小康建设进展顺利】 截止2003年底，全市累计有9个县（市、区）、113个乡（镇、办）、2706个村，85.9万农户，356.7万农业人口实现小康，综合实现程度达到97.3%。全市农村总体达到小康水平；首批3.5万农业人口实现宽裕型小康。在尚未整体达到小康水平的4个县中，今年将有万荣、夏县两县整体达到小康目标。（市农办）

【干部下乡定点扶贫及帮民致富工作成绩突出】 2003年，全市、县（市、区）、乡（镇、办）三级共有定点扶贫及帮民致富农村工作队员6000余人，其中定点扶贫工作队员2400余人，736支农村工作队，市直驻闻喜、夏县、平陆、垣曲、万荣5县农村扶贫工作队员343人、118支工作队，包点扶贫村118个。广大农村工作队员克服“非典”和涝灾的不利影响，积极帮助开展工作，为驻村防止“非典”，战胜涝灾，做出了积极贡献。据统计，全年各级工作队共为驻村发放“防非”资料，赠送各种消毒用品5万余瓶（件），捐款捐物折合人民币600余万元，同时帮助驻村调整产业结构面积5万余亩，转移劳动力5万余人，引资集资500余万元改善水电路校等公益设施。

（市农办）

【农村税费改革工作基本完成】 全市税费改革土地面积和产量已经核实，土地入户登记已经完成，农业税及附加税数额入户工作正在进行，入户均达到50%以上。据测算，实行税费改革后，全市农业税为13244万元，农业税附加为2649万元，扣除退耕还林减少税额795万元，农民实际税费负担总额为15098万元，人均37.12元，人均负担比改革前5年(1997—2001年)平均减少43.97元，减60.7%，比上年同期人均减37.58元，减58%。（市农办）

【百万农民大培训工作开展较好】 按照市委要求，2003年农委和农办在全市广泛开展了百万农民大培训工作，先是在果园管理的黄金时期，组织科技人员以10项关键技术、18道工序为重点，在全市范围内进行了三次春季修剪大培训。组织下乡工作队员举办培训班5600余场次，培训农民31.5万人(次)，激起了广大农民的极大热情。随后由于"防非"，培训方式由"面对面"变为"远距离"培训。运城市3台《田野风》拦目，滚动播放30期农民急需的《农业科技知识讲座》；广播电台、专家咨询热线纷纷开通，对农民关心的种养营销以及劳动力转移等方面问题逐一解答；他们在运城市第三届新技术、新产品展示展销会上，外聘(以中科院为主)内请专家、教授等农科技术人员50余人，举办讲座20余场次，受训超万人，广大农民群众赞不绝口，效果很好，促进了新技术的大面积推广应用。（市农办）

【做好供销工作，扩大为农服务领域】 2003年，全市供销工作以"1353"工程为主线，振奋精神，与时俱进，争先发展，再造活力，为实现富民强社和引导农民达小康宏伟目标而努力。1至11月份商品购进11.03亿元，比上年同期增长11%；商品销售11.57亿元，比上年同期增长13.35%；利润实现169.4万元，比上年同期增长115%，在全省排名第一。（市农办）

【农村医疗卫生工作】 近几年，全市对农村卫生基本建设累计投入资金5363.5万元，新建防疫站6所，妇幼站5所，新建面积11630m²，在总投入中，房屋建设投入4499.5万元，设备部分投入800余万元(含卫生贷款部分)，新增大型医疗设备1600余台(件)，极大地改善了乡村群众就医环境和诊治水平。

2003年底，全市县、乡、村三级医疗预防、保健网完全恢复，全市3335个行政村中，有3045个行政村有了卫生所，占总数91%。13个县(市、区)第一轮初级卫生保健工作全部达标。目前全市146所乡镇卫生院中有95所已达等级医院标准，门诊人次比去年同期增长27.8%，住院人次增加34%，业务收入增加768万元，医疗事故明显下降，医疗服务质量、经济效益明显提高，农民卫生环境有了很大改善，住院分娩率比1995年提高10个百分点，婴儿死亡率较1995年下降6个百分点。（市农办）

【农村精神文明创建活动】 此项活动主要围绕农村全面建设小康社会这一总体目标进行。一是开展创建"十星级文明户"和"文明小城镇"活动。2003年全市累计创建国家级文明乡镇1个，文明村2个；省级文明乡镇3个，文明村29个；市级文明乡镇10个，文明村300个。二是开展讲文明树新风活动。全市绝大多数村都成立了红白理事会，扼制了红白事互相攀比，大操大办的歪风；同时结合九九重阳节开展"好媳妇"、"好婆婆"、"好儿女"、"好妯娌"等评比活动，激发大家尊老敬老良好新风。三是狠抓农村文化设施建设。农村依托文化站或文化大院，经常开展健康有益的文化娱乐活动。通过农村精神文明建设创建活动，改善了农村村容村貌，活跃了农民业余文化生活，提高了农民整体文化素质。（市农办）

【农村义务教育和成人教育】 2003年，农村教育方面，一是改善教学条件。在增加教育设备、消灭危房的同时，全市3年规划完成"千所标准化学校建设工程"，今年已建成384所。二是加强教师队伍建设。首先，对在编不在岗，擅自离岗，拒不返岗的教师进行清退。其次，利用假期和课余时间，分批分类对全市各级各类教师进行培训。仅暑假期间，对全市所有中小学教师进行了集中培训，先后参训教师达10万余人次。三是抓好农村成人教育。全市各县(市、区)根据各自特点，采用多种形式对农民进行培训。盐湖区2003年建立农民文化技术学校336所，其中村级314所，编写科技资料17080份，编印科普书籍1000本，培训科技示范户2000名，培训科技当家人30000余人次。运城职业技术学院也已进入筹建实施阶段。

（市农办）

【农村基层党组织建设和村民委员会换届选举工作】 2003年底，全市基层党组织的换届率达到95%，全市现有乡镇党委151个(乡54个、镇79个、街道办事处13个、乡镇级开发区5个)，乡镇党政班子成员1566名；有农村党支部3338个，支村委干部20175名，农村党员9.9万名。乡镇站所3207个。

全市农村党支部的分类情况是：一类党支部1279个，占38.3%；二类党支部1864个，占55.9%；三类党支部195个，占5.8%。通过换届选举，使农村基层党组织建设不断加强和改进，党支部的核心作用发挥充分，党员模范带头作用发挥较好。

运城市第六届村委会换届选举工作，开始于上年11月份，在各级党委、政府领导、人大监督和民政部门的指导下，除个别县(市)因种种复杂原因，尚留有少数尾巴外，绝大多数县(市)已基本结束。此次换届选举，已完成的村3251个，占村委会总数3286个的98.9%。一次选举成功的村2402个，占74%；另行选举成功的村849个，占24.9%。共选举产生村委会成员11821名，其中主任3240名，副主任3877名，委员4704名。村委会主任中，连选连任1476名，兼党支部书记171名，女性10名。

通过换届选举普遍提高了村委会班子整体素质；增强了村委会干部为民服务的意识；促进了农村社会的稳定发展和难点村的治理；促进了国家各项任务的完成和经济建设和公益事业的发展。（市农办）

【农村劳务输出工作】 2003年开始，各级党委、政府把发展劳务经济作为农民增收、全面建设小康社会和翻三番的主要举措来抓，纳入了党委和政府主要议事日程，市出台了"关于加快农村劳动力转移的工作意见”，提出了三年输出农村劳动力50万人的目标。劳动保障局、外经委、妇联分别成立了劳务输出办公室，市、县、乡、村也组建了四级劳务输出组织网络，市劳动保障局并在北京、上海、天津、杭州、广东等大中城市分别设立了劳务输出联络处，或与当地中介机构建立了协作关系，为大规模劳务输出奠定了良好的基础。“非典”过后，全市市、县、乡三级共组织规模输出43次，往外省、市输出劳务人员2.4万人，加上农民自发去外省、市务工、经商6万余人，年底全市在外务工、经商人员达46万多人。（市农办）

农业综合开发

【农业生产条件得到大力改善】 按照“田、林、路、水、井、渠、机、电”综合配套的标准，高标准、高质量地完成了2003年度5.35万亩中低产田、0.5万亩节水农业示范、0.5万亩农业生态工程的改造任务，11.3万亩优质粮食和优质饲料作物基地建设。一年来新打机井65眼，修复机井91眼，建设小型蓄水池2个，埋设地下输水管道267公里，架设输变电线路54.8公里，修筑机耕路134公里，新增和改善灌溉面积6.07万亩，新增节水面积3.42万亩。项目区新增主要农产品生产能力分别为：粮食878.1万公斤，棉花37.2公斤，油料180.3万公斤。（市农开发办）

【优势农产品基地建设发展迅速】 临猗县猗氏万亩优质小麦基地、芮城县大王万亩无公害中药材生产基地、万荣县王显万亩无公害“中华精品”苹果基地、盐湖王范五千亩大棚韭菜基地等已基本建成。开发扶持的新绛西曲蔬菜批发市场、芮城中药材协会，在引导农民进入市场，推进农业产业结构调整，建设专业化生产基地，增加收入方面，发挥出强劲的辐射和带动作用。

（市农开发办）

【农业产业化目标顺利推进】 重点扶持以芮城丰润集团为代表的8个“龙头”企业，2387万资金全部运作到位，基本建设顺利进行，多数企业已投产运营，吸收农村剩余劳动力1200人，年增产值3179万元，年增利税1383万元。（市农开发办）

【农业可持续发展进一步加强】 加强农田林网建设，完成农业生态示范工程0.2万亩。项目区栽植各类乔灌树木30余万株，树木保有率在95%以上，增加农田林网防护面积9.91万亩，有效地改善了农田气候，促进了农业可持续发展。

（市农开发办）

【科技在增产增收中的作用显著提高】 以永济科技示范项目和各县（市、区）的示范为载体，引进新品种、新技术，大力开展农民技术培训，组织培训农民8.83万人次。通过大规模地测土施肥、无公害生产等技术服务，项目区农业增产和农民增收中科技贡献率已达60%，项目区的农户人均增收近500元。

（市农开发办）

【积极培育主导产业】 2003年，全市农业综合开发把改善农业基本条件和培育主导产业作为重点，充分发挥农业资源优势和区域优势，追求开发效益最大化。一是以改造中低产田为中心，加强农业基础设施建设。集中力量狠抓了2002年工程完工和2003年工程启动。二是积极培育主导产业，进一步提高开发效益。全市通过集中资金、技术，统一组织，开发建设了一批包括优质小麦、棉花，特色蔬菜和反季节蔬菜，名优干鲜果和奶牛养殖基地，初步形成了粮、果、菜、畜四大支柱产业，显著提高了开发的综合效益；三是强化建后服务，引导农民搞好调产。为了进一步发挥项目的工程效益，开发办着眼于市场，着手于当地自然优势，着力于农民观念更新和整体素质的提高，大胆尝试，在建后服务上狠下功夫，采取了请专家，变观念，作示范，传信息，引技术，测土肥等多种服务方法，培训农民8.83万人次，促进了项目区的产业结构调整，帮助农户走上了致富奔小康的快车道。（市农开发办）

【项目管理工作】 2003年，市综合开发办始终把加强项目管理，确保项目质量作为中心工作之一。在管理上求新、求严、抓实、抓紧，在各个层次、各个环节上，严格把关。①严格项目编报，杜绝盲目立项。②严格管理制度，加强质量监控。市、县两级坚持按制度办事，狠抓资金和项目管理。2003各县（市、区）基本都实行新的会计制度，临猗、万荣、盐湖、河津、垣曲等县（市）实行了县级报帐制。③严格检查验收，提高开发水平。验收结果表明，各县（市、区）之间的差距进一步缩小，工程质量有了明显提高，结构调整迈开了较大的步伐，开发效益普遍看好。呈现出学典型，赶先进，工程质量上台阶；建机制，强管理，软件工程创新绩；做示范，重服务，引导调产增效益等三方面的特点。

（市农开发办）

【拓宽农民增收新路】 2003年，市综合开发办结合各地实际，对计划治理改造或经过治理改造的农田，按照“坚持所有权，稳定承包权，搞活使用权”的原则，积极探索以农业综合开发项目区土地流转为核心的资产运营机制，大力推进农村土地经营体制的改革，促进耕地及附属工程产权的合理流转，保证优势农产品项目的顺利实施。新绛县面对这一新的形势，抓住机遇，大胆创新，按照“依法、自愿、有偿”的原则，通过采取转让、转包、租赁等形式使外出经商、劳力紧缺、有其它产业、无力耕种的农户承包地，合理流转到土地种植专家手中，采取“四统一、一集中”的方式（即统一设计规划，统一作物布局，统一基础设施建设，统一技术服务，大户集中经营），逐步发展规模经营的新路子。通过建立土地流转机制，打破了家庭、地块和产业的界限，统一在县农业生态园规划种植优质核桃、黄金梨、冬枣、葡萄等一万余亩。与此同时，还在过去已改造过的项目区，统一种植优质核桃等近5万亩。为农业增效，农民增收奠定了坚定的产业基础。针对这一典型，市农业开发办于4月17日及时地在新绛县召开现场会，推广他们的经验和做法，对各县（市、区）震动很大，收到了很好的效果。同时，市农业开发办根据这一经验，撰写了《适应形势与时俱进，为农民增收拓新路》的署名文章，先后在《运城日报》，市委《决策参考》等报刊上发表，在社会上特别是开发系统反响很大。这些举措将

对全市农业开发的节水工程、优势农产品等项目起到大的促进和推动作用。（市农开发办）

【建设绿色农产品基地】 针对前几年项目建设科技含量不高，农产品产出率、商品率较低，主导产业优势不明显的问题，2003年，以永济科技推广示范项目为核心，通过集中规模、资金和技术，实行优势开发。永济市晋农芦笋基地开发公司和晋通菌业有限公司抓住国家所立的科技推广项目，把示范推广先进适用技术与千家万户农民致富奔小康的生产积极性紧密结合起来，引进美国F1代优质芦笋品种4个200公斤，建设了芦笋苗木快速繁育基地177156平方米，完成优种繁育511万株，2650亩的芦笋示范基地。围绕芦笋和食用菌的优质高产高效，引进双孢菇高产栽培专利技术（专利号9411780.4），同时对优种利用、密植栽培、土壤处理、生物菌肥、合理配肥、绿色控制、威根龙增粗和生物控雌八项核心技术，进行有效的组装配套，食用菌每吨基料增产200公斤双孢菇，每吨成品增值400元。值得一提的是晋通公司自主研制出双孢菇干制复合基料，并申请专利（03147886.7）。通过技术推广、典型示范、参观学习等多种形式培训农民111场3.2万人次，2002年示范区总产值由480万元提高到570万元，为推动全市农业产业结构的调整趟出了一条路子。（市农开发办）

【做大做强“龙头”项目】 为从根本上解决本市一些地方农业开发工作存在着“重土轻多”的问题。市开发办组织人员深入基层，就如何适应新时期农业和农村经济发展的新形势，抓住机遇，做大、做强、做好农业综合开发多经龙头项目，最大限度地提高农业综合开发的整体效益这一课题，对70多个多经项目进行了为期一个月的调查研究，实事求是地总结了经验教训，分析问题，理清思路，确定了今后全市多经项目的发展目标，并着手起草多种经营龙头项目的管理办法。在此基础上，市开发办领导撰写了《对搞好农业综合开发多经项目的几点思考》等文章，从理论到实践，从位置、优势、用人、选项、管理、制约等不同角度，不同侧面对搞好多经项目进行了论述，充分发挥开发资金的导向作用，吸引各类资本投资开发。只要能够带动产业发展，促进农民增收，无论何种类型，何种所有制的企业，都一视同仁予以支持。开发资金投向要与优势农产品基地相结合，与农业产业化相结合，与基地农民增收相结合，重点连续扶持象芮城丰润那样的占有一定市场份额，信誉良好，抵御市场风险能力强，具有较强辐射带动作用的龙头企业，把他们做大、做强、做优。芮城丰润集团，通过连续4年开发投资730万元，强势扩张，由一个固定资产450万元，产值500万元，年上缴利税50万元的小型企业，发展到固定资产5280万元，产值9500万元，年上缴利税450万元的龙头企业，先后建设了芦笋、玉米笋、奶牛养殖基地，形成了绿色生态产业链，通过“公司十农户”的形式，带动发展芦笋3.5万亩，玉米笋1.5万亩，奶牛1500头。仅芦笋一项，每年每户种植平均增收5000元以上，而且每年可安置农村剩余劳动力和下岗职工2000余人就业，芦笋罐头出口，年可创汇1000万美元，有力支持了当地的农业产业化进程，企业连续3年每年归还有偿资金都在150万元左右，实现了良性循环，为本市农发多经项目发展创出了一条新路，带了一个好头。

（市农开发办）

种植业

【概况】 2003年，全市农业紧紧抓住结构调整这条主线和农民增收这个总目标，积极采取有效措施，战胜了“非典”疫情和历史上罕见的洪涝灾害影响，使农业结构进一步优化，农产品竞争力进一步增强，农民收入稳步提高的良好局面。全市农作物播种面积850.22万亩，比上年减少了48.1万亩，其中粮食作物584.27万亩，比上年减11.1%；经济作物265.95万亩，比上年增加10.1%。全市粮经比例（含水果）达5:5。

粮食面积减少，总产上升。全市粮食播种面积584.27万亩，比上年下降了11.1%；总产126832.1万公斤，比上年增1.1%。其中小麦收获面积401.16万亩，比上年减少9.1%，总产81199.6万公斤，比上年增2.8%；秋粮183.11万亩，比上年减少了15.1%，总产45632.5万公斤，比上年减2.0%。

油料面积略降，总产上升。油料播种面积38.72万亩，比上年减2.3%；总产4030.9万公斤，比上年增18.0%。

棉花面积大幅上升，总产增加。棉花播种面积120.06万亩，比上年增36.5%；总产8171.8万公斤，比上年增22.6%。由于受中后期连续阴雨、低温寡照的影响，单产水平下降了10.5%。

蔬菜播种面积减少，总产下降。蔬菜播种面积59.24万亩，比上年减6.9%；总产107768.4万公斤，比上年下降了11.2%。（郎　宇）

【农村经济运行情况】 2003年，全市紧紧围绕“争先发展”的战略部署，以“农业增效、农民增收、农村稳定”为主攻目标，积极进行农村产业结构调整，农村经济得到持续、稳定、健康的发展，农民人均纯收入稳步增长。

2003年，据农经部门统计，全市农村经济总收入2679168万元，比2002年2375019万元增长12.8%。其中，第一产业收入831261万元，同比增长27%；第二产业收入1312490万元，同比增长14.1%；第三产业收入535417万元，同比下降6.1%。总费用1663242万元，同比增长14.3%，净收入1015926万元，同比增长10.5%。农民人均纯收入2463.5元，比2002年2238.6元净增224.9元，增长10%。其中第一产业收入为938.7元，占农民人均纯收入的38.1%。在第一产业中，种植业收入784.6元，同比增长11.8%。第二产业收入680.6元，占农民人均纯收入的27.6%；第三产业收入572.3元，占农民人均纯收入的23.3%；外出劳务收入271.9元，占农民人均纯收入的11%。在13个县（市、区）中，农民人均纯收入除平陆县略有下降外，其余12个县（市、区）均有不同程度的增长。（赵晓春）

【农民负担专项治理】 为了认真贯彻落实国务院《关于2003年减轻农民负担工作的意见》(国办发[2003]50号)精神，进一步强化农民负担监督管理，深入开展农民负担专项治理，由市农民负担监管领导组统一组织，市农民减负办牵头，市纠风办和物价局配合，于11月3日至12月中旬，从全市有关部门抽调65名业务骨干组成13个专项审计组，采取县与县交叉的办法，对全市各乡镇的2002年乡统筹费和乡镇土地所、农电站、乡镇中学，2001年至2003年的涉农收费，及临猗县税改后农业税附加、农业税增加额和转移支付的收取、管理和使用情况，进行了专项审计。共审计605个单位，其中，5个乡统筹费单位、136个乡镇土地所、145个乡镇农电站、169个乡镇初中学校涉及金额13656.38万元，查出违规收取金额3787.66万元，违犯财经纪律金额3371.75万元；通过专项审计和专项治理，纠正了16个超标准超范围收费项目，制止了18个有禁不止项目，废止732个巧立名目搭车收费项目。 (牛秦鹏)

【农村税费改革试点工作】 根据中央、省的安排部署，2003年全市全面推行农村税费改革试点工作。为了扎实搞好农村税费改革这一涉及面广、政策性强的综合性社会工程，全市上下艰苦努力。通过采取5项措施，圆满完成了税改任务，取得了农民税费负担大幅减轻的明显效果。一是逐级核实土地面积，不仅扎实了税改工作基础，而且进一步规范完善了二轮土地承包合同。二是印发“宣传方案”，“一封信”发到村户，采取多种形式广泛宣传，促进社会关注。三是积极学习外地经验，认真做好培训工作。正确把握政策，认真进行科学测算，既为税改方案的制定和实施提供了依据，又把好了农民减负关。四是印发“督导方案”，加强督促检查，推动工作进展。五是通过印发“土地面积核实入户登记表”和“常产核实入户确认表”，并加强督查、抽查验收。促使“双认可”工作顺利进行，“农民负担监督卡”全部填发到户。实行农村税费改革后，全市农业税为13447万元，农业税附加为2689万元，农民税费负担总额为16136万元，比改革前的1997年农民税费直接负担33071万元减少了16935万元；减幅51.2%，人均减少41.64元；比2002年农民税费直接负担31240万元减少了15104万元，减幅48.3%，人均减少37.14元。 (牛秦鹏)

【农村土地承包工作】 到2003年底，全市完成土地延包工作的村共有3320个，占总村数的99.5%，(其中已确定不宜搞延包的村12个，因其它原因未搞完的6个)；承包面积767.3万亩，占总耕地面积的93.5%；承包土地农户总数93.71万户，占总农户数97%。其中，参与流转的土地面积有36.47万亩，涉及农户6.64万户，分别占承包土地面积和承包土地农户数的4.7%和7.2%。其中，以转包、互换、代耕代种三种形式为主，分别达到12.86万亩、12.51万亩和5.55万亩；流转范围以本村范围和本乡范围为主，分别达到31.07万亩和1.93万亩，其它范围流转面积为1.51万亩(本县范围内流转为1.14万亩，本市范围流转869.5亩，本省范围流转679亩，跨省区流转115.7亩)。

《农村土地承包法》颁布后，首先，全市统一印制了3500份《农村土地承包法》宣传布告，分发到县、乡、村，每县2份，每乡、村1份，全部装框上墙；同时，编写了知识问答60题，分10期在《运城日报》上进行刊发。其次，在全市的统一部署下，县乡农经部门通过广播、电视、报纸、挂横幅、散传单、刷标语、开展知识竞赛等群众喜闻乐见的形式，广泛开展宣传活动，把《农村土地承包法》的条文和精神宣传到村、到户、到人，真正做到了家喻户晓，人人皆知。据统计，全市共印发宣传材料319200份，组织各种知识讲座228次，悬挂横幅200条，刷写标语46000条，出动宣传队伍1444人，进村2664个，出动宣传车辆121辆，组织乡村干部培训班193期，培训人员达32664人，上街向群众公开宣传，接受群众咨询达2229次，解答问题34274个。 (王海龙)

【农村财务公开工作】 2003年，全市农村财务公开工作继续以完善“2528工程”为核心，重点开展了四项工作：一是加强培训，提高财会人员素质。据统计，全市共组织培训158班次，培训人员6219人次。同时，市里编印了《农村经济管理政策法规指南》一书，分发到村，深受群众欢迎。二是积极开展电算化试点，完善公开手段。在临猗、平陆、河津、芮城、盐湖、万荣、夏县等地进行试点的基础上有374个村实现了电算化公开。三是规范审计，强化监管。今年，全市在统一文书格式，规范审计程序的基础上，组织各县对2426个村开展了审计工作，审计金额34587.6万元，违纪金额1735.52万元，对25名违纪人员进行了处分。四是健全财务制度，完善“2528工程”。各级农经部门对照农业部、监察部的财务公开暂行规定、农业部提出的规范公开六条标准和农业部、民政部、财政部、审计署《关于推动农村集体财务管理和监督经常化规范化制度化的意见》，健全了财务公开、民主理财、现金管理、债权债务、开支审批、人员管理、干部任期和离任审计等制度，把“2528工程”引向深入。通过以上措施，推动了财务公开工作。据统计，截至2003年底，全市实行财务公开的村达3308个，占总村数的99%，其中规范公开的村3186个，分别占到总村数和公开村数的95.4%和96.3%。 (吉力宏)

【清理整顿农村基金会】 为了化解风险，维护股民的合法权益和农村社会的稳定，全市开展了清理整顿农村基金会工作。至2003年12月，共清收回各种欠款7.2亿元，占应清收总额的77.7%，其中：清收回国家干部职工借款9505.21万元，占应清收的84.5%；清收回企业借款5189.2万元，占应清收的49.5%；清收回政府性借款4073.08万元，占应清收的74.6%；清收回村组集体借款1786.33万元，占应清收的46.1%；清收回农户借款5.1亿元，占应清收的82.9%。全市共向股民兑付资金9.92亿元。占应兑付总额的92.8%。兑付率超过90%的县(市、区)达到11个，占县(市、区)总数的84.6%。其中，临猗县兑付任务已全部结束。但是清整工作远远没有结束，全市还有1.37亿元股金

未向股民兑付，还有2.14亿元欠款尚未清收回来。（王海龙）

【农业专项资金指标及到位情况】2003年，全市农业专项资金共1202.28万元（其中：上年结转167.5万元）。本年指标1034.78万元，比上年785.8增加248.98万元，其中：省级专项资金501万元，比上年的570.5万元减少69.5万元；市级458万元，比上年的149.5万元增加308.5万元；县级75.78万元，比上年的65.8万元增加9.98万元。截至年底，到位1193.28万元，到位率99%。其中：省级专项资金到位649.5万元，到位率为98.6%；市、县两级专项资金全部到位。全市13个县（市、区）有12个县（市）资金全部到位，盐湖区未到位9万元，结转下年使用。（薛艳丽）

【农产品批发市场体系基本形成】2003年，运城市农产品批发市场体系建设在坚持“以产业定市场、以市场促生产”的原则下，初步建成了以集贸市场为基础，以产地批发市场、专业批发市场为骨干，以超市为龙头，集冷藏、储运、产业基地为一体，能沟通城乡、辐射全省乃至全国的批发市场体系已经形成。截止2003年底，全市共有32个农产品批发市场，各种农产品集贸零售市场60个。农产品批发市场占地面积802亩，建筑面积6.5万平方米，总投资9838万元。其中国家投资1240万元，市场自筹8592万元。产地专业批发市场32个，其中粮食批发市场2个、蔬菜批发市场16个，药材批发市场2个。

2003年全市农产品批发市场道路硬化面积23.1万m^2，房屋面积3.6万m^2，冷库面积8420m^2。年成交量为17.6亿斤，成交额15.3亿元，占农业总产值18.5%。年成交额上亿元有五个批发市场。产地专业农产品批发市场体系基本形成。①以盐湖区、新绛、闻喜、芮城、永济为中心的蔬菜批发市场体系。这几个批发市场占地总面积360多亩，年总销量1340万公斤。其中新绛县蔬菜批发市场经营状况最好。②小杂粮批发市场体系。以万荣、新绛为中心的小杂粮批发市场经过近十年的发展，已在全国形成了销售网络，产品远销到山东、河南、河北等地。仅这2个市场年销售量就达1.2亿公斤，交易额1.7亿元。③果品批发市场体系。以盐湖区、万荣、临猗、平陆、芮城为中心的果品批发市场已经形成。年销售水果120万吨。运城果品中心市场，市场筑面积20000多平方米，总投资1150万元。恒温库2000平方米，库容量2000吨。④优质中药材批发市场体系。以新绛阳王、万荣西村等为中心的优质中药材批发市场体系已经形成。年交易量在150万斤以上成交额达4千万元。（张界军）

【农业信息网络服务平台全面启动】2003年年初，运城市被农业部、省农业厅列为《农村市场信息行为计划》项目。截至2003年底，市级网站共发布文本信息12085条，添加数据库文件农民经纪人300条、农业专家20人、名特优新农产品56项，发布各类供求信息1200条，上传各类科技和娱乐视频文件48个。2003年9月，“运城农事110专家热线”咨询系统开通，到年底共接咨询电话1万余个。

2003年，全市县（市、区）农业信息化共投入资金132万元，9个重点县共投资116万，其中国家投资90万元，自筹资金21万元（盐湖区、芮城县、临猗县、万荣县、稷山县、闻喜县、河津县、平陆县，每县自筹资金2万元，永济自筹资金5万元），市农业局为四个非重点县每县投入资金2万元，县自筹资金2万元。为重点县（市、区）、乡购置了服务器、微机、打印机、传真机、扫描仪等设备，全部建成了高标准机房，实现了宽带上网。非重点县和部分乡也配置了设备。（张界军）

【农业系统人事劳资情况】2003年，全市农业系统职工总数2509人，与去年同期相比减少208人。其中专业技术人员1374人，占总人数55%，具有高级职称60人，占专业技术人员总数4%。具有中级职称511人，占专业技术人员总数37%。具有初级职称621人，占专业技术人员总数45%。未评职称人员182人，占专业技术人员总数17%。在专业技术人员队伍中，具有大学本科学历237人，占专业技术人员总数17%，具有专科学历365人，占专业技术人员总数27%。工人789人，占总人数31%。其中高级工162人，占工人总数21%。中级工214人，占工人总数27%。初级工365人，占工人总数46%。普通工人数34人，占工人总数4%。全市农业系统干部职工全年工资总额20288千元，比去年同期减少727千元。人员月平均工资674元。（袁　文）

【旱作农业建设】2003年，全市旱作农业以建设基本农田营造土壤水库、覆盖加保护性耕作保水、集雨工程蓄水、田间配套农艺节水的“一土三水”为内容，在不同生态区域，针对性地示范推广了各种旱作节水农业技术模式。据统计，全市旱作技术应用面积累计1656.7万亩次，其中坡地梯改17.7万亩次、沟垄耕作3.3万亩次、保护耕作（少耕、免耕和秸秆覆盖）340.2万亩次、地膜覆盖170.1万亩次、种植抗旱品种273.6万亩次、机械深松耕（包括秋深耕施肥）117.9万亩次、农化抗旱保水106.4万亩次、节水灌溉22.2万亩次、灌溉技术及方式改革38.1万亩次、抗旱坐水种1.4万亩次、集雨补、灌20.3万亩次、旱地温棚2.7万亩、种植结构调整92.6万亩次、聚肥蓄水4.9万亩次、落实各项培肥措施（包括秸秆直接翻压还田、种压绿肥、增施有机肥和平衡施肥等）445.3万亩次。建设旱作高效工程田52.1万亩。其中旱地温棚2.3万亩、秸秆覆盖24.6万亩、少免耕11.9万亩、集雨补灌2.2万亩、节水灌溉8.5万亩、高效立体种植2.6万亩。旱作高效工程田小麦平均亩产192.7kg，比对照田亩增产29.5kg，增产率18.1%；玉米平均亩产343.8kg、比对照田亩增产40.1kg，增产率13.2%。（孟晓民）

【土壤肥力监测】2003年，是土壤肥力动态监测自1990年以来的第13年、第11次运转，盐湖、永济、临猗、稷山、万荣等5县（市、区）380个点位的监测结果表明：全市有机质平均为13.4g/kg、全氮0.80g/kg、有效磷12.5mg/kg、速效钾193.6mg/kg，与2001年相比分别增加1.4g/

kg、0.03g/kg、0.7mg/kg、-2mg/kg。多年监测显示，有机质呈波动上升趋势；全氮含量逐年上升至1995年后趋于平稳；有效磷呈逐年上升趋势；速效钾前期呈逐年下降趋势，自1996年后又呈逐年上升趋势。

按灌溉条件来划分，水浇地有机质平均为14.0g/kg、全氮0.82g/kg、有效磷12.7mg/kg、速效钾198.5mg/kg；旱地有机质平均为12.4g/kg、全氮0.72g/kg、有效磷12.0mg/kg、速效钾184.5mg/kg。

按土壤亚类来划分，石灰性褐土有机质平均为12.9g/kg、全氮0.78g/kg、有效磷11.5mg/kg、速效钾195.6mg/kg；褐土性土有机质为13.1g/kg、全氮0.76g/kg、有效磷12.8mg/kg、速效钾188.2mg/kg；潮褐土有机质为12.8g/kg、全氮0.81g/kg、有效磷12.3mg/kg、速效钾204.3mg/kg；脱潮土有机质为15.6g/kg、全氮0.92g/kg、有效磷16.2mg/kg、速效钾180.7mg/kg；潮土有机质为19.4g/kg、全氮0.90g/kg、有效磷14.3mg/kg、速效钾243.1mg/kg；盐化潮土有机质为13.7g/kg、全氮0.87g/kg、有效磷11.7mg/kg、速效钾181.6mg/kg。

按不同地形部位来划分，一级阶地有机质平均为15.2g/kg、全氮0.87g/kg、有效磷15.2mg/kg、速效钾194.8mg/kg；，二级阶地有机质为13.7g/kg、全氮0.78g/kg、有效磷10.0mg/kg、速效钾192.8mg/kg；丘陵有机质为10.8g/kg、全氮0.70g/kg、有效磷15.3mg/kg、速效钾187.9mg/kg；洪积扇有机质为15.9g/kg、全氮0.96g/kg、有效磷15.8mg/kg、速效钾194.6mg/kg；河漫滩有机质为12.2g/kg、全氮0.79g/kg、有效磷9.3mg/kg、速效钾244.3mg/kg。（赵国平）

【农作物新品种试验推广】 2003年，围绕全市农业发展和农业产业结构调整的需要，主要承担国家、省、市小麦、玉米、棉花、油葵、瓜菜等8类农作物新品种区试、示范共36个区组，95个试点；参试品种390余个。其中国家级试验、示范有小麦、玉米、棉花、土豆4类作物13个区组、16个点次，参试品种160个；省级试验、示范有小麦、玉米、棉花、土豆、花生、西瓜、油葵、芝麻八大类作物23个区组，79个点次，参试品种194个。按照试验方案和上级有关部门的要求，我们及时、准确地完成了各项试验任务。并报请省品种审委会审定了一批适合本市推广种植的新品种，主要有小麦优质品种145、138，高水品种临丰615及旱地品种运旱21—30、TX—006等；棉花新品种晋棉35、38，邯郸109、998等；玉米新品种运高油一号，运协单一号等；油葵新品种T012244等。为全市主要农作物的新一轮更新换代奠定了坚实的基础。

在新品种推广应方面，良种科技含量逐渐增加，推广普及速度明显加快，2003年全市小麦生产上，推广普及了高产、抗逆性的“晋麦47”，“晋麦54”，“晋麦61”等系列品种。确保小麦生产的稳步高产，并引进“高优66”，“临优45”等优质品种进行大面积示范推广，带动全市小麦生产由数量型向质量效益型转变；棉花生产上，推广普及了转基因抗虫棉“晋棉26”、“晋棉31”、“GK19”等，有效地遏止了棉铃虫的危害，实现每亩棉花生产节本增效100元以上，促进了全市棉花的稳定发展；在油科生产上，推广了油葵新品种“G101”、“康地5号”等，全市种植面积亩以上；瓜菜生产和保护地栽培上，推广了“黄河全能冠军”西瓜和厚皮甜瓜新品种，有力地促进了全市产业结构调整。（市农业局）

【植物检疫】 2003年，全市开展产地检疫：种子类1.86万亩30.7万公斤；苗木类400亩4.1万株；植物产品类92。6万亩6.6亿公斤。调运检疫签证48000批次，其中种子类208批次114.9万公斤；苗木类59批次150.7万株；植物产品类47733批次1.58亿公斤。有害生物疫情普查普查了50余种作物，调查82.7万亩，发现有害生物26种。5月下旬，芮城县古魏镇黄河滩涂苹果园首次发现苹果棉蚜疫情，有关技术人员亲临现场进行核实，并向局领导和省站作了汇报，拟定了《关于迅速开展苹果棉蚜普查的紧急通知》下发各县(市、区)，并于6月20日召开了各县(市、区)植保站长及检疫员参加的“全市苹果棉蚜防控培训会”，部署了下一步普查防控工作，确保了疫情不扩散蔓延。全市制定的技术方案受到省植保站的认可，并向各地(市)进行了转发。（段运虎）

【农作物病虫害防治】 2003年全市各种农作物病虫草鼠害总体上为中度偏重发生年份，据统计，发生总面积4784.15万亩次，防治4296.51万亩次。其中虫害发生面积2343.77万亩次，防治2116.31万亩次；病害发生1401.98万亩次，防治1480.13万亩次；草害发生面积758.4万亩次，化学防治500.07万亩次；农田鼠害发生面积280万亩次，防治200万亩次。发生特点是病害重于虫害，草害重于鼠害，经济作物病虫发生重于粮食作物，常规病虫发生重于暴发性病虫。大发生的病虫有：麦田杂草、棉花苗蚜、棉花苗病、棉花铃病、棉花枯黄萎病、苹果褐斑病、果树蚜虫、小菜蛾、黄瓜霜霉病、番茄早疫病；中度偏重发生的有：小麦白粉病、叶锈病、棉红叶螨、果树叶螨、蚧壳虫、桃小食心虫、苹小卷叶蛾、果树斑点落叶病、菜青虫、美洲斑潜蛾、黄瓜灰霉病、番茄灰霉病、番茄晚疫病。（段运虎）

【第三届运城农业新技术新产品展销会】 由运城市人民政府、中国农业科学院、山西省农业厅联合举办的“第三届运城农业新技术新产品展示展销会”于2003年10月20日—25日在运城市蔬菜批发市场举行。

本届农展会是在市委、市政府的正确领导下，在全国科研院所及全市人民的支持下，取得了圆满成功。据不完全统计，大会正式参展单位1100多个，展示技术766项，展示产品6811种，发放各类技术资料500万份，同科研院所达成技术合作项目582项，签订各种贸易合同2116项，合同金额达18700万元，参观总人数突破25万人次。（张建军）

【参加首届农交会】 首届中国国际农产品交易会于2003年11月11日—16日在北京举行，本次国际农交会是本着“展示成果、推动交流、促成贸易”的原则，以“绿色+品牌”为主题，以农业新产品、新技术、新设备、新项目的展示与交易为主要内容，推进无公害农产品、绿色食品、名优特产品深加工技术的交流、交易。运城市组成了由安德天副市长带队，运城市的胃乐食品有限责任公司、维之王食品有限公司、珊瑚红果业有限公司等15家企业和单位参加的代表团，参加了本次国际农交会，共计参展产品80多种。大部分是申报绿色食品的产品和前几届农博会获奖的产品。此80余种绿色食品在首届中国国际农产品交易会上一炮打响，短短几天时间拿回了1010万元的产品供货合同订单。其中，后稷食品有限公司后稷牌金丝枣、胃乐食品有限公司胃乐牌桃脯、平陆珊瑚红果业有限公司珊瑚牌红富士果、山西维之王有限公司维之王牌山楂蜜饯四个产品，被评为首届农交会畅销产品。同时，市农业局也获得了“首届中国国际农产品交易会山西展团优秀组织奖”。另外，市农业局还组成了“学科技、观农展、看园区、长见识”为目的的运城首届农交会运城观摩团，共组织了农业系统干部和农村科技示范户100余人参加了本届农交会。

（张建军）

【“蓝马杯”农民科技知识大赛】 为了配合市“农业科技年”的活动，由市委、市政府组织，市农业局、畜牧局、果业局、水务局、农机局、民营局、报社、电视台、蓝马公司等单位具体承办，农业局负责实施举办了“蓝马杯”农民科技知识大赛。此次活动，主要是激发和推动农村基层干部和广大农民群众学科学、用科学的热情，形成全社会重视农业科技、支持农业科技的新局面。12月10日举行了预赛（笔试），选出了河津、万荣、平陆、盐湖、稷山、芮城等6个县（市、区）的18名选手参加决赛。12月28日晚在市政府南风会议厅举行了电视决赛，市委、市人大、市政府、市政协的主要领导黄有泉、王守祯、陈永信等十几人亲临现场观摩比赛。在竞赛中18名选手通过必答题、问答题、风险题和附加题四轮紧张激烈的比赛，河津代表队获一等奖，每位选手获29寸彩电一台；万荣、稷山代表队获二等奖；每位选手获21寸彩电一台；平陆、芮城、盐湖代表队获三等奖，每位选手获VCD一台。同时，以上6个县（市、区）还获最佳组织奖，分别奖励29寸彩电一台。

（党移山）

【农业广播学校多层次办学成效显著】 2003年，运城市农广校紧紧转绕“稳定中专，向两头延伸，工作重心下移”的办学思路，在市、县两级办学人员共同努力下，千方百计拓展领域，多管齐下抓生源，取得明显效果；中专招生克服“非典”影响，共招收626人，仍保持在全省前三名行列；多层次办学有了新发展。本、专科层次学员达215人。其中，本科自考助学35人，电大学员180人，并新开设了畜牧专业，满足了学员多学科多层次的需求；结合“跨世纪青年农民培训工程”项目的实施，盐湖、芮城、万荣等县组织了农民科技培训和绿色证书培训，受训人数达5万余人次。

同时，日常教学管理常抓不懈。先后组织了2001级、2002级学员涉及10余个专业30余门课程约800人参加了全省统考。完成了2000余份考卷的评判、登分工作。通过严格审验毕业资格，办理了154名学员的毕业证书。严格执行教学管理办法，对农电专业学员进行集中管理，取得明显成效。

（董映妮）

【国营农场管理】 2003年，全市共有7个国营农场（果树场）。国民生产总值504.6万元，利润1.3万元。职工总数188人，其中管理人员14人，技术人员16人，固定工84人，合同工12人，临时工62人。总土地13265亩，总耕地11303亩，其中水浇地8370亩；农田9338亩，果园1470亩，林地295亩。粮食面积676亩，总产11.5万公斤；棉花面积3593亩，总产26.5万公斤；油料面积390亩，总产4.1万公斤；瓜菜总面积4860亩，总产179万公斤，其中芦笋面积4760亩，总产149万公斤。

（王军霞）

【首届农业“金鼎杯”乒乓球比赛】 2003年9月27至29日，市农林局、运城日报社、市农民体协联合主办的“运城市首届农业金鼎杯乒乓球比赛”在裕华乒乓球场隆重举行，参赛的代表队由市直单位和各县（市、区）农业局代表队组成，共20个代表队，参赛队员有农业干部、农民、特邀运动员，共计69名，本次比赛盐湖区代表队获团体赛冠军，临猗代表队闫武学获农民单打冠军，裕华一队蔡元武获特邀单打冠军。

（李　辉）

【农业质量标准认证】 为充分提升全市农产品的市场竞争力，从2002年开始，全市启动了绿色食品与无公害生产基地认证工作。2003年，这两项工作成效显著，全市质量标准农业进入较快发展轨道：全市第一批（2002年）申报绿色食品的10家企业34个产品中，在2003年里取得绿色食品标志使用权的有6家企业16个产品；全市第二批（2003年）又有永济的粟海集团、忠民集团、鹳雀楼乳业、东风牧草、平陆的珊瑚红5家企业21个产品申报绿色食品，年底已通过环境检测程序和省级材料审查。同时，2002—2003年全市共申报省级无公害生产基地面积35万亩，已获认证19万亩。

（杨　莉）

【农产品营销组织建设】 2003年在市委、市政府的重视下，市农业局重点抓了农民经纪人这支农产品销售队伍建设，以尽快扭转农民增收困难的局面。目前全市已有5个县市成立了农民经纪人联合会，其中有永济市、临猗县、夏县、平陆县、新绛县。据不完全统计，全市现有各类农产品销售市场67个，营销组织2565个，年交易额在5万元以上的农民经纪人20984人。其中年交易额在10万元～15万元的有5577人，年交易额在15万元～20万元的有1799人，年交易额在20万元以上的有1467人。全市仅经纪人年交易农产品201万吨，年交易22.9亿元，年利润9756万元。

（吕全春）

【农业综合执法】 2003年，全市13个县（市、区）全部组建了农业综合执法大队，并有9个县（市）得到编委部门的批复。市级农业综合执法大队已取编制部门的批复，正在筹备成立。从3月1日起，全市统一规范使用省农业厅印制的农业综合执法文书。在逐步健全执法体系的基础上，市农业局以新《农业法》颁布实施为契机，进一步加大执法力度，积极推进农业行政执法工作，不断提高执法效率和水平：一是抓农业法律法规普及教育。3月份，在全市开展《农村土地承包法》、《农业法》宣传月活动，发放资料万余份，并在新闻媒体上开辟学习咨询专栏；9月份，对全市农业系统领导干部和300余名执法人员进行岗位培训，全面推行持证上岗制度；参与省厅《农业法律法规汇编》一书的编审校对工作，并保证全市农业执法人员人手一册法律工具书。二是实施“网上一站式行政审批”工作形式。经过市网上行政审批工作领导组的审核，确定市局网上行政审批内容有6项，即：种子生产、经营许可证，农药经营许可证。植物调运检疫证，植物产地检疫登记证，肥料经营备案，农药、肥料广告审查。三是严厉打击不法行为，净化农资市场。2003年，全年共办理各类农资案件264件，涉案人数207人；没收封存假冒伪劣农资2217件，385吨，标值51.8万元；处理违法违规生产企业18个，处理违法违规经营单位174个，是近年来整顿力度最大的。（王根玉）

【蔬菜生产及设施农业】 建设蔬菜基地，发展蔬菜产业是发展农村经济的重要途径。截止2003年底，全市常年菜田已发展到75.6万亩，其中日光温室15.76万亩，大中小棚32.9万亩，蔬菜总产量29.1亿公斤，总产值24.15亿元，蔬菜纯收入16.9亿元，农民人均蔬菜纯收入416元。其中设施蔬菜总产14.4亿公斤，产值达18.23亿元。经部、省认证的无公害蔬菜面积达27.7万亩，市、县分别为各自生产的无公害蔬菜在国家工商局注册了“运达”、“绛州绿”、“禹王”、“汤王山”、“蒲坂绿”5个商标，其中新绛县的“绛州绿”牌无公害蔬菜已销往北京、太原等地的大型超市。（畅成德）

【市农业局工会成立】 在市总工会和市农业局党组的指导帮助下，2003年8月8日，市农业局召开了“运城市农业局工会第一次会员代表大会”，选举产生了“运城市农业局工会第一届委员会”和“运城市农业局工会经费审查委员会”。工会委员会主席由王根玉同志担任，副主席由左振平、马永管同志担任，委员由王根玉、左振平、马永管、王世生、王海龙、任雪峰、李辉、张界军、郭平福同志组成。工会经费审查委员会主任由左振平同志担任，委员由左振平、王玲、臧延生同志组成。运城市农业局工会下设一个种子公司分会和4个小组，共有会员154名，选举产生会员代表50名。（李　辉）

林　业

【植树造林】 全市共承担着各项林业建设任务为94.4万亩，其中：国家重点工程60.3万亩（天然林保护工程9.8万亩，退耕还林工程40万亩。“三北”防护林四期工程2.5万亩，日元贷款植树造林工程8万亩），市里下达的任务为34.1万亩（干果经济林20万亩，平原绿化0.6万亩，育苗3.5万亩，义务植树1100万株，通道绿化750公里，农田林网建设10万亩）。全市林业建设任务之重，投资之大，时间之紧，工程要求之严，政策法规性之强，都是全市林业建设历史上从未有过的。由于“非典”疫情影响，加之降雨期较长，有效地造林时间有限。为此，我们加大科技兴林力度，紧紧抓住春秋两季植树造林的良机，加快工程进度，确保按期完成各项造林任务。全市共完成各项林业建设任务94.58万亩，占全年总任务的100%，其中：天然林保护工程完成9，8万亩，占任务的100%；退耕还林工程完成40万亩，占任务的100%；三北防护林四期工程完成4，5万亩，占任务的180%；日元贷款植树造林工程完成4万亩，占任务的50%；干果经济林完成20万亩，占任务的100%；育苗完成6万亩，占任务的171%；全民义务植树完成1100万株，占任务的100%；通道绿化完成1040公里，占任务的138%；新建农田林网10万亩，占任务的100%。（胡国刚）

【完成各项造林任务】 2003年，市委、市政府高度重视和支持林业建设工作，把植树造林作为改善生态状况，调整农村产业结构，促进地方经济可持续发展和全面建设小康社会的大事来抓，列入到事关全局和长远发展的“七大战略工程”之中。并把每年的正月初八确定为本市的“植树节”。市人大常委会和市政协领导也对林业工作给予了极大的关怀和支持，专门召开会议，听取审议了林业工程建设实施情况，正月初八上班第一天，市委书记黄有泉就带领市四套班子领导到市“2211”重点工程之一盐湖防风林带参加义务植树劳动，拉开了全市春季植树造林的序幕。

为了确保各项林业建设工程的顺利实施。在工程的每个阶段都及时地召开了会议，以便加强工作指导。交流工作经验，树立典型示范，加快工程进度，正月二十，在夏县召开了各县（市、区）县（市、区）长、分管农业副书记、副县（市、区）长参加的春季植树造林动员大会，安德天副市长对全市春季植树造林工作进行了总动员。3月30日，省委、省政府在本市召开了全省春季植树造林动员暨林业重点工程会议，省委常委、常务副省长范堆相亲临会议并作了重要讲话，8月5日，在闻喜县召开了全市退耕还林再动员会议。9月8日，全省天保工程暨国有林场工作会议在本市召开，11月13日，又在芮城县召开了全市退耕还林管护现场会议，推广了芮城县率先在全省创立的以大户承包区域治理的管护模式。

在组织机制上，成立了以市政府主要领导为组长的各项重点工程领导组及下设办公室，并层层签订责任状，稷山、闻喜、新绛、夏县等县委、县政府还把完成林业重点工程任务作为年终考核干部的主要指标，在政策机制上，积极探索出台优惠政策，鼓励和扶持民营林业大户参与林业建设工程中。在管理机制上，严格落实“一签两证”制度，在坚持生态效益的前提下，在科学规划的基础上。优化造林模式，积极培育后续产业，大力推广混交林种植，创立了多种林草、林药、林果配置模式。在平川区域，以杨树、国槐为主，实行乔灌混交，在山区丘陵地，形成了以侧柏盖顶、刺槐占坡、国槐缠腰、金银花垫底、杨柳填沟、兼用树种点缀、乡土树种补充，实行多树种、多林种、多种栽植模式。目前，在全市涌现出了像鑫源集团、条山林业公司，任家文、张和平等一大批民营林业公司和造林大户。全市现有承包1000亩以上荒山荒坡的有80户,5000亩以上的有11户,10000亩以上的有6户。同时,全面落实“谁造林、谁所有、谁经营、谁受益”的政策,逐步形成了以六大工程为载体,全社会广泛参与林业建设的新格局,做到了造林工程与小流域治理、农业综合开发、扶贫解困等工程相结合,有效地加快了民营林业快速发展的步伐,使民营林业占到全市林业建设任务的80%以上,成为了全市林业建设的主力军。科技含量,为实施林业重点工程提供了强有力的科技支撑。并始终将高新技术贯穿于整个造林过程中,大力推广利用营养杯、根宝、保水剂等高新技术,变春秋两季造林为全年四季造林,从而进一步提高了植树造林的成活率和保存率。(胡国刚)

【构筑全市“小康林业”发展新格局】 党的十六大明确提出把“可持续发展能力不断增强,生态环境得到改善,资源利用效率显著提高,促进人与自然的和谐,推动整个社会走上生产发展、生活富裕、生态良好的文明发展道路”作为全面建设小康社会的四大目标之一,对生态建设提出了更高的要求,而实施“小康林业”是全面建设小康社会的重要组成部分。尤其是随着生产关系发生变化,农村实行联产承包责任制后。如何探讨新时期林业建设的新格局,进一步提高全社会的生态意识,确保“国家得绿,农民得利”,早日实现“小康林业”,是当前林业生态建设面临的新课题。为此,市局过深入调查,科学论证,多方征求意见,规划出台了全市林业建设“五三”格局(“三山”、“三河”、“三果”、“三路”、“三渠”)。为了进一步落实党的十六大提出的全面建设小康社会的总目标,我们又在“五三”格局的基础上,规划出了以“45833”为主要内容的全市小康林业总目标(即经过实施“十·五”、“十一·五”、“十二·五”三个林业建设五年规划,“4”是到2020年我市森林覆盖率由现在的15.1%提高到40%以上;“5”是林木覆盖率提高到50%以上;“8”是民营林业占整个林业建设比重的80%以上,成为全市林业建设的主体和骨干;第一个“3”是林业总产值占农业总产值的比重提高到30%以上;第二个“3”是林业为农民增加纯收入占农民人均收入的比重提高到30%以上,达到人均1200元以上),起草了《建设“小康林业”实施意见》,现已上报市政府研究同意后出台。

(胡国刚)

【区域经济发展成效明显】 2003年,在完成国家、省、市下达的各项造林任务同时,根据全市区域经济发展特点。围绕增加农民收入这个目标,以发展为第一要务,以花椒、红枣、柿子为主,大力发展干果经济林建设,使之成为继苹果之后又一增加农民收入的富民工程。目前,全市已逐步形成了以芮城、平陆为主的花椒基地,以稷山、临猗为主的红枣基地,以万荣、永济为主的柿子基地,以盐湖、永济为主的香椿基地,以黄河、汾河、涑水河流域为主的速生杨丰产林基地,使区域经济成为增加农民收入一个新的经济增长点,走出了一条具有运城特色的林业发展道路。(胡国刚)

【林业严打整治斗争】 随着林业生产的发展和天然林保护工程的全面实施,一些不法分子偷砍滥伐林木、乱开滥占林地等破坏森林资源也日趋猖獗。为此,市局一方面依法严厉打击偷砍、滥伐等非法占用毁坏林地的犯罪行为,另一方面通过新闻媒体,向全社会广泛宣传森林资源保护政策,使广大人民群众进一步受到教育。10月份,他们联合公安部门,重拳打击了非法烧治木炭的非法行为,开展了“绿剑行动”共捣毁木炭窑82座,缴获成品木炭164吨,有力地打击了犯罪分子的嚣张气焰,受到了省林业厅的表彰。一年来,全市共查处林业行政案件122起,没收非法所得47.91万元,收缴各种木材198立方米,及时有效的打击和遏制了偷砍、滥伐等犯罪行为。(胡国刚)

【护林防火工作】 森林防火是林业管护工作的头等大事,今年雨水较多,荒草茂盛,防火形式十分严峻。为此,市局以深入贯彻《森林防火条例》为契机,继续加强森林防火领导责任制,及时调整了市森林防火指挥部组成人员。严格火源管理,积极消除火灾隐患,加大防火宣传力度,强化全民防火意识,时刻警钟长鸣。狠抓24小时防火值班制度,购置充足灭火器材,从而保证了连续3年未发生一起火灾。(胡国刚)

【森林病虫害防治工作】 2003年,由于雨量较大且降雨期较长,全市森林病虫害呈明显上升趋势,顽固性病虫害居高不下,暴发性病虫害危害严重。为此,市林业局克服任务重、时间紧、经费缺等诸多困难,进一步贯彻执行《森林病虫害防治条例》坚持严格检疫,群防群治,使危险性和暴发性病虫害得到了有效遏制,常规性病虫害得到了有效防治,共挽回经济损失达590万元。

(胡国刚)

【野生动物保护】 2003年,全市进一步深入贯彻《野生动物保护法》,统一安排部署,联合公安、工商等部门在全市开展了一场以重点打击非法猎捕、繁育、贩卖野生动物的“春蕾行动”。4月20日,一举查处了贩运国家二级野生保护动物猫头鹰案件,当场缴获猫头鹰20余只,刑事拘留3人,有力地打击了犯罪分子的嚣张气焰。同时,积极做好申报国家级湿地自然保护区的前期准备工作。年底,申报方案已通过了国家林业局初审,正在接受国家评审组的审议。(胡国刚)

【育苗产业化经营】 数量充足,质量优良,品种对路的种苗,是确保全面完成各项林业建设工程的先行条件。2003年,全市进一步贯彻“种苗要先行”的要求,共育苗6万亩。年底,国有苗圃为主的常规绿化种苗基地已在全市逐步形成。此外,还积极引导和培育以群众性为主的社会化育苗,以大工程大产业,以增加农民收入为目的,使全市各项林业重点工程用苗基本实现了自调。

(胡国刚)

【规范种苗管理工作】 为了避免和减少劣质苗木在造林绿化工程中造成的损失。根据《种子法》的规定,市林业局局建立健全了种苗质量监督制度,切实做到有种必检,不检不调,不检不存,不检不种,层层把好质检关,严格执行“一签两证”制度,坚决杜绝假苗、劣苗流入

造林工程中，为全市林业建设重点工程的圆满完成提供了强有力的苗木保证。（胡国刚）

【林业行风建设和队伍建设】2003年，全系统把学习“三个代表”重要思想作为全年各项工作的重中之重常抓不懈，始终坚持每周二学习制度。采取自学与集中学习两种形式，组织全局干部职工认真系统地学习邓小平理论和“三个代表”重要思想，学习有关林业建设的一系列法律、法规和政策，为搞好林业建设提供了强有力的组织保证，进一步提高了广大林业干部职工建设“小康林业”和驾驭复杂局面的能力，国家、省、市有关部门组织的各种培训学习。

为了有效规范林业系统干部职工廉洁自律行为，市局经过八次讨论研究，建立健全29项各种规章制度，多次召开全体人员大会，认真学习党和国家有关廉政建设和反腐败工作精神。严肃财经纪律，规范执行“收支两条线”管理制度。此外，严格要求各位党组成员，使党组这个整体树立了良好的形象。并多次在各县（市、区）林业局局长和各科（室、站）长会议上强调“慎用钱”的问题，对进一步规范全市林业建设工程和管理起到了良好的作用。与此同时，一站式网上行政审批窗口已建立健全，按照“廉洁、勤政、务实、高效”的要求，以建立“行为规范、运转协调、公正透明、廉洁高效、朝气蓬勃、奋发有为”的机关为目标，明确提出了“多设路标，少设路卡，全方位提高林业行政执法服务”。按照市政府与省林业厅的统一部署，市局及时成立了以局长阎有善为组长的行风评议领导组及办公室，并抽调专人，多方征求意见，出台实施方案，组织全体人员认真系统地学习有关行风评议的一系列文件，紧紧围绕发展这个执政兴国的第一要务，采取“自己找、代表查、大家帮”的办法，严格执行国家林业局“六不准”规定，进一步转变职能，改进工作作风，积极创建“文明窗口”活动，以行风建设取得实效来促进各项工作的顺利开展。

水　务

【概况】2003年，全市水务工作全面实施了“12457”工程，七大体系建设进展顺利，水务现代化初见成效。全市共完成实灌面积400万亩，改善灌溉面积50.2万亩，发展节水面积5.7万亩，治理水土流失面积45.2万亩，实现管护131.1万亩，解决饮水困难人口11.49万人，年产成鱼1.55万吨，实现产值7750万元，水利发电210万度。各项任务指标均完成或超额完成。（鲁秋庚）

【防洪减灾】2003年，全市降雨偏多，平均降雨量为803.9mm，为历年之最，比2002年多了一倍多，比历史最多年1983年全年降雨量还多180mm。进入汛期后，由于持续降雨，永济市黄河舜帝坝、黄河芮城东垆段裁弯工程堤防、姚暹渠张郭店上游左河堤相继发生坍塌，市区北郊技工学校雨水倒灌，由于汛前准备充分，措施得力，基本没有造成损失。特别是盐池保卫战，仅用3天时间，挖泥4万方，架起了一座钢筋混凝土管涵便民桥，挖出一条口宽10米，底宽5米，长3600米的排洪渠，缓解了北门滩的防洪紧张局面，保证了南风工业生产的正常发展。（鲁秋庚）

【饮水解困工程】2003年，全市坚持“一手抓建设，一手抓管理”的方针，两手抓，两手硬，工程建设和管理均取得了显著成效。于11月10日，高标准、高质量地完成了省下达的任务。全市共完成投资6411万元，建成饮水工程412处，解决了506个自然村、20.96万人的饮水问题。同时，全市坚持以体制改革为动力，以制度化管理为保障，以建立供水市场为载体，以高科技管理为手段，以工程良性运行为目的，针对不同类型，采取了公司化经营、法人化经营、市场化经营、自主经营和民主化经营5种形式，确保了工程管理到位、运行高效和永续利用。10月23日，全省饮水解困工程管理工作现场会在本市召开，省委常委、常务副省长范堆相及水利部、省水利厅等领导同志对本市农村饮水工程建设和管理经验给予了高度评价。（鲁秋庚）

【水保治理】2003年，水保治理工作按照“三个原则、四个结合”的方针，以治理水土流失，改善生态环境为目标，以重点项目为依托，因地制宜，狠抓了农发项目、淤地坝前期工作、封育治理及监督执法4个重点，取得了明显成效。全市共完成水土流失治理面积45.02万亩，其中国家重点14万亩，梯田2.39万亩，坝滩地0.15万亩，造林22.94万亩，种草2.31万亩，封山育林12.32万亩。实施生态修复面积0.86万亩，落实管护面积131.01万亩。开展精品示范小流域治理50条，新建治沟骨干工程4座，淤地坝12座，小型蓄水工程135座。（鲁秋庚）

【水利工程管理】2003年，根据国务院、省有关文件精神，本市着手进行了水管单位分类定性工作，起草了《运城市水管单位改革实施方案》，选好了试点，报市政府审批。平陆县红旗灌区积极拓宽供水市场，开发新项目，夹马口灌区水费计收一票到户的办法趋于成熟，得到了水利部、国家发改委的肯定。同时，狠抓了四大灌区的信息化建设，初见成效。（鲁秋庚）

【城市水务】2003年，针对雨水较多的不利形势，“非典”期间，用65天时间完成了城区内人民中路、人民北路、红旗西街、市府街、陵园路、禹都大道等街道地下排水道阻水段的彻底清淤和瓶颈改造工程，打通了6处“肠梗阻”，使城区防洪和排水条件得到了明显改善。在雨水创历史之最的情况下，运城市区长期以来首次出现降大雨无大面积积水，解决了多年一直解决不了的雨天行路难问题。（鲁秋庚）

【水利工程管理】汾河治理投资210.8万元，完成了11处阻水泵站的拆除改造，加固防洪涵闸2座，清除河道垃圾废渣及阻水桥梁卡口4处，工程量达17.8万方；涑水河治理清淤清障60公里，整治河堤6.2公里，完成投资75万元，投工2.6万个，完成土石方6.3万方，查处水事违法案件60余起，征收河道维管费

145万元。

2003年,在病险水库改造中,主要实施了上马、苦池两座病险水库改造。截至12月底,苦池水库完成土方回填39.23万方,泄洪闸建设完成砼480方;上马水库完成土石方7.5万立方米,混凝土0.23万立方米,两座水库除险加固改造如期竣工。达到了一个"新"坝、一条"新"路、一座"新"管理站、一个"新"闸的"四新"目标。 (鲁秋庚)

【水产养殖】 2003年,完成了全市渔业水域滩涂现状调查及规划,对濒危水生野生动物进行了执法检查,面对水产品市场价格持续走低,效益急剧下滑等不利形势,积极调整养殖结构,继续进行南美白对虾的养殖试验,为下一步大面积推广养虾技术打下了基础。(鲁秋庚)

【城市供水】 2003年,城市供水以提高社会效益和经济效益为中心,以保证供水为目标,以支管网改造为重点,通过开展思想政治工作和劳动竞赛,增强了企业的凝聚力,改进了工作作风,完成或超额完成了年初制定的目标。全年共完成供水量610.6万方,营业收入686.2万元,上缴税金43.2万元,出厂水合格率达99.6%,支管网改造累计完成总长度达120公里,其中新铺设管道18公里,累计砌筑集中表井1618个,校核表井168个,安装消火栓33个,完成总投资1800余万元,完成"一户一表、水表出户",改造9431户,受益人口达17.4万人,水厂自动化控制进入调试阶段。使市区长期以采供水不正常的状况有了根本改善,员工个人收入增加,各项费用降低,财务经营比上年减亏31万元,经济运行继续保持健康、平稳的良好发展势头。 (鲁秋庚)

【支管网改造】 2003年,对全市居民巷道支管网进行了大规模"地毯式"改造,完成"一户一表,水表出户"改造9431户,占总用水户数的80%以上,除少数楼房和不具备条件的用户未改造外,其它计划区域全部改造完毕。经过管网改造,减少了漏失、提高了水压,平均压力由去年的0.05兆帕猛增到现在0.2兆帕,市区管网末梢的压力平均比去年提高了4倍。过去长期没水吃或供水不正常的片区,水已经能压上了三楼,过去因管网老化、管道锈蚀、污水入浸等造成的水质二次污染问题得到了彻底解决。据省水质监测网和市卫生防疫站监测报告显示,水质综合合格率已经达到100%。同时,为实现24小时不间断供水打好了基础,也为下一步关闭自备水源井提供了有力保障。

(鲁秋庚)

【抗击"非典"】 2003年4月至6月,为战胜"非典",满足市民抗击"非典"用水的需求,水厂坚持"五道"防线防"非典",无论水质、供水量都超过以往任何时期,为广大市民抗击"非典"用水筑起了一道钢铁保障线。 (鲁秋庚)

【营业管理】 2003年,营业系统加强用户动态管理,完善规章制度,拓宽服务范围,大大加快营业管理向科学化、正规化、规范化发展的步伐。新组建了计量所和稽查大队。根据按需设岗,按岗定员,干部换岗交流,员工双向选择的原则,对营业系统8个单位的干部和员工进行了交流。实现了抄收分离、微机开票和预缴水费零的突破。规范了用水秩序,共查处偷水黑户21户,追缴水费4.28万元。澄清了用户底子,大大减少了水费流失,营业收入明显回升,12月份水费收入达62.8万元,首次突破月收入60万元的大关,水费回收率比年初提高了7.7个百分点。2003年供水量虽然比上年减少47万吨,水费收入仍达到686.2万元。 (鲁秋庚)

果　业

【抓培训,提高果农素质】 根据年初计划,市农业局科技人员在全市范围内,根据果树生长不同管理时期的需求,实行地毯式培训。2003年全市共培训果农94.3万余人(次),培训场次达到500余场,使果农普遍掌握了生产优质果的十项关键技术和十八道工序,加快了全市果业由数量型向质量型的转变步伐。

平陆县站在应对入世挑战和关注果农增收的高度,立足本县区位和资源优势,以调整树种结构、质量结构、成熟期结构为切入点,积极稳妥地推进示范园建设工作。3月中旬,市果业局组织召开了运城市水果示范园建设平陆现场会。这既是全市示范园建设的促进会,又是科技培训会,收到了良好的效果。

4月份,市果业局开通了两部专家咨询热线电话,对果农生产管理中出现的问题逐一解答,盐湖区为引导果农发展无公害果品生产,制定出了苹果、梨、桃和葡萄四种水果无公害生产操作技术规程,突出果实套袋技术推广工作。芮城县在陌南、东垆、南卫、古魏等10个乡镇举办培训20多场次,受培训果农达到2万人次,使果农普遍认识到种植高酸苹果是一项富民富县的长久工程。

永济市采取定点与机动相结合,开展形式多样的培训活动,在蒲州新安庄余红的日光温室,不间断地进行技术指导,帮助解决生产中的实际困难,使日光温室生产取得高产高效。还利用《永济报》刊登"果树夏季管理意见"、"苹果锈病的发生与防治"、"果树病虫害发生情况预测及防治技术"、"果树缺素症的表现与防治"等科普文章,指导果农进行科学管理。

2003年,通过开展各种形式的科技培训活动,有效地促进了全市果农管理水平的提高和新技术的大面积普及推广。据统计,全市今年有58万亩果树进行了人工授粉,果实套袋80亿个,其中纸袋超过8亿个,麦草覆盖或生草15万亩,为全市生产优质水果奠定了一个良好的基础。 (杨建斌)

【抓调产,优化果业结构】 果业产业结构调整,一直是全市果业工作的重点。芮城县在优化果业结构中重点发展在国内市场有较强竞争力的嘎啦、华冠、红将军等优良品种,充分利用沿河地带的光热资源优势,适当发展桃、李、杏、葡萄、樱桃等名特优小杂果,同时开发韩国梨、高酸苹果的种植,已建成韩国梨基地5000亩,高酸苹果基地27000亩。闻喜县组织专业队高接换优,对神柏、东镇等乡镇果园中的劣质品种进行大清除，共高接富士、嘎拉、GS58等优良品种1万余株。夏县高接换头1万余亩，并根据夏县的区位自然特点，提出了稳定苹果面积、大力发展小水果、重点突出保护地栽培的产业结构调整思路。新绛县积极引进优质油桃品种中油5号20万株，黄金梨8万株，新高梨2万株，还有新世纪、早美酥等8个优质品种。垣曲县立足县情，瞄准市场，大力发展梅杏、桃、杏、李、石榴、樱桃、山楂、红枣等小杂果1.7万亩，全年可产梅杏30万斤，全部被山里红公司保护价收购。全县桑园2万亩，1.5万户春蚕养殖户，仅春茧收入就达到120万元。临猗县今年引进的2个年产3万吨果汁生产线将会有力地推进当地果业产业结构的调整。（杨建斌）

【抓示范，提高管理水平】 示范园建设是全市果业工作的重心。3月中旬，市局在平陆召开的运城市果业生产示范园建设现场会，对全市的示范园建设起到了引导带动和促进作用。河津市在示范园建设中，积极宣传引导果农实施无公害标准化生产，即合理施用农药、化肥，重点突出疏花疏果、人工授粉、套袋、配方施肥和病虫害综合防治等实用新技术的推广应用，为生产优质无公害化的果实奠定了基础。

绛县在果园集中和药材面积大的村镇，选择8至10户科技意识强的农户，帮助指导他们兴建高科技示范园，采取典型引路的方法，随时组织周边果农、药农到示范园参观学习，让园主现场讲解示范园的经济效益，极大调动了果农、药农兴建示范园的积极性。

芮城县为了使示范园建设不受非典影响，变实地培训为电视培训、报纸培训和广播培训，并在《芮城报》开辟果业专栏，及时解答果农提出的各种疑难问题，极大地促进了疏花疏果、果实套袋等新技术工艺的推广应用，2003年全县苹果套袋达10亿个之多。

稷山县层层建立服务网络，通过县、乡、村三级网络的有效工作，使红提葡萄这一产业向高产优质高效方向稳步发展，促进了果农技术素质的明显提高。21名技术人员在重点村搞的185亩示范园，为当地群众参观学习提供了场所，作出了样板，有效地提高了果农的管理水平。

临猗县为了提升果园管理水平，在全县确定了200个无公害苹果示范园，实施无公害果品生产面积30万亩。他们还通过示范园，在全县推广了主干形和高光效型两种树形，改造面积分别达到5万亩和1万亩，全县苹果套袋近30亿个。

万荣县由果业局牵头，万荣华荣果业公司与农民组成万荣华荣商社，将整形修剪、肥水管理、花果管理、病虫害防治等优质苹果生产环节中的十大技术和十八道工序，编制成技术规程，印发到户，指导果农实行标准化生产。

为了提高果品质量，市果业局通过示范园采用对比的方法，在全市推广施用有机肥，从根本上改变果实的内在品质，突出无公害绿色果品生产，改进和借鉴国际果树管理的前沿技术，推广苹果标准化生产技术，创建无公害低残留放心果出口基地，打造运城绿色果品的品牌。（杨建斌）

【抓销售，拓宽果品市场】 建设果品绿色通道。为果品外销创造一个宽松优良的环境。首先建立和健全果业产业化领导组，实行24小时值班制，及时解决处理营销中出现的各种问题。其次果业局协同有关部门，在全市范围内实行四个保证：即对所有果车绝不盘查罚款，保证一路畅通；所有果品绝不掺杂使假，保证质优量足；所有果农绝不仗地欺客，保证公平交易；所有果区绝不冷落刁难，保证服务周到。市局通过各个交通要道口张贴果品销售的10不承诺书，向运果车辆颁发通行证。通行证就是运销果品的“绿卡”，由果业局统一印制，各县（市、区）果业部门颁发，各部门一定要确保“绿卡”的权威性，做到令行禁止，违犯必纠。这种“绿卡”既是客商的护身符，又是宣传单，能招引更多的客商来运购果。另外，市委、市政府还通过各种媒体向外承诺，保证运城市所有外出从事果品营销的人员身体健康，同时保证所有来运从事果品营销的客商健康平安，不被“非典”感染。

现代通信网络是最现代化的工具。2003年上半年，通过现代通信网络，建立起一条集信息存储、交换、传送、处理和利用为一体的果业信息系统，与全国各大市场联网，开展电子商务，开辟网上交易平台，同时鼓励果农和果品经纪人上网营销。新绛县在水果网上营销方面给全市作出了表率。

狠抓品牌宣传。有品牌才会有市场，品牌就是价值，品牌就是效益。全市以“运红”牌作为运城果品的驰名品牌，依托丰富的果文化市场，利用各种新闻媒体，把“运红”果逐步推向市场。目前，“红运”品牌已逐步被广大消费者所接受，市场前景十分看好。同时，万荣的“哈哈果”、盐湖区的“关公牌”苹果也逐渐获得市场的认可，正积极参与国际市场的竞争。特别值得一提的是，由万荣果业局牵头组建的万荣华荣果业公司，目前已具备了果品出口权，所有的出口手续已全部办完，从现在开始可以独立出口，这将对全市优质果品的出口起到很好的推进作用。（杨建斌）

【抓无公害果品生产，增强果品市场竞争力】 无公害果品生产是今后果业生产的必然趋势。2003年全市针对农产品绿色化要求结合果品优质特色化，引进、开发借鉴国际果树生产的前沿技术，研究、制定并推广绿色苹果标准化生产技术。2003年全市共建立无公害果品示范园50个，辐射带动周边地区40万亩，无公害果园认证面积达到了35万亩。进一步增强了全市果品的市场竞争力，确保全市果品健康、稳定、持续发展。（杨建斌）

畜牧业

【概述】 2003年，畜牧部门按照“三个代表”的要求，进一步促进畜牧业结构战略性调整，加快畜牧产业化进程，加大畜产品质量安全保障力度，加强和完善动物防疫体系建设，强化依法治牧和科技治牧力度为工作重点，克服了前半年“非典”疫情和后半年多雨涝灾对畜牧业生产的严重影响,保持了协调、持续、稳步发展的良好态势。全市牛、羊、猪、鸡存栏分别达到30.68万头、70.32万只、63.8万头和1367.25万只,同比分别增长2.3%、11.7%、10.1%和2.9%;出栏分别达到6.4万头、33.86万只、70.82万头和992.5万只,分别增长3.4%、28.1%、12.2%和6.3%。全市肉、蛋、奶总产量分别达到8.1万吨、7.54万吨和1.8万吨,同比增长10.4%、14.2%和70%,其中奶类增幅位于全省第一,禽蛋位于全省第二,肉类位于全省第四。实现畜牧业总收入10.6亿元,农民人均收入达到300.5元,同比增长17.95%,是历年增幅最大的年份之一。

2003年全市畜牧业生产,首先呈现三个特点:①增长期波动较大。由于非典影响,一季度生产发展平稳,二季度降到最低点,三季度开始反弹,四季度达到高峰。②特色产业发展较快,晋南牛、优质肉鸡、快大型肉鸡、梅花鹿、白鹅平均增幅达4.5%以上。③牧草产业成为畜牧经济增长的新亮点。目前牧草产业已初步形成了种、加、销一体化经营格局。其次是推广了种草养畜配套技术、舍饲牛羊技术、草产品加工技术、秸秆青贮、氨化技术、畜禽疫病程序化免疫技术和畜产品生产安全配套技术等。第三是组织科技人员下乡入户进行服务。第四是举办农民培训班。全年举办培训班65期,受培训达15000人次,从而提高了科技对畜牧业增值的贡献率。

(郭红生)

【依法行政,确保畜产品安全和畜牧业健康发展】 2003年,全市共使用兽用生物制品8242.9万头(只、次)份,使大牲畜、猪、鸡死亡率分别降了0.3、0.5和1.9个百分点,挽回经济损失1200余元。在检疫方面,全年共检疫畜禽404万头(只),检出有病畜禽0.87万头(只)、病害畜禽产品4.2吨;消毒运载工具6258辆(次)。同时对全市兽药、饲料生产企业及市场进行摸底和检查,共查出假冒伪劣兽药2500余袋(盒),饲料0.8吨,全部给予销毁。在种畜禽场管理方面,全市共验收种畜禽场78个,发放种畜禽合格证72个,对验收不合格者进行了限期整改或取缔。

(郭红生)

【服务体系建设成效显著】 2003年,畜牧部门经过大量工作,征得各级领导同意,经各级编办正式行文,彻底解决了乡镇基层站人员编制和经费问题,并于6月16日在夏县召开了全市基层畜牧兽医中心站建设现场会,探讨了建站的经验和方法,极大地促进了基层中心站的建设速度。年底,全市13个县年新增人工种草面积6.54万亩,同比增长7.4%,加工牧草4000余吨。

(郭红生)

【科学规划,不断加大结构调整力度】 2003年,畜牧部门狠抓了畜牧业生产布局、畜禽种类、畜禽品种和生产结构的调整。年初,下发了畜牧业结构调整方案和“十五”畜牧经济翻番的规划,宣传了结构调整中涌现的典型,大力扶持结构调整项目,促使畜牧业结构由适应性调整向战略性调整过度。生猪和禽蛋生产实现了稳定增长,牛、羊和兔等草食畜牧业特别是养羊业发展势头迅猛,畜牧业生产布局、结构进一步优化。一是畜牧园区建设步伐加快,2003年全市共建园区30个;二是畜禽良种普及率进一步提高,2003年全市畜禽良种覆盖率平均达到81%以上;三是奶业生产突出,奶牛由年初存栏4493头增加到5873头,增长30.7%,产奶量达1.805万吨,比去年同期增长70%。 (郭红生)

【实施科技兴牧战略,提高畜牧业科技水平】 2003年,畜牧部门开展了以“丰收计划”为主的畜牧业高产、优质、高效技术推广和普及,加大了畜牧科研、新技术推广应用和农民培训力度。首先,年初承担了省科委“三黄鸡‘北繁南养’产业化技术推广”和“晋南牛保种与开发”项目,并圆满完成了省科技厅“提高母牛繁殖成活率技术研究”科研攻关课题和“高产奶牛配套饲养管理技术推广”农村技术承包项目,分别获“山西省科技进步二等奖”和“山西省农村技术承包二等奖”。县(市、区)的乡镇基层定编定员工作已全部落实到位,建立了83个乡镇中心站,定编定员282人。 (郭红生)

【各项工作取得满意效果】 2003年,畜牧部门在去年突如其来的“非典”灾难中,积极执行市委、市政府的决定,先后出台了规章制度,并为市防治“非典”指挥部起草了《关于加强大类宠物管理的通告》,为帮扶点和扶贫点送去消毒药和宣传画,体现了党和政府的温暖。9月份,圆满接受了市人大对畜牧业的视察工作,通过现场考察和听取汇报,市人大对本市畜牧工作所取得的成绩给予了充分肯定。10月份,组织畜牧系统参与并成功举办了运城市第三届农业新产品、新技术展示展销会,并把这次农展会畜牧展区办得比已往两届形式更新、规模更大、品种更全、展品更精,获得了第三届农展会优秀展区奖。并成功举办了运城市首届晋南牛大赛,共计参赛晋南牛118头,评选出一等奖二头,二等奖二头,三等奖12头。 (郭红生)

农业机械

【概况】 2003年,全市农机管理工作面对严峻的“非典”疫情和百年不遇的雨涝灾害,全力以赴狠抓各项目标责任的落实。全市农机总动力达到342万千瓦,农用运输车达到14.56万辆,拖拉机保有量达到3.8万台,拥有各类配套农机具6.8万台件,联合收割机2450台。完成机耕363千公顷,机播359千公顷,机收268千公顷,机械化铺膜129千公顷,机械深施化肥393千公顷,机械化秸秆还田247千公顷。实施机械化旱作节水工程48万亩,机械化保护性耕作28万亩,机械化两茬平作20万亩。大运经济带机械化优势农业生产工程3个,建设农机科技示范点12个,实现农机科技创新4项。局长麻石娃被省委、省政府授予了“抗非”二等功臣荣誉称号。

(张红卫　梁玉刚)

【农机技术推广】 2003年,全市农机推广工作成效显著。在秋收方面进行技术攻关,对现有的小麦联合收割机进行改造,实现了收小麦、玉米一机两用。在实施保护性耕作技术方面,宣传推广应用复式作业机具,降低了作业费用15元左右,增效节支明显。在产业结构调整方面,新绛县紧紧围绕蔬菜主导产业，在无公害蔬菜上做文章，引进推广二氧化碳增肥机、臭氧发生器等新机具，使每个大棚增收节支3000元左右。垣曲县在小杂粮生产上，通过机具改革，打造8个品种，仅去年就销售2700多斤，今年可望销售5000斤。平陆县在小杂粮项目工程上，生产的豆奶在平陆供不应求。闻喜县把农机生态基地建设与改善生态环境有机结合，恢复湿地近20亩。在推广棉田耕作方面，推广棉花秸秆拔秆机具，进行棉花采摘技术攻关，减轻了劳动强度，增加了劳动效率。（张红卫　梁玉刚）

【抗击非典，确保三夏】 2003年夏收正处于“非典”防治的关键时期，为把机收工作做扎实，全市成立了“三夏”工作领导组，市政府下发了通告，市电视台“田野风”专栏制作了20分钟的专题节目。在平陆、芮城、闻喜、新绛设立了外援机车接待服务站，配合防疫部门对参加的机车实行“五个一”，即每车一瓶消毒液，进行每天两次消毒，每车一支体温计，随时检测体温，每名操作人员一个口罩，一张健康卡，一张体温登记表。每天在当地卫生部门进行检测登记。全市共出动联合收割机2600多台（其中新增机车500多台），完成机收面积370多万亩。还先后组织835台机车参加了全国机收大会战。（张红卫　梁玉刚）

【抗雨涝灾害，保秋收秋种】 2003年全市降雨偏多，时间长，严重的涝灾致使秋收普遍推迟。为保秋收秋种，及时组织了各县市机车调配，开展秋季跨区作业，对参加跨区作业机具发放作业证，凭作业证在转移过程中免收过桥过路费。同时组织干部和科技骨干深入田间地头进行科技指导，送技术和配件到一线，维修服务到地头，确保了秋收、秋播作业顺利进行。（张红卫　梁玉刚）

【农机维修网点建设】 一方面与工商局联合下发了《关于进一步整顿农机销售和维修网点的通知》，办理农机修理培训收费许可证，使农机维修人员培训纳入正常轨道；另一方面，坚持抓典型，以河津市和万荣县两个典型，推动全市农机维修网点建设的规范化。目前，全市有农机维修企业1132个，从业人员达到1867人。（张红卫　梁玉刚）

【农机鉴定与监督】 2003年初，召开了各县（市、区）局长、站长专门会议，安排部署了年度市场监督工作。全市共确定40名执法人员，建档立册，统一管理，以市政府名义出台了市政府20号文件，对全市的农机销售网点进行了全面整顿。共办理资质许可证230个。与此同时，“非典”过后，组织人员对农业生产企业的农机经销户展开了“拉网式”大检查，切实清除了“死角”和“盲区”。全市共检查农机经销企业160余户，查处假冒伪劣产品100余件，查处无《推广许可证》的农副加工机68台，并给20多个生产厂家下发了《催办通知书》。处理投诉案件10多起，规范了农机销售市场，保障了广大农机手的利益。（张红卫　梁玉刚）

【农机监理】 2003年，市农机监理站牢固树立为三农服务的宗旨，不断创新发展环境，紧紧围绕年初确定的工作重点，整顿“黑车非驾”，确保安全生产，促进农业调产，帮助农民致富，基本实现了五抓五新的工作目标，即抓龙头，农机安全生产上新水平；抓建设，四化（法制化、规范化、专业化、科学化）上新台阶；抓服务，重塑农机监理培训新形象；抓培训，农机驾驶人员素质有新提高；抓落实，各项指标实现新突破。

全市路查路检15万台次，占到全市在册机车保有量322%以上。全市共创建安全乡12个，安全村23个；联组建设已达到1640个。

万荣“5.23”事故发生后，引起市局高度重视，促成以市政府名义出台了“道路交通安全整顿”文件，大力开展了百日安全大整治活动。全市共印发各类宣传资料237780份，张贴标语6778份，出动宣传车420台次，办宣传专栏760块，以政府名义行文20份，受教育人数达479885人次，截止11月底，全市已检验机车26141台，审验驾驶员14722名，新挂牌报户9019台，新考证驾驶员5051名。（张红卫　梁玉刚）

【农机培训】 全市完成新训各类农机驾驶人员5051名，复训14722名；培训各类农机具操作手及各种实用技术人员11000名；对全市110名教师进行了培训，核发、换发了新的上岗证；在全市范围内组织了教师赛讲，并派员参加了省总站组织赛奖活动，有两人分别荣获三等奖。

（张红卫　梁玉刚）

（责任编辑：景惠西　赵新慧）

工 业 商 贸

经贸工作

【概况】 2003年，全市规模以上工业企业累计完成现价工业总产值334.4亿元，同比增长37.51%；工业增加值完成117.6亿元，同比增长21.66%；销售收入完成322亿元，同比增长39.6%；实现利税52.9%，同比增长98.77%；实现利润30.8亿元，同比增长163.6%；亏损企业亏损额1.3亿元，同比下降38.86%；社会消费品零售总额80.6亿元，同比增长15，1%。全市工业经济呈现出速度与结构、质量与效益协调发展的好势头。主要经济指标均大幅度超额完成年计划，并远远高于全国、全省平均水平。特别是实现利税、利润两项效益指标呈翻番增长，重工业、地方企业、民营企业对全市工业增长的支撑作用明显增强。

（任永强　冯锁栋）

【项目建设和工业结构调整】 2003年，在全省结构调整“三年初见成效”的基础上，继续把结构调整作为工业经济发展的重中之重来抓，千方百计抓好选项、立项、建项及重点项目的投产达产工作。①重点调产项目进展顺利，竣工投产项目效益明显。全年全市实施的重点调产项目共58项，其中建成投产26项，新增销售收入47亿元，新增利税7.3亿元，拉动全市工业经济增长15个百分点以上。②园区建设初见成效。全市已有南风工业园、万荣恒磁工业园等12个工业园初具规模并显现效益。这12个工业园共规划土地2.2万亩，入驻企业94个，项目投资总额61.3亿元，2003年实现销售收入26.9亿元，实现利税4.9亿元。（任永强　冯锁栋）

【国企改革】 ①大中型企业改制取得进展。围绕关铝股份公司20万吨电解铝项目和母体改制问题，成立了关铝集团有限公司，为关铝的增、配股奠定了基础；丰喜集团动态股权制的改制工作基本结束，万余名企业员工身份得到置换。②对经营困难但产品又有优势的企业实行租赁经营，分块搞活。市磷肥厂、永济纺织厂、永济印染厂、夏县制胶厂等5家租赁企业运营正常，安置职工3500余名，盘活资产2亿余元。③商贸流通企业改革不断推进。盐湖区、新绛县已基本完成商贸流通企业改制任务。市直商贸流通企业改制工作也有实质性进展，市五交化以700万元清偿了3500万元债务，市百纺公司、商业肉联厂与华融公司达成了以850万元解除亿元债务链的协议。同时，市煤冶公司、国贸大酒店、糖酒公司的改制工作正在有序推进。

（任永强　冯锁栋）

【技术创新】 2003年，全市企业紧紧围绕市委、市政府“科技兴运战略”，坚持产学研合作，加大新产品开发力度，积极完善企业技术中心及科技型小企业体系建设，努力提高企业的技术创新能力和核心竞争力。全年全市共开发新产品46种，新认定省级企业技术中心1家，省级技术创新项目7项，收集整理具有共性的技术难题40多个并在网站发布。全市的国家级企业技术中心已有2家，省级企业技术中心9家，科技型中小企业12家，分别占到全省总数的49%、18%、14.3%，企业的技术进步工作继续保持了在全省的领先地位。

（任永强　冯锁栋）

【资源综合利用】 2003年，全市共上报节能技改项目5个、尾气资源综合利用发电项目10个，总投资额2亿元。项目实施后，将新增电力21.9万千瓦，新增产值3.4亿元，新增利税1.2亿元，产生良好的经济效益和社会效益，促进经济的可持续发展和资源的永续利用，同时可有效缓解全市用电紧张趋势。在贯彻落实省政府“双十二”行动中，市经贸委对涉及万荣、稷山、新绛、垣曲4县的非法土焦、改良焦炉彻底摧毁关闭，共摧毁烟囱77个，取缔关闭焦炉、改良焦炉824座，有效地净化了区域生态环境。（任永强　冯锁栋）

【整顿规范市场秩序工作】 2003年，全市经贸系统以防控“非典”打击假冒伪劣为重点，全面规整市场秩序。①商业设施进一步提升，现代流通业态蓬勃发展。据不完全统计，全年全市共投入5亿余元资金用于大型商业网点和超市建设，新增营业面积10多万平方米，增加品种2万余种。②屠宰、酒类、加油站等专项整治工作取得了阶段性效果。全年共取缔私宰点46个，没收私宰肉1.3万公斤，处理病害猪56头，生猪进点屠宰率达到92%；查获各类有问题酒4000余箱，价值50余万元，并端掉造假窝点2个；在加油站整顿中，共取缔立桶摊点580个次，查封、拆除违规新建加油站91个，全市加油站的整体规划已基本到位。③召开了全市整顿和规范市场秩序总结表彰大会，安排部署了下一步工作，特别是对干扰市场整顿、制假售假的十大案件进行了严肃处理和公开曝光。

（任永强　冯锁栋）

【积极优化企业发展环境】 ①对全市重点行业、重点企业、重点产品进行动态监控，并对生产经营中出现的新情况、新问题及时分析研究，积极协调解决。②成立网上行政审批工作领导组，设立“一站式”窗口审批，实行首问责任制，并公开作出五项承诺。③加强电力调度，合理解决居民生活、农业、工业、教育等用电冲突和矛盾，优先解决了居民生活和优势龙头企业的用电问题。④组织企业参加全省银行洽谈会和工业园招商暨重点投资项目洽谈会，签订引资项目18项，引资11.05亿元。⑤积极优化企业发展环境，全年共查处“三乱”案件12起，取消和降低各种收费项目18项。

（任永强　冯锁栋）

电力工业

【概况】 2003年，运城供电分公司围绕建设一流企业，落实三项责任制，克服突如其来的“非典”、百年不遇的多雨天气和严重缺电情况下，圆满地完成了各项工作目标和任务。全市用电量完成100.8亿千瓦时，同比增长8.2%，其中农业用电量10.27亿千瓦时，同比下降7.73%；工业用电量83.66亿千瓦时，同比增长11.78%；城乡居民照明用电量4.65亿千瓦时，同比下降0.85%；其它用电量2.22亿千瓦时，同比增加7.2%。售电量完成77.5亿千瓦时，同比增长10.3%，较年计划增长1.31%；平均电价完成288.91元/千千瓦时，同比增长21.33元/千千瓦时，较年计划增长3.96元/千千瓦时；综合线损率完成6.71%，同比降低0.38个百分点，较年计划降低0.39个百分点；电费回收率，当年完成100%，收回历年陈欠电费280万元；劳动生产率完成人均25.73万元，同比增长10.3%；2003年底共有35千伏以上变电站137座；主变压器变电容量497.3万千伏安；35千伏以上输电线路317条3448.9千米，固定资产总值为27.99亿元，较年初增加7.36亿元。公司荣获山西省“五一”劳动奖状、全国“安康杯”竞赛优胜企业等重大奖励。

（市供电分公司）

【电网建设与城乡电网改造】 运城500千伏输变电工程，4月1日开工，12月29日竣工投产，创造了山西省500千伏输变电工程当年开工当年投产的电网建设新记录。输电线路北起临汾市的曲沃，南至永济市卿头，跨越8个县（市），总长115千米，变电站主变1台，容量750兆伏安，总投资4.05亿元，使运城电网等级跃上大电网、超高压、远距离输电的新台阶，实现历史性跨越。110千伏输变电新建工程有：临猗城东输变电工程，主变1台40兆伏安，总投资1778.5万元；绛县安峪输变电工程，总投资1492.29万元，主变一台31.5兆伏安；夏县水头输变电工程总投资1172.94万元，主变一台31.5兆伏安；芮城风陵渡输变电工程总投资1443.46万元，主变一台31.5兆伏安；桃园至罗义输电线路工程总投资285.24万元，新建线路11.93公里。35千伏新建输变电工程有河律董村、新绛店头，绛县卫庄等14项；投运了稷山西社、平陆常乐、芮城原村、夏县埝掌等20项增容改造工程；农村中低压电网改造工程完成投资8313.6万元，完成386个行政村13.1万户农户的低压电网改造任务。全国城乡电网建设与改造档案管理暨项目后评估工作现场会11月19日在运召开，推广运城城乡电网建设与改造档案管理经验。

（市供电分公司）

【主干电网生产指标完成情况】 实现了3个百日安全生产无事故长周期，截至年底，累计连续安全生产749天。电压合格率指标98%，实际完成98.07%；用户供电可靠率，指标RS—1∶99.96%，实际完成99.961%；输变电可靠性，主变可用系数指标99.5%，完成99.848%；开关可用系数指标99.5%，实际完成99.699%；输电线路可用系数指标99.5%，实际完成99.699%；预防性试验，予试率指标98%，实际完成100%；一类事故处理率，指标100%，实际完成100%；设备渗漏率，指标0.03%，实际完成0.026%；设备完好率，指标100%，实际完成一类率98.75%；开关完好率指标100%，实际完成一类率99.42%；母线单元完好率指标100%，实际一类完好率100%。220千伏输电线路带电作业54次，391.33小时，其中110千伏输电线路带电作业101次，370.35小时；220千伏设备带电冲洗6站，10次，110千伏设备带电冲洗155次，751小时；主网设备进行“零点作业”20余次。省公司下达检修计划1869万元，完成1869万元；技改工程省公司下达计划246万元，完成246万元。设备改进情况：有载调压变压器覆盖率由83%提高到85%、110千伏开关无油化率由32.3%提高到35%、35千伏开关无油化率由42%提高到48%、10千伏开关无油化率由73%提高到74.6%。无人值班站改造6座，综合自动化率从49%提高到58%。

（市供电分公司）

【用电营销】 全年受理大用户用电报装107户，报装用电容量81.4万千伏安：其中220千伏用电客户1户5.7万千伏安、110千伏用电客户3户2.97万千伏安、35千伏用电客户19户1.39万千伏安、10千伏用电客户83户7.9万千伏安。全年轮换各类计量表计10110块，轮换率100%；电能表现场检验29680块，受检率100%，合格率99.4%；大用户和关口计量装置综合误差合格率100%。开展用电营业普查，全年检查27829户，追补电量1773.9万千伏安，追补电费1689.9万元。6月18日出现全年最大负荷170.6万千瓦，比去年最大负荷增加10.4万千瓦；网供最大负荷138万千瓦，降低0.43%；全市平均负荷率93.6%，网供平均负荷94.1%。最大负荷缺额50万千瓦。

（市供电分公司）

【供电服务】 3月15日，配合市消费者协会上街宣传电力法规，散发材料1万余份；3月25日，召开大客户暨义务监督员座谈会，公司经理介绍全市电力供需情况，宣布缓解电力供需矛盾举措；11月4日，公司召开2003年度行风监督员暨大客户座谈会，市纪检委副书记、纠风办主任及来自50家优势企业负责人及社会各界行风监督员共100余人参会，公司领导通报了当前电力供需形势，汇报行风建设议情况，征求了与会人员的有关意见和建议；坚持每月13日按时参加运城广播电台《监督热线》节目，及时处理客户的问题，全年共接热线电话79个，其中现场答复35个，督办处理38个，表扬电话6个，所有问题都得到处理和反馈。获得年度全市社会行风评议第三名。

（市供电分公司）

华信经济技术开发区

【主要经济指标高速攀升】 2004年，国内生产总值达到8.51亿元，同比增长57.43%，工业总产值达到27亿元，比上年增长31.14%；财政收入达到9720万元，同比增长133%；外贸出口1120万美元，同比增长8%。

（华信经济技术开发区）

【招商引资成果显著】 招商引资是开发区工作的重中之重。2004年华信开发区继续下大力气致力招商引资工作，年初工作计划是两个项目引资5000万元，到年底，实际引进项目4个，引资达到1.42亿元。

1. 轮式越野车。此项目主要由中信机电公司总装厂——红山机械厂实施，采用西班牙VRO技术。4月份运回，10月份同军方研制出改装方案。12月10日在军队进行表演，2005年投入生产，初期主要以进口散件国内组装为主，以后逐步实现国产化。

2. 空气悬挂气囊项目。该项目是由中信机电公司于4月初同韩国土美公司签订合同引进的项目。其产品主要是同12米及8—9米大客车进行配套。8月份针对安徽凯茨鲍尔公司大客设计的12米空气悬挂设计已完成装车试验，反映良好，预计明年生产1500台，产值5000万。

3. 金鹰化工有限公司，经过两年的建设，已于10月份投入生产，2005年产值将达1000多万元。

4. 浮动车桥项目。山西冲压厂今年下半年引进浮动车桥项目，预计年生产6万台，产值10亿多元。 （华信经济技术开发区）

【结构调整进展迅速】 根据省委书记田成平在视察开发区时提出的“深化结构调整，促进传统产业新型化，实现接替产业规模化，把主导产业做强做大”的要求，结合开发区实际，华信开发区实施了三大调产整合：

①在企业机制上，打破了国有企业一统天下的格局。大胆引进外企和民企，已形成了国有、外企、民营三足鼎立相互发展的良好态势。

②产业向主导倾斜，向规模化聚集、向市场竞争力方向发展。全开发区工业已确定了以宇进铸造冶炼公司为龙头的冶炼业，以AICC为龙头的精密铸造业，以红山机械厂、山西冲压厂、晋南机械厂为龙头的机加业等三大主导产业。通过发展优势项目，优化整合区内资源，已形成冶金—铸造—机加—汽车零部件—整车的产业链。

③产品向高科技方向挺进。通过实施打造名牌战略，形成了一批极富竞争力的产品，如汽车前后桥（产量占全国重桥市场的三分之一）、精密缸体铸件、重车离合器、涡轮涡杆、阀体、减速器等。中信机电制造公司被省委、省政府确定为“重点保护企业”，5家企业获省、部级先进企业荣誉称号，有7种产品通过ISO9002质量认证体系，11种获部优产品或高新技术产品。

（华信经济技术开发区）

【重点工程进展顺利】 市政府在“九项任务”第一项第四款中给华信提出了两项任务，即：通达中信共建重型汽车项目争取早日立项，国际铸造技改工程要加快步伐。重型卡车项目总投资约19.2亿元，已实际投资2.7亿元。车底盘、载货车、仓栅车三种产品已完成试制，并通过了重庆重型车检测中心定型试验及专家评审，十一月已报国家发改委，公告审批事项正在进行当中。同时，新开发车型工作也在紧张进行之中。基建工程6月26日已在运城飞机场附近剪彩开工，全部图纸设计已完成，明年初将陆续开始土建工程的施工。

亚新科国际铸造（山西）有限公司精密铸造技改工程，总体上规划分为两期，第一期产能4.5万吨，第二期产能10万吨。2004年底，一期改造已经结束。二期技改正在进行前期的准备工作。

中低价住宅建设工程如期完成，市政府下达的任务是2004年完成0.84万平方米、120套已全部完成。具体是山西冲压厂完成30套、2000平方米，户型为65m²；华晋冶金铸造厂完成30套、2600平方米，户型为76m²；宇进钢铁公司完成60套、3800平方米，户型为72m²的有48户、户型为86m²的有12户。

（华信经济技术开发区）

【“三件实事”完成较好】 省政府2004年确定了“十件实事”，涉及华信开发区的实事主要有三项：

1. 关于解决拖欠农民工工资问题。对此项工作管委会高度重视，成立了以党委书记许丰产为组长，管委会各位副主任为副组长的领导组。通过调整摸底，狠抓责任制，到年底国税、合资、中天以及二厂、五厂开工的建设项目都按期兑付工程款，兑付款额达973.8万余元，没有发生拖欠问题，各项任务均落到实处。

2. 成立社会事务局，建立了以地方和企业医疗机构密切协作疾控机构和应急处理预案。同时正在探索工业开发区如何同企业联手建立社会救助制度。

3. 增加城镇就业岗位，安置下岗失业人员。截止2003年底，全开发区下岗职工人数为1880人，计划安置1500人，已基本完成任务。另外，已累计安置农村富余劳动力1080人，其中今年新安置200人。

（华信经济技术开发区）

城镇集体工业

【主要经济指标完成情况】 年初，在全市城镇集体工业联社工作会议上，提出本年度全系统主要经济指标预期目标是在去年同期基础上确保同比增长15%，力争同比增长18%，按可比口径统计全年完成指标情况是：工业总产值全系统累计完成17.5亿元，比上年同期增长18.2%，其中制版集团完成12亿元，比上年同期增长26%。产品销售收入全系统累计完成14亿元，比上年同期增长27%，其中制版集团完成10亿元，比上年同期增长35%。工业增加值全系统累计完成6.5亿元，比上年同期增长13%，其中制版集团完成5.9亿元，比上年同期增长20%。实现利税累计实现利税2.7亿元，比上年同期增长18%，其中制版集团实现2.3亿元，比上年同期增长20%。实现利润累计1.85亿元，比上年同期增长

20%，其中制版集团实现1.8亿元，比上年同期增长20%。亏损企业亏损额累计亏损40万元，比上年同期减亏278万元，亏损企业5户，比上年同期减少4户。

（市城镇集体工业联合社）

【统一认识，增强干部职工的使命感与责任感】 集体经济是国民经济的重要组成部分。集体中小企业占全国中小企业总量的20%，但其创造的产值却占全国中小企业总产值的51%。全市城镇集体企业所创造的产值约占全市工业总产值的8%。事实证明：集体经济适应本阶段生产力发展的要求，同样适应本市生产力发展要求，并对生产力的发展起到了积极推动的作用。江泽民同志在党的十六大报告中指出："必须毫不动摇地巩固和发展公有制经济"；"集体经济是公有制经济的重要组成部分，对实现共同富裕有重要作用"；"深化集体企业改革，继续支持和帮助多种形式集体经济的发展"。2003年，全系统通过各种方式，如发文件、写心得、组织集体学习等，使得全市城镇集体联合社系统广大干部职工更加明确了支持和帮助城镇集体经济的发展，是党和国家的一贯方针和长期国策，更加坚定了将城镇集体经济的改革与发展推向前进的信心与决心，进一步增强了联社系统干部职工振兴城镇集体经济的使命感与责任感。

（市城镇集体工业联合社）

【巩固联社法人定位，推进各级联社自身建设】 联社是集体企业的联合经济组织，为集体企业服务，为中小企业服务。2002年3月，市委、市政府在机构改革中保留了市城镇集体工业联合社为经济组织，直属市人民政府领导，并下发了"三定"方案，确定了十项职责，从而明确了市级联社在全市城镇集体工业系统中的领导作用。从去年5月份开始，市联社就把建立上下一致，理顺关系，巩固各级联社合法地位、加强联社法人定位、推进联社自身建设做为一项重要工作来抓，特别是今年以来，通过市联社的正确指导与各县（市、区）委、政府支持及各县（市、区）联社的努力，全市十三个县（市、区）基本按照市联社的做法，保留了联社机构，巩固了联社的合法地位。与此同时，市联社于2003年10月20日适时召开了市联社首届职工社员代表大会，在这次大会上，制定了联社章程，选举产生了首届联社理事会与监事会，为全市城镇集体经济的健康发展奠定了坚实的组织保证。（市城镇集体工业联合社）

【产品结构调整取得成效】 产品结构调整是企业发展永恒的主题，也是联社系统经济工作的中心任务。全系统围绕市委、市政府提出的"11251"调产方案，狠抓技改投入，加大产品结构调整力度，取得了明显成效。据不完全统计，今年全系统共投入技改资金3500余万元，开发新产品10余种，其中主要有：临猗华恩配件公司投资200万元，新上彩钢生产线，其产品可满足大跨度厂房、仓库、体育场馆等建筑需要，具有很大的市场潜力，预计年新增产值500万元；临猗华晟粉末冶金公司投资1260万元，新上一条汽车油泵齿轮生产线，预计年新增产值2000万元；盐湖区银湖制药厂开发了"阿昔洛韦葡萄糖注射液"和"磷酸川穹氯化钠注射液"，预计投资2000万元，完工投入批量生产后，新增利税150万元、新增利润100万元；夏县宇达集团公司在今年投入2000万元，占地130亩，创建宇达工业园，真正实现园区带动和龙头带动作用；新绛县亨通机床厂在巩固原有产品基础上，与航天工业总公司二院合作开发了居国内领先的NC6130、NC6140、NC6150、NC6160系列数控车床，为了实现规模经营，该公司年初制定了"迁厂入园"计划，2003年3月份启动实施，年底新建厂房占地45亩，建筑面积8000平方米，设计生产能力1000台，已完成迁厂入园工作。制版集团在巩固原有规模和生产的基础上，继续稳步发展，跨国经营，而且另行开辟了新的行业领域，为集团稳步发展，奠定了坚实的基础。以上有关技改项目的投产见效与新产品投入市场，必将为完成明年各项主要经济指标起到决定性的作用。

（市城镇集体工业联合社）

【规模管理，强化落实，实行机关内部责任制百分考核】 年初，市联社机关为了更好地组织指导联社成员单位深化改革，调整结构，推进技术进步，探索城镇集体经济的有效实现形式，并对各级联社的集体资产实施有效监督管理。在机关内部，根据年初工作安排和本年度工作要点，从联社主任到各科长及一般科员，制定了一套完整的"2003年度岗位目标责任制百分考核办法"，做到人人头上有任务、有考核，从而规范了机关工作人员的工作态度，增强了责任心和使命感，提高了工作效率。为推动联社各项工作顺利进行起到了积极有效的作用。

（市城镇集体工业联合社）

【严防死守，抗击非典】 今年4月份，一场突如其来的非典疫情席卷而来，严重干扰了社会经济发展。在这场没有硝烟的战场上，各行各业自下而上，都表现出了无所畏惧、严防死守、抗击非典的战斗激情。与此同时，全市城镇集体工业系统的干部职工齐心协力，团结一致，发扬了敢打硬仗的团队战斗精神。首先从联社机关到成员单位及职工家属院，都层层鉴定防非目标责任书及防非工作制度，及时购买足量防非消毒药品，确保本系统近两万名职工没发现一例疑似病例和确诊病例。其次市联社机关根据市委、市政府安排，进行帮民致富。在防非时期及夏收期间，联社领导曾五次赴夏县裴介镇毛家埝村和墙下堡村，购买3000元防非药品及器械，用于两村防非工作，受到夏县县委、县政府与两村村民的欢迎。再者，联社领导干部号召大家在防非时期，除了看好自己的门，管好自己的人，监测外来的人以外，还向战斗在防非一线的勇士们捐款数万元，受到市委、市政府的好评，充分体现了城镇集体工业联社系统干部职工的高尚情操与无私的品格。

（市城镇集体工业联合社）

粮油购销

【概况】 截止2003年12月底，全市共收购入库小麦10.9亿斤，比去年同期增加4000万斤，顺价销售小麦7.9亿斤，比去年同期增加了2.3亿斤，退耕还林粮食供应3800万斤，较好地完成了各项任务。

（市粮食局）

【坚持敞开收购，全力搞好夏粮收购】 2003年，全市共入库小麦10.9亿斤，其中定税粮3亿斤，敞开收购农民余粮7.9亿斤，在一定程度上满足了农民群众出售余粮的要求。夏粮收购工作中，①领导重视动作快。全省夏粮收购电视电话会召开之后，全市迅速对今年的夏粮收购工作进行了安排部署，在夏征前夕做到了仓容准备到位，全员培训到位，收购器材到位。同时要求各基层单位，严防非典保安全，对生活区和生产区进行严格分离，对空库和粮库全部进行消毒，为预防交叉感染，制定了一系列防控非典的各项措施，安排各粮站对乡镇、各村实行预约收购和分库收购，确保交粮群众身体健康安全。②收购政策执行严。全市各级粮食部门都把执行敞开收购政策放在首位，不限收、不停收、不拒收，坚持按新的收购标准，实行仪器检测，容重定等。临猗、万荣、永济、稷山等县市杜绝了过去手摸、牙咬、目测等一些不规范作法，同时各粮站坚持户交户结不代扣除农业税外的任何款项，切实保护了农民利益，受到广大粮农的一致好评。为了使收购政策执行到位，全系统还聘请了197名人大代表和3400名粮农代表，全程监督检查粮食收购工作。③粮食部门服务好。各粮站牢固树立为农民服务思想，坚持执行“五公开、两监督”挂牌上岗工作制度，延长收购时间，实行预约收购，并设立了休息室、供水处、小吃铺等便民设施，满腔热情为售粮群众搞好服务，让农民交放心粮。尤其是平陆、万荣等县还对军烈属和孤寡老人实行上门收购，避免群众的往返，受到社会各界的一致好评。（市粮食局）

【狠抓顺价销售，促进粮企全面发展】 实行顺价销售是国有粮食购销企业不再发生新的财务亏损的关键。2003年，全市各粮局针对外省低价粮源冲击大，粮食供大于求，市场疲软，顺价销售困难的严峻现实，一直把粮食销售工作放在首位来抓，把销售作为搞好购销工作的主线，常抓不懈。特别是盐湖、永济、临猗等县市粮局领导理论联系实际，在扎扎实实抓好市场销售的同时，积极争取调销指标，组织精兵强将集思广益，主动出击，千方百计寻找市场，拓宽销售渠道，积极建立新的购销关系。他们采取措施，①实行销售与工资挂钩，按时计酬，上不封顶，下不保底，全员销售。既增加了收购企业的经济效益，又为2004年收购创造了条件。尤其是在夏粮收购期间，为了减轻库存压力，边购边销，加快了粮食流通；②各粮局领导责任明确，分片包干，年初定立责任目标，年终进行奖罚兑现，加强了责任心，使粮食销售工作顺利进行；③采取多种形式的销售方式，层层分解落实任务，立足本地，扩展周边，稳定老客户，发展新客户，把握机遇，开拓市场，把粮食销售工作做得有声有色。稷山、闻喜、河津、万荣等县也不甘落后，想尽一切办法，克服市场粮价低迷的不利因素，千方百计促进粮食顺价销售，全市上下形成了轰轰烈烈搞销售的大好局面，有力地促进了顺价销售工作。截止11月底，全市共顺价销售小麦7.9亿斤，取得了较好的成绩。

（市粮食局）

【加强仓储管理，确保“一符四无”】 仓储工作是粮食工作的基础，仓储工作的好坏，直接关系着企业的兴衰和社会的稳定，为了适应粮食流通体制改革的新形势，确保国家粮食储存安全，数字准确，帐实相符，做好粮食库存管理工作，全系统高度重视，加强学习，切实把仓储工作摆到了重要位置，面对粮食库存逐年增加，居高不下，给粮食安全储存带来的新情况、新问题。局党组始终保持清醒的认识，年初就出台了《关于进一步加强仓储工作的实施意见》，文件中以六个“强化”，把仓储工作的各环节进行了明确落实，重申了安全储粮一票否决制。并明确要求各县市成立以一把手为组长的安全储粮领导组，明确各级领导和保管人员的责任，并层层签订了安全储粮责任书，要求各级领导一定要把管好库存粮食作为工作的基本点和出发点，积极主动开展工作。今年截止11月底，全市库存粮食27亿斤，其中租赁库存粮3.9亿斤，露天垛存粮0.9亿斤。面对国家存粮严重超容和露天垛，租赁库存粮不断增多，给全市的安全储粮带来了极大的困难，在如此困难的情况下，只有加强检查，才能及时发现问题，消除隐患，保证安全。为此，全系统完善和坚持了基层站库领导每月至少进库检查一次，县（市）局领导每季度至少进库检查一次，保管人员三、五、七天进库检查的粮情检查制度。市局除组织好每年两次全市粮食安全大普查工作外，还根据不同季节的工作特点，进行抽查。由于有了一整套严格的检查制度，全市上下形成了“明确责任讲安全，主动工作抓安全”的良好势头，确保了全市库存粮食安全。在十三个县市中，万荣粮局积极探索科学保粮新技术，成功推选塑膜压盖，取得了良好效果。夏县粮局也在经费十分紧张的情况下，今年新建了库房3座，增加仓容2000万斤，大大地改善了仓储条件，为全市安全储粮奠定了良好的基础。稷山粮局大力使用中草药防治和塑料布密闭储粮方法，科保率98%以上，巩固了山西仓储工作红旗县称号。4月份长治市一行30人对全市的粮食安全工作进行了为期15天的检查，对全市粮食仓储工作给予了很高的评价。

（市粮食局）

【搞好宏观调控，保障市场供应】 2003年10月上旬，全国部分地区粮油价格上涨，为了确保全市市场稳定，全系统迅速行动，采取措施，充分发挥了粮食部门的主渠道作用，很快稳定了市场，安定了人心。①搞好市场预测，完善预警方案。为了及时掌握粮油价格动态，市局安排有关科室，随时掌握粮油价格变动情况，与农业、物价部门联系，并与周边的河南、陕西通报情况，交流信息，做到心中有数。同时要求各县（市、区）密切关注市场行情变化，及时掌握情况，以便采取对策。并进一步完善了市场供应紧急预案，提高了驾驭各种复杂局面的应对能力。②积极组织货源，保障市场供应。要求各县市从全国各地调运市场紧缺的大米、食用油，要确保全市货源充足，品种齐全。同时，要求全市所有的加工企业都要开足马力，加大生产，确保供应。并要求基层粮站对缺粮农户一定要开仓放粮，随到随卖。对一些大的用粮企业，要在确保本市、本省粮食安全的前提下，也要搞好销售，不要囤积居奇。③加大监督检查力度，维护市场秩序。10月下旬，在物价、工商等部门的配合下，对全市粮油市场进行了一次突击检查，对一些扰乱市场，缺斤短两，以次充好，乱涨价的不法分子进行了坚决打击，维护了市场正常秩序，受到了人民群众的赞扬。

（市粮食局）

【不断创新发展，全力搞活经营企业】 粮食经营企业，是粮食系统的半壁江山。但是近几年来，全市粮食经营企业多数陷入困境，亏损比较严重，分析原因，客观困难是主要因素，但思想观念陈旧，管理方式落后也是一个很重要的原因。为了使全市粮食经营企业真正摆脱困境，走上健康发展的轨道，市局多次召开了各县市粮食局长会议，要求各市直企业必须以创新发展为中心，以市场经营为重点，尽快实现由收储为主向经营为主的过渡和转变，大打粮经翻身仗。并于去年组织各县市局长外出考察学习，通过开会学习和外出考察，各县市局长进一步解放了思想，拓宽了视野，加大了经营企业的改制力度。麦丽谷业公司继续狠抓龙头企业——中意制粉公司面粉质量管理，从原料进厂、生产工艺、包装储运、保管等各个环节上，严字当头，质量第一，要求出厂产品合格率达到100%。继去年9月份被山西省粮食协会评为放心面，10月份又在运城市第三届农展会上被评为名优展品奖之后。今年8月份，又全面通过ISO9001:2000质量体系认证和荣获运城市三届农展会上名优展品奖。麦丽谷业公司在抓好龙头企业的同时，今年又开发了海维双歧液这一保健产品，这一项目投资小见效快，已获得卫生部批准批量生产，市场前景看好。经营分公司今年新建了“小杂粮生产车间”，把当地生产的优质杂粮——玉米掺、黄豆、小米、绿豆、红小豆、豇豆等，通过精加工后，推出了麦丽杂粮这一品牌，首批生产的18000多袋，一经上市，便销售一空，很受欢迎且利润可观。新绛粮局在不断深化粮改的工作中，坚持以特色理论为指导，把靠政策吃饭的旧观念，转变为找市场吃饭的新观念。从企业实际情况出发，大胆实践，勇于探索，成功地创立了多种新型经济模式。其中海润饲料公司现已成为新绛县的龙头企业，年销量达2万吨，转化各种粮食4000万公斤，生产品种达18个以上。产品市场占有率高达40—60%。稷山粮局坚持走：“文体搭台，经贸唱戏”的特色路子，今年共举办了6场文体活动，比较突出的有：9月份举办的省粮食局直属单位乒乓球比赛，10月举办的稷粮杯篮球赛，11月份稷山篮球队代表山西省赴广西南宁参加全国企业职工篮球大赛。通过这些活动，不仅广交了社会各界朋友，提高了粮食局的社会声誉，而且拉动了红楼、稷粮两宾馆的收入，这两个宾馆今年共实现利润131万元。峨嵋避暑山庄也已成为人们休闲避暑的理想场地，省城、运城许多宾客慕名而来，发展势头强劲，形势一片大好。河津粮局2003年以来，全力以赴把绿色面粉的生产和营销工程做大做强。从原粮调进、面粉生产、成品检测、出库和销售等各个环节，建立科学严格的配套管理体系，实现同轴运转，有序运作。截至年底，河津市城乡建立“津粮”面粉连锁店60多家，河津市场月销量已达50多万斤，累计转化原粮1000万斤，并且销售到太原、吕梁等地。临猗、夏县、万荣、闻喜、永济、芮城等粮食局也通过外出考察学习，解放了思想，更新了观念，提高了认识，采取了措施，针对本县经营企业现状，提出了“千方百计挖潜力，开拓门路上项目，一企一策搞改革，稳定之中求发展”的经营策略，使各县经营企业很快摆脱了困境，出现了热火朝天的经营局面。

（市粮食局）

【积极做好退耕还林粮食供应工作】 退耕还林还草是党中央、国务院在全国实施的一项保护自然，加快生态环境建设的重要举措。2003年，市局在退耕还林粮食供应方面做了大量的工作，成效显著。六月十四日，全省夏粮收购暨退耕还林粮食供应现场会在运城召开。会议明确指出：退耕还林工作做为今年粮食部门的主要工作之一，要求各级领导高度重视，抓紧落实。这次会议，对全市退耕还林工作做了有力的促进。会后，市局专门给有关县（市、区）下发了退耕还林粮食供应的有关政策通知，制订了实施方案，召集相关单位成立了组织机构，明确了职能，划分了职责，并加大检查监督力度，对有关县（市、区）的供应工作进行了细致详实地检查，确保这项政策性强，涉及面广的工作在执行中不走样，得到全面落实。在实际工作中，市局和十个退耕还林县粮局在实地调查的基础上，拿出了切实可行的供粮计划，制定了粮食供应管理办法及制度，要求各级粮食部门严格照章办事。平陆、夏县、垣曲、闻喜、盐湖等几个退耕还林重点县市在工作中严格程序，规范操作。为了使粮食补助工作实行凭证供应，他们及早准备，印制好各种票据和台帐，分别造册登记，逐笔开票落实，农户凭证领取，领后签名盖章，做到细致详实不出差错，保证了退耕还林粮食供应工作顺利进行。在资金管理上，严格按规定封闭运行，做到专项资金专项使用，不挪用，不截留，真正把退耕还林粮食供应工作做到实处。全年全市共有退耕还林面积42.4万亩，年需供应粮食4240万斤。至11月底，根据退耕还林落实到户的亩数已供应了3800万斤，且真正做到了国家、企业、农户三满意。今后随着国家对退耕还林还草任务的不断加大，在粮食供应方面的工作会更加艰巨和繁重，就更要加强管理，总结经验，不断创新，加倍努力地工作，为完成全市退耕还林任务做出更大贡献。（市粮食局）

【实践“三个代表”帮扶工作到位】 运城市是全省小麦商品粮的主要

基地，照往年惯例，每到三夏农忙时节，在外打工人员纷纷返乡。然而今年大疫当前，为解决防疫与农忙的矛盾，最大限度地降低返乡人数，市局和各县粮局领导高度重视帮扶工作，始终把人民群众的安危冷暖放在心上，积极组织了多起帮扶队，细化量化责任，把“三夏”帮扶工作真正落到了实处。5月中旬，以副局长宁学武和工会主席侯培坤为组长的帮扶工作队来到平陆县的崔家坡、板坡、马河、两牛等6个村庄，和村干部一起澄清了250名在外务工人员的底子，确定了重点帮扶对象。帮扶工作队以乡（镇）政府名义向在外务工人员打电话或寄发公开信，告诉他们安心务工，不要返乡，家中的一切有政府和帮扶工作队帮助解决。同时，挤出专项资金14000元，用于各村解决部分困难群众的生产生活问题。盐湖粮食局发扬老八路作风，不喝群众一口水，不吃群众一口饭，在孙念春局长带领下，机关全体干职工30余人一起出动，为缺乏劳力的困难户及“非典”期间劳力不能返乡的家庭进行铲草、修渠、收麦等义务劳动，并送去价值2000余元慰问品。万荣粮局在帮扶荣河镇沙石范村工作中，大胆创新，取消了该村四月初一传统古会，并要求白红事从简。由于成绩突出，沙石范村成功经验受到运城市委通报表彰和山西省委表彰，村委会敲锣打鼓送来“众志长城抗非典，支农帮扶情意长”镜框，表达了对县局帮扶工作队的诚挚谢意。为弥补防治非典经费的不足，保证防治工作不留死角，市局在全系统开展了“防非典，献爱心”捐款活动，13个县市粮局干部职工也以大局为重，纷纷献出了一份真诚的爱心。在这次防非活动中，市局共收到捐款12000元，有效地促进了防非工作的开展。今年秋季，运城市阴雨连绵，积水成洼，造成许多村民房倒窑塌，无家可归，为帮助遭灾群众安然过冬，局领导又一次组织粮食系统职工开展“情系灾民”捐款活动。在这次活动中，市直粮食系统共捐款9480元，捐助衣物608件。（市粮食局）

石油销售

【概况】 2003年，全公司1—11月份，完成成品油销售18.56万吨，比去年同期增长9.43%，完成计划82.86%；其中轻油销售17.56万吨，占年计划80.11%，同比增长5.47%；零售完成13.59万吨，完成年计划101.57%，比去年同期增长12.5%；滑油销售5200吨，完成年计划108.33%，比去年同期增长62，5%。股份公司实现利润2540.16万元，占年计划89.13%，同比增长25.79%。存续公司实现利润109万元，同比增长2432.44%，油库、加油站安全无等级事故。（运城石油分公司）

【推进以改制分流为主要内容的减员分流】 2003年，公司根据集团公司和省公司资产重组、减员分流的战略部署，采取“学习文件、领会精神、制订方案、稳步操作”的策略，反复动员、营造声势、整体推进。市县领导深入到员工当中，进行换位思考，掏心窝地进行交流，发挥政策优势，探讨具体实施办法。以定编定岗为基础，压缩临时工331人，市公司实体精减人员41人，机关科室优化组合，精减11人，县（市）公司压缩管理人员130余人。全市系统截止11月底已协解130人，平陆公司已整体改制，河津、绛县、垣曲分公司已达成整体置换身份意向，市公司汽车队、华运库、滑油中心（特油）物业公司已制订出整体改制方案，改制分流工作已进入实质性的攻坚阶段。

（运城石油分公司）

【全面实行预算管理改革】 2003年，公司按照“总额控制，分项管理”的原则，细化费用预算，严格控制各项费用开支，建立了科学合理的费用预算管理体系和激励约束机制，把全面预算管理贯穿到经营工作的每个环节，将降本压费的压力有效地传递到每一个员工，取得了较好的效果。

（运城石油分公司）

【强化加油管理，深化小站改革】 2003年，公司按照省公司“抓大放小”的经营思路，分类指导，双管齐下。500吨以上加油站，以规范管理为重头戏，强化现场管理，以站立服务为突破口，强制推导，整体推进。确立了加油站长“经理人”的管理权威，打破固定工和临时工的界线，实行同工同酬，加大奖励力度。500吨以下加油站，在五统一的前提下，实行“五联四放”，即联责、联量、联利、联价、联货款回笼，给承包经营者经营权、管理权、分配权和用工权，极大地调动了一线干部员工的积极性，最大限度地发挥投资效益，挖掘加油站点增量增效潜能，实现了内涵发展扩张的战略构想。

（运城石油分公司）

【整合优化网络，加大直销配送力度】 ①加强直销配送队伍建设。市公司组建了直销配送一科、二科，配备了直销配送专业队伍，县（市）公司由一名副经理挂帅，组建直销队伍。②分配机制改革，用强人营造强势。公司制定和完善了直销配送行为准则，推行“客户经理”制，实行联利、联价、联酬，打破平衡，多销多挣。面向全市系统和社会广纳人才，采取一切措施，为营销精英提供施展才能的平台。③划定直销配送板块，规范直销配送销售。公司按区域给直销一科、二科划分成两个大块，县（市）公司以加油站、点为中心，片连站、站连点、点连村、村连户，形成密集的、功能齐全的网络化直销体系。④像抓零售一样，加大促销力度。公司把省公司下达的任务，层层分解，把经营压力层层传递，任务到站，指标到人，全员促销，形成一人促销，亲朋好友参战的连亲、连友齐促销的氛围和气势，开拓直销配送工作的新局面。

（运城石油分公司）

【借助新闻媒体的作用，营造高压态势】 2003年，公司对新建加油站、社会贩油车辆爆炸发现的罐中罐，引发成品油市场混乱进行披露和报道，揭示社会贩油车以次充好、缺斤短两，坑骗顾客以及污染环境，危害社会的严重性，教育和引导消费群体，正确识别油品，宣传石化精品、展示石化经营理念。

（运城石油分公司）

【依靠当地政府，净化市场环境】 2003年，借风行船，及时向当地政府汇报。运城市委书记黄有泉、市长王守祯先后批示，出台了《运城市石油市场专项整治方案》、《关于开展石油、天然气生产治安秩序专项整治行动的工作方案》、《关于石油市场专项整治工作实施方案》，有关职能部门相互配合，加大对土炼油和社会新建加油站的打击力度。（运城石油分公司）

【建立群防群治举报信息网络】 2003年，公司以县（市）公司为中心，划定区域，落实责任，以加油站点为瞭望哨，全员参与，形成了系统的举报网络，为打击取缔土炼油、净化市场奠定了基础。今年以来，公司配合有关部门共查处土炼油53.08吨，非国标柴油45.49吨，石脑油23.57吨，捣毁土炼油炉137个，查处社会新建加油站20余座，查处贩油车辆53台次，处罚违规贩油和劣质油品业主9万余元。

（运城石油分公司）

【与三门峡和中石油渭南公司扩大交流】 2003年，公司与三门峡和中石油渭南公司加强沟通和联系，建立完善协调机制，不断增进共识，形成利益结合点，携手推价、保价、稳价，引领市场价格走势，信息资源共享，呵护经济区域内共有的市场。同时，公司积极配合当地经贸委编制2002—2006年加油站发展规划，利用政策优势，最大限度地扼制社会加油站的市场进入，达到了预期的目的，取得了良好的效果。（运城石油分公司）

【力戒好人主义，确保各项制度贯彻落实】 2003年，分公司按照集团公司和省公司的要求，不断进行反思、自查，本着"有错必纠、违规必罚"的原则，先后对四名副科级以下干部进行了停职检查，对30余人次违规违纪现象进行了通报、罚款处理、对加油站督查罚款160余人次，有效地保障了各项制度的落实。（运城石油分公司）

【强化督察，促进各项制度的落实】 2003年，分公司结合省公司加油站规范服务专项整顿，出台了督查处罚新规定，市公司领导班子成员亲自到加油站督查，查出的问题现场解决，及时处理，一级带着一级干，一级做给一级看，层层负责，交叉监督，相互制约，整体推进。

（运城石油分公司）

【开展揭短管理，提高落实制度的质量和水平】 2003年，分公司利用每月的业务例会，不断地开展揭短管理，通过副科级以上干部填写《工作日志》制度，实现对日常工作的自查、自醒、自悟，不断地发现问题、解决问题。

（运城石油分公司）

【纪检、审计部门拓宽视角，当好确保制度落实的卫士】 2003年，分公司充分发挥纪检监察和审计部门在企业管理中的监督作用，按照省公司的要求，在全市系统加油站进行效能监察，对溢余油、隐形库亏、隐形费用进行审计。帮助制定措施，为企业经营管理健康有序的发展保驾护航。同时，采取有效措施，加大清欠工作力度，市公司与各县（市）公司签订清欠责任书，组织力量摸清应收款的家底，分类整理，一笔一笔核实，一项一项清理，采取领导带头、党员带头清欠。市公司专门开办了清欠简报，专门召开了三次清欠会，强化督导督查。到11月底，全市系统应收款比年初下降451.21万元，完成年计划的111.84%，比去年同期降低182.58%，取得了阶段性成果。还按照集团公司和省公司的要求，强化物流、资金流的管理，杜绝赊销，从源头上避免经营风险，使公司的各项工作，事事照着制度办，沿着程序走，不断提升企业的管理水平。（运城石油分公司）

【以自立创新为前提，为存续改制创造条件】 2003年，分公司按照集团公司和省公司资产重组、改制分流的战略部署，把工作重点放在培育核心业务，努力把现有的存续业务做强做大，为整体改制与主体分离创造条件。年初分公司与各实体签订了目标责任书，确定任务基数，直接与收入挂钩，超任务奖不封顶，完不成任务不保底。车队立足主业，扩大外运业务，对现有运力进行合理调整和整合，腾出运力参与社会运油车辆竞争。1—11月份实现利润100.8万元，比去年同期增长29.5%；液化气经营薄利多销占市场，靠服务赢信誉，销量完成1905.3吨，占年计划的95.27%，比去年同期增长71.44%，实现利润3万元；重油立足现有用户，纵向发展，横向做大，靠内涵发展，外延扩张，效益为先，滚动式发展，增加了燃料油、溶济油、石油焦销售，销售完成8802.4吨，占年计划的293.41%，比去年同期增长248.82%，实现利润46.2万元；滑油销售力拓市场，创造了历史最好水平，实现利润21.54万元，比去年同期增长24.11%。全市系统1—11月份存续公司实现利润109万元，比去年同期增长2432.44%，为存续公司整体改制分流提供了条件。在培育核心业务的同时，分公司强化物业管理，压缩各种非经营性开支，正在筹划如何化小核算单位，实行承包和改制分流，通过机制改革，更好地为主业服务。

（运城石油分公司）

【以奉献社会为己任，展示石化风采】 2003年春季遇到突如其来的"非典"疫情，秋季连降暴雨，许多农户受灾。分公司始终站在讲政治的高度，按照省公司的部署，以"营销石化精品，真诚奉献社会，为当地经济建设服务"为己任。在防"非典"时期，党政领导班子深入一线，靠前指挥，实行市公司领导包县、县公司领导包站，落实责任，负责到人，措施到岗，建立了"早发现、早报告、早隔离、早治疗"的预防体系，先后投入15.7万元，为干部员工购买了防"非典"口罩、针剂、中药、消毒液、药皂、测温仪。在防治"非典"这场无硝烟的战场上，做到严防死守。积极引导干部员工，立足岗位，真诚奉献，用实际行动支援抗击"非典"。防"非典"期间，分公司以加油站为主阵地、站连村、村连户，加大直销配送力度。夏收时节把油品送到田间地头，山西电视台，运城电视台做了专题报道；还组织人员帮助在外务工人员收割小麦，送去捐款和物资价值两万余元。在抗击"非典"献爱心活动中，全市系统捐款5.8万元，受到当地政府的好评。在防“非典”疫情形势严峻，市场滑坡的情况下，人心不散，队伍不乱，销量不减，零售同比增长19.8%。今年秋季许多农户受灾后，分公司组织干部员工伸出关爱之手，市公司领导每人带头捐款300元，全市系统捐款5万余元。进入10月份以来，由于受国际油价波动的影响，加上国内需求增长，造成油品资源偏紧，分公司积极向集团公司和省公司争取资源，争取自采，先后从河南、陕西、中石化西北公司调剂回计划外油品5000余吨。汽车队干部员工起早贪黑，冒着雨雪，长途拉运油品，创造了车队月行程22万公里的历史最高纪录，为缓解市场油品紧张局面发挥了重要的作用。为了弘扬石化精神，提高石化企业的知名度，分公司组织员工参加了运城电视台“蒲乡红”栏目，在运城市第一届体育运动会中，冠名“石化杯”篮球赛，在社会各界引起了强烈的反响。（运城石油分公司）

【强化安全管理】 2003年，分公司按照集团公司和省公司的要求，不断强化安全管理，从力戒官僚主义、形式主义、好人主义入手，狠反违章作业、违章指挥、违犯劳动纪律的“三违”现象，根除安全隐患，实现本质安全。全市系统层层签订了安全经营责任书，人人签订了安全承诺书，全员进行了安全知识培训和测试，举办了静电接地报警器使用和维修培训班，对封存油库进行了彻底清理罐底、拆除管线。在用油库完善了各项记录、“三防预案”和七本台帐。尤其是500吨以下小站实行承包租赁后，强化安全管理，明确安全责任，加强检查监督，做到安全管理网络不散、岗位不空、力度不减。同时，还对到期的消防器材全部进行了更新和维修，全市系统更新各种灭火器具、更换药剂830余具，在全年两次安全大检查中，自查出各种隐患70余项，都进行了整改。半坡油库为积极争先，争创星级油库，高标准，严要求，各项工作步入了规范化的管理轨道。在全省系统年度安全大检查中，职能部门和车队安全检查，分别荣获并列第一名。还通过开展“安全月”“消防日”活动，进行全员安全教育和消防技能培训、演练，使安全管理更深入人心，扎实有效。

（运城石油分公司）

烟草专卖

【主要经济指标完成情况】 2003年1—11月份，全市行业实现卷烟销售13.53万箱，占年计划的101.45%，较上年同期增长了10.3%。其中，行业名优烟销量4.89万箱，占年计划的142.78%；自产烟销量4.3万箱，占年计划的126.22%，较上年同期增长了24.28%。

实现销售收入10.53亿元，较上年同期增长了28.83%。

单箱利润472元，较省局计划380元高出92元。

综合毛利率11.13%，较省局计划高出0.13个百分点，较上年同期高出1.03个百分点。

实现利润6387万元（其中消化潜亏627万元），占年计划的138.85%，较上年同期增长了61.87%，预计年底利润将达到6500万元左右，再创历史新高。

实现税收4168万元，较上年同期增长了41，48%，预计年底将超过4500万元。

三项费用总额5351万元，占年计划的95.55%，较上年同期增长了20.17%。

实有利润率为119.4%，较计划提高了29.4%个百分点，较上年同期提高了30.8个百分点。

库存卷烟7696箱，在控制指标以内。（市烟草专卖局）

【及早部署，狠抓落实】 2003年，烟草专卖局及时召开全市烟草工作会议，早定任务，早定措施，早加压力，早做落实。早定任务，就是市局党组根据2002年各项指标任务的完成情况，结合争先发展的需要，对全市行业2003年的各项指标任务做了充分的估计和预算，比较合理的对各项指标做了分解。使各县公司都能够较早的根据计划任务情况，早做安排，早做打算。早定措施，就是根据形势发展变化的需要，针对上年工作中存在的问题，为早日实现全省行业“两步走、翻两番”的宏伟目标，为实现运城烟草的跨越式发展目标，及时研究和制定操作性强、有创新意识的措施，力求用新举措，实现新目标，夺取新成果。早加压力，就是最大限度地让各县公司及早明白自己的任务，产生紧迫感和压力感，进而根据自身的实际情况，制定切实可行的措施，把压力变成动力，为实现2003年的各项目标任务打好基础。早做落实，就是通过目标的制定，措施的完善，任务的紧迫，促使各县公司提前行动，按市局（公司）的规划部署，切实把各项工作落到实处。正是由于全年各项工作安排部署早，使得市县两级局（公司）尽早明确了目标，掌握了先机，抓紧了时间，一天都不耽误地推动了各项工作的进展，不但顺利实现了首季开门红、半年双过半，而且为全年各项任务指标的完成奠定了良好的基础。

（市烟草专卖局）

【规范党组议事制度】 2003年，市局（公司）认真按照党组议事制度的规定，对涉及行业长远发展的重大决策、重大业务经营活动、人事变动、基建工程等，多次召开党组会议专题研究，进一步健全完善了党组集体领导制度。

（市烟草专卖局）

【规范卷烟购销】 2003年，市局（公司）严格按照全年合同计划，适时购进卷烟，认真及时进行卷烟到货确认，坚决禁止了各种计划外采购，并采取点菜吃饭、随时送货的办法，确保各县级公司适销对路卷烟的到位，同时在销售上严格执行省局规定，多次明确不入网销售即体外循环，确保购进卷烟100%落地销售，100%卷烟入网销售。

（市烟草专卖局）

【规范卷烟价格】 卷烟价格利差是产生效益的最主要源泉，同样也是导致体外循环、甚至产生腐败的因素。2003年，市局（公司）一再严格要求，各县公司必须按照省、市局（公司）的统价限价规定，坚决禁止私自抬价或压价销售，并且组织有关人员，深入各县检查，确保了卷烟价格的到位。

（市烟草专卖局）

【规范员工行为】 2003年，市局在抓好人员教育培训、努力提高员工整体队伍素质的同时，还对违反规范、工作不到位的违规违纪人员进行严肃处理。盐湖、平陆局（公司）先后对不认真遵守公司规定、工作不负责任的9名临时聘用人员予以辞退，对其他工作人员产生了有效的震慑教育作用。

（市烟草专卖局）

【规范专卖办案制度】 2003年，全市行业认真按照集体办案制度的规定，对每起案件的研究处理，都及时邀请纪检监察人员全过程参与。对制假贩假案件的查处，认真按照有关法律规定，该移交司法机关的全部移交，同时为防止处罚随意性和人情关系影响，每起大要案件处理结果都严格执行了上报制度。（市烟草专卖局）

【抗"非典"抓经营，确保双胜利】

2003年上半年，面对"非典"这一突如其来的重大灾害，市县两级局（公司）高度重视，认真按照党中央、国务院"一手抓抗击'非典'，一手抓生产经营"的重大决策，采取了一系列积极有效的措施，收到了良好的效果。①积极动手，扩大宣传，切实提高对"非典"的认识。由于"非典"是一种人类尚未完全掌握的传染性疾病，社会大众对其知之甚少。从4月份开始，市局（公司）积极利用张贴宣传画、出板报等形式，对职工及家属进行了学习宣传教育，使大家对"非典"疫情有了比较全面的认识。②领导重视，措施有力，确保全体员工的身体健康。预防"非典"工作开始以后，市县两级局（公司）先后为职工购买了大量的预防中药、消毒液、体温计与防护口罩等用品，并对机关和家属院采取封闭措施，严禁外来车辆和人员进入。如确需进入，必须进行消毒与测量体温。同时，结合"非典"疫情，市县两级认真深入地开展了爱国卫生运动。③解放思想，打破常规，积极抓好卷烟销售工作。针对"非典"特殊时期各地采取的封村封路的做法，各县市公司积极出谋划策，普遍采取了"电话联系，村口接货"，"定时定点约定送货"，"选择一些信誉好、守法经营的经销户帮助送货"，"借用专管所或原来的网点开展就地批发"，"开通送货、补货专线电话，随时满足零售户的需求"等多种形式，确保市场供应不断档、不脱销。同时，芮城、闻喜等公司还利用"非典"特殊时期，采取为经营户免费消毒、提供药皂、消毒液等办法，进一步拉近了与经营户的距离，赢得了他们的信赖与赞扬。正是由于市县两级的艰苦努力，全市行业最大限度地减少了非典对经营工作的影响，为圆满完成全年各项目标任务起到了一定的促进作用。

（市烟草专卖局）

【整顿和规范卷烟市场秩序】 2003年1—11月份，全市行业共查处各类违法案件1203起，其中5万元以上的大案13起，查获各类非法经营卷烟9994件，价值1850余万元。

（市烟草专卖局）

【专卖管理所建设】 2003年，市局强化专卖管理所硬件建设，对各县提出了具体的标准和要求，并在工作会议上作了全面部署和安排。要求队舍面积不低于60平方米，每队配置专用稽查车辆，添置电视机、饮水机、空调等设备，为专卖稽查队员创造一个良好宽松的工作、生活环境。1月8日至14日，由市局领导带队，利用7天时间，对全市75个专卖管理所和中队进行了全面深入的检查督导。并于1月18日组织永济、芮城、铝厂、闻喜、夏县、新绛、盐湖七个县级局（公司）的局长（经理）副局长（副经理）实地观摩了河津的小梁专卖管理所、樊村专卖管理所、黄村专卖管理所和稷山的下迪专卖管理所、翟店专卖管理所的硬件建设，并在翟店专卖管理所召开现场会。以此为标志，全市专卖稽查队伍硬件建设迅速发展。春节过后，刚上班的第二天，市局领导再次利用一周时间，率队对没有达标的专卖管理所进行检查验收。经过近十个月的努力，全市已有75个专卖管理所（队）各种设施到位，队容队貌焕然一新，为进一步推动和提升全市户籍化管理水平提供了基本条件。（市烟草专卖局）

【深入开展打假打私活动】 2003年，为了进一步加大打假打私力度，根据省局《联合打击制售假烟违法犯罪活动工作制度》的通知精神，按照国家局、公安部在京召开的打击制售假烟违法犯罪活动第一次部（局）级联席会议上对今年打假工作的部署和安排，市局制定了与市公安、工商、技术监督联合打假的联席会议制度，建立了联合打假的长效机制。与此同时，市县两级专卖管理部门通过积极培植眼线，加大处罚力度，建立严格的责任制，使打假工作取得了阶段性胜利。1—11月份，全市行业共查获各类假冒伪劣卷烟2859件，捣毁了14个制假烟（丝）厂和制假窝点，收缴制假烟机设备20台套，收缴制假烟丝、烟叶133吨及大量的制假原辅材料，抓捕制假人员9人，行政拘留6人，刑事拘留4人，批捕犯罪分子2人，在社会上引起了巨大反响。4月15日，市政府在河东广场组织召开了全市焚烧假烟现场会，省局派专人参加，市经贸委、公安、工商、技术监督、打假办、省局第三稽查支队领导和100余名经营户代表参加。会后，40余辆满载制假烟机、假烟、烟丝、制假原辅材料等打假成果的车辆，在运城市5条主要繁华街道进行了长达2小时的游行宣传，并分别在运城张孝村老砖瓦厂和运城市物资回收公司进行了当场焚烧和现场销毁，共销毁各种假烟机34台，假冒伪劣卷烟2085件，制假烟丝15吨及大量原辅材料。5月11日，市局又在张孝村老砖瓦厂焚烧烟叶100吨。再次销毁制假物品标值达400余万元。《运城日报》运城电视台、《民生报》、《公安报》等新闻媒体对这些活动都进行了宣传报道，声势大，震慑力强，严厉打击了违法犯罪分子的嚣张气焰。（市烟草专卖局）

【开展百日会战，整顿卷烟市场】

2003年为了全面整顿和规范卷烟市场秩序，按照省局晋城会议安排，经市局党组研究决定，从4月1日起，在全市范围内开展百日大会战活动。市县两级紧紧围绕百日会战的总体目标，主要抓了以下几项工作：①积极争取地方政府支持，切实加大打击力度。4月初，市政府办公厅下发了《关于整顿和规范卷烟市场秩序的通知》，要求各县（市、区）政府、各开发区管委会严格按照全市百日大会战的安排部署，积极组织并协调有关执法部门，深入开展卷烟市场规范整顿。各级政府非常重视，密切配合，特别是夏县、万荣等县，分管副县长专门做了电视讲话。②加大宣传力度，创造良好氛围，为百日会战活动的顺利开展起到了积极的作用。特别是芮城县局不但积极在电视台进行飘字宣传，而且还设立“卷烟打假百日大会战”专栏，公布举报电话和奖励政策，同时对战果及时在芮城新闻栏目播放。③认真制订实施方案，围绕重点开展打假工作。市县两级局紧紧围绕打假、打大户、拔钉子、端窝点、断渠道、清市场等重点目标，开展了深入细致的工作，取得了明显的成效。据统计，百日会战期间，全市行业共查处各类违法经营卷烟案件280余起，查获各类违法卷烟4236件，价值250余万元，捣毁2个制假烟（丝）厂和制假窝点，端掉18个黑窝点，清理取缔了17个非法回收烟店。（市烟草专卖局）

【开展诚信服务星级达标活动】 2003年，市局（公司）于7月24日下发了专卖户籍化管理诚信服务星级达标活动方案，对基层各专卖管理所和卷烟零售户开展双向诚信服务星级达标活动。对基层专卖管理所，根据管理、销量、服务等项考核指标，评定二星、三星、四星、五星级；对卷烟零售户，根据守法、销量等情况评定二星、三星、四星、五星级，对不同的等级实行不同的优惠奖励政策。8月29日至9月8日，市局专卖办又牵头组织各县专卖副局长（副经理）赴江苏、浙江、上海等诚信星级管理工作较好的单位进行学习考察，重点学习了他们的工作流程，具体操作办法，观摩了实施诚信星级管理后的市场效果。经过四个多月实践，特别是11月21日全市行业诚信服务星级管理铝厂现场会的推动，经市局检查验收，全市53个专卖管理所已有42个达三星级以上的标准。特别是芮城风陵渡所、盐湖解州所、新绛三泉所、铝厂城区所和禹门中队，硬件标准高，工作要求严，效果非常明显。

（市烟草专卖局）

【网建达标】 2003年为认真贯彻落实国家局上海网建工作会议精神和省局《网建工作达标责任书》要求，市局（公司）年初下发了《2003网建工作意见》，制定全年网建工作规划。在此基础上，与各县公司签订了《运城市烟草行业网建工作达标责任书》，提出了今年十月份以前实行电话访销的零售客户，城网要达到客户总数的90%以上，农网达到60%以上。经过市县两级的共同努力，扎实工作，截至年底，全市行业城网电话访销率已达到100%，农网达到95%以上。同时，进一步明确了2003年网建工作需要完善的三个重点，即完善客户管理服务体系、完善客户利益保障体系、完善微机信息化管理体系，并确定盐湖、闻喜、平陆、河津、垣曲五个县为全省网建联动县，在各项工作安排部署与具体落实上，作为重点检查考核对象，力求通过典型推动全市。市局（公司）还在调查研究的基础上，配套制定了一价制、电话访销、客户关系管理三个操作性比较强的规范管理办法，达到全市一个模式，一个标准，一种程序，便于统一考核，保证了网络运行的规范性和统一性。（市烟草专卖局）

【电话访销全面起动，网络运行趋向合理】 2003年，全市电话访销工作实现了长足的发展。截至年底，全市实行电话访销的客户已达13619户，占总入网户数的99%，共配备耳脉专线电话53部，免费服务电话15部，并全部实行了实时电脑开票打印。在具体操作上，主要抓了三个重点环节：①理顺体制，分设三部。将原来的配送部、访销部（访销中心）经过职能调整转化为营销中心，下设三个工作部门，即呼叫信息部、客户服务部、配送部。电话订货员和接线员集中办公，组成“呼叫信息部”，主要通过拨打和接听电话，收取客户要货信息，并负责订单打印和信息资料汇总。营销员与户籍化管理员组成“客户服务部”，主要通过走访客户，交流信息，监管市场，指导经营，全方位为客户提供服务。送货员、保管员、配货员等组成“配送部”，负责配货送货。②整合三线，合理定岗。电话访销开始后，市局要求以县公司为单位，按每人每天拨打100—120个客户配备电话订货员，每200—300个客户配备一个营销员，对原来的访送两条线按照订货、送货、走访三条线路重新进行调整和优化整合。分别在定人、定线、定户、定时、定任务的基础上，按照各自的岗位责任和工作流程，进行订货、送货、走访，避免了随意性，保证了各类人员的工作质量和网络运行的低成本和高效率。全市已有电话订货员53人，电话订货线233条；营销员53人，营销走访线460条；送货员148个，送货车74辆，送货线246条。③建立营销员制度。市局（公司）在统一建立全市营销员制度的基础上，明确了营销员的职责即走访客户、收集信息、监管市场、指导经营、提供服务；规范了走访形式即例行走访、重点走访、特殊走访，并对他们的走访程序、走访记录也进行了统一要求。各县营销员已先后走入市场、走进客户进行走访服务，较好地弥补了电话订货后不能充分与客户交流沟通的缺陷和不足。

（市烟草专卖局）

【客户关系管理】 2003年，全市行业主要从以下四个方面加强此项工作：①统一了两个台帐，即客户管理台帐和客户销售台帐。全市已建立两帐13714户，建档率为100%。②健全了五个信息，即每个客户的基础信息、管理信息、销售信息、形象信息、测评信息，以全面掌握每个经营户的综合情况。③搞好两个测评，即公司对客户的综合测评和客户对公司的满意度评价。公司对客户的综合测评主要包括重要度测评、诚信度测评、规范度测评、布局合理度测评；客户对公司的满意度评价主要从统一调查时间、统一调查内容、统一抽样方法、统一印制调查问卷上进行总体把握。四是个性服务体现四个差异，即访送频率的差异、供货量的差异、紧俏货源支持的差异、新品牌投放的差异。另外，还统一了零售户卷烟品牌周转量的计算办法，每次供货要求不超过周转数。

（市烟草专卖局）

【加强考核，促进规范】 2003年，全市行业一方面继续坚持以四率考核为主要内容的按月考核排队制度，另一方面在此基础上建立和完善了一个比较系统和全面的网络质量考核体系。就是对每个县级公司每个月的运行情况和工作业绩，从八个方面进行百分制量化考核，包括经营户入网率10分，市场占有率20分，入网销售率20分，经营户月均销量10分，入网户要货率10分，规范经营率10分，主要指标准确率10分，送货率10分，并逐月进行排队，以此为基础，年终进行综合评定。这一考核体系从不同的角度和层面把全行业的市场资源情况、市场占有情况、卷烟销售渠道、入网户质量和规范服务情况、专卖市场控制力和入网户规范经营情况、网外购销和网点主要数据录入上报准确情况等项指标逐月列表考核，从而做到心中有数，为市局的正确决策提供可靠的依据。

（市烟草专卖局）

【财经秩序专项整顿】 2003年，全市行业在去年财经秩序专项整顿工作的基础上，主要采取自查不停，复查不断的方法，抓了以下几项工作：①认真学习，深刻领会国家局四次电视电话会议精神。3月10日、4月16日、5月15日和11月14日全国烟草行业财经秩序专项整顿电视电话会议后，市局党组安排专人，将四次讲话原文整理后下发各县，并要求市县两级局（公司）认真学习，严格遵照执行。②抢抓机遇，深入开展回头查工作。按照国家局、省局的安排部署，对卷烟商业企业复查、抽查工作延期进行，市局（公司）要求市县两级抓紧时间，认真针对专项整顿工作中存在的问题，特别是结合新绛县公司暴露出来的问题，多次强调专项整顿工作的重点和国家局的五条纪律，要求各单位必须树立问题必须查清、进度服从质量、“不达目的誓不收兵”的指导思想，抢抓财经秩序专项整顿的自查空间，认真扎实地开展回头查工作，切实把专项整顿工作抓紧抓好，抓出成效。③积极动手，认真开展复查工作。为了切实使专项整顿工作收到实效，真正把问题查清查明，市局（公司）先后3次组织专业人员，主要采取核查银行对帐单、企业往来帐、商品帐、实物帐和核实财务费用的开支情况及专卖罚没收入的收支情况等措施，进一步检查各县的自查情况，有力地促进了财经秩序专项整顿工作的深入开展。截至年底，全市行业共查出未列入企业财务帐总收入1966万元，其中，卷烟体外循环收入1355万元，卷烟工业企业让利、样品烟、市场开发费、赞助费、政府奖励及专卖罚没未入帐611万元。

（市烟草专卖局）

【治理卷烟体外循环】 自4月份国家局专题部署治理卷烟体外循环工作以来，全市行业①及时安排，认真学习。4月16日、5月23日、5月30日、11月28日国家局、省局专项治理卷烟体外循环电视电话会议后，市局（公司）及时下发讲话原文，并要求市县两级组织相关人员认真学习，严格按照会议精神，做好贯彻落实工作。同时，针对一季度卷烟购销与体外循环报表填写情况，要求重新进行回头查。②领导重视，组织得力。在认真学习国家局、省局有关专项治理卷烟体外循环的文件的同时。5月9日，市局（公司）成立专项治理卷烟体外循环领导组办公室，具体负责全市行业专项治理卷烟体外循环工作的开展。并要求各县市局（公司）也要相应成立专项治理领导组，切实抓好此项工作。随后又专门下发了《关于深入开展专项治理卷烟体外循环工作的实施方案》，对全市行业专项治理工作做了具体安排部署。③组织检查，注重效果。在认真安排市县两级扎实搞好专项治理卷烟体外循环自查工作的基础上，为了切实保证效果，不走过场，5月19日，市局（公司）组成了纪检部门牵头的督查组，抽调市县两级懂经营、精财务、年富力强的8名工作人员，深入各县认真开展检查工作。在认真做好以上各项工作的基础上，5月30日，市局领导带领市局整顿办全体成员、各县公司经理认真学习了省局晋烟专［2003］22号、24号文件，并逐项逐条进行了具体解释，要求市县两级认真按照国家局、省局规定，切实做好自查工作，真正把问题暴露出来。省局第三次专项治理卷烟体外循环工作会议之后，10月2日，市局（公司）再次召开全市贯彻省局会议精神大会，对此项工作再次作了通报与要求。全市一共自查出一季度体外销售48100件，二季度体外销售42378件，三季度体外销售268件。

（市烟草专卖局）

【“三网一制”工程】 2003年，为了切实贯彻落实省局（公司）关于网建工作的部署安排，全市行业在认真学习上海经验的基础上，通过总结回顾“三网一制”工程运行两年来的经验和不足，经过反复讨论和征求意见，于全年5月30日出台了《关于提高完善“三网一制”工程的实施方案》，在较大程度上对原方案进行了提高和完善，为行业下一步快速发展指明了方向。在卷烟营销网络建设方面，把“电话订货、电子结算、集中配送”确定为全市行业的基本运行模式，并全面推行客户关系管理，对客户实行差异化服务，保障零售客户的基本利益，真正达到烟草公司与零售客户双赢的目标。在专卖管理网络建设方面，进一步明确了专卖稽查分队三级建制，合理划分了各稽查队的主要职责，补充完善了百分制考核内容。在信息网络建设方面，对信息点的建立、信息采集、信息利用、信息管理与信息系统的优化和升级做了进一步的明确要求。在内部机制转换方面，对外聘人员的招聘和管理、全体干部职工的联销计酬考核办法、专卖销售人员的工效挂钩办法，根据形势的发展变化，做了进一步的调整和完善。经过半年时间的实践，这一关系运城烟草生死存亡的生命工程，对全市行业各项工作的开展起到了明显的促进作用，也必将对运城烟草的长远发展发挥出更大的作用。

（市烟草专卖局）

【精神文明建设与党风廉政建设】 2003年，市局（公司）认真按照省局党组的安排部署，在全市行业深入开展了“两步走、翻两番”百日大讨论活动，广大干部职工积极献计献策，共上交各种论文及心得116篇。市县两级认真按照省局（公司）和地方党委政府的安排部署，深入开展了十六大精神的学习宣传贯彻活动，市局机关副科级以上干部还参加了市直工委组织的十六大报告培训班，副处以上干部及人事科负责人参加了省局组织的“三个代表”培训班。10月18日至19日，市局在全市行业专卖管理人员法律知识统一考试后，又组织其余的316名经营管理人员进行了培训与考试。认真组织开展了全市行业首届职工运动会，并积极组织人员参与全省职工运动会，职工大局意识、团队意识、竞争意识进一步提高。积极推进领导班子建设，先后调整交流8名干部，其中法人代表3人。以贯彻落实“三不机制”为目标，以狠抓干部队伍素质为基础，以查处大要案件为重点，全面落实党风廉政建设目标责任制，深入开展党风廉政建设与反腐工作。先后对“饶荣顺申诉一案”及闻喜、芮城、平陆、新绛等公司经营管理中存在的不规范行为进行了深入调查落实，并对相关责任人进行了处理或诫勉谈话。积极开展“三项治理”与行风评议工作，受到地方政府有关部门的肯定与好评。与此同时，市局审计科还利用一个多月的时间，对16个县级局（公司）2002年度任期经济责任及各项经济指标完成情况进行了全面审计，对中条山矿区烟草公司原任经理进行了离任审计，还委托社会审计部门对垣曲县烟叶公司及芮城县公司原任经理饶荣顺任职期间的经济责任进行了审计。 （市烟草专卖局）

【地产烟叶收购】 2003年，全市烟叶生产经营工作继续贯彻落实“市场引导、计划种植、主攻质量、调整布局”的方针，大力开展技术培训活动，努力提高烟叶生产质量，切实加强烟叶销售工作，种植烤烟3万亩，收购烟叶5.5万担，圆满完成了省局下达的收购计划任务。 （市烟草专卖局）

对外贸易

【对外贸易实现跨越式、超常规发展】 据海关统计，2003年全市完成进出口总值35946万美元，同比增长85.47%。高出全省平均水平52.06个百分点，提前七年实现翻两番目标。增幅居全省十一个地市之首，进出口总额比大同、阳泉、长治、晋成、朔州、忻州六个市的总和还高出9000多万美元。2003年全市出口完成15445万美元，同比增长47.55%，进口完成20500万美元，同比增长129.44%。全市经济发展对外贸依存度达到16.39%，拉动GDP增长1.59个百分点，高出全省0.39个百分点。

（市对外贸易经济合作局）

【利用外资创历史新高】 2003年全市与外商签定引资项目20个，新批外商投资项目13个。合同利用外资8545万美元，实际利用外资3642万美元，同比分别增长189%和42%。

（市对外贸易经济合作局）

【外经合作前景看好】 2003年全市对外劳务输出完成市委、市政府下达的目标任务，达到110多人。南风集团成为运城市首家取得对外承包工程和劳务合作经营权的企业，为运城市企业“走出去”参与国际竞争提供了必要条件，为劳务输出工作奠定了良好基础。经多方努力，市外经贸局与山西省国际经济技术合作公司达成组织纺织女工、电器装配工和木工赴日合作协议；市制版集团在巴西、墨西哥等七个国家和地区设立了分厂，亚宝集团还在坦桑尼亚设了营销点。

（市对外贸易经济合作局）

【开发区发展势头强劲】 据统计三个省级开发区2003年完成科工贸总收入67.8亿元，同比增长22.4%，国内生产总值10.7亿元，工业总产值27.6亿元，同比增长39.1%，协议利用外资1.2亿美元，实际到位外资970万美元，协议利用内资12.7亿元，实际到位内资5.1亿元人民币。

（市对外贸易经济合作局）

【2003年重大事件】 1. 市外经贸金属镁行业首次积极利用法律手段和国际规则应诉加拿大对中国金属镁反倾销，达到规避风险，解决争端和磨擦目的。2. 外经贸局委托市人事局首次公开面向社会招考公务员六名，进一步加强了外经贸局队伍建设。

（市对外贸易经济合作局）

物资经销

【概况】 2003年，市物资系统国有资产经营中心（原市物资局），按照“深化改革、调整结构、振兴企业、致富职工”的工作思路，坚持以发展为主题，以结构调整为主线，继续实施制度创新、经营创新和管理创新，大力推进产权多元化，企业改革稳步深入，结构调整趋于优化，系统稳定，各项工作进展顺利。系统金属、机电、化轻、再生四公司完成商品购进6069.1万元，完成商品销售6396.9万元，机电、化轻、再生三企业当年利润持平，金属减亏50%以上，圆满地完成了各项工作目标。 （赵培京）

【经营工作】 在年初工作会议上，局班子提出企业利润当年持平，购销同比增长15~20%的经营目标。这一目标是在系统连续六年亏损300万元以上的情况下提出来的。为了完成目标，系统上下形成了想方设法抓经营，千方百计增效益的态势，各企业自加压力，自谋对策，积极调整经营结构，提高服务质量。同时大家广开门路，节流开源，充分挖潜，利用有限资金和有效资产，以全新的经营服务理念向市场要效益。如再生公司在报废车辆收购上，思路对，干劲足，办法多，全年共收购废旧车辆647辆，创历史纪录。 （赵培京）

【改制工作】 企业的改制工作2003年进入实质性的实施阶段。从4月开始，利用两个月时间进行清产核资，并在此基础上，系统总体改制方案与各企业实施方案草拟出台，前期改制的思想动员、宣传等基础性工作基本结束，各方案处于完善与待批之中。2003年的改制工作主要是围绕如何打破制约系统发展的四个瓶颈问题而展开的。①资产抵押以及银行债务的打捆核销工作。②探讨最大限度盘活有效资产，筹措改制费用工作。③梳理和解决大量的历史遗留问题。四是怎样保持改制后的企业能尽快走向市场并确保大部分职工有饭吃的问题。（赵培京）

【党建及稳定工作】 局党委和班子坚持“两手抓，两手都要硬”的方针，围绕发展稳定抓党建，将党建工作和党风廉政建设纳入目标责任考核中，充分发挥党组织的战斗堡垒作用和党员的先锋模范作用，建章立制，明确责任，层层分解，齐抓共管。全年党建工作主要围绕企业的“学教”活动而展开。在廉政建设的“三项治理”工作中，严格制度，严格程序，措施具体，重点突出，保质保量地完成了相关工作。稳定工作近几年一直是系统工作的重头戏，工作中，班子始终是以维护职工的整体利益为前提，充分发挥各级党组织、工会、再就业中心、军转办等部门的作用，争取一切有利因素，极大限度地解决职工的实际问题和困难。同时出台了强硬措施，将职工的工资发放、社保医保缴纳作为考核的硬指标，与企业签订目标责任书，要求企业全力完成。在非典期间，率先在全市实行了出入证制度和门卫24小时值班制度，有效地将非典拒之门外。（赵培京）

（责任编辑：武建华）

建 设 环 保

城乡建设

【重点工程建设】 黄河大道：在2002年主车道铺油已经完成基础上，非机动车道造成的部分塌陷在2003年完成夯实；两侧非机动车道共10公里铺油工程由市公路局负责施工。完成了蓝燕岗至盐湖区检察院门口共计2.5公里道路铺油工程，其余7公里尚未完成。两侧护沿石、花带石因受非机动车道重新复铺的原因，也需重新安砌；两侧花带残土清运和换土工作结束，绿化工作完成大半。

南风广场：东西两个下沉式广场、文化长廊主体完工，绿化工程花木栽植过半。1、2、3、4号喷泉工程主体完工。8根龙柱按设计要求雕刻完成。排水管道完成工程量的70%，电缆管沟主体完成总工程量的80%。照明工程预埋管线基本到位。硬化工程完成80%。LED大型电子屏幕完成向社会招标。由市体委安置的全民健身器材全部到位。历史文化长廊设计方案选定。

新区两条道路：高专东路、河东街东段工程，挖运夯填土方30万立方米，迁移坟墓24个，敷设排水管道13公里，供水管道4.9公里，煤气管道1.6公里，电力电信管线2.5公里，综合管沟3.7公里，完成产值2000余万元。

城市拆迁：严格贯彻执行《城市房屋拆迁管理条例》、《山西省城市房屋拆迁管理条例》和《运城市城市房屋拆迁管理暂行办法》，中心城市共拆迁单位和个人230户，拆除各种临时、违章建筑共33420余平方米，共付拆迁补偿费2010万元。对市区拆迁的“钉子户”、“难缠户”进行了强制依法拆迁；尤其是对人民路河东广场西侧程富贵20余年未能拆迁的房屋申请人民法院强制执行。 （市城建局）

【城市绿化】 道路绿化，先后对盐湖大道、红旗街、工农街、圣惠路等10余条主要街道进行了绿化，栽植各类花卉树木105余万株，尤其是河东街绿化、硬化和美化已成为市区一条高标准街和一道靓丽风景线。

先后对圣惠广场、中银大道立交桥两侧绿地，主要街道两侧小游园进行了重新绿化。西花园改造方案，委托西安古建园林设计院完成设计，报市政府确定。完成了全市117个党政机关和企事业单位的庭院绿化普查建档工作。经过一年的努力，市区绿化新增绿地面积4万余平方米，人均公共绿地提高到2.013平方米，城市绿化覆盖率提高到18.71%，城市绿地率提高到5.17%。 （市城建局）

【亮化工程】 2003年先后完成了黄河大道、河东街、解放路、盐化三厂坡段、盐湖大道、禹都大道两段、人民路、凤凰路亮化工程。国庆节期间又投资110万元，在红旗街、解放路、中银大道实施了灯光隧道亮化工程，在红旗街邮电大楼岗——运城大酒店实施了火树银花亮化美化工程。这些亮化工程相继完成，大大提高了城市品位，赢得了领导和市民高度肯定和好评。

（市城建局）

【城市出入口整治】 以大运路、运解路出入口整治为重中之重，明确任务，责任到人，加大综合整治力度。完成槐东路、大运路、运解路、人民路中段道路规划设计和临时违章建筑的拆迁工作，固定建筑已完成拆迁评估工作，共计拆迁21000平方米，补偿安置资金1100万元。签订协议90余户。同时加大综合整治力度，拆除大型广告桥13座、临时广告牌50余块；拆除临时违章建筑30处，清理大型容罐器33个，废旧钢材13吨，流动加油车1台，竹架板5000余张，红瓦3万余块，填埋地沟25个。完成了五个集洗车、货运为一体的综合性停车场规划定点，其中棉科所停车场已开始建设。九大出入口管理工作都纳入了日常化管理，环境卫生初步好转。 （市城建局）

【道路桥梁改造维修】 2003年，投资530万元对解放路、站南路、站东路、市府街、凤凰南路、红旗西街、中银大道、工农街进行了复铺，维修复铺82345余平方米，补坑29126余平方米，洒油12.6万余平方米，是近年来维修范围和面积最多的一年，道路接口处理良好，工程质量，受到广大市民的普遍好评。完成南风广场东侧人民路、北侧禹都段三线入地工程。圣惠路立交桥维修改造工程，加紧施工，力争2004年春节前改造完成。八一西路改造完工并于12月10日通车。

（市城建局）

【城市规划管理】 加快建立规划审批制度，减少审批程序和办事环节，提高工作效率，组建了建设系统内部一条龙服务的行政审批服务大厅，完成了新区商务区规划，全年共办理规划选址15家、建设用地36家、建设工程83家；加大城市总体规划的宣传力度，开展了为期一周的城市规划宣传活动。在南风广场、河东广场、盐湖区委门前设立了固定宣传栏，《运城日报》专版介绍了总体规划情况，印发宣传材料3万余份；同时，组织各房地产开发企业宣传旧城改造和新区住宅小区规划方案，使社会各界人士和广大市民进一步了解城市规划，参与遵守并监督规划实施，增加了规划执行的透明度。针对各类园区建设失控问题，城建局对全市的所有工业园区做了调查摸底，并以市政府名义下发了《关于进一步加强城市规划管理的通知》。加强批后管理，制订并实施了三项制度，即建设工程项目规划监督检查登记表制度，建设工程规划竣工验收合格证制度，规划监察分片包干、街区到人的责任制管理制度。全年共下发各类违法违纪建筑停工通知书180余份，拆除违法违章建筑2000余平方米。（市城建局）

【市区垃圾清运收集】 城建局对全市垃圾实行统管统运，成立了专业清运队伍；加大对乱倒垃圾的查处打击力度，在九大出入口设立专门稽查岗亭，严防死守，全天24小时值班。在主要街道新建地坑式垃圾集装箱32个，取缔市区主要街道垃圾明点19个，建立垃圾池55个。新购摆臂式垃圾车5台，新购医疗垃圾焚烧车6台，建医疗垃圾焚烧场1座，新建垃圾填埋场1个，增设果皮箱400余个。

加强对现有公厕的管理，设立公厕指示灯箱20个，新建免冲式环保型公厕9座、高标准水冲式公厕5座。市区主要街道的清扫保洁工作实行定岗位、定路段、定责任、定人员、定标准，做到两扫全保，次要干道实行一扫保洁。

（市城建局）

【门前五包"责任制落实】 2003年，市城建局和相关部门联合出台了《门前五包责任制管理办法》，召开了"门前五包责任制管理工作动员大会"，组织宣传车辆上街宣传。散发宣传单5000余份，在红旗街、河东街、中银大道等八条道路上签订"门前五包"目标责任书2300余份，落实"门前五包"管理员200余人，规划、标划自行车停放线8000余米，粉刷行道树4700余株，对市区主要街道和城市窗口的重要地段进行了全面整治。

（市城建局）

【市容市貌管理】 对夜市摊群、洗车场、停车场、修车场、建筑工地、瓜果市场、广告牌匾进行了3次综合整治，认真落实城市管理出台的相关文件，配合市委、市政府在全市范围内开展了以清除垃圾为重点的爱国卫生大行动，清理死角垃圾48处共5万余方。

开展了专项整治。对乱摆摊点，乱贴乱画，乱停乱放，乱泼污水，破烂广告牌匾，围栏作业，占道经营等现象加大查处整治力度，先后查获乱张贴行为17起33人，没收各类小广告3万余份；拆除各类违章广告40余处，维护整修广告架8个，更换损坏广告画面达300余平方米，清除条幅及残余物360余处；对市区临街20余家建筑工地加大围栏整治力度，临街建筑工地围栏率达100%；对占道经营的洗车场、修理场、店外经营进行了专项整治，共取缔店外修理45家，填埋地沟11个，取缔洗车场17个，责令主干道上11家电焊门店停业搬迁。

对夜市摊群、早市摊点进行了初步规范。对属于城建局管理的夜市摊群基本做到三统一，即统一从业人员服装、统一广告灯箱高度和宽度、统一备有污水桶和垃圾容器，并在西城办摊群首家试行了流水洗手，受到市民称赞。对属于工商部门管理的夜市摊群，积极协调工商部门进行整治，重点对南环路菜市场、人民南路、凤凰路夜市摊群进行了整治，成功取缔了黄河大厦前占道早市、渠堤公园夜市、盐湖区实验中学门前的餐饮摊点。

根据市政府《关于加强城市环境卫生长效管理实施方案》，经过努力，于2003年9月30日以前完成了市区小街小巷环境卫生管理交接工作，并同各办事处签订了长效管理目标责任书，确定了各办事处和社区城管员，落实了城管员工资，初步建立起了"两级政府，三级管理，四级网络"的市容环境卫生管理体制。

对"五纵五横"主要街道进行了环境卫生和市容市貌大整治。这次集中整治仅解放路、环城路、老东街店外经营400余家，炉子21个，各类棚亭180余个，清理拆除门前不规范条幅广告牌匾600余（条）块，晾衣绳25根，临时违章建筑15处，清理占道堆放物料100余处，店外加工154家，整顿规范门店摊点200余个。通过整治，市区"五纵五横"主要街道以及火车站、汽车站的环境卫生和市容市貌发生了明显变化。（市城建局）

【有形建筑市场建设】 2003年全市认真贯彻《建筑法》、《招投标法》及国家和省上有关规定，依法规范行业市场管理，维护统一开放、规范有序的市场秩序。建立了有209名专家的招投标评委专家库，对招投标评委专家实行动态管理，实行微机随机抽取，规范了招投标评委的抽取办法。2003年全市共有97个建设项目进入工程招投标交易中心，进行了公开交易，工程总造价9.4亿。报建项目公开招投标率达到100%。（市城建局）

【质量安全生产】 2003年，全市继续依法加强了对工程质量、施工安全的监察力度，先后组织质量安全执法检查3次。全市共监督工程111项，建筑面积65.3万m^2，竣工验收工程84项，监督覆盖面达100%。召开了全市建筑工程质量安全工作会议，检查建设工程200余项次，下发质量整改通知书12份，安全整改通知书35份。与此同时，对工程施工人员人身安全进行了保障落实，强制加上意外伤害保险。对全市250余名安全员进行了安全上岗再教育，为确保工程质量和安全打下了良好基础。（市城建局）

【建筑施工企业资质管理】 为克服全市建筑施工与房地产开发企业过多，资质等级较低，僧多粥少，竞争激烈的局面，根据国家建筑施工企业与房地产业资质管理的规定，结合年检，2003年，市城建局对全市103家建筑企业、13家勘察设计单位、6家监理、2家招标代理公司、2家图纸审查公司、28家开发企业，重新进行了资质审查和备案登记，进一步规范了建筑市场。严格依法加强从业企业资质年检，受到限期整改的开发企业9家；被吊销资质的施工企业3家、勘察设计单位6家、开发企业1家。组织了各类专业技术人员执业资格报名、培训等工作，全市共有项目经理1237名，监理工程师76名，注册建筑师、结构师63名；组织工程设计评优63项次。

（市城建局）

【房地产交易和物业管理】 2003年，市城建局在全市范围内统一了产权办理程序和办证审批表格，各县（市、区）已全部配备电脑，实行电脑打印和电脑绘图，运城、河津、万荣、临猗建立房地产交易大厅。下发了《关于加强物业管理的通知》，举办两期物业管理上岗人员培训班，培训合格人员达150余人，物业管理企业经理有10人取得了全国物业管理企业经理岗位证书。 （市城建局）

环境保护

【概述】 2003年，全市大气环境质量方面，市区空气质量二级以上天数达到133天，比2002年增加49天；地表水环境质量方面，涑水河张留庄断面主要污染物化学需氧量（COD）和氨氮（NH_3-N）浓度分别控制到176mg/L和52.9mg/L，比2002年下降了14.0%和73.4%，汾河河津大桥主要污染物化学需氧量（COD）和氨氮（NH_3-N）浓度分别控制到191mg/L和13.8mg/L，比2002年下降了36.8%和13.1%；环境噪声、辐射放射源得到有效控制，生态环境保护和建设初见成效，区域环境质量明显改善。

（邵高波 辛运鹏）

【环保宣传】 开展环保法律法规宣传。在“六·五”世界环境日，设立了八个环保法律法规咨询台，开展了法制宣传一条街活动；在市区主要街道悬挂了16条宣传标语，散发环保传单1万余份，宣传画、法规手册两千余份，接待咨询群众两千余人；制作并在运城电视台播放了《守护家园》环保电视专题片。12月4日全国法制宣传日，散发法律、法规资料300余份，接待群众50余人。组织各县（市、区）环保局、市各大企业举办环保法律法规知识电视大赛，并通过电视转播，向社会广泛宣传了环保法律知识。组织全局人员参加了国家环保总局举办的“全国生物多样性知识竞赛”，共收到答题卡112份，荣获全国唯一的“最佳组织奖”。

丰富环保宣传手段。为纪念全国环保事业开创三十周年，与市楹联学会联合举办了全国有奖征联活动。共收集到全国各省、市、自治区的环保楹联五千八百余幅，宣传环保工作、弘扬民族文化，获得一致好评。内部刊物《绿苑文摘》专门宣传环保工作、普及环保法律法规知识，出版发行了两期，在社会上收到良好效果。

狠抓宣传报道工作。在各县（市、区）环保局的大力支持和共同努力下，圆满完成了《中国环境报》、《山西环境报》的发行征订任务，被《中国环境报》评为发行先进单位，受到国家和省环保部门的表彰。同时，积极配合全市环保中心工作，市县两级通讯员在《中国环境报》、《山西环境报》等多家新闻媒体上发表反映市环保工作的新闻报道263篇，其中国家级35篇，省级102篇，市县级126篇，发表电视新闻59条（次），有力地推动了全市环保工作的开展。

（邵高波 辛运鹏）

【环境执法行动】 2003年全市累计出动执法人员2385人次，检查企业1980厂次，取缔、关闭土小企业122家，淘汰落后工艺、设备83家，查处违反“环评”和“三同时”制度的建设项目123个，处理群众举报的不法排污事件17个。对各类不法排污企业的违法行为进行了严厉打击，解决了一些群众关心的环保问题，重点地区的环境质量得到了改善。

在取缔、关闭土焦改良焦炉的专项行动中，全市先后共出动执法人员1500余人次，出动铲车1000余台次，取缔关闭土焦改良企业共66家（其中土焦企业10家，改良焦炉企业56家），摧毁土焦34座、改良焦炉824座，炸掉烟囱80根，彻底取缔关闭了全市的土焦和改良焦炉，专项行动取得全面胜利。

（邵高波 辛运鹏）

【公共环境管理】 督促有关单位认真做好全市各类非典型肺炎医疗废物的无害化处理，加强环境基础设施的正常运行管理。对市中心医院、市第二人民医院、盐湖区人民医院等医疗卫生单位的医疗废水处理设施运转情况，医疗废弃物集中焚烧情况，以及部分社区生活垃圾的收集处理和污水消毒情况进行检查，对检查中发现的问题及时予以纠正。督促各县（市、区）环保局对各自辖区内的医疗卫生单位进行认真的检查并加强对重点污水排放企业的监督管理。通过以上措施，有效地防止了重大环境污染事故的发生，保障了“非典”疫情期间公共环境安全。（邵高波 辛运鹏）

【学习贯彻《排污费征收使用条例》】 为贯彻落实新颁布的《排污费征收使用管理条例》，市县两级环保部门在电视台、报纸等各大新闻媒体以专题形式进行广泛宣传，使新的排污收费条例在全市得到普遍关注。同时，各县（市、区）环境监察人员认真进行新条例的学习培训，在全市各排污企业开展排污申报登记，并深入企业生产一线，对企业排污状况进行实地监测，核定排污量，制定“三产”收费标准，促进了全市排污收费工作的顺利开展，全年征收排污费达到2600万元，其中市本级达到1140万元。 （邵高波 辛运鹏）

【环境违法处罚】 2003年，市环保局共查处违法案件500余起，作出行政处罚决定案件84起，制作法律文书38件，落实行政处罚28起，收缴罚金106.9万元，并对6家拒不履行法律程序的企业申请法院强制执行。配合有关部门对3家违法生产造纸企业负责人予以行政拘留，对供电、环保部门的3名责任人员予以撤职。

（邵高波 辛运鹏）

【重点污染行业监测】 2003年，市环保局对经新绛县政府批准试运行的6家造纸企业，制定了积极有效的监管措施，加强现场检查，对其排污状况进行监测，督促其环保设施正常运转，发现问题，及时处理。使造纸企业随时处于环保部门监控之下。新绛县汾河造纸厂、龙泉造纸厂已经通过省环保局主持的达标验收，其余4家企业尚在省环境监测站组织的达标监测中。对焦化企业，进行了多次集中检查和分片督查，对30余家具备达标条件的企业及时进行了验收。

（邵高波 辛运鹏）

【城市环境综合整治】 2003年，以实现城区空气质量二级以上天数好于120天为目标，继续开展“蓝天行动”，加大对市区内锅（茶）炉的监管力度，督促锅炉治理和改变燃料结构，查处违法行为30多起。继续开展机动车尾气检测。检测车辆10000多台，检测出不合格车辆1000多台，发放合格证9000多本，有效地控制了机动车尾气污染。组织固体废物污染防治执法检查。针对固体废物乱堆乱放、沿街抛洒的问题，联合纪检委、新闻单位连夜对盐湖区内的生活、建筑垃圾的堆放以及运输情况进行了追踪报道，在运城电视台"第三只眼"栏目中予以曝光点评，在社会上引起很大反响。开展建筑施工噪声专项整治。针对个别工程队噪声严重扰民的情况，加大检查频率，加大处罚力度，共查处噪声扰民案件40余起，现场检查达70余次。

（邵高波　辛运鹏）

【生态环境建设和保护】　协助国家级生态示范区试点平陆县完成了生态示范区建设规划编制。督促芮城县申报并被批准为第八批全国生态示范区建设试点。完成《永济市五老峰自然保护区建设项目可行性报告》。组织对运城湿地自然保护区进行检查，保障了省级自然保护区的健康发展。组织编写的《运城市生态环境现状调查报告》通过了市政府组织的专家评审，并获省环保局颁发的全省生态环境现状调查组织奖和报告编写奖。

（邵高波　辛运鹏）

【盐湖周边环境整治】　开展盐湖周边环境整治，对盐湖周边工业企业污染盐湖矿基、影响资源再生等环境污染进行治理，督促运城市康得利化工厂等4家达标企业稳定达标，2家未达标的企业实现达标，取缔1家窑厂，关停1家镁厂，完成了盐湖周边环境整治的环保任务。

（邵高波　辛运鹏）

【行政审批制度改革】　2003年，本着"合法、合理、效能、责任、监督"的原则，对行政审批项目进行了认真的清理，共保留了7项审批项目，并对保留审批项目的审批权限、依据、对象、条件、程序、时限等进行了规范，设立了"一站式网上行政审批窗口"，制定了行政审批八项制度。进一步明确了职责，转变了职能，强化了监管，提高了效能，增加了工作的透明度。同时，建立了严密的内部监督管理制度和行政审批领导责任制和责任追究制度。市环保局作为全市"一站式网上行政审批窗口"四个试点之一，顺利通过市政府验收并得到国家、省检查组的一致好评。

（邵高波　辛运鹏）

【环保项目审批】　2003年，在建设项目环保审批中，主动与计委、经委、工商等部门协作，齐抓共管，有效地督促了企业执行环评制度，提高了环评执行率。严格按照产业政策，对夏县、盐湖区拟建金属镁项目给予了否决，刹住了违法建设苗头。并严格实施环境敏感区管理，否决了厂址选择不合理的安邑铸造厂等3个建设项目，为旅游大市的建设提供了环境保障。

在严把环保审批关的同时，强化为经济建设服务的思想，大力扶持科技含量高、经济效益好、环境污染少的建设项目，在南风工业园清洁生产、丰喜集团提升改造等项目建设中，均给予了大力支持和技术帮助。闻喜县对大运路两侧的16家金属镁企业进行改造、搬迁，促进了金属镁企业的健康发展，推动了全市经济结构调整步伐。

（邵高波　辛运鹏）

【环境监测】　完成常规监测及服务监测。完成辖区内地表水监测、地下水监测、大气降水监测、城区集中式饮用水源地水质月报等常规监测，上报监测数据1874个。完成环保设施竣工验收监测、建设项目环境影响评价监测、污染纠纷和仲裁监测以及为社会提供科技服务一百余次。

环境监测手段更加多样。开展了空气质量日报，及时准确全面掌握大气质量现状及变化趋势，环保局在没有用房、设备、资金的情况下，克服各种困难，建成一个空气质量日报中心站和两个子站。6月5日发布市区环境空气质量日报，并于8月1日发布各县市城市空气质量周报。加强重点企业在线监测。对八家重点排污企业安装了在线监测仪器，加强了监督管理，大多数企业的排污情况有了很大改善，污染物浓度（NH_3—N、COD）明显下降，减轻了污染负荷，实现了环境监控的量化管理。开展县界断面水环境质量旬报工作。每周对开张、张留庄断面及新绛、稷山、河津各断面水质进行监测，随时了解掌握汾河、涑水河水质变化情况，为更加科学、有效的管理提供了依据。

环境监测能力得到提升。购置了BX—2400便携式微电脑恒温恒流大气采样器、KC—120H型智能中流量TSP采样器等二十多套仪器，价值30余万元。填补了近几年来监测站不能开展大型环评监测的空白，改变监测站的落后面貌，增强了服务能力。

（邵高波　辛运鹏）

【举办行政执法培训班】　2003年对全市环保系统400余名环保执法人员进行了行政执法培训。聘请环保专家，系统地讲解了环保法律法规及行政执法规范化的管理知识，提高了全市执法人员的业务水平，422名执法人员拿到了行政执法证或环境监察证。在省环保局组织的行政执法规范化管理验收工作中，市环保局和河津市、绛县、盐湖区环保区通过省局验收并领取了合格单位牌匾与证书，市环境监察支队通过省局验收达到了国家环境监察机构建设一级标准。

（邵高波　辛运鹏）

【建设学习型机关】　以建设学习型机关为目的，组织35岁以下人员40多人进行了文秘知识考试，在监测人员中开展"监测理论讲评与操作技能竞赛"活动，进行了为期一个月的系统学习，在全局上下形成了认真学习的良好氛围。在"华北五省市（区）环境科学学会第十三届学术年会"优秀论文评选中，市环保局送审的论文获一等奖一篇，二等奖三篇，三等奖四篇。王建民副局长荣获中国环境科学学会第五届"优秀学会工作者奖"，韩晓辉同志荣获中国环境科学学会第四届"青年科技奖"。

（邵高波　辛运鹏）

【加强廉政建设，树立良好形象】

为了加强环保队伍的廉政建设和思想作风建设，局党组与党组成员及各科室、各下属事业单位负责人签定了《党风廉政建设和反腐败工作目标责任书》。谢爱玲局长亲自在市广播电台、市电视台作了"树立行业新风、优化发展环境"社会承诺，公布行风建设举报电话，并就环保审批时限、审批程序等向社会进行了公开承诺。

（邵高波　辛运鹏）

【引深政务公开，强化社会监督】 投资2万余元在环保局大厅安装了一台政务公开电子触摸屏，实现政务公开信息化；在环保局大门口设立了投诉举报箱，畅通群众监督渠道；聘请行风监督员，对环保执法行为进行监督；做好《监督热线》意见反馈。全年参与《监督热线》12期，对栏目中群众举报的35起环境违法行为进行立案查处，并及时进行反馈。贺运鸣同志被评为《监督热线》十佳优秀联络员，受到市纠风办、市广播电台的表彰奖励。（邵高波　辛运鹏）

【爱心捐助活动】 在“非典”防治期间，向扶贫点赠送防治“非典”的药品，全局干部群众踊跃捐款四千多元；在支援灾区恢复重建活动中，组织捐款13350元，捐衣物300多件。组织了帮助贫困学生的爱心助学捐款活动。

（邵高波　辛运鹏）

（责任编辑：杨春英）

交 通 邮 电

公 路

【高速公路建设】 经过10个月运营的侯（马）运（城）高速公路，在2003年9月28日大（同）运（城）高速公路全线通车庆典后，即交付使用。全长66.84公里，工程概算24.5亿元的侯马至禹门口高速公路，于2003年11月底基本完成了征地拆迁任务，完成开工建设前期工作。（陆峰波）

【二级扶贫公路建设】 全长57公里，总投资1.57亿元的闻垣二级公路，历时7年，于2003年11月18日竣工通车。（陆峰波）

【国债项目建设】 运城市2002—2003年共计划建设国债项目公路16条404公里。截止2003年底，全市国债工程共开工13项，其余3项前期准备工作均已完成。开工项目共完成路基工程255公里，路面工程63公里，完成投资12260万元，其中国债资金4535万元，地方自筹7725万元。（陆峰波）

【公路养护】 2003年市交通局以131公里县际公路改造为重点，兼顾商品路开发和养路工程建设，大打了一场百里油路建养攻坚战。启动5条线119公里县际公路建设，完成路基桥涵155.1公里，完成投资12911万元。完成36.6公里运（城）蒲（州）商品路路基建设，完成构造物大修5项。新建机械化养护中心1处，机具配套10件。治理翻浆路面9万余平方米，完成投资720万元，培植自然草皮600余公里。

市交通局在继续深化“三位一体”养管模式的基础上，进一步拓宽养护资金筹措渠道，以市政府名义出台了《运城市人民政府关于加快地方公路建设的意见》和《运城市地方道路管理办法》两个政策性文件，积极争取各级财政收入的1%用于公路建设养护。大力推行“一事一议”，提高全民建路、爱路、护路意识，使全市地方公路养管走上了正规化、科学化的轨道。各县（市、区）交通局结合当地实际，积极行动，大胆探索，使全市地方公路实现了由路肩、边沟养护为主转变为以路面养护为中心，规范化、标准化、生态化的全面养护。2003年全市新建改建地方公路600.29公里，完成村通油路（水泥路）村100个，使全市村通油路（水泥路）村增加到3153个，占全市3338个行政村总数的94.5%。

2003年，全市公路通车里程达8616公里，其中：国道227.6公里，省道1134公里，县道1974公里，乡道5110公里，专用公路180公里。按公路技术等级为：高速公路226公里，一级公路64公里，二级公路843公里，三级公路1795公里，四级公路5594公里，等外路104公里。按路面等级为：高级路面462公里，其中水泥路179公里；次高级路面1457公里；中级路面968公里，低级路面358公里；无路面里程24公里。实现基本绿化里程达7441公里。全市公路密度达到61.65公里/百平方公里，17.5公里/万人。运城至风陵渡、运城至三门峡和侯马至运城3条高速公路235公里，分别由运城高速公路管理处、运城高速公路有限责任公司和侯运高速公路建设有限责任公司分别养护，年均好路率达100%，综合值达96。运城公路分局养护国道、省道1125公里、年均好路率和综合值达到86.0%和77.8，分别超省公路局下达计划4.8个百分点和5.0。市交通局管理养护县公路1974公里，平均好路率达80.3%，综合值达75.9。（陆峰波）

【公路路面水毁恢复工程】 2003年7月至10月间，连遭暴雨侵袭，加之大吨位车辆增多，致使公路毁坏严重。为确保公路畅通，市交通系统各部门千方百计筹集资金，加大了对部分路段路基坍塌、路面冲毁及桥涵损坏的抢修力度。运城公路分局共完成水毁恢复128项，完成投资335万元；各县（市、区）交通局结合水毁恢复，共完成县公路大修60.4公里、中修68.8公里，乡公路大修36.8公里、中修121.7公里，共完成水毁恢复投资2805万元。（陆峰波）

【路政管理】 为确保道路畅通、提高对公路运输发展的适应能力，全市路政管理人员首先从宣传入手，不断增强群众爱路、护路意识，先后采用电视宣传91.8分钟，广播宣传1147分钟，传单宣传28752份；其次加大执法力度，并适时开展了“文明执法、热情服务”专项活动，较好地解决了执法规范化和精神风貌方面问题、有效地遏制了“三乱”在市域内公路上发生。2003年，运城公路分局路政管理支队共查处路政案件3828起，路政案件发案率、查处率均达98%，追回路产赔偿费348.5万元；各县（市、区）交通局共拆除违章建筑6847平方米、查处路政案件2144起，结案率达99%，追回路产赔偿费150余万元。追回的路产赔偿费90%以上用于恢复公路，从而保证了公路沿线设施完好和公路畅通。同时，公路分局以超限管理“四统一”为标准，在下设的3个超限检测点开展专项整顿，推动了检测点的规范化管理和执法人员综合素质的提高，全年共收取超限运输赔（补）偿费338万元。

（陆峰波）

【客货运输】 2003年，全市参加营运的国有、集体和个体汽车为17894辆，其中：载客汽车4872辆，

41757客座；载货汽车13022辆，49722.7吨位。参加营运的其它机动车2.1万辆，1.04万吨位；拖拉机1.1万台，1.6万吨位。全市共开辟客运线路350条，其中：跨省线路33条，跨区线路41条，跨县线路115条，县（市、区）域内短途线路161条。全年完成客运量4150.9万人，客运周转量226513.8万人公里；货运量2828万吨，货运周转量242354.4万吨公里。

在2003年公路运输生产中，山西运城汽车运输集团有限公司继续发挥着国有运输企业的骨干作用。该公司新增客车8辆，更新客车44辆。同时，积极赴西北、广东、山东、河南、四川、上海等省、市联系跨省班线，先后签订了西北4省6条高客班线，开通了运城至太原高客班线14条、运城至广州高客班线1条。当年共完成客运量1070万人，旅客周转量64020万人公里；货运量109万吨，货运周转量25789万吨公里。实现利润32万元，新万通运业有限公司积极进行组织结构和运力结构调整，不断提高运输市场的竞争能力。当年建立了1个子公司、11个分公司和1个直属车队，拥有客货车640多辆，经营客运线路150多条，总资产达8268万元，成为全市规模最大的民营企业。在积极开辟跨省、跨市客运班线的同时，市运管处实施“村村通”工程，当年新开辟农村班线19条，投入客车60多辆，使农村班线增加到161条。营运客车增加到140多辆，极大地方便了村民往来，并在服务“三农”工作中取得了显著成效。 （陆峰波）

【规范运输市场秩序】 2003年，市运输管理处成立了农村客运市场整顿领导组，分摸底自查、自纠、查处、推广典型经验四步对无牌无证非法营运车辆进行专项治理。在此次整治中，万荣县运管所认识高、行动快，在较短时间内依法取缔了5条主干线路上的黑车，更新客车52辆，取得了显著成绩。为此，市运管处于4月18日在万荣县召开了农村客运车辆结构调整现场会，在全市推广了该县的经验。据统计，全市共取缔“三无”黑车108辆，帮助67辆车完善了各种手续，查扣非法载客出租车240辆，追缴规费20余万元。对客运经营户倒客、宰客及粗暴待客等违法违规行为进行整治。全年共查处典型案件12起，并及时通报各客运经营户，举一反三，进行教育。结合整治，发展农村客运，实施“村村通”工程。市运管处坚持“以县城为结点，向各乡镇辐射；以乡镇为结点。搞好农村循环”的工作思路，制定了《运城市实现村村通班车实施方案》，在全市提出了8句话32个字的通车办法，即：重新规划、合理调整、就近设点、电话预约、乡镇建站、多种经营、政策坚持、规范服务。万荣县运管所在市运管处的大力支持下，发展农村班线14条，投放客车52辆、出租小客车50辆，建立简易候车厅20个、招呼站281个，使全县14个乡镇、281个行政村基本实现了村村通班车，成为全市实施村村通工程的榜样。 （陆峰波）

【维修行业管理】 根据交通部和省运输管理局的有关文件精神，市运管处制定并印发了《运城市汽车维修市场整顿工作实施方案》，各县（市、区）运管所积极与公安、工商、物价等部门联合行动，依法取缔了50家马路经营企业和23家无证经营户，还深入全市28家一类企业和71家二类企业，进行了严格的审验。取缔了2家一类企业，2家企业由一类降为二类，对7家存在问题较严重的二类企业下发了停业整改通知书，对12家企业下发了限期整改的通知书。通过整顿，净化了维修市场环境，保护了合法经营，维护了汽车维修市场的正常秩序。 （陆峰波）

【驾校管理】 市运管处在加强对驾驶员培训学校管理中，主要对个别驾校乱设点、乱收费的问题进行了整治，并对不按交通部教学大纲教学和不使用统编教材的问题进行了检查。同时，对262辆教练车进行了技术等级评定，建立了统一规范的教练车技术档案，还组织各驾校驾驶教员参加了由省运管局组织的培训，换发了《准教证》，为进一步搞好驾驶员培训工作奠定了良好的基础。 （陆峰波）

【构筑高层次交通大动脉】 2003年2月25日的运城市交通工作会议确定，全市“十五”后三年交通建设将实施“11766”工程，构筑一个高层次的公路交通网络，建成运城市区到各县（市、区）的“一小时经济圈”。

“11766”工程的具体内容是：一条高速公路，即侯（马）禹（门口）高速；10条高标准一级公路：运城——临猗——河津，运城——万荣——稷山，运城——解州，水头——夏县，东镇——绛县——卫庄，运风高速——鹳雀楼，市区东环、北环——运城民航机场，新绛——侯禹高速，新绛——大运高速，夏县——运三高速；7条二级公路：闻喜——垣曲，垣曲——古城——河南济源，万荣——荣河——后土祠，解州——永济，运风高速——五老峰，临猗——金井——解州，解州——芮城；663公里国债项目改造公路和600公里通村油路。“11766”工程共建设和改造公路1873公里，总投资达61.6亿元。工程完工后，全市公路通车里程将达到8700公里，其中高速公路300公里，一级公路319公里，二级以上高等级公路及各种专线公路1730公里。 （陆峰波）

【运（城）稷（山）一级公路测量和设计工作完成】 运稷一级公路是省道台(头)运(城)线运城至稷山改建路段，起点为运城市区北端，与大（同）运（城）二级公路相接，经盐湖、万荣、稷山等区、县，终止稷山县桐下村，在此通过侯（马）禹（门口）高速公路稷山连接线，与侯禹高速公路相接，全长73.167公里。该路按国家交通部制定的《公路工程技术标准》中有关平微区一级公路的技术标准进行测量和设计的，其路基宽度为25.5米。行车道宽度为2×2×3.75米。行车速度按100公里/小时设计。全线中央分隔带为2米，最小平曲线半径极限为400米，一般为700米，最大纵坡为4%。全线需建大桥2座880米，中桥2座150米，小桥7

座105米，桥面净宽均为2×11.25米，荷载标准为汽车—超20级，挂车—120。全线还需修建涵洞163道，通道7处，天桥1处。

运稷一级公路是运城构筑高层次交通大动脉中的10条一级公路之一，是连接运城市4条高速公路的主干道之一。2003年年初，市委、市政府确定由市交通局负责承建后，市交通局即着手测设工作。4月，山西省路翔交通科技咨询有限公司和市交通局测设队编制成《省道台运线运城至稷山段工程可行性研究报告》（以下简称工可报告），遂上报省交通厅。8月19日，省厅下发了关于《工可报告评审意见》，随后，省发展计划委员会以晋计交通发［2003］1007号文，下发了《关于省道台运线运城至稷山段公路项目可行性研究报告的批复》。10月28日，山西交科公路勘察设计院以晋交科字［2003］21号文，下发了《关于下达省道台运线运城至稷山段两阶段初步设计任务的通知》后，山西交科公路勘察设计院即进行测量和设计工作，到12月底，运稷一级公路测设工作完成。（陆峰波）

【大运高速公路全线通车庆典活动在运城隆重举行】 2003年9月28日，纵贯山西南北、全长666公里的大同——运城高速公路全线通车。下午5:20时，大运高速公路全线通车庆典活动在运城收费广场隆重举行。省委书记、省人大常委会主任田成平，省委副书记、省长刘振华等出席了庆典活动。

大运高速公路北起大同，南至运城，纵贯山西南北，穿越8个市（地）、31个县（市、区）、132个乡镇、495个行政村，全长666公里。大运路是国家二连浩特至河口国道主干线和临汾至三亚重点公路的重要组成部分，是山西“三纵八横”公路主骨架中最重要的中轴快速通道，是拉动经济发展、实现山西腾飞的“脊梁工程”。大运路也是迄今为止全省战线最长、投资最多、地质条件最复杂、科技含量最高、施工难度最大的基础设施工程。它北穿雁门关屏障，南跨韩信崇山峻岭，全线约1/4的里程在群山沟壑之中，共动用土石方10656万立方米，建隧道17处、桥梁703座，总概算222亿元，交通部批准工期5年。2000年9月，大运路奠基；2001年，大运路全线开工建设。

大运路建设采用国内外最为先进的交通建设设备施工，大力推广新技术、新材料、新工艺，并结合工程建设实际，开展了27项科技攻关，攻克了隧道穿越采空区、湿陷性黄土地基处理、高大跨径连续刚构桥梁施工等全国性技术难题，充分利用高速公路宽带网资源，建立了集联网收费、通讯监控、紧急救援、安全警示、气象预报、可变情报等于一体的综合服务系统，在全国率先实现了高速公路管理智能化。经过8万多名筑路员工3年的艰苦奋战、大运路建设取得了“五年工期三年完、投资概算不突破、工程质量创一流、安全生产无事故”和廉政建设“建好一条路，不倒一个人”的佳绩。2002年12月，大同至朔州、太原至介休和洪洞至运城3个小循环通车；2003年9月28日，全线通车。实际投资比概算结余近10%。工程经省重点办和省交通厅多次联合抽检，总合格率为100%，优良品率为85%。大运高速公路的建成通车，标志着本省实施省会到市（地）“三小时高速通达”工程取得了突破性进展，标志着全省高速公路建设进入了网络化时代。

庆典活动由副省长王昕主持。国家有关部委的领导，全国各省、市、自治区交通厅的负责人，山西省委、省人大、省政府、省政协和省军区的领导，驻晋部队和武警总队的领导，退下来的正省级老领导，省高院、省检察院和省直各部门的负责人，全省11个市（地）党政主要负责人，中央驻晋单位和新闻单位的负责人，部分省人大代表、省政协委员、省属高等院校和骨干企业的负责人等出席了庆典活动。（陆峰波）

【侯（马）禹（门口）高速公路开工建设就绪】 2003年12月上旬，侯马至禹门口高速公路工程建设的前期准备工作基本就绪。侯禹高速公路是运城市境内的第四条高速公路。该公路起点为新绛县店头，与大运高速公路相连，经新绛、稷山、河津3县（市），与陕西省在建的阎良至禹门口高速公路相接。路线全长66.84公里，项目总投资22.9亿元，其中利用亚行贷款1.24亿美元。全线采用双向4车道，按高速公路标准设计，计算行车速度为120公里/小时，路基宽度为28米，其中行车道宽为4×3.75米、工程建设需动用土石方936万立方米，建特大桥2座5352米、大桥7座1337米，中桥4座266米，互通式立交4处，分离式立交28处，其中禹门口黄河大桥长4566米，采用新型斜拉桥结构设计，为目前黄河上最长的公路桥梁。

侯禹高速公路工程建设自2002年12月18日奠基以来，在运城市委、市政府和省交通厅领导的重视下，工程建设前期准备工作得以顺利进行。至2003年12月上旬，征地拆迁工作基本结束。文物勘探、林木采伐、线路改道等工作正在有序进行，为早日进入施工阶段打下了良好的基础。（陆峰波）

【闻（喜）垣（曲）二级公路竣工通车】 2003年11月18日，历经7年多艰苦奋战的闻（喜）垣（曲）二级公路竣工通车。全国人大常委会副委员长何鲁丽和国家交通部分别发来贺信，运城市委、市政府领导黄有泉、王守祯等为竣工通车剪彩。

闻垣二级公路东起南同蒲线途经闻喜的北垣立交桥，经闻喜县桐城、河底、后宫、石门和垣曲县新城等乡镇20多个村庄，东至垣曲县城，全长57公里。该公路北垣立交桥至后宫段19.8公里为平原微丘区，后宫至垣曲县城段37.2公里为山岭重丘区。全线路基宽为12米，路面宽11米，其中行车道宽9米，设计桥涵荷载标准为汽车—20，挂车—120，行车速度为80公里/小时。工程建设修建中桥3座，小桥35座，计1412米；开凿全省县乡公路中最长的隧道1孔，385米；修筑涵洞205道，计3329米；浆砌挡土墙计6556米；完成土石方417.2万立方米。该路占地1257.92亩，拆迁房屋1123间15415平方米。工程总投资为1.57亿元，其中：国债资金4500万元，国家扶贫补助资金1000万元。省补助资金2710万元，贷款5000万元，自筹资金2490万元。

该公路不仅是沟通闻喜、垣曲两个固定贫困县的一条黄金通道，而且是南接310国道、北接108国道，运城甚至华北地区与豫北往来的主要通道，建设意义重大。工程建设自1996年秋末冬初，由闻喜、垣曲两县沿途村民义务修路。1997年列入运城地区“九五”县乡公路建设重点项目后，地区交通局决定工程建设分两期实施，一期工程为石门至垣曲县城，二期工程为北垣立交桥至石门。一期工程于同年10月23日开工。1998年8月，“闻垣二级公路可行性研究报告”完成。1999年11月18日，该工程经省计委正式批准立项，地区行署即成立了闻垣公路建设指挥部，由闻喜、垣曲两县政府组织实施。但因资金严重匮乏，施工条件恶劣，且重丘区最高挖方20余米，最低填方30余米，隧道工程十分艰巨，致使工程建设异常缓慢。到2000年12月，闻垣路一期路基工程才基本完成，其焦家沟隧道还未贯通。2002年年初，运城市交通局党组在确定创新工程建设体制的同时，重新组建“闻垣二级公路项目部”，实行项目法人责任制，使原由闻喜、垣曲两县政府组织施工难以集中协调和管理的问题得到彻底解决。为解决工程资金不足问题、市交通局采取争取国债资金、向金融部门争取贷款的“两个争取”办法，还成立了“运城市鑫佰融交通建设有限公司”。经多方努力，先后争取到国家和省里的大力支持，还得到了全国人大常委会副委员长何鲁丽的支持。

工程建设中，市四大班子和省交通厅领导多次到工地调研指导；市交通局党组成员则分段包干，组织攻坚，重点监督，狠抓落实，并多次在工地现场办公，解决棘手问题；建设者们发扬艰苦奋斗，顽强拼搏精神，从而加快了工程建设的进度。2002年3月，路基贯通工程全线开工，同年10月1日完工。路面工程遂于2003年4月开工，10月25日油面铺装完工。闻垣二级公路建成通车，既实现了闻喜、垣曲两县山民的夙愿，也彻底改写了垣曲自古出山一条路的历史。

（陆峰波）

【运城机场路破土动工】 2003年12月9日，总投资1.3亿元的运城机场路破土动工。

运城机场路，又称民航大道。该路西起运城市区建北立交桥西侧。沿原大运二级公路（今侯风线）向东北而行，至运城民航机场南口，全长6570米。机场路按城市一级道路标准设计，路面红线宽为60米。双向8车道，沥青砼路面。工程总投资1.3亿元，主要以市场化运作的方式筹集。

运城机场路是市委、市政府确定的一项重点工程，是美化运城中心城市的形象工程。该路建成后，既方便了国内、外旅客进出运城机场，又可缓解交通压力，改善市区交通状况，同时对推动市域经济建设，拉动旅游经济增长，带动周边地区经济全面发展起到积极的促进作用。

（陆峰波）

【新绛县东环路汾河大桥建成通车】 2003年12月6日，新绛县第四座汾河大桥——东环路汾河大桥正式通车。

东环路汾河大桥北与临（汾）夏（县）线相连，南与108国道相接。大桥上部结构为T型梁，桥面宽18.5米，双向四车道；下部结构为钻孔灌注桩基础，双柱式墩台，18孔，每孔净跨30米。大桥全长577．6米，设计荷载标准为汽车一超20级，挂车一120。桥下无通航要求，设计洪水频率为100年一遇。抗地震基本裂度为7度。大桥北引道长1300米，宽38米；南引道长927米，宽80米。工程总投资3500万元。

该大桥是新绛县委、县政府确定的一项名城建设重点工程。工程建设采取市场化运作的方法，面向社会招商引资。陕西省一家房地产开发公司中标后，筹资建设。大桥落成后，将大大缓解新绛县城的交通压力，并为新绛这座古老文明的城市增添了一道亮丽的风景线。

（陆峰波）

【陕西人万荣办“出租”】 2003年11月11日，由陕西咸阳客运集团杨青创办的“中天出租汽车有限公司”在万荣县成立，并投入运营。此为万荣县首家小客车出租公司，也是第一个外省人在运城办出租。

在万荣县推进农业和农村经济结构战略性调整，加快农村全面小康建设步伐中，陕西客商杨青投资250万元，购回50辆新型轿车，成立了“中天出租汽车有限公司”。该公司的出租小客车起价为2元/2公里，自运营以来，深受旅客们好评。

（陆峰波）

【万荣县基本实现村村通客车】 在运城市交通局运输管理处的支持指导下，万荣县交通局运输管理所的干部职工经过艰苦努力，到2003年12月底，全县乡村通行客运班车达90%以上，基本实现了村村通客车。

为加快农村现代化建设进程，促进农村经济发展，彻底解决村民出门难问题，市交通局于2003年年初决定在全市实施“村村通客车”工程，并在万荣县进行试点。县交通局运管所在市交通局运管处的支持指导下，从三个方面进行了探索试行，取得了好的效果。①调整线路换新车。万荣县早在1995年就率先在全省实现了村村通油路，但由于客运业发展滞后，出现了旧车多、新车少、跑短途的多，跑长途的少及“三无”黑车多等矛盾，以致村民抱怨说：“过去没有路，我们难出门；如今路畅了，我们却出门难。”为更新营运客车，给旅客创造舒适的环境，运管所所长畅运生在多次给经营户做工作的同时，两赴河南、三上河北，从中协调，将车价降至最低，让经营户从中受益。至2003年12月，近60辆从事“村村通”的营运车辆全部实现了更新。与此同时，运管所按照“以县城为结点，向各乡镇辐射；以乡镇为结点，搞好农村循环”的工作思路，对全县客运线路进行了合理调整，车辆调配，绘制出万荣县村庄交通分布图、使全县14个乡镇281个行政村基本实现了“大到位，小循环，小补大，村村通”、即大村保证客车通过，小村通过循环，建立起与大村之间的沟通。②规范管理设站点。县运管所以年租金15万元租赁了县运输公司停车场，并集资30万元进行了改造，拆除了临时建筑，硬化了场地、搭建了遮雨篷，配齐了必要的服务设施，逐步结束了本县乡镇线路客车无固定汽车站的历史。同时，在原来17个乡镇和王亚、西村和后土祠3个主要路口共设立了20个乘车岗（候车亭），配置了载有县城发往各县（市）的客车时刻表、各乡镇班车上行及下行路线图、价格表和服务总则、举报电话等的公示牌，还在所有客车通过的沿线设立了200多个招呼站牌，既满足了村民出行乘车所需的服务要求，又方便了旅客对客运经营户的监督，从而规范了管理。③优质服务创品牌。运管所为给村民提供便捷、优质、高效的服务，创“万荣运管”品牌，在加强运管队伍建设的同时，强化了对客运车辆技术状况的日常监督，并对驾驶员和乘务员进行了严格培训，规范了持证上岗、优质服务标准和操作规程，还在经营户中开展了“争当文明经营户”的服务竞赛。在此基础上，积极配合公安机关打击“霸王车”。全年稽查大队先后出动30余次，查扣“霸王车”7辆，有效地维护了村民的利益。

“村村通”工程的实现，有效地缩短了县城、乡镇和村庄之间的距离，促进了人流、物流和经济发展，受到村民们称赞和支持。同时，为全市甚至全省“村村通”工程的实现，探讨出一些可资借鉴的经验。（陆峰波）

【临夏线夏县收费站30余人被查处】 2003年12月上旬、经运城市纪检委、行风办和信访局成立的联合调查组深入调查、将以临夏线夏县收费站原副站长范宏为首的一伙“吃路”者挖了出来。

临（汾）夏（县）线水头至庙前段原为三级渣油路，因滞后于经济建设，夏县县委、县政府采取贷款筹资的办法，对该路段进行二级改建。1996年10月竣工后，于同年12月26日设立收费站，下辖水头、庙前两个分站，开始收费还贷。经查，范宏在担任水头分站站长期间，从1999年5月底开始，要求下属3个收费班每天下班后，向其交纳30元的“多余款”，到2000年6月，又将“多余款”提高到每班每天50元；2001年7月范宏调任庙前分站站长后，又将这一“聚财”方法坚持至2003年3月底。收费人员为完成领导下达的“任务”，采取收钱不给票和卖废票等办法聚敛钱财，并贪污私分。

据统计，从1999年5月底到2003年3月底，范宏共向下属收费班索要通行费“多余款”146140元；水头和庙前两个分站的33名工作人员共计私分、贪污通行费218765元，挥霍21100元。

12月2日，范宏被开除党籍，开除公职，并移交司法机关追究其刑事责任。该贪污的146140元通行费，由夏县检察院负责追回。另33名工作人员贪污的通行费已追回201825元。原夏县收费站支部书记、站长陈泽辉由于长期失察，给国家造成巨大损失，被撤销党支部书记和站长职务。（陆峰波）

铁　路

【南同蒲线运城至风陵渡间钢轨大修完成】 2003年7月18日至26日，在施工队员们的艰苦奋战下，南同蒲线运城经永济至风陵渡区段的钢轨大修顺利完成。

南同蒲线运城至风陵渡段长90余公里，原为50公斤/米的短轨。为提高通行能力，适应列车提速和安全运输的要求，太原铁路分局将此钢轨大修列入规划。2003年4月初，更换的60公斤/米的钢轨依次排放在此段铁路的两侧，遂因防治非典型肺炎而暂时停工。7月18日，在完成了线路全面机械捣固等基础工作后，钢轨更换施工即全线开工，并于26日顺利完成。此次钢轨大修的结束，标志着60公斤/米的无缝线路在南同蒲线的全线贯通，也从根本上改善了轨道框架结构能力，适应了列车提速和运输安全的需求。（陆峰波）

【侯马至运城增建二线可行性报告中间评审通过】 12月3日，南同蒲铁路复线工程侯马至运城增建二线可行性研究报告中间评审，获得由北京铁路局、太原铁路分局的专家和领导组成的评审组通过。

南同蒲铁路侯马至风陵渡段，系单线，全长181公里。近年来，随着经济结构调整的不断深入和经济建设的迅猛发展，对铁路运力的需求猛增，迫切需要对现有铁路进行复线扩能改造。市委、市政府对这一问题高度重视，于6月4日召开了南同蒲铁路复线建设筹备工作座谈会，成立了筹建领导组，积极配合设计部门搞好前期调查工作，并向省政府、铁道部领导反映情况，得到了有关领导的肯定和支持。7月初，铁道部领导批示，南同蒲铁路复线工程经国家发改委批准，列入规划，一次性高标准设计，由北向南逐段建设。侯马至运城增建二线工程是该复线工程的一部分。

南同蒲铁路侯马至运城增建二线工程位于侯马、闻喜、夏县和盐湖等县（市、区）境内，包括侯马、史店、礼元、东镇、闻喜、辛庄、水头、兴南、半坡、安邑、运城等11个车站和10个区间，改造工程按照设计时速160公里的目标值进行，使这一段铁路能够适应2015年前后地区运量的增长、满足沿线经济建设的需要。（陆峰波）

【“忠民南铁”铁路专用线建成】 山西忠民集团和山西南铁集团合资修建的“忠民南铁”铁路专用线，自5月1日破土动工以来，在建设者们的艰苦奋战下，顺利建成。

“忠民南铁”专用线从南同蒲线设在永济市的董村站出岔，终至忠民集团，全长9公里，总投资3800余万元。忠民集团于1983年建成投产以来，发展成为中西部地区加工规模最大、技术含量最高、经济效益最好的食用油加工集团。2002年，集团实现产值2.8亿元，销售收入2.6亿元，总资产达3.5亿元。南铁集团是北京铁路局太原分局的多种经营企业，也是南同蒲线最大的多种经营企业。忠民南铁专用线的建成，不仅对忠民集团，而且对周边企业的发展都将起到积极的推动作用，对农业产业结构调

整、农村经济腾飞起到积极的促进作用。（陆峰波）

【运城火车站加开临客】 根据铁道部安排，运城火车站于2003年8月和12月分别加开临时旅客列车，解决了运能不足问题。

8月18日，为解决防治非典型肺炎后大、中专学生开学乘车难题，运城火车站加开太原至重庆区间2367/2368次临客，运行至9月30日止。

在元旦、春节临近的12月份。运城火车站于5日加开太原至成都区间A157/A158次临时旅客列车，运行至12月31日止。（陆峰波）

【运城火车站临时停运车次】 根据防控非典型肺炎及客流情况，铁道部决定对一些车次进行调整。经由运城的车次调整的有：

5月3日和4日起，太原至重庆区间2367/2368次先后停运；

5月5日和6日起，临汾至西安区间2023/2024次先后恢复运行；

5月7日起，临汾至运城区间4423次和运城至唐山区间的4476次停运；

5月10日和11日起，运城至北京西区间K704/K703次、太原至运城区间K727/K728、太原至永济区间4527/4528次和临汾至运城区间的4489/4490次先后停运。

此次停运的旅客列车，于6月15日后相继恢复运行。（陆峰波）

航　空

【概述】 2003年对于运城民航机场建设、机场城开发和招商等项工作来说，是经受资金紧缺、“非典”困扰、天雨打搅等方面严峻考验的一年；是在市委市政府正确领导下，常务副市长、机场建设总指挥董洪运同志带领民航局一班人及全体员工顽强拼搏的一年；是各方面工作取得决定性胜利的一年。

（陆峰波）

【机场建设】 2003年7月30日，投资3000余万元，长2400米、宽48米的机场跑道道面合拢竣工；灯光安装、跑道灌缝、消防、围界、排水和巡场路、变电室、特种车库等部分工程全面完工或基本完工；航站航管楼准备上顶；其它相配套的附属工程正在抓紧施工，为如期通航打下了坚实的基础。

（陆峰波）

【机场城基础设施】 在2002年开通水泥硬化的长2400米、宽50米的站前大道的基础上，2003年又开通并水泥硬化了长2500米、宽50米的机场大道和长2000米、宽60米的工业大道，全部安装了高杆路灯，形成了机场城的基本框架；供水、排水、供电、照明、万门通讯等配套设施全面完工；站前、机场、工业三条大道和航站楼广场及度假村的冬季绿化工作全面启动。

（陆峰波）

【机场城招商】 截止2003年底，共招商入城85户，占地3768亩，回收资金8000多万元，为机场建设提供了强有力的资金支持。特别是土地清理工作，一个月收回未交足款的土地180亩，回笼资金1500万元，这在机场城的招商史上是罕见的。另外，在省委、省政府和市委、市政府的关心支持下和招商公司全体同志的努力下，10月下旬，全省重点工程中信汽车城拍板落户机场城，使城区的档次和品位上了一个新的台阶；占地700亩的康杰中学，占地300亩的大型物流中心，也入驻机场城，吸引了更多的客商落户机场城，开发机场城。

（陆峰波）

【空港度假村工程】 这项工程由太原市第一建筑工程公司承建，于2003年11月8日奠基动工，2004年底竣工营运，将成为弥补机场亏损和开支员工工资的“飞行工程”、“饭碗工程”。（陆峰波）

【机关管理】 在运城民航局办公室全体同志的努力下，大型活动组织、会议召开、印章管理、工资发放、文稿打印、文件送发、上下协调、档案管理等各方面工作，都有章可循，有条不紊，没有出现较大失误，确保了机关工作的正常运转。（陆峰波）

【后勤工作】 2003年圆满地组织了5月18日机关搬迁，按时实现了机关食堂开灶，及时发放办公用品，严格车辆管理，保证了公司各部、室工作的顺利开展。

（陆峰波）

【保卫工作】 保卫部召之能来，来之能战，战之能胜。2003年先后化解矛盾，平息事端，协调问题上百件，使机场和机场城工程建设的运输、用地和施工秩序，大为好转，为工程建设起到了保驾护航的作用。（陆峰波）

【财务工作】 2003年共计落实国家民航总局、国家计委投资9500万元，市政府专项资金3000万元，太原贷款1500万元，加上征地资金，共计1.8267亿元，确保了机场工程、机场城建设和征地用款。完成了审计部门对2002年至2003年的财务审计。（陆峰波）

【评比表彰】 在广泛征求员工意见和各单位推荐的基础上，采取公开投票的形式，评出了本年度3个先进单位和10名先进个人，并召开了表彰会，进行了表彰奖励。

（陆峰波）

【班子建设】 2003年12月，市委和市委组织部通过考察、考核、测评和研究，为民航局配齐、配强了局领导班子和党组班子，为今后工作提供了强有力的组织保证。

（陆峰波）

水　运

【航运管理和港监船检】 在运城395.5公里黄河航段上，共设渡口33处，其中公路渡口6处、民用渡口27处。经市海事部门登记的机动船为83艘，其中，客船59艘、货船24艘。总功率为4188.33千瓦，总吨位为2700个，净载重量为1350吨，载客量为1253个客位。有航运公司4个，个体水运经营户100多家，从业人员近200人，其中技术船员169人。

为确保水上运输安全，市海事部门协同市政府与沿黄河8县（市）政府、县（市）政府与乡镇政府、乡镇政府与村委会、村委会与船舶经营户，层层签订了《水上安全生产责任书》，共500余份。按照省交通厅、省海事局和市政府的有关指示精神，对水运市场进行专项治理整顿，基本达到“一集中、三统一”，即：船舶集中管理，统一签证、统一票据、统一结算，从而规范了水运市场。同时，对全市83艘船舶及其经营资质和经营行为进行了专项整治，对8艘手续不全的船舶限期补办了有关手续。并对169名船员进行了法规和业务知识培训，杜绝了“船证不符”、“人证不符”等不良现象。在6—8月份，市海事局组织有关人员，按照交通部《关于开展第二次全国内河航道普查工作的通知》和省交通厅航道普查办公室印发的《关于第二次航道普查有关工作的安排》精神，对黄河航道运城段进行了实地探勘和认真普查，编写成《第二次全国内河航道普查汇总资料·黄河运城段》，为今后黄河航段规划、整治、管理和水运事业发展及统计核查工作，提供了翔实可靠的资料。

（陆峰波）

【规费征收】 2003年全年征收汽车养路费和货物补偿费为16306.7万元和1936万元，拖拉机养路费和货物补偿费共3258万元，运输管理费2276万元，侯风线侯马至运城段通行费346.6万元，运风高速公路和风陵渡黄河公路大桥通行费8320万元，运三高速公路通行费4400万元，侯运高速公路通行费8169万元，三门峡黄河公路大桥通行费1569万元，禹门口、南樊和横水通行费1491万元。征费分局和拖拉机养路费征费部门代征铁路道口管理费分别为62万元和17万元。运管部门代征客运附加费1228万元。同期，运城车辆购置附加税征收办公室共征收车辆购置附加税9560万元。（陆峰波）

【安全生产】 2003年，在道路施工安全和公路运输生产方面，市交通系统以“安全生产重于泰山”为宗旨，并结合春运、“安全生产月”、“反三违月”等活动，举办各类培训班25期，职工教育普及率达到70%以上。同时，加大了检查力度。全年共检查道路施工工地60多场次，查出隐患80余处；检查停车站场80余处，客车1086辆、货车4625辆，停运不合格客车213辆，淘汰危货车辆138辆。对查出来的隐患和停运车辆，分别下发了《整改通知书》，限期整改。在水路运输安全生产方面，结合节假日的现场监督检查，共检查船舶415艘，纠正违章船舶47艘，查处“三违”和“三无”船舶23艘，有效地保证了水运安全。2003年全市公路运输事故频率为0.03次/万车公里，事故责任死亡率为0.0098人/万车公里，事故伤人率为0.05人/万车公里。公路施工事故发生率、事故死亡率、事故受伤率均为零，水上运输没有发生任何责任事故。

（陆峰波）

【行政执法】 2003年，市交通系统各行政执法部门按照上级有关文件精神，分别制定了《职业道德规范“十要十不要”》、《路政管理七项规定》和《五条禁令》等，作为执法人员认真学习、熟记硬背、严格执行、自觉遵守的章程。同时，通过电台、电视台公示了以上行政执法的规定和服务承诺，从而加强了广大车辆经营户和社会各界人士的批评监督。

为了加大社会和舆论的监督力度，虚心接受舆论的批评监督，交通系统各部门的有关领导坚持定期到电台通过热线回答群众提出的问题和意见。全年举办了24次，接受群众咨询100多人次，并对群众提出的30多个问题，及时进行了查处，受到群众称赞。因此，市交通运输管理处被评为10个群众满意单位之一，被市纠风办授予“规范管理先进单位”。（陆峰波）

电　信

山西省通信公司运城分公司

【概述】 运城通信分公司是山西省通信公司的下属企业，由原运城市电信分公司更名而来，其前身是原运城地区电信局。2003年拥有固定资产总额18.3亿元，下辖12个县市通信分公司（原电信局）和5个现业分局。具有50多年的发展史，是国家主体通信运营商之一。承担着党政军专用通信、应急通信以及普遍服务义务，是运城市国民经济信息化建设的主力军。

运城通信拥有2003年运城市规模最大、技术最先进、覆盖面积最广的通信网络。建成两环一链光缆高速传输网络，光缆总长度达到12000皮长公里，传输带宽达到10G。电话交换网总规模突破了100万门，覆盖河东大地。主用和备用两大交换网接入中心，能为用户提供顺畅高效的通信服务。数据宽带网络延伸到所有县市，能为各类用户提供高效、安全、可靠的数据接入方式。除此之外，运城通信还拥有中继网、分组交换网、数字数据网、ATM宽带网、多媒体通信及国际互联网等多种先进的电信网络；同时拥有以七号信令、数字同步网、电信管理网为基础的电信支撑网络，一个以光纤通信为地面骨干传输网、卫星通信为空间传输主体、数字微波为有效补充、宽带综合接入为手段的立体交叉、大容量、高可靠性的现代化信息传输网络基本建成。

（山西通信公司运城分公司）

【障碍受理系统电话号码查询】 运城通信不断深化和丰富“服务永无止境”的服务理念，建成112障碍集中受理系统和114电话号码查询系统两大技术支撑平台。112障碍集中受理系统可以为用户提供完善、高效的通信服务，24小时内可排除任何线路故障。114电话号码查询系统可提供方便、快捷的查询。同时，121、117、180等特服号码可以让用户尽情享受信息时代的便利，使成功之路更加轻松自如。

（山西通信公司运城分公司）

【主营业务】 运城市通信主要经营国内、国际各类电信业务，分电话业务和数据业务两大类。其中，电话业务包括固定电话、无线市话、电话信息以及来电显示、三方通话、700、96296、无线市话短消息等程控新业务；数据业务包括电子商务、电子政务、宽带通信（ADSL和FTTX+LAN两种接入方式）、DDN（数字数据网）、IDC（数据业务中心）、VPN（虚拟专用网）、

ATM（异步传输网）、分组交换、一线通、帧中继、因特网、数字、图像、声音及多媒体通信业务，各类先进的技术平台可以为社会各界提供全方位、多样化的通信服务，满足用户日益增长的多层次的通信消费需求。

（山西通信公司运城分公司）

运城移动通信分公司

【概述】 2003年，运城移动通信分公司把提高企业整体营销能力和竞争能力作为中心工作，抓住拓展市场和加快发展这条主线不放松，全面实施“争、保、增”竞争策略，积极主动开展竞争，有力地拓展了市场，巩固了市场份额，企业经营呈现出良好的发展势头。

不断加强营销政策研究，经营决策的前瞻性和科学性得到加强。适应市场需求，推出15种资费套餐业务，实现了价格软着陆，形成了切合需求、公开透明、有竞争力的价格体系，有效地启动了市场，网内话务量大幅增加。利用积分回馈等手段，巩固并拓展了存量市场。开展“客户离网关怀”活动，最大限度减少客户流失。以形式多样的“文化营销”活动，提高了企业形象和品牌知名度。开展以发展为主线的“夏日会战”促销活动，实行领导包片，督导组每周跟踪督促，采取“全员压担、代办分销”的做法，建立直销队伍，组织文艺宣传队现场宣传、现场放号，以多种渠道多项措施全力拓展客户市场。在放号增加，收入增长，经营形势出现好转的情况下，开展了以服务各类客户、稳定在网客户、提升市场份额为主要内容的“营销能力提升计划”，使分公司的整体营销能力全面提升，确保在激烈的市场竞争中处于优势位置。

以市场细分为基础，实施品牌经营，基本形成了定位准确、区隔明显的全球通、神州行、动感地带三大品牌架构。同时，积极推进新业务全面发展，拓展数据业务市场。短信业务发展迅猛，短信普及率达到50%，比去年同期提高了17.4个百分点。与运城市气象局合作开通农业信息平台；完成了十多项互联网宽带接入工程；与多家单位实现专网直联，完成2M数据电路接入工程。加大集团客户的营销力度。全面实施集团客户“四大工程”，大力推广基于VPMN业务的集团整体解决方案，加快推进基于短信、GPRS业务的行业应用，取得了明显成效。渠道竞争力得到了提升。通过加强渠道管理，落实网点VI规范，加强对渠道人员的素质培训等等措施，进一步增强了渠道的营销服务能力。

（运城移动通信分公司）

【“零缺陷”服务工作】 确立了“以客户为导向”的服务思想，将服务工作作为“一把手”工程，积极落实“零缺陷”服务，畅通客户投诉渠道，实施服务工作“双零工程”，客户满意度得到进一步改善。

积极推行“零缺陷”工作计划的落实。优化了客户服务和业务流程，规范了客户投诉受理单；向社会公布了基层业务负责人手机号码及部门固定投诉电话，24小时随时随地接听客户投诉和接受咨询，为客户投诉开辟了“绿色通道”；实行客户满意度“项目负责制”，对需改进的服务项目进行逐项分解，逐项落实。同时，认真分析和研究客户投诉，找准服务差距，确定改进重点，加强对重点案例的剖析，防止同类服务投诉事件重复发生，做到服务过程“无缺陷”。

（运城移动通信分公司）

【大客户服务工作】 重点强化差异化服务，完善大客户服务模式，建立了跨部门、跨专业的大客户服务支撑体系。通过推广积分回馈活动，启动大客户服务关怀计划，使大客户真切感受到了作为中国移动客户的尊贵和实惠。落实手机维修服务、绿色通道等贵宾服务项目，形成了独特的差异化服务优势。

（运城移动通信分公司）

【推行规范服务】 着重强化营业厅的现场咨询和引导服务，提高了营业厅服务人员的主动服务意识，为客户营造了一个具有亲和力的良好服务环境。加强了对服务工作的检查与考核力度，对不良服务行为与服务现象及时进行纠正，形成服务工作有检查有落实的闭环管理。推行实时出帐、免填单、“话费误差、双倍返还”等创新服务项目，提升了客户对中国移动诚信、专注、品质服务的认同。

（运城移动通信分公司）

【通信工程建设】 完成了G网七扩、八扩工程，南同蒲铁路覆盖工程；替换了83个G2机架设备，扩容载频115块；完成G8.2期新建36个基站铁塔基础施工；开通运三高速公路上的两个5.2缓建基站；完成了华联地下购物广场、百大超市、海鑫大楼等室内信号覆盖工程；完成了本地网二期、三期工程，GPRS四期扩容工程，CMNET二期、三期扩容工程，通信管道工程和城域网二期工程。

（运城移动通信分公司）

【网络维护优化】 实行专业化、标准化的维护与管理。解决了传输严重闪断问题，保证了无线网设备的稳定运行。重点加强DT、CQT测试和对网上各个性能指标和客户投诉的分析，不断提高网络质量。尤其是在忙时话务量增长3倍的巨大压力下，通过对无线网、交换及HLR的扩容调整等措施分流了高话务量，保障了市场发展和客户需求。网络保持了平稳、良好的运行，无线网和数据网指标得到进一步提升。同时，进一步完善了应急通信保障预案，较好地完成了“非典”等特殊时期的网络通信保障任务，取得了良好的社会效益。2003年基站总数达到383个；载频总数达到2144个；交换机总容量达到60万门；GPRS网络实现全市100%县市以上区域覆盖；基站退服率控制在3‰以内。网络质量各项运维指标在全省名列前茅。

（运城移动通信分公司）

【企业管理】 适应上市后企业发展要求，分公司在管理体制、管理制度、管理手段等方面都有所创新和改进。特别是下半年以来，按照“五化”的精细管理要求，全面进行管理细化和规范，促进了企业整体管理水平的提高。

在管理体制上，推行岗位薪酬制度，对员工实行工作业绩绩效评估和末位淘汰；理顺了劳务工资发放渠道和劳务用工管理；积极推行了竞争上岗工作，优化了队伍结构；认真实施绩效管理，使绩效优劣逐步成为员工晋升成长的重要依据。

在管理制度上，建立健全对各营业部、各部室中心经营绩效考核办法；出台了合同管理流程、招待费审批流程、会议审批流程等企业管理流程；编发了企业管理制度汇编；补充完善了代办业务、客户信誉度管理、停开机管理办法和零缺陷服务方案等十多项规章制度。

在管理手段上，①出台了分公司推行精细化管理的工作细则，明确了各部门实施标准及时限要求，通过企业整个组织和每个岗位、每位员工精心细致的工作，使公司管理由粗放型向精细化转变。②积极推行了全面预算管理，用预算目标指导和控制经济活动。完成了分公司2004年经营目标预算，基本达到在企业内部合理分解目标，合理配备资源的目的。③进一步完善支撑体系，大力推进企业内部管理信息系统建设，提高服务与业务支撑能力。OA延伸到14个县市区营业部，并在分公司全面推广应用，实现了全市自动化办公；改进了公文管理模式，逐步推行“电子工作表单”，使企业管理由单向式管理向双向闭环式管理转变。同时，配合省公司加快管理信息系统（MIS）的建设，逐步实现企业透明化管理、知识资源共享，实现管理手段的突破。④着重建立客户需求快速反应回馈机制，进一步提升服务网络的支撑能力。2003年10月，分公司召开支撑工作会议，转变以工作安排为主的单向传统会议模式，采取面对面问答式的现场办公形式，对各营业部在网络、业务、计费、卡类等方面存在的支撑问题，现场进行答复，明确解决时限，最大程度地提高了支撑服务时效性，进一步深化了精细管理。

（运城移动通信分公司）

【企业精神文明建设】 高度重视企业精神文明创建工作。成立了“文明单位”和“青年文明号”创建领导组，明确了近期创建目标及创建活动要求，在全市积极开展精神文明创建工作，取得了丰硕成果。

紧紧围绕“双领先”战略，充分发挥工会组织的作用。深入开展了劳动竞赛活动和课题创新活动。同时，分公司还注重做好工会各项基础工作，组织召开了职工代表暨工会会员代表大会；在全市开展“模范职工之家”建设活动；开展乒乓球比赛，书画、摄影作品展等文体活动，极大地丰富了员工的业余文化生活。

提高员工思想政治素质，全面落实党风廉政责任制。组织全体人员学习党的十六大精神，广泛开展沟通交流活动，保持了员工队伍稳定。坚持落实党员领导干部民主生活会制度、廉政谈话制度、领导干部重大事项报告制度，加大对领导干部的监督和考核力度，监督监察“关口”继续前移，实现了全公司无违法犯罪党员领导干部、监察对象无违法犯罪行为的“双无”目标。另外，高度重视安全生产和安全保卫工作，落实安全责任制，进行安全检查，消除各种隐患，杜绝了重大安全事故的发生。

2003年，分公司党委被市直工委评为“十佳党组织”，分公司党委书记、经理张国飞获“十佳党组书记”和“运城市五一劳动奖章”荣誉；网络工程建设项目部被运城市授予“集体二等功”；分公司被运城市质量技术监督局授予“计量信得过”单位；获得市政府“2002年度档案工作十佳单位”称号。在精神文明创建活动中，分公司获市级“文明单位优秀组织单位”荣誉，通过市级“文明单位标兵”验收；盐湖营业厅、新绛营业厅继续保持了省、市级青年文明号集体。

（运城移动通信分公司）

中国联通运城分公司

【概述】 截止2003年12月底，130G网、133C网两网累计在网用户216014户，2003年1—12月份公司累计实现收入12699万元，比上年增长26%。与此同时，公司作为运城地区唯一的综合电信运营商，在主营移动业务发展的同时，其他综合业务如数据业务、互联网业务以及长途业务也取得了长足的发展。2003年，公司圆满完成了130G网八期和133C网三期一阶段的工程建设，两网的网络容量和基站总数迅速增加，网络覆盖能力大大加强。133C网的网络已覆盖全市各县、乡镇及重点乡村，在盐湖区和河津基本上实现了无缝隙覆盖，同时网络覆盖大运高速和运三高速。

（中国联通运城分公司）

【县市营业部负责制】 2003年初，运城分公司制定了县市营业部管理模式，对各县市营业部经理进行放权，由县市营业部全面负责各县范围内的全业务数量的完成和日常管理工作。所有县市营业部均配备营业主管、营销主管、会计、司机和网络维护人员，使各项工作分工明确，分级负责。在2003年的市场大潮中，在激烈的市场竞争中，为公司培养出了一批经营管理人才，也涌现出了一批优秀县市营业部，如平陆“借势”的特色化经营、河津完善的基础管理、闻喜的营销渠道管理等。（中国联通运城分公司）

【拓展合作营业厅】 运城是个农业大市，县（市、区）乡镇人口居多，本公司60%～70%的业务收入都集中在县市。2003年3月，公司根据运城特殊的市场情况和农业大市的现状，大胆尝试，决定在各县市的城区、主要乡镇开设合作营业厅，以满足县市及乡镇用户的通信需求，方便用户办理业务及缴费。截止2003年12月底，运城分公司在13个县（市、区）开设合作营业厅96个，合作营业厅的业务发展量及缴费收入占到公司整体收入量的1/3，成为公司各项业务宣传推广和销售的一个主渠道。同时合作营业厅以统一的形象、方便快捷的服务赢得了用户和市场的认可。

为了规范合作营业厅的经营，公司领导和市场部人员多次深入各县市市场，了解合作营业厅发展过程中存在的问题和困难，及时协调各县市营业部，为合作营业厅解决相关问题。2003年10月份，市场部根据半年来的运作情况，制定并下发了《运城分公司合作营业厅分级管理办法》，从移动业务发展量、综合业务发展量、用户的维护、欠费率和ARPU值的考核以及整体服务质量等方面，对全市合作营业厅进行综合考评，使合作营业厅管理步入规范化，使业务发展从重视

“量”逐渐转变为重视“质”，使合作营业厅的经营者从重眼前利益转为注重长远利益，同联通建立起稳定的合作伙伴关系。

（中国联通运城分公司）

【综合市场部成立】 2003年，市公司根据公司发展要求，本着“大网络、大市场和大运维”的思路，首先对市场部进行整合，将移动业务、寻呼业务、数据、长途、互联网业务以及大客户发展中心合并成立综合市场部，由综合市场部统一负责公司全业务数量的完成和市场营销工作。使各县市营业部在经营方面只对综合市场部负责，减少了以往不同专业要对不同部门的现象，也减少了与多个部门之间不必要的环节，可以集中精力做好市场开发和维护工作。

（中国联通运城分公司）

【业务宣传工作】 2003年在做好各业务市场营销工作的同时，开展了多种多样的宣传活动，在提高各业务发展量的同时，提高了各业务的品牌认知度和公司整体形象。

（中国联通运城分公司）

【窗口服务质量考核】 2003年为提高各县市营业部服务水平，制定了服务考核挂靠各县市营业部每月绩效考核的制度。市场部每月通过下县检查、电话抽查等形式对各县市营业部进行服务考核，每月下发服务考核通报，评出优秀营业厅，并汇总各县市营业部存在的问题和工作差错进行通报，以促进各县市营业部服务工作的提高。同时在各县市营业部建立营业主管负责制，由营业主管负责各县市自办营业厅的整体服务工作和处理用户投诉问题，使各县市自办营业厅实现有效管理。

9月份，市场部根据需要成立监控、减免中心。通过对公司使用各种销售政策用户情况的监控，对欠费用户及时催缴，确保公司收入的完整。另外，每月向各县市营业部下发一期《业务知识简报》、《投诉分析简报》，在《投诉分析简报》中对典型的投诉案例进行分析，对处理步骤进行点评，对引起二次投诉的投诉案例分析原因，提出更好的解决办法，以帮助各县市营业部人员掌握解决投诉的办法。

另外，市场部还挑选业务素质较好的人员深入到基础管理较差的县市，住下来规范县市的基础管理，2003年就对垣曲、稷山、芮城等县市的基础管理进行了规范，使这些县市的营业工作步入正轨。

（中国联通运城分公司）

（责任编辑：杨春英）

财税金融

财 政

【全市总预算及市本级预算变动情况】 2003年，市一届人大五次会议审查通过的全市财政总预算及市本级预算，在执行中，根据上级追加、追减专项指标和各级预算调整情况，作了适当变动。全市一般预算收入由107299万元调整为105299万元，减少2000万元，主要是农业税减免减少2000万元。全市一般预算支出由年初的212584万元调整为313569万元，增加100985万元。其中：上级下达专款增加支出45472万元，上级转移支付补助增加支出22529万元，增加工资补助4046万元，使用上年结转增加支出22650万元，当年超收、调入资金及其他增加支出6288万元。

市本级一般预算收入37933万元未作调整。市级一般预算支出由41562万元调整为59911万元，增加18349万元，主要是上级下达专款增加支出6977万元，使用上年结转增加支出9135万元，当年超收、调入资金及其他增加支出2590万元，调整工资增加支出373万元，转移支付补助减少726万元。

（牛福贵）

【全市总预算执行情况】 2003年，全市一般预算收入完成119497万元（剔除山西铝厂企业所得税4519万元），为调整预算（下同）的113.48%，超收14198万元，比上年实际完成数104172万元增长14.71%，增收15325万元。其中：工商税收完成74446万元，为预算的113.43%，超收8813万元，比上年增长28.06%，增收16314万元；农业四税完成12593万元，为预算的74.62%，比上年降低27.30%，减收4728万元；企业收入完成5520万元，为预算的103.72%，超收198万元，比上年降低15.65%，减收1024万元；其他各项收入完成26938万元，为预算的154.21%，比上年增长21.48%，增收4763万元。

一般预算支出执行284701万元，为预算的90.79%，比上年执行数245923万元增长15.77%，增支38778万元。其中：生产建设性支出 27165 万元，为预算的82.90%，比上年下降10.54%；行政事业支出232873万元，为预算的94.77%，比上年增长16.20%；其他各项支出24663万元，为预算的70.30%，比上年增长62.80%。

（牛福贵）

【全市财政平衡情况】 2003年，全市一般预算收入完成119497万元，上级财政各项补助收入170981万元，国债转贷收入5810万元，国债转贷资金上年结余600万元，上年结余收入20779万元，调入其他资金2681万元，收入总计为320348万元。当年一般预算支出284701万元，上解省支出949万元，拨付国债转贷资金及转贷结余6410万元，调出资金1565万元，支出总计为293625万元。收支相抵，年终滚存结余26723万元，减结转下年支出27687万元，年终累计赤字964万元，再减去上年赤字1871万元，当年净结余907万元。全市13个县（市、区）有9个县收支平衡（河津、盐湖、临猗、万荣、新绛、稷山、闻喜、绛县、夏县）4个县发生赤字（永济、芮城、垣曲、平陆）。

另外，2003年全市财政基金预算收入完成14590万元，为预算的198.15%，比上年增长93.81%；基金预算支出13222万元，为预算的64.63%，比上年增长149.19%。

（牛福贵）

【市本级预算执行情况】 2003年市本级一般预算收入完成42150万元（剔除山西铝厂企业所得税4519万元），为预算的111.12%，超收4217万元，比上年增长18.01%，增收6434万元。其中：工商税收完成35476万元，为预算的109.73%，比上年增长24.39%；企业收入完成2380万元，为预算的104.16%，比上年增长26.70%；耕地占用税完成218万元，为预算的79.85%，比上年降低60.44%；行政性收费、罚没、专项及其它收入完成4076万元，为预算的199.22%，比上年增长62.07%。

市本级一般预算支出执行46830万元，为预算的78.17%，比上年增长14.63%，增支5977万。元。其中：生产建设性支出3692万元，为预算的64.29%，比上年降低24.48%；行政事业支出39981万元，为预算的82.91%，比上年增长23.60%；政策性补贴和其它支出3157万元，为预算的53.09%，比上年降低12.74%。（牛福贵）

【市本级财政平衡情况】 2003年，市本级一般预算收入完成42150万元，国债转贷收入4405万元，国债转贷资金上年结余600万元；上年结余收入8396万元，调入其他资金711万元，县级上解收入14388万元，收入总计70650万元。当年市本级一般预算支出46830万元，体制上解5719万元，拨付国债转贷资金及转贷结余5005万元，调出资金15万元，支出总计为57569。收支相抵，年终滚存结余13081万元，减结转下年支出12951万元，年终累计净结余130万元，再减去上年累计赤字739万元，当年净结余869万元。（牛福贵）

【发挥职能作用，积极促进发展】 2003年，在市委、市政府的高度重视下，在各职能部门的密切配合下，财政部门积极争取资金，为运城发展提供财力保障，共向上级部门争取各种资金205530万元，其中：

国债资金34840万元；

各项税收返还43452万元；

各种专款45472万元；

各种转移支付补助81802万元（其中：农村税费改革转移支付补助17042万元）。

同时，运用财政政策，千方百计扶持企业发展。增加农业投入，多渠道支持农村经济发展。确保资金到位，促进全市科教文卫等社会事业发展。（牛福贵）

【深化财政改革，创新理财机制】 2003年，财政改革方面：(1)部门预算继续推进，市直189个单位全面实行了部门预算，资金总额51576万元；(2)政府采购工作得到加强，采购规模进一步扩大，全市采购资金总额9063万元，节支率达到13%，政府采购供应大厅运转良好，受到各预算单位的好评；(3)国库集中收付得到完善，县、乡两级实行集中核算，市级实行国库集中收付、当日清算；(4)实行"收缴分离、收支脱钩"，"收支两条线"工作进一步深化；(5)农村税费改革取得了突破性进展。初步统计，改革后全市农民负担为13939万元，比改革前的26686万元减少12747万元，减负率达47.8%；加上取消的屠宰税和农村的各项集资，农民总的负担减少14294万元，减负率达50.6%；农民人均负担由改革前的76.81元下降到了34.27元，农民负担明显减轻。百姓欢迎，农村稳定。（牛福贵）

【落实工资发放责任制，严格工资专户管理】 2003年，全年共发放公教人员基本工资13496万元，及时拨付县级一般转移支付补助18607万元，使全市13个县（市、区）全部兑现了财政供养人员的基本工资。（牛福贵）

【拨付防治非典专项资金】 2003年，突发"非典"疫情，市财政局按照"特事特办、急事急办"的原则，及时拨付防治非典专项资金4890万元，保证了非典患者及疑似病人免费治疗，为防治非典取得阶段性重大胜利提供了坚强的财力保证。同时落实了对受"非典"影响严重的行业实行减免税费的优惠政策。（牛福贵）

【"两个确保"专项资金拨付】 2003年，全年共及时拨付"两个确保"资金80669万元，确保了5882名下岗职工和48697名企业离退休人员按时足额领到基本生活费和养老金；及时拨付资金4561万元，使61480名城市居民最低生活得到保障，农村低保工作进一步开展；及时拨付优抚对象生活补助2123万元，解决了全市重点优抚对象19904人的生活补助问题。

（牛福贵）

【公检法司专项资金拨付】 2003年，全年共及时拨付公检法司支出18722万元，支持了各级政法机关装备建设、监所维修和严打办案等，为维护社会稳定提供了财政保障。（牛福贵）

税　务

国家税务

【组织收入】 2003年，组织收入工作一方面在深入进行税源调查的基础上，科学分配税收收入计划，特别是努力克服"非典"疫情对税收任务造成的负面影响，保证了税收收入进度。加强重点税源监管力度，重点税源监控户由原来的117户增加到149户，监控面达到75%以上。同时，严格执行组织收入工作原则和"四条纪律"，保证了税收收入的快速增长。另一方面，认真落实各项税收政策。对2093户增值税一般纳税人进行了年审，通过年审取消一般纳税人资格108户；做好增值税减免退税审核审批工作，对43户企业减免退税52300万元；加强出口退税管理，为17户生产企业办理2002年度出口退税款2915万元；搞好生产性外商投资企业出口货物免、抵、退税审核工作，对9户发生出口退税业务的生产型外商投资企业办理退税1772万元；对456户企业进行所得税汇算清缴，应交所得税3067万元；认真落实税收优惠政策，对62户纳税人办理税务登记证减免工本费3100元，对14615户不达起征点的个体户减免增值税1081.59万元。通过采取以上措施，全年共完成税收收入256454万元，占省局计划195456万元的131.2%，占市政府计划197675万元的129.74%，同比增长42.55%，增收绝对额76322万元，其中共享收入完成238856万元，同比增长37.09%，增收64547万元，收入进度、增长比例和增收绝对额达到了历史最好水平，取得了历史性的突破。（侯宏伟）

【推进税收法治化进程】 2003年，全系统认真落实税收执法责任制，建立健全税收执法监督体系，规范税收执法行为。在省、市两级人大进行的执法责任制工作检查中，均受到好评。全年共对574名税务干部进行了执法责任追究，经济追究26654元；另外，还通过书面检查和通报批评等形式对执法过错行为进行了追究。全面推行新的岗责体系，理顺了基层现行的征管运行机制；加大征管法及其实施细则，以及相关税收法律、行政法规的学习培训力度，税务干部培训面达到100%，增值税一般纳税人培训面达到了93.65%。（侯宏伟）

【夯实征管基础】 2003年，全市系统加强征管基础资料管理，对征管基础资料的设置、主要征管基础资料运行程序、征管基础资料管理等内容进行了明确规定，使征收管理基础档案资料步入了规范化管理轨道；加强对起征点调整后个体税收的管理，促进了个体税收征管的进一步规范；加快推行多元化申报方式，对进入增值税防伪税控系统的1805户一般纳税人全部安装新版电子软件，对30户重点税源实行了网上申报；改革征管质量考核办法，实现了税收征管质量的网上考核。（侯宏伟）

【税务稽查管理】 2003年，全市系统坚持选案、稽查、审理、执行四个环节有序进行，环环紧扣，从职责权限、工作程序、文书制作使用、稽查档案、监督制约和质量考核等各个方面全面规范稽查工作。

继续做好发票协查工作，受托协查的按期回复率达100%，发出协查87起，涉及专用发票402份，查补税款22.02万元。进一步整顿和规范税收秩序，开展了涉外企业、免抵退税企业、汇总纳税电信企业等专项检查和加油站税收秩序专项整治，专项检查全省排队第三，受到省局通报表扬。全年共受理税务违法举报案件26起，查处26起，查补税款27.17万元，罚款12.33万元，加收滞纳金8.95万元；接到省局交办案件9起，查处结案9起，查补税款32.69万元，入库率100%；各级稽查机构共检查纳税人1181户，查补2464.21万元，其中，税款1854.89万元，罚款327.37万元，加收滞纳金281.95万元，入库率达到99.52%，达到了省局考核的要求。（侯宏伟）

【发票管理】 2003年，全市系统积极开展打击制售和购买假发票行为，全面监控手工版专用发票，有效防范了利用手工版专用发票进行偷骗税犯罪活动的发生；加强发票代开管理，开展发票专项检查，确保各种票证安全，提高了票证管理水平。（侯宏伟）

【税收宣传】 2003年，全市系统开展了“诚信服务，奉献社会”主题活动和以“依法诚信纳税，共建小康社会”为主题的税收宣传月活动，开展了丰富多彩、形式多样的税收宣传活动，并发挥信息报道工作的宣传作用，进一步营造了良好的税收环境，被省国税局评为“税收宣传优秀组织单位”。（侯宏伟）

【金税工程建设】 2003年，全市系统对现有认证报税点重新进行了设置，撤销了原来的13个认证报税点，对26个农村分局增设了认证报税点，全市纳入防伪税控系统管理的一般纳税人达到1906户，占应推行一般纳税人的100%；全市报税系统累计申报户数14637户（次），报税率达到100%，超过了总局99.5%的考核标准，受到了省局的通报表扬；全市认证系统共对14056户（次）一般纳税人提供的171245份发票抵扣联进行了认证，采集率达到100%，认证企业占一般纳税人的61.95%。经稽核比对，发现涉嫌违规发票100份，占全部认证发票的0.058%，比上年同期大幅下降。（侯宏伟）

【网络建设】 2003年，全市系统完成了市局到省局、市局到17个基层征收单位的主干网络改造，广域网络结点已扩充为65个。（侯宏伟）

【征管软件的应用和管理】 2003年，全市系统加强TAIS征管软件的应用和管理，完成了TAIS3.2到TAIS4.0系统的更换，以及TAIS4.1升级工作，实现了对县（市、区）局的网上监控和考核。（侯宏伟）

【信息化系统管理】 2003年，全市系统加强信息化系统管理，建立了硬件设备管理档案，严格落实数据安全管理制度，对金税工程、公文处理、出口退税、TAIS集中等数据进行了备份，确保了数据的安全。（侯宏伟）

【应用系统的管理和维护】 2003年，全市系统认真、及时做好金税工程数据的接受、上传、清分、比对、备份和报表打印工作，开通了运城、风陵渡、华信三个开发区分局的金税工程系统，完成了金税工程二期拓展模块——一般纳税人认定系统的操作培训和防伪税控网络版推行工作，实现了数据集中和网上运行，确保了“一窗式”管理模式的顺利进行。（侯宏伟）

【领导班子建设】 2003年，全市系统认真落实中心组理论学习制度，召开了以“学习与创新”为主题的创建“学习型组织”暨中心组理论学习扩大会议，重点围绕学习贯彻“三个代表”重要思想，建设“学习、服务、创新、廉洁”型机关，全面推动国税工作创新发展进行了研究讨论。严格执行领导干部重大事项报告制度、巡视检查制度等各项制度，加强对领导班子特别是“一把手”的监督管理。认真贯彻民主集中制原则，及时召开班子民主生活会，按照“八个坚持、八个反对”的要求，切实转变职能，提高了行政效率和依法行政水平。（侯宏伟）

【文明行业创建活动】 2003年，全市系统制定了创建文明行业的总体规划，开展了争创“文明单位”、“文明行业”和“青年文明号”活动；认真落实《公民道德建设实施纲要》，积极开展以爱岗敬业、公正执法、诚信服务、廉洁奉公为主要内容的职业道德教育；加大基层建设力度，改善机关环境和税务干部工作生活条件，提高机关服务水平，努力达到“丰衣足食、安居乐业”的要求。全行业以为纳税人服务为宗旨，以落实“文明办税八公开”为主线，以推行“一窗式”管理为契机，以办税服务大厅为平台，以实现重管理向重服务转变为突破口，着力打造全新的服务格局。有条件的单位还拆除了办税大厅的玻璃隔断，实现了零距离服务，被纳税人形象地称作“拆除了隔离墙，驾起了连心桥”。9月份，市局在绛县召开了“全市国税系统精神文明建设现场会”，大大推动了文明创建的进程。截至目前，全市国税系统被命名为“市级文明行业”荣誉称号，17个县级单位全部被评为市级文明单位；绛县国税局申请创建省级文明单位标兵，市局及芮城、稷山、闻喜、永济等单位申报创建省级文明单位，并接受了省文明委组织的考察验收。（侯宏伟）

【党风廉政建设】 2003年，全市系统认真做好党风廉政建设责任分解工作，明确领导干部肩负的廉政责任，并签定了责任书，把“一岗两责”落到了实处。领导干部公开进行了廉政承诺，牢记“两个务必”，认真落实“三条严令”和十五项规定，增强了领导干部的廉洁从政意识。积极开展行风评议活动，市局及各17个基层征收单位“一把手”全部向社会各界做出公开承诺；开展了分别由特邀监察员、50个优势企业、部分省市人大代表参加的三个座谈会，征求意见建议18条；积极参与“监督热线”和“行风热线”栏目，现场解决群众提出的11个问题，并全部予以核实、解决。同时，还通过公开监督举报电话、设立意见箱、开展社会调查问卷、进行行风评议走访等一系列活动，推动了行风评议工作的顺利开展。在前一阶段的行风评议中。市局得到了满分，国税系统名列全市第二，取得了阶段性的成果。（侯宏伟）

【培训教育】 2003年，全市系统认真贯彻落实关于开展创建“学习型组织”活动的精神，先后组织开展了“党的十六大及‘三个代表’重要思想”、“党风廉政建设”、“税收业务”、“相关法律知识”、“办公自动化”等五次专门培训学习，有效提高了税务干部的政治、业务、法律、科技等综合素质。另一方面，加大对税务干部专门业务知识的培训力度，共举办了7期业务培训班，重点对工作需求明显的税收法制和计算机应用进行了强化培训；先后委托省税校举办了两期科级干部和股所级干部税收法制脱产培训班，对96名科、股级税务干部进行了专门培训。同时，以这些人为辐射点，组织税务干部进行业务标兵竞赛和培训学习活动，税务干部的综合素质明显增强，在全省税收业务标兵竞赛中，全市有16名选手入选百名标兵，其中法制单科获团体第一名，永济的宁放心、盐湖的崔莉分别获得法制单科个人第一名、第三名，永济的任新录获得模拟查账单科个人第三名。

（侯宏伟）

【税务文化建设】 2003年，全市系统在加强思想政治工作和“三德”教育的同时，还开展了一系列文体活动，冠名举办了“国税杯”市直机关拔河比赛，举办了全市国税系统“诚信杯”税企乒乓球比赛和老干部象棋比赛。不仅活跃了群众文化活动，使税务干部陶冶了思想道德情操，而且让大家感受到了国税大家庭的温暖。（侯宏伟）

地方税务

【概况】 2003年，全市地税各项税收收入共完成76688万元。占年计划的103.6%，超收2681万元，比上年同期增长5.8%，增收4256万元。其中：工商税收完成64094万元，占到全年计划61413万元的104.4%，超收2681万元，比上年同期增长16.3%，增收8984万元；农业四税完成12594万元，占到全年计划12594万元的100%，比上年同期减少4728万元。在完成税收收入的同时，认真做好规费征管工作，共组织各项规费收入1488万元。（市地方税务局）

【新一轮征管改革】 2003年增设了市局管理分局，在市区范围内实现了征收、管理、稽查机构的分离。在此基础上，按照“征收不进户，管理不征收，稽查不入库”的原则，明确了各职能机构的职责和权限，并制定了税收征管业务流程，进一步细化了岗位职责，做到了征、管、查三权分离，相互制约，相互协调，密切配合，初步建起了科学、严密、高效的岗位责任监督机制。保证了改革之后，征收、管理、稽查工作，既相互分离，又有机统一，避免了征、管、查之间各自为政的混乱局面出现。

（市地方税务局）

【计算机网络建设】 2003年，在市区范围内的征管改革到位后，市局在省局信息中心的指导下，经过充分论证，自7月份起，利用4个多月的时间建成了以市局为中心，覆盖市直管理分局、征收分局、稽查局、运城经济技术开发区、盐湖区的城域网，实现了全市范围的数据集中。新建网络的成功，标志着市局在信息化建设领域迈出了新的一步，为征收、管理、稽查各环节的相互监督制约以及全省范围内征收大联网和数据大集中创建了良好的条件。同时，全系统在7个县市局建成了城域网，统一运行省局的税收管理软件，形成了县城范围内所有工商税收全部网上运行，极大地提高了征管质量和效率。

（市地方税务局）

【提高纳税服务质量】 2003年，全系统办税服务厅全面实行“一站式”、“一窗式”服务模式，在征期内实行中午正常办公，确保服务不间断；对月税款数额较小，交通不便的个体户实行简易申报、简并征期、事后输机的办法；全面实行首问责任制、限时办结制、服务承诺制和内转外不转工作方法，为纳税人营造了良好的纳税氛围。

（市地方税务局）

【制定《私立学校税收管理办法》】 2003年，全系统为了强化“私立学校的税收管理”，规范社会力量办学的税收征纳行为，市局在深入调查研究的基础上，研究制定了《私立学校税收管理办法》，使私立学校的税收管理有章可依、有法可循，最大限度地堵塞校园税收漏洞。（市地方税务局）

【完善营业税基础资料】 2003年，全系统组织开展了营业税资料普查工作，从根本上掌握企业的经营和纳税情况。经过努力，全系统克服了“非典”疫情的影响，按时按质按量完成了全市120户的普查任务，达到了预期目的。

（市地方税务局）

【加强涉外税收的管理工作】 2003年，全系统在办证方面，将原来由市局办证改为由县局申报、市局审核再返回县局办证的办法，较好地解决了市局和县局办证脱节，征管失控的问题。同时，按照省局要求，市局组织人员对涉外企业进行了检查审计，检查30户，查出税款110万元，罚款20万元，收到了以查促管的效果。（市地方税务局）

【落实税收优惠政策】 2003年，全系统在非典疫情期间，严格按照省局《关于调整我省部分行业在“非典”疫情期间税收政策的紧急通知》精神，把各项优惠政策及时落实到位，先后对3046户纳税人落实了减免优惠，共计减免税款393.5万元，缓解了纳税人遇到的暂时困难，既涵养了税源，又维护和促进了全市经济发展和社会稳定。同时，完善目标责任制，切实将下岗职工税收优惠政策落实到位。全市累计减免税收43334.5元。其中，营业税24821.5元，城建税1532元，个人所得税16981元。同时，严格按照省要求，对能提供下岗证的445名下岗职工免收税务登记证件工本费22250元。

（市地方税务局）

【契税管理】 2003年，农业特产税取消后，市局及时将农税征管工作重点放在加强契税管理之上。全市16个征收单位围绕契税征管进行了专题调研，形成了切合实际的征管思路和方法。市局于8月中旬，集中力量，组织开展了契税、耕地占用税税收检查，有效地促进这两个税种任务的圆满完成。

（市地方税务局）

【税务稽查工作】 2003年，全市各级稽查局共检查各类纳税户607户，查补税款940万元，罚款707万元，加收滞纳金82万元。其中，市稽查局检查37户，查补入库税款305万元，罚款356万元，加收滞纳金45万元，为规范税收秩序做出了积极的贡献。（市地方税务局）

【建立较完善的执法岗位责任体系】 2003年，全系统健全了包括岗位责任、执法规程、评议考核、过错追究四大部分，涵盖所有执法人员的执法责任体系。明确了执法人员的执法责任，规范了税收执法程序。9月份，为了全面推进全市地税系统依法治税工作的进程，在芮城县局召开了全市地税系统依法治税现场会，交流了芮城、临猗、平陆、垣曲四个县局的经验做法，明确了今后依法治税工作的任务和重点。通过这次会议把全市地税系统依法治税工作又推向一个新的高潮。（市地方税务局）

【税收执法检查】 2003年10月，市局抽调省、市级业务能手24人组成六个检查组，历时20天对全市16个县（市、区）局税务管理、税款征收、税务稽查方面的执法情况进行了一次全面的检查。通过检查发现基层执法单位和执法人员，在日常执法中还存在执法随意性、违规解缴税款、滞纳金、处罚不到位、法律文书使用不规范等问题。针对检查出的问题，市局专门以文件形式下达了纠改通知，并进行了执法责任追究，共追究执法过错人员106人次。其中，批评教育55人次，通报批评51人次，追究罚款15900元，查补各项税费1470898元。（市地方税务局）

【税法宣传】 2003年4月税收宣传月活动中，全系统紧紧围绕“依法诚信纳税，共建小康社会”这一主题，加强领导，精心组织，开展了“纳税信誉等级评定”等一系列形式多样的宣传活动，市局组织的“企业纳税信誉等级大评比活动”，稷山县局组织的“诚信纳税求发展，税企联袂奔小康”，临猗组织的“业余税校”等获得了全省地税系统2003年度优秀创新项目奖。

（市地方税务局）

【干部的思想教育】 2003年，市局组织全系统学习了十六大精神和“三个代表”重要思想，开展了十六大知识竞赛和践行“三个代表”演讲赛，不断激发干部职工学习理论的积极性、主动性。为进一步引深“三个代表”重要思想学习活动，10月份，还组织市局直属单位负责人和县市局长共19人，进行了学习座谈，互相交流了学习体会，推动了全系统的学习活动。

（市地方税务局）

【人事制度改革】 2003年，出台了《运城市地税系统县（市、区）局领导干部及科级干部考核暂行办法》和《运城市地方税务局2002年度县（市、区）局领导干部考核评议方案》；在群众推荐的基础上，严格按照程序对拟提拔使用的科级干部23人进行了考察任用。其中，正科级3人，副科级5人，主任科员2人，副主任科员13人。还根据工作需要或本人申请，对科级干部9人进行了改任。其中，主任科员5人，副主任科员4人。新提拔的干部中，有取得全省业务能手考试第一名的，有工作实绩突出、被群众公认的，这些人才的提拔使用，极大地推动了全市地税干部的学习热情和工作热情，从而激发了税干工作的主动性和能动性。

（市地方税务局）

【党风廉政建设】 2003年出台了《“两权”监督制约实施办法》，进一步明确了监督范围，细化了监督实施和追究办法。在此基础上，进一步完善了税收执法方面、人事管理、财务管理等方面的制度，使“两权”运作有章可循；组织开展了赊欠纳税人钱物清理整顿工作，针对发现的问题，市局统一制定了归还计划和时限，已在6月底前全部清理完毕。（市地方税务局）

【积极创新党建工作】 2003年，全系统上下建立了党组书记抓党建“一岗两责”工作制度、党建工作目标责任制、市县两级党建工作联席会议制度，定期召开联席会议制度，完善了民主评议、党员发展、党费收缴、组织生活、“三会一课”等制度，以制度落实促进党建工作的规范。组织了科级干部“三个代表”重要思想培训及入党积极分子培训，开展了“三争一创”活动和“艰苦奋斗，廉洁从政”主题教育等，使广大党员干部普遍受到了生动的理论教育和革命传统教育，党组织的战斗堡垒作用和党员干部的先锋模范作用得到了有效发挥。由于市地税局在党建工作中措施得力，成绩突出。2003年11月份，全国税务系统在成都召开的党建工作研讨会上，市地税局做了典型经验介绍；12月5日，运城市直机关支部建设现场会专门在市局召开，市局和运城经济技术开发区分局分别做了典型发言。

（市地方税务局）

【打造服务亮点】 2003年在全系统成立了“地税110”服务中心，开通了服务热线、配置了服务专业车，及时为残疾人和行动不便的纳税户提供快捷、高效的税收服务，受到了人民群众的普遍欢迎。

（市地方税务局）

【积极参与公益事业】 在抗击“非典”期间，广大税干共向医务工作者捐款33.2万元。为防止“非典”疫情向农村蔓延，市局组织了“三夏”帮扶工作队，深入到平陆、垣曲等帮扶点支援夏收，共收割小麦432.7亩，复播麦地209.7亩，受到了当地百姓的交口称赞。10月份，全市部分乡镇受到水灾后，市局干部踊跃捐款达30400元。

（市地方税务局）

【开展群众性创建活动】 2003年为了扩大文明创建的层次性和覆盖面，在全系统开展了争创青年文明号、文明单位，争当青年岗位能手、五好家庭和优秀税务工作者等活动，形成了上下联动、整体推进的群众性文明创建热潮。市地税局继上年荣获全国创建文明行业示范点、山西省模范公务员集体之后，2003年又连续获得全国创建文明行业工作先进单位、山西省2002年度定点扶贫先进单位等荣誉称号。11月，又通过了省文明办组织的山西省文明行业的检查验收。13个县市局全部达到市级文明行业，7个县局单位还申报了省级文明单位。

（市地方税务局）

金　融

中国人民银行运城市中心支行

【概况】 2003年，全市金融总体运行平稳健康。截止12月末，全市金融机构各项存款余额达3263608万元，较年初增加517000万元，增长18.82%，其中：储蓄存款余额2537080万元，较年初增加385434万元，增长17.91%。各项贷款余额达3215262万元，较年初增加637305万元，增长24.72%。1—12月，全市现金收支相抵，累计净投放270341万元，比去年同期多投放75485万元。止12月底，全市金融机构支付状况良好，备付金率达到12.09%，其中，农村信用社备付金率达25.95%。银行结售汇总额达到31334万美元，同比增长75%，其中结汇17974万美元，售汇13360万美元，同比分别增长55%和112%，实现顺差4614万美元。全市出口收汇核销金额达14517万美元，同比增长42%，核销率和收汇率分别达到98.74%和98.70%。全市贸易进口付汇核销金额达9600万美元，同比增长74%。

金融业的稳健运行，有力地促进了全市国民经济的持续、快速、健康发展。1—11月，全市规模以上工业企业完成工业总产值3031677万元，同比增长23.9%，完成工业增加值1064336万元，同比增长21.9%，增幅比上年提高6.4个百分点。财政收入累计完成332545万元，同比增长38.7%。城乡市场繁荣，稳中趋活，社会消费品零售总额实现671917万元，同比增长12.6%。

（人行运城市中心支行）

【发挥“窗口指导”作用，促进金融机构合理调整信贷结构】 2003年，总、分行出台了加强房地产信贷业务管理、做好金融支持下岗失业人员再就业工作、加强对个体私营经济金融服务的指导意见以及提高存款准备金率等一系列货币信贷政策。对此，中心支行都认真加以贯彻落实。①在深刻理解，广泛宣传的基础上，结合实际，对这些政策提出具体的指导意见和实施办法，从而增强了所属各支行及辖区金融机构贯彻落实货币信贷政策的针对性、准确性和可操作性。②根据总、分行货币信贷政策调整信息及国家、省、市有关部门发出的产业调整计划，以“信贷政策指示”、“信贷投向提示”及“信贷风险提示”的方式，向辖区各金融机构传导有关政策信息，今年先后转发货币信贷政策文件18份，发出信贷投向和风险提示3次。③加强与金融机构的沟通与联系，对重要货币信贷数据资料实现信息共享，并通过定期分析辖内经济金融形势、通报经济金融运行情况，为各金融机构正确把握信贷投向重点，进一步优化信贷结构，提高资金质量和经营效益，提供了充分的窗口指导。截止12月末，全市金融机构各项贷款余额为322亿元，较年初增加64亿元，增长24.72%，同比增幅提高了10.12个百分点。其中，工业贷款余额624402万元，较年初增加143655万元，增长29.88%，主要支持了亚宝、关铝、海鑫、丰喜、南风集团等一批优势龙头企业；农业贷款余额561665万元，较年初增加130340万元，增长30.22%，支持了农业生产及种养业、农村水利设施建设、科技调产项目；技改及基建贷款余额421212万元，较年初增加92749万元，增长25.90%，重点支持了大中型企业的技术改建和基本建设；消费贷款余额159845万元，较年初增加38636万元，增长76.75%，主要投向住房、汽车、助学等消费领域，支持扩大了内需。

（人行运城市中心支行）

【支农再贷款业务】 2003年，在支农再贷款方面，主要是用好用活人民银行支农再贷款，使有限的资金发挥出最大效益，积极支持辖区各农村信用社，在“服务三农、增加农民收入、提高农民生活水平”的前提下，有针对性地运用资金。既适当增加了对高效种养业、现代农业发展较快县（市、区）的资金支持，又使农业生产相对落后地方的多数农户直接受益。截止12月末，已累计向辖区10个县（市、区）的123个信用社发放支农再贷款37355万元，余额达到36205万元，较年初增加11005万元。重点支持农民从事种养业、农副产品深加工等高效农业生产及部分困难农户生产急需。据统计，今年农村信用社运用再贷款共支持了辖区1753个自然村、118791户农民的农业生产和产业结构调整，直接为农村信用社创造效益达1356万元。与此同时，为切实管好再贷款，保证资金安全，中心支行严格执行再贷款的申请、审批、发放、回收管理责任制，做到严格审批、灵活发放，确保再贷款放的出、用的活、收的回。2003年，中支再贷款余额在分行下达限额内，运用率达99.3%，到期收回率达100%。此外，组织对2000年发放的4095万元人行自办金融机构贷款使用管理情况进行了三次调查清理。加强对辖区27亿元政府借款使用管理情况的检查，确保了该项资金专款专用、专户管理、封闭运行，不出现挤占挪用等问题。

（人行运城市中心支行）

【票据贴现和再贴现业务】 2003年，人行市中心支行强化票据贴现和再贴现业务管理，维护票据市场的规范运行。针对今年上半年辖区票据贴现业务迅猛增长，且存在争抢票源、互挖墙脚等无序竞争问题，中心支行及时组织开展了贴现业务大检查，查出各类违规业务2464笔，金额238839万元。对无真实商品交易、擅自降低贴现利率、提供超限额和超范围服务等问题，均依照有关规定，对违规机构和责任人进行了处罚并限期纠正，规范了辖区票据贴现市场。央行9月21日提高存款准备金率后，针对辖区各商业银行普遍出现银根紧张问题，支行合理运用再贴现工具，向国有商业银行和企业提供资金支持，止12月底，全市累计办理再贴现14682万元，支持和带动商业银行签发银行承兑汇票456505万元，办理贴现1006546万元，有力地支持了金融机构。

（人行运城市中心支行）

【拆借业务】 2003年，市支行按照上级行的要求，对拆借业务进行严密监测，确保货币市场稳定。全市的货币市场业务主要是县域间的短期同业拆借，全年共拆借13笔，金额12800万元，较好地解决了部分农村信用社清算资金和临时头寸不足问题。

（人行运城市中心支行）

【利率、现金管理和金融机构反洗钱工作】 2003年，中心支行继续做好利率政策的宣传、咨询和监督检查工作，全年对部分金融机构执行利率情况进行了两次检查。同时，把现金管理重点调整到严密监测大额现金支付、打击洗钱活动方面，先后三次对金融机构的发行、会计、储蓄、保卫、外汇管理人员进行了反洗钱、人民币大额和可疑支付交易管理等方面的业务培训，增强了他们对可疑支付交易、洗钱手法的识别能力。年内，对110个金融机构执行《金融机构反洗钱规定》、《人民币大额和可疑支付交易报告管理办法》及《外汇大额和可疑支付交易报告管理办法》情况进行了检查。从检查结果来看，各金融机构能严格管理大额现金支付，控制不合理现金支出。

（人行运城市中心支行）

【加强金融债权管理，维护银行资产安全】 4月份，组织了对辖区企业逃废金融债务情况的全面调查，澄清了辖区改制企业逃废银行债务的底子。经查，全市涉嫌逃废金融债务企业共273家，涉及金额7.8亿元。在此基础上，制定出台了《运城市金融债权管理行长（主任）联席会议制度》和《运城市金融机构联合制裁逃废债务行为实施办法》，召开了全市金融债权管理行长（主任）联席会议，对永济市纺织厂及相关四家企业恶意逃废银行债务行为进行认定，并下发《限期落实债务告诫书》，研究了具体制裁措施，限期纠正逃废债行为，有力的震摄了恶意逃废银行债务行为，维护了辖区社会信用秩序。

（人行运城市中心支行）

【调查研究和经济金融动态信息反馈】 调查研究和信息反馈是央行制定和实施货币政策的重要支持系统。2003年，中心支行在坚持做好季度经济金融分析工作的同时，围绕经济金融工作的热点、难点、焦点问题，开展了贷款增长过猛的原因、房地产市场、县域金融服务、中小企业融资情况以及农村信贷资金流向和信贷资金结构调整等30余项调研活动，撰写了调查报告60多篇。其中有40余篇调研文章被省级以上刊物采用，5个重点调研课题得到天津分行的肯定。全年，编发各类经济金融信息、动态480余条，为上级行决策提供了及时、准确的依据。信息工作名列天津辖区各支行前茅。

（人行运城市中心支行）

【落实金融监管责任制】 2003年，支行继续按照“进行入社”的要求，深化细化金融监管AB责任制，将监管机构、任务、目标落实到人，进一步明确了各监管部门和监管人员的职责。继续推行对农村信用社监管划片包社制度，制定化险规划，将高风险社作为重点监管对象，努力实现监管工作的程序化、制度化。（人行运城市中心支行）

【做好国有商业银行的行政管理工作】 2003年，中心支行严格按照上级行的有关规定和授权，积极采取措施，加强对金融机构市场准入、运营和市场退出的管理。共审查报批金融机构5名高级管理人员的任职资格；按照有关规定和程序，为9家机构增开业务及时办理了批复或回执手续；对15家金融机构迁址更名、7家金融机构升格等重要事项进行了严格认真的审批；审查批准撤并金融机构48家，歇业3家。由于中心支行在行政管理和重要事项审批过程中，特别是在机构撤并中，严格按照操作规程办事，无越权违规审批，从而保证了金融机构业务经营正常进行和辖区金融秩序的平稳有序。

（人行运城市中心支行）

【农村信用社风险防范和化解处置工作】 2003年，首先认真制定和落实全市防范和化解农村信用社风险规划。年初，根据分行下达的目标任务，确定整体化解规划，将具体任务分解下达至各县（市、区）和农村信用社各法人机构。市、县两级行监管部门都制定了确保完成风险监管目标任务的办法和措施，并加强监督、指导、检查、考核工作，促进了化险工作的有效开展。同时，在做好非现场监管的同时，认真开展对农村信用社信贷管理的现场检查工作。年初，支行积极配合天津分行检查组对河津市农村信用社信贷工作进行检查。组织对绛县、夏县等15个农村信用社（含联社营业部）信贷管理工作情况进行了全面现场检查，共查出各类问题60多项，提出各类纠改建议和措施70余条，有效地促进了农村信用社合规经营，健康发展。10月份，围绕资本充足性、流动性、安全性、效益性、综合发展能力共五大类21个指标，对全市13个县（市、区）农村信用社逐一进行了综合风险测算，经测算B级（27分—36分）6个，B—级（36分—54分）5个，A—级（54分—72分）2个，为今后全面开展监测预警和分类处置工作奠定了较好的基础。第三切实做好对农村信用社基础性监管工作。加强对合作金融机构市场准入、变更事项、市场退出的合规性监管，未发生一起越权审批或无指标违规审批问题。认真做好农村信用社主要负责人的任职资格审核管理工作。在抓好监管工作的同时，还积极督促指导农村信用社推广农户小额信用贷款。截止12月末，全辖创建信用村471个、信用户569842个，农户小额信用贷款余额160678万元，同比增加69908万元，农户联保贷款28424万元，较年初增加8849万元，有力地支持了农民资金需求和农村经济的发展。在人民银行的大力监管和农村信用社的积极努力下，全市农村信用社的金融风险得到有效化解。止12月末，全市农村信用社资本充足率较年初提高2.47个百分点；高风险社、资不抵债社较年初分别减少31个和16个；不良贷款较年初减少18278万元，不良贷款占比下降23.15个百分点；实现利润3022万元，较去年同期增加5882万元。

（人行运城市中心支行）

【强化外汇业务监管】 2003年，

支行在做好经常项目外汇账户年检、外商投资企业年检工作，严把银行结、售汇业务市场准入关等基础性工作的同时，加强对外汇领域反洗钱活动的监测与防范，有效地防止了利用外汇账户进行洗钱行为。加强了项目外汇监测，确保全市外商投资企业资本金无违规结汇，并通过对银行收汇、结汇业务的专项检查，纠正了出口收汇核销专用要素不全、违规为企业办理退汇、国际收支统计申报业务中的错报漏报现象等问题。

（人行运城市中心支行）

【银行卡联网通用工作进展顺利】 2003年，支行把促进全市银行卡产业的整体发展，发挥银行卡产业的社会服务功能，完善受理银行卡的市场环境作为金融服务的一项中心工作来抓。在工作中，通过成立“运城市银行卡应用发展领导组”来统一指导、协调辖区各发卡机构开展工作；通过制订《运城市银行卡联网通用管理办法》来促进各发卡机构合规经营、公平竞争；通过定期召开联席会议来沟通信息、交流经验，研究、解决银行卡业务中的各种问题。通过积极努力工作，8月12日，全市所有银行卡自助设备均顺利通过了跨行联网通用测试，初步实现了银行卡联网通用。止12月底，运城市共发行信用卡24460张，存款余额7718万元，发展特约商户236个，累计交易额4661875万元。现有5家发卡机构共拥有联网通用机构数337个，ATM机21台，POS机224台，银联标识卡量达413058张。

（人行运城市中心支行）

【规范信贷登记信息，提高系统应用水平】 2003年，为使金融机构能充分利用系统查询功能，做好贷前调查，减少信贷风险。市支行进一步规范了借款人信息，提高了入库数据质量，并积极督促指导金融机构贷前上网查询3.9万次，有效地提高金融机构防范信贷风险能力。同时，利用系统数据资源，密切监测分析贷款大户、逃废债嫌疑户和信贷融资异常户，发现问题及时进行风险提示，为防范金融机构信贷风险提供了优良服务。如：今年4月份，支行监测发现新绛一家汽车贸易公司贷款增长异常，经调查，是该企业违规办理贴现业务，导致贷款余额较年初猛增6000多万元。据此，支行发现苗头，举一反三，开展了对全市贴现业务的大检查。此项工作比总、分行的安排提早了10天。正是由于支行重视系统应用工作，加强信贷业务监测，才保证了全市贴现业务的顺利开展。

（人行运城市中心支行）

【认真做好货币金银工作】 2003年，中心支行认真组织发行基金调拨工作，合理摆布市场票面结构，全年安全及时调拨发行基金96次，金额100亿元，确保了全市日常现金供应和今年防治“非典”工作现金需要。销毁残损人民币9600万张，10.8亿元，提高了流通中人民币的整洁度。积极做好《假币收缴鉴定管理办法》的实施工作，组织全市2696名储蓄出纳人员进行反假币上岗资格培训、考试，合格率达99.5%。按照太原中支“面向农村、突出重点”的工作要求，建立健全了辖区反假货币网络，初步建成覆盖全市146个乡镇的市（县）乡、村三级反假货币网络体系，共有乡镇联络员329人，农村联络员1637人。广泛开展了反假人民币宣传活动，全年收缴假币22万元。继续开展发行库规范化管理达标升级活动，所辖万荣、夏县2个支库晋升为特级库，临猗、垣曲、新绛3个支库晋升为一级库。

（人行运城市中心支行）

【强化国库资金管理】 2003年，中心支行认真做好国库核算系统2.0版的推广应用工作，及时办理财政预算收入的收纳、划分、报解工作，确保预算收入及时、足额入库，全年共办理各级预算收入642753万元，其中：上划中央和省级收入170318万元，办理地方一般预算收入472435万元，支出450481万元，均无一笔差错。在国库支付系统建设方面，对全市国库经办人员进行了密押设备使用培训，并于11月1日将辖区平陆支库作为票据交换试点库进行试点，为明年全面开通国库支付系统打下良好基础。加大监督检查力度，强化国库资金管理，开展了对支库、乡镇金库基础业务，代理国库业务机构业务，财政存款计息工作的全面检查，有效防范化解国库资金风险，确保国库资金完整无缺。继续深化财政国库管理制度改革，在全省首家开设使用国库单一账户，首家采取通过零余额账户方式办理资金的支付与清算。（人行运城市中心支行）

【做好会计、营业部门基础工作】 2003年，支行为深入开展“会计规范化管理年”活动，规范管理，规范操作，加强监督检查，全面提升了会计基础工作水平。年初，组织编写了《会计核算“四集中”业务一日操作规程》，进一步规范了会计核算“四集中”业务操作与管理。开展会计联行检查，对会计业务差错实行公示，维护了正常的结算秩序。事后监督中心全年实施监督42万余笔，纠正10笔、500余万元差错业务，有效防范了会计风险，提高了核算质量。及时组织开展《人民币银行结算账户管理办法》宣传、培训工作，确保了《办法》于9月1日在全市顺利实施。营业部门严格业务操作规程，全年共办理各种结算业务36万笔，其中安全发送联行往账业务8.4万笔，金额211亿元，接收联行来账6.1万笔，金额239亿元，新开账户2710个，均实现了无差错、无案件、无损失的目标。

（人行运城市中心支行）

【内审监督】 2003年共完成了6项全面审计，2项离任审计，5项专项审计和1项清查工作，发现问题10大类，80余项，并有针对性地提出内审建议60余条。通过严格、扎实、有效的内部审计工作，进一步加大了监督检查力度，强化了内部控制和管理水平，促进了各级领导和职能部门依法、合理、公正、有效的履行职责。

（人行运城市中心支行）

【健全完善各项规范化管理制度】 2003年，中心支行根据业务发展的需要，健全完善了各项管理制度和业务操作规程，先后修订完善、制定出台会计、国库、督查、信息、债权、计算机安全、保密等12项管理办法、25项操作规程和38项岗位职责。为保证各项工作制度切实落到实处，支行建立健全了各项工作责任制，加强监督、检查和考核，制定的中心支行《督查工作制度（试行）》对紧急事项跟踪督查，重要事项重点督查，一般事项定期督查，使内部管理水平得到进一步提高。

（人行运城市中心支行）

【狠抓安全生产，确保全行安全无事故】 ①加强组织领导，按照“谁主管、谁负责，一把手负总责”的原则，逐级签订安全管理目标责任书，使安全保卫工作量化细化，责任到人。②强化安全教育和五管要害人员审查力度，对全辖314名要害岗位人员和85名持枪人员进行了逐人审查。加强保卫人员技能培训，开展了实弹射击，守卫、押运、消防、联防重案演练，举办了保卫守押人员技能比武活动，有效地提高了安全保卫人员的综合素质。③落实安全保卫工作规范化管理要求，投资45万元，对永济支库进行了封闭式管理，对中支及7个支行的硬盘录像进行了更新改造。同时，严格枪支弹药管理，统一换发使用新装备。④认真开展经常性的安全保卫检查工作。全年共开展各类安全检查20次，进一步消除隐患，堵塞漏洞，防止了各类安全事故的发生，确保了全行人员、资金和财产安全。

（人行运城市中心支行）

【政治理论学习】 2003年，支行继续坚持市、县两级行党委（党组）中心组理论学习制度，年初，广泛深入开展了学习十六大精神活动，市、县两级领导干部共撰写学习心得体会和专题调研文章28篇。特别是6月中下旬以来，支行认真落实中央和总、分行党委要求，认真安排部署，在全行上下兴起学习贯彻“三个代表”重要思想新高潮。10月份，中支党委分两批组织辖区县（市）支行和中支机关副科级以上领导干部，共150人，对“三个代表”重要思想进行了集中学习培训。通过听取讲座、观看专题辅导录像、自学、分组讨论和大会集中交流等多种形式的学习，使各级领导干部进一步理解和把握了“三个代表”重要思想的精神实质，增强了学习实践“三个代表”重要思想，做好本职工作的坚定性和自觉性。

（人行运城市中心支行）

【加强各级党组织和领导班子建设】 2003年市、县两级行党委（党组）书记，带头抓党建，切实履行党建工作第一责任人的职责。机关党委认真部署，广泛开展了党员争先创优活动，各级党组织的活力和党员的先锋模范作用进一步增强。严格按照“坚持标准，保证质量、改善结构、慎重发展”的方针，做好党员发展工作，有计划地发展新党员12人，预备党员转正12人，确定重点培养对象16人。

在班子建设方面，中支党委加大了对支行领导班子的考察力度，及时准确地掌握各支行班子的工作状态。年初，在全面考察的基础上，选拔了一名年富力强的年青干部担任支行“一把手”，对一个支行的“一把手”和中支会计财务科科长进行了交流，进一步增强了支行领导班子的战斗力。

（人行运城市中心支行）

【推进党风廉政建设和反腐倡廉工作】 2003年，支行结合辖区实际，认真落实了总、分行关于领导干部廉洁自律、行业作风建设、信访举报、党风廉政建设责任制、反腐败抓源头和干部队伍建设等各项工作的实施意见。围绕“权、钱、人”等重点，进一步加大了监督力度。完善了中心支行《人行运城中支党风廉政建设责任制量化管理办法》，全年多次组织全辖各支行开展了党风廉政建设量化管理工作自查，并于6月上旬和12月上旬，有针对性地对万荣、河津、夏县、稷山4个支行进行了考核。制定实施了《关于进一步加强辖区人民银行系统行业作风建设的意见》和廉政谈话制度，进一步明确了今后行业作风建设的主要工作目标、工作任务和具体要求。开展了对永济等5个支行“落实党风廉政建设责任制情况”工作的执法监察，认真开展了信访举报核查工作，对一些典型案例进行了专题调研。

（人行运城市中心支行）

【干部职工队伍建设和思想政治工作】 2003年，中支按照十六大报告中提出“形成全民学习、终身学习的学习型社会，促进人的全面发展”的要求，以培养造就一支学习型的基层央行干部队伍为目标，在干部职工中倡导学习，倡导学用结合，倡导开拓创新，积极引导干部职工，特别是各级领导干部，真正树立起终身学习的意识，重点结合人民银行岗位任职资格培训，认真做好各岗位的自学和辅导工作，加强学历教育，强化对金融法律、计算机、外语知识的学习培训。据统计，今年全辖有4人获得本科学历、5人获得专科学历，先后有180人参加计算机应用能力考试，通过率达95%以上，职称英语考试合格率达80%。此外，组织人事部门还开展了以公道正派为主题的“树组织人事干部形象”学习教育活动，收到良好成效。

认真落实总、分行《关于进一步深化“双文明单位”创建活动的意见》及《中支双文明建设工作规划》，进一步加强和改进思想政治工作，紧密结合学习“三个代表”重要思想、防治“非典”和央行职能的转变等内容，组织干部职工进行了61次政治业务学习和思想教育活动。进一步引申“读好一本书，写好一篇心得体会”活动，组织干部职工学习新时期领导干部的优秀代表——郑培民同志的先进事迹，争做爱岗敬业模范热潮。在实际工作中，支行注重培养典型、树立典型、宣传典型，对荣获总行级青年岗位能手、分行级优秀共产党员、分行级先进职工等十名杰出员工进行了宣传，用身边的先进人物和先进事迹教育感染身边的人，收到了表彰先进，弘扬正气，推动工作的实效。与此同时，市、县两级行工、青、妇组织密切配合党委部门，每逢春节和重大纪念日，都适时组织开展了丰富多彩的文体活动和业务竞赛，寓教于乐，取得了良好效果。积极开展扶贫济困、送温暖等活动，向贫困、受灾地区捐款33000元、捐衣3000余件。年内，所辖平陆支行获国家级“青年文明号”荣誉称号，中支营业部、闻喜支行货币金银股荣获分行级“青年文明号”称号，永济支行获分行“双文明单位”荣誉称号，中支营业部荣获天津分行级“女职工示范岗”称号，中支机关第一党支部获

天津分行“优秀党支部”荣誉称号。（人行运城市中心支行）

【采取有力措施，全力抗击“非典”】 2003年四月下旬，全市“非典”疫情突如其来，严重威胁到全行干部职工的生命健康。对此，中支党委把防治工作列为各项工作的重中之重，精心组织，沉着应对，认真贯彻落实上级行和地方党政部门关于做好非典型肺炎防治工作的各项要求，积极采取有力措施，严防死守，做到了思想不乱、队伍不散、工作不断，确保了全市人行系统职工和家属生命健康安全。（人行运城市中心支行）

中国农业银行运城分行

【财务状况及经济效益持续好转】 到12月底，全行各项总收入35535万元，总支出37083万元，收支相抵实现帐面利润1548万元，同比增盈1056万元；实际盈利1478万元，同比增盈1247元，较省分行年计划869万元增盈609万元。同时，全行消化历史包袱3026万元，完成省分行年计划2083万元的145.3%。

（宋利平　段润强　裴振平）

【各项存款增长创历史最高水平】 到12月底，全行人民币各项存款达到596973万元，较年初增加82267万元，同比多增14095万元，占省分行下达年计划80000万元的102.83%。其中：储蓄存款余额369714万元，较年初增加51307万元，同比多增59711万元，完成省分行下达年计划40000万元的128.27%；对公存款余额181552万元，较年初净增37885万元，同比多增258万元，完成省分行下达年计划32000万元的118.39%；同业存款余额45707万元，较年初下降6925万元。全行外币存款余额达到43万美元，较年初下降16万美元。全行实现存款利差收入1654万元，占全年计划900万元的183.8%。

（宋利平　段润强　裴振平）

【信贷低风险类贷款占比大幅提高】 到12月底，全行人民币各项贷款余额达到583316万元，较年初增加170706万元，同比多增76079万元。其中：贴现贷款余额171081万元，较年初增加102227万元；个人住房贷款余额25000万元，较年初净增15907万元；汽车消费贷款余额32352万元，较年初净增14545万元；质押贷款余额18990万元，较年初净增9265万元。新增贷款中，低风险类贷款达141872万元，占83.11%，低风险类贷款存量余额达280156万元，占贷款总余额的48.03%，占比较年初提高了22.43个百分点。

（宋利平　段润强　裴振平）

【不良占比大幅下降】 到12月底，全行货币清收不良贷款7815万元，完成省分行下达年任务8890万元的87.9%。全行不良贷款余额161612万元，较年初下降49万元，占各项贷款总余额的27.71%，较年初下降了11.45个百分点。其中：逾期贷款2927万元，占比0.5%，比年初减少2058万元，占比下降0.71个百分点；呆滞贷款111326万元，占比19.09%，较年初减少16215万元，占比下降11.82个百分点；呆帐贷款47359万元，占比8.12%，较年初增加18322万元，占比增加1.08个百分点。

（宋利平　段润强　裴振平）

【中间业务发展迅速】 到12月底，全行实现中间业务收入1050万元，同比多收468万元，完成省分行年计划1108万元的94.8%。其中：金穗卡手续费收入234万元，同比多收195万元；代收代付手续费收入156万元，同比多收18万元；结算手续费收入329万元，同比多收82万元；代理保险手续费收入207万元，同比多收111万元。

（宋利平　段润强　裴振平）

【银行卡工作稳步推进】 到12月底，全行发卡量达到167859张，当年新增74905张，完成省分行下达年任务40000张的187%；卡存款达到56963万元，较年初增加30428万元，完成省分行年计划10000万元的304%；卡消费额达20158万元，完成省分行年计划14400万元的140%。

（宋利平　段润强　裴振平）

【“迎新春”优质服务竞赛活动】 为了抓住一季度这个组织资金的黄金季节，分行制订规划，精心部署，全市各行及营业网点认真组织实施，使竞赛活动开展得有声有色，成效显著。稷山支行稷王分理处50天吸收存款650万元，提前10个月完成全年任务。临猗支行专柜两个月增存1103万元，超额完成全年任务。全市农行一季度即净增储蓄存款21809万元，完成全年计划的54.52%。盐湖区支行营业部储蓄专柜喜获全国农行2003年“迎新春”优质服务竞赛先进集体称号。

（宋利平　段润强　裴振平）

【推出高级客户经理坐班制】 即由市分行机关38名副处级以上干部每人一天轮流在营业部大厅坐堂值班、接待客户，了解客户需求，回答客户咨询。各支行行级干部和环节干部也纷纷到一线为客户服务。通过实行高级客户经理坐班制，进一步增强了机关干部服务客户、服务基层、服务全行的意识。同时，带动在全行形成一种好学习、强素质、优服务的良好氛围。

（宋利平　段润强　裴振平）

【切实提高柜台优质服务水平】 2003年，分行不断强化对员工的职业道德教育和业务技术素质教育，积极在全行开展岗位练兵活动，使全员特别是一线柜台人员的业务技能和服务水平有了大幅度提高，并涌现出了众多的技术标兵和能手。继在2000年全省农行首届零售业务技术比赛夺得团体第一名后，分行选手和代表队又在今年的全省农行首届柜台技术比赛中勇夺3金2银1铜，再次获得了团体第一名的好成绩。同时，还在全行推行服务明察暗访制度，进一步加大了对服务的监督检查力度，促使全行的服务质量不断得以提高，为存款增长打下了坚实基础。

（宋利平　段润强　裴振平）

【大力宣传营销教育储蓄】 教育储蓄业务具有存期灵活、利率优惠、利息免税的优点，对居民有较大的吸引力。因此，在年初工作会议上，分行就把发展教育储蓄作为撤并低效网点后储蓄存款增长乏力的一个突破口，进行了认真的安排和部署。市分行专门设计印制了教育储蓄宣传资料，各行广泛深入到中小学校、企业、居民区上门派送物品，开展营销工作，促使教育储蓄得到了快速发展。盐湖区支行全行动员，全员营销，到年底教育储蓄余额达 1748 万元，较年初净增 1522 万元，增幅达 87.07%。该行解州营业所被农总行评为全国农行“世纪之星”教育储蓄先进单位。河东支行实施立体营销，在全行员工中开展“1+N”教育储蓄营销活动，并纳入员工业绩考核。同时，优化服务，公关宣传。到 12 月底，教育储蓄余额达到 654 万元，较年初净增 654 万元，超额完成了全年计划。到 12 月底，全市农行教育储蓄余额达到 8136 万元，较年初净增 6567 万元，增幅达 80.72%。

（宋利平　段润强　裴振平）

【明星所柜建设和亿元所工程】 2003 年，分行继续坚持在全行实施明星所柜战略，在原有 17 个明星所的基础上，又选择了一批位置好、形象优、设施全、发展前景好的网点作为重点培养对象，明确提出明星所柜年净增存款最少要达到 1000 万元。同时，完善了考核激励机制，对年净增存款达不到既定目标者自动淘汰，并进行相应处罚；对任务完成好的所柜，给予重奖，从而极大地调动了明星所柜争优创先的积极性。到 12 月底，在又撤并了 41 个低效网点，涉及存款余额 46661 万元的情况下，全行新确定的 31 个明星所柜净增存款达 54818 万元，占全行当年净增储蓄存款 51307 万元的 106.84%，对全行存款总量的增长起到了支柱作用。与此同时，还在全行全面推进“亿元所工程”建设，选准网点，进行帮扶，努力提高网点的规模经营能力和综合竞争力。到 12 月底，又有河津支行储蓄专柜、垣曲支行营业部储蓄专柜、稷山支行营业部储蓄专柜、盐湖区支行北大街分理处、新绛支行营业部储蓄专柜、市分行营业室、北城支行储蓄专柜、河东支行营业室储蓄存款余额突破亿元大关，全行亿元所柜由 2 个增加到 10 个。同时，新达 5000～8000 万元所柜 9 个；当年新增存款超 5000 万元所柜 3 个，当年新增存款超 2000 万元所柜 10 个，新增存款 1000～2000 万元所柜 12 个。

（宋利平　段润强　裴振平）

【拓展系统客户和大客户，构建对公存款客户基地】 2003 年，分行对系统客户和大客户采取“上下联动，系统公关”的营销方式，客户部门积极上门公关，行领导亲自拜访洽谈，形成“领导重视，全员营销”的良好氛围。市分行营业室、盐湖区、河东支行先后与运城学院、运城中学、康杰中学等全市教育龙头院校达成了全面合作协议。同时，芮城、新绛、河东等行还对芮城中学、新绛中学、运城安国医院等一批优良客户进行了不定期回访，征求对分行服务的意见和建议，达到了发展新客户，巩固老客户的目的。河津支行稳老户、拉新户，攻大户、抓小户，不断加大对公存款组织力度。全年净增对公存款 37885 万元，完成年任务的 118.39%。平陆支行行领导和部室主任带头研究市场，捕捉信息，公关客户，成功吸收了医疗保险所、劳动保险所、住房公积金户等一大批优良对公客户。到 12 月底，对公存款较年初净增 5020 万元，完成年任务的 313.73%。到 12 月底，全行对公存款余额达到 181552 万元，较年初净增 37885 万元，完成省分行下达年计划 32000 万元的 118.39%。

（宋利平　段润强　裴振平）

【开发垄断性行业和基础设施建设项目】 北京大唐电力集团公司是全国电力工业领域的大哥大，总资产 300 余亿元，实力雄厚，效益良好。当得知该公司准备投资 50 亿元在运城市建造一座装机容量 2×60 万千瓦的火力发电厂，并筹备成立山西大唐运城发电有限责任公司后，市县两级行领导、客户部门立即行动起来。市分行刘满喜行长多次同山西大唐运城公司筹备组人员沟通交流，向他们推介农行的金融产品，宣传农行的信贷政策和服务优势。市分行营业室的客户经理们主动全面介入该公司的前期筹备工作，帮助筹备组人员租赁房屋、安装电话、注册公司。高效细致、热情周到的服务使他们非常感动，主动将已开在他行的公司帐户转到农行。已在营业室帐户上留存 1000 余万元，向分行借款 16 亿元也已达成意向，预计明年就可全部投放。仅此一个项目，每年可为全行创利 5000 余万元。

（宋利平　段润强　裴振平）

【大力支持教育类优良客户发展】 2003 年，分行抓住运城教育产业扩张转型的有利时机，把教育产业扩张当做农行优化信贷结构、开发优良客户、培育新的效益增长点的良好市场机会，专门成立了由市分行行长、分管行长、客户部门和下属支行共同组成的公关小组，积极介入、全方位开发营销教育类客户，使运城市主要的教育龙头院所全部落户分行。运城学院是运城市唯一的省属本科院校，是运城教育产业的龙头。该院 5 万平方米新校区建设完毕后，拟向银行申请 3000 万元装备项目贷款，市分行营业室得知消息后，立即和市分行客户部门联系共同到学院宣传农行优势，推介农行服务，经过攻关营销，该院将基本帐户开到了分行。又积极和省分行沟通联系，特事特办，高效运作，20 天时间就使 3000 万元贷款发放到位。康杰中学是全省规模最大的一所重点中学，在全省乃至全国教育界都享有极高声誉，当听说该校已近竣工的 13 层科技大楼后期资金不足后，河东支行立即主动上门营销贷款，并积极为该校代收学费，帮助该校合理理财，经多方努力终于使康杰中学基本帐户落户农行，并一次性发放 2500 万元事业法人贷款。另外，盐湖区支行成功营销回市另一所龙头重点中学——运城中学，3000 万元项目贷款也已发放到位。通过支持教育类优良客户的发展，优化了全行的信贷和客户结构，并为全行进一步延伸服务提供了操作平台，校园卡、代收付、教职工住消费信贷等后续产品营销潜力巨大。与此同时，分行坚持实施“双优”战略，重点保证了 AA 级以上优良客户的资金需求，进一步巩固和发展了银企关系，增强了企业的忠诚度。

（宋利平　段润强　裴振平）

【大力发展票据贴现业务】 2003 年，分行继续在融资、规模、利率以及考核等方面实行倾斜政策，鼓励全行拓展营销贴现业务。全行 17 个行部全力营销，拼抢市场，使贴现业务保持了强劲的发展势头。新绛支行通过联动营销引票源，优质服务赢票源，同业手中争票源，走出行门找票源，贴现业务继续在全行保持龙头地位。盐湖区、稷山等行的贴现贷款较年初净增均达20000万元以上。到12月底，全行累计办理贴现53亿元，累计兑付贴现贷款余额达到171081万元，较年初净增102227万元，余额和新增市场占比均居全省农行和当地同业首位。（宋利平　段润强　裴振平）

【继续做强做大汽车消费信贷业务】 2003年，分行进一步加强了同汽车经销商的合作和沟通，加强了前后台协调，建立和完善了贷款操作程序，扩大了汽车贷款经办行队伍。全行又有河津支行、稷山支行取得了汽车消费贷款经办权。经办行增加到了7个，签约汽车经销商也由去年的16个增加到23个，为全行进一步开拓汽车消费信贷市场，继续保持同业龙头地位增加了后劲。与此同时，还制定了对汽车经销商的准入政策，加大了对购车户情况的调查和审查，有效规避了风险，保证了汽车消费信贷的健康发展。到12月底，全行累计发放汽车消费贷款3.8亿元，余额达32352万元，较年初增加14545万元，又为2805个消费者圆了汽车梦，贷款余额和新增市场占比继续保持同业第一，并实现利息收入1607万元，成为全行一个重要的效益增长点。

（宋利平　段润强　裴振平）

【积极开办个人质押贷款】 2003年，在继续积极营销存单质押贷款的同时，全行加大了工资卡质押贷款的营销力度，积极向由分行代发工资的电力、电信、学校、医院以及政府部门等收入较高且稳定的人员宣传营销，使质押类贷款也得到了较大幅度的增长。到12月底，全行质押贷款余额达18990万元，较年初增加9265万元，同比多增9001万元，增幅达95.3%。

（宋利平　段润强　裴振平）

【认真落实信贷新规则】 2003年，分行继续在全行组织开展“新世纪、新贷款、新质量”活动，对2000年10月1日信贷新规则实行以后的贷款，严格进行分段监测，按月考核通报，并明确告诫全行：凡新形成的不良贷款要逐笔追究有关人员责任，从而有效遏制了道德风险和违规违纪发放贷款事情发生，确保了新增贷款的质量。

（宋利平　段润强　裴振平）

【低风险业务的检查整改】 2003年，面对消费贷款、贴现贷款、质押贷款等发展较快的低风险业务，分行将其做为重点检查对象，逐项检查，逐笔核对，严防低风险变为高风险。行党委明确要求全行在发展低风险业务时，一定要坚决克服成绩大，收益好，出点问题没有啥的麻痹思想，决不能够用成绩掩盖错误，用成绩掩盖违规，并首次提出了“100－1＝0”的理念，即一次违规可能造成前面99次守规的前功尽弃。还制定了严格的两级定期监督检查制度，即支行按月检查，市分行按季抽查，做到发现问题及时纠正，出现问题及时处理，并对检查人员实行负责制，对检查出的问题及时处理，限期纠改。同时，对质押贷款档案实行统一管理，做到合同规范，凭证真实，手续合规，环节合法，有效化解了质押贷款风险。对已发放的汽车消费贷款的真实性和合规性，进行了专项治理，共检查车辆登记证3000余户，纠正不合理贷款25笔，对有问题的经销商和经营行，停止发放贷款，限期纠改，并严肃处理有关责任人。对经营行的档案资料也进行了逐份检查，看是否有保证保险单和车险单、首付款比例是否合适、车辆的发票合格证，车辆登记证保管如何、购车人各种证件是否齐全、内部发放程序是否合规等，做到既大力开拓业务，又稳健防范风险。

（宋利平　段润强　裴振平）

【推行法人客户流资贷款和消费贷款管理模式】 为了切实解决法人客户流动资金依赖银行，信贷资金刚性占用的扭曲行为，使农行跳出“企业离了收回再贷就要关门停产，银行离了收回再贷就要进入不良”的怪圈，分行进一步完善改进法人客户消费贷款管理模式办法，使它在严控贷款风险上发挥了积极作用。北城支行对存量贷款全部推行了消费贷款管理模式。禹都支行对收回再贷不搞圆驮圆，一般都压缩10～20%，新办理借据一律执行按季分批还款计划，从而使银行流资贷款由依赖性变成“粘合剂”，逐步实现了信贷资产的良性循环。

（宋利平　段润强　裴振平）

【实行领导挂点清收盘活责任制】 市分行行长、副行长分片包干，每人负责督促联系一个县级支行，每人挂点盘活一个1000万元以上的客户，县（市）支行的行长、副行长也包片挂点，全市所辖17个支行、部59名行级干部共确定了43个企业为清收盘活对象，涉及贷款本金12305万元，利息1801万元。市分行风险资产管理处相应建立了行领导挂点清收进度考核台帐，把清收不良贷款同行领导干部本人政绩挂钩，与普通员工同考核、同奖惩。到12月底，全行挂点清收回不良贷款本息2013万元。

（宋利平　段润强　裴振平）

【小额不良贷款清收】 小额陈贷既浪费管理资源，又增大管理成本。2003年分行对小额贷款进行一次歼灭战，单笔500元以下的小额贷款必须全部清收完毕。为此，专门对小额贷款单独下达了清收任务，并对完不成部分用等额扣减不良贷款货币清收额进行考核，极大地调动了全行打扫“沙子”的积极性。仅上半年全市农行就收回小额不良贷款6640余笔332.1万元。7月份年中工作会议上，进一步把清理不良贷款作为贷后管理的突破口，推出了市分行贷审会委员包县级行主抓小额不良贷款清收新举措。党委书记、行长刘满喜主动到经济条件差、小额贷款多、清收难度大的绛县支行督导收贷，每周抽出两天时间和绛县收贷队同志同吃、同住、同收贷。许多贷户看到市农行行长亲自上门收贷，感到非常震惊和感动，纷纷表示愿意早日还贷。几个月来，刘行长共下乡收贷27天，见面贷户70多个，收回本金7万余元。各贷审会委员也坚持每周下乡两天，并在市分行确定的周四例会上汇报自己的清收情况，反馈清收一线信息，总结收贷良策。财务计划处处长王大勇在包片的永济支行遇到一贷户有集体农贷1000元，因为土地和生产队发生纠纷，一直闹情绪而不还农行钱，便灵活运用收贷政策，搁置纠纷，晓之以理，使该贷户一次结清贷款本息1500元。农业信贷处处长李全学去垣曲收贷期间，积极贯彻“收小不放大”的策略，抓住债务人某种鸡场和某陶粒沙厂的租赁关系，和县支行紧密配合，充分运用政策，一次清回该种鸡场欠款本息47万元。贷审会成员邓慧敏包点平陆支行，步行十几里山路去收贷，通过向村长做工作，由村里一次归还该村20户扶贫到户贷款5000元。在广泛调查研究的基础上，贷审会委员们还总结出了上门收贷十法在全行推广实施，极大地促进了小额不良贷款的清收。到12月底，全行累计清收千元以下小额不良贷款798万元，单笔500元以下的小额不良贷款被全部扫清。

（宋利平　段润强　裴振平）

【责任贷款清收】 针对责任贷款清收进度缓慢以及由基层行抓负面影响大、不利于行领导组织开展全面工作的实际，分行确定由市分行收贷大队专门负责抓全市农行责任贷款的清收，主要任务就是督促各行责任人对其责任贷款认真对待，积极清理。收贷大队首先对全行责任贷款按照原来建立的明责自清台帐，进行了一次认真的检查对照，看有关责任人是否按规定时间完成了清收任务。随后，兵分两组到各支行同责任人见面谈话，了解情况，督促还贷，并要求每个责任人写出还款计划和保证书。到12月底，收贷大队已同220个责任人进行了谈话，收回责任贷款201.3万元，其中有56人全部还清。

（宋利平　段润强　裴振平）

【以资抵债清收管理】 2003年，为了使以资抵债工作能够取得大的突破，确定由市分行风险资产管理处重点负责组织实施全行的以资抵债工作，要求全行一定要坚持货币资金和实物资产一齐收的方针，对能通过货币资金清收的坚决果断收回；对没有货币资金的，紧紧盯住实物资产，尽可能收归农行所有，最大限度地减少贷款损失。同时，全行还牢固树立“收回抵债资产加不处置变现等于零”的理念，一方面加强对收回抵债资产的管理，尽可能减少损耗，一方面加强与评估部门、拍卖公司的联手，积极处置变现。到12月底，全行共接收抵债资产1876万元，全行共处置抵债资产864万元，处置变现收回不良贷款337万元。

（宋利平　段润强　裴振平）

【克服困难，多法并举降不良】 稷山支行积极同法院配合，排除干扰，仅5月中旬就收回不良贷款本金40笔21.2万元，收回利息15600元，签发催收通知130份，保全资产145.7万元。临猗支行孙吉所主任崔喜莲，当得知贷款企业孙吉大王纸厂因非典停产，货款不能及时进帐，利息难以归还时，多次到企业了解情况，最后通过收回自家亲戚欠该厂的8000余元货款收了利息。河津支行铝厂分理处吴王杰，立足于“高”、着手于“早”实行于“巧”，全身心投入到清收不良贷款中，全年清收不良贷款本息371万元。平陆支行城关营业所主任杨炳武坚持“七抓三强化”，全年清收不良贷款本息310万元。万荣支行贾村清贷队队长贾宏义“勤快、灵活、诚实、坚韧”，全年共跑了1752个贷户，行程数万里，累计收回贷款本息60余万元。垣曲支行通过领导带头攻关带动、组织召开现场会推动、坚持抓大不放小促动，到11月底就实现净压407.13万元，货币清收549.4万元，盘活460万元，保全1470万元，全面完成了全年不良贷款清理目标。

（宋利平　段润强　裴振平）

【立足银企双赢，积极营销全额保证金银行承兑汇票】 ①加大宣传，主动营销。先后深入到开户企业、个体商户集中的新绛汾河湾市场、绛县华信经济技术开发区、市区所在的黄河市场、禹都市场散发宣传资料20000余份，使广大客户对全额承兑汇票业务有了全新认识。②明确范围，简化环节。规定凡有合法、真实的商品或劳务交易背景，能够提供100%保证金、全额存单或国债担保的，并在农行开立了基本帐户或一般帐户，甚至临时帐户的未评级以及信用等级在A级（含）以下的客户，包括个体工商户均可向农行申请办理银行承兑汇票。针对全额承兑汇票额度小、笔数多的实际，为了缩短办理时间，提高出票效率，允许经营行可一次领取整本空白银行承兑汇票，由经营行行长亲笔签写责任承诺，严格按重要空白凭证管理办法管理空白银行承兑汇票。同时，进一步简化了审批程序。对全额保证金银行承兑汇票业务以及代信用社签发全额保证金银行承兑汇票业务可以不经过贷审会审议，由经营行直接审批后即可办理，从受理客户申请到审批办理完毕，整个流程不超过3个工作日，从而为经营行创造了宽松环境。截止12月底，全行累计办理银行承兑汇票1432笔185161万元，实现手续费收入93万元，留存保证金45715万元。其中全额保证金银行承兑汇票637笔36374万元，实现手续费收入20万元。

（宋利平　段润强　裴振平）

【开拓代理保险市场，搞好代理保险业务】 ①在各营业网点将代保险业务摆上柜台，面向广大居民积极营销各种分红险、寿险、财险、医疗保险等保险产品。同时，鼓励基层员工考取保险代理资格证书，既当银行业务员，又当保险推销员，并实行奖励政策，重奖动员保险成绩突出的员工，充分调动了全员办保险的积极性和主动性。垣曲支行全行动员，全员营销，绩效挂钩，奖罚并用，到9月底就实现代理保险111.55万元，提前3个月超额完成全年计划。②将贷款发放过程中，购车、购房所涉及的保险业务由农行代理作为与经销商合作的基本条件，同时，严格落实信贷项目抵押和保险双单作业，实现了信贷业务和代理保险业务的联动发展。稷山支行锁定目标，责任到人，争取所辖开户企业的财产保险代理权，到12月底，共代理企业财产保险350万元，实现手续费收入28万元。③引入保险企业竞争机制，先后和太平洋及平安保险签订了合作协议，促使保险公司提高了手续费提取比例，寿险由原来的2%提高到2.5%，财险由原来的6%提高到8%，仅此一项就多收手续费52万元。④整合自身房产、汽车、人身保险等保险资源招标投保，既节省了大笔保险费支出，又取得了不菲的代理手续费。到12月底，全行共实现代理保费收入3915万元，完成年任务3750万元的104%，同比多收2000万元。实现代理手续费收入207万元，占年任务150万元的138%。

（宋利平　段润强　裴振平）

【搞好同业合作，扩大代理业务】 2003年，分行和信用社加强合作，全面开展了代信用社客户签发银行承兑汇票代理结算业务。新绛支行代信用社签发银行承兑业务累计达6000万元，吸收保证金存款6000万元。河东、芮城支行累计为信用社代理结算1400余笔，资金超亿元，实现代理手续费5万元。对农发行业务也积极争取，主动公关。12月末，有河津、芮城、垣曲、绛县四个县支行争取到了现金领缴和寄库业务的代理权。还代理了农发行运城分行的结算业务和代发工资业务，结算户月留存资金达270万元。

（宋利平　段润强　裴振平）

【开展多形式、多层次宣传活动】 2003年，分行在《运城日报》做了金穗卡整版宣传广告，全行还先后散发传单、折页等各种宣传资料60000余份，向社会详细推介金穗卡的功能、特点及优势。市分行营业室利用运城学院开学之际，专门组织人员深入学校宣传营销，动员学生办卡用卡，共计发卡4000余张，受到学生、学校和家长们的好评和赞誉，取得了良好的社会效益和经济效益。

（宋利平　段润强　裴振平）

【发展特约商户，促进消费额度提高】 2003年，分行将银行的主要资源，如机具设备、人力培训、技术支持等主要放在优良特约商户的攻关和维护上，对POS安装培训、收单打印纸张的供应、财务查核等日常维护工作及突发问题处理，实行贴身式服务，随叫随到。同时，对业务较差的商户实行末位淘汰，取消其特约商户称号，不断优化特约商户群体。“非典”期间，分行在特约商户及硬件设施投入上更加大了工作力度，致力于为市民提供更为方便畅通的用卡环境，进一步宣传倡导市民持卡消费、支付、结算，减少各类人员对现钞的接触频率，减少现钞流通带来的疾病传播隐患。由于措施得力，定位准确，全行特约商户达到71家，并带动了一大批持卡人走进无现金交易的行列。到12月底，全行持卡消费额达20158万元，完成省分行下达年任务14400万元的140%，实现手续费收入234万元，占省分行任务36万元的650%。

（宋利平　段润强　裴振平）

【加快业务创新，大力开办网银业务】 2003年，分行采取有力举措，大力宣传营销95599电话银行、网上银行等现代化的新型金融工具，引导客户加深对电子货币、电子银行优越性的认识，调动人们开办电子银行交易的积极性。同时，组织开展了网上银行业务培训，使基层网点涌现出一批业务精、能力强、素质高的网银管理人才，把全行的网银工作推广推入了发展的快车道。截止12月底，全行发展网上银行客户41个，实现交易额近330万元，网银业务量在全省名列前茅。（宋利平　段润强　裴振平）

【系统联动拓展国际业务】 首先，分行把国际业务的重点放在发展进出口押汇、国际结算、结售汇等业务品种上，在全市农行加强联系和沟通，同力协作，系统联动，确保了在全行开户外汇企业不流失。其次，在稷山、闻喜两个外向型客户多的行开始开办国际业务，并出台了相关的配套管理办法，实行各行推荐的国际业务和办理行实行利润五五分成，形成了全行办外汇的良好氛围。同时，规范操作，提高效率，赢得了客户的信任，促使全行国际业务快速健康发展。到12月底，全行共办理国际结算7608万美元，同比增加4590万美元，完成省分行年任务4000万美元的190.2%；办理结售汇业务8512万美元，同比增加5489万美元；办理出口押汇3663万美元，累收3465万美元，余额294万美元；办理打包贷款22000万元人民币，累收16000万元，余额7080万元；实现国际业务收入888万元。

（宋利平　段润强　裴振平）

【收息工作平稳推进】 2003年，全市各行按照市分行党委统一安排，坚持早动手、早部署、早落实，新年伊始就召开动员大会，层层分解落实收息任务，开展收贷收息擂台赛，人与人展开对手赛、所与所开展对号赛，从而在全行上下形成了齐心协力抓收息，你追我赶争上游的收息热潮。一季度，全市农行实收利息4172万元，占全年收息任务的25%，同比多收1243万元，全省排名第一，为全面完成全年收息任务争取了主动。同时，由于全行上下在收息上坚持从平时抓起，不松劲、不泄气、稳抓稳打，从而使收息工作得以平稳有序推进，月均收息均在千万元以上。截止12月底，全行实收利息23316万元，同比多收6567万元，完成省分行下达年任务16694万元的139.7%，在全省农行一路领先。

（宋利平　段润强　裴振平）

【狠抓双呆贷款的利息清收】 2003年，绛县、万荣、平陆、芮城支行针对本行不良贷款占比高，增量贷款少的现状，在现有存量贷款挖潜上下功夫，在双呆利息清收上做文章，狠抓表外利息的清收不动摇。平陆支行抓住贷款企业平陆县铁路机车配件厂和平陆丰喜肥业公司改制之机，通过债务重组清收回历年的表外利息。止12月底，收回不良贷款利息394万元，占到实收息总额的87.4%。芮城支行结合“扫沙子”活动，狠抓历年应收未收利息和表外利息清收，止12月底共清收回表外利息421万元，占到实收利息总额的60%。绛县支行制订了2003年收贷收息奖惩办法，把利息清收任务分解落实到每个信贷员，并实行月排队、季考核，年底末位淘汰制，极大地调动了全员收息挖潜的积极性。万荣支行新班子组建以来，面对烂摊子、老大难不退却，提出了“表内不足表外补”的收息工作新思路，在全县组成了六个清贷小分队，同时对双呆利息的清收与全县15名信贷员签订了承包清收责任书，营业所主任向支行党委签订了军令状，收到了明显效果，12月底实收利息达到627万元。（宋利平　段润强　裴振平）

【完善考核办法，激发全行收息热情】 2003年，分行对收息实行“放开一面，考核一面”。即对贴现贷款全部放开，其利息收入不计入任务，其他贷款的收息则严格考核，从而调动了全行的收息积极性。全行贴现贷款以超常规速度迅猛发展，止12月底实现贴现利息收入5837万元，占到实收利息总额的25%。新绛支行通过大力开办贴现贷款业务，扩大收息来源，止12月底贴现利息收入1740万元，占其实收利息总额2415万元的72.1%。盐湖区、稷山、闻喜、垣曲、夏县等行的贴现业务也取得长足发展，有力促进了收息任务的全面完成。

（宋利平　段润强　裴振平）

【党建工作】　2003年初，分行就对学习党的十六大精神、“三个代表”重要思想以及胡锦涛同志在西柏坡的讲话精神进行了安排部署。4月初又组织全行员工参加了“十六大”知识竞赛。总分行组织开展“三个把握自己”学习教育活动开始后，分行把这次活动作为具体学习贯彻党的十六大精神和中纪委二次全会以及国务院廉政工作会议精神的重要举措，迅速在全市农行系统掀起了学习教育的热潮。在建党八十二周年之际，又在全辖组织开展了“一先双优”评选活动，开辟了党员活动室，进一步促进了党建工作的规范运行。为了预防和防止职务犯罪，10月15日晚，还邀请运城市反贪局人员对城区行副股级以上干部及市分行机关全体进行了一场预防职务犯罪法制讲座，提高和增强了干部员工的警醒意识和拒腐防变能力。还结合总行《关于在基层营业单位员工中开展规章制度宣传教育活动的实施意见》，组织了由监察、保卫、信贷、会计等部门人员参加的宣讲团，深入基层进行面对面宣传教育，先后宣讲了14场，宣讲面达到了100%，使全行员工制度观念、制度意识以及遵守规章制度的自觉性大大增强。

（宋利平　段润强　裴振平）

【加强宣传营销，着力提升农行形象和品牌】　春节期间，分行统一制作了POP彩旗、大红灯笼、各类条幅、横幅等，在全行网点悬挂，营造节日氛围。同时，印制了春联5万幅，年画5万张，组织开展了送春联、赠年画活动。全市各行普遍进行了电视拜年祝福，进一步拉近了客户与农行的感情和距离。特别是在正月十五元宵佳节，经与市委、市政府及市文化局协调策划，由农行独家出资并冠名在运城市河东广场组织举办了一场以“腾飞吧，农行”为主题的民间表演艺术展演活动。全辖17个县级行都组织了朝气蓬勃的员工方队，制作了精美纷呈的彩色花车，选送了高质量、高品位的民间表演艺术节目。市委、政府四大班子领导及4万余名群众现场观看了演出，运城电视台做了实况转播，运城日报、运城人民广播电台等10多家媒体记者现场采访，取得了巨大成功和轰动效应。省分行王炳奎副行长及谢宏达、李明珠处长现场观看演出后，对节目和效果都给予了充分肯定。为了推介新产品，又精心策划从5月中旬开始在全行开展“95599”电话银行和教育储蓄宣传活动。全行网点都悬挂了“农行电话银行95599”等横标，柜台上统一摆放了由市分行专门印制的教育储蓄宣传资料，在市、县两级电视台轮番飘字宣传95599电话银行和通汇宝业务。雨季来临，还统一制作了2000把95599宣传广告伞，在全辖开展“农行爱心伞，风雨送真情”活动，客户到农行办业务可随用随还或通借通还。全方位、多层次的宣传营销，进一步展示了农行的实力和形象，提高了农行的知名度和美誉度。（宋利平　段润强　裴振平）

【加快扁平化管理改革步伐】　2003年，分行修订了《运城分行机关市场营销实施方案》，对市分行机关和市分行营业室实行捆绑经营，把市分行营业室作为市分行机关的经营平台，在市分行建立由副处级以上干部任高级客户经理，其余所有员工都是兼职的客户经理的客户经理队伍，人人都负有收集反馈客户信息，推介营销农行金融产品，宣传农行形象的义务，人人都参与攻关客户、动员存款、清收不良。还出台了新的扁平化管理实施意见，对市分行机关每个员工拿出1000~2000元效益工资与营销业绩挂钩，按月考核，按季兑现，有效调动了员工营销积极性。到12月底，市分行机关员工吸收存款2221万元，发行银行卡2025张，卡存资金581万元。市分行营业室业务经营也实现了跨越式发展。到12月底，各项存款较年初净增8353万元，实现利润287万元。与此同时，分行大力推行各支行机关扁平化管理。河东支行全员齐心协力攻关，增存5974万元。稷山支行狠抓义务揽储，机关员工义务揽储余额达2000余万元。永济支行加大客户经理义务揽储力度，全行机关56名客户经理当年增存1780万元。夏县支行办公室员工积极清收不良贷款，收回不良贷款本息近32万元，清户353户。

（宋利平　段润强　裴振平）

【完善内部管理，确保稳健经营】　2003年，分行围绕业务经营，深入开展稽核检查工作，创造性地每季对全市各行经营情况进行模拟决算稽核，及时发现问题，责令纠改，有效提高了全行干部员工的依法合规经营意识。制定出台了《中国农业银行运城分行集体采购操作规程》，为全行的集中采购工作提供了制度保障，增强了透明度，杜绝了腐败行为，推进了全行的民主化管理。同各支行签定了《计算机运行安全责任书》，全行上下牢固树立科技兴行观念，作好设备的登记维护，力争网络运营零故障，同时利用现有网络资源，积极开发应用项目，提高了工作效率，节省了费用开支，保证了业务经营的正常开展。同各支行专门签订了《费用管理责任书》，进一步严格费用管理，严禁胡支乱花，杜绝“跑、冒、滴、漏”，保证了好钢用在刀刃上。还进一步强化“三防一保”和安全保卫工作，同各支行行长签订《安全保卫责任书》，将城区押运收交市分行管理，并在全行深入开展了“百日安全”活动，为全行实现安全经营起到了保驾护航作用。（宋利平　段润强　裴振平）

【企业文化建设】　2003年，分行开展了市、县两级行“送温暖”活动，先后慰问老干部358人，发放慰问品3万余元，慰问困难职工194人，发放慰问金50800元，发放慰问品800余件，价值近2万元，让他们感受到了组织和农行大家庭的温暖。精耕细作，保质保量地做好了《农行人》报的编辑，使之真正成为了银行与客户、领导与员工、上级与下级行之间沟通的重要桥梁，成为了全行业务经营和企业文化的重要阵地。“非典”期间，分行努力为员工和客户营造安全卫生环境，不仅积极采取传单、专栏等形式向员工宣传非典预防知识，而且给员工发放了消毒液、喷洒器具、预防药品等，对一线员工还配备了消毒纸巾、口罩等防护用品。同时，责成专人定时对全行营业场所、机关食堂、家属院进行消毒，保证不留死角，保护了员工和客户的生命安全。全行还普遍组织开展了“防非典，献爱心”活动，先后捐款6万余元支持一线医护人员抗击非典。麦收时节市分行组织了三夏帮扶工作组，筹措了6000元帮扶资金，先后捐赠9箱抗非消毒液，积极为在外打工未返乡人员家庭提供帮扶，唱响了一曲团结互助、同舟共济的社会主义赞歌。从11月下旬开始，又组织技术能手、业务精英、文艺人才组成“金穗情”慰问团到各基层行进行了巡回慰问演出，为全行员工奉献了一道亮丽可口的文化大餐。通过加强企业文化建设，全行员工的责任感、使命感明显增强，凝聚力和战斗力进一步提高，成为全行业务经营实现大跨越的最有力保证。

（宋利平　段润强　裴振平）

中国建设银行运城分行

【经营效益继续走高，盈利能力显著增强】　2003年，全行上下认真实践银行价值最大化的经营理念，加快业务发展，优化资源配置、强化科学管理、防范金融风险，促进了经营效益的稳步提高。主要财务收支的计划执行进度基本正常，收支结构也基本稳定。（于战胜）

【资产结构进一步优化，不良贷款实现“双降”】　2003年，全行积极开展优质客户贷款营销，继续优化信贷增量结构，促进了贷款的有效增加。截止12月末，全行本外币贷款余额42.77亿元，比年初增加14亿元，增幅达48.88%。

（于战胜）

【负债业务保持增长，其他业务增势良好】　2003年，全行上下努力克服网点撤并后市场辐射范围缩小等不利因素，通过加大营销力度，扩充服务手段，提高服务水平，一般性存款继续保持增长势头，同业存款也有所回升。截止12月末，全行全口径存款余额35.58亿元，比年初增加3.86亿元，增长速度为12.18%。（于战胜）

【以建设现代商业银行为目标，稳步推进人事与激励约束机制改革】　2003年，全行按照总、分行的统一部署，因地制宜，统筹安排，强化措施，积极稳妥地推进改革进程。（于占胜）

运城市农村信用联社

【概况】　2003年，全市农村信用社各项存款余额达1020725万元，当年净增202537万元，同比多增67202万元，完成省办计划的157.9%，增幅创历史之最。其中低成本存款当年净增76777万元、占计划185.4%；各项贷款余额770888万元，当年纯投放180944万元，同比多投180943万元。存贷比例为75.5%，当年新增比例为89.3%，剔除支农再贷款实际比例为71.98%，比省办计划低3.6个百分点；当年累计发放各项贷款1226353万元，同比多投586049万元，是历史上投差最大的年份。其中累放农业贷款730902万元，同比增加320220万元，农业贷款余额为522490万元，比年初增加131734万元，占各项贷款当年净投放72.8%；农户小额信用贷款累放175847万元，同比增加94978万元，余额为158900万元，比年初增加68127万元，占各项贷款当年净投放37.7%；不良贷款余额280298万元，其中逾期贷款5492万元，双呆贷款274806万元。分别占36.4%、0.71%和35.7%。当年累计绝压不良贷款18278万元，占省办下达绝压计划的306.1%。其中绝压逾期贷款6397万元，绝压双呆贷款11881万元，不良贷款占比较年初下降14.2个百分点，其中逾期、双呆贷款分别下降1.3和12.9个百分点；实观贷款利息收入43849万元，同比增加13866万元，收息率为5.81%，比上年提高了0.6个百分点；有177个社实现盈余、盈余金额5258万元，盈余社数较年初增加52个，盈余面达81．19%；54个社亏损、亏损金额2236万元，亏损社大幅减亏。全辖年末实现利润3022万元，同比减亏增盈5882万元。

（李创果　多亚波）

【支持三农成效显著】　2003年，全市农村信用社围绕“规范支农服务要有新突破”的经营思路，早计划、早安排、早动手，进一步扎实深入地开展以推广农户小额信用贷款、创建信用工程为中心的支农服务工作。①进一步提高对规范支农服务工作的认识，把推进运城农村小康社会建设作为信用社义不容辞的责任，将信贷服务牢固定位“三农”，支持产业结构调整。②不断引深小额农贷和信用村（镇）建设工作，确保信贷资金放得出、用得好、收得了，减少沉淀，杜绝损失。为了使信用工程建设整体深入推进，市联社在稷山县召开了全市推进信用工程建设现场会。推广稷山、永济、芮城联社的创建信用工程工作经验，并为稷山清河、永济张营、芮城古魏等三个首批信用镇授牌，使推广农户小额信用贷款和创建信用村镇工作扎实深入整体推进。截至年末，全辖已评定信用户575221个、占总户数的59.5%；创建信用村590个，比年初增加410个；创建信用镇5个。③坚持社员贷款优先、农业主导产业项目贷款优先、农户高科技项目贷款优先的原则，千方百计支持三农发展。全辖紧密围绕市、县两级政府产业结构调整规划，重点支持市政府确定的突出设施农业、突出精品果业、突出节粮型畜禽养殖、突出优质麦棉为中心的“四大特色产业带”。当年累放种植业贷款12.2亿元、养殖业贷款5.8亿元，均比上年同期大幅度增长，基本满足了三农需求。④坚持创建信用工程与相关政策宣传相结合、与简化手续、现场放贷相结合、与打击逃废债行为相结合、与增资扩股工作相结合。临猗、万荣、夏县等联社开办了支农绿色通道，永济、芮城、新绛、平陆等联社组织员工送贷下乡、现场办公，深受农民欢迎。全市农村信用社累计发放农业贷款730962万元、农户小额信用贷款175847万元，同比分别增加320280万元和94978万元，全市13个联社农贷发放同比增长均达到一倍以上。为了增加支农资金，在市人行的帮助下，累计使用支农再贷款72845万元，并与人民银行一道严格管理、强化监控，有效促进了三农发展，弱化了金融风险，提高了经营效益。（李创果　多亚波）

【各项存款大幅增长】 2003年，全辖信用社牢固树立竞争意识，充分调动广大社、站以及村级信用组织的积极性，采取“走出去，找大户”、“保阵地，争业务”等办法，积极吸收存款，壮大经营实力。①美化净化营业场所，不断提高服务水平，加强职工队伍以及服务窗口的整体形象建设，使农村信用社的形象更加深入人心；②大张旗鼓地开展宣传活动。市联社与市蒲剧团、市青年蒲剧团联合举办了“信用社与农民心连心”巡回慰问演出活动，进一步塑造了信用社的良好形象。各县（市）联社、信用社也开展了深入持久、丰富多彩的宣传活动。河津、芮城、永济、稷山等联社积极冠名主办篮球赛、运动会等活动，绛县、夏县、万荣等联社深入开展送节目、送资金、送信息等活动，进一步融洽了社农关系；③深入开展农村经济收入及信贷回笼情况调查，掌握农民的生产经营状况，组织人员吸储上门，热情服务，帮助农民搞好收购结算，有效巩固了农村阵地。全辖各项存款当年净增202536万元，同比多增67202万元，创历史同期最高纪录。（李创果　多亚波）

【资产质量明显提高】 全市农村信用社把加强信贷管理、盘活存量资金作为业务经营的重点，不断采取措施，清旧堵新，降低不良贷款比重。①不断加大信贷管理力度，多次开展深入细致的信贷工作大检查，督促全市农村信用社严格按照有关信贷管理操作规定办事，找准差距和问题，有计划、有重点地再补课、再完善、再提高。②进一步加强城区社的贷款管理，认真评定工商企业信用等级，培育黄金客户，做到服务有对象、投放有目标、偿还有保障，克服了贷款发放的盲目性、随意性。③在清收不良贷款工作中，市、县、社三级层层抓、信用社主任具体抓，对不良贷款逐户分析，对症施治，逐笔销号。尤其对2001年以来新放贷款形成逾期的，按照“四制”规定逐笔登记、逐人落实，与每个责任信贷员的工资联效考核，切实清旧堵新，防范和化解新的信贷风险。④对长期拖欠不还的沉淀贷款，采取借助威力收、内部限期收、依法强制收等强硬措施。尤其是芮城、万荣、新绛、垣曲、稷山等县借政府和公检法的力量，打击党政、金融部门员工在信用社贷款长期不还的行为，在全辖范围内形成一个强大的清贷攻势，创造出良好的自觉还贷氛围。年初以来，全辖累计绝压不良贷款18278万元，其中绝压逾期贷款6397万元、双呆贷款11881万元，不良贷款占比下降了14.2个百分点。（李创果　多亚波）

【经营效益大幅提高】 市联社把扭亏增盈当作全年工作的重中之重来抓，全力以赴加强财务管理，增收节支创利。①制定出社社盈余规划、盈利大县规划和盈利大社规划，市、县两级联社落实责任、分片包点，层层督导、严抓细管，对确定5个盈利大县（市）、部分盈利大社及减亏增盈任务艰巨的信用社分别实施重点帮扶，抓好两头，带好中间，确保了扭亏增盈工作扎实有序开展；②进一步完善“扭亏增盈监测流程图”，使各联社、信用社对业务经营中的各项指标计划与实际完成情况逐项监测、定期分析，抓住重点，采取措施，真正做到有计划、有步骤地减亏增盈；③加大利息清收力度，收回贷款利息43849万元，收息率为5.81%，同比多收13866万元，提高了0.6个百分点；④进一步严肃财会纪律，树立勤俭办社观念，加强营业费用配备管理，尽最大努力压缩一切不合理开支；⑤认真清理固定资产、抵贷资产、应收款项、诉讼费、应收利息等十种遗留问题，逐项研究处理意见和解决办法；⑥不断加强财务监督，提高会计工作质量，确保财会工作的严肃性、合法性。年末，全市有7家县（市、区）联社实现轧差盈余。除稷山联社继续保持社社盈余外，又有河津、永济、临猗等联社实现社社盈余的目标。经过不懈努力，河津、临猗、永济、稷山四个联社达到三星级联社标准，芮城、绛县两个联社达到一星级联社标准；永济栲栳等8个信用社、永济张营等9个信用社、盐湖区陶村等29个信用社分别达到三星级社、二星级社、一星级社标准要求，形成全市信合系统“群星灿烂”的喜人局面。（李创果　多亚波）

保　险

中国人寿保险股份有限公司运城分公司

【概述】 截止12月底，全市系统保费总规模75377.44万元，占到年度计划7.5亿元的100.2%。给付金额5510.22万元，一年期业务赔款总支出1911.26万元，赔付率55%。在经营管理上，继续坚持了以电子化管理为依托，以效益为中心，以服务为主线的管理思路，强化了财务管理、承保核赔管理和代理人队伍建设，脚踏实地，开拓创新，堵塞漏洞，防范风险，努力把运城国寿的经营管理提高到了一个新水平。（人寿保险运城分公司）

【“鸿瑞风暴”业务竞赛活动】 活动中，分公司通过发布每日业务快报，鼓励先进，鞭策后进，使全市系统形成了你追我赶的竞赛热潮。垣曲、临猗、营销部、永济、营业部等单位提前完成了鸿瑞险任务，分公司机关也积极参与，实现“鸿瑞”保费500万，为全市业务推动起到了表率作用。截至元月底，实现鸿瑞险保费1.6亿元，为实现首季开门红乃至全年任务的完成奠定了基础。（人寿保险运城分公司）

【“国寿情系河东人，三羊开泰港澳行”市场调查有奖活动】 通过本次活动，加大代理人节日期间的拜访量，不断积累多而优的客户群，千方百计拓展新单市场，为业务快速增长储备能量。本次活动共发放15万份调查问卷，收回12.7万份。4月13日举行了抽奖活动，产生了十名港澳八日游特别奖及一、二等奖。抽奖活动之后，全市系统员工乘此东风，开拓市场，发展新单，到四月底，共发展新单2000多件，收回保费1400万元。

（人寿保险运城分公司）

【“春满河东”业务竞赛活动】 鼓励业务高手多签单、签大单，鼓励各单位争创“优秀团队”，让更多的团队和个人参与到省公司“跨越巅峰挑战极限”活动中来。本次活动共收回保费3600万元。

（人寿保险运城分公司）

【“上期交，挣费用，抓兼业，保规模”业务竞赛活动】 5月29日，分公司召开经理办公会议，要求各单位要在防治“非典”的同时，抓住机遇，合理安排，盯住目标，努力奋斗。明确提出了“大干三十天，保证各项指标圆满实现”的口号，会议之后，各单位紧紧围绕省公司“6—4”进度计划，寻找差距，开展工作，全力保证进度计划的顺利实现。垣曲支公司狠抓全员破零率和精英签单量，采取非常措施，开展业务竞赛，实现了非典时期的晨会不停，队伍不乱，保费不降，收入不减。到6月20日即达到或接近了6—4进度要求。河津支公司结合自身实际，选准突破口，明确工作着重点，出台竞赛方案，掀起了非典过后的业务竞赛高潮，到6月17日，即提前13天胜利实现了“6—4”进度目标。通过努力，本月底收回期交保费328.98万元，兼业代理717.66万元，整体实现了“6—4”进度计划。

（人寿保险运城分公司）

【“全员战三季，趸缴15万，期缴3万元，相聚九寨沟”业务竞赛活动】 活动目标为个险新单保费完成年度任务的80%，其中，期交完成年度任务的70%。活动开展后，各单位结合实际，寻找差距，调整思路，制订方案，将任务分解到人，到组，到分部，开展了人与人、分部与分部的劳动竞赛。全市系统员工都憋足一口气，拧成一股绳，你追我赶，力争上游。到季度末，共收回新单保费4549.5万元，占到年度计划的10.8%。其中，期缴完成年度任务1275.74万元的18.23%。全市系统共有120人达到了标准，光荣地参加了九寨沟的旅游观光活动。

（人寿保险运城分公司）

【“欲与天公试比高”个险业务竞赛活动】 活动时间为10月1日至11月30日，提出的口号是“大干六十天，提前一个月完成全年期交任务”。正当全市系统员工努力开拓，积极展业，全身心投身于竞赛活动之时。10月18日，分公司召开了业务调整紧急会议，传达贯彻总公司的“发展期交业务、重视续保业务，开拓效益型险种，追求企业利润”业务调整战略。会议之后，各县（市）支公司迅速传达精神，明确发展目标，结合四季度活动，推动业务发展。截止11月底，共收回期交保费1016.35万元，占到全年期交任务的14.38%。全市系统业务员有97人达到省公司“欲与天公试比高”竞赛活动的表彰标准。

（人寿保险运城分公司）

【“大展鸿图”个险业务竞赛活动】 活动时间为11月26日至12月25日，分公司出台了业务企划案，制订了奖励标准，要求全市系统要集中精力、人力和时间，大力宣传，全员动员上期交，同时要提升组织架构，加大增员和访量的考核力度，分解任务，激励精英挑大梁，带动全员上下一心，保证全年期交任务的顺利实现。各支公司按照分公司部署，率领团队奋力拼搏，开拓市场，共收回新单保费796.53万元。（人寿保险运城分公司）

【全员销售意外险卡折式定额保单竞赛活动】 时间为3—4月份，提出的展业口号是“全体总动员，销售定额单，大干60天，实现600万”，包括分公司机关在内的全市系统员工人人有任务，个个压担子，开拓市场，深挖保源。截止4月底，收回保费577.31万元。

（人寿保险运城分公司）

【全力开拓学生平险业务】 四月十九日，与市教委、纠风办、物价局联合召开了学生安全保险工作会议。之后，各支公司都及时与当地物价、纠风、教育等相关部门联系，召开会议，争取配合。为了宣传学生保险的保障作用，配合教育系统建立安全管理网络体系，分公司出资印制了10万余册《为了大家安康》中小学生安全手册。本年度是新颁布的《保险法》实施第一年，也是意外险、健康险放开的第一年，本区的短险业务竞争主体已达六家。对此，市分公司提出了“守土有责，寸土必争“的口号，要求各支公司在搞好公关、营造宽松展业环境的同时，全身心地投身市场，赢得竞争。垣曲支公司在做好学生保险的同时，又将全县的教师进行了通保，一笔就收回短期险保费近20万元。河津支公司把学生安全保险会议开到了联区，甚至学校，细致入微，努力做到家喻户晓，人人皆知；分公司营业部、临猗支公司等实行分组包校，责任到人，都收到了较好效果。

（人寿保险运城分公司）

【兼业代理业务】 银行邮政代理保险业务是寿险产品的又一条销售渠道，是发展业务的又一增长点。对于此项业务，①对网点临柜人员进行了业务培训。网点人员对保险产品的了解认识程度，是搞好代理销售的前提，各支公司高度重视对网点临柜人员的业务培训。如垣曲支公司将寿险营销的培训模式带进邮政局，给临柜人员宣讲中国人寿的企业实力、企业文化和公司的投资优势，并对临柜人员进行销售话术和技巧培训。②重视了对专管员的培训。兼业代理业务能否健康发展，建立一支高素质的专管员队伍是关键。三月中旬和十二月上旬，分公司分别对全市系统的专管员进行了集中培训，培训的内容包括公司企业文化、人寿保险的意义、银行保险的前景展望、专管员工作职责、银行保险产品分析与实务操作。另外还对学员进行了表达能力训练，从而有效地提高了专管员的业务素质。③与代理行（局）联合召开产品说明会，出台企划案，开展代理业务推动活动。新绛县支公司与银行（邮政）共同召开了两场产品说明会，每场人数都在百人以上，共收回保费100多万元。垣曲支公司于三月份和邮政局联合开展业务竞赛活动，将任务落实到每一位员工，对完成任务的人员进行奖励，收入保费139万元。

（人寿保险运城分公司）

【健康险业务】 ①补充医疗保险业务全面启动。截至年底，承保人数达到15万余人，占参加基本医疗保险总人数的75%以上，完成保费639.91万元，占到省公司下达计划500万元的128%。②学习培训推动了业务的发展。补充医疗保险在业务拓展上有很强的政策性，在实务操作中有很大的灵活性，如何在业务发展的基础上有效地防范和化解经营风险已成为管理中面临的重要问题。对此，分公司根据不同的工作性质分别安排了学习提升与素质培训，分公司健康险部有关人员先后在3月份、4月份参加了昆明、太原的医改政策培训与新产品研讨学习班，通过听权威人士讲课及与兄弟公司的经验交流，开阔了视野，增长了见识，为指导全市系统业务提供了新的思路。对基层人员重点进行了基本素质的培训，在5月5日组织了全市各系统展业机构分管经理、团险科长、健康险专岗人员集中培训，进一步熟悉和掌握了补充医疗保险三个主打产品的条款内容，规范了承保与理赔的业务流程，为业务发展提供了基本保证。③不断探索新业务，寻找新的增长点。团体补充医疗保险（A型和基金型）在全市目前还处于拓荒阶段，分公司于5月份组织相关人员在闻喜搜集数据，测算费率，为开办此项业务做了准备。到年底，已收回团体补充医疗保险（基金型）保费23.8万元。④努力开拓团体年金市场。职工团体补充养老保险是三层次养老保障体系中的重要部分，分公司充分利用政府给予的优惠政策与支持，努力开拓此项业务。 （人寿保险运城分公司）

【业务管理电子化】 ①开发了老业务辅助系统。老业务系统的转换，一方面解决了基层公司业务管理工作量大、问题多、手工管理繁琐的问题，另一方面对规范老业务的操作流程，如交费、失效、销户、理赔等环节，有一个统一的标准，老业务辅助系统的推广应用，大大减轻了录入人员的工作强度，提高了工作效率，为保证财务业务数据的一致性和准确性起到了重要作用。②为了配合公司的重组改制，完成了业务系统CBPS7.12向CBPS7.13版升级和财务数据库的拆分工作。此次CBPS系统的及时升级增加了业务分99版以前和以后的分类统计和查询功能，同时修改了应收逻辑，记录应收轨迹以支持公司重组改制后财务记帐要求。财务数据库的拆分，为分公司在股改过渡期间，成功实行数据清分，并按照股改的预定规则进行调整，提供了相应的技术支持。③开发了单证管理子系统。5月份，根据全市系统的现行单证管理办法，克服一系列技术难题，在总公司单证管理的基础上，成功开发出适合分公司的单证管理系统。该系统从公司的入库开始，到发放到每个业务员手中，环环相扣，相互制约，严格按照单证管理制度实施，对所有业务员从入司到离司的所有单证，包括投保单、收据以及各种有价单证都进行了有效的监控，保证业务员手中的单证随时处于分公司及基层公司单证管理人员的监督下。同时对各种使用过的单证，由系统进行自动核销。一方面大大减轻单证管理人员的工作量，另一方面能够快速、准确地查询未核销及已核销过的单证。单证管理工作系统的成功开发与推广，进一步加强了分公司对基层公司，对业务员的单证有效管理和监督。

（人寿保险运城分公司）

【费用管理】 为了控制不必要开支，真正体现费用服务于业务发展，开展好增收节支活动。分公司按照总公司、省公司费用预算制管理办法的具体要求，对各项费用开支做出了明确的预算，并作为重点指标对各单位进行考核。

（人寿保险运城分公司）

【收据上机管理】 为了保证新开发的单证管理系统的正常运行，分公司于上半年对基层的收据做了一次全面清理，完善了收据管理制度，指定专人管理，使收据的手工管理顺利过渡到上机管理。

（人寿保险运城分公司）

【二次决算】 为了做好公司的重组改制前期准备工作，保证股改数据的真实可靠，使改制后的帐务处理能顺利进行。分公司在做好日常帐务处理的同时，一方面做好资产的清查，一方面做好财务新帐套的设置、启用，使整个财务管理忙而不乱，顺利地渡过帐务处理的过渡期。 （人寿保险运城分公司）

【代理人队伍管理】 ①全面实行了2003版代理人管理办法。分公司个险部逐县对办法的推广进行了宣导检查。为了配合基本法的落实，出台了组训管理办法，并对全辖组训进行选拔，初步建立了一支组训队伍，为团队的规范管理迈出了坚实的一步。自推行两个月以来，各级主管的待遇增强了，工作的积极性和主动性也相应提高，团队业绩明显上升。②加大了代理人的培训力度。分公司先后组织了全辖新人模式化师资培训班、需求导向与产品组合培训班，各单位积极响应落实，共举办新人模式化培训班20余起，培训新人1400人，NBSS和产品组合培训班30个，培训人员2000余人，为提升队伍素质、转变销售观念和销售手段起到了积极有效的推动作用。③组织了代理人资格考试。代理人资格考试是一项长期而艰巨的任务，它关系到队伍的稳定与发展。为了让无证人员尽快取得资格证，在每次的考试报名时，都对各支公司进行宣导和审核，要求无证人员全部参加考试。同时也对各支公司代理人培训辅导，加大督导力度，确保考试通过率，促进全市代理人队伍不断发展壮大。④成立保全队伍，加强制度管理。为了使孤儿保单享受公司同等的服务，分公司成立了保全队伍，负责接收盐湖区孤儿保单及售后服务。并制定了《代理人离司管理办法》、《保全队伍管理办法》等相关制度，以确保这支队伍健康发展。五是建立了代理人督察制度。及时和95519保持联系，加大对客户投诉案件的调查和保单回访工作的力度，并对城区所有失效保单进行回访，对有问题的业务员一查到底，并对该业务员的所有业务进行回访和接收。

（人寿保险运城分公司）

【健康险业务管理】 2003年，统

一了承保流程和操作步骤，特别是对于被保险人的基本情况，要求在投保时必须列明，以防止投保方的逆选择。为保证信息真实无误，在信息技术部支持下，成功地与盐湖区、市直医保中心实现了数字资源共享。同时还统一了理赔流程和操作步骤，出台了标准赔案，完善了审批制度。由于补充医疗保险是以县（市）为统筹单位，在山西省统一三个目录的基础上各县都有一些补充变动，将各县的具体规定在分公司备案的情况下，要求各支公司及当地医保中心，严格按备案规定执行，使风险在分公司的掌控之中。（人寿保险运城分公司）

【老保单清理】 按照省公司部署，从元月份起又对OBPS系统的近40万保单进行了补充录入和实时管理。由于时间紧，任务重，广大清理人员24小时轮流值班，13个支公司租电脑，借人员，克服重重困难，3月25日全市13个支公司按时完成了保单补录工作。6月25日前8家公司实行了实时管理，各支公司经过多次的核对、纠错，保证了客户资料准确，收付费信息正确，各种保全信息真实。全市13个支公司全部实行了实时管理，进行日清日结，OBPS系统基本运行正常，业务管理水平跃上了一个新的台阶。（人寿保险运城分公司）

【强化查案力度】 按照“质量第一、信誉至上、执法有据、公平合理”的原则，一方面提高反应速度，扩大调查范围，精心设计调查方案，深入城区闹市，荒山野岭，走村串户访问群众，从蛛丝马迹入手，破解一个个骗局。另一方面，协调外部关系，对于一些取证特别困难的案件，请求公安机关介入配合，在运城市公安局经侦科的有力配合下，借助法律威力，给保险诈骗者以沉重打击，维护了公司和被保险人的合法权益，防止了道德风险的发生。今年11月，在全体理赔人员的共同努力下，经过多方取证，在公安人员的配合下，成功拒赔了一起全省最大的保险诈骗案，拒赔金额30万元，得到了省公司的表扬。（人寿保险运城分公司）

【推销非典保险，参与公益活动】 四月下旬至五月底，运城市和全国一样，也发生了严重“非典”疫情，市委、市政府要求全市各乡镇、村要严密防范，坚决做到五个“一”，即一堆土，一堆柴，一条沟，一根木头，一条绳，以此防止疫情向农村蔓延。全市系统“非典”防治工作起于4月18日，在接到省公司《关于认真做好“非典”防疫工作的通知》后，分公司随即向全市系统做了传达，由此进入紧张的防治“非典”阶段。为了做好预防工作，市分公司向全体人员及营销员发放了预防药品及口罩等，并请市防疫站定期对办公大楼各部门进行预防性的灭菌消毒。4月29日，总经理室成员分别深入各基层公司，看望一线员工，检查消毒情况和预防措施，对基层的防疫工作进行督导，要求全体员工高度警惕，绝不可麻木不仁，疏于防范，同时要灵活变换晨会方式，要与业务员通过电话、信函、手机短信等多种形式，多沟通，多通气，多交流，不可放任自流，影响了团队战斗力和凝聚力。根据运城严峻的防疫形势，宣布了八条防护措施：①非本单位员工及车辆一律不准进入办公区域。②非本单位员工及家属，一律不得进入宿舍区。③非本单位人员一律不得乘坐本单位车辆，本单位人员一律不得乘坐其他单位车辆及社会营运车辆。④凡送水、送气、送面者，只准送到公司大门口，由相关人员领取。⑤凡公司员工，节假日一律不得离开市区。⑥凡因公、因私，需接见客人者，一律到值班室。⑦对“非典”赔案及重大事项要及时报告。⑧实行轮流值班制，值班人员要坚守岗位，履行职责，违者将作出严肃处理。

由于严密防控非典侵袭，业务发展受到了严重影响。5月14日，全市系统召开了各县支经理紧急会议，根据省公司安排，部署“众志成城抗‘非典’，中国人寿送真情”业务竞赛活动，要求系统员工变疫情为商情，用创新求发展，积极行动起来，全力抓好非典保险的业务推动工作。会议之后，各单位分级开会，出台方案，以非典时期的非常规展业方式，如电话预约、发送短信、设立露天咨询站等，开展了卓有成效的业务推动。到六月底，共收回个险新单6029件，保费1327.03万元，团体非典保险217380元。

与此同时，市分公司积极响应市委、市政府号召，开展了向抗“非典”一线医务人员献爱心捐助活动，全市系统共捐款达5万余元，向一线医务人员赠送国寿非典型肺炎保险保额达2000多万元。还开展了帮扶活动，帮助在外务工人员的家属搞好夏收工作。还利用电视、报纸、广播、标语等多种形式，大力宣传非典时期分公司的各项举措，如“十条承诺”、“49个条款观察期一律为十天”、“非典保险条款”、还向解放路一校患病学生王佳蓓预付学生险赔款3000元等。

（人寿保险运城分公司）

【党风廉政建设宣传教育月活动】 从3月25日开始，在全市系统开展了党风廉政建设宣传教育月活动，各支公司按照《关于开展党风廉政建设宣传教育月的活动方案》，集中时间学习法规制度，认真自查自纠，确保“五个一”活动落到实处。活动期间，分公司举行了反腐倡廉形势报告会，开展了强化法制观念、树立正确权力观的讨论，要求各级领导干部要正确对待手中的权力，切实增强遵纪守法、依法合规经营意识。活动结束后，分公司组织了检查，并对全市系统管理人员进行了法纪法规考试。通过本次活动，找出了党风党纪方面存在的问题，广大干部的政治意识进一步增强，贯彻党的方针、路线、政策的自觉性进一步提高。

（人寿保险运城分公司）

【参与《监督热线》和《县市传真》】 《监督热线》和《县市传真》是由市纠风办和市广播电视台联合主办的热线节目，分公司分管领导每月30日上午10时50分到达直播现场，各县支一把手在同一时间也必须回到经理办公室电话机前，当听众通过热线反映某县（市）问题时，节目主持人就拨通该县公司经理电话，要求即时解答。通过参与热线节目，倾听客户呼声，解答客户问题，架起了公司与客户之间相互理解，相互沟通，共同信任的桥梁，树立了中国人寿的良好形象。

（人寿保险运城分公司）

【闻喜陈林群、朱江龙大额医疗救助保险案】 3月29日，闻喜支公司经理郭海林等先后在该县凹底镇户头村和桐城镇中社村，为患者陈林群和朱江龙送去大额医疗救助赔款21642.76元。

闻喜县政府干部朱江龙因患肾病，从2002年4月26日开始在南京军区总医院治疗，当年10月25日闻喜支公司就已给付3253.2元。当患者从郭经理手中接过14250.3元赔款时，他激动地说："感谢人寿保险公司，感谢郭经理，在我们全家极度困难的情况下，你们雪中送炭，给我送来了保险金，真是太感谢了！"

闻喜县工商局干部陈林群，于2002年8月31日患脑出血，生活不能自理，说话吐字不清。当他颤抖着从郭经理手中接过7392.48元赔款时，激动地泪流满面。郭经理握住他的手，说："老陈，不要激动，一定要坚持治疗，坚持锻炼，争取早日康复。"至此，陈林群已先后两次共计接受赔款44238.8元。

（人寿保险运城分公司）

【付爱萍3.98万元大病救助医疗保险理赔案】 7月7日，中国人寿运城分公司副总经理畅全亮、健康险部副经理张淑萍、盐湖区劳动和社会保障局副局长吴永康、医保中心田红泉主任等一行7人来到盐湖区糖酒公司家属院，为身患重症的付爱萍女士送达大病救助医疗保险金1.98万元。此前中国人寿运城分公司已为患者预付赔款2万元。付爱萍，女，43岁，盐湖区糖酒公司职工，患尿毒症四年，前后共花去医疗费40多万元。幸运的是，今年元月份，她所在的单位盐湖区糖酒公司已在中国人寿运城分公司参加了大病救助医疗保险，每位职工每年保费60元，保额高达9.8万元。根据规定，盐湖区医保中心按基本医疗保险为其报销了3.2万元，超出部分，中国人寿再为其支付3.98万元。这是盐湖区的首例大病救助医疗保险理赔案。

（人寿保险运城分公司）

【夏县李自武6万元大额医疗保险理赔案】 5月10日，夏县人民政府张随年副县长、县支公司裴根囤经理、县劳动局吴宪保局长及医保中心李仲样主任一行将6万元职工大额医疗保险金送到被保险人李自武手中。这是夏县中国人寿和该县医保中心联手承保职工补充医疗保险以来的第一例大额赔案。

投保人李自武，现年57岁，夏县人民检察院干部。今年3月27日，经西安第四军医大和西京医院确诊为冠心病、心绞痛，需住院手术治疗。今年元月，他所在单位已集体投保了大额医疗保险，每年交费60元，保额8万元。夏县支公司与医保中心接到报案后，经过调查核实，认定属于保险责任，经市分公司和市医保中心批准，同意向其给付保险金63912元。

（人寿保险运城分公司）

【20万元大额医疗救助保险理赔案】 7月3日，中国人寿运城分公司与市医保中心联合召开大额医疗救助保险理赔兑付会议，向身患重病的9位参保职工范平、杨淑翠、梁三管、乐海林、仪振刚、南栋、魏安福、孟莲英、李建荣给付大病救助医疗保险金20万元。

（人寿保险运城分公司）

【解放路二校王佳蓓学生平安险理赔案】 5月16日下午，中国人寿运城分公司副总经理畅全亮、营业部经理王作敏一行数人来到位于市邮政大楼对面的解放路二校，为不幸感染非典病毒的该校五年级学生王佳蓓达学生平安险附加住院医疗保险预付款3000元，并同时向该校赠送了《非典防治手册》。这是运城中国人寿对非典病例的首次赔付。

据雷校长介绍，该生父母都在外地工作，放假以后，她一直都是随爷爷住在农校。孩子5月7日发病，12日被确诊为非典型肺炎，现已花去医疗费2188元。孩子病情稳定，正处于康复之中。

（人寿保险运城分公司）

【万荣通化、汉薛学生保险理赔案】 6月7日，万荣县通化镇东卫二村学生冯海瑞、范冬朝、冯乐、冯晓四人在距村约一公里的窑上沟玩耍时，崖体突然坍塌，四人被埋其中，窒息身亡。万荣支公司获悉后，立即派人赶赴现场参与施救，确认被保险人。经核实，四名儿童有3人参加了学生平安保险。公司特事特办，当场将死亡保险金15000元送到死者家属手中。在现场指挥施救的万荣县县长武宏文说："万荣人寿保险公司在事故发生后，能第一时间赶到现场把赔款送到死者家属手中，我代表死者家属向你们表示感谢，代表42万万荣人民向你们表示感谢。"

同日，本县汉薛镇西文村又有一名学生被三轮车撞死，接到报案后，公司员工又马不停蹄赶到西文村勘查并将赔款5000元当场兑现。

（人寿保险运城分公司）

【李运生10万元康宁终身保险理赔案】 李运生，43岁，身体壮实，精力充沛。不料想3月8日晚，他突然感到四肢乏力，胸闷心慌，呼吸困难，当即被亲友送到市中心医院抢救，经诊断为急性心肌梗死。他已于2001年投保了保额五万元的康宁终身保险，年交保费4800元，交费期20年，并随后附加了住院医疗保险。今年5月出院后，他拿着住院医疗报销单据到公司客服中心办理报销手续时，核赔人员仔细查看了他的住院病历，发现符合给付重大疾病保险金的条件。立案后，公司迅速派出核赔人员走访有关方面，对其病况进行核查，最后认定其心肌梗死的诊断结果符合理赔的三个条件，一是心电图新近显示出心肌梗死变异；二是血液内心脏酶素合量异常增加；三是典型的胸痛病状。经报省公司审批，同意按基本保额的二倍向其给付重大疾病保险金10万元，因重大疾病保险的给付发生在交费期内，依照条款规定，从给付之日起，李先生免交以后各期保险费，保险责任继续有效。8月7日上午，中国人寿运城分公司副总经理畅全亮、秦学吉一行数人来到市农行家属院，向李先生送达赔款10万元。

（人寿保险运城分公司）

中国人民财产保险股份有限公司运城分公司

【主要经营指标完成情况】 2003

年，分公司全年实现保费收入15090.6万元，完成省公司下达计划的122.38%，同比增长3621.6万元，增幅为31.6%。从分险种情况看，企财险2060.3万元，占年计划的87.67%，同比下降175.7万元，降幅7.9%；运工险10284.8万元，占年计划的135.27%，同比增收2989.2万元，增长41%；货运险659万元，占年计划的86.71%，同比减少94.6万元，降幅12.5%；责任险556.7万元，占年计划的74.93%，同比减少159.2万元，降幅12.5%；家财险278.5万元，占年计划的108.37%，同比增收21.3万元，增幅8.37%；其它险（包括农业险、工程险等）778.8万元，占年计划的357.25%，同比增收567.3万元，增幅257.25%。全年累计处理各种赔案11012件，结案率为80.2%，共支付赔款7659.1万元，结合赔付率为50.75%，上缴各种税费809.7万元，年终表结利润1967万元（新计算口径）。从各县支公司完成情况看，13个支公司完成了保费收入计划，10个县支公司完成了利润计划，无一亏损。

（人保财险运城分公司）

【保费收入再创新高】 在2002年突破亿元大关的基础上，2003年经过全辖干部职工抢抓机遇，顽强拼搏，保费收入有了新的突破，保费收入超过1.5亿元，全市提前3个月超额完成保费任务，创历史最高水平。（人保财险运城分公司）

【新险种开发成效显著】 为适应车贷业务需要，新设立的保证保险部完成保费2824.9万元，占年计划的188.33%，其中保证保险保费253.6万元，拉动相关业务2571.3万元，新开办的意外险重新进入市场后，保费收入取得了重大突破，超额完成了年计划。

（人保财险运城分公司）

【机构人员重组顺利完成】 2003年，为适应市场经济发展的要求，实现分公司由管理型向经营管理型的转变，根据上级公司的统一部署，10月份按照省公司《地市以下分支机构和岗位设置方案》要求，对市、县两级机构人员进行机构人员重组。通过宣传发动、思想动员、民主测评与推荐、竞聘演讲答辩等程序，市、县两级公司完成了机构体制改革，实现了平稳过渡。

（人保财险运城分公司）

【早计划、早安排、早行动】 2002年工作进入扫尾阶段，市分公司党委、总经理室就已开始筹划2003年的工作，出台了首季目标任务考核奖励办法；利用元旦、春节开展了家财险突击竞赛活动；为确保重新进入市场的意外险实现零的突破，在省公司制定奖励标准的基础上，又制定了运城人保意外险竞赛活动考核奖惩办法，激励广大员工发挥主观能动性，确保上半年70%意外险任务的完成。从六月底的统计数字看，13个支公司分别完成了目标任务。其中绛县等7个公司一举超额完成了全年任务，获得了市分公司“开拓进取杯”一等奖、优胜奖，河津市支公司宁江梅等15名同志荣获“开拓进取杯”展业明星奖。（人保财险运城分公司）

【巩固“黄金客户”，做好续保工作】 2003年，除太平洋财险公司外，永安公司也正式进入市场争抢业务，运城市场人保独家经营的局面已被彻底打破。竞争虽然增加了人保员工的危机感和紧迫感，但也促使大家对固有的思维定势和传统的展业方式进行变革。为了巩固黄金客户和原有的市场份额，市、县两级特别是县支公司领导与竞争对手展开了面对面的较量，做了大量卓有成效的工作。如河津公司派出精兵强将，日夜坚守在竞争一线，随时掌握对手的活动，果断采取相应措施，确保了山西铝厂这一块大业务的正常续保；分公司营业部始终处于竞争的前沿，任何一家公司都想在运城抢业务，但营业部一班人采取了分兵把口，严防死守，真情公关，联企联户，丢失阵地严格责任追究等有效措施，确保了主要阵地不丢，关键业务不失；绛县支公司以驻绛五四一各厂的续保为重点，坚持不懈地做工作，不但使该系统的续保工作按时完成，而且还有程度不同的增长。永济、垣曲等有大型企业的县支公司也均顺利完成了续保，为上半年乃至全年任务的完成奠定了基础。至年底，全市除丰喜集团由于条件苛刻公司无法接受，主动放弃续保外，所有大中型企业承保没有丢失。

（人保财险运城分公司）

【新险种的推广】 汽车消费贷款保证保险在运城起步较晚，造成了与其它地市分公司业务规模与发展速度之间的差距。为了使这一险种成为新的业务增长点，年初分公司成立了保证保险部，并取得了不俗的业绩。全年完成保费收入2824.9万元，以超额88.33%的速度，完成了省公司下达的1500万元的任务指标。稷山支公司各项指标比较滞后，但他们认真研究分析市场，精心制定展业计划，以各种措施发展业务。由于他们找准了业务发展的切入点，也找到了加快发展的感觉，所以各项业务齐头并进，七大考核指标同比均为正增长。其中企财险、意外险、货运险、农业险等提前半年完成全年任务。

（人保财险运城分公司）

【员工职能培训】 2003年，在积极参加上级公司组织培训的基础上，分公司又先后采取各种方式对员工进行培训——分公司分别于7月14日到18日，7月21日到25日举办了两期由各支公司、营业部经（副）理、业务科长、业务骨干和机关人员共126人参加的保险产品知识培训班。同时，分公司鼓励和支持有条件的员工积极参加各种形式的自修学习，全辖有30名同志参加电大和本、专科的学习，员工的整体水平不断提高。

（人保财险运城分公司）

【廉政建设】 为提高干部职工的拒腐防变能力，增强反腐倡廉的自觉性。首先按照省公司的统一安排，分公司党委与市、县两级班子成员人人签定了党风廉政建设责任状；其次是认真学习十六大、中纪委二次会议等文件精神，采取标本兼治、治本为主的方法，积极开展思想政治教育工作，将“十字行风”和“六条禁令”制作成警示牌置于每位员工的办公桌上，做到警钟长鸣。（人保财险运城分公司）

【分片包县责任制】 2003年，分公司党委委员每人包三个县支公司，分工明确，责任到人，从业务发展到廉政建设，从内部管理到队伍建设，方方面面负全责。不但保证了各县支公司任务指标的完成，而且使员工的思想作风、工作作风发生了根本转变。

（人保财险运城分公司）

【推进“三个中心”建设，实现经营机制创新】 2003年按照总公司《关于三个中心建设指导意见》和省公司《关于贯彻执行总公司三个中心运行方案的实施意见》的要求，在硬件建设上，以信息技术为支撑，使各项设施日趋齐备和完善，构建了完善的技术平台。在今年全系统股改上市之机，公司又进行了全员竞聘上岗，“三个中心”的人员进行了重新搭配组合，一批综合素质高、业务能力强的精兵强将，被充实到“三个中心”，使“三个中心”的效率大幅提高，活力大增。同时对于原有的工作流程和工作制度，不断进行充实和完善，使其日趋科学和规范。“三个中心”运行一年多来，员工认真工作，尽职尽责，机构运转正常，功能日趋完善，其运行日益步入良好发展轨道，基本通过了省公司的验收。 （人保财险运城分公司）

【配合股份制改造，实现体制创新】

去年5月份，总公司正式启动了股份制改造工作，在时间短、任务重的情况下，积极配合上级公司按时完成了清产核资工作。2003年，全系统从上到下在总公司的带领下，积极为上市做了大量的准备工作。10月份全系统实行机构人员重组，全员竞聘上岗，员工压力之大，竞争之激烈，前所未有。同时对所有职能科室，进行调整，撤销了监审部、人事部，将其划归到综合部。并且重新组建了营销部，全员竞争上岗，职工“能上能下，有进有退”，以岗定薪，职务套改，增强了灵活性和考核性，真正做到了能者上，庸者下，平者让，人尽其才，各尽所能，有利的调动了员工积极性和主动性，增强了员工的危机感和责任意识。全公司各科室人员进行了调整，一批业务素质高，工作能力强，有魄力，有活力的年轻员工充实到了一线。通过竞争上岗，公司全体员工面貌焕然一新，各个斗志昂扬，准备在各自新的岗位上大显身手，这标志着全系统将步入一个新的发展阶段。

（人保财险运城分公司）

【制定考核计划，分段奖惩兑现】

全省人保工作会议后，根据省公司下达的计划指标，结合运城分公司面临的实际，重新对上年末制定的首季开门红奖惩考核办法及时进行了调整补充，分公司自带紧箍咒，抓管理，严格推行责任制。在具体指导上，坚持分类指导、整体推进的原则，抓两头，带中间。县域环境好的，要求其不受任务指标的限制加快发展，业务发展相对困难的公司要求其不甘落后，变压力为动力，迎头赶上。在任务面前，各基层公司八仙过海、各显神通，有的早计划、早安排、早动手，掌握主动权；有的抓大户、抓重点、抓竞争，突出工作中心，均较好地保证了任务的完成。在落实奖惩兑现上，坚持当奖则奖，当罚则罚的原则，不管什么原因，不听客观理由，政策面前，一视同仁。对每季完成任务的给予奖励，完不成任务的坚决处罚。为公司业务快速发展，并提前三个月完成全年保费任务奠定了良好的基础。

（人保财险运城分公司）

【适时开展突击竞赛，确保任务全面完成】 省公司分险种考核办法的出台，不仅对基层公司占领保险阵地意义重大，更重要的是对调整险种结构，提高经济效益作用明显。为此，分公司根据险种结构情况，适时开展了多项业务突击活动，上半年开展了“开拓进取怀意外险活动竞赛”，下半年开展了以“金牛”投资型家财险为主要内容的竞赛活动。分公司依据各基层公司家财险基数不同，制定下发了竞赛活动实施办法。活动中全市上下人人头上有任务，个个肩上有指标。尤其是通过鼓励员工“创佳绩、作贡献、当明星”政策的出台，不但使全市人民群众对“金牛”投资型家财保险有一定的了解，而且圆满地完成了省公司下达的任务。意外险的完成情况更是喜人，省公司下达的400万元任务指标，全系统完成了472.5万元，超额18.13%。（人保财险运城分公司）

【强化联企联户责任制，力促客户按期续保】 大中型企业是人保公司生存的基础，企财险历来是骨干和效益险种，机动车辆险占业务规模的60%以上，是龙头险种。由于保险市场竞争主体的增加和经济形势的不景气，加之非典的肆虐，给主要险种的续保工作带采了许多困难，为了确保业务规模，巩固市场份额，市、县两级公司做了大量卓有成效的工作；①分公司领导经常保持与政府职能部门的联系，以取得他们的支持和配合。今年车辆审验期间，分公司派专人又一次与交警部门合作，参加了对13个县市的机动车辆审验，为宣传普及保险知识，扩大运工险覆盖面，提高汽车承保率作出了贡献；②为了保证意外险市场的开拓，分公司派出具有较强公关能力的办公室主任王学敏同志挂帅出征，多次到教育局联系，使重新进入意外险市场的人保公司取得了骄人的业绩；③继续实行联企联户责任制，为续保工作奠定基础。今年全市财产险业务虽然遇到了激烈竞争的局面，但在分公司总经理室正确领导下。各支公司面对竞争，临阵不乱，采取有效措施沉着应对，较好地保证了阵地不丢，业务不失。河津铝厂作为黄金客户，历来是多家公司的竞争重点，在市、县公司的多方努力下，今年这一大块业务又由分公司完成承保。 （人保财险运城分公司）

【开拓保险新领域，适时推广新险种】 保险企业的生命力在于不断推出新产品以吸引更多的客户，如果单靠传统的“老三险”，不但使产品失去吸引力，而且市场份额也会萎缩。为了使新险种落地生根，产生效益，分公司加大了新险种推广的力度。人身意外险是人保公司今年提出的新险种，为抢夺市场，占领先机，重新挺进人身险领地，上级公司下达了指令计划。任务下发以后，各个县公司摩拳擦掌，跃跃欲试。芮城支公司经理室多次召开专题会议，研究部署，制定措施，利用人保公司长期积累的工作经验，主攻这些单位的团体人身意外险业务，成功地夺取了原寿险公司的黄金客户——亚宝集团，供电公司，黄化公司等大企业的意外险业务。在此次活动中，芮城公司业务科长段新田一人收回保费十万元。风陵渡代办处主任李希贤走访了开发区几十家大小企业单位，签单笔数最多。芮城公司超额完成意外险保费18.4万元。

（人保财险运城分公司）

【货运险业务】 2003年，分公司加强同铁路货运部门的联系，千方百计巩固铁路货运险业务。同时想方设法开展公路货运险，使保费规模达到659万元，而赔付率仅为27.2%，取得了可观的经营效益。特别需要提出表扬和奖励的是河津支公司，他们年收入货运险保费326.1万元，占到全市总任务的49.5%，占据全辖货运险业务的半壁江山。（人保财险运城分公司）

【强化核保核赔，规范保险市场经济秩序】 首先成立了领导组和工作机构，实行“一把手”负责制，由分管领导直接抓落实，工作人员具体承办；其次是制定清理整顿方案，明确重点，提出要求；第三是严格按标准，逐项逐条进行清理规范。各县支公司严把“病从口入”关，坚持验险承保，剔除垃圾保费，提高承保质量；业务处理中心的同志，加强车险业务网上核保，全年共核保车辆17460辆；客户服务中心严把查勘定损关，在提高第一现场到位率的基础上，加大理赔权限以内赔案的审批力度，全年共审批各县支上报赔案763件，上报金额近1000万元，剔除23.5万元，核减率达2%。报价中心共受理询、报价2930笔，询价金额833万元，剔除不合理金额23万元，核减率为3%。（人保财险运城分公司）

【疑点案件侦破】 2003年，分公司加大对疑点案件的调查力度，公安、保险联手打击诈骗、盗抢和骗赔行为。全年侦破组的两个同志不辞辛苦，连续作战，共调查各类案件99起。其中查出有骗赔行为的51起，追回盗抢车辆5辆，拒赔金额达94.436万元，为维护保险资金安全作出了突出贡献。

（人保财险运城分公司）

【及时调整公司内部结构，划分业务范围强化管理】 三个中心成立以来，虽然在运行机制上有所创新，但由于中心之间业务互相交叉，衔接不佳，经常出现责任不清、相互扯皮和推诿现象。既不利于工作，又不利于管理。分公司党委根据唐总的讲话精神，在征得省公司同意的情况下，及时对各中心的职责进行了重新划分，明确了责任，更利于业务的管理。

（人保财险运城分公司）

【领导自带“紧箍咒”，严格推行责任制】 5月份，根据综合赔付率有所上升，如果不加以遏止将影响全年经营效益的严峻形势，分公司党委、总经理室又针对性地出台了责任制考核方法，将赔付率、结案率、业务质量等项指标与公司一把手、分管领导和业务科室主要负责人、两个中心工作人员挂起钩来，并从6月开始，每人每月扣除600、500、300、100元不等的工资作为抵押金，增强每个人的责任意识、效益意识、全局意识。考核办法明确规定，到年底完成既定目标，所扣抵押金全额补发，达不到规定目标，视情况予以扣除。这不仅促使责任人加强管理，增强工作责任心，而且为今后搞好管理奠定了基础。

（人保财险运城分公司）

【消贷业务清理工作】 8月份，按照省公司的统一部署，消贷业务全面停办，进入清理整顿阶段。为了摸清底数，规范业务管理，保证部的全体同志在经理王东红的带领下夜以继日，加班加点，取消公休日，没有星期天，按照上级公司的统一要求，对每一个经销商，每一个卖车人和每家合作银行反复接触，想方设法清理和压缩逾期贷款，对不守信用者坚决取消合作资格。经过几个月的连续工作，消贷业务经省公司检查验收，其业务质量、家底情况都比较清楚，逾期贷款和潜在的风险清理得到了省公司领导和业务管理部门的肯定。

（人保财险运城分公司）

【清理应收保费和未决赔案】 清理应收保费和赔案综合情况是一项时间紧、任务重、要求严的工作。省公司方案下发后，为了把工作做到实处，分公司首先成立了清理工作领导组，加强对该项工作的领导；其次是抽调专门人员全力以赴工作；第三是合理分工，责任到人，各司其职，确保工作的质量。在清理应收保费中，纪检书记杨志铭同志每天从信息技术科的电脑数据库中提取数字，然后与财务部门逐县逐县的核对，不厌其烦，经多次反复使业务数据库中的应收保费余额由原来的1863笔清理为492笔，余额872万元降至233.1万元，使应收保费业务数据库中的数字与财务部门的帐面数字一致且真实。在刘总来运检查时，对这种做法和取得的成绩给予了充分肯定，并让分公司就具体做法进行总结在山西人保信息上登载，要在全省予以推广和介绍。在清理赔案报案、立案和未决赔案工作中，各县支公司接到文件后，积极组织人员展开工作。对2003年1—10月的所有赔案进行清理，分公司领导邵总、官总还带领工作组深入到临猗、万荣两个公司进行调查研究和督导工作落实，为此项工作的开展发挥了积极的作用，不但使赔案清理工作得以顺利开展，而且对赔付率高的原因进行了详细解剖，为来年的业务管理提供了依据。

（人保财险运城分公司）

【抽查赔案】 2003年，分公司坚持对承保理赔质量的检查监督工作，取得了一定的成效，对承保理赔质量的提高作用也十分明显。为此，分公司经理室除要求业务部门定期检查外，还要求业管部门不定期地对各支公司的承保单和赔案进行抽查把关，并及时发出通报。三月份，为了提高业务质量，强化员工的效益意识，分公司组织了全面的业务质量检查工作。由分管领导带领“三个中心”以外的科室人员，将全辖公司的所有赔案全部抽调至分公司进行逐案逐险种的审核检查。经过几个月的工作，基本查清了赔案中的各类共性和个性问题，为今后的管理工作对症下药找到了依据。

（人保财险运城分公司）

【做好纪检监察工作，加大监察力度】 2003年4月省公司召开了全省纪检监察工作会议。为贯彻省公司会议精神，分公司在全体员工会议上，传达学习了省公司纪检监察工作会议文件，并成立了党风廉政建设领导组，分公司党委书记、总经理邵明月，与各县支公司、分公司各部门负责人签定了党风廉政建设责任状，明确了考核内容，责任范围和考核方法。同时制定了2003年执法监察方案，于4月初对2002年党风廉政建设责任制落实情况进行了执法监察。今年，上半年先后有4个县支公司经理履行了的离任交接手续，通过离任交接，明确了责任，交清了家底。今年监审部接到保户两起投诉电话，对一个公司的违规行为进行了调查，对负有不同责任的有关人员，进行了处理。

（人保财险运城分公司）

【落实上级指示精神，切实搞好防灾工作】 防灾是维护国家利益，确保保险标的安全的重要环节，也是人保公司管理工作的重要内容。为切实搞好防灾工作，将防灾工作纳入制度化、规范化管理的轨道，依据上级公司要求，先后四次下发文件部署，①对全市承保业务的保险标的安全大检查；②做好汛期防洪工作；③做好保险标的防火防爆工作等，并组织专人深入到重点企业和保户进行检查，发现问题，限期整顿。此项工作认真扎实、效果明显，使分公司所承保的企业没有发生大的灾害事故，为经营效益的实现作出了贡献。

（人保财险运城分公司）

【响应总公司号召，精简节约各项费用】 为了少花钱多办事，不花钱也办事，市县两级领导大兴勤俭节约之风，一手抓增加保费，一手抓降低成本，从大处着眼，小处着手，节约“一分钱、一张纸、一度电、一滴水、一升油”，取得了显著效果。进入12月份省公司下达紧急通知，要求严格压缩费用开支，分公司领导千方百计保基层、保一线，系统上下勒紧裤带过日子。不该花的不花，暂不急办的事缓后再办，实现了节约费用142万元的预期目标。（人保财险运城分公司）

【发挥“专线”功能，搞好“窗口”服务】 从95518专线电话设立以来，为方便群众咨询，受理客户报案，接受客户投诉提供了一条方便快捷、全天候的服务热线。在保证及时查勘现场，提高第一现场到位率，减少事故损失，堵塞造假行为发挥了积极作用，95518以崭新的形式展示了人保公司的窗口形象。今年以来，95518服务专线共受理报案电话14282个，解答咨询326次，接转投诉电话6个。

（人保财险运城分公司）

【领导看望“黄金客户”深入基层调查研究】 面对市场竞争，为巩固人保公司在市场中的主导地位，保证“黄金客户”的业务不流失，省公司副总经理王力峰在百忙之中，亲临运城检查指导工作，在听取了公司工作汇报后，又到通达集团、万荣万通公司进行了座谈，就共同关心的风险防范进行了磋商。王总最后要求运城分公司要强化四种意识：①强化发展意识；②强化管理意识；③强化竞争意识；④强化服务意识。对分公司提高对“黄金客户”的服务质量提出了要求，也为分公司今后搞好对大客户的服务作了表率，树立了榜样。

（人保财险运城分公司）

【谋发展开门纳谏，商大计保企座谈】 大中型企业和广大保户是保险公司赖以生存和发展的基础，为了更好地密切与广大保户之间的关系，分公司在“走出去”上门征询意见的同时，又采取“请进来”的办法，诚邀各大中型企业的领导和有关人员上门谏言，商计保企合作之大计。

（人保财险运城分公司）

【树立行风新风，优化发展环境】 为了贯彻落实好省公司《关于印发树立行业新风优化发展环境行风评议工作实施意见的通知》精神，分公司成立了行风评议领导组，按照文件要求，针对群众反映强烈的违规承保，以理谋私，受理案件无故拖延，向保户吃拿卡要报，强行指定保户去定点修理厂等不正之风进行清理整顿，扼制了歪风邪气的漫延，净化了行业风气，树立了保险公司的形象。在地方政府的行风评议中也获得了较好的赞誉。

（人保财险运城分公司）

【加快结案速度，及时支付赔款】 理赔速度从来都是保险公司取信于保户的重要内容，为了提高理赔速度，公司采取了多项措施。①对小事故能及时结案的快速办理，尽快把赔款送给保户；②对大案的理赔采取先预付的办法，给保户恢复生产送去急用。如中条山华铜铜业的事故，在确定了保险责任后，马上送去50万元预付赔款受到客户称赞；③对有影响的赔案慎重办理，2月1日河津铝厂发生爆炸案，在损失一时定不下来的情况下，分管领导张总多次到该厂做解释，并和深圳公估公司的同志多次深入现场进行定损，在达成一致意见的情况下，为铝厂赔付了375万元，达到了铝厂、公估公司和保险公司的三方满意。

（人保财险运城分公司）

【配合政府行动，搞好“两节”宣传】 元旦、春节期间，运城市政府为展示新运城、新形象，举行了大型宣传造势活动。为了借政府搭台，唱保险大戏，分公司通过各种途径，加强宣传攻势，扩大人保影响，树立人保形象。为了配合公司更名宣传，分公司及时更换了在市区繁华地段设立醒目的广告牌和公司的楼顶广告。

（人保财险运城分公司）

【宣传不拘形式，内容丰富多彩】 保险宣传既是一个长期性、系统性工程，又是一个复杂性、细致性的工作。既要保险员工通过设咨询点进行口头宣传，又要专业人员利用媒体或广告传媒树立视觉形象，进行立体宣传。

（人保财险运城分公司）

（责任编辑：武建华）

教　　育

教育工作

【概述】 2003年，全市教育系统认真践行“三个代表”重要思想，进一步深化教育改革，创新思路，以教育发展为第一要务；争先创优，以全面提高教育教学质量为主攻方向；与时俱进，以办人民满意的教育为目标，全力推进教育事业发展。全市上下，团结奋进，不仅经受住了非典的考验，而且克服了重重困难，取得了各项工作的新突破：实施课程改革，基础教育水平进一步提升；创新职教培养模式，职业教育有了长足发展；推进农科教结合，成人教育进入发展快车道；基础教育、电化教育、幼儿教育以及督导、人事、计财等项工作均走在全省前列。市教育局先后被市委、市政府及市直机关精神文明建设指导委员会授予“三优一创”先进单位和“文明单位”。《中国教育报》、《人民教育》、《中国民办教育》、《运城日报》等新闻媒体多次介绍本市教育发展的经验。

（贺晓东）

【全市教育战线防控“非典”夺取全面胜利】 2003年，面对突如其来的“非典”疫情，全市教育系统把防控“非典”作为压倒一切的大事来抓，采取了一系列得力措施，保证了全市一百多万名师生员工无一人感染“非典”。为了不使学生因“非典”而影响学业，开设了空中课堂和网上课堂，同时，还组织优秀教师对战斗在“抗非”一线人员的子女进行了辅导，受到全社会的普遍好评。特别是“非典”期间，精心组织了高考、中考工作，确保3万名高考考生、6万名中考考生和2万名工作人员的身体健康和考试工作的顺利进行，真正做到学生、家长、社会“三满意”。

（贺晓东）

基础教育

【教育教学质量全面提高】 教育教学质量是教育工作的生命线。一年来，市教育局明确提出“以教学为中心，以提高质量为主题”的工作思路，旗帜鲜明地抓高考。认真落实县、校目标责任和市教育局领导包片、科长包校督察制度；积极推进课程改革实验和课堂教学改革；组建了由16名市级督学组成的市教育督导团，加强教育教学督导与评价；组建了高中兼职教研员队伍，首批聘任了47名优秀教师，充分发挥他们引领全市教育教学改革的作用；成功地组织了本市改革开放以来第一次大规模的高中教师全员培训，市教育局筹资20万元，对5146名高中教师进行了专业培训，有力地促进了教育教学质量的全面提高。

2003年全市高考本科达线5162人，位居全省第二，达线率由上年的全省第七跃居第四，跨入了全省先进行列。2003年，中考也取得了喜人成绩，全市优秀率比上年增长了6个百分点，合格率增长了5个百分点。在全面推进素质教育过程中，全市中小学生道德修养、社会责任感进一步提高，养成了良好的行为习惯，而且学习能力、生活能力、实践能力和创新能力都有了显著提高。　（贺晓东）

【标准化学校建设全方位推进】 全市教育系统把中小学标准化学校建设与危房改造结合起来，与中小学布局调整结合起来，与办学体制改革结合起来，全力整合和优化教育资源。全年共完成了危房改造项目学校89所，改建扩建危房面积23万平方米，新建中小学35所。争取回国家、省专项资金1300多万元，筹措资金8000多万元。尤其是在遇到历史上罕见的雨灾，全市新出现危房83万平方米后，一方面认真进行危房排查，一方面采取有效措施，确保全市80多万名中小学生无一人伤亡。同时制定出了全市中小学危房二期改造方案，积极向省教育、财政、计委上报申请，争取到了上级2004—2006年危改专项资金5400万元。全市中小学布局调整力度进一步加大，全年共撤并小学502所，初中59所，使全市中小学由上年的3923所，调整合并为3362所。全市共投资8000余万元，建成了429所标准化中小学，一批科技楼、实验楼、标准化操场相继建成，标准化配套设施逐步到位。闻喜、夏县、平陆等县（市）克服基础差、条件艰苦、经费紧缺的困难，不等不靠，以较高的标准完成了2003年标准化学校建设任务。全市普通高中也实现了跨越式发展，学校已发展到77所，在校生近10万人，年招生人数已增加到3.5万人，普通高中入学率达到36%，高中阶段入学率已达到60.2%。特别是本市原省、市20所重点中学优质教育资源不断扩大，招生人数已占到全市56%，高考达线人数占70%以上。　（贺晓东）

职业成人教育

【教育为经济建设服务的功能进一步增强】 全市职业教育和成人教育紧紧围绕经济建设的需求，不断提高劳动者素质。一年来，全市农民实用技术培训及外出务工转岗转业培训在30万人次以上，培养了中等技术人才2.5万人，有力地促进了农民增收和农村富余劳动力的转移。全市中等职业学校招生比上年增长了20%，年招生在500人以上的学校达到16所；中职对口招生报名人数和录取率在全省遥遥领先，录取率高达90%以上。市教育局被评为全省职业教育先进单位，2003年11月10日《中国教育报》以“抓职教就是抓经济”为题，整版报道了运城发展职业教育的先进经验。（贺晓东）

幼儿教育

【幼儿教育成绩喜人】 全市普及学前三年教育工作一直走在全省前列，2003年又有4个县（市、区）顺利通过了省政府复查验收，芮城县被表彰为“全国幼儿教育先进县”，万荣、夏县被表彰为“全省幼儿教育先进县”。全市又有15所幼儿园通过了“省级示范幼儿园”的评估验收。年底全市从城市到农村所有适龄幼儿教育能按时入园，接受学前教育。（贺晓东）

电化教育

【“校校通”工程建设进展顺利】 各县（市、区）教育局都把“校校通”工程作为抢占教育制高点、促进教育跨越式发展的重要手段来抓，超前规划，全力实施。2003年，全市用于信息技术建设的投资达1.6亿元，已有7个县（市、区）实现了“校校通”，入网学校达1326所，安装卫星宽带网的学校达75所，配备VCD播放设备和成套光盘资料的学校达1793所，配备电脑6000余台，另外还有100多所学校建成了高标准的校园网，河津、绛县、永济、稷山4个县（市）还建起了网络中心。特别是稷山县实施“校校通”工程力度大，标准高，成绩突出，在全省处于领先地位，已经由省教育厅申报为全国教育网络化实验县，《山西内参》和《人民日报》均作了专题报道。运城市加快教育信息化建设的成功经验，在全省农村教育工作会议上交流推广。（贺晓东）

社会力量办学

【民办教育长足发展】 一年来，为了认真贯彻落实《民办教育促进法》，市委、市政府在新绛县召开了民办教育现场会，出台了《关于加快发展民办教育的意见》，制定了14条优惠政策；市教育局出台了《关于进一步加强民办教育管理工作的若干意见》和《关于民办学校教师管理暂行规定》，为民办教育提供了良好的发展平台。2003年新增民办学校40所，投资达3亿元。至年底，全市民办教育总投资达到8.9亿元，其中投资在千万元以上的民办学校已有20所。全市民办学校已发展到553所，在校生达16万人，其中在校生千人以上的学校有20多所。民办教育已成为本市教育系统的一支生力军，无论是数量、规模，还是质量、效益，都处在全省的领先地位。（贺晓东）

教学科研

【新课程改革稳步推进】 一年来，全市上下围绕新课程改革，进一步强化政府行为，加大教师培训力度，全方位推进课程改革。继盐湖区率先进行课改实验之后，2003年永济、芮城、河津、平陆、夏县等8个县（市）又确定为课改实验县。市教育局专门召开了课改工作会议，自筹资金10多万元，对全市800多名教育管理工作者和中小学骨干教师集中进行了通识培训和学科培训。参加课改实验的县（市、区）突出重点，抓住关键，以点带面，滚动发展，课改实验工作有声有色，卓有成效。（贺晓东）

教师队伍建设

【教师队伍素质不断提高】 一年来，市教育局坚持“人事改革与强化管理并重，师德建设与素质优化并重”，全方位加强教师队伍建设。全市13个县（市、区）的中小学人事制度改革第一阶段核编工作基本完成，第二阶段全员聘任正在实施。同时，教师专业考试制度、年度专业考核制度和末位淘汰制度正在进一步完善和深化。师德师风建设不断推进，年初，市教育局出台了《中小学教师职业道德“十要”、“十禁”规定》，每个县（市、区）都组织教师观看了《师德启示录》录像带。教师培训上，同步进行了教师的学历教育、新课程培训和技能培训，组织1000多名教师参加了后续本科学历培训，800多名教师通过了高等教育自学考试，3万多名教师参加了继续教育，6000多名教师参加了信息技术培训，对中小学教师进行了新课程培训达10万人次，从而大大提高了教师队伍的整体素质。盐湖、临猗、永济、新绛、稷山、垣曲等县（市、区）开展了“名课、名师、名校、名校长”竞赛活动，绛县开展了课堂教学“立标、学标、达标”活动，有力地促进了校长和教师队伍建设。（贺晓东）

【教育行风建设成效显著】 2003年，市教育局把治理教育乱收费作为办人民满意的教育的一项重点工作，依法治教不放松，严肃查处不手软。认真落实贫困地区“一费制”；严格执行高中招生“三限”政策；认真执行“收支两条线”管理规定；严肃查处违纪案件。全市共查处案件143起，涉及金额1512万元，52人受到了党纪政纪处分。同时，在全市教育系统开展“树立廉洁高效、求真务实、敬业奉献全新形象”的活动，全面加强教育行风建设。市教育局结合实际，在局机关开展了“三优一创”活动，并组织了以“崇尚学习、廉洁勤政、务实高效、公道正派”为主要内容的百日整风活动，使局机关面貌和干部职工精神面貌焕然一新，市教育局先后被评为“三优一创”先进单位和市直机关“文明单位”，在全市《行风建设调查问卷》中，群众对治理教育乱收费满意率达89.6%，教育系统在全市行风建设考评中获得了满分的好成绩，表明人民群众对教育系统的满意程度有了明显提高。同时，市教育系统的人事、计财、招生、督导、安全、仪器装备、自学考试、勤工俭学等各项工作均取得了显著成绩，走在全省前列，为全市教育提速发展创造了良好条件。（贺晓东）

（责任编辑：石少青）

科 学 技 术

科技工作

【科技项目】 2003年，全市共组织申报省级以上各类科技计划项目39项，年底，已有22个项目列入计划。其中，国家级星火计划项目5项，火炬计划项目2项，科技成果推广计划项目1项；省级科技攻关计划项目9项，星火计划项目4项，科技成果推广计划项目1项。共争取项目资助资金246万元。同时，还安排了79项市级科技计划项目，共下达科技经费226万元。在全省组织开展的科技进步奖评选中，全市共有12个项目荣获省级科技进步奖。其中棉科所与金鼎种业公司完成的“转基因抗虫棉中试开发”获省科技进步一等奖；运城八星化工有限公司的“盐湖卤水碳铵法生产活性氧化镁新技术”等11个项目获省科技进步二等奖，共获得奖金14万元。（张新智）

【科技成果转化】 农业上，围绕本市产业结构调整，组织实施了14项省级农村技术承包项目，参与技术承包的各类专业技术人员300余人。这些项目涉及粮棉增产增效、林果优质丰产、蔬菜无公害生产、畜禽规模化养殖等九个方面，承包的作物面积达28万亩，畜禽量13万头（只）。工业上，围绕电子信息、新材料新工艺、机电一体化、能源与冶金等行业，积极组织实施制造业信息化工程建设项目。根据制造业信息化重点城市建设规划，在对全市上规模的制造业企业进行全面统计调查基础上，经过比较和分析，推荐南风化工集团、丰喜肥业集团、亚宝药业集团、关铝股份有限公司等6家企业申报了山西省制造业信息化工程项目。

（张新智）

【积极搞好防控“非典”工作】 4月下旬以来，本市非典疫情形势严峻，为有效地防控非典，市科技局积极主动地采取了三条措施。①搞好单位的防控非典工作。②加大宣传力度，广泛传播防治非典知识。5月17日至23日，市科技局与市委宣传部、市科协共同举办了以“依靠科学，战胜非典”为主题的科技活动周。活动期间，共发放防治非典技术宣传资料80000余份、磁带1000余盒。通过开展形式多样的防治非典科普宣传活动，提高了广大群众对非典的正确认识，增强了群众依靠科学防治非典的信心。③加强科研攻关，提高诊治水平。为提高全市防治非典的医疗技术，市科技局专门向市中心医院和防疫站拨付科研经费5万元，成立了科研课题组，从预防、诊断、治疗、护理等方面，加强对非典防治技术的研究。（张新智）

【科技部副部长程津培等来运考察调研】 4月3日，国家科技部副部长程津培一行来本市进行科技工作调研。山西省政府副省长张少琴、省科技厅厅长温泽先、副厅长廉毅敏、市委书记黄有泉、市长王守祯、副市长吴菊仙等领导，市科技局、临猗县科技局以及市直有关部门的负责人参加了调研会。

会上，王守祯市长汇报了全市近年来的科技工作情况。市科技局及临猗县科技局也分别作了工作汇报。听取汇报后，与会人员共同讨论了科技工作怎样为解决“三农”问题做贡献等问题。程津培副部长在讨论时指出，要依靠科技进步来解决“三农”问题，发展农村科技，提高农业科技含量，提高农民掌握技术能力，千方百计增加农民收入。同时程部长还指出，科技部2003年一开始就研究怎样依靠科技解决“三农”问题，并把工作重点从重点关注重点院校、大院大所等高、新、尖科技工作转向地方科技工作。

科技部程部长一行在与省、市领导及科技局局长座谈的同时，还深入到省农科院棉科所、永济忠民集团、芦笋生产基地进行了实地调研。（张新智）

【科技培训和宣传】 1. 在“四下乡”活动中，组织了10名具有高级职称的专业技术人员，分赴5个县市，围绕苹果优质生产技术、红薯脱毒技术、酵素菌肥应用技术等几个专题，开展了现场技术咨询、技术培训和信息服务等活动，为农民解答技术难题60多个。

2. 针对市农业和农村经济发展对技术进步的要求，有选择地编印发放了《苹果优质、高产、高效综合栽培技术》、《小麦春管技术》、《特种动物养殖技术》、《农副产品加工技术》等有关技术信息资料130余种32000余份。并通过各种形式向广大农民发布种植、养殖、节水、农业机械化、农产品加工等技术信息、科技成果120余项。

3. 结合各类农业科技项目的实施，组织各县（市、区）科技局开展了一系列技术培训和科普宣传活动。据统计，全市科技部门共举办各类技术培训70余期，接受培训的农民达10万人以上。

在科技政务信息宣传方面，全年共编发《运城科技动态》24期，并通过电子邮件和函件，向省科技厅及市委、市政府信息科提供科技工作方面的政务信息80余条。另外，为提高科技执法人员的素质，市科技局组织举办了为期3天的行政执法培训活动，全市科技系统80余名执法人员参加了培训，收到了良好的效果。（张新智）

【民营科技企业不断壮大】 为进一步推动民营科技企业健康发展，市科技局以营造环境，搞好服务，狠抓落实为重点，积极开展工作。

完成了2002年度民营科技企业年报统计工作。统计的88家企业，年技工贸总收入达4.5亿元，实现利润3928万元，上缴税金2623万元；积极组织企业进行省级民营科技企业认定，至年底，本市经认定的省级民营科技企业总数达到了133家，继续保持全省领先地位。

（张新智）

【高新技术产业稳步发展】 ①组织人员，对全市各大中型企业和高新技术进行了一次全面考察和调研，就如何优化企业发展环境，进一步加快本市高新技术产业的发展，与企业家及企业技术人员进行了讨论和交流。②帮助4家企业积极申报省级高新技术企业，其中，闻喜银光镁业集团、山西本源科技有限公司已通过认定，使本市高新技术企业的队伍不断壮大，总数达到了17家。据统计，这些企业本年度共开发高新技术新产品55个，实现总产值41.62亿元，利税5.45亿元，创汇3020万美元。

（张新智）

【科技中介机构服务增强】 为促进科技与经济的结合，加快科技成果转化，提高科技服务水平，市科技局始终把科技中介服务体系建设作为一项主要工作来抓。①支持生产力促进中心做好制造业信息化重点示范企业的技术服务工作。培训信息化技术人员400余人，并与北航海尔等软件服务公司联合，共同建设信息化服务平台。②积极开展技术交流活动，聘请有关专家为十余家企业提供营销策划和技术支持。③不断提高科技信息服务水平。在原《关公故里网》的基础上，新推出了《运城科技网》，加强了信息资源的开发力度。④积极开展科技情报咨询工作，为来访人员解答各类疑难问题。

（张新智）

【自身建设】 ①搞好电子政务建设，深化行政审批制度改革。根据市委、市政府的安排，建立了行政审批服务窗口，制定出台了网上行政审批各项制度，进一步转变行政职能，规范行政行为，优化审批程序，提高办事效率。②加强党风廉政建设的宣传教育，做好思想防范工作。组织机关全体人员，认真学习和传达有关会议和文件精神，观看了反腐倡廉电教片。③以“三项治理”为重点，抓好领导干部廉洁自律工作。完善了各项规章制度，健全内部监督制约机制，严格执行财经纪律，从源头上预防和治理腐败行为。

（张新智）

科协工作

【硬件建设取得质的飞跃】 2003年，市科协借机关办公室搬迁之际，再度对其办公场所进行了装璜与修缮，为机关工作人员提供了一个明亮、整洁、舒适的办公环境；在原有配备电脑、传真机的基础上，为各位主席和各部室配备了P4—1.8型电脑，实现了联网互通；购回海狮金杯面包车一辆，更新了科普专用车；为机关会议室购置一台厦星54英寸背投大彩电，并着手连接全屏光缆信息网。至此，科协机关的现代化办公设施及硬件建设已基本到位。

（李伶旗）

【软件建设不断得以增强】 市科协遵照年初工作安排，始终将学习十六大、十六届三中全会精神和“三个代表”重要思想视为全年乃至今后一个时期全市科协系统的首要政治任务。对内坚持了周一学习制度不动摇，并制定实施了学习奖励制度，激发了工作人员的学习热情。举办的《我的高考》一书读书体会活动，使机关工作人员的心灵得到了震撼，取得了出乎意料的奇效。市科协积极倡导工作人员走出去，开阔眼界，借鉴经验，共先后派员参加了“西欧八国考察”及“港、深、珠学习经验交流活动”、出席了“中国科协第五届学术年会”、参加了“第十八届全国青少年科技创新大赛”、开展了学会工作人员“临汾实地学习考察交流活动”等。这一系列举措，强化了干部素质，凝聚了大家力量，奠定了工作基础，培养了优秀人才。

（李伶旗）

【科普阵地建设】 科普阵地是开展科普工作的有效载体。2003年，为了尽快建立起运城市科技馆，市科协经多方呼吁，建言献策，但仍因多种原因，进展迟缓。为了弥补本市缺少科普阵地这一缺憾，市科协党组勇于创新，大胆实践，紧紧抓住临街机关急需修建护栏这一机遇，经多方科学论证，采取了“护栏里面套画廊”的办法，经专业人员的设计与施工，一条长百余米的科普画廊在河东东街亮相，备受市民青睐。出刊四期以来，省市领导多次亲临参观，均给予了充分肯定和高度评价。此外，市科协还创造性地将青少年科普教育工作与市直部分学会的业务工作紧密地结合起来，先后组建了运城市珠心算培训基地、气象科普培训基地、环境科学培训基地和计算机活动培训基地。至年底，这四大基地活动频繁，不同程度地发挥出了城市科普主阵营的作用。

（李伶旗）

【组织建设】 为了贯彻落实中国科协发组字［2003］42号《关于进一步推动非国有企业科协组建工作的通知》的文件精神，经缜密调研，多方促动，最终打破僵局，并率先在山西省卓里集团有限公司、山西阳光焦化集团有限公司、山西华康药业股份有限公司等三个企业相继成立起了科协组织，为全省创建民营企业科协工作树立了榜样。乡镇科协和村级科普分会的组织建设也得到了不同程度地改善，永济、芮城以组织部的名义下文确定了乡镇科协主席、秘书长，并采取了全员定岗定人、注册登记的办法，形成了上下联动的工作局面。夏县、盐湖在上年完善了乡镇组织网络的基础上，通过例会、检查等形式促使乡、村级科协负责人进入“角色”，涌现出了夏县胡张乡科协等一批全区叫得响的先进典型。为了进一步加强对农技协工作的领导，市科协还以［2003］3号文件下发了《关于对各级农技协进行整顿、注册登记的通知》，先后确立了37个骨干农技协，并对320个农技协进行了整顿、登记和统计工作。临猗县通过注册登记，使全县210个农技协认清了“娘家”，并将108个作用明显的农技协作为骨干，重点加以宣传、扶持和培养。

（李伶旗）

【“科技大篷车”亮相河东】 为了

使一年一度的“四下乡”活动搞出亮点，彰显特色，市科协邀请了全省唯一的“科普大篷车”前来助阵，先后在永济、夏县、闻喜、芮城等县（市）展出农业、生活知识挂图100多幅，其新颖独特的形式，备受群众称赞。24套集光学、力学、电学、机械学为一体的形象生动化展品，通过指导教师的演示与解说，使深奥的科技原理更加通俗易懂。广大青少年对之兴趣盎然，爱不释手。科技大篷车成为本市“四下乡”活动中的一道独特亮丽的风景线。（李伶旗）

【“农函大”教学与时俱进，“科技保姆”形象逐步确立】 由于受机构改革及非典等特殊情况的影响，2003年市农函大招收情况不太乐观，全市仅有临猗、垣曲、夏县3个县如期落实了招生计划，并开展了培训工作。鉴于此种情况，市科协主动出击，经宣传发动，在临猗柳村成立起了果树直属班，招收学员60名，聘请果树专家薛基忠担任客座教师，采取了主动式教学与手把手现场传授相结合的办法，被广大果农誉称为“科技保姆”。

（李伶旗）

【《科普法》宣传】 为纪念《科普法》颁布一周年，市科协在河东东街举办了一次大型庆祝宣传活动，拉开了全市“6·29”全国科普志愿者行动日宣传活动的帷幕。这一天，印有“全国科普志愿者行动”字样的彩旗迎风飘扬，在科普画廊的衬托下，市科协及所属水利、青辅、情报、中医药、野生动物等学会在街道两旁组织科技人员摆摊设点，或展出、或宣传、或咨询、或义诊，吸引了众多的来往行人。据统计：此次活动共展出科普挂图150余幅，展出青少年优秀科幻绘画作品40张，发放“科学山西人”科普手帕25000张，散发技术资料及报刊8000余份，为200余名市民进行健康义诊。市委副书记唐大雄参加了此次活动，并在《运城日报》上刊登了题为《以“五到位”落实〈科普法〉》的署名文章。此项活动，在社会上引起了轰动，《大众科技报》、《运城日报》分别在头版予以报道。夏县科协在经费不宽裕的情况下，制作出一块长9米，宽1.5米的大型喷绘版面，并深入社区开展图片展览活动。永济市科协则联合文明办、科技局等6家单位，深入乡镇开展系列宣传活动，共展出挂图230余幅，发放科普资料22000余份。截至年底，全市共有743名科技人员主动报名加入了科普志愿者队伍。（李伶旗）

【科学预防“非典”】 面对突如其来的“非典”疫情，市科协党组严格遵照市委、市政府有关会议精神，在机关内部严防死守，做到防治非典与正常工作两不误。非典来临之初，市科协便从中国科协、省科协紧急调发了2万余份防治非典宣传品，复制了DVD和VCD光盘，并第一时间送达到全市每一个行政村。夺取同非典斗争的胜利，最终要靠科学的力量。市科协充分发挥其独具特色，不可替代的作用，以文件的形式向市直学会和广大会员提出了明确要求。市直医卫学会各有侧重，各具特色，组织医护人员战斗在市防非第一线，发挥出了超乎寻常的作用。据不完全统计，全市仅首批提交请战书的医护工作者就达近千名之多。“依靠科学 战胜非典”是2003年“科技周”活动的主题，在科技周活动期间，市科协共组织卫生系统在市区连续举办了三次大规模的科普宣传活动，共发放挂图资料7000余份，为800余名市民进行了防非知识咨询和健康检查。（李伶旗）

【学会工作现场促动会】 年初，省学会重点工作年动员会议召开之后，市科协便迅速组建起了学会重点工作年领导组，修订了《运城市学会重点工作年实施方案》，并于上年7月组织召开了“全市科协系统学会重点工作年现场促动会”，组织与会同志现场参观了市水利学会、市珠算协会和市非公有制企业家协会等先进典型，使与会同志深有感触，颇受启迪。（李伶旗）

【培育典型，组建新会】 市科协从市非公有制企业家协会健全的组织结构、灵活的工作方式以及频繁有效的活动中，深受启迪，经周密调研、合理布局，再度在全市范围内组建起了运城市高效简化棉协会、运城市心理卫生协会、运城市红枣协会、运城市循升绿色研究会等四家适应市场经济体制要求的企业经营型的现代科技社团组织，为学会改革指明了方向。此外，还采取关、停、并、转等形式，清理取缔了部分瘫痪学会，合并了一些细小学会，筹建起了诸如颇具实力的市技术标准质量监督学会。

（李伶旗）

【强化管理，健全制度】 为了使学会工作逐步纳入法制化、制度化、科学化的轨道，相继出台了《运城市所属学会、协会、研究会管理办法》、《运城市学会目标管理与考核评比办法》和《运城市学会工作奖励办法》；完善了学会档案和会员档案；配合民政局承办了一年一度的学会年检换证工作，并筹建起了运城市科技专家人才库、项目库。年底，会员证的换发及会费的收缴工作正在进行之中。

（李伶旗）

【争取社会职能】 获悉中华医学会被授权承担起医疗事故鉴定职能的消息后，市科协便紧紧抓住这一契机，经多方协调，对市医学会班子进行了改组和调整，使医学会全面承担起全市医疗事故的鉴定工作。市医学会争取社会职能的成功之举，极大地鼓舞了全市学会工作者的信心。接踵而来的是，市中医药学会被授权承担起全市职业医师的考评培训工作，市珠算学会承担起全市珠算等级的鉴定工作，再开学会争取社会职能之先河。

（李伶旗）

【主动承担社会职能】 直接争取授权某种社会职能，需要一定的时机与过程。市科协要求学会要放远眼光，思维超前，只要条件许可，可以不计报酬或微利承担某些社会职能。在市科协的倡导与鼓励下，市工程咨询协会参与了全市部分重大项目的预审评估和可行性报告的制定；市标准化协会参与了企业标准化的制定工作；市公路学会参与了部分重大工程项目的设计工作。

（李伶旗）

【兴办小型实体】 兴办实体是增加学会经费的一条重要渠道，在此方面，市科协协同市直部分学会进行了许多有益探索。市高效简化棉协会自主创办的百余亩科技示范园基地，市心理卫生协会创办的运城市心理卫生医院，以及市环境科学学会创办的“环科文印部”、《环境科学杂志》等学会实体均蒸蒸日上，为学会活动提供了经费支撑。据统计，全市共有 3 个学会完全实现了经费自给，这类学会占到学会总数的 8%；共有 10 个学会处于半依附半自给状态，占学会总数的 27%；依然完全依附财政经费支撑的学会仍占较大的比例。

（李伶旗）

【创新服务手段，实现优势对接】 科技社团的优势在于学科齐全、人才荟萃、智力超群。科技社团的宗旨是为三个文明建设服务，尤其是要为经济建设服务。要想实现优势与宗旨的科学对接，务必在其活动手段方面不断创新。如：在现代传媒手段运用方面，市计算机学会和市情报学会紧跟形势，依托互联网或开辟专栏，或发布信息，为农民致富打开了方便之门；在宏观微观决策谏言方面，市非公有制企业家协会多次召开非公有制企业界知名人士座谈会，共商本市民营企业发展大计；在厂会协作方面，市直学会共签定厂会协作项目 10 项，实现企业经济效益近百万元；在村会协作方面，市林学会建立的苗木花卉基地和市农学会建立的无公害蔬菜生产基地等，均为“富一方百姓，活一项产业”做出了贡献；在科技工作者继续教育方面，市科协继续组织实施了百场科普报告大行动活动。一年来，共先后邀请省科协关原成副主席，面向市直领导干部、企业科技人员及大专院校学生作了 10 余场次“科技创造未来”的科普报告，掀起了本市全民创新的浪潮。市直学会的科技培训工作也开展得较为频繁，全年共举办科技人员培训班 280 场次，培训人员 10 万余名。 （李伶旗）

【运城市第十八届青少年科技创新大赛】 本次大赛共评出优秀科技论文 123 篇、科技发明作品 37 件、科学幻想绘画 223 幅。经推荐参加全省比赛，获发明作品、科技论文一等奖 4 件（篇）、科幻绘画 6 幅，3 名教师被授予山西省优秀科技教师光荣称号。在参加全国第十八届青少年科技创新大赛活动中，本市有 5 项作品获奖，芮城县风陵渡中学的刘中勤老师荣获全国英特尔优秀教师奖（全国评选 10 名）。运城市科协青少部也因成绩显著，获全国青少年科技创新大赛优秀组织奖。 （李伶旗）

【开展科技辅导员论文征集活动】 本次活动共评选出优秀论文 27 篇，向省推荐的 12 篇全部获奖，向国家推荐的 6 篇论文亦全部获奖。为了提高科技辅导员的素质，市科协还组织部分科技辅导员，参加了中国青少年科技辅导员协会举办的题为“探究学习与青少年科学素质的培养”的学术年会，聆听了有关专家、学者的精彩学术报告。配合市教育局开展了“做中学”科学教育实验申报工作。此外，还多次借助各种形式的科技宣传活动，向社会各界展示了本市青少年科技创新大赛的获奖作品。 （李伶旗）

【科技咨询服务业】 面对日趋激烈的市场竞争，运城市科技开发咨询中心提出了“自加压力，站稳脚跟，拓宽职能，优化服务”的工作方针。对内进一步强化了职业道德建设，优化了服务环境，提高了服务质量和水平；对外出台了中介奖励机制，拓宽了服务领域，增加了经济收入。为了共享全国科技咨询资源，市科技开发咨询中心加入了“中国科技咨询网”。据统计：全年共实现合同项目 40 多项，实现合同金额 300 余万元。运城市科技开发咨询中心再度荣获山西省科协“金牛奖”和先进集体一等奖。

（李伶旗）

防震工作

【概况】 2003 年，全市防震减灾工作坚持“震情疫情两兼顾，防震防非两不误”，采取得力措施，加大工作力度，取得了防治“非典”工作和防震减灾工作“双丰收”。3 月开展《防震减灾法》实施五周年纪念活动，召开了全市地震应急工作会议；4 月召开全市防震减灾工作会议；6 月全市地震系统开展预案启动演练，对垣曲 6 月 8 日发生的 ML3.8 级地震作出快速反应；7 月配合省“三晋防震减灾记者行”活动开展了一系列的宣传活动；10 月完成本局网上行政审批“一站式”服务窗口工作；11 月在永济召开了全国城市社区地震应急救援志愿者现场会，成功地应对了洪洞甘亭 5.0 级地震的考验，全面工作上了一个新的台阶。在全国市（地）防震减灾工作综合评比中荣获优秀奖和应急工作单项奖，在全省市（地）防震减灾工作综合评比中荣获第一名，被市直文明委评为文明单位。 （胡宗勇）

【防震减灾宣传】 在 3 月 1 日《中华人民共和国防震减灾法》施行五周年纪念日之际，市地震局与市委宣传部、市司法局联合开展了一系列宣传活动：市政府于 2 月 21 日召开纪念《防震减灾法》施行五周年座谈会，市人大教科文卫主任卢兰芳出席会议并作了重要讲话，市地震局长王满顺回顾了《防震减灾法》实施五周年来所取得的成绩，并对宣传活动作了具体安排；市政府副市长吴菊仙在《运城日报》刊登了“认真贯彻《防震减灾法》，努力减轻地震灾害损失”的署名文章。电视台播放了地震光盘和宣传活动新闻，广播电台开设了地震知识讲座，在市政府网站开设了地震网页，组织了两辆宣传车深入城乡进行巡回宣传；2 月 28 日市地震局在河东广场开展了为期一周的宣传咨询活动，市人大副主任刘振龙、市政府副市长吴菊仙、省地震局法规处闫正萃处长以及市地震局班子成员在咨询点上带头宣传。通过宣传活动，使各级领导提高了依法管理防震减灾认识，广大公众增强了防震减灾意识。与此同时，各县（市、区）均在辖区开展了多种形式的宣传活动。此项工作在全省评比中荣获第一名。7 月，市委宣传部与市地震局联合下发了《进一步做好防震减灾宣传工作的意见和“7·28”宣传活动安排》，市地震局新制作防震减灾宣传板面 28 块，制做了《警钟长鸣》电视片。“7·28”前夕，省“三晋防震减灾记者行”行至运城，“记者行”成员听取了市防震减灾工作汇报，观看了拍摄的电视片，并对市地震局台网、指挥部建设、街头宣传点和南风日化厂、永济市的防震减灾宣传、指挥部建设、宏观观测场以及有关资料进行实地观摩采访。之后，《山西日报》、《山西晚报》、《运城日报》等报刊宣传了运城防震减灾工作经验。市地震局与市电视台制作的工程抗震管理电视片在市电视台播放后收到很好的社会效果。

（胡宗勇）

【加强防震减灾领导】 4月11日，市政府召开全市防震减灾工作会议，各县（市、区）政府分管领导、地震局长，3个开发区管委会负责人，各大中型企业负责人，市防震减灾指挥部成员以及重点单位负责人共150余人参加了会议。市政府副市长吴菊仙在会上代表市政府与各县（市、区）政府签定了2003年防震减灾目标责任书，并要求各级政府和各有关部门要充分认识做好防震减灾工作的重要意义，明确工作重点和目标，做到“五个必须”：政府必须要加强对防震减灾工作的领导，坚持落实责任追究制；必须将防震减灾工作纳入当地国民经济和社会发展规划，保障经费投入；必须坚持依法管理防震减灾工作；各有关部门必须各负其责，相互配合，确保防震减灾工作任务的落实；必须建立健全市、县地震工作机构和工作队伍，提高综合防震减灾能力，为运城全面建设小康社会做出贡献。市人大副主任刘振龙、市政协副主席柴瑞霭、山西省地震局副局长刘松清等领导参会并作重要讲话，市防震减灾指挥部副总指挥、市地震局长王满顺在会上总结了全市2002年防震减灾工作，对2003年工作进行安排部署。

（胡宗勇）

【法制建设】 2月25日，市人大副主任刘振龙、教科文主任卢兰芳等到市地震局进行落实行政执法责任制和错案追究制工作检查和调研。地震局班子成员王满顺、胡吉星、孙良霞汇报了本局落实“两制”工作情况。市人大领导对市防震减灾工作取得的成绩给予肯定，同时指出了行政执法责任制责任分解不细，难点问题上突破不够等问题。之后，局班子立即召开科以上干部会，研究整改措施，细化职责分解，责成办公室负责修订工作。修订后的执法责任制和过错追究制经市人大验收指导后，正式印发各科室及各县（市、区）地震局，并将责任制重点内容制作成版面上墙公示。

12月25日，市政府法制办、市地震局联合组织全市地震系统行政执法人员培训，市地震局机关和县（市、区）地震局共35人参加了培训，并通过考核合格后，颁发了《行政执法证》和《行政执法监督证》，为提高全市地震行政执法队伍素质，规范行政执法行为奠定了良好的基础。年底，全市地震系统共有持证执法人员45人，执法监督证的8人。建立健全了本系统行政执法档案，按规定上报市政府和省地震局法制部门。（胡宗勇）

【防震减灾执法检查】 8月14日至17日，省人大常委会防震减灾执法检查组由省人大教科文卫主任魏凯带队，省地震局局长赵新平、副局长刘松清等一行7人来运对全市落实《中华人民共和国防震减灾法》、《山西省防震减灾条例》的情况进行检查。市人大常委会主任陈永信、市政府常务副市长董洪运参加了汇报会，市人大副主任刘振龙、市政府副市长吴菊仙分别代表市人大、市政府对本市贯彻落实“一法一条例”的情况作了汇报。市人大秘书长原启宏、市政府副秘书长史凌云、市地震局、计委、财政、建设、民政等部门负责人也参加了汇报会。

省人大执法检查组先后对永济市、临猗县、万荣县以及市地震局、运城机场、南风集团、永济电机厂、临猗丰喜集团等单位的落实防震减灾“一法一条例”情况进行了检查，听取了有关县（市）人大、政府的汇报，观看有关影像资料，实地察看了市、县地震局的工作资料、指挥部建设、宏观场点、路碑宣传等。

8月17日下午，检查组将检查情况进行反馈。认为运城贯彻“一法一条例”工作扎实认真，行政执法逐步加强，防震减灾工作已走向法制化的管理轨道，推进防震减灾工作取得了一定的成绩。在以下五个方面的成绩和经验值得肯定：①政府加强对防震减灾工作领导，建立健全工作机构和队伍。积极实施防震减灾规划，加大了防震减灾工作的管理力度；②强化防震减灾宣传，人民群众的防震减灾意识得到提高；③加大工程抗震管理力度，提高了工程建筑的抗震能力；④地震应急狠抓预案、指挥系统、救援队伍、物资资金、应急演练五个落实，提高了全市地震应急反应能力；⑤地震监测预报网络初步形成，监测预报能力明显增强。检查组同时指出四个方面不足：①防震减灾工作没有真正列入社会发展计划和财政预算；②抗震设防要求没有真正纳入基本建设管理程序；③地震应急指挥中心建设、应急交通、通讯保障工具配备不到位；④地震监测设备陈旧落后等。董洪运副市长代表市政府作了表态：今后，市、县两级政府要继续加强对防震减灾工作领导，加大对防震减灾经费投入。在网上行政审批中，把地震部门作为前置审批单位，加强抗震设防要求管理。继续强化宣传，开展地震应急演练，让全社会都来关心、支持、参与防震减灾工作。市人大副主任刘振龙表示，要将此次省人大执法检查情况汇总整理后向主任会议作全面汇报，同时对政府的承诺和整改情况逐一落实，确保防震减灾法律法规在本市的全面落实。

在省人大执法检查之前，市人大副主任刘振龙在4月11日全市防震减灾工作会议上对做好防震减灾执法检查工作提出了要求。之后，市政府副市长吴菊仙召开地震、计委、财政、建设、民政五部门负责人会议，就认真开展自查作了安排。8月4日，市人大副主任刘振龙召开会议，听取了市政府办、地震、计委、财政、建设、民政部门贯彻落实“一法一条例”自查情况汇报，对各部门落实工作存在的问题提出整改意见和要求。8月12日，市政府副市长吴菊仙又专门召开各县（市、区）政府分管领导、地震局长以及有关部门负责人会议，对落实市人大提出的整改意见提出具体要求。

省人大执法检查之后，9月4日市政府办印发了《关于对省人大防震减灾执法检查中提出的问题进行整改的通知》（运政办发［2003］94号），对全市落实省人大防震减灾执法成果，认真做好整改工作提出了要求。（胡宗勇）

【地震应急】 2月24日，市政府办公厅印发了新修订的《运城市破坏性地震应急预案》（运政办发［2003］13号）。为做好《预案》的组织实施工作，保证全市各级政府及有关部门和单位在破坏性地震发生后或临震预报发布后，快速有序地实施地震应急工作，最大限度地减轻地震灾害造成的人员伤亡和财产损失，3月27日全市地震应急工作会议在康杰中学召开，市直有关部门和单位负责人、各县（市、区）地震局长百余人参加了会议。市政府副秘书长史凌云要求各有关单位认真做好本单位的预案修订、物资储备、应急队伍的建立等工作，为运城全面建设小康社会做出新的贡献。市地震局局长王满顺主持会议，副局长胡吉星就有关部门和单位修订预案和开展应急演练工作进行培训指导。

6月2日，市地震局组织了室内破坏性地震应急预案启动模拟演练。演练由副局长胡吉星主持，依据本局应急工作方案，采取虚设震情、现场问答的形式，机关六个应急工作组及有关人员根据自己在应急工作中的职责、任务以及工作方法和程序作出了迅速准确的回答。这次演练是在防震防疫工作尤为严峻的形势下进行的，局班子专门做出安排、编印了程序图和演练方案，努力提高突发性地震发生后地震部门人员反应能力。

6月8日9时56分，垣曲古城一带发生ML3.8级地震，垣曲县普遍有感，平陆、夏县、盐湖等县区少数群众有感。震后，市地震局反应迅速，迅速确定出地震三要素，局领导和机关人员10分钟到岗，各应急工作组按程序立即开展了应急工作。及时向省地震局、市委、政府报送了1、2号震情通报。宏观考察组赴震中区考察，震后一小时，局会商认为该震为水库诱发地震，属孤震型，当地不可能再发生更大地震的趋势判定，保障了社会稳定和高考正常秩序。之后，对11月25日13时40分在临汾市洪洞甘亭一带发生的ML5.0级地震成功地开展了地震应急工作。（胡宗勇）

【工程抗震】 为加强全市建设工程抗震设防要求的管理，依法将工程抗震设防要求纳入基本建设管理程序。经过市政府协调，有关单位会签，6月26日，市地震、计委、建设、国土四家联合印发了《关于将建设工程抗震设防要求管理和地震安全性评价工作纳入基本建设管理程序的通知》，通知要求各级计划、建设、国土等单位按照各自职责在行政审批中，应当将地震部门的抗震设防要求审批书纳入建设工程可行性研究报告的审查内容。否则，计划部门不予立项，建设部门不得审批、设计、施工。

9月10日，市地震局印发了《运城市房地产开发企业工程抗震设防要求管理暂行办法》，该办法对房地产开发工程抗震设防要求实行五项管理制度，细化了法律法规，增强了管理的可操作性。9月10日，市地震局召开全市房地产开发企业工程抗震设防要求管理座谈会，全市37家开发企业负责人参加了会议。山西省地震局法规处处长闫正萃、市人大教科文卫副主任常国才到会并作了讲话。会议统一了思想，形成了认真落实好法律法规和管理规定，努力提高本市工程建设抗震能力的共识。

与此同时，根据市政府统一安排，市地震局建立了本局“一站式”网上行政审批服务窗口，建立健全了各项规章制度和服务承诺并进行公示，建立了工程抗震管理档案。全市配合省地震局对市人大、政协办公楼、天泰、华龙房地产有限公司等6家重大工程实施了安评管理，对10栋楼房作了抗震核查，对45栋已建楼房作了单体抗震性能鉴定。（胡宗勇）

【地震应急救援志愿者示范现场会】 11月17日上午，中国地震局城市社区地震应急救援志愿者示范现场会在永济市召开。出席会议的领导有省政府副省长张少琴、中国地震局副局长陈建民、应急救援司司长徐德诗、山西省地震局局长赵新平、副局长刘清松、运城四大班子领导王守祯、安永全、唐大雄、石丙录、潘新端、吴菊仙等。运城市防震减灾指挥部成员、各县（市、区）政府领导、地震局长、永济四大班子领导、全省各市（县）地震局长以及河北、宁夏、福建等省市地震部门的领导同志200余人观摩演练。地震、公安、交通、医疗卫生、金融、供热、电力、城建、教育、消防、民政、新闻等部门和永济各街道社区、城区中小学、医院、永济电机厂等数十个企事业单位、国家地震灾害紧急救援小分队共计1万余人参与了表演。并出动救护、工程、消防、警车等各种车辆70余辆。

本次城市社区地震应急救援示范演练共分避震撤离、下达命令，灾情速报、自救互救、生命线工程与次生灾害源工程抢险、社会治安维护、运送分发救灾物资等八个科目，历时两个半小时。演练方案周密、准备充分，曾多次召开动员会，五次进行规模不同的演练。达到了检验预案、锻炼队伍、提高能力的目的，体现了政府统一领导，各部门分工负责，全社会广泛参与的特点，对于推进城市社区地震应急救援系统建设，提高防震减灾综合能力，具有重要的示范作用。

中国地震局局长宋瑞祥在北京看完现场会实况转播后专程在电话中对演练的成功表示祝贺。山西省政府副省长张少琴对本次演练给予了充分肯定，要求各级政府要站在“三个代表”重要思想的高度和全局的角度做好防震减灾三大工作体系建设，不断提高防震减灾综合能力。加强防震减灾宣传，努力营造全社会防震减灾的良好氛围。

中国地震局副局长陈健民指出此次演练是全国县市级规模最大、课目丰富、队伍完备、参与人数最多、效果最好的一次演练，摸索出了一条符合中国国情的震后应急救援之路，对全国其他城市社区地震应急救援具有十分重要的指导意义。山西省地震局长赵新平认为，永济演练政府组织得力，部门配合密切，群众参与广泛，在全省起到了表率作用。

17日下午，在永济市召开了全国城市社区地震应急救援志愿者工作座谈会。运城市、永济市、石家庄、银川市、泉州市的代表分别介绍了地震应急志愿者队伍建设的做法和体会。中国地震局副局长陈健民指出，地震应急救援志愿队伍建设要在政府统一领导下进行，要搞好七个结合：志愿者工作要和震情灾情相结合，与国家应急体系总体思路相结合，与当地社会经济建设相结合，与其他救灾志愿队伍相结合，与参与的企事业单位的工作相结合，与志愿者本人工作相结合，与灾情速报相结合。希望各级政府加强领导，推动地震应急救援工作健康开展。（胡宗勇）

气象工作

【重大天气预报准确及时】 夏收期间，通过加强对重大天气预报会商服务措施，增强短时预测监测能力，从而保证了麦收期间四次较大过程的准确预报。市气象台准确预报了6月20日到22日的入汛第一场大雨，为全市秋作物复播起到重要作用。准确预报了主汛期7到8月出现的3次连续性大降水天气过程，为做好防汛减灾工作发挥了重要作用。针对雨日长、雨量大，提醒人们注意预防危房倒塌、山体滑坡及泥石流灾害发生，并在电视台和运城日报播发了暴风雨警报。对9月下旬至11月中旬5次重大阴雨天气过程均作出准确预报。10月23日以《阴雨连绵不断，麦播受到影响》为题，针对全市麦播工作中遇到土壤湿度过大、阴雨寡照、秋收推迟、小麦复播受到影响等因素进行了分析，为各级政府和有关部门安排指导农业生产提供了较好的气象决策服务。年内多次接受电视台、《运城日报》记者采访，仔细解答了每次重大灾害性天气的发展情况。（冯　钢）

【气象服务更加面向社会、面向公众】 2003年，市气象局在以往《运城日报》天气预报专栏的基础上，又在晚报版、农村版、市电视台田野风栏目、市广播电台河东新农家栏目，发布一周天气预报以及农事建议，受到广大公众、特别是农民群众的普遍欢迎。7月25日至30日出现高温闷热天气，市气象台于7月24日通过电视、报刊等新闻媒体发布了“高温闷热天气预报”，提请公众做好防暑降温工作，得到了社会各界的广泛关注与重视。针对年内冷空气活动较多，扬沙、浮尘及沙尘暴天气频繁出现的形势，市气象台在准确预报的同时，通过各种媒体积极向社会宣传沙尘暴的形成原因等科普知识，以增强全社会的环境保护意识。（冯　钢）

【重大社会活动气象保障服务取得很好效果】 1. 在4月份万荣后土祠修建、公祭及首届万荣旅游文化节庆祝活动期间，市气象台和万荣县气象局多次向组委会提供了优质的气象保障服务。2. 在运城市人大、政协“两会”期间，市气象台精心制作发布天气预报，及时向市政府和有关部门通报天气形势，确保“两会”顺利进行。3. 为南风集团黑泥浴第二期工程竣工剪彩及大型文艺晚会过程提供了准确的预报服务。4. 在年内大运高速公路全线通车剪彩、运城关公文化节、第三届农展会等大型社会活动均提供了良好的气象保障服务，受到各级领导及主办单位的好评，并获得第三届农展会优质服务奖。

（冯　钢）

【人工增雨防雹工作成效显著】 年内，全市共组织实施地面增雨作业12次，联系飞机增雨作业16架次，共计发射增雨炮弹400余发，火箭弹64发，对缓解全市旱情发挥了重要作用。

年内，共开展地面防雹作业15次，发射防雹炮弹3000余发。特别是6月2日、6月19日、7月7日、7月30日、7月31日市地震局组织有关县（市）开展大范围的防雹作业，有力地保证了麦收、秋播工作的顺利进行和果林业等经济作物生产，使雹灾损失降低到最低限度。（冯　钢）

【开通了手机短信服务平台】 手机短信服务平台于7月1日正式开通。该平台主要面向移动手机用户，内容包括农业技术信息、政务信息、气象信息、市场信息等13个方面的64个项目。年内，共发送各类信息5万余条。该平台作为防灾减灾警报网的载体与运城农业网站、“121”自动答询系统三位一体构成运城农业综合信息中心，在解决信息传输“最后一公里”问题和服务地方经济建设中将发挥重要作用。（冯　钢）

【气象业务现代化建设稳步推进】 在防控非典的非常时期，全市气象部门认真落实各级政府和上级气象部门安排部署，采取各种有力措施，确保天气预报、气象服务、观测、通信、电视天气预报、“121”信息台等气象基本业务在任何情况下都未曾中断。

卫星通信设施及地面通信设备保持了良好的运行状态，在测雨雷达性能下降、卫星资料由日星转往风云2号的情况下，预报人员克服困难，坚持监测，通过网络实现替代接收，网络传输及时完好率达到98%以上；中规模卫星云图接收站改造工程将于年底前完成；决策服务质量评价系统投入业务运行；稷山、绛县、平陆、永济4个自动气象观测站完成建设任务。

（冯　钢）

【网上气象行政审批正式投入业务运行】 按照市审改办的要求，完成了相关制度建设、办公及计算机设施配套、人员培训等先期准备工作，将气象行政审批纳入了市政府“一站式网上行政审批服务窗口”管理，在实现依法行政方面迈出了重要的一步。（冯　钢）

【全市气象行政执法检查】 7月8日至11日，运城市人大副主任焦阳生率领市人大农工委等部门组成的检查组，先后到市气象局和部分县对贯彻实施《中华人民共和国气象法》和《山西省气象条例》情况进行了检查。10月13日至15日，省人大气象一法一条例执法检查组又进一步对运城市和芮城、永济、万荣 3 县（市）进行了复查。检查组在充分肯定运城市、县两级政府在贯彻实施气象一法一条例等相关法律法规中工作成效的同时，指出了在贯彻实施气象法律法规中存在的六方面的突出问题。针对检查组提出的问题，配合市政府进行了认真分析和总结，特提出了相应整改方案与措施。（冯 钢）

【机关政务公开工作全面推开】在上年县级气象部门实行政务公开的基础上，2003 年在市气象局机关推行了政务公开。通过公示栏，向社会公示了内设机构、气象行政执法依据、执法职责、执法责任制、行政审批程序及时限、气象服务社会承诺、气象执法投诉、气象服务收费项目和标准等内容；对内先后公示了上半年主要工作完成情况、职工大会参加情况、“三创一优”自查情况、运城市文明市民守则、科研项目立项情况、职工水、暖、电使用情况、办公电话费、公积金缴存情况、领导干部任职试用期考核公告等内容。（冯 钢）

【文明创建活动硕果累累】 全市气象系统坚持开展文明创建活动，气象文化建设正在成为气象事业的重要组成部分和动力支持，气象干部职工读书学习蔚然成风，精神文明创建活动深入人心，基层台站的环境面貌发生了很大变化。所属 12 个县（市）局建成市级文明单位。市气象局机关被评为“市直文明单位标兵”，并和垣曲县气象局获得“2002—2003 年度省级文明单位”的荣誉。（冯 钢）

水文监测

【水文测编工作】 2003 年，市水文分局坚持以强化质量意识，狠抓基础资料质量为目标，坚持从基础工作入手，狠抓资料四随和整编工作，认真学习贯彻执行新的测编规范，严格执行水文资料校核审验标准，完成了 2002 年度 6 个水文站、72 处雨量站的水文资料整编审查及成果打印工作。参加省水文局组织的 2002 年度资料审查、验收、汇编工作。运城市水文分局资料质量在全省资料综合评比中名列第二。

完成省水文局资料中心下达的数据库资料的微机补充录入工作，共完成录入表 3000 余张。初步完成了风伯峪站历年资料分析工作；组织完成了吕庄站上游水利工程历年资料的收集工作，为吕庄水库流域内进行水文巡测提供前期资料。

加强管理狠抓落实，认真做好汛前准备，面对“非典”防控的特殊时期，水文分局领导班子多次召开专门会议对测报工作进行讨论研究，对各测站下发了《关于加强安全生产做好汛前工作的通知》，就各测站的汛前准备工作进行了全面安排部署，签定了 2003 年水文测报工作目标责任书，对各站的汛期测报工作进行了安排部署，对存在的困难和不足进行现场办公。测站职工能够发扬水文人爱岗敬业、无私奉献的精神，忠于职守，认真负责，克服麻痹、侥幸心理，树立测大水、报大汛的正确思想，严阵以待，迎战特大洪水，圆满完成水文测报各项工作任务。（宋翠兰）

【水情报汛】 根据省水文局 2003 年水情工作安排部署，市水文分局及时召开了 2003 年水情报汛工作会议，认真学习传达了上级精神，对 2003 年水情报汛工作进行了认真的分析研究和安排部署，确定了水情报汛工作要以“三高”（情报高时效、预报高质量、参谋高水平）、“三快”（信息传输快、水情汇总快、提供成果快）为目标，要以“四随”（随测算、随发报、随整理、随分析）、“五严”（严格值班制度、严格岗位职责、严格管理制度、严守防汛制度）为主要标准，认真做好水情报汛工作，充实了水情报汛值班人员，完善了水情值班制度，实行了工作目标责任制，修订了非常洪水应急预案，对各水文站和各报汛雨量站的通讯设备进行了检查和维护，确保无线通信系统、语音卡报汛系统的畅通和安全运行，不断提高报汛水平和质量，为各级防汛指挥部门提供快捷、准确的水情信息。

由于本年降水偏丰，各河流都有不同程度的洪水发生，2003 年的洪水具有这样几个特点，峰高、量大、持续时间长。电报量比往年成倍增加。面对汛情，全体水情工作人员坚守工作岗位，严守工作纪律，保证水情电报不出错、不延误、不泄密、不丢失、不损毁，迅速、准确、安全地传递。全年共收到省水文局转来的水情电报 3673 份，转往省局水情电报共计 3504 份，转往市防办特殊水情电报 360 份。（宋翠兰）

【雨量站管理】 “非典”防控对市水文局所属的 72 个委托雨量观测站的观测仪器安装调试工作带来很多不利因素，市水文分局采取早动手，快行动，圆满完成委托雨量站仪器设备安装调试和管理工作。4 月份，组织技术人员开始进行雨量观测仪器安装调试，同志们抓时间、抢速度，克服了各种困难，按时完成了分布在全市 13 个县市的 72 处委托雨量站仪器设备安装调试工作，并就观测技术和雨情报汛技术对雨量观测员进行了现场培训，确保了 5 月 1 日雨量观测工作正常开展。及时对所有固态数据进行收集，确保了雨量观测资料的完整性和准确性。（宋翠兰）

【地下水监测】 根据省水文局下达 2003 年《地下水监测工作任务书》，完成 140 眼水位基本监测井、700 眼统测井、5 眼水温监测井、3 处参数配套雨量站的常规监测任务，修建井台 6 处，修建井房 1 处。按照省水文局《地下水监测井网检查管理办法》，完成了全市地下水观测井检查。完成了全部原始资料的整编工作，地下水资料在年度全省质量评比中取得较好成绩。

编制完成了 2002 年地下水动态分析报告，2003 年汛期及年地下水动态简报。编制了汛期及年动态简报，并发送市水利局、市水资办等有关部门。参加省水文局《地下水通报》及地下水可开发利用前景预测工作。完成水利部地下水站网功能调查工作。根据省水文局下达 2003 年地下水监测工作任务，对涑水盆地地下水漏斗中心区及重点水源地地下水自动监测井位进行多次野外查勘工作，完成了 8 眼监测井的通讯安装及井口设施、井房修建、仪器安装等工作任务。

（宋翠兰）

【水环境监测】 积极组织学习水利部实验室质量管理体系和计量评审的所有文件，深刻领会文件精神，对照条款逐项检查落实改正，严格执行质量管理手册，逐步使水质监测工作和质量管理工作走上规范化。全面完成三个基本站，一个辅助站，二个专用站，二个调查点的水质监测任务，共采样分析24站次，完成了新仪器的比测分析，完成了所有监测资料的在站整编工作。（宋翠兰）

【测报设施改造】 为了适应新形势下城市建设的需要和新时期水文工作发展的要求，根据省水文局站网调整总体规划，决定设立运城城市水文站。按照省水文局指示精神，分局积极行动，联系基地，协调关系，排除干扰，制订实施方案，使城市水文站建设工程于7月2日顺利开工建设。同时根据城市水文站设站目的、任务，编写完成了城市水文站测验实施方案、整编方法工作计划，初步拟订了城市站的工作任务。

完成了大庙水文站过河设备改造工程，更换了全部主索、付索及拉线地貌，完成了测验断面供电线路改造，使大庙水文站的测验条件得到了改善。

完成了泗交水文站测验断面测流设施改造，新建了三角堰测流断面；完成了蒲洲水文站的报汛塔更新安装工程，完成冷口站测验断面整修工程。

完成了机关档案室、库房、职工活动室等部分破漏房屋顶和室内顶棚翻新修复，共修复房屋20余间。完成了机关供水管路更新改造，保证机关工作及家属正常供水。（宋翠兰）

（责任编辑：石少青）

文　化

群众文化

【重大文化活动】 2003年，市文化局围绕市委、市政府的中心工作，开展一系列重大文化活动。组织春节、元宵节的文艺表演，“七一”音乐演唱会，关公文化节的开幕式文艺表演，纪念毛主席诞辰110周年的文艺晚会以及承担全省行业性大型文艺演出任务等等。在阻击非典的特殊时期，市文化局一手抓抗非典工作，一手抓文艺创作，克服一切困难，全力以赴创作、编排了两台以抗击非典为内容的小戏：市蒲剧团的《天使之歌》和青年团的《特殊婚礼》，一台主题为《和衷共济筑长城》的文艺节目，并以最快速度、最好的质量录制成电视片与观众见面，受到社会的广泛好评。（陈　明　任红玉）

【大力开展群众文化活动，推动基层文化建设】 结合本市创建“文明优秀旅游城市”的目标，积极开展广场文化艺术活动，多次举办如广场陶瓷文化节、汽车文化展销等群众性文化活动，推动文化和经济同步发展。《河东花鼓》在省第二届广场文化艺术节中成绩突出，获全省唯一一个大奖。加强农村书屋建设，大力实施图书资源共享项目，这两项工作均走在全省前列。

（陈　明　任红玉）

【舞台艺术精品创作】 先后创编的新剧目有市蒲剧团的《贞观贤后》、《鹳雀楼》，临猗眉户团的《十里花香》、《山妹》，文工团的《娘啊娘》，青年蒲剧团恢复了《杜鹃山》、《柜中缘》等。芮城县的《七斤三两》在山东国际小戏、小剧调演中获金奖；临猗眉户剧团的《十里花香》参加全国“映山红”调演，获10项大奖31块奖牌；市文工团的歌舞剧《娘啊娘》获“杏花奖”新剧目大奖。市蒲剧团吉有芳参加第二十一届梅花奖角逐，获得良好的剧场效益。市蒲剧团新秀贾菊兰获山西电视台主办的走进大戏台2003年度总擂主，获得轿车一辆。（陈　明　任红玉）

广播电视

【认真组织党的十六大的宣传工作】 按照中央、省、市关于十六大宣传的总体要求和部署，年初，市广播电视局制定了《十六大宣传报道方案》，围绕主题、把握基调、加强领导、认真组织，抓好党的十六大各项宣传工作。十六届三中全会召开后，又作了具体部署。在电视、广播节目中开辟了《新闻视点》、《田野风》、《法在身边》、《监督热线》、《法制与道德》、《河东新农家》等栏目，在新闻联播节目中开辟了《“三个代表”在基层》、《在十六大精神指引下》、《以实际行动落实十六大精神》等专栏，播发新闻1900余条。在宣传十六大期间，最早发现并推出了张小民、梁雨润两个学习实践“三个代表”重要思想的先进典型，专场播出了他们的先进事迹报告会，多次组织记者深入张小民的家乡临猗蔡村，深入梁雨润工作过的地方实地采访，连续播发了张小民、梁雨润的日记，在社会上引起了强烈反响。他们的事迹在电视台播出后，山西电视台、中央电视台和其它众多媒体纷纷予以报道，张小民、梁雨润的事迹从此从运城走向全国，鼓舞和激励了成千上万的干部群众。百姓频道精心推出电视节目《走进小康村——河津龙门村》，于十六大召开期间在中央电视台七套节目播出并荣获农业新闻节目优秀奖。市广播电视局还通过多种形式，广泛报道全市广大党员干部群众学习实践“三个代表”的实践和经验，宣传全市改革开放特别是党的十三届四中全会以来，各行各业各条战线所取得的新成就，宣传全市广大干部群众学习贯彻党的十六大精神的实际行动和精神风貌。

（李立欣　李晓燕）

【实施精品工程，提高节目质量】 坚持“二为”方向、“双百”方针和“三贴近”、“三深入”原则，把提高广播电视节目质量作为一项重要工作来抓。全年运城电台播出自办栏目5840期，新闻综合频道播出412期，百姓频道634期，科教频道281期。《运城新闻》、《盐湖新闻》、《新闻夜视》共播发新闻8150条。广播新闻省台采用150条，中央台10条。电视新闻省台采用350条，中央台采用14条。参加山西新闻奖评选，本台8件广播电视作品获奖。参加全省2002年度优秀广播新闻、广播社教节目评选活动，有9件作品获奖。5月份参加全省第八届广播电视论文评选，20件作品获奖。参加全省2002年度山西电视奖县级电视新闻评奖，荣获一等奖10件，二等奖7件，三等奖13件，在全省名列前茅。与省委宣传部、中央电视台、山西电视台合作拍摄了电视剧《共产党员张小民》，与山西电视台合作拍摄了电视连续剧《武圣关公出解梁》。广播剧《咱们的村委主任》荣获全省精神文明建设“五个一”工程奖、中国戏剧文学奖、全国小型剧本一等奖、国家技术质量三等奖、全省技术质量一等奖。广播节目《蒲剧曲牌》荣获国家技术质量三等奖，全省技术质量一等奖，有3件电视作品分获全省技术质量一、二、三等奖。2003年，本台荣获国家级奖励6件，省级奖励96件。7月份组织举办了全市电视好新闻、好栏目大赛，评出一等奖23件，二等奖21件，三等奖18件。

广播电视节目不断改革创新，

电台节目增加了《今日访谈》、《百姓心声》、《人在旅途》、《生活空间》、《月光书吧》等十多个栏目，加大了文艺、娱乐节目的比重。对与技术中心合办的品牌栏目《监督热线》进行了改版，由过去的单一接听热线改为热线反馈、接听热线、热线盘点三个小版块。对电视节目进行了再改版，增设了《新闻夜视》、《走遍运城》、戏剧擂台赛《蒲乡红》栏目，增设了经济类栏目《大市场》和娱乐类栏目《娱乐特快》，加强了对《第三只眼》、《都市快报》、《田野风》等品牌栏目的宣传。

市广播电视台制定完善了节目考评制度和节目奖惩制度，实行节目质量评比档次与经费挂钩制度，每月进行一次电视节目评比、点评、排名，每季度召开一次视评员评审会，对电视节目进行评比，提出问题和整改意见。编印了《节目质量快报》，规范了视评员和监播员队伍，举办了运城广播电视台有奖收听收视调查，面向社会发放调查问卷三万份，了解群众的愿望和要求，把节目办得更加贴近实际、贴近生活、贴近群众。10月份，省广电局、省广电学会在本市召开了全省电视节目创优经验交流现场会。会议交流了市广电局广电机构改革、节目创优、事业建设典型经验，本市永济、河津、新绛、万荣4县（市）也作了交流发言。

（李立欣　李晓燕）

【围绕中心、服务大局，为运城改革开放和经济建设提供强有力的舆论支持】　广播电视宣传紧紧围绕经济建设这个中心，围绕本市全面建设小康社会的奋斗目标、战略部署和各项任务，制定了各个时期的宣传报道规划，与市委、市政府办公厅以及农业、果业、旅游、卫生、教育、环保、交通等部门建立了《定期宣传报道联系制度》，做到广播电视节目有专栏，新闻节目有专题。开辟了“两会快报”、“调整产业结构”、“新型工业化之路”、“争创中国优秀旅游城市”、“县市传真”、“学习贯彻十六届三中全会精神”、“抓调产保翻番”、“走近灾民”、“关注旧城拆迁”等一批栏目，服务本市的中心工作和小康建设。在“非典”、“三夏”期间，为报道本市帮助40多万在外打工人员搞好夏收、夏播，本台推出了“帮扶一户，平安一方”系列报道，共播发51期。记者柴红绒为了报道帮扶队员的帮扶情况，天不亮就深入到解州农村的田间地头，从上地、收割到运输，全程跟踪采访，解除了在外打工人员的后顾之忧，采访报道在中央人民广播电台、省电视台新闻联播节目播出。中宣部向新闻媒体发出“三贴近”号召后，本台在《运城新闻》、《新闻夜视》开设“记者山老边区行”专栏，新闻中心组织6路记者，历时一个半月，对全市40多个山老边区的山庄窝铺进行了现场报道。用纪实手法反映老区人民的生存现状和生活变迁，反映他们面临的困难和要求。共播出46期，解决了群众最为关心和亟待解决的问题。反映平陆山区贫困落后的报道播出后，引起平陆县委、县政府的高度重视，及时解决了15个山区村庄的饮水解困问题，解决了20多户山区群众搬迁和进城务工问题。本台还对本市的设施农业、小城镇建设、信息化服务、发展非公有制经济等进行宣传报道，为本市的经济建设和社会发展营造了良好的舆论氛围。

（李立欣　李晓燕）

【精心部署，周密安排，做好“防非”宣传工作】　面对突如其来的“非典”疫情，市广电局充分利用广播、电视、报纸优势，以标语、新闻、栏目、公告等各种形式，广泛深入地宣传市委、市政府及有关部门的公告、通知和规定，宣传防治“非典”的科学知识，宣传市委、市政府采取的一系列措施，宣传防治工作中的先进典型，跟踪报道各项防治“非典”措施的落实情况，宣传各行各业各条战线改革发展的新成就、新气象、新变化。

运城人民广播电台累计播出抗击“非典”新闻500余条，制作专题102期，播出政令、通知、公告350条次。运城电视台的《运城新闻》、《盐湖新闻》累计播出抗击“非典”新闻780条次，播出市政府及有关部门防治“非典”的公告、通知390条次。运城一、二、三套节目和多路飘字播出公告、通知、疫情通告等累计33600条次。重点栏目《视点》、《法在身边》、《第三只眼》、《健康99》、《田野风》、《盐湖热线》、《都市快报》、《百事咨询》等累计摄制、播出抗击“非典”节目438期次。《运城广播电视报》共刊登抗击“非典”的新闻和科普稿件39篇。

运城广播电视台调动精兵强将制作了两个抗击“非典”公益宣传片；制作了《让世界充满爱》MTV和电视散文《非常战士——献给白衣战士的歌》；录制了电视戏曲片《天使之歌》，于5月12日护士节在市电视台三个频道分别播出，受到广大观众的称赞，并且在山西卫视和省公共频道播出。

（李立欣　李晓燕）

【加强行业管理和执法管理，服务工作大局】　在广播电视工作中，不断完善新的管理方式，采取新的管理手段，为广播电视改革发展提供有力保障。建立了行政审批窗口，严格按照规定对广播电视播出机构进行年审年检，严格按照批准的节目套数和节目设置范围播放节目。一年来，有线电视传输网络没有转播境外卫星电视的行为，境外卫星接收单位的卫星平台专用接收设备也已经置换。

市广电局采取有效措施，切实加强对新闻宣传、电视剧播出、广告宣传等各个环节的监督管理力度，加强纪律教育，要求完整转播中一、省一、市一和省市公共频道电视节目，严禁播放格调低下、庸俗不堪的武打、调情片，坚决制止电视台非法播放光盘现象。所有广电行政执法人员都经过培训并已取得执法证。及时办理群众投诉的案件，对违规接收境外卫星电视节目现象进行了清理整顿，查处了10个非法接收和转播境外卫星电视的单位，没收收转设备7套，关闭违规乡镇差转台5座。做好查处私接、截传有线电视信号现象，收缴猫耳朵小天线50余套，制止了个别县（市）乱开频道现象，查处了夏县教育局违法设台问题。加强广告管理，规范广告播出。纠正了“防非”期间个别县（市）电视台乱播广告，影响“防非”宣传问题，净化了电视荧屏。一年来，没有行政执法错案发生。

（李立欣　李晓燕）

【抓好事业建设，加快发展步伐】　在广播电视工作中，以发展为第一要务，优化资源配置，加快结构调整，产业效能得到最大限度的发挥，经济效益显著提高。实行了局台合一机构改革，革除了过去局台分设、各自为政、机构重叠、内耗低效、浪费严重的弊端，整合了人力资源、财力资源和新闻资源，达到了精简、集约、规模、高效的目标。经过改革，成立了新的广播电视台，广播电视节目由原来的一套增加到三套。启动了运城市城区有线电视光缆网改造工程，新安装光缆用户突破一万户，广告创收由原来的450万元增加到1100万元，创历史最高水平。

在职能调整和与省网整合工作中，市广电局将省公共频道节目通过光缆杆网传送到13个县（市、区），实现了三级贯通。网络整合工作正在紧锣密鼓进行之中。蓝星公司评估工作已经完成，盐湖区网络的评估工作正在进行。本市广播电视人口综合覆盖率达96.79%，全市城区有线电视入户率达90%，农村入户率达50%，新增通广播电视自然村19个。

（李立欣　李晓燕）

【强化责任意识，确保广播电视节目安全优质播出】　在广播电视节目播出中，市广电局建立健全了《安全工作预案》、《重大事故及时上报工作制度》和《预警通报制度》，安全、消防设施齐全。建立了安全播出组织领导机构，分工明确，责任到人，加强日常安全播出工作。尤其是在三月份“两会”召开期间和“4·25”、“5·13”等敏感日及“五一”、“十一”节假日，针对“法轮功”邪教组织千方百计破坏和干扰广播电视节目正常播出的形势，切实加强对广大干部职工的思想政治教育和安全教育，健全制度，强化责任，建立了24小时值班制度，相关科室同志牺牲节假日，加强值班监测，建立了“有事报情况，无事报平安”的日报告制度。加大了对广播电视网络的巡查，严防死守，确保安全播出，圆满完成了安全播出任务，被省广电局授予十六大安全播出先进集体。

（李立欣　李晓燕）

【加强专业人才培养，提高队伍整体素质】　市广电局实施“双十”、“双百”专业人才工程，改革人才管理使用机制，加强政治业务培训，按照要求完成了人事制度改革任务和各类专业技术人才培训任务，按规定的岗位全部落实执证上岗，建立了人才档案信息库，加强管理。当年3月，认真组织全体干部职工进行了十六大精神的学习，300多名干部职工在康中大餐厅进行了十六大知识集中考试，考试成绩张榜公布。组织机关相关科室人员专题学习了《广播电视管理条例》、《卫星地面接收设施管理规定》等法规和规章。购置了广播电视新闻采访、摄像、编辑和微波、发射、技术知识教材，组织业务人员学习。4月8日—10日，组织了全市广电系统数字化硬盘播出技术培训，队伍素质进一步提高。7、8月份组织全市广电系统560名新闻专业技术人员进行了岗位培训考试，提高了从业人员的业务能力。10、11月组织举办了全市技术能手大赛和技术知识讲座。

（李立欣　李晓燕）

【加强班子建设和行风建设，树立广电队伍的良好形象】　自始至终坚持抓好班子建设和基层党组织建设，班子内部分工明确、制度健全、团结协作。在个人自学的基础上，组织局党组成员专题学习了“十六大”精神、“三个代表”重要思想、行政法和广播电视管理法规等内容，组织局班子成员和科级干部专题学习了江泽民在党的十六大上作的报告。成立了党委、团委，新建了职工餐厅、车棚，进行了用电线路改造，对槐树凹家属院的路面进行了硬化。免费为全局（台）科级干部、妇女同志和离休干部进行了体检，为全体干部职工注射了预防流感疫苗。举办了“七一”歌咏比赛，举办了《广电情·成长路》演讲比赛和运城广播电视台一周年台庆文艺晚会。开展为广告中心乐海林同志捐款治病活动，捐款24030元；开展“捐款一日工资，救助贫困母亲”活动，捐款3245元；开展向雨涝灾区人民捐款活动，捐款3万余元，捐物800多件。

抓好行风建设，定期对广电从业人员进行宣传纪律、职业道德教育，组织学习了马克思主义新闻观、“三个代表”重要思想、《中国新闻工作者职业道德准则》，学习了省广电局编印的《广播电视党纪政纪条规手册》并进行了集中考试。加强监督检查，开展行风评议。向社会发出了行风评议征求意见表，聘请了35位行风监督员，把好行风关口。取消了新闻采访车牌，全体干部职工及时足额交纳了有线电视入网费，解决了领导干部电视节目字幕署名问题。在工作中发现苗头问题，及时处理。对市广电局违反国家计生政策的10位同志，给予了党纪政纪处理和经济处罚，对非典期间5名违纪人员进行了通报批评处理。

（李立欣　李晓燕）

报刊通讯

运城日报社

【概况】　2003年是报社发展的“巩固基础年”，目的是在前两年大发展的基础上，积蓄力量，练好内功，板块平衡，齐头并进。运城日报社党组在市委和市委宣传部的领导下，以务实的态度，从巩固基础入手，全力构筑全新的发展平台，使报社各项工作达到了一个新水平。《运城日报》被评为山西省一级报纸。

（王崇杰）

【报社管理】　2003年初，运城日报社借鉴各兄弟报社成功的管理经验，结合本社实际情况，制定了4大类39项行之有效的管理制度，并编印出《运城日报社规章制度汇编》一书，报社员工人手一册。要求大家熟知规章制度，清楚地知道每项工作、每个岗位、每个人的具体要求，使大家增强了责任意识，使报社工作走上制度化、规范化的轨道。

（王崇杰）

【注重培训，提高报社的竞争力】

报业的竞争，归根到底是人才的

竞争。为了全面提高报社编采人员的业务素质，2003年，报社分四批每期一周对全体编采人员进行了一次业务培训。同时，还派出部分骨干，赴北京、上海、焦作、荷泽等地的报社进行业务学习。另外，利用每周五下午集体评报，组织大家进行业务学习。通过学习和培训，编采人员的素质得到提高，从而推动报纸质量的全面提高。

（王崇杰）

【健全基础，夯实发展平台】 2003年1月份，运城日报社的电子编采系统全面启动，编辑、记者彻底告别了纸与笔，实现了报业发展的第一次革命。全新的编采系统，大大提高了工作效率。经多方努力，解决了供电双电源问题，保证24小时不停电。照排设备资金已筹集到位，不日即可更新，使报纸事业跃上新的发展平台。 （王崇杰）

【以“三贴近”为指针，开展编采人员下基层】 为了使班子工作实现真正的“三贴近”，2003年，报社继续组织编采人员，深入全区13个县市进行集体采访。通过广泛实地采访，编采人员对全市经济、社会发展的良好态势有了更深层次的了解。同时，还采写了大量鲜活的新闻稿件，为全市的经济发展创造了良好的舆论氛围。

2003底，报社推出了新一轮的改版方案，共进行两次读者问卷调查，组织由社会各界人士参加的七次座谈会，形成了初步的改版思路。经过编辑部中层干部连续七次讨论和党组的审定，最终形成一致的改版方案，2004年即可实施。

2003年5月，山西省劳动竞赛委员会给运城日报社记集体二等功。7月，市直工委表彰运城日报社党总支为防“非典”工作先进单位。8月4日，在山西省第十二届新闻奖评选中，本报送评的长篇通讯《大碑无形》获特别奖，通讯《珠海惟一的十六大代表是咱河东打工妹》以及消息《让每家都有一名信息高速路上的“驾驶员”》获一等奖，另有二、三等奖4篇。8月下旬，在中国地市报第十七届新闻奖评选中，本报《冰释千千结》获一等奖，另有8篇获二、三等奖。11月8日，柴坤龙、樊峻峰、荆建勇获“山西省新闻百佳工作者”称号。 （王崇杰）

文化新闻出版市场管理

【概况】 2003年运城市文化新闻出版市场稽查大队按照省扫黄办的要求、安排和部署、统一思想，将“扫黄打非”工作与整顿和规范市场经济秩序以及社会治安综合治理工作更加紧密地结合起来，取得了运城市文化新闻出版市场稽查及“扫黄打非”工作的全面胜利。截至年底，全市共出动检查人员900余人次，检查出版物摊（店）658个，查缴非法出版物32845本（盘）。其中，政治类非法出版物377本，盗版书刊14559本，盗版音像制品13439盘，淫秽色情光盘270盘，盗版计算机软件4200盘，另外，查缴非法试卷20000余份。

由于运城地理位置比较特殊，车流量大，流动人口多，为做好“扫黄打非”和出版物市场的监管工作，确保本市的政治稳定，市文化稽查大队科学部署，突出工作重点：

1. 坚决果断地取缔政治性非法出版物、淫秽色情出版物，积极查处“法轮功”等邪教组织宣传品和其他伪科学类出版物、盗版出版物及盗版计算机软件。通过火车站、汽车站、邮政、汽车托运等渠道进入本市的任何书籍、VCD光盘及计算机软件等出版物，都必须开包检查，经验收合格后方可放行。决不允许任何一种非法出版物通过这一渠道流入本市。

2. 严控书报刊摊（店）、计算机软件批零商店。由于个别摊（店）经营业主贪图蝇头小利，不顾国家法令，擅自将一些非法出版物、盗版计算机软件摆上货架。查缴各类非法出版物32845本（盘）。并查缴出一些非法游戏软件及各种盗版计算机软件等，有效地遏制了这种不良势头。

3. 打击游商贩卖非法出版物。

4. 对永济、河津、芮城等沿黄河县（市）及晋、陕、豫的三角县（市）为重点查处范围。

为贯彻落实国务院关于整顿和规范市场经济秩序工作会议精神，根据省“扫黄”办《关于做好2003年春节前后“扫黄”“打非”工作的要求》，市“扫黄”“打非”领导组高度重视，亲自安排部署了全市2003年春节前后“扫黄”“打非”工作，确保节日期间“扫黄”“打非”工作落到实处。2003年元月21日，由文化新闻出版管理局局长、市“扫黄打非”领导组副组长米永祯同志带领市文化新闻出版市场稽查大队联合省黄河电视台、希望出版社，对盐湖区出版物市场进行了突击检查。在检查中发现盐湖区车站附近的“中华书店”、“运通书店”有大量的盗版教辅。这次行动共收缴《双开双赢》、《一本全》、《新华字典》、《现代汉语词典》及《2002年全国中考试题荟萃》等非法出版物500余册。当场决定对“中华书店”吊销“出版物发行许可证”和罚款的处罚，并建议工商行政部门吊销其营业执照；对“运通书店”作出停业整顿和罚款的决定。对“中华书店”、“运通书店”的违规行为，特别通过黄河电视台给予曝光，通过检查曝光，大大地震慑了不法商贩的违法行为。

8月12日，由运城市“扫黄”办、市文化新闻出版管理局、盐湖区“扫黄”办、区文化局联合主办中国销毁走私盗版光盘大行动——运城分会场的销毁活动声势浩大，此次活动共销毁盗版音像制品6000余盘，盗版计算机软件3000余盘，盗版教辅19000余本，非法出版物12000余本。 （陈 明 任红玉）

【净化校园周边环境，巩固电子游戏和专项整顿成果】 近年来，非法电子游戏一直是影响本市中、小学正常教学并引起全社会关注和家长投诉的一大问题。在整治工作中把重点放在“一防地下、二防转移、三防回潮”上，全市共查处非法电子游戏经营活动两起，收缴电路板60余块，电子游戏机30台，老虎机2台。专项活动中组织强大力量一举端掉盐湖区解州一非法电子游戏窝点，查缴电子游戏机28台。 （陈 明 任红玉）

【印刷企业清理整顿】 根据国家新闻出版总署、省新闻出版局有关印刷业整顿工作的文件指示精神和工作安排部署,市文化局领导高度重视,成立了印刷业清理整顿领导组。大队多次随同副局长闫建华深入企业进行调查摸底、指导工作。针对全市印刷业存在的数量多、规模小、设备差的实际问题,认真摸清底数,在坚持审定标准的原则下,采取了“既灵活,又不失原则,既服务,但又严格把关”的工作原则。对一些屡次出现盗版盗印违规严重的印刷企业,协同工商等职能部门给予取缔。对一些思想觉悟高,法规意识强,守法经营的小规模印刷单位,采取了扶持的优惠政策。另外,在清理整顿印刷企业的同时,坚决取缔无证照的非法印刷厂。由于领导重视和同志们的努力,全市印刷企业现办证73家,新成立的印刷企业正在积极办理手续中。

（陈　明　任红玉）

【坚持查处大要案】 针对非法出版活动向团伙化、网络化、智能化和综合性犯罪方向发展的趋势特征，全市共出动了检查900人次，收缴了政治类非法出版物377本和影响民族团结的杂志《读者》第十二期300余本，非法教辅1162本。特别是局长米永祯、副局长闫建华身先士卒，带领稽查大队人员深入市场，调查摸底，指导工作。3月，市“扫黄”办接到省“扫黄”办要求立案查处临猗县教育局给学校发放盗版教辅一案后，立即召开紧急会议，安排部署了具体措施，并多次亲自带队赴临猗督办，经调查取证查清案情，及时向省“扫黄”办作了详细汇报。3月，在万荣暗访时发现一无证的影碟出租店经销淫秽色情VCD光盘，立即组织万荣县“扫黄”办召开了紧急会议，对该店经销的VCD光盘全部予以查缴，并对该窝点进行了查封。随后又迅速出击，对运城市区电脑城内的“大众电脑软件”、“利华软件”、“理想软件”等商店进行了检查，收缴《命令与征服——将军》6盘，盗版游戏光盘3000余盘，查封取缔“理想软件”一家，对其余几家全部进行了行政处罚。

10月，组织了市文化局新闻出版科、稽查大队、盐湖区文管办、区文化稽查队、市电视台、市报社陪同省新闻出版局版权处的负责同志对电脑城进行检查，这次检查收缴盗版电脑软件1000余盘。通过查、堵、打、抓文化新闻出版市场的不法贩卖活动，有效地遏制了出版物市场的违规违法行为。

2003年查处大要案：

5月28日，接省“扫黄”办通知要求查处《政海风云》一案，在闻喜发现一本，经追根溯源，系从河南郑州一书店进的货。并将查处结果迅速报告省“扫黄”办。

12月2日，全省性的声势浩大的“12·2集中打击贩卖侵权盗版复制品大行动”在运城拉开帷幕，省新闻出版局印刷处处长赵润生，市文化局副局长闫建华兵分两路，亲自对市区出版物、音像制品等经营户进行检查。共检查17家，查处8家，收缴非法出版物458本，盗版试题1000余份，盗版音像制品1800盒（套）。

12月20日上午，接到群众举报，赴临猗查封一无证印刷厂，收缴盗版中小学试卷1万余份，PS版52张。同日下午又连续出击查封取缔一非法销售中小学试题黑窝点，收缴盗版中小学试题1万余份。

（陈　明　任红玉）

（责任编辑：石少青）

卫生　医药　体育

卫　生

非典防治工作

【概况】 2003年上半年发生的非典疫情，共波及全市4个县（市、区），报告非典临床诊断病例12例，疑似病例26例。面对突如其来的非典疫情，市卫生局在省卫生厅正确指导下，广大医疗卫生人员临危不惧、沉着应战、恪尽职责、科学防治，很快控制了疫情，顺利实现了市委、市政府提出的“降低发病率，提高治愈率，力争临床诊断病例零死亡，医护人员零感染的防控目标，取得了抗击非典的阶段性胜利。

抗击非典期间，市卫生局加强医务人员SARS防治知识和自我防护的培训，在加强督查确保落实、加强会诊提高诊治水平、加强体温监测控制疫情传播蔓延等方面严格要求，做了大量工作，全面完成了SARS防控工作。全市先后共编写了6万余字的《医务人员SARS诊治救护培训手册》。并对全市257个医疗机构的7729人进行了SARS防治知识考试和上岗颁证。向9个县（市、区）派出专家106人次，会诊病人共计54人。出动医务人员26917人次，在各交通道口、车站等处设立体温监测点90个，监测车辆950953辆，过往2381417人，发现体温异常362人，18个重点医院共收治SARS疑似病人26例并全部排除，临床确诊12例，全部治愈，无一例死亡。905名接触者安全健康；出动流调人员301人，消毒、监测医务人员19611人次，消毒车辆77万辆。公共场所消毒1亿平方米。对177万人次进行体温监测；中央国债、各级财政、卫生系统自筹共投入防控资金2621万元。抗击非典期间，全市共印刷各种宣传材料500万份，达到人手一份；市卫生局编辑了168期10余万字的《非典防治快讯》，全面系统地报道了本市防治非典的工作动态，其中30余篇分别被《健康生活报》、《运城日报》、运城电视台等新闻媒体采用。（李　哲）

卫生改革

【人事分配制度改革】 市卫生局按照三部委《关于深化卫生事业单位人事制度改革的意见》的精神，积极推进卫生系统的人事制度和分配制度改革。全市县级以上医疗机构积极引入竞争机制，在公开选拔院长、中层干部竞争上岗、全员聘任、新进人员人事代理、分配实行绩效工资等方面作了有益的尝试，形成了良好的卫生改革氛围。（李　哲）

【卫生体制改革】 在全市医疗机构推广同德医院合作经营形式的经验，要求以合作、合并、托管等形式进行改制；推行病人选择医生制度。全市所有二级以上医院都实行了“以科设组，以组定人，让病人选择医疗组”；提倡后勤服务社会化。对保洁、治安、食堂、文印、洗涤等方面实行后勤服务社会化改革，受到广大患者的好评，取得了良好的社会经济效益。（李　哲）

【卫生监督体制改革】 市卫生监督所经省编办批复，5个县市已成立了卫生监督所。（李　哲）

【药品集中招标采购】 在上年药品集中招标采购的基础上，对抗微生物类药品以外的所有药品全部进行招标。共有60家医疗单位参加。招标总品种达1240种、山西省医保目录外招标品种为209种，其中西药106种，中成药103种；报名药品生产、经营企业共52家，实际参加投标为41家；投标品种为669种，未投标品种为569种，投标率为54%。评标、议标共有1163个药品中标，其中评标有175种药品中标，议标有1188种药品中标。（李　哲）

【行政审批工作】 制定了市卫生局行政审批工作领导责任制。组长由局长周迎担任，副组长由各分管局长担任。并制定了窗口服务制、保姆式服务制、公开承诺制、首受责任制、审批责任制、审批责任追究制、超时默认制、审批听证制等8项工作制度，并在电视台向社会公开承诺；对9项审批事项从审批内容、审批依据、审批对象、审批条件、审批程序、审批时限、监督管理上建立了规范的运行机制；10月份，在市卫生局机关建立了行政审批窗口，实现了网上行政审批。（李　哲）

疾病预防与控制

【计划免疫】 4月18日召开了全市计划免疫工作会议。对生物制品管理和常规免疫接种工作，加强管理，严格实施，提高和保持高的免疫接种率。制定了《运城市乙肝疫苗纳入计划免疫的实施方案》。

积极开展中日加强扩大免疫规划（JI—CA）项目，8月26日JI—CA项目日方专家和国家CDC专家到运城市考察了计划免疫工作。

9月16日召开了全市流感防治工作会议，下发注射疫苗4万余份，对流感防治工作进行了安排部署。（李　哲）

【结核病防治】 3月18日、4月18日分别召开了“运城市结核病防治工作暨培训会议”和“运城市全球基金结核病控制项目启动会议”，成立了“运城市GPATM结核项目办公室”、全面协调全市结核病防治项目工作的实施。同时下发了

《运城市结核病防治计划（2001—2010）》、《运城市结核病控制——日本援助项目实施计划》、《全球基金结核病控制项目运城市实施计划》、《运城市结核病归口管理暂行办法》、《运城市结核病防治规划（2001—2010）考核方案》，确保了结控项目的顺利实施。2003年3月24日世界结核病宣传日活动中，市政府副市长吴菊仙、卫生局局长周迎等领导参加了宣传活动，向群众发放宣传材料，宣传结核病防治知识，当日受教育人数多达5000余人次。市卫生局副局长李起炎、市防疫站站长张文吉在运城市电视台“健康99”栏目中，就群众普遍关心的归口管理、免费治疗等问题作了详细的讲解，收到良好的效果。在运城市安国结核病医院给予大力支持和协助下，11个项目县（市、区）全球启动会议已全部召开，共举办培训班22期，培训人员3078人次，按省厅计划乡村医生培训2006年达85%的要求，全市11个项目县的县、乡、村防痨人员培训率达100%，提前3年完成培训任务。加强了结核病归口管理工作，集中推荐。提高肺结核病人发现数，全市项目指标受“非典”影响，肺结核病人发现数有所滑坡，根据这一特点果断提出加强三级防痨队伍的业务素质培训、加大宣传教育、加强归口管理工作等要求。结防人员走出诊室，打破过去“坐、等、靠”的做法，跋山涉水、走村串户；边宣传结防知识及国家免费政策，边发现病人。共完成涂阳肺结核病人1149人。比上年同期增长57.6个百分点，涂阳肺结核病人的新登记率（1/10万）17.3，规则治疗率达99%。（李　哲）

【食品市场整顿】 食品卫生根据全国食品药品放心工程电视电话会议的统一部署和《实施食品放心工程方案》，从2003年6月份以来，市各级卫生监督机构以高度的责任感和使命感，全力以赴在全市开展食品卫生安全集中整治工作，狠狠打击经营食品中的违法行为，市卫生局下发了《关于开展食品放心工程卫生监督检查的通知》，首先组织开展了全市食品放心工程卫生监督执法大检查工作，在中秋节、国庆节前开展为期2个月的集中整顿工作。到年底为止，全市各级卫生监督机构对全市10775个食品从业单位进行了监督检查，行政处罚1703户，没收销毁不合格食品10936公斤，责令停止生产经营77户，罚款41300元，吊销卫生许可证5户，取缔非法生产经营26户。培训从业人员29306人，体检从业人员30156人。监测各类食品6276件，合格5806件，合格率92.51%。其中监测食品加工企业2902家，合格2652家，合格率91.38%；监测销售业3374家，合格3154家，合格率93.47%。同时在全市各大型集贸市场开展了贯彻实施《集贸市场食品卫生规范》工作，山西禹都经济技术开发区，在食品经营市场区内开展了打假除劣，规范食品经营的活动。2003年先后举行了2次假冒伪劣食品集中销毁活动，价值近10万元的伪劣食品被当场销毁。

学校食品卫生。从7月23日开始，各县（市、区）组织卫生监督员对所辖区的学校、幼儿园进行全面的突击检查。共检查大专院校3所、中等专业学校20所、城镇中学139所、城镇小学146所、幼儿园202所、农村中学217所、农村小学315所、托幼园105所。在检查中查处各类不合格食品2090公斤。吊销卫生许可证9户，对食堂的布局和各项卫生条件不符合相关法规的434所各类学校，依法责令其限期整改。（李　哲）

【职业卫生、放射卫生工作】 近年来，运城工业发展较快，年底全市有各类厂矿企业432家（其中全民企业110家，集体企业104家，乡镇企业215家，三资企业3家）。有害粉尘点3573个，化学有害物375个。全市粉尘作业接触人数17083人，化学有害物质接触人数6470人，物理有害物质接触人数5936人，尘肺历年累计发病6781例、累计死亡318人。在2003年4月25日职业病防治法宣传周期间，全市紧紧围绕宣传周的主题“全社会关注职业病防治，督促企业健全职业卫生制度”。①组织机关、防疫站职业卫生监督员认真学习《职业病防治法》及其配套法规、规章，学习国家职业卫生标准及建设项目职业病危害评价规定等内容；②围绕主题，联系实际，提高企业守法意识，引导企业落实职业病防治措施，帮助企业制定职业病防治方案和计划；③开展声势浩大的《职业病防治法》宣传活动，散发宣传材料3万余份，悬挂宣传标语，努力使职业病防治法律意识做到家喻户晓；④积极开展劳动卫生监督监测，确保广大职工健康；⑤加强放射卫生防护监督管理，保障公众的健康与安全。从7月份开始，市卫生部门在全市开展了射线装置监督监测，对全市所有放射工作单位的放射人员、核医学、核仪表工作人员进行健康体检。（李　哲）

【艾滋病防治】 政府重视，多部门参与共同防治艾滋病，积极广泛开展宣传教育和干预活动，以示范引路，建立运城艾滋病防治关怀特色家园，闻喜县、夏县根据本地实际在艾滋病病人和感染者比较集中的地方分别建起了“温馨家园”、“惠泽家园”，使艾滋病患者和感染者定期集中在一起开展各种有益的活动，并给予适当的医护关怀，使他们感到家的温暖，不再感到孤独无援和被社会抛弃，增强了他们顽强生活、战胜病魔的信心。据统计，在“温馨家园”、“惠泽家园”参加活动，受感者达63人。联合国艾滋病规划署主任皮奥特亲临闻喜“温馨家园”，并给予高度评价。进一步加强国际及全国艾滋病防治项目协作，促进全市艾滋病防治工作开展。本市引入国家、国际社会艾滋病防治工作项目8个，具体是：①卫Ⅸ项目。②中美合作CIPAR项目。③卫生部艾滋病防治综合示范区。④中国性病艾滋病综合防治项目。⑤联合国儿童基金会艾滋病防治合作项目。⑥国家十五科技攻关项目。⑦澳援项目。⑧中国—联合国开发计划署以社区为基础的HIV/AIDS关怀、预防和扶贫项目。各项目均在实施过程之中，通过引入防治资金、防治技术、防治药物，促进了全市艾滋病防治工作的深入开展。运城市艾滋病防治领域及病人治疗艾滋病相关儿童救助领

域受益匪浅。 （李 哲）

医政管理工作

【开展规范化管理年活动】 2003年，要求各医疗机构规范其名称、诊疗科目和广告，严格上岗人员资格，严格遵守医疗卫生管理法律、法规和部门规章，按新理念修订、完善各项工作制度、职责、诊疗常规和技术操作规程，做到事事有章可循，人人行为规范。2003年已全面启动等级医院评审工作，闻喜县医院、永济市医院及电机厂职工医院都在创建二甲医院，垣曲县医院创建二乙医院做了积极的准备工作，拟在明年迎接省厅评审。

（李 哲）

【严把准入关，为民营医疗机构提供优质服务】 为给全市创造一个“开放、规范、竞争、有序”的医疗服务市场，大力发展民营医疗机构，在培育、调控、服务上做文章。从源头抓起，严把准入关，分别于2月18日和3月21日举办了两期90余人参加的设置民营医疗机构培训班，从医疗卫生法律法规，特别是《医疗事故处理条例》，以及院内感染、血液管理、病历文书书写、医疗质量和医疗安全等方面予以培训，收到了很好的效果。11月21—22日召开了全市发展民营医疗机构工作研讨会，在会议上35家民营医院就如何发展壮大进行了广泛交流，并成立了市民营医疗机构发展促进会，省中医药局、市政府、市卫生局领导都作了重要讲话，讨论了《我市发展民营医疗机构指导意见》。这次会议将成为全市民营医疗机构发展史上的一个里程碑，将起到巨大的推动作用。

（李 哲）

【加大血液管理力度，保证临床用血安全】 为认真贯彻《献血法》，2003年，全市要在各级各类医疗机构中，全面实行术前、输血前进行HIV等相关检查的规定，继续坚决打击非法采血（浆）活动，做到合理、科学用血，提高成份用血比例。3月份，已向全市64个边远乡镇卫生院配发了卫生部医政司提供的HIV快速检测试剂共4000份。11月开始对全市医疗机构临床用血情况进行了全面检查，运转情况良好。 （李 哲）

基层卫生与妇幼保健工作

【基层卫生】 2003年，市卫生局先后深入到9个县（市、区）25个乡镇72个村庄就农民对新型合作医疗的态度、当前就医存在的困难、建立健康档案、农户改水（改厕）、环境卫生治理及村卫生室的现状等问题进行了深入细致的调查研究，在此基础上，根据全省农村卫生工作会议精神，起草了《中共运城市委、运城市人民政府〈关于进一步加强农村卫生工作的意见〉》，制定了《运城市农村初级卫生保健发展规划（2001—2010年）》、《运城市农村卫生机构管理办法》、《运城市新型农村合作医疗制度管理办法》、《运城市城市卫生支援农村卫生实施办法》等农村卫生改革系列文件。

启动了河津市新型农村合作医疗试点工作，经广泛宣传、深入发动，河津市参加新型农村合作医疗的农民达24.6972万人，占农业总人口数的87%，交纳基金款246.972万元，河津市财政配套资金到位49.3944万元。按照年初全市卫生工作会议安排，启动了农村居民健康建档工程，垣曲县、绛县的部分乡镇农民健康建档率已达50%。根据取得的经验，计划分区域、分人群、分阶段于2004年全面展开。还对部分县（市）的365个村卫生室445名乡村医生进行了培训整顿，规范了卫生医疗行为，提高了卫生服务质量。 （李 哲）

【妇幼保健】 为了规范全市托幼园所的卫生保健管理工作，于2月份联合市教育局共同下发了《运城市托幼园所卫生保健管理规定》；3月份，为提高出生人口素质，降低出生缺陷率，下发了《关于加强新生儿两病筛查工作管理通知》；为做好“三网”监测工作，控制漏报现象，配合省妇幼保健院专家赴万荣、稷山等地进行了监督检查，及时发现工作中存在的问题，提高了“三网”监测质量；为提高全市母婴保健技术服务水平，组织有关人员编写了《母婴保健技术服务考试复习资料》，采取不同形式对900余名妇幼人员进行了专业知识培训；7—8月先后在盐湖、夏县、临猗三县召开了妇幼工作现场会，总结推广了盐湖区托幼园所规范化管理、夏县子幼信息统计、临猗妇幼院院内管理等好的经验和做法；9月份，对全市母婴保健执业单位进行了换证培训，增强了各单位的法律意识，规范了母婴保健执业行为；启动了平陆县的“母婴安全大行动”试点工作；10月份，与市教育局联合在全市中小学校开展了“拒吸第一支烟，做不吸烟的新一代”签名活动。 （李 哲）

中医及科教工作

【综述】 9月份组织了全市《中医发展条例》宣传周活动，于9月26日全市中医机构集中上街宣传条例，共发放宣传材料50000余份，咨询医疗人次1500余名。10月下旬开始组织了县级以上中医院医院感染工作大检查，共检查医院13家，极大地促进了中医院医院感染检验工作的开展，此项工作受到省中医药局的良好评价。

山西医科大学运城学院已通过省教委的批复，2003年开始招收专科生口腔大专200名，其中高中起点100名，初中起点100名，市卫校招收275名，其中高中起点78名，初中起点197名。从此掀开了本市医学教育的新篇章。并开始启动农村中医药人员学历教育工作，拟在五年内完成500名乡村两级卫技人员学历教育。 （李 哲）

地方病防治

【地方性氟、砷中毒】 2003年，安排和完成7年单村降氟改水工程和2处集中联片降氟（除砷）改水工程，总投入600余万元，其中省卫生厅投入国补资金330万元，市卫生局投入7万元，群众自筹260余万元，使28个氟（砷）病村群众受益。盐湖区除砷改水工程共打深井2眼，建1000吨蓄水池一座，管理用房210平方米，铺主、支管道120千米，使解州、龙居两个乡镇

18个村24800人吃上了符合国家标准的低氟、低砷水。（李 哲）

【大骨节病】 对夏县、芮城两个村进行了大骨节病监测。共对197名8—12岁学生进行拍摄X片检查，未发现新发病人。大节骨病处于国家控制状态。（李 哲）

【碘缺乏病】 完成了省级监测任务，开展碘盐市场监督，进一步净化盐务市场，卫生、盐务两部门配合进行了3次盐务市场检查，查处私盐、非碘盐500余吨，罚款1万余元。（李 哲）

【布氏菌病】 积极开展布病现症病人治疗。1—10月全市共发现布病新发病人139人，全部进行了治疗并治愈。编制《布氏菌病防治手册》1.6万册并发放到重点人手中，提高了群众布病防治知识的知晓率。（李 哲）

红十字会工作

【抗击“非典”，奉献爱心】 为切实做好“关怀‘非典’受难者基金”发放工作，落实好省红十字会制定的捐赠方案，市红十字会认真迅速组织，于9月9日在市第二人民医院为本市12位SARS康复者举行了“关怀‘非典’受难者基金”发放仪式，每人发放2000元人民币。共24000元人民币。对12位SARS康复者今后的身体状况给予关注。（李 哲）

【救灾赈灾】 2003年运城市遭受到历年罕见的阴雨天气，致使农作物严重减产，并造成大面积房屋受损、倒塌。多处山体滑坡的严峻形势，灾民生活十分困难，市红十字会积极协助政府了解灾情，并及时将灾情上报省红十字会、中国红十字会。为灾区筹备到药品、棉衣、棉被共价值86.4646万元的救灾物资。11月8日，山西省红十字会、运城市红十字会在河东广场为受灾严重的六县市发放了救灾物资。通过此次的救灾捐助活动，使红十字会在社会和广大群众中产生积极而有益的影响，进一步调动了全社会关心灾区，支持灾区的积极性，再一次掀起全社会弘扬人道、博爱的热潮。（李 哲）

爱国卫生运动

【概况】 为贯彻全国爱卫会关于《开展爱国卫生运动，推动卫生防病工作》电视电话会议和吴仪副总理讲话精神，在全社会广泛深入地开展爱国卫生运动，全面改善城乡环境卫生，提高全民自我防病意识，有效预防非典，4月24日全国爱卫会电话会议后的次日，市爱卫会就下发了《关于在全市开展环境卫生突击治理，预防非典型肺炎行动方案》，26日晚副市长吴菊仙又在电视上发表了《大力开展爱国卫生运动，积极预防非典型肺炎》重要讲话。号召全市人民行动起来，掀起一个以预防非典为主要内容的爱国卫生运动高潮。

在创建卫生城市工作中，突出抓了环境卫生治理整顿：和城建部门联合召开了市直所有单位一把手参加的“门前五包”动员会议，并与主要大街的沿街单位签订了“门前五包”责任书；突出抓好环境卫生整治、开展了环境卫生治理大行动；协调市水务局，对姚暹渠市区段污染问题进行彻底治理，先后清理河道垃圾污物560方，化学除草11.8万平方米，使姚暹渠的环境污染问题得到明显改善；协调市综合办，对市区乱搭乱建问题进行彻底治理。先后拆除违章建筑66处，取缔店外经营278家；加强城乡结合部卫生管理，组织了清除垃圾，美化环境爱国卫生活动，先后清除城乡结合部历史垃圾56处，5万余方。9月3日至21日，省爱卫会组织有关专家对河津、永济、垣曲、绛县以及运城市创建卫生城市、县城的工作进行了验收，并给予高度评价。（李 哲）

行风工作

【采取多项措施，全面提高服务质量】 各医疗单位转变服务观念，采取多项有效措施，把方便让给患者。市中心医院取消午休、节假日，开展全天候门诊，极大地方便了边远乡村患者就医，使他们当天看病后能及时返回。市同德医院开展“规范服务年”活动，在病床前、厕所里设置了呼叫系统，专门为病人搭建了晾衣架，以及测血压的棉垫子。更为可贵的是医院专门为糖尿病人在门诊大厅里设置了糖尿病教育护理门诊，提高患者对病情的认识，每周二、四、五下午为糖尿病患者开设教育课，聘请康复患者现身说法讲经验。临猗县医院实行首问、首诊、首科负责制。对急危病人实行三先三后政策，即先抢救、后挂号；先取药、后交款；先住院、后补办手续。闻喜、芮城、夏县、稷山也制定了切实可行的便民措施。据统计，全市各医疗单位新增服务设施400项，服务项目106项，切实解决了群众“看病难”的问题，受到患者好评。

（李 哲）

【加强制度建设】 继续推行和完善病人选医生、住院费用清单制、药品价格查询制、医疗服务信息公示制等项制度。

2003年，市卫生局共收到群众信访案件6起，参加《监督热线》节目12次，收到群众反映问题23起。做到件件有落实，事事有着落，对其中较典型案件进行了查处。（李 哲）

2003 年运城市卫生医疗机构基本情况统计

	数量	与上年比增长数	与上年比增长率(%)		数量	与上年比增长数	与上年比增长率(%)
卫生机构(个)	328	-20	-5	卫生人员(人)	14365	-1299	-8
医　院(个)	109	-14	-11	卫生技术人员(人)	11591	-1022	-7
床　位(张)	11291	-1314	-10	乡村医生(人)			
医院床位(张)	7979	-1378	-14	个体开业人员(人)	1123	1123	0
平均每千人口医院床位(张)	2.29			平均每千人口卫生技术人员(人)	2.35		

人口	总数(万人)	429	卫生费用	卫生事业费(万元)	10572
	出生率(‰)			卫生事业费与上年比增长率(%)	12.5
	死亡率(‰)			卫生事业费占财政支出百分率(%)	3.90
	自然增长率(‰)				
医疗服务	诊疗总人次(万)	612		卫生系统固定资产(万元)	51131
	门诊人次(万)	448		卫生系统基建投资(万元)	455
	急诊人次(万)	14			
	住院总人次(万)	14.8		平均每一门诊人次医疗费用(元)	57
	出院总人次(万)	14.5		平均每一出院病人医疗费用(元)	1412

体　育

【首届市运会取得圆满成功】　经市政府批准，运城市第一届运动会于2003年金秋10月10日至21日在运城举行。本届运动会分奥运争光、全民健身两大组别，青少年竞技大赛，全民健身风采大赛，精彩篮球大赛，关公门前耍大刀主题活动（开幕式）四大系列，设有万人健身操、乒乓球、篮球、散打、摔跤、举重、武术、田径、太极拳、关公门前耍大刀十个项目。参加比赛的单位有：奥运争光组的各县（市、区）体育代表团；全民健身组的各县（市、区）市直单位体协、各大中专院校、各大中型企业、驻运部队、市属各俱乐部体育代表团，参加大会的领队、教练183人，运动员1049人，共产生金牌197枚，16人28次打破14项全市最高纪录。有6个县（市、区）荣获体育道德风尚奖。这次大会的组委会名誉主席是黄有泉（运城市市委书记）、王守祯（运城市市长）。主任由吴菊仙（运城市副市长）担任，执行主任曹吉安、史凌云、任永吉、李晋杰、于波、王培明。副主任由白宏运、张晓、郭瑞璋、王超、刘晓等12个委员参加的共27人组成。本届运动会政府支持力度大、群众关注多、参赛范围广、社会影响大、项目设置合理。比赛精彩激烈，组织工作严密、竞赛纪律严明。此次运动会全面检阅了全市体育事业的整体实力和发展水平，展示了各行各业在新世纪里的新风采，锻炼了队伍，发现了苗子，凝聚了人心，振奋了精神，弘扬了文化，有效地促进了本市经济、文化、社会各项事业的相互交流。同时还吸引来自中央电视台体育中心、人民日报、人民日报海外版、中国体育报、山西日报以及本市数家新闻媒体的文字与摄影记者等多家媒体单位赶赴大会采风。更值得一提的是中央电视台播放开幕式关公门前耍大刀主题活动达七分钟之久，山西电视台为此出动大型转播车一台，工作人员18名，对开幕式关公门前耍大刀主题活动进行全程录播，开市运会转播之先河，增进了交流，提高了知名度，宣传了运城。　（卢运红）

【体育成绩辉煌】　2003年，是山西省第十二届运动会阶段赛的开局之年，在省运会体制改革之后，各地市都在积极准备，争取在新赛制下有一个新的开端。市体育局根据运城的实际情况，针对全省各地市的特点，相继出台了《教练员管理制度》、《运动员管理制度》、《学习、考勤、请假制度》、《校长、副校长、总教练、教练员职责》、《教练员发放补助暂行办法》等有利于训练、有利于出运动成绩的相关政策，充分调动了各方面的积极性，全年共派出14个项目17支队伍487名领队、教练、运动员、裁判员奔赴全省9个地市参加山西省第十二届运动会阶段赛的各项比赛，共获得金牌19枚、1097分。据统计，年底金牌和团体总分双双迈上新台阶，超额完成了年初制定的任务，为实现2006年第十二届省运会的奋斗目标和2008年奥运战略打下了坚实基础。

在全省首届“天利杯”大运公路体育旅游自行车拉力赛上，本市自行车队在国手惠国的带领下，顶风冒雨，顽强拼搏，囊括所有分站赛和总成绩四项桂冠，为2003年本市竞技体育成绩挥写出浓墨重彩的一笔。　（卢运红）

【乒超联赛，异彩纷呈】　12月27日由运城市体育局、河津市人民政府主办、运城瑞星俱乐部承办的“2003—2004”鲁能杯中国乒乓球超级联赛河津三联赛区的比赛，在河津永民中学体育馆举行。由世界排名第一的张怡宁、第三名的郭炎、第七名的李楠组成强劲阵容，挑战2000—2002乒超联赛女团三连冠的河北保定正大俱乐部，向世界女子排名第四名的牛剑锋，号称“乒坛美少女”世界排名第27名的白杨及排名第41名的王婷婷发起进击，演绎河东体育史上世界顶尖高手的乒乓球超级强强对抗。经四场较量，北京队3:1克河北队。（卢运红）

【全民健身周活动】 7月5日，按照省体育局的部署，山西省全民健身周活动启动仪式运城分会场在河东广场隆重举行。这是本市在非典取得阶段性胜利之后举办的第一个大型活动，是全市人民战胜病魔，重新树立信心，启动市场，投入建设的一个重要标志。市委、市人大、市政府、市政协等四大班子领导悉数参加，山西省体育局副局长李振生专程到会祝贺。会场彩旗飘扬，气球高悬，气氛热烈隆重，声势浩大，各行各业5000余人在政府领导的带领下，从河东广场健步跑向“瑞莱斯”浴场，充分表达了人们战胜非典的必胜信念和喜悦心情。同时，在活动开展的当天，在河东广场还开展了国民体质检测工作，免费对市民进行健康测试，并做出有针对性的运动指导意见，受到广大市民的热烈欢迎。《运城日报》发表题为《市体育局义务为市民监测体质》的报道，收到良好的社会效益，进一步推动了本市全民健身运动的开展。活动周期间，市体育局还安排“百付小篮板赠送工程”，盐湖区开展争创“全国篮球之乡”活动等。各县（市）同时举办了规模大，声势足，影响广大的启动仪式。（卢运红）

【实施全民健身工程】 2003年全年，市体育局继续按照彩票公益金的使用原则，相继投资近50万元，分别在南风广场、红旗东街、临猗三管、稷山稷峰广场建成全民健身路径工程。不仅为广大人民群众提供了最佳的健身场所，同时也树立起了政府部门为民，体育部门健民，体育彩票利民的良好形象。年底，全市已兴建全民健身工程24处，创建全国青少年俱乐部4个，带动吸引各县（市、区）人民政府积极投资兴建健身路径32处，极大地满足了各类人群的健身需求，为进一步推动全民健身活动的开展提供了有力的保障。（卢运红）

【承办两项省比赛】 2003年山西省青少年举重比赛暨山西省第十二届运动会阶段赛于8月24日在本市体育运动学校首先拉开战幕。这是非典过后全省青少年比赛开赛的第一个项目，市体育局本着接待服务热情周到，组织管理高效有序，场地器材符合标准，竞赛编排科学规范的原则，克服时间紧，任务重，人员少等困难，上下一致、齐心协力、各负其责，圆满完成了承办任务，受到省领导和与会代表的一致好评，为全省开了一个好头，做出了榜样。随后，9月5日至10日又承办了2003年山西省青少年柔道比赛暨山西省第十二届运动会阶段赛，同样以“高标准、高质量、高效率”完成了任务，在全省牢固树立起运城竞赛组织的良好形象。（卢运红）

【创建市直文明单位标兵】 2000年，市体育局开始文明单位创建工作。局党组在明确业务工作奋斗目标的同时，研究制定出了“2、5、8”文明单位创建规划，即利用2年时间创建市直文明单位，利用5年时间创建市级文明单位，利用8年时间创建省级文明单位，全体干部职工发扬顽强拼搏，勇创一流的中华体育精神，团结一致、开拓创新、锐意进取，实现了三个文明建设的协调健康发展。2003年，体育局领导班子高度重视自身建设，认真抓好三个结合：“三个代表”与体育工作实际结合，整体工作与创建工作结合，思想道德建设与业务水平相结合，促进了各方面工作的开展：竞技体育迈出新高，金牌与团体总分双方位居全省第五，成功举办市首届运动会，圆满完成了承办省比赛任务，群众体育风风火火，方兴未艾，全民健身启动仪式声势浩大，抗击“非典”功勋卓著，全民健身工程进展顺利，体育执法卓有成效，场馆建设有新突破，为全市的文明和经济建设做出了应有的贡献。2003年11月14日被市直机关精神文明建设指导委员会授予“市直文明单位标兵”。（卢运红）

【建立行政审批窗口】 按照市委、市政府关于建设网上行政审批窗口的要求，市体育局积极行动，拨付专项资金，购置了电脑仪器等设备，并配备专人参加了行政审批窗口的培训学习，经市纪检委审政委审验已合格。年底运转情况正常，为顺利进入网上审批程序，按期完成网上行政审批工作提供了有力的保障。这是政府行政体制改革的一项有力措施，市体育局局长任永吉同志代表全局在市电视台向全市人民公开承诺，将严格执行网上行政审批制度，为单位和个人提供便捷、完善的行政审批服务。（卢运红）

【抗击“非典”贡献特殊】 面对“非典”，体育工作者也同大多数人一样，经历了惊恐、理智、抗击三个阶段。但在惊恐过后，体育工作者在第二、第三个阶段里做出了比常人更多更有益的工作，为全市人民战胜“非典”做出了特殊的贡献。在局党组的正确领导下，全局上下按照市委、市政府的部署，果断决策提出“积极锻炼，增强体质，提高免疫，抗击‘非典’”的理念。向全市人民发出“因地制宜，强身健体”的倡议，并针对健身路径锻炼人群聚集，方法不科学的现象，安装了语音警示系统，先后三次精心制作健身知识光盘，组织专人管理，指导市民合理使用健身路径器材，科学健身。通过查阅资料，多方求援，向市民宣传健身知识和健身方法。还针对部分市民健身意识差，不能正确对待非典疫情，及时宣传全民健身中的新人新事新风尚，正确引导，先后在人民日报、中国体育报、山西日报、运城日报发稿近50篇，图片10多张，市电视台、电台播出新闻和专题健身知识20余次。2003年7月5日，市体育局一次向“抗击非典英雄”赠送羽毛球拍200副，健身读书200册，为抗击非典做出了体育应有的贡献。（卢运红）

【体彩销售】 在省体育局和省体彩中心的正确指导下，在市体育局和市体彩维管中心的共同努力下，2003年，进一步加强对网点的管理，正确引导业主走彩票专营化之路，使本市彩票专营店数量已达终端机总量的80%。截止10月底，完成销售任务1600余万元，销售总量在全省名列第二，单机平均销量仍居全省第一，圆满完成了年初制定的目标任务。

至2003年底，完成彩票销量19234250元，比2002年将近翻一番。在年度表彰会上，运城市有两个投注站被评为五星级，6个投注站被评为四星级，8个投注站被评为三星级。（卢运红）

（责任编辑：石少青）

社 会 生 活

劳动和社会保险

【“两个确保”继续得到巩固】
“两个确保”工作是劳动和社会保障部门的重中之重，2003年，市劳动保障部门始终把确保企业离退休人员基本养老金和确保国有企业下岗职工基本生活费的按时足额发放作为忠实实践“三个代表”，切实维护全市政治安定和社会稳定的头等大事来抓。2003年全年共为49544名离退休人员发放养老金2.15亿元，为17690名下岗职工发放生活费2900万元，代缴“三金”2400万元，为6930名失业人员发放失业保险金750万元，两个确保率均达100%。 （郭晓春）

【再就业工作稳步推进】 2003年，中央和省多次召开再就业工作会议，安排部署再就业工作。市、县两级党委、政府对再就业工作非常重视，劳动保障部门与有关部门紧密配合，共同努力，做了大量工作，全市再就业工作得到整体推进，取得了明显成效。7月初，市劳动局在市委、市政府的直接领导下，出台了一系列有关再就业相关配套文件，调整充实了市再就业工作领导机构，建立了再就业工作联席会议制度，及时研究解决了再就业工作中出现的各种问题，全市形成了一个统一领导、分工负责、齐抓共管、部门联动的工作格局。

2003年末全市城乡就业人员2348691人，比2002年末增加26199人。其中，第一产业就业人员1407837人，占59.94%，第二产业457149人，占19.47%，第三产业483705人，占20.59%。城镇单位就业人员329474人，比2002年末增加6363人，城镇私营和个体就业人员96932人，比2002年末增加6812人。在城镇单位就业人员中，在岗职工318225人，比2002年末增加7887人。年末全市城镇登记失业率为2.0%。

国有企业下岗职工基本生活继续得到保障。2003年末国有企业（含国有联营企业、国有独资公司）下岗职工17690人，比2002年末增加2141人；进入再就业服务中心的绝大多数下岗职工基本生活得到保障，2003年1.6万名国有企业下岗职工实现再就业。

职业培训工作取得明显成效。2003年末全市拥有8所技工学校，在校学生4872人，比2002年末增加1397人，增长40.2%。全市拥有26个培训机构。其中，就业训练中心7个，职业学校5个，社会办学14个。面向社会培训和再培训2.2万人次，比2002年增长22.6%，再就业培训率为75%。 （郭晓春）

【劳务输出取得突破】 自2003年初，市委、市政府提出三年转移农村劳动力50万的战略目标后，就把劳务输出作为全年工作的中心来抓。全面部署，系统规划，周密安排，劳务输出成绩喜人。先后六次组织较大规模的外出考察；对全市农村劳动力资源状况进行了一次大规模调查摸底；建立了县、市、乡、村四级劳务输出组织网络机构，设立了113个民间职业介绍联络站；在深圳、珠海、杭州、北京设立了四个劳务输出联络处，与深圳、天津等职介所签订了劳务输出合作协议，成立了珠三角、长三角、山东半岛、京津唐、大西部五个人力资源部，对口开发外地用工市场。9月下旬，在全市范围内组织了“万人赴深圳务工活动”，10月1日、2日，3152名劳务工分乘两个专列赴深圳务工，刷新了本市规模化劳务输出最高记录。截至年底，全市共组织规模输出43次，输出2.4万人，农民自发去往外省、市务工经商的4万余人。全市劳务输出工作开局良好，势头强劲。

（郭晓春）

【养老保险继续保持全省领先】
近年来，本市企业职工基本养老保险各项工作在全省一直处于领先的地位，但工作中不容忽视的问题，集中表现在：随着企业改制的不断深入，原来国有和集体企业职工参加养老保险社会统筹的人数逐年减少，而离退休的职工却逐年增多。面对全市养老保险基金“支大于收”的实际，2003年以来，始终坚持“鼓点敲在扩面上，重锤打在征缴上”的工作思路，在全省率先以市政府名义出台了《运城市民营企业职工基本养老保险社会统筹暂行办法》，利用新闻媒介，集中三个月进行了广泛宣传，收到了较好效果。至2003年11月底，全市参保人数已出现回升，净增额在全省排队第一；在养老保险基金征缴工作上，市劳动局加大力度，基本上做到了“应收尽收”，到11月底，全市共征缴基金2.3亿元，已提前一个月超额完成了省年初下达的2.28亿元任务，年底在全省排队第一。

2003年末全市14.69万名职工和5.02万名离退休人员参加了基本养老保险，并按时足额领到基本养老金。全年基本养老保险基金收入24200万元，支出27268万元，年末滚存结余27442万元。（郭晓春）

【医疗保险工作运行平稳】 全市参加医疗保险的干部职工和离退休人员已达22.95万人，征缴基本医疗保险费5884万元，其中统筹基金3098万元，个人帐户金2786万元；共支付基金4255万元，其中支付统筹基金2401万元，个人帐户金1854万元；征缴大额医疗补助保险费145万元。年底全市基本医疗保险运行平稳，工伤和生育保险运行正常。医药管理、医患管理步入了规范化系统管理轨道，各种基金收支平衡，各种医疗待遇得到了较好保

障。（郭晓春）

【工资分配】 2003年城镇单位在岗职工平均工资为9820元，比2002年增加780元，增长8.6%，扣除价格因素，实际增长6.9%。其中，国有单位为9779元，城镇集体单位为6897元，其它单位为10839元。（郭晓春）

【劳动保障执法监察成效显著】 2003年末全市拥有劳动保障监察机构17个。各县（市、区）劳动保障部门配备劳动保障监察员124人。其中，专职监察员104人，兼职监察员20人。2003年以来，市劳动局根据不同时期的特点和要求，集中开展了四次劳动保障执法大检查活动：清理整顿非法职介机构大检查、开展煤炭企业劳动用工大检查、维护民工权益大检查、禁止使用童工大检查。全市共检查各类用人单位1561户，涉及职工28.5万人，补签劳动合同12800份，补办就业证、卡8560个，补发拖欠民工工资40余万元，清退童工46人，查处群众举报案件72起，取缔非法职介机构18家，拆除销毁各种非法牌、匾、条幅20余块，有力地维护了广大职工群众的合法权益，促进了各项劳动法律法规的贯彻落实。（郭晓春）

失业保险管理

【基金征缴大幅攀升，再创新高】 2003年失业保险征缴任务是2500万元，比2002年增加400万元，增幅19.1%，任务之高、增幅之大是历年所没有的。同时，由于上半年“非典”的干扰，要确保任务的完成应该说难度超乎寻常。面对任务，面对困难，市中心始终坚持把基金征缴作为贯穿全年工作的主线，常抓不懈。市、县两级失业保险经办机构的同志迎难而上，采取任务分片包干，责任效益挂钩，引入激励机制等有力措施，确保了全年征缴任务的圆满完成。河津、垣曲、稷山、芮城、闻喜、夏县、临猗、市直等均超额完成任务。其中河津、垣曲超额最多，盐湖区、临猗增幅最大。尤其需要一提的是，夏县、稷山提前一季度，河津、临猗提前两个月完成全年任务，这在全市的征缴工作史上是绝无仅有的。据统计：全市完成征缴任务2682.84万元，超额182.84万元，比2002年增长了604.84万元，增幅为29.1%，再创历史新高。（郭晓春）

【事业单位参保覆盖工作稳步推进】 参保工作既是失业保险的基础性工作，同时也是影响失业保险征缴任务完成的关键所在。针对当前企业改制，国退民进的现状，参保工作的重点应向事业单位拓展，这将是今后一个时期失业保险参保工作新的切入点和增长点，也是2003年失业保险工作的重点之一。在各级政府的重视支持和同志们的共同努力下，事业单位参保工作稳步推进。大部分失业保险经办机构的领导和同志面对本级财政十分困难的现实，通过找县领导、找财政部门，一次又一次，不惜跑断腿、说破嘴，终于使事业单位的参保工作和个人1%部分得到落实。据统计闻喜、芮城、临猗、夏县、盐湖、河津、永济、市直等八个县（市、区），586个事业单位，共32215名职工，先后参加了失业保险，参保率达56%。（阴宇晴）

【个人缴费记录工作启动实施】 个人缴费记录制度是一项新工作，在上年的全市失业保险工作会议上，市中心就将此作为全市失业保险工作的又一个重点进行了详细的部署，制定出台了实施办法。同时，市中心还垫资统一印制了十五万册《职工失业保险手册》和配套表格。各经办机构通过调查摸底，确实澄清了底子，建立了缴费登记，规范了缴费行为。在这项工作上，闻喜、绛县、芮城三县着手早，动作快，覆盖宽，他们已于10月份基本完成了个人缴费记录，并进行了细致的分类和归档管理工作。截至年底，全市建立个人缴费记录的单位有490个，共发放《职工失业保险手册》63492册，占参保职工总数的36.7%。（阴宇晴）

【失业人员规范化管理逐步完善】 加强对失业人员的管理和失业保险金的发放工作，健全完善失业人员享受失业保险待遇的各项管理制度，是失业保险工作发展的需要。2003年，从基础入手，高点起步，真抓实干，稳步推进，重点抓了以下几项工作：①严格操作规程，从失业人员的登记、接收待遇的审核发放，都按照统一的标准，统一的格式，使管理工作不断规范、完善。在这方面，河津、闻喜、芮城和临猗等县（市）从填写表格到归档管理工作都为全市起到典范的作用。②注重失业人员的培训工作，河津市、永济市都利用自己的培训设施，把培训工作搞得红红火火。市直、闻喜、临猗、绛县没有培训条件，积极行动，确定定点培训机构，委托代培，也把培训工作搞得有声有色。据统计，2003年全市共为7374名失业人员发放了失业保险金和其它各种补贴，累计支出达1207万元，占全年基金总收入的43%。并分别以不同的形式，对90%以上的失业人员进行了职业技能培训，积极发挥了失业保险保障基本生活和促进再就业的职能，取得了较好的社会效益。（阴宇晴）

【加强宣传工作，提高失业保险工作的知名度】 2003年，尽管各县（市、区）经办机构基本重新组建，经费紧张，但大家克服困难，想尽办法，利用一切机会，向社会和企、事业单位及其职工宣传政策，讲解《条例》和有关法规，反映本级失业保险工作的重要活动和动态，努力提高全社会的失业保险意识和知名度。临猗县先后十多次，在省、市、县报纸和机关内部刊物上进行报道和情况通报，在全县造成了很好的影响；夏县、盐湖区把失业保险金的首发仪式搞得十分隆重，他们邀请县委、政府主要领导参加，通过电视、报纸等媒体进行报道，取得了显著效果。市失业保险中心坚持每月一期《运城失业保险简报》，及时报道全市失业保险工作的动态，交流县（市、区）的先进经验，表扬先进人物和事迹，反映工作中存在的问题，对本市的失业保险工作起到了积极的推动作用。（阴宇晴）

【巩固劳动服务企业阵地】 多年来，劳动服务企业一直是安置失业人员的一个渠道和基地，为我国改革初期的经济发展和社会稳定做出了历史性的贡献。由于经济结构的调整，本市的劳服企业受到很大的冲击，出现了较大的滑坡。鉴于此，市失业保险中心根据“立足市场，转变观念，拓宽领域，再创辉煌”的十六字方针，采取了有力措施：认真对劳服企业进行年检；解放思想，拓宽思路，瞄准新的经济增长点和就业增长点；积极引导，增强劳服企业的市场竞争力。据统计本市现有劳服企业 24 家，从业人员 2931 人，本年度新安置就业人数 256 人，年实现总利润 1750 万元，上缴各种利税 7150 万元，为本市的经济发展做出了应有的贡献。

（阴宇晴）

收入与消费

【城镇居民收入与消费】 2003 年，全市全年城镇居民人均可支配收入 6172 元，比上年增长 12.1%。城镇居民人均消费性支出 4383 元，比上年增长 9.3%。城镇居民人均住房面积 24.4 平方米，居民家庭恩格尔系数 31.8%，全市在岗职工年平均工资 9820 元，比上年增长 8.6%。

（市统计局）

【农村居民收入与消费】 2003 年，全市农民人均纯收入 2321 元，比上年增长 7.6%。农村居民人均住房面积达到 26.6 平方米，居民家庭恩格尔系数为 37.5%。（市统计局）

【城乡居民储蓄存款】 2003 年，全市城乡居民储蓄存款大幅增长，年末余额 253.79 亿元，比年初增长 17.9%；人均储蓄存款为 5175.6 元，比上年增长 17.2%。

（市统计局）

优抚安置

【优抚工作】 2003 年，借党中央、国务院和省委、省政府召开“双拥模范城”命名大会的东风，突出抓了五项工作：①围绕“解三难”，出台相关措施，进一步巩固完善了以政府保障为主，集政府抚恤、群众优待、社会帮扶为一体的抚恤补助标准自然增长机制，优抚医疗保障机制和社会扶优助贫机制；②重点优抚对象经费全部列入预算，并按新标准发放到位；③配合省民政厅检查组，对市直光荣院、临猗县光荣院、永济市光荣院进行了申报文明光荣院的验收；④及时研究农村税费改革中出现的新问题、新情况，下发了《关于在农村税费改革中民政部门要注意的几个问题的紧急通知》，依法争取政府转移支付比例，争取以县统筹、统一标准、统一发放；⑤大力宣传受省表彰的“双拥模范城”、“双拥模范县”拥军优属先进集体、先进个人事迹，开展走访慰问、双拥共建活动，涌现出 1 个全国双拥模范城，3 个省级双拥模范城（县）。推动了全市双拥工作向社会化、法制化、规范化迈进。 （李 凯）

【退役士兵安置】 2003 年，全市共接收退役士兵 2986 人，其中回农村安置 2200 人，城镇义务兵 670 人，转业士官 116 人。年底，786 名安置对象档案审查、安前技能培训工作基本完成。参加汽车驾驶人员培训和五四一技校电力技工培训人员达 200 余人，以市政府名义下发《关于做好二〇〇二年冬季城镇退役士兵安置工作的通知》和《城镇安置对象自谋职业有关问题的通知》两个文件。坚持政府指令计划与自谋职业相结合的原则，积极探索市场经济体制下安置工作的新路子，积极推进退役士兵双向选择、自谋职业，千方百计拓宽就业渠道，鼓励他们到民营企业中大显身手。妥善解决 2001 年度 30 多名安置遗留问题。 （李 凯）

【军队离退休干部管理工作】 2003 年，紧紧围绕“两个待遇”抓落实，在优质服务中再创新优，鼓励老干部走出庭院，融入社会。成功地组织了第五届秦晋豫黄河金三角地区“黄河杯”门球邀请赛。按照全省文明军休所达标升级标准，对全市 9 个军休所进行了整顿和规范化管理，补充完善了管理制度，建立了岗位责任制，强化了服务素质。在全省检查考核中，受表彰的标兵单位 1 个，先进单位 3 个，达标单位 2 个。 （李 凯）

救济福利

【救灾救济】 2003 年上半年，临猗、芮城、平陆、稷山、万荣、闻喜等 6 县 24 个乡镇 156 个村遭受冰雹袭击，农作物受灾面积达 44.2 万亩，造成农业经济损失 3.56 亿元。八至十月份，遭受历史罕见的持续阴雨侵袭，致使全市出现大面积房屋受损倒塌，部分地区出现了滑坡、地面塌陷等严重自然灾害。据统计全市 13 个县（市、区）有 182.7 万亩农作物受灾，成灾面积 131.6 万亩。总计损坏房屋 20.9 万间，倒塌房屋 12.2 万间，成灾人口 125.5 万，因灾死亡 48 人，伤病 289 人，学校、水利、电力、交通、通讯等设施损失严重，直接经济损失超过 15 亿元。严重的自然灾害引起了省委、省政府、国家民政部的高度重视，民政部党组成员李本公、常务副省长范堆相及省民政厅亲临重灾区察看灾情、慰问灾民，领导抗灾救灾工作，并在各方面给予大力帮助。为妥善安排灾民基本生活，市民政局迅速组织人员，深入县、乡、村查灾核灾，采取五条措施指导抗灾救灾工作。一是切实加强领导，层层落实救灾责任制。督促县级干部分片包乡、乡镇干部包村到户，逐户逐屋排查险情，转移安置受灾群众，确保人民群众生命安全。二是采取多种渠道，帮助灾民重建家园，保证灾民有饭吃、有衣穿，安全过冬。三是广泛开展“帮助灾民恢复重建”集中募捐活动。根据要求成立了救灾捐赠管理中心，大力开展救灾捐赠工作，并在全市设立 14 个经常性接收站，93 个接收点。年底，市县两级民政部门共接收捐款 460 多万元，衣被 9.8 万件。已全部下发灾区，受益灾民达 15 万人次。四是多方筹资抗灾自救。国家民政部、省民政厅下拨救灾应急资金 1364 万元，紧急调拨帐篷 1570 顶，市政府紧急筹措下拨救灾资金 250 万元，落实县（市、区）

配套救灾资金375万元。已全部安排使用，解决了灾民急需。五是主动做好灾民恢复重建的筹备工作。在制订出台“全市灾区恢复重建实施方案”的基础上，将协调有关部门出台优惠配套政策，分阶段实施好重建规划。由于措施到位，农村人心安定，灾区群众生产恢复工作有序进行。（李　凯）

【城乡居民最低生活保障工作】 2003年，城市低保在上年全面实现应保尽保的基础上，通过严把“五关”，基本实现了规范化、信息化、动态化管理。①严格对象审定关。根据新纳对象申请，逐家逐户核定对象的家庭收入、家庭财产和劳动就业情况，以此严格按程序确定低保对象。年底，全市城镇居民低保人数由上年年底的15891户39702人，增为23749户61480人。②严格市县两级资金配套关，落实市、县两级城市低保本级预算资金1210万元，提标资金320万元，全年发放低保金3611万元。③严把调整政策落实关，确保按“实际收入”计算家庭收入的政策落实到位，按提高标准执行发放到位。④严把工作程序关，保证了不漏保、不错保，基本实现动态下的“应保尽保”，全部实现邮政或银行发放。⑤严把监督检查关，通过健全监督检查、社会公示等制度，提高了社会化服务水平，社会反映良好。

农村低保坚持统筹发展，全力推进，全面攻坚。按照城乡一体化、筹资规范化、发放社会化的运作模式，重点部署安排，确保稳步推进。主要做了四个方面的工作：①精心组织，严格程序，对全市农村低保特困户进行了认真的排查摸底。在巩固原有享受农村低保人数的基础上，适当扩大纳保范围，年底已批准享受农村低保21031户56191人，纳保人数占到全市农业人口的1.37%。②规范管理程序，指导县（市、区）进一步修订完善各种规章制度。稷山、平陆等县（市、区）人民政府修订补充了《农村居民最低生活保障制度》。③加大力度，落实资金和工作机构。先后多次督查农村低保资金预算、法规建设、规范化管理等项工作。经积极争取，市编办以运编发［2003］11号文件，正式批准全市13个县（市、区）成立城乡低保管理中心、核定工作职能。④出台与低保相适应的社会救助方案，贯彻落实全省大同市低保工作会议精神，巩固低保成果，开展多方面、多层次农村救助工作。（李　凯）

【福利彩票发行】 2003年，在电脑福利彩票发行中，克服“非典”带来的不利因素，加大宣传力度，不断改进宣传方式，增加基层销售网点，全年完成发行电脑彩票近2000万元。即开型福利彩票销售工作，采取下达任务到各县（市、区）实行目标责任考核的措施，确保完成任务。执行“三全让”、“六奖励”的优惠政策激活基层发行积极性。盐湖等九县市，采用灵活多样的设奖方案，自行组织与大胆利用外援公司组织销售有机结合，均超额完成任务。全市即开型彩票销售突破1000万元，筹集经费资金190万元。（李　凯）

【福利生产工作】 2003年，在充分发挥福利企业协调作用的同时，注重在服务上下功夫，经过交叉检查，严格复核。资格认定，基本完成福利企业的换证工作。市民政局出台了《关于进一步加强社会福利机构和福利企业规范化管理的通知》，积极帮助福利企业落实各项优惠政策，积极安排残疾人就业。出台了《关于落实对福利企业职工纳入基本养老保险制度的通知》，切实维护残疾职工的合法权益，帮助他们解决实际困难。（李　凯）

【星光计划】 2003年，第二批星光计划重点项目全部投入使用，第三批重点项目进展顺利。先后下拨专款495万元，落实配套资金411万元，资助第二批35个项目全面建成并投入运营。年底，第三批25个重点项目正在建设，可望下年五一前投入使用。（李　凯）

【五保敬老工作】 2003年，重点加强农村敬老院建设的同时，深入基层，掌握第一手资料，开展了全市五保对象调查摸底工作。据统计，全市有1000余名五保户纳入到了社会救助体系，享受农村税费改革后政府转移支付专项补助，保障标准明显提高。

市社会救助福利服务中心项目于9月20日在城东新区开工奠基，可望下年建成。盐湖区社区服务大楼正式启用。部分县市中心敬老院立项筹备工作进展顺利，正在进行之中。（李　凯）

老龄工作

【加强老龄宣传，提高敬老意识】 老龄宣传工作是贯彻党和政府有关老龄问题的方针、政策、规划，实现“六个老有”工作目标的先导和重要保证。在老龄宣传工作中主要抓了以下六个方面：1. 充分运用报纸、广播电视、黑板报等新闻媒体和开展老年文体活动的形式，广泛加强对本市人口老龄化现状和发展趋势的宣传；2. 运用各种形式的会议和文件，对党和政府有关老龄工作的方针政策进行宣传；3. 对“六个老有”的宣传，“六个老有”集中反映了老年人对物质生活和精神文化生活的需求，是老年人各项权益的体现，也是老龄工作的奋斗目标；4. 采取翻印宣传资料，利用专题讲座和召开座谈会，深入基层检查督促的办法对维护老年人合法权益法规进行宣传；5. 通过广泛开展“河东孝星”评选活动对中华民族尊老敬老传统美德进行宣传；6. 通过召开老龄工作经验交流会和学术讨论会对老龄工作先进典型、经验和老龄事业成就进行宣传。特别是对国务院副总理、全国老龄委主任回良玉同志的重要批示，认真学习，深刻领会，用以指导老龄工作。（黄　俊）

【加强法制建设，做好维权工作】 1996年8月29日颁布的《中华人民共和国老年人权益保障法》和2003年5月20日通过的《山西省实施〈老年法〉办法》，对于维护老年人的合法权益，弘扬敬老养老的传统美德，促进社会主义精神文明建设，推动老龄事业的发展都具有重要的作用和意义。特别是《山西省实施〈老年法〉办法》进一步明确规定县级以上老龄组织指导、监督和检查老年人权益保障工作，对于进一步做好老年维权工作奠定了坚实的基础。因此，各级老龄组织本年把宣传贯彻《老年法》和《山西省实施〈老年法〉办法》放在了突出的地位，掀起了学习和宣传贯彻的高潮。积极组织老龄工作人员和广大老年人学习领会《办法》的精神实质，深刻认识颁布《老年法》和《实施〈老年法〉办法》的重要意义；运用多种方式认真学习，大力宣传，努力营造敬老、养老、助老的舆论环境；充分发挥指导、监督和检查的作用，通过对典型案件的公开处理和对老年法在基层贯彻执行情况的检查，切实维护老年人的合法权益。如：新绛县老龄委几年来协助各级民调组织共受理赡养案235件，先后接待来访老人81人（次）涉及案例41件，其中赡养案27例，财产纠纷案8例，人身伤害案6例。（黄　俊）

【组织各种活动，活跃老龄工作】

组织各种活动，是搞好老龄工作，丰富和活跃老年人精神文化生活的一项重要措施。2003年以来，共开展了五项活动：1. 广泛开展了“河东孝星”评选活动，全市上下通过层层评选推荐的办法，树立了一大批敬老模范，受市表彰的百余名“河东孝星”，市老龄办将编辑出版“河东孝子榜”进行广泛宣传，弘扬中华民族尊老敬老的传统美德，以形成敬老养老的良好风尚，促进社会主义精神文明建设；2. 运用多种形式搞好一年一度的老年节庆祝活动。各县（市、区）普遍开展了老年节庆祝表彰活动，盐湖、临猗、绛县、闻喜、垣曲、夏县结合老年节广泛开展了评选表彰敬老模范和庆祝大会，河津市结合工作实际召开了老龄工作及老年节庆祝大会，稷山县开展了老年文体表演活动，市直工委、市直老龄委和市体育局联合举办了市直单位首届老年运动会，规模空前，得到了市委、市政府领导的重视支持，市直56个党委组成56支老年代表队参加了运动会，收到了良好的效果。同时积极开展各种老年文体比赛和文艺演唱，举办老年书画展等，市文化局在河东广场举办了老年消夏文艺演唱会，市广播电视局与联通公司联合举办了中老年文艺演唱会，市教育局与教育电视台举办了重阳敬老晚会，市老年书画研究会举办了老年书画展，市门球协会举办了全市门球比赛活动；3. 配合卫生部门组织医务人员为高龄老人进行免费体检；4. 充分运用老年大学的阵地，积极组织开展科学养生知识讲座，丰富老年人的科学养生和保健知识；5. 围绕全面建设小康社会的奋斗目标，广泛开展老龄问题研讨活动，为党和政府制定政策提供依据。（黄　俊）

【为老年人多办实事，解决实际问题】 各级老龄组织，密切联系老年人，一切为了老年人，一切对老年人负责，把老年人高兴不高兴，满意不满意，拥护不拥护，答应不答应，作为衡量老龄工作的最高标准，不断增强服务意识，改进工作方法，加强调查研究，以优良作风保证老龄工作方针政策的落实，特别是在贯彻落实《山西省实施〈老年法〉办法》和市委、市政府制定的优待老年人的政策中，做到积极、主动、热情为老年人服务，积极协调有关部门落实好对老年人的优待政策和规定，搞好优待证的颁发工作，真正为老年人把好事办实，实事办好，受到老年人的普遍肯定。（黄　俊）

【加强组织建设，抓好工作落实】

加强各级老龄组织建设，配备好老龄工作干部队伍，是搞好老龄工作的重要组织保证。各县（市、区）根据市委市政府加强老龄工作的意见，建立健全各级老龄机构，配备好老龄干部。本年底，全市13个县（市、区）老龄委班子已基本配齐，乡镇一级普遍建立了老龄组织并确定了专职工作人员，村一级有80%的建立了老年协会。市老龄委确定的县、乡、村三级规范化建设标准，已纳入运城市老龄事业发展“十五”规划。各县（市、区）高度重视此项工作，在搞好试点的基础上，以点带面，逐步推开，力争三年时间内顺利达标，从而推动全市老龄工作的不断向前发展。临猗县召开了规范化建设流动现场会，在全县掀起了比学赶超的老龄工作新气象，并把老龄工作纳入县委年终督查工作内容；绛县安峪镇15个村，全部建立起老年协会，并达到老龄工作规范化建设标准。在各村选举村长时，把抓不抓老龄工作列入施政内容。老年协会经费由镇政府统筹解决，从而保证了村级老年协会工作的正常开展。夏县南大里乡和四个社区的老龄工作扎实有效，基本实现规范化建设。（黄　俊）

【抓好防治“非典”确保老人安全】

在防治非典工作中，全市老龄工作战线，认真贯彻中央、省、市关于防治“非典”工作的精神，万众一心，严防死守，坚决打胜防治“非典”的战役。市老龄委首先采取有力措施，抓好本部门工作人员的防非工作，确保在防治“非典”期间万无一失；其次，及时向各县（市、区）老龄组织发出“关于做好防治‘非典’工作的通知”，要求各级老龄组织要高度重视对老年人防治“非典”工作的宣传教育，使老年人在防治“非典”中健康长寿；要突出重点，把防治“非典”工作的重心放在基层；要双管齐下，一手抓防治“非典”，一手抓老龄工作。市委、市政府给离退休的老领导及时发放非典药物，每天了解他们的体温。盐湖区老龄委组织专家电视讲话，宣传防非知识；闻喜县老龄办带上防治“非典”宣传材料和卫生部门推荐的防治“非典”口服中药，深入到“夕阳红”敬老院看望老人。广大老年人在防治“非典”工作中互相电话关怀、交流防非知识。有不少老年人为防治非典捐款捐物。闻喜县古稀老人李春元夫妇将5万元现金捐赠给该县非典防治中心。

2003年，全市老龄工作虽然取得一定成绩，但是也还存在着不足和差距，有待于在以后工作中不断完善和提高。老龄工作是党和政府的重要工作，只能加强，不能削弱。各有关部门必须齐抓共管，形成合力。各级政府要将老龄事业纳入全面建设小康社会的各项规划，把老龄工作纳入重要议事日程。各级老龄委只有进一步增强为老年人服务的意识，拓展老龄工作服务领域，改进工作方式，进一步提高服务水平和服务质量，才能使全市老龄工作不断向前发展，取得新的成绩。（黄 俊）

残疾人事业

【残疾康复工作】 2003年，全市完成白内障复明手术1530例，低视力康复108例、验配助视器108名，新收训聋儿91名，供应用品用具1879件；完成李嘉诚“爱心助残”项目，为25例贫困残疾人安装假肢；完成富士康集团“爱心助残”项目，其中完成白内障手术30例，安装矫形器12例，验配助听器20例，发放聋儿语训补助20名，做矫形手术10例，捐赠轮椅30辆，均完成或超额完成省下达任务。此外，永济、万荣、夏县三县（市）新成立语训班，使全市成立语训班的县市达到11个。市、县两级政府出台了《关于进一步加强残疾人康复工作的意见》，运城市及河津市、盐湖区将康复 列入财政预算。

（靳北平）

【残疾人就业工作】 全市培训残疾人1895名，其中农村实用技术培训1170名，占任务的130%；城镇职业培训725名，占任务的145%；分散按比例安排残疾人就业266名，占任务的133%；集中就业354名，占任务的354%；自谋职业640名，占任务的128%。已征收保障金200万元，占任务的105%。盲人按摩培训42名，占任务的105%。

（靳北平）

【扶贫解困工作】 通过调查，全市有贫困残疾人8.3万余名，其中通过“帮、包、带、扶”等各种形式解决了1.5万余名贫困残疾人基本生活问题，并将8700余名农村贫困残疾人和2370名城镇贫困残疾人纳入最低生活保障，临时救济、助残日、重大节日慰问贫困残疾人1500余户（人），救济金额达30万元，是近年来最高的一年。9月份，市残联会同扶贫、农行等有关部门对全市残疾人扶贫资金使用情况进行了一次调查、评估，从总体情况看，各县（市、区）扶贫资金做到投放准确，使用合理，扶持效果良好。开展了多种形式的募捐活动，全市累计募集解困款物折合人民币54万元，超额34万元完成省下达任务。其中募集衣物价值18.6万元。（靳北平）

【组织建设工作】 市残联和十二个县（市、区）（芮城县除外）顺利完成换届任务。其中市上和临猗、永济等5个县（市、区）成立了专门协会。各县市均建立优秀残疾人人才库，并给市残联推荐优秀人才59名，超额9名完成省下达任务，市残联给省残联推荐优秀人才13名。市、县两级残联普遍对县、乡两级残联理事长及专门协会负责人认真进行了政治业务培训，累计培训28次，参加人员达208名。全市已成立14个法律援助中心（律师事务所），2003年成功办理了38件维权案件，有力地维护了残疾人的合法权益。（靳北平）

【宣传文体工作】 在省级以上新闻媒体刊稿30余篇，为《山西残疾人》和《山西残联信息》供80余篇。征订《山西残疾人》289份、《三月风》86份、《中国残疾人》124份。积极上报优秀作品参加全国“第七届残疾人事业好新闻奖”评选活动，共上报作品13件，其中专题3篇，消息4篇，通讯4篇，摄影作品2组。选拔推荐7名肢残运动员，统计上报特奥运动员960名。肢残运动员张应斌和张光辉代表山西省参加全国第六届残运会，张应斌取得两金一银的好成绩。11月份，张应斌同志在新西兰举办的世界轮椅运动会上取得了一银二铜，为国家、省和市争了光。

（靳北平）

【“十五”计划中期检查工作】 根据晋残工委字［2003］4号文件精神，6月份市残联安排开展了“残疾人事业‘十五’计划中期检查”工作。在自查中，市、县两级残联高度重视，认真部署，精心组织，顾及了全局，突出了重点。通过检查，既了解掌握了全市“十五”计划纲要的执行进度，又总结了执行中的成绩和经验，找到存在的问题和差距，同时制定出了相应的措施，为全面完成“十五”计划打下了良好基础。全省康复工作“十五”中期检查中，省残联检查组对本市康复工作任务的落实情况给予充分肯定。（靳北平）

【各级领导对残疾人事业重视程度提高】 2003年，市残工委主任、分管副市长柴林山同志，先后5次主动召集残联主要领导听取汇报工作，10次到基层、到残疾人员中进行调查和慰问，并大力宣传残疾人工作的重要性。市残联换届大会之前，亲自召开市残联机关工作人员大会，对换届工作进行动员部署。各县（市、区）的领导对残疾人事业也给予越来越多的关心和支持。临猗县分管副县长杨建民同志时刻把残疾人的问题放在心中，哪里残疾人有困难，有问题，哪里就会出现他的身影。肢残人杨顺度，年近古稀，十余年来一直义务为全村出宣传板报，杨建民同志多次上门看望慰问。2003年7月杨老汉腿病发作，不能下床，他听说后，联系骨科医院，带上药品，赶到杨老汉家中为他看病，并且一切费用全免。杨建民还同教育局及学校协商，为闫春芳等六户贫困残疾人子女减免学费达5000余元。象杨建民这样的好领导在全市还有很多，正是他们，增强了残疾人与党和政府的血肉联系，让残疾人感受到社会主义大家庭的温暖。（靳北平）

【广大残疾人工作者勤政敬业，发挥模范带头作用】 临猗县残联理事长孙月桂同志，两腿因患病行走不便，但她一刻也没停止为残疾人事业奔波。2003年上半年她腿部骨折，仍然躺在病床上，听汇报，打电话，指挥工作，处理问题。原万荣县残联理事长吴文元同志，由于到龄退居二线。在新老交替之际，他一没有失落感，二不闹情绪，一方面积极向组织推荐年轻有为的同志接替自己的工作，一方面站好最后一班岗，一如既往地做好新理事长接任前的各项工作，并且向组织保证，新理事长上任后，他还要甘当下手，好好送一程，表现了一个老党员的高风亮节。垣曲县残联理事长李民行同志，在建设综合服务大楼最关键阶段，短短一个月左右的时间，体重减轻了十多斤，体现了残疾人工作者的无私奉献精神。（新北平）

【市县两级残联换届工作】 2003年换届工作在受到“非典”影响的情况下，由于市委、市政府和省残联的正确领导和市县两级残联的努力，仍然得以顺利进行。2003年底除芮城县外，市和12个县级残联换届工作全部顺利完成。市残联已派出工作组深入芮城进行督促，争取早日完成这项工作。（新北平）

【社会扶残助残新发展】 1．成立全国首家民间扶残助残组织。4月8日，全省乃至全国首家民间扶残助残社会团体运城市扶残助残协会成立。该协会的首创者为省助残模范、运城黄河药店经理张跃民。他在长期帮扶残疾人的过程中深深体会到，对于全市20余万需要帮扶的残疾人来说，其个人的力量是微乎其微的。于是他依托自己的药店，联合夏县偏瘫医院、盐湖区残联康复中心等10多家民营企业和200余名企业员工成立了这一协会。协会成立伊始，他们加强管理，规范服务，量化目标，建立了特困残疾人档案，会员单位都与特困残疾人结对子，进行对口帮扶。凡残疾人在会员单位买药、看病、购物时，均可凭残疾人证享受20%的优惠。在这一善举的影响带动下，5月17日，临猗县扶残助残协会也在鞭炮齐鸣声中挂牌成立，华晋实业公司董事长荆广仓任会长，成员有恒晟纺织集团、卫氏鱼康、青山化工等40余家企业的厂长和经理。助残日期间，荆广仓会长带领有关人员深入牛杜镇，看望了残疾人特困户闫春芳，为她送去一辆轮椅和现金1000元。并表示资助闫春芳的小女儿上高中及大学，所有费用由他承担。

2．扶残助残新典型层出不穷。在市残联第四次代表大会召开之际，除了全国助残模范、海鑫活性钙厂厂长、市残联名誉副主席李春元先生和黄河药店经理、市扶残助残协会会长张跃民先生分别为大会捐赠了15万元和1万元。市三通装璜公司经理刘峰先生和南风集团南华公司经理师永红先生也分别为残疾人事业捐赠了5千元和2千元。临猗县正大药店经理李红星，在“非典”期间为残疾人捐献了价值3000元的干扰素、消毒液等药品。永济政协副主席杨克义在自己创办的福利博洋包装厂吸收安置了20名残疾人就业。

3．扶残助残活动形式多样、内容丰富。河津市在全市开展了“为残疾人献爱心”募捐活动，包括市以上企事业单位在内的近百个单位、7000余名职工共计捐款9.3万元，参与面之广，捐款数额之大，创该市历史之最。夏县聋儿语训班成立后，资金困难，无力购进语训设施，县教育局、民政局、县医院、偏瘫医院等单位和企业及时捐款1.3万元，保证了语训班顺利开课。临猗县万丰植保科技服务公司组织开展了为残疾人免费送科技、送农药下乡服务活动，向400余名残疾人捐赠了价值8000元的农药和科技知识宣传手册。（新北平）

【残疾人自强自立，展示风采】 南风集团残疾人职工张应斌，连年在全省、全国甚至世界级残疾人运动会上获得佳绩，2003年又取得了世界级比赛一银二铜和国家级比赛二金一银的好成绩。临猗县闫家庄残疾人王慧娟，发起组织了10户村民集资13万元打井。她本人也拿出4万元积蓄，打成一眼每小时出水38吨，可灌溉500亩地的深井，造福于一方百姓。芮城县肢残人张景东创办的木器加工厂，吸收了40多名健全人就业，人均月收入1000元左右。这些残疾人自强自立优秀典型的事迹，极大地鼓舞了一大批残疾人自强不息，努力奋斗的精神，对全市残疾人事业的发展起到了有力的推动作用。（新北平）

（责任编辑：石少青）

旅　游

旅游业

【发展旅游渐成共识】 2003年，市委、市政府连续召开了两次声势浩大的旅游工作会议，四大班子领导还亲自参加了旅游启动仪式；盐湖、永济、稷山、万荣、芮城、夏县、垣曲等县市党政一把手亲自争取项目，跑资金，把旅游放到了突出位置；一大批企业开始投资兴办旅游；社会各界和新闻媒体更加关注和支持旅游；全市上下争先发展建设旅游大市的氛围日渐浓厚。

（孙红斌）

【抗击非典苦练内功】 在2003年抗击非典斗争中，全行业面对厄运不低头，沉着应对谋发展，做到了人心不散、市场不乱、工作不断，不仅夺取了抗击非典的最终胜利，而且利用非典旅游空闲，组织编写了《运城旅游指南》一书，全行业苦练内功求发展，为旅游复苏启动赢得先机。（孙红斌）

【实施品牌战略，抢占周边市场】 2003年，旅游局推出“六点一线”品牌，并且集中人力、财力，对西安、洛阳、太原等周边客源市场进行了集团化、大规模的宣传促销，使“六点一线”在萧条的旅游市场迅速走红。特别是“十一”黄金周，虽然阴雨连绵，但来运团队络绎不绝，市区所有星级饭店全部爆满，客房首次出现全面告急。

（孙红斌）

【产业规模不断扩大，旅游引资快速增长】 2003年，全市连续开放了中国死海黑泥养生城、圣天湖、后土祠、舜帝陵等10余个新景点，新增10家旅行社、1家四星级酒店、4家二星级酒店和1家旅游汽车公司，直接增加劳动就业近3千人；五老峰从省粮食厅融资1000万修建云峰阁宾馆，鹳雀楼、永乐宫、后土祠争取到国债资金3200万。旅游产业规模的不断扩大，融资速度的不断增长，为今后全市旅游业的发展奠定了坚实基础和发展后劲。（孙红斌）

（责任编辑：石少青）

人　物

全国"五一"劳动奖章获得者

【张贯中】　(1963.12—　)，男，大专文化，中共党员，1979年参加工作，平陆县果业局高级技师。

他率先在我国实践成功了世界领先的"纺锤形"苹果树形管理模式，被誉为"贯中管理模式"，并建成全国最大的"纺锤形"精品苹果生产基地，被确定为农业部精品苹果生产基地。近年来，全国各地有17万余人次来基地参观学习，他累计培训1600场次，受训果农达41万人次。他的科研成果被推广后取得了不可估量的经济效益。他创立了"农户——基地——协会"苹果经营模式；建成了全省最大的苹果产地市场。2002年出口创汇720万元。

他受农业部和省委托起草了"全国苹果质量新标准"和"全省高档精品苹果规范化管理规程"；他编著的《精品苹果生产实用技术》一书，被农业部指定为农业新标准参考本；他还先后发表论文14篇；他指导生产的苹果，在昆明世博会、国家农博会、省历届展评会上夺回金牌16枚。

省、市各级领导及国内知名苹果专家汪景彦、马宝昆、束怀瑞，日本、美国、新西兰等六国专家也到基地参观，都给了高度评价和充分肯定。王景彦挥毫题词："贯中管理模式，值得大力推广"。

他先后获得人事部、农业部优秀青年、山西省劳动模范、全省苹果状元等殊荣，还当选为省党代表，市、县人大代表。

【景雪变】　(1961.10—　)，女，中共党员，大专学历，国家一级演员。现任运城市文化艺术学校副校长兼市蒲剧青年实验团团长。

她在艺校分管教学工作，在她亲手指导下，青年演员孔向东荣获"山西省2001年走进大戏台"总擂主。2002年6月带领艺校师生赴省城参加"省第六届戏剧教学剧目汇演"，连获十余项比赛大奖，位居全省第一。2002年9月在市委、市政府的大力支持下，克服一无团址、二无正式排练场地的重重困难，组建了"运城市蒲剧青年实验团"，演出106场，创收30多万元，创造了全省戏剧演出史上经济、社会效益双丰收的最高纪录和最好水平。文化部领导和中国戏剧专家在研讨会上评价说："该团的建立，为山西戏剧振兴带来希望"。她在全省戏剧界率先提出"带新的，走正路，出精品，兴戏剧"的办团理念，在《中国文化报》上先后发表《艺术家要永葆艺术实践的先进性》、《蒲剧在中国文化史上地位的反思》理论文章等。经她精心策划创意，组织力量创编出大型历史剧《鹳雀楼》，该剧本引起省剧协和中国剧协的高度重视。

她是山西省四大梆子获得中国戏剧"梅花奖"、"文华奖"双奖第一人。2001年荣获"山西省劳动模范"称号，同年代表全省文艺界出任"国务院特殊津贴专家"评委。2002年担任全省文艺界高评委。今年又荣获全市"十佳女标兵"称号。　(市总工会)

山西省"五一"劳动奖章获得者

【王跃宣】　(1960.9—　)，男，大学文化，中共党员，永济市人，1983年参加工作，现任南风化工集团股份有限责任公司总经理。

能认真贯彻落实省、市一系列关于调整结构的方针和政策，改变了南风集团洗衣粉一枝独大的不利局面，加快洗衣粉新品种、新规格的开发，大力发展特色皂类产品和液洗产品，使南风日化实现了三元结构。市场占有率大幅提升30%以上，对化工主导产品元明粉进行了改造，巩固了世界最大元明粉生产供应商的地位；对硫酸钡进行了改扩建调整，超细钡产量达到35000吨，成为全国最大钡业生产基地。

整合市场网络，实行"两条腿走路"的策略方针，充分利用社会资源，扩大了产品覆盖面，节约了销售费用，实现了调增一批、拓展二批、终端拉动、深度分销的目标，在市场竞争中保持了网络优势，2002年销售收入达25亿元，实现利润1亿多元。

组织建成了以技术密集型为特色的集工商贸为一体的南风工业园区，已运营的项目多达6项。上马了世界最先进的年产5.5万吨绿色液洗和年产4万吨特色皂先进生产线，为改善南风日化产品结构起到了示范性作用；建造了全国单体面积最大的建筑材料商城32000平方米。

深度开发盐湖资源，高标准建成了黑泥洗浴、盐水漂浮场，打造出题材独特的"中国死海"精品项目，为发展运城旅游大市做出了重要贡献。

【申永生】　(1956.11—　)，男，中共党员，大学学历，稷山县人，中石化山西运城石油分公司经理。

2002年度，全年完成油品销售18.19万吨，其中零售13.23万吨，润滑销售3843吨，在全省系统名列前茅。实现利润2634万元，跃居全省第三名，存续公司扭亏为盈，实现利润54.88万元，名列全省系统第一，费用比2001年减少144万元。

2002延续2001年市场激烈竞争的趋势，油价波动，价格倒挂，劣质低价油品的冲击等不利因素和恶劣环境，他冷静思考，沉着应付。

按照“内部紧密化、外部市场化”的思路做出果断决策。投资1400余万元，新建农村网点73个，投资1100余万元，对13座加油站进行了改造，完成半坡油库道路和付油区改造工程，使半坡油库成为全省系统一流的付油区。配合技术监督局取缔劣质土炼油191个窝点，捣毁地下批发窝点10余个，购置10余部公路运输车辆，确保优质油品统一按时配送到位。

2002年初，根据市场经济的发展要求，提出“求真务实，开拓进取，全面争先，争创一流”的奋斗目标。各项工作取得了前所未有的好成绩，获得集团公司奖励4项、省政府奖励5项、市政府奖励18项、省公司奖励7项。其中，千禧加油站在2002年“五一”表彰时，被省劳竞委荣记集体一等功，被团省委授予“青年文明号”加油站，石化集团评为“三星级加油站”，被团市委授予“优秀团组织”等荣誉称号。他本人被省劳竞委荣记一等功，被评为山西省企务公开“先进个人”，被授予山西省企业景气调查工作“优秀企业家”称号，被市委、市政府评为2002年度经贸工作先进个人。

【郑忠民】 （1958.10— ），男，大学文化，中共党员，永济市人，现任许家营村党委副书记。

他在主持全村民营企业发展工作中，认准“发展才是硬道理”，不断加大改革力度，适应市场经济发展规律，立足于农副产品加工增值，创办优势龙头企业，促进农村产业化结构调整，带动广大农民群众致富奔小康，为全村经济发展作出了突出贡献。

他率先组织全村企业进行经营体制改革，使全村企业全部按照现代企业运行机制运行。在村内建立大小企业36个，其中忠民、粟海、强胜3大集团被确认为国家级乡镇企业集团，把许家营工业园区创建成国家级工业园区，成为国家中西部地区科技含量最高、加工规模最大的食用植物油加工基地和肉鸡饲养、加工基地。全村企业共安排4300余名农村富余劳动力就业；带动第三产业专业户3900余户；直接带动30余万户农民因种植油料农作物和养鸡致富。2002年全村企业实现工业产值10.2亿元，销售收入9.8亿元，利税5800万元，创社会效益6500万元。在他的带动下，村内先后投资400余万元建成高标准花园式学校，投资200余万元建起现代化一流变电站，为全村企业进一步发展奠定了基础。村内各项公益事业实行“十免”，硬化水泥路面3000米，安装路灯380盏，全村人均经济收入超过6500元，成为全省首批小康示范村，村内两大民营集团被认定为“农业产业化国家重点龙头企业”。

先后被选为省七、八届党代会代表，被评为运城市“特级劳动模范”、“十大杰出农村党委书记”。

【荆夏敏】 （1954.3— ），男，中共党员，大学文化，现任临猗县银屑病研究所所属专科医院中医主治医师，运城市人大代表。他于1980年从部队医院转业回乡，发挥自己在医学研究方面的一技之长，至今专业从事中医银屑病临床研究与治疗已有20余年，在理论上提出了银屑病实质为“血热是假象，血瘀是实质”的新观点，确立了“温阳强肾，活血化瘀，解表消斑”的新治则，并编著了《银屑病理论与实践》著作，为中医中药治疗银屑病开辟了新的途径。在实践中研究出纯中药制剂“七仙消银丸”，1996年获得国家新药发明专利，已为六万余名患者解除了痛苦，所治愈患者涉及到美国、日本、德国等六个国家，特别是为国家奥运乒乓球冠军李菊治愈了疾病，保证了李菊在上届奥大利亚悉尼奥运会上再次为祖国夺取了乒乓球双打冠军。1988年参加了在美国举行的第三届国际银屑病学术会议，作为中国代表团代表在大会上做了学术报告。2001年4月，在澳大利亚参加了第五届国际中西医优秀医学成果交流研讨会，并在奥州某医科大学做题为“中医中药内治银屑病的理论和实践”的学术报告，使祖国传统医学在海外产生广泛影响。同时在《中华皮肤科》、《山西中医》、《健康报》等报刊杂志发表过二十余篇学术论文，先后被评为“运城市劳动模范”、“山西省优秀科技工作者”，被陕西省中医药研究院聘为特约研究员，被国际卫生组织SAATH/IOM接收为医学科学学部委员。

【薛秀武】 （1952.12— ），男，大学文化，中共党员，1968年参加工作，万荣县财政局核算中心主任。

曾多次被县委、县政府授予“优秀党员”、“先进工作者”称号；2001年被运城市劳动竞赛委员会授予“十佳爱岗敬业标兵”称号，同年5月被市委、市政府授予“运城市劳动模范”称号；2002年被运城市委、市政府授予“运城市财税系统先进工作者”称号。他撰写的《浅谈农业特产税的征管》获“中国改革发展与社会经济研究”优秀成果二等奖；《推行会计委派的几点体会》获“西部大开发财税金融协调发展”优秀论文三等奖。他的模范事迹有：一是锐意改革。在会计集中核算制度改革中，他摸索出“会计统管、主体不变、并行记帐、稽核申报、单一帐户、收支直达”的管理模式，受到财政部、省纪委及省市财政部门领导的重视，山西电视台对万荣县的这项改革进行了采访报道。二是创新财政管理。在专项资金的管理和使用上，他摸索出“先干后补、分期拨付、单据核销、资金直达”的管理模式，解决了专项资金被截留挪用以及工程质量难以保障的问题。三是加强财政监督。他从财政监督范围、监督方式以及处罚力度三方面，加强财政监督，有效遏制了财政领域中的违法乱纪行为，促进了党风廉政建设。四是依法行政、廉洁理财。他在工作中，坚持做到不吃请、不收礼、不拿原则做交易。他外出办事通常是几个蒸馍和两碟小菜、生活十分俭朴。他坚持原则，两年来共拨付了数千万元的资金，从来不吃拿卡要。会计核算中心成立以来，共拒付资金18万元，他清正廉洁、爱岗敬业的事迹先后被《山西日报》、《山西经济日报》、《正气》等报刊杂志报道。

【汤全锋】 （1957.9— ），男，中专文化，中共党员，1974年参加工作，部队复转干部，现任中国银行河津市行行长。

2002年以来，他积极支持当地经济建设，作好企业的服务工作。为河津市争当首富市做出了突出贡献。抓好信贷结构调整，优化产业结构。累计为河津当地发放贷款130924万元，实际净投放27438万元，有力地支持了振兴集团、阳光、太兴、三联、鑫升、宏达、理成等河津市龙头企业。他带领一班人把银企一家、共同发展放在突出位置来抓，实现银企双赢。2002年河津中行全年实现利润1273万元，人均利润全省第一，全国排名第九位。2002年河津中行被评为“争创三晋首富市优秀服务单位”。

【温育民】 （1962.9— ），男，大学文化，中共党员，临猗县人，1986年参加工作，绛县供电支公司助理工程师。

他为绛县电网基础建设立下了汗马功劳。设计了四个变电站的建设或改造项目：35KV卫庄变电站的建设，110KV安峪变电站的建设，35KV勃村变电站的建设，投资2个亿的220KV变电站项目已于2003年开工，将彻底改变绛县供电无电源点的问题；科学设计规划重点工程，圆满地完成年初预定的各项指标。合理布局，科学设计，高标准地完成了绛县农村电网改造规划任务。42000余户农民用上了“放心电”。为农网改造注入3978万元资金，实现了节约、高效、合理的使用，使绛县的电网计量更精确，群众满意率很高。通过技术上的改造，堵绝了“关系电、人情电、特权电”的现象，一年减轻农民负担200万元以上。还协助有关部门科学规划设计了大家关心多年的吃水、行路、办公条件改善、住宅楼建设等七项工程，得到了领导的满意，赢得了大家的称赞。

他勤奋敬业，无私奉献，经常加班加点，不计个人得失，各项工作都取得显著成绩，先后受到省、市、县的多次表彰，获荣誉称号五次：被运城供电分公司命名为先进工作者；被运城市社会主义劳动竞赛委员会荣记三等功；被绛县县委命名为“三个代表”学教积极分子；被山西省体育局命名为体育工作先进个人；被运城供电分公司党委命名为优秀共产党员。

【王红妮】 （1974.1— ），女，中专文化，万荣县人，1989年2月参加工作，万荣县蒲剧团国家二级演员。

她学戏先做人，以良好的品行，高尚的戏德，虚心向老师傅请教刻苦练习基本功，终于练成了文武兼备、行当齐全的知名演员。王红妮每年演出500多场戏，她把每场演出都当作人生第一次，十分执着和认真，始终把优秀的艺术献给人民。她一方面汲取豫剧、眉户等剧种的特长，一方面通过唱片或亲自拜师学习王秀兰、任跟心、武俊英等名家的艺术精华，博采群蕊酿奇香，使自己在唱、做、念、打等方面不断追求完美，走向成熟，逐渐形成自己独特的艺术风格。她心系农民，回报社会，每次到农村演出，总忘不了那些老弱病残、鳏寡孤独。六年多时间先后为这些弱势群体上门演出折子戏100多次。她担任剧团领导职务一年来，为振兴蒲剧事业竭尽全力，在不影响演出的情况下，为剧团争取扶持资金5万元，招聘优秀青年演职员8名，利用雨天或演出间隙培训青年演员30多次，还开展“一帮一”、“以老带新”等活动，使全团整体业务水平有了明显的提高。她还合理搭配剧目，实行“古装和现代戏相结合、本戏和折子戏相结合、文戏和武戏相结合”，赢得了广大观众的好评。她2000年10月荣获运城戏剧调演金牌奖，2002年荣获山西省个人三等功，连续三年被市、县文化局和剧团评为优秀演员，收到乡村和农民赠送的“蒲剧新秀”等字样的牌匾10多个。《山西日报》等6家报纸刊登了她的模范事迹。

【屈启晓】 （1947.6— ），男，中共党员，大学文化，万荣县人。1966年参加工作，北京黄河京都大酒店有限责任公司董事长。

1991年创办运城驻北京联络处——黄河宾馆，1995年创建黄河京都大酒店，1999年创建龙晓饭店，2000年组建北京黄河酒店管理集团，所属酒店营业面积达2万平方米，总资产达2亿多元。10多年来，他立足北京，面向全国，以服务山西为己任，自强自立，艰苦创业，与时俱进，开拓创新，先后6次被北京市人民政府评为驻京单位先进个人。多年来捐赠灾区、希望小学等数十万元。2002年投资100万元为社区建花园认养绿地，在北京首开先例，受到北京市刘淇市长接见和表彰，北京市精神文明办、崇文区政府进行表彰，并给全国四个直辖市领导介绍经验。在京十多年，为当地政府创造税收150万元，为振兴和发展运城经济做出了贡献。为了宣传山西，扩大山西在北京、在全国的影响，在京城创办山西文化长廊，创办《黄河人》店报，宣传山西旅游资源和经济社会发展，将山西面食创造为系列特色，为在京企业的发展和首都经济的振兴，以及山西经济建设的繁荣都做出了积极的贡献。

【杨勤虎】 （1950.12— ），男，大专文化，中共党员，临猗县人。1967年参加工作，稷山县人民法院院长。

他带领全院干警认真学习贯彻十六大精神，积极实践“三个代表”重要思想，整顿和改进审判作风，把握“公正与效率”主题，拧紧审判质量，加大执行力度，年共审执结刑事、民事、行政等各类案件2687件，审限内结案率、公开开庭率、公开宣判率、新收案件执行率达100%，案卷优秀率达98%，当庭宣判率达90%。各项指标均达到和超过上级规定的标准。

坚持实施“六个一”教育，从一点一滴培养干警的职业观念，规范干警言行，实行亮装上岗、亮证执法、亮牌监督的“三亮工程”，进一步规范和严格了对干警的监督。持之以恒地抓干警业务学习，开展形式多样、内容丰富的各种学习活动，提高了干警业务素质。

坚持严格依法办案，加强廉政建设，深化审判方式改革。注重提高业务素质，撰写了大量的法学论文，并汇编成50余万字的《天心集》，受到广泛好评。他推行的判决书后附“判后语”这一法律文书改革，先后被中央电视台、山西电视台、江苏电视台和《人民法院报》、《山西日报》等多家媒体报道，该新闻被中央电视台评为全国法制新闻二等奖。

【王健康】　（1955.9—　），男，大学文化，中共党员，沁源县人，1971年参加工作，运城市交通局局长，党组书记。

他任局长以来，带领交通系统广大干部职工，开拓进取、锐意创新、顽强拼搏，各项工作实现了新的突破，为全市交通事业发展做出了突出贡献。

在道路建设工作中，千方百计为公路重点建设项目筹措资金2.4亿，重点建设项目闻垣路57公里路基工程全线贯通；完成新建和大中修公路里程达1093公里，总投资1.8亿；在改革养护管理体制上，积极推行“三位一体”的养管模式，探索出一条解决地方公路养护管理机构、经费问题的长效机制，省交通厅给予充分肯定，并在全省推广；在运输管理工作中，坚持整顿运管队伍和运输市场，实现了管理、效益双丰收，年运输效益突破20亿；交通征稽工作，坚持“一个统揽、四个确保”，年收养路费创历史最高记录；在行风建设和执法队伍的管理上，提出树立“大局意识、服务意识、责任意识、创新意识、政治意识、廉政意识”，全面加强交通执法队伍建设；在精神文明建设方面，树有典型，学有榜校；在廉洁自律方面，清正廉洁，模范执行党风党纪的有关规定。

2002年度，荣获全省交系统优秀单位，全省公路系统劳动竞赛优秀单位、公路建设质量先进单位、全省运输管理工作优秀单位、运管费和客运附加费征收工作第一名、养路费征收工作第一名、安全生产管理先进单位、地方海事工作优秀单位、水上运输先进单位和全省交通成就展中荣获三项金牌。

【戴芝荣】　（1957.12—　），男，大专文化，中共党员，安徽省天长县人，1975年参加工作，运城市公安消防支队支队长。

他坚持“抓班子、带队伍、促工作、保平安”的工作思路和政治建警、从严治警、依法治警的工作原则，带领官兵圆满地完成了以防火监督和执勤灭火为中心的各项工作任务。全市消防官兵共参加灭火战斗265次，出动人员1854人次，车辆315台次，参加社会抢险救援活动78起，抢救和保护人民财产805万元，支队连续第九年被省总队评为全省“先进支队”，永济中队连续第八年被评为全省“标兵中队”。支队档案达到了省一级标准。本人在2002年度也被省公安厅评为全省优秀正团职干部（名列第一）。

他坚持脚踏实地，以身作则，廉政勤政的工作作风，带领官兵先后开展了“两节”、“两会”等安全大检查和加油站、集贸市场、网吧等公众聚集场所消防安全专项治理活动和“十六大”消防安全保卫工作，先后查出一般火灾隐患3000余条（处），重特大火灾隐患5条（处），通过加大整改力度，消除了一大批火灾隐患，确保了全市全年未发生一起重特大火灾事故。此外，支队还组织官兵开展了“我为残疾人献上一份爱”、“爱心助学”、“挽救生命，奉献爱心”、“扶贫济困”等捐款救助活动，受到了市直工委、团市委和驻地群众好评。

【杜泰来】　（1963.9—　），男，大专文化，中共党员，运城市人。1979年参加工作，运城市宾馆负责人。

他负责运城市宾馆工作以来，带领干部员工，与时俱进，开拓创新，通过多渠道，投资近50万元，硬化宾馆全部大院。以“星级”宾馆、酒店为样板，投资70余万元对800平方米的西餐厅包括8个包间全面装修，投资10余万元对客房的空调等设施进行了全面更新，投资30万元新装电子门锁，达到星级宾馆设施的要求。先后投资20余万元，拆除沿街门店，整修大门、围墙，新建了车棚、灯光草坪等配套设备，完善了馆内花园小区建设。投资10余万元，对印证运城历史、代表盐文化特色的两栋欧式楼进行美化、亮化，使之成为全市一道独特的风景。

他带领员工进一步完善制度，按照规范化、标准化、科学化的标准和操作细则，提高服务水平。采取集中学、请进来、走出去、岗位练、大比武等多形式提高员工素质。通过“三抓”使客房利用率提高到70%，回头客达到60%，客房效益增长10%，使宾客感到客房服务暖人心，饭菜可口赢人心，宾馆整体形象留人心。

一年来，先后接待中央、省市等各方面来宾3000余人次，承办市委、市政府及有关方面的会议200余次，营业额达到1800余万元，同比增长13%，被省精神文明办评为省级文明单位，被省机关事务管理局评为后勤服务先进单位，他本人被评为先进个人。

【尚照民】　（1963.1—　），男，研究生学历，中共党员，芮城县人。1984年参加工作，运城路桥有限责任公司高级工程师。

他长期身处施工一线，工作上紧紧依靠职工，大胆改革，科学管理；业务上认真负责，刻苦钻研，精益求精。在项目建设上取得了质量和经济效益的“双丰收”，打破传统的“条条框框”，以减员增效为目标，在项目部设立“三部一室”。在固定岗位的前提下，对项目部所有人员一律实行竞争上岗，使项目管理人员减少70%，管理费节约230万元。博采众长，集中群众智慧，制订了适合所有项目管理的《项目管理实施细则》。全年完成项目建设1.2亿元，实现利润1300万元。在项目建设中采用新工艺，使用新材料，提高了工程质量，降低建设成本560万元。

他优良的工作作风，扎实苦干的敬业精神深受全公司的一致好评，并且多次荣获各级单位的表彰，并于2001年在社会主义现代化建设中荣立省劳动竞赛委员会个人一等功。

【郭建华】　（1964.12—　），男，大学文化，中共党员，夏县人，1983年参加工作，中国联合通信有限公司运城分公司总经理。

他通过对运城区域经济结构以及人文地理环境的认真分析，总结工作经验，大胆探索，勇于实践，

终于开创出 独具运城特色的县级市场管理新模式，并取得了显著成绩。在 2002 年度全省联通系统“十强县”评比活动中，运城分公司有四个县入选，其中河津营业部高居榜首，这一突出成绩不但受到省公司领导的高度评价，而且还将运城联通公司的县级市场管理经验作为“运城模式”在全省推广。

在他的大力倡导下，运城联通在 2002 年互联网络业务发展中，结合自身的网络结构特点，通过对目标市场的准确分析定位，制定出了稳定性强、成线率高、成本低、用户容易接受的专线接入技术方案，即 FTTX 或 FTTX + HOMEPNA + 五类线（电缆）技术方案，在短短的几个月时间内，抢占了 52%以上的市场份额，发展专线用户达 150 户，精心打造出了“联通宽带网”的品牌。这种接入技术方案和良好的市场发展形势，很快受到省公司和联通总部的重视和好评，成为全国联通系统互联网业务发展的成功事例。

2002 年，全年完成主营业务收入 10401.84 万元，完成省份任务的 100.37%，比上年增幅 150%，在运城市的同行业中首屈一指。在全省联通 11 个地市分公司的综合考评中名列第三，被省公司授予“2002 年度先进集体”，其个人也被评为“先进工作者”。

【宁太奎】（1948.11— ），男，大专文化，中共党员，河津市僧楼镇人民村人，运城市、河津市两级人大代表，河津市政协常委。

他创办的太兴集团占地 500 余亩，资产总额 2.8 亿元，是集焦化、发电、铁合金冶炼、铁路专用线发运、对外贸易为一体的省级乡镇企业集团，运城市龙头企业。2002 年，他投资 2.5 亿元开工建设 60 万吨/年焦炉和配套的 120 万吨洗煤工程。投资 3000 余万元的办公生活区。公司实现销售收入 2.5 亿元，创利税 4000 余万元。当年他出资 350余万元，用于本村中小学教学楼、河津中学阶梯教室、邻村教学楼的建设；用于市重点工程稷西路的修铺；用于本村中小学教师的工资、奖金和社会扶贫；用于镇、村的其它公益事业。回报社会资金达 3000 余万元，他的义举受到各级领导和群众的称赞。

历年来他受到省、地、市的奖励和其它奖项达 50 余项。仅 2002 年度就荣获运城市“五一”劳动奖章、运城市“光彩事业功勋奖”、“运城市功勋企业家”、“捐资兴教先进个人”等 10 多项光荣称号。

【蔡根牢】（1952.3— ），男，大学文化，中共党员，平陆县人，1977 年参加工作，运城市第二医院院长、主任医师。

在全国突如其来的“非典”疫情暴发后，他担负本市“非典”防治专家组副组长。肩负重大的救治工作使命，同时又直接指挥着医院的救治工作。他不分白天黑夜，不顾辛苦劳累，不顾病毒感染，奔波在各县“非典”患者的会诊中，忙碌在医院救治工作上，他凭着多年的经验意识到这次工作的严峻性和艰巨性，立即召开医院领导会，建立组织，布置安排，对干部职工进行战前动员。

4 月 18 日首例“非典”疑似患者收住后，他带领医院医护人员亲自诊治。连续 3 个昼夜未合眼。5 月 3 日，当河津市一例“非典”患者需要会诊，立即又奔往，从晚上 8 点 30 分一直工作到凌晨 3 点多。回到医院还没来得及喘气，又接到去平陆会诊的通知，急忙奔赴平陆。多日来的劳累使他头发长了顾不上理，脸消瘦了无暇顾及，没有听到他叫一声苦和累，他的休息只能在车上或办公室度过。

“非典”防治工作以来，他基本上每日都与“非典”直接接触。在危险关头，挺身而出，为大家树立了榜样，据不完全统计，他先后接触观察疑似及确诊的“非典”患者 80 多人次，每日电话一个接一个，手机不停地呼叫，寻诊、会诊、及各种会议与接待工作使他处在紧张和忙碌中，他以旺盛的工作激情带领着全院同志为夺取“非典”防治的全面胜利作出了贡献。

【谢周杰】（1960.2— ），男，大学文化，万荣县人，1978 年参加工作，运城市第二医院 SARS 科主任，副主任医师。

面对“非典”疫情，组织上选派他担任 SARS 科主任。他义无反顾地勇担重任。由市中心医院先后转来 2 例疑似“非典”患者，体温达 40.5℃，咳嗽，痰中带血，呼吸困难。当时，科室只有他和护士长两人，加之消毒、隔离及个人防护措施还未到位。但他没有退缩，神圣的职业感不容得犹豫，他迅速进入 SARS 隔离病区，连续奋战 4 昼夜。在抗击“非典”的日日夜夜，他不辞劳苦，不怕流汗，一直战斗在第一线达 50 余天。

SARS 科是新建科室，医护人员来自各院各个科室。他深知自己肩上担子的份量。他要求大家做到的，他自己首先做到。为了实现“零死亡，零感染”的目标，注重在科室管理上狠下功夫。一月来，从救治患者到痊愈出院，从病区防护到隔离休息，无论大事小事，他都要亲自过问，从未放过一个细小差错。全科收治的 SAR 患者已全部治愈出院。

【韩玲爱】（1957.4— ），女，大学文化，中共党员，临猗县人，1976 年参加工作，运城市中心医院呼吸内科主任，副主任医师。

“非典”这场突如其来的疾病，给党和人民带来了前所未有的灾难，作为运城 心医院呼吸内科主任的韩玲爱同志，深感自己肩负的责任重大。从运城发现第一例疫情开始，她就义无反顾，毅然投身到抗“非典”的第一线。

作为全市抗击“非典”专家组成员，即有点上的责任，又有面上的任务。近一个月来，全市疫情较重的几个县她差不多都去过，会诊巡查。但她的主要岗位，还是市中心医院的发烧门诊和呼吸内科。连续奔波，讲课培训，高峰时还常常黑夜白天连轴转，一天都顾不上吃饭。但她明白，这是自己的天职，这是党和人民的需要。

医护人员最危险，感染的人数也最多。近一个月来，经她手过的“非典”疑信和确诊病人有 40 余人次，经常是零距离接触，查口腔呼吸道要面对面地细看。有人问她怕不怕，她说不怕是假的。可是进入角色就不怕了。

谁能没有亲情？没有爱？她已经两个多月没有给丈夫和儿子做过一顿像样的饭菜，没有照顾一下病重在床的老母亲。儿子今年高考，这时候最需要妈妈的鼓励和关心，但她只有在生活中安慰几声，托付几句，母亲患晚期肺癌，疼痛难忍，她作为这方面的专家，却没有时间为母亲治疗。为了防治“非典”，她全身心地扑在工作上，把这个家都给忘了。她说，在党和政府领导下，她一定要与“非典”战斗到底，“非典”一日不除，她一日不下火线。

【王晓丽】　（1968.3—　），女，大专文化，万荣县人，1990年参加工作，运城市第二医院主治医师。

她2003年4月中旬刚参加培训归来，还未来得及看望多日未见的父母，便立即投入到突如其来的抗“非典”工作中。

4月18日上午11时许，救护车的鸣笛声，护送人的喧闹声，打破了医院的沉静。由于医院SARS科还未筹备完善，医护人员人手不够，她和主任、护士长一起抢救病人。经过1小时的吸氧、药物降温等措施，但病人体温仍持续不退。她立即用热毛巾擦拭病人颈部、腋下等部位，同时做病人思想工作。又过去了2小时，病情终于稳定下来。

4月24日上午，SARS科正式成立后。全科25名医护人员，分工明确，密切协作，互相帮助，苦累工作，人人都抢着干。工作之余，她经常帮同事们洗衣服，打扫消毒房间，有个别年轻姐妹到SARS科后情绪不稳定，她就主动给她们做思想工作。工作之余，忙里偷闲抓住点滴时间阅读医学书刊、收看“非典”节目，来提高自己的业务水平。

SARS科分两组交替上班，她到隔离区后。时常关心大家，把自己的牛奶、鸡蛋让给别人，把爱人送来的香蕉、苹果、饮料等分给大家。并亲自为大家熬米汤，团结紧张的工作为大家增添了战胜“非典”的勇气和力量。

（人物资料由市总工会提供）

（责任编辑：景惠西　赵新慧）

县（市、区）概况

盐湖区

【概述】 2003年，盐湖区围绕“四大一强”（工业大区、农业大区、商贸旅游大区、教育大区和全省、全市经济强区），实施“三引一创”（引项目、引资金、引人才、创环境），主唱“六台大戏”（农业大戏、工业大戏、商贸大戏、教育大戏、财政大戏、旅游大戏），瞄准“三个翻番”（国民生产总值翻番、财政收入翻番、人均收入翻番），促使全区经济建设和社会各项事业健康发展，全年共完成国内生产总值40亿元，同比增长10.3%；工业总产值完成41.7亿元，同比增长6.5%；工业增加值完成16.3亿元，同比增长12.6%；粮食总产量12203.8万公斤；固定资产投资完成17.9亿元，同比增长13.98%，其中，一般预算收入完成10508万元，同比增长9.12%；城镇居民人均可支配收入达6922元，同比增长12.9%；农民人均纯收入2589元，同比增长7%；社会消费零售总额完成27.7亿元，同比增长14.4%；居民零售物价指数100.5%。三次比例达到8.9:52.1:39，二产呈上升趋势，三产稳步发展，整体结构趋于合理。

农业经济持续健康发展，以市场为导向，以科技进步为杠杆，全力推进农业结构的战略性调整，盐湖区已形成四个主导品种和区域化种植：①日光温室黄瓜生产，分布在涑水河沿岸一带，其面积和产值约占全区的6.6%左右；②日光温室西红柿生产，分布在姚暹渠沿岸，其产值约占全区的71.3%；③塑料大棚西瓜生产，以安邑的西里庄为中心，突出新品种、早熟、集中发展等特点；④塑料大棚韭菜生产，以王范乡刘村庄为中心，面积达1500亩。盐湖区还不断探索区域特色农业，建立了万亩优质小麦中心示范区、优质抗虫棉基地、2万亩葡萄、油桃生产基地，并围绕“优质、高效、生态、安全”这个核心，确定了建设绿色基地、绿色产品、绿色品牌“三绿”工程任务，已规划绿色农产品基地5万亩，无农药残留示范基地3万亩。2003年，农经比例达到4:6，全年小麦播种面积42.7万亩，总产8203万公斤，棉花播种面积21.5万亩，总产1571.6万公斤，同比增长72.6%；油料生产播种面积4.2万亩，总产516.1万公斤，同比增长15.5%；全区生猪存栏7万头，牛存栏2.58万头，羊存栏7.6万只，家禽存栏175万只，肉、蛋、奶总产量分别达到0.8吨、0.81万吨、1.32万吨。2003年新发展水果面积1万亩，总产4.5亿公斤，同比增长16.5%，果业总产值4.9亿元，农民人均果业纯收入936.5元，同比增幅33%。2003年，盐湖区农村税费改革顺利实施，全区农民减负1199万元，人均减负29.6元，减负率达41%。

工业经济呈现勃勃生机。2003年，盐湖区紧紧围绕工业强区战略目标，以优势促发展，以改制增活力，以民营为突破，优化发展环境，倾力打造平台，全面招商引资，大建工业基地，新建、扩建工业项目共40多个，总投资17.9亿元，已完成投资5亿元，建成后可实现年产值40多亿元，利税6亿元。重点扶持了天海泵业、翔宇彩印等优势企业及其主导名牌产品，全区民营企业已达3000余个，从业人员4.2万余人，一批产业关联紧、科技含量高，辐射带动强、发展前景好的板块经济正在形成，工业系统企业改制已接近尾声。

财贸经济日臻繁荣。商业企业全面实施“双退”改革后，既从体制和企业内部激活了企业发展后劲，一批流通骨干企业，效益普遍提高20%以上。2003年新建花卉市场二期工程、文化街服装鞋帽小百货、葡萄园农贸粮油批发、黄河市场窗帘一条街等，市场总销售额达19亿元，安排就业人员2万余人，华联、东星、鑫源、亿适家、天泰、凯越等新兴的大型超市、连锁商场，为繁荣市场、激活全区商贸经济起到了龙头带动作用。

社会各项事业蓬勃发展。科技工作，通过与科研院校挂钩，举办科技培训，散发宣传资料等活动，加大科技推动力度，共申报、转化省、市科技项目7项。教育工作，坚持教育、教学质量和教育基础条件一齐抓，2003年高考三大类达线988名，六大类达线1399人，达线人数、比例及万人达线率均居全市第一；中考参考人数8508名，300分以上140人，288分以上422人，参考人数及参考率名列全市首位。民办教育不断发展，依法审批了五所民办学校。年底，全区共有民办学校21所，幼儿园28所，教职员工1684人，在校生20500名。医疗卫生方面，在加强初级保健、强化农村和社区医疗卫生网点建设、推行药品招标制度等基础建设的同时，2003年主要以抗击“非典”为中心，做了大量的卫生、防疫工作，为全区人民战胜“非典”做出了突出贡献。

盐湖区工业科技园初建成效。2003年2月，盐湖区为企业扩张发展实现新型工业化提供有效载体和平台的需要，启动了位于北相镇王桐村、姚孟乡陶上村的盐湖工业科技园这一工程。按照总体规划，盐湖工业科技园总面积为10000亩，一期工程1650亩。按照“合理布局、协调发展”的原则，自南向北划分了生物制药、制版彩印、机械制造、塑料化工、食品工业五大区域，已有28家企业入驻园区，投资规模4.7亿元，年产值可达11.5亿元，利润可达7500万元，税收可达

4600万元，可安排职工4500人，一期工程开发建设基本完成。

舜帝陵庙开发成效显著。盐湖区努力把旅游这一朝阳产业做大做强，倾注了大量的人力、物力和财力，对舜帝陵庙及景区进行了大规模、实质性、有价值的开发。截止2003年底，已投资2000余万元，完成了山门重建、舜陵前献殿、神道、围墙、招待所及办公区、食堂、铜鼎吊运安装、戣首祠、关公祠等工程，“舜陵在线网站”的建设和舜帝纪念章、旅游帽的设计与制作业已完成。2003年农历9月13日成功举办了“山西运城首届虞舜文化节”；11月又派代表团参加了在泰国举办的“世界舜裔宗亲联谊会”第十七届世界大会，将舜帝陵品牌推向世界。（王英杰）

【领导人名录】

区委书记		梁天管
副书记	于　波	何吉祥
	李　治	柴存喜
人大主任		杨慧芳
副主任	李栋华	耿析镭
	武惠民	雷进存
		李仲管
区　长		于　波
副区长	靳虎刚	李振太
	孙世臣	祁武昌
		王宗勤
政协主席		牛建平
副主席	曹玉贤	皮振江
	刘水龙	冯淑芳

永济市

【概述】　2003年，永济市辖7镇3个街道办事处，262个村民委员会，402个自然村，总面积1221.06平方公里。全市总户数112668户，总人口430548人，比上年增加352人。其中男性218894人，女性211690人，女性与男性比例为100：103；农业人口347210人，非农业人口83338人，非农业人口与农业人口比例为100：417。人口自然增长率为0.86‰。年末在职职工28860人，职工年平均工资10751元，比上年增长15.1%。

2003年永济市气候特点：全年降水偏多，气温正常，日照偏少，局部地方有灾害性天气出现。年平均气温13.8℃，年极端最高气温38.0℃（7月25日），年极端最低气温-13.6℃（1月6日）。年降水量847.6毫米，是有记录以来降水量最多的年份，比最多的1983年多155.1毫米，比常年偏多332.2毫米。终霜日为3月9日，初霜日为10月17日，无霜期221天。全年日照偏少，年日照时数1975.0小时，比常年少282.6小时。全年主要灾害性天气有：连阴雨、冰雹和大风。2003年8月24日至10月9日，有3场严重连阴雨天气，使大部分棉花产量降低，品质下降。7月7日下午，永济市卿头镇与临猗交界处遭受冰雹袭击，受灾面积3千亩，重灾1千亩，经济损失约200万元。

2003年，全市国内生产总值完成25.37亿元，比上年增长12.1%。其中第一产业完成增加值5.0亿元，增长5.6%；第二产业完成增加值14.26亿元，增长14.8%；第三产业完成增加值6.11亿元，增长11.5%。全市人均国内生产总值5906元，比上年增加775元，增长11.2%。财政总收入1.72亿元，比上年下降6.9%。农民人均纯收入2778元，比上年增长6.6%。城镇居民人均可支配收入6507元，比上年增长11.8%。

农村产业结构调整成效显著。全年粮食总产量1.02亿公斤，比上年减产1830万公斤，下降15.2%。其中小麦总产5700万公斤，比上年下降17.4%，秋粮总产4480万公斤，比上年下降13.5%。棉花总产2020万公斤，比上年下降14.8%。但因棉价上涨，棉花减产不减收，全年总产值达4.28亿元。油料总产351.50万公斤，比上年增长15.5%。水果总产4720万公斤，比上年增长1.5%。蔬菜总产9300万公斤，比上年增长6.9%。芦笋采笋面积8.8万亩，总产量3600万公斤，产值6331万元。林业建设实现跳跃式发展，全年完成退耕还林5万亩，干果经济林3.8万亩，天然林保护在原有13.29万亩的基础上恢复植被2.0万亩，平原通道绿化120公里，造林规模首次突破10万亩大关，全市林木覆盖率比上年增长5.9%。畜牧业持续发展，全年肉类总产983.7万公斤，比上年增长5.8%。其中猪牛羊肉产量586.20万公斤，增长3.5%；禽肉产量393.90万公斤，增长9.6%；禽蛋产量593万公斤，增长0.8%。年末牛存栏1.04万头，猪存栏6.0万头，羊存栏2.46万只，家禽存栏118万只。鱼类总产1200万公斤，比上年增长7.4%。农业生产逐步形成了种植业、养殖业、加工业和商贸流通业四业并举，多元化增加农民收入的新格局。2003年，永济市被评为山西省“结构调整先进市”。

工业生产继续保持较快增长。2003年，全市工业总产值完成42.03亿元，比上年增长11.9%，其中规模以上工业企业总产值完成32.78亿元，增长15.8%。全部工业增加值完成12.72亿元，比上年增长9.2%，其中规模以上工业增加值完成10.17亿元，增长9.6%。全市新建和在建工业企业项目达25个，完成投资27.28亿元，是历年来工业项目总数最多、投资量最大的一年。

财贸工作不断发展。全年财政总收入完成1.72亿元，比上年下降6.9%，财政总支出1.93亿元，比上年增长13.5%，财政收入相对稳定。存贷款余额大幅增长，各项存款余额24.61亿元，比上年增长7.6%；各项贷款余额26.14亿元，比上年增长16.9%。全年社会消费品零售总额达8.29亿元，比上年增长10.3%。全市限额以上批零贸易业销售利润929万元，比上年增长56.9%，全年利润总额483万元，比上年增长155.6%。

基础设施建设力度加大。城市建设取得重大进展。全年相继完成了河东大道主车道建设、市府西街西段路和西厢路中段拓宽改造工程，同时对全市7条道路进行了补坑罩面，市政府和电机厂共同开发的柳园生态园建设进展顺利。成功举办了第七届城市花卉展，城市绿化、亮化、美化水平不断提升，空气质量名列全省第一。旅游业配套设施建设逐步完善，全年成功举办了第六届世界情侣月和五老峰云峰阁宾馆开业庆典活动。新建和改造了4家星级酒店、3家大型超市，完成了名吃步行街建设，启动了舜都市场和精品步行街工程。永济市“双创建”奋斗目标顺利实现。

科技、教育、文化、卫生和其它社会各项事业全面发展。全年科技工作紧紧围绕经济结构调整，不断加大科技宣传、培训力度，先后实施和引进新技术30项，永济市连续三届通过“全国科技进步先进市”验收。继续加大教育投入，优化中小学布局结构，稳步推进课程改革和教育人事制度改革，积极促进民办教育快速发展。进一步加强国土资源管理，完成国土收益2575万元。人口与计生工作扎实有效，人口自增率控制在预期目标以内。群众性文化活动广泛开展，先后举办了元宵节街头民俗表演、第三届全民健身登山节以及樱花园广场“消夏文化月”等活动，精神文明建设不断加强。医疗卫生条件明显改善，应对突发卫生事件成效显著，“非典”期间，永济市非典疑似病例和确诊病例始终保持为“零”。成功举办了中国地震局城市社区地震应急救援志愿者示范现场会。信息化建设步伐加快，完成了区域网建设，开通了网上政府、永济信息网和农业网，启动了网上行政审批工作。广电、通信事业长足发展，社会保障体系逐步完善，优抚济困、统计、档案、信访、气象、人防、老龄、残疾人等各项社会事业都取得了新成绩。

（薛月倩　牛玉芳）

【永济市荣获“中国优秀旅游城市”称号】　永济地处黄河金三角区域，境内旅游资源丰富，风景名胜和文物古迹多达140余处，总面积300平方公里，是山西南部旅游业的主体。全市主要旅游景点，概括为“一楼、一山、一水、两个寺庙、三个城、四个铁牛”，“一楼”即中国古代四大文化名楼之一的鹳雀楼，“一山”即国家风景名胜区和森林公园的五老峰，“一水”即避暑胜地王官峪，“两个寺庙”一是《西厢记》故事发生地的普救寺，二是中条第一禅林的万固寺，“三个故里”即舜帝故里、柳宗元故里和杨贵妃故里，“四个铁牛”即蒲津古渡口唐开元大铁牛。为了充分开发永济市丰富的旅游资源，使资源优势尽快转化为经济优势，1999年3月，永济市结合旅游总体规划制定了《永济市创建“中国优秀旅游城市”实施方案》，成立了“创优”工作组织机构，3月20日向国家旅游局正式申报，拉开了永济市创建“中国优秀旅游城市”帷幕。

“创优”工作是一项十分庞大的系统工程，涉及到诸多方面。永济市通过“创建国家级卫生城市、创建国家级园林城市，创全国文明城市、举办中国·永济世界情侣月、中国·永济五老峰登山节”等项活动，深入扎实地开展“创优”工作。2002年，“创优”工作进入实质性创建迎检阶段，各方面工作紧紧围绕《中国优秀城市检查标准》，创造性地开展，在旅游业开发、旅游配套设施建设、城市建设和管理等方面都取得了较大成绩。鹳雀楼景区于国庆节正式对游人开放。普救寺顺利通过国家4A级景点评定验收。五老峰开发一期工程建设和万固寺复建一期工程建设全面完工。全市6家星级酒店、10家涉外饭店和4家旅行社都按照创优标准，实现了规范化、制度化、标准化管理。2002年，全市共接待游客90.3万人次，旅游总收入2.61亿元，占到GDP的11.8%。

2003年3月6日—9日，国家旅游局对永济市“创优”工作进行检查验收，对永济市创优工作给予了充分肯定。2003年12月10日，永济市被国家旅游局命名为“中国优秀旅游城市”，永济市旅游业发展迈上了一个新的台阶。

（薛月倩　牛玉芳）

【永济市荣获全国“双拥模范城”称号】　永济市辖7镇3个街道办事处，总人口43万，境内有省军区蒲州农场、空军第六飞行学院第二训练团、市公安消防大队、武警中队、伍姓湖劳改农场武警中队，市人民武装部6大驻军和13861名各类优抚对象。为了做好双拥工作，发展经济、稳定社会，上世纪90年代，按照全国“双拥模范城”的基本标准和要求，永济市成立了市、镇、村三级双拥工作领导组。2000年以来，又进一步完善了双拥工作制度，使双拥工作步入了制度化和规范化的轨道，在全市形成了全民拥军的良好氛围。市委、市政府把双拥工作放在重要议事日程，具体做了7件事：1. 地方各部门为驻军培训各类人才1400余名，提供农药8吨，化肥500吨，地膜6吨、种子30吨。2. 市政府投资1335.8万元，修建了3条拥军路，总长15.5公里。3. 市政府拨款40万元为部队购置了设施。4. 为优抚对象提高抚恤补助标准，截至2002年达到223万元。5. 为638名重点优抚对象办理了城乡低保，占全市重点优抚对象的35%。6. 妥善安置转业、退伍军人，城镇安置退役士兵上岗率达100%，军地留用人才使用率95%。7. 对现役军人实行优惠政策，乘坐市内公交车、参观市内各旅游景点一律免费。驻永各部队也把拥政爱民，为驻地人民群众办实事当作一项光荣职责，积极支持并参与永济的经济建设和抢险救灾，先后出动车辆190余台，官兵6000余人次，动用土方900余场。扑救火灾数十起，挽回直接经济损失6000余万元。并通过遍布全市各镇、村学校的70个军民共建点，为驻地群众办好事多件，受到了人民群众的拥护和称赞。

在驻永各部队和全市人民的共同努力下，军民之间建立了深厚的鱼水情谊，双拥工作取得了可喜的成绩。2003年9月10日，全国双拥办对永济市双拥创建活动进行了检查验收，并给予充分肯定。12月，永济市荣获全国“双拥模范城”光荣称号。　（薛月倩　牛玉芳）

【“两电”工程取得重大进展】　山西关铝股份有限公司20万吨电解铝项目是经国家经贸委和国家计委批准立项，并列入第六批国债专项资金的项目。该项目选址在原山西北方制药厂，占地15.71公顷，2002年7月1日开工建设，2003年11月26日建成试产，总投资23.85亿元。20万吨电解铝项目是2002年4月关铝股份有限公司收购原山西北方制药厂建设的，其安置下岗工人1000余名，盘活了原北方制药厂的存量资产，大大降低了生产成本，互惠互利，取得了良好的社会效益和经济效益。20万吨电解铝项目建设采用国际最先进的300KA大型预焙阳极电解技术，清洁环保，是引导电解铝产业全面升级换代的高新技术。投产后，年产重熔铝锭22.4万吨，加上关铝公司原有的11万吨规模，整体形成33万吨产能，企业规模跃居全国铝冶炼行业第一名。

永济热电厂10万千瓦机组技改项目是在淘汰原2×40MW汽轮发电机组和2×30T/H煤粉炉，保留原主厂房、烟、输煤栈桥、凉水塔及其它公用系统的基础上，改造建设10万千瓦机组和1410T/H循环流化床锅炉的工程。1999年12月23日，该项目中的锅记项目被列入国家重点技改项目计划，属第三批国债专项资金项目，项目建设于2000年7月20日正式开工，11月开始安装电除尘器钢架，12月安装锅炉钢架，2003年4月锅炉汽包吊器就位，7月8日锅炉水压试验一次成功。2003年底，热电厂10万千瓦机组正式竣工试车。该项目总投资2.83亿元，可新增产值8781万元，新增税金1642万元。

（薛月倩　牛玉芳）

【领导人名录】

市委书记		潘和平
副书记		冯方汇
	袁宏轩	梁潞阳
人大主任		杨文宇
副主任	王海雷	侯都管
	樊百平	张承发
		周崇民
市长		冯方汇
副市长	麻选民	叶彩凤
	戈建龙	袁广春
		张建平
政协主席		刘临生
副主席	杨彩云	杨克义
	侯春来	刘晋萍

河津市

【概述】 2003年，是河津争创全国经济百强县市的开局之年。一年来，全市人民在市委、市政府的正确领导下，高举邓小平理论伟大旗帜，以“三个代表”重要思想为指导，认真贯彻中共十六届三中全会精神，解放思想，团结奋斗，与时俱进，开拓创新，经济建设成效显著，非典防控圆满完成，为早日进入全国经济百强县市打下了坚实的基础。

县域经济基本竞争力进一步增强。全市国内生产总值达到74.4亿元，按可比价格计算，比上年增长38.6%。其中第一产业增加值1.64亿元，比上年增长10.4%；第二产业增加值57.3亿元，比上年增长46.7%；第三产业增加值15.4亿元，比上年增长18.2%。全市人均国内生产总值达到19787元，比上年增加8135元，增长33.7%。财政总收入80897万元，比上年净增3亿多元，增长76%。社会固定资产投资32.3亿元，比上年增长138.5%。城乡居民储蓄存款36.4亿元，比上年增长33.2%。社会消费品零售总额6.8亿元，比上年增长33.4%。全市经济发展步伐持续加快，经济基本竞争力位居全省第一。

农业结构不断优化。2003年，随着农业基础设施建设和结构调整的不断加强，全市农业产业化、市场化、信息化建设明显加速，促进了农业科技创新和产业化发展进程。全年围绕粮、菜、果、畜四大主导产业，大力发展市场竞争力强、经济效益好的特色农产品、新发展优质粮食种植8万亩、无公害蔬菜3.5万亩、干鲜果经济林0.9万亩、奶牛450头，初步形成了金色优质粮食、绿色无公害蔬菜、红色干鲜果、白色奶牛养殖等4条区域性特色产业带。截至年底，全市共建成农业科技示范园73个，农业科普示范基地3个，其中市级高科技示范园1个、乡级示范园20个、村级示范园52个。按照产业化发展要求，大力扶持农之龙、森达、鸿田、大悦等农副产品加工龙头企业，加快农产品市场体系建设，实现了农产品的加工转化和流通增值。深化农村改革，完成了税费改革各项任务，切实减轻了农民负担。

民营经济增势强劲。2003年尽管受“非典”疫情影响，但全市民营经济仍然保持了强劲的增长势头，特别是全省民营经济暨乡镇企业现场会在本市召开以后，河津民营经济呈现出大跨越、大腾飞、大发展的可喜局面，是近年来增速最快的一年。一些具有较强的产业优势和市场潜力的调产大项目相继开工建设，煤电铝、焦铁铸、煤焦化三大传统优势产业上档升级，精密铸造、生物制药等新兴产业效益良好，煤焦、铸造、铝工业三大工业园区初具规模。全年新建、扩建项目40多个，其中60万吨以上规模焦化项目9个，铁炉扩建项目7个，30万吨水泥项目1个，精密铸造项目2个，环保型自备发电项目6个，特种钢项目2个，电解铝、金属镁、特种氧化铝、精铝项目5个，生物制药及农副产品加工项目3个，煤焦油深加工及小型技改项目10多个，总投资40多亿元。全市民营企业共完成总产值93.8亿元，比上年同期增长48.2%；完成增加值25.4亿元，比上年同期增长47.1%；营业收入91.5亿元，比上年同期增长52.2%；上缴税金5.4亿元，比上年同期增长114.6%；利润总额9.6亿元，比上年同期增长182%。民营经济呈现出规模化、产业化、规范化、新型化、园区化、现代化的发展格局，有力推动了全市经济和社会的迅猛发展。

基础建设力度进一步加大。针对本市交通、城建等基础设施相对滞后的现状，市委、市政府将2003年确定为全市道路建设年，通过道路建设带动城建、水利、电力、生态等基础设施建设，全市上下掀起了全党全民抓修路、企业携手抓修路、上下联动抓修路的热潮。全年共开工建设15项道路工程，完成投资4912万元，建设里程34.8公里。其中，投资1300万元、全长2.2公里的铝都大道、九龙庙旅游路和周家湾通村路全部完工，投资400万元、全长5公里的东赵公路基本完工，津汾大道路基形成，老下公路完成工程量的70%，高禖庙旅游路完成工程量的30%，太兴厂区路、民兴厂区路完成80%，鑫光大道、铝王大道开工建设，北交公路国债项目全面启动，新禹高速公路征迁工作已经结束，河临一级公路线型初步确定。这些道路完工后，将为本市经济发展插上腾飞的翅膀。在城市建设上，开通了新耿南街，硬化亮化了龙门大道，建成了龙门大厦、计生大厦等一批标志性建筑，新耿大厦、龙虎大厦、环保、三联、鑫升、城建大楼正在建设，文苑小区、耿都小区、华都家园等住宅小区开发建设顺利。完成了府前路、文苑街、文苑北区地下排水管道，提高了城市供排水能力。安装煤气管网5.5公里，热力管网4.6公里，新建8个换热站，城市双供工程日趋完善。特别是在城市土地统征方面，成功拍卖文苑北区54亩、新耿南街28.6亩土地，收益4458万元，城市经营水平不断提高。在水利建设上，完成喷灌200亩、滴灌200亩，建成节水面积2300亩，水保治理1.5万亩，解决了下化乡、僧楼镇15个村人畜吃水问题。在电力建设上，建成了黄村、樊村35千伏变电站，完成了紫金街16千伏城网改造工程，增强了电网输变电能力。在生态环境建设上，完成"三北"防护林工程1万亩、退耕还林1.8万亩、天然林保护工程3000亩，生态环境有了较大改善。

公共卫生体系建设得到加强。2003年4月，面对突如其来的"非典"疫情，市委、市政府认真贯彻上级精神，坚持把非典防控作为全市最大的政治和压倒一切的大事来抓，迅速成立了指挥部、领导组和应急小分队，加强非典知识宣传，加大防控资金投入。全市建立了四级联动防控网络，形成了群防群控、科学防治的良好局面。在防治非典中，市财政一次投入30万元，购买了急救车辆和大量的医疗器械，社会各界捐资捐物近100万元，市、乡、村三级加上各类企业用于购买消杀药品、医疗器械、防控用品的资金累计近1000万元，为战胜非典提供了必要的资金保证。通过采取堵病源、查疫情、严隔离、勤消毒、抓卫生、严纪律等措施，对1例输入性病例和2例疑似病例进行了科学治疗，全部康复出院，没有造成新的感染，从而使非典影响降低到了最小限度。防控非典取得阶段性胜利后，根据上级要求，全市又积极从建立完善公共卫生服务体系入手，坚持防非工作机构不变，力度不减，制定了全市非典防控应急预案，组织了非典应急模拟演练，加大城乡环境卫生整治力度，针对性地对部分人群注射流感疫苗，对城乡结合部重点区域居住环境进行调查，全市非典防控工作走上了制度化、规范化、法制化轨道，以信息网络体系、疾病防控体系和医疗救治体系为核心的公共卫生服务体系正在形成。

人民生活水平稳步提高。2003年，全市城镇居民收入继续保持了较快增长。人均可支配收入达到7014元。农民因农产品价格上涨、税费改革等因素波动，加之务工经商等非农收入增加，人均纯收入达到4042元，增长1099元。城乡居民收入的增长拉动了住房、汽车、电子通信等新型消费的大幅增长，全市城镇居民人均住房面积达到29平方米，农民人均住房面积达到27.5平方米，私车拥有率增长18%，城乡居民的生活质量有了新的提高。

民主法制建设不断强化。2003年，市委、市政府坚持依法治市，认真落实行政执法责任追究制，提高了政府部门依法行政水平。深入开展反腐败斗争，推行政务公开，纠正部门和行业不正之风，维护和促进全市经济持续快速健康发展。认真贯彻《村民委员会组织法》，基本完成了第六届村委会换届选举工作。加强社会治安综合治理，严厉打击各种刑事犯罪和经济犯罪，全年共侦破各类刑事案件和经济案件387起，抓获各类犯罪嫌疑人313名，打击和震慑了犯罪，维护了社会稳定。

各项社会事业全面发展。2003年，全市认真实施科教兴市战略，加强实用科技的普及和推广，全年共实施科技新项目25项，培训科技当家人2万人次，发展民营科技企业1家，科技对经济增长的贡献率进一步提高。落实人才强市战略，巩固"两基"成果，引导集资办学，加大教育投入，各级各类学校办学条件进一步改善，建成了北方平学校等一批功能完善、设施齐全的标准化学校，教育教学质量稳步提高，高考创历史最好成绩，全国高考在本市正式录取的大专、本科学生达1090人。比上年净增520人。积极贯彻《人口与计划生育法》，大力推进计生网络建设，完成"四术"任务4851例，人口出生率控制在32.62‰以下。大力开展文化体育活动，成功举办了"鲁能杯"中国乒乓球俱乐部超级联赛河津赛区的比赛活动，在运城市第一届运动会上取得了团体总分第二的好成绩。深入开展创建卫生城市活动，市容市貌发生了深刻变化，城市管理迈上了新的台阶。加大环保执法力度，关闭不达标焦化企业5家，环境状况明显好转。全市各项社会事业正以其快速、健康的良好发展态势，向全国经济百强县市冲刺！

（刘金明）

【民营经济增速迅猛】 2003年，全市民营企业进一步优化企业环境，打造民营精品，以质量效益为中心，优化升级传统产业，培育做强新型产业，强化企业管理，实现了民营经济的持续、健康、快速发展。据统计，全市民营经济各项经济指标均超额完成了年初的目标任务，是近年来增速最快的一年。民营企业完成总产值93.8亿元，同比增长48.2%；营业收入91.5亿元，同比增长52.2%；完成增加值25.4亿元，同比增长47.1%；上缴税金5.4亿元，同比增长114.6%；利润总额9.6亿元，问比增长18.2%。提供农民人均纯收入2325元，同比增长18.2%。出于国际、国内市场的拉动，全市的焦炭、生铁、铝锭、水泥、原煤等几大支柱产业产销两旺，且价格坚挺，甚至有些产品有价无货。截至12月底，焦炭产量完成788万吨，同比增长11.5%，实现产值39.4亿元，同比增长98.9%；生铁产量完成152万吨，同比增长74.7%，实现产值21.2亿元，同比增长143.6%；铝锭产量完成7.8万吨，同比增长63.5%，完成产值11.7亿元，同比增长196.5%；水泥产量完成69万吨，同比增长21%，完成产值1.3亿元，同比增长34%；原煤产量完成205万吨，同比增长8.5%，每吨市场价最高300元左右，且一直居高不跌，有价无货，完成产值2.5亿

元，同比增长66.7%。（刘金明）

【村镇建设有了新突破】 龙门村已建成14幢居民住宅楼，水、电、暖、煤气设施齐全，80%以上的村民喜迁新居，同时建成了高标准的文化活动中心、街心广场、教学楼、公园，基本实现了农村城市化，被中央文明委授予“全国创建精神文明建设先进单位”光荣称号。康家庄新村2002年11月开工，2003年10月全部竣工。在小城镇建设方面，樊村镇已于5月初聘请省小城镇发展中心编制了总体规划，并于11月下旬组织了总体规划的评审工作。年底，已根据规划高标准地铺开了东西大街的硬化工程。（孙荣芳）

【道路建设】 2003年，是市委、市政府确定的道路建设年。市交通部门本着“合理规划、科学设计、突出干线、形成网络、拓宽乡道、完善村道、服务经济、方便群众”的建路原则，重点抓了全市各级各类道路的规划和设计工作，至5月底，共完成6条道路的测试任务。全年全市共开工建设道路15条，总计70.212公里，工程总概算9237.5万元，其中已建成包括村镇巷道硬化和在建项目在内的共16条，总长34.735公里，总投资4912万元。

（任　杰）

【本市高考创历史最好水平】 2003年，本市参加高考人数2235人，达线人数260人，其中文理达线204人，比上年翻了一番，体艺类达线56人。河津中学董润泽数学成绩119分，在运城市单科排名第四；铝厂中学卫永语文114分，永民中学董卓明数学117分，在运城市单科排名均为第六；永民中学高徐东理综得分252分，在运城市排名第十。本市在运城市排名由第九提升为第六，创高考历史最好成绩。7月6日，市委、市政府在龙门广场举行了高考庆功大会，表彰嘉奖了2003年为高中教育做出突出贡献的6个优秀单位和6名先进个人。

（卫彩霞）

【调整产业结构发展后劲充足】 2003年，河津市民营企业大力调整产业结构，先后新上、技改项目40多个，其中60万吨焦化项目9个，100立方米以上高炉技改、扩建项目7个，30万吨水泥新建项目2个，高档铸造项目2个，环保型自备发电项目6个，特种钢项目2个，电解铝、金属镁、特种氧化铝、精铝项目5个，药业、农副产品加工项目3个，阳极糊、炭黑项目3个，煤焦油深加工及其他小型技改和专业市场建设项目10多个，在建项目总投资达43亿元。截至12月底，新上项目完成投资28亿元，其中部分项目已投产运行。特别是一批龙头企业充分发挥其综合实力强、市场基础好的优势，大手笔进行规模扩张。阳光集团，投资6亿元扩建110万吨焦炉，兴建2×1.5万千瓦煤矸石自备电厂。振兴集团，完成4万吨电解铝续建项目、5万吨阳极糊项目和22万伏变电站项目。宏达集团，投资2亿元兴建50万吨特种钢、320立方米高炉项目。曙光焦化集团以2.3亿元购买了船窝煤矿和运城煤气焦化厂，同时在百底村兴建60万吨焦炉、120万吨重介洗煤厂。上述项目的开工兴建，为本市争创全国经济百强县（市）奠定了坚实基础。（刘金明）

【全省乡镇企业暨民营经济现场会在河津召开】 2003年6月28—29日，省委、省政府在河津召开全省乡镇企业暨民营经济现场会，认真总结近几年乡镇企业结构调整和体制创新的成就和经验，学习交流河津及外地的先进经验，研究部署现阶段乡镇企业及民营经济工作。省长刘振华作了重要讲话，省委副书记侯伍杰，省委常委、常务副省长范堆相，省政府秘书长李政文出席会议。会议对在民营经济发展中做出突出贡献的企业、先进县（市）和个人进行了表彰。这次会议上，河津市荣获“民营经济十强市”称号，振兴集团被评为“纳税先进民营企业”，董事长史跃武被评为“十大杰出民营企业家”。原贵生、宁太奎、魏方志被评为“优秀民营企业家”。振兴集团、三联集团、龙门集团、阳光集团、宏达钢铁公司、山西龙门铝厂、太兴焦化公司、鑫升焦化公司、高家湾农工商总公司、华峰公司、永鑫钢铁公司等被评为“百强民营企业”。振兴集团、阳光集团、龙门集团、鑫升焦化公司荣获“纳税千万元以上民营企业”称号。鑫升焦化公司荣获“出口创汇三千万元以上民营企业”称号。（刘金明）

【领导人名录】

市委书记		雷郭堂
副书记	张建文	崔惠民
		葛作民
人大主任		杨万良
副主任	陈西京	刘志毅
	原慧芳	卫学瑞
		武建军
市长		刘振华
副市长	薛振忠	闫新民
	师文科	郭建立
	董　耿	马振河
政协主席		王锡义
副主席	尚根仓	薛猛堂
	郭苏凯	薛靛民

临猗县

【概述】 2003年，临猗县委、政府带领全县人民，按照“三化五创”、发展“六种经济”的工作思路，迎难而上、奋力拼搏，战胜了突如其来的非典疫情和罕见的雨灾、雹灾等多种自然灾害，取得了经济和社会发展的新成就。全县国内生产总值完成30.30亿元，比上年增长22.97%；工农业总产值达到42.03亿元，比上年增长15.91%；财政收入完成1.51亿元，比上年增长19.07%；农民人均纯收入完成3127元，比上年增长14.25%；城镇居民人均可支配收入完成6091.7元，比上年增长11.39%；固定资产投资完成6.94亿元，比上年增长58.45%；社会商品零售总额完成4.14亿元，比上年增长23.95%。（杨晓娟）

【招商引资实现新突破】 2003年，全县共引入外来投资3.55亿元，引入项目28个。其中千万元以上项目8个，百万元以上项目15个。已建成投产的重大项目有投资7000万元的湖滨果汁临猗分公司、投资1.1亿元的陕西恒兴果汁厂、投资500

万元的湖滨果汁饲料厂和投资4000万元的湖滨果酱厂。正在加紧建设的重大项目有投资6000万元的焦化厂。以财政、交通、城建、劳动、民政为代表的县直各部门也为全县争回财政拨款和建设资金5400多万元。招商引资在全县经济发展史上实现了重大突破，为全县经济发展注入新的活力。（杨晓娟）

【园区建设为县域经济注入活力】 工业园区的建设，对全县工业的发展起着巨大的促进作用。丰喜工业园区土地已规划到位，已有10万吨甲醇、冶金焦、吐氏酸3个高利税项目入驻园区加紧建设。高新园区一期规划已全部运作到位。电力、通讯、道路、供水工程趋于完成。新引进企业12家，有9家企业开工建设，投资达2亿多元。食品工业园的道路拓宽改造已经完成，已有湖滨、晋华、翔宇等5个企业支撑。三个工业园区的加快建设，使全县工业呈现蓬勃发展之势。（杨晓娟）

【加工转化渐成规模】 初步形成了以面粉、方便面、馍干为主的粮食加工链条，以轧花、脱绒、纺纱、织布、印染、针织、制衣为主的棉花加工链条，以果汁、果酱、果脆、果脯、果奶为主的果品加工链条。特别是引进的三门峡湖滨、陕西恒兴两个大型果汁、果酱加工企业，使本县果品加工迈上了一个高台阶。年产果汁7.5万吨，果酱4万吨，转化残次果10亿斤。在两个果汁企业的拉动下，本县残次果价由以往的七、八分钱猛升到一毛七八，增长了一倍多，使果农大受其益。加工转化的崛起，有力地带动了包装业、运输业、餐饮业等相关产业的发展。全县从事果品包装企业发展到68个，运输专业户达到2300多个，运输能力达到50万吨，全县已有2万余农民跳出一产向二三产业转移。全县果品贮藏业迅猛发展，新建千吨恒温果库92座，贮藏能力达到2.6亿斤，加上原有的1万个小窑小库，全县果品贮藏能力达到6亿斤。按每斤增值0.2元计，全县增收1.2亿元，农民人均增收240多元。围绕果品实施加工转化和拉长销售季节，使农民增收赢得了新空间。（杨晓娟）

【重点工程突飞猛进】 全县固定资产投资完成6.94亿元，较上年增长58%。30项重点工程已全面或基本完工的有19项，因非典影响、资金困扰等原因，还有11项未能如期完工，正在加紧建设。一年内全县共新上50万元企业和项目100个，总投资近10亿元，是本县多年来开工最多、投资最大的一年。（杨晓娟）

【文化教育重塑辉煌】 全县教育工作，坚持举旗帜、抓落实，弘扬知难而进、实干兴县精神，深化教育教学改革，整体推进素质教育，全面提高教育质量，为全县教育跨世纪发展奠定了坚实基础。2003年，全县高考达本科线624人，比上年增加147人，达线率18.1%，名列全市前茅。实施校改工程187项，新建教学楼132栋，投资达4746万元。撤并农村初中1所、小学130所，调整小学25所，建寄宿制小学8所，创办各类民办学校（园）89所，其中投资上千万元的学校有3所，逐步形成了公、民办学校协调发展的新格局。16个乡镇铺开了电视光缆入户工程，入户农家1.7万户。人们在劳动工作之余丰富了生活，扩展了视野，增长了见识，成为向外界学习的一扇窗户。（杨晓娟）

【人民生活日新月异】 全县离退休人员基本养老金发放率、下岗职工基本生活保障率、失业职工失业金发放率达到三个百分之百。全县3099名退休人员享受到社会保障，城镇有3815名居民享受到最低生活保障，农村有9552人享受到最低生活保障。基本解决了下岗职工的基本生活问题。全县老干部的医疗费基本得到解决，使一些老干部有病没钱看的现实问题得到缓解，解决了后顾之忧。城镇居民可支配收入比上年增长11.39%，农民人均纯收入增长14.25%。城乡储蓄存款余额达到19.40亿元，比上年增长3.18%。人民群众在改革和发展中得到了更多的实惠。

与此同时，社会各项事业全面进步。环保力度加大，计划生育加强，依法保护耕地成效明显，可持续发展战略得到重视。粮食工作、商办工业、外贸出口、防震抗灾、道路养管、劳动人事、残联老龄、农村经管等项工作不断发展。（杨晓娟）

【组织千名青年农民赴深圳务工】

9月22日，是各乡镇全面开展活动的第一天。根据县上和市劳动局派往各乡镇督查反馈回的情况，全县上下层层动员，全面发动，紧锣密鼓，办法多样。

截止9月24日，本县赴深圳务工人员已达670余名，成绩喜人。县委书记王殿民在接受县劳务输出办公室工作汇报后，明确要求：大干三天，全市争先。县劳务输出督查组按照县委、县政府的安排部署，每天坚持工作在外出务工的第一线。为保证这批赴深圳务工青年按时外出，县公安局、县卫生局、县计生局领导亲自安排，特事特办、责成专人，落实办理各种证件，在最短的时间内，把各种证件手续全部办齐。县直各职能部门密切配合，劳动保障部门日夜奋战，为保证这次赴深圳务工活动圆满顺利尽职尽责。（杨晓娟）

【临猗眉户剧团建团五十周年庆典】

临猗眉户剧团坚持五十年编演现代戏，在全国三千多个剧团中独树一帜，打造出一块金字牌匾。五十年来，剧团根据时代的需要，配合党在不同时期的方针政策，编演了许许多多观众喜闻乐见的优秀剧目。现代戏《一颗红心》历时近四十年，热爱集体的模范饲养员许老三的形象至今还刻在人们的脑海里。从上世纪五十年代反映与封建婚姻作斗争、追求纯真爱情的《梁秋艳》到九十年代抨击封建残余思想对人民毒害的《唢呐泪》；从反映巨大变化的《漳河湾》到歌颂农村家庭联产承包责任制的《杏花村》；从歌颂帮民致富的模范党员陈林生打井事迹的《黄土情》到宣扬忠实实践“三个代表”的村委会主任榜样《张小民》；从反映新时期农民更新观念的《酸枣树、甜枣树》到歌颂新时代女性自立自强的《十里花香》。剧团先后排演、移植、改编、创作现代戏曲213多本

(回)，其中《一颗红心》、《涧水东流》、《唢呐泪》等剧被拍摄成电影，在全国放映。剧团六进北京，四进中南海，一进人民大会堂，先后为周恩来、刘少奇、吴邦国等党和国家领导人作过汇报演出和专场演出。

五十年来，剧团百花竞艳，辉映戏剧艺苑。几代戏人薪火传承，英才辈出。李英杰、郭高计、闫慧芳等一批国家级编、导、演优秀人才，成为剧团的艺术骨干和领衔。五十年来，剧团文化搭台，服务发展，推动经济建设。县委、县政府充分发挥“以戏名县”的作用，组织剧团在临猗县西安和太原经济信息发布会上为各界领导和临猗籍的工作人员进行专场汇报演出，增加了社会对临猗的了解，扩大了临猗的知名度，吸引了一批好项目，争取了投资，有力地促进了全县的改革开放和现代化建设。

生活常新，艺术常青，事业常旺。临猗眉户剧团建团五十周年庆典活动，对临猗眉户剧团是一次巨大的鞭策和鼓舞。通过这次庆典活动，将进一步营造文化氛围，聚合文化人才，高扬文化品牌，充分展现临猗文化大县的新形象。

（杨晓娟）

【领导人名录】

县委书记		王殿民
副 书 记	刘建政	路香芳
	孙正来	金永德
人大主任		肖定虎
副 主 任	陈志兴	范奎伟
	董海水	陈正道
		杨文斌
县　　长		刘建政
副 县 长	周邦稳	王玉民
	杨建民	杨　湜
		陈竹琴
政协主席		邹通玺
副 主 席	罗西文	王家骥
	卫星铭	王前科

万 荣 县

【概述】 2003年，在县委县政府的正确领导下，全县上下紧紧围绕“两区五园”目标，全面实施“四大战略”，真抓实干，顽强拼搏，克服了种种困难，经济社会发展呈现出一个新的快速发展态势。工业发展日新月异，五大园区建设初具规模，13个新建企业项目拔地而起，强工富县战略强劲拉动。精品果套高档袋任务超额完成，依靠科学生产带来的高效益，坚定了果农走科技农业之路的信心和决心。4月19日，成功地举办了全球华人公祭后土圣母大典暨中国·运城·万荣首届后土旅游文化节活动，后土圣母这一世界顶级品牌令世人注目，文化旅游开发起势较好。面对非典疫情，全民动员，依靠科学，群防群控，赢得了抗击非典的阶段性胜利。农村税费改革全面铺开，农民负担明显减轻，干部职工的工资明显增加，全县上下人心稳定、社会安定、经济基础坚实，是本县历史上少有的发展机遇期。

（薛文亮　王晓华）

【主要经济指标圆满完成】 全县国内生产总值完成11.4亿元，同比增长15.4%；财政总收入完成6422万元，与上年同口径相比增长12%；规模以上工业总产值完成6.5亿元，同比增长22.4%；工业增加值完成1.8亿元，同比增长20%；固定资产投资额完成2.3亿元；社会消费品零售总额2.6亿元，同比增长14.9%；城镇居民人均可支配收入5064元，同比增长8.3%；粮食总产量达到1.1亿公斤，同比增长34.8%；农民人均纯收入2031元，同比增长9.7%；人口出生率控制在14%以内。

（薛文亮　王晓华）

【强工富县战略效应集中显现】 主要标志：一是重点企业效益显著。三九药业大容量和小容量注射剂车间通过技改和GMP认证，年销售值达到7500万元，实现税收750万元，成为全县第一纳税大户。华康药业成为全省首家通过纯中药GMP认证企业，实现税收508万元。鑫峰煤化实现税收205万元，60万吨焦化生产线改造项目已完成30万吨建设任务。恒磁科技公司产销两旺，实现税收324万元，技改项目全面完成，年底已达到了2000吨设计生产能力。在重点企业的龙头带动下，全县工业企业纷纷调规模、上项目，依靠技术改造，优化产品结构，经济效益取得大幅攀升。全县规模以上工业企业实现销售收入57399万元，同比增长16.9%；上缴税金2700万元，同比增长12.4%。二是五大园区经济增势强劲。在继续完善建设恒磁高科技工业园的基础上，新发展了亚都金属镁工业园、鑫峰煤化工业园、荣河化工园、中鲁果汁园。五大园区占地1800亩，新入园13家企业，完成投资2亿元。年底累计入园企业达17家，总设计投资4.2亿元。其中已建成7家，其余10家本年10月底全部建成投产。上年本县在工业上投资额之大，新建企业数量之多，在万荣历史上前所未有。五大园区的跨越式发展为实现经济翻番目标奠定了坚实基础。三是规划确定了一批重点企业。重点是将恒磁科技、三九药业、华康药业、鑫峰煤化、黄河外加剂、中鲁果汁、海圣镁业、永兴镁业等8个企业培育成产值上亿元、税金上千万元的“八朵金花”企业。把亚都镁业、万恺实业、华荣果业、特普公司、联丰树脂、凯迪建材、建华化工、万荣中药厂等8个企业培育成产值上千万元、税金上百万元的“八朵银花”企业。这16个企业将是万荣工业发展的希望。

（薛文亮　王晓华）

【农村经济充满活力】 果、林、牧、设施农业发展形势喜人。完成农业总产值5.5亿元，同比增长13.7%；农村经济收入11亿元，同比增长5.1%。果品质量不断提高。苹果总产量达到2亿公斤，其中套高档纸袋3.8亿个，生产优质精品果6000万公斤。建成了九大恒温冷藏果库，贮藏各类苹果2万吨。发展“万红宝”桃300亩，实现收入220万元。畜牧业规模不断壮大。建成六大养殖基地。肉、蛋、奶产量分别达到2700吨、2500吨和7100吨，同比增长36.8%、7.1%和7%。设施农业快速发展。全县日光温室面积达到1077亩，同比增加32%，大棚508亩，同比增加18%。

农业基础设施明显改善。投资350万元，建成饮水解困工程42处，解决了42个自然村，1.1万人的饮水问题。投资309万元，征地68亩，实施移民工程，建成21户，在建99户。

成功探索出八大农民增收效益模式。即规模种养型、产业链条型、经营市场型、劳务输出型、设施农业型、科技推动型、能人带动型、旱地滩地特色种植型等八大效益明显的农民增收模式，将对本县今后发展规模农业和农民增收起到明显的示范带动作用。

农村税费改革圆满完成。农民负担由税改前91.57元减少到29.26元，人均减负62.31元，降幅达68%。

金融扶持农业力度加大。累计共发放农业贷款4.02亿元，重点扶持了苹果、药材、大棚、养殖四大产业；全面启动农村信用工程建设，共建信用村18个，信用户1638户。（薛文亮　王晓华）

【争资引资工作实现新的突破】多方引入资金2.27亿元，新上各类企业项目15个。千方百计向上争取到资金4900万元，超计划63%。其中，1400万元用于以工代赈、人畜饮水解困等5个农业项目；1660万元用于县乡道路改造、县城供水等4个基础设施项目；1850万元用于后土祠一期续建、疾病防控中心建设等14个科教文卫项目。这些资金的引进，为本县经济社会发展注入了新的活力。（薛文亮　王晓华）

【文化旅游开发取得重大进展】成功举办了全球华人公祭后土圣母大典暨中国·运城·万荣首届后土旅游文化节活动。来自13个国家和地区的近200名华人，中央、省、市、县各级领导百余人以及各界群众共计4万余人参加了盛典。国内外68家新闻媒体、138名记者先后报道了举办大典的消息。与会的37名专家学者对后土圣母、后土文化进行了追根溯源的研究和探讨，先后发表研讨文章82篇次，在世界范围内确立了中华民族的最古先祖——后土圣母的崇高地位，将以禹王为标志的河东根祖文化向前推进了1400多年，使后土圣母成为较炎黄二帝更早的全国根祖文化第一品牌。公祭大典的举办，进一步提高了万荣的知名度。经省旅游局批准，成立了“万荣后土旅行社”。后土祠经济效益初步显现，仅“十一”旅游黄金周期间，全县共接待游客6000余人次，其中后土祠景点接待游客5000余人次，门票收入达2万余元。

（薛文亮　王晓华）

【全民抗击非典取得阶段性胜利】4月份，面对突如其来的非典型肺炎疫情，万荣县委、政府视广大人民群众的生命为最高利益，沉着应对，果断采取措施，全党全民总动员，打响了一场抗击非典的攻坚战。广泛普及防非常识和法律法规，消除了广大民众非典的恐惧感。建立了农村疫情监测九项制度。县上拿出144万元用于防控工作，使全县9万农户都得到一份可连续使用15天的消毒药品，40万农民每人都喝上了一剂非典预防中药。开展劝返帮扶活动。使全县在外人员返乡率降到33.7%，“三夏”期间成立了帮扶队102个，组织人员2783名，对2563个困难户进行一对一的帮扶。积极构建医疗救治体系。规范了18个发热门诊的建设，改建了县医院急诊楼。深入开展爱国卫生运动，村容村貌及公共场所卫生有了明显改善。全县没有出现1例非典病人，3例疑似病人全部治愈出院，取得了非典防控阶段性胜利。（薛文亮　王晓华）

【全力以赴确保了财政收支平衡】全县财政总收入在取消物产税850万元、农业税收减少214万元、金属镁出口退税政策变化影响280万元，以上三项合计同口径比较减少1344万元的情况下，完成6422万元，超市计划104万元。千方百计向上级争取回资金13819万元，使县级可用财力达到17909万元，支出17211万元，实现当年收支平衡，一举甩掉了长期以来财政供养的干部职工工资隔月发放和政策性调资空调的两顶帽子，春节前全县干部职工首次领到了奖金工资。

（薛文亮　王晓华）

【社会保障体系日趋完善】企业养老保险实现了社会化发放，参保人数达5330人，向上争取补助资金350万元，1734名企业离退休人员养老金按时足额发放，发放率达100%。机关事业养老保险征缴基金200多万元，累计额达到1000多万元。医疗保险收支两条线运行平稳，参保人数达11263人，征收基金387.8万元，支付保险金254万元。失业保险征收基金18.5万元，188名下岗职工足额领到生活费。基本实现了“四险”统筹统管，一体化发放的新格局。全县低保对象达到2309户5004人，103.5万元保障金全部发放到位。全力以赴抓好抗灾救灾工作，及时拨付60万元救灾款，帮助灾民重建家园，开展生产生活自救，确保了灾民有饭吃、有衣穿，安全过冬。

（薛文亮　王晓华）

【社会各项事业蓬勃发展】“创建全国科技工作先进县”通过省科技厅验收。农村中小学危房改造工程完成15所学校，新建教学大楼14栋，建筑面积14636平方米。分配2002年师范类大中专毕业生193人，择优选拔师范类小计划大中专毕业生268人从事教育工作，全年共给教育战线补充新教师461人。人口与计划生育“三大网络”建设进一步夯实，计划生育登记建制工作扎实认真，对1990年以来超生的662人给予行政处分，38人给予党纪处分。市场经济秩序整顿成效显著。查处各类经济违法案件1026起，案值1500余万元。行政审批制度改革进展顺利，清理取消审批项目129项，占总数40%以上。第六届村委会换届选举工作圆满完成。实行了村务、政务、财务公开制度，基本建立起村民民主自治机制。全县排查调处各类矛盾纠纷125起，无一起赴县以上群体上访案件。严打和禁毒整治行动进一步引向深入，共破获各类刑事案件255起，查处吸毒违法人员210人，极大震慑了犯罪分子。营造了一个政通人和、社会稳定的良好环境，促进了社会主义物质文明、政治文明和精神文明协调发展。

2003年，全县经济社会发展遇到的困难比预料的大，取得的成绩也比预料的好。这是四大班子精诚团结、开拓创新、真抓实干的结果，是各级各部门广大干部群众扎实苦干、共同奋斗的结果。

（薛文亮　王晓华）

【领导人名录】

县委书记　　卫孺牛

人大主任 王崇智
县　　长 武宏文
政协主席 畅启仁

新　绛　县

【概述】 2003年，全县人民在县委、县政府的正确领导下，以邓小平理论和“三个代表”重要思想为指导，全面贯彻落实党的十六大和十六届三中全会精神；积极应对突如其来的“非典”疫情，围绕“1411”战略工程，团结奋斗，开拓创新，国民经济和社会发展取得了新的成绩，经济总量快速增长，经济结构战略性调整稳步推进。全面完成了经济和社会发展的各项预期目标。

综合　国民经济总体运行状况良好，改革和发展的目标基本实现。

国民经济保持了较快的增长态势。全年全县共完成生产总值132374万元，比上年增长15.0%。其中，第一产业完成增加值29751万元，增长4.4%；第二产业增加值65081万元，增长25.4%；第三产业增加值37542万元，增长9.1%。

国民经济和社会发展中存在的主要问题是：农民收入增长相对较慢；就业和社会保障任务较重。

农业　种植业结构继续调整。棉花面积比上年增长8281亩，蔬菜面积与上年持平，油料面积增加4114亩，全年粮食播种面积比上年减少，其中，小麦面积减少24071亩。

粮食产量保持稳定，受调减播种面积的影响，全年粮食产量100877吨，比上年减少8.0%。其中，小麦产量67943吨，减产11.7%；秋粮产量32934吨，增产0.9%。

棉花、水果、油料产量大幅增加。全年棉花产量2231吨，比上年增长39.9%；水果产量38576吨，比上年增长86.4%；油料产量3068吨，比上年增长165.6%。

蔬菜产量有所增长。全年全县蔬菜产量为264368吨，比上年增长1.8%。其中，大棚蔬菜产量为112497吨。

畜牧业发展较快。年末，全县大牲畜存栏4.08万头，比上年增长35.0%；羊存栏78万只，比上年增长51.7%。全县全年肉类产量为4237吨，禽蛋产量为4916吨，分别比上年增长12.4%和12.7%。

林业生产稳步发展。全年全县完成造林面积1122公顷，林业保护、管理工作进一步加强，全县绿化面积进一步扩大。

工业和建筑业　2003年，全县国有工业企业和年销售收入500万元以上非国有工业完成产值73964万元，其中，县及县以下完成50587万元。国有工业企业和年销售收入500万元以上的企业完成销售产值73148万元。其中，县及县以下完成50447万元。全县国有工业企业和年销售收入500万元以上的非国有工业企业全年实现利税7442万元。

2003年，全县主要工业产品都有不同程度的增长，水泥实现了高达200%的增幅。主要产品产量如下：

项目	产量	比上年增减%
焦炭	43万吨	7.5
水泥	96万吨	200.0
塑料制品	5867万吨	1.4
生铁	9万吨	12.5
棉布	3453万米	34.0
纱	10956吨	23.3

建筑业生产增速较快，经济效益进一步好转，全年全县建筑业完成增加值10344万元，比上年增加40.5%。

固定资产投资　2003年，本县固定资产投资力度加大，全县固定资产投资共计完成57474万元，比上年增加40.6%。其中，基本建设投资15957万元，更新改造投资5505万元，其他投资36015万元，在投资力度、投资额度及投资效益上都有新的加强和改善。

交通和邮电　2003年，由于受“非典”的影响，交通运输业受到很大冲击，运输总量有所下降。全社会客运周转量为2564万人公里，比上年减少14.9%；货运周转量为4726万吨公里，比上年减少0.4%。

邮电通讯事业依然保持了快速增长势头。全年全县完成业务总量5360万元，比上年增长10.7%。其中，电讯业务总量为2552万元，比上年增长2.0%；邮政业务总量为648万元，比上年增长19.69%；移动电话业务量达到了2160万元，比上年增长20.1%。截止2002年末，全县电话机拥有量为76123部。比上年增长17.4%。其中，移动电话拥有量为21000部，比上年增长12.4%；小灵通拥有量为4774部。

商业和市场物价　2003年，随着国民经济的稳定增长和消费者信心的进一步增强，全县消费品市场稳定增长。全年社会消费品零售总额达51779万元，同比增长12.1%。其中，县的零售额达27108万元，比上年增长11.9%；县以下的零售额为24671万元，比上年增长12.2%。

2003年，全年全县物价指数稳中有升，全年平均商品零售价格指数为101.2%；居民消费价格指数为101.3%。

财政、金融　2003年，由县上组织的财政收入完成11341万元，占年初预算的120.8%，比上年同期增长35.53%。其中，一般预算收入完成3562万元，占年预算的113.98%；上划中央收入完成5809万元，占预算的130.95%；上划省收入完成1033万元，占预算的116.07%；上划市收入完成921万元，占预算的120.08%。

全县财政总支出执行13697万元，剔除专款因素，县级一般预算支出执行11149万元，较上年同期增长1.22%。其中，教育事业费执行3026万元；占年预算的109.84%。较上年同期增长30.15%；科技三项费用支出65万元，占年预算的100%，与上年同期持平。

金融业保持了稳定增长态势。截止2002年底，全县金融机构各项款余额为137615万元，比年初增加23792万元，增长20.9%。其中，企业存款余额为8675万元，比年初减少7.1%。全县金融机构各项贷款余额为163056万元，比年初增加31650万元，增长19.4%。其中，工业贷款13002万元，比年初增加1473万元；农业贷款38914万元，比年初增加8126万元。

2003年，全县金融机构现金收入累计完成622428万元，累计比上年同期增加164993万元，增长36.1%；金融机构现金支出累计为627403万元，比上年同期增加181996万元，增长40.9%。收支相抵，货币净投放4975万元。

保险事业在市场经济中快速发展，为全县经济发展起到了保驾护航的作用。全年全县承保总额为13.09亿元。其中，财险承保总额为7.11亿元，人险承保总额为5.98亿元。保费收入为4052.4万元，比上年增长14.9%。其中，财产险保费收入为502.4万元，比上年增长14.5%；人寿保险费收入为3550万元，比上年增长15.0%；支付赔款金额中，财产险共赔付238.4万元，人寿险赔付162万元。

科技、教育、文化和卫生体育 科技队伍稳定发展。科技意识进一步增强，质量标准化、计量建设和天气预报等项服务进一步加强。

2003年，全县各类教育工作取得了较大发展。教育投入不断增加，素质教育、义务教育和扫盲教育稳步推进；学前教育继续加强，各级各类职业技术教育发展良好；社会力量办学继续发展。

群众性文化体育生活日益活跃。2003年，全县组织了象棋、围棋、戏曲、卡拉OK比赛以及篮球、乒乓球比赛等，极大地丰富了广大群众的文化娱乐生活。广播电视事业进一步发展，有线电视网络建设步伐加快，历史文化名城建设取得新成就。旅游事业发展迅速。

医疗卫生条件不断改善，至2002年末，全县共有医院、卫生院（包括个体医疗诊所）410所，床位631张，医院、卫生院技术人员549人，全社会医疗水平进一步提高。

人口和人民生活 人口自然增长率继续下降。年末全县总人口为317159人。其中，男性人口为163857人，女性为153302人。全县非农人口为38688人，乡村人口为278571人，全年全县出生人口3384人，出生率10.71‰；死亡人口1383人，死亡率为4.38‰；全年净增人口2001人，自然增长率为6.33‰。

城乡居民收入稳定增长，生活水平继续提高。2003年，全县职工工资总额达10908万元，职工平均工资7924元，比上年增长22.0%；城镇居民人均可支配收入达5585元，比上年增长10.8%；农民人均纯收入为2476.6元，比上年增长5.2%。

城乡居民储蓄存款继续增长。截至2003年底，城乡居民储蓄存款余额为119034万元，比上年增加18692万元，增长18.6%。

（许　隽）

【“1411”工程——新“举措”打造新“新绛”】 1. 超常决策　2002年11月，在深入学习贯彻十六大精神热潮中，县委、县政府解放思想，放眼未来，结合本县的历史和现实，科学地制定出加快发展和全面建设小康社会的长远战略决策，提出“1411”战备工程，“1411”的目标是：苦战三五年，实现国内生产总值和财政收入翻一番，县城面积扩大一倍，再造一个新绛县。即：到2005年末，全县国内生产总值超过20亿元，财政收入超过1.5亿元，农民人均纯收入超过3000元，县城建设面积达到7平方公里。

2. 考察学习　2003年1月，县委、县政府组织县、乡两级70名干部奔赴江、浙、沪，选择本县产业产品相近的地区，零距离地考察学习，亲自感悟人家的发展现状。通过实地学习，大家眼界豁亮，思想解放，心灵深处受到极大震撼。

3. 创新理念　考察归来，全县上下结合县域实际，开展了“冲破束缚，创新理念，与时俱进，推动发展”的思想解放大讨论，使全县各级干部普遍增强了奋起直追、后来居上、负重赶超的使命感。

4. 创优环境　牢固树立“三个有利于”是最大政策的观念。“1411”每项工程都成立了由县四大班子领导包干负责的领导组织机构和精兵强将组建的管理委员会。各园区分别制定了招商引资、优化环境的优惠政策。除对入园投资者创造良好的投资经营环境外，县委、县政府还就优化干部工作环境专门出台了《推文山填会海，减少务虚，排除干扰，聚精会神抓经济，一心一意谋发展的规定》。

5. 创新机制　为全面推进“1411”工程，加快建设小康社会提供强有力的组织保证。县委坚持正确的用人导向，大胆探索创新，从深化干部人事改革入手，采取“先定事，以事选人，选人干事，干好留任，干不好让位”的办法，实行承诺制、任职试用期制、辞职制、末位淘汰制。县委、县政府把“1411”工程中272项重点工程分解到34位县级干部、61位正科级干部和45位副科级干部头上，并立“军令状”向全县人民作出承诺。

6.“1411”工程，即一团、四园、一城、一线——组建蔬菜产业集团、建设万亩生态农业先导园、民营商贸园、民营轻纺园、民营煤化园，兴建绛州学府城，开发名城旅游景点连接线。

“绛州绿”蔬菜集团有限公司 2002年11月成立，位于县城西部，108国道与古交镇南李村路口交汇处。该公司是集生产、销售、加工为一体，按照公司化管理、产业化经营、市场化运作、一体化服务的经营体制，为全县无公害蔬菜发展提供全方位服务。

本县是中国果菜十强县、山西省无公害蔬菜生产基地县、中国绿色食品总公司绿色食品生产基地，拿到了绿色A级蔬菜出口通行证。“绛州绿”牌西红柿、茄子、黄瓜、莲菜、甘蓝、冬瓜、西葫芦通过了山西省无公害农产品资质认证，并获山西省金牌产品奖。2002年10月，北京市政府把新绛县确定为首批“场地挂钩”蔬菜生产基地，签订了常年直供21万吨无公害蔬菜的协议。目前，全县拥有一个现代化蔬菜科技示范中心和八个无公害蔬菜生产基地，无公害蔬菜面积达到20万亩，年产无公害蔬菜20亿公斤。

集团聘请中国农科院研究员、国家级蔬菜专家张志斌为技术总监，内设“一室三部一中心”，即集团办公室、市场营销部、基地建设部、物资供应部和培训检测中心。本县的无公害蔬菜不仅销往山西、北京、河南、陕西等21个省市的200多个大中城市，而且还出口到日本、韩国、俄罗斯、新加坡和港、澳地区。

生态农业先导园　生态农业先导园地处县城北侧，以龙兴镇王庄村2500亩无公害葡萄生产基地为中心，辐射两镇六村，总面积1.2万亩，以发展优质经济林为主，是一个种养加有机结合、产供销成龙配套、科技含量高，具有示范性、观光性和前瞻性的农业标准化示范工程。园区实行四统一（统一设计规划、统一基础设施改造、统一经济作物布局、统一技术配套）、一分散（大户分散经营）的运作方式，并聘请中国农科院果树研究所研究员窦连登为园区提供一流的技术服务。以此示范引导2万农户在20万亩土地上发展经济林和中药材产业，加快小康社会建设步伐。

截止2003年6月，园区新开、拓宽、硬化田间主干路20公里；新打深井9眼，铺设灌溉管道1万米；骨干路旁栽植雪松、龙槐等3万余株；3000亩优质核桃、1000亩黄金梨、1000亩冬枣、2500亩油桃、2500亩葡萄、1000亩毛桃落户园区；一座容积为4000立方米的保险冷藏库已经投入使用。

民营轻纺工业园　民营轻纺工业园位于县城东北部，区位良好，交通便利。园区向东南经汾河大桥与大运高速公路和108国道相通，向北与晋韩高速公路相接，向西经北环路与城区相连。园区总占地面积为3000亩，分为袜子、机械、高科技加工工业四大片区。

园区立足已形成的织袜业、皮革业、加工业、食品业，迁厂入园，形成小产业、大群体的规模优势，同时引进先进的技术和设施，改造提升传统产业，打造一批在国内外有影响的知名品牌和龙头企业，引进高新技术项目，发展一批拥有自主知识产权和核心技术的科技民营企业。

止2003年6月，已入驻企业11家，其中投资1千万元以上的企业3家，500万元以上的企业4家。

民营商贸经济园　民营商贸经济园西起侯西铁路，东至侯马、新绛交界处，北临汾河，南至108国道南200米，面积3平方公里，是一个集商贸、文化、办公、工业、居住、休闲为一体的综合性园区。108国道和侯西铁路横贯东西，临夏公路贯穿南北，东环路汾河大桥穿越园区中心，大运高速公路在此设有出入口，交通网络四通八达，方便快捷。园区内现已建成了汾河湾小百货批发市场、绛州商城、恒利家具城、农机配件城等大中型专业市场，拥有经营者近千户，产品上万种，商品畅销全国10多个省、市和地区。

民营商贸经济园按现代化城市建设已规划到位，金融、医疗、保险机构俱全，水、电、路、通讯已经形成。现有占地200亩，投资3300万元，被列入省“1311”高产工程的丰源绿色果蔬配送有限公司及投资2000万、占地50亩的新绛县农资综合批发市场等一批规模企业正在建设，另有10家企业也已入驻园区。

民营煤化工业园　民营煤化工业园位于县城东北，临夏公路纵贯南北，大运高速公路新绛口距园区中心仅15公里，在建的晋韩高速公路新绛口距园区中心不足5公里，北接国家优质炼焦基地县乡宁。园区控制面积9000亩，一期工程占地3000亩。以扩建后的晋渊焦化公司为龙头，以原国家化工部副总工程师陈志良为技术依托，吸收相关产业进园入区，形成煤焦细化工为主要产品的环保高效产业链。

至2003年3月，园区南北东西三条主骨架道路已经建成，输电、通讯线路已经改造，煤气管线建设即将完成，绿化带工程已经竣工。现已入驻园区启动的项目有20项（家），项目总投资190980万元，到位资金40980万元，已竣工或准备投产的项目5项，正在施工建设的工程12项。

绛州学府城　绛州学府城位于县城西北，南临北环路，东靠新乡路，规划占地2000亩。学府城按照“政府支持，社会投资，产业化经营”的模式运作，以百年名校——山西省重点中学新绛中学为龙头，带动教育产业发展。所有建筑均由专家精心设计，各种功能设施齐全，可实现资源共享。城内将建高档次幼儿园、标准小学、初中、高中、希望小学，兴建青少年活动中心、计算机培训中心、日语学校、国防教育基地等数10家教育机构，同时设有物业管理公司、大型图书超市、医疗卫生和商贸配套服务设施。

学府城建设总投资预算上亿元。建成后，可容纳学生10000人，是一个集基础教育、职业教育、国防教育、校外活动及各种设施为一体，充分体现教育产业化、规模化、集约化、高标准、多功能的高素质人才培养基地。

至2003年6月，“三纵三横”的高标准水泥路已全部开通，水、电、通讯及绿化工程已全面完成。已有11家学校和单位入驻。

历史文化名城景点连接线　本县是国家级历史文化名城、全国民间艺术之乡、全国文化先进县。现有文物旅游景点200多处，其中国保6处，省保5处。绛守居园池是中国北方地区仅存的一座隋代花园；文庙建筑华北最大；绛州大堂名冠三晋；钟楼、鼓楼、乐楼三楼并立，全国罕见。最具有开发价值的首推新绛县清濂洞自然风景区和绛州州府大堂。县委、县政府从保护开发古代文化遗址、整合名城资源、发展文化产业、发挥历史文化名城在县域经济社会发展中的独特优势出发；决定开发建设名城旅游景点连接线。具体景点连接线是东天池——文庙——龙兴寺——老佛楼——天主堂——居园池——绛州大堂——绛州三楼（乐楼、鼓楼、钟楼）。（许　隽）

【领导人名录】

书　记	李景发
副书记	高　峰　王吉海*
	卢天狮　李　峰
	范宽衍
人大主任	平兴旺
副主任	崔建平　许邦焕
	梁重九　王保奎
	马新立
县　长	高　峰
副县长	马怀茂*　李铁路
	王　军*　杨振龙
	田艺彬　李尧林
	尚根全
县长助理	王永仁
政协主席	郭顺全*　马怀茂
副主席	朱淑珍　李吉麟
	薛有良*　许永红
	尚根全*　王喜明

稷山县

【地理人口】 位置境域 稷山县位于山西省西南部，运城地区正北端。东靠新绛，西邻河津，南以稷王山和万荣、闻喜接壤，北为吕梁尾脉与乡宁相连。地理坐标为：东经110°48′18″～111°5′44″，北纬35°22′48″～35°48′32″。东西宽25公里，南北长47.5公里，总面积686.28平方公里。汾河自东向西横穿县境中部，将县境分为南北两大块，俗称汾南、汾北。县治在汾水北岸稷峰镇，东距新绛县城25公里，侯马市40公里，南距万荣县城26公里，运城市85公里，西距河津市27公里，北距乡宁县城71公里，太原市410公里，北京市943公里。

气候 2003年，全县年平均气温为13.4℃，年极端最高气温38.0℃（7月25日），年极端最低气温－14.9℃（1月5日）。年日照时数为2157.2小时。年总降水量720.3毫米。初雪日11月18日，终雪日3月5日，最大积雪深度为4厘米（1月31日）。最深冻土层为46厘米（1月11日；1月12日）。初霜日10月26日，终霜日3月24日，年无霜期为223天。

行政区划 2003年，全县共设稷峰镇、西社镇、化峪镇、蔡村乡、翟店镇、太阳乡、清河镇七个乡镇和一个社区办事处。200个行政村，227个自然村。

人口 2003年，全县年末总人口为331754人。其中：男性169788人，女性161966人。人口出生率为13.98‰，死亡率为6.9‰，自然增长率7.1‰。 （稷山县志办）

【经济建设】 2003年，全县国内生产总值完成10.3亿元，按可比价计算，比上年增长15.2%。其中：第一产业增加值完成1.7亿元，增长1.5%；第二产业增加值完成6.0亿元，增长29.9%；第三产业增加值完成2.6亿元，增长4.1%。一、二、三产业的比例为16.5∶58.3∶25.2。

农业 2003年全县农村经济总收入达21亿元，比上年增长13%。农、林、牧、渔业总产值为34492万元，增长10.1%。2003年全县粮食播种面积减少，产量下降。全年粮食播种面积为437971亩，比上年减少8.4%，粮食总产量为79400吨，比上年减产8.6%；在粮食播种面积中，小麦播种面积为317061亩，比上年减少19876亩，减少5.9%，小麦总产量为58941吨，比上年下降0.7%；秋粮播种面积为120910亩，总产量为20459吨，分别比上年减少14.2%和25.7%。

受棉花市场影响，全县棉花播种面积骤增。2003年全县棉花面积为11909亩，比上年增加4211亩，增长54.7%。棉花产量为713吨，比上年增加208吨，增长41.2%。

种植业结构趋于合理。2003年全县油料面积为23595亩，减少22.2%，产量为2245吨，减产36.1%。蔬菜产量为44161吨，增加12844吨，增幅为41%。药材面积9116亩，减少16.4%，产值为2124万元，增长42.5%。水果总产量为52242吨，增长4.4%。

大牲畜存栏下降，家禽业持平。主要畜产品和大牲畜存栏如下：

指标名称	数量	比上年增长%
大牲畜年末存栏(头)	9246	－17.5
牛年末存栏数(头)	7677	－15.0
猪年末存栏数(头)	33560	42.4
羊年末存栏数(头)	35227	8.6
家禽年末存栏数(只)	2172050	0.3
养兔只数	36750	23.1
养蜂箱数	1034	－31.5
当年肉类总产量(吨)	4559	26.2
猪牛羊肉产量(吨)	3026	31.2
禽肉产量(吨)	1417	20.3
奶类产量(吨)	384	25.9
蜂蜜产量(吨)	23	－30.4
禽蛋产量(吨)	13000	21.3

工业 2003年，全县规模以上工业企业实现产值117384万元（现价），同比增长78%。其中，国有企业实现产值403万无，下降16.7%；民营企业实现产值116981万元，增长2.9倍。

2003年主要工业产品产量如下：

产品名称	产量	比上年增长%
纱（吨）	4053	1.5
布（吨）	743	6.4
焦炭（吨）	309839	18.4
生铁（吨）	150629	52.5
水泥（万吨）	19.04	15.4
机制纸（吨）	10684	18.9
金属镁（吨）	26986	28.4

固定资产投资 2003年全县固定资产投资总额为40900万元，同比增长20.3%。其中：基本建设投资完成8377万元，同比增长57.1%，更新改造完成23403万元，同比增长40.3%，其它固定资产投资完成9120万元，减少24%。另外，城镇工矿区私人建房投资完成2500万元，农村集体和农村个人固定资产投资完成3050万元。

批零贸易和市场物价 2003年，全县社会消费品零售总额为32576万元，比上年增长12.3%。全年全县居民消费价格总指数为108.4%，较上年提高8.3个百分点。其中：食品类104.5%；烟酒日用品类85.7%；衣着类97.9%；家庭设备用品及维修服务费101.3%；医疗保健及个人用品为99.9%；交通通讯类1105.6%；娱乐教育文化用品及服务类为115.5%；居住类135.3%。

出口贸易快速增长。全县出口总额为4036万美元，比上年增长1.6倍。其中，棉布437万元，碳黑658万元，金属镁32404万元。

交通、邮政和电讯业 2003年全县公路货运量109万吨，公路客运量为105万人次。全县邮电业务总量为6163万元，比上年增长50.5%。2003年末，全县城乡固定电话用户达55173部，无线电话(小灵通)4603部，宽带用户1146户，手机用户达40698户，增长50.5%。

财政、金融和保险业 2003年全县财政收入10350万元，增长25.6%。其中，国税系统完成6315万元，地税系统完成2844万元，财政系统完成1191万元。一般预算支出13205万元，比上年增长13.4%。其中，城市建设费支出137万元，环保补助和教育费附加等专项支出148万元，行政事业工资和经费支出10767万元。

2003年全县金融机构各项存款余额为137695万元，同比增长22.0%；各项贷款余额为133216万元，同比增长51.7%。现金总收入726860万元，同比增长68.8%；现金总支出747271万元，同比增长69.9%。收支相抵，向市场净投放货币20411万元。

保险事业继续看好。2003年共完成保费收入2830万元，增长26%。

科技和教育　2003年末全县拥有科技人员6465人，其中：高级职称83人，中级职称2063人，初级职称2734人。全年申报各类科技项目15个，有6项科技项目入围省计划，获得省科技开发风险项目资金827万元。

教育资源整合优化。2003年全县现有各级各类学校156所。其中：高中3所，初中12所，小学132所，民办7所，职校和特校各1所。专任教师3092人，生61812人。其中，高中生3740人，初中生19399人，小学生38524人，职中127人，特校22人。全县参加高考1225人，本科达线125人。2003年县教育局投资1600万元建成稷山教育信息网，使80余所学校实现了“校校通”，实验初中、稷王小学实现“班班通”。

文化、卫生和体育　文化事业健康繁荣，精品不断。2003年7月下旬县文化馆为《走进大戏台》赶制的综艺节目《稷山无处不春风》在山西卫视播出后反映良好。在“非典”时期肖霖生的小品《非常爱情》、高炜创作的蒲剧小戏《死岗》备受群众喜爱。《稷山高台花鼓》参加“山西省第二届广场文化艺术节”演出，一举夺得最高奖。

文物旅游事业承前启后，蓬勃发展。投资500万元修缮扩建的稷王庙将成为全国最正宗、规模最宏大、结构最完整的专门祭祀华夏农耕始祖后稷的宫殿式庙宇。全年共接待游客2.8万人，旅游收入达6.8万元。

广播电视事业不断壮大。全县电视覆盖率98%，城区光缆入户5600户。全年稷山新闻编发稿件300余组、2400余条。

面对“非典”突然袭击，卫生部门对全县外出返乡人员3178名进行了健康检查，同时购置各种救治设备10余台，防护用品13000余只套，确保全县零感染、零疫情的防控效果。

体育事业再传捷报。2003年，本县体育代表团90余人参加市首届运动会5个项目的比赛，共荣获金牌73枚、银牌16枚、铜牌10枚，并取得团体金牌总数第三名、团体总分第四名的优异成绩。

环境保护　2003年全县焦化业污染治理累计投入600万元，5户企业达标验收，8户通过监测。在废水治理方面，累计投入3500万元，完成4户规模以上造纸企业的污染治理工程。全年共对11个新、改扩建项目进行了环保审评。

（稷山县志办）

【领导人名录】

县委书记		王　琦
副 书 记	李润山	闫甲午
	杨忠庭	侯伟健
人大主任		郭崇学
副 主 任	畅春梅	卫冬生
	兰虎泉	兰文力
		乔挨选
县　　长		李润山
副 县 长	高吉华	高根立
	辛福集	王梅生
		午志维
政协主席		马卯录
副 主 席	黄伟祖	杜中效
	苏真明	任绣稼

芮　城　县

【概述】　2003年，本县胜利召开党的第九次代表大会，第十三届人民代表大会第一次会议和政协七届一次会议。“三会”确定了芮城的发展战略为“高扬三个龙头，加速五化进程”。三个龙头即：经济发展以工业为龙头，县域经济发展以风陵渡为龙头，社会发展以城镇化为龙头。五化即：新型工业化，农业产业化，经济外向化，管理信息化，现代城镇化。在此战略指导下，全年本县国内生产总值完成14.6亿元，同比增长15.4%；财政总收入完成1.24亿元，同比增长14%；规模以上工业增加值完成3.1亿元，同比增长31.2%，工业增加值、销售收入、产品销售率增幅均高于全市平均水平；粮食总产12267万公斤，同比增长15.4%；农民人均纯收入2608元，同比增长6.1%；城镇居民人均可支配收入6237.6元，同比增长14.1%；社会固定资产总投资完成6.98亿元，同比增长28.9%；社会消费品零售总额3.33亿元，同比增长26.3%；人口出生率为8.96‰，自然增长率为3.96‰，计划生育率为85.12%。

（齐海平）

【推进新型工业化进程】　抓调整结构。全县投资50万元以上的工业调产项目14个，其中小儿腹泻贴，纳米碳酸钙和2，3，5—三甲基苯酚3个高科技项目入围全省“1311”调产规划。已投产的4个项目效益良好。金水河金属材料公司投资1100万元新上的镁合金项目，8月份建成投产，完成产值3000万元，实现利税300万元；万士达工程塑料公司大口径PE管材生产线，6月份投产，完成产值3000万元，实现利税1500万元。丁桂儿脐贴、PE管材、洞宾系列酒产品被评为全省名优产品。9月份本县在全省经济结构调整总结表彰大会上被评为“全省产业结构调整突出贡献县”，受到省委、省政府表彰。

抓园区建设。建设的六大工业园区：亚宝工业园6月份破土动工，一期工程投资1.35亿元，建筑面积6.8万平方米。华泰科技工业园，有4家企业投产运行。县城高科技工业园，有中鲁、万士达等投产运营。风陵渡浙江工业园，由浙江一批企业投资兴建。金鹏食品工业园区，有速冻蔬菜和油脂加工项目投产。东盛科技工业园区，为本县第一个民营工业园区，6月份动工建设，有5个民营企业入区。

抓招商引资。通过招商引资，共上各类项目30多个，总投资4.45亿元。其中工业方面的项目14个，投资上亿元的有3个，已建成达产达效的4个。

抓民营经济。全县民营企业已达5213个，从业人员49824人，总产值完成15.7亿元，比上年增长15.7%，增加值完成4.1亿元，比

上年增长15.2%。（齐海平）

【全面推进农村小康建设】 加大农业基础设施建设力度。大禹渡扬水站更新改造工程项目全面完成，节水续建配套工程顺利推进，南干渠修复改造全面完成。全县农田水利基本建设累计投资3863.79万元，总投工617万个，新增水地8.3万亩，改善水地5.2万亩，发展节水面积4.9万亩，退耕还林4.66万亩，初步治理水土流失面积48.7平方公里。

发展特色产业，壮大龙头企业。在抓好20万亩苹果的基础上，建立优质苹果出口基地15000亩，发展韩国梨基地5000亩，高酸苹果基地27000亩，发展中药材15000亩，牛、羊分别比上年增长7.7%和10.6%。蔬菜面积达到20970亩，高效设施农田达到6650亩，其中日光温室4150亩，大棚2500亩。发展芦笋4.8万亩，香紫苏5000亩。同时在发展花椒、红枣、食用菌等特色产业基础上，重点培育中鲁、丰润、鸿田、联侨等十大龙头企业，实施工农链接，农企双赢。

税费改革，减轻农民负担。全县共减负1340万元，农民人均减负39元，减负率46%。（齐海平）

【加快风陵渡开发区建设】 根据经济梯度转移理论和风陵渡独特优势，在著名经济学家、浙江大学党委书记、副院长史晋川教授主持下，芮城县提出创建风陵渡中国东西部经济互动区的战略思路。课题研究《创建风陵渡东西部经济互动区的研究与展望》结书出版，省委书记田成平为本书作序。经过一年来的努力，开发区基础设施建设完成投资9000万元。招商引资取得显著成果，全年到位资金2.5亿元，协议投资58亿元，意向投资60亿元。（齐海平）

【实施十大市政工程】 学府街教育园区建设初具规模，芮中分校投入使用，职教中心科研楼竣工。永乐大桥建设投资150万元，8月20日竣工，成为芮城又一风景点，也为永乐宫景区开发奠定了基础。十条市政道路开通硬化，使县城形成“九横六纵”格局。西城商业街投资1600万元，10月23日竣工，可容纳门店200多个。县城东进出口整治到位。污水处理池已建成并投入使用。盛宝润发超市、友谊购物广场、魏都商场等大型市场建成投入使用。（齐海平）

【改善芮城投资环境】 全年完成10项重点工程：临风线7KM路基工程；平风线岳村沟桥大修主体工程；县城至永乐镇二级公路的拓宽改造工程完成投资780万元；农村二级网改工程全部完工；35KV原村变电站增容改造工程6月24日竣工投产；风陵渡110KV变电站建设竣工投产；完成了架设光缆7.8km、电缆150km的电信光缆工程；投资400多万元完成县城光缆改造，并有15个村开通了光缆电视节目；完成45个行政村、92km通村油路和通水泥路任务；在县城修建了1600m的排水道和污水处理池，解决了县城排水排污问题。（齐海平）

【大力发展科技和教育】 科技工作，全县有18家企业与全国各大专院校实行了产学研联合，14家优势骨干企业获得了国际质量体系认证，7项产品达到国内领先水平，5项获得发明专利，3项获得授权专利。教育事业长足发展，先后投资1.8亿元，铺开了学府街教育园区和风陵渡开发区教育园区的建设，中小学由501所合并为327所，教学条件进一步得到改善。高考、中考、职考成绩均在全市领先，职教受到国家五部委表彰，幼教被评为全国幼儿教育先进县。（齐海平）

【夺取抗非斗争的全面胜利】 4月份以来，面对突如其来的非典疫情，从实践“三个代表”的高度，把防治非典作为压倒一切的头等大事来抓，全县上下总动员，群防群治抗非典，确保了“芮城无疫情”，实现了非典“零报告”，夺取了全县抗击非典斗争的胜利。（齐海平）

【省委书记田成平在芮调研】 12月初，中共山西省委书记、省大人主任田成平，来芮城视察工作，调查研究。期间，他对芮城“三个龙头”“五化”战略、风陵渡创建中国东西部经济互动区的构想和起步，以及芮城的各方面工作给予充分肯定。（齐海平）

【领导人名录】

县委书记		姚震海
副书记	员志东	李泽亮
	胡金虎	姚新亭
常委	余妙珍	李林旺
	姚广升	王吉敏
	张汪尤	卢志刚
人大主任		王长安
副主任	相明升	骆作震
	任武贤	郑建斌
		范孟春
县长		员志东
副县长	周敬安	李忠贤
	李建武	李万庭
	张自刚	时定乾
		任刚
政协主席		王民当
副主席	杨建华	高亚平
	刘百威	李秀民

闻喜县

【概述】 闻喜县位于山西省南部，运城盆地北缘。地理坐标为东经110°59′33″～111°37′29″，北纬35°9′38″～35°34′11″之间，东西57.5公里，南北45.3公里，总面积为1167.11平方公里。县域内有山区、垣地、丘陵、河槽四种地形。山区为汤王山区和稷王山区，汤王山属中条山脉，海拔1572米，稷王山海拔1279米；垣地分南垣和北垣，海拔600～700米，地形比较平坦；丘陵区分布在河槽区东西两侧，东部为鸣条岗丘陵区，西部为峨嵋岭沿丘陵区；河槽区分布在中部，呈东北——西南走向。全县共辖13个乡镇，342个行政村，38万人口（其中农业人口32万），耕地80万亩，是一个传统的农业县，又是近年来在全省、全市发展速度较快的县份之一。

2003年，在县委、县政府的正确领导下，全县人民以党的十六大精神为指导，用“三个代表”的重要思想统揽全局，紧紧围绕“十五”争先发展新目标，突出“科技调产、培育亮点、加速民营、主攻城建”四大重点，抢抓机遇，扎实苦干，与时俱进，开拓创新，使全县经济持续快速增长，实现跨越式发展，由一个国家贫困县、全区落后县一跃跨入全省前十强。

（佀延寿　吉朱莲）

【国民经济和社会发展】 经济实力显著增强　2003年，全县GDP完成40.13亿元，比上年增长27.3%，财政收入达4.24亿元，增幅高达60%，总量在全市名列第二，在全省119个县（市、区）中由上年的第十四位上升到第七位，成为全省唯一国家贫困县跨入前十强的县份。规模以上工业总产值完成78.5亿元，比上年增长51.5%，农民人均纯收入达到2340元，比上年增长8%，城镇居民人均可支配收入达到6299元，比上年增长12.6%，各项主要经济指标均在全市名列前茅。

结构调整取得实效　农业结构不断优化，培育形成了粮、果、菜、畜四大主导产业，“南菜北药”布局形成规模，蔬菜面积发展到16万亩，药材等其它经济作物发展到4.6万亩，粮经比例达到5:5。退耕还林成效显著，完成退耕还林12万亩。农副产品加工企业发展到50余家，产业化进程不断加快。全县农村劳动力向非农产业转移的总人数达到10万人，农村劳动力就业结构进一步优化。工业结构调整，坚持“变性、扩张、集聚、提升”八字方针，大力实施“壮大优势产业，提升传统产业，开发新兴事业”的政策，传统产业改造提升，深加工能力显著增强；一批潜力产品相继开发，新兴产业正在形成；钢铁、镁业、玻璃、水泥、化工、机械等八大主导产业形成规模；工业园区建设取得新的进展，海鑫钢铁、银光镁业、金龙水泥、鑫光水泥、森特煤机、红星汽配、宏伟玻璃等一批龙头企业进一步壮大。全县三产结构不断优化，一、二、三产比例达到7:77:16。

新的亮点不断涌现　县委、县政府始终把项目建设作为经济发展的重要载体，年年上新项目，年年育新亮点，先后新上50万元以上的企业及扩建项目160余个，完成投资50多亿元，培育形成了海鑫、银光、森特、宏伟、金龙、鑫光、红星等一大批新的经济亮点。特别是海鑫公司五年规划二期工程、三期工程相继实施，规模进一步壮大，成为全省第一个资产、销售达双50亿元的大型民营企业，跨入全国大型钢铁企业行列，金属镁业年生产能力达到10万吨以上，占到全国总产量的四分之一，占全省总产量的50%以上，是全国最大的金属镁及其系列产品生产基地。玻璃行业形成年产30万吨的生产规模，是全国玻璃器皿主要生产基地之一。

民营经济快速发展　通过大力实施“构筑新框架”战略思路，极大地促进了民营经济的快速发展，带动了全县经济的突飞猛进。2003年，全县民营企业发展到810家，产值达500万元以上的企业68家，其中产值千万元以上的企业36家，5000万元以上的企业8家，亿元以上的企业3家，6亿元以上的企业1家，50亿元以上的企业1家。民营经济成为全县经济的主体，占GDP和财政收入的比重达到95%以上。

基础面貌明显改观　城市建设上，牢固确立“经营城市”理念，按照“政府规划、市场运作”的思路，大力实施城市建设攻坚战，先后投资4亿多元，实施完成了闻喜人民广场、人民会堂、西湖公园、太风路和新开路改造、大运路县城段拓宽改造、城东大街等30多项重点工程，城南大街、城西大街等重点工程加快实施，县城一环正在形成，县城框架明显拉大，城市品位得到提升，城市面貌明显改观。东镇等小城镇建设取得新的进展。公路建设上，全县基本实现村村通油路，先后完成闻夏线、临夏线、闻垣线等多项重点工程，全县油路里程达到1113公里。电力建设上，新建1座22万伏变电站、2座11万伏变电站和8座3.5万伏变电站；投资1.1亿元，实施完成了农网和城网改造工程。学校危房改造上，总投资1.3亿元，完成20万平方米学校危房改造工程，新建161幢教学大楼，职教中心建成使用。水利建设上，先后投资2281万元，实施完成农村饮水解困工程149处，解决了149个村、3.8万人口的吃水问题，被省政府授予“全省农村饮水解困红旗县”。

经济社会统筹发展　全面实施“科教兴县”战略，科技项目开发力度不断加大，基础教育进一步加强，社会力量办学快速发展，职业教育取得实效。计划生育工作在全市保持先进位置。公共卫生和农村医疗卫生进一步加强。“两个确保”继续巩固，社会保障体系进一步健全。抗灾、救灾、帮民建房工作扎实开展，“三项建设”成效显著。各项社会事业都取得新的成绩，经济社会呈现出协调发展的良好局面。

三大建设全面创新　党建工作上，按照“要建经济强县，先建基层党建先进县”的党建思路，以“三级联创”活动为载体，全面加强基层党组织建设，推动党建工作迈上了新水平，连续两次被省委命名为全省“农村基层党建先进县”，被评为全省“三个代表”学教活动先进县。党风廉政建设考核连年名列全市前茅。先进文化建设上，通过抓导向、抓载体、抓硬件，深入开展文明城市、文明单位、文明家庭、文明企业、文明校园等群众性精神文明创建活动，大力发展校园文化、企业文化、节日文化、集日文化，举办丰富多彩的群众性文化活动，全县人民的思想、道德、科技、文化素质明显提高，城乡文明程度、健康水平全面提升，被省政府命名为全省“文化先进县”。大力实施“依法治县”方略，深入开展普法活动，认真推行行政执法责任制，依法强化民主政治，全力维护社会稳定，为争先发展、建设强县营造了良好的社会环境。全县改革、发展、稳定呈现协调一致、相互促进的良好局面。

2003年，全县班子非常团结，经济快速发展，社会政治稳定，风气越来越好，进入了建国以来最快的发展时期和最好的稳定时期。

（佀延寿　吉朱莲）

【领导人名录】

县委书记	董鹏翔
副 书 记	荆青莲　李晋学
	张英生　杨勤荣
人大主任	史炳仁
副 主 任	张平安　邢炜萍

	李瑶章	杨文龙
		任龙太
县　长		荆青莲
副县长	谭淑珍	葛旭元
	吕士学	裴宝珠
	曹秦峰	侯冰狮
		畅纪中
政协主席		王延平
副主席	田水旺	王金狮
	李天虎	吉意明

夏　县

【概述】 2003年，夏县辖6镇5乡，256个行政村，83520户，总人口353533人。其中农业人口324290人，非农业人口29243人，男182616人，女170917人。当年出生3272人，出生率为9.26‰，比上年下降1.03个千分点，死亡1564人，死亡率4.42‰，自然增长率为5.42‰。

2003年，夏县县委、县政府团结带领全县人民解放思想，与时俱进，合力攻坚，有力地推进了县域经济的快速发展和社会各项事业的全面进步。

2003年，全县国内生产总值完成7.4亿元，同比增长8.8%；财政收入完成6038万元，同比增长5.8%；社会消费品零售总额3.5亿元，同比增长2.9%；限额以上（投资50万元以上）固定资产投资22269万元，同比增长91.6%；城镇居民可支配收入4750元，同比增长10%；农民人均纯收入1946元，同比增长7.2%。

（赵桂贤　范少丽）

【县域企业发展势头强劲】 2003年，全县规模以上工业企业上缴税金2211.7万元，同比增长22%。晋新双鹤上缴税金1173.6万元，同比增长1.5%；宇达公司上缴税金145万元，同比增长16.8%；鑫丰水泥上缴税金126万元，同比增长62.8%；启真镁业、安瑞防爆风机等企业的产值、销售和实现税金均比上年有了大幅增长。同时通过招商引资，全县共发展各类企业（项目）134个，其中50万元以上29个，总投资规模为3.8亿元，现已投资2亿元，已经建成和正在新上的、规模较大的项目有8个。即：新建了冠宇化学有限公司；筹建了山西本源科技发展有限公司；从水、电、路配套设施建设入手，加快了水头工业基地建设。本年底，有一家在建企业和三个在谈项目；新建了宇达工业基地；新建了有4个金属镁厂和4个玻璃器皿厂陆续进驻的胡张工业基地；投资1800万元新建的山西武昌钢铁有限公司；山西天立电缆有限公司投资200万元，新上了年销值可达1.2亿元的塑力缆项目；运城瑞马纸业投资500万元，新上了年产值可达1000万元的高档板纸生产线。

（赵桂贤　范少丽）

【特色农业发展再显活力】 2003年，全县继续实施了“双覆盖”战略。在“白色覆盖”上，主要抓了设施农业、品牌农业和生态农业三个重点。设施农业，2003年又新发展了3000亩标准化日光温室、10000亩简易温室和大棚；品牌农业，申报注册了“禹青”牌绿色农产品商标，黄瓜、西红柿、辣椒、芹菜、葡萄、桃等8个果蔬品种已通过农业部杨陵检测中心鉴定，合格率达100%；生态农业，以省农业厅“生态家园”农业建设项目在本县实施为契机，在庙前镇西村先行试点，已有90余家农户使用上沼气。在“绿色覆盖”上，2003年基本完成了2.33万亩的退耕还林栽移任务；狠抓了平原乡村道路绿化，全县已铺开道路拓宽绿化工程25处168公里，其中县上重点工程9处，县直机关干部义务植树绿化春燕山已完成了6万余株的侧柏栽植、浇水和覆盖任务，并在9个乡镇分别规划铺开了23个园林村的建设工程；紧紧抓住1000多万元的日元贷款造林项目，大力发展经济林和速生丰产林建设。

（赵桂贤　范少丽）

【旅游产业开发有序推进】 ①投资590万元完成了有“小武当”和内地的“布达拉宫”之称的堆云洞景点修复工程，其中完成古建筑修复面积2200平方米，门前平台、停车场建设和景区内170亩土地的绿化工程；②投资138万元铺开了司马温公祠涑水书院和禅院牌楼恢复工程；③启动了瑶池温泉山庄建设，已投资600万元，完成了三星级宾馆改造工程，总投资860万元，建筑主体为三层，建筑面积5000平方米的洗浴中心正在施工之中；④投资360万元，铺开了蓄水面积达300亩的泗交山涧湖泊工程。全年共接待游客10万余人次，完成旅游总收入270余万元。

（赵桂贤　范少丽）

【基础设施建设进展顺利】 投资1500万元，启动了全程31公里的夏祁线公路后续铺油工程，已完成13.7公里；投资160余万元，完成了曹家庄到垣曲胡家峪的新开公路工程；投资68万元，完成了解放路“五线入地”工程；投资626万元，完成了禹都步行街的改造修建工程，钟、鼓楼两大超市已整体开工运营；投资1500万元铺开了莲湖公园建设工程，已基本完成土方任务，后续工程正在加紧进行；完成了投资520万元的城南变电站和水头11万伏变电站的建设任务。

（赵桂贤　范少丽）

【农村税费改革成效显著】 税费改革后，全县的农业税及附加共计819万元，比改革前2116万元减少1297万元，其中取消“三提五流”、特产税、屠宰税等共计1198万元，减少农业税99万元，减少幅度达61%，并将农民负担监督卡和夏征时的预征款清退工作全部落实到户，切实减轻了农民负担，有效地维护了广大人民群众的根本利益。

（赵桂贤　范少丽）

【“非典”防控和抗涝救灾取得决定性胜利】 在“非典”防治上，按照“工作宁可麻烦百倍，也要做到防范到位”的要求，不仅成立了由13名县级领导参与的预防组、救治组、控制组、宣传组、协调组和督查组，而且制成一览表，严格分解职能部门的防非责任；不仅利用各种媒体加强宣传，形成群防群治的氛围和防控网络，而且加大医护人员的培训力度，切实提高医护人员的自身防护能力；不仅确定定点医院，迅速建立隔离病区，而且在十分吃紧的财力中挤出46万元用于“非典”防治。特别是在加强防控、防止疫情蔓延上，切实做到了“三严”：严密监控返乡人员和外来流入人口；严把疫情监测和消毒关；

严格取缔一切聚集活动。由于县委、县政府高度重视，防范到位，全县没有出现一例“非典”病人和疑似病人。在抗涝救灾过程中，包乡镇领导多次深入乡村，研究制定应对措施，组织发动镇村干部成立应急小分队昼夜巡逻，排查险情，并采取必要的果断措施，确保了人民群众的生命财产安全。之后，又在对个别重灾户进行慰问的基础上，积极协调关系，向上争取帐蓬、面粉、衣被等救灾物资。同时，发动全县干部积极开展了“向受灾群众献爱心”活动，从资金、人力等方面积极帮助灾民开展生产自救和重建家园活动。

2003年，夏县县委、政府尽管做了大量艰难的工作，保持了经济运行相对良好的发展势头，但发展的速度和质量与兄弟县（市、区）相比，还有较大差距。结构性矛盾仍然突出，一产仍然偏大，二、三产业明显偏小。经济运行的质量不高，发展的速度相对缓慢，缺乏新的大的经济增长点，导致财政收入增幅不大，收支矛盾比较突出。农民收入增加缓慢。主要是农副产品的科技含量低，名特优产品少，缺乏市场竞争力，影响了农民收入的有效增长。（*赵桂贤　范少丽*）

【领导人名录】

县委书记		董一兵
副书记	苏安乐	侯卫河
	黄保龙	赵州平
人大主任		张有道
副主任	柳月件	裴三伍
	段永生	郑景山
		张创立
县长		苏安乐
副县长	张随年	陈发祥
	姚仁义	高小俊
	祁彦军	田成贵
		张高学
政协主席		王琨
副主席	张长业	张大平
		陈金狮

绛　县

【概述】　2003年，绛县人民在县委、县政府的正确领导下，认真贯彻“三个代表”重要思想和党的十六大精神，面对“非典”、雨涝等自然灾害和电力紧缺、原材料涨价等重重困难，齐心协力、奋力拼搏，县域经济和各项社会事业保持了良好的发展态势。2003年，生产总值完成113000万元，同比增长12.8%；财政总收入完成12782万元，同比增长9.3%；全社会固定资产投资28100万元，同比增长34.8%；超奋斗目标4400万元；全部工业增加值完成67800万元，同比增长9.2%；规模以上工业增加值完成52400万元，同比增长5.3%；社会消费品零售额完成29000万元，同比增长21.9%；城镇居民人均可支配收入完成5242元，同比增长12.2%；农民人均纯收入完成2065元，同比增长2.5%。

工业经济蓬勃发展　围绕工业立县战略，进一步加快工业结构的战略性调整，做大做强优势企业，发展高新技术产业，促进产业优化升级，以“一增三优”为主攻方向，实施了炭黑湿法造粒、汽车离合器、汽车重轿、尾气发电、煤焦油深加工、生铁冶炼、水泥增溶、晋南电厂锅炉改造等一批技攻项目，以焦油化工、机械制造、精密铸造、冶炼冶金、食品加工、建筑材料为主的六大产业初具规模，汽车前后桥、离合器、炭黑、益心酮片、水泥、维之王蜜饯、铁合金、工业硅、钢锭等十余种产品在省内外市场上占有了一定份额。2003年，全县工业新增产值达20亿元，产现利税1.5亿元。

大力支持民营企业，促进工业经济发展。2003年，新上金鹰、来利、聚鑫、恒信、吉昌等9个投资500万元以上民营企业，宇进、飞鹰、晋星、志信、远征、飞龙、明迈特等一批民营企业迅速发展壮大，民营完成总产值11.3亿元，同比增长44.9%，呈现出蓬勃发展的好势头。

引资上项目取得显著成效　2003年，全县共引进各类资金2.33亿元，新上各类企业、项目45项，总投资8.5亿元，有效地拉动了县域经济增长。重点工程和基础设施建设进展顺利。县东环路11月20日竣工通车；沁东线二里半至东镇一级路已经省计委立项；绛县220KV输变电工程于12月份开工；农村饮水解困二期工程圆满完成；完成了8个乡镇99个行政村的有线电视联网工程；第一农贸市场主体工程完工；完成了全县13个小区886户的城市供水管网改造；安居小区完成建筑面积1.5万m^2；电影院改造工程内部装修已经完成并投入使用，投资环境明显改善。

农业和农村经济稳步发展　围绕建设农业特色县，大力开展科技示范、突出培育三大特色产业。农业结构进一步调整，以牛、鹿为主的畜牧业，以山楂为主的林果业，以中药材为主的种植业的三大特色产业在全县农业总产值中的比重达到了55%。全县三万农民离开土地，进城进厂，从事二、三产业。维之王、金绛、金甲等农副产品加工龙头企业不断壮大，已有3家十个产品获绿色食品证书，农副产品加工转化率不断提高，农业产业化进程大大加快。农村税费改革顺利推进，全县农民负担比2002年降低44.9%，人均减负31.1元；比1997—2001年五年平均负担降低51.7%，人均减负40.88元。

农业基础设施建设力度加大，抵御自然灾害的能力不断增强。投资632万元实施了灌区改造和节水工程等项建设，新增改善水地4.3万亩；投资487.2万元完成饮水解困工程24处，解决了29个自然村1.64万人，1340头大牲畜的人畜吃水问题；完成退耕还林10万亩，天然林保护工程1.04万亩，日元贷款造林工程1.42万亩，农田林网1.6万亩。

民主法制建设继续加强　县乡两级政府自觉接受人大及其常委会的监督，积极支持人民政协的工作，主动加强同无党派人士、人民团体的联系。上年县政府共办理人大代表建议、批评和意见138件，政协委员提案95件。审计监督和信访工作进一步加强。“四五”普法不断引深，行政执法建设全面启动，依法治县深入开展。廉政建设，纠正行业和部门不正之风，反腐败斗争取得积极成效。深入开展了各类严打整治斗争，社会治安综合治理进一步加强，维护了社会稳

定。

各类社会事业全面进步　科技兴县步伐加快，四项科技项目列入省市计划，远征化工确定为省民营科技企业。基础教育明显加强，中小学布局调整进展顺利，危房改造步伐明显加快，教育管理体制、教师核编定岗等各项改革稳步推进。医疗卫生市场逐步规范，农村医疗卫生条件不断改善。计生百日大会战成效显著，全县上下重视计生工作的氛围已经形成。环境污染综合整治取得新成效。国有土地使用权公开拍卖形成制度。文化体育、国防教育、民族宗教工作得到加强。统计、农机、档案、地震、气象、老龄、残联等事业都取得了新成绩。

城乡人民生活质量不断提高　“两个确保”继续巩固，确保率均达100%。全县参加医疗保险的干部职工达到15725人，失业保险覆盖面达到了100%，农村养老保险工作开始起动。城市贫困户实现应保尽保，农村贫困户最低生活保障面达48%，全年共发放低保资金195万元。积极开展抗灾救灾工作，共下拨救灾救济款115万元，募捐款物9.8万元，保障了灾民有饭吃，有衣穿。公教人员工资、奖金、调资按时足额发放。城乡居民储蓄存款余额达11.7亿元。

抗击“非典”取得重大胜利　面对突如其来的“非典”疫情，县委、县政府及时研究和周密部署防非工作，下发了《关于防治非典型性肺炎的通知》，坚持科学防治，群防群控，建立了县、乡、村、组四级防控网络。全县各级领导干部深入一线，靠前指挥。广大医务工作者忠于职守、无私奉献。全县经过两个多月的艰苦努力，取得了抗击“非典”的重大胜利。

（马全胜）

【领导人名录】

县委书记　张　冠
副书记　裴良杰　吴万喜*　狄建国*　胡　宝　李国平　李百选
人大主任　荆军武
副主任　王定康　魏守峰　郭文奎　魏金发　王永华
县　长　裴良杰
副县长　邵明水　马建萍　潘秉浩*　潘俊武　陈力田　董稷强　韩廷海　赵永强
县长助理　张贤勋
政协主席　田茂忠
副主席　张永霞　刘永昌　史秉福　刘　波

平陆县

【概述】　平陆县位于山西省运城市最南端，东经110°52′47″～111°37′42″，北纬34°41′20″～35°00′59″之间。北依中条山，南临黄河，西邻芮城，北面和东北面隔山与运城和夏县接壤，南面和东南面隔河与河南省灵宝、陕县、渑池三县相望。县境周长216公里，东西直线长67.5公里，南北直线宽34.5公里，总面积1173.5平方公里，共辖6镇4乡1区，228个村（居）民委员会，1154个自然村。2003年，全县总人口为245315人，其中非农业人口29817人。

2003年是不平凡的一年，先是突如其来的“非典”疫情影响，后是历史旱见的雨灾侵袭，全县人民在县委、县政府的正确领导下，认真贯彻党的十六大精神，万众一心，应对挑战，以加快发展为主题，以结构调整为主线，以工业强县为重点，以大上项目为突破口，踏踏实实干事业，抢抓机遇谋发展，全力推进县域经济总量扩张，使全县经济工作继续保持快速增长的良好态势，顺利完成了国民经济和社会发展的各项预期目标。全年全县共完成生产总值53935万元，按可比价格计算，比上年增长7.4%。其中，第一产业增加值13117万元，增长10.0%；第二产业增加值21939万元，增长2.4%；第三产业增加值18879万元，增长11.3%。

农业　农业经济结构进一步调整，农林牧业全面发展，农产品竞争力不断提高，主要农作物大幅增产。粮食作物播种面积21315公顷，比上年减少1254公顷；粮食总产51797吨，比上年增长38.9%。年产小麦36428吨，比上年增长60%；油料总产1666吨，增长31.5%；棉花总产181吨，增长34.1%；水果总产67389吨，增长1.6%；蔬菜总产29000吨，比上年减少13.8%。

造林绿化，改善生态环境取得新的发展。全年全县共完成造林面积3107公顷，其中营造防护林2760公顷；营造经济林347公顷；完成退耕还林2707公顷。

畜牧业发展势头良好，牛羊奶产量继续增长。全年全县肉类总产量4754吨，比上年增长5.8%，其中，猪牛羊肉产量4335吨，增长7.3%；牛羊奶产量503吨，增长56.2%；禽蛋产量3000吨，增长14.7%。年末大牲畜存栏20680头，下降14.5%；羊存栏46819只，下降1.1%；猪存栏37533头，下降3.8%；家禽存栏50.7万只，下降3.1%。

工业　2003年，全年全县全部工业总产值为66120万元，比上年增长21.5%，全部工业增加值18500万元，按可比价格计算，比上年增长12.0%。全县国有企业和年产品销售收入500万元及以上非国有工业企业共完成工业总产值44545万元，比上年增长14.9%；工业增加值11835万元，按可比价格计算，比上年增长17.5%；销售收入完成45882.9万元，比上年增长22.2%；实现利税2686.8万元，增长1.7%。主要产品产量除发电量、生铁有所减少外，其余均有所增加。原煤产量29.65万吨；化肥产量（折纯）2.7万吨，增2.7%；水泥产量6.11万吨，增7.01%；生铁产量3390吨，减50.5%；发电量4638万千瓦时，减1.99%；铁合金产量880吨，铝产量17008吨，增长0.37%。

固定资产投资　2003年，全县共完成固定资产投资20307万元，比上年增长37.9%。其中，基本建设投资3739万元；更新改造投资2021万元；其它投资14547万元。分产业看，第一产业完成投资5180万元；第二产业完成投资5399万元；第三产业完成投资9728万元。

商业市场物价　全年全县消费品零销总额为24531万元，增长5.2%。其中，城市消费品零售额为

9940万元，增长3.8%；县以下的消费品零售额为14951万元，增长8.9%。

市场物价稳中有升。居民生活消费价格指数102.1%，商品零售物价指数101.6%；农业生产资料价格指数99.0%。

交通邮电　2003年，完成公路客运量66万人，增长8.2%；旅客周转量3500万人公里，增长3.2%；完成公路货运量80万吨，增长5.3%；货物周转量6600万吨公里，下降4.2%。

邮电通信事业继续较快发展。完成邮电业务总量2259万元，其中电信业务总量1600万元，邮政业务总量659万元。全县固定电话用户达到33985户。其中，城市电话用户12548户，乡村电话用户21437户。移动电话用户22000户。计算机互联网用户达到568户，已通电话的村数达228个，占全县行政村总数的99.6%。全县电话普及率每百人达14部。

财政金融保险　2003年，全县财政收入完成5819万元，比上年降3.1%。一般预算收入完成1910万元，下降25.8%；一般预算支出执行14699万元，增长7.7%。抚恤和社会福利救济费支出1181万元，增长62.9%；科技三项费支出23万元；支援农业生产及农业事业费支出3353万元，科教文卫支出3720万元。其中教育事业费支出2939万元，行政管理费支出1763万元。

全县金融机构各项存款余额107861万元，增长21.0%。贷款余额59105万元，增长7.3%。

全县保费收入3161万元，增长15.2%。其中财产保险费收入521万元，增长18.9%；人身保险费收入2640万元，增长14.5%。全年支付各类赔款及给付款379万元，增长25.1%。

文化教育卫生　文化事业进一步繁荣。年末全县有文化馆1个，博物馆1个，档案馆1个，电视台1座，有线电视用户8216户，电视节目套数达到30套，收视人口覆盖率83%。

教育事业进一步发展。全年全县拥有普通中学20所，职中1所，小学283所，在校学生50995人。年末全县教师总数达到2893人。其中，中学教师1309人，小学教师1584人。适龄儿童入学率达到100%，小学毕业升学率达到99.5%。

医疗卫生条件继续改善。年末全县拥有卫生机构14个，其中医院、卫生院13个；病床床位655张；卫生技术人员650人，其中医生370人，护师、护士160人。年末拥有疾病控制中心1个，卫生监督机构1个，妇幼保健机构1个。

环境保护　年末，全县环境保护系统共有33人，环境监测数据240个，环境监测专业人员23人。全县工业废气处理率达86%，工业废水处理率达到96%，工业固体废物综合治理率达到81%。全县完成环境污染限期治理项目6个，总投资1042万元。

人口人民生活　据2003年公安部门资料，全县出生人口2004人，人口出生率8.17‰；死亡人口895人，死亡率3.65‰；全年净增人口1109人，人口自然增长率为4.52‰。

城乡居民收入继续较快增加。2003年，全县城镇居民人均可支配收入4826元，增长6.9%；城镇单位在岗职工平均工资7257元，增长10.6%；城镇居民人均消费性支出3785元，增长10.8%。全年农村居民人均纯收入1040元，下降8.9%。城乡居住条件继续改善。年末城镇人均居住面积19.49平方米，农村人均住房面积21.8平方米。

社会保障进一步加强。年末全县有6353人，领取最低生活保障救济金260万元；其中城镇低保3323人。有7010名职工参加了失业保险，330人领取失业保险金68万元。10500人参加了养老保险，1700人领取养老保险金1268.8万元，9123名职工参加基本医疗保险，收缴医疗保险基金258万元。

劳动就业工作基本稳定。年末全县在岗职工13660人，下岗职工再就业率达到35%以上，年末城镇登记失业率4.5%。（杨卯翠）

【“双抗”工作取得胜利】　2003年，面对非典型肺炎扩散的严峻形势，县委、县政府针对性地提出了“十个三”的工作思路，果断实行了严格责任追究制度，采取“五单”监管和帮助解决在外工作人员家中生产生活问题等一系列行之有效的措施，把“非典”所带来的各种损失降到了最低程度，为了确保“非典”期间的小麦收割，组织了142个帮扶工作队，帮助在外务工人员收割小麦5万余亩。面对百年不遇的特大雨灾，全年总降雨量达到1012毫米，造成全县11个乡（镇、区）16152户，85534名群众受灾，成灾人员达61175人。45603间（孔）房（窑）不同程度倒塌损坏。42个行政村130个自然庄1881户774812人因山体滑坡需要整体移民搬迁，砸死牛89头、羊650只、猪684头；埋没粮食27.57万公斤，直接经济损失3.3亿元。灾情引起各级党政领导、民政等相关部门、新闻媒体及社会各界的广泛关注和高度重视，省委书记田成平、副省长范堆相，市委书记黄有泉、市长王守祯等领导来平陆查灾慰问，中央、省、市13个新闻媒体对县灾情进行了采访报道。面对灾情，平陆县委、县政府提出了“全党动员、全民动手、抗灾自救，重建家园”的口号，四大班子领导、县直92个局级单位组成11个救灾工作队，深入重灾乡、村，逐村逐户查险情，强制疏散保安全，干部捐款搞救助，投亲靠友户带户，打赢了一场抗灾救灾的人民战争，全县16152户，85534名受灾群众得到妥善安置，没有出现一人没衣穿，没饭吃，没房住。同时积极筹措资金600余万元，补贴灾民建房和学校危房改造，加快了灾后重建步伐。

（杨卯翠）

【法制建设上新台阶】　2003年，县委坚持“两手抓，两手都要硬”的方针，标本兼治，法制建设跃上新台阶。①坚持“严打”不放松。公安部门狠抓刑事案件的侦破工作，共立刑事案件144起，破获128起，同时查破积案28起，隐漏案件17起，协助外地破案9起，共抓获各类逃犯12名，抓获各类犯罪嫌疑人149人，缴获汽车、摩托车、农用三轮车、家用电器以及现金等赃款赃物总价值达46万余元。检察机关共受理各类呈捕案件43件83人，审查后，依法批捕 37 件 72 人。共受理各类移送起诉案件 72 件 151 人，审结 68 件 144 人，移送起诉 67 件 142 人，出庭支持公诉 47 件 104 人。法院全年共受理各类刑事诉讼案件 50 件，审结 50 件，判处罪犯 99 人。②坚持“治本”不动摇。全县共排查各类矛盾纠纷 75 起，调处 73 起，调处率 97.3%。全县信访流量 74 件 125 人，比上年同期减少 33%和 40%，集体上访 4 起 452 人，比上年同期减少 33%和 58%。不断深化“一村一警”工作，坚持普法宣传教育，继续推行首问责任制，加强政法队伍建设，确保全县社会稳定。（杨卯翠）

【145 名下岗职工喜上新岗】 2003 年 1 月 18 日，位于县城东西大街黄金地段的新岗商厦开业剪彩，145 名下岗职工走上新的就业岗位。近年来，县委、县政府十分重视劳动保障和再就业工作，县劳动和社会保障局采用租赁形式，利用原电影院改造扩建后的 1600 平方米场地，筹建了“新岗商厦”，面向全县下岗职工安排从事商品经营，并相应配套一系列优惠政策予以扶持。规定凡全县各企业中已下岗并自愿与原企业解除劳动关系的固定工和城镇合同制工人，到再就业服务中心登记领取《山西省再就业优惠证》后入店经营者，均享受工商、国税、地税、卫生等部门的免（税）费优惠政策，免收一年摊位费，其摊位费由再就业中心支付。同时，县劳动和社会保障局还免费为商厦登播广告，对进商厦职工进行了营销知识培训，并组织他们到侯马、运城、洛阳等地考察进货渠道。

（杨卯翠）

【领导人名录】

县委书记 姚十保
副书记 杨建华 王正凤 崔会民 刘志冰 乔登州 廉广锋 苏政辉（挂职）
人大主任 王再刚
副主任 关陕平 赵占民 刘阳娥 关玉生 王纪刚
县长 杨建华* 王正凤
副县长 马李魁 赵建新 牛铁锁 徐王治 王引平 潘长青
政协主席 陈平果
副主席 李勇 赵友廷 毛振中
纪检书记 刘志冰* 廉广锋

垣曲县

【概述】 垣曲县位于山西省南端，运城地区东北隅。地理坐标为 111°30′～112°05′，北纬 34°59′～35°26′。东接河南省济源市，极东点为蒲掌乡尖口门东 0.6 公里处。东北与阳城、沁水县毗连，极北点为历山舜王坪垣曲县药材公司分场北 0.5 公里处。北、西北与翼城、绛县毗邻。西接闻喜县，极西点为毛家湾镇的马蹄沟西约 0.75 公里处。西南与夏县相连。南隔黄河与河南省新安、渑池县相望，极南点为安窝乡五福涧村鲁家圪瘩西南约 0.5 公里处。极点直线距离东西 65 公里，南北 48 公里，总面积 1619.68 平方公里。距运城市公路距离 115 公里，省会太原 440 公里，首都北京 910 公里。

2003 年全县辖 5 镇 6 乡，191 个行政村。人口自然增长率为 7.48‰。

2003 年度，全县年平均温度为 12.5℃，较历年平均值偏低 0.8℃。其中冬季平均气温 0.7℃，较历年同期平均值偏高 0.3℃；春季平均气温为 13.1℃，较历年同期平均值偏低 0.6℃；夏季平均气温为 23.5℃，较历年同期平均值偏低 1.2℃；秋季平均气温为 12.7℃，较历年同期平均值偏低 0.9℃。年降水总量为 905.5 毫米，较历年平均值偏多 309.0 毫米。其中冬季降水总量为 66.9 毫米，较历年同期平均值偏多 43.2 毫米；春季降水总量 128.7 毫米，较历年同期平均值偏多 20.0 毫米；夏季降水总量 386.2 毫米，较历年同期平均值偏多 73.5 毫米；秋季降水总量为 323.7 毫米，较历年同期平均值偏多 172.3 毫米。全年日照总时数为 1876.7 小时，较历年平均值偏少 211.4 小时。其中冬季日照总时数 446.0 小时，较历年同期平均值偏少 18.5 小时；春季日照总时数为 557.0 小时，较历年同期平均值偏少 6.3 小时；夏季日照总时数 460.1 小时，较历年同期平均值偏少 107.0 小时；秋季日照总时数 413.6 小时，较历年同期平均值偏少 79.6 小时。本年初霜日出现在 11 月 3 日，比历年早 5 天；终日出现在 3 月 24 日，比历年晚 3 天；无霜期 223 天，比历年少 6 天。本年≥10℃初日为 4 月 4 日，终日为 11 月 5 日，积温为 4191.7℃，有效积温为 2031.7℃。本年大风日数共 2 天。

全县国内生产总值完成 8.3 亿元，同比增长 1.9%，财政收入完成 8573 万元，同比下降 8.6%；城镇居民人均可支配收入达到了 5061 元，同比增长 6.3%，农民人均纯收入 1079 元，同比增长 1%，社会消费品零售总额达 3.16 亿元，同比增长 12.8%。（王建民）

【农业经济】 2003 年围绕六大支柱产业，扩大了规模，实行合同订单，进行加工转化，加快了农业产业化进程，提高了农民收入。

畜牧业 通过龙头企业带动和实施“百村万户”养殖工程，大大加快了畜牧业发展步伐。据不完全统计，全县共发放小额信用贷款 3000 余万元，扶持了 11 个乡（镇）、168 个行政村的 7521 个畜禽养殖户，带动全县牛、羊、猪、禽存栏分别达到 8、15、8、95 万头（只），规模养殖村达 109 个，建立规模养殖基地 13 个，全年畜牧业总产值近亿元，占到农业总收入的 50%，人均牧业收入达 550 元。

蚕桑业 依托茧丝绸公司龙头企业，采用跟踪技术服务、保护价收购等订单农业生产方式，2003 年新建桑园面积 3500 余亩，使蚕桑面积发展到 24500 亩，涉及全县 11 个乡（镇）、142 个行政村、14500 个农户。亩均收入在 1300 元以上，有的农户仅此一项收入达 4、5 万元，全县蚕桑业增加农民收入 450 万元。

烟草业 2003 年，全县有 7 个乡镇、46 个村，1370 户种植烟叶，烟叶面积达 11200 亩，烟叶产量为 200 万斤，优质烟叶占 80%，亩均收入 1000 余元，烟农收入达 650 万元以上。

菜椒业　全县2万亩三樱椒亩产均在400斤以上，全县三樱椒总产量达1000万斤，农民总收入达2400万元，部分村组仅此一项，人均收入千元以上。此外，温室大棚蔬菜也效益明显，亩收入高达1.5万元，全县蔬菜收入在2200万元以上。

干鲜果业　2003年全县干鲜果面积已达7.5万亩，自上年以来，为适应龙头企业山里红公司加工需求，新发展市场销路看好的杏梅、核桃、红枣等小杂果1.7万亩，亩收入均在千元以上。

养蜂业　全县养蜂户发展到456户，形成解峪、历山、长直、皋落、毛家等5个养蜂小区，饲养蜂群达22000箱，2003年共生产蜂蜜920吨，产蜂王浆、蜂蜡、蜂胶等蜂产品16吨，蜂农收入达828万元，户均收入超过1.5万元。

（王建民）

【工业生产】　2003年，县委、县政府借浙江学习考察东风，大力发展民营企业，全县新上了规模较大的“四焦四铁”八大工业项目。晋华焦铁公司、善源焦化厂、晋鑫铸造厂和旺瑞炼铸厂等项目已经建成投产。华峰新生炼铁厂、宝鑫铁业公司、澄宇环保焦化公司和金源焦化公司等项目主体工程均已基本竣工。八大项目正常投入运营后，全县焦炭产量将达100万吨，年产生铁30万吨，新增产值10亿元，新增利税近亿元。　（王建民）

【基础设施建设】　2003年，县委、县政府确定了10项基础设施建设重点工程：闻垣路路面硬化工程，该工程已于2003年11月完成并正式通车；横济线新城——古城建设工程，柳家沟大桥桥梁架设已经结束，涧河大桥建设正在实施；历山西路及历山路大桥建设工程，该工程总投资1022万元，投入使用；县城东环路、南环路建设工程，完成投资380万元，占总投资的60%，路基、涵洞和排水工程已建设到位，部分路面已经铺油；亳清河公园建设工程，总投资600万元，2003年完成了河道清淤、土地征租、苗木栽植、管道铺设和滨河西路硬化建设工程。县城供气、供热工程，供气工程投资800余万元，10000m^{3}气柜已焊接结束，完成了6.5公里管道铺设、1400m^{2}办公楼建设任务，基本具备供气条件；中条大街商贸开发区建设工程，开发区土地征用指标已经办妥，48.8亩土地实施了拍卖；县乡循环路建设工程，毛家——长直段路基工程已经完成三分之一，毛家——夏县曹家庄段县乡公路，不久即可动土开工；城市电力改造工程，投资2000万元，完成了新城南北大街地下电缆南埋设、公园路和黄河路新建开闭锁配置、城市10千伏分支线入地等项任务；城市污水处理厂工程，项目已经立项，建设资金已基本到位。　（王建民）

【旅游设施】　望仙景区生态园、展览馆已初具规模；黄河库区西滩风情园已完成投资120万元，建设了浮动码头、观光长廊、景区公路及景区绿化；历山、望仙度假村已初具规模。　（王建民）

【教育工作】　“两基”水平得到巩固，顺利通过了省政府的第二轮“两基”复查验收，教学质量大幅度提高，高考达本科线177人，万人达线率由全市第十一名跃居第七，中考各项指标综合排队全市第三。全县共筹措资金1088万元，改造中小学危房面积21800平方米，撤并10人以下学校103所；职业教育，荣获全市教学质量效益奖，本科达线率在全市同类学校中排队第一；民办教育稳步发展，全县各类社会力量办学25所，在校生达4000余人，被授予“全市社会力量办学先进单位”，在教育收费方面，全面实行了中小学收费一费制。

（王建民）

【卫生】　全县共投资264万元为各级医疗单位装备了彩超、监护仪、自动生化分析仪等一批先进的医疗设施，新开设了120个急救中心，提高了突发性伤病员的救援能力。选送57名医护人员到省市级医疗单位及大专院校进修学习。

（王建民）

【后河水库灌区工程竣工】　2003年12月16日，本县后河水库暨灌区工程胜利竣工并通过验收。后河水库是小浪底移民补偿工程，总投资2.2466亿元，该工程以灌溉为主，兼顾人畜吃水，结合发电。灌区工程由总干渠、东干渠、西干渠三部分组成，全长46.9公里，可灌溉农田7.5万亩。小浪底建管局局长陆承吉，运城市政府副市长安德天，县政府副县长王维学、后河水库总指挥郭改选参加了最终验收会议。　（王建民）

【“非典”防治】　2003年春，“非典”疫情发生后，县委、县政府高度重视，4月17日，县四大班子领导参加了全市非典型肺炎防治视频会议。19日，成立了“垣曲县预防非典型肺炎工作领导组”，由崔克信县长担任组长，卫生、教育、公安、司法等职能部门为成员单位，在西峰山、黄河大桥、窑头三个出境口设检查站，24小时昼夜值班。全县“非典”预防控制工作正式拉开了序幕。21日，县委书记杨泽生同志提出“村自为战，户自为战，人自为战”的防非战略。与此同时，成立了“垣曲县预防非典型肺炎指挥部，由县委书记杨泽生出任总指挥，县长崔克信任常务副总指挥，其他四大班子成员任副总指挥，指挥部下设办公室，并从县委办、政府办及有关单位抽调12万精干力量，分设四个小组：日常值班组，情况报告组、组织协调组、督促检查组。从此指挥部与领导组两块牌子一套人马的办事机构正式运转。全县预防控制“非典型肺炎”工作会议在宾馆西二楼会议室举行，各乡（镇）书记、乡（镇）长、乡（镇）卫生院院长、县直各职能部门负责人参加了会议。会上，靳绍香副县长通报了近一段来“非典”防治工作情况；崔克信县长作了《全县动员、全民参战，大打防非人民战争》的动员报告；县委书记杨泽生最后作了重要讲话，再一次掀起全县预防控制“非典”工作的热潮。22日，《垣曲报》编发“非典”预防专刊5万份，下发到各乡（镇）、村、组、户。23日运城市“非典”预防控制督查组一行三人由市人大副主任刘振龙带队，来本县督查指导“非典”预防控制工作。本县“非典”预防控制工作受到市督查组充分肯定。24日，县四大班子领导带领有关部门负责人，分赴全县11个乡(镇)督查指导乡、村、组、户“非典”预防控制工作开展。25日,县防治非典型肺炎指挥部全体成员及各乡(镇)书记在宾馆西二楼召开会议,具体落实七项措施:①以指挥部名义致在外人员一封公开信;②县直各单位实行轮岗上班(相关部门除外);③对宾馆、旅店、酒店入住的人员实行严加管理;④对入垣人口实行严格排查、登记、报告制度;⑤对公安、医护等工作人员要增强自我保护意识,配备防护服装;⑥在政府二楼视频会议室设立指挥部办公室,昼夜值班;⑦各单位、各乡(镇)必须实行领导带班制,随时处置本辖区内的突发事件。晚上,崔克信县长召集指挥部部分成员会议,决定:①立即停发开往临汾及途经县(市)客运车辆,停发太原方面客运车辆;②禁止各种宴请活动;③暂停各种集会和中型以上会议;④对外来人员排查登记提出严格要求;⑤对三个入境检查口加强领导力量,每个检查口由一名副县级领导负责。26日,全县中小学除高三、初三外,其余全部放假。同日全县旅游景点全部关闭。27日县长崔克信召开“防非”领导组紧急会议,并作出决定:①停发各个方向客车车辆;②封闭赵家岭黄河大桥历山至沁水公路由同善派出所设卡检查;③建立各行政村监督报告制度,对返垣人员监控21天,并每日量一次体温;④由武装部、公安、卫生部门组织一次疫情实战演习。28日县“防非”指挥部办公室对出垣车辆及人员实行登记、报批制度。30日县“防非”指挥部组织募捐活动。由于死保严守,全县实现非典防疫零感染。

（王建民）

【遭受涝灾】 2003年入秋以来，受气候条件影响，本县境内持续降雨达40多天，降雨达480余毫米，造成6个村庄出现山体滑坡，3000余亩土地被淹，2.2公里乡村公路被冲毁，倒塌房屋4527间（其中房屋2901间，窑洞1626间）。全县共转移安置灾民1023户，4021人；因房屋倒塌死亡1人，砸伤11人，死亡大牲畜89头，羊376只，猪138头，直接经济损失达6680万元。10月27日，县政府“帮助灾民恢复重建募捐活动”正式启动，县长崔克信、人大主任卫绍德、政协主席靳建邦等四大班子主要领导带头捐款，五龙集团向灾民捐款5万元。

（王建民）

【离休干部普鸿逵获“中华爱国之星”称号】 普鸿逵，男，1934年4月26日生，垣曲县古城镇峪子村人。1953年1月23日加入中国共产党，毕业于北京林业干部管理学院，大专文化。1971年元月起，先后任垣曲县革委会副主任、常务副县长、县人大第一副主任等职，退休后被山里红食品公司、康源蜂业公司、关公富氧矿泉水公司等10家企业聘请为总顾问。普鸿逵退而不休，老有所为，为社会作出了贡献，他的事迹先后在《垣曲新闻》、《运城日报》、《运城民生报》、《山西经济开发报》、《山西老友报》、《山西老年杂志》、《农民日报》等媒体报道过。由于事迹突出，中共垣曲县委授予他“‘三个代表’学教活动模范”，中共运城市委市政府授予他“关心下一代模范工作者”，中华爱国工程联合会和爱我中华大家行先进事迹报告会组委会联合授予他“中华爱国之星”光荣称号。

（王建民）

【领导人名录】

职务	姓名	
县委书记		杨泽生
副书记	崔克信	李广彬
	董志强	孙正印
		晋　勇
人大主任		卫绍德
副主任	郭恒志	鲍清华
	荀明林	王凤俊
县　长		崔克信
副县长	郭儒社	赵廷杰
	王维学	靳绍香
		杜兰纯
政协主席		靳建邦
副主席	刘绪成	董康典
	李爱民	郭克俊
		车增民

（责任编辑：石少青）

附　　录

中共运城市委
关于贯彻党的十六大精神
全面建设小康社会的意见

（2003 年 2 月 27 日市委一届四次全会通过）

党的十六大绘制了我国现代化建设新阶段的宏伟蓝图，提出要在本世纪头二十年，集中力量，全面建设小康社会。这一目标，符合我国国情，反映了广大人民群众的根本利益和共同心愿。我们必须认真贯彻落实党的十六大精神，从运城实际出发，采取切实有效措施，加快全面建设运城小康社会步伐。

一、认真审视我市小康建设现状，明确全面建设运城小康社会奋斗目标

改革开放以来，特别是党的十五大以来，我市经济社会发展取得了前所未有的巨大成就，基本实现了现代化建设的前两步目标，人民生活总体上达到了小康水平。全市经济结构调整成效显著，国内生产总值、财政收入、工业增加值等主要经济指标连续 7 年保持 10%以上的高速增长，综合经济实力大大增强，国内生产总值已由 1995 年全省的第 8 位跃居第 2 位；经济体制改革逐步深入，水、电、路、通讯等基础设施进一步完善；城乡居民收入大幅度增长，社会公益事业快速发展，人民物质文化生活水平明显提高，一批宽裕型小康村相继涌现，我市已经步入经济发展快车道。但是，还必须看到，我们现在的小康还是低水平、不全面、发展很不平衡的小康。所谓低水平，就是全市主要经济指标的人均水平明显低于全国平均水平。2000 年我市人均国内生产总值 3592 元，比全国平均水平低 3503 元；农民人均纯收入 1961 元，比全国平均水平低 292 元；城镇居民人均可支配收入 4009 元，比全国平均水平低 2271 元。所谓不全面，就是目前的小康偏重于经济发展指标，即物质消费指标的实现，而社会发展指标即精神消费等方面的指标还有许多没有实现。所谓不平衡，就是城乡之间、居民之间发展水平有较大差异。全市还有 4 个贫困县没有整体达小康，还有 16.8%的农民没有达到小康生活标准。今后二十年，对我市来讲，是一个非常重要的战略机遇期。从国际上看，以科技为主导的经济全球化竞争日趋激烈；从国内看，党的十六大后，全国又掀起了新一轮发展热潮。这既向我们提出了新的挑战，又为我们提供了难得的发展机遇。同时，我们所取得的成绩和进步，以及我们存在的差距和不足，使我们具备了持续快速发展的条件和空间。因此，我们必须振奋精神，坚定信心，充分调动全市人民的积极性和创造性，自加压力，负重赶超。

我市全面建设小康社会的目标是：

经济发展目标：在优化结构和提高效益的基础上，国内生产总值到 2020 年比 2000 年翻三番，人均国内生产总值和城乡居民收入达到全国平均水平。基本实现工业化，城镇化率达到 50%以上。根据 20 年发展目标的总体要求，前 10 年特别是前 5 年要发展得更快一些，全市国内生产总值在 2000 年的基础上，到 2005 年要实现第一个翻番；到 2012 年要实现第二个翻番；到 2020 年要实现第三个翻番。全市经济要保持两位数增长。

政治建设目标：社会主义民主更加完善，社会主义法制更加完备，依法治市的基本方略得到全面落实，人民的政治、经济和文化权益得到切实尊重和保障。基层民主更加健全，社会秩序良好，人民安居乐业。

文化建设目标：全市人民的思想道德素质、科学文化素质和健康素质明显提高，形成比较完善、比较发达、具有运城特色的国民教育体系、科技和文化创新体系、全民健身和医疗卫生体系。文化设施健全，文化市场繁荣，各类文化产品和文化服务质量进一步提高，满足人们不断增长的文化需求。人民享有接受良好教育的机会，基本普及高中阶段教育，消除文盲。形成全民学习、终身学习的学习型社会，促进人的全面发展。

可持续发展目标：可持续发展能力不断增强，生态环境得到改善，资源利用效率显著提高，促进人与自然的和谐，推动整个社会走上生产发展、生活富裕、生态良好的文明发展道路。人口自然增长率控制在7‰以内，森林覆盖率达到25%以上，城区绿地率达到35%以上。

为实现新世纪新阶段的宏伟目标，发展要有新思路，改革要有新突破，开放要有新局面，各项工作要有新举措。各级各部门都要从实际出发，采取切实有效的措施，努力实现这个目标。有条件的县、乡应当发展得更快一些、更好一些，提前实现全面建设小康社会的目标。

二、加强经济建设，推动全市经济跨越式发展

全面建设小康社会，最根本的是坚持以经济建设为中心，不断解放和发展社会生产力，不断提高我市的综合经济实力、经济总量、人民生活水平。全市上下要高举邓小平理论伟大旗帜，全面贯彻“三个代表”重要思想，坚持把争先发展作为第一要务，把项目建设作为第一重点，把园区经济作为第一亮点，把优化环境作为第一职责，把提高效益作为第一目标，把造福人民作为第一追求，狠抓新型工业化、农业产业化、城镇化、市场化、信息化和教育产业化，大力促进农村劳动力向二、三产业转移，促进农村人口向城镇转移，促进经济发展转移到依靠科技进步和提高劳动者素质的轨道上，尽快实现“四大一强一中心”的奋斗目标，切实加快全面建设运城小康社会的步伐。

（一）*以产业结构优化升级为重点，加快推进新型工业化。*工业是立市之本，强市之基。只有牢固树立工业强市的战略思想，重视工业，加强工业，走新型工业化道路，才能加快经济发展，促进农村劳动力转移，实现全面建设小康社会的目标。加快工业化进程，必须走科技含量高、经济效益好、资源消耗低、环境污染少、人力资源优势得到充分发挥的新型工业化路子。各级各部门要高度重视新型工业化工作，通过加快工业化提高全市经济总量，促进农村劳动力转移，促进全面建设小康社会。要不断深化工业结构战略性调整，构建工业经济新结构。要以优势产业、高科技产业、新兴产业为核心，以煤电铝材、食品加工、化工医药等产业链为重点，以工业园区为载体，组建和培育一批拥有自主知识产权、主业突出、辐射带动作用大、核心竞争力强的大企业、大集团、大公司，培育一批发挥资源和传统优势与大企业相配套的中小企业；要按照高科技、外向型、可持续的要求，以潜力产品项目为重点，用高新技术和先进适用技术改造传统产业，提升产业水平；要充分发挥人力资源优势，发展一批与高新技术产业相结合的劳动密集型产业；要大力发展以钢铁、铝业、镁业、化工、医药、煤焦、铸造、机械、纺织、建材、新型材料、农产品加工和高新技术产业为重点的新的优势产业。要加强对企业家的培养和教育，努力建设一支高素质的企业家队伍。要创新企业机制，进一步深化企业改革，加快企业体制、技术和管理创新，建立完善的现代企业制度。要创新经济增长方式，加大科技投入，提高企业技术创新能力。要认真落实国家产业政策，坚决关闭质量低、高耗能、高污染、安全隐患多的“五小”企业，推广清洁环保生产技术，发展节能、降耗、减污的产业，特别要抓好重点县市、重点领域、重点行业和重点景区的污染防治和生态保护，促进可持续发展。

（二）*以增加农民收入为重点，加快推进农业产业化。*我市是传统的农业大市，农业人口占绝大多数，全面建设运城小康社会的重点难点都在农村。全市上下必须高度重视农业、农村和农民问题。要以农业发展、农民增收、农村稳定为目标，全面贯彻党在农村的基本政策。要面向市场、依靠科技、突出特色、注重效益，推动农业结构战略性调整。按照优质化、专用化、规模化和标准化的要求，调整农产品品种结构；按照区域化布局、特色化经营、专业化分工和产业良性循环的原则，调整农业种植结构，着力打造“运红”苹果、VC金苹果、绛州绿等一批农业名牌产品。加快退耕还林步伐，大力发展种草、养畜、果、菜等主导产业和有区域特色的新兴产业，形成县有支柱、乡有重点、村有主业的农村经济新格局。坚持科技兴农，加快发展设施农业，用高新技术改造和武装主导产业，提升农业科技水平。大力发展农产品加工业，特别是食品加工业，培育一批产业关联度大、技术装备水平高、辐射带动能力强的龙头企业。创新龙头带基地的机制，健全农业社会化服务体系，积极推进农业产业化经营，提高农民进入市场的组织化程度和农业综合效益。不论是种植业还是养殖业，都要坚持走区域化发展、规模化经营之路。进一步加大投入，加强农业基础设施建设，大力发展节水农业。认真落实党在农村的各项政策。积极稳妥地推进农村税费改革，切实减轻农民负担。加大扶贫攻坚力度，使贫困农户尽快脱贫致富。重视劳务经济，组织农村劳动力向二、三产业转移，以劳务输出和二产、三产拉动等形式，千方百计增加农民收入。

（三）*以完善城镇功能、繁荣城镇经济为重点，加快推进城镇化。*要坚持城乡经济统筹发展，以建设晋陕豫黄河金三角地区具有河东文化特色的工贸旅游中心城市为龙头，推进中心城市、县城和小城镇协调发展。要强化经营城市理念，高起点规划、高标准设计、高质量建设、高效能管理、高效益经营，形成空间布局合理、等级规模有序的城镇体系。要突出中心城市运城市区建设，做到“三年初见成效，五年面貌大变，十年上新台阶，2020年初步形成现代化的中型城市”，重点抓好一批标志性工程，抓好运城市区的水、电、路、气、热、通讯、公交、环卫、美化、绿化、亮化、污水和垃圾处理等基础设施和公益事业建设。加强全市的水、电、路、通讯等各种基础设施建设。要突出抓好优秀旅游城市创建活动，力争用3年左右时间把我市建成中国优秀旅游城市。加快农村人口向城镇转移是提高城市化水平的关键。要调整农村生产力布局，引导各级各类企业合理聚集，加快城镇经济发展，不断增强城镇吸纳和承载农村人口的能力，力争到2020年农村人口向城镇转移达到40%以上。要消除城镇化发展的体制和政策障碍，放开户籍限制，改革住房、就业、医疗、教育、社会保障等制度，最大限度地聚集人口，繁荣城镇，到2020年使中心城市人口达到80—100万，12个县（市）所在地总人口达到120一150万，50个重点镇吸纳80－100万人，全市城市化水平达到全国平均水平。

（四）以大力发展非公有制经济为重点，加快推进市场化。全面建设小康社会，推动经济跨越式发展，必须毫不动摇地巩固和发展公有制经济，必须毫不动摇地鼓励、支持和引导非公有制经济发展。要采取切实有效的措施，进一步优化经济发展的政策环境、法制环境、社会环境、舆论环境。凡国家法律、法规和政策没有禁止和限制的人员，都可申办私营企业、个体工商户；凡国家法律、法规和政策没有明令禁止和限制的行业、商品、项目，都要对民间资本开放；在实行投资优惠政策的领域，其优惠政策对民间资本同样适用。要鼓励非公有制企业和国内外投资者参股、控股、收购国有企业。要进一步推动非公有制经济从小范围、局部性向全方位、宽领域的方向拓展，从依靠低成本、低档次、低价格向依靠科技、质量、品牌的方向拓展，由“低、小、散”向公司化、集团化、块状化的方向拓展，从单纯注重国内市场向国内外市场并重的方向拓展，努力培育一批规模大、效益好、实力强的民营企业，创建一批销售额超50亿元、100亿元的民营经济园区。力争到2005年，非公有制经济增加值占到全市国内生产总值的一半以上，到2010年非公有制经济成为全市经济的主体。

要进一步完善政府的经济调节、市场监管、社会管理和公共服务职能，充分发挥市场在资源配置中的作用。依托中心城市和小城镇，培育发展资本、劳力、土地、人才、技术、信息等生产要素市场，积极发展乡镇集贸市场、产地批发市场、各类专业市场、大型超市和连锁经营，建立统一开放、竞争有序的现代市场体系。整顿和规范市场经济秩序，进一步健全信用体系，打造“信用运城”。

要适应经济全球化和加入世贸组织的新形势，全面提高对外开放水平。坚持“引进来”和“走出去”相结合，大力开拓国内外两个市场。实施市场多元化、以质取胜和科技兴运战略，优化出口结构，扩大出口规模，突出抓好具有国际竞争力的劳动密集型产品出口。深化外贸体制改革，逐步实现外贸经营权的自动登记，为各种经营主体特别是非公有制企业对外贸易创造条件。要创新招商方式，加大招商引资力度，大胆引进国内外资金、技术、管理和人才，积极吸引国内外大公司特别是世界500强企业来运城投资。同时，鼓励我市有条件的企业“走出去”，到省外、国外投资发展。

（五）以网络建设和实际应用为重点，加快推进信息化。信息化是实现新型工业化，推动现代化，实现运城经济和社会跨越式发展的强大推动力。各级党委、政府要加强对信息化工作的领导，统筹规划，合理安排，突出重点，着力提高国民经济和社会信息化水平，走具有运城特色的信息化道路。

要加强信息基础设施建设。加快完善公众网，发展和扩建宽带、高速、大容量的骨干传输网络，铺设全市信息高速公路。发展各种方式的接入网和互联网，尽快建成全市信息化网络体系。建设一批基础性和专业性数据库，重点建设全市基础性资源数据库、人才项目库、公共信息资源交换中心和资源服务网。

要着眼实用，突出重点，集中力量突破，切实加快经济社会信息化步伐。政府信息化，要本着“整合资源，优化存量，统筹规划，共建增量”的原则，加快运城电子政务建设步伐。企业信息化，要支持和鼓励企业利用信息手段对生产、经营、成本、质量、管理等实行全方位控制，用信息化带动工业化。农业信息化，要以现代网络技术为手段，形成现代化农业物流系统、现代化农业信息系统、现代化农业教育技术传播系统。教育信息化，要实施“校校通”工程，构建现代教育网络系统，突出职业信息技术教育，普及中小学信息技术教育。要发挥优势，抓好果业、南风、农科、旅游、医疗、商贸等特色网站建设。

要切实优化信息化环境。依靠市场机制吸纳投资，打破地域、部门、行业和所有制的限制，与国内外IT企业合作搞信息化建设。要依托国内科研院所，创办电子信息及软件技术学校，培养高素质的、具有较强实践技能的信息化人才。要吸引和鼓励国内外信息技术人才来我市创业，扶持软件开发，发展联机信息服务和信息应用增值服务，开辟远程医疗、数据广播、可视电话、电子图书馆等信息服务。

（六）以培养新型适用人才为重点，加快推进教育产业化。切实把教育放在优先发展的战略位置。全面贯彻党的教育方针，推进素质教育，促进学生德智体美全面发展。要加强对基础教育、成人教育、职业教育和高等教育的领导，进一步巩固提高“基本普及九年义务教育和基本扫除青壮年文盲”的成果，逐步实现“基本普及高中阶段教育”，以实施素质教育和建立终身学习系统为重点，加大教育创新力度，建设现代教育体系，建立健全市县乡三级职教网络，大力发展高等职业教育和中等职业技术教育，全面提高劳动者素质。以师德建设和专业素质教育为重点，狠抓教师队伍建设。进一步加强中小学标准化建设，尽快改善全市普通高中尤其是薄弱高中的办学条件。构建全市远程教育网络，积极开展中小学信息技术学科教学。以运城学院和正在筹建的运城高等职业技术学院为龙头，整合教育资源，力争到2005年全市建成5所高等院校，确保运城教育工作走在全省前列。

（七）以发展现代服务业为重点，不断提高第三产业比重。要以市场化、产业化和专业化为方向，扩大总量，优化结构，拓宽领域，加强对交通运输、商贸流通、餐饮、公用事业、农资供销等传统服务行业的改组改造，推进连锁经营、物流配送、电子商务等组织形式和服务方式的发展，提高服务质量和效益。积极发展科技、教育、文化、卫生、体育、房地产、社区服务、老年公益等需求潜力大的服务行业，形成新的经济增长点。大力发展信息、金融、咨询等现代服务业，提高服务水平和科技含量。力争到2020年第三产业增加值占国内生产总值的40%左右。

旅游业是第三产业发展的重点和支柱。要以创建中国优秀旅游城市为契机，发挥资源、区位和交通优势，面向秦晋豫一级市场，京、津、沪、苏、闽、粤二级市场，日本、东南亚三级市场，打造后土祠、盐湖、鹳雀楼、关帝庙、历山五个精品；开发广州、洛阳、运城、当阳关公旅游线路，西安、永济、运城、三门峡旅游线路，运城、垣曲、济源、洛阳旅游线路，太原、新绛、稷山、河津、韩城旅游线路；建好以鹳雀楼为代表的黄河文化旅游区、以关帝庙为代表的关公故里旅游区、以夏县温泉为主的旅游疗养度假区、以历山和黄河大峡谷为主的生态旅游度假区以及北部历史文化旅游区；全力打造“华夏揽胜——中国运城”、“中华圣母——万荣后土祠”、“关公故里——运城解州”、“中国死海——运城盐湖”、“中华名楼——永济鹳雀楼”、“回归自然——黄河历山”等旅游品牌，树立“五千年文明看运城”的旅游大市形象。创新旅游经营管理机制，加大旅游宣传、促销和市场开发力度，解决好吃、住、行、游、购、娱综合配套问题。力争到2010年旅游业总收入占国内生产总值的8%，2020年达到12%以上，使旅游业成为我市新的支柱产业。

（八）以“两个确保”为重点，积极做好就业和再就业工作。要深化分配制度改革，提高低收入者收入水平。要建立健全社会保障体系，提高社会保障水平。要坚持社会统筹和个人帐户相结合，完善城镇职工基本养老和基本医疗保险制度。要建立健全失业保险制度，慎重稳妥地推进国有企业下岗职工基本生活保障向失业保险并轨。要全面落实城镇居民最低生活保障制度，建立农村最低生活保障制度和新型合作医疗制度。

就业是民生之本。要坚持劳动者自主择业、市场调节就业、政府促进就业的方针，千方百计开辟就业渠道，坚持不懈地做好就业和再就业工作。各级党委和政府要把改善就业环境、增加就业岗位作为重要职责和经济社会发展的优先目标。要通过发展劳动密集型企业、社区服务业、旅游业，加快服务业市场和产业化步伐，广开就业门路。认真贯彻落实国家有关政策，对提供就业岗位和吸纳下岗职工再就业的服务业和中小企业给予支持。完善就业培训和服务体系，提高劳动者就业能力、工作能力和职业转换能力。引导全社会转变就业观念，推行灵活多样的就业形式，鼓励自谋职业和自主创业。

随着经济的发展，要不断提高人民的生活水平和质量。继续推进城镇住房制度改革，健全住房公积金制度，全面落实住房货币化分配政策，加快经济适用房和廉租房建设，满足城镇居民特别是中低收入家庭的住房需求，到2020年城镇人均住房建筑面积要达到30平方米。建立适应新形势要求的卫生服务体系和医疗保健体系，着力改善农村医疗卫生状况，提高城乡居民的医疗保健水平。认真抓好计划生育，控制人口增长，提高人口素质。切实加强防灾工作，减少自然灾害损失。大力发展社区服务，方便群众生活。积极发展残疾人事业。

三、加强政治建设，巩固和发展民主团结、生动活泼、安定和谐的政治局面

发展社会主义民主政治，建设社会主义政治文明，是全面建设小康社会的重要目标。在坚持四项基本原则的前提下，继续积极稳妥地推进政治体制改革，重点是加强制度建设，实现社会主义民主政治的制度化、规范化和程序化。

（一）坚持和完善社会主义民主制度。坚持和完善人民代表大会制度，保证人大及其常委会依法履行职能。各级人民政府、法院和检察院要自觉执行人大及其常委会制定的法律、法规和决定，并自觉地接受其监督。坚持和完善共产党领导的多党合作和政治协商制度，加强同民主党派合作共事，保证人民政协发挥政治协商、民主监督和参政议政的作用。加强和改善党对统战工作的领导，巩固和发展新时期最广泛的爱国统一战线。全面贯彻党的民族、宗教、侨务政策，继续做好对台工作和海外联谊工作。

扩大基层民主，保证人民直接行使民主权利，依法管理自己的事情。完善村民自治，依法健全村民委员会直接选举、村民议事和村务公开三项制度。完善城市居民自治，发展社区民主，建设管理有序、文明祥和的新型社区。坚持和完善职工代表大会制度，充分发挥职代会和工会的作用，保障职工的合法权益。

（二）加强社会主义法制建设。坚持有法可依、有法必依、执法必严、违法必究。按照公正司法和严格执法的要求，推进司法体制改革，进一步健全权责明确、相互配合、相互制约、高效运行的司法体制，从制度上保证审判和检察机关依法独立公正地行使审判权和检察权，切实解决执行难的问题。认真实行执法责任制、评议考核制、错案和执法过错责任追究制，完善诉讼程序，维护司法公正，确保法律的严格实施，严惩司法腐败。健全司法人员的选拔、考核、晋升、淘汰制度，完善司法人员的职业道德规则，建设一支政治坚定、业务精通、作风优良、执法公正的司法队伍。加强法制宣传教育，提高全民的法律素质，尤其要增强公职人员的法制观念和依法办事能力。建立各级干部普法学习、考试制度，逐步推行领导干部任前法律知识考试制度。

（三）深化行政管理体制和干部人事制度改革，建立廉洁勤政、务实高效的服务型政府。按照精简、统一、效能的原则和决策、执行、监督相协调的要求，继续推进政府机构改革，进一步转变政府职能，实现机构和编制的法定化，切实解决层次过多、职能交叉、人员臃肿、权责脱节和多重多头执法等问题。按照政事分开的原则，改革事业单位管理体制。深化干部人事制度改革，努力形成广纳群贤、人尽其才、能上能下、充满活力的用人机制。坚持德才兼备的用人原则，选拔任用政治上靠得住、工作上有本事的干部。坚持干部工作中的群众路线，扩大党员和群众对干部选拔任用的知情权、参与权、选择权和监督权。加强对干部选任工作的监督，实行用人失察失误责任追究制。打破选人用人中论资排辈的观念和做法，为优秀人才脱颖而出营造良好环境。

改革和完善决策机制，加强对权力的制约和监督。完善深入了解民情、广泛反映民意、充分集中民智、切实珍惜民力的决策机制。对重大决策事项，要建立社情民意反映制度、社会公示制度和听证制度，实行专家咨询制度、决策论证制度和责任制度，推进决策科学化、民主化。要从决策和执行等环节加强对权力的监督。通过建立和完善纪检巡视制度，实行多种形式的领导干部述职述廉制度，完善重大事项报告制度、质询制度和民主评议制度，认真推行政务公开制度，把权力运行置于有效监督之下，保证权力沿着制度化、法律化的轨道运行。

（四）维护社会稳定。各级党委和政府要把维护稳定作为政治任务，把创建社会治安综合治理先进市作为主要工作来抓，深入调查研究，区别不同情况，加强思想政治工作，正确运用经济、行政和法律手段，协调利益关系，正确处理人民内部矛盾特别是涉及群众切身利益的矛盾，保持社会稳定。要搞好矛盾排查和调处工作，坚持把不稳定因素化解在基层，消除在萌芽状态。要认真对待、及时处理群众来信来访，预防和减少群体性上访，及时妥善地处置各种突发事件。要加强政法工作，依法严厉打击各种犯罪活动，防范和惩治邪教组织的犯罪活动，坚决扫除社会丑恶现象，切实保障人民群众生命财产安全。要坚持打防结合、预防为主，落实社会治安综合治理的各项措施，进一步夯实综合治理基层基础工作，保持良好的社会秩序。

四、加强文化建设，全面提高全市人民的思想道德素质和科学文化素质

全面建设小康社会，必须大力发展社会主义文化，建设社会主义精神文明。全市上下要以创建精神文明建设先进市为目标，深刻认识文化建设的战略意义，牢牢把握先进文化的前进方向，切实加强文化建设，努力推动文化繁荣。

（一）切实加强思想道德建设，大力培育和弘扬新时代的河东精神。坚持以德治市，以邓小平理论和“三个代表”重要思想武装广大干部群众的头脑，以为人民服务为核心、以集体主义为原则、以诚实守信为重点、以“五爱”为基本要求，建立健全社会主义思想道德体系，确立全市人民共同遵守的价值取向和行为准则。认真贯彻《公民道德建设实施纲要》，大力弘扬爱国主义、集体主义和社会主义精神，全面加强社会公德、职业道德和家庭美德教育，特别要加强青少年的思想道德建设，引导人们树立建设有中国特色社会主义的共同理想和正确的世界观、人生观、价值观，防止和抵制封建迷信、愚昧腐朽文化的侵蚀。

要坚持用先进文化占领思想阵地，用社会主义道德规范公民行为，继续深入开展群众性精神文明创建活动，强化以爱国主义为核心的民族精神教育，大力培育和弘扬“勤劳勇敢、诚实守信、团结奉献、开拓创新”的新时代河东精神。

（二）高度重视，大力发展科教事业。全面实施科教兴运战略，进一步引深科技兴农、企业技术创新和高新技术产业化工程。科技兴农工程要以中国农科院在我市建立农业科技综合示范基地为契机，大力推进高效农业示范园建设，用现代农业技术改造传统农业，发展高效农业、精品农业、出口创汇农业、可持续发展农业，努力把我市建成全国地市级农业综合示范基地、绿色食品基地和农产品深加工基地。企业技术创新工程要以产学研洽谈会为依托和媒介，与更多的高等院校和科研院所建立长期稳定的合作关系；企业要建立技术创新中心，提高自主创新能力，逐步成为技术研发与创新的主体；市县两级要成立高新技术推广指导中心，建立和完善科技中介服务机构，开展技术咨询，扩大技术交流，促进技术转让，培训技术人员，形成有运城特色的企业技术创新体系和机制。高新技术产业化工程要以信息技术、生物技术、新型材料技术、先进制造技术和环保技术等产业化开发为重点，加大高新技术开发区和工业园区的建设力度，下大力气培育新的经济增长点。

深化科技教育体制改革，建立同经济发展紧密结合、符合市场经济和科技教育创新规律的新型管理体制，形成财政、社会、企业和风险投资共同支持科教发展的新格局，充分调动科教人员自主创业、大胆创新的积极性。加强科普工作，弘扬科学精神，开展科技培训，提高全民科技素质。

（三）大力发展文化事业和文化产业，全面推动文化繁荣。大力发展文化公益事业，保护和实现人民群众的基本文化利益。对具有五千年辉煌历史的华夏根祖文化、体现民族特色和市级水准的文艺团体，以及历史文物和民间艺术等，要加大财政投入和政策扶持力度，积极引导和鼓励他们面向市场，努力降低产品和服务成本，不断增强自身发展活力。要不断拓宽投资渠道，加强城乡文化基础设施建设，发展各类群众文化。积极推进卫生、体育事业的改革和发展，开展全民健身运动，提高全民健康水平。积极发展文化产业。坚持以市场为基础，以政策为导向，推动文化产业结构调整。对现有的文化团体，要深化改革，优化结构，整合资源，形成以文艺演出业、新闻出版业、影视业、音像业、文化娱乐业、文化旅游业、艺术培训业和工艺美术业为主导的文化产业集团。要积极推出具有华夏根祖文化特色和运城人文资源特点的文化艺术精品和劳动密集型文化产品，参与市场竞争，带动我市文化产业走向全国、走向世界。大力发展以装潢、设计等为代表的新技术文化产业和以创意、策划、信息公司等为代表的智力型文化产业。

五、加强和改进党的建设，充分发挥各级党组织的领导核心作用，为全面建设小康社会提供坚强的组织保证

实现全面建设小康社会的宏伟目标，必须按照党的十六大提出的党建工作总体要求，全面推进党的建设新的伟大工程，充分发挥各级党组织的领导核心作用。

（一）加强党的思想建设，用“三个代表”重要思想武装广大党员干部。要紧密结合学习贯彻党的十六大精神，按照上级部署，在全市党员干部中深入开展以实践“三个代表”重要思想为主要内容的保持共产党员先进性教育活动，在全市兴起学习贯彻“三个代表”重要思想的新高潮。党员干部特别是领导干部要带头学习和实践“三个代表”重要思想，成为勤奋学习、善于思考的模范，解放思想、与时俱进的模范，勇于实践、锐意创新的模范，人人都要争当人民群众满意的“三个代表”的忠实实践者。要适应新形势新任务的要求，在实践中．掌握新知识，积累新经验，增长新本领，不断提高科学判断形势的能力、驾驭市场经济的能力、应对复杂局面的能力、依法行政的能力、总揽全局的能力。

（二）加强党的组织建设，充分发挥各级党组织统揽全局、协调各方的作用。要坚持围绕中心、服务大局，拓宽领域、强化功能，扩大党的工作覆盖面，不断提高党组织的凝聚力和战斗力。要深入开展创建基层党组织建设先进市活动，重点抓好农村、企业、社区党的建设。农村党建工作要以巩固和扩大“三个代表”学教活动成果为主要目标，积极探索让干部经常受教育、使农民长期得实惠的有效途径。国有、集体企业党组织要积极参与企业重大问题的决策，充分发挥政治核心作用。要加强非公有制企业、城市社区和社会中介组织党的建设，不断扩大党的阶级基础，增强党的群众基础。要在全市范围内大力开展“三抓两促”大竞赛大评比活动，即通过“抓班子，抓队伍，抓项目，促进经济翻番，促进小康建设”。

要认真贯彻领导干部选拔任用条例，注重在改革和建设的实践中考察和识别干部，真正把那些德才兼备、实绩突出和群众公认的人及时选拔到领导岗位上来。要以提高素质、优化结构、改进作风和增强团结为重点，把各级领导班子建设成为坚持贯彻“三个代表”重要思想的坚强领导集体。

（三）加强党的作风建设，深入开展反腐败斗争。要按照中央提出的“八个坚持、八个反对”的要求，认真抓好创建党风廉政建设先进市工作，着力解决党的思想作风、学风、工作作风、领导作风和干部生活作风方面存在的突出问题，特别是要防止形式主义、官僚主义。要坚持和健全民主集中制，按照集体领导、民主集中、个别酝酿、会议决定的原则，强化党委内部的议事和决策机制，进一步发挥党的委员会全体会议的作用。要进一步抓好领导干部廉洁自律、查处大案要案、纠正部门和行业不正之风的工作。坚持标本兼治、综合治理的方针，逐步加大治本的力度，从源头上预防和解决腐败问题。坚持和完善反腐败领导体制和工作机制，认真落实党风廉政建设责任制，形成防止和惩治腐败的合力。各级领导干部要牢记“两个务必”，始终保持谦虚谨慎、艰苦奋斗的作风；要以身作则，正确使用手中的权力，始终做到廉洁奉公，自觉地与各种腐败现象作坚决斗争。

全面建设小康社会，意义重大，影响深远。全市各级党组织、广大党员、干部和群众，要紧密地团结在以胡锦涛同志为总书记的党中央周围，在市委的领导下，高举旗帜，与时俱进，开拓创新，扎实工作，为全面建设运城小康社会而奋斗！

中共运城市委
运城市人民政府
关于加快推进下岗失业人员再就业工作的实施意见

（2003年6月18日）

为了贯彻落实《中共中央、国务院〈关于进一步做好下岗失业人员再就业工作的通知〉》（中发［2002］12号）和《中共山西省委、山西省人民政府贯彻（中共中央、国务院关于进一步做好下岗失业人员再就业工作的通知）的实施意见》（晋发［2003］1号）文件精神，加快推进下岗失业人员再就业工作，现结合我市实际，提出如下具体实施意见：

一、统一认识，加强领导

（一）*就业是民生之本*。扩大就业，促进再就业，关系改革发展稳定的大局，关系人民生活水平的提高，关系国家长治久安，不仅是重大的经济问题，也是重大的政治问题。就业问题解决的如何，是衡量一个政府，一个执政党治国水平、执政水平的重要标志。各级党委、政府要从实现国家长治久安的高度，把促进就业和再就业工作作为维护改革发展稳定大局的一件大事来抓。继续巩固和强化再就业工作“一把手”责任制，确实把这项工作摆上重要议事日程，充实完善再就业工作领导机构，把净增就业岗位，落实再就业政策，强化再就业服务，加大再就业资金投入和帮助困难群体就业五项具体工作目标，作为考核各级政府和有关部门工作是否落实的重要内容，层层分解，督促落实，定期检查。切实做到工作责任到位，政策落实到位，资金投入到位，保证措施到位。

（二）*建立再就业工作联席会议制度*。在各级党委、政府的直接领导下，由劳动保障局、物价局、经贸委、监察局、财政局、建设局、金融、税务、工商局、编办、工会组成。加强部门之间的统一协调机制，及时通报各部门工作落实情况，分析工作中出现的新情况、新问题，研究解决政策难点，督促检查各部门任务完成情况，指导和推动再就业工作的顺利开展。要充分发挥各民主党派、工商联和工会、共青团、妇联等人民团体的积极性和主动性，动员全社会共同参与，齐心协力，共同做好就业和再就业工作。

（三）当前和今后一个时期就业工作总的指导思想是：以十六大精神为指导，全面贯彻“三个代表”重要思想，坚持“劳动者自主择业，市场调节就业，政府促进就业”的方针，以经济结构调整为主线，以促进下岗失业人员再就业为重点，正确处理发展经济，经济结构调整，深化改革，城乡经济协调发展，完善社会保障体系与扩大就业的关系。在进一步巩固“两个确保”基础上，实施积极的就业政策，加大就业资金投入，完善就业服务体系，千方百计开辟就业渠道，坚持不懈地做好就业和再就业工作，确保全市经济发展和社会稳定。

目标任务是：“十五”期间，全市力争开发就业岗位20万个，城镇登记失业率控制在4．5%以内。今后3年，安置城镇新成长劳动力4万人，下岗失业人员3万人，消化农村劳动力10万人。下岗失业人员再就业培训率达到70%以上，再就业率达到40%以上。

二、加强《再就业优惠证》的发放与管理

（一）*发放的对象和范围*。实施再就业扶持政策的对象范围包括有劳动能力和就业愿望的下列人员（以下简称下岗失业人员）可享受中发［2002］12号、晋发［2003］1号以及其他规定的再就业扶持政策：

1、国有企业下岗职工：指仍在再就业服务中心或协议期满出中心，但未解除劳动关系，且仍未再就业的国有企业下岗职工；

2、国有企业失业人员：指处于领取失业保险金期间，尚未再就业的原国有企业的失业人员；

3、国有企业关闭破产需要安置的人员：指已按全国企业兼并破产计划关闭破产及列入省企业兼并破产计划关闭破产企业中，且仍未再就业的人员；

4、享受最低生活保障并且失业一年以上的其他城镇失业人员：指正在享受城市居民最低生活保障待遇，且登记失业一年以上的城镇其他就业转失业人员。

享受再就业扶持政策的对象不包括下列人员：已按规定办理企业内部退养的人员；中发［2002］12号文件下发前已领取营业执照从事个体经营，且享受优惠政策期满，被用人单位招收以及通过其他途径实现再就业已有稳定收入的人员。

对上述下岗失业人员统一发放《再就业优惠证》。省属以上国有企业下岗失业人员由省劳动保障部门免费发放；市属以下国有企业下岗失业人员由同级劳动保障部门免费发放。

（二）严格发放程序。《再就业优惠证》是执行各项政策的基本前提，是全面实施优惠政策的重要依据。劳动保障部门要按照晋劳社厅发［2003］20号文件规定，结合本地实际进一步完善再就业优惠证发放的办法，尽快做好四类人员的调查摸底工作，建立四类人员的基本情况档案，加强规范管理，严格发放程序，加快优惠证的审核和发放，严格杜绝违规违纪行为的发生。对出租、转让和伪造《再就业优惠证》的行为，依法严肃处理。对采取各种形式骗取国家资金和优惠政策的企业和个人，要严肃查处，情节严重的依法追究刑事责任。

（三）认真发放，严格管理。发放优惠证是一项政策性很强的工作，各地一定要认真发放，严格管理。确保符合条件的下岗失业人员都能及时领到再就业优惠证。为此，各县（市、区）要尽快建立信息管理网络，做好调查摸底，业务培训，建立台帐和统计报表工作，真正做到心中有数，并定期向各有关部门通报情况。对《再就业优惠证》的申领、认定、审核、填写发放、使用等情况全部进入微机管理，建立电脑查询系统。

三、加大工作力度，全面落实政策

（一）各级政府和有关部门要全面贯彻中发［2002］12号文件精神，加快落实税费减免、社保补贴、再就业培训补贴、职业介绍补贴、岗位补贴、小额贷款、工商登记、场地安排等各项再就业扶持政策。在各项扶持政策的具体落实中，各地及有关部门要从有利于解决实际问题和积极促进再就业出发，切实保证已经出台的各项再就业政策不折不扣地得到落实，真正为就业和再就业创造更为宽松的环境。同时要按照属地管理的原则，将中央企业、省属企业下岗失业人员再就业纳入当地的再就业工作规划，统筹安排落实。各地还要尽快完成社区平台建设，切实做到机构、人员、经费、场地、制度和工作的“六”到位。

（二）各级政府及有关部门要结合实际，及时研究解决政策落实中的难点、热点问题。各部门要把扶持下岗失业人员再就业的工作成效作为部门考核的重要内容，尤其税务、工商部门严格按规定执行有关税费减免政策，不得以完成税费征收任务为由对落实税费减免的有关政策打折扣。对按政策减免的税费，可以相应抵减基层单位税费收缴的任务。

四、发展经济，大力开发就业岗位

（一）要努力实现国民经济持续快速健康发展和促进充分就业双重目标，并结合本地实际，提出发展经济与增加就业岗位有机结合、扩大内需与扩大就业良性互动的具体措施。要大力发展第三产业、旅游业以及有比较优势和市场需求的劳动密集型产业，鼓励发展就业容量大的个体、私营、外商投资、股份合作等多种所有制经济，积极发展有市场需求的中小企业，继续发展劳动就业服务企业，促进跨地区的劳务协作和对外劳务输出，千方百计为下岗失业人员再就业创造岗位和机会。要积极推进城市社区建设，引导更多的下岗失业人员在社区服务领域实现再就业。

（二）各级政府和有关部门要积极运用各项再就业扶持政策，鼓励服务型企业吸纳下岗失业人员；鼓励下岗失业人员自谋职业、自主创业以及通过非全日制、临时性、季节性、弹性工作等灵活多样的方式实现再就业；鼓励有条件的国有大中型企业通过重组改制、主辅分离，分流安置企业富余人员。

五、强化就业服务，建立再就业援助制度

（一）各级政府要建立完善公共就业服务制度，全面落实免费再就业培训和免费职业介绍政策。加强劳动力市场信息网络建设。广泛推行上门服务、即时服务和承诺服务。普遍推广在同一场所开展各项就业服务和社会保险业务的“一站式”服务。努力提高再就业培训的针对性、实用性和有效性，完善免费职业培训和职业介绍制度，动员社会各方面力量开展再就业培训和中介服务。劳动保障部门要对社会办的职业培训机构和职业介绍机构进行资质认定，并根据培训和再就业效果给予补贴。要大力开展创业培训，结合项目开发、开业指导、小额贷款、税费减免、跟踪扶持，以创业促就业。要加快研究制订鼓励灵活就业的政策措施，做好下岗失业人员社会保险关系接续服务工作。

（二）建立健全再就业援助制度，千方百计帮助大龄就业困难人员实现再就业。今后帮助“4050”人员再就业是考核各地再就业工作实绩的一项硬指标，必须认真抓好。各级政府要抓紧建立公益性岗位空岗报告制度，凡是由政府投资形成的公益性岗位，要优先安排“4050”人员，街道劳动保障工作机构和社区工作人员要摸清“4050”人员底数，并逐一建立台帐，实施动态管理，为其提供专门的帮助和便捷的服务。对企业招用原属国有企业大龄就业困难人员签订2年以上劳动合同的，街道社区开发公益性岗位和个人带头创业开发岗位安置的大龄就业困难人员的，均给予一定的岗位补贴。补贴标准按当地最低工资标准的50%发放，补贴资金从再就业资金中支付。

六、巩固“两个确保”，做好三条保障线衔接

（一）各级政府要继续落实资金，进一步巩固“两个确保”，不得发生新的拖欠。要进一步加强三条保障线的衔接，积极稳妥地解决下岗职工基本生活保障制度向失业保险制度并轨中出现的问题。对企业新裁减人员和出中心的下岗职工，要做好社会保险接续工作，按规定为其提供失业保险。对符合城市居民最低生活保障条件的，要及时将其纳入最低生活保障。协议期满的下岗职工，原则上应按规定出中心，并与企业解除劳动关系。对协议期满暂时无法解除劳动关系的下岗职工，各级政府和企业要继续运用现有各类资金渠道筹措的资金保障其基本生活。

（二）做好城市居民最低生活保障工作。将符合条件的城市贫困居民及时纳入保障范围。做到“应保尽保”。要处理好最低生活保障与促进就业的关系，有劳动能力和就业愿望但尚未就业的城市居民，在享受城市居民最低生活保障待遇期间，应当参加社区组织的公益性劳动和就业培训活动。

七、加强督促检查，加大宣传力度

（一）各级政府和各有关部门要建立监督检查制度和群众监督举报机制。要向社会公布监督举报电话，接受群众的监督。市再就业领导机构按月汇总各县（市、区）再就业专项工作进展情况，按季汇总主要目标的完成情况并进行对县（市、区）政府的通报。同时，各地政府也要建立再就业工作通报制度，了解工作进展。市政府要定期和不定期地组织专项监督检查，促使再就业政策切实得到贯彻落实。

（二）各级政府、各有关部门和新闻单位要继续通过多种形式把促进再就业的各项政策宣传到群众、企业和基层单位，并大力宣传党和政府对下岗失业人员的关心和对再就业工作的支持，继续引导下岗失业人员转变就业观念，树立和宣传一批下岗失业人员再就业和企业吸纳下岗失业人员就业的典型，营造全社会支持和帮助再就业的良好氛围。

2005

文　　献

运城市人民代表大会常务委员会工作报告

——2005年4月12日在运城市第一届人民代表大会第七次会议上

运城市人民代表大会常务委员会主任　陈永信

各位代表：

现在，我受市一届人民代表大会常务委员会的委托，向大会作工作报告，请予审议。

一、去年的主要工作

2004年，市人大常委会在中共运城市委的领导下，以“三个代表”重要思想为指导，紧紧围绕全市的大局和全面建设小康社会的目标，依法履职，创新工作，为坚持和完善人民代表大会制度，推进民主法制建设，促进社会主义物质文明、政治文明和精神文明协调发展，做出了尽职尽责的努力。

（一）围绕改革发展稳定大局，强化监督工作

依法行使监督权，是人大常委会最经常的一项工作职能。去年，我们不仅安排的工作量大，而且特别注重了实际效果，从多个方面推动了“一府两院”依法行政和公正司法。

1．进一步强化法律监督，加大了执法检查的力度，注重了执法检查的实效。一年来，常委会按照省人大常委会的统一安排，并结合我市的实际情况，对安全生产法、矿产资源法、煤炭法、消防法、食品卫生法、价格法、行政许可法、中小企业促进法、乡镇企业法、环境保护法、人口与计划生育法等11部法律法规的贯彻实施情况进行了检查。去年的执法检查我们做了一些改进，在人员的组织上增加了人大代表和专业人员；在方法上不仅听取汇报，到推荐的实地检查，而且进行突击抽查、到有反映的实地察看；还采用新闻跟踪媒体曝光；同时，每一次的执法检查结束都要形成专题报告，经常委会审议之后书面反馈给执法主体单位，督促整改。

在安全生产专项整治活动中，督促执法主体单位取缔了一批有严重事故隐患的加油站，并查处了一些有事故隐患的生产单位，加强了对重点区域、重点企业的安全防护措施，更新增添了消防设施。围绕元旦、春节，常委会组织代表深入食品生产企业、集贸市场、商店、药店、居民区、供水公司，检查食品卫生法和价格法的实施情况，防范和纠正了许多不法行为。常委会还就检查中发现的食品、药品管理部门之间职责不清、多家重复执法和城市供水价格中存在的问题，形成书面意见反馈给市政府和执法主体单位，要求尽快整改。

去年，常委会各工作部门还对各自联系的单位的执法情况，实行对口检查，督促和引深执法责任制、错案（过错）责任追究制工作的落实。去年“两院”共纠正错案和有过错的案件7起，追究责任人5人。

2．进一步加强工作监督，加大了审议专项工作报告的数量，注重了提高审议质量。听取和审议“一府两院”的专项工作报告，是常委会又一项大量的日常工作。1月和3月两次常委会议程主要是围绕代表大会安排，其他四次常委会每次都要听取和审议“一府两院”的3至4个专项工作报告。去年听取和审议了市政府关于农村税费改革试点、水务设施建设、能源建设和发展节能产业、焦化行业环保治理、各类开发园区的治理整顿、文化新闻出版行政执法情况、整顿和规范市场经济秩序的情况以及上半年全市经济运行和结构调整专项工作报告；听取审议了市本级2003年财政决算情况、市本级2003年预算执行和其他财政收支审计情况以及审计查出问题的整改报告；听取审议了上个年度教育局长、城建局长述职评议后的整改工作报告。还听取审议了中级人民法院围绕公正与效率、推进司法改革和队伍建设情况，检察院关于强化法律监督、查办职务犯罪情况的专项报告。

为了提高审议质量，我们也做了一些新的尝试。在每次专项工作报告之前，常委会的分管副主任和常委会的相关工作部门，都先行作一些社会调查，提出书面审议意见，经主任会议讨论后提交常委会再审议。这样就有了更强的针对性。在审议农村税费改革和水务设施建设两个报告时，组成人员提出“三农”

问题事关大局，农民增收减负是历史性的任务，市政府一定要进一步深化农村改革，把减轻农民负担和惠民政策落实到户，还明确提出，在安排2004年财政超收使用意见时重点支持农业。在审议2004年上半年国民经济和社会发展计划执行情况报告时，组成人员在充分肯定市政府工作的同时，针对经济运行中结构性矛盾突出、电力供应缺口过大等问题，要求政府采取有效措施加以解决，保证全市经济平稳、协调、可持续发展。在审议财政的几个报告时，组成人员紧紧围绕预算执行、超收安排、决算审批三个环节，要求政府一定要严格按《预算监督条例》的规定执行。在审议审计报告时，对审计中查出的问题，要求严肃整改。在常委会的督促下，审计报告反映的6个部门的9个问题，已经得到纠正的6个，采取整改措施的3个。

（二）依法任免干部，重视任职后的述职评议

去年，常委会继续遵循坚持党的领导、充分发扬民主、严格依法办事的原则，郑重行使人事任免权，总共任免“一府两院”工作人员82人，从组织上为地方国家机关的正常运行提供保证。

对干部的述职评议，是强化任职后监督的有效方式。在总结前两年开展述职评议经验的基础上，我们也做了一些改进。一是注重民意，确定对象。先在人代会上向参会的431名人大代表发出《述职评议对象征询意见表》，然后征询各民主党派、人民团体、新闻单位和市委、政府综合部门的意见，经主任会议研究并报市委同意后，常委会确定市交通局局长、公安局局长为述职评议对象，同时评议市公路分局的行政执法工作。二是注重调研，开展评议。为了使评议工作有深度、有力度，对单位有震动，对领导有触动，主任会议多次进行了研究，确定3名副主任具体分工，3名工委主任分别担任三个调查组的组长。调查组深入交通、公路、公安部门和有关县（市、区），听汇报、查资料、看现场，召开各种座谈会36次，走访人大代表、政协委员、人民群众350余人，发放问卷调查表400余份。同时，对被评议人员进行了经济责任审计。在此基础上，7月份召开的常委会会议上听取和审议了被评议人员的述职报告、调查组的调查报告和审计局的审计报告。常委会组成人员本着肯定成绩、提出问题、看到困难、推动工作的原则，进行了客观公正的评议。三是注重整改，推动工作。去年在征询述职评议对象意见时，代表们和各界的意见相当一致，反映了大家对县、乡公路的建设和管理不满意，对社会治安秩序、警风警纪不满意。常委会组成人员在述职大会审议时，对交通局工作中存在的问题提了6条，对公路分局提了4条。市公安局局长在述职评议的第二阶段，岗位变动，人员更替，常委会决定新任的局长暂不述职，但仍书面审议了调查报告，提出了公安工作存在的3个方面的问题，反馈给公安局，督促其进行整改。评议是手段，推动工作是目的。从一开始，常委会就非常明确地强调，要把未评先改、边评边改和集中整改有机地结合起来。常委会的主要领导同志和被评议对象深入交谈，共同探讨在公路交通事业有了长足的发展，高速公路建设取得历史性成就的背景下，代表们和社会各界的意见为什么非常集中，群众不满意的症结在哪，群众的希望和要求在哪，从而思考和制定自己的整改方案。市交通局围绕省下达的修建1000公里油路的任务和市委、市政府提出的“村村通”的新一轮公路建设的目标，按照省出台的新的补偿办法和标准，全身心地投入公路建设之中。在全市上下共同努力下，去年县、乡、村公路建设取得了载入史册的业绩，实现油路、水泥路通车里程4000多公里，圆满地完成了“村村通”任务。同时，交通局不失时机地改进措施，加强管护，提高养护补助标准，从人力和财力上进行保证。

近年来，公路分局对运城境内的国道、省道建设也是有历史性贡献的，特别是高速公路的通车里程，与全省各市相比较，名列第一。他们居功不自满，对境内路况不好的国道省道，制定具体的改造改善方案。临晋到永济、解州到永济的三级路，年久失修，路况太坏，行人怨声载道，去年改造成二级路，顺利建成通车，而且路况的各项指标全优，迎来了全省公路建设质量现场会。209国道河津到临猗段改造成为一级路的建设，去年完成征地拆迁，路基已经形成，可望今年国庆节前建成通车。公路分局还筹资3000万元，对新绛到稷山、稷山到运城、闻喜到运城的路面进行了治理，使通行能力大幅度提升。

总之，这次述职评议有力度、有深度、效果好。所以，在11月份召开的常委会会议上，组成人员在听取了两位局长整改报告之后进行满意度测评时，交通局长和公路分局的满意率均为97%，这都是前两年没有达到的高度。

另外，在11月份召开的常委会会议上，还听取审议了“一府两院”11名任职人员的口头述职，组成人员对他们的履职情况进行了民主测评，以此来增强“一府两院”任职人员的法律意识、责任意识和依法行政、公正司法的意识。

（三）树榜样、学先进，认真开展评选“双优”活动

按照《地方组织法》的规定，2004年常委会开展了评选优秀人大代表和优秀人民公仆、授予地方荣誉称号的工作。广大的人大代表在本届任期内，不负众望，不负众托，密切联系群众，反映社情民意，积极参政议政，积极建言献策，涌现出许多模范人物和先进事迹。众多的政府公职人员和法检两院的干警，也都能牢记宗旨，爱岗敬业，廉洁从政，热心为民，业绩突出，赢得赞誉。为了树立榜样，学赶先进，常委会认真开展了评选活动。

优秀人大代表的名额是按5%的比例确定的，总共是22名。优秀人民公仆的名额是按系统分配的，政府序列6名，有执法任务的条管单位两名，法检两院各两名，人大序列两名，总共是14名。“双优”的初步人选都是在不同的范围采用民主投票推荐的办法。优秀人大代表由各县（市、区）人大常委会组成人员推荐，政府序列、条管单位、人大系统的优秀人民公仆由市人大常委会组成人员推荐，法检两院的优

秀人民公仆分别在“两院”的干警大会上推荐，将得票多者作为初步人选。之后，市人大常委会的5名副主任分别带队，进行了认真考察和审查，报市委同意后，在常委会的第29次会议上，决定对评选出的22名优秀人大代表和14名优秀人民公仆命名表彰。

同时，对市人代会闭会期间，组织代表积极履职，开展活动，并取得优异成绩的盐湖代表团10人活动小组、临猗代表团第一活动小组和永济代表团第一活动小组给予表彰。

（四）围绕代表履职，进一步改进和加强代表工作

充分发挥人大代表主体作用，是做好人大工作的基础。去年，常委会在积极组织代表开展执法检查、述职评议、列席常委会会议，不断活跃代表在闭会期间活动的同时，着力抓好以下几方面工作：一是委托各县（市、区）人大，对代表进行了集中培训，提高了代表履职能力；二是指导县上开展了代表向选民述职、选民评议代表的试点工作，增强了代表履职的责任意识；三是认真做好代表议案、建议办理工作。常委会采取重点督办、限期反馈、上门答复以及强化监督检查等方法，进一步提高了代表议案、建议办理质量。常委会主任会议多次研究办理情况，尤其是对永济代表团孙兴赤等13名代表提出的第0035号议案进行了重点督办。该议案提出，市政府2003年下达的由电力公司代收的大用户电力附加的60%用于运城中心城市基础设施建设，不符合国家几个部委的文件规定，要求纠正。市政府领导高度重视，责成专人进行了调查，并在市政府72次常务会议上作出决定，依法行政，从今年起，将征收的工业用电附加，全部留给企业所在县（市）使用。市政府还专门召开了常务会议，对代表提出的涉及经济、文教、医疗卫生、科技、社会发展等49件建议，逐件研究，明确了责任，由各位副市长分头落实。目前，市一届人大六次会议期间，代表所提出的2件议案，191件建议，以及闭会期间提出的1件建议，全部办结并答复代表，提高了代表的满意度，改进了有关方面的工作；四是组织人大代表集体视察了闻喜银光镁业集团、运城关公机场、姚暹渠改造工程等我市产业结构调整和城市建设、重点工程建设以及平陆村村通油路建设情况，更好地反映了民意，集中了民智，促进和支持了政府工作。

（五）纪念人大成立50周年，深入宣传人民代表大会制度的优越性

2004年是全国人民代表大会成立50周年，地方人大常委会设立25周年。参照上级人大的安排，我们市人大常委会也安排了6项纪念活动：①组织人大常委会机关的全体人员收听收看胡锦涛总书记在首都各界纪念全国人民代表大会成立50周年大会上的讲话；②在“一府两院”工作人员中开展人民代表大会制度知识竞赛活动；③与夏县人大常委会联合举办了书画展览；④在《运城日报》开设专栏，开展了“我们心中的人大”有奖征文活动；⑤召开了各界人士参加的纪念座谈会；⑥常委会的主要领导在电视台发表纪念讲话，在《运城日报》发表署名文章。通过这一系列宣传纪念活动，使全社会进一步了解了人民代表大会制度50年来的曲折发展和不断完善的过程，深刻体会人民代表大会制度的优越性，进一步认识到坚持和完善人民代表大会制度是中国特色社会主义制度的需要，是中国的根本政治制度，是全体人民共同的责任。

（六）围绕市委的中心工作，积极投身小康社会的建设

去年，按照市委的要求，常委会的领导和工作部门的领导，都分别承担了一些服务中心的任务。常委会主任担任关公故里风景区开发建设领导组、解州到永济二级路拓宽改造领导组、209国道河津到临猗段一级路拓宽改造领导组3个领导组的组长，常委会的各位副主任也都分别担任一些重点工程建设项目领导组的副组长，同时负责运城老城区一条街的拆迁任务。经过不懈地努力，这些任务大多已经完成，还有些跨年度的工程仍需自加压力，再鼓勇气和干劲，克服困难圆满完成。

常委会承担的农村扶贫任务，已经取得明显成效。平陆县张店镇岭桥村，由于地下水资源缺乏，几次打井都失败了。这一次扶贫解困打井成功，不仅解决了人畜吃水的困难，而且还能扩大水地几百亩，改变了村民的生活生产条件，架设了脱贫致富的道路。各工作委员会主任联系的扶贫村，也都分别办了一些实事，取得了群众的称赞。

常委会还特别重视了人民群众的来信来访工作，全年共受理2635件次，重点督办89件，取得了良好的社会效果。还被省人大常委会信访处推荐，参加了全国人大信访工作经验交流会，作了大会发言。

各位代表，市人大常委会圆满地完成了去年的工作任务。这些成绩的取得，是中共运城市委的正确领导，常委会组成人员、市人大代表共同努力的结果，也是市人民政府、市中级人民法院、市人民检察院以及各县（市、区）人大常委会的大力支持的结果。在此，我代表市人大常委会向大家表示诚恳的感谢。

一年来，常委会的工作取得了新成绩，但与形势和任务的要求相比还有差距，主要是：重大事项决定权的行使还不到位，需要进一步加强；监督工作力度还不够大，实效还不足，需要进一步改进；代表的主体作用发挥还不够充分，为代表履职的服务还需进一步完善。对于存在的这些问题和不足，常委会在今年的工作中将努力改进。

二、今年的主要工作任务

2005年是我市全面建设和谐社会、小康社会的重要一年。常委会要以“三个代表”重要思想为指导，全面落实以人为本的科学发展观，继续坚持党的领导、充分发扬民主、严格依法办事的工作原则，深入贯彻市委一届七次全会精神，认真履行监督、决定重大事项、人事任免等法定职权，进一步发展社会主义民主，健全社会主义法制，为推进全市物质文明、政治文明和精神文明的协调发展做出新的贡献。

（一）继续加强监督工作，在提高实效上下功夫

今年的监督工作，总的思路是紧紧围绕改革发展稳定中的热点、难点问题，以及与群众利益密切相关的事情进行安排。

1. 继续加强执法检查的力度，保证法律法规在我市的正确执行。常委会按照突出重点、注重实效的原则，安排对《土地管理法》、《环境保护法》、《人民警察法》、《药品管理法》、《防洪法》、《红十字会法》以及省人大常委会《关于全面推进资源节约与综合利用的决定》的实施情况进行检查。执法检查要严肃认真，深入细致，不走马观花、图形式、走过场。对检查中发现的问题，要监督有关执法单位进行整改，并要求把整改情况向常委会报告，使执法检查切实收到应有的效果。今年是村民委员会换届年，常委会还将安排检查《村民委员会组织法》的执行情况，加强对村民委员会换届选举的指导，不断推进基层民主法制建设。

2. 继续加大听取和审议“一府两院”专项工作报告的数量，推进依法行政、公正司法。常委会将围绕建设工业大市、农业大市、教育大市、旅游大市、经济强市、黄河金三角有运城特色的中心城市的目标，安排听取和审议市政府关于第十一个五年计划的制定、“三农”问题、建设新型加工制造业基地、旅游产业的发展、科技行政执法、利用开行贷款进行市政建设、城市规划区土地统征经营管理以及中级人民法院解决执行难问题的专项工作报告。

继续强化对预算及其执行情况的监督，尤其是对市本级预算执行情况和专项资金以及追加经费使用情况的监督。要继续把纠正审计查出的问题作为监督的重点，把人大监督与审计监督有机地结合起来。

3. 继续引深“两制”工作，健全制度上的约束机制。推行执法责任制和错案（过错）责任追究制，是在工作实践中总结出来的一项行之有效的办法。几年来，各执法主体单位都先后建立和完善了这项制度，强化了内部自我约束和监督机制，有力地推进了依法行政和公正司法。但是，现在存在着满足现状和差不多的思想，特别是“两错”追究不到位，心慈手软。因此，常委会今年将加大工作力度，把重点放到落实上，通过受理人民群众来信来访、开展案件评查等渠道，发现错案或执法过错，实行个案监督，纠案、究人，推动“两制”工作深入发展。

（二）依法行使重大事项决定权，在积极探索上做文章

1979年五届全国人大二次会议通过新的地方组织法，规定县级以上地方各级人大设立常委会，行使四项职权。1980年彭真委员长在他的《关于地方人大常委会的工作》的讲话中，对四项职权排序为立法权、重大事项决定权、人事任免权、监督权。我们这一级人大没有立法权，重大事项决定权又排在三权之首，可见这项工作的重要。今年，常委会将遵照《地方组织法》的规定，对本行政区域内的政治、经济、教育、科学、文化、卫生、环境和资源保护、民政、民族等工作，也就是说要紧紧围绕市委中心工作和重大决策，抓住事关全局的重大事项以及直接关系人民群众切身利益的重大问题，通过法定程序适时作出决议、决定。

要行使好这项职权、职责，态度要积极，办法要探索，要与党委、政府的决议、决定角度不同，要有人大的特色。

（三）依法任免干部，重点做好监督工作

常委会要把党管干部和人大依法任免有机结合起来，积极建立和完善人事任免的制度和程序。要重视任命前的专业法律知识考试，这应该是任职上岗前的基本条件和要求。要重点做好任后监督，今年常委会将听取由人大及其常委会选举任命的“一府两院”工作人员的述职报告，并进行民主测评，将测评结果报告市委，作为下届使用干部的参考。

（四）进一步加强代表工作，密切与县级人大常委会的联系

常委会要不断加强和改进代表工作，充分发挥代表的主体作用。通过组织执法检查、述职评议、专题视察、开展代表小组活动等，积极探索代表在闭会期间活动的新途径、新形式。要认真做好代表议案和建议的办理和督办工作，不断提高办结的质量和水平。要在总结去年试点经验的基础上，指导各县逐步推行代表向选民述职、接受选民评议的制度，积极推进代表工作创新发展。

常委会还要通过市、县配合，上下联动，进行执法检查、专题调研、组织工作经验交流会和专题研讨会，进一步密切与县级人大常委会的联系，并力所能及地帮助他们解决一些遇到的困难。

（五）适应新形势，不断加强常委会的自身建设

随着改革的步步深化，在建设民主法治、公平正义、诚信友爱、充满活力、安定有序、人与自然和谐相处的社会主义和谐社会中，常委会依法履职也会不断地遇到一些新情况、新问题。为了适应新形势、新任务，常委会组成人员就必须与时俱进，不断地加强自身建设。首先，要重视政治理论和法律知识的学习，通过学习，进一步增强做好人大工作的政治责任感和历史使命感，不断提高依法行使职权的能力；其次，要保持同人民群众的密切联系，切实改进领导作风、工作作风和会风、文风，提高工作效率和水平；第三，要按照保持共产党员先进性教育活动要求和吴邦国委员长提出的政治坚定、业务精通、务实高效、作风过硬、团结协作、勤政廉洁的要求，加强人大常委会机关干部队伍建设，为人大代表履职提供更好的服务。

各位代表，2005年是本届人大及其常委会任期的最后一年。我们面临的任务仍然繁重而艰巨，让我们携起手来，共同努力，紧紧地团结在以胡锦涛同志为总书记的党中央周围，在中共运城市委的领导下，振奋精神，再鼓干劲，一以贯之，忘我工作，为全面建设运城和谐社会、小康社会，做出新的贡献！

政府工作报告

——2005年4月11日在运城市第一届人民代表大会第七次会议上

运城市市长　胡苏平

各位代表：

现在，我代表市人民政府向大会作政府工作报告，请予审议，并请市政协委员和列席人员提出意见。

一、2004年政府工作回顾

2004年，在中共运城市委的正确领导下，市政府按照市一届人大六次会议的部署，坚持以科学发展观为指导，认真贯彻落实中央、省的各项方针政策，深化改革，扩大开放，扎实推进经济结构调整，着力提升城市综合竞争能力，大力发展各项社会事业，全市经济社会发展取得了令人瞩目的新成就。

——全市生产总值完成359.3亿元，超预期目标21.3亿元，比上年净增65.7亿元，增长15.4%，比全省全国分别高出1.3和5.9个百分点。

——财政总收入完成43.5亿元，超预期目标5.2亿元，比上年净增9.3亿元，增长27.2%，首次越过40亿元大关，提前一年实现了翻番。其中一般预算收入完成14.4亿元，增长20.8%。河津市跨入全国经济百强县（市）行列，10个县（市、区）财政收入超亿元。

——规模以上工业增加值完成150.6亿元，超预期目标13亿元，增长21.1%。

——固定资产投资完成138亿元，超预期目标15.1亿元，增长34.8%。

——城镇居民人均可支配收入达到6808元，超预期目标80元，增长10.3%；农民人均纯收入达到2587.3元，超预期目标104.3元，增长11.5%，是1998年以来增幅最高的一年。

——社会消费品零售总额完成99.5亿元，超预期目标7.6亿元，增长23.4%。

——进出口总额完成5.35亿美元，超预期目标1.35亿美元，增长48.9%。

在此，我向大会郑重报告，市一届人大六次会议确定的各项预期目标全部超额完成，2004年经济社会发展的各项任务圆满实现！

一年来，我们主要做了以下工作：

（一）努力解决制约经济发展的困难和矛盾，保持经济平稳较快增长

去年，国家实施的宏观调控，对我们这样一个经济发展受资源能源制约较大的城市带来了强烈冲击，原材料涨价，电力紧张，运力不足，资金短缺，许多企业面临困境。能否保持经济平稳较快增长，是对各级政府的严峻考验。一方面，我们全面落实国家、省宏观调控的决策部署，认真开展土地市场和焦化行业专项清理整顿，淘汰关闭了一批生产工艺落后、不符合产业政策、浪费资源、污染环境的“五小”企业，优化了产业结构。另一方面，多方采取措施，积极应对，帮助企业渡过难关。电力调配上，明确提出“三个确保”，即：确保农业生产季节用电，确保居民生活用电，确保重点优势企业用电。运力协调上，与铁路部门多次协商增加车皮，开辟公路运输“绿色通道”，努力提高企业产品产销率。严厉打击“三乱”行为，确保农副产品销售畅通无阻。资金争取上，千方百计创造银企沟通合作的良好环境，为企业融资和正常运行发挥了重要作用，把影响经济发展的不利因素降到最低程度，保持了经济健康快速的增长势头。

（二）扎实推进经济结构调整，不断促进产业优化升级

省委、省政府作出把山西建成全国新型能源和工业基地的重大决策后，市委、市政府审时度势，立足运城煤炭资源缺乏，但原材料工业已形成规模的实际，放眼国际国内市场趋势，确定了建设山西新型加工制造业基地的战略目标，积极推进传统产业新型化和新兴产业规模化。入围省“1311”规划的42个项目，有35个建成投产或部分投产。一、二、三产业比例达到14:60:26，全市经济结构不断优化升级。

农业特色更加明显。全市优质小麦达到120万亩，水果300万亩，棉花150万亩，芦笋15万亩，药材27万亩，设施农业59.5万亩，无公害农产品面积88.5万亩，有26个产品获得国家绿色食品认证。肉、蛋、奶产量分别增长11%、3.6%、34.6%。新绛蔬菜批发市场、粟海、忠民、丰润4家企业成为国家级重点龙头企业。广州运城果品市场荣膺全国十强，成为北方水果在东南沿海最大的销售窗口。

工业实力进一步增强。全市规模以上工业企业实现利税64.5亿元，增长19.2%，综合效益指数156.7%，同比提高2.3个百分点。5家企业（山铝、海鑫、南风、关铝、中信机电）进入全省30强，9家企业（海鑫、山铝、南风、关铝、丰喜、阳光、振兴、中条山有色金属、永济电机）跨入全国大型企业行列。

第三产业增势强劲。积极创建中国优秀旅游城

市，加快景区景点深度开发，着力打造“关公故里”、“永济鹳雀楼”、“万荣后土祠”、“舜帝陵庙”、“运城盐湖”等品牌形象。全年国内旅游总收入13.7亿元，增长55.7%；外汇收入509.5万美元，增长112.3%。今日国际商城、粤珍轩、鑫源·福瑞特、金鑫等一批档次较高的商贸、餐饮企业投入运营，金融、保险、房地产等第三产业发展步伐进一步加快。

（三）高度重视“三农”工作，确保粮食增产和农民增收

认真贯彻落实中央“一号文件”，调动农民积极性，促进农村经济社会全面发展。全市粮食生产喜获丰收，总产达到15.96亿公斤，超省定目标2.26亿公斤，增长16.5%。积极落实粮食直补政策，共兑付小麦粮补资金3781.5万元，发放良种补贴444.3万元。河津全部免征农业税，闻喜降低了两个百分点，其余各县（市、区）都降低了一个百分点。全年转移农村劳动力17.5万人，农民工资性收入增长24.8%。完成移民搬迁1.28万人。解决了5.4万人的脱贫问题和12万人的饮水困难。新增节水面积6.1万亩，完成各项造林面积44.8万亩，完成沼气建设9127户。清理建筑领域拖欠工程款、农民工工资成效显著。全市农业和农村呈现出喜人的发展势头。

（四）狠抓城乡基础设施建设，不断提升中心城市综合竞争能力

华泽铝业2×30万千瓦机组建设进展顺利，永济热电厂2×30万千瓦机组开工建设。引黄工程四大灌区改善水地面积21万亩，新增水地4.2万亩。临猗至河津一级公路、新绛至禹门口高速公路龙门黄河大桥、南同蒲铁路侯马至东镇复线正在实施。东镇至济源高速公路运城段前期工作基本完成。中心城市与各县市之间的1小时经济圈初步形成。

农村公路建设再掀高潮。一年间，共投资5亿元，完成了1672个村、4018公里的村通油路（水泥路）、巷道硬化和村通改建工程，是省下达任务的4倍多，实现了百分之百的乡镇和百分之百的行政村（除需移民的81个村）通油路、水泥路的目标，从根本上解决了广大农村尤其是贫困山区群众出行难的问题，为加快农村经济社会发展打下了坚实的基础。

全市人民热切期盼的运城关公机场历时3年建设，克服了重重困难，终于在今年春节前胜利通航。地处内陆的古老河东，从此打开了走向全国、走向世界的空中通道，掀开了交通现代化的历史篇章！

中心城市建设共投入资金4.65亿元。南风广场开放使用，圣惠南路、机场路、槐东路、学苑路、河东街延长线共计20多公里的城市主干道建成通车。改造并延伸水网管线57公里，市污水处理厂建设和姚暹渠改造正在加紧进行。顺应广大市民的呼声，开展了为期二百多天的城市环境综合整治，市四大班子领导包街包巷，各职能部门齐抓共管，广大市民支持参与，拆迁违章建筑10万余平方米，硬化主次干道6万余平方米，规范改造各类广告牌匾5000多块，城市照明完成了相当于过去20年的工程量，城市绿化投入了相当于过去10年的资金，人均公共绿地由2平方米增加到4.1平方米，一年的新增量相当于过去几十年的总和。整顿了交通秩序，规范了市场摊点，广大市民的人居环境得到改善，市容市貌有了明显改观。

（五）继续推进改革开放，发展活力不断增强

市、县两级政府机构改革全面完成，市国资委、商务局和中小企业局挂牌成立。国有企业改制面达90%以上。民营企业增加值占到全部工业企业增加值的63.8%，民营经济对财政的贡献达48.3%。海鑫、阳光、振兴、通达4家企业继续名列全国民企500强。为了鼓励企业和企业家的突出贡献，市政府拿出100万元，对12名特殊贡献企业家和运城供电分公司给予奖励。

积极促进对外交流合作，建立了政府同外资企业对话制度，与巴西圣保罗州阿拉拉瓜拉市建立了友好城市。全市外贸进出口总额净增1.75亿美元，出口额达到2.3亿美元，增长46%。三个省级开发区科工贸总收入完成85.3亿元，增长25．9%。

（六）坚持统筹发展，推动社会事业全面进步

加强科技创新体系建设，科技对经济增长的贡献率明显提高。全市共争取国家、省级科技计划45项，新认定民营科技企业6家，民营科技企业达到141家，高新技术企业达到24家。新建标准化学校916所，中小学危房改造完成45.5万平方米。教育人事制度改革成效明显，教学质量稳步提高，高考达线76433人，比上年增加2301人。新型农村合作医疗河津市试点工作进展顺利。市、县两级疾病控制国债项目全部建成。完成了5.9万农户改水改厕，为100万农民进行体检并建立了健康档案。计划生育工作成绩显著，人口自然增长率控制在6.84‰。广播电视、新闻出版、文化体育、文物档案成果喜人，民族宗教、侨务老龄、统计测绘、双拥人防、气象地震及残疾人等各项社会事业都取得了新的成绩。

（七）坚持以人为本，努力提高城乡居民生活水平

坚持把增加就业作为发展的重要指标，新增城镇就业岗位5.5万个，1.98万个下岗失业人员实现了再就业，城镇登记失业率1.6%，“两个确保”均达100%。城市和农村低保人数分别达到69955人和56644人，生活标准有所提高。新建中低价位住房49.4万平方米，缓解了中低收入群众的住房困难。中心城市空气质量二级以上天数达到168天，比上年增加35天。水质好转12%的目标圆满实现。深入开展食品安全检查、打击制假售假等专项活动，市场经济秩序进一步好转。

（八）坚持依法行政，不断推进民主法制建设

各级政府自觉接受人大的法律监督、工作监督和政协的民主监督，共办理人大代表建议157件，政协委员提案266件，办复质量进一步提高。认真贯彻《行政许可法》，深化行政审批制度改革，市、县两级清理审批项目4182项，取消市级审批项目125项。实行“一站式”网上行政审批，开展行风评议和争当人民满意公务员活动。健全村民自治和企业民主管理

制度，推进政务、厂务和村务公开。完善国防动员体制，加强民兵组织建设。大力开展普法教育，打击各类违法犯罪，社会治安综合治理进一步加强。廉政建设和反腐败斗争不断深入。

各位代表，过去一年的成绩，是市委正确领导的结果，是市人大、市政协监督支持的结果，是全市人民团结奋斗、辛勤劳动的结果。在此，我代表市人民政府，向辛勤工作在全市各条战线的工人、农民、知识分子，向支持政府工作的人大代表、政协委员、各民主党派、工商联、无党派人士和人民团体，向驻运部队、武警官兵、公安干警，向所有关心、支持运城发展的各界朋友表示崇高的敬意和衷心的感谢！

同时，我们也清醒地看到，发展中还存在许多不容忽视的矛盾和问题：城乡居民收入不高，人均水平较低；可用财力紧张，难以满足城市建设以及各项社会事业的支出需要；产业链条短，附加值低，经营方式粗放，资源紧张，环境污染压力加大；城市化水平低，城市功能薄弱，第三产业比重小、增长慢；经济发展的外向度不高；电力紧张、运力不足、资金短缺仍然是制约经济发展的“瓶颈”；安全生产形势依然严峻，影响社会稳定的因素较多；政府部门的职能转变还不到位，构建和谐社会的任务很重。对此，市政府一定高度重视，统筹研究，坚持以科学发展观为指导，积极努力加以解决，决不辜负全市人民的重托和期望！

二、2005年经济社会发展的主要任务

2005年是深入贯彻落实科学发展观、进一步转变经济增长方式的推进之年，是全面建设新型加工制造业基地、实现新一轮经济结构调整明显见效之年，是进一步提高城市建设管理水平、增强城市综合竞争能力的重要一年，也是全面完成“十五”计划目标、为“十一五”发展打好基础的关键之年。政府工作的总体要求是：**以邓小平理论和“三个代表”重要思想为指导。认真贯彻落实党的十六届三中、四中全会、十届全国人大三次会议精神，贯彻落实中央、省经济工作会议精神和市委一届七次全会精神，坚持以科学发展观统领全局，围绕建设新型加工制造业基地的战略目标，加大招商引资力度，继续优化经济结构，积极推进城市化进程，提高城市综合竞争能力，大力发展社会事业，切实加强“三农”工作，不断提高人民生活水平，促进经济社会全面协调可持续发展，努力构建社会主义和谐运城。**

经济社会发展主要预期目标是：生产总值达到415亿元，增长15%以上；财政总收入突破50亿元，增长15%以上；工业增加值增长20%；固定资产投资增长15%；社会消费品零售总额增长12%；外贸进出口总额增长12%；城镇居民人均可支配收入增长10%；农民人均纯收入增长7%；居民消费价格总水平上涨3%左右；人口自然增长率控制在7‰以内；城镇登记失业率控制在2.5%以内；中心城市空气质量二级以上天数达到200天以上。

上述预期目标，是经过认真研究、科学测算确定的，既能够确保第一个翻番目标如期实现，又有利于把着眼点放在优化经济结构、转变经济增长方式上，符合全市人民争先发展的愿望，体现了科学发展观的要求。全年的工作任务是：

（一）持之以恒调整经济结构，全面推进新型加工制造业基地建设

随着国际国内加工制造业向内地转移和国家中部崛起战略的实施，我市正面临着新的发展机遇。市委、市政府提出把运城建设成山西省新型加工制造业基地的战略目标，是对我市产业分工的科学定位。今年是实施这一目标的第一年，我们必须明确重点，扎实工作，确保新一轮结构调整顺利推进。

*一要积极推进“七大产业”。*立足运城实际，发展以钢铁、铝、镁为重点的冶金产业；发展以精密铸造、机电、汽车、矿机和制版为重点的机械制造业；发展以化工原料为基础的精细化工和医药产业；发展以恒磁、纳米材料为主的新材料产业；发展以特色农业为基础的农林果畜产品加工产业；发展纺织服装产业；发展旅游文化和现代服务业。市政府有关部门已经制定出七大产业、八大基地发展规划，下一步要加大协调指导力度，积极推进，确保尽快取得实效。

*二要加快培育“八大基地”。*一是铝和铝材加工基地。山铝80万吨氧化铝、28万吨电解铝工程确保年内建成投产。全市力争2—3年形成200万吨氧化铝、80万吨电解铝、35万吨以上铝材加工能力。二是钢铁和冶炼基地。海鑫集团要加快技术改造，淘汰落后工艺和设备，120万吨优质钢项目要确保年内投产达效。全市力争2—3年形成600万吨钢铁、300万吨钢材的生产能力。三是重型卡车和汽车配件基地。通达集团和中信机电联合实施的重卡项目，年底样车下线，尽快实现一期工程2万辆的生产目标，力争3—5年形成10万辆的生产能力。整合亚新科、三联等企业的铸造资源，使汽车零部件生产形成规模。四是精细化工和医药基地。完成南风年产1.5万吨脂肪酸和30万吨洗衣粉改造项目，丰喜10万吨甲醇项目和亚宝3000万支冻干粉针注射剂生产线项目。五是镁和镁合金加工基地。加快实施闻喜银光镁业、稷山华宇镁合金加工项目，力争3年左右使镁合金生产能力达到20万吨，镁型材、镁铸件加工能力达到18万吨。六是纺织服装业基地。立足我市棉花资源优势，改造提升新纺、永纺、稷纺和永济印染厂、临猗恒晟等企业的装备水平，大力发展纺织加工业，力争形成300万锭纱、3万台织布机、5亿米的印染能力。七是新型材料加工基地。继续抓好芮城福斯特PPE、万荣恒磁、稷山丰海纳米氧化锌、芮城华新纳米碳酸钙和万士达工程塑料等企业的新型材料加工。八是农副产品加工基地。重点抓好粟海、忠民、强胜等企业的肉鸡、油脂加工，抓好芮城中鲁、临猗湖滨、恒兴、盐湖海升等企业的果汁加工，抓好以晋龙公司为重点的饲料加工，抓好维之王、农之龙、胃乐、垣曲茧丝绸等企业的农副产品加工。

*三要继续抓好“三个开发区”。*要充分发挥园区的聚集辐射效应，使之成为孵化高新技术企业和新兴产业的重要载体。风陵渡经济开发区，要发挥区位、

交通和资源优势，重点发展医药、化工、新型材料等产业。运城经济技术开发区，要依托中心城市，提升三产，带动二产，努力建设黄河金三角地区最大的物流中心。华信经济开发区，要重点抓好重轿、离合器、精密铸件等项目建设，不断提高经济外向度。三个开发区科工贸总收入力争比上年增长30%以上。

四要做大做强“十六大旗舰企业”。大企业、大集团是一个国家或地区经济发展水平和核心竞争力的重要标志。全市重点扶持山铝、海鑫、关铝、中信机电、阳光、丰喜、振兴、永济电机、南风、粟海、忠民、三联、亚宝、卓里、制版、鑫源骏达木业等16个旗舰企业，力争今年销售收入突破250亿元。

建设新型加工制造业基地，就是要使我市经济加快走上新型工业化道路。要积极整合行业资源，打造产业集群，提升产业竞争力。要大力发展循环经济，确立以最少的资源消耗创造最大的经济效益的发展理念。要着眼辐射带动，充分吸纳就业，把我市丰富的人力资源优势转化成巨大的经济优势。要实施质量品牌战略，加大研发投入，把引进技术设备和消化创新结合起来，提高自主创新能力。要搞好协调服务，促进生产要素向基地、园区和旗舰企业集中。

各位代表，建设新型加工制造业基地是实现经济翻三番目标，增强我市综合实力，建设经济强市的希望所在。我们一定要咬定目标，发奋图强，持之以恒，狠抓落实，确保三年内取得显著成效！

（二）坚持不懈强化中心城市和基础设施建设，努力提高城市综合竞争能力

城市是一个地区现代化水平的重要标志，是经济社会发展的中心和载体。要按照“高起点规划、高水平设计、高质量建设、高效能管理、高速度推进”的原则，继续加大建设力度，不断提升管理水平。

一要扩大规模，完善功能，提高承载力。经过市四大班子共同研究，实地考察，今年开始实施运城新区、盐湖新区、南山自然生态旅游区、空港新区及中西部博览城、盐湖景观区、老城区改造、南环城高速、城市集中供热供气供电、城市供排水、环卫设施建设等十大城建工程。重点抓好盐湖大道、河东东街、学苑路、解放北路等8条城市道路建设。抓紧教育园区、森林公园、市中心医院、博物馆、图书馆、科技馆、体育馆、演艺中心、妇儿中心等工程建设。人民公园改造、槐东文化苑和10个农贸市场建设要确保年内完工。启动城区污水收集管网、燃气主管网、供热主管网工程。抓好解放路、工农街的三线入地。加快城市绿化步伐，抓紧城市主次干道、居民住宅区及城郊道路两侧的绿化，新增绿化面积73.4万平方米，力争绿化覆盖率提高2.4个百分点，人均公共绿地面积增加1平方米以上。完善小区功能，为居民托儿、入学、就医、购物、运动提供方便，努力创造舒适、便捷、文明的居住环境。

各位代表，今年中心城市建设总投资将达到13亿元以上，相当于去年的2.8倍。这些工程的建设对于拉大城市框架，完善城市功能，推进城市化、现代化进程，具有十分重要的意义。我们一定要坚持以人为本、以水为源、以绿为美，把城市作为最大的产业来发展，最大的经济增长点来培植。我们相信，经过全市上下的不懈努力，我们的城市一定会一天比一天更靓丽，一定会早日成为黄河金三角地区的一颗璀璨明珠！

二要继续引深城市环境综合整治，争创中国优秀旅游城市。重点抓好违章建筑拆除、便道和小巷道硬化、街道的美化亮化、交通秩序整顿等工作，进一步治理脏乱差。建立完善长效管理机制，充分发挥社区在城市管理中的重要作用。开展市民素质教育活动，强化市民的城市意识和文明卫生意识。今年是争创中国优秀旅游城市的关键一年，要以关公机场通航为契机，加大宣传促销力度，拓宽客源市场。加强行业管理，继续搞好景区景点的道路建设和环境整治，加快景点创A级和主要景点创4A工作，努力打造“关公文化、根祖文化”形象品牌。走出去，引进来，提高运城的知名度，千方百计做大旅游产业。积极抓好宾馆、饭店、酒店等评星升档工作。加快中介服务机构建设，提高接待能力和服务水平。

发展第三产业是推动经济转型升级的重要动力。要加快发展第三产业，推进城市化进程，优化经济结构，改善生态环境，增加就业岗位，提高城乡居民收入水平。要建立和完善面向全国、辐射城乡的流通商贸体系。大力发展物流配送、连锁经营、电子商务等现代流通业态。加快发展餐饮、养老、物业管理等社区服务，不断提高第三产业占国民经济的比重。

三要强化基础设施建设，提高城市辐射带动力。加快新绛至禹门口高速公路建设，完成路基工程。市区环城高速公路西环、南环，力争上半年开工。临猗至河津一级公路，力争国庆节前通车。运城至稷山一级公路力争年内路基桥涵工程基本完成。汽车客运中心上半年要投入运营。东镇至济源高速公路运城段力争年内开工。运城至芮城中条山隧道、市物流中心工程要完成前期工作。抓紧搞好绛县、垣曲与济东高速，芮城与运风高速，夏县与运三高速连接线，解州至陌南过山二级路和禹门口至永济鹳雀楼沿黄河二级旅游路的立项、规划和建设。南同蒲铁路复线侯马至东镇段要确保年内完工，东镇至运城段争取立项。继续抓好村通工程，强化道路养护管理，今年再建1500公里的村通道路，力争两年内完成所有行政村的巷道硬化，实现“村村连接、乡乡循环”和村村通客车的目标。加快河津电厂2×30万千瓦机组建设，确保年内竣工投产。关铝2×20万千瓦机组、振兴2×20万千瓦机组、永济热电厂2×30万千瓦机组都要加紧建设，早日缓解我市用电紧张的状况。

（三）千方百计解决好“三农”问题，努力提高农民的生活水平

一要认真落实党在农村的各项政策，进一步减轻农民负担。不折不扣地落实粮食直补、良种补贴和农机具购置补贴等政策。今年在全市范围内全部免征农业税，进一步调动广大农民的种粮积极性，确保全市小麦生产面积稳定在400万亩以上，粮食总产稳定在14亿公斤以上。水果面积稳定在300万亩，总产稳定

在30亿公斤以上。实行最严格的耕地保护制度，严格控制建设用地，确保耕地动态平衡。

二要继续推进农业和农村经济结构调整，提高农业竞争力。加快推进农业无公害化进程，今年力争完成5家企业10个产品的绿色食品认证目标，新认证无公害农产品基地32万亩。着力打造“运红”苹果、“绛州绿”蔬菜等一批名牌产品。加强农村社会化服务体系、农产品市场体系和对农业的支持保护体系建设。大力扶持各类中介服务组织，做大做强一批农副产品加工企业，引导鼓励龙头企业通过与农户签订购销合同等形式，同农民结成利益共同体，让更多的农民分享到加工和流通环节的利润。

三要加强农村基础设施和生态环境建设，改善农民生产生活条件。坚持不懈地大搞农田水利基本建设，加强农业节水、农田改造、水土保持等小型工程建设。中留、吕庄两座病险水库及汾河入黄口、灌区节水改造等大、中型水源工程项目争取开工建设。认真做好夹马口灌区北扩工程前期工作。狠抓饮水工程，今年力争解决13万农村人口的饮水困难和临猗县改水问题。加快小康林业建设步伐，努力实现生态示范市的目标。抓好农村巷道硬化，力争80%的行政村实现这一目标。完成238个电视覆盖盲村的通电视任务。继续抓好生态家园富民工程，全市农村沼气用户超过2.5万户。

四要加快推进农村劳动力转移和扶贫开发，促进农民增收。加大对农民的培训力度，扩大劳务输出。抓好扶贫开发，重视解决革命老区的贫困问题，重点推进扶贫移民、旱作节水、种草养畜、经济作物、农产品加工五大扶贫增收工程。

五要加强农村基层组织建设，推进村级民主选举、民主决策、民主管理和民主监督。依法做好第七届村委会换届选举，为农民选好致富带头人。健全和完善村务公开和民主管理制度，真正把农民群众的知情权、决策权、参与权和监督权落到实处。

（四）壮大县域经济，统筹城乡协调发展

发展县域经济是统筹城乡发展、改变城乡二元结构的基本途径。要把财政增收和增加就业作为县域经济发展的主要任务。一要壮大特色产业。各县（市、区）都要发挥比较优势，优化产业结构，朝块状化、产业群的方向发展，形成一个或几个具有较强辐射带动力和市场竞争力的支柱产业。二要加快小城镇建设。要因地制宜，科学规划，统筹推进，突出抓好县城和重点镇的建设和管理。要同发展民营经济、调整产业结构、促进农业产业化结合起来，同建设新型加工制造业基地结合起来，努力把12个县城建设成具有生产、贸易、交通、居住、消费等多种功能的县域经济增长极，把50个重点小城镇建成功能完善、富有特色的经济小区，实现以城带乡，以乡促城，城乡一体化共同发展。三要科学配置各种生产要素。要突破体制性障碍，激发创业活力，使土地、资金、技术、人才等生产要素充分聚集、优化配置。当前，要突出解决好融资问题，特别要抓住国家支持中小企业发展的有利时机，选好项目，吸引投资。要解决好供地问题，在不违背国家政策的前提下，通过占补平衡，盘活闲置土地，满足经济建设和城市发展的需求。要建立县域经济发展的激励机制，对进入全省、全国前列或发展跨度大的县（市、区）给予奖励。

（五）大力发展非公有制经济，增强市域经济活力

发展个体私营等非公有制经济，对增强财政收入、扩大社会就业、改善人民生活具有重大的战略意义。要认真落实国家、省一系列政策措施，制定我市鼓励支持引导非公有制经济发展的意见。放宽市场准入，实现公平竞争，完善社会服务，在创业、培训、项目、资金、技术等方面提供有力支持，促进全市民营经济快速健康发展。一是鼓励引导企业转变增长方式。按照国家产业政策，优化产品结构，延长产业链条，减少资源消耗，保护生态环境，走可持续发展的道路。二是鼓励引导企业强化内部管理。积极探索适合自己的组织制度，制定正确的发展战略。公司制企业要完善法人治理结构，建立规范高效的运行机制，向现代企业制度迈进。三是鼓励引导企业做强做大。通过兼并、重组、联合，成为主业突出、产权多元、市场竞争力强的大公司、大集团。有条件的企业要加快产业产品优化升级进程，争取早日上市。中小企业要以专、精、特、新为方向，开展多种形式的技术合作，培育知名品牌，形成产业集群。四是鼓励引导非公有制企业，依法经营，照章纳税，诚实守信，积极参与社会公益性活动和福利事业，树立良好的社会形象。

（六）落实公共财政政策，加强经济运行监测和市场监管

财政收入在去年基础上，要保持合理增长。要依法加强税收征管，加强收入薄弱环节，堵塞各种漏洞，做到应收尽收。优化支出结构，增强财政满足公共需要的能力。今年全市一般预算新增支出安排5.3亿元，全部用于对农业、教育、科技、社会保障方面的支出。关注困难群众的生产生活，使他们更多地享受到发展带来的实惠。加强财政监管，建立专项支出项目库和项目支出绩效考评制度，确保财政资金使用及时、高效、安全。进一步深化预算管理制度改革，完善国库集中支付制度。强化行政支出约束，扩大政府采购范围和规模，严格执行“收支两条线”管理规定。

对经济运行实施科学有效的监测、监控和分析，及时发布经济信息。认真搞好经济普查，为科学决策提供可靠的依据。发改委要牵头组织力量，科学编制“十一五”规划。发挥审计监督作用，确保各项政策的落实和经济运行的规范高效。继续整顿和规范市场秩序，深入开展专项整治，严厉打击制售假冒伪劣食品、药品、农资、建材等违法犯罪活动和商业欺诈行为，维护消费者权益。加快社会信用体系建设，逐步建立规范有序的市场监管长效机制。

（七）推进国企改革，扩大对外开放，加大招商引资力度

继续深化国有企业改革。以产权制度改革为突破

口，大力发展国有资本、集体资本和非公有资本等相互参股的混合所有制经济。充分发挥市场机制配置资源的基础性作用，加快国有资本的流动重组，使国有资本在合理流动和市场竞争中保值增值。加快推进国有企业股份制改革，培育发展大企业大集团，加快国有中小型企业退出步伐，加快劣势国有企业破产重组步伐，实施主辅分离，辅业改制，分离企业办社会职能。引导企业建立和完善适应现代企业制度要求的公司法人治理结构。同时，要做好事业单位机构改革试点工作。加快推进农村信用社改革，突出抓好清收不良资产和增资扩股工作，严格按目标和时限达到资本充足率和降低不良贷款的要求。

*加快对外开放步伐。*大力实施“走出去”、“引进来”战略。抓住国内外产业转移、资本加速流动和国家促进中部崛起的机遇，充分利用好“两个市场”、“两种资源”，开展境外合作。积极组织参加全国范围内各种招商活动，扎实有效地搞好招商项目推介引进工作。鼓励支持企业到境外建立原材料基地和大宗产品销售渠道。以提高出口商品质量和改善出口商品结构为重点，提高加工贸易比重。积极建立出口基地，拓宽优势产品出口领域。

*加大招商引资力度。*坚持靠项目、政策和环境招商。要拓宽招商领域，突出招商重点，注重招商实效。今年市委、市政府分解下达的50亿元招商引资任务，要确保完成。要用足税收、土地等优惠政策和奖励政策。坚决打击破坏招商环境的行为，营造“亲商、富商、安商、乐商”的良好氛围。

（八）正确处理人口、资源、环境的关系，促进可持续发展

*加强人口和计划生育工作。*开展计划生育奖励扶助政策兑现年活动，稳定低生育水平，提高出生人口质量。开展创建无政策外生育村、无政策外多胎生育乡镇、计划生育优质服务先进县活动。

*大力发展循环经济。*坚持开发节约并重，立足我市资源环境和产业结构的实际，从节约资源中求发展，从保护环境中求发展，从发展循环经济中求发展。按照“减量化、再利用、资源化”的原则，以推进资源节约、综合利用、清洁生产为重点，开展建设节约型经济、节约型城市、节约型社会活动。开发节能降耗技术，实行高能耗、高物耗、高污染设备和产品的淘汰制度，推行绿色国民经济核算体系。要强化土地利用规划管理，搞好存量土地的收购储备和招标拍卖挂牌出让。高度重视水资源的节约和保护，推广先进节水技术，大力提高水的重复利用率和污水的回收利用率。

*切实加强环境保护。*继续开展“蓝天行动”，以水污染和大气污染为重点，抓好中心城市、各县城、重点乡镇、重点企业、重点景区的污染治理和生态环境保护。加紧集中供气供热工程建设，严格控制市区燃煤污染和噪音污染。中心城市要抓紧关井压采，两年内全部关闭市区自备深井。要把让人民群众喝上干净的水，呼吸上清新的空气，吃上放心的食品，作为政府一项重要的“为民工程”常抓不懈，抓出成效！

（九）坚持科教兴市和人才强市战略；加快发展各项社会事业

*提高科技创新能力。*立足我市市情和发展需求，积极组织申报国家和省级科技计划项目。充分发挥企业在技术创新中的主体作用，为企业技术创新提供体制、机制和政策保障。加强企业、高校、科研院所的产学研结合，促进科技成果产业化。大力实施科技富民工程，建立科技成果转化推广和产业化示范基地。加强市县科技信息服务平台建设，搞好制造业信息化示范工程。不断引深科技中介服务，大力发展高新技术企业、民营科技企业。重视保护知识产权。加强科普宣传，提高全民科技素质。

*推进教育改革发展。*深化教育人事制度改革，完善校长选聘制度，建立健全教师考核机制。抓好教师、校长综合素质提升工程。推进中小学布局调整，取消“单人校”。大力实施“校校通”工程。建设6所高标准省、市级示范高中。巩固完善“以县为主”的义务教育管理体制，切实落实“一费制”。完成“危改”规划任务。13个县（市、区）都要建成职业教育中心，力争使没有继续升学的初、高中毕业生都能接受职业技术培训，努力实现为每一个家庭特别是农村家庭培养一名大学生或中专、职中生的目标。加快运城学院升格为运城大学的步伐。加快教育园区建设。整合职业教育资源，以信息工程学校为依托组建运城职业技术学院，以运城师范、稷山师范和运城幼师为基础组建运城师范专科学校。力争再建一所特殊教育学校，最大限度地满足残疾儿童接受义务教育的需求。树立“教育富民”理念，实施“科教兴县、兴乡工程”，推进农科教结合，创建村校一体的学习型乡村。做好进城务工就业农民子女的义务教育工作。建立和完善贫困生救助机制，确保无一名学生因家庭贫困失学或者考上大学而不能上学。

*做好人才工作。*大力实施“人才强市”战略。加强公务员、专业技术人员、高技能人才、企业经营管理人才和农村实用人才队伍建设。采取灵活多样的形式，面向国内外引进优秀人才，重点引进高级人才和急需紧缺人才。完善人才市场体系和服务功能，创新评价和使用机制，营造让各类人才进得来、用得上、能干事、出成果的良好环境。

*加强卫生工作。*完善公共卫生应急体系，提高应对突发公共卫生事件的能力。加强重大疾病防治工作，做好艾滋病、现代结核病防控工作。扩大新型农村合作医疗试点，全面推进农村卫生服务体系建设。加快发展城市社区卫生服务。积极发展中医药事业，切实解决群众看病难、看病贵的问题。

*建设文化强市。*全面提高公民素质，大力弘扬“勤劳勇敢、诚实守信、团结奉献、开拓进取、争创一流”的运城精神。全面加强青年学生和未成年人思想道德教育。深化文化体制改革，扶持公益性文化事业，积极开发文化产业，发展文化传媒、文化旅游、演艺娱乐、信息网络、制版印刷五大主导产业，培育宇达集团、翔宇彩印、广电网络公司等九大龙头企业，打造“后土圣母、尧舜禹、关公、两司马、鹳雀

楼、永乐宫壁画、运城盐湖、绛州鼓乐、绛县飞龙、万荣笑话”十大文化品牌。净化文化市场，打击黑色网吧和非法出版物，促进文学艺术、新闻出版、广播电视事业健康发展。加快体育场馆建设和管理，给广大市民提供一个健身竞技的活动场所。把搞好文物保护与开发旅游产业有机地结合起来，充分发挥旅游资源优势，把旅游业作为一个主要的文化产业来培植。加强人民防空，做好民族宗教工作，关心和支持老龄、妇女、儿童、残疾人、慈善和红十字事业。

（十）坚持以人为本，努力构建和谐运城

千方百计扩大就业。统筹做好高校毕业生就业、转业退伍军人安置、城镇新增劳动力和农村富余劳动力就业工作。建立技术培训中心、职业介绍中心和劳动力市场，完善就业服务体系。不折不扣地落实财政投入、小额贷款、免费培训和税费减免等优惠政策，促进国有企业下岗人员再就业及城镇退役士兵自谋职业。

加快完善社会保障体系。确保企业离退休人员基本养老金、国有企业下岗职工基本生活费、城镇居民最低生活保障金按时足额发放。完善农村最低生活保障制度。扩大民营企业及其职工参加养老保险征缴覆盖面，逐步做实个人帐户。搞好基本养老保险市对县统收统支试点。推进企业退休人员社会化管理。做好失业保险金的发放。强化医疗保险规范管理，力争用3年时间把所有企业都纳入医疗保险范围。规范完善工伤保险工作，力争今年工伤保险覆盖面达到10万人。加大劳动保障监察执法力度，从源头上预防和治理建筑领域拖欠农民工工资问题。抓紧建立以最低生活保障、灾民救助制度为基础，以医疗、教育、住房等专项救助和社会互助为补充，以优惠政策相配套的覆盖城乡的新型社会救助体系。

千方百计增加城乡居民收入。解决我市城乡居民收入较低的问题是各级政府的重要责任。要进一步调整经济结构，发展二、三产业，力争城乡居民收入有较大幅度增长。认真检查最低工资制度执行情况，维护企业职工和农民工权益。落实中央、省有关调资政策，确保行政事业单位人员工资按时足额发放，逐步实现国家公职人员福利待遇货币化。

切实维护社会稳定。认真贯彻国务院《信访条例》，畅通信访渠道，强化工作责任，坚决纠正各种损害群众利益的行为。建立健全各种突发事件应急机制，提高处置突发事件的能力。加快建立公共安全体系，制定自然灾害快速反应预案，确保人民生命财产安全。坚持依法从重从快的原则，严惩各种严重刑事犯罪分子。抓好基层安全创建活动，构建打防控一体化的社会治安防范体系。加强国防教育，增强军政军民团结，充分发挥民兵预备役在维护社会稳定中的骨干作用。

更加重视安全生产。严格执行法律法规和政策措施，认真落实安全生产目标责任制、安全生产许可制度和一票否决制。加大投入，消除各种隐患。切实抓好煤矿、非煤矿山、道路交通、危险化学品、民爆器材、烟花爆竹和人口密集场所的安全，力争各类事故起数、死亡人数明显下降。坚决遏制重特大事故的发生，落实重大危险源监控措施。对于发生的各类责任事故，要严格按照有关规定，从重、从快、从严追究有关人员的责任。

为人民群众谋利益，让人民群众得到更多的实惠，是政府一切工作的根本出发点和最终归宿。新的一年，市政府要继续抓好“为民工程”，办好10件实事：一是全部免征农业税及其附加。二是完善中心城市环卫设施，建成10座高标准垃圾中转站。三是建设经济适用房13.1万平方米，缓解城镇中低收入家庭的住房困难。四是完成姚暹渠中段改造工程，彻底改善周围市民的居住环境。五是新增就业岗位3.35万个，下岗失业人员再就业1.13万人。六是完成扶贫移民8000人。七是力争实现百分之百行政村通客车的目标，彻底解决人民群众乘车难、出门难的问题。八是改善中小学办学条件，完成600所标准化中小学建设任务，改建、扩建300所中小学校。九是新型合作医疗试点县（市、区），农民参合率达到80%以上。十是以城乡低保为重点，努力构筑多层次、广覆盖的社会救助体系。10件实事事关人民群众的生活和切身利益，我们一定要尽心竭力、扎实工作，把这些事情办实办好，给全市人民交出一份满意的答卷！

三、加强政府行政能力建设

面对建设新型加工制造业基地的新形势、新任务，各级政府必须按照科学执政、民主执政、依法执政的要求，加强自身建设，不断提高行政能力和管理水平。

（一）转变职能，强化服务

要切实把政府职能转到经济调节、市场监管、社会管理和公共服务上来，坚决把政府不该管的事情，进一步交给企业、市场和社会组织，充分发挥社会团体、行业协会、商会和中介机构的作用。政府应该管的事情一定要管好。政府抓经济建设，主要是为市场主体服务，创造良好发展环境。各级政府和领导干部要认真履行职责，强化服务意识，置管理于服务之中。公共资源要更多地向社会管理和公共服务倾斜，时间和精力要更多地向发展社会事业和构建和谐社会倾斜。

（二）依法行政，提高效率

各级领导干部要严格依照法律法规赋予的权限和程序行使权力、履行职责。认真清理行政许可项目、规定和实施主体，实行行政执法责任制和执法过错追究制。规范公务行为，加快形成行为规范、运转协调、公正透明、廉洁高效的行政管理体制。强化效率意识，把效率管理纳入政府管理之中。实施政府“提速”工程，推进电子政务建设，改进管理方式，提高行政效率。

（三）发扬民主，科学决策

各级政府要自觉接受人大及其常委会的监督，认真执行人大及其常委会的决议，主动向人大及其常委会报告工作。尊重和支持人民政协发挥民主监督和参政议政的职能。认真办理人大代表的建议和政协委员的提案。密切政府同各民主党派、工商联、无党派人士、各界人士和人民团体的联系，认真听取他们的意见和建议。继续深入开展民主评议政风、行风活动，重点解决损害群众利益和影响发展的突出问题。深入推行政务公开，进一步实施政府信息公开制度，增强行政透明度。建立和完善群众参与、专家咨询和集体决策相结合的决策机制。建立决策听证和公示制度以及决策责任追究制度，各项工作都要经得起人民群众和历史的检验。

（四）牢记宗旨，勤政为民

牢记全心全意为人民服务的根本宗旨，克己奉公，不谋私利，为人民掌好权、用好权。一切以人民利益为重，时刻把人民的利益、群众的安危冷暖挂在心上。紧密结合保持共产党员先进性教育活动，加强政风建设，争做人民满意的公务员。要情为民所系，权为民所用，利为民所谋，为群众诚心诚意办实事，尽心竭力解难事，坚持不懈做好事。

（五）完善考核，严格督查

按照科学发展观的要求，研究制定科学合理的考核指标体系，改进考核办法。衡量一个县（市、区）的发展，重点要看经济结构是否显著优化；经济实力是否显著增强；经济增长质量是否显著提高；人民群众生活水平是否显著改善；环境质量是否显著好转。要以长远的眼光谋划发展，以科学的态度抓好发展，以务实的精神推动发展。对今年政府工作的各项任务，市政府要一季一督查，半年一考核，确保落到实处。

（六）清正廉洁，严防腐败

认真贯彻落实中央、省廉洁自律的各项规定，全面落实领导干部党风廉政建设责任制，进一步规范领导干部的从政行为。加强制度建设，严格工作制度和工作程序，堵塞漏洞，从源头上预防和治理腐败行为。坚持权责一致，做到有权必有责，用权受监督，侵权要赔偿，违法要追究。努力建设高效务实的政府，法制服务的政府，清正廉洁的政府，人民满意的政府。

各位代表，2005年的政府工作光荣而艰巨，让我们在中共运城市委的正确领导下，更加紧密地团结在以胡锦涛同志为总书记的党中央周围，开拓创新，扎实工作，努力完成全年的各项工作任务。为把运城早日建设成工业大市、农业大市、教育大市、旅游大市和经济强市，建设成黄河金三角地区具有河东文化特色的工贸旅游现代化中心城市，建设成山西省新型加工制造业基地而努力奋斗！

关于2004年国民经济和社会发展计划执行情况与2005年国民经济和社会发展计划草案的报告

——2005年4月11日在运城市第一届人民代表大会第七次会议上

运城市发展和改革委员会

各位代表：

受市人民政府委托，现将2004年国民经济和社会发展计划执行情况与2005年国民经济和社会发展计划草案提交一届七次会议审议，并请市政协委员和其它列席人员提出意见。

一、2004年全市经济和社会发展计划执行情况

全市人民在市委、市政府的正确领导下，以科学发展现为指导，认真贯彻落实中央宏观调控精神，按照市人大一届六次会议确定的目标和任务，大力推进经济结构调整，克服了电力短缺、运力不足等种种不利影响，保持了国民经济速度快、效益好、活力强的良好势头。经济和社会发展主要预期目标顺利实现。

（一）各项发展指标均完成年初计划，综合实力明显提升

初步核算全市生产总值为359.3亿元，按可比价计算，增长15.4%，比去年提高0.3个百分点，超年初计划3.4个百分点。财政总收入实际完成43.5亿元，增长27.2%，超年初计划15个百分点。规模以上工业增加值完成150.6亿元，增长21.1%，超年初计划4个百分点。全社会固定资产投资完成138亿元，增长34.8%，超年初计划14个百分点。社会消费品零售总额完成99.5亿元，增长23.4%，超年初计划9个百分点。外贸进出口总额完成53535万美元，增长48.9%，超年初计划36个百分点。城镇居民人均可支配收入为6808元，增长10.3%，超年初计划1.3个百分点；农民人均纯收入达到2587.3元，增长11.5%，超年初计划4个百分点。居民消费价格总水平上涨2.9%，比年初计划3%低0.1个百分点。市区空气质量二级以上天数达到168天，比上年增加35天。水质好转12%的目标圆满实现。

（二）以建设新型加工制造业基地为目标，积极推动经济结构调整

全市紧紧扭住结构调整这条主线不放松，坚持整体推进、重点突破、科学运作。在3年初见成效基础上，进一步提出建设新型加工制造业基地的战略决策。绘制了我市经济发展和结构调整的新蓝图。

一是经济结构进一步优化。自1999年至2004年间，我们全面推进产业结构、投资结构、所有制结构、区域经济结构调整，整体经济结构进一步调优，三次产业比例由1999年的20.6：49.9：29.5调整为2004年的14.1：59.9：26.0，二产提高了10个百分点，成为市域经济的主体；一产下降6.5个百分点，活力进一步增强。全市经济主要指标连续5年保持两位数的高速增长。工业综合实力跃入全省三强。整体经济结构正由单个企业优势向产业链、产业群优势拓展，由单个项目开发向园区经济拓展，初步形成了具有区域特色的七大产业群体。培育了海鑫、南风、关铝、阳光、振兴、丰喜、制版等一批大企业、大集团。

二是优势产业进一步升级。围绕省“1311”调产规划，以“一增三优”为主攻方向，努力推进产业上档升级。一是农业产业化步伐加快，向特色化、标准化、专业化方向迈进。大力推广新品种、新技术，持续发展设施农业，形成了粮、果、畜、菜、棉五大主导产业和芦笋、三樱椒、烟叶、中药材等12个特色种植小区。龙头企业发展到232家。共带动22万农户从事产业化经营。二是传统产业新型化改造不断加强，向品牌化、优势化迈进。50户优势企业80%实现了管理信息化，40个企业通过IS09000质量认证。70%以上落后设备和工艺被淘汰。“奇强”“丰喜”等成为全国知名品牌。三是旅游业成为新的经济增长点，向精品化、国际化迈进。

三是建设新型加工制造业基地的各项工作全面展开。为确保新型加工制造业基地建设扎实推进，相关部门正在按照市委、市政府的统一部署，重点围绕七大产业领域以及八大基地和16家旗舰企业三个推进层面，制定发展规划，研究方法措施。各县（市、区）也结合自身实际，认真落实进一步深化经济结构调整的工作措施。

（三）抓住宏观调控机遇，优化投资结构

按照全省的统一部署并结全我市实际，我们把控制焦炭等行业过快扩张作为控制固定资产投资工作的一项重要内容。市政府成立了专项清理整顿工作领导组，对污染大、资源浪费严重的土焦和改良焦彻底取

缩，同时，结合整顿固定资产投资项目，对所有钢铁、电解铝、水泥等在建项目进行了认真清理，清理了一批规模小、效益差、对环境污染较大的项目。二是把突破能源、基础设施"瓶颈"制约，缓解能源紧张状况，确保重点工程和重点基础设施建设作为宏观调控的重要内容。总的来看，我市宏观调控取得了明显成效，投资结构进一步优化。

（四）加快基础设施和中心城市建设，城市功能不断完善

电力方面：大唐运城电厂2×60万千瓦发电项目可研已通过论证；运城关铝2×20万千瓦热电机组和永济热电厂2×30万千瓦机组已开工建设；振兴2×20万千瓦机组和华泽铝业2×30万千瓦机组已进入设备安装阶段，后半年将各有一台机组建成投产；海鑫2×2.5万千瓦环保机组已全部建成，近期可并网发电。

交通方面：备受全市人民关注的运城关公机场已建成通航，从而开辟了我市走向全国、走向世界的空中通道；我市铁路建设方面停顿了近二十年后，又迎来了大发展，总投资达1.72亿元的侯马至东镇段铁路复线工程已全线开工建设，另东镇至运城段复线工程前期准备工作已正式启动；新禹高速公路已累计完成投资近10亿元；我市目前规模最大的黄河公路大桥——龙门黄河大桥已开工实施；我市对外的又一条高速公路——东（镇）至蒲（掌）高速公路，预可研已编制完成；河津到临猗一级公路已全线展开；运城市汽车客运中心项目主体已基本完工。

城市建设方面：中心城市建设共投入资金4.65亿元。南风广场开放使用，机场大道、圣惠南路和槐东路三条城市主干道已全部建成通车，启动了学苑路、魏南大街、潞村街的建设和改造。改造并延伸城市水网管线57公里，对姚暹渠这条污染严重的千年古渠，全面治理和改造工程已全线展开。天然气引用工程也取得阶段性成果，闻喜县城和河津县城供气管网可研正在编制中，下半年两县市可实现供气。

（五）外经贸合作步伐加快，对外开放取得重要突破

为了适应全球经济一体化的趋势，大力实施"走出去"的战略，扶持鼓励企业参与国际竞争，积极建立自己的出口基地，不断壮大外贸经营主体队伍。2004年底，全市自营进出口企业已发展到110家，对外贸易拓展到64个国家和地区，改变了过去单一资源出口格局。

积极促进对外交流，建立完善了政府同外资企业对话制度，与巴西圣保罗州阿拉拉瓜市建立了友好城市，全市外贸出口净增1.75亿美元，其中出口完成2.3亿美元，同比增长46%。

（六）各项社会事业全面发展，劳动和社会保障继续加强

加强科技创新体系建设，新认定民营科技企业6家。新建标准化学校916所，中小学危房改造面积完成45.7万平方米。市、县两级疾病控制国债项目全面完成。13个县（市、区）的医疗救治体系全面启动，完成了5.9万农户的改水改厕，为100万农民进行了体检并建立了健康档案。全市人口自然增长率继续稳定在低增长水平上。文化、体育、人防、新闻出版、社会福利等社会事业都取得不同程度的进步。

全年新增城镇就业岗位5.5万个，1.98万个下岗人员实现了再就业，年末城镇登记失业率为1.6%，明显低于全国和全省水平，"两个确保"均达到100%。各级政府和部门共转移农村剩余劳动力17.5万人。全市累计使用下岗职工基本生活保障和再就业资金6000万元，其中发放基本生活费3780万元，代缴社会保险费2220万元。

2004年，全市经济和社会发展形势总体良好，成绩来之不易。这是市委、市政府带领全市人民，开拓进取，顽强拼搏，创造性地开展工作的结果。虽然我市经济近年来一直保持着高速平稳的良好态势，但由于基础弱，自我发展能力不强，经济发展中的一些深层次的问题还没有得到有效解决，制约我市经济发展的"瓶颈"依然突出，而且一些新问题也不容忽视。主要表现为：

一是资金、电力紧张的矛盾依然突出。2004年，全市金融机构贷款规模紧缩，增速明显回落，资金的紧张，对全市固定资产投资和企业的正常运营影响很大。不少建设项目因资金紧张，不得不延期建设和延长建设周期。随着经济的增长特别是工业经济的高速增长，全市用电需求激增，而电力供应增长相对较慢。近几年我市用电总负荷增速均在20%以上，而由于各种原因，电力供应增速只有10%左右，最紧张时，供电能力不足需求的一半，致使不少企业无法正常运行。

二是结构调整任务仍然艰巨。农业生产基础依然薄弱，防灾抗灾能力还需要进一步提高。2004年农民收入的大幅增长主要得益于粮食直补等支农政策和粮食价格的上扬，现代农业生产加工基地和农村大量剩余劳动力的转移任重道远，农民增收的途径还有待拓展。工业生产和效益的快速增长主要依靠部分主导行业和骨干企业的支撑，高新技术类和适应消费结构升级的产品数量少、规模小，产品竞争力和效率的提高受到制约，整体经济效益水平有待进一步提高。虽然2004年社会消费品零售总额增幅高于全市经济增长水平和工业发展，但综观整个三产，其增幅不仅低于工业发展速度，而且与全市经济平均水平也有较大的差距，这不利于就业规模的扩大和经济的持续较快发展。

三是物价上涨对城乡居民生活和生产产生一定影响。受物价上涨影响，全市城镇居民人均可支配收入实际增速放缓，市场物价上涨加重了居民消费负担，特别是低收入群体的实际生活水平在下降，如其基本生活得不到妥善解决，可能增加不稳定因素。农业生产资料价格上涨过快，农民新增的部分收入被抵减，直接影响到农民生产投入的积极性。煤炭、石油、钢铁等能源或原材料价格的快速增长，使企业的生产成本大幅度提高，而产品却不能相应的提价，挤压了部分企业的利润，而且今年这种现象还将延续，必对我

市企业的生产经营造成一定的影响。

二、2005年全市经济社会发展预期目标和主要工作

2005年是实现省委、省政府提出经济结构调整明显见效之年，是我市全面建设新型加工制造业基地，实现新一轮经济结构调整的推进之年，也是全面实现“十五”计划目标，衔接“十一五”规划发展的重要之年。

新的一年我市面临难得的发展机遇。一是全球经济将持续稳步增长，结构调整和产业转移步伐加快，有利于我市扩大出口和扩大国际经济技术合作；二是今年全国经济增幅确定为8%，这是近年来少有的高增幅，说明国家将继续实施稳健的货币政策，而且还会有更多的加快经济发展的政策出台，有利于我市提高经济运行质量和效益。三是我省正处于一个快速发展期和经济上升期，而且确立了建设新型能源和工业基地，这为我市发挥比较优势，建设新型加工制造业基地，提供了新的发展空间。

根据市委、市政府的部署，全市2005年国民经济和社会发展：要以邓小平理论和“三个代表”重要思想为指导，认真贯彻落实党的十六届三中、四中、中央和省经济工作会议精神，坚持以科学发展观统领全局，围绕建设新型加工制造业基地的战略目标，继续优化产业结构，加大招商引资力度，积极推进城市化进程，努力发展社会事业，提高人民生活水平，促进经济社会全面协调可持续发展，努力构建社会主义和谐运城。

国民经济和社会发展主要预期目标是：全市生产总值增长15%；财政总收入增长15%；规模以上工业增加值增长20%；全社会固定资产投资增长15%；社会消费品零售总额增长12%；外贸进出口总额增长12%；城镇居民人均可支配收入增长10%；农民人均纯收入增长7%；居民消费价格总水平上涨3%；人口自然增长率控制在7‰以内；城镇登记失业率控制在2.5%以内。

要实现上述预期目标，今年应重点抓好以下几个方面的工作：

（一）继续加强和改善宏观调控，保持经济平稳较快发展

进一步认真落实中央宏观调控政策，正确处理好保与压、扬与抑的关系，正确处理好加强薄弱环节建设与防止部分行业过度扩张的关系，正确处理好解决当前问题与确保长远发展的关系。

一是进一步争取国家支持，确保重点项目和薄弱环节建设投资。2005年国家将继续发行长期建设国债，并增加中央预算内投资，为此，在农业基础设施和重大水利项目、生态建设和环境保护、资源节约和循环经济、城市基础设施和社会事业发展等方面，做好项目筛选、储备工作。继续千方百计争取国家支持，力争取得新突破。与此同时，进一步优化我市的投资结构，切实加大对科技、教育、医疗、卫生等薄弱领域的投入，增强经济社会可持续发展能力。

二是加快电力、交通设施项目建设进度，努力缓解电运紧张状况。电力方面：要确保华泽铝业2×30万千瓦机组、振兴集团2×20万千瓦早日建成投产，力争关铝热电2×20万千瓦机组有一台在年内建成投运，保障永济热电厂2×30万千瓦机组顺利实施，力争大唐电厂2×60万千瓦项目早日开工建设，加快平陆电厂、河津电厂二期扩建工程的前期工作力度。此外，对外要向省里和周边地区积极争取电力调配额度，增大我市电力供应总量；对内进一步加强电力管理力度，严格执行“三个确保”，特别是对高耗电、低效益企业和行业要进行限制，以确保我市人民生活用电和骨干企业用电需求。

交通方面：要加快推进南同蒲铁路复线侯马至东镇段、新禹高速公路、龙门黄河大桥、临猗至河津一级公路的建设进度；着实推进东蒲高速公路、市区环城高速公路的前期工作力度，力争市区环城高速公路西环、南环开工建设；全面完成我市县乡公路改造任务；继续抓好村村通公路建设，继续加强与铁路部门的协调配合，在保证国家重点物资的同时，对我市重点企业运力给予支持保证。

三是巩固对焦炭等行业的清理整顿成果。坚决遏制部分行业盲目投资，特别是要巩固对焦炭行业的专项清理整顿成果，防止反弹。要继续综合运用信贷控制、排污费征收、出口配额管理等经济调控措施，辅之以法律和必要的行政手段，努力形成强有力的清理整顿外部环境，促进企业形成自我约束机制。

（二）瞄准目标，突出特色，加快新型加工制造业基地建设

今年是我市提出全面建设新型加工制造业基地的第一年，要重点明确，扎实工作，确保新一轮结构调整顺利推进，具体工作应从以下四方面入手。

一是完善七大产业发展规划。按照传统产业新型化、新兴产业规模化的要求，筹建七大产业发展领导组，组织各职能部门和主要企业负责人对七大产业（即钢铁、铝、镁为重点的冶金产业，以精密铸造、机电、汽车、矿机、制版为重点的机械制造业，以化工原料为基础的精细化工和医药产业，以恒磁、纳米材料为主的新材料产业，以特色农业为基础的农林畜产品加工产业，纺织服装产业，以创建中国优秀旅游城市为龙头的旅游文化产业）逐一研究，明确发展规划、具体政策、重点项目、推进措施和考核办法。

二是加快培育“八大新型产业基地”。严格坚持新（符合新型工业化）、特（体现地方特色，形成特色产业）、精（产品及其工艺、技术等必须符合国家标准）、群（形成产业集群、具有较强的竞争优势）四个条件和一个标准（产品附加值高、资源消耗低、环境保护达到同行业先进水平）的要求。加快培育铝和铝材加工基地、钢铁和冶炼基地、重型卡车和汽车配件基地、精细化工和医药基地、镁和镁合金加工基地、纺织服装业基地、新型材料加工基地和农副产品加工基地等八大基地，使其成为我市经济发展和产业集聚的重要载体。

三是着力抓好“三个开发区”建设。风陵渡经济开发区以建设东西部互动平台为目标，发挥区位、交

通和资源优势，以抓医药、化工、电力、新型材料、信息产品等产业为重点。运城经济技术开发区依托中心城市，提升三产，带动二产，以建设黄河金三角地区最大的物流中心为目标。华信经济开发区以建设新型机械制造基地为目标，以抓好重轿、离合器、精密铸件、重卡等项目为重点，不断提高经济外向度。

四是做大做强“十六大旗舰企业”。大企业、大集团是一个国家和地区经济发展水平和核心竞争力的重要标志。从现在开始，要用两三年的时间，打造出一批规模大、实力强、效益好的大型企业。今年重点是加快山铝 28 万吨电解铝、80 万吨氧化铝、骏达木业高密度板和地板、亚宝中药产业化、三联集团 8 万吨汽车铸件项目等工程的建设步伐。扶助关铝 20 万吨电解铝项目、振兴集团 10 万吨电解铝项目、卓里集团克劳耐商用车厢等项目尽快投产达效。

（三）抓固定资产投资，增强我市经济发展后劲

坚定不移地走投资渠道多元化、投资主体市场化的路子。一是要把握国、省的投资方向，积极向上争取。政府各职能部门要密切配合，相互协作，做好国债、省投资的争取工作。二是努力争取银行信贷资金。政府、企业、银行三家要定期召开座谈会，互相交流信息，确保有市场、有效益、有利于增加就业岗位的企业能及时得到银行资金支持，同时最大限度地降低银行风险。三是扩大民营投资整合存量资产。鼓励民营企业投资传统产业改造、高科技产业和第三产业，跨行业、跨区域、跨所有制投资，盘活存量资产，优化资源配置，鼓励新建项目向园区集中。四是加大招商引资的力度。建立健全我市招商引资管理机构，完善我市招商引资奖励办法和任务分解机制。积极动员全社会力量，通过环境招商、人才招商、政策招商、感情招商、蹲点招商等方式，为我市引进优良项目和建设资金。

（四）抓好重大项目建设，确保经济结构调整明显见效

农业方面重点抓好骏达木业高密度板和地板、粟海集团肉鸡加工、忠民集团油料加工、恒兴果汁、彦昂乳业、茧丝绸、维之王、稷园红等扩建项目的建设步伐，促进农产品的加工转化，推动我市农业生产向规模化、集约化和专业化方向迈进。工业方面重点抓好关铝 20 万吨电解铝、振兴 10 万吨电解铝等项目的投产达效；山铝 80 万吨氧化铝、华泽铝业 28 万吨电解铝、海鑫集团 220 万吨优质钢扩建、中信重卡、丰喜 10 万吨甲醇、银光镁业扩建等一批在建项目，要加快建设步伐，力争年内建成投产；三联铸造二期、亚新科国际铸造扩建、芮城福斯特化工、关圣氧化铝等项目要加快前期工作力度，力争早日开工建设。

旅游方面重点抓好鹳雀楼景区、关帝庙景区、盐湖景区、历山景区、永乐宫景区的建设步伐以及后土祠、舜帝陵等景点的开发力度，做大宇达工艺纪念品的生产规模，促进我市旅游业尽快做强做大，成为带动我市第三产业发展的领头羊。

城建方面以中心城市建设为龙头，加快运城市热电联产项目、污水处理厂、姚暹渠改造、垃圾处理厂的项目的建设步伐，加快中心城市的环境治理。加快实施运城新区、盐湖新区、空港新区、南山风景区等十大建设工程，拉大城市框架，完善城市功能。着重抓好人民公园改造、槐东文化苑等市政工程的建设，进步完善城市文体设施，提升城市品位。

（五）加快农村经济发展，努力增加农民收入

在确保粮食生产的同时，扎实推进农业和农村经济结构的战略性调整，统筹城乡协调发展，努力增加农民收入。一是继续实施农业调产工程，推进农业产业化经营。在基本稳定粮食种植面积，巩固和提高粮食综合生产能力的基础上，加快我市棉花、苹果、蔬菜、葡萄、枣、芦笋、山楂、桃等优势农产品区域布局规划的实施，形成规模效应和品牌效应。二是推进农产品标准化生产。加强知名农产品的标准化生产基地建设。大力开展无公害和绿色农产品品牌认证，加快发展运城品牌农业，年内力争完成 5 家企业 10 个产品的绿色食品认证目标。三是加大农业和农村基础设施建设，继续加大县乡道路、农村能源、农村教育和医疗卫生实施的投入力度，进一步改善农村生产生活条件。四是促进农村富余劳动力有序转移。以小城镇建设为重点，大力发展非农二、三产业，增加非农就业机会。继续加大对农民的培训力度，加快农村劳务输，出，增加农民工资收入。五是继续深化粮食流通体制改革和农村税费改革，完善各项配套措施，真正使农民减负增收。六是继续培育和扶持农业龙头企业，大力发展订单农业，进一步加快农业产业化的建设步伐。

（六）大力发展循环经济，加强资源综合利用和环境保护

根据国家和省关于推进资源节约和综合利用的相关政策法规，按照减量化、再利用、资源化的原则，推进资源节约、综合利用和清洁生产。以多联产、洁净化为根本方向，重点在冶金、电力、煤化工等行业加快循环经济技术开发、示范和推广应用。研究出台促进循环经济发展的政策和机制，重点抓好新绛“3335”煤化工产业循环经济园、华泽铝业铝电联产、振兴集团煤电铝产业链、稷山合盛工贸等园区和产业链的建设。积极推行清洁生产，支持有利于节约资源的生产方式和消费方式，大力发展环保产业，提高全社会资源优患意识和节约意识。对焦、钢铁、电力、水泥、镁等行业要强制实施严格的技术准入、环保准入标准，建立实施新的排污补偿机制。对高耗能、高耗水、高排放、高污染区域和企业的污染物排放要实行跟踪监测评价。严格落实环境污染责任追究制和环境保护行政首长目标责任制，采取果断措施，强化中心城市、重点流域、重点区域的环境综合整治，确保全市大气污染总量下降 10%，水质污染程度好转 10%，市区空气环境质量二级以上天数新增 32 天，达到 200 天。

（七）全面发展各项社会事业，构建社会主义和谐社会

全市要更加注重加强公益性社会事业，做好规划，增加投入，完善配套设施，努力改变公益性社会

事业发展滞后的状况。进一步降低社会公益事业的准入门槛，鼓励、引导民间资本特别是一些意欲投向焦、镁、铁行业的民营资本向公益性基础设施、社会事业领域转移。继续开展“蓝天行动”，突出抓好中心城市、各县城、重点乡镇、重点企业、重点景区的污染治理和生态环境保护，对新建工程要进行全面环保评价。要实施积极的就业政策，大力开发各类就业岗位。要进一步做好“两个确保”和“三条保障线”工作，把党和政府为困难群众脱贫解困采取的各项政策切实落到实处。要进一步加大对科教文卫等社会事业的投入力度，增强这些领域的功能和能力。要统筹城乡教育改革，继续扩大“两基”人口覆盖率。新建10所高标准省、市级示范高中，力争使全市60%以上的学生享受优质教育资源。要强化人才的培养、引进和储备，为全市经济社会发展提供持续的人才智力支持。尤其要加大政府资金对基础教育和公共卫生领域的投入，提高全市公共卫生医疗救治和应急反应能力。要通过创新机制，加快发展文化产业，启动市博物馆、图书馆、体育中心、演艺中心、市青少年宫等工程，推动公益性文化事业发展，为全社会提供更多的公共服务，促进经：济和社会的全面协调发展。

（八）深入经济体制改革，消除制约经济健康发展的体制性障碍

把深化改革作为解决经济运行深层次矛盾和问题的治本之策，作为推进经济社会全面协调可持续发展的根本动力，切实抓紧抓好，力争在重点领域、关键环节取得进展。一是加快推进所有制改革。以股份制改造、完善公司法人治理结构为重点，深化国有企业改革。加大企业兼并、联合、重组力度，支持国内外企业和民营企业参与国企改革，加快发展混合所有制经济。健全国有资产出资人制度，实现国有资产保值增值；以明晰产权为重点，加快集体企业改革。落实好国家和省有关进一步加快非公有制经济发展的决定，放宽非公有制经济的市场准人条件，完善非公有制企业信用担保体系。二是深化投资体制改革。按照“谁投资、谁决策、谁受益、谁承担风险”的原则，落实企业投资自主权。改革项目审批制度，全面实行新的审批制、核准制和备案制，规范投资管理方式，进一步缩小投资审批范围。三是推进流通体制改革。搞好商业网点及配套建设规划，大力促进现代物流业发展，提高全社会物流效率。四是推进收入分配、社会保障、科教文卫等方面的改革，努力促进经济社会协调发展。五是创新人才机制。处理好培养人才、留住人才、吸引人才，关心人才，使用人才的关系，完善人才的选择和激励机制，建立开放有序的人才流动机制，为优秀企业家、科技工作者、熟练技术工人等各类人才发挥能力、施展才干创造更加有利的条件。

（九）编制好《国民经济和社会发展“十一五”规划和2020年远景目标》

“十一五”规划是党提出全面建设小康社会宏伟目标，全面落实科学发展观之后的第一个五年规划，是我市经济结构取得重大变化和社会发展取得重大进展之后的第一个五年规划。我们将以科学的态度认真总结、分析、预测我市今后5年的发展思路，突出继承性和时代感。以科学发展观为指导，围绕全面建设小康社会的宏伟蓝图，以发展为主题，以结构调整为主线，以改革开放为动力，重点发展七大产业，加强资源环境保护，推动社会进步，建设以人为本，经济社会全面发展的新运城。

各位代表，实现今年国民经济和社会发展目标，要靠全市人民的共同努力，要靠市委、市政府的坚强领导，要靠人大、政协的监督指导，让我们紧密团结在以胡锦涛为总书记的党中央周围，高举邓小平理论和“三个代表”重要思想伟大旗帜，全面贯彻科学发展观，树立正确的政绩观，统筹兼顾、开拓创新、求真务实，为全面完成全年的各项工作任务，建设和谐运城，把我市早日建成新型加工制造业基地而努力奋斗。

关于运城市2004年总预算及市本级预算执行情况和2005年总预算及市本级预算草案的报告

——2005年4月11日在运城市第一届人民代表大会第七次会议上

运城市财政局

各位代表：

受市人民政府委托，现将全市2004年总预算及市本级预算执行情况和2005年总预算及市本级预算草案的报告提请市一届人大七次会议审议，并请市政协各位委员和列席人员提出意见。

一、2004年总预算及市本级预算执行情况

2004年是我市经济社会发展取得显著成绩的一年。全市上下在市委、市政府的正确领导下，深入贯彻党的十六大和十六届三中、四中全会精神，积极落实市一届人大六次会议通过的各项决议，牢固树立并认真落实科学发展观，经济建设和各项社会事业发展取得了新的成就。全市及市本级预算执行情况良好。

（一）全市总预算及市本级预算变动情况

2004年市一届人大六次会议审查通过的全市财政总预算及市本级预算，在执行中，根据上级追加、追减专项指标和各级预算调整情况，作了适当变动。全市一般预算收入由122458万元调整为121548万元，减少910万元，主要是农业税减免减少910万元。全市一般预算支出由年初的263010万元调整为390041万元，增加127031万元。其中：上级下达专款增加支出61027万元，上级转移支付补助增加支出14708万元，使用上年结转增加支出27687万元，使用当年超收增加支出30016万元，使用调入资金增加支出4410万元，其他支出减少13933万元。

市本级一般预算收入42201万元未作调整。市级一般预算支出由50951万元调整为79450万元，增加28499万元，主要是上级下达专款增加支出3016万元，使用上年结转增加支出12951万元，动用上年净结余增加支出4476万元，使用当年超收增加支出16402万元，使用调入资金增加支出447万元，其他支出减少支出8793万元。

（二）全市总预算及市本级预算执行情况

1．全市总预算执行情况

2004年全市一般预算收入完成144318万元（剔除山西铝厂企业所得税7246万元），为调整预算（下同）的118.73%，超收22770万元，比上年实际完成数119497万元增长20.77%，增收24821万元。其中：工商税收完成93724万元，为预算的111.63%，比上年增长25.9%，增收19278万元；农业四税完成11005万元，为预算的92.57%，比上年降低12.61%，减收1588万元；企业收入完成7316万元，为预算的156.86%，比上年增长32.54%，增收1796万元；其他各项收入完成32273万元，为预算的153.44%，比上年增长19.8%，增收5335万元。

一般预算支出执行353935万元，为预算的90.74%，比上年执行数284701万元增长24.32%，增支69234万元。其中：生产建设性支出41784万元，为预算的103.38%，比上年增长53.82%，增支14619万元；行政事业支出284737万元，为预算的93.35%，比上年增长22.72%，增支51864万元；其他各项支出27414万元，为预算的61.47%，比上年增长11.15%，增支2751万元。

全市财政平衡情况：2004年，全市一般预算收入完成151564万元（含山西铝厂所得税结算7246万元），上级财政各项补助收入211172万元，国债转贷收入1200万元，国债转贷资金上年结余4505万元，上年结余收入30803万元，调入资金4410万元，收入总计为403654万元。当年一般预算支出353935万元，专项上解7246万元（山西铝厂所得税结算），拨付国债转贷资金及转贷结余5705万元，调出资金1843万元，支出总计为368729万元。收支相抵，年终滚存结余34925万元，减结转下年支出28756万元，年终累计净结余6169万元，再减去山西铝厂待上解4519万元和河津电厂待上解1000万元，当年净结余650万元，实现了收支平衡。全市13个县（市、区）有10个县收支平衡（河津、盐湖、永济、临猗、万荣、新绛、稷山、闻喜、绛县、夏县），3个县发生赤字（芮城、垣曲、平陆）。

另外，2004年全市财政基金预算收入完成13880万元，为预算的131.24%，超收3304万元，比上年降低4.87%；基金预算支出14356万元，为预算的58.76%，比上年增长8.58%，增支1134万元。

2．市本级预算执行情况

2004年市本级一般预算收入完成51357万元（剔

除山西铝厂企业所得税 7246 万元），为预算的 121.70%，超收 9156 万元，比上年增长 21.84%，增收 9212 万元。其中：工商税收完成 41125 万元，为预算的 111.76%，比上年增长 15.92%；企业收入完成 3787 万元，为预算的 134.67%，比上年增长 59.12%；耕地占用税完成 173 万元，为预算的 64.31%，比上年降低 20.64%；行政性收费、罚没、专项及其他收入完成 6272 万元，为预算的 270.23%，比上年增长 53.88%。

市本级一般预算支出执行 59681 万元，为预算的 75.12%，比上年增长 27.44%，增支 12851 万元。其中：生产建设性支出 6828 万元，为预算的 69.99%，比上年增长 84.94%，增支 3136 万元。行政事业支出 48900 万元，为预算的 88.81%，比上年增长 22.31%，增支 8919 万元。其他各项支出 3953 万元，为预算的 27.01%，比上年增长 25.21%，增支 796 万元。

市本级财政平衡情况：2004 年，市本级一般预算收入完成 58603 万元（合山西铝厂所得税结算 7246 万元），国债转贷收入及资金上年结余 1680 万元，上年结余收入 17427 万元，调入资金 447 万元，县级上解收入 14043 万元，收入总计 92200 万元。当年市本级一般预算支出 59681 万元，专项上解 10926 万元，拨付国债转贷资金及转贷结余 1680 万元，调出资金 144 万元，支出总计为 72431 万元。收支相抵，年终滚存结余 19769 万元，减结转下年支出 13860 万元，年终累计净结余 5909 万元，再减去山西铝厂待上解 4519 万元和河津电厂待上解 1000 万元，当年净结余 390 万元。

总的来讲，2004 年，我市财政收入持续稳定增长，财政支出大幅增加，农业、科技、教育、计划生育等重点项目支出达到了法律法规要求的比例，基本实现了保吃饭、保稳定、保重点的预期目标。这是市委、市政府正确领导的结果，是市人大依法监督的结果，是全市人民团结奋斗、辛勤劳动的结果，是上级财政大力支持的结果，各级财政部门为此也做了大量工作。

（一）发挥职能作用，积极促进全市经济和社会各项事业发展

一是争取各种财政资金保障发展。2004 年，在市委、市政府的高度重视下，在各职能部门的密切配合下，财政部门积极争取资金，为运城发展提供财力保障，共向上级部门争取各种资金 211172 万元，其中：

各项税收返还 46592 万元；

各种专款 61027 万元；

各种转移支付补助 103553 万元（其中：农村税费改革转移支付补助 17042 万元）。

二是运用财政政策，千方百计扶持企业发展。2004 年全市投入 3395 万元扶持企业发展，其中：企业挖潜改造资金 755 万元，外经贸发展促进项目资金 260 万元，增值税退税 2119 万元。

三是增加农业投入，促进“三农”问题解决。全年支农支出 38003 万元（其中粮食直补资金 4789 万元），比上年增长 60.7%，增支 14355 万元，有力地促进了农业增效、农民增收和农村经济发展。

四是确保资金到位，促进科教文卫事业发展。2004 年，全市科教文卫事业投入 108898 万元，其中：科学事业费 454 万元，科技三项费 1239 万元，教育支出 76011 万元，文体广播事业费 10915 万元，医疗卫生支出 16446 万元。

五是大力推进城建事业发展。财政投入城建资金 4278 万元，积极筹措运作，与国家开发银行山西分行建立良好的合作关系，争取资金 3.5 亿元，用于城市建设，使运城的城市面貌发生了巨大变化。

（二）坚持与时俱进，深化完善财政制度改革

一是按照财政部《国库制度改革试点方案》和省财政厅深化国库管理改革要求，会计核算中心与国库支付中心相分离。国库支付中心主要负责指标管理与支付的清算，通过建立单一账户体系，实现国库集中支付，将款项直接支付给商品劳务供应商或收款人。会计核算中心实施会计集中核算，强化财务管理，行使财政监督职能。二是市级全面实行部门预算，176 个单位纳入了部门预算管理。部门预算资金总额 62530 万元。其中：预算内资金 33177 万元，预算外资金 29353 万元，使财政资金在阳光下运行，预算的严肃性和约束力进一步增强。三是市级依法推行了规范化的政府采购，管采分离，重在监督，采购范围规模进一步扩大，采购资金总额达 12812.5 万元。其中，集中采购 10230 万元，分散采购 2582.5 万元，节约资金 1409.4 万元，节支率 11%。四是实行“票款分离、收支脱钩”，“收支两条线”工作进一步深化。五是有效推进投资评审工作，共评审预、决（结）算项目及招投标标底项目 7 个，评审资金 14535 万元，审定金额 10979 万元，审减金额 3557 万元，审减率 25%。六是农村税费改革深入推进。全市农业税税率普降一个百分点，其中，闻喜县降低了两个百分点，河津市农业税全免，农民负担进一步减轻。

（三）确保重点支出，维护社会稳定

——认真落实工资发放责任制，严格工资专户管理，全年共发放公教人员基本工资 146111 万元，及时拨付县级一般性转移支付补助 34729 万元，使全市 13 个县（市、区）全部兑现了财政供养人员的基本工资。

——及时拨付“两个确保”资金 10758 万元，确保了 5419 名下岗职工和 53344 名企业离退休人员按时足额领到基本生活费和养老金；及时拨付资金 5423 万元，使 69955 名城市和 56644 名农村低保对象最低生活得到保障；及时拨付救灾资金 1441 万元，保障了灾区人民群众正常的生产生活；及时拨付优抚对象生活补助 4349 万元，解决了全市优抚对象 209670 人的生活补助问题；及时拨付再就业资金 792 万元，使 19864 名下岗失业人员实现再就业；及时拨付小额贷款担保金 100 万元，使 57 名下岗失业人员享受到了小额贷款优惠政策，圆满完成了市委、市政府“为民工程”提出的为 50 名下岗人员再就业发放小额贷款的任务。

——及时拨付公检法司支出 21032 万元，支持了

各级政法机关装备建设、监所维修和严打办案等，为维护社会稳定提供了财力保障。

在看到财政工作取得成绩的同时，我们也应清醒地认识当前我市财政工作仍然存在的一些问题。一是我市发展中面的深层次矛盾和问题尚未得到根本解决，推进经济体制和经增长方式转变的任务依然艰巨，各县财政发展不平衡，财源结构不尽合理，部分县乡财政困难，财政可持续发展的基础仍不坚固。二是全面落实科学发展观，推进“五个统筹”，对财政发展出了更高的要求，方方面面要求增加支出的呼声很高，财政支出压力进一步加大，收支矛盾依然突出。三是财政风险不断加剧。目前我市的主要债务总额高达 9.7 亿元，其中：世行贷款 5.24 亿元、国债转贷 1.26 亿元、农村基金会 2.7 亿元，这些债务属直接显性债务，需政府偿还。随着还贷高峰期的到来，全市每年需要偿还的债务都在亿元以上，其中需要政府直接偿还的占 78%，财政风险将不可避免。四是在规范财经秩序、加强财政监管、提高理财效益、防范财政风险等方面还有许多工作要做。这些矛盾和问题都需要引起我们足够的重视，并采取切实有力的措施，努力加以解决。

二、2005 年总预算及市本级预算草案

2005 年是贯彻落实科学发展观、保持经济社会良好发展态势的关键一年，是新一轮经济结构调整明显见效之年，也是全面建设新型加工制造业基地的重要一年。在新的一年里，财政工作指导思想是：**以邓小平理论和“三个代表”重要思想为指导，认真贯彻党的十六大、十六届三中、四中全会精神，按照中央、全省和全市经济工作会议的要求，以科学发展观统领财政工作全局，落实稳健的财政政策，加强财政宏观调控，支持经济结构调整，不断壮大财政实力；深化公共财政体制改革，调整优化支出结构，保证重点支出需要，切实加强薄弱环节，促进生财，依法聚财，科学用财，高效理财，更加有力地促进全市经济平稳较快发展和社会全面进步。**

根据这一指导思想，全市财政收支计划安排遵循以下原则：一是财政收入的增长幅度要与经济发展速度相适应；二是“一要吃饭，二要建设”，量力而行，收支平衡，不打赤字；三是落实公共财政要求，调整支出结构，保证重点支出需要；四是坚持预算内外收支统管，综合运用财力；五是艰苦奋斗，厉行节约。贯彻上述指导思想及原则，今年全市总预算及市本级预算草案安排如下：

（一）全市财政总预算安排情况

2005 年全市财政总收入预期目标 50 亿元，比上年增长 15%，其中：上划中央收入 29.4 亿元，增长 19.03%；上划省级收入 5.3 亿元，增长 20.45%；一般预算收入 16.1 亿元，增长 11.63%。分征收系统的收入计划为：国税系统 37 亿元，增长 18.97%；地税系统 9.4 亿元，增长 2.9%；财政系统 3.6 亿元。按以上收入计划和现行财政体制计算，2005 年全市当年预算财力为 29.7 亿元，同口径比上年年初预算数增加 5.3 亿元（合省转移支付），增长 21.59%。根据《预算法》地方各级预算必须按照量入为出、收支平衡的原则编制，不打赤字之规定，按照有多少财力安排多少支出的原则，全市支出计划安排 29.7 亿元。主要项目的安排情况为：

——确保机关事业单位基本工资和政权机关正常运转，全市行政事业单位工资性支出及行政事业性经费支出安排 22.1 亿元，比上年年初预算安排数增长 18.6%，增加 3.5 亿元。

——支持解决“三农”问题，安排农业方面支出 15007 万元，增长 16.70%，增加 2147 万元。

——加快发展教育事业，安排教育事业费 76269 万元，增长 15.12%，增加 10019 万元。

——促进技术创新和科技成果转化，安排科技三项费 1780 万元，增长 18.67%，增加 280 万元。

——加快社会保障体系建设，安排社会保障支出 13781 万元，增长 14.84%，增加 1781 万元。

——积极支持计生工作，安排计划生育事业支出 3010 万元，增长 43.3%，增加 910 万元。

这里需要说明的是，全市财政收支计划是市财政代编的指导性计划，待各县（市、区）预算经同级人代会通过后，市财政将汇总后的全市财政收支预算报市人大常委会备案。

（二）市本级预算安排情况

2005 年市本级财政总收入计划为 6.08 亿元，同口径比上年完成数 5.25 亿元增长 15.81%，增加 8300 万元。其中：一般预算收入 5。58 亿元，比上年增长 8.55%，增加 4400 万元。

根据上述收入计划和现行财政体制计算，2005 年市级预算财力为 6.09 亿元，比上年年初预算 4.6 亿元增加 1.49 亿元。按照量入为出、收支平衡的原则，2005 年市级一般预算支出安排 6.09 亿元，比上年年初增加 1.49 亿元。主要项目的安排情况是：

科技三项费用 316 万元；
农业支出 3513 万元；
林业支出 537 万元；
水利和气象支出 1483 万元；
工交和流通部门事业费 74 万元；
文体广播事业费 3692 万元；
教育事业费 7910 元；
科学事业费 240 万元；
卫生经费 3722 万元；
其他部门事业费 1413 万元；
抚恤和社会福利救济费 1736 万元；
社会保障支出 656 万元；
行政管理费支出 13627 万元；
公检法司支出 5279 万元；
政策性补助支出 1987 万元；
城市维护费 1850 万元；
支援不发达地区支出 50 万元；
专项支出 2215 万元；
其他支出 8429 万元；
总预备费 1700 万元。

各位代表：2005 年全市财政总收入比上年增长

15%，这样安排，既考虑了我市国民经济发展中可能存在的问题以及一些政策性减收因素，又考虑了维护全市改革、发展、稳定大局的资金需要，是实事求是、切实可行的。但财政收入的增长与改革深化、事业进步所需资金的要求相比仍有较大的差距，全市财政收支矛盾仍然十分突出，预算安排难度很大。支出预算既要考虑根据国家政策规定适当增加机关事业单位职工工资、确保公教人员基本工资按时足额发放的资金需要，又要兼顾支持社会保障体系建设、促进国有企业改革、维护社会稳定的支出需要，同时还要保证教育、科学、农业等法律法规规定的重点项目支出。由于财力有限，许多需要安排的支出项目未能安排，请各位代表给予理解。

三、求真务实，扎实工作，确保圆满完成全年预算任务

根据2005年市政府工作的总体要求，将着重抓好以下财政工作：

（一）狠抓增收节支，增强政府调控能力。积极支持税务部门依法征管，做到应收尽收，不虚收探收。增强预算约束，严格控制追加，坚持一般性支出零增长，切实降低行政成本，减轻财政负担。同时，系统上下积极响应市委、市政府招商引资号召，充分发挥财政部门优势，积极主动争取资金，为全市经济和社会各项事业发展做出应有贡献。

（二）继续加大支农力度，促进城乡协调发展。一是深化农村税费改革，在全市范围内免征农业税及其附加。二是继续落实好对种粮农民直接补贴、良种补贴和农机具购置补贴政策。三是在稳定现有各项农业投入的基础上，新增财政支出和固定资产投资向农业、农村、农民倾斜。四是整合资金，集中财力，支持农田水利基础设施建设、农业科技创新、农业和农民经济结构调整。五是继续支持扶贫工作。六是支持农民科技培训和就业技能培训，创造农村劳动力转移的良好环境。七是加快公共财政覆盖农村的步伐，大力支持农村社会公益事业发展。

（三）加强社会保障工作，维护社会和谐稳定。支持完善公共就业再就业服务体系。加快国有企业下岗职工基本生活保障向失业保险并轨的步伐，不断完善社会保险、社会救助、社会福利和慈善事业相衔接的社会保障体系，切实解决好农村“五保户”、受灾群众、优抚对象和部分企业军转干部生活困难问题。及时调度资金，确保国有企业下岗职工基本生活费、企业离退休人员养老金、城市居民最低生活保障金和机关事业单位人员基本工资按时足额发放，努力维护社会稳定。

（四）支持经济结构调整，深化财政管理改革。继续推进冶金等“七大产业”健康发展，积极支持铝和铝材加工等“八大基地”培育，支持做大做强山铝等“十六大旗舰企业”和“三个开发区”建设。大力支持发展循环经济，促进传统产业新型化和新型产业规模化。积极运作资金，加快推进城市化进程，做大做强中心城市，提升区域经济竞争力。深化部门预算改革，编实编细部门预算。深化“收支两条线”管理改革，扩大收支脱钩范围。深化国库集中收付制度改革，建立健全财政国库管理信息系统。深化政府采购制度改革，扩大采购范围和规模，推进政府采购工作规范化、法制化。

（五）化解财政风险，缓解县乡财政困难。要继续努力消化历史遗留赤字，建立平衡稳固财政。要居安思危，注意防范潜在风险。要用足用好中央出台的“三奖一补”政策。要创新市对县、县对乡的财政管理体制。要进一步完善我市县级财政增收节支激励约束机制。

（六）强化财政监管，推进依法理财。贯彻落实《行政许可法》和国务院《全面推进依法行政实施纲要》，将法治贯穿于财政管理的全过程。认真执行《预算法》和《山西省预算监督条例》，积极主动地向人大报告工作，自觉接受人大对财政工作的监督，维护预算的严肃性。开展《会计法》等财经法律法规执法检查，促进相关企业和组织加强经济核算。不断创新财政支出管理制度，紧紧围绕资金的规范性、安全性和有效性开展财政监督，堵塞管理漏洞，推动财政管理的健全完善。贯彻执行国务院《财政违法行为处分处罚条例》，坚决查处各种违反财经纪律的行为，推动财政管理不断迈上依法理财的新台阶。

各位代表，尽管近几年我市经济有了较快发展，综合实力明显增强，但财政收支矛盾依然十分突出，很多需要办的事情由于财力得不到保证，我们深感责任重大。让我们在市委、市政府的坚强领导下，在各级人大的监督支持下，高举邓小平理论伟大旗帜，全面实践“三个代表”重要思想，认真贯彻执行党的十六大和十六届三中、四中全会精神，坚持科学的发展现，树立正确的政绩观，统筹兼顾，以人为本，求真务实，埋头苦干，努力完成全年各项财政工作任务，为全面推进新型加工制造业基地建设，构建社会主义和谐运城，推动全市物质文明、政治文明和精神文明协调发展做出新的贡献。

运城市中级人民法院工作报告

——2005年4月12日在运城市第一届人民代表大会第七次会议上

运城市中级人民法院院长　任连友

各位代表：

现在，我代表运城市中级人民法院向大会报告工作，请予审议，并请市政协委员和列席人员提出意见。

一、去年主要工作情况

2004年，市中级人民法院在市委的正确领导下，在上级法院的指导和市人大的监督支持下，以“三个代表”重要思想为指导，突出“公正与效率”主题，落实司法为民措施，围绕“司法公正树形象”教育活动，以人为本抓教育，以案为主抓公正，全院上下团结奋斗，与时俱进，开拓进取，各项工作保持了全面协调、可持续性的发展。全市两级法院全年共受理刑事、民事、行政、再审和执行案件26429件，审（执）结24987件，结案率达94．5%，与上年同比，结案率提高了3个百分点。其中，中级法院共受理各类案件3381件，审（执）结3259件，结案率为96.4%。同比收案增加了27.3%，结案率提高了0.4个百分点。

（一）突出公正与效率主题，各项审判工作得到加强

——依法严厉打击各类刑事犯罪，积极参与社会治安综合治理。去年，中级法院重点对黑恶势力犯罪、故意杀人、伤害、爆炸、绑架等暴力犯罪和抢劫、抢夺、盗窃等多发性侵财犯罪以及非法制造、买卖、运输、储存枪支、爆炸物犯罪和走私、贩卖、运输、制造毒品犯罪，依法严厉予以打击，全力维护社会稳定，依法保障人民的生命、财产安全。全年共受理刑事案件478件，审结477件，结案率为99.8%。全市共1922人受到了各类刑事处罚，其中，判处死刑、死缓、无期徒刑56人，判处有期徒刑1192人，其它刑事处罚674人，同时，按照宽严相济的刑事审判原则，依法对126人免予刑事处罚，对19人予以无罪释放。在刑事审判中，始终坚持基本事实清楚，基本证据充分原则，严把程序关、事实关、证据关，快审快判，使一批大要案依法得到了审判。如，轰动全省的陈保强等14人贩卖毒品案，高双成等8人拐卖儿童、盗窃案，都坚持用重典，出重拳，依法及时进行了严厉打击。特别是赵艳增、孙志强等14人抢劫、杀人案，由于涉案被告多，审判人员昼夜加班，超负荷工作，连续开庭27个多小时，装订案卷70余本，仅用40余天时间审结全案，并依法判处主犯赵艳增、孙志强2人死刑。

去年，中级法院依法受理各类破坏社会主义市场经济秩序犯罪案件44件，审结42件，结案率达95.5%。其中：审结破坏金融管理秩序案件9件，扰乱市场经济案件21件，危害税收征管案件6件，金融诈骗案件5件，其它破坏市场经济案1件，共判处罪犯42人，其中判处无期徒刑1人，有期徒刑29人，拘役、管制及其它处理12人。同时，人民法院还依法加大惩处贪污、贿赂和渎职三类职务犯罪的力度，对64案68人分别给予了刑事处罚，有力推动了我市反腐败斗争的深入开展，昭示了党和国家惩治腐败的坚强决心。

一年来，中级法院还积极参与社会治安综合治理，充分发挥审判职能，依法促进城镇、乡村的文明建设。建立了矛盾纠纷排查机制，坚持巡回办案，就地开庭，审理一案教育一片，并充分利用重大节日和普法宣传日，先后派出3批13名法官走上街头，对人民群众开展了义务普法宣传。

——依法调处社会各类矛盾纠纷，规范和维护了市场经济秩序。中院立足促进经济发展，积极调处社会矛盾和纠纷，坚持实现社会公平和正义。全年共受理一、二审民商事案件1781件，审结1746件，结案率为98%。其中，婚姻家庭案305件，合同纠纷案798件，权益纠纷案632件，审结公私企业破产案11件。依法保护了公民的合法权益，维护和促进了我市的社会秩序和经济秩序的正常运行。

在民商事审判中，审判人员坚持调判结合的原则，能调则调，该判则判，积极化解了一大批社会矛盾。盐湖区凤凰小区张秋香等31名原告诉中房集团运城天泰房地产开发有限公司商品房购销合同案，因房屋质量问题，31户住户联名诉至中级法院，这是我市首例开发商与住户因房屋质量发生的群体纠纷案件，为了防止矛盾激化，合议庭多次深入现场调查，在掌握充分证据、吃透案情后，没有简单一判了之，而是反复做双方的工作，不厌其烦进行调解，不仅使案件得以调解结案，而且做到了“案结事了”，达到法律效果与社会效果相统一。

——依法稳妥地开展了行政审判工作。去年，中级法院共受理各类行政案件122件，审结118件，结案96.7%。在审结的行政案件中，行政机关胜诉的45件，占38.2%；公民、法人和其它组织胜诉的64

件，占54.2%；撤诉或作其它处理的9件，占7.6%。既监督和支持了行政机关依法行政，又依法保障了公民、法人和其它组织的合法权益。同时，还受理非诉行政执行案件294件，执结281件。

——积极推进再审程序改革，不断强化审判监督。为进一步深化审判监督制度的改革，4月下旬，召开了全市法院审判监督工作专题会议，认真总结了审判监督工作六年来的经验，对进一步规范审判监督工作进行了研讨，统一了思想，形成了共识，明确了再审改判标准，做到充分发挥审监职能，既实事求是，“依法纠错”，又切实维护生效裁判的既判力。全年共受理审判监督案94件，审结90件，结案率为95.7%，其中，维持40件，改判33件，发回重审11件，调解6件，再审案件的申诉率明显下降。

——依法加大执行力度，努力维护了国家的司法权威。2004年，中级法院不断健全和完善了统一管理、统一协调的执行工作机制，坚持内抓建章立制，外创执行环境，大胆适用提级执行、交叉执行、共同执行等措施，较好地改变了执行工作的被动局面。去年10月，中院执行局受理了清徐法院委托执行稷山交警大队交通事故赔偿一案，由于申请执行人中伤亡人员较多，标的额达12万元。中院执行局从受害人利益出发，亲自到被执行单位做工作，仅用18天时间，使此案得以圆满执结，受到了省高级法院的充分肯定。特别是在执行永济农机公司拖欠中国长城资产管理公司太原办事处一案中，为了妥善解决农机公司职工的生活困难，执行人员多次到永济农机公司、永济市政府、农机局、土地局通报案情，耐心做职工的思想工作，并及时向人大常委会进行了专题汇报，在法工委领导的亲自协调下，使历时一年多的积案最终圆满执结，执结额达430余万元。据统计，去年中级法院共受理执行案327件，执结273件，执结率83.5%，执结金额达2.3亿元，不仅走在了全省法院的前列，也创了中院执行工作的历史新高。

同时，中院还办理减刑、假释156人，完成司法鉴定案件173件，审理国家赔偿案件10件。并依法保护弱势群体的利益，坚持实行了司法救助制度，为贫困残疾人员减免缓诉讼费多达738607元，确保有困难的老百姓打得起官司。

（二）广泛开展“司法公正树形象”教育活动，干警政治业务素质不断提高

2004年，中级法院以“司法公正树形象”教育活动为主线，以正面教育、弘扬正气为主要内容，全面抓了队伍建设。概括起来，主要有四个方面：

1. 着眼素质重教育。在教育活动中，中级法院着眼队伍的思想政治建设和业务素质的提高，以坚持“司法公正、司法为民”为核心内容，认真抓了政治理论教育和职业道德教育，着力解决队伍的人生观、世界观和价值观问题，打牢“为谁掌权、为谁执法、为谁服务”的政治思想基础。与此同时，还注重抓了队伍业务素质的提高。一年来，两级法院分三批选派了87名审判长以上人员到国家法官学院集中受训，先后有36人参加了全省法官晋级业务学习，中院还组织92名书记员集中进行了培训。同时，鼓励广大干警在岗自学，自强素质。据初步统计，目前，中级法院在岗攻读专升本的干警多达23人，攻读研究生的7人。另有5名同志参加了全国统一考试，取得了国家法官任职资格，达线率名列全市各系统之首。

2. 弘扬正气树典型。在主题教育活动中，院党组组织全院干警听取和学习了于昌明、任长霞同志的先进事迹，开展了外学典型，内树榜样，争创“十佳法官”活动。在全市两级法院通过民主推荐、组织考察等方法，推荐优秀人选，并利用3个月时间在电视、报纸上开辟了法官事迹系列报道专栏广泛宣传，对20名侯选人员面向社会公开投票，评选出了我市首批“十佳法官”，于年底前进行了隆重宣扬表彰。为激励广大法官爱岗敬业、强化责任意识，中院还在全市法院系统广泛开展了“司法公正树形象”演讲比赛，并经过层层复赛选拔，10名同志在运城电视台进行了公开演讲，增强了法官的神圣使命感和责任感，向社会展示了人民法官的良好形象，取得了较好的社会效果。此外，中院还积极参加了市直工委开展的“公道正派树形象”系列活动，2名审判员获得了市直单位“公道正派树形象”演讲比赛一、二等奖，还分别取得了篮球、长跑和拔河三个项目的第一、第二和第五名的好成绩。

3. 围绕“两制”抓管理。一年来，院党组始终把贯彻落实《执法责任制》、《错案责任追究制》和加强党风廉政建设做为队伍建设的一项重要内容，不断加大案件监督管理和纪检监察力度。一是两级法院的领导和庭处室逐级签定了《党风廉政建设责任书》，坚持以心正保公正，用身正树公正，靠廉政促公正，做到了层层有责任，人人有压力，一级抓一级，一级对一级负责。二是结合半年和年终工作总结，坚持了中层干部半年一次述廉和新任审判员廉政戒勉谈话制度。10名审判庭长向院党组进行了廉政述职，对12名新任审判员进行了集体廉政谈话，并组织处级以上干部和干警分别观看了《王怀忠两面人生》和《李真贪污受贿案剖析》两部警示片，做到上岗先上廉政课，常鸣廉政警钟，常怀律己之心。三是认真开展了案件质量评查，严格落实了“两制”。下半年，中院组织纪检监察和案件质量监督委员会，对2003年7月底至去年6月底所办的2100多件一、二审案件，在庭室自查互查的基础上，重点对585案进行了评查，坚持一案一表，逐案评查登记，年底进行了全院通报讲评。建立并坚持了“案件质量确认登记卡”、“审限跟踪督办卡”和审限每月一通报的“两卡一通报”制度，有效地促进了办案质量和效率的不断提高。去年，中院纪检监察部门共接到信访举报13件，接待来访197人次，对30件信访反映的案件进行了处理，重点对14个举报案件进行了查处，发出监察建议3件，发出廉政监督通知书2件，纠正过错案件6件，追究责任人员3人。

4. 接受监督促整改。一年来，中级法院在坚持向人大常委会汇报工作、自觉接受监督的同时，主动开展了开门整风、广泛征求意见活动。先后两次邀请

部分人大代表、政协委员和律师以及社会各界人士召开了征求意见座谈会，组织院领导和庭室人员分别到各县（市、区）走访人民代表，通报情况、汇报工作，广泛征求意见和建议，虚心接受监督，积极改进工作和作风。9月份还接受了人大常委会部分委员的视察，并就队伍建设和内部改革情况向常委会进行了专题报告，对人大常委会批办并要结果的40件案件，年底前已办结36件，另有4件正在再审立案审查中。同时，还认真办理了市人大一届六次会议上代表提出的12件建议案，并在期限内逐案反馈，登门答复。对人民代表、政协委员和社会各界提出的不少富有建设性的意见和建议，我们亦虚心接受，积极采纳，已经或正在转化为工作中的行动和措施。在此，我代表市中级法院向长期以来关心支持法院建设的全体人民代表、政协委员和社会各界人士，表示诚挚的感谢。

（三）不断加强基层基础建设，司法保障能力逐步改善

去年，中级法院紧紧围绕审判工作法治化、法院管理制度化、法官队伍职业化、法庭装备标准化的“四化”目标，全面加强了我市法院的基层基础建设。一是规范了队伍管理。中院在闻喜县法院召开了全市法院基层建设现场座谈会，组织与会人员参观了闻喜县法院及东镇法庭的软、硬件建设，听取和推广了闻喜县法院关于加强队伍制度化、规范化管理的经验介绍和各基层法院的情况汇报，认真分析了全市法院基层建设形势。总结推行了万荣县法院实行法官、书记员、行政人员、司法警察分序列管理的经验。中院还认真制定了队伍建设、审判管理、机关管理、监督制约“四大类”38项制度，并付诸实施。二是深入开展了法庭建设状况调查。9月份，院党组责成一名班子成员带队，利用一个月的时间，对全市46个基层法庭的建设现状逐个进行了调查摸底，既全面掌握了基层法庭建设目前存在的困难和问题，又对基层法庭的建设提出了切实可行的意见和建议。三是全面加强了法院的基本建设。一年来，中院党组通过实行班子成员包院负责制，13个基层法院都做到了院院有规划、有项目、有工程，继盐湖、芮城、闻喜之后，绛县法院的审判办公大楼已完工，平陆县法院新大楼建设也已立项，其它法院也都进行了改建、扩建和装修。中院在现有条件的基础上，按照全省的要求，完成了二级区域并网，配备了必要的设施，装配了电视电话会议室。特别是新审判办公大楼，在市委、人大、政府、政协以及社会各界的关怀和大力支持下，已完成主体工程，力争今年底前搬迁，彻底改变我市现有设施条件滞后的法治形象。

（四）认真落实“首问责任制”，涉诉信访工作取得实效

去年以来，中级法院把解决涉法涉诉上访问题作为维护社会稳定的大事来抓，以“首问责任制”为龙头，成立了解决涉法上访案件领导组，调整加强了信访接待力量，并多次召开会议专题分析研究，形成了“一把手亲自抓，分管院长具体抓，立案庭牵头抓，其它庭室共同抓”的大信访格局。建立并坚持了院长接待日和领导包案责任制，对已有的涉诉案件实行了“定人、定案、定责任、定期限”，认真审查，坚持有错必纠。同时，实行了一案一表，一月一清，有效地减少了新的信访案件的产生，最大限度地预防了越级上访。一年来，中级法院共接待来访群众2030人次，来信268件次，其中上访老户25人次，集体上访2次，院长、副院长接待45次257人，都做到了来人有接待，问题有答复，案件有着落。据统计，去年以来，我市涉诉赴京进省上访共46件，经过大量做思想工作，当事人已明确表示息诉罢访的14件，在剩余的32件中，涉及中级法院的22件。经审查，案件判决正确、无理缠诉的16件。正在再审审查程序中的6件；另有10件在基层法院也都逐步得到了解决。

各位代表，回顾一年来的工作，虽然取得了一些成效，但我们也清醒地看到，当前司法工作中依然存在一些比较突出的问题和困难。主要表现在：审判任务日益繁重、司法环境比较复杂与审判力量不足、队伍整体素质不高的矛盾较为突出，制约了审判质量与效率的进一步提高；法官队伍难进难出、青黄不接、队伍断层的状况比较普遍且未得到改善；由于受硬件条件制约，案件流程管理和“大立案”改革等还不完善，有些审判管理制度一时还无法到位；少数法官的职业道德水平较低，审判作风上还不同程度地存在一些问题，言行不检点，作风不严谨，人情案、关系案、甚至金钱案在个别人身上还时有发生，严重影响了法官和法院的社会形象；审判责任制和错案责任追究制在一些地方还落实的不够好，一些案件的审判质量不高，引发了当事人的申诉上访，增加了诉讼率；中级法院的基础建设任务还相当艰巨，审判办公大楼建设资金缺口很大，仅靠法院自身难以解决；不少基层法院和人民法庭建设中的问题和困难还较为突出，物质装备和经费保障比较困难，基础设施上的司法功能滞后与人民群众对公正与效率的需求矛盾明显凸显。这些问题和困难，我们一定要认真研究，努力加以解决，不断加强自身建设，同时也恳请人民代表和社会各界给予关注和支持，以适应形势和任务的要求。

二、今年的主要工作任务

2005年，我们要继续坚持以邓小平理论和“三个代表”重要思想为指导，坚持公正与效率主题，贯彻司法为民宗旨，不断深化内部改革，着力提高司法能力和水平，为构建我市和谐社会发展和经济建设提供强有力的司法保障。具体讲，要着重抓好五项工作：

（一）抓审判、重质量，确保中心任务完成。打击犯罪、调整社会矛盾、促进社会稳定和谐发展，服务运城经济建设，是法院审判工作的中心任务。为此，一是要依法加大对危害国家安全犯罪、严重暴力犯罪和危害公共安全犯罪的审判力度，尤其是对学校、幼儿园等公共场所的犯罪，要依法从重从快予以打击，依法营造稳定和谐的社会环境，让人民群众安居乐业。要依法妥善地处理各类民商事、行政纠纷案件，依法保护国有企业、民营企业的合法权益不受侵害。要依法保护老人、妇女、儿童等弱势群体的利

益，继续坚持实行司法救助，确保有理无钱的人能打得起官司。二是要加强对涉及“三农”案件的审理，依法保护农民的合法权益、促进农村经济发展和维护农村稳定。要继续坚持巡回办案、就地开庭等便民利民措施，最大限度方便群众诉讼，尤其要加大民商事纠纷的调解力度，耐心做好化解工作，尽可能做到“案结事了”。同时，要及时妥善处理好群体性诉讼案件，消化社会矛盾。三是要继续加大力度解决好涉诉信访问题。牢固树立“群众利益无小事”的观念，认真落实“首问责任制”，做到事有人管，问题有人抓，并不断探索和完善规范信访接待、处理的长效机制，深入细致地做好息诉罢访工作。四是进一步规范执行程序，要坚持重大事项公开听证制度，取得全社会的理解和支持要规范评估、拍卖、变卖等程序，防止滥用执行权和国有资产的流失，切实解决好“执行难”的问题。五是要注重提高案件审判质量，要在坚持每季度一次案件评查和“两卡一通报”制度的基础上，对每个审判人员实行案件质量“个人承诺制”，把加强审判管理与案件质量考评结合起来，严格实行过错案件责任追究。

（二）抓队伍、创优先，努力提高法官整体素质。今年，在加强队伍建设上，要把巩固去年“司法公正树形象”教育的成果和正在开展的保持共产党员的先进性教育活动结合起来，着力提高法官队伍的政治素养和职业道德水准，把党的先进性体现在法院审判工作的“五性”上：一是必须要有坚强的政治坚定性，依法为政治服务、为稳定和构建和谐社会的大局服务、为经济建设中心服务；二是必须要有严肃执法的公正性，做到实体公正、程序公正、执行公正，依法实现社会公平与正义；三是必须要有司法为民的服务性，坚持权为民所用，做到司法为民、司法利民、司法便民、司法保民；四是必须要有高度的工作责任心与积极性，忠实法律，履职尽责，爱岗敬业，在本职岗位上创造一流业绩；五是必须要有清正廉洁的自律性，做到心正、身正、廉政，秉公执法，清正廉明。要把这五项要求具体细化分解到每个审判和工作岗位上，转化为每个人的具体行动。同时，要广泛开展争先创优活动，年底要在全市法院推出一批具有说服力和感染力的先进典型。要继续搞好法官培训工作，加强对审判队伍的党风廉政教育、管理和监督，多渠道提高法官队伍的整体素质。

（三）抓改革、求实效，不断增强司法能力。一是要继续深化和巩固“大立案”改革的成果，坚持以人为本，方便群众诉讼，实行诉讼风险告知，案件跟踪督办，排期开庭，完善案件流程管理，提高工作和审判效率。二是要积极探索诉前调解、庭前调解和开庭调解的新方法、新途径，坚持“能调则调、当判则判，判调结合，多调少判”的原则，努力提高案件调解率，最大限度地化解社会矛盾纠纷。三是逐步实行人员分类管理，分类考评，推行书记员聘任制单独序列管理改革，不断推进法官职业化建设。

（四）抓管理、强监督，逐步完善制约机制。要认真完善和落实各项审判和工作制度，依靠制度规范管理，强化制约监督机制，实行个人目标责任制、逐级管理负责制，逐步形成不推自转的良性运转局面。同时，要在市委的正确领导下，不断强化接受监督的意识，继续认真落实《执法责任制》和《错案责任追究制》，主动接受权力机关、人民代表和社会各界的监督，加强沟通联系，虚心倾听人民群众的反映，积极办理好人民代表提出的意见和建议，不断改进司法作风和工作作风。

（五）抓基层、打基础，全面加强司法保障功能。要加大对基层法院工作的指导力度。继续实行中院领导包院负责制，加强对基层法院领导班子、队伍建设的调研和指导，帮助解决实际问题；并加强全市法院的协调、沟通和联系；积极协助完成人民陪审员选任培训工作。要抓好中院新审判大楼的后续工程建设，本着节俭、实用的原则，完善审判法庭、立案大厅、区域网络等必要的设施配套工程，不断改善物质装备建设，加强司法保障能力。同时，要利用国家解决基层人民法庭审判业务用房的机遇，因地制宜，科学规划，完善基础建设，充分发挥基层法庭化解矛盾，处理纠纷的功能。

通过上述“五抓”，努力达到“五新”，即：队伍建设要有新进步，案件质量要有新提高，制度管理要有新突破，内部改革要有新发展，基础设施建设要有新变化。

各位代表，在新的一年里，我们将在市委的正确领导下，在市人大的监督和政府、政协的大力支持下，振奋精神，与时俱进，履职尽责，不辱使命，为我市的社会和谐稳定、经济发展腾飞，人民的安居乐业，提供强有力的司法保障，作出积极的贡献！

运城市人民检察院工作报告

——2005年4月12日在运城市第一届
人民代表大会第七次会议上

运城市人民检察院代检察长　王国宏

各位代表：

现在，我代表运城市人民检察院向大会作市人民检察院工作报告，请予审议，并请市政协委员和列席人员提出意见。

2004年，全市检察机关以邓小平理论和“三个代表”重要思想为指导，认真贯彻党的十六届三中、四中全会精神和市一届人大六次会议决议，坚持科学发展观，突出“强化法律监督，维护公平正义”的工作主题，紧紧围绕全市工作大局，全面履行法律赋予的职责，各项工作都取得了新的进展。

一、严厉打击严重刑事犯罪，努力营造和谐稳定的社会环境

全市检察机关始终把维护社会稳定作为首要任务，按照市委“稳定安民工程”的部署和要求，与公安、法院等部门密切配合，加快办案节奏，依法快捕快诉，共受理提请逮捕案件1635件2697人，经审查，批准和决定逮捕1526件2485人，同比分别上升15.6%和12.4%；受理移送审查起诉案件1998件2990人，提起公诉1631件2356人，同比分别上升24.9%和14.3%；三次分别对34名死刑犯执行死刑实施了临场监督。为建设“平安运城”做出了积极贡献。

严厉打击严重刑事犯罪和破坏社会主义市场经济秩序犯罪。共批捕杀人、放火、爆炸、抢劫、强奸、绑架等严重暴力犯罪案件260件457人，起诉272件446人；批捕抢夺、盗窃等严重影响群众安全感的多发性犯罪416件714人，起诉439件660人；批捕破坏社会主义市场经济秩序犯罪案件44件67人，起诉32件50人；适时介入重特大案件侦查301次。始终保持了对严重刑事犯罪的高压态势。

集中处理涉法上访案件，努力化解社会矛盾。本着“实事求是，依法办理，合法解决，认真答复”的原则，坚持一把手负责制和领导包案制，多策并举，精心组织，开展了集中处理涉法上访案件专项行动，省院、市委交办的涉及我市检察机关的21案全部办结。继续认真落实首问责任制，对各类申诉案件及时立案、及时审查办理，努力将问题解决在基层。两级院检察长全年共参加接待1254人次。临猗县院、永济市院分别办理的杭世魁、展养春长期上访案圆满息诉，受到最高人民检察院领导的表扬。

二、不断加大查办和预防职务犯罪工作力度，推进反腐败斗争和党风廉政建设

全市检察机关坚决贯彻落实市委关于推进党风廉政建设的总体部署，坚持办案数量与质量并重、实体与程序并重、加大办案力度与依法文明办案并重、查处与预防并重、法律效果与社会效果并重的原则，以办案促稳定，以办案促发展，查办职务犯罪工作取得了新进展。全年共立案查处职务犯罪案件163件200人，其中贪污、贿赂、挪用公款等经济犯罪案122件146人，渎职侵权犯罪案41件54人，受到省院通报表扬。市院反贪局获全省反贪工作先进单位荣誉称号。

突出重点，全力查办大案要案。按照主动出击、提高质量、狠抓大要案的总体要求，共立案查处贪污、贿赂、挪用公款大要案63件80人，其中县处级干部犯罪要案2件2人，大要案比例首次突破50%大关。立案查处科级干部贪贿罪案24件24人，同比增长118.2%。立案查处重特大渎职案件8件。原河津市安监局煤矿安全管理科负责人董国胜、该局驻河津小湾沟煤矿安监员张建军玩忽职守造成5人受伤、10人死亡、11人下落不明案，被依法立案并提起公诉。

注重质量，提高案件侦结率、移诉率和判决率。坚持“一要坚决，二要慎重，务必搞准”的办案原则，严把事实关、证据关和程序关，案件侦结率、移诉率、判决率明显提高。至年底，经济罪案已侦查终结122件143人，结案率为98%，同比上升19.2%；移送审查起诉116件137人，移诉率为95.8%，同比上升4个百分点；法院作出有罪判决74人。取得了新突破。侦查终结渎职侵权罪案31件39人，移送审查起诉28件34人，移诉率为90%；法院作出有罪判决16人，同比增长15倍，增幅为历年最高。

开展专项行动，严查国家机关工作人员利用职权侵犯公民合法权益的犯罪案件。把发生在基层和群众身边、影响恶劣、严重损害人民群众切身利益的案件作为查处重点，共立案查处党政机关、司法机关、行政执法机关等国家机关工作人员滥用职权、非法拘禁、刑讯逼供等侵犯公民合法权益的犯罪案件10件19人。原万荣县盐务支局局长王春亮、原万荣县公安局协警员韩东彪非法拘禁案；原运城市运输公司公安科保安三中队队长刘海平、郑毅非法拘禁案等分别被立案查处。

立足检察职能，积极开展职务犯罪预防。在不断加大查办案件力度的同时，通过开展法律宣传、咨询、典型案例剖析等形式，提出预防性检察建议40余份，开展个案预防39次，举办职务犯罪预防法律知识讲座35次，设立职务犯罪预防公益广告牌60块。盐湖、河津、绛县、万荣、芮城、新绛、夏县都举行了由检察机关承办、党委主持的预防职务犯罪工作会议，成立了党委领导下的职务犯罪预防领导组，制定了本地加强职务犯罪预防工作的实施意见。职务犯罪预防工作的制度化和规范化建设进一步加强。

三、全面强化诉讼监督，努力维护司法公正

自觉地把“强化法律监督、维护公平正义”主题教育活动成果落实到法律监督的各个方面，突出重点，注重实效。

*加强了对侦查活动的监督。*对侦查机关应当立案而不立案的129件案件，要求说明不立案理由，同比上升12.2%；侦查机关主动立案32件44人，通知后立案60件81人，执行立案49件63人；纠正不应立案而立案的案件3件4人；追捕2件4人，追诉漏犯7人，追诉漏罪13条。

*加强了对行政执法机关移送涉嫌犯罪案件的监督。*以“强化监督职能，促进依法行政，治理经济环境，保证经济发展”为主线，与公安、工商、烟草专卖、质检等行政执法部门联合启动了行政执法与刑事执法相衔接的工作机制，联合制订下发了文件，建立了案件信息共享、联席会议、通报备案、协调配合等四项协作制度，开展了打击制售假冒伪劣商品、侵犯知识产权犯罪立案监督专项行动，共走访行政执法部门123次，查询行政违法案件162件，建议行政执法部门移交案件13件，通知公安机关立案17件，批捕犯罪嫌疑人6人。

*加强了对审判活动的监督。*对刑事审判活动中的违法行为发出纠正违法通知书和检察建议书247份；对认为确有错误的刑事判决、裁定提出抗诉16件，支持抗诉4件，法院已改判3件4人；对认为确有错误的民事行政诉讼案件生效判决、裁定提请抗诉51件，抗诉21件，改判25件，同比上升150%。

*加强了对刑罚执行活动的监督。*开展了减刑、假释、保外就医专项检查活动，共检查减刑358次353人，假释25人，保外就医20人，监督有关单位对6名保外到期未痊愈的罪犯补办了续保手续，建议对5名下落不明的保外就医罪犯实施追捕，对9名暂予监外执行条件消失的罪犯予以收监执行。共纠正超期羁押193起221人，发出口头和书面检查建议584件，发现和纠正逃跑、自杀等不安全因素及事故隐患123起，纠正各类违法行为132起。办理在押人员又犯罪案10件12人。

*加强了对检察机关自身执法办案活动的监督。*对2001年以来所办自侦案件扣押款物进行了集中清理，总共606万元，其中上缴财政417万余元，依法退还177万余元，暂留的11万余元，待结案后依法处理。对2003年的不起诉案件166件223人进行了复查，纠正处理不当的案件14件。办理刑事赔偿案20件。市院和市委政法委在临猗县院召开了执法监督机制建设现场会，省院转发了临猗，河津、芮城、新绛等院的经验材料，收到良好效果。

四、进一步引深“强化法律监督，维护公平正义”主题教育活动，全面推进检察队伍建设

始终把加强队伍建设和基层院建设作为推动检察事业发展的根本，坚持从严治检方针，不断推进检察队伍建设。

*切实加强干警思想政治建设。*组织广大干警深刻学习领会“三个代表”重要思想和党的十六大、十六届三中、四中全会精神，结合开展“公道正派树形象”活动和学习任长霞、牛玉儒等同志先进事迹，联系工作实际，开展自查自纠，着力培养干警“立检为公，执法为民”的观念，弘扬“忠诚、公正、清廉、严明”的检察职业道德。全体干警践行“三个代表”重要思想、公正执法的自觉性和坚定性进一步提高，全年有7个单位和37名个人分别受到上级机关表彰。

*努力提高干警业务素质。*组织14名检察人员参加省院组织的续职资格培训，并顺利毕业；102人参加学历教育，其中65人已取得本科学历；4名干警通过了全国司法考试。组织市院侦查监督、公诉、反食、渎职侵权检察、民事行政检察等主要业务部门各编写400道业务竞赛复习题，掀起了岗位练兵热潮。法警支队在全省检察系统法警大比武中分获枪械具使用团体第一名、个人第二名，手枪射击团体第三名、个人第一名，擒拿格斗个人第三名的好成绩。

*大力开展检察宣传。*共在地市级以上新闻媒体发表新闻稿件、调研文章519篇，其中中央级49篇，省级132篇，7篇获全省检察机关优秀调研成果奖。市院撰写的《铮铮铁骨捍正义》等三篇长篇通讯分获“中华大地之光”征文活动特等奖和一等奖。

*积极推进公诉改革。*在市院公诉处开展了以比案件质量、办案效率；看敬业精神、廉洁自律；公开受案数量、案件性质、承办人、办案时限、处理结果的“两比、两看、五公开”为主要内容的阳光作业活动，强化了主诉检察官和办案人员的时效观念和质量意识，办案效率和案件质量明显提高。在全市检察机关逐步推行了深化主诉检察官办案责任制、公诉介入侦查引导取证、被告人认、罪案件简化审、庭前证据展示、多媒体示证、不诉案件公开审六项公诉改革，取得了阶段性成果。在盐湖区召开了公诉改革现场会，得到了市委政法委和与会人员的高度评价。

*全面推进基层检察院建设。*一是会同县（市、区）委组织部门考察任命了基层院班子成员，从市院机关推选4名年轻干部到基层院挂职锻炼。二是建立并实施了基层院建设的帮扶制度，帮助解决了一些具体困难。三是制定考核方案，成立基层院建设考核领导组和办公室，进行了严格考核，14个基层院检察长民主测评均达优秀或称职。狠抓廉政建设。按照《廉政谈话制度》、《廉政档案制度》、《执法办案监督制度》，对市院及基层院178名新任领导干部进行了廉政谈话，为483名干警建立了廉政档案。全年反映干警司法不公、违法办案等问题的举报同比下降70%。

五、自觉接受人大监督，不断加强和改进检察工作

加强与人民代表联系，自觉接受人大监督是不断加强和改进检察工作的重要保证。2004年我们重点抓了五个方面的工作：一是按照人大联络制度，积极开展了与人大代表联系活动。年初、年中两次在全市范围内征求了市人大代表的意见和建议，并协助省院圆满完成了征求在运工作的省人大代表意见建议工作。二是认真办理代表建议。对市一届人大六次会议议案组交付市院办理的5件代表建议，高度重视，认真研究，确定包案领导和责任人，全部高质量按期办结，并答复了代表，均收到了满意或比较满意的效果。三是积极参加纪念人民代表大会制度成立50周年暨地方人大设立25周年活动，进一步提高了全体干警接受监督的自觉性。在“国税杯”人大知识竞赛中获得二等奖。四是继续抓好执法责任制和错案追究制的落实。对2002年以来全市侦查监督部门办理的2228件案件进行了评查，对305件不捕及申诉案进行了重点抽查，对4起案件实施了执法监督，对2名违法办案干警给予了党政处分。五是根据高检院的统一部署，开展了人民监督员制度试点工作。经有关机关、单位民主推荐，全市两级检察院共选任了78名人民监督员，其中人大代表30名，全市检察机关已有5案6人进入人民监督员监督程序，案件的处理均采纳了人民监督员的意见。

2004年，全市检察工作虽然取得了一定成绩，但也存在着问题和差距：一是队伍的整体素质，特别是专业化水平还不能完全适应新形势、新任务的要求；二是诉讼监督在一些环节上还缺乏过硬的新措施；三是查办职务犯罪工作中，突破大要案的力度不够，侦查技能有待进一步提高，案件结构还需改善；四是个别检察人员作风不正、行为不廉的问题还不同程度存在；五是经费短缺，基础设施和硬件建设滞后，影响了工作的正常开展。这些问题还有待于我们在今后的工作中认真研究，加以解决。

2005年全市检察工作的总体思路是：**以邓小平理论和“三个代表”重要思想为指导，深入贯彻党的十六大、十六届四中全会和全省检察长会议、全市政法工作会议精神，牢固树立科学发展观和正确执法观，紧紧围绕全市工作大局，继续坚持“强化法律监督，维护公平正义”的工作主题和“进一步加大工作力度，提高执法水平和办案质量”的工作要求，全面履行法律监督职责，加强执法规范化、队伍专业化和管理科学化建设，深化检察改革，加强检务保障，努力提高法律监督能力，推动各项检察工作创新发展，为建设社会主义和谐社会、实现社会公平正义做出新的贡献。**着重抓好以下六方面的工作：

*一是围绕全市工作大局，认真贯彻党的十六届四中全会精神，大力加强法律监督能力建设。*根据检察机关职责，着力提高检察机关法律监督能力，即：履行检察职能，打击预防刑事犯罪，维护社会稳定的能力；依法查办职务犯罪，促进廉政建设的能力；正确处理群众诉求，化解矛盾纠纷，促进社会和谐的能力；敢于监督、善于监督、规范监督，促进严格执法和公正司法的能力；强化自身监督和制约，严格、公正、文明执法的能力。为我市改革发展稳定创造良好的法治环境做出贡献。

*二是充分发挥检察职能，努力营造和谐稳定的社会环境。*要继续把维护社会稳定摆在首要位置，坚持“严打”方针，依法严厉打击危害国家安全犯罪、严重危害人民群众生命财产安全犯罪和破坏市场经济秩序犯罪。正确运用宽严相济的刑事政策，既要集中力量打击严重犯罪，又要对具有法定从宽条件的犯罪依法从宽处理，化消极因素为积极因素，取得更好的法律和社会效果。继续做好涉检上访工作，把息诉罢访作为检验工作成果的标准，努力化解社会矛盾。积极参与社会治安综合治理，为建设“平安运城”尽职尽责。

*三是进一步加大查办和预防职务犯罪工作力度。*要集中力量查办发生在党政机关和领导干部中的职务犯罪案件；国家机关工作人员利用职权非法拘禁、刑讯逼供等侵犯人权的犯罪案件和滥用职权、玩忽职守造成重大损失的犯罪案件；重大工程建设、金融、土地管理等领域中的职务犯罪案件；国有企业重组改制、破产和经营活动中的贪污贿赂、私分国有资产等职务犯罪案件，以及其他人民群众反映强烈的职务犯罪案件。对那些为谋取不正当利益拉拢腐蚀干部、危害严重的行贿犯罪，要依法坚决查处。要进一步突出查办大要案，不断提高案件质量。同时要立足检察职能，继续推进职务犯罪预防工作的制度化和规范化建设。

*四是强化诉讼监督，维护司法公正和司法权威。*在侦查和审判活动监督中，重点监督纠正有案不立、有罪不究、有罪判无罪、无罪判有罪的案件。在刑罚执行监督中，要继续加强对违法减刑、假释、保外就医的监督纠正，同时，要继续防止和纠正超期羁押。在民事审判和行政诉讼活动监督中，重点纠正因地方和部门保护主义，特别是审判人员贪赃枉法、徇私舞弊导致错误裁判的案件。既要纠正裁判不公的案件，又要着力做好正确裁判的服判息诉工作，维护司法权威。要进一步深化人民监督员制度试点工作，不断完善检察机关内部监督制约机制，强化对自身执法办案活动的监督，狠抓执法责任制和错案追究制的落实，确保严格、公正、文明执法。

*五是以保持共产党员先进性教育为契机，全面推进检察队伍建设。*认真组织开展保持共产党员先进性教育活动，牢固树立“立检为公、执法为民”思想，进一步端正执法思想、改进执法作风。要针对当前检察队伍中存在的问题，特别是处理涉检上访案件中暴露出的问题，认真分析原因，从薄弱环节入手，加强规范化建设，真正形成用制度规范执法为民、按法律按制度办事、靠制度管人的有效机制。要以加强党风廉政建设为重点，对领导干部要严格选人标准、严格教育、严格管理、严格监督、严肃纪律、严格考核，以从严治长，带动从严治检。要严格规范执法办案制度和程序，坚决防止和纠正执法不公、徇私枉法、随

意执法和粗暴执法等问题，切实维护群众合法权益。要加大教育培训工作力度，提高工作效率，提高侦查技能、提高公诉水平、提高办案质量。坚持凡进必考、凡升必考、凡训必考，着力培养一批专家型、复合型高素质人才，提高队伍的整体执法能力。

*六是加强基层基础建设，为强化法律监督奠定坚实基础。*按照《人民检察院基层建设纲要》的要求，推进基层检察院执法规范化、队伍专业化、管理科学化建设。依托政法信息网建设，加快检察机关基础网络建设，2005年实现与省院的二级检察网络互联互通，资源共享。加快“两房”建设步伐，加大经费保障力度，进一步改善执法办案条件。

各位代表：2005年是我市全面实现“十五”计划目标、衔接“十一五”规划发展的重要一年，也是建设新型加工制造业基地，实现新一轮经济结构调整明显见效的一年。全市检察机关要在市委和省院的领导下，在人大监督，政府、政协和社会各界的支持下，认真贯彻本次会议精神，振奋精神、开拓进取、求真务实，扎扎实实做好各项检察工作，为我市全面建设小康社会做出新的更大的贡献。

（责任编辑：景惠西　赵新慧）

大事记

2004年

1月

1日

市政府召开常务会议，专题研究经济适用房建设整顿检查情况，对天泰、广泰、金鑫、运城市4家房地产开发公司在经济适用房建设中的违规操作行为，作出严肃处理。

2日

市直农业系统召开座谈会，提出今年农业工作奋斗目标，确保农民人均增收160元。

8日

全市果业工作会议召开，确定今年果业工作重点：大力推进无公害果品生产，实施名牌战略，建立果科教、产供销、内外贸于一体的果业产业化经营体系，走优质高效果业生产之路，并将今年确定为“果品无公害技术推广年”。

9日

中共运城市委一届五次全体会议召开，全会听取并审议了市委书记黄有泉所作的常委会工作报告；市委副书记、市长王守祯就《中共运城市委贯彻落实〈中共中央关于完善社会主义市场经济体制若干问题的决定〉的实施意见》作了说明；全会原则通过了《中共运城市委贯彻落实〈中共中央关于完善社会主义市场经济体制若干问题的决定〉的实施意见》，通过了《为民工程实施意见》；通过了有关人事问题的决定。

10日

全市经济工作会议在运城召开，会议对今年的经济工作作了安排部署。市委书记黄有泉对经济工作提出了具体要求。市长王守祯部署了应重点抓好的八项经济工作。

同日

全市人口与计划生育工作会议召开，提出了今年全市人口与计划生育工作目标：全市人口出生率控制在14%以内，计划生育率达到85%以上。

同日

运城市社会各界知名人士联合会宣告成立。

同日

永济市被国家民政部、解放军总政治部授予“全国双拥模范城”荣誉称号。

11日

全市农村卫生工作会议召开。会议提出建立健全农村卫生服务网络。

12日

副省长梁滨来运就全市清理工程款和农民工工资问题进行调研。

13日

市中级法院在全市10县（市、区）分别召开公处大会，公处一批刑事犯罪分子。

15日

市政府召开会议，安排部署全市道路交通安全工作。

16日

运城军分区党委全体（扩大）会议召开。传达了北京军区和省军区党委全会精神，市委书记、军分区党委第一书记黄有泉出席会议并讲话。

同日

市政府召开全市解决建设领域拖欠工程款问题视频会议，要求春节前，足额兑现2003年竣工和在建工程项目拖欠的农民工工资，基本解决2003年以前拖欠的农民工工资。据有关部门统计，截止11日，全市为万余农民工追回工钱九百万元。

30日

市政府召开预防禽流感紧急会议，发出《关于加强高致病性禽流感预防工作的紧急通知》，要求全党动员，全民参战，坚决打胜高致病性禽流感防治这场硬仗。

1月

市委、市政府在全市范围内推荐选拔第二批河东科教英才、第五批知识分子拔尖人才。

2月

1日

全市交通工作会议召开，会议提出，今年全市交通工作重点是实施爱民、便民、富民“三民”工程，实现全市交通现代化的跨越式发展。全市公路建设总投资完成4亿元以上，新增公路通车里程30公里，新增高级、次高级路面里程50公里，新增通油路行政村30个，完成县乡公路大修工程100公里，完成绿化、美化、标准化道路200公里，完成中修工程500公里，使70%以上的村通客运班车。

同日

全市情系百姓人口计生工作大宣传、大服务、大调研、大督查百日会战拉开帷幕。

3日

市卫生局下发了《运城市卫生系统关于突发性禽流感疫情应急处理预案》，成立了市卫生系统禽流感疫情应急处理领导组。

同日

全市教育工作会议召开，确定了今年全市教育工作重点。市委书记黄有泉、市长王守祯在会上作了重要讲话。

5日

市政府召开常务会议，市长王守祯对全市禽流感疫情防治工作提出新要求。强调各县（市、区）长要作为第一责任人，把防治工作抓好抓实抓细。同时市政府成立了市防治高致病性禽流感防控预备队。

9～10日

省政府防治高致病性禽流感督察组深入永济、稷山、垣曲检查工作，高度评价了全市禽流感防治工作。

10日

市委常委会要求，市四大班子领导在100天内集中学习100句英语口语。

11日

全市建设工作会议召开，确定今年全市建设工作继续推进城镇化进程，重点解决制约城市发展、影响公共卫生安全及居民生活质量等突出问题，中心城市在继续加快“2211”工程建设和新区建设步伐的同时，启动“54321”工程，建设“绿色运城”。

12日

全市外经贸工作会议召开，明确以提高经济发展外向度为目标，突出外贸、外资、外经三个重点。

13日

全市工商行政管理工作会议召开，就进一步引深整顿和规范市场经济秩序工作作了部署安排。

16日

市政府办公厅发出通知，决定从2月18日至3月31日在全市开展安全生产大检查。同时市政府作出《关于进一步加强安全生产工作的决定》，对大力推进安全生产工作提出五点要求。

17日

市直机关启动为期三个月的“公道正派树形象”学教活动。

18日

全市严厉打击非法采矿专项整治动员会召开，决定即日起至5月中旬，在全市开展严厉打击非法采矿专项整治活动。同时成立了领导组，设立了举报电话。

19日

市委、市政府决定，“五一”期间隆重表彰自2001年以来在全市经济建设和社会发展中做出突出贡献的先进集体和个人。

19～20日

省治理整顿土地秩序工作检查验收组来运检查工作。

20日

市纪委副书记梁雨润被评为“感动中国2003年度人物”。

22日

全市组织部长会议召开。市委书记黄有泉，市委常委、组织部长王安庞出席会议并讲话。

同日

市委书记黄有泉到河津市现场办公；希望河津提前一年跨入“全国百强县（市）”。

22～23日

省畜牧局防控禽流感专家组来运调研，针对消毒、检疫等方面的问题，提出了指导性意见。

24日

省文化厅向本市25个“农民书屋”和部分县（市）区图书馆赠送两万册图书。

25日

全市“小康林业”启动暨春季植树造林现场动员会在新绛县召开，吹响了全市“小康林业”建设的号角。

同日

全市“双服务”活动动员部署电视电话会议召开，就动员军民更好地为全面建设小康社会服务，为军队现代化建设服务作了安排部署。

同日

中组部调研组来运就国有企业领导班子思想政治建设工作进行专题调研。

2月

市四大班子领导分别深入基层和各大养鸡场，检查指导禽流感的防治工作。

2月

本市荣获“全国计划生育协会工作先进市”称号。

3月

1日

全市党风廉政建设暨市纪委四次全委扩大会议召开。审议通过了市委副书记、纪委书记周振华所作的工作报告。

2日

市委、市政府召开“春元杯”百名“河东孝星”暨“敬老模范”表彰大会，对张汉卿等百名“河东孝星”和18名“敬老模范”予以表彰。

同日

市委召开“为民工程”工作会议，全面启动济困富民、扩大就业、教育卫生、阳光政务、文明创建、稳定安民六大“为民工程”。

5日

市仲裁委员会正式成立。从此，在全市解决合同纠纷有了新途径。

7日

副市长柴林山到临猗县、万荣县和河津市就河临一级公路现场办公。

8日

全市在实施天然林保护工程的同时，全面启动工业用材林工程，鼓励有条件的地方大力种植工业用林木。

8～11日

中央巡视组对本市进行巡视考察，并对全市工作提出了指导性意见。

8～12日

副省长梁滨就运城如何结合实际，切实树立科学的发展观和正确的政绩观来运调研，并对全市的城市建设提出了指导性意见。

9日

全市2003年专项资金检查工作总结大会召开，查出违规使用资金6663.8万元。

同日

全市卫生工作会议召开，全面启动“3334”工程，用三年时间改善全市农村公共卫生水平。

9～12日

省人大副主任姚新章就灾后重建工作深入平陆县调研。

11日

全市物资工作会议召开。

同日

全省春季农业生产现场会在运城召开。

12日

全市农村工作会议召开。认真贯彻中央“一号文件”和中央、省委农村工作会议精神，牢固树立科学发展观，坚持以人为本，突出重中之重，围绕八个方面，抓好八件实事，促进农民增收和农村发展。

同日

以维护农民合法利益为中心，全省农资打假护农暨科技下乡活动在运启动。

同日

全市纪检监察源头治理工作会议召开。

同日

市消协开展的“诚信维权年主题活动”正式启动。

13日

由运城日报与市工商局、市消协联合开展的“诚信维权春雷行动”拉开帷幕。

14日

市委书记黄有泉，市委常委、常务副市长董洪运到盐湖区就工业项目和机场路建设进行调研。

16日

市委副书记孟福贵就移民工作到夏县进行调研。

18日

全市非公有制企业家协会一届五次全会召开。

同日

省委对本市市级领导班子作了调整和充实。决定：胡苏平同志任中共运城市委委员、常委、副书记。董鹏翔、王殿民同志任中共运城市委常委。同时，还宣布了其他市级领导的调整意见。

20~21日

20日至21日，市委副书记、市政府党组书记胡苏平到永济、垣曲、闻喜等县市调研。

22~23日

市人大常委会召开第二十四次会议。大会表决通过了关于接受王守祯辞去运城市人民政府市长、李广田辞去运城市中级人民法院院长职务的申请。表决通过了市人大常委会任命名单草案，决定任命胡苏平为运城市副市长；任命任连友为运城市中级人民法院副院长；表决通过了胡苏平代理运城市人民政府市长的决定草案；表决通过了任连友代理运城市中级人民法院院长的决定草案；表决通过了关于接受詹进宝辞去运城市人大常委会副主任职务的申请。

22日

市委书记黄有泉就如何统筹城乡发展，促进农民增收在稷山企业、学校、农村调研。

22~26日

市委副书记、市政府党组书记、代市长胡苏平就如何全面协调共同发展赴盐湖、河津、临猗、万荣、夏县、平陆、绛县、新绛、稷山、芮城等（市、区）进行调研。

24日

副省长王昕到闻喜县“温馨家园”，看望艾滋病患者。

25日

市农村工作领导组召开协调会，研究制订给外出务工困难农民提供小额信用贷款的办法。

26日

市委召开“为民工程”工作会议。

27日

运城市慈善总会宣告成立，标志着本市公益事业的发展又向前迈进了一大步。

28~31日

政协运城市委员会一届四次会议召开。会议表决，通过了中国人民政治协商会议第一届运城市委员会第四次会议政治决议，关于常务委员会工作报告的决议；关于一届三次会议以来提案工作情况报告的决议；通过了中国人民政治协商会议第一届运城市委员会第四次会议期间提案审查情况的报告。通过选举，王琦、杨泽生、薛靛民当选政协第一届运城市委员会副主席。会议开幕时，市委书记黄有泉对政协会议提出了三点希望和要求。

29日

代市长胡苏平在市一届人大六次会议上作政府工作报告。报告指出，2004年要加快中心城市建设。不断完善基础设施。在完善城市功能、提升管理水平上下功夫。一要加紧完善“2211”工程，南风广场确保“五一”正式开放；高专东路、河东街延长线道路和盐湖防护林二期工程确保2004年完工；加快新区建设步伐。二要开始启动实施“12345”工程，即：①道路畅通工程；②改造建设两个苑（园）——人民公园、槐东文化苑；③城市绿化工程——水库绿化（八一水库、樊村水库和盐池北堤岸绿化）、解放路北段绿化改造工程和盐湖大道绿化工程（文苑小区小游园绿化）；④市政公用工程——铺设街道排水、集中供热、全城道路维修和环卫设施安装工程；⑤改造建设五条道路——槐东路、人民中路、机场路、圣惠南路和内环路（条山街、高专东路北段）。三要加强城市管理。四要强化基础设施建设，提高中心城市的承载力和辐射力。

29~4月2日

运城市第一届人民代表大会第六次会议召开。会议讨论通过了《运城市人民政府工作报告》、《运城市2003年总预算及市本级预算执行情况的报告和2004年总预算及市本级预算草案报告》、《运城市2003年市本级预算执行情况的报告和2004年市本级预算》、《运城市人民代表大会常务委员会工作报告》《运城市人民检察院工作报告》。通过选举，胡苏平当选为运城市人民政府市长；柴瑞霭、刘冠生、张道中当选为运城市人大常委会副主任；任连友当选为运城市中级人民法院院长。会上，市委书记黄有泉作重要讲话。

四月

7日

市区河东东街与人民路、河东东街与中银南路、中银南路与红旗东街、人民路与红旗东街四个交叉路口拓宽工程启动。

9日

人民路从广场岗至华联岗、文苑岗和建北岗拐角处的路面加宽改建工程启动。

上旬

城管支队和公安机关联合行动，打击乱贴乱涂制造“牛皮癣”的行为。

15日

市委宣布市政协副主席杨泽生兼任市建设局党组书记。9月9日，市人大常委会第27次会议决定，任命杨泽生为市建设局局长。

16日

市长胡苏平在市委常委、常务副市长董洪运，市政协副主席、建设局党组书记杨泽生陪同下，到南风广场、河东街延长线、高专东路、机场大道、飞机场等在建项目工地，对全市城建工作进行调研，强调城建工作要坚持建管并重的原则，通过卓有成效的建设和管理，不断提升城市的档次和品位。

20日

市委书记黄有泉到盐湖区舜帝陵东道、舜帝陵景区、机场大道、飞机场等施工工地现场办公，鼓励施工人员要高质量施工，建设一流工程。

26～27日

市委书记黄有泉到市区圣惠南路现场办公，对工程建设中遇到的环境、拆迁等问题提出了明确要求。

28日

市长胡苏平主持召开市政府第55次常务会议，研究了城市建设和管理等工作。

30日

南风广场正式开放。市四大班子领导黄有泉、胡苏平等出席了开放仪式。南风广场因舜赋《南风歌》和南风集团而得名，始建于2002年5月。广场占地200亩，是一座集休闲、娱乐、集会、购物于一体的综合型广场。

5月

9日

市长胡苏平在市委常委、常务副市长董洪运，市政协副主席、市建设局党组书记杨泽生的陪同下，就如何搞好市区规划、强化管理、整顿好市容市貌，使全市的城市品位、功能和面貌在短期内有一个大的提升，深入到盐湖区的大街小巷进行调研。

同日

同日，市城管支队集中力量，对违规户外牌匾进行拆除。

11日

市政府召开第56次常务会议，讨论通过了城市环境综合整治实施方案，从5月中旬起到年底，在市区开展为期200天的城市环境综合整治活动。

同日

省建设厅厅长张建民一行来运，并对全市的城建工作进行调研，就如何搞好城建工作提出四点建议。

27日

市委、市政府在河东会堂召开创建中国优秀旅游城市、开展城市环境综合整治动员大会。成立了以市委书记黄有泉为组长、市长胡苏平为常务副组长的整治工作领导组，下设10个工作组。实行市四大班子领导挂帅包街、现场蹲点、监督检查、协调指导的领导机制，掀起了城市环境综合整治工作高潮。

同日

市公安局决定从整治市区交通秩序入手，结合贯彻《道路交通安全法》，拉开整治工作的序幕。

29日

红旗街环境综合整治行动率先铺开，打响了城市环境综合整治第一枪。

同日

市环保局、市少工委针对市区脏乱差，尤其是白色污染问题，向全市发出“保护绿色家园消灭白色污染”的倡议，唤起人们重视环境保护，形成人人关心环境质量，共同保护生存环境的良好风尚，并在全市开展“保护绿色家园、消灭白色污染”活动。

同日

盐湖区政府召开城市环境综合治理会议，要求城区各办事处10天内完成乱搭乱建建筑物和广告牌的整治工作。

31日

市政府召开第58次常务会议。重点研究了运城市生活废弃物处理、生活垃圾填埋场建设、特种垃圾焚烧处理及夏季用电等事项。

本月

全市城市户外广告及门头牌匾整治实施方案出台。与此同时整治户外广告、门头牌匾行动开始，市区2102个不符合要求的门头牌匾被改造。

本月

市城市综合管理办公室发出通知，市区内所有空牌广告位必须全部装饰成公益画面，否则一律拆除，且今后市区内不得再出现空牌广告现象。

6月

1日

市文化局、盐湖分局主动出击，对市区的文化娱乐市场进行为期10天的整顿。主要是对街头看相算卦等迷信活动进行肃清，对市区书报刊零售摊进行整治。

1日

全市再次开展加油站专项整治行动，取缔市区及各县（市）城区繁华街道上的加油站。此项整治到7月15日结束。

2日

市区摊点规范整顿行动启动。重点是违规经营门店和规范市区市场、摊点。

同日

市委书记黄有泉、市长胡苏平听取了市区17条主次干道和4个窗口市容市貌环境整治包街领导的汇报，要求明确责任、分解到人、齐心协力，坚决打好城市综合整治攻坚战，对行动迟缓整治不力者予以曝光。

月初

市文明办发出通知，要求文明单位在城市环境综合整治中发挥表率作用，为建设美好运城作贡献。

6日

市委书记黄有泉提议召开盐湖风景区建设座谈会。市领导董洪运、张建合、石丙录、张道中、杨泽生，盐湖区、南风集团及市林业局负责人参加了会议。市委把盐湖风景区建设提上议事日程，这是提升城市品位，保护盐湖的战略性举措。

7日

市环境整治“三线入地”工作会议召开。会议要求，7月8日前，中银南路和河东街完成强电、弱电、广电线路入地铺设任务；年底前，解放北路完成强电、弱电、广电线路入地铺设任务。

同日

运城经济技术开发区召开综合整治动员大会，决定从6月开始，再干150天，集中整治区内环境。

8日

运城火车站及车站沿街单位开

始用 7 天时间，为火车站“整容”，拆除乱搭乱建和违规广告牌。

10 日

市文明办发出公告，征求市民对《文明公约》、《文明守则》的意见。

12 日

《运城日报》在运城倡议发动“处处建优美环境、人人塑城市形象”大型签名活动，运城学院和运城学院附中近 500 名大中学生积极响应。通过活动，唤起社会公众对城市环境的保护、爱护意识。

16 日

市城市环境综合整治工作领导组办公室发出 1 号通报，对 16 家行动快、效果好的单位进行表彰；对综合整治重视不够，行动迟缓的 68 个单位进行了通报批评。

中旬

市建设局在有关部门的配合下，对临时搭建物、违规简易房进行了强制拆除。

22 日

《运城日报》报道，户外广告、门头牌匾整治取得阶段性成果。共清洗不规范广告 629 处，覆盖喷涂 1771 处、清洗橱窗 306 处，粉刷墙壁 1200 平方米。市城管队组织夜间巡逻队，对喷涂制证广告行为进行打击，有效地制止了乱涂乱画现象，市区 17 条街道的 34 块城市综合整治工作责任牌全部安装到位。

23 日

全市城市环境综合整治工作进展情况汇报会召开。市委常委、常务副市长董洪运对下阶段工作提出了八项要求，强调加大督察力度，再掀整治高潮。

同日

由建设、公安、交通、工商、民政、卫生、水务单位组成的联合执法队，在红旗西街强行拆除不规范牌匾 300 多块。对人民路临街门店不规范门头牌匾进行拆除。据综治门头牌匾整治领导组统计，市区 17 条主次干道上需要整治的 4759 块门头牌匾，86%已整治一新。

下旬

市交通局与盐湖区交通局对市区货物搬运装卸业和人力货运车辆进行了规范整治。按照“合理有序、方便群众”的原则，确定市区人力三轮车可分片集中停放。

28 日

圣惠南路建成通车。该路北起圣惠桥南端，南至盐化二厂路口，全长 2.756 公里，路宽 50 米。

同日

运城机场互通立交桥开工建设。

28 日

盐湖警方展开清剿“牛皮癣”风暴行动，整治乱喷、乱涂广告行为。

29～30 日

市四大班子领导黄有泉、胡苏平、陈永信、李天样、董洪运、张建合等，对市区 17 条主次干道和火车站、汽车站两个重点窗口的环境综合整治情况进行检查。并要求进一步加强领导，加大力度，扎实工作，7 月底全面完成拆迁任务。

7 月

7 日

市政府召开第 61 次常务会议，研究城市垃圾处理、城市环境综合整治等事宜。决定对槐东路进行拓宽改造。同时，市政府下达运政函［2004］22 号文件，全权委托盐湖区政府对槐东路建设工程进行设计、招标和施工，并行使该项工程建设中的有关行政职能。7 月中旬槐东路工程项目启动，拆迁工作开始。28 天时间，拆迁 93 户，拆迁面积达 1.56 万平方米。8 月 25 日，槐东路建设工程破土动工。市委书记黄有泉、市长胡苏平等市四大班子领导出席了开工仪式，为工程奠基。槐东路北起禹都街，南至盐湖大道，全长 1600 米，双向四车道，总投资 4600 万元，是城市建设的重点工程之一。

9 日

市人大常委会第 26 次会议决定，任命董一兵为运城市人民政府副市长，主管城建、环保工作。

10 日

二郎庙商业金街工程项目启动。

11 日

市环境综合整治工作领导组办公室发出 2 号通报，对城市拆迁工作动作迟慢单位进行通报批评，要求加快城市拆迁工作速度。7 月底，市四大班子领导将对城市拆迁工作进行验收。

16 日

16 日，市区人民路沿街的 200 余家个体经营户联合发出倡议，杜绝乱吐乱扔、乱摆乱放等不文明行为；杜绝占道经营、店外修理等有碍市容市貌的行为；主动落实“门前五包”责任制，全力维护市区环境卫生；每周五上午 7 时至 9 时定为市区个体经营户集体清扫门前及店堂卫生时间。

23 日

运城机场路建成通车，被誉为“河东第一路”。机场路西起建北立交桥，东至运城机场中口，全长 8 公里，路面宽度为 60 米。工程总投资 1.26 亿元。该路开创了运城城市建设史上的六个第一：一是投资上亿元、8 公里街道一次成型；二是双向车道、路面宽度 60 米；三是实现了管线入地；四是隔离花带采用 5 万余米长、共 7 万余花岗岩路沿石砌成；五是全线 360 余盏 10 灯头中华灯与“河东明珠”大型塔灯交相辉映，形成城市亮化独特景观；六是占路面总面积 35%的绿化带和直径百米转盘绿化园，在运城城建史上尚属首例。

8 月

6 日

市长胡苏平深入市区潞村街、中银路检查城市综合整治情况，要求坚决拆除影响道路畅通的违章建筑物。

10 日

市委书记黄有泉到城市建设一线现场办公，重点就河东街延伸至圣惠路、八一水库建成城市森林公园两个项目进行调研。

11 日

市委书记黄有泉在市委常委、市委秘书长张建合，政府副市长董一兵，政协副主席、建设局党组书记杨泽生及红旗街整治组相关成员的陪同下，就城建工作深入到红旗街、圣惠北路、工农街、潞村街、槐东路、学苑路、河东街延长线、盐湖大道、农业科技示范园等进行调研。

13日

市委、市政府召开城市环境综合整治工作会议，提出用10天时间，打一场城市环境综合整治阶段性突击战，完成城市综合整治各项目标任务。

16日

市政府召开第64次常务会议，对城市公园建设、垃圾处理等问题进行了研究。

18日

市区东城墙路改造复铺工程启动。

25日

市四大班子领导检查了环境整治工作，要求抓紧时间，加快进度，确保综合整治任务完成。

同日

粤晋·泽鑫房地产公司向环卫处捐赠绿色环保垃圾箱120个。

27日

省委常委、宣传部长申维辰来运视察新建成的机场大道和停机坪、停机大厅等设施，肯定了运城的城建工作，指出城市建设要有超前意识。

同日

市委书记黄有泉带领市四大班子领导视察运城新区建设工程贺村铺拆迁现场和新利通公司，指出市委、市政府将全力以赴创造良好的投资环境，最大限度地支持投资商。

9月

8日

市委书记黄有泉、副市长董一兵带领市建设局、国土资源局等部门负责人，深入潞村街、贺村铺村检查拆迁工作，肯定了拆迁单位和个人为城市环境综合整治做出的积极贡献。

13日

市领导黄有泉、陈永信、董洪运、张建合、王琦、杨泽生等到建设中的运城飞机场和机场路互通立交桥施工工地现场办公。要求加快建设速度，为运城机场通航做好准备工作。

同日

同日，市长胡苏平对城市环境综合整治进展情况进行检查，协调解决了整治工作中存在的问题和困难，要求城市环境综合整治工作要以人为本，突出重点，确保进展。

15日

市委书记黄有泉、市长胡苏平到新城区现场办公。

同日

由关铝集团筹资建设的“富斯特”污水处理工程举行奠基仪式。市四大班子领导黄有泉等出席了奠基仪式。此项污水处理工程是关铝热电厂的附属项目，也是全市城市基础设施建设的重点工程，总投资达5000余万元，日处理污水8万立方米。处理后的水可用于农田灌溉及工业用水。工程将对全市主城区和沿线5个村庄的污水进行处理，服务人口约30万。

17日

市政府召开第65次常务会议，研究姚暹渠城区东段改造方案，通过了城市特种垃圾处理方案和城市秋季绿化方案等。

同日

市领导黄有泉、胡苏平、张建合、石丙录等深入市区主要街道，就城市环境综合整治工作进行检查督促。

23日

副市长安德天、董一兵，市政协副主席、市建设局局长杨泽生到姚暹渠沿线各单位，就姚暹渠改造工程中遇到的问题现场办公。

10月

10日

全市为期百日的交通秩序大整治工作全面启动。启动仪式上，市领导黄有泉、胡苏平、马东波、张建合等与民警一起在“创建优秀文明城市”的长卷上签名。

18日

市综合整治门头牌匾、户外广告领导组召开会议，启动运城市区门头牌匾、户外广告整治行动。开展第二个户外广告、门头牌匾百日整治大会战。

20日

姚暹渠改造工程开工建设。

同日

副市长吴菊仙对“70天爱国卫生大行动”作出紧急部署，从即日起到年底，在市区开展围剿垃圾大会战。

21日

市城市客运交通管理处从即日起，对市区解放路、凤凰路、人民路、中银大道、河东街、禹都大道、红旗街等主要街道的出租车站牌进行规范设置。

同日

副市长董一兵和市政协副主席、市建设局长杨泽生等在市区调研环境卫生工作，要求建立长效管理机制，市区的垃圾实行统管统运。

26日

城市环境综合整治领导组在市委关铝厅召开了市区人行道硬化工作动员大会，决定从即日起，用60天时间，全部硬化市区主要街道的人行道。

11月

9日

市委书记黄有泉到建设中的槐东路和运城新区现场办公，就体育馆和博物馆建设听取了有关部门负责人的汇报，要求体育馆和博物馆建设要抓紧时间做好前期筹备工作，争取明年3月破土动工。

9日

市环保局启动查处锅炉污染行动。

19日

市长胡苏平，市政协副主席王琦，市政协副主席、市建设局局长杨泽生带领市建设、园林、城管、环卫、综合办、市政处等部门负责人，深入市区主要街道，就城市环境综合整治进展情况进行督查。

25日

市政府召开第68次常务会议，研究了市体育馆、博物馆等筹建工作。

12月

9日

市政府召开专门会议，研究市区“三线入地”工作。决定元旦前完成人民路中段电力、通信和广电线路的入地工作，对市区其他主要街道的“三线入地”要进行一次彻底整顿。

16日

市委书记黄有泉在全市经济工作暨招商引资动员大会上发表重要讲话。强调要加快推进城镇化步伐，把运城建成晋、陕、豫金三角地区具有河东文化特色的工贸旅游现代化中心城市。城建工作要突出五个重点，抓好五个方面：①抓好老城区改造，继续加大环境综合整治力度，坚决治理乱搭、乱建、乱放行为，实现亮化、绿化、美化、硬化，进一步提高城市的形象和品位；②新城区规划建设要高起点、高品位、快速度，重点抓好运城新区、南山风景区、盐湖风景区、森林公园、教育园区、文化园区、空港新区、盐湖新区、盐湖大道、中西部商品博览城十大工程建设；③抓紧提高和完善城市综合功能，抓好市科技馆、博物馆、体育馆、图书馆四大场馆建设，抓紧城市集中供热、供气、供水、供电、通信、公交、垃圾处理、污水处理等项目的立项建设工作；④高度重视城市的生态环境建设，不断提高城市的绿化覆盖率和大气环境质量，下大力气搞好姚暹渠的治理改造，下决心取消所有的取暖锅炉，解决集中供暖问题，下最大决心把影响城市环境的垃圾、污水问题解决好，高度重视对樊村水库、安邑水库、八一水库和盐湖水源、水系、水面的保护、开发和利用，确保运城山青、水秀、空气好；⑤提高城市综合竞争力。

20日

市长胡苏平、副市长董一兵、市政协副主席王琦调研城市环境综合整治工作。要求城建部门要尽快规划建设10个菜品市场，改善、方便市民生活，并就垃圾清理、马路市场规范、道路责任管理提出了要求。

28日

《运城日报》刊登长篇通讯《攻坚克难一虎将》，介绍了为城市拆迁工作作出突出贡献的盐湖区常务副区长靳虎刚的先进事迹。

是年

市四大班子领导多次到包街项目区调研，督查城市环境综合整治工作。

（张建国　武建华）

（责任编辑：武建华）

概　　况

基本情况

自然环境

【位置　面积】　运城市位于山西省西南部，处于华北平原的丘陵区，黄土高原东沿第一台阶，黄河中游地带。北界吕梁山与临汾市的乡宁、襄汾、曲沃、侯马、翼城等县（市）接壤，东连太行山与晋城市的沁水、阳城二县毗邻，西、南两面濒临黄河，河干流形成了本市与陕西、河南两省的天然分界线。本市境域轮廓大致呈不规则三角形，地理坐标为北纬 34°35′～35°50′，东经 110°15′～112°04′，东西宽约 201.87 公里，南北长约 127.47 公里，总面积 13968 平方公里，约占山西省总面积的 9%。

【气候】　2004 年度本市天气气候的主要特点是：年平均气温略高，降水偏少，日照偏多。其中冬季温暖多雨，光照充足；春季温度高、雨水少、日照多；夏、秋季温度、降水均正常略低（少），夏季日照偏少、秋季光照充足。

1. 温度：本年度全市平均温度为 13.6℃，比往年平均值偏高 0.5℃，其中 1～2 月、春季和 12 月平均温度分别为 2.0℃、15.9℃和 0.8℃，分别比历年同期平均值偏高 2.5℃、2.0℃和 0.9℃，夏、秋季季平均温度分别为 24.6℃和 12.7℃，分别比历年同期平均值偏低 0.8℃和 0.4℃。

2. 降水：年内全市平均总降水量为 465.1mm，比往年平均值偏少 50.6mm，其中 1～2 月、12 月降水量分别为 16.9mm、19.3mm，分别比历年同期平均值偏多 4.4mm、14.2mm，春、夏、秋季季平均降水量分别为 72.7mm、249.3mm 和 106.8mm，分别比历年同期平均值偏少 30.5mm、8.2mm 和 30.7mm。

3. 日照：年内全市平均总日照时数为 2317.4 小时，比往年平均值偏多 71.1 小时，其中 1～2 月、春季和秋季季平均日照时数分别为 368.4 小时、704.6 小时和 520.5 小时，分别比历年同期平均值偏多 59.2 小时、100.0 小时和 12.4 小时，夏季和 12 月平均日照时数分别为 606.9 小时和 117.0 小时，分别比历年同期平均值偏少 56.5 小时和 43.7 小时。

4. 重大天气事件

2004 年度，本市冬春暖，夏秋凉，整个年度降水偏少，有阶段性干旱发生，主要的灾害性天气有以下几个方面。

（1）初夏高温　6 月 20～28 日间，受青藏高原暖高压影响，运城市连续 9 天出现 37℃以上的高温天气，持续时间之长超过了本市历史同期最高记录，其中 6 月 26 日，盐湖区最高温度达 40.7℃，为当日全国气温之首。持续的高温天气，在给运城市民带来酷暑的同时，也加快了土壤失墒速度，田间干土层厚度深达 25cm。

（2）夏季多局部地区暴雨、冰雹等强对流性天气　2004 年 6～8 月间，全市共出现 10 次局部地区暴雨、冰雹等强对流性天气，有 7 次造成灾害，尤以 6 月 29 日和 7 月 24 日的暴雨造成的灾害最为严重。其中 6 月 29～30 日，运城市普降中到大雨，永济、闻喜、新绛、绛县、平陆 5 县（市）达暴雨，暴雨造成房屋倒塌，道路被冲，大秋作物受损，日光温室、鸡舍和大棚毁坏，并引发泥石流和山体滑坡，总计经济损失达 1500 余万元。另外，29 日永济市蒲州镇 2 人遭雷击，其中一人死亡。

7 月 24、25 日，平陆县常乐、张村、杜马、部官、曹川等 10 个乡降暴雨，由于降雨持续时间长、雨量大、来势猛，致使 3963 户、15067 口人受灾，其中重灾户 3022 户、11319 口人，冲垮粮田 2 万余亩，冲走和淹没粮食 10 万公斤，毁坏道路 165.3 公里，冲毁小型水利工程 6 座，冲垮桥梁 11 座，倒塌电杆 25 根，造成直接经济损失达 5476.65 万元。

5. 气候对农业影响

（1）越冬期间气温偏高，雨雪较多，小麦安全越冬。全市 1～2 月份平均气温为 2.0℃，比历年同期平均值偏高 2.5℃。特别是 2004 年 2 月份月平均气温高达 5.0℃，比历年平均值偏高 3.4℃；而同期的降水量为 19.5mm，比历年平均值偏多 2.0mm。明显的暖冬使得大面积土壤并未完全封冻，越冬作物也未完全停止生长，有利于上年秋天播种迟、冬前长势较差的小麦弱苗转壮。

（2）早春气温回升迅速，降水明显不足，旱情较为严重。整个春季，全市平均降水量仅 72.7mm，比历年同期平均值偏少 30.5mm，其中 3、4 月月降水量分别为 4.7mm、19.2mm，分别比历年平均值偏少 17.5mm、15.9mm，而且，除 4 月 29 日绛县和芮城日降水量达 30mm 以外，其余的均为无效降水，4 月 28 日各地棉秋田 30cm 土壤含水量在 23～53%之间，出现中度干旱，部分地区旱情严重，极轨气象卫星云图也反映了全市已出现大面积干旱区。

从冬到春，长时间的“高温”少雨天气，一方面导致较为严重的春旱发生，加之水电供应不足，给棉花播种造成很大困难，整地、播种质量差，出苗不好，播期延续了一个多月，直至 5 月上旬才播种完毕，苗龄差距大，部分老棉区死苗严重，喷打杀菌剂后效果不明显；另外，苗蚜严重发生，据统计，全市棉花苗蚜发生面积达 100 余万亩（棉花总面积为 150 万亩）。

4 月份本市温度比往年明显偏

高，19日全市日最高温度高达33.7℃，出现高温烫苗，造成大面积补种。另一方面，较高的温度促使小麦发育迅速，虽然播种推迟了20余天，但抽穗期已经比往年提前了5天左右。

(3) 仲春喜遇好雨，旱象得到有效缓解，小麦长势转好。4月下旬到5月中旬初，运城市气象局抓住有利降水天气形势，实施飞机和地面人工增雨作业，取得明显效果。据统计，在此期间降水量达40mm，其中5月10～12日间全市大部分地区降中到大雨，绛县达暴雨，过程平均雨量为20.9mm，有效地缓解了麦田旱象，为小麦后期充分灌浆奠定了基础，是当年小麦千粒重较高的一个重要原因。

(4) 夏秋期间降水在时间分布上较为均匀，田间土壤水分含量适宜，棉秋作物长势良好。7～9月上旬末，本市平均总雨量为188.1mm，比历年同期平均值偏少11.0mm；但由于当年伏期全市降水在时间上分布较为均匀，因此，夏秋未出现严重旱象，适期播种的棉花在较为适宜的环境下顺利生长，发育早，生育期提前，伏前桃多。

6月下旬，正值棉花开花结铃高峰期，本市旬平均温度达28.7℃，出现了历史上从未有过的长时间高温天气，其中26日极端最高温度达40.7℃，造成花粉开裂，影响授粉。7、8月份温度正常，雨量偏少，日照比常年少60小时，昼夜温差小，不利于干物质积累，影响棉纤维发育，使铃重减轻、养分降低。

(5) 麦播期间降好雨，麦播质量较高。9月28～30月间，正当小麦最适宜播种的时期，运城喜遇好雨，过程平均降雨量为29.7mm，有效地补充了土壤水分，为麦播全苗提供了可靠的保障。

(6) 12月降雪较多，小麦安全越冬。12月份本市温度变化非常大，上、中旬比往年偏高明显，下旬则突然下降，最低温度达－14.0℃。整个12月，本市维持较多的降水，而且降水在时间上分布也较为均匀，期间的三次大雪过程给本市的小麦、油菜盖上了厚厚的一层棉被，为其安全越冬积蓄了充分的水分。（冯明理）

2004年度主要气象要素表

	1	2	3	4	5	6	7	8	9	10	11	12
温度	－1.1	5.0	9.6	17.4	20.6	24.3	25.8	23.6	19.6	12.7	5.9	0.8
降水	2.5	14.4	4.4	19.2	49.1	77.8	95.0	76.5	78.0	12.3	15.6	19.3
日照	153.5	214.9	177.3	254.6	272.7	229.6	198.8	178.5	177.1	179.6	163.8	117.0

行政区划

【行政区划】 2004年，全市2个县级市、10个县、1个区；79个镇、54乡、13个街道办事处；3286个村委会；7873个自然村。总面积13968平方公里，总人口495.3万人。

盐湖区 7镇6乡、8个街道办事处、81个居委会、314个村委会、430个自然村。即：解州镇、北相镇、龙居镇、金井乡、席张乡、泓芝驿镇、上郭乡、三路里镇、上王乡、冯村乡、王范乡、陶村镇、东郭镇、东城、西城、南城、北城、中城、安邑、姚孟、大渠街道办事处。

永济市 7镇、3个街道办事处、23个居委会、262个村委会、402个自然村。即：虞乡镇、卿头镇、开张镇、栲栳镇、张营镇、蒲州镇、韩阳镇、城东、城西、城北街道办事处。

河津市 2镇、5乡、2个街道办事处、18个居委会、148个村委会、216个自然村。即：樊村镇、僧楼镇、小梁乡、柴家乡、赵家庄乡、下化乡、阳村乡、城区街道办事处、清涧街道办事处。

芮城县 7镇、3乡、309个村委会、723个自然村。即：古魏镇、风陵渡镇、阳城镇、永乐镇、大王镇、学张乡、南张乡、东垆乡、西陌镇、陌南镇。

临猗县 8镇、5乡、373个村和会、546个自然村。即：猗氏镇、嵋阳镇、七级镇、东张镇、临晋镇、孙吉镇、三管镇、庙上乡、角杯乡、耽子镇、北辛乡、北景乡、楚侯乡。

万荣县 4镇、9乡、281个村委会、409个自然村。即：解店镇、荣河镇、通化镇、汉薛镇、皇甫乡、西村乡、万泉乡、南张乡、高村乡、贾村乡、王显乡、光华乡、裴庄乡。

新绛县 7镇、1乡、220个村委会、235个自然村。即：龙兴镇、三泉镇、泽掌镇、北张镇、古交镇、万安镇、阳王镇、横桥乡。

稷山县 5镇、2乡、200个村委会、228个自然村。即：稷峰镇、化峪镇、太阳乡、翟店镇、清河镇、西社镇、蔡村乡。

闻喜县 7镇、6乡、342个村委会、763个自然村。即：桐城镇、东镇、河底镇、郭家庄镇、凹底镇、礼元镇、侯村乡、裴社乡、后宫乡、薛店镇、阳隅乡、神柏乡、石门乡。

夏县 6镇、5乡、256个村委会、812个自然村。即：瑶峰镇、裴介镇、水头镇、庙前镇、泗交镇、埝掌镇、南大里乡、尉郭乡、禹王乡、胡张乡、祁家河乡。

绛县 8镇、2乡、212个村委会、637个自然村。即：古绛镇、大交镇、安峪镇、横水镇、南樊镇、磨里镇、卫庄镇、陈村镇、冷口乡、郝庄乡。

平陆县 6镇、4乡、229个村委会、1109个自然村。即：圣人涧镇、常乐镇、张村镇、曹川镇、张店镇、三门镇、洪池乡、杜马乡、部官乡、坡底乡。

垣曲县 5镇、6乡、191个村委会、1319个自然村。即：新城镇、毛家湾镇、王茅镇、古城镇、历山镇、皋落乡、长直乡、华峰乡、英言乡、蒲掌乡、解峪乡。

（市民政局）

人口情况

【人口构成】　据抽样调查推算，2004年末全市总人口为4952727人，其中男性2533809人，女性2418918人，男女性别比为104.75。城镇人口1437779人，乡村人口3514948人，城镇化率29.0%。

（市统计局）

【人口自然变动】　据抽样调查，截止2004年底，全市平均每天出生人口177.0人，出生率为13.05‰，平均每天死亡人口84.5人，死亡率6.21‰；人口自然增长率为6.84‰。

（市统计局）

【婚姻情况】　2004年，全市共办理结婚登记19939对，结婚登记率达98%以上，登记合格率99.9%。

（市民政局）

国民经济与社会发展

【概述】　综合　2004年，全市国民经济稳步快速发展，综合经济实力明显增强。据初步测算，2004年全市生产总值完成359.3亿元，比2003年增加65.7亿元，按可比价计算增长15.4%，增幅比2003年提高0.3个百分点，再创1996年以来的新高。全年全市人均实现生产总值7280元（折880美元），比2003年增加1281元，增长12.4%。

在全市生产总值中：第一产业完成增加值50.4亿元，比2003年增长9.1%，增幅提高1.0个百分点；第二产业完成增加值215.3亿元，比2003年增长18.9%，增幅比2003年下降0.9个百分点；第三产业完成增加值93.6亿元，比2003年增长11.8%，增幅比2003年提高1.5个百分点；三次产业占生产总值的比重由2003年的14.8∶58.2∶27.0调整为14.0∶59.9∶26.1。

劳动就业状况稳步改善。年末全市从业人员237.3万人，比2003年末增加2.5万人，其中：城镇从业人员32.5万人，占13.7%，乡村从业人员204.8万人，占86.3%。全市城镇在岗职工为30.9万人，比2003年下降3.0%。从业人员按三次产业分：第一产业139.6万人，占58.8%；第二产业46.9万人，占19.8%；第三产业50.8万人，占21.4%。全年全市新增城镇就业岗位5.5万个，完成全年目标（2.68万个）的205.2%。全市有1.98万名下岗失业人员实现了再就业，完成全年目标（1.13万名）的175.2%。其中“4050”人员9968人。城镇登记失业率为1.6%。

社会劳动生产率提高。全年全市社会劳动生产率为15218元/人，比2003年提高21.6%。

2004年主要市场价格温和上升。在消费领域居民消费价格水平比2003年上升2.9%（中心城市盐湖区上升2.5%）。其中：城市上升2.3%，农村上升2.1%。在居民消费价格八大类中，处于上升水平的有3个；食品110.8%，居住102.6%，医疗保健和个人用品102.7%，其中：食品类价格上涨10.8%，对居民消费价格影响最大。全市商品零售价格总水平比2003年上升1.3%。在生产领域工业品出厂价格总水平较2003年上升11.1%。原材料、燃料、动力购进价格总水平较2003年上升14.7%。农业生产资料较2003年上升7.9%。

农业　农业经济形势喜人，粮食、畜产品产量全面提高。全市全年农林牧渔业总产值达到87.8亿元，比2003年增加10.5亿元，按1990年不变价计算，比2003年增长11.1%。其中：农业完成现价产值70.5亿元，占80.3%，比2003年增长12.4%；林业产值0.8亿元，占0.9%，比2003年下降31.6%；牧业产值12.8亿元，占14.6%，比2003年增长8.1%；渔业产值1.2亿元，占1.3%，比2003年增长13.8%；农林牧渔服务业2.5亿元，占2.9%。全年粮食播种面积425.0千公顷，比2003年增加35.5千公顷，增长9.1%。其中，小麦播种面积257.8千公顷，比2003年减少9.6千公顷，比2003年下降3.6%；秋粮播种面积167.3千公顷，比2003年增加45.2千公顷，增长37.0%。据抽样调查，全市粮食总产量达到15.96亿公斤，比2003年增长16.5%。其中，小麦产量9.25亿公斤，比2003年增长4.9%；秋粮产量6.7亿公斤，比2003年增长38.6%。全市人均占有粮食323.3公斤。棉花播种面积99.4千公顷，比2003年增长24.2%，棉花总产量10.8万吨，比2003年增长32.5%。油料播种面积2167千公顷，比2003年下降15.8%，油料总产量3.4万吨，比2003年下降14.4%。蔬菜播种面积32.0千公顷，比2003年下降19.0%，蔬菜总产量94.8万吨，比2003年下降12.0%。瓜类面积5.3千公顷，比2003年下降16.1%。水果面积92.3千公顷，比2003年增长4.1%，水果产量191.6万吨，比2003年增长12.8%。其中：苹果面积70.0千公顷，比2003年增长4.8%，苹果产量163.1万吨，比2003年增长12.7%。

造林绿化有新进展。全年全市共完成造林面积21159公顷，其中：营造经济林2538公顷，幼林抚育面积7926公顷，四旁植树1046万株。核桃、板栗、花椒等干果产量2213吨，比2003年增长10%。退耕还林面积6667公顷。

畜牧业生产稳步发展。全年全

表1　**2004年全市居民消费价格分类指数表**

指　　标	全　市	城　市	农　村
全市居民消费价格总指数	102.9	102.3	102.1
食　　品	110.8	104.9	111.0
烟酒及用品	99.5	102.2	99.4
衣　　着	99.8	100.2	99.0
家庭设备及维修服务	98.2	99.1	98.2
医疗保险及个人用品	102.7	99.5	103.4
交通及通讯	95.5	97.7	95.8
娱乐教育文化用品及服务	97.7	104.7	95.7
居　　住	102.6	105.6	101.5

市肉类总产量9.0万吨，比2003年增长11.0%，其中：猪牛羊肉产量7.4万吨，比2003年增长12.1%；禽蛋产量7.8万吨，比2003年增长3.6%；奶类产量2.4万吨．比2003年增长34.6%。年末大牲畜存栏33.1万头，比2003年增长3.9%；猪存栏96.44万头，比2003年增长8.8%；羊存栏68.1万只，比2003年下降3.0%；家禽存栏1432万只，比2003年增长4.7%。

渔业生产快速增长。全年全市水产品产量1.8万吨，比2003年增长20.0%。

农业生产条件得到改善。2004年末，全市农业水浇地面积282.4千公顷，比2003年上升0.3%；农村用电量达到13.6亿千瓦小时，比2003年上升4.6%；农用化肥施用量（折纯）22.2万吨，与2003年持平，农用薄膜使用量7837吨，比2003年上升34.1%。

工业和建筑业　工业生产平稳快速增长，运行质量进一步提高。2004年，全市全部工业企业完成工业增加值184.1亿元，按可比价计算，比2003年增长18.3%，其中民营企业增加值117.4亿元，占到63.8%。国有工业企业及年销售收入在500万元以上的非国有工业企业（以下简称规模以上工业企业）完成工业增加值150.6亿元，比2003年增长21.1%；全年四个季度基本保持平稳增长之势：第一季度增长21.6%，第二季度增长20.5%，第三季度增长21.5%，第四季度增长21.1%，其中规模以上民营企业增加值83.9亿元，占55.7%。

在规模以上企业中，按隶属关系分：中央企业完成增加值35.4亿元，比2003年增长25.1%，占规模以上工业增加值23.5%；省营企业完成增加值4.4亿元，比2003年增长38.3%，占规模以上工业增加值2.9%；地方企业完成工业增加值110.8亿元，比2003年增长19.4%，占规模以上工业增加值73.6%。在地方企业中：市属企业完成工业增加值11.1亿元，比2003年下降7.5%；县及县以上企业完成工业增加值99.7亿元，比2003年增长23.3%。其中：县（市、区）属企业完成工业增加值47.0亿元，比2003年增长30.3%。

按轻重工业分：轻工业完成工业增加值29.2亿元，比2003年增长11.6%；重工业完成工业增加值121.4亿元，比2003年增长24.4%。轻重工业占规模以上工业增加值的比重分别为19.4%和80.6%。

按经济类型分：国有企业完成增加值19.0亿元，比2003年增长13.7%，占规模以上工业增加值12.6%；集体企业完成增加值2.8亿元，比2003年增长2.4%，占规模以上工业增加值1.8%；股份合作企业完成增加值2.2亿元，比2003年下降9.2%，占规模以上工业增加值1.5%；股份制企业完成增加值107.2亿元，比2003年增长24.4%，占规模以上工业增加值71.2%；外商及港澳台投资企业完成4.1亿元，比2003年增长10.8%，占规模以上工业增加值2.7%；其他经济类型企业完成工业增加值15.3亿元，比2003年增长22.2%，占规模以上工业增加值10.2%。全年全市大中型工业企业完成工业增加值119.8亿元，比2003年增长21%。

按行业分：在全市28个工业行业大类中，有17个行业增加值呈增长趋势，增长行业占到60.7%，增速在20%以上的行业达9个，其中黑色金属冶炼及加工业、有色金属冶炼及加工业、炼焦加工业、电力热力的生产供应业四大行业的工业增加值总量为110.8亿元，占全市工业增加值的比重为73.6%。这四大行业拉动全市工业经济增长17.7个百分点。

企业经济效益稳步提高。全市全年规模以上工业总资产达到664.5亿元，比2003年增长20.3%；实现产品销售收入405.8亿元，比2003年增长20.6%；实现利税64.5亿元，比2003年增长19.2%，其中利润35.9亿元，比2003年增长14.1%。全市规模以上工业企业经济效益综合指标达156.7%，比2003年提高2.3个百分点。全市规模以上工业企业总资产贡献率12.2%，比2003年下降0.3个百分点；资本保值增值率118.8%，比2003年提高2.4个百分点；资产负债率64.5%，比2003年上升0.5个百分点；流动资金周转率1.6次/年，比2003年下降0.1次/年；成本费用利润率9.7%，比2003年下降0.7个百分点；工业产品产销率96.2%，比2003年下降0.7个百分点，亏损企业亏损额2.8亿元，比2003年上升121.1%。

多数产品生产保持快速增长。发电量92亿千瓦小时，增长6.2%；焦炭741.6万吨，增长9.3%；钢产量228.9万吨，增长18.7%；钢材188万吨，增长91.5%；镁14.4万吨，增长13.7%；化肥47.1万吨，增长16.2%；合成氨71.4万吨，增长21.4%；纱2.8万吨，增长4.2%；水泥312.9万吨，增长24.5%；布9231万米，增长4.1%；生铁79.6万吨，减少34.8%；原煤139.3万吨，减少21.2%；食用植物油4.4万吨，减少10.1%；氧化铝140.6万吨，减少0.9%；铝材4.6万吨，减少13.1%；合成洗涤剂14.7万吨，减少7.2%。

能源外输量、消费量增长较快。全年全市共外输煤炭34.5万吨，比2003年增长64.2%；外输焦炭616.1万吨，比2003年增长40.4%。全年全市用电总量109.6亿千瓦小时，其中：农林牧渔水利用电11.3亿千瓦小时，工业用电91.1亿千瓦小时，城乡居民生活用电4.8亿千瓦小时。

建筑业生产经营平稳发展。全年全市具有资质等级的建筑企业85个，完成增加值3.7亿元，比2003年增长16.5%。其中：国有及国有控股企业完成1.4亿元，占37.8%，实现利税0.6亿元，增长8.6%。全年房屋建筑施工面积244.1万平方米，下降8.2%。

固定资产投资　固定资产投资合理增长，全年全社会固定资产投资完成138.0亿元，比2003年增长34.8%，增幅较2003年上升了8.2个百分点，其中城镇固定资产投资完成134.4亿元，农村固定资产投资完成3.6亿元。

投资结构进一步优化，更新改造加快，基本建设投资运行平稳，房地产投资略显强势。基本建设投资完成58.6亿元，比2003年增长

14.3%，更新改造投资完成46.4亿元，比2003年增长55.5%。房地产投资完成10.5亿元，比2003年增长38%，增幅较2003年提高18个百分点。

第二产业仍是全市投资主力。分产业来看，第一产业完成投资0.5亿元，占投资比重0.4%；第二产业完成投资103.7亿元，占投资比重75.1%；第三产业完成投资33.8亿元，占投资比重24.5%。

全市全社会投资中，国有投资56.3亿元，占投资总量40.8%，非国有投资完成81.7亿元，占投资总量的59.2%。

从行业投资看，基础产业、基础设施建设得到加强。制造业完成投资83.4亿元，比2003年增长52.5%；电力、煤气及水生产供应业完成投资20.1亿元，比2003年增长91.4%；交通运输仓储及邮电通讯业完成投资5.7亿元，比2003年增长5.6%；批发零售贸易餐饮业完成投资1.1亿元，比2003年下降26.7%。

全市固定资产投资项目434个，其中本年新开工284个，竣工投产项目214个。新增固定资产62.1亿元，比2003年增长2.6%。

全市新增的主要生产能力有：中小学学生席位19355个，日精炼油240吨，炼钢150万吨/年，粮食仓储能力500万公斤，洗煤180万吨/年，焦炭570万吨/年，铝加工8万吨/年，农用化肥2130吨/年，新建公路490公里，改建公路1451公里。

本年投产的大型项目有：运城飞机场，全年完成投资1.9亿元；河津华鑫钢铁有限公司100万吨特种钢生产线，本年完成6000万元；三联技术产业集团60万吨焦炉扩建项目，本年完成700万元；丰喜大道一期工程，完成投资1710万元；丰达科工贸集团220立方米高炉项目，本年投资3998万元；东方冶金有限公司金属镁扩建项目完成投资9000万元。

国内贸易　消费品市场持续走高。综观全年消费市场运行态势，第一季度累计增速13.2%，第二季度20.3%，第三季度20.7%，第四季度达到23.4%。全年全市社会消费品零售总额99.5亿元，比2003年增长23.4%，高出2003年8.3个百分点，增幅创近年来新高。

各类消费基本呈增长之势。市零售额58.2亿元，比2003年增长30.5%；县零售额23.0亿元，比2003年增长10.2%；县以下零售额18.3亿元，比2003年增长12.7%。按经济类型分，国有经济零售额18.0亿元，比2003年增长18.9%；集体经济零售额8.6亿元，比2003年增长16.4%；个体经济零售额62.7亿元，比2003年增长23.1%；其他经济零售额8.4亿元，比2003年增长39.6%。分行业看，批发业零售额75.2亿元，比2003年增长14.1%；餐饮业零售额15.8亿元，比2003年增长80.3%；其他行业零售额8.4亿元，比2003年下降42.0%。

书报杂志、体育用品、通讯器材、金银珠宝类商品旺销。全年全市限额以上批发零售贸易企业的通讯器材类零售额比2003年增长3倍以上；书刊杂志增长37.9%；化妆品类增长8.2%；体育用品增长16.2%；金银珠宝类增长52.1%。

限额以上贸易业销售进一步增长。全年全市限额以上贸易企业实现零售额9.4亿元，比2003年增长59.3%。限额以上贸易企业零售额在全社会消费品零售总额中所占比重为9.4%。

对外贸易和旅游业　进出口贸易继续扩大。全年全市累计完成进出口总额53535万美元，比2003年增长48.9%，增幅比2003年回落36.6个百分点。其中出口22570万美元，增长46.1%；进口30965万美元，增长51.1%，累计实现贸易逆差8395万美元。在出口贸易中，一般贸易17689万美元，增长24.3%；来料加工贸易10.0万美元，下降51.4%；进料加工贸易4871万美元，增长309.5%。在进口贸易中，一般贸易26296万美元，增长45.0%；来料加工贸易2万美元，下降79.8%；进料加工贸易4422万美元，增长176.0%。

资源型产品出口增速加快，原料进口增加。全年全市出口煤炭3.2万吨，出口额1680万美元，增长53.8%；出口镁及其制品6.3万吨，出口额11844万美元，增长34.4%；全年全市进口铁矿砂及其精矿310.2万吨，进口额19533万美元，增长59.2%；进口氧化铝8.9万吨，进口额3234万美元，增长115.4%。

外贸市场多元化取得新进展。2004年，运城市十大贸易伙伴、八大出口市场、三大进口市场均出现良好互动态势。

利用外资稳步增长。全年全市共新批外商投资项目8个，新增外

表2　　2004年全市十大贸易伙伴双边贸易额及增长速度表

国别	欧盟	日本	美国	韩国	印度	澳大利亚	巴西	东盟	加拿大	中国台湾地区
双边贸易额(万美元)	6752	2346	3920	3555	5045	16210	968	955	2738	741
增长速度(%)	18.1	21.9	119.6	172.9	52.4	33.4	112.3	-33.0	89.3	51.7

表3　　2004年全市八大出口市场出口额及增长速度表

国别	欧盟	日本	韩国	美国	马来西亚	印度	东盟	加拿大
出口额(万美元)	6023	2208	3534	2195	232	372	881	2738
增长速度(%)	29.8	28.8	171.3	224.2	-49.2	33.6	-38.2	89.3

表4　　2004年全市三大进口市场进口额及增长速度表

国别	澳大利亚	印度	欧盟
进口额(万美元)	1563	4673	548
增长速度(%)	35.0	54.2	-40.9

资项目4个，其中合作项目2个，独资项目2个。全市利用外资项目总投资15330万美元，合同外资金额5818万美元，实际利用外资金额1913万美元。

对外承包工程、劳务合作发展迅速。南风集团已取得对外承包劳务经营资格。年末全市在国外人数258人。

旅游人次、收入不断增长。全市全年共接待国际游客2.5万人次，比2003年增长155.1%，创汇收入509.5万美元，比2003年增长112.3%。接待国内游客580万人次，比2003年增长52.6%；实现旅游收入13.7亿元，比2003年增长55.7%。

交通、邮政和电讯业　交通运输事业全面发展。截止2004年底，全市铁路营运里程达到309公里，公路线路里程8745公里，其中高速公路235公里，国道、省道1131公里，县道、乡道、专用道7379公里。农村公路建设再掀高潮，全年完成了1672个村、4018公里的村通油路（水泥路）、巷道硬化和村通改建工程，实现了百分之百乡镇和百分之百村（除需移民的81个村）通油路、水泥路的目标。2004年，全市公路客运量3552.9万人，比2003年增长11%；公路货运量2945.8万吨，增长8.7%；公路旅客周转量17.3万人公里，比2003年增长11.6%；全市公路货物周转量22.5万吨公里，增长5%；全年全市民用车辆拥有量66.8万辆，比2003年增长40.3%；其中，汽车拥有量8.1万辆，增长30.6%；摩托车拥有量23.5万辆，增长14.1%；农用运输车辆28.1万辆，增长79%；拖拉机6.9万辆，增长86.5%。

邮政业务基本稳定。全年全市完成邮政业务总量12945.9万元，比2003年增长16.8%。全年订销报纸1925万份，下降7%；订销杂志160万份，下降12%；收寄国内函件869万件，增长3.8%；收寄国内包件46万件，下降8%；年末邮政储蓄余额达33.9亿元，净增7.1亿元，增长26.5%。

电讯事业继续快速发展。全年全市完成电讯业务总量12.4亿元；年末固定电话用户达到107.2万户，比2003年增长11.8%；移动电话拥有量为92.4万部，比2003年增长42.2%；互联网用户达到9.1万户；固定电话普及率为每百人21.6部；移动电话每百人拥有量为18.7部。

财政、金融和保险业　财政收入大幅增加，全年突破40亿元大关。全年全市财政总收入完成43.5亿元，比2003年增收9.3亿元，增长27.2%，增幅比2003年增高0.2个百分点。其中：一般预算收入14.4亿元，比2003年增长20.8%；主体税种保持了强劲增长，全年全市增值税完成28.9亿元，增长28.0%；营业税完成3.3亿元，增长46.2%；企业所得税完成2.6亿元，增长76.6%；个人所得税完成2.1亿元，增长12.9%。全年全市这四大税种共完成税收36.9亿元，增长30.9%，增收8.7亿元，占到财政总收入增量的93.5%，拉动总收入增长25.2个百分点。

财政支出在重点支持经济建设的同时，确保了工资、社会保险等重点公共预算支出的需要，支出结构进一步合理。全年全市一般预算支出34.5亿元，比2003年增长21.2%。其中基本建设支出增长45.1%，支农支出增长46.9%，教育支出增长20.4%，医疗支出增长9.7%，抚恤和社会福利救济支出增长4.7%，社会保障补助支出增长23.9%。

金融运行总体平稳，现金投放适度合理。年末全市金融机构本外币存款余额368.1亿元，比年初增长39.9亿元。年末人民币各项存款余额366.2亿元，比年初增长12.9%，其中：企业存款44亿元，比年初增长4.2%；财政存款6.9亿元，比年初增长3.9%；城乡储蓄存款286.5亿元，比年初增长12.9%。年末金融机构本外币贷款余额359.8亿元，比年初增加31.7亿元。人民币各项贷款余额359.2亿元，比年初增长10.3%，其中：短期贷款227.4亿元，比年初增长4.6%；中长期贷款99.5亿元，比年初增长40.3%。在短期贷款中：工业贷款64.6亿元，比年初增长3.5%；农业贷款64.9亿元，比年初增长15.6亿元；乡镇企业贷款21.0亿元，比年初增长10.5%。全市全年金融机构累计现金收入1645.2亿元，累计现金支出1666.3亿元，收支相抵净投放货币21.4亿元，比2003年少投放5.7亿元，下降20.8%。

保险事业继续发展。全年保险收入10.3亿元，比2003年增长6.2%，其中财险2.2亿元，增长29.4%，寿险8.1亿元，增长1.3%。赔付金额1.7亿元，与2003年持平，其中财险赔付1亿元，增长25%，寿险赔付0.7亿元，下降22.0%。

科技、教育、文化、卫生和体育　科技事业迈出新步伐。科技投入增加，全年财政用于科技方面的投入508万元，比2003年增长21.5%。科技队伍不断壮大，年末拥有市以上政府部门专业科研开发机构8个，从事科研机构专业人员502人，增长21.8%。全市各类专业技术人员（包括事业单位和国有企业）7.1万人，比2003年增长6.0%。科技成果成效显著。全年全市共取得省级以上重大科技成果10项，其中：获国家发明奖1项，获省级科技进步奖一等奖1项，二等奖8项。

教育事业稳定发展。全年全市普通高等学校在校学生达到10410人；中等专业技术学校在校学生达到42450人，下降1%；普通中学在校学生41.27万人，比2003年增长5.5%；小学在校学生53.0万人，比2003年下降1.7%。

文化事业健康繁荣。年末全市共有各种艺术表演团体18个，文化馆13个，文化站154个，公共图书馆13个，馆藏图书108.4万册，群众艺术馆1个，广播电台1个，中短波广播发射站和转播台1座，电视台12座，广播人口覆盖率94%，电视人口覆盖率94.5%，有线广播电视用户达到37.4万户，其中：光缆改造用户25.6万户。

文物保护力度加大。全市年末共有博物馆14个，馆藏文物17万余件。重点文物保护单位1329个，其中：国家级22个，省级65个，县（市、区）级1242个。

卫生事业得到加强，条件进一步改善。市县两级疾控体系如期完工，12个县（市）传染病区主体工程全部完工，河津市新型农村合作医疗试点进展顺利。年末全市共有医疗卫生机构338个（不含诊所），其中：县及县以上医院114个，乡（镇、街道）卫生院152个，疾病预防控制中心14个，妇幼保险机构14个。各类医疗卫生技术人员1.2万人，其中：医院8160人，卫生院2337人，妇幼保健院661人，疾病预防控制中心680人。病床床位数1.17万张，其中：医院8342张，卫生院2632张，妇幼保健院392张，疾病预防控制中心10张。每千人拥有病床床位数2.36张。全市农村有医疗点的村数占到总村数的95%。

体育事业充满生机。2004年，全市运动员在国内重大比赛中获得金牌1枚，铜牌2枚，在省重大比赛中，有23人56人次23项破全市各组各级别最高纪录。全年全市销售体育彩票1712万元。全年全市共举办县级以上运动会101次，参加运动员8万人次，有52万人达到国家体育锻炼标准。

开发区建设稳步发展。2004年末，全市共有经济开发区3个，共实现科工贸总收入85.3亿元，比2003年增长25.9%；实现财税收入1.7亿元，增长96.2%。开发区进出口总额4269万美元，增长94.4%，利用外资120万美元。

质量检测、标准化建设和天气预报等项服务进一步完善。2004年末，全市共有市、县（市、区）两级产品质量监督检验测试所15个。全年全市检测机构共检验样品3751批（次），检定计量器具77483（台）件，颁发代码证4312家，条码初审42家，复审38家。锅检所共进行锅炉安装监督检验、定期检验1310台，压力容器产品安装、监督检验和定期检验共4517台，安全阀检验1040台，特检所定检起重设备408台，定检率达99%，电梯168台，定检率达100%，检验率均高于国家有关要求。

全市共有气象台站14个，自动站5个，卫星云图接收站1个，天气预报警报短信服务网1个，小型卫星地球站1个，气象数据卫星接收站13个，全市开展“121”电话天气预报警报服务网13个。开展人工影响天气业务的单位14个，共组织增(消)雨防雹作业保护面积1438平方公里，高炮、火箭作业33次，增雨量约0.8亿立方米。

全市有地震检测站17个，宏观监测场78个，地震遥测台网1个，子台3个，年度内全市境内未发生5级以上地震。

环境保护 环境质量持续好转。2004年，市区环境空气质量二级以上天数达到168天，比2003年增加35天。涑水河水质保持稳定，汾河主要污染物COD_{cr}和NH_3-N浓度分别下降了4.68%和11.99%。生态环境保护不断深化，生态示范区建设取得新成效，绿色学校发展到16所。

环保建设项目得到规范。辖区内建设项目环境影响评价制度执行率达100%。没有未经合法审批而擅自开工建设和投产的项目。对环保设施达到竣工验收条件的建设项目全部进行了验收，验收率达100%。

人口、人民生活和社会保障 人口继续保持低速增长，人口素质不断提高。据抽样调查统计，全市年末总人口495.3万人，比2003年末增长0.69%。其中：男253.4万人，占51.2%，女241.9万人，占48.8%。在全市总人口中：市镇人口143.8万人，占29.0%，乡村人口351.5万人，占71.0%。2004年全市净增人口3.4万人，人口出生率13.09‰，比2003年降低0.04‰。人口死亡率6.25‰，比2003年增长0.04‰。人口自然增长率6.84‰，比2003年降低0.08‰。

人民生活进一步改善，城乡居民收入增长较快。全市全年城镇居民人均可支配收入6808元，比2003年增长10.3%；城镇居民人均消费性支出4702元，比2003年增长7.3%。中心城市盐湖区城镇居民人均可支配收入7658元，比2003年增长10.0%；城镇居民人均消费性支出5273元，比2003年增长2.4%。全年农民人均纯收入2587.3元，比2003年增长11.5%。全市农民人均消费支出1598.8元，增长12.2%。全市城镇居民人均住房使用面积达到23.9平方米，中心城市盐湖区城镇居民人均住房使用面积达到22.3平方米。农村居民人均住房使用面积达到27.4平方米。城镇居民人均恩格尔系数为32.5%，中心城市盐湖区城镇居民家庭恩格尔系数为32.9%，农村居民家庭恩格尔系数为40.8%。

全市在岗职工年平均工资11339元，比2003年增长15.5%，其中在岗职工平均工资处于前5位的是：信息传输计算机服务业30980元；金融业21090元；电力燃气及水的生产供应业16441元；科学研究技术服务地质勘察业13107元；卫生社会保障和社会福利业11702元。

居民储蓄存款大幅度增长。年末全市城乡居民储蓄存款余额286.5亿元，比年初增长12.9%；人均储蓄存款为5803.5元，比2003年增长12.1%。

社会保障进一步加强。年末全市城镇各种社区服务设施84个，收养性福利单位70个，各类福利院床位数991张，福利院收养人数530人，国家抚恤、补助各类优抚对象20731人。全社会销售福利彩票3326万元，筹集社会福利资金299.34万元，

表5 **城乡居民各项收入比重及增长速度表**

项目＼类别	城镇居民人均可支配收入				全市农民人均纯收入	
	全市		盐湖区			
	比重（%）	增长（%）	比重（%）	增长（%）	比重（%）	增长（%）
人均工薪收入	80.1	7.3	71.4	7.0	32.6	24.8
人均经营净收入	5.5	88.3	3.7	99.2	61.9	3.7
人均财产性收入	2.0	36.3	3.7	54.1	2.0	206.8
人均转移性收入	12.4	13.2	21.2	8.0	3.5	8.5

表6　城乡居民人均消费支出及增长速度表

项目＼类别	城镇居民人均消费支出				全市农民人均消费支出	
	全市		盐湖区			
	绝对额（元）	增长（%）	绝对额（元）	增长（%）	绝对额（元）	增长（%）
合计	4702.0	7.3	5273.0	2.4	1598.8	12.2
食品	1528.0	9.7	1736.0	8.5	651.9	21.9
衣着	773.4	1.4	691.7	-4.8	148.0	13.9
家庭设备用品及服务	305.4	-4.0	311.0	-33.2	54.2	1.2
医疗保健	246.1	-17.8	332.3	23.7	98.8	7.0
交通和通讯	521.5	9.6	551.3	7.9	147.5	10.1
教育文化娱乐服务	643.3	15.0	883.7	16.4	289.9	5.3
居住	546.6	25.6	640.2	14.5	175.4	0.1
杂项商品和服务	137.7	-0.2	126.8	33.4	33.1	-

表7　城乡居民每百户主要消费品拥有量表

名称	单位	全市城镇居民	盐湖区	全市农村居民
洗衣机	台	94.9	92.0	57.0
电冰箱	台	84.0	87.0	14.6
摩托车	辆	82.0	47.0	51.4
空调	台	64.0	84.0	2.3
普通电话	部	101.1	103.0	62.0
移动电话	部	93.4	93.0	12.9
彩电	台	122.9	129.30	83.9
家用汽车	辆	2.3	2.0	-
家用电脑	台	17.7	15.5	-
摄像机	架	2.0	4.0	-

接受社会捐赠266.1万元。城市和农村低保人数分别达到7万人和5.7万人。年末全市参加失业保险职工24.2万人，领取失业保险金人数7392人，24.2万名职工参加基本医疗保险，参加基本养老保险人数达到15.7万人，54690名离退休人员按时足额领取基本养老金30510万元。

注：1.本文数据为统计公报数据，部分数据为初步统计数。

2.全市生产总值、各产业增加值、产值绝对数按现价计算，增长速度按可比价计算。

3.恩格尔系数是居民家庭食品消费支出占家庭消费总支出的比重。

【教育系统推行人事制度改革】为了进一步使全市上下达成高度重视教育、优先发展教育的目的，2004年8月4日，市委、市政府隆重召开了提升基础教育和加快职业教育发展动员大会。会议发出了全面推行教育人事制度改革的号令。黄有泉、胡苏平、安永全、张建合、王安庞、王殿民、石丙录、吴菊仙、董一兵、李玉燕等四大班子领导参加了会议。

会议提出，加快基础教育和职业教育发展，是提高全市劳动者素质，从根本上解决“三农”问题的关键所在，是将人口压力转化为人才资源优势、建设经济强市、全面建设小康社会的必然要求。会议提出，要提高基础教育质量和加快职业教育发展，一要加大投入，二要深化改革。

市委、市政府针对这次会议出台了3个文件：《中共运城市委、运城市人民政府关于在全市中小学实施校长和教职工聘任制的实施意见》、《中共运城市委、运城市人民政府关于进一步提高基础教育质量的意见》、《中共运城市委、运城市人民政府关于加快职业与成人教育发展的意见》。

市委书记黄有泉在大会上指出，这次大会是一次重振河东教育雄风的大会，是运城教育发展史上一次具有转折意义的大会。会议出台的一些新政策、新措施，将会对运城市今后一个时期的教育工作产生重大影响。通过这次会议，各级党委、政府必须进一步把教育摆在优先发展的战略地位；广大教育工作者必须积极参与以人事制度改革为核心的教育综合改革；有关职能部门的同志必须按照会议要求抓好落实。

黄有泉指出，加快教育发展的根本出路在于深化人事制度改革。只有从体制、机制上入手，打破长期存在的教师职务终身制，形成人员能进能出、能上能下、报酬能高能低的优胜劣汰的用人机制，才能最大限度地激发广大教师的积极性和创造性，才能进一步解决教育发展中存在的一些深层次问题、根本性问题。

副市长吴菊仙在会上作了动员报告，并就教育人事制度改革作了具体安排。这次教育人事制度改革的范围是：全市所有公办小学、初中、普通高中、职业高中、幼儿园和师范院校。改革的重点是：校长选用采取内部竞争上岗、社会公开招聘、人才市场选拔等方式，不拘一格选聘优秀者。教职工聘任制要按照公开、平等、竞争、择优的原则，彻底改变长期以来中小学用人制度上存在的教师职务终身制、人员单位所有制。（石少青）

【严处临猗假农药案涉案人员及相关人员】2004年6月9日，运城市召开打击假冒伪劣农资公处大会，严肃处理了临猗县假农药案件涉案人员及相关责任人。市委书记黄有泉在大会上指出，各级各部门要以此次公处大会为契机，进一步引深农资产品打假斗争，进一步优化市场秩序，坚决维护人民群众的利益。

临猗县自1995年以来，经国家农业部和省农业厅批准，相继建立起农药微肥生产企业42家，其产品销往全国各地。从1999年起，一些企业相继出现冒用其他企业名称、无登记证、无许可证生产、经营伪劣农药等问题。2004年4月15日晚，中央电视台《焦点访谈》栏目以“假农药、真坑农”为题披露了临猗县部分企业生产、销售假冒农药坑农害农的严重问题，在社会上引起了强烈反响。这种制假售假行为严重违背了中央一号文件精神，侵害了广大农民的利益，扰乱了农资市场秩序，损害了党和政府的形象，在全国造成恶劣影响。同时，也给临猗县乃至全市的经济发展设置了障碍，致使运城市的农资产品信誉大大降低。市委、市政府对此非常重视，及时派出调查组对42家企业进行了全面排查，发现其中25家企业存在一证多用、扩大产品使用范围的问题，至年底已全部取缔。

会上，市纪委监委宣读对临猗县假农药案件涉案人员及相关责任人的处理决定：

根据《中华人民共和国刑法》和《中国共产党纪律处分条例》、《国务院关于国家行政机关工作人员的奖惩条例暂行规定》等有关部门规定，经临猗县纪委监委和临猗县公安局研究，分别对19名制假售假涉案人员及相关责任人员作出依法追究刑事责任处理。对临猗县工商、质监、公安等部门中失职渎职、执法犯法的11名工作人员作出留党察看、行政撤职、行政降级等处分。

根据《关于实行党风廉政建设责任制的规定》、《中国共产党纪律处分条例》和《国家公务员暂行条例》等有关规定，经市纪委监委和临猗县纪委监委研究，对负有领导责任的20名党员领导干部作出行政撤职、行政降职、留党察看等处分。并对负有分管领导责任的10名县处级党员领导干部作出行政警告、书面检查等处分。

市委书记黄有泉指出，对临猗暴露出来的伪劣农药问题进行公开处理，充分表明了市委、市政府打击制售假冒伪劣农资产品的信心和决心，各部门要以此为契机，进一步引深农资产品打假斗争，为全市农民朋友、为广大消费者提供一个良好的市场环境和发展环境，进一步建立健全保障农资安全、维护市场秩序的长效机制。　（*石少青*）

【运城市南风广场“五一”前正式开放】运城市民盼望已久的南风广场在“五一”来临之前日夜加紧后期施工，终于在2004年4月30日正式开放。

南风广场因舜赋《南风歌》和南风集团而得名，兴建于2002年5月。广场占地13.34公顷，是一座集休闲、娱乐、集会、购物于一体的综合性广场。步入广场，草如茵、花似锦，地阔天远，气爽神怡。广场正南，玉柱耸立，蟠龙图腾，其势欲飞。广场中央，浴火凤凰，晨曦之中，惊现奇景。凤凰雕像前的大型音乐喷泉在优美的音乐声中似中流砥柱，似大鹏展翅，又似美女翩翩起舞，呈现出各种造型。广场北端，文化长廊，浓缩历史，展现文明。广场东南，健身场地，各种设施，老少皆宜。在这里，可以沐南风而观凤舞，可以踏绿荫而赏美景，还可以望龙柱而思伟业，莫不赏心益智。

南风广场的建成开放，对于完善城市功能、提升城市形象、建设晋陕豫黄河金三角地区工贸旅游中心城市具有重要意义。它是按照政府引导、市场运作的方式进行城市建设的成功典范，代表着新世纪、新运城政治、经济、文化、建筑艺术的发展水平，是运城城市建设发展史上的一个里程碑。　（*石少青*）

【梁雨润入选“感动中国2003年十大人物”】2004年2月20日，历时3个月的“感动中国2003年人物”评选活动落下帷幕。运城市纪委副书记梁雨润被入选，并参加了中央电视台颁奖盛典仪式，这成为运城市数百万河东儿女的骄傲。

由中央电视台主办的年度人物评选以“感动中国”为主题，以“感动公众感动中国”的人物为评选对象。梁雨润于2002年被列入首届候选人之一，2003年再次成为候选人并顺利当选。

作为“感动中国”十大人物中唯一的基层党政干部，梁雨润以为官清廉而备受关注。评委会给他的颁奖词是：“他视百姓为衣食父母，他以人民利益为根本利益，他有着高度的责任感和使命感，他矢志不渝地追求着为老百姓办事的政治理想，而这种追求需要莫大的正气和勇气。这样一来的为官生涯，架起了执政党和百姓之间的桥梁，完整地体现了一个执政党的执政原则：立党为公，执政为民，而这也正是百姓和国家的希望所在。”

以梁雨润为主人公的长篇报告文学《根本利益》，由于关注当代农民的生存状态和党的基层干部如何为农民寻找出路，在全国引起强烈反响。梁雨润的名字在河东乃至全国广为传颂，他为民请命、一心为公的事迹感动着中国的老百姓，也同样感动着众多的党员领导干部。　（*石少青*）

【谭晶演唱会在运城市成功举办】2004年10月30日，由市委宣传部、今日国际商城在南风广场举办了“今日星光灿烂”谭晶演唱会。李双江、阎维文、屠洪刚、江涛等歌唱演员也登台献歌，央视主持人董卿主持演唱会。市领导黄有泉、唐大雄、周振华等与各界群众2万余人观看了演出。

谭晶是运城市新绛县人，总政歌舞团著名歌唱演员。谭晶饱含深情地说：“我是咱们运城人，回到家乡，一切都是那么亲切。看到家乡发生了翻天覆地的变化，我感到由衷地高兴，我要把最美的歌声献给父老乡亲。”演唱会上，谭晶为家乡人民演唱了《人说山西好风光》、《打靶归来》、《毛主席的战士最听党的话》等十余首歌曲。李双江、阎维文、屠洪刚、江涛分别演唱了脍炙人口的《草原之夜》、《说句心里活》、《小白杨》、《中国功夫》、《愚公移山》等歌曲，博得现场观众的热烈掌声。

2003年，谭晶看到家乡不少孩子因为贫困面临辍学，便毅然举办义演活动，将收入全部捐给家乡，建设“谭晶春蕾希望学校”。由于谭晶德艺双馨，市委、市政府特聘她为“运城旅游形象大使”。演唱会上，副市长吴菊仙向谭晶颁发了聘书。谭晶感谢家乡人民的厚爱与信任，表示今后要更多地歌唱家乡、宣传家乡、为家乡发展贡献自己的一份力量。（石少青）

机构设置和领导人名单

中共运城市委

书　记　黄有泉
副书记　胡苏平　安永全
唐大雄　孟福贵
周振华
市委常委　黄有泉　胡苏平
安永全　唐大雄
孟福贵　周振华
马东波　董洪运
张建合　李文瑞
王安庞　董鹏翔
王殿民

市委工作部门

办公厅
秘书长兼办公室主任　张建合
副秘书长　周当龙　张玉忠
王玉林　陈云龙
王绍良　家稳稳
组织部
部　长　王安庞（市委常委兼）
副部长　邵景阳（常务）
相生勤　肖暹东
张守相
宣传部
部　长　董鹏翔（市委常委兼）
副部长　曹吉安（常务）
史慧玲　张民庆
黄勋会
纪律检查委员会　监察委员会
纪委书记、监委主任　周振华
纪委常务副书记、监委副主任
梁雨润
纪委副书记　毋昆峰　蔡铁刚
纪委常委　姜东俊　姚　云
刘腊群　董恩智
赵玉明　王运萍
贾海林
统战部
部　长　李玉燕*　王　琦
副部长　罗俊林　李新潮
杨生荣
政法委
书　记　马东波
副书记　杨建华　师争平
李俊英　高　峰
李高潮　鲁恒信
纪检书记　张开高
机构编制委员会办公室
主　任　景俊明
副主任　张彩菊　王奋勇
市直机关工委
书　记　柴建良
副书记　陈发元　周　江
王过渡
纪检书记　杨晓林

部门管理机构

信访局
局　长　家稳稳
副局长　王雪萍　肖喜成
吴国平
老干部局
局　长　相生勤
副局长　吴为民　宋雷柱
赵相利
政研室
主　任　张玉忠
副主任　张志斌　裴根长
保密局
局　长　张保贵
机要局
局　长　王　平
台湾工作办公室
主　任　董泽民

党委直属事业单位

市委党校
校　长　安永全
（市委副书记兼）
副校长　徐信安（常务）　张　健
李伶娃　畅一平
孙专科
纪检书记　卫武康
运城日报社
社　长　史慧玲
总　编　柴坤龙
副总编　李宏学　卫君翔
纪检组长　董长河
党史研究室
主　任　樊朝阳
讲师团
团　长　张　浩*
副团长　张玉焕

运城市人大常务委员会

主　任　陈永信
副主任　石丙录　潘新端
焦阳生　刘振龙
柴瑞霭　刘冠生
张道中

运城市人民政府

市　长　胡苏平
副市长　董洪运　安德天
柴林山　吴菊仙
张建喜　董一兵

政府组成部门

办公厅
秘书长　牛守正
副秘书长　卫新平　史凌云
李丰林　闫　勇
郭健平　李建业
党委副书记　葛文昌
发展和改革委员会
主　任　张玉忠
副主任　崔振利　席根柱
慕根生　王　胜
卫志高
纪检书记　杨世平
信息中心主任　陈林虎
总经济师　陈会民
经济贸易委员会
主　任　卫明泽
教育局
局　长　李晋杰
副局长　王佐科　王秀香
翟立明　李玉锁
程温明
纪检组长　王应才
招考中心副主任　陈开荣　荆建功
助理调研员　陈建国　蔡俊儒
副处级督学　张俊耀
公安局
局　长　段绪忠
常务副局长　崔长胜
党委副书记　李维林　孙彦学
党委委员、副局长

梁华奎　王　巨
白根元　冯养合
李昆生　冯　文
薛焕刚
纪检书记　周　鑫
党委委员　杨建云　李顺福
陈河山　高贯峰
侯玉杰　刘安康

司法局
局　　长　晋学苏
副 局 长　胡平定　郭海平
梅文君（女）　李宝基

民政局
党组书记、局长　张建中
副 局 长　刘志冰　唐猪娃
宁庚元　张太印
魏荣汉　杨云科
纪检组长　李太亨

财政局
局　　长　孙太平

人事局
局　　长　张殿权
副 局 长　常五一　赵永学
席新义　姚丰吉
纪检组长　史忠诚

劳动和社会保障局
局　　长　罗明友
副 局 长　邵希舟　张旭明
李晓良　赵振明
刘建中
企业养老保险中心主任　张建设
失业保险中心主任　杨新民

交通局
局　　长　王健康
副 局 长　王树民　鲍师选
畅汇河　解建功
刘金昭
纪检组长　王书臣
总工程师　毋智民
党组成员　荆永勤　陈新安

城建局
局　　长　杨泽生
副 局 长　董志强　李世元
党政军　张平梅
张启民　孙文中
纪检组长　周效涛

国土资源局
局　　长　秦世昌
副 局 长　刘重光　吴万喜
尚继德　乔三友
戴福安
文丁寅（兼总工程师）
纪检组长　朱新生

助理调研员　薛学盛

水务局
局　　长　冯进喜

农业局
局　　长　樊剑展
副 局 长　李瑞龙　周志华
亢青选　刘志英
张登庆
纪检组长　陈乃家
总农艺师　李社民

林业局
局　　长　阎有善

科技局
局　　长　李小虎

文化局
局　　长　米永祯
副 局 长　杨福林　王英杰
闫建华　亢跃辉
董　刚

卫生局
局　　长　周　迎
党委书记　王昭芳
副 局 长　陈金龙　吕拴过
李起炎　田康立
纪检书记　狄泰生
爱卫会常务副主任　高　萍

人口计生委
主　　任　杨金贵
副 主 任　王伯宏　刘存社
樊桂萍　王新民
协会副会长　刘合周
纪检组长　王肖项
助理调研员　刘爱琴

审计局
局　　长　王战平
副 局 长　王吉海　侯曙光
赵　鹏　王乐乐
陈立定　王　凌
纪检组长　孙银虎
总审计师　李乃胜
助理调研员　姚向国

工商局
局　　长　王战平
副 局 长　李景耀　耿金昌
宋志仁　王　敏
相高峰
纪检组长　焦志强

中小企业局
局　　长　蒋同军
副 局 长　陆世生　张世英
张展科　吕陈虎

改革与发展研究中心
主　　任　李丰林（兼）

副 主 任　茹进朝　张美蓉
王　选

商务局
局　　长　邓援朝
副 局 长　王瑞宝　李民龙
杜绪鹏

环保局
局　　长　谢爱玲
副 局 长　张景科　常福运
王建民　李福堂
纪检组长　王利民

市政府直属机构

统计局
局　　长　邓梦海
副 局 长　程传芳　宁　涛
李扎西
纪检组长　梁安定
总统计师　谢选立
助理调研员　闫学军

物价局
局　　长　刘伯阳
副 局 长　王采元　谢正民
孙政印　周　寅
纪检组长　万金科

体育局
局　　长　任永吉
副 局 长　白宏运　张　晓
王　超　刘　晓
纪检组长　郭瑞璋

旅游局
局　　长　安三法
副 局 长　翟光明　史小战
朱武生
纪检组长　张春红

文物局
局　　长　赵参军
副 局 长　李　波　李百勤

粮食局
局　　长　孙　伟

直属事业单位

档案局
局　　长　韩天佑
副 局 长　王宝琴　耿秋菊
张　静
纪检组长　薛卫东

地方志办公室
主　　任　景惠西
副 主 任　李逢瑞　宁雪瑞

老龄委
主　　任　崔新杰

果业发展中心

主　　任　姚存忠
畜牧局
局　　长　黄春元
纪检组长
农机局
局　　长　麻石娃
农业综合开发办公室
主　　任　柴广林
副 主 任　王国和　闫顺茂
　　　　　杜勤学
机关事务管理局
局　　长　陈云龙
党委书记　孙全发
副 局 长　孙全发　李明造
　　　　　乔丁亚　陈志颖
纪检组长　尉建龙
广播电视局
局　　长　李慧芳
副 局 长　党克让　张小民
　　　　　王益民　王　刚
纪检书记　朱玲娣
常务副总编　原启民
总工程师　杨泽勇
城镇集体工业联合社
主　　任　李思科
物资局总公司
局　　长　郭治中
公路局
局　　长　丁惠义

政　　法

山西省人民检察院运城分院
检 察 长　程志忠
副检察长　翟北安　姚立庆
　　　　　段运生　郭瑞王宜
　　　　　霍九成
运城市中级人民法院
院　　长　任连友
副 院 长　吕爱英　冯克乃
　　　　　王福生　孙仰新
纪检组长　王随旺

政协运城市委员会

主　　席　李天祥
副 主 席　李玉燕　王　琦
　　　　　王七庚　史海涌
　　　　　王正选　杨泽生
　　　　　薛靛民
秘 书 长　孟昭民
副秘书长　邹光存　杜自立
办公厅
主　　任　邹光存
提案委员会
主　　任　刘晋祥
农村委员会
主　　任　霍拴孩
经济与人口资源环境委员会
副 主 任　王小明
社会法制委员会
主　　任　李晓林
教科文卫体委员会
主　　任　马志勇
民族宗教委员会
主　　任　孙玉莲
研究室
主　　任　韩晓军

群众团体

工会
主　　席　王殿民
副 主 席　牛志敏　唐长柱
　　　　　牛凤琴　王　勇
纪检组长　穆　羽
团委
书　　记张建元
副 书 记　王晓旭
科协
主　　席　王林祥
副 主 席黄万增　张素莉
妇联
主　　席　郑凤梅
副 主 席　薛印芳　刘　红
侨联
主　　席　范安龙
副 主 席　梁晓静　朱建中
　　　　　上官晓红　仝　霞
文联
主　　席　王西兰
残联
理 事 长　闫民智
副理事长　孟保林　闫敬民
纪检组长　叶豫青
贸促会
会　　长　闫　勇
副 会 长　王都民　李天伦
　　　　　李乃民
工商联
会　　长　薛靛民
副 会 长　罗俊林　王战平
　　　　　张保业　王常伟
　　　　　朱建军　李兆会
　　　　　朱芳海　李家林
　　　　　崔小胧　吉意明
　　　　　王保童　张旭婧
　　　　　原贵生
秘书长　王常伟

垂直部门

国家税务局
局　　长　陈赵戟
地方税务局
局　　长　李晋芳
质量技术监督局
局　　长　乔宝贵
副 局 长　张永伟　毛忠诚
　　　　　邵　云
纪检组长　乔泽明
检测所所长　胥金来
气象局
局　　长　梁亚春
纪检组长　刘德芳
副 局 长　王淑杭　周国柱
地震局
局　　长　王满顺
副 局 长　胡吉星　张兴龙
　　　　　张永朝
纪检组长　孙良霞
总工程师　梁建华
水文水资源勘测分局
局　　长　赵文敏
副 局 长　武建虎　曹小虎
烟草专卖局（公司）
局　　长　景随玉
供电分公司
经　　理　张兴国
党委书记　霍建业
副 经 理　籍小辉　田险峰
　　　　　张殿科　刘正芳
　　　　　王晓林（兼总工程师）
工会主席　尚　凯
石油公司
经　　理　申永生
邮政局
局　　长　李燕春
副 局 长　何将乍　赵金贵
　　　　　卫永胜
中国人民银行运城市中心支行
行　　长　薛方正
中国工商银行运城支行
行　　长　王培明

中国农业银行运城分行
行　　长　刘满喜
中国银行运城分行
行　　长　马军保
中国建设银行运城分行
行　　长　王续彪
中国农业发展银行运城分行
行　　长　范守琪
农村信用联社
理 事 长　兰创国
中国人寿保险公司运城分公司
总 经 理　畅全亮
中国人民保险公司运城分公司
总 经 理　邵明月
运城市通信分公司
总 经 理　卫红东
副总经理　张小田　贾志伟
　　　　　崔　浩　管艳萍
运城市移动通信分公司
总 经 理　张国飞
运城市联通公司
经　　理　郭建华
副总经理　乔文胜　马东玛
工会主席　靳继克

山西省军区运城军分区

司 令 员　孟庆发（大校）
政　　委　李文瑞（大校）
副司令员　王艾文（大校）
　　　　　马诚山（大校）
参 谋 长　李志平（大校）
政治部主任　张　驰（大校）
后勤部部长　王功臣（上校）

中国人民武装警察部队运城市支队

支 队 长　周文银（上校）
第一政委　崔长胜（兼）
政　　委　李志良（上校）
副支队长　任　敬（中校）
　　　　　翟根柱（中校）
参 谋 长　孙建平（中校）
政治处主任　李振河（中校）
　　　　　　尚春福（中校）
后勤处处长　巩晓辉（少校）

学　校

运城广播电视大学
校　　长　解国栋
书　　记　王秀香
副 校 长　崔晓勇　王卫国
　　　　　吕建伟
运城学院
党委书记　师　帅
副 书 记　赵小狮　梁增华
纪检委书记　李德龙
党委委员、副院长　安建平
副 院 长　姚纪欢　梁晋才
　　　　　王卓民　张凤琴

（注：以上名单由各单位提供，姓名后加 * 者为当年调任或离任）

（责任编辑：石少青）

政　治

党委工作

【概述】　2004年，市委全面落实中央、全省经济工作会议和全省经济结构调整会议精神，牢固树立和落实科学发展观，在经济结构调整“三年初见成效”的基础上，进一步完善思路，明确提出把运城建设成山西省的新型加工制造业基地，大力发展“七大产业”，培育“八大产业基地”，抓好“三个开发区”，做大做强“十六大旗舰企业”，推进全市经济快速发展和社会各项事业全面进步。经过全市干部群众的共同努力，完成生产总值359.3亿元，同比增长15.4%，经济总量和增长速度均排名全省第三；财政总收入完成43.5亿元，同比增长27.2%；社会固定资产投资完成132.2亿元，同比增长29.9%，总量排名全省第三，增长速度排名第四；规模以上工业增加值完成150.6亿元，排名全省第三，同比增长21.10/。；社会消费品零售总额完成99.5亿元，同比增长23.4%，总量排名全省第三，增长速度排名第一；外贸进出口总额完成5.35亿美元，同比增长48.9%，总量排名全省第二，河津市跨入全国经济百强县行列；10个县（市、区）财政收入超亿元；全市经济发展创近年来最好水平。

（市委办公厅）

【狠抓新型工业化，提升工业经济主导地位】　坚持以行业结构调整为重点，大力发展以钢铁、铝、镁等传统优势产品为重点的冶金产业，以精密铸造、机电、汽车、矿机和制版为重点的机械制造业，以化工原料为基础的精细化工和医药产业，以恒磁、纳米为主的新材料产业，以特色农业为基础的农林畜产品加工产业，发展纺织服装产业，发展旅游产业和现代服务业。通达集团与中信机电联合实施的全省最大的重工业园，投产达效后可实现销售收入200亿元；中美合资亚新国际铸造公司、三联集团、卓里集团、华恩机械制造等一批汽车配套和零部件加工制造企业成为新的经济亮点。电解铝可达到90万吨，氧化铝将突破200万吨，成为全国最大的电解铝生产基地；全市钢铁总产量480万吨；海鑫集团新上220万吨优质钢项目，年销售收入将突破150亿元。银光镁业的镁及镁合金年销售收入达10亿元；全市金属镁产量达到16万吨，占世界的25%、全国的50%、全省的80%；以镁铝合金、磁性材料、精密铸造、汽车零部件、纳米材料等为重点的高新技术企业达30余个。

（市委办公厅）

【狠抓农业产业化，提升农业经济竞争力】　进一步加大农业结构调整力度，着力培育壮大粮、棉、果、畜、菜五大主导产业，蔬菜面积达100万亩，设施农业达到51.2万亩，绿色食品认证产品达20个。全市232家农副产品加工龙头企业，带动22万农户从事产业化经营。芮城中鲁、临猗湖滨、恒兴等一批果汁加工企业生产能力达11.3万吨，使全市苹果加工转化率提高到22%，产值近6亿元。粟海集团年加工肉鸡2500万只，利税300余万元，带动3000农户从事肉鸡饲养。忠民集团、强盛集团和晋美油脂三家油脂加工企业年加工大豆15万吨、棉籽50万吨，成为中西部地区最大的植物油加工基地。

（市委办公厅）

【狠抓基础设施建设，提升城镇化水平】　树立抓城市建设管理就是抓发展、抓生产力的观念，努力做大做强做美做优中心城市。开展了大规模城市综合整治，四大班子人人包街道、包工程，拓宽了10余条街道，改造了七大出入口，机场路、圣惠南路、学苑路、河东街等街道逐步实现了亮化、绿化、美化、香化。南风广场正式开放。飞机场上年底完成试飞，正式通航工作准备就绪。新区建设进展顺利。城市绿化覆盖率提高2.4%，人均公共绿地增加2.1平方米。南同蒲铁路侯马至东镇段复线开工。华泽铝业、永济2×30万KW机组等电力工程开工建设。（市委办公厅）

【狠抓旅游商贸，提升第三产业效益】　全市共接待游客476.2万人，同比增长24.4%；“十一”黄金周，旅游收入1.14亿元，同比增长136%；全年旅游总收入13.7亿元，同比增长53%。“今日”国际商城、粤珍轩、鑫源、福瑞特等一批大型商贸、餐饮企业投入运营，金融、保险、房地产等第三产业蓬勃发展。　（市委办公厅）

【解决“三农”问题，增加农民收入】　认真贯彻落实中央1号文件精神，严格兑现粮食直补政策，全市共兑付小麦粮补资金3606万元，发放良种补贴444万元。深化税费改革，共减负3020万元，人均减负7.4元，同比下降18.5%。粮食作物面积达到637.6万亩，同比增长10%，总产15.96亿公斤，同比增长28.2%，秋粮面积达到了改革开放以来的最高值。同时加大农业投入，继续抓好禹门口、尊村、夹马口、大禹渡等农业基础设施建设和“小康林业”工程，增强农业增收的后劲。同时，还强化劳务输出，共转移农村劳动力14.8万人。全年城镇居民人均可支配收入达6808元，同比增长10.3%；农民人均纯收入2587.3元，同比增长11.5%。

（市委办公厅）

【关心弱势群体，强化扶贫济困】　全市“两个确保”达100%，农村养老和最低生活保障制度基本建立；多渠道净增就业岗位3.1万个，城镇失业率控制在1.6%以内，低于全省3个百分点。持续实施生态脱贫工程、科技示范园工程、农产品加工工程、移民扶贫工程、基础设施建设工程等一系列产业化扶贫工程，有5万贫困人口脱贫，贫困人口总数下降为19.2万人。建成饮水解困工程430处，受益群众12万人。灾民房屋恢复重建完成百分之百。特别是在扶贫移民方面，先后投入资金2.4亿元，使4万余人的生存条件得到改善，省委、省政府在运城市召开“全省扶贫移民现场会”。（市委办公厅）

【解决群众就医难、上学难、行路难问题】 推进农村教育、卫生、交通事业发展。农村合作医疗制河津市试点取得成功，乡村医疗卫生机构建设日趋完善，为100万农民建立了医疗健康档案，13个疾病控制项目全面完工，医保工作运行平稳；改造乡村中小、学校危房45.5万平方米，建成标准化学校1300余所，筹集资助贫困生款项100余万元，有10265名困难学生避免了失学；完成村通油路及巷道硬化4018公里，在全省排名第一，有效地解决了农民出行难、进城难的问题。（市委办公厅）

【实施阳光政务工程】 2004年市直42个具有行政审批职能的单位建立了“一门受理、保姆式服务、在线抄转、限时完成”的运行模式，市级先后清理审批项目612项，取消、调整或改变管理方式257项，在网上办理行政审批事项2443件，做到了群众满意、社会满意。（市委办公厅）

【推进民主法制建设，发展社会主义政治文明】 积极支持人大及其常委会围绕全市工作大局，履行宪法和法律赋予的职责，开展执法检查，强化法律监督，确保法律法规顺利实施。坚持和完善共产党领导的多党合作与政治协商制度，支持人民政协及各民主党派搞好自身建设，支持他们围绕全市中心工作，履行政治协商民主监督和参政议政职能，并及时听取民主党派和无党派人士的意见和建议，充分调动各民主党派、各族各界人士的积极性。进一步加强对工会、共青团、妇联、科协、文联等群众团体的领导，支持他们依照法律和章程积极开展工作，更好地发挥党联系群众的桥梁和纽带作用；进一步发展和扩大基层民主，大力推行政务、企务、村务公开，积极推进民主决策、民主管理和民主监督。（市委办公厅）

【开展文明创建活动，推进精神文明建设】 加强舆论引导和思想政治工作。围绕经济结构调整、城市环境综合整治、安全生产等中心工作和重点工作，加大了对基层先进经验和各条战线先进人物的宣传力度，精心组织了邓小平同志诞辰100周年纪念活动和建国55周年系列庆祝活动。

积极实施文化强市战略。制定出台了《关于建设文化强市的实施意见》，成功举办了第十五届关公文化节和第二届全球华人公祭后土圣母大典等文化活动。深入开展精神文明创建活动。制定了加强和改进未成年人思想道德建设的具体措施，建立了学校、家庭、社会有机结合的教育网络。组织开展了全市“百万市民诚信大签名”、“向不文明行为告别”等活动，积极创建文明城市、文明村镇、文明行业和文明单位。（市委办公厅）

【强化社会治安综合治理，全力维护社会稳定】 （一）坚持打防并举，综合治理。组织开展了“三打一防”、“侦破命案”和“百日追逃”等专项斗争，破获刑事案件4574起，抓获刑事作案人员2869人，有力维护了社会治安；认真落实社会治安综合治理各项措施，组织开展“三打三防三创”活动，深化了以“一村一警、一区一警、一警四员”为载体的创安活动；深入开展同“法轮功”等邪教组织的斗争；加大了对敌对势力的打击力度。（二）高度重视群众来信来访工作。突出抓制度规范，抓源头治理，抓案件查处，较好地解决了群众反映的热点难点问题。（三）高度重视安全生产。建立健全了“三级机构、四级网络”的安全监督体系，加大了专项整治和事故查处力度，提高了安全生产水平。（市委办公厅）

【领导班子和干部队伍建设】 坚持集体领导、民主集中、个别酝酿、会议决定的原则，进一步完善党委内部的议事和决策机制，健全决策程序，推进了决策的科学化和民主化。加强对干部的培训教育工作，先后举办各类培训班56期，培训干部5187人次，组织83名干部赴上级党校学习、12名干部赴山东挂职锻炼。积极推进干部人事制度改革，对4名县委书记和4名县长拟任人选实行了市委全委会票决制。大力推广新绛县“先定事、后定人、以事论官、选贤任能”的干部选任办法，得到省委组织部和中组部的充分肯定。培养选拔年轻干部、妇女干部和党外干部了取得新进展。坚持党管人才原则，出台了人才强市战略的实施意见及配套 政策，努力建设党政干部人才、企业经营管理人才、高层次专业人才、高技能人才、农村科技人才五大优势群体，充分发挥人才资源在经济社会发展中的基础性、战略性、决定性作用。（市委办公厅）

【基层党组织建设】 以实施“农村小康带头人工程”为重点，引深和创新“三级联创”活动，积极推行“村官论坛”制度，选派49名机关干部到农村任职，健全了加强农村基层组织建设的工作机制；加强国有企业和集体企业党的建设，特别是加强停产关闭、破产、改制、重组企业和困难企业的党建工作，积极探索党组织和党员在非公有制企业开展工作、发挥作用的途径和方法；进一步加强和改进社区、高校和机关的党建工作。加强对发展党员工作的宏观指导和动态管理，重视吸收各阶层的先进分子，增强党在全社会的影响力和凝聚力。（市委办公厅）

【党风廉政建设和反腐败工作】 认真落实党风廉政建设责任制，年初，以市委名义下发了《中共运城市委关于2004年全年党风廉政建设和反腐败工作任务分解意见》，将40项任务分解到班子成员、各县（市、区）和45个职能部门，建立健全了教育、监督并重的惩治和预防腐败制度。加强对党员领导干部执行“四大纪律八项要求”的监督检查，狠刹向领导干部送钱、跑官要官、打着领导旗号谋私和领导干部参与赌博“四股歪风”，进一步增强各级领导干部廉洁从政的自觉性。深入推进“三项治理”，清车工作圆满完成，清房工作扎实推进，奢侈浪费得到有力遏制。加大案件查处力度，查处了一批有影响的大要案件。共受理信访举报 2155 件（次），共立查案 1124 案 1158 人，结案 1124 件。其中大要案件 603 件，占到 53.65%，处分 1058 人。其中处分县处级干部 20 人、乡科教 253 人。深入开展行政效能监察、促进政府职能转变，行政审批改革、财政管理制度改革、投资体制改革取得新突破，市直“一站式”网上审批运行良好。着力解决损害群众利益的突出问题，治理教育乱收费和公路“三乱”、整治医药购销中的不正之风、减轻农民负担等工作都取得明显成效。

（市委办公厅）

组织工作

【干部教育培训】 2004 年，为了大力提高干部的执政能力，解决“知识恐慌”和“本领恐慌”问题，适应全面建设运城小康社会和建设“四大一强一个中心”城市的新形势，市委组织部门结合学习贯彻“三个代表”重要思想，全市干部教育《“十五”规划》，以党校、行政学院为主体，创新培训方式方法，突出业务本领和领导能力，切实加大了干部教育培训力度。在市委党校举办了两期各为期三个月的县处级领导干部轮训班和中青年领导干部培训班，共培训干部 152 名。在垣曲县举办了全市贫困地区干部培训班，5 个贫困县的分管领导、扶贫办负责人和有扶贫开发任务的乡镇书记等 60 余名同志参加了为期一周的专题培训。在市委党校分三批对 400 余名统战干部、党外干部和民主党派干部，进行了十六届四中全会精神专题培训。全年，市县两级组织部门共举办各类培训班 56 期，累计培训干部 5187 人次，完成了 83 名县处级以上领导干部赴中央党校、中央有关部委、省委党校培训任务。

与此同时，还加强沿海发达地区培训基地建设，大力开拓挂职锻炼的领域和途径。8 月至 11 月，组织 6 个县（市、区）长、6 个市直经济部门的主要负责人赴山东进行为期 3 个月的挂职锻炼，在《运城日报》开辟了“感受山东”栏目，连续发表 12 名同志在山东挂职期间的所见、所闻和切身感受。市委常委、组织部长王安庞带领有关部门负责人赴山东就干部挂职锻炼、招商引资、干部考核进行考察学习。市委专门成立了全市招商引资领导组和招商、考核、政策、宣传、监督 5 个办公室，由组织部牵头组织 4 名挂职锻炼同志深入县（市、区）和市直单位进行宣讲，掀起了“学习山东经验，促进运城发展”的热潮。

（市委组织部办公室）

【年度考核】 2 月份，根据市委的决定，县级领导班子及党员领导干部民主生活会与年度考核同步进行，以提高工作效率和民主生活会质量。主要按照大会动员、述职报告、民主测验、征求意见、个别谈话、梳理意见、意见反馈、民主生活会、确定考核档次、运用考核结果等 10 个程序，对县（市、区）和市直单位县处级领导班子和领导干部 2003 年度的工作进行了考核，召开了县处级领导班子及党员领导干部民主生活会。通过考核，共评定优秀档次 148 人，称职 915 人，基本称职 1 人，不称职 7 人，差班子 10 个。出台了《关于县（处）级领导干部年度考核结果运用的意见》，对 8 名考核不称职的干部，给予党纪处分的 6 人，建议市委免去职务的 1 人，由部务会决定免去职务的 1 人。市经贸委等 10 个单位班子成员优秀率整体较低，班子成员中没有一人被评为“优秀”等次，组织部部务会集体对这些班子的主要负责人进行了组织谈话，限期予以整改。通过召开民主生活会，促进了干部作风的转变和领导班子的团结。

（市委组织部办公室）

【制度建设】 2004 年初，部务会议要求每个部领导深入所分管的单位，及时了解领导班子和干部队伍建设的新情况和新问题。通过调查研究，形成了《关于提高市管国有企业公司（厂）级退休领导干部统筹项目外养老金的意见》、《关于建立空缺领导职位公开推荐选拔制度的意见》、《关于规范市直单位科级干部任前备案管理的意见》等一批制度意见，为市委制定相关政策和科学决策提供了参考。下发了《关于对全市干部档案目标管理工作进行检查验收的通知》，对 32 家申报三级达标的档案单位进行了检查验收，经过验收有 14 家达二级标准，有 10 家达三级标准。

（市委组织部办公室）

【“五赛两评”】 2004 年，全市组工部门以思想政治建设为重点，在 13 个县（市、区）领导班子和领导干部中开展了“赛学习、赛团结、赛作风、赛政绩、赛廉洁，评选好班子、评选好干部”为内容的“五赛两评”活动；在市直县级领导班子和领导干部中开展了“学习梁雨润”活动；在市直科级以上党员干部中开展了“公道正派树形象”活动。通过开展活动，增强了领导班子特别是“一把手”抓班子、带队伍、作表率的意识，教育和引导广大干部树立正确的政绩观，培养了为民、务实、清廉的工作作风，营造了团结和谐向上的工作氛围。结合开展活动，共调整了 9 批 123 名县处级领导干部，其中：提拔任职 47 人，平职调整 29 人，翻牌任职 32 人，免职 15 人。3 月初，中组部干部五局来运进行国有企业领导班子思想政治建设调研，对此项工作给予了充分肯定。

（市委组织部办公室）

【后备干部培养选拔】 制定了《关于推荐县处级领导班子后备干部的实施方案》、《关于搞好全市选拔培养年轻干部的意见》、《关于选配乡镇年轻领导干部的意见》等一系列政策和规定。要求各县（市、区）委采用公开选拔的方式，为每个乡镇选拔配备 1 名 30 岁以下的年轻领导干部，并创造条件选配一定数量 30 岁左右的乡镇正职。坚持把选调生培养锻炼作为培养干部的基础和源头，制定了《运城市优秀大学生到乡镇重点培养锻炼管理工作暂行办法》，对省委组织部选调的 26 名大学生作了妥善安置并进行了岗前培训。召开了全市选调生培养管理工作经验交流会，对表现突出的选调生提出了使用意见，其中40余名人员走上了科级领导岗位。

10月中旬、12月下旬相继召开了全市党外干部培养选拔工作座谈会和全市培养选拔党外干部工作会议，传达全省培养选拔党外干部座谈会议精神，总结培养选拔党外干部工作的主要经验和做法，研究部署新一阶段培养选拔党外干部工作。省委组织部、统战部、妇联对全市选拔培养妇女、党外、年轻、后备干部等工作进行了全面检查，对运城立足长远、抓基层、抓源头的做法给予了充分肯定。

（市委组织部办公室）

【老干部政治待遇和生活待遇的落实】 制定下发了《关于加强市直单位老干部政治待遇落实的意见》，组织离休干部学习“三个代表”重要思想、十六大和十六届四中全会精神，参观全市重点工程和调产项目，举办了《纪念邓小平诞辰100周年》书画展。建立了离休干部“两费”清欠工作责任制，进一步完善医药费保障机制和财政支持机制，全市共清缴“两费”拖欠30余万元。建成一批面积大、功能全、档次高的老干部活动中心和11所老年大学。6月，省委组织部在运城召开了全省老干部活动中心建设现场会，原省委常委、组织部长薛延忠同志到会并作了重要讲话，对运城的老干部工作给予了高度评价和充分肯定。

（市委组织部办公室）

【新绛干部任职试用期制试点】 按照省委组织部的要求，对新绛、夏县、垣曲、平陆四个全省干部制度改革试点县逐一进行了调研总结。组织部7次深入新绛县现场办公，指导帮助该县以推行干部任职试用期制为重点，综合配套运用了公开选拔、公示、辞职、降职等16项改革措施，走出了一条“先定事，后定人，以事论官，选贤任能”的干部人事制度改革新路子，激发了全县干部干事创业的积极性。（市委组织部办公室）

【干部人事制度改革】 10月上旬，市委组织部召开全市深化干部人事制度改革工作座谈会，贯彻全国、全省电视电话会议精神，总结推广新绛县“以事论官”，夏县建立干部考察责任制、垣曲县科学考评干部、万荣县全委会票决考察对象的工作经验，对全市深化干部人事制度改革工作进行部署。《干部任用条例》规定的21项改革制度，在全市普遍推行的有13项，分别是民主推荐、民主测评、差额考察、考察预告、考察责任制、考察责任追究制、公开选拔、竞争上岗、任前公示、试用期制、聘任制、干部交流、调整不胜任职务领导干部，其余8项制度，如全委会票决制、辞职降职制、末位淘汰制等在部分县（市、区）展开。2004年，全市共公开选拔领导干部25人；通过竞争上岗走上领导岗位的291人；调整不称职、不胜任现职干部10人，其中县级3人，科级7人；共交流干部173人，其中县级22人，科级151人。5月，结合部分县委书记调整，配合省委组织部，对4名县委书记拟任人选实行了市委全委会票决；11月份，专门召开全委会，对四名县长推荐人选进行了市委全委会票决。还对过去公开选拔的11名年轻干部进行了妥善安置，受到了社会各界的普遍好评。市县两级干部人事制度改革工作步子稳妥，势头良好，呈现出了重点突出、整体推进，不断深化的态势。

（市委组织部办公室）

【干部监督】 加强联系通报。进一步加强与纪检、监察、检察、公安、人事、审计、计生、信访等部门的联系通报，规范和完善了干部谈话诫勉、回复、函询制度。进行经济责任审计。采取“一讲二评三谈四审”的方法，对2名县（市）长、9名市直单位主要负责人进行了经济责任审计，对5名县级干部进行了诫勉谈话。

开通专线举报电话。加强对执行《干部任用条例》情况的监督检查，设立了“12380”专线举报电话，充实举报中心力量。共公示新提拔县处级领导干部47人，其中：正县级13人，副县级34人。对群众反映5名公示对象的12个举报件进行了认真细致的调查核实。专线举报电话开通以来，共对43个群众举报进行了调查核实和处理。在专线举报电话开通的第一天，河南省洛阳市鑫星公司举报平陆县公安局一名副局长在担任刑警队长期间，购买办公用品长达6年拒不付款，部委立即派人调查核实，对当事人进行诫勉谈话，三天就付清了货款。该公司派专人给部委送来“立党为公、执政为民”的锦旗。

全面检查《条例》贯彻情况。9月份，部委抽调39名干部组成13个检查组，深入13个县（市、区）和市直47个综合部门，对上年7月以来贯彻《干部任用条例》情况进行了全面检查。

清理领导干部在企业兼职情况。按照要求，对7名在企业兼职的县处级领导干部进行了全面清理；进一步组织申报、纠正了县处级以上领导干部本人的配偶、子女经商、办企业问题。

召开会议总结部署干部监督工作。12月8日，召开各县（市、区）分管组织工作的副书记、组织部长，市直各单位负责人参加的全市干部监督工作会议，总结全市干部监督工作，安排和部署全市干部监督工作。

从严科级干部职数审批。在坚持审查职数、审查任职条件、审查任职程序的基础上，把计划生育作为审查内容，认真落实计划生育一票否决的规定。全年，共对34个单位161名科级干部严格履行了职数审批程序。（市委组织部办公室）

【营造舆论氛围】 2月份，部委和《运城日报》社、运城广播电视台联合开展了“河津建筑杯”人才工作知识有奖竞赛活动，全市共有18142名干部群众参加答题活动。全国、全省人才工作会议之后，部委利用新闻媒体，大力宣传会议精神，在市电视台设立“河东英才”专栏，制作并播放了11部全市优秀人才先进事迹专题片，在《运城日报》开辟人才工作专栏，连续报道拔尖人才的先进事迹，并配发了9篇评论员文章，大力宣传实施人才强市战略的重要意义，在全市营造出关心重视人才的浓厚氛围。

（市委组织部办公室）

【出台吸纳、选拔人才政策】 3月，部委拟定了14个题目，组织力量对全市人才队伍建设状况进行了一个多月的专题调研。4月份，由一名部领导带队，赴北京、郑州等地就公开选拔（招聘）人才工作进行专题考察学习。同时，成立了人才政策文件起草小组，专门起草《关于实施人才强市战略的意见》和《运城市关于吸纳高学历优秀人才的办法（试行）》、《河东科教英才选拔管理办法》、《运城市企业经营管理拔尖人才选拔管理办法》、《运城市青年学术技术带头人选拔管理办法》、《运城市农村实用拔尖人才选拔管理办法》等五个配套文件。对全市各类人才的选拔、培养、使用和待遇进行了科学界定和规划，为进一步做好全市人才工作绘出了蓝图，提供了依据。

（市委组织部办公室）

【人力财力向优秀人才倾斜】 7月，市委常委会两次召开专题会议研究人才工作，成立了市委人才工作领导组办公室，将原来由组织部代管的知工办更名为人才办，编制由3人增加到6人，设立了全市人才资源开发专项基金，由市财政每年拨付150万元。下半年，组织30名市级拔尖人才赴广东、云南等地疗养；对112名市级科教英才、市级拔尖人才进行了免费体检。同时，召开了全市人才资源统计培训会，贯彻全国、全省人才资源统计工作会议精神；以会代训，布置2004年全市人才资源统计工作。

（市委组织部办公室）

【全市人才工作会议】 2004年为了全面贯彻落实全国、全省人才工作会议精神，8月4日，市委、市政府隆重召开全市人才工作会议，市四大班子主要负责同志和全市700余人参加了会议。市委书记黄有泉、市长胡苏平出席会议并作了重要讲话，市委常委、组织部长王安庞同志总结回顾了近年来全市人才工作，对下一阶段的人才工作进行了全面部署。会议以市委文件正式下发了《关于实施人才强市战略的意见》和五个配套文件，命名并隆重表彰了河东科教英才5名，每人颁发奖金两万元；企业经营管理拔尖人才17名，专业技术拔尖人才90名，届内每人每年补贴1200元；青年科学技术带头人50名，届内每人每年补贴600元；农村实用拔尖人才54名，届内每人一次性补贴科普资料推广费1200元；人才工作先进单位6个；人才工作先进个人12名。授予市种子公司专家黄学森“外地人才突出贡献服务奖”，奖励2万元。会议规模之大、规格之高、出台的文件之多、命名表彰的力度之大，都是运城建国以来少有的。

（市委组织部办公室）

【出台《关于实施农村小康建设带头人工程意见》】 经过深入调研和广泛论证，以市委办公厅文件下发了《关于实施农村小康建设带头人工程的意见》，明确要求。乡村干部、党员、团员、退伍军人、回乡青年、乡土人才、企业经营者和其他优秀人才，要围绕农村经济发展、政治建设、文化建设、可持续发展目标，充分发挥示范带头作用。并召开专门会议进行了动员部署，在《运城日报》连续发表了五篇特约评论员文章，进行广泛的宣传发动。按照市委的要求，各县（市、区）迅速制定了具体的实施方案和实施细则，成立了相应的领导机构，层层进行动员。全市已有115个乡镇确定了各种类型的带头人62890人，涌现出了河津市龙门村党委书记原贵生等一批先进典型。闻喜县畖底镇户头庄党支部书记冯官成，认真实践“三个代表”重要思想，勤政为民，心系群众，见义勇为，与歹徒搏斗，不幸壮烈牺牲，成为全市继张小民之后农村基层干部的又一杰出典型。

（市委组织部办公室）

【建立“村官论坛”制度】 新绛县在实施“农村小康带头人工程”中探索并建立了“村官论坛”制度，就是乡镇党委组织广大农村干部特别是两委主干，围绕确定的议题，广泛讨论，集思广益，找出解决问题的对策和办法，受到农村干部群众的欢迎。部委及时将这一做法总结提高和规范，召开了全市“村官论坛”新绛现场会，在全市进行了推广。“村官论坛”制度的推行，提高了农村基层干部的素质和能力，促进了农村热点难点问题的解决，密切了乡村干部的关系，推动了决策的民主化和科学化。

（市委组织部办公室）

【选派机关干部到农村任职】 夏县在实施“农村小康带头人工程”中大胆尝试，从国家干部中选派10名强人能人回村主政，解决农村班子后继乏人问题，取得了成功。部委四次派人深入夏县调研、论证、总结，及时召开了全市加强农村基层党组织建设夏县现场会。全市共有49名机关干部到农村任职，这些同志回村后，发挥自身优势，带领干部群众修路建校、打井、调产，在较短时间改变了后进村面貌。夏县纪检委干部卫安生回四辛庄村担任党支部书记后，组织村民加强基础设施，调整产业结构，发展设施农业，仅大棚蔬菜一项全村人均收入增加了600余元。

（市委组织部办公室）

【加强非公有制经济组织党建工作】 对全市210个100人以上的民营企业进行了调查摸底，总结推广了河津市选派党建工作指导员、海鑫公司党委发挥政治核心作用的经验。督促指导各县（市、区）采取独立建、挂靠建、联合建、村企联建等形式，着力开展建组织、建阵地活动。全市非公有制经济组织中建立党组织214家，其中100人以上民营企业建立党组织123个，占58.6%；50～99人民营企业建立党组织47个，占22.4%。12月，召开全市发展党员工作会议传达省非公有制经济组织党建工作会议精神，部署全市非公有制经济组织党建工作。（市委组织部办公室）

【探索党员教育管理新方法】 围绕实施“农村小康建设带头人工程”，在全市党组织和党员中开展了“树立科学发展观、党员带头作贡献”主题教育活动，树立了68个先进党组织和模范党员典型，在《运城日报》、运城电视台、运城广播电台分别开辟“当好先锋队，永葆先进性”、“三个代表在基层”、“河东，您早!”专题栏目，拍摄制作了《擎起致富这面旗》、《一个党员绿了一座山》两部专题片，集中进行了宣传报道。采取县市领导亲自讲课、包点联系、督查巡视等办法，全面开展党员集中培训活动。全年，共培训党员干部、入党积极分子15万多人，占到党员的90%

以上。

实行发展党员工作定期会审制度，加强对发展党员工作的宏观指导和动态管理。通过采取市县定计划、基层定对象，审结构、审程序，层层建立目标责任制的办法，使新发展党员的比例结构得到了优化和改善。全市共发展新党员4004人，其中生产一线3482人，占86.9%；35岁以下2945人，占73.6%；高中以上3441人，占85.9%；妇女党员982人，占24.5%。9月，全省发展党员工作会上，运城认真抓好农村发展党员工作和率先推行发展党员公示制的做法和经验，得到了省委组织部和与会同志的充分肯定。

（市委组织部办公室）

【扎实做好保持共产党员先进性教育准备工作】 部委先后到夏县、万荣5个县对保持共产党员先进性教育准备工作、党员发展及管理等情况进行了专题调研，下发了《关于认真做好保持党员先进性教育准备工作的通知》，对农村、非公经济组织、停关破企业、软瘫散党组织分类进行整顿，对软弱涣散基层党组织状况和党员队伍状况进行了排查摸底和汇总上报，共排查出班子不健全的党组织84个，软弱涣散的党组织106个，外出和外来流动党员9832个，摸清了基层组织和党员分布、作用发挥等情况。制定出台了市委《关于加强流动党员管理教育工作的意见（试行）》，对全市流动党员特别是99名在京党员的流动情况进行了统计排查。为搞好下年的“保先”教育工作奠定了一个较好的基础。

（市委组织部办公室）

【开展专题学习活动，随机抽题抽人检验】 为了抓住提高素质这个根本，把每周五下午作为集体学习时间，每季一个学习专题，季末进行专题学习汇报。第一季度，针对科室人员调整后部分同志业务生疏的实际，及时把科室工作职能和业务知识作为学习专题，5月11日，组织11名新提任的科长和副科长结合各自的工作上台演讲汇报。第二季度，把《干部选拔任用条例》、《党内监督条例》、《党纪处分条例》作为学习专题。9月1日，以部内12个科室和13个县（市、区）委组织部为单位组成25个队，采取随机抽顺序、随机抽人抽题的办法，每队抽一名同志上台答题，取得了良好效果。第三季度，把十六届四中全会《决定》列为学习专题，组织开展了三次集中学习辅导活动。第四季度，把“5+1”文件作为学习专题，编印了《组织工作重要文件选编》，发给每位组工干部学习。还派出26名同志分两批脱产参加全市县处级领导干部轮训班和中青年干部培训班。10月中旬，在关铝集团永济分厂举办了全市组织人事干部培训班，市委组织部全体干部、县（市、区）委组织部副部长、市直单位组织人事干部，共155人分两批参加了为期10天的培训。这次培训采取封闭式教学、部领导轮流登台讲课、课堂讲授与观看录像相结合的办法，得到了广大组织人事干部的好评。

（市委组织部办公室）

【“树机关干部形象”活动】 2月中旬，在市直机关副科级以上党员干部中开展为期三个月的以公道正派为主要内容的“树机关干部形象”学习教育活动。参加活动的市直机关党委48个，行政事业单位132个，科级以上干部3391人，其中科级干部2743人，县处级干部648人。各单位围绕公道正派这个主题，结合各自业务工作，开展丰富多彩的活动，突出查找思想和工作中存在的问题，建立和完善各项规章制度，取得了明显成效。

（市委组织部办公室）

【以整改推动工作】 解决部内一些同志学历不高、工作能力不强的问题。部务会研究决定，部内同志现在是中专文化程度的，三年内必须达到大专文化程度；是大专文化程度的，三年内必须达到大学本科文化程度，鼓励组工干部攻读研究生。每个同志必须学会并掌握现代办公技能，熟练操作电脑，达到计算机测试二级水平；分期分批到乡镇挂职半年时间；定期组织大家深入农村、企业和外地调研；有计划安排大家参加部内和市委的中心工作；创造机会让全体组工干部人人上台讲话和发言。

解决部内人员结构不合理的问题。5月开始，经市委同意，面向社会公开选拔7名组工干部，基本条件是第一学历为全日制大学本科，年龄在28周岁以下。公告发出之后，共有132名应往届大学毕业生踊跃报名，经过资格审查、笔试、体检、面试、实践技能测试、考察、部务会研究确定等程序，10月8日，7名录用人员到岗。

解决办公手段落后、信息渠道不畅的问题。从4月份起，派专人外出学习，与电信等部门联系，着手筹建运城党建网站、运城党员远程教育网络和组织部局域网。

解决部内一些科室长时间缺位科长、副科长的问题。在充分听取民意的基础上，2月、5月和11月三次对部内人员进行了调整，配齐配强了科室负责同志。全部上下心平气顺，认真学习、钻研业务的气氛浓厚，干事创业的劲头很足。

（市委组织部办公室）

【建立健全保持公道正派的长效机制】 为了从源头上解决问题，通过对工作制度进行全面梳理和完善的基础上，注重把上年集中学习教育活动中的好经验好做法，用制度的形式固定下来。经部务会反复研究，出台了《关于加强组织部门自身建设的意见》，明确提出组织部门和组工干部要强化荣誉意识、团队意识、创新意识、责任意识和服务意识等“五种意识”，实现政治过硬、业务过硬、作风过硬、形象过硬等“四个过硬”。实行一周一次部长碰头会、一月一次科长汇报会、一季一次专题学习汇报会和科室工作周预报、月小结、季考核制度。逐步探索并形成了一套能够保持稳定持久地加强自身建设、树立公道正派形象的长效机制。

（市委组织部办公室）

宣传工作

【引深“三个代表”重要思想和十六届四中全会精神学习】 2004年加大市、县两级党委中心组的学习规范和督查力度，通过中心组的学习带动，使“三个代表”的落实工作进一步引向深入；通过对部分县（市、区）和部分市直党委中心组的学习督查，为进一步加强和改进中心组的学习，提供了有益的帮助。向全省、全国推荐了运城市学习实践“三个代表”先进典型梁雨润，并上报《梁雨润时刻把党和人民群众的利益放在心上》的先进事迹材料。并通过市委办公厅向全市推广了国税局党委中心组创造的“求新、求实、求活”的学习经验。

通过下发学习贯彻落实十六届四中全会文件和9月23日、10月29日中心组集中学习的推动，迅速掀起学习贯彻十六届四中全会精神的热潮，10月22日还举办了全市宣传文化系统学习十六届四中全会精神骨干培训会议。同时，组织承办了全国“人民满意的公务员”市地税局局长李晋芳同志先进事迹报告会。11月26日报告会在太原南宫举行，取得了圆满成功。

（王存狮）

【坚持正确舆论导向，加强新闻宣传力度】 2004年围绕全市经济总量提前翻番目标，相继发表了数百篇有分量、有见解、有浓度的评论、报道，使广大党员干部群众的思想统一到抢抓机遇、加快发展、努力实现提前翻番的目标上来。实施“为民工程”宣传工作，编发简报五期，两大媒体开设专栏发表各类报道200余篇（件）。

配合城市环境综合治理，组织《运城日报》、市广播电视台进行全方位报道，《运城日报》开设了专栏“迅速掀起城市环境综合整治高潮”，晚报设立了专版“综合整治城市环境，创建优秀旅游城市”、“处处建优美环境，人人塑城市形象”，三个栏目共44期。市广播电视台开设了专栏“城市环境综治大行动”、“环境综治、城市创优”、“运城是我家，文明靠大家”、“创优、整治”等专栏，发稿170条。

配合加强和改进未成年人思想道德建设工作，广播电视台开辟了“关注未成年人成长”专栏，推出了新版电视少儿节目《太阳花》，展播了百集爱国主义教育系列片、百首革命歌曲、百集爱国主义教育影视剧。《运城日报》发表了系列评论员文章，为青少年成长创造了良好的文化空间。

配合全市安全生产，组织了“安全生产河东行”活动，《运城日报》发稿9篇，市广播电视台发新闻30条、专题5期、公益广告每天10条，全方位、多角度、高频率报道，提高了全市的安全生产意识。

配合招商引资工作，出台了“关于做好‘学习山东，加快发展’，掀起新一轮招商引资高潮工作的宣传方案”，组织报道全市招商引资工作开展情况。全市结构调整会议后，组织指导媒体大力宣传把运城建成全省新型加工制造业基地的举措，在《山西日报》头条发表了报道，并配发了编者按，通过组织一系列战役性报道，服务了大局，促进了发展，得到了领导和群众的好评。

切实加强对全市新闻宣传工作的管理，采取有效措施，有效地规范了报纸、广播、电视的刊载和播出。在全市新闻战线广泛深入地开展“三个代表”重要思想、马克思主义新闻观、职业精神职业道德“三项学习教育”活动。分两期对市直各新闻单位的副职领导及新闻骨干、各县（市、区）新闻单位的正副职领导及新闻业务骨干共210人进行了培训。并对全市“三项学习教育”活动进行了总结评比，评出了职业道德先进集体和廉洁自律模范。组织全市各新闻媒体、新闻单位开展了“三农问题新思路，工业发展新项目，兴教育人新举措，文化旅游新产业”四项新闻大赛。并在11月8日第五个中国记者节对第二届“运城新闻奖”和“十佳”新闻工作者进行了表彰。

对报社、广播电视台的新闻宣传严格把关。严禁刊载和播出格调低下、庸俗不堪、色情、暴力等内容的作品，禁止刊播不良广告，保证了舆论引导正确、无杂音。

进行报刊专项治理，经省报刊治理领导组研究，全市保留的连续性内部资料有11种，停办的内部资料出版物有22种。对群众反映的有关报刊散滥和利用职权发行的个案，进行了认真处理。（王存狮）

【弘扬培育民族精神，提高精神文明创建力度】 成立了运城市加强和改进未成年人思想道德建设工作领导组，制定了联席会议议事规则，并三次召开部门联席会议，把未成年人思想道德建设目标管理，纳入各级党委、政府的工作目标考核体系，纳入领导班子和领导干部的政绩考核范围。7月23日，召开了全市加强和改进未成年人思想道德建设工作暨精神文明建设命名表彰会议。会议传达了全国、全省加强和改进未成年人思想道德建设工作会议精神，对全市加强和改进未成年人思想道德建设工作作了部署，并对2002年至2003年度省、市两级精神文明建设先进典型进行了表彰。市委副书记、市长、市文明委第一副主任胡苏平在会上作了讲话。各县（市、区）及市直有关单位签定了责任书。

组织开展“纪念邓小平同志诞辰100周年”系列宣传教育活动。8月18日，组织召开了“纪念邓小平同志诞辰100周年理论研讨会”，共收到论文78篇，从中筛选出54篇优秀论文，其中有3篇论文经推荐入选“山西省邓小平生平和思想研讨会”优秀论文。8月20日，组织召开运城市纪念邓小平同志诞辰100周年座谈会。

组织建国55周年庆祝活动。举办了焰火晚会、歌咏大赛和《运城印象》大型图片展。通过珍贵的图片资料直观地反映运城经济社会和各行各业发生的巨变，展示河东深厚的文化底蕴，再现河东儿女的精神风貌。加强爱国主义教育基地建设，7月，市委、市政府命名了22处市级爱国主义教育基地，免费接待中小学生近十万人。

9月28日，组织开展了全市“百万市民诚信大签名”活动，市四大班子领导带头与各界群众共同在长幅上签名，各县（市、区）也进行签名活动，在启动仪式上，对评选出的全市“十佳诚信市民”及“百佳诚信单位”进行了表彰。加大“西部助学工程”、“百县千组长宣传文化工程”和不断深化“四下乡”活动。

（王存狮）

【促进富有运城特色的文化强市建设】 出台了《关于建设文化强市的实施意见》和成立了运城市建设文化强市领导组，努力打造具有黄河金三角区域特色的文化产业板块，把运城建设成为人民素质普遍提高，文化事业全面繁荣，文化产业跨越式发展的文化强市。

8月27日，隆重召开了全市建设文化强市动员大会。会议确定要把握发展趋势，发挥资源优势，努力建设富有运城特色的文化强市，实现经济强市和文化强市“两强并举”。省委常委、宣传部长申维辰专门出席这次大会并发表了重要讲话，市委书记黄有泉在会上作了《以“三个代表”重要思想为指导，牢固树立科学发展观，为把运城建设成为文化强市而奋斗》的讲话。市长胡苏平作《把握发展趋势，发挥资源优势，努力建设富有运城特色的文化强市》的动员报告。市委副书记唐大雄宣读了《市委、市政府关于成立运城市建设文化强市领导组的通知》。同时举办了《中国·运城文化产业论坛》。此乃运城市第一次将文化强市建设纳入市委、市政府发展战略规划，也是全省高规格，最大规模的一次文化强市建设总动员。基本上理清了宣传思想工作的总体思路，即“4+2”格局。“4”就是“以科学的理论武装人、以正确的舆论引导人、以高尚的精神塑造人、以优秀的作品鼓舞人”；“2”就是转动文化事业和文化产业两个轮子。

举办“第十五届关公文化节”，先后开展了“关公文化节”开幕式暨“诚信在运城”文艺演出、产学研合作与交流洽谈会、“关公门前耍大刀”武术表演、“百万市民诚信大签名”启动仪式、青年歌手大奖赛、海内外华人“关公故里游”、仿古祭祀表演、戏剧演出、高空飞车艺术表演等11项活动。本届文化节有近10万人（次）参与了各项活动，先后接待海外游客300余人，国内游客2000余人，签定经济技术合作协议123项，签定招商引资项目52项，项目总投资1.54亿元，引资1.2亿元。

运城市广播电视局（台）不断深化改革，实行电视节目制片人制和广播节目制作人制，进行栏目改革和运作形式改革，把科教、社教、娱乐、生活服务、综艺等节目推向市场，推行人事管理制度和分配制度改革，建立节目综合评价体系，构建广播电视发展新格局，为市广播电视事业产业实现超常规、跨越、可持续发展提供动力。

吉有芳夺得第21届中国戏剧梅花奖。在杭州举行的全国第13届群众文化系列政府最高奖“群星奖”决赛中，绛州鼓乐《黄河船夫》获声乐器乐类全国第一名，稷山安福艺术学校表演的《河东高台花鼓》获舞蹈类全国第二名，均被授予文化部“群星奖”。文工团歌舞剧《娘啊娘》、青年实验蒲剧团《山乡辣嫂》、《母亲》唱响河东大地，出现了多年来少有的观戏潮，为繁荣运城文艺和蒲剧事业做出了贡献。

净化文化环境，狠抓“扫黄”“打非”工作，全年共收缴各类非法出版物108665件，淫秽色情出版物50件，盗版书刊82315件，盗版音像制品23040件；开展网吧专项整治，严厉查处“网吧”接纳未成年人的问题，加强对学校内部上网服务的管理，严厉打击利用“网吧”等互联网上网场所传播淫秽、色情信息等违法行为，通过专项治理，依法取缔“黑网吧”79家，网吧接纳未成年人问题得到进一步遏制，超时营业问题基本得到解决。

（王存狮）

【强化调研工作，为文化强市提供保证】 组织强有力的队伍，在董鹏翔部长的带领下，深入全市各县（市、区），开展了宣传思想工作和文化产业调研，理顺了工作思路，确定了建设文化强市战略，为本市的宣传文化事业和文化产业的发展确定了总目标、任务。

以馆藏文物普查为重点，鉴定登录了各类馆藏文物总计174485件，其中珍贵文物2579件套，真正澄清了本市馆藏文物的家底。积极开展《文物保护法》宣传，增强全社会的文物保护意识和全民的文物法制观念，“5·18”国际博物馆日参加山西省“晋祠杯”文物保护节目暨守望文明《华夏根祖系运城》蒲剧表演唱获一等奖，《老范的故事》音乐报道剧获三等奖；“12·4”全国法制宣传日在全市掀起了宣传《文物保护法》的高潮。市直及各县（市、区）认真做好文物保护“五纳人”工作，为全市文物事业的发展奠定了坚实的基础。

开展了全市文化产业调查摸底，查清了全市文化产业发展实情；《运城市实施建设文化强市的调研与思考》调研报告荣获省委宣传部优秀调研报告。 （王存狮）

统一战线工作

【学习实践“三个代表”重要思想】 2004年，市委统战部立足争取人心、凝聚力量的根本任务，紧紧结合统战工作实际，继续把“三个代表”重要思想作为武装干部、教育成员的首要任务。组织广大统战干部深入学习“三个代表”重要思想，把“三个代表”重要思想、统一战线理论学习纲要的学习纳入学习计划，采取举办演讲赛、读书会、报告会、培训班等多种形式，教育和引导统战干部从理论和实践的结合上进一步深刻认识学习贯彻“三个代表”重要思想的重要意义，自觉地把“三个代表”重要思想统一战线理论贯彻到统战工作的各个领域。

积极支持和帮助各民主党派、工商联、侨联等有关组织，根据各自成员的特点，通过举办一系列丰富多彩的教育活动。不断引深对“三个代表”重要思想的学习。结合纪念邓小平同志诞辰100周年和建国55周年，在民主党派等统一战线成员中举办了座谈会、书画展、报告会、大唱革命歌曲等教育活动，在非公有制经济人士中倡议开展了“争做有中国特色社会主义事业建设者”竞赛活动。在宗教界人士中开展了“三讲三比”教育活动。全市统一战线成员把学习“三个代表”重要思想和学习十六届四中全会精神与宣传展示建国55周年取得的巨大成就结合起来，与深化“三增强，四热爱”教育活动结合起来，提高了统一战线成员的爱国热情和民族自豪感，增强了坚持共产党领导的多党合作和政治协商制度的自觉性。

统战部还组织了32幅书画、摄影作品和42篇反映统战工作和统一战线成员优秀事迹的文章，参加了“山西省纪念新中国统一战线55周年”活动，荣获山西省统一战线书画摄影展组织奖，并有21幅书画

摄影作品和6篇文章分别入选画册和《山西统战春秋》。（刘增辉）

【统战重点课题调研】 2004年市委统战部紧紧围绕全面建设小康社会新阶段统一战线总课题，着眼全市经济建设和社会发展的大局，把全市关注基层、关注实践、实践需要的课题作为重点，把创新理论、完善政策、提出举措作为基本内容，制定了详细的调研规划，明确了7个重点研究课题和26个一般研究课题。

市委统战部成立了调查研究工作领导组，在具体调查研究工作中，注重发挥统战部门主导作用的同时，进一步创新了调研工作有效机制，初步形成了以统战部为基础，以课题规划为纽带，以发挥各民主党派、工商联、社会主义学院、各统战团体和社会各方面的研究力量为依托的社会化研究机制，保证了统战理论研究工作的深入开展。

市委统战部领导先后两次带领有关科室同志，就新形势下统一战线的任务、范围、成员的新变化、新特点以及基层统战工作存在的新情况、新问题，深入县（市、区）开展调查研究，有力地指导基层统战理论研究工作的开展。全市共撰写有价值、有分量的理论调研文章120余篇。为了及时总结和转化这些成果，市委统战部召开了统战理论调研成果表彰交流会，对全市报送的70余篇调研成果组织专家进行了评审，有26篇优秀文章受到表彰奖励，绛县、夏县、盐湖三县（区）获得组织奖，并有3篇成果进行了大会交流。

加强了统战信息工作，出台了统战信息表彰奖励办法，对统战信息实行一票否决制。全年市委统战部共编写简报39期，信息400余条，专报27期。其中，被省委统战部《专报》采纳32条、信息40条，被中央统战部《每日汇报》采纳3条，《统战工作》采纳2条，《每日汇报》增刊采纳1条，尤其是“宗教工作不应分重点非重点”的信息被全国政协副主席、中央统战部部长刘延东批示，信息工作取得突破性进展，被评为全省统战信息工作一等奖。（刘增辉）

【统战教育培训工作】 加强党政领导干部、统战干部、党外代表人士“三支队伍”的大培训。市委统战部成立了培训工作领导组，协调有关部门和统一战线各单位，对培训工作进行了统一组织和安排。经市委研究决定，利用市委党校的阵地和资源成立了“运城社会主义学院”，为培训全市统一战线成员和统战干部建立了培训基地。为了进一步保证培训效果，市委统战部切实注重了培训方式方法的创新。

市委统战部组织举办了全市党外干部和统战干部两个大型培训班，对全市150名副科级以上党外干部和200余名统战干部进行统战理论、方针、政策以及相关业务知识的培训，市委统战部领导亲自授课，学员代表大会发言，保障了学习效果。

在市委党校举办的党政领导干部轮训班和中青年科级干部培训班上，开设了统战理论课，对200余名同志进行了统一战线理论和基本知识的教育。同时，充分发挥了社会主义学院的作用，支持民主党派举办了党派干部培训班，对200余名党派支部委员以上成员和作了政治安排的党派成员进行了多党合作有关知识和党派优良传统的培训教育。

指导县（市、区）统战部门开展好培训工作。全市13个县（市、区）共举办各类培训班59期，培训人数12000人，有力地扩大了统一战线的社会影响。

积极组织参加上级组织的各类培训班。全年共组织参加省级以上培训人员7期101人。12月14日，市委统战部邀请了中央统战部理论研究室副主任张献生同志对全市市县两级四大班子党员领导干部和市直副处级以上党员领导干部共600人进行了统一战线理论辅导报告。

（刘增辉）

【统战工作新突破】 2004年以促进民主政治建设为重点，深入贯彻多党合作和政治协商基本政治制度。努力推动党领导的多党合作和政治协商制度的规范化、制度化建设。市委统战部协助市委、市政府认真落实好各项协商通报制度。市长胡苏平到任后召开的第一个座谈会，就是听取各界人士对《政府工作报告》（修改稿）的意见、建议。市委书记黄有泉亲自主持，就《中共运城市委贯彻落实〈中共中央关于加强党的执政能力建设的决定〉的实施意见》（草案）向民主党派、工商联和无党派人士进行了通报、座谈，听取意见。市委、市政府的重要会议、重大问题、重要文件、重要人事变动征求党外人士意见、建议已经形成了制度。进一步规范了市、县两级领导干部与党外人士交朋友的制度，完善了交友名单，拓宽了交友渠道，为党与党外人士进一步沟通思想、联络感情提供了制度规范。

重视加强了特邀“四员”工作，支持他们履行职责，积极发挥民主监督作用。市委统战部支持帮助民主党派加强自身建设，积极为他们参政议政、建言献策创造条件。帮助民革、民盟、民进三个市级组织进行了届中调整，完善了民建的市委班子，支持党派市委加强了机关制度建设和干部培训工作，协调解决了五个民主党派市委的办公用房和工作经费。协调组织各民主党派主委、驻会副主委、秘书长赴厦门等地参观学习，借鉴沿海发达地区民主党派发挥整体优势，提高参政议政水平的做法和经验。协调组织民主党派赴永济、芮城、平陆三县（市、区）及董村农场针对未成年人思想道德建设问题进行调研考察工作。通过调研考察，既为他们知情出力、建言献策创造了条件，又使他们在调研考察中受到一次深刻的思想教育，激发了他们建功立业的积极性和主动性。2004年，各民主党派、工商联及无党派人士围绕经济结构调整、城市建设、未成年人思想道德建设、党的执政能力建设等政治、经济、社会发展方面，共提提（议）案300件，社情民意600余条，其中60%被市委、市政府及相关部门采纳，有力地促进了三个文明的建设。

以党外人才工作为重点，切实如强了党外代表人士工作。认真贯彻了全国全省培养选拔党外干部工作座谈会精神，召开了全市培养选拔党外干部工作会议，明确全市培养选拔党外干部的总体要求、目标任务和主要措施。加强了对党外代表人士的补充建档工作，在原建档600名的基础上又新建档120余人。加大了对党外人士的政治和实职安排力度，在市县两级人大、政府、政协、政府职能部门及执纪执法部门共安排96名党外人士。深化了党外知识分子的工作，重点加强了对大中专学校、国有企业、科研院所、医疗卫生等知识分子比较集中的单位的调查摸底工作。

以“争做优秀社会主义事业建设者”为重点，进一步创新了经济领域统战工作。围绕做好非公有制经济人士的思想政治工作，进一步推进了“经济领域统战工程”，在继续深入开展“双思”教育、“三结合”教育、“信誉宣言”和光彩事业活动的同时，在全市非公有制经济人士中倡议开展了“争做优秀社会主义事业建设者”竞赛活动，重点围绕拥护党的领导、加快企业发展、照章纳税、依法经营、诚信经营、安排就业、建立党团工会组织、加强企业文化建设、参与光彩事业、积极参政议政十个方面推动活动深入开展。运城市推荐的阳光集团董事长薛靛民、通达集团董事长远勤山、海鑫钢铁公司董事长李兆会被省委、省政府授予山西省非公有制经济人士“优秀中国特色社会主义事业建设者”称号。市工商联主办的运城民营企业发展论坛，已举办了30期，受训人员达3000余人次。8月份，市委统战部指导市工商联主办了“运城民营经济发展暨投融资合作高峰论坛”，为非公有制企业在国家宏观调控的背景下，企业发展定位和融资渠道提供了有益的指导和帮助。市工商联还与运城电视台联合开办了“风云榜”栏目，宣传非公有制经济发展成就，展现优秀企业家风采，增添了新的舆论阵地。2004年全市共新成立各类行业协会组织11个，新发展会员712个。全市非公有制企业已建立党组织290多个。加大了对新一代非公有制经济代表人士的培养力度，推荐海鑫钢铁集团公司董事长李兆会参加了中央统战部举办的第一期“新的社会阶层培训班”。

以宗教反渗透为重点，深入开展民族宗教工作。认真贯彻落实了全国、全省宗教工作座谈会精神，召开了全市宗教工作座谈会。积极稳妥地解决有关宗教的选举问题。对待有关基督教徒的信访问题，市委、市政府高度重视，认真解决并针对其提出的相关实际问题，除做好党的宗教政策的宣传工作外，积极倡导和鼓励广大教民爱国、爱教，为维护社会稳定，抵御外部势力渗透，为党的宗教政策的有效落实建言献策，为巩固民族团结，普及宗教法规、宗教知识，改善教民生活条件，提高教民素质多做贡献。

在全市宗教领域大力开展了抵御渗透工作，进一步健全了市县两级宗教工作协调机制和联席会制度，建立健全了市县两级宗教工作机构，重视发挥县、乡、村三级宗教管理网络和两级责任制在抵御渗透中的作用，市县两级加大了对统战宗教干部和宗教界人士的培训力度，全年共有200余名统战宗教干部和700余名宗教界人士受到了党的宗教方针、政策、法律、法规和宗教知识的培训。针对存在的问题，在全市开展了对基督教的深入调研，并采取有效措施维护了全市基督教界的稳定。同时，继续在全市宗教界深入开展了“三讲三比”教育活动，积极引导宗教与社会主义社会相适应。在民族工作方面，认真贯彻了党的民族政策，大力推进全市民族团结进步事业，千方百计补助资金26万元，帮助少数民族贫困村改善条件，重视了民族特需用品定点生产企业申报工作，有3家被国家民委审查批准，使全市民族用品定点生产企业达到了6家。

以“交流交往”为重点，积极深化港澳台地区和海外统战工作。针对遏制台独势力，反“独”促统，重点加大了全市涉台知识宣传教育工作，与团市委、市电视台等部门联合举办了“台湾问题电视知识竞赛”；组织代表队参加全省台湾问题知识竞赛，并荣获二等奖。制作了108块版面，在市县两级进行了“台湾问题图片巡回展”。利用黄河根祖文化优势，以文化交流为纽带，协助有关县市成功举办了“海峡两岸后土文化研讨会”与“甲申年海峡两岸祭祀后土大典”，使运城市悠久的文化传统受到了港澳台同胞的欣赏，扩大了运城和山西的影响，打造出了“精品工程”，开拓出了联谊工作的新思路。

（刘增辉）

【统战工作基层组织建设】 2004年，认真贯彻全省统战工作基层组织建设长治现场会议精神，着力在强化基层基础工作的关键环节上下功夫。

进一步强化了各级党委对统战工作的领导。市委常委会听取研究统战工作七次，市委年初的工作安排部署和年终的工作总结都把统一战线工作列为一项重要内容。市委主要领导和分管领导主动参加重要统战活动，对统战部门提请研究的重要事项都能及时给予研究，做出决策。在市委机关办公用房调整中，较好地解决了市委统战部的办公用房，改善了办公条件，市政府在统战部的工作经费、工作用车等方面给予了大力支持，有力地保障了统战工作的顺利开展。

进一步建立健全了统一战线工作机制。由党委统战部牵头协调的统一战线工作新机制和宗教工作机制已在全市形成，并运转良好。

进一步加强基层统战干部队伍建设，全市146个乡镇（办）均有统战委员，绝大部分享受了科级待遇。市、县两级统战干部有20名得到了提拔、交流。特别是在宗教工作网络建设上，做到了村村有人负责。

进一步强化统战部门自身建设。以创建学习型机关为重点，市委统战部进一步完善了机关各项规章制度，使统战工作进一步实现了制度化、规范化、程序化。建立机关干部学习档案，举办机关干部“亮才”演讲赛，提高干部的政治理论素养和工作水平。编印完成了《运城统战工作大事记》、《运城统一战线理论调研文集》、《运城统战春秋》三本书。切实加强了机关干部党风廉政建设和作风建设，引导机关干部深入基层，深入实际，深入党外人士中间，调查研究、转变作风、解决问题、推动工作。通过加强机关建设，使统战干部逐步成为“学习型、思考型、民主型、实

干型”的干部。（刘增辉）

政法工作

【隐蔽战线斗争和维护政治稳定工作】 2004年全市公安机关和国家安全部门以情报信息为核心，以以同“法轮功”等邪教组织作斗争为重点，不断加强基层基础工作和业务基础建设，搜集利用大量有价值的情报信息，有效地遏制了危害国家安全、扰乱社会秩序等违法犯罪活动的发生。

严厉打击邪教组织犯罪活动。开展了以追捕“法轮功”在逃分子为目标的“天网三号”、“天网四号”行动和打击有害气功组织违法犯罪为目的的“铁铲”行动。抓获“法轮功”逃犯周××，相继破获了散发“法轮功”传单案，捣毁3个“实际神”邪教组织窝点。全市共拘留审查各类邪教分子43人，依法劳教27人，判处有期徒刑3案5人。先后教育转化“法轮功”人员32人，提前超额完成15人的工作任务。通过上述工作，有力地打击了邪教组织的嚣张气焰，实现了全省提出的四个零目标：“法轮功”分子进京人数为零，境外“法轮功”人员到本市滋事为零，“法轮功”分子暴力恐怖事件为零，“法轮功”分子大规模滋事活动和电视插播活动为零。

积极做好“213”专门工作和原“8023”部队人员等特殊群体的稳定工作。认真分析了“213”专门工作和原“8023”部队人员的思想状况和面临形势，有重点有针对性地开展工作，并对他们的合理化建议和要求，按照相关政策法规，妥善予以解决。不能立即解决的问题，也要说明情况，积极创造条件，限期给予解决，从而有效地维护了社会稳定。（杜峰彦）

【严打整治斗争和治安稳定工作】 2004年全市公安机关以“侦破命案专项行动”为龙头，组织开展了“三打一防”专项斗争、“打击盗窃破坏电力设备犯罪专项行动”和“316长安行动”、“冬季严打整治专项行动”等一系列专项打击行动，严厉打击了各类刑事犯罪活动。1至11月份，全市共破获各类刑事案件3512起，查获犯罪集团154个598人，抓获刑事作案成员2605人，其中逮捕2274人。特别是组织开展了“春雷闪电”解救大行动，成功地侦破了2002年4月25日至2003年12月发生在盐湖、夏县、闻喜、平陆等地的“4·25”特大系列盗抢儿童案，将9名被盗的儿童全部解救，9名犯罪嫌疑人无一漏网。公安部、全国妇联和市妇联先后致电祝贺，人民群众给予高度赞誉。

全市公安机关还组织开展了遏制毒源专项行动，破获了423起毒品案件，抓获涉案人员222名，缴获毒品海洛因618克。侦破一批经济犯罪案件，涉案金额9258万余元，挽回经济损失4035万余元。深入开展铁路治安严打整治，进一步净化了铁路治安环境。2004年，全市没有发生涉路刑事案件，没有发生大的治安案件，危行事件、路外伤亡、涉路矛盾纠纷大幅下降。

全市检察机关和审判机关坚持“严打”方针不动摇，不断加大工作力度，及时批捕、起诉和审理刑事案件，巩固斗争成果。1至11月份，全市检察机关共受理提请批准逮捕案件1525件2491人，经审查依法批准逮捕1421件2286人，同比分别上升16%和11%，其中批捕杀人、强奸、抢劫、绑架、爆炸等严重刑事犯罪案245件420人，破坏社会主义市场经济秩序犯罪案41件63人；共受理各类移送审查起诉案件892件847人，向人民法院提起公诉1450件2086人，同比分别上升31%和20%。市县两级反贪部门共立查贪污贿赂等职务犯罪案件122件，超额完成全年工作目标。大要案比例历年最高，全市立查大案61案，要案2件，大要案比例占到51.6%，首次突破50%大关。判决案件数历年最多，全市判决案件达到75件，首次超过70件大关。查处科级干部人数最多，共查处科级干部贪污贿赂等职务犯罪案件24人，是近年来人数最多的一年。全市两级法院共受理各类案件26429件，审执结24987件，结案率为94.5%。其中，中院共受理各类案件3381件，审执结3259件，结案率为96.4%。（杜峰彦）

【综治基层组织和工作经费保障机制建设】 2004年，全市各级党委、政府把综治基层组织建设和综治工作经费保障机制的落实作为综治工作的重中之重来抓。市委召开常委会，就这两项工作进行专题研究。市委书记、市综治委主任黄有泉向各县（市、区）委书记发出公开信，就工作落实提出明确要求。市综治办先后两次组织人员，对各县（市、区）的落实情况进行检查。13个县（市、区）的146个乡镇（办）全部按要求对综治委、办组成人员进行了调整、充实。综治委主任全部由乡镇、街道党委书记兼任，综治办主任由分管政法综治工作的副书记兼任。全市13个县（市、区）的综治专职干部全部配备到位。市财政将综治工作经费按全市人均0.2元的标准列入了年度财政预算。13个县（市、区）也已按人均0.3～0.5元的标准列入财政预算，并逐步拨付到位。少部分乡镇已按照人均0.5元的标准列入预算，其余大部分也都做到了实报实销，保证开支。一些县市还以综治干部调整为契机，狠抓队伍培训和规范化建设。垣曲县对全县3500余名“两会一队”干部和乡镇矛盾纠纷排查调处人员进行集中培训，建立了基层综治工作规范化建设台帐，不仅解决了基层综治工作有人抓、有人干的问题，而且较好地解决了怎么抓、怎么干的问题。（杜峰彦）

【安全创建活动】 以“一村一警、一区一警、一警四员”为载体，认真开展“三创”活动。市、县、乡层层签订了创建工作责任书，市综治委成立了创建活动领导组，提出了具体的创建标准和工作措施，统一印制了《基层综治规划建设工作台帐》。各县（市、区）因地制宜，采取多种形式，不断深化创建活动。平陆县针对创建对象的不同，采取不同的工作措施。在农村，重点是狠抓规范化建设，村村制定完善了“一约七制”，95%以上村建立健全了“二档十薄”。在社区，狠抓建章立制，全县4个社区建立完善“一约六制三标准”。县城4个社区没有发生一起大的刑事案件和治安灾害事故。在单位，狠抓科技防范建设，16个单位安装了“110”快速报警和远红外线遥控监控装置。

绛县在农村探索实行“警官兼村官”，由责任区民警兼任农村支部或村委副职，主抓农村法制工作，构筑起了农村治安防控新模式。盐湖、万荣、临猗、垣曲继续完善推广治安承包制。垣曲县根据治安情况把全县农村分为三类，不同类别采取不同的承包方式。对治安状况较好的“平安村”，实行综合承包，确定一名村支委班子成员，全面负责该村综治工作。对存在治安问题较少的“稳定村”，实行分类承包，民调、治保主任分别作为承包人，一人专司民事调解、纠纷调处，一人专抓治安防范。对治安问题较为突出的“治乱村”，由派出所、司法所、村支委分别作为承包人，实行专项承包，承包整治不同的治安问题。

临猗县在农村推行治安防范“片户机制”，每50户划分为一个综合治理片，片内每10户设立联防联治小组，进一步完善了治安防范网络。夏县加强“十户联防”、“巷户联防”工作，强化“两议五公开”制度的落实，使安全创建工作成效明显。

全市有三分之一乡镇（办）、社区、单位达到了创建目标。全市三分之一农村基层干部参加了法律知识培训。60%的农村推广完善万荣县“培养法制示范户”的做法，开展了法治示范户活动。80%的农村建立健全了“四民主两公开”制度。30%的农村达到或基本达到了市委依法治市领导组提出的依法治村标准。有95个单位和部门被市委依法治市办正式命名为依法治理示范点。40余个乡镇办、20个余个社区、80余个单位，被授予“市级安全文明乡镇、社区、单位”荣誉称号。　（杜峰彦）

【综治专项工作和重点整治活动】 认真落实预防青少年违法犯罪工作措施。各级各部门认真贯彻落实《中共中央、国务院关于进一步加强和改进未成年人思想道德建设的若干意见》，采取多种措施，提高青少年法制意识。万荣县积极创建法制教育基地，对青少年进行法制教育，取得了良好的效果。严抓严管，严防流动人员作案，不断加强流动人口和出租房屋管理。

进一步加强刑释解教人员安置帮教工作。市司法局组织全市安置帮教工作和社会有关单位认真做好安置帮教工作。市、县两级均建立了信息化管理平台，把刑释解教人员、安置帮教基地、帮教组织和人员情况全部输入电脑。绛县、垣曲、芮城、万荣、闻喜新建了安置帮教基地，全市刑释解教人员安置率达到95%以上，帮教率达100%，重新犯罪率控制在5%以下。

切实加强对学校及周边治安的整治工作。集中开展了校园周边环境整治和“平安校园”创建活动，组织开展了中小学生拒绝毒品、告别网吧“签名活动”。新绛县成立了整治工作领导组，利用四个月时间，对网吧进行集中整治，并实行月巡察制度。稷山县对全县13家网站、23家网吧实行24小时网上巡查监控，并取缔了学校500米内所有网吧。芮城县编排反映未成年人恋网问题的现代剧《姐弟情仇》，在县城和乡镇、学校公演，有效地杜绝和减少了未成年人频繁入网现象。

积极开展重点整治工作。下发了《关于深入开展排查整治治安混乱地区和突出治安问题的实施意见》，认真组织排查。对排查出的乱点，积极开展整治。全市共排查治安混乱地区12个，突出治安问题30个，已彻底解决29个，正在解决13个。　（杜峰彦）

【排查调处矛盾纠纷工作】 全市各级“矛盾排查调处”组织结合中央、省、市工作重点，在“两节”、“两会”和国庆期间，有针对性地开展了矛盾纠纷排查调处活动，把大量的矛盾纠纷化解在基层，消除在内部，解决在萌芽状态。领导带头，积极清理拖欠建设工程款和农民工工资，解决由此引发的矛盾纠纷。市委常委、政法委书记马东波主动协调信访、“矛盾排查调处”和劳动部门，为20余名陕西民工解决工资问题，避免了一起群体上访案件。平陆县建立清理建筑领域拖欠农民工工资日报告制度，并深入企业跟踪追讨，在“两节”前为1839名农民工依法追讨工资390万元。临猗县以“维护劳动者合法权益”为主题，由劳动局牵头对全县38家单位进行了排查整治行动。永济市委、市政府责成市劳动和社会保障局牵头，对全市的砖厂进行集中整治，规范砖厂的运营秩序，保障农民工的合法权益。

重点排查“60年代初期精减下放职业制武装民警”的基本情况。2月16日凌晨，运城市部分60年代初期精减下放职业制武装民警准备赴太原集体上访。闻讯后，各级“矛盾排查调处”组织发挥网络优势，对全市此类人员进行了广泛排查，共落实人员841人。经过逐人做思想工作，使这部分人员情绪稳定，认识有所提高，没有发生上访问题。

排查调处农村小麦直补、款发放过程中引发的矛盾纠纷。农村小麦直补款发放是中央为鼓励农民种粮出台的一项新政策。为保证这一政策落到实处，同时减少由此引发的土地、合同等矛盾纠纷，各级各部门超前预测，措施到位，确保了这一工作的顺利开展。新绛县突出抓了农村土地承包及其他土地纠纷问题，制定措施，扎实工作，使一批久拖不决的疑难土地纠纷得到解决，减少了小麦直补款发放中可能存在的矛盾纠纷。稷山县认真负责，措施得力，确保了小麦直补款发放到户。开展了排查调处重大群体性事件隐患专项活动。省“矛盾排查调处”领导组“关于开展对重大群体性事件隐患进行排查的通知”下发后，市“矛盾排查调处”领导组立即部署。各县（市、区）积极行动，细致排查，共排查出重大群体性事件隐患14起，涉及6个县（市）。对每一起隐患都专门成立调处小组，确定包案领导，限期解决，排除隐患。全年，全市共排查矛盾纠纷1198起，调处1031起，调处率达86%。没有发生影响稳定的政治案件、社会影响大的群体性事件和因工作不力形成的矛盾激化案件。赴省集体上访为14批230人次；上访人次为全省最少，批次仅次于长治名列全省第二。

（杜峰彦）

【涉法上访专项治理活动】 市、县两级党委、党委政法委和政法各部门分别成立了领导组，组织专人对赴县、赴市和赴省进京涉法上访案件进行排查，并逐案确定化解责任人和期限。市委书记黄有泉、市委副书记唐大雄、市委常委、政法委书记马东波先后多次主持召开会议，通报情况，研究措施。马东波书记对全市排查出的赴省进京上访案件逐案研究处理，并多次深入有关县（市、区）和市直有关部门，就重点案件走访当事人，了解案件进展情况，反复研究具体处理措施。市委政法委抽调班子成员和市直公、检、法“三长”，组成7个包县督查组，先后4次深入各县（市、区），对专项治理工作进行督查。为了确保涉法上访治理工作的有序开展，进一步加大首问责任制的落实力度，建立了办案质量终身负责制、一票否决制、办案承诺制、责任追究制等一系列制度，受到了中央政法委督查组的充分肯定。

各县（市、区）对专项治理工作高度重视。万荣县委、政府主要领导亲自包查重点案件，政法、纪检、信访、乡镇“四线”滚动排查，政法各部门通力合作，联动调处，先后彻底解决涉法上访案件14起，特别是解决了李永学44年的上访老案。河津市政法委以政法工作到群众中去为出发点，组织召开了武中仓失盗案听证评议会，公开评议这一老大难案件，体现了公开、公正，拉近了警民关系，有效地稳定了当事人的情绪。市检察院和临猗县检察院在处理河南灵宝县杭世魁申请追款一案中，程志忠检察长亲自带队督办，县政府和县检察院千方百计筹措资金先行垫付当事人经济损失，使这一长达13年的上访案得以圆满解决。盐湖区在处理董艳荣上访案中，本着对群众高度负责的精神，区委补助1.5万元，解决生活困难。不仅帮助其追回了长期要不回的外债，还多方做工作，解决了其因多年上访而丢掉的工作。

在全市上下的共同努力下，11月份，全市排查出的65起赴京涉法上访案件，除34起属缠诉缠访案件外，其余31起中的15起已息诉罢访，16起进入诉讼程序。在处理案件、落实稳控措施的同时，各县（市、区）普遍开展了“一清二定三规范”活动。“一清”即对涉法涉诉案件重新进行一次彻底排查，摸清底数。对已息诉罢访又复访的要查清情况，查明责任；对新的涉法上访案件要查清原因，登记建档。“二定”即制定处置涉法上访的具体办法和确定包案领导、包案责任人，严防每一起上访案件处置不当引起矛盾激化。“三规范”即要求政法部门对暴露出来的问题，进一步完善执法责任追究制和其他监督制约机制，提高执法人员的业务素质和工作水平，做到思想规范、行动规范、机制规范。

（杜峰彦）

【稳定安民工程】 稳定安民工程是市委“为民工程”的重要组成部分，是政法部门践行“三个代表”重要思想，落实科学发展观，构建和谐稳定社会的具体体现。全市政法各部门高度重视，认真组织，扎实开展，效果明显。建立机构，加强领导。市委政法委成立了“稳定安民工程”领导组。各县（市、区）委政法委以及市直各成员单位也都相应成立了由主要领导担任组长的领导组，加强对“稳定安民工程”的组织领导。

制订方案，明确责任。按照市委《关于实施“为民工程”的意见》规定的工作任务，全市政法机关紧密结合工作实际，研究制订实施方案，层层分解任务，逐一明确责任，真正做到目标具体，措施得力，责任到人。

强化措施，认真实施。市委常委、政法委书记马东波多次组织召开《稳定安民工程》工作会议，传达市委精神，安排部署工作。市委政法委副书记、“稳定安民工程”领导组组长杨建华，就实施“稳定安民工程”工作接受了《运城日报》记者采访，在市电视台作了承诺发言，提出并指导平陆县政法部门开展了送法进村活动。市“稳定安民工程”领导组办公室印发《稳定安民工程》简报18期，及时反映工作情况，总结交流工作经验。其中反映我市组织开展“稳定安民工程”工作和平陆县送法进村活动的两期简报被省委政法委《山西政法动态》转发。

考核验收，效果明显。12月23日，市“稳定安民工程”领导组对市综治办及公、检、法、司等市直成员单位2004年度“稳定安民工程”目标任务完成情况进行了考核验收。全市政法各部门不仅圆满完成了市委“为民工程”领导组赋予的11项稳定安民年度工作任务，而且涌现出一批工作扎实、成绩突出的先进集体和个人。（杜峰彦）

【政法综治调研工作】 2004年市委政法委、市综治办部署安排在全市政法系统开展了集中调研活动。市、县两级层层分解调研任务，逐题明确责任人。市综治办和绛县综治办联合完成了构筑农村治安防范新模式的调研课题，河津市组织对非公有制经济组织综治工作开展调研，永济、垣曲、闻喜、夏县等县市也分别报送调研报告10余篇。市委政法委经过挑选，先后向省委政法委报送调研论文13篇，其中5篇入选了《山西政法工作调研文集》，在全省名列第二，运城市获得“百日大调研”活动组织奖。调研工作的深入开展，对进一步提高政法干警的理论素质和工作水平，促进各项工作深入开展，起到了十分积极的作用。（杜峰彦）

【深化实施首问责任制】 针对市政法队伍建设的实际，召开“群众找我为什么，我为群众做什么”的讨论会，回访当事人座谈会，首问责任制工作研讨会，进一步深化实施首问责任制。实施了首问责任倒查制，使首问责任制向更高层次发展。为了进一步树立典型，推进工作，10月19日至11月12日，市委政法委组织了首问责任制先进事迹报告团，先后到全市13个县（市、区）和市直政法部门进行巡回报告，再一次在全市掀起了深化实施首问责任制的新高潮。全年，全市首问接待3865人次，首问责任人直接办理3056件，转办处理571件，反馈3562件，评议3232件，4名干警因首问不负责任受到处理。

（杜峰彦）

【党风廉政建设和反腐败工作】 全市政法各部门坚持两手抓，把党风廉政建设同政法工作同步安排的方针，通过开展“争当党风廉政建设廉内助”活动，评选“清正廉洁、秉公执法、勤政为民、无私奉献”的十大廉政公仆活动，组织开展“三项治理”活动，以及重点查办“三机关一部门”和县处级以上干部的违法犯罪案件等活动，进一步深化党风廉政建设和反腐败工作，加强队伍建设。（杜峰彦）

【“公正执法树形象”活动】 市委政法委组织开展了学习任长霞、于昌明先进事迹活动；同各县（市、区）、市直政法各部门签订了《党风廉政建设责任书》。10月14日，市委政法委组织召开了全市完善制度，创新机制，确保司法公正经验交流会，交流推广了四个单位的工作经验，进一步推进了公正执法。闻喜、河津、绛县、永济、万荣等县市政法各单位建立健全了各项规章制度，进一步从制度上规范业务工作和干警言行。市综治办、“矛盾排查调处”分别组织全市综治和“矛盾排查调处”工作人员进行了业务培训。全市公安机关深入开展大练兵活动，进一步提高政治业务素质。认真贯彻落实“二十公”精神，推进公安队伍正规化建设。市县两级检察机关不断引深“强化法律监督，维护公平正义”主题教育活动。市检察院在“国税杯”人大知识竞赛中获得二等奖，充分展示了新时期人民检察官的良好风采。市中级人民法院以“司法公正树形象”教育活动为主线，以正面教育、弘扬正气为主要内容，抓好队伍全面建设。与运城电视台联合举办了“司法公正树形象”演讲比赛，开展了“十佳法官”评选活动。全市司法行政系统开展了“求真务实树形象”活动和全系统股级以上干部培训会，开展了法律服务从业人员集中整顿活动，集中整治法律服务行业中的违法违规行为，不断增强干警的政治素质和廉政意识。（杜峰彦）

农村工作

【研究解决“三农”工作面临的新问题】 2004年，市农办特别注重政治学习，营造了学习型机关和争当学习型干部的良好氛围，始终把学习贯彻“三个代表”重要思想和党的十六届三中、四中全会精神和中央一号文件作为首要任务，牢固树立和认真落实科学发展观，使大家进一步坚定了政治立场和政治方向，思想政治水平得以提高。坚持求真务实、勇于创新的精神，用“三个代表”的重要思想来研究和解决“三农”工作面临的新情况、新问题，为全市农业增效、农民增收、农村稳定和农业结构战略性调整以及推进农业向工业化、产业化、高效化转移，加快农企化步伐；以及推动农村经济重心向二、三产业转移，加快小城镇建设的步伐，最大限度地转移农村劳动力等诸方面给市委、市政府出谋划策，全市的农业和农村工作有了长足的发展。借市农办主任李晋生到山东泰安市农业局（农办）挂职学习机会，市农办组织全市（县、区）农办主任和市农办科级以上干部赴山东参观学习，学到了许多切实可行的经验，取得了较好的效果。

2004年，紧紧围绕农民增收这个目标，尽心竭力促增收，全力以赴保增收，力争全市农民人均纯收入在上年2321元的基础上增加到2530元。

2004年，把解决“三农”问题摆在全部工作重中之重的位置。要求各级党委、政府必须按照中央的要求，从坚持执政为民，代表最广大人民利益，从提前实现第一个翻番、全面建设运城小康社会的高度，深刻认识进一步解决“三农”问题的重要性和紧迫性，真正把主要精力放在农业和农村工作上。

2004年，全市农村工作突出四个重点：（1）抓粮食生产。采取多种措施，充分调动和保护农民群众的种粮积极性，力争使全市粮食生产能力稳定在13亿公斤以上。（2）抓特色农业。进一步培植和发展支柱产业，大力发展特色产品、优质产品、绿色产品和深加工产品。（3）抓龙头企业。采取多种政策措施，帮助和扶持龙头企业更快、更好、更大地发展，力争使龙头企业带动农户达到30万户，农产品深加工产值达到30亿元。（4）抓科技兴农。重点抓好农科教结合、先进技术推广和农民科技培训三个环节，继续搞好科教兴农工程，大力推广平衡施肥、生物覆盖等20项新技术，提高农产品的科技含量和经济效益。

2004年，全市农村工作主要抓了八件事。（1）加大扶贫开发力度。突出抓好30个扶贫开发重点工程，力争5万人稳定脱贫；重点抓好贫困山村移民搬迁工作，年内完成12800人搬迁任务。（2）解决好受灾地区群众的生产生活问题，保证全市2003年遭受比较严重的雨涝灾害地方的所有群众都有饭吃、有衣穿、有房住、生活无忧，支持他们重建家园。（3）建立对农村困难群众的社会救助制度，使所有特困群众的基本生活得到保障。（4）继续实施农村饮水解困工程，解决12万人的缺水和饮用高氟高砷水问题。（5）加强农村基础设施建设，完成80个村400公里的通油路工程，完成500个村的巷道硬化工程。（6）加快农村富余劳动力转移，力争全市有15万农村劳动力转移到二、三产业。（7）加大对农村教育的支持力度，力争完成500所农村中小学危房改造，建造600标准化中小学校。（8）加强乡村医疗卫生工作。在河津市搞好新型农村合作医疗试点，总结经验，逐步推广；完成全市剩余的25所乡镇医院基本建设；为20万农民进行医疗健康体检，并为他们建立医疗健康档案；完成10万农户“厕所改造”。

（市委农工部）

【机关定点扶贫工作】 按照中央和省委关于抽调机关干部到贫困地区开展机关定点扶贫工作的有关指示精神，2004年；在全市市、县（市、区）两级广泛开展了机关定点扶贫工作。全市共抽调机关干部2399人，组成736支农村工作队，深入736个农村开展机关定点扶贫工作。其中市直机关单位定点扶贫工作队员343人，118支农村工作队，分驻闻喜、夏县、平陆、垣曲、万荣5县的118个贫困村开展工作。全体工作队员和包点单位，按照市委、政府要求，情系困难群众，扎实努力工作，在帮助驻村进行基层组织建设、民主法制建设、调整产业结构、发展优势产业的同时，为驻村办了大量的实事好事，极大地改善了驻村群众的生产生活条件。据统计，仅市直驻闻喜等5县工作队，自进点以来，共为驻村捐资、引资和争取国家扶持资金600余万元，发动群众集资、借资100余万元，全部用于修路、建校、打井、引水、通电和发展通讯事业上。给贫困地区群众送去了党和政府的关怀和温暖，受到了驻村群众的普遍赞誉。（市委农工部）

【农村小康建设工作】 2004年，为加快全面建设小康社会的发展步伐，市委、市政府就提出促进全市物质文明、政治文明和精神文明全面协调发展，加快全面建设运城小康社会的目标。针对全市少数县乡还未基本达小康的实际，提出了一手抓基本达小康，一手抓“宽裕型”小康的工作思路。广泛动员广大农民群众和各种社会力量共同参与和关注农村小康建设，狠抓增加农民收入不放松，在稳定粮食生产、发展特色产业的基础上，进一步提升农业产业化的发展水平，加快农村工业化和城镇化的发展步伐，促进了2个县（万荣、夏县）、13个乡镇、323个村实现基本达小康，有3个乡镇、40个村实现“宽裕型”小康目标，从而实现运城市基本达小康的目标。

（市委农工部）

【农民工和农民科技培训工作】农民工转移培训和农民科技培训是农业农村工作的一个重要内容。国家农业部组织实施了农民工转移培训“阳光工程”，省农业厅组织实施了“双五百万”培训工程。结合运城实际，在全市组织开展了“百万农民大培训”活动。市委分别成立了“百万农民大培训领导组”和“农村劳动力转移领导组”。市委黄有泉书记、孟福贵副书记、安德天副市长等领导对农村劳动力转移、培训工作非常重视，多次召开协调会议，并从市财政拿出50万元专项经费，支持此项工作的开展。8月24日市委召开了由各县（市、区）委书记、农办主任参加的全市农民工培训和农村劳动力转移座谈会，会上闻喜、夏县、永济、垣曲四县和市劳动和社会保障局在大会上作了经验介绍，有力地推动了此项工作的迅速开展。

由市农办牵头、劳动、妇联、教育等单位参加组成考察团，8月10日赴深圳市考察劳务市场。考察了7个企业，拿回定单3750人。各县（市、区）及培训基地都积极与各地劳务市场联系，与他们建立合作关系，为“阳光工程”培训拿回了定单。

各县（市、区）着力发展县域经济，招商引资，创办企业，增加本地就业岗位。临猗县有兵娟制衣等10家企业投产运行，县农办、职校和他们签定了1500人的用人合同，就地培训，就地上岗，95%以上农民在培训合格后顺利上岗，实现农民向产业工人角色转变。

抓培训质量，着力树立运城劳动力品牌。加强培训基地的师资力量，教育部门要为农民工培训开绿灯。结合国家农民工转移培训“阳光工程”和省“双五百万”培训工作的开展，分别将闻喜、临猗、万荣、平陆、芮城、夏县、新绛、永济及盐湖区等9个县（市、区），确定为实施“阳光工程”重点县（市、区），并将闻喜“541”技校、临猗县第一职业中学、万荣县技工学校等9所中等专业和技工学校确定为担任农民工转移培训任务学校。全市各级职能部门、各级各类学校共完成国家“阳光工程”培训1.3万人，“阳光工程”转移了1.246万人，就业率为95.8%，农民工转移引导性培训3万人。农民工及农民科技培训全年累计培训20万人，转移农村劳动力17.5万人。（市委农工部）

【农业产业化工作取得可喜成绩】农业产业化经营为农民增收发挥了重要作用。2004年，新绛蔬菜、粟海、忠民、丰润等4家企业成为国家级重点龙头企业；山西维之王、垣曲蚕丝绸、山西农之龙等3家企业被确定为省级重点龙头企业；山西华康等11家企业入围全省“1311”百龙企业行列。全市形成了区域特色明显的三大产业化经营板块：（一）永济、临猗、芮城、盐湖四县（市、区）为主，形成运城市西南部棉果加工板块。聚集着重点企业11家，年产值为14.5亿元，带动农户54.3万户。（二）以新绛、稷山、河津为主，依托蔬菜、红枣、葡萄基地，形成运城市北部的流通、加工复合型板块。销售额23.34亿元，带动农户31.66万户。其中新绛蔬菜市场、稷山两红市场、河津小关市场，年销售蔬菜、红枣等农副产品20亿元。（三）绛县、闻喜、垣曲、平陆、万荣等5个县，依托山楂、蚕桑、中药材等优势，形成运城市中东部特色加工板块。销售收入6.4亿元，带动农户16.1万户。（市委农工部）

【成功举办第四届农展会】 10月20日至24日，第四届运城农业新技术新产品展示展销会成功举办，展会期间，共展示新技术682项，展出新产品7000余种；同科研院所达成技术合作项目409项，签订贸易合同596项。参展人数突破25万人次。农展会的成功举办，市农办全力以赴，尽心尽责，付出了辛勤的劳动。（市委农工部）

【扎实推进党的各项农村工作】在全市重点抓了农村税费改革。农村税费改革是党中央、国务院为减轻农民负担，增加农民收入采取的重大改革举措，事关广大农民群众的切身利益。2003年此项工作在全市全面铺开，减负效果明显。2004年，按照“巩固、完善、配套、规范”的原则，对这一重大的改革措施作了农民负担卡发放、财政转移支付资金拨付等工作，为农业税降低一个百分点做好前期准备。

搞好配套改革。对已经出台的配套改革政策和实施细则进一步落实，加强了对“一事一议”筹资筹劳的监督，防止以此加重农民负担。

强化了对农民负担的监督检查。要求各有关部门认真按照农民负担监督卡上填写的项目和税额执行，严肃查处各种增加农民负担行为，确保农民负担明显减轻，不反弹。（市委农工部）

【加强自身建设，提高部门整体素质】 市农办组建三年，市农办始终比较注重机关内部的自身建设，发扬原市委农工委、市农委优良传统和成功作法。党建工作，连续多年被评为先进党组织，继续发扬“团结奋进、争先创优”的部门精神。完善了各种规章制度，坚持上班签到制度。党建党务、政工人事、后勤财务、老干管理、机要收发等工作都干得卓有成效，保障了机关的正常运转。（市委农工部）

【工作作风和廉洁自律工作】 六中全会《决定》中指出，领导干部要在作风建设中起表率作用。2004年市农办始终把作风建设作为切入点，用好的作风去带动、影响人，也就是用“八个坚持、八个反对”严格要求，要求别人做到的，领导首先做到。农办是众所周知的一个清水衙门，没有任何收费行为，也没有条条拨款，经费来源全靠向领导和财政伸手，所以单位经费时常处于紧张状态。坐车、报销、打电话甚至办公用品的使用都不同程度受到限制。7月份接省上通知，组织各市农业方面的领导赴美国、巴西考察，指名让李晋生主任参加，而他婉言谢绝，为机关节约了3～4万元的经费。市农办没有超标、超编购买小汽车，没有参与经商办企业，没有到高消费的娱乐场所等奢侈行为。“三清”工作中不存在腐败的人和事。（市委农工部）

扶贫开发

【贫困人口持续减少】 2004年各县农民人均收入为2077元，比2003年的1877元增长200元，增幅10.6%。当年实现36000贫困人口越温达标，18000低收入人口稳定脱贫。因灾返贫21800人，当年净减少贫困及低收入人口32200人。年末贫困及低收入人口为158500人。

（市扶贫办）

【扶贫投入大幅增长】 市扶贫办党组提出争创“三个一流”、“四个第一”的工作目标，特别是抓住省扶贫办把奖惩机制引入扶贫开发工作，同时重点倾斜扶贫移民的机遇，把千方百计上项目、求发展作为第一要务，力争以优异的工作成绩争取上级的支持和投入。2004年，省下发运城市财政扶贫资金6055万元，比2003年的4464万增长1591万元，增幅36%；是历史上国家对本市财政扶贫资金投入的最高年。财政扶贫资金投入的大幅增加，对本市贫困地区的经济社会发展起到了很大的促进作用。

（市扶贫办）

【扶贫移民成绩显著】 2004年，省下达全市扶贫移民计划171个村2690户12809人。其中平陆县1665户8000人；夏县564户2800人；垣曲县363户1500人；闻喜县98户509人。当年全市扶贫移民工程有四个特点：（一）规模大。全市12809人，占全省移民搬迁50000人计划的1/4强，为全省第一家；（二）进展快。由于领导重视，准备充分，措施得力，工程进展迅速。移民建房主体工程建设如期基本完成，有30%的户实现了当年建设，当年入住。（三）标准高。各移民新村选址合理，规划整齐，设计美观，配套高雅。特别是夏县泗交、平陆部官等14处扶贫移民工程，建成了全省一流的精品工程；（四）效益好。移民群众不仅在居住条件和基础设施方面有了根本性的改变，而且制定了后续产业发展规划，增收有门路，确保“搬的动，稳的住，能致富”。10月，省委、省政府在运城市召开了全省扶贫移民现场会，总结推广了运城市的经验和做法。（市扶贫办）

【整村推进初见成效】 2004年运城市全面实施整村推进工作。省下达全市项目资金680万元，安排整村推进任务计划14个村6800人。到年底，实施完成了项目工程量80%，验收报帐378.08万元，占总项目资金的55.6%。项目区基础设施明显改变，群众收入显著提高。人均增收200元以上。

（市扶贫办）

【输出培训力度加大】 新建了市扶贫开发培训中心；完成了对全市贫困地区农村富余劳动力情况的摸底调查；建立了6处农民工职业技能培训基地；对全市贫困地区的县级分管领导与乡镇书记进行了为期一周的培训；和有关部门配合，共举办各级各类培训班800多期，培训60000多人次。成功转移输出富余劳动力11.62万人。

（市扶贫办）

【全市扶贫移民工作会议在夏县召开】 4月15日，市委、市政府在夏县召开了全市扶贫移民工作会议。全市五个贫困县县委书记或县长、分管副书记和副县长、扶贫办主任、财政局长、计委主任、农行行长及2003—2004年度有扶贫移民和整村推进扶贫任务的36个乡镇、书记或乡镇长、市扶贫领导组成员单位负责人、市扶贫办全体及新闻单位百余人参加了会议。此次会议中心议题是对全市扶贫移民和整村推进工作进行再动员、再部署，号召以优异工作成绩迎接下半年全省扶贫移民现场会在本市召开。会议由市委副书记孟福贵主持；副市长安德天出席会议并作重要讲话。夏县县长苏安乐和平陆县县长王正风在会上作了典型发言，会议现场参观了夏县扶贫移民的重点工程。

（市扶贫办）

【全省扶贫移民现场会在运城市召开】 10月27日—28日，省委、省政府在运城市召开全省扶贫移民现场会。会议主要是现场参观平陆县、夏县扶贫移民重点工程。会议上市委书记黄有泉致欢迎辞；市长胡苏平、平陆县县委书记姚十保、夏县县长苏安乐做典型发言；闻喜、垣曲、万荣、石楼、平顺五县作书面典型材料交流；省扶贫开发领导组副组长、省委常委、常务副省长范堆相做主报告。省扶贫开发领导组组长、省委副书记薛延忠主持会议并做重要讲话。参会人员还有省委农村工作领导小组办公室主任、农业厅厅长杨文宪，省委副秘书长李平社、省政府副秘书长王茂社、省扶贫办主任刘昆明及省扶贫开发领导组成员单位负责同志，各市分管扶贫工作的副书记或副市长、扶贫办主任，各扶贫开发工作重点县和贫困县、贫困县扶贫领导组组长、扶贫办主任等。省市领导和高度评价了运城市扶贫移民搬迁工作。（市扶贫办）

【市扶贫开发培训中心成立】 根

据晋组发［2002］9号文件精神，结合运城市贫困地区实际，市扶贫办党组2003年初就向市委、市政府领导汇报情况，申请成立扶贫培训中心。2004年3月，经过市扶贫办积极筹备、“运编办发［2004］12号”文件批准，“运城市扶贫开发培训中心”正式成立，为市扶贫办下属正科级自收自支事业单位，主要职责是：落实全市扶贫开发培训总体规划；组织编写扶贫开发培训教材；指导培育科技扶贫示范基地；搞好扶贫开发专题调查研究；完成国家及省扶贫培训中心下达的各项扶贫培训任务。（市扶贫办）

老干部工作

【组织离休干部学习“三个代表”重要思想和十六大精神】 2004年统一安排，完善措施，全市老干部学习活动再掀新高潮。本年初下发文件要求各单位安排好离退休老同志的政治学习和党员的组织生活，规定每月至少进行一次政治学习或组织生活，并结合当地的实际组织参观工农业生产和城乡改革发展变化，召开座谈会、讨论会等丰富多彩的学习。全市共组织老同志参观重点工程、调产项目以及工农业生产20余次计1000多人次，闻喜、河津、盐湖区等7个县（市、区）分别举办了老干部学习十六大精神和“三个代表”重要思想知识竞赛，永济市开辟老干部党支部“学习心得”专栏，将老干部学习体会编印成册，作为向党的生日献礼。全市各级老干部部门共组织老干部集中学习130余场，参加学习的老干部达3万多人次。有效地激发了老同志的学习热情和主动性。

创造条件，创新形式，不断丰富老干部学习活动内容。各级老干部部门组织力量为老干部编写《时事》和《十六大宣传手册》。并积极出资为他们请专家集中举办讲座。市局和万荣、临猗等13家单位聘请党校老师为老同志进行专题辅导，永济市为离休干部聘请运城讲师团的专家面对面为老同志答疑解难。河津和万荣老干部局鼓励老同志每天坚持两个“半小时”。

变一般性学习为研究型学习，不断增强学习活动的效果。2004年，《中国老年》选登本市离休干部的稿件2份，《山西老年》选登的稿件10份，还有两名老同志通过国家级出版社发行自撰的书籍，这些都是本市老干部通过学习研究取得的成果。河津、永济、闻喜等六家单位为提高老同志学习活动的实际效果，鼓励他们利用所学的知识，结合当前当地实际撰稿、投稿，被有关刊物采用的，局里还给予物质和精神奖励。通过这些措施，把全市老干部的学习活动进一步引向深入。（王世星）

【落实离休干部生活待遇】 依据中办厅字［2000］61号文件和省委老干部工作领导组第七次会议纪要，市局牵头组织有关部门组成督查组，先后4次深入全市13个县（市、区）；20个市直单位进行督查指导。全市离休费保障机制全部建立，保证了离休费按时足额发放；医药费保障机制基本建立，绝大多数老干部医药费能按规定实报实销。

河津老干部局坚持以巩固“四不欠”（不欠老干部工资、不欠老干部医药费、不欠老干部房屋修缮费、不欠遗属补助和活动经费）成果为前提，以“三个机制”为重点，认真探索离休干部医药费管理的新途径、新方法，采用条据统一收缴到老干部局，每季集中到市财政局审核，专款拨到老干部局，统一发放。为解决部分离休干部住院困难，市财政拨给老干部局5万元周转金，借给住院时间长，经济十分困难的老干部。

在“三个机制”的落实方面，万荣县、夏县两贫困县，落实难度大。万荣县和夏县均与县财政核算中心、工商银行和社会保险所协作，离休费定时足额发放给老干部，医药费由老干部局、财政局、卫生局等单位组成医保小组，统计核对后，报财政局。保证了老干部医药费的实报实销。夏县医药费年初列入预算150万元，运行中又追加20万元，2004年6月，全部足额拨付到医药费专户，除解决了2002年拖欠的48万元之外，2003年全年医药费122万元全部报销。

市各级党委和政府十分重视离休干部“两费”清欠工作，建立清欠工作责任制，积极筹措资金，加大财政支持力度。2004年共清理拖欠约200万元。（王世星）

【落实老干部政治待遇】 2004年，把落实老干部政治待遇当作“重头戏”来抓。5月，市委组织部专门下发了《关于进一步落实老干部政治待遇的意见》。依据《意见》要求，进一步修订和完善了各种学习制度，并常抓不懈，在全市各部门和各单位形成了全面落实老干部政治待遇的浓厚氛围。全市各级老干部部门为老干部征订《中国老年》、《山西老年》等报刊杂志。

坚持走访慰问制度。全市多数县市和单位领导在研究制定当地经济社会发展规划等重大决策时，总是先听取老同志的意见。召开重要会议都邀请老干部代表参加。各单位领导定期向老干部通报本单位的发展情况。每逢重大节日，如“五一”、“十一”、元旦、春节，市委、市政府领导和老干部部门领导都主动到老干部家中走访慰问，送去了党和政府的温暖。

坚持和完善参观考察制度。2004年，全市共计20余次组织数千名老干部到省内外参观。河津市3月初组织老干部到华东五省市、海南、新加坡、马来西亚、泰国等地参观。6月中旬在市领导的陪同下，组织城区300名老干部参观本市发展快、实力强的民营企业。永济市组织老干部赴河南参观小浪底工程和部分城市建设。

狠抓老干部党支部建设。为促进老干部党支部充分发挥战斗堡垒作用，市直单位的老干部党支部每年要通过考评评出模范支部并给予奖励。各县（市、区）的党员活动日，单位的主要领导都挤出时间参加老干部的活动。加深感情，促进了安定团结。（王世星）

【老干部活动阵地建设】 晋办发［2001］55号文件《关于加强老干部活动中心（室）建设和管理意见》下发后，全市各级老干部部门把老干部活动中心建设纳入当地市政建设和精神文明建设总体规划。

全市共有老干部活动中心（室）180个，总面积达14456平方米，初步形成市、县、乡三级老干部活动中心（室）网络。特别是涌现了一批功能全、档次高、规模大的老干部活动中心。6月，省委组织部、省委老干部局在本市举行全省老干部活动中心建设现场会，参观了河津、临猗、芮城等县市活动中心。省委常委、组织部长薛延忠对全市的老干部活动阵地建设给予高度评价。

依托各级老干部活动中心，组织老干部开展丰富多彩的文娱活动，极大地活跃了老同志的精神文化生活。8月，联合老年书画研究会和关工委举办了《纪念邓小平同志诞辰一百周年》老少书画展。九九重阳节，全市近万名老干部在不同地点，载歌载舞，欢庆节日。市老干部局在重阳节期间组织老干部举行乒乓球、象棋、跳棋、飞镖比赛，参加人数计500人。稷山县老干部600余人在县委广场举办隆重热烈的老年健身操大赛。永济市老干部在活动中心举办“重阳文艺演唱会”。（王世星）

【老年大学】 在各级党委、政府的重视下茁壮成长。2004年7月，永济市老年大学成立，全市有11所老年大学。各老年大学均开设了舞蹈、书画、乐器、文学欣赏、养生保健等科目，每逢重大节日，老同志们或提笔挥毫，或翩翩起舞，或引吭高歌，全市老年教育呈现蓬勃生机。（王世星）

【加强老干部工作队伍自身建设】 以加强培训和开展集中学教活动为主要手段，以“树组工干部形象”为目的，全面加强老干部工作队伍自身建设。年初，市委老干部局举办全市新调入老干部部门工作人员培训班，参训人员达100余人。与此同时，要求全市老干部工作人员要加强学习，明确各项规章制度和工作职责，努力做好新形势下老干部工作。全市老干部工作者自觉学习十六大精神和十六届四中全会精神，先前情绪低落，工作缺乏积极性和创造性，不愿在该部门发展的工作人员走出低迷。各单位和各部门坚持和完善了学习制度，奖惩制度、考勤制度、岗位目标责任制、文件收发制度、联系老干部制度、杂志分发制度等等。

为提高工作人员的自身素质，特别是信息采集能力和写作能力，充分发挥信息工作在老干部工作中的突出作用，先后组建了一支素质较高的信息员队伍，两次召开全市老干部部门信息工作座谈会，并组织人员赴外地市学习考察，交流经验，互通信息。各县（市、区）老干部部门也十分重视信息工作，创建各类“信息平台”。11月，专门召开会议对信息工作进行了总结表彰。闻喜、夏县两县被评为信息工作先进单位。（王世星）

信访工作

【建立落实信访工作责任制】 年初，市信访局在充分研究讨论的基础上，制定了“三降三无”的工作目标，并从领导重视、业务工作、硬件建设、队伍建设、越级上访接返工作等方面对信访工作进行了细化量化，与各县(市、区)签订了信访工作目标责任书，做到了目标明确，职责分明。为了提高信访工作的质量，市委常委会先后两次专题研究信访工作，解决信访工作中存在的问题。市委副书记唐大雄和市委常委、秘书长张建合做为分管信访工作的领导，在研究指导信访工作上花费了大量的精力和时间。各县(市、区)的四大班子领导也都能主动阅信接访，包查案件，以实际行动关心支持信访工作。垣曲县针对皋落乡张家庄村群众集体赴市上访一事，县委书记崔克信亲自挂帅组织处理，在查清事情原委的基础上，对该乡的有关责任人和集体访的组织者进行了双向责任追究。临猗县严格按照“分级负责，归口办理”的原则，针对角杯乡主要负责人接到集体上访接返通知后，迟迟不能前往接人，致使80余名群众滞留县委机关长达8小时之久，分别对该乡党委书记、乡长给予了免职处分。芮城县针对粮食局接到领导批转的信访案件后，推诿扯皮，超期不办，以县委的名义对粮食局进行了“一票否决”。（张　明）

【创新信访工作机制】 2004年出台了《关于进一步改进和加强信访工作的意见》。年初，市信访局在深入调研的基础上，从工作责任、领导接待、信访督查、听证评议、网络建设、案件办理、责任追究、信访机构等方面对信访工作进行了充分论证，并经市委常委研究，以市委、市政府文件出台下发了《关于进一步改进和加强信访工作的意见》。

改进了领导接待制度。根据形势需要，结合工作实际，在全市实行了领导分类归口定期预约接待群众来访制度。即由信访局和政法委在日常接待的基础上，对群众信访所反映的问题进行分类归口，筛选重点，然后同群众约定具体时间，通知相关领导接待受理并妥善解决问题。

实行了越级上访接返保证金制度。针对越级上访接返工作中经常出现行动迟缓、人员滞留，而又缺乏约束力的状况，市委建立了越级上访接返保证金制度，它不但要求各县（市、区）要根据各自的越级上访量交纳一定数额的接返保证金，而且对接返时限、接返责任做出了具体规定。（张　明）

【建立市、县、乡三级信访网络】 2004年加强了县级信访部门的力量。以市委文件对县级信访部门的建制、人员、经费、办公条件等都做出了明确规定。年底，13个县(市、区)信访局中为正科级建制的11个，人员编制达到5人以上的12个，配备车辆的7个，绝大多数县(市、区)都能保证基本工作经费。

建立了市、县、乡三级信访网络。即在市直、县直、乡（镇、办）三级都设立了信访专（兼）职工作人员。市直主要职能部门共配备专（兼）职工作人员60余名，全市133个乡（镇、办）共确定信访专（兼）职干部187名。此外，部分乡镇基层干部还积极通过办信接访，认真思考问题，大胆探索新机制、新举措。如临猗县牛杜工贸区党委书记卫永增通过对农村信访工作的研究，在区政府开通了服务热线电话，在各村设立了廉政建设监督员、思想政治工作员、群众纠纷调解员，同时将信访工作作为一项重要内容纳入了整体工作考核，使得全区多年来无一起赴县以上集体上访。盐湖区姚孟办党委书记曲琴荣带着感情抓信访，强化责任保稳定，当她了解到本辖内因高速路占地问题将引发一起群众集体上访的信息后，主动深入群众做工作，积极协调有关职能部门解决问题，及时有效地将这起集体上访化解在了当地。（张　明）

【整体协调解决信访工作突出问题】 根据8月26日全国集中处理信访突出问题及群体性事件会议要求，对全市的信访突出问题进行了认真的分析汇总，总结出了当前存在的六个方面的信访突出问题，并制定了集中处理信访突出问题及群体性事件联席会议制度，建立了以市委副书记唐大雄为总召集人的联席会议工作机构，成立了农村土地征用、城镇拆迁、企业改制、涉法涉诉、企业军转干部、劳动和社会保障问题六个专项治理工作小组，集中协调解决全市的信访突出问题和预防处置群体性事件。各（市、区）也都相应地建立了制度，成立了工作机构。一方面，积极办理中央和省交办的各类信访案件；另一方面，认真排查梳理全市的信访重点案件，开展专项治理，实行领导包案，集中优势兵力打歼灭战。截至年底，中央和省以及省联席会议办公室交办的60件要案、22批赴省集体访、3批赴京集体访，全部结案上报，结案率均达100%；全市自排的63件重点案件，办结56件，结案率达88.9%。同时，针对无理缠访户，积极试行听证评议机制解决其问题，并取得明显效果。（张　明）

【认真处理群众来信来访】 各级领导干部和广大信访工作者积极转变作风，热情接待上访群众，主动包查信访案件。全年，市、县两级信访部门共受理信访问题18913件（人）次，同比上升了19.6%。市信访局共受理群众来访711批4270人次，同比上升了50.3%和19.7%。其中，集体访152批3464人次（初访99批1979人次，复访53批1485人次），同比上升了34.5%和11.6%；个体访559批806人次（初访346批546人次，复访213批260人次），同比上升了55.3%和73.7%。阅处群众来信1550件（初信1310件，复信240件），同比上升了12.8%。全年共处理赴省集体访22批312人次，同比上升了175%和188.8%；赴京个体访95案165人次，同比上升了73.1%和122.9%；赴京集体访3批18人次，同比上升了50%和50%。从全省纵向比较看，运城市赴省集体上访量位居全省倒数第一，赴京集体上访量位居全省倒数第三。（张　明）

党校工作

【创建学习型党校】 2004年把抓学习作为党建工作的中心。党委在全校组织四次讲座和两次大的集体活动；每人每月写4篇学习笔记，读《完善社会主义市场经济体制十三讲》和业务书两本的“4242”学习工程。学校为每个教职工购买了《〈中共中央关于加强党的执政能力建设的决定〉辅导读本》一书，全校形成了学习好、宣传好、研讨好、贯彻好、落实好全会精神的热潮。

建设了校委班子。做出了《关于创建学习型校（院）委领导班子的决定》，要求副处以上领导干部自觉做到带头学、带头用、带头抓，切实履行好“包学习”职责。副处以上干部写了5万字以上的学习笔记，不少同志在市、省、国家级报刊上发表了体会文章。

贯彻了制度。全年做到了“六个坚持”：坚持每月底的中心组学习，坚持每两个月一次的全校集中学习，坚持每周四下午的科室固定学习，坚持抓好个人学习，坚持多种形式学习，坚持检查考核促学习。

创新了方法，采取个人自学、专题研讨、大会辅导、看录像、听报告、举办电脑课件制作及办公作品展，进行打字比赛等形式，引深了学习。

坚持了考查考核。每月科室检查一次，每季支部检查一次，每半年党委检查通报一次，年终进行考核评比（包括总结、考试、展评、奖惩、建档等），并在全校实行了学习“一票否决制”。（市委党校）

【党支部换届选举工作】 2004年，精心组织了支部的换届选举工作。新支部班子成员做到了面孔新（大部分是新手）、年纪轻（平均年龄下降了7.7岁）、素质高（基本上全是大专以上学历）。进行了新支部班子成员的上岗培训。新支部班子成员认真学习了《党章》、《怎样当好党支部干部》、《组织发展及党费收缴规定和程序》等文件。开展了民主评议党员活动。（市委党校）

【党建工作规范化】 制定了党建年度工作计划及考核办法。年初，校党委下发了《2004年工作要点》，并根据年度工作计划制定下发了《2004年支部工作考核评分表》和《2004年党员考核评分表》。各支部根据党委工作要点，制定了本支部年度工作计划。用制度来规范党务工作人员的职责。修改下发了《党建工作制度》和《党委成员、纪检书记的主要职责》、《党支部成员的主要职责》。（市委党校）

【党风廉政建设】 2004年，在落实党风廉政建设责任制方面，做了以下工作：加强了党风党纪教育。及时组织大家学习中央和上级纪检部门有关党风党纪的文件精神，使全校人员、特别是班子成员做到了警钟长鸣，执政为民。实行了责任制。从校委到科室、从党委到支部都实行“六包”责任制：即包学习、包工作、包业务、包安全、包精神文明、包反腐倡廉，将党风廉政建设责任制落实到全校各项具体工作中。

坚持了民主决策。凡涉及党校全局的大事，比如全年工作计划、基础设施的建设和改造、干部的提拔任用、重大工程项目的确定等，都要召开校委会，集体研究。做到了民主决策。

推进了校务公开。在事关全局的重大事项上，如评选先进科室、先进个人和先进党员、评定职称、入党提干、工程预决算和水电费收缴等，都进行公示，接受全校人员的监督。

实行了公开招标和政府采购。校纪检委对于新住宅楼的建设、西楼的维修改造、办公室电脑的购置、锅炉用煤等的招标采购以及两辆小轿车的拍卖工作，都进行了全程监督。

严禁了大操大办。全校的领导干部和一般人员，按照本校《文明从简操办红白事的规定》，严格执行《运城市党员干部职工婚丧嫁娶申报办法》，没有出现任何违规违纪行为。

严肃了考风考纪。对党校系统的各种考试，校委、纪检委和学区严格执纪，做到了三个加强：加强教育，加强管理，加强监督，防止获取文凭中的腐败。

狠抓了"三项治理"。按照上级要求，认真做好每一项工作：专门制定了《公务接待办法》，对接待内容、标准、陪客人数都做了严格规定；修改制定了规范的《车辆管理办法》，加强了对车辆的管理。

（市委党校）

【校、科两级班子建设】 进行了两级班子的考核。根据市委要求，全面考核了县处级领导干部2003年度的工作。考核了全校2004年度的党建工作和党风廉政建设责任制落实情况。做出了《关于进一步加强科室主要负责人年终考核工作的决定》，并据此对科级干部进行了认真考核。

调整充实了科级干部。轮岗了一些科室负责人，共任命8人；提拔了7名科级干部，充实了科级领导班子。

开展了"公道正派树形象"活动。前半年，在科级以上干部中开展了"公道正派树形象"活动，认真学习有关文件，召开了以公道正派为主题的民主生活会，制定整改措施。

提高治校理政能力。在学习十六届四中全会精神的过程中，在主体班开展了"从政经验交流"活动。同时，又抓了校、科两级干部"从政经验交流"的各项准备工作。

（市委党校）

【抓学习、抓办班、抓改革】 创建学习型党校收到了明显的效果。学习逐步成为全校教职工的一种习惯、一种风气、一种要求，全年共剪贴68本，记学习笔记4086篇477.7万字，撰写文章117篇，发表文章100篇，读书432本，整理软盘72张，撰写讲稿86个。全校教职工的思想理论素质有所提高，钢笔书法和写作水平有所长进。

全年共举办主体班和其它各种班次30期，共培训3000多人次。中函报名1300多人，录取1100多人、省函报名800余人，录取610余人，走在全省前列。同时学历班继续开办，教学质量和管理都有了明显的提高和加强。特别是8月19日，市委在党校又举行了"社会主义学院"的挂牌仪式，拓展了办学领域。

按照"一套人马，两块牌子"的要求，理顺了党校与行政学院的关系。初步理顺了校（院）的内设机构。（市委党校）

【基础设施建设】 抓了教职工住宅楼建设，从2月18日动工至今进展顺利。抓了校园区域网络工程和两个多媒体教室的安装。抓了西楼的维修。同时，还改善了资料室的办公条件，给函授部解决了一部高配置电脑，解决了全校部分用电线路的改造等问题；对家属区的闭路电视进行了统一安装；建起了一个标准比较高的厕所；建成了煤场大门和发电机房。（市委党校）

【强化三项管理】 2004年，教学管理方面。开展了教学研究工作。制订了《关于教学改革的实施意见》。提高了教师素质。加强了办班过程中的协调工作，出台了《关于加强教学协调组工作的规定》。五是抓了学员管理，修改完善了学员管理制度。

科研管理方面。召开了全市党校系统科研工作会议，出台了科研奖励补充办法。积极参加了各类研讨会。在全省党校系统纪念邓小平诞辰100周年理论研讨会上，全校推荐的4篇论文获奖；全市纪念邓小平诞辰100周年理论研讨会上，推荐的11篇全部获奖。特别是在全省邓小平生平和思想研讨会上，省里选了运城3篇，其中就有市委党校2篇。开展了课题研究。完成一项省级课题，实现了运城党校历史上零的突破，同时又申报了一项省级课题和一项市级软科学课题。参加了市里组织的"未成年人思想道德建设"研讨会，5人获奖。全校今年共发表科研文章102篇，（其中国家级7篇，省级44篇），通讯报导27篇（其中国家级3篇，省级12篇）。

行政后勤管理方面。全年任务分解，将各项任务具体到分管领导和科室；科室职能的明确与划分；加强对各科室电脑的管理，下发了管理办法；抓了合同管理。清理整顿了全校2000年以来的合同，该续签的续签，该中止的中止，该完善的完善，该签订的签订；加强了图书资料的管理。图书资料室重申了图书借阅、资料阅览、新书采购等制度，并将馆藏图书全部输入电脑。（市委党校）

【加强对县（市、区）党校的业务指导】 筹备召开了全市党校工作会议、全市党校系统科研工作会议、纪念邓小平同志诞辰100周年理论研讨会和规范办学工作会议，推动了全市的党校工作。借函授评估验收的东风，在十三个县（市、区）委党校建起了C级站，在全省是第一家。分别组织县（市、区）委党校常务副校长赴新马泰和港澳考察公务员培训工作。

（市委党校）

讲师团工作

【强化市县中心组学习和督查力度】 2004年，认真做好市委中心组的学习服务工作。2004年，市委中心组集体学习、邀请专家辅导总共七次。内容涉及"三农"问题、国际形势与台海问题、"三个代表"重要思想与科学发展观、《宪法（修正案）》、《中国共产党党内监督条例（试行）》、《中国共产党纪律处分条例》、国务院关于《全面推行依法行政实施纲要》、十六届四中全会精神和党的执政能力建设理论、统一战线理论等。通过学习，领导干部的理论素养和执政能力有了明显提高。

对部分县市区中心组的学习进

行了认真督查。先后参加了临猗、稷山、永济、平陆、盐湖区中心组的学习，听取了学习讨论，查看了学习记录和部分成员的笔记，从中了解到一些情况和问题。

为市县中心组学习提供了大量辅导材料。共计投资上万元购买了大量图书和光盘，编写、印发了十期《党委中心组理论学习参考》。内容包括求真务实、中央一号文件、《宪法（修正案）》、科学发展观、依法行政、上半年经济形势、中国“和平崛起”、执政能力建设、循环经济、入世三年回顾等十个专题，为领导干部学习理论、指导工作，提供了及时、有效的帮助。

狠抓了市直各中心组的学习规划、典型培养、经验总结和推广工作。二月份，讲师团紧密配合市直工委对市直各党委中心组的学习进行了专题研究，制定了全年学习计划，并逐月予以安排。同时又具体深入到市国税、劳动、中行等单位进行具体指导，发现和培养了以国税局党委中心组为代表的一批典型，于七月份召开了市直机关党委（党组）中心组理论学习国税局现场会。国税局党委中心组创造的“求新、求实、求深”的学习经验，市委办公厅向全市进行了推广。

（吴新凯）

【大力宣传中共十六届四中全会精神】 就十六届四中全会公报和全会通过的《中共中央关于加强党的执政能力建设的决定》进行了两次专题辅导；组织编印了《中共中央关于加强党的执政能力建设的决定》的学习提示，发至市直和各县市区中心组。购置了一批有关党的执政能力建设的辅导读本和录像带，及时发放到中心组成员手中。配合市委宣传部对全市宣传文化系统的领导干部进行了学习培训。深入基层宣传十六届四中全会精神。讲师团先后在市直和各县市区进行了20多次宣传辅导，有力地推动了广大党员领导干部对执政能力建设理论的学习和实践。（吴新凯）

【开展纪念邓小平诞辰100周年活动】 2004年8月18日，召开的纪念邓小平诞辰100周年理论研讨会，由市委宣传部组织，讲师团与党校、党史研究室、教育局参与。其中，讲师团承担了论文的评审工作，有3篇论文经推荐入选省邓小平生平和思想研讨会优秀论文；8月20日，召开的全市纪念邓小平诞辰100周年座谈会，由宣传部牵头，讲师团具体组织实施。从7月底讲师团就开始筹备，经过精心准备，会议开得圆满成功。会后，讲师团还整理出参会代表的发言摘要，在《运城日报》刊出。（吴新凯）

【为建设运城文化强市作贡献】 3月，讲师团就着手研究如何为建设运城文化强市作贡献的问题，大家一致认为，运城市文化旅游资源丰富，但开发状况不尽如人意。讲师团内经多次讨论，制定出研究方向、计划和方案，确定了相关单位共同参与，考虑到调研任务量很大，所需经费自筹困难的实际情况，讲师团领导多次跑市科委，争取项目资金支持。经过努力，讲师团确定的“关公文化旅游研究”课题在科委成功立项，获得0.5万元项目资金。（吴新凯）

纪检监察工作

【建立公务用车长效管理机制】 2004年，市纪检委制定了《运城市行政事业单位小汽车编制核定办法》等一系列规章制度，下发了《关于对公务用车购置程序规范管理的通知》，初步建立了小汽车配备和使用管理的长效监督机制；通过调查研究和多方考察学习，在盐湖区、永济市、闻喜县等地开展了公务用车货币化改革试点；各级纪检监察机关严格执行清车工作开展以来建立健全的各项规章制度，对新的违规购车问题进行了严肃查处，巩固了清车成果。（王纪峰）

【清房申报工作基本结束】 市纪检委按要求建立了清房数据库，初步澄清了住房底数。先后多次召开全市性清房工作会议，周密部署，精心安排，认真实施初审、复审、再审三审制度，坚持主管单位与下属单位住房信息独立申报，坚持身份证号码、房屋出（售）租单位全称及组织机构代码、出（售）租房屋地理位置、房屋面积数量四个关键信息准确真实，在全省率先建立了清房数据库，省“三项治理”办公室对本市的做法给予充分肯定。7月17日在运城召开了全省清房数据库建立工作经验交流会。

强化措施，严格做到如实申报。针对本市省管干部两套以上住房个人申报率偏低的问题，8月14日，召开申报1套以下住房的省管干部专题会议，重申清房纪律和责任，要求省管干部如实补报。11月初，组织六个督查小组，对县处级干部两套以上住房个人申报率排队落后的县（市、区）和单位进行重点解剖，同时对全市未申报或申报1套住房的县处级干部及其单位的党政“一把手”逐人谈话进行督促。11月26日召开全市清房工作紧急会议，对申报工作落后的单位主要领导作了点名批评，进一步严明了清房纪律。截至年底，全市清房申报工作基本结束，省管干部、县处级干部、乡科级干部两套以上住房个人申报率分别达到89.39%、50.15%、24.13%。

认真进行公示，广泛接受监督。在《运城日报》上对所有省管干部和县处级干部及其配偶的住房申报情况向全市人民作了公示，各县（市、区）、各单位也都对本单位的申报情况作了公示，广泛接受干部群众的监督。（王纪峰）

【制奢工作持续推进】 针对公款大吃大喝，挥霍浪费等突出问题，市县两级“三项治理”办开展了重点检查，完善了公务用车定点维修、加油制度，出台了《运城市市直机关单位定点接待管理办法》等制度，在市县两级全面实行了定点接待制度，各级会计核算中心加大了会计审核监督力度，从源头上制止奢侈浪费行为。同时，继续下大力气抓了狠刹大操大办、借机敛财歪风工作，市县两级“刹风”办共出动检查3166人次，巡回检查634余次，检查饭店、宾馆、酒店393家，制止大操大办45起，没收礼金10余万元，给予党政纪处分20人，通报批评9人，责令写出书面检查92人，追究单位领导责任7人。（王纪峰）

【制止“四股歪风”，引深廉洁自律工作】 根据中纪委、省纪委，继续狠抓了领导干部廉洁自律各项规定的落实。市纪委转发了《中共山西省委关于2004年领导干部廉洁自律、落实党风廉政建设责任制和巡视工作的安排意见》，进一步加大了对党员领导干部的监督力度，并采取切实可行的措施，坚决制止向领导干部送钱、跑官要官、打着领导旗号谋私以及领导干部参与赌博的“四股歪风”；继续落实领导干部配偶、子女从业的有关规定，组织对党政领导干部兼任企业领导职务问题和党政机关用公款为干部职工购买商业保险的问题进行了认真清理。

深入贯彻执行《党内监督条例(试行)》，严格实行“四项谈话”和述职述廉制度。纪检监察机关对下一级党政主要负责人谈话251人，对401名新任职的领导干部进行了任前廉政谈话、廉政承诺和廉政宣誓，对165名领导干部进行了谈话诫勉，对173名领导干部进行了监督谈话，全市共进行述职述廉2989人次。在市级领导干部2003年度工作考核和2004年民主生活会上，市级领导干部都作了认真的述职述廉，全市县处级干部也都按要求作了述职述廉。同时，参与指导和监督了市四大班子和县级党员领导干部2004年度民主生活会，抓住清房等重点内容，引导广大党员领导干部对违背求真务实精神的各种表现，进行了认真检查和纠正。

（王纪峰）

【构建反腐倡廉“大宣教”工作格局】 2004年，加强党性党风党纪教育是规范广大党员干部行为的一项基础性工作。在全市开展了“艰苦奋斗、廉洁从政”主题教育活动，对1200名县处级以上党员领导干部进行了廉洁从政知识测试，举办了演讲比赛和学习笔记展评。市纪委专门发出通知，对学习贯彻“三个条例”作了安排，5月12日，市委中心组带头进行了集中学习，各级纪检监察机关采取集中培训、座谈交流、知识测试、知识竞赛、自学等多种形式，组织全市党员干部广泛深入地开展了学习贯彻三个《条例》活动。市两个《条例》知识竞赛代表队，在全省竞赛中荣获二等奖。在全市范围内开展了“争当促进党风廉政建设模范‘廉内助’”活动，大力构筑牢固的家庭监督防线。

11月5日，市委召开全市廉政党课暨警示教育大会，集体观看了警示教育专题片，市委书记黄有泉为大家上了党课，对全市1200余名县处级以上领导干部进行了一次深刻的警示教育。继续联合《运城日报》社、市电视台、电台办好“反腐倡廉”和“监督热线”专栏，开展“党风廉政河东巡礼”采访报道及反腐倡廉征文活动，充分发挥舆论监督在党风廉政建设中的重要作用，努力构造党风廉政建设和反腐败宣教工作“大格局”，使宣教工作形式多样，富有成效，进一步提高了广大党员干部廉洁自律意识，筑牢了拒腐防变的思想防线。

（王纪峰）

【查办大案要案工作】 2004年，全市纪检监察机关坚持以查办大案要案为重点，采取有效措施，进一步加大了查办案件工作力度，案件查办工作取得了新的成效。全市共受理群众举报2155件（次）立查1124案1158人，结案1124件，其中，大要案603件，占到53.65%；县处级干部20人、乡科级干部253人，合计占到25.8%。具体来讲，重点查处了以下四类案件：（一）严重违反组织人事纪律的案件；（二）严重违犯财经纪律和收支两条线规定的案件；（三）严重官僚主义、失职渎职的案件；（四）造成国有资产严重流失的案件。在全市引起较大反响和震动。

为确保案件查办工作的质量，进一步加强了信访举报、案件审理和案件管理工作。在信访工作中，在全市全面推行了“信访预约”制度，大幅减少了群众越级访、集体访、重复访问题的发生。在审理工作中，进一步加强了依纪依法办案的工作理念，既注重对案件实体内容的审核，又注重对办案程序的审核，确保了案件查处的质量。在案件管理方面，牢固确立为领导决策服务，为查办案件服务的理念，认真做好统计汇总，综合分析工作；同时进一步完善使用“两指”、“两规”措施的规定，严格程序，推进查办案件规范化、程序化。

（王纪峰）

【发挥《监督热线》舆论监督作用】 2004年年初，对《监督热线》栏目作了大幅度改版和扩展，将参与栏目接受监督的部门由37家调整为41家，进一步增强了栏目的时效性和针对性。同时调整了反馈时间，改进了反馈形式，确保了节目中群众反映的问题能够得到真正的落实。2004年，《监督热线》共接听群众来电4870个，受理群众投诉、反映问题1368个，督办解决问题979个，一大批群众反映比较强烈的热点问题得到迅速、认真解决，在干部群众中引起强烈反响。以《监督热线》为阵地，纠风工作的参与面和影响面都有了大幅度提高，有力地推动了纠风各项工作深入开展。（王纪峰）

【规范教育收费行为】 加大宣传教育力度。在《运城日报》上对2003年全市查处的23起教育乱收费典型案件进行了公开通报，形成了齐心协力治理教育乱收费的良好氛围；10月，省政府关于义务教育阶段“一费制”收费办法出台后，通过在《运城日报》全文转登、在电视台上播放、组织宣传等形式，进了广泛宣传。全面推行“一费制”，严格执行“三限”政策。按照省政府的安排，在13个县（市、区）全面推行了“一费制”收费标准，共减轻学生经济负担978万元。严肃查处典型案件。市、县两级纠风部门集中开展了治理教育乱收费“回头看”活动，严肃查处各种教育乱收费问题109个，涉及金额580余万元，责令退还140余万元，73人受到党纪政纪处分。（王纪峰）

【遏制医疗购销不正之风】 深入开展药品集中招标采购活动。全市共计60所县级以上公立医疗机构参加了全市第三次药品集中招标采购，超省定医院27所，招标采购药品达22类1240种。通过招标采购降低药价20%以上，减轻群众医药负担上千万元。加大药品市场监管力度。开展多次专项整治活动，共出动执法人员2495人次，检查涉药单位2225家，立案285家，取缔无证经营32家，没收假劣药品、医疗器械标值10.9万元，没收违法所得6.6万元，罚款53万元。开展医疗服务和药品价格重点检查。共检查处理单位330个，查出价格违法金额251万元，退还用户33.44万元，没收17.29万元，罚款43.92万元，全部上缴财政。（王纪峰）

【有效减轻农民负担】 全市共减轻农民负担9927.3万元，其中通过各种专项治理减轻农民负担1715.4万元，查处加重农民负担案件83件，145人受到党纪政纪处分。全面深化农村税费改革。在全市13个县（市、区）中，河津市全部免征了农业税，其余12个县（市、区）从总体上都将农业税税率降低了一个百分点。深入开展农民负担专项审计工作，认真落实财务公开制度。对乡镇统筹费的收取、使用情况和其他各项涉农收费进行了专项审计，立案查处加重农民负担问题26个。大力整顿农村报刊征订秩序。进一步明确了农村征订党报党刊的范围，重新调整了农村报刊征订最高限额标准，并在全市所有乡镇和农村中小学校全部实行了订阅报刊费用限额制，减轻群众负担200余万元。（王纪峰）

【治理公路“三乱”和着装乱问题】 继续坚持定期检查与不定期检查相结合、部门检查与联合检查相结合、明察与暗访相结合的工作方式，对辖区内公路“三乱”多发路段和地区实行重点监控，查处公路“三乱”案件和问题67件158人，其中134人受到党纪政纪处分。在整顿统一着装方面，坚持“政策不变、范围不变、时间不变、口子不开、力度不减”的原则，针对统一着装中存在的“多”、“乱”及仿制等问题进行联合治理整顿，治理范围涉及到30余个部门和行业，全市共收缴违规服装17022套，大沿帽4513顶，各种帽徽、肩章、领花、胸花、袖章等标志44273件，折合价款285万元。（王纪峰）

【行风评议和政务公开工作】 全市严格按照省政府的有关部署和要求，进一步扩大了评议范围，改进了评议方法，实现了与省行评工作的全面接轨，把行评参与部门从上年的37家增加到41家；通过市电视台将41家参评部门和行业在自查自评活动中查找出的各种行风问题以及整改意见、措施和时间进行了公示；组织开展大型行评宣传咨询活动，参与群众达2万余人，发放宣传资料58000余份，征求群众意见和建议627条，受理群众反映问题1083个，当场解答解决547个。9月下旬，组织召开了市直41个单位的行评听证对话会，进一步征求群众意见，接受质询，收到了良好的社会效果。制订出台了《2004年全市政务公开实施方案》和《关于全面实行行政事业性收费公示制度的实施意见》，政务公开工作开始在全市全面推行，并在公开形式、公开途径方面做了积极探索，市政府设立了信息专网并制作了市长信箱、政务公开专栏等栏目。（王纪峰）

【执法监察工作】 紧紧围绕全市中心工作，切实履行职责，共办结执法监察项目210项，协助建章立制487条，立查案件377起，处理有关责任人435人，为国家挽回直接经济损失867万元。

深入开展行政效能监察，促进政府职能转变。市县两级行政效能投诉中心均已挂牌成立，办公地点、办公设备和人员都已基本配备到位，建立健全了各种工作制度。共受理群众效能投诉388件，给予效能告诫和诫勉谈话183人、立案查处56件，给予党政纪处分33人，组织处理23人。

积极开展行政执法专项监察工作。对1999年1月1日《土地管理法》实施以来全市征用农民集体所有土地补偿费用管理使用情况进行认真检查，共查出违法违纪金额439万元，追回拖欠征地补偿费62万元；深入开展经营性土地招拍挂执法监察，对76宗100.18公顷土地招拍挂活动进行了全程监督，收回土地出让金29259万元；开展了建设工程项目招投标活动执法监察，重点对2002至2003年全市530个大型建设工程项目的招投标活动进行专项执法检查，同时强化对有形建筑市场内的招投标监督力度，先后对76项工程进行全程监督，工程总投资3.8亿元，为国家节约资金1300余万元。

开展了环保和退耕还林执法监察，配合环保部门检查企业3735家，处理严重违法生产责任人9人，检查出退耕还林违规资金94万元，处理有关责任人54人；开展了打击假冒伪劣农资专项执法监察，共出动人员700余人次，先后检查农资生产、销售、运输企业和经营户1210家，农资品种623项，查扣假冒伪劣农资600余吨，价值900余万元，端掉制假、售假窝点78个，取缔无照经营112户。

坚决纠正拖欠和克扣农民工工资问题。会同城建、财政等部门对拖欠农民工工资的基本情况进行了深入调查，采取下发“整改通知书”、引入司法程序、进行专项执法监督等措施，共清理出拖欠工程项目940个，拖欠工程款5.2亿元，其中拖欠农民工工资4880万元。经清理，支付拖欠农民工资2420万元。

严肃查处责任事故案件。严格按照“四不放过”原则，严肃查处了临猗县孙吉镇孙吉初中“3.11”学生上下楼梯挤压2死13伤、夏县瑶峰镇赤峪村“4.04”私开沙场坍塌3死、闻喜县晋利镁业有限公司“4.07”烟囱倒塌3死6伤、中石化运城石油分公司半坡油库“4.23”火灾案等责任事故案件30起，处理有关责任人51名。（王纪峰）

【行政审批制度改革】 按照省里要求，对保留的414项行政审批事项进行了再次清理；经市政府常务会议研究决定取消市级审批项目14项，建议省取消审批项目45项。在此基础上，重点对市直“一站式”网上行政审批机制进行了规范和完善。以市政府名义下发了检查方案，对42个市直单位“一站式”网上审批工作开展情况进行检查考核；建立并实行了月情通报制度。通报内容包括各单位每月受理的审批项目名称、审批状态、受理时间、办结时间等，并对存在问题的单位进行通报批评直至追究有关人员和单位负责人的责任；通过《运城日报》、市电视台等新闻媒体广泛宣传，接受社会监督。市直“一站式”网上行政审批机制运行良好，2004年共在网上办理审批事项1501项，各种事项按时办结率达99%。省委副书记、省纪委书记金银焕对运城市网上审批工作进行考察后给予充分肯定。在市级网上审批新机制不断完善的同时，县一级网上审批机制也开始逐步建立，其中永济市建成并正式开始运行，盐湖、闻喜等8个县实施网上审批的基础工作已基本到位。（王纪峰）

【财政管理制度改革】　按照《政府采购法》的要求，规范了政府采购工作。市本级和13个县（市、区）已依法实现政府采购“管”、“采”机构分离。政府采购规模和范围继续扩大，已完成政府采购额9566万元，同比增长28%，节约资金665万元，节支率达7%，其中市本级完成政府采购额4443万元，节约资金450万余元，节支率达10%。

继续规范“收支两条线”工作。在全市开展了行政事业单位公有房产经营性收益等情况的专项检查，共查出违纪金额1551.8万元3其中未入专户733.3万元，追缴专户218.2万元，处罚入库82.1万元。

进一步细化、深化部门预算工作。年初，市财政局在向市人代会提交的2004年度总预算及市本级预算草案中，不仅将所有市直181个单位的预算列入其中，而且将各单位预算内容进一步细化到项目支出上，全部提请市人代会审议，扩大了人大代表、政府部门和广大干部群众对部门预算的知情权和监督权。各县（市、区）实施部门预算的范围也进一步扩大，垣曲、临猗、绛县、盐湖等4个县（市、区）实行部门预算的单位达到50%以上。（王纪峰）

【干部人事制度改革】　9月，市纪委、市委组织部联合对市直47个单位和13个县（市、区）贯彻落实《条例》情况进行了全面检查，对贯彻执行中存在的问题作了纠正。《党政领导干部选拔任用工作条例》在全市已得到全面贯彻落实，《条例》中规定的公开选拔、任前公示、差额考察、考察预告、考察工作责任制和责任追究制等项制度在全市普遍推行。5月、11月，市委对4名县委书记和4名县长拟任人选在市委全委会上进行了票决。市县两级普遍实行了由纪检监察、组织、人事、公安、计生、审计、信访等单位和部门组成的干部监督联席会议制度，对选拔任用干部工作开展了联合监督。实行了由纪检监察、组织、审计等单位和部门参加的市级经济责任审计联席会议制度，切实加强了领导干部经济责任审计工作，审计结果运用有了新进展。（王纪峰）

【启动投资体制改革工作开始】　2004年，市纪委监委提请市政府制定出台了《关于加强财政投资评审管理的实施意见》和《运城市建设项目审计办法》，对政府投资行为进行了规范。《意见》明确了财政投资的评审范围、评审程序、评审办法、责任和义务。《办法》明确了市、县（市、区）审计机关为本级人民政府建设项目审计监督的主管机关，依法对管辖范围内的国有资产投资或者以融资为主的基本建设项目和技术改造项目的总预算执行、竣工决算以及与建设项目直接相关的财务收支事项的真实性和合法性进行审计；明确了被审计单位在接受审计时应提交的材料；规定了审计工作纪律及责任追究办法。（王纪峰）

【规范产权交易工作】　牵头制定并以市政府名义印发了《运城市国有资产产权交易暂行规定》，对运城市产权交易的监督管理机构、产权交易机构、交易方式、交易程序及有关法律责任等做了详细规定，要求“今后凡运城市境内涉及的国有、集体产权转让、行政事业单位资产处置行为都必须进入依法设立的产权交易中心公开交易”，为产权交易规范化奠定了良好的制度基础。10月，组织对全市产权交易业务进行了监督检查，对发现的问题进行了纠正。（王纪峰）

【层层细化任务分解】　2004年年初，召开了全市党风廉政建设暨市纪委全委扩大会议，传达贯彻了中纪委三次全会、省纪委三次全会和全省党风廉政建设干部大会精神，对2003年全市党风廉政建设和反腐败工作作了认真回顾总结，对2004年的各项任务作了全面安排部署；印发了《中共运城市委关于2004年全市党风廉政建设和反腐败工作任务分解的意见》，将40项工作任务明确分解到市委、市政府领导班子成员和45个职能部门；市委书记黄有泉与各县（市、区）委书记和市直工委书记分别签订了《党风廉政建设目标责任书》，进一步明确和重申了各县“一岗双责”规定。各县（市、区）和市直单位也都结合各自实际，党风廉政建设和反腐败工作任务进行了再分解、再落实、再安排，同时各县（市、区）委书记和市直工委书记也分别与县直、乡镇和市直单位一把手签订了目标责任书。通过层层建立责任制，逐级签订责任书，在全市形成了横向到达、纵向到底的落实党风廉政建设责任制网络，使各项工作任务和责任都落到了实处。（王纪峰）

【严格兑现考核结果】　2004年，市委落实党风廉政建设责任制领导组下发了《关于2003年全市党风廉政建设责任制考核情况的通报》，对2003年度责任制考核排队处于前三名的县（市）、处于前十名的市直单位及处于第一名开发区确定为“党风廉政建设先进县（市、区）”和“党风廉政建设先进单位”，予以通报表扬；对在责任制考核排队处于后三名的县（区）和市直单位予以通报批评；对在责任制考核排队处于末位的县（市、区）和市直单位提出黄牌警告。对责任制考核差票、一般票之和超过30%的23名县处级领导干部进行谈话诫勉；对在责任制考核中民主测评满意票未达三分之二的一名市直单位领导干部予以免职。（王纪峰）

【党风廉政建设责任制督查】　6月，市委落实党风廉政建设责任制领导组办公室下发了《关于对全市2004年上半年党风廉政建设责任制进展情况进行督查的通知》。8月，组织了13个考核组，分别由市级领导班子成员任正副组长，亲自带队对各县（市、区）、各开发区2004年上半年落实党风廉政建设责任制工作进展情况进行了督查，市直各牵头单位都对上半年工作进展情况作了认真汇报。通过督查，有力地推动了各项工作任务的落实。

（王纪峰）

【严肃进行责任追究】 落实党风廉政建设责任制，责任追究是关键。市、县（市、区）两级不断加大责任追究的力度，全市共对158名领导干部实施了责任追究，其中县（处）级干部6人。在责任追究中突出对抓党风廉政建设不力、职责范围内发生严重问题和失职渎职行为进行追究。比较典型的责任追究案件有临猗县假冒伪劣农药坑农案，36名干部被追究责任受到党政纪处分，其中县处级干部3人，科级干部12人。 （王纪峰）

【组织建设取得重大突破】 紧紧抓住全省纪检监察干部工作座谈会在运城市召开的有利时机，积极争取市委大力支持，提请市委常委会议认真研究了纪检监察机关组织建设有关问题，并以市委常委会13号会议纪要的形式对各级纪检监察干部的职数配备和健全基层纪检监察机构、充实加强干部队伍作了明确规定，市纪委就落实这一决定发了紧急通知。大多数县（市、区）认真落实了规定要求，市纪委也新成立了微机网。网络中心和审计中心两个全额事业单位，工作力量得到进一步加强。 （王纪峰）

【考核激励机制进一步完善】 在深入调研的基础上，对《运城市县(市、区)纪检监察工作考核办法》进行了修订和完善，并专门成立了考核领导组，加强对考核工作的领导，坚持严格考核，按季通报到各县(市、区)党委、政府、纪委，激发了各级纪检监察机关的工作责任感和工作热情，推动了全市纪检监察工作的整体发展。 （王纪峰）

【纪检监察队伍建设】 按照建设“学习型”社会的要求，根据纪检监察工作面临的新形势和新任务，制定了详细的学习内容和严格的学习计划，进一步加强对纪检监察干部的学习、教育和培训，不断提高广大纪检监察干部的整体素质。同时，加强作风建设，强化办案纪律，树立纪检监察干部可亲、可敬、可爱的良好形象和务实作风。通过内强素质，外树形象，进一步提高了队伍的战斗力。（王纪峰）

人大工作

【概述】 2004年，运城市人大常委会在省人大常委会的指导下，在中共运城市委的领导下，坚持以“三个代表”重要思想为指针，认真贯彻党的十六届三中、四中全会精神，紧紧围绕全市改革发展稳定大局，依法履职，创新工作，为坚持和完善人民代表大会制度，推进民主法制建设，促进全市社会主义物质文明、政治文明和精神文明协调发展，做出了应有的贡献。

（詹　鹏）

【运城市第一届人民代表大会第六次会议】 2004年3月28日—4月2日，在运城召开。会议听取和审议了运城市代市长胡苏平《关于政府工作的报告》；听取和审议了运城市发展计划委员会主任张道中《关于运城市2003的国民经济和社会发展计划执行情况与2004年国民经济和社会发展计划草案的报告》；审查和批准《运城市2003的国民经济和社会发展计划执行情况的报告》与《2004年国民经济和社会发展计划》。听取和审议了运城市财政局局长孙太平《关于运城市2003年总预算及市本级预算执行情况和2004年总预算及市本级预算（草案）的报告》；审查了《运城市2003年总预算及市本级预算执行情况和2004总预算及市本级预算（草案）》；批准了《运城市2003年市本级预算执行情况的报告和2004年市本级预算》。听取和审议了运城市人民代表大会常务委员会主任陈永信《关于运城市人民代表大会常务委员会工作的报告》；听取和审议了运城市中级人民法院代院长任连友《关于运城市中级人民法院工作的报告》；听取和审议了运城市人民检察院检察长程志忠《关于运城市人民检察院工作的报告》；对《政府工作报告》、《人大工作报告》等六个报告作出决议；补选胡苏平为运城市市长，补选柴瑞霭、刘冠生、张道中为运城市人大常委会副主任，补选杨秦吉、李兆会、张建民为运城市人大常委会委员，补选任连友为运城市中级人民法院院长。 （詹　鹏）

【市一届人大常务委员会会议】 运城市第一届人大常委会第二十三次会议 2004年1月5—6日，在运城举行。会议通报市人大常委会2003年工作总结；讨论《市人大常委会2004年工作要点》（讨论稿）；通报省人大代表视察工作情况；审议通过市人大常委会《关于讨论决定重大事项的规定》（草案）；审议通过市人大常委会《关于召开运城市第一届人民代表大会第六次会议的决定》（草案）；审议通过市人大常委会主任会议《关于罢免孙秉晨山西省第十届人民代表大会代表职务的议案》。听取了市中级人民法院院长李广田所作的关于提请本次常委会任免人员情况的说明；听取了市人民检察院检察长程志忠所作的关于提请本次常委会任命人员情况的说明；听取了市人大常委会人事代表工委主任王宏铎所作的《关于对市中级人民法院、市人民检察院提请拟任免职人员进行初审的情况报告》。

根据运城市中级人民法院院长李广田的提请，决定任命刘旭东为运城市中级人民法院行政审判庭庭长、审判员；荆世星为运城市中级人民法院审判委员会委员；张勇为运城市中级人民法院审判委员会委员；董自强为运城市中级人民法院刑事审判第一庭副庭长；薛克昌为运城市中级人民法院刑事审判第二庭副庭长；王颖为运城市中级人民法院民事审判第一庭副庭长；毛松伟为运城市中级人民法院民事审判第一庭副庭长；文明军为运城市中级人民法院民事审判第二庭副庭长；翟大勇为运城市中级人民法院民事审判第二庭副庭长；王晓明为运城市中级人民法院民事审判第四庭副庭长；徐瑞泰为运城市中级人民法院行政审判庭副庭长；田力为运城市中级人民法院早判监督庭副庭长；程丽珍为运城市中级人民法院立案庭副庭长；高军武为运城市中级人民法院立案庭副庭长；王奎梅等13名同志为运城市中级人民法院审判员。决定免去张永平运城市中级人民法院行政审判庭庭长、审判员职务；田娟运城市中级人民法院民事审判第二庭副庭长职务；鱼军波、王怀杰运城市中级人民法院审判员职务。根据运城市人民检察院检察长程志忠的提请任命张志浩、吴潮滚、于芝、荆永伟、杨丙寅为运城市人民检察院检察员。管亚军为永济董村地区人民检察院检察委员会委员、检察员；张益民、姚继堂、何新亮、胡晓龙为永济董村地区人民检察院检察员。

运城市第一届人大常委员第二十四次会议　2004年3月22—23日在运城举行。会议审议《运城市人大常委会工作报告》（稿）；审议运城市一届人大六次会议建议议程；审议运城市一届人大第六次会议主席团和秘书长建议名单；审议运城市一届人大第六次会议列席人员名单（草案）；审议运城市一届人大第六次会议议案审查委员会组成人员建议名单；审议运城市一届人大第六次会议计划和预算审查委员会组成人员建议名单；审议运城市人大常委会代表资格审查委员会《关于代表变动及补选代表的代表资格审查报告》；审议运城市人大常委会《关于市一届人大第五次会议代表议案、建议办理情况的报告》；审议运城市人民政府《关于市一届人大第五次会议代表建议办理情况的报告》；审议运城市中级人民法院《关于市一届人大第五次会议代表建议办理情况的报告》；审议运城市人民检察院《关于市一届人大第五次会议代表建议办理情况的报告》；听取运城市人大常委会《关于市一届人大第六次会议筹备情况的报告》；表决通过了关于接受王守祯辞去运城市人民政府市长职务的决定（草案）；表决通过了关于接受李广田辞去运城市中级人民法院院长职务的决定（草案）；听取了市人大常委会副主任詹进宝所作的《关于提名胡苏平为运城市人民政府副市长、代理市长的议案及说明》以及《关于提名任连友为运城市中级人民法院副院长、代理院长的议案及说明》。表决通过了关于市人民政府副市长胡苏平代理运城人民政府市长的决定（草案）；听取了市人大常委会副主任石丙录所作的《关于詹进宝辞职的说明》；表决通过了关于接受詹进宝辞去运城市人大常委会副主任职务的决定（草案）；表决通过了《关于代表变动及补选代表的代表资格审查报告》。

运城市第一届人大常委会第二十五次会议　2004年5月31日—6月1日，在运城举行。会议审议了《关于水务建设现代化情况的报告》、《关于能源建设和发展节能产业的工作报告》、《关于各类开发区（园区）治理整顿的情况报告》、《关于运城市市本级2003年财政决算情况的报告》、《关于运城市市本级2003年预算执行和其他财政收支审计工作报告》以及相关的审查报告、决议（草案），会议表决通过了市人大常委会《关于批准运城市市本级2003年财政决算的决议》（草案）；表决通过了《市一届人大常委会关于评选优秀人大代表和优秀人民公仆活动的实施方案》（草案）。

运城市第一届人大常委会第二十六次会议　2004年7月8—9日在运城举行。会议听取审议市人民政府《关于今年上半年全市经济运行和结构调整情况的报告》；听取审议市人民政府《关于农村税费改革试点工作情况的报告》；听取审议市人民政府《关于焦化行业环保工作情况的报告》；听取了市交通局局长王健康述职并接受评议；评议市公路分局执法工作情况；审议市人大常委会主任会议《关于市人大常委会代表资格审查委员会部分委员职务调整的议案》；根据运城市人民政府市长胡苏平的提请决定任命董一兵为运城市人民政府副市长，免去王斌运城市人民政府副市长职务。根据运城市人大常委会主任会议的提请，决定任命陈银狮为市人大常委会城建环保工作委员会主任；秦爱民为市人大常委会研究室主任；翟李强为市人大常务委城建环保工作委员会副主任。免去宋保珍市人大常委会城建环保工作委员会主任职务；陈银狮市人大常委会研究室副主任职务；秦爱民市人大常委会人事代表工作委员会副主任的职务。根据运城市中级人民法院院长任连友的提请通过任命王江平等12同志为运城市中级人民法院审判员。决定免去宁玉平的运城市中级人民法院审判委员会委员、审判员职务。根据运城市人民检察院检察长程志忠的提请，决定任命张青兆等6名同志为运城市人民检察院检察员。张贵仁为永济董村地区人民检察院检察员。

运城市第一届人大常委会第二十七次会议　2004年9月8—9日在运城举行。听取审议市人民政府《关于整顿和规范市场秩序工作的报告》；听以审议市教育局《关于述职评议以来整改情况的报告》；听取审议市文化新闻出版管理局《关于文化新闻出版行政执法的情况报告》；听取审议市中级人民法院《关于围绕公正与效率，推进司法改革和队伍建设情况的报告》；民主推荐优秀人民公仆候选人；听取了市人民政府常务副市长董洪运所作的关于拟提请任免人员情况的说明；听取了市人大常委会人事代表工委主任王宏铎所作的《关于对市人民政府提请的拟任免职人员进行初审的情况报告》；听取了拟提请任命人员卫明泽、邓援朝、杨金贵、段绪忠、杨泽生所作的供职发言。根据运城市人民政府市长胡苏平的提请决定会命杨泽生为运城市建设管理局局长；卫明泽为运城市经济委员会主任；邓援朝为运城市商务局局长；杨金贵为运城市人口和计划生育委员会主任；段绪忠为运城市公安局局长。决定免去张道中运城市发展计划委员会主任职务；刘建刚运城市建设局局长职务；邓援朝运城市对外贸易经济合作局局长职务；杨金贵运城市计划生育委员会主任职务；崔长胜运城市公安局局长职务。

9月9日上午，常委会组成人员及列席会议的同志出席了市人大常委会纪念人民代表大会成立50周年暨地方人大常委会设立25周年书画展开幕式。9 月 9 日下午，常委会组成人员和列席会议的同志到市电视台演播室，出席了运城市“国税杯”人民代表大会制度知识竞赛和“我们心中的人大”有奖征文颁奖仪式。

运城市第一届人大常委会第二十八次会议 2004 年 11 月 15—16 日在运城举行。会议听取审议市人民政府《关于农村卫生体制改革情况的报告》；听取审议市人民政府《关于 2004 年市本级财政超收使用方案》的议案；听取审议市人民政府《关于市本级 2003 年预算执行情况审计查出问题的整改工作报告》；听取审议市人民政府《关于市区重大基础设施建设情况的报告》；听取审议市人民检察院《关于强化法律查办职务犯罪情况的报告》；听取审议市交通局局长王健康《关于述职评议整改情况的报告》；听取审议市公路分局《关于评议整改情况的报告》；听取审议“一府两院”部分组成人员述职报告；审议市人大常委会财经工委关于《安全生产法》、《矿产资源法》、《煤炭法》及《价格法》执法检查情况的报告（书面）。（詹　鹏）

【人大监督工作】　常委会按照省人大常委会的统一安排，并结合运城市的实际情况，对《安全生产法》、《矿产资源法》、《煤炭法》、《消防法》、《食品卫生法》、《价格法》、《行政许可法》、《中小企业促进法》、《乡镇企业法》、《环境保护法》、《人口与计划生育法》等 11 部法律法规的贯彻实施情况进行了检查。常委会各工作部门还对各自联系的单位的执法情况，实行对口检查，督促和引深执法责任制、错案（过错）责任追究制工作的落实。去年“两院”共纠正错案和有过错的案件 7 起，追究责任人 5 人。听取和审议了市政府关于农村税费改革试点、水务设施建设、能源建设和发展节能产业、焦化行业环保治理、各类开发园区的治理整顿、文化新闻出版行政执法情况、整顿和规范市场经济秩序的情况以及上半年全市经济运行和结构调整专项工作报告；听取审议了市本级 2003 年财政决算情况、市本级 2003 年预算执行和其他财政收支审计情况以及审计查出问题的整改报告；听取审议了上个年度教育局长、城建局长述职评议后的整改工作报告。还听取审议了中级人民法院围绕公正与效率、推进司法改革和队伍建设情况，检察院关于强化法律监督、查办职务犯罪情况的专项报告。（詹　鹏）

【依法任免干部，重视述职评议】
2004 年，常委会继续遵循坚持党的领导、充分发扬民主、严格依法办事的原则，郑重行使人事任免权，总共任免“一府两院”工作人员 82 人。在 11 月份召开的常委会会议上，还听取审议了“一府两院”11 名任职人员的口头述职，组成人员对他们的履职情况进行了民主测评，增强“一府两院”任职人员的法律意识、责任意识和依法行政、公正司法的意识。在人代会上向参会的 431 名人大代表发出《述职评议对象征询意见表》，然后征询各民主党派、人民团体、新闻单位和市委、政府综合部门的意见，经主任会议研究并报市委同意后，常委会确定市交通局局长、公安局局长为述职评议对象，同时评议市公路分局的行政执法工作。同时，对被评议人员进行了经济责任审计。在此基础上，7 月份召开的常委会会议上听取和审议了被评议人员的述职报告、调查组的调查报告和审计局的审计报告。常委会组成人员本着肯定成绩、提出问题、看到困难、推动工作的原则，进行了客观公正的评议。常委会对主要领导同志和被评议对象深入交谈，要求各评议对象思考和制定自己的整改方案。通过这次未评先改、边评边改和集中整改有机地结合，在 11 月份召开的常委会会议上，组成人员在听取了两位局长整改报告之后进行满意度测评时，交通局长和公路分局的满意率均为 97%。（詹　鹏）

【认真开展评选“双优”活动】
按照《地方组织法》的规定，2004 年，常委会开展了评选优秀人大代表和优秀人民公仆、授予地方荣誉称号的工作。在常委会的第 29 次会议上，决定对评选出的 22 名优秀人大代表和 14 名优秀人民公仆命名表彰。对市人代会闭会期间，组织代表积极履职，开展活动，并取得优异成绩的盐湖代表团十人活动小组、临猗代表团第一活动小组和永济代表团第一活动小组给予表彰。（詹　鹏）

【人大代表工作】　常委会在积极组织代表开展执法检查、述职评议、列席常委会会议，不断活跃代表在闭会期间活动的同时，着力抓好以下几方面工作：（一）委托各县（市、区）人大，对代表进行了集中培训，提高了代表履职能力；（二）指导县上开展了代表向选民述职、选民评议代表的试点工作，增强了代表履职的责任意识；（三）认真做好代表议案、建议办事工作。常委会采取重点督办、限期反馈、上门答复以及强化监督检查等方法，进一步提高了代表议案、建议办理质量。（詹　鹏）

【纪念人大成立五十四年，深入宣传人民代表大会制度】　2004 年是全国人民代表大会成立 50 周年，地方人大常委会设立 25 周年。参照上级人大的安排，市人大常委会也安排了 6 项纪念活动：①组织人大常委会机关的全体人员收听收看胡锦涛总书记在首都各界纪念全国人民代表大会成立 50 周年大会上的讲话；②在“一府两院”工作人员中开展人民代表大会制度知识竞赛活动；③与夏县人大常委会联合举办了书画展览；④在《运城日报》开设专栏，开展了“我们心中的人大”有奖征文活动；⑤召开了各界人士参加的纪念座谈会；⑥常委会主任陈永信在电视台发表纪念讲话并在《运城日报》发表署名文章。（詹　鹏）

【其他工作】　按照市委的要求，常委会的领导和工作部门的领导，都分别承担了一些服务中心的任务。常委会主任担任关公故里风景区开发建设领导组、解州到永济二级拓宽改造领导组、209 国道河津到临猗段一级路拓宽改造领导组 3 个领导组的组长，常委会的各位副主任也都分别担任一些重点工程建设项目领导组的副组长，同时负责运城老城区一条街的拆迁任务。常委会承担的农村扶贫任务，取得明显成效。常委会还特别重视了人民群众的来信来访工作，全年共受理2635件次，重点督办89件，取得了良好的社会效果。还被省人大常委会信访处推荐，参加了全国人大信访工作经验交流会，作了大会发言。　（詹　鹏）

政府工作

【经济发展概况】　2004年，全市生产总值完成359.3亿元，按可比价计算比2003年增长15.4%。全市人均实现生产总值7280元（折880美元），增长14.2%。其中，第一产业增加值50.4亿元，增长9.1%；第二产业增加值215.3亿元，增长18.9%；第三产业增加值93.6亿元，增长11.8%。三次产业占生产总值的比重由2003年的14.8:58.2:27.0调整为14.0:59.9:26.1。财政总收入43.5亿元，增长27.2%；一般预算收入14.4亿元。社会消费品零售总额99.5亿元，增长23.4%。进出口总额53535万美元，增长48.9%。

农业经济形势喜人。全市农林牧渔业总产值达到87.8亿元，按1990年不变价比2003年增长11.1%。据抽样调查，全市粮食总产值达到15.96亿公斤，增长16.5%。其中：小麦产量9.25亿公斤，增长4.9%；秋粮产量6.7亿公斤，增长38.6%。棉花总产量10.8万吨，增长32.5%。蔬菜总产量94.8万吨，下降12.0%。水果产量191.6万吨，增长12.8%；苹果产量163.1万吨，增长12.7%。

工业生产平稳快速增长。全市全部工业企业完成工业增加值184.1亿元，按可比价计算比2003年增长18.3%，其中民营企业增加值117.4亿元，占到63.8%。国有工业企业及年销售收入在500万元以上的非国有工业企业（简称规模以上工业企业）完成工业增加值150.6亿元，增长21.1%。全市规模以上工业总资产达到664.5亿元，增长20.3%；实现利税64.5亿元，增长19.2%。全市规模以上工业企业经济效益综合指数达156.7%，比上年提高2.3个百分点。

固定资产投资合理增长。全社会固定资产投资完成138.0亿元，比上年增长34.8%。投资结构进一步优化，更新改造加快，基本建设投资运行平稳，房地产投资略显增强。基本建设投资完成58.6亿元，增长14.3%。更新改造投资完成46.4亿元，增长55.5%。房地产投资完成10.5亿元，增长38%。

2004年城乡居民收入较快增长。全市城镇居民人均可支配收入6808元，比2003年增长10.3%。中心城市盐湖区城镇居民人均可支配收入7658元，增长10.0%。农民人均纯收入2587.3元，比2003年增长11.5%。全市城镇居民人均住房使用面积达到23.9平方米。农村居民人均住房使用面积达到27.4平方米。城镇居民家庭恩格尔系数为32.5%。农村居民家庭恩格尔系数为40.8%。　（翟俊彦　晋泽军）

【经济工作重要举措】　努力解决制约经济发展的困难和矛盾，保持经济平稳较快增长。面对上年原材料涨价，电力紧张，运力不足，资金短缺的严峻形势，一方面，全面落实国家、省宏观调控的决策部署，认真开展土地市场和焦化行业专项清理整顿，淘汰关闭了一批生产工艺落后、不符合产业政策、浪费资源、污染环境的“五小”企业，优化了产业结构。另一方面，多方采取措施，积极应对，帮助企业渡过难关。电力调配上，明确提出“三个确保”，即：确保农业生产季节用电，确保居民生活用电，确保重点优势企业用电。运力协调上，加强同铁路部门协商，开辟公路运输“绿色通道”，努力提高企业产品产销率。严厉打击“三乱”行为，确保农副产品销售畅通无阻。资金争取上，创造银企沟通合作的良好环境，为企业融资和正常运行发挥了重要作用，把影响经济发展的不利因素降到最低程度，保持了经济健康快速的增长势头。

扎实推进经济结构调整，不断促进产业优化升级。围绕建设山西新型加工制造业基地的战略目标，积极推进传统产业新型化和新兴产业规模化。入围省“1311”规划的42个项目，有35个建成投产或部分投产。一二三产业比例达到14:60:260，农业特色更加明显。全市优质小麦达到120万亩，水果300万亩，棉花150万亩，芦笋15万亩，药材27万亩，设施农业59.5万亩，无公害农产品面积88.5万亩，有26个产品获得国家绿色食品认证。肉、蛋、奶产量分别增长11%、3.6%、34.6%。新绛蔬菜批发市场、粟海、忠民、丰润4家企业成为国家级重点龙头企业。广州运城果品市场荣膺全国十强，成为北方水果在东南沿海最大的销售窗口。工业实力进一步增强。全市规模以上工业企业实现利税64.5亿元，增长19.2%，综合效益指数156.7%，同比提高2.3个百分点。5家企业（山铝、海鑫、南风、关铝、中信机电）进入全省30强，9家企业（海鑫、山铝、南风、关铝、丰喜、阳光、振兴、中条山有色金属、永济电机）跨入全国大型企业行列。第三产业增势强劲。积极创建中国优秀旅游城市，加快景区景点深度开发，着力打造“关公故里”、“永济鹳雀楼”、“万荣后土祠”、“舜帝陵庙”、“运城盐湖”等品牌形象。全年国内旅游总收入13.7亿元，增长55.7%；外汇收入509.5万美元，增长112.3%。今日国际商城、粤珍轩、鑫源、福瑞特、金鑫等一批档次较高的商贸、餐饮企业投入运营，金融、保险、房地产等第三产业发展步伐进一步加快。

高度重视“三农”工作，确保粮食增产和农民增收。认真贯彻落实中央“一号文件”，调动农民积极性，促进农村经济社会全面发展。全市粮食生产喜获丰收，总产达到15.96亿公斤，超省定目标2.26亿公斤，增长16.5%。积极落实粮食直补政策，共兑付小麦粮补资金3781.5万元，发放良种补贴444.3万元。河津全部免征农业税，闻喜降低了两个百分点，其余各县（市、区）都降低了一个百分点。全年转移农村劳动力17.5万人，农民工资性收入增长24.8%。完成移民搬迁1.28万人。解决了5.4万人的脱贫问题和12万人的饮水困难。新增节水面积6.1万亩，完成各项造林面积44.8万亩，完成沼气建设

9127户。清理建筑领域拖欠工程款、农民工工资成效显著。

狠抓城乡基础设施建设，不断提升中心城市综合竞争能力。华泽铝业2×30万千瓦机组建设进展顺利，永济热电厂2×30万千瓦机组开工建设。引黄工程四大灌区改善水地面积21万亩，新增水地4.2万亩。临猗至河津一级公路、新绛至禹门口高速公路龙门黄河大桥、南同蒲铁路侯马至东镇复线正在实施。东镇至济源高速公路运城段前期工作基本完成。农村公路建设再掀高潮。一年间，共投资5亿元，完成了1672个村、4018公里的村村通油路（水泥路）、巷道硬化和村通改建工程，是省下达任务的4倍多，实现了百分之百的乡镇和百分之百的行政村（除需移民的81个村）通油路、水泥路的目标。中心城市建设共投入资金4.65亿元。南风广场开放使用，圣惠南路、机场路、槐东路、学苑路、河东街延长线共计20多公里的城市主干道建成通车。改造并延伸水网管线57公里，西郊污水处理厂建设和姚暹渠改造正在加紧进行。大力开展城市环境综合整治，拆迁违章建筑10万余平方米，硬化主次干道6万余平方米，规范改造各类广告牌匾5000多块，城市照明完成了相当于过去20年的工程量，城市绿化投入了相当于过去10年的资金，人均公共绿地由2平方米增加到4.1平方米，一年的新增量相当于过去几十年的总和。整顿了交通秩序，规范了市场摊点，广大居民的人居环境得到改善，市容市貌有了明显改观。

继续推进改革开放，发展活力不断增强。市县两级政府机构改革全面完成，市国资委、商务局和中小企业局挂牌成立。国有企业改制面达90%以上。民营企业增加值占到全部工业企业增加值的63.8%，民营经济对财政的贡献达48.3%。海鑫、阳光、振兴、通达4家企业继续名列全国民企500强。积极促进对外交流合作，建立了政府同外资企业对话制度，与巴西圣保罗州阿拉拉瓜拉市建立了友好城市。全市外贸进出口总额净增1.75亿美元，出口额达到2.3亿美元，增长46%。三个省级开发区科工贸总收入完成85.3亿元，增长25.9%。

坚持统筹发展，推动社会事业全面进步。加强科技创新体系建设，科技对经济增长的贡献率明显提高。全市共争取国家、省级科技计划45项，新认定民营科技企业6家，民营科技企业达到141家，高新技术企业达到24家。新建标准化学校916所，中小学危房改造完成45.5万平方米。教育人事制度改革成效明显，教学质量稳步提高，高考达线7643人，比2003年增加2301人。新型农村合作医疗河津市试点工作进展顺利。市、县两级疾病控制国债项目全部建成。完成了5.9万农户改水改厕，为100万农民进行体检并建立了健康档案。人口自然增长率控制在6.84%。广播电视、文化体育等社会事业长足发展。

坚持以人为本，努力提高城乡居民生活水平。坚持把增加就业作为发展的重要目标，新增城镇就业岗位5.5万个，1.98万个下岗失业人员实现了再就业，城镇登记失业率1.6%，“两个确保”均达100%。城市和农村低保人数分别达到69955人和56644人，生活标准有所提高。新建中低价位住房49.4万平方米，缓解了中低收入群众的住房困难。中心城市空气质量二级以上天数达到168天，比上年增加35天。水质好转12%的目标圆满实现。（翟俊彦　晋泽军）

法制工作

【宣传实施《行政许可法》】 2004年，市法制办受市政府委托，组织了两期培训班，对各县（市、区）政府副县级以上领导干部和市直部门正科级以上干部进行了《许可法》培训，对各县（市区）、各部门执法人员的培训给以教师支持；承办了“5·14”集中上街宣传日活动；举行了运城市《行政许可法》知识竞赛；对市直部门行政许可项目和规定进行了认真清理。

（市政府法制办）

【制度建设】 2004年，代政府制发了《运城市政府规范性文件制定程序规定》、《运城市政府重大决策事项听证办法》；依法撤销几起县（市、区）政府和市直工作部门违法不当行政决定；参与了省、市政府对市直行政审批的专项检查；开展了行政执法年度专项检查。

（市政府法制办）

【队伍建设】 2004年，对11个县（市、区）的执法培训工作给予教师支持，为2000多名执法人员颁发了证件；全办人员个个钻业务，人人写教案，法制办主任张新民2篇业务论文被省、市刊物刊用。省法制办内部刊物报道了他们“建学习型机关、做学习型人才”的做法。

（市政府法制办公室）

民政工作

【民间组织管理】 2004年，市民政局严格执行《社会团体登记管理条例》和《民办非企业单位登记管理暂行条例》，规范民间组织行为，进一步明确了培育发展重点，突出发展了与经济发展密切相关的行业社团；与促进社会稳定密切相关的公益性民间组织；与引导农民致富密切相关的农村行业协会，与服务社会居民密切相关的社区民间组织。改变年检工作方式，建立了台帐式管理模式，完善了“五联合、五统一、五严格”一站式联合年检办法。与地税局联合下发了《关于加强民间组织税收管理有关问题的通知》，规范了民间组织票据使用，加大执法查处力度，先后依法撤销社团1个，限期整改2个，新登记社团26家，民办非企业单位14家，市级专业经济协会13个。在11月份召开的全省民间组织管理工作会上，市民政局和盐湖区、闻喜县被评为先进单位，26个民间组织被评为先进民间组织受到表彰。

（李俊明）

【地方管理】 2004年，配合市委、市政府城市环境综合整治工作，加快运城市城区17条主干街道标志设置维护更新，新增设街道路牌132块。河津、永济在完成街牌设置任务的基础上，新设置标准巷牌64块，楼门牌7669块。芮城、绛县规范标准名称，在全省率先完成县城标准地名设置工作。各县（市、区）抽调专人，加快了地名数据库建设步伐，勘界档案资料全部整理归档。9月份，对全市22条县（市、区）区域界线进行联合年检，12条线路完成了野外踏勘、瞄漆拍照和联检文书上报、电子文本等工作，编制了新的《运城市政区图》，为维护边界地区人民生产生活的稳定打下了基础。（李俊明）

【婚姻登记工作】 2004年，全市有11个县市婚姻登记管理体制改革到位，实行了集中登记，实现电脑录入建档。深入开展了婚姻登记管理创优工作，不定期对基层婚姻登记进行了明察暗访，规范了公开收费、亮证执法、持证上岗的执法形象，杜绝了超标准收费和搭车收费现象的发生。全年共办理结婚登记19939对，结婚登记率达到98%以上，登记合格率达99.9%。先后有3个单位7人受到国家民政部、省厅表彰。（李俊明）

人事工作

【工作思路调整】 2004年初，全省人事工作会议结束后，市人事局对全市13个县（市、区）贯彻全省人事工作会议精神的情况进行了督查。根据胡苏平市长《政府工作报告》提出的要求，将人事工作的思路确定为实施“123”工作计划，即围绕一个中心、建设两项工程、突出三个重点。

围绕一个中心：就是紧紧围绕经济建设这个中心，把人事人才工作的切入点放在实施“素质·环境”计划上，把人事人才工作的落脚点放在促进经济社会全面、协调、可持续发展上。

建设两项工程：（1）建设素质提升工程。以公务员、专业技术人员和农村实用人才队伍建设，为着力点，全面推进素质提升工程，把科学发展观贯穿于发展全过程，以现代人的精神培养现代人，以全面发展的视野培养全面发展的人；（2）建设环境优化工程。在全市公务员队伍中优化服务环境，创新机制政策环境，营造人才全面发展的宽松环境。

突出三个重点：（1）围绕公务员管理，以突出公务员素质、能力建设为重点；（2）围绕机制创新，以突出事业单位人事制度改革为重点；（3）围绕“人才强市”战略，以突出培育和建设人才市场为重点。（张　晓）

【公务员队伍规范管理】 规范考核。年初，对市直机关国家公务员2003年度的工作实绩进行了全面、认真地考核。从考核结果看，全市共有33个单位、1042人参加了考核，其中优秀183人、称职855人、基本称职3人、不称职1人。在考核工作中，建立健全了公务员考核结果公示制度、优秀比例提前申报制度、优秀人员考察制度，使年度考核工作逐步实现了制度化、规范化。

规范培训。认真落实《2001—2005年国家公务员培训纲要》，以公务员素质、能力培训为重点，下发了《关于公务员更新知识培训、考试的通知》，以培训推进公务员素质提升，以考核确保培训效果，年底，市直和部分县（市）开始对机关工作人员计算机基本技能和英语300句进行培训考核。同时，共有7772参加了行政许可法的培训考试。（张　晓）

【事业单位人事制度改革】 2004年围绕“三年内全面完成全市事业单位人事制度改革任务”这一目标，在人事制度改革的难点上求突破。3月下旬、组织20多名人事干部，围绕“改革试点单位用人自主权、聘用制度和激励分配制度的落实、社会保障制度、产权制度改革”等四个难点问题，对市中心医院、《运城日报》社、人民路学校、河津市人民医院、稷山县稷峰一中等5个改革试点单位进行了全面调研。试点单位在学习先进经验的基础上，进行了大胆地尝试和探索，有的已探索出解决问题的途径和办法，有的已营造出了比较宽松的社会和政策环境，有效地推进了事业单位人事制度改革的进程。省人事厅李天星副厅长来运城督查和调研时，对本市人事制度改革给予了充分地肯定。

在推进事业单位人事制度改革上。以科学设岗为重点。市中心医院对全院各科室的机构设置和人员配置实行了动态调控管理。临床科室以床位定编，合理调整；护理上根据科室、专业相近等实际情况和工作需要，设立了综合护理站。对行政科室，将过去管理职能交叉、相近或工作量小的行政科室进行整编合并，达到了裁减机构，精简人员的目的。

以竞争上岗为重点。市人民路学校在竞岗中。采取个人自荐、群众举荐、组织推荐的方式报名，通过资格审查、演讲答辩、民主测评，公开竞聘，结果有7名骨干竞聘上了中层干部岗位。

以推行聘用合同制为重点。稷峰一中在市里安排试点以前就实行了“公开招聘、严格考核、签订合同”的用人办法，并实行了末位淘汰制。以人事代理为重点。市中心医院对新进人员全部实行了人事代理，人事档案关系全部由市人才交流中心代管，人员与院方签订聘用合同书，明确聘用单位和受聘人员的权利和义务，实行双向选择，实现双重管理。市中心医院实行人事代理的新进人员达100多名。人事制度改革，使市中心医院在服务质量提高的前提下，经济效益三年迈了三大步。（张　晓）

【人才工作创新】 2004年在实施“人才强市”战略上，坚持了“两个创新”。开发人力资源创新。4月21日—27日，举办了一次大型人力资源管理人员培训会，参加人员81人，全国统考后二级人力资源管理师合格41人，合格率达60%，三级助理人力资源管理师合格9人，合格率达90%。由于这次培训组织充分、质量较高，还吸引来了潞安矿务局、侯马铁路局、临汾铁路工区等外市企业单位。

引进人才创新。5月中旬，通过印发《致大中专毕业生公开信》，及时地指导大中专毕业生就业。为9名大中专毕业生办理了聘用手续。其中事业6人，企业3人。6月份，以市政府办公厅名义下发了文件，此后非师范大中专毕业生统一由人才中心代管档案，并有效指导和服务于各类人才的全面发展，为各类人才的引进提供了公开化、程序化、社会化的服务。6月30日—7

月 3 日，全市 19 个企事业单位参加了 2004 年山西省北京招才引智大会和 2004 年山西省人才智力交流大会，共登记应聘人才 278 人，初步达成意向的 129 人，报到上岗的 32 人。9 月 5 日，市人事局成功举办了 2004 年运城市人才交流大会，参加招聘的单位有 182 个，应聘者达万人以上，初步达成意向 7310 人，当场签订协议 1260 人，其中非公经济组织和社会组织的招聘单位首次超过了机关事业和国有企业单位。

出台了《关于转发市人事局运城市人事代理管理办法的通知》，规范了人事代理业务。本年在市人才市场进行人事代理的单位有 14 个，由单位办理的 545 人；个人申请人事代理的 399 人，单位代理和个人代理共计 944 人。其中为这些人员代办职称 72 人，转正定级 798 人，套改工资 798 人，办理集体户手续 277 人。特别是人才交流市场新址的正式启用，彻底扭转了人才市场成立十年来无处办公，人才交流有市无场的被动局面。《山西省人才市场管理条例》颁布后，加强了人才市场的监管力度，规范了市场行为。依据《条例》规定，批准市教育局成立“运城市教育人才交流中心”。同时，积极探索非公经济组织和社会组织的人才工作，深入丰喜、通达等单位，调查了解掌握非公经济组织、社会组织中各类人才的数量、分布、结构及存在的问题，为这些单位提供全方位的人事代理服务。（张　晓）

【行风建设】 市人事局以行风促工作、促创新、促发展，具体做到了“三到位”：

宣传发动认识到位。局党组多次召开局党组会和局办公会，研究部署行评工作，研究解决行评工作中遇到的问题，研究解决人民群众关心的热点难点问题。局领导在运城电视台的“行风监督栏目”中，与广大观众进行了直接的交流对话，耐心解答了群众提出的具体问题，带头在《中国人事报》、《运城日报》上发表各类文章 8 篇。编印下发了 8 期《运城人事行评简报》制定下发了树立行业新风优化发展环境方面的规范性指导文件。

目标任务落实到位。在行风建设上，市人事局立足一个“早”字。在春节上班的第一天，就组织召开了 2004 年行风评议工作会议，对 2004 年行风评议工作进行了具体安排，制定了《运城市人事局关于落实行风评议工作责任制的分解意见》，把行风评议工作责任分解到每位领导，使责任更加明确。实行科长包县，要求局机关各科长积极参与县（市、区）人事部门行评工作，对县（市、区）人事部门行评工作进行具体指导和督促。对局机关实行评比结合，把各科室的评比先进与各县（市、区）的行风评议上下连动，各县（市、区）在本县评为前五名的，市人事局的科室才能被评为市人事局的先进科室，科室是先进的，科长承包的县（市、区）的行评必领是本县的前五名。

督查监督措施到位。在监督检查中坚持做到“三个同步”，即：行风评议工作与日常管理工作同步检查、同步考核、同步奖惩；强调“三个结合”，即：行风建设与党风廉政建设相结合，与创建文明单位相结合，与职业道德建设相结合；实行“五个统一”即：统一公开承诺、统一文明用语、统一宣传标语、统一行风征询意见表、统一行风监督员聘任书。8 月 15 日，局党组组织六个检查组，由局领导带队对各县（市、区）人事局行风评议工作进行了督查。主要采取听汇报、召开座谈会、咨询当地行风部门等方法，通过督查，了解掌握了全市人事系统行风评议的进展情况。市人事系统行评工作进展顺利，发展势头良好。（张　晓）

地方志工作

【全面加强自身建设】 2004 年，市地方志办公室以邓小平理论和“三个代表”重要思想为指导，认真学习贯彻十六届四中全会精神，紧紧围绕省委、省政府 9 月 29 日会议决定，加强本市方志工作的开展。办公室领导班子本着团结、勤勉、务实、高效的原则，坚持团结稳定、谋求发展、努力创新的指导思想，使得地方志办公室政治上有所进步，环境上有所改善。

在政治建设上，认真贯彻落实党的十六届四中全会精神，深入进行“三个代表”重要思想和提高执政能力的学习教育，使办公室出现了思想上共谋发展，工作上同心协力的良好局面。在组织上，发展了 3 名新党员，使党员骨干队伍有所增强。（张武虹）

【推出《运城年鉴》、《永乐宫志》等一批优秀成果】 市方志办完成了 2003 年版《运城年鉴》的编辑任务；并着手开展 2004 年版《运城年鉴》的资料征集编纂工作。帮助运城市农村信用合作社编纂了《运城市信用合作志》，并对其进行了终审。积极筹划并指导了军事、教育、文化、舜帝陵庙、万荣后土祠、卫校、康中、候运高速公路建设等志的编纂工作。完成了山西旅游系列丛书《永乐宫志》、《关公文化志》、《历山志》的送审稿任务，在垣曲、河津续志完成的基础上，又启动了芮城、平陆、闻喜、绛县等的续志编修工作。围绕提高方志专业队伍建设，组织全市主要业务人员参加了省组织的出版系列专业职称考试和自学培训，参加了全省首次续修志书的骨干培训班学习，使修志业务技能和业务素质得到了提高。（张武虹）

档案工作

【开好两个会议，狠抓责任制落实】 2004 年，召开全市档案工作会议。4 月 13 日，市政府办公厅召开全市档案工作会议。来自各县（市、区）分管档案工作的领导、档案局长、市直有关单位分管档案工作的领导及档案员共 150 余人参加了会议。会议通报了 2003 年各县（市、区）政府、档案局目标责任书落实情况。市人大副主任刘振龙、市政府副市长柴林山、市政府副秘书长李建业到会并讲话。会上，柴林山与各县（市、区）分管档案工作的领导签订了工作目标责任书；韩天佑局长与各县（市、区）档案局长签订了工作目标责任书。会后，各县（市、区）积极行动，对本县（市、区）的档案工作做出安排部署，并针对责任书上所要求的条款，制定出具体的措施和办法。

抓典型，树样板，实现全省示范档案馆建设工作的新跨越。5月19日，市政府在河津召开山西省创建县级示范档案馆工作现场会。参加此次会议的有国家档案局副局长杨公之，山西省政府秘书长李政文，省档案局局长卫克兴、副市长柴林山及全省各市县分管档案工作领导和档案系统领导、同志共200余人。这次会议把河津档案工作的经验在全省进行推广，各兄弟县市的档案工作先进经验得到了很好的交流，对全省示范档案馆建设工作必将产生深远的影响。（薛燕萍）

【加强学习培训，提高全员素质】 开展各种活动，振奋档案精神。为使全体档案干部职工消除模糊认识，切实转变观念，市档案局认真组织开展了以下活动：①围绕档案工作如何服务经济建设，为社会发展提供有效服务，开展了强化干部职工的政治意识、大局意识、公仆意识，增强做好档案工作自觉性为主要内容的学习教育活动。②围绕年初签订的目标责任书，市档案局上下就如何转变作风、开创档案工作新局面等方面开展了大讨论。③围绕馆库建设现状，发扬全局人员及各县（市、区）档案局长就馆库工作和职工思想、作风中存在的问题开展查摆活动，深入开展批评与自我批评、找出问题产生的根源。④围绕科学发展现，发动干部职工以主人翁的姿态就全局档案工作提出合理化的建议，进一步提高了广大干部做好档案工作的信心和决心。⑤市县两级档案局坚持每周一政治理论学习，组织广大干部职工深入学习十六大精神，自觉把思想和认识统一到十六大精神上来，落实到档案工作中去，进一步解放思想、转变观念、开拓创新。通过各种活动，在全市广大档案干部职工中形成了干到老、学到老的可贵精神，形成了不同岗位、不同级别都在树立新的学习目标、任务和要求，为档案工作的顺利开展奠定了基础。

举办业务培训班，全面提升档案人员驾驭新知识的能力。7月12日至14日，市档案局针对档案知识的不断更新，举办了为期3天的档案业务新知识及档案管理软件基础知识培训班，并聘请国家档案局专业人员来运授课。来自全市各单位的170余名档案员参加了培训学习。各县（市、区）档案局及部分主管部门也根据各自的工作实际，举办了各种业务培训14次，培训人数达1480人（次）。通过学习，大大提高了档案人员的业务素质和掌握现代化知识的能力，为市档案工作进一步实现数字化管理及建立档案网络奠定了坚实的基础。（薛燕萍）

【宣传贯彻《档案法》，全面推进依法治档】 多渠道、多形式宣传档案法律法规，取得了较好的效果。《档案法》的颁布与实施，为档案执法提供了重要的法律依据，增强了可行性和操作性。为了更好地贯彻、落实《档案法》，市档案局在年初就把学习、宣传《档案法》纳入各县（市、区）档案局的工作目标责任。12月4日是法定的法制宣传日，市档案局、垣曲、夏县、新绛、绛县等县（市）档案局的干部职工身披绶带，走上街头，设立档案咨询台，进行档案法律法规的宣传。据统计，共悬挂横幅13条，散发《档案法》、《档案法实施办法》及《山西省档案管理条例》等宣传资料58000余份，咨询人数达2300余人次。通过宣传，使社会各界人士、国家公务员、企业职工、学校甚至农民都知道了档案，了解了档案也有法律的保护，从而促使全社会知法、懂法、依法行政、依法治档，为档案工作尽快走上法制化轨道奠定了基础。

行使法定职权，依法进行档案执法检查。所以，市县两级档案部门根据各自的情况，都采取了不同形式的档案执法检查。市档案局根据年初签订的目标责任书。10月11日至29日，分四个组对全市13个县（市、区）人民政府、三个开发区及80个市直单位的档案工作进行了认真细致的执法检查。检查采取听汇报、问情况、查档案的方式，对各单位领导重视、支持力度，学习、宣传《档案法》情况，档案现代化管理水平，档案集中统一管理，档案的安全保管及基础设施建设等情况进行了检查。对在检查中发现的问题，提出整改意见，并限期整改。垣曲县档案局对在执法检查中发现的违反《档案法》之规定的行为，进行了处罚。河津、闻喜、永济、夏县等县市也各有侧重点地进行了检查。对发现的问题，轻者说服教育，限期改正；重者进行适当的经济处罚，有力地促进了档案工作的进一步开展。

7月26日至31日，省档案局组成档案行政执法检查组对贯彻执行《档案法》、《档案法实施办法》和《山西省档案管理条例》的情况进行了检查，检查组听取了市档案局关于贯彻执行档案法律法规的情况汇报，实地察看了市档案局、运城飞机场、永济市档案馆、临猗县档案馆等十个单位的档案工作，对贯彻执行档案法律法规的情况表示肯定。据统计，市县两级共组织档案执法检查15次，受检单位746个。（薛燕萍）

【强化业务指导，全面提升档案管理水平】 2004年，为使各机关和企事业单位的档案管理工作更进一步规范化和科学化，继续开展了以定升级为中心的业务建设活动，全面提高档案工作的整体管理水平。

农业和农村档案工作稳步发展。农业和农村档案工作是农业社会化服务体系的重要组成部分，搞好农村档案工作对于长期稳定农村基本政策，推动农业科技研究，发展乡镇企业和小城镇建设等具有十分重要的意义。全市3325个行政村，已建档3313个，建档率达94.2%。

继续开展机关和企事业单位档案目标管理活动。为了使各机关和企事业单位的档案管理工作进一步规范化和科学化，继续开展了机关和企事业单位档案目标管理活动，全面提高档案工作的整体管理水平。2004年底，全市机关档案室定、升级累计完成1012个，其中省三级593个，省二级257个，省一级162个。企业档案目标管理认定累计完成223个，其中省级166个，国家二级56个，国家一级1个。科技事业单位档案目标管理认定累计完成145个，其中省级33个，国家二级11个，国家一级1个。乡镇企业累计建档190个。

丰富馆藏，及时有效地为经济建设服务。2004年，全市14个综合档案馆共接收进馆各种档案资料5078卷（册），为6231人（次）提供利用档案13215卷（册），提供具有法律效力的档案凭证复印件2983页，完成上报民国档案著录64卷共2104件。通过利用档案，解决了土地纠纷、复转军人的工资待遇、民办教师的工资待遇等方面与老百姓切身利益息息相关的问题，拉近了档案与百姓的距离，为实现社会稳定起到很重要的作用。（薛燕萍）

【改善馆库设施，拓宽服务领域】 2004年，领导大力支持，全面改善馆库建设。两会之后，特别是省行政执法检查组对本市档案工作检查之后，各县（市、区）政府都加大了对档案工作的支持力度。河津市政府成立了市长刘振华为组长的建立示范档案馆领导组，先后投资100多万元，建起了1300平方米的档案馆大楼，增设了高标准的阅档室、技术室、裱糊室和消毒室，为档案库房配备了11列44组密集架，110套档案资料柜，1套磁性载体柜，购置了8台电脑及复印机、打印机、扫描仪、光盘刻录、数码摄像机等先进设备，馆库安装了多功能温湿度自动调控及防盗报警自动监控器，顺利使河津档案馆成为全省首批县级示范档案馆。垣曲县、夏县、河津等县市政府还为档案局配备了传真机。芮城的新馆库也在县政府的大力支持下，新绛县政府在接到市档案局下发的整改通知书后，马上召开县长办公会议，专门研究档案馆的建设问题。其他县市也在改善档案保管条件和加强档案馆基础业务建设方面做了大量的工作。稷山、临猗、永济等县市的馆库建设已列入政府计划。全市13个县（市、区）档案局已全部配备了计算机，为实现市档案管理数字化奠定了基础。

创新服务机制，拓宽服务领域。2004年，市县两级及档案部门都把建立现行文件利用中心，开展已公开现行文件的利用工作，作为档案部门贯彻“三个代表”重要思想、推进政务信息公开的重要举措来抓。年初，市档案局就下发了关于建立现行文件利用中心的通知。河津、垣曲、临猗、闻喜、盐湖、平陆六县（市、区）档案馆已成立了现行文件利用中心，为广大人民群众积极提供投资政策、劳动社会保险、教育、土地资源利用、工资福利等方面的政务信息，为广大人民群众及时了解党和政府的各项方针政策，维护群众的合法权益提供了服务，架起了一座党和政府密切联系群众的桥梁。（薛燕萍）

机关事务管理

【人大、政协办公楼竣工】 2004年，为了落实市领导在开工时提出的“两座大楼工期一年，确保2004年国庆搬家”的目标，在严保质量的前提下，倒计时争速度，数千名建筑工人顶酷暑冒严寒，昼夜奋战。2004年春节前，两楼主体七层封顶，3月底主体完工，9月底完成装修，10月7日、8日进行了正式验收。10月10日省委书记、省人大主任田成平视察了人大办公楼。10月15日举行了隆重简朴的竣工交接仪式，标志着大楼的施工建设全部胜利结束。在人大政协办公楼的分配上，严格执行分房领导机关组制订的分配原则，顶着巨大压力，排除各种干扰，做了大量耐心细致的宣传解释工作，确保了大楼顺利分配和搬迁。11月5日市政协搬入，11月19日市人大搬入，接着市直各单位也陆续迁入。（郑文胜）

【按期完成人大、政协办公楼的配套建设】 为了确保人大政协办公楼的正常使用，特别是为了冬季按期供暖，积极抢时间、争速度进行配套建设。完成锅炉房建设。从10月5日至11月15日，仅用40天时间，完成了两台6吨锅炉的招标、采购、安装和调试。为了确保大楼按期供暖，从11月9日—15日，连续奋战六天六夜，并于11月6日开始供暖。完成配电室建设。为了保证新建锅炉房、空调站的正常电力供应，一边办理用电的审批手续，一边加紧施工，从11月4日到10日仅用6天，安装了一台500KVA变压器。完成电话安装。根据人大政协办公楼的施工进展，直到8月下旬，才进入大楼开始电话安装。仅用40天时间就完成了780部电话的串线、安装和网络迁移。（郑文胜）

【荟萃小区住宅楼建设】 2004年，小区的各项施工进度加快，从2月28日至9月22日，仅用半年多时间，39栋住宅楼的主体施工与核验就全部结束；同时完成了25栋楼的装修与验收。建筑面积5000平方米、可停放120辆大小车辆的地下车库于8月完工，公寓和会所也相继开工建设。（郑文胜）

【全面推进三项治理工作】 2004年清房。9月28日，全市第一次清房工作会后，成立了清房领导组，通过个人申报和单位申报相结合的方法，采取以人查房和以房查人，在做好本局内部申报清查的同时，还积极做好所辖机关家属院住房的单位申报工作。7月5日，本局个人申报基本完成，个人申报总人数为239人，其中县处级申报9人（离退休2人），科级干部28人，一般干部职工28人。机关家属院申报住房864套，其中公房出售381套，集资建房451套，公房出租32套，共计七万多平方米。除单身宿舍外，机关事务管理局负责的单位申报住房数达到1500套左右，已建立了一套资料完整、数据翔实的机关家属院住户信息库。同时，在最短时间内，以最快速度回复了全市各县市区以及市直各单位的清房外调函1000多份，积极支持了全市的清房工作。

清车。参与了全市超标车辆的清理工作。元月19日，组织对17辆超标车在河东会堂公开拍卖。由于在清车工作中的艰苦细致工作和良好效果，管理局被省“三项治理”工作领导组授予“先进集体”，乔丁亚、马俊跃被授予“先进个人”。

制止奢侈浪费行为。从2000年以来，坚决反对大操大办，严厉禁止利用搬家、工作调动、子女上学，特别是过满月、过十二岁请客

送礼。（郑文胜）

【"公道正派树形象，文明服务创佳绩"活动】　2004年，结合机关后勤实际，开展了"公道正派树形象，文明服务创佳绩"活动。同时，通过实行干部年度任期聘任、工作人员全员聘用以及建立周一例会制度等一系列强有力的措施，坚持不懈地提高干部队伍整体素质，收到了比较明显的成效。办公室主任李清水被提拔到市安监局担任副县级领导干部，纪检组长尉建龙同志被市直工委授予"十佳纪检干部"，郑文胜同志被授予"十佳党务干部"，姚国卉、李彦杰、陈晓宇、李军等9名年轻同志被提拔到副科级领导岗位。（郑文胜）

政协工作

【概述】　2004年，是市政协认真学习新修订的《政协章程》，深入贯彻落实省委政协工作会议精神，不断提高政协工作水平的一年。在中共运城市委的正确领导下，市政协组织广大政协委员，以高度的责任感和使命感，求真务实，开拓进取，牢牢把握团结和民主两大主题，围绕中心，服务大局，努力工作，圆满完成了市政协一届四次会议确定的各项工作任务，为全面建设运城小康社会做出了应有的贡献。（刘东吉）

【加强学习、提高政协工作者素质】　按照建设"学习型组织和学习型机关"的要求，市政协把加强学习作为提升人民政协履职素质的基础性工作，全面抓好常委、委员和机关干部三支队伍的理论学习。

举办专题讲座。十五次常委会议期间，邀请省政协研究所原所长闫世成同志辅导学习了新修订的《政协章程》；十七次常委会议期间，又邀请山西省委党校教授董启程同志给常委们辅导学习了《中共中央关于加强党的执政能力建设的决定》。专家的讲座融理论性、思想性、实践性于一体，从而使广大常委深入浅出、融会贯通地理解和把握学习内容，增强了学习效果。

开展知识竞赛。为了庆祝人民政协成立55周年，举办了"阳光杯"《政协章程》知识竞赛，全市13个县（市、区）政协和市各民主党派、工商联、人民团体都积极组队参加了竞赛。这种寓教于乐、喜闻乐见的学习形式，不仅强化了学习效果，更主要的是大大提高了学习的覆盖面和参与率。

完善各项制度。市政协认真落实省委政协工作会议精神，配合市委召开了届内第二次全市政协工作会议，出台了贯彻落实省委《决定》的《意见》。市委、市政府为市政协新建了办公大楼，彻底改变了政协的办公条件。在加强机关硬件建设的同时，时刻不忘抓软件建设，先后制定和完善了《市政协委员履行职能考评办法》、《市政协领导包重点提案制度》、《关于评选优秀提案的实施办法》、《市政协系统信息工作考评办法》等一系列制度，从而进一步增强了广大委员履行职能的责任感和使命感，加快了政协履行职能的制度化、规范化、程序化建设。（刘东吉）

【确实把服务大局，促进发展作为第一要务】　2004年来，市政协本着围绕中心，服务大局的原则，切实把促进发展作为履行职能的第一要务，组织各界委员深入调研，认真视察，积极参政议政，取得了明显的成效。

认真调研，为发展旅游产业建言献策。市政协把促进旅游产业发展、建设旅游大市确定为常委会议的议题。市县两级政协同时展开调查研究，组织部分省、市政协委员和机关干部，分成三个调研小组，在对全市各旅游景点建设情况全面调查摸底的基础上，先后赴广东、广西、海南、山东、河南、辽宁、河北等12个省、21个市，对各地旅游业发展情况进行了全方位的考察。随后又深入到部分县（市、区），分别召开了由政府分管领导、旅游、文物部门负责人及政协委员参加的座谈会，广泛听取意见，共撰写调查报告32份。经过一届十六次常委会议专题讨论，向市委、市政府提交了《关于发展我市旅游产业的建议》，就进一步树立发展现代旅游产业的理念、修订和完善旅游发展规划、多渠道投入资金、实施品牌战略、深化旅游业体制改革等5个方面提出了具体建议，引起了市委、市政府的高度重视。

积极主动，圆满完成市委交办的城市环境综合整治工作任务。市政协领导班子成员按照市委的统一分工和安排，具体承办户外广告和门头牌匾整治、南城墙街和八一西路的整治工作。市政协抽调部分政协委员和机关干部，组成专项整治工作办公室。具体抓好城市环境综合整治任务的落实和督查工作，使各项整治工作取得了明显成效，圆满完成了市委交付的工作任务，这不仅扩大了政协履行职能的实践范围，而且充分表明了人民政协在促进发展、服务发展中是大有可为、大有作为的。

深入视察，多渠道多层面地关注运城发展。本着"小型化、专业化、节约化、多样化"的原则，市政协先后组织全体常委对圣惠南路、高专东路、机场高速路互通立交桥、南风广场、农副产品交易中心、城市供水管网改造、飞机场等重点建设工程进行了视察；组织部分常委对夏县的"村村通工程"进行了视察；组织部分委员对关帝圣像建设工程进行了视察；组织在运省政协委员对夏县、新绛、稷山3县学习贯彻落实中共十六届四中全会精神情况进行了视察。与此同时，各专委会也结合各自的工作实际，组织本界别委员就小城镇建设、企业改革、少数民族经济发展、社会保障等问题进行了调研视察。

在广泛调查和深入视察的基础上，市政协分别向省政协和市委、市政府报送了《在运省政协委员视察中共十六届四中全会精神贯彻情况的报告》、《关于运城市社会保障情况的调查报告》、《关于关帝圣像建设工程的视察报告》、《关于做好新时期宗教工作的几点建议》、《关于夏县"村村通"工程建设情况的视察报告》等。这些视察报告和建议，从不同角度、不同层面反映了政协委员对运城经济发展的关注，对各项社会事业的关心以及对广大人民群众的关爱之情。（刘东吉）

【发扬民主、增进团结，认真履行职能】 市政协把发扬民主、增进团结作为履行职能的重要任务，充分发挥人民政协的优势和作用，协助党和政府做好协调关系、化解矛盾、理顺情绪的工作，最广泛地调动一切积极因素，为维护安定团结的政治局面。

加强与党派团体的联系。市政协积极组织各民主党派、工商联、人民团体参加政协的重大活动，吸收党派、团体及其成员参与政协组织的各种视察、调研活动，鼓励支持党派、团体在政协的各种会议上，以组织名义发言、提出提案和反映社情民意。全年，各民主党派以组织名义提出的提案达到48件，反映社情民意200多条。同时，针对个别地方宗教工作出现的新情况、新问题，市政协组织委员认真学习宣传党的民族宗教政策，引导民族宗教界人士开展爱国爱教活动，积极促进民族企业发展，及时解决民族宗教方面的具体问题，促进了民族宗教界的团结和社会的和谐稳定。（刘东吉）

【创新提案办理水平】 市政协坚持提案质量、办理质量、服务质量一起抓，严格把好交办关、培训关、协调关、督办关、办复报告关，进一步创新了重点提案办理机制。市政协领导班子成员对筛选出的18个重点提案实行包办理、包督办、包落实，年终交总账的“三包一交”责任制，从而有力地促进了提案的落实。如委员们提出的《关于尽快修筑槐东路的建议》、《禹都大道安邑水库段路面亟待修复》和《市区环境脏乱差必须加强整治》等提案，市委、市政府领导亲自批示，将其作为市政建设的重点工程，立即实施。在工程实施过程中，市政协又积极督办和协调，使这些群众反映强烈的热点问题逐一得到解决。市政协一届四次会议以来征集到的322件提案有301件立案，并全部办结，办结率100%。（刘东吉）

【提高社情民意质量】 市政协把提高社情民意质量作为加强民主监督的一个突破口来抓。在加强培训、广辟信息来源的基础上，市政协侧重于反映其它渠道不易掌握、难以得到的社会情况和群众意见，侧重于反映各个界别和特殊群体的要求，注意收集委员中具有宏观性、前瞻性、警示性的意见和建议。全年共编发社情民意636期、1356条（篇），被中办、国办、全国政协、省政协和市委、市政府采用200余条（篇）。其中《关于促进农民稳步增收的建议》，国务院总理温家宝和副总理回良玉分别作出批示。市政协被评为全省政协系统信息工作先进单位受到表彰。（刘东吉）

【积极参与行风评议活动】 市县两级政协组织积极配合政府开展了“树立行业新风，优化发展环境”的行风评议活动，一批政协委员受聘担任政府各部门的行风监督员，一大批政协委员参加了行风评议活动，为优化全市发展环境做出了积极的贡献。（刘东吉）

【征集史料，存史资政】 市政协先后征集各类史料近百篇，40余万字，图片资料20余张，完成了《河东文史》第二辑的编辑工作。完成了闫逢春蒲剧艺术“音配像”光盘制作，及时有效地抢救、传留和继承了蒲剧艺术。这些珍贵的资料发放到全国80多家省、市、县政协和社会有关方面，为“存史、资政、团结、育人”和弘扬河东文化发挥了重要作用。（刘东吉）

【广交朋友，扩大交流】 市政协十分注重与全国各地政协的联系，共接待兄弟省市政协考察访问团130批次，1500余人次，组织外出考察5次，同全国30多个地市政协建立了新的友好关系。通过联络联谊活动，既增进了了解，加强了沟通，又广泛宣传了运城，扩大了运城的知名度。（刘东吉）

政协例会

【一届四次全会】 2004年3月28日至31日，政协第一届运城市委员会第四次会议在市委大楼南风会议厅隆重召开。332名委员出席了会议。中共运城市委、市人大、市政府、运城军分区领导、退届的全国政协委员和原省政协民主党派领导人出席会议，驻运省政协委员、市直党政部门负责人、各县（市、区）政协秘书长及有关人员列席会议。中共运城市委书记黄有泉在开幕式上作重要讲话；市政协副主席李玉燕作政协第一届运城市委员会常务委员会工作报告；市政协副主席刘高迪作政协第一届运城市委员会常务委员会提案工作报告；全体委员列席了运城市第一届人民代表大会第六次会议，听取了政府工作报告及其他报告；会议通过政协第一届运城市委员会第四次会议政治决议；通过了政协第一届运城市委员会常务委员会工作报告的决议；通过政协第一届运城市委员会常务委员会关于一届三次会议以来提案工作情况报告的决议；会议表彰了市政协一届一次会议以来的优秀提案；补选了政协第一届运城市委员会副主席、常务委员。（刘东吉）

【一届十四次常委会】 2004年3月20日，政协第一届运城市委员会常务委员会第十四次会议在运城大酒店召开。市政协副主席李玉燕、刘高迪、柴瑞霭、王七庚、史海涌、王正选，秘书长孟昭民及常委共51人参加了会议。在运省政协委员、各县（市、区）政协主席、市政协机关副处以上领导干部和市直有关部门负责人列席会议。会议进行了四项议程：（一）市委统战部常务副部长罗俊林作《关于市政协一届委员会委员届中调整情况》的说明；（二）市委组织部副部长邵景阳作《关于推荐市政协一届委员会副主席、常委候选人建议名单》（草案）的说明；（三）审议通过《关于吕振林等25位同志辞去市政协一届委员会委员的决定》（草案）、《关于师主善等4位同志辞去市政协一届委员会常务委员职务的决定》（草案）、《关于刘高迪等3位同志辞去市政协一届委员会副主席职务请求的意见》（草案）、《关于马卯录等3位同志为市政协一届委员会委员的决定》（草案）、《市政协一届委员会副主席、常务委员候选人名单》（草案）、《市政协一届四次会议选举办法》（草案）、《市政协一届四次会议总监票人、

监票人、总计票人建议名单》（草案）、《市政协一届四次会议议程、日程》（草案）、《市政协一届四次会议列席人员范围与名额及委员编组名单》（草案）、《市政协常务委员会2004年工作要点》（讨论稿）。

（刘东吉）

【一届十五次常委会】 2004年6月28日至29日，政协第一届运城市委员会常务委员会第十五次会议在运城大酒店召开。市政协主席李天祥，市政协副主席李玉燕、王琦、王七庚、史海涌、王正选、杨泽生、薛靛民，秘书长孟昭民及常委共53人参加了会议。市委常委、常务副市长董洪运，在运省政协委员，各县（市、区）政协主席和市直有关部门负责人列席会议。会议进行了六项议程：（一）视察了城建重点工程；（二）市委常委、常务副市长董洪运通报了本年城建和城市环境综合整治情况；（三）省政协研究所原所长闫世成同志作学习政协章程辅导报告；（四）市政协副主席李玉燕传达贾庆林同志“在会见山西省统一战线和政协工作干部时的讲话”；（五）审议通过了关于学习贯彻《中国人民政治协商会议章程》的决议（草案）；（六）市政协主席李天祥讲话。

（刘东吉）

【一届十六次常委会】 2004年9月19日至20日，政协第一届运城市委员会常务委员会第十六次会议在运城通宝国际饭店召开。市政协副主席李玉燕、王琦、史海涌、王正选、杨泽生，秘书长孟昭民及常委共50人参加了会议。运城市副市长柴林山，在运省政协委员，各县（市、区）政协主席和市直有关部门负责人列席会议。会议进行了六项议程：（一）运城市副市长柴林山作《运城旅游产业化情况的通报》；（二）市政协副主席史海涌作《关于发展我市旅游产业的建议说明》；（三）视察运城飞机场和机场互通立交桥工程；（四）大会议政发言；（五）审议通过了《关于发展我市旅游产业的建议》（讨论稿）；（六）市政协副主席王琦讲话。（刘东吉）

重要活动

【“阳光杯”《政协章程》知识竞赛】 2004年9月20日，由市政协主办，山西阳光集团和运城电视台协办的“阳光杯”《政协章程》知识竞赛在运城通宝国际饭店三楼多功能厅隆重举行。市人大主任陈永信，市委常委、市委秘书长张建合，市政府副市长柴林山，市政协副主席李玉燕、王琦、史海涌、王正选、杨泽生，秘书长孟昭民，参加市政协一届十六次常委会的各位常委和列席人员观看了比赛。从市政协机关，市各民主党派、工商联，各县（市、区）政协20支代表队中产生的6支代表队进行了决赛。盐湖区政协代表队获一等奖；夏县、万荣县政协代表队获得二等奖；平陆、绛县、永济市政协代表队获得三等奖。（刘东吉）

【市政协新大楼启用挂牌仪式】 2004年11月5日，市政协新大楼启用挂牌仪式隆重举行。市委副书记安永全，市委常委、市委秘书长张建合，市政协主席李天祥，市政协副主席李玉燕、王琦、王七庚、史海涌、王正选、杨泽生、薛靛民，秘书长孟昭民，市委、市人大、市政府办公厅领导，市委统战部、市机关事务管理局负责同志，市各民主党派、工商联负责人、在运市政协常委、各县（市、区）政协主席、市政协机关全体同志出席了挂牌仪式。仪式由市政协副主席王琦主持，市政协主席李天祥发表了热情洋溢的讲话。市委、市政协领导分别为新大楼挂牌、揭徽。

（刘东吉）

群众团体

运城市总工会

【发挥广大职工小康建设主力军作用】 开展“创建”活动，提高职工素质。2004年，在全市广大职工中开展了“创建学习型班组，争当学习型职工”活动。突出技能培训，激励爱岗敬业，涌现出许多先进典型，关铝集团坚持组织职工开展岗位练兵和技术比武；南风集团推行职工每周工作40小时，外加每周学习技术4个小时，即40+4的工作模式；供电公司、3531等企业对进修、自考函授取得文凭的职工给予相应，阳光集团请华北工学院在企业办大专班，促进了职工学习，提高了产业工人的整体素质。各级工会积极开展职业道德建设和精神文明创建活动，努力培养有理想、有道德、有文化、有纪律的“四有”职工队伍，涌现出全国钳工比武第一名永济电机厂张峰杰、雷锋式好工人电业局赵运建等当代工人阶级的杰出代表。

高举劳模旗帜，弘扬劳模精神。2004年，适逢三年一次的省劳模大会，在各级党委、政府的领导下，市各级工会积极开展了推荐评选劳模活动。人民的好大夫、运城市同德医院院长闫金萍荣获为全国“五一劳动奖章”。全国民营企业纳税第一名的海鑫集团被评为全国模范集体；全国著名的中铝山西公司董事长孙兆学等十名同志被评为山西省特级劳动模范；全市瞩目的运城机场建设者、组织指挥者李明造等五十名同志被评为市特级劳动模范。2004年全市劳模大会是对全市近三年来作出突出贡献的先进集体和模范个人的大表彰。

引深劳动竞赛，促进经济发展。围绕全市经济发展目标，组织广大职工广泛深入开展了形式多样、内容丰富的劳动竞赛活动，结合安全生产开展“安康杯”竞赛，推进了管理理念人本化；围绕创建旅游大市开展“鹳雀楼杯”旅游行业竞赛，加速了传统产业新型化；立足于提高产品质量开展全面质量管理竞赛，引导了企业运行现代化。同时，围绕全市重点工程，及时开展了劳动竞赛和记功表彰。2004年，全市各级工会组织开展劳动竞赛活动，共创新20余项先进技术及操作法，总结19条先进管理经验，开发新产品48种，创经济效益2000多万元。（王　凡）

【维护职工合法权益】 2004年，以工资集体协商为重点，继续坚持推进平等协商，签订集体合同制度的落实，努力协调劳动关系，维护职工的经济权益。

国有企业事业单位继续推进厂务公开、民主管理，坚持和完善职代会制度，维护职工的民主政治权利，并在部分民营企业建起了职代会。

加大劳动安全的监督检查，维护职工生命权、健康权。2004年6月，市总主办召开了全市"安康杯"竞赛表彰总结大会，力促政府和企业加强安全生产工作。同时健全了各级工会劳动保护监督组织和网络，加大了监督检查的力度，有效地发挥了工会的监督作用。2004年，市总工会被市人民政府授予安全生产工作先进单位。

帮扶解困，办实事，送温暖，关心下岗职工和特困职工的生产生活问题，坚持"两节"送温暖与平时救助相结合，积极发挥困难职工援助中心作用，带动全市各级工会开展帮扶困难职工活动。重视职工的来信来访，监督政府及有关部门落实好困难职工的低保政策、劳动保险政策和再就业政策，积极开展女职工疾病保险工作。春节结合保先教育，根据王殿民主席的提议，市总工会在送温暖中创新了"三联系"制度，即工会每个党员干部联系一户困难职工，联系一户困难农民，联系一户困难劳模。

（王　凡）

【民营企业工会组织建设取得新突破】 组织是基础，维权是关键。广大职工迫切需要工会为他们说话撑腰维权。2004年，突出加强了建会力度。在全面加强组织建设的同时，把民营企业建会作为工作重点，把建会数量与工会工作质量提到同等高度。市总工会出台了民营企业建会意见，首先在民营大企业上突破。9月，召开民营企业建会经验交流会，总结交流了河津、临猗等民营企业建会的经验，河津煤矿系统建会、新绛教育系统建会、永济旅游系统建会各有物色、卓有成效。其次，加强了产业工会、行业工会、社区工会和机关系统工会的建设，市总文教工委、财贸工委、农林水工委的工作逐步展开。市直二轻系统工会、文化系统工会、煤矿系统工会的建立取得重点突破。

积极引导农民工和进城务工人员入会。组织农民工和进城务工人员入会，这是工会组织工作新课题。"五一"文艺晚会特别邀请了南风广场的建设者，300名农民工到河东剧院观看演出。"爱我农民工、建设新运城"，"引导农民工入会，维护农民工权益"作为2004年运城工会工作的新亮点。7月，市委常委、市总工会主席王殿民深入解州关公广场，为施工现场的农民工赠送《山西省职工劳动权益保障条例》和《职工维权法律手册》。秋季的助学活动和春节送温暖，农民工子女上学、农民工的特困家庭首次被列入救助，尽管是个别的，但它标示着工人阶级的新成员农民工已经得到了工会组织的接纳和重视。

（王　凡）

【举办大型文化活动展示职工风采】 组织举办了"劳动者之歌"文艺晚会。"七一"前夕，在南风广场举办了"庆七一，颂党恩"全市职工"五一"健美健身操大赛，2000多名职工参赛，10万余名群众观看、省市四大班子领导出席，盛况空前，规模空前，春节前，全市各级工会组织百名书法家，为群众义写义赠春联，报纸、电视广泛宣传，有效地扩大了工会影响，突出了工会的地位，塑造了工会的形象，展示了工会的作为。

（王　凡）

【"创建学习型工会组织，争做知识型工会干部"活动】 2004年，市各级工会组织深入扎实地开展了"创建学习型工会组织，争做知识型工会干部"的活动。6月，市总工会起草出台了《关于创建学习型工会组织，争做知识型工会干部实施意见》，市总工会机关率先垂范，坚持每周一上午集中学习，学政治、学法律、学业务，分管领导带头讲课辅导；7月，市总工会在夏县温泉举办了全市工会干部维权业务培训班；11月，举办了全市工会干部"阳光杯"法律法规知识竞赛，12月，市总工会组织各县（市、区）工会，市以上企事业、机关单位工会正、副主席2000余人在人民路学校进行了专业知识考试。

（王　凡）

【运城市首届工会代表大会召开】 在市委和山西省总工会的正确领导和大力支持下，经过两个多月的紧张筹备，年末，圆满成功召开市工会第一次代表大会。这次大会回顾了运城工人运动史和运城工会史，总结了运城工会改革开放特别是近五年的成绩与经验，根据党的十六大精神和工会十四大精神，提出今后五年市工会工作的指导思想和工作任务。大会有252名代表参加，选举了市总工会一届委员、常委、主席、副主席。市工会"一大"从会议组织规模，宣传造势，市委、省总的重视，社会各级的支持、影响、效果都是巨大的。"一大"的胜利召开，在市工运史上是具有历史意义和战略意义的，标志着市工会工作走上法制化、规范化和权威化的轨道，是市工会工作在新世纪、新征程上的一个新的里程碑。

（王　凡）

【全国劳动奖状获得单位】 ·山西海鑫钢铁集团有限公司· 山西海鑫钢铁集团有限公司，是一家集钢铁、焦化、水泥、房地产、金融、保险等行业于一体的大型集团公司。拥有总资产53亿元、员工10230名，企业进入中国企业500强、全国工业企业纳税100强行列，在全国民营企业纳税50强中名列第二，位列山西省工业企业第三名，也是山西省规模最大的民营企业。

坚持"以科技为先导、以调产为主线、以创新为动力"的发展思路，使100吨转炉、200m^{2}烧结、1380m^{2}高炉、80万吨棒材、70万吨高线等九大项目全部完成。2003年，生产铁208.9万吨、钢202.5万吨、钢材104.7万吨，同比分别增长61.2%、58.6%、50.4%；完成工业总产值55亿元、工业增加值13.75亿元，实现利税10亿元，同比分别增长42.1%、70.38%、94.9%，上缴国家税金3.8亿元，同比增长81%；2003年上缴县财政2.9亿元，占到全县财政收入的69%；安置了1100余名剩余劳动力就业；捐款25万元抗击“非典”；拿出130万元支持东镇城镇建设；出资100万元在武汉科技大学设立李海仓教育基金；捐款300余万元为当地建设高标准中学一座；多年来，公司用于公益事业的资金已累计达6500余万元，为全面建设小康社会做出了应有的贡献。

公司先后被授予“全国质量管理先进企业”、“国家首批产品质量十佳免检企业”、“全国乡镇企业管理先进单位”、“山西省优秀企业”、“山西省模范纳税大户”、“AAA级信用度企业”等光荣称号。

（市总工会）

【山西省五一劳动奖状获奖单位】

·山西关铝股份有限公司· 山西关铝股份有限公司是国家大型一类企业、山西省最大的有色冶炼及综合加工企业。公司电解铝年产量33万吨，拥有资产总量32亿元，职工4800余人，技术骨干500余人，下属7个分厂，6个控股公司，6个参股公司，2003年实现销售收入17.3亿元，实现利税总额1.8亿元，其中利润1.2亿元，净资产收益率10.17%。

关铝公司运用信息化带动工业化，加快传统产业的升级换代，在国家、省、市各级政府的大力支持下，公司20万吨电解铝项目顺利通过国务院的立项，列入第六批国债贴息项目，该项目采用的是国际先进的300KA大型预焙槽技术，属环保清洁工程，此项工程是山西省的重点调产项目。2003年底该项目已全部建成并部分投运，实现了技术高、速度快、质量优、投资省的目标，拉动了运城乃至全省的经济快速发展。公司还对原3.3万吨采用的60KA自焙槽全部改造为75KA预焙槽，环保、节能效果十分明显。7万吨电解铝改造工程采用190KA大型预焙技术及智能模糊控制系统等两项技术被中国有色科技交流中心分别评为一等奖和二等奖，其实施的环保节能技术填补了山西省的空白。

关铝公司在突出发展主业的同时，不断优化和调整产品结构，形成了多层次、高科技、精加工、专业化的产业链条。企业主要经济技术指标全国最好，综合可比成本最低，产销率100%，货款回收率100%。公司生产的“关”牌重熔用铝锭，被中国质协评为“全国用户满意产品”。2000年公司通过ISO9002国际质量体系认证，并连年被中国质协评为“全国用户满意企业”，在银行的信誉是AAA。2002年荣获运城市“五一”劳动奖荣誉称号。2003年荣获山西省“五一”劳动奖荣誉称号。同年被运城市委、市人民政府评为明星企业，被山西省委、省人民政府授予“结构调整突出贡献企业”荣誉称号，被山西省工业经济联合会、《山西日报》、山西电视台、《山西经济日报》评为山西省工业企业30强，被运城市委、市人民政府荣记集体一等功。

·山西省电力运城分公司· 运城供电分公司担负着建设运城电网和为全市485万人民供电的任务。2001年后，该公司安全生产、资产经营、党风廉政建设三项责任制连年完成，安全生产实现1041天无事故的历史最长记录。

电网结构优化升级，供电能力明显提高。三年间，该公司先后完成了电网建设与改造资金23.6亿元。新建500千伏输变电工程1项，新建220千伏输变电工程9项，新建和改造110千伏输变电工程28项，35千伏输变电工程49项。通过建设与改造，供电可靠性提高6%，居民电压合格率提高了1.5个百分点，每年减轻农民负担1628万元。2003年社会用电量和企业售电量分别达100.8亿KWH和77.5亿千瓦时，三年增长了51%和72%，列全省之首。供电能力的提高有力地促进了地方经济建设，运城市GDP连续六年保持2位数的增幅。

供电质量不断提高，社会形象明显改善。先后开展“电力市场整顿和优质服务年”活动、优质服务“民心工程”活动和“优质服务是国家电网的生命线”活动，公开九项服务承诺并严格兑现。积极参与市纠风办与市广播电台联合举办的《监督热线》节目，使客户提出的问题100%得到解决。行风评议连续三年荣获运城市“群众最满意单位”。

该公司先后荣获国家电力公司一流供电企业、“九五”期间安全生产先进集体荣誉称号；荣获华北电力集团公司、省电力公司“双文明单位”称号；荣获山西省“三五”普法先进企业；荣获省经贸委、省总工会“安康杯”竞赛优胜企业；国家经贸委、全国总工会“安康杯”竞赛优胜企业；2002年、2003年连续两年被授予山西省“五一”劳动奖状；被省电力公司授予先进党组织、党风廉政建设优秀单位、发展多种产业先进单位和山西省“文明单位标兵”称号。

·山西漳泽电力股份有限公司河津发电厂· 河津发电厂地处山西省河津市阳村乡西辛封村西北一公里，是“九五”期间山西省的重点工程，装机容量2×350MW，工程建设总投资35.68亿元人民币。全厂共有职工527人，实行新厂新制模式，年发电能力约45亿千瓦时。

2003年，河律发电厂在确保安全生产的基础上，积极推进各项改革，努力改善基础管理，克服燃煤紧张、生产任务繁重、“非典”影响等不利因素，超额完成发电任务，生产指标取得明显进步，圆满完成了生产经营目标。2003年是河津发电厂励精图治、经营形势充满坎坷的一年。面对全年煤炭市场极度紧张的状况，河津电厂站在对当地经济发展、政治形势和社会稳定负责的高度，克服煤炭价格持续攀升、经营成本举步维艰的困难，支撑起河东大地70%的电力供应，为当地的经济发展做出了不可磨灭的贡献。

河津发电厂三年来共完成发电量129.4亿千瓦时。2003年完成发电量48.5亿千瓦时，总产值完成8.41亿元人民币，全员劳动生产率由2001年的109万元/人．年提高到2003年的166.6万元/人年，上缴利税由2001年的7000万元提高到2003年的1.2亿元人民币。河津发电厂顺利实现安全生产1184天，并且连续811天没有发生主机非计划停运，创山西省发电企业新机投产后安全生产最好成绩。

河津发电厂2003年来先后被评为河津市2002年度安全生产先进单位；被省电力公司评为2002年度安

全生产先进单位、调度先进单位和环保先进单位；被河律市授予“创首富市立功受奖单位”：荣获2002年度河津市“生态环境建设红旗单位”称号；被河津市评为首批“纳税信誉A级企业”；荣获“山西省‘安康杯’竞赛优胜企业”称号；被国家电力公司命名为“一流火力发电厂”；被国家环保总局授予建设项目最高荣誉“国家环境保护百佳工程”称号。

·山西新绛纺织有限责任公司· 山西新绛纺织有限责任公司是拥有6万余枚纱锭、810台布机（其中90台喷气织机）、800头气流纺和3300余名职工的中型国有棉纺织企业，是运城市优势企业和利税大户。企业年产精梳、普梳纱10000余吨，缎纹、贡缎、防羽布、弹力布、纱卡、哔叽等织物2500余万米，成为北方高档服装面料生产基地之一。

坚持科技创新，增强发展后劲。该公司从2001年开始，投资7650万元（其中自筹2250万元）新增一机两线清梳联，新增2套精梳机，更新4台粗纱机，改造2万锭细纱机V型牵伸，新增3台自动络筒机，新建3000m²的厂房，新增90台无梭织机和一台双浆槽浆纱机，设备均具有国际先进水平，为企业发展增强了后劲。

坚持质量创优，稳操市场胜券。为确保产品质量，先后组织了工序质量卡疵活动，广大科技人员围绕影响棉纱和棉布的11个疵点开展质量攻关活动，设备工联合检查评比设备管理活动，由职能科室对生产车间现场管理定期不定期检查，由此，棉纱和棉布质量不断提高，棉纱产品和棉布纱卡系列获山西省名牌产品称号，“三林牌”棉布获省著名商标。

坚持管理创先，提高整体素质。该企业多年来保持省企业管理优秀单位称号。该企业深化内部改革，不断开拓创新，抓机制，促转化；上单产，上水平；抓激励，促效率，三年间，工业总产值、工业增加值增长率、实现利税、产质量等主要经济技术指标，均在全省棉纺织行业处于领先水平，经济效益持续在全省棉纺织行业名列前茅。2003年销售额首次突破两亿元大关，实现了企业效益和职工收入“双赢”。

·运城市计划生育委员会· 运城市计划生育委员会忠实实践“三个代表”的重要思想，努力创新人口与计划 生育工作。他们坚持理念创新，以人为本，依法管理，优质服务。市人大发文推广他们的经验。充满人情味、亲切感、温馨化的特色技术服务，共为全市30多万名育龄妇女解除了各种病痛，群众知情率、满意率、参与率大大提高，受到国家人口专家田雪原以及国家和省计生委有关领导的充分肯定。他们坚持工作方法创新，狠抓基层基础建设，全市独具特色的人口与计划生育宣传教育网络、技术服务网络、民情信息网络初具规模。流动服务车管理使用经验、基层微机信息管理经验、信访工作经验、计划生育登记建制经验都被推荐到全国和全省交流。他们坚持工作机制创新，率选在全市完成机构改革任务，受到市委、市政府表彰奖励。他们坚持机关管理创新，实行人文化、激励式的管理，团队精神发扬光大，个人才华有效体现，形成一个学习的机关、工作的机关、团结的机关、快乐的机关，每个干部职工的积极性和创造性都得到充分发挥。受到社会各界的广泛赞誉。新华社、《人民日报》、中央电视台等中央、省、市新闻媒体报道近200次；国家人事部、国家计划生育委员会授予“全国先进集体”荣誉称号。

·《运城日报》社· 三年来，《运城日报》社班子以“三个代表”重要思想统揽全局，为建设“四大一强一中心”的新运城提供强大的舆论保证，报社整体事业也实现了跨越式的发展，市委领导称“报社进入改革开放以来最好的发展时期”。

推出全国学教活动先进典型。2002年初，本报强势推出长篇通讯《大碑无形》，全面介绍了临猗县蔡村村委主任张小民的先进事迹。市委、省委先后做出向张小民向志学习的决定，这一典型被推向全国。为全市抗击“非典”斗争立了大功。在抗击非典斗争中，报社记者冒着生命危险，深入抗“非”最前沿，并经受了严峻考验。报社获省、市抗击“非典”先进个人3名，获市“五一劳动”奖章一人。

转变记者作风，强化“三农”报道。2002年报社党组组织全体记者利用双休日，深入各县市进行集体调研采访。在调研中，该报记者就全市果树灌溉用电价格不合理问题，写出《临猗人大执著办理代表议案》调研文章，并通过内参形式，直谏中央领导，引起高层的重视，终于促成这一问题解决。国家计委专门下文，明确规定从2002年12月10日起，果林灌溉执行新电价，每度电下调0.2元，全市果农每年可得到实惠近亿元。

成功实施两次重大改版工程。2001年、2003年对报纸实施两次大的改版，2003年全省报纸年度评比中，《运城日报》跨入A级优秀报纸行列。不断深化人事制度改革。2001年在全社首次实行了以中层干部“竞聘上岗”、一般人员“双向选择”的干部人事制度改革。2002年，又进一步打破人员身份界限，实行全员动态管理。

完成“报业革命”的两大飞跃。2002年投资400余万元购买了一台进口四色胶印轮转机，《运城日报》彩版面世。2003年初，电子编采系统全面启动，编辑、记者彻底告别了纸与笔的传统作业方式。

满足群众愿望，加快住房建设。在解决了48户住房的基础上，启动了可解决36户住房问题的二期工程。

经济和社会效益创历史新高。报纸发行数量由2000年的3.7万份增加到2002年的5.3万份，增幅为36%，从此报纸发行量稳步上升。广告收入由2000年的280万元上升到2003年的521万元，增幅为152.6%。报社总资产由2000年末的1427万元，发展到2003年末的2198万元，增幅为54%。

在3年多的时间里，报社先后获得的集体荣誉有：2002年获市劳动竞赛委员会“五一劳动奖章”称号，2003年省劳竞委记集体二等功一次，同时获有全市农村“三个代表”学教活动先进集体和市直工委获“十佳党组织”等荣誉。另外报社获省“百佳新闻工作者称号”5人。

·河津市人民检察院· 河律市人民检察院有干警142人，其中大专以上学历129人，党员73人。院内设11个科（室）、局、队，中层以上干部30人。

2001年，该院在上级检察院机关和河津市委的正确领导下，以焦良梅检察长为核心的党组一班人，充分履行检察职责，全面开展检察业务，团结实干，开拓创新，做出了一流的成绩。抓班子，强队伍，努力塑造良好形象，严格学习制度，贯彻民主集中制原则，发挥领导表率作用。队伍管理采取狠抓学历教育，建章立制，加强行风建设等措施，队伍建设取得明显成效。抓“严打”，保稳定，着力注意打击效果，依法从重从快，快捕快诉了一批严重刑事犯罪分子。抓办案，促发展，全力加大反贪力度，三年查办各类职务犯罪案件48件56人。抓监督，求公正，竭力维护法律尊严，依法追捕、追诉、抗诉，发放检察建议、检察意见、纠正违法通知书等300余份，有效发挥了检察机关的监督职能。

2001年河津检察院被最高人民检察院授予“全国文明接待室”和“全国文明接待示范窗口”双桂冠；被省检察院评为“全省人民满意的检察院”；2002年，14项检察业务工作全部进入运城市检察院单项业务评比前三名，其中九项第一，取得了“满堂红”；2003年，由河津市院创作的诗朗诵《女检察官的情怀》，荣获第三届全国检察机关精神文明建设“金鼎奖”艺术类三等奖；教育活动、法警工作、档案工作三项工作受到省检察院表彰；河津市院被运城市院评为“先进检察院”，30余人受到省、地、市的表彰和奖励。

·山西亚宝药业集团股份有限公司· 2001年来，该企业坚持“与健康携手，创生命绿洲”的理念，发扬“团结、诚信、勤奋、创新”的企业精神，落实党的十六大关于“建设小康社会，走新型工业化道路”的精神，依靠科技创新，不断引进先进技术，开发高新技术产品，培养科技人才，实施GMP管理，开发并生产了14个国家级新药，20多个仿制新药，完成了注射剂、中药提取车间的技改项目，为企业经济效益的增长奠定了基础，使企业全部剂型通过了国家GMP认证，走在全国制药企业的前列，实现了环境治理全方位达标。

深化企业改革，创新企业管理，完善企业法人治理机构，建立了现代企业制度，使企业管理走上了规范化轨道，实现了企业股票上市，成为山西省医药行业首家A股股票上市企业，使企业迈上了快速发展的轨道。实施资本运营，实现资本扩张，通过强强联合，投资组建了四个控股子公司，并投资1.35亿元高起点建设了中药现代化生产工业园，进一步增强了企业的竞争实力。积极回报社会，奉献爱心，三年为社会上交利税近1亿元，并在“非典”期间向社会捐献药品价值200余万元，树立了企业形象。2003年，企业实现销售收入4.02亿元，比2000年增长146%，上交税金4650万元，比2000年增长160%。

·山西省绛县国家税务局· 在为国聚财的事业中，一年一个新台阶，连续超额完成上级下达的税收任务，2001年完成税收6705万元，占年度计划的117%，比上年同期增长20.2%。2002年组织税收收入9219万元，为年度计划的122.5%，比上年增收2178万元，增长30.9%。2003年完成税收收入10406,2万元，占计划102.46%。三年来累积为国聚财2.6亿元，为社会稳定和经济发展作出了突出贡献；

以“三个代表”重要思想教育活动为契机，加强班子建设，构筑坚强的战斗堡垒；构筑了一道拒腐防变的“廉政长城”；以“人本”原理为指导，以素质教育为核心，浇铸了一支能征善管的“铁军”；擎执法龙头，夯征管基础，建立一套科学的工作机制；坚持公开办税，强化优质服务，树立行业新风。在全市国税系统目标责任制考核中，2001年被评为第三名，2002年被评为第一名，2003年被评为第二名。

·垣曲县建设局· 建设局主要负责本县城市规划、城市建设、市容环境综合治理、城市供节水等工作。下设9个行政股室，11个事业肢室，在职正式人员共297人。

面对前半年“非典”流行，后半年阴雨连绵等诸多困难，该局一手抓“抗非”工作不放松，一手抓城市建设不动摇，全面完成建设任务。投资850万元，完成了全长1580米的历山西路工程；投资172万元，完成了全长64米，宽15米的历山西路大桥建设工程；投资250万元，完成滨河东路的路基及滨河西路的沥青铺设工程；投资380万元，完成了东南环路的路基、涵洞、排水工程和部分路面铺油工程；完成滨河公园河道清淤、土地征租、苗木栽植、管道铺设工程。这些工程的建设完成，使县城基础设施进一步增强，城市综合服务功能明显提升。同时，该局在市容市貌方面，抓重点、攻难点；强化管理，加大整治力度，城市环境不断好转，“脏、乱、差”现象得到有效遏制。建筑市场秩序逐步规范，建筑工程质量稳步提高，精品工程、明星工程明显增多，党风廉政建设和行风建设不断加强，文明服务和规范执法水平不断改进。

2003年3月被市劳动竞赛委授予“社会主义经济建设中的成绩显著荣立三等功”，省文明委授予“省级卫生先进单位”，县委、县政府授予“2003年度经济建设优秀服务单位”、“非典预防控制先进单位”。

·永济市水利局· 永济水利工作以建设现代水利为核心，以“三个代表”为指针，紧紧围绕支撑和保障全市经济发展这一中心，夯实农业基础，增加农民收入，促进农村稳定。

具体成绩如下：百村集中供水工程。这项工程动工三年来，现已解决市北部地区6个镇（办）、80个村庄、10万余人祖祖辈辈饮用高氟水困难问题，该工程总投资2280万元，铺设干支管和村级配水总长600公里以上，其规模之大、面积之广、受益人口之多为全国少见，全省唯一，被水利部评为“全国样板”工程。

水产科技调产示范园建设工程。该工程总投资2720万元，主要生产罗非鱼、彩虹鲷、俄罗斯鲟鱼等名优鱼种，集养殖、加工、休闲垂钓为一体，是永济市加快农业产业结构调整步伐，促进永济渔业再上新台阶的一项关键性工程。

农业节水工程及生态环境治理工程。三年来共投资760万元，新建节水园区12个，管灌节水面积12.2万亩，水地3.6万亩，建设高标准农田7000亩，发展干鲜果林5000亩，有效改善生态环境，改变生产面貌，增加了群众收入。

黄河舜帝坝加高加固工程。三年来共投资150万元，加固险段2800米，确保了母亲河的安全，保护了永济市黄河滩涂30万亩国家财产和人民生命安危。

沿山沟道及水毁工程恢复工作。先后投资150万元，沟道清淤15公里，加固险段2公里，确保陈村、太峪口、水峪口等沿山村人民生命及财产的安全。他们加强党的建设，积极创建学习型机关，提高职工政治、业务素质；积极开展工会活动，凝聚职工人心，激发工作积极性，夺取两个文明新胜利。

·山西新绛县绛州绿蔬菜集团有限公司· 绛州绿蔬菜集团以“三个代表”重要思想和党的十六大精神为指针，认真贯彻落实省市调整农业产业结构和“加快推进农业产业化进程”的部署，紧紧围绕县委、县政府“1411”工程主旋律，在无公害蔬菜产业的品牌打造、基地建设、物资供应、市场营销等方面，积极探索，开拓创新，集团以市场为导向，以科技为依托，以经济利益为纽带，采用“政府推动、集团运作、农民参与”的方式，着眼于解决政府部门“包不了”、农业龙头企业“统不起”、单家独户“办不好”的事情，形成了“生产专业化、经营规模化、服务社会化、管理企业化”的格局，取得了经济效益和社会效益的双丰收。

先后获得全国蔬菜标准化生产示范县、北京市“场地挂钩”外埠蔬菜生产基地县、中国绿色食品总公司蔬菜生产基地、中国果菜十强县、国家级无公害农产品（种植业）生产示范基地等五张王牌。“绛州绿”牌无公害蔬菜通过两个认证，3个品种通过首批全国统一标志的无公害农产品认证，认定面积和产量，占全国总量的10.67%，7个品种通过山西省无公害资质认证。全县无公害蔬菜种植面积突破30万亩，其中日光温室和拱棚发展到近10万亩，蔬菜专业村达143个，占全县农村总数的65%；菜农5万余户，占农村总劳动力的50%；蔬菜提供的人均纯收入1750元，占农民人均收入的70%，全县蔬菜总产量达7.5亿公斤，总产值5.2亿元，占到农业总收入的70%以上，蔬菜生产成为全县农业第一大支柱产业，在调整农业产业结构中进行了大胆的尝试和探索。

2003年，绛州绿蔬菜集团荣记“山西省集体一等功”。

·万荣县农业技术推广中心· 万荣县农业技术推广中心全体干部职工在县委、县政府的领导下，在全县范围内实施了“双千工程”17万亩，比非工程田亩增产112.7公斤，增产率在30%以上；“沃土工程”50万亩，平均亩增产45公斤，增产率在17.8%以上；“旱作农业工程”29万亩，平均每亩增产40公斤，增幅为28%；“无农药残毒的放心苹果工程”10万亩，每亩节省用药100元以上。共发放“病虫情报”32期，各种技术资料16000余份，农作物病虫害预测预报准确率达90%以上，仅此项工作就为全县农民群众挽回经济损失262.14万元。

建立了两个优良品种试验示范基地，引进了各种农作物新优品种34个，选出了适合本县生产的新品种有小麦轮抗6号、CT—493、花生高优88. 在全县7个乡镇在53个村进行了苹果病虫害综合防治技术承包，咨询、讲课1000余次，培训人数达5.8万，使果农整体素质得到提高，果品商品率显著提高，商品率由原来的40%左右提高到70～80%，使全县苹果增收3000万斤，收益达600万元以上。开展了苹果土壤养分普查工作，为群众提供了科学施肥依据。重点搞了“苹果双套袋”（膜袋+纸袋）新技术、苹果黑点病发生原因、旱地“三年四作”新模式、“介壳虫”防治技术等的研究，推广双套袋数量达八九十万，每亩平均5000个，亩效益均在1000元以上；“三年四作”新模式使每户农民三年共收入3540元以上，平均每年每亩收入1000元以上。创办了《万荣农技报》，录制各种技术指导磁带5盒，光盘12碟，在各种报刊杂志上发表论文100余篇，编著了《介壳虫实用技术与防治》、《精品富士苹果双套袋实用技术》，受到各级领导的好评。

·平陆县圣人涧镇槐下村民委员会· 平陆县圣人涧镇槐下村，2165口人，12个居民组，有果林面积4680亩，占总耕地90%，是国家农业部优质苹果生产基地之一，全年人均收入达2000元。

集资8.5万元，投工1.2万个，拓宽硬化村级道路9.8公里，路边植树4000株，打U形渠3000米，埋塑料管8000米，做到了路、水、村、电综合开发；投资40余万元建起了高标准教学楼一栋和幼儿园一个，使全村适龄儿童全部入学；自筹资金55万元，打地下蓄水旱井11眼，可浇耕地1700亩；建房22间，建果品市场一个，为果农提供一条龙服务；成立了一个有450户果农参加果业协会，2002年苹果套袋突破1000万个大关，去年套袋达到2000万个，使全村成为绿色苹果生产基地。全村出现了45户养猪大户和25户养羊大户；集资2500元，为村办小学增设了一套集体办公用具。

2003年荣获平陆县“模范集体”光荣称号，2004年2月镇党委授“农村工作先进集体”铜牌一个。

·山西鑫鼎生物种业股份有限公司· 山西金鼎生物种业股份有限公司是以运城市种子公司为主发起人，联合山西亚宝等发起设立，注册资本2018万元，是以农作物种子的科研、生产、加工、销售为一体的种子产业化龙头企业。

多年，围绕全市农业产业结构调整和种子产业发展两大目标，公司积极开拓，成绩显著。

突出高科技，发展现代生物技术育种，建立了专业研究机构黄河生物技术育种中心，聘请知名专家，并卓有成效的开展工作，目前公司在瓜类作物的转基因育种方面，处于全国领先水平，部分研究项目成果达国际先进水平；

试验、示范、推广了一批适合本地栽培的农作物新优品种，为促进农业产业结构调整和农民增收取得显著效果。公司常年承担国家省、市小麦、玉米、棉花、油葵、瓜菜等农作物新品种试验、示范，共30余个区组，近100个试点，参试品种300余个。通过试验筛选，小麦生产上推广普及了高产、抗逆性强的“晋麦47”、“晋麦54”、“晋麦61”等系列品种，确保了全市小麦生产的稳步高产，并引进“高优66”等优质小麦品种进行大面积示范推广，带动全市小麦生产由数量型向质量效益型转变；棉花生产上，推广普及了转基因抗虫棉“晋棉2677、“晋棉31”、“GK19”等，有效的遏止了棉铃虫的危害，确保棉农增产增收，实现了每亩棉花生产节本增效100元以上，仅此一项，每年可使全市农民增收亿元以上，促进了全市棉花的稳步发展；在油料生产上，推广了美国油葵“G101”，全市种植面积30万亩以上；在瓜菜生产和保护地栽培上，选育推广了“抗病早冠龙”等早熟抗病新优品种，有力地促进了农业产业结构的调整。转换经营机制，积极参与市场竞争，公司实力迅速增强，产品畅销全国二十余个省区并积极向国际市场开拓。

（市总工会）

共青团运城市委

【青年思想政治工作】 2004年，青年思想政治工作是共青团全部工作的生命线。2004年集中学习了中央8号文件和中央领导同志的重要讲话。全市各级团干重点学习了《中共中央国务院关于进一步加强和改进未成年人思想道德建设的若干意见》，为努力做好未成年人思想道德建设的各项工作统一了思想，提高了认识。通过学习中央领导同志的讲话，为做好未成年人思想道德建设的各项工作明确了方向，坚定了信心。团市委结合全市团队工作实际，提出了一系列具体措施，并下发了学习贯彻的《若干意见》。

开展了“公道正派树形象”学习教育活动。根据上级党委的安排部署，团市委机关全体同志以“公道正派”为主题，集中学习了毛泽东、邓小平、江泽民、胡锦涛同志的有关论述，学习了本市部分离退休老干部关于“公道正派”的体会，并结合共青团工作岗位的实际，人人撰写论文，畅谈自己的学习体会，把公道正派树形象活动进一步引向深入。通过学习，团市委机关干部纷纷表示，要做到公道正派，做党放心，青年满意的团干部，在全市广大团员青年中树立公道正派的良好形象。

学习了普法新教材。广大团干部积极参加行政许可法学习讲座，学习宪法和宪法修正案，参加了普法考试，从思想上树立了依法执政，增强执政能力的意识。

（崔鸿鸽）

【组织农村青年进京务工】 3月3日，组织了40名农村青年告别故土，进京务工闯天下。之后，全市继续组织农村青年外出务工。2002年以来，已组织输送了3000余人的农村青年外出务工，配合其他部门外输劳力5000余人。（崔鸿鸽）

【未成年人思想道德建设】 中央8号文件和胡锦涛总书记在全国加强和改进未成年人思想道德建设工作会议上的重要讲话公布之后。团市委把加强和改进未成年人思想道德建设作为全团的工作重点摆在了重要的位置，先后成立了专项工作领导机构，细化并分解了工作任务，建立起专项工作督察制度，召开了座谈会，结合实际制定出台了实施意见。并坚持“实践育人、文化育人、服务育人、组织育人”的工作思路，强化团队组织建设，狠抓工作作风转变。先后开展了18岁成人仪式、星星火炬代代相传、民族精神代代传、手拉手、中学生素质拓展计划、雏鹰争章、“新世纪，我能行”、未成年人文化广场等活动，树立了一批先进典型，使未成年人思想道德建设工作不断走向深入。

紧紧围绕“青少年健康成长”主题，坚持法制宣传教育，大力构筑家庭、学校、社会三位一体的预防教育机制。全市广泛建立了预防青少年违法犯罪工作联席会议制度，深化了青少年维权岗的建设，开通了青少年维权热线，组织了“一帮一，结对子”的转化活动，实行了“两劳”人员帮教安置工作责任制，建立了青少年的法制教育基地。与此同时，还和公安部门配合整治了校园周边环境，和教育部门配合，使全市百分之九十以上的中小学校配备了法制副校长，和文化部门配合整顿了音像制品市场，清理了违规经营的不良网吧，极大地净化了青少年健康成长环境。

（崔鸿鸽）

【预防青少年违法犯罪，维护青少年合法权益】 2004年，团市委认真履行作为市预防青少年违法犯罪工作领导组办公室的职责，并结合自身特点，开展了以下五项工作：(1)构建了预防青少年违法犯罪工作长效机制，切实做到了组织领导到位和工作队伍到位；(2)加强青少年法制宣传教育，提高了广大青少年的法制观念和自护意识；(3)构建维权服务网络，深化了各种维权活动。2004年底，全市已创建“优秀青少年维权岗”300余个，闻喜县检察院批捕科创建的青少年维权岗连续两年被团中央授予优秀青少年维权岗，这一活动的开展，有效地优化了青少年成长的环境；(4)开展对失足青少年帮教安置工作，减少了失足青少年重新犯罪；(5)加强调查研究，增强了预防青少年违法犯罪工作的科学性和针对性。（崔鸿鸽）

【开展节日纪念活动，表彰先进，激励青年】 4月24日，全市隆重纪念“五四”运动八十五周年，全市50名团干，97名团员受到表彰。团市委、市青联授予马新勇等同志“运城市十大杰出青年”称号，运城市委授予王过渡等十名同志“共青团事业热心扶持者”。市四套班子领导出席了大会，市委副书记孟福贵做了重要讲话。市直各大中专学校展示了广大；青年团员的青春风采。“六一”期间，在北京举行的全国首届希望小学运动会上，本市代表队共23人代表全省参加了比赛。本市富有地方特色的才艺表演《垣曲花鞭》获一等奖，其他项目获银牌，受到各方好评。大赛间隙，本市代表们参观了中国科技馆，受到胡锦涛同志的亲切接见。在山西省纪念建队55周年大会上，本市有39名同志分获优秀校长、优秀校外辅导员、优秀少先队，优秀少先队工作者称号。市少工委总辅导员王刚同志被评为“山西省十佳少儿工作者”，河津市第二实验小学辅导员任婵珍被评为“山西省十佳辅导员”，运城学院附中杨洁被评为“山西省十佳少先队员”。杨洁同学还代表全省少先队员在纪念大会上发言。这三个“十佳”受到市委副书记唐大雄、市委常委、宣传部长董鹏翔的亲切接见。（崔鸿鸽）

【开展“托起明天的希望”未成年人文化广场活动】 10月22日，团市委在南风广场拉开了“托起明天的希望”未成年人文化广场活动的序幕。4500名少年儿童参加了活动，市四套班子领导及团市委班子成员出席了活动仪式。市委副书记安永全作重要讲话。“中国少年儿童平安行动”山西省动漫画大赛组委会向市直小学捐赠了一万余元的平安手册和少儿杂志。广大少年儿童进行了才艺展示。黄继光生前战友王英军讲了传统故事，著名演讲家、运城学院教授景克宁发表了演讲。山西省曲艺团副团长王兆踏先生的客串主持把活动推向高潮。（崔鸿鸽）

【深化青年文明号活动，争当文明先锋】 2004年，“青年文明号”活动开展十周年，市共青团委一方面处罚落后，一方面表彰先进，保证了青年文明号先进性。3月22日至26日，对全市138家市级青年文明号进行检查验收，将不符合市级青年文明号要求的18家单位摘牌撤销，对27家单位给予黄牌警告，要求限期整改。11月，举办培训班，对争创市级青年文明号集体负责人进行了培训，85家集体参训，增强了这些单位对青年文明号先进性的认识。在“青年文明号”活动开展十周年来临之际，获得了全省青年文明号十年成就奖和优秀组织奖。（崔鸿鸽）

【组织开展“保护绿色家园，消灭白色污染”活动】 5月29日，团市委组织开展了“保护绿色家园，消灭白色污染”活动，2000余名青年志愿者积极行动起来，清理垃圾，捡拾废弃的塑料袋，以实际行动参与城市综合整治，为创建全国优秀旅游城市做贡献，取得了良好效果。（崔鸿鸽）

【情系希望工程，爱心献给贫困儿童】 “希望工程”是一项在海内外影响广泛，意义深远的社会公益活动。正在兴建的10所希望小学。8所争取海内外人士的支持捐款修建，其余2所，一个是国家作家协会秘书长杨宗捐款25万元，一个是山西省移动通信公司捐款10万元。6月份，迎来了两批爱心人士，香港宝莲禅寺为夏县捐资20万元，兴建了两所希望小学。香港佛学会3人在垣曲、夏县考察了2003年捐资修建的五所希望小学，并给孩子们每人一本字典、一个书包，捐资4700元来完善学校的教学设施。香港和台湾爱心人士为夏县和垣曲分别捐了价值20万元和10万元的书。全市5个贫困县的20所希望小学各获得了名人传记一套。（崔鸿鸽）

【青工战线以创新创效活动为载体，大力开发青工人力资源】 2004年，团市委在全市范围内建立青年职业技能培训点7家，利用再就业培训基地，对3000余人进行了操作技能、职业指导，培训各项技术人才5000余人，组织青年职业技能培训会7次。先后推荐刑国强等四名同志分别获得“山西青年创业明星”称号。在第五届山西省杰出（优秀）创新能手评选中，南风集团许涛、中条山有色公司王涛林等三名同志获得“杰出青年创新能手”称号。山西铝厂景卫兵等九名同志分别获得“优秀青年创新能手”称号。在全省“青年安全生产示范岗”评选中，山西铝厂、南风集团、中条山有色公司有三家集体分别获此殊荣。由本市推荐申剑等几位同志获得山西省优秀青年岗位能手称号。（崔鸿鸽）

【青农战线以建设青年中心为重点，积极开展试点工作】 按照团中央、团省委的要求，在垣曲、平陆等县积极开展青年中心试点工作，并将平陆县作为省级试点县。通过抓队伍建设，抓阵地建设，抓服务项目建设，抓制度建设，制定了青年中心章程，明确了青年中心的性质、工作职责、部门设置、运作机制等，确保了青年中心建设工作的规范化运作。在平陆县张店镇青年中心初步开展了吸收女子锣鼓队、民间艺人、厨师及红白理事会加入中心的工作，为各种节日、庆典、婚丧嫁娶提供礼仪配套等服务，有效地实现青年中心和社会资源的有机整合。（崔鸿鸽）

【学校战线以加强未成年人思想道德建设为重点】 对13个县（市、区）及市直、厂矿26所中学的团组织建设和高中业余党校的建设进行了调研。通过调研，了解了全市“两校”建设中存在的问题，并提出了加强和改进的措施。组织了近3000名大中专学生深入开展了以“树立兴运富民志，落实科学发展观”为主题，以科学发展观宣讲、农村政策宣传、博士生硕士生服务地方经济等为主要内容开展文化科技卫生“三下乡”社会实践活动，并取得了丰硕的成果。运城师范“三下乡”文艺演出服务队等获得优秀志愿服务队；平陆县城关镇东韩窑村民委员会、山西省运城市光荣院被评为优秀实践基地；夏县团县委、临猗团县委、夏县实验中学团总支、闻喜县发展计划局等被评为热心支持单位。（崔鸿鸽）

【少先队工作】 2004年，认真贯彻落实省委办公厅转发的《关于进一步加强全省少先队工作的意见》，切实加强未成年人思想道德建设，以创新精神和实践能力为重点，全面深化“雏鹰行动”，“少年儿童平安行动”，民族精神代代传活动，推动全市少先队事业向更新更高的目标迈进。

3月至12月，开展了“新世纪，我能行”体验教育活动和“今天我当家”、“一日小交警”、“与环卫工人同行”等活动，引导少先队员通过自主参与，亲自体验，感受各行各业工作的艰辛。懂得尊重别人的劳动，从而自觉地在家里做孝敬父母、热爱劳动的小帮手，在社会上做诚实守信的小标兵，在学校中做团结友爱，善于合作的小伙伴，在独处时做勤奋自立，勇于创新的小主人。夏县组织120余名少先队员，开展了“踏访红土地，追寻民族魂”夏令营活动，使队员们深切感受到中华民族的伟大力量和中国人民的勤劳智慧，从而树立了

"做一个了不起的中国人"的坚定信念。通过系列实践活动，深刻感受到了实践育人在未成年人思想道德建设中的重要作用。12月，市少工委荣获团中央、全国少工委颁发的"中国少年儿童平安行动"优秀组织奖。

青年志愿者行动扎实推进。全市注册青年志愿者10000余人，广大青年志愿者在团组织的引导下，积极投身到服务社会的行列中来。3月5日，5000余名团员青年纷纷走上市区街头、光荣院、干休所、聋哑学校等单位开展学雷锋活动。市中心医院、市妇幼院、市第二人民医院、同德医院、医科学校等9家涉医单位的青年志愿者在河东街设立服务摊点，开展送医等便民服务。市公安局、环保局、消防支队、烟草局的青年志愿者走上街头，结合各自业务开展活动。新绛团县委共有1200余名学生和青年志愿者参加了对县城主要街道和公共场所大扫除、大清理的爱心活动；永济电机厂27名青年志愿者服务队为员工家属提供旅游咨询、修理自行车等30余个服务项目。3月下旬，为了进一步倡导志愿者"帮助他人、完善自己、服务社会、弘扬新风"的精神，运城市财校20余名青年志愿者在东星时代广场就帮助残疾人使用盲道进行讲解与实践，拓展了青年志愿者行动的新内容。

（崔鸿鸽）

【深入"三级联创"活动，活跃团的基层工作】　3月，团省委确定了平陆团县委为全省团建先进县，康杰中学、山西铝厂教育处团委为全省"五四"红旗团委。同时，康杰中学被确定为全省"五四"红旗团委标兵单位。垣曲邮政局、垣曲地方税务局、中条山铜矿峪矿三队、山西铝厂氧化铝一分厂一车间被确定为全省"五四"红旗团支部。9月，确定了稷山团县委为全省团建先进县创建单位。12月，根据团省委组织部的要求，向团省委申报了芮城团县委为全省团建先进县创建单位，运城市幼师团委、垣曲中学团委为全省"五四"红旗团委创建单位，中条山有色金属有限公司水泥厂生料车间团支部、中铝山西分公司氧化铝四分厂焙烧二车间团支部、垣曲县财政局团支部为全省"五四"红旗团支部创建单位，山西铝厂团委为全省"五四"红旗团委标兵创建单位。

（崔鸿鸽）

【加强基层团建工作】　5月，经团市委书记会议研究决定，批准成立共青团运城经济技术开发区委员会。开发区创建于1992年9月，1995年1月被省政府确定为省级开发区，通过考察，区内青年人数约1万余人，团员2800余人，约占青年人数的26%，女团员800余人。

（崔鸿鸽）

【加强非公有制经济组织团建工作】　全市非公有制经济发展迅速，经济总量不断增加，非公有制经济已成为全市经济的重要组织部分。在此形式下，做好非公有制经济组织团的建设显得十分必要和重要。为了掌握全市非公有制经济组织团建工作的基本情况，团市委下发了《关于报送有关非公有制经济组织团建工作开展情况的通知》。经统计，全市非公有制经济组织总数大约有6万，其中私营企业将近6千，个体工商户5万多家，全市建立非公有制经济团组织515个，其中团委84个，总支部56个，支部375个。通过开展此项工作，为进一步深化非公有制经济组织团建工作奠定了基础。（崔鸿鸽）

【建立健全团干部动态档案库】　团干部队伍建设是共青团基层组织建设的重要环节，是基层共青团工作活跃的关键所在。接到团省委组织部下发的关于抓紧做好《团干部情况摸底表》填报工作的通知后，团市委立即下发相关通知，要求各单位团委要认真负责，所填报的数据必须及时、真实、准确。根据团省委的要求，按时上报，确保了本次摸底工作的质量。同时，团市委又对全市基层团干部情况进行了摸底，全市13个县（市、区）共有154个乡镇已建立团委150个，配备乡镇团委书记150个，其中专职团委书记124个，兼职团委书记26个。通过摸底了解到了全市团干部的配备情况，掌握了各级团干部的信息动态，从而进一步加强了团的基层组织建设。（崔鸿鸽）

运城市妇女联合会

【加强妇联组织自身建设】　2004年，市妇联以"三个代表"重要思想为指导，切实把大力加强妇联自身建设作为一项重要任务，要求妇联干部必须时刻不忘高举妇联这面旗帜，维护妇联组织的整体形象。

加大学习力度。市妇联要求全体妇联干部加大学习力度，适应新时期的新要求。明确学习目标。以提高思想道德素质、政治理论素养和基本业务能力为目标，加强对马列主义、毛泽东思想、邓小平理论和"三个代表"重要思想的学习，加强对有关政策法律法规的学习，加强对妇女工作新知识、新技能的学习，不断增强科学文化素质和信息化社会的能力。创新学习方法。开展以学习新知识为主要内容的"学习行动"，制订学习计划，采取专题学习、集中讨论、自学为主、勤于思考、撰写心得笔记、交流学习经验等方法，使学习行动制度化、规范化，既轰轰烈烈、又扎扎实实。三要树立终身学习理念，完善学习制度，把学习作为开展工作的第一需要和创新的源泉。

加强组织建设。市妇联以"哪里有妇女，哪里就有妇女工作"为目标，采取多种措施，下大力气加强组织建设，健全组织网络，提升妇联组织影响力。对没有建立健全妇女组织的企事业单位，积极督促其尽快建立，并在选配妇女干部时，严格按照《党政领导干部选拔作用工作条例》和《妇委会工作条例》有关规定，经过民主推荐、个人述职、民间测评、党组研究、妇联审定的办法，选任德才兼备的优秀的妇女干部，为妇女干部队伍充实新生力量。

加强作风建设。面对变化发展的工作形势、任务和工作对象、条件，全市各级妇联把密切联系妇女作为作风建设的核心。深入实际搞调研，倾听妇女的呼声、反映群众的愿望。搞好服务，千方百计为妇女群众多办好事、实事。根据市委组织部、市直工委的安排部署，市妇联在全体科级以上党员干部中开展了公道正派树形象活动，要求妇联干部要做到讲学习、讲正气。

（景　红）

【为妇女办实事】 妇联作为党和政府联系广大妇女群众的桥梁和纽带，作为广大群众的"娘家人"，必须不遗余力地为妇女群众办实事、办好事。

在城市：各级妇联通过开展以职业妇女为实践主体的"巾帼文明示范岗"创建活动，引导城镇妇女内强素质，外树形象，岗位建功、岗位成才，把城镇妇女追求进步发展，单位企业追求质量效益，妇联服务妇女的三个积极性调动、凝聚在一起，广大女干部、女职工在创建活动中，自觉钻研业务技术，

在农村：继续实施"科技致富工程"，千方百计争取资金和政策，加大对"妇"字号园区、基地、项目的扶持力度，提高全市农业的科技化、组织化、产业化、市场化。

表彰先进，树立典型。为了让全市妇女群众更加充分了解成功女性创业的经验，直观地感受成功女性的创业成果，市妇联在"三八"节期间隆重召开了"运城市首届妇女创业成果展暨'三八'表彰大会"。妇女创业成果展由优秀女企业家、市直单位妇委会、市妇联蓝天少年宫等17个单位的20个展棚组成，各个展棚内容丰富，分别以图片和实物等形式直观、形象、完美地展现了本市各条战线、各行各业女性在三个文明建设中做出的骄人业绩，展现了本市妇女"半边天"的亮丽风采。表彰大会为本市受全国表彰的妇女工作先进集体盐湖区法院妇女维权法庭和稷山县妇幼保健院两个单位分别被授予全国巾帼文明示范岗；芮城县再就业绿色工程公司经理朱俊平被授予全国"巾帼建功"标兵；市妇联被授予全国"三八"红旗集体；荆青莲等三人被评为全国"三八"红旗手；永济市妇联等11个先进集体，冯彩玲等21个先进个人，赵运建家庭等20户"五好文明家庭"受到省妇联表彰。以及受市妇联表彰的教育、司法、妇幼、环保、电业、女村官、女企业家、村妇代会主任、乡镇妇联干部、下岗女工10个行业的100名优秀妇女。另外，因成功解救9名被拐卖儿童的崔长胜、孙彦学、高金泉三名男同志荣获"妇女之友"称号。市妇联还利用各种媒体对她们的先进事迹进行了广泛的宣传。

拥抱自然，强身健体。3月7日，市妇联组织开展了以"拥抱自然，强身健体"为主题的春季登山健身活动，市直800余名女干部参加此次活动。在游览完舜帝陵之后，所有参赛妇女干部汇集在五老峰山脚下，进行攀登五老峰比赛。登山比赛结束后，市妇联领导为比赛一、二、三等奖以及优秀奖共100人颁发了荣誉证书和奖品。新桥社区的姐妹们在五老殿表演了精彩的健身节目。紧张比赛之后，大家站在高处欣赏五老峰，市直机关的妇女姐妹们在万物复苏的春天，度过了一个难忘的"三八"妇女节。

妇女健康体检。2月，市妇联在全市妇女职工中开展了以防癌为主的生殖健康检查。在普查活动中，市妇幼保健院、市计生保健站为市直6千余名妇女进行了全面的健康体检，查出为数不少自以为身体很健康的妇女姐妹患有不同程度的生殖系统疾病，发现疾病种类共54种。崇济妇产医院共为5万余名乡镇妇女进行了免费健康体检，查出有各类疾病者千余人。真正做到了无病早防，有病早治，使广大妇女享有生殖健康服务。

加强把腐败，争当廉内助。7月，市妇联于市纪委、监委联合开展了"争当促进党风廉政建设模范廉内助"活动。广泛动员市、县（市、区）党政机关、企事业单位科级及其以上领导干部家属认真学习党风廉政建设的有关文件，积极参与"争当促进党风廉政建设模范廉内助"活动。为全市副科以上的干部家属发放了一万余册由市纪委、监委和市妇联联合印制的《党风廉政建设文件选编》，通过学习有关文件，不断提高对端正党风、廉洁从政重大意义的认识。开展多种形式的宣传活动，营造争当促进党风廉政建设模范廉内助的氛围。利用媒体对各行各业、各单位在这项活动中涌现出来的先进典型，进行宣传报道和经验交流，起到正面教育反面警示的作用。认真总结经验，评选出这次活动的先进集体和个人。

为农村妇女增收致富提供有效服务。根据市委对劳务输出工作的安排，结合妇女的实际情况，市妇联充分发挥妇联社会信誉高、组织网络全的优势，求真务实、真抓实干。深入基层搞调研，掌握农村妇女迫切需要。联系实际抓发动，激发农村妇女创业热情。8月，市妇联根据永济、临猗两个县市急需大量摘棉工的情况，不失时机地发动组织其它县市的农村妇女前往。调查市场，拓宽农村妇女就业渠道。积极主动与有关部门、企业联系，为妇女外出务工提供信息，帮助寻找岗位。

依法维权，为妇女撑起保护伞。维护妇女儿童合法权益是妇联组织的天职。加大宣传力度。全市各级妇联组织通过各种方式，提高公众特别是各级领导干部对男女平等基本国策的知晓、理解和认同程度，大力宣传《妇女权益保障法》、《关于预防和制止家庭暴力的决定》等相关法律知识。认真搞好信访接待工作，做好受害妇女的"娘家人"。（景　红）

【加强未成年人思想道德建设】 加强和改进未成年人思想道德建设，关系到家庭幸福、社会的安定、国家和民族的振兴。思想道德建设只有从未成年人抓起，都能实现全面建设小康社会的奋斗目标。市妇联认真贯彻落实《中国儿童发展纲要》的各项任务目标，积极努力为全市少年儿童创造良好的成长环境。

欢欢喜喜庆"六一"。为了认真落实《中共中央国务院关于进一步加强和改进未成年人思想道德建设的若干意见》和《中华人民共和道路交通安全法》，加强和改进对未成年人思想道德建设工作的领导，全面落实未成年人思想道德建设的主要任务，大力推动未成年人思想道德建设的改进创新，积极创造未成年人健康成长的良好社会环境，运城市妇儿工委于"六一"节期间隆重举行了运城市未成年人思想道德教育、道路交通安全宣传教育动员大会。大会为受市委、市政府表彰的12名未成年人思想道德建设特别奖、8名未成年人思想道德建设先进个人和10个未成年人思想道德建设先进单位；受市妇儿

工委表彰的80个先进集体、199名先进个人、83名优秀家长、94名优秀儿童、10名未成年人交通安全教育先进个人颁了奖；为10个学校授了未成年人道路安全宣传教育基地牌。会后进行了庆“六一”文艺节目表演。“六一”期间，市妇联还组织全市少年儿童参加了“运城市首届航模大赛”，慰问了聋哑学校的学生。

“未成年人思想道德建设”有奖征文。为了认真贯彻落实《中共中央国务院关于加强和改进未成年人思想道德建设的若干意见》，针对未成年人思想道德建设的重点、热点、难点问题，及时总结社会、学校、家庭、幼儿园对未成年人进行思想道德建设的新经验、新成果、新做法，扎实有效地做好未成年人思想道德建设工作，运城市妇儿工委。2004年4月份开始，在全社会开展了未成年人思想道德建设征文活动。共收到论文、调查报告、经验材料等征文350余篇。经过专家评选出一等奖5个，二等奖10个，三等奖15个和优秀奖202个。

少年儿童书法、绘画、摄影作品大赛。为弘扬中华民族的传统文化，促进少年儿童德智体美全面发展，丰富他们的业余文化生活，充分展示他们的艺术才华，大力推进本市书画摄影事业的发展，今年4月至5月，运城市妇联组织少年儿童参加了山西省第一届少年儿童书法、绘画、摄影作品大赛。共征集书法、绘画和摄影作品200幅。运城市妇联荣获本次大赛的优秀组织奖。这次大赛5充分展示了河东大地少年儿童的风采和潜力，为全市少年儿童的全面发展和健康成长搭建了一个平台。

“爱心帮困护春蕾”。根据我市贫困学生的现状，市妇联继续在全市开展“爱心帮困护春蕾”活动，动员社会各界伸出援助之手，帮助失学儿童重返校园。市妇儿工委办在《三晋都市报》上刊登失学儿童的情况介绍，号召社会各界人士与失学儿童结对资助。3月在省、市妇联的帮助下，全国优秀青年歌手谭晶通过中国儿童少年基金会捐助20万元在家乡新绛捐建春蕾小学，并拿出1万元资助10名贫困儿童完成学业。通过此次活动，不仅解决了失学儿童的实际困难，也在全社会弘扬了中华民族扶贫济困的传统美德。　（景　红）

运城市侨联

【促进侨联干部提高素质】 2004年市侨联认真组织政治理论学习，坚持中心组学习每月一次，机关工作人员学习每周一次，坚持人人记学习笔记，写学习体会。7月，市侨联主席范安龙被评选为全国第七次侨代会代表，参加全国第七次侨代会，被中国侨联授予“中国侨联工作先进个人”，在侨代会结束后，市县侨联积极组织广大归侨、侨眷学习侨代会《工作报告》和《章程(修正案)》，使广大归侨、侨眷切实感受到党和政府对他们的关心，支持侨联干部开展基层调研工作。

（王文娟）

【拓宽联谊，加强对外宣传力度】 2004年，市侨联充分发挥归桥、侨眷联系广泛的优势，利用运城举办“关公文化节”、“永济国际情侣节”、“舜帝大祭”等大型活动，邀请海外侨胞来运寻根祭祖，参加经济文化交流活动，先后接待了奥地利华人 会副会长陈安中博士、加拿大华人江丰银行软件工程师陈平安博士、旅澳华人赵宗华先生等四十余人。还利用市政府及省侨联网站，把市侨联所属企事业单位产品和有关信息全部上网，把运城市招商项目和名优产品发往与市侨联有联系的侨企、侨团、华侨及华人企业家，2004年先后有26个华侨华人及国内侨企老总来运城旅游、观光、寻求合作发展。还在《运城日报》上和侨办联合开辟了“河东儿女在海外”专栏，介绍在海外有影响的华人、华侨留学生68人，通过这次活动，宣传了运城，扩大了市侨联的社会影响，拓宽了侨联工作。　（王文娟）

【积极参政，反映人民群众心声】 2004年，侨联作为政协组成单位，积极参政议政，在人大、政协两会之前，认真组织侨界人大代表，政协委员调查研究社会上的一些热点、难点问题以及与人民群众息息相关的实际问题，认真撰写提案和社情民意，反映人民群众的心声。2004年，共写提案23个，其中市侨联副主席朱建中被《运城日报》的“提案第一人”进行了报导，盐湖区侨联获“优秀提案奖”。

（王文娟）

【积极为侨企服务】 2004年为炊香食品融资600万元，在四川省南充市建成南充炊香股份有限公司，5月2日正式投产运营。该厂占地50余亩，新建两条生产线，安排240人就业。市侨联医院与云南省南疆医院签订合作建院协议。为坦龙大厦协调资金38万元，2004年10月争取中国侨联文化基金会对市侨联幼儿园和市侨联医院进行专项投资，中国侨联领导十分重视，并表示给予大力支持。　（王文娟）

【解决归侨、侨眷实际问题】 市侨联组织机关干部和归侨、侨眷为扶贫点芮城县北吉村捐款捐物，为村里争取水利水保资金3万元，用于解决村民的吃水问题。通过组织村民劳务输出、农产品加工和饲养牲畜等帮助村民增收致富。市侨联通过永济市侨联党圣召的反映，了解到缅甸归侨沈启来的评残、住房问题有困难，经过多次和有关部门协商，争取早日解决。市侨联医院还为归侨、侨眷免费体检，发放医疗药品近一万元，市侨联帮助侨眷10人就业，解决扶贫贷款6万元，帮助困难归侨、侨眷争取助学金1万元，解决债务纠纷两起，挽回侨眷经济损失18万元。　（王文娟）

【加强组织建设】 2004年，统战部副部长李新潮同志任市侨联党组书记，梁晓静、上官晓红二同志任党组成员；所有县级侨联已完成换届工作，6个县成立了侨联小组，健全了侨联机构。　（王文娟）

（责任编辑：张武虹）

军　事

运城军分区

【战备训练】 2004年，军分区与运城市委、市政府联合下发了《关于贯彻中发［2002］9号文件精神推进城市民兵建设意见》、《运城市国防动员指挥中心和综合应用系统一体化建设实施方案》、《运城市加强行业系统民兵工作的实施办法》三个文件，为国防后备力量建设的协调发展奠定了基础。年初，修订了战备方案。2月份，组织全区新交流干部进行了参谋业务集训。3月上旬，军分区首长和各县（市、区）人武部部长、政委、军事科长参加了省军区组织的师团干部网上集训。3月下旬，组织全区军事科长和专武干部进行了业务集训。4月份，军分区机关带部分保障分队进行了战备拉动演练，提高了战备水平。7月下旬，参加了省军区组织的战役集训，新参谋集训、基层人武部长集训、信息化建设骨干集训和专业干部骨干集训，有14名学员受到省军区的通报表彰。8月份，接受省军区军事训练考核，取得了优秀成绩，2个民兵应急独立连被省军区评为一级民兵应急分队。在全市大部分行业系统组建了对口专业分队，民兵分队战斗力进一步得到了提高，这一做法在山西省民兵预备役部队基层建设座谈会上作了介绍。（樊旭红）

【建立“第一部长”制度】 2004年，借鉴县以上地方党委书记兼同级军事机关党委第一书记的做法，在全市263个乡镇（街道）、企事业单位武装部，建立了由单位党委书记兼任武装部“第一部长”制度。市委、市政府、军分区联合出台了《关于乡镇（街道）、企事业单位武装部设立“第一部长”的实施意见》。明确规定在不增加编制和经费的情况下，由乡镇（街道）以及企事业单位党委书记兼任同级武装部第一部长。召开任命大会，宣布命令，举行着装仪式，任命“第一部长”，增强第一部长的荣誉感和使命感，加强了党管武装的力度。这一做法在省军区作了经验介绍，得到总部的肯定，《解放军报》进行了宣传报道。（樊旭红）

【构建信息化指挥平台】 军分区积极争取市委、市政府的大力支持，在全区建成了国防动员信息化指挥平台，与各人武部、市民兵装备仓库实现了互联互通，为建设信息化部队奠定了基础。北京军区朱启司令员和省军区检查工作时，对信息化建设给予高度评价。（樊旭红）

【组训“军事三项队”】 为高标准完成省军区交给运城军分区的组训民兵“军事三项队”代表山西省参加第五届全国农民运动会的任务，2004年年初，军分区组织人员赴忻州、大同等地，在全省范围内认真选拔队员，并从八一体工大队聘请了教练、考察训练场地、筹备训练器材与生活用品，积极展开组训工作。经过5个月的训练，10月份，在参加第五届全国农民运动会上获得了团体总分全国第4名的好成绩。（樊旭红）

【从严治军】 利用“条令条例四大讲”、召开电视电话会议等时机，认真学习条令条例和上级关于从严治军的重要指示。深入开展“三项治理”、“五查五纠”等教育整顿活动，全面加强人员、车辆、武器弹药、安全保密、财务等管理工作。省军区两次转发了经验，并被评为“从严治军先进单位”。在各人武部开展了“学基本法规，明基本要求”活动，帮助干部熟悉了基本法规，掌握了主要内容，提高了依法开展工作的能力。（樊旭红）

【思想政治建设】 军分区、人武部两级党委在学习贯彻“三个代表”活动中，坚持定期学、书记抓学、检查促学，组织各级人员学习党的新理论和“三个条例一个规定”等；使大家在思想与工作中牢固确立了“三个代表”思想的指导地位。采取专题辅导、观看录像、检查整改等方法，深入开展“学好新理论、掌握新知识、增长新本领”的教育、警示教育和“四严四防”等教育。军分区机关“三新”教育的做法在省军区作了介绍。在组织正团职干部参加省军区理论集训的基础上，采取思想教育、帮助指导、召开民主生活会等方法，推动了“三好”活动深入开展。（樊旭红）

【开展向王仰林同志学习的活动】 2003年10月，原运城市万荣县人武部部长王仰林因公牺牲。军分区党委在全区号召掀起向王仰林学习的活动。为了宣传这一典型，军分区成立工作组，先后两次到新闻媒体单位进行事迹汇报。2004年3月，军分区党委邀请《战友报》、《华北民兵》、《山西日报》等各杂志社主要领导到分区实地调查。4月，王仰林同志的先进事迹在《解放军报》、《战友报》、《华北民兵》、《山西日报》等多家报刊进行报道。（樊旭红）

【“双服务”活动】 军分区在各高速公路出入口处制作了“军民共建国防、绿色、文明高速公路”大幅标语，在18个收费站（区）成立了“交通保障营”，开设了“国防绿色通道”，为军车通行提供了保障。军分区与地方有关部门共同捐资22万元，在夏县温峪村修建了1所希望小学。各人武部捐款捐物，定点帮扶困难小学13所，资助贫困学生近百余名。全区先后组织民兵1万余人次，植树造林46万棵，种植防护林带41公里，促进了地方的“三个文明”建设。（樊旭红）

【后勤建设】　按照实战要求，制定和完善各项后勤保障计划预案，开展了数字化训练，干部的业务能力得到进一步提高。机关取暖、职工就医实行了社会化保障。加强财务监管，严把预算执行、经费供应、支出、结算等环节，规范了理财秩序。对各人武部进行了财务检查，对人武部进行了主官离任经济责任审计。采取宣传发动、以拆促迁、经济补偿和强行搬迁等办法，共清理不合理住房20余户，面积1500平方米，受到省军区的充分肯定。军分区先后被北京军区评为“文明卫生营院”，被省军区评为党委理财先进单位、审计工作先进单位；后勤部被省军区后勤部评为油料管理先进单位。　（樊旭红）

武警运城市支队

【概述】　2004年，运城市支队在总队党委的正确领导下，坚持以“三个代表”重要思想为指导，认真贯彻总部、总队两级党委扩大会议精神，按照支队党委“坚持继承求发展、坚持制度抓落实、坚持质量严标准”的工作思路狠抓各项工作落实。坚持把党委班子的能力建设摆在重要位置来抓，进一步增强班子的凝聚力、战斗力和创造力；牢固确立“基层至上、士兵第一”的思想观念，基层的全面建设水平有了新的提高；始终坚持从严治警，不断提高部队的正规化建设水平；始终注重抓好经常性工作的落实，努力打牢部队建设的基础。基层的全面建设水平得到进一步的提高。直属二中队被总队评为标兵中队，临猗县中队、新绛县中队、夏县中队和盐湖区中队进入了先进中队的行列；支队作训股、宣传股、财务室被评为先进股室。

（邸俊伟　李玉飞）

【思想政治建设】　全军和武警部队“三个代表”重要思想经验交流会精神得到较好落实。坚持把中心组理论学习同机关干部捆在一起抓，加大对官兵理论学习检查监督的力度，全体官兵政治信念更加坚定，用党的创新理论武装头脑、指导工作的自觉性进一步增强；采取专家授课、领导辅导、参观学习、典型引路等方法，引导官兵积极投身军事变革，争当忠诚卫士。“积极适应军事变革，努力争做党和人民忠诚卫士”教育活动成效明显；紧密结合官兵思想实际，积极开展“读好书、立好志、当好兵”为主题的活动，陶冶了官兵的情操；在纪念建军77周年之际，开展了“卫士杯”篮球比赛、板报展评等活动，基层的文化生活得到不断丰富；对心理疾患、重病号、家庭涉法问题等特殊人员高度关注，对思想问题比较多的“个别人”坚持由常委定人定责做好转化工作。特别是二中队“用真情感化、靠环境熏陶”转化后进战士的经验做法还被总部政治部转发。

（邸俊伟　李玉飞）

【党委班子的能力建设】　坚持把学习“三个代表”重要思想作为加强党委班子思想建设的根本途径，较好地实现了由逼着学向自觉学的转变，由党委机关分开学向党委机关“捆绑”学的转变，由重点记笔记向重点写体会的转变，用“三个代表”重要思想武装头脑，指导工作实践。围绕党委班子能力素质的提高，认真组织学习全军党的建设座谈会议和总部、总队党委书记联席会议精神以及《军队党委工作条例》，扎实开展“提高素质能力、保持优良传统”教育活动，制定《支队党委加强能力建设措施三十条》。注重从党委班子成员的自身形象抓起，坚持做到每天碰头，每周通气、每月交心，党委班子的凝聚力、战斗力、创造力明显增强。认真贯彻“两个条例”和“两个规定”，扎实开展“抵制不良风气、纯洁部队风气”教育和“读书思廉”活动，并注重把工程建设同党风廉政建设捆在一起抓，筑牢了班子成员拒腐防变的思想防线。

（邸俊伟　李玉飞）

【执勤工作】　着眼建设信息化武警要求，支队建成了功能齐全的作战室、电视电话会议室。提高了物防、技防的安全系数，扎实开展勤务专项教育整顿，提高执勤人员的中心意识和依法执勤意识，执勤中的常见病和多发病有效解决，严格落实勤务制度和《支队首长机关执勤检查措施》，督促官兵严格执行执勤三项纪律，确保固定勤务目标的绝对安全。召开正规化执勤等级评定现场观摩会，组织基层中队开展执勤等级评定工作，有效提升执勤质量，支队年底被总队评为正规化执勤一级机关，12个中队被总队评为正规化执勤一级中队。以训练大纲为依据，狠抓部队的基础训练和首长机关训练，较好地完成了“晋阳三号”演习，部队作战能力明显增强。各基层中队严格按纲施训，大力加强应急小分队的训练，出色地完成训练任务。注重抓“四个尖子”班的训练，提高一中队应急处突和整体作战能力，在总队比武中取得较好成绩，受到了总队首长的好评。圆满完成武装押解、公判现场警戒、重大活动安全保卫等临时性勤务，成功处置“3·23”运城工商银行大火、“4·25”半坡油库火灾、“9·23”临猗特大沉船事故等突发性事件26起。特别是闻喜县中队官兵在“12·28”解救人质战斗中，发扬特别能吃苦，特别能战斗的精神，连续作战12个小时，最终出色完成任务，赢得了地方党委、政府和人民群众的高度赞誉。

（邸俊伟　李玉飞）

【基层建设】　始终把工作重心放在基层，部队基础建设更加稳固。针对部分存在不懂不会和个别先进中队干部存在骄傲自满的问题，及时在基层中队开展“结队共进”活动，增强基层官兵抓好本职工作的紧迫感。对基层落实《纲要》培训的情况及时进行“回头看”，下发《限期整改通知书》，提高基层干部按纲建队的意识，三项经常性工作得到较好落实。加大党员干部的管理教育力度，解决党员干部中存在的工作精力不集中、自我要求不严格的问题。注重做好“暖心”工程，大力表彰各级各类的先进典型，组织6名好军嫂全家到西安一日游，调动干部的工作热情，基层建设充满活力。

（邸俊伟　李玉飞）

【部队管理规范化】　坚持条令学习制度化，强化官兵的条令意识，机关按条令指导、基层按条令抓建、官兵按条令工作的局面逐步形成。先后组织四次安全大检查，及时发现、排除12起事故苗头和潜在隐患，注重加强机关和小、散、远单位的人员管理，定期与不定期检查人员在岗、干部履职和部队管理等情况，部队的四个秩序明显正规；注重加强机关车辆管理，严管车辆的派遣与使用，杜绝出私车、私出车现象；注重加强枪弹管理，严把动态枪弹的出库、使用和送交三个环节，确保了枪弹的绝对安全；加大依法从严治警力度，维护纪律的严肃性。

（邸俊伟　李玉飞）

【后勤综合保障】 2004年，围绕扎实保障有力的目标，坚持高起点谋划，高质量建设，高标准规范，促进后勤建设全面发展。依托“司务长之家”，利用司务长每月集体办公的机会，开展经验交流、辅导培训等活动，提高司务长的业务能力；组织开展炊事员、军械员、卫生员培训和驾驶员复训，增强各类专业人员的整体素质。注重加强后勤制度建设，增强工作的规范性。严格经费管理，提高经费的使用效益；严格落实五项制度，加强农副业生产，基层官兵对伙食满意率达到90%；认真落实物资抵押制度和管理责任制，物资完好率达到规定要求。10个单位的“四配套”建设基本完工，基层官兵的工作生活环境得到较大改善。

（邸俊伟　李玉飞）

【总部、总队首长检查指导工作】 11月2日，总部副政委贾润兴中将在总队长叶景亮少将、政委宋广义少将的陪同下到达运城支队视察工作，在机关听取了工作汇报，在二中队进行视察。贾副政委指示：当前部队要稳定，落实好江泽民主席关于武警部队建设的重要论述，认真学习好党的十六届四中全会精神，并与中队官兵合影留念。

2004年2月17日，由叶景亮总队长、杨满仁副总队长、朱刚副参谋长和后勤部部长吕明录等有关人员组成的工作组，对运城支队二中队、河津中队、盐湖区中队三个单位的“四配套”现场会准备的情况进行检查和指导。

4月3日，总队长叶景亮、政委宋广义、副总队长杨满仁在总队“四配套”工作组的陪同下，赴运城支队检查指导“四配套”现场观摩会试点中队的建设情况。

9月15日，南片比武领导小组组长王援朝副总队长带领工作组到达运城市支队比武现场，对比武各项准备情况进行认真检查，并作了重要的指示。

11月14日，总队参谋长李志斌带领司令部训练处副处长孙占军、政治部组织处副处长李辉、后勤部军需处处长郭炳亮等一行在运城市支队进行考核调研。

（邸俊伟　李玉飞）

【中国工商银行运城市支行火灾的扑救和警戒】 2004年，3月13日20时，中国工商银行运城市支行办公楼九楼计算机室因线路原因发生火灾，现场浓烟滚滚，一片混乱。支队出动兵力担负警戒和扑救任务，大火于21时被扑灭。

（邸俊伟　李玉飞）

【武警山西总队基层“四配套”设施建设现场观摩会开幕式在运城召开】 4月25日上午，武警山西总队基层“四配套”设施建设现场观摩会开幕式在运城隆重召开。会议由叶景亮总队长主持。参加会议的人员有：总队长叶景亮、副总队长杨满仁、后勤部部长吕明录、副参谋长朱刚、政治部副主任周步平、后勤部副部长王明德以及各支队支队长、政委；地方领导有：省委常委、省政法委书记杜玉林，省储备管理局、省监狱管理局、省公安厅监管总队、省广播电视局、兵器工业总公司852库的主要领导，运城市委书记、公安局长以及各市分管政法工作的副书记、大同铁路分局、太原铁路分局、中国人民银行太原分行、广播电影电视总局725台、省民航管理局的负责同志。与会人员观看了总队基层“四配套”设施建设情况录像。

全体与会人员对河津市中队、直属二中队的执勤、训练、文体、生活等设施进行认真细致的观摩。叶景亮总队长在支队长周文银、政委李志良的陪同下，向省市领导介绍基层“四配套”设施建设取得的优秀成果。观摩会为全总队基层“四配套”设施建设的开展确定了标准，为支队完成年底60%中队实现“四配套”要求奠定了坚实的基础，受到上级领导的充分肯定和赞誉。（邸俊伟　李玉飞）

【平陆县“8·09”抓捕任务】 8月8日16时许，有两名外地口音的男子持1支双管猎枪和自制的土炸药闯进平陆县曹川镇邮政储蓄所，点燃炸药炸坏柜台实施抢劫未遂，向曹川镇寺头村仓皇逃窜，平陆县中队出动10名官兵携带武器弹药进行搜索抓捕。经过12个小时的艰苦战斗，行程200余公里，参战官兵没费一枪一弹抓获2名不明身份的可疑人员。（邸俊伟　李玉飞）

【“9·23”临猗特大沉船事故】 9月23日运城市临猗县69名村民乘船采摘棉花，在吴王渡口快靠岸时，因燃油用尽停船不能靠岸，抛锚失败，村民涌向船头使船体向前倾斜，村民又涌向船尾，船体失去平衡，导致沉船。支队出动官兵沿黄河两岸搜救，经过与其他单位3天的共同努力，打捞12具尸体，21人得到生还。（邸俊伟　李玉飞）

【“10·25”解救绑架人质事件】 10月17日，在北京就学的1名河津籍学生遭到绑匪绑架，绑匪向学生家人提出索要2000万元赎金，受害者家人立即向北京警方报案，北京警方迅速成立专案组，开始对绑匪进行跟踪抓捕。绑匪劫持人质驾乘黑色尼桑轿车（车号为京B17200）在北京、张家口、怀安、朔州、左云、成都、重庆、西安等五省八市（县）流窜，24日20时40分犯罪分子出现在运城西部风暴网吧，北京警方随后跟踪到运城，并将情况通报运城警方，请求援助。10月25日，市支队联合运城市公安局协助北京警方解救人质，抓捕犯罪分子1名。（邸俊伟　李玉飞）

【看望平陆县“61个阶级弟兄”在世者】 12月14日，武警山西总队运城市支队政委李志良代表支队全体官兵看望平陆县“61个阶级弟兄”在世者，给他们带去过冬衣服、米面等生活用品，还给他们检查了身体，赠送药品。使他们始终感受到党的关怀和部队的温暖。

（邸俊伟　李玉飞）

【“12·28”解救人质任务】 2004年12月28日，孙建平参谋长带领市支队闻喜中队应急小分队成功地处置一起绑架人质案。在处置过程中，参战官兵未费一枪一弹，从到达现场到结束战斗仅用了11分钟，解救出被绑架的1名11岁儿童，并抓获犯罪嫌疑人1名。

（邱俊伟　李玉飞）

【“四配套”建设任务如期完成】 12月31日支队按照总队年内完成60%单位的要求，共新建营房2300平方米，改造4724平方米，解决了住宿、洗澡、入厕难的问题，“四配套”设施配置到位，极大满足了官兵的需要。

（邱俊伟　李玉飞）

（责任编辑：景惠西　李红兵）

法　　制

检察工作

【严打斗争】　全市检察机关始终把维护社会稳定作为首要任务，按照市委“稳定安民工程”的部署和要求，与公安、法院等部门密切配合，加快办案节奏，依法快捕快诉。共受理提请逮捕案件1635件2697人，经审查，批准和决定逮捕1526件2485人，受理移送审查起诉案件1998件2990人，提起公诉1631件2356人，三次分别对34名死刑犯执行死刑实施了现场监督。为建设“平安运城”做出了积极贡献。

严厉打击严重刑事犯罪和破坏社会主义市场经济秩序犯罪。共批捕杀人、放火、爆炸、抢劫、强奸、绑架等严重暴力犯罪案件260件457人，起诉272件446人；批捕抢夺、盗窃等严重影响群众安全感的多发性犯罪416件714人，起诉439件660人；批捕破坏社会主义市场经济秩序犯罪案件44件67人，起诉32件50人；适时介入重特大案件侦查301次。

集中处理涉法上访案件，努力化解社会矛盾。本着“实事求是，依法办理，合法解决，认真答复”的原则，坚持一把手负责制和领导包案制，多策并举，精心组织，开展了集中处理涉法上访案件专项行动，省院、市委交办的涉及检察机关的21案全部办结。继续认真落实首问责任制，对各类申诉案件及时立案、及时审查办理，努力将问题解决在基层。两级院检察长全年共参加接待1254人次。

（王俊燕　王文涛）

【查办和预防职务犯罪】　全市检察机关坚决贯彻落实市委关于推进党风廉政建设的总体部署，坚持办案数量与质量并重、实体与程序并重、加大办案力度与依法文明办案并重、查处与预防并重、法律效果与社会效果并重的原则，以办案促稳定，以办案促发展，查办职务犯罪工作取得了新进展。全年共立案查处职务犯罪案件163件200人，其中贪污、贿赂、挪用公款等经济犯罪案122件146人，渎职侵权犯罪案41件54人，受到省院通报表扬。市院反贪局获全省反贪工作先进单位荣誉称号。

按照主动出击、提高质量、狠抓大要案的总体要求，共立案查处贪污、贿赂、挪用公款大要案63件80人，其中县处级干部犯罪要案2件2人，大要案比例首次突破50%大关。立案查处科级干部贪贿罪案24件24人。立案查处重特大渎职案件8件。

注重质量，提高案件侦结率、移诉率和判决率。坚持“一要坚决，二要慎重，务必搞准”的办案原则，严把事实关、证据关和程序关。至年底，经济罪案已侦查终结122件143人，送审查起诉116件137人，法院作出有罪判决74人，取得了新突破。侦查终结渎职侵权罪案31件39人，移送审查起诉28件34人，法院作出有罪判决16人。

开展专项行动，严查国家机关工作人员利用职权侵犯公民合法权益的犯罪案件。把发生在基层和群众身边、影响恶劣、严重损害人民群众切身利益的案件作为查处重点，共立案查处党政机关、司法机关、行政执法机关等国家机关工作人员滥用职权、非法拘禁、刑讯逼供等侵犯公民合法权益的犯罪案件10件19人。

立足检察职能，积极开展职务犯罪预防。在不断加大查办案件力度的同时，通过开展法律宣传、咨询、典型案例剖析等形式，提出预防性检察建议40余份，开展个案预防39次，举办职务犯罪预防法律知识讲座35次。设立职务犯罪预防公益广告牌60块。

（王俊燕　王文涛）

【诉讼监督】　加强了对侦查活动的监督。对侦查机关应当立案而不立案的129件案件，要求说明不立案理由，侦查机关主动立案32件44人，通知后立案60件81人，执行立案49件63人；纠正不应立案而立案的案件3件4人；追捕2件4人，追诉漏犯7人，追诉漏罪13条。

加强了对行政执法机关移送涉嫌犯罪案件的监督。以“强化监督职能，促进依法行政，治理经济环境，保证经济发展”为主线，与公安、工商、烟草专卖、质检等行政执法部门联合启动了行政执法与刑事执法衔接的工作机制，联合制订下发了文件，建立了案件信息共享、联席会议、通报备案、协调配合等四项协作制度，开展了打击制售假冒伪劣商品、侵犯知识产权犯罪立案监督专项行动，共走访行政执法部门123次，查询行政违法案件162件，建议行政执法部门移交案件13件，通知公安机关立案17件，批捕犯罪嫌疑人6人。

加强了对审判活动的监督。对刑事审判活动中的违法行为发出纠正违法通知书和检察建议书247份；对认为确有错误的刑事判决、裁定提出抗诉16件，支持抗诉4件，法院已改判3件4人；对认为确有错误的民事行政诉讼案件生效判决、裁定提请抗诉51件，抗诉21件，改判25件。

加强了对刑罚执行活动的监督。开展了减刑、假释、保外就医专项检查活动，共检查减刑358次353人，假释25人，保外就医20人，监督有关单位对6名保外到期未痊愈的罪犯补办了续保手续，建议对5名下落不明的保外就医罪犯实施追捕，对9名暂予监外执行条件消失的罪犯予以收监执行。共纠正超期羁押193起221人，发出口头和书面检查建议584件，发现和纠正逃跑、自杀等不安全因素及事故隐患123起，纠正各类违法行为132起。办理在押人员又犯罪案10件12人。

加强了对检察机关自身执法办案活动的监督。对2001年以来所办自侦案件扣押款物进行了集中清理，总共606万元，其中上缴财政417万余元，依法退还177万余元，暂留的11万余元，待结案后依法处理。对2003年的不起诉案件166件223人进行了复查，纠正处理不当的案件14件，办理刑事赔偿案20件。（王俊燕　王文涛）

【队伍建设】 切实加强干警思想政治建设。组织广大干警深刻学习领会“三个代表”重要思想和党的十六大、十六届三中、四中全会精神，结合开展“公道正派树形象”活动和学习任长霞、牛玉儒等同志先进事迹，联系工作实际，开展自查自纠，着力培养干警“立检为公，执法为民”的观念，弘扬“忠诚、公正、清廉、严明”的检察职业道德。全体干警践行“三个代表”重要思想、公正执法的自觉性和坚定性进一步提高，全年有7个单位和37名个人分别受到上级机关表彰。

努力提高干警业务素质。组织14名检察人员参加省院组织的续职资格培训，并顺利毕业；102人参加学历教育，其中65人已取得本科学历；4名干警通过了全国司法考试。组织市院侦查监督、公诉、反贪、渎职侵权检察、民事行政检察等主要业务部门各编写400道业务竞赛复习题，掀起了岗位练兵热潮。法警支队在全省检察系统法警大比武中分获枪械具使用团体第一名、个人第二名，手枪射击团体第三名、个人第一名，擒拿格斗个人第三名的好成绩。

（王俊燕　王文涛）

【检察宣传】 共在地市级以上新闻媒体发表新闻稿件、调研文章519篇，其中国家级49篇，省级132篇，7篇获全省检察机关优秀调研成果奖。（王俊燕　王文涛）

【基层检察院建设】 市院会同县（市、区）委组织部门考察任命了基层院班子成员，从市院机关推选4名年轻干部到基层院挂职锻炼。建立并实施了基层院建设的帮扶制度，帮助解决了一些具体困难。制定了考核方案，成立基层院建设考核领导组和办公室，进行了严格考核，14个基层院检察长民主测评均达优秀或称职。

狠抓廉政建设。按照《廉政谈话制度》、《廉政档案制度》、《执法办案监督制度》对市院及基层院178名新任领导干部进行了廉政谈话，为483名干警建立了廉政档案。

（王俊燕　王文涛）

【接受人大监督】 2004年重点抓了五个方面的工作：按照人大联络制度，积极开展了与人大代表联系活动。年初、年中两次在全市范围内征求了市人大代表的意见和建议，并协助省院圆满完成了征求在运工作的省人大代表意见建议工作。认真办理代表建议。对市一届人大六次会议议案组交付市院办理的5件代表建议，高度重视，认真研究，确定包案领导和责任人，全部高质量按期办结，并答复了代表，均收到了“满意或比较满意”的效果。积极参加纪念人民代表大会制度成立50周年暨地方人大设立25周年活动，进一步提高了全体干警接受监督的自觉性。在“国税杯”人大知识竞赛活动中获得二等奖。继续抓好执法责任制和错案追究制的落实。对2002年以来全市侦查监督部门办理的2228件案件进行了评查，对305件不捕及申诉案进行了重点抽查，对4起案件实施了执法监督，对2名违法办案干警给予了党政处分。根据高检院的统一部署，开展了人民监督员制度试点工作。经有关机关、单位民主推荐，全市两级检察院共选任了78名人民监督员。其中人大代表30名，全市检察机关已有5案6人进入人民监督员监督程序，案件的处理均采纳了人民监督员的意见。

（王俊燕　王文涛）

法院工作

【概述】 2004年，全市两级法院共受理各类案件26429件，审执结24987件，结案率为94.5%。其中中院受理3381件，结案率为96.4%。（姚运兴　卫爱元）

【巩固严打成果，打击刑事犯罪】 2004年，中院共受理刑事一审、二审案件478件，审结477件，结案率为99.8%，575人受到刑事处罚。判处死刑、死缓、无期徒刑56人。审判人员坚持基本事实清楚，基本证据确凿充分，案件质量不断提高。在打击和预防职务犯罪方面，对6案23人进行了判处，其中处级干部2人，维护了党和政府的形象。（姚运兴　卫爱元）

【调处民事法律关系，规范市场经济秩序】 2004年，中院共受理一、二审民商事案件1781件，审结1735件，结案率为97.4%，其中婚姻家庭案305件，合同纠纷案798件，权益纠纷案632件，审结公私企业破产案11件，维护了正常的社会生活秩序和经济秩序。

（姚运兴　卫爱元）

【不断总结经验，开展行政审判工作】 4月初，全市法院召开了行政审判研讨会，认真分析总结了行政审判工作的经验和教训，使办案质量和效率进一步提高。一年来，中院共受理行政案件122件，审结118件，结案率96.7%，审查行政非诉案294件，执结281件。既依法支持行政机关依法行政，又依法保护了公民、法人和其他组织的合法权益。（姚运兴　卫爱元）

【推进再审程序改革，强化审判监督工作】 4月下旬，全市法院在平陆召开了审判监督工作专题会议，总结了经验，对进一步规范审判监督工作进行了研讨，形成共识：（1）发挥职能“依法纠错”；（2）积极推进再审程序改革，把司法为民落到实处；（3）明确再审改判标准，维护生效裁判的权威。2004年，中院共受理审判监督案件94件，审结90件，结案率为95.7%，其中维持36件，改判33件，发回重审11件，调解6件，再审案件的申诉率明显下降。

（姚运兴　卫爱元）

【创新执行工作机制，努力攻克“执行难”关】 主动请示汇报，争取党委、人大等领导支持；采取“三权”互动，形成合力促进执行；借助新闻媒体，运用舆论推动执行；发挥“三统一”优势，突破障碍强化执行；借鉴外地经验，结合实际创新执行。2004年，中院共受理各类执行案件327件，执结273件，执结率为83.5%，执结金额22925.3万余元。一批“钉子案”、“难缠案”得到了妥善解决，有力维护了法律的威严。

此外，中院还办理减刑、假释156人，完成司法鉴定173件，审理国家赔偿案件10件。

（姚运兴　卫爱元）

【“司法公正树形象”教育活动】 在全国法院系统开展“司法公正树形象”教育活动中，运城中院积极制定教育活动方案，成立教育活动领导组，设立了办公室，把教育活动分为学习教育、开门整风、案件评查、完善制度、总结验收等五个阶段进行。6月16日，院党组专门召开中院全体干警和基层法院审判长以上人员电视动员大会，强调“八个结合”：把学习教育与推进内部改革结合起来；把学习教育与市委开展的“公道正派树形象”活动结合起来；把内部教育与开门整顿结合起来；把教育活动与队伍的管理培训结合起来；把教育活动与加强内部监督制约机制结合起来，并实行了“一把手”负责制。

（姚运兴　卫爱元）

【突出重点，抓好教育】 在教育活动中，运城中院突出队伍的思想政治建设和业务素质的提高，认真抓了队伍的法治理论教育和职业道德教育，着力解决干警队伍的人生观、世界观和价值观问题。同时狠抓学习教育，坚持每月一次全院干警集中学习制度，各庭室坚持每周半天业务学习制度，鼓励干警在岗自学。根据统计，中院在岗攻读专升本干警23人，攻读研究生的7人。此外，中院还分三批选派了部分审判长以上人员到国家法官学院培训，先后有14人参加了全省法官晋级培训，全市法院有92人参加书记员培训，另有5名同志通过司法考试，取得法官资格。

（姚运兴　卫爱元）

【正反教育，弘扬正气】 5月份，院党组组织干警学习了阳泉中院执行干警于昌明事迹和河南省登封市公安局长任长霞的事迹，在全院树立了张丽让、杨军、田力、姚冰娟等先进典型，同时组织干警观看了《王怀忠两面人生》和《李真贪污受贿案剖析》警示片，从正反两方面教育干警。为配合主题教育活动，中院党组还组织开展了一系列有益的文体活动和演讲比赛。中院研究室的同志在全国各级报刊、杂志、电台、电视台发表新闻宣传稿件122篇，编发《信息》、《简报》85期，宣传了法院的正面形象，推动和促进了各项工作。

（姚运兴　卫爱元）

【党风和廉政建设】 严格执行《2004年党风廉政建设和反腐败工作实施意见》，层层签定责任状，一级抓一级，一级对一级负责。结合半年工作总结，召开了全市法院党风廉政建设会议，明确了党风廉政建设的紧迫形势和艰巨任务，从源头抓起，在预防上下功夫，坚持中层干部半年一次述廉和新任审判员廉政诫勉谈话制度。半年总结时，10名审判庭长向院党组进行了廉政述职。7月初，党组又与12名新任审判员进行了集体廉政谈话，使大家上岗先上廉政课，自觉拒腐防变，筑牢思想防线。

在2004年的廉政建设工作中，还重点抓了“三项治理”工作和案件质量评查工作。在“三项治理”工作中，对全院车辆进行了检查登记和使用调整；制定了《关于规范公务招待，严禁公款吃喝的若干规定》，推行了定人、定点、定标准、定程序的“四条规定”；在清房工作中，他们以会议、公告、走访、个别谈话教育，走访配偶单位等手段，使此项工作得以顺利完成。7月份，中院的纪检监察部门和案件质量监督委员会，对全院上年度下半年和本年度上半年所办的2100件一、二审案件，在各庭室自查的基础上，重点对改判发还的、上级法院和人大批办过问的、群众反映强烈的以及判后继续上访缠诉不息的“四类”585案作为重点，进行了逐案评查，并建立了“案件质量确认登记卡”、“审限跟踪督办卡”和每月一通报的“两卡一通报”制度，有效地促进了办案质量和效率。

（姚运兴　卫爱元）

【开门整风，接受监督】 在教育活动中，按照党组制定的方案，在第二阶段，坚持开门整风，广泛征求意见，改进工作。7月底前，主动邀请部分人大代表和政协委员，召开了征求意见座谈会，以及老干部座谈会和复转军人座谈会，走访律师、当事人及有关部门，广泛征求意见，虚心接受监督，积极改进作风。（姚运兴　卫爱元）

【信访工作】 以“首问责任制”为龙头，采取五条措施，狠抓涉诉信访工作：中院党组专门成立了解决涉法上访案件领导组，下设了办公室，配备了经验丰富、具有较高素质的法官，加强了信访接待力量，建立了“一把手亲自抓，分管院长具体抓，立案庭牵头抓，其他庭室共同抓”的大信访格局。2000年，中院党组先后7次召开专题会议研究涉诉信访案件，并于5月27日召开了全市法院解决涉诉信访案件专题会议，逐县逐案进行分析。建立并坚持了院长接待日和领导包案责任制；中院先后制定了《进京赴省来市上访案件处理办法》、《首问责任制实施方案》，院长、副院长亲自包案、亲自做当事人的思想工作，确保了信访案件的处理效率和效果。坚持信访案件月报告、分析制度。实行一案一表，一月一清。（姚运兴　卫爱元）

【加强基层建设，改善办公条件】 2004年，中院紧紧围绕审判工作法治化、法院管理制度化、法官队伍职业化、法庭装备标准化的“四化”目标，全面加强法院的基层建设。经过努力，全市13个基层法院在硬件建设上做到了院院有规划、有项目、有工程、有行动。继盐湖、芮城、闻喜之后，绛县法院的审判办公大楼5月份竣工，平陆县法院新大楼建设进行了立项，临猗、新绛、万荣、夏县、永济、垣曲、河津、稷山法院都进行了改建、扩建和装修。中院在现有条件基础上，对办公楼进行了部分整修，并按照省高院要求，完成二级区域并网，配备了必要的设施，装配了电视、电话会议室。中院审判大楼建设进展顺利，7月底封顶，土建工程和外部装修完工。　（姚运兴　卫爱元）

司法行政工作

【创建示范点活动】　2004年，市司法局在全市农村、司法和行政执法单位、学校、企业积极开展了争创“依法治理示范点”活动，进一步推动了全市依法治理工作的深入开展。全年市、县两级共有108家单位申报市级依法治理示范点，验收108家，有96家达到创建标准，其中行政执法单位31家，企业9家，学校20家，农村36家。

市委、市政府在开展“为民工程”活动中，将“创建示范点活动”作为“稳定安民工程”的一项重要内容向社会进行了公告。各县（市、区）委均下发了《关于开展创建示范点活动的实施意见》，并认真进行了组织实施。夏县、永济市、绛县、垣曲县、闻喜县、稷山县等县（市、区）采用重点指导、专业培训、知识讲座、制定《纲要》编写《读本》树立“示范点”和开展行政执法监督等多种形式，取得了明显成效。盐湖区工商局、运城市地税局、平陆县实验小学、绛县古绛镇东兰村、河津市米家关村等通过健全机构、成立“窗口”、业务培训、查处案件、构建体系、完善措施、以制度治村和法律知识竞赛等活动的开展和措施的落实，提高了工作效率，规范了工作秩序，增强了师生的法制意识，提高了村民的法制观念，推动了城乡民主法制建设与经济建设的协调发展。1月份，市局组织劳教人员到市内大、中专学校开展了现身说法和以案释法活动。5月份，与市综治办、教育局、工商局、公安局、文化局联合在全市开展了规模宏大的学校周边环境专项整治活动。

“创建活动”的开展带动了全市依法治理工作的全面、快速发展。领导干部学法、用法的气氛愈加浓厚，依法管理、决策的意识和能力明显增强；市、县、乡三级政府法律顾问团的建立，为全市的重点建设工程和各级政府的重大决策活动提供了优质、高效的法律服务；农民群众的知情权、决策权、参与权和监督权的意识进一步增强；司法和行政执法单位的公正司法、依法行政水平有了进一步的提高；青少年法制教育工作迈出了新步伐，青少年学生的法制观念明显增强。　（张军荣）

【人民调解工作】　2004年初，市司法局在全市开展了“三建”活动，即民调小组建普法园地，村调委会建调解档案，乡（镇）调委会建民调员功绩薄。全市人民调解工作取得了新的成效。全市80%的调委会达到规范化调委会的标准，调解业务基本实现制度化和程序化；各级调委会对本辖区内的矛盾、纠纷发生、调处、化解情况做到了底子清、情况明、有记载，为开展好调解工作掌握了大量的第一手资料。全市新成立社区、街道调委会20余个，新增调解员100余名，人民调解已渗入到社会的方方面面。调解文书质量和调解员业务素质不断提高，全年全市调解文书被法院采纳的有38份，比上年增加了11份，县、乡（镇）两级以各种形式共培训调解员2200余名。全市共调解各类纠纷3万余起，防止民间纠纷激化200多起，制止群体性闹事事件246起。　（张军荣）

【司法所建设】　2004年，全市100%的乡（镇）成立了司法所。30%的司法所有了独立的办公场所，10%的司法所配备了电脑，90%的司法所配备了摩托车。市、县两级司法行政机关依托乡（镇）司法所开展了丰富多彩的法制宣传、依法治村、法律服务、法律援助、人民调解活动。8月份，与市编办联合下发了《关于进一步加强司法所建设的有关问题的通知》，妥善解决了司法所编制等问题。9月份，按照省厅安排，圆满完成了全市44个乡（镇）街道司法所享受国债资金扶持工作，为全市争取到260余万元的国债扶持项目资金。此外，司法所还参与了“三打、三防、三创”、“稳定安民工程”社会治安综合治理、解决涉法上访、矛盾纠纷大排查等中心工作。　（张军荣）

【安置帮教工作】　按照“帮教社会化、就业市场化、工作规范化、管理信息化”的要求，组织全市安置帮教工作者和社会有关单位认真做好安置帮教工作。市、县两级均建立了信息化管理平台，实现了资源共享。安置帮教基地建设取得新成果，绛县、垣曲、芮城、万荣、闻喜新建立了高标准的安置帮教基地，全市刑释解教人员安置率达到95%以上。9月份，对全市刑释解教人员进行了一次集中排查，并针对排查出的问题认真部署了法制教育、安置帮教工作，有效地预防了刑释解教人员重新违法犯罪。10月份，与有关单位联合下发了《关于对刑释解教人员落实就业与再就业有关政策的意见》，为刑释解教人员的安置帮教工作创建了有利的工作条件和社会环境。各县（市、区）司法局也积极协调财政、税务、工商、劳动、民政、农业等部门制定了许多优惠政策，并积极组织工会、妇联、团组织和社区成立帮教组织和帮教志愿者队伍，使安置帮教工作不断走向社会化。全年全市刑释解教人员帮教率达到100%，重新犯罪率控制在5%以下。　（张军荣）

【律师工作】　2004年，与市律师协会一道组织举办了“2004年度律师业务培训”；建立了律师办理重大案件报告制度和律师办理案件季报制度；对实习律师申报的材料进行了审核，并按时上报省厅审批；7月底8月初市局依法取缔了一些非法的以律师名义设立的办公场所；建立了律师办理案件统计库；7月份组织全市30余名律师参加了司法部组织的远程培训会。全年全市律师共办理刑事案件881件，民事经济行政案件7007件，进行非诉讼调解307件，民事、经济、行政案件1271件。　（张军荣）

【公证工作】　积极开展了公证理论研讨工作，共征到了15篇有价值的调研文章；制定下发了《关于公证规范化管理实施意见和考评标准》，有效制止了公证法律服务市场的不正当竞争行为；督促各公证处健全了十四项内部管理制度；严格推行了“执法责任制”和“错证追究制”，进一步提高了办证质量；建立了疑难公证事项集体讨论、重大公证事项请示报告和公证员办证季报制度；协调有关部门在全市开展了企业改制、重点建设工程、产业结构调整、农业生产和农民合法权益公证业务，扩大了公证服务领域；宣传推广了垣曲县公证处深入基层为农民群众上门办理公证业务的经验，推动了全市公证业务的深入开展；8月11日成立了全市公证员协会，标志着公证工作的行政和行业“两结合”管理机制在全市正式成立；8月13日对全市14个公证处的现场监督、证据保全和协议书三类公证事项进行了全面检查，对检查中发现的问题进行了认真的整改；10月份对全市公证人员进行了为期5天的业务培训，公证人员的业务素质明显提高。公证机构共办理各类公证事件11488件，避免和挽回经济损失5000多万元。（张军荣）

【基层法律服务】 2004年，依法查处了个别基层法律服务所和基层法律工作者违规违纪问题，建立和完善了基层法律工作者培训、年检、公告和末位淘汰制度，加大了监督、管理力度。5月份利用四天时间对150余名基层法律工作者进行了业务培训。对全市基层法律服务所和基层法律服务人员进行了年检注册。9月份下发了《基层法律服务所管理意见》，有效地规范了法律服务市场秩序。基层法律工作者共办理民事案件1989件，为促进全市的经济建设和民主政治建设发挥了重要的作用。（张军荣）

【法学教育】 2004年，共接受自考报名512人，1385科（次），为36名学员办理了大专或本科毕业证书，为41人办理了数码照相、准考证；5月份在垣曲县对全市司法行政干部进行了为期四天的业务培训，100余名司法行政干警通过培训取得了合格证书。（张军荣）

【国家司法考试】 完成了2003年国家司法考试的分数核查、资格审领及资格证书颁发工作；采集合格人员的基本情况办理了第一次备案登记，建立了信息库；编写了5万字的《法律职业资格人员学习手册》；将2002年和2003年通过国家司法考试获得法律职业资格证书的人员名单在《运城日报》予以公告。全年共接受司法考试报名384人，其中32人通过了考试，合格率由2003年的5.36%提高到2004年的8.96%。（张军荣）

【法律援助工作】 制定和下发了《关于开展法律援助暖民心活动方案》，组织全市法律援助工作人员和律师、公证员、基层法律服务工作者在全市广泛开展了法律援助活动，推动了法律援助工作的进一步发展；全年共办理法律援助案件318件，并整理出60个典型案例汇编成书，对促进法律援助工作的开展起到了积极的作用；与市残联协商，落实了为残疾人提供法律援助的经济补偿问题；为河津市法律援助中心落实了5万元专项经费；按照省厅的统一部署，组织市、县两级中心对全市法律援助工作进行了一次全面、系统地调查摸底，并于5月底前写出调研报告上报省中心；加大了对法律援助案件的监督和审查力度，确保了法律援助工作的健康发展；进一步完善了内部管理制度，自觉接受群众监督；组织编写了一集法律援助制度介绍文章，在《运城日报》上予以刊发；组织全市法律援助工作者进行了为期三天的业务培训；圆满完成了法律援助工作社会调查工作，并写出了调查报告上报省司法厅；组织全市10余名法援工作者参加了省厅组织的业务培训；在《运城日报》上刊登了十余篇有关法律援助工作的典型报道；与市电视台联合制作了六期专题节目。（张军荣）

【司法鉴定】 组织了全市首次司法鉴定人资格考试，为82名考试合格者申领、颁发了资格证书；对省厅核准登记的运城市人身伤害司法鉴定中心、绛县司法鉴定中心、芮城县司法鉴定中心和临猗县司法鉴定中心按照“三章九制一本子”的要求进行了统一规范；积极申报新的司法鉴定项目，交通事故司法鉴定项目已获省厅批准；安装了“铁鉴工程”司法鉴定网络，并投入运行。（张军荣）

公安工作

【概述】 2004年，针对人民群众反映强烈的突出社会治安问题，市公安局从元月份起，相继组织机关百名民警下基层，在全市范围内组织开展了“三打一防”、“侦破命案”、“指纹破案会战”、“飓风行动”、“百日追逃”、“3·16长安行动”等专项斗争，取得了明显战果，有力地震慑了犯罪分子。全市共破获各类刑事案件3892起，查获犯罪集团167个649人，抓获刑事作案成员2869人，其中提请逮捕2472人。相继破获了夏县裴介镇朱吕村发生的“8·11”、“3·29”特大杀人案、河津“11·6”凶杀案、盐湖“11·12”特大绑架大学生案等一大批大要案件。特别是公安部挂号的“4·25”特大系列盗抢儿童案的胜利侦破，在社会上产生强烈轰动，公安部、全国妇联和市妇联先后致电祝贺。在侦破命案专项行动中，全市公安机关共破获各类命案87起，其中侦破了现行命案76起，破案率为86.4%，破获杀人积案11起，夏县、河津、新绛、垣曲、永济5县（市）公安局和中条山分局实现了命案全破。同时针对群众反映强烈的飞车抢包问题，组织力量，集中打击，破获了一大批此类案件，受到社会各界和人民群众的赞扬。在“百日追逃”专项斗争中，市局将全市的1200余名上网逃犯打印成册，分别发给各县（市、区）公安局和各分局，将抓捕逃犯任务分解落实到各警种、各部门，架网控制，觅线追踪，登门敦促，悬赏抓捕，全市共抓获网上逃犯393名。在“百日3·16长安行动”中，全市公安机关共破获各类别刑事案件678起，打掉各类犯罪团伙36个，抓获各类逃犯121名。与此同时，市县两级公安机关深入开展打击经济犯罪活动，积极参加整顿和规范市场经济秩序工作，先后破获了一批经济犯罪案件，涉案金额

9258万余元，挽回经济损失4935万余元。其中有永济市公安局侦破的许晓华涉嫌挪用资金案，追回被挪用资金144万元。盐湖分局侦破的高建国涉嫌合同诈骗案，挽回经济损失181万余元。禁毒部门积极开展遏制毒源“飓风行动”和扫毒行动，年内共破获毒品案件423起，抓获违法犯罪人员222名，缴获毒品海洛因618克，咖啡因38615公斤，安钠咖112克，铲除罂粟1617株。文物犯罪侦查部门坚持以打促防，打防结合，有效遏制了文物犯罪蔓延态势。全年共破获各类文物犯罪案件23起，打掉犯罪团伙15个，抓获犯罪嫌疑人67人，缴获文物72件，其中二级文物1件，三级文物3件。刑技、技侦部门充分发挥职能作用，积极服务侦查破案，做了大量卓有成效的工作，对侦查破案起到了至关重要的作用。监管部门在监所积极开展政治攻势，共获取在押人员检举案件线索546条，侦破各类刑事案件193起。盐湖分局根据在押人员提供的线索，破获了河津4名儿童被烧死积案和夏县1起杀人积案。（郝云峰）

【大练兵活动】 5月14日，公安部、省公安厅电视电话会议之后，市局立即组织全市公安机关开展大练兵活动。从市局到各县（市、区）公安局、分局的各警种、各部门，按照公安部和省公安厅的统一部署，本着“干什么、练什么，缺什么、补什么”的原则，轰轰烈烈地开展了形式多样、内容丰富的大练兵活动。8月3日，市局就进一步引深大练兵活动进行了再动员、再部署后，各县市局、各分局都在抓好引深上做文章，在求真务实上下功夫。市局党委第一书记段绪忠专门就大练兵工作提出“四个结合”，即坚持练兵与业务工作相结合，坚持近期与长远相结合，坚持形式与内容相结合，坚持练兵与考核相结合。市局各科室积极研究部署本警种、本系统的大练兵工作，强化对基层公安机关的业务训练指导。按照“点上学、块上练”的要求，采取个人自学、集中辅导、案例点评、网络教学、专题培训、工作指导等多种形式，推动全市大练兵活动的蓬勃开展。市局治安科先后两次举办基层治安工作骨干培训班，为基层培训了50名大练兵教官。刑侦支队对不同岗位人员和领导干部提出了练兵目标，并于8月中旬组织全市刑警抓捕技能和警务战术教官培训班。国保支队在市委党校组织两次基层骨干业务培训班，为基层大练兵培养了68名业务骨干。经侦系统相继组织了全市业务骨干集中强化培训，为基层培训了46名教官。办公室、指挥中心、政治部、经文保、刑技、禁毒、技侦、通讯、出入境管理等部门也通过不同形式，加强对本警种、本系统的大练兵指导，确保全市大练兵工作取得明显成效。通过深入开展大练兵活动，广大民警的政治素质、业务素质、体能素质和实践本领有了明显提高，推动了各项公安工作的开展。在全省阅警大比武活动中，全市选拔的参赛队伍表现出良好的精神风貌，受到省委、省政府等各级领导的赞扬。（郝云峰）

【全部完成三台合一任务】 按照省厅提出的“先合后建，先硬后软，立足现有，着眼发展，统一规划，分步实施”的工作思路，市局党委高度重视，迅速成立由崔长胜局长担任组长的“三台合一”工作领导组，专题研究部署“三台合一”工作组。各县（市）公安局都成立了由局长任组长的“三台合一”工作。局长亲自挂帅，分管领导直接负责，千方百计克服资金短缺的困难，不断加快“三台合一”的建设步伐。市局组织督导组深入到各县（市、区）逐局检查指导，召集主要领导和有关部门负责人现场办公，就资金筹集、场地设置、人员配合、运行模式等问题进行协商，当场拍板落实。指挥中心主动协调，交警、消防积极配合，齐心抓紧抓好“三台合一”建设。经过大量艰苦、扎实的工作，3月25日上午10时前，永济市、河津市、稷山县、平陆县、万荣县、绛县已建好110报警服务台。临猗县、垣曲县、闻喜县、夏县、芮城县、新绛县按先合后建的原则，已将110、119、122三台合一，并正式运行。各县市公安局继续抓紧合台后的工作，进一步完善“三台合一”建设。（郝云峰）

【侦破“4·25”特大系列盗抢儿童案】 3月4日，市公安局隆重举行侦破“4·25”特大系列盗抢儿童案新闻发布会。公安部刑侦局祝燕涛处长、省公安厅工作组武晋生组长、市委副书记安永全、唐大雄、市人大副主任詹进宝、市政协秘书长孟昭民、市妇联主席郑凤梅、市公安局党委书记、局长崔长胜和局党委班子成员，武警、消防支队负责人出席了会议，市公安局机关、盐湖分局、城南分局民警以及新闻界朋友参加了会议。

自2002年4月25日至2003年年底，本市的盐湖区、闻喜县、夏县、平陆县先后发生了9起儿童被盗抢案件。案发后，各级领导高度重视，受害家属痛不欲生。市局党委决定把此案作为全市公安机关第一号案件，不破此案决不罢休。公安部将此案列为督办案件、全国打拐专家、公安部刑侦局祝燕涛处长亲临运城指导督战，公安部还为此案在昆明召开了协调会。省公安厅领导及刑侦总队也多次到运城督办指导，直接参加侦破工作。市委、市政府领导亲自查阅此案，多次听取汇报，从财力、物力上给予大力支持。经过一年10个月的艰苦努力，2004年2月29日，在河南三门峡公安局的大力配合下，“4·25”案件取得重大突破。3月1日，市公安局由孙彦学、冯养合副局长挂帅，平陆县公安局局长张学良、夏县公安局局长张玉旺、盐湖分局副局长杨树勋、王有恩直接参战，组织80余名民警开展了代号为“春雷闪电”的解救大行动。至3月4日凌晨，9名人贩子全部抓获，9名被盗抢儿童全部安全解救出来，在历时1年10个月的侦破工作中，参战民警辗转8省56个县市，行程数万公里，吃尽千辛万苦，终于取得了这场战役的全面胜利，使9个失去幸福的家庭恢复了往日欢笑，将9名犯罪分子绳之以法。

公安部刑侦局祝燕涛处长、市妇联主席郑凤梅分别宣读了公安部、全国妇联的贺电并作了讲话。郑凤梅主席还代表市妇联向市局赠送了“人民的守护神”牌匾。市公安局党委书记、局长崔长胜在讲话中表示，要以此为契机，再接再厉，顽强拼搏，用全市公安民警的忠诚和热血、勤劳和汗水实践“人民警察爱人民，忠诚卫士铸忠诚”的神圣诺言，维护河东大地的稳定，做人民群众的守护神。市委副书记唐大雄代表市委、市政府向参加“春雷闪电”行动胜利归来的公安民警表示热烈的欢迎，向所有参与侦破“4·25”案件的指战员们表示衷心的感谢！（郝云峰）

【处理临猗沉船事件】 9月23日凌晨，临猗县角怀乡张郭村村民范忠义开船载有69人渡河摘棉花，船行到河中间时，因油料耗尽，船遇漩涡翻船，船上有69人全部落水。8时55分，市公安局接报后，段绪忠局长迅速作出部署，要求立即通知临猗县公安局，全力以赴组织警力和器材做好抢救工作；同时市局要组织警力迅速赶赴现场协助抢救，并根据需要调动其他警力和救生器材抢救落水人员。在市委、市政府和事故现场指挥部的统一安排部署下，市公安局充分发挥公安部门职能作用，每日出动600余人，积极主动配合现场指挥维护现场秩序，疏导道路交通，协助有关部门打捞落水人员，并对打捞的尸体进行验尸、照相、编号登记造册。通过运城警方和各部门的配合，共救援生还人员21人，打捞12具尸体，其余人员失踪。（郝云峰）

【万荣恶性袭警事件】 11月30日，万荣县交警大队事故科民警就一起交通逃逸事故对中铁一局第五合同段项目部的工程车进行调查，受到项目部人员的阻挠，遂将参与闹事的九人带回大队询问。12月5日中午12时许，项目部组织大小车辆12辆，人员200人左右，对交警大队进行围攻要人，他们手持砖头乱砸，并开动两辆无牌工程车向穿警服的人直接碾压，致使交警大队协警杨永安、张明生当场牺牲，3人重伤，4人轻伤，肇事车辆当场逃逸。事件发生后，市公安局段绪忠局长立即作出部署，并带领市局副局长孙彦学、梁华奎、交警支队政委杨全义和刑警、交警、治安等部门人员赶赴现场处理此事，经过公安机关全体人员的多方努力，认定“12·5”恶性袭警事件是一起有计划、有预谋、有组织的事件，并抓获涉案人员10人，事件得到了妥善处理。（郝云峰）

【处理信访及群体性事件】 9月3日，全省公安机关集中处理信访突出问题及群体性事件第一阶段工作电视会议后，市局党委十分重视，段绪忠书记结合工作实际，进行了部署和动员，提出要充分认识集中处理解决突出信访问题及群体性事件工作的极端重要性和紧迫性，切实加强领导，明确职责，健全机构；要制订方案，周密部署，确保各项措施落实到位；要认真进行排查摸底，及时做好赴京进省上访人员的劝返工作。尤其是内保、国保、治安等部门密切注意集体访和群体访动向，切实做到心中有数，预防工作做深、做透，防患于未然；要与岗位大练兵工作紧密结合起来，严格按照公正文明执法要求，积极开展工作，绝不能引发新的上访问题；要按照“属地管理”、“分级负责”、“归口办理”、“谁主管，谁负责”的原则，集中时间、集中力量解决上访人员反映的问题。经过市、县两级公安机关的共同努力，对62起赴省进京上访问题以及厅列的12起重点信访案件进行了认真查处，将80多名赴京上访人员安全顺利地劝返回当地。（郝云峰）

【警务技能大比武】 5月28日，全市公安机关警务技能大比武在夏县武警教导大队举行。市政府副市长柴林山、夏县县委书记董一兵、运城武警支队支队长周文银、政委李志良、夏县县委副书记赵州平等领导及驻运新闻媒体应邀出席。市公安局党委成员，各县分局局长、政委，市局机关各科室所队负责人及16个参赛代表队共计400余人参加了这次活动。128名参赛队员分别参加了三项全能和警用手枪射击项目的角逐。市局党委书记、局长崔长胜带领局党委成员到各赛区为队员们加油鼓劲，并慰问了所有参赛队员，并为参加三项全能的队员们发放了训练补助。这次大比武共有5个团体和31名个人获得了奖牌和证书。（郝云峰）

【“11·7”特大盗掘古墓葬案突破】 2003年11月17日，夏县埝掌镇崔家河古文化遗址（省级文物保护单位）古墓葬被盗。案发后，市公安局党委高度重视，党委书记、局长崔长胜立即召集副局长孙彦学、纪委书记周鑫、刑侦支队支队长高金泉等有关人员，对案件性质及侦破工作进行了反复研究和周密部署，并从刑侦支队、文物、盐湖等部门抽调精兵强将，组成专案组，由高金泉支队长和市公安局纪委副书记李勇分别担任正、副组长，对此案展开全面侦破。

专案组参战民警历时月余，辗转河南、陕西、内蒙、山西4省20个县市，终于使这起涉及公安民警3人、协勤警6人、涉案30人的特大盗掘古墓案取得了重大突破。已查明：犯罪嫌疑人安喜强（河南三门峡市人）、陈建中（吉县人）、解建辉（原夏县公安局刑警二中队队长）、韩千里等人，密谋在埝掌镇崔家河遗址盗掘古墓。解建辉主要负责安全，并让其司机张辉借一辆车负责接送盗墓人。陈建中纠集吉县数人，从11月17日至22日连续6个晚上，携带探杆、绳索、手电、炸药等盗墓工具，采用爆破手段，在崔家河遗址将所探古墓炸开盗挖，盗走青铜鼎、青铜扁钟等文物，由翟保狮、牛殿良、李吉良开车送往胡张乡小李村的翟保狮家中藏匿，然后将其瓜分。（郝云峰）

【执法业务培训】 为了深入贯彻全国、全省公安会议精神，全面提高机关民警的整体执法水平。针对这几年部分民警执法水平低、业务素质不高的实际，对照2003年全市执法质量考评情况，市局党委决定，从2月20日起利用一周时间组织全局民警进行执法业务培训，系统地学习刑事、行政执法程序规定。市局各科室所队民警全员参训，认真听讲，严守培训纪律，确保了这次培训取得了实效。市局党委书记、局长崔长胜亲自安排组织，所有党委成员带头学习，为全体民警起了表率作用；政治部门安排紧凑，组织得力，为同志们创造了良好的学习环境；法制部门备课充分，讲解得当，有较强的实用性和针对性；全体民警态度端正，严守纪律，学习风气良好。

（郝云峰）

【成功抓获部督逃犯周科进】 周科进，女，1957年4月19日生，大专文化程度，原籍山东省文登市宋村乡集西村。出逃前系河津市十二冶计划处统计科科长。1998年开始练习“法轮功”，2001年4月21日曾因进京滋事被山西铝厂公安处传唤教育；2002年7月13日因涉嫌为“法轮功”分子郭富强上网发表“声明”被传唤乘机脱逃。2002年9月被公安部列为三级督捕对象。

2004年2月10日凌晨3时40分，市公安局禹门分局巡逻队在山西铝厂毓秀区发现有刚张贴的“法轮功”标语，立即向分局局长张兴旺进行了汇报，张局长立即调集国安科、110巡警大队、刑侦大队近20名民警分6个小组在附近搜捕犯罪嫌疑人。4时许，国安科副科长陈志国到达朝霞市场东口时，发现电话亭旁有一戴帽子、戴口罩、戴眼镜的妇女形迹十分可疑，遂上前盘问，并机敏地接近该妇女将其强行拉上警车带回分局进行盘问，确认该妇女就是“法轮功”骨干分子周科进，并从身上搜查出一些“法轮功”宣传材料、信件和写有电话号码的硬纸片。（郝云峰）

（责任编辑：杨春英）

经济管理

国土资源管理

【继续深入开展土地市场秩序整顿】

自上年2月下旬全国进一步治理整顿土地市场秩序工作开展以来，市国土资源管理局按照国务院和省政府的安排部署，加强领导，严密组织，精心实施，比较圆满地完成了治理整顿各个阶段的工作任务。2004年2月份，省政府土地市场秩序整顿检查组对本市检查验收后，指出本市取得的四方面成绩与特点：领导重视，组织健全；部署周密，推动有力；违法案件查处工作取得了一定进展；经营性用地“招拍挂”制度得到了较好落实。省检查组认为，本市土地整顿工作基本达到了国务院和省政府规定的要求和标准。4月下旬，国务院部委组成的督查组又对本市进行了检查指导，对本市的土地市场秩序整顿工作成效也表示基本满意。2004年4月份国务院办公厅《关于深入开展土地市场治理整顿、严格土地管理的紧急通知》（20号）特急明电下发后，市国土局在上年整顿基础上根据要求，采取如下三项措施：

1. 认真学习，积极研究整顿措施。市国土局组织全体同志学习讨论，召开了党组会，重点研究在贯彻这一紧急通知的过程中，如何在同中央保持一致的前提下，在坚持依法行政的基础上，妥善处理好治理整顿土地市场、严格土地管理与促进运城经济发展的关系，并专题分别向市政府常务会议、市委常委会议进行了汇报，提出了建议。市国土局局长秦世昌还亲自带队对河津、万荣等县（市）落实20号明电的情况进行了重点检查督导。各县（市）也及时向县（市）委、政府进行了专题汇报，取得了主要领导的重视和支持。

2. 坚持巡查，保持整顿高压态势。市、县对辖区内的各种用地情况再次进行一次全面排查，并分类登记造册建档。对土地违法、顶风作案的大案要案重拳出击，严格按照法定程序进行查处。

3. 对照检查，认真按照要求整改。一方面，市国土局按照20号明电认真安排，全面进行了五个方面的清理摸底工作；另一方面积极按照省厅有关文件要求，严格把关，完善了各类土地手续报批76宗，其中报省厅6宗。可以说，通过边整边改，本市土地市场秩序正稳步好转。（杨　超）

【打击非法采矿专项整治任务】

省政府《关于严厉打击非法采矿专项整治的紧急通知》下发后，市国土局把此项工作作为上半年的一项中心任务来抓。

领导重视，及时动员。市、县两级主要领导都亲自挂帅指导，亲自动员宣传。2月18日全市召开了打击非法采矿专项整治动员大会，制定下发了实施方案，对全市专项整治工作作出了总体部署，提出了三个坚持（即坚持打击非法采矿专项整治与整顿和规范矿产资源管理秩序相结合，坚持打击非法采矿专项整治同加强有证矿山管理相结合，坚持打击非法采矿专项整治与矿业权市场建设相结合）和“四个从严”（即坑口排查从严，梳理问题从严，关闭取缔从严，检查验收从严）。各县（市）也迅速召开人多面广的动员会议，拿出了各自的整顿方案。平陆县委书记、副书记、常务副市长、副县长四位领导同时担纲领导组，亲自组织整治关闭工作，河津、垣曲、永济等县（市）委、政府也多次安排部署研究督导专项整治工作。

健全机制，明确责任。市、县两级都按照要求成立了整治领导组及其办公室，并积极协调督导整治工作。市国土局先后组织了三次分片督查工作，促进了县（市）整治工作顺利开展。市、县两级都认真建立和健全了打击非法采矿的一系列规章制度，如巡查制度、报告制度、档案制度和责任追究制度等，同时进一步充实和完善了市、县、乡、村四级监管网络，层层签定责任书，层层落实整治任务。市国土局还明确了整治工作中与有关职能部门责任分工，形成了协调配合、齐抓共管的整治局面。

全面排查，严厉整治。各县（市、区）集中力量，采取分片包干的方式，对辖区矿山进行了拉网式的清查摸底，基本澄清了所有矿山和采矿坑口的情况。全市共排查出坑口1817个（煤矿259个，非煤矿1558个），其中合法坑口1168个，非法坑口118个，无证坑口531个，有证矿山875个，是矿业整顿10数年来清查最为彻底的一次。对于排查出来的矿山和采矿坑口，市国土管理部门认真填表、上图，建立起全市一套比较完整的采矿坑口档案资料；对于非法坑口、无证坑口，各县（市、区）采取有力措施，严格按照省政府“六条标准”，逐矿逐条落实，对一些屡禁不止、顶风作案的违法采矿者坚决予以严厉查处和责任追究，并通过电视、报纸等媒体进行曝光，形成了浓厚的整治氛围，有力遏制了全市非法采矿活动。在省政府组织的几次打击非法采矿专项整治检查、督促和验收中，取得了明显成效，得到检查组的一致首肯。（杨　超）

【严格落实耕地保护基本国策】

耕地保护是我国的一项基本国策，是土地管理的一面旗帜。当前，土地管理已上升到国家宏观调控的范畴，因此，市国土局把它作为重点工作来抓，不断加大耕地保护力度。（1）加强用地预审管理工作，严格非农建设用地审批管理。2004年共审查报批各类非农建设用地76

宗480.5122公顷（其中农用地382.4987公顷）。(2)认真落实耕地占补平衡制度。在市级土地整理开发规划经省初审、13个县（市、区）土地整理开发规划基本完成的同时，市国土局加大土地开发整理力度。先后组织对两批六县补充耕地进行验收，验收面积571.3864公顷，合格率100%，达到了“补大于占”。(3)积极开展基本农田和征地补偿安置检查工作。5月份，召开了全市基本农田保护和征地补偿安置检查工作会议，进行了全面部署，出台了《工作方案》，成立了专门领导小组。通过几个月的自查自纠，已基本摸清了全市基本农田的利用现状和变化情况，1997年－2010年土地总体规划确定的基本农田保护区面积为85669.95公顷，实际划定566292.1035公顷，到2003年末，全市基本农田总数为484556.456公顷，净减少81735.6390公顷。同时针对各类问题采取措施积极整改，进一步完善基本农田保护制度，修复和新设立基本农田保护标志311块，补签基本农田保护责任书62008份。(4)积极开展全市征用农民集体所有土地补偿安置工作。组织精兵强将分三片对全市1999年以来征用农民的土地补偿情况进行清查，检查各县所征土地729.7688公顷，应补偿32856.7572万元，实补偿44815.7381万元，违纪违规金额439.0165万元，追回拖欠征地补偿费61.8915万元，处分或处理10人。（杨　超）

【不断规范土地资产管理】 市级土地统征、收购储备工作不断规范。(1)根据城市建设规划，为新区积极做好500亩统征土地和市体育中心项目用地的征地报批资料准备工作。(2)重点实施了已批准的原王庄土地等征地补偿安置工作，遵照实际，重新调整，进行公告，充分听取被征地村和村民意见，补偿费用已基本到位。(3)在下发《关于进一步加强土地收购储备工作的通知》的同时，按照有关政策和有关企业申请，依法将市百纺、原腾飞生产资料公司的35.3亩国有土地顺利纳入政府土地储备库。

全市经营性土地招拍挂工作不断规范。2004年，虽然国务院特急明电冻结了农用地转用，影响到全市的国土收益，但市国土局依然严格按规定按程序进行土地挂牌出让，全市共招拍挂公开出让土地44宗54.998公顷，收取土地出让金15426.62万元，其中市本级7宗，收取土地出让金7977.68万元。（杨　超）

【土地基础业务管理】 地籍调查速度加快。2004年是地籍调查的关键之年，市国土局及时调整部署，重点帮助落后县（市），形成了整体形势较为有利的局面。至年底有河津、永济、平陆、闻喜、临猗、夏县等10个县（市）全部完成地籍调查。运城市建成区内地籍调查也与盐湖区政府、禹都开发区管委会协商一致，由盐湖区承担作业任务，已完成宗地调查约10877宗，有望年底前全部完成。

乡镇土地利用总体规划全面完成。3月下旬，市国土局组织对全市143个乡镇的土地利用总体规划进行了评审，并经市政府研究通过和批准实施。

加强法制宣传教育工作。在“4·22”地球日之际，在河东街设立咨询台，展出宣传版面，散发宣传品4000余份。在“6·25”土地日之际，充分利用市区两大广场及其两大电子屏，围绕土地日的宣传主题，展开集中宣传，设立了两个宣传园，设立了两条宣传街，悬挂横标，矗立大型拱门，滚动宣传语，播放专题片，形成了强大的舆论攻势，起到了别具特色、更具效果的宣传教育作用。（杨　超）

【矿产资源开发、勘查管理】 市级矿产资源总体规划已在2004年初经省厅批准实施，市国土局组织了对河津、垣曲两县（市）的矿产资源总体规划的评审，本年底已经完成进一步的修改完善。

采矿权公开出让成效明显。对新设采矿权坚持全部采用招拍挂方式出让。全年发布公告4次76宗采矿权，通过招拍挂出让采矿权67宗，收回采矿权价款186多万元，取得了明显的社会效益和经济效益。

对有证矿山企业加强监督。针对有证矿山监管失之于宽、失之于松的问题，2004年结合专项整顿，加大了对有证矿山企业的管理，对其进行了全面实测，实行一矿一档，对于违法违规现象予以严肃查纠，促进了矿产资源的合理开发利用。同时，全市完成资源补偿费征缴达138万元。

对全市26个矿山企业提交的《矿山地质环境影响评价报告》进行了认真审查，对3个电厂建设项目进行了建设用地地质灾害危害性评估审查。首次成功对平陆苏家沟——柏树岭一带电气石矿等3宗探矿权进行了公开挂牌出让，取得探矿权价款174.58万元。

加强全市地质灾害管理。全面完成了全市13个县（市、区）地质灾害调查摸底，建立健全了地质灾害防治工作责任制和预警应急系统。（杨　超）

【队伍自身建设】 加强学习和培训。组织了全市“行政许可法”和“国土资源听证”培训班及“百题知识竞赛活动”；组织了全市普法教育考试、行政许可法考试；派队参加了全市“行政许可法”知识竞赛活动并荣获第二名；还先后组织参加了土地登记持证上岗和土地登记代理人员资格土地拍卖和采矿权招拍挂等业务学习和培训班，促进了国土资源管理人员业务水平的提高。

积极树立部门公道正派形象。结合国土部行政行为十项措施和工作人员五条禁令，按照市委安排，在全系统积极开展“公道正派形象活动”。根据要求，制定了具体落实措施，加强行风建设和评议，搞好效能建设，把勤政为民、廉洁奉公的行为准则落实到具体工作和生活中，进一步树立了国土部门良好的社会形象和执法威信。

机关建设取得新的进步。成立了市国土局工会，上半年组织参加了市直工委举办的市直机关第二届运动会及文化节大型活动，取得了优秀组织奖和长跑二等奖。国土局机关办公大楼竣工并于国庆节搬迁；家属院水、暖改造工程也已开始进行前期准备。这些都将极大地

改善职工的工作、生活条件，解除大家的后顾之忧，带来崭新的工作风貌。（杨 超）

工商行政管理

【整顿和规范市场经济秩序】 2004年，全市工商系统紧紧围绕省工商局确定的“五增五创”工作主题，大力整顿和规范市场经济秩序，积极推进市场监管制度改革创新，全力服务各类市场主体发展，进一步引深首办责任制，各项工作取得了新成绩，有力地促进了本市经济健康发展和社会全面进步。一年来，全系统深入整顿规范市场经济秩序，查处各类经济违法案件6087起，为历年来查办案件最多的一年。12月13日，在全国工商行政管理工作暨双先表彰会上，市工商局被国家人事部和国家工商总局联合授予“全国工商行政管理工作先进集体”。（张 祎 王登峰）

【“三打三保”专项执法行动】 以宣传教育为切入点，开展“打非法传销、保社会稳定”执法行动。全系统把宣传、教育和发动群众作为“打传”工作的切入点，组织了多种形式的宣传、咨询、教育活动。市工商局组织人员在市区繁华地段、大中专院校举办了为期一周的“打传”图片展览，散发资料14000余份，受教育群众达1万余人。9月份，市工商局召开新闻发布会，对5起非法传销案件公开处理。各县（市）工商局采用多种形式，广泛宣传国家打击传销和变相传销的政策和法规，公布举报电话，发动群众参与。同时，与市内各大宾馆、饭店、旅馆签订责任书，要求经营者不得为非法传销者提供授课、聚会场所。通过这一系列措施，全年共查处传销和变相传销案件20起，取缔传销窝点56个，遣返传销人员1000余人，移送司法机关追究刑事责任6人，遏制了传销活动的蔓延。

以强化基层办案为着力点，开展“打商标侵权、保知识产权”执法行动。全系统以实施“精局强所”基层监管体制改革为契机，充实基层执法力量，下放商标监管权限，细化商标监管职责，调动了基层工作人员查办案件的积极性，实现了基层工商所不办商标案、办不了商标案到主动办案、查办大案的转变，使基层工商所成为专项执法行动的主力军。全系统查办商标违法案件2785起，其中基层工商所查办案件1986起，占总数的71.3%。

以查办大要案件为突破点，开展“打合同欺诈、保交易安全”执法行动。针对合同违法案件发现难、查处难的情况，在全系统开展了合同监管知识大学习、大培训、大练兵活动，组织6名合同办案能手，采取以案说法的形式，就合同违法案件如何发现、如何介入、如何查办等问题进行专题培训，为全系统查办合同违法案件提供了素质保障。一年来，全系统查办合同违法案件1237起，其中万元以上大要案件152起，为企业挽回经济损失1860万元。（张 祎 王登峰）

【食品安全专项整治】 7月份以来，全系统开展了以儿童食品、夏秋时令食品、节日食品为重点的食品安全专项执法行动，共出动执法人员6602人次，车辆1595辆次，检查各类市场217个，食品经营户5789户，查处各类食品违法案件853起，捣毁制假售假窝点14个。

（张 祎 王登峰）

【重要商品市场专项整治】 完善粮食市场索票索证制度，建立了陈化粮食备案制、加工监督制、准运制，推行陈化粮竞价交易制度，对全市76家饲料加工企业和5家酒类生产企业进行了资格审查。

加强对棉花市场的监控，严厉打击无经营资格、非法收购棉花的违法行为。检查棉花收购加工点700余户，查封无照经营户500户，立案查处非法收购棉花案件220起。

以取缔无证照经营成品油和经销劣质成品油为重点，查处非法经营成品油案件331起，取缔立桶式加油站（点）222个。

开展“红盾护农”行动。全系统出动执法人员11806人次，取缔无证经营户286户，查办农资违法案件200起。

严厉打击非法拆解改装报废汽车行为，查处非法回收、拆解、改装报废汽车案件15起，取缔无照回收报废汽车及零配件窝点11个，收缴报废汽车五大总成及配件115吨。加强互联网上网服务场所整治，取缔“黑网吧”126户，暂扣电脑及主机402台。（张 祎 王登峰）

【完善市场监管机制，确保市场监管到位】 农资市场监管机制逐步完善。围绕市场准入、商品质量、交易行为三个环节，要求农资经营者建立购销台账和信誉卡制度，实现了监管关口前移。4月22日，在芮城县召开农资商品质量准入现场会。

以食品准入制为主的长效监管机制基本建立。按照“城市抓商厦超市，农村抓源头治理”的思路，全系统积极探索建立食品市场长效监管机制。盐湖工商分局对商厦、超市实行主体准入登记和商品质量准入登记，督促企业建立购销台账，完善质量档案，严把商厦、超市经营主体准入关和食品质量准入关，建立了入市经营者、企业管理者和工商部门联合构成的监控网络。新绛工商局严把食品准入、配送、退出三个环节，实施信用分级管理和食品质量信息公示两种机制，落实定期检查、周期巡查、随时抽查、12315举报快查四项检查。11月2日，在新绛县召开食品安全监管机制改革现场会，推广了盐湖、新绛的长效监管经验，并率先在全省工商系统出台了《农村食品市场安全监管办法》受到省工商局肯定。

与信用监管相结合的市场巡查机制进一步创新。出台了《市场巡查规范办法》，将企业和经营户按信用等级分为A、B、C、D四类，实施分类监管，定期巡查。

完善了12315申诉举报网络。市工商局将消保科与12315申诉举报指挥中心合署办公，充实人员，配备车辆，坚持24小时值班制度，增强12315快速反应能力。同时，开展12315进市场、驻商厦、下乡镇活动，新增12315投诉站点47个。全系统受理消费者申诉案件2505起，解决率达98.3%，为消费者挽回损失240万元。

（张　祎　王登峰）

【改革注册登记制度，方便办事群众】 按照“网上受理、窗口对外、内部运转、限时办结”的要求，推行“一站式”网上行政审批。市工商局在注册大厅安装了电子显示屏，公开办事程序、办事须知、举报电话、收费标准，明确了窗口操作人员、受理人员及相关审核人员的职责，方便了企业和办事群众。

全面推行“一审一核”制，将工商所初审、科员受理、科长审查、局长核准四个审批环节，缩减为审查员审理、科长或分管局长核准两个环节，简化了办事程序，提高了行政审批效率。

积极扶持和引导下岗职工再就业、复转军人和大中专毕业生自主择业、农民务工经商。全系统建立“绿色通道”，从程序上简化，从费用上减免，为他们从事个体私营经济创造了宽松环境。全年帮扶4652名下岗职工、复转军人、大中专毕业生就业，减免各种收费66万元。

（张　祎　王登峰）

【以基础设施建设推进企业信用体系建设】 2004年，市工商局完成了全市2.2万户企业电子档案的扫描录入工作，为构建企业信用体系奠定了基础；投资100余万元，完成了系统内部局域网构架工作；投资10万元，建立了广告监测中心；开展“守合同、重信用”活动，培育、推荐国家级“守合同、重信用”企业6家，省级42家。

（张　祎　王登峰）

【实施农副产品商标战略和合同帮扶工程】 全系统从提高农民商标意识入手，组织农副产品商标知识培训18次，指导成立以商标为纽带的农副产品协会5个，扶持发展农副产品商标168件，推荐省级著名商标39件。在“合同帮扶工程”中，组织《合同法》培训25次，培训企业人员900人次，规范合同文本280份，办理抵押物登记98起，为企业盘活资金2.3亿元。

（张　祎　王登峰）

【以行风评议为契机，全方位推进行风建设】 全系统坚持标本兼治、纠建并举的原则，积极落实“树立行业新风、优化发展环境”民主评议行风工作的总体部署，加强领导，精心组织，不断强化行风建设。

1. 加强领导，明确责任。市工商局和各县（市、区）工商局成立了行风评议工作领导组，形成“一把手亲自抓，纪检组长具体抓，其他党组成员协同抓，科室负责人配合抓”的行评工作领导机制。出台了《行风评议工作考核办法》，对组织领导、方法措施、公开承诺、明察暗访、案件查办等指标进行量化细化，与各县（市、区）工商局签订了行评工作目标责任书。

2. 扩大宣传，营造氛围。上年7月，市工商局在全市首家推出新闻发言人制度，通过新闻发布会的形式，将全系统的重大工作部署、重大决策、执法成果和社会普遍关注的热点问题向社会各界和新闻媒体发布。全年召开两次新闻发布会，涉及行风建设、食品安全整治、打击非法传销、合同欺诈、知识产权保护、行政审批改革等内容，社会反映良好。各县（市、区）工商局开展了丰富多彩的宣传活动，为行风评议工作营造了良好的社会氛围。

3. 公开承诺，接受监督。市工商局党组成员每月28日轮流参加市电视台《监督热线》栏目，就工商部门执法依据、办事时限、优惠政策等作出承诺，解答群众咨询，接受社会监督。通过这个栏目，共接到热线电话36个，解答群众咨询42人次，处理举报投诉5起，纠正不文明执法行为2起。

4. 虚心纳谏，着力整改。行风评议之后，全系统通过聘请监督员、召开座谈会、举办听证会、发放调查问卷等措施，畅通监督渠道，虚心听取各界人士的意见和建议，收集意见和建议36条，并逐一进行整改。（张　祎　王登峰）

【端正干部权力观，提高队伍素质】 2004年，全系统认真学习“三个代表”重要思想和中共十六届四中全会精神，学习《党内监督条例》、《纪律处分条例》和《党员权利保障条例》。在加强学习的同时，开展了正面示范和反面警示教育。一方面，在全系统组织开展了“十佳红盾卫士”、“十佳工商所长”、“优秀基层共产党员”评选活动。另一方面，从安徽阜阳假奶粉事件暴露的问题中吸取教训，从系统违纪干部教训中引以为戒，在全系统开展警示教育，使各级干部警钟长鸣，防微杜渐。通过学习教育，广大党员干部增强了宗旨意识，端正了执法指导思想。

在加强理论学习的同时，全系统以实施《行政许可法》和国务院《全面推进依法行政实施纲要》为契机，采取研讨会、电教片授课、业务骨干讲座、专项培训等方式，举办《行政许可法》、工商法律法规及计算机应用知识等培训25次，提高了队伍的业务素质。

（张　祎　王登峰）

【转变队伍总体形象】 2004年，全系统清理执法案件2997起，其中存在处罚不当、越权执法、重复处罚、违反程序等问题的案件53起，回访案件当事人1862人次；清理出执法岗位上不具备执法资格的人员225名；以2003年以来各项行政性收费为重点，对市工商局和16个县（市、区）局（分局）、138个工商所及44个协会“收支两条线”执行情况进行了清理，对个别工商所在票据填写上存在的名称不符、字迹不清、书写不规范等问题，及时予以了纠正；清理消费者申诉案件3367起，其中调解2391起，转办757起，立案查处219起，对1963起案件当事人进行了回访，98.6%的消费者对处理结果表示满意；对2003年以来群众对工商人员的36起举报逐一核查，对署名举报的信件核查率为100%，对署真实姓名的3件举报，向当事人进行了走访和反馈。（张　祎　王登峰）

【加强法制建设，提高依法行政水平】 利用3·15国际消费者权益日、《行政许可法》宣传月、12·4法制宣传日，与有关部门和新闻媒体紧密配合，开展了形式多样的宣传活动，向社会散发宣传材料24万余份，受教育群众达3万余人次。

修订完善了《行政处罚案件核审办法》，审核一般程序案件3268起，补充纠正569起，撤销6起，举行听证14起。

制订了《办案规范化规定》，修订了《案件核审办法》、《案件评查办法》、《执法责任追究办法》等执法监督制度，从执法主体、案件查处、执法监督到执法责任追究各个环节规范了执法行为。

（张　祎　王登峰）

【加强基层工商所改革，推进“精局强所”建设】　按照省工商局关于基层工商所体制改革的总体要求，对基层工商所办公场所、基础设施、年龄结构、人员配备情况进行摸底调查，广泛听取基层工商人员的意见和建议。在调查研究的基础上，制定出全系统基层工商所改革方案，决定将现有的138个工商所压缩为81个，精简41%。同时，将全系统新录用的46名公务员充实到基层，增强了队伍的活力和战斗力。（张　祎　王登峰）

物价管理

【运用价格政策，服务经济发展】　2004年，市物价局继续深化电价改革，有效解决了全市电力紧缺矛盾。按照国家和省的安排，先后两次提高了销售电价，对电力行业发展起到了重要作用。积极贯彻市委、市政府抓“瓶颈突破”的要求，经过认真研究和论证，提出了从外省购电实行高来高去的价格政策，并派专人多次赴北京、太原汇报请示，获得了国家、省批准，110千伏“秦电”才得以及时输入，大大缓解了本市缺电的压力。

积极落实国家和省一系列价格改革措施，先后提高了污水处理收费标准，建立了危险废弃物处置收费制度，调整了成品油价格和部分旅游景点价格。同时，先后制定出台了城镇拆迁、占道等经营服务性收费标准，为城市建设和旅游业发展筹集了2000余万元资金。

按照市委、市政府建设“节水运城”的战略目标，积极推进水价改革。经过认真调研、测算和论证，并召开价格决策听证会，适时适度调整了自来水价格，有效提高了全民节水意识，促进了水资源的合理利用。在全市大力推行闻喜、河津、稷山的居民用水阶梯式计量水价和超计划用水加价办法，推动全市水费收取基本实现了微机开票，结算重叠户。进一步狠抓了农村水价管理。基本实现“一井一价”，明码标价上井台，规范了农业用水价格，有效减轻了农民负担。

对教育收费制度进行了改革。在全市实行了义务教育收费“一费制”，对治理教育乱收费，促进教育大市建设发挥了重要作用。

（解伟龙）

【清费治乱减负】　围绕“三农”和群众反映强烈的价格问题，采取多种措施，加大整顿力度，取得了较好的效果。

1. 在抓好行政事业性收费年审的同时，全面开展了涉农乱收费的治理整顿。全市先后共取消面向农民的收费项目8项，降低标准3项，免收9项，直接减轻农民负担1600多万元。

2. 推行了行政事业性收费公示制度。全市共有760多个部门和单位全部进行了公示，在全省召开的行政事业性收费公示工作电视电话会议上，受到了牛仁亮副省长的表扬。

3. 深入基层，主动为农民服务。为了及时了解和解决群众生产生活中碰到的价费问题，使中央一号文件精神真正惠及广大群众，先后抽调专人，下乡入村进农户，与广大农民交心谈心，听取他们对价费政策及执行情况的意见和建议，并就农民反映强烈的价费问题进行了认真研究，分步解决。先后与电业部门协调，将农村中小学校照明用电由过去执行非普工业电价，改为居民生活用电价，仅此一项每年可减轻学校负担300多万元；纠正了有线电视光缆改造安装中新、老用户一个标准收费问题，确定原用户只要有使用证一律免收安装费，已经收取的，全部抵顶收视费；落实国家和省的一系列优惠政策，取消了农用三轮车的运管费和附加费，降低了养路费标准。

4. 围绕群众反映强烈的看病难、住房难等热点、焦点问题，制定出本市小高层住宅物业管理服务收费标准，积极稳妥地制定和出台了本市2004年度小区采暖费标准，进一步完善了物业收费管理，维护了广大住户利益。进一步加强了药品招标采购价格管理，分批核定了本市部分医疗机构的招标采购药品价格，有效降低了虚高药价，减轻了患者负担。（解伟龙）

【市场价格监管】　2004年，全市物价系统认真贯彻国家和省的宏观调控政策，积极探索，全面加强市场价格监管，对遏制市场价格上涨发挥了重要作用。全市居民消费价格总体水平上涨2.9%，基本控制在社会各方面可承受的范围之内。

1. 价格监测工作得到进一步加强。认真完成了国家、省下达的重要商品价格监测任务，监测机构更加健全，采点更加合理，范围进一步扩大，不少方面的监测报告引起了上级物价部门和省、市政府领导的重视。尤其液化气和化肥价格上涨后，市物价局及时跟踪监测，逐级汇报，其中《液化气价格为何居高不下》和《化肥价格持续猛涨》两篇报告分别被市政府和山西价格动态采纳。在市政府的高度重视和支持下，采取一系列相应措施迅速稳定了价格水平。

2. 开展价格诚信活动。在2003年大规模宣传发动，大范围组织评选的基础上，经过县、市物价局层层推荐筛选，市物价局认真考核验收，新闻媒体公示，共评选出全市首批32家诚信单位，并邀请市政府分管领导参加，通过新闻媒体大造声势，公开向这些单位逐个发放了“运城市价格诚信单位”牌匾，在社会上影响很大，对经营者规范价格行为起到了重要的推动和引导作用。

3. 探索和运用适应市场经济要求的价格监管手段。借鉴广州、厦门等地的经验，大量运用调查、提醒、告诫、公告等手段，对一些倾向性、苗头性的价格违法行为进行了行之有效的监管，取得了非常好的效果。全年先后发出告诫书35份，通过新闻媒体和其它渠道公告15次。市物价局拨出55万元，通过华联、亿适家、鑫源、万家福四个超市向群众低价供应副食品，有效稳定了节日市场物价。一年来全市共向市场投放300多万元价调基金。

4. 成本监审工作全面铺开。制定和印发了《重要商品和服务价格成本监审办法》，组织开展了小区采暖费成本和政府幼儿园收费成本监审，进行关帝庙旅游门票等调价前的成本监审，为定调价费工作和放开商品价格监管提供了准确依据。

5. 充分发挥了新闻媒体的舆论引导和监督作用。专门在《运城日报》开辟了价费公示和信息发布专栏，先后7次公告医疗收费标准，2次公告农资市场价格行情，16次公布价格政策和价费标准变动情况，20余次解答群众的价费咨询，得到了社会各方面的关注和好评。

6. 价格理论探索和工作研究成绩突出。市、县两级从上到下都成立了专门课题组，围绕拟定的十余道调研课题，集中研究、深入探讨，掀起理论研究的高潮，撰写出了一批高质量的理论研究和典型经验文章。（解伟龙）

【价格监督检查】 专项检查力度明显加大。在开展的农业生产资料价格和涉农收费、药品和医疗服务价格、石油价格、教育收费、电力价格、"五一"黄金周旅游价费等专项检查中，市、县物价部门紧密配合，采取了下查一级、联合检查、交叉检查等行之有效的办法，严格办案程序，规范检查行为，坚持集体定案，抓重点、抓典型，严查重处了一批乱收费、乱加价的违法案件，有效震慑和遏制了各种违法行为的发生。全年全市共查处价格违法案件4687件，查处违法所得4720多万元，实施经济制裁1800万元，上缴财政700多万元，退还1099万元。

退还力度明显加大。尤其是在教育收费检查中，不收不罚，全部退还，效果非常好。全体检查人员严格执行市物价局党组提出的"四个一"要求（即：被查单位一顿饭都不能吃、一点东西都不能拿、高消费娱乐场所一次都不能去、一分钱都不能摊派），严格执法、秉公办案。市纠风、教育部门与物价监管部门一起巡视督查，运城日报、运城晚报、运城电视台等新闻单位全力配合。市物价局还在垣曲两所学校召开了千名师生大会进行公开退还。全市共向学生和家长退还580万元，在社会上引起强烈反响，许多学生和家长写来了感谢信和表扬信。

举报查处力度进一步加大。通过12358和《监督热线》节目，受理群众举报，查处价格违法行为，全年接受群众来信、来电、来访2500余人，受理举报248件，都做到了事事有着落、件件有回音，查处率达到了100%。

煤炭价格稽查超额完成了任务。通过参加省上组织的交叉检查，市、县联合检查和直接参加省上检查，共为财政稽查追缴煤炭专项基金和管理费达2200万元，比上年高出好几倍。（解伟龙）

【价格基础工作】 价格认证工作的服务意识大大增强，工作领域进一步拓宽。全年共开展涉案认证18000多起，鉴证总额达2288万元，比上年翻了一番。价格工作程序进一步严密和规范。制定和印发了《定调价费工作规则》、《价格监督检查工作规则》和《物价执法人员八条禁令》等规范性文件，筹备成立了机关资料室，出台了《运城市物价局收发文管理办法》，保证了各项工作的顺利开展。价格信息网络建设有了新的进展。价格执法工作水平大幅度提高，依法行政和依法治价的意识有了明显增强，市物价局被授予"市级依法治理示范单位"称号。在全市《行政许可法》电视大赛中，市物价局取得了第四名的好成绩。基础设施建设有了新的改善。市物价局的办公大楼已正式开工建设，计划年内建成，下年年初投入使用，这将成为南风广场周边的一幢标志性建筑。从上到下认真扎实地开展"三项治理"工作，市物价局被评为清车工作先进单位。市物价局在行风评议中都位居前列；建立和完善了廉政建设目标责任制、廉政承诺制、廉政反馈制度，向社会聘请了百名行风监督员等，进一步转变了物价工作作风，树立了物价部门的良好形象，班子和队伍建设得到了加强，各项工作取得了新的成绩。（解伟龙）

质量技术监督

【从生产源头入手，努力提升区域产品质量】 从源头抓质量是提升区域产品质量治本之策。市质监局认真贯彻国家质监总局提出的"从源头抓质量，提高工作有效性"的工作思路，从建立企业质量档案入手，基本掌握了全市企业管理人员素质、产品质量等状况。通过调查研究，把对有证企业的监管和无证企业的查处作为从源头抓质量的有效手段，加大了食品质量安全工作。把提高技术检测水平作为从源头抓质量的保障，使全市的产品质量上升到一个新的水平。

1. 认真做好食品市场准入工作。国家全面启动食品质量安全准入制，按照国家质监总局和省质监局的安排部署，逐步开展第二批十余类食品市场准入工作。2004年，在重点做好"五类食品"市场准入的基础上，结合本市食品加工企业点多面广，规模大小不一，经营方式各异等特点，充分利用各种媒体宣传食品市场准入的法律法规。在企业自主申请的基础上，县、市级质监局有关科（股）室深入企业，加强对食品企业标准、标识、计量器具检定、质保体系建立等进行监督与服务，培训了12名审核员，对上年遗留下的49家申报企业重新进行了审查上报，并印发工作程序，规范了受理、审核行为。截至年底，共受理102家，其中43家已获证，59家通过审核上报省质监局。同时，开展《食品生产许可证》年审工作，对忠民集团、中意制粉等5家企业进行了年审，组织有关人员对9家食品生产企业进行监督检查，签订了质量责任书，督促其对存在的问题进行整改。

2. 加强工业产品生产许可证管理工作。5月份，组织召开了全市生产许可证工作会议，对全市生产许可证工作进行了安排部署，采取对获证企业证后监督管理和年审相结合的方法，按照由各县（市、区）质监局组织，企业自查申报，市、县两局联合审查、考核的办法，加强对获证企业的监督与管理。全市涉及办理生产许可证的产品主要有水泥、钢材、白酒、危险化学品、塑钢门窗等11类产品，已有84家企业110余种产品办理了生产许可证。分别对全市10家危险化学品生产许可证企业进行了认真、细致的复查。配合省对全市21家复混肥生产企业、5家磷肥生产企业进行生产许可证现场审核。组织对全市眼镜生产企业进行调查摸底和发证工作，安排部署了塑钢门窗、防水卷材、人造板生产企业申报生产许可证等工作。

3. 对棉花、水泥等无证生产情况进行了调研。棉花加工企业和水泥生产企业都属于发证企业，针对棉花无证加工企业在本市多达530余家、水泥无证企业30余家，而获证企业仅占到其总数的24%和50%左右的情况，市质监局先后深入了本市主要棉产区，也是棉花无证加工企业集中存在的永济市、临猗县、盐湖区等地进行了调研，在临猗华晋实业有限公司召开了临猗县棉麻公司、临猗县城关棉油加工厂等10家棉花收购和加工企业负责人参加的座谈会，掌握了全市棉花加工企业的现状和存在的问题，并撰写了本市棉花加工企业的调查报告，为各级政府加强对棉花加工领域的管理提供了决策依据。

11月份，质监局领导又深入全市无证水泥最多、而且都具有一定规模的河津市振兴水泥三厂、干涧水泥厂、银河水泥厂、永鑫水泥厂、龙门水泥厂、振兴水泥一厂等六家水泥厂进行了实地调研。随后又在河津市质监局会议室召开了以上企业负责人或经理参加的座谈会，会上宣传了有关的法律、法规以及市质监局坚决取缔辖区内无证水泥厂的决心，了解了企业的经营状况、质量状况以及对彻底取缔的一些看法，并针对这些问题加以引导，为下一步彻底取缔无证水泥厂做好前期思想动员和政策宣传等准备工作。（王永波）

【打假治劣，规范市场经济秩序】 集中优势兵力，各个歼灭是现阶段打假治劣工作一个相当有效的工作方法。市质监局在“土炼油”、小麦粉过量添加增白剂、液化气等作为重点相继治理之后，2004年结合运城实际，在继续深化和巩固小麦粉、液化气打假成果的基础上，把“地条钢”、蜂窝煤作为打假工作重点，并探索出了一条更为有效的打假工作新思路，并以此推动了打假工作的全面开展。在做好日常监督检查的基础上，组织了化肥、农药、建材等专项打假行动和以奶粉为重点的食品专项打假行动、交叉打假行动，全市系统立案583起，共查处大案要案34起，其中处罚5万元以上的案件2起，2万元以上的案件10起。

1．“五查一打”交叉打假行动。“两节”期间，在全市开展了“五查一打”专项行动，为确保行动效果，按照自查、交叉检查、整改巩固，把专项工作分为三个阶段。市质监局成立了5个督查组分片督查，全市共出动1540人次，检查生产企业和经销单位1319家，计量器具637台（件），立案165起，查处万元以上案件12起，共处罚款57万余元，没收伪劣商品货值4.4万余元。同时，还摸清了“地条钢”、劣质蜂窝煤企业的生产和分布情况。

2. 农资专项打假行动。运城是农业大市，为维护广大农民的切身利益，在春耕、夏播和秋播等时机，组织了以化肥、农药、种子、农机配件为重点的打假行动。春耕之际，在调研的基础上，由行政执法和技术检测人员组成四个联合检查组，对全市23个化肥生产企业以及本市市场销售的100余个品种的外地化肥进行抽样检验。共查处劣质和不合格化肥400余吨。各县（市、区）质监局都组织了农资打假下乡活动，对辖区内的经销网点和生产企业进行了拉网式的检查。永济市对全市7镇3个办事处的96家农资经营店（点）和6家农资生产企业进行了拉网式检查，共查获不合格化肥180吨，假劣农药20吨，假冒农机配件100余台（件）。临猗假农药事件在《焦点访谈》曝光以后，市质监局高度重视，利用三天时间，出动执法人员240人次，对全市范围的27家农药生产企业，327个农药销售门市部进行了拉网式检查。临猗县也迅速组织力量，连夜突查并端掉精研化工厂、源丰化工厂和县城东环路三个黑窝点，查封生产车间和设备，查获植健宝和农思营养叶面肥等8种劣质产品729箱，各种包装箱2975捆及小包装袋47卷，原料5.5吨。永济市质监局也不失时机，在新闻媒体和公安人员的配合下，连续捣毁两个假农药制造窝点，现场查获并没收假农药1500余箱，假冒标签、包装袋10万余个，纸包装箱800余个，查封用于制假的封口机9台，包装工具10件，制假原料滑石粉6吨，碳酸氢铵0.5吨，有效整治了本市农药市场混乱的问题。

3. 彻底取缔“地条钢”。年初，市质监局对全市13个县（市、区）“地条钢”生产厂家进行了摸底调查，发现全市共有45家，有些企业生产规模大，参与投资人员多、情况复杂，彻底取缔难度很大。质监局党组一班人把彻底取缔“地条钢”作为一个战役来打。不到一个月的时间，召开了近10次关于彻底取缔“地条钢”工作会议，全面分析各种情况，考虑到取缔中可能遇到的各种问题及解决办法，对取缔“地条钢”工作进行了周密部署。（1）建立“黑名单”。建立了包括厂名、厂址、法人代表或业主姓名及生产情况的“黑名单”。（2）建立责任制。发挥市政府打假办设在质监部门的职能作用，以打假办名义与各职能部门签订责任书。（3）先打龙头，形成威慑。稷山县“地条钢”生产企业占全市的三分之一，可以说是全市“地条钢”生产企业的“龙头”，以彻底取缔稷山县境内“地条钢”生产企业作为这次行动的突破口，把断电作为这次行动的切入点，开展强大政策宣传攻势。不到三天时间，在电力等部门支持和企业主配合下，按照“五彻底”标准，彻底取缔了稷山县境内的“地条钢”。（4）在稷山县召开打假攻心现场会，收到了较好的效果。全市尚未取缔的30家“地条钢”企业老板一致表示，在规定的时间内，按照“五彻底”的取缔标准，彻底取缔“地条钢”生产企业。此次行动共取缔“地条钢”生产企业48家，包括后来新发现3家。没收模具438套，“地条钢”坯40余吨，捣毁中频炉74个(最大的1.5吨，最小的0.25吨)，拆除轧钢设备6套。2004年底，运城市境内的“地条钢”被彻底取缔。

4. 整治蜂窝煤市场。蜂窝煤以其方便、节省、价廉等特点，被广大群众特别是农村群众使用。但随着市场的不断扩大，用量的增加，蜂窝煤的质量问题越来越突出，引起消费者强烈不满，市县两级人大代表作为议案向有关职能部门提出。在全市推广盐湖质监分局整顿蜂窝煤市场的成功做法，在整顿蜂窝煤市场工作中，克服蜂窝煤企业小、案子小、不愿涉及的心理，把整顿蜂窝煤市场作为践行“三个代表”和落实胡锦涛总书记提出“群众利益无小事”的具体行动。首先摸清底数，查找蜂窝煤厂存在的主要问题。其次监督检查，成立整治分队、验收组和发证办。而后建立台账，对蜂窝煤生产企业实行“一牌两卡”的管理制度，对生产企业名称、地址、负责人、送煤车辆和人员进行统一编号，建立台账。“一牌两卡”就是送煤车上有监督牌，送煤人员佩带监督卡，给用户发放信誉卡，上面标有生产企业的名称、厂址、电话和投诉电话，便于群众监督。最后加大宣传，引起社会关注，让群众监督。并采取回访制度，对验收合格发证的企业进行暗访或者回访，变静态管理为动态管理，在整顿蜂窝煤市场中，以监督、服务、规范为主，收到了较好的社会效果。

(王永波)

【提高安全意识，确保生产生活正常运行】 安全重于泰山。全市质监部门把提高安全意识，严格履行职责，消除各种安全隐患列入到工作的议事日程，制定下发了《2004年特种设备安全监察工作要点》、《检验检测单位监督管理办法》、《2004年液化气瓶充装单位专项整治工作方案》及《关于开展压力管道专项普查工作的通知》，深入开展了液化气市场整治和特种设备的安全监察工作，为生产、生活支撑起了一个安全大网。

1. 液化气市场整治。继续以液化气瓶产权转移为工作重点，认真贯彻实施《气瓶安全监察规定》。在《气瓶安全监察规定》施行一周年之际，市质监局领导带领有关人员对液化气市场整治情况进行了调研，走访运城城区华运气站、北城液化气站、盐化液化气站、东城液化气站。基本上掌握了盐湖区液化气市场运行及管理现状。针对存在的问题，在与各主要液化气站广泛沟通的基础上，制定下发了《2004年液化石油气瓶专项整治工作方案》，针对各液化气站在气瓶产权转移过程中存在的等待、观望和恋旧的运行模式思想，对各液化气站的充装人员统一组织上岗前培训，按照《方案》要求，统一时间，实行异站交叉充装，各辖区内执法人员巡回监督检查，市质监局组织专门人员进行督察，彻底杜绝充装非自有产权气瓶的行为发生。同时各充装站，依据《气瓶安全监察规定》统一制作了气瓶产权转移的知识问答版面和各种宣传资料，各气站统一悬挂了“折旧价，产权转移，交押金，使用合格气瓶”的横幅。市质监局还抽出一定的资金和精力，与运城日报、运城电视台联系，加大气瓶产权转移的宣传力度，让广大用户明白实行气瓶产权转移，能消除气瓶使用中的安全隐患。同时，市质监局还对全市56家液化气充装单位进行了年审，对不合格的9家指出了存在的问题，并要求其限期认真整改。

2. 组织安全大检查。在全市组织了全市春季安全生产大检查，共出动人员1000余人次，对全市220余家锅炉压力容器等特种设备使用单位进行了安全大检查。全市系统分别于“五一”、“六一”前夕对各游乐场所的游乐设施进行安全大检查，对其中存在的安全隐患，超期未检的游乐设施下达了安全监察指令，对部分不具备安全运行条件的设施进行了现场封存。“五一”黄金周前夕，永济市质监局组织力量对鹳雀楼、莺莺塔等6个旅游景点和7家星级宾馆以及饭店在用的游乐设施、电梯、锅炉等设备进行了安全监察，为消费者系上了安全带。

3. “四查四保”质量安全大检查行动。11月份，根据市政府安全大检查通知精神，市质监局召开了各县(市、区)局长、业务股长参加的安全大检查动员会议。会议确定从11月1日开始在全市开展为期一个月的安全大检查行动，对检查的重点，检查中应注意的问题进行了安排部署。市质监局领导深入盐湖区12所学校、永济市3所学校，对在用的生活用锅炉进行检查，发现学校生活用锅炉普遍存在着安全隐患。同时对小澡堂、小食品作坊、小饭店以及街面上的蒸馍铺使用的锅炉进行了检查，发现在人员密集地方一些私自改制、焊接的锅炉或者是土锅炉大量存在，严重危害着居民和过往群众人身和财产的安全。针对以上情况，市质监局又安排部署了“质量安全大检查行动”。检查内容主要包括：查特种设备，保安全运营；查建材质量，保建筑安全；查食品质量，保放心消费；查热销产品，保节日安全。全市成立了14个检查小组进行交叉检查，被检查县局的局长为这次检查行动的组长，由检查县分管打假工作的副局长带队，担任副组长。11月15日至25日为交叉检查阶段，11月26日至30日为整改总结阶段。市质监局派员参加并成立了局班子成员带队的4个督查组，分片进行督查，基本消除了全市特种设备存在的一些安全隐患。

(王永波)

【强化业务，发挥部门监督管理职能】 只有加强标准、质量、计量以及检验检测工作，才能更好地推动地方经济健康快速发展。

1. 标准化工作。2004年，以农业结构调整为主线，与政府有关部门密切合作，逐步建立健全了全市农业产品技术质量标准体系，发布了《无公害食品苹果生产技术规程》、《无公害食品临晋江石榴生产技术规程》、《临晋江石榴》三项农业地方标准。(1)加快农业标准化示范区建设的进程。在继临猗、新绛、芮城、夏县之后，又将永济、万荣、闻喜列为山西省农业标准化示范区，并依据《农业标准化示范区管理办法》的要求，在争取当地政府的支持下，引导农民按标准组织生产，初步建立了产前、产中、产后等各个环节的农业标准化体系，为来年示范区达标验收奠定了基础。芮城县质监局在申请“红富士苹果标准化示范项目”后，制定实施了《红富士苹果栽培管理规范》，又派人从太原购回了苗木繁育、苹果冷藏系列标准，并加大了果树用农药、化肥监督抽查力度，及时为果农提供质量信息，引导果农走质量效益型道路。8月份，在山东烟台召开的全国农业标准化工作会议上，芮城县质监局加强农业标准化工作，服务县域经济的做法受到与会者的好评。10月份，该县的红富士示范项目区已顺利通过省里验收。（2）积极推进企业标准化体系良好行为试点工作。多次赴海鑫、关铝试点企业检查工作，为企业提供咨询服务，为企业标准化良好行为规范工作顺利进行做了大量前期准备工作。努力拓宽采用国际标准工作新领域，指导文义水泥有限公司2个产品采用了国际先进标准。

2. 计量管理工作。针对计量检定人员素质低、计量检定行为不规范等问题，组织检定人员进行操作比武活动。5月份，组织了各县（市、区）法定计量检定机构衡器检定员进行了衡器操作与讲评活动。随后又组织了衡器检定研讨会。8月份，组织全市加油机检定员进行了加油机检定操作与讲评活动，还在各县（市、区）及大型企业进行了计量论文征集活动，共征集论文70余篇。通过以上活动的开展，提高了全市系统检定人员和企业计量工作人员的业务素质。市质监局还统一安排为各县（市）检定机构配齐了10吨检定砝码和20升二等标准量器。同时，还加强对企业的监督管理和服务工作，为企业培训计量检定和计量操作人员55人，其中海鑫钢铁集团培训40人，为中铝山西分公司下属建筑公司培训15人。实行对建立计量标准企业的档案管理工作，对建立计量标准的企业每半年检查一次，并将检查情况记入档案。全年对中铝山西分公司、临猗丰喜集团、南风日化公司等20多家企业进行检查和建档工作，还组织移动公司、电业局、三通衡器厂等企业参加了“5·20世界计量日”专题宣传活动。

3. 质量管理工作。加强宏观管理工作，起草了《运城市质量管理工作要点》，要求临猗、永济继续做好质量立市试点县工作，积极与名牌产品企业和质量信誉等级企业联系，指导41家企业填报质量竞争力指数测评数据表。“3·15”期间，组织全市21家企业名牌产品展示活动，让当地群众了解本地名牌产品。组织了全市128家大中型企业填报了质量档案并制作成电子表格。严格按照《计量认证/审查认可（验收）评审准则》的要求，对监督计划中的16家实验室进行了监督评审。组织了全市200余名执法人员进行《3C认证认可条例》考核，还组织各县（市、区）质监局对电钻、电风扇、空调、微波炉等36种3C认证产品执法检查工作，并对检查情况每月进行汇总，上报省质监局。

4. 检验检测工作。注重提高检测手段和检测能力，投资15万元购置了气相色谱检定仪，建立了水泥产品检验室、石油液化气产品检验室、计价器检定台，对石油、汽油辛烷值检验设备、黄金首饰检测仪器进行了升级换代。稷山县检测所在原认证11个项目的基础上，自筹资金，增加了原煤、洗精煤、冶金焦炭、蜂窝煤、复混肥等检验项目，并通过了省质监局认证。河津市质监局根据当地企业发展需要，购置了催化燃烧式甲烷测定装置，填补了本市瓦斯器检定的一项空白。在提高检测设备和检测能力的基础上，加大定期检验和监督检验的力度，市检测所接收发放的检验样品1751批（次），其中委托检验样品459批（次），监督检验样品1256批（次），出具检验报告1590份，检定计量器具17483台（件），出具检定证书17483份，颁发代码证书1631家，代码年检1154家，代码证年检1154家，条码初审42家，复审38家，接受企业咨询480余次，为用户提供标准资料751份。各县（市）检测机构检定计量器具6万余台（件），监督检验2600余批（次）。锅检所、特检所也加大了特种设备检验检测设备的投入力度。锅检所筹资17万元，配备和完善了检验设备和仪器，购置检验用车3辆、电动试压泵4台、经纬仪1台、水准仪1台、X光射线探伤仪1台、可燃气体浓度测试仪1台、超声波测厚仪4台及胶片冲洗设备。定期检验锅炉1183台，安装质量监督检验48台，压力容器驻厂监督检验1997台，安装质量监督检验168台，定期检验压力容器2625台，锅炉压力容器安全性能检测75台。还先后对临猗长燃液化气充装站两台100m³储气罐和一台60m³残液罐，永济电机厂液化气站2台60m³储气罐，有色气站1台60m³储气罐，华运气站2台60m³储气罐进行了开罐检验。定检起重设备408台，电梯168台，检验率均达到条例的要求。（王永波）

【规范质监系统内部管理】 运城市质监局党组针对实际，把2004年确定为全市系统“规范管理年”，旨在通过狠抓规范管理，提升整体素质，提高工作质量。为此，相继出台了系统《年度考核方案》、《运城市质量技术监督局制度汇编》等文件，为全市质监系统规范管理工作进入新的阶段打下坚实基础。《年度考核方案》分班子建设、行政执法、业务管理、技术机构建设、宣传报道、机关内部管理及精神文明建设、本局中心工作等七个方面，总分值设为750分，在此基础上分项进行量化考核。这就为各县（市、区）质监局提出了科学的工作标准，使基层单位的工作有方向、有目标、有比较、有考核。完整的制度汇编是在借鉴兄弟单位先进管理制度的基础上，对各项规章制度进行修订、完善和补充，汇集了国家质监总局3月份出台的《质量监督检验检疫行政执法监督与行政执法过错责任追究办法》和省质监局下发《首问负责制》、《工作人员仪表举止行为规范》等，共计21项制度2万余字，涵盖了质监工作人员的工作、学习、日常行为管理的方方面面。年度考核方案推行和制度汇编出台落实，使全市质监系统在以下四个方面得到明显的规范。

1. 工作秩序规范。全市系统都能严格落实考勤制度、请销假制度等日常管理制度。通过这些制度的落实，使机关日常管理相对规范，工作秩序明显好转和加强。局机关还设立“局机关外出和请假人员动态”明示标牌制度，将人员在岗情况，外出工作人员的去向及目的予以明示。“人员动态明示”管理制度的建立和落实，开设了一个机关公务活动的窗口，将机关工作人员的公务活动置于社会的监督之下。同时，方便了前来办理公务的组织和群众，也利于科室之间、机关工作人员之间的互相了解和配合，使工作更加协调有序。

2. 执法行为规范。市质监局党组把《行政许可法》的颁布实施作为一个契机，掀起了一个学法充电的高潮。全市系统利用春节期间组织学习《行政许可法》和技术监督有关法律法规，还聘请法律工作者为局机关、市稽查分局全体人员就《行政许可法》的立法宗旨、精神实质结合质监部门的职能及执法过程中可能遇到的一些具体问题进行了分析讲解。并把规范执法行为、规范办案秩序、提高办案质量作为“规范管理年”的主要内容。采用随机抽样方式，从市质监局稽查分局2003年的案卷中，抽取部分案卷进行讲评，并针对案卷中存在的问题，组织执法人员探讨，严格执行个案审查制度，实行一案一审，对稽查分局本年办理的98起1000元以上案件全部上案审会进行审理。同时，严格执行错案追究、案件回访、评案等制度，对连续三次办理错案的执法人员及科室负责人坚决调离执法岗位或工作岗位。临猗、盐湖区等县质监局还组织了法律、法规、文书制作、调查取证等方面的专项培训；稷山、平陆等县还邀请市质监局相关科室领导给执法人员就执法过程中应注意的问题进行培训。全市系统执法程序、文书制作、办案质量较前都有明显提高，促进了由粗放型办案到严格依法办案的转变。

3. 检测规范。为进一步规范检测工作，市质监局专门下发了《规范检测行为》的有关文件，严格按照计量检定规程及产品检验目录的要求，规范检测行为，目标细化、工作量化，每季度对各业务科室的检测行为进行考核。同时，严格按照三部委新颁发的计量检定收费标准进行收费，做到抽取样品规范，检测行为规范，收费规范。

4. 信息传递规范。截至年底，市质监局共编发信息60期，各县(市、区)都能把信息作为宣传、探讨工作的一个阵地，及时上报各种信息。全市系统统一了信息报送格式，各县(市、区)统一制作了信息发文卡，建立了组稿人、核稿人、领导审签等逐级审核签发制度。同时，各县(市、区)质监局文件审批、传送、留存也得到规范。（王永波）

【**重视行风评议，树立质监部门的社会形象**】 市质监局借全省在全社会对56个行业和部门开展行风评议工作的东风，加强系统内部规范管理，使全市质监系统内部管理上升到一个新的层次。同时，规范的内部管理，又促进系统行评工作的顺利开展。在练好内功的同时，做好了行评方面一些具体工作。

1. 市质监局和全市系统各单位按照当地政府行评办的安排部署，通过各级媒体和其他的宣传方式，向社会作出公开承诺。

2. 市质监局和各县（市、区）局领导深入企业走访。系统各级领导共走访企业500余家，全面了解系统在执法、监督检查以及服务企业过程中好的方面和存在的不足，并及时进行了疏理整改。

3. 大量地向社会发放调查问卷。市质监局在做好行风监督员座谈会的同时，系统各单位利用“3·15”、“质量月”等法定宣传日，向社会做好宣传，大量向社会发放调查问卷。“十一”长假期间，市质监局和各县（市、区）局在辖区的繁华地段设立行风建设咨询台。进行宣传咨询，此次全市质监系统向社会发放的调查问卷近1万份，活动一直持续到10月15日。夏县质监局还推出了《行风信息卡》新举措，开发区分局全面实行“一制四卡一簿”（即：首问责任制和领导接待卡、工作责任程序卡、来信来访承办卡、人员上岗工作卡及工作登记簿）的工作方法来推进行风建设工作。

4. 彻底做好了清牌工作。过去发放的一些牌匾的经营单位经营失信，直接影响着政府和职能部门的形象，市质监部门在提高认识的同时，采取各县（市、区）自行清理，交叉检查，实行区域责任制的方法，共清理了牌匾67块，消除了一些不利影响，树立了部门的良好形象。

5. 做好了网上行政审批和公示制度。市质监局认真清理了行政审批项目，基本保留了7个行政审批项目，并对7项审批程序进行版面公示和电脑公示。申请资料履行内部交接卡手续，申请资料的补正和受理通知书的发放都形成了规范和合法的程序。年底已办结行政审批66个，接受申请18家，下达受理通知书10家。

规范的内部管理，全方位沟通与宣传，在社会上树立起了质监部门的良好形象。

“规范管理年”之际，市质监局按照“抓管理，促规范，强素质，树形象”的工作思路，全市质监系统内部管理和工作得到规范，取得了一定的成绩，但还存在着对无证企业监管不到位，一些涉及安全隐患的死角没有触及到，检验检测的技术水平还跟不上经济发展的需要，县（市、区）质监局之间发展不够平衡等问题，这些问题还需要在以后工作中逐步加以解决。

（王永波）

统计管理

【**2004年统计工作概况**】 2004年，运城市统计局紧紧围绕服务全市经济和社会发展这个中心，以深化统计改革为动力，以提高统计数据质量为重点，按照市统计局制定的“12445”工程，认真组织领导，科学安排工作，强化人员素质，提供优质服务，圆满地完成了全年统计工作任务，受到了上级的好评和表彰：统计年报再次评为全省先进单位；“五一”劳动节被市委市政府评为模范先进集体；荣获全国统计先进单位；获得市直单位“十佳”党总支光荣称号；被市直工委评为“优秀红旗团委”。（王涑波）

【**全年统计工作计划安排**】 为安排部署好全年工作任务，年初制定了全年的工作目标，提出了全市统计工作的指导思想和总体要求，即紧紧围绕全市经济建设这一中心，按照省统计局提出的“618”统计改革建设要求，以落实市政府［2002］24号和［2003］114号文件为重点，继续推进全市“十五”期间统计工作的“12445”工程，把全市的统计事业推向一个更高层次，为全市经济发展和社会进步做出新的更大的贡献。统计局内从领导到一般干部，层层建立了工作岗位目标责任制，责任到人，使人人肩上有担子，个个头上有压力。从制度上为保证全年工作任务的完成奠定了良好的基础。（王涑波）

【统计年报工作】 国民经济统计年报工作，是统计工作的重头戏。为了做好2003年的年报工作，市统计局认真学习了省统计局关于做好2003年年报工作的有关标准要求，制定了具体的工作措施。1. 以市政府办公厅文件下发了“关于做好统计年报工作的通知”；2. 组织召开了县（市、区）分管县长和统计局长会议进行动员；3. 从年报准备阶段开始，认真组织召开了各个专业业务培训会，熟悉掌握报表统计流程、方法及要求；4. 严格审核审查，把好数据质量关。年报开始后，同志们加班加点，没有节假日、休息日，夜以继日地工作。在全体人员的共同努力下，全市2003年统计年报工作再次被省统计局评为先进单位。（王涑波）

【统计优质服务质量明显提高】 统计工作覆盖社会经济生活的各个方面，是宏观调控的监视器，是宏观经济的晴雨表，更是宏观经济的指南针。年初市统计局要求统计系统全年人均完成4篇以上调查报告，采用2篇以上。并制定了本年统计服务的主题，即围绕市县两级经济结构调整和全面建设小康社会对统计部门提出的新要求，坚持与时俱进，开拓创新，搞好统计优质服务。重点围绕四个方面开展服务：（1）加大经济运行监测力度，及时提供预警分析；（2）开展重大课题分析研究，积极服务宏观决策；（3）开展专项调查，敏锐反馈重要信息；（4）加强新闻宣传，服务社会公众。利用统计有关资料及时为市、县两级政府提供经济运行情况，充分利用经济运行月度监测、运城统计、企业调研、统计报告、统计快报等各种刊物，以公报、提要、年鉴等多种形式及时高效地为党政领导和社会经济发展提供决策依据。据不完全统计，一年来，全局共撰写分析报告500余篇，在各种报刊发表达200余篇。市统计局编纂了《运城经济统计年鉴》、《运城统计志》、《运城统计》报告文学编纂工作已经开始启动。（王涑波）

【统计业务素质明显提高】 随着社会经济的不断发展和统计方法制度的不断改革，新的统计任务接踵而至。实践证明只有不断地学习，才能跟上改革与经济发展的步伐。年初，市统计局制定了人才工作规划，从立足于提升现有统计人员的素质入手，采取多种渠道加快人才培养。（1）组织、分批选送青年骨干参加省统计局和有关高等院校举办的研究生班的学历课程再教育，加快培养具有双学士或硕士学位的业务带头人。鼓励同志们参加统计函授、电大等学历教育学习。搞好《统计证》年检、继续教育培训和统计职称资格全国统考工作。（2）在统计业务知识和相关知识的培训方面，借鉴先进单位的做法，开展现代经济理论、调查技能、外语、统计基础知识、计算机知识等方面的培训。（3）在知识观念更新方面，积极参加市政府组织的专家、学者高新技术专题讲座，使统计干部能够及时接受经济社会发展的前沿思维、思想和知识，站在经济和社会发展的制高点上，开展最有效的咨询服务。

2月中旬结合市直工委组织开展的“公道正派树形象”活动，制定了市统计局活动实施方案，明确了目的、意义、指导思想，提出了基本要求，成立了由局长邓梦海为组长的领导组。通过系统地学习，每一位同志都认真地查摆了一些问题，在思想修养上进一步得到提高，更加明确了人生观、价值观和全心全意为人民服务的思想。为了响应党中央号召的进行两个务必传统教育，组织全局人员赴延安老区参观了杨家岭、王家坪、枣园等旧址，进行了一次深刻的传统教育。为了建立良好的学习氛围，局机关对图书资料室进行了重新装修，制作了书柜、报夹，并订阅各类报刊30余种。（王涑波）

【统计法制工作】 国民经济快速发展对统计工作提出的要求越来越高，如何保证统计工作的顺利开展，确保统计数据及时、快速上报，保证统计数据真实可靠，就必须加大统计执法和监督检查力度。为此，建立了统计执法宣传、培训、检查、查处监督等各项制度。3月18日，在河东街计委大门口进行了统计法制综合治理宣传活动。设立了咨询台，给过往群众散发传单，宣传统计法的重要性，宣讲统计工作对国计民生的重要意义。此次活动共发放宣传资料1000余份，咨询者达400余人。市统计局还认真组织了《行政许可法》的学习讨论，班子成员和全体人员对《行政许可法》常识进行了专门复习，参加了市政府组织的集中考试。

9月中旬，根据全国人大、中纪委、国家统计局的安排精神，市统计局组织了四个统计法制检查工作组，对全市13个县(市、区)以及3个经济开发区进行了半个月的检查，每个县(市、区)抽查了十多个重点单位，对统计报表出现的错误进行了纠正处罚。这次活动声势大、动作大，收到了极大的成效。

2004年全年共组织了执法检查150次，罚款8万元，立案43起，为确保统计报表工作的正常进行，提高统计数据质量提供了可靠的法制保证。（王涑波）

【经济普查前期工作开展顺利】 第一次经济普查是一项涉及范围广，参与部门多，技术要求高，工作难度大的重大社会系统工程，是2004年全市经济生活中的一件大事，也是事关统计工作全局的大事，必须提高认识，明确任务，扎扎实实地做好各项准备工作，确保普查各阶段工作任务的圆满完成。市委、市政府对经济普查工作十分重视，3月2日市政府下发了《运城市人民政府关于我市第一次全国经济普查的通知》(运政发[2004]10号)。并在当年的政府工作报告中,将经济普查列为政府的重要工作之一。3月30日,召开了全市第一次经济普查工作会议。全市经济普查前期准备工作正式启动。从年底情况看,全市经济普查各项前期准备工作进展较为顺利,取得了积极成效。主要做了五个方面的工作:

1. 机构组建有效推进。全市13个县(市、区)政府经济普查领导小组及其办公室全部组建完成,并制定了普查办公室工作规则,明确了各部门的分工,拟定了工作规划。乡镇、街道办以及大中型企业普查机构组建也基本完成。根据永济试点工作经验,普查机构延伸到村级正在落实之中。

2. 普查试点取得基本成功。为了检验省级普查实施方案的科学性和可行性,选择了永济市城东街道办事处进行市级试点工作。经过运城市、永济市以及城东街道办所属村(居)委会各级50余名试点工作人员共同努力,圆满地完成了试点各阶段的工作。试点取得基本成功。

3. 人员选调有序进行。年底,市县两级的普查人员选调工作已基本到位,乡和村两级的人员抽调工作也已基本完成。全市预计选调普查人员1.7万名。

4. 普查经费初步落实。市政府十分重视为经济普查提供必要的经费和物资保障工作。在普查通知中明确要求各级政府要将普查经费"列入相应年度财政预算、按时拨付、确保到位"。全国电视电话会议以后,市政府按照曾培炎副总理的讲话精神,针对各级普查经费到位不理想的实际情况下发了内部明电(运政办传字[2004]113号),对各县(市、区)的经费落实问题提出了明确要求。到年底为止,市财政部门和多数县(市)财政部门在财力紧张的情况下,挤出了一定资金投入普查工作。

5. 宣传动员工作全面展开。9月份,市普查领导组与市委宣传部联合下发了《关于认真开展我市第一次全国经济普查社会宣传动员工作的通知》,对全市普查社会宣传动员工作进行了全面安排部署。年底,在市县两级普查人员的努力下,普查工作进展顺利,为下年正式普查奠定了基础。 (王涑波)

【省市县三级联网目标基本实现】 随着互联网技术的不断完善,统计信息通过网络传输变得通畅而快捷,保证了信息的及时,节约了宝贵的工作时间。上年,市统计局花大力气配备了相关设备,实现了和省统计局的网络连接,极大地提高了工作效率。2004年,市统计局及时召开了县(市、区)局长会议,要求尽快实现市县统计网络联网,各县(市、区)很快争取到了县(市、区)领导在人财物上的支持,网络建设取到较快进展。8月6日,市统计局在临猗县召开了统计信息网络现场会,各县(市、区)统计局长、农调队长及计算站负责人参加了会议,会议交流了网络建设的经验,实地观摩了临猗县统计网络建设以及国家、省、市、县网络的联网情况,使参会代表大开眼界。年底除极个别县外,全市统计网络基本实现了四级联网,统计信息化建设正在迈向更高、更新的阶段。

(王涑波)

【努力营造良好的机关工作氛围】 近年来,由于市统计局领导班子作风扎实,团结向上,机关全体人员凝聚力很强,工作面貌生机勃勃。在繁忙的工作之余,组织一些文体活动丰富大家的业余生活。三八妇女节,举行了丰富多彩的"庆三八"文艺活动,全局分三个支部进行了表演,同志们各显已长,吹拉弹唱,载歌载舞,整个演唱会气氛热烈,一片喜气洋洋。九九重阳节之际,为了表彰二十五年来为运城统计工作做出过贡献的老领导、老前辈,市统计局组织编写了《奉献者的足迹》一书,真实记载了这些老统计工作者为运城统计工作艰苦奋斗的历程。单位还把老同志请回来,召开了座谈会,组织游览了河东名胜。 (王涑波)

审计监督

【概述】 根据省审计厅和市政府要求,2004年全年共安排了10大类23项247个单位的审计和审计调查任务。截止10月中旬,多数项目已如期完成,其余正在进行中的审计项目,在11月底全部完成。截止9月底(依据三季度统计报表),已审计单位472个(含延伸审计),查出各类违规违纪资金金额71727万元,应上缴财政5894万元,归还原渠道资金5463万元,已上缴财政616万元;提交各类审计信息、报告217篇,被采用63篇;向司法和纪检监察机关移送案件线索19件,现已立案2人,追究刑事责任1人,受党纪政纪处分6人。(景 磊)

【财政预算执行审计】 财政预算执行审计,既是关系到全市经济全局和政府、群众关注的焦点,同时也是国家审计的基本职责,是国家审计永恒的主题。从2月下旬到4月下旬,市审计局集中力量、集中时间,围绕财政资金这条主线,分别对市财政局、地税局、国土局、中级法院、物价局、林业局等15个单位及其所属二、三级预算单位实施了2003年度市本级预算执行审计和其他财政收支审计。在审计中,将审计的重点放在维护改革发展稳定大局,促进增收节支和促进财政改革的深化上,重点揭露预算分配和管理中存在的问题,以维护国家政令统一,保证各项财政改革措施的贯彻落实;严肃查处预算管理中的重大违规问题,以维护国家政令统一,促进以建立公共财政体制为目标的各项财政改革的深化;加大对二、三级预算单位的延伸力度,以严格预算管理,促进财政资金分配秩序的制度化、法制化。审计结束后,市审计局于2004年5月31日在运城市第一届人民代表大会常委会第25次会议上作了《关于运城市2003年度预算执行和其他财政收支的审计工作报告》。由于此报告材料详实,所披露的问题触及"热点、焦点",同时本着"依法分清是非、着眼推进管理"的原则,提出了加强和改革预算管理的建议,因此不仅引起了委员们的关注和强烈反响,而且也受到人大和政府的充分肯定。 (景 磊)

【经济责任审计】 在经济责任审

计工作中，市审计局立足于高起点、高标准、严要求，以审计程序的合理化为前提，从审计项目立项、审前调查、制订方案、下达审计通知书，召开座谈会，被审计对象述职，编制工作底稿，进行调查取证，撰写审计报告，征求意见，出具审计结果报告及作出审计决定等过程，都严格按照审计程序进行，避免了主观上随意性，降低了审计风险。在确定一个经济责任审计对象后，通过审前调查来确定审计重点，以制定一个切实可行的审计工作方案。进点后，首先召开全体人员进点大会，并邀请部分老干部参加。动员会上首先讲明此次审计的目的和意义，并将审计内容、审计程序、审计要求和审计纪律一一传达，公布举报电话，同时要被审计的经济责任对象向全体人员进行任期经济责任情况述职报告，当场就被审计对象完成经济指标，遵守财政纪律等情况进行民主测评。大会结束后，审计组人员同部分干部和相关部门领导进行座谈，了解被审计的经济责任对象工作情况和经济发展等情况。在审计结束后，市审计局展开一次和进点大会同样规模的会议，就审计结果进行通报，做到有始有终。由于工作程序严格，经济责任审计任务未出现过行政复议和诉讼案件。

在审计运作上，主要抓好“四个环节”。(1) 委托环节。领导干部任期经济责任审计是市委、市政府、纪检委和组织部门安排的一项重要性工作任务，在程序上要取得各部门的建议书后，才可以开展工作；(2) 实施环节。首先根据委托对象和要求，制定审计实施方案，印发审计通知书，明确审计的时间界限、范围、内容、重点；其次，采取多种方法做好各种审计内容的核实查证、取证工作。在工作中，不但使用传统的审计技术方法，还使用一些辅助的审计方法，如：设立举报公告、公开举报电话、民主测评等；(3) 书面报告环节。审计实施过程结束后依据审计结果，实事求是地写出书面报告，送交被审计领导干部及所在单位签署意见；(4) 出具意见书和决定书环节。审计结果作出后出具审计意见书，对违反财经纪律的事项作出处理，同时出具书面决定书，向市委、市政府报送审计结果报告。

经济责任审计是一项新的工作，没有现成的模式可以遵循，市审计局在实践中探索，在探索中创新，在创新中提高，不断摸索搞好经济责任审计的新途径、新方法。在近年的经济责任审计工作中，始终坚持以被审计对象的重大经济活动为主线，重点围绕被审计对象履行职责中的“四个重大，六个亲自”开展审计，即围绕重大决策，重大决定，重大活动，重大事项，将领导干部亲自主持，亲自分管，亲自安排，亲自把关，亲自授权，亲自参与的经济活动作为审计重点，了解领导干部在“四个重大”中的参与度与参与过程，从而分清领导干部在经济活动中适当承担的经济责任。在审计工作中，坚持做到不越权、不唱“独角戏”，紧紧扣住运城市经济责任领导组下发的《县（市、区）长经济责任审计工作意见》和各年度《审计工作方案》所规定的程序、范围、内容、要求来完成审计。在实施审计过程中，严格实行公示制度，在进点大会的基础上，在电视和报纸上公示，并公布举报电话，由社会共同监督经济责任审计对象和审计组本身，这样既做到了经济责任透明化，树立了审计权威，又做到了宣传经济责任审计，造出了声势，引起了被审计单位的高度重视和积极配合。

（景　磊）

【投资审计】 根据省厅安排，市审计局组织市、县两级审计机关，自2004年6月10日至8月28日，对全市2001年至2003年度市本级和12个县市（盐湖区除外）的城建资金和城建项目进行了审计调查。审计调查结果表明，本市三年的城建资金收入51883万元，占财政收入589602万元的8.8%。这不仅说明本市城市化建设的进程在加快，城建投资的规模在不断加大，同时也说明城市建设已成为本市经济建设的重要组成部分。通过审计调查，不仅基本摸清了本市三年来城建资金的征收规模和使用情况，而且也发现了其中存在的诸如城建资金征收难以到位，欠征欠收情况较为普遍、支出结构不合理、挤占挪用情况严重、城市建设发展较快，资金缺口过大，城市建设项目已成为财政的巨大负担等问题。为此，市审计局向市政府提出了具体可行的审计建议，受到了市政府和相关部门的高度重视和充分肯定。

为了城市的可持续发展和加快城市化建设进程，加强对城建资金的审计监督已成为政府和人民群众强烈关注的热点之一。市政府不仅高度重视，而且寄予审计机关信任和厚望。当年3月9日以运政发[2004] 8号文件下发了运城市人民政府《关于印发〈运城市建设项目审计办法〉的通知》，为进一步加强建设项目的审计监督，规范投资行为，提高投资效益，作出了具体详细的规定。市政府又责成审计机关对南风广场建设项目进行审计。南风广场是地改市后市委、市政府实施的重点城建项目，也是运城市城市建设中最大的公众基础设施项目。该工程处在运城市“心脏”地段，占地11.8公顷，投资8925万元（财政投资8044万元，南风广场管理中心自筹881万元），从2002年9月动工，2004年5月1日交付使用，是集商贸、集会、休闲、娱乐于一体的综合城建项目。通过审计人员的努力，求真务实，依法审计，摸清了底数，保证了任务的圆满完成，客观公正地向市政府和全市人民交出一份满意的答卷。

（景　磊）

【国土资金审计】 国土资金的征缴、管理与使用问题，一直是一个社会“焦点”问题。根据审计署披露资料，发现一些地方非法买卖土地、违法“圈地”、乱占耕地，以及低价补偿或截留挪用农民征地补偿问题比较突出，审计结果已引起了国务院及有关部门的高度重视。2004年，市审计局将国土资金列入审计的重点领域，不仅在财政预算执行情况审计中，重点对市国土资源局及下属的运城市土地收购储备中心、市土地统征出让中心、市土地开发中心2003年预算执行和其它财政、财务收支情况进行了审计，同时，还对市国土资源局局长进行了任期经济责任审计。审计发现，该局所属统征出让中心和土地收购储备中心2002年至2003年共出让土地1503亩，应收土地出让价款53107万元，实际收回23774万元，欠收29333万元，占应收回土地出让价款的55.23%；该局土地开发中心2002年至2003年没有办理收费许可证收取征地服务费358万元；该局基建挤占各项专款965万元；违规借用土地开垦资金用于基建100万元。这些问题在向市人大常委会的专题报告中披露后，不仅引起了市人大和市政府的高度重视，也引起了财政等有关部门的高度重视，市国土资源局党组更是采取积极态度，一方面执行审计决定，接受处罚处理，一方面制定整改措施，积极整改。截止9月下旬，局长经济责任审计结束时，对于欠收土地价款已催收回2482.52万元。通过对国土资金的重点审计，不仅保障了国有土地和国有资金的安全和增值，而且促进了国有土地在收购、出让、开发过程中的规范运作，遏制了此类违规违纪问题的再度发生。（景　磊）

【机关管理】 随着审计事业的不断发展，审计队伍的不断壮大，审计机关的内部管理已经成为摆在面前的一项迫切任务。2004年以来，市审计局把加强和完善机关内部管理提到了重要的议事日程，与时俱进，锐意改革，积极探索新形势下审计机关内部管理的新路子，力求将机关的一切行政行为纳入目标管理、制度管理、动态管理和民主管理的轨道。2004年初，市审计局党组对机关的管理机制进行改革。经过反复酝酿，决定成立四个委员会，即机关管理委员会、审计业务审定委员会、审计业务督查委员会和“金审”工程委员会，以促进规范机关管理，提高行政效果；保证审计质量，提高执法水平；加强廉政建设，树立审计形象；改善审计手段，提高技术能力。

机关管理委员会由办公室、工会、老干部、后勤、妇委会和培训基地等部门负责同志组成，最大限度地实现了管理的民主化；2004年，由机关管理委员会负责，对各项管理制度进行了全面的梳理和完善，使机关内部每一个管理环节都能够有章可循，实现了管理的制度化；在各项制度的制定中，力求做到细致具体，具有可操作性，如接待慰问明确规定了什么情况下什么标准，履行什么程序；燃油修理明确规定了每一部车的燃油指标和修理费指标及履行的程序等，最大限度地限制管理中的弹性。规定了管理委员会的议事程序，重大事项由有关部门提出草案，委员会讨论通过交由党组决定，实现了管理的科学化；机关管理委员会每月召开一次例会，通报机关重大事项和重大开支，反馈决定执行情况，通报各科室包干经费收支情况和争先创优活动开展情况，实现了动态管理。由于严格细致的管理，节约了开支，化解了矛盾，为同志们创造了公开、公平、公正的工作环境，为审计事业的全面发展提供了良好的平台。（景　磊）

【金审工程】 加快审计信息化建设是一项涉及审计方式转变、观念转变、干部队伍结构转变和人员知识结构转变的深刻革命。为此，将此项工作列入2004年的重要议事日程，专门成立了市审计局“金审工程”工作委员会，对全局计算机网络和硬件设备进行全面升级改造，并要求对于计算机硬件设备、网络条件和技术水平相对滞后的县（市、区）审计机关，要找准审计信息化建设的突破口，努力将审计信息化建设列入地方电子政务建设的统一规划，落实责任，筹集资金，迎头赶上。2004年5月份，市审计局共筹集50多万元，对原有的网络及计算机设备进行更新换代，新购置笔记本电脑19台，台式电脑35台，并克服经费困难，将局机关的计算机全部接入互联网，开通局域网，从而实现了宽带上网和科室共享信息资源，为推动审计机关办公自动化，提高办公效率和建立科学管理体系打下了良好的基础。（景　磊）

【廉政建设】 加大审计执法力度，加强廉政建设是一个问题的两个层面，加大审计执法力度，不给个别人留下以审谋私的空间。同时，加强廉政建设会更好地促进审计执法力度。为此，市审计局2004年采取了一系列措施：(1)进一步完善审计项目审定制度，明确所有审计项目必须经审定委员会审议后才能下发审计意见书和审计决定，不给个别人留下操纵审计项目的空间；(2)进一步完善审计督查办法，督查组可以随时介入审计项目，建立和完善审计机关内部的监督和制约机制；(3)加强与纪检监察和财政税务等部门的协作配合，加大执法力度。针对当前审计决定落实难的问题，与市纪委、监委联合下发了《关于纪检监察机关和审计机关加强协作配合的通知》和《关于对2002至2003年审计决定落实情况进行专项检查的紧急通知》，要求对拒不执行审计决定的单位负责人和直接责任人追究党纪政纪责任，对其未缴部分由财政部门采取直接划拨或交由法院强制执行。6月初，由市纪委监委、市审计局联合派出督查组，对2002年至2003年度35个单位审计决定未落实的113万元处罚款进行督促落实，限期追缴。同时，为了严肃税法，加强监督，确保财政收入及时足额入库，市审计局还和市财政局、国税局、地税局联合下发了《关于审计机关、财政机关依法查出的税收违法资金缴库问题的通知》，以严肃查处税收中违法违规行为；(4)在争先创优竞赛台上每月公布各科室罚没款收缴和案件线索移送情况。将各审计组执法情况随时公之于众，接受群众监督；(5)将节约审计费用作为加大执法力度，树立审计形象的一个重要举措。由于条件所限，审计项目费用主要还是由被审计单位负担。在当前的条件下，完全由审计部门负担审计费用也不现实，市审计局就要求审计人员最大限度地节约审计费用，要求市直单位一律实行调账审计，并进行了一系列有益的探索，如本年开展的对两个县的财政决算审计，也实行了调账审计，对要调查核实的问题逐一登记，然后集中很短时间现场落实。这一模式正在探索中，并将进一步完善。（景　磊）

（责任编辑：石少青）

农 林 水 牧

农业综合开发

【投资完成和使用情况较好】 2004年，全年农业综合开发项目共完成开发投资6708.72万元，占计划6591万元的102%。其中：中央财政2683万元，占计划的100%；省级配套资金1615万元。占计划的100%；市、县配套资金731万元，占计划的100%；群众自筹1443.72万元，占计划1362万元的106%。土地治理项目共完成投资4198万元，其中财政资金2836万元，占计划的100%；市、县配套460万元，占计划的100%；群众自筹902万元，占计划的100%。在土地治理项目中，水利措施完成投资1835.55万元，占计划1714.05万元的107%；农业设施完成投资2024.52万元，占计划2087.1万元的97%；林业设施完成投资200.3万元，占计划203.35万元的98.5%；科技推广完成投资137.63万元，占计划125万元的101%。

多种经营项目共完成投资1693万元，占计划的100%，其中财政资金1152万元，占计划的100%；市、县配套181万元，计划的100%；自筹资金432.22万元，占计划的120%。

科技推广综合示范项目完成投资700万元，占计划的100%，其中中央财政资金310万元，占计划的100%；县配套90万元，占计划的100%；自筹资金109.5万元，占计划100万元的109.5%。

到期有偿资金的归还情况较好。今年到期有偿资金1744.925万元，已归还市财政902万元，占总数51.7%。　　（市综合开发办）

【工程项目任务高标准完成】 按照“田、林、路、水、井、渠、机、电”综合配套的标准，高标准、高质量地完成了2003年度中低产田改造任务5.35万亩，优质农产品基地5.6万亩，优质饲料基地5.7万亩，节水农业示范0.5万亩，农业生态工程0.5万亩，产业化项目9个。2004年项目也已全面启动。累计完成新打机井63眼，修复机井86眼，架设输变电线路61.8公里，衬砌渠道36公里，埋设地下输水管道281公里，修筑机耕路162公里，植树造林50700亩，改良土壤32500亩，建设良种仓库6850平方米，良种晒场15800平方米，购良种70.18万公斤，新增灌溉面积4.1万亩，改善灌溉面积3、12万亩，形成了喷灌、微灌、滴灌、地埋管灌等多种节水灌溉形式，项目区的抗御灾害能力明显提高，为全市粮食安全提供了可靠的保障。

（市综合开发办）

【优势农产品基地建设发展迅速】 2004年，全市建成了临猗县猗氏万亩优质小麦、芮城县大王万亩无公害中药材、万荣县王显万亩无公害苹果、盐湖王范五千亩大棚韭菜等9个生产基地。开发扶持的芮城中药材协会，在引导农民进入市场，推进农业产业结构调整，建设专业生产基地，增加收入方面，发挥出强劲的辐射和带动作用。

（市综合开发办）

【农业产业化目标顺利推进】 重点扶持以芮城丰润集团、永济超人奶业、平陆汇强为代表的9个“龙头”企业，1693万资金全部运作到位，基本建设顺利进行，多数企业已投产运营，吸收农村剩余劳动力2700人，年增产值12495.8万元，年增利税2135.2万元。其中：丰润集团在2004年被国家农业部认定为国家级农业产业化龙头。在多经“龙头”企业的带动下，农产品的品种结构得到优化，品质、商品率和市场竞争力明显提高，增产增收的产业链条，环环相扣，和谐运转，农业产业化生产与经营格局在项目区逐渐形成。　　（市综合开发办）

【农业可持续发展进一步加强】 2004年，各项目在搞好各项开发的同时，注重加强农田林网建设，完成农业生态示范工程0.5万亩。项目区栽植各类乔灌树木50余万株，树木保有率在95%以上，增加农田林网防护面积9.91万亩，有效地改善了农田气候，促进了农业可持续发展。永济城东生态项目区经过大力推广微喷、滴灌、涌泉灌等节水技术，发展各种名特优干鲜果品，使昔日的荒山荒坡变成了鸟语花香的大果园和休闲旅游的好景点。

（市综合开发办）

【科技在增产增收中的作用越来越大】 2004年，市综合开发办以永济科技示范项目和各县（市、区）的示范园为载体，引进新品种、新技术，大力开展农民技术培训，组织培训农民8.83万人次。通过大规模地测土施肥、无公害生产等技术服务，项目区农业增产和农民增收中科技贡献率已达60%，项目区的农户人均增收近500元。在临猗猗氏项目区，县开发办聘请专家现场讲解涌泉灌、喷灌技术对提高苹果产量、质量的作用，帮助农户算成本账，解决农户在苹果生产中的技术难题，为项目区农民提供全方位服务。特别是通过推广使用防治苹果黑斑病技术，使苹果质量大大提高。今年项目区的苹果不仅产量高，而且质量好，一个精品苹果卖到8元，十分抢手。

（市综合开发办）

【中低产田改造、节水和农业示范项目效益显著】 2004年，在经过综合开发治理后，项目区水利用系数由过去的0．6提高到0.95，灌溉水利用系数由0.7增加到0.85，增加林网防护面积5.55万亩。今年的

6.35万亩中低产田每亩粮食平均增产200～300斤，增产粮食600万公斤，棉花40万公斤，油料38万公斤，增收2165万元。项目区人均收入达到400余元，最高的达到1000元。（市综合开发办）

【优势农产品项目效果明显】 2004年，全市项目区通过改良土壤和良种购置等一系列生物和工程措施，土壤有机质含量大幅提高，平均提高1个百分点。农产品的商品率有了明显提升。在盐湖区的优质小麦基地，每亩平均增产100斤左右，质量明显改善，小麦收购价最高达到1.1元。（市综合开发办）

【多种经营项目带动辐射效应增强】 2004年，市综合开发办重点扶持了以芮城丰润集团、永济超人奶业、平陆汇强为代表的9个农产品加工“龙头”企业，新增总产值12495.8万元，新增利税2135.2万元，其中净利润1124.3万元，新增固定资产3377.1万元，吸纳农村剩余劳动力2700人，辐射带动农户16744户，年工资性收入1350万元，带动农户年增收1674.4万元。

（市综合开发办）

农村经济

【农村经济运行情况】 2004年，全市农村经济总收入达到309.4亿元，比上年267.9亿元增长15.5%，总费用196.6亿元，比上年166.3亿元增长18.2%，净收入112.8亿元，比上年101.6亿元增长11%，农民所得总额110.9亿元，比上年的100.6亿元增长10.2%，农民人均所得2690.3元，比上年2463.5元增加226.8元，增长9.2%。

农民人均所得从产业结构看：来自第一产业1081.9元，比上年938.7元增加143.2元，增长15.3%，对农民增收的贡献率为63.1%。其中：来自种植业918.4元，比上年784.7元增加133.7元，增长17%，对农民增收的贡献率为59%；来自畜牧业117.5元，比上年115.4元增加2.1元，增长1.8%，对农民增收的贡献率为0.9%。来自第二产业665.7元，比上年680.6元减少14.9元，下降2.2%，对农民增收的贡献率为—6.5%。来自第三产业652.1元，比上年572.3元增加79.8元，增长13.9%，对农民增收的贡献率为35.2%。农民外出劳务所得290.6元，比上年271.9元增加18.7元，增长6.9%，对农民增收的贡献率为8.2%。（赵晓春）

【农民负担专项治理】 2004年，全市减轻农民负担工作以深化税费改革、加强“一事一议”筹资筹劳管理、开展农民负担专项审计、审核涉农收费项目、治理整顿报刊摊派、查处农民负担信访问题和案件为重点，坚持不懈地开展专项治理，促使国家的农民减负政策措施落到实处，取得了明显成效。（1）在去年税改试点全面完成的基础上，全市除河津市全部免征农业税和闻喜县降低两个百分点外，其余11个县（市、区）都对农业税税率再降低一个百分点，农业税负担总额为12384万元（其中农业税10320万元，附加2064万元），人均30.45元，再给农民减轻农业税负担3955.2万元，人均减负9.73元，比上年减轻了（减负率）24.2%。（2）制定下发了《运城市村内兴办集体生产公益事业“一事一议”筹资筹劳审议程序》，防止了“有事乱议”及“有事难议”的现象发生，促使农民负担监督卡规范发放到户率达到了96.9%。（3）通过对13个县（市、区）的616个单位、涉及金额37122万元，全市统一组织开展以2003年农村税改转移支付资金及农业税附加、2001—2003年乡镇计生、交通、农机部门的涉农收费及地税部门农业税减免为重点的农民负担专项审计，共查出截留、挪用、乱收、乱摊等各种违规违纪金额10698.35万元，取消纠正了32个违规乱收费项目，向市纠风办移送了25个典型案件。（4）将订阅报刊限额具体计算控制到了每一个乡、每一个村。（5）取消了17个涉农收费项目，降低了3个涉农项目的收费标准。（6）全市各级共解决、查处涉及农民负担信访问题和案件74起，对22人给予了党纪政纪处分，其中农业部、省转3起、与《运城日报》一起曝光查处5起。

（牛秦鹏）

【农村财务公开】 2004年，全市各级农经部门和广大农经干部以农民满意、农村发展为目标，全面贯彻“三个代表”重要思想和中共十六届三中、四中全会精神，认真落实党在农村的各项基本政策，不断强化农村财务管理职能，推动全市农村村财务公开工作向规范化、制度化方向发展。截止12月底，全市各级农经部门共举办培训班188次，培训农财人员6656人。全市已完成普审单位1301个，查出违纪单位527个，审计金额达104236万元，其中违纪金额1764万元，对问题较大的51人进行了党纪政纪处理，11人移交司法机关处理。（王海龙）

【农业专项资金】 2004年全市农业专项资金指标共1784.05万元，比上年1034.78万元增加749.27万元，其中：省级专项资金985.4万元，比上年的501万元增加484.6万元；市级626.2万元，比上年的458万元增加168.2万元；县级172.45万元，比上年的75.78万元增加96.67万元。截至年底，到位1784.05万元，到位率100%。

（薛艳丽）

【农产品批发市场】 截至2004年底，全市共建有农产品产地批发市场16个、销地批发市场1个。本年度，在原有新绛县蔬菜批发市场和运城果品中心市场2个农业部定点农产品批发市场的基础上、又有稷山县格富达红提、红枣市场、运城蔬菜果品批发市场两家农产品批发市场被确认为农业部定点农产品批发市场。以上4个农业部定点农产品批发市场2004年农副产品交易总量236.417万吨、其中：蔬菜交易量187. 28万吨、水果交易量45. 6万吨、粮食交易量0. 57万吨、其他交易量0. 447万吨。年交易总额547900万元、年利润2145万元，

（徐隽铭）

【农业信息网站】 2004年，全市农业系统狠抓硬件建设，完善信息网站体系。全市13个县（市、区）农业局全部建成农业信息服务平台，并初步实现了网上办公。采编

信息方面，截止 2004 年底，运城农业信息网共发布文本信息 2 万余条，添加数据库文件 500 余条、名特优新产品 65 项、农业专家 23 人，发布供求信息 3000 余条，上传各类科技和娱乐视频文件 63 个。在农业部中国农业信息网“一站通”信息发布量累计达到 1 万余条。

2004 年，市农业局先后组织了两次大型农村信息员培训工作，培训县、乡、村三级农村信息员 300 多名。严格按照培训一批、成熟一批、发展一批的原则，新增县、乡两级信息服务站 12 个，完成农村信息员资格认证登记 420 个，使全市乡、镇信息服务站和农村信息员数量分别累计达到 42 个和 650 个。一个市有中心、县有平台、乡有信息服务站、村有农村信息员的农村信息网络体系已经初步建立健全。

（陈高波）

【人事劳资】 2004 年，全市农业系统职工总数 2609 人，与上年同期相比增加 100 人。其中，专业技术人员 1455 人，占总人数 56%。具有高级职称 76 人，占专业技术人员总数 5%，其中正高 1 名，副高 75 名。具有中级职称 496 人，占专业技术人员总数 34%。具有初级职称 681 人，占专业技术人员总数 47%。未评职称人员 202 人，占专业技术人员总数 14%。在专业技术人员队伍中，具有大学本科学历 243 人，占专业技术人员总数 17%，具有专科学历 445 人，占专业技术人员总数 31%；工人 855 人，占总人数 33%。其中技师 6 人，高级工 193 人，占工人总数 23%。中级工 245 人，占工人总数 29%。初级工 356 人，占工人总数 3%。普通工人数 43 人，占工人总数 5%，其他 12 人，占工人总数 1%。全市农业系统干部职工全年工资总额 23543 千元，比去年同期增加 2819 千元。专业技术人员年工资总额 1609.4 千元，占工资总额 68%。人员月平均工资 922 元。 （袁 文）

种 植 业

【旱作农业】 2004 年，全市旱作农业建设以万荣、稷山和永济等国家或省级旱作节水示范基地建设为依托，在不同生态区域针对性地示范推广了 8 种旱作节水模式，完善了 10 项旱作节水新技术。据统计，各项旱作节水技术应用面积累计 1814.8 万亩次，其中坡地梯改 8.4 万亩次、沟垄耕作 4.7 万亩次、保护耕作（少耕、免耕和秸秆覆盖）357.5 万亩次、地膜覆盖 190.9 万亩次、种植抗旱品种 299.3 万亩次、机械深松耕（包括秋深耕施肥）113.8 万亩次、农化抗旱保水 103.5 万亩次、节水灌溉 22.9 万亩次、灌溉技术及方式改革 36.8 万亩次、抗旱坐水种 14.4 万亩次、集雨补灌面积 22. 9 万亩次、旱地温棚面积 2.8 万亩、种植结构调整 81.4 万亩次、聚肥蓄水 1.4 万亩次、落实各项培肥措施（包括秸秆直接翻压还田、种压绿肥、增施有机肥和平衡施肥等）554.1 万亩次。各县（市、区）围绕旱作农业新技术示范基地所实施的旱作高效工程田累计完成 54.3 万亩，其中旱地温棚 2.5 万亩、秸秆覆盖 25.8 万亩、少免耕 12.1 万亩、集雨补灌 2.5 万亩、节水灌溉 8.6 万亩、高效立体种植 2.8 万亩。旱作节水工程田小麦平均亩产 203.7 公斤，比对照田亩增产 28.4 公斤，增产率 16.2%；玉米平均亩产 350.8 公斤，比对照田亩增产 39.3 公斤，增产率 12.6%。

（孟晓民）

【农作物新品种选育应用】 运城市是全省小麦、棉花、玉米等主要农作物重点产区，本年度按照上级部门安排，全市共承担国家级、省级主要农作物小麦、玉米、棉花、大豆、向日葵等区试、生试 41 个区组 99 个试点，参试品种达 514 个。经省农作物品种审定委员会专家组田间考察和试验结果评选，共审定了 10 个品种。棉花有晋棉 38 号、晋棉 39 号、永丰 998、邯郸 109；玉米有晋单 48 号；小麦有运麦 2064、烟农 19、临旱 536、临远 31583，向日葵有 YS809，其中“邯郸 109”棉花新品种、“晋单 48 号”玉米新品种和“烟农 19”小麦新品种的丰产性和抗逆性表现十分突出，受到广大群众和专家的一致好评，为进一步推广利用奠定了良好基础。

经过试验示范，全市农作物新优品种迅速普及，在促进农业生产发展和引领农业产业结构调整上发挥了重要作用。2004 年全市农作物良种普及率 98%，杂交种普及率 100%。小麦上主要推广了高产优质临丰 615、烟农 19、临优 145、临汾 138、临旱 536、运旱 21－30 等系列新品种，优质品种推广面积 182.4 亩，占小麦播种面积 40% 以上，进一步带动全市小麦生产向质量效益型转变；玉米以农大 108、郑单 958 为主，推广面积占总播种面积 53%；棉花以抗虫、抗病的晋棉 31、晋棉 33、邯郸 109、冀 668 为主，推广面积 90 万亩，占总播种面积 60%。全市主要农作物的新一代骨干品种基本形成，新一轮良种更新更换正在加速推进。（马永管）

【农产品营销】 2004 年，全市有 7 个县（市）成立了农民经纪人联合会，农产品营销组织在全市已形成规模。全市培育发展各类农产品销售市场 65 个，居于全省之首。全市发展各类农副产品营销组织 2500 个，农民经纪人年交易额在 5 万元以上的 20000 人，农产品年经销量 18 亿公斤，年营销总额 20 亿元。到 2004 年底，全市共完成平陆珊瑚红，忠民集团、鹳雀楼乳业 A 级绿色食品认证企业 11 家 26 个产品。

（董 斌）

【农业科技培训】 2004 年，农业科技培训工作以新型农民科技培训工程为依托，全市农业系统结合农时季节和“四下乡”活动，组织了广泛的农业科技培训活动。市、县、乡各级共组织专业技术骨干培训 210 场次，印发各种技术资料和科技光盘 100 万余份，培训农民 120 万人次。

芮城县承担的农业部新型农民科技培训工程，培训核心示范户 2000 户，辐射带动 2 万户，取得了良好的效果。

盐湖区在农业部扶持下，建立了长乐、西里庄、郑费、辛曹、东古五个村的科技培训农民科技书屋，农业部赠送图书 5 套计 2500 册，光盘 500 套。 （党移山）

【农业综合执法】 2004 年，市、县两级在建立健全综合执法机构的基础上，重点进行了农业行政综合执法体系的制度化、规范化的建设。到年底，市农业局和13个县（市、区）已全部成立了农业行政综合执法机构，市农业局和10个县（市、区）的农业综合执法机构得到人事编制部门的正式批复。2004年，市、县两级农业部门先后检查农资生产企业110家（次），农资经营11店1594个（次），抽查农资产品3535个（次），查封假劣农药8497余件，假劣种子11140公斤，假劣肥料140余吨；取缔制假窝点22个，立案查处300余起，上缴财政罚没款总额53.15万元，移交公安机关案件11起，确保全市农资打假专项治理整顿工作取得阶段性成绩。2004年市农业局和新绛县农牧局、盐湖区农业局、夏县农业局四个单位获得省委农工办、省农业厅表彰的“全省农业行政综合执法先进单位”。（王根玉）

【第四届运城农业新技术、新产品展示展销会】 由运城市人民政府、中国农业科学院、山西省农业厅联合举办的第四届农展会于2004年10月20日—10月24日在市蔬菜果品批发市场举行。大会正式参展单位100多个，展示新技术781项，展示产品6811种，发放各种技术资料500余份，同科研院所达成技术合作项目590项，签订各种贸易合同2118项，合同金额达1.8亿元，参观总人数突破25万人次。

市农业局选送的“运达”牌无公害蔬菜系列产品，时空牌泥炭育苗营养块，黄河牌系列良种三个展品荣获名优展品奖，运城市农业局荣获创新奖。（党移山）

【农业广播电视学校多层次办学结硕果】 2004年，市农广校在省农广校和市农业局正确指导下，按照中央校“稳定中专、向两头延伸”的办学思路，市、县两级办学人员共同努力、拓宽生源领域，以乡村农电人员、农资营销人员和应届初中毕业生为招生重点，招生181人次。其中，业余班111人、全日制脱产班70人。全日制中专班的开办为农业广播教育事业的发展提供了新的发展机遇和发展模式。2004年和电大联办大专班，在校生学员达78人次，并启动“一村一名大学生”工程，招收大专学员18名。加大农民科技培训和农村劳动力转移工作力度，培训人数达5万余人次，输送农民工1.2万余人次。日常教学工作常抓不懈，组织2002和2003级学员涉及10余个专业、30余门课程约500人参加的两次统考和考卷评分工作，并办理了240名学员的毕业证书。由于工作突出、被省农广校评为先进单位。

（董映妮）

【蔬菜产业】 2004年，全市无公害蔬菜认证面积42万亩，其中新绛县20万亩，闻喜县6万亩，夏县16万亩。全市共在国家工商局注册了6个品牌，即新绛的“绛州绿”、夏县的“禹王青”；永济的“蒲坂绿”、运达示范园的“运达牌”、闻喜的“汤王山”、万荣的“万泉牌”大葱。并于2004年11月26日成立了有一百多位会员的蔬菜协会，同时举行了第一届理事会议，并通过运城日报、运城电视台公布了协会的组织机构、社会义务、责任、技术推广、信息交流等职能。截止2004年底，全市蔬菜播种面积132万亩，总产量30．458亿公斤，总产值24．142亿元，蔬菜人均纯收入440．9元。各类大中型蔬菜批发市场44个，各类蔬菜加工厂23个。设施农业总面积54，4万亩，其中日光温室16．2万亩，大中小拱棚38．2万亩。（尹林红）

【沼气工程及农业无公害化工程】

2004年沼气工程建设自2001—2003年连续三年在芮城县进行农村沼气项目建设试点的基础上，2004年争取芮城、临猗、夏县、万荣、闻喜等5个农村沼气“一池三改”项目县，项目建设任务10396户，总投资达3118.8万元，其中国债资金达831.68万元。至年底，全市完成农村沼气国债项目8881户，全市沼气用户累计达11381户。

农业无害化工程建设在原有的56万亩的基础上，新增农业无害化产地认定面积32万亩，其中市局组织在永济市进行无公害农产品整理推进试点，完成产地认定面积12.3万亩，截止2004年12月31日，全市共取得农业无害化产地认定面积88万亩。（石建军）

【植物检疫】 2004年，开展产地检疫，种子类4.9548万亩1369.18万公斤；苗木0.002万亩20万株；植物产品类103.8万亩64066万公斤。全年调运检疫签证37728批次。其中，种子类119批次72.625万公斤；苗木类95批次119.7万株；植物产品类37514批次33992.9万公斤。其中，“绿色通道”开通一个月内，鲜活农产品签证5326批次7197.3万公斤。有效控制检疫性有害生物。据调查，苹果棉蚜全市发生疫情1.06265万亩。防治6万亩次，平均防效达89%，有效控制了苹果棉蚜的危害。开展了对黄瓜黑星病、香蕉穿孔线虫、甜瓜果斑病、西花蓟马、苜蓿黄萎病、李属坏死环斑病毒、大蒜蒜头黑腐病、大蒜细菌性心腐病、大蒜根螨等有害生物的专项调查工作，结果未发现疫情。全市共办理《植物检疫登记证》210户。全市共查处违章单位8家，个人14户，产品12900公斤。（高佑枝）

【农作物病虫害防治】 2004年，全市各种农作物病虫草鼠害总体上为中度发生年份，发生总面积4524.93万亩次，较2003年的4784.15万亩次少259.22万亩次，防治3330.17万亩次。其中虫害发生面积2863.15万亩次，较2003年的2343.77万亩次多519.38万亩次，防治2171.05万亩次；病害发生790.66万亩次，明显低于去年的1401.98万亩次，防治600.91万亩次；草害发生面积643.12万亩次，较去年的758.4万亩次少115.28万亩次，化学防治438.21万亩次；农田鼠害发生面积228万亩次，较去年的280万亩次少52万亩次，防治120万亩次。发生特点是虫害重于病害，草害重于鼠害，经济作物病虫发生重于粮食作物，暴发性病虫发生重于常规病虫。大发生的病虫有辣椒疫病、番茄早疫病和绿盲蝽，中等偏重发生的有麦田杂草、小麦穗蚜、黄脊蠢蜥、苹果黄蚜、桃小食心虫、小菜蛾、菜青虫、烟粉虱、黄瓜霜霉病、黄瓜灰霉病、黄瓜白粉病、番茄灰霉病、番茄晚疫病、番茄叶霉病、辣椒病毒病；中等发生的有东亚飞蝗、土蝗、美洲斑潜蝇、麦潜叶蝇、棉花苗蚜、果树叶螨、蚧壳虫、地下害虫、玉米螟、金纹细蛾、小麦条锈病和叶锈病、棉花苗病、棉花枯黄萎病、苹早褐斑病、苹果腐烂病、果树白粉病等。（谢文杰）

林业

【概况】 2004 年，全市共完成植树造林任务 85.49 万亩，为全年总任务的 100%，其中：天然林保护工程完成 8 万亩，退耕还林工程完成 10 万亩，“三北”防护林四期工程完成 3 万亩，日元贷款植树造林工程完成 9.66 万亩，平原绿化完成 0.55 万亩，工业用材林工程完成 10 万亩，干果经济林完成 20 万亩，育苗完成 4.2 万亩，全民义务植树完成 1100 万株，新建农田林网完成 10 万亩，园林村建设完成 390 个，美化校园完成 390 个，生态企业完成 390 个，机关绿化完成 390 个，旅游景点绿化完成 40 个。

（市林业局）

【“小康林业”建设】 2004 年，市委、市政府高度重视和支持林业建设工作，把实施“小康林业”建设作为改善生态状况，农村产业结构，促进人与自然和谐，提升城市竞争力，加快经济可持续发展和全面建设小康社会的大事来抓，列入事关全局和长远发展的七大战略工程之中。主要领导和分管领导经常参加林业工作会议和深入造林第一线检查指导工作，正月初七，市委书记黄有泉就到鑫源骏达木业有限公司视察工作，倡导大力发展速生丰产林工程。市长胡苏平到任之初，就在市人大一届六次会议上，对“小康林业”工作作了专题部署。随后，又在全市经济结构调整等多次会议上，对“小康林业”建设工作进行了安排。正月初八，市四套班子领导到永济市参加义务植树劳动。市委、市政府从科学的发展现出发，相继制定出台了《“小康林业”建设规划方案》、《关于加快“小康林业”建设的若干意见》等文件。

为了确保各项林业建设工程的顺利实施，召开了全市各县（市、区）林业局局长会议，及早安排部署了 2004 年“小康林业”建设工作。2 月 25 日，又在新绛县、河津市召开了全市“小康林业”启动暨春植树造林现场动员大会，会上，副市长安德天对全市春季植树造林工作和实施“小康林业”建设进行了总动员，市委书记黄有泉作了重要讲话，省林业厅厅长杜创业到会祝贺并讲话。9 月 11 日至 15 日，华北五省（市、区）林业厅（局）长联席会在运城召开，会议充分肯定和推广了运城在实施“小康林业”建设工程中取得的成绩和经验，国家三北防护林建设局副局长张伟莅临会议并作了重要讲话。随后市林业局又召开了全市秋季“小康林业”建设再动员会议，推动全市林业实现跨越式发展。

（市林业局）

【林业重点工程建设】 为了推进各项林业重点工程的顺利实施，市林业局从组织机制、政策机制和管理机制的建立健全入手，以取得生态效益和经济效益双赢为目标，积极探索新模式，创建新机制，进一步推动了工程管理由粗放型向集约型，由经验型向科学型的转变。在组织机制上，稷山、闻喜、新绛、夏县等县委、县政府还把完成林业重点工程任务作为年终考核干部和提拔任用的主要指标。在政策机制上，严把政策法规关，不折不扣地落实国家、省、市关于林业建设的一系列法律、法规和政策，并在全国率先实行“林业联产责任制”，鼓励和扶持社会各种主体参与到“小康林业”建设工程中。

在优化造林模式上，为了增加农民收入，确保“国家得绿、农民得利”得以实现，始终坚持“科学规划、合理布局、因地制宜、适地适树、分类指导、整体推进”的原则，及早考虑退耕户 8 年以后怎么办，从设计上入手，积极培育后续产业，发展“林下经济”，大力推广混交林种植，创立了多种林草、林药栽植模式。在平川区域，形成了以杨树、国槐为主，实行乔灌混交，提高了林网的稳定性；在山区丘陵地，形成了以侧柏盖顶、刺槐占坡、国槐缠腰、金银花垫底、杨柳填沟、兼用树种点缀、乡土树种补充，实行多树种、多林种、多种栽植模式，既确保了生态效益，又兼顾了经济效益，更为农村后续产业的发展奠定了坚实的基础。绛县在实施各项重点工程中大搞“树下经济”，开发林下资源，推广林下空地种草、种药，形成了以草养畜、以畜促草的综合利用模式；垣曲县利用沟边地埂大量栽植花椒、柿子、金银花、核桃等经济林。大力发展舍饲圈养，逐步走出了一条具有山区特色的林业发展道路。

（市林业局）

【民营林业得到快速发展】 为了进一步调动全社会参与林业建设的积极性，调动和吸引社会各界多种力量和资金参与“小康林业”建设，变林业部门一家办林业为全社会办林业，市林业局充分利用各种新闻媒体，宣传国家关于林业建设的各项法律、法规和政策，使林业建设政策进一步深入人心，家喻户晓，在全市上下形成了关心、支持、参与林业建设的氛围。涌现了如鑫源集团、条山林业公司、任家文、张和平等一大批民营林业公司和造林大户。全市现有承包 1000 亩以上荒山荒坡的有 80 户，5000 亩以上的有 11 户，10000 亩以上的有 7 户。使民营林业占到全市“小康林业”建设任务的 80% 以上，成为全市“小康林业”建设的主力军。

（市林业局）

【科技兴林】 2004 年，在植树造林中，始终坚持科技兴林，以提高林业生产效益和增加农民收入为目的，面向市场，服务林业，积极引进、选育优良适生的林木新品种，加大林业科技成果的引进、开发和利用，努力提高造林科技含量，为实施林业重点工程提供了强有力的科技支撑。市委、市政府在《加快“小康林业”建设的若干意见》中明确规定，市级以上的林业工程，用于科技投资的部分不得低于 3%。并将各种造林新技术贯穿于整个造林过程中，大力推广利用营养杯、根宝、保水剂等高新技术，从而进一步提高了植树造林的成活率和保

存率。（市林业局）

【林业重点工程】 2004年，国务院对林业重点工程进行了适应性、结构性调整，特别是退耕还林工程，退还比例高达1:9。为此，市林业局组织技术骨干分赴各县，对全市2000年以来各项重点林业工程进行了逐块逐地复查验收，通过查面积、查成活、查保存率、查有无复垦间作等方面，针对个别县（市、区）工程成活率较低，责令进行了补植。为了防止退耕还林工程补助停止以后可能出现的反弹复垦情况，市林业局采取多种形式，积极探索和培育后续产业的发展，大面积推广林下空地种草、种药，最大限度地增加农民收入。同时，完善各项重点工程的档案管理工作，对造林方案、设计、粮款兑现表及其它工程图、表、卡全部归档，统一实行电脑管理，使工程管理逐步走上了规范化、制度化和法制化的发展轨道。（市林业局）

【完善“小康林业”发展新格局】 实施“小康林业”是贯彻《中共中央国务院关于加快林业发展决定》精神，实施省委、省政府提出的“绿色山西”战略，更是改善生态状况、促进农村产业结构调整、增加农民收入和全面建设小康社会的重大举措。为此，市林业局经过深入调查，多方征求意见，提出了建设“小康林业”的发展思路，确定了“小康林业”建设的总目标，即通过实施三大生态工程，打造三大特色经济林基地，拓宽三大林产工业，开发三大生态旅游产业，完善三大服务体系，到2010年，有林地增加到768万亩，活立木蓄积达到770万立方米，森林覆盖率、林木覆盖率和城市绿化覆盖率每年增加一到两个百分点，三个覆盖率分别达到34%、60%、35%。经济林面积发展到510万亩，干鲜果总产量达到300万吨，林业总产值达到111亿元，占到国民经济总产值的20%，林业GDP明显增加，生态恶化的趋势得到初步遏制，人居环境初步改善，林业产业初具规模，林业生产力有所提高，开始向良性循环转变。到2020年，有林地增加到844万亩，活立木蓄积达到1540万立方米，森林覆盖率、林木覆盖率和城市绿化覆盖率分别达到并稳定在40%、65%、60%；林业总产值达到432亿元，占到国民经济总产值的30%，林业GDP大幅度增加；生态环境明显改善，林产品供需矛盾得到缓解，逐步建立起比较完善的生态体系和比较发达的林业产业体系，基本实现山川秀美、景色宜人、可持续发展。（市林业局）

【区域经济发展取得明显成效】 2004年，全市已逐步形成了以芮城、平陆为主的花椒基地；以稷山、临猗为主的红枣基地；以万荣、永济为主的柿子基地；以盐湖、永济为主的香椿基地；以黄河、汾河、涑水河流域为主的工业用材林基地；以永济五老峰、垣曲历山、夏县泗交、芮城圣天湖为主的生态旅游区。着力打造了夏县板栗、临猗石榴、绛县山楂、永济香椿四大经济林品牌，使区域经济成为增加农民收入一个新的经济增长点，走出了一条具有运城特色的林业发展道路。（市林业局）

【林业严打整治斗争】 2004年，针对一些不法分子偷砍滥伐林木、乱开滥占林地等破坏森林资源日趋猖獗，市林业局依法严厉打击偷砍、滥伐等非法占用毁坏林地的犯罪行为，联合公安部门，共捣毁非法木炭窑326座，缴获成品木炭164吨。全市共查处林业行政案件109起，没收非法所得62.1万元，收缴各种木材216立方米，及时有效的打击和遏制了偷砍、滥伐等犯罪行为。（市林业局）

【护林防火工作】 森林防火是林业管护工作的头等大事，2004年雨水少，持续高温，荒草茂盛，防火形势极其严峻。为此，市林业局以贯彻全国、全省防火电视电话会议精神为契机，加强森林防火行政领导责任制，及时调整市森林防火指挥部组成人员。本着“打早、打小、打了”的原则，立足于防大火、扑大火，严阵以待，做好随时扑救森林火灾的准备。并按照省林业厅的统一部署，督促各重点县（市、区）发布了《封山禁火令》，严格火源管理，积极消除火灾隐患，对重点林区、重点山头、重点区域，确定专人严防死守。一旦发生火情，不管什么时候，市、县两级政府主要领导和林业部门负责人都能第一时间赶到灭火现场，协调有关部门，调动各方力量，及时扑救，力争将森林火灾的损失降低到最低程度。同时，加大防火宣传力度，强化全民防火意识，时刻警钟长鸣，狠抓24小时防火值班和零报告制度，购置充足灭火器材，从而保证了连续四年未发生一起火灾，受到了省林业厅的表彰。

（市林业局）

【森林病虫害防治】 2004年，全市森林病虫害呈明显上升趋势，顽固性病虫害居高不下，暴发性病虫害危害严重，全市共发生病虫害面积为16万亩，成灾3万亩。全系统克服任务重、时间紧、经费缺等诸多困难，坚持严格检疫，群防群治，在依法治虫、生物农药、组织管理、持续控制等方面有所突破，共防治面积12万亩，使危险性和暴发性病虫害得到了有效遏制，常规性病虫害得到了有效防治，共挽回经济损失达612万元。万荣县针对日本龟蜡蚧对柿树的危害，由县政府负责，统一部署，统一时间，统一防治，有效地保护了柿树这个富民产业。（市林业局）

【野生动物保护】 2004年，全市林业系统深入贯彻《野生动物保护法》，向全社会广泛宣传保护野生动物的重大意义，采取多种形式，与教育部门联合开展了“爱鸟周”和“关爱大自然”的征文活动。与公安、工商等部门在全市开展了一场以重点打击非法猎捕、繁育、贩卖野生动物的“春蕾行动”。有力地打击了犯罪分子的嚣张气焰。同时，积极做好申报国家级湿地自然保护区的前期准备工作。目前，申请方案已通过了国家林业局初审，正在接受国家评审组的审议。

（市林业局）

【育苗产业化经营】 数量充足，质量优良，品种对路的种苗是确保全面完成各项林业建设工程的先行条件。2004年，全市林业系统进一步贯彻“种苗要先行”的要求，共育苗4.2万亩，实现了苗木管理向基地化、标准化、良种化和产业化发展。目前，以国有苗圃为主的常规绿化种苗基地，以农户为主的经济林苗木基地，已在全市初步形成。还积极引导和培育以群众性为主的社会化育苗，以增加农收入为目的，使全市各项林业重点工程用苗基本实现了自调，还可以向周边地区和西部地区进行了供应，彻底扭转绿化苗木长期基本靠外调的局面。（市林业局）

【种苗管理工作】 为了避免和减少劣质苗木在造林绿化工程中造成的损失，全市林业系统建立健全了种苗质量监督制度，切实做到了有种必检，不检不调，不检不存，不检不种，层层把好质检关，严格执行“一签两证”制度，坚决杜绝假苗、劣苗流入造林工程中，为全市林业建设重点工程的完成提供了苗木保证。（市林业局）

【林业行风队伍建设】 2004年，市林业局把学习“三个代表”重要思想作为全年各项工作的重中之重常抓不懈，始终坚持每周二学习制度，采取自学与集中学习相结合，组织全局干部职工着重学习了国家、省、市有关林业建设的一系列法律、法规和政策，力争学以致用。6月29日，为了纪念党的83周年华诞，弘扬党的丰功伟绩，缅怀党的光辉历程，市林业局举办了庆“七一”林业知识暨表彰大会，并在市人大组织的法律知识竞赛中获三等奖，同时，还积极参加国家、省、市有关部门组织的各种培训学习。

为了有效规范全局干部职工廉洁自律行为，市林业局多次召开全体人员大会，认真学习党和国家有关廉政建设和反腐败会议精神。严肃财经纪律，规范执行“收支两条线”管理制度。此外，严格要求各位党组成员，使党组这个整体树立了良好的形象。并多次在各县（市、区）林业局局长和各科（室、站）长会议上强调“慎用钱”的问题，对进一步规范全市林业建设工程和管理起到了良好的作用。与此同时，“一站式”网上行政审批窗口已建立健全，按照“廉洁、勤政、务实、高效”的要求，以建立“行为规范、运转协调、公正透明、廉洁高效、朝气蓬勃、奋发有为”的机关为目标，明确提出了“多设路标，少设路卡，全方位提高林业行政执法服务”。按照市政府与省林业厅的统一部署，成立了以局长阎有善为组长的行风评议领导组及办公室，组织各县（市、区）林业局局长和机关全体人员认真系统地学习有关行风评议的一系列文件，并抽调专人，多方征求意见，出台整改方案，紧紧围绕发展这个执政兴国的第一要务，采取“自己找、代表查、大家帮”的办法，经常性开展明察暗访，进一步转变职能，改进工作作风，积极创建“文明窗口”活动，以行风建设取得实效来促进各项工作的顺利开展，行风建设工作被市委、市政府评为“行风建设先进单位”，局长阎有善被评为“行风建设先进个人”。此外，为了改善广大干部职工的办公、学习环境，兴建起一座高标准办公大楼。2004年，市林业局被省林业厅评为“全省林业建设先进单位”，被市政府评为“全市农展会一等奖”。（市林业局）

水　务

【概况】 2004年，全市共完成实灌面积681.2万亩，发展节水面积6.1万亩，治理水土流失面积45.02万亩，解决饮水困难人口12万人，出产成鱼1.64万吨，水利发电260千瓦时。各项指标均完成或超额完成了年度目标。5月份，省、市人大对本市水务现代化建设进行了视察，8月3日，中国水利报“今日视点”栏目以《科学发展观的生动实践》为题，进行了专题报道。10月，国家、省部委领导又对本市水利工程进行了考察，对近年来水务工作所取得的成绩给予了充分肯定和高度赞誉。（鲁秋庚　李　杰）

【饮水解困工程】 2004年是全省新一轮饮水工程建设的第二年，市委、市政府对此高度重视，把解决群众饮水困难、饮水安全及部分县市的氟改水问题列入运城市“为民工程”。为把此项关系到人民群众生活生存的好事办好，水务部门坚持以解决缺水困难村庄为重点，以建设精品工程为龙头，以加强工程管理为主线，以切实发挥工程效益为目标，科学规划、严格组织、强化督察、保证质量，确保了工程建设的顺利进行。全市共完成投资4181.21万元，建成饮水工程431处，解决缺水村庄453个，解决缺水人口12万人。在狠抓工程质量和效益的同时，还特别注重了精品工程建设，每县都结合当地实际，建设了4～5处精品工程，且都应用先进的信息化技术，实现了自动化控制管理，使农村饮水达到了自来水化。（鲁秋庚　李杰）

【农业节水工作稳步推进】 2004年，水务部门不断加大农业节水宣传力度，提高群众节水意识。在工程项目的定项上坚持因地制宜，多种措施并举，在棉田、设施农业等附加值较高的经济作物中，大力推广省水、省工、水肥同步的膜下滴灌技术，在工程设计上，量水而行，依水布局。同时，坚持管理从建设入手，建管并重，充分发挥工程效益。截至12月底。全市共发展以膜下滴灌为主的各类节水灌溉面积6.1万亩，完成总投资1800万元。（鲁秋庚　李杰）

【防汛抗旱工作扎实有效】 2004年，水务部门坚持“建重于防，防重于抢，以防为主，全力抢险”的工作方针，及早对全市防汛重点进行全面检查，重点抓了防洪预案的编制工作，制作了防汛指挥抢险图，认真落实防汛责任制，组织人员对汾河、涑水河、姚暹渠进行清淤清障，积极落实防汛队伍和抢险物料。全市共储备麻袋8万条、草袋5万条、编织袋87.2万条、铅丝96吨、木材168方、抢险石料3.5万立方米，落实抢险人员5.24万人。上马、苦池两座水库除险加固改造工程，9月底进行了单位工程完工验收，均被省质监站核定为优良工程。中留水库已列入2004年度中央财政预算内第三批病险水库除险加固投资计划。

2004年，本市遭受严重春旱，全市小麦受旱面积达200.35万亩，占小麦总播种面积的55%，240万亩棉秋作物春播难以正常进行。面对严峻旱情，市委、市政府要求认真贯彻落实中央一号文件精神，把抗旱工作作为解决好“三农”问题的头等大事来抓。水务部门专门成立督查组，多次督查水利设施上水情况，并积极和电力部门协调解决大站用电指标，最大限度地发挥水利设施的抗旱作用。在春浇抗旱中，全市共开动各类水利设施20869眼（处），完成实灌面积360.22万亩，占计划任务的110%，为全市农业抗旱夺丰收发挥了重要作用。（鲁秋庚　李杰）

【工程管理和生态环境建设】 2004年，根据全省水管单位体制改革会议精神，水务部门征求了11个部门的不同意见，起草出台了《运城市水管单位改革实施方案》，使本市水管单位改革进入实质性阶段。在生态环境建设上，围绕“一个泵站要建成一座绿洲，一条渠道要建成一道绿色风景线”的目标，各灌区利用春季植树的大好季节，共栽植各类树木15.6万棵，其中大禹渡灌区和部官站栽植桧柏及雪松6万余株。另外，元上灌区在干渠上，杨范灌区在沉沙池上都搞了绿化，为全市其它灌区的生态建设作了表率。汾河新绛、稷山段春季新栽树木11.5公里4.55万棵，冬青18万株，雪松及其它美化树木360棵。（鲁秋庚　李杰）

【水保生态环境建设】 水保治理围绕建设精品小流域为中心，抓住淤地坝工程建设、监督收费两个重点，实现水保治理由分散治理向连片规模转变，由单一生态型向生态经济型转变，由山区农村向城市市区转变，将水保治理与城市美化，生态修复，改善人居环境结合起来，从而达到快速度治理，大面积封禁，全方位保护的目的。全市新规划10条精品小流域，共完成水土流失治理面积25.5km²。在农业综合开发水土保持项目上，水务部门突出生态效益和社会效益，突出小型水利水保工程和封禁修复工程，坚持做到生物与工程措施相结合，水利与水保相结合，种草与封禁、沟道与坡面工程相结合。在水保国债项目建设上，建立了项目考评制，对资金管理、技术方案、工程质量效益等进行综合考评，大力推广治理新技术，加快生态建设步伐，提高治理标准质量。2004年，全市共完成水土流失初步治理面积45.02万亩，落实管护面积112.93万亩，实施生态修复面积0.84万亩。（鲁秋庚　李杰）

【水资源管理及水行政执法全面加强】 全市第二次水资源评价完成了水井调查、水质取样等前期工作，并提交评价初稿，进行了初审。据第二次水资源评价的前期资料显示，本市水资源量锐减，节约水资源，加大水行政执法力度，势在必行。在取水计量设施的安装上，水务部门在全市范围内开展了取水计量设施专项监督检查，对日取水千方以上的取水户逐一进行检查落实，对存在的问题当场指出，限期改正。在水事宣传上，配合《行政许可法》的出台，利用“3·22”世界水日进行了集中宣传，并联合电视台《视点》栏目拍摄了“水资源的困惑”专题片，增强了群众的水忧患意识。对于水污染整治，水务部门强化排污管理力度，合理征收污水处理费，污水处理费的管理率已达到78%。在水行政执法上，坚持依法行政，坚决打击一切水事违法行为，全年共查处各类违法水事件203起，共征收水资源费1813万元，保证了正常的水事秩序。（鲁秋庚　李杰）

【城市节水工作】 2004年，城市节水全面贯彻各项节水法律、法规，努力创建节水型城市，对新建、改建、扩建的建设项目使用节水器具3.2万件（套），改造不合理卫生洁具1万余件（套），计划用水管理率由去年的88%提高到88.6%，工业用水重复利用率由去年的76%提高到76.8%，年节水280万立方米，征收污水处理费56.9万元，超计划加价费111.5万余元。（鲁秋庚　李杰）

【城市水务建设和管理硕果累累】 2004年，城市水务建设克服资金短缺等困难，先后完成了常硝渠中、下游段应急开挖11公里，使洪水正常下泄，十里铺、柳马等村庄长期淹于水中的7000亩耕地全部得以复耕，受益农民共增收200余万元，预计2005年可增收700余万元。《运城晚报》以《一曲深情的为民壮歌》为题对此作了专题报道。完成了待建7年的南同蒲新铁路桥涵续建工程，由于原桥涵排水标准低、断面狭窄、底板过高，为市区洪水出城设了个阻水“瓶颈”，该桥涵的建成使用使桥南水位比原有水位下降1.5米左右，过水断面增加4倍，对确保城区的汛期防洪和日常污水排放具有十分重要的意义。完成了常硝渠上拦河坝基础清除及运解路总出口处的清淤清障工程；完成了城区排水瓶颈二期改造工程，共拆除工农街、河东街等城市主干道排水管涵内18处阻水墙和各种阻水物，消除了防汛隐患。《运城晚报》连续4次作了追踪报道，姚暹渠城区东段改造工程水务部门在完成前期规划和设计工作的同时，还承担着主体工程建设任务，工程于10月22日破土动工。2004年，为保证城区排水设施的正常运行，共疏通城市下水道24930米，明渠清淤17150米，修复下水道井盖1070套，修复排水管涵坍塌6处，处理冒水26处，清理清运淤泥2500方，征收城市污水处理费175万元，为改变城市面貌，建设经济强市、旅游大市创造了条件。（鲁秋庚　李杰）

【工程建设和管理水平得到全面提升】 2004年被水务部门确定为“全面提升工程质量标准年”。为确保各项水务（水利）工程建设和管理水平得到全面提升，水务部门以运水发［2004］44号文件下发了“关于进一步严格落实水务（水利）工程建设目标责任制的通知”，使工程资金、技术、管理等方面得到有效控制，切实做到资金安全、技术保障、管理科学、运行高效、效果明显。同时，又以运水发［2004］117号文件下发了“关于明确水务（水利）重点工程建设项目责任制的通知”，将有关农水、水保、防汛抗旱、治汾、城市防汛、大中型水管单位农水工程管理、涑水河治理、科研、移民、水产等11个类别的75个重点项目责任制予以明确，做到了人人肩上有担子，人人身上有责任，确保了各项重点工程的顺利完成。（鲁秋庚　李杰）

【南方考察学习，取长补短】　为进一步加快水务现代化建设步伐，做到更加全面、协调、快速发展。2004年，水务部门组织有关人员到江苏、浙江、上海、海南四省（市）进行了为期10天的水务现代化建设考察。通过这次考察，在对水务现代化的理解、水利工程项目规划、设计、质量、生态环境建设以及人员的思想、作风、观念等方面得到很大启示，找准了本市水务现代化建设中存在的思想观念滞后、科技应用范围不广泛、水资源综合开发程度偏低、市场机制运用不灵活、专业人才欠缺等问题，进一步明确了水务现代化建设的发展思路和方向，坚定了推进运城特色水务现代化建设的决心和信心。

（鲁秋庚　李杰）

【水务科研】　2004年，全市水务科研工作在抓好永济、盐湖两个棉田膜下滴灌技术示范点建设的同时，还完成了“运城市水资源优化配置研究”、“离心筛网一体式微灌过滤器研制”两个科研项目的试验研究和“北方地区棉花膜下滴灌灌溉制度研究”一个项目的阶段性试验研究任务，为水务发展提供了科技支撑。（鲁秋庚　李杰）

【水产养殖】　2004年，全市水产养殖在群众养虾面积和产量上有了进一步增长，发展网箱养殖花鲢4000余箱。同时，争取上级渔业资金及物资共计457万元，使渔业工程建设迈出了新步伐。

（鲁秋庚　李杰）

【移民安置】　2004年，移民工作加快了后期生产开发扶持，完成了养殖业、高科技农业蔬菜、加工业等30多个生产开发项目，为移民经济发展和尽快脱贫致富创造了条件，基本实现了“搬得出、稳得住、富得起”的移民安置目标。2004年，全省小浪底库区移民工作会议在本市召开，会议对运城市移民工作所取得的成绩给予了充分肯定。（鲁秋庚　李杰）

【河道治理】　汾河治理。2004年，本着“上跑投资，下抓管理，内强素质，外树形象”的工作思路，水务部门先后完成年度河道岁修投资及水毁工程修复54万元，与地税局协商，使河道维修费征收计划指标从2003年的40万元增加到60万元，积极跑催入黄口项目的审批工作，已上报国家计委。

涑水河治理。2004年，水务部门立足流域防洪工程的特点，一手抓河道防洪工程管理，一手抓水库除险加固改造，完成河道清淤清障50公里，河堤整治7.2公里，投工1.5万个，完成土石方4万方，征收维管费218.5万元。

（鲁秋庚　李杰）

果　业

【概况】　2004年，全市水果面积动态保持在300万亩，果品总产量达32亿公斤，农民人均果业收入900元。全市新建无公害水果示范园10个，桑园2个，中药材基地2个，果实套袋突破110个亿，其中纸袋超过40个亿。新建和扩建了2.5万吨恒温果品保鲜库，从而使全市恒温果库容量达到22.5万吨，实现果品季产年销。苹果出口工作力度加大，到10月中旬出口量已达到5000吨以上，其中仅山西苹果集团一次就出口苹果60个货柜，1500余吨。（市果业局）

【靠项目实现结构调优】　2004年，市果业局承担的农业部优质苹果良种苗木繁育项目已进入建设的核心区和关键时期。市局严格按项目建设的有关规程运作，严把引种关和苗木入圃关，先后从国内外有关科研所引回经过鉴定的20多个优良苹果品种。建成优良品种采穗及示范园178.19亩，连栋温室栽培区3.89亩，新建苗圃285.92亩，年产优质苹果良种成品苗100万株。现已面向社会提供纯正保真的优良苹果苗木，对促进全市苹果主栽品种的更新换代起到重要的作用。通过发挥品种优势，进一步加大果业产业优势。（市果业局）

【靠项目帮助果农掌握科技和信息】

2004年，市果业局开始全面实施百万果农科技培训项目，多形式、多层次、全方位开展技术培训工作。2月份，市局抽4名全市果树科技专家和2名具有丰富经验的农民土专家组成科技服团，在全市13个县（市、区）进行一次大宣讲。此次活动历时2周，培训果农8万多人，发送资料10万多份。同时，为了更好地服务果农，市局主办的《果业科技与信息》，印发数扩大到2万份，果农不仅可学到所需的果业管理知识，又能及时了解果品市场的信息。（市果业局）

【扎扎实实建园区】　2004年全市新建示范园2万个，示范园区10个。其中果园6个，桑园2个，中药材2个。示范园新增面积30万亩，涉及全市7个县（市、区）的20个乡镇6000余户果农。

示范园建设提高了全市果品质量，经济效益显著。示范园的亩收入一般在5000元以上，有的达到1万元。同时全市涌现了一批种植、养殖相结合的资源综合利用的新模式，极大推进了全市果园种草养猪的生态高效园建设热潮。

示范园已连片、连村成为示范园区，下一步的目标是建成示范乡、示范县。临猗县已被农业部确定为全国“无公害水果生产示范基地县”。示范园区域建设的工作重点，多建几个示范县，确保示范园区实实在在成为绿色无公害果品的精品开发区。（市果业局）

【设立绿色通道，保证果品畅运快销】　为了促进果品销售，全市印制了“绿色通行证”，由各县（市、区）果业主管部门颁发，给客商车辆提供“护身符”。7月份又积极响应市委、市政府在全市范围内开通鲜活农产品流通绿色通道的决定，成立了绿色通道办公室，设立了举报电话，24小时专人值班。协调公安、交警、交通、征费等部门，确保绿色通道畅通无阻。半年来共接到果商举报投诉案件30起，经绿色通道办公室电话协调处理25起，到现场协调解决5起。维护了果农果商的利益，也维护了运城的形象声誉。（市果业局）

【参加展团展会，做大做强市场】为了进一步提高果品的知名度，市果业局于10月11日参加了为期5天的第二届北京中国国际农交会。会展期间，沃尔玛、易初莲花、万客隆等多家大超市采购和运城水果展厅工作人员进行交流、洽谈。有10多大新闻媒体对运城水果展厅进行了采访，13家外商表示愿与运城合作，有80多家中介机构想代理运城水果产品，会议期间达成合作意向性协议8000万元。10月20日—24日又参加了运城市第四届农展会，10月28日—31日又参加了深圳广交会，而且计划于12月份参加由国家农业部组团到泰国进行展销洽谈的“中国农展团”。通过多方位、多层次的宣传展示，促使运城果品走出山西，走向全国，走向世界。（市果业局）

【技术引导】 2004年，为提高全市苹果生产的科技含量，加强果园的管理技术，积极对苹果树形进行了改造。市果业局特邀日本岩手大学博士生导师、果树栽培专家横田清教授来运，在万荣县大礼堂进行了苹果树形改造前沿技术讲座，建议取代“纺锤形”的树形为“开心形”，这有利于人工和机械化管理，单株产量大，苹果品质高。引导果农推广这种树形改造，为优质高产奠定基础。（市果业局）

【观念引导】 6月份，鲜桃上市相对价低难以出手。市果业局经过多方调研后，发现主要是桃品种单一，上市集中，造成市场饱和，价格降低。针对这种状况，市果业局在《果业科技与信息》开辟专栏，有选择性地推出桃品种简介，倡导桃农高接换种，适度调配品种，拉开成熟期，从而降低市场饱和度。8月份，万荣、芮城、临猗等地有部分果农反映当地有人传言“套袋果”有毒，市局技术人员经过五、六天的深入调查，并与《瓜果蔬菜报》的专家沟通，在《果业科技与信息》告诉广大果农，苹果套袋绝不会有错，不要再犹豫徘徊，抓好苹果套袋工作。（市果业局）

【产业化引导】 根据省政府安排，市果业局协同省农业厅的果业总站和市场处的同志在全市进行几次果业产业化的摸底调查。全市果品加工企业湖滨、恒兴、绛县的维之王等加工企业年可转化果品原料达70万吨，年纯利润8000万元。果品出口企业山西果业集团、华荣果业公司、新科集团等年出口创汇达200万美元。这些龙头企业把全市果品生产、贮藏、销售、加工等连结在一起，形成一条产业链，对全市产业化工作发挥了明显的推动作用，促使全市果品价格明显提高，果业效益增幅很大。（市果业局）

畜牧业

【概述】 2004年，全市猪、牛、羊、鸡出栏分别为82万头、7.5万头、43万只、1100万只，同比增长8.4%、5.5%、9%、7.2%；出栏率分别达到124%、26%、43%、60%，比去年提高了4、5、3、6个百分点。全市肉蛋奶总产量分别为9.0万吨、7.8万吨和2.36万吨，同比增长11.%、3%和30%。畜牧年总产值达12亿元，农民人均牧业收入330元，同比增加10%；畜禽良改比重由上年的91.8%提高到93.3%；母畜繁殖成活率由上年的84.5%提高到90.3%。大牲畜死亡率为1.6%，生猪死亡率2.4%，分别比上年下降0.3个和0.02个百分点。（市畜牧局）

【科学防范，杜绝重大疫病发生和流行】 2004年初，全国部分地区陆续发生了高致病性禽流感疫情，一河之隔的河南、陕西也发生疫情，使本市的禽流感防治工作异常严峻。在这种情况下，市畜牧局站在实践“三个代表”重要思想和对人民群众生命安全负责的高度，在市委、市政府的领导和有关职能部门的配合下，组织全市畜牧系统广大干部职工采取了拉网式普查、地毯式免疫、全方位消毒、铜墙铁壁式堵截、科学化管理等有效的防治措施，有力的阻隔了禽流感的发生和流行。（市畜牧局）

【贯彻“一号文件”精神，为农民增收办实事】 根据“一号文件”精神要求，着重为农民增收做了3件实事：（1）疏通销售渠道。去年初由于禽流感的影响，畜产品市场波动较大，特别是禽产品一度出现滞销现象，针对这种情况，一方面通过新闻媒体宣传运城市禽产品是安全的，并加大防检力度，杜绝病害畜产品上市；另一方面积极组织各县（市、区）畜牧部门帮助粟海集团收购活禽，加工处理，加大外销量，畅通销售渠道，同时，帮助农民进行市场信息分析，鼓励他们积极补栏，不要因禽流感的影响错过发展时机，把农民的损失降到了最低点。（2）送科技下乡。全年共组织科技人员下乡500余人次，到养殖户（场）进行技术指导，着重指导动物疫病防治和饲养管理技术，以提高养殖户（场）防疫和饲养的科学性。（3）举办培训班。市畜牧局把举办农民培训班作为一项制度来抓，制定了培训任务，并把任务层层分解到每个人。2004年，全市各级共举办培训班78期，受培训达13000人次，通过培训，农民增强了对畜牧业的认识，提高了养殖的积极性，懂得了科学养殖的重要性和高效性。（市畜牧局）

【生产方式逐渐转变，畜牧业结构日益优化】 2004年，根据《决定》要求，下发了畜牧业结构调整方案，着力宣传了结构调整中涌现的典型，大力扶持适合结构调整的项目，促使畜牧结构由适应性调整向战略性调整过度。生猪和禽蛋生产实现了稳定增长，牛、羊和兔等草食畜发展势头迅猛，畜牧业生产布局、结构进一步优化，表现在以下几个特点：重点建设的“两带八区”已初步形成；入围省“1311”调产规划项目的粟海集团、北方鹅业和东方神鹿三大畜牧龙头企业，进一步得到壮大，规模养殖蓬勃发展；畜禽良种得到普及，全市良种覆盖率平均达到80%以上；奶业生产突飞猛进，奶牛由年初存栏的5873头增加到目前的6300头，增长了7.3%；肉牛养殖初具规模化、区域化、专业化，并初步形成山区繁育、平川育肥的生产模式，全市百头牛场已达60余个；养羊业成为山区农民的重要增收产业，舍饲养羊初具规模。（市畜牧局）

【动物防疫质量提高，疫病流行得到控制】 为适应国内国际市场对畜产品安全、卫生质量的新要求，市畜牧局非常重视动物防疫工作。去年3月份，投资150万元建立畜产品质量检测中心和疾病检测中心。并在各地党委、政府层层落实责任，形成了动物疫病防治行政一把手负总责，分管领导具体抓的工作格局的基础上，市畜牧局全面推行量化目标管理责任制，严格规程，通过坚持强制免疫与计划免疫相结合，扩大了免疫范围，减少了疫病的发生；坚持季防月补，提高了防疫密度，全年猪瘟免疫密度达99%，鸡新城疫免疫密度达96%，猪口蹄疫免疫密度为95%，牛羊口蹄疫免疫密度达100%。开展疫情普查和定点监测，及时掌握疫情动态和流行趋势，为制订防治方案提供了依据。启动紧急预案，采取扑杀、封锁、消毒、紧急预防接种等方式，扑灭了口蹄疫等疫情，使重大疫情及时得到处理，避免了疫情的扩大与蔓延。一系列综合防制措施的实施，确保了全市没有发生大的疫情，达到了有疫不流行，有病不成灾的要求。（市畜牧局）

【强化动物检疫和兽医卫生监督，让市民吃上放心畜产品】 在市相关部门的密切配合下，市畜牧局通过开展作风整顿，强化法律知识和业务技能培训考试，组织专家进行检查督办，使动物检疫执法人员做到了严格程序、规范操作；通过派员临栏查看免疫标识、免疫证，进行临床健康检查，把住了产地检疫关；通过宰前查看标识、产地检疫证，宰后进行刀检、镜检，把住了屠宰检疫关；通过查看产地检疫证明，进行健康检查和消毒，把住运输检疫关；通过把住三关，确保染疫畜禽不进入屠宰场和流通环节；通过组织稽查人员加强对市场、屠宰场、加工场等场所的监管，对出现的违规、违法行为予以严肃处理，净化了畜产品销售市场，确保了病害肉品不进入市场和市民的餐桌；通过在引种环节派检疫员随行开展同步检疫，避免了引种引进疫源；通过对引进的动物实行留置观察制度，在留置期间开展预防接种，最大限度地减少了动物疫病通过引种传入。（市畜牧局）

【执法力度加大，执法行为更加规范】 市畜牧局承担着全市的畜牧兽医行政执法工作。2004年，局党组切实加强对行政执法工作的领导，加强法律、法规宣传，强化执法监督，使行政执法人员执法行为更加规范。为做好行政执法工作，市局加强了对此项工作的领导，形成了行政执法工作一把手亲自抓、分管领导具体抓的工作格局。在推行的量化目标管理考核中，由一把手与分管领导签订责任状，然后，再由分管领导与行政执法单位签订责任状，最后由单位与每名行政执法人员签订责任状，将行政执法工作责任从行政一把手一直落实到每一名行政执法人员。在有关畜牧兽医法律法规的宣传上，市畜牧局采取在新闻媒体上开辟专栏、张贴标语、在业务工作中宣传等方式，为执法工作营造了良好的外部环境。为规范执法行为，市畜牧局分别于4月和8月召开了两次执法人员培训大会，针对执法不规范的问题进行了专项整顿，并查处了几起行政执法不规范的案件，对有关责任人作出了组织处理，杜绝了程序不规范，以及不作为和乱作为的现象。同时，市畜牧局还制订了学习培训计划，安排行政执法人员开展法律、法规培训，组织专人备课，严格考试，将考试成绩作为年度考核内容之一，提高了行政执法人员的综合素质。（董素芳）

农业机械

【概况】 2004年，全市农机总动力达到473万千瓦，增长38%。拖拉机保有量达到6.93万台，其中大中型拖拉机0.75万台，增长41%；拖拉机配套农具10.42万台，联合收割机2623台。完成机耕面积523千公顷，机播种面积430千公顷。机收面积231千公顷，跨区机械化收获小麦面积188千公顷，机械铺膜面积70.7千公顷，机械化肥深施面积404千公顷，机械化秸秆还田面积238千公顷。小麦机收跨区作业因成绩突出，被省劳动竞赛委员会荣记集体一等功。6月，在43个执法单位参加的行政许可法知识竞赛上，市局代表队就取得了第一名的优良成绩。11月1日，举行了全市《农机化促进法》宣传游行活动。山西省电视台、运城市电视台等多家媒体都做了相关报道。

（市农机局）

【农机服务】 全市早在5月初成立了全市农机跨区作业领导组，安排部署三夏工作。以农机作业服务产业化为突破口，积极开放本地农机作业市场，采用有车主号及信息、配件油料、修理等服务热线电话的一卡制服务模式，向联合收割机手发放《联合收割机作业明白卡》，提供优质跨区作业服务。取得了良好的社会效益和经济效益。联合收割机经营户的经营收入达到7000多万元，纯收入达到5000多万元。在农机服务体系建设上，今年把扶持和培育农机大户作为一个重点，培育和发展了农机大户362户。

（市农机局）

【落实农机补贴政策】 中央1号文件的下发和《农机化促进法》的出台，推动了全市农业机械化向前发展。全市农机购置补贴工作通过科学组织，规范操作，有效监管，资金全面落实到位，极大地调动了农民购机积极性，拉动了市场供需，有效改善了全市农机装备结构。全市共落实补贴资金87万元。通过补贴新增大中型拖拉机80余台，配套机具110余台（件）。

（市农机局）

【农机安全监理】 2004年5月1日《道路交通安全法》的颁布实施，给农机监理培训工作带来了新的机遇和挑战。市农机局在时间上突出一个“早”字，早宣传，早安排，早动手；在落实上把握一个“细”字，进村入户，摸清底子，止11月

20日，完成机车检验26301台，驾驶员审验19575人，新训考驾驶员5914名，新上户挂牌机车10288台，其中拖拉机250台，联合收割机212台，三轮车6813台，农用运输车2795台，提高了年检审验率。

三夏期间，共出动执法人员102人次，检查门市部260余家，农机具300台件，办理《资质认可证》25份，查封假冒伪劣产品13余种200多台件，价值50余万元。"三秋"时节重点查处播种机械，特别是对出现在市场上的拔棉柴机械的"三证"情况。在农机鉴定方面，三个标准化站体系建设通过省站验收，完成农机销售网点资质认可证发放与年审工作，完成发证任务398个，占总任务的78.8%；完成审验任务482个，占总任务的95.4%，试验鉴定完成4项，产品质量检测完成4项，市场监督检验完成了8项。成功组织了第四届农展会，共邀请参会代表58家（其中包括28家农机制造企业，30家流通企业），参展机具400多台件。特别是中日合资山东时风洋马公司生产部部长、副总裁岩滨宽先生带来的日本最先进的农机具和新技术，成为农展会的一个新亮点。

（市农机局）

【农业机械化重点工程】 2004年，是机械化保护性耕作工程建设扎实、效果最好的一年。全市实施面积10.5万亩，超计划8万亩的30%，其中示范区面积2.3万亩，辐射面积8.2万亩。在建设大运经济带优势农业上，全年共完成机修农田面积5.69万亩，其中机修农田2.7万亩，复垦荒地1.27万亩，打坝造地0.6万亩，滩涂治理1.92万亩，示范带动了一大批农业工程项目建设。（市农机局）

【农机新技术、新机具推广】 全市农机推广工作的重点，突破了设施农业配套机械化、机械化农业节本增效两项工程，试验示范了优质小杂粮机械化技术、牧草生产机械化技术、薯类播种与收获机械化技术，机械化秸秆综合利用技术，林业生产机械化技术、玉米收获机械化技术，尤其是调研开发的玉米联合收获机，在小麦联合收割机的基础上经过改装割台，实现了一机多用。全市改造机具45台，实现了全市新机具科研开发上的新突破。农机使用覆盖面逐步扩大。其中优质小杂粮生产机械化技术项目，平陆、垣曲两县共完成播种面积5.6万亩，收割机积31.8万亩，加工60万公斤，总效益达到310万元；牧草生产机械化技术推广项目，稷山、平陆、永济、芮城等县共完成播种面积0.87万亩，收割面积5.5万亩；薯类播种与收获机械化技术项目，绛县、万荣等县共完成收获面积2.2万亩，直接增收节支产效益90万元；在机械化农业节本增效工程上，通过搞化肥深施，完成作业面积614.5万亩；玉米精少量播种，完成作业面积27.85万亩，小麦精少量播种，新增机具255台，完成作业面积325.3万亩；在机械化秸秆综合利用技术项目上，新增还田机具321台，完成面积358.25万亩。特别是全省设施农业现场会在本市的成功召开，为全市设施农业配套机械化发展夯实了基础。

（市农机局）

【农机法宣传】 2004年6月25日第十届全国人大常务委员会第十次会议审议通过了《农机化促进法》，并于2004年11月1日起施行。这是我国农业法制建设史上的一件大事，是农业机械化发展历程中的一座新的里程碑，标志着农业机械化已进入依法促进的新阶段。11月1日在市区举行了盛大的宣传游行，市委、市政府领导及广大人民群众都参加。并通过电视、报刊等媒介，进行了广泛地宣传，为本市农机化创造了良好的发展环境。

（市农机局）

民营经济

【概况】 2004年，全市民营企业共发展到70674个，比上年增加1922个；从业人员623245人，比上年增加91908人；民营企业共实现增加值156.3亿元，同比增长38.30%；完成总产值601.0亿元，同比增长37.87%；实现营业收入567.1亿元，同比增长37.08%；实现出口产品交货值25.5亿元，同比增长58.18%；上交税金21.2亿元，同比增长47.65%；民营经济为全市农民提供人均纯收入947元，比上年纯增115元。

（1）民营企业增加值、总产值、营业收入均以37%以上的速度递增。

（2）民营企业实现出口产品交货值25.5亿元，同比增长58.18%；出口企业达87个，比上年增加了16个，同比增长22.5%。磁材、食品、医药、化工等多种产品的出口，拉动了出口贸易的高速增长。

（3）全市规模企业发展到310个，比上年增加了30个，其中营业收入500～1000万元企业66个，1000～5000万元企业157个，5000万～1亿元企业41个，亿元企业46个，其中海鑫集团突破70亿元大关，营业收入达70.14亿元；营业收入10亿元以上企业2个（阳光集团13.98亿元、振兴集团13.04亿元）；5亿元以上企业1个（三联集团5.43亿元）。全市民营工业企业完成增加值、总产值、营业收入分别占到工业企业增加值、总产值、营业收入总量的65.3%、61.9%和61.8%，起到了强力拉动作用。

（4）2004年完工投产项目230个，共投资47.4万元，其中500万以上项目61个，总投资27.6亿元。山西海鑫集团2×5万KW煤气发电厂、100万吨捣固焦、4×124m^{3}高炉改造，银光集团5万吨镁合金及深加工，河津华鑫源钢铁有限公司的50万吨特种钢，兵娟制衣有限公司百万套服装加工基地，临猗湖滨的果酱生产线、秦晋焦铁有限公司1×6000KW发电项目、恒泰焦铁有限公司2×6000KW发电项目、晋龙公司20万吨饲料生产加工项目等一批项目的上马，拉动了民营经济的快速增长。

（5）2004年民营企业上交税金达21.2亿元，比上年增长6.8亿元，同比增幅47.65%，占全市财政收入43.5亿元的48.7%。其中税金千万元以上企业14个，分别是海鑫集团55457万元、阳光集团13830万元、振兴集团6580万元、三联集团5391万元、鑫升焦化集团3667万元、龙门集团3600万元、太兴集团2901万元、宏达钢铁有限公司

2857万元、津鑫焦化有限公司1457万元、高义焦化有限公司1381万元、晋渊焦化1208万元、红光集团1000万元、鑫峰焦化1000万元、津辉国际建材城1000万元。

（市民营经济发展局）

【优化民营经济发展氛围】 2004年，市委、市政府把大力发展民营经济作为市域经济的突破口，不断为民营经济发展创造更加宽松的环境。同时，市、县两级领导转变政府职能，加强服务力度，经常深入企业调查研究、进行现场办公等，为企业解决生产难题，促进了民营经济的发展。为了贯彻全省民营经济工作临汾会议精神，市委、市政府于10月11日至15日，用一周时间，召开了“全市民营经济流动现场会”，市、县四大班子领导、市县各经济部门负责人、民营企业厂长（经理）等300余人参加了会议，这次流动现场会，对13个县（市、区）的55个点进行了观摩。

各县（市、区）在大力发展民营经济中，立足当地特点，相继出台了不少切合实际的发展措施。河津市委、市政府拿出460万元购买了23部小汽车，重奖2003年度发展民营经济的先进单位和个人，2004年财政收入突破16亿元大关，进入中国经济百强县市行列，排名95位，成为全省第一个进入“全国百强”的县市。

（市民营经济发展局）

【严格审批项目】 2004年，市民营经济发展局对凡不符合国家产业政策和低水平重复建设的项目坚决不予上报，对国家淘汰的项目坚决予以关停。焦化产业：关闭土焦、改良焦，逐步淘汰碳化室在2.8m以下的年产20万吨以下的焦炉；重点扶持碳化室4.3m以上，年产40万吨以上的焦炉。生铁产业：关闭$100m^3$以下的高炉；扶持$380m^3$以上的高炉，重点扶持铸造、钢材、铁合金等深加工项目。电解铝产业：严格按照国家产业政策进行控制，充分利用市场汰劣存优；扶持铝型材、铝合金、铝铸件等深加工项目。水泥产业：逐步关闭立窑生产，重点扶持年产30万吨以上的转窑生产。金属镁产业：鼓励企业引进技术进行工艺改造，开发镁合金。全市共关闭、淘汰企业43个。

（市民营经济发展局）

【促进资源综合利用】 2004年，山西远征化工有限责任公司以10万元年薪聘请山西化工研究所专家许德容任总工程师，从德国引进世界最先进的提炼技术，进行煤焦油深加工。阳光集团焦煤焦化、煤气、发电、出口为一体，年外供煤气1.1亿立方，10万吨的化产项目工程年收入达5亿元，2004年完成产值13.98亿元，上缴税金1.38亿元，比上年增加3000多万元。焦铁企业利用煤气和煤矸石发电，不仅变废为宝，减少了污染，生产成本降低，效益大幅提高。全市已投产的煤气和煤矸石发电装机已达7.3千瓦，已立项开工在建项目共计15万千瓦。（市民营经济发展局）

【大力发展高新技术产业】 2004年，全市涌现出一批名、优、特、新名牌产品，如山西三联集团生产的产品YC4110发动机缸体荣获中国铸造展览会金奖；山西农之龙食品有限公司生产的“农之龙”牌系列食品获得国家农业博览会金奖；津津试验化工厂生产的“金虎牌”钢铁发黑剂获得国际金奖；理成钢铁公司以煤焦油和植物秸秆为原料提炼柴油的煤化工项目，获国家科技部的高科技专利成果。山西建华化工厂为国家攻克多项工程水害治理的技术难关，地下工程水害防治新技术荣获国家技术发明二等奖。拥有自主知识产权57项，其中专利16项；国家、省部级科技成果13项，注册12项。

（市民营经济发展局）

【农副产品加工企业迅速发展】 2004年，粟海集团推行“公司+基地+农户”的发展模式，建成了中西部最大的肉鸡基地，年加工能力达2500万只，可带动周边3省4市33县7000多农户发展规模养鸡，年增加收入5000余万元。

永济市成为全国最大的芦笋加工基地，芦笋种植面积达10万亩，出口3.5万吨，占世界芦笋贸易量的1/3左右，年加工能力6万吨，拥有罐头及速冻芦笋两大系列30余个品种的加工基地。

“绛州绿”集团按照公司化管理、产业化经营、市场化运作、一体化服务的经营体制，生产的无公害蔬菜已成为新绛县农民增收致富的一大主导产业，蔬菜种植面积突破20万亩，年产量7.5亿公斤，年产值5亿元。“绛州绿”蔬菜不仅销往全国21个省市的200多个大中城市，还取得了绿色A级蔬菜出口通行证，出口到日本、韩国、俄罗斯、新加坡等国。现在全县共发展菜农5万余人，占全县农村劳动力的50%，全县人均蔬菜纯收入占总收入的70%以上，走出了一条蔬菜产业化的道路。

临猗湖滨果汁、恒兴果汁、孙吉果酱厂、万荣中鲁果汁等一批苹果深加工企业项目的建成投产，对解决果品当地消化加工、当地增值具有重大意义。全市果汁加工能力已达到10万吨以上，可消化残次果70万吨以上，为当地果农新增收入1.2亿元以上。稷园红饮食品有限公司投资1500万元，加工红枣系列食品饮料，年生产能力达7200吨。临猗孙吉果酱厂是投资4000多万元新建成投产的果品加工企业，现已投产运行。垣曲山里红食品有限公司生产的圣女番茄独具特色，填补市场空白，是国家“星火计划”重点扶持项目，企业年生产能力1000余吨，转化各类果品5000多吨，可带动4镇21村1800多农户发展无公害果品，建立优质原料基地6000亩，带动了当地农民增收致富。

（市民营经济发展局）

【抓精品园区建设】 2004年，在精品园区建设上做到政策到位、机构到位、规划到位、服务到位。河津10大煤化工业园区基本竣工，曾经严重污染空气的34家企业的4亿多立方米排空煤气将被充分利用于发电和完善城市“双供工程”。新绛煤化工业园按照“产业相近、产品关联、优势互补、综合利用”的原则，以高义焦化有限公司为龙头，进一步延伸煤焦化产业链，筹建了发电厂，新建精甲醇生产线，形成循环经济链，达到了能源的综合利用。盐湖区北相科技工业园高标准规划，高起点建设，已具规模，成为河东一道亮丽的风景线，园区内已实现了水电路通讯四通，实现了绿化目标，现入驻企业31

个，总投资额5亿元，已投产企业达20个。工业园区已成为吸纳城乡劳动力、推进城镇化进程的重要载体。（市民营经济发展局）

【企业新会计制度培训】 4月下旬，全市民营企业系统新《企业会计制度》培训班在永济举行，各县（市、区）局财会人员、各乡镇企业办会计、各重点企业会计等80余人参加了培训。培训内容涉及：乡镇企业新《企业会计制度》、产品成本核算及收入确认、财务年报制度、有关财经法规等。这次培训对规范全市乡镇企业会计核算，提高乡镇企业会计国际化水平，更好地防范和化解企业潜在风险具有重要意义。（市民营经济发展局）

【职称评审培训】 为了提高乡镇企业职工素质，11月份，市局联合市人事局举办了2004年度乡镇企业系统职称培训班，全市乡镇企业系统工程、经济、会计三大类130余人参加了培训，各县市局认真配合，积极参与，保证了认证工作的顺利进行。（市民营经济发展局）

【民营企业家培训】 2004年，多次组织企业家外出学习、培训、考察，还重金邀请专家来运城讲课，全年市、县两级共组织企业家培训达3000多人次。3月份，聘请了天津化工研究设计院、国家工业水处理工程技术研究中心的两位专家来运作了关于工业水处理的专题学术报告，为了使企业家培训经常化、制度化，从第三季度开始，每季度组织一次专家讲座，由市局主办、民营企业协会协办、中介服务公司承办，完全采用市场化运作方式，2004年已举办了两次。9月19日，特邀著名经济学家钟朋荣，举办"运城首届企业发展战略高峰会"，主讲"中小企业发展战略、体制战略和融资战略"。11月21日，又邀请著名职业管理专家、营销专家路长全，举办"晋南·金三角首届营销实战高峰会"，主讲"七种动力整合营销"，各企业高中层管理人员500余人参加。

（市民营经济发展局）

【信用担保体系建设初见成效】 2004年，市、县两级把信用担保作为重点来抓，着力为企业解决融资难问题。临猗县积极出台政策，加强企业信用体系建设，以企业信用教育、信用征集、信用评价、信用担保、信用奖惩为重点，强化企业信用意识，建立长效信用机制，成为全省首家信用体系建设试点，由县中小企业局负责组建企业信用服务中心，承担具体工作，已有六家企业申请融资贷款，省中小企业信用担保机构已到企业进行考察，各项工作有序进行，推进了企业信用体系建设。建立运城市财信担保公司、运城市中小企业信用担保公司、运城市中鑫担保公司、运城市金汇通民营企业担保有限公司和永济市中小企业担保公司等五大担保公司，资本金达7550万元，去年为企业解决资金42150万元，大大缓解了企业资金难题。

（市民营经济发展局）

【机构改革顺利进行】 10月份，市委、市政府两办以运办发［2004］33号文件下发了关于《运城市人民政府机构改革方案》的实施意见，市乡镇企业服务中心更名为市中小企业局，挂市民营经济发展局牌子，承担市政府指导、管理、服务中小企业、乡镇企业和非国有经济的职能。原市经贸委承担的中小企业、乡镇企业管理服务职能划入市中小企业局。11月30日市中小企业局正式挂牌成立。

（市民营经济发展局）

【组织参加大型展览会】 10月18日至23日，市民营局局组团参加了国家发改委、国家工商总局联合在广州举办的首届中国中小企业博览会，市民营经济发展由陆世生副局长带队，各县（市、区）局共40人参会，共有20个企业参展，其中，引进资金项目两个，引进资金达2.3亿元；销售意向达3.94亿元；签订销售协议金额5亿元（忠民集团与东莞万家福购物广场），垣曲山里红食品有限公司与港商签订了300吨圣女牌番茄供货合同，并于当月开始供货。

10月24日，第四届运城农业新技术新产品展示展销会胜利闭幕，市民营经济发展局组织的民营企业展厅成绩喜人，有20多个农副产品加工企业的120多种产品参加了农展会，其中有两项产品获大会组委会"优秀产品奖"。在农展会的短短5天内，民营企业展厅现场销售1.2万元，签订销售合同金额达19.3万元。

（市民营经济发展局）

（责任编辑：景惠西　赵新慧）

工业商贸

经贸工作

【概况】 2004年，全市规模以上工业企业累计完成现价工业总产值419.1亿元，同比增长24.8%；完成工业增加值150.6亿元，同比增长21.1%；完成销售收入405.8亿元，同比增长20.6%；实现利税64.5亿元，同比增长19.2%；实现利润35.9亿元，同比增长14.1%。各项主要指标完成较好，速度和效益增幅在上年较高的基础上，继续保持增速在两位数以上。同时运行质量也得到明显改善，全市工业企业综合效益指数、资本保值增值率、全员劳动生产率均高于全国、全省平均水平。

（任永强　冯锁栋）

【结构调整步伐加快】 2004年全市工业重点调产项目共78个，项目总投资287亿元。其中，26个项目竣工投产。如海鑫的70万吨棒材、50万吨高线，关铝的1万吨精铝工程，河津三联的2万吨汽车缸体、缸盖，中信车轿的重型车轿和离合器技改工程，闻喜银光的5万吨镁合金项目等。这些调产项目都有坚实的技术支撑，工艺先进。主要表现在：生产过程自动化控制水平显著提高，高新技术和先进实用技术得到了广泛应用，关键设备从国外引进，使用技术装备水平达到了国际或国内先进水平。预计当年可实现销售收入90亿元，利税16亿元；25个续建项目中，现已建成投产的13项，其余各项今年完成；27个计划新开工项目中，有15个项目开工建设，其余12个项目的前期准备工作已近尾声。同时，还对全市有比较优势的钢铁、铝、镁、汽配、水泥、煤化工等行业进行了深入调研，向市政府拿出了调研报告和加快发展的实施意见。最后，根据省建设“新型能源和工业基地”的大框架，对应全市建设“新型加工制造业基地”的总目标，草拟了“钢铁和冶炼”、“铝和铝材加工”、“镁和镁合金加工”、“重卡和汽配”、“医药”等基地建设和“煤化工产业”发展的三年推进计划，这项具有前瞻性的工作意义重大，它的实施对全市工业结构的优化升级将起到积极的推动作用。另外，对不符合产业政策、浪费资源、污染环境的“五小”企业坚决予以关停淘汰，把有限的资源投向优势企业。按照省委、省政府政策规定，积极制定了《关于对焦化行业清理整顿的实施方案》，经过调查摸底、初步分类、审核认定、分类处置等几个阶段，至2004年年底，第一批共53家企业55座焦炉约700万吨焦炭生产能力，被依法关闭淘汰，并得到省政府督查组的充分肯定。

（任永强　冯锁栋）

【产学研合作】 根据市政府安排，2004年9月“运城市第四届产学研合作与交流洽谈会”召开，本届产学研洽谈会以“弘扬关公文化，建设诚信运城，科技引领经济，合作谋求发展”为主题，围绕“节能降耗，产品延伸开发，资源综合利用”这一核心内容，本着“突出重点，有的放矢，重在内容，讲求实效”的原则，把产学研工作与结构调整、招商引资、关公文化节相结合。有来自清华大学、复旦大学、国家发改委宏观经济研究院等国内60余所大专院校、科研院所的108位专家教授及本市经济界、工业界的同志共计600余人参加了讨论会。经过充分的交流洽谈，企业与院所间共签定各类经济技术合作协议123项，其中达成长期合作协议25项，解决技术难题48项，科技成果转让42项，共建技术开发中心8个。12月初，又邀请了省经委、国土资源局、环保局、中北大学、太原理工大学、中科院太原煤化所等单位的领导和专家，对新绛县的煤化工业园考察论证，通过专家们考察论证，进一步明确了发展思路和发展重点，确定了走循环经济、可持续发展的新路子。

（任永强　冯锁栋）

【循环经济意识有所增强】 2004年，全市经贸系统以“节能降耗，资源综合利用”为主题，深入开展节能宣传活动。发放宣传资料2000余份，开展节能知识培训十余次，举办节能知识竞赛3次，通过多种形式的宣传，使节能降耗、循环经济意识深入人心；按照全市可持续发展规划，本着资源综合利用，再生资源回收利用，新能源和可再生能源产业化发展这个思路，积极组织资源综合利用项目和废弃资源开发项目的申报工作。全市共上报省经委和国家发改委节能项目14项，批复立项4项，落实国债资金1024万元，省节能项目补贴基金70万元；申报资源综合利用电厂项目8项，省经委批复立项3项，项目总投资16.9亿元；基本摸清了全市资源节约综合利用情况和重点行业、高耗能企业的底子，并结合检查中发现的问题分别采取了针对性措施，取得了积极的效果。

（任永强　冯锁栋）

【强化服务意识，克服“瓶颈”制约】 2004年，国家加大对电解铝、钢铁、水泥等高耗能行业的调控力度，而这些行业恰恰是本市的重点行业，面对企业在经济运行中存在的突出矛盾和问题，全系统从实际出发，统筹兼顾，在狠抓结构调整的同时，重点在电力、运力、资金等生产要素上加强协调和服务，使有限的资源配置得更加科学合理。电力上，在加快电源电网建设速度的前提下，积极向上争取，将省分配本市的网供指标由元月的87万千瓦提高到135万千瓦；努力与周边地区协调，从陕西渭南、河南三门峡引电15万千瓦，稳定了韩城3万千瓦的支援，及时缓解了全市电力需求严重不足的压力；突出抓好计划用电工作，对不符合国家产业政策的100户高耗能、低效益企业采取了停电限电措施。运力上，积极协调铁路运输部门尽可能为全市企业多安排计划，努力加快南同蒲复线建设进度，全市铁路运力由每天310车增加到400车以上；公路运输方面，在严格治超限超的同时，从严惩处“三乱”现象，尽力为企业减轻负担。2004年，全市公路外运量增幅达到20%以上。资金上，千方百计扩大招商引资，组织企业积极参加西洽会、厦洽会、青洽会、上海工业博览会、浙江和山东项目推介会，共签约67项，达成合作意向12项，引资8.7亿元。8月份还组织召开了全市银企座谈会，人行、银监局等八家金融部门与海鑫集团、阳光集团近五十家重点企业的负责人面对面交流，增加理解和沟通，为银企合作创造了有利条件，为企业解决资金近2000万元。通过积极的协调沟通和服务，使“瓶颈”制约因素得到一定程度的缓解。（任永强　冯锁栋）

电力工业

【概况】 运城供电分公司位于华北电网南端，隶属山西省电力公司管辖的大型国有企业。担负着13个县（市、区）的电力建设和供电任务，直辖13个支公司和19个直属单位，现有全民职工3199人，集体职工456人，农电工1939人。公司拥有35KV变电站90座，变压器容量93.6万KVA，110KV变电站41座，变压器容量170.7万KVA，220KV变电站7座，变压器容量204万KVA，500KV变电站1座，变压器容量75万KVA。公司拥有35KV输电线路146条，1238.4KM，110KV输电线路79条，31238.2KM，220KV输电线路14条，517.4KM，500KV输电线路1条，114.94KM。主干电网220千伏实现双环网。公司现有固定资产30.55亿元；最大供电负荷162.6万千瓦时，社会供电量114.9亿千瓦时，社会用电量109.6亿千瓦时，年售电量85.3亿千瓦时，位居全省第二。

（运城供电分公司）

【“0311”第一阶段奋斗目标】 安全生产1120天连续无事故，“零事故”记录得到保持。售电量完成85.31亿千瓦时，同比增长10.07%，比省公司计划增长2.17%，比争先计划增长0.13%；多种产业实现利润2800万元，同比增长18.1%，比争先计划增长0.07%；职工平均收入增长17%。“三过半”实现第一阶段增幅目标。

生产调度大楼正式立项，“建一楼”具备开工条件。

行风评议在全市名列第三，电力需求管理、依法治企、内控制度建设和干部人事档案管理等工作在省公司系统领先，“树一旗”初见成效。（运城供电分公司）

【其它主要经济技术指标超额完成】 平均电价完成313.22元/千千瓦时，比省公司计划301.93元/千千瓦时提高11.29元/千千瓦时。剔除所有调价因素后，实际完成294.06元/千千瓦时，同比提高3.11元/千千瓦时，比省公司计划提高8.02元/千千瓦时，比争先计划提高2.06元/千千瓦时。

综合线损率完成5.85%，同比降低0.86个百分点，比省公司计划6.75%降低0.9个百分点，比争先计划降低0.05个百分点。

电费回收率完成100%。

内部利润实现1.7亿元，比省公司下达的计划6300万元增长169.8%，剔除其它调整因素，实际增利7000万元，比争先目标2800万元增长150%。

综合电压合格率完成98.7%，比省公司计划提高0.1%。

城市电压合格率完成99.12%，比省公司计划提高0.12%。

供电可靠率完成99.967%，比省公司计划提高0.007%。

全员劳动生产率完成16.4万元/人，比2003年增长2.53万元/人。

（运城供电分公司）

【安全生产、资产经营和党风廉政建设】 高效优质开展春秋两检，消除重大缺陷107处、一般缺陷482处，消缺率98%；提早制定预案，精心组织协调，圆满完成迎峰度夏任务；大修技改顺利实施，有效调压变压器覆盖率由70%提高到78.4%，开关无油化率由49%提高到63.6%，变电站综合自动化率由49%提高到68%；推行现场作业指导书，狠抓电网运行、防污染、继电保护和供电所管理；基建施工、交通消防、治安线保保持了平稳态势。围绕市场强化经营管理，积极应对小电厂无序发展和国家宏观调控带来的市场欠费风险；千方百计争取负荷指标，开展经济调度，售电量增长高于供电量1.01个百分点；严格执行疏导电价政策，积极争取“高来高去”销售电价；强化电费回收，售电收入增长高于售电量1.2个百分点；在全省率先推广使用了电费帐务多栏式记账法。严格预算管理，节支570.9万元。加强农网三级生产经营活动分析，供电所安全和经营管理取得明显成效。在13个支公司成立监审股，强化审计监督，审计和依法治企工作受到国网公司表彰；开展“两个条例”学习宣传和反腐倡廉警示教育，全年没有发生党员干部违纪案件。三项责任制和企业稳定考核总分名列全省第一。

（运城供电分公司）

【电网建设、多种产业和职工收入】 完成电网建设投资4.68亿元，220千伏新建投运1站，改造3站，扩建1站。110千伏新建投运1站1线，改造5站4线，特别是陕西渭南向运城送电工程，对缓解永济、芮城用电紧张状况起到了举足轻重的作用。网改工程步伐加快，完成455项，资金3.68亿元，新建和改建35千伏及以上变电站46座，主变容量33.8兆伏安，输电线路29条240公里，网改“回头看”取得成效，受到省发改委高度评价。多种产业在原基础上，走强强联合之路，依托地方民营经济，开辟了与昌鸿、阳光、志信集团合作经营项目，发展态势良好。在电网和企业发展的同时，坚持职工收入同步发展。积极为职工办好事、办实事，城区宽带入户和闭路电视改造工程交付使用，承诺职工的好事实事全部兑现。（运城供电分公司）

【电力需求和企业内部管理】 紧紧依靠政府支持，两次召开计划用电工作会议，开展节电宣传，制定实施方案，合理组织错峰、避峰，探索出"三查四定五监督"的管理经验，得到省公司推广。万荣支公司实施10千伏线路公用变台轮供，盐湖支公司落实生产企业"四定"措施，减少了拉闸限电，提高了供电负荷率。加强制度建设，开展"六查六整顿"，推进创建县级一流工作，永济、盐湖支公司分别通过国网公司的复查和预验收，平陆、新绛、闻喜支公司具备省一流验收条件。新创建省级一流35千伏变电站19座；65个供电所达到规范化管理标准，34个供电所达到规范化服务管理标准，省级一流供电所7个，一流用电村130个。

（运城供电分公司）

【科技兴企和人才强企】 在资金十分紧张的情况下，实施地对县数据通道建设，全面竣工；完成永济和盐湖、启动万荣和闻喜支公司MIS系统建设；办公自动化系统在城区范围内投入使用；按计划完成微机型电力变压器风冷测控装置等8个科技项目。13个县调全部实现自动化，110千伏和35千伏无人值守变电站分别达到23座和78座，占总数的56%和92.9%。初步确定了人才选用机制、激励约束机制、教育培训机制的总体框架，出台了管理、技术、技能三支人才队伍建设方案；以岗位培训为主，共举办生产人员培训班17批次，组织调考7次，比武5次，全员培训率达到68%，拉动企业整体素质，有了较明显的改观。（运城供电分公司）

【精神文明和行业作风建设】 采取"走出去、请进来"的方法，组织赴山东、上海、晋城等一批国际、国内一流企业参观学习，聘请知名专家教授讲课，解放思想，转变观念；通过机关作风整顿和第七届职工运动会、"55·光明电网·光明使者"等丰富多彩的职工文化活动，营造健康向上的企业文化氛围；分公司和5个支公司被市委、市政府命名为"百佳诚信单位"。将优质服务作为行风建设的重要内容，加强"95598"服务热线建设，受理客户电话30740个，全部得到及时答复和处理；积极参与市广播电台《监督热线》节目，接听电话76个，现场答复44个，督办处理32个；明察暗访供电所79个、走访客户43个，处理违纪人员12名，其中3人被解除劳动合同。公司荣获国家、省、市级等多项荣誉。

（运城供电分公司）

【所获荣誉】 1. 综合类

中共山西省委、山西省人民政府颁发的"模范单位"；

运城市劳动竞赛委员会颁发的"五一劳动奖状"；

中共运城市委依法治市领导组颁发的"市级依法治理示范单位"

运城市行风领导组颁发的"2004年度行风建设优秀单位"（名列第三）

2. 党务工作

中共运城市直工委颁发的"十佳党委"；

中共运城市直工委颁发的"党委、群团工作先进单位"

3. 安全生产

中华全国总工会、国家安全生产监督管理总局颁发的全国"安康杯"竞赛"优胜企业"；

山西省人民政府颁发的"环境保护先进单位"；

山西省电力公司颁发的"农电管理工作先进单位"（名列第二）；

运城市总工会、运城市安全生产监督管理局颁发的"安康杯"安全生产竞赛"明星企业"。

4. 纪监工作

山西省电力公司颁发的"纪检监察工作先进集体"。

5. 审计工作

国家电网公司颁发的"审计工作先进单位"。

6. 人事劳资工作

中央组织部颁发的"干部人事档案工作目标管理一级单位"。

运城市失业保险管理服务中心颁发的"失业保险参保工作先进单位"。

7. 档案管理工作

国家电网公司颁发的"档案管理工作先进单位"。

8. 科协工作

山西省电力行业协会颁发的"电力行业优秀企业"。

9. 工会工作

山西省总工会颁发的"模范职工之家"；

山西省电力工会颁发的"模范职工之家"；

运城市总工会颁发的"模范工会"；

山西省电力公司、山西省电力工会颁发的"55光明电网光明使者"企业文化展示活动金奖、银奖、优秀组织奖；

运城市总工会颁发的全市"创建学习型工会组织，争做知识型工会干部"知识竞赛铜奖、优秀组织奖；

运城市总工会经费审查委员会颁发的"全市工会经费审查工作竞赛评比三等奖"；

运城市直机关运动会组委会颁发的"市直机关第二届运动会道德风尚奖"。

10. 共青团工作

共青团山西省电力公司委员会颁发的"五四红旗团委标兵"。

运城市直团工委颁发的"五四红旗团委"标兵单位。

（运城供电分公司）

城镇集体工业

【全年主要经济指标完成情况】 工业总产值为20.7亿元，同比增长18.3%，其中制版集团完成14.2亿元，同比增长18.2%。产品销售收入为16.6亿元，同比增长18.3%，其中制版集团完成12亿元，同比增长18.3%。实现利税达2.93亿元，同比增长18.3%，其中制版集团完成2.7亿元，同比增长18.1%。实现利润为2.2亿元，同比增长18.2%，其中制版集团完成2.15亿元，同比增长19%。

（城镇集体工业联合社）

【完善机构建设】 在继2003年市联社和少部分县市联社机构改革与定位完成后，市联社继续把建立上下一致，理顺关系，全面巩固市县两级联社合法权益，加强联社法人定位，推进联社自身建设作为一项重要工作来抓。今年以来，通过市联社的正确指导与各县（市）委、政府支持及各县（市、区）联社的努力，全市十三个县市基本按照市联社的做法，全部保留了联社机构，相当一部分县（市）还通过做好当地党委政府工作，核定了编制，给了一定数额的财政供养指标。这就为全市城镇集体工业的发展提供了有力的组织保证。特别是河津联社，在已定的政府直接领导的正科级建制、财政全额事业单位的基础上，去年，他们根据《条例》，多次向市委、市政府领导汇报，终于在十月份市政府批准河津联社为行政执法单位，并恢复原来的行政职能，联社挂上了行政执法单位的牌子，并给联社干部颁发了行政执法证书，使联社的地位、权力进一步得到巩固和统一。平陆联社主任葛君贤同志带领班子成员，先后六十余次向县委、县政府请求、报告，终于在去年八月份解决了机关工作人员和退休人员多年存在的财政供养问题。另外，征得主管县长同意，继续在系统内企业收取联社资产占用费，为联社正常业务的开展提供了资金保证。在去年8月份，全国人大常委、全国总社陈士能主任来运考察市联社的座谈会上，市联社党组就此项工作做了重点汇报，受到陈士能主任的高度赞扬与充分肯定。

（城镇集体工业联合社）

【加大科技创新力度，实施产品结构调整】 结构调整是企业发展永恒的主题，也是联社系统经济工作的中心任务。全系统围绕市委、市政府提出的“11251”调产方案，狠抓技改投入，加大产品结构调整力度，取得了明显成效。尤其是在15户优势企业中，运城制版集团在刘克礼董事长和王丹平书记等一班人的带领下，通过股份制改造，实施“一扩、一升、两跨越”战略（即扩大生产规模、推进产品升级换代、实施跨国跨行业经营），该集团现拥有54个分（子）公司（国内44个、国外10个）分布在广东东莞、上海、大连、青岛、天津、昆明、江苏、浙江等国内18个省市，国外已在越南、泰国、菲律宾、墨西哥、孟加拉国、印尼、埃及等10个国家设有分公司。集团资产总额达18亿元，资产负债率30%，现有电子雕刻机285台，激光雕刻机10台，形成年生产标准凹版6.0万支的生产能力，生产规模及生产能力均居世界同行业之首。其产品覆盖国内除西藏外所有省市，国内市场占有率达70%以上。临猗华盛公司经过改制，建立现代企业制度后，企业经营效益明显提高。利用现行新的机制优势，去年6月份，又抓住机遇，同全国最大的粉末冶金企业——宁波东睦新材料股份有限公司实行强强联合，通过内引外联，改进技术装备，开拓产品市场，创新机制，现综合指标排名居全国同行业前十位。闻喜煤机公司收购“九五”医院与“八一”厂和租赁长治、榆次两个破产企业的设备与厂房，扩大企业规模；自行研发生产设备20余种；利用国债资金6400万元进行洁净煤装备制造技术改造项目。尤其是该公司高效涡轮离心分选煤机获国家发明专利和实用性专利，填补了全国选煤工业生产中煤泥脱硫精灰技术空白，去年完成工业总产值近两亿元。山西宇达工艺集团青铜产品制作和大型城市雕塑技术水平位居全国榜首。

（城镇集体工业联合社）

粮食购销

【概况】 2004年，是粮食流通体制改革关键的一年。年初，中央对粮食流通体制改革进行了全面部署，先是中央一号文件出台，紧接着是《粮食流通管理条例》的颁布，从而在全国范围内彻底放开了粮食市场，形成了收购主体多元化和收购价格市场化的局面。面对体制改革后的粮食市场，粮食部门如何在参与市场竞争的同时，还要保证发挥粮食部门的主渠道作用，已是一个十分严峻的课题。面对挑战，全市粮食系统积极贯彻中央“一号文件”和《粮食流通管理条例》及省有关会议精神，克服一切困难，团结奋战，较好地完成了各项任务，截至年底全市共收购小麦2.68亿公斤。（市粮食局）

【全力搞好粮食购销工作】 针对2004年粮食市场放开后的严峻形势，早在年初，就组织召开了全市粮食工作会议，全面安排部署了2004年的粮食购销工作。并责成相关部门认真落实风险基金缺口，及时反映风险问题。为了搞好今年的夏粮收购工作，全市粮食部门早部署、早安排，提前进入夏收战备状态，在做到腾仓并库，购置器材、校验磅称，积极培训夏粮收购人员的同时，还要求各单位要转变观念，改变收购方式，改善服务态度，彻底摒弃过去坐、等、靠的官商作风，积极主动上门收购，提高自身在市场上的竞争力。面对收购主体多元化的激烈竞争，和粮食市场化后价格变化波动。夏收期间，各县（市、区）根据各地不同情况，积极及时搜集各种粮食信息，制定相应对策，确保粮食购销企业在收购中处于主导地位，发挥自身主渠道作用，有力地维护了粮农的利益和市场秩序，打击了少数不法商贩乘机压称、压价，损害农民利益的行为，确保夏收工作的顺利进行，为全年收购打下了基础。由于措施得力，工作到位，2004年全市小麦收购任务完成比较好。到12月底，已收购小麦2.68亿公斤。与此同时，集中全力搞好粮食销售工作。2004年全市共销售粮食5.435亿公斤。各县（市、区）抓住麦收前及两节销售旺季，突击抓销售，明确任务，分解指标，工效挂钩，人人头上有任务，较好地完成了全年销售目标任务。稷山县粮食局抓住储备轮库机遇，主动联系，提前销售，组成精兵强将，仅用10余天时间突击销售1300余万公斤。闻喜、永济等县（市、区）也不等不靠，提早抓销售，从年初开始，就始终把销售工作抓在手上，巩固老客户，发展新客房，以销促购，拓宽销售渠道，灵活经营，取得了较好的经济和社会效益。

（市粮食局）

【搞好宏观调控，保证市场供应】 2004年上半年，全国粮油价格上涨，出现了自1998年粮改以来的一次较大波动。为了确保全市市场稳定，全系统迅速行动，采取得力措施，很快稳定了市场，安定了人心，受到上级有关部门的表彰。①搞好市场预测，完善预警方案。为了及时掌握粮油价格动态，市局安排有关科室，随时掌握粮油价格变动情况，与农业、物价部门联系，并与周边的河南、陕西通报情况，交流信息，做到心中有数。同时要求各县（市、区）密切关注市场行情变化，及时掌握情况，以便采取对策。并进一步完善了市场供应紧急预案，提高了驾驭各种复杂局面的应对能力。②积极组织货源，保障市场供应。要求全市货源充足，品种齐全。同时，要求全市所有的加工企业都要开足马力，加大生产，确保供应。并要求基层粮站对缺粮农户一定要开仓放粮，随到随卖。对一些大的用粮企业，要在确保本市、本省粮食安全的前提下，也要搞好销售，不要囤积居奇。③加大监督检查力度，维护市场秩序。并不定期的对全市粮油市场进行了多次突击检查，对一些扰乱市场，缺斤短两，以次充好，乱涨价的不法分子进行了坚决打击，维护了市场正常秩序。　（市粮食局）

【狠抓粮食仓储管理】　仓储工作是粮食工作的基础，仓储工作的好坏直接关系着粮食企业的兴衰和社会稳定，面对粮食工作的新形势，新问题，市粮局始终把管好库存粮油作为粮食工作的基本点和出发点，有针对性地开展工作。首先是领导重视，把仓储工作放在重要议事日程。及时出台了《运城市粮食局关于进一步加强仓储工作的实施意见》。各县（市、区）都成立了一把手为组长的储粮安全领导组，并签定了储粮安全责任书，对领导机构和保管队伍建设，做出了明确规定和要求，把管理制度、工作措施和实施目标，同关心保管人员生活，强化奖惩机制等仓储工作的各个环节都进行了明确的量化和要求，坚持“一符四无”，继续完善“四定四保”的单仓核算责任制，有力地推动了全市安全储粮工作的开展。其次是科学储粮，加快知识更新，确保储粮安全。在全市仓储条件差，储粮费用紧张的情况下，摸索出了用塑料布密闭储粮是一种能够缓解粮食陈化、降低费用开支、减少粮食污染的绿色环保项目。经过科学实践论证，认为具有大力推广的空间，于是组织全市召开了推广现场会，促进了这一工作的开展，实现了全市科学保粮的目标，保证了全市7.125亿公斤存粮的仓储安全。　（市粮食局）

【粮食流通体制改革】　随着粮食购销市场的全面彻底放开，粮食流通体制改革步伐的进一步加快，根据中央和省粮食流通体制改革会议精神，结合全市实际情况，从2004年初以来，全系统以粮食流通体制改革为突破口，采取得力措施，狠抓企业改制，职工身份置换，使全市的粮食流通体制改革工作积极、稳妥地推进。全市现有国有粮食购销企业198个，人员5814人。购销企业点多面广，战线较长，一些偏远粮站业务经营量萎缩，个别企业人浮于事，效益低下，仍在等、靠、要，全市约有三分之二的粮站需撤并，进行重组改造，以做强做大，适应粮食流通体制改革后大形势所需。首先，充分利用各种宣传工具，在全市粮食系统大张旗鼓的宣传“中央一号文件”精神和《粮食流通管理条例》，使全系统干部职工充分认识到深化粮食流通体制改革的重要性和紧迫性，切实把思想统一到中央政策上来。其次，充分认识粮改的艰巨性和复杂性，切实把握深化改革的突破口。切实清除思想认识障碍，克服困难，在全系统营造一个浓厚的改革氛围。第三，充分认识粮改的有利条件，切实增强搞好改革的信心和决心。对于这次改革，市委、市政府特别重视，市长办公会专门听取了市局的专题汇报。2004年7月29日，胡苏平市长就在全市经济工作会上，就全市的粮改工作特别做了书面发言，全面安排。7月31日，全系统在芮城召开了全市粮改暨芮城现场会，并成立了由分管副市长任组长的改革领导小组，这对下一步的深化改革，创造了有利条件，大大增强了市局党组一班人搞好改革的信心和决心。改革中，要求各县（市、区）从实际出发搞改革。临猗县、芮城县属产粮大县，粮源充足，粮食库存多，要抓住粮食市场旺销的大好机遇，扩大市场销售，增加企业收入，千方百计挤出资金，采取职工自愿方式搞身份置换，较好地解决了富余人员分流安置问题，在全市改革中走在前列。短时期内，这两个县共分流了546人，至2004年底，两县共分流767人。市局及时总结推广了他们的经验和做法，要求各县（市、区）不要生搬硬套，而是学习他们勇于改革，千方百计创造条件搞改革的精神，多动脑筋，结合本县（市、区）实际，突出抓好企业富余人员分流安置工作，减少社会震荡，保持大局稳定。　（市粮食局）

【净化行业风气，加强廉政建设】　2004年，根据省政府《关于开展树立行业新风，优化发展环境行风评议工作实施意见》和市行评办《运城市2004年行风评议工作安排》的部署要求，全系统坚持以树立行业新风，优化发展环境为宗旨，以深化粮食流通体制改革和服务全市经济发展为出发点和落脚点，根据部门特点，认真履行好自己的职责，积极发挥对粮食市场的监管和服务作用。通过对全系统的体制改革，对行政职能实现三个转变。①由过去主要管理国有粮食购销企业转到管理全社会的粮食经营企业上来；②由过去管理国有企业的经营活动转到管理市场主体的准入和行为规范上来；③由过去主要采取行政手段管理转到依据法律法规进行法制化管理上来。在粮食流通体制改革的过程中，加强党风廉政建设和反腐败工作，显得尤其重要。为了提高党员干部的廉洁自律，市局完善出台了《财务管理制度》、《集体决策制度》、《党风廉政建设责任制度》等，使全行业风气得到好转，在依法行政时，坚持以着力解决损害群众利益的突出问题和影响发展环境的不正之风为重点，以行风评议促进依法行政，以强化监督促进党风廉政建设，全市粮食系统的行业管理和从业人员的“依法办事，执法为民，优质服务”意识明显增强，行业形象明显改善，行风建设收到了明显效果，受到市行评办的好评。

“三项治理”是市委、市政府安排部署的《关于制止奢侈浪费行为的实施意见》、《关于清理领导干部违规多占多购住房的实施方案》、

《关于纠正超标准超编制配备和使用小汽车实施方案》等三项治理工作，是全市党风廉政建设的具体措施，是“为民、务实、清廉”的具体表现，为搞好这一工作，局党组高度重视，成立了“三项治理”工作领导组，由党组书记、局长孙伟同志挂帅，在全系统掀开了“三项治理”的序幕，并责成下属各单位一把手对此项工作负总责，把“三项治理”工作列入重要议事日程，严格按照市委、市政府“三项治理”工作实施方案，结合市粮食局实际，制订了《运城市粮食局〈关于制止奢侈浪费行为的实施意见〉、〈关于清理领导干部违规多占多购住房的实施方案〉、〈关于纠正超标准、超编制配备和使用小汽车的实施方案〉》等“三项治理”工作的实施方案，在开展三项治理工作过程中，通过各种手段，宣传在全系统中开展“三项治理”工作的重要意义、目的和作用，提高了广大党员干部的思想意识，使大家认识到，开展“三项治理”是忠实实践“三个代表”重要思想的具体要求，是加强党风廉政建设和反腐败工作的内在要求，是密切党群、干群关系的迫切要求。通过一年时间的自查自纠、群众举报等途径。截至年底，局“三项治理”工作领导组未收到一封举报信，未接到一个举报电话，没有发现一例违规行为。

（市粮食局）

石油销售

【概况】 2004年，全公司1—11月份完成销量23.78万吨，完成年计划89.16%，比去年同期增长28.13%。其中零售完成19.7万吨，完成年计划102.07%，比去年同期增长44.96%；润滑油完成2800吨，吨均费用比去年同期降低8%。完成利税2283.81万元，基本上实现了事故后销量不减，确保了全年各项目标任务的完成。

（运城石油分公司）

【明确任务，落实责任】 2004年新年伊始，公司就召开了全市系统工作会议，认真学习传达全省工作会议精神，结合运城公司的工作实际，精心安排部署，把全年任务层层分解，层层签订目标责任书，月月进行考核，认真进行经营分析，努力提高经营质量。尤其是面对资源偏紧、《道路交通法》出台、消费结构的变化，分公司积极从周边省份调剂资源，开拓市场，使销量稳步增长，企业的获利能力不断增强。为了深化企业改革，分公司组织副科级以上干部到河南三门峡学习，用他山之石，提高和增强各级领导干部的改革意识，积极探讨适合运城经济发展的“自有他营”经营模式，完成了公务用车改革，集中力量加快网络整合步伐，新建和收购社会加油站20余座。加大高标号汽油的宣传力度，利用广播、电视、传单、送光盘等各种形式，引导消费者正确使用高标号汽油。为了鼓舞士气，做好新一年的工作，市公司举办了“庆元旦”迎新春员工体育运动会，参加了市直工委举办的健美操、拔河、乒乓球比赛，向社会展示石化风采，激励干部员工爱岗敬业，推动企业的改革和发展。先后还开展了“安全知识”、“工会法律知识”、党内“法规知识”竞赛，举行了百日竞赛、庆“国庆”书画展，以活动为载体，活跃员工的文化生活，使全市系统干部员工在困难和压力面前，始终保持旺盛的士气，昂扬的斗志，饱满的热情，努力做好各项工作。

（运城石油分公司）

【开展“三项”整顿】 2004年，全公司面对突发的“4.24”着火事故，全市系统干部员工表现出对企业的无限忠诚，特别是在扑救的过程中，干部员工面对火魔、面对生命危险无畏无惧，配合消防官兵观察火情，奋战在扑火最前沿，为有效地扑灭大火，扼制事故的扩大起到了决定性的作用。事故发生后，认真吸取这次刻骨铭心的教训，从领导班子自身做起，举一反三查隐患，制定措施抓整改，深入开展思想、作风、纪律大整顿。按照省公司的统一部署，开展了“整顿思想、整顿作风、整顿队伍”三项整顿工作，查思想隐患、查设备隐患、查安全隐患。对全市系统在营加油站进行拉网式大排查，对查出的70余条隐患，现场整顿23条，下整改通知书8份，对7个租赁加油站、21个农村网点进行停业整顿。立即整改不了的问题，明确责任，落实到人，限期整改。组织干部员工认真学习胡锦涛在中纪委二次全会上的讲话，全员进行职业道德和法制教育，人人对照自己思想上的问题，工作上的差距，进行认真反思，自我解剖，开展批评和自我批评。从解决问题，吸取教训，增强团结，增强企业凝聚力的愿望出发，开展领导与领导，领导与员工，员工与员工，科室与科室，基层与科室，基层与班子之间查问题，找原因，共收集各种意见129条，逐条进行了认真分析和反馈，确实把干部员工的意见和建议，一个不漏地落到实处。本着边反思、边整顿、边建章立制的原则，把《加油站管理规范》印成64K小册子，人手一份，以学习执行规范、落实岗位责任制、安全责任制为重点，对全市系统730余名加油员、油品押送员进行了集中学习，学完统一考试，重新换发上岗证，对考试不及格的10余名员工予以辞退。市公司领导深入一线督导督查，现场示范，模拟演练，直接受教育人员190余人。通过三项整顿，全市系统干部员工看到了不足，受到了教育，理顺了思路，明确了目标，坚定了痛定思痛、痛定思变，下功夫整改的决心，有效地推动了各项规章制度的落实。

（运城石油分公司）

【开展“双百”竞赛】 2004年，加油站规范化管理百日竞赛活动开始后，公司总体动员，全员参与，召开了誓师动员大会。先后召开了十一次领导组会议，召开了六次全系统再动员会、推进会、鼓劲会，层层发动，反复督导，大造声势，营造氛围，不断鼓劲加油，实施了“王牌”战略。在全市系统开展向长安加油站经理程小菊学习活动，采取典型引路、整体推进，使百日竞赛活动一开始就保持旺盛的势头。市县领导深入一线、深入现场，不断强化落实力度，先后共自查、互查、督查24次，提出整改意见1640余条，整改率达到96%。规范化服务方面从一言一行开始，对全市系统所属加油站员工进行了安全知识、岗位责任制培训和全员考试，参加培训员工1500余人次。“八步法”的学习培训，在省公司组织现场指导的基础上，培养和选拔示范员，对全市系统员工进行面对面地讲，手帮手地教，简单工作重复做、反复做，在重复中加深理解，在重复中不断提高，在重复中习惯成自然。同时，还对加油站经理、代班长、记账员进行了培训，帐、表、单、册进行了三次规范，印刷各种资料4000余册，把《加油站管理规范》、《加油站规范化考核细则》、《加油站规范化评比标准》，先后编成64K小册子，人手一册，照着规定做，沿着程序走。分公司进行了两次全市系统范围内的自查验收和一次县与县交叉检查，不断总结经验，寻找差距，推动活动的深入开展。在硬件建设上，全市系统新建水厕31个，旱厕26个，改造旱厕39个；网架粉刷126个，89座加油站加油岛和48座加油站立柱进行了维修；制作各种标识牌和制度牌570余块，营业室内墙粉刷23965m^2，外墙粉刷29298m^2，外墙贴瓷砖6380m^2，硬化地面1218525m^2，总投资8033229元。通过一百多个日日夜夜全市系统干部员工的努力，站容站貌发生了崭新的变化，规范化管理和规范化服务迈上了一个新台阶，服务更规范，形象更亮丽，展示了石化风采，在全社会引起了强烈的反响。为了使加油站规范化管理成为永恒，重点在长效机制上下功夫，先后出台了《领导干部包站制度》、《加油站经理后备制度》、《员工培训考核制度》、《违反经营管理纪律处分规定》等制度，把竞赛的好形式引入管理机制，嫁接到各项工作上，贯穿到全年工作中。销售公司检查验收第二天，就召开全市系统副科级以上干部会，安排部署把竞赛引入管理机制，如何使百日竞赛引入管理机制，开展全员大讨论，如何使百日竞赛成为永恒。同时，分公司按照集团公司的要求，借加油站规范化管理百日竞赛的东风，乘势而进，在全市系统深入开展以“强三基，反三违，抓整改，保安全”的百日安全事故竞赛活动，制定了活动方案，成立了领导组，所属加油站悬挂巨幅横标，全员学习安全知识，开展岗位练兵，组织消防实战演练，把活动不断地引向深入。

（运城石油分公司）

【减员分流】　2004年，尤其是“4.24”火灾事故发生，各方面的压力都比较大，为稳定人心，稳定队伍，做到减员分流与各项工作同步进行，努力实现双盈。分公司坚持“广泛宣传，务实操作”的原则，利用大会小会反复动员，认真学习相关政策，宣传减员分流的重要性和必要性。对平陆、绛县、垣曲分公司整体改制以来的情况进行了调研，让整体协解的干部员工谈体会和认识，《运城石油》先后连载和报道了整体改制县公司发生的新变化，各县（市）分公司都组织干部员工，实地考察，看改制后企业出现的新生机，给员工带来的实惠，教育和引导干部员工自觉投身改革、参与改革，积极推进减员分流工作。到11月底，全系统完成了华运库的改制分流、门面房的带资分流，车队和物业公司的改革正在有序进行。截至12月底，已有九个县（市）分公司先后整体改制，全市系统协解员工193人，超额完成了今年的减员分流任务。

（运城石油分公司）

【把握销售环节，确保市场供应】2004年，为了保证市场供应，分公司积极争取资源配置，从周边省份调剂资源，加大自采量，充分利用现有运力，采取统一调配，千方百计确保市场供应。汽车队的干部员工冒酷暑，战严寒，风雨无阻，加班加点，为确保市场供应做出了应有的贡献。运城是农业大市，在夏收和秋播时节，全公司站在讲政治、保稳定的高度，服务上门，让利销售，用实际行动回报河东人民对石化企业的厚爱，受到省市农机部门领导的肯定和好评。《山西农机信息》刊登了“运城石油千方百计保障农民用油”的报道。分公司集中力量对滑油市场进行了整顿和净化，开展润滑油销售百日竞赛；打击取缔新建加油站和仿冒石化标识；完成了二次物流初期数据采集和全市系统新建加油站办证工作，积极与周边省市公司进行价格协调，引领市场走向，资源共享，保持价格走势平稳，取得了良好的效果。

（运城石油分公司）

【严明纪律，从严治企】　2004年，分公司以“4.24”火灾事故为反面教材，以盗油的人和事为活典型，开展全员法制教育和纪律教育。市公司领导带头开展批评和自我批评，查找自身存在的问题和不足，出台了领导干部下基层工作准则，自觉接受全市系统干部员工的监督，在全市系统12个县（市）分公司、机关科室和实体建立了二十余个意见箱，疏通信息渠道，关口前移，密切与员工的联系。在副科级以上干部中，开展思想隐患反思，制度落实不到位、工作标准低、要求不严，管理人员不管理的问题和现象，增强每个干部的工作责任心。对三项整顿中和加油站规范化管理百日竞赛活动中，工作不到位，措施不力的四名县级公司经理黄牌警告，30余名临时工进行了辞退，20余名股长、加油站经理分别给予撤职、调离工作岗位等纪律处分。先后对半坡油库涉嫌偷油的八名员工和零售中心、汽车队、农网科几起事故进行了处理。每一起违纪违规行为的处理，都做到公开透明，一个受处分，全员受教育。通过从严治企，有效地治散，有力地推动了各项工作的落实。

（运城石油分公司）

烟草专卖

【主要经济指标完成情况】　2004年1—11月份，全市行业共完成卷烟销量13.63万箱，占年计划的100.96%，较上年同期增长了0.72%，预计年底将接近15万箱，其中名优烟销量68877箱，占总销量的50.54%，较上年同期增长了40.78%。

卷烟毛利率10.95%，较上年同期高出1.62个百分点，距计划相差1.05个百分点。

费用利润率196%，较省局计划高出86个百分点，较上年同期高出76.6个百分点。

三项费用总额5801万元，占年计划的82.87%，较上年同期增长了8.41%。实现利润1.14亿元，占年计划的155.37%，较上年同期增长了78.02%，预计年底将达到1.2亿元左右。

实现税收7150万元，较上年同期增长了71.55%，预计年底将超过7800万元。

库存总量7836箱，占控制指标的88.04%，较上年同期下降了1.82%。（市烟草专卖局）

【均衡组织货源，调整投放策略】 2004年全国范围内卷烟货源出现供不应求的局面，市局（公司）安排专人常驻云南、太原，不断加强同有关厂家的协商联系，在品牌变化频繁、合同执行变数很大的情况下，合同履行率达到了90%。每月市局（公司）都下发全市卷烟货源执行情况通报，采取排队点名的办法，积极促使各县想方设法催要货源，均衡销售。（市烟草专卖局）

【确保卷烟销量平稳，稳妥调整卷烟销售结构】 如何在卷烟货源供应量有限的情况下，大幅提高企业的经济效益，卷烟结构调整工作显得非常重要，也是最有效、最直接的办法。结合几年来全市经济发展速度较快，居民收入水平不断提高的大好形势，市县两级充分开动脑筋，引导消费，培育市场，使全市行业卷烟整体销售结构有所提升，条均价由去年的27.8元提高到现在的32.3元，特别是名优烟销量相比上年有了40.78%的大幅提升，为全市行业经济效益的持续快速增长提供了新的亮点。

（市烟草专卖局）

【严格执行统价限价，确保卷烟价格稳中有升】 2004年，面对全国范围内烟草行业出现的新变革与新形势，市局公司要求各县必须认真执行省局和市局（公司）的统价限价政策，坚决禁止各种形式的降价销售。一方面，对畅销品牌、特别是供不应求的品牌，可适当采取短时期调高价格的做法，维护卷烟市场的平稳和良性发展态势；另一方面，对本地无市场需求或市场发生变化而出现的滞销品牌，必须及时上报市局（公司），待综合全市情况上报省局审批后，再统一采取措施。力求通过严格纪律的约束，保证卷烟价格的稳定。

（市烟草专卖局）

【立足长远发展，注重品牌培育】 为了适应全国卷烟工业的结构调整，以及由此引发的市场格局变化，市局（公司）早做准备，早做安排，以国家局的“百牌”战略为依据，紧密结合运城市场实际，初步建立了“运城市卷烟品牌体系架构”，分别在零售价20元/条、25元/条、30元/条、50元/条，这几个运城消费的主导价位上，引进了9个品牌进行培育，并且绝大部分取得了初步成功。在培育品牌方面，主要遵循了以下五条原则：1.所培育的品牌必须是适合运城消费者吸食习惯的，并且有质量保证的品牌；2.所培育的品牌首先是全国重点工业企业生产的，在下步改革重组中仍具有非常强的竞争力和发展前途的；3.始终坚持市场化运行的原则，决不能采取强压促销手段；4.充分发挥客户关系管理的作用，采用一定的激励办法，促使营销员尽心尽力培育品牌；5.名优品牌培育过程中，在坚持工业企业、零售户、消费者三满意的基础上，重点保障经营户的利益。

（市烟草专卖局）

【财经秩序专项整顿工作】 2004年5月中旬省局复查组对全市行业进行全面复查，针对复查组指出的具体问题，市局（公司）党组先后两次召开各县局长（经理）会议，做出明确要求，必须严格按照省局复查组的具体意见，抓时间，抢进度，保质保量地按时补齐相关手续，做好整改工作。在财经秩序专项整顿自查中，共查出各种让利资金1190.85万元；接受的样品烟、奖售烟383.35箱，价值163.34万元；接受工业企业赠送的各种实物15.25万元；其他来源的小金库、帐外帐1487.4万元。截至年底，已足额补交各项税费978万元，其中增值税565万元，所得税361万元。

（市烟草专卖局）

【专项治理卷烟体外循环工作】 以严格执行卷烟到货确认为切入点，认真按照省局“五查两落实”的要求，先后于4月中旬和6月上旬两次组织专卖、业务、财务、审计等部门的骨干人员深入各县，进行了严格细致的复查。国家局专项治理卷烟体外循环第五次电视电话会后，市局要求市县两级认真按照国家局的安排部署，抓住机会，抓紧时间，切实搞好自查与复查工作。共查出体外销售卷烟24376件，其中1—5月份17163件，比上次自查的8869件多出8294件；6—11月份7213件。共查处以拆单分摊形式摊销卷烟24226件。其中1—5月份17163件，6—11月份7063件。编造虚假客户形式摊销卷烟150件。低于限价摊销卷烟50件。与此同时，为了认真迎接国家审计署对行业的审计，从4月份开始，市局（公司）就安排市县两级开展自查工作，并下发审计工作要点，认真准备审计资料，在此基础上又邀请市县两级审计局按属地审计原则，对各县开展严格细致的审计。并且将各项审计准备资料已分门别类，装订成册。（市烟草专卖局）

【专卖管理工作】 2004年专卖管理工作继续围绕专卖管理“三年阶段目标”，以打击制假售假为中心，以诚信管理为重点，以强化队伍建设做保障，大力整顿卷烟市场秩序，收到了明显的效果。1—11月份，全市共查处各类违法经营卷烟案件1253起，其中5万元以上的案件20起，移送司法机关19起，查扣各类非法卷烟10990件，其中假冒伪劣卷烟4249件，捣毁制假烟厂（窝点）15个，捣毁贩藏假烟窝点11个，收缴制假设备28台，收缴制假烟丝、烟叶26.5吨，查获假冒商标标识423.3万张，拘留5人，批捕7人。（市烟草专卖局）

【继续加大打假力度，严厉打击制售假冒卷烟行为】 2004年，市局根据年初工作会议安排，结合形势的不断发展变化，及时在全市范围内开展了卷烟打假“春雷”行动和两次百日会战，通过加大惩处力度，严厉打击了不法分子的嚣张气焰。“3·15”和10月12日，市县两级共出动宣传车75辆，人员218人次，在运城市区6条主要街道进行了长达2个多小时的游行宣传，分别在盐湖区南山脚下和许家营东将标值720余万元的假冒卷烟及制假原辅材料一举焚毁。同时还于“3·15”消费者权益保护日和“12·4”法制宣传日，在市区摆设法律咨询点、真假卷烟识别台，共发放宣传材料7000余份，咨询人数达千余人。5月14日，市烟草局、市检察局、市公安局、市技术监督局等七家单位就查办制售假冒伪劣卷烟等破坏社会主义市场经济秩序犯罪案件工作召开了联席会议，会后下发了联合文件，对打击制售假冒伪劣产品提出了具体实施意见。8月10日，市烟草局、公安局、检察院、法院、工商局又召开联席会，对烟草执法案件中遇到的疑难问题，再次进行了沟通、探讨和研究，并同时成立了公、检、法、烟草、工商联合打击涉烟刑事犯罪活动领导组。会后，市局领导和检察院职能处室领导一同下乡，逐县督查公安机关对涉烟刑事案件查办工作，使前期移送的15起案件全部立案调查。随后烟草执法人员会同公安干警长途跋涉，披星戴月，南下广东、江西一带抓捕案犯，有力推动了烟草涉刑案件的侦破，增强了全市严厉打击制售假冒卷烟案件的整体合力。特别是11月26日，市局根据群众举报，组织召集6县市局专卖执法人员共130余人，在市公安局治安科及“110”的密切配合下，发动了代号为“冬夜惊雷”的突击行动。一夜打掉了8个制假烟厂（窝点），查获制假设备13台，抓获制假人员8人。

（市烟草专卖局）

【诚信服务星级管理工作】 2004年，市局在年初工作会议上，就部署了全面推进全市卷烟经营客户的诚信服务星级管理工作。2月17日，根据基层意见反馈和市局与各县有关人员的反复讨论，经市局党组研究，正式出台了《运城市烟草专卖局卷烟零售客户诚信服务星级管理暂行办法》，一方面由专卖执法人员根据经营户的守法经营、诚信度等情况开展星级评定，对不同类别的经营户，根据执法人员的服务、文明执法情况，对专卖管理所和管理员进行测评，作为烟草内部的奖惩依据，从而达到双向监督的目的。随后，经过近半年时间的实践，8月4日，又在垣曲召开了诚信服务星级管理座谈会，以此为标志，“双向评分、专卖监督、营销配货、诚信者奖、失信者罚”的诚信服务星级管理活动在全市进一步展开，并取得了明显成效。9月14日，市局（公司）又邀请18名经销户和消费者代表，召开了诚信服务星级管理座谈会，进一步征询零售户和消费者的意见，以不断改进和完善此项工作。截至年底全市共有星级户1285户，其中二星级316户，一星级969户，占总户数的10.15%。二星户中城镇230户，农村86户；一星户中城镇599户，农村370户。（市烟草专卖局）

【严格区域管辖责任制，坚决守好山西南大门】 2004年，市局针对全市地处晋、秦、豫三省交界处，交通便利，经济发达，物流畅通的特点，对各口子县提出严格要求，并采取责任追究制办法，提高各县的工作积极性和责任感。凡发现从那个口子县入境被市局或下一站查获，要严格按照责任书的条款对相关人员进行处罚和行政处理。在市局的严厉督促和各口子县的积极努力下，口子县充分发挥了遏止和把关作用，对维护全市良好的卷烟流通秩序发挥了有效保障作用。三个口子县局1—11月份共查获非法运输卷烟案件19起，查获非法运输卷烟2347件，其中假冒卷烟1435件，总案值122．9万元。

（市烟草专卖局）

【卷烟零售许可证发放工作】 从2004年3月份开始，各县严格按照省局安排，积极组织人员力量，认真开展工作，通过采取主动上门，优质服务的办法，顺利完成了换证工作。特别在换证工作中，积极结合网络建设，零售客户合理布局的发展要求，各县普遍召开了社会各界人士参加的听证会。既完成了换证工作，又进一步提高了零售许可的含金量，实现了零售户合理布局的目标。截至年底，全市共有持证经营户12870户，其中农村持证户9300户，城镇持证户3500户。

（市烟草专卖局）

【加强队伍建设，提高执法水平】 随着依法治国观念的进一步树立，全民法律素质和法律意识有了明显提高，同样也对烟草行业的执法队伍提出了更高的目标和要求，如何与时俱进，切实搞好文明执法工作，显得非常紧迫、非常重要。2004年，市局聘请有关专家和学者先后进行了行政许可法、诚信服务、专卖管理系统软件、依法行政等专项培训工作，各县一把手、分管副职和执法人员参加了培训。与此同时，6月份市局组织了一次案卷评查工作，采取当面分析案例、当场进行剖析的办法，对执法办案人员进行了一次实实在在的现场教育，有力地推进了规范办案工作。

（市烟草专卖局）

【客户关系管理】 2004年在客户关系管理方面，①统一了两个台帐，即客户管理台帐和客户销售台帐。②健全了五个信息，即客户的基础信息、管理信息、销售信息、形象信息和测评信息。③坚持了两个测评，即每月对经营户搞一次满意度调查，调查面不低于20%。每季对经营户搞一次测评分类，内容包括重要度、贡献度、诚信度、配合度和守法经营度五个方面，并按得分情况分为重点、一般和特殊三种类型。截止11月份底，重点客户为3109户，占总户数的25%；一般客户8937户，占总户数的72%；特殊客户368户，占总户数的3%。④完善个性化服务的措施，主要体现在紧俏货源支持上，与专卖诚信星级管理统一了标准，即二星级重点户倾斜10%，一星级重点户倾斜5%。（市烟草专卖局）

【客户经理制度】 2004年，在客户经理制度工作方面，明确客户经理的职责，即走访客户、收集信息、培育品牌、指导经营、提供服务；统一了走访形式，即例行走访、重点走访、特殊走访；规范了走访流程，即访前准备、走访内容、原始记录、访后分析和经营指导意见反馈；完善了考核体系，包括销量、新品牌培育、中心工作完成和客户投诉等。

（市烟草专卖局）

【推进电子结算步伐，提高网络运行水平】 电子结算是烟草行业从传统商业向现代流通转变的重要标志。2004年市局（公司）把电子结算工作放到了重要位置，从年前一季度动员会到年初工作会议，再到每次各县经理会，多次强调并限定时间要求各县按期、按进度完成。电子结算工作3月份正式启动，4月份在各县城区经销户中铺开，到月底达3000户；5月份在乡镇经销户中铺开，到月底达5160户；截止11月底，全市电子结算户已达到5907户，占到入网户总数12400户的47.6%，电子结算成功率达到92%，电子结算额占销货额的60%。6月份以前，主要从量上要求各县，6月份以后把工作重点放到了提高电子结算质量上，主要从电子结算成功率和电子结算额度上提升档次。同时，市局（公司）制定下发了品牌周转量核定方案，分户、分品牌核定周转量的任务已经完成。三线整合也在10月下旬结束，定货线由原来的235条整合为103条，送货线由原来的207条调整为219条，客户经理走访线由原来的355条增加为413条。

（市烟草专卖局）

【认真开展培训，提高网络从业人员整体素质】 随着市场经济的进一步发展和现代管理手段的广泛应用，对全行业从业人员提出了更高的素质要求。2004年，市局（公司）邀请专家先后对市县两级相关人员进行了现代市场营销知识培训、浪潮应用软件分销系统培训和呼叫系统专业培训。历次培训期间，参训人员积极动手，认真学习，刻苦钻研，不耻下问，收到了较好的效果。（市烟草专卖局）

【明码标价全面铺开，连锁经营开始起步】 2004年5月底6月初，市烟草专卖局(公司)作出安排部署，要求各县抓紧时间，严格按照省局要求，做好明码标价工作。截至目前，已实行明码标价的零售户达12055户，占入网户总户数12706户的94.9%。同时，市县两级已开展连锁经营工作，盐湖区和临猗县各建立了一个自营店和三个特许加盟店，待成熟后全市推广。通过一系列的改革创新措施，全市网建工作得到了全面发展，截止11月底，全市卷烟市场占有率已达到92%，卷烟入网销售率达到100%，电话订货率达到100%，电话订货成功率达到96%。（市烟草专卖局）

【推进行业经营体制改革，强化市公司营销主体职能】 撤消县级烟草公司并取消其法人资格，强化市公司营销主体职能，是国家局、省局推进行业经营体制改革的重大决策。2004年初开始，市局结合深化完善“三网一制”工程，做了一系列的前期基础工作，为行业经营体制改革做好了各项准备。从2月下旬到4月下旬，仅仅两个月时间，稷山现代物流配送站就完成了学习、考察、安装、试机、运行工作。从4月21日开始，稷山配送站正式投入运行，辐射稷山、新绛、万荣、河津、铝厂五县市区，146万人口，3500个经营户，日分拣卷烟600～800件。五月上旬，市局（公司）仅用了半个月的时间，就完成了市局（公司）呼叫中心和客户服务部的工程安装工作。而且随着稷山片区五县大配送工作的进行，两条现代化分拣线就安装完毕，并于6月底开始试运行，盐湖配送站日分拣能力1200～1800件，覆盖盐湖、临猗、永济、平陆、闻喜、夏县、芮城、绛县、垣曲9县市区，346万人口，9200个经营户。10月上旬，在省局党组中心组扩大会期间，为了认真贯彻落实省局李局长的讲话要求，加速做好取消县级烟草公司法人资格工作，市局立即着手安排此项工作，用了不到半个月的时间，就完成了县级公司财务上划、库存清零，组建市公司营销中心、物流配货中心、资金结算中心，开展全市集中访销、集中配送的各项准备工作，并于11月1日正式启动全市集中访销，各县级公司法人代表资格实质上已经取消，只差批准手续。从11月份的运行情况来看，全市卷烟销量基本与上月持平，条均价略有提高，全市行业经营体制改革顺利完成。

（市烟草专卖局）

【精神文明建设和党风廉政建设】 2004年，全系统“两个建设”方面，①认真学习党的十六届四中全会精神，紧紧围绕加强党的执政能力建设，依法行政能力的提高，网络运行质量的提升，行业作风的转变，如何更好地实现“三满意”进行深入探讨，力求做到学以致用。全市行业副科以上干部都结合本职工作岗位和行业发展面临的形式与任务，交流了学习心得体会，每人撰写一篇论文。②制定下发了《运城市烟草专卖局党组关于加强自身建设、提高领导能力和水平的决定》，修订完善了党组议事规则和党组中心学习制度，在加强党组班子自身建设上，迈开了新的步子。③加强干部队伍建设，提拔使用的干部，坚决按照个人述职、群众测评、组织考察、任前公示、党组决定的程序，并在使用过程中始终坚持先主持后任用的原则。全年共提拔使用了7名科级干部，平调交流8人。④认真贯彻中纪委四次全会精神，深入落实“三不”长效机制，继续抓好“十个严禁”，严格遵守“五条纪律”，积极开展案件查处，深入落实党风廉政建设目标责任制，对5名违规违纪干部进行了处理，并按照有关规定和程序，解除了6名干部职工的处分。认真结合财经秩序专项整顿和专项治理卷烟体外循环，对领导干部多次进行廉政教育，并组织市局机关党员干部学习了《中国共产党党内监督条例（试行)》，观看了《忠诚卫士》廉政教育光碟。认真开展三项治理，对市县两级干部职工吃住行三方面进行了检查。⑤树行业新风，优化发展环境。聘请15名行风监督员开展日常监督，邀请经营户代表召开咨询意见座谈会，每月定期参加市电视台监督热线栏目，每个上岗职工都佩戴上岗证，进一步转变了行风，维护了企业的良好形象。⑥积极开展文体活动，组织参加了省局举办的书法、乒乓球、钓鱼、卡拉OK比赛，取得书法一等奖1名，二等奖1名；钓鱼团体第3名，个人第4名、第6名；卡拉OK个人三等奖的好成绩。

（市烟草专卖局）

【烟叶生产】 2004年，全市行业烟叶生产经营工作继续围绕“市场引导、计划种植、主攻质量、调整布局”的方针，通过大力开展技术培训，切实增强科技开发力度，使烟叶整体质量有了大幅度提高，上中等烟叶比例达到 85%。截止 11 月底，共收购烤烟 80992 担，占全省实际完成数的 70%。

（市烟草专卖局）

对外贸易

【运城市商务局的组建】 为了适应经济全球化和中国加入 WTO 新形势的需要，进一步深化流通体制改革，建立健全统一、开放、竞争、有序的现代市场体系，更好地利用国际国内两个市场、两种资源，为国民经济建设服务，根据国家商务部、山西省商务厅要求和 2004 年 7 月 12 日运城市委、市政府关于印发《运城市人民政府机构改革方案》的通知精神，组建运城市商务局，主管运城市国内外贸易和国际经济合作。9 月 29 日运城市商务局正式挂牌成立，从此，商务局承担起原市对外贸易经济合作局的全部职能和原市经贸委、市计委承担的部分职能。商务局的成立标志着运城市开始步入内外贸易统筹管理，内外开放协调发展的新阶段。

首任商务局领导班子：

党组书记、局长　邓援朝
党组成员、副局长　王瑞宝
党组成员、副局长　李民龙
党组成员、纪检书记　张鲜朵
党组成员、副局长　杜绪鹏

内设机构有 10 个科室：办公室、人事劳资科（离退休人员管理科）、党委办公室、统计财务科、外国投资管理科（国际贸易管理科）、对外经济技术合作科（开发区管理科）、商业发展科、市场科、条约法律科（公平贸易科）、监察室。

下属有两个事业单位，分别是运城市酒类屠宰管理办公室、运城市餐饮服务中心。

人员情况：定编 42 名，其中行政编制 34 人，事业编制 8 名，领导职数 7 名。外贸人员不动，又从经贸委划过来 6 名。

行政审批项目：共 7 项，内贸 5 项，外贸 2 项。内贸 5 项为：1. 酒类批发许可证；2. 生猪屠宰定点许可证；3. 成品油批发、零售、仓储经营（初审）；4. 老旧汽车报废更新；5. 拍卖企业经营资格（初审）。外贸 2 项：1. 外资企业投资总额在 3000 万美元以下合同章程的审批；2. 中外投资企业变更清算解散事项。

（市商务局）

【主要经济指标完成情况】 社会消费品零售额全面增长。2004 年运城市社会消费品零售额实现 99.5 亿元，同比增长 23.4%。

对外贸易持续高速增长。2004 年运城市完成进出口总值 53535 万美元，同比增长 48.94%，是 2000 年的 7.9 倍，连续四年位居全省第二，其中出口额 22570 万美元，同比增长 46.13%，进口额 30965 万美元，同比增长 51.01%。

利用外资稳定增长。2004 年运城市新批外资投资项目 10 个，合同利用外资 5818 万美元，实际利用外资 1913 万美元。

对外经济合作前景看好。2004 年，运城市与科特迪瓦国拉克塔市签订了农业、轻工业等方面 8 个项目的意向书，与巴西圣保罗州阿拉瓜拉市建立友好城市的前期工作已经就绪，为进一步扩大开放打下了良好基础。

开发区发展势头强劲。三个省级开发区 2004 年完成科工贸总收入 85.32 亿元，同比增长 25.86%，国内生产总值 14.95 亿元，同比增长 38.68%，工业总产值 36.24 亿元，同比增长 30.97%，协议利用外资 120 万美元，协议利用内资 10.5 亿元，财税收入 17320 万元，同比增长 96.22%，进出口总额 4269 万美元，同比增长 94.4%。

（市商务局）

物资经销

【概况】 2004 年，市物资系统国有资产经营中心认真贯彻落实党的十六大和党的十六届三中、四中全会精神，继续坚持“深化改革、调整结构、振兴企业、致富职工”的工作方针，以发展为主题，以结构调整为主线，在制度创新过程中，优化资产结构，挖潜利用有效资产，努力实现扭亏脱困，确保了一方稳定。系统内化轻和再生两企业继续保持盈利势头，机电经营持平，金属减亏 67.87%。在岗职工的工资能及时发放，医保社保能如期缴纳。

（市物资局）

【经营工作】 企业的经营主要体现在两大块上。一块是资产经营，一块是传统的物资商品经营。在资产经营中，运用有效手段，对企业的有效资产进行优化整合，采取发展一块、稳住一块、放开一块的模式，将优良资产、优秀人员相对集中整合，使部分物资经营恢复正常。局机关的相关科室开始建立企业人员动态管理台帐和国有资产监管动态台帐，强化对企业的监督管理。

（市物资局）

【改制工作】 2004 年的改制工作，主要是围绕如何打破制约系统改制的瓶颈问题而展开，一是银行债务核销问题，经过去年和今年的努力打捆核销取得了令人满意的进度。二是探讨如何最大限度盘活有效资产，以便筹得改制费用。三是对有限公司，关闭停业的国有企业等历史遗留问题着手进行解决。四是制定和论证系统整体改制方案。到年底建材总公司的破产进入尾声。几个参股控股企业已清算终结，物资贸易中心的破产工作，12 月进入了法律程序。

（市物资局）

【党建及稳定工作】 2004 年党建工作有四：①狠抓党的思想、组织和作风建设，发挥各支部的战斗堡垒作用。②发挥广大干部党员的模范带头作用，增强系统工作的凝聚力、战斗力和创造力。③结合学习十六大、十六届三中、四中全会和“三个代表”重要思想的精神，规定周三下午为机关政治学习时间，掀起学习新高潮，推动系统精神文明建设。④突出抓好党风廉政建设和反腐败工作。

保稳定，求发展一直是物资系统的工作重点和难点。整个系统当前正处于转型阶段，从表露出来的种种迹象看，可以说是人心浮躁、矛盾交织、困难重重，加之历史遗留的大量问题，都要在改制前有个说法。面对现状，中心的出发点和落脚点，始终都是以维护职工的整体利益为前提，充分发挥各级党组织、工会、军转办、再就业中心等部门的作用，争取一切有利因素，极大限度地解决职工的实际问题和困难，办实事、办好事。系统97名部队转业干部落实了新标准并到位；2004年春节前夕，43名困难职工、12名特困党员、7位85岁老职工和两个特困企业得到慰问；协调解决了53名下岗职工的生活补贴及3名特困职工的再就业。（市物资局）

（责任编辑：武建华）

建设环保

城乡建设

【规划编制】 2004年，在城市总体规划的指导下，编制了城市消防专业规划、二郎庙片区和阜巷片区旧城改造规划，编制了槐东文化苑、新区商务区、体育中心的修建性详规、5个大型停车场规划、圣惠南路和人民中路等道路改造规划。

认真贯彻落实国务院和省建设厅加强城市规划监督管理的有关文件精神，开展了全市城乡规划检查工作；并针对全市城区规划和城市边缘地带存在的规划编制范围不清、职责不明、随意规划建设的问题，以市政府文件下发了《关于进一步加强城市规划管理的通知》，明确了开发区、工业园区以及建设工程项目规划审批管理权限和范围，进一步加强和规范城市规划区内特殊地域的规划工作。

加快规划项目审批，强化批后监管力度，全年共发放选址意见书5份，建设用地规划许可证13份，建设工程规划许可证68份；下发各类违法违章建筑停工通知书160余份，拆除违法建筑5600余平方米，查处违法建设项目13起。

（市城建局）

【城市基础设施建设】 围绕年初确定的城建重点工程建设目标，全面完成工程扫尾的基础上，开始实施城建重点工程，加强重点工程建设的组织领导和协调力度，强化前期工作和工程建设监督管理，加快工程建设进度，严把工程质量，各项重点工程建设进展顺利并达到预期目标。全年完成投资3.9亿元，完成了10项重点工程建设项目，建设道路里程20公里。先后完成人民中路改造、学苑路（高专东路）、河东街延长线、圣惠南路、机场路、槐东路、魏南大街建设工程和五个十字路口拓宽改造工程，南风广场于4月30日正式对外开放并投入使用。另外，整治期间对东城墙路进行了复铺，对潞村街和姚暹渠正在实施改造。以上这些工程的相继实施和完成，拉大了城市框架，加快了新区建设步伐，完善了城市功能，提高了城市品位，是历年来城市建设投资最多、规模最大、速度最快、质量最好、工期最短的一年，受到了省市领导、省市人大代表和政协委员以及全市人民的一致肯定和好评。（市城建局）

【违章建筑拆除】 全年城市拆迁共计569户，拆迁房屋面积10万余平方米，其中城市环境综合整治中涉及房屋拆迁180户，拆迁面积7万余平方米，拆迁范围广，面积大，是历年城市整治中所没有过的，特别是历年来城市环境整治中拆迁遗留的20余处老大难问题做到平稳拆迁，没有发生一起上访事件。（市城建局）

【规范广告牌匾】 全市完成门头牌匾改造4357块，拆除跨街广告桥50座，拆除市区主要街道绿化带内立柱灯箱、路牌470个，高层广告牌5000余平方米，大型擎天柱3座，更换装修灯箱路牌广告1000余平方米，栽设责任牌17个、路牌164个，跨街条幅全部取缔，姚暹渠渠堤广告牌匾全部拆除，公交出租站牌规划更新。（市城建局）

【城市照明】 按照“一街一景”的路灯规划建设方案，先后完成河东街、解放路、人民南路、红旗街、学苑路、河东街延长线、城墙路的路灯安装改造工程，新安路灯741基，景观灯270基，十字路口中杆灯28基，新增路灯2162盏。城市亮化工作是历年来建设任务最重，工程投资最多，亮化效果最明显的一年。环境整治中，完成楼体亮化196家，维修路灯3000余盏，修复高杆灯4组，从而使四纵四横主要街道道路照明亮灯率达95%。

（市城建局）

【城市绿化】 今年市区新增绿化面积71万平方米，城市绿化覆盖率由18.71%增加到21.11%，人均公共绿地由2.01平方米增加到4.12平方米，新增2.11平方米，超额完成省政府下达的创建园林城市绿化任务。先后完成人民中路、禹都大道、学苑路、河东街延长线、圣惠南路、黄河大道、机场路的道路绿化工程，完成河东广场南花坛改建、南风广场东游园和文苑小区对面小游园的绿化。整治期间，对全市的绿篱、草坪、绿地和树木进行了统一修剪造型和病虫害防治，共计修剪绿篱18万余米，草坪近8万平方米，修剪植物造型约4万平方米，治理杂草7.6万平方米，补栽花带苗木13万株，补栽行道树1026株。（市城建局）

【人行便道铺装】 12条主次干道人行道铺装工作全面展开，完成人行道硬化面积6万余平方米。另外，整治中对槐东路、潞村街、姚暹渠进行了改造，对东城墙路进行了复铺；槐东路改造工程完成，潞村街和姚暹渠改造在进行。河东街、中银路、人民路中段的管线入地工作基本完成。（市城建局）

【交通秩序规范】 盐湖区交警大队按照交通秩序整治“一完善一优化”的要求，施划道路标线3万余平方米，增设道路标志标牌150块、护栏150米，施划停车位148个；开展了百日交通秩序大整顿，从严管理，从重处罚，先后扣押各类违法车辆2467辆，行政拘留57人，从而使市区交通秩序发生明显变化，初步走向规范。（市城建局）

【市容市貌】 马路摊群疏导规范，

占道市场还路于民，乱搭乱建、店外经营和城市牛皮癣现象得到有效遏制。整治中取缔了邮电大楼、凤凰小区、人民路、圣惠广场各类摊群，规范了人民路、凤凰路夜市和文化街市场；搬迁了西环路、东环路、禹都西街、双桥街、潞村街等占道市场；拆除乱搭乱建119处，搬迁各类活动房、电话亭62个，清理乱堆乱放154处，拆除乱摆乱挂133处，清理店外经营879家；清理各类小广告5000余张，覆盖喷涂1万余条，抓获从事乱张贴、乱喷涂行为73人次，17人受到公安机关的治安处罚。（市城建局）

【主次干道环境】 在环卫设施建设上，主次干道临街门店垃圾收集容器配备到位，新增果皮箱600余个，新建地坑式垃圾集装箱15处，购置垃圾箱30个，购置垃圾收集车2台。在环境卫生清扫保洁上，环卫人员划片分段，责任到人，一天两扫，全天保洁，做到生活垃圾日产日清；同时，加大对建筑垃圾管理力度，严厉打击各种抛洒行为。通过采取以上措施，市区主次干道环境卫生明显变得整洁干净。

（市城建局）

【市民文明行为】 城市环境综合整治活动以来，新闻媒体通过正反两方面的典型宣传报道，既推进了各项整治工作的全面开展，又引导规范了市民行为，广大市民都能积极参与城市环境综合整治工作，自觉遵守城市管理有关规定，以实际行动优化美化城市环境，整治活动使广大市民城市意识和文明行为明显提高。（市城建局）

【环境整治】 环境整治期间，盐湖区政府共清理非法广告22.6万平方米，墙体粉刷13万平方米，清运垃圾3.26万立方米，清理杂草2.45万平方米，拆除违章建筑1.56万平方米，硬化小街小巷68条约4万平方米，安置垃圾集装箱16个，使市区小街小巷、城市入口的环境卫生发生了明显改善；尤其是协助包街领导拆除历史遗留的拆迁难点20余处，为城市拆迁工作做出了贡献。禹都管委会按照城市环境整治方案要求积极开展整治工作，改造硬化巷道23条，拆除广告牌匾700余个、大型广告桥16座，改造门头牌匾1500余块，清理垃圾1.4万立方米，配备垃圾桶348个，改建水冲式公厕8座，绿化补栽4000余平方米。（市城建局）

【房地产行业】 房地产业以中低价位住宅建设和房地产开发企业清欠工作为重点，以市政府文件下发了《运城市经济适用住房建设管理暂行办法》、《运城市城镇最低收入家庭廉租住房管理暂行办法》，对规范全市房地产市场起到了积极推动作用。

组织召开了全市房地产业工作会议，印发了《运城市房地产业实施规范化管理工作方案》，与各县（市、区、开发区）领导签订了年度中低价位住宅建设和廉租住房目标责任书。2004年全市中低价位住宅建设项目共竣工50.67万平方米、计4466套，超额完成省政府下达的49.42万平方米、4430套中低价位住宅建设任务，并在全省两次检查评比中名列全省前茅。占地135.3亩的经济适用住房建设全面启动，完成招投标工作，在全省首创了经济适用住房项目建设单位进行公开招标的成功范例。

加大城市房屋拆迁管理力度，成立了“运城市城市房屋拆迁估价鉴定委员会”，实行城市房屋拆迁持证上岗制度，对拆迁许可项目实施全过程监督，从而使城市房屋拆迁管理工作逐步纳入了规范化、法制化轨道。（市城建局）

【建筑市场秩序】 2004年，市建筑市场以加快信用体系建设，规范有形建筑市场，清理拖欠工程款和农民工工资为重点，积极规范建筑市场秩序。认真组织开展了全市建筑业企业资质网上审核和年检工作。下大力气狠抓清欠工作。截止2004年年底，全市农民工工资无争议的已全部清偿，工程款清偿率达65%；其中政府工程清偿率达64%，超额完成省政府下达的清欠工作任务，清欠工作在全省排名第一。认真抓好各类技术人员培训工作，成立了运城市建设职业技能培训中心和运城市建设职业技能鉴定站，培训了20余名教师和考评员，全市培训鉴定一线操作人员5196人，成功举办了全省一线操作工人培训与鉴定工作现场会，超额完成省厅下达的5000人的培训鉴定任务。另外，还组织295名监理人员参加全国全省监理工程师考试，组织136名一级建筑师考前培训和206名二级建筑师考核认定工作，监理工作走在全省前列，全省监理工作表彰会在运城召开。建立健全有形建筑市场，按照国务院和省政府《关于健全和规范有形建筑市场若干意见的通知》，实现了有形建筑市场机构分设、职能分离、财务分帐、人员分家；建立了评标专家库，使建设项目招投标活动向规范化、程序化发展；同时，不断完善有形建筑市场服务设施、规范办事程序，严守工作规则，提高服务质量和服务水平。全年50万元以上工程报建率、招标率均为100%，公开招标率达85%，市级工程和市招投标工程施工图审查103项，审查出违反国家强制性规范条文500余项，从源头上确保了建筑工程质量。（市城建局）

【建筑工程质量和安全生产】 建筑工程质量和安全生产工作始终坚持“安全第一，预防为主”的方针，狠抓工程质量，严把安全生产关。组织召开了全市建筑工程质量安全工作会议，签定了安全责任状。成立了运城市建筑工程质量安全协会，强化全市建筑工程质量安全行业管理。加强安全知识培训，提高人员素质，全年共计培训2386人。建立了安全生产八项制度、安全预警工作机制，安全应急救援工作体系。严格检查，确保质量安全。全年开展了两次质量安全大检查和山西铝厂施工安全现场会。通过采取以上措施，全市建筑工程质量明显提高，安全隐患明显减少，各类事故明显下降，全年没有发生重大质量安全责任事故。

（市城建局）

【党风廉政建设和行风建设】 加强了基层党组织建设，新建和改选2个总支委员会、27个支部委员会，发展党员6名，确定入党积极分子26名。认真落实党风廉政建设责任制。全年全局没有因违规违纪造成重大经济损失，没有发生重大责任事故和严重违法违纪问题；“三项治理”工作进展顺利。推动阳光政务。一站式网上行政审批工作步入了规范化管理轨道，全年共登记行政审批项目245项，受理193项，办结150项。加大建设法律法规学习宣传教育力度，全年先后组织了两次大型城建法规宣传活动，组织10次执法培训学习和《行政许可法》考试，培训人员1400人次。做好违法违纪案件查处工作，全年收到群众来信来访案件16起，市纪委转办案件4起，《监督热线》栏目组转办案件32起，全部结案。开展行风评议工作，召开了行风监督员座谈会，重点解决了人民群众反映的行政项目审批过慢、建设执法不严、公交人员服务意识不强、行政执法人员接受吃请等方面存在的突出问题，进一步端正了行业之风。开展文明行业创建活动，市公交公司和城管监察支队积极参与全省创建青年文明号活动。提高机关服务水平。理顺了上划人员工资，健全了人事档案；加强了信访工作，提高了办文办会办事效率；积极筹集建设资金，确保全年建设工作的顺利进行；推行了政务公开，转变了工作作风，塑造了机关良好形象。

（市城建局）

【清房工作】 清房工作是2004年“三项治理”工作的重头戏，由于清房工作涉及面广，情况复杂，而且关系到领导干部个人的利益，为使此项工作落到实处，组织全局14个内设科室和26个下属单位一把手和具体承办人员召开专门会议，学习清房工作有关文件精神，对各单位清房工作人员进行培训，明确了责任，严格按照个人申报，调查核实，组织公示和申报上报程序完成了申报工作。截至年底，全局14名县处级干部个人申报和26个下属单位住房申报工作全部完成。县处级干部共申报公有住房381.47平方米（7套），经济适用房1017.54平方米（9套）。单位共申报住房32856.15平方米（350套），其中购公有住房2677.73平方米（47套），购经济适用住房30132.22平方米（302套），出租公有住房46.2平方米（1套）。按照全省清房工作要求和市清房领导组的工作安排，配备了清房信息管理系统，作为住房档案资料进行长效管理，并纳入党风廉政建设责任制的考核范围，清房工作得以顺利开展。（市城建局）

【建设任务与资金缺口】 撤地建市以来，中心城市建设的任务非常繁重，由于本市基本还属于“吃饭财政”，财政拨款极为有限，城建资金缺口较大，一些项目因为资金不到位，导致建设工期过长，速度过慢，很不理想。（市城建局）

【城市管理体制不顺】 系统内部，现有的城市规划、建设和管理的体制不能很好地适应中心城市建设发展的需要，急需改革。系统外部，应依法归城建部门管理的供排水职能没有理顺，客观上造成不能一盘棋建设；城建职能上划中，两级政府职能没能很好衔接到位，没能落到实处，形成空当。（市城建局）

【中低价位住宅建设速度不快】 按照省市有关要求，尽管本局成立了领导组，召开了专题会议，签订了目标责任书，但是中低价位住宅建设的速度依然很慢。这主要是由于经济适用住房用地实行政府划拨，目前土地市场由省条管，政府统征还未完全到位，国家政策不允许挤占耕地，划拨用地不好解决。还有就是各县（市、区）对中低价位住房建设重视程度不一，造成中低价位住房建设发展不平衡，有的县（市、区）建设速度过慢。

（市城建局）

环境保护

【环保宣传】 结合纪念“六·五”世界环境日，开展了丰富多彩、形式多样的宣传教育活动：召开庆祝“六·五”世界环境日大会；柴林山副市长在市电视台发表电视讲话；组织以“可持续发展”为主题的全国环保征联，出版《一路春风环保歌》大型画册；在《中国环境报》开辟运城环保专版；与市电视台联合举办“蒲乡红”环保专场晚会；与团市委共同举办“保护绿色家园，消除白色污染”活动，组织1000余名中小学生上街游行；在南风广场等处展出环保宣传版面和环保书法作品；在市区主要街道悬挂宣传横幅、设立环保咨询台、发放环保传单、接待咨询群众等。据不完全统计，纪念“六·五”世界环境日期间，全市悬挂宣传横标80余条，张贴画报100余张，发放传单10万余份、环保知识手册5000余册，播放市县领导电视讲话20余次，设立环保咨询台30余处，接待咨询群众5000余人，参加环保活动的志愿者人数2万余人。

与市委组织部联合，在市委党校开设了县处级领导干部环境保护课程，着重提高领导干部的可持续发展意识和环境保护意识；在全市各大中小学广泛开展市级绿色学校评选挂牌活动，发展运城学院、稷山师范分院等16所学校为市级绿色学校。

组织运城日报、运城电视台、山西日报运城记者站等8家新闻单位，开展了“环保在河东”新闻采访活动。

通过电视台、报纸、广播电台等多家新闻媒体广泛宣传环保工作，在《中国环境报》、山西日报、山西晚报、运城日报、运城晚报、运城电视台、运城广播电台发表新闻稿件200余件。“12·4”全国第四个法制宣传日，在市河东会堂举办了大型《全民共建美好家园》公益晚会。市四大班子领导、社会各界群众约一千二百人观看了演出。组织参加了由全国人大环资委等单位举办的“阳光森工杯”全国生态保护知识竞赛，获大会组委会颁发的“优秀组织奖”殊荣。通过上述活动，进一步提高了全民环境意识，推动了社会公众积极参与环境保护事业。（邵高波 辛运鹏）

【环保专项整治】 开展“整治违法排污企业保障群众健康环保专项行动”。成立了专项行动领导组，印发了《专项行动方案》，各单位紧密配合，分工协作，先后出动环保执法人员7200余人次，检查企业4200厂次，立案查处环境违法案件94件，限期治理24家，依法取缔、关闭68家，停产治理34家，经济处罚57家，累计罚款176.43万元。

开展矿山生态环境保护专项检查。同有关部门紧密配合，深入开展了为期两个多月的矿山生态环境保护专项执法检查，共炸毁地下开采非法坑口13个，填埋坑口51个，对露天开采的非法矿点全部予以取缔。同时，结合实际情况，把查处污染严重、群众反映强烈、过去一直没有得到彻底解决的违法小型矿作为专项整治的一项重要内容，督促闻喜、垣曲、绛县等县对查出的3万吨以下的小选矿企业及公路两侧1000米内和河道两侧500米内的违法生产小选矿企业464家，全部予以依法关停，捣毁366家小选矿场的矿渣沉淀池，拆除变压器10余台，没收电机7台，拆除碾盘10多个。

开展“清查放射源让百姓放心”专项行动。对全市30家涉源单位、232个放射源进行了彻底清查，建立了放射源动态管理档案和数据库，规范了放射源安全管理制度。

依法加大排污费征收力度。按照依法、足额征收排污费的原则，强化征收手段，加大征收力度，全市排污费征收额近4000万元。按照省市政府关于开展焦化行业专项清理整顿的要求，对全市90家焦炭生产企业排污费进行了核定征收，征收6~9份焦炭生产排污费4000万元。通过严格的环保执法行动，解决了一些环保工作中的难点问题、一些群众关心的热点问题，重点地区的环境质量得到了改善，推动了经济结构调整，促进了经济社会的健康快速发展。

（邵高波　辛运鹏）

【工业企业污染控制】 全面推行排污许可制度。确定了2004年排污许可证核发的重点行业和企业，对排污许可证的申请审核的技术要求进行了培训，完成首批576家企业排污许可证的核发工作。开展环境容量核定。完成调查表2000余张，《运城市地表水环境容量核定报告》及《运城市大气环境容量核定报告》经省环保局组织专家进行审定，按专家意见进行修改。加大对水污染防治的监督管理。督促向汾河排污的合盛工贸造纸有限公司、晋南基建物资有限公司、志峰造纸有限公司和恒通泰造纸有限公司等四家造纸企业年初完成治理任务，通过省环保局组织的达标验收。开展污染源在线监测工作，对沿黄河、汾河、涑水河的12家造纸、化工、化肥、制药企业安装了在线监测仪器，与市环保局联网，实施24小时不间断跟踪监控。对直排黄河、汾河的十余个排污企业实施了限产限排措施。建立环境监管长效机制。在日常环境监管方面，做到专项检查和普遍检查相结合，重点检查和日常检查相结合，白天检查和夜间检查相结合，建立了全过程、全方位、全天候执法检查的环境监管长效机制。通过以上措施，工业企业污染控制工作进一步深化，污染物排放总量持续削减，水环境质量有所好转。涑水河水质基本保持稳定，汾河主要污染物CODcr和NH_3—N浓度分别下降了4.68%和11.99%。

（邵高波　辛运鹏）

【综合整治中心城市环境质量】 按照市委、市政府召开的“创建中国优秀旅游城市、开展城市环境综合整治动员大会”要求，市环保局成立了领导组，并专门召开会议进行再发动、再部署，制订了城市综合整治实施方案。搞好烟尘排放整治。会同城建、公安等部门，继续开展大规模的旨在“消灭城市黑烟，关停污染锅炉，净化河东天空”的“蓝天行动”，加大市区内锅（茶）炉的污染治理和监管力度，出动执法检查人员800人（次），对市区范围内的600多家燃煤锅炉进行了检查，对200多家作出行政处罚决定，督促20家两吨以上的燃煤锅炉完成治理，100多家营业炉灶改用了型煤及其他清洁能源。加强机动车尾气检测。深入各县（市、区），对车辆相对比较集中的企事业单位机动车进行监测，重点是市区的出租车、公交车、省运输公司、盐化运输队等单位，抽测车辆5000多台，检测出不合格车辆1700多台，发放合格证3000多本。继续狠抓区域环境噪声、交通噪声、建筑噪声、工业企业厂界噪声的控制。同时，认真搞好每年一度的中、高考期间噪声控制工作，为广大考生创造一个宁静的应试环境。随着城市环境综合整治力度的不断加大，区域环境质量不断得到改善，今年市区环境空气质量好于二级的天数达到168天，比去年增加35天，超额完成了全年150天的任务。（邵高波　辛运鹏）

【转变职能，服务经济】 行政审批制度改革继续深化。对七个审批事项全部实行网上审批，建立了网上行政审批八项工作制度、审批事项受理制度、审批效益定期分析制度、网上审批工作档案制度，制订了行政审批后续监管办法、行政审批监督检查制度、责任追究制度、投诉检举制度。取消了大部分项目环评大纲的审批，对一些小型的轻污染项目和三产项目，简化了审批手续，缩短了审批时间。

坚持环保行政审批为经济建设服务。对符合产业结构调整要求、符合关小上大要求、符合国家产业政策要求的技改项目和资源综合利用项目均给予大力支持，有力地促进了全市的产业结构调整步伐。特别是电力资源综合利用，已有6个项目开工建设，这些项目的陆续投产，将有效缓解全市电力供应紧张的局面。

以建设“绿色运城”、“节水运城”为目标，严格实施环境敏感区管理，坚决禁止能耗高、效益低、污染重的不符合国家产业政策的项目立项上马，有效地督促了企业执行环评制度，提高了环评执行率。对审批的建设项目，依法要求企业“达标排放”、“总量控制”、“以新带老”和“增产减污”，使建设项目污染物的排放量大大减少。

积极推动生态示范区建设。继2002年6月平陆县被国家环保总局批准为第七批全国生态示范区建设试点县后，芮城县于2003年8月被批准为第八批全国生态示范区建设试点县。为推动两个试点县的建设工作，按照国家环保总局《生态示范区建设规划编制导则（试行）》标准，督促平陆和芮城两县制定了具体实施方案和措施，加快生态示范区规范编制进程，为最后的验收工作打下了坚实的基础。

（邵高波　辛运鹏）

【强化科研，服务环境】 空气质量日报中心控制室和三个子站连续运行19个月，可监测SO_2、NO_2、PM_{10}三个项目，以及温度、湿度、大气压、风速、风向等气象参数。完成运城市区集中式生活饮用水源地下水质月报、运城市地下水监测、大气降水监测，省控、国控黄河流域水质监测。监测点位10余个，监测项目90余项，上报监测数据1400多个。提供运城市208个点区域环境噪声、30个点交通噪声、地下水水质及引黄济津水质等监测工作。完成29项环评报告表的编写任务，参与了5项环评报告书的编写，承担运城恒磁鑫龙材料公司等十余家企业建设项目的环评、竣工验收和达标验收环保监测任务，支持了社会经济的可持续发展。

（邵高波　辛运鹏）

（责任编辑：杨春英）

交 通 邮 电

公 路

【重点公路建设】 高速公路建设。经过3年多筹备，全长66.584公里（含陕西境黄河大桥长2200米、桥头引道长1280米）的侯马至禹门口高速公路于2004年3月正式开工。该高速公路采用双向4车道标准建设，设计行车速度120公里/小时，路基宽度为28米。桥涵与路基同宽，设计车辆荷载为：汽车—超20级，挂车—120，地震基本烈度7度。工程总概算为23.07亿元，其中山西段22.73亿元，陕西段0.34亿元；建设工期为4年，2007年建成通车。

国道改建工程。国道209线临猗至河津段50.8公里一级公路路网改造项目全面铺开，至12月底，路基桥涵工程完成总工程量的85%，完成投资1亿元。

县际公路改造工程。运城公路分局在全省率先完成7条（段）167公里县际公路改造任务，完成投资2.59亿元。

“村村通工程”。2004年，运城市交通局将“村村通工程”建设作为实施交通“三民工程”的一个重要内容，在市四大班子和省交通厅指导支持下，在各县（市、区）职能部门的密切协作及广大人民群众的积极参与下，精心部署，周密安排，确保了建设目标圆满实现。首先由市、县、乡政府相继出台了一系列文件政策，连续两次分别在河津和夏县召开了四级书记参加的农村公路建设现场会和再动员会；并确定了47个市直及条管单位对口帮扶49个村通任务最艰巨的山区贫困村，同时在市财政十分吃紧的情况下，筹集了5500万元补助资金，兑现了每公里村通水泥路省市补助3万元、油路补助2.5万元的承诺。经过一年的艰苦奋战，全市共完成投资5亿元，建成通村油路（水泥路）1670个村4018公里，是省交通厅下达任务1000公里的4倍多，被省交通厅评为“村通水泥（油）路先进市”第一名。

（陆峰波）

【公路养护】 2004年，全市公路通车里程为8724公里，其中：国道228公里，省道1118公里，县道1987公里，乡道5211公里，专用公路180公里。按公里技术等级为：高速公路217公里，一级公路64公里，二级公路1065公里，三级公路1732公里，四级公路5560公里，等外公路85公里。按路面等级为：高级路面545公里，其中水泥路246公里；次高级路面6916公里；中级路面936公里；低级路面303公里；无路面里程24公里。全市交通系统按照建设是发展，养护也是发展的工作思路，对养护工作提出“力度不减；投资不降，标准提高，再上新台阶“的要求，以创建安全公路、绿色公路、文明公路、科技公路为目标，大力度、创造性地开展养护工作，取得了丰硕成果。

高速公路由运城高速公路有限责任公司负责养护。全市217公里高速公路路面质量指数MQI平均94，其中：侯运高速公路97.3，运三高速公路96. 6，运风高速公路88.1。

运城公路分局以创建安全公路、绿色公路、文明公路、科技公路为目标，致力创新路况水平。2004年共完成路基达标里程842公里，整修绿化平台568公里，种植草皮2600平方米，治理过村路段17.9公里/15处；完成路面油补坑槽48.9万平方米，处理沉陷、翻浆18.6万平方米，薄弱路段治理35.89公里；完成大修工程19项41.41公里，中修罩面工程26项59.72公里，拓宽配套工程4项7.3公里，构造物大修3项，绿化工程107公里；完成水毁以翻浆工程197项。到年底，分局所辖的1137公里国、省道平均好路率达83.88%，综合值为77.13。

市交通局在致力实现“村村通工程”目标的同时，继续深化养护管理模式，使全市地方道路养管走上了正规化、科学化轨道。全市养护的1974公里县公路，达优等里程为209公里，达良等里程为1401公里。全年平均好路率为80.48%，养护质量综合值为74.88。

（陆峰波）

【路政管理】 为了从根本上改变交通部门多头执法和执法混乱的问题，杜绝公路“三乱”，市交通局将原有的运政、路政、航政和征费稽查4个执法部门进行合并，成立了“运城市交通综合执法大队”，实行一支队伍上路、一个窗口对外，走出一条交通综合执法的新路子。

全市路政管理人员在大力宣传爱路、护路的同时，坚持文明执法、热情服务，较好地解决了执法规范化和精神风貌方面的问题，有效地遏制了“三乱”发生。高速公路路政大队共查处千元以上路政案件284起，收回路产赔偿费339万元，确保了建筑红线控制率达到100%。国、省道路政大队共查处路政案件2521起，追回路产赔偿费133.24万元；其路政案件发现率和结案率均达到99%。市交通执法大队按照《运城市交通局关于缓解运力紧张，确保交通运输畅通的具体方案》（运交发［2004］184号）和《运城市关于进一步规范治理车辆超限超载工作的六条措施》（运治超字［2004］3号）等规定，文明执法，热情服务，对鲜活农副产品和重要经济物资，严格实行不扣车、不卸载、不罚款的“三不政策”，受到人民群众称赞。全市地方道路共拆除违章建筑11处657平方米，清理路障1400多处，治理过村路段10处4000平方米，查处各类路政案件 4381 起，结案 4378 起，路政案件查处率为 99%；追回路产赔偿费 370 余万元。同时在 5 个固定检查站和 42 个流动检查点检查车辆 21.5 万辆，卸货重量达 8730 吨，查扣假冒军车 36 辆，“大吨小标”车辆恢复更正 5000 余辆。

（陆峰波）

【运输生产】 2004 年，全市参加营运的国有、集体和个体汽车为 15316 辆，其中：载客汽车 3619 辆，44232 客座；载货汽车 11697 辆，9453 吨位。参加营运的其它机动车 21431 辆，15814.5 吨位；轮胎式拖拉机 5665 台，9016 吨位。全年完成客运量 3553 万人，客运周转量 173374 万人公里；货运量 2509.5 万吨，货运周转量 225084 万吨公里。

在运输生产中，市交通局提出“通路就要通客车”的口号，制定了《运城市农村客运发展规划》和《运城市村村通客车实施方案》。全市遵循“以县城为结点，向各乡镇辐射；以乡镇为结点，搞好农村循环”的工作思路，按照“合理规划，重新调整，就近设点，电话预约，乡镇建站，多元管理，政策扶持，规范服务”的方针，积极构筑农村客运网络，大力开展“村村通客车”工程。截止 2004 年 12 月底。全市已发展农村客运车辆 817 辆，客运班线 256 条，乡镇客运场站 68 个。全市乡镇通客车率达 100%，行政村通客车率达 91.8%，基本实现了客运线路网络化，营运车辆标准化，班车运行公交化，服务设施规范化。 （陆峰波）

【运输管理】 为维护运输市场秩序，市运管部门运用各种形式，大力宣传《道路运输管理条例》。全市先后出动宣传车 300 多辆次，散发传单 12 万多份，悬挂横幅 286 条，设立咨询台 34 个，在市电台、电视台举行专题宣传 162 次，受教育群众达 100 余万人次。开展对（三无）车辆的治理整顿，特别是对县内“三无”客车的治理整顿。先后查处“三无”货运汽车 1752 辆，客车 84 辆；查处违规经营的客、货车 8700 余辆，帮助补办各种有关手续 380 多辆；追缴补缴规费 120余万元。对危险货物运输进行治理整顿。集中对全市 9 家危货运输企业及其 235 辆运输车辆进行了严格审查，对 593 名危货运输从业人员进行了业务培训和考试，对二次考试不及格的 25 名从业人员清退出危货运输队伍。同时，市交通运输管理处与各县（市、区）运管所、县（市、区）运管所与各企业，层层签定了安全生产目标责任书，并加强监督检查，所以全年未发生一起重大事故。 （陆峰波）

【维修行业管理】 在维修行业专项治理整顿中，全市共查处违规经营企业 173 家，取消无证经营 27 家，帮助完善、新办经营业户 132 家。同时，市运管处维修科人员深入 20 家一类企业和 158 家二类企业，进行全面检查验收，取缔了 5 家二类维修企业，对 6 家企业下发了限期整改通知书。通过整顿，提高了一类企业，规范了二类企业，净化了维修市场环境，保护了合法经营，维护了汽车维修行业市场的正常秩序。 （陆峰波）

【驾校管理】 市运管处在对汽车驾驶员培训学校普查中发现，各驾校收费标准不统一，乱设分校，多数无教学计划、训练场所，有的仅有一辆教练车，教学质量难以保证。针对这些问题，运管处根据不同情况，采取了不同措施。对 51 个家庭作坊式的教学点，当即进行取缔；对各驾校开办的分校，下达了停业整顿通知书；对现有的 10 所驾校的资质，重新进行了审验，对 1 所不合格的驾校进行了整改；对 300 多辆教练车进行了综合性能检测，取缔了不符合技术要求的教练车，对合格的 256 辆教练车核发了新牌照，对新购的 50 辆教练车办理了有关手续，并建立了管理档案；对全市驾校的 357 名理科、术科教员进行了集中培训，对合格者颁发了教练员证。从而使全市驾校市场实现了规范管理。 （陆峰波）

【规费征收】 2004 年，全市交通规费征收人员以“外树形象、内育忠诚”为工作思路，严格推行责任制，坚持源头征费，联合作战，定期检查，积极督促，较好地完成了规费征收任务。全年共征收汽车养路费和货运补偿费分别为 1.997 亿元和 2515 万元；拖拉机养路费 4100 万元，货运补偿费 440 万元；运输管理费 2362 万元。高速公路通行费共完成 3.4 亿元，其中：大运高速公路侯运段 1.67 亿元，运三高速公路 7807 万元，运风高速公路和风陵渡公路大桥 9468 万元。侯风线侯马至运城段完成通行费征收 395 万元，禹门口站完成通行费 964 万元，南樊站和横水站完成通行费 1289 万元。运城征稽分局和拖拉机养路费征稽部门代征铁路道口管理费分别为 73.36 万元和 12.3 万元，运管部门代征站场建设费 1930 万元。同期，运城车辆购置附加税征收办公室共征收车辆购置税 1.39 亿元。

（陆峰波）

【安全生产】 2004 年，全市交通系统把安全生产贯穿在交通各项工作中。年初，市政府与各县（市、区）政府签定了《安全生产目标责任书》，确定了道路建设安全、道路客货运输安全和水路运输安全三项综合整治的重点，实行“安全一票否决制”。从而确保了交通系统的安全生产。

在道路施工和公路运输生产中，市交通系统以“安全生产重于泰山”为宗旨，并结合春运、“五一”和“十一”长假、“安全生产月”等活动，开展了对道路施工现场、客运停车场站、客货车辆及水路运输航道的安全专项整治活动，有效地促进了全市交通系统生产安全。9 月 23 日，临猗县发生特大沉船事故后，市交通局领导班子立即奔赴事故现场，组织实施打捞救助活动，连夜从垣曲、平陆、芮城征调快艇 2 艘、冲锋舟 1 艘及 300 余件救生衣，并请东海救助打捞队和三门峡的潜水员协助打捞，力求把事故的损失降到最低。虽然此次事故调查鉴定的结果为农用船舶在非通航水域发生沉船事故，属于安全管理的盲区，责任不在交通部门，但市交通系统坚持举一反三，认真查找工作差距，堵塞安全管理漏洞。市交通局于 9 月 27 日和 9 月 29 日连续两次召开全市交通安全生产工作会议，并下发了《关于对所辖水域渡口船舶进行大清查的紧急通知》。“十一”黄金周期间，市交通局党组成员按照“谁检查，谁签字，谁负责”的原则，对全市395公里黄河航道及汾河、水库、公园等水面进行了拉网式排查，对“三无”船舶，现场拆除动力，船体调离水面；对农用船舶、非法临时渡口及停靠点，通报所属县（市）、乡（镇）人民政府立即取缔，并完善水上安全管理制度，制定应急方案，签定安全责任书。2004年，全市公路运输事故频率为0.031次/万车公里，事故责任死亡率0.0588人/万车公里，事故伤人率0.05人/万车公里。公路施工事故发生率，事故死亡率，事故受伤率均为零。水上运输没有发生任何责任事故。

（陆峰波）

【精神文明建设】 2004年，运城市交通系统各级党组（委）在高度重视交通改革和发展的同时，坚持“两手抓，两手硬”，尤其重视精神文明建设和党风廉政建设，并把精神文明建设作为硬指标列入年度考核。全系统认真开展了《公民道德建设实施纲要》的学习教育活动，制定并实施了《机关人员文明守则》和《职业道德规范“十要十不要”》，开展了“向许振超、赵家富学习，为交通建设再立新功”活动，取得了良好成效。在“村村通工程”建设中，市交通局党组成员带头，全体干部职工（包括离退休干部职工、临时工）纷纷向贫困山区伸出援助之手，共捐款33150元。东南亚发生特大海啸灾难后，全系统干部职工捐款捐物献爱心，支援灾区人民。2004年，市交通局、运城公路分局等单位，被市直工委授予“文明单位”。（陆峰波）

【运城市被省政府授予“村通水泥（油）路先进市”称号】 2004年12月16日，运城市率先在全省实现了100%乡镇、100%行政村通水泥（油）路，被省政府授予“村通水泥（油）路先进市”称号。

2004年，运城市牢牢抓住国家和省加快农村基础设施尤其是交通设施建设，着力解决“三农”问题的政策机遇，积极争取各级领导的重视和支持，深入宣传、充分发动群众，真正发挥基层党组织先锋堡垒作用，狠抓质量管理，严格落实责任制考核的同时，采取“向上级争取一点、财政挤出一点、群众筹集一点、企业赞助一点、在外老乡捐一点、机关单位帮一点、精打细算省一点、施工单位垫一点、集体财产盘活一点、乡村干部借贷一点”的筹集资金措施，解决棘手的资金短缺问题。运城市政府在财政十分紧张的情况下，筹措7250万元专项资金用于村通工程。全市集中力量，打了一场农村公路建设攻坚战。全年共投资5亿元，建成村村通油路（水泥路）、巷道硬化和村道改建工程1670个村4018公里，约占到全省当年完成村通里程的六分之一，是省交通厅下达的1000公里建设任务的4倍多。使全市县域“半小时交通经济圈”初步形成。

（陆峰波）

【禹门口黄河公路大桥破土动工】 2004年3月，跨越黄河天堑、连接秦晋的禹门口公路大桥破土修建。禹门口黄河公路特大桥位于黄河晋陕大峡谷南峡口（禹门口）下游约6公里，即侯马至禹门口高速公路K62+968处，是一座预应力砼双塔斜拉桥+预应力砼矮塔斜拉桥+预应力砼T梁的组合型桥梁。该特大桥采用“174+352+174米预应力砼双塔斜拉桥”跨越黄河主河槽，采用“75+2×125+75米预应力砼矮塔斜拉桥”跨越两岸防护堤以内的黄河漫滩。全桥桥跨布置为：12×30米预应力砼T梁+75+2×125+75米预应力矮塔斜拉桥+23×50米预应力砼T梁+174+352+174米预应力砼双塔斜拉桥+19×50米预应力砼T梁+754+2×125+75米矮塔斜拉桥+20×30米预应力砼T梁，全长4566米。桥面宽度为28米，其中行车道宽4×3.75米；下部结构为大口径钻孔灌注摩擦桩，5~6级通航标准。设计荷载标准为：汽车—超20级，挂车—120；地震基本烈度为7度。

该特大桥由山西省交通规划勘察设计院设计，由中铁大桥局承建。按工程建设计划，该特大桥于2007年3月建成。（陆峰波）

【临猗发生特大水运沉船事故】 2004年9月23日，临猗县发生特大水运沉船事故，救援生还21人，12人死亡，其余人下落不明。9月23日凌晨7时左右，临猗县角杯乡张郭村村民樊宗义（已被逮捕）到本村西沟准备过河去滩地干活，船上已坐满过河干活的村民，樊宗义驾船向河西驶去。当船距西河岸四、五米处时，发动机因缺油熄火，船顺水下滑，樊宗义叫人下锚，船头一村民将锚抛下，但船未能停住，继续顺水下滑。加上油后，樊宗义驾船靠岸，船已下滑到深水区，当船头靠近西河岸时，船头有人将锚抛向河岸，未能将船拉住。在抛锚的同时，船上的村民向船头移动，准备下船，船头下沉进水，村民又急忙向船尾移动，船尾下沉进水，此时船开始下沉，船上61名村民全部落水。

事故发生后，省、市、县、乡人民政府及有关部门领导当即赶赴现场，全力组织抢救，并进行善后处理工作。9月26日，国务院组成由国家安监局副局长赵铁锤为组长的“9·23”事故调查组抵达临猗，进行事故调查。调查鉴定结果为农用船舶在非通航水域发生的沉船事故。（陆峰波）

【成立交通综合执法大队】 为解决交通执法过程中多头执法、政令不一等弊端，运城市交通局党组经过调查和分析后，在市人民政府指导和支持下，将路政、运政、航政、征费稽查4个部门进行合并，于2004年4月1日正式成立“运城市交通局路政管理支队”，对外称交通综合执法大队。支队共有人员16名。

交通综合执法大队在5个检查站和42个流动检查点先后检查车辆21.5万余辆（次），卸货重量达8370吨，查扣假冒军车36辆，“大吨小标”车辆恢复更正5000余辆，查处各类路政案件4378起，追回路政赔偿费370余万元。由于执法大队严格依法行政、规范执法，使公路“三乱”问题得到了有效治理，公路运输市场得到了初步净化，受到领导好评和群众赞扬。

（陆峰波）

水　运

【航运管理和港监船检】　2004年，黄河运城航段上共设渡口34处，其中：公路渡口6处，民用渡口28处。投入运营船舶35艘，共2700马力，其中：渡船（含挂浆机船）25艘，540马力；客船5艘，960马力，350客座；货船5艘，1200马力，560吨位。全年完成客运量9.4万人次，客运周转量138.3万吨公里；货运量80.67万吨，货运周转量222.1万吨公里。

为确保水上运输安全，市海事部门协同市政府与沿黄河8县（市）政府、县（市）政府与乡（镇）政府、乡（镇）政府与村委会、村委会与船舶经营户，层层签定了《水上安全生产责任书》，共400余份。

按照省交通厅、省海事局和市政府的有关指示精神，对水运市场进行专项治理整顿，基本达到“一集中、三统一”，即：船舶集中管理，统一签证、统一票据、统一结算。9月23日临猗发生特大沉船事故后，海事部门在市交通局指导下、组织82名船员进行了安全法学习，并按照《关于对所辖水域渡口船舶进行大清查的紧急通知》要求，对营运船舶进行了全面检查。同时配合市交通综合执法大队，加大了港监船检力度，从而杜绝了水上运输事故再次发生。（陆峰波）

邮政　电信

邮　政

【概况】　运城市邮政局下设职能管理部室6个、专业局（公司）13个、现业分局4个，管辖全市12个县（市）邮政局、212个邮政支局所、62个代办网点。其中，电子化支局18处；邮政报刊图书销售点86处，集邮品销售点14处，邮政信报箱群93处；邮政储蓄网点130处，其中储蓄联网网点130处，联网率达100%。全市能够开办电子汇兑业务的网点达151处。11185客户服务中心1个。全市邮政职工1885人，其中合同制工人1069人，劳务工816人。全年业务收入累计完成10645万元，完成省局年计划的103.75%；业务总量累计完成12945万元，完成省局年计划的101.69%。

2004年，对邮储骨干网点硬件设施进行了改造。在资金极为紧张的情况下，自筹资金，投入230余万元对部分网点分期分批进行硬件改造。截止2004年底，完成改造13个网点，在建网点4个；在全市28家商户布设POS机31台，POS交易量成倍增长。同时，迁移了13个余额500万以下的网点，增强了邮储网点的竞争力。（吕　蓉）

【省邮政局领导莅临运城调研】　2004年3月11日，省邮政局副局长孙明旺、市场部主任郝祥生、储汇局局长路文斌等一行五人来运城调研。在深入基层实地调查的基础上，与市局10个专业局和3个现业分局的负责人一一交谈，对运城邮政的发展提出了许多针对性的意见和建议。如：报刊发行要树立科学的发展现，以教辅类和生活类报刊为重点，进一步开拓运城始发的火车和豪华大巴等新的征订市场；代办电信要以收费和放号为突破口，采取全局稳重、部分刺痛的策略性措施与电信商周旋，力争尽快实现规模化发展，掌握主动权，壮大经营规模；集邮业务在政策上要向集邮协会会员倾斜，调动其积极性。在经营上要充分分析市场需求，量“市”购物，最大限度地降低经营风险和运营成本等。同时，针对县市局的经营情况把握好“三透”：研究透市场规律，掌握市场特点，掌握的越细，驾驭市场的主动权就越大，就越有利于发展；研究透经营方式方法，将预见的市场规律变成业务市场；研究透经营模式，进行机构改革，优化资源配置，努力开拓市场。（吕　蓉）

【机构改革全面启动】　运城市邮政局把2004年定为改革发展年。以改革推动企业各项工作的全面快速发展，把搞好企业改革作为解决经营机制不活、激励机制不到位等问题的主要措施。通过广泛动员，在保持企业稳定的前提下，进行了人事制度改革。（1）认真做好宣传动员工作，召开市局班组长以上管理人员动员大会，让大家真正了解改革的目的、意义和作用。按照省局核定的机构、人员编制对市局机构进行了改革，制定出具体实施方案，分步实施。同时按照专业化经营思路，对专业局进行调整，进一步理顺管理体制，使管理机构大幅度压缩，专业化经营职能更加明确，管理趋向扁平化。（2）本着公开、公正、公平的原则，对全局管理和营销岗位的班组长以上人员进行公开竞聘、竞争上岗，双向选择。通过理论考试看“笔”功，通过民主测评（自我介绍）看“嘴”功，通过答辩面试看“底”功，把真正能写、能说、能干的同志使用到管理和营销岗位。全局有93名同志报名参与了竞争，53名同志被聘用上岗。通过改革，管理机构由13个减少为6个，科级干部减少5人，管理人员减少36人，有6名管理人员竞争到营销网，4人分流到多经部门。（3）根据2003年底科级干部动态考核情况，对综合考核排名末位的科级干部进行了淘汰。在改革进程中，由于前期工作准备充分，思想工作到位，使改革得以顺利、平稳进行。（吕　蓉）

【3·15大客户座谈会】　“3·15”国际消费者权益日，运城市邮政局召开了全市邮政大客户座谈会。会上，运城局向大客户介绍了邮政工作的形式与优势及开办的业务种类。座谈会一改以往部分走访、个别征求意见与建议的作法，采取桌对桌、面对面的形式，对大客户提出的问题现场给予解答，加强了沟通，密切了关系。从内容上改变了过去坐一坐、聊一聊、吃顿饭的老形式，把向大客户推介新业务作为重点，并在现场增设业务展示台、演示台，使大客户边听、边看，充分了解邮政的新业务。各专业局抓住机遇加紧宣传，储汇局为每个大客户免费制作绿卡一枚，电信业务局免费发放优惠卡一张。其余专业局通过业务尖子的宣传、讲解、演示，达到了预

期的效果。运城关圣学校与盛义堂两家大客户现场与邮资票品局初步达成制作个性化邮册的意向。

（吕 蓉）

【创新机制，强化管理】 为切实提高工作水平和办事效果，更好地履行部室职责，运城邮政局围绕综合部门“办文、办事、办会”三项基本职责，加强内部管理，明确岗位职责，理顺工作机制，推行了“一三四”工作模式，即“一个守则、三种机制、四项标准”。一个守则，即今事今办、日清日毕、要务要理、求实求新，简称为今日要求。三种机制，即实行办文分层制、办会联合制、办事交叉制。办公室紧紧围绕三项基本职责，实行了行政和党务文件分层次审核把关的办文机制，重要会议和重大活动实行联合行动的办会机制，以及根据工作任务的轻重缓急程度，实行重要的事认真办、紧急的事马上办、琐屑的事梳理办的交叉办事机制。四项标准，即实现服务定向化，协调统筹化，效率快捷化，参谋精新化。在四项标准中，对局领导的服务实行了内部分工、定向服务的工作格局；对事务和部门的协调工作坚持统筹兼顾的原则进行；对工作方式要不断创新，提高工作效率和工作质量；对局领导的参谋要掌握全面情况，积极主动地提供高层次、高标准的精细型创新性建议。 （吕 蓉）

【举行《司马光砸缸》《八仙过海》邮票首发式】 2004年6月1日，运城邮政局举办了《司马光砸缸》邮票首发式。首发式着眼于文化与商业的结合。按照商业化经营、市场化运作的总体思路，推出了“集邮形象大使”赞助、司马光与《资治通鉴》历史知识大赛、“通信杯·夏县之光”文艺演出等融资项目，先后融资57万元，特别是设立“集邮形象大使”，开创了县级首发式的先河。同时营销活动也创出新意。市邮政局抓住邮票首发式契机，扩大宣传，借势造市，除设立展览摊位外，还将《司马光砸缸》系列邮品同时在各大集邮主营业厅及支局所进行展销，并举行了邮票、钱币、书画作品预展和拍卖会等形式多样的宣传销售活动。

出席《司马光砸缸》首发式的领导有：中华全国集邮联合会会长刘平源，中共山西省委常委、省委宣传部部长申维辰，山西省政协副主席吕日周、中国集邮总公司总经理秦洪建、国家邮政局票品司处长赵爱国、中共运城市委书记黄有泉、运城市人民政府市长胡苏平，山西省邮政局局长朱惠忠、党委书记张晓宪、副局长孟世百、副局长沈润生、副局长孙明旺、副局长黄康。北京市邮政局马志明副局长和天津市邮政局、河南三门峡市、陕西渭南市邮政局领导也莅临首发现场观摩指导。参加《司马光砸缸》邮票首发式的还有运城市直有关部门和单位的领导，夏县县委、县政府领导，以及省邮政局相关部门及各市邮政局和集邮协会的领导、来宾。中央、省、市、县20多家新闻媒体的100余名记者也应邀参加。《司马光砸缸》邮票的设计者李炜女士和专门前来现场签名的四位邮票设计家也参加了首发仪式。省邮政局孙明旺副局长主持了首发式。刘平源会长、申维辰部长为《司马光砸缸》邮票揭幕。该票一套三枚，邮票主图分别为“落水、砸缸、获救”三个故事情节，分大小两种版式。

朱惠忠局长在讲话中指出：按照党和国家的有关要求，2004年的“六一”节，儿童思想道德建设成为各项活动的突出主题。“司马光砸缸”的历史故事家喻户晓又富有教育意义，通过邮票这种内容鲜活、形式新颖、寓教于乐的形式表现出来，对未成年人思想道德建设具有非常重要的现实意义。《司马光砸缸》邮票的发行，不仅将黄河流域源远流长的文化韵味带到祖国四面八方、传至世界各个角落，更将进一步弘扬中华民族自强不息、开拓创新、不畏艰险、勇往直前的传统美德。

同日，在首发式现场及运城南风广场进行了集邮品及邮政业务展销活动，运城市博物馆举办了全省首届一框类集邮展览评选活动，司马温公祠内涑水书院举办了“与世纪同行——山西省第四届青少年集邮展览”侯波摄影展，运城各县（市）同时举办邮票发行宣传、营销活动。

8月14日，在运城邮政局再次举办了《八仙过海》邮票首发庆祝式，两次首发式共销售各类邮品200余万元。 （吕 蓉）

【成立“小信鸽”报刊发行中心】 为进一步加强报刊专职营销队伍建设，不断推进报刊发行专业化经营工作进程。10月，运城邮政局成立“小信鸽”报刊发行中心，以适应激烈的报刊发行市场竞争，满足广大用户的个性化需求。“小信鸽”报刊发行中心，打破以往单一的上门营销工作模式，以负责市区内特定报刊的营销策划及实施为主，不断加强特定报刊客户群体的调查摸底和用户名址库的建立工作。同时，负责“小信鸽”发行中心人员招聘和营销积分考核，增强专职营销人员营销水平。此中心的建立和运行，将为全市邮政专职营销队伍建设起到积极的促进作用。

（吕 蓉）

【盐湖区13个邮储网点全面开通网通代收话费业务】 11月1日，运城市盐湖区13个邮政储蓄网点全面开办代收网通话费业务，仅开办15天就代收话费659笔，代收话费4万余元。运城网通分公司在盐湖区范围内拥有电话用户达13万余户，全年话费收入约7000万元，若按30%的市场占有率计算，邮储通过资源整合，大约可新增客户3万余户。运城市邮政局与运城市网通分公司经多次协商，达成代收费协议，并通过积极向广大网通客户提供方便快捷的缴费服务，逐步进行资源转化，使其发展成为邮储长期稳定客户，借此调整邮政储蓄活期比例，提高经济效益。（吕 蓉）

【11185预订火车票业务全面启动】 为拓展邮政信息类业务市场，满足广大客户个性化需求。11月15日，运城市邮政局以“融入生活，服务大众”为宗旨，全面启动“拨打11185，预订火车票”业务。该业务的推出进一步整合了邮政资源，提高了11185信息平台在社会大众中的知名度，树立了邮政信息服务新形象。为确保火车票订送业

务顺利开展，运城市邮政局配套出台《邮政订送火车票业务实施细则》，进一步健全和完善 11185 预订火车票业务操作流程和基础管理工作，建立科学、严密的业务管理制度和监督、检查制度，坚决杜绝违规事件的发生。并强化服务质量，开展查、订、取、送一条龙服务，合理整合邮政资源，使“有事拨打 11185，服务到你家”，逐步深入广大客户的生活中。（吕　蓉）

【投递网络分层运作平台】 运城市邮政局投递网络以“立足市场，增强实力，自我完善，满足需求”为出发点，以“市场量化、邮件区分、客户分类、服务细化”为基本思路，在“小区代投”模式运作的基础上，不断改进和完善，逐步形成了界面清晰、职责明确的“分层运作”管理模式，投送时间普遍提前了 0.5～2.0 个小时，赢得社会各界的赞赏。同时，该网络对邮政物流、特快、报刊等业务提供了强有力的支撑平台，获得了可喜的经济效益。

投递网络实行分层运作，严格要求以“细中有细、慎中有慎、稳中有稳、变中有变”为前提，以“通盘考虑、统筹兼顾、论证充分、切实可行”为保障，理顺内部环节，注重收集三个资料，做到步步衔接，环环相扣：(1) 在收集发行资料环节上，确定核心服务单位，实行报刊邮件“直封”服务；确定特服单位，实行内部专职投递员专门投送，及时掌握服务动态，摸准用户需求，改进服务方式；确定小区私人用户，实行多时段、多频次投送。(2) 在确定客户分层运作的基础上，进一步收集服务单位的报刊流转额，特殊服务需求等资料，掌握服务对象的实际情况，开展对应服务，实行“每天两频次”投递，“一频次多时段”服务；对直封大户和专职投送单位实行“定时定点、每天两投”的“二频次”服务；对个人用户则实行“一个频次多个时段”的特色投递，根据个性规律，实施相应服务。(3) 按照邮件种类、性质和特点，区分处理，平稳投递。特快邮件由速递专业进行多频次专门投送；物流邮件，根据省局的要求和作业计划，安排车辆随到随投，为做大做强邮政物流提供支撑；包裹邮件增强把握性，全部实行车辆专门投送；报刊划分党报、包销报刊、畅销报刊、零售报刊等层次界面，区别对待，做到步步顺畅，层层达标。同时，增加专职投送队伍，进一步理顺了汽车投送线路和职能，从而形成多样化的服务队伍，多渠道、全方位地开展投送服务，保障用户多元化的服务需求。（吕　蓉）

【开展“创建学习型组织，争当学习型职工”读书活动】 2004 年，为适应形势发展需要，进一步提高经营者管理水平和业务素质，激发职工的主人翁责任感和敬业意识，运城市邮政局从 11 月 9 日起，开展每周一讲的“创建学习型组织，争当学习型职工”读书活动，在全局倡导终身学习理念。此次活动以“没有教育过的团队是不成熟的团队”为理念，把全面提高员工素质当作第一要务来抓，坚持“在工作中学习，在学习中工作”，通过强化学习，提高职工综合素质，梳理工作思路，调整工作状态，把正确的行为变成习惯，从而达到知行合一，增强企业竞争力和凝聚力的目的。学习活动采取集中学习、单位讨论和个人自学写心得体会等多种形式进行，参考《没有任何借口》、《自驱力》、《习惯的力量》、《致投递员的一封信》等邮政行业推荐读本，围绕如何发挥职工团队作用，加强团队精神建设，提高职工的向心力，增强企业的凝聚力，创建学习型组织。同时，用身边的人和事，为全市邮政职工提供学习的典型材料，鼓励广大邮政职工从身边的模范人物和先进事迹中受教育，受启发，受感召，能有所学、有所悟、有所思，达到“创争”学习的目的和效果。（吕　蓉）

【城郊分局服务工作受山西电视台表扬报道】 2004 年，运城市邮政局城郊分局不断改进服务措施，根据用户需求，精心编制了《用户服务指南》、开展“争创红旗营业厅、红旗营业员”活动，规范员工服务标准，全面实行首问负责制，杜绝冷落用户、推诿责任等不良现象的发生，经济效益也得到明显提高。包裹收入较去年同期明显增长；报刊收订网点由原来的 1 个增到现在的 16 个网点后，教辅类、生活类等私费订阅流转额大大提升。山西电视台经济频道以“运城市邮政局城郊分局实现双赢”为题，对城郊分局的服务工作进行了表扬报道。（吕　蓉）

【市邮政局提前着手跨年度报刊收订工作】 为缓解大收订时期“时间紧任务重”的压力，市邮政局早动手、早安排，提前着手教辅类、行业类报刊收订工作，取得明显收益。(1) 针对学生开学初期急需辅导资料的现状，选择有市场潜力的重点教辅类报刊，印制成收订推荐目录下发各局，在全市范围内实施跨年度报刊提前收订工作，同时，组织专职营销人员派驻各大中小学校，对各种教辅类报刊一一进行讲解，仅一个月全市共收订教辅类报刊流转额 5 万余元。(2) 充分发挥行业部门和记者站的优势，以部分行业类报刊提前收订为契机，灵活运用激励政策，不断加大《中国纪检监察报》等行业报刊的收订力度，使行业类报刊流转额明显增长，全市共收订流转额达 17 万元以上。(3) 针对党政机关、社会团体公费订阅这个“主体”，通过散发意见征求函的形式，广泛征求 176 个社会报刊发行站对 2004 年报刊发行工作的意见和建议，从中发现服务漏洞，不断改善服务质量，提升服务水平。

各县（市）局也在服务工作中大做文章。永济局除在报纸上加盖章戳实施提醒服务外，还根据用户的不同需求开展电话预约、上门收订等便民服务，把以往每年两次大收订变为现在的时时都收订，巩固了老用户，发展了新用户。夏县局分管领导带领专业人员利用星期天、班后等休息时间，主动上门到师范、育英等大中小学校开展宣传收订活动，仅一天收订报刊百余份。9 月 10 日，运城市邮政局与小学生拼音报社达成协议，2005 年《小学生拼音报》重新归运城局邮发。（吕　蓉）

【出台《基础（重点）管理60条》手册】 2004年，运城市邮政局为不断强化基础管理工作，提高企业整体素质，在总结企业经营管理中的成功经验和反面教训的基础上，按照“标本兼治、重在治本”的思路，结合实际，出台了《基础（重点）管理60条》手册。该手册涵盖了日常管理工作中的热点、难点和焦点问题，为强化企业的日常管理工作提供了有力的依据。

《基础（重点）管理60条》按类别划分为综合管理、财务经营管理、服务质量管理、业务管理四部分，并细分为执行标准及要求、监控手段及方法、监控责任部门、评定标准等具体项目内容，要求县（市）局、专业局（公司）、现业分局每季度自验自评一次，市邮政局每半年或一年对全市进行验收评定一次，并将评定结果与同期（半年或年度）绩效考核或科级干部动态考核挂钩，特别是对督办事项的落实情况与单位月工资挂钩考核，确保《基础（重点）管理60条》真正形成企业管理工作的长效机制，为强化基础管理工作切实发挥积极的作用。（吕　蓉）

【破获“黄腹角雉”假票案】 11月初，运城市邮政局营业前台和垣曲县邮政局同时发现贴有80分“黄腹角雉”假邮票的学生信件；11月19日，运城大厦营业厅发现五封假票信件，经市局行管人员鉴定均为假票。这是一次大范围、大批量发现假票事件，市邮政局当即下发紧急通知，向全市通报假票案情。20日，垣曲局在当地公安局配合下抓获销售假邮票的商贩，查获60枚假票；24日，盐湖二中又发现57枚贴有假票信件，市局执法人员立即配合公安人员在该校商店当场搜查出179枚假票。

针对这一情况，在做好严防和审查工作的同时，市邮政局积极采取四项措施，向全市各邮政单位及相关部门下发紧急通知通报假票案件情况，并对现业所有营业网点负责人进行识别假票知识培训；要求前台营业人员提高警惕，发现可疑邮票及时报行管人员识别、查堵；在电视台等新闻媒体进行宣传，引起广大市民注意，并张贴通告，引导邮政用户到邮政网点或指定的代售点购买邮票；组织人员对全市各学校代售网点、个体商店进行检查，发现无证出售邮票、邮资封，尤其是出售假邮票的将予以严厉打击。（吕　蓉）

【“五节联送”营销活动突显成效】 12月21日，市邮政局根据全省“五节联送”营销活动内容，结合本地实际，紧扣“邮政永不停息的祝福”活动主题，以上门营销为主，以窗口销售为辅，抓住此次营销活动时间长，内容丰富的特点，从客户、营销、目标、策略四大块展开营销，借“节”造势，将中西文化相结合，在宣传造势、渲染气氛上大做文章，倡导人们消费新理念。制作“五节联送”《中邮专送广告》专刊、进行图文电视宣传、悬挂宣传条幅、张贴宣传画、喷绘等。同时，随着不同节日对所有邮政网点及时更换场所装饰，重点选择3－5个中心营业厅，设置邮政产品展台，营造不同节日气氛，全面做好窗口前台展示和宣传营销活动。

将礼仪、物流两项业务作为“重头戏”，坚持“统一策划、统一品牌、统一形象、统一时间、统一口号、分层运作、互为补充”的原则，对本地区特产进行组合，开发“特色礼包”，以“年”货礼品邮购、鲜花递送、同城配送等业务为主打产品，抓住各专业侧重点，将邮储、电信、零售等业务有机整合，合理配置。

圣诞节期间市邮政局共办理同城服务53笔，异地礼仪12笔，元旦、圣诞节期间全市共创收66900余元，其中，企业金卡创收48000余元，贺年有奖明信片创收8000余元。（吕　蓉）

【两个文明建设成果丰硕】 2004年，新绛县邮政局营业厅被信息产业部、共青团中央授予“国家级青年文明号”；河津市邮政局铝厂支局被共青团山西省委、山西省邮政局授予“省级青年文明号”。同时，被评为省“文明单位”的有1个；被省邮政部门评为“先进企业”的有2个，“先进集体”有4个；被省邮政工会评为“先进工会集体”的单位有1个，评为“巾帼立功”先进集体的单位有1个；获省邮政部门表彰的个人有24名。

（吕　蓉）

电　信

【概述】 2004年，全年新增固定电话用户21042户，固定电话用户总数达到87．4万户；全年新增无线市话用户48229户，无线市话用户总数达到15．4万户；全年新增宽带用户31542户，宽带用户总数达到6万户；各项增值业务也保持了良好的发展势头。

（山西通信运城分公司）

【服务质量稳步提升】 2004年，分公司将服务作为树立品牌、赢得竞争、保住存量的一项重要工作予以高度重视，以“全心全意服务客户，真心实意奉献社会”为宗旨，以“开拓市场、追求效益”为目的，以实施“全面提速、真心沟通、专项治理、素质提升”四大工程为重点，圆满完成了年初制定的各项服务目标。其中，大客户流失率连续五年保持为零，客户满意度达到82分以上，大客户满意度达到88分；全市17个营业窗口被省消协授予“诚信营业厅”荣誉称号；共创建三个一星级营业厅、三个一星级装移修窗口；客户有理由越级投诉低于百万分之一。截至目前，共拥有1个二星级营业窗口，9个一星级营业窗口，7个一星级装移修窗口。（山西通信运城分公司）

【网络运行】 2004年，运行维护工作牢固树立“运维就是服务、运维就是经营、运维就是品牌、运维就是价值”的观念，按照企业化运维的总体思路，全面启动多元化培训机制，不断加强基础工作管理，全面完成省公司考核的各项质量指标。全年呼叫到达率为99.32%，七号链路可用率为100%，网络接通率为98.55%；本地网电话用户线路修复障碍及时率为99.85%；申告障碍率为0.46%；平均百门用户障碍历时为66．76分钟。

（山西通信运城分公司）

【通信能力建设】 2004年，通信

建设工作在“把握机遇、随需而变、创新管理、团队协作”工作思路的指导下，以市场为导向，以客户为中心，以效益为目的，紧紧围绕无线市话网、宽带网、本地网、大客户工程等重点项目开展工作，不断加强工程管理，加快工程进度，提升工程质量，圆满完成了各项建设任务。全年共完成固定资产投资2.2亿元，新增本地网交换容量5.75万线，新增无线市话容量9.39万线，本地网交换总容量突破了120万线，新增宽带容量3.32万线。（山西通信运城分公司）

【夯实基础，深化改革】 2004年，基础管理工作以“建立高效有序的管理体系和科学完善的考核体系”为目标，以企业基础管理专项整治为契机，积极探索和实践先进的管理思想、管理模式和管理办法，推动企业运作机制向规范化、高效化转变，有效增强了企业活力。2004年，顺利通过了国资委和国家审计署两次国家级检查，企业基础管理水平得到稳步提升。

（山西通信运城分公司）

移动通信

山西运城移动通信分公司

【概述】 2004年运城移动超额完成全年发展任务，业务总量、业务收入和市场份额等绩效指标水平均衡增长，企业呈现持续快速发展的良好态势。通信收入市场份额较2003年提升了8个百分点，运营业务收入、新业务收入、净利润等企业经营绩效指标提前2个月全面完成全年任务。在网客户快速增长，净增客户提前7个月完成全年目标，目前，客户总数已突破70万户。累计向国家上缴利润1800余万元。（运城移动通信分公司）

【客户服务质量显著提升】 运城移动通信分公司将服务工作作为“一把手”工程，确立了“以客户为中心”的管理理念，以“网好、服务更好”为主题，以客户感知度、满意度调查结果及客户投诉为基点，通过开展提升“窗口”服务，深化“零缺陷”服务，强化差异化服务以及强化渠道服务，使客户服务质量明显改观，客户服务满意度逐步提升。组织了6期300余名营销人员服务业务知识培训和各项专业培训，业务素质培训面达100%。新建11个自办营业厅，对15个营业厅进行了装修改造，强化营业员主动服务意识，为客户营造了良好的服务环境。同时，建立分公司、营业部、前台窗口三级服务检查工作机制，加大对客户服务感知度分析与考核力度。通过实施服务满意度改进项目负责制，加强“客户感知度调查”投诉处理力度，以及明确服务投诉处理流程，畅通“客户服务和网络服务绿色通道”，加强对服务申告的监督、考核和管理，突出解决客户投诉，优化完善了服务和业务流程。深化“零缺陷”服务内涵，实施“话费差错、双倍返还”承诺服务，开展“客户积分回馈”活动，重点加强大客户服务，向VIP贵宾客户推出了机场贵宾厅服务、手机维修服务、生日亲情服务、营业厅专区服务等四卡（钻石卡、金卡、银卡、贵宾卡）服务，以“全球通VIP俱乐部”为载体，推出游泳比赛等以提升客户价值为目的的高端特色服务。年底，四卡服务项目达到13项，差异化服务能力得到增强。中国移动自办营业厅、特许连锁店、各类代办点等服务网络实现城乡覆盖，服务网点达到650余家，使营销服务渠道进一步完善，客户的方便程度进一步提高。积极参加行风评议活动，使服务质量向纵深发展。运城移动积极参与社会监督热线，公司领导将监督热线作为与客户沟通的桥梁和纽带，保证每期与客户对话，与客户零距离接触，对客户的意见和建议做到件件有落实、有回复。

（运城移动通信分公司）

【综合通信能力稳步提升】 运城移动立足客户需求和市场需要，坚持基础网、业务网和支撑网并重的原则，从网络的规划、建设、维护、管理各个环节着手，全力打造精品网络，企业综合通信能力稳步提升，及时高效地满足了市场发展需求。话务网建设，完成了G网8.2期、9期扩容工程及9.1期扩容工程的配套建设；完成了9期室内覆盖工程。基站总数达到514个，载频总数达到3339个。传输网建设，完成了8.2期、9期、9.1期配套传输建设和本地网四期传输建设工程，新建光缆线路1107KM。城域网三期传输建设工程新增城域网10G、2.5G设备各2套。数据网建设，完成了CMNET四期扩容工程，提高了分公司核心网接入层接入能力；完成了会议视讯三期扩容工程，开通了各县（市、区）会议视讯系统13套；完成了12个数据工程建设项目和100余个营销网点自建传输接入工程。网络维护与优化方面，狠抓网络维护精细化管理，进一步明确维护流程和职责，修订完善通信网应急预案，执行设备安全预警机制，明晰维护界面，实施扩容和优化并举的优化模式，形成对市场的快速响应。及时优化调整小区，扩容调整载频，开展全网改频优化工作，有效减少频率干扰；建迁直放站，改善了偏远乡村信号覆盖深度。在数据网支撑方面，进行传输网以大盘更换改造，提高数据接入速率。对BSC进行优化分区，确保了网络安全。树立高度环保意识，建立健全基站电磁辐射环保管理机制，建设“绿色基站”，分公司1—7期基站全部通过省环评验收。分公司网络工程建设获得省通信管理局“省局级优质工程一等奖”荣誉。网络质量各项考核指标均达到优秀。

（运城移动通信分公司）

【精神文明建设】 运城移动大力开展企业文化建设和精神文明建设，为企业经营工作提供了强有力的保障。通过开展党员干部廉政教育，落实领导干部个人重大事项报告制度、述职述廉制度和民主生活会制度，进一步加强了党风廉政建设，提高了领导干部执政能力。开展了“员工关怀”活动，员工形势教育、转变观念教育活动，组织各类兴趣小组活动，丰富员工文化生活，增强企业向心力。围绕经营工作开展了“比、赛、创、树”、“IP超市、农家乐”、“服务营销渠道”等多项竞赛活动，广泛深入地宣传集团理念体系，形成“比、学、赶、帮、超”，拼搏争先、奋发向上的工作局面。争先创优工作取得成效，分公司河津、闻喜、临猗、垣曲、稷山5个营业部进入全省“十强十快”行列；河津、永济、新绛、绛县、垣曲、网络维护优化项目部获得市级“青年文明号”集体称号。行风评议工作良好开展，企业外部发展环境得到优化，企业形象得到提升。2004年，分公司被运城市直工委评为“思想政治工作先进单位”；被省质量与名牌协会授予2003年度“用户满意服务”称号；被省质量技术监督局信息所授予“山西省质量服务诚信单位”称号；被市政府授予“百佳诚信单位”称号；分公司张国飞经理获得“山西省劳动模范”荣誉称号，网络维护优化项目部获“市模范集体”荣誉称号。

（运城移动通信分公司）

中国联通运城分公司

【概述】 2004年，运城联通积极面对市场，分析运城各电信运营商的优势与劣势，根据市场情况变化，及时调整营销政策，充分调动全体员工的积极性，团结一致，共同努力，在激烈的市场竞争中站稳了脚跟，取得了较好的成绩，2004年运城联通共完成主营业务收入1.33亿元，比上年同期增长20.45%。

（中国联通运城分公司）

【市场经营】 2004年分公司根据市场的变化，准确定位市场，及时调整经营思路，市场经营取得了较好的效果。通过各种方法，促进CDMA业务的发展。C网的发展一直是分公司工作的重中之重，为给用户提供丰富多样的手机终端，2004年先后召开了三次厂家、代理商、渠道的座谈会，理顺各种关系，鼓励大家经营C网并提供政策上的保证，公司C网发展一直比较稳定。为稳定网上用户结构，提高收入，降低离网率和欠费率，避免用户大进大出，公司相继出台了预付话费升值、吉祥号码管理办法和全员营销发展高质用户的三个文件。

加强渠道建设，建立完善的渠道体系，为用户办理各项通信业务提供便利。完成了渠道从县城市区到乡镇到行政村的延伸，各县配有客户经理、营销员队伍。截至年底，公司18个自办营业厅，141家合作营业厅。合作营业厅预存话费占到总收入的47.3%。

加快“联通无限”技术优势向市场优势的转变宣传，提出了“请进来、走出去”和“体验感受”的推介思路，在推介中注重用户的感受体验，用自己的肢体语言和亲和力表述新业务的魅力。目的就是让用户体验感受现代通信技术的发展，给人们提供了更加便利和丰富多彩的生活。

加强服务工作，提倡“首问负责制”，完善各项业务操作流程，提高服务水平，规范营业厅门口、过渡带、柜台服务；通过竞聘值班长、制定完善各项制度对10010客服中心进行整合，使10010成为网络与市场、用户与公司之间联系的桥梁，更好地服务于市场的发展。

（中国联通运城分公司）

【基础管理】 2004年依据“大市场、大服务、大网络”整体设想，整合公司人力资源，对全公司的机构设置进行了重新调整，将部门减少为综合部、综合市场部、计划财务部、运行监督与互联互通部、移动通信业务部、基础网络部和综合通信生产楼办公室七个，调整之后的部门设置、部门职责更加清楚、工作衔接更好，工作效率大幅度提高。对县级市场的管理，在2003年营业部建制的基础上，进一步细分市场，成立了13个业务区，并充实和完善了业务区会计、库管、网管等基础管理力量，保证了公司对业务区管理、监管的顺利实施。

关注员工生活，组织员工进行体检；员工家中凡有婚丧嫁娶等事情，公司有专门的红白理事会进行慰问、解决困难；对于内退员工公司也没有忘记，逢年过节都要上门慰问，送去公司的祝福，每月给一定的电话费补贴，经常召集大家聚会，使大家感觉到公司的温暖。

（中国联通运城分公司）

【工程建设】 为了给用户提供更加完善的网络服务，中国联通作为世界上唯一一家同时运营两种网络的通信企业，长期以来很好地兼顾了两网的网络建设。2004年以来利用运城天气暖和的有利条件，加班加点工程不停工相继完成了G网八、九期和C网目标网A阶段以及B阶段的绝大部分工程，使用户可以享受更加优质的网络服务。

（中国联通运城分公司）

（责任编辑：杨春英）

财税金融

财　政

【全市总预算及市本级预算变动情况】　2004年，市一届人大六次会议审查通过的全市财政总预算及市本级预算，在执行中，根据上级追加、追减专项指标和各级预算调整情况，作了适当变动。全市一般预算收入由122458万元调整为121548万元，减少910万元，主要是农业税减免减少910万元。全市一般预算支出由年初的263010万元调整为390041万元，增加127031万元。其中：上级下达专款增加支出61027万元，上级转移支付补助增加支出14708万元，使用上年结转增加支出27687万元，使用当年超收增加支出30016万元，使用调入资金增加支出4410万元，其他支出减少13933万元。

市本级一般预算收入42201万元未作调整。市级一般预算支出由50951万元调整为79450万元，增加28499万元，主要是上级下达专款增加支出3016万元，使用上年结转增加支出12951万元，动用上年净结余增加支出4476万元，使用当年超收增加支出16402万元，使用调入资金增加支出447万元，其他支出减少支出8793万元。

（市财政局）

【全市总预算执行情况】　2004年，全市一般预算收入完成144318万元（剔除山西铝厂企业所得税7246万元），为调整预算（下同）的118.73%，超收22770万元，比上年实际完成数119497万元增长20.77%，增收24821万元。其中：工商税收完成93724万元，为预算的111.63%，比上年增长25.9%，增收19278万元；农业四税完成11005万元，为预算的92.57%，比上年降低12.61%，减收1588万元；企业收入完成7316万元，为预算的156.86%，比上年增长32.54%，增收1796万元；其他各项收入完成32273万元，为预算的153.44%，比上年增长19.8%，增收5335万元。

一般预算支出执行353935万元，为预算的90.74%，比上年执行数284701万元增长24.32%，增支69234万元。其中：生产建设性支出41784万元，为预算的103.38%，比上年增长53.82%，增支14619万元；行政事业支出284737万元，为预算的93.35%，比上年增长22.72%，增支51864万元；其他各项支出27414万元，为预算的61.47%，比上年增长11.15%，增支2751万元。

全市财政平衡情况：2004年，全市一般预算收入完成151564万元（含山西铝厂所得税结算7246万元），上级财政各项补助收入211172万元，国债转贷收入1200万元，国债转贷资金上年结余4505万元，上年结余收入30803万元，调入资金4410万元，收入总计为403654万元。当年一般预算支出353935万元，专项上解7246万元（山西铝厂所得税结算），拨付国债转贷资金及转贷结余5705万元，调出资金1843万元，支出总计为368729万元。收支相抵，年终滚存结余34925万元，减结转下年支出28756万元，年终累计净结余6169万元，再减去山西铝厂待上解4519万元和河津电厂待上解1000万元，当年净结余650万元，实现了收支平衡。全市13个县（市、区）有10个县收支平衡（河津、盐湖、永济、临猗、万荣、新绛、稷山、闻喜、绛县、夏县），3个县发生赤字（芮城、垣曲、平陆）。

另外，2004年全市财政基金预算收入完成13880万元，为预算的131.24%，超收3304万元，比上年降低4.87%；基金预算支出14356万元，为预算的58.76%，比上年增长8.58%，增支1134万元。

（市财政局）

【市本级预算执行情况】　2004年市本级一般预算收入完成51357万元（剔除山西铝厂企业所得税7246万元），为预算的121.70%，超收9156万元，比上年增长21.84%，增收9212万元。其中：工商税收完成41125万元，为预算的111.76%，比上年增长15.92%；企业收入完成3787万元，为预算的134.67%，比上年增长59.12%；耕地占用税完成173万元，为预算的64.31%，比上年降低20.64%；行政性收费、罚没、专项及其他收入完成6272万元，为预算的270.23%，比上年增长53.88%。

市本级一般预算支出执行59681万元，为预算的75.12%，比上年增长27.44%，增支12851万元。其中：生产建设性支出6828万元，为预算的69.99%，比上年增长84.94%，增支3136万元。行政事业支出48900万元，为预算的88.81%，比上年增长22.31%，增支8919万元。其他各项支出3953万元，为预算的27.01%，比上年增长25.21%，增支796万元。

市本级财政平衡情况：2004年，市本级一般预算收入完成58603万元（含山西铝厂所得税结算7246万元），国债转贷收入及资金上年结余1680万元，上年结余收入17427万元，调入资金447万元，县级上解收入14043万元，收入总计92200万元。当年市本级一般预算支出59681万元，专项上解10926万元，拨付国债转贷资金及转贷结余1680万元，调出资金144万元，支出总计为72431万元。收支相抵，年终滚存结余19769万元，减结转下年支出13860万元，年终累计净结余5909万元，再减去山西铝厂待上解4519万元和河津电厂待上解1000万元，当年净结余390万元。

（市财政局）

【争取各种财政资金保障发展】 2004年，在市委、市政府的高度重视下，在各职能部门的密切配合下，财政部门积极争取资金，为运城发展提供财力保障，共向上级部门争取各种资金211172万元，其中：

各项税收返还46592万元；

各种专款61027万元；

各种转移支付补助103553万元(其中：农村税费改革转移支付补助17042万元)。 （市财政局）

【运用财政政策，千方百计扶持企业发展】 2004年全市投入3395万元扶持企业发展，其中：企业挖潜改造资金755万元，外经贸发展促进项目资金260万元，增值税退税2119万元。 （市财政局）

【增加农业投入，促进“三农”问题解决】 全年支农支出38003万元（其中粮食直补资金4789万元)，比上年增长60.7%，增支14355万元，有力地促进了农业增效、农民增收和农村经济发展。

（市财政局）

【确保资金到位，促进科教文卫事业发展】 2004年，全市科教文卫事业投入108898万元，其中：科学事业费454万元，科技三项费1239万元，教育支出76011万元，文体广播事业费10915万元，医疗卫生支出16446万元。 （市财政局）

【大力推进城建事业发展】 财政投入城建资金4278万元，积极筹措运作，与国家开发银行山西分行建立良好的合作关系，争取资金3.5亿元，用于城市建设，使运城的城市面貌发生了巨大变化。

（市财政局）

【坚持与时俱进，深化完善财政制度改革】 ①按照财政部《国库制度改革试点方案》和省财政厅深化国库管理改革要求，会计核算中心与国库支付中心相分离。国库支付中心主要负责指标管理与支付的清算，通过建立单一账户体系，实现国库集中支付，将款项直接支付给商品劳务供应商或收款人。会计核算中心实施会计集中核算，强化财务管理，行使财政监督职能。②市级全面实行部门预算，176个单位纳入了部门预算管理。部门预算资金总额62530万元。其中：预算内资金33177万元，预算外资金29353万元，使财政资金在阳光下运行，预算的严肃性和约束力进一步增强。③市级依法推行了规范化的政府采购，管采分离，重在监督，采购范围规模进一步扩大，采购资金总额达12812.5万元。其中，集中采购10230万元，分散采购2582.5万元，节约资金1409.4万元，节支率11%。④实行“票款分离、收支脱钩”，“收支两条线”工作进一步深化。⑤有效推进投资评审工作，共评审预、决（结）算项目及招投标标底项目7个，评审资金14535万元，审定金额10979万元，审减金额3557万元，审减率25%。⑥农村税费改革深入推进。全市农业税税率普降一个百分点，其中，闻喜县降低了两个百分点，河津市农业税全免，农民负担进一步减轻。

（市财政局）

【确保重点支出，维护社会稳定】

——认真落实工资发放责任制，严格工资专户管理，全年共发放公教人员基本工资146111万元，及时拨付县级一般性转移支付补助34729万元，使全市13个县（市、区）全部兑现了财政供养人员的基本工资。

——及时拨付“两个确保”资金10758万元，确保了5419名下岗职工和53344名企业离退休人员按时足额领到基本生活费和养老金；及时拨付资金5423万元，使69955名城市和56644名农村低保对象最低生活得到保障；及时拨付救灾资金1441万元，保障了灾区人民群众正常的生产生活；及时拨付优抚对象生活补助4349万元，解决了全市优抚对象209670人的生活补助问题；及时拨付再就业资金792万元，使19864名下岗失业人员实现再就业；及时拨付小额贷款担保金100万元，使57名下岗失业人员享受到了小额贷款优惠政策，圆满完成了市委、市政府“为民工程”提出的为50名下岗人员再就业发放小额贷款的任务。

——及时拨付公检法司支出21032万元，支持了各级政法机关装备建设、监所维修和严打办案等，为维护社会稳定提供了财力保障。 （市财政局）

税 务

国家税务

【税收收入取得历史性突破】 2004年，共完成税收收入344569万元，占年计划的115%，超收44524万元，同比增长35%，增收88113万元，收入进度、增长速度保持较高水平，增收绝对额达到历史最高水平。 （侯宏伟）

【晋TAIS税收征管软件全面运行】 从6月份开始，经过数据核对、问题上报、数据维护、数据转换、接收合并、数据上传、会统报表维护等工作，晋TAIS税收征管软件于10月份全面运行，提前一个月实现征管数据省级集中。 （侯宏伟）

【中心组理论学习经验得到推广】 7月11日，市直工委在市局召开了现场会，市委以文件的形式转发了市局的做法，市局的经验还在全省国税局长会议上进行了书面交流，《前进》、《紫光阁》等杂志刊登了这种做法。11月30日到12月2日，市局党组召开了以“落实国税事业发展规划，大力实施三大发展战略”为主题的中心组理论学习扩大会议，这是自2001年以来召开的第四次理论学习扩大会议。

（侯宏伟）

【认真开展纳税信用等级评定工作】 2004年，全市系统共对5009户纳税人的纳税信用等级情况进行了评定，其中A级纳税人118户。12月29日，与市地税局联合举行了纳税信用A级企业授牌仪式。

（侯宏伟）

【“创新发展”取得丰硕成果】 2004年市局坚持以“创新发展”为工作目标，在目标责任制中特设了“创新奖”，年末对各单位申报的“创新项目”进行了认真审核和严格评定，共评出20个创新项目并报

送省局。这一年，是创新力度最大、创新项目最多、创新积极性最高、创新氛围最好的一年。（侯宏伟）

【行风评议成效显著】 2004年，全市系统在参评的包括市局在内的17个单位中，11个名列第一，5个名列第二，全市名列第一；单从执法单位来看，所有单位都是第一。（侯宏伟）

【车辆购置税人员、业务顺利移交】 2004年12月25日，车辆购置税费改革人员、业务正式向国税部门划转，从2005年1月1日起，车辆购置税由国税部门负责征收。（侯宏伟）

【组织税收收入与落实税收政策】 2004年，全市系统建立了有效的收入预测机制，预测误差率控制在了3%以内。提高税源监控质量，重点监管企业税收收入比例由上年的71%提高到了78%。开展了煤焦行业税负调查、欠税调查和减免税普查，共对全市13010户纳税人2003年度税收资料进行了普查；认真做好增值税、减免税审核审批工作，为113户福利企业办理减免税7915万元，为企业办理出口退税及免抵调库10869万元，为企业办理延期缓缴税款51户次23091万元；对14311户不达起征点的个体户减免增值税2116万元，对171户下岗失业人员办理税务登记证减免工本费8550元，对无固定场所的涉农小贩，实行造册管理，免办税务登记2462户。（侯宏伟）

【税收征管体制改革与信息化建设】 2004年，全市系统牢固树立新的管理思想和管理理念，在税收管理上下功夫，逐步完善了税收征管体制。大力推进税收信息化建设，不断提高税务信息共享程度，实现了国税、地税、工商三部门基础信息的交换共享，共清理漏征漏管户105户。充分利用TAIS软件，加强对税收征管的考核和监控，实施应用网上综合查询系统，提高了征管质量考核的科学性，税收征管质量达到了优秀等级。加强税务信息网络、硬件和软件的管理，认真做好税收信息化系统的维护，严格各项制度的落实，保证了各个系统的正常运行。巩固金税二期成果，加强防伪税控各个子系统的管理，把好运行质量关。积极推行网上申报，共有60户企业通过“网上银行”办理税款缴纳手续。（侯宏伟）

【规范依法征税与规范依法纳税】 2004年，全市系统坚持依法治税的原则，各项税收工作纳入了法治化轨道。认真落实税收行政执法责任制和过错责任追究制，追究相关责任人674人次，追究金额3.67万元，责令检查63人，限期改正89人次，通报批评92人次。强化税务稽查，重点开展对原煤、医药、货物运输业、汽车市场的专项检查，做到检查一个行业规范一个行业；认真开展发票协查，共发出协查202起，受理税务违法举报案件10起，共检查纳税人1005户，查补收入7288.51万元。加强税收法制宣传教育，开展了以“依法诚信纳税、共建小康社会”为主题的税收宣传月活动，公民依法纳税意识有了新的提高，小规模纳税人纳税申报率保持在98%以上，一般纳税人纳税申报率达到100%。以《税收征管法》及其实施细则和《行政许可法》为主要内容，加大法制培训力度，共组织培训学习18期，参训人员达1300多人次。积极参与市政府组织的“仲裁杯”《行政许可法》知识竞赛活动，荣获“优秀组织奖”。认真开展税收行政许可清理工作，共清理非税务行政许可事项96项，对保留的5个收费项目全部进行了公示。（侯宏伟）

【税收执法与纳税服务】 2004年，全市系统以依法治税为前提，在已有的办税服务基础上，进一步拓展纳税服务的空间、内容和方式，为纳税人提供了高效优质的纳税服务。全面推行税收征管综合业务“一窗式”管理，重组业务流程，规范服务窗口设置，将“一窗式”管理理念延伸至所有税收综合业务，提高了服务质量。积极推行文明办税“八公开”和税务行政许可“八公示”制度，认真落实税法公示制度，免费发放《税法公告》7期7万份。开通了“12366”的纳税服务热线，共受理各类纳税信息、政策咨询230余次，降低了纳税成本。邀请著名演讲家做了服务理念专题报告，提高了税收服务意识。（侯宏伟）

【税收基础管理】 2004年，在税收管理基础方面，对2384户增值税一般纳税人企业进行资格年审，取消了91户企业的一般纳税人资格；对621个加油站进行税收管理情况检查，对存在的六类问题进行了集中整改；对687户企业进行汇算清缴，汇算清缴应纳税所得额13753万元，应交所得税4400万元；规范税前扣除项目的审核审批工作，审查出不符合税前扣除条件477万元；认真搞好生产性外商投资企业出口货物免、抵、退税审核，促进了外向型经济的发展。加强发票管理，对全市71个代开单位代开发票的情况进行专项检查，共查出六类二十五条问题，针对存在的问题逐一进行认真整改。（侯宏伟）

【行政基础管理】 2004年，在行政管理基础方面，实行会议计划管理，规范公文审批程序，提高了行政效率。加强财务管理工作，对所有单位进行了财务审计；认真落实政府采购制度，对基建项目、大宗物品购置一律按规定进行公开招投标；对已批基建项目和在建基建项目进行了整顿和规范，开展了清理基建欠款工作，共清理10个单位基建欠款5810万元。进一步改进工作作风，围绕全局性重点、难点和热点问题，开展了调查研究活动，为领导决策提供了依据。加强目标责任制管理，特设了“特别加分”、“特别扣分”项目和“创新奖”，并加大网上考核力度，加大科室对口工作考核力度，促进了工作落实，共下拨目标责任制兑现奖和创新项目奖励资金100余万元。认真做好信访工作，共受理17件信访案件，对每起案件都坚持依法办理和查处，把问题解决在了基层。（侯宏伟）

【文明创建与行风建设】 2004年，全市系统坚持纠建并举的方针，努力树立求真务实、勤政廉洁、团结拼搏、争创一流的良好行业风气。先后三次对基层文明办税情况进行明察暗访，对查出的问题进行认真整改。继续开展争创“文明单位”、“文明行业”和“青年文明号”活动，绛县国税局创建为省级文明单位标兵，市局和芮城创建为省级文明单位。积极开展争先创优活动，4个单位被授予“五一”劳动竞赛集体一、二等功，7名税务干部荣获省、市级劳动模范称号，7名税务干部荣获省市级“三八红旗手”、“巾帼建功标兵”。大力加强国税文化建设，在省局组织的“践行三个代表，奉献税收事业”演讲比赛中，两个选手进入前6名；在市直单位蓝球比赛中，市局获得第二名。（侯宏伟）

【从严治队与人才培养】 2004年，全市系统坚持以人为本，促进人的全面发展，提高了税务干部队伍的整体素质。加强领导班子建设，对各县（市、区）领导班子进行了巡视考核，进一步增强了领导班子的活力。加强基层党组织建设，开展了“公道正派树形象”活动，提高了党建工作水平。深入开展党风廉政建设，对税务干部及子女的住房进行了清理；大力开展“艰苦奋斗、廉洁从政”主题教育和“两个条例”学习活动，提高了税务干部反腐倡廉意识和拒腐防变能力。大力实施人才兴税战略，先后投入资金300余万元，组织各类专业业务培训和更新知识培训110余期，其中委托山西财专和山西税校开展了科级干部更新知识培训、业务骨干计算机基础知识培训等中长期脱产培训4期，培训时间长达140天，培训税务干部260人次。组织开展“税收业务标兵”竞赛活动，11名干部进入全省“百名业务标兵”。干部学历结构明显改善，2004年共有182人参加了后续学历教育，有237人完成了后续学历教育课程，这是税务干部完成学历教育课程人数最多的一次。到年底，全市国税系统大专以上人员已达到952人，占税务干部总数的73%。

（侯宏伟）

地方税务

【组织收入】 截止12月31日，全市地税系统共组织各项税收收入91622万元，占省局下达任务的110.60%，占市政府下达任务的108.05%，较上年同期增长19.47%，增收14934万元。其中：税收收入完成80618万元，占省局下达任务的114.42%，占市政府下达任务的111.94%，较上年同期增长25.78%，增收16524万元；农业四税完成11004万元。税收收入呈现出超计划、超同期、超历史的良好态势。在完成税收收入的同时，认真做好规费征管工作，各项规费收入完成2700万元，比上年同期2562万元增收138万元，增长5.38%。（运城市地税局）

【重点税源监控】 2004年，随着全市重点税源企业运行形势进一步好转，全系统使用新的监控管理分析软件，将272户企业纳入重点监控范围之内，建立重点税源数据库，完善监控指标体系，随时掌握税源变化情况。截止11月底，监控的户数收入达40853万元，占到全市收入总额的55.63%，比上年同期所占比重提高了14个百分点，真正掌握了组织收入工作的主动权。

（运城市地税局）

【税收征管】 2004年上半年，通过加大所得税汇算工作力度，共汇算各类经济类型的地方企业2833户，查补净增所得税1132万元，汇算入库企业所得税2108万元。通过加大各项专项检查工作力度，查补入库税收1700万元。仅河津市局通过对河津华峰煤焦有限公司的专案检查，就查补入库税收380万元。通过加大清理欠税力度，全系统共清理欠税965万元，较上年同期增长252.19%，绝对额增加691万元，所占任务的比重也较上年提高了132个百分点。其中，市局管理局清理南风集团个人所得税欠税100万元，盐湖区局清理关铝集团个人所得税欠税200万元，垣曲县清理中条山有色金属公司欠税150万元。

（运城市地税局）

【欠税管理工作】 2004年3月份，根据省局安排，全系统制订方案，采取得力措施，积极宣传欠税要予以公告的法律规定和所要承担的法律责任，并将全市240户纳税人欠税38655505.71元予以确认登记，清回税款411万元。同时，各单位对暂时无法清欠的企业，均与企业负责人制订了归还欠税计划，规定了归还欠税的期限和比例，实现了欠税的阳光管理。（运城市地税局）

【个体税收征管工作】 2004年依据总局“抓住大户，管好中户，规范小户”的个体税收征管原则，将全市150余户个体工商大户的经营情况和纳税情况确定为市局重点监控对象，在征收管理、发票管理等环节实行动态管理，不但服务了纳税人，而且为进一步加强个体税收征管提供了充分的依据，促进了公平竞争。（运城市地税局）

【规范日常性税收征管工作】 2004年，全系统在深入调研、广泛征求意见的基础上，科学界定了征收、管理、稽查各环节的工作职能，划清职责范围，规范了业务流程，基本上实现了各环节之间，既各司其职、各负其责，又相互协调、相互配合；明确了征管范围，防止了漏征漏管和争抢管户现象的发生；明确统一了保险中介服务业发票的使用，进一步加强了保险业和保险服务业税收征管及税源监控。

（运城市地税局）

【企业所得税管理】 2004年，市局制定完善了企业所得税“六表一台帐”征收管理办法，在澄清管户，摸清税源的基础上，建立专门档案，完善了税前审批的各项工作，强化了所得税管理。同时，扎实开展了企业所得税汇算清缴工作，全市共汇算各类企业2833户，查补净增所得税1132万元，比上年同期增长59.45%，绝对额增加673万元。既维护了税法的严肃性，增加了税收收入，又加强和规范了所得税管理。（运城市地税局）

【城镇土地使用税管理】 2004年，根据省政府258号文件精神，市局组织各县（市、区）局对全市城镇土地使用征收范围、土地等级、适用税额、应税范围进行测算对比、综合平衡，对全市城镇土地使用税税额幅度和征税范围按政策要求进行调整。通过调整，全市城镇土地使用税范围普遍增加，执行新标准后，每年可增加城镇土地使用税

1220余万元，较上年度1200万元翻一番。（运城市地税局）

【运输业税收管理】 2004年，根据总局关于对货运业实行自开票、代开票的管理办法，全市系统共认定自开票纳税人26户（其中，已注销3户），代开票纳税人1297户。严格按照国家税务总局的认定标准进行认定，对不符合条件的单位不认定。为严肃税法，整顿货运业纳税秩序，增强对货运发票的管理起到了极大的作用。

（运城市地税局）

【饮食业刮奖发票管理】 2004年，为了保证饮食业定额刮奖发票的成功推行，在全市开展了饮食业户清查登记，认真做好新旧版发票的衔接工作，先后制定了《运城市地方税务局定额刮奖发票实施方案》和《运城市地方税务局定额刮奖发票兑奖资金管理办法》，从而切实保证新版刮奖发票的顺利实行。新版饮食业定额刮奖发票已于12月1日在全市全面推行。已刮出一等奖2名，二等奖16名，三等奖262名。新版刮奖发票鼓励了消费者主动索要发票的自觉性，从发票使用情况看，比去年同期增加2倍以上，预计增加税收2倍以上。

（运城市地税局）

【执法监督】 2004年，全市地税系统在上年建章立制的基础上，进一步完善执法监督机制，强化对税收执法行为各环节事前、事中、事后的日常监督。事前监督以预防为主，通过对规范性文件的会签，保证了抽查行为的规范、合法。全年全系统共会签规范性文件31份，并通过对基层单位规范性文件的监督检查，清理纠正不规范文件6份，其中，税务机关制定的1份，建议纠正政府文件5份，保证了国家税法的统一和完整。事中监督注重过程性控制，有效防范执法偏差。全市各级重大税务案件审理委员会共审理案件32起，审理率13%（维持初审29起，发回复查1起，改变稽查部门拟处意见2起），其中，市局重大税务案件审理委员会集体审理2起，保证了税法的严肃性和办案质量。事后监督通过对已结案件的复查，执法责任制的日常检查，及时纠改执法中存在的问题和错误，提高税务机关和执法人员的执法能力和执法水平。全年全市各级税务机关共复查案件56起。各县（市、区）局依照执法责任制定期开展执法检查，共纠改政策性错误445起，纠正执法主体、权限、程序不合法19起，补征税款170.3万元，纠缴罚款、滞纳金8.71万元，对执法过错人员进行责任追究706人次，追究金额3.88万元。通过全方位的监督和严肃追究，今年全系统未发生一起税务人员违法案件和行政诉讼、行政复议案件。

（运城市地税局）

【执法检查】 2004年8月份，市局法规科与纪检监察室联合组成4个检查组，历时20余天，对各基层单位的税收执法情况进行了一次全面检查，针对基层执法单位和执法人员在日常执法中存在的滞纳金加收、行政处罚不到位、超越权限、执法程序错误、法律文书使用不规范等问题，进行了严格的过错追究。共下达《税收行政执法纠正通知书》19份，《处理建议书》18份，清理违规文件2份，查补各项税款1448218.03元，收缴罚款、滞纳金237044.33元，退还税款1368.75元，过错责任追究98人次，追究金额12840元。收到了以检查促制度落实，以检查促执法规范的良好效果。（运城市地税局）

【落实农业税减免政策】 ①实施阳光作业，坚持公开透明。实行公示制度，市局要求各县(市、区)基层单位对减免结果进行公示拍照，广泛接受纳税人的监督，取得了政府放心、群众满意的良好效果。②严把发放关口，取得预期效果。在去年芮城进行“银行代发”减免款试点成功的基础上，今年又在全市范围内大力提倡和推广，14个农业税减免单位全部通过信用社代为发放，既简化了中间环节，又克服了以往减免发放中的种种弊端，保证了减免款项全部兑现到农户手中。③方法灵活新颖，农民便利实惠。针对减免指标较大，涉及农户众多的情况，县(市、区)实行预约农户和税干现场办公以及存折代发等多种办法，保证了减免款项直接发放到受灾农户手中。④检查针对性强，整改收效明显。在全力以赴落实减免发放阶段，市局农税人员分赴县(市、区)减免工作第一线。第一时间掌握减免进度和款项发放中存在的各种问题和困难，针对个别乡镇指标分配依据不足、操作手续还欠规范、减免款项尚未落实到位等问题，特别是临猗县以补偿公路占用青苗损失挤占农业税减免资金116万元的问题，认真分析原因，提出具体要求，责成限期整改。并对曾上访举报或通过《监督热线》反映过的问题进行重点检查。保证了党的农业税政策得到正确的贯彻实施，受到了农民群众的普遍赞誉。

（运城市地税局）

【落实税收优惠】 2004年，结合市委实施的“为民工程”意见，市局出台了《运城市地方税务局为民工程落实税收优惠政策实施方案》，实施一把手工程，将任务层层分解，责任到人，并制定了强有力的措施和检查考核制度，使各项税收优惠政策得到进一步落实。截止11月底，全局共为1287名下岗职工办理了税收优惠，共减免各项税费2543061.59元。其中减免营业税818192.91元，城市维护建设税134010.67元，个人所得税1463393.26元，税务登记工本费69950元，教育费附加38271.93元，价格调控基金18470.87元，其他771.95元。同时，为了进一步督促各项涉农税收优惠政策的落实，促进农民增加收入，4月5日至12日，在全市组织开展了一次对涉农税收优惠政策落实情况的专项检查。全市各单位按照要求在各办税场所设立了“涉农税收优惠政策咨询台”，为涉农税收优惠政策减免审批工作开辟绿色通道，并实行“一专三优”措施，即专人负责，优先受理，优先审核，优先审批。此次检查共检查农贸市场52个，大集会28个，涉及农户2945户。其中：从事种植业、养殖业、饲养业和捕捞业的个体工商户共有1142户，享受免税优惠的1139户，减免税额236402元；农民销售自产农产品1809户，享受减免税优惠1803户，减免税额168483元。

（运城市地税局）

【加强协作，强化源头控管】 首先是根据省局安排，市局与国税部门密切配合，通力协作，成立了协作领导组，各县（市、区）国、地税局也相应成立了组织领导机构，并明确了专人负责有关协调事宜。制定了协作方案，明确了协作的主体、协作的原则、协作的方法、协作的主要内容、协作的方式及协作交换资料的形式。建立了联席会议制度，确定市国、地税联席会议每季召开一次，并就做好纳税信用等级评定工作，采取“五统一”的办法，即统一发文、统一公告、统一印发资料、统一评分标准、统一结果，从而成功进行了第一次协作。截至年底，全市共有5009户纳税人参加了今年的评定工作，共评定出A级纳税人118户，占全部参评户的3.72%，B级纳税人3224户，占全部参评户的78.76%，C级纳税人662户，占全部参评户的16.18%，D级纳税人53户，占全部参评户的1.34%。其次，加强了与国税及工商部门的信息交换与共享工作。针对工商登记与税务登记的巨大差异，本着“求同存异、逐一甄别，夯实基础、着眼以后”原则，着重核对2003年度工商年检后交换给税务部门的管户底数，从工商登记和税务登记两方面着手，对相一致的管户逐一登记，对不一致的管户认真核查，另外造册登记，留作以后甄别。同时，把今后登记信息数据交换工作的重点放在新增工商登记和税务登记户上。经过三个多月时间的艰苦工作，至5月底，基本完成了工商登记和税务登记2003年底基础数据交换核对初始化工作，找到了工商登记与税务部门登记户数差异巨大的主要原因，为今后三方登记信息实现即时全面交换共享、准确掌握税源动态变化状况打下了坚实基础。（运城市地税局）

【税收宣传】 2004年4月份是全国第十三个税收宣传月，全市地税系统紧紧围绕“依法诚信纳税、共建小康社会”这一宣传主题，在充分借鉴以往宣传经验的基础上，求真务实、积极创新，实现三个突破：①宣传手段和方法上突破传统，充分利用各种现代化手段和传媒，扩大宣传范围，提高宣传效率；②宣传手段和内容上突破，推陈出新；③宣传组织和效果上突破，注重实效。宣传月期间，市局统一安排布置在全市地税各个办税大厅建立永久性的便民服务场所——税务“超市”，方便纳税人查询、了解税收政策。与市国税局联合在运城市电视台共同制作和播放了一个月的税法宣传公益广告，在向全市纳税人表达诚挚问候的同时，为群众送去税法。各县（市、区）局也组织了与纳税人零距离对话、税法送“两会”举办税宣专题晚会等形式多样活动，增强公民纳税意识。在今年的税收宣传月活动中，市局组织的“开办多元化税收服务超市”活动和“与纳税人零距离对话”活动，万荣县地税局组织的“地税情”诗词楹联大赛，夏县地税局“纳税征税用税人，三位一体话诚信”电视专题片，获省局2004年度税收宣传月优秀创新项目奖。（运城市地税局）

【简化纳税程序，提高服务质量】 ①完善了办税服务厅的窗口设置。对于征收、管理机构相对分散的，要求单位增设“管理”窗口或“综合”窗口，以方便纳税人办理涉税事宜。②开展多元化纳税申报试点工作，方便纳税人办税。将河津作为多元化申报试点单位，取得经验，明年将逐步在全市推广。③推行“两简”征收方式，简化纳税人办税。将河津、稷山、新绛、永济等县（市）作为实行“简易申报、简并征期”征收方式的试点单位，通过提高办税信息化，简化办税程序，切实优化纳税服务工作。并在全市地税系统所有办税服务厅普遍实行了承诺服务制、首问责任制，推行了文明用语，有效地改善了服务态度和服务质量，提高了服务水平。（运城市地税局）

【行风评议建设】 在行风建设工作中，实行行评工作“一票否决制”，采取了内外联动的办法加强行风评议工作。在内部先后组织召开了行风评议再动员工作会议、行风评议和党风廉政建设工作进展情况的汇报会、行评工作研讨会等三次专门性会议；在外部先后组织开展了宣传咨询活动、行风听证对话会。同时，还结合行风调查、听证对话和行风咨询工作中发现的问题，先后建立和完善了全市地税机关办税服务和管理制度，行风信访工作制度，首问责任制，限时服务制和责任追究制等12项工作制度，进一步增强了对税干的约束力，促进了行风评议工作的顺利开展。

（运城市地税局）

【案件查处】 2004年，全系统在查处违法违纪案件过程中，一方面注重抓了群众来信来访工作，认真查处举报案件。另一方面主动出击，通过落实追究制发现案源；通过内部审计发现案源；通过执法监察发现案源；通过日常考核、明察暗访发现案源，积极拓宽了案源渠道，加大对税务人员违法违纪案件的查处力度。2004年，全市地税系统共查处税务人员违法违纪案件10起，处理违纪人员10人。其中，行政撤职1人，行政记大过3人，行政记过2人，行政警告4人，对广大税干起到了有效的教育震慑作用。与此同时，还根据市纠风办的安排，组织人员在每月6日准时参加运城市人民广播电台的监督热线节目。对热线中群众所映的问题，逐个填制督办卡，责成专人限期进行落实，并及时将结果反馈给市电台监督热线节目组，通报给反映的群众。今年1—11月份，共督办解决群众反映问题24个，受到了广大群众的普遍欢迎。

（运城市地税局）

【搞好“三项治理”】 “三项治理”是省委、省政府按照党中央、国务院要求而确定的一项重点工作。在去年工作的基础上，今年对制止奢侈浪费工作，主要是完善了会议和招待费管理办法。所有来客接待、召开会议和举办学习班等事项，一律吃住在机关，有效地制止了奢侈浪费。2004年，市局共组织各种会议、学习班25次，节约经费6.8万元。对清车工作，主要是进一步完善了车辆购置办法，要求所有下属单位购车必须上报市局审批，严格购买程序，严禁违规购置超标车辆。否则，追究“一把手”的责任。对清房工作，将其列入今年党风廉政建设工作的重点，先后三次召开专门的清房工作动员会议，要求大家提高认识，认真填报。全局共有处级领导干部13人（其中非领导职务2人，退休、离休干部3人）；个人申报、外调工作已结束，个人申报准确率达100%，申报单位住房94套。受到市“三项治理”领导组的通报表扬。科级以下干部181人（其中市局机关50人，稽查局21人，征收局32人，管理局78人）；个人申报工作已结束，并进行了公示。

（运城市地税局）

【领导班子建设】 2004年，在全市地税系统各级领导班子中大力开展以“学习好、思想好、工作好、团结好、廉政好”为内容的“五好”领导班子竞赛活动。13个县市局和6个市局直属单位的5名处级干部和72名科级干部参与了此项活动。通过学习，各级领导干部提高了自身素质，增强了科学执政能力、民主执政能力和依法执政能力，努力把领导班子建设成为求真务实、开拓创新、勤政高效、清正廉洁的领导班子。

（运城市地税局）

【加大投入，封闭培训】 2004年，市局从各部门抽调专人，组织进行了二次大型的业务能手培训。第一次为60人参加的培训班，在山西省财专进行了为期2个月的脱产培训；第二次为50人参加的为期90天的封闭培训班。两次共对市级业务能手进行了累计150多天的培训，在全省业务能手竞赛中有25人获得了省级业务能手称号，取得了入选比例最高、入选总人数最多、前10名入选人员最多的优异成绩。此外，还进一步加强了全员业务培训教育。2004年，对全市地税系统45岁以下的税干，分层次进行了全面的业务培训和考试，每一季度分层次考一批，将考试成绩在全市地税系统内通报，并进行单位排队，各单位均加大了培训力度，提高了培训质量，极大地调动了广大税干学习的积极性，形成了比、学、赶、帮的良好学习氛围，收到了好的培训效果。（运城市地税局）

【抓住时机，强化教育】 2004年，是地税成立十周年。为进一步弘扬艰苦奋斗，无私奉献，务实创新的地税精神，全系统在喜迎地税成立十周年之机，先后组织开展了“一场讲座谋发展”、“一次展示塑形象”、“一杯清茶话地税”、“一次演讲书情怀”等“十个一”活动。举办了科级干部更新知识培训班，邀请省科协副主席关原成、省军区上校张培荣、省委党校教授刘树信分别为全系统130余名副科级以上干部作了创新、军事形势、领导科学等方面的报告专题讲座，使大家开阔了视野，更新了知识结构。组织纪检干部赴13个基层单位巡回作行政许可法、预防职务犯罪、廉洁法规等讲座培训。同时，举办了一次《中国共产党党内监督条例》和《中国共产党纪律处分条例》知识竞赛，不断增强广大地税干部秉公执法的意识。还组织了“热爱地税、建设地税”演讲比赛，以此激发税干继往开来，再创佳绩的信心和决心。整个活动始终体现着节俭、务实、创新的原则，既充分展示了地税十年发展的辉煌成果，鼓舞了斗志，又为全体干部职工进行了一次艰苦奋斗教育，增强了“二次创业”的信心。

（运城市地税局）

【开展评议活动，加强党的建设】 2004年4月份，在市局党委的统一部署下，市局机关及直属单位党支部开展了一年一度的民主评议党员活动。各支部围绕党员觉悟、党性纪律、党员作用、坚持原则、理想信念等五个方面，普遍采取党员评议与支部评议相结合、党员评议与群众评议相结合、党内评议与党外评议相结合的方法进行了评议，并通过无记名投票的方式，分别确定了本支部的优秀党员、合格党员及不合格党员。通过评议，既总结了经验，发现了典型，又找到了不足，进一步增强了党组织的凝聚力和战斗力。同时，还进一步加强对进步青年的培养，积极为党组织及时输送新鲜血液。对要求入党的积极分子，党委确定专人负责培养，严格组织程序，做到年初有计划，帮带有人管，成熟一个，发展一个，不照顾情绪，不照顾资格，坚持从严掌握，今年共发展党员13名。11月份，市局又有11名同志参加了市直机关第二十一期入党积极分子培训，均取得了优秀成绩。

（运城市地税局）

【共产党员先进性教育活动】 2004年，为了给全国性的党员教育活动打好基础，市局提前介入活动，围绕税收中心工作，抓机关带基层，抓党员带群众，先后组织开展了“向全国人民满意公务员学习”、“党员先锋岗”、“五好党支部”和“无违纪党支部”评比等一系列党员先进性教育活动，提高了党员干部的思想觉悟，也极大地增强了党组织的凝聚力和号召力。在参加市直机关举办的各种文体活动中，党员干部积极参加，树立了良好的地税形象。先后获得市直机关第二届运动会象棋比赛个人第二名、环城跑比赛一等奖、拔河比赛第六名、行政事业组团体第五名的好成绩。在市直工委组织的书画展评中，市局党委两名同志获得了优秀奖。“七一”前夕，还组织了百人团体操表演队参加了总工会组织的“庆七一”健身操表演大赛，获得了铜奖，充分展现了地税健儿“立党为公、执政为民、秉公执法、文明高效”的精神风貌。

（运城市地税局）

金　　融

中国人民银行
运城市中心支行

【概况】 2004年，全辖货币信贷政策执行情况良好，金融机构存贷款保持了合理的增长速度。年末，全市金融机构各项本币存款余额达366.23亿元，较年初增加39.866亿元，增长12.21%，其中：储蓄存款余额286.466亿元，较年初增加32.75亿元，增长12.91%。各项人民币贷款余额达359.23亿元，较年初增加33.4亿元，增长10.25%。全市现金收支相抵，累计净投放22亿元，比上年少投放5.62亿元。外汇形势良好、秩序稳定。全市银行结售汇总额达到4.17亿美元，同比增长33%，实现顺差2323万美元。

国际收支申报金额4.11亿美元，申报率100%。出口收汇核销金额2.2亿美元，同比增长51%，核销率和收汇率分别达到99.33%和99.24%。全市贸易进口付汇金额达到3.24亿美元，同比增长23%。金融业的稳健运行，有力地促进了全市国民经济的持续快速协调健康发展。2004年全市GDP完成359.3亿元，同比增长15.4%；财政总收入完成43.5亿元，同比增长27.22%；规模以上工业增加值完成150.6亿元，同比增长21.1%；粮食总产16.2亿公斤，同比增长19%；社会消费品零售总额完成99.5亿元，同比增长23.4%；城镇居民人均可支配收入6808元，同比增长10.3%，农民人均纯收入2587元，同比增长11.5%。（人行运城市中心支行）

【党的建设】 2004年市、县两级行党委（党组）书记，带头抓党建，切实履行党建工作第一责任人的职责，全面加强党的理论学习，认真坚持"一课三会"制度，中支党委围绕学习总、分行工作会议报告、宏观调控措施、十六届四中全会公报等专题，组织中心组学习与专题研讨11次。认真组织开展了创建"学习型支部"活动、"'三个代表'在岗位争先创优活动"和为期一个月的学习十六届四中全会精神活动。通过学习，党委（党组）成员及全体党员的政治素养、政策理论水平得到明显提高，党委和支部的凝聚力、战斗力进一步增强，广大党员责任意识、大局意识、团结意识普遍增强，确保了整体工作的顺利推进。严格按照组织程序，认真做好新党员、重点发展对象的培养和纳新工作，发展新党员12名，预备党员转正11名，确定重点培养对象16人。

（人行运城市中心支行）

【思想政治工作】 2004年，中支党委突出思想政治工作，特别关注和关心干部职工的思想，及时分析和掌握思想政治动态，化解各种矛盾。并根据运城实际，提出"增进全行团结，一心一意抓工作"的思路，明确四点具体要求，①每一个干部职工都要讲团结、顾大局、求发展，把维护全行的团结作为一条纪律，共同遵守。特别是各级领导干部要带头遵守。②团结一致向前看，做到大是大非面前讲原则，小事小节上讲谅解，不利于团结的话不讲，不利于团结的事不做。③各支行、各科室要建立定期会议制度，总结安排工作、交流思想、互通情况、增强团结。④各级领导干部要贯彻民主集中制原则，遇事多商量、多研究，既要合理划分事权，又要民主集中，坚持集体领导、民主决策。在工作中，领导班子率先垂范维护团结大局，凡重大问题都坚持发扬民主，充分酝酿，集体研究。如干部竞聘任用、大额费用开支，坚持民主集中制原则。同时，针对干部职工在职能转换、落实"三定"和干部竞聘工作中思想活跃的实际，市、县两级行党委（党组）立足实际，以人为本，关心干部职工思想，解决干部职工困难，化解各种思想矛盾，有效增进了全行团结，营造了竞争创新、争先发展的良好氛围，保证了全行员工在今年职能转换、班子调整、落实"三定"等重大工作中始终团结一致，做到了思想不散，秩序不乱，工作不断。

（人行运城市中心支行）

【实施人才兴行战略，强化干部职工队伍建设】 2004年，中支党委坚持干部"四化"方针和德才兼备的原则，组织了中支后备干部建议人选的民主推荐工作，配合天津分行考察组完成了中支副处级领导干部的考察选拔工作。在全面考察的基础上，对四个支行的"一把手"，中支纪委副书记进行了交流。下半年，在认真考核，全面考察的基础上，配齐了支行的"一把手"，按照《干部选拔任用条例》和总、分行人事管理规定，对全辖区12个支行干部进行了考察，提任、转任副科级领导职务7人，提任正、副主任科员12人，充实了支行领导干部队伍。9月份，中支党委在落实机关"三定"方案和干部竞聘工作中，坚持正确的用人导向，认真贯彻中组部《党政领导干部选拔任用工作条例》和人总行《领导干部竞争上岗工作暂行条例》，严格按照分行批复的《运城中支机关正副科级领导职务竞聘上岗实施方案》，采取竞聘上岗和平级调动、平级转任、岗位交流等多种干部选拔任用方式，选拔不同层次的、业绩突出的优秀干部。特别是采取竞聘上岗的方式，坚持"公开、公平、公正、竞争、择优"的原则，经过公开报名、资格审查、闭卷笔试、述职演讲、答辩、民主推荐测评、组织考察、党委研究决定、任前公示、按有关规定备案等程序，使一批优秀人才脱颖而出，为运城中心支行科级干部队伍增添了活力与战斗力。通过"三定"，共提拔了21名、调整了13名中心支行机关的科级干部，科级领导干部的平均年龄比调整前下降了2岁；本科学历以上人数占比较调整前增加了7.1个百分点。"三定"后，中支机关内设13个职能科（室）、4个党群工作机构和2个直属单位。在干部职工队伍建设方面，坚持科学的人才观，以培养造就一支"五型"人才队伍为目标，加强金融改革形势教育，重点结合人民银行岗位任职资格培训，认真做好各岗位的自学和辅导工作，强化对金融法律、计算机、外语知识的学习培养，有效地提高了干部职工的综合素质。

（人行运城市中心支行）

【党风廉政建设和反腐倡廉工作】 2004年，中心支行进一步建立健全了党风廉政建设制度，并层层签定了党风廉政建设目标责任书，量化责任，分解到人。围绕"权、钱、人"等重点，进一步加大了检查监督力度，组织开展了党风廉政建设责任制自查工作，对永济、夏县支行进行了执法考察，配合天津分行纪委信访核查组，对有关上级批示文件进行了核查。开展学习贯彻两个《条例》和遵守"四大纪律，八项要求"党风廉政主题教育活动，利用李真、成克杰等反面典型对党员干部进行警示教育，增强了党员干部廉洁自律意识，提高了拒腐防变能力。还对新任命的领导干部进行了任前廉洁谈话，增强了他们的廉洁从政意识，为全面履行职责、开展各项工作打下了坚实的基础。（人行运城市中心支行）

【深化"文明单位"创建活动】 2004年，中心支行认真落实中支

《文明建设工作规划》，紧密结合当前政治经济形势，组织干部职工进行了60次政治业务学习和思想教育活动。继续抓好对各级文明单位的管理和宣传，所辖万荣、垣曲、稷山等支行荣获中支级文明单位称号。注重培养典型、树立典型、宣传典型，对辖区荣获总行级青年岗位能手，分行级优秀党务工作者、共产党员和文明家庭，市级劳动模范等一批先进人物和事迹进行了宣传。与此同时，市、县两级行工、青、妇组织密切配合党委部门，组织开展了文艺汇演、演讲比赛、技术比武、羽毛球赛等丰富多彩、形式多样的文体活动和业务竞赛，陶冶了情操，提高了能力，增强了干部职工的爱国主义和集体主义观念。今年，中支机关工会荣获运城市总工会先进组织称号；闻喜支行货币金银股、河津支行统计股被授予天津分行级“青年文明号”；中支保卫科、永济支行保卫股被评为全国人行系统“先进集体”；闻喜支行被评为全国人行系统社会治安综合治理先进单位。王京同志被选拔担任了总行国庆文艺汇演的主持人，闻喜支行的张卓丽同志被分行授予“青年岗位能手”和“巾帼建功”标兵、刘明合同志荣获分行级“文明家庭”，并特邀赴天津分行、太原中支和部分县市支行，作了专题演讲。中支乒乓球队获山西赛区男子团体第二名，孟德刚同志代表山西省赴天津参赛，获得男子第三名的好成绩。

（人行运城市中心支行）

【经济金融发展趋势监测、分析和调研】 首先，是健全并坚持季度经济金融运行形势分析例会制度、金融运行情况定期报告制度。市委、政府、人大领导及银监分局、经贸委、财政、统计和各银行、证券、保险部门30多名负责人，参加了一季度经济金融形势分析会议，共同学习货币信贷政策，分析形势，指导金融机构压缩过热行业和低水平重复建设项目贷款，防范信贷风险。二、三季度的经济金融形势分析例会着重分析研究了宏观调控对运城市经济、金融的影响程度及中小企业信贷资金需求状况。1—11月份，全行共完成20篇经济金融运行情况报告和货币监测报告，反映的情况和分析内容也多次被上级行肯定和采纳。其次，通过搭建政、银、企平台促进银企合作。7月份，协助市政府组织召开全市经济形势分析会，全市12家大中型企业负责人与政府领导、各职能部门负责人共50人参加了会议，共同分析了12家大企业集团在宏观调控下的经营状况，中支提出的政策建议，得到了市委、政府领导的充分肯定。8月份，又与经贸委联合对全市50家重点企业进行调查并召开分析座谈会，研究影响全市经济发展的煤、电、油、运和流动资金问题。第三，紧紧围绕经济金融运行中的热点、重点问题进行分析、监测，组织开展了粮食价格、民间借贷、企业固定资产投资等17项专题调查，形成一批对全市经济金融工作有指导性，对上级行决策有参考价值的专题调研报告。

（人行运城市中心支行）

【督促落实宏观调控措施】 2004年，针对国家出台的宏观调控政策和货币信贷政策，支行在深刻理解，广泛宣传的基础上，结合实际，提出具体的指导意见和实施办法，从而增强了所辖各支行及辖区金融机构贯彻落实货币信贷政策的针对性、准确性和可操作性。并以“信贷政策指示”、“风险提示”等方式3次向金融机构传导有关政策信息，为各金融机构正确把握信贷投向重点，进一步优化信贷结构，提高资产质量和经营效益，提供了充分的窗口指导。在人民银行的指导督促下，辖区金融机构严格按照宏观调控“不搞一刀切、扶优限劣、区别对待”的原则，针对不同企业、不同情况进行信贷调控，对存量贷款实行利率上浮，如工行对过热行业的企业，利率上浮30%，而对国家政策支持的行业，利率上浮幅度控制在30%以下。区分行业和企业的情况，实施不同的压缩退出政策。如规模小、原材料和能源消耗高、环境污染严重的两家钢铁公司，只收不贷，坚决收回了全部贷款。而对符合国家产业政策的海鑫集团等企业保持原有信贷授信额度，继续予以支持。从而使过热行业加快优胜劣汰，促进了产业结构的调整升级，使基础行业、薄弱行业得到扶持，进一步优化了资源配置。同时，认真落实中央一号文件精神，大力支持农村产业结构调整，扶持家禽业发展，推动下岗职工小额担保贷款工作的开展。

（人行运城市中心支行）

【支农再贷款工作】 2004年，支行积极向上级行申请增加了4000万元支农再贷款限额。1—11月份，累计向辖区11个县（市、区）的119个信用社发放支农再贷款38418万元，重点支持了辖区1851个自然村、107217户农民从事种养业、农副产品深加工等高效农业生产及部分困难农户生产急需。在支农再贷款的引导下，11月末，全市农业贷款比年初增加10.8亿元，增长19.28%，促使信用社经营状况大大改善，不良贷款较年初减少7622万元，占比较年初下降6.50个百分点；实现盈利13033万元，在231个独立核算农信社中，扭亏为盈社由去年同期的23个增至36个，当年盈利社数达到215个，占总社数的93.1%，比去年同期增加52个。在支农再贷款管理中，支行严格执行申请、审批、发放、回收管理责任制，做到严格审批、灵活发放，确保再贷款放的出、用的活、收的回。再贷款余额在分行下达限额内，运用率达98%，到期收回率达100%。（人行运城市中心支行）

【票据贴现业务管理】 针对去年辖区票据贴现业务迅猛增长且存在争抢票源等无序竞争问题，为抑制票据市场发展过猛势头，今年3月份，支行对2003年以来辖区各金融机构签发办理银行承兑汇票业务的贸易背景真实性情况进行检查核对，对规范辖区票据市场，特别是票据贴现业务有序开展起到了积极的促进作用。1—11月份，全市各国有商业银行累计签发银行承兑汇票48亿元，同比少增加3亿元；累计办理贴现93亿元，同比少增加11亿元，实现了总量控制的政策效应。

（人行运城市中心支行）

【中央专项借款情况监管】 在增加监督检查密度的基础上，强化专户管理，严格使用审核、审批程序，确保了全市2.7亿元中央专项资金专款专用、专户管理、封闭运行，未出现挤占挪用等问题。

（人行运城市中心支行）

【支持推动农村信用社改革】 2004年，支行组织人民银行及农村信用社有关人员，认真学习国务院关于深化农村信用社改革实施方案和上级行关于资金支持方案。成立了运城市深化农村信用社改革试点资金支持工作领导小组和深化农村信用社改革试点资金支持方案实施与考核工作组，加强对资金支持工作的领导。制订了《人行运城中支深化农村信用社改革资金支持工作流程》，明确了市、县两级行在深化农村信用社改革资金支持工作不同阶段的工作目标、任务和要求。对全市231个农村信用社基本情况进行摸底调查，测算出全市农村信用社改革需要注入资金7亿元。在全面掌握了解农村信用社基本情况的基础上，召开了运城市深化农村信用社改革工作会议，决定全市采用专项中央银行票据一种资金支持方式，并出台了《运城市深化农村信用社改革实施方案》、《运城市农村信用社清产核资实施方案》、《运城市农村信用社增资扩股工作指导意见》等一系列政策文件，有力地推动了信用社改革。

（人行运城市中心支行）

【实施利率政策，维护利率市场稳定】 2004年，支行在做好利率宣传、咨询工作的同时，对辖区金融机构贷款利率执行情况实行备案管理制度，及时了解和掌握辖区利率政策执行情况。督促、协调相关金融机构，为5家符合政策的少数民族特需用品定点生产企业办理了优惠贷款业务。

（人行运城市中心支行）

【同业融资业务监测】 2004年，为了确保拆借业务的有序开展，支行按月统计、严密监测此项业务的开展情况。在组织专业人员和金融机构业务人员培训的基础上，于7月初，在全市开通了电子备案管理系统，将辖区同业拆借业务管理工作由事后、非现场的，转为实时、在线的电子备案管理，有效提高了同业拆借业务的管理水平。1—11月份，全市农村信用社共开展拆借业务28笔，金额13300万元，较好地解决了部分农村信用社清算资金和临时头寸不足等问题。

（人行运城市中心支行）

【金融稳定工作】 2004年成立了由市委常委、常务副市长任组长，市政府副秘书长、人行行长和银监分局局长任副组长，各商业银行、证券、保险和有关部门为成员的金融稳定协调领导组，加强对全市金融稳定工作的领导。成立了由政府、人民银行、银监部门和执法部门组成的高风险处置领导组。出台了《运城市维护金融稳定工作实施方案》，从部门职责、协调机制、监测制度、工作任务、信息交流等方面进行了全面、系统的界定和分工。在对银行、证券、保险业经营活动进行充分调查了解的基础上，制定了《运城市高风险金融机构处置预案》。同时，从完善制度入手，先后制定了金融稳定人员岗位责任制、金融风险监测制度、金融风险预警制度、金融风险反馈制度和金融稳定工作考核制度，为金融稳定工作的务实高效开展奠定了一个坚实的基础。

（人行运城市中心支行）

【金融风险防范】 ①通过人民银行的日常业务活动（如存款准备金缴存、资金清算、备付金变动和现金收付等）来关注、发现、识别、监测金融机构，特别是中小金融机构的流动性变化和金融业的整体风险。6月末，在监测中发现，盐湖区银湖信用社备付金率仅为0.8%，支行将此及时通知盐湖区信用联社，得到高度重视。通过采取措施，7月末，该社备付金率达到10.98%。②建立了重点企业定期监测制度。通过对全市前十家国有控股企业和前十家民营企业的资产负债、信贷结构、固定资产投资、产品结构及销售状况等50个指标进行监测、分析，了解大中型企业信贷风险集中表现形式，掌握货币政策在微观经济领域的实施效应。所辖平陆、河津等支行经过积极探索与实践，初步建立了经济金融信息监测库、货币政策监测系统，对当地经济金融运行情况进行监测、分析，发现情况及时反映，为落实货币政策，维护辖区金融稳定奠定了良好基础。③为了全面把握社会资金的流向和原因，支行对全市各证券机构开户变动情况、准备金增减情况进行了调查，对保险机构的保费收入结构和增减变化情况进行了解，扩展了金融风险防范视野范围。 （人行运城市中心支行）

【做好风险处置和市场退出工作】 2004年，支行会同银监部门，两次深入清理现场，调查了解清理工作进展情况，并将清理2000年发放的4095万元人行自办金融机构贷款使用情况及保全再贷款的政策建议上报分行，做好了两家信用社退出市场的准备工作。通过积极努力工作，保证了再贷款的时效性，保全了固定资产的安全性和抵贷资产的完整性。同时，还与市政府、经贸委等部门密切配合，解决了永济纺织厂因开户行制裁其逃废债行为，要上街游行并到金融机构门前静坐等不稳定问题；与运城银监分局联手依法制止了稷山县人民政府未经批准，非法集资300万元的活动。

（人行运城市中心支行）

【外汇管理】 2004年，支行加强外汇管理，在支行辖区外向型经济发展，扩大对外开放方面实现了新突破。①认真落实“走出去”战略，继续推进贸易和投资便利化，促进对外开放水平的提高。3月份，在国家外汇管理政策大框架下，结合运城市近年来涉外业务特点，出台了《关于支持运城市开放型经济若干意见》，内容涉及促进贸易便利化、改进境内机构管理、推进对外投资便利化、促进对外交流四个方面、十六条意见，得到市委、市政府领导高度重视，以市政府运政办［2004］30号文件，批转全市各有关单位执行，为实现辖区贸易和投资便利化、促进地方开放型经济的进一步发展，起到积极的指导和推动作用。②积极支持优势企业的对外贸易，想方设法为涉外企业排忧解难。为海鑫钢铁集团争取到了900万美元的短期外债指标，帮助南风化工集团将异地股份转让所得2600万港元入账并结汇，及时核销了华宇实业、阳光集团、三联公司等出口企业异地收汇资金，解决了企业燃眉之急。③加大对外汇指定银行及外商投资企业外汇业务监管，开展了外汇领域反洗钱工作，为全市开放型经济的发展创造了良好的金融环境。④做好银行结售汇业务的市场准入工作，审查批准了中行永济支行、禹门支行2家县级金融机构开办结售汇业务资格，为县域进出口企业及个人涉外业务提供了极大便利，促进了当地开放型经济发展。⑤进一步完善经常项目、资本项目外汇管理，在简化程序、完善内控制度的基础上，扩大银行对外商投资企业资本金管理权限，提高了资本项目业务的处理效率，降低审批成本，受到银行和企业的普遍欢迎。

（人行运城市中心支行）

【金融统计工作】 2004年，支行认真贯彻落实各项经济、金融统计制度，按时收集、汇总、上报人民银行系统各项统计报表，不断提高统计质量，确保上报数据的全面、准确。4月份和8月份，组织力量对辖区各金融机构统计工作进行全面检查，查纠各类问题8项，有效规范了辖区的金融统计工作，确保了金融统计数据的准确性、完整性和可靠性。所辖垣曲支行推行的金融机构统计工作规范化管理模式在全省人民银行金融统计培训会上进行了经验交流，受到与会代表的肯定和认可。

（人行运城市中心支行）

【建立和完善反洗钱工作机制】 2004年，支行建立了反洗钱报告制度和联席会议制度，成立了全市金融机构反洗钱领导组，统一领导全市反洗钱工作。市、县两级人民银行及各商业银行均成立了反洗钱检查工作小组，制定检查计划，为开展反洗钱工作提供了组织保障。3月19日，中支与人行河南省三门峡市中支、陕西省渭南市中文，联合召开了“黄河金三角”地区反洗钱、反假币协作会议，对当前反洗钱、反假币工作进行分析和研讨，成立了协作联动小组，建立了分管行长联席例会制度、信息交流制度、重大假币案件和洗钱案件通报制度、可疑资金相互通报和跟踪监控制度，这一协作机制的建立，开创了跨地区打击洗钱和假币犯罪活动、维护区域金融稳定的良好开端。此做法被国家及省外汇管理局信息简报予以刊发。5月份，组织全市各金融机构开展反洗钱自查工作。6月末，按照太原中支统一部署，支行制定检查方案，组织、培训力量，在全市开展反洗钱专项大检查工作。此次检查历时40天，共检查各类账簿74册、会计凭证306册、单位及个人开销户资料23401份，较全面掌握了辖区商业银行执行反洗钱规定情况，督促其加强反洗钱内控制度建设、完善规章制度，有效提高了人民银行反洗钱监管水平和防范洗钱犯罪的能力。

（人行运城市中心支行）

【信贷征信体系建设】 为了确保人民银行征信监督和管理职能的有效履行，推动社会信用体系的建立，2004年5月份，支行组织了在全市开展的信贷征信管理宣传月活动。各金融机构在营业网点悬挂标语、置放宣传板面、散发宣传单、现场解答群众咨询，并利用新闻媒体进行广泛宣传，在社会上产生了强烈反响，对推进全市社会信用体系建设起到了积极的推动作用。同时，加强银行信贷登记咨询系统建设，进一步规范借款人信息，提高了人库数据质量。1—11月份，督促指导金融机构贷前上网查询5万余次，有效地提高了金融机构防范信贷风险能力。

（人行运城市中心支行）

【支付清算体系安全管理】 2004年，会计、营业部门继续夯实基础工作，不断规范操作行为，坚持从严核算，严把资金出入关口。1—11月份，营业部门发送往帐72487笔，金额259亿元，接收来账56337笔，金额2266亿元，接收查询查复682包，发送查询查复545包，办理和审批新开账户1196个，实现无差错、无案件、无损失的目标。3月份，按照太原中支要求，对全市各金融机构统一进行了编码，共录人全辖840家金融机构的主要信息，为现代化支付系统和银行账户管理系统推广应用奠定了良好基础。

（人行运城市中心支行）

【认真做好货币金银工作】 2004年，支行合理摆布市场票面结构，安全及时调拨发行基金70车次、72亿元，确保了全市日常现金供应。收缴残损人民币10.5亿张、10亿元，销毁残损人民币71608捆、3.7亿元，提高了流通中人民币的整洁度。加大人民币反假宣传、培训力度，进一步完善反假货币网络建设，严厉打击制贩假币行为，收缴假币28万元、6047张。认真开展《人民币管理条例》、《假币收缴鉴定管理办法》执行情况大检查，较好地维护了人民币流通秩序。抓好现金管理常规检查，查处违规大额存取661笔、账户违规取现375笔，纠正违规账户111个，有效地规范了全市现金流通秩序。

（人行运城市中心支行）

【强化国库资金管理】 2004年，全行认真办理财政预算收入的收纳、划分、报解工作，确保预算收入及时、足额入库。1—10月份，累计办理各级预算收入65亿元；办理财政预算拨款23亿元；办理各项退库1.3亿元，实现了国库会计基础工作零差错和无事故。1月份，在全省第一家完成了并库工作，首家开通了一机多库业务。2月初实现了市、县两级国库参加“同城票据交换”。4月1日，在全市开通了“国库内部往来”，有效拓宽了国库资金汇划渠道，提高了国库资金周转速度，为国库会计核算参加中国现代化支付系统上线运行创造了有利条件。同时，支行加大监督检查力度，强化国库资金管理，开展了代理银行代理业务、税款入库情况、国库存款信息专项检查，认真落实总行国库风险防范电视电话会议精神，组织开展全面自查工作，有效防范化解了国库资金风险。认真做好国债的宣传、兑付和发行工作，组织发行凭证国债1634万元、兑付国债本息18万元。11月份，在国债兑付工作中，发现、没收假国库券4张、共计2000元。此外，所辖河津支库还被总行国库局确定为全国唯一一个重点联系支库，中心支库在实现各级预算收入“双过半”中受到运城市委、市政府的通报嘉奖。（人行运城市中心支行）

【银行卡推广应用工作和办公自动化建设】 2004年，支行积极引导发卡机构改善银行卡受理环境，拓展银行卡的特约商户领域，扩大联网通用覆盖面，提高银行卡异地跨行成功交易率。4次组织五家发卡机构顺利完成跨行联网通用测试工作。11月末，全市发行信用卡29925张，存款余额9853万元；发展特约商户1124个，较年初增加35个；累计交易额368亿元。现有5家发卡机构共拥有联网通用机构数367个，较年初增加30个；ATM机16台，较年初增加8台，POS机263台，较年初增加45台；银联标识卡量达68万张，较年初增加28万张。4月份，在中支机关全面推广应用了办公自动化系统并延伸至支行，提高了办公效率。10月份，对中支网站进行了更新，使其功能更加齐全，栏目更加丰富，使用更加便捷，成为宣传运城中支"文明建设"的窗口。

（人行运城市中心支行）

【导入ISO9000质量管理体系，构建标准化内控管理模式】 根据天津分行"每年都要有工作创新（重点）项目"的要求，辖区支行和机关各科室共开展了27项创新工作。中支党委确定的内部管理方面创新项目是"导入ISO9000国际质量管理体系"。在学习借鉴外地经验的基础上，明确了"加强组织领导、稳妥分步实施、增强科技含量、全面推广实施"的工作思路，通过宣传发动、质量策划、人员培训、文件编写与签发、考核软件研发、内部质量评审等工作，使此项工作有条不紊地顺利开展，并于今年7月1日率先在中支机关开始质量管理运行工作。12月7日至10日，华信公司会同人总行有关同志对中心支行标准化管理工作进行质量认证，根据检查情况，审核组认为支行的质量管理体系基本符合GB/T19001—2000 ISO9001:2000标准要求，可以实现规定的质量目标，经过继续采取纠正措施，已进入颁发质量管理体系认证证书审批和注册阶段，近期即可获得证书。在中支机关导入ISO9000质量管理体系近半年来，使机关各项金融管理和服务工作发生了良好变化，主要表现在员工行为进一步规范，服务意识增强；工作质量和水平进一步提升，推动服务质量向更高层次和水平迈进；加强了对工作过程的控制，强化了资金风险管理；促进员工形成创新理念，创造性地开展工作；进一步改进和优化干部考核、评价方式。

（人行运城市中心支行）

【内部审计监督】 2004年的审计工作，严格按照《中国人民银行内审操作程序》要求，把好审前调查、审计实施、审计报告和落实整改四个关口；开好审前培训会、进点见面会、审中碰头会和审后座谈会。全年共完成6项全面审计，1项后续审计，1项离任审计，1项专项审计和1项离岗审计，发现问题7大类，35项，并有针对性地提出了内审建议36条。通过严格、扎实、有效的内部审计工作，加大了监督检查力度，强化了内部控制和管理水平，促进了各级领导和职能部门依法、合理、公正、有效的履行职责。（人行运城市中心支行）

【加强法制宣传，坚持依法行政】 通过座谈会、上街宣传咨询、电台广播等多种形式，向社会各界宣传新时期人民银行的主要职责、在实施金融宏观调控、维护金融稳定、提供金融服务方面的地位和作用以及有关金融法律法规，在社会上树立了人民银行良好的新形象，提高了社会公众对金融法律法规的了解和认识程度。加强金融"三法"、《行政许可法》、《人民银行行政许可实施办法》的学习培训，强化干部职工法律意识，提高了依法行政、依法办事能力。成立行政许可领导小组，统一协调组织全市人民银行的行政许可工作。将《人民银行行政许可实施办法》权限细化分类，明确了各部门的权利和义务，将行政许可项目的实施条件在办公场所予以公示，极大方便了行政许可申请人。今年以来，各职能部门在办理行政许可业务过程中，严格依照《行政许可法》、《人民银行行政许可实施办法》要求，规范行政行为，较好地履行了基层央行各项行政职能。同时，针对今年5月、11月天津市高院两次要求市中心支行协助扣划政府国库资金事项，严格依法行事，坚决拒绝其违法请求，并向最高人民法院申请司法复议，有力维护了自身合法权益，保障了国库资金的安全。

（人行运城市中心支行）

【狠抓安全生产，确保全行安全无事故】 ①加强组织领导，按照"谁主管、谁负责，一把手负总责"的原则，逐级签订安全管理目标责任书，使安全保卫工作量化细化，责任到人。②加大检查、审查力度，认真贯彻落实总、分行安全管理电视电话会议精神，开展各类安全检查130余次，进一步消除隐患，堵塞漏洞，防止了各类安全事故的发生。对全辖336名要害岗位人员进行了逐人审查，确保了队伍的纯洁性。③加强保卫人员技能培训，5月8日—14日，对全市人行系统75名专职保卫守押人员进行了职业道德、金融法律规定、业务技能等方面的教育培训；8月10日至10月30日，开展了保卫人员岗位大练兵活动；10月21日至22日举办了全市人行系统保卫守押人员理论知识竞赛。通过以上活动，有效地提高了安全保卫人员的综合素质。④加强硬件设施建设，投资27万元，为所辖9个支行发行库区安装了门卫打卡登记系统。⑤加强保密管理工作，开展了保密宣传周活动，举办了保密形势及法制教育讲座，印发并组织干部职工学习了《保密工作手册》，进一步增强了干部职工的保密意识和能力。

（人行运城市中心支行）

【会计事后监督审核】 2004年，支行加大会计事后监督审核力度，全年实施监督48万余笔，核对账表9000余份，共发现凭证要素不全85笔、账务处理不正确10笔，有效防范了会计风险，提高了会计管理水平。与此同时，严格遵守财经纪律认真执行财务制度，规范财务开支。既保证了业务工作的合理资金需要，又防范杜绝了各项不合理开支。 （人行运城市中心支行）

【大兴调查研究之风，努力提高全行工作水平】 2004年，中支党委切实转变工作作风，深入基层开展调查研究。年初，张杰行长利用一周多的时间，深入辖区各县（市）支行进行工作调研和情况摸底，了解县域经济金融运行状况和支行整体工作开展情况，并走访了部分金融机构，重点调查了解全市金融运行情况，为中支党委科学决策奠定了良好基础。下半年，又与人行三门峡、渭南市中支建立了金融信息协作机制，受到总行办公厅信息处领导好评。成立了中支重点调研课题指导与评审领导组，采取自主选题，课题承包，成果奖励的措施，组织全行分三个层面开展了全行性“大调研”活动。①由党委成员带队下基层开展调研。②由各科室明确专人，明确选题，确定完成时间，开展调研。③安排各支行参照科室办法开展调研。今年，党委委员、行级领导深入基层调查研究都在一个月以上，并都撰写了调研报告。机关科室和各支行领导也都根据各自业务特点和地域特色，开展调查研究，调查研究在全行蔚然成风，为各项工作上台阶起到了积极推动作用。截至目前，全行大调研共形成专题调研报告61篇。中支编发《运城金融信息》和《情况通报》350期，690条。

（人行运城市中心支行）

中国农业银行运城分行

【资金实力进一步增强，新增市场份额同业第一】 到12月底，全行人民币各项存款余额达736672万元，较年初净增148968万元，完成省分行下达年计划13500万元的110.35%。其中，储蓄存款净增76903万元，同比多增25596万元，完成省分行下达年计划71000万元的108.31%；对公存款净增51159万元，同比多增17967万元，完成省分行下达年计划55000万元的93.02%；同业存款净增20907万元，同比多增27832万元，完成省分行下达年计划9000万元的232.3%。全行外币存款余额达到59万美元，较年初增加16万美元，完成省分行下达年计划15万美元的106.67%。全行实现存款利差收入782万元，完成省分行下达年计划1115万元的70.13%。分区域看，全行有6个支行完成了全年计划。其中盐湖区支行净增突破3亿元，达到38105万元；河津支行净增突破2亿元，达到24734万元；禹都支行、闻喜支行净增突破1亿元，分别达到10011万元和10913万元，为全行存款计划的完成做出了贡献。从市场份额看，2004年全行存款增量市场份额60.2%，高出第二名工行40个百分点，位居第一，且遥遥领先，各项存款余额市场份额达到32.8%，较年初提高了3.5个百分点。

（宋利平　裴振平　段润强）

【信贷结构进一步优化，低风险类贷款占比提高】 到12月底，全行各项贷款余额达666159万元，较年初增加76049万元。其中，贴现贷款余额207903万元，较年初增加35622万元；个人住房贷款余额32348万元，较年初增加7347万元；质押贷款余额21953万元，较年初增加2963万元。其他自主类贷款也主要投向了市烟草公司、运城学院、康杰中学、运城中学等一批风险较小、对全市经济与社会发展有一定影响的企业、项目和机构类客户。全行低风险类贷款余额达到314430万元，占到总贷款余额的47.4%。全行存贷比例也由年初的100.35%降到90.37%，超负荷经营状况得以缓解。

（宋利平　裴振平　段润强）

【清收力度进一步加大，不良贷款占比继续下降】 到12月底，按五级分类全行不良贷款余额为166988万元，较年初下降了1393万元，完成省分行下达年计划1381万元的100.86%；货币清收不良贷款7621万元，完成省分行下达年计划7429万元的102.58%，其中清收万元以下不良贷款1874万元，完成省分行下达年计划2618万元的71.59%。不良贷款占总贷款的比例由年初的28.59%下降到25.07%，下降了3.52个百分点。

（宋利平　裴振平　段润强）

【财务状况进一步好转，经营利润实现翻番目标】 到12月底，全行实现各项总收入36199万元，各项总支出34485万元，收支相抵帐面利润为1714万元，同比减亏增盈3262万元，较省分行年计划314万元减亏增盈2028万元；实现经营利润7471万元，同比增盈5134万元，占省分行年计划4914万元的152%，如期实现翻番目标。其中盐湖、北城支行经营利润突破了1000万元，分别达到1887万元和1026万元；河津、稷山、闻喜支行经营利润超过了900万元，分别达到941万元、915万元、907万元，为全行利润目标的实现做出了贡献。同时，全行消化历史包袱4983万元，完成省分行下达年计划5228万元的95.31%。

（宋利平　裴振平　段润强）

【收入渠道进一步拓宽，中间业务收入贡献加大】 到12月底，全行实现中间业务收入2000万元，同比多收950万元，完成省分行下达年计划2100万元的95.24%，已经占到总收入的5.53%，较去年占比提高了2.58个百分点。其中，金穗卡手续费收入1027万元，同比多收792万元；代理保险手续费收入260万元，同比多收53万元；结算手续费收入526万元，同比多收511万元。与此同时，代收代付、代理咨询、评估等业务也取得不同程度的进展，成为全行业务收入的重要补充。（宋利平　裴振平　段润强）

【狠抓形象宣传，提高农行的社会声誉】 分行抓住春节、元宵节等传统节日进行宣传的大好时机，组织了声势浩大、丰富多彩的宣传活动。整个活动兵分两路，一路是以“奔驰吧，农行”为主题的“农行杯”元宵节民间社火表演，由各县市区支行选送当地民间艺术精品节目，在运城市河东广场等三个中心场地表演，市委政府四套班子及数万群众现场观看，市电视台、电台、报社等10多家媒体现场采访报道，市分行还借表演之际散发了数万份《追求卓越》农行宣传画册。另一路是特邀市文工团及当地戏剧界名角组成80余人的宣传团队，以农行“迎新春”优质服务营销宣传为主体，在元宵节前后赴各县市进行了20余场“农行情”巡回慰问演出。每到一地，白天在广场隆重推出文艺节目，晚上在剧场内演出大型歌舞剧《娘啊娘》，极大地提高了农行的品牌形象，增强了农行的影响力和亲和力。与此同时，市分行专门印制春联、年画、福字、POP彩条、红灯笼、开瓶器等迎春宣传品，广为散发，全行各营业网点统一悬挂横幅、红灯笼、彩旗等，营造了温馨和谐的节日氛围，并广泛开展兑换新币活动，回报新老客户。还借助“庆祝农业银行存款超3万亿暨恢复25周年”活动之际，大力开展业务咨询、产品推介、理财服务等行之有效的宣传活动，提升了农行在社会上的声望，为存款增长打下了良好的环境基础。（宋利平　裴振平　段润强）

【上下联动公关渗透，大力营销法人类客户】　2004年，市分行对系统性客户和垄断性大客户，采取"上下联动，系统公关"的营销方式，客户部门积极上门公关，行领导亲自拜访洽谈，形成了"领导重视，全员营销"的强大氛围，收到了良好效果。市分行刘行长经常和大唐电力公司老总座谈，并多次到公司工地现场办公解决服务难题，增强了彼此的感情和忠诚度；市分行营业室对大客户由总经理亲自登门拜访洽谈，并组织开展了优质客户联谊会、优质客户回访行等一系列活动，客户深受感动，使新恒彩印公司、山西安运防爆风机公司等40多家企业，最后落户农行，其中有近10家注册资金在千万元以上；盐湖区支行积极营销存款大户，先后拉回电力公司运城大用户营业所资金2500万元和市水务局专项资金300万元；北大街支行积极公关曙光集团，使1500万元公存资金落户该行；禹都支行抓住市住房公积金办公室理顺机构的机会，增存300万元，又利用各方关系拉回世行办开发资金1000万元；垣曲支行在移民资金的攻关方面入手快、措施强，使最后的400万元移民资金存入农行。

（宋利平　裴振平　段润强）

【实施"圆心工程"，重点公关零售类客户】　2004年，根据市分行党委的安排部署，全行各网点组织精兵强将，利用一切有效时间，对自己周围5—10公里内的所有客户，不论认识不认识，不论是否与农行有业务关系，全部登门拜访，每到一户都全面了解客户的金融需求，全面推介农行的金融产品，认真吸取客户的意见和建议，并借以改进产品和服务，真正体现了"以市场为导向，以客户为中心"，许多网点的储蓄存款得以快速增长。盐湖区支行桥北办事处深入到周围的黄河市场、农机市场、家具市场以及居民区、门面商店公关营销，储蓄净增达2762万元；市分行营业室开展了"金猴送福致客户"活动，对周围客户进行"地毯式"的上门营销，储蓄净增达5947万元；河东支行储蓄专柜、夏县支行营业部专柜储蓄净增也分别超过了2500万元和1500万元。

（宋利平　裴振平　段润强）

【坚持做好柜台营销】　2004年，全行一线临柜人员上班不忘搞营销，在网点内纷纷设立业务咨询台，摆放宣传资料，通过回答咨询、提供服务，使广大客户进一步加强了对农行产品的了解，增深了对农行的感情，从而吸引了众多客户到农行存款和办理业务。闻喜支行东镇营业所仅今年前4个月就争取到新开户1000多个，净增储蓄1322万元，提前8个月完成全年储蓄计划，全年净增达1791万元。

（宋利平　裴振平　段润强）

【开展全员大营销】　2004年，在全行广泛开展全员大营销活动，从各支行到市分行机关，人人肩上有任务，个个头上有目标。明确要求每名员工全年至少吸收存款10万元，促使全员走进市场，公关揽存。为了提高员工的营销技能，市分行张建河副行长还亲自主讲，组织进行了市场营销培训讲座，给员工们讲解营销中的策略技巧以及客户的后续维护等方面的知识，极大地提高了员工的营销积极性。到12月末，市分行机关员工揽存余额达到3863万元，每个员工都提前超额完成了全年任务，为全行做出了表率。（宋利平　裴振平　段润强）

【实施明星所柜战略，提高规模经营能力】　2004年，为了充分发挥精品网点的示范带动作用，在认真总结以往明星所柜成功经验的基础上，继续在提高规模效益和集约化经营水平上下功夫、做文章。全行共确定了41个明星所柜，较去年增加10个。同时，专门出台了《明星所柜奖励办法》，极大地调动了明星所柜争先创优、比学赶超的积极性。还优化网点布局，选择在地理位置好、经济繁荣、发展前景广阔地段相继推出了多个精品网点。5月18日新开业的全市金融系统首家女子金融超市——盐湖区支行红旗东街分理处，开业一个多月就吸收储蓄存款1851万元，到12月底各项存款余额达12600万元；新绛支行龙兴广场分理处在5月26日开业当天就吸收存款180万元，充分显示了其明星精品效应。到12月末，全行41个明星所柜储蓄净增达49715万元，占全部储蓄净增额的64.65%，明星所的战略地位和主导作用进一步显现。通过实施明星所柜战略，还促进了全行"上台阶、争速度，创建亿元所"工程的进展。到12月末，全行储蓄余额超过5000万元所柜达到28个，较年初增加9个。其中：亿元所柜10个，新达8000万元所柜1个，新达5000～8000万元所柜8个。当年新增超2000万元的所柜8个，新增1000～2000万元的20个。

（宋利平　裴振平　段润强）

【加强检查监督，提高服务质量和服务水平】　①推行明察暗访制度，对网点服务进行监督。市分行组织共对29个营业网点进行了暗访，并摄录实况，播放曝光。各支行也都聘请了社会监督员，加强对服务的监督，促进了全行服务水平的提高；②在全行树立了17个优质服务样板窗口，按规范化服务要求重点培训，以此辐射和带动了所有窗口服务水平的提高；③组织制作了《运城分行营业窗口规范化服务礼仪专题宣传片（光盘）》，发放至每个网点，通过形象直观的教育，对一线员工进行了规范化服务培训；④统一规范了营业网点的形象标识。全行共拆除陈旧网点标识40个，整修清洗在用网点标识105个，使全行的形象标识达到了靓化、美化、标准化，为服务社会，服务客户提供了优质平台。这一系列措施，促使全行的服务水平和服务质量不断得以提高，从而赢得了广大客户对农行的信任和支持，为存款增长打下了坚实基础。

（宋利平　裴振平　段润强）

【落实"双优"战略，调整信贷结构】　2004年，分行坚定不移地贯彻实施信贷"双优"战略。继续以国家性、基础性、垄断性行业客户和大中型龙头骨干企业为重点，不断加大信贷营销力度，拓宽信贷业务领域，提升信贷业务经营层次。

在大力支持原有优良客户发展的基础上，培养了一批实力强、效益高、前景好的信贷黄金客户。尤其是在国家开始实施宏观调控和信贷紧缩政策后，分行采取“重点保证一批、淘汰退出一批”的办法，在不突破信用总额的情况下，积极筹措资金，重点保证了AA级以上优良客户的资金需求，进一步巩固和发展了银企关系，增强了企业的忠诚度。到12月底，全行自主类贷款较年初净增34763万元，占到总投放量的45.71%，且主要投向了市烟草公司、运城学院、康杰中学、运城中学等一批风险较小、对全市经济与社会发展有一定影响的企业、项目和机构类客户。

（宋利平　裴振平　段润强）

【拓展营销贴现业务】　2004年，全行鼓励发展贴现业务，绛县支行将贴现业务做为重中之重，通过集中时间、集中人力、集中精力，采取各种保证措施，成效明显。到12月底，贴现余额达31542万元，较年初增加29902万元，实现利息收入380万元。全年累计办理贴现465259万元，实现利息收入6415万元，为全行经营效益的提高做出了贡献。

（宋利平　裴振平　段润强）

【开办全额保证金银行承兑汇票业务】　2004年，分行鼓励各行利用全额存单质押、全额银行承兑汇票质押（大票换小票）的方式优先办理低风险银行承兑汇票业务。禹都支行针对该行商贸客户较多、资金流量大的实际，利用全额存单质押累计为客户办理银行承兑汇票1300万元，实现了银企双赢。绛县支行利用全额银行承兑汇票质押（大票换小票）办理银行承兑汇票930万元。到12月底，全行累计办理银行承兑235154万元，实现手续费收入117.6万元。其中全额保证金承兑20236万元，实现手续费10.12万元。（宋利平　裴振平　段润强）

【鼓励发展出口打包贷款、出口押汇等国际业务】　2004年，分行采取对出口打包贷款、出口押汇等信贷业务优先办理的办法。截止12月底，全行累计办理出口打包贷款141笔51357万元，办理出口押汇426笔4076万美元，集中支持了稷山华宇、闻喜白玉、河津三联等公司的发展。

（宋利平　裴振平　段润强）

【落实风险经理，狠抓贷后管理】

2004年，分行按照总分行关于加强贷后管理的有关要求，首先根据辖内客户情况和项目数量配备了客户经理和风险经理，全市17个经营行部共配备风险经理29名，助理风险经理5名。按照不同的管理范围，对信贷业务实行分层次的贷后管理。对省、市分行确定的重点客户由市分行客户组组长负责，作为管户主责任人，明确责任进行管理。其次对新发生的信贷业务明确客户经理和管户主责任人，否则市行不予受理。再次建立岗位责任制，严格管理。各个客户经理和风险经理认真负责，对客户管理措施到位，因而在国家实施宏观调控、信贷规模从紧的情况下，全行未发生一笔逾期贷款和银行承兑汇票垫付的问题。

（宋利平　裴振平　段润强）

【开展客户信用等级评定，严把客户准入关】　客户质量决定着信贷业务的质量，客户的准入是提高贷款质量的先决条件。分行组织大量的人力、物力对全行375个企业进行了信用等级评定。各行严格把关，统一标准，市分行对各行上报的552户AA级（含）以上企业严格进行了筛选、初评，最后上报省分行审定，确定了AAA级企业91个，AA级企业266个。

（宋利平　裴振平　段润强）

【利用信贷电子化，加强信贷业务在线监测】　2004年，分行利用信贷电子化对全行的信贷业务进行了全面监测，对国有资产业务进行了跟踪监测，对低风险或较低风险业务进行了重点监测。今年共下发信贷业务风险预警通报16次，对贴现业务、银行承兑汇票、客户的授信使用等方面存在的问题，通过各种方式对有关责任人进行了问责，问责人数达12人次。

（宋利平　裴振平　段润强）

【规范质押贷款业务操作】　2004年，分行在规范质押贷款手续上，下大力气进行纠改，彻底改变原有的不合规现象，先后组织人员多次深入基层行，规范工资质押贷款和承兑汇票质押贷款手续，将潜在风险消灭了在萌芽状态。为了规范质押贷款管理，有效防范和化解风险，分行还制定了严格的两级定期监督检查制度，即支行按月检查，市分行按季抽查，做到发现问题及时纠正，出现问题及时处理，并对检查人员实行负责制，要求对检查出的问题如实上报，及时处理，限期纠改，有效地遏制了问题的发生。同时，在质押贷款档案管理上实行统一化管理，做到了合同规范，凭证真实，手续合规，环节合法。（宋利平　裴振平　段润强）

【积极拓展消费贷款业务】　在汽车消费贷款业务上，全行始终以拓展与完善操作、防范风险为宗旨，对调查、审查和贷后管理要求更为严格。贷款调查上，严格经销商推荐，支行逐户调查完善档案资料，并报市分行进行二次调查。市分行在去年制定的规范操作程序的要求上，严格审查，变贷后完善资料为贷前严审个人档案，增加贷款预审表，严格把关资料的真实性、手续的完备性、调查的深入性、有关手续保管的明责性。审查中，共堵住不合理贷款、风险较大贷款、手续不完善贷款100余笔，金额达1500余万元。6月中旬，又组织对汽车合作经销商实行逐个年审，对企业的基本情况、经营状况、资信情况、管理模式、发展情况及发展前景等进行综合调查，在检查中对经销商管理不到位、操作不规范的情况进行彻底纠改，对管理差的经销商实行退出制，停止了晋边公司、东风公司、福瑞公司、泰信公司的合作业务。经过严格规范操作，汽车消费贷款发放手续和贷款质量有了明显提高。全行汽车消费贷款风险管理还受到省分行的表彰和奖励，并在全省汽车消费贷款经验交流会上做了典型发言。截止12月底，全行汽车消费贷款余额32191万元，当年累计发放25234万元，累计收回25375万元，不良率严格控制在1%以下，市场份额继续位居同业第一。在房地产信贷业务中，分行根据上级行制定的房地产客户准入标准，同步提高了贷款准入门槛，对房地产开发企业和开发项目明确了禁止介入的范围；要求个人住房贷款、商业用房抵押贷款必须达到分行优势标准；进一步强调并执行单位职工集资建房的合作单位必须限定在收入稳定，具有垄断经营性质的企事业范围之内；对假按揭也制定了严格的防范措施。到12月底，全市房地产类贷款余额达36000万元，较年初净增9028万元，增幅为33.4%，且无一笔逾期或形成风险。

（宋利平　裴振平　段润强）

【实行领导挂点清收盘活责任制】 2004年，分行坚持实行领导挂点清收盘活责任制，市分行行长、副行长分片包干，每人负责督促联系一个县级支行，每人挂点盘活一个1000万元以上的客户，县（市）支行的行长、副行长也包片挂点，全市所辖17个支行、部，59名行级干部共确定了43个企业为清收盘活对象，涉及贷款本金9444万元。市分行风险资产管理处相应建立了行领导挂点清收进度考核台帐，把清收不良贷款同行领导干部本人政绩挂钩，与普通员工同考核、同奖惩。到12月底，全行挂点清收回不良贷款本息1582.1万元，其中市行领导清收292.6万元，各县市支行领导清收1289.5万元。表现突出的行领导班子有永济、新绛、平陆等行，分别收回285万元、274万元、179万元。

（宋利平　裴振平　段润强）

【小额不良贷款清收】 清理小额陈贷是分行近年来的一个主攻方向，分行专门对小额贷款单独下达了清收任务，并对完不成部分用等额扣减不良贷款货币清收额进行考核。同时，把从去年开始实行的市分行贷审会委员包县级行制度扩大到了全机关。即原贷审委员所包的县就是所在处室的包点县，原来没有包点任务的处室也由信贷部门划分到县、落实到人，并将不良清收和各处室的全员工作业绩挂钩。由市分行在每位员工的效益工资中拿出1000—2000元和完成任务挂钩，极大地调动了全行“扫沙子”的积极性。到12月底，市分行各督导组共清收回小额不良贷款99.85万元。市分行农贷处员工同包点的闻喜支行一道先后70余人次深入到山庄窝铺，深入到贷户家中收贷。通过采取“收贷款不拒额小，力争不空手出户”的办法，累计收回小额不良贷款7万余元。在市分行的督导和带动下，各支行也积极行动，充分安排使用自己的人力、物力，把富余人员全部编组，集中时间，集中精力，分片分组，户户见面，户户见钱，在全行掀起了清理小额不良的高潮。夏县支行办公室人员发扬连续作战精神，累计收回不良贷款本息合计23万元。全年全市农行共收回万元以下小额不良贷款1874万元，有效地减少了资源占用，降低了管贷成本。

（宋利平　裴振平　段润强）

【责任贷款清收】 2004年，分行确定继续由市分行收贷大队负责抓全市农行责任贷款的清收，专门督促各行责任人对其责任贷款认真对待，积极清理。为此，收贷大队在3月22日首先对13名万元以下责任贷款人发出了下岗清收令，要求他们下岗清收，并视清收情况再做处理。此举在全行引起了极大震动，许多责任人开始行动起来，积极清理各自的责任贷款。到12月底，全行共计清收回责任贷款251万元，其中有74人全部还清。

（宋利平　裴振平　段润强）

【重抓以资抵债工作】 2004年，为了使以资抵债工作能够取得大的突破，坚持实行由市分行风险资产管理处重点负责组织实施全行的以资抵债工作，同时加大了对抵债资产的处置变现力度。到12月底，全行当年共接收抵债资产8笔559.5万元，共处置抵债资产14笔819.3万元，完成省分行下达处置任务500万元的163.86%，其中处置当年接收资产6笔414.7万元，处置往年接收资产8笔404.6万元，处置变现680万元，变现率达82.9%。

（宋利平　裴振平　段润强）

【多措并举狠抓收息】 2004年，各级行就不等不靠、及时召开收息工作动员会，层层分解落实收息任务，开展收息收贷擂台赛。万荣支行利用外出打工人员春节回家团聚的机会，组织了两节收息大会战，要求全员出动，做到走百户、收万元，取得了一定效果。夏县支行对收息工作采取所与所展开对口赛、人与人展开对手赛，做到了人人有对手、所所有目标。河津支行、稷山支行在去年12月底就把今年的收息任务分解到每个信贷员，并实行月排队、季考核、年底末位淘汰制，极大地调动了全员收息挖潜的积极性。到一季度末，全行就实收利息6032万元，表内利息收回率达98.4%，综合收息率达3，46%，同比分别提高了1.3个和0.42个百分点。其中绛县支行一季度就完成了上半年的收息任务。

（宋利平　裴振平　段润强）

【表外利息清收】 首先是从小额不良贷款入手，全行通过实行贷审会委员包县清收，职工买断清收，有关人员责任清收的办法，共清收回表外利息824万元。其次对欠息大户进行重点清收。平陆支行在贷款业务连年萎缩的情况下，结合全市农行清收不良贷款工作，狠抓历年应收未收利息及表外欠息大户的清收，共清收表外利息126万元，占到实收利息总额的14.4%。万荣支行针对不良贷款占比大，表外欠息较多的实际，把全行三分之二以上的精力放在清收双呆及双呆利息清收上，全年共清收双呆利息153万元，占到收息总额的24%。

（宋利平　裴振平　段润强）

【严格执行贷款利率政策，杜绝“跑冒滴漏”问题】 2004年，分行根据相关政策，对所有贷款利率全部实行上浮，各种消费贷款不享受优惠利率，对贴现贷款利率确定了最低执行标准，同时严格执行加罚息制度，对挤占挪用贷款、逾期贷款执行罚息和挤占挪用贷款利率，全行全年共收回各种罚息、浮息利息203余万元。

（宋利平　裴振平　段润强）

【银行卡业务取得新的进展】 2004年，分行以金穗借记卡的发行为突破口，加大宣传营销力度，全力拼抢市场，大力推行准贷记卡的发卡工作，积极改善用卡环境，提高服务质量，让金穗卡更好用，以不断巩固和促使客户积极用卡，提高银行卡的盈利能力，实现了银行卡业务的快速发展。到12月末，全行信用卡发卡量250626张，较年初净增82947张，卡存资金95770万元，较年初净增38808万元，卡消费38468

万元，同比增加18310万元。卡业务收入达到1027万元，占中间业务收入的51.35%，在全省名列前茅。同时，还在省分行的大力支持下，与市烟草公司签订了业务代理协议，并成功实现了系统对接。到12月底，共开立烟草结算储蓄（卡）户3975个，结算金额达9000余万元，占全市烟草结算额41.9%。

（宋利平　裴振平　段润强）

【网上银行业务发展较快】 2004年初始，分行就以集团性客户、大客户、高中端个人客户为重点目标，针对个性需求，设计不同方案，开展特色营销。在4月份还专门组织人员对大唐电力有限公司和各县市烟草公司等一批黄金客户，采取上门服务，现场辅导，受到客户的一致称赞。5月份又组织开展了全市网银业务知识培训，采取当前较流行的投影教学方式，并邀请部分企业客户参加，参会人员达80余人，收效明显。截至年底，全行已全部完成网银2.0版的升级换代，进一步完善了网银功能。通过采取有力措施，大力推进电子银行业务和以电子银行为载体的银行卡业务，分行的网上银行得到较快发展。到12月底，全行共发展网银客户102个，其中企业注册客户76个，结算金额达26474万元。

（宋利平　裴振平　段润强）

【国际业务增势强劲】 2004年，分行结合运城外汇业务发展的实际，紧紧抓住产业结构调整，外贸持续增长的大好时机，坚持“四个转变”的经营策略：即由相对独立的国际业务操作思路向“以本币支持为基础，本币牵动外币，外币促进本币，实现本外币一体化经营”的思路转变；由偏重大客户、大公司向抓大不放小以效益为导向转变；由单一业务品种向多层次、多元化经营转变；由直接授权向通过授权达到“放权”，使国际业务在宽松的经营环境下运作转变。北城、闻喜、稷山支行成为全行拓展国际业务的排头兵。同时，新增了夏县、绛县、河津、分行营业部四家外汇营业机构，增加了15名从业人员，为国际业务发展提供了强有力的队伍保证。通过系统联动，加强营销，优化服务，规范管理，使国际业务发展驶入快车道，创汇客户群体不断壮大。又有永恒工贸、东方铁合金、华龙镁业和后稷食品等16家客户落户农行。到12月末，全行国际结算量突破亿元大关，达到11165万美元，同比增加3557万美元，完成省分行下达年计划8500万元的131.35%；办理结售汇12107万美元，同比增加3595万美元。实现综合收益人民币1864万元，其中：实现中间业务收入264万元，占中间业务收入的13.2%。国际业务已日益成为全行经营效益增长的新亮点。

（宋利平　裴振平　段润强）

【坚持勤俭办行，严控费用开支】 2004年，分行牢固树立“费用是为业务经营服务”的思想，按照全市统一的办法，结合各行经营的实际情况，优化费用结构，用好一把尺子，保证了好钢用在刀刃上。同时，还制定了2004年费用分配、奖励办法，同各支行专门签订了《费用管理责任书》，继续执行费用开支“一个户、一支笔、一本帐、一口出”的审批制度和费用模拟预算制，有效地控制了费用支出，减少了“跑、冒、滴、漏”现象的发生。（宋利平　裴振平　段润强）

【加强基础管理工作】 在财务方面，各级行普遍组织开展了“赛表、赛证、赛帐”的会计三赛活动，加强了对坐班主任的管理和一线操作人员的培训，不断提高一线人员的整体素质和业务水平。同时，加强了对重点环节、重点岗位、重要时段的控制和风险防范，对重要岗位人员坚持实行定期轮岗，有效防范了案件的发生。在信贷方面，分行在进一步落实信贷新规则的同时，将风险管理作为信贷管理工作的主要内容，把单纯的贷款管理向对客户的全面监测管理转变，把信贷档案的事后集中会审向贷前会审转变，把传统的信贷检查向信贷电子化管理，即CMS系统在线监测检查转变。通过采取多种有效措施，保证了全行信贷业务的合规健康发展。

（宋利平　裴振平　段润强）

【加大执法监察力度，深入开展反腐倡廉工作】 2004年，分行召开党风廉政建设专项工作会议，在充分分析形势和任务的基础上，对全行的党风廉政建设及纪检监察工作进行了认真部署。同时，在全行认真开展了整肃行风行纪工作，组织全行员工学习了总行杨明生行长的《关于开展整肃行风行纪的讲话》，深入领会“六个不准”和“七条禁令”的精神实质，切实巩固了“三个把握住自己”的学教成果。按照整肃活动的要求，深刻剖析，认真纠改，改进办事作风，提高办事效率。组织学习了胡锦涛总书记在西柏坡的“两个务必”讲话，大力培养员工爱岗敬业、勇于奉献的职业操守，加强了员工社会公德、职业道德、家庭美德的教育，增强了员工反腐倡廉的自觉性。

（宋利平　裴振平　段润强）

【加大审计工作力度，促进业务合规经营】 首先由市分行组织对各支行去年业务经营及今年1—3季度各项经营指标完成情况和费用执行情况进行了真实性审计，严防弄虚作假行为的发生；抽调专人对5名行长、4名营业所主任进行了任期责任和离任审计。与此同时，加大了对信贷管理、信用卡、银行承兑汇票、信用证等重点环节的稽核检查力度。全年共审计营业单位88个，涉及金额达56亿元，其中发现各类问题361个，涉及金额3714万元。共下发纠改通知书73份，已纠改问题163笔1807万元，有力促进了业务经营的健康、合规发展。

（宋利平　裴振平　段润强）

【“三防一保”和安全保卫工作】 围绕业务经营中心，分行重点抓了保卫队伍建设。先后组织各类专业培训4次，培训人次达320人，提高了保卫干部的政治素质和业务技能；层层签订安全保卫责任书，全行共签订责任书1560份，使安全保卫责任量化细化，分解到了每一个单位、每一个部门和每一个岗位，为全行实现安全经营起到了保驾护航作用。芮城支行员工和公安干警联手成功抓获一名盗窃银行犯罪分子，其事迹还被省分行和农总行《保卫信息》采用，受到了表彰和奖励。

（宋利平　裴振平　段润强）

【行风评议工作】 2004年，省政府在全省各行业部门组织开展了行风评议工作，分行对此高度重视。在加强宣传，优化服务，不断提高农行社会形象的同时，市分行专门成立了由分管行长牵头的督导组，对各县支行的行风评议进行专门督导。特别是省分行行风评议工作视频会议后，又对全行加强行风评议工作做了认真的安排部署，保证了全行行风评议工作的扎实有效开展。①完善了资料。全市各行积极行动，全部成立了领导组，制定了实施方案，设立了专门办公室，并做好了督查记录和阶段性报告（总结），普遍创办了行风评议简报，及时传递行评信息，确保行风评议的各项要素齐全。②加强了沟通。市分行首先加强了与市政府行评办领导的联系，多次向市行评办汇报工作，并邀请行风办领导来农行指导工作。通过沟通，彼此加深了了解，增强了交流。同时，各支行也加强了与当地行风评议办公室的沟通，主动到当地政府所在的行评办了解情况，征求意见，汇报自己行评工作进展情况，并注意上报各种要求的资料，了解其它行业的排队情况。特别是在金融行业中自己所处的位置，确保自身能够在行业中争上游，同业中争第一。③加强了宣传。首先积极参加市行评办组织的各项活动，印制行风评议宣传单，制作了行风评议宣传版面，向广大市民发放了征求意见卡和服务监督卡，广泛征求群众意见，全面树立行业新风。其次加强了与新闻媒体的沟通，扩大正面宣传，减少负面报道，全年共在中央、省、地级报纸上发表正面报道100多篇。④认真进行考核。为了确保行风评议扎实开展，取得实效，将行风评议纳入到经营目标责任制中一同考核，将行风评议得分与效益工资挂钩，并对行风评议落后的支行实行问责制。明确各支行行长是行风评议第一责任人，分管行长具体负责，办公室主任是承办人。如果哪一个行行风评议工作拉了省分行后腿，除少发效益工资外，还要给予通报批评。⑤全力做好服务。在全系统深入持久地开展柜台优质文明服务，要求各支行对照规范化服务要求，逐条逐项对照，认真加以整改。还不间断地组织明察暗访，对服务工作进行督查，并就查出的问题，在全行进行了通报。同时，全市各行还普遍聘请了社会监督员，对农行的服务进行义务监督和反馈，在全行掀起了规范化服务的热潮，有效地促进了柜台服务水平的提高。

（宋利平　裴振平　段润强）

【科级干部公开竞聘】　只有“公平公正竞争，唯德唯才选人”，才能为发展提供可靠的组织保证。9月份，分行组织举行了科级干部公开竞聘，共有24名来自基层支行的业务精英和优秀人才参加了8个副科级干部岗位的竞聘。这次竞聘活动标志着分行在深化干部人事制度改革，加强队伍建设和实施人才战略工程上又迈出了坚实的一步。为保证竞聘工作顺利进行，行党委从一开始就高度重视，先后多次召开党委会、行务会、行长办公会以及支行行长会议对竞聘办法、议程安排、人选分配、会场布置等进行专题研究、专门部署。行领导班子多次认真听取筹备工作汇报，保证了准备工作的按时按质到位。在此基础上，市分行根据《党政领导干部选拔任用工作条例》及上级行的有关规定，专门研究出台了《中国农业银行运城分行科级干部竞聘上岗暂行办法》并将其及时下发全辖各行。办法详细规定了竞聘的原则、范围以及参加竞聘者应具备的基本条件等。特别是明确公布了竞聘的组织程序、方法和计分规则等干部员工最为关注的内容，真正做到了公开，使每一个干部员工都能够对照办法的相关规定对自己进行评估和盘点，然后确定能否参与竞聘或准备竞聘哪个岗位。在竞聘人选的确定上，首先由各支行党委高度负责，严格把关，严格按照有关规定执行，通过资格审查、竞聘演讲、答辩、民主测评、党委研究等程序，确保把本行工作业绩突出、群众基础好的最优秀人才推荐上来。随后，市分行党委、组织部门又对各行推荐的人选进行了全面审核和资格认定；在竞聘演讲顺序上，为了公平合理，不产生意见和纠纷，采取了抽签排序办法，保证了竞聘秩序；在竞聘测评上，为了最大限度地体现公平公正，专门组织了由机关各处长及各支行行长和基层一般员工代表组成的测评评委会，创造性地把员工代表列入到评委会当中，使评委会成员人数达到55名，保证了评委会的群众性和代表性，并明确支持率低于50%的不得入围初选侯选人；在竞聘监督上，竞聘监督委员会参与了竞聘的全过程，对每一个程序，每一个环节都认真监督，严格把关，有效保证了竞聘的严肃、公正。这次竞聘坚持了公开、平等、竞争、择优的原则，打破了传统的“学历+职称”的人才认定标准，避免和杜绝了用人上暗箱操作、用人唯亲、党委说了算、群众没有发言权的现象发生。使一个以业绩为重点，以品德、知识、能力等为必备要素，有利于优秀人才脱颖而出的选人用人机制得以逐步形成和建立。

（宋利平　裴振平　段润强）

【开展“学雷锋，找雷锋，做雷锋”活动】　2004年雷锋纪念日，分行有一名员工以“一名农行员工”的名义向运城中学贫困生捐款3000元，运城晚报进行了追踪报道。分行组织人员长时间寻找这位活雷锋，终无结果。今年雷锋纪念日前夕，该员工又向该校再次捐款1000元，运城晚报以《农行活雷锋，你在哪里》为题进行了报道，在当地引起了不小的震动，运中和分行都以此开展了轰轰烈烈的学雷锋活动。市分行党委高度重视，将此事在全行大会上做了通报，并在全行开展“以该员工为榜样，学雷锋，找雷锋，做雷锋”的活动。市分行机关员工自愿为运中贫困生捐款4030元，受到了社会上的广泛好评。（宋利平　裴振平　段润强）

【举办歌咏比赛活动】　2004年，分行组织举办了一场以“用青春拥抱时代”为主题的庆“五四”大型歌咏比赛，共有18支队伍500余人参加。所有参赛成员全部由35岁以下的团员青年组成。团歌《光荣啊，中国共青团》为必唱歌曲，各队还自选了一首健康向上的歌曲参赛。整个比赛新颖活泼、高潮迭起，充分展示了全行青年员工良好的精神风貌，增强了共青团组织的吸引力、凝聚力和战斗力，激发了广大青年员工与时俱进、奋发向上的活力。

（宋利平　裴振平　段润强）

【宣传先进，弘扬典型】　2004年初分行就对全市系统内的5个支行，65个集体和62名个人进行了通报表彰，重奖了22名先进个人和22个先进集体，同时还向省行积极推荐先进典型，在全行开展向模范人物学习等活动。“五一”劳动节，分行新绛支行行长段都宁因业绩突出获得了“山西省劳动模范”称号，稷山支行员工王良翠在总行柜台业务技术比武中获得了单指单张点钞第三名的成绩，分行通过媒体宣传了他们的先进事迹。进入二季度以后，又在全行认真组织开展了“我为农行添光彩”活动，并组织举办了全行性“添光彩”演讲比赛，用身边的先进人物和模范事迹，教育和引导全行员工爱行如家，爱岗奉献，勤奋敬业，在全行营造出了一种“崇尚先进，争当先进，赶超先进”的浓厚氛围，掀起了新一轮的劳动竞赛热潮。

（宋利平　裴振平　段润强）

【维护职工切身利益，凝聚人心谋发展】　2004年，分行始终把维护职工切身利益作为大事来抓，尽力为职工排忧解难，多办实事，及时把党组织的关怀传达给每一位员工，使员工自觉地关心农行，回报农行。各级行党委对职工的切身利益高度关注，挤出了近百万元的费用，为职工解决生活困难，改善工作环境，提供各种娱乐休闲条件等。春节期间，又组织了“送温暖”活动，对全行32名特困职工发放慰问金28700元，慰问品230余件。市县两级行都由行领导带队，在统一时间送温暖到家里、到炕头，使困难职工倍受感动，在社会上也赢得了好的声誉。“三八”妇女节期间，各行为女员工赠送了纪念品，进行了体检，并组织了各种形式的文体活动。还有的行组织职工外出参观学习，游览胜地，使大家开阔了眼界，调节了情绪，体现了人文关怀，增强了行业向心力。

（宋利平　裴振平　段润强）

中国建设银行运城分行

【综合经营势头良好】　2004年，全行上下认真实践银行价值最大化的经营理念，全面推进以经济增加值为核心的绩效考评机制，优化调整资源配置和资本支出结构，强化科学管理，防范金融风险，积极拓展各项业务收入，强化成本控制，继续保持了较高的盈利水平。全行实现经济增加值4595万元。

（于占胜）

【提高服务水平，促进业务发展】　强化营销，打造品牌是促进业务持续发展的动力。全年全行先后开展了一系列营销活动，这些活动极大地提升了全行个人银行业务的社会知名度，取得了良好的市场效果，对业务增长的拉动作用比较显著。（于占胜）

【不良贷款大幅降低】　年初以来，全行认真贯彻落实省分行《关于推进2004年‘降不良防案件抓管理促发展’攻坚战实施意见》及有关文件精神，进一步推进和加大压不良攻坚战力度，一逾两呆口径不良贷款比年初下降1.46亿元，均完成了省分行下达的计划任务。

（于占胜）

【风险与内控体系建设】　按照省分行统一部署，启动了“风险管理平台”工程，以风险防范，提高审批质量和效率为重点，不断完善审批制度建设，改进审批工作方式；进一步强化内外审计对内部管理的推动作用，加大对审计问题的整改力度；充实法律事务审核工作对业务发展的保驾护航作用；加强了会计制度建设，健全了会计基础考核体系；加强安全保卫工作，进一步深化“有章不循，违章操作”专项治理活动，加强了依法合规经营和操作教育。（于占胜）

【股份制改革】　2004年，全行上下认真学习总分行有关股份制改革文件精神，按照总、分行的统一部署和安排，积极稳妥地完成了房地产两证办理、配合中介机构审计等股份制改造各项工作任务。制定了工作应急预案，开展了重组公告培训，建立分行公告每日情况通报制度，确保分行公告的平稳顺利实施和各项工作的正常运行。

（于占胜）

运城市农村信用联社

【概况】　截止2004年底，全市农村信用社各项存款余额达1140354万元，较年初净增119629万元，存款增长率为11.7%。其中储蓄存款1062716万元，较年初增加104174万元，增长率为10.9%。累计发放贷款1074038万元，当年净投112002万元，各项贷款余额882890万元；其中“三农”贷款累放667870万元，农业贷款余额605734万元，比年初增加83246万元，当年新增农贷占比74.33%，比省办计划高4.33个百分点；农户小额信用贷款累放217782万元、余额209798万元，较年初增加50900万元，同比少增27129万元，增长率32%，年末余额占比23.8%，较省办计划高9.76个百分点；农户联保贷款累放66666万元，同比增加22004万元。当年绝压不良贷款5599万元，占年初余额的2%，完成省办下达计划。其中绝压逾期贷款570万元，绝压双呆贷款5029万元；不良贷款余额274700万元，其中逾期贷款4922万元，双呆贷款269778万元，分别占各项贷款的31.1%、0.56%和30.55%；不良贷款占比较年初下降了5.25个百分点。当年增资扩股11510万元，同比多增4790万元，增长率为34.5%，股本金余额为44898万元，资本充足率不断提高。全辖贷款利息收入58251万元，同比多收14402万元，百元贷款收息率达6.48%，同比提高了0.58个百分点。盈余社208个、盈余额9306万元，盈余社较同期增加82个、盈余额增加6829万元。全辖实现利润8702万元，同比增盈5680万元。

（运城市农村信用联社）

【机构整合】　①按照大而精、大而全的标准加快信用社兼并和分社（储蓄所）撤并工作。针对辖内机构分散、设施落后、竞争能力不强的实际，市联社制定出机构整合规划，对撤乡并镇后规模较小、亏损较多、风险较大的信用社并入邻近效益好的信用社，或降格为分社管理。同时，逐步撤并部分存款增幅小、经营成本大、安全设施落后的分社和储蓄所。在撤并机构、扩大规模的基础上，在部分县（市）建设了一批规模较大、功能齐全、设施优势的服务窗口，走规模化发展之路。②按照少而精、少而优的原则，精简代办站队伍。并结合银监局开展的代办站调查摸底工作，组织力量对全辖代办站进行了一次全面细致的业务检查，在确保业务良性发展的前提下，按照“精简、高效、积极、慎重”的原则，对余额较小、发展缓慢及一村多站的网点进行了撤并。

（运城市农村信用联社）

【实行班子交帐制】 2004年，全系统结合年初班子考评，采取目标责任细化量化、民意民主测评打分等办法，由各县（市、区）联社班子向市联社交帐，信用社班子向联社交帐，把双考结果作为主要负责人晋升、任免、奖励、调动的重要依据。年初以来，市联社分批调整充实了34名县（市）联社班子成员，各联社也对60余名年龄偏大、工作漂浮、业绩平庸的班子进行了调整，使各级领导班子不断得到调整、充实和增强。

（运城市农村信用联社）

【落实末位淘汰制】 2004年，全系统不断总结经验，完善劳动用工制度改革，逐级落实末尾淘汰制。尤其对利润计划不能实现、职工联效工资较低的干部予以调整、职工一律待岗，并以此作为续签劳动合同的主要依据，充分调动了全员工作主动性、积极性和创造性。

（运城市农村信用联社）

【建立人才备用制】 为解决农村信用社干部队伍素质偏低、后备力量薄弱的问题，市联社结合当前农村信用社业务经营中的新特点、新问题，制定详细的培训工作规划，有计划、分层次地做好分类培训工作。三季度市联社组织全市联社正、副股长，信用社正、副主任及监事长共八百余人，集中进行了系统培训。培训主要内容有理论知识、经营管理、风险防范、法律法规等方面，不断提高队伍整体素质，并把责任意识强、学历层次高、懂经营、善管理、年富力强的年轻骨干充实到联社和信用社的“人才库”中。

（运城市农村信用联社）

【资金整合】 为了最大限度地用活用足资金，减少闲置、增盈创利，市联社积极动脑子、想点子、找路子。①研究制定出《关于做好资金富裕信用社“资金整合”工作的指导意见》，不断寻求新的利润增长点。②把贷款营销工作作为资金营运的一个重点，成立贷款营销管理组织，做好营销策划、指标考核、监督指导等项工作，建立起一套责、权、利相统一的营销管理机制。在创建信用工程、推广小额农贷的同时，把剩余的资金集中投入到骨干、黄金和信用客户。③在部分联社、信用社积极探讨和试行中间业务，开办代理邮政、保险、电业、通信、移动、税收等业务，增加代办手续费的收入。

（运城市农村信用联社）

【管理整合】 2004年，全系统积极创新管理方式，使市、县两级联社在实现由具体的经营目标考核向宏观管理方向转变的同时，进一步细化行业管理和服务职能。①工作安排得细。市联社全年及每季、每月的工作都详细安排、周密部署，按月、按季召开联社主任和理事长例会，认真分析、帮助解决各类问题。②深入帮扶得细。为了督导和帮助全市农村信用社扎实有效地做好各项工作，在全辖范围内组织开展以减亏增盈帮扶、基本设施帮建、不良贷款帮清、金融风险帮防为重点的“四帮”活动。通过抓思想教育，抓制度落实、抓检查监督，促使信用社防化风险、稳健发展。③检查督导得细。市联社领导经常深入基层调研指导，积极培养先进典型，对辖内联社、信用社经营管理中的好办法、好经验及时给予推广。年初以来，先后组织召开了芮城县支农服务现场会、临猗县增盈创利工作现场会等，在全市信用社培养典型、推广经验，学赶先进、整体推进。

（运城市农村信用联社）

【电子化建设】 2004年，市联社按照省办“统一规划、统一标准、分级管理、分步实施”的电子化建设指导原则，全系统积极加快电子化网络建设步伐。①积极试办储蓄通存通兑业务。选择永济联社进行试点，累计投资200余万元，建立起电脑综合业务网络系统，对永济市联社营业室及所辖19个农村信用社共31个营业网点统一设备电子化网络设施，并于5月1日调试成功、顺利运营，成为全省信用社系统首家开办储蓄通存通兑业务的联社。为进一步完善结算功能，10月份，市联社与工行运城分行协商，决定联合推出“网上银行支付结算代理业务”。已在盐湖、永济两市（区）展开试点，逐步推广。②做好计算机设备的统一管理工作，由各联社组织对基层营业网点各类微机的品牌、配置、型号等情况全面调查摸底，为综合业务数据大集中做好了充分的准备。③针对目前计算机人才缺乏的问题，在辖内选拔了一批综合素质高、专业水平强的人员，分期分批进行培训。

（运城市农村信用联社）

【服务窗口建设】 2004年，市联社积极加强服务窗口建设，树立新形象。①结合农村信用社的行业特点，统一形象策划，统一行业标识，逐步对辖内业务发展较快、经营效益较好的联社、信用社改建或扩建办公楼。尤其对门面陈旧、设施落后、安全设施不达标的信用社及营业网点，制定设施改建计划，有计划、有重点地全面更新。通过设施改造，培养了一批基本设施、门面装修、办公条件、服务质量、经营效益、管理水平均达一流水平的明星网点，展示出可与商业银行媲美、可在激烈的市场竞争中获胜的良好企业形象。②深入开展“创明星网点，树行业标兵”活动，净化美化营业场所，保持窗口整洁卫生，有效解决了部分所（柜）脏、乱、差的问题。同时，全面推行文明服务，做到统一着装、挂牌上岗，部分城区社还增设导储员，开办了昼夜银行等服务，树立了农村信用社的全新形象。

（运城市农村信用联社）

【农信改革宣传】 2004年，全系统深入开展农村信用社改革工作的宣传，引导社会公众全面、准确地理解深化农村信用社改革的目的意义和主要内容，对社会上可能出现的误导行为，密切关注、妥善处理，防止了风险产生。同时，各县（市）联社、信用社也开展了深入持久、丰富多彩的宣传活动。尤其是夏县、临猗、绛县、稷山等联社积极利用“两节”广泛宣传，声势浩大，效果明显，进一步融洽了社农关系。（运城市农村信用联社）

【转变作风，改善服务】 2004年，全市系统不断转变作风、改善服务，发动广大干部职工进村入户，深入开展农村经济收入及信贷回笼情况调查，掌握农户生产经营状况，帮助农民搞好收购结算，有效巩固了农村阵地。

（运城市农村信用联社）

【增强城区社的资金组织能力】 2004年，全市系统不断增强城区社的资金组织能力，发动全员吸储，为扩充业务、增盈创利奠定了一个良好的基础，促使存款稳定增长。截至年底，全辖各项存款当年净增119629万元，存款余额达1140354万元，农村信用社的资金实力不断增强。（运城市农村信用联社）

【增资扩股】 2004年，全市系统把增资扩股当作一项重要任务来抓，有计划地扩大入股面，增加入股额，及时纠正了部分县、社存在的贷款扣股等违规行为，赢得了广大群众对信用社的信任，从而促使入股面不断扩大，入股社员不断增加。仅12月份，全市信用社便吸纳股金7754万元，年末股金余额达到44898万元，资本充足率明显提高，抵御风险能力不断增强。

（运城市农村信用联社）

【健全服务监督机制】 2004年，全市系统为了接受社会监督，不断改进服务，市、县两级联社将支农工作做为下乡必查内容，内查资料、外访农户。开展调查监督，对支农工作进行通报，使信用社工作真正符合农民意愿、贴近农民服务。芮城县联社在各行政村建立起320个“信合园地”，并在54个信用村都聘任支农服务“三员”（信合宣传员、行风监督员、信贷联络员）户户发放支农服务联谊卡，确保信息反馈及时，服务到位，支农服务工作取得了明显成效。为了总结经验，还在芮城召开了支农服务工作现场会，全面推广支农服务的新经验，推动了全市信用社支农工作的开展。

（运城市农村信用联社）

【推行业绩评定机制】 2004年，全系统坚持一级抓一级、层层抓落实，把信贷服务是否符合农民的根本利益、是否让农民满意作为检验信贷工作的重要标准，纳入信贷人员业绩考核。全市信用社转变经营观念、树立营销意识，组织信贷人员出柜台、进农户、拉家常、结对子，面对面地为农民办理贷款手续，把支农工作做得实实在在。

（运城市农村信用联社）

【完善便农服务机制】 2004年，全市农村信用社普遍开展了以“送资金、送科技、送信息”为主要内容的三下乡活动，将贷款送到千家万户，送到百姓手中。广大农民深有感触地说：“过去有人抱怨信用社门难进、脸难看、款难贷，而现在我们足不出户也能拿到贷款，农民贷款真的一点也不难了!”稷山县联社在辖内建立起支农回访制度和信贷服务包户制度，要求每个信贷员分别确定5个调产大户、5个贷款大户和5个黄金客户，定期上门、跟踪服务，帮助他们解决产业结构调整和生产生活中遇到的资金不足、技术缺乏、信息不便等困难；临猗、新绛等联社大力开展存贷结合活动，与辖内80%以上的农户都建立了存贷关系；盐湖区联社组织人员上门送货400余次，现场为3191户农民发放贷款2177万元；芮城联社成立了“信合电影放映队”，在全县巡回开展文化、科技下乡服务活动，期间插播信贷政策、农业科技和农民喜闻乐见的娱乐节目，使广大农民更加了解信用社、贴近信用社；万荣联社结合“三下乡”活动向广大果农赠送科技资料2000余份、“优势苹果管理技术”光盘1200余套；永济联社在辖内开展了争创“支农服务名牌社”活动，并制定具体标准，对照检查，逐项落实，扎扎实实地开展争先创优活动，营造了支农服务的良好氛围，受到当地党委、政府的高度赞扬。

（运城市农村信用联社）

【发“绿卡”推广农户小额信用贷款】 2004年，全市信用社为确保农户小额信用贷款投放合理、安全高效，使小额农贷产生出巨大效益，把健全农户经济档案、评定农户信用等级作为开展小额农贷工作的重头戏，并深入细致地做好信用等级年检工作。年初以来，全辖对100余户不守信用、不按期还贷等违背规定的“信用户”，降低或取消了信用等级，又培育了4.6万个信用户，全部发放“信用绿卡”，使全市信用户总数达到62万个，占比66%。对有贷款需求的农户，只要持股金证、身份证、贷款证，就可直接申请办理，实现了手持“绿卡”，贷款畅通。

（运城市农村信用联社）

【农户联保贷款】 由于农户小额信用贷款受额度限制，对一些种、养、加及个体经营大户无法满足需求，全系统全面推行联户担保贷款，并按照一户一档、一村一盒、一社一柜的要求，健全和完善支农档案，将此作为评定信用等级、发放联保贷款的主要依据。农户联保贷款不仅使贷款需求规模较大的农户“贷款难”问题迎刃而解，而且有效弱化了风险。

（运城市农村信用联社）

【创建信用村（镇）】 在创建信用村（镇）工作中，全系统依靠基层组织，市、县两级分别成立了由政府主要领导负责的“创建信用工程工作领导组”，部分县（市）还把创建信用工程活动纳入乡镇领导业绩考核范围，为创建工作的顺利开展提供了强有力的组织保障。截至年底，全辖信用村总数达892个、比年初增加302个，信用镇6个。

（运城市农村信用联社）

【支持粮棉生产，发展特色农业】 2004年，全市系统重视和保护粮食生产，大力发展区域特色农业。全市累计发放化肥、农药、种子、燃油及水电费等种植业贷款133250万元，重点扶持全市400万亩小麦、棉花以及日光温室等种植业。

（运城市农村信用联社）

【支持基础设施贷款，增强农业抵御风险能力】 2004年，全市系统累计发放农业基础设施贷款19742万元，发展节水农业10万亩，有力地增强了农业生产抵御风险的能力。（运城市农村信用联社）

【支持林果业发展】 2004年，为确保全市300万亩水果生产资金需求，累计发放林果业生产贷款64732万元，帮助农民解决苹果套袋、施肥、灌溉等生产费用上的资金困难。（运城市农村信用联社）

【支持畜禽养殖业】 2004年，全市信用社系统为发展节粮型畜禽养殖业，突出支持以中条、吕梁山麓为主的优质畜牧养殖。累计发放畜禽养殖贷款99338万元，帮助农民解决修建圈舍、购买幼畜、雏鸡、饲料等方面的资金困难。

（运城市农村信用联社）

【配合“为民工程”建设】 2004年，全市信用社系统积极配合市政府实施“为民工程”，加快农村劳动向二、三产业的转移，全市筹集3000万元资金，用于解决15万农村劳动力外出打工的费用等问题，为农民增收奠定了坚实的基础。

（运城市农村信用联社）

【支持农副产品加工业发展】 2004年，全市信用社根据市政府规划，立足当地优势，积极扶持发展果品、芦笋、脱水蔬菜、肉食品等农副产品加工业。对入围省“百龙工程”的粟海、忠民、维之王、中鲁、胃乐、农之龙等19个龙头企业进行重点扶持，累计发放农产品加工贷款1亿余元，有力地支持了全市农产品转化加工企业的发展。全年全市信用社累计发放农户及农业经济组织贷款667870万元，占各项贷款累放的62.2%、“三农”贷款余额较年初增加了83246万元；累计发放农户小额信用贷款217782万元，同比多投放41935万元；累计发放农户联保贷款66666万元，同比多投资27489万元，为促进全市农业增产、农民增收奠定了坚实的基础。（运城市农村信用联社）

【严把新放贷款质量关】 2004年，全市信用社严把新放贷软质量关，①不断加强对当地金融形势和行业发展情况的分析预测，对国家明令禁止的钢铁、电解铝、水泥、纺织、焦炭、汽车、房地产等行业贷款从严控制，迅速遏制了少数县、社对此类贷款的盲目投放行为。对已发放的贷款，加强信贷风险监测分析，进一步完善担保抵押手续，落实责任，积极清收；②严格执行信贷决策制度、审贷分离制度、贷款“三查”制度和大额大户贷款审批咨询制度，严禁多头多笔发放大额贷款或化整为零垒大户，严禁超单户比例发放贷款，有计划地合理营运资金。尤其是对单户100万元以上的大额大户贷款从严控制，严格审查，按照有关操作程序逐级研究，并健全审批手续，实施阳光作业，增加贷款发放的透明度，防止形成新的沉淀；③逐级建立贷款发放责任制和贷款风险追究制度，对各联社、信用社已发放的大额大户贷款加强检查监督，逐笔落实责任，及时帮助消化。对于严重违规发放贷款造成重大资金损失的，对直接责任人和相关责任人严肃处理；④把好贷款头寸，合理营运资金，保持存款增量与投放总量相适应。年初以来，全市农村信用社各项贷款净投放112002万上下齐抓共管，取得明显成效。三是澄清底数，分类帮清。各联社、信用社运用行政、法律等手段，对重点不良贷款按种类和区域澄清底子、梳成辫子、细化类别、逐笔清理，形成强大的清贷攻势。⑤实行不良贷款清收专项考核。为了调动员工的清贷积极性，全市信用社将不良贷款清理情况分类统计、输入电脑、建立台帐、三级销号，对帮清组及专职清贷员发放保障工资和联效工资。当年全市信用社共绝压不良贷款5599万元，其中绝压逾期贷款570万元，绝压双呆贷款5029万元。不良贷款占比较年初下降了5.25个百分点。（运城市农村信用联社）

【创新财务管理，努力增收节支】 2004年，市联社把减亏增盈当作全年工作的首要任务来抓，年初便制定出增盈创利工作规划，有步骤、有目标地落实增盈创利计划，积极培育盈利大县和盈利大社，并逐级制定帮扶计划，深入督查指导。首先，抓住增收节支的难点和重点，要求社主任和主管会计详细掌握每月的收支情况，不断提高会计核算意识，按照《扭亏增盈监测流程图》的要求有计划、有目标、有步骤地减亏增盈；其次，提高多元化资产比重，解决资产结构单一的问题，不断扩大新的盈利资产；第三，提高存量利息收入，对所有积欠贷款利息澄清底子、认真分析、签订计划、逐笔清收，尤其对大额贷款利息利用行政、法律等手段强制收回；第四，按照银监分局的要求，召开专门会议，周密部署，扎实铺开非信贷资产自查清理工作，认真细致地解决各类遗留问题；第五，把联社营业部减亏增盈当作各联社帮扶的首要任务，尤其对亏损额较大的营业部，分别确定一名联社主管领导亲自抓、具体管，重点抓好减亏增盈帮扶、调整存贷比例、防范支付风险、不良贷款盘活等工作，促使营业部加强财务管理，增收节支创利。同时积极总结典型经验，在临猗县组织召开了增盈创利工作现场会，推动全辖增盈创利工作的开展。当年全市农村信用社累计实现贷款利息收入58251万元，同比多收14402万元；有208个社盈余、盈余金额9306万元，盈余面达90%。亏损社由上半年末的54个减少为14个；实现利润8702万元，同比减亏增盈11562万元，经营效益大幅提高，超额实现了全年增盈创利计划。

（运城市农村信用联社）

【信用社风险防范】 2004年初便研究制定出《关于进一步加强农村信用社风险防范的规定》，并专门召开了全市信用社风险防范暨廉政建设工作会议，进一步加强职业道德教育，抓好党风廉政建设，牢固树立思想教育，制度约束、法制惩治三条防线，逐步建立和完善了一套结构合理、配置科学、程序严密、制约有效的监控机制。根据市联社的安排，各联社、信用社认真贯彻落实规章制度，尤其是按照各项风险防范规定和“风险防范监测流程图”的要求，坚持不懈地抓好防范教育，推行岗位轮换，落实员工互保，及时堵塞管理漏洞，防范了风险产生。

（运城市农村信用联社）

【审计稽核和纪检监察】 2004年，

全系统以落实各项规章制度为出发点，健全稽核队伍，发挥监督职能。在加大常规稽核力度和频率的基础上，有针对性地跟踪检查。尤其对信贷、会计、出纳、储蓄、结算等易发案件的部位和环节，坚持逐级查、经常查，做好岗位轮换和离任审计工作。并按照市联社“内部管理制度”和有关金融法规的要求，该处罚的处罚，该处分的处分，该除名的除名。通过严查重处，促进风险防范工作的落实，提高了全员遵规守纪意识。

（运城市农村信用联社）

【全面实施安全设施达标规划】 2004年，全系统坚持“花钱买安全”的原则，健全防护设施，确保各服务窗口硬件设施基本达到相关规定标准。全年全市信用社累计投资260余万元用于安全设施达标建设，先后购置安装监视监控2部、烟幕反劫器348组、防劫电子网13部、防弹玻璃700平方米、改建柜台3000平方米，全辖除少数面临扩街等原因未改造外，其余均全部达标。尤其是绛县、万荣、河津、永济、芮城、垣曲等县（市）安全设施建设领导重视、舍得投资，牢固构筑了安全保卫的“金汤防线”。同时，全市信用社进一步落实好“三防一保”联防工作，抓好全员安全知识教育，经常开展预案演练，提高了安全保卫队伍的整体素质，增强了应对突发事件的能力，确保农村信用社合规经营、稳健发展。

（运城市农村信用联社）

【农村信用社改革】 2004年全省农村信用社改革工作会议之后，市政府高度重视，迅速行动，专门成立了由常务副市长董洪运任组长以及市银监分局、人行、联社等部门负责人组成的“运城市深化农村信用社改革工作领导小组”。同时，经广泛研究讨论，制定出《运城市深化农村信用社改革宣传方案》、《清产核资实施方案》、《增资扩股工作指导意见》和《运城市人民政府关于认真清理农村信用社不良贷款的决定》。11月24日，市政府组织召开了全市深化农村信用社改革工作会议，详细安排深化改革工作。会上，胡苏平市长到会并作了重要讲话，董洪运副市长作了改革工作动员报告，市银监分局局长祁绍斌、人行行长张杰提出了具体的实施意见，市联社理事长兰创国宣读了《运城市深化农村信用社改革工作方案（讨论稿）》，并作了说明。会后，各县（市、区）政府积极动员，分别成立组织机构，制订工作方案，组织召开会议，扎扎实实、轰轰烈烈地铺开了深化农村信用社改革工作。

（运城市农村信用联社）

【深化改革与业务经营】 2004年，由于农村信用社改革时间紧、任务重、要求严，加之改革与旺季业务经营工作同步进行，头绪繁多，困难重重。为了把工作做细做好，确保改革顺利进行，市联社坚持一手抓深化改革，一手抓业务经营，理清思路，突出重点。①制定下发了《关于切实做好深化改革和业务经营工作的紧急通知》和《运城市深化农村信用社改革工作具体操作要点的指引》，将各个阶段的主要工作任务、目标、要求细化量化，便于操作。②设计出“运城市深化农村信用社改革工作进度报告表”，要求各县（市、区）重点围绕清产核资、增资扩股、清收不良贷款、改革宣传等内容，按旬上报各项主要工作进展情况，及时反馈信息，利用简报、动态等方式加强沟通与交流，促使各项工作扎实深入开展，确保了深化改革和业务经营工作齐抓并进。

（运城市农村信用联社）

【建立岗位责任制】 2004年市联社明确要求各县（市、区）联社理事长对深化改革和业务经营工作负总责，在当地深化农村信用社改革工作领导小组的统一部署下，抓好各个阶段的工作，对其他班子成员也分别明确各自职责，使增资扩股、清收不良贷款、改革工作宣传以及全年经营目标的实现等工作逐项落到实处。在密切配合、分工协作的同时，市、县两级联社将各项工作落实到每个科（股）室，并分别确定任务目标、工作责任以及具体时限。（运城市农村信用联社）

【实行逐级问责制】 2004年，为圆满顺利完成深化农村信用社改革任务和全年各项经营目标，杜绝各类案件和事故的发生，各联社、信用社从严要求、从严管理，逐级建立责权分明的问责追究机制，实行逐级负责、层层上报。由各县（市、区）联社负责对辖内信用社进行全面监督问责，发现问题及时上报；市联社向各县（市、区）联社问责，特别严重的上报市级、省级深化农村信用社改革领导组处理。对因管理不力发生重大事故的主要责任人从严处理。

（运城市农村信用联社）

【推行按期考核制】 2004年，市联社对深化农村信用社改革和业务经营两项主要工作实行逐项分期考核：①对深化农村信用社改革工作按全市改革实施方案的具体要求及方法、步骤进行考核，重点考核是否能够按期完成好各个阶段的工作任务；②按月考核资本充足率增减变化情况，考核当期比率与实现政策扶持比率的相差额；③考核增资扩股、不良贷款清收和宣传工作是否到位；④考核当年各项经营目标完成情况，重点考核“四降、两提高”指标：即存贷比例下降、不良贷款比重下降、不良贷款额下降、贷款规模下降，备付能力提高、盈利水平提高；⑤考核评价风险状况，按照风险评价考核规定按月考核，防止出现较大的经营风险；⑥考核各项工作的真实性和有效性，重点做好清产核资、不良贷款结构以及股本金的核实，保证各项工作真实、合规、有效。

（运城市农村信用联社）

【落实定期报告制】 2004年，为确保信用社改革和业务经营工作积极稳妥、全面有序推进，市联社设计出“运城市农村信用社改革工作进度报告表”，要求各联社按旬上报清产核资、增资扩股、清收不良贷款以及组织各类宣传活动等工作情况，及时总结经验、查缺补漏、督促指导工作。市联社还专门成立了由兰创国理事长负总责的“深化农村信用社改革及业务经营工作督导组”，分头对各县（市、区）的改革和业务经营工作进行检查督导和帮助，确保了农村信用社改革工作扎实有效地深入开展。

（运城市农村信用联社）

中国人寿股份公司运城分公司

【概述】 截止2004年12月底，全市系统保费总规模实现65958.42万元，其中股份公司保费收入53580.66万元，代办集团公司12377.76万元，整体同比增长—12.5%。个险首年新单保费完成21442.95万元，完成全年计划30100万元的71.24%，个险新单期交保费完成8944.51万元，占到全年期交任务7.500万元的119.26%。团险业务中的意外险保费完成1142.63万元，健康险完成2165.09万元，两项共计3307.72万元，完成全年任务3000万元的110.26%。兼业代理完成8823.18万元，完成全年任务15000万元的52.82%。团体寿险完成518.2万元，完成全年任务1300万元的39.86%。一年期赔款总支出为1627.46万元，赔付率49.2%。

（人寿保险运城分公司）

【“龙虎争霸”业务竞赛活动】 2004元月份的目标是上趸交，冲规模，通过战情通报、先进表彰、分片督战等手段，使首季的第一个战役搞得轰轰烈烈，卓有成效。到元月20日突击活动结束，共实现个险新单保费11295.78万元。二、三月份，主要围绕抓期交、调结构，争费用、增效益的目标，开展了“献上一片爱心，送上一份祝福”的节日送真情行动，结合《基本法》的逐步落实，在团队中开展了“争当优秀主管，争创优良业绩”活动，并于3月8日起分两批对全市系统的近300名主管进行了培训，以提高各级主管的责任感和事业心。第二阶段活动共收期交保费1858.92万元，使本季度的总保费达到13154.7万元，占到季度任务14500万元的91%，全年期交新单任务的27%。（人寿保险运城分公司）

【鸿鑫、康宁、英才个险期交业务推动活动】 此活动的任务3180万元。通过目标认购，风险抵押，精英带头，广大营销人员不分昼夜，宣传动员，开拓市场。同时，各单位通过举办产品说明会，集中动员，树立形象，推动业务发展。芮城支公司期交业务突飞猛进，于5月23日即实现期交保费160.91万元，完成二季任务。为了实现时间过半、个险期交达60%，保证二季期交任务的圆满完成，5月26日—6月25日，全市系统又开展了鸿鑫期交“三个一”工程突击月活动，即每位代理人在一个月时间内销售鸿鑫三年期期交保费1万元。截至活动结束，共收回鸿鑫险保费1745万元，占到任务1085万元的161%，全市系统16个营业单位，有15个超额完成了任务。河津、平陆支公司盯住目标不放松，于6月17日超额完成二季期交任务，给全市系统树立了榜样。紧接着闻喜、营业部、临猗、永济等公司争相发展，也提前完成目标。到季度末，共实现期交保费3711万元，占到二季任务的123.7%，调整了险种结构，保证了业务的持续发展。

（人寿保险运城分公司）

【期交保费业务】 2004年，期交保费业务分三个阶段进行，7月份开展了“夏日激情”业务竞赛活动，收回保费816.62万元，61位展业能手达到了期交1万或趸交4万以上目标，获得了分公司颁布发的“夏日激情”精英证书，光荣地参加了中国瑞莱斯黑泥养生城漂流节庆功表彰会。8月份开展了“国运猎英建团风暴千人大增员”活动，目标是增员1800人。截止9月底，共有1782人进入AMIS架构图，完成任务的99%。为了促进期交保费迅猛发展，实现省公司提出的“三季度底全面完成全年期交任务”的目标。8月26日—9月25日开展了“收获在金秋”业务竞赛活动，实际完成期交保费859.34万元，124人参加了分公司“收获在金秋”表彰大会。通过三大竞赛活动，全市系统实收保费1737.55万元，占到计划2073万元的84%，获得省公司精英称号的共有191人，并有5位代理人员和2位营销干部参加了总公司的“同一首歌一走进中国人寿”大型文艺晚会。圆满完成三季期交任务的公司依次为芮城126%、闻喜116%、临猗115%、夏县108%、平陆105%、万荣103%。

（人寿保险运城分公司）

【四季度个险期交活动】 目标是新单期交保费1524万元，时间从10月1日至11月20日。11月3日，根据省公司11月2日紧急会议精神，为确保四季度个险业务及总体目标的实现，分公司决定原定的竞赛时间调整为10月1日至11月30日。截止11月底，共完成新单期交保费774.28万元，占到四季任务1110万元的69.75%。12月11日，期交保费达到1005万元，在全省系统率先实现四季度1000万元期交任务，为期交任务提前完成做出突出贡献的公司为永济支公司，占到任务的137.21%，临猗支公司133.99%，万荣支公司108.82%，夏县支公司103.7%，垣曲支公司103.39%。

（人寿保险运城分公司）

【卡折式团险业务】 2004年继续开展了以爱心卡、岁岁平安、全家福、驾员险等为主的卡折式业务推广活动。在分散性业务的市场开拓上，由于对业务员的观念引导得当，再辅之以有力的考核与推动措施，通过直销、营销两条线销售卡折式保单，划整为零，抢占了分散性业务市场，形成了“小险种、大市场”的态势。截止11月底，共收入保费494.21万元，占到短险总保费2340万元（不含补充医疗）的21.1%。其中岁岁平安232.22万元、驾员乘员险116.83万元，祥和之友51.23万元，全家福76.03万元，健康伴侣17.9万元。

（人寿保险运城分公司）

【学生险业务】 2004年，学生险业务针对一些负面干预多的县(市)，坚决推行分散销售方式，起到了好的效果。在二季度即收回学平险保费462万元，占到学平险任务的30.89%。5月20日，召开了全市保险、教育、纠风、物价参加的学生保险联席会议，取得了各有关方面的支持，为学平险承保奠定了基础。秋季开学后，学生险承保进入高潮，全市系统优质服务，分片包点，强力承保。截止11月底，保费收入1210万元，占到指令性计划1150万元的105.2%，为全面实现全年短险任务起到了决定性作用。完成任务的公司有七家，依次为平陆支公司151%，河津支公司

142%，新绛支公司132.5%，分公司营业部126.5%，永济支公司108.2%，垣曲、万荣支公司105%。

（人寿保险运城分公司）

【地方效益险种开发】 2004年，市分公司严格按照总颁条款的要求，并结合地方效益险种的市场特点，开发出适合基层公司销售的险种组合，巩固了原地方性效益险种的顺利发展。截止11月底，此项业务共收回473万元，占到短险总保费的20.2%

（人寿保险运城分公司）

【银保业务】 2004年，银保业务首先是转变观念，制定措施。分公司于首季分两批组织各公司一把手到太原、古交、吕梁、孝义进行了考察学习，并召开研讨会进行市场分析，制定了发展规划和相应措施。第二是加大公关力度，联合开展活动。与建行在前半年联合开展了代理业务强势推介活动，收回保费1136.6万元；与农行在3—9月份联合开展了代理业务竞赛活动，收回保费1505.1万元。第三是树立榜样，典型引路。永济支公司不断强化银保工作的组织领导和队伍建设，巩固了与各代理机构的合作关系，在渠道维护与队伍建设方面做了很多工作，其业务进度一直遥遥领先。11月7日即完成全年任务，收回保费1550万元，占到计划的103.33%。第四是加强队伍建设，改换销售方式。通过公开招聘，组建起了由123人组成的专管员队伍，十三个销售单位中十个单位建立了专业的银保客户经理队伍，北郊部、新绛支公司分设了1—2名渠道经理，队伍建设走上良性运行轨道，为银保业务的进一步发展奠定了良好基础。同时调整销售方式，采取了在各网点进驻人员，变被动销售为主动销售，现已有82人进驻各销售网点，业务进度有了显著提高。第五是加大开拓力度，业务快速发展。11月3日，分公司对四季任务做了重新分配，各县支公司加大力度，努力奋斗，银保业务有了较快发展。特别是在银行加息之后，周保费收入保持全省前三名的业绩。截止12月5日，收回保费1650.84万元，占到四季任务2000万元的82.54%。已胜利完成任务的单位是北郊部，占到四季任务的138.08%，河津支公司127.18%，永济支公司在率先完成全年任务的基础上，完成四季任务的109.39%；稷山支公司105.58%。

（人寿保险运城分公司）

【健康险业务】 2004年，健康险业务，①在团体补充医疗保险上，不断创新，强化公关，开拓市场。在4月份与各县劳动局长、医保主任组织联谊活动时，就太平洋人寿承保盐湖区、平陆的部分业务进行了交涉，从而保住了这两块业务，收回保费60多万元。截止11月30日，团体补充医疗类保费收入815万元，完成全年计划的101.9%；②以“三八”妇女节为契机，大力销售“女性安康”保险，收回保费7.3万元；抓住人们对健康险需求旺盛的商机，强势推出“健康伴侣”保险，并得到了市场认同，现已收回17.6万元；③从自已单位做起，动员所辖县、市支公司为营销员办理了永泰年金保险，解除了营销员的后顾之忧，现已收回370余万元。同时深入展业一线，进行政策宣导，到各基层单位开展企业年金的公关工作。

（人寿保险运城分公司）

【电子信息管理】 2004年，在电子信息管理方面，①业务、财务、代理人、单证、办公自动化及其它一些自主开发的各大系统皆稳定运行，没有出现一起安全责任事故，生产用机高效运转，数据备份工作扎扎实实，机房的保密制度、安全制度，落实到位。②于1月份配合业务中心顺利进行了2003年清算工作，配合财务中心完成了2003年财务决算工作，得到了省公司业管部门和信息技术部的好评。③软件开发上，于3月份开发了短险案件管理系统，从而方便了客服中心对短险案件的管理。特别是在理赔上，加快了理赔速度，提高了理赔质量，为短险理赔的查询、统计提供了便利；于4月份开发了补充医疗保险业务的科学化、规范化管理；于5月份完成了内部网站系统改造，改造后的网站使用更方便，内容更全面，界面更友好，操作更简单；于6月份完成了业务进度综合统计报表。④对全市系统的网络进行了改造。此项工作于5月份开始实施。6月22日，河津铝厂网络的开通，标志着全市系统的网络改造工程全面完成。改造后的网络运行良好，尤其是办公自动化，运行速度加快，效率明显提高。

（人寿保险运城分公司）

【客户服务】 2004年，在客户服务方面，①以客户、业务员满意为目的，强化管理职能，全面提升客户服务水平。于1月1日下发了国寿运发［2004］1号文件《关于进一步规范业务管理的通知》，从短险上机到差错追究，从权限管理到理赔时效，对客服工作实施细则做了明确规定。②于2月份对收、付费金额与实际不相符的25000份保单，根据收付费分户卡、汇总卡逐单与电脑进行核对，并分批进行纠正，各种保金、理赔业务操作顺利。③加强理赔培训，进一步提高核赔质量。于2月25日举办了短期业务操作理赔培训班，16个柜面的70余人参加了培训，从理赔案件的上机操作到案卷标样以及理赔时效都作了详细的要求；根据省公司《理赔服务质量量化考核细则》，下发了32号文件，全力推行实务流转签字制度，保证限时服务；为了杜绝错假赔案，将理赔调查人员按片分成两个小组，各负其责，相互协作，保证了理赔调查速度。由于措施得当，大大提高了理赔时效，结案率达到90%以上，较去年提高了5个百分点。④用先进的信息技术手段服务业务发展。续期收费部、理赔部在信息技术部的支持下，开发了续期收费、失效保单、垫交保单的明细打印、查询系统及短险理赔台账系统，直接放在分公司网站上，客服中心下发文件，详细说明系统的各种功能、操作流程及使用密码，基层公司通过登陆分公司网站即可随时查询、打印、登记理赔案件等业务，从而减少了中间环节，节省了人力、物力，提高了工作效率。（人寿保险运城分公司）

【业务处理】 2004年，在业务处理方面，①强化了承保核保管理。于年初对全市系统的内勤人员进行了短期险、老业务、保全、理赔等电脑管理培训工作，对核保人员就核保的重要性、风险点、及核保的方法做了系统培训。全年总共承保77214起，拒保27起，加费承保3起，生存调查248起，有效地提高了承保质量，从源头遏制了经营风险。②建立了印章管理制度，禁止乱放乱用，规定加盖印章时，必须有印章管理员在场并同意。③对老业务后续工作进行了集中处理。于3月份对各基层的老业务核卡、归档工作进行了核查验收，要求合格率达到98%，不合格的要重新清理，限期整改，做到整改后改变过去的交费方式，当日业务随时入机，日清日结，保证财务收付费正确。从而使全市系统的老业务全部理清理顺，业务管理走上了健康有序的发展轨道。

（人寿保险运城分公司）

【财务管理】 2004年，在财务管理方面，①继续推行了财务预算管理制度。财务预算管理作为现代企业管理的重要内容，在确定企业经营目标、引导企业发展方面起着重要的核心作用。年初，按照省公司一个月上规模，十一个月调结构的总体部署，市分公司结合基层实际，对各项指标进行了阶段性分解，并进行阶段性的考核兑现。在业务支出预算上，努力做到合理有效。既能保证促进业务发展，又能最大限度地控制成本、节约费用。为了使基层公司能够真正发挥效益性险种，经过多次测试，改变了过去历年使用综合费用点的做法，而按照险种费用点给基层下发。对营业费用的预算编制，遵循“控制固定费用的增长，压缩消费性费用支出，费用向效益性业务拓展倾斜”的原则，实行单项费用预算，尽量减少机关开支，努力向一线倾斜。各基层单位都能够科学合理地根据业务进度来预算可用费用，同时根据可用费用情况，将支出项目细化到每一项费用开支科目作出预算，对于当期的费用开支做到了心中有数，充分发挥了预算的实质性作用，有效地降低了不合理的费用支出，一定程度上提高了公司整体的经营效益。②继续强化公司财务内控制度。制度是实现财会工作规范化运行的根本保证，对原有的财务制度进行了修改和完善，特别是向全市转发了省公司《保费收据管理办法》，对收据专管员再次进行明确，同时对他们进行发票上机管理的培训，进一步细化和明确了操作中各个环节的责任，使大家在有章可循的同时，也规范了基础管理工作。③适应形势要求，树立效益观念，制定并施行了分险种考核的绩效考核办法；④对全市系统的财务状况进行了财务规范化管理大检查，内容包括现金管理、发票管理、安全工作以及其他一些基础工作。（人寿保险运城分公司）

【代理人管理】 2004在代理人管理方面，①严格执行基本法，引导团队良性发展。1月1日，全市系统正式启用AMIS系统，全面实施《基本法》。严格按照要求，制定了《基本法实施过程中的若干规定》、《代理人入司、离司制度》、《孤儿保单制度》、《档案管理规定》，配合教育培训制度，对全市代理人档案回收、信息录入、佣金计算、晋升考核，实施基础性管理，以确保《基本法》的顺利执行。②对代理人个人档案进行集中管理，建立并严格执行入、离司制度和孤儿保单制度。从2月份开始，建立档案室，由专人负责对全市所有代理人档案进行分阶段、分批次验收，进行统一的管理。共收回代理人档案6000余份。③严格“三证”管理，充分利用过渡政策，促进团队发展壮大。还建立健全了“三证”管理制度，特别对代理人所持实习展业证、展业证的制作、发放、收回销毁等环节做出明确规定，由专人负责保管、领用、发放、回收、审核。截至年底，已发放展业证2803人，实习展业证1214人，收回和销毁883个展业证和实习展业证。④持证上岗常抓不懈，代理人资格考试工作扎实有效。根据保监办相关规定，将代理人持证上岗作为一项基础性工作常抓不懈。在今年前三季度的代理人资格考试中，参考人员达到了1507人，通过人员515人，通过率34%。年底，12月份的代资考报名工作已结束，已动员所有无资格证人员共1389人全部报名参考。（人寿保险运城分公司）

【补充医疗保险管理】 2004年，对新的职工团体补充医疗保险单实行集中管理，规定今年新出的保单要用电脑套打，保单须经分公司两位报价员签字，业务中心加盖业务专用章后方能生效。四月份将全市补充医疗保险参保人员基本信息从各医保中心的资料库中进行了拷贝，实现了真正意义上的资源共享，并在分公司网站上开辟职工团体补充医疗保险栏目，实现了市、县两级公司对被保险人名单动态管理，使分公司进行实时监督管理成为可能。理赔上，对补充医疗的赔案实行双重管理，由健康保险部负责赔付、理算的审核，由客服中心负责案件要素的审核。这样案件质量从内容到形式都得到保证，充分照顾到了此项业务的特殊性。在交费方式上，期初确定承保人数（参保职工基数），首笔保费进帐以后，全部参保职工的保险责任生效，期末交完应交保费。这样完全和基本医疗相融，医保认可，分公司认可，对外一个口径，对内分段承保，各自赔付。既体现了中国人寿的人性化经营，又扩大了保费规模。同时每一个赔案都要在补充医疗保险的管理系统里录入，方便了查询与统计。

（人寿保险运城分公司）

【纪检稽核工作】 业务要发展，反腐倡廉是保障；效益要提高，稽核审计要跟上。①加强职业道德教育，开展行风评议。坚持了周二、周四集中学习和平时的分散学习制度，学习政治理论，学习相关业务，宣导法律法规，努力使员工树立正确的人生观，养成良好的职业道德，从思想上确立优质服务意识。并与行风评议挂钩，开展了“树立行业新风，优化发展环境”活动，制作了征求员工意见和服务监督卡，征集基层对分公司的意见和建议，把员工置于全社会的监督之下。市纠风办、行风评议办和人大、政协、统计、公证等有关部门联合，采取在《运城日报》、《运城广播电视报》等新闻媒体上刊登评议卡和抽查暗访的方式，让公众对全市50家的优势企业的服务进行测评。评议结果，公司被评为本年度行风建设先进单位，②开展风险普查，防范经营风险。于4月26日至5月26日重点对全市系统领导、会计、出纳和业务管理中的核保、核赔等重点岗位进行了自查自纠，就发现的20余条问题做了整改，完善补充的内控制度有15处之多。业务中心补充制订了《业务档案查阅、借阅制度》、《代签保单检查与追究制度》、《投保资料真实性的检查与追究制度》；财务中心完善了计算机管理制度、收据管理制度、岗位责任考核办法、基层公司财务岗位责任考核办法等。③严格要求，做好“三项治理”。“清房、清车、治理奢侈浪费”，是省委、省政府确定的2004年工作重点之一。分公司通过召开专门会议、组织专题学习、把清房工作纳入党风廉政建设责任制考核内容等形式，保证了清房工作取得实效。在信访工作考核中，分公司制定的暂行办法、信访举报登记表、工作统计表、信访转办单等得到了市考核组的好评，并作为全市的样板向其他单位做了展览。④开展内控制度执行的自查自纠，切实加强经营管理能力。于6月下旬对公司财务会计、业务流程和稽核监督控制，特别是对会计、出纳和业务管理中的代签名、误导客户、不如实告知、客户回访等风险点高的方面进行了自查自纠检查，对相关领导及一些重要岗位的员工进行了现场教育、责任心、风险意识教育，并加大各岗位日常考核力度，从制度上规范员工行为。（人寿保险运城分公司）

人保财险运城分公司

【保费收入稳步增长】 2004年，市分公司全年实现毛保费总收入16611万元，完成年计划的109.7%，较2003年净增1520万元，增长10.1%，实现已赚净保费12740万元，占到年计划的101%。分险种看：企财险实现保费收入2166.6万元，同比增长5.2%；责任险实现保费收入558万元，同比增长0.2%；运工险实现保费收入12530万元，同比增长21.8%；货运险实现保费收入663.5万元，同比增长0.7%；但是美中不足的是家财险、意外险及其它险因市场变化等原因影响，分别下降了46.6、17.2和80.4个百分点。从各县（市）支公司完成保费任务看：①毛保费收入。全市系统除分公司清收办外，十三个县（市）支公司中除河津支公司完成年计划的91.8%，十二个经营单位全部超额完成了年计划。完成计划由高到低排名为：新降181.7%、夏县148.3%、营业部143.3%、万荣136.2%、闻喜130.7%、平陆119.9%、临猗113.1%、垣曲113%、芮城109.7%、稷山108.9%、绛县106.1%、永济100%。按增长幅度从高到低排名为：新绛80.8%、营业部41.6%、夏县41.6%、万荣35.2%、闻喜30.6%、垣曲17%、平陆13.5%、临猗13.3%、绛县8.7%、芮城8.6%、稷山8.3%、永济3%。②已赚净保费收入。在全市系统十三个经营单位中，有3个支公司没有完成已赚净保费任务，分别是河津87.9%、万荣92.8%、临猗94.7%。在完成已赚净保费10个支公司中，由高到低排名为：新绛146.3%、夏县126.6%、营业部117.7%、垣曲115%、闻喜114.4%、平陆113.4%、永济102.3%、芮城102.1%、稷山101.9%。

（人保财险运城分公司）

【完成利润再创新高】 2004年全市系统实现了业务规模与经济效益同步增长，全年实现毛利润1903万元，占到省公司下达利润计划1149万元的165.6%；全年实现已赚净利润1484.9万元，占到省公司下达计划的193%。全辖除清收办外，13个经营单位有9个公司超额完成已赚净利润计划，分别是：营业部256%、永济230%、芮城278%、新绛384%、稷山189%、河津169%、闻喜136%、绛县200%、垣曲219%。这些公司为全市系统已赚净利润计划的完成做出了应有的贡献。未完成已赚净利润计划的有：夏县45.9%、平陆42.3%、临猗支公司仅实现已赚净利润2.1万元，万荣支公司当年亏损106.7万元。全市共支（给）付各类保险事故赔款8600万元，综合结案率达到了87.2%，简单赔付率为51.8%。令人欣慰的是，各县（市）支公司抓住难得的历史机遇，积极处理清理遗留赔案，为2005年的轻装上阵，促进公司进入良性经营奠定了坚实的基础。同时，年末提取未决赔款准备金3888万元，较2003年增提了1000万元，未决赔款准备金提取充足合理、真实可靠。

（人保财险运城分公司）

【非车险业务】 为了促进非车险业务的快速发展，市分公司党委、总经理室认真分析了公司业务结构的现状，提前快速作出反应，于2004年5月份就制定了《关于开展非车险业务“百日突击竞赛”活动的实施方案》，这个实施方案制定下发比省公司制定的非车险业务考核办法还要早一个多月。竞赛活动中，市分公司党委、总经理室成员实行了包点包片支公司责任制，与县（市）支公司同奖同罚。各县（市）支公司根据市分公司的统一安排，认真动员并作为一项非常重要的工作列入主要议事日程，领导带头，摸保源、搞公关，每个员工各显神通，积极投身于竞赛活动中，克服因计划变化、市场竞争干扰等带来的诸多不利因素，千方百计发展非车险业务，绝大多数公司较好地完成了百日竞赛目标任务。7月份，省公司召开2004年上半年经营形势分析会，为落实总公司下达的2004年度团险和个险保费收入计划，进一步促进效益性非车险业务的发展，提升效益性险种上规模，实现公司结构的战略性调整，又制定了《2004年度非车险业务考核奖励办法》，这个办法提出了更严格的要求和更高的标准。市分公司为将这个考核办法落到实处，把全市业务结构调整这项战略性任务持久的进行下去，制定了《运城市分公司2004年推动非车险业务发展百日攻坚考核办法》，各县（市）支公司在全年工作接近尾声的情况下，克服工作头绪多、展业难度大、劳动强度艰巨、员工思想压力大等困难，采取积极有效的措施落实市分公司党委、总经理室的决定，采取多种方式展开公关展业，到活动结束，取得了比较好的成绩。营业部、新绛、闻喜、平陆四个公司不但超额完成了全年保费计划，而且非车险业务攻坚指标也圆满实现。（人保财险运城分公司）

【“三个中心”建设】 2004年，总公司、省公司几次通知对“三个中心”的运营情况进行全面验收检查，并提出了非常严厉的处罚办法。为迎接总公司、省公司对“三个中心”的检查验收，市分公司在“三个中心”的建设上，投入了大量的人力、物力和财力。一是对三个中心的职场环境进行改善，粉刷了室内墙壁，更新了业务流程、工作制度等版面，添置了现代化的办公设施，统一了服装和标识；二是根据省公司的统一安排，利用整整一周时间，集中时间、集中内容、集中精力从早到晚组织“三个中心”人员培训，各中心根据各自岗位的工作职能，分别对各岗位人员进行了专业知识和专业技能培训，基本达到应知应会、熟知岗位职责、熟练工作技能的标准；三是在市分公司总经理室的主持下，建立业管部、“三个中心”和信息部定期联席制度，协调解决中心运行中出现的问题，促进“三个中心”的各项功能得到充分发挥；四是规范业务流程，严格工作纪律；五是提高95518服务专线人员待遇，稳定专线人员，保证95518专线实行规范管理；六是通过行风评议、监督热线和效能监察，了解“三个中心”人员的岗位职责履行情况、服务态度、社会形象如何；七是对“三个中心”从业人员经常进行廉政教育。经过两年多的建设与运行，各岗位人员已对本职岗位有了详细了解，对工作流程驾轻就熟，对各项规章制度铭记心中，“三个中心”运行规范、顺畅，“三个中心”职能作用进一步得到发挥。

（人保财险运城分公司）

【各类数据质量进一步提高】 2004年是数据质量年，数据质量是贯穿各项工作中一个十分重要的工作。市分公司为此投入了大量的人力、物力和财力，并尽可能充实数据质量岗位人员。根据省公司《关于做好数据质量清查的通知》，市、县两级公司立即成立领导组，组织专门人员，对辖内2004年1—5月前的单证、业务、收付费、再保险和客户系统的全部数据逐单逐笔进行清查，对存在的问题进行梳理、归类和认真整改。经过各部、中心人员的连续作战和废寝忘食的工作，使公司各大系统的数据质量有了进一步提高，得到了省公司的充分肯定，为“数据质量年”活动开展画上了一个圆满的句号，使公司的各类业务数据得以彻底的澄清，为公司可持续发展提供了可靠的决策依据。

（人保财险运城分公司）

【信息技术在经营管理中的应用】

信息技术在提高管理科技含量，支持公司业务发展，支撑公司科学决策，提升业务数据质量，发挥了越来越重要的作用。信息技术部的同志克服人手少、工作头绪多、工作强度大、工作无规律、时间要求紧的诸多困难，加班加点，牺牲公休日、节假日，圆满完成了各类程序的升级、调试、运行和县（市）支公司业务用设施的装配、维修，为公司的业务发展和经营管理提供了技术上的保障，确保了信息系统的安全、可靠和高效运行。

（人保财险运城分公司）

【行风建设获得好评】 根据省公司和市政府的安排，人保财险系统被确定为2003—2004年行风评议重点单位之一。为此，市公司党委、总经理室高度重视，确定党委一名领导专人负责此项工作，各县（市）支公司按照市分公司的安排，积极开展此项工作，成立了行风建设领导组，制定了工作实施细则，采取了一系列措施，抓行评工作的落实，2004年度13个县（市）支公司顺利通过了市县两级行评办组织的行风评议验收，并取得了较好的名次，获得了各方面的一致好评。

（人保财险运城分公司）

【班子团结，队伍稳定】 2004年，市、县两级公司坚持每周二、五（或一、四）的固定学习日，深入开展了以“三个代表”重要思想和十六届三中、四中全会精神为主要内容的政治理论教育，开展了以“六条禁令”和《保险法》为主要内容的依法依规经营教育，开展了以“创先争优”和廉洁从业的党风廉政建设和反腐败斗争教育，开展了以“行风评议”和“监督热线”为主的司风司貌教育，开展了以学习贯彻《中国共产党内监督条例》和《中国共产党纪律处分条例》为主要内容的党性党规警示教育。通过各种学教活动的不断开展，在市县两级班子成员之间形成了大事讲原则，小事讲风格，工作讲奉献，工作中相互支持，生活中相互关心，分工合作，扬长避短的好局面，有效地化解了各类矛盾。不但保证了业务的正常开展，而且队伍的向心力，凝聚力、战斗力明显增强，市县两级公司全年没有发生一起重大违纪违规案件。

（人保财险运城分公司）

（责任编辑：武建华）

教　　育

教育工作

【概述】 2004年，经过全市上下的共同奋斗，出色地完成了年度目标任务，特别是在全省夺取了教育工作综合考评、中小学危房改造、教育行风建设三个第一，这在本市乃至全省教育事业发展史上是前所未有的。市教育局还被评为“全省职业教育先进集体”、“全省教育系统纪检监察先进集体”、“全市模范集体”、“全市党风廉政建设先进单位”、“全市行风建设先进单位”、“全市文明单位”、“全市百佳诚信单位”等。（贺晓东）

【教育人事制度改革】 以用人制度和分配制度改革为重点，大刀阔斧地实施中小学人事制度改革，从根本上打破了用人体制上的障碍，建立了“人员能进能出、职务能上能下、待遇能高能低”的竞争机制，优化了教师资源配置。全市285名优秀教师走上了校长岗位，561名不合格校长落聘，新聘校长队伍平均年龄43岁，比改革前年轻了5岁。全市补充新教师1428人，195名长期在编不在岗的教师和3129名临时代课教师被辞退，1896名城镇超编教师被分流到农村，865名专业不对口的教师得到转岗。《中国教育报》以“真本事才是铁饭碗”为题、《山西日报》以“让无能无为者靠边站”为题分别作了长篇专题报道。（贺晓东）

【全面实施中小学危房改造工程】 实施农村中小学危房改造工程，是省政府确定的为人民群众切实办好的十件大事之一，也是市委、市政府确定的“为民工程”的重要内容之一。

2004年初，副市长吴菊仙代表运城市人民政府与梁宾副省长签定了2004年农村中小学危房改造工程项目建设管理责任书，全市本年改造农村中小学危房的任务为278499平方米，其中B级23341平方米，C级53596平方米，D级201562平方米。根据省政府和市政府的要求，结合本市实际，制定了“运城市中小学危房改造工程实施意见”。根据各县（市、区）现有农村中小学危房情况，将任务分解到各县（市、区），并与各县（市、区）政府签订了“2004年农村中小学危房改造工程项目建设管理责任书”，各县（市、区）党委、政府高度重视此项工作，真抓实干，亲临第一线，指导、督促危改工作，广大干部群众积极投入此项工作，在全市再次掀起了“危房改造”新高潮。

市教育局积极向省有关部门反映本市教育投入的困难和处境，努力争取上级补助资金，共争取省级补助专项经费2890万元，其中专项经费1070万元（布局调整619万元、寄宿制学校180万元、补助经费202万元、师资培训24万元、职业教育63万元、维修专项经费92万元）、危改专项资金1820万元。截至年底，全市危房已开工学校728所，其中新建432所，改扩建95所，迁建14所，维修24所；已竣工学校406所，其中新建335所，改扩建43所，迁建14所，维修14所；共投入危改资金18922万元，其中省级危改资金1820万元，省级专项资金1070万元，市级专项资金30万元，县（市、区）自筹资金16002万元，其它配套资金3626.1万元，学校自筹资金5443.9万元。

全市全年共改造危房面积454832平方米，其中新建366425平方米，改扩建64966平方米，维修23441平方米，完成年初计划的163%，圆满完成了任务。（贺晓东）

【全市中小学布局进一步优化】 过去三年，本市中小学布局调整工作虽然取得了显著成绩，但是仍然存在着发展不平衡的问题。年初，市教育局出台了《运城市2004—2005年初中、小学布局调整规划》，并把中小学布局调整作为全年的工作重点之一。指导已完成调整任务的县市把工作重点转移到实施义务教育标准化建设上来，要求其它县市按照“实事求是，因地制宜，分类指导，分步实施”的原则，加大调整力度，努力使全市中小学布局更趋合理，实现义务教育整体水平的提高。河津、永济、夏县等县市本年都注重合理配置教育资源，加大了布局调整力度。到12月底，2004年全市撤并初中31所、小学104所、教学点300个，分别完成规划任务的40%、52%和58%。（贺晓东）

【义务教育标准化建设工程全面铺开】 根据省教育厅《关于实施义务教育标准化建设的意见》，市教育局争取市政府办公厅转发了市教育局《关于运城市实施义务教育标准化建设的意见》，明确了义务教育标准化建设的政府行为，制定了市义务教育标准化建设五年规划，即从2004年起，用5年时间，全市13个县（市、区）全部完成义务教育标准化县（市、区）建设任务。各县（市、区）政府结合实际，分别制定了本县（市、区）义务教育标准化建设的实施方案。临猗县政府高度重视此项工作，成立了专项工作领导组，大力宣传义务教育标准化建设的重要性，目标层层分解，坚持“目标责任落实到位，建设资金落实到位，职能部门服务到位”，着力处理好税费改革后义务教育学校建设与减轻农民负担的关系，处理好义务标准化建设与提高教育质量的关系，在全市率先完成义务教育标准化建设任务，并于12月中旬接受省教育厅组织的义务教育标准化验收工作，受到验收组的高度评价。（贺晓东）

【千所农村标准化学校建设工程圆满完成】 根据市委、市政府"为民工程"要求，运城市计划用两年时间在全市建成1000所标准化农村中小学。在上年全市建成384所标准化中小学的基础上，本年年初，市教育局适时召开各县（市、区）分管局长和教育股长工作会议，要求各县（市、区）进一步加大工作力度，层层签订目标责任书，必须在年底完成标准化中小学建设任务。市教育局在11月上旬分四组对农村标准化学校建设情况进行督促检查。于12月中旬，分十三组对各县（市、区）申报标准化学校情况逐一进行了检查验收。各县（市、区）对此项工作都非常重视，万荣县成立了以政府副县长谢启宽为组长的农村标准化学校建设领导组，各乡镇、联区、村委会、学校也成立了相应机构并确定专人负责此项工作，他们定期召开"议教会"，采用行政手段，帮助教育部门和下级办学单位解决工作中的难点问题。县人大、县政协、县两办督查室定期对学校建设中的一些热点问题进行专题审议，2004年万荣县共投入资金214.8万元，高质量建起62所标准化中小学。芮城县在年初将本年计划完成的标准化学校在《芮城新闻》上予以公示，引起社会关注，全民合力，年终圆满完成了81所标准化学校建设任务。盐湖区2004年共完成75所标准化中小学，其中政府各类拨款225万元，乡、村两级自筹475万元。至12月底，全市农村标准化学校共建成1300余所。 （贺晓东）

【教育行风建设】 2004年，全市各级各类学校全面推行校务公开制、收费公示制、行风评议制，在干部推荐、职称评聘、教职工评模、人事改革、招生、收费等热点工作中，坚持条件公开、程序公开、结果公开，主动接受群众监督，增强了教育行政执法的透明度。治理教育乱收费共查处违规收费1831.3万元，51人受到党纪政纪处分，人民群众对教育工作的满意程度明显提高。 （贺晓东）

基础教育

【教育教学质量明显提高】 2004年初，在全市教育工作会上，市教育局明确提出要旗帜鲜明抓高考，努力办人民满意的教育。一年来，全方位地加大教育教学管理力度和督查力度，加强对教育教学督导与评估；严格规范高中办学行为，坚持控制超轨制和超班容量；进一步完善教育教学评估机制。全市上下集中精力，真抓实干，2004年高考取得了喜人成绩，文史、理工、艺术、体育四大类达线总人数7463人，比上年猛增2301人，实现了高考总人数十年来首次名列全省第一的目标，尖子生群体优势明显，名牌大学录取人数大幅度增长。全市本科录取超万人，专科以上录取人数突破2万人。无论是达线人数、达线率、增长幅度、还是尖子生录取人数都实现了近十年来第一次大的突破，既"满园春色"，又"红杏出墙"。另外，飞行员招生更锦上添花，参考38人，录取21人，占到全省录取数1/3、华北地区的1/5。中考优秀率和合格率较上年分别增长76个百分点和8个百分点。 （贺晓东）

【贫困生救助工程成绩斐然】 为了巩固提高"普九"水平，实现教育公平，体现社会公正，努力做到不让一个学生因家庭经济困难而失学，降低义务教育阶段的辍学率，实现高质量、高水平的"普九"目标。根据市委书记黄有泉和组织部长王安庞关于"为民工程"的指示精神，市教育局与各县（市、区）、学校共同努力，深入实际，调查研究，摸清救助对象，建立健全贫困生、辍学生的有关档案资料。市教育局在正月13日召开了市直教育系统声势浩大的捐助大会，从教育系统内部做起，局领导每人资助2名贫困生，机关干部和市直学校领导每人资助1名贫困生，市直学校每5名教师资助1名贫困生，当天捐款5万余元。此项活动得到了市直工委的大力支持，在市教育局捐资助学大会后，市直工委在市直单位转发了市教育局《关于在初中阶段对贫困生、辍学生实施救助工程的意见》，动员市直单位党员干部行动起来，共同资助贫困生。2004年，市教育系统共捐款12万元，市直单位共捐款23万余元，共有1279名贫困生和辍学生得到资助。为了使资助贫困生工作经常化、制度化，市教育局责成专人负责此项工作，严格管理和使用救助资金，确保每个贫困生按时入学上课，同时建立了追踪、动态管理制度，将贫困生、资助人员输送信息库，随时掌握情况，调整救助任务，并且定期检查救助款项目落实情况。12月份，市教育局、市直工委专门就贫困生资助资金使用情况赴各县进行监督检查。

同时，动员城镇学生开展"手拉手"、"一帮一"或"几帮一"的救助活动，组织城镇学校积极开展贫困生救助宣传工作，动员城镇学生与本地或农村贫困生"结对子、献爱心、解困忧"，帮助贫困生完成学业。据不完全统计，全市通过"结对子"等形式使800名贫困生受益。 （贺晓东）

【认真做好进城务工就业农民子女义务教育工作】 随着运城市城市化水平的不断提高，进城务工农民子女接受教育的问题日益突出。为了巩固"普九"水平，解决好进城务工农民子女义务教育问题，通过市政府办公厅下发了《关于进一步做好进城务工就业农民子女义务教育工作的意见》，凡进城务工就业农民子女在本市流入地接受义务教育，只要具有当地公安部门为其父母或监护人签发的《暂住人口登记证》（必须是一年以上）、流出地县（区）或以上人口与计划生育部门出具的符合计划生育有关规定的证明、流出地教育行政部门出具的学籍证明（指在校生）和流出地乡（镇）政府出具的夫妻双方同时进城务工证明的农民工子女，与当地学生一视同仁，按本服务区对待。本市各级政府及有关部门都将进城务工就业农民子女义务教育工作纳入本地或本部门工作目标责任制范围，统一考核，统一要求，统筹安排，营造全社会关心和支持进城务

工就业农民子女义务教育工作的良好氛围。（贺晓东）

【学校体育工作】 组织了三次市级大型运动会。4月10日至13日，在体育中学举办了全市中学生田径运动会，共有13个单位156名运动员参加。康杰中学、运城中学、绛县中学分获团体总分前3名；10月28日至31日在康杰中学举行了高中软式排球运动会，共有11个单位14支代表队参加，康杰中学男子代表队和新绛二中女子代表队获得冠军，山西铝厂二中的男、女代表队分别获得亚军；12月2日至5日召开了全市高中篮球运动会，共有12个单位14支代表队参加，康杰中学男子代表队和运城中学女子代表队获得冠军，解州中学的女子代表队和体育中学的男子代表队获得亚军。

组团参加省大中学生运动会。5月2日至8日，市中学生代表团，参加了省教育厅在太原师范学院举行的山西省第十五届大中学生田径运动会，经过历时六天的激烈角逐，市中学生代表团5人4项创省中学运动会最高记录，共夺得16枚金牌，取得了男子团体总分第二名，女子团体总分第四名和总团体第三名的优异成绩。

成功组织2004年初中毕业生升学体育考试工作。在市教育局统一领导下，认真筹备，精心组织，于2004年5月20日至6月5日圆满完成了对全市71272名初中毕业生升学体育考试工作。

（贺晓东）

【未成年人思想道德建设】 市委、市政府先后召开三次专题会议，开展以“弘扬和培育中华民族精神教育、理想信念教育、文明行为习惯养成教育、诚信教育”为主要内容的系列教育活动；启动了创建“三结合”育人学校工程；建立的22个市级爱国主义教育基地免费向青少年开放；20多万名中小学生和近千户网吧经营者参加了“中小学生不进营业性网吧”签名活动；会同公安、文化等部门治理校园周边环境，依法取缔非法网吧53家、小卖部32家、饮食摊点92个，为全市中小学生健康成长创设了良好环境。（贺晓东）

职业与成人教育

【全市职业教育工作会议召开】 2002年7月，国务院召开了全国职业教育工作会议。2003年9月，省政府召开了全省职业教育工作会议。国家、省职业教育工作会议的召开，为职业教育的快速发展提供了难得的历史机遇。如何抢抓机遇，推进本市职成教育的快速发展，市教育局根据局领导指示，积极筹备召开全市职业教育工作会议。主管局长王秀香带领筹备人员下基层调查情况，对有关文件进行多次研究修改，广泛征求了劳动、经贸、城建、土地、工商、税务、工会等各部门意见。经过紧张筹备，2004年2月3日，全市教育工作会议、职业教育工作会议隆重召开，市四大班子领导到会并作了重要讲话。会议以运政发［2004］3号文件出台了《运城市人民政府关于大力推进职业教育改革与发展的决定》，确定了市职业教育的发展目标，制定了加快职业教育发展的多项政策措施。

6月17日至19日，经国务院批准，教育部、国家发展改革委员会、财政部、人事部、劳动保障部、农业部和国务院扶贫办等七部门联合召开了全国职业教育工作会议，会议提出：对发展职业教育的认识要有新高度，工作要上新水平，努力开拓新局面。新形势下召开的全国职业教育工作会议，为加快职业成人教育发展又提出了新的要求。为了迅速将会议精神宣传好、贯彻好，又积极筹备以市委、市政府名义召开全市职业教育工作会议。8月2日，市委、市政府召开了全市提升基础教育质量，加快职业与成人教育发展视频会议，以运政发［2004］24号文件出台了《中共运城市委、运城市人民政府关于加快职业与成人教育发展的意见》，再次对市职业成人教育的提速发展进行了总体安排部署。

（贺晓东）

【县级职业教育中心建设】 落实《教育部等七部门关于进一步加强职业教育工作的若干意见》提出的“每个县要重点办好一所中等职业技术学校或职业教育中心，并把县级中等职业技术学校或职业教育中心放到与普通高中建设同等重要的位置”的要求，市教育局在总结本市职业教育发展经验的基础上，继续坚持将县级职业教育中心建设作为职业教育发展的重点工程来抓。一年来，市教育局多次深入各县（市、区）督促检查职教中心建设情况。针对夏县、河津两县市职教中心建设上存在的问题，积极想办法，出主意，与两县市政府领导及教育部门负责同志进行了广泛交流。夏县财政十分困难，市教育局提出了探索国有民办、促进事业发展的思路；河津财政收入高，但职教中心迟迟不能启动，市教育局提出了职业学校先由乡镇搬至县城，边招生边建设的思路，促进了河津市政府建设职教中心的决心。2004年底，两县（市）职教中心建设工程已全面启动。其余11县（市）职教中心基础设施建设基本到位，教学楼、学生公寓楼、阶梯教室、礼堂、图书实验楼、餐厅、澡堂等基础设施建设已有一定规模。市教育局鼓励学校通过自筹资金或引进社会资金加强教育教学配套设施建设，建起了校园网、多媒体教室、语音室、微机室等。（贺晓东）

【加强职业教育督导评估，树立职业教育品牌】 为了促进本市职业学校创名牌、上档次，积极开展了国家级、省级重点中等职业学校的争创活动。3月份，对照国家及省级重点职业高中的评估标准，对临猗县第一职业中学、垣曲县职业中学、运城少林武术职业学校进行了评估验收，提出了三校存在的问题及改进建议，向省教育厅进行了申报。为迎接省评估专家组的评估，科室同志又多次深入三校进行业务指导，从评估文件、档案资料的准备到图书、仪器等教育教学设施的配备，从体育场所、校园环境、文化氛围到职教特色的体现，都进行了细致的检查和指导。6月份，省评估专家组对三校进行评估验收后，认为临猗县第一职业中学办学条件好，教学质量高，达到国家级重点高级职业中学标准；垣曲县职业中学、运城少林武术职业学校达到省级重点职业高中标准。

根据省“关于进行职业教育工作专项检查的通知”精神，市教育局与督导室联合，于9月2日至12日组织市职业教育专项督查组，对各县（市、区）职业教育发展情况进行了专项督查。这次督查以督政为主，提高了各县（市、区）政府对发展职业教育重要性的认识，促进了年度职业教育发展目标的落实。11月22日至29日，省职业教育专项督查组来本市督查职业教育工作，高度评价了本市加快职业教育发展的思路和做法。（贺晓东）

【加大职业学校招生力度，不断扩大职业教育办学规模】 2004年年初确立了中等职业学校招生的责任目标：保证中等职业教育招生数与普通高中教育招生数所占比例较上年增长1个百分点。为做好2004年中等职业学校招生工作，要求：（1）各县（市、区）成立高中阶段招生工作领导机构，对中职招生工作进行指导，做好初中毕业生的合理分流工作。（2）中考录取时实行了普通高中与职业高中同时录取，同时出档的做法。根据中考情况，确定中考280分以下学生，普通高中坚决不得录取，普教部门不予备案。（3）出台有利于职业学校招生的政策：中职学校可以接受普通高中学生转学，可以实行春、秋两次招生，可以在初中未毕业时提前招生，实行注册入学。（4）积极进行综合课程改革实验。在职业高中举办综合实验班的基础上，加强了普通高中的职业教育工作，实施高一、高二分流，强化职业教育；在普通高中设立职教部，扩大职业教育招生。（5）将职业教育招生任务层层分解。将全市职业教育招生任务分解到县（市、区），各县（市、区）又将职教招生任务分解到职业学校及各初中学校。（6）加大职业教育的招生宣传。在5、6、7这三个月组织了三次大的职业教育宣传活动。5月份以开展学雷锋为民服务周活动为主进行职业教育成果宣传，引导初中未毕业学生提前进入职业学校学习；6月份结合中考考试进行招生宣传，在中考填报志愿时，各中职学校组织教师分赴各初中学校讲解职业学校优势，在中考考试时发放职业教育宣传材料，帮助学生到职业学校报名；7月份深入集市、乡村组织大型职业教育宣传表演，走进考生家庭帮助家长、考生认识职业教育。（7）大力开展短期职业教育培训。2004年，要求各校要加大职业教育短期培训力度，实行灵活办学。2004年全市职业学校招生人数由2003年的2.4万增至2.8万，增长4000余人，中等职业教育招生数与普通高中招生数之比由2003年的0.7:1增长为0.8:1。（贺晓东）

【坚持以就业为导向，提高职业教育教学质量】 一年来，市教育部门紧紧抓住职业教育改革与发展中的突出问题，采取切实有效的措施，真抓实干，推动了职业教育教学质量的不断提高。（1）以就业为导向狠抓学生动手操作能力培养。根据专业就业需求，确立专业教学计划，依据专业标准按年度分步进行实施，学生毕业时达到专业合格要求。另外，及时进行用人需求预测，及早与用人单位联系，针对用人单位对人才的规格要求及时调整专业培养目标，确保毕业生岗位适应能力的增强。（2）根据就业需求推进职业资格认证，实行职业学校毕业生“双证书”制度。2004年，全市职业学校毕业生80%以上参加了职业技能鉴定，中级工种以上人数超过85%。（3）坚持就业升学两条腿走路，在抓好毕业生对口就业的同时，抓好对口升学工作。2004年，全市中职毕业生对口就业率大幅提高，数控、机械制造等专业学生就业率达到100%，许多学生未毕业就与用人单位签定了劳动合同；全市中职毕业生对口升学报名人数较2003年增长400余人，对口升学录取率超过85%。（贺晓东）

【农村劳动力转移培训】 2004年，在县职成教育中心、乡（镇）农技校、村农民文化技术学校积极开展了“百万农民大培训”活动。通过对农民富余劳动力的转移培训，农村劳动力掌握了一技之长，实现了向二、三产业转移，农村富余劳动力转移年经济效益达40亿元以上。6月17日，《中国教育报》以“‘跨一步’天高地阔”为题整版报道了本市实施农村富余劳动力转移培训战略的经验。

根据省《关于加强农村教育工作的决定》、《关于在全省实施“科教兴乡、兴县工程”的意见》及《山西省科教兴乡评估指标体系》（试行）的通知，全面启动了科教兴县、兴乡工程，其总体目标为：2004、2005两年有800个村达到“科教兴村”标准，40个乡（镇）达到“科教兴乡”标准。先后下发了《关于“科教兴村、兴乡、兴县工程”规划及实施意见》及《关于做好2004年科教兴乡评估工作的通知》。11月22日至28日，抽取职成教育专干组成评估组，对全市13个县市的37个乡（镇）的科教兴乡工作进行了评估检查。（贺晓东）

幼儿教育

【召开省级示范园流动现场会】 为了不断提高幼儿园办园水平，省教育厅对省级示范园制定了更高的标准，要求对全省180所省级示范园进行复查验收，并实行动态管理，即：优胜劣汰。本市已有6所示范园以优异成绩顺利通过，但还有12所尚未复验。

为了促进这些园尽快达标复验，4月28日，在盐湖区和万荣县召开了省级示范园流动观摩现场会。市教育局局长李晋杰出席会议并作了重要讲话，盐湖区实验幼儿园园长和万荣城镇幼儿园园长分别在大会上交流了他们的先进办园经验，与会的各县（市、区）分管幼教的局长、幼教股长、省级示范园园长及部分骨干教师先后赴盐湖区实验幼儿园和万荣城镇幼儿园实地观摩学习。

会议以后，与会代表触动很大，学到了别人的经验，看到了自己的不足。各县（市、区）急起直追，纷纷召开联席会议，商讨本县

（市、区）省级示范园的建设问题。稷山、新绛、河津当即作出了新建高标准幼儿园的决定，并立即征地、筹款、准备动工。平陆、永济、闻喜、铝厂、新绛立刻投入大量资金，为幼儿园增添设施，美化环境。教职工加班加点，积极准备工作，在短短的八个月时间里，准备复验的几个幼儿园的设施和环境焕然一新，并全部达标。

（贺晓东）

【调整幼儿园收费标准】 本市1997年调整了幼儿园收费标准后，一直执行至2004年。随着市场经济大潮的冲击，物价上涨的幅度大大超过了幼儿园的收费标准，致使幼儿园入不敷出，严重的约束着幼儿园的发展。幼教科在深入调查研究的基础上，对幼儿园的各项收支状况、对幼儿家庭的收入状况、对职工工资增长情况、对各阶层幼儿家长经济承受能力都作了反复、深入的调查研究，并与市物价局、财政局多次交涉、商议，共同召开了家长和幼儿园对调整收费标准的听证会。上年11月份，由市物价局、教育局、财政局三家联合下发了《关于调整运城市幼儿园收费标准的通知》（运价费字［2003］214号），新的收费标准从本年4月份开始执行。

至此，统一了全市幼儿园收费标准，规范了幼儿园的收费行为，制止了幼儿园的乱收费现象，减轻了幼儿家长的经济负担，保证了幼儿园经费的正常运转和幼儿园的健康发展。

继收费标准下发以后，为了进一步加强对本市幼儿园的规范化管理，又利用本园自查、各县（市、区）复查、市里抽查的形式，对全市各级各类幼儿园进行了评估复查。2004年7月30日，又下发了《关于对一、二类幼儿园评估复验情况的通报》，一类A级园7所，一类B级园22所，二类A级园46所，二类B级园132所。《通报》规定，从本年开始，对幼儿园实行动态管理，将办园水平与收费挂钩，优质优价，按类收费，这样就促使各级各类幼儿园都能不断加快改革与发展，不断提高办园水平，不断迈上新台阶，使广大幼儿都能受到高质量的学前教育。（贺晓东）

社会力量办学

【民办教育发展方兴未艾】 2004年，教育部门全面落实市政府关于发展民办教育优惠政策，成立了以副市长为组长、教育局局长为副组长的运城市民办教育发展协调领导组，坚持以规范促发展，鼓励名校办分校。严格按照举办民办学校申报条件和标准，审查每一所申报学校递交的资料，严把审批关，严格按照“六独立”，依法规范办学。全年共批准民办学校132所，投资达5.6亿元，在校生增加4.8万人。年底，全市民办学校投资达11.65亿元，学校数发展到685所，在校生达20.13万人。《中国教育报》以“手心手背都是肉”为题，对本市发展民办教育的做法进行了报道。当年高考，民办高中再创佳绩，达线超百人的学校就有3所，为本市教育改革与发展做了应有的贡献，省内外先后有25家考察团来本市观摩学习。（贺晓东）

电化教育

【教育信息化建设再创佳绩】 全市入网学校达2268所，计算机增加到3万台，多媒体教室达652座，各县（市、区）、乡镇、中心校基本实现“校校通”。新增加省级实验校10所，市级实验校76所，县级实验校116所，全市国家级实验校达到5所，省级实验校达到23所，市级实验校达到116所，县级实验校达到700余所。在此基础上，教育信息化建设重点向信息技术应用上转移，经过科学论证，引进了西安交通大学“天地网”远程教育技术，全面启动了现代远程教育工程，迅速建立了市、县两级教育信息局域网，运用卫星宽带传输平台进行直播教学实验，使本市教育信息化建设取得了显著成果，在第八届全国小学信息技术与课程整合教学观摩课评选活动中，运城市获国家级奖励2个，省级奖励28个。在全省中学生电脑作品制作活动中，获国家级奖励1个，省级奖励105个。另外，还特别注重对特色学校的建设，被教育部命名为“全国现代教育技术实验学校”的市人民路学校，就是一个典型。该校在信息技术应用方面，一直走在全省前列，受到了兄弟地市的普遍关注。5月17日，全省信息技术应用现场会在市人民路学校召开，教育部电教馆长陈志龙，省教育厅朱文焕和参会人员对本市教育信息化建设方面的工作思路和取得的显著成绩给予了高度评价。11月份，本市又被省教育厅确定为国家面向农村中小学远程教育“百亿工程”投资地市。（贺晓东）

教研教改

【基础教育课程改革实验】 随着万荣、闻喜、稷山、绛县4县自9月份进入课改实验后，基础教育课程改革在本市全面推广。2004年课改实验工作紧紧围绕“以学生发展为本，以创新精神和实践能力培养为重点”的基本理念，继续按照以提高教师队伍素质为关键、以课堂教学改革为重点、以学生评价为突破的原则，扎扎实实做好各项工作。

3月份，与市教研室联合制订了本年课改培训工作方案，4月份，组织闻喜、绛县、万荣、稷山4县行政管理人员、校长和骨干教师300余人赴省参加课改培训，使他们认识了课改的重要性，明确了课改的任务和要求。本年暑期又聘请人民教育出版社丁朝蓬副研究员、北师大课改中心宋振超博士以及各出版社各学科编委13人，于8月上旬在人民路学校和运城幼师，对新进入课改实验的四县初中所有教师、小学骨干教师进行了通识培训和学科培训。本次培训会议组织严密，专家培训具有权威性，广大教师学习积极，效果之好可谓空前。同时，各县（市、区）和学校本着“边培训，边实验，边研究，边提高”的原则，认真做好县级培训和校本培训。

在课程改革实验中，努力建立

"培训、教学和教研相结合"的实验工作方式，及时发现和研究解决课改实验中出现的各种问题，多次组织有关专家、教研员和一线教师座谈、研讨总结，以利于加强课改实验的针对性、科学性，有利于课改实验成果的积累和推广。各县（市、区）和学校结合本地（校）实际，科学实践，扎实工作。人民路学校实行学生电子成长记录袋，开发了电子信息评价系统。河津市实验小学通过市教育信息网络中心，为全市传送新教材教学实况。新绛县结合本地实际开发出《小学生古诗文素养读本》、小学数学《激活思维》、《绛州文化艺术》等乡土教材。永济银杏小学的《诗化校园》等校本课程，为学生个性发展提供了广阔的空间，提高了学生的校园生活质量。　（贺晓东）

教师队伍建设

【师资队伍建设继续加快】　为进一步强化师资队伍建设，市教育局出台了《中小学教师职业道德十条禁忌用语》，组织开展了"做人民满意的教师"主题征文活动，宣传师德师表典型。组织评选表彰全国、全省模范教师、优秀教师、"十佳优秀青年校长"、"十佳优秀青年教师"380名。启动了"百名青年骨干校长、百名青年骨干后备教育管理干部培养"和"千名青年骨干教师培训"两大工程。将635名师范毕业实习生同588名小学骨干教师换位，学生替岗实习、教师离岗培训。这一做法受到《中国教育报》特别关注，以《山西运城教师培训有新招》为题作了专题报道。组织109名中学校长到国家教育行政学院学习，616名校长到运城学院进行培训。继续进行中小学教师信息技术培训与考核，几年来，总计培训30198人，其中，合格25668人，合格率为84.9%。

（贺晓东）

【严格实施教师资格准入制度，从源头上把好教师入口关】　2004年本市首次面向社会认定教师资格，标志着教师资格准入制度全面实施。为严把教师入口关，吸引优秀人才从教，于4月和6月，先后两次召开专题会议，对认定工作进行安排部署，同时在《运城日报》、《运城教科报》等报刊媒体上，对认定政策、程序和意义进行广泛宣传，在全社会引起了强烈反响，广大教职工和社会人员踊跃报名参加资格认定。6月份，在盐湖区组织了全市教师资格认定教心学（教育学、教育心理学）考试，共有3091人报名参加，及格2417人。7月份，在黄河大厦组织了教育教学能力测试工作，全市参加测试485人，合格471人。10月份，组织人员对申请认定高级中学、中等职业学校、中等职业学校指导教师资格的1809人进行了资格审查后通过1012人，其中属社会人员认定的为471人，属师范类毕业生直接认定的为541人。　（贺晓东）

师德师风

【师德教育全员培训】　1. 组织观看《师德启思录》。作为教师，其职业道德素质的高低，直接关系到素质教育的实施，直接关系到广大青少年的健康成长，特别在实施新课程改革的今天，教师的职业道德显得更为重要。暑假期间，组织全市中小学教师观看了国家教育部编辑发行的《师德启思录》，要求广大教师认真记好笔记，并针对社会上的拜金主义、个人主义、享乐主义等不良现象展开讨论和交流，并撰写学习体会或感想。

2. 继续学习落实运城市教育局2003年制订的《中小学教师职业道德"十要"、"十禁"规定》，进一步规范全市中小学教师的教育教学工作和生活行为，本年重点是禁止教师有偿补课、辅导和家教。康中、市实验中学及大部分县（市、区）都根据本规定，制订本单位具体实施细则，并严查违反规定的教师，大大扭转了教师有偿补课、有偿办班等不良现象。

3. 5月下旬，制订出台了《运城市中小学教师职业道德"十条"禁忌用语》，主要目的是要引导教师从依靠简单的教育管理方法，转移到认真研究教育教学规律和学生成长规律，注重人本教育，尊重学生，尊重人权。《中国教育报》6月19日在头版对此作了报道。

（贺晓东）

招生考试

【2004年招生工作情况】　报考人数继续增加。2004年"三考"各类考生共计117109人，比2003年的110613人增加了6496人，是本市历史上考生最多的一年。其中高考考生35356人，比上年增加5302人，增长17.64%；中考考生71272人，比上年增加了9062人，增长14.56%；成考考生10481人，虽比上年减少7869人，但仍名列全省第二，仅次于太原市。

录取人数不断攀升。经过招生录取，全市高考共录取各类考生18742人（军事、公安院校录取不在统计之内），比2003年的16437人增加了2305人。其中本科9025人，占录取人数的48.15%；专科9717人，占录取人数的51.85%。另外录取飞行员21人（解州中学苗子班16人），约占全省录取人数的1/3，创造了全省招飞工作的新纪录。

中考共录取新生51412人，录取率为72%。其中普通高中录取33000人，占录取总人数的64.19%；师范类3040人，占录取总人数的5.91%；高职录取3182人，占录取总数的6.19%；中专录取4190人，占录取总数的8.15%；高职录取8000人，占录取总数的15.56%。

成考录取总人数为8913人，其中专升本录取2531人，高起本录取183人，专科录取6199人，平均录取率为85%，比2003年高了18个百分点。　（贺晓东）

高等教育

电视教育

【招生工作】　招生工作作为学校生存和发展的生命工程，得到学校领导的高度重视，学校抽调精兵强将，组建了招生就业处，并提出了

"地球天天转，招生天天做"的招生工作方案，深入基层广泛进行招生宣传。2004年共招生1591人，其中普通专科59人，成人大专744人，开放教育本专科518人，对口升学辅导270人。

继续教育工作在校领导的高度重视和支持下，取得了可喜成绩，2004年组织保险代理人考试4次累计5895人次；首次开办对口升学培训班招生270人；经过多方努力最终使电大成为"教育部全国中小学教育继续教育网"的远程教育实验市（区）的依托单位，为做好中小学教师继续教育奠定了基础。

"一村一名大学生计划"作为教育部启动、中央电大组织实施的服务"三农"的一项重大举措，学校领导给予了高度重视。充分发挥地市级电大桥梁作用，深入农村积极进行招生宣传发动工作。2004年"一村一名大学生"招生221人，名列全省之首，受到中央电大和省电大的肯定和称赞。（樊振华）

【教学改革】　内强素质，外树形象，质量兴校，服务为先。学校以"中央电大人才培养模式改革和开放教育试点"为契机，以深化教学改革为动力，强化内部管理为手段，提高教学质量为目的，积极进行人才培养模式的改革和探索，提出了两个"3＋2"教学改革模式（第一个3＋2模式：自学、小组协作学习、面授辅导三种学习形式，支持服务系统和质量监控系统；第二个3＋2模式：专业导学图，课程导学图，技术导学图，服务管理流程图和教学过程管理流程图）指导教学实践并在实践中不断完善，取得了良好的教学效果。

（樊振华）

【安居工程】　没有自己的校园一直是制约电大发展的首要问题，新一届领导班子把校园建设列入工作的重要日程，经过多方论证，全面考察反复研究，一致通过了重新选址，建设新校园的方案，并按照这一既定方针，卓有成效地开始了新校园的选址及规划工作。并有望在2005年使新校园的建设初具规模，满足现代远程教育发展需要，服务本市的经济和社会发展。

（樊振华）

（责任编辑：石少青）

科　学　技　术

科协工作

【学习型机关创建】 2004年，为了营造机关良好的学习氛围，市科协在原有出台的《机关学习方案》的基础上，又出台了《学习考核奖励办法》，将学习纳入了工作人员年度考核范畴，并先后为多名取得高一级学历和技能的同志报销了学杂费；为了提高工作人员的政治思想素质和业务素质，市科协将“公道正派树形象”学习教育活动融入到机关日常学习教育之中，继续坚持周一集中学习，一以贯之。为了碰撞思想，交流工作，一年来，市科协共先后接待了三个省内外兄弟地市科协的来运考察团，并组团前往临汾考察学习了农技协工作。

（李伶旗）

【机关制度化建设】 年初，抽调专人，历经一个多月的收集、整理、编辑出台了涵盖各项工作职责、实施方案、规章制度、管理办法、行为守则等三十余项的《运城市科协团体自身改革创新，争创市级精神文明单位资料汇编》，并将部分工作制度和每位工作人员的工作职责制成了喷绘板面，悬挂上墙，便于同志们在日常工作中遵照执行。该汇编实施以来，机关各项工作井然有序，效果明显。

（李伶旗）

【打造科协团队精神】 为了强化工作人员的职业道德，市科协制定出台了工作人员《职业道德守则》和《行为规范准则》，并围绕“科协精神”，在机关内部掀起了大讨论浪潮。经字斟句酌、反复推敲，将职业道德行为规范确定为“求真务实、爱岗敬业、自强不息、亲贤爱才、科学进步”二十个字。为了找准科协机关自身和科级以上干部在作风建设上存在的问题，组织召开了“市、县科协主席座谈会”，虚心听取了基层同志的意见和建议，并比照县处级干部民主征求意见的办法，向机关全体人员和离退休老干部发放了《科级以上干部民主征求意见表》，组织召开了科级以上干部民主生活会。为了加大科协系统的宣传力度，在《运城科协》期刊的编辑方面，严格遵照“新、快、实”的办刊方针，年出刊16期，较好地发挥了喉舌作用。为了营造民主化办会氛围，市科协还在机关内部组织开展了“假如我是科协主席”大讨论活动。讨论会上，同志们畅所欲言，各抒己见，初步勾画出了市科协新一轮发展战略的大体轮廓。为了打造科协系统的团队精神，市科协继续成功地举办了“运城市第三届科技工作者新春茶话会”、运城市科协机关第四届“九·九”重阳节老干部茶话会，并组织机关全体人员和离退休老干部游览了皇城相府和云台山风光，组织市心理卫生协会的专家为机关全体人员及部分科技人员进行了健康体检。（李伶旗）

【科普影视宣传】 2004年，市科协经多方努力，与市电视台再度达成了合作协议，并在运城一台、三台开办了“田野风”栏目。该栏目自10月1日开播以来，共播出特种蔬菜、反季节鲜食葡萄、五化养猪技术等50余项，备受农民朋友欢迎。万荣、新绛开办的“科普之窗”和“健康讲座”栏目，也连同“田野风”一道成为运城科普影视宣传的知名品牌。（李伶旗）

【农村科普工作】 2004年，市科协在深化农函大招生和教学的同时，继续加大了柳村直属班的建设力度。“直属班”的办学模式及经验被省科协极力推崇，并号召在全省范围内推广。市科协亦因此赢得了柳村村民自发送来的“科技保姆”牌匾。在农技协工作方面，市科协年初印发了《关于对各级农技协进行整顿、注册、登记的通知》。全年累计确定骨干农技协组织37家，登记注册农技协320家，并在他们中间，全面推行了“会员卡”跟踪制度。赴临汾学习考察归来之后，市科协再次组织召开了专题会议，系统总结了临汾经验，并客观公正地查找出了农技协现存的问题，提出了相应的整改措施。经整顿整改，全市涌现出了诸如“夏县现代农业研究会”、“盐湖区稀特果品协会”等一批新兴的先进农技协典型。据统计，一年来，市、县科协共完成了800余名农函大学员的技术培训工作，累计以办班或讲座等形式培训农技人员6万余人次。截至年底，全市共组建规范化运营型农技协组织1986个，覆盖会员数万名；建有各类科普示范基地41个，年推广新技术30多项、新品种50多个。（李伶旗）

【科普宣传活动】 在“四下乡”活动中，市科协邀请陕西航天事业发展中心的辅导老师，在活动中展出和演示了自制的大型“捆绑式”火箭模型及飞机模型，营造出“欢快、新奇”的活动氛围。在科技周活动中，市科协从夏县调回了15米长的大幅喷绘挂图和2000余份番茄培育技术资料，这些资料技术实用，图文并茂，深得好评。在“6·29科普日”活动中，市科协首次争取到了社会赞助，并于6月29日这天，科普志愿者统一身着“奇强文化衫”，在河东东街，顶着酷暑面向市民广泛开展了科普宣传活动。据统计：本次活动共展出“人畜共患病”科普挂图80余张，发放科普资料5000余份，为20余名群众进行义诊，从而拉开了全市开展“全国科普日”暨首届“科普三晋行”系列活动的序幕。

（李伶旗）

【科普组织网络建设】 2004年市科协继续加大民企科协的创建力度，协助垣曲、闻喜完成了茧丝绸、宏伟玻璃器皿、银光镁业、煤机公司等4个企业科协的组建工作，从而使得全市民营企业科协组建工作名列全省榜首。阳光集团科协因工作业绩突出，喜获“全国先进企业科协”光荣称号。在乡镇科协组织建设方面，促使盐湖区对所辖乡镇科协专干进行了调整和充实，万荣、垣曲科协再度以县委组织部的名义下文明确了乡镇科协主席，绛县科协还为7个乡镇配备了专职秘书长，205个行政村组建起了科普分会，永济、夏县、芮城等县（市）还专门开办了乡村科协专干培训班。（李伶旗）

【学会制度建设】 一年来，市科协继续加大对市属学会的制度化建设力度，制定出台了《运城市学会工作组织条例》和《运城市学会换届办法》，促使非公有制、珠算、会计、公路、质量、计算机等13家学会严格按照规定程序进行了换届，并在新成立的学会中，推行实施了“实地考察制”，先后对6家新成立的学会实施了事前实地考察，使得这些学会从入会之初便步入了制度化、规范化的管理轨道。

（李伶旗）

【学会组织建设】 2004年，市科协继续加大了自主经营型学会的组建工作，先后筹划组建了“市红枣协会”、“市高效简化棉协会”等6家脱离行政依附的、自主经营型的学会组织，初步形成了“学会+实体科技人员”的经营格局。尤其值得一提的是，还创造性地组建了跨区域经营型的黄河金三角果业协会，创建了全省首家股份制经营型的运城市蔬菜协会。（李伶旗）

【争取社会职能】 一年来，市科协经多方协调，促使市医学会组建起了两个专家委员会，全年累计鉴定受理医疗事故24起；促使市珠算协会在原有珠算鉴定的基础上，又争取到了珠心算鉴定职能；促使市计量协会和市标准化协会分别参与了企业标准制定和绿色认证工作；促使市中医药学会承担起了职业医师的考评培训工作；促使市工程咨询协会成立起了专家委员会，参与了全市部分重大项目的预审、评估、可行性报告的制定工作。

（李伶旗）

【促进学术交流】 2004年，学术交流活动异彩纷呈，全市上下涌现出了一批精品活动。如：市科协举办的“科技创造未来”系列报告会，市林学会和市护理学会举办的专题研讨会，市中医药学会举办的“中医专科病研讨及成果推广会”，市中医药学会与市民营医疗机构发展协会联合举办的“中国·运城疑难病活动周”，以及市医学会举办了“学术月”和“消化内科学术年会”等。

据统计，市属学会2004年共组织开展学术交流51次，参加交流人数4384人次；邀请专家来运讲学201次，听讲人数达3.7万余人；累计在省、市级刊物、会议上交流论文369篇，其中省级18篇、市级251篇；出版学术刊物9期，发行约2.8万份；提出合理化建议406条，被政府采纳24条；签订厂会协作项目15项、科技咨询项目144项，实现经济效益近亿元；开展科技培训667次，受益人数达25万余人。（李伶旗）

【青少年科技工作】 2004年，市科协举办了“以探究身边的科学”为主题的第十九届运城市青少年科技创新大赛。经评委认真评选，共评选出发明作品、科学论文、科幻绘画一、二、三等奖300余件。经逐级向上推荐，共获各类奖项43件，获优秀组织奖2个、优秀科技教师奖3名。市康杰中学董明同学的科技论文还出席参加了全国第十九届青少年科技创新大赛，荣获全国优秀项目三等奖，他本人也因此获得高考加10分的资格。市实验中学吕晶同学的科幻绘画作品，亦获全国大赛三等奖。

组织开展了四次较大规模的青少年科普系列活动。（1）举办了“运城市首届青少年智力七巧板竞赛活动”，全市共有3000余名小学生参加了此项活动。（2）举办了以“祖国腾飞”为主题的青少年计算机作品征集活动。其中两件电脑平面绘画获全国二等奖，三件网页制作获全国三等奖。（3）会同市教育局、省农科院于国庆长假期间联合举办了“热爱自然，保护环境——世界昆虫等无脊椎动物科普展览”活动，共接待参观学生4000余名。（4）在全市十所中小学校，举办了历届青少年科幻绘画获奖作品巡回展出活动和气象科普基地参观。此外，为了切实提高全市科技辅导老师的业务素质，市科协还在科技辅导老师中广泛开展了以“学习型社会与青少年科技素质培养”为主题的论文征集活动，共有6篇作品获全国二、三等奖，组织部分科技辅导老师出席参加了“全国青少年学术年会”和“全国教育工作者科教创新骨干培训班”。（李伶旗）

【科技咨询工作】 面对日趋激烈的市场竞争，运城市科技开发咨询中心提出了“自加压力、站稳脚跟、拓展职能、优化服务”的工作方针。对内进一步强化了职业道德建设，优化了服务环境，提高了服务质量和水平；对外继续实施了中介奖励制度，拓宽了服务领域，促进科技成果转化和“金桥工程”的实施。此外，为了展示成果，再铸辉煌，市科技开发咨询中心还举办了庆祝中心成立二十周年纪念活动。通过组织座谈，科学地分析了当前形势和存在问题。据统计：全年累计完成合同项目20多项，实现合同金额100余万元。市科技开发咨询中心亦因成绩突出，再度荣获全省“金牛奖”和先进集体一等奖。（李伶旗）

防震工作

【概况】 2004年，在市委、市政府和省地震局的正确领导下，按照年初全市防震减灾工作会议提出的工作思路和目标，以大宣传推进大演练，大演练推进防震减灾事业大发展。全年主要进行了召开全市防震减灾工作会议，地震系统内部开展应急演练，全市通信、电力、供电系统开展地震应急演练，闻喜开展地震应急综合演练，举办全市地震局长培训班，全面工作健康持续稳定发展，迈上了一个新的台级。在全国市级防震减灾工作综合评比中荣获三等奖，在全省评比中荣获一等奖，被市委政府授予市级文明单位。（胡宗勇）

【加强防震减灾领导】 4月9日，市政府在关铝厅召开2004年防震减灾工作会议，各县（市、区）政府、开发区管委会领导、地震局长、市指挥部成员、市直有关单位、大中型企业负责人参加了会议。省地震局副局长刘松清、市人大副主任刘振龙、副市长吴菊仙、市政协副主席史海涌、以及市委宣传部副部长黄勋会、市地震局长王满顺等参加会议并作了讲话。吴菊仙副市长在会上与各县（市、区）政府签定了年度工作目标责任书，并要求各级政府、各有关单位要提高认识，加强领导，依法行政，努力落实好省人大防震减灾执法成果，狠抓整改、落实“两个纳入”，采取措施、加强工程抗震管理，健全体系、提高地震应急能力，更新网络、提高地震监控水平，努力建立健全防震减灾三大工作体系。市地震局局长工满顺通报了震情，对“12345”的工作目标任务进行了具体的安排，即：启动一个震害预测项目，更新遥测台网和电磁波两个网络，搞好重点单位、学校、闻喜县三个演练，建立三网一员、志愿者、地震系统科普教员、重点单位科普宣传员四支队伍，完成“3111”宣传工程、落实“两个纳入”、地震系统全员培训、成立科技服务中心、完善审批程序五项任务。

（胡宗勇）

【防震减灾宣传】 为强化对防震减灾宣传工作的领导，市委宣传部与市地震局联合下发了《关于做好2004年“7·28”防震减灾宣传周活动的通知》，市地震局与教育局联合下发了《关于搞好学校地震科普宣传和应急避震演练活动的通知》。3月，在全市开展了形式多样的纪念《防震减灾法》实施六周年宣传活动。市地震局在机关内部开展地震科普知识演讲竞赛活动。5月，参加由市政府法制办组织的行政许可法宣传和防震法规宣传。7月在全市开展大规模的防震减灾知识宣传活动，在通信、卫生、供电等系统开展应急演练，使防震宣传更具实效。9月，在全市学校开展防震减灾知识教育和应急避震演练。12月，利用全国法制日进行防震法规宣传，使防震减灾法规和地震知识基本上达到家喻户晓。（胡宗勇）

【强化地震应急演练】 市政府将修订地震应急预案列入行政审批程序，建立了重点单位灾害专业救援队伍、社区应急救援志愿者队伍并适时进行救援技能培训和应急演练。

1．地震系统内部演练。6月，市地震局下文安排在全系统开展内强素质外树形象的地震系统内部应急演练。之后，市地震局全体人员冒着酷暑在局机关大院进行了地震应急预案启动演练。局领导组、震情监视组、分析预报组、震害考察组、宏观考察组和后勤保障组按照预案规定的职责任务、应急程序，进行了11个科目的应急演练。整个演练持续1个多小时，全体人员在烈日下精神饱满、态度认真，回答准确、操作熟练，达到了磨练意志、提高应急能力的效果。第二天，各县（市、区）地震系统应急演练在各辖区进行，市地震局给各县市派出了督导人员，省地震局副局长刘松清、市政府副市长吴菊仙对地震系统的演练进行了观摩指导并给予充分肯定。

2．重点单位地震应急演练。7月，全市通讯、供电、卫生三个系统同一时间、不同地点在各辖区进行地震应急演练。9时整，市通信公司的光缆抢修组、线路抢修组、电台抢修组、海事卫星电话保障组、设备保障组和动力保障组在接到命令后，分别用5—10分钟完成抢修和设备架设任务；市中心医院的现场抢救、早期救治、伤员后送、后勤保障、医疗器械保障五支队伍分别进行了对脊柱、上下肢骨折固定，对头部、上下肢出血包扎止血，对窒息伤员进行心脏起搏、输液等早期救治以及后送等科目的演练；供电公司三支抢修、抢险队伍分别进行了变电设备抢修、塔线断电线路抢修和启动移动发电机临时供电等科目演练。省地震局副局长樊琦、市政府副市长吴菊仙等领导观摩了各系统的演练并给予充分肯定。

3．闻喜县地震应急综合演练。为搞好闻喜县地震应急演练，市政府成立了领导组，市地震局积极协助策划，蹲点指导。市政府副秘书长史凌云带领督察组多次进行督导。闻喜县委、政府高度重视，严密组织，有关部门和单位履行职责，认真演练，全社会积极支持、广泛参与，为演练的成功奠定了坚实的基础。

11月18日，演练在闻喜县人民广场进行。8点30分，地震警报声响，广场附近的县四大班子办公楼、学校以及社区的干部职工、学生、居民迅速有序地疏散到开阔的广场进行避震。社区的志愿者立即搭建起帐篷、设立了宣传点、心理咨询点、医疗救护点，做好群众稳定工作。县地震局进行震情上报，总指挥、县委书记荆青莲下达应急命令。541工厂和海鑫两个重工企业分别进行了医疗救护、自救互救和伤员后送演练。县武装部长带领有民兵、城建、卫生等部门组成的综合救援队伍进行了压埋人员抢救，对出血、窒息的伤员进行包扎、止血和心脏起搏演练。通讯、供电、供水、交通组进行了抢修抢险和保障演练。公安和交警维护震时震后社会治安，卫生防疫部门对震区进行消毒演练。发改局、民政局进行后勤保障和灾民抚慰安置工作。整个演练，指挥有序、情节紧凑、假戏真做。共有50个单位千余人参加了演练，动用各种车辆器械50余辆（台）。山西省地震局局长赵新平、中国地震局王志秋处长以及有关兄弟省市地震局领导在市人大副主任刘冠生、副市长柴林山、市政协副主席史海涌等领导陪同下观摩了演练并对演练给予充分肯定，赞扬运城的地震应急演练一年比一年好，很好地落实了地震应急法规和科学发展观，演练决策科学，反应迅速，高效有序，处置有力，增强了各级政府忧患意识和应急能力，提高了全社会防震减灾意识和自救互救能力。（胡宗勇）

【防震减灾法制建设】 建立健全机关执法监督领导组和复议机构，建立了全市地震系统行政执法人员档案，严格落实行政执法责任制。为提高全市地震局长和执法人员的执法能力和综合素质，9月，市地震局在垣曲县举办全市地震局长培训班，各县（市、区）地震局长、副局长、企业地震办主任、台长以及市里科以上干部共50人参加了培训。垣曲县县委书记崔克信、副县长鲁建功出席了培训班的开幕式。

这次培训是全面贯彻全省防震减灾工作会议精神，落实年初工作目标任务采取的举措，市地震局局长王满顺首先传达了全省防震减灾会议精神，强调要深入贯彻国务院、省政府提出的"实现三大战略、做到七个必须、突出六个重点、消灭三个盲区"的要求。其次要求做好一个地震局长必须具备领导、组织、决策、说服、协调五大能力。贯彻好一个思想，即"三个代表"重要思想；树立两个观念，依法负责和依法防震观念；明确三个关系，即防震减灾不是中心但能影响中心，不是大局但能左右大局，不能直接产生经济效益但可以避免多年的经济效益毁于一旦；树立四种意识，即忧患意识、责任意识、法律意识、效益意识；掌握五大原则，即政府领导、部门协作、社会参与、依法防震、依靠科技五个原则；做到五好，即好班长、好班子、好队伍、好思路、好制度，以创新精神、拼搏精神、奉献精神做好防震减灾工作，努力开创运城防震减灾工作新局面。副局长胡吉星就依法加强对防震减灾工作的管理进行了辅导。总工梁建华讲解了地震监测预报基础知识。永济地震局副局长薛润生介绍了永济城市社区地震应急救援志愿者工作经验。通过培训，提高了全市地震局长、执法人员的整体素质、工作能力和执法水平。 （胡宗勇）

【工程抗震管理】 认真落实防震减灾法律法规，依法加强对建设工程抗震设防要求管理，严格执行网上行政审批制度和审批程序。为解决抗震设防要求管理被动、滞后的问题，市地震系统执法人员坚持防震减灾法规宣传上门、执法管理上门、抗震技术宣传上门，树立了地震行政执法队伍的良好形象。4月，永济市副市长戈建龙主持召开永济市房地产企业工程抗震管理座谈会，地震、城建以及房地产企业、建设单位负责人参加了会议，会议要求认真落实防震减灾法律法规，加强部门协作，各司其职，各负其责，努力提高工程抗震能力。8月，市地震局副局长张兴龙带领执法检查组，在夏县地震局的配合下，对夏县建设工程抗震设防工作进行专项检查，通过广泛的舆论宣传和执法检查，提高了该县建筑业主和工程建筑单位对抗震设防要求管理的认识，没有进行抗震设防要求审批的单位主动到该县行政审批大厅，地震窗口进行登记审批。2004年禹都花园、金世房地产等40余家工程建设单位依法到地震局进行了抗震设防要求审批，金兆房地产、运中两家工程单位依法做了安评，御溪花苑、农副产品交易中心等40栋楼房进行了单体震害预测，抗震设防管理逐步步入依法管理的轨道。

（胡宗勇）

气象工作

【年度气候特点】 2004年，从春到秋降水持续偏少，气温偏高，出现干旱并发展。影响到了小麦的后期生长，并给复播和秋粮生长带来困难。冬季雪多，保证了冬小麦的安全越冬。

年平均气温14.4℃，比历史平均值高1.3℃，年平均总降水量467.1mm，比历史平均值少48.6mm。 （冯　钢）

【气象预报服务】 2月18日，市气象台准确预报了2月19日夜间到20日夜间的本年首次中雨天气。4月6日，准确预报了4月8日的霜冻天气，在通过媒体向公众进行发布的同时积极提供相关服务。麦收期间，市气象台在专题预报中对主要降水时段和晴好天气作出了准确预报，并通过手机短信、"121"电话、广播电视、报纸等信息媒体加大了气象服务工作力度，广大麦农根据预报和建议，抓紧对收获小麦的晾晒，并在6月7日降水结束后抢墒复播。在6月10日和16日的局部地区强对流的冰雹大风的短时预报服务中，市气象台均提前3小时报出了垣曲、万荣境内的冰雹和阵性大风天气，万荣县气象局收到预报后及时组织高炮消雹作业，最大限度地减轻了雹灾损失。

在6月18日至29日高温天气预报服务过程中，市气象台连续10余天发布高温天气预报，并准确预报了6月29日至30日全市发生中到大雨、局部暴雨天气，获得多项预报奖；在主汛期7到8月期间，市气象台准确预报了先后出现的4次较大降水天气过程，并以重要天气报告形式通过新闻媒体发布了暴雨警报；在9月份收秋麦播期间的3次明显降水均在72小时前准确发布，为本年秋收种麦提供了优质的气象服务。

在11月24日全市出现入冬第一场大范围雨雪天气的预报服务中，市气象局及时将预报信息传送给各高速公路、汽运公司、运输大户，充分发挥气象在减少交通事故中的作用。 （冯　钢）

【气象信息服务】 由农业网站、"12121"电话自动答询系统和以手机短信平台三部分有机结合组成的气象防灾减灾警报网，为广大农民群众和城乡各界用户提供了内容丰富的综合信息服务。农业网站不断完善充实服务内容，开展了包括关键期气象预报、旬、月预报、气候实况、气候与农业生产、土壤墒情等气象专题服务；在春播期和作物生长期提供各种种子、苗木、粮油作物、林果等信息1000余条，上网供求信息达2000余条；同时坚持每季度以图文并茂的形式更新一次农展栏目，在运城市第四届农业新技术新产品展示展销会上，市气象局首家承办了全部农业信息网刊录工作。

6月7日，新一代"12121"系统切换开通，在全市范围内实现了统一制作、管理、计费，增加了音乐娱乐、幽默笑话、专家热线、短信息订制等信箱，实现了各县、市预报远程登陆、电话传真、自动更新、用户回访以及预报情报等多项功能。有效整合了市、县两级的人力、设备、技术资源，从整体上规范和提高信息服务的质量品位，汛期内日平均拨打次数达万余次，比原来增加30%以上，且出现了淡季不淡的良好势头。

电视预报制作在原城市预报、周边预报、旅游景点预报的基础上，增加农业与气象栏目，推出农事、农情预报、生活健康指数和气象科普知识等6个方面内容。在市电视台《田野风》节目中开办了农事建议专栏，并与市农业局合作，每星期两次发布作物田间管理、病虫害防治等比较适时、针对性强的农事建议，被农民称为农业管护的“风向标”；在气象专业用户服务方面，从年初开始就对气象专业户实行网上服务、传真服务、电话服务和手机短信服务；对专业气象生活指数预报严格按规范制作，现对外发布的有森林火险、气象等级、晨练指数、环境气象等级、紫外线指数、舒适度等8种指数预报。

（冯 钢）

【业务现代化建设进一步加强】 1. 完成了全市NOTES网延伸到县局的建设任务，为实现全市办公自动化做好了技术保障；2. 完成了全市宽带网VPN虚拟视频网络传输建设，明显提升了气象信息、业务发报、天气会商信息的传输能力；3. 完成了713数字化雷达的选址和可行性论证工作；4. 维护和保障了全市已建的5个自动站探测业务运行；5. 全市实现了以互联网为载体的市农业综合信息网站报文公文办公传输；6. 通过投资购置GPS卫星定位技术设备，在防灾减灾增雨消雹作业中，实现了锁定空中目标，精确作业范围的效果；7. 运城市人工增雨基地与雷达监测中心大楼工程基建项目正式投入主体建设阶段。 （冯 钢）

【拓展业务服务领域】 1. 人工增雨气象服务方面，向大型企业生产用水和城市供水的增雨气象服务方向发展。为南风集团芒硝生产开展了旱时的小范围人工增雨气象服务；在夏县白沙河水库开展了用水人工增雨保障气象服务，已取得明显的服务效益。

2. 决策气象服务向预测预警地质自然灾害的决策服务方向渗透。与市国土资源局达成协议，联合开展地质灾害气象预报预警服务工作。

3. 积极主动地与运城民航机场协商，开展机场导航、调度管理气象服务。在运城民航机场通航前夕，于11月30日至12月4日校飞期间抽调3名业务骨干进入机场值班，采集风、能见度、温度等相关气象资料，提供适时天气预报，从气象方面保障了校飞成功。

4. 气象信息服务方式向集团化、集约化、信息平台化方向发展，对原有的“12121”咨询，农业综合信息网，手机商用短信服务资源进行科学重组整合，加大力度拓展用户空间和服务信息内容，构筑一个服务内容丰富、用户品位高雅的防灾减灾气象信息平台。

5. 进一步加大气象现代化建设步伐，切实提高气象业务服务综合实力，加速MM5灾害性天气短时预报和临近预警系统研制建设和一批相关预报领域的重要项目研究；继续对MICAPS2.0版系统的二次开发及制作预报；充分利用因特网的优势开发网上气象服务信息、传输气象情报信息。

6. 在全市气象部门安装了以宽带为基础的虚拟VPN可视传输会商系统，于8月上旬完成了系统的安装调试，正式投入使用，大大增强了重大灾害性天气的上下级联动预报预警服务能力。 （冯 钢）

【科技兴气象战略】 1. 进一步明确“凡外出培训，必须在单位传授讲课”的规定。这一规定在提高外出人员参加培训学习责任心的同时，又对相关业务人员及时了解掌握科技发展动态和新技术应用有很大益处。

2. 积极鼓励科研人员从事气象科研论文撰写，年内先后有9篇论文在期刊上发表或参加学术交流，另有5篇论文参加全省气象学术会议交流，其中1篇获得二等优秀论文奖，3篇获三等优秀论文奖。

3. 适时出台了《运城市气象科研工作暂行管理办法》，积极鼓励申请省气象局和地方科研项目，对申请市气象局科研项目的用途、目的、验收、奖惩等提出明确管理规定。

4. 加强了重点项目和关键科技专题的组织攻关。《VPN远程传输报文与远程可视会商系统》、《自动气象站监控处理系统研究》、《气象预报服务新业务技术攻关工程研究项目》等三项科研成果先后投入业务运行。 （冯 钢）

【人才强局战略】 确立了重点抓好现有人才的培养挖潜和完善人才激励机制的指导思想，大力加强专业技术、经营管理、党政管理三支人才队伍建设。1. 市、县两级充分发挥气象远程教育三级站作用，按要求完成了中国气象培训中心主站下传的教学节目。2. 加强继续教育，全面提高干部职工队伍的整体素质，年内参加南京信息工程大学、北京大学、兰州大学等研究生课程班学习的人员8人，参加中央党校省委党校大学本科、专科学习毕业的6人，在读的7人。

（冯 钢）

【气象依法行政工作全面推进】 1. 5至6月份开展了以自查为主的气象预报发布与刊播专项执法检查。2. 按照省、市人大执法检查的意见和要求，从11月10日至30日在全市气象部门开展了一次气象行政执法大检查。3. 重点学习了《行政许可法》和新《宪法》，组织了专题法律知识讲座，组队参加了由市人大组织的纪念人民代表大会制度知识竞赛，参加了市政府举办的《行政许可法》知识竞赛，组织机关干部职工参加了全省《宪法》、《行政许可法》普法考试。4. 与安全生产监督局、民航机场管理局三家联合发文加强施放升空气球安全管理。

加强了气象探测环境保护工作。对各县气象局气象探测环境作了进一步全面细致的了解，各县局均与当地城建、规划、土地部门联合发文并完成了相关备案工作，垣曲、万荣等县被当地政府列为重点保护单位，万荣县气象局在县人大和政府的支持下，解决了观测场南面已生长十余年的苹果林对气象观测环境的影响问题。

年内先后查处了两例重点违法案件，取得了较好的效果。9月14日，运城市盐湖区气象局对临猗县一无证经营者在市区擅自施放氢气球案进行了查处，对气球等设备进行了封存处理；10月18日，新绛县人民法院对该县某学校拒不办理防雷图纸审核一案进行了强制执行，这是运城市迄今第一起防雷行政许可的强制执行案件。

（冯　钢）

【文明创建成果进一步巩固】 机关坚持经常性的政治理论学习与业务学习、法规学习相结合，坚持中心组、党员干部、领导干部、全体职工每周一次的分组定期学习制度。多次组织干部职工采取自学与外出培训相结合的办法，先后学习了党的十六届四中全会公报、党的两个条例等内容。

积极开展丰富多彩的党政群团组织活动。从2月份以来，按照市委的部署，利用80天时间分四个阶段开展了“公道、正派、树形象活动”；3月份开展了“职业道德教育月活动”活动，团支部、妇联积极开展文明竞赛评比活动，先后评选出15户文明家庭，在“三八”节举行了隆重的表彰仪式，市气象台长贾朝阳同志分别被市工会和团委评为劳动模范和运城市十大杰出青年；从6月30日至7月2日，市局机关党支部和全体干部职工一道开展了隆重的“庆七一系列庆祝活动”，举办了以“对照科学发展观，党员带头做贡献”为主题的座谈会、“庆七一”报告会、学习笔记展评；9月28日，市局机关党支部、工会、妇联、学会联合举办了“迎国庆度中秋”座谈联欢会。

在气象文化建设方面：1．举办了纪念运城建局三十周年征文和摄影作品展评，先后收到各县气象局、市气象局和机关各科室征文60多篇和摄影作品30余幅，从侧面反映了运城气象工作三十年辉煌成就，展示气象工作者的精神风貌；2．组织全市基层工作者和离退休人员参加了省气象局第九届“忘年交”书画展，有10件作品获奖，其中一等奖2件，二、三等奖各4件；3．广大干部职工积极参与为制定“山西气象文化建设行动计划”献计献策活动，在《气象文化建设调研提纲》答卷评比中获省局第一名；4．在10月13日至14日中华魂《弘扬民族精神　全面建设小康社会》读书知识竞赛中荣获二等奖；5．积极学习和借鉴外地兄弟省市在气象文化建设方面的成功经验，先后与在气象文化建设方面富有特色的辽宁省的鞍山市、吉林省的吉林市结成友好单位，并与鞍山市气象局进行了全面交流。

全市气象部门不断加强支部建设工作，机关党支部新发展了两名党员，在七一前夕被市直工委评为市直“十佳党支部”，绛县、临猗、永济等3个县气象局党支部被评为“先进党支部”，有七名同志被地方党委评为“优秀党务工作者”或“优秀党员”。（冯　钢）

水文监测

【水情报汛工作】 2004年，根据省水文局关于做好水情报汛工作的通知精神和市防汛指挥部安排部署，运城市分局及时召开水情报汛工作会议，学习传达上级精神，制定目标、明确责任，对2004年水情报汛工作进行全面安排部署，充实水情报汛值班人员，完善水情值班制度，修订非常洪水应急预案，对各水文站和各报汛雨量站的通讯设备进行了检查和维护，确保各种通信系统的畅通和安全运行，下发了《关于做好2004年报汛工作的通知》，全体水情工作人员坚守工作岗位，严守工作纪律，保证水情电报不出错、不延误、不泄密、不丢失、不损毁，迅速、准确、保密、安全、方便地传递。全年共收到省水文局转来的水情电报3311份，运城市水文分局转往省水文局水情电报共计1974份，转往市防办特殊水情电报360份。为各级防汛指挥部门提供快捷、准确的水情信息。各项工作顺利开展，圆满完成了本年的各项工作任务。（宋翠兰）

【水文测编工作】 强化质量意识，狠抓基础资料质量，坚持从基础工作入手，狠抓资料“四随”和整编工作，认真学习贯彻执行新的测编规范，严格执行水文资料校核审验标准，完成2003年度6个水文站、72处雨量站的水文资料整编审查及成果打印工作。完成了运城水文分局2003年度各项资料整编审查核检工作，进一步提高了水文资料精度，在省水文局组织的2003年资料审查、验收、汇编工作中运城分局资料在全省资料综合评比中名列第一。

加强雨量站管理工作，按时完成了所有72处雨量站固态存储雨量仪器的安装调试工作，完成了所有固态数据的收集整理工作，使雨量资料精度得到进一步提高。

（宋翠兰）

【地下水监测】 （1）根据省水文局下达2004年《地下水监测工作任务书》，完成136眼水位基本监测井、700眼统测井、5眼水温监测井、3处配套雨量监测站的管理、检查和统测工作，修建井台6处，修建井房4处。按时完成了地下水资料整编工作。

（2）根据省水文局下达2004年《地下水监测工作任务书》对盐湖区、永济市地下水漏斗中心浅层专用井进行了野外调查选井工作，对4眼专用监测井进行了洗井、修建井房等项工作圆满完成了涑水盆地《地下水自动监测系统》安装工作。

（3）编制完成了2003年地下水动态分析报告、2004年汛期及年地下水动态简报，参加《山西省地下水通报》、《山西省水资源公报》运城部分的分析计算任务。

（宋翠兰）

【水环境监测】 按照年度工作任务书，全面完成本年度8站点常规检测工作任务，在常规分析工作中加强质控，严格按照质量管理手册运行，全面完成各项质控任务，检测数据及时上报省中心。按质量要求圆满完成2003年度水质资料整编、验收工作。按照计量要求更新地板砖，实验室环境面貌焕然一新。（宋翠兰）

【城市水文站建设】 在2003年工程建设的基础上，2004年完成了城市水文站站房建设任务，各项建设

工程通过了验收。雨量、蒸发等部分水文要素开始观测，城市水文流域内现状调查勘测各项准备工作开始进行。（宋翠兰）

【吕庄站上游巡测工作】 吕庄水文站的巡测工作，采用以吕庄水库驻站观测为主，小型水库委托观测和流域巡测相结合的工作方法，对流域的水量转化进行监测。站网处专门派技术专家亲临现场，会同运城水文分局、测站职工一起进行现场勘测、实地调查，研究方案，历时两个月，行程4000余公里，顺利完成了吕庄水库上游5座水库的设站任务，完成了观测员的选定工作，并从水文观测的意义、方法、记载记录和观测中的安全问题对委托观测员进行了全面培训。在大家的努力下，年底完成了陈村峪水库、柴家峪水库、三河口水库、小涧河水库、北扬水库的库水位固定观测点高程引测，设置并描绘了溢洪道水尺、渠道水尺，并施测了水尺零点高程，确定了渠道水位～流量关系曲线。2004年11月1日各巡测断面开始进行观测记录，标志着吕庄水库以上流域巡测工作正式启动。（宋翠兰）

（责任编辑：石少青）

文　化

群众文化活动

【概述】 ①2004年春节和元宵节，市文化局组织承办了春节文艺晚会、“农行杯”广场民间社火表演、“电力杯”焰火晚会，全市人民度过了一个欢乐祥和的新春佳节。特别是市文化局联合各行业共同举办元宵节文化活动，既减轻了财政负担，又活跃了行业文化和群众文化，为今后举办各种文化活动提供了有益尝试。

②2月24日，山西省文化厅向运城市农民书屋赠书仪式在本市河东广场举行，省文化厅厅长成葆德及市领导参加了赠书仪式。省文化厅向本市25个农民书屋及6个县图书馆赠书2万余册，价值20余万元，并召开了农民书屋代表座谈会，省市领导听取了基层代表的发言，对本市农民书屋工作予以肯定。

③4月份，文化部副部长周和平来本市调研，参观了三路里图书室和岳坛解新民图书室，并召开基层农民书屋座谈会，对本市的文化工作给予较高评价。市委书记黄有泉对文化工作作了重要指示。文化部领导到本市调研尚属首次，对市文化局今后工作具有积极的影响和推动作用。

④9月25日—30日，举办了第十五届关公文化节开幕式文艺演出和国庆焰火晚会；在河东会堂举办了戏曲展演，三个不同剧种、六个演出团体为全市人民奉献了精彩的节目，极大丰富了人民群众的节日文化生活。

⑤为全面落实市委、市政府建设“文化强市”的战略部署，市文化新闻出版局牵头组织编写了一本全方位反映中华根祖文化风貌的《华夏根祖文化系河东》书籍，经过半年多的努力，年底已经全部定稿，即将编辑出版。此项工作为弘扬本市优秀传统文化起到了积极作用。（陈　明　任红玉）

戏剧艺术工作

【概述】 4月，市蒲剧团青年演员吉有芳荣获第二十一届中国戏剧梅花奖。河津市文化艺术学校的原小蓉、张雪两位小选手荣获第八届中国少儿戏曲“小梅花”金奖，填补了本市“小梅花”奖空白。这表明本市戏剧艺术有了进一步的提高。

5月份，在市委书记黄有泉的关怀下，举行了临猗眉户团新创剧目《山妹》征求意见座谈会，市委副书记孟富贵、军分区有关领导、市委宣传部、市文化局、临猗县委、县政府及有关专家和创作人员参加了座谈，对该剧目提出了许多宝贵的修改意见。

市文工团排演的新剧目大型歌舞剧《娘啊娘》，在2003年获得省第九届“杏花奖”新剧目大奖的基础上，经过专家及全团演职人员的不断修改，在编、导、音、舞、美等方面都有了很大提高。正在加紧排练，力争角逐国家舞台艺术精品工程。

艺术教育扎实稳健，市艺校狠抓教学管理，师资水平和教学成绩有了较大提高，在全省同类学校中名列前茅。同时，积极创新思路，拓展办学规模，2004年与社会各界合作办学，招收了一个航空班、文物班、少儿艺术班，为本市储备文化艺术人才。

市蒲剧团狠抓业务素质，10月在太原举行的中国戏曲“红梅奖”山西赛区选拔赛中，市蒲剧团青年演员贾菊兰夺得金奖，丁竹霞和王苗苗获得银奖。同时，市蒲剧团积极拓展蒲剧演出市场，在晋东南一带演出一个月，社会效益和经济效益良好。市青年蒲剧团成立两年来，积极排演新剧目，并和艺校联合培育蒲剧艺术人才，做出较大成绩。

11月16日—28日，夏县蒲剧团的《迟开的玫瑰》、市青年蒲剧团的《山乡辣嫂》代表本市参加山西省首届移植剧目调演分别获得优秀演出奖和演出奖，专家和观众对本市这两台移植剧目给予高度评价。

河东会堂积极适应市场发展需求，开拓创新，大胆运作，超额完成全年创收任务，解决了职工的生活问题。同时配合市委、市政府及各部门的中心工作，开展了大量活动，取得社会效益和经济效益双丰收。（陈　明　任红玉）

【基层文化建设】 2月份，全市召开各县（市、区）图书馆长会议，对本市的基层图书室及农民书屋进一步调查摸底，并安排布置送书下乡活动。山西送书下乡工程启动后，省文化厅、省群艺馆首批向本市盐湖区图书馆赠书1074册，永济杜建德图书室赠书348册。

3月份，对本市绛县、盐湖区、夏县、永济、芮城等县的文化设施及农民书屋进行实地考察、调查研究，把农民书屋作为弘扬先进文化，传播科学知识的重要阵地，常抓不懈，不断发展，本市农民书屋工作一直走在全省前列，受到各级领导表扬。

组织参加第13届全国“群星奖”评选活动。从4月底开始，组织市群艺馆专业人员对本市参加群星奖的音乐、舞蹈、戏剧、曲艺等32个节目进行选拔，最后经过层层选拔，市群众艺术馆编排、安福艺校表演的《河东高台花鼓》，绛州鼓乐艺术团表演的《黄河船夫》，畅畸的摄影，郭引贵、赵玉汉的书法入围决赛圈，代表山西省参加9月10日—26日在浙江举行的全国群星奖决赛。在决赛中，市两支队伍在强手如林的参赛队伍中脱颖而出，《黄河船夫》荣获声乐器乐类全国第一名，《河东高台花鼓》荣获舞蹈类全国第二名，被光荣授予中华人民共和国文化部第十三届“群星奖”。这是群众文化系列政府最高奖。畅畸的摄影作品、赵玉汉的书法作品获得优秀奖。

这次比赛是“群星奖”创设13年来本市获奖门类及数量最多的一次，在全国地级市中名列第一。山西省获5个“群星奖”，运城市占了两个。

7月12日—15日，完成本市六个有馆址的县（市、区）图书馆评估工作，对各县（市、区）民办文化进行调研，通过评估和调研，发现问题，总结经验，促进基层文化事业更好的发展。

8月26日，组织幼儿师范学校的健美操《飞旋时代》代表运城市参加山西省第三届广场艺术节，取得好成绩。

挖掘、整理完成《河东花鼓》资料。艺术馆组织专门力量，全面开展搜集整理工作，并进行加工创新，编撰了一套系统的河东民间花鼓艺术资料。逐步把河东花鼓打造成闻名全国的文化品牌。

大力发展老年文化，在2003年组建运城市老年合唱团的基础上，本年又组织老年合唱团参加社会活动，先后到运城武警支队、夏县郭道训练基地和武警8673部队进行慰问演出，受到部队官兵的热烈欢迎。2004年共组织老年合唱团专题演唱晚会10次，既活跃了老年文化生活，又带动了全社会老年文化的蓬勃开展。　（陈　明　任红玉）

广播电视

【深化改革，创新机制，实现广播电视新的飞跃】　局台合一机构改革后，运城广播电视局（台）开通市到13个县（市、区）有线广播电视网络，电视节目由原来的一套增加到三套，广告收入连续两年突破千万元大关，收到了良好的社会效益和经济效益。但是，运行中也暴露出一些问题，由台里包揽所有节目费用的机制使节目缺乏活力，队伍缺乏激励，发展缺乏后劲。需要广电部门进一步更新观念，深化改革，创新发展。市广电局先后赴江、浙两省和省内先进地区学习考察，多次召开局党组会议、中层干部和节目骨干座谈会，统一思想，集思广益。改革方案三上三下，在班子与群众中反复讨论修改，并在职工代表大会上全票通过，形成改革共识。8月10日召开全局（台）深化改革动员大会，启动改革工作。在广大干部职工的大力支持和努力下，仅用一个多月的时间便成功完成了改革任务。600多名干部职工无一人闹事，无一例上访。

这次改革以“有利于广播电视生产力发展，有利于出精品、出人才，有利于提高经济实力和员工收入水平”为目的；以“创优、增效、消肿、成才”为目标；坚持党管宣传不变、党和人民喉舌性质不变的原则；以推行节目改革为重点，把娱乐类、生活服务类、市场信息类等节目推向市场，逐步建立全员聘用制度、岗位目标管理责任制度和以岗位工资为核心的分配制度，优化资源配置，增强发展后劲。

在电视节目的管理上，改中心管理制为频道总监领导下的制片人制，制片人集责、权、利于一身，成为电视节目生产的组织者、管理者。所有正式干部职工、聘用、临时人员实行优化组合，采用全员聘用合同制，奖金与年终工作目标考核挂钩，打破了过去干多干少一个样，干好干坏一个样的局面，极大限度地开发工作潜能，提高工作效益。新的激励机制吸引了人才，留住了人才，开拓进取、注重实绩、优胜劣汰的人才培养、成长环境正在形成，积极向上、你追我赶、不断创新的工作氛围蔚然成风，改革取得圆满成功。市广电局深化改革工作得到市委书记黄有泉、市委常委、宣传部长董鹏翔等领导的表扬。　（李立欣　王晓燕）

【坚持导向，加强宣传，努力提高舆论引导水平】　广播电视宣传紧紧围绕市委、市政府中心工作，强管理、提质量、抓服务，为全面宣传党和政府的方针政策，实现建设运城“四大一强一中心”城市奋斗目标，确保全市经济持续快速发展和社会全面进步作出了不懈的努力，取得了明显效果。

①深入宣传“三个代表”重要思想、十六大、十六届三中、四中全会精神。按照中央、省、市宣传工作的总体要求，市电视台围绕主题，把握基调，加强领导，认真组织，抓好“三个代表”、十六大和十六届三中、四中全会的各项宣传工作，开设《“三个代表”在基层》、《大兴求真务实之风》、《一号文件摘播》、《一号文件精神在河东》、《千方百计增收》等新闻专栏。通过多种形式，全面宣传“三个代表”重要思想、执政为民思想、加强党的执政能力建设的决定，广泛报道各行各业实践“三个代表”的典型和经验，宣传全市各条战线所取得的新成就、新进展。

②围绕中心，服务大局，为本市的经济建设、社会进步提供强有力的舆论支持。紧紧围绕市委、市政府当年的工作目标、新思路和新举措，紧紧围绕经济建设这个中心，为促进农民增收、民营扩张、三产提升，加快推进新型工业化、农业产业化和城镇化进程，增加文化、教育、旅游发展后劲，提供舆论保障。3月份人大、政协两会召开期间，电视台组织精兵强将，成立了“两会”宣传报道组，精心部署、周密安排，对“两会”进行了全程录制，做到新闻宣传会前造气氛，会中充分报，会后抓落实，并开辟了两会专栏。《新闻视点》组织了6期“两会”专题报道，得到了市委、市政府的肯定和群众的好评。

在广播电视节目中开辟了《大力实施为民工程》、《农村劳动力大转移》、《在外打工运城人》、《安全生产河东行》专栏，开展“三法三例”宣传，为本市的经济建设和社会发展营造良好的舆论氛围。市委、市政府发出“大战200天，开展城市环境综合整治行动”号召后，市广电局积极响应，紧密配合。在广播电视新闻节目中开辟《城市环境综治大行动》、《环境综治、城市创优》等宣传专栏，播发城市环境综合整治新闻230条、专题26期。通过舆论引导、正反两方面典型宣传，在广大群众中开展“运城是我家，文明靠大家”的教育活动，努力营造全社会理解、支持和参与整治活动，共同建设旅游大市的良好氛围。为配合加强和改进未成年人思想道德建设工程，狠抓广播电视“建设工程”、“防护工程”、“净化工程”、“督查工程”。经过紧张工作，到8月17日，运城市区、12个县（市）的中央台少儿频道全部开通。新闻节目中开辟了《关注未成年人成长》专栏，推出了新版电视少儿节目《太阳花》，开展播出百集爱国主义教育系列片，播放百首革命歌曲，播放百集爱国主义教育影视剧“三百活动”。从严审查节目，消除不良内容，为青少年成长创造良好的绿色文化空间。市电视台还荣获全市“媒体法制宣传先进集体”光荣称号。

（李立欣　王晓燕）

【实施精品工程，提高节目质量】

节目质量是立台之本。市广电局提高广播电视节目质量上狠下功夫。增强针对性，提高时效性，弘扬主旋律，坚持“三贴近”，截止12月底共播出广播新闻5760条，电视新闻6420条，电视新闻省台采用612条，中央台采用20余条，电视专题省台播出18期。广播电视精品迭出，捷报频传。市电视台摄制的电视剧《共产党员张小民》荣获第二十四届全国电视剧“飞天奖”中短篇电视剧一等奖。在10月份举办的“梅花杯”全国市县电视优秀农业节目评奖研讨会上，本台喜获四项大奖，其中《田野风》荣获栏目类一等奖，《三县顶上播绿人》荣获专题类一等奖，《提高对农节目收视率之我见》荣获论文类一等奖，《农事110解农愁》荣获新闻类二等奖。5件广播作品在国家级刊物刊发，2件广播电视报作品获全国地市级广播电视报优秀作品奖。4月份，全省电视社教节目评选，本台6件作品获奖。《第三只眼》荣获最佳栏目奖，《田野风》荣获优秀栏目奖。6件广播电视作品荣获山西新闻奖，26件作品获第九届山西广播电视学术论文奖。10件作品荣获山西省2003年度广播新闻、广播社教节目奖，《监督热线》、《农科热线》获十佳栏目奖。10月份，本市广电系统38件电视作品喜获山西省2003年度县（市）级电视新闻奖，其中一等奖10件，二等奖13件，三等奖15件，获奖数量、质量居全省各市之首。11月，8件电视作品获运城新闻奖，25件电视作品获市新闻协会“三农问题新思路、工业发展新项目、兴教育人新举措、文化旅游新产业”四项新闻大赛奖。

2004年，市广电局举办了全市2003年度播音主持、播音论文评奖活动，评出一等奖8件，二等奖10件，三等奖9件，参加全省评奖，23件作品获奖。组织了全市广播新闻、广播社教节目评奖，举办了全市电视好新闻、好栏目大赛和新闻采风活动。戏曲栏目《蒲乡红》分别在稷山、永济、新绛等地举办大型户外演出。广播电台举办了《走进校园》歌手大赛和《戏迷票友大赛》等活动51次，增加了节目的互动性、贴近性，深受群众欢迎。名牌节目《监督热线》开办三年来，参与单位已达42家，增加了反馈报道，拉近了政府与百姓的距离，社会影响力日益剧增，成为党和政府联系人民群众的一座连心金桥。7月9日，省委副书记、纪委书记金银焕专程到运城广播电视台《监督热线》栏目进行视察，现场参与节目直播，对《监督热线》栏目予以高度评价。2004年，本市广电系统荣获国家级奖励9项，省级奖励117项，市级奖励218项。

为进一步把内容产业做优，把广电事业做强，把文化产业做大，在深化改革过程中，改革整合8档电视栏目，新推出7档电视栏目，全力打造一档贴近群众、贴近生活、体察民情、反映民意的民生新闻栏目《第一时间》。9月29日举办了运城广播电视台新版电视节目推介会，展示汇报改革成果，现场演示、推介宣传新版电视节目。市委、市政府、市人大、市政协领导黄有泉、陈永信、王安庞、董鹏翔、吴菊仙、史海涌等亲临会议指导，对新版节目予以充分肯定。新版电视节目已于2004年10月1日正式播出。

通过深化改革，建立了一套全面、系统、完善的电视节目生产、评价管理体系，建立了节目播前审查制度、电视收视率调查制度、节目满意度调查制度、节目质量评比制度，节目生产、管理走向制度化、规范化的轨道。

（李立欣　王晓燕）

【加强行业管理，规范节目播出】

在行业管理工作中，市广电局采取有效措施，切实加强对新闻宣传、电视剧播出、广告播出、境外卫星节目接收等各个环节的监督管理力度，加强纪律教育，要求完整转播中一、省一、市一和省市公共频道电视节目，严禁播放格调低下、庸俗不堪的武打、调情片，坚决制止电视台非法播放光盘现象。加大稽查力度，对全市5家违规接收境外卫星电视节目单位进行了清理整顿，没收卫星地面接收设备30套。有效查处私接、截传有线电视信号现象，收缴猫耳朵小天线100套，查处私拉乱接有线电视用户110户。规范了市广电系统广告管理各项制度，对广告内容从严审查，严格把关，禁止播出不良广告。4月份召开了12个县（市）监播员会议，建立了县（市）广告信号监看员队伍，停止了游动字幕广告，规范了广告播出时间，净化了电视荧屏。（李立欣　王晓燕）

【抓好技术维护，提升广电节目传输质量】　在广播电视有线网络，市广电局加大技术革新，启用了电脑收费系统，改变了过去交费成本高、效率低的被动局面。技术人员加班加点，引进技术，建立数字平台，完成了数字电视信号的调试工作。实现与禹都开发区、公路局、大型宾馆的区域有线电视联网。截止10月底，共架设光、电缆网线280公里，安装、改造有线电视用户三万户，收视维护费收入770万元。网络维护中心荣获2003年度“国家广电光缆干线网运行维护先进中继站”光荣称号。筹资200多万元完成市区圣惠路、凤凰路、河东街、中银大道、机场大道等路段的“三线入地”工程，为美化城市起到了带头作用。配合省网完成数字电视平台调试，下传数字电视节目信号近百套，为实现本市数字电视整体平移做好了前期准备。

市电视台加快设备更新、改造，投资200万元，新添摄像机、录像机30台，非线编辑机10台，整合组建了8个节目制作室，完成大型节目录制60多场次，电视讲话10多场次，摄制宣传节目370期。加强技术管理和培训，举办了全市发射系统技术能手大赛，组织参加全省大赛，三名选手获技术能手奖，3件作品获全省节目技术质量奖。局（台）技术维护工作连续两季度在全省排名第一。3月下旬，承办了全省光缆技术培训会议，全省11个市193人参加了培训。

（李立欣　王晓燕）

【针对邪教组织破坏活动，严防死守，确保安全播出】　针对“法轮功”邪教组织千方百计破坏和干扰广播电视节目正常播出的形势，切实加强对广大干部职工的思想政治教育和安全播出教育。全市广电系统健全安全播出制度，强化责任，建立了24小时值班监测制度，建立了“有事报情况，无事报平安”的日报告制度。市广电局（台）加强安全保卫工作，建立了电子监控系统，建立了局领导带班，门卫、保安、机关人员24小时值班制度，加大了对广播电视网络的巡查，严防死守，确保安全播出，圆满完成了安全播出任务，被省广电局授予“安全播出先进集体”。

（李立欣　王晓燕）

【加强思想建设和组织建设，提高广电队伍的凝聚力和战斗力】　2004年，市广电局自始至终坚持抓好局党组中心学习组学习制度，抓好对科级干部和一般人员的政治业务学习。组织专题学习了“三个代表”重要思想、“十六大”精神、十六届三中、四中全会精神、行政许可法、广播电视法规等内容。在全局（台）开展了“公道正派树形象”活动，在市直工委举办的“公道正派树形象”演讲比赛中，市台选送的《面对镜头》荣获特等奖；开展了全市广电系统行风评议工作，扎扎实实搞好“清车、清理奢侈浪费、清房”三项治理工作，面向社会发放调查问卷，公布举报电话，参与《监督热线》节目，虚心接受群众监督，服务质量得到进一步提高。4月上旬，组织全局（台）300余名干部职工在运城学院博识堂进行了“三项学习教育”考试，考试成绩良好。5月上旬，局（台）58名新闻骨干还参加了市委宣传部组织的“三项学习教育”活动培训班，新闻采编人员政治、业务素质进一步提高。市局（台）荣获市直工委“干部理论教育先进单位”和“学习十六大、建设新运城”知识竞赛先进集体光荣称号。

全局（台）建成了内部局域网，实现了办公自动化，做到了资源共享。信息宣传成绩突出，被省局授予“广播电视信息工作先进单位”。成立了物业管理中心，对车辆管理进行改革，实行承包责任制。对微波中心禹都工作区、槐中路家属院的路面进行了硬化，解决了职工上下班行路难的问题。对稷王山、禹都工作区、槐中路家属院的采暖锅炉进行了更新。组织局（台）科级干部、离退休人员、已婚妇女免费体检。定期给离退休人员办理优待征，发放老年刊物，聘请医疗专家为他们讲解医疗保健知识，组织到河南甘山观光旅游，为职工营造一个良好的工作环境。局党委荣获市“五一劳动先进集体”光荣称号，党组书记、局（台）长李慧芳荣获全国“三八红旗手”光荣称号。　（李立欣　李晓燕）

报刊通讯

运城日报社

【以“三贴近”为突破口，全面提高报纸质量】　近几年来，《运城日报》连续进行了几次改版，报纸的质量和办报水平不断提高。2003年底，中央领导同志对新闻媒体提出了“贴近群众、贴近生活、贴近实际”的要求，这充分体现了党中央对公众利益的关怀，也是做好新闻工作的内在要求。为此，日报社以“三贴近”为指导思想，在2004年初进行了报纸的新一轮改版。改革后的版面，清新大气，栏目设置更为合理，受到读者喜爱和领导的赞扬。在2004年11月份进行的读者问卷调查中，读者对《运城日报》总体评价认好率达95%。

（王崇杰）

【围绕中央“一号文件”精神，服务“三农”问题的报道有新突破】　中央一号文件给解决三农问题，促进农村经济全面发展带来了新的机遇。为了宣传贯彻好这一文件精神，日报社抓住市委、市政府中心工作和群众关注的热点，策划了为患病温室把脉问诊、直击农用三轮车收费、转移农村劳动力、解决农村电力供应紧张等问题的系列报道。这些报道促进了一些与农民生产密切相关问题的解决，收到了良好的社会效果。特别是农用三轮车收费过高的问题，由于本报的连续报道，临猗县人大奔走反映，引起了全国人大的高度重视。国家财政部、发改委、交通部联合下文，从2005年元月1日起，对农用三轮车征收税费实行“四免两减”，降低幅度在80%以上。困扰中国农民多年的一个巨大包袱被彻底卸掉。

（王崇杰）

【配合市委中心工作，广泛深入进行宣传报道】　2004年2月份，市委决定在全市大力实施“为民工程”，涉及扩大就业、教育卫生、阳光政务、文明创建、稳定安民等各个方面，对本市的持续、全面发展，具有重要的意义。为做好对这一工作的宣传报道，使这一工作尽快深入人心，日报社组织和策划了“民心工程”职能部门承诺系列报道，请有关职能部门的领导向社会进行公开承诺，用舆论的力量，督促各项具体工作的贯彻落实。

8月27日，运城市召开建设文化强市动员大会之后，日报社把报道的重点转向了“走经济强市和文化强市‘两强并举’之路”上，充分报道了大会和文化产业论坛，推出了五谈推进全市文化强市建设的系列评论员文章，以《如何让优秀的文化走进市场》为题，以整版篇幅刊发了参加文化产业论坛专家的观点。随后，将这方面的报道进一步深化，推出了芮城文联、宇达集团等建设文化产业方面的典型。这些报道，力求寻找上下结合点，收到较好的效果。　（王崇杰）

【持续、强势推出城市环境整治工作的宣传报道】 全市城市环境综合整治工作会议之后，《运城日报》立即展开对这一工作的全方位的宣传报道，报纸在头版开辟了“迅速掀起城市环境综合整治高潮”专栏，每天不间断地对整治活动的进程进行报道；晚报版每期都有一到二个版面，从多角度对这一工作进行宣传和报道，以提高市民的现代意识，促进整治工作的开展。当综合整治工作遇到一定困难，一些同志信心不足时，本报又以“坚定信心搞好城市综合整治”为栏题，强势推出相关报道，特别是推出了城市整治中涌现出的先进典型，如靳虎刚、贺万年等，极大地鼓舞了人们搞好城市综合整治的信心，为圆满完成城市综治任务提供了有力的舆论支持。（王崇杰）

【努力营造招商引资浓厚气氛，为运城经济发展造势加力】 为了促进全市“抓招商、谋发展”的重大工作部署，本报在市委派出部分县级领导干部赴山东挂职学习之际，就积极与赴鲁同志联系，约他们把山东的经验写成体会文章，在报上开辟“感受山东”专栏，连续介绍山东经验。赴鲁学习的同志们回来巡回宣讲时，本报又进行了跟踪报道。全市经济工作暨招商引资动员大会召开前后，本报又开辟了“抓招商、谋发展”的专栏，详细报道各县（市、区）、开发区在招商引资方面所做的工作以及取得的初步成就，努力营造了一个全民抓招商、上下谋发展的浓厚舆论氛围。

（王崇杰）

【扎实认真地开展“三项学教”活动】 2004年以来，根据省、市对“三项学教”活动的安排意见，日报社坚持以“三个代表”重要思想为指导，着眼于提高编采人员的政治素质，着眼于改进工作、提高水平，着眼于解决存在的突出问题，扎实开展“三项学教活动”，收到了比较好的效果。为了把工作抓实、抓准，让大家真正从思想上有所收获，作风上有所改进，能力上有所提高，工作上有所创新，使运城日报的质量和影响能够上一个新的台阶，报社采取以下做法：1. 以发展为目的，把学教活动和统一思想，凝聚力量结合起来；2. 从“三贴近”入手，把学教活动和改进作风、提高办报质量结合起来；3. 以提高素质为核心，把学教活动和学习专业知识结合起来。在专题学习期间，每周四上午组织中层干部和全体采编人员集中学习讨论，由社长、总编、两名副总编分别就“三个代表”重要思想、马克思主义新闻观、新闻法规、职业道德职业精神等四个方面，在认真准备的基础上进行专题辅导。结合职业道德职业精神学习，举办了颁发新记者证仪式，并集体讨论通过自律承诺，公开见报，请社会监督。许多同志说，通过向社会公开承诺，思想上打上了深深的烙印，一定严格自律，无愧于新闻记者这个称号。（王崇杰）

【增强报纸的市场竞争能力，进一步优化报纸结构】 近年来，《运城日报》的报纸规模不断扩大，在日报基础上逐渐发展了晚报版、大众漫画版、盐湖版等多种子报。报纸规模的增大，一定程度上分散了工作精力，影响了优势子报的快速发展。报社党组经过认真研究，认为晚报版市场对路，具有广阔的发展空间，是报社发展的新的生长点，应当确立“一张日报、一张晚报”的新格局。根据报刊治理整顿的有关精神，结合报社的实际，适应市场需求，盐湖版停刊，大众漫画版并入晚报版。通过这一改革，使报纸结构变得简洁而更具生机和活力。（王崇杰）

【人事和分配制度改革初步推行，编采人员实行新的效益工资制】 2004年元月份起，报社在全体编采人员中推行了新的效益工资制。这次改革方案，是吸收兄弟报社的成功经验，结合报社的实际制订出来的。新的工资制由三个部分组成，即：基础工资、岗位工资、效益工资，其中效益工资占到了工资总额的60%。这种分配办法增强了工资中的活化部分，并且能对编采人员的工作从数量和质量两方面进行考核，所以推行以来，一方面调动了大家的工作积极性，拉大了人员之间的工资差距，另一方面促进了报纸质量的全面提高。（王崇杰）

【二期住房工程前期准备工作完成，新闻大楼用地得到落实】 上年底，报社一期住房工程竣工，共有48户职工喜迁新房。本年度又继续启动了二期工程，年底已完成了规划、勘探、设计、招标等前期准备工作。这一工程竣工后，可解决36户干部职工的住房问题，从而使困扰报社多年的住房问题彻底得到解决。（王崇杰）

【印刷设备更新加快，激光照排机安装完毕投入使用】 为解决印报质量的“瓶颈”问题，决定在本年对激光照排机进行更新。在充分考察的基础上，日报社在二月底进行了公开的招标，最后确定了中标单位，8月份初安装结束。新的激光照排机大大缩短了出版时间，提高了报纸的印刷质量。（王崇杰）

【单位内部环境整治】 全市环境综合整治活动动员会后，报社积极响应并立即成立了领导组，社长亲自担任组长。随即又下发了报社环境综合整治工作的通知，迅速铺开了各项整治工作。在很短时间里，就完成了临街房屋、围墙的修整，家属区临时建筑拆除，垃圾清理等预定的工作任务。（王崇杰）

文化新闻出版市场管理

【巩固报刊治理整顿成果，打击非法记者站】 紧紧围绕全国全省《关于进一步治理党报党刊散滥和利用职权发行，减轻基层和农民负担》的中心工作，结合实际、突出重点，对全市33家内资出版单位进行了治理整顿，撤销了21家内资出版单位，整顿规范了12家内资出版单位，使本市党政部门报刊散滥现象得到了有效遏制。同时针对本市存在的非法记者站，2004年查处了3个非法记者站。

（陈　明　任红玉）

【收缴各类非法出版物】 重点查缴了政治性非法出版物，特别是传播政治谣言，制造思想混乱，破坏社会稳定以及“法轮功”等邪教出版物，煽动民族分裂的出版物；淫秽光盘和以青少年学生为读者群的有害卡通画册及淫秽“口袋本”图书；盗版出版物，特别是盗版教材和教学辅导读物，盗版工具书等。

（陈　明　任红玉）

【网吧专项整治工作】　本市成立了网吧专项整治工作协调小组，根据国家、省的要求及本市的实际情况，工作重点是坚决取缔无证照或证照不全的“黑网吧”，整治以电脑学校、劳动职业技术培训、电子阅览室、计算机房等名义变相经营“网吧”问题。严厉查处“网吧”接纳未成年人的问题，加强对学校内部上网服务的管理。严厉打击利用“网吧”等互联网上网场所传播淫秽、色情信息等违法行为。通过专项治理，依法取缔“黑网吧”79家，网吧接纳未成年人问题得到进一步遏制，超时营业问题基本得到解决。治理工作取得初步成效。

（陈　明　任红玉）

【音像市场、电子出版物市场专项整治】　根据文化部的有关精神，对音像市场、电子出版物市场制定了专项整治实施方案，采取日常检查和突击检查相结合的工作方式，对市场进行监管，依法打击音像市场非法音像制品、非法电子出版物。　（陈　明　任红玉）

【演出市场和娱乐场所治理】　主要查处了非法大棚类歌舞演出。2004年对演出活动场所的检查达130余家次。特别是3月20日，联合公安部门一举端掉盐湖区安邑北街一非法大棚演出，净化了演艺市场。　（陈　明　任红玉）

【“扫黄”“打非”工作成绩显著】　运城市“扫黄”“打非”工作在新调整后的市“扫黄”“打非”领导组强有力的领导下，同志们共同努力、协同作战，取得了较大成绩，多次受到省“扫黄”“打非”领导组的肯定和表彰。为提高广大市民的法律意识，市“扫黄”办多次组织执法队伍上街宣传，先后印刷了两万余份各类法律、法规宣传单，宣传法律知识。2004年共收缴各类非法出版物108665件，其中，淫秽色情出版物50件，盗版书刊82315件，盗版音像制品23040件。

（陈　明　任红玉）

（责任编辑：石少青）

卫生 医药 体育

卫　生

公共卫生

【公共卫生体系建设全面铺开】 公共卫生体系建设是国家为建立和完善疾病预防控制体系，有效应对突发性公共卫生事件采取的重要举措，是省政府2004年为全省人民办的十件实事之一，也是增强全市应对突发公共卫生事件能力的一件大事。市卫生局主要抓了疾病控制体系和救治体系建设两个方面的工作。全市国债疾控项目建设共13个单位：市级1个，县级12个。其中：新建8所，扩建5所。批准建筑面积22470m²，总投资2225万元，其中利用中央国债资金1410万元，省级配套140万元，市级配套350万元，县级配套325万元。全市救治体系国债项目共14个单位：市传染病医院1个，市急救中心1个，县级医院传染病区12个。其中：新建1个，改扩建13个。批准建筑面积17200m²，总投资2344万元，其中利用中央国债资金1797万元，省级配套61万元，市级配套227万元，县级配套131万元，项目单位自筹128万元，建成后全市传染病救治床位达到327张。对此，市卫生局十分重视，成立了由局长周迎任组长的领导组和办公室，全面协调管理国债项目建设。在工作中，为了规范程序，严把质量关，确保建设工程进度，层层签订了目标责任书，并制定出一整套周密详细的建设方案，实行领导包县制、法人负责制、招投标制、监理制、周报告制、倒排工期制等措施，防止了腐败行为的出现，杜绝了“豆腐渣”工程。局班子成员多次深入基层，进行调查研究，现场办公，先后召开了四次专题会议，及时解决和处理实际工作中存在的问题和矛盾。7月份在稷山召开了现场会，推广稷山经验和做法，确保各项工程顺利进行。截至年底，疾病控制项目建设全面完工，已投入使用6家。救治体系建设投入使用1家(稷山)，市传染病院、闻喜、夏县、临猗、垣曲、平陆6家主体完工，其余7家正在建设之中。

（李　哲）

【公共卫生工作能力增强】 全市卫生系统建立了市、县、乡三级应急突发公共卫生事件的指挥系统，分别成立了食物中毒应急处理领导组、职业中毒应急处理领导组、突发公共卫生事件调查处理专家组。根据突发公共卫生事件的特点和规律，分类制定出区域性的应急预案和工作方案。健全网络直报工作，积极筹备，购买设备，培训人员，建成了包括食物中毒、职业中毒等突发公共卫生事件的信息报告网络，对非典、禽流感等重大传染病疫情、群体性不明原因疾病、重大食物和职业中毒做到监测到位、报告及时、判断准确、反应敏捷，形成了一个政令畅通，分级负责，责任明确，保障有力的工作局面。另外，还邀请省厅专家郭丽霞、庄虹对全市专业人员进行培训，提高疾控人员的现场处置能力和实验室检验能力。11月份，全市卫生系统举行了突发公共卫生事件应急大演练，本次演练以冬春季可能发生的急性呼吸道传染病为重点，传染性非典型肺炎为模拟对象，重点考察检验全市突发公共卫生事件疫情报告系统、各级应急指挥机构的应急能力，疾病预防控制机构以及医疗机构现场处置的能力。通过演练，提高了全市应急突发公共卫生事件的能力和水平。

（李　哲）

【医疗救治体系日臻完善】 全市各定点医疗机构和设置的隔离病区及发热门诊都按要求完善基础设施，配置必要设备，加强医务人员的培训。在广东、北京、安徽等地发生SARS及部分地区禽流感流行期间，各医疗机构认真做好门诊预检工作，按工作流程，保障了“四早”的落实。各二级以上医院以等级评审为契机，对急诊科、手术室和监护室加大投入。全市市县两级突发公共卫生事件医疗救治队伍已组建完成，并在本年稷山二中的突发67名中学生不明原因发热事件、省水利学校学生群体性腹泻事件、河津“8·7”小湾沟煤矿特大瓦斯爆炸及“9·23”临猗特大沉船事故的医疗救治工作中发挥了重要作用。为有效预防和控制医院感染，加强医疗废物管理，针对本市医疗废物管理方面存在问题和薄弱环节，下发了《关于依法加强医疗废物管理的通知》，要求运城市区所有医疗机构必须与环卫处签订医疗垃圾回收协议。另外，市卫生局还组织人员编撰了《医院感染管理及医疗废物处理法律法规知识问答》，全市所有卫技人员人手一册，并组织了全员考试。（李　哲）

农村卫生工作

【综述】 本着立党为公，执政为民的指导思想，在农村卫生工作方面，全面推行“33341”工程，即：从本年起用三年时间，完成30万农户改厕，300万农民健康体检建档，3000名乡村医生岗位培训及中专学历培养，400名乡镇卫生院大专学历卫技人员培养，每个行政村建立1个填埋式垃圾处理场，以全面推动全市农村卫生工作和小康社会建设。市卫生局制订了实施方案，成立了领导组，由局长任组长、负总责，实行了领导成员分工包县(市、区)目标责任制，并把任务指标分解到13个县(市、区)，签订了目标责任书，做到层层有人抓，事事有人办，件件抓落实，一

月一检查，一季一排队，半年一评比，年终总兑现。　（李　哲）

【新型农村合作医疗制河津市试点工作圆满成功】　2003年10月20日，河津市经省政府批准，成为全省新型农村合作医疗15个试点县（市）之一，也是全市唯一的试点县市。河津市经过一年来的努力实践，收到了资金安全，运行畅通，农民受益，社会满意，试点顺利，经验宝贵的良好效果。此项工作从2003年10月份开始在河津市全面推行，当年共有24.7万人缴纳了新型农村合作医疗基金，占农村人口87.48%，征缴基金246.972万元，县财政配套50万元，市财政配套74万元，省财政配套148.2万元，中央财政配套217万元，合计专户资金计736.172万元。截至年底，河津市共有121503名农民受益，补助金额为415.98万元，其中门诊284.84万元，住院88.67万元，农民健康体检42.47万元，现专项账户余320.19万元。2003年10月份，铺开了2005年度新型农村合作医疗基金收缴工作。河津市22.9566万农业人口参加2005年度新型农村合作医疗，收缴基金229.566万元，参合农民占到农业人口总数的83.78%。河津市新型农村合作医疗制度的成功运行，充分体现了两大优越性：（1）可以帮助广大农民群众解决看病难、吃药难及部分群众拿不出钱，看不起病，住不起院，因病致贫等一系列困难问题；（2）提高了乡村两级医疗卫生机构的技术水平和服务质量，引导卫生资源向农村流动，是解决当今卫生服务不公平，卫生资源配置不合理的一大举措。河津市新型农村合作医疗试点的基本做法是：在收缴基金上，本着“小病兼顾，大病统筹，以收定支，量入为出，收支平衡，略有节余”的精神；在报销程序上，本着“简化手续、方便农民”的原则；在资金管理上，补助帐户实行每月定期公开和公示制度，公布资金的收支情况，按期接受审计；在监督机制上，聘请人大代表、政协委员、纪检、纠风、物价、新闻、定点医疗机构人员、农民代表进行公开监督。对于河津市的经验，通过召开现场会议，组织参观学习，印发有关文件等方式，在全市推而广之。全市各非试点县（市、区），都认真学习河津经验，积极做好基础调查和宣传培训，为推行新型农村合作医疗制度做好充分准备。　（李　哲）

【乡村医疗卫生机构建设卓有成效】　2004年底，全市共有乡镇卫生院146所，乡镇社区卫生服务站56个（撤乡并镇后部分卫生院改称为社区卫生服务站），村卫生所3163个。实现了乡乡有卫生院，97%的行政村有卫生所，农村医疗卫生网络已经形成，达到了农民群众小病就医不出乡村，基本预防保健有人管的目标。在乡镇卫生院建设工作中，市卫生局主要办了三件事：（1）完成了全市25所乡镇卫生院的改扩建任务。2004年投资792.3万元，新建起盐湖区解州、绛县大交等14所乡镇卫生院，扩建改造了万荣县西村；临猗县孙吉镇等11所乡镇卫生院。使这25所乡镇卫生院改善了办公条件和环境，提高了医疗保健服务水平。（2）对乡镇卫生院的体制采用五种不同形式进行了有益的政策尝试：第一种是股份制形式；第二种是集资、借资形式；第三种是“给牌子、给地皮、给帽子”的形式；第四种是县级医疗保健单位托管和联办乡镇卫生院的形式；第五种是放医疗、保防保的形式。总之，通过体制改革，乡镇卫生院在资产上做到了归属清晰、产权明确。在功能上保证了公共卫生和基本医疗服务的开展，卫生资源使用效率提高，服务质量明显改善，促进了农村经济的发展。（3）为乡镇卫生院培养卫生技术人才。2004年，为了给乡镇卫生院培养100名大专以上学历医师，采取了以下措施：①由乡镇卫生院筛选志愿到该院工作的高中毕业生报考医学院校，达线录取后与乡镇卫生院签订培养合同书，送县级卫生局审核后，报市卫生局审批，确定为定向培养对象；②乡镇卫生院在职职工，经卫生院同意，参加全国成人高考，并被医学院校录取，经县级卫生局审核，报市卫生局批准，确定为培养对象；③乡镇卫生院在职职工通过自学考试取得医学专业大专以上学历者；④国家正规高等医学院校毕业生，志愿到乡镇卫生院工作者。以上四类人员与乡镇卫生院签订毕业后为卫生院服务8年以上合同者，市卫生局为其资助学费1000元/年，乡镇卫生院为其资助学费1000元/年。2004年，全市乡镇卫生院有91名在岗人员进入大专院校进行系统学习，有52个乡镇卫生院接收大专毕业生60名。

（李　哲）

【村级卫生所建设】　对村级卫生所进行规范化管理。按照《乡村医生从业管理条例》、《乡村医生在岗培训基本要求》及《山西省农村卫生机构管理办法》等法规，通过市、县两级卫生行政执法人员，对村级卫生所进行检查、指导、培训，加强对其规范化管理。要求村级卫生所规范其名称、诊疗科目，严格上岗人员资格，严格遵守医疗卫生管理法律、法规、部门规章和诊疗护理常规及规范，按新理念健全完善各项规章制度，做到事事有章可循，人人行为规范。按照甲级卫生所的标准，努力做到规范化、标准化。

为村级卫生所培养卫生技术人才。2004年6月份，组织全市4308名乡村医生参加了全省乡村医生从业资格考试，圆满完成了各项考试工作。为了给村级卫生所培养1000名中专学历乡村医生，在对全市村级在岗医技人员学历调查统计工作的基础上，采取了如下措施：（1）选拔志愿者去村卫生室从事卫生工作的优秀初中生参加中考，由市卫校适当降低录取分数线录取，并减免20%学费。（2）鼓励在职村医参加自学考试。（3）社会青年参加成人中专脱产学习。（4）市卫校选10名山、老、贫区学员，免费进行培养。（5）各县（市、区）选3~5个贫困村庄，出资为其培养医学专业中专学生。2004年已有800余名中专毕业生充实到村卫生所工作。

（李　哲）

【百万农民建立医疗健康档案顺利完成】　在农民健康体检建档工作中，采取了广泛宣传，政府动员，乡村组织，医疗单位体检建档的工作方式，在体检费用的筹集上实行卫生局补一点，体检单位免多数，群众拿一点的方法。①卫生局补一点：市、县（市、区）卫生局为农民健康体检建档拨付专项经费；用于印刷体检表、档案袋，配备档案柜，配置电脑管理软件等。如市卫生局为13个县（市、区）印体检表100万份，档案袋25万个，电脑管理软件一套，共计20余万元。②体检单位免多数：农民健康体检建档工作按省物价局收费标准规定为男性56元/人，女性72元/人，体检单位为农民体检免除体检费用都在80%以上。如垣曲县为14万农民免费体检；盐湖区席张乡南贾村卫生所长柴永贵免费为全乡农村进行体检等。2004年卫生系统为全市农民体检免除费用达5000万元。③群众拿一点：体检农民最多缴10元体检费，占国家规定费用14%（女性）和18%（男性）。2004年，全市共投入5356名医护人员（次），持续10个月，为100万名农民进行了体检建档。（李　哲）

【农村厕所卫生改造取得良好开端】 2004年4月9日，市卫生局在垣曲县召开了各县（市、区）爱卫会主任及有关职能部门共60余人参加的全市爱国卫生工作暨农村改厕现场会，并拨出2万元专项经费，印刷《双瓮漏斗式厕所的建设与管理》手册及宣传双瓮漏斗式卫生厕所的宣传画5万余份。与此同时，还为局机关家在农村的职工每户补助300元，率先对职工农村家中厕所进行改造。在广泛宣传，政府参与，典型引路，试点带动的基础上，垣曲、盐湖、河津、万荣、芮城、闻喜、临猗、夏县等县（市、区）工作积极主动，在农村改厕、建造垃圾场、改造环境卫生方面工作力度大。据不完全统计，全市农村改造建成投入使用的双瓮漏斗式卫生厕所10096个，水冲式卫生厕所15096个，利用农业项目建造沼气厕所4378个，新增各类卫生厕所29570个。已有967个填埋式垃圾场建成并投入使用。（李　哲）

疾病预防与控制

【艾滋病防治】 2004年5月份共印制100余万份艾滋病防治知识宣传画册，全部发放到全市百万农户手中。通过宣传使广大群众认识艾滋病，远离高危行为。5月份，市卫生局组织全市疾控机构200多名专业人员对90年代有偿供血人员进行逐村调查，共发现有偿供血人员12870人。7月份，市政府召开了全市艾滋病防治工作会议，重点对下一阶段防治工作进行了安排部署。为有效控制艾滋病流行，本市积极引进国际国内项目资金，开展艾滋病监测与培训。其中，与复旦大学合作对盐湖区三家庄1000余名村民进行了艾滋病普查；中美合作CIPAR项目对闻喜县3080余名村民进行艾滋病普查；利用UIDP项目邀请联合国开发计划署专家徐丽娜博士和数名国内专家来运进行艾滋病防治知识培训4次，受培训人数150余名，均收到良好效果。新绛、绛县、芮城夏县、稷山五县全球基金艾滋病防治项目的相继启动，对本市艾滋病防治工作起到巨大的促进作用。6月份，“山西省艾滋病病人免费抗病毒治疗工作”在本市启动，来自北京、太原4位专家为本市8个县（市、区）63名符合治疗条件的艾滋病人开具处方、分发药品，使他们真正感受到党和政府的温暖。9月份，召开了全市90年代有偿供血人群艾滋病抗体筛查工作会议，拉开全市艾滋病抗体筛查的帷幕。截至年底，全市累计完成筛查有偿供血人员11995人，完成任务93.2%，累计筛查阳性279人，阳性率2.3%。（李　哲）

【结核病防治】 市卫生局于3月9日、3月12日，分别在永济市、万荣县召开中日结核病控制项目、全球基金结核病控制项目启动会。至此，全市13个县（市、区）结核病控制项目全部启动。2004年3月24日是第9个“世界防治结核病日”，为了动员全社会参与和关注结核病控制工作，全市开展了“控制结核，让每一次呼吸更健康”为主题的宣传活动。据统计，全市活动期间共放置版面30块，设立咨询点18个，悬挂横标18处，印发宣传资料11万份，受咨询群众达5万余人，收到了良好效果。为提高人员业务素质，市卫生局加大培训力度，全年共组织180余人参加业务培训，努力提高人员业务素质，加强归口管理，提高了肺结核病人发现率。截至年底，全市发现涂阳肺结核病人2801例，新涂阳肺结核病人1948例，分别完成全年任务的112.7%、120.5%。（李　哲）

【计划免疫】 4月25日是全国儿童免疫接种宣传日，市卫生局组织全市专业人员开展了为期一周的宣传活动。据统计，活动期间全市共制作版面70块，悬挂横幅22条，张贴标语520余块，发放宣传画3060份，出动宣传车28辆次，散发宣传材料19万份。通过宣传，进一步提高了民众对免疫接种知识的知晓率，使“免疫接种，预防乙肝”主题深入人心。截至年底，全市共报告AFP病例16例，麻疹56例，未发现新生儿破伤风病例。在完成了四次常规免疫接种率报告工作中，卡介苗接种率98.05%，脊灰疫苗接种率98.85%，白百破接种率98.22%，麻疹疫苗接种率98.04%，乙肝疫苗接种率97.85%。（李　哲）

【地方病防治】 2004年，全市地方病防治工作得到巩固和扩大。完成了临猗县七级镇降氟改水工程，使12个村1.5万群众受益。对全市4县（区）的5个村水井进行了改造，使5000多名群众不再受高氟水的危害。同时利用报刊、电视、广播、版面等多种形式，大张旗鼓宣传碘缺乏病知识，共印制宣传单2万张，版面12块，报纸刊登文章10余篇，受教育群众上万人。配合盐务局开展碘盐市场监督，查处私盐、非碘盐300余吨，罚没款8万余元，查处重大贩运私盐、非碘盐案件2起。（李　哲）

卫生监督执法

【食品卫生监督检查】 为了使人民生命安全得到有效保障，市卫生局一方面根据运编发［2003］13号文件精神，成立并组建了运城市卫生局卫生监督所，一方面采取了三个过硬措施。首先是建立健全“卫生监督程序”、“健康体检办证程序”、“卫生监督员职责”、“卫生执法追偿责任制”；其次是协同作战，认真落实食品放心工程；第三是制定了食物中毒、职业中毒等应急调查处理预案，建立健全了信息报告网络。全市各级卫生行政部门认真贯彻落实《食品卫生法》、卫生部《关于2004年实施食品放心工程的通知》等，组织全市食品卫生监督员重点开展了学校和周边食品卫生、公共场所卫生、职业病等专项整治活动。据初步统计，全市出动食品卫生监督员42574人次，检查食品生产、经营厂家及饭店等单位14182家，对753家不符合卫生条件的生产和经营单位提出了警告，限期整改127家，停业整顿11家，没收过期及变质食品3152公斤，净化了食品市场，保证了人民群众的食品安全。（李　哲）

【医疗机构规范管理】　为了使人民群众吃药看病放心满意，狠抓医疗机构的规范管理。要求各医疗机构规范其名称、诊疗科目和广告，严格上岗人员资格，严格遵守医疗卫生管理法律、法规、部门规章和诊疗护理常规及规范，按新理念修订、完善各项工作制度，明确岗位职责，做到事事有章可循，人人行为规范。各医疗机构不断加强内涵建设，发挥各重点学科优势，疑难危重病人诊断符合率和救治成功率明显提高。为合理调整和优化卫生资源，完善医疗机构的审批和监督管理，市卫生局下发了《关于加强医疗机构设置审批和监督管理的通知》，明确了市、县两级卫生行政部门权限和职责，形成了一个统一规范、分级负责、责任明确、反应及时、保障有力的工作局面，为全市医疗市场规范治理奠定了坚实基础。2004年以来，全市共出动执法人员3760人次，对医疗服务市场进行专项整治，检查了1600家医疗机构，其中责令整改201家，取缔无证行医128家，停业整顿16家，罚款6.1万元，没收药品、器械51件。（李　哲）

【启动等级医院评审和医疗信息公示工作】　根据省卫生厅安排，全市已全面启动了二级以上医院的等级评（复）审工作。9月份，市卫生局邀请省卫生厅有关专家举办了全市医院管理干部学习班，共有二级以上医疗机构管理干部240余人参加了培训。各医疗机构以质量、服务、安全为重点，认真开展创建活动。截至年底，17所二级医院通过了市卫生局初评。为增强医疗服务透明度，还老百姓知情权，从第三季度开始，本市在新闻媒体公示二级以上医院的医疗、服务、质量、价格等信息，促进医疗机构之间的良性有序竞争。（李　哲）

【打造民营医疗机构品牌，促进民营医疗机构健康快速发展】　市卫生局在全市民营医疗机构中开展了以规范化、标准化、人性化、科学化为宗旨的“十佳”评选活动。通过申报、公示、考核、评比等程序，评选出了“运城市十佳民营医疗机构”和“运城市十佳民营医疗机构医生”。在“5·12”举行的表彰大会上，市委书记黄有泉、市长胡苏平等为他们颁发了奖牌。市卫生局还与市民营医疗机构发展协会联合举办了运城市医院高层管理培训班，推动了本市的医疗卫生改革和发展。（李　哲）

【执业医师资格考试顺利完成】　2004年的医师资格考试报名，全市共有1939人通过省厅审查，有1389人通过了6月份组织的实践技能考试，合格率为72%。在9月17日—18日组织的医学综合笔试工作中，严把资格准入关，认真组织，严肃考风考纪，共查处替考、抄袭、短信传送答案等作弊人员16名，严格的考场秩序受到省厅巡视组的好评。另外，为庆祝“5·12”国际护士节，经层层推荐，本市还隆重表彰了周宇松等“十佳护士”和孙雪娥等100名优秀护士。（李　哲）

【加强血液管理，确保临床用血安全】　为了全面贯彻落实全国及全省食品安全暨非法采供血液和单采血浆专项整治会议精神，加强本市血液管理工作，市卫生局与公安、监委共同下发了《运城市非法采供血液和单采血浆专项整治工作实施方案》，并对辖区内医疗机构和单采供血机构进行了地毯式排查。9月份举办了两次医疗机构临床用血规范管理培训班，同时，严格实行临床用血审批制，采供血机构按照市卫生局提供的名单供应血液。另外，运城市还从4月份开始，开展“去白细胞输血”工作，保证了输血安全，提高了输血质量。（李　哲）

爱国卫生工作

【综述】　5月19日，全省创建国家级卫生城市现场会在永济召开，王昕副省长到会并作了重要讲话，与会代表参观了永济市创建国家卫生城市的一些成果，省领导和与会代表对永济市作出了高度评价，认为永济市在创建国家级卫生城市方面的做法是贯彻“三个代表”重要思想，树立和落实科学发展观和政绩观的具体实践，为推动本市创建卫生城市工作打下良好基础。为配合全市创建全国优秀旅游城市，开展城市环境综合整治，市卫生局全局动员，全员参战，领导包片，科室包街，首先摸清底数，制定标准，统一规定，监督落实。先后10次对52个系统和144个大中专中小学进行了检查，对卫生环境好的单位进行了表扬，对落后的单位下达了整改通知。同时在全市中小学校开展了“拒吸第一支烟，做不吸烟新一代”万人签名活动，共有1.6万名学生进行了签名。为给全市人民创造一个安全、卫生、优美的环境，彻底改变城市脏、乱、差的现象，紧密围绕城市环境整治这一中心工作，积极配合，变被动为主动，把爱国卫生工作形成制度化，采取突击检查和经常检查相结合、定期检查与随机抽查相结合，开展“70天爱国卫生在行动”活动，规定每周四在市区开展一次爱国卫生活动，使全社会形成一个浓厚的氛围，逐步培养和提高市民讲卫生、讲文明的良好习惯。（李　哲）

医政、药政管理

【综述】　在年初全市卫生工作会议上，对本年纠风工作进行了重点安排，把纠正医药购销和医疗服务中不正之风作为全年卫生工作重点之一，将医德医风建设、药品集中招标采购和医疗服务检查纳入卫生工作目标责任制，与各医疗单位签订了目标责任书，建立了医德医风档案管理、群众投诉、信息发布、服务承诺等制度，勒令取消了医疗机构科室经济收入与医务人员个人报酬直接挂钩的做法。同时结合省卫生厅“六项承诺”和“十不准”规定，制定了《运城市卫生系统开展纠正医疗服务中不正之风专项治理实施方案》，要求各医疗单位认真学习山西省医疗卫生行业“十不准”规定，采取措施，认真解决医药购销中和医疗服务中的不正之风。7月份，召开了卫生行风大家谈座谈会，邀请了有关领导、行风监督员、患者代表、医生代表、新闻媒体记者、部分医院院长20余人参加了座谈，对卫生事业的发展和存在的问题提出了合理化建议。药品招标工作方面主要针对2003年招标药品在各医疗单位执行情况进行监督检查。5月份，共抽调药剂人员10人，对13个县（市、区）和市直医疗单位进行检查，对差的单位全市通报批评。10月份，组织了运城市医疗机构第三次药品集中招标采购，共招标品种368种，一次性医用材料2种，99家生产经营企业参加了投标。7月份，市卫生局对各县（市、区）人民医院、市直医疗单位、厂矿医院八项医疗服务收费进行了专项检查，根据检查情况，各医疗单位对本单位医疗收费价格进行了规范，并制定了本单位的整改措施。9月份，市卫生局组织人员对各医疗单位整改情况进行了抽查，各单位能够严格按照省卫生厅制定的收费标准执行，医疗服务收费有了较大改观。（李　哲）

红十字会工作

【综述】　为纪念“五·八”世界红十字日，市红十字会组织市中心医院、市妇幼保健院、市中医院、市疾控中心、市卫校、红十字会中心血站等十余家医疗单位的医务工作人员在市区各个繁华街头开展了大规模的宣传、义诊和无偿献血活动，各县（市、区）红十字会也开展了丰富多彩、声势浩大的宣传纪念活动。九月份，红十字会举行了为艾滋病患者救助募捐活动，倡导全社会以“人道、博爱、奉献”为己任，关心爱护艾滋病患者，向艾滋病感染者伸出关爱之手，为他们提供必要的援助。市领导黄有泉、安永全、吴菊仙、王琦参加了启动仪式并带头捐款。各县（市、区）红会也积极开展了募捐活动。

在妇幼保健工作方面，省卫生厅10月份在本市召开了全省妇幼卫生工作及母婴安全大行动现场会；在人事制度改革方面，按照公开、公平、公正、透明的原则，面向全市卫生系统为卫生局机关选拔了5名中层干部；市中心医院采取了竞争上岗，实行了聘任制，共选拔了119名中层干部。但是卫生工作的现状仍然存在不少困难和问题。农村卫生发展滞后，卫生保健知识宣传教育不够深入，艾滋病防治工作形势严峻，卫生人才培养任重道远，卫生经费投入严重不足等等。（李　哲）

医　药

中医药事业

【综述】　为了充分发挥中医药特有的优势和作用，8月份召开了全市民营医疗机构中医工作会议，回顾总结了本市中医工作发展里程，安排部署了本市中医工作的发展思路和方向；10月份，成功举办了“中国·运城首届疑难杂症中医治疗周”活动，此次活动共有18家中医医疗机构参加，接诊患者1000余人，其中外省（市）患者近百人，有力推动了本市中医专病专科专药建设，为今后组建中医联合舰队打下了坚实基础；同时，省卫生厅有关专家对市中医医疗单位（中医院、县医院中医科）的中医、中西医结合病历进行了交叉检查，对本市中医药事业发展，中医病历书写等方面给予充分的肯定和好评，有力推动了本市中医事业的发展。（李　哲）

体　育

【大运高速公路体育走廊开始建设】

大（同）运（城）高速公路如同一条黑色的绸带，贯穿三晋南北，为使这一“绿色大运、科技大运、人文大运、国防大运”更具活力，再添浓重一笔。4月12日国家体育总局群体司副司长续川，副处长杨光宇，省体育局长王春元，副局长李振生，办公室主任李志秀，群体处长赵晓空，副局长张文治等抵达运城。对由省体育局提出的建设“百镇（乡）、千村（校）大运体育走廊”运城段进行调研活动，还就运城体育发展战略与体育设施建设问题，同市委书记黄有泉、市长胡苏平、常务副市长董洪运进行了研究。经调查摸底，最后确定本市4个县（区）15个乡（镇）89个村为“大运体育走廊项目”实施建设单位，包括四条全民健身路径。建设农村体育设施的又一轮新高潮从而兴起。（刘　晓）

【乒超联赛，CCTV—5进行了现场直播】　4月28日，由本年度世乒赛女团冠军牛剑峰为首的河北保定正大俱乐部与李菊领军的浙江同人俱乐部，在运城学院稷山师范分院举行了第一场联赛。第二场5月8日在河津永民中学举行由河北保定区对阵江苏无锡山禾队。第三场5月15日在运城师范学校体育馆进行。牛剑峰为首的河北保定正大俱乐部对阵以丁颖和曹臻为领军的八一工行俱乐部，本场赛事CCTV频道进行了现场直播，三场顶级赛事，使运城人民大饱眼福。（刘　晓）

【《运城市体育中心建设方案》通过】　5月17日运城市政府第57次常务会议，通过了《运城市体育中心建设方案》。体育中心规划在河东东街以北，魏南大街以南，周西路以东，占地287.85亩，总投资1.4亿元。（刘　晓）

【举办首届农民龙舟大赛】　7月15日全省农民龙舟大赛在芮城圣天湖旅游风景区举行，本次赛事的组委会主任中共运城市委副书记孟福贵，省农民体协常务副主席樊茂枝及市主要领导参加开幕式并观看了比赛。来自秦、晋、豫三省五县（市）九支代表队近千名运动员参加了比赛，经过四天的激烈挥桨，河南代表队、三门峡代表队、芮城代表队分获500米直线竞速前三名。

（刘　晓）

【体育竞赛工作】　本年度全市先后派出田径、举重、男女篮球、国际式摔跤、自行车、柔道、武术、射击、射箭、乒乓球、游泳、蹦床、跆拳道共14个项目17支代表队406名运动员，赴全省各地参加十二届运动会的阶段赛，共获得金牌15枚，团体总分1055.5分。特别是国家级健将张应斌首次参加残奥会，在F55、F56级别标枪比赛中获得铜牌，为中国争了光。

（刘　晓）

【完成场地普查工作】　按照国家体育总局的统一部署，经过三个多月的努力，完成了全国第五次场地普查工作。共普查登记体育场地2577个，28个种类，其中标准场地1320个，非标准场地1257个，体育场地占地面积294.4万平方米，体育系统管理51个，占4%，各级政府对体育设施累计投资1218.19万元。

（刘　晓）

【体育彩票销量猛增】　体育彩票销量在2002年17123468元的基础上，猛增到60448314元。

（刘　晓）

（责任编辑：石少青）

社会生活

劳动和社会保障

【落实优惠政策，促进下岗职工实现再就业】 下岗失业人员再就业工作既是各级政府的工作重点，更是劳动保障部门工作的重中之重。2004年，全市劳动保障部门在确保下岗职工基本生活费按时发放无拖欠的同时，围绕促进再就业主要做了三项工作：

1. 落实政策寻岗位，促进再就业。促进下岗失业人员再就业，各项优惠政策落实是关键。首先，组织召开了再就业工作领导组联席会议，加强与税务、工商等职能部门的关系协调。其次，作为“扩大就业工作工程”的牵头单位，认真制订了实施方案，任务分解，责任到人，保证各项税费减免政策落实到位，为下岗失业人员自谋职业，自主创业提供了良好的环境。一年来，全市12972名下岗职工全部按时足额领到基本生活保障金，为其代缴“三险”406万元，其中，9450人享受税收减免108万元，8592人享受行政性收费减免56万元，基本生活保障率达到100%。

2. 优质服务找岗位，促进再就业。充分利用职业技能培训基地，开设多种适应社会需要的专业，免费培训下岗失业人员，提高他们的就业技能。同时，深入企业，调查研究，帮助企业签订劳动合同，完善用工手续，办理社会保险登记，进行政策辅导，严格各项社会保险补贴审核认定程序。截至年底，全市新增就业岗位5.5万个，下岗失业人员再就业人数达1.13万人，极大地缓解了就业的压力。

3. 主动工作争岗位，促进再就业。促进“4050”人员实现再就业一直是再就业工作的重点和难点，也是“为民工程”的工作重点。面对“4050”人员技能单一、身体状况不佳诸多困难，紧紧围绕市委、市政府的战略方针，牢牢抓住“城镇化”建设有利时机，结合城市建设和社区发展的需要，主动与城建局、社区办等部门联系，妥善安置5375名“4050”人员从事城市环卫和社区清洁等工作。

（郭晓春）

【强化规范化管理，确保社保基金足额征缴】 做好社保工作，社保基金是保证。2004年，在社保工作上，重点抓了规范化管理，确保社保基金足额征缴。年初伊始，要求各科室健全制度，完善业务程序，提高办事效率。各社保经办机构紧密联系工作实际，设置了14个内部岗位，并建立了岗位职责，完善了登记、年检、申报等13项业务流程，编印成册，人手一份，有效地促进了工作效率的提高。同时，围绕社保基金管理，建立完善了三项制度：（1）社保基金管理制度。各保险经办机构，对所收缴的社会保险基金，都坚持依照规定，及时上缴，专户储存，严格管理，杜绝了违规使用和基金流失。（2）审批制度。市劳动局专门下发文件，明确要求“办理时间，办理程序，待遇支付，由谁办理”实现四统一，所有审批工作一律实行阳光操作，所有审批结果一律在本单位进行公示。经过一年的运行，有效地保证了工作无延期、无虚假，避免了违规违纪事件发生。（3）年检审核制度。各社保经办机构严格把关，过细工作，通过对参保企业年检审核，澄清了底子，摸透了情况，大大促进了社保基金的足额征缴。

一年来，共征缴基本养老保险费25871.4万元，其中，征缴企业养老保险费25500万元，为5.4万名离退休人员按时足额发放养老金，做到了一人不少，一分不欠，一天不拖。社会化发放率达到100%。征缴农村养老保险费371.4万元；医疗保险参保人数达24.3万人，征缴医疗、生育保险基金6952万元；工伤保险工作结合本市实际已全面启动，截止12月前，全市参加工伤保险人数达2.35万人，共征缴基金107万元，享受待遇107人；失业保险实际参保人数24.2万人，征缴失业保险费2992.89万元，年终城镇实际登记失业率控制在1.6%以内。（郭晓春）

【加大劳务输出力度，促进农民增收】 2004年，全市劳动力转移人数达18.3万人。经市劳动局组织、小批量、多批次、广角度向外输送劳动力4500余名。同时开辟了北京、广州、深圳、珠海、郑州、苏州、新疆、神木、永春、三门峡十大劳务输出基地，建立了县、乡、村三级劳务输出网络，实现了劳务输出由农业领域向工业领域、季度性岗位向常年性岗位、落后地区向沿海发达地区、劳务型向技术型的转移，打响了本市劳务输出的品牌，取得了经济效益和社会效益的双丰收。市劳动局主要从四方面着手采取措施：

舆论宣传。本市农民因人文、地理条件影响和传统观念束缚，守土恋家，不出山门，思想封闭，观念陈旧。要想使长期生活在深山里的农民走出家园，走出大山，走进城市，首先应抓好思想观念的转变。年初，组织召开了全市劳务输出动员大会，并邀请了外出打工富有成就的先进典型进行现身引路。制作了《走出大山》、《为了农民增收》、《走南闯北平陆人》等专题片，宣传报道外出打工先进典型。同时，在每次较大的劳务输出活动前，都召开动员大会，印发招工简章，制作宣传板面，请用工单位介绍基本情况，开展声势浩大的宣传活动，营造舆论氛围，引导农民走出运城，打工挣钱。

管理服务。为努力适应市场经济发展要求，市劳动保障部门将劳务输出主要职能定位于组织管理，中介服务，改变以往大包大揽的观念。把主要精力放在帮农民找“婆家”，力求通过市场需求，拉动劳务输出。首先对全市劳动力资源进行摸底建档，并千方百计给农民提供准确的用工信息，同时加强对劳务输出的行业管理。实行发布招工简章备案制，劳动监察大队加大对劳务中介的监管力度，避免农民上当受骗，提高了农民外出务工的积极性。

技能培训。在全社会就业形势日益严峻的大背景下，农民进城必须凭借其劳务产品的质优价廉取得竞争优势去“抢”饭吃。围绕提高竞争力的目标，对输出人员积极开展劳动技能培训，依托各职业培训学校，建立农民工培训基地，紧紧咬住劳务市场多样化、个性化的需求，开设了厨师、茶艺、家政、计算机操作等一系列课程，真正体现了市场“量身定做”人才。同时，狠抓基本素质培训，对外出务工人员进行短时间的社会公德、职业道德以及劳动法律、法规培训。要求务工人员要像爱护自己的眼睛一样珍惜运城声誉，以提高劳务输出成功率和用人单位回头率。

监督检查。劳务输出是农民增加收入，脱贫致富最快捷的途径。如何把这项“富民工程”做强做大，这不是劳动保障一家能唱的“独角戏”，它需要各职能部门、各县（市、区）的通力配合。在上半年工作汇报会上，市劳动局要求各县（市、区）劳动保障局把劳务输出工作作为重点工作来汇报。之后，又派五个督查组，每组成员中都有劳动部门的一名副局长，对各县（市、区）的劳务输出工作检查落实。要求各县（市、区）必须成立劳务输出办公室，并达到“八有”要求，即：有牌子、有机构、有场地、有人员、有电话、有目标任务、有各种数据库、有信息发布栏，真正使劳务输出成为政府主导下农民增收脱贫的宏伟实践。

（郭晓春）

【充分发挥监察仲裁职能，维护职工合法权益】 为充分发挥劳动监察“龙头”作用，在强化职工素质提高的基础上，开展了四次专项检查，共检查企业96个，下发整改指令书34份，补签劳动合同548份，办理用工申报162个，就业登记603人，对1056名农民工进行了培训。对577家企业进行了年检，办理拖欠克扣农民工工资案件326起。讨回工资80余万元。对全市煤矿企业负责人及劳资人员进行了劳动法律、法规培训，提高了企业负责人遵守劳动保障法律、法规的自觉性，维护了职工的合法权益。

信访仲裁办先后接待群众来信来访5000余人次，受理案件2480起，结案2480起，签订鉴证劳动合同3000余份。同时，严格程序，全面推进改制企业职工身份置换工作。做到了多办案、快办案、办好案，受到了社会各界的好评。

（郭晓春）

【加强行风建设，促进依法行政】 为进一步加强劳动保障部门行风建设工作，切实把本局建设成为廉洁、高效、文明、勤政、务实的政府工作部门，2004年市劳动局围绕行风建设主要采取四方面措施：

1. 召开会议，动员部署。全省劳动保障工作会议后，市劳动局召开了局长办公会、中层干部会议及全体职工大会。成立了行风评议工作领导组，悬挂了行风评议宣传标语，对全系统的行风评议工作进行了详细安排部署。

2. 制订方案，规范工作行为。从局行政科室到所属事业单位，层层制订工作方案，要求全体同志要加强学习，提高素质。与市党校联系，聘请专业老师，以常用法律法规为主，利用晚上时间对全体同志进行为期一周的法制培训，让每位同志在熟悉掌握劳动法律、法规和业务知识的基础上，充分了解掌握应知应会的常用法律、法规，真正做到知法、懂法、依法行政。情系群众，文明接待，大力开展“五个一”活动。规范使用文明用语，并进行了四次抽查暗访，详细记载，及时通报，列入年终考核内容进行考核。

3. 完善政务公开，落实“三个工程”。年初，市劳动局要求所属各科室、单位，紧密联系工作实际，制订工作方案，细化量化目标任务，简化行政审批程序，实行挂牌服务。制作工作台卡，明确工作职能，设立举报电话、举报箱、政务栏，推行“阳光工程”。针对劳动保障政策法规，服务对象的权利和义务、维权途径和办法制定出十条便民措施，推进“便民工程”实施。坚持推行“首问责任制”，局机关设立便民服务台，明确值班人员的责任、职责和要求，为办事群众提供方便，落实“暖民心工程”。

4. 深入征求意见，积极改进工作。市劳动局印制了行风评议调查问卷和征求意见表。召开座谈会，邀请市人大代表，政协委员，离退休干部，企业负责人和部分服务对象对劳动保障部门的工作提出意见和建议。共发放调查问卷500份，征求意见表100份。尤其是劳动监察大队，结合工作实际，把建筑队、砖瓦厂的老板请回来，对市劳动部门的工作和服务质量提出意见，老板们畅所欲言，提出许多合理建议。（郭晓春）

失业保险管理

【参保扩面预期目标】 2004年，由于产业调整，企业改制，国退民进的步伐加快，国有企业参保率下滑，民营企业又难于扩面参保。这些都直接冲击着失业保险费源的稳定性，影响着失业保险覆盖面的拓展。为扼制这种下滑趋势，市失业管理中心大胆决策，对2004年参保扩面工作作了部署，即：巩固现有阵地，拓展新的领域，将工作的重点向事业单位参保转移，并且把此项决策作为今后一个时期失业保险工作的切入点和新的增长点。另外，力争在非公有制企业参保方面积极探索，大胆尝试，总结经验，实现零的突破。

经过一年的努力，参保扩面工作在诸多不利因素影响的情况下，仍然呈现出稳定向前推进的势头。据统计，全市现有参保单位1877个，参保职工数为242200人，其中，国有企业175400人，集体企业6000人，其它企业3000人，事业单位57800人，与上年相比，提高了1%。（阴宇晴）

【基金征缴实现两大突破】 2004年省中心下达的征缴任务是2655万元，市中心根据实际情况，将任务进行分解，并且强调一定要把基金征缴当作贯彻全年工作的重中之重常抓不懈。

从年初各县（市、区）就不等不靠，主动出击，在第一季度取得了令人可喜的成绩，共完成征缴任务近600万元，占全年任务的22.7%，实现首季开门红。与往年相比翻了两番，增幅之大在全市的基金征缴史上是前所未有的。实现首季"开门红"之后，征缴任务的增长速度出现缓慢的趋势。主要是由于各县（市、区）都有一定数量的企业不同程度地由于政策或经营不善而破产，使失业保险费的征缴遇到了较大的困难。市中心对面临的形势和任务及时进行了通报，要求各县（市、区）要引起高度重视，发扬不甘落后，争先创优的万荣精神，进一步采取强有力措施，加大征缴力度，打好最后攻坚战，确保全年任务的圆满完成。

中心主任杨新民在闻喜的全市失业保险现场会上特别强调指出：各县（市、区）经办机构一定要做到心中有数，充分估计困难，全体动员，抓紧一切时间，决战最后四十天，确保全年征缴任务圆满完成。杨新民主任带中心综合科人员对完成任务确有困难的个别县进行了实地调研，甚至直接到企业与负责人交涉，解决了许多实际问题。另外，针对少数企业欠费严重的现象，市失业保险管理中心态度坚决，主动拿起法律武器，请市劳动监察大队，配合各县（市、区）解决工作中的老大难问题，发挥了劳动执法在失业保险工作中的威力，教育了企业及其职工，收到了很好的社会效果。通过采取以上种种措施，奋战了近四十天，使全市的征缴任务突飞猛进，首次实现了两大突破。到年底，全市失业保险费征缴额达到3351万元，超额完成任务668万元，增幅为25%，年度征缴额首次突破三千万元，全市失业保险基金滚存结余达到10721万元，突破1亿元。再铸全市失业保险工作的新辉煌。（阴宇晴）

【芮城、万荣、闻喜三个现场会效果显著】 三个现场会即：个人缴费记录工作现场会，事业单位参保扩面工作现场会和失业人员管理工作现场会。这也是市失业保险管理中心2004年的三项重点工作。

个人缴费记录工作，涉及面宽，工作量大，制约因素多，面临着诸多实际困难。这项工作2003年已在全市全面启动实施，并且取得一定的成果。2004年上半年，各县（市、区）经办机构迎难而上，将个人缴费记录工作引深一步，已全面掌握辖区内职工参保信息和缴费基数，做到底数清情况明。在6月9日召开的芮城县个人缴费记录工作现场上，很好地总结了在此项工作中的经验、成绩和存在的问题。对于个人缴费记录工作的登记、认定、编码和年检等业务环节进行了统一规范，极大地促进了失业保险工作的开展。到年底全市共为138926名职工发放了《职工失业保险手册》，占参保职工总数的57.4%。

继6月份芮城现场会之后，时隔两个月，市失业保险管理中心又在万荣县召开事业单位参保扩面现场会。会上对万荣县失业保险中心负重奋进争一流，顽强拼搏创佳绩的精神感触颇深。万荣县失业保险管理服务中心，前些年各方面工作一直处于全市落后地位。2004年，县失业管理中心认真贯彻《运城市人民政府关于进一步做好失业保险工作的通知》的精神，积极取得县委、政府及劳动保障局领导的支持，密切与财政等相关部门配合，从事业单位参保入手，全面启动，并后来居上，为全市的事业单位参保扩面带了个好头。大家充分交流探讨，学习他们面对困难不妥协的拼搏精神；学习他们争强好胜、勇创一流的万荣精神；学习他们百折不挠，乐观向上的进取精神。通过这个现场会各县（市、区）倍受鼓舞，使全市的事业单位参保扩面工作大大地向前迈了一步，截止到年底，全市13个县（市、区）都以县政府的名义下发了相关文件。除平陆、绛县两县外，其余县（市、区）都由财政代扣了事业单位失业保险费个人的1%部分。这标志着此项工作已全面启动。

失业人员管理是失业保险工作中十分重要的环节。几年来，经过市、县两级经办机构的业务骨干的不断学习、探讨、总结经验，使全市在失业人员管理方面已初具雏形。但是，随着失业人员的急剧增长，管理工作需要更加细致化、科学化、规范化。全市要有一个统一的业务流程和管理模式。市失业保险管理中心又在11月份适时召开的全市失业保险工作闻喜现场会上，及时推广闻喜县失业人员管理工作的经验和做法。各县（市、区）的负责人认真听取了闻喜的经验介绍；听业务人员讲解了失业管理工作的全过程；观看了上墙的业务环节流程图；翻阅了有条不紊的分类档案。都觉得这样的现场会开得值得，真正有学的，有看的，达到了预期的目的。全市共有7392名失业人员享受了失业保险待遇，共支出失业保险基金1231.54万元，其中失业保险金支出1027.78万元，医疗补助金支出52.1万元，职业介绍和职业培训补贴116.57万元，其它支出35.05万元。同时为解决平陆县失业保险基金不敷使用的问题，市失业保险管理中心根据调查了解的实际情况，及时动用市级调剂金向平陆县拨付了50万元，确保了全市失业人员失业保险金的按时足额发放，推动了失业人员的职业培训和再就业，促进了社会的稳定和经济发展。（阴宇晴）

【行风建设】 2004年是行风评议的关键年。市失业保险管理中心认真贯彻3月9日召开的劳动保障工作会议精神，并积极组织大家学习市劳动保障局《关于进一步加强劳动保障系统行风建设工作意见》和《关于在科级以上党员干部中开展"公道正派树形象"活动实施方案》等相关文件。中心主任杨新民结合实际以"如何做一个合格的领导者"为题作了重要的讲话，并就开展行风建设和"公道正派树形象"活动提出了具体的实施意见：

1. 健全和完善各项规章制度。明确各科及各类人员的职责范围。彻底改变有章不循，管理不严，纪律松弛，办事不力的状况。

2. 使用文明用语。接听电话和接待群众来访时推行文明用语。大力倡导市劳动保障局推行的“五个一”活动和“三项工程”。“五个一”即：“一张笑脸，一声问候，一杯热茶，一把椅子，一声送行。”“三项工程”即“暖民心工程，阳光工程，便民工程”。

3. 推行首问责任制，为群众提供便利贴近的服务。

4. 设立便民服务台和监督台，随时解决群众问题，接受群众监督。

通过推行以上几项措施，使市失业保险系统的工作秩序和面貌大为改观，取得了显著成效。市失业保险管理服务中心被授予山西省“三优文明窗口先进单位”；河津市、芮城县失业保险管理服务中心被评为山西省“三优文明窗口达标单位”；闻喜县、夏县、临猗县失业保险管理服务中心被评为运城市“三优文明窗口单位”。（阴宇晴）

【信息网络建设】 随着失业保险工作的发展，管理越来越细，业务量越来越大，所以加快信息网络化建设，实现办公自动化就显得十分迫切。上年在单位经费十分紧张的情况下，市失业管理中心各科室全部配置了电脑，为软件开发工作迈出了第一步。本年初，单位就把软件的研发工作列入议事日程。确定以市中心为龙头，带动各县(市、区)尽快实现全市微机联网。5月份，中心的三位副主任和相关科室的业务骨干先后到湖北、湖南、河北等地考查学习。他们不辞辛苦，虚心向别的省、市请教，共同探讨、交流有关失业保险软件开发工作。回到单位，几位同志又加班加点，查阅资料并多次到基层调研，完善方案，终于开发出了适合本市基本情况的应用软件，现各科室的软件已全部安装完毕，正处于试运行状态，尔后将在全市全面推广实施。（阴宇晴）

【存在的问题】 1. 事业单位参保扩面工作落实不够。从形式上看，全市各县（市、区）都以政府名义下发了相关文件，但仍有个别县的财政部门还没有注入资金，有些虽然动了起来，但代扣的比例很低。下一步要继续努力，力争使个人的1%部分全面代扣代缴，并逐步启动征缴单位的2%部分。

2. 个人缴费记录工作进展不理想，仍需规范。根据2004年初制定的目标任务，要求各县（市、区）的个人缴费记录工作要完成参保人数的80%，但年底统计资料显示，全市平均状况只达到52.7%，特别是有相当一部分县（市、区）与预期目标还相差甚远。另外，部分县（市、区）在个人缴费记录工作的登记、认定、表格填写和编码中仍有不规范行为，须及时纠正。

3. 宣传力度还须加强。近年来，由于市中心的努力，越来越多的单位和职工开始认识了失业保险工作，市场经济的发展也日益显出了失业保险工作的重要性。但不可否认，仍有相当一部分企事业单位及其职工不了解失业保险的有关政策，不了解最基本的社会保障知识。这说明失业保险宣传工作做得还很不够，还需在这方面不断加强。（阴宇晴）

收入与消费

【城镇居民收入与消费】 2004年，全市全年城镇居民人均可支配收入6808元，比上年增长10.3%。城镇居民人均消费性支出4702元，比上年增长7.3%。中心城市盐湖区城镇居民人均可支配收入7658元，比2003年增长10.0%；城镇居民人均消费性支出5273元，比2003年增长2.4%。城镇居民人均住房面积23.9平方米，中心城市盐湖区城镇居民人均住房面积22.3平方米。居民家庭恩格尔系数32.5%，中心城市盐湖区城镇居民家庭恩格尔系数为32.9%，全市在岗职工平均工资11339元，比上年增长15.5%。

（市统计局）

【农村居民收入与消费】 2004年，全市农民人均纯收入2587.3元，比上年增长11.5%。农村居民人均住房面积达到27.4平方米，农村居民家庭恩格尔系数为40.8%。

（市统计局）

【城乡居民储蓄存款】 2004年末，全市城市居民储蓄存款余额286.5亿元，比年初增长12.9%；人均储蓄存款为5803.5元，比上年增长12.1%。（市统计局）

计划生育

【概况】 2004年，运城市人口计生委在市委、市政府的正确领导下，根据全省人口与计划生育工作会议精神，求真务实、奋力拼搏、努力开创人口与计划生育工作新局面。截至9月底，全市人口出生率为9.14‰，自然增长率为4.48‰，计划生育率为85.43%，采取各种节育措施48128人，其中结扎489人，上环39136人，综合节育率86.93%，一孩妇女比30.7%，出生人口性别比111，以上指标均完成了省上下达的目标任务。市人口计生委被山西省委、省人民政府授予“劳动模范单位”荣誉称号，被山西省人民政府授予全省“人民满意的公务员集体”，被中共运城市委授予“党风廉政建设先进集体”称号；市计生协也被国家计生委、国家计生协评为全国协会先进单位。

（刘菊红）

【加强队伍建设，提高人员素质】 紧紧围绕创建“团结型机关、学习型机关、工作型机关、法制型机关、廉洁型机关、快乐型机关”的目标，开展“比学习、比工作、比敬业、比廉洁、比奉献”竞赛，使同志们的业务素质、理论素质不断提高。

1. 抓学习。市人口计生委党组注意加强干部职工的学习，除坚持每周二学习雷打不动外，向全体干部提出了“一天一文，一周一记，一月一稿”的学习任务，要求每人每天必须学一篇文章，每周记一篇学习笔记，每月写一篇稿件，每季度进行一次学习情况评选活动，每半年进行一次学习大展评，并制定了奖励制度。

2. 抓培训。同运城学院联合，对全委人员分两批进行了Windows 98和办公自动化知识培训；对全市13个县（市、区）的科技股长、县乡技术人员和计生药具管理人员进行了培训；百日会战期间，市、县、乡三级举办各类知识培训500

余次，培训村计生主任13218人次。

3. 抓责任。除市政府同各县（市、区）签订的目标责任书外，市计生委也同各县（市、区）计生局长签订工作目标责任，同时市计生委还建立了领导联包责任制，实行责任分工到人。2004年，市计生委组织人员两次对目标责任落实情况进行检查，对工作好的进行表彰，差的进行批评。如市计生委到河津市某村检查时，发现这个村计生专干极不负责，使该村计生工作处于瘫痪状态，市计生委就责成河津市对该专干解聘，并在全市通报。

4. 抓提高。组织各县（市、区）计生局长、部分优秀乡镇计生专干和村计生主任赴上海等地参观学习，通过学习考察，同志们解放了思想，开阔了眼界，更新了观念，学到了知识，启发了思路。

（刘菊红）

【夯实基层基础，提升工作水平】

年初，市委常委扩大会议就听取了计生部门的汇报，针对市计划生育基层基础薄弱的状况，决定在全市农村开展“情系百姓”人口计生工作大宣传、大服务、大调研、大督查百日会战活动，并以市委、政府两办2004年1号文件下发了《百日会战实施方案》，成立了百日会战领导组。市长胡苏平一到任，就听取了计生部门的汇报，并多次表示要想方设法为计生部门争取经费，解决困难。元月31日（农历正月初九），市委、市政府就召开了全市“情系百姓”人口计生工作大宣传、大服务、大调研、大督查百日会战动员会。这次活动的主要任务是：进村入户摸实情，宣传教育见实效，技术服务办实事，政策兑现抓实数，基层建设夯实基。目的是：通过百日会战，要清楚全市农村人口计生工作底子，使全市的人口计生工作步入法制化、经常化、制度化、规范化、科学化的管理轨道。市委副书记安永全主持会议，市政府副市长吴菊仙作具体安排。各县（市、区）分管计生工作的副书记、副县长、计生局长、市人口与计生领导组成员单位共计80余人参加会议。从而拉开了全市人口计生工作夯实基层基础，清理历史问题，提升服务水平的百日会战活动序幕。13个县（市、区）委、政府领导高度重视，认真研究，精心组织，紧跟市上部署，也迅速成立了领导组，出台了《实施方案》及《考核方案》，召开了声势大、规格高的动员会。

为了使这次计划生育百日会战活动取得良好效果，市百日会战活动领导组办公室抽调专人组成信息组和督查组，开办了专题简报，总共编发28期；《运城日报》开辟了活动专栏；3—5月份，市计生委四次组织人员对近60个村的活动情况进行了督查，并将督查结果在运城电视台、《运城日报》予以通报。各县（市、区）也结合各自实际，制定措施，创造性地开展工作。5月16日—29日，市人口计生领导组组织了由市政府办公厅、各县（市、区）计生局长和市计生委人员参加的检查验收组共50人，采取一支队伍、一把尺子量到底的办法，对各县（市、区）活动情况进行验收。6月22日，市委、市政府召开了百日会战总结表彰大会，对成绩突出的县（市、区）和先进个人进行了表彰。

由于领导重视，周密部署，相关部门密切配合，人民群众热情参与，人口计生大宣传、大服务、大调研、大督查百日会战活动，进展顺利，成效显著。据统计，全市共填写入户调查表965408份，抽调下乡工作队6219人，出动宣传车930辆，刷新标语7252条，散发宣传资料179万份，普查人数13476人次；截至四月底，落实节育措施13665例，其中，上环12456例，结扎965例；征收社会抚养费821万元；整顿规范乡镇计划生育服务所146个，村级服务室2718个；培训计生主任13218人次；《中国人口报》曾先后8次报道市计生委工作，《山西人口》、《运城日报》、运城电视台也多次予以报道。（刘菊红）

【强化管理，不断加大执法力度】

人口与计划生育管理，是非常严肃的行政执法行为，无法可依，有法不依，就会失去工作的保障。2004年重点办了四件事：1. 按照省人大执法检查组的要求，开展了自查自纠，并接受了省人大“一法一条例”的检查验收，省人大执法检查组认为本市贯彻落实“一法一条例”领导重视，措施得力，重点突出，效果明显，特别是对本市计划生育宣传教育多形式、优质服务全方位、依法行政夯实基的做法给予了高度的评价。2. 按照“一票否决”的要求，对各类受表彰的人员和单位以及拟提拔的副科以上干部进行了严格审核，共审核个人600余人，单位180个，并对市财经学校评先资格予以一票否决。3. 制定了《流动服务车管理办法》、《关于计生行政审批后续监管的实施办法》、出台了《关于进一步深化依法行政、政务公开的实施方案》，下发了贯彻落实《山西省病残儿医学鉴定管理办法》和《生育服务证管理办法》的通知。4. 与市纠风办、市电视台联合开办了《监督热线》、《县市传真》专栏，每月11日，现场解答群众问题，接受群众监督，1—9月解答群众咨询80余次，调查核实反馈要结果案件24件，查办省人口计生委交办案件14件，全部按期结案。（刘菊红）

【重视宣传教育，打造宣传特色】

转变群众的生育观念，宣传教育是先导。2004年在计生宣传教育工作中，以创新为主线，不断打造富有运城浓厚的文化底蕴的宣传特色，在社会上反响强烈。

1. 大造宣传氛围。全市新建人口文化大院340座，标准较高的140座；3000多个村基层都做到了《人口法》和《条例》上墙；146个乡镇都有计划生育政策宣传一条街；制作了各类人口计生宣传广告牌，街头标语，尤其是反映“关爱女孩”的标语，宣传画和广告牌，使之遍布城乡。市政府和盐湖区政府启动了“全国关爱女孩行动三晋行、人口文化关爱女孩万里行、走进运城——盐湖区活动仪式，当场为10名贫困女孩各发放助学金200元，为20名农村独女户家庭办理养老保险。社会各界捐款15万元。

2. 提升宣传档次。1—9月份，市计生委编发的反映计划生育工作的文章被新闻媒体、报刊杂志和省人口计生委采用118篇，仅《中国人口报》就采用18篇，4月21日又刊发了本市工作专版，这对宣传运城，宣传山西人口计生工作都起了很好效果。《中国人口报》社的领导和编辑人员称“运城的专版是质量最好的”。

3. 开辟宣传新径。开展了“关爱女孩”全国有奖征联活动，征得全国31个省市区的4850多幅联作，参赛作者有干部、工人、农民、商人、教师、医护人员。参赛者最大年龄84岁，最小年龄11岁，其中有近40位作者是在全国联界较有影响的，如湖南的祝钦坡、北京的彭善民、福建的黄斌、湖北的祝大光等。5月底征联评奖工作已由全国著名楹联专家评定出结果。评出一等奖一名奖金800元，二等奖3名奖金各600元，三等奖8名奖金各200元，优秀奖20名奖金各50元。市计生委、计生协、楹联协会专门印制了楹联专辑，整个楹联稿件也将编辑成书出版。这次活动不仅本地反响强烈，在全国各地也引起了极大关注。

成立了运城市人口文化促进会。中国人口文化促进会副会长林毓熙，副秘书长王葆傅、傅世华，山西省人口文化促进会秘书长解徐庆出席成立大会，并作重要讲话；他们一行还参观了盐湖区、永济市的人口文化建设，林毓熙会长动情地说：“这简直是奇迹。”

编写了《甜蜜的事业甜蜜的情》演唱材料集，供基层计生文艺宣传队使用。

开展了评选“开明婆婆、通达丈夫、模范媳妇”等竞赛活动，对周丽萍等100名模范媳妇、冯淑贤等100名开明婆婆、张建荣等100名通达丈夫进行了表彰，每人授予荣誉证书一册，奖金100元。

建立了运城市人口计生网，已在互联网上取得域名，内容涉及科室职责、依法行政、办事指南、宣传教育、避孕药具、技术服务、协会园地等板块，在全国各地都能了解到运城人口计生工作的情况。（刘菊红）

【提供优质服务，不断展示良好形象】 全市计生服务部门利用流动服务车和阵地服务等形式，积极为广大群众提供计划生育和生殖保健服务，服务人数达28万人次。临猗县投入近100万元，对乡村服务所室进行了改造和重建，15个乡服务所已投入使用，10月底村服务室全部建好；为了保证活动的正常开展，3月份，他们专门从医学类大中专毕业生中招聘了15名技术人员充实到乡镇，5月份，又以县站为龙头，深入15个乡镇开展优质服务活动。

百日会战期间，万荣县组织了三支力量集中作战，即：宣传教育队，宣传计生政策法规，营造舆论氛围；落实政策专业队，进村入户摸实情；技术服务普查队，分片为育龄群众进行生殖保健和“三情”普查。平陆县常乐镇以县服务站便民服务队下乡为契机，大打节育措施落实战，仅三天就普查群众200余人，落实节育措施41例；盐湖区组织三支技术服务队携带仪器、设备、药品进村入户，长效节育措施落实率已达75%以上。垣曲县推出“农村计生服务卡”，卡的正面为育龄群众提供了政策法规、技术服务、信息咨询、举报电话等内容，背面印有育龄群众应享受的免费优惠服务项目、社会抚养费征收标准、计生协为群众提供的生产、生活、生育服务等内容。市计生委和各县（市、区）计生部门还在女干部、女职工中开展了关爱妇女“三查两补一治疗”服务。仅市计生指导生殖保健中心从2月16日至4月25日，就为市直单位4500名妇女进行了体检．查出各类疾病1900余人，为350余名患者作了治疗。5月中旬市计生指导生殖保健中心又携带B超、心电图仪、乳腺诊断仪、微波仪等医疗设备深入夏县尉郭乡，与老百姓同吃同住，为老百姓免费上门服务。优质的服务、优良的技术、务实的作风赢得了群众的交口称赞，群众亲切地称他们为“老百姓的服务队”。10月9日开始，他们又开展了为期一个月的“金秋为民服务月”活动，实行“四免费”“八优惠”政策，“四免费”即：免费测血压、身高、体重，免费发放避孕套，免费上取节育环，免费妇检；“八优惠”即：输液、肌肉注射、彩超、心电图检查、治疗妇科病、乳腺红外光检查、接生、子宫切除等都有不同程度的优惠。计生委除坚持经常性的服务外，还根据国家和省的要求，开展优质服务县的创建活动，他们与卫生局联合聘任了32名医德高尚、技术精湛，具有副高以上专业职称的各类学科专家组成了计划生育技术鉴定专家组，完善了相应的管理制度，编印了《计划生育技术服务职责和制度》。大部分乡镇都做到了制度上墙，工作规范管理。盐湖区、垣曲县统一为乡镇服务所、室制作版面，达到整齐规范。

（刘菊红）

【促进政策落实，密切党群关系】

各县（市、区）在财政极度困难的情况下，都拿出一定资金，采取一系列方式，对计划生育户进行奖励扶持。万荣县在财力十分紧张的情况下，拿出12万元，对农村210户独生子女户进行了奖励，其中，10周岁以上独女户56户，每户奖励1000元；10周岁以上的独子户66户，每户奖励500元；10周岁以下的独生子女户88户，每户奖励300元。稷山县委、县政府给编制、给经费，专项落实计划生育优惠政策；市财政有史以来第一次在预算中专题列出计划生育奖励费20万元；《运城市计划生育奖励暂行办法》正在修改，近期出台。另外，针对本市出生人口性别比偏高的问题，各县（市、区）都制定了一系列优惠独生女和双女户的政策，营造了良好的社会氛围。平陆县出台了《计划生育独女户、双女户意外伤害保险实施办法》，采取政府拨一点、社会筹一点、个人拿一点的办法，为全县60%的独女户、双女户父母办理了意外伤害保险。临猗县专门拿出10万元，对农村的独女户、双女户进行了奖励。永济市委、市政府专门下文，在黄河滩涂开发推广芦笋种植项目中，动员全市计划生育独女户、双女户参与种植，并在资金、技术、管理等方面倾斜。（刘菊红）

优抚安置

【贯彻落实军人抚恤优待条例】

2004年，以学习贯彻新的《军人抚恤优待条例》为契机，（1）落实市县配套优抚专项经费1073万元，确保了全市20731名重点优抚对象经费发放到位，进一步完善了抚恤补助标准自然增长机制，优待金统筹发放机制。（2）结合全国范围内的城镇职工医疗保险、农村合作医疗和医疗救助体系建立，在原优抚医疗保障机制的基础上，指导试点县建立完善了覆盖所有重点优抚对象的大病医疗补助制度。（3）加大了特殊优抚“群体”的工作力度。2月中旬，对六十年代专职民警进行了调查核实，以市政府名义下文，全市统一了补助范围和补助标准。7月份，按照省政府安排，对原8023部队退伍军人情况采取入户调查、档案核实、分类统计等办法，进行了摸底，认真安排组织了申报伤残鉴定人员的复查核实工作，市、县两级落实了工作经费和定补资金。（4）与新条例相配合的各项业务工作全面展开，革命伤残人员证件换发工作有序进行。（5）优抚事业单位基础设施建设大为改观。市精神病院投资60万元，配备了电脑，购置了医疗器械，申办了定点医疗单位，顺利在禹都新院开办了特色门诊。市光荣院投资30万元，更新了车辆，维修了房顶和采暖设备，收养对象的医疗和生活条件有了明显的改善。（6）开展了以军地双方互办实事为主要内容的“双服务”活动。军地双方围绕“共建”核心，硬件抓工程，软件抓活动，双拥创建工作受到省双拥领导组考评检查人员的一致好评。

（李俊明）

【退伍军人安置工作】 2004年度共接收城镇安置对象713人。截止11月底，在市营以上企事业单位正式安置511人，县营以上企事业单位安置86人，定向培训49人，推荐上学4人，共计929人。并以市安办、劳动和社会保障局等四单位联合行文，以政府行为向民营企业下达了安置计划，新的运行机制基本形成。岗前技能培训进一步加强，90名退伍军人通过培训，走上工作岗位。同时，认真落实优惠政策，筹集发放补助资金，鼓励自谋职业，279名退伍军人，签订了自谋职业合同。（李俊明）

【军队离退休干部管理工作】 2004年，紧紧围绕两个待遇抓落实，优质服务创新优。2004年，中共中央办公厅、国务院办公厅、中央军委办公厅联合下发了《关于进一步做好军队离休退休干部移交政府安置管理工作的意见》（中办发［2004］2号）文件，这是继1984年国发171号文件之后，军休安置工作的又一纲领性文件，体现了党中央对军休干部的关怀和重视，全市军休系统认真学习贯彻中办发2号文件精神，积极落实老干部各种待遇，将全市200多名军队离退休干部和无经济收入家属、遗属纳入当地医疗保险体系，解决他们看病难问题。并多次开展丰富多彩的文体活动，鼓励有条件、有能力的老干部走出庭院，融入社会发挥余热。引深了军休所文明创建活动，先后有3个军休所，8人受到国家民政部、省民政厅的表彰。市军休办主任黄安居同志在全国军队离退休干部安置建房服务管理工作表彰大会上，被评为先进个人。（李俊明）

救济福利

【建立“帮民工程”，完善救灾救济工作体系】 2003年本市发生了百年不遇的特大洪水自然灾害，据统计，全市恢复重建工作涉及111个乡镇、2433个村、51043户灾民；需重建房屋63530间，恢复房屋75722间。救灾工作恢复重建任务相当繁重。为了加快重建进度，2004年市民政救灾部门采取如下措施：1. 加强组织领导，出台实施方案。两次以市委、市政府两办的名义向各县（市、区）发出通知，安排部署恢复重建工作，出台优惠政策，让利于民。2. 反复核查对象，严格资金使用。市民政局多次组织力量，核实倒塌房屋，分类明确了补助标准。各县（市、区）严格按照个人申报、村评、乡审、县定、张榜公布的程序，把恢复重建资金发放到每户灾民手中。3. 坚持自救为主，采取多渠道筹资。全市普遍采取政府补助、社会捐助、亲友帮助、个人自助、银行贷款等多渠道筹资方式，解决资金不足难题。4. 形成合力，重点破解整体搬迁难题。5. 强化督察指导，定期检查通报。市民政局多次深入县市检查指导，帮助解决问题。3月下旬，全省救灾工作暨恢复重建（平陆）现场会在运城市召开后，市民政局变压力为动力，进一步动员重灾县五指并拢抓落实，全力以赴搞重建，恢复重建工作进度明显加快，取得明显成效。年底已重建房屋62259间，修复房屋75722间，分别占任务的98%和100%。同时，面对本年发生的新灾情，市民政部门及时组织查灾核灾，实施救助。5月份指导各县（市、区）出台完善了救灾应急预案，加强了自然灾害综合协调机制、救灾物资储备系统、灾害信息搜集和评估机制建设。全年下拨特大自然灾害救济费535万元，落实市、县两级配套资金325万元，有效地保证了灾区群众有饭吃、有衣穿、有房住。3月27日，精心筹备成立了运城市慈善总会，建立健全了捐赠救助工作各项工作制度，10月份又在全市范围举办了“扶贫济困送温暖”专项捐赠，募集款物300余万元，受益灾民和特困群众达28000人。

（李俊明）

【规范运行“安民工程”，建立新型社会救助体系】 年初，市委、市政府把城乡低保和社会保障体系建设作为本市六项“为民工程”的首要工作，并在《运城日报》上向全市作出公开承诺。2004年，全市纳保人数和补助标准均比上年有大幅度增加。市、县两级共落实配套资金1273万元，城乡纳保人数达12.6万人。其中，城市低保对象由上年底的61489人，增加到69955人，增幅达12%，人均月补差达66元。农村低保对象由上年底的56191人增加为56644人，人均月补差15.2元。

在城市低保上，（1）进一步规范低保操作程序，提高透明度，形成了“低保对象有进有出，补助水平有升有降”的良性运行机制。（2）各县（市、区）对已享受低保家庭，按照文件精神重新进行复核，分为七种类型、拉开档次、区分标准进行救助。(3) 严格实行按月发放，确保按月发放到位。(4) 加大督查力度，及时整改规范。(5) 推广了闻喜县“四有五到位”典型经验，建立了低保网络信息管理平台，做到了各县市有人员、有阵地、有设备、有信息，认识到位、领导到位、投入到位、工作到位、管理到位，提高了规范化、现代化、快捷直通便民水平。

农村低保坚持统筹发展、适度扩面、逐步提高，克服运行中的多种困难，确保了稳定推进。主要采取四方面措施：(1) 在巩固原有享受农村低保人数的基础上，适度扩大了纳保人数。(2) 统一造册、统一建档、按五类救助标准印制核发了农村低保救助证，全市 56644 个农村低保对象换证全部到位。(3) 修订完善县级规章制度，在落实编制、机构的基础上，充实工作人员，规范了资金运行发放程序。(4) 出台了与农村低保相衔接的多形式的特困户、五保户救助优惠机制。8 月份，在全市推广了稷山县开展农村大病医疗救助试点工作经验，5 个省定试点县已出台《农村群众大病医疗救助方法》，共落实专项补助经费 300 余万元，确保了试点工作的顺利开展，受益特困户达 1579 户。 (李俊明)

【巩固“稳民工程”，提高基层民主政治建设水平】 2004 年，在村民自治上，全市民政系统认真贯彻中办 17 号文件，结合市委全面实施“阳光政务工程”的意见，把推行村务公开工作作为村民自治工作的切入点，深入基层调查研究，树立先进典型，加强示范引导，推进村务公开工作。市和各县（市、区）均落实了村务公开协调领导机构，明确了参与部分的分工责任，确定了示范县 2 个，示范乡镇 39 个，示范村 130 个。各县（市、区）基本实现了村务公开的三个转变：1. 拓展内容，拓宽渠道，使村务公开从单一转向多元；2. 乡村联动，干群互动，使村务公开从静态转向动态；3. 主动问事，集中议事，村务公开从事后转向事前、事中、事后全过程。同时，市民政局和市计生委、司法局等部门联合下发文件，开展系统活动，推动基层村民自治、民主法制建设。9 月份，针对省督查第六届村委会换届扫尾和来信来访工作，在上年大规模培训新当选村委干部的基础上，对个别干部进行了补课、补训，进一步指导基层健全换届交接制度，并组成市督查组，逐乡逐村对未选举的难点村进行督促，使上年未换届选举的 32 个村，28 个完成了选举任务，剩余 4 个正在进行。

城镇社区建设工作上，认真贯彻全省社区建设太原现场会精神，转换社区服务功能，推进社区服务向社会化、专业化、多元化方向发展。全市 13 个县城社区改制工作全面完成，工作经费和居委会成员补贴基本到位，社区办公条件得到改善，“四有”社区率达到了 100%；进一步完善了社区党建、社区卫生、社区文化、社区治安服务体系，重点进行了社区就业和再就业调查摸底，积极开展如家政服务中心等有特色服务活动；积极申报图书援建计划，在 7 县市 13 个社区筹建图书室，统一购回图书 3600 册，极大地丰富了社区居民文化生活。

(李俊明)

【“利民工程”初具与市场经济相适应的社会福利服务格局】 2004 年，(1) 按照统一名称、统一标准、统一规范的要求，全面完成了 25 个第三批“星光计划”建设项目。全市共争取上级资金 240 万元，落实市、县两级配套资金 536 万元，并已全部下拨到位，使用到位。(2) 全面启动全市“明天计划”。成立了领导组，明确了责任分工，指定市中心医院为定点医院，联系了专业医护人员。先后对 203 名残疾孤儿通过个人申请、量化、初审、市民政局复核确定了分期分批实施矫治手术方案，年底已对 7 名儿童实施了手术治疗。(3) 通过引进资金、技术改造、培养人才、加强协调，帮助企业解决实际困难，帮助残疾职工解决生产生活问题，落实国家优惠政策。(4) 发挥市县两级福利企业协会作用，成功组织了“福企杯”有奖征文活动，活跃了福利企业文化，增强了发展活力，扩大了社会影响。(5) 供养孤残儿童多样化，100 余名孤残儿童走出福利院，走进百姓家庭。3 名符合条件的孤残儿童成功办理了涉外收养手续，实现了“零”的突破。(6) 深入全市艾滋病侵害重灾县，对艾滋病孤儿进行了拉网式摸底排查，先后对 167 名儿童建立了档案，采取了亲属领养、家庭收养或寄养，并给予特殊救助。(7) 稳定推进城市无着流浪乞讨人员救助管理工作。盐湖区救助站积极争取经费维修改造房屋，购买添置用品，改善居住环境。开展依法救助，实行日报告、日登记。并成立了沿街巡查组，实施一站式救助服务。(8) 殡葬管理和殡葬事业单位改革取得较大进展。各县（市、区）积极推进土葬改革，配合工商、计量监督部门整顿规范了殡葬用品市场秩序，先后投资 40 万元，改善基层殡仪服务基础设施，开展了“三声”、“四心”爱岗活动，新的殡葬服务理念初步形成。(9) 电脑福彩发行，千方百计克服市场疲软不利因素，以上市“3D”游戏为契机，以投注站扩容为抓手，强化培训提素质，扩大宣传抓促销，建立激励机制树样板，年销售 3300 余万元，比上年同期 2400 万元增加 900 万元，增幅 37.5%。(10) 发挥福利彩票扶困助残作用，先后有 110 个特困儿童、失学学生、残疾职工受到福利公益救助。

(李俊明)

老龄工作

【概述】 2004 年，全市老龄工作根据市委、市政府关于表彰百名“河东孝星”暨“敬老模范”决定的要求，认真贯彻十六届四中全会精神和中央关于加强老龄工作的决定，坚持“党政主导，社会参与，全民关怀”的老龄工作方针，围绕全面建设小康社会和“六个老有”的奋斗目标，抓基层、抓重点、办实事，深入开展创建老龄工作先进县（市、区）活动和老龄工作规范化建设，取得了可喜的成绩。有 8 个县（市）和单位被评为先进集体，市老龄委被省老龄委评为“全省和全国老龄工作先进单位。

(黄　俊)

【老龄工作规范化建设】 为了认真贯彻落实中央、省、市关于加强老龄工作的决定和意见，市老龄委于2002年结合本市实际制定出台了县、乡、村三级老龄规范化建设标准。全国和省老龄委提出开展创建老龄工作先进县（市、区）活动以来，市老龄委及时修订完善了规范化建设标准，把“创建”活动和规范化建设有机地结合起来，作为推动全市老龄工作整体水平不断攀升的重要措施来抓。成立了创建活动领导组，召开创建工作动员会、现场会，总结经验，推广先进典型。市委书记黄有泉对老龄工作提出了“四有一保证”的要求。13个县（市、区）普遍成立了领导组，并且结合自身实际制定出了切实可行的实施方案和办法，河津、绛县、临猗、夏县、闻喜、新绛、平陆、芮城、盐湖等县（市、区）采取以点带面的办法，先后召开了不同形式的现场会，参观学习，交流经验，使县级老龄组织做到“四有一保证、五坚持”，“四有”即：有组织机构和编制人员、有办公场所、有交通工具，“一保证”即：保证每年不低于1万元工作经费列入财政预算，“五坚持”即：坚持每年召开至少两次党政联席会议研究老龄工作，坚持每年召开两次老龄委成员单位会议，坚持每年召开一次全县（市、区）老龄工作会议，坚持每年召开一次老年学术讨论会，坚持每年老年节、元旦、春节、走访慰问和庆祝活动。各级老龄办档案资料和老年人的情况资料达30多种，既规范清楚，又一目了然。6月份接受了省老龄委的检查验收，并得到高度赞扬。为了更进一步高标准高质量地开展工作，抓出成效，市老龄委于9月份又专门组织各县（市、区）老龄委深入到全市14个乡镇，25个村进行了认真检查验收。一方面对各县（市、区）之间相互学习，交流经验互相促进，不断推进创建工作和规范化建设的发展；另一方面，在全市进一步发现和树立了一大批先进乡镇和农村老年协会，对充分运用典型的力量推动全市老龄工作整体水平的不断攀升起到了巨大的促进作用。年底，全市已有52个乡镇和1664个村达到了规范化建设的标准，占50%。 （黄 俊）

【老年优待服务工作】 为老年人实行优待服务是《老年法》所规定的，是政府的职责，是全社会的义务。《山西省实施〈老年法〉办法》对山西省老年优待服务作了更加详细和具体的规定，从1999年开始原地区行署就做出了对全区60岁以上老年人实行优待服务的规定，得到了全社会各界的大力支持，受到了广大老年人的欢迎。各级老龄组织把协调有关部门检查督促落实老年优待服务政策，为老年人颁发优待证作为老龄工作的一项重要任务来抓，作为实践“三个代表”的具体行动，做到服务项目落实，服务标志明显。几年来，共为全市6万余名老年人颁发了优待证。不少民营企业也积极开展老年优待服务工作，市老龄委将百汇医药超市首家定为老年优待服务定点单位，借此提倡全社会为老年人提供优待服务。2004年底，为了进一步贯彻落实《老年法》和《山西省实施〈老年法〉办法》，市老龄委起草了“运城市人民政府关于认真贯彻落实《山西省实施〈老年法〉办法》，做好老年优待服务工作的意见”，得到了各有关部门的大力支持和配合，市政府以运政发［2004］39号文件予以下发。这是市委、市政府对全市48万老年人办的一件实事和好事。同时，使全市老年优待服务工作又向前推进了一步。

（黄 俊）

【加强敬老宣传教育，弘扬传统美德】 从上年5月份开始，市老龄委与文明委联合在全市范围自下而上，层层开展了“河东孝星”评选活动，有的采取在报纸上刊登事迹材料进行评选，有的采取个人演讲后大家评选，有的采取在广播上宣传后进行评选，通过这一活动的开展，在全社会进一步树立了尊老敬老的良好风尚。据不完全统计，受到县、乡、村表彰的敬老模范达到12000余人次。在层层评选的基础上市委、市政府于3月2日召开了运城市“春元杯”百名“河东孝星”暨“敬老模范”表彰大会，对受市表彰的100名河东孝星和18名敬老模范佩红戴花进行隆重表彰，市委、市政府作出了“关于表彰百名‘河东孝星’暨‘敬老模范’的决定”，市四大班子领导参加会议并颁奖。市委书记黄有泉在会上作了重要讲话。他要求各级党委和政府，一定要按照中央关于“在机构改革中，老龄工作只能加强不能削弱”的精神，认真贯彻“党政主导，社会参与，全民关怀”的老龄工作方针和市委、市政府《关于表彰百名“河东孝星”暨“敬老模范”的决定》，把老龄工作摆上重要位置，列入议事日程，纳入到年度目标责任制考核内容之中，及时研究解决老龄工作和老年人生活中存在的困难和问题，大力弘扬中华民族敬老养老的传统美德。为了进一步引深敬老宣传教育活动的深入开展，市老龄委又组织专人对这些事迹材料进行编辑整理，一方面在运城日报和民生报进行连载，另一方面编辑出版了《当代河东孝星》一书，在社会上引起了强烈反响。

（黄 俊）

【加强老龄工作组织建设】 老龄组织建设由于换届工作和人事变动，始终处于一种变动状态，因此，需要不断充实、调整和如强。2004年底，全市13个县（市、区）老龄委主任大部分由分管领导兼任，其中有9个县（市、区）聘请了德高望重的老领导担任常务副主任，办公室主任大部分由年富力强，热心老龄事业的中青年干部担任。146个乡（镇）、街道办全部建立了老龄组织，老龄委主任由分管领导或主要领导担任，大部分做到了由县委、政府两办统一任命，并且确定了老龄工作专干。3328个村有2879个村建立了老年协会，占行政村总数的86.5%，能够达到规范化建设标准的占到50%，一般的占到30%，有机构，有牌子，活动不经常的占到20%。形成了市、县、乡、村四级老龄工作网络。

（黄 俊）

【落实《老年法》和《山西省实施〈老年法〉办法》】 各级老龄组织采取多种方式如强老年法宣传，依法维护老年人的合法权益。1. 把《老年法》纳入普法宣传工作和规范化建设的内容之中，翻印宣传资料，把《老年法》书写上墙。如：临猗县猗氏镇王村老年协会发动村民和老年人捐资3千多元，翻印了《老年法》宣传手册，做到老年人人手一册。夏县南大里乡17个行政村村村《老年法》上墙。全市已达到规范化标准的广大农村老年协会的活动室《老年法》已全部上墙；2. 通过新闻媒体和老年人自编自演的戏曲、快板、小品等各种文艺表演形式宣传贯彻《老年法》；3. 老年协会通过依法加强民事调解，签订赡养协议书贯彻《老年法》，依法落实老有所养、老有所医；4. 通过依法公开审理的办法，对侵犯老年人合法权益的典型案件进行严肃处理，维护老年人的合法权益。新绛县老龄委对涉老案件，采取一听二查三帮的办法，先后接待来访老人81人（次），涉及案例41起。垣曲县几年来共处理各类涉老、弃老、虐老案件136起，调解73起，批评教育46起。芮城县老龄委配合人大和司法部门对2001、2002年两起虐老案件进行维权回访，收到了良好效果。

各级老龄组织对一年一度的老年节庆祝活动和元旦、春节的走访慰问已形成制度。从2000年起市、县两级每年为每位百岁老人解决生活补贴2000元。有些经济条件好的村为60岁以上老年人按不同年龄分别发放一定的生活补贴。各种老年群众组织和农村老年协会，积极组织广大老年人开展形式多样，内容丰富的文体健身娱乐活动，活跃城乡老年文化生活，使之成为农村三个文明建设的重要力量。老年学会作为老龄工作的理论班子，积极组织撰写论文，广泛开展老年学术研讨，对老龄工作不断总结经验，探索老龄问题起到了很大的促进作用。老龄人才协会建立后，积极摸底调查，建立老龄人才资源库，充分发挥老龄人才资源在经济建设和社会发展中的作用。（黄　俊）

残疾人事业

【概述】 2004年，运城市残联在市委、市政府的正确领导下，在省残联的精心指导下，以邓小平理论和“三个代表”重要思想和科学发展观为指导，认真贯彻落实第四次全国、全省和本市残疾人代表大会精神，围绕残疾人和健全人共奔小康的主题，以大力为残疾人办实事为重点，全面推进，重点突破，圆满完成了各项工作任务，并呈现出新的发展气象和特点。（靳北平）

【党委政府重视支持残疾人事业】 各级党委政府将残疾人事业纳入当地经济社会发展总体规划，主要领导普遍关心过问残疾人工作，重大事项列入政府议事日程，加以研究部署。分管领导更是身体力行，深入残疾人工作一线，调查研究，精心指导。有关部门密切配合，积极协作。市委书记黄有泉先后三次，在百忙中主动听取市残联领导汇报工作，对全市工作进行指导。分管财政的常务副市长董洪运对市残联提出的各项解决工作经费的请示都能给予重视解决，从而使市残联工作经费能够逐年增加。市残联主席、残工委主任、副市长柴林山，多次到市残联视察指导，对市残联召开的会议每请必到，对提出的问题总放在心上，并经常深入到基层，深入到残疾人家中，访贫问寒，解决困难。市财政局多年来一贯支持残疾人工作，2004年夏县残疾人危房改造配套资金，市残联申请了16万元，年终追加至20万元。平陆、万荣县政府无偿划拨给本县残联基础设施建设用地各2亩。临猗县副县长杨建民分管残疾人工作两年多时间，从事残疾人工作日就高达232天，占到他分管以来工作日三分之一以上，被残疾人工作者和残疾人誉为他们的“贴心人”，副市长柴林山给予他很高的评价，并邀请中残联杂志社记者专程前来对其采访。（靳北平）

【社会力量对残疾人工作的关怀扶持】 全国助残模范李春元先生在多年支持残疾人事业的基础上，2004年又为省残联捐赠20万元，为市残联捐赠15万元。市扶残助残会会长张跃民与5户贫困残疾人结成帮扶对子，每年每户救助500元及部分物品。闻喜县残联10天时间募到综合设施建设资金92.1万元，同时还募集衣物、电脑、学生用品累计2.3万元。临猗县在助残日期间举办残疾人文艺义演活动，募捐资金近10万元。市慈善总会出资1.1万元，市天龙标志服装厂厂长崔云山先生个人捐款1万元共同救助盐湖区聋哑学校4名贫困学生。（靳北平）

【残联系统提升为残疾人服务能力】 为残疾人办实事、谋实利的能力增强。2004年，全市残联系统为残疾人办了以下9件实事：①以运政办发［2004］98号文件批转下发了《关于保障残疾人合法权益的意见》；②抓住中国残疾人艺术团赴运演出之契机，开展“我为残疾人献上一份爱”捐助活动，募集资金28万元；③规范残疾人就业服务体系，安排1420名残疾人就业；④划拨专项资金20万元，对1702名残疾人进行了职业技能培训；⑤实施爱心助残工程，资助30名白内障患者手术，20名贫困聋儿配备助听器，10名肢残人矫形手术；⑥市及夏县配套资金32万元，对80户农村残疾人进行危房改造试点；⑦为270名残疾人捐赠轮椅，100名盲人捐赠盲杖；⑧建立6个“维权示范岗”，在全市开展“扶残维权行动”；⑨将特困残疾人全部纳入民政救助范围。另外，垣曲县残联拿出6万元救助60户贫困残疾人，河津市拿出2.9万元救助136名贫困残疾人，同时还对50名贫困残疾人在校生资助了7000元。这一些实事，在过去是很难办到的，可以说2004年是近年来残疾人得实惠最多的一年。

残联系统干部队伍的整体素质有了较大提高，市残联2004年“五一”期间，特邀中国残疾人艺术团在本市进行了题为“海鑫情涌我的梦”、“我的梦·祝海鑫集团腾飞”两场大型文艺演出，市残联和闻喜县残联分别承担了晚会的组织工作。两场演出时间短，任务重，工作量大，牵扯面广，组织协调难度大，但市、县两级都成功地完成了演出的各项组织协调工作，使两场演出取得了社会效益和经济效益的“双丰收”，分别募捐残疾人事业经费32万余元和9万元。（靳北平）

【残疾人展示自强自立的精神风貌】 残疾人工作不断深入发展，大大激发了他们奋发进取的积极性和热情，残疾人自强自立的精神风貌得到充分展示，在全市残疾人中，涌现出了一大批自强自立的先进典型。11月23日，市残工委在临猗县召开全市残疾人自强自立及扶残助残先进集体和个人表彰会，表彰奖励了近年来全市涌现出来的16名自强自立模范，14个扶残助残集体和19名扶残助残先进个人。临猗县成立了残疾人实现“三个代表”自强模范事迹报告团，6名报告团成员先后在县教委、妇女干部会、基层工作牛杜现场会、城建系统、上访教会信徒思想教育会、运城市“双先”表彰会作了6场报告，引起强烈反响，取得了良好的效果。特别是在县教会的报告，整个会堂座无虚席，听讲信徒达600余人，许多信徒感动得流下热泪。报告会结束后，他们自发组织，纷纷捐款捐物，当场收到捐款4500余元，衣物150件。（靳北平）

【残疾人康复工作】 2004年全年完成白内障复明手术1412例，占任务数的101%；完成白内障无障碍示范区手术150例，占任务数的100%；新招收训聋儿81名，占任务数的119%，培训家长135人次，占任务数的198%；供应用品用具1837件，占任务数的115%；完成普及型假肢35例，占任务数的100%；完成“富士康”和彩票公益金项目，其中白内障复明手术30例，助听器验配25台，贫困聋儿补助20名，肢体矫形手术5例，肢体康复训练5名，大腿假肢5例，供应用品用具104件，资助贫困聋儿100名，助听器7台。（靳北平）

【残疾人危房改造工作】 2004年夏县承担贫困残疾人危房改造工作，选取80户残疾人进行试点。在工作中，市、县两级政府高度重视，大力支持，两级残联及有关部门将此项工作作为一项德政工程、民心工程，密切配合，努力工作。截至年底，80户贫困残疾人危房改造全部完成。由于工作扎实，省残联在该县召开了危房改造工作现场会，总结推广了他们的做法。（靳北平）

【扶贫解困工作】 全市救助贫困残疾人670余户，救助金额20余万元。纳入最低生活保障的残疾人7427名，其中城市人保率达90%，农村人保率70%。争取康复扶贫资金1610万元，扶持残疾人5000户。依靠力量，扶持了10000名残疾人摆脱贫困，并有一部分走上了致富道路。（靳北平）

【专门协会工作】 有10个县（市、区）成立了专门协会，超额完成省下达的任务。并在市各专门协会开展了专门协会工作试点，全年先后召开两次专门协会主席会议，研究部署工作，市残联理事会决定，根据各协会工作安排和申请，由市残联拨付给协会一定的工作经费，并给每个协会主席每月补助30元通讯费，较好地推动了协会工作。比如，市聋协在国际聋人节当天搞了电台专访并捐赠给盲人兄弟一部分盲杖、收音机和盲表。（靳北平）

【残疾人维权工作】 全市共建立了残疾人法律维权机构13个，全年共办理援助案件160起，为残疾人挽回经济损失百余万元。如永济法律援助中心为肢残人张徐波提供法律援助，奔波千余公里，跨越晋陕两省，准确地掌握了大量事实和证据，最终为张徐波挽回经济损失40余万元。《人民日报》、《华商报》等多家媒体都进行了追踪报道，引起了很大的社会反响。（靳北平）

【残疾人就业工作】 到2004年底，全市征收就业保障金424.8万元，其中企业征收367万元；行政事业征收57.8万元。完成残疾人培训1702名，其中城镇职业技能培训422名，农村实用技术培训1280名。完成就业1420名，其中城镇就业280人，农村就业1140人。此外，还完成盲人保健按摩培训40名。（靳北平）

【宣教文体工作】 征订《山西残疾人》322份，占任务的107%；《三月风》226份，占任务的146%；《中国残疾人》322份，占任务的100%。在省级以上新闻媒体发表稿件10余篇；市级新闻媒体发表宣传稿件30余篇，超额完成任务。《中国残疾人》杂志派记者团对市残疾人工作进行采访，发表专版文章《浩歌南风》引起较大反响。成立了新闻促进会。完成50名彩票公益助学项目对象、40名富士康助学项目对象的材料申报工作。残疾人运动员张应斌同志参加雅典第十二届残奥会，获田径F55/F56级轮椅标枪铜牌，为国家和山西、运城争得了荣誉。

选拔残疾人运动员工作，上报摸底对象1500余名。省残联选拔组在本市垣曲、河津、临猗进行了为期三天的选拔工作，从3000多人中确定后备人才35名。努力加强残疾人儿童少年义务教育工作，使残疾学生入学率超过了90%。（靳北平）

【基金工作】 募集资金现金累计170余万元，救助特困残疾人670余户，救助金额达20余万元。完成对等捐赠轮椅214辆，各县（市、区）捐赠近60辆。按时完成了富士康集团助行项目轮椅摸底筛查，及时上报了有关表格。（靳北平）

【基础设施建设】 2004年平陆县争取到省基础设施建设补贴款。至此，13个县级残联基础设施建设都先后得到国家和省的补贴，2004年底，已有6个县建成并投入使用，其余的正在筹建之中。（靳北平）

（责任编辑：石少青）

旅　　游

旅 游 业

【概述】 2004年是全市经济提前翻番、全面建设小康社会的关键一年，也是运城市旅游业创新思路、加快发展、取得显著成绩的一年。市旅游局根据年初制定的目标，狠抓旅游基础设施，强化市场秩序整顿，突出对外宣传促销，使全市旅游业继续快速健康发展。全市共接待国际游客1.8万人次，创汇432万美元，比上年同期增长82%；全市接待国内游客580万人次，国内旅游收入13.4亿元，比上年增长52%；全市旅游业总收入达13.7亿元人民币，比上年增长53%。

（孙红斌）

【重旅游、抓旅游、兴旅游的热潮已经形成】 2004年，全市上下对旅游业地位和作用的认识不断提高，加快旅游资源优势向经济优势转化的意识不断增强，重旅游、抓旅游、兴旅游的氛围越来越浓厚，形成了党政全力推动，部门密切配合，社会整体联动的发展格局。

市委、市政府对旅游业更加重视，把旅游业作为重点发展的七大产业之一，作为带动交通、运输、餐饮、商贸等第三产业在龙头突出发展。

各县县委、政府抓旅游的思路更清、力度更大、办法更多。夏县县委政府主要领导多次过问旅游业的发展，并投资150万为司马温公祠修建了涑水书院，堆云洞也修葺一新并对外开放；万荣县委政府多方筹集资金，为后土祠的修建创造了良好条件。

各级各部门发展旅游、支持旅游的积极性、主动性都很高，交通、城建、环保都把旅游业发展作为重要工作，认真履行职责，扎实开展工作，为本市旅游业的发展作出了重要贡献。（孙红斌）

【打造品牌，积极建设旅游精品】 2004年旅游局在景区景点建设上，全面强化品牌意识，着力打造旅游精品。1. 龙头效应日益凸现。中国死海在黑泥康体养生城的基础上，本年又投资3000万元建设了死海医用矿泉水疗馆，开放后每天接待游人都在百人以上。2004年，黄金周每天接待近50000人，对其它景点的拉动日益明显。2. 品牌景点不断涌现。2004年全市又开发了一批大投资、高品位、吸引力强的旅游景点。舜帝陵二期工程又投资1000余万，并对游客正式开放，成为一个集休闲娱乐、寻根祭祖为一体的综合性旅游景区；后土祠加大了配套建设力度，规模宏大的后土祠广场和后土旅游路正在建设；投资近亿元的世界最大的关公铜像也正在建设，将成为本市关公文化的又一闪亮品牌。3. 传统景点的设施进一步完善。投资600余万元的关帝文化广场已经投入使用，新修的火神庙也对外开放，关帝庙在优化环境、提高品位上迈出了重要一步；鹳雀楼完成了门殿、假山及主路景区的石板铺装工程，楼内陈设也耗资1000余万，景区的吸引力进一步增强；司马温公祠、堆云洞景区也完善配套设施，绿化硬化景区环境，正在积极申报国家A级景区。（孙红斌）

【全面加大旅游宣传促销力度】 2004年的旅游宣传促销活动呈现出三个特点：1. 亮点多。各县市都组织了影响深远的旅游活动，为旅游发展造势借力。后土祠“五一”前隆重举办了海峡两岸共祭后土大典活动，邀请了千余位海内外知名人士和多家新闻媒体参加，在全国引起了轰动；舜帝陵在黄金周举办了两次规模宏大、内容丰富的禹虞文化旅游月；鹳雀楼邀请中央三台《同唱一首歌》来景区现场拍摄，利用中央媒体的宣传力度，提高景区的知名度；圣天湖也举办了第二届荷花旅游节，并举办了农民龙舟赛；2. 力度大。2004年的宣传促销多方出击，多管齐下。走出去，积极组织各旅游单位赴北京、太原、郑州、西安、渭南等周边市场进行宣传，参加了山西旅游推介周，国际、国内及中原旅游交易会，并在各大新闻媒体上进行了广泛的宣传；请进来，邀请了青旅总社、康辉总社、省内百家旅行社、美国、台湾的旅行社老总来运踩线，广东卫视、中国旅游画报、中国电视协会、厦门电视台、文汇报等一大批新闻记者也来运采访；3. 手段新。在旅游宣传促销上除印制各种旅游画册和旅游宣传册外，还通过新闻媒体、旅游网站、旅游推介会等形式，对运城旅游进行大力的宣传炒作，扩大了影响力和感染面。2004年年底，周边一级市场异常火爆，二、三级市场来运游客也大幅增长。（孙红斌）

【旅游市场整顿】 1. 重视旅游安全。2004年市旅游局把旅游安全工作放在各项工作的首要位置来抓，多次联合公安、消防、交通、质检等部门，通过突击检查和明察暗访相结合，对各旅游单位的安全状况进行认真细致的排查，发现问题60余处，下发整改建议30条，确保全年无一起安全事故。2. 继续开展市场整顿。市旅游局集中开展了整顿与规范旅游市场秩序的“春雷行动”，严厉打击了黑社、黑车、黑店以及尾追兜售、强买强卖行为，累计出动50余次，纠正违规行为20起，查处越范围宣传册两万余册，严肃处理了1家私自允许无证导游带团的旅行社。3. 深入开展旅游行风评议。2004年结合全市正在深入开展的旅游行风评议，市旅游局组织各旅游单位向社会公开服务承诺，广泛接受社会监督，发现

问题及时曝光，有力地端正了旅游行风。（孙红斌）

【提高从业人员素质】 2004年市旅游局采取多项措施，提高从业人员整体素质：1.教育培训。对从业人员的基本情况进行了深入细致的调查摸底，以《运城旅游指南》一书为教材，着重抓了导游及全行业人员素质的提高，2004年全市又有200多名人员参加导游资格考试，有近20名人员取得经理资格成绩，为旅游业发展提供了有力的人才保障和智力支持。2.技能比武。通过导游比赛、服务技能大赛、劳动行业竞赛，进一步树立典型、鼓舞斗志、激励士气，在全行业营造了你追我赶、争先发展的良好氛围。3.壮大队伍。2004年全市又新增旅行社8家，星级酒店8家，特别是增加了地区宾馆、去峰阁、天慈假日等6个三星级宾馆，进一步壮大了旅游队伍。（孙红斌）

（责任编辑：石少青）

人　　物

全国“五一”劳动奖章获得者

【梁雨润】　（1956.2—　）男，芮城县人，中共党员，大专学历，1971年参加工作，中共运城市委纪检委副书记、监委副主任。

他立党为公，秉公执纪，敢于碰硬，坚决查处违纪违法案件。尽管他查处的案件大都是有难度、有风险的大案，但他能做到主持公道，维护正义，坚持原则不动摇，严格执纪不手软，坚持过好“权力关”、“人情关”，坚决维护党纪政纪的严肃性。两年来，在他直接组织领导下，全市纪检监察机关共立查案件3148件，其中大要案1278件；共处分违纪党员干部2357人；通过查办案件为国家和集体挽回经济损失1500余万元。梁雨润作风扎实，密切联系群众，对于群众信访问题，他从不回避，不推托，不讲分内分外，敢于负责，坚持把老百姓的事当作自己的事去办，使老百姓话有处说，苦有处诉，冤有处伸。两年来，共接待群众信访1000余人次，深入基层农村解决疑难信访问题150余件。解决了临猗县北景乡北景村农民董枝娃16年的土地纠纷问题等一大批“老大难”信访问题。梁雨润勤于思考，勇于创新，设身处地帮助弱势群众解决实际问题。2002年，在全市组织开展了“抽百人、查百案，解决群众信访问题”大会战活动，共协调解决信访问题175件。解决了河津市小梁乡胡家堡村畅春英因儿子被杀、家中两副棺材停放13年而上访13年，永济市刘丽华儿子被打死，罪犯因肝炎不能入狱，刑事附带民事赔偿6500元不能到位，上访8年等多起群众上访多年都没有得到解决的棘手问题。

【阎金萍】　（1957.12—　），女，大学文化，运城同德医院医生，糖尿病专家。她始终把救死扶伤，防治糖尿病作为自己的天职，把患者的满意当作衡量自己工作的尺度和标准来恪守，无时不把高超的医术和优质的服务带给患者。2003年经她亲手诊治的糖尿病人达13800余人次。其中住院病人879人次，抢救危重病人32人次。她视病人为亲人，视事业为生命的崇高敬业精神，深受广大医务工作者和糖尿病患者的爱戴和好评。目前，糖尿病已成为威胁人类的“第二杀手”。面对运城市18万糖尿病患者，如何能使预防工作做得更好，如何使病人能够及时得到治疗，并节省费用。在她的建议和主持下，他们创建并逐步完善了市、县、乡三级糖尿病防治网络。网络形成之后，培训基层专业医生2300人次，受教育患者及家属5100余人次。作为山西省内分泌学会常委，运城市内分泌学会主任委员，她特别注重总结经验，提高业务，探索治疗的新技术、新方法。近年来她撰写的学术论文10余篇在国内外刊物上发表。为了普及防治知识，她主编了《糖尿病医患交流》报和《糖尿病病人须知》等刊物。去年以来开展和举办了大型学术活动3次，受训医生达千人次。

她曾先后荣获“运城市知识分子拔尖人才”、“山西省劳动模范”、“全国百名优秀医生”等称号。

（市总工会）

山西省特级劳动模范

【孙兆学】　（1962.9—　），男，中共党员，教授级高级工程师，现任全国最大的氧化铝生产企业中国铝业股份有限公司山西分公司总经理。

他担任总经理以来，提出并积极实施以提高国际竞争力为核心的三个层面竞争战略，企业的现有竞争力、成长竞争力、未来竞争力全面提高。在现有竞争方面，平稳完成了1200人内退、1400人转岗的大规模重组分流，建立起现代企制度，实现了境外上市。而且通过技术改造提高生产能力，2003年氧化铝产量超出预计规模20万吨以上，达到141.6万吨。在成长竞争力方面，规划并积极筹备万吨氧化铝和28万吨铝电一体化项目。经过艰苦的努力，两个项目经国务院总理办公会批准正式立项，并列入1311规划，现在已经进入全面建设阶段，仅此一项为山西吸引投资近百亿元。在未来竞争力方面，承担了国家重点攻关项目——砂状氧化铝攻关，在短短的两年时间内，攻克了一水硬铝石生产砂状氧化铝的国际性难关，获得了国家专利，结束了中国不能生产砂状氧化铝的历史。2003年，实现利税14.5亿元，成为山西纳税大户，同时足额上交了地方各项费用8140万元，为山西经济发展做出了贡献。全年完成基建投资12亿元，带动了地方经济的发展。

近年来，他当选为十届全国人大代表，获得了山西省五一劳动奖章、山西省经济结构调整突出贡献企业、山西省厂务公开先进个人等荣誉称号，“以提高国际竞争力为核心的竞争战略”获得国家级企业现代管理创新成果奖。

【阎慧芳】　（1964—　），女，中专文化程度，永济市人，1976年参加工作，临猗县眉户剧团二级演员。

她担任团长以来，抓新剧目，创优质品牌，使一个陷入困境的剧团焕发了生机。3年时间，创作排练了大型眉户现代戏《酸枣树甜枣树》、《十里花香》、《张小民》、《山妹》，移植排练了《留下真情》、

《陕北婆姨》、《小官、小贩、小教师》、《迟开的玫瑰》，五次参加全国、省、市调演，共获国家及省级40余项大奖，72块证书。为了强化舞台效果，投资30余万元，增添了舞台灯光音响，加强硬件设施，带领剧团长年累月服务基层、服务农民，共送戏680余场，收入130余万元，观众达140万人次之多。组织排练的《张小民》在全市巡回演出，有效地促进了“三个代表”学教活动深入开展。与此同时，她还与北京东方红防水材料厂和运城市移动通信公司联合创作演出，实现了团企双赢。

她从事戏曲表演事业27年来，先后在30余本（回）现代戏中担任主要角色，获得了中国戏曲现代戏研究会第七届年会表演奖；中国第六届“映山红”民间戏剧节表演、导演一等奖；中国第七届“映山红”民间戏剧节表演一等奖；山西省首届现代戏交流评比演出优秀表演奖；山西省“小戏、小品、小剧”种调演表演二等奖；山西省第九届“杏花奖”；山西省“五一”劳动奖章；运城市三八红旗手；临猗县十佳英才。2000年临猗眉户剧团被中共中央宣传部、国家人事部评为“全国文化工作先进集体”；2003年12月24日又被中共中央宣传部和中华人民共和国文化部评为首届“全国服务基层服务农村文化先进集体”。

【叶新龙】 （1960.10— ），男，大学文化，中共党员，1982年参加工作，运城市中心医院主任医师。

他在本市胸心血管外科专业的创建、扩大、发展诸多方面做出重大贡献。创建了一支能独立开展心血管外科手术专业队伍。他积极发挥自身作用，使该科由10年前仅能承担全区5%的胸心外科疾病医治任务发展到目前的95%，较好地解决心脏病就医难的问题。共获省级科技成果4项，市级科技成果4项，在他从事心血管外科专业10余年，独立完成心脏直视手术1350例，其中高难度手术210例，手术成功率97%以上，填补了本市心血管外科领域的空白。如心脏多瓣膜替换，婴儿心脏直视手术，冠状动脉架桥术等，每年为医院创收300万元。

作为一名在社会上知名度很高的青年专家，他能够严格要求自己，时时处处注意自己“白衣天使”的光辉形象，多年来自觉抵制行业不正之风，从没有收受过病人一次“红包”。不管熟人或生人，也无论城里或乡下病人，都能一视同仁，热情接待，精心医治，受到社会广泛赞誉。在去年抗击“非典”期间，他身先士卒亲自到一线指挥，从组建专业队伍，到配置设备，安排房设，各项工作井井有条。由于他工作科学扎实有力，从而做到了医院防控“非典”患者零死亡，医护人员零感染，受到市政府的肯定和表彰。

由于他业务突出，1993年被破格晋升为胸心外科副主任医师，1999年晋升为主任医师，并被选为山西省胸心外科学会委员，成为全省、市级医院最轻的心血管外科学科带头人。先后荣获山西省“一等功”、“青年科技”“优秀工作者”，运城市“一等功”、“首批青年学术带头人”、“市知识分子拔尖人才”等荣誉称号。

【张应斌】 （1971.5— ），男，高中文化程度，南风集团原料分公司化验工。他身残志坚，3年来，不仅工作上踏实苦干，兢兢业业，还在体育上崭露头角，多次在国内外举办的残疾人运动会上，取得了优异的成绩。

2002年4月份在济南举行的全国残疾人田径、柔道锦标赛暨世界锦标赛选拔赛上，他获得田径F55级标枪第一名，铁饼第二名，成功入选世界残疾人锦标赛。7月份在法国里尔举办的第三届世界残疾人田径锦标赛上，他获得标枪银牌，取得2004年雅典残奥会人场券。同年9月份在第七届山西省残疾人运动会上他荣获标枪、铁饼、铅球三个第一名。8月份在韩国釜山第八届远南残疾人运动会上，他夺得标枪金牌，铁饼铜牌。

2003年9月在江苏南京第六届全国残疾人运动会上，荣获标枪、铁饼两块金牌、铅球银牌。10月份在新西兰举办的世界轮椅运动会上，荣获标枪银牌，铅球、铁饼两块铜牌。张应斌一次又一次取得优异的成绩，为中国、为山西、为运城、为南风赢得了极高的荣誉。

他2001年荣记山西省个人一等功一次，荣获运城市“劳动模范”称号；2002年荣获山西省“五一”劳动奖章；2003年荣获南风集团特等功一次，荣获山西省团委“新长征突击手”，荣获中国残联、中国体育总局“全国残疾人体育先进个人”，荣获山西省“五一”劳动奖章。

【李晋芳】 （1960.8— ），男，中共党员，研究生，山西武乡人，1977年参加工作，运城市地方税务局党组书记、局长。

他具有丰富的基层实践经验和驾驭全局的领导才能，自担任现职以来，锐意改革，开拓创新，主持实施了一系列征管、人事制度改革措施，使各项地税工作取得了长足进展。在全省地税系统目标责任制考核中，连年名列前茅。地税组建10年来，共组织各类收入55.2亿元，年均增幅达13.7%，税收增幅位居全省前列。精神文明建设成效显著。全系统所有基层单位均荣获市级文明单位，5个荣获省级文明单位；该局先后荣获“山西省创建文明行业示范点”、“全国创建文明行业示范点”、“全国创建文明行业工作先进单位”、“山西省模范公务员集体”、“山西省文明行业”。党建工作全面创新，成立了系统党委，促使党组织的战斗堡垒作用和党员的先锋模范作用有效发挥，全省地税系统党建观摩研讨会和运城市直机关支部建设现场会专门在该局召开。信息化建设扎实推进，建成了7个县（市、区）局的城域网，计算机控税面由过去的78%提高到97%，2003年荣获“全国税务系统信息化建设先进单位”。本人先后荣获运城市劳动模范、山西省“五一”劳动奖章、山西省财贸系统优质服务标兵等荣誉，并被推举为运城市一届人大代表，山西省第八次党代会代表。

【薛靛民】 （1959.1— ），男，汉族，山西省河津市人。1986年5月，创办西铁商贸清涧选煤厂；

1992年5月，组建山西阳光焦化（集团）有限公司，担任董事长至今。

随着改革开放的时代步伐，作为一个民营企业家，他始终以“自强不息、发展报国”的坚定信念激励自己投身到市场经济的大潮之中，并以非凡的胆识和魄力，不断抢抓机遇、开拓创新，致力把企业做大做强。尤其是近3年来，他积极响应落实国家以及省、市政府有关产业政策，加快企业结构调整，累计投资10亿元，完成了大型焦炉技改、煤矸石发电、重介质选煤、自备铁路扩建等一批颇有影响的大项目。其中，100万吨焦炉技改被列入省“1311”重点建设工程。使今日阳光集团总资产达16.5亿元。员工3000人，已成为集原煤洗选、炼焦化工、自备发电、铁路发运、煤气外供、自营出口为一体的大型焦化集团。被运城市命名为“明星集团”，被山西省政府确立为全省300万吨以上三大焦化工业园区之一。

依法经营、诚信纳税、造福桑梓、贡献社会。阳光集团已连续多年纳税额位居河津市地方企业首位，被授予“特级（AA）信用度企业”。2003年纳税额突破亿元大关，达到员工人均纳税6万元。在企业发展壮大之后，他富而思源、富而思进，先后拿出2000余万元资助社会公益事业和再就业工程，赢得各界广泛赞誉。

由于贡献突出，他先后被国家、省、市授予“光彩事业先进个人”、“乡镇企业功勋”等荣誉称号。2002年被省劳动竞赛委员会授予山西省“五一”劳动奖章。并先后被推选为省政协委员、省工商联副会长、省民营企业协会副会长、省长特邀联络员以及运城、河律两级工商联会和河津市政协主席等。

【杜泰来】　（1963.9—　），男，大专文化，中共党员，盐湖区人。1980年参加工作，运城市宾馆总经理。他带领宾馆员工围绕创建一流星级宾馆的目标，抓硬件、抓管理、抓人本，各项工作多次受到上级领导的肯定和表扬。在财力不宽裕的情况下，先后筹资350余万元对宾馆大院进行了高标准硬化，高质量装修改造了东楼、西餐厅、公寓楼等基础设施，使宾馆的面貌焕然一新。他按照星级宾馆的要求，制定和完善了规范化、标准化、科学化的服务标准和操作细则，探索总结出了坚持分级负责、明确任务、包死基数、自主经营等新的管理制度。特别是他还从宾馆管理实际出发，创造性地探索出了一套走动式管理方法，规范了服务程序，使文明服务、特色服务得到延伸，客房使用率达到70%，经济效益以20%的速度递增，2003年的营业额突破2000万元。他十分注重以人为本，工作中坚持以强化文明服务为主题，主持起草了“做学习型员工，建学习型宾馆”实施方案，并认真付诸实施，不仅在宾馆形成了比学习、赶先进的浓厚氛围，而且还培养了一批业务标兵和技能尖子，有力地提高了员工的技术业务素质。

2002年元月，宾馆被省精神文明建设指导委员会评为“省级文明单位”，2003年3月，他本人被省机关事务管理局、省总工会、共青团省委、省妇联评为“机关后勤工作先进工作者”，2001年获得“运城市劳动模范”称号，2003年获得山西省“五一”劳动奖章。

【郑忠民】　（1958.10—　），男，中共党员，大学文化，山西永济人，高级经济师。

他在主持全村民营企业发展工作中，认准“发展才是硬道理”的真理，不断加大改革力度，适应市场经济发展规律，立足于农副产品加工增值，创办优势龙头企业，促进农村产业化结构调整，带动广大农民群众致富奔小康，为全村经济发展作出了突出贡献。他率先组织全村企业进行经营体制改制，使全村企业全部按照现代企业运行机制运行。在村内建立大小企业36个，其中忠民、粟海、强胜三大集团被确认为国家级乡镇企业集团，把许家营工业园区创建成为国家级工业园区，成为国家中西部地区科技含量最高、加工规模最大的食用植物油加工基地和肉鸡饲养、加工基地。全村企业共安排5300余名农村富余劳动力就业，带动第三产业专业户3900余户，直接带动30余万户农民因种植油料农作物和养鸡致富。2003年，积极组织建立忠民集团永济棉花科技有限公司、强胜集团棉纺有限公司、永济晋丰棉纺有限公司，实现对棉花产品一条龙作业加工。与太原铁路分局南铁合资修建一条铁路专用线，已奠基动工，可望2004年7月1日投入运行。全村企业实现工业产值15.2亿元，销售收入13.8亿元，利税6800万元，创社会效益7500万元。在他的带动下，村内先后投资400余万元建成高标准花园式学校，投资200余万元建起现代化一流变电站，为全村企业进一步发展奠定了基础。村内各项公益事业实行“全免费”，硬化水泥路面3000米，安装路灯380盏，全村人均经济收入超过6500元，成为全省首批文明小康示范村，村内两大民营集团被认定为“农业产业化国家重点龙头企业”。

他先后被选为省七、八届党代会代表，被授予省“五一”劳动奖章，被评为运城市“劳动模范”、“十大杰出农村党委书记”。

【宁太奎】　（1948.11—　），男，中共党员，大专文化，经济师，河津市人，自1988年以来创办山西太兴集团。

历年来，太兴集团上缴国家各项税收7000万元左右，吸纳邻近劳动力1200余人，带动周边运输、耐火材料、建筑等相关行业迅猛发展。他致富不忘回报社会，积极投身于光彩事业。1995年至今兼任僧偻镇人民村党总支书记和村委主任。他身体力行，拿出30万元，水泥硬化穿村路；投资60万元，建设硬化一条环村公路。1996年拿出43万元建设4500平方米的人民村小学教学楼，2002年又投资100万元，在村南建起一幢2200平方米的人民村中学教学楼。2003年投资80万元扩建小学教学楼，建筑面积为1600平方米。从1996年开始，又个人承担发放人民村中小学教师工资和奖金，总额为250万元。另外，2002年，他还出资16万元为河津中学捐建阶梯教室一座。他致富不忘村民，2003年投资7万余元帮助村民600余户过春节，“非典”期间投资近10万元承担了人民村防控“非典”的所有经费。2003年为市道稷西路拓宽改造捐资25万元，同时负担了所有途经人民村的拆迁安置费用。现在他投资2.5亿元的60万吨焦炉改造工程正投产在即，投资4个多亿的2×50MW环保电厂年内破土动工。

他多次获得运城市尊师重教、光彩事业功勋奖、修路模范等荣誉称号。2003年荣获山西省“五一”劳动奖章。2000—2003年连年获得全国优秀乡镇企业家称号。他创办的山西太兴集团也先后获得山西省“百强民营企业”、山西省民营科技企业称号。

【张峰杰】 （1973.10— ），男，中技文化，临猗县人，1993年参加工作，中国北车集团永济电机厂工模具分厂钳工。

他参加工作以来，在学习、工作上，严格要求自己，勤奋学习，努力钻研技术，力求使自己成为一名学习型、知识型的高素质的合格员工。

在工作中坚持学习书本知识和操作技能，并在2002年通过全国成人高考，就读于湖南铁道职业技术学院永济分院，他在工作之余利用业务时间，到图书馆、书店查找自己所需的书籍和技术资料，努力提高自己文化水平，不断完善自己。

在工作中积极肯干，能把自己所掌握的知识和操作技能很好的运用到生产中，使自己的产品质量合格率达到100%。他生产各类电机工装模具数量达两千余套，且产品一次合格率达98%以上，先后完成了为我国青藏机车、韶山型提速机车、油田电机等一系列的电机所使用的大型电枢冲片模具。

近年来，他先后在工厂举办的“百名青工技术比武”中取得第一名，并获得“工厂青年技术能手”称号，在山西省首届职工职业技能大赛中取得钳工第5名的成绩，荣立山西省个人一等功，在全国职工职业技能大赛上取得钳工第一名的成绩。

2003年荣获全国“五一”劳动奖章。

（人物资料由市总工会提供）

（责任编辑：景惠西　赵新慧）

县（市、区）概况

盐 湖 区

【概述】 2004年，全区人民在区委、区政府的正确领导下，全面贯彻落实党的十六大和十六届四中全会精神，忠实实践“三个代表”重要思想，坚持以人为本、以全面建设小康社会为目标，以争先发展为主题，以结构调整为主线，坚定不移地走强区富民之路，全面推动本区经济全面协调、可持续发展。全区经济稳步增长，运行质量明显提高，经济活力进一步增强；结构调整取得积极进展，改革开放稳步推进；科技、教育、文化、卫生、体育等社会事业取得新成绩；城乡居民生活继续改善。

综合 国民经济稳步较快增长。据初步测算，2004年全区全年共完成生产总值481122万元，比上年增长6.1%。其中，第一产业增加值39208万元，比上年增长8.0%；第二产业增加值249885万元，比上年增长2.6%；第三产业增加值192029万元，比上年增长10.0%。全区人均生产总值7698元，比上年增长7.5%。

农业 2004年，农业经济形势喜人，总体上气候条件较为有利，是历史上不可多得的好年景。2004年，全区农林牧渔业总产值（按现行价格计算）达到69052万元，比上年增长12.5%。其中，农业产值为56044万元，比上年增长15.7%；林业产值为435万元，比上年下降50.7%；渔业产值435万元，与上年持平；农林牧渔服务业产值为618万元，比上年下降9.7%。

主要农产品产量有增有减。粮食、水果、瓜类农产品减产；棉花、油料、蔬菜在调整品种、优化品质的基础上稳定增长。全年粮食总产量13880.3万公斤，比上年增长13.7%。夏粮播种面积虽继续减少，但仍获得较好收成。全区夏粮播种面积22.44千公顷，比上年减少6.1千公顷，夏粮产量7108.3万公斤，比上年减产1094.7万公斤，比上年下降13.3%；全区秋粮播种面积14.27千公顷，比上年增产3.67千公顷，秋粮产量6772万公斤，比上年增69.3%；棉花由于上年以来市场价格持续走高，种植面积比上年增加0.5千公顷，比上年增长35.8%，虽然受后期雨水过多，光照不足，气温偏低等因素影响，但单产、总产量都保持一定增长，全区全年棉花产量2175.7万公斤，比上年增长42.8%；油料总产量530.6万公斤，比上年增长2.8%；水果产量6259万公斤，比上年下降7.6%；瓜类产量1579.2万公斤，比上年下降5.6%。全区全年蔬菜种植面积达1460公顷，产量为6669.7万公斤，比上年增长6.3%。(见表1)

2004年主要农产品产量

单位：万公斤

产品名称	绝对数	比上年增长%
粮食	13880.3	13.7
#夏粮（小麦）	7108.3	-13.3
秋粮	6772	69.3
棉花	2175.7	42.8
油料	530.6	2.8
水果	6259	-7.6
蔬菜	6669.7	6.3
瓜类	1579.2	-5.6

畜牧业生产稳步发展。全年肉类总产量达8019吨，比上年增长4.6%；禽蛋产量达8741吨，比上年增长6.9%；牛奶产量达6544吨，比上年增长53.2%。(见表2)

2004年主要畜产品和牲畜存栏数

名称	绝对数	比上年增长%
肉类	8019吨	4.6
禽蛋	8741吨	6.9
牛奶	6544吨	53.2
肉牛出栏头数	4123头	-3.5
猪出栏头数	65768头	0.4
羊出栏头数	38211只	2.8
大牲畜年末存栏数	15689头	1.4
牛年末存栏数	15611头	2.5
猪年末存栏数	53216头	-0.1
羊年末存栏数	62808只	-7.9

造林绿化、改善生态环境取得新的发展。围绕本区关帝庙、舜帝陵景区、旅游开发、招商引资、工业园区和小康建设目标，实施三路两村两校造林绿化工程，共完成造林面积1601公顷，育苗153公顷，四旁植树14000百株，巩固了绿化成果。

农业基础条件有了新的改善。2004年在农业科技示范园建设的基础上，加快实施了农业建设和技术培训，打破了传统农耕思维，推进了农业现代化步伐。化肥施用量19662吨，比上年增长10.2%，农村用电13832万千瓦/小时，比上年增长8.4%，农药使用量1431吨，比上年增长2.3%。

工业 工业生产稳定增长。2004年，全区国有及国有控股工业企业和年产品销售收入500万元及以上非国有工业企业（以下简称规模以上工业企业）共完成工业总产值435433万元，（按现行价格计算，以下同）比上年同期下降0.3%。其中区属规模以上工业企业完成工业总产值92026万元，比上年同期下降1.6%。完成工业增加值135998万元。产销衔接状况继续改善，规模以上工业企业产品销售率为99.9%，比上年同期增长0.8个百分点，其中区属规模以上工业企业产品销售率为97.4%，比上年下降2.8个百分点。

固定资产投资 2004年，投资总量稳步增加。全年全区共完成全社会固定资产投资234990万元，比上年同期增长11.7%。其中基本建设投资72122万元；更新改造投资1200万元；其他投资122130万元。

交通、邮电业 交通运输业稳步发展。2004年，全区公路货运量为714万吨，比上年增长3.2%；公路客运量为1143.7万人次，比上年增长7.3%。

邮电通信事业继续快速发展。全年全区完成邮电业务总量81602万元，比上年增长35.4%。邮电通信现代化明显提高。到2004年底，全年净增住宅电话用户24362户；净增移动电话用户25633户；全区电话普及率每百人从上年的28.56部提高到32.43部。

商业和市场物价　消费品市场稳定增长。2004年，全区零售市场在全区经济持续向好的大环境下，社会消费品零售总额稳步增长。全年全区社会消费品零售总额达到342836万元，比上年增长16.3%，剔除价格因素，实际增长13.5%。

价格总水平有所上涨。据抽样调查，全区居民消除价格总水平比上年上涨2.5%，商品零售价格总水平比上年上涨2.5%。

财政、金融和保险　财政收入稳定增长。2004年，全区财税部门通过继续认真贯彻落实积极的财政政策，进一步规范和完善“收支两条线”工作，狠抓增收节支，严格预算管理，使全区财政收入呈现出稳定增长的良好势头，财政支出质量进一步提高。全年财政总收入完成42556万元，比上年增长20.1%。一般预算收入完成13092万元，比上年增长20.6%。其中增值税完成1642万元，比上年增长15.0%；营业税完成3013万元，比上年增长30.9%，企业所得税完成275万元，比上年下降3.2%。农业税完成1139万元，比上年下降9.2%；耕地占用税71万元，比上年增长54.3%；房产税完成1649万元，比上年增长9.9%。财政支出在重点支持生产、建设的同时，确保了工资、社会保障等项重点公共预算支出的需要，支出结构进一步合理。全年全区一般预算支出执行30978万元，比上年增长26.2%。其中企业挖潜改造资金支出77万元，比上年增长20.3%；科技三项费用支出248万元，比上年增长7.4%；农业支出3589万元，比上年增长2.1倍；抚恤和社会福利救济费支出1579万元，比上年增长7.0%；社会保障补助支出907万元，比上年增长2.8%；行政管理费支出6737万元，比上年增长55.5%；教育、科学事业费和卫生经费支出分别为5818万元、41万元和964万元，分别增长11.9%、24.2%和4.0%。财政收支状况的稳定良好，为增强政府宏观调控能力，保证和促进国民经济的稳定增长提供了保障。

金融机构存款稳步增加，贷款支持经济建设的力度加大。年末全区金融机构各项存款余额1077065万元，比年初增加106743万元，增长11.0%。其中：城乡居民储蓄存款余额708476万元，比年初增长13.2%。各项贷款余额1132843万元，比年初增加183374万元，增长19.3%。全年全区金融机构现金收入4792711万元，比上年同期增加952561万元，增长24.8%。现金支出4423464万元，比上年同期增加910522万元，增长25.9%；收支相抵净回笼现金369247万元，比上年同期增加42039万元，增长12.8%。

保险事业继续发展。全年全区保费收入36929.8万元，比上年增长5.7%。其中财产保险保费收入4472万元，比上年增长4.8%；人寿险保费收入32457.8万元，比上年增长5.8%。

科技、教育、文化、卫生和体育　科技队伍继续扩大。2004年末，全区国有企业、事业单位各类专业技术人员达到19818人，比上年增长45.0%。

科技开发和科研成果的推广和应用取得巨大成就。全区共承担各种科技项目7项，重点开发和推广了“柿树优种筛选开发研究”、“盐湖区民营企业生产力状况调查及发展对策研究”、“绝缘子风力清扫环的研究与开发”、“无公害水果标准化生产技术承包”、“百灵菇反季节电气化栽培工艺技术开发”等科技项目，共新增产值7200万元，新增利润3000万元。

教育事业有新的发展。2004年，全区中、高考成绩继续在全市领先，素质教育观念深入人心，全区继续推进教育体制改革，认真实施二期义务教育工程、中小学危房改造工程和城乡教育对口支援工程得到重视和积极解决。小学在校学生51218人，比上年下降1.3%；初中在校学生29530人，比上年增长4.0%；高中在校学生11585人，比上年增长4.1%。学龄前儿童入学率达到99.9%。

文化事业健康繁荣。全区在继续清理整顿文化市场的同时，积极组织创作了一批深受群众喜爱、健康向上的文艺作品。各种喜闻乐见的群众性文化表演、竞赛活动继续深入开展。年末全区共有艺术表演团体3个，文化馆1个，公共图书馆1个，博物馆1个，档案馆1个，广播电台21个，电视转播台21座、电视台2座，电视人口覆盖率98.43%，广播人口覆盖率100%。

卫生条件不断改善，医疗水平稳步提高。2004年，全区卫生事业继续稳步提高。2004年全区卫生事业继续稳步推进体制改革，加强乡村卫生院的建设，实施了乡镇卫生院“五配套”工程，开展了村级卫生所标准化建设。年末全区共有床位3205张，比上年增长5.9%，卫生专业技术人员1797人，比上年增长10.1%；其中医生9320人，护师443人，分别增长4.4%和6.0%，每千人拥有的病床床位数为5.1张。

体育事业继续发展。2004年，本区竞技体育捷报频传，牢固捍卫了本区竞技在全市的霸主地位，在各项大赛中均获得了好成绩。

环境保护　2004年，全区环境保护工作坚持污染防治与生态保持并重的方针，通过依法行政、狠抓落实，环保工作开始由点源治理向区域环境综合整治转变，主要污染物排放总量均控制在计划指标内，工业企业排污稳定达标；生态保护扎实起步，部分区域的环境质量得到改善。

工业污染防治力度加大。到2004年底，竣工项目形成废水处理能力5.5万吨/日，废气处理能力3000万标准立方米/小时，固定废物处理能力11万吨/年。工业企业达标率达到99%，完成了区长环保目标责任制。

城市环境保护工作取得明显进展。到2004年底，全区建成烟尘控制区3个，面积18平方公里，建成环境噪声达标区5个，面积6.78平方公里。

人口和人民生活　人口继续低速增长。据2004年公安年报，年末全区总人口628960人，其中农业人口412256人，非农业人口216704人。

城乡居民收入较快增长。全区全年城镇居民人均可支配收入为7658元，比上年增长10.0%，剔除居民消费价格因素，实际增长7.3%；城镇居民人均消费性支出5273元，比上年增长2.4%。全年农民人均纯收入2727元，比上年增长7.7%；剔除居民消费价格因素，实际增长5.1%。

2004年，全区年末单位从业人员70918人，比上年下降3.2%。其中在岗职工数65574人，比上年下降8.3%。全区在岗职工平均工资13842元，比上年增长25.0%。

城乡居住条件继续改善，人民生活进一步提高。据抽样调查，全区到2004年底城镇居民人均住房面积22.3平方米，农村居民人均住房面积达到27.4平方米。全区城镇居民家庭恩格尔系数为32.9%，农村居民家庭恩格尔系数为40.8%。

社会保障事业迅速发展。社会劳动保障体系进一步得到加强，在职业介绍工作方面，抓用工信息，通过电视、报纸等舆论工具广泛开辟劳务渠道，共开发就业岗位5000多个；再就业率达到80%以上。积极筹措下岗职工基本生活费，确保与企业再就业服务中心签订托管协议的下岗职工基本生活费落到实处。全年下岗职工基本生活费已全部兑现，实现了基本生活保障率100%。

注：1. 生产总值和各产业增加值、产值指标绝对数按现价计算，增长速度按可比价格计算。

2. 以上部分数据为初步统计数据。

（盐湖区志办）

【领导人名录】

区委书记 梁天管
副书记 于波 何吉祥 李治 柴存喜
人大主任 杨惠芳
副主任 李栋花 耿析镭 武惠民 雷进存 李仲管
区长 于波
副区长 靳虎刚（常务） 李振太 孙世臣 祁武昌 王宗勤
政协主席 牛建平
副主席 曹玉贤 皮振江 刘水龙 冯淑芳

河津市

【概述】 2004年，是河津经济和社会飞速发展的一年。一年来，全市人民在市委、市政府的正确领导下，坚持以邓小平理论和“三个代表”重要思想为指导，牢固树立并认真落实科学发展观，凝心聚力、求真务实、攻坚克难、开拓创新，各项事业都取得了辉煌成就，昂首跨入全国经济百强县市的行列，实现了两年冠三晋首富、三年进全国百强、四年财政收入翻三番的奋斗目标，成为全省县域经济最具活跃的板块。

县域社会经济发展实现大跨越。河津市生产总值实现两位数增长，宏观经济快速发展。2004年，全市完成生产总值103.2亿元，比上年增加28.8亿元，比上年增长31.7%。全年全市人均生产总值27149元，比上年增加7362元，增长37.2%。在生产总值中，第一产业完成增加值2.2亿元，比上年增长18.4%；第二产业完成增加值79.4亿元，比上年增长34.4%；第三产业完成增加值21.6亿元，比上年增长26.6%。三大产业占GDP的比重为2.1：76.9：20.9。全市全年财政总收入完成16.4亿元，增长37.2%；一般预算收入3.2亿元，增长32.9%；一般预算支出3.9亿元，比上年增长21.5%。经国家统计局和县域经济基本竞争力评估中心综合考评，河津市县域社会经济综合发展指数为54.723，位居2004年全国百强县市排名第95名。

农村经济全面发展。2004年，河津市委、市政府全面认真贯彻落实中央1号文件，实行“三补一免”政策，在全省率先免征全部农业税及附加688万元。同时，全市用于支农、补农、建农的资金成倍增长，达到3000余万元，极大地调动了广大农民种粮的积极性，提高了全市粮食综合生产能力。全市全年农、林、牧、渔总产值为3.8亿元，比上年增长20.3%。全年粮食播种面积35万亩，比上年增长44.6%，粮食总产量达到11214.1万公斤，比上年增长50.6%，人均占有粮食301公斤。生态环境建设上，完成退耕还林、荒山造林3000亩，天保工程3000亩，通道绿化60公里，补植提高退耕还林1万亩，三北防护林1万亩，农田林网2万亩，生态环境大大改善。畜产品产量稳中有升。全市全年肉类总产量422万公斤，比上年增长9.6%。农业投入增加，促进了农业生产条件的改善。2004年末，全市农业水浇地面积18371公顷，农业机械总动力达到28.8万千瓦，农村用电量达到9515万千瓦时，农村化肥用量（折纯）10087吨，农用柴油使用量达3708吨。围绕粮菜果畜四大产业，大力发展具有强劲市场竞争力的特新品种，四条特色产业带初步形成，农之龙、大悦等农副产品加工龙头企业继续发展壮大。开展农村劳务输出，全年转移农村富余劳动力2万人，多渠道增加了农民收入。

经济增长质量和效益明显提高。围绕结构调整三年大见成效目标，发展块状经济，建设产业基地，大力推进传统产业新型化和新型产业规模化，工业生产继续保持较快的增长势头。2004年，全市全部工业企业完成工业增加值64.6亿元，比上年增长24.8%。国有工业企业及年销售收入在500万元以上的非国有工业企业完成工业增加值60.7亿元，比上年增长23.6%。其中：中央企业完成增加值32.4亿元，比上年增长45.3%。在地方工业中：市及市以下企业完成工业增加值35.5亿元，比上年增长35.2%。企业经济效益进一步好转。全市全年规模以上工业总产值达到138.4亿元，比上年增长1 7.8%，实现产品销售收入130.23亿元，比上年增长20.6%，实现利税36.6亿元，比上年增长22.8%。民营企业是河津经济发展的主力军，有力地推动了全市经济和社会的发展。2004年，全市乡镇企业个数3490个，从业人员53253人，完成总产值132.4亿元，比上年同期增长41.2%；完成增加值36.3亿元，比上年增长42.9%；营业收入127.1亿元，比上年增长38.9%；上缴税金6.9亿元，比上年增长27.8%；利润总额10.2亿元，比上年增长6.3%。主要工业产品产量总体呈增长趋势。原煤325万吨，增长16.1%；焦炭582万吨，下降26.1%；水泥102万吨，下降7.2%；电解铝7.2万吨，增长2.3%；生铁54万吨，下降64.7%；氧化铝140万吨，下降1.3%；发电量70.7亿千瓦时，增长7.0%。建筑业生产经营发展迅速，全市建筑业共完成增加值13.1亿元，增长75.4%。

基础设施建设成效显著。2004年，全市共完成固定资产投资71.2亿元，比上年增长120%。其中，基本建设投资完成60.56亿元，更新改造投资完成18.67亿元，其他投资完成350万元。总投资中：中央单位完成53.8亿元，比上年增加38亿多元，地方单位完成17.4亿元，比上年增加0.8亿多元。其中市属完成投资17.3亿元，比上年增加1.4亿多元。2004年，实施新建道路100公里，公路密度突破100公里的“双百”规划，2个国债项目、5项续建工程、7条市乡道路新改建和40个村通村油路及巷道硬化工程全面铺开，全年铺开道路建设工程230公里，投资概算1亿元，108国道西王至城区段、阳村旅游路、老下公路、鑫光大道、龙虎路改建等工程竣工通车，全市148个行政村全部实现了村村通。侯禹高速公路各段和黄河大桥、临河一级路建设进展顺利。城市建设迈上新台阶。2004年，总投资3000余万元，改造了紫金街、龙岗路，新建了府前路、文苑西路，延伸建设了新耿南街；投资200余万元，完成了南花池排污排洪工程、连通新耿南街至209国道段排污排洪工程、南转盘洪水排放工程。开工建设振兴东路、龙门大道，形成了较为完善的市政道路体系。完善城市双供工程。建设龙虎、卫生、城建、三联、海鑫、新耿、国税大厦等一批高层建筑，城市服务功能不断增强。

人民生活水平进一步提高。城乡居民收入增长较快，全市全年城镇居民人均可支配收入达到8464元，比上年增加1450元，增长20.7%。农民因农产品价格上涨、中央“三补一免”政策，加之务工、经商等非农收入增加，人均纯收入达到5065元，比上年增加1023元，增长25.3%。城镇居民人均住房面积达到26.6平方米，农民人均住房面积36.9平方米。全市在岗职工人数为35733人，年平均工资19395元，比上年增长20.9%。社会保障进一步加强，实施为民工程，多渠道、多层次、多形式安置下岗失业人员1100人，新增就业岗位4612个，城镇登记失业率为1.9%，低于全国、全省的平均水平。提高城乡居民低保标准，全年发放城乡低保资金400多万元，对4000多户弱势困难群体实行救助。强化企业养老保险、失业保险和城镇职工医疗保险的缴纳，国有企业下岗职工基本生活费和企业离退休人员养老金发放率达100%。清理拖欠农民工工资260余万元，维护了农民工的合法利益。兑现机关事业单位工作人员调资政策，提高企业职工最低工资标准。2004年，全市民政事业费总支出819.4万元，发放抚恤和社会福利费1059万元，敬老院达到5个，床位200张，福利工厂达到12个，年末职工人数266人。

社会各项事业全面进步。2004年，全市上下全面实施教育振兴年规划，创新教育投入机制，在城区建成第四小学、实验二中、河津中学分校；在农村新建教学楼13幢，撤并初中11所、小学11所，完成了3个乡镇的学校布局调整，建成10所标准化学校，优化了教学资源配置。乡镇所在地中小学已接通中国教育科研网和中国教育宽带网，河津中学投资350余万元，在全市率先实现了“班班通”。2004年，全市中、高考成绩又有新的突破，全市被正式录取的大专、本科学生1308人，比上年增加218人，高中录取学生3500人。2004年，普通中学在校28426人，普通高中在校7725人。职业教育稳步发展，在校人数为754人。小学在校人数45972人，幼儿入园达到12526人，学龄儿童入学率达100%。职业教育和成人教育也在创新中得到协调发展。卫生事业进一步加强。全年卫生系统完成基建投资800余万元，建设面积10000余平方米，购置医疗器械102台件，门诊人次达24.3万人次，收治住院病人8981人次，床位使用率达50.75%，87.48%的农民纳入新型农村合作医疗保障范围，农民体检建档5万余份。2004年末，全市共有各级医疗卫生机构699个，其中国家办医19个，社会办医9个，村卫生所143个，个体行医528个。全市卫生技术人员达到658人，其中拥有高级职称39人，中级职称250人，初级职称387人。体育专业取得新成就，在省、市运动会上夺取各类奖牌176枚，向上级输送各类体育人才22人，在各项体育比赛中取得省地团体名次3人次，取得省地个人名次52人次。加大资源和环境保护力度，实现了年度耕地占补平衡。人防、档案、地方志、气象、地震、老年人、残疾人、国防教育、双拥优抚等项工作稳步发展。

围绕建设现代化新型工业城市总目标，全市人民在市委、市政府的带领下，继续加快现代河津、绿色河津、小康河津、文明河津、平安河津、和谐河津建设，全力推进改革开放，大力调整经济结构，转变经济增长方式，不断提高群众生活质量和水平，促进经济和社会实现全面协调可持续发展。

（河津市志办）

【领导人名录】

县委书记	雷郭堂
人大主任	杨万良
县　　长	刘振华
政协主席	王锡义

临猗县

【概述】 2004年是全县经济持续发展、社会全面进步、各项工作取得明显成效的一年。一年来，在县委、县政府的正确领导下，认真贯彻落实中央、省、市经济工作会议精神，克难攻坚，奋力拼搏，全县经济呈现出较快增长的好势头。全县国内生产总值完成35.75亿元，增长15.4%；工业总产值完成30.1

亿元，增长32%；财政收入完成1.59亿元，增长5.5%；城镇居民人均可支配收入完成6531元，增长7.2%；农民人均纯收入完成3448元，增长10.3%。固定资产投资6.736亿元，社会商品零售总额完成4.97亿元，比上年增长20.2%。

招商引资成绩突出。2004年，全县共引入外来投资1.83亿元，引入项目10个。其中千万元以上项目5个，百万元以上项目5个。已建成投产的重大项目有投资2000万元的湖滨果酱厂、投资800万元的万寿菊种植加工基地、投资1000万元的福州异型钢管有限公司、投资1350万元的运城伟业有限公司、投资500万元的甲醛厂。浙江东睦公司投资1800万元与华晟粉末公司合作，成功地实现了跨区域的企业联合。

工业发展全面推进。2004年，全县新上千万元以上工业项目10个，总投资5.84亿元，可年增产值8亿元，实现利税1.9亿元。全县民营经济实体发展到13222个，年产值达25.6亿元，年营业收入24亿元，占全县经济总量的三分之二。全县规模以上企业完成工业总产值19.6亿元，增长40.7%；销售收入19亿元，增长29.6%；实现利税2亿元，增长57.5%；上缴税金8792万元，增长12.1%。

农村经济再上台阶。2004年，三大经济林带和三大种养基地得到进一步完善。全县水果总产量达到35亿斤，果业收入占农民人均纯收入的60%以上。粮食生产出现了恢复性增长，全县粮食总产量达到2.18亿公斤，净增4000余万公斤，增长了24%。规模养殖户达7500户，户均收入超过2万元。农副产品加工企业和加工户发展到1300个，年加工转化果品10亿斤；果品贮藏量达到6亿斤。劳务输出成效显著。中介服务日渐活跃，全县转移农村劳动力3.3万人，农民人均劳务收入834元，比上年增加246元，增长41.9%。多渠道增收为农村经济注入了活力。

基础建设驶入快车道。2004年在交通建设上，完成了临风线37公里改造和董夹线24公里改造工程，铺开了临河一级路19公里拓宽改造工程。丰喜大道的建成通车，使县城面积由9平方公里扩大到15平方公里。城市建设上，完成了五一路拓宽改造和西外环路拓展工程。在镇村建设上，全县已有67个村完成了134公里巷道硬化任务。本年已完成了最后25个村的衔接路，里程为43公里，全面实现了村村通油路。东张镇、七级镇积极铺开沼气入户工程，全县完成2116户，有效地改善了当地群众的生产生活条件。

文化教育再创佳绩。全县高考达本科线786人，比上年增加162人，创造了“八连冠”之后的最好成绩，在全市领先。全县实施校改工程60校，义务教育标准化学校建设48所，新发展民办学校36所，代表全市参加省义务教育标准化验收。临晋中学搬迁新校，临猗中学高三校区投入使用。县剧团编演的大型眉户剧《山妹》，荣获省、市“五个一”工程奖。临猗县标志性文化遗产双塔修复工程正式启动。新架入村光缆200公里，新增光缆用户1万户，光缆通村率达80%。

重点工程投资初见成效。2004年，固定资产投资达6.736亿元，其中工业重点工程10项，总投资5.84亿元。主要有投资3000万元的吐氏酸项目，投资2000万元的高强度环保塑料包装袋项目；投资1500万元的汽车配件生产线；投资1300万元的生物饲料项目；投资3600万元的万寿菊种植加工项目；投资3.9亿元的10万吨甲醇和50MW热电联产项目，投资2500万元的β结晶PPR管专用料项目；投资2000万元的软包装成套生产线，投资600万元的玻璃钢缠绕管道；卓里集团投资1500万元的三轮车连体后桥生产线，另外还有50万元以上技改工程项目9个，总投资8960万元。

人民生活稳步提高。全县离退休人员基本养老金发放率、下岗职工基本生活保障率、失业职工失业金发放率达到三个百分之百。全县老干部的医疗费基本得到解决。城镇居民可支配收入比上年有所增长，农民人均纯收入增长较快。城乡储蓄存款余额达到20亿元，人民群众在改革和发展中得到了更多的实惠。

与此同时，经济和社会各项事业全面发展，环保力度不断加大，环境意识不断增强；计生队伍得到充实，基础设施更趋完善；土地保护更加严格，依法行政意识增强；政府采购、粮食改革、医疗卫生、商办企业、外贸出口、社会保障等项工作成绩突出。工商审计、统计、农机、宗教、县志、档案、人民防空、防震减灾、气象监测等事业迈出较大步伐。同时“三项治理”成绩显著，反腐倡廉工作取得阶段性成果，社会治安明显好转，精神文明建设深入开展。

（赵瑞霞）

【领导人名录】

县委书记 刘建政
副书记 胡　宝　路香芳　金永德　孙正来
人大主任 肖定虎
副主任 陈志兴　范奎伟　董海水　陈正道　杨文斌
县　长 胡　宝（代）
副县长 周邦稳　王玉民　杨建民　杨　湜　张富有　陈竹琴
政协主席 邹通玺
副主席 罗西文　王家骥　王前科

万荣县

【概况】 综合　2004年是全县经济社会快速发展的一年。一年来，在县委的正确领导下，在人大、政协的监督支持下，全县坚持以科学发展观为指导，抓住建设“三大一强一中心”目标不放松，团结带领全县人民聚精会神抓经济，一心一意谋发展，使经济和社会出现了良好的发展态势，取得了一些比较突出的成就。工业经济实现了三大突破，五大园区构筑起强工富县的腾飞平台。规模农业经济效益凸现，优质苹果生产成为农民增收的主要手段。“甲申年海峡两岸祭祀后土圣母大典”和“海峡两岸后土文化研讨会”成功举办。全县人民关注的教育高考质量大幅提升。“全党动员、全民参战”招商引资氛围已初步形成。社会保障体系进一步健全，干部职工基本工资按时足额发放，弱势群体和困难群众的生活基本得到保障。全县上下政治祥和、社会稳定，人民群众安居乐业。

主要经济指标圆满完成。全县国内生产总值完成12.8亿元，同比增长15.7%；财政总收入完成7306万元，同比增长13.7%；规模以上工业总产值完成8.5亿元，同比增长32.9%；工业增加值完成2.7亿元，同比增长54%；固定资产投资额完成2亿元；社会消费品零售总额完成3.5亿元，同比增长34%；城镇居民人均可支配收入完成5334元，同比增长5.3%；粮食总产量达到1.1亿公斤，同比增长34.8%；农民人均纯收入完成2177元，同比增长7.2%；人口出生率控制在1‰以内。

为民工程利民实事扎实有效。2004年确定的县级为民工程共31项，完成28项，占工程总数的91%。其中，超额完成任务的9项，占总数的29%。这9项是规模林业工程、人畜饮水解困工程、苹果套高档纸袋工程、万名高素质农民培训工程、千名劳务培训输出工程、黄河滩涂生态治理工程、3亿资金扶持规模农业发展工程、教育高考质量提升工程、农村中小学布局调整工程。完成和基本完成的19项，占总数的61%。尚未完成的3项，分别是园区扩展工程、汽车站建设工程和新城区开街通路工程，占总数的10%。乡镇为民工程、利民实事132项，全面完成130项，占总数的99%，其中大部分都超额完成了任务。这些工程实事的完成，有效地提升了县域经济总量，为经济社会快速发展奠定了良好的基础。

工业经济高位运行势头强劲。全县工业经济实现了三大突破。一是规模以上工业总产值和工业企业上缴税金增幅均有较大突破。全县规模以上工业企业总产值完成8.5亿元，同比增长32.9%。工业企业共实现税金4223万元，同比增长45.7%。二是全县工业经济历史上首次实现三大企业突破亿元产值大关。恒磁公司总产值达到1.1亿元，鑫峰公司总产值达到1.2亿元，中鲁公司总产值达到1.1亿元。三是两家企业在工业企业上缴税金历史上首次突破千万元大关。鑫峰公司实现税金1060万元，三九公司实现税金1003万元。

农村经济快速发展。全面落实支农政策。认真做好粮食直补工作，共向全县9.9万农户发放直补资金513万元。全年粮食播种面积达71.02万亩，比上年扩大了9.02万亩，总产量达14505.2万公斤，是五年来收成最好的一年。

高效设施农业实现产效同步提高。高效大棚发展到2064.3亩，建造总量达1597个，总收入可达720万元，棚均收入4500元，分别比上年同期增长22.3%和15.4%。

优质苹果生产实现了质和量的大突破。全县苹果套高档纸袋完成10亿个，超额完成6亿个，生产优质苹果1.6亿公斤，产值达2.6亿元。仅优质苹果一项，全县农民人均收入就达650元以上。

农业基础设施建设投入力度进一步加大。共完成各类农水工程123处，其中新增改善水地2.65万亩，发展节水面积0.9万亩，初步治理水土流失面积1.5万亩。新建农村饮水解困工程60处，解决了1.08万人、600头大牲畜吃水问题。

畜牧业健康快速发展。全县肉、蛋、奶产量分别达到6800吨、6000吨和3000吨，同比增长13%、12%和17%，是历年来增幅最大的一年。

城市化建设进一步加快。基础设施改善的投入力度加大。投资319万元，分别完成了县城下水道改造、主街道修补、喷油罩面、宝鼎路和五一东街翻新硬化、五一东西街人行道彩砖硬化和路灯安装；总投资1473万元、占地8亩的县城供水工程，已完成水源地办公楼等6个项目的建设。小城镇建设稳步推进。荣河镇依托后土景区和荣河化工园，重点建设后土大街，工程总投资1700万元，年底已投资140万元完成了拆迁任务。皇甫乡对皇甫街进行了修建，兴建沿街大楼2栋，扩建农贸市场一处，使皇甫街逐步向着布局合理、设施齐全的商业街目标迈进。里望乡对主街道进行了拓宽硬化改造，完成了里望广场、果品批发市场、商贸市场、供销大楼等项目的建设，初步形成了农村小城镇框架。

后土文化开发力度进一步加大。后土景区一期建设工程全面完成，景区旅游基本条件已经形成。农历三月十八成功举办了“甲申年海峡两岸祭祀后土圣母大典”和“海峡两岸后土文化研讨会”。来自海峡两岸的120名专家学者以及社会各界民众两万余人参加了盛会。在“海峡两岸后土文化研讨会”活动中，共邀请到研究后土文化的台湾专家学者63人，大陆专家学者50余人，对后土文化进行了追根溯源的研究。中央电视台四套节目以“山西万荣举办甲申年海峡两岸共祭后土圣母大典”为题，分别三次在“海峡两岸”栏目中进行了专题报道，为进一步提高后土文化的研究水平，更好地开发利用后土文化起到了积极的促进作用。

财政制度改革进一步深化。政府采购不断延伸触角，完成了对救灾救济物资、农业国债专项工程、城建公共设施等项目的招标采购。采购项目扩大到16项，累积采购金额1019万元，节约财政资金73万元。投入资金2849万元，确保了重点工程建设支出。筹措资金256万元，把社会保障医疗保险统筹比例由2003年的4.2%提高到5.4%，报销比例由2003年的70%提高到80%。在财力十分困难的情况下，千方百计筹措资金，补发了1994年拖欠7个月的干部职工工资共计439万元，涉及7900余人。着力打造工资发放“绿色通道”，保证了全县干部职工及时领到工资。对全县民政定补人员、退休人员、遗属人员等享受财政补助的人员，实行专户管理，银行统发，减少了资金的发放环节，维护了弱势群体的切身利益。

招商引资工作全面启动。（1）组织外出参观，通过全县四大班子领导、各单位和乡镇党政一把手赴山东进行考察，认真学习莱芜市经济发展的先进经验，思想得到了解放，观念得到了更新。（2）建立专门领导机构。县委两次召开常委扩大会，就全县开展招商引资工作进行了认真的研究。（3）明确招商任务和办法。11月19日召开了全县招商引资动员大会。出台了《万荣县招商引资实施方案》、《万荣县招商引资考核奖惩暂行办法》，修订完善了《万荣县招商引资总规程》、《中共万荣县委、万荣县人民政府关于进一步优化发展环境的决定》等一系列文件。确定了2005年2.8亿元的全县招商引资任务。明确提出通过全民招商、优势招商、蹲点招商、企业招商、专业招商和领导招商等六种渠道，全力以赴确保目标任务完成。投资6000万元的四星级宾馆——后土大酒店和投资1200万元的恒康化工有限公司已分别落地万荣。

五大社会保障体系进一步完善。机关事业养老保险。全额事业单位人员养老保险共征收220万元，累计金额达1205万元；企业养老保险。在确保1826名企业离退休人员养老金足额发放的基础上，全年共接续企业断保职工74人，收取基金21万元，追缴清欠征收基金930万元，共发放离退休费1232万元；春节前，按照国家政策对所有企业退休人员从2004年7月1日起增加了养老保险金，并全部补发到位；医疗保险。全年参保人数达11740人，征缴基金324.83万元，统筹基金229.83万元，个人帐户113万元，大额补助医疗保险基金25.75万元，保证了正常运转；在此基础上，全县的农村养老保险和失业保险工作实现了历史性的突破。全年共征收农村养老保险基金30万元，扩面参统150多人，累计参保人数达10450人；失业保险管理服务中心全面启动了事业单位、自收自支和差额补贴单位人员的失业保险征缴扩面工作，全县参保单位达到123个，参保人数达到7200人，征缴基金100万元，一举甩掉了长期以来落后的帽子，一跃居全市先进行列。

社会各项事业蓬勃发展。教育质量稳步提升。2004年全县高考达线282人，比上年净增161人，其中硬两类达线217人，比上年净增102人，净增人数在全市排名第三，增长幅度在全市名列第二；农村中小学布局调整和危房改造扎实推进。共撤并中小学31所，超额完成了年初确定的目标任务。共改造中小学40所，新建教学大楼31幢，总投资达1868万元；医疗卫生体制改革和卫生院改造全面启动。光华乡卫生院改制成功实施。投资160多万元，完成了光华、西村、王显、里望、通化、皇甫6个乡镇卫生院的医疗用房重建和改造，较好地解决了偏远地区和困难群众就医难问题。特别是高标准、现代化的县人民医院新住院大楼投入使用，使全县人民就医条件明显上了一个档次；人口与计划生育三级服务网络基础设施明显改善。完成了县计生服务大楼后续工程建设，14个乡镇的服务所和281个行政村计生服务室全部建立，并统一配置了基本的治疗设施，服务工作全面开展；“网吧”专项治理工作效果明显。取缔黑网吧5家，处理违规案件18起；全民健身运动蓬勃开展；整顿和规范市场经济秩序成效显著。农资、食品市场打假力度进一步加大，先后开展各类专项整治执法行动14次，查处各类违法案件448件，为全县营造了一个公平竞争的市场环境和安全健康的消费环境；依法打击各种犯罪活动。共破获各类刑事案件255起，打掉各类违法犯罪团伙13个，抓获违法犯罪成员731名，追缴赃款赃物130余万元；安全生产形势稳定，各种安全事故明显下降；地震监测预报、灾害防御和紧急救援三大工作机制进一步加强；广播电视事业健康发展，荧屏节目日益丰富，新闻舆论监督力度不断加强，干部群众的文化娱乐生活更加充实；人民武装工作在思想政治建设、战备训练、民兵基层组织建设上取得了较好的成绩。宗教、信访、气象、环保、档案、残疾人等各项社会事业都取得了新的成绩。（万荣县志办）

【领导人名录】

县委书记		卫孺牛
副书记	武宏文	段兰亭
	陈明亮	吕景方
人大主任		王崇智
副主任	丁光泽	王扣庭
	解转社	崔荣生
县长		武宏文
副县长	高彩青	谢启宽
	李峰	徐志英
	王志峰	薛建章
政协主席		畅启仁
副主席	薛西生	李淑芳
		史继辉

新绛县

【概况】　2004年，全县人民在县委、县政府的正确领导下，以邓小平理论和“三个代表”重要思想为指导，全面贯彻落实党的十六大和十六届三中、四中全会精神，进一步完善发展思路，围绕“1411”战略工程，团结奋斗，开拓创新。国民经济和社会发展取得了新的成绩，经济总量快速增长，经济结构战略性调整稳步推进。全面完成了经济和社会发展的各项预期目标。

综合　国民经济总体运行状况良好，改革和发展的目标基本实现。

国民经济保持了较快的增长态势。全年全县共完成生产总值155005万元，比上年增长13.3%。其中，第一产业完成增加值31502万元，增长2.6%；第二产业增加值79141万元，增长17.7%；第三产业增加值44362万元，增长14.8%。

国民经济和社会发展中存在的主要问题是：农民收入增长相对较慢；就业和社会保障任务较重。

农业　种植业结构继续调整。棉花面积比上年增长11329亩，油料面积减少8735亩，全年粮食播种面积比上年增长，其中小麦面积增加7611亩。

粮食产量大幅增长，全年粮食产量115890吨，比上年增长14.9%。其中，小麦产量70883吨，增加4.3%；秋粮产量45057吨，增产36.8%。

棉花、水果产量大幅增加。油料产量大幅减少。全年棉花产量2874吨，比上年增长28.8%；水果产量66062吨，比上年增长71.3%；油料产量1869吨，比上年减少39.1%。

蔬菜产量有所减少。全年全县蔬菜产量为191817吨，比上年减少27.4%。其中，大棚蔬菜产量为96329吨。

畜牧业发展较快。年末，全县大牲畜存栏6.42万头，比上年增长

57.4%；羊存栏4.06万只，比上年减少16.6%。全县全年肉类产量为5657吨，禽蛋产量为5750吨，分别比上年增长33.5%和17.0%。

林业生产稳步发展。全年全县完成造林面积1353公顷，林业保护、管理工作进一步加强，全县绿化面积进一步扩大。

工业和建筑业 2004年，全县国有工业企业和年销售收入500万元以上非国有工业完成产值111538万元，其中，县及县以下完成85486万元。国有工业企业和年销售收入500万元以上的企业完成销售产值109181万元，其中，县及县以下完成83517万元。全县国有工业企业和年销售收入500万元以上的非国有工业企业全年实现利税8357万元。

2004年，全县主要工业产品波幅较大，焦炭产量大幅增长。主要产品产量如下：

项目	产量	比上年增减%
焦炭	62.89万吨	46.3
水泥	96.3万吨	0.3
塑料制品	3921万吨	－33.2
生铁	8万吨	－11.1
棉布	3689.5万米	6.8
纱	12480吨	13.9

建筑业生产增速较快，经济效益进一步好转，全年全县建筑业完成增加值13800万元，比上年增加29.3%。

固定资产投资 2004年，本县固定资产投资力度加大，全县固定资产投资共计完成69207万元，比上年增加20.4%。其中，基本建设投资35157万元，更新改造投资265万元，其他投资33785万元，在投资力度、投资额度及投资效益上都有新的加强和改善。

交通和邮电 交通运输业发展较快。全年全社会客运量为61.3万人，比上年增长33.6%，客运周转量为2958万人公里，比上年增长15.4%；货运量为85.3万吨，比上年增长0.4%，货运周转量为4714万吨公里，比上年减少0.3%。

邮电通讯事业依然保持了快速增长势头。全年全县完成业务总量5193万元，比上年增长16.9%。其中，电讯业务总量为2416万元，比上年增长0.75%；邮政业务总量为717万元，比上年增长18.9%；移动电话业务量达到了2060万元，比上年增长43.0%。截止2004年末，全县电话机拥有量为81559部，比上年增长17.4%。其中，移动电话拥有量为31030部，比上年增长47.8%；小灵通拥有量为7158部，比上年增长49.93%，固定电话43371部，减少14.58%。

商业和市场物价 2004年，随着国民经济的稳定增长和消费者信心的进一步增强，全县消费品市场稳定增长。全年社会消费品零售总额达59080万元，同比增长14.1%。其中，县的零售额达31157万元，比上年增长14.9%；县以下的零售额为27923万元，比上年增长13.2%。

2004年，全年全县物价指数稳中有升，全年平均商品零售价格指数为102.4%；居民消费价格指数为103.2%。

财政、金融 2004年，由县上组织的财政收入完成13112万元，占年初预算的101.0%，比上年同期增长15.89%。其中，一般预算收入完成3351万元。占年预算的102.51%；上划中央收入完成7246万元，占预算的99.62%；上划省收入完成1311万元，占预算的103.23%；上划市收入完成1204万元，占预算的102.99%。

全县财政总支出执行15379万元，剔除专款因素，县级一般预算支出执行13275万元，较上年同期增长19.1%。其中，教育事业费执行3954万元，占年预算的112.1%。较上年同期增长30.7%；科技三项费用支出72万元，占年预算的100%，与上年同期增长10.8%。

金融业保持了稳定增长态势。截止2004年底，全县金融机构各项款余额为157210万元，比年初增加19595万元，增长14.2%。其中，企业存款余额为8992万元，比年初增加317万元，增长3.7%。全县金融机构各项贷款余额为131818万元，比年初减少35273万元，减少21.6%。其中，工业贷款10282万元，比年初减少2720万元；农业贷款47548万元，比年初增加8634万元。

2004年，全县金融机构现金收入累计完成674153万元，累计比上年同期增加51725万元，增长7.7%；金融机构现金支出累计为656539万元，比上年同期增加29136万元，增长4.6%。收支相抵，货币回笼17614万元。

保险事业在市场经济中快速发展，为全县经济发展起到了保驾护航的作用。全年全县承保总额为13.99亿元，增长23.3%。其中，财险承保总额为8.1亿元，人险承保总额为5.89亿元。保费收入为4159.3万元，比上年增长15.8%。其中，财产险保费收入为909.3万元，比上年增长80.8%，人寿保险费收入为3250万元，比上年增长5.2%；支付赔款金额中，财产险共赔付334.8万元，人寿险赔付257万元。

科技、教育、文化和卫生体育 科技队伍稳定发展。科技意识进一步增强，质量标准化、计量建设和天气预报等项服务进一步加强。

2004年，全县各类教育工作取得了较大发展。教育投入不断增加，素质教育、义务教育和扫盲教育稳步推进；学前教育继续加强，各级名类职业技术教育发展良好；社会力量办学继续发展。

群众性文化体育生活日益活跃。2004年，全县组织了象棋、围棋、戏曲、卡拉OK比赛以及篮球、乒乓球比赛等，极大地丰富了广大群众的文化娱乐生活。广播电视事业进一步发展，有线电视网络建设步伐加快，历史文化名城建设取得新成就，旅游事业发展迅速。

医疗卫生条件不断改善，至2004年末，全县共有医院、卫生院（包括个体医疗诊所）420所，床位643张，医院、卫生院技术人员622人，全社会医疗水平进一步提高。

人口和人民生活 人口自然增长率继续下降。年末全县总人口为317959人。其中，男性人口为162198人，女性为155761人。全县非农人口为39013人，乡村人口为278946人，全年全县出生人口5428人，出生率为17.11‰；死亡人口3462人，死亡率为10.92‰；全年净增人口 1966 人，自然增长率为 6.20‰。

城乡居民收入稳定增长，生活水平继续提高。2003 年，全县职工工资总额达 12366 万元，职工平均工资 8710 元，比上年增长 9.9%；城镇居民人均可支配收入达 6103.6 元，比上年增长 9.3%；农民人均纯收入为 2647.9 元，比上年增长 6.9%。

城乡居民储蓄存款继续增长。截至 2004 年底，城乡居民储蓄存款余额为 137240 万元，比上年增加 18206 万元，增长 15.3%。

（许　隽）

【龙兴广场剪彩竣工】 龙兴广场地处国家级历史文化名城——新绛县城的重要地段，是古绛州城的中心。它北依省级重点保护文物龙兴寺，南临县城最主要的街道龙兴路，东有省级保护文物文庙，西接古色古香的明清建筑老佛楼、陈园。是县委、县政府确定的 2002 年十大重点工程之一。

广场总面积为 26560 平方米，建筑总面积为 21800 平方米，拆迁面积 23800 平方米，动土石方 46 万方，建设总投资 2000 万元。由清华大学美术学院设计，广场内有文物保护区、仿古建筑区和园林绿化区，喷泉、池水、灯柱和各种花木点缀其间，是人们旅游、休闲、娱乐和陶冶情趣的乐园，是新绛县城的"会客厅"和"城市名片"，是古绛州城提位扬名的标志工程、形象工程、民心工程、规模最大的人防工程。根据《新绛县城抗震减灾规划》，在龙兴广场增建 5000 平方米的地下商场，这样做既可提高土地利用率，挖掘土地的潜力，又可平战结合增加广场的经济效益，成为本县城市建设的唯一的规模最大的人防工程。

建设龙兴广场是新绛几届县委、政府领导想干而没有干成的一项工程，也是全县人民近 20 年的期盼。

2002 年，县委、县政府全方位深化干部人事制度改革，采取"先定事、后定人，以事选人、选人干事，干好留任、干不好让位"的办法，推选干部任职试用期制，把建设龙兴广场作为建设局局长将承诺工程纳入试用期目标任务。

为解决广场建设资金，采取"谁投资、谁建设、谁管理、谁受益"的原则，经过市场运作，向社会公开招标，于 2002 年 10 月 1 日新绛长虹塑制有限公司签订了投资建设合同。同年 10 月 18 日，龙兴广场正式建设，12 月 20 日完成了两侧 80 间仿古建筑，2003 年 6 月完成了 5000 平方米的人防工程（地下商场）建设，广场建设进入倒计时。2004 年 2 月 12 日，龙兴广场剪彩竣工。

（许　隽）

【绿色面粉生产线投产】 鸿盛制粉公司绿色面粉生产线于 2004 年 10 月 1 日正式投产运营，这是新绛县 1953 年粮食系统成立以来最大的一次建设。土建工程，设备安装和流动资金三块共投资 1000 万元以上，生产规模年产 3000 万公斤面粉，成品库存量 300 万公斤，整个系统及附属设备全部采用微机全自动控制。

该公司没有国家财政一分钱投资，而是集中粮食系统的财力、物力、人力建成，企业内部实行股份制、目标化管理。

（许　隽）

【领导人名录】

县委书记		李景发
副 书 记	高　峰	卢天狮
	李　峰	范宽衍
人大主任		平兴旺
副 主 任	崔建平	许邦焕
	梁重九	王宝奎
		马新立
县　　长		高　峰
副 县 长	李铁路	杨振龙
	田艺斌	李尧林
		尚根全
县长助理		王永仁
政协主席		马怀茂
副 主 席	朱淑珍	李吉麟
	许永红	王喜明

稷　山　县

【气候人口】 气候　2004 年，全县年平均气温为 14.1℃，年极端最高气温 40.1℃，最低气温 -12.6℃。年日照时数为 2320.3 小时。年总降水量 364.2 毫米，初雪日（11 月 9 日），终雪日（1 月 17 日）。最深冻土层为 25 厘米，初霜日（11 月 3 日），终霜日（4 月 8 日），年无霜期为 200 天。

人口　2004 年全县年末总人口 333921 人。其中：男性 171259 人，女性 162662 人，性别比为 105.29（女为 100）。出生人口 4467 人，人口出生率为 13.4‰，死亡人口 2300 人，死亡率为 6.89‰，人口自然增长率为 6.51‰；在总人口中，城镇人口为 67340 人，农村人口为 266581 人，城镇人口占总人口的 20.17%。

（稷山县志办）

【国民经济和社会发展】 综合　2004 年全县国内生产总值完成 133548 万元，比上年增长 25.3%。其中第一产业增加值完成 21073 万元，增长 10.9%；第二产业增加值完成 83766 万元，增长 22.2%；第三产业增加值完成 28709 万元，增长 4.7%。一、二、三产业的结构比例为 15.7 :62.8:21.5。

农业　2004 年全县农村经济总收入达 274506 万元，同比增长 30.7%。农林牧渔业总产值 46949 万元，同比增长 36.1%，其中农业产值 34980 万元，增长 38%，林业产值 323 万元，下降 24.7%，牧业产值 11433 万元，增长 35.3%。

2004 年全县粮食播种面积 536843 亩，比上年增长 22.6%，粮食总产达 131777 吨，增长 66%；在粮食播种面积中，小麦播种面积为 340061 亩，增长 7.3%；秋粮播种面积为 196782 亩，增长 62.8%。在粮食总产中，小麦总产 79194 吨，秋粮总产为 52583 吨，分别比上年增长 34.4% 和 1.6 倍。

受棉花市场价格影响，全县棉花播种面积继续增长。播种面积为 26096 亩，比上年增长 1.2 倍，棉花总产为 2393 吨，增产 2.4 倍。

2004 年全县油料面积为 24186 亩，比上年增长 2.5%，油料产量为 2745 吨，比上年增长 22.3%。蔬菜产量为 22018 吨，水果产量为 50773 吨，均比上年有所下降。

大牲畜存栏下降，家禽增加，主要畜产品和大牲畜存栏如下：

指标名称	数量	比上年增长%
大牲畜年末存栏(头)	8655	-6.4
牛年末存栏(头)	7151	-6.9
猪年末存栏(头)	35245	5.0
羊年末存栏(只)	34085	-3.2
家禽年末存栏(只)	2484230	14.4
养兔只数	32609	-11.3
养蜂箱数	733	-29.1
当年肉类总产量(吨)	5444	19.4
猪牛羊肉产量(吨)	3705	22.4
禽肉产量(吨)	1608	13.5
奶类产量(吨)	456	18.8
蜂蜜产量(吨)	16	-30.4
禽蛋产量(吨)	13663	5.1

农业机械化程度进一步提高。2004年全县拥有农业机械总动力451406千瓦，比上年增长86.2%，大中型拖拉机1112台，小型拖拉机2235台，农用汽车96部，农用三轮24345辆。全县农村用电量7919万千瓦时，比上年下降4.7%；农田有效灌溉面积26.53万亩；农用化肥施用量42764吨，比上年增长19.9%，农膜使用量141吨，比上年增长7.6%；农药使用量269吨，下降2.5%；农用柴油使用量为2585吨，比上年增长48.0%。

工业 2004年，全县规模以上工业企业实现产值179840万元，比上年增长49.3%。其中，国有企业实现产值149万元，增长8.3%；民营企业实现产值179691万元，增长60.1倍。全县规模以上工业企业完成增加值61146万元，比上年增长62.1%；实现销售收入178566万元，增长67.6%。实现利税17276万元，增长65.5%。

2003年主要工业产品产量如下：

产品名称	产量	比上年增长%
锰铁(吨)	72620	118.8
焦炭(吨)	343410	10.8
金属镁(吨)	26695	-1.1
生铁(吨)	105582	-29.9
合成氨(万吨)	46387	28.7
纯氮(吨)	32731	5.7倍
纯碱(吨)	110679	100.6
水泥(万吨)	15.51	-18.5
机制纸(吨)	10606	-0.2
布(万米)	820	10.4
纱(吨)	3518	-13.2

固定资产投资 2004年全县固定资产投资总额完成35098万元，同比下降14.2%。其中：基本建设投资完成9484万元，同比增长13.2%；更新改造投资完成15463万元，下降33.9%；其它固定资产投资完成10151万元，增长11.3%。

批零贸易和市场物价 2004年，全县社会消费品零售总额为36274万元，比上年增长11.4%。出口贸易继续增长。全县出口总额为4319万美元，比上年增长7%。其中，棉布出口820万米，碳黑出口5714吨，金属镁出口21087吨。

居民消费价格稳中有升。2004年全县居民消费价格总水平比上年上涨4.9%。其中，食品类上涨9.7个百分点，烟酒日用品类上涨8.5个百分点，衣着类下降5.8个百分点，交通和通信类上涨2.3个百分点，娱乐教育文化用品服务类上涨8.4个百分点。商品零售价格上涨3.4%，农业生产资料价格上涨5.4%。

交通、邮政和电讯业 2004年，随着县城稷峰街改造工程的开始，全县境内108国道、台运线、闻苍县、管化线等拓宽工程全面开工，全年投资达4000万元。村通油路工程95个行政村累计完成212公里，年内全部竣工。侯禹高速公路正在建设中，全县公路货运量112.8万吨，公路客运量达115万次。全县邮电业务总量为651万元，比上年增长16.6%。年末，全县城乡固定电话用户达59823部，比上年增长8.4%；小灵通12685部，比上年增长1.8倍；手机用户达68120部，比上年增长67.4%。

财政、金融 2004年全县财政收入16029万元，比上年增长54.9%。其中，国税系统完成12292万元，地税系统完成2823万元，财政系统完成914万元。全县一般预算支出16397万元，比上年增长24.2%。其中，教育费支出4335万元，行政事业费支出8141万元。

2004年全县金融机构各项存款余额为161488万元，比上年增长17.3%，各项贷款余额为156073万元，比上年增长17.2%；现金总收入828911万元，比上年增长14.0%；现金总支出847078万元，比上年增长13.4%。收支相抵，向市场净投放货币18167万元。

科技和教育 2004年末全县拥有科技人员4934人。其中高级职称78人，中级职称2092人，初级职称2764人。全年共争取省市科技项目8项，争取资金466万元。

教育事业成绩显著。2004年全县拥有各级各类学校156所。其中，高中3所、初中15所、小学128所、民办10所；专任教师3055人；在校学生64298人，比上年增长4.0%，其中高中生4451人，初中生20154人，小学生39693人。全县拥有幼儿园18所，在园幼儿11667人。2004年全县中考在全市位居上游；高考实现大突破，文理科达线168人，比上年翻了一番。

文化、卫生和体育 2004年全县拥有农民书屋30户。剧团演出430场，收入18.7万元；电影公司改革增效良性发展。全县“健康秧歌”大赛、“丰收之歌”、“歌咏大赛”以及“文明之星”、“长霞之歌”、“地税之光”、“让生命充满阳光”等大型汇演圆满成功。《稷山高台花鼓》再捧金奖，并入围第七届中国艺术节。

2004年投资500万元的稷王庙改扩建工程胜利竣工，修复重建后的大佛寺更为壮观。县电视台全年编发新闻稿件280组、2000条，其中自采稿件600条。专题节目“五谷石”、“经济观点”等播出97期；综艺节目《移动天地》播出30期；全年实现365天，8760小时安全播出无事故。

卫生事业出现新生机。2004年末，全县共有医疗卫生机构22个，村卫生所182个，个体诊所234个。拥有卫生技术人员1460人，床位1740张。县医院投资576万元新增核磁共振。妇幼院经省验收达到“二级乙等”标准，全年为本县6万名农民建立了健康档案，免费体检5000人。

体育事业取得新成绩。2004年山西省青少年国际式摔跤比赛在本县举办。县健身球队、太极拳参加山西省第二届老年人运动会获优秀奖；在运城市太极柔力球比赛中本县获第一名；本县代表队20人参加“运城市青少年武术比赛”荣获二金四银五铜，并获“团体总分第二名”锦旗一面，为山西帅大体育学校输送一名优秀运动员。

环境保护 2004年，全县4户1.5万吨规模以上造纸企业通过省环保达标验收。全年共接待环保方面来信来访上百人次，其中解决环境侵权案12起、污染纠纷案16起，落实县人大、政协环保议案2起，编发环保法律知识手册3000本，为全县经济发展和环境质量改善做出了贡献。（稷山县志办）

闻喜县

【概述】 闻喜县地处山西省南部，运城市北端。古称左邑桐乡，为晋国之都。公元前111年，汉武帝刘彻御赐县名，至今已有2116年的历史。全县共辖13个乡镇，342个行政村，38.6万人口（其中农业人口33万），总面积1171.3平方公里，耕地78.5万亩，是一个传统的农业县。

2004年，县委、县政府从闻喜的基本县情出发，坚持与时俱进的思想品格和反常合道的决策思维，不断推进理念创新，努力探索贫困县跨越式发展的新路子，先后确立了“依法治县、科教兴县、工业富县、实干强县”的治县方略和“构筑以非公有制经济为主体的县域经济新框架”、“建设新型工业基地”等一系列切合实际的发展思路，坚持实行四套班子成员包项目、包工程、办实事责任制，带领全县人民抢抓机遇，扎实苦干，与时俱进，开拓创新，使全县经济持续快速增长，实现了跨越式发展，由一个国家贫困县一跃跨入全省经济强县行列。

经济实力显著增强 2004年，全县生产总值完成46.5亿元，比上年增长15.5%；财政收入完成5.27亿元，增长24.3%；规模以上工业总产值完成95.1亿元，增长29%；农民人均纯收入2531元，增长8.1%；城镇居民人均可支配收入6566元，增长4.2%；社会消费品零售总额5.9亿元，增长6.4%。各项主要经济指标均在全市名列前茅。

结构调整取得实效 按照“壮大二产，提升三产，强化一产”的调产思路，大力推进结构调整。农业结构不断优化，培育形成了粮、果、菜、畜、药五大主导产业，“南菜北药”布局形成规模，蔬菜种植面积发展到13.6万亩，药材等经济作物发展到6.8万亩。农副产品加工企业发展到50余家，产业化进程不断加快。全县农村劳动力向非农产业转移的总人数达到9.5万人，工资性收入占到农民人均纯收入的60%以上，农村劳动力就业结构进一步优化。工业结构调整，坚持“变性、扩张、集聚、提升”八字方针，大力实施“壮大优势产业，提升传统产业，淘汰劣势产业，开发新兴产业”的思路，传统产业不断改造提升，深加工能力显著增强；一批潜力产品相继开发，新兴产业正在形成；钢铁、镁业、玻璃、建材、化工、机械等八大主导产业形成规模；海鑫钢铁、银光镁业、金龙水泥、鑫光水泥、森特煤机、红星汽配、宏伟玻璃等一大批龙头企业不断壮大。全县三产结构不断优化，一、二、三产比例达到6:79.2:14.8。

新的亮点不断涌现 2004年，县委、县政府始终把项目建设作为经济发展的重要载体，年年上新项目，年年育新亮点，先后新上50万元以上的企业及扩建项目120余个，总投资50多亿元，培育形成了海鑫钢铁、银光镁业、森特煤机、宏伟玻璃、鑫光水泥、红星汽配等一大批新的经济亮点。已开工新上和计划新上的重点项目主要有：海鑫优质钢项目，银光镁业深加工系统项目，森特集团洁净煤设备改造和大型环保焦化设备项目，华隆瓷业2000万件酒瓶生产线，宏业等玻璃电熔炉及池炉生产线，南京云海公司3万吨镁合金生产线，红星汽配汽车后桥生产线，鑫光水泥20万吨矿渣细粉生产线，东方新闻纸业第三条生产线项目，鑫钜公司罗茨风机项目，恒科磁业公司恒磁深加工项目。钢铁行业已形成260万吨铁、260万吨钢、220万吨材的生产能力，海鑫公司跻身于全国特大型钢铁企业行列，成为全省最大的民营企业。金属镁业形成15万吨镁锭、6万吨合金、5000吨镁粉、2000吨牺牲阳极和挤压型材的生产能力，成为全国最大的金属镁生产出口基地。玻璃行业建成电熔炉生产线8条、煤气池炉2座、环保圆炉140盘，年生产能力达到15万吨以上，成为全国玻璃器皿主要生产基地之一。同时，恒磁、兽药、稀土合金等新兴产业正在形成，为全县经济的持续发展注入了活力，增强了后劲。

民营经济快速发展 通过大力实施“构筑新框架”战略思路，极大地促进了民营经济的快速发展，带动了全县经济的突飞猛进。全县民营企业发展到810家，产值达500万元以上的企业68家，其中产值千万元以上的企业36家，5000万元以上的企业8家，亿元以上的企业3家，6亿元以上的企业1家，50亿元以上的企业1家。民营经济从业人员达到8万余人。非公有制经济占全县GDP和财政收入的比重达到95%以上。

基础面貌明显改观 城市建设牢固确立“经营城市”理念，按照“政府规划，市场运作”的思路，大力实施城市建设攻坚战，先后投资4亿多元。实施完成了闻喜人民广场、闻喜人民会堂、西湖公园、太风路和新开路改造、大运路县城段拓宽改造、城东大街等30多项重点工程，城南大街、城西大街等重点工程正在加快实施，县城一环已经形成，县城框架明显拉大，城市品位得到提升，城市面貌大为改观。东镇等小城镇建设取得新的进展。

公路建设，先后完成闻夏线、临夏线、闻垣线等多项重点工程和219个村589.8公里的村通工程及巷道硬化，全县油路里程达到1278公里。

电力建设，新建1座22万伏变电站、4座11万伏变电站和10座3.5万伏变电站；姚村11万伏变电站正在加紧施工；投资1.173亿元，实施完成了农网改造和城网改造工程。全县变电器容量达到72350千伏安。

学校危房改造，总投资1.5亿元，完成29万平方米学校危房改造工程，新建120余幢教学大楼。投资1000多万元的县职教中心建成使用。

水利建设，先后投资2281万元，实施完成农村饮水解困工程198处，解决了198个村、10万人口的吃水问题，被省政府授予“全省农村饮水解困红旗县”。

外向型经济不断拓展　县委、县政府把发展外向型经济作为经济工作的重中之重，实行政策倾斜、资金扶持、重点保护，使外向型经济在全县得到快速发展。全县出口产品生产企业发展到63家，其中钢铁企业1家，金属镁企业16家，玻璃器皿企业42家、化工企业2家、绿色食品企业2家；拥有进出口自营权的企业18家，主要有海鑫钢铁、银光镁业、白玉镁业、正大镁业、宏富镁业、华昌镁业、宏伟玻璃、宏业玻璃、立华玻璃、新达玻璃、英发玻璃、富达玻璃、闻海玻璃、唯泰食业等。2004年，全县进出口总额完成1.75亿美元，占市下达计划的109.3%，同比增长70%。其中出口完成5500万美元，占计划的125%，同比增长77%；进口完成1.2亿美元，占计划的103.4%，同比增长66%；合同利用外资350万美元，占计划的40%，同比增长77%；实际利用外资完成250万美元，占计划的125%，同比增长20%。全县外向型经济连续五年实现超计划超同期的好成绩，成为全市唯一蝉联“五连冠”的县份，进出口总额占全市份额达到38%。

经济社会统筹发展　全面实施“科教兴县”战略，科技项目开发力度不断加大，基础教育进一步加强，社会力量办学快速发展，职业教育取得实效。计划生育工作深入开展。公共卫生和农村医疗卫生条件进一步改善。“两个确保”继续巩固，社会保障体系进一步健全。抗灾、救灾、帮民建房工作扎实开展，“三项建设”成效显著。各项社会事业都取得新的成绩，经济社会呈现出协调发展的良好局面。

（侣延寿　吉朱莲）

【领导人名录】

县委书记　荆青莲
副书记　裴良杰　李晋学　张英生　杨勤荣
人大主任　史炳仁
副主任　张平安　邢炜萍　李瑶璋　杨文龙　任龙太
县长　裴良杰
副县长　谭淑珍　葛旭元　吕士学　裴宝珠　曹秦峰　杨正义
政协主席　王延平
副主席　田水旺　王金狮　李天虎　吉意明

夏县

【概况】　夏县位于运城市东陲，南接平陆县，北邻闻喜、垣曲两县，东隔黄河与河南省渑池县相望。地理坐标为东经111°02′～111°41′，北纬34°55′～35°19′，东西长，南北窄，总面积1352平方公里。2004年，全县辖6镇5乡，256个行政村，78464户，352280人。其中农业人口322755人，非农业人口9525人；男181981人，女170299人。全年出生人口6057人，人口出生率为17.2‰，比上年上升6.9个千分点；死亡2444人，死亡率为6.9‰，自然增长率为10.3‰。

2004年，夏县县委、县政府带领全县人民，坚持以科学发展观为指导，解放思想，克难攻坚，继续保持了全县经济社会健康发展的良好态势。全县国内生产总值完成8.3亿元，增长8%；财政收入在税费改革、税收优惠等减收政策的影响下，完成5770万元，增长1.5%；规模以上工业增加值完成1.4亿元，增长38.7%；社会消费品零售总额3.62亿元，增长4%；城镇居民人均可支配收入5113元，增长8.1%；农民人均纯收入1998元，增长2.7%。

2004年，县委、县政府主要抓了以下几方面工作：

大力发展民营企业。县委、县政府提出了“全党抓经济，重点抓企业，关键抓招商，着力实施由工业弱县到工业强县的新跨越”的工作思路。相继制定出台了《关于进一步优化经济发展环境的决定》、《关于加快县域企业发展及工业开发区调换规定》等文件，在进一步创优发展环境，大搞招商引资提供了政策保证。11月5日，县委、县政府在河津成功举办了夏县资源推介暨招商引资发布会，河津市党政领导和70余家民营企业的老总参加了发布会，当天就有10家企业洽谈了投资意向。同时又全面启动了“招商引资月”活动，通过思想鼓动、行动推动、利益驱动等方式，全力推进招商引资工作取得实效。全县全年投资50万元以上的项目20个，其中已竣工投产的12个。主要有：投资3000万元兴建了占地100亩的宇达工艺园；河津一民营企业家投资1300万元创办了早安铁矿有限公司；河南一投资商投资2000万元创建了群星刚玉有限公司；运城一民营企业家投资1500万元创建了荣信特种钢制造有限公司；投资600万元创建了裴兴还原罐厂。并先后与河津、江苏、山东、河北等地的企业达成了铝矾土开发、造纸、板材加工等一批投资合作的意向和协议。

大力推进农村经济发展。第一，积极稳定粮棉生产。全县小麦23.4万亩，总产5.2万吨，面积虽比上年减少2.4万亩，但总产增长2%；棉花生产面积达15万亩，比上年增加2.8万亩；秋粮面积22万亩。第二，大力发展设施农业。全县蔬菜总面积达17.8万亩，总产值达3.8亿元。全县认定无公害农产品基地20万亩，9个无公害农产品已通过国家认证。第三，小康林业建设实现了新的突破。在继续巩固近年来造林绿化成果的基础上，又铺开并完成了20条县乡道路绿化，全长114公里，使全县拓宽绿化“五道”190条，栽植各类树木3518株；发展板栗、柿子、枣等名特优经济林5万亩；建设高标准的园林村50个；新建、完善农田林网6.8万亩，建设速生丰产林6000亩；在实施天保工程的同时，又对已完成的5.8万亩天保工程和11.33万亩的退耕还林工程进行了补植补栽，使山区的林地面积增加了17.1万亩。第四，大力改善农民群众的生产生活条件。解决了8750人的吃水难问题，完成了1300户沼气入户工程和三处移民新村建设，新增移民2800人，省政府在本县召开了扶贫移民现场会。同时又积极组织实施“阳光工程”，加强技能培训1600人次，举办“双五百万培训”工程培训3万余人次。

大力推进旅游资源开发。先后启动并完成了堆云洞修复。堆云洞至大运路的水泥硬化、司马温公祠涑水书院修复、温泉洗浴中心建设、泗交300亩山涧湖泊水面建设、禹王大道路灯安装和绿化带建设等重点工程。同时，全面宣传推介各大景点，极力打出“大禹、温公、泗交和温泉”四个具有文化特色的旅游品牌。6月1日，成功地承办了由国家邮政总局在本县举办的“司马光砸缸”邮票首发仪式，又举行了河东特委旧址揭幕和堆云洞剪彩仪式。另外，温泉路建设和住宅小区开发也初见成效，白沙河二桥和瑶台山开发的前期规划、设计、勘探已经完成。宇达工艺园的特色旅游商品开发和各种雕塑模型的安装，丰富了本县旅游开发的内涵，促进了旅游产业的拓展和延伸。

大力推进基础设施建设。道路建设上，通过采取“政府组织、财政补助、全民参与、社会支援”的有效措施，全面完成了78个村村通油路任务。全县公路建设总里程达到593.8公里，总投资7620万元。其中，新建通村油路和水泥路134.5公里；巷道硬化96个村363.3公里；新改造县、乡、村旧油路66公里；全面完成了国债项目夏南公路30公里油路改造工程。电力上，投资3000万元重点实施了山区电网改造和陈乔、埝掌无人值守变电站改造工程，进一步优化了电网资源配置。市政建设上，完成了投资50万元的八一街道路硬化工程；完成了解放路“五线入地”工程；完成了城市供水管网改造工程；完成了桥头公园的绿化工程和夏中段的500米绿化带；全面铺开了莲湖公园绿化工程。

大力推进民主法制建设。县委制定了《关于建立“三重一大”制度完善民主决策的若干规定》，坚持从严治党，着力提高各级党组织的执政能力和水平。又下发了《关于进一步加强效能建设改进机关作风的意见》，坚持从严治吏，使党风廉政建设和反腐败斗争进一步深入。县政府及组成部门自觉接受人大监督，积极加强同政协、民主党派、无党派人士和人民团体的联系，认真办理人大议案、政协提案。积极推进行政审批制度改革，改进政府工作，深入开展行风评议，不断改善发展环境。基层民主建设扎实推进，廉政建设和反腐败斗争持续开展，社会治安综合治理进一步加强。

大力推进社会各项事业全面进步。坚持把就业作为改善民生的根本措施，全年转移农村剩余劳动力2.3万人，城镇新增就业岗位1000个。全县城市低保人口5592人，新增1025人；农村低保人口覆盖面达4180人。公共卫生体系逐步建立，城乡医疗卫生条件有所改善，共投资290万元建起了疾控中心大楼和县医院传染病大楼。全面推广了农科适用新技术，积极与科研院所签订技术协作项目。不断深化中小学人事制度改革，基础教育稳步推进。民办教育充满生机，不断壮大。双拥、人防、老龄、残联等各项社会事业都取得了新的成效。

（*赵桂贤　范少丽　杨艳华*）

【领导人名录】

县委书记		董一兵
副书记	苏安乐	侯卫河
	黄保龙	赵州平
人大主任		张有道
副主任	柳月件	裴三伍
	段永生	郑景山
		张创立
县长		苏安乐
副县长	张随年	陈发祥
	姚仁义	高小俊
	祁彦军	田成贵
		张高学
政协主席		王琨
副主席	刘长生	张大平
		陈全狮

绛　县

【概况】　绛县，总面积993.5平方公里，辖8镇2乡，205个村民委员会，547个自然村，2004年全县总人口27.7万人，其中非农业人口5.4万人，农业人口22.3万人，人口密度279人/平方公里。

2004年，绛县人民在县委、县政府的正确领导下，全面贯彻党的十六届四中全会精神，认真落实科学发展观，紧紧围绕“工业立县，农业富民，科教兴绛，优化环境促发展”的总体工作思路，大力推进经济结构调整，抢抓机遇，争先发展，使县域经济继续保持平稳高速的增长态势。2004年，全县生产总值完成146800万元，同比增长22.1%；财政总收入完成16869万元，同比增长32.0%，提前一年实现翻一番的目标；全社会固定资产投资41531万元，同比增长47.8%；规模以上工业增加值完成84600万元，同比增长20.3%；社会消费品总零售额完成34411万元，同比增长18.7%；城镇居民人均可支配收入5779元，同比增长10.2%；农民人均纯收入2209元，同比增长7.0%；全县经济创近年来最好水平。

工业主导产业初步形成，发展势头强劲。绛县把工业作为强县之本，放在重中之重的位置来抓，立足传统优势，以“一增三优”为主攻方向，先后实施了炭黑湿法造粒、汽车离合器、汽车重桥、煤焦油深加工、钢铁冶炼、水泥增容、硅铁炉改造等一批技改项目；培育了宇进、飞鹰、晋星、金甲、恒大、志信、远征、飞龙、明迈特等一批优秀企业；汽车前后桥、离合器、炭黑、益心酮、水泥、维之王蜜饯、铁合金、工业硅、割草机、钢锭等十多种产品在省内外市场上占有了一定的份额。2004年，三和镁业、誉恒牛肉、金泰冶炼、晋星尾气发电、来利炼铁、明迈特矿热炉、民政实业铸造二期工程、奥特力阀业、金绛搬迁工程、飞龙建材水泥添加剂等26个新上和技改项目相继完成，使全县汽车配件、焦油加工、精密铸造、冶炼冶金、建筑材料、食品加工六大支柱产业规模明显扩大，质量和效益显著提高，工业经济占全县生产总值的比重达到了59.0%。

农业特色产业不断扩大，农村经济形势喜人。2004年，全县粮食总产1.26亿公斤，同比增长32.9%。特别是该县立足当地优势，引导农民集中精力重点培育以牛、鹿为主的畜牧业，以山楂为主的林果业和以中药材为主的种植业三大特色产业，使全县畜牧业产值达到2个亿，总收入6500万元，人均收入近300元；全县山楂面积近3万亩，各种经济林面积5万亩；中药材面积3万亩。三大特色产业在农业总产值中的比重占到55%。同时科技示范县建设持续深入，科技服务力度不断加大，农业标准化生产基地已发展到3万亩。初步形成了金甲药业、维之王食品、金绛食品等四家龙头企业。11种产品获得绿色产品认证，农业产业化步伐不断加快。农村税费改革不断深化，农业税降低1个百分点，全县农民人均减负4.9元。支农政策进一步落实，发放粮食直补款349万元，人均增收15.7元。

招商引资成效显著，发展后劲不断增强。绛县确定了“一切工作以经济工作为中心，经济工作以项目建设为中心，项目建设以招商引资为核心”的指导思想，出台了一系列优惠政策，改进招商方式，优化招商环境。严格招商责任，在全县形成了招商引资上项目的浓厚氛围。2004年，全县引回各类资金2.8亿元，吸引广东、福建、浙江、河南及周边地区的20多个外地企业家来绛县投资办厂。一年中新上各类企业、项目52项，总投资达到了6.14亿元，引进各类人才131名，为县域经济发展注入了新的活力。

重点工程进展顺利，基础条件明显改善。2004年初，绛县县委、政府结合本县实际，确定了十项重点工程。在各级领导的高度重视，大力支持和项目单位的共同努力下，这些重点工程都有了实质性的进展，大部分已全部完工并投入使用。二里半至垣址坪段公路建设工程、大槐线南凡至安峪段公路建设工程、200KV输变电工程、农村饮水解困工程、县委党校主体工程、古绛新区建设一期工程等已全部按期完工。城市供水工程完成水源地建设和350户管网改造。同时总投资3500万元的“村村通”工程全面完成。

依法行政不断推进，民主法制建设继续加强。2004年，县委、县政府制定并实施了《全面推进依法行政实施意见》，按照法定权限和程序行使权力，履行职责，规范行政行为。自觉接受人大监督，主动向人大及其常委会报告工作。认真落实和办理人大常委会的决定和审议意见书。积极支持人民政协的工作，主动加强同民主党派、工商联、无党派人士的联系。2004年，县政府共办理人大代表建议、批评和意见89件，政协委员提案102件。认真贯彻《行政许可法》，积极推进行政审批制度改革。审计监督和信访工作进一步加强。“四五”普法不断引深。深入开展了各类严打整治斗争，社会治安综合治理进一步加强，全县政治安定，社会稳定。社会事业全面进步，人民生活水平稳步提高。绛县牢固树立科学的发展观，以满足人民群众的物质文化需求为出发点和落脚点，在加快经济发展的同时，积极推进社会各项事业的全面发展。科技创新力度逐渐加大。2004年，2个企业被认定为省级民营科技企业，3个科技项目分别被列为国家“星火计划”和省、市计划。高中教育进一步加强，中小学布局调整更趋完善，危房改造步伐加快，标准化学校建设全面启动。农村医疗卫生体制改革不断深化，建成了疾控中心大楼，75%以上的乡（镇）能够为艾滋病感染者和患者提供医疗服务，农村儿童计划免疫接种率达到90%以上。计划生育、环境保护、文化体育、国防教育、民族宗教等各项工作进一步加强。统计、档案、气象、地震、老龄、残疾人等各项事业都取得了好成绩。868名下岗职工实现了再就业。为“4050”困难职工发放救济金27.8万元。医疗保险参保职工达16557人，失业保险参保人数达16400人，企业养老保险参保人数达15209人，农村养老保险参保农民达到3320人。发放农村低保金26.5万元，城市低保应保尽保。公教人员工资、奖金、补助按时发放。城乡居民储蓄存款余额达13.1亿元。（马全胜）

【创新发展思路】 2004年初，绛县四大班子深入全县农村、企业，开展了广泛的调查研究，并多次召开会议进行讨论，充分认识到，绛县尽管地处偏僻、信息闭塞、资源匮乏、经济基础薄弱，但也具备一定的优势。境内有大型国营企业中信机电制造公司和山西华信经济技术开发区；食品、化工、机械制造等传统产业具有很大的发展潜力；独特的地理、气候条件为发展特色农业提供了适宜的环境。他们在统一思想的基础上，确立了“工业立县，农业富民，科教兴绛，优化环境促发展”的发展思路，提出了通过几年努力，把绛县建成“工业强县、农业特色县、科技教育先进县”的奋斗目标。围绕全县发展思路和奋斗目标，他们确立了上项目、引资金、优环境、兴民营四大工作重点，集中精力，狠抓落实，使经济发展速度不断加快。该县在2004年顺利实现经济总量第一个翻番目标的基础上，又吹响了第二个翻番的号角，提出再用四到五年时间实现全县经济总量的第二个翻番，即全县生产总值达到30亿元，财政收入达到3.2亿元。

（马全胜）

【创新发展环境】 在实践中，绛县充分认识到，作为一个山区县，只有坚持不懈地抓好环境建设，才能增强聚集效应，加快发展速度。他们始终把环境建设摆在重要位置来抓，坚持硬环境打基础，软环境强服务，软硬环境同步推进，着力打造经济发展的新平台。2004年，在公路建设上，投资5800万元完成了县东循环路、大槐线、二里半至垣址坪段建设工程，新建、改建等级公路80公里。在城市建设上，对“三街九路”进行了亮化、美化，实施了城市供水管网改造工程、宾馆建设工程、第一农贸市场改造工程。文体北路改造和广场改造工程正在进行。

在软环境建设方面，绛县县委、县政府先后出台了《关于优化发展环境的实施意见》、《关于加快民营经济发展的实施意见》等一系列政策规定，积极推行了行政审批制度改革，清理了一批审批收费项目，设立了行政审批大厅，实行了“一站式”办公、“一条龙”服务，在全县执法执纪部门开展了优质服务和行风评议活动，制定出台了《全面推行依法行政实施意见》，组织了执法人员培训，提高了国家机关工作人员依法行政能力。在全县广泛开展了“人人都是投资环境，事事关联全县形象”的教育活动，使广大干部群众树立了“你赚钱，我发展”的双赢意识，形成了营造环境求发展的社会氛围。

（马全胜）

【领导人名录】

县委书记　　张　冠

副书记　　裴良杰　梁璐阳　胡　宝　李国平　李百选

人大主任　　荆军武

副主任　　王定康　魏守峰　郭文奎　魏金发　王永华

县　长　　裴良杰*　梁璐阳（代）

副县长　　韩廷海　赵永强　马建萍　潘俊武　陈力田　董稷强

县长助理　　张贤勋

政协主席　　田茂忠

副主席　　张永霞　刘永昌　史秉福　刘　波

平陆县

【概况】　平陆县位于山西省运城市最南端，东经110°52′47″～111°37′42″，北纬34°41′20″～35°00′59″之间。北依中条山，南临黄河，西邻芮城，北面和东北面隔山与运城和夏县接壤，南面和东南面隔河与河南省灵宝、陕县、渑池三县相望。县境周长216公里，东西直线长67.5公里，南北直线宽34.5公里，总面积1173.5平方公里，共辖6镇4乡1区，228个村（居）民委员会，1154个自然村。2004年，全县总人口为248860人。

2004年，平陆县以“煤电铝、果桃牧、城镇化”九字方针为经济工作思路，树立科学发展观，深化改革，加快发展，工业强县，大上项目，县域经济全面发展。全年全县共完成生产总值63162万元，按可比价格计算，比上年增长14.3%。其中，第一产业增加值15754万元，增长18.5%；第二产业增加值26645万元，增长18.1%；第三产业增加值20763万元，增长7.1%。

农业　全县农业生产获得好收成。全县粮食作物播种面积28105公顷，比上年增加6790公顷；粮食总产82410吨，比上年增长59.1%。年产小麦45258吨，比上年增长24.2%；棉花总产211吨，增长16.6%；水果总产77052吨，增长14.3%；油料年总产1591吨，比上年减少4.5%；蔬菜总产28868吨，减少0.5%。

造林绿化又有新进展。全年全县共完成造林面积2000公顷，其中营造防护林1942公顷，营造经济林58公顷，干果产量11吨。

畜牧业生产稳步发展。全年全县肉类总产量4726吨，比上年下降0.6%。其中，猪牛羊肉产量4377吨，增长1.0%；牛羊奶产量519吨，增长3.2%；禽蛋产量2450吨，下降18.3%。年末大牲畜存栏18702头，下降9.6%，羊存栏40848只，下降12.8%，猪存栏38067头，增长1.4%，家禽存栏40.4万只，下降20.3%。

渔业发展稳定增长。2004年全县水产品产量123吨，比上年增长11.8%。

工业　生产继续保持较快增长势头。全年全县全部工业总产值76275万元，比上年增长22.1%。全部工业增加值20645万元，按可比价格计算，比上年增长19.7%。全县国有企业和年产品销售收入500万元及以上非国有工业企业共完成工业总产值57774.9万元，比上年增长33.9%，工业增加值15465.4万元，按可比价格计算，比上年增长25.6%，销售收入完成52090.3万元，增长25.6%。主要产品产量：原煤产量47.57万吨，比上年增长60.4%；化肥产量（折纯）3.1万吨，增14.8%；发电量4546万千瓦时，减少1.98%；生铁产量1203吨，比上年减少64.5%；水泥产量6.74万吨，增10.3%；铁合金产量11179吨，铝产量15406吨，减少9.4%。

固定资产投资　2004年，全县共完成固定资产投资30500万元，增长50.2%。其中，基本建设投资8716万元，更新改造投资1452万元，房地产投资550万元，其他投资5093万元，城镇矿区私人建房1085万元，农村集体和个人建房投资11958万元，跨省、地、市项目投资1646万元。

商业市场　物价全年全县消费品零售总额25807万元，比上年增长5.2%，其中城市消费品零售额10660万元，增长7.2%；县以下的消费品零售额15147万元，增长1.3%。市场物价保持稳定。居民生活消费价格指数104.8%，商品零售物价指数103.1%，农业生产资料价格指数102.5%。

交通邮电　2004年，完成公路客运量83万人，增长25.8%，旅客周转量5360万人公里，增长53.1%，完成公路货运量89万吨，增长11.3%，货物周转量7190万吨公里，增长8.9%。

邮电通信业继续快速发展。完成邮电业务总量842万元。全县固定电话用户达到32729户。其中，城市电话用户12279户，乡村电话用户15450户，小灵通用户5000户。移动电话用户26500户。计算机互联网络用户达到2539户。已通电话的村数达224个，占全县行政村总数的99.6%。全县电话、手机普及率每百人达24部。

财政、金融、保险　2004年，全县财政收入完成6285万元，比上年增加8.0%；一般预算收入完成1902万元，下降0.4%；一般预算支出执行19856万元，增长35.1%；抚恤和社会福利救济费支出1163万元，下降1.5%；科技三项费支出20万元，支援农业生产及农业事业费支出6801万元，科教文卫支出4325万元。其中教育事业费支出3815万元，行政管理费支出2074万元。

全县金融机构各项存款余额126492万元，比年初增加18631万元，增长17.3%。金融机构各项贷款余额89244万元，比年初增加30139万元，增长51.0%。

全县保费收入2682万元，下降15.2%。其中，财产保险费收入599万元，增长15.0%；人身保险费收入2083万元，下降21.1%。全年支付各类赔偿及给付款572万元，增长50.9%。

文化、教育、卫生　文化事业

进一步繁荣。年末全县有文化馆1个，博物馆1个，档案馆1个，电视台1座，有线电视用户5000户，电视节目套数达到30套，电视人口覆盖率98%。

教育事业进一步发展。全年全县拥有普通中学20所，职中1所，小学277所，在校学生51978人。年末全县教师总数达到3007人。其中，中学教师1426人，小学教师1581人。适龄儿童入学率达到100%，小学毕业升学率达到99.6%。

医疗卫生条件继续改善。年末全县拥有卫生机构14个。其中医院、卫生院13个，病床床位430张，卫生技术人员826人，其中医生478人，护师、护士260人。年末拥有疾病控制中心1个，卫生监督机构1个，妇幼保健机构1个。

环境保护　年末全县环境保护系统共有26人，环境监测数据60个，环境监测专业人员8人。全县工业废气处理率达到88%，工业废水处理率达到90%，工业固体废物综合治理率达到80%，全县完成环境污染限期治理项目16个，总投资210万元。

人口与人民生活　据2004年人口抽样调查资料推算，年末，全年出生人口1782人，人口出生率为7.16‰，死亡人口889人，死亡率为3.57‰，全年净增人口893人，自然增长率为3.62‰。年末全县总人口为248860人。

年末城镇人均居住面积19.49平方米，农村人均住房面积22.28平方米。

社会保障进一步加强。年末全县8650人领取最低生活保障救济金324万元，其中城镇低保4490人，4172名职工参加失业保险，439人领取失业保险金62万元。企业和机关事业单位10703人参加养老保险，企事业离退休人员1848人领取养老保险金1609万元，9400名职工参加基本医疗保险，收缴医疗保险基金350万元。

劳动就业工作基本稳定。年末全县在岗职工13714人，下岗职工再就业率达到80%以上，年末城镇登记失业率4.5%。　（杨卯翠）

【平陆县移民搬迁工程受表彰】
2003年，平陆县遭遇了历史上百年不遇的雨灾，降雨量达到1012毫米，大批“地窨院”、“靠崖院”、“土窑洞”、土坯房因雨倒塌。有16152户，85534口人受灾，成灾人口达61175人，有45603间（孔）房窑倒塌损坏。165个自然庄、2148户10344人因房屋倒塌无法居住。面对恶劣的自然环境和严重灾情，2004年，县委、县政府把移民搬迁作为扶贫解困的重中之重，着眼于“搬得出、稳得住、能致富”的思路，总投资1.3亿元，新建移民新村8个，小村并大村23个，涉及190个自然村，2533户11700人，新建住房1000间25万平方米，铺装油路12公里，安装排水管道11万米，供水管道13万米，新建移民小学3所，校舍2100平方米，基本实现了水、电、路、校等基础设施配套。同时，还投资4608万元，完成了5216户花插户灾后重建任务。全省救灾工作暨恢复重建现场会、全省扶贫移民搬迁现场会先后在平陆县召开，省委、省政府，市委、市政府对此项工作给予了充分肯定和表彰。　（杨卯翠）

【平陆县“五个一”管好管活流动党员】　平陆县针对流动党员与原所在乡、村党组织联系不够紧密，主动接受组织教育管理少的实际，因地制宜，创新机制，采用“五个一”方式，管好管活流动党员。具体做法是：“一人一证”，即：党组织给每位流动党员发放流动党员活动证，以便更好地掌握流动党员个体参加党的组织生活情况、交纳党费情况和流动地点（单位）变更情况；“一委一联”，即：挑选素质好，有一定工作能力的支委成员或党员骨干与流动党员结成对子，具体落实和体现“双向”管理任务；“一季一访”，即：流动党员所在党支部至少每个季度要到流动党员的家中走访一次，疏导思想，排忧解难，把管理和服务工作做细做好；“一年一问候”，即：每逢“七一”，党员支部都要与外出党员取得联系，带上组织对党员节日的问候，提醒党员时刻不忘自身的责任；“一年一评议”，即：每年春节期间，党支部对流动党员进行民主评议，评议侧重是否遵纪守法，是否执行了流动党员管理的有关制度，是否致富带富等。　（杨卯翠）

【平陆县党建工作实行“问责制”】
2004年，平陆县委组织部为进一步提升党建水平，在全县党务干部中启动了问责制度，以此针对性解决部分党务干部抓党建“不重视、不认真、不深入、不协调、不得力”问题。1．严格整顿，强化责任。结合深化和拓展“树组工干部形象”集中学习教育活动，在基层党务干部中开展了“党性责任”大整顿、“做合格党务干部”大讨论和业务知识大培训三大活动，重申职责，强化党务干部不抓党建是失职，抓不好党建是不称职的思想意识，从思想、素质上解决党务干部抓党建“五不”问题。2．加强考核，强化监督。将基层党建工作细化分成若干项，采取检查考核、资料档案考核、反馈考核、评审考核和材料报表考核等五种形式，加大考核力度，并实行月通报、季度总评、年终排队制度，考核结果在县电视台和《基层党建情况通报》上进行公布，接受监督。3．动真碰硬，问责到位。对思想不作为，行动无所为，工作效能低下，责任意识淡薄，相互之间拆台闹矛盾，工作抵触推诿扯皮或在检查通报中无正当理由累计三次未完成工作任务的，将启动问责程序，直接追究党建工作第一责任人、直接责任人责任，视情节分别给予黄牌警告、通报批评，取消当年评优、评先资格，在组织部部务会上作出书面检查，直至停职反省，或调离工作岗位。通过严政来抓队伍，强素质，促工作，确保全县党建工作全速提升。　（杨卯翠）

【平陆县国税局全力构建四个“互廉网”】　平陆县国税局全力构建四个“互廉网”。1．内部评议网。县局与分局、单位与个人、税干与税干之间每年进行两次述廉，相互检点，相互评议；2．外部反馈网。定期或不定期向纳税人发放调查问卷，请人挑剔，征求意见，从外部反馈寻找党风廉政建设的薄弱点，制定改进措施；3. 社会监督网。设立举报箱，广开渠道受理各种监督举报，并制定了严格的信访举报处理办法，确保信访举报件件有着落；4. 家庭协防网。通过开展“廉内助”、“贤内助”教育与评选活动，促使干部家属常吹廉政风，常提廉洁醒，防止各种违法乱纪现象发生。（杨卯翠）

【平陆县村村通油路工程受表彰】 2004年，平陆县委、县政府发动机关干部和企业捐款145万元，发动群众义务出工出力，完成60个行政村，216公里的“村村通油路”工程，与此同时，完成54个行政村，122公里的巷道硬化任务。全县此项工程的总投资额达到5000万元以上。12月11日，此项工程顺利通过了省“村村通”验收组验收，在全省交通工作总结表彰大会上，受到省委、省政府的表彰奖励。（杨卯翠）

【领导人名录】

县委书记　姚十保

副书记　王正风　乔登州*　廉广锋　杨彦康　王新征　苏政辉（挂职）

人大主任　王再刚

副主任　关陕平　赵占民　刘阳娥　关玉生　王纪纲

县长　王正风

副县长　马李魁　赵建新　牛铁锁　徐王治　王引平　潘长青

政协主席　陈平果

副主席　李勇　赵友廷　毛振中

垣曲县

【概况】位置、面积　垣曲县地处东经111°30′～112°05′，北纬34°59′～35°26′之间，位于黄河北岸，中条山北部，山西省南端，运城市东北隅。东接河南省济源市，东北与阳城、沁水县毗连，北、西北与翼城、绛县接壤，正西方衔闻喜、西南方连夏县，南隔黄河与河南省新安、渑池县相望。极点直线距离东西65公里，南北48公里，总面积1620平方公里。县治位于县境西北的新城镇，距运城市115公里，省城太原440公里，首都北京910公里。县城平均海拔550米。

气候、水文　2004年，平均最高气温19.6℃，平均最低气温为8.4℃；极端最高气温为36.8℃，极端最低气温为-10.4℃；大风日数为10天，最大风速17.0米/秒；积温：≥10℃积温为4275.0℃，有效积温为2105.0℃；日照为2331.9小时；上年度初霜日为2003年11月3日，本年度初霜日为2004年10月26日；终霜日为本年4月4日，无霜期为204天；初霜至终霜间日数为154天；最大冻土层深度为15cm，年总降水量为610.3mm；一日最大降水量为77.2mm，出现在6月30日。

自然资源　土地资源　2004年底，全县土地总面积243万亩。其中耕地面积22.68万亩，园林面积4.6万亩，林地面积112万亩。水域面积18.8万亩，难以利用和未利用面积22.5万亩。

生物资源　本县植物有木材植物、药用植物、淀粉及糖类植物、油脂类植物、芳香油类植物、纤维植物、观赏植物、食用菌类植物等。动物有鸟类、兽类、爬行类、鱼类、昆虫类等。

矿产资源　迄今探明矿藏46种，金属矿产有铜、铁、金等。铜储量为270万吨，多分布于胡家峪、老宝滩、桐木沟、箩子沟、铜矿峪、洛家河等地。铁储量为1800万吨，多分布在毛家湾、皋落、长直、解峪、窑头、同善等地。金矿多分布于望仙河、淘金河、文堂、沙金河、胡家峪等。非金属矿产有煤、石灰石、白云岩、重晶石、方解石、磷矿、大理石、铝土矿等。

行政区划　2004年，垣曲县有5镇6乡，辖191个行政村。5镇即：新城镇，辖14个行政村84个居民组；毛家湾镇，辖10个行政村91个居民组；王茅镇，辖13个行政村63个居民组；古城镇，辖26个行政村143个居民组；历山镇，辖25个行政村127个居民组。6乡即：皋落乡，辖14个行政村114个居民组；长直乡，辖16个行政村92个居民组；华峰乡，辖24个行政村171个居民组；英言乡，辖21个行政村154个居民组；蒲掌乡，辖15个行政村122个居民组；解峪乡，辖15个行政村122个居民组。

【国民经济和社会发展】　概述　2004年，全县共完成国内生产总值112274万元（按现行价计算），同比增长5.6%（按可比价计算）。其中，第一产业完成增加值13455万元（按现行价计算），同比增长11.2%；第二产业完成增加值64613万元，同比增长1.8%；第三产业完成增加值34206万元，同比增长9.3%。三次产业结构比例为：12.0:57.5:30.5，为二三一格局。人均国内生产总值完成4993万元，比上年增长5.03%。

农业　2004年，中央高度重视“三农”问题，制定了一系列支持农业特别是粮食生产的优惠政策，加之粮食价格的上扬，极大地调动了农民的种粮积极性，农村经济稳步发展。全县共完成农林牧渔产值24538万元，同比增长11.61%。其中，农业产值完成12576万元，同比增长8.53%；林业产值完成285万元，同比下降43.5%；牧业产值完成10415万元，同比增长4.64%；渔业产值完成1062万元，同比增长44倍；农林牧渔服务业完成200万元，同上年持平。

粮食产量大幅增长。2004年，全县粮食作物种植面积24.7万亩，同比增长12.3%；粮食总产量39699吨，同比增长10.7%。其中，小麦播种面积17.9万亩，总产量25998吨，同比增长6.7%；秋粮产量13701吨，同比增长24.99%；玉米产量10942吨，同比增长50.59%；油料产量701吨，同比减少33.81%；棉花产量631吨，同比增长11.48%；烟叶产量1543吨，同比增长40.53%；水果产量7834吨，同比增长25.12%。

造林面积全县共完成1467公顷，比上年减少40.01%。完成退耕还林面积4000亩。

畜牧业生产稳步增长。全县牛、羊、猪、禽存、出栏均实现稳步增长，农民人均牧业纯收入达500元。肉类总产量8746吨，同比增长15.58%。其中：猪肉产量

5410吨，同比增长13.92%；牛奶产量380吨，同比增长35.71%；禽蛋产量3100吨，同比增长3.3%。年末大牲畜存栏68056头，同比减少2.57%；猪存栏67352头，同比增长9.35%；羊存栏105248只，同比增长4.49%；家禽存栏779933只，同比增长6.12%。

在六大支柱产业中，蚕桑面积发展到2.1万亩，全县养蚕1.6万张，年产鲜茧66万公斤，蚕农直接收入1122万元；烟叶面积发展到1.5万亩，亩均收入1300元，烟农总收入1950万元；三樱椒发展到2.5万亩，总产量420万公斤，椒农总收入1100万元；新发展杏、红枣、山楂等专用果品基地6600亩，亩收入在千元以上；全县养蜂2.9万箱，蜂业收入达850万元，户均收入1.5万元。

农业生产条件不断改善。全县共改造中低产田9000亩，打坝造地2000余亩，完成饮水解困工程42处，解决了40个自然村、7850人的饮水困难；实施扶贫移民搬迁工程17处，完成了28个村、1500人扶贫移民搬迁和三个扶贫整村推进项目；全县农用化肥施用量5615吨，同比增长2.58%；农村用电量2384万千瓦时，同比减少0.67%；农机总动力230303千瓦，同比增长71.21%。全县有效灌溉面积2557公顷，同比减少0.12%。

渔业生产发展迅速。全县水产品产量2520吨，同比增长55亩。

工业、建筑业 2004年，全县国有企业和年产品销售收入500万元以上非国有工业企业（规模以上工业企业）共完成工业总产值131923万元，同比增长9.4%；完成工业增加值55773.4万元，同比增长7.96%；实现工业销售产值118909万元，同比增长56.5%。工业产品销售率达90.14%，比上年提高6.16%。

全县规模以上工业企业实现销售收入167713.7万元，同比增长67.01%，实现利税25251.6万元，亏损企业亏损额655.6万元。

规模以下工业企业完成总产值17124.45万元。其中农村个体企业完成总产值3969.67万元，其它工业企业完成总产值13154.78万元。

主要工业产品产量有增有减。焦产量127766吨，同比增长28.68%；水泥产量22.12万吨，同比增长52.55%；丝产量69.37吨，同比增长33.67%；电解铜25896吨，同比增长5.97%；发电量24694万千瓦时，同比增长65.33%；硫酸78618吨，同比增长12.43%。

建筑业中，全县具有资质等级的建筑企业完成总产值3356万元。其中，建筑工程产值2839万元，其它产值517万元。施工面积33888平方米，竣工产值514万元。

固定资产投资 2004年，全县固定资产投资共完成17227万元，同比下降28.62%。其中基本建设投资7200万元，同比下降18.39%；更新改造投资完成10027万元，同比下降34.08%。

城镇工矿区私人建房投资完成3571万元，同比下降65.42%，本年竣工房屋建筑面积78707平方米。

批零贸易和市场物价 2004年，全县社会消费品零售额完成36943万元，同比增长17.09%，增幅比上年提高4.32个百分点。其中，县的零售额完成22332万元，增长17.97%；县以下零售额完成14611万元，同比增长15.76%。按行业分，批发零售贸易业零售额33175万元，同比增长28.62%；餐饮业零售额3210万元，同比下降22.98%，其它行业零售额558万元，同比下降64.93%。

全县商品零售价格总指数为105.5%（以上年同期为100），其中食品类110%；饮料、烟酒类98.7%；服装、鞋帽等99.5%；纺织品类118.6%；家用电器及音像器材93.8%；文化办公用品99.7%；日用品99.1%；体育用品99.4%；交通、通信用品108.7%；化妆品类99.9%；金银珠宝类114.4%；书报杂志106.5%；建筑材料及五金电料类101.3%。

居民消费价格总数为105.3%。其中，食品类110.8%；烟酒及用品99.8%；衣着类102.9%；家庭设备用品及维修服务97.2%；医疗保健和个人用品99.4%；交通和通讯99.0%；娱乐教育文化用品及服务99.8%；居住109.0%。

农业生产资料价格指数为106.5%，其中化学肥料115.0%。

交通、邮电、通讯业 2004年，全县各种运输方式完成客运量240.9万人，同比下降12.14%，货运量157.1万吨，同比上升28.14%。全社会旅客周转量10333万人公里，同比下降1.52%，货物周转量14719万吨公里，同比增长29.91%。县、乡公路通车里程达381公里，村公路通车里程达578公里。

全年全县邮电业务总量完成3724万元，同比下降10.52%。其中，邮政业务总量1044万元，同比增长8.30%；电信业务总量2680万元，同比下降16.20%。通信现代化程度明显提高，到2004年底，全县交换机总容量达到52976门，同比增长1.85%。固定电话用户达53151户，同比增长2.28%，其中小灵通用户达7735户，同比增长49.73%。年末住宅电话用户达49469户，同比增长7.17%。移动电话用户达42000户，同比增长80.53%。通电话村数167个，电话普及率23.93部/百人，比上年每百人提高0.58部。互联网用户达2822户，同比增长116.74%。其中宽带网(ADSL)用户达1927户，同比增加1227户。

财政、金融和保险 2004年，全县财政总收入完成10725万元，同比增长25.1%，一般预算收入2487万元，同比减少0.6%，其中，增值税完成625万元，同比增长40.4%；营业税完成288万元，同比增长14.3%；农业税完成261万元，同比减少26.9%；资源税完成97万元，同比减少22.4%；城市维护建设税432万元，同比减少35.33%。

财政一般预算支出17255万元，同比增长21.6%。其中，农业支出817万元，同比增长36.17%；林业支出1161万元，同比增长173.18%；文化广播事业费支出455万元，同比增长17.27%；教育支出2892万元，同比增长12.49%；卫生支出649万元，抚恤和社会救济费支出1080万元，同比增长7.89%；社会保障支出364万元，同比减少6.91%；行政管理费支出

3617万元，同比增长36.28%；城市维护费支出403万元，同比增长17.15%。

2004年末，全县金融机构各项存款余额达到了183805万元，比年初增加23473万元，增长14.64%。其中，企业存款16772万元，下降11.51%；城乡居民储蓄存款149405万元，增长15.25%；财政存款1290万元，同比增长3.86%；农业存款5925万元，同比增长41.11%；其它存款5802万元，下降9.93%。各项贷款余额120909万元，比年初减少3018万元，下降2.44%。其中，短期贷款94986万元，增加7932万元，增长9.11%。短期贷款中，工业贷款38109万元，同比增长7.22%，商业贷款21732万元，同比下降4.75%，农业贷款20602万元，同比增长32.87%，乡镇企业贷款9148万元，同比增长50.19%。中长期贷款16227万元，同比增长35.26%。票据融资9696万元，下降57.55%。全年全县金融机构现金收入605885万元，现金支出631888万元，收支相抵净投放现金26003万元，同比减少17.80%。

保险事业发展稳定，全年全县保费收入5518万元，同比下降11.14%，其中，财产险保费收入904万元，同比增长25.21%；人寿险保费收入4614万元，同比下降16%。支付各类赔款及给付1766万元，其中，财产险赔款390万元，人寿险赔款及给付1376万元。

教育、卫生和旅游　2004年，全县各级各类学校共198所，比上年减少43.91%，普通中学18所，教师918人，在校学生18522人，同比减少34.27%，毕业生5436人，与上年持平。其中，初中学校15所，教师857人，在校学生13946人，同比减少10.50%，毕业生4367人。全县共有小学172所，在校学生27708人，同比减少1.66%。毕业生4764人。

卫生条件进一步改善，年末全县共有卫生机构（含诊所）24个，床位1296张，技术人员1120人，医生630人。

2004年，全县旅游景区景点共接待外地游客9.8万人次，门票收入180万元。

人口与人民生活　2004年，本县人口继续低速增长。年末，据人口抽样调查推算，全县总户数66767户，总人口225508人，其中城镇68330人，乡镇人口157178人。总人口中，男118368人，女107140人，人口出生率11.96‰，死亡率5.32‰，人口自然增长率为6.64‰。

2004年，城乡居民收入稳步增长，全县城镇居民人均可支配收入5416元，同比增长7.0%，城镇居民人均消费支出3715元，同比增长8.34%。全县农民人均纯收入1082元，比上年增长0.28%。

全县在岗职工人数减少，职工平均工资稳中有增。年末，全县在岗职工人数24471人，比上年减少4.67%。在岗职工年平均工资8889元，比上年增长11.9%，其中，机关单位在岗职工平均工资11167元，比上年增长27.4%，企业单位职工年平均工资8792元，同比增长4.5%，事业单位职工年平均工资8552元，同比减少2.4%。

居民储蓄存款持续增长，2004年末，全县城乡居民储蓄存款余额149405万元，比年初增加19767万元，同比增长15.25%。

2004年末，城镇居民人均居住面积为26.03平方米，农村居民人均居住面积为31.82平方米。

（李玉娟）

【高度重视“三农”问题，农村经济进一步发展】　粮食生产面积和产量大幅增长。2004年，垣曲县粮食作物种植面积24.7万亩，同比增长12.3%；粮食总产量3969.7万公斤，同比增长10.7%，其中小麦播种面积17.9万亩，产量2599.8万公斤，同比增长6.7%。

六大支柱产业进一步巩固和发展。全县牛、羊、猪、禽存、出栏量均实现稳步增长，畜牧业总产值达到5000万元，农民人均纯收入达500元；蚕桑面积发展到2.1万亩，全县养蚕1.6万张，年产鲜茧66万公斤，蚕农直接收入1122万元；烟叶面积发展到1.5万亩，亩均收入1300元，烟农总收入1950万元；三樱椒发展到2.5万亩，总产量420万公斤，椒农总收入1100万元；新发展杏、红枣、山楂等专用果品基地6600亩，亩收入千元以上；全县养蜂2.9万箱，蜂业收入达850万元，户均收入超过1.5万元。

农业生产条件不断改善。全县共改造中低产田9000亩，打坝造地2000余亩，完成饮水解困工程42处，解决了40个自然村，7850人的饮水困难；实施扶贫移民搬迁工程17处，完成了28个村、1500人扶贫移民搬迁和三个扶贫整村推进项目；全县退耕还林4000亩，天保植被恢复1.5万亩，封山育林3000亩，通道绿化26公里，有力地促进了农村发展、农业增效和农民增收。（李玉娟）

【“百村万户”养殖工程】　为了使农民快速致富奔小康，2003年，垣曲县启动了“百村万户”养殖工程。2004年，为把这一民心工程引向深入，县政府制定了一系列优惠政策，在用地、用电、用水及税收方面提供方便的同时，成立了技术服务队和营销服务队，实行专人包镇、包村、包户全程服务，帮助养殖户解决疾病防治和饲养管理上的实际问题。3月份，经与县信用联社协调，为王茅镇张小红贷款80万元。7月份，为舜丰养殖公司申请协调资金50万元。县养鸡协会邀请省、市专家举办养鸡、养猪技术讲座、座谈会10余场次，参训人数1200余人，为养殖户解决了后顾之忧。积极扶持古城、英言、新城、东峰山畜、禽交易市场，采取鼓励和引导的原则，会同工商部门加强管理，使畜禽市场得到规范，形成规模，年交易量达30万头（只），基本上解决了垣曲畜禽销售难问题。

随着“百村万户”养殖工程的深入实施，垣曲涌现出一批规模大、标准高、品种优、效益好的养殖示范乡、村、户，畜牧业已成为本县的热门产业。如王茅张小红10万只养鸡场、古城晁家坡千头养猪场、英言马湾千头养猪基地等。是年，“百村万户”养殖工程共融资2560万元，规模养殖户3750户，比上年新增892户。其中5头以上养牛户570户，新增102户；50只以上养羊户1800户，新增256户；千只以上养鸡户960户，新增430户。

全县牧业新增产值达到1800余万元，农民人均增收100余元。

（李玉娟）

【“村村通”工程】 2004年，为确保“村村通”工程扎实有效实施，垣曲县交通部门始终把工程质量放在首位。（1）班子成员分片包点，严把质量关，并抽调9名技术人员在各乡镇、村巡回指导，从规划、测量到技术指导，从用料级配到后期养护全方位把关。（2）配合县委“村村通”督查组，每星期一、四两次到各乡镇工地进行现场督查，解决施工中存在的具体问题。同时，还编印了《水泥路面施工工艺》、《水泥石料配备比例》等技术指导资料，无偿发放到各个工地。（3）经与有色水泥厂协商，共为“村村通”工程协调水泥9400吨，及时分配给各乡镇，并积极督促市帮扶单位到位资金68.65万元；县直帮扶单位到位资金453.8万元；水泥及物质折合资金80.85万元；群众出资和义务投工、备料折合473.2万元。有效地保障了“村村通”工程实施。（4）采取用版面、稿件、简报等形式对先进典型人物及事迹进行表彰，对问题及时进行纠正。期间共出简报16期，在《运城日报》、《山西交通报》、《运城村通简报》上发稿15篇。同时，配合省、市、县电视台对本县“村村通”工程进行系列专题报道。

是年，垣曲县共完成了117个村460.6公里的“村村通”道路建设工程，有85%的村实现了通油（水泥）路。（李玉娟）

【城市基础建设】 近年来，垣曲县的城市建设发展较快，1999年至2001年，实施了旧城改造工程，共硬化“两街四路”水泥路面7万m^2，挖筑雨污合流制排水沟5.8公里，安装改造路灯459盏，铺设人行道彩砖6万m^2，工程总投资5000万元。2001年至2003年投资2107万元，先后完成了中条南大街、人民西路、人民路大桥、历山路大桥及中心广场舞台改造工程。2004年，投资1797万元，实施了友谊路拓宽改造、人民东路、七一西路工程及滨河大道、历山西路、七一西路204盏路灯安装工程。自1999年至本年度，城市建设资金投入近亿元，县城面积由6平方公里增加到12.6平方公里，城市道路总长由2002年的8.73公里增加到14.8公里，实现“三线两管”地埋31.5公里，排水沟总长达到24.15公里，修筑护城河坝3.5公里，路灯总数达到659盏。（李玉娟）

【扶贫】 2004年，垣曲县委、县政府围绕省扶贫部门提出的奋斗目标和工作任务，按照市扶贫办安排部署的五大增收工程和五项工作重点，务实创新，取得了新阶段扶贫工作的新成绩。

1. 实施整村推进，创建精品扶贫工程。在项目初选阶段，严格按照省、市扶贫办的要求，让群众选择了想干的、会干的项目，充分调动群众的积极性，发挥其聪明才智。在项目的预标、实施、验收等各个环节上跟踪检查，重点项目由县扶贫办亲自参与，从而保证了各项目的进展速度和质量。注重各路资金的资源整合。在项目实施工作中，共投入资金120万元，其中解峪乡关沟村投入40万元，栽植三樱椒500亩，发展肉驴150头；通过实施饮水工程，解决了450口人的饮水问题。长直乡黑峪村投入40万元，发展养牛230头，种草254亩；完成引水工程1处；新建通村公路3.8公里。历山镇望仙村投入40万元，完成了2万株核桃栽植基地。

2. 开展扶贫移民，落实为民扶贫工程。

为使居住在大山深处的百姓脱贫致富，2004年，垣曲县积极开展扶贫移民，涉及到9个乡镇28个村（自然村）。采取小村并大村和进城入镇实施城镇搬迁的办法，依靠乡镇政府力量，具体协助落实。已征用土地160亩，新建住房200余栋，预计下年春全部建完，可建房300余栋，解决1300口人入住。该小区建设，是按新农村标准设计，主道宽18米，农户户均0.3亩，门前道路宽3.5米，中心花坛装饰，水、电、校、医全面配套。

（李玉娟）

【领导人名录】

县委书记	崔克信
县政府县长	侯伟建
县人大主任	卫绍德
县政协主席	靳建邦

（责任编辑：石少青）

附　　录

中共运城市委
关于实施“为民工程”的意见

（2004 年 1 月 9 日市委一届五次全会通过）

为了认真贯彻落实党的十六大和十六届三中全会精神，认真贯彻落实省委八届三次全会精神，把“三个代表”的要求落到实处，经市委一届五次全会讨论决定，在全市大力实施“为民工程”。

一、指导思想

以邓小平理论和“三个代表”重要思想为指导，以爱民、帮民、富民、乐民、安民为目的，通过在全市大力实施以“济困富民、扩大就业、教育卫生、阳光政务、文明创建、稳定安民”为主要内容的“为民工程”，认真实践党的宗旨，切实转变工作作风，不断提高服务质量和水平，诚心诚意为人民群众办实事、办好事，在全市上下形成“爱民活动蔚然成风，帮民服务热情周到，富民行动扎实有效，乐民之事丰富多样，安民措施强劲有力”的浓厚氛围，促进我市物质文明、政治文明和精神文明全面协调发展，加快全面建设运城小康社会进程。

二、工作重点

实施六大工程：

（一）济困富民工程

1．进一步完善社会保障体系，确保企业离退休人员养老保险金和企业下岗人员失业保险金按时足额发放，确保城镇居民最低生活保障金按时足额发放，逐步建立农村最低生活保障制度，使社会弱势群体的生活问题切实得到保障。

2．广泛开展市、县、乡三级干部联村联户扶贫工作，进一步加大扶贫攻坚力度，突出抓好 30 个扶贫开发重点工程，力争每年有 5 万人稳定脱贫，3 年内所有贫困人口基本脱贫；重点抓好贫困山村移民搬迁工作，5 年内完在 5 万人搬迁任务。

3．继续实施农村饮水解困工程，每年解决 10 万人、3 年解决全市 30 万人的缺水和饮用高氟高砷水问题。

4．抓好村级公路建设，用 2 年时间完成 150 个村 750 公里的通油路工程，完成 1000 个村的巷道硬化工程。

5．加强农村科技服务体系建设，广泛开展农村技术承包活动，每年组织 1000 名专业技术人员，实施 100 项农村技术承包。

6．加强农业科技知识普及推广工作，继续抓好星火科技培训，每年培训 10 万农民，争取 10% 的人拿到农民技术员证书。

7．狠抓无公害农业、质量标准农业和生态农业建设，到 2005 年，全市无公害农业发展到 300 万亩，基本实现农业标准化生产；以太阳能和沼气利用为重点的农户发展到 12 万户。

（二）扩大就业工程

1．各级党委、政府要把扩大就业作为实施“为民工程”的首要任务，力争 2004 年全市就业率达到 80% 以上。

2．政府投资开发的公益性项目，要优先安排“4050”人员就业，优先安排农村贫困人员就业。

3．积极为下岗失业人员自谋职业和自主创业解决小额贷款，并按有关政策给予相应的税费减免。

4．市、县两级都要建立技术培训中心、职业介绍中心和劳动力市场，形成完善的就业服务体系。

5．加快国有大中型企业、民营企业和个体私营业的发展，力争每年全市国有企业吸纳劳动力 1 万人，民营企业和个体私营业吸纳 8 万人。

6．加快城镇各类市场建设，加快农业劳动力向二、三产业转移，加快农村人口向城镇转移，力争全市每年有 5 万农业劳动力转移到二、三产业，有 10 万农村人口转移到城镇。

（三）教育卫生工程

1．加大对农村教育的支持力度，力争用 2 年时间完成全市 1000 余所农村中小学危旧房改造，建设 1300 所标准化的中小学校，确保农村学校无危房。

2．建立资助贫困生就学制度，确保全市 3 万多名贫困小学生顺利完成九年义务教育；保证考上大中专的学生有钱上学。

3．抓好儿童学前教育，用2—3年时间在全市农村全面普及三年学前教育。

4．积极鼓励和支持民办教育的发展，营造有利于民办教育健康发展的政策环境，形成公办学校和民办学校优势互补、公平竞争、共同发展的格局。

5．积极建立新型农村合作医疗制度，2004年在河津市试点取得经验的基础上，逐步在全市推广，力争到2005年完成8个非贫困县（市、区），到2008年完成4个贫困县。

6．搞好乡村医疗卫生机构建设，用一年时间完成全市剩余的25所乡镇医院基本建设，用3—5年时间规范全市所有的村级卫生所，真正实现乡乡有医院、村村有诊所，农民群众小病就医不出乡村，基本预防保健有人管的目标。

7．抓好农民体检建档工作，用3—5年时间对100万农民进行医疗健康体检，并为其建立医疗健康档案。

8．继续抓好农村“厕所卫生”改造，每年完成10万户，用5年时间基本完成全市农户的“厕所改造”，使农村环境卫生有一个大的变化。

（四）阳光政务工程

1．健全基层自治组织和民主管理制度，认真落实政务、村务、企务公开制度，扩大群众对社会事务的知情权、参与权、决策权和监督权。

2．各级各部门都要全面推行首问责任制、首办责任制、限期办结责任制，并实行挂牌上岗、持证上岗，方便群众来访和办事，切实做到“两转变、两提高、两满意”，即转变工作方式、转变服务态度，提高服务质量、提高工作效率，群众满意、社会满意。

3．各级各部门都要进一步规范和深化政务公开制度，将本部门的工作职能、服务内容、服务程序、收费标准和服务时限上墙公示，实行“两公开一监督”（公开办事程序、办事结果，接受群众监督），禁止巧立名目乱收费、乱摊派、乱罚款，纠正“不给好处不办事，给了好处乱办事”的不正之风。

4．市县两级都要设立群众投诉中心，公开投诉电话，健全和完善各级党委、政府及其职能部门与人民群众联系、沟通的网络，每天24小时受理群众的投诉，及时解决群众遇到的各种难题。

5．切实保护农民的合法权益，对加重农民负担、拖欠农民工工资的行为，要加大查处力度，追究有关人员责任。

6．各单位特别是执纪执法部门都要建立机关作风监督员制度，聘请离退休老干部和社会各界代表为监督员，定期召开座谈会，及时听取他们的意见，不断改进作风，进一步搞好服务。

（五）文明创建工程

1．深入开展群众性精神文明创建活动，认真搞好一年一度的文明城市、文明社区、文明村镇、文明行业、文明家庭、文明市民评选工作，树立一批先进典型，影响和带动广大群众文明素质的提高。广泛开展形式多样的社区文化、乡村文化、企业文化、旅游文化、广场文化等群众性文化活动。

2．坚持开展“三下乡”活动，每年市级文艺团体下乡演出不少于200场，各县（市、区）文艺团体下乡演出均不少于100场；市、县两级每年组织送科技下乡活动不少于6次。

3．加强运城文化研究与开发，清除各类不健康的文化，在全体公民中大力倡导科学文明、健康向上的文化生活，反对求神拜佛、占卜算命等封建迷信活动；大力传播先进文化，弘扬社会正气，用先进文化占领城乡宣传思想阵地。

4．加强文化基础设施建设，市、县两级政府所在地要逐步建设文化馆、体育馆、科技馆、图书馆、博物馆、老年活动中心、青少年宫、游乐园、中心广场等活动阵地。

5．扩大有线电视覆盖面，用2年时间实现全市所有村庄通有线电视。

6．进一步加大环境整治力度，突出交通秩序整治，通过实施“畅通工程”，建立良好的交通秩序；突出环境保护整治，坚决关闭治污条件不达标的企业，力争全市的环境质量达到二级标准；突出市场秩序整治，打击假冒伪劣行为，维护消费者的合法权益；突出环境卫生整治，认真落实门前“五包”责任制，全面实行生活小区物业管理，切实解决街道和居民区环境脏乱差的问题。

（六）稳定安民工程

1．加强社会治安综合治理，在乡镇、街道普遍设立民调中心，认真受理群众信访举报，提高一次办结率，及时把矛盾消化在基层，解决在萌芽状态，做到“小事不出村、大事不出乡、重大事件不出县市”。

2．深入开展安全文明小区创建活动，力争在2年内使安全文明小区总数达到全市居民小区总数的50%。

3．严厉打击各种犯罪活动和社会黑恶势力，坚决扫除黄、赌、毒等社会丑恶现象，全力维护社会稳定，保证人民群众安居乐业。

4．积极推进依法治市进程，认真抓好国家公务员学法用法工作，在各级党政机关定期举办法制讲座，不断提高公务员依法办事的水平。加强以领导干部、执法、司法、经营管理人员和青少年为重点的法制教育，切实提高全市公民的法律意识。

5．全面实行执法责任制、执法过错追究制、执法公示制、考核评议制，强化执法监督，切实做到严格执法、公正执法、文明执法，坚决防止和纠正有法不依、执法不严、违法不究、执法违法等消极腐败现象的发生。

6．加强经济司法和法律服务工作，提高全市经济纠纷案件审结率和执行率。建立法律援助机制，为困难企业和社会弱势群众提供法律援助。

三、工作措施

（一）加强组织领导。成立全市“为民工程”领导组，实行工作责任制，市委书记任组长，总负责，全面抓；市委副书记任副组长，侧重负责，重点抓；市委常委、副市长为成员，分工负责，具体抓。领导组下设办公室，负责日常工作。各县（市、区）和市直各部门必须按照工作分工和职能划分，加强组织领导，切实把“为民工程”抓紧、抓细、抓实、抓出成效。

（二）层层制订方案。各级各部门要真正把解决与群众切身利益息息相关的热点、难点问题作为重点，按照市委的总体要求，结合工作实际，制定具体的实施方案，进行张榜公布，接受群众监督。同时，将实施方案报市委“为民工程”领导组办公室备案，以便日后检查考核。对方案中提出的各项任务目标，要层层分解落实到单位、科室、个人，明确责任，狠抓落实。要采取有力措施，狠抓几项有影响、有成效、人民群众普遍关注的大事，让人民群众切身感受到实施“为民工程”带来的新变化、产生的好效果。

（三）强化督促检查。各级各部门要认真对照实施方案，严格检查考核，做到一季一检查，半年一小结，及时发现问题，解决问题。市委“为民工程”领导组办公室将不定期对各单位实施“为民工程”情况进行抽查，并聘请离退休老领导组成巡视组，对各县（市区）、各部门实施“为民工程”情况，特别是重点工作目标落实情况进行督导检查，并随时向市委报告检查结果。年底，市委将组织社会各界代表对各县（市区）、各部门，重点是执纪执法部门和窗口服务单位实施“为民工程”的情况进行测评，并结合对各县（市区）、各部门工作目标的考核结果，进行总结表彰，实行奖惩兑现。凡连续两年测评满意率未过三分之二的，属市管单位，市委对其领导班子要进行调整；属条管单位，建议其上级主管部门调整该领导班子。

中共运城市委
运城市人民政府
关于实施人才强市战略的意见

（2004 年 7 月 30 日）

为实现全面建设运城小康社会的宏伟目标，大力实施人才强市战略，特提出如下意见。

一、实施人才强市战略的指导思想和总体目标

改革开放以来，我市大力实施科教兴市战略，制定和实施了一系列培养、吸引、使用人才的优惠政策，促进了全市人才队伍的发展。但是，人才的总量、结构、素质、管理体制和运行机制还不能适应发展的需要，特别是高层次人才缺乏，整体创新能力不强；市场配置人才资源的基础性作用发挥不够，人尽其才的用人机制有待完善；人才流失现象比较严重。必须从全局和战略的高度，深刻认识人才工作的极端重要性和紧迫性，切实把人才工作纳入全市经济和社会发展的总体规划，大力开发人才资源，走人才强市之路。

1．实施人才强市战略的指导思想。以马列主义、毛泽东思想、邓小平理论和“三个代表”重要思想为指导，牢固树立人才资源是第一资源的观念，坚持党管人才原则，坚持以人为本，坚持尊重劳动、尊重知识、尊重人才、尊重创造的方针，紧紧抓住培养、吸引、使用三个环节，大力加强以党政人才、企业经营管理人才、专业技术人才、高技术人才和农村实用人才为主体的人才队伍建设，逐步建立起与市场经济发展相适应的现代人才管理体制，努力把各类优秀人才聚集到各项事业中来，形成我市人才资源的新优势，为全面建设运城小康社会提供人才保证和智力支持。

2．实施人才强市战略和总体目标。到 2008 年，力争全市各类人才总量达到 15 万人以上，其中具有大专以上学历的占 80%以上，高层次人才的比例要达到 15%以上；全市教育经费占 GDP 的比重力争达到 4%。到 2015 年，人才总量有较大增加，人才布局与经济结构基本适应，人才队伍的整体素质明显提高，人才市场体系和人才管理法规日趋完善，人才成长的环境进一步优化，基本实现以“环境一流、机制灵活、素质优良、结构合理、产出高效”为标志的人才强市目标。

二、加强人才的培养、选拔和考核工作

3．建立党政人才评价、考核体系和教育培训制度。进一步完善民主推荐、民意测验、民主评议制度，把群众认可作为考核评价党政人才的重要标准。制定党政人才岗位职责规范，研究制定工作绩效考核评价标准和定期考核、日常考核制度，改进考核办法。建立健全考核工作的责任制和失察追究制。县处级以上党政领导干部每五年要有不少于三个月时间到党校、行政学院或者组织（人事）部门认可的其它培训基地脱产进修。有计划地选派有培养前途的中青年优秀干部到高等院校、省外、境外进行培训。

4．改革和完善企业经营管理人才的评价工作。建立市场和出资人认可的企业经营管理人才评荐机构，组建“运城市高级企业管理人才资质评荐中心”，探索职业经理人资质评价制度。建立和完善企业经营管理人才经营业绩评价指标体系。

5．改进企业经营管理人才的选拔任用方式。按照公平、平等、竞争、择优的原则，采取内部竞争上岗、社会公开招聘、人才市场选聘等方式，打破部门所有、条块分割和所有制界限，不拘一格选聘企业经营管理人才。

6．规范企业经营管理人才的考核管理制度。围绕任期制和任期目标责任制，突出对企业经营管理者经营业绩和综合素质的考核，将考核结果记入企业经营管理者实绩档案。制定企业经营管理人才队伍建设总体规划和配套措施，开展优秀企业经营管理人才的选拔、考评和命名工作。逐步取消企业和企业经营管理者的行政级别。探索实行企业经营管理人才弹性退休制度。

7．加强企业经营管理人才的培训教育。有计划地对市县两级国有企业厂长（总经理、董事长），规模较大的民营企业董事长、总经理等管理经营人员进行培训。组织有培养前途的优秀企业管理人才到高等院校、国家重点企业或国外进行培训。围绕产业结构的战略性调整、国有资产的监督与管理、企业技术创新等主题，积极开展各种短期培训。

8．建立专业技术人才评价指标体系。制定社会和业内认可的专业技术人才评价标准，以能力和业绩为重点，提出科学合理的量化细化指标。实行以聘任制和岗位管理为主的专业技术人才使用制度。积极推行招标聘用、项目聘用、任务聘用、岗位聘用的灵活用人制度。进一步改革完善专业技术职务聘任制度，允许高职低聘、低职高聘、缓聘或不聘，切实保证单位用人自主权。全面推行专业技术职业资格制度，加快执业资格制度建设。建立健全特殊专业技术人才使用制度，对科研业绩突出和我市经济社会发展急需的专业技术人才可直接聘用。

9．加强专业技术人才的培训和继续教育。以拔尖人才、青年学术技术带头人和青年骨干为重点，以提

高创新能力为目标，进一步加强对专业技术人才的继续教育工作。建立政府、单位、个人三方负担的多渠道投人机制，切实保证各级各类专业技术人才的继续教育。

10．推进高技能人才和农村实用人才队伍建设。重视高技能人才队伍建设，充分发挥职业院校、技工学校的培训基地作用，扩大培训规模，提高培训质量。学校要根据市场的需求，适时调整专业，加大实际操作培训力度。推进技师考评制度改革，打破资历限制，凡掌握高技能、复合技能并有突出贡献的人才可越级申报职业资格。建立和完善各级技术能手评选表彰制度。加强农村科技、教育、文化、卫生和经营管理等农村实用人才队伍建设，继续实施县、乡、村农村实用人才教育培训工程，加快农业科技示范园区和先进适用技术推广相关基础设施建设，实行农科教结合，激励农村实用人才成长。继续做好农村实用拔尖人才的选拔培训和管理工作，获得市、县农村实用拔尖人才称号的，可优先承包“种养加”项目和“四荒”治理。

11．重视非公有制经济组织和社会组织人才工作。把新的社会阶层中的各类人才纳入市委、市政府的工作范围，消除体制和政策障碍，在政治上对非有公有制经济组织和社会组织人才一视同仁；在政府奖励、职称评定等人才政策上统一对待和安排；在面向社会的资助、基金、培训项目、人才信息库等公共资源运用上平等开放。对到非公有制经济组织和社会组织工作的大中专毕业生、专业技术人才和经营管理人才，由当地人事部门的人才服务机构负责人事代理，代办落户手续，参加社会保险。

三、加大引进优秀人才工作力度

12．重点引进高级人才和急需紧缺人才。制定引进人才的行业指导目录和岗位要求标准，完善引进人才信息网络建设。用人单位可以采取多种形式引进国内外人才和智力。除正式调动外，企事业单位还可采取咨询、讲学、短期聘用、技术合作、技术入股、聘请顾问、与高校和科研院所合作等形式引进人才。支持和鼓励企业、学校和科研单位设置“特聘工程师”、“特聘技师”、“特聘教师”和“特聘研究员”等职位，面向国内外吸引高层次人才和紧缺人才。引进的人才在外地取得的符合国家规定的评审条件和程序的专业技术职务任职资格，予以承认，并可按相应的任职资格直接聘任专业技术职务，不受所在单位专业技术岗位职数的限制。全日制高校本科大学生，硕士、博士研究生和留学归国的高层次人才来我市工作、定居、投资创办企业，享受引进人才相关优惠待遇。政府及有关职能部门要为引进的高层次人才开辟“绿色通道”，实行“一站式”服务和限时服务，协调解决好配偶、子女的落户、入学、人托、就业等问题。

13．引进人才的优惠待遇。对引进的高层次人才到企业、事业单位一线工作的，实行协议工资，可据实列支。对来运落户的高层次人才给予一定的异地安家补贴，安家补贴应在其来运后的三年内兑现，谁引进，谁出资。异地安家补贴金额最低按下列标准掌握：对国家有突出贡献的中青年专家、享受国务院特殊津贴专家10万元；省级优秀专家8万元；省部级重点学科带头人6万元；有科研成果的正高职称的专家5万元；有科技成果的副高职称的专家3万元；取得硕士学位的3万元；取得博士学位的8万元。享受安家补贴的人员，须与用人单位签订5年以上的工作合同。

14．加大对引进项目的资助力度。对引进人才携带高科技项目的，政府要给予一定的资助。资助经费由引进单位向市科技局申请，在科学技术研究与开发专项经费中支出，资助金额根据项目评估情况决定。

四、加强人才资源开发和能力建设

15．加快构建现代国民教育体系。高质量普及九年制义务教育，大力发展高中阶段教育，全面推进素质教育。加大教育投人，努力改善办学条件，尽快解决中小学校布局不合理、班级容量过大、师资力量短缺的问题。加快高等教育的改革与发展，全力支持在运高等院校和职业院校的建设，使其成为我市培养各类高层次人才的重要基地。各级政府应加大对职业教育、技工教育的投入，大力发展各类职业教育、技工教育，力争到2010年，为全市培养12.5万名中等职业学校毕业生和3万名高等职业院校毕业生。密切职业教育与劳动就业关系，实施严格的就业准入制度和职业资格证书制度。鼓励和支持社会力量办学，缓解政府办学压力。加快构建终身教育体系，积极推动学习型组织和学习型社区建设，推进教育培训的社会化。强化用人单位在人才培训中的主导地位，鼓励在职自学，完善带薪学习制度。

16．切实加强教师队伍建设。着力解决师范类院校毕业生就业难与农村和偏远山区师资力量短缺的矛盾，鼓励师范类院校毕业生到偏远山区任教，凡签订5年工作合同的，奖励一级工资。制定优秀师范类院校大学毕业生引进计划，对全日制本科及以上学历的师范类院校毕业生到学校任教的，当年聘用，当年上编，当年拨付工资。加大对教师队伍的培训力度，加快教师学历达标步伐，到2010年，学历不达标的予以辞退。进一步加快校长及后备教育管理人才的培养，按照“脱钩、分类、放权、搞活”的总体思路，逐步取消校长委任制，建立校长聘任制，使中小学校长级别与机关行政级别脱钩。制定优秀教师培训计划，每年在全市选拔50—100名不同学科有培养前途的优秀教师到国家重点师范大学进修，培训经费由同级财政、派出学校和个人按1:1:1比例负担。实施“名师名校”工程，力争用5—10年时间，创出一批在全省乃至全国有较大影响的名牌学校和优秀教师。

五、建立规范有效的人才奖励制度

17．对做出突出贡献的各类人才授予荣誉称号并实行重奖。设立“河东科教英才”奖，重奖在科研、工农业生产、教育、卫生等领域做出特殊贡献者，每人一次性奖励2万元，奖金从市人才资源开发基金中列支。设立“优秀企业家”奖，奖励引进、应用新技术和新工艺，使企业各项经济指标连续三年名列全市前列的厂长（经理），每人每月享受300元津贴，由企业列支，可计人管理成本。设立“外地人才服务贡献奖”，奖励来运创办、领办高新技术企业，获得重大科技成果并取得显著经济和社会效益者。

18. 实行特殊津贴。运城市拔尖人才届内每年享受1200元特殊津贴，所需费用从市人才资源开发基金中列支；市青年学术技术带头人届内每年补助600元书报费，由所在单位解决；市农村实用拔尖人才届内由当地县（市、区）财政一次性从有关事业费中列支2000元科普资料和科技推广费。国家有突出贡献的中青年专家、享受国务院特殊津贴专家、省级优秀专家、正高专业技术职称人员享受医疗保健待遇。对市级拔尖人才每年进行一次全面体检。建立专家疗养和专家休假制度。

19. 落实优惠政策。鼓励各类人才以发明、专利、技术成果等要素参与分配或入股。以高新技术成果作为股份入股的，其作价金额占注册资本比例可由投资各方协商约定；以技术转让方式提供科技成果的，可以从成果转让项目净收入中提取一定比例，用予奖励；用合作等方式实施科技成果转化的，在项目投产5年内，每年从该项目净收入中按双方约定的比例奖给合作人。科技人员在完成本职工作并在不侵犯本单位知识产权、经济利益的前提下，利用业余时间从事管理、技术咨询、技术服务、技术承包、项目开发等活动，所取得的合法收入归己所有。

20. 建立完善社会保险制度。搞好机关、企业、事业单位人才流动中的社会保险衔接工作。积极探索事业单位养老保险制度改革，进一步完善失业保险办法。对国家有突出贡献的中青年专家、享受国务院特殊津贴专家、省级优秀专家、市级拔尖人才、硕士及硕士以上学位的专业技术人才，所在单位要为他们办理社会保险和人身意外伤害保险。

六、完善市场配置人才资源的新机制

21. 建立和完善人才市场体系，推进人才工作法制化进程。把培育和完善人才市场纳入全市经济和社会发展计划。推进政府部门所属人才服务机构的体制改革，实现管办分离、政事分开。遵循市场规律，进一步发挥用人单位和人才市场的主体作用，促进企事业单位自主择人和人才进入市场自主择业。大力发展人事代理业务，在企事业单位推行人事代理制度；加快户籍、人事档案管理制度改革，逐步建立社会化的人才档案公共管理服务系统；规范人才中介市场，实行人才中介职业资格制度。建立和完善包括人才引进、培养、使用、激励、资金投入、社会保障、人才流动争议仲裁等方面的政策法规体系，为各类人才提供政策支持。

22. 发挥专家在重大决策中的参谋咨询作用。建立和完善领导干部联系专家制度和相对稳定、相对独立的专家智囊团组织。完善重大事项的决策规则和程序，实行社会听证和专家咨询等制度。不定期举办专家建言献策会议，市委、市政府主要领导或分管领导要征求专家对运城经济发展的意见和建议。

23. 加大产学研合作交流工作力度。每年组织一次产学研合作交流洽谈会，力争与科技机构、高等院校建立长期合作关系，为我市不断引进技术、引进人才、引进项目开辟渠道和途径。

七、切实加强对人才工作的领导

24. 形成党管人才的工作格局。建立并落实“一把手”抓“第一资源”的责任制度。各级党委和政府要把人才工作作为实施人才强市战略的第一要务，纳入经济社会发展的总体布局，做到在提出发展目标的同时考虑人才需求，在制定工作规划的同时考虑人才保证，在制定政策措施的同时考虑人才导向。制定各级党政领导班子的工作目标责任制时，要把人才工作方面的要求作为重要内容，并认真进行考核。坚持党委总揽全局、协调各方的原则，发挥党委领导核心作用，形成党委统一领导，组织部门牵头抓总，有关部门各司其职、密切配合，社会力量广泛参与的人才工作新格局。按照统分结合、协调高效的工作机制的要求，市、县（市、区）委都要成立人才工作领导机构和工作机构，要有编制、有职数。

25. 党管人才主要是管宏观、管政策、管协调、管服务。各级党委要按照管好用活的要求，搞好统筹规划，制定人才工作重大方针政策，明确发展目标，推进各类人才队伍建设协调发展；积极提供服务，通过政策支持、精神激励和环境保障，不断改善各类人才的工作和生活条件，提高对人才的吸引力和感召力；实行依法管理，加快推进人才工作法制化建设，增强工作的规范性和有效性。

26. 加大对人才资源开发的投入。牢固树立人才投入是效益最大的投入的观念，不断加大对人才工作的投入力度。每年由市财政预算列支150万元作为人才资源开发基金，由市委人才工作领导组统一管理。人才资源开发基金用于国内外人才和智力的引进，解决高层次人才或急需人才工作生活中遇到的特殊困难，资助高层次人才的出国进修和参加学术活动，资助中青年优秀人才从事重大项目的研究以及各类优秀人才的选拔、管理、培训、奖励、津贴等。当年结余的人才资源开发基金结转下年继续使用。加强对人才资源开发基金使用的管理和监督。积极拓宽投入渠道，鼓励社会组织和个人以各种形式支持人才资源开发事业，通过财政拨款、企业赞助、社会资助等方式，形成多元化的人才资源开发投资机制。

（责任编辑：杨春英）

2006

文　献

运城市第一届人民代表大会常务委员会工作报告

——2006年5月12日在运城市第二届人民代表大会第一次会议上

运城市人大常委会主任　陈永信

各位代表：

现在，我代表运城市第一届人民代表大会常务委员会，向大会报告本届的工作和对今后工作的建议，请予审议。

一、五年来的主要工作

市一届人大常委会任期的五年，是撤地设市后，全市人民团结奋进、开拓创新、建设新运城的五年，也是人民代表大会制度在我市不断推进、不断加强、不断完善的五年。这五年，在中共运城市委的领导下，市人大常委会坚持以邓小平理论和“三个代表”重要思想为指针，紧紧围绕党和国家的工作大局，认真履行宪法和法律赋予的职责，努力在实践中探索，在创新中前进，为全市的经济发展、社会进步和民主法制建设，做出了明显的贡献。应该说，我们圆满地完成了第一届的各项工作任务。

（一）决定权的行使不断得到加强

按照规定，我们这一级人大及其常委会有三项职权，即重大事项决定权、监督权和人事任免权。彭真委员长把重大事项决定权排序为三权之首。可见，讨论、决定重大事项是我们这一级人大及其常委会的一项重要职权。为了使这项职权得到充分、有效的行使，常委会在深入调查研究、广泛听取意见、吸纳外地成功经验的基础上，在2004年1月召开的常委会第二十三次会议上，制定了《关于讨论决定重大事项的规定》。这项规定的出台，使我们有章可循。鉴于撤地设市后，运城中心城市建设滞后，在2001年11月召开的常委会第八次会议上，适时作出了《关于加强城市建设，实行土地预征、统征和储备的决议》。时隔两个月，又在2002年1月召开的常委会第九次会议上作出《关于运城市城市总体规划（2001—2020）的决议》，有力地支持和推动了城市建设。2003年的一度时期，地区焦化煤气厂和市船窝煤矿捆绑式企业改制，引起了社会的广泛关注，人们议论纷纷扬扬，在同年7月召开的常委会第十九次会议上，听取和审议了两个企业改制过程中存在问题的议案，同时作出了《关于对两个企业改制中存在的有关问题的决定》，否定了竞标结果，使1．6亿元人民币的国有资产免遭流失，也消除了财政风险的隐患。这件事中央电视台新闻栏目进行了专访，并组织国家级的专家在栏目中探讨国企改革和人大监督职能。

五年来，常委会就依法治市、普法宣传教育、计划和财政预算以及财政体制改革等重大事项作出18个决议、决定，推动了这些方面工作的开展。

（二）监督工作取得明显实效

依法行使监督权，是人大常委会最经常的一项重要工作。五年来，我们不仅安排的工作量大，而且特别注重了实际效果，从多个方面推动了“一府两院”依法行政和公正司法。

1．不断强化法律监督，加大执法检查的力度，注重执法检查的实效。五年来，常委会坚持标本兼治、重在治本，查纠并举、重在整改的原则，先后对义务教育法、人口与计划生育法、文物法、食品卫生法、环保法、土地法、价格法、行政许可法等52部法律和山西省相配套的法规的贯彻实施情况，进行了执法检查，促进了执法中存在的突出问题的解决。在义务教育法执法检查中，常委会督促市政府对义务教育经费投入不足、学校布局不合理、中小学生辍学以及学校乱收费等问题，逐一进行整改。在农业法和土地法执法检查中，督促市政府的有关职能部门，对乱批乱占耕地、违法调整承包地以及其中的一些案件进行了查处。在食品卫生法执法检查中，我们结合一些重大的喜庆节日，检查组深入到食品加工企业、集贸市场、大型超市、零售商店，在现场查、听、看，督促职能部门查处189起违法案件，捣毁售假窝点14

处。针对群众反映强烈的环境污染问题，常委会连续五年开展了环保执法检查，并配合省人大开展了“三晋环保行”活动，督促行政执法部门依法取缔污染企业，使污染源得到遏制。为了增强执法检查的实效，每一次的执法检查组都由常委会的主任或者副主任带队，采取上下联动、明察暗访、跟踪督办、媒体曝光。检查之后，常委会专题听取检查结果的汇报，针对存在的问题，提出相应的审议意见。

推行执法责任制和错案责任追究制，是法律监督的一种新形式。本届常委会在原地区人大工委工作的基础上，不断引深这项工作。任期的第一年就召开经验交流会，再动员、再部署。在任期的第二年，即2002年7月召开的常委会第十二次会议上，制定出台了《运城市错案和执法过错责任追究暂行办法》。在2005年7月召开的常委会第三十五次会议上又通过了关于《运城市错案和执法过错责任追究暂行办法》的补充意见。对于这项工作，这五年我们主要抓了两个层面的工作，在市直行政执法部门和司法机关主要抓建立完善制度和制度的落实。在各县（市、区）特别是乡镇一级的“七站八所”，主要抓延伸，推行政务公开，提高执法透明度，把“两制”工作延伸到基层。五年来，共纠正错案57起，追究责任人67人，纠正不合法规的文件2起。

2. 不断加强工作监督，加大审议专项工作报告的数量，注重提高审议质量。五年来，常委会围绕市委的中心工作和人民群众反映强烈和关注的热点问题，先后听取审议了“一府两院”撤乡并镇、农村税费改革、农民增收减负、农村卫生体制改革、加快城市建设以及利用开行贷款实施市区重点项目建设、防治“非典”疫情、旅游产业开发、社会保障体系建设、经济结构调整和新型加工制造业基地建设，还有中级法院的推进司法改革、解决执行难的问题，以及检察院关于查办职务犯罪等10多个方面共计55个专项工作报告。为了提高审议质量，每次听取报告之前都要进行专题调研，形成调研报告，会中认真审议，会后形成审议意见。对其中需要整改的问题，常委会以审议意见转达书的形式送达职能部门，要求认真整改。

计划和预算审查监督是人大及其常委会的一项重要工作。我们按照“理顺程序、提前介入、突出重点、动态监督”的工作思路，在政府编制年度计划和预算时，财经工委就同时介入，抓住影响全局的主要经济指标、支出结构、资金效益等问题开展调研，组织论证、测算，及时与政府交换意见，取得共识。并督促政府把部门预算提交人代会，以利于人民代表大会对预算的审查。同时，常委会坚持了每年第二季度听取和审议政府关于上一年度本级财政决算报告和预算执行情况的审计报告，第三季度听取和审议政府关于计划预算执行情况的报告，抓住在财政预决算上存在的突出问题，督促政府采取有效措施加以解决。

（三）任免权的行使迈出了新的步伐

五年来，常委会始终如一地遵循坚持党的领导、充分发扬民主、严格依法办事的原则，自觉地把党管干部和人大依法任命干部有机地结合起来，共计任免“一府两院”工作人员404名，其中先后决定任命代市长3人，副市长5人，接受市长辞职3人，副市长辞职2人。通过行使任免权，保证了国家机关正常运转。

在依法任免干部的同时，我们注重了干部的任后监督。述职评议是任职后监督的有效形式。这几年，我们主要做法有三条：一是注重民意，确定对象。先在年度人代会上向参会的431名市人大代表发出《述职评议对象征询意见表》，然后征询各民主党派、人民团体、新闻单位和市委、市政府综合部门的意见，经主任会议研究并报经市委同意后确定评议对象。二是注重调研，开展评议。为了使评议工作既不走过场，评功摆好，又不吹毛求疵，鸡蛋里头挑骨头，真正达到有深度、有力度，对单位有震动，对领导有触动，我们十分注重了评议前的调查研究，把单位的情况摸清、吃透、弄准。每次都由常委会的副主任亲自带队，组成若干调查组，分赴各单位和垂直系统，听汇报、查资料、看现场，召开座谈会，走访人大代表、政协委员，还向社会发放问卷调查表：同时，还对被评议人员进行经济责任审计。在此基础上，再召开评议会，听取和审议被评议人员的述职报告，调查组的调查报告和审计局的审计报告。常委会组成人员本着“肯定成绩、提出问题、看到困难、推动工作”的原则，进行客观公正的评议。三是注重整改，推动工作。评议是手段，推动工作是目的，要求被评议人员和单位，要把整改贯穿到评议的全过程，把未评先改、边评边改和集中整改有机地结合起来。总之，这几年的述职评议是成功的，效果是好的，达到了本人满意、单位满意、人大常委会组成人员满意和人民群众满意的目的。

另外，常委会还建立健全了干部年度述职报告制度。所有由人大及其常委会选举和任命的“一府两院”工作人员，都要向常委会进行年度书面或口头的述职，接受常委会组成人员的民主测评。

（四）代表工作有了新的提高

充分发挥人大代表的主体作用，是做好人大工作的基础。五年来，常委会着力抓了以下几项工作。一是狠抓了代表工作的制度化建设。2001年3月在常委会第三次会议上通过了《运城市人民代表大会代表视察办法》，2001年7月在常委会第六次会议上通过了《运城市人民代表大会常务委员会加强同代表联系，充分发挥代表作用的办法》和《运城市人民代表大会代表建议、批评和意见提出和办理的规定》，2002年5月在常委会第十一次会议上通过了《运城市人民代表大会代表议案的提出和办理办法》，这些规定和办法，有力地保障了代表活动的有序进行。二是活跃闭会期间的代表活动。常委会在坚持邀请代表参加述职评议、执法检查、专题视察和年度人代会前的集体视察以外，还邀请他们列席常委会会议，一同听取和审议“一府两院”的专项工作报告。视察中，代表先后对电网改造、公路建设、夹马口北扩工程、禹门口灌区的延伸工程以及南同蒲复线等21个事关全市经济、社会发展的事项提出了重要议案和建议。三是加强代表议案、建议的办理工作。常委会十分重视代表议案、建议的办理工作，尤其是群众反映强烈的热点问题，都要明确分工、职责到人、重点督办、跟踪督办、督办到底。五年来，共办理代表议案5件，建议939件，代表满意率逐年提高。四是开展了评选优秀人大代表和创建先进性代表活动小组的活动。为了激励广大代表模范履职，2003年常委会作出了关于开展评选优秀人大代表活动的决定，在2005年度人代会上进行了表彰。同时，对在闭会期间模范履职的代表活动小组命名表彰。

常委会还十分重视提高代表素质，每年都委托各县（市、区）人大常委会对市人大代表进行集中培训，提高其履职能力。还坚持向代表订送常委会公报、人民代表报，拓宽代表知情知政的渠道，为代表履职创造条件，提供服务。去年第四季度，常委会还以学习贯彻中央［2005］9号文件为契机，召开了全市人大代表工作座谈会，总结交流了经验，提出了改进代表工作的意见。

（五）自身建设进一步改善

五年来，常委会始终把加强自身建设摆到重要位置，常抓不懈。在政治思想建设方面，通过认真学习邓小平理论、“三个代表”重要思想和党的十六大精神，进一步提高了政治理论水平和政策水平，增强了贯彻执行党的路线、方针、政策的自觉性和坚定性。通过深入进行保持共产党员先进性集中教育，常委会组成人员和机关干部普遍受到了深刻的理想信念、宗旨意识、政治意识、大局意识、责任意识、廉政意识的教育。在业务建设方面，积极参加了全国、省人大举办的培训学习，建立了法制讲座制度和自学规定，使常委会组成人员和机关干部的法律素质、业务能力不断提高。在机关建设方面，市委重视，政府支持，人大办公楼已经建成使用，办公条件比较优良。软件建设也基本完备，各项议事规则和规章制度都已建立。经过第一届的努力，常委会机关的各项基础性建设已经完成，具备了开展正常工作的所有条件。

各位代表，本届常委会任期五年，虽然做了大量工作，取得了显著的成绩，但由于是首届人大常委会，我们都缺乏经历和经验，边学边干，边干边创新。尽管这样，我们也清楚地知道，依法履职还存在许多差距和不足，这只能作为卸任的缺憾了。

二、几点主要体会

我们国家的人民代表大会制度，从1954年建立到现在，经历了半个世纪的时间，它的发展过程是非常起伏的。1954到1957年这三年间，是初创时期，全国人大及其常委会做了卓有成效的工作。此后的1957年到1976年，在长达20年时间段，人大制度遭到破坏，全国人大形同虚设，难以发挥作用。1977年之后，党召开了十一届三中全会，总结了历史经验，在决定把全党工作重点转移到社会主义现代化建设上来的同时，决定要发展社会主义民主、健全社会主义法制，人大制度才得以恢复和发展。到1980年以后，地方各级人大常委会才建立。《宪法》规定，中国的国体是工人阶级领导的以工农联盟为基础的人民民主专政的社会主义国家，那么与之相适应的政体就只能是民主集中制的人民代表大会制度。人民代表大会制度是中国国情的唯一选择。五年来的人大工作，我们积累了不少体会和思考，尤其是对如何进一步坚持和完善人民代表大会制度有了更加深切的体会和认识。

（一）坚持和完善人大制度，一定要加强党对人大工作的领导，把坚持党的领导、充分发扬民主、严格依法办事统一起来。在工作实践中，要把这三个方面的关系协调好，首先要提高认识。《宪法》规定了党在国家政治生活中的领导地位，同时又规定了全国人大是最高国家权力机关，地方各级人大都是地方国家权力机关。这个“最高”和“国家权力机关’’的含义，都是对应国家行政、审判、检察机关而言的，因为各级行政、审判、检察机关都是由人大产生、对人大负责、受人大监督，与党的领导并不矛盾。既然党是领导，那么人民民主又如何体现呢？党的十六大报告指出，党的领导主要是政治、思想和组织领导，通过制定大政方针，提出立法建议、推荐重要干部，进行思想宣传，发挥党组织和党员的作用，坚持依法执政，实施党对国家和社会的领导。凡是应当由人大依法决定的事，都应当由人大依法作出决定，党不代替人大依法行使国家权力。党的领导同依法办事也不矛盾，宪法和法律都是在党的领导下制定的，已经反映了党的主张，反映了党的路线、方针和政策，所以党的各级组织和全体党员都应该模范地遵守，自觉地在宪法和法律范围内活动。这是我们党执政方式的重大转变。我们党的执政方式经历了从主要依靠政策，到既依靠政策又依靠法律的转变，现在要向既依靠政策但主要依靠法律转变。其次，在实践中要积极探索。我们在人大工作的同志要有党的观念，要有自觉服从市委领导的意识，要主动接受市委的领导。人大常委会党组要对市委负责，保证市委的重大决策在人大工作中切实得到贯彻落实。当然，各级党委也要切实加强对人大工作的领导，要把人大工作列入党委的重要议事日程，定期听取人大工作的汇报，帮助人大解决工作中遇到的困难和问题。党委要作什么重要决定、提名重要人事任免、解决政府工作中的重要问题，在党委作出决定之前，先应征求人大常委会党组的意见，以便人大了解党委意图，在工作中实现党委的意图。现在，代表大会期间，都把代表中的中共党员临时关系转到大会，成立党的临时组织，以便在必要时举行党内会议，统一思想。我们认为，人大常委会组成人员中的中共党员，也应该在举行会议时，把临时关系转回来，成立临时党组织，接受人大常委会党组的领导。

（二）坚持和完善人大制度，一定要加强人大同人大代表、人大同人民群众的联系，真正做到对人民负责、受人民监督。《代表法》规定，各级人大代表是各级国家权力机关的组成人员。加强人大与人大代表的联系，是加强人大与人民群众联系的一条重要渠道，也是做好人大工作的基础。人大是人民行使国家权力的机关，它是民主选举产生的，要对人民负责，受人民监督。因此，密切人大同人民群众的联系，倾听他们的呼声，反映他们的意见，代表他们的利益，是人民代表大会制度的本质要求。市人大常委会在2001年7月曾经制定了一个加强同代表联系，充分发挥代表作用的办法。实际工作中也进行了一些尝试，主任会议成员每人联系几个常委会组成人员，每个常委会组成人员联系一些代表，代表在原选举单位向选民述职，这些做法都取得了一些实效，但总的感觉还是远远不够的。人大代表，尤其是间接选举的代表，怎么样同原选举单位加强联系，采取多种方式更加广泛地听取人民群众的意见，包括代表的持证视察，都应该有个制度化的措施。人大常委会又如何加强与人大代表和人民群众的联系，这也是人大工作的一个重大问题，从现在看没有破题，需要不断地探索和总结。

（三）坚持和完善人大制度，一定要加强权力机关对行政、审判、检察机关的监督，督促和支持他们依法行政、公正司法。从认识上讲，国家权力机关对国家行政机关、审判机关、检察机关的监督权，是宪法规定的。这个规定是同我国人民民主专政的国体和人民代表大会制度的政体相适应的。因为我国的一切权力属于人民，人民是通过人民代表大会行使国家权力，因此，人民代表大会行使国家权力就是代表人民行使国家权力。弄清了这一点，就明白了人大对政府、法院和检察院的监督权，就是人民对它们的监督权；政府、法院和检察院接受人大的监督，就是接受人民的监督。这种监督与被监督的关系，是我们国家的性质所决定、所要求的。从另一方面讲，人大对政府、法院与检察院的监督，实际上也是人民对它们的制衡。通过制衡，实现依法行政、公正司法。这是防止行政机关、审判机关、检察机关滥用权力和产生腐败的一项重要的国家制度。

从实际工作讲，市人大常委会在行使监督权方面，正如前边所讲的那样，做了许多工作，也积累了一些经验，但与法律赋予的职责和人民群众的期望还相差很远，法律监督、工作监督以及对干部的监督，都需要进一步规范化、制度化和具体的法律化。

（四）坚持和完善人大制度，一定要加强人大的自身建设，使国家权力机关更好地适应现代化建设的要求。有一句俗话，打铁先得本身硬，这是一句至理名言。十届全国人大一开始，吴邦国委员长在全国人大机关干部大会上提出了机关建设的要求：政治坚定，业务精通，务实高效，作风过硬，团结协作，勤政廉洁。我们市人大常委会这几年就是按照这六句话、24个字的要求建设机关的。应当说，市人大的这支队伍是非常好的，是能够打硬仗和可以信赖的。

我们在实际工作中也深深地体会到，人大工作要讲政治，人大干部要牢固树立四个观念：即党的观念，大局观念，政治观念和群众观念，要具有人大知识和较多的法律知识，这就需要进一步优化人大干部的知识结构、年龄结构，需要一些年龄稍大、熟悉各方面实际工作的同志，但从长远看，相对比较年轻的同志先在人大工作几年，有了一定的法律知识和民主法制意识，再到党委、政府部门去工作，对于推进依法治国，建设社会主义法治国家，有着重要的意义。因此，人大干部与党委、政府干部双向交流应该引起重视。

三、对今后工作的建议

各位代表，第二届人大处于全市上下正在热气腾腾全面建设小康社会，构建和谐运城的新的快速发展期，做好新一届的人大工作，具有十分重要的作用，新一届人大的任务既光荣又艰巨。在本届人大常委会即将完成使命我个人就要卸任的时候，我们对今后五年的人大工作提几点建议。

（一）深入贯彻《若干意见》，进一步增强做好新形势下人大工作的使命感和责任感。去年，党中央以中发（2005）9号文件发出通知，转发《中共全国人大常委会党组关于进一步发挥全国人大代表作用，加强全国人大常委会制度建设的若干意见》，这是新形势下坚持和完善人民代表大会制度，做好人大工作的重要的指导性文献，具有重大的现实意义和深远的历史意义。中共中央在《通知》中，再一次强调指出，人民代表大会制度是我国的根本政治制度。坚持和完善这一制度，是发展社会主义民主、健全社会主义法制、建设社会主义政治文明、构建社会主义和谐社会的重要内容。《若干意见》指出，坚持和完善人民代表大会制度，是提高党的执政能力建设，保障人民当家做主，实行依法治国基本方略，做好新形势下人大工作的必然要求。因此，新一届人大及其常委会要把学习贯彻中央9号文件摆到当前和今后一个时期的首要位置，真正把思想和行动统一到中央《通知》和《若干意见》上来，增强做好新时期、新阶段人大工作的使命感和责任感。

（二）突出重点，抓住关键，进一步发挥代表作用和加强人大常委会的制度建设。中央《通知》强调指出，当前要支持和保证人大代表依法行使职权、充分发挥代表作用，切实加强人民代表大会及其常委会的组织制度和工作制度建设，使人民代表大会及其常委会更好地发挥国家权力机关的作用。这就明确要求，当前应把重点放在充分发挥人大代表作用和加强常委会制度建设这两个方面，《若干意见》也主要是对这两个方面作出规定。新一届人大及其常委会，在依法履职时，应突出这两个重点。突出了这两个重点，就抓住了人民代表大会制度建设的关键。

（三）遵守原则，服务大局，全面履行各项职权，完成各项任务。中央9号文件开宗明义，提出要把人民代表大会制度坚持好、完善好，确定了三项原则：一是必须坚持正确的政治方向，始终以马列主义、毛泽东思想、邓小平理论和“三个代表”重要思想为指导，坚持中国共产党的领导，坚持人民代表大会统一行使国家权力，走中国特色社会主义政治发展道路。二是必须坚持民主集中制，严格依法、依程序办事，集体决定问题，集体行使职权。三是必须坚持走群众路线，以人为本，把维护和实现最广大人民的根本利益作为人大工作的出发点和归宿。这三条原则是9号文件的核心和灵魂，也是人大工作必须遵守的基本原则。新一届人大及其常委会，要牢牢遵守这“三个必须坚持”的基本原则，紧紧围绕全市的工作大局，全面履职，积极探索，大胆创新，把我市的人大工作提高到一个新阶段。

各位代表：未来的五年是我们努力实现“十一五”宏伟蓝图的五年。我们相信新一届人大及其常委会一定会不负众望，不负重托，不辱使命。让我们紧密团结在以胡锦涛同志为总书记的党中央周围，在中共运城市委的领导下，高举邓小平理论和“三个代表”重要思想伟大旗帜，全面落实科学发展观，振奋精神，开拓创新，扎实工作，为加快建设充满活力、富裕文明、和谐稳定、环境优美的新运城而努力奋斗！

关于运城市国民经济和社会发展第十一个五年规划纲要的报告

——2006年5月10日在运城市第二届人民代表大会第一次会议上

运城市代市长　高卫东

各位代表：

我市国民经济和社会发展第十个五年计划圆满结束，第十一个五年规划已经开局。市人民政府根据中共运城市委一届八次全会通过的《关于制定运城市国民经济和社会发展第十一个五年规划的建议》，认真听取各方面意见，在总结“十五”发展的基础上，制定了《运城市国民经济和社会发展第十一个五年规划纲要（草案）》。现在，我代表市人民政府向大会作报告，请各位代表连同《纲要（草案）》一并审议，并请各位政协委员和其他列席人员提出意见。

一、“十五”时期全市经济社会发展回顾

“十五”时期，我们在中共运城市委的正确领导下，以邓小平理论和“三个代表”重要思想为指导，坚持用科学发展观统领经济社会发展全局，紧紧抓住发展第一要务，抢抓机遇，锐意进取，全市经济社会发展取得了令人瞩目的新成就。

（一）经济实力显著增强

2005年，全市生产总值完成470.8亿元，比上年增长13.3%，年均增长15.1%，比“九五”时期高3.3个百分点，比全国、全省分别高5.6和2个百分点，顺利实现了翻番目标。人均生产总值达到1176美元，是2000年的2倍。财政总收入55.6亿元，增长19.3%，年均增长21.3%；其中一般预算收入18.4亿元，增长19.9%，年均增长13.2%。规模以上工业增加值完成185.2亿元，增长20.9%，年均增长19.8%。全社会固定资产投资160.5亿元，增长16.3%，年均增长24.1%。社会消费品零售总额158.2亿元，增长10.3%，年均增长14.6%。外贸进出口总额6.5亿美元，增长21.9%，年均增长57.2%。河津市跨入全国经济百强县市行列。“十五”发展的主要经济指标全面超额完成。

（二）经济结构调整顺利推进

按照“一产调优、二产调强、三产调大”的思路，努力推进经济结构调整。三次产业比例由2000年的18.1∶48.0∶33.9调整为2005年的11.4∶56.4∶32.2。在保证粮食综合生产能力的同时，着力壮大果、菜、畜产业。全市规模以上农副产品加工企业发展到83家，农副产品加工转化率达到40%以上。维之王、农之龙、胃乐等18家龙头企业进入全省百强企业，新绛蔬菜批发市场、粟海、忠民、丰润4家企业成为国家级重点龙头企业。五年间，全市共实施重点技改项目149项，其中80%达产达效，累计增加销售收入472亿元，利税78亿元。大项目、大企业、大集团对经济发展的带动作用明显增强，规模以上工业企业发展到486家，对经济增长的贡献率达到54.3%。氧化铝、电解铝、金属镁等工业产品在全省乃至全国占到相当的市场份额。一批名牌产品市场份额日益扩大，出现了2个中国名牌，20个省级名牌。旅游业收入年均增长36.2%，达到28.1亿元，服务业也有了长足发展。非公有制经济发展势头强劲，对财政的贡献率达到70%。海鑫、阳光、振兴、通达4家民营企业进入全国民营企业500强。

（三）基础设施建设成效明显

五年全市固定资产投资累计完成550亿元，是“九五”时期的2.9倍。全市新增灌溉面积11.3万亩，新增节水面积29.5万亩。公路通车总里程达到8881公里，公路网密度每百平方公里达63.5公里。在全省率先实现了全部建制村通水泥（油）路的目标。南同蒲铁路侯马至东镇段复线工程已经完成。新（绛）稷（山）河（津）天然气管道建成供气。新增发电装机容量167.6万千瓦。山西大唐国际运城电厂开工建设。广播电视人口覆盖率达到97.5%。每百人拥有电话46.2部。

（四）城镇建设步伐加快

以撤地设市为契机，城镇建设迈出较大步伐。一个以中心城市为龙头、12个县（市）城为支撑、一批小城镇为基础的城镇体系正在形成。南风广场、机场大道、姚暹渠改造等一批城市重大工程相继建成。城市管网、污水处理等市政设施建设取得进展。东部新区、盐湖新区等十大城建工程全面启动。运城机场建成并开通5条航线。创建省级园林城市工作扎实推进，城市绿化覆盖率达到22%，人均公共绿地达到4.2平方米。各县（市）城市建设也有了新进展，永济市荣获全国“魅力城市”称号。

（五）改革开放不断深化

市本级取消行政审批180项，县（市、区）取消和改变管理方式1543项。积极推进行政管理体制改革，撤并乡镇73个。建立了国有资产监管机构，90%的国有企业完成了多种形式改制。企业主辅分离和剥离办社会职能顺利推进。部门预算管理、政府采购和收支两条线等财政体制改革取得了明显成效。五年全市进出口总额累计完成19亿美元，年均增长57.2%；实际利用外资1.3亿美元，年均增长11.6%；大力实施“走出去”战略，鼓励企业参与国际市场竞争，全市自营进出口企业达87家，对外贸易拓展到64个国家和地区。

（六）社会事业全面发展

高新技术企业发展到30家，省级以上技术中心达到11个。专利申请量比“九五”时期增长1.1倍。中小学布局调整基本完成，教育教学质量稳步提高。专科院校发展到10所，运城学院晋升为本科院校。新型农村合作医疗试点工作扎实推进。市县两级疾病控制国债项目全部投入使用，为230万农民进行了体检并建立了健康档案。体育事业不断发展。计生工作成绩显著。经济普查全面完成。广播电视、新闻出版、文物、档案等工作都取得了新成绩，监察、审计、统计、气象、防震减灾、人防、信访等工作都上了新台阶，妇女、儿童、老龄、残疾人等各项事业都有了新进步。

（七）环境资源保护力度加大

积极推进资源节约、综合利用和清洁生产，对产量在60万吨以下的焦化企业分阶段予以关停。对市区1100多台燃煤锅炉分类处置，有效改善了大气环境质量，中心城市空气质量二级以上天数达到211天。大力开展环保专项行动，取缔关闭工艺落后、污染严重的企业1000余家，主要污染物排放总量得到有效控制。五年完成植树造林210.4万亩，治理水土流失面积225万亩。落实最严格的耕地保护制度，保持了耕地总量的动态平衡。严厉打击私挖滥采，积极整合煤矿资源，促进了矿产资源合理开发利用。努力提高水资源重复利用率，每年节水近1亿立方米。

（八）人民生活水平不断提高

坚持把就业作为发展的重要目标，五年新增就业岗位12.3万个，2.1万名下岗失业人员实现了再就业，城镇登记失业率控制在3%以内。建立了社会统筹和个人帐户相结合的城镇企业基本养老保险制度，参保率和基金征缴率达到98%，社会化发放率达到100%。逐步完善城镇职工失业、医疗、工伤、生育等保险制度。“两个确保”达到100%。城市和农村低保人数分别达到7.4万人和7.3万人，低保补助标准逐年提高。城镇居民人均可支配收入达到7507元，同比增长10.3%，年均增长13.4%；农民人均纯收入达到2806元，同比增长8.5%，年均增长7.4%。解决了20万农村贫困人口的脱贫问题。城乡居民人均住宅使用面积分别达到25.5平方米和29.1平方米。2005年，市政府向全市人民承诺的“十件实事”全部兑现。

（九）民主法制和精神文明建设不断加强

各级政府主动向人大及其常委会报告工作，自觉接受监督。积极支持人民政协工作，主动加强同民主党派、无党派人士和群众团体的联系，广泛听取各方面的意见和建议。五年共办理人大代表建议813件，政协委员提案1327件，办复率达到100%，满意或基本满意率达95%以上。积极推行“一站式”网上行政审批。不断完善村民自治和企业民主管理制度，推进村务和厂务公开。第七届村民委员会换届工作圆满完成。扎实开展“四五”普法教育。加强社会治安综合治理，严厉打击各类犯罪行为。大力开展以“诚信运城”、“和谐运城”为重点的公民道德教育，不断引深“文明城市”、“文明行业”和“文明单位”创建活动，精神文明建设取得了显著成绩。

回顾撤地设市五年来的发展历程，感受运城各方面的巨大变化，可以说，“十五”时期，是我市经济社会发展最快、人民得到实惠最多的时期之一。这是中共运城市委正确领导的结果，是市人大、市政协监督支持的结果，是全市人民同心同德、奋力拼搏的结果。在此，我代表市人民政府，向辛勤工作在各条战线的广大工人、农民、知识分子，向关心支持政府工作的人大代表、政协委员、各民主党派、工商联、无党派人士和人民团体，向驻运部队、武警官兵、公安干警，向所有关心支持运城发展的各界朋友表示衷心的感谢和崇高的敬意！

面临新形势、新任务，我们也清醒地看到工作中还存在着不容忽视的矛盾和问题：思想观念、体制机制与市场经济和改革开放的要求还不适应。产业结构仍然不尽合理，一产基础不牢，二产增长粗放，三产发展滞后。对外开放不足，招商引资偏少。城市化水平低，县域之间发展不平衡，城乡二元结构明显。资源、环境承载力不强。安全生产形势严峻。就业难、看病难、上学难等问题突出。政府部门办事效率不高，发展软环境不优。对这些问题，我们一定要高度重视，并采取有效措施逐步加以解决。

二、“十一五”时期的指导思想和奋斗目标

“十一五”时期，我市经济社会发展的指导思想是：**坚持以邓小平理论和“三个代表”重要思想为指导，坚持以科学发展观统领经济社会发展全局，围绕全面建设小康社会的总目标，抓住国家促进中部崛起的新机遇，加大改革开放力度，推进经济结构调整，培育壮大优势产业，加快转变增长方式，更加重视社会事业，统筹城乡协调发展，积极推进社会主义新农村建设，进一步加快农业产业化、新型工业化和特色城镇化进程，不断提高综合经济实力，提高可持续发展能力，提高人民生活质量，提高和谐社会建设水平，努力把运城建成山西省新型加工制造业基地和高效生态农业基地，建成晋陕豫黄河金三角地区工贸旅游中心城市。**

根据这一指导思想，我们要把握好以下原则：必须强化加快发展意识，聚精会神抓经济，万众一心谋发展；必须加快转变经济增长方式，走新型工业化道路和生产发展、生活富裕、生态良好的文明发展之路；必须加大项目带动的力度，千方百计上一批大项目、好项目，不断积蓄和增强发展后劲；必须促进城

乡协调发展，充分发挥城镇对农村的辐射带动作用，推进社会主义新农村建设；必须不断深化改革，扩大开放，为加快发展激发活力，增添动力；必须坚持以人为本，切实解决好人民群众最直接、最关心、最现实的利益问题，让全市人民共享改革发展成果。

按照上述指导思想和原则，我们要建立体现科学发展观要求、符合我市实际的导向性和约束性相结合的考核评价指标体系。这一体系由经济增长、社会发展、科技进步、资源环境、人民生活五个方面44项指标构成。

——*经济增长方面*。地区生产总值年均增长13%，力争更高一些；人均生产总值年均增长12.3%；全社会固定资产投资年均增长20%；社会消费品零售总额年均增长14%；外贸进出口总额年均增长12%；外来直接投资年均增长20%，其中国外直接投资年均增长25%；规模以上工业增加值年均增长20%；第三产业增加值占地区生产总值比重达到35%以上；财政总收入年均增长15%，一般预算收入年均增长12%；居民消费价格总水平上涨幅度控制在3%以内；粮食总产量年均14亿公斤以上。

——*社会发展方面*。期末总人口控制在514万以下，人口自然增长率控制在6‰以内；城镇化率40%；城镇登记失业率每年控制在3.5%以内；高中阶段毛入学率88%，高等教育毛入学率28%；县乡村三级医疗卫生机构达标率80%；城镇基本社会保障覆盖率80%；新型农村合作医疗覆盖率90%；公路网密度每百平方公里达到71公里；每百人拥有电话70部；每千人拥有计算机80台；每千人拥有医生3.2人、病床3张；每万人公共馆藏图书3.5万册；人均公共体育场馆面积0.9平方米；煤炭生产百万吨死亡率期末降到1人以下；亿元地区生产总值生产安全事故死亡率年均下降8.3%，期末下降35%；财政对科技、教育、农业投入的增长幅度高于财政经常性收入的增长幅度。

——*科技进步方面*。研究与开发经费占地区生产总值比重1%；高新技术产业增加值占地区生产总值比重10%；每10万人专利申请数8项；新型工业化水平达到60%。

——*资源环境方面*。耕地保有量760万亩左右；森林覆盖率26.8%；城市建成区绿化覆盖率年均增加2.5个百分点，期末达到35%以上；城市生活垃圾无害化处理率超过65%，污水处理率60%以上；万元地区生产总值污染物排放总量下降40%，年均下降10%左右；城市集中供热普及率80%以上，县城集中供热普及率50%以上；矿区煤炭资源回采率60%以上；万元地区生产总值综合能耗年均下降5.6%，五年降低25%；万元地区生产总值耗水量年均下降8.3%，期末降低35%。

——*人民生活方面*。城镇居民人均可支配收入年均增长12%，农村居民人均纯收入年均增长7%；占人口20%的城乡低收入者收入增长率：城镇年均增长13%以上，农村年均增长8%以上；城镇居民人均住宅建筑面积35平方米，农村居民人均住宅建筑面积32平方米；人口期望寿命72.5岁。

为确保“十一五”规划开好局、起好步，市政府提出了2006年国民经济和社会发展主要目标：全市地区生产总值增长13%，达到550亿元；财政总收入增长15%，达到64亿元，其中，一般预算收入增长12%，达到21亿元；粮食总产量保持在15亿公斤左右；工业增加值增长20%，达到230亿元；全社会固定资产投资增长20%，达到193亿元；社会消费品零售总额增长14%，达到180亿元；外贸进出口总额增长12%，达到7.3亿美元；居民消费价格总水平上涨幅度控制在3%以内；人口自然增长率控制在6.6‰以内；城镇登记失业率控制在3%以内；万元地区生产总值主要污染物排放量同比下降10%；万元地区生产总值综合能耗下降5.6%；城镇居民可支配收入增长12%，达到8408元；农民人均纯收入增长7%，达到3002元。

各位代表，我市“十一五”规划的蓝图和发展目标是宏伟的，也是经过努力完全能够实现的。预计到2010年，我市人均生产总值、财政收入、城乡居民收入等主要经济社会发展指标可以达到或接近全省平均水平，这将为全面建设小康社会奠定良好的基础。届时，全市经济结构将进一步优化，新型加工制造业基地和高效生态农业基地初具规模，新型材料、机械制造、农副产品加工、文化旅游等产业优势进一步凸显，经济增长将全面进入节约发展、清洁发展、可持续发展的轨道。城市综合竞争能力和现代化水平明显提升，在黄河金三角地区的中心城市地位进一步确立。新农村建设初见成效，农村经济和社会事业全面发展，村容村貌明显改观。对外开放水平显著提高，发展空间进一步拓宽，利用国内外两种资源、两个市场加快发展的能力进一步增强。基础设施更加完善，发展环境更加优越，科技教育更加进步，文化事业更加繁荣，人民生活更加殷实，社会更加和谐稳定。这是运城500万人民的根本利益和热切期盼，也是500万人民的共同意志和奋斗目标。我们一定要坚定信心，务实苦干，开拓创新，负重赶超，让这一宏伟蓝图在河东大地早日成为现实！

三、突出重点，整体推进，奋力实现全市经济社会发展新跨越

各位代表，目前，我市正处于由传统农业地区向现代农业和工业地区迈进的重要转折期。面对全省、全国各地争先发展、千帆竞发的局面，我们一定要转变发展观念，创新发展模式，拓展发展空间，提升发展水平，突出重点，整体推进，努力实现我市经济社会发展的新跨越。具体讲，重点抓好八个方面的工作：

（一）大力推进农业产业化，努力建设社会主义新农村

建设社会主义新农村是全面建设小康社会和现代化建设最艰巨、最繁重的任务。要认真贯彻落实温家宝总理来我市视察“三农”工作时的指示精神，按照“生产发展、生活宽裕、乡风文明、村容整洁、管理民主”的要求，贯彻工业反哺农业、城市支持农村的方针，经过不懈努力，逐步把全市广大农村建设成为经济繁荣、政治民主、环境优美、社会和谐的社会主义新农村，让全市农民逐步过上富裕文明的新生活。

发展现代农业，拓宽增收渠道。要以建设高效生态农业基地为目标，做优粮、果、畜、菜、棉五大主导产业，培育芦笋、中药材、蚕茧等特色种植基地。启动500万亩耕地综合生产能力建设项目，实施优质粮食产业工程。果业生产要优化品种，提升品质，提高市场占有率。积极发展养殖小区，促进畜牧业向区域化、规模化、优质化方向发展。全面推进无公害化生产，大力培育专业合作组织，促进全市蔬菜产业上规模、上档次。今年完成绿色农产品基地和无公害农产品基地认证32万亩，到2010年无公害农业基地面积达到600万亩以上。发挥农业科技示范园区的带动作用。加快新农村科技信息和商务信息服务平台建设。继续实施农业科技入户工程，“十一五”末力争使先进适用技术入户率达90%以上。加强对农村劳动力务工技能的培训，积极发展农村二、三产业。全市每年转移农村劳动力8万人，力争“十一五”末，使第一产业的从业人数占劳动力总数的比重下降到40%以下，农民非农收入达50%以上。坚持开发式扶贫，平陆、垣曲、夏县、闻喜、万荣、新绛要利用省上支持晋西北、太行山革命老区和贫困山区开发的契机，立足当地实际，培育特色产业，完善基础设施，增强自我发展能力。“十一五”末，全市365个贫困村、18.2万贫困人口实现稳定脱贫。

突出基础设施建设，改善农民生产生活条件。继续搞好农村道路建设，新建和改建农村公路4000公里。实施安全饮水和饮水解困工程，解决全市1874个村庄、152万人饮用高氟水、苦咸水、微生物污染等饮水安全问题。尽快完成农村电网改造的续建配套工程。实施农村沼气化工程，全市农村沼气用户达到50万户，占到适宜农户总数的50%以上。今年，新增沼气农户2万户。

坚持分类指导，改善村容村貌。“十一五”期间，全市要完成12个县域城镇体系规划、82个建制镇总体规划、1000个村庄建设规划。河津市和其他县（市）经济基础较好、发展活力较强的6个乡镇、330个行政村要率先发展，努力成为新农村建设的样板；盐湖、永济、临猗、芮城、绛县、新绛、稷山、闻喜、万荣9个县（市、区）的128个乡镇、2976个建制村要争先发展，基本达到宽裕型小康标准；平陆、夏县、垣曲3个扶贫开发重点县要加快发展，基本达到小康标准。从今年起，重点抓好以巷道硬化、村庄绿化、环境净化、路灯亮化和改水、改厕、改圈、改厕为主要内容的“四化四改”人居环境治理工作。组织实施“百村试点、千村治理”工程，分平川、丘陵、山区、城（厂）郊等不同类型，选择130个试点村，为新农村建设积累经验。“十一五”期间对1300个村进行人居环境治理，到2010年使全市三分之一的村容村貌得到明显改观。

（二）大力推进新型工业化，加快产业结构优化升级

巩固传统支柱产业，培育新型支柱产业。加快用高新技术和先进适用技术改造提升冶金、焦炭两大传统支柱产业，山铝、海鑫、阳光、银光等企业要通过整合资源、技术改造、创新管理、产品结构调整等途径，延伸产业链，提升核心竞争力。到2010年，全市钢铁产能达到1000万吨以上，氧化铝产能达到260万吨，电解铝产能稳定在80万吨，金属镁产能控制在30万吨，焦炭总量控制在1500万吨。冶金和焦炭两大传统支柱产业实现销售收入600～800亿元。与此同时，大力培育比较优势突出、成长性较好、发展潜力大的五大新型产业，力争“十一五”末实现销售收入500～800亿元。装备制造产业，要按照“整合资源、培育集团、联合开发、专业协作、规模经营”的原则，以中信、通达、三联、卓里、亚新科等企业为龙头，依托原材料资源和机械加工技术优势，做大做强各种汽车铸件产品，并逐步向汽车总成件领域拓展。力争到2010年，机械行业销售收入达到100～150亿元。新型化工产业，要以丰喜、南风等企业为龙头，重点发展以煤炭和焦炉煤气为原料的碳铵、尿素、甲醇、粗苯、纯碱和煤焦油深加工。力争到2010年，化工产业销售收入达到100～150亿元，新型材料产业，要以骏达木业、运城恒磁、丰海纳米、海泰电子等企业为龙头，重点发展以高密度板材和新型墙体材料，培育壮大新型液晶显示材料、纳米氧化锌、纳米碳酸钙、聚苯醚、混凝土复合添加剂等产品。力争到2010年，实现销售收入300亿元以上。农副产品加工产业，要以粟海、忠民、维之王、农之龙、中鲁果汁、新纺、华南纺织等一批国家和省级重点龙头企业为依托，提升工艺，扩大规模，提高市场占有率和竞争力。力争到2010年，全市农副产品加工业销售收入达到70～100亿元。中医药产业，要以亚宝、晋新、华康等医药企业为龙头，发挥我市在药材种植、药品制造、中医治疗等方面的优势，保护传统品牌，加紧新产品开发，注重保护知识产权，提升整体水平。力争到2010年，以中药材为主的医药工业销售收入达到70亿元。

实施大企业战略，优化企业结构。遵循市场规律，引进战略伙伴、整合配置资源、加快技术改造、搞好资本运作，着力培育一批技术先进、主业集中、优势突出、规模较大的企业和企业集团。对中央企业要创优环境，提供条件，促进发展；对地方骨干企业要通过招商引资，进一步做大做强；对农副产品加工龙头企业要着力打造品牌，进一步增强辐射带动作用。要全力打造四个方阵：第一方阵：海鑫、山铝、阳光、丰喜等8家企业到2010年销售收入分别达到100亿元以上；第二方阵：南风、关铝、振兴等10家企业到2010年销售收入分别达到50～100亿元；第三方阵：永济电机厂、亚宝、粟海等10～12家企业到2010年销售收入分别达到30～50亿元；第四方阵：福斯特、卓里、华宇等26～30家企业到2010年销售收入分别达到10～30亿元。四个方阵50～60家企业到2010年要完成销售收入1500亿元以上，成为全市经济发展的主力舰队。与此同时，注重发展一批与大

型企业配套的中小企业和就业容量大的劳动密集型企业。努力实施名牌战略，重点培育一批中国名牌和驰名商标。

推进循环经济和清洁生产，建设节约型社会。以提高资源利用率和减少污染物排放为目标，鼓励煤炭、焦炭、冶金、电力、建材、煤化工等行业改进设备工艺和生产流程，促进资源再利用和污染物达标排放。要筛选一批带动产业优化升级的循环经济项目，培育一批示范企业，抓好一批生态园区，取得经验，逐步推开。要通过法规政策和价格杠杆引导，约束全社会节能、节水、节材、节地。重点抓好高能耗行业和企业的节能降耗。建立节水型农业、工业和城乡生活体系。坚持节约和集约用地，保障城镇化和新农村建设健康推进。

大力发展文化旅游、商贸流通和现代服务业。加快文化体制改革，积极培育壮大文化产业，大力发展公益文化事业，增强文化发展的内在动力和活力，形成文化产业和文化事业联动发展的良好局面。统筹城乡文化发展，推进“面向基层、面向群众”的精神文化产品的创作和传播，满足人民群众日益增长的文化需求。以文化传媒、演艺娱乐、制版印刷等主导产业和宇达、《黄河晨报》、《小学生拼音报》等企业为龙头，打造具有黄河金三角区域特色的文化产业板块，力争到2010年，文化产业收入达到10亿元。加快壮大旅游产业，突出“山西运城——中华民族寻根觅祖游”这个主题，积极引进国内外投资者参与旅游景区开发和配套服务设施建设，提高从业人员素质和服务水平；积极拓展旅游业务，大力发展旅游产品设计生产和销售。力争到2010年，全市旅游业总收入达到100亿元。改造提升商贸流通业，运用信息网络等先进技术改造专业批发市场，重点抓好3~5个物流园区和现代物流企业。实施“万村千乡”市场工程，发展便民连锁经营，不断开拓农村市场。大力发展金融、保险、物流、中介和信息咨询等现代服务业，积极培育会展、房地产、设计装饰、文化娱乐和社区服务等新兴服务业。到2010年，三产占经济总量的比重超过35%。

继续加大基础设施建设力度。抓好禹门口提水工程稷山、新绛段的灌区配套建设。力争夹马口北扩、北赵引黄、汾河下游治理立项开工。侯（马）禹（门口）高速公路新绛禹门口段年内通车；运（城）稷（山）一级公路、闻（喜）（济）源高速公路运城段、南同蒲东镇风陵渡段铁路复线建设力争早日开工。加快建设大唐国际运城电厂2×60万千瓦、永济电厂4×30万千瓦、关铝2×20万千瓦等电厂的建设，加快50万伏环网、22万伏变电站和中心城市的电网建设。力争“十一五”末，全市发电装机容量达500万千瓦以上，变电容量达到600万千瓦。

（三）大力推进特色城镇化，提高城市综合竞争能力

加快中心城市建设步伐。按照建设黄河金三角地区工贸旅游中心城市的定位，围绕创建中国优秀旅游城市和省级园林城市的目标，继续加快建设速度，完善城市功能，提高管理水平。按照“东进、西延、北扩、南改”的思路，全面实施东部新区、空港新区、盐湖新区等城建十大工程，逐步贯通八一、安邑、樊村三个水库和人民公园的城市水系，改善城市生态条件。到“十一五”末，中心城市百平方公里的城市框架基本形成。抓好水、电、气、热、公交、垃圾和污水处理等城市基础设施建设，全面启动博物馆、图书馆、体育馆、科技馆建设。今年投资6.5亿元，抓紧实施已确定的重点工程建设，加快西南环高速、条山街、铺安街二期、红旗东街、学苑路立交桥、解放北路等道路建设，尽快形成内环和外环道路框架。抓好森林公园、防护林带建设，抓好盐湖、北郊、圣惠三大公园和城市主要进出口的绿地建设，新增城市绿化面积150万平方米。同时，继续开展城市综合整治，不断提升城市管理水平，力争“十一五”期间成为中国优秀旅游城市。

逐步建立城乡统一的管理体制。改革户籍管理制度，形成农村人口平稳有序进入城市的体制。加快“城中村”农民向社区居民整体转换。促进城乡交通一体化。抓紧城镇住房、就业、教育、社会保障等配套制度改革，打破城乡之间、县域之间、城镇之间要素流动的体制性障碍，推进区域经济和城乡一体化。

实施生态治理和环境保护工程。加快“小康林业”建设，在继续加强天然林保护、退耕还林还草、三北防护林等国家重点工程建设的同时，积极推进通道绿化、交通沿线荒山绿化、村镇绿化、厂矿区绿化、环城绿化、城市绿化六大生态建设工程。抓好大运、运风、运三、侯禹四条高速路绿化带和交通干线、县乡公路两旁绿化工程。实施“蓝天碧水”工程，抓好大运高速、汾河、中心城市等重点区域和焦化、铝、镁等重点行业的污染综合治理及企业全面达标工作。今年汾河、涑水河主要污染物浓度同比下降15%。各级政府和企业要认真落实环境保护责任制，建立健全环境安全应急预案，严厉打击小煤矿、小土焦、小选矿等小企业的违法生产行为。通过努力，确保“十一五”末，中心城市二级以上优良天数达到292天以上。

（四）努力扩大对外开放，不断增强经济发展的动力

突出抓好招商引资。把招商引资作为扩大开放的中心环节，作为加快发展的重要推动力。要进一步解放思想，更新观念，大力营造重商、亲商、富商、安商的社会氛围，强化抢商意识，切实增强对外开放的紧迫感。全面开放投资领域，认真做好项目的设计和筛选，围绕铝、镁、农副产品等比较资源优势招商引资，围绕服务业招商引资，围绕优势产业链招商引资，围绕基础设施、公共服务和环境保护以及社会事业招商引资，围绕国企改革、民营企业嫁接招商引资。各开发区和工业园区要努力优化投资环境，切实把工作精力和重点放在招商引资上，真正成为全市对外开放的先导区和示范区。要创新招商方式，采取项目招商、网上招商、委托中介机构招商、会展招商、关系招商、情感招商、以商招商等多种方式，多管齐

下开展招商引资。要选准招商对象，专人负责，贴身跟进，加强联络，做到项目一天不落实，工作一天不放松。对已签约的项目，要跟踪落实，搞好服务，促进早日建成投产。今年要全力做好省政府组织的上海、香港招商活动的各项工作，全年招商引资力争突破100亿元。

积极拓展国际市场。大力发展对外经贸合作，调整进出口结构，扩大进出口总量，提高外贸效益，力争到2010年，全市机电产品、高科技产品、农副产品深加工和服务贸易占出口的比重超过25%。发展对外工程承包、技术和劳务输出，继续深化外经外贸体制改革，全面推进经营主体多元化，支持和鼓励企业开展跨国生产经营。重点培育1000万美元以上的进出口企业，力争2010年全市1000万美元以上的进出口贸易企业达到30家，5000万美元以上的企业达到5家，1亿美元以上的企业达到2家。

全面加强区域合作。充分发挥我市的区位、资源和产业优势，全力打造区域经济合作交流平台。以经贸洽谈会为载体，积极发展会展经济，加强与周边省市的市场互动、产业互补、设施共建、信息共享，积极推进黄河金三角地区经济共同发展。加强与东部沿海地区和港澳台的合作与交流，充分利用东部地区的资金、技术、人才和信息，拓展发展空间，实现优势互补、合作共赢。

（五）继续深化改革，切实增强经济发展活力

深化农村改革。巩固农村税费改革成果，全面推进农村综合配套改革，基本完成乡镇机构、农村义务教育和县乡财政管理体制改革。深化农村流通体制改革，建立城乡一体的劳动力市场和公平竞争的就业制度。规范发展适合农村特点的金融组织，发展农业保险。加强对农村金融组织监管，提高服务质量。加快征地制度改革，建立完善保护农民土地权益的长效机制。鼓励支持农民发展各类专业合作经济组织，提高农业的组织化程度，为新农村建设提供体制保障。

深化国有企业改革。加快推进产权多元化改革，建立完善现代企业制度，完善公司法人治理结构。通过重组、出售、兼并、破产等多种形式，加大企业改革力度。推进主辅分离、辅业改制和分离企业办社会职能改革，进一步调整结构，优化布局，增强企业核心竞争力。继续推进厂务公开，加强民主管理。建立健全国有资产监管体系，进一步完善出资人制度，使国有资产在合理流动和市场竞争中保值增值。

深化投资体制改革。进一步落实企业的投资主体地位和投资自主权。规范政府投资行为，健全政府投资决策责任机制，加强政府投资管理。全面推行建设项目招标投标制度，实行政府投资公益性项目“代建制”。积极拓宽筹融资渠道，通过多种形式搭建政府信用、银行信用与社会资本相结合的平台，鼓励和引导社会资本以独资、参股、合作、联营等方式进行投资建设，扩大民间投资规模。

深化财政金融体制改革。进一步深化完善国库集中支付、部门预算、政府采购和收支两条线改革。抓住调整理顺省、市、县三级财政体制，并向县级倾斜的机遇，积极培植财源，壮大县级财力。抓好河津、闻喜县域经济扩权试点。建立银企政联席会议制度，组织好银企洽谈，建立中小企业信用担保体系，解决好中小企业贷款融资难的问题。抓住各金融机构给我省较大信贷额度的机遇，千方百计争取建设资金。深入扎实推进农村信用社改革，充分发挥其服务“三农”的金融主力军作用。

发展非公有制经济。全面落实国家和省关于发展非公有制经济的政策措施，进一步改善发展环境，放宽市场准入。加大对非公有制经济的财税金融支持和社会服务，引导非公有制经济提高自身素质。鼓励有条件的民营企业采取兼并、收购、联合等形式，跨区域、跨行业、跨所有制实行“强强联合”，组建规模化、国际化的大型企业集团。鼓励非公有制经济参与国企改革、城乡基础设施建设、生态环境保护、社会公共事业以及发展商贸流通服务业，力争到“十一五”末，非公有制经济占全市经济的比重达70%以上。

（六）推进社会事业发展，不断提高人民生活水平

积极推进科技进步。围绕建设创新型社会的目标，积极扶持优势企业建立研发中心，增强自主创新能力，逐步建立以市场为导向、企业为主体、产学研相结合的科技创新体系。加大科技投入，建立多元化的科技投融资体制。加强知识产权保护和科普工作。继续加快培育和发展科技中小企业。

加快发展教育文化卫生事业。坚持教育优先发展，继续加大教育投入。统筹城乡教育资源，着力发展农村偏远地区中小学远程教育。今年建设标准化学校500所，改造危房20万平方米。大力发展职业教育、继续教育和专业技能培训，培养大批实用型、应用型人才。加快建设运城大学。提高专科学校办学质量，吸引名牌大学在我市设立分校，提升高等教育水平。大力实施农村民办文化“五个一”工程，加大文化设施建设投入，重点抓好市县博物馆、文化馆、图书馆、体育馆、妇女儿童活动中心建设，构建比较完备的社会公共文化服务体系。放宽市场准入条件，引导和支持非公有资本进入文化领域。加大卫生事业投入，建立完善农村卫生服务体系、疾病预防控制体系、医疗救治体系、卫生执法监督体系，提高应对突发性公共卫生事件的能力。大力整顿医疗服务市场秩序，切实改进医德医风，努力解决群众看病难、看病贵和服务质量差的问题。积极发展中医药事业。大力开展爱国卫生运动和全民健身活动。加强人口与计生工作，完善奖励扶助制度，稳定低生育水平。

大力实施人才强市战略。加强社会管理人才、企业经营人才、专业技术人才、农村实用人才等各类人才队伍建设。落实人才政策，规范人才市场管理，完善引才引智机制。加大人力资源开发的投入，优化人才资源配置，造就大批专门人才和拔尖创新人才，为加快全市经济社会发展提供强大的人才智力支持。

千方百计扩大就业。继续完善公共就业服务体系，努力拓宽就业渠道，积极开发就业岗位，鼓励自

主创业和自谋职业。认真落实财政投入、小额贷款、免费培训和税费减免等优惠政策，完善对困难群众的就业援助制度，逐步建立政府扶助、社会参与的职业技能培训机制，不断提高劳动力的就业能力。

*加快完善社会保障体系。*继续确保企业离退休人员基本养老金、国有企业下岗职工生活费、城镇居民最低生活保障金按时足额发放。完成下岗职工基本生活保障制度向失业保险制度的并轨。把非公有制企业、个体工商户和灵活就业人员纳入企业职工基本养老保险范围。扩大农村低保覆盖面，提高补助标准。多渠道筹措社会保障基金，逐步做实企业职工养老保险个人帐户。扩大企业医保覆盖面，妥善解决农民工的医疗保险问题。加大劳动保障监察执法力度，维护职工合法权益。发展社会福利，重视残疾人事业。加强老龄工作，完善优抚保障机制和社会救助体系，切实加大对困难群众的帮扶力度。今年将6882名农村“五保”对象全部纳入供养范围。

*高度重视安全生产。*认真落实安全生产责任制，加强安全生产设施建设。建立健全重大安全事故应急救援体系。切实抓好煤矿和非煤矿山、危化企业、烟花爆竹、交通运输、人员密集场所等方面的安全工作，遏制重特大事故发生。完善安全生产指标控制体系，健全安全监管机制，加大安全事故责任追究和处罚力度。加强食品、药品、餐饮卫生等安全监管，确保人民健康安全。

（七）加强社会主义民主法制和精神文明建设，努力构建和谐社会

*积极推进依法治市。*各级政府要主动向人大及其常委会报告工作，自觉接受人大常委会和全体人大代表的监督。充分发挥人民政协、各民主党派、人民团体在政治协商、参政议政和民主监督中的积极作用。高度重视并切实做好人大建议、政协提案的办理工作。支持人民法院、检察院依法履行职责。充分发挥工会、共青团、妇联等人民团体的桥梁纽带作用。重视做好民族宗教和侨务工作。加强基层民主建设，保证人民群众依法行使选举权、知情权、参与权和监督权。全面推进“五五”普法教育，提高全民法律素质。高度重视并妥善处理人民内部矛盾，做好群众来信来访工作。完善社会利益协调和纠纷调处机制，有效预防和及时化解社会矛盾。加强社会治安综合治理，深入开展平安创建活动，依法严厉打击各种违法犯罪活动，维护社会稳定。

*加强社会主义精神文明建设。*以提高人的素质、促进人的全面发展为目标，继续深入开展以文明社区、文明村镇、文明行业、文明单位、文明家庭为主要内容的精神文明创建活动，探索建立文明创建的长效机制。广泛深入开展“科技、教育、卫生三下乡”、“科教、文体、法律、卫生四进社区”活动，不断提高城乡居民科学素质和文明素质。实施公民思想道德建设工程。加强青少年思想道德教育。大力弘扬以爱国主义为核心的民族精神和以改革创新为核心的时代精神。开展“八荣八耻”教育，引导广大干部群众牢固树立社会主义荣辱观。积极拓展社区文化、广场文化、企业文化、校园文化、农村文化、家庭文化，不断丰富人民群众精神文化生活。“十一五”末，城乡文明程度进一步提升，力争把我市创建成为全国文明城市。

（八）加强政府自身建设，努力提高行政能力

*加强学习，提高素质，建设学习型政府。*面对“十一五”发展的繁重任务，各级政府工作人员一定要把学习当作一种事业追求和政治责任，不断提高理论素养、知识水平、业务能力和领导本领。要解放思想，更新观念，善于把上级精神创造性地体现在本地、本部门、本单位的工作思路和方法措施中，落实到改革开放和加快发展上，不断增强管理社会事务的本领、协调利益关系的本领、开展群众工作的本领、维护社会稳定的本领，全面提高行政能力，牢牢把握指导工作的主动权。

*转变职能，优化环境，建设服务型政府。*进一步推行政企、政资、政事、政社分开，切实把政府经济管理职能真正转移到主要为市场主体服务和创造良好发展环境上来，把财力、物力等公共资源更多地向新农村建设、社会事业和构建和谐社会等方面倾斜。深化行政审批制度改革，减少和规范审批事项。要切实把大力整治以政务环境为主的软环境作为当前的首要任务，严格效能监督，实行首办负责制、限时办结制、超时默认制、政务公开制以及行政不作为、乱作为和过错责任追究制，以严密的制度、严格的管理、严明的纪律提高行政效率和服务水平。

*从严治政，依法行政，建设法治型政府。*要严格按照宪法和法律规定的权限和程序，正确行使行政权力，履行政府职责。要建立健全科学民主的决策机制、公正透明的工作机制、严格有效的监督机制。坚持公众参与、专家论证、政府决策相结合，增强决策的科学性和可操作性。对涉及经济社会发展全局的重大事项，广泛征询意见，充分进行协商和协调；对专业性、技术性较强的重大事项，组织专家论证、技术咨询和决策评估；对同群众利益密切相关的重大事项，实行公示、听证等制度。深入开展廉政建设和反腐败斗争，严格落实党风廉政建设责任制，集中开展治理商业贿赂专项工作，着力解决损害群众利益的突出问题，继续推进从源头上预防腐败的各项改革和制度建设，坚决查办违反政纪案件，将惩治和预防腐败的各项任务和措施落到实处。加强对公务员的教育、管理和监督，努力建设一支政治强、业务精、作风硬的人民满意的公务员队伍。

*求真务实，改进作风，建设务实型政府。*要大力弘扬求真务实精神，大兴求真务实之风，下大力气减少会议、减少文件、减少检查、减少应酬，切实把工作着力点放在真抓实干上。要深入基层、深入群众，认真调查研究，努力解决好人民群众最关心、最直接、最现实的问题。今年是“十一五”规划的开局之年，为确保开好局、起好步，我们要在中共运城市委的领导和各级政府的支持配合下，集中精力，为人民群众办好十件实事：一是扶贫移民6000人，帮助3万贫困人口实现稳定脱贫，对全市8.1万名农村特困

群众和7.8万名城市贫困市民实行低保。二是解决15万农村人口的饮水困难和20万人的饮水安全。三是新型农村合作医疗试点在河津市的基础上增加闻喜、临猗、稷山、芮城、平陆5个县，覆盖人口166万人以上，参合率达到80%以上。四是对平陆、闻喜、夏县、垣曲、万荣5个县免除农村义务教育阶段学杂费，在城镇中小学建设标准操场110个。五是发展农村便民连锁店200家。六是新增就业岗位3.8万个，完成引导性培训12万人，阳光工程培训1.5万人。七是全市建制村通客车率达到95%以上。八是中心城市海天花苑经济适用房二期工程完成5.4万平方米；全市安康居住工程完成住房46.9万平方米。九是西污水处理厂确保年内投入运行，日处理污水5万吨。十是开展市区大气污染综合整治，中心城市二级以上优良天数达到222天。十件实事与城乡居民的生活质量息息相关，与人民群众的切身利益紧密相连，我们一定要深怀爱民之心，恪守为民之责，以求真务实的工作作风和开拓创新的精神风貌，以只争朝夕、时不我待的紧迫感和责任感，把各项任务落实到单位，工作量化到阶段，责任明确到人头，建立健全目标责任制，加强督查考核，形成一级抓一级，层层抓落实的工作格局，确保每件实事如期兑现，切实让广大人民群众，特别是贫困地区、弱势群体都能享受到改革发展的丰硕成果！

各位代表！我市“十一五”发展蓝图经本次人民代表大会审定，将成为号召、凝聚全市人民团结奋斗的行动纲领。让我们在中共运城市委的坚强领导下，更加紧密地团结在以胡锦涛同志为总书记的党中央周围，牢固树立和落实科学发展观，解放思想，开拓创新，求真务实，扎实工作，为把运城早日建设成山西省的新型加工制造业基地和高效生态农业基地，建设成晋陕豫黄河金三角地区工贸旅游中心城市而努力奋斗！

运城市人民检察院工作报告

——2006年5月12日在运城市第二届人民代表大会第一次会议上

运城市人民检察院检察长　王国宏

各位代表：

现在，我代表运城市人民检察院向大会报告市一届人大一次会议以来全市检察工作情况，请予审议，并请市政协委员和其他列席人员提出意见。

市一届人大一次会议以来，全市检察机关在市委和省检察院的正确领导下，在市人大及其常委会的监督下，在市政府、政协和社会各界的大力支持下，以邓小平理论、“三个代表”重要思想和科学发展观为指导，全面贯彻党的十五大和十六大、十六届三中、四中、五中全会精神，认真落实市一届人大历次会议决议，围绕全市改革发展稳定大局、深入实践“强化法律监督，维护公平正义”的工作主题，积极依法履行职责，各项工作均取得了新的进展。

一、五年来全市检察工作主要情况

（一）依法履行打击刑事犯罪职能，为全市经济社会发展创造和谐稳定的环境

全市检察机关始终把维护社会稳定摆在各项工作的首要位置，坚持“严打”方针，与公安、法院、司法等部门通力合作，充分发挥批准逮捕和提起公诉职能，有效地开展了“严打”整治斗争和“打黑除恶”、治爆缉枪、打击赌博犯罪、打击邪教组织犯罪、“三打三防三创”等一系列专项行动，保持了打击刑事犯罪的高压态势。五年来，共批准逮捕各类刑事犯罪案件6815件11342人；依法提起公诉7293件11039人。

严厉打击各类严重刑事犯罪。坚持贯彻执行依法“从重从快”方针和“两个基本”原则，重点打击有组织犯罪、带黑社会性质团伙犯罪和流氓恶势力犯罪；爆炸、杀人、抢劫、绑架等严重暴力犯罪；抢夺、盗窃等多发性犯罪。共批准逮捕上述三类重点犯罪案件2589件4595人；提起公诉2809件4550人。有力地打击了犯罪分子的嚣张气焰，有效地维护了社会的安定秩序。

依法惩治破坏社会主义市场经济秩序犯罪。积极参加整顿和规范市场经济秩序工作，共批准逮捕制售假冒伪劣商品、金融诈骗、偷税骗税等严重扰乱市场经济秩序、危害人民群众身体健康的犯罪案件225件349人；起诉179件280人。深入开展了打击制假售假、侵犯知识产权犯罪立案监督专项行动，建议行政执法机关移交涉嫌犯罪案件10件13人，行政执法机关主动移交案件5件6人。2005年，全市检察机关积极开展了查办破坏社会主义市场经济秩序渎职犯罪专项活动，共立案查处此类案件37件41人。市院立案查处了市地税局干部韩飞、盐湖地税局稽查局原副局长何文斌徇私舞弊不征、少征税款，给国家造成损失1000余万元等5起大案。

切实做好检察环节的社会治安综合治理工作。积极开展实施平安创建活动和稳定安民工程，加强了矛盾排查调处工作，对各类申诉案件及时审查立案，依法办理，努力化解和消除影响稳定的因素，努力为人民群众排忧解难。2005年，全市检察机关进一步加大了处理涉检上访案件的工作力度，开展了集中处理涉检上访案件专项活动和“联动大接访”活动。对62起涉检上访案件进行了全面梳理，已办结56件。盐湖区院和临猗县院处理涉检上访案件的经验在全省推广。五年来，全市检察机关共接待处理群众来信来访6700余件（次），两级院正副检察长参加接待来访群众5200余人（次），批办涉及检察机关的案件1200余件（次）。立案复查刑事申诉案件129件，受理刑事赔偿申请59件，依法决定赔偿13件。赵富仓申诉案的办理工作受到了全国人大常委会领导的表扬。杭世魁、李印子等一批长期上访案得到圆满息诉。

（二）积极查办和预防职务犯罪，不断推动反腐败斗争深入发展

全市检察机关始终把查办和预防职务犯罪工作放在突出位置，按照省院“稳定数量，提高质量，突出查办大要案”的要求，加强组织领导，不断加大办案力度。2005年。市院进一步加强了这项工作，取得了明显效果。市院反贪局、盐湖区院和垣曲县院获全省办案先进单位称号；我市查办渎职侵权犯罪案件的经验在全省推广。五年来，共立案查处职务犯罪案件927件1083人，为国家挽回经济损失5800余万元。

全力查办大要案件。共立案查处贪污、贿赂、挪用公款大案285件332人；立案查处重特大渎职案件44件56人。23名县（处）级干部、111名科级干部依法受到查处。2005年，全市检察机关共查处贪污贿赂大案65件78人，占当年查处此类案件总数的55%，同比上升了4个百分点；立案查处涉及县处级干部的要案9件9人，是上年的4.5倍；立案查处重特大渎职侵权犯罪案件10件，同比上升25%。黄河小北干流山西河务局原副局长张观春（副处级）挪用

公款75万元案，市电力公司农电处原主任闫建红受贿39000元、145万元巨额财产来源不明案，市审计局干部姚向国（副处级）受贿案等一批大要案件被立案查处。

突出查办重点。加大查办重点领域、重点部门和群众反映强烈的职务犯罪案件。五年来，共立案查处党政机关、司法机关、行政执法机关和经济管理部门贪污、贿赂、挪用公款等职务犯罪案件240件256人；立案查处国家机关工作人员渎职犯罪案件172件202人，利用职权侵犯人权犯罪案件52件105人。2005年，全市检察机关按照"抓系统、系统抓"的工作思路和方法，在金融系统、粮食系统立案查处职务犯罪案件23件28人。

办案质量不断提高。坚持"一要坚决，二要慎重，务必搞准"的办案原则，坚持法律效果与社会效果相统一，职务犯罪案件起诉率、判决率明显提高。起诉率由2001年的34.4%提高到2005年的62.4%，判决率由2001年的47.3%提高到2005年的71.8%。2005年，市院立案查处的6起贪污贿赂大要案件均被法院作出有罪判决。临猗、垣曲县院的案件判决率分别达到87.5%和83.3%。

积极开展职务犯罪预防工作。两级院都设立了专门的预防工作机构，着力推动构建地方党委统一领导下的社会预防网络。五年来，先后在42个行业和单位开展职务犯罪警示教育活动180次，在36个行业系统建立了预防网点，共开展个案预防、专项预防和系统预防174件，提出预防检察建议130份，维护了有关单位和部门正常的工作、生产和经营秩序，对教育、保护干部，防止和减少职务犯罪起到了积极作用。

（三）全面强化诉讼监督，有效维护司法公正和社会公平正义

加强法律监督，维护司法公正，是社会公平正义的重要保障。五年来，全市检察机关不断强化监督意识，着力提高监督能力，强化监督措施，取得了监督实效。

着力开展对刑事立案和侦查活动的监督。对侦查机关应当立案而未立案的案件要求说明不立案理由518件，侦查机关主动立案190件，执行通知立案163件218人，纠正漏捕16件43人，纠正漏诉20件46人。正确适用宽严相济的刑事政策，共依法对1636人作出不批准逮捕决定，对395人作出不起诉决定。2005年，全市检察机关共办理立案监督案件152件，创历年最高。

不断加强对审判活动的监督。对认为确有错误的刑事判决、裁定共提出、提请抗诉143件。对认为确有错误的生效民事、行政判决、裁定，提出抗诉146件，提请抗诉424件，提出再审检察建议202件。2005年，我市民事行政检察工作积极开拓监督领域，代表国家起诉刑事附带民事诉讼案件17件，支持弱势群体起诉案件4件，共查办司法人员涉嫌枉法裁判案件6件7人。

进一步强化对刑罚执行活动的监督。深入开展各类专项检查35次。纠正违法减刑、假释、保外就医17人。共立案查处监管干警职务犯罪案件21件24人，办理在押人员又犯罪案件22件29人，纠正各类违法行为156起，办理在押人员及家属申诉案件25件27人。加大纠正超期羁押力度，共纠正超期羁押案件798件881人。对刑罚执行和监管活动中发生的各类违法情况，共发出纠正违法通知书和检察建议218件。监督稷山县公安局抓获因犯抢劫罪被判15年、保外就医后脱管10年的罪犯杨红军，维护了正常的监管秩序。

切实加大依法保障人权工作力度。坚持公正执法，不枉不纵，既注意防止打击不力，又切实保障诉讼当事人的合法权益。五年来，共对侦查机关不应当立案而立案的提出纠正意见37件，已纠正29件。对侦查活动中不批准逮捕而不释放犯罪嫌疑人或变更强制措施等违法行为发出纠正违法通知书636份。立案查处侦查活动中对诉讼当事人刑讯逼供案件13件38人。共受理检察技术鉴定82件，改变原鉴定结论8件，为认定案件事实提供了科学依据。

（四）结合实际推行检察改革，推动检察工作与时俱进

全市检察机关以强化监督、公正执法、提高效率为目标，不断推进检察改革，促进了检察工作高效、公正、科学发展。推行了主诉（主办）检察官办案责任制，批捕、公诉介入侦查引导取证，被告人认罪案件简化审，庭前证据展示，多媒体示证，不起诉案件公开审，对审查逮捕案件强化了论理和论证，逐步建立了符合司法规律的审查逮捕和公诉工作机制，提高了审查批捕和公诉工作的质量和效率；市院成立了大要案侦查指挥协调中心，建立实施了侦查一体化工作机制，加大了查办职务犯罪的工作力度；实行检察委员会定期例会制度和会前审查咨询制度，健全了议事规则，加强了对重大案件的民主决策；进一步完善了检察长接待日制度，推行并完善了首问（办）责任制，努力把问题解决在基层和首办环节；完善了刑事申诉案件逐级审查和上级备案制度，对典型刑事赔偿案件实行了公开听证，加强办理案件的内外部制约；建立了专家咨询委员会制度，解决办案中涉及特殊领域专门知识的疑难问题，增强了检察工作的科学性；开展了人民监督员制度试点工作，对职务犯罪案件中犯罪嫌疑人不服逮捕决定的、拟撤销案件的、拟不起诉的"三类案件"无一例外地进入人民监督员的监督程序，提高了执法水平和办案质量；推行机构和人事制度改革，实行中层干部竞争上岗，坚持凡进必考，公开招录，基层院检察长任职交流，激发了队伍活力。

（五）坚持从严治检，全面加强队伍和基层院建设

始终把加强队伍建设和基层院建设作为推动检察事业发展的根本，坚持从严治检方针和以人为本理念，不断提高队伍的整体素质，推动基层院的发展。

加强政治思想建设。组织广大干警认真学习、深刻领会邓小平理论、"三个代表"重要思想和科学发

展观，牢固树立“立检为公、执法为民”的执法观。积极开展学习任长霞、牛玉儒、王书田等英模的活动，不断加强检察职业道德建设。2005年，按照中央、省、市和高检、省院的统一部署，深入开展了保持共产党员先进性教育活动和“规范执法行为，促进执法公正”专项整改活动，结合专项整改活动开展了“四规范四做（规范言行，做文明检察人；规范执法，做严格执法者；规范接访，做群众满意检察官；规范管理，做形象良好检察院）”活动和以“公正执法、廉洁从检”为主题的警示教育活动。进一步强化了广大干警的宗旨意识、大局意识、服务意识和奉献精神，党组织的凝聚力、战斗力得到进一步增强，一些影响公正执法的突出问题得到了初步解决，促进了执法规范化建设。在先进性教育活动中，，市院和14个基层院都取得了满意的效果，盐湖区院被市委评为“第一批先进性教育活动先进基层党组织”。

突出抓好领导班子和党风廉政建设。严格要求党组一班人，切实加强领导班子的思想建设、制度建设和作风建设。加大对下级检察院领导班子的协管力度，认真落实巡视谈话制度，派员参加基层院班子民主生活会制度，建立了基层院领导班子成员廉政档案。严格组织对基层院领导班子的考核测评，加强了教育、监督和管理，以从严治党带动了从严治检。认真落实党风廉政建设责任制，加强检察机关自身的反腐倡廉工作，不断加大对干警违法违纪案件的查处力度，共办理群众举报198件，姚立庆等36名干警受到党纪、政纪和法律处理。

积极实施素质工程。组织开展了形式多样的岗位练兵活动。先后组织135名检察官参加了续职培训，168名干警参加了专升本学历教育，2001年组织1084名干警参加了全国检察人员基本素质统一培训考试，2002年组织881名干警参加了全省严打法律知识考试，2005年组织全市908名干警参加了规范执法专项培训考试。联系检察工作中出现的新情况、新问题，积极组织干警开展专题调研，在省级以上刊物发表论文106篇。

严格规范执法行为。按照用制度管人、管事、管办案的原则，着力加强制度和机制建设。2005年，市院制定实施了反贪污贿赂、渎职侵权检察、侦查监督、公诉、民事行政检察、监所检察、控告申诉检察等七个业务部门的办案流程。全面推行了“一案三卡（办案告知卡、廉洁自律卡、回访监督卡）”制度和办案质量终身负责制，健全完善实施了40多项党务、政务、事务等方面的规章制度，强化了内部监督制约。

大力加强市院机关建设。为切实发挥市院机关的表率和领导作用，2005年；我们确立了“抓教育、加压力、做表率、上台阶”的市院机关工作思路。围绕这一思路，明确责任，层层落实，组织中层干部进行了岗位职责和工作目标责任公开承诺，全院干警分别制定了个人年度岗位工作目标责任书，年终进行总结兑现，调动了全体干警的积极性。对机关的环境设施进行了整修，完成了视频会议室和“三网（语音网、视频网和局域网）”建设，办案工作区即将建成。在市委、省院、市政府等各方面的支持帮助下，市院新址已落实到位，工程建设工作正在抓紧筹备中。

全面推进基层院建设。以争创双先活动为载体，按照高检《基层检察院建设纲要》和省院《基层院规范化建设分类考核办法和标准》，加强动态管理，坚持典型引路，上下联动，固强补弱，夯实发展基础。2005年，我们提出了“抓基础、强监督、求实效、上台阶”的全市检察工作思路和奋斗目标，进一步加强了对示范院和帮扶院的分类指导，建立了市院领导包县责任制，对基层工作实行逐月通报制度，及时解决基层建设中的问题和困难，推进了基层院建设的全面发展和进步。

检察形象进一步提升。五年来，全市检察机关先后有395个单位和部门（次）620名干警（次）受到上级检察机关和国家、省、市的表彰奖励。垣曲县院被最高人民检察院荣记集体一等功，河津市院被最高人民检察院授予“全国模范检察院”荣誉称号。2005年，在省院考评的十四项业务工作中。我市的侦查监督、渎职侵权检察、民事行政检察、控告申诉检察、调研、纪检监察、法警等7项工作跨入全省前三名，临猗县院被最高人民检察院荣记集体一等功，市院反贪局干部王金祥同志被评为“全省第二届十杰检察官”。

（六）自觉接受人大监督，不断加强和改进检察工作

全市检察机关从坚持和维护人民代表大会制度的高度，不断增强接受人大监督的意识，自觉地把检察工作置于人大及其常委会的监督之下。一是两级院都成立了人大代表联络督查机构，明确职责，健全了工作制度，理顺了工作关系，规范了工作程序；二是积极开展了同人大代表联系活动。两级院先后召开座谈会126次，通报检察工作进展情况，征求人大代表的意见和建议。向人民代表大会报告工作69次，向两级人大常委会作专题汇报22次；三是认真搞好市、县两级人大组织的述职评议工作，解决了一些检察机关自身难以解决的问题；四是积极参加纪念人民代表大会成立50周年暨地方人大常委会设立25周年活动，进一步提高了全体干警接受监督的自觉性，在市“国税杯”人大知识竞赛中获得二等奖；五是认真办理代表的意见和建议，对人大常委会及人大代表过问、交办的案件，按期限和要求及时予以办理、答复，做到了件件有回音。五年来，共办理人大代表、政协委员提出的建议、提案和转交的案件115件（次）；六是抓好执法责任制和错案追究制的落实，加大执法检查力度。

五年来，全市检察工作所取得的成绩，是市县两级党委正确领导，各级人大、政府、政协、社会各界和各位代表监督支持，全市检察干警共同努力的结果。在此，我代表全市检察干警向各位代表致以崇高的敬意和诚挚的感谢！

五年来，检察工作虽然取得了一些成绩，但仍存在着不少问题和困难。一是检察机关的法律监督能力

还需进一步提高，队伍的素质还不能完全适应新形势、新任务的要求；二是查办职务犯罪大要案的力度还需进一步加大；三是诉讼监督在一些环节上存在着不敢监督、不善监督的问题；四是少数干警的执法思想不端正，在执法活动中还存在着一些执法不规范的情况，个别干警违法违纪的问题仍有发生，损害了检察机关的形象；五是经费短缺，“两房（技术和办案用房）”、信息、交通等基础设施和装备落后，影响和制约了工作的开展。对这些问题我们将高度重视，努力加以解决。

二、五年来全市检察工作的主要体会

（一）坚持以邓小平理论、“三个代表”重要思想和科学发展观为指导

坚持以邓小平理论、“三个代表”重要思想和科学发展观作为检察工作的指导思想，就能为全市检察工作创新发展提供强大的思想武器，就能保证检察工作服从服务于党和国家的工作大局。我们自觉运用党的最新理论成果研究解决检察工作中遇到的新问题，不断更新执法观念。不断统一执法思想，不断改进办案方法，不断采取新的工作措施，推动了各项检察工作全面协调发展。

（二）坚持自觉主动地接受党的领导和人大的监督

坚持把检察工作置于党委的领导和人大的监督之下，全面地执行党的各项路线、方针、政策，就能保证检察工作始终沿着正确的政治方向健康发展。我们在工作中不断强化主动接受党的领导和人大监督的意识。认真贯彻市委对政法工作的各项要求，坚持及时向党委报告检察工作的重要安排、重大措施等重要工作，为检察工作开展提供了有力的政治保障。定期向人大及其常委会报告工作，认真落实人大的各项决议，加强同人大代表的联系，建立健全接受人大监督的经常化、制度化和规范化工作机制，有力地促进了公正执法。

（三）坚持在服务大局中推进检察工作

坚持检察工作服务改革发展稳定大局，就能够找准检察工作的出发点和落脚点。我们始终立足检察职能，围绕全市工作大局，把建设充满活力、富裕文明、和谐稳定、环境优美的新运城作为检察工作服务的方向，不断开辟检察工作为全市经济建设服务的新途径。结合工作实际，适时调整工作重点，正确处理打击与保护、打击与预防、打击与服务的关系，为促进我市的改革发展和维护社会稳定充分发挥了职能作用。

（四）坚持依法规范执法活动

坚持依法规范执法，是确保检察机关公正执法和办案质量的关键。我们坚持程序与实体并重，用程序公正保障实体公正；继续推行检务公开，不断增强检察工作透明度，用公开促公正；严格用法律、纪律和制度规范执法行为，防止利益驱动和执法的随意性；把办案质量作为办案工作的生命线，严格把好案件的事实关、证据关和法律关，努力使每起案件都经得起法律和历史的检验。

（五）坚持抓好检察队伍建设

坚持抓好检察队伍建设，是搞好检察工作的组织基础。全市检察机关始终把队伍建设作为永恒的主题，摆到重要位置，以建设高素质的队伍为目标，积极探索在新形势下加强队伍建设。实行规范化、制度化管理的新路子、新方法。把领导班子建设、党的建设作为队伍建设的关键和中心，以抓领导班子的建设、党的建设带动整个队伍的建设。把提高干警的综合素质作为一项战略任务来抓，用一系列配套的制度规范干警的行为，用奖惩分明的机制调动干警奋发向上的积极性。

三、对今后一个时期全市检察工作的建议

全市“十一五”规划的一系列战略部署，为我市检察事业的发展提供了良好机遇，也对全市检察工作提出了新的更高的要求。2006年及今后一个时期全市检察工作总的要求是：**以邓小平理论、“三个代表”重要思想和科学发展观为指导，认真贯彻党的十六届五中全会、市委一届八次全会精神和市二届人大一次会议决议，围绕全市工作大局，坚持检察工作主题和总体要求，大力加强法律监督能力建设，全面履行法律监督职责，加强检察队伍建设和基层检察院建设，进一步落实“抓基础、强监督、求实效、上台阶”的全市检察工作思路，为维护社会稳定、实现公平正义、顺利实施“十一五”规划和构建社会主义和谐社会创造良好的社会环境和法治环境。**

（一）认真学习贯彻党的十六届五中全会精神，自觉地把检察工作融入我市经济社会发展全局。

全市检察机关和全体检察人员要认真学习、深入贯彻党的十六届五中全会精神，把思想统一到全会精神上来，把力量凝聚到贯彻全会提出的各项任务上来，从全市实际情况出发，充分发挥检察职能，为实现我市“十一五”规划做出积极贡献。

（二）继续依法严厉打击各类刑事犯罪，为构建和谐运城提供法治保障。

要继续严厉打击“三类”重点犯罪，深入开展“打黑除恶”专项斗争，增强人民群众的安全感；要积极参加整顿和规范市场经济秩序工作，深化查办破坏社会主义市场经济秩序渎职犯罪专项工作，积极参与商业贿赂专项治理行动，促进建立诚信有序的市场经济秩序；要依法平等保护国有、集体、外资、民营企业等各类市场经济主体的合法权益，维护企业良好的生产和经营秩序；要注重依法打击各种破坏生态环境犯罪，促进环境友好型社会的建设；要坚决打击各种危害农村社会稳定、侵害农民合法权益、危害农业生产的犯罪活动，推进社会主义新农村建设；要深入做好涉检信访工作，落实好检察环节的各项综合治理措施，促进社会和谐稳定。

（三）进一步加大查办和预防职务犯罪工作力度，充分发挥检察机关在反腐倡廉工作中的职能作用。

要坚决贯彻中央和市委关于党风廉政建设和反腐败斗争的总体部署，深入查办贪污贿赂、渎职侵权等职务犯罪案件，严肃查办国家工作人员利用人事权、司法权、审批权谋取私利的犯罪案件，集中力量查办

大要案，促使国家机关工作人员严格依法行使权力，维护党和政府形象。要加大法制宣传力度，突出职务犯罪预防实效，增强国家工作人员依法办事、廉洁从政的自觉性。

（四）不断强化诉讼监督，促进司法公正和社会公平正义。

要全面开展侦查监督、审判监督和刑罚执行监督，依法纠正有案不立、有罪不究、裁判不公、徇私枉法以及超期羁押、刑讯逼供等侵害当事人合法权益的违法现象。特别要注重监督纠正因地方和部门保护主义以及司法工作人员贪赃枉法、徇私舞弊导致执法、司法不公案件，加大对弱势群体权益的保护力度。依法保护人权，维护司法公正，彰显社会正义。

（五）深入推进检察改革，逐步完善法律监督工作机制。

认真落实中央和省、市关于司法体制和工作机制改革的意见，结合实际，制定切实可行的实施方案。进一步深化人民监督员制度试点工作，推动人民监督员制度的规范化建设。做好聘请民主党派成员和无党派人士担任特约检察员的工作，以加强民主监督。进一步深化“规范执法行为，促进执法公正”专项整改活动，全面加强检察工作规范化建设。

（六）坚持不懈抓好检察队伍建设，提高队伍的整体素质和执法水平。

要把思想政治建设放在首位，深入开展社会主义荣辱观教育和社会主义法治理念教育，使全体检察人员牢固树立“立检为公、执法为民”的执法观。要积极协助市、县两级党委、人大做好基层院的换届工作，进一步加强对两级院领导干部的管理与监督，切实推进领导班子建设。要加大业务培训力度，开展多种形式的岗位练兵活动，努力提高检察人员的业务水平和执法能力。要严格执法纪律，转变执法作风，努力做到公正、严格、文明执法。

（七）大力加强基层基础建设，为检察工作顺利开展提供良好的前提条件。

以公正执法为核心，以强化法律监督为目标，以争创先进检察院为载体，以推进基层检察院的执法规范化、队伍专业化、管理科学化为内容，大力加强基层检察院建设。进一步推进检察业务、队伍和信息化相结合的机制建设，加快全市检察机关“两房”建设和科技强检步伐，夯实履行法律监督职责的基础。

各位代表：检察机关肩负的使命光荣而艰巨。我们在今后的工作中，要高举邓小平理论伟大旗帜，自觉践行“三个代表”重要思想，牢固树立和落实科学发展观，认真贯彻落实本次会议决议，全面履行法律监督职责，不断开创检察工作新局面，为我市经济社会全面发展做出新的更大的贡献！

关于2005年国民经济和社会发展计划执行情况与2006年国民经济和社会发展计划草案的报告

——2006年5月10日在运城市第二届人民代表大会第一次会议上

运城市发展和改革委员会主任　张玉忠

各位代表：

现在，我受市政府委托，向大会作2005年国民经济和社会发展计划执行情况与2006年国民经济和社会发展计划草案的报告，请予审议，并请市政协委员和其他列席人员提出意见。

一、对2005年全市经济和社会发展情况的回顾

2005年是“十五”计划的结束之年，也是“十一五”规划的奠基之年。在市委的正确领导下，在市人大的监督支持下，全市上下坚持以邓小平理论和“三个代表”重要思想为指导，以科学发展观统领经济社会发展全局，真抓实干，奋力拼搏，年初确定的主要预期目标圆满实现。

全年全市生产总值完成470.8亿元，同比增长13.3%；财政收入55.6亿元，同比增长19.3%，其中一般预算收入18.4亿元，同比增长19.9%；规模以上工业增加值185.2亿元，同比增长20.9%；固定资产投资160.5亿元，同比增长16.3%；外贸进出口总额6.5亿美元，同比增长22%；城镇居民人均可支配收入7507元，同比增长10.3%；农民人均纯收入2806元，同比增长8.5%；社会消费品零售总额158.2亿元，同比增长10.3%；居民消费价格总水平上涨幅度控制在3%以内。

全市经济运行呈现以下四个特点：一是增速较快。全市生产总值增长速度高出全国平均增速3.4个百分点，高出全省0.8个百分点。二是质量有所改善。全市规模以上企业经济效益综合指数达到159.1%，同比提高1.4个百分点。三是大企业带动作用更加明显。十八大旗舰企业完成总产值275.2亿元，占全市规模以上工业总产值的55.4%。四是县域经济呈现新态势。尤其是平陆、新绛、垣曲等县市一改多年低速发展的态势，增速均高于全市平均增幅2个百分点以上。

（一）狠抓项目建设，深入推进经济结构调整

一是一批重大工业项目加紧建设。围绕建设“七大产业”、“八大基地”，山铝80万吨氧化铝、华泽铝业28万吨电解铝、芮城亚宝工业园二期、河津阳光焦化、闻喜银光镁业镁合金、盐湖区海升果汁、闻喜晋丰化工、芮城中鲁果汁等项目已经建成投产，临猗丰喜10万吨甲醇、稷山东方铁合金、万荣汇源果汁、临猗恒晟纺织等项目进展顺利，今年可建成投产。初步测算，这些项目投产达效后，年可新增销售收入210多亿元，折合工业增加值68亿元。与此同时，海鑫集团改扩建、中信通达重卡、华雄纺织、鑫源家具工业园、丰瑞煤化工1830等一批带动性较强的项目正在加紧运作和实施，这些项目对我市“十一五”发展将产生重大的带动作用。

二是一批重大基础设施项目取得实质性进展。围绕缓解电力紧张、运力不足等“瓶颈”制约。在加快永济电厂2×30万千瓦机组、电网改造、新禹高速、临猗至河津一级公路、县乡道路等在建项目建设的同时，积极推进电力、交通基础设施等重大项目前期工作，在较短时间内取得了重大进展。电力方面，总投资53亿元，装机2×60万千瓦的大唐电厂项目，已经国家发改委批准立项并正式开工；总投资96亿元，装机2×100万千瓦的河津二电厂项目通过国家发改委初审，为正式立项铺平了道路；总投资24亿元，装机2×30万千瓦的永济热电厂供热机组改造项目，立项思路和具体操作办法基本确定；运城50万伏站2号主变及双回线路、河津50万伏新建工程和22万伏输变电等电网项目前期工作进展顺利。交通方面，总投资45亿元的东镇至蒲掌高速公路、总投资12亿元的运城西南环城高速公路和总投资4.9亿元的运风高速公路改造三条高速公路项目已经省发改委批准立项，并落实省配套资金19.6亿元；三门峡黄河大桥、风陵渡黄河大桥、南同蒲铁路复线、侯西铁路复线等项目的前期工作也都有较大进展。社会事业方面，市中心医院迁建工程已动工，运城大学、运城师范学院、市体育馆、博物馆、图书馆、科技馆等项目的前期工作正在加紧运作。

三是做大做实“十一五”规划项目库。我市“十一五”规划项目库创建工作起步早、力度大、进展快，目前全市入库重点项目231项，总投资1877亿

元。其中入围省“十一五”重大项目占全省总数的18.1%；入围省“十一五”利用外资项目排名全省第二，仅次于太原市。

（二）转变经济增长方式，加快建设新型加工制造业基地

2005年，我市出台了钢铁和冶炼、铝和铝材加工、重型卡车和汽车配件等“八大基地”三年推进计划。列入其中的139个项目，总投资近400亿元，现已开工25项。围绕发展“七大产业”，建设“八大基地”，“十八大旗舰企业”进一步做大做强，全年完成总产值和工业增加值占到全市规模以上企业总额的55.4%和58.9%。在抓好冶金、焦炭两大传统支柱产业改造升级的同时，积极发挥比较优势，重点培育装备制造业、新型化工产业、新型材料产业、农副产品加工业、中医药产业、旅游文化产业等六大新的支柱产业。加大宏观调控和环境保护的力度，对61家不符合国家产业政策的焦化企业和100家高耗能、高排放、高污染、低效益企业予以关停。大力倡导发展循环经济，不断延伸产业链条，全市涌现出一批资源综合利用的示范企业，对转变经济增长方式起到了良好的带动作用。

（三）做好“三农”工作，加快建设高效生态农业基地

2005年，我市认真落实国家、省惠农政策，全部免征了农业税及其附加，全市兑付粮补资金5992万元，农机具补贴资金137万元。围绕“高效生态农业基地”建设，进一步优化种植结构，无公害农产品基地达到128.5万亩，设施农业达到49万亩，绿色农产品认证达到26个，无公害名优品牌达到8个。全市粮食总产15.9亿公斤，果品总产量27.5亿公斤，棉花总产0.9亿公斤，肉、蛋、奶产量同比分别增长5.6%、2.5%、22.9%。全年全市新转移农村劳动力14万人。新解决15.5万人的饮水困难问题。新建、改建村通和巷道硬化工程10750公里。完成天然防护林工程6.8万亩，三北防护林0.8万亩。

（四）推进改革开放，狠抓招商引资

2005年，我市进一步加大行政审批制度改革，市本级减少行政审批事项180项，并出台了进一步深化国有企业改革的实施意见，出台了《运城市招商引资奖励办法暂行规定》等政策性文件。层层落实招商引资责任，全年全市招商引资到位资金93亿元，超过年初目标32亿元，同比增长160%；直接利用外资3531万美元，同比增长50%。

（五）积极争取国家和省资金支持，确保投资稳步增长

2005年我市全社会固定资产投资完成160.5亿元，同比增长16.3%，总量位居全省第二位，仅次于太原市。我们在工业、农业、城建、环保、交通、科技、教育、文化、卫生、旅游、商贸、以工代赈、公检法司等方面共争取国家和省投资17.6亿元，比历史最高年份多3.2亿元，再次刷新了争取资金的纪录。

（六）努力构建和谐运城，各项社会事业全面进步

我市进一步加强科技创新体系建设，全市民营科技企业总数达到24家。“双基”成果不断巩固，去年全省高考文理科状元均在我市。新型农村合作医疗试点的农民参合率达到84.3%。城镇登记失业率控制在4%以内。国有企业下岗职工基本生活保障与失业保险并轨工作稳步推进，企业离退休人员养老金发放率达到100%，纳入城乡低保人数14万人。新增城镇就业岗位4.7万个，1.3万人通过各种途径实现再就业。中心城市空气质量二级以上天数达到211天。与此同时，文化、体育、民政、广电、人口、防震减灾等各项社会事业得到全面发展。

（七）以科学发展观为指导，认真编制“十一五”规划

根据中央、省的有关要求，按照市委、市政府的部署，我市“十一五”规划编制工作在广泛调研、整理分析了我市10多个行业相关资料的基础上，首先编写了《运城市国民经济和社会发展第十一个五年规划基本思路》，尔后起草了《中共运城市委关于制定国民经济和社会发展第十一个五年规划的建议》，并且得到市委一届八次全会的充分肯定和一致通过。最后依据《建议》，编制了全市“十一五”规划实施《纲要》（人大审议稿）。

回顾过去的一年，可以说是我市的大上项目年、科学谋划年、政策完善年、招商引资年，是各项工作都取得明显进步的一年。这些成绩的取得，是市委正确领导的结果，是市人大、市政协监督支持的结果，是市直各单位密切配合、真抓实干的结果，是全市500万人民同心合力、顽强拼搏的结果。

二、对我市经济社会发展形势的基本认识

第一，从经济发展所处的阶段看，按照我国普遍认可的经济评价指标衡量，我市经济和社会发展正在发生阶段性转变，即从工业化初级阶段开始跨入工业化中期阶段，进入了“战略机遇期”和“矛盾凸现期”。

第二，从经济增长的拉动因素看，“十五”时期我市经济快速增长，既有结构调整带来的经济结构优化的作用，更得益于全国经济新一轮增长对能源原材料需求的强力拉动和价格的大幅攀升，以原材料为主的我市工业在利好市场的作用下，取得了较好的效益，但产业的内在动力，企业的自主创新能力，应对市场风险能力并没有得到全面提升。

第三，从经济增长的方式看，我市经济增长仍然是依靠外延式扩张，增长的方式仍然比较粗放。我市原材料加工工业万元GDP耗能3.74吨标准煤，高于全省3.7吨标准煤的平均水平，更高于沿海地区1.005吨标准煤的水平。

第四，从三次产业结构及其演变看，经过持续不断的结构调整，“十五”期间，我市的三次产业结构比例由18.1:48.0:33.9调整为11.4:56.4:32.2，一产下降，二产上升，经济结构进一步优化。但三产比重不仅没有增长，反而下降了1.7个百分点，三产发展相对滞后。

第五，从建设新型加工制造业基地的现状看，虽然我市制造业近年来取得长足发展，产值已占全省制造业产值的 14.91%，排在太原（21.84%）、临汾（15.98%）之后，位居第三。但总体上仍处在传统制造业层面上，主要表现在“三低两高”：一是技术水平低。全市企业具有 90 年代先进技术水平的仅占 17%，多数工艺技术和装备仍停留于六、七十年代水平；二是经济效益低。全市规模以上制造业的总资产贡献率为 5.5%，远远低于全国 10.5%的平均水平；三是就业程度低。经济增长与就业增长存在互动机制，一般呈正相关关系。而我市近年来虽然 GDP 一直处于高速增长，但同期二产就业增长率不仅没有提升，反而逐年下降。“两高”是高消耗、高污染。全市制造业结构不尽合理，冶金和焦炭两大支柱产业占全市工业增加值比重 67%。

第六，从建设高效生态农业基地的现状看，我市农业基本上仍属于靠天吃饭的“雨养农业”，综合效益很低。主要表现：一是农业投入不足，基础薄弱，综合生产能力不强。二是农产品加工转化率低、附加值不高，农民增收缓慢。三是农业科技服务体系滞后，远远不能适应建设高效生态农业基地的需要。

三、2006 年全市经济社会发展总体安排

2006 年我市经济社会发展的指导思想是：**坚持以邓小平理论和“三个代表”重要思想为指导，坚持以科学发展观统领经济社会发展全局，围绕全面建设小康社会的总目标，抓住国家促进中部崛起的新机遇，加大改革开放力度，推进经济结构调整，培育壮大优势产业，加快转变增长方式，更加重视社会事业，统筹城乡协调发展，积极推进社会主义新农村建设，进一步加快农业产业化、新型工业化和特色城镇化进程，不断提高综合经济实力，提高可持续发展能力，提高人民生活质量，提高和谐社会建设水平，努力把运城建成山西省新型加工制造业基地和高效生态农业基地，建成晋陕豫黄河金三角地区工贸旅游中心城市**。主要预期目标是：地区生产总值增长 13%，单位地区生产总值能耗下降 5.6%，单位地区生产总值污染物排放总量下降 10%；财政总收入增长 15%，一般预算收入增长 12%；工业增加值增长 20%；全社会固定资产投资增长 20%；消费品零售总额增长 14%；外贸进出口总额增长 12%；粮食总产量保持在 15 亿公斤左右；城镇居民人均可支配收入增长 12%；农民人均纯收入增长 7%；居民消费价格总水平上涨幅度控制在 3%以内；城镇登记失业率控制在 3%以内；人口自然增长率 6.6‰。为了实现上述目标，务必紧紧围绕落实规划《纲要》，努力做好以下七方面工作：

（一）努力在新农村建设上迈开新步伐

1. 发展现代农业，拓宽增收渠道。以建设高效生态农业基地为目标，做优粮、果、畜、菜、棉五大主导产业，培育芦笋、中药材、蚕茧等特色种植基地。实施优质粮食产业工程，启动 500 万亩耕地综合生产能力建设项目。果业生产要优化品种、提升品质、提高市场占有率。畜牧业要向区域化、规模化、优质化方向发展。蔬菜要全面推进无公害化生产，大力培育专业合作组织，促进产业上规模、上档次。到 2010 年无公害农业基地面积达到 600 万亩以上。加强对农村劳动力务工技能的培训，积极发展农村二、三产业。全市每年转移农村劳动力 8 万人，力争到“十一五”末，使第一产业的从业人数占劳动力总数的比重下降到 40%以下，农民非农收入占总收入的 50%以上。

2. 加强农业基础设施建设。加强农业节水、农田改造、水土保持等小型工程。抓好中留、吕庄两座病险水库及汾河入黄口、灌区节水改造等大、中型水利工程建设。狠抓饮水解困工程，力争解决 1874 个村庄，152 万人饮水困难和饮用高氟高砷水问题。继续实施水泥（油）路通村达户、村村循环工程。发展农村通信、远程教育，实施广播电视“村村通”。大力推广农村沼气，今年全市农村新增沼气用户 2 万户。

3. 积极推进城乡统筹发展。加大各级政府对农业和农村投入的力度，扩大公共财政覆盖农村的范围，进一步完善加强农业、支持农村、保护农民合法权益的政策措施，逐步建立以工促农、以城带乡的长效机制。进一步加大财政支农的力度，重点向农村经济结构调整和农业产业化方面倾斜。同时，大力发展农村教育、卫生、文化等社会事业，满足农民群众的精神文化需求。新型农村合作医疗试点县由河津市 1 家再增加闻喜、临猗、稷山、芮城、平陆 5 个县，力争 2007 年 13 个县（市、区）基本普及新型农村合作医疗，在全国率先实现新型农村合作医疗市的目标。

4. 搞好新农村的规划和建设。在新农村建设“百村千户”大调研的基础上，抓紧研究制定全市新农村建设规划，在全市树立 130 个新农村建设示范村。引导、组织农民搞好村容村貌的整治改造，为新农村建设奠定良好基础。

（二）努力在深化经济结构调整上取得新成效

1. 巩固传统支柱产业，培育新的支柱产业。“十一五”期间，我们要通过资源整合、改革重组、技术改造、新上项目等途径，把冶金行业发展重点放在延伸产品链条，提高技术含量和附加值上；把焦炭行业的发展重点放在化产品回收和现代煤化工上，不断优化结构，做大产业规模，提高整体水平。力求到 2010 年，冶金和焦炭两个行业实现销售收入 600 ~ 800 亿元。在改造提升传统支柱产业的同时，我们要立足现有基础，发挥比较优势，加快培育装备制造业、新型化工产业、新型材料产业、农副产品加工业、中医药产业、旅游文化产业等六大新的支柱产业，力争到“十一五”末实现销售收入 500—800 亿元。

2. 实施大企业战略，优化企业结构。“十一五”期间，我市将着力做大做强一批规模较大、技术先进、管理规范、核心竞争力强的大企业、大集团。全力打造四个方阵。第一方阵：到 2010 年销售收入达 100 亿元以上的企业 8 家，完成销售收入 600 亿元以上；第二方阵：到 2010 年销售收入达 50 ~ 100 亿元的企业 10 家，完成销售收入 400 亿元以上；第三方阵：

到2010年销售收入达30~50亿元的企业10~12家，完成销售收入300亿元以上；第四方阵：到2010年销售收入达10~30亿元的企业26~30家，完成销售收入400亿元以上。四个方阵50~60家企业到2010年要完成销售收入1600亿元。

3. 大力发展第三产业。第三产业发展不足是我市产业结构的突出问题。要立足国际国内消费市场的需求，加快发展商贸流通和现代服务业，大力发展旅游文化产业，着力打造“运城——中华民族寻根问祖之旅”品牌；支持发展一批在黄河金三角地区有较大聚集力和辐射力的大型商贸、物流中心；大力推进连锁经营、仓储式超市等现代组织形式和服务方式，运用信息网络等先进技术改造专业批发市场。重点发展3~5个物流园区和现代物流企业。引导推动城市商贸流通网络向农村延伸，实施“万村千乡”市场工程，支持城市大型流通企业整合农村商业、供销、粮食系统及个体经营网点资源，大力开拓农村消费市场。

（三）努力在城镇化建设上取得新变化

一要搞好中心城市建设。按照建设黄河金三角地区工贸旅游中心城市的定位，坚持规划先行，加大项目支持力度，加快建设速度，拉大城市框架，完善城市功能。今年要按照既定部署，投资6.5亿元，抓好东部新区、空港新区、盐湖新区、西南环城高速、森林公园、盐湖、姚孟、圣惠三大公园建设，尽快启动博物馆、体育馆、科技馆、城市集中供热供气等工程建设。

二要抓好特色县域城镇建设。今年起，要切实抓好县域城建规划工作。重点在完善功能、优化整体布局、提高城市综合竞争力、建设产业和人才高地上下功夫。努力把县城建设成集生产、贸易、交通、居住、消费等为一体的新型工业基地和区域性现代物流商贸中心。把重点小城镇建设成为功能完善、富有特色的经济小区。

三要加快基础设施建设。要进一步密切同国家、省相关部门的联系，千方百计跑项目、争资金。今年重点实施新（绛）禹（门口）高速公路建设，启动运（城）稷（山）一级公路建设，实施东（镇）蒲（掌）高速公路建设。加快大唐运城电厂2×60万千瓦、永济电厂4×30万千瓦、关铝热电2×20万千瓦、50万伏环网、22万伏变电站、中心城市电网等一批基础设施建设。

（四）努力在争取国家和省投资上取得新成绩

1. 加大项目工作力度。进一步做实做细“项目库”，抓住省“重大项目年”机遇，努力争取我市更多的企业进入省“三大方阵”，更多的项目入围省“十一五”规划项目库。

2. 千方百计争取国家和省资金。抓住国家实施中部崛起战略和省“双千亿”贷款机遇，紧紧围绕新型加工制造业基地和高效生态农业基地建设、重大基础设施建设、新农村建设、各项社会公共事业建设等重点领域，千方百计争取国家和省在资金投入方面，给我市以更大的倾斜和支持。

3. 全力做好国家、省政策的争取和落实工作。紧密配合国家、省发改委等部门做好工作，争取我市能够享受东北老工业基地和西部政策；争取省在新农村建设方面给予农业主产区一定的政策倾斜。

（五）努力在推进改革开放上实现新突破

1. 全方位扩大对外开放。按照全市对外开放会议“十破十立”的要求，精心筹划“拿好菜单”，集中心智“打扫门庭”，进一步优化投资环境，提高行政效率，支持优势企业开展对外投资和合作，大力发展对外劳务，鼓励成套设备、特色农产品出口，组织好我市发展急需的设备、技术、人才的引进，把我市的对外开放提高到新的水平。

2. 进一步加大招商引资力度。强化竞争意识，切实把招商引资作为经济工作的重中之重，认真落实各项招商引资奖励措施，营造招商引资的良好氛围，今年全市招商引资总量要力争突破100亿元。

3. 继续深化国企改革，大力发展非公有制经济。推动国有资本流动重组，加快市属国有企业产权股权多元化改革。重点解决关闭破产、职工补偿、转让股权、社保接续、主辅分离、辅业改制等具体问题。建立国企改革准备基金，规范有序、平稳推进国企改革。引导民营企业向现代股份制企业转变；鼓励有条件的民营企业以兼并、收购、联合和入股等形式，跨区域、跨行业、跨所有制，实行“强强联合”，组建规模化、国际化的大型企业集团；大力支持民企自主创新、开发新产品；鼓励非公有制经济参与国企改革，投资城乡基础设施、生态环境保护、社会公共事业等领域。

（六）努力在建设资源节约型和环境友好型社会上取得新进展

1. 大力发展循环经济和清洁生产。尽快制定发展循环经济的具体规划，在煤炭、焦炭、冶金、电力、建材、化工6类行业全面改进设备、工艺技术和生产流程，重点抓好15个企业、3个园区、3个县（市、区）的循环经济试点工作。今年开始重点对煤炭、电力、焦炭、化工和冶金等高污染行业实施全行业清洁生产强制审核。发展一批工艺先进、能源原材料消耗低、经济效益显著的清洁生产示范项目，建设一批清洁型、节约型生产的示范企业。

2. 加快建设节约型社会。重点抓好高耗能行业和企业的节能工作。加快制定重点用能单位耗能指标、能源消费统计报告制度、节能工作管理制度及奖罚措施。进一步推进城市节水工作，加大重点耗水行业节水技术改造，积极推广农业节水灌溉和旱作节水农业。促进农村建设用地和城市建设用地、交通基础建设用地的节约集约利用。

3. 实施生态治理和环境保护工程。生态建设方面，重点抓好“小康林业”建设，今年起着手规划并组织实施平原区农田防护林，中条山区水源涵养林，黄河、汾河、涑水河两岸生态林等“生态建设工程”，力争到2010年全市森林覆盖率达到26.8%，城市建成区绿地覆盖率平均每年提高2.5个百分点。

环境保护方面，坚决淘汰落后设备工艺，依法关、停、并、转污染严重的企业，严厉打击死灰复燃的高污染企业。以“两河一渠”（汾河、涑水河、姚暹渠）为重点，全面实施工业企业排污许可制度。抓好医疗废物集中处置，加大固体废物、危险废弃物污染防治的监督管理力度，推进污染物治理市场化进程，努力改善全市环境状况，今年中心城市二级以上天数要达到240天，主要河流综合污染指数下降15%。

（七）努力在发展各项社会事业上取得新进步

1. 加快发展教育、文化、卫生事业。优先发展教育事业，继续巩固、提高普及义务教育，重点扶持农村偏远地区中小学远程教育。加快标准化学校建设步伐，新建500所标准化学校、改造危房20万平方米。筹划建设市级特教学校。大力发展职业教育，紧密结合我市产业、企业需要，面向市场为经济建设培养实用型技能人才。加快建设运城大学和各类高等专科学校，吸引名牌大学在我市设立分校。紧紧抓住培养、吸引、用好人才三个环节，加强党政人才、企业经营管理人才、专业技术人才、高技能人才和农村实用人才五支人才队伍建设，促进各类人才队伍协调发展。

大力实施农村民办文化“五个一”工程，重点抓好市县博物馆、文化馆、图书馆、体育馆、妇女儿童活动中心建设，进一步丰富人民群众的文化生活。积极发展文化事业和文化产业，加大文化设施建设投入，构建比较完备的社会公共文化服务体系。

加大对卫生事业的投入，建立完善疾病预防控制体系、医疗救治体系、卫生执法监督体系，提高应对突发公共卫生事件的能力。加强重大疾病的预防工作。加快县、乡、村三级医疗网络建设步伐，切实解决群众看病难看病贵的问题。

2. 千方百计扩大就业。积极推动发展劳动密集型产业、服务业和中小企业，完善公共就业服务体系，每年力争吸纳劳动力8万人。认真落实财政投入、小额贷款、免费培训和税费减免等促进再就业优惠政策，为城乡居民就业提供方便和服务。

3. 加快完善社会保障体系。完成下岗职工基本生活保障制度向失业保险制度的并轨。扩大基本养老金保险范围，重点把非公有制企业、个体工商户和灵活就业人员纳入企业职工基本养老保险范围。确保企业离退休人员基本养老金、国有企业下岗职工生活费、城镇居民最低生活保障金按时足额发放。逐步健全完善农村最低生活保障制度，困难群众帮扶救助机制，逐步扩大覆盖面，提高补助标准，今年将6882名农村“五保”对象全部纳入供养范围。力求各项社会事业取得全面进步。

各位代表，同志们，蓝图已经绘就，新的征程已经迈开脚步。让我们高举邓小平理论和“三个代表”重要思想的伟大旗帜，认真贯彻落实科学发展观，以更加开阔的视野和思路谋划发展，以更加强烈的忧患意识和责任意识加快发展，为“十一五”开好局、起好步努力奋斗！

附：名词解释

【生产总值】是指一个国家或地区所有常住单位在一定时期内生产活动的最终成果。从价值形态看，它是所有常住单位在一定时期内所生产的全部货物和服务价值的差额，即所有常住单位的增加值之和；从收入形态看，它是所有常住单位的初次分配收入之和，即劳动者报酬、生产税净额、固定资产折旧、营业盈余四项之和；从产品形态看，它是最终使用的货物和服务减去进口（调入）货物和服务。

【工业总产值】是工业企业在一定时期内生产的以货币表现的最终产品总价值。它是社会总产品的组成部分。工业总产值是反映产品总价值量的指标。

【工业增加值】是指在一定时期内工业生产活动附加在劳动对象上的价值。

【全社会固定资产投资额】是以货币表现的建造和购置固定资产活动的工作量，它是反映固定资产投资规模、速度、比例关系的使用方向的综合性指标。全社会固定资产投资包括全民所有制单位投资、城乡集体所有制单位投资和城乡居民个人投资。国有单位固定资产投资总额，分为基本建设、更新改造和其他固定资产投资，从一九九〇年起又增加了商品房建设投资。

【社会消费品零售总额】是国民经济各部门售给城乡居民和社会集团以及给农业居民作为生活消费用的商品总额。包括各种经济类型的商业、饮食业、工业和其他行业对城乡居民和社会集团的消费品零售额，以及农民对非农业居民的消费品零售额。它可以综合反映一定时期内全社会通过零售市场供应给城乡居民和社会集团的消费品总额，说明各行各业为人民生活服务的情况。它是研究人民生活和零售市场消费品供需平衡的状况的重要依据。

【进出口总额】是指实际进出我国国境的货物总金额。包括对外贸易实际进出口货物，来料加工装配进出口货物，国家间、联合国及国际组织无偿援助物资和赠送品，华侨、港澳台同胞和外籍华人捐赠品。

【外贸依存度】是指一个地区对外贸易总额与GDP的比值，是用于衡量该地区经济对国际市场依赖程度高低的指标之一。

【城镇登记失业率】是城镇登记失业人员与城镇单位就业人员、城镇单位中的不在岗职工、城镇私营业主和个体户主、城镇私营企业和个体就业人员、城镇登记失业人员之和的比值。在城镇单位就业人员中，不包括使用的农村劳动力、聘用的离退休人员、港澳台及外方人员。城镇登记失业人员是指有非农业户口，在一定的劳动年龄内（16岁以上及男50岁以下、女45岁以下），有劳动能力，无业而要求就业，并在当地就业服务机构进行求职登记的人员。

【财政一般预算收入】是指纳入地方一般预算管理的收入（通俗地理解其主体为地方一级财政可以支配的税收）。

【社会主义新农村】是指在社会主义制度下，反映一定时期农村社会以经济发展为基础，以社会全面进步为标志的社会状态。中央提出的建设要求是“生产发展，生活富裕，村容整洁，乡风文明”。主要包括以下几个方面：一是发展经济、增加收入。这是建设社会主义新农村的首要前提。要通过高产高效、优质特色、规模经营等产业化手段，提高农业生产效益。二是建设村镇、改善环境。包括住房改造、垃圾处理、安全用水、道路整治、村屯绿化等内容。三是扩大公益、促进和谐。要办好义务教育，使适龄儿童都能入学并受到基本教育；要实施新型农村合作医疗，使农民享受基本的公共卫生服务；要加强农村养老和贫困户的社会保障；要统筹城乡就业，为农民进城提供方便。四是培育农民、提高素质。要加强精神文明建设，倡导健康文明的社会风尚；要发展农村文化设施，丰富农民精神文化生活；要加强村级自治组织建设，引导农民主动有序参与乡村建设事业。具体而言，所谓“新农村”包括5个方面，即新房舍、新设施、新环境、新农民、新风尚。这五者缺一不可，共同构成社会主义“新农村”的范畴。即要因地制宜地建设各具民族和地域风情的居住房，而且房屋建设要符合“节约型社会”的要求；要完善基础设施建设，道路、水电、广播、通讯、电信等配套设施要俱全，让现代农村共享信息文明；生态环境良好、生活环境优美。尤其是在环境卫生的处理能力上要体现出新的时代特征；使农民具备现代化素质，成为有理想、有文化、有道德、有纪律的“四有农民”；要移风易俗，提倡科学、文明、法治的生活观，加强农村的社会主义精神文明建设。

【“131.1”规划】是指为推进全省经济结构调整，促进经济健康快速发展，省委、省政府出台了《关于推进经济结构调整实施“1311”规划的意见》，其主要内容是：在“十五”期间，在市场选择的基础上，全省要集中抓好100个农业产业化龙头企业，30个战略性工业潜力产品，10个旅游景区景点和100个高新技术产业化项目。

【科学发展观】是指“坚持以人为本，树立全面、协调、可持续的发展观，促进经济社会和人的全面发展”，按照“统筹城乡发展、统筹区域发展、统筹经济社会发展、统筹人与自然和谐发展、统筹国内发展和对外开放”的要求推进各项事业的改革和发展。

【和谐社会】是指一个以人为本的社会。一切活动的根本目的，都是为了人的生存、享受和发展。和谐社会就是一个政通人和、经济繁荣、人民安居乐业、社会福利不断提高的社会。

【节约型社会】是指在社会再生产的生产、流通、消费诸环节中，通过健全机制、调整结构、技术进步、加强管理、宣传教育等手段，动员和激励全社会节约和高效利用各种资源，以尽可能少的资源消耗，满足人们不断增长的物质文化需求。它是以较低资源消耗支撑全社会较高福利水平的可持续发展模式。

【循环经济】是指以资源的高效利用和循环利用为核心，以低消耗、低排放、高效率为基本特征的一种经济增长模式。循环经济的基本原则是“减量化、再利用、资源化”。所谓“减量化”，是指在生产和服务过程中，尽可能地减少资源消耗和废弃物的产生，核心是提高资源利用效率。所谓“再利用”，是指产品多次使用或修复、翻新或再制造后继续使用，尽可能地延长产品的使用周期，防止产品过早地成为垃圾。所谓“资源化”，是指废弃物最大限度地转化为资源，变废为宝、化害为利，既可以减少自然资源的消耗，又可以减少污染物的排放。

【绿色GDP】是指从现行GDP中扣除环境资源成本和对环境资源的保护服务费用，其计算结果可称之为“绿色GDP”。绿色GDP这个指标，实质上代表了国民经济增长的净正效应。绿色GDP占GDP的比重越高，表明国民经济增长的正面效应越高，负面效应越低，反之亦然。

【项目的核准制】是指对企业投资建设不使用政府性资金的重大项目和限制类项目不再由政府进行审批。政府只是从维护经济安全、合理开发利用资源、保护生态环境、优化重大布局、保障公共利益、防止出现垄断等方面进行核准。项目的市场前景、经济效益、资金来源和产品技术方案等均由企业自主决策、自担风险，但要依法办理环境保护、土地使用、资源利用、安全生产、城市规划等许可手续。实行核准制的范围和权限，由《政府核准的投资项目目录》作出规定。

【项目的备案制】是指企业投资建设不使用政府性资金的非重大项目和非限制类项目，由企业按照属地原则向地方政府投资主管部门备案后，依法办理环境保护、土地使用、资金利用、安全生产、城市规划等许可手续。其后，企业即可自行组织建设。企业报送备案的项目，除不符合法律法规有关规定、产业政策禁止发展、需报政府核准或审批的之外，地方政府投资主管部门应当予以备案。

关于运城市2005年总预算及市本级预算执行情况和2006年总预算及市本级预算草案的报告

——2006年5月10日在运城市第二届人民代表大会第一次会议上

运城市财政局局长　孙太平

各位代表：

受市人民政府委托，我现将全市2005年总预算及市本级预算执行情况和2006年总预算及市本级预算草案的报告提请市二届人大一次会议审议，并请市政协委员和列席人员提出意见。

一、2005年总预算及市本级预算执行情况

2005年是我市经济社会发展取得突出成就的一年。在市委、市政府的正确领导下，全市上下认真贯彻党的十六大以来的各项方针政策，积极落实市一届人大七次会议通过的各项决议，以科学发展观为指导，深入推进经济结构调整，努力转变经济增长方式，不断加大改革开放力度，积极建设新型加工制造业基地，着力构建和谐运城，经济与社会事业发展取得了新的成绩。全市及市本级预算执行良好。

（一）全市总预算及市本级预算变动情况

2005年，市一届人大七次会议审查通过的全市财政总预算及市本级预算，在执行中，根据上级追加、追减专项指标和各级预算调整情况，作了适当变动。全市一般预算收入由154082万元调整为155501万元，增加1419万元，主要是增值税退税由中央财政负担收入增加1419万元。全市一般预算支出由年初的312600万元调整为512516万元，增加199916万元。其中：上级下达专款增加支出67201万元，上级转移支付补助增加支出45687万元，使用上年结转增加支出28756万元，动用上年净结余增加支出31676万元，使用当年超收增加支出29995万元，使用调入资金增加支出2938万元，其他支出减少6337万元。

市本级一般预算收入由68371万元调整为69108万元，增加737万元，主要是增值税退税由中央财政负担收入增加737万元。市级一般预算支出由69334万元调整为114014万元，增加44680万元，主要是上级下达专款增加支出5334万元，上级转移支付补助减少支出969万元，使用上年结转增加支出13860万元，动用上年净结余增加支出11423万元，使用当年超收增加支出8549万元，使用调入资金增加支出1091万元，其他支出增加支出5392万元。

（二）全市总预算及市本级预算执行情况

1. 全市总预算执行情况

2005年，全市一般预算收入完成184077万元，为调整预算（下同）的118.38%，超收28576万元，比上年增长19.86%，增收30503万元。其中：工商税收完成116567万元，为预算的103.63%，比上年增长21.76%，增收20833万元；农业四税完成1943万元，为预算的180.58%，比上年降低82.34%，减收9062万元；企业收入完成15799万元，为预算的103.26%，比上年增长8.49%，增收1237万元；其他各项收入完成49768万元，为预算的186.84%，比上年增长54.21%，增收17495万元。

一般预算支出执行437358万元，为预算的85.34%，比上年执行数353935万元增长23.57%，增支83423万元。其中：生产建设性支出60017万元，为预算的85.33%，比上年增长43.64%，增支18233万元；各项行政事业支出335205万元，为预算的89.95%，比上年增长17.72%，增支50468万元；其他各项支出42136万元，为预算的60.60%，比上年增长53.70%，增支1472万元。

全市财政平衡情况：2005年，全市一般预算收入完成184077万元，免抵未调库归还收入1980万元，上级财政各项补助收入265219万元，国债转贷收入2881万元，国债转贷资金上年结余1690万元，上年结余收入60432万元，调入资金2938万元，收入总计为519217万元。当年一般预算支出437358万元，专项上解949万元（周转金上解结算），拨付国债转贷资金及转贷结余4571万元，调出资金1181万元，支出总计为444059万元。收支相抵，年终滚存结余75158万元，减结转下年支出64268万元，年终累计净结余10890万元，再减去上年批复决算后的累计净结余6169万元，当年净结余4721万元，实现了收支平衡。同时，全市13个县（市、区）也都实现了收支平衡。

另外，2005年全市财政基金预算收入完成22529万元，为预算的192.16%，超收10805万元，比上年增长62.31%，增收8649万元；基金预算支出26830万元，为预算的68.55%，比上年增长86.89%，增支12474万元。

2. 市本级预算执行情况

2005年市本级一般预算收入完成76920万元，为预算的111.30%，超收7812万元，比上年增长31.26%，增收17298万元。其中：工商税收完成51192万元，为预算的102.01%，比上年增长24.48%；企业收入完成11396万元，为预算的89.27%，比上年增长3.29%；耕地占用税完成250万元，为预算的144.51%，比上年增长44.51%；行政性收费、罚没、专项及其他收入完成14082万元，为预算的235.21%，比上年增长124.52%。

市本级一般预算支出执行86990万元，为预算的76.30%，比上年增长45.76%，增支27309万元。其中：生产建设性支出20693万元，为预算的86.70%，比上年增长203.06%，增支13865万元。各项行政事业支出57645万元，为预算的84.30%，比上年增长17.88%，增支8745万元。其他各项支出8652万元，为预算的39.75%，比上年增长118.87%，增支4699万元。

市本级财政平衡情况：2005年，市本级一般预算收入完成76920万元，免抵未调库归还收入805万元，国债转贷收入及资金上年结余1530万元，上年结余收入25283万元，调入资金1091万元，县级上解收入14388万元，收入总计120017万元。当年市本级一般预算支出86990万元，专项上解4458万元，拨付国债转贷资金及转贷结余1530万元，调出资金15万元，支出总计为92993万元。收支相抵，年终滚存结余27024万元，减结转下年支出17862万元，年终累计净结余9162万元，剔除待上解8510万元后，当年净结余652万元。

综观2005年全市财政预算执行情况，财政收入持续快速增长，财力规模进一步扩大；财政支出结构继续优化，保障能力进一步增强，全市财政预算执行呈现良好态势。这是市委、市政府正确领导，市人大依法监督、市政协民主监督以及全市上下共同努力的结果，也是市场基础性作用进一步发挥、宏观调控力度不断加大和政策性因素有力拉动的结果。全市各级财政部门为此也做出了积极的努力。

（一）充分发挥职能作用，积极促进全市经济社会事业发展

一是争取各种财政资金保障发展。2005年，在市委、市政府的高度重视下，在各职能部门的密切配合下，财政部门积极争取资金，为运城发展提供财力保障，共向上级部门争取各种资金264706万元，其中：

各项税收返还45151万元；

各种专款67201万元；

各种转移支付补助152354万元。

二是运用财政政策，千方百计扶持企业发展。2005年全市共拨付资金3412万元扶持企业发展，其中：企业挖潜改造资金512万元，外经贸发展促进项目等资金400万元，增值税退税2500万元。

三是增加农业投入，促进农村经济发展。全年支农支出37885万元，有力地促进了农业增效、农民增收和农村经济发展。

四是确保资金到位，促进科教文事业发展。2005年，全市科教文事业投入104016万元，其中：科学事业费514万元，科技三项费1430万元，教育支出88301万元，文体广播事业费13971万元。

五是大力推进城建事业发展。2005年用于城市建设的资金29087万元，其中：省开发银行贷款19530万元，配套9557万元，主要用于铺安街（一期）、人民北路、高专东路延长线、盐湖大道、潞村街、禹西路拆迁和道路建设以及10个城市绿化项目，使运城的城市面貌发生了进一步变化。

（二）积极构建"以人为本"的支出保障体系

一是认真落实工资发放责任制，严格工资专户管理。全年共发放公教人员基本工资162637万元，及时拨付县级一般性转移支付补助49734万元，使全市13个县（市、区）全部兑现了财政供养人员的基本工资。

二是大力支持社会保障体系建设。以扩面、提标为重点，大幅增加社会保障投入，2005年全市拨付社会保障补助16264万元、抚恤和社会福利救济费18033万元，支持城乡社会救助体系建设，促进社会保障制度的完善。73617名城市贫困人口纳入了低保范围，67399名农村低保对象享受到财政补助，6880名"五保"对象纳入了财政供养范围，5882名国有企业下岗职工基本生活费和53456名企业离退休人员基本养老金按时足额发放，70%的下岗职工实现了出中心向失业保险并轨，有力地维护了社会的和谐稳定。

三是大力支持公共卫生事业发展。2005年，全市医疗卫生支出17805万元，增支1359万元，大力支持乡村医疗卫生事业发展，开展推进了"县乡保健院、防疫站、卫生院建设"、"农民健康工程"和"农村卫生服务体系建设"，改善了农村公共卫生条件，在河津市开展了新型农村合作医疗改革试点，农民参合率达到83.7%，提高了财政应对突发公共卫生事件的能力，面对禽流感等突发疫情，千方百计筹措防治资金，切实保障人民群众生命安全。同时还积极支持建设覆盖省、市、县三级疾病预防控制体系，在平陆、盐湖、河津3个县（市、区）启动了城市医疗救助试点，在盐湖、临猗、稷山、闻喜、夏县、绛县、平陆、垣曲8个县（市、区）实行了农村医疗救助试点，提高了公共卫生保障水平。

四是努力维护社会稳定。2005年全市公检法司支出28121万元，比上年增长33.71%，增支7089万元，支持了各级政法机关装备建设、监所维修和严打办案等，有效地保障了广大人民群众生命财产安全，有力地维护了社会稳定。

（三）深入推进公共财政体制改革

一是积极推进预算管理体制改革。国库集中收付制度改革不断完善，政府宏观调控能力增强，财政资金使用效率进一步提高。市级全面实行部门预算，176个单位纳入了部门预算管理，资金总额77438万

元。其中：财政拨款 47269.4 万元，预算外收入 24945.6 万元，政府性基金 5223 万元，使财政资金在阳光下运行，预算约束力增强。依法推行政府采购，实行“管采分离”，采购范围规模进一步扩大，2005 年采购资金总额达 17950 万元，节约资金 2402 万元，节支率 13.1%。实行“票款分离、收支脱钩”，“收支两条线”工作不断深化。农村税费改革顺利推进，全市免征农业税及其附加，减少农民税费直接负担 1.3 亿元，人均减负 31.9 元，农民负担进一步减轻。二是努力缓解县乡财政困难。积极落实省对县增收节支激励约束机制，有力地调动了县级增收节支保平衡的积极性，县级财政自我保障能力不断增强。三是创新资金管理模式，提高财政支出效率。对与人民群众生产生活密切相关的财政支出，如粮食补贴、计划生育家庭奖励等进行了直补；强化了农业综合开发项目、资金的管理和监督，积极开展了投资参股经营试点。此外，各级财政部门还积极支持了粮食流通等相关领域的改革，取得了明显成效。

（四）不断提升财政管理法制化水平

不断加大贯彻执行《预算法》、《会计法》等法律法规工作力度，严格预算约束，强化会计监管，有力地整顿和规范了财经秩序。加大监督检查、投资评审、绩效考评工作力度，致力构建程序合法、制约有效、执行透明的财政监督机制，重点监管社会保障、支农、教育等与人民群众生产生活密切相关的财政支出，努力提高财政资金使用效益。不断完善事前投资评审、事中跟踪监督、事后绩效考评相结合的监督机制，加大财政投资评审力度，2005 年共评审项目 39 个，送审金额 56455 万元，审定金额 37596 万元，审减金额 13994 万元，平均审减率 25%。

各位代表：2005 年全市财政发展迈出了新步伐，依法行政、依法理财的能力和水平得到进一步提高，这与各级人大的一贯监督与支持是分不开的。在此，我们向各级人大及其常委会和各位代表表示衷心的感谢！

在看到财政改革与发展取得良好成绩的同时，我们也清醒地认识到，我市是一个资源缺乏、经济欠发达、财力不宽裕的地区，尤其是资源缺乏与兄弟地市不能同步发展的矛盾十分突出，财政改革与发展依然面临诸多的矛盾和挑战。财政收入持续快速增长的基础还不稳固；全面落实科学发展观、构建和谐社会、推进社会主义新农村建设对财政改革与发展提出了更高的要求，缓解县乡财政困难、深化财政改革、完善公共财政体制，防范化解财政风险的任务还十分艰巨；预算约束弱化、会计信息失真、偷逃骗税和铺张浪费等现象还不同程度存在。这些问题事关全市经济社会发展大局，我们将高度重视，着力加以解决。

二、2006 年全市和市本级预算草案

2006 年是实施“十一五”规划的开局之年。做好今年的财政工作，对实现“十一五”规划的顺利开局具有十分重要的意义。按照《国务院关于编制 2006 年中央预算和地方预算的通知》精神，贯彻市委、市政府的重大决策部署，综合考虑今年财政经济发展的各种因素，2006 年全市财政预算安排总的指导思想是：**以邓小平理论和“三个代表”重要思想为指导，认真贯彻党的十六大和十六届五中全会及省委八届七次、市委一届八次全会精神，坚持以科学发展观统领财政工作全局，按照加快科学发展、建设和谐运城、致力求真务实的总体要求，把握中部崛起的战略机遇，以支持我市新型加工制造业基地建设、和谐社会建设和社会主义新农村建设为着力点，发挥财政宏观调控职能，支持经济结构调整，提高财政收入质量；优化财政支出结构，深化公共财政体制改革，提升依法理财水平，提高财政保障能力，促进我市经济社会又快又好发展，为顺利实施“十一五”规划开好局、起好步。**

根据这一指导思想，2006 年市级财政收支计划遵循的原则：一是财政收入的增长幅度要与经济发展速度相适应；二是积极稳妥，量力而行，留有余地，收支平衡，不列赤字；三是坚持“一要吃饭、二要建设”的原则，把保工资和保政权机关正常运转放在首位；四是保持宏观经济政策的连续性和稳定性；五是着力调整和优化财政支出结构，保障“三农”、义务教育、社会保障、公共卫生、生态和环境保护等重点支出需要；六是进一步深化财政体制改革和预算管理制度改革；七是预算内外财力综合运用。

贯彻上述指导思想及原则，今年全市总预算及市本级预算草案如下：

（一）全市财政总预算安排情况

2006 年全市财政总收入预期目标 64 亿元，比上年增长 15%，一般预算收入 20.7 亿元，增长 12.29%。分征收系统的收入计划为：国税系统 47.7 亿元，增长 18%；地税系统 11.6 亿元，增长 15%；财政系统 4.7 亿元。

按以上收入计划和现行财政体制计算，2006 年全市当年预算财力为 36.04 亿元，同口径比上年年初预算数增加 4.8 亿元（含省转移支付），增长 15.3%。根据《预算法》地方各级预算必须按照量入为出、收支平衡的原则编制，不打赤字之规定，按照有多少财力安排多少支出的原则，全市支出计划安排 36.04 亿元。主要项目的安排情况为：

——确保机关事业单位基本工资和政权机关正常运转，全市行政事业单位工资性支出及行政事业性经费支出安排 18.2 亿元，比上年年初预算安排数增长 12.5%，增加 2 亿元。

——支持解决“三农”问题，安排农业方面支出 11348 万元，增长 16.58%，增加 1614 万元。

——加快发展教育事业，安排教育事业费 90222 万元。增长 16.99%，增加 13103 万元。

——促进技术创新和科技成果转化，安排科技三项费 1827 万元，增长 16.81%，增加 263 万元。

这里需要说明的是，全市财政收支计划是市财政代编的指导性计划，待各县（市、区）预算经同级人代会通过后，市财政将汇总后的全市财政收支预算报市人大常委会备案。

（二）市本级预算安排情况

2006年市本级一般预算收入计划安排 72394 万元，比上年降低 5.8%，减少 4526 万元。

根据上述收入计划和现行财政体制计算，2006 年市级预算财力为 70560 万元，比上年实现财力 75851 万元减少 5291 万元。按照量入为出、收支平衡的原则，2006 年市级一般预算支出安排 70560 万元，比上年年初预算财力增加 9692 万元。主要项目的安排情况是：

基本建设支出 220 万元；

科技三项费用 386 万元；

农业支出 3936 万元；

林业支出 602 万元；

水利和气象支出 1680 万元；

工交和流通部门事业费 82 万元；

文体广播事业费 4129 万元；

教育支出 9425 万元；

科学支出 274 万元；

医疗卫生支出 4490 万元；

其它部门事业费 1532 万元；

抚恤和社会福利救济费 1895 万元；

社会保障补助支出 1022 万元；

行政管理费 15323 万元；

公检法司支出 5931 万元；

政策性补助支出 1787 万元；

城市维护费 2200 万元；

支援不发达地区支出 85 万元；

专项支出 5569 万元；

其他支出 8292 万元；

预备费 1700 万元。

各位代表：2006 年全市财政总收入比上年增长 15%，这样安排，既考虑了我市国民经济发展中可能存在的问题以及一些政策性减收因素，又考虑了维护全市改革、发展、稳定大局的资金需要，是实事求是、切实可行的。但财政收入的增长与改革深化、事业进步所需资金的要求相比仍有较大的差距，全市财政收支矛盾仍然十分突出，预算安排难度很大。支出预算既要考虑根据国家政策规定适当增加机关事业单位职工工资、确保公教人员基本工资按时足额发放的资金需要，又要兼顾支持社会保障体系建设、维护社会稳定的支出需要，同时还要保证教育、科学、农业等法律法规规定的重点项目支出。由于财力有限，许多需要安排的支出项目未能安排，请各位代表给予理解。

三、全力以赴完成 2008 年财政预算任务，努力实现“十一五”发展的良好开局

*一是狠抓增收节支，确保财政收支平衡。*增收节支是财政工作永恒的主题。各级财政既要积极支持税务部门依法加强税收征管，做到应收尽收，又要坚决反对虚收探收，扎实完成各项收入任务。同时要切实按照“两个务必”的要求，严格支出管理，狠抓勤俭节约，继续实行一般性经费支出零增长的政策，重点压缩会议费、招待费、差旅费、出国考察培训费、通讯费、车辆购置维护费支出，特别要严格控制财政供养人员过快增长，降低行政成本，减轻财政负担，确保财政收支平衡。

*二是以支持“三农”为中心，积极推进新农村建设。*加大“三农”投入，稳定“三农”政策，整合“三农”资金，扩大公共财政覆盖农村的范围，按照中央提出的“生产发展、生活宽裕、乡风文明、村容整洁、管理民主”的要求，积极推进新农村建设。一要着力增加投入。各级财政都要努力增加支农资金投入总量，研究开辟新的支农资金投入渠道，鼓励和引导社会各方面资金投入农业，逐步形成新农村建设稳定的资金来源。二要着力支持发展农村经济，促进农民持续增收。高度重视粮食生产，完善良种补贴政策，进一步加大农机购置补贴的投入力度。三要着力支持发展农村公共事业，逐步缩小城乡差距。放活体制环境，支持农业和农村各项改革。积极探索财政支持农业保险、农业担保的有效途径，完善财政机制，提高农业财政工作水平。四要积极推进农村综合改革。在巩固农村税费改革成果的基础上，积极推进乡镇机构改革，减轻财政负担，降低行政成本，提高行政效益。

*三是以维护和发展人民群众根本利益为出发点和落脚点，积极支持和谐社会建设。*千方百计解决好与人民群众生产生活密切相关的各类社会问题，全力以赴发展好包括教育文化、社会保障、医疗卫生等诸多薄弱环节在内的各项社会事业。在支持九年义务教育的同时，大力加强职业教育和技能培训，加快推进文化体制改革，促进文化事业和文化产业的协调发展。进一步完善社会保障体系和城乡社会救助体系，完成国有企业下岗职工基本生活保障制度向失业保险制度并轨任务；确保企业离退休人员基本养老金按时足额发放，扩大基本养老保险覆盖范围；完善落实财政投入、小额贷款担保等优惠政策，为城乡居民就业提供方便和服务；建立完善城市居民最低生活保障、农村特困群众生活救助等制度，切实解决好农村困难家庭和城市困难企业职工生产生活问题。加快推进城乡公共卫生机构建设，推进县乡村三级医疗卫生体系建设，健全城市社区卫生服务体系。积极支持政法机关建设，提高政法经费保障力度，切实保障人民群众的生命财产安全，维护社会稳定。

*四是大力推进新型工业化，加快产业结构优化升级。*围绕建设新型加工制造业基地的目标，大力推进经济结构战略性调整，加快传统产业新型化、新兴产业规模化，重点支持发展冶金、装备制造等“七大产业”，加快建设铝和铝材加工等“八大基地”，积极推进“三个开发区”以及空港工业区等园区建设，做大做强“十八大旗舰企业”，充分发挥加工制造业对经济发展的重要支撑作用，培育新的经济增长点。

*五是深化完善财政改革，进一步提高财政管理水平。*按照公共财政的要求，加快财政改革步伐。积极推行政府收支分类改革，促进财政预算管理科学化、规范化；深化部门预算改革，编实编细预算，强化预算约束；完善项目支出管理办法和手段，拓宽财政支出绩效考评领域，加大财政投资评审力度，研究科学

的绩效预算评价体系，促进财政支出效益的最大化；深化“收支两条线”管理改革，扩大收支脱钩范围，强化财政监督管理；深化国库集中支付制度改革，规范国库集中支付程序，拓展直接支付的范围，提高资金拨付效率；扩大政府采购范围和规模，节约财政资金，提高财政资金使用效益。

*六是坚持依法理财，加强队伍建设。*认真贯彻执行《预算法》、《山西省预算监督条例》、《财政违法行为处罚处分条例》等财政法律法规，切实增强法制观念，强化财政支出责任意识，加大财政监督检查力度，努力将财政收支活动纳入法制范围，不断提高财政干部的法律素质和依法理财的自觉性。同时要采取有效措施，加强队伍建设，建设一支政治坚定、业务精通、作风优良、清正廉洁、品德高尚的财政干部队伍，为做好各项财政工作奠定坚实基础。

各位代表：2006 年我市改革与发展的任务相当繁重。让我们高举邓小平理论和“三个代表”重要思想伟大旗帜，全面贯彻落实科学发展观，在市委、市政府的坚强领导下、在市人大、市政协的监督支持下，大力深化财政改革，努力健全财政职能，以更加求实的工作理念，更加务实的理财措施，着力推动经济结构调整和经济增长方式转变，着力推进和谐社会和社会主义新农村建设，着力加快改革开放步伐。为开创我市“十一五”时期经济社会发展新局面而努力奋斗！

运城市中级人民法院工作报告

——2006年5月12日在运城市第二届人民代表大会第一次会议上

运城市中级人民法院院长　任连友

各位代表：

现在，我代表运城市中级人民法院向大会报告第一届人民代表大会期间法院的主要工作，请予审议，并请市政协委员和其他列席人员提出意见。

一、五年来的工作情况

2001年以来，市中级人民法院在市委的正确领导下，在上级法院的指导和市人大的监督支持下，努力实践“三个代表”重要思想，认真贯彻落实“司法公正、一心为民”的指导方针，围绕“公正与效率”主题，忠实履行了宪法和法律赋予的各项职责，以审判为中心的各项工作保持了全面协调、可持续性的发展。

（一）审判职能充分发挥。

五年来，全市法院充分发挥审判职能，共审理刑事、民事、行政、执行等案件134327件。其中，中级法院共审（执）结14647件，年结案率保持在96.3%以上，为维护我市社会稳定、促进经济发展、构建和谐社会，提供了有力的司法保障。

刑事审判维护了社会稳定。在刑事审判中，中级人民法院始终坚持基本事实清楚，基本证据充分原则，严把程序关、事实关、证据关，快审快判，使一批大要案件依法及时审结，尤其是对故意杀人、爆炸、抢劫、绑架等恶性暴力犯罪，保持了强大的刑罚惩治力和法律威慑力。五年中，中级法院共审结刑事案件2389件，判处罪犯2912人，其中判处死刑、死缓、无期徒刑256人，年结案均保持在98%以上。五年来，中级法院立足维护社会稳定，根据形势的发展变化，相继开展了严打整治、“打黑除恶”、“扫黄打非”、打击“两抢一盗”、“车匪路霸”等一系列针对性强、重点突出的专项斗争。对轰动全省的陈保强等14人贩卖毒品案，高双成等8人拐卖儿童、盗窃案，在全国产生影响并备受全市人民关注的付富贵雇凶杀人案，党成喜强奸杀人案以及谢兵义、李海军等15人抢劫、盗窃团伙案，赵艳增、孙志强等14人抢劫、杀人案，李建升、杜江宁等14人破坏电力设施案等，都坚持用重典出重拳，依法从重从快予以打击，共判处犯罪分子268人，铲除了社会毒瘤，保护了人民群众生命财产安全，老百姓无不拍手称快。

与此同时，中级法院还充分运用审判职能，严厉打击了破坏社会主义市场经济秩序的新类型案件，依法审结涉及金融、票据、期货、税收等领域犯罪案件173件，判处罪犯286人。市煤炭冶金工业供销公司单位犯罪案、吴楚玉等上亿元的虚开增值税发票案，都依法受到了严厉惩处，维护了我市良好的经济发展秩序。中级法院还始终把依法严肃惩处职务犯罪作为推动反腐倡廉的一项重要任务，先后判处贪污、贿赂、挪用公款等犯罪分子228人，昭示了党和国家惩治腐败的坚强决心。在刑事审判中，中级法院始终认真贯彻“打防结合，预防为主”、“宽严相济、不枉不纵”的刑事审判政策，全面落实社会治安综合治理的各项措施。五年来，共依法从轻、减轻判处未成年罪犯377人，经过教育、改造获得减刑、假释罪犯448人，免予刑事处罚111人，宣告无罪释放50人。并利用宣判会、普法日、重大节假日等形式先后派出15批千余人次，走上街头，依案说法，开展咨询、宣传法制，印发传单、宣传材料5万余份，对提高全民法律意识，预防各种犯罪，起到了积极的促进和震慑作用。

民商事审判促进了社会和谐经济发展。做好民商事审判工作，是新时期社会主义市场经济条件下运用法律调节各种社会关系，促进依法经营，实现平等竞争，维护社会公平正义，构建和谐社会，服务经济发展的重要手段。五年来，中级法院共审结民商事案件8862件。其中，审结企业破产案37件，盘活资金3.56亿元，妥善安置职工21679人；积极处理了684件劳动争议、拖欠农民工工资、涉及下岗职工生活保障及拆迁安置等关系人民群众切身利益的案件，先后审结一、二审合同纠纷案件3577件，权益纠纷案2784件，使大批发生在厂矿企业、乡村街道以及金融、建筑、购销、运输、交易、流通等领域的矛盾纠纷得以解决，化解了社会矛盾，维护了经济秩序，保障了经济发展。

在民商事审判中，一是坚持了调解原则，做到能调则调，该判则判，调判结合，多调少判，年均调解率达30%以上，力争“案结事了”，达到法律效果与社会效果相统一。二是始终把涉及农业发展、农村稳定、农民利益的“三农”案件作为民事审判的重点，依法维护土地经营自主权，妥善处理农村集体土地征用承包纠纷，保障进城务工人员合法权益，稳妥审理婚姻家庭、邻里纠纷、债权债务、抚养、赡养等案件，做到就地办案、巡回开庭，使矛盾消化在基层，维持了社会稳定。三是着眼于国有和民营企业的发展，依法保护企业和法人的合法权益，创造良好的招商引资、入股投资的法制环境，有效地促进了当地经济发展的良好势头。

行政审判推动和支持了行政机关依法行政。五年来，中级法院共审理行政一审、二审案件551件，比前五年增长3.7个百分点；执结行政非诉案840件，审理国家赔偿案件94件。据统计，在审结的行政案件中，行政机关胜诉的210件，占38.2%；公民、法人和其它组织胜诉的299件，占54.2%；撤诉或作其它处理的42件，占7.6%。同时，中级法院还积极支持行政机关依法行政，协助政府行政部门强制执行了一大批涉及环保、税收、拆迁等案件，关闭、取缔了一批小企业和非法开采矿产资源的行政非诉案件，为依法行政提供了良好的法制服务。

这里值得一提的是，五年来中级法院在审理各类案件中，始终贯彻了“司法公正、一心为民”的指导方针，采取了各种司法便民利民措施，先后审结群众申诉申请和审判监督案579件，帮助当事人完成司法技术鉴定812件，委托鉴定45件，并依法保护弱势群体的利益，坚持实行了司法救助制度，为贫困、残疾、孤寡老人减免缓诉讼费用多达350余万元，确保了有困难的人民群众打得起官司。

（二）执行工作成效明显

在过去的五年里，中级法院不断强化执行工作，成立了执行局，实行了执行官考核任命制，建立了统一管理、统一指挥、统一协调的执行工作机制，坚持内抓建章立制，外创执行环境，在大胆适用提级执行、交叉执行等措施的同时，不断创新执行方法，总结出台了“主动请示汇报，争取领导支持执行；采取‘三权’互动，形成合力促进执行；借助新闻媒体，运用舆论推动执行；发挥三统一优势，突破障碍强化执行；借鉴外地经验，结合实际创新执行；推行执前保全措施，抓好时机确保执行；坚持强制执行与说服教育相结合，讲求方法灵活执行；建立联动执行机制，发挥社会力量保障执行”等等一系列有效做法和经验，市人大常委会还专门听取解决“执行难”工作报告，给予执行工作关心和支持，使执行工作收到了明显效果，开创了良好局面。五年来，共执结各类案件1106件，执行标的达5.5亿元，年均执结率达85.4%，超过了全国、全省平均水平。这些做法和经验不仅得到了市人大常委会的充分肯定，而且，受到了最高人民法院和省高院的高度评价，并被《新时期人民法院理论与实务》一书收编，《法制日报》向全国予以推广。

（三）内部改革日益深化

前五年是中级法院认真落实最高人民法院第一个《人民法院五年改革纲要》之年。为适应新形势对审判工作的要求，紧紧围绕“大立案、精审判、强监督、重执行”的改革思路，积极探索，勇于创新，深化内部改革。一是深化了审判组织改革。按照公开、公平、竞争、择优的原则，实行了审判长选任制。经过民主推荐、专业考试、庭审观摩等程序，一批德才兼备的专业型法官走上了审判岗位。同时，不断强化审判责任，还审判权于合议庭，促其依法独立审判，增强了审判职能，提高了办案效率和质量。二是深化了审判方式改革。在庭审方式上变传统纠问式为抗辩式，改法官自己搜集证据为当事人举证，明确了当事人的举证责任，实行了诉前保全、庭前证据交换、当庭举证、当庭质证、当庭辩论、当庭评断、当庭宣判。一审案件除法律规定不公开审理的以外，公开开庭率达100%，二审和再审案件公开开庭率逐年增高，当庭宣判率达到60%以上。裁判文书经过规范、统一，质量明显提高，说理性、判后语更富有人性化，使当事人赢得明白，输得服气，有效地提高了案件的息诉率。三是深化了审判管理改革。在审判管理改革中，中级法院勇于开拓，逐步建立了一套符合司法规律的审判和管理制度，改变了原来“立审不分”、“审监不分”、“审执不分”的状况，实行了“三个分离”，推行了案件流程管理，在大立案的前提下，建立统一立案、统一分流和审限跟踪监督制度，完善了权力制衡机制和案件管理制度，有效地避免了当事人选法官、法官选案件的现象。四是深化了再审改革，变无限申诉为有限申诉，进一步强化了审判监督职能，既坚持实事求是、依法纠错，又切实维护生效裁判的既判力，方便了群众申诉，有效地解决了人民群众申诉难、告状难的问题。

（四）队伍素质不断提高

五年来，中级法院始终把加强队伍建设、提高法官素质作为法院建设的根本，紧紧抓住不放。一是以提高职业道德素质为主题，先后开展了“一教育三整顿”、“转变审判作风年”、“司法公正树形象”、“保持共产党员先进性”和“规范司法行为，促进司法公正”等一系列教育整顿活动，把“司法公正、一心为民”作为法官队伍建设宗旨，规范行为，见诸行动，使队伍的政治素质明显提高。二是以提高办案效率和质量为重点，突出民商事审判、执行、立案、信访等重点部门和重点岗位，先后开展了“抽百人查百案”、“清理积案大会战”、“案件质量评查”、“优秀案卷评比”等活动，以案找问题，以案究责任，以此增强法官的责任感和事业心，使教育活动更具针对性和实效性。进而使广大法官和工作人员对“为谁掌权、为谁执法、为谁服务”更加明确，公正与效率观念更加牢固；全院上下形成想工作、干事业、讲公正、求效率、争先进、创优绩的良好氛围。五年来，全市法院先后有28个单位和77名干警受到省级以上表彰，有42个单位和117名个人受到市级以上表彰，中院调研工作、政治工作先后受到最高人民法院表彰。三是以提高业务水平和审判技能为核心，按照《法官法》要求，严格实行了“两考一培训”制度，即：坚持初任法官必须经过国家统一司法考试，任命法官职务前必须经过任前培训和考核，不断提升法官队伍的业务素质，改变法官专业知识结构，逐步实现向专业型队伍转变。五年来，中院共举办各类业务培训18期，1500余人次分别参加了培训，先后选派65批236人次脱岗进修，并鼓励大家在岗自学。目前，中院在岗干警中，研究生学历7人，本科学历131人，大专以上学历的人数占干警总数的94.2%，近五年来分配进院的30名军转干部有13名同志通过了国家司法统一考试，取得了法官任职资格。五年间，还严格按照有关程序，先后新任和晋级法官125人。全市首批236名人民陪审员经过培训也已走上了审判岗位。队伍素质的提高，为严肃执法、公正审判奠定了良好的基础。

（五）基层建设长足进步

基于基层法院人员、案件占全市法院数量两个80%的实际状况，中院在加强自身建设的同时，认真履行了对基层法院的指导、监督和协管职能。五年来，经过群众评议、民主推荐、组织考察，协助党委为7个基层法院配备了政治意识强、业务精通、具有较强管理能力和较高领导水平的“一把手”，并对5个基层法院的主官进行了交流，使13个基层法院班子成员大学本科以上学历达到了100%。中院围绕“审判工作法治化，法院管理制度化，法官队伍职业化、法庭装备标准化”的“四化”目标，实行了党组成员包县包院负责制，定期不定期深入基层指导协调，现场办公，帮助基层解决实际问题和困难。五年来，共组织基层法院700余名审判人员进行了业务轮训，对350余名书记员进行了培训，选派2250余人次接受了法官晋级考试和外出受训。此外，还组织了每年度对基层法院全面工作的考评，先后总结推广了万荣法院实行队伍分序列管理的经验和“大立案”改革的经验；闻喜法院制度建设和法庭建设的经验；临猗法院推行“首问责任制”，积极解决涉诉信访的经验，以及河津法院实行“阳光审判”，规范司法行为等工作经验，为提高基层法院建设质量，增强司法能力，改善物质条件起到了积极的推动作用。省高级法院在我市召开了全省法院基层建设现场经验交流会。

（六）监督制约日臻完善

人民代表大会作为国家的权力机关，宪法赋予了其监督的职责，人民法院要遵守宪法，自觉地接受人大监督。为此，2001年市人大常委会成立后，为了更好地接受人大常委会和人大代表对法院工作的监督，中院专门增设了人大代表联络室，专职负责办理人大常委会和人大代表的相关事宜。五年来，中级法院始终坚决贯彻执行人民代表大会及其常委会的各项决议和决定，主动向常委会报告工作，积极邀请人大代表、政协委员视察法院、指导工作、旁听审判。中院班子成员坚持了每年一次向人大常委会述职述廉报告制度，并多次向常委会作出专项工作报告，自觉接受人大常委会和人大代表的监督及评议，并认真落实了《执法责任制》。据统计，本届人大代表对中级法院共提出意见、批评、建议31件，中院党组高度重视，认真研究，及时办理，均按期向常委会和人大代表作出了答复和反馈。常委会监督批转的86件个案，也都认真吸纳了代表的监督意见，公正地进行了处理，并亲自上门进行了答复。同时，还广泛接受了社会各界及新闻舆论的监督，不断改进了工作和作风。

在接受外部监督的同时，中级法院始终把强化内部监督制约机制作为秉公执法、清廉为民的重要保障，认真加以落实。每年初院长、副院长、各庭室一把手都要层层签定《党风廉政建设目标责任书》，全院建立健全了办案责任制和违法审判责任追究制，明确目标，强化责任。多年来始终坚持了新任、晋级、晋职审判人员诫勉谈话制度和半年一次中层干部述廉制度，做到上岗先上廉政课，常鸣廉政警钟，常怀律己之心。同时，在院内实行了教育与制约相结合、监督与查办相结合、纠案与究人相结合，通过案件质量评查、信访举报、内部监督等渠道，共查处违规违纪和违法干警13人；其中开除公职、开除党籍1人，降职降级3人，党纪处分2人，其他行政处理7人，有效地促进了党风廉政建设，促进了司法公正。

（七）物质装备逐步改善

五年来，全市法院的审判办公条件有了很大改善，继盐湖、芮城、闻喜法院新审判办公大楼投入使用后，绛县法院的审判办公大楼已建成使用，平陆、万荣的审判大楼也已开工建设，临猗、夏县、垣曲、永济等法院也都进行了改建、扩建和装修。为了加强基层法庭装备建设，2004年，中院组成专题调研组，利用一个月时间，行程3000余公里，对全市46个基层法庭逐个调查摸底，形成了《运城市基层法庭建设情况调查报告》，为基层法庭物质建设争取到近千万元国债资金。根据中院审判办公条件落后的实际情况，从2003年起，在市委、人大、政府及社会各界的关怀和支持下，着手新建审判办公大楼，尽管资金十分困难，仍历经千难万苦，终于建成了一栋新的审判办公大楼，近期将搬迁投入使用，不仅将彻底改变我市法院硬件滞后的旧面貌，而且树立了我市法制建设的新形象，它将成为我市一道亮丽风景屹立于河东大地。

（八）涉诉信访工作力度加大

近年来，涉诉信访已成为影响社会稳定的一件大事，备受各级党委、政府的关注。为此，中级法院及时加强了信访工作力度，成立了解决涉诉信访案件领导组和办公室，坚持以“首问责任制”为龙头，定期研究分析涉诉信访案件，先后制定了《进京赴省来市信访案件处理方案》、《全市法院联动大接访方案》等工作制度。对涉诉信访案件实行院领导亲自包人、包案、包县、包院责任制，做到定时间、定任务、定目标，积极消化涉法上访矛盾，认真解决反映的问题。形成了“一把手亲自抓，分管院长具体抓，立案庭牵头抓，其他庭室共同抓”的大信访格局，逐步完善解决涉诉上访问题的长效机制。据统计，五年来，中院共接待涉诉来访群众1.5万余人次，来信1560余件，仅2005年院领导在大接访活动中就接待980人次，现场解答、处理80案，并对52件老上访户的案件进行了妥善处理，化解了一大批矛盾。

各位代表，五年来法院工作成绩的取得，固然离不开全院干警的共同努力，但更是市委正确领导的结果，是人大及其常委会监督关心的结果，也是社会各界大力支持的结果。在此，我代表中级法院、全体干挚对各级党委、人大、政府、政协表示衷心的感谢!对在座的各位人民代表、政协委员和社会各界表示诚挚的谢意!

回顾和总结本届工作，我们深刻地体会到：

(一) 必须始终坚持紧紧依靠党的领导

五年来，市中级人民法院始终把各项工作置于党的绝对领导之下，坚持主动向市委汇报工作，正确处理党的领导和依法独立审判的关系，积极围绕市委的工作指导思想和发展战略开展工作，积极主动地为党和国家的大局服务，为党和国家重大战略决策的实施提供有力的法律保障。只有这样，才能使法院的各项审判和工作得以健康向前发展。

(二) 必须始终坚持主动接受人大监督

实践证明，法院的工作只有置于人大的监督之下，才能得到人民群众的认可。五年来，不论是人大常委会对中级法院的评议，还是听取专项工作报告，每一次都既是监督又是支持，更体现了权力机关对法院工作的关心，也为法院创造了良好的社会执法环境，继而有力地发挥了法院的审判职能作用。

(三) 必须始终坚持“公正司法、一心为民”的指导方针

公正是司法的灵魂，为民是司法的宗旨。五年来，中级法院坚持司法为民，实现“公正与效率”主题，不断提高司法保障和服务水平，不仅为构建和谐社会做出了应有的贡献，而且赢得了人民群众对法院的理解和支持，在社会上逐步树立了法院的良好形象。

(四) 必须始终坚持与时俱进、不断深化内部改革。

五年来的各项工作成果，充分说明了只有勇于开拓、改革创新，才能使各项工作充满活力，不断适应形势发展的需要，保证各项审判和工作全面、协调可持续发展。

(五) 必须始终坚持抓好队伍建设。

五年来，我们在队伍建设方面，抓教育，不断提高政治思想素质；抓培训，不断提高业务素质；抓管理，不断强化内部监督制约；抓典型，使人民法院和人民法官的良好形象在社会上得到了不断提升。因此，队伍素质的提高，是法院建设的根本，只有以人为本，抓好队伍，才能使法院的各项工作不断进步，公正才有保障。

(六) 必须始终坚持抓好基层基础建设。

五年的工作实践证明，基层基础建设是做好法院的基本条件，基础打得牢，工作才能做得实，也才能一步一个脚印向前发展。

各位代表，回顾总结五年来的工作，在充分肯定成绩的同时，我们也清醒地看到，还面临着一些亟待解决的问题和困难：一是法官队伍的整体素质与党和人民群众对公正效率的要求还不适应，一些法官职业道德素质还不是很高，办人情案、关系案的现象依然存在。特别是法官队伍难进难出、青黄不接断层现象日益凸现；二是审判能力与人民群众日益增长的司法需求还不相适应，一些案件的质量还不高，存在瑕疵，甚至个别案件裁判不公，引发了群众的上访不满；尤其是当前的社会执法环境不尽人意，一些案件执行难的问题依然存在，影响了法院在人民群众心目中的威信；三是由于受硬件条件制约，规范化管理、规范化的审判场所还不尽完善，一些制度一时还难以落实到位，影响了法院司法能力的建设；四是物质装备建设还相对落后，不能适应新时期审判任务的需要，装备老化，设施不配套，法院的办案业务经费仍十分紧缺，尤其是审判办公大楼的建设资金缺口很大，形成了很大债务。上述问题和困难的存在，既有主观原因，又有客观因素。我们将认真研究，努力解决，同时也希望人民代表和社会各界给予监督和支持。

二、对下届工作的建议

人民法院的工作要**继续高举邓小平理论和“三个代表”重要思想伟大旗帜，以“公正司法、一心为民”为根本指针，树立和落实科学发展观，以“公正与效率”为主题，更好地发挥审判职能作用，为我市经济社会全面发展，构建和谐社会提供有力的司法保障。**

(一) 坚持科学发展观，努力服务和谐社会建设

坚持科学发展观是人民法院工作的重要指导方针，发挥审判职能，促进社会稳定，服务和谐社会构建，是审判机关义不容辞的责任。以科学发展观指导法院工作，就要妥善处理好法院工作和依靠党的领导的关系；依法独立审判与人大监督的关系；审判工作与队伍建设的关系；严肃执法与司法为民的关系；公正与效率的关系；诉讼调解与依法判决的关系；法院基本建设与当地经济发展的关系。始终坚持正确的政治方向，充分运用法律手段，严厉打击各种刑事犯罪活动，继续加大对危害公共安全犯罪、严重暴力犯罪的审判力度，依法从重从快、稳准狠地打击各种刑事犯罪，维护社会稳定；调处社会各类矛盾，依法维护公民、法人和其他组织的合法权益，特别是对涉及农业发展、农村稳定、农民利益的“三农”案件，要加大调解力度，耐心做好思想工作，维护社会安定，促进经济发展，推动和谐社会建设。

(二) 坚持深化内部改革，不断加强法院的长远建设

一是要建立健全科学规范的审判流程管理制度。建立和完善随机分案制度，探索同一级别的法院逐步实行统一的审判流程管理模式，逐步把立案、审判、执行、信访等各个环节纳入流程管理，实现审判管理的科学化、规范化。二是要进一步完善案件质量效率综合评估体系建设，逐步建立对案件监督和对人监督相结合的工作运行机制。进一步健全和落实审判责任制，对案件质量管理和法官业绩考评的内容进行量化和细化，努力形成科学、合理的案件质量评查机制和人员考核管理体系，使二者有机结合，良性运行。三是要改革完善审判委员会制度，使审委会的活动更加符合审判工作的特点和要求。改革的重点是要突出审委会的最高审判组织特征，强化审判组织职责，推进审判委员会的专业化，要实行审判庭的审判管理与行

政事务管理相分离，明确审判管理职责和司法政务职责，规范案件审核制度。四是要改革民事、行政案件审判监督制度。重点推动建立再审之诉，切实解决人民群众“申诉难”、“申请再审难”的问题。

（三）坚持以人为本，继续下气力抓好队伍建设

要通过对全体干警进行职业道德教育、法制理念教育、荣辱观教育等活动，继续提升法官队伍的思想政治素质，树立正确的权力观、荣辱观、利益观，牢固确立公正司法的理念。

要继续深入开展反腐倡廉教育，不断提高拒腐防变和抵御风险的能力，认真落实党风廉政建设责任制，明确目标，强化责任，严于律己，清正为民。要进一步增强接受监督意识，自觉接受人大和社会各方的监督，加大查处力度，对违法违纪的人和事，发现一起，查处一起，决不姑息迁就，促进队伍清正廉洁、秉公执法。

要继续加强法官队伍的业务培训，通过在岗培训、离岗补训、在岗自学、脱岗进修等形式和方法，不断提高队伍的综合业务素质和审事断案水平。要大力宣扬正面典型，弘扬正气，努力培养和塑造一支政治坚定，业务精通、素质良好、作风过硬、高效廉洁、党和人民信赖的法官队伍。

（四）坚持“公正与效率”为主题，进一步着力抓好案件质量建设

着重抓好四个方面：**一是从源头上严把案件质量关**。通过审判人员案件质量承诺制度，增强办案责任心，确保程序公正、实体公正、执行公正，不断提高当庭宣判率，保证公开开庭率，提升案件调解率，减少改判发还率，降低上诉申诉率，巩固执结率。**二是加强对审判案件过程的监督制约**。要继续严格执行案件审限跟踪督办卡、案件质量确认登记卡和每月通报制度，充分发挥内部纪检监察机构的监督职能作用，对群众反映较大的案件，要参与过问，实行监督查办，确保审判公正。**三是要继续坚持案件质量评查和责任追究**。在坚持每季度案件质量评查基础上，把评查与业绩考核结合起来，把案件质量与法官行为规范结合起来，严格实行违法审判责任追究，发现问题既要纠案，又要究人，坚决杜绝枉法裁判行为，防止人情案、关系案。**四是要进一步规范执行程序**。要推行公开制度，重大事项要公开听证，取得全社会的理解和支持；要规范评估、拍卖、变卖等程序，防止滥用执行权；要建立良性执行考核体系，设置科学、合理的考核标准，不断提高执行质量和效率。

（五）坚持规范管理，切实抓好司法能力建设

加强司法能力建设，是提高审判权威、确保司法公正的前提。要以增强司法能力，提高司法水平为目标，以健全制度、落实管理、加强监督为重点，扎实有效地推进司法规范化长效机制建设。通过健全制度、完善机制，把我市法院的司法工作全面纳入规范化、法制化的轨道。做到各司其职，各负其责，用科学的管理机制充分调动每个人的积极性，真正做到靠制度管理，靠规范治院，提高整体司法能力。

（六）坚持打牢基础，全面抓好基层基础建设

基层建设是人民法院整体工作的基础。中级法院要针对当前我市基层法院建设工作中存在的突出问题和困难，强化决策调研，强化工作责任，确保基层建设的各项任务落到实处，取得实效。要发挥上级法院的监督指导作用，抓好基层法院的班子和队伍建设，帮助基层解决一些实际问题和困难。

各位代表，新的形势，新的任务，对法院工作提出了新的希望，新的要求。我们要在市委的正确领导下，在市人大及其常委会的监督和市政府、政协以及社会各界的大力支持下，振奋精神，与时俱进，履职尽责，不辱使命，为我市的社会和谐稳定、经济发展腾飞，人民安居乐业，提供强有力的司法保障，作出新的更大的贡献！

（责任编辑：杨春英）

大 事 记

2005 年

1 月

1 日

今日商城步行街正式“开街”运营。市领导黄有泉、董洪运、张建合、董鹏翔、刘冠生、董一兵、王琦等为“开街”剪彩。

同日

市文化新闻出版管理局、市纠正行业不正之风办公室联合发出公告，对全市范围内各类报纸、记者站进行专项整顿。

5 日

向印度洋海啸灾区的灾民捐赠活动在全市展开。

同日

平陆县发生一起特大道路交通事故，造成 12 人死亡，12 人受伤。事故发生后，市政府办公厅发出通报，要求吸取教训，引以为戒。

6～7 日

全市中小学人事制度改革工作稷山现场会召开。与会人员现场参观了稷山县黄华小学、稷山一中，听取了稷山、闻喜、永济等先进县（市）的经验介绍。市领导黄有泉、董洪运、张建合、王安庞、刘冠生、史海涌等出席了会议。会议要求全市建成 20006 所标准校、100 所省级名校、10 所全国名校，抓好校通、班通工程，为每个家庭培养一名大学生，至少培养一名职业技术人才。

7 日

市第一届人大常委会第 29 次会议召开。决定授予毛金元、孙兴赤、孙克俭、吕万福、刘玉虎、刘永贵、杜甫保、杨春霞、邱德福、吴项铁、张丁海、张玉薄、张风亮、陈阳朝、赵志斌、郑建民、贺民胜、姚正莲、秦建业、原文龙、原贵生、崔云生 22 名同志“运城市优秀人大代表”荣誉称号。授予王战平、牛守正、史加龙、孙太平、刘永东、张丽让、陈越戟、周迎、罗明友、原起宏、黄春元、麻石娃、裴都红、翟北安 14 名同志“运城市优秀人民公仆”荣誉称号。

10 日

全市党校工作会议召开。市委书记黄有泉要求各级党委要站在加强党的执政能力建设的高度，重视和大力支持党校建设工作。党校建设要实现“八有一保证”，即有独立固定校址、有良好校容校貌、有完善的办公设施、有良好的办公条件，有较高的教师队伍、有高效的行政后勤服务队伍、有远程教育 C 级站，有多媒体教室，保证达到 200 人的办学规模。

月初

民建运城市第一届委员会第十四次全体会议召开，选举产生了其市委领导机构。孙涛锁当选为主任委员，姚平民、马春录当选为副主任委员。

12 日

市委召开农业和农村工作座谈会，继续推进粮食增产农民增收工作。

同日

全市果业工作会议召开，提出了 2005 年奋斗目标，在稳定面积、优化结构的基础上，力争水果总产达 34 亿公斤，总产值达到 44 亿元，农民人均果业纯收入达到 1000 元。

同日

盐湖区迎宾餐馆和福同惠食品有限公司被全国妇联和中国商业联合会授予全国商业服务业“巾帼文明岗”称号。

13 日

全市“四下乡”活动启动，为盐湖区陶村农民送去文化、科技、法制、卫生知识。这是市委、市政府举办的第十次“四下乡”活动。

14 日

全市为期 30 天的集中治超大行动全面启动。

同日

市长胡苏平带领市经贸代表团访问巴西归来。在访问中，经贸代表团同 30 多家企业进行商贸洽谈，达到多项合作意向；与阿拉拉瓜市签订了建立友好城市意向书。

同日

永济市市长冯方汇、运城市监委监察一室主任翟飞龙被授予山西省“人民满意的公务员”称号，市人口和计划生育委员会被授予“人民满意的公务员集体”称号。

同日

全市加强“五老”（老干部、老战士、老专家、老教师、老模范）队伍建设工作会议召开。会议要求，发挥“五老”优势，把全市关心下一代工作推向一个新阶段。

同日

全市村务公开和民主管理工作会议召开。全市村务公开和民主管理工作以健全机制为主线，以完善内容、规范程序为核心，以创新工作方法为突破口，突出抓好整改、财务、公开等四大重点，逐步推行村务民主听证制度和点题公开，推动村务公开和民主管理工作创新。

同日

全市治理车辆超限超载视频会议召开。会议提出了治理“双超”的目标，将超载率控制并稳定在 6%左右，使 80%以上的“大吨小标”车辆的标定得到更正。

18～19日

省政府食品安全工作督察组来运督察食品安全工作。

19日

全市政法工作会议召开。会议要求，政法工作要着力提高对敌斗争、维护国家安全的能力；打击犯罪、驾驭治安局势的能力；加强基层工作，化解矛盾纠纷的能力；严格公正执法、保障社会公平正义的能力；服务经济建设、推动改革发展的能力，努力创造和谐稳定环境。会上，市委书记黄有泉与各县（市、区）委书记签订社会治安综合治理责任书。

同日

孙中山基金会香港委员会决定投资6.5亿元人民币，与山西耀华职业技术学校合作在运城市创办逸仙大学，双方举行了合作办学合同书签约仪式。

同日

市区槐东路建成通车。该路北起禹都街，南至盐湖大道，全长1600米，宽45米，总投资4600万元。

同日

市委、市政府召开农村公路“双百”建设表彰大会，对为“村村通”建设做出突出贡献的单位和个人进行表彰。2004年，全市共投资5亿元，完成村通水泥（油）路、巷道硬化和村道改建工程4018公里，并且全部验收合格，补贴资金到位，从根本上解决了农村尤其是贫困山区群众出门难、行路难的问题。省政府授予运城市“村通水泥（油）路先进市”称号。会上，市政府授予夏县、永济、闻喜3县（市）“村村通水泥（油）路建设标兵单位”称号；授予垣曲、盐湖、芮城、平陆4县（市、区）“村村通水泥（油）路建设优秀单位”称号；授予万荣、河津、稷山、绛县、监猗、新绛6县（市）“村村通水泥（油）路建设先进单位”称号；授予夏县瑶峰镇等78个单位“村村通水泥（油）路建设先进单位”称号。授予市烟草公司等47个单位“村村通水泥（油）路建设帮扶工作先进单位”称号；授予苏安乐等393人“村村通水泥（油）路建设先进个人”称号。

20日

全市62名省人大代表赴太原参加省第十届人民代表大会第三次会议。

同日

市委成立市委台湾工作办公室，与市政府台湾事务办公室实行一个机构两块牌子，是市委、市政府主管全市对台工作的职能部门。

21日

市民间组织工作暨先进民间组织表彰大会召开，对市珠算协会等40家民间组织和孙新荣等10名同志进行了表彰。

同日

市委、市政府成立运城市招商引资办公室。

中旬

国家统计局公布了全国1588家大型企业名单，海鑫集团、关铝集团、南风集团、丰喜集团、振兴集团、永济电机厂、中条山有色金属公司、运城供电公司8家企业榜上有名。

23日

市委、市政府召开全市防控高致病性禽流感电视电话会议，部署禽流感防控工作。

25日

第二次国防动员潜力调查工作在全市展开。

同日

经国家旅游局批准，运城青之旅国际旅行社晋升为国际出境组团社。这是全市唯一的国际出境组团社。

28日

市委决定，从即日起，用一年半左右的时间，在全市开展以实践“三个代表”重要思想为主要内容的保持共产党员先进性教育活动。

同日

永济市蒲津渡遗址文物保护工程竣工。

同日

全市农村劳动力转移培训现场会在五四一技校召开。

29日

省委巡视组对市四大班子领导贯彻执行党的路线、方针、政策，贯彻执行民主集中制，贯彻执行《党政领导干部选拔任用工作条例》，贯彻落实党风廉政建设责任制和个人廉政勤政等工作展开巡视检查。

30日

全市保持共产党员先进性教育活动工作会议召开，传达贯彻党的十六大和十六届三中、四中全会以及中央、省委、市委关于保持共产党员先进性教育活动的有关精神，对全市保持共产党先进性教育活动进行动员和部署。全市先进性教育活动从2005年1月开始，分三批进行，每批半年左右时间。第一批有1190个单位2875个基层党组织39254名党员参加。从2005年1月开始，6月基本结束。第二批为乡镇机关及其直属单位，县（市、区）派驻乡镇的基层单位，市、县所属企业，从2005年7月开始，12月结束。第三批为全市农村党的组织、关系在乡镇、村的企事业单位，非公有制企业，农村中小学，从2006年1月开始，6月基本结束。市委书记黄有泉在会议上发表了讲话，要求在先进性教育活动学习动员阶段深入开展“六个一”竞赛活动。

31日

市委举办第一批保持共产党员先进性教育活动组织指导工作人员培训班。

月底

市委在全市开展“结对子、献爱心”活动，即每个党员联系一个农村或企业的贫困户，结成对子奉献爱心，把党的关怀和温暖送到千家万户。截止2月3日，市、县两级党员干部先后联系贫困户28000家，捐款390万元，捐物5.6万件，发放慰问金485.5万元，慰问建国前老党员和特困党员2730人，慰问城乡低保对象和优抚对象3690人，慰问农村和企业困难党员群众8600余人，征求先进性教育活动意见2786条，解决实际问题8768余个，送去致富信息和技术2600余条项，使9.5万余名贫困群众获得帮扶。

2月

1日

从今天起，市网上行政审批实行日情通报。

2日

运城高速公路机场互通立交桥建成通车。

7日

运城关公机场首航。省市领导姚新章、宋北彬、边鸣涛、黄有泉、胡苏平参加首航庆典仪式。这是运城市交通现代化进程中一个新的里程碑，运城无民用机场的历史由此结束。运城关公机场是经总参和国家计委批准立项的3C级支线旅游机场，是省“十五”计划重点工程。机场占地2900亩，总投资2.3亿元，跑道长2400米，可降落波音737系列的各型飞机，年设计客能为22万人。机场改扩建工程于2002年5月开工，2004年11月完成主体工程项目的施工任务。市委、市政府还作出决定，对运城机场建设有功单位和个人进行表彰奖励。

18日

市委、市政府举行全市保持共产党员先进性专题报告会。市委书记黄有泉为全市副处级以上党员领导干部进行集中辅导，科学阐述如何保持共产党员先进性。会议上，市委副书记安永全宣读了《中共运城市委保持共产党员先进性教育活动领导小组关于认真搞好以“六个一”竞赛活动为主要内容的学习动员阶段工作安排意见》。

同日

市政府召开安全生产工作会议。市长胡苏平向会议发来了公开信。副市长张建喜代表市政府同13个县（市、区）政府、市直有关部门签订了2005年安全生产责任状。

同日

市四大班子党员领导干部集中学习讨论保持共产党员先进性专题报告。就四大班子党员领导干部体现党员先进性的问题，市委书记黄有泉强调指出，要不断强化学习、发展、团结、为民、廉政、纪律六大意识，切实保持共产党员先进性。

19日

市直副处级以上党员领导干部保持共产党员先进性教育集中学习在市委党校开班。市委、市政府及市直宣传系统的第一批副处级以上干部参加了学习。

21日

市直副处级以上党员领导干部先进性教育活动集中学习报告会在市委南风厅举行。市委副书记、市长胡苏平就全市经济社会发展形势作了专题报告。

同日

全市治理教育乱收费会议召开，要求建立治理教育乱收费长效机制。

25日

全市教育工作会议召开，全面实施“人才强市、教育富民”工程。

3月

1日

全市卫生工作会议召开。会议提出要进一步改善农村卫生条件，提高农民健康水平。

2日

全市商务工作会议召开，要求坚持“有利于传统产业升级换代，有利于接替产业做大做强，有利于结构调整深化提高”的原则，狠抓招商引资工作。

3日

全市小康林业建设现场会在稷山县召开。市委书记黄有泉在会上要求，通过五至十年努力，将运城市建成生态小康林业先进市，使全市的森林覆盖率由现在的22%提升到50%以上。

同日

全市发展和改革工作会议召开。2005年全市生产总值将继续保持15%的增幅。

同日

市举办卫生系统产权制度改革报告会。

同日

市政府召开会议，在市区范围内开展控制市区燃煤污染专项行动，大幅削减市区燃煤污染，提高居民生活环境质量，确保实现2005年度市区大气环境质量二级以上天数达到200天目标。

4日

农资打假专项治理工作全面展开，拉网排查杜绝假农资。

4～5日

副省长宋北彬就经贸和旅游工作在运城调研。

8日

全市“争当党风廉政建设模范廉内助”工作电视会议召开，奖励表彰了一批“模范廉内助”先进集体和个人。

同日

市委作出决定，在全市“开展学习冯官成，争当新时期好党员”活动。冯官成系闻喜县凹底镇头庄村党支部书记。2004年9月28日傍晚，为救助出租车司机，与两名劫车歹徒搏斗壮烈牺牲，时年52岁。

同日

省委巡视督导组对市先进性教育活动提出明确要求，深入开展各行各业各部门各岗位党员先进性具体要求大讨论，做到确保学习时间不少于40小时，确保学完规定篇目，确保学习覆盖面达100%，确保领导干部带头，确保边学边改有成效。

9日

全市交通工作会议召开。会议决定2005年全市交通工作的目标是实现工程建设和道路养管水平明显提高、道路运输市场的监管水平和服务质量明显提高、依法征费和资金监管明显提高、依法行政能力明显提高、职工队伍综合素质明显提高。主要任务是实施六大工程，一要全力打造交通“精品工程”；二要千方百计地抓好“通畅安保工程”；三要努力完成“村村通客车工程”；四要着力推进“资金保障工程”；五要全面建设“廉政阳光工程”；六要努力建设“形象素质工程”。

同日

全市水务工作现场会在芮城召开，要求抓好饮水、生态工程，努力建设“节水运城”。

10日

省委常委、常务副省长范堆相深入闻喜县，就开展保持共产党员先进性进行调研。

3月

市教育局在全市中小学教师中启动了为期两年的学习型教师读书活动，实施“教师读书——六个一行动”，以促进学习型学校和研究型、专家型教师队伍建设。

11日

市委先进性教育活动领导小组办公室向民主党派和无党派人士通报先进性教育活动情况。

14日

全市宣传思想工作暨建设文化强市再动员会议在运城召开。市委书记黄有泉就打造文化强市、塑造河东文化品牌提出要求。

15日

市政府举行“国际消费者权益日”纪念活动，一批维护消费者合法权益先进个人和集体受到表彰。

同日

市委、市政府作出决定，授予夏县、垣曲县、平陆县、盐湖区、绛县、芮城县、新绛县为全市2004年度劳务输出工作优秀县（区）称号。

16日

市四大班子党员领导干部开展党员先进性具体要求大讨论。

同日

市委召开“回头看”引深大讨论工作会议，对“回头看”工作提出明确要求。省委巡视督导组副组长常宝童对运城的先进性教育活动存在的问题和不足提出了4条建议，市委书记黄有泉发表了讲话。

同日

市政府召开全市工业经济会议，对有特殊贡献的企业家分别给予5万元至10万元的奖励。

16、17、20日

市四大班子党员领导干部用3个晚上开展了新时期共产党员先进性具体要求大讨论，引深党员保持先进性教育活动。

17日

市委、市政府召开城市环境综合整治暨动员大会。部署2005年全市实施十大城市建设工程，一、运城新区。二、南山自然生态旅游区。三、空港新区及中西部博览城。四、盐湖景观区。五、盐湖新区。六、老城区综合整治改造。七、南环城高速路。八、城市集中供热供气供电工程。九、城市供排水工程。十、环卫设施建设工程。市委书记黄有泉、市长胡苏平作了讲话。会议对2004年城市环境综合整治中的32个先进集体和102名先进工作者进行了表彰。

同日

市委保持共产党员先进性教育活动领导小组举行“市直机关保持共产党员先进性教育活动学习体会”演讲比赛。市直各党委的15名干部参加了决赛。

18日

市委召开农村工作会议，确定2005年全市农村工作要着力抓好农业产业结构调整，农业产业化经营、转移农村富余劳动力、加强农村基础设施建设和农村基层组织建设等八方面的工作，使全年农业总产值达96亿元，农民纯收入达2800元。市委书记黄有泉、市长胡苏平出席会议并讲话。会议对2004年度农业和农村工作先进集体和模范个人进行了表彰。

同日

全市畜牧工作会议召开，要求用工业理念发展畜牧业，大力发展“订单畜牧业”，提高畜牧业经济效益。

19日

市委召开党风廉政建设会议。市委书记黄有泉、市长胡苏平分别就着力构建具体惩治和预防腐败体系和政府系统各部门如何加强党风廉政建设讲了具体意见。

19～20日

省委巡视督导组副组长常宝童主持召开座谈会，就保持共产党员先进性教育学习动员阶段的收获、体会和建议进行座谈。

21日

全市统战工作会议召开，提出为建设和谐运城增添力量。

22日

市农村义务教育“两免一补”工作会议召开。决定从2005年春季开始，全市农村贫困生免交学杂费和书本费，直至完成九年制义务教育。

24日

全市组织部长会议召开。市委书记黄有泉出席会议就如何做好2005年全市的党建工作和组织工作提出要求。会议对全市优秀组工干部进行了表彰。盐湖区委组织部长贺建功被授予“全省优秀组工干部”称号。

同日

全市各界人士举行座谈会，学习《反分裂国家法》。

同日

全省领导干部廉洁自律工作会议在运城召开。

25日

全市科技工作会议召开。会议确定2005年在全市实施星火科技富民工程。

25～27日

市委召开市直部分单位负责人和党外人士座谈会，征求对市委班子加强和改进工作的意见和建议。

25日

市委召开各县（市、区）书记座谈会，征求对市委班子的意见和建议。省委巡视督导组组长刘焕升及督导组部分成员出席了座谈会。

28日

在国家科学技术奖励大会上，万荣县农民王衡“地下工程水害防治新技术”获得国家技术发明二等奖，成为第一位登上共和国科技领奖台的农民。3月30日，市委市政府向王衡颁发5万元奖金。市委组织部、市委宣传部、市人事部、市科技局、市委人才办联合发出通知，在全市开展学习宣传王衡先进事迹活动。4月7日，《运城日报》头版通讯《第一位登上共和国科技领奖台的农民》，记共产党员、2004年度国家科学技术发明二等奖获得者王衡，全面介绍了王衡的先进事迹。4月5日，市委书记黄有泉、市长胡苏平就学习宣传王衡同志先进事迹致运城日报一封公开信，希望《运城日报》和全市各新闻媒体，大力宣传王衡同志的先进事迹，号召全市广大干部群众积极参加这一活动，自觉用“三个代表”重要思想武装头脑，树立正确的世界观、人生观、价值观、人才观，使全市涌现出更多的像王衡同志一样立足本职、立志成才、锐意进取的优秀拔尖人才，在全市形成脚踏实地，奋发向上，人人竞相成才的浓厚氛围，为建设新型加工制造业基地和和谐运城作出新的更大的贡献。

同日

市委、市政府决定，成立运城市创建“中国楹联文化城市”领导组，市委副书记孟福贵任组长。

同日

市委书记黄有泉、市长胡苏平

带领市四大班子领导及盐湖区、市直有关部门负责人深入市区主要街道，就城市综合治理进展情况进行察看。

4月

1日

全省再就业工作表彰电视电话会召开。运城市有27个单位和个人受省政府表彰。

同日

全省粮食直补工作全面展开。市政府按照上级要求，列出了全市粮食直补工作的时间表，明确要求小麦补贴款在5月底前必须发放到户。

2～3日

省委书记田成平在市领导黄有泉、胡苏平、张建合等陪同下，深入闻喜、垣曲两县的企业、农村，就贯彻落实科学发展观和结构调整、城市建设、春耕生产、旅游开发等工作进行调研。

3日

市召开“一抗双保”和粮食直补工作会议。集中20天时间，在全市掀起“一抗双保”高潮。

4日

市委、市政府提出实施意见，大力推进全市自然村“村村通”广播电视工程，到2008年，市两套广播节目和四套电视节目的综合覆盖率要分别达到97.6%和98.1%。

6日

全市人民防空工作会议召开。

7日

市四大班子领导赴新绛县中北村学习调研。市委书记黄有泉号召全市党员向孙锁来同志学习，争当时代先锋。孙锁来自1973年担任中村北村党支部书记以来，牢记共产党人的神圣使命，调整产业结构，建立股份制企业，恪尽职守，勤奋工作，使中北村人均收入达到5000元以上，为实现群众共同富裕作出了突出贡献。市委还作出决定，在全市党员和广大干部中开展向孙琐来同志学习的活动。

9日

中央先进性教育活动领导小组办公室指导协调一组副组长、中纪委法规司副司长陈统江一行在省委组织部副部长、省委先进性教育活动领导小组办公室主任王树林等陪同下，来运城就先进性教育活动进行专题调研。肯定了运城的工作，认为运城市先进性教育活动扎扎实实，有声有色，富有创新。

9～10日

市政府组团参加2005年山西省人才与智力交流大会，共签订用人意向875份。

4月上旬

全市制止奢侈浪费工作会议召开。确定了全市制奢工作的重点，主要包括监管领导干部假日消费、假日腐败；借婚丧嫁娶等形式大操大办、借机敛财；公务接待、公款旅游、公有房产经营等。

10～12日

全省农产品质量安全管理工作会议在新绛县召开。

10～13日

市政协一届五次会议召开。通过了李天祥辞去政协第一届运城市委员会主席职务的请求和郭来庄等人辞去政协第一届运城市委员会常务委员的请求。补选安永全为政协第一届运城委员会主席。通过了中国人民政治协商会议第一届运城市委员会第五次会议政治决议。

11～14日

市第一届人民代表大会第七次会议召开。梁天管当选为运城市人大常委会副主任；王国宏当选为运城市人民检院检察长，根据法律规定，报省人民检察院检察长提请省人大常委会批准。会议通过了运城市人民政府工作报告决议，通过了关于运城市2004年国民经济和社会发展计划执行情况与2005年国民经济和社会发展计划的决议，通过了关于运城市2004年总预算及市级预算执行情况和2005年总预算及市级预算的决议，通过了运城市人大常委会工作报告的决议，通过了运城市中级人民法院工作报告的决议，通过了运城市人民检察院工作报告的决议，表彰了运城市优秀人大代表、运城市优秀人民公仆及先进人民代表活动小组。市委书记黄有泉发表了讲话。

11日

全市创建“中国楹联文化城市”工作会议召开。会议要求，用两三年时间把运城建成“中国楹联文化城市”。

12日

《运城日报》发表了市委书记黄有泉撰写的《保持先进性，建设新运城》的文章，要求把保持党的先进性落实到以建设山西省新型加工制造业基地为龙头，努力构建经济更加发展、民主更加健全、科技更加进步、文化特色更加繁荣、社会更加和谐、人民生活更加殷实的新运城的伟大进程中，力争到2020年，中心城市面积达到100平方公里，人口达到10万，成为黄河金三角地区具有河东文化特色的工贸旅游中心城市；12个县（市）城镇人口达到150万，成为功能齐全、辐射能力强的小城市；50个重点镇吸纳农村人口100万，成为特色鲜明、主业突出、带动能力强的工农业发展示范区。全市人均国内生产总值突破2.5万元，城镇总人口达到350万，城镇化率达到50%以上，达到全国平均水平。

12～13日

市委保持共产党员先进性教育活动领导小组在市委党校对市直600余名党组织书记进行集中培训，针对如何做好先进性教育活动分析评议阶段的工作进行了辅导。会上，市委党校专职教师就共产党员如何树立正确的世界观、人生观、价值观、权力观、地位观和利益观进行了专题辅导。

14日

市委召开贯彻落实《信访条例》工作视频会议。会议要求县级党政一把手和法院院长、检察院检察长、公安局长及司法局长每月抽出3天时间，市级党政一把手和“四长”每月抽出一天时间，专门解决群众来信来访。

15日

全市推行农村会计委托代理及新财务会计制度培训会召开。2005年全市将逐步推行农村会计委托代理制度。农村财务管理将逐步由原来的“2528”工程只管理村级帐簿，而不管理资金，逐步过渡到以后的农村会计服务中心按照委托协议代理村（组）集体经济的会计帐目。并出台《关于全面推行农村会计委托代理制度，切实加强村级财务管理的意见》。

18日

全市优秀共产党员先进事迹报告会在河东会堂举行，市四大班子领导和市直部分单位党员干部共1300多人参加了报告会。

同日

市委、市政府作出决定，对在2004年底全市经济建设和社会发展中做出杰出贡献的王衡、张应斌、孙兆学等20名先进个人进行表彰，并被授予“运城市五一劳动奖章”。

18～19日

国家文物局副局长童明康一行在市领导唐大雄、董鹏翔、吴菊仙以及省市文物部门负责人的陪同下，对永乐宫、铁牛馆、关帝庙、池神庙、堆云洞等重点文物保护单位进行实地调研，并就文物保护与旅游开发提出了建设性意见。

19日

市政府召开电视电话会议，进一步推进焦化行业的清理整顿工作。

同日

《运城市禁毒人民战争实施方案》颁布实施，全市范围内的禁毒人民战争打响。此次禁毒人民战争为期3年。

20日

全市村村通广播电视现场会在夏县召开，会议决定继续扎实推进全市自然村村村通广播电视，从根本上解决边远贫困山区群众听广播难、看电视难的问题。

同日

市委书记黄有泉、市长胡苏平致全市非公有制企业的一封公开信，要求依法参加社会保险，努力构建和谐社会。

20日

市四大班子党员领导干部开展谈心活动，市委书记黄有泉要求谈心活动要做到“四坚持”（即坚持从团结愿望出发、坚持以运城发展为主、坚持以信任为基础、坚持以主动为桥梁，坚持多作自我批评）、“四结合”（即把谈心与弘扬求真务实的精神结合起来、与推动当前各项工作结合起来、与找准和解决队伍及成员中存在的突出问题结合起来、与着力解决某一方面的问题结合起来）、力求“四真”（即讲真话、用真心、动真情、求真知）、达到“四促进”（即促进了解和团结，促进作风进一步改进、促进共同发展、促进党员先进性具体要求进一步落实）。

同日

荣获国家科学技术发明二等奖的万荣县农民王衡先进事迹报告会在市委南风厅举行。

同日

市残联启动“一帮四助”帮扶工程，“一帮”是市残联直接帮助扶持100名贫困残疾人，“四助”是在全市开展助视、助行、助学、助听行动。

22日

市纪委、监委“三项治理”办公室联合发出通知，采取三项措施，搞好廉政自律。

同日

侯马——河津天然气管道建设动员会议在河津召开。侯马——河津天然气管道建设工程，在运城全长58公里，途径新绛、稷山、河津两县一市，是省委、省政府2005年的重点工程。

23日

省军分区参谋长李东军少将来运城检查验收民兵整组工作，并对全市民兵组织建设质量全面提升给予了高度评价。

同日

全省农田节水节肥暨“一抗双保”现场会在稷山县召开。

25日

举行全市“五一”表彰大会，对全市在经济建设和社会发展中涌现出的20名杰出贡献奖获得者、20个市“五一”劳动奖状获得者单位、38名市“五一”劳动奖章获得者进行了表彰，并给175名同志荣记一、二、三等功。

同日

山西陆军预备役步兵第八十三师炮兵团成立。省军区领导，市领导黄有泉、胡苏平等参加成立大会。

26日

全市村务公开民主管理临猗现场会召开。2005年，全市100%的村要实行村务公开和民主管理，90%以上村要建立、完善村务公开和民主管理制度，统一规范村级公开档案记录，60%的村达到村务公开和民主管理示范标准。

同日

市委召开常委扩大会议，传达贯彻省委常委、常务副省长范堆相在参加运城市委常委民主生活会上的讲话精神。黄有泉就如何贯彻落实副省长范堆相讲话精神提出了意见。

27日

继在泉州、厦门、汕头、广州、上海等地成功举办旅游推介会后，市政府又在北京国际饭店举行旅游推介会。京城30余家新闻媒体和60多家旅行社参加了会议。国家旅游局党组成员、纪检组长王军，副省长宋北彬，市委书记黄有泉、市长胡苏平参加了会议。黄金周全市共接待游客107.3万人次，比2004年同期增长15.2%；实现旅游综合收入2.75亿元，比2004年同期增长16%，居晋中、太原之后，在全省排名第三位。

30日

市委书记黄有泉到市卫生局和中心医院进行调研，要求高度重视农村医疗卫生工作，努力解决好农民看病难、看病贵的问题。

月底

市召开2004年“中华魂”读书活动总结表彰大会，为在“中华魂”读书活动中荣获优秀组织奖的11个单位颁奖。

5月

9日

副省长宋北彬在市领导黄有泉、胡苏平、张建合等陪同下，到绛县横水镇西周墓地发掘现场进行调研。绛县西周诸侯国君墓地出土的荒帷，是目前全国考古发现最早、保存最好、面积最大的墓内装饰图案实物。

10～12日

省委副书记、省长张宝顺，省政府秘书长李政文深入绛县、垣曲、万荣、平陆调研。

12日

市委宣传部召开会议，对纪念抗日战争胜利60周年宣传教育活动进行部署。

13日

市四大班子部分领导黄有泉、胡苏平、陈永信、安永全到盐湖景区，就该景区规划、建设、拆迁等问题现场办公。

15日

纪念傅相诞辰3340周年暨首届世界傅氏宗亲恳亲大会在平陆县圣人涧村傅相祠举行。来自国内及港台以及海外25个代表团共计2000余名傅氏后裔同当地万名群众参加了纪念活动。

同日

今天是第15个“全国助残日”。市民政局与残联在全市启动了“六帮六助”活动。即帮助100名贫困残疾人解困、帮助100名肢残人配置轮椅、帮助100名白内障患者实施手术、帮助100名贫困残疾学生上学、帮助100名唇、腭裂患者实施手术，帮助100名聋哑人配助听器。以扶助形式展现社会关爱、平等共享。

同日

举行全市城市节约用水宣传周活动。

16日

市委、市政府作出《关于鼓励、支持和引导非公有制经济发展的决定》，放宽市场准入，给非公有制经济公平待遇，加快全市非公有制经济发展，推动运城市新型加工制造业基地建设。

16～18日

全省基层人大工作研讨会在运城举行。

同日

原省老领导卢功勋、郭裕怀等在市领导黄有泉、胡苏平、陈永信的陪同下，对运城市区及盐湖、永济、夏县等县（市、区）的城市建设和旅游开发工作进行了视察。

17日

全省农村老年体育工作经验交流会在运城召开，省老年体育协会领导梁国英、阎元锁、衣耀光等参加了会议。

18日

市委召开先进性教育活动第三阶段动员会议。

18～19日

全市循环经济现场推进会在河津召开。会议探讨和交流了各县（市、区）发展循环经济的做法和经验，部署了全市循环经济工作。与会人员参观了稷山合盛工贸有限责任公司利用造纸废液提取糖木纳粉项目，山西秦晋焦铁有限公司利用焦炉、高炉煤气冶炼金属镁项目，河津龙辉建材有限公司利用电厂粉煤灰、炉渣生产复合水泥和新型墙体材料项目，阳光焦化集团有限公司煤矸石综合利用项目，山西三联技术产业集团有限公司利用焦炉、高炉煤气发电及铸造项目，听取了山西大学商务学院副院长容和平和省环保局副局长王景龙关于新型工业化与循环经济、循环经济基础知识及发展思想专题报告。

19日

全市实行县级公安局长和市级公安机关主要领导同上访群众面对面、集中接待处理群众来信来访制度。

同日

市委召开政法系统“规范执法行为，促进公正执法”专项整改电视电话会议，从现在起，利用半年时间在全市政法系统集中开展专项整改活动。

20日

召开全市防震减灾工作会议，实施“八个二”工作目标，全面提升运城市综合防震能力。

同日

市委书记黄有泉会见浙江企业家山西考察团，并同考察团成员进行了座谈。

21日

山西省浙江企业联合会运城分会在市空港新区挂牌成立。浙江省经协的领导，市领导黄有泉、董洪运、王琦以及20多名浙、晋两省的知名企业家参加了挂牌仪式。

22日

国家统计局局长李德水一行在运城调研。

23日

市政府决定实行“财力倾斜”政策，保证绛县、稷山、芮城3县31个50户以上自然村年内收看到闭路电视节目。

同日

全国楹联文化城乡创建工作座谈会在运城召开。中国楹联学会会长孟繁锦等参加了会议。

24日

全市农村沼气化工程建设现场会在临猗县召开，会议要求用10年时间至少让50万户农民用上沼气，基本实现全市农村沼气化。

同日

市农民经纪人联合会宣告成立。标志着运城市农民经纪人队伍和农产品营销组织的发展进入新的发展阶段。

同日

省委常委会决定，尚平安同志任中共运城市委委员、常委、副书记，免去孟福贵运城市委副书记、常委、委员职务。

25日

市农村民办文化“五个一工程”现场会在盐湖区召开。市委书记黄有泉、市委常委、宣传部长董鹏翔参加会议并讲话。农村民办文化“五个一工程”是：①每个村建立一个农村图书室或农民书屋；②每个村都要建立一支活跃农村文化生活的业余文艺表演队；③建立和完善一批农村文化大院；④每个乡镇都要挖掘一批河东民间艺术文化绝活；⑤要培育一批文化产品经营专业户，促进全市文化产业发展。开展农村民办文化“五个一工程”建设，是市委、市政府立足运城实际，繁荣农村基层文化事业，推进农村精神文明建设，着力构建和谐社会的一项重要举措，是实现“文化强市”战略目标的一个重要内容。与会人员参观了民办印刷包装企业、三路里文化中心的图书室、农民业余剧团、农村文化表演队、民间特色文化工艺品、农民书画巡回展、舜帝陵景区及景区内的民间工艺品展销馆、特色文化企业和专业户产品展示。

同日

市委市政府成立运城市大项目领导组和运城市供热供气领导组，市人大副主任张道中任组长。

26日

市环保工作会议召开，通过严厉打击五小企业死灰复燃，实现工业污染源全达标，控制新建项目污染、引深城市环境综合整治和抓好焦化行业清理垃圾及环保基础设施建设六个方面工作，确保全市二级质量以上天气达到200天，综合污染指数明显下降；汾河、涑水河水质有所改善，综合污染指数下降10%。会上，市长胡苏平与各县（市、区）及3个经济技术开发区、市直有关单位负责人签订了环保目标责任书。

28日

运城——广州航线正式开通。这是运城关公机场自2月7日开通运城——北京航线之后，开通的又一条空中航道。

28～30日

农业部农业技术推广服务中心与种植业管理公司联合在运城举办了无公害苹果生产技术培训班。

28～6月3日

市委书记黄有泉、市长胡苏平带领市四大班子、各县（市、区）主要领导及市直有关单位负责人，赴广东省的广州、东莞、深圳、中山、珠海和河南省的洛阳、焦作，就城建工作进行了专题考察。学习粤豫经验，共创特色运城。

5月

市司法局发出通知，在全市司法系统开展向万荣范村调委会和绛县磨头村调委会主任李怀印学习活动。

5月～6月

市委在全市开展清理党政领导干部拖欠公款工作。

6月

1日

市委、市政府成立“运城市城市森林公园”项目领导组，市委常委、组织部长王安庞任组长。

月初

市农民减负办、纠风办、财政局、农业局联合对全市粮食直补款的发放到户情况进行全面检查。

3日

全市民族工作会议召开，传达贯彻中央民族工作会议精神，落实党的民族政策，发展民族特色经济。

同日

运城市禁毒人民战争誓师大会、运城市禁毒志愿者支队成立仪式、“6·26”国际禁毒宣传活动启动仪式在南风广场举行，拉开了全市禁毒人民战争的序幕。市禁毒委员会决定，在全市范围内开展一场为期3年的禁毒人民战争，从根本上切断毒品来源，遏制新吸毒人员的滋生，最终彻底解决全市的毒品问题。

4～6日

以全国政协人口资源环境委员会副主任刘成果为组长的全国政协调研组对运城的农村饮水安全工作进行了考察调研。截至2004年年底，全市共建农村饮水工程3800处，解决了4312个自然村的143万人的饮水难题。

7日

副省长王昕带领省卫生厅、省农村信用社筹备组负责人，深入盐湖区、河津市，就农村信用社改革和新型农村合作医疗工作进行调研。

同日

市委、市政府、省交通厅、省高速公路管理局、工行山西省分行在运城工行举行了运城高速公路贷款置换项目恳谈会，并取得成功。

同日

市委、市人大、市政府、市政协公示整改方案，希望广大党员和群众监督，并提出意见和建议。

7～8日

全市4万多名考生参加了高考。

8日

全市金融系统干部理论培训班在市委南风厅开课。

8～11日

芮城县公安局成功破获“6·5”炸盗古墓案，8名犯罪嫌疑人相继落网。市委常委、宣传部长董鹏翔专程到芮城慰问一线民警，并送去万元慰问金。

10日

市委召开常委扩大会议，研究当前和今后的城建工作，决定市行政中心转迁新区，拉动新区的发展。

同日

全市质量工作会议召开。会议确立了质量立市的战略思想。市长胡苏平、省质监局局长孙桂芳出席会议并讲话。

11～12日

省委常委、组织部长任泽民在市领导黄有泉、胡苏平等陪同下，就先进性教育活动在运城调研。并到空港新区、运城新区、南风广场以及海鑫集团进行了视察，对运城城建工作、经济工作提出了希望和要求。

14日

全市违法虚假广告专项整治行动全面启动。

同日

全省实施科教兴县工程经验交流会在临猗县召开。省教育厅厅长李东福、副市长吴菊仙等出席会议。

16日

全市关爱女性健康、生殖道感染普查普治项目启动。年底前对全市农村已婚育龄妇女免费进行生殖道感染普查。

中旬

永济市关工委荣获全国关心下一代先进集体奖，市关工委主任董占锁、市关工委副主任王英军，河津市关工委副主任马骝荣获“全国关心下一代先进工作者”荣誉称号。

18日

夏县一幼儿园接送车与客车相撞。市委书记黄有泉对此作出4点指示；市教育局向各县（市、区）教育行政部门和学校提出5点提示，加强安全教育工作。

18～20日

全国人大常委会、国家建设部有关领导在省人大常委会、省建设厅等领导的陪同下，深入运城督察城市房屋拆迁工作。

20日

全省住房公积金管理工作座谈会在运城召开。

同日

市总工会在南风广场举行“建会维权”宣传周活动启动仪式。

21日

市举办《细节决定成败》大型报告会。北京大学民营经济研究所特聘研究员、中国细节管理专家汪中求作报告。

22日

市委、市政府在全市范围内开展为期3个月的改善投资环境，扩大对外开放，加快结构调整大型调研活动。

24日

程子华百年诞辰，程氏家人回乡赠书。市领导黄有泉、胡苏平、张建合、柴瑞霭、李玉燕参加了赠书仪式。

同日

全市“村村通电话工程”启动。10月底完工后，全市村村通电话率将达到99%以上。

下旬

全市四级妇女干部培训班在市委党校举行。

27日

全市首批农村计划生育家庭奖励扶助金发放仪式在南风广场举行。标志着全市农村计划生育家庭奖励扶助工作进入了实质性阶段。省人口计生委主任安焕晓、市委书记黄有泉出席会议并讲话。

28日

省委下发《山西省推荐领导干部工作规定》、《山西省考察领导干部工作规定》、《山西省讨论领导干部工作规定》后，市委在全市掀起了学习贯彻落实“三个规定”的热潮。

同日

市委召开纪念建党84周年暨第二批先进性教育活动工作会议，动员部署第二批先进性教育活动，并对参加第一批先进性教育活动的先进基层党组织和优秀共产党进行了表彰。省委巡视督导组副组长常宝童、市委先进性教育活动领导小组组长、市委书记黄有泉分别作了讲话。第二批先进性教育活动从7月份开始，到12月底基本结束，参加单位主要是城市基层和乡镇机关，涉及2631个基层党组织和42810名党员。

同日

先进性教育专题邮资明信片在运城首次发行。明信片结合市委在开展先进性教育活动中提出的“六个一、六对照、六检查、六剖析”、“四坚持、四结合、四求真、四促进”等核心要点内容，对全市的交通、城建、工业、农业、旅游等各方面的建设情况进行了展示。

29日

全市检察机关用100天时间，在全市开展规范执法行动，集中接待群众来信来访。

30日

《运城日报》发表市长胡苏平撰写的文章《以循环经济的发展模式，构建新型加工制造业基地》，提出了运城市循环经济发展模式遵循的基本思路，应从企业、区域、产业和社会4个方面展开。通过3至5年的不懈努力，初步形成企业点上的循环、行业线上的中循环和社会层面上的大循环发展格局。

6月

市政府出台全市新型加工制造业基地建设三年（2005—2007年）推进计划，加快推进运城市新型加工制造业基地建设。即重型卡车和汽车配件基地，新型材料加工基地、钢铁和冶炼基地、镁和镁合金加工基地、铝和铝材加工基地、精细化工和医药基地、农副产品加工和纺织服装业基地建设。

7月

2日

市委先进性教育活动领导小组办公室在市委党校对全市第二批先进性教育活动的组织指导人员进行了专题培训。

5日

市政府决定，用半年时间，在全市范围内开展一次严厉打击文物犯罪活动专项斗争和《文物保护法》宣传教育活动。

5~6日

市一届人大常委会举行第35次会议。审议通过了《市人大常委会关于〈运城市错案和执法过错责任追究暂行办法〉的补充意见》。

5日

《运城日报·晚报版》刊登了马小冲保护旅客财产、只身勇斗3名持刀歹徒的先进事迹。市委书记黄有泉、市长胡苏平对马小冲的见义勇为行为给予了高度评价。并委托市委副书记唐大雄专程到医院看望马小冲。

6日

市委书记黄有泉主持召开市四大班子领导联席会议，传达全省领导干部工作会议精神。要求把思想统一到中央决策和省领导干部大会精神上来，坚持科学发展不动摇，坚持改革开放不动摇，坚持构建和谐社会不动摇，坚持抓好社会主义物质文明、政治文明和精神文明建设不动摇，坚持加强党的建设为全面小康社会提供政治保证不动摇，加快推进全市各项工作步伐。

同日

全市财税工作会议召开。要求2005年财政收入完成55亿，争取完成60亿元。

8日

全市“规范执法行为，促进执法公正”经验交流电视电话会议召开。

7月~9月

全市范围内的招商环境综合整治大行动全面启动。

11日

市委确定运城学院师范分院与运城学院稷山分院、运城艺校、运城体校整合，成立运城师范学院。

11~14日

省人大《中华人民共和国防洪法》执法检查组在运城检查工作。

12日

市政协一届二十一次常务委员会召开，听取了副市长吴菊仙代表市政府所作的《关于新型农村合作医疗制度工作情况的通报》，通过了《政协运城市委员会关于加快建设全市新型农村合作医疗制度的建议》。

同日

全市《信访条例》培训班开课。

12~13日

国家文物局局长单霁翔一行在副省长宋北彬、市委书记黄有泉、市长胡苏平等陪同下，考察了市河东博物馆及拟建的运城黄河文化博物馆新址。

12~15日

以省财政厅副厅长王亚为组长的省委农业和农村工作督察组对全市的“三农”工作进行督察和指导。

14日

市委书记黄有泉在河津主持召开市委常委扩大会议，学习省委出台的《山西省推荐领导干部工作规定》、《山西省考察领导干部工作规定》和《山西省讨论决定领导干部工作规定》“三个规定”，研究先进性教育活动和招商引资工作，决定对新（绛）禹（门口）高速公路指挥部及建设者进行通报表彰。

同日

全市130名组工干部在市委机关关铝厅就省委出台的干部选拔任用“三个规定”进行了集中培训。

同日

市政府召开打击制售假冒卷烟行为再动员大会，安排部署了全市开展的全面整顿卷烟市场秩序、严厉打击制售假冒卷烟违法犯罪活动百日大会战。

中旬

市政府决定利用政府网站面向社会公开征求意见和建议，进一步摸清全市在改善投资环境、扩大对外开放等方面的基本情况，找准问题，提出对策。

18日

市纪委、监委发出通知，要求全市各级党政机关、企事业单位及各级领导干部认真落实“四大纪律八项要求”，严格遵循廉洁自律的有关规定，严禁利用子女升学之际大操大办“升学宴”，借机敛财，破坏社会风气。

19日

市委、市政府分别下发了《关于市国资委党委主要职责及有关问题的通知》和《关于授权运城市人民政府国有资产监督管理委员会对市属企业履行出资人职责的通知》，对国资委党委的主要职责进行了授权。市国资委作为市属企业出资人身份已经到位，全市国资监管工作步入正轨。

同日

市委、市政府召开全市老区义务教育工作会议，出台了《关于加强山老区义务教育工作的意见》，从根本上解决了山老区义务教育发展中的突出问题。会上，市委书记黄有泉就加强山老区义务教育工作和加快教育强市建设步伐提出4点要求。市委办公厅、市政府办公厅下发了《关于市直单位对口帮扶老区学校的通知》。

20日

全市车辆超限超载治理工作电视电话会议召开，严厉打击少数恶意超限超载者。

21日

全市编制“十一五”规划工作会议在河津市召开。“十一五”时期，全市经济社会发展的战略任务要围绕建设新型加工制造业基地的宏伟蓝图，全力从经济、环境、社会三个方面整体推进。

22日

运城大学和运城师范学院筹备会议召开，要求科学定位，把新建大学创办成黄河金三角地区的知名大学。

23日

省发改委、水利厅、水资办、水文局、水资所及市政府等有关职能部门与水利专家对运城市水资源调查报告进行评价，对水资源开发提出了7点建议，为全市水资源的合理开发、优化配置、有效保护和建设节水型社会奠定了基础。

24日

“‘安居杯’防震减灾之歌”大型文艺晚会在河东会堂举行。

27日

省委先进性教育巡回检查组在运城检查先进性教育活动，着力解决先进性教育活动进展的不平衡问题。

28日

全市发展农民专业合作经济组织座谈会召开，要加快农民专业合作经济组织的建设步伐，为农民致富提供更多的有效载体。

同日

市工商局召开“2005年红盾护农”专项执法行动新闻发布会，公开曝光处理16起坑农害农的农资违法典型案件。

本月

市委统战部集中一个月的时间，在全市统一战线各界人士中开展“大走访”活动，征求意见和建议，帮助解决一些实际困难和问题。

本月

市委、市政府在市区街道，启动拆墙透绿工程。

8月

1日

13时30分东方航空公司CRO—200型“挑战者”号民航客机降落运城关公机场，标志着运城至上海航线首航成功，全市民航覆盖国内重点城市的框架已基本形成。

1日

市政府召开改善环境、扩大开放、转变政府职能专题汇报会，进一步推进政府职能转变、创优发展环境，促进招商引资和对外开放，实现经济的快速发展。

4日

全省中小企业创业辅导试点现场会在永济召开。

5日

全市公、检、法等部门主要负责人联席会议召开。会议决定利用3个月时间在全市开展联动大接访活动。

8日

市委召开领导干部大会，传达贯彻中共中央总书记胡锦涛在山西考察时的重要讲话精神以及省委书记张宝顺在传达贯彻时的讲话精神。

同日

全市检察长会议暨纪检监察工作会议召开。市委书记黄有泉发表讲话，要求检察机关、纪检部门为全市经济发展保驾护航。

同日

市召开防治猪链球菌病会议，安排部署猪链球病防控工作，防止疫情传入本市。

10日

《红色丰碑》全国百座城市爱国主义教育联展在运城开展。

10日

全市农村公路建设流动现场会在垣曲、盐湖、稷山3县（区）召开，再掀“户户通”工程建设高潮。“户户通”工程，是“村通”公路建设的延伸。截止8月5日，全市“户户通”工程共新修“村通”公路和硬化巷道1859公里，占全年总任务的51%。

10～15日

全市举办大型晚会、歌咏比赛、抗日英雄回访、书法展览等突出抗战主题的系列活动，纪念抗日战争胜利60周年暨世界反法西斯战争胜利60周年。

10～18日

市政府组团赴上海、宁波、温

州三地，开展招商引资暨项目推介活动。

11 日

市委统战部召开动员大会，号召全市统一战线各界人士争当构建运城和谐社会的推动者。

同日

省人大常委会常委、教科文卫工委副主任张开增一行，就山西省实施《中华人民共和国民办教育促进法》办法在运城调研。

12 日

全市综治委第二次全委（扩大）会暨建设“平安运城”经验交流电视电话会议召开。要求在全市深入开展平安县创建活动，努力营造一个人民安居乐业、社会安定团结的良好氛围，争创全省社会治安综合治理先进市。

12～14 日

“抗日老战士畅游新运城”活动全面启动。

15 日

“运城市纪念中国人民抗日战争暨世界反法西斯战争胜利 60 周年书法展”在河东博物馆开幕。

17 日

市人大对部分县、区土地执法情况进行检查。保护基本农田，维护农民利益。

18 日

全市纪念中国人民抗日战争暨世界反法西斯战争胜利 60 周年“民族魂”大型歌咏晚会在运城举行。

18 日

铁路沿线废旧金属收购站点专项清理整顿活动在全市全面展开。此项工作至 9 月下旬结束。

19 日

9 时 30 分～11 时 30 分在央视国际频道（CCTV）《让世界了解你》栏目演播室，市长胡苏平与美国盐湖城市长安德森通过连线进行友好对话，全面展示“古华夏”、“新运城”形象。通过交流，双方达成了建立友好城市、相互交流、共同发展的共识。

19 日～21 日

民革市委、民盟市委、民建市委、民进市委、九三学社市委联合在市社会主义学院举办培训班，对 71 名拟发展的成员进行培训。市委统战部部长王琦出席开班仪式。

20 日

市委举办了“廉政之声”反腐倡廉歌曲比赛。讴歌了优秀共产党员廉洁奉公的模范事迹和纪检干部的反腐正气。

22 日

省人大城市规划执法调研组就《城市规划法》贯彻实施情况在运城进行调研。

23 日

市委、市政府召开全市农村劳动力转移工作会议。总结全市近年来农村劳动力转移的经验，提出 5 年内要新转移农村劳动力 65.6 万人，促进城乡经济社会全面进步。

同日

由市慈善总会举办的“慈善圆我大学梦”义演晚会在河东剧院举行。市领导黄有泉、胡苏平、尚平安、唐大雄等观看演出并捐款。截止义演结束，市慈善总会共收到社会各类捐款 27.45 万元，全市首批 50 名贫困生分别得到 5000 元的助学金。

24 日

市委书记黄有泉和市委常委、组织部长王安宠，带领市委组织部、市农办等部门的负责人，深入夏县就农村小康建设带头人工程实施情况进行调研。要求大力实施农村小康建设带头人工程，充分发挥党支部书记的作用，全面加快农村小康建设步伐。

25 日

全市“四五”普法总结验收考试举行。

26 日

全市张贴“公务用车”标志牌会议召开。全市行政事业单位、国有企业公用轿车于国庆节前统一张贴“公务用车”标志，公车不准参加婚嫁活动，不准停放出入娱乐场所等。这是市委、市政府遏制奢侈浪费推出的新举措。

26～29 日

省委副书记、代省长于幼军就贯彻落实胡锦涛总书记视察山西的讲话精神在运城调研。

30 日

运城市人民政府发布通告，在全市开展煤炭市场专项整治行动。

30 日～9 月 2 日

以省人大常委会党组副书记、副主任杜五安为组长的省人大执法检查组，就贯彻省人大《关于全面推进资源节约与综合利用的决定》情况在运城进行检查。对运城市节约资源工作提出了改进建议。

31 日

市委、市政府举行“中国楹联文化城市”命名大会，运城市被评为“中国楹联文化城市”。

同日

全省行政效能监察网络行政审批现场会在运城召开。

同日

全市清理拖欠工程款和农民工工资会议召开，要求加大政府投资项目清欠力度，年底前全部偿付历年拖欠的农民工工资，确保新开工项目不发生新的拖欠。

9 月

1 日

市委在大楼关铝厅举行颁发中国人民抗日战争胜利 60 周年纪念章仪式。市领导黄有泉、胡苏平等为 116 名抗日老战士、老同志颁发了纪念章。同日，市举办了纪念中国人民抗日战争暨世界反法西斯战争胜利 60 周年文艺晚会。

同日

全市加快推进国有企业改革工作电视电话会议召开，出台了《关于进一步加快深化国有企业改革的实施意见》，明确了今后国企改革的目标、任务和措施。

5～7 日

全国虞舜文化研讨会暨中国先秦史学会年会在运城举行。130 名来自北京、上海、天津、重庆、黑龙江、贵州、甘肃等 26 个省、市、自治区及来自日本的先秦史专家、学者代表参加了研讨会，这次会议是中国先秦史学会在本世纪以来规模最大、参加人数最多的一次学术会议。新华社、《光明日报》、《中国文物报》、《中国旅游报》、《中国文化报》、《山西日报》、山西电视台等 12 家新闻媒体的 30 余名记者对大会进行采访报道。

5～9 日

省委联动大接访督察组来到运城并对市农业局、民政局、国土资源局、劳动和社会保障局等部门及盐湖、临猗等8个（市、区）的20多个县直单位的联动大接访工作进行督察，提出建设性意见。据统计，全市共排查接待信访案件1283件，办结905件，办结率为70.5%。

6日

乙酉年公祭虞舜圣帝大典在舜帝陵举行。

同日

市政府出台了《运城市清理规范行政事业单位津贴补贴实施方案》。

8～11日

市政府组团参加福建省厦门市第九届中国投资贸易洽谈会。厦洽会共签约项目4个，对接项目十多个，项目总投资3369万美元，合同利用外资1600万美元。

11～17日

是第八届全国推广普通话宣传周，全市开展了系列“推普周”活动。

12日

全省城建学习考察座谈会在运城召开。省委副书记、代省长于幼军在会上作重要讲话。市长胡苏平在座谈会上介绍了运城市城建工作的经验。

12日

全国农村人口文化大院经验交流会在运城召开。九届全国人大常委会副委员长、全国妇联名誉主席、中国红十字会会长、中国人口文化促进会会长彭佩云，国家人口和计划生育委员会党组书记、主任张维庆参加会议并作重要讲话；省人大常委会副主任赵劲夫出席会议；副省长梁滨、市委书记黄有泉分别代表省委、省政府和市委、市政府致词；省人口计生委主任安焕晓、市长胡苏平在会上分别作了经验介绍。会议期间，与会领导和代表参观了盐湖区东留村、永济市东开张村及寨子村的人口文化大院。

14日

省卫生城市检查团对运城市的卫生城市创建工作进行了检查验收。建市5年来，基础设施发展迅速，市容市貌变化很大，城市整体水平上升到一个新的层次，在创建卫生城市上已取得了可喜的成绩。

14～16日

省人大执法检查组对全市的未成年人保护工作进行调研，对运城市未成年人保护工作予以高度评价。

15～17日

市委书记黄有泉带领市四大班子领导，各县（市、区）委书记、县（市、区）长，市直有关单位和运城、华信等经济技术开发区负责人，先后深入闻喜、垣曲、绛县、新绛、夏县、盐湖6个县（区），对全市推进新型工业化、农业产业化、城镇化和招商引资（简称三化一招）第一阶段的工作进行了流动观摩。9月17日“卓里杯”2005年“全国科普日”暨“科普运城”系列活动启动仪式在河东广场举行。

20日

市水环境监测中心通过计量认证。

21日

全市为期10天的安全大检查全面启动。

同日

市政协举行一届二十二次常务会议，通过了《关于加快建设新型加工制造业基地的建议》等。

21日

全国人大《农业法》和《水利法》执法检查组在运城检查工作。

23日

市委决定，面向全市公开选拔副处级领导干部。

同日

全国机关党建研讨会在运城举行。

25日

中国运城第十六届国际关公文化节在南风广场开幕。省委书记张宝顺、国家国资委副主任吴晓华、国家大中型企业监事会主席陈全训等，及来自美国、新加坡、马来西亚、日本、港澳台等国家和地区的贵宾，新华社、人民日报、澳门卫社和其他省市新闻界的记者与到场的两万余名各界群众一起参加了开幕式。

同日

中国铝业山西企业在河津举行80万吨氧化铝、山西华泽铝电有限公司28万吨电解铝、2×300MW机组项目建成庆典。这“两大项目”的建成，使山西的铝业形成了“铝＋矿—氧化铝—电—电解铝”一体化产业链，标志着全国具有国际竞争力的铝工业基地在运城形成。国家国资委副主任吴晓华、国家大中型企业监事会主席陈全训，省委书记张宝顺、代省长于幼军、省政协主席刘泽民、省人大常委会常务副主任纪馨芳、副省长牛仁亮和市委、市政府领导黄有泉、胡苏平、陈永信、安永全等出席了山西铝业“两大项目”建成庆典活动。

同日

省委书记张宝顺在市委书记黄有泉、市长胡苏平的陪同下，到河津、芮城调研。对运城市近年来在调整经济结构等方面取得的成绩给予肯定，要求运城继续在全省经济结构调整中发挥带头作用。

26日

乙酉年金秋公祭关帝大典在解州关帝庙隆重举行。省、市领导与来自美国、新加坡、马来西亚等国家和港澳台的50余名嘉宾以及数百名群众一起参加了祭祀活动。

27日

市第五届产学研合作与交流洽谈会在运城举行。本届洽谈会共签订各类经济技术合作协议、文化产业项目47个。项目总投资26.5亿元。

30日

全市“三化一招”流动观摩总结暨再动员大会召开。会议对全市“三化一招”工作进行了总结，对年初以来全市经济运行态势进行了分析。

下旬

市政府出台清理煤矿投资人股份实施方案。各相关单位清理纠正工作于10月10日前结束。

本月

解州关帝庙被评为国家4A级景区。

本月

市政府在全市广大农村地区实施“科普惠农行动计划”。此计划至2007年年底结束。

本月

省发改委召开专家论证会，通过了运城市市区西南环城高速公路、垣曲蒲掌至闻喜东镇高速公路的可行性研究报告，并批准立项。两条高速公路总投资36.7亿元。

10月

11日

市政府召开会议，对百名“敬老养老好媳妇”进行表彰。

12日

全市推行农村会计委托代理和发展农村专业合作经济组织现场会在永济召开。会议总结了农村财务管理“2528工程”的经验，推行农村会计委托代理制。与会人员学习了永济市张营镇推行会计委托代理工作的经验，参观了永济市蒲州镇寨子村的农民协会。

13日

市委、市政府制定农村民办文化“五个一”工程实施意见，进一步推进文化强市战略的实施。

14日

全市党外干部工作会议召开，提出党外干部使用由“机遇型”转向“机制型”。

15日

运城师范举行百年华诞。

同日

全省民办教育工作经验交流会在运城召开。副市长吴菊仙作了《鼓励支持，优化发展环境，依法引导，促进和谐发展》的经验介绍。全市民办学校由1998年的65所发展到现在的725所，在校生由13万人增加到202万人，总投资从870万元增长到20亿元，在全省处于领先位置。

同日

“标威”与空港新区正式签订投资1.2亿美元建设亚洲最大的华夏织业有限公司协议，项目建成后，将带动全市产业结构调整，拉动全市经济的强力发展。

16日

市委召开传达贯彻党的十六届五中全会精神干部大会，市委书记黄有泉传达了十六届五中全会精神和省委书记张宝顺在全省干部大会上的讲话精神。

同日

今天是第25个“世界粮食日”。市委、市政府举行节约粮食宣传活动，号召全市人民爱惜粮食，节约粮食，掀起“建设节约型社会”活动高潮。

同日

市委召开会议，安排部署全市农村村民委员会换届选举工作。市委成立换届领导组。

同日

市委召开大会，全面贯彻落实中组部严格按照《干部任用条例》和有关规定选拔任用干部视频会议精神。

17日

全市政风行风考评工作会议在运城召开，安排部署全市政风行风评议工作。

18日

亚宝药业风陵渡工业园投产。

19日

全市“推广普通话，书写规范字”万荣工作会暨万荣县动员大会召开。省教育厅副厅长刘惠民、市领导尚平安、董洪运、张建合、刘冠生、吴菊仙、史海涌出席了会议。会上，市委、市政府出台了《深入发展“讲普通话写规范字”的实施方案》。

同日

市综治委第三次全委（扩大）会议召开，传达贯彻全省建设“平安三晋”现场会精神，安排部署了全市下一步的平安创建工作。

20日

运城市农业会展中心竣工庆典仪式暨第五届运城农业新技术新产品展示展销会开幕。本届农展会正式参展单位1100多个，展示新技术790项，展示新产品2000多个；同科研院所达成技术合作项目128项，签订贸易合同230项，合同金额2.8亿元；现场零售400万余元；参观总人数突破了30万人次。

同日

姚暹渠城区段改造工程竣工。

21日

国家文物局局长单霁翔在市领导陪同下，考察了运城市部分国家重点文物保护单位，对各县（市、区）成立文物局的做法及全市文物保护工作所取得的成绩给予充分肯定。

同日

市直工委和市教育局联合组织的培养“反邪教小教员”宣传教育活动启动。

24日

交通部副部长冯正霖对全市公路建设工作进行了考察，指出运城公路建设为全国起了示范作用，并对运城公路交通建设提出了要求。

25日

全省扶贫基金工作研讨暨表彰会在运城召开。

26日

中央先进性教育活动巡回检查组莅临运城检查指导工作，对先进性教育活动中要突出解决的实际问题提出了要求。

26日

副省长梁滨在运城调研城建工作，要求运城城市建设要继续努力，做全省城建的“领头羊”。

27日

全市警示教育报告会暨警示教育大会召开。市委书记黄有泉、市委副书记尚平安先后主持会议并讲话。省纪委常委、秘书长王水成作警示教育报告。市纪委常务副书记毋昆峰宣读了中共运城市委《关于姚立庆、晋勇、张保业严重违纪违法案件的情况通报》。

28日～11月4日

省委组织部对全市学习贯彻执行《干部任用条例》、“5+1”文件和省委《三个规定》等法规情况进行了全面检查。

29日

全市党管武装工作暨表彰会议在运城军分区召开。会议要求进一步加强党管武装工作，开创全市国防后备力量建设新局面。省军区参谋长李东军少将，市委书记、运城军分区党委第一书记黄有泉、市委副书记唐大雄、市委常委、常务副市长董洪运，军分区司令员孟庆发，市委常委、军分区政委李文瑞等领导出席会议并讲话。

31日

市政府召开会议，安排部署推行行政执法责任制工作。运城市是省政府确定的全省推行行政执法责任制的两个试点城市之一。

同日

省打击违法煤矿专项行动和煤炭资源整合督察组对全市贯彻落实国务院和省政府有关文件精神进行督察。

11月

2日

全市村委会换届选举工作全面展开。

同日

英国哈特尔浦商会成员凯斯—托马斯代表该城政府在运城访问，市委书记黄有泉向哈特尔浦客人介绍了运城的基本情况。

4日

市委、市政府召开创建省级园林城市秋季绿化再动员大会，再掀城市绿化建设新高潮，实现创建省级园林城市目标，冬春市区播绿44869亩。

8日

全市加强农村基层组织建设工作会议召开。会议就如何加强村级党组织建设、搞好村委换届选举、开展好第三批先进性教育活动提出了具体要求。同时，安排部署了后备干部和年轻干部到县、乡、村帮助指导村级党组织建设工作。

10日

市委、市人大、市政府、市政协四大班子办公厅召开党员干部警示教育动员大会，对四大班子办公厅警示教育活动作了安排部署。

11日

全国妇联、卫生部联合在运城召开全国艾滋病联合防治示范区、妇女“面对面”宣传教育活动总结推广会。

14日

市委召开会议，传达贯彻省委八届七次全会精神。市委号召，要以省委七次全会精神为指导，大力实施科教兴市，人才强市、绿色河东、文化强市战略。加快新型工业化、特色城镇化和农业产业化进程，努力建设充满活力、富裕文明、和谐稳定、环境优美的新运城。

14日

由中宣部、中央文明办、国家人口计生委等10部门联合主办的“全国婚育新风进万家活动经验交流暨总结表彰大会”在北京召开。市长胡苏平代表市委、市政府在会上作了题为《依托人口文化大院，弘扬时代婚育新风》的经验介绍。

15日

全市地震应急演练在稷山稷王小学拉开帐幕。

17日

市委召集相关部门研究部署社会主义新农村建设工作。

18日

“中国中西部国际金融港”在空港新区北区开工建设。

同日

市委召开各县（市、区）委书记、组织部长会议，对全市第七届村委换届工作作了进一步的动员和安排。

18日

市委、市政府在全市范围开展农民负担专项审计工作。

21日

市非公有制经济人士和优秀中国特色社会主义事业建设者表彰暨市工商联一届四次执委（扩大）会议召开。会上，市委、市政府授予卫思科、王诤、王运科、王旺成、王建国等31名非公有制经济人士“优秀中国特色社会主义事业建设者”荣誉称号。会议号召全市广大非公有制经济界人士，要爱党爱国爱家乡，守法诚信讲奉献，积极投身全市新型加工制造业基地建设。全市规模以上企业中，非公有制企业已占到70%以上，对财政的贡献率达到48.3%。

24日

副市长张建喜和香港标威集团董事长纪建标在40万锭纺纱厂投资建设协议书上签字，亚洲最大的40万锭纺纱厂正式落户运城空港新区，市委书记黄有泉出席了签字仪式。

25日

市委、市政府召开防控高致病性禽流感紧急会议，采取七条强制措施，全方位防控高致病性禽流感。

28日

中外合资山西丰喜瑞煤化工有限公司成立。原省委书记王茂林、省委常委、常务副省长范堆相、副省长靳善忠，省政协副主席阎爱英，省政协秘书长李政文及市领导胡苏平、张建合、张建喜等出席了在太原举行的成立大会。

11月

“光明行动”全面启动，利用两年时间免费普查80%以上的白内障患者。

12月

1日

市委召开第三批保持共产党员先进性教育活动工作视频会议。全面安排部署了以农村基层党组织和党员为主要对象的第三批先进性教育活动。活动从今年12月开始，至2006年6月结束。市委书记、市委保持共产党员先进性教育活动领导小组组长黄有泉就如何开展好第三批先进性活动提出了要求。

2日

市知识产权局挂牌成立。

2～4日

高致病性禽流感防控工作督察组深入运城市部分县（市、区）检查指导高致病性禽流感防控工作。

4日

全国第5个法制宣传日。市依法治市领导组组织市直40余家行政执法单位的工作人员在南风广场设立咨询点，向过往群众宣传有关法律法规。

13日

召开全市电视电话会议，传达贯彻全国、全省清欠工作电视电话会议精神，提出用10天时间打一次清欠攻坚战。

9日

交通部副部长黄先耀带领中共中央办公厅、国务院办公厅的有关人员对运城市“双通”工程进行了调研，形成了调研报告。国务院副总理回良玉在报告上作了重要批示。批示指出，交通部调研组谈的意见很好，这是为“三农”办的一件大好事，也是统筹城乡发展的一件实事。

20日

中共运城市委一届八次会议在运举行。听取了市委书记黄有泉代表市委常委所做的工作报告，审议通过了《中共运城市委关于制定国民经济和社会发展第十一个五年规划的建议》。黄有泉在全会结束时作重要讲话，市委常委、常务副市长董洪运就《建议（讨论稿）》向全会作了说明。“十一五”时期的主要任务是：①加快产业结构优化升级，努力转变经济增长方式。②建设社会主义新农村，统筹城乡发展。③实施科教兴市、人才强市和文化强市战略，为经济社会发展提供新的驱动力。④深化体制改革，提高对外开放水平。⑤发展各项社会事业，建设和谐社会。

同日

运城关公机场第四条航线——运城至成都航线开通。

22日

运城关公机场第五条航线（运城至深圳）举行首航仪式。

同日

省委常委、政法委书记杜玉林在运城市就政法工作进行调研，并提出指导性意见。

同日

全市城镇供热体制改革会议召开，要求要加快集中供热步伐，停止福利供热，实行用热商品化、货币化。

22～25日

市委副书记尚平安带领市创建中国优秀旅游城市考察团，考察深圳、广州两市的优秀旅游城市建设，并在深圳市举行了运城——深圳航线开通新闻发布暨运城旅游产品推介会。

24日

全市新型农村合作医疗试点工作会议召开。会议传达了全国、全省新型农村合作医疗试点工作的经验，对2006年全市新型农村合作医疗工作作出部署。全市共有河津、闻喜、临猗、稷山、芮城、平陆6个县（市）开展新型农村合作医疗工作，力争2007年这一工作覆盖全市所有县（市、区）。

26日

市委召开组织工作会议，安排部署2006年全市组织工作。2006年组织工作在突出先进性教育活动、常委换届和人才工作三个重点的基础上全力做好6项工作，一是进一步落实大规模培训干部工作；二是整体推进干部人事制度改革；三是进一步强化干部监督工作；四是切实加强基层党组织和党员队伍建设；六是进一步加强和改进组织部门的自身建设。

28日

运城客运中心站开始营运。运城客运中心站占地面积近59200平方米，站前广场近2000平方米，可容纳驻站车400余辆，日发车1000余车次，发送游客两万余人，通达10省4个直辖市及运城市各县（市）城市。

29日

全市经济工作会议召开。会议传达贯彻了全省经济工作会议精神，总结了今年年初以来的经济工作，分析了当前形势，对2006年的经济工作进行了全面部署。市委书记黄有泉作了讲话。

同日

全市人口和计划生育工作会议召开。会议要求落实基本国策，创造良好人口环境。2006年，全市人口出生率要控制在12.5%以下，农村符合政策生育率达80%以上；长效节育措施落实率80%以上；政策外多孩控制在1%以下；奖励政策兑现率达100%；社会抚养费征收率达75%以上。市委常委、常务副市长董洪运与各县（市、区）长签定了2006年人口和计生工作目标责任书。

本年

全市生产总值突破450亿元，达至470.8亿元。其中，第一产业完成增加值53.6亿元，第二产业完成增加值265.4亿元，第三产业增加值151.8亿元，三次产业的比例为11.4∶56.4∶32.2。在全省经济总量排名仅次于太原市、临汾市，为第三位。全市社会从业人员239万人，比上年增加1.7万人；全市农作物总播种面积993.8万亩，比上年增加89.9万亩，增长9.9%，粮食总产量达到159.3万吨；林业完成造林面积8.9万亩，完成天然林保护工程6.8万亩，退耕还林工程7.4万亩，三北防护林0.8万亩；全市工业企业完成增加值247.3亿元，比上年增长16.7%；全社会固定资产投资完成160.5亿元，增长16.3%；全市实现社会消费零售总额158.2亿元，增长10.3%；全市进出口总值为65227万美元，增长22.0%；全市铁路营运里程达309公里，公路线路里程8880.6公里，开通了北京、上海、广州、成都、深圳5条航线，发送旅客8万人；全市财政总收入完成55.6亿元，比上年增收9.0亿元，增长19.3%；全市总人口498.5万人，比上年增长0.65%；全市城镇居民人均可支配收入7507元，比上年增长10.3%；全市农民人均纯收入2806.2元，比上年增长8.5%。

（张建国　武建华）

（责任编辑：武建华）

概　　况

基本情况

自然环境

【位置　面积】　运城市位于山西省西南部，处于华北平原的丘陵区，黄土高原东沿第一台阶，黄河中游地带。北接吕梁山与临汾市的乡宁、襄汾、曲沃、侯马、翼城等县（市）接壤，东连太行山与晋城市的沁水、阳城二县毗邻；西、南两面濒临黄河，河干流形成了本市与陕西、河南两省的天然分界线。本市境域轮廓大致呈不规则三角形，地理坐标为北纬34°35′～35°50′，东经110°15′～112°04′，东西宽约201.87公里，南北长约127.47公里，总面积13968平方公里，约占山西省总面积的9%。

【气候】　2005年度全市天气气候的主要特点是：年平均气温略高，降水偏少，日照正常略多。其中春、夏季温度高、雨水少，旱情严重；秋季温度偏高、降水较多，旱象解除；冬季冷而少雨，且光照不足。

1. 温度：本年度全市平均温度为13.6℃，比往年平均值偏高0.5℃，南北部温度较高，中东部较低，年平均温度最高的是永济，为14.9℃，其次是盐湖区，为14.6℃，最低的是绛县，为12.0℃。稷山、万荣和永济年平均气温均比平均值偏高1℃以上。春、夏、秋季季平均温度分别为15.8℃、26.0℃和14.0℃，分别比历年同期平均值偏高1.9℃、0.6℃和0.9℃，1～2月和12月平均温度分别为－1.1℃和－1.8℃，分别比历年同期平均值偏低1.1℃和1.7℃。

2. 降水：年内本市平均总降水量为448.3mm，比往年平均值偏少67.4mm，除秋季季平均降水量为195.1mm，比历年同期平均值偏多57.6mm，其它月份降水均偏少，其中1～2月、春、夏季和12月平均降水量分别为5.0mm、66.2mm、179.9mm和2.1mm，分别比历年同期平均值偏少7.5mm、37.0mm、77.6mm和3.0mm。2005年全市降水分布特点是东部多西部少，南部多北部少，最多的是垣曲，为573.4mm，最少的是稷山，为370.0mm。

3. 日照：年内全市平均总日照时数为2263.8小时，比往年平均值略偏多17.5小时，其中12月和春季季平均日照时数分别为180.6小时和714.8小时，分别比历年同期平均值偏多19.9小时和110.2小时，1～2月、夏、秋季季平均日照时数分别为265.7小时、628.7小时和474.0小时，分别比历年同期平均值偏少43.8小时、34.7小时和34.1小时。

4. 重大天气事件：2005年度运城市降水偏少，引发严重的春夏连旱，夏季连续的高温天气使得旱情加重。（1）春夏连旱。2005年1至9月上旬末运城市维持气温偏高、降水偏少的天气形势，发生严重的春季、初夏、伏期连旱。1至9月上旬末，全市平均总降水量仅254.1mm，比历年同期平均值偏少148.9mm，比上年同期偏少100.9mm，是本市有完整气象记录以来同期降水第三个最少年（1997年为172.3mm，2001年为214.4mm）。严重的干旱造成本市粮食严重减产，据统计，全市小麦受旱面积309万亩，其中严重减产（减产2成以上）的有234万亩，绝收面积也在41万亩左右；秋作物受旱面积150余万亩，其中轻旱129万亩，重旱20余万亩，发生干枯死苗的有1.5万亩。（2）夏季高温6月份高温：6月11～15日，本市连续5天37℃以上高温，在经过16日、17日短暂的调整后，于18日开始又进入了新一轮的高温，特别是20日、22日、23日全市13个县（市）日最高温度均达到37℃以上，而且大部分县（市）最高气温超过40℃，24日仍有两个县最高气温达到40℃以上。其中6月20日稷山县最高气温达42.3℃，居本次高温天气过程中最高气温之首，接近稷山县历史记录42.5℃和盐湖区历史最高记录42.7℃（1966年6月21日）。本次高温天气中连续超过37℃的高温日达7天之久，其中连续40℃的高温日达6天，超过了近40年来的历史最高记录。另外，本次高温天气过程中，有11个县（市）最高气温先后超过40℃，其余2个县（闻喜、绛县）也超过了39℃，部分县最高气温刷新了历史记录：新绛、绛县、夏县、临猗、平陆最高气温超过了历史记录，其它县（市）接近历史最高记录。1～6月28日间，全市平均降水量119.0mm，比历年同期偏少51.6mm，加上6月中、下旬的持续高温，土壤蒸发量大大增加，干旱面积也迅速扩大。同时，长时间的高温引发多起火灾事故，并造成用电量明显增大，城乡供电不足。7月高温：7月11～14日本市部分县（市）再次出现37℃以上高温天气，个别县（市）达40℃以上，稷山县13日最高气温40.6℃，为本次高温天气的极端最高气温。干旱、高温天气给本市城乡居民生活造成很大影响，市区内用电、用水紧张，停电频繁，且电压低，多台变压器、配电柜因发热喷油而起火，中暑、感冒等病人明显多于平时。（3）秋季连阴雨。9月24日～10月3日间运城市出现秋季连阴雨天气过程，平均雨量达124.9mm，其中垣曲、芮城和平陆雨量达140mm以上，期间的27日全市普降大雨，28日5个县（市）降大雨，使得全市严重的旱情彻底解除。（4）局部地区暴雨、冰雹、大风。6

月29日22：00至30日凌晨，运城市绛县、万荣、闻喜、垣曲遭受大暴雨袭击，由于降水时间短、雨量大，且伴有冰雹、大风，致使部分乡镇农作物受灾，房屋（窑洞）受损、倒塌，人员伤亡。据调查，农作物受灾面积48518亩，373户房屋（窑洞）进水，损坏房屋（窑洞）24间，倒塌21间，死亡2人，伤1人，直接经济损失6180余万元。

闻喜县在县城周围一带，因大风造成速生杨（速倍杨）50%以上断顶断枝，并有部分拦腰折断。大风造成树倒砸向输电线路，致使县城大部和部分农村30日大半天停电。邱家庄一带的冰雹造成树叶斑斓，玉米叶打成丝条状，棉花20%以上的叶和花蕾被打掉，柿子也打得落果一层，最严重的几块棉花苗几乎被打成光杆。

垣曲县7个乡镇25个村严重受灾，烟叶叶面被冰雹打成1cm左右的窟窿，大部分主杆折断，玉米被打成光杆倒伏在地，西瓜被打烂。作物受灾面积16118亩，其中烟叶1600亩、玉米8210亩、山羊椒1670亩、水果2258亩、蔬菜2380亩，共计经济损失约800万元。没有人员伤亡。

万荣县里望乡一条拦水大坝被冲毁，县城南大街有80米的一段路被冲毁，部分村民家中进了水，洪水淹没农田3000余亩，经济损失300余万元。解店镇47户民房进水，倒塌旧墙22堵，淹没农作物500余亩，经济损失30余万元。绛县灾害最重，涉及古绛、陈村、横水、冷口、卫庄5个乡镇68个村，受灾人口5.4万人，农作物受灾面积29400亩，其中绝收9465亩。51户163间房屋（窑洞）进水，损坏房屋（窑洞）24间，倒塌9间，死亡2人，伤1人，冲毁道路5000米，倒塌围墙850米，直接经济损失5050万元，其中农业直接损失2000万元。

5．气候对农业影响：（1）1～2月间温度明显偏低，雨雪特少。1～2月间全市平均气温为－1.1℃，比历年同期平均值偏低1.1℃，期间降水量仅5.0mm，比历年同期平均值偏少7.5mm，但由于上年12月份全市平均降水量达19.3mm，远远多于历年平均值（5.1mm），因此越冬期间土壤水分含量较高，小麦安全越冬。另一方面，冬季温度偏低，大量虫卵被冻死，这是本年虫害较轻的原因之一。（2）春季气温回升迅速，降水严重不足，旱情出现并不断加重。3～5月上旬是运城市小麦需水关键时期，而此期间本市气温持续偏高，雨水特少（仅19.1mm），蒸发量偏大，大大影响了小麦的正常生长。期间平均温度为14.0℃，比历年同期平均值偏高2.2℃；蒸发量为388mm，比历年同期平均值偏多35mm；又多大风天气，土壤失墒极快，从5月8日测墒情况来看，全市大部分县（市）旱地麦田土壤含水量在45～20%之间，干旱非常严重，小麦难以返青，拔节和孕穗也受到很大影响，造成小麦苗小、穗少、穗粒数不足。（3）夏季降水继续不足，旱情进一步加深入夏后，运城市继续维持温度偏高、降水偏少的干旱天气，另外当年夏季降水时空分布极不均匀，入夏后本市没有一场全市范围的有效降水天气，个别县市由于局部地区短时强降水而引起总雨量相对较多，而实际旱情比降水数字反映的更为严重。进入6月份以后，本市出现高温少雨天气，大于37℃以上高温日达12天以上，使得全市干旱程度迅速加深，6月末（29、30日）的局部地区强降水天气过程（过程降水量为26.5mm，其中万荣为92.5mm、绛县70mm、闻喜65.7mm）由于分布极不均匀，雨量主要集中在少数县的局部地区，同时短时暴雨地表径流严重，因此，这次降水也仅仅是对局地旱情起到暂时的缓解作用，远远不能从整体上解除或缓解旱情。7月份以后，本市阴天日数虽然不是很少，但降水量仅25.3mm，是全市有历史记录以来同期降水最少的一年。加上7月11～14日部分县（市）出现37℃以上高温天气，个别县（市）出现40℃以上高温（稷山县13日最高气温40.6℃，为本次高温天气的极端最高气温），使得旱情加剧。从各地7月28日测墒情况来看，大部分旱地10cm、20cm土壤严重缺水。持续的雨水不足和高温天气导致本市发生春季、初夏和伏期连旱，旱情非常严重，棉秋作物受害严重。特别是“7下8上”是本市秋作物需水关键期，此期缺水，作物难以抽雄、授粉，导致减产，本年7月下旬，全市仅降水10.3mm，比常年同期偏少25.9mm，“卡脖旱”发生。（4）秋播期雨水较多，播种质量较高。8月15日以后，全市出现明显降水天气形势，15～19日夜间，全市普降中到大雨，平均降水量56.9mm，其中河津市达70.2mm，有效地缓解了前期严重的旱象，为麦田储备了较为充足的底墒；9月19～21日间，本市再次普降中到大雨，部分地区大到暴雨，又一次有效地补充了土壤水分，为小麦播种奠定了较好的基础。（5）入冬后温度较低，大量越冬虫卵被冻死。12月全市平均气温为－1.8℃，比历年同期平均值偏低1.7℃，月内日极端最低气温在－14.3～－8.9℃之间，除平陆和河津最低温度高于－10℃外，其余各地均在－10℃以下，夏县达－14.3℃。冬季温度低可有效降低虫卵和病菌的越冬存活率，对减轻下年病虫害的危害有利。

（冯明理）

行政区划

【行政区划概况】 2005年，全市2个县级市、10个县、1个区；79个镇、55乡、13个街道办事处；3185个村委会；7873个自然村。总面积13968平方公里，总人口498.5万人。

盐湖区：7镇6乡、8个街道办事处、81个居委会、314个村委会、430个自然村。即：解州镇、北相镇、龙居镇、金井乡、席张乡、泓芝驿镇、上郭乡、三路里镇、上王乡、冯村乡、王范乡、陶村镇、东郭镇、东城、西城、南城、北城、中城、安邑、姚孟、大渠街道办事处。

永济市：7镇、3个街道办事处、23个居委会、262个村委会、402个自然村。即：虞乡镇、卿头镇、开张镇、栲栳镇、张营镇、蒲州镇、韩阳镇、城东、城西、城北街道办事处。

河津市：2镇、5乡、2个办街道事处、18个居委会、148个村委会、216个自然村。即：樊村镇、僧楼镇、小梁乡、柴家乡、赵家庄乡、下化乡、阳村乡、城区街道办事处、清涧街道办事处。

芮城县：7镇、3乡、309个村委会、723个自然村。即：古魏镇、风陵渡镇、阳城镇、永乐镇、大王镇、学张乡、南张乡、东垆乡、西陌镇、陌南镇。

临猗县：8镇、5乡、373个村和会、546个自然村。即：猗氏镇、嵋阳镇、七级镇、东张镇、临晋镇、孙吉镇、三管镇、庙上乡、角杯乡、耽子镇、北辛乡、北景乡、楚侯乡。

万荣县：4镇、10乡、281个村委会、409个自然村。即：解店镇、荣河镇、通化镇、汉薛镇、皇甫乡、西村乡、万泉乡、南张乡、高村乡、贾村乡、王显乡、光华乡、裴庄乡、里望乡。

新绛县：7镇、1乡、220个村委会、235个自然村。即：龙兴镇、三泉镇、泽掌镇、北乡镇、古交镇、万安镇、阳王镇、横桥乡。

稷山县：5镇、2乡、200个村委会、228个自然村。即：稷峰镇、化峪镇、太阳乡、翟店镇、清河镇、西社镇、蔡村乡。

闻喜县：7镇、6乡、342个村委、763个自然村。即：桐城镇、东镇、河底镇、郭家庄镇、凹底镇、礼元镇、侯村乡、裴社乡、后宫乡、薛店镇、阳隅乡、神柏乡、石门乡。

夏县：6镇、5乡、256个村委会、812个自然村。即：瑶峰镇、裴介镇、水头镇、庙前镇、泗交镇、埝掌镇、南大里乡、尉郭乡、禹王乡、胡张乡、祁家河乡。

绛县：8镇、2乡、212个村委会、637个自然村。即：古绛镇、大交镇、安峪镇、横水镇、南樊镇、磨里镇、卫庄镇、陈村镇、冷口乡、郝庄乡。

平陆县：6镇、4乡、229个村委会、1109个自然村。即：圣人涧镇、常乐镇、张村镇、曹川镇、张店镇、三门镇、洪池乡、杜马乡、部官乡、坡底乡。

垣曲县：5镇、6乡、191个村委会、1319个自然村。即：新城镇、毛家湾镇、王茅镇、古城镇、历山镇、皋落乡、长直乡、华峰乡、英言乡、蒲掌乡、解峪乡。

（市民政局）

人口情况

【人口构成】 据抽样调查推算，2005年末全市总人口为4984769人，其中男性2534403人，女性2450366人，男女性别比为103.43。城镇人口1548713人，乡村人口3436056人，城镇化率31.1%。

（市统计局）

【人口自然变动】 据抽样调查，截止2005年底，全市平均每天出生165.1人，全年人口出生率为12.09‰，全市平均每天死亡76.9人，全年人口死亡率为5.63‰，人口自然增长率为6.46‰。

（市统计局）

国民经济与社会发展

【概述】 综合 2005年，国民经济高位平稳运行，综合经济实力进一步增强。据初步核算，全年全市生产总值突破450亿元，达到470.8亿元。按可比价格计算，比上年增长13.3%。其中，第一产业完成增加值53.6亿元，同比增长2.1%；第二产业完成增加值265.4亿元，增长15.9%；第三产业完成增加值151.8亿元，增长13.5%。三次产业的比例为11.4:56.4:32.2，三次产业对GDP增长的贡献率分别为8.3%、68.8%和22.9%。在第三产业中，金融保险业增加值为10.1亿元，增长6.0%；批发和零售贸易餐饮业增加值39.1亿元，增长10.6%；房地产业增加值13.9亿元，增长13.2%。全市人均生产总值9473元，按现行汇率计算人均突破1000美元大关，达到1176.4美元，迈上一个新的台阶。“十五”时期全市生产总值年均增长15.1%，高出全省两个百分点。生产总值总量占全省比重为11.4%，在全省经济总量排名仅次于太原市、临汾市，为第三位。

三次产业比例由2004年的12.4:56.5:31.1，调整为11.4:56.4:32.2。与上年相比，第一产业比重下降1个百分点，第二产业比重降低0.1个百分点，第三产业比重提高了1.1个百分点。

市场物价总水平保持平稳。全市居民消费价格总水平比上年上涨0.9%。其中城市上涨1.6%，农村上涨0.3%；商品零售价格指数上涨0.5%；工业品出厂价格指数上涨3.9%；农业生产资料价格指数上涨8.1%；原材料、燃料、动力购进价格指数上涨6.1%（见表1）。

就业状况进一步好转。年末全市全社会从业人员239.0万人，比上年末增加1.7万人。其中：城镇从业人员32.4万人，占13.6%；农村从业人员206.6万人，占86.4%。按三次产业分：第一产业138.4万人，占57.9%；第二产业49.2万人，占20.6%；第三产业51.4万人，占21.5%。全年全市新增就业人员76407人，下岗再就业人数达到20939人，其中：“4050”人员10263人。全市登记失业率1.7%，控制在4.5%的目标范围之内。

表1 2005年全市居民消费价格分类指数

上年价格=100

指标	全市	城市	农村
居民消费价格总指数	100.9	101.6	100.3
食品	99.1	102.8	96.9
其中：粮食	104.6	106.7	102.7
烟酒及用品	100.1	100.2	100.0
衣着	100.5	100.1	100.8
家庭设备用品及维修服务	100.4	100.3	100.7
医疗保健和个人用品	98.9	96.5	101.1
交通和通信	104.5	102.2	106.7
娱乐教育文化用品及服务	101.3	101.0	101.6
居住	104.5	104.7	104.4

国民经济和社会发展中存在的主要问题是：经济结构不合理和经济增长方式粗放等长期性和深层次矛盾依然存在；工业利润增幅回落，亏损面反弹。“两金”占用增加，工业经济运行风险加大；投资总量不足以及结构性矛盾并存的现象加剧；农民增收基础还不稳固；

部分居民生活仍然比较困难等。

农业　农村经济稳定发展。2005年，全市上下认真贯彻中央"一号文件"精神，紧紧围绕农民增收这一中心任务，大力巩固农业基础地位，积极调整农业结构，狠抓农业基础设施和生态环境建设，加大农村劳动力转移力度，农村经济呈现稳步发展的局面。农业生产保持了平稳发展。一系列惠农政策的实施，极大地调动了农民的种粮积极性，农作物播种面积大幅增加，种植结构进一步得到调整。2005年，全市农作物总播种面积993.8万亩，比上年增加89.9万亩，增长9.9%。其中，粮食作物播种面积为782.8万亩，增长22.8%。在粮食作物中，夏粮播种面积为471.0万亩，增长21.8%，秋粮播种面积为311.8万亩，增长24.3%。在粮食作物种植面积中，高产作物玉米的种植面积达到252.7万亩，增长36.8%，成为本市近5年来种植玉米面积最大的一年。由于种植面积的增加、种植结构的优化以及农民投入的增加，全年全市种植业生产虽然遭受严重旱灾的侵袭，但仍然获得了较好收成。根据抽样调查推算，全年全市粮食总产量达到159.3万吨，虽比上年减产0.2%，但仍为较好收成的年景。其中，夏粮83.2万吨，减产10.1%；秋粮76.1万吨，增产13.4%。

表2　主要农产品产量

产品名称	产　量（万吨）	比上年增长（%）
粮食	159.3	－0.2
夏粮	83.2	－10.1
秋粮	76.1	13.4
油料	2.2	－35.3
棉花	9.5	－12.0
蔬菜	78.3	－17.4
水果	165.4	－13.6

林业发展成效明显。全年完成造林面积8.9万亩，完成天然林保护工程6.8万亩，退耕还林工程7.4万亩，三北防护林0.8万亩。

畜牧业生产整体状况良好。全年生猪出栏85.7万头，增长7.6%；牛出栏7.1万头，增长4.3%；羊出栏37万只，下降1.8%；家禽出栏1211万只，增长11.4%。全年肉类总产量9.7万吨，增长7. 5%；牛奶产量两万吨，下降2.5%；鲜蛋产量7.8万吨，与上年持平。

渔业生产稳步发展。全年水产品产量18345吨，与上年持平。

工业和建筑业　工业生产保持平稳较快增长，推动经济发展的主导作用进一步增强。2005年，全市上下以建设加工制造业基地为目标，紧紧抓住经济结构调整这条主线，不断推进传统产业新型化和新兴产业规模化。全市工业企业完成增加值247.3亿元，比上年增长16.7%。其中，规模以上工业增加值185.2亿元，比上年增长20.9%。"十五"时期年均增长19.8%。产销衔接状况保持良好，全年规模以上工业企业产品销售产值482.3亿元，比上年增长18.3%，产销率97.0%。

表3　工业增加值主要分类情况

指　　标	增加值（亿元）	比上年增长（%）
规模以上工业企业	185.2	20.9
1．轻工业	35.7	22.0
重工业	149.5	25.0
2．中央企业	37.5	19.4
省属企业	8.2	75.9
市属企业	13.4	15.2
县及县以下企业	126.1	20.9

在规模以上工业企业中，国有企业完成工业增加值14.6亿元，增长11.1%；集体企业完成2.2亿元，下降20.3%；股份合作企业完成2.6亿元，增长32.9%；股份制企业完成149.6亿元，增长25.1%；外商及港澳台商投资企业完成3.3亿元，增长6.3%；其他经济类型企业完成12.9亿元，增长39.4%。全市大中型工业企业完成增加值152.9亿元，增长24.5%，占全市规模以上工业增加值的比重为82.5%。其中，国有大中型企业完成增加值12.9亿元，增长16.1%。

主导产品产量多数增长较快。全年全市规模以上工业企业完成洗煤680.8万吨，增长12.6%；焦炭892.3万吨（全社会952.2万吨），增长28.8%；生铁89.3万吨，增长18.9%；钢材282.9万吨，增长22.4%；铝20.9万吨，增长4.4%；氧化铝151.2万吨，增长7.3%；原煤产量118万吨（全社会产量166.6万吨），下降46.6%；发电量94.3亿千瓦小时，下降1.3%；钢下降238. 2万吨，下降3.5%。

工业企业效益进一步提高。全年全市规模以上工业实现产品销售收入477.3亿元，比上年增长16.0%；实现利税65.2亿元，增长4.8%；实现利润33.4亿元，下降1.5%。其中，国有及国有控股企业实现利润20.6亿元，增长6%。从企业注册登记类型看，国有企业亏损6210.2万元，集体企业亏损118.5万元，同比下降104.4%；股份合作企业实现利润479.2万元，比上年同期下降15.8%；股份制企业实现利润323853.2万元，与上年同期持平；外商及港澳台投资企业实现利润922.9万元，同比下降144.5%；其他企业实现利润15481.0万元，比上年同期下降12.9%。工业企业经济效益综合指数159.1%，比上年提高1.4个百分点。

建筑业保持健康发展态势。2005年末，全市具有资质的建筑业企业103个，实现建筑业增加值18.1亿元，增长12.8%，其中，具有建筑业资质等级的总承包和专业承包建筑业企业实现利税16996万元，比上年增长9.6%。其中利润为4477万元，增长11.2%；全年房屋建筑施工面积307.0万平方米，比上年增长13.2%。

表4　主要工业产品产量（规模以上）

产品名称	单位	产量	比上年增长（%）
发电量	亿千瓦时	94.3	－1.3
原煤	万吨	117.9	－46.6
焦炭	万吨	892.3	28.8
煤气	万立方米	876	1.3
生铁	万吨	89.3	18.9

产品名称	单位	产量	比上年增长（%）
钢	万吨	238.2	-3.5
钢材	万吨	282.9	22.4
镁	万吨	15.0	-0.1
电解铝	万吨	20.9	4.4
氧化铝	万吨	151.2	7.3
铝材	万吨	4.2	-8.8
化肥	万吨	58.2	19.1
合成氨	万吨	84.7	18.5
纱	万吨	3.6	16.5
布	万米	11436.5	23.9
水泥	万吨	291.2	2.6
合成洗涤剂	万吨	14.5	-1.7

固定资产投资　固定资产投资保持适度增长。全年全社会固定资产投资完成160.5亿元，增长16.3%。其中，城镇固定资产投资完成154.5亿元，增长15.0%；农村固定资产投资完成6.0亿元，增长114.3%。“十五”时期全市全社会固定资产投资年均增长23.4%。

投资结构得到优化。农业、能源、交通运输、水利、环境和公共设施管理等行业投资得到加强。全年第一产业投资0.6亿元，比上年增长20.0%；第二产业投资96.0亿元，下降7.4%；第三产业投资63.9亿元，增长89.0%。在第二产业投资中，工业完成投资95.9亿元，下降5.3%，占99.9%。其中，制造业73.6亿元，占工业投资76.6%；电力、燃气及水的生产供应业20.0亿元，占工业投资20.9%。在第三产业投资中，房地产开发投资16.3亿元，增长55.2%；交通运输、水利、环境和公共设施管理等基础设施投资30.2亿元，增长162.6%。

固定资产投资成果显著。全年全市固定资产投资建成投产项目275个，项目建成投产率为52.0%；新增固定资产97.2亿元，固定资产交付使用率为60.6%；新增主要生产能力有：新增发电机组容量169万千瓦，11万伏及以上输电线路长度28公里，11万伏及以上变电设备能力70万千伏安；新增炼钢160万吨，焦炭210.4万吨；新建一级公路190公里等。

国内贸易　消费品市场保持稳步增长势头。全年全市实现社会消费品零售总额158.2亿元，增长10.3%。其中，市的消费品零售额79.6亿元，增长10.2%；县的消费品零售额45.3亿元，增长10.2%；县以下消费品零售额33.3亿元，增长10.8%。分行业看，批发零售贸易业实现零售额154.8亿元，增长4.0%。其中，批发业实现零售额39.4亿元，下降32.9%；零售业实现115.3亿元，增长4.0%；餐饮业实现零售额23.1亿元，增长11.1%。“十五”时期全市社会消费品零售总额年均增长14.0%。

限额以上贸易企业销售继续增长，规模效应显现。全年全市限额以上贸易企业实现零售额27.1亿元，比上年增长17.3%。限额以上贸易企业零售额在全社会消费品零售总额中所占比重为17.1%，比上年提高1.0个百分点。其中，全市限额以上超级市场9个，比上年增加两个，实现零售额20365.3万元，比上年增长23.8%。

对外经济贸易和旅游　对外贸易继续保持快速增长。2005年，全市进出口总值为65277万美元，增长22.0%。其中，出口29134万美元，增长29.2%；进口36143万美元，增长16.7%；贸易逆差7009万美元。进出口总额仅次于太原市，位居全省第二。全市2005年有进出口业绩的企业共87家。商品出口到94个国家和地区。

全市主要出口商品有7大类。植物产品174万美元，增长4.9%；食品等类887万美元，增长7.3%；矿产品2868万美元，增长70.7%；化学工业及其相关工业的产品2663万美元，增长60.6%；纺织原料及纺织制品1139万美元，增长104.6%；玻璃及制品740万美元，增长422.7%；贱金属及其制品19440万美元，增长18.9%等。主要进口商品为5大类。矿产品26846万美元，增长5.1%；化学工业及其相关工业的产品7304万美元，增长63.7%；塑料、橡胶制品423万美元，增长202.9%；纺织原料及纺织制品123万美元，增长5.2%；贱金属及其制品127万美元，减少48.4%等。

全市合同利用外资17781万美元，增长205.6%；实际到位3547万美元，增长85.4%。

表5　全市八大出口国家和地区出口额及增长速度

	欧盟	日本	韩国	美国	印度	台湾	东盟	加拿大
出口额（万美元）	6540	3948	5934	2554	565	1921	2138	1610
增长速度（%）	7.5	78.8	67.7	16.4	52.5	159.1	136.6	-41.2

表6　全市三大进口国进口额及增长速度

	澳大利亚	印度	欧盟
进口额（万美元）	18482	4824	3041
增长速度	18.2	3.3	90.9

旅游收入快速增长。全市全年共接待国际游客3.5万人次，比上年增长38.9%；创汇收入713.3万美元，比上年增长40.0%。接待国内游客653万人次，比上年增长12.6%；实现旅游收入27.6亿元，比上年增长101.5%。

交通、邮政和电讯业　交通运输事业全面发展。截至2005年年底，全市铁路营运里程达到309公里。公路线路里程8880.6公里。其中，高速公路235公里，国道、省道1345公里，县道、乡道、专用道7534公里。新建、改建“村通”道路和巷道硬化10750公里。在上年实现村村通油路的基础上，本年实现了村村通客车。2005年，全市公路客运量4980.4万人，比上年增长40.2%；公路货运量3088.7万吨，增长4.9%；公路旅客周转量25.5万人公里，比上年增长47.2%；全市公路货物周转量26.2万吨公里，增长16. 4%。全年全市民用车辆拥有量81.9万辆，比上年增长22.6%。其中，汽车拥有量12.2万辆，增长50.6%；摩托车拥有量28.8万辆，增长22.6%；农用运输车辆26.6万辆，下降5.3%；拖拉机7.0万辆。民用航空从无到有。运城关公机场投入使用，相继开通了北京、上海、广州、成都、深圳5条航线，发送旅客8万人，完成货物发运量220吨。

邮政业务稳步增长。全年全市

完成邮政业务总量16179.0万元，比上年增长25.0%。全年订销报纸5332万份，增长8.3%；订销杂志180万份，增长12.5%；收寄国内函件828.9万件，下降4.6%；收寄国内包件37万件，下降19.6%；年末邮政储蓄余额达47.3亿元，净增13.4亿元，比年初增长39.5%。

通讯事业快速发展。全年全市完成通讯业务总量28.4亿元。年末固定电话用户达到113.8万户，比上年增长6.2%；移动电话拥有量为115.6万部，比上年增长25.1%；互联网用户达到10万户；固定电话普及率为每百人22.9部；移动电话每百人拥有量为23.3部。

财政、金融、保险和证券业　财政收入大幅增加。全年全市财政总收入完成55.6亿元，比上年增收9.0亿元，增长19.3%。其中，一般预算收入18.4亿元，比上年增长19.9%。主体税种保持了强劲增长势头。在总收入中，增值税完成35.1亿元，增长20.3%；营业税完成3.9亿元，增长19.5%；企业所得税完成5.9亿元，增长11.4%；个人所得税完成2.4亿元，增长11.0%；全年全市这四大税种共完成税收47.3亿元，占到财政总收入增量的85.1%。

财政支出在重点支持经济建设的同时，确保了工资、社会保障等重点公共预算支出的需要，支出结构进一步合理。全年全市一般预算支出43.6亿元，比上年增长23.1%。其中，基本建设支出增长410.2%，支农支出增长16.8%，教育支出增长16.7%，医疗支出增长9.2%，抚恤和社会福利救济支出增长19.5%，社会保障补助支出下降8.1%。

金融运行总体平稳，现金投放适度合理。年末全市金融机构本外币存款余额435.1亿元，比年初增加67.1亿元。年末人民币各项存款余额433.5亿元，比年初增长12.2%。其中，企业存款54亿元；比年初增长4.2%；财政存款8.0亿元，比年初增长16.5%；城乡储蓄存款332.4亿元，比年初增长16.0%。年末金融机构本外币贷款余额373.1亿元，比年初增加31.7亿元。人民币各项贷款余额372.7亿元，比年初增长3.8%。其中，短期贷款230.7亿元，比年初增长1.4%；中长期贷款112.8亿元，比年初增长13.4%。在短期贷款中，工业贷款61.4亿元，比年初下降5.1%；农业贷款71.5亿元，比年初增长10.2%；乡镇企业贷款20.9亿元，比年初下降0．5%。全市全年金融机构累计现金收入1684.3亿元，累计现金支出1700.6亿元，收支相抵净投放货币16.3亿元，比上年少投放5.1亿元，下降24.0%。

保险业平稳健康发展。2005年年末，全市拥有保险公司10家，全年全市保费收入114564万元，比上年增长11.2%。其中，财产险保费收入24370万元，增长10.8%；人身险保费收入90194万元，增长11.3%。全年全市支付各类赔款及给付14374万元，比上年下降15.4%。其中，财产险赔款10943万元，增长9.4%；人身险赔款及给付3436万元，下降50.9%。

证券市场趋于活跃。2005年年末，证券机构开户数达15000户，当年新增574户，入市资金量7626万元，全年交易量达到83850万元。

科技、教育、文化、卫生和体育　科技事业迈出新步伐。科技投入增加。全年财政用于科技方面的投入561万元，比上年增长23.6%。科技队伍不断壮大。年末拥有市以上政府部门专业科研开发机构9个，从事科研机构专业人员513人。全市各类专业技术人员（包括事业单位和国有企业）7.5万人，比上年增长5.6%。科技成果成效显著。全年全市共争取省级以上各类科技项目52项，其中，省级攻关计划19项，重大计划6项，火炬计划1项，科技成果项目推广计划6项，省级农村技术承包项目11项。共争取国家、省级科技专项资金672万元。

教育事业稳定发展。全年全市普通高等学校在校学生达11135人，比上年增长7.0%；中等专业技术学校在校学生达55612人，增长31.0%；普通中学在校学生42.37万人，比上年增长2.7%；小学在校学生51.0万人，比上年下降3.8%。

文化事业健康繁荣。年末全市共有各种艺术表演团体18个，文化馆13个，文化站154个，公共图书馆13个，群众艺术馆1个，广播电台1座，中短波广播发射站和转播台1座，电视台12座。广播人口覆盖率94.8%，电视人口覆盖率95.1%，有线广播电视用户达到32.2万户。

文物保护力度加大。全市年末共有博物馆14个，馆藏文物174485件。重点文物保护单位1414个；其中，国家级22个，省级112个，市级38个，县（市、区）级1242个。

卫生事业得到加强，条件进一步改善。年末全市共有医疗卫生机构398个（不含诊所）。其中，县及县以上医院114个，乡（镇、街道）卫生院152个，疾病预防控制中心14个，妇幼保健机构14个。各类医疗卫生技术人员1.9万人，病床床位数1.44万张。每千人拥有的病床床位数2.89张。

体育事业充满生机。2005年，全市运动员在国内重大比赛中获得金牌1枚，银牌1枚；在省重大比赛中获金牌15枚，银牌26枚，铜牌31枚；在省、市重大比赛中有26人83次破49项全市各组各级别最高记录。全年全市共举办县级以上运动会62次，参加运动员4.5万人次，有52万人达到《国家体育锻炼标准》。

质量检测、标准化建设和天气预报等项服务进一步完善。2005年年末，全市共有市、县（市、区）两级产品质量监督检验测试所15个；全年全市检测机构共检验样品2240批（次），检定计量器具1.4万台（件），颁发代码证书2717家。

全市共有气象台站14个，自动站5个，卫星云图接收站1个，天气预报警报短信服务网1个，小型卫星地球站1个，气象数据卫星接收站13个；全市开展“121”电话天气预报警报服务网13个，开展人工影响天气业务的单位14个。共组织增（消）雨防雹作业保护面积1800平方公里，高炮、火箭作业23次，增雨量约0.7亿立方米。

全市有地震检测站17个，宏观监测场78个，地震遥测台网1个，子台3个，年度内全市境内未发生5级以上地震。

城市建设与环境保护　中心城市建筑步伐加快。运城新区、空港新区、盐湖新区等十大城建工程全面启动。姚暹渠改造已经完成。运城新区铺安街一期、空港新区南区主干道和排水管网工程已经完工，二郎庙片区改造进展顺利。创建省级园林城市工作扎实推进，新增公共绿地74万平方米，人均公共绿地4.17平方米。

环境质量不断改善，生态环境建设富有成效。市区空气质量二级以上天数达到211天，同比增加43天。全市已建成涑水河源头、太宽河、运城湿地3个自然保护区，面积约74307公顷。汾河、涑水河流域污染形势依然严峻，涑水河张留庄断面主要污染物化学需氧量（COD）和氨氮（NH_3-N）综合污染指数11.16，比2004年的13.97下降20.1%；汾河河津大桥主要污染物化学需氧量（COD）和氨氮（NH_3-N）综合污染指数6.846，比2004年的综合污染指数6.425，增长6.5%。

人口、人民生活和社会保障　人口继续保持低速增长，人口素质不断提高，人口结构趋于合理。据抽样调查统计，全市2005年年末总人口498.5万人，比上年年末增长0.65%。其中，男性253.4万人，占50.8%，女性245.1万人，占49.2%。2005年全市人口出生率继续保持较低水平，全市人口出生率为12.09‰，比2004年降低1个千分点。人口死亡率为5.63‰，比上年下降0.62个千分点。人口自然增长率为6.46‰，比上年降低0.38个千分点。2005年全市人口城镇化进程继续加快。2005年年末，全市城镇人口154.9万人，乡村人口343.6万人，城镇人口占全市总人口的31.06%，比2004年提高2.03个百分点。全市人口结构趋于合理。2005年全市男女性别比为103.43（女性为100），比2004年有所下降，性别比继续保持在合理的范围之内。

人民生活进一步改善，城乡居民收入增长较快。全市城镇居民人均可支配收入7507元，比上年增长10.3%；城镇居民人均消费性支出5165元，比上年增长9.9%（中心城市盐湖区城镇居民人均可支配收入8633元，比上年增长12.7%；城镇居民人均消费性支出5688元，比上年增长7.9%）。全市农民人均纯收入2806.2元，比上年增长8.5%。农民人均生活消费支出1869.0元，增长16.9%。全市城镇居民人均住房使用面积达到25.5平方米（中心城市盐湖区城镇居民人均住房使用面积达到23.1平方米），农村居民人均住房使用面积达到29.1平方米。城镇居民家庭恩格尔系数为31.6%（中心城市盐湖区城镇居民家庭恩格尔系数为31.7%），农村居民家庭恩格尔系数37.7%。

表7　城乡居民各项收入比重及增长速度

类别 / 项目	城镇居民人均可支配收入				全市农民人均纯收入	
	全市		盐湖区			
	比重(%)	收入增长(%)	比重(%)	收入增长(%)	比重(%)	收入增长(%)
工薪收入	79.7	10.2	70.6	9.9	36.9	23.0
经营净收入	6.4	31.1	4.2	30.0	58.9	3.2
财产性收入	1.9	5.0	3.4	0.1	1.7	-7.4
转移性收入	12.0	6.7	21.8	14.4	2.5	-24.4

表8　城乡居民人均消费支出及增长速度

类别 / 项目	城镇居民人均消费支出				农民人均生活消费支出	
	全市		盐湖区			
	绝对额（元）	增长（%）	绝对额（元）	增长（%）	绝对额（%）	增长（%）
合计	5165.3	9.9	5688.0	7.9	1869.0	16.9
食品	1633.8	6.9	1804.8	4.0	705.4	8.2
衣着	935.1	20.9	904.4	30.8	177.4	19.8
家庭设备用品及服务	322.2	5.5	348.7	12.1	72.2	33.2
医疗保健	361.7	47.0	433.8	30.6	111.5	12.9
交通和通信	544.4	6.3	531.7	-3.6	179.0	21.4
教育文化娱乐服务	642.0	-0.2	785.5	-11.1	346.2	19.4
居住	575.4	5.3	744.5	16.3	237.8	35.6
杂项商品和服务	140.7	2.4	134.5	6.3	39.5	20.1

全市在岗职工年平均工资12308元，比上年增长8.5%。在岗职工平均工资处于前五位行业是：信息传输计算机服务业30128元；电力燃气及水的生产供应业23212元；金融业22242元；采矿业13221元；科学研究技术服务地质勘察业13177元。

表9　城乡居民每百户主要消费品拥有量

名称	单位	全市城镇居民	盐湖区	全市农村居民
洗衣机	台	98.9	98	72.5
电冰箱	台	89.4	94	13.2
摩托车	辆	77.4	41	74.5
空调	台	83.1	97	4.3
普通电话	部	97.7	103.0	76.8
移动电话	部	132.6	117.0	49.3
彩电	台	121.1	121.0	103.0
家用汽车	辆	5.7	5.0	0.4
家用电脑	台	35.4	28.0	0.9
摄像机	架	3.7	1	…

居民储蓄存款大幅增长。年末全市城乡居民储蓄存款余额332.4亿元，比年初增长16.0%；人均储蓄存款为6689.5元，比上年增长15.3%。

社会保障事业进一步加强。年末全市城镇各种社区服务设施87个，收养性福利单位72个，各类福利院床位数9918张，福利院收养人数572人，国家抚恤、补助各类优抚对象22603人。全社会销售福利彩票17055万元，筹集社会福利资金1700万元，接受社会捐赠146.8万元。城市和农村低保人数分别达到7.4万人和7.3万人。年末全市参加失业保险职工人数24.6万人，领取失业保险金人数8711人，参加基本医疗保险职工26.6万名，参加基本养老保险人数达到16.1万人，58860名离退休人员按时足额领取基本养老金34585万元。

注：1. 以上部分数据为统计部门初步统计数。

2. 全市生产总值、各产业增加值、产值绝对数按现价计算，增幅按可比价计算。

3. 恩格尔系数是居民家庭食品消费支出占家庭消费支出的比重。

【姚暹渠城区段改造工程胜利竣工】 姚暹渠是运城市有着千年历史的泄洪渠道，曾经为保护运城盐池和市区防洪安全发挥了重要作用。由于年久失修和城市规模的不断扩大，渠内一度杂草丛生，垃圾成堆，污水横流，严重影响了人居环境和城市形象。2004年，市委、市政府开展城市环境综合整治后，决定筹资5000万余元、对姚暹渠城区段进行彻底改造。2005年10月20日，运城市区内姚暹渠改造工程胜利竣工。

该项工程采用“明修清水，暗排污浊，污洪分流”的综合治理方案。施工期间，工程指挥部和全体施工人员面对时间紧、拆迁任务大、各种管线多、施工环境复杂等困难，精心组织，克难攻坚，确保了工程如期竣工。工程竣工后，姚暹渠泄洪标准由改造前的每秒不足5立方米，达到现在的每秒15立方米；渠北8万户居民和企业、单位的生活污水、工业废水全部进入暗涵，彻底解决了污水下渗和臭气污染问题；明渠水深平时在1米以上，为市区增加水面4万平方米，增加水体6万立方米，有明显的增湿、恒温、降尘效果，可有效地改善市区人居环境。

姚暹渠改造工程，是运城市“以人为本、以水为源、以绿为美”城市建设理念的成功实践。它不仅是运城市的一道亮丽风景线，而且拉开了以姚暹渠、南风广场、八一水库、安邑水库为主的城市水系建设序幕，对改善城市生态环境、提升城市品位、加快运城创建全省园林城市和全国优秀旅游城市具有重要意义。（石少青）

【运城农业会展中心竣工庆典仪式暨第五届运城农业新技术新产品展示展销会隆重举行】 10月20日，运城农业会展中心胜利竣工，第五届运城农业新技术新产品展示展销会开幕。中共中央候补委员、中国农业科学院院长翟虎渠、省委常委、副省长范堆相等领导和市委四大班子领导出席庆典仪式和开幕式。上午9时30分，会展中心门前广场上一片欢腾，鼓乐齐鸣，彩球飘飞，千余只鸽子放飞天空。

2001年以来，运城市已举办了四届农展会，一次比一次规模大，一次比一次效果好，有力地推动了全市农业结构调整，由自发性向自觉性转变，由数量扩张性向质量效益性转变。2005年，市委市政府投资2300余万元，建成了面积达1万多平方米的农业会展中心，它既是展示农业科技的平台，又是城市建设的精品。会展中心的建成和投入使用，必将进一步提升会展会的规模和水平，大大促进本市农业同国内、国际市场接轨。运城农业会展中心的落成，不仅为科技成果提供了展示的平台，为农副产品的交易提供了市场，为高新技术培训提供了讲坛，为国内外技术交流提供了窗口，也必将对依靠科技建设现代化农业起到积极的推动作用。胡苏平市长发表了热情洋溢的讲话，参会的中央及省领导对运城历届农展会所取得的社会效益和经济效益表示充分肯定和赞赏，并对运城的农业科技发展和新农业建设的美好前景表达了热切的希望和建议。

（石少青）

机构设置和领导人名单

中共运城市委

市委书记　黄有泉
副书记　胡苏平　唐大雄　孟富贵*　尚平安　周振华
市委常委　黄有泉　胡苏平　孟富贵*　尚平安　周振华　马东波　董洪运　张建合　李文瑞　王安庞　董鹏翔　王殿民

市委工作部门

办公厅
秘书长　张建合
副秘书长　张玉忠　王玉林（兼办公厅常务副主任）　陈云龙　王绍良　家稳稳　李苏杰
办公室副主任　刘红平　韩永康　薛玉马
纪检组长　梁平平

组织部
部长　王安庞（兼）
副部长　邵景阳（常务）　相生勤　肖暹东　张守相
部务委员　张学礼　张保安

宣传部
部长　董鹏翔（兼）
副部长　曹吉安（常务）　史慧玲　张民庆　黄勋会

纪律检查委员会　监察委员会
纪委书记　周振华（兼）
副书记　毋昆峰　蔡铁刚
监委主任　蔡铁刚
副主任　毋昆峰
纪委常委　姜东俊　姚　云　刘腊群　董恩智　赵玉明　王运萍　贾海林
机关党委书记　董建英

统战部
部长　李玉燕（兼）
副部长　罗俊林　李新潮　杨生荣

政法委
书记　马东波
副书记　杨建华　李俊英　高　峰　李高潮　鲁恒信

机构编制委员会办公室
主任　景俊明
副主任　张彩菊　王奋勇

市直机关工委
书记　柴建良

部门管理机构

信访局
局长　家稳稳

老干部局
局长　相生勤
副局长　吴为民　赵相利　宋雷柱　王世星

政研室
主任　张玉忠
副主任　赵志斌

保密局
局长　张保贵

机要局
局长　王　平

台湾工作办公室
主　　任　董泽民
民族宗教局
局　　长　杨生荣
副 局 长　林　奎

党委直属事业单位

市委党校
校　　长　安永全（兼）
副 校 长　徐信安（常务）
张　健　李伶娃
畅一平　孙专科
运城日报社
社　　长　史慧玲
总　　编　柴坤龙
副 总 编　李宏学　卫君翔
纪检组长　董长河
党史研究室
主　　任　樊朝阳
讲师团
副 团 长　张玉焕

运城市人大常务委员会

主　　任　陈永信
副 主 任　石丙录　焦阳生
刘振龙　柴瑞霭
刘冠生　张道中
梁天管
秘 书 长　原起宏

运城市人民政府

市　　长　胡苏平
副 市 长　安德天　柴林山
吴菊仙　张建喜
董一兵

政府组成部门

办公厅
秘 书 长　牛守正
副秘书长　卫新平　史凌云
李丰林　闫　勇
郭建平　李建业
邵明水　陈省平
发展和改革委员会
主　　任　张玉忠
副 主 任　崔振利　席根柱
慕根生　王　胜
卫志高

纪检书记　杨世平
信息中心主任　陈林虎
总经济师　陈会民
经济贸易委员会
主　　任　卫明泽
教育局
局　　长　李晋杰
副 局 长　王佐科　王秀香
翟立明　李玉锁
程温明
纪检组长　王应才
招考中心副主任　陈开荣　荆建功
助理调研员　陈建国　蔡俊儒
副处级督学　张俊耀
公安局
局　　长　段绪忠
常务副局长　崔长胜
党委副书记　孙彦学
副 局 长　梁华奎　王　巨
白根元　冯养合
冯　文　薛焕刚
李昆生
纪委书记　周　鑫
常委委员　薛新锁　李红志
杨建云　陈河山
高贯峰　侯玉杰
刘安康
司法局
局　　长　晋学苏
民政局
局　　长　张建中
副 局 长　唐猪娃　宁庚元
张太印　魏荣汉
杨云科
财政局
局　　长　孙太平
人事局
局　　长　张殿权
副 局 长　常五一　赵永学
席新义　姚丰吉
史忠诚
劳动和社会保障局
局　　长　罗明友
副 局 长　邵希舟　张旭明
李晓良　赵振明
刘建中
企业养老保险中心主任　张建设
纪检组长　关晓龙
失业保险中心主任　杨新民
交通局
局　　长　王健康
城建局
局　　长　曹醒桥

国土资源局
局　　长　秦世昌
副 局 长　吴万喜　尚继德
朱新生　文丁寅
戴福安
总工程师　薛学盛
纪检组长　焦志宏
调研员　刘重光　乔三友
助理调研员　杜青义（兼河津市国土局局长）
党组成员　任尚元（兼盐湖分局局长）
水务局
局　　长　冯进喜
农业局
局　　长　樊剑展
林业局
局　　长　闫有善
科技局
局　　长　李小虎
副 局 长　杨建国　齐殿发
薛保钢　杨世昌
董建宏
文化局
局　　长　米永祯
副 局 长　杨福林　王英杰
闫建华　亢跃辉
董　刚
卫生局
局　　长　周　迎
党委书记　王昭芳
副 局 长　陈金龙　吕拴过
李起炎　田康立
范建国
纪检书记　狄泰生
爱卫会常务副主任　高　萍
助理调研员　刘玉峰　沈玉明
人口与计生委
主　　任　杨金贵
副 主 任　王伯宏　刘存社
樊桂萍　王新民
柳广振
计生协会长　刘合周
纪检组长　王肖项
助理调研员　刘爱勤
审计局
局　　长　杨来管
副 局 长　王吉海　侯曙光
赵　鹏　王乐乐
陈立定　王　凌
纪检组长　孙银虎
总审计师　李乃胜
助理调研员　姚向国

工商局
局　　长　王战平
副 局 长　王　敏　焦志强
　　　　　王邑建
纪检组长　韩菊红
中小企业局
局　　长　蒋同军
副 局 长　陆世生　张世英
　　　　　张展科　吕陈虎
改革与发展研究中心
主　　任　李丰林（兼）
副 主 任　茹进朝　张美蓉
　　　　　王　选
商务局
局　　长　邓援朝
环保局
局　　长　谢爱玲

市政府直属机构

统计局
局　　长　邓梦海
副 局 长　程传芳　宁　涛
　　　　　李扎西
纪检组长　梁安定
总统计师　谢选立
助理调研员　闫学军
物价局
局　　长　刘伯阳
副 局 长　王采元　孙正印
　　　　　谢正民　周　寅
纪检组长　万进科
体育局
局　　长　任永喜
副 局 长　白宏运　张　晓
　　　　　王　超　刘　晓
纪检组长　郭瑞璋
旅游局
局　　长　安三法
副 局 长　翟光明　史小战
　　　　　朱武生
纪检组长　张春红
文物局
局　　长　赵参军
副 局 长　李　波　李百勤
　　　　　李红霞　史清华
助理调研员　张国维
粮食局
局　　长　孙　伟

直属事业单位

档案局
局　　长　韩天佑
副 局 长　王宝琴　耿秋菊
　　　　　张　静
纪检组长　薛卫东
地方志办公室
主　　任　景惠西
副 主 任　李逢瑞　宁雪瑞
老龄委
主　　任　崔新杰
果业发展中心
主　　任　姚存忠
畜牧局
局　　长　董春元
农机局
局　　长　麻石娃
农业综合开发办公室
主　　任　柴广林
机关事务管理局
局　　长　陈云龙
副 局 长　孙全发　李明造
　　　　　乔丁亚　陈志颖
广播电视局
局　　长　李慧芳
副 局 长　党克让　张小民
　　　　　王益民　王　刚
　　　　　黄建国
纪检书记　朱玲娣
常务副总编　原启民
总工程师　杨泽勇
城镇集体工业联合社
主　　任　李思科
物资局总公司
局　　长　郭治中
公路局
局　　长　丁惠义

政　　法

山西省人民检察院运城分院
检 察 长　程志忠*　王国宏
运城市中级人民法院
院　　长　任连友

政协运城市委员会

党组书记　李天祥
主　　席　安永全
副 主 席　李玉燕　王　琦
　　　　　王七庚　史海涌
　　　　　王正选　杨泽生
　　　　　薛靛民
秘 书 长　孟昭民
办公厅
主　　任　邹光存
提案委员会
副 主 任　赵力学
经济与人口资料环境委员会
主　　任　王小明
教科文卫体委员会
主　　任　马志勇
民族宗教委员会
主　　任　孙玉莲
研究室主任　韩晓军

群众团体

工会
主　　席　王殿民
副 主 席　牛志敏　唐长柱
　　　　　牛凤琴　王　勇
纪检组长　穆　明
团委
书　　记　张建元
副 书 记　王晓明
科协
主　　席　王林祥
副 主 席　黄万增　张素莉
妇联
主　　席　郑凤梅
副 主 席　薛印芳　刘　红
　　　　　骆新爱
侨联
主　　席　范安龙
副 主 席　梁晓静　朱建中
　　　　　上官晓红　仝霞
文联
主　　席　王西兰
副 主 席　杜东明　李路梅
　　　　　申大局　王　英
残联
理 事 长　闫民智
副理事长　孟保林　闫敬民
纪检组长　叶豫青
贸促会
会　　长　闫　勇（兼）
副 会 长　王都民　李天伦
　　　　　李乃民
工商联
会　　长　薛靛民

垂直部门

国家税务局
局　　长　陈赵戟

地方税务局
局　　长　李晋芳
质量技术监督局
局　　长　乔宝贵
副 局 长　张永伟　乔泽明
　　　　　李随合
纪检组长　胥金来
检测所所长　宋　波
总工程师　贾秀民
气象局
局　　长　梁亚春
副 局 长　王淑杭　周国柱
纪检组长　刘德芳
地震局
局　　长　王满顺
副 局 长　胡吉星　张兴龙
　　　　　张永朝
纪检组长　孙良霞
总工程师　梁建华
水文水资源勘测分局
局　　长　赵文敏
副 局 长　武建虎　曹小虎
烟草专卖局（公司）
局　　长　张风翔
供电分公司
经　　理　张兴国
石油公司
经　　理　申永生

邮政局
局　　长　李燕春
中国人民银行运城市中心支行
行　　长　薛方正
中国工商银行运城分行
行　　长　王培明
中国农业银行运城分行
行　　长　刘满喜
中国银行运城分行
行　　长　马军保
中国建设银行运城分行
行　　长　王续彪
中国农业发展银行运城分行
行　　长　范守琪
农村信用联社
理 事 长　兰创国
中国人寿保险公司运城分公司
总 经 理　畅全亮
中国人民保险公司运城分公司
总 经 理　邵明月
运城市通信分公司
总 经 理　卫红东
运城市移动通信分公司
总 经 理　张国飞
运城市联通公司
总 经 理　郭建华

山西省军区运城军分区

司 令 员　孟庆发（大校）
政　　委　李文瑞（大校）

中国人民武装警察部队运城市支队

支 队 长　周文银（上校）
政　　委　李志良（上校）

学　　校

运城广播电视大学
校　　长　解国栋
书　　记　王秀香
副 校 长　王卫国　吕建伟
运城学院
党组书记　师　帅
党委副书记　赵小狮　梁增华
纪委书记　李德龙
副 院 长　安建平　姚纪欢
　　　　　梁晋才　王卓民
　　　　　张凤琴　冯福臣

（注：以上名单由各单位提供，姓名后加*者为当年调任或离任）

（责任编辑：石少青）

政　　治

党委工作

【概述】 2005年，中共运城市委坚持用科学发展观统领经济社会发展全局，明确提出了“三化一招”工作重点，进一步引深扶贫济困、扩大就业、教育、卫生、阳光政务、稳定安民、文明创建“六大为民工程”，有力推进了经济社会全面协调可持续发展。根据全国经济普查新的统计数据测算，2005年，全市地区生产总值为475亿元，同比增长13%；财政总收入55亿元，同比增长19%；规模以上工业增加值185亿元，同比增长19.5%；固定资产投资160亿元，同比增长15.9%；外贸进出口总额6.6亿美元，同比增长23%；社会消费品零售总额158亿元，同比增长10.5%；城镇居民人均可支配收入7500元，同比增长10.2%；农民人均纯收2800元，同比增长8.2%。

（市委办）

【深化工业经济结构调整】 实施了46个、总投资312亿元的重大调产项目，加大空港新区、盐湖工业科技园等12个工业园区建设力度，加快“三个开发区”建设，大力发展具有区域特色的“七大产业”，建设“八大基地”，做大做强“十八大旗舰企业”。进一步改造提升钢铁、铝业、镁业、机械等传统优势产业，大力发展生物工程、磁性材料、纳米技术等高新技术产业和新兴产业，千方百计降低能耗、减少污染，千方百计提高新型工业化的规模水平、壮大产业集群，努力形成技术领先、质量领先、成本较低、具有较强国际竞争力的大规模制造能力。（市委办）

【依靠科技进步，延伸产业链条】 进一步健全了全市技术创新体系和企业技术创新机制，成功举办了第五届产学研合作与交流洽谈会，签订文化产业与技术合作协议47项，进一步提高了技术创新能力。“电—铝—精细铝粉和铝材加工”、“镁—镁合金—镁合金精细产品”、“煤—焦—化—气—电”、精密铸造、汽车配件和农林畜产品加工等一批优势支柱产业链条初步形成。

（市委办）

【淘汰落后工艺和生产设备，大力发展循环经济】 强化产业调控引导，继续引深焦化行业清理整顿，关停了129家高耗能、高污染、低效益的小企业。积极开展节水、节地、节电、节煤、节能活动，大力推行清洁生产，着力培育新绛“3335”煤化产业园、绛县恒大废气发电等一批循环经济典型。各种资源综合利用项目年创造产值18.5亿元，实现利润5.6亿元。

（市委办）

【建设高效生态农业基地，加快推进农业产业化】 深入推进农业种植养殖结构调整，加大农业科技的推广普及力度，大力发展高产优质的果、菜、畜、粮、棉等绿色主导产业，培育红枣、芦笋、酥梨、烟叶等一批名优特新产品。无公害农产品基地达到128.5万亩，设施农业达到49万亩，绿色农产品认证达到26个。加快推进农业产业化经营，大力扶植粟海、强胜、忠民、维之王、胃乐、海升果业等304家龙头企业，有力带动30万农户从事产业化经营。仅苹果加工可为农民增收4亿多元。畜牧业坚持以防疫、良种繁育为重点，大力推进产业化、规模化，肉蛋奶产量1—11月同比增长9.5%、9.8%、28.7%。进一步加强农产品营销体系和专业市场建设，建成的12000m²农业会展中心和市级农产品质检大楼已投入使用，农产品销售市场达到67个，运城农业信息网延伸到重点乡镇，进一步健全了市县乡农科中心、各类职中为主体的新型农民培训体系，产业化经营迈上了新台阶。（市委办）

【突出中心城市建设，推进特色城镇化】 围绕建设晋、陕、豫黄河金三角地区具有河东文化特色的工贸旅游中心城市，进一步拉大城市框架，制定了中心城市东部新区、空港新区、盐湖新区三大新城区组团和南山旅游区、盐湖风景区、森林公园三大景区的详细规划，加大80平方公里新区建设力度，三大新区道路骨架正在形成，部分投入使用，入驻企业达到323家。狠抓旧城区综合整治，旧城改造靠市场运作已初见成效。新建改建市区道路30多公里，城市照明完成总量相当于过去20年的总和，加大了城市集中供热、供气、供水、垃圾和污水处理等工程建设力度，完成了严重影响市容的姚暹渠改造和槐东路扩建工程。加大了创建中国优秀旅游城市的力度，开展了创建省级园林城市活动，新增城市绿化面积74.24万平方米。与此同时，12个县城规模进一步扩张，城市功能日趋完善；50个重点镇加快发展，正在成为特色鲜明、功能完善、带动农村经济社会发展的示范区。

（市委办）

【扩大对外开放，加大招商引资力度】 2005年，坚持把招商引资作为对外开放、加快发展的重大工程，进一步完善了招商引资的措施和考核办法，加大工作力度，形成了全党抓经济、重点抓工业、关键抓招商的热潮。至11月底，全市共落实引资项目677个，实际到位资金78.5亿元，直接利用外资3531万美元，同比增长50%。全市自营进出口企业已发展到110家，对外贸易拓展到64个国家和地区，出口300种产品，“三资”企业达47家。

（市委办）

【做大做强旅游经济，加快发展第三产业】 充分发挥旅游资源优势，进一步加快旅游景点建设，完善配套设施，改善旅游环境，特别是利用飞机通航机遇，在全国20多个城市加大宣传促销力度，提高旅游经济效益。1—11月全市接待国际游客3.22万人次，同比增长37.7%，创汇655万美元，同比增长39.7%；接待国内游客644.24万人次，同比增长12%，实现国内旅游收入26.75亿元，同比增长一倍多。同时，大力发展信息、科技、金融、房地产、社区服务等现代服务业和新兴服务业，改造提升教育、交通、运输等传统服务业，使服务业成为经济增长的新亮点。今日国际商城、鑫源中西部家具城、金鑫大酒店等一批高档次商贸餐饮业开始营运，中西部国际商品博览城、亚欧国际金融港等一批重大现代服务业项目已经开工建设，国际企业家俱乐部正在规划设计，即将开工。（市委办）

【注重经济社会共同进步，加快各项社会事业发展】 2005年，抓好以绿化和治污为重点的生态环境建设。围绕建设“山西省和中西部地区生态小康林业先进市”目标，认真抓好荒山滩涂绿化、路渠植树造林、平原农田林网绿化、园林村镇绿化、交通沿线绿化、城市绿化等工程，“小康林业”工程进展顺利，完成天然林保护工程6.8万亩、退耕还林工程7.4万亩，三北防护林0.8万亩。

进一步加强环境保护工程，强化对大气污染、固体污染和噪音污染的综合整治，环境质量明显改善。抓好以交通现代化为重点的基础设施建设。运城关公机场5条航线直通北京、上海、广州、成都、深圳。侯禹高速公路进展顺利，济东高速公路和环城高速已经立项，即将开工。临河一级路已经通车，运稷一级路即将开工。加快农村公路建设，完成新建、改建村通和巷道硬化工程10750公里，率先在全省实现100%行政村通油路、通客车。

抓好以“人才强市、教育富民”工程为重点的科教文卫事业。强化“人才强市、教育富民”意识，大力推进基础教育、职业教育、高等教育统筹协调发展。新建的康杰中学、运城中学已开始招生，标准化学校达到2000所；职业学校在校生达到6万余人，培训农民科技当家人、致富带头人12万人。运城大学、运城职业技术学院建设全面启动，运城师范学院已开始筹建，运城幼师专科学校正在建设。与此同时，全市科技、文化、体育、卫生、计生、民政等各项社会事业蓬勃发展，取得了可喜成绩。（市委办）

【千方百计增加农民收入】 围绕解决“三农”问题，认真贯彻落实中央和省支农惠农政策，积极稳妥地推进农村综合改革，深入开展农资、涉农价费和农民工工资问题专项检查。全部免征了所有农业税及其附加，减少农民税费直接负担1.3亿元，人均减负31.9元。粮食及良种直补工作进展顺利，粮食作物面积同比增长27.7%，总产预计14亿公斤，完成了省下达的粮食生产任务。加大农业投入，加强以农田水利为主的农业生产综合能力建设，大力实施沼气富民工程。同时，强化劳务输出，共转移农村劳动力18.8万人。（市委办）

【加大关心弱势群体力度】 大力实施产业化扶贫和移民扶贫工程，深入开展“包村扶贫、联点帮困、一帮一”等全社会帮扶活动，又有5.1万人实现了脱贫。稳步推进社会保障和再就业工作，新增城镇就业岗位4.7万个，城镇失业率控制在4%以内。进一步完善农村养老和最低生活保障制度，“两个确保”达100%。（市委办）

【努力维护社会稳定】 深入开展“规范执法行为，促进执法公正”专项整治活动，强化政法队伍建设。继续深化严打斗争，对违法犯罪始终保持高压势头。深入化解人民内部矛盾，强化综合治理，积极建设平安运城。认真贯彻《信访工作条例》，开展“联动大接访”活动，解决了一批群众反映的热点、难点问题。（市委办）

【推进民主法制建设，促进社会主义政治文明】 积极支持人大及其常委会围绕全市工作大局；履行宪法和法律赋予的职责，开展执法检查，强化法律监督，确保法律法规顺利实施。坚持和完善共产党领导的多党合作与政治协商制度，支持他们围绕中心工作，履行政治协商、民主监督和参政议政职能，充分调动各民主党派、各族各界人士的积极性。进一步加强对工会、共青团、妇联、科协、文联等群众团体的领导，支持他们依照法律和各自章程积极开展工作。进一步加强党管武装工作。进一步发展和扩大基层民主，推进政务公开、厂务公开、村务公开。精心安排部署第七届村民委员会换届选举工作。支持政府依法行政，深入开展“四五”普法教育，进一步推进依法治市进程。（市委办）

【群众性精神文明创建和未成年人思想道德建设】 突出宣传落实科学发展观、深化经济结构调整、建设和谐运城等重点工作，宣传基层先进经验和各条战线先进人物。精心组织开展了纪念中国人民抗日战争暨世界反法西斯战争胜利60周年系列宣传教育活动。加强和改进未成年人思想道德建设工作。全省在运城市召开了农村未成年人思想道德建设现场会，并得到中央文明办的肯定。组织开展了“弘扬关公文化、打造诚信运城”和“十佳诚信市民、百佳诚信单位”评选等活动，涌现了一批文明村镇、文明行业和文明单位。（市委办）

【发展文化产业，推进文化强市战略】 大力实施文化强市战略，深化文化体制改革，加快发展文化产业，努力打造具有黄河金三角区域特色的文化产业板块。加大关帝庙景区、舜帝陵景区等文化设施建设力度，加快培育新闻传媒业、文化旅游业等五大文化产业和宇达集团、关公文化有限公司等九大龙头文化企业。成功举办了第十六届关公文化节，着力打造关公文化、后土圣母等十大文化品牌。突出抓好农村民办文化“五个一工程”，培育新型农民。国家人口计生委在本市召开了全国农村人口文化大院建设经验交流会。（市委办）

【扎实开展保持共产党员先进性教育活动】 根据中央和省委的统一部署，市委加强领导，精心组织5789个党组织、83325名党员参加了全市第一批和第二批先进性教育活动，圆满完成了规定的任务，并结合实际做了丰富多样、扎实有效的工作。开展“六个一”活动，即每个单位举办一次学习笔记、心得展；每个单位由主要领导作一次学习辅导报告；每个单位举行一次学习体会讲座会；每天安排一名党员领导干部和一名普通党员在新闻媒体上谈认识；开展一次献爱心、送温暖活动；每个单位树立一名先进典型，使学习阶段工作有声有色。深入开展社情民意大调研，学先进、赶先进，扶助贫困学生，缅怀先烈、重温誓词等四项活动，广泛征求各方面意见，分析评议阶段工作深入扎实。

实行公开承诺制度和解决问题责任卡制度，建立群众认可评价机制和长效督查机制，有效解决了存在的突出问题。市四大班子带头，各级领导班子和领导干部的整改方案还通过不同方式向全市人民公示。先后深入1560个村、2380个企业、2.1万困难户对口帮扶，捐款1568万元；慰问老党员2730人、城乡低保对象3690人；资助贫困学生200余万元，并形成了转变作风、联系群众、帮贫扶困、加强党的建设等长效机制和一批理论成果。中央先进性教育活动办公室《简报》284期对本市的整改做法给予肯定和表扬。 （市委办）

【全面加强领导班子和干部队伍建设】 运城市委班子十分注重自身建设，并高度重视、认真抓好县市班子建设，以先进性教育为契机，进一步提出了更加明确具体的要求，进一步健全了党委内部议事、民主生活会、集中谈心等制度，增强了解决自身问题的能力。认真贯彻执行民主集中制，坚持充分发扬民主与高度集中相统一，坚持集体领导和个人分工负责相结合，充分发挥了总揽全局、协调各方的领导核心作用。进一步健全制度，认真贯彻落实“5+1”文件精神和省委《三个规定》、《山西省公开选拔领导干部工作办法》。积极推进干部人事制度改革，对市直10个单位11个空缺职位的领导干部进行了公开选拔。注重培养选拔年轻干部、妇女干部和党外干部。认真贯彻落实《人才强市战略实施意见》，努力建设党政干部人才、企业经营管理人才、高层次专业技术人才、高技能人才、农村科技人才等五大人才队伍，充分发挥人才资源在经济社会发展中的重要作用。

（市委办）

【切实加强基层党组织建设】 以第七届村民委员会换届选举为契机，倡导农村党支部书记、村委主任“一肩挑”，不断深化“农村小康建设带头人工程”，引深和创新“三级联创活动”。选派6502名中青年干部深入基层，分类指导，督促检查，进一步夯实了农村基层组织建设。进一步加强国有企业党的建设，特别是加强非公有制企业、破产改制、改革重组企业的党建工作，进一步加强和改进社区、学校和机关的党建工作。全国党建研究会在运城市召开了机关党建研讨现场会。 （市委办）

【深入推进党风廉政建设和反腐败工作】 进一步建立健全教育、制度、监督并重的惩治和预防腐败体系，狠抓领导干部廉洁自律和党风廉政建设责任制落实，进一步深化审批制度改革、财政体制改革、干部人事制度改革和司法体制改革，从源头上预防和治理腐败。进一步纠正部门和行业不正之风，“三项治理”工作扎实开展，清车工作进一步巩固，清房工作圆满完成，奢侈浪费风气得到进一步遏制。严厉查处各类违纪案775件，处分各类违纪人员742人，其中县级干部21人。加强行政效能建设，省纪委、监委在本市召开了全省行政效能监察和行政审批网络化现场会。这些工作都为经济社会全面协调快速发展提供了有力保证。 （市委办）

【推进领导班子和领导干部发挥重要作用】 通过深入开展先进性教育，深入开展党风廉政建设和反腐败工作，进一步加强各级领导班子的思想建设、组织建设和作风建设，进一步提高各级班子在市场经济条件下统筹经济社会发展、妥善处理各种矛盾、做好新形势下群众工作等方面的能力，全市涌现出一大批政治坚定、团结有力、苦干实干、开拓创新的领导班子和领导干部，在加快推进“三化一招”中，在抓好一大批重大项目建设中，在搞好中心城市建设特别是飞机场、空港新区等重点工程中，在完成以经济建设为中心的各项任务，推进经济社会全面发展中，发挥了重要作用。 （市委办）

组织工作

【先进性教育活动】 2005年，全市共有2875个基层党组织、39254名党员参加了第一批先进性教育活动；参加第二批先进性教育活动的党组织2914个，党员44071名。在省委巡视督导组和省委巡回检查组的具体指导帮助下，市委高度重视，精心组织，以构建党员教育管理的长效机制为重点，把坚持学习，不断提高思想认识贯彻始终；把开门搞活动，发扬党内民主，走群众路线贯彻始终；把严格程序，完成规定动作和创新自选动作贯彻始终；把取得实效，坚持边学边议边整边改贯彻始终，党员素质明显提高，机关形象明显改变。

学习动员阶段工作有声有色。按照市委黄书记的要求，各级党组织认真开展了“六个一”竞赛，各单位党组织负责人都分别作了专题辅导报告和经济发展形势报告；各级党组织积极组织党员进行集中培训，认真解决了离退休党员、流动党员和困难党员难集中的问题，确保了参加先进性教育活动的198311名党员参学覆盖率达到了100%；各级党组织联系实际，开展了富有特色的主题实践活动；各级党组织和党员对照《党章》和胡锦涛同志提出的“六个坚持”，联系实际和岗位特点，认真组织开展了先进性具体要求大讨论，并将先进性具体要求制作成版面和台签。

分析评议阶段工作亮点纷呈。各级党组织和党员采取“六会、三表、一箱、五面对”的形式，广泛开展谈心活动，查找突出问题，共开展谈心活动12323次，征求意见31783条，查找突出问题33084个。从全市各行业选出27名优秀共产党员组成了先进事迹报告团，分赴13个县（市、区）和市直各企事业单位作巡回报告40场，近4万名党员听取了报告；各级党组织积极组织党员到革命遗址、革命老区、烈士陵园等爱国主义教育基地参观学习、缅怀先烈、重温誓词。各级党组织在找准突出问题的基础上，认真召开民主生活会和组织生活会，进一步健全党的组织生活，增强了广大党员的党员意识。

整改提高阶段工作见到实效。实行公开承诺制度和解决问题责任卡制度，建立群众认可评价机制和长效督查机制。各级党组织和党员的整改方案和措施，通过新闻媒体、公示栏、黑板报、全体党员大会进行了公开承诺，按照职责相符的原则和一事一卡、一人一卡的要求，普遍建立了解决问题责任卡。在第一批先进性教育活动中，全市共梳理出突出问题19667个，已经解决18801个，占95.6%；正在解决的866个，占4.4%。各单位制定的整改方案中，应出台配套措施6928个，已经出台6581个，占95%；准备出台的347个，占5%。建立解决问题责任卡15254个，整改了14991个，占95%。通过群众满意度测评，80%的单位先进性教育活动满意度达100%。实行“两种制度”和建立“两个机制”的做法被中央先进性教育简报采用并向全国推广。拍摄制作的《为党旗添彩》和《打造群众满意工程》两部专题片，受到上级领导的好评。

加强组织督导和指导。分别从市直单位抽调68人和12人，组成21个督导组和6个巡回检查组，加强督导和指导。特别是针对第二批先进性教育活动行业多、领域广、部门之间差异较大的特点，按照党组织隶属关系，在市政府办公厅、市直工委、市国资委、市教育局、市卫生局分别建立了领导机构，加强对口联系和具体指导，确保了整个教育活动健康发展。

（市委组织部办公室）

【巩固教育成果，构建长效机制】 各级党组织认真总结先进性教育活动中的好经验和做法，坚持制度创新，构建长效机制，制定各种规章制度945个，进一步巩固和扩大了教育成果，这一做法被《晋组信息》专情快报采用向全省推广。构建党员理论学习机制。坚持集中学习与个人学习相结合的制度，在坚持党委中心组学习、党校培训等学习制度的同时，进一步探索建立适合不同知识结构、调动党员积极性、激发党员学习动力的制度，比如述职述学、学习考核和督学等制度，还有一些党员喜闻乐见的如演讲比赛和读书笔记、学习心得展评等学习形式。构建党员帮贫扶困长效机制。

先进性教育活动开始，市委就号召10万城市党员向贫困户“献爱心、送温暖”。广大党员共深入1560个村、2380个企业、2.1万余户困难群众家中，捐款1568万元，捐物23.5万件，10.9万名群众得到帮扶。在全市广大党员中开展“一帮一”、“多帮一”，扶助贫困生上学活动，建立党员帮扶贫困生读完九年义务教育阶段的长效机制。全市有15981名党员与15321名贫困生建立了“帮扶”关系，已资助贫困生钱物246.6万元。

构建联系群众和服务群众长效机制。强化落实“党员示范点”、“党员责任区”、“党员示范岗”等工作责任机制，把主题实践活动用制度的方式固定下来，改革行政审批制度，市、县四套班子党员领导干部每天轮流值班接待群众上访，谁接待，谁负责落实。这些长效机制的构建，使党组织的凝聚力得到了进一步增强。

（市委组织部办公室）

【加大正规化培训力度】 2005年，①对全市1400余名县处级以上领导干部2000年以来参加脱产培训情况进行登记核实，建立了档案。②在市委党校举办全市第六期县处级领导干部正规化轮训班和中青年干部培训班，培训干部113名。③举办各县（市、区）委组织部长、副部长、干部科长和市委组织部全体干部共130余人参加的《三个规定》集中学习培训班。④在市委党校举办全市妇女干部理论培训班，培训妇女干部125名。⑤举办全市《信访条例》培训班，培训信访干部536名。⑥举办全市参加全省公开选拔副厅级领导干部强化培训班，培训符合报名条件的干部24名。⑦举办运城市人大代表工作座谈暨省代表培训班，培训省、市人大代表73名。按照中组部、省组部的安排，圆满完成了19批62人次县处级以上领导干部赴中央党校、中央有关部委、省委党校调训任务。

（市委组织部办公室）

【加大《公务员法》培训力度】 根据省委组织部、省人事厅《关于做好〈中华人民共和国公务员法〉培训考试工作的通知》的要求，从10月20日至11月4日，分四期举办了全市县处级领导干部及党群口干部《公务员法》培训班，各县（市、区）副处级以上领导干部及党群口干部共计1209人参加了集中学习培训和结业考试。

（市委组织部办公室）

【加大企业经营人才培训力度】 为贯彻落实人才强市战略，打造一支高素质的企业家队伍，部委组织全市21名年营业收入在5000万元以上的部分企业高层经营管理人员，在青岛举办了为期7天的青岛名牌现象研究专题培训班。这是运城市委组织部第一次组织企业经营管理人员到省外参加学习培训，第一次把民营企业和国有企业纳入培训范畴。（市委组织部办公室）

【领导班子建设】 2005年，市委组织部紧紧围绕提高执政能力建设这条主线，优化结构，健全制度，全面加强领导班子和干部队伍建设。

优化班子结构。按照中共十六届四中全会提出的“政治上靠得住、工作上有本事、作风上过得硬”的要求，认真贯彻落实中央和省委关于领导班子建设的有关精神，对市直单位和县（市、区）部分空缺的市管领导干部进行调整补充，共调整了4批22名市管县（市、区）领导干部，其中县级领导干部18人，科级领导干部4人（纪委书记）。调整了3批72名市直单位领导干部，其中市级领导兼职2人，提拔任职27人，平调任职20人，安置军转干部10人，免职13

人。调整企事业单位干部44人，其中兼职13人，提拔任职6人，平调任职4人，任职16人。免职5人。下发了《关于市直机关青年干部赴基层挂职锻炼的意见》，召开了全市党外干部培养选拔工作座谈会和全市培养选拔党外干部工作会议，认真总结了全市近年来培养选拔党外干部工作的主要经验和做法。

建立健全各项制度。在推行完善民主推荐、民主测评、差额考察、考察预告、考察责任制、考察责任追究制、公开选拔、竞争上岗、全委会票决制、任前公示、试用期制、聘任制、干部交流、调整不胜任现职领导干部、辞职、降职和末位淘汰制度的基础上，制定了《关于干部选任过程中档案管理责任追究的若干规定》和《关于县处级领导干部因私出国（境）审批工作的通知》。下发了《关于严禁超职数配备干部的通知》，对各县（市、区）和市直单位超职数配备干部或变相提高干部职级待遇提出了自查和整改要求。通过调查研究，起草了《运城市县处级领导干部选拔管理工作办法》、《运城市科级干部选拔工作规定》、《运城市公开选拔领导干部工作规定》和《关于推荐选拔县处级后备干部人选的实施方案》。为推进干部工作科学化、规范化和制度化奠定了基础。

老干部工作取得新成效。把落实老干部的“两费”工作作为重中之重，建立和完善了“三个机制”，确保老干部老有所医、老有所养。深入开展老干部活动中心达标创优活动、老干部工作人员开展业务知识竞赛和百日大练兵活动，提高了全市老干部工作人员政策水平和业务知识，促进了老干部部门的自身建设，得到了省老干部局的高度评价。　（市委组织部办公室）

【政绩考核】　2005年，市委组织部坚持督导单位和考核单位相一致的原则，按照大会动员、述职报告、民主测评、征求意见、个别谈话、梳理汇总、意见反馈、民主生活会、确定考核档次、运用考核结果等程序，对13个县（市、区）党政领导班子和县处级领导干部2004年度工作进行了考核。通过考核，确定了优秀档次165人，称职1123人，不称职3人。6月份，抽调相关单位25名同志，组成5个考核组，对全市承担招商引资任务的13个县（市、区）、3个经济技术开发区和49个市直单位上半年招商引资情况进行了考核，有力促进了全市招商引资工作。

（市委组织部办公室）

【公开选拔】　2005年，为贯彻落实省委《三个规定》和《山西省公开选拔领导干部工作办法》，进一步深化干部人事制度改革，市委决定对市直10个单位11个空缺职位的副处级领导干部进行公开选拔。9月24日开始，坚持把“严密、科学、规范”和“公开、公平、公正”贯穿整个公选全过程，紧紧抓住制订方案、动员报名、资格审查、命题考试、评委组成、组织考察等关键环节，通过考试看学识看水平，坚持通过考察看能力、看民意。为使所有符合条件的同志都报名参加公选，部委层层召开动员会，在运城电视台、《运城日报》、运城广播电台、运城市政府网站发布公告进行广泛宣传，全市共有423名同志报名参加公选，经审查符合条件的有397人。10月12日组织了笔试，通过笔试，按拟选名额1:5的比例，确定了56名面试对象；10月21日—22日组织了面试，按拟选名额1:3的比例，确定了33名考察对象；从10月24日开始，利用一周时间组织了考察，在考察中，创新了考察方法，对所有考察对象的民主测评结果、民意测验结果和考察组意见情况实行量化打分，全方位考察；市公选领导组和市委组织部部务会议在听取考察组汇报后，确定11个职位综合成绩排名第一的作为拟任人选。后经市委常委会讨论决定，在新闻媒体进行公示。　（市委组织部办公室）

【学习贯彻“5+1”文件精神】　7月份，举办了由各县（市、区）委副部长和市委组织部全体干部以及全市各单位组织人事科长参加的“5+1”文件知识专题考试。通过学习，全市组工干部熟悉了程序，明确了纪律，牢固树立了坚持照章办事、严格履行程序的意识。半年全市共公开选拔领导干部19人，其中县处级11人，科级8人；713人通过竞争上岗走上了工作岗位；共交流干部30人，其中县处级29人，科级1人；调整不称职、不胜任职务干部22人。全市干部人事制度改革工作呈现出重点突出、整体推进、不断深化的态势。

（市委组织部办公室）

【学习贯彻《干部任用条例》和《三个规定》精神】　认真学习贯彻执行《干部任用条例》和《三个规定》精神，端正用人导向，匡正用人风气。有效地从源头上预防腐败现象的发生。

深入学习贯彻。全面安排部署。《三个规定》在《山西日报》刊发当天，部委立即向各县（市、区）委和市直各单位党委（党组）下发明传电报，对组织人事干部的学习进行全面的安排部署。领导干部带头学。市委召开常委扩大会议，专题学习了《三个规定》。组工干部专题学。召开各县（市、区）委组织部长和市委组织部副科长以上干部参加的会议进行专题学习，并召集各县（市、区）委组织部长、副部长、干部科长和市委组织部全体干部进行了为期一天的专题培训。《运城日报》全文转载《三个规定》，同时还编印了《三个规定》学习手册，加强对《干部任用条例》和《三个规定》的学习贯彻。10月份，省委组织部对全市学习贯彻执行《干部任用条例》、“5+1”文件以及中组部《关于切实解决干部选拔任用工作中几个突出问题的意见》和省委《三个规定》的情况进行了全面检查，对部委的做法给予了充分肯定和高度评价。

强化领导干部任前公示。部委在《运城日报》和运城电视台进行领导干部任前公示三次，公示干部53名。其中，提拔任职的县处级干部38名，省管干部4名，公开选拔干部11名。公示期间有群众举报2名，经调查，1人属举报失实，正常宣布任职；1人因不能确定其干部身份，没有宣布其任职。强化电话举报和调查核实。坚持专线电话举报管理工作制度，全年共接受群众电话举报8个，全部进行了妥善处理。同时依托举报中心，对反映领导干部有关问题的举报信件，进行分析、鉴别，做到了从快查处。纠正了市国际金融贷款管理局违反《干部任用条例》对5名中层干部的任免。全年，省委组织部共批转信件21件，其中要结果的2件，有1件及时上报了结果，有1件调查核实，正在上报。市委组织部共接到信件7件，全部进行了处理。强化经济责任审计。认真贯彻落实全市干部监督工作会议精神，组织协调有关单位对7名县处级领导干部进行了任期经济责任审计，其中县（市、区）长2名，市直单位主要负责人5名。通过审计，强化了对领导干部特别是主要负责人的监督。（市委组织部办公室）

【加强宣传，营造“四尊”氛围】 部委与市广播电视局（台）联合拍摄农村实用拔尖人才系列专题片，在运城市电视台《田野风》栏目滚动播出。万荣县农民王衡获国家技术发明二等奖后，部委在《运城日报》上以《第一位登上共和国科技领奖台的农民》为题进行了报道，并全文刊发由市委组织部等五家单位联合下发的《关于开展学习宣传王衡同志先进事迹活动的通知》和评论员文章，配发了《黄有泉、胡苏平就学习宣传王衡同志先进事迹致本报的一封公开信》。在市电视台播放了王衡同志先进事迹的电视专题片。通过广泛的学习宣传，全市上下进一步形成了“尊重劳动、尊重知识、尊重人才、尊重创造”的良好氛围。

（市委组织部办公室）

【调查研究，创新工作思路】 7月底至8月初，由市委组织部7名副部长带队，赴烟台、宁波、杭州、上海等八个城市的人才工作部门进行了为期12天的学习考察。8月份，又分别在运城市中心医院和运城中学召开座谈会，了解医院和学校在引进人才方面的做法、成效和急需解决的问题，并认真听取了他们在解决人才待遇方面的建议。为部委寻求人才工作的新突破提供了新思路。（市委组织部办公室）

【突出重点，加大引进力度】 制定实施“一卡通”引进人才办法。开辟引进人才的“绿色通道”，实行“一站式”服务，并协调解决好其配偶、子女的落户、入学、入托、就业等问题。研究起草了《运城市吸纳高学历及紧缺人才实施细则》、《运城市人才资源开发基金使用管理暂行办法》、《高学历及紧缺人才绿色通道卡》等。采用通道卡制度，办理了市中心医院引进的5名硕士研究生的编制等各项手续，并拟用同样方式解决市卫生学校引进人才的编制问题。

开辟“柔性引进人才”新通道。按照“不求所有、但求所用，不求常住，但求常来”的原则，积极争取“青年博士服务团运城行”、“院士团运城行”活动。7月份，由北京科技大学的两名博导和一名博士组成的冶金分队到关铝集团、海鑫集团、银光镁业集团服务，由中国科学院三名博士组成的无机化学分队到南风集团、丰喜集团服务。9月份，由院士钟掘、张懿和中国铝研究院院长李旺兴组成的院士团在省人事厅领导的陪同下，先后到中国铝业山西分公司和关铝集团开展服务活动，取得圆满成功。

建立“柔性引进人才”长效机制。针对运城籍在外的院士、知名专家以及党政干部多的情况，10月中旬，赴北京就成立专家协会与部分在京专家进行座谈，登门拜访了几位院士和高校领导。共联系专家50多名。（市委组织部办公室）

【注重培养，创新选拔模式】 在高技能人才队伍建设上，努力适应全市建设山西新型加工制造业基地的需要，研究制定了运城市《技能型人才队伍建设意见》和《首席技师选拔管理办法》，送达到各人才工作领导组成员单位讨论修改。在专业技术人才队伍建设上，部委围绕市委一届七次会议精神，列出19个专题，组织优秀人才结合本专业、行业实际，为运城经济和社会发展提出自己的思考和建议。并从收集到的78篇稿件中精心选出8篇，邀请作者参加由市级领导出席的专家建言会，为市委、市政府谋划经济和社会发展战略提供了决策参考。（市委组织部办公室）

【深化“农村小康建设带头人工程”】 全市各级党组织认真实施农村小康建设带头人工程，着眼于经济发展、政治建设、文化建设、可持续发展目标的实现，在不同领域选拔了政治思想好、工作能力强、带动作用明显的人员，按其特点定岗定责，加强培养和引导，积极为带头人解决资金、用地等难题，充分发挥他们在农村小康建设中的带动示范作用。本年全市共确定不同类型的小康建设带头人8187人，其中党支部书记1365人，村委会主任1215人，退伍军人1073人，企业家1198人，乡土专家1831人，其他人员1505人；党员占35%。全市有93%的村已铺开“农村小康建设带头人工程”，平陆、芮城、闻喜、临猗、稷山等5个县在全县所有农村铺开。

（市委组织部办公室）

【加强农村基层党组织建设】 2005年，按照省委、市委的部署和要求，市委组织部对全市村级组织情况进行了调研摸底；提出了以村级组织换届选举为契机，使村级班子结构达到“五个明显提高，一个基本消除”的具体目标，召开了各县（市、区）委组织部副部长会议和市委第七届村民委员会换届选举领导组协调会议；编印了《省、市选派干部开展村级党组织建设、村委会换届选举和先进性教育活动工作手册》，采取以会代训形式，对省、市选派的193名干部和154名乡镇书记进行了业务培训，召开动员会，印发了《关于村级党组织换届工作的意见》，组成了六个检查组，对加强村级组织建设、搞好村委会换届、开展第三批先进性教育活动以及选派干部开展工作的情况进行严格督查。

经过市、县两级党委精心组织、靠前指挥，圆满完成了两委换届工作。全市共有3185个行政村，这次应换届的是3095个村，有3092个村已完成了村委会换届选举，占到应换届行政村的99.9%。全市共有3186个村级党组织，这次应换届的有3171个村，有3101个村党组织完成了换届选举，占到应换届村级党组织的97.8%。换届后全市村级党组织书记和村民委员会主任

“一肩挑”达到2535个村，占到应换届行政村的81.9%，其中有13个乡镇100%实现了“一肩挑”；全市91.5%的农村“两委”实现了交叉任职，其中支委兼村委5679人，村委兼支委5369人；党员占村干部的比例由上一届的38%，提高到了80.9%，提高42.9个百分点。其中村委会主任是党员的2650人，占应换届行政村的85.6%。

（市委组织部办公室）

【进一步优化党员结构】　坚持发展党员会审制，加强对发展党员的宏观指导和动态管理，提高纳新党员质量。一年里，全市向党组织递交入党申请书的达11832人，比去年同期增长155%；全市共发展党员3459名，其中生产、工作一线3352人，占96.9%；高中以上文化程度3065人，占88.6%；35岁以下2591人，占74.9%；妇女1062人，占30.7%。党员结构进一步优化，质量明显提高。

另外，全市各级党组织围绕纪念建党84周年，组织召开了全市纪念庆祝大会，对第一批先进性教育活动中涌现出的57个先进基层党组织和80名优秀共产党员进行了表彰，由市委常委分组带队，对市直1945年9月以前入党的老党员进行了慰问。（市委组织部办公室）

【创建学习型部门】　坚持把思想政治建设作为加强自身建设的基础性工作来抓。党的十六届五中全会召开后，首先组织全部人员集体学习了十六届五中全会精神，采取集中学习《教育读本》、部领导登台讲党课、进行革命传统教育、慰问建国前党的地下情侦人员、举办时代先锋报告会、开展先进性标准大讨论、结对帮扶送温暖、举办演讲会、组织学习笔记心得体会展评等9项大的活动，确保学习的广泛性和系统深入。每名党员和积极分子都写了30000字以上的学习笔记和5篇心得体会。围绕中心工作，加强业务培训，重点学习“5+1”文件、《公务员法》、中组发［2005］4号《关于切实解决干部选拔任用工作中几个突出问题的意见》和《三个规定》，并通过考试验收的形式检验了学习效果。

（市委组织部办公室）

【实现工作规范化】　公文处理强调严肃性。完善文件传阅和文件承办程序，对上级来文要及时找领导签阅，对领导签阅意见要在第一时间内向分管部长和有关科室传达，坚持每项工作都严格履行签字手续，层层把关，逐级负责，避免了工作疏漏现象。管理工作突出规范性。进一步完善请销假、人事、财务、文书档案管理、保密、印章以及信息、督查、信访工作等工作制度，使科室的日常工作有序进行。后勤服务突出主动性。积极适应办公自动化要求，为部领导办公室和各科室均配齐了电脑，同时安装了光缆上网设备，科室之间实现了资料、信息的交流、共享，有效地提高了工作效率。

（市委组织部办公室）

【宣传工作卓有成效】　课题调研进展良好。下发了《中共运城市委组织部部长制度化调研时间安排表》。部领导与相关科室负责同志赴盐湖区、夏县、平陆分别就机关干部挂职驻村帮扶、农村基层党建工作和流动党员管理进行了实地调研，形成了一批凋研成果，取得了良好效果。

信息工作迈上新台阶。加强与省委组织部的沟通联系，加大对各县（市、区）信息员的培训力度，建立信息员网络，畅通了信息上情下达和下情上传的渠道，做到省、市、县三级信息同步运行，真正把信息工作办成了组织工作的“晴雨表”、“预警器”。全年共编发《运组信息》正刊99期，《调研信息》12期，学习贯彻“三个规定”专刊6期，村民委员会换届选举专刊11期，保持共产党员先进性教育活动专刊9期，业务通讯3期。其中，被中组部《组工信息》采用4篇，被《晋组信息》采用71篇，在全省排名第一。

宣传工作力度加大。对《运城组工》进行了改版，增强了时效性和可读性，共编辑出版10期。开通了运城组工网站，加大组织工作的对外宣传力度。并积极筹建《运城党建》网站。

（市委组织部办公室）

【展现组工干部新风貌】　加强机关党组织建设和党性教育。元月份，召开了全体党员大会，选举产生了市委组织部第一届党委、纪委班子。“七一”前夕，组织部全体党员干部赴垣曲革命老区开展了“缅怀革命先烈，重温入党誓词”活动，全体党员和入党积极分子受到了一次深刻的党性教育，增强了党性意识。加强党风党纪和警示教育。组织部内全体同志学习了中央组织部关于严格按照《干部任用条例》和有关规定选拔任用干部视频会议、全省干部监督工作大同座谈会议以及中央组织部《受贿“卖官”案的通报》精神，接受了洗礼，统一了思想。关心干部成长，营造和谐竞争氛围。2005年2月市委调整干部中，及时把部内的8名优秀同志推上了处级领导岗位。同时，根据职位需要，调整充实了部内6名科长职位。5月，对部内空缺的干部综合科和党员管理科两个科长职位进行了竞争上岗，优化了部内干部队伍结构，使组工干部的工作热情和积极性、主动性明显提高，组工干部队伍的活力大大增强。（市委组织部办公室）

宣传工作

【概述】　2005年，在省委宣传部的指导和市委的正确领导下，高举邓小平理论和“三个代表”重要思想伟大旗帜，认真贯彻落实全国、全省宣传工作会议精神，以开展保持共产党员先进性教育活动为契机，着眼于服务全市工作大局，着眼于建设文化强市，着眼于实现经济强市与文化强市两强并举，牢固树立科学发展观。宣传思想工作始终围绕“4+2”的工作思路，即“以科学的理论武装人、以正确的舆论引导人、以高尚的精神塑造人、以优秀的作品鼓舞人”，大力发展文化事业和文化产业，努力打好建设文化强市这个硬仗。围绕主线，突出重点，为全面建设运城小康社会提供了强有力的理论指导、舆论力量、精神支柱和文化条件。

（王存狮）

【深化“三个代表”重要思想学习】

紧紧抓住当前正在开展的保持共产党员先进性教育活动这个大好时机，使“三个代表”重要思想学习贯彻与保持共产党员先进性教育活动有机结合。在学深、学透、学懂、真学、真信、真用上下功夫，在学习内容、学习对象的拓展上下功夫，把学习“三个代表”重要思想同学习十六届四中全会精神、加强党的执政能力建设结合起来，同保持共产党员先进性教育和市委提出的“六个一”竞赛活动结合起来，同落实科学发展观和建设文化强市、经济强市的实践结合起来。

狠抓各级党委中心组的学习，加大督查力度，在坚持各级党委中心组学习“事先报告、派员参加、笔记展评、年度考核”等制度的基础上，重点安排了实地参与及指导工作。本年全市中心组理论学习体现出五个特点：对象扩大、时间集中、内容丰富、形式多样、推动有力。

认真抓好五中全会精神的学习贯彻落实。10月25日，以市委文件就学习贯彻五中全会精神做了具体安排，要求做好“以讲促学、以学促干”，确保人员、内容、效果“三落实”。并派人深入各县（市、区）和市直单位就“十一五”规划的一个亮点、一条主线、六个要点、七大任务分别进行辅导，受到大家好评。

报送的《关于新时期繁荣农村文化的调研与思考》、《调查研究是做好新形势下宣传思想工作的基石》两篇调研报告被省委宣传部评为优秀调研成果三等奖。市委宣传部被省委宣传部评为2005年度舆情信息工作先进单位。（王存狮）

【围绕中心工作，强化舆论引导】 ①开展保持共产党员先进性教育活动的宣传。组织在省以上媒体发稿件80余篇，《运城日报》发稿件600余篇，市电视台发新闻、专栏等700余条，并组织摄制了汇报片，制作了图片展。突出宣传了“时代先锋”孙锁来和见义勇为英雄冯官成等先进典型。在强有力的舆论宣传引导下，全市保持共产党员先进性教育活动开展得有声有色，得到了中央、省委的肯定和好评。②组织开展了市委“为民工程”、建设新型加工制造业基地和实现新一轮经济结构调整的宣传。组织全市新闻媒体相继发表了数百篇有分量、有见解、有深度的评论和报道，使广大干部和群众的思想统一到抢抓机遇，加快发展的思路上来。配合市委市政府“三化一招”决策，集中时间，集中精力，大力宣传，在省级以上媒体发稿40余件，《运城日报》发稿300余件，市广播电视台发新闻、专栏共计400余条（集），使“三化一招”日益深入人心。③围绕依法治国，监督有法不依、执法不严、贪赃枉法的问题；围绕党的路线方针政策的落实，监督有令不行、有禁不止，各行其是的行为；围绕公民道德建设和弘扬社会正气，监督社会丑恶现象和不道德行为；围绕保护人民群众合法权益，监督失职渎职、侵害群众利益的行为，强化舆论监督。④进一步引深“三项学习教育”活动，并组织开展了对全市党政部门报刊散滥问题的治理整顿。并对存在的虚假新闻采取有力措施，实施整顿，取得了明显效果。党报党刊发行工作行动早、动作快。（王存狮）

【未成年人思想道德建设和精神文明创建活动】 以加强和改进未成年人思想道德建设为重点，实施了联席会议议事制度，“三位一体、四级联动、虚实结合、五大保证”工作思路。对未成年人思想道德建设实行了目标管理，并把这项工作纳入各级党委政府的目标考核体系，纳入领导班子和领导干部政绩考核体系，实施一票否决制。22个市级爱国主义教育基地对未成年人集体参观免费开放。全市涌现出一批先进典型，在全省农村未成年人思想道德建设现场会上交流推广了本市“办好家长学校、共建民心工程”，永济市“关注留守儿童、搞好隔代教育”两个典型经验，并受到中央文明办的重视；万荣县“创建法制教育基地，开展警示惩戒教育，探索预防青少年违法犯罪的新途径”的经验也引起中央文明办和省文明委高度关注。

继续推进《公民道德建设实施纲要》的深入贯彻落实。开展了“弘扬关公文化，打造诚信运城”教育活动。制定了《市民文明公约》、《市民文明守则》，群众性精神文明创建活动掀起新高潮，涌现出创建国家级精神文明建设先进典型12个，省级精神文明建设先进典型78个。

实施让群众得实惠的“为民工程”。继续抓好广播电视“村村通工程”，全年共架设光缆电缆网线，安装改造有线电视用户28500户。深入开展“四下乡”、“四进社区”、“西部开发助学工程”、“爱心助学工程”，“十佳诚信市民”、“百佳诚信单位”评选活动。爱心助学共捐款36.56万元，资助贫困大学生61名。举办了纪念抗日战争暨世界反法西斯战争胜利60周年系列宣传教育活动。（王存狮）

【优秀文化精品生产和文化市场规范管理】 抓好“五个一工程”文艺精品创作，不断繁荣群众文化生活。涌现出了《山村母亲》等一批优秀剧目。举办了全市“龙门奖”戏曲调演，调动了全市戏曲创作热情，涌现了一批优秀青年演员和一批新剧目。临猗眉户《山妹》参加了在河南举办的第九届中国戏剧“映山红”调演，闫慧芳夺得“个人艺术表演”第一名。参加全国“小梅花”大赛，全市共7名小演员夺得“小梅花”，其中市文化艺术学校杨杰、任超群、王晓妮分别夺得专业组第一、四、七名。在全省第十届戏剧“杏花奖”调演中，市蒲剧团《西厢记》、盐湖区《赵氏孤儿》、夏县《惊蛰》取得了优异成绩，《赵氏孤儿》和《西厢记》荣获最高奖综合大奖。绛州鼓乐团、稷山安福艺校被评为“全国服务农民服务基层先进单位”。

狠抓网吧专项整治工作，严厉查处“网吧”接纳未成年人的问题，依法取缔“黑网吧”9家、非法游戏厅2家，查处违规经营户15家，查扣电脑主机68台，治理工作取得初步成效；巩固报刊治理整顿成果，打击取缔了一家非法记者站，处理了3名假记者；查处收缴各类非法出版物30000余册，其中，政治类非法出版物200余册、盗版教材9000余册、盗版软件5000多盘、有害卡通画册及“口袋书”8000余册；狠抓音像市场、电子出版物市场以及查扣非法音像制品

30000余盘，遏制了销售盗版音像制品的势头；对演出市场和娱乐场所进行了专项整治，对非法演出活动和不健康大棚类歌舞演出进行查处取缔，净化了演艺市场。狠抓互联网新闻信息管理专项整治工作，在为期一个月的专项整治中，对全市辖区内的各类网站进行了普查和突击检查，使其逐步走向制度化、规范化，收到明显实效。

狠抓文物保护和文物安全执法工作，实施“金铠甲”达标工作，严厉打击文物犯罪活动。7月13日，国家文物局在芮城隆重召开了盗掘古墓案侦破表彰大会。组织力量完成了对全市2579件馆藏珍贵文物数据核对和全市文物普查，完成了第六批国保申报和第四批省保、首批市保单位建控地带划定；配合省考古新勘探绛县横北西周墓地发现墓葬360座；对夏县禹王城庙后辛庄砖窑场、空港新区等项目勘探发现新石器遗址6处、各类古墓葬百余座；完成了常平关帝家庙木牌楼修复、解州关帝庙崇圣祠东厢房拆建、永济铁牛馆门楼新建和稷山大佛寺保护改造等工程。

利用市电视台“蒲乡红”栏目举办了纪念“5·18”“国际博物馆日”专场晚会，利用报纸、电视、广播等媒介，在全市进行了《文物保护法》宣传展览和文艺汇演，收到了很好的宣传效果。成功举办了“后土文化研讨会”、“全国虞舜文化学术研讨会暨中国先秦史学会第八届年会”等活动，举办了《河东历代名碑精品展》、《虞舜文化专题陈列展》等40多个精品展览。

（王存狮）

【“文化强市”基础工程】 2005年，在培育“新闻传媒业、文化旅游业、演艺娱乐业、信息网络业、制版印刷业”五大主导产业上下功夫、抓落实。进一步明确了责任单位，分解了工作任务。

在培育宇达集团、关公文化发展有限公司、运城根祖文化产业开发有限公司等九大龙头企业上下功夫、抓落实。10月27日，召开了全市文化产业龙头企业座谈会，会议学习了《国务院关于非公有资本进入文化产业的若干决定》，工商、税务等职能部门、宇达等龙头企业作了认真发言，市委常委、宣传部长董鹏翔在讲话中从解放思想、体制创新、降低门坎、“三民一引”、龙头带动、打造品牌、政策扶持、优化环境、依法监督等九个方面做了明确具体的阐述，提出了发展指导性意见。会议进一步明确了文化产业概念、澄清了龙头企业的家底、增强了文化企业与职能部门间的情感、理顺了发展文化产业思路。

在打造关公文化、后土圣母、舜帝文化、鹳雀楼、绛州鼓乐等十大文化品牌上下功夫、抓落实。“关公文化节”以“弘扬关公文化，打造诚信运城”为主题，成为运城市历年规格最高、规模最大、成效最显著的一次文化节，系列活动高潮迭起，体现了运城古老文明与现代文明、根祖文化与现代文化渊流，展示了运城对外开放、创新发展、文明诚信的时代形象，达到了“主题更鲜明，形式更新颖，内容更丰富，品位更高雅，规模更宏大，效果更实在”的目的。

在农村民办文化“五个一工程”上下功夫、抓落实。5月26日，在盐湖区召开了全市农村民办文化“五个一工程”盐湖现场会。认真贯彻落实市委书记黄有泉提出的“农村民办文化要在全市农村每个村建立一个图书馆，组建一支群众业余文艺表演队，每个乡镇挖掘开发一项民间传统文化特色活动，培养一批文化产品经营专业户，建设一处文化活动中心”的“五个一工程”目标。市委书记黄有泉作了重要讲话，并给各县（市、区）提出了硬性要求，在三至四年内，要全面完成“五个一”的目标任务。并要求采取三项措施，为“五个一工程”提供保障。他特别强调指出，党政会议每年要两次研究农村文化建设，各县（市、区）本年要落实财政50万元，企业机关社会捐助50万元，抓好50～80个村，从抓图书室开始，用三至四年时间基本实现全市“五个一”目标任务。

在运城黄河博物馆、古墓葬博物馆、市图书馆、报刊新闻大楼、广播电视大楼、市演艺中心、河东会堂改造、运城舜帝陵庙景区、永乐宫景区、关公圣像景区等十大文化工程建设上下功夫、抓落实。这十大工程总预算达6亿多元，至2005年，完成资金1.25亿元。其中舜帝陵庙景区、后土祠景区完成资金3000余万元，一期工程基本完工；关帝圣像景区、永乐宫景区注入资金6000余万元。完成了永乐宫国债项目建设工程，正在进行新绛福胜寺、芮城清凉寺等维修和盐湖区关王庙山门迁建工程。

在文化体制改革、文化企业招商引资上下功夫、抓落实。对《小学生拼音报》报社实行了股份制改造，成立了集团公司；广播电视台在改革中，实行了制片人制，将广播电视网络公司推向市场；《运城日报》社将印刷厂分离出来，成为独立的市场主体。文化企业招商引资工作全面铺开，在关公文化节期间，共签订文化产业项目8项，签约引资金额达33228万元。

在大力宣传文化强市战略、展示文化强势活动，营造良好发展氛围上下功夫、抓落实。通过全市新闻媒体大力宣传文化强市战略决策的思路、实施方法、有效途径，在全社会形成了文化事业、文化产业“两轮驱动”，经济强市、文化强市“两强”并举的共识，有力地推动了文化强市的进程。《运城日报》运用一定的版面，不断为文化强市建设造势加力；市电视台通过各种栏目，不断展示文化强市建设工作，在“关公大看台”栏目开办了农村民办文化“五个一”工程大型系列展示活动专栏，促进了农村民办文化建设工作的进一步加速。

在加大外宣促销展示运城形象、让世界更加了解运城上下功夫、抓落实。8月19日，央视国际频道《让世界了解你》栏目，播出了运城市市长胡苏平与美国盐湖城市长安德森通过国际连线进行友好对话，全面展示了“古华夏、新运城”形象，扩大了让世界了解运城的窗口，中外几十家新闻媒体先后对此作了详尽报道。通过省电视台“魅力山西”栏目，集中宣传了运城的风土民情、人文自然资源，盐湖、关帝庙、后土词等著名景点，通过荧屏使人们对运城有了更深刻的认识。通过组团奔赴上海、北京、广州等大中城市及周边地区召

开发布会、推介会，使更多的人了解运城，提高了知名度和影响力。（王存狮）

统战工作

【创新统战工作思路】 按照全国、全省统战部长会议精神和市委全年的工作部署，坚持把“三个代表”重要思想作为全年统战工作的指导思想，结合全市统战工作的实际；着力在统战工作服务市委工作大局上创新思路、提出任务，即：在市委的领导和省委统战部的指导下，2005年全市统战工作要以邓小平理论和“三个代表”重要思想为指导，进一步深入贯彻党的十六大和三中、四中全会及市委一届七次全会精神，紧紧围绕市委全年工作大局，努力创新“11235”工作目标，不断开创全面建设小康社会新阶段统一战线工作新局面。主要工作任务是：贯穿一条主线（“三个代表”重要思想）；抓好一项教育（认真抓好保持共产党员先进性教育活动）；实施两大工程（“凝聚力工程”、“建家工程”）；突出三个服务（为实现科学发展服务、为推进民主政治服务、为构建和谐社会服务）；提升五项工作（调研宣传和信息工作、三支队伍培训工作、《宗教事务条例》贯彻落实工作、经济领域统战工作、党外干部管理工作）。（刘增辉）

【深入开展保持共产党员先进性教育活动】 2005年，按照全市开展保持共产党员先进性教育活动的总体部署和要求，结合统战部门的实际，一开始就确立了“开门”教育的指导思想，坚持面向基层、面向干部群众、面向统一战线成员。在教育活动的每一个阶段、每一个环节，都严格按照市委的规定动作进行，“六个一”活动开展得有声有色。先后还召开了机关离退休老干部、民主党派退届老同志、县（市、区）委统战部长、民主党派市委主要负责人以及各界代表人士等各类座谈会，向市级党外人大代表、政协委员发放征求意见表，并深入到市级各民主党派机关、市工商联、市侨联机关和县（市、区）委统战部走访座谈，广泛听取和征求意见，为了把先进性教育活动自始至终和部门工作紧密结合，使机关每个党员在先进性教育活动中思想上受到大教育。分别邀请了临猗县副县长杨建民同志和市政协提案委主任刘晋样同志作了先进性事迹报告，组织机关干部赴夏县堆云洞进行革命传统教育，举办了演讲赛和笔记展评。特别是针对在走访座谈中了解到一部分老统战人士生活困难，长期得不到解决的情况，利用一个月的时间开展了“大走访”活动，征求各类意见建议112条，帮助解决实际困难71件。

注重加强了制度建设，建立了落实整改意见的长期机制，制定了解决问题责任卡共3类31个，明确了整改时间和具体责任人，使先进性教育成果进一步得到了巩固，最后所有整改问题已全部得到解决。根据责任分工，加大了党风廉政建设责任制的落实力度。完善和修订了机关12项工作制度和党总支的各项制度，进一步使机关工作步入了规范化、制度化、程序化的轨道。（刘增辉）

【实施统战工作，“凝聚力工程”】 2005年，在统一战线各界人士中，积极实施了“凝聚力工程”，进一步聚心、聚智、聚力。针对统一战线成员多、思想差异较大、分布面广，对党委、政府的工作全局缺少了解的情况，分别利用各种会议、各种场所和各种活动，特别是利用召开专题座谈会、情况通报会等场合，在统一战线成员中大讲特讲全市经济社会发展的大好形势，宣传各级各部门扎实苦干、锐意进取，奋勇争先的精神。①全市统一战线各界老一代代表人士中开展了“大走访”活动，帮助303名老统战人士解决了71件生产生活中的实际困难和问题，使他们在晚年继续感受到了党的温暖和组织的关怀。“大走访”走出了连心桥，走出了鱼水情，走出了和谐曲，走出了同心歌。②举办了抗战胜利60周年书画展，征集作品112件，其规格高、规模大、内容丰富、主题鲜明、精品多。③统战系统举办了“宏厦杯”乒乓球出赛，共组织了23支参赛队，队员多、队伍大、水平高，赛事有序而激烈。④开展了“争当构建运城和谐社会推动者”活动，组建市直统战系统10支队伍，围绕构建和谐运城办百件实事，受到了市委的高度重视，得到了各县（市、区）统战部门和各界人士的积极响应，纷纷立足自身优势，开展系列服务活动，共办实事316件，有力地促进了全市社会建设，使凝聚力工程开展的有形、有实、有效。（刘增辉）

【统战部“建家工程”】 2005年，在部机关工作上，实施了“建家工程”。围绕把市委统战部建成深受党外人士欢迎的“团结之家，民主之家，交友之家，建言之家，温暖之家”从服务入手，在党派的重要会议、重要活动和重要人物的接待上，都主动提供帮助，搞好协调服务。在党派组织的考察、视察和调研活动中，积极与有关部门和县（市、区）进行协调，并派专人全程陪同，为党派组织顺利开展工作创造条件。在党外一些有威望的老代表人士生病、住院、过生日时，部领导都要亲自看望或送上生日蛋糕表示祝贺。对部机关办公环境进行了改善，重新装修了机关会议室，无偿供民主党派使用，受到了他们的欢迎。

在党外人士的来访上注重服务细节，规范文明用语，要求机关干部要热情礼貌、态度和蔼。制定了机关干部广交、深交党外朋友的意见，要求每一个统战干部至少要交一名党外朋友、并要经常保持与他们的联系，帮助解决他们在工作和生活中的具体困难。定期不定期的邀请一些老代表人士召开座谈会，征求意见。

结合“建家工程”，在机关扎实开展了“树统战干部形象、建党外人士之家”活动，制订了实施方案，以开展学习型机关为重点，着力提升统战干部的自身素质，通过举办演讲比赛、笔记展评、书法比赛、电脑培训、开展专题业务讲座、组织外出调研考察、进行健康体检等活动，使机关干部的精神面貌有了很大改善，服务意识得到明显提高。（刘增辉）

【促进全市经济发展、政治文明和和谐社会建设】 突出了为实现科学发展服务。围绕市委的工作大局，2005年，着重在提高党外人士的参政议政上下功夫。年初召开“两会”前，专门就参政议政工作召集各民主党派召开会议，要求各民主党派要充分发挥党派组织的作用，就全市经济社会发展的一些热点和难点问题上向市委、市政府提出真挚灼见。市委在制定全市“十一五”规划建议时，各民主党派、工商联、无党派人士围绕“三农”问题、城镇化建设、中医药产业、教育问题和新型加工制造业基地建设等重大问题上，向市委提出22条意见和建议，受到了市委的高度重视和采纳。全年，各民主党派共提建议52件、提案113件，提案数量超过了撤地设市以来前四年的总和。在党派的调研工作上，一改往年党派力量分散，选题不准的状况，要求各党派市委要集中时间、集中力量，选择市委、市政府关注、群众关心、影响全市经济社会实现科学发展的关键问题开展调研，集中形成一批高质量的调研成果。各民主党派围绕农民看病难、全市职业教育状况、乡镇财政状况、龙头企业调查、科技人才队伍状况、民众教育现状、农村金融组织支农状况、农村特困人群状况等方面共确定了11个课题，集中形成了一批有质量、有见地的调研成果，为市委、市政府实现科学决策提供了有力的依据。

突出了为推进民主政治服务。在全市大力学习宣传中央5号文件和省委31号文件精神，邀请了中央统战部研究室副主任张献生为市委中心组成员学习中央5号文件精神进行了专题辅导。组织了统战干部和统一战线成员进行了学习座谈，在运城电视台开辟了专栏，对学习中央5号文件精神进行了访谈报道。在全市党政机关科级以上干部、统战干部和民主党派成员中开展了多党合作知识答题竞赛活动，发放了8600份试卷。协助市委认真贯彻了多党合作的各项规定。市委在制定“十一五”规划建议时，专门召开了各民主党派、工商联、无党派人士征求意见会，认真听取和采纳了党外人士对全市“十一五”规划的意见和建议。市“两会”前，胡苏平市长就《政府工作报告》（征求意见稿）来到市委统战部机关会议室征求民主党派、工商联、无党派人士的意见。特别是在保持共产党员先进性教育活动中，市委先进性教育领导组先后三次向各民主党派、工商联负责人、无党派人士和有关方面代表人士通报情况、征求意见。市委常委还专门召开座谈会，征求党外人士的意见和建议。统战部先后帮助各民主党派对76名拟发展成员进行了培训，对386名党派成员进行了第一批次的轮训。帮助各民主党派市委机关建立健全了各项规章制度。

突出了为构建和谐社会服务。在全市统一战线启动实施了“争当构建运城和谐社会推动者”活动，由市委统战部直接牵头组织市民革、民盟、民建、民进、九三学社、无党派代表人士、民族宗教界、工商联、侨联及非公有制企业家协会十支队伍。以每支队伍为单位，分别发动组织各自所联系的成员，结合自身特点，围绕“争当构建运城和谐社会推动者”这个主题，在教育扶贫、医疗服务、法律咨询、科技支农、招商引资、扩大就业、光彩公益事业等方面确定工作载体，开展系列服务活动。每支队伍要确保在活动开展期间至少办十件与人民群众生产生活息息相关的实事。做到：一项活动、十支队伍、百件实事、千人带动、万人响应。

为了贯彻落实市委提出的“人才强市，教育富民”战略，积极响应市委书记黄有泉提出的“救助贫困学生”的号召，在全市非公有制经济人士中启动实施了以“21515”为目标任务的“民企助学光彩行动”，并把此作为开展“争当构建运城和谐社会推动者”活动的一个重要内容。即：在贫困村帮建20所中小学校；定向选择100名品学兼优的高三特困生，资助其完成高中学业；由企业家自愿结对，资助50名已被大学正式录取，却交不起学费的贫困学生，使其顺利入学；定向扶贫10名以上特困家庭的孩子，完成九年义务教育；组织本市民营企业家定向委培和招工安排500名职业高中学生。8月11日，各县（市、区）委统战部和10支队伍共600余人参加的全市统一战线“争当构建运城和谐社会推动者”活动动员大会，全面启动实施了这两项活动。

市委统战部牵头组织的十支队伍和各县（市、区）委统战部结合各自工作对象，组建队伍，确定拟办实事。市县两级共发动组织了70支队伍，具体情况是：在教育扶贫方面，有1321名贫困中小学生、117名高三贫困生和153名贫困大学生受到资助，有5所希望小学建成竣工，并为12所中小学校修建了教学楼，有50名教师受到免费培训，有350名职校毕业生到民企就业，有402名职校生已和企业签订了就业意向书。在医疗服务方面，有8400余人接受免费咨询服务，有652人接受免费治疗。在法律咨询方面，为1.2万余人免费进行咨询服务，为64人无偿提供法律援助。在科技为农方面，免费为14个乡镇的1.2万农民进行农业技术辅导。在招商引资方面，为12家非公有制企业引资1800万元。在扩大就业方面，安排农村劳动力和城市下岗职工582人。在光彩公益事业方面，共有397名非公有制经济人士捐款达548.64万元。　　（刘增辉）

【全市统战工作整体水平提高】 2005年，调研、宣传和信息工作，坚持三位一体，制定了加强统战调研、宣传、信息工作的意见，明确了具体奖励标准。开通了运城市委统战部网站，架起了全市统战工作与全国各地的联系，在全省市级统战部尚属首例。已在网上发布统战信息465条。组织机关干部走上街头，深入机关、学校、社区开展了一人十题千人问卷调查，了解社会各界人士对统一战线的认知程度，针对性地采取强化统战宣传的措施。加强了与新闻媒体的联系，召开了与新闻单位联席会议，提高了统战宣传稿件在新闻媒体的上稿率。市县两级统战部门在市级以上报刊、杂志上共刊登各类宣传稿件70件。成立了调查研究工作领导组，加强了对全市调研工作的指导。市委统战部领导先后两次带领有关科室同志深入县（市、区）开展调研和指导基层调研工作开展。全市共撰写有价值、有分量的理论调查文章56篇，经筛选，上报省委统战部12篇。进一步强化了信息工作，邀请了中央统战部、省委统战部的有关领导和专家为全市统战信息员队伍进行了一次培训辅导，提高了信息员队伍的整体素质。在部机关形成了人人动手写信息的浓厚氛围。全年共编发统战情报216条，统战信息25期，其中，被中央统战部采用21条，被省委统战部《统战专报》采用70条，统战信息采用55条。（刘增辉）

【三支队伍培训工作】 充分利用市委党校和社会主义学院这两个培训阵地，加大了对党外领导干部、统战干部和统一战线成员的培训力度。在市委党校开设的县处级干部轮训班和中青年干部班上对112名党员领导干部进行了统战理论知识培训。同时，还安排了党政领导干部、统战干部、民主党派成员、非公有制经济人士8个班次。已完成了5个班次的培训工作。完成第一批386名党派成员的培训工作。（刘增辉）

【民族宗教工作】 重点加强了对《宗教事务条例》的学习贯彻，召开了"全市学习贯彻《宗教事务条例》工作会议"，对各县(市、区)党委、政府分管领导，统战、宗教干部300余人进行了会议辅导。为市委中心组学习《条例》进行了专题辅导。印发了8600份竞赛试题，组织全市统战、宗教干部、农村两委班子成员和党政机关副科级以上干部进行了有奖答题竞赛活动。在法制宣传日期间，上街进行了《条例》的宣传咨询活动，发放宣传资料1000份，接受咨询人数500余人次。在宗教界开展了"《条例》进堂点，管理上水平"活动，印发了2000余份资料，使宗教场所的管理工作进一步民主化、规范化。针对农村妇女信徒多的问题，与市妇联、市宗教局联合开展了农村妇女信教问题的专题调研。根据调研情况，三家又联合制定下发了关于《进一步做好农村宗教工作的意见》，对实现农村稳定，构建农村和谐社会起到了积极的作用。努力为民族宗教界解决实际困难，帮助市清真寺解决门面房和洗浴室维修费5万元，并协调减免了清真寺因旧城改造需要支付的彩砖费。妥善解决了盐湖区天主教市区房产问题。（刘增辉）

【经济领域统战工作】 以开展具体活动为载体，进一步提升经济领域统战工作的成效。由市委统战部、市工商联、市光彩事业促进会组织的"民企助学光彩行动"，397名非公有制经济人士累计捐款548.64万元，不但为市委"人才强市、教育富民"战略的实施起到了促进作用，而且引深和发挥了非公有制经济人士在构建运城和谐社会中的作用。积极协助市委、市政府召开了"优秀中国特色社会主义事业建设者表彰大会"，按照非公有制企业家的现实政治表现，生产经营情况和光彩事业贡献等条件推荐出了31名优秀者，受到了市委、市政府的表彰。创建了非公有制经济人士光彩档案，为非公有制经济人士的引导、管理、表彰、推荐提供了重要依据。对87名非公有制经济代表人士完成了建档工作同时，根据中央统战部和省委统战部的安排部署，工商、税务、质监等部门配合在全市开展了非公有制经济代表人士的综合评价试点工作，对25位非公有制经济代表人士进行了综合评价。开展了全市新一代非公有制经济代表人士的调查工作，对87名非公有制经济人士进行了登记调查。积极推荐非公有制经济代表人士薛靛民、远勤山、李兆会、李家林担任了省三届一次光彩事业促进会副会长，并有五位企业家受到省"光促会"表彰。运城市"光促会"被授予"山西省光彩事业组织奖"。（刘增辉）

【党外干部管理工作】 针对党外干部在培养、教育、使用、管理等各个环节上缺乏制度化、规范化的问题，着力进行了研究和探索。建立了党外干部人才库。召开了全市党外干部工作会议，与市委组织部共同研究制定了"关于进一步加强党外干部工作"的意见，就党外干部的培养教育、使用、日常管理以及统战部门与组织部门在党外干部工作上的职责进行了规范，明确了党外后备干部队伍建设的目标和任务，使党外干部工作步入了制度化、规范化的轨道。（刘增辉）

政法工作

【基层基础工作】 2005年，各级矛盾纠纷排查调处组织在充分调研的基础上，加强人员培训，完善创新机制。市矛盾纠纷排查调处中心研究出台了《关于引深矛盾纠纷排查调处工作的几点意见》，从预防、排查调处、提高人员素质和工作落实四个方面，为进一步引深矛盾纠纷排查调处工作进行了安排部署。市中级人民法院和市司法局联合开展了"四联"活动，即基层人民调解组织和基层法庭，在工作中实行联训、联调、联治、联防，努力把大量的矛盾纠纷解决在诉前、诉中，节约司法成本，减轻群众讼累。万荣县"突出一个主题、推出一套教材、培训一批骨干、培养一批典型"的做法在全市推广。垣曲县举行信访案件听证会，成功解决了一批多年上访告状的问题。（杜峰彦）

【专项调处整治活动】 市矛盾纠纷排查调处领导组在经常性排查调处的基础上，组织了3次专项调处活动。①开展了"两节"、"两会"和夏收期间的专项排查调处活动。在"两节"期间，针对家庭邻里关系、社会治安、群众性娱乐活动、下岗特困问题易引发矛盾纠纷的特点，开展专项排查调处活动。"两会"期间，对可能影响稳定的越级上访案件和重大矛盾纠纷进行集中调处。夏收期间，开展了以农村土地、财务、干群关系等为主的矛盾纠纷排查调处活动。夏县开展"狠抓矛盾纠纷排查调处，保障改革发展稳定"的作法，在《山西社会治安综合治理简报》进行了刊载。②进行了群体性事件隐患的排查调处。市矛盾纠纷排查调处领导组对每月台帐中的未调处案件，一一与县（市、区）对照，对季度内未调处的要求专门汇报，说明理由，防止由于矛盾纠纷调处不及时引发群体性事件或越级上访案件。对于突发的群体性事件隐患，则实行领导包案制限期调处。③开展了整治治安乱点专项活动。各县（市、区）因地制宜地开展了治安秩序大整顿，解决群众关心的热点、难点问题。平陆县开展了整顿规范矿产秩序和清收不良贷款两个专项活动。临猗县开展了财经纪律整顿工作，对政法系统的罚没财物进行整顿。（杜峰彦）

【处理涉法涉诉上访问题】 全市政法机关按照“人要回去，事要解决”的要求和中央政法委关于《涉法涉诉信访案件终结办法》的指示精神，在继续坚持实行首问责任制、办案质量终身负责制、办案承诺制、一票否决制、错案追究制等制度措施的基础上，突出抓好三方面工作：①落实领导包案制。根据市委黄书记的要求，全市政法系统实行了领导包案制度，两级党委政法委和法、检、公、司部门领导，人人包处上访案件，共包处上访案件326件。市委副书记唐大雄先后接待20余起重点信访案件，先后3次组织市、县两级有关政法部门研究信访案件。市委常委、政法委书记马东波先后接待信访群众500余人次，督办20余案，亲自研究解决20案。马书记和分管此项工作的副书记李俊英被当事人称为“先进性教育的典型，为百姓做主的好官”。②实施联动大接访。省委联动大接访工作安排之后，市委政法委连续三次召开动员大会，出台引深政法系统联动大接访的实施意见，并将联动大接访与市委常委、政法委书记马东波倡导的“一委三长”接待制结合起来，推动全市联动大接访工作顺利开展。③分级管辖，集中处理。根据上访案件涉及的政法部门级别，对上访案件实行分级管辖，集中处理。属县（市、区）政法部门管辖的，由县（市、区）政法委牵头，集中处理。属市直政法部门管辖的，由市委政法委牵头，统一安排食宿，政法部门一把手负责，安排专人进行解决，市委政法委定期检查，听取汇报。属省直政法部门管辖的，由市政法部门一把手负责，安排一名副职到省有关部门协调解决。为了加强工作力度，市委政法委继续对越级进京上访最多的县（市、区）和政法部门实行一票否决，对越级赴省上访最多的3个县（市、区）和政法部门实行黄牌警告，对“零上访”单位实行重奖。（杜峰彦）

【情报信息工作】 2005年以来，共获取情报信息250余条，被上级采用60条，基本做到未雨绸缪，牢牢掌握工作主动权。在侦破“东土耳其斯坦开创伊斯兰组织”重大暴力恐怖组织案中，一举抓获骨干成员8人，其中4人为该组织1号、3号、5号、6号头目，受到公安部高度赞扬，省公安厅专门致电祝贺，省、市有关领导都明确给予褒奖。（杜峰彦）

【打击邪教违法犯罪活动】 全市收缴“法轮功”反动宣传材料600余份，光盘213张。元月份在河津市、盐湖区组织了对“实际神”邪教组织的“1·06”专项行动，捣毁非法印刷厂2个，查获宣传资料24920册和《话在内身显现》PS版105张，抓获邪教成员17人，受到省委“610办”和省公安厅、市委、市政府领导以及兄弟单位的充分肯定和好评。（杜峰彦）

【积极妥善处置群体性事件】 在处置群体性事件中，始终坚持以维护社会稳定和维护群众根本利益为出发点，妥善处置了河津“3.11”集体进京上访、稷山“4.30”阻挠企业施工、闻喜“6·24”阻断交通等一批重大群体性事件，受到省公安厅、市委、市政府和当事地县（市、区）委、政府的充分肯定。（杜峰彦）

【严厉打击违法犯罪】 公安机关积极侦破。全市公安机关以侦破命案为龙头，按照“命案必破、黑恶必除、两抢必打、逃犯必抓”的要求，大力提高侦查破案水平，及时侦破危害大、影响大的恶性案件。1至11月份，全市共破获各类刑事案件3533起，打掉犯罪团伙103个403人，抓获刑事作案人员2322人。在开展打击“两抢一盗”专项行动中，共打掉犯罪团伙40个，破获“两抢一盗”案件266起。在打击文物犯罪专项斗争中，共破获文物案件15起，打掉文物犯罪团伙9个，缴获文物46件。特别是芮城“6·5”盗掘古墓葬案件的成功侦破，受到国家文物局的表彰奖励和省公安厅的通令嘉奖。在打击毒品犯罪斗争中，共破获毒品案件125起。在打击经济犯罪斗争中，共查处各类经济犯罪案件156起，破案138起，挽回经济损失4579万余元。省公安厅督办的、涉案金额达13亿元的“4.15”绛县宇进铸造冶炼有限公司涉嫌接受虚开的可抵扣废旧物品发票案取得重大突破，受到公安部和省公安厅专案组的充分肯定。在为期半年的禁赌斗争中，全市公安机关共立案查处涉赌案件135起，打掉赌博团伙7个，摧毁赌博窝点128个，抓获参赌人员681人，缴获赌资57万余元，收缴罚没款73万余元。特别是市局在平陆打掉特大跨省赌博团伙和盐湖区“金鹏大酒店”特大赌博窝点，有力地震慑了赌博犯罪活动，遏制了赌博违法犯罪活动上升的势头。

检察机关快捕快诉。1至11月份，共受理各类批准逮捕案件1302件2168人，同比分别下降14.6%和13%，经审查，批准和决定逮捕1136件1840人，同比分别下降20.1%和19.5%；共受理各类审查起诉案件1714件2689人，同比分别下降8.6%和5.5%，提起公诉1466件2268人，同比分别上升0.7%和8.7%。共立案查处贪污、贿赂、挪用公款大案64件77人，同比件数上升8%。立案查处重特大渎职案件10件，同比件数上升150%，19名科级干部、8名县（处）级干部被立案查处。

审判机关快审快结。市、县两级法院共受理刑事案件2368件，审结2288件。其中，中级法院受理刑事一审、二审案件416件，审结408件，结案率为98%，判处死刑、死缓、无期徒刑39人，有期徒刑978人。（杜峰彦）

【落实领导责任制】 不断强化各级各部门、各单位党政主要领导的综治意识，坚持把各级党政领导干部抓综治工作的实绩作为干部考核的重要内容来抓。市委书记、市综治委主任黄有泉亲自主持召开政法综治工作会，研究部署全市的综治工作，并与各县（市、区）党委一把手签定了社会治安综合治理工作责任书，明确要求各级党政一把手要对本辖区的社会治安负总责；市委副书记、市长、市综治委第一副主任胡苏平和市委常委、常务副市长董洪运，对综治工作多方指导，经常过问，在财力紧张的情况下，优先保障政法综治经费；市委副书记、市综治委常务副主任唐大雄，市委常委、政法委书记、市综治委副主任马东波和副市长柴林山更是十分重视，亲临一线指导。市、县两级都建立健全了直属单位的责任制体系，党委、政府与直属单位签订了综治目标责任书，把综治责任直接压在了各单位一把手身上。各单位还层层与下属单位及科、室、所、队签订责任书，一级一级落实到人头。市、县、乡、村四级层层签订责任书4600余份，市直、县（市、区）直各单位签订目标责任书3500余份。（杜峰彦）

【“平安县”创建活动】 市综治委将2005年确定为创建“平安县”，建设“平安运城”活动年。市综治办组织开展了以“创建平安县”活动为载体，建设“平安运城”为目标，以争创全省社会治安综合治理活动先进市”为主题的综治宣传月活动。各级综治部门高度重视，结合各自实际，认真组织实施。垣曲县、永济市以责任制的形式明确各部门创建职责任务。河津市组建了城市治安巡逻大队。绛县继续推行警官兼村官的做法。（杜峰彦）

【专项治理工作】 不断深化普法依法治理工作。组织开展了县级依法治理示范点创建活动，举办全市领导干部依法治市论坛，对四五普法进行检查验收。

认真落实预防青少年违法犯罪工作措施。市委政法委联系指导市蒲剧团，编写了八场现代戏，对青少年和家长进行法制教育。万荣县创建法制教育基地，印制《法律星》法律教育读本（刊出六辑）。组织展览和现身说法报告会，刻制法律教育光盘，对青少年进行法制教育，初步形成社会、学校、家庭、司法“四位一体”的齐抓共管的新机制。

不断加强流动人口和出租房屋管理。全面贯彻落实流动人口治安管理的各项措施，将暂住人口信息全部纳入了微机管理，实现了由静态管理向动态管理的彻底改变。

进一步加强刑释解教人员安置帮教工作。市、县两级均建立了信息化管理平台，把刑释解教人员、安置帮教基地、帮教组织和人员情况全部输入电脑。绛县、垣曲、芮城、万荣、闻喜新建了安置帮教基地，刑释解教人员安置率达到95%以上。

切实加强对学校及周边治安的整治工作。不断完善学校内部安全防范机制，进一步建立健全了领导小组工作会议制度和有关规章制度。集中开展校园周边环境整治，组织开展中小学生“拒绝毒品、告别网吧”签名活动。河津市成立了整治工作领导组，对网吧进行集中整治，并实行月巡察制度。临猗县对全县20家网站、18家网吧实行24小时网上巡查监控，取缔了学校500米内所有网吧。

不断深化企地共建工作。制定出台了《关于加强全市非公有制经济组织社会治安综合治理工作意见》，全市80%以上民企都纳入综治“视野”。绛县综治委把基层基础建设的重点转移到了县直单位和民营企业上，深入企业，调查摸底，分析问题，探索适合本县民营企业的治安防控体系新模式。

深入开展“营建平安三晋铁路示范带”活动。市铁路护路联防工作领导组集中整治铁路沿线治安问题，大力开展爱路护路宣传教育活动，开展铁路治安“五查五整治”活动，开创了铁路护路联防新局面。（杜峰彦）

【政法系统保持共产党员先进性教育活动】 上半年，按照中央、省、市的统一部署，全市政法机关认真组织开展了保持共产党员先进性教育活动。政法各部门高度重视，成立领导组，抽调专人组成办公室，做到了专人、专职、专抓，并结合本部门实际制订工作方案，层层动员部署，以加强学习为主线，以整改问题为突破口，以建立长效机制为着眼点，把三个阶段的工作扎扎实实落到了实处。进一步巩固了全市政法干警执法为民的思想基础、感情基础、法制基础，达到了提高队伍素质，促进政法工作的目的，促进了“稳定安民工程”的顺利实施。市中级人民法院积极落实人民陪审员制度，增强司法能力，提高司法水平，多办案，快办案，办好案。市人民检察院对认为确有错误的刑事判决、裁定提出抗诉20件，提请抗诉5件，对认为确有错误的生效民事、行政判决、裁定，提请抗诉60件，抗诉34件，改判5件。市公安局按照“人人受到局长接待、件件得到依法处理”的目标和要求开展开门“大接访”活动，市局局长亲自接待上访63人次，当场解决6起，责成有关人员包案调查、限期答复和解决的57起。市司法局积极构建社会化大调解服务格局，开展法律援助暖民心活动，调解纠纷34150起，办理援助案件500余件。（杜峰彦）

【政法队伍党风廉政建设】 明确责任。在全市政法工作会议上，马东波书记对全市政法系统党风廉政建设和反腐败工作进行了专门安排部署，同各县（市、区）委党委政法委书记及市直政法各部门一把手分别签订了“党风廉政建设责任书”。随后，各县（市、区）委政法委书记同各乡（镇、办）分管政法工作的副书记、政法各部门一把手也层层签订了责任书，把党风廉政建设工作任务层层分解，责任明确，任务到人。

严格纪律。全市政法系统领导干部严格遵守中央对政法领导干部提出的“五个严禁”，处处按照“四大纪律、八项要求”严格要求自己。市委政法委所有科级干部都写出了党风廉政建设思想汇报，建立了廉政档案。在“三项治理”活动中，市委政法委机关住房申报率及纠正到位率均达到100%。

严格监督。全市政法系统认真贯彻落实党风廉政建设责任制，执行领导干部重大事项报告、述职述廉、民主评议、谈话诫勉、交流轮岗、任职回避和经济责任审计等制度。认真执行党内监督条例，完善各种监督制约机制，加强对各级政法领导干部特别是“一把手”的监督。

认真开展警示教育活动。市委政法委下发文件，积极组织全市政法系统认真开展警示教育系列活动，使全市政法干警人人过好“廉政关、生活关、交往关”，守得住清贫，耐得住寂寞，挡得住诱惑，做到“头不晕”、“眼不花”，绷紧“防腐弦”，在生活和工作中慎微、慎欲、慎终，严以律己，廉洁从政。（杜峰彦）

【深化实施首问责任制】 2005年，继续坚持季度评查和半年考核制度。每季度进行一次工作汇报和案件评查，每半年进行一次工作考核。继续坚持定期不定期暗访督查制度。市首问责任制工作办公室在原来半年、全年两次定期暗访督察的基础上，抽出人员和时间，不定期地对县（市、区）、乡（镇、办）的政法单位进行暗访。市委政法委首问办先后对6个县（市、区）的14个派出所、法庭、司法所、交警大队进行了暗访。对暗访中发现的问题，除当面批评，责令其认真整改外，还在全市进行通报。

简化“三表一卡”，实行案件回访。市首问责任制工作办公室对首问责任制运行中的接待表、转办卡、反馈表、评议表“三表一卡”进行了简化，将四张表格简化成了一张表格，内容不减，但填写过程大大简化。同时，为了核查当事人的意见与表上填写的意见是否一致，市首问办定期不定期地对有关当事人进行回访。通过一系列制度的完善和落实，使首问责任制做到了四个明确，即主体明确、接待明确、制度明确、责任明确。（杜峰彦）

【“规范执法行为，促进执法公正”专项整改活动】 全市政法系统按照中央和省委政法委的部署，根据市委政法委《关于“规范执法行为，促进执法公正”专项整改活动的实施意见》要求，深入开展专项整改活动，集中解决执法工作和执法队伍中存在的突出问题，达到提高队伍素质，规范执法行为，促进执法公正的目的。深入发动，营造氛围。市委政法委组织召开了“规范执法行为、促进执法公正”专项整改活动动员大会，市直公检法“三长”进行了表态发言。会后，《运城日报》登载了市委副书记唐大雄同志的答记者问，市直公检法“三长”在《运城日报》刊登了署名文章。各县（市、区）主要领导及公检法“三长”也都在电视上进行了公开承诺。

重点突出，方向明确。市检察院在完善落实检察长接待日活动的同时，在全市检察系统开展了“四规范、四做”活动。市中级人民法院组织开展了“优秀案卷评比”竞赛活动、重点岗位人员座谈会、执行工作专项整改活动；市公安局着力解决涉法涉诉遗留信访案件，解决公安机关赔（补）偿不到位问题、久立不破和久侦不破的问题、滥用职权扣押财物不还和非法限制人身自由问题、执法不作为的问题。市司法局在全系统组织开展“合伙律师事务所规范建设年活动”、“公证教育规范树形象活动”和“规范基层法律服务活动”。临猗县委政法委集中清理了超期羁押问题，连续5个月实现零超期羁押。河津市政法委、平陆县政法委分别组织开展了干警作风纪律大整顿活动。

加强督导，强化责任。专项整改办公室对全市各县（市、区）及政法各部门专项整改活动的实施情况进行了检查督导和实地暗访，并针对不同情况进行处理。省委政法委副书记高彦斌出席会议，并给予充分肯定。对工作落后的单位进行了通报批评，对有关责任人进行了责任追究。全年，全市政法部门有16名干警受到通报批评，有23名干警受到党纪政纪处分，有3名干警被辞退，有10名干警被移送司法机关追究责任。

2005年，全市首问接待群众9217人次，首问人直接办理8526件，转办691件，反馈7212件，评议6815件。共排查各类矛盾纠纷975起，调处926起，调处率为95%，在全省名列第一。全市赴省集体上访批次和人次在全省名列第二。省“矛盾纠纷排查调处”办2次转发运城市简报，26次在月报通报中给予表扬市委政法委以全省排名第二的成绩被评为全省处理涉法涉诉信访问题先进集体，芮城县公安局被授予全国公安机关集中接待处理群众来信来访先进集体。市矛盾排查调处办、河津、稷山、垣曲分别在全省矛盾纠纷排查经验交流会上作了经验介绍。河津市法院在全省规范执法行为经验交流会上代表全省法院系统作了经验介绍，临猗县检察院成为全省检察系统唯一被推荐为全国检察系统处理信访问题先进集体的单位。“一委三长”接待制的作法在中央政法委《政法动态》上转发，《法制日报》也进行了专题报道。市国家安全局年终考核位居全省第一。全省公安机关防范处理邪教犯罪工作暨经验交流现场会在运城市召开。市公安机关共破获各类命案74起，破案率达88.05%，在全省排名第三。市检察院查办渎职侵权犯罪案件的经验做法，在全省检察机关反渎职侵权工作电视电话会议上进行了交流推广。

2005年，全市共有200多家单位被命名为县级依法治理示范点，有1家单位通过了国家级依法治理示范点验收，有24家单位通过了省级依法治理示范点验收。全市市级安全文明社区已达51个，市级安全文明乡镇96个，市级安全文明单位392个。绛县推行“警官兼村官”的做法在全省建设“平安三晋”朔州、大同现场会上作了经验介绍。垣曲县被省综治委授予2001年—2004年度综治先进县称号。绛县、垣曲被省综治委首批授予“平安县”称号。垣曲县司法局被评为山西省政法系统十佳公正执法模范集体。芮城县公安局指挥中心主任李耀武被评为山西省十大杰出政法干警。市中级人民法院立案再审组审判长杨军被评为十大优秀政法干警。（杜峰彦）

老干部工作

【离休干部“三个机制”健康运行】 2005年，老干部局在落实离休干部生活待遇方面，继续规范“三个机制”的正常运行。全市4185名离休干部中，3990人的离休费由同级财政开支，占总人数的95%，195人参加养老保障统筹（万荣42人，平陆37人，南风集团116人），覆盖面达到了百分之百，离休费全部落实到位。每年市财政局作预算，总是足额保障老干部局这一块，做到“三个保证”，就是老干部的离退休费要保证，老干部的医药费要保证，老干部局的经费要保证。各县市区在年度预算时，也能够保证离休干部“两费”的足额到位。在离休费的管理和发放上，全市主要采取两种方式，一是财政部门直接将离休费打入个人工资帐户上，由银行代发；二是老干部局造花名册，统一发放。

离休干部医药费也能够按规定实报报销。其中，由同级财政负担的4001人，占总人数的95.6%，参加统筹的有万荣县42人，原单位报销的142人（平陆4人，稷山22人，南风集团116人），在医药费的报销方面，主要是两种办法，一种是由公费医疗办成立医保中心全面负责落实，老干部局进行检查督促。市直单位及盐湖、平陆、绛县、夏县、垣曲等5个县市采取这种办法。另一种是由老干部局牵头，财政、卫生、审计等组成医药费管理领导组，统一负责。

2005年，各级老干部部门协调有关单位，不断强化财政支持力度。盐湖区离休干部年终取暖费执行市直单位的有关标准，仅此一项区财政就拿出230万元。稷山县2005年也将8名离休干部遗属的困难生活补贴转入财政开支，为老同志办了件实事。

随着离休干部“两费”的全面落实，退休干部的生活待遇逐渐提到了各级老干部部门的工作日程。2005年起，盐湖区增加了退休干部的医药费补贴，使每个退休干部医药费帐户由每月的13.1元增加到30元，月增16.9万元，区财政一年拿出46.6万元。河津市从本年起，每年划拨专款，对退休干部进行体检，和离休干部一样，一年一次。河津市还从中国医科大学、西安第四军医大学等聘请著名的专家教授，到河津为老干部体检。垣曲县还专门组织医务人员上山下乡，登门入户，为全县退休干部进行了检查。（王世星）

【全面落实老干部的政治待遇】 离退休干部“两费”到位，为全面落实政治待遇，提供了有利条件。市各级领导干部及组织部门、老干部部门认真贯彻落实省委组织部、省委老干部局下发的晋组发［2005］5号《关于进一步落实新形势下老干部政治待遇》文件精神。为落实老干部政治待遇做了大量工作。

①搞好春节慰问，体现党和政府对老同志的尊重、关心和照顾。市委书记黄有泉，市长胡苏平等市委领导春节前分头深入到老干部家里，向老干部赠送慰问品，问寒问暖，并征求老同志对市委、市政府的意见和建议。各县市区委、政府也举办了老干部座谈会，书记、县长向老同志通报全县社会经济发展情况，老同志提出许多合理化建议。利用传统节日，开展走访慰问活动，成为市各级党委、政府落实老干部政治待遇的一种重要方式。

②邀请老干部参加重要活动，组织老同志们参观重点工程。7月份，市委书记黄有泉等亲自陪同市级老领导参观侯运高速公路、运城关公机场、空港新区，并逐一向老同志介绍项目情况。老同志们看到眼前的场景，真切体会到了改革开放的大好形势，思想解放了，眼见开阔了。

12月17日，市委专门邀请20多名老干部，征求老同志对“十一五”规划的意见和建议。老同志们就农业、工业、城建、党建等方面的工作提出了积极的建议，各县市区委领导也组织老同志参观了当地的工农业生产、建设项目。

③隆重纪念抗日战争胜利六十周年，大力宣扬老同志的丰功伟绩。市委老干部局和市人事局共同承办了市委、市政府举行抗日战争胜利60周年纪念章颁发仪式。市委书记黄有泉、市长胡苏平等主要领导出席会议，同老同志们一起缅怀抗日战争的峥嵘岁月，追忆抗日老战士为中华民族的独立和解放事业建立的丰功伟绩，并为老同志颁发了纪念章。武警驻运某部还为抗日老战士演唱了鼓舞人心的抗战军旅歌曲。市各种媒体进行了广泛深入宣传报道。

为了表达对抗日老战士的崇敬之情，激励人们发扬抗战精神，做好本职工作，市局还配合《运城日报》社，联合组织了“抗日老战士，畅游新运城”活动。历时三天的活动中，18名抗日老战士代表先后到运城烈士陵园悼念了革命先烈，参观了舜帝陵、南风广场、关公机场、空港新区、运城新区。市蒲剧青年实验团和文工团的演员还特意为老战士们献上了精彩的文艺节目。（王世星）

【老干部党组织建设工作】 2005年，全市共有离退休干部党员13573名，有离退休党委1个，党总支10个，单独党支部320个，有活动场所的党支部是269个。在老干部党组织建设方面，主要采取以下措施。

理顺组织，完善制度，规范管理，增强服务，提高党支部凝聚力、战斗力，保持党员先进性。各级组织、老干部部门因地制宜，不断改进和完善老干部党组织的设置方式，基本上形成了上下沟通、运作有效的组织网络，使离退休干部党支部在教育、管理、组织、服务老干部方面发挥了不可替代的作用。为了加强对离退休干部党员的统一管理，河津市建立了老干部党总支，下设17个党支部，将全县800多名离退休干部党员的组织关系全部转到老干部党总支。通过理顺关系、合理布局，建立健全支部班子，离退休干部党员的组织生活及各项活动步入了正轨。2004年，永济市老干部党总支成立时，按照离退休干部党员居住地划片成立了党支部，结果因人员不熟悉，给党员活动带来诸多不便。他们改为以单位设立老干部党支部，将党员的组织关系放在党总支，活动室建在原单位。经过重新设置，为离退休干部党员与本单位领导和同志们的联系沟通创造了条件，不论是党员活动日，还是“七一”、“重阳节”、“春节”等节日，单位领导都能够参加老干部的活动，新老干部彼此增进了理解，加深了感情。南风集团党委打破老干部党员原工作单位界限，按照居住区域化分党组织，将来自17个单位的700多名党员分为67个党小组、23个党支部，并成立了离退休党委。盐湖区委常委、组织部长贺建功到任不久，就要求老干部局建立单独的老干部党组织，统一管理全区的老干部党员。通过强化组织建设，制度建设，老干部党支部的活动日趋正常。

坚持不断地培训老干部党支部委员，努力提高支部班子的政治和业务水平。自2003年起，连续三年举办了全市老干部党支部书记培训班。2005年的培训班于4月25日开办，历时三天。参加培训的有部分县市的组织部副部长、老干部局局长，全市老干部局分管党建工作的副局长，部分老干部党总支书记、支部书记50多人。会上，传达学习了晋组发［2005］5号《关于进一步落实新形势下老干部政治待遇的意见》，汇报交流了各县市老干部党建工作情况，并请市委党校的两位教授就加强党的执政能力建设和老干部党组织建设作了专题辅导。开会培训相结合，既接收了新的理论知识，又学习了解了兄弟县市的做法，一举两得。河津市委老干部局、永济市委老干部局等也邀请省、市党务专家、教授为老同志做了专题辅导。

充分利用在全省离退休干部党组织中开展的“争创先进”活动有利契机，全面推进老干部党建工作。省委组织部、省委老干部局部署了在全省离退休干部党组织中开展“争创先进”活动，为进一步搞好老干部党组织建设注入新的活力，提供有力的政策根据。市委常委、组织部王部长亲自签发文件，对活动的开展提出明确要求。为了加强指导，统筹安排，确保争创先进活动的顺利进行，市里成立了由市委组织部副部长、老干部局长相生勤同志担任组长的争创先进老干部党组织领导小组，制定了具体方案，作了统一部署。各县市区老干部局也召开有关会议，进行传达贯彻，对争创先进活动的开展做了具体的安排。各县市区也进行了统一布置。通过这一活动的开展，有力地促进老干部党组织建设。稷山县80岁的离休干部党员王儒锦到美国看望儿子，每月都嘱咐家在稷山的女儿按时交纳党费，并在每月11日党员活动日，通过电话及时向党组织汇报自己在美国的学习、生活等情况。新绛县正在研究制定加强老干部党组织建设的具体文件，准备从各个方面制定一些切实可行的措施。在争创先进老干部党组织活动过程中，培育一批先进典型，总结一些成熟经验，召开一次全市老干部党组织建设现场会，通过典型引导示范，全面提升本市的老干部党建水平。 （王世星）

【老干部活动中心达标创优活动】 晋办发［2001］55号文件《关于加强老干部活动中心（室）建设和管理意见》下发后，市各级党委、政府把老干部活动中心建设纳入当地市政建设和精神文明建设总体规划。自2003年起，河津、芮城、临猗、稷山先后建起了功能全、档次高、规模大的老干部活动中心。2004年7月在本市召开了全省老干部活动中心建设现场会。在全省开展的老干部活动中心达标创优活动中，芮城、河津、稷山、闻喜四县市被评为全省首批“先进活动中心”。

2005年，盐湖、永济两市区分别投资40多万元，对老干部活动中心进行了改建和维修。临猗县对老干部活动中心后院进行了改建，增加使用面积800多平方米。同时，对工作人员进行了业务培训，使服务质量有了明显的提高，被省委组织部、老干部局评为全省先进老干部活动中心。全市共有7个县市区的老干部活动中心达到了省里的要求标准。其中，河津、闻喜老干部活动中心被省委、省政府授予先进单位的荣誉称号。

在全省老干部活动中心建设运城现场会和全省贫困县老干部活动中心忻州观摩会精神鼓舞下，全市其它未达标的县也积极行动，想方设法筹建、改建或扩建老干部活动中心。 （王世星）

【老年大学工作】 2005年依托老干部活动中心提供的教室、场地开办的老年大学也取得了喜人的成绩。在各级党委政府的重视和支持下，进一步规范老年大学的发展，由老干部部门主办和管理的老年大学已建立了9所，其中市老年大学1所，县级7所。全市13个县市区中，永济、芮城、河津、平陆、闻喜、绛县、垣曲、稷山相继建立了老年大学。全市老年大学共有专职工作人员40名，开设了47个教学班，共有兼职教师61名，学员3500多人。老年大学已成为老干部老有所学、老有所教和老有所乐的重要阵地之一。河津市老年大学被评为“全省规范老年大学”。（王世星）

【发挥老干部余热】 2005年，全市4100多名离休干部中，身体比较好，思维比较敏捷、能够老有所为的约有260人，占离休干部总数的6%，主要是进行革命传统、爱国主义教育，以讲故事，书法绘画为主要形式。25400多名退休干部中，能够发挥作用的有16000多人，占到退休干部总人数的64%。他们发挥作用领域广泛，有的参与各级党委考察干部工作，有的搞企业经营，有的搞医疗卫生，有的搞社会公益事业等等。

2005年，全市老干部部门和老年书画研究会联合举办了纪念抗日战争胜利六十周年主题书画展，历时3个月时间。市委老干部局、市关工委、市妇联、市老年书画协会在河东博物馆联合推出老少书画展，更是引起了全市各级领导及社会方方面面的关注。展出了190幅作品。

九九重阳节，市委组织部、市委老干部局、市直工委联合举办了“市直机关九九重阳节老年健身秧歌比赛”活动。来自市直单位的十三支老年健身秧歌代表队进行了表演比赛。

在各级老干部部门的重视和支持下，市、县两级都普遍建立了关工委、老促会、老年书画研究会、门球协会、文艺表演队等各种以老干部为主体的社会团体，使他们为构建和谐社会发挥余热。

（王世星）

【提高老干部工作人员素质】 2005年，按照市委的统一部署，全市各级老干部部门分三批参加了保持共产党员先进性教育活动。组织党员干部认真学习有关文件和材料，撰写学习笔记和个人党性剖析材料，并把实践“三个代表”重要思想具体地落实在实际工作之中。

新绛县在保持共产党员先进性教育过程中，制定完善了一系列有关政策、制度。他们争取县委、县政府出台了《关于进一步做好新时期老干部工作的意见》，与县委组织部联合下发了《新绛县老干部工作领导责任制》和《新绛县老干部工作人员考核内容、标准及办法》，同时调整充实了老干部协理员队伍，由原来的19人增加到36人。

夏县县直老干部党支部组织全体党员为困难学生和山区贫困户捐款1680元，捐衣101件。平陆县老干部局要求全体党员帮扶8个贫困户，每人捐款50元，帮扶贫困生6名，给每个学生购买学习用具100元。

7月份，全市老干部工作人员开展业务知识竞赛活动。市局编印了《老干部工作政策实用问答》小册子，人手一份，并配套复习题。各县市区集中三个多月时间，认真组织工作人员进行培训学习，开展了扎扎实实的百日大练兵活动，许多老干部局长亲自对工作人员进行辅导。自11月12至14日，集中3天时间，分三片组织老干部工作人员进行了业务知识竞赛。有10个县市的老干部局长参加了考试。夏县老干部局局长郑冬生年过半百，仍戴着老花镜，一丝不苟地答题。通过培训、学习、竞赛，全市老干部工作人员政策水平和业务知识有了明显的提高。

市局投资7万多元，给局领导及各科室配备了电脑，安装了宽带，为同志们学习、工作提供了便利条件。河津、盐湖、永济、夏县、绛县也配备了电脑等自动化办公设备。（王世星）

信访工作

【概述】 2005年，全市信访工作紧紧围绕市委、市政府工作中心，以“三个代表”重要思想为指导，以“为党和政府分忧，替人民群众解愁”为己任，立足“畅通信访渠道，维护信访秩序”，勤奋工作，真抓实干，开拓创新，务实进取，积极探索创新工作机制。通过一年的辛勤努力，不仅妥善化解了一大批群众信访问题，有效维护了群众的合法权益，而且圆满完成了中央、省、市交办的各项工作任务，为维护社会稳定、促进经济建设做出了积极贡献，多次受到上级领导的表扬和称赞。特别是9月份、11月份和12月份省委督查组三次来运城市督查信访工作时，都对本市的工作给予了高度评价。（张　明）

【领导责任增强，信访工作力度不断加大】 2005年，针对贯彻落实《信访条例》和扎实推进联席会议工作，市委常委会先后三次听取信访工作汇报，分析问题，制定措施，为全市信访工作的有序开展指明了方向。市委书记黄有泉经常过问信访工作，并对信访工作做出一系列重要指示。市委副书记唐大雄细心研究指导信访工作，亲自指挥安排重大信访工作部署，热情耐心接待上访群众，主动协调解决信访问题，把大量的工作精力投入到信访工作上。

市委常委、常务副市长董洪运主动关心支持信访工作，在人员、车辆、经费等方面积极向信访工作倾斜。市委常委、政法委书记马东波在认真解决涉法信访问题的同时，还多次亲自带领督查组，深入各县（市、区）督查指导联动大接访工作；市委常委、秘书长张建合不仅经常参与研究制定信访工作决策，而且在百忙之中，还亲自赴京协调处置越级上访事件。临猗县委书记刘建政不仅将信访工作作为一项重要内容列入全年工作计划，而且多次亲自带领信访部门的同志深入基层，面对面实地解决群众信访问题。垣曲县委书记崔克信抓信访动真碰硬，亲自研究处理重大信访问题，坚持实行责任追究制度。盐湖区主要领导认为“问题不解决永远跑不了，小事积大了不得了，早解决就能早了，上级压着了不如自己主动了”。芮城县主要领导坚持标本兼治，一手抓解决突出问题，一手抓基层民调组织建设，亲力亲为，亲自解决问题，亲自督查督办。（张　明）

【深入贯彻落实《信访条例》】 加强培训工作。6月13日—15日、7月11日—13日、7月13日—15日，市信访局和市委组织部联合，在市委党校举办了三期《信访条例》培训班，先后对各县（市、区）分管信访工作的副书记，县（市、区）委常委、秘书长，县（市、区）委常委、政法委书记，副县（市、区）长，法院副院长，公安局副局长，市直及省属以上驻运单位的分管领导和信访科（室）负责人，全市信访系统的干部，各乡（镇、办）书记、乡（镇）长和城区办主任共计650余人进行了专题培训。各县（市、区）和市直及省属各驻运单位也都分别结合各自实际，在本辖区、本单位、本系统内举办不同形式的培训班。特别是市财政局和国税局为了保证培训效果，还专门进行了闭卷考试。全市各级各部门共举办《信访条例》培训班250余批次，培训干部达6000余人次。

加大宣传普及力度。为了扩大《信访条例》的宣传面，切实做到让广大干部群众了解《条例》、熟悉《条例》、遵守《条例》、依法维权，市财政专门拿出6万元专项经费，印制了5万本《信访条例》手册和6000张《信访条例》宣传栏，免费对全市进行发放，供广大干部群众学习使用。同时，市委办公厅和市政府办公厅还采用寓教于乐的形式，将《信访条例》通俗化，融知识性、趣味性于一体，在市电视台举办了由13个县（市、区）和市公、检、法三部门共同参加的“农行杯”《信访条例》电视知识大赛。各县（市、区）、市直各部门及省属以上各驻运单位都分别采用群众喜闻乐见的形式开展了生动活泼的《信访条例》宣传活动。特别是垣曲县还专门编发了《新〈信访条例〉接待处理要点提示》和《贯彻实施〈信访条例〉重点要求》，并将《信访条例》有关内容写进了宣传专栏和村规民约；临猗县猗氏镇特意将《条例》知识通俗化，印制成《信访须知》，免费发放给全镇广大群众，5户一本，连户学习；闻喜县检察院和桐城镇寓教于乐，增强《条例》知识趣味性，举办了《信访条例》知识有奖问答和专场晚会。（张　明）

【完善信访工作程序】　《信访条例》颁布实施之后，市信访局对照《条例》，先后修订完善了《群众来访接待受理流程图》、《群众来信阅处流程图》、《信访工作督办程序》，设计制订出了比较科学的接待登记卡、告知卡、转办卡、督办卡等。临猗县从信访接待、领导包案、责任追究、案件督办、听证评议、案件终结、重大事项报告等方面对信访工作进行了规范，制定出一整套完善的信访工作制度。垣曲县修改完善了《信访事项承办、协处、督办工作制度》、《调研建议及业务指导工作制度》等，并设计了详细的《信访业务工作流程图》。夏县建立了接访情况零报告制、专案办结制等制度。闻喜县东镇突出抓基层规范，建立了信访员例会制度和信访工作考核制度。　（张　明）

【开拓进取，探索创新工作机制】　2005年，建成并开通了信访短信平台。根据《信访条例》要求，结合实际资源条件，7月份建成并开通了全市信访短信平台。其主要做法是将市、县两级及有关部门主要领导的手机号码输入微机，由市信访局认真搜集、分析、整理不同时期不同阶段的信访热点、难点问题，及各种倾向性苗头和有价值的建议，以短信的形式及时发送给各位领导，以便为领导掌握情况、处理问题和正确决策提供参考。

设立北京接返工作站。为了及时接返赴京上访人员，积极维护首都社会稳定，有效降低接返成本，9月份在北京正式设立了运城驻京接返运城工作站，专事负责及时劝导接返运城赴京上访人员，积极协助配合中央和北京市有关部门搞好首都的社会稳定。

在信访工作中开展法律援助服务活动。为了充分体现以人为本原则，积极构建和谐社会，市信访局和市司法局联合制定出台了《关于在信访工作中开展法律援助服务活动的意见》。《意见》要求各级信访局、司法局、法律援助中心要密切配合，加强协作，共同努力做好本辖区内信访工作中的法律援助工作，切实让那些经济困难的信访人能通过法律援助形式依法维护其合法权益。《意见》还规定：市、县两级法律援助中心根据工作需要，指派一名律师参与当地信访接待活动，并在中心固定办公场所设立信访咨询室，以解答信访人在信访过程中的法律问题。

建立信访信息日报告制度。根据省联席办要求，设计制订了大接访信息日报表，要求各县（市、区）和市直各单位必须按要求于每天下午5:00前，将当天的接访情况统计上报，然后由市联办对其汇总梳理，及时报送省联办，严格实行接待办案情况逐级逐日零报告制度。

健全完善工作办法。各县（市、区）普遍建立了领导接访制度、领导包案制度、责任追究制度、矛盾纠纷排查调处制度等。盐湖区还开通了“盐湖热线”和“区长信箱”，24小时全天候值班，为及时解决群众信访问题开辟了捷径。闻喜县东镇镇把领导办案、协调办案、督促协助基层办案有机结合起来，实行了大要案集中力量办、疑难案领导直接办、热点问题重点办、初信初访及时办等办法，使大量的信访问题得到了及时妥善解决。临猗县庙上乡实行“四不一否决”工作机制，要求做到：小事不出区（每巷为一区），中事不出片（每60户为一片），大事不出村（村有信访民调领导组和专职信访民调员），要事不出乡（乡设信访接待办公室），对出现群众越级上访的单位和村实行一票否决。特别是市检察院关于解决涉法问题的机制和盐湖区北相镇以蚂蚁啃骨头精神解决上访老户问题的独特作法，不但受到省联办认可，而且还被全省作为学习的典范。　（张　明）

【务实工作，提升信访工作质量】　信访办案效率明显提高。2005年来，全市各级各部门共接待受理群众来访3042批11531人次，同比下降19.5%和22.1%；阅处群众来信3271件次，同比上升0.5%。其中，市信访局受理来访694批3937人次，同比下降2.4%和7.8%。其中，集体访100批3036人次，同比下降34.2%和12.4%；个体访594批901人次，同比上升6.3%和11.8%。阅处来信1892件次，同比上升13.2%。接返处理赴京集体访2批18人次，批次同比下降33.3%，人次与上年相同，个体访243批328人次，同比上升155.8%和98.8%；协调化解赴省集体访31批242人次，批次同比上升40.9%，人次同比下降22.4%；个体访490批698人次。中央、省要结案的50案，全部办结上报，结案率达100%；省联办交办的251案，全部办结上报，结案率100%；市上排查的23起重点案件，全部办结并息诉，结案率达100%；各县（市、区）、各单位自行接待的650案，办结600案，息诉505件，结案率和息诉罢访率分别为92.3%和77.7%。

督查督办力度明显加大。市联席办、市政法委与市电视台、《运城日报社》组成联合督查组，根据各个阶段工作的不同侧重点，经常采用不打招呼、随意抽查的办法，不定期深入各县（市、区）、各部门对其工作进行明察暗访，发现问题，媒体曝光，限期整改，有效地推动了全市联动大接访工作的开展。盐湖、芮城、临猗、夏县等县、区成立了由分管领导任组长，纪检委、信访局和督查室为成员，单位共同组成的督查组，对重点案件跟踪督办，对一般案件定期督查，从根本上减少和化解了重复上访。垣曲县专门就督查工作做出规定，对凡因违反《信访条例》规定而造成信访部门督办的案件，督办费用由被督办单位承担。

信访秩序明显改观。为了有效预防突发性群体事件和非正常上访事件的发生，各级各部门扎实工作，强化措施，一方面，在解决信访问题上狠下功夫；另一方面，不断加大维护信访秩序的力度。针对缠访老户问题，绝大多数县（市、区）都建立了信访听证评议机制，特别是夏县、临猗、垣曲等县在这方面做了大量工作，分别召开了多次听证会，有效解决了一批老户积案。另外，临猗县在解决上访老户问题上，提出了“尊重人、理解人、关心人，坚持以人为本；鼓舞人、引导人、塑造人，争做四有公民”的转化理念和“大事、小事、难事、事事系心；合情、合理、合法、件件落实”的工作思路。盐湖区北相镇坚持镇、村、组三级干部上下联动，齐抓共管，牢固树立“领导就是服务”的观念，强化责任，自加压力。针对越级上访、非正常上访、违法上访等现象，各级各部门一方面加大了接返稳控和教育疏导工作，另一方面加大了打击力度。如对河津市上访户王海法夫妇和永济市上访老户李满因夫妇的违法上访行为，在充分调查取证的基础上，依法采取了刑拘、劳教等果断措施。（张　明）

【内强素质，提高信访工作水平】信访工作环境得到改善。在市委、市政府的关心支持下，市信访局的工作经费由原来的每年 20 万元增加到 30 万元，工作人员由 12 人增加为 17 人，新配了两辆工作用车，更新了办公设施，整体面貌大为改观，战斗能力有效增强。各县（市、区）的信访工作条件也普遍得到改善。13 个县（市、区）信访局全都明确为正科级建制，除稷山局外，其余 12 个县（市、区）的信访工作人员都配备到 5 人以上，并且绝大多数县（市、区）都为信访局配备或更新了工作用车，增加了工作经费，落实了岗位津贴。市直各有关职能部门有的设立了信访科（室），有的配备了专（兼）职信访工作人员，都不同程度地提高了信访工作的地位。

信访工作人员素质得到提高。市信访局以“内强素质，外树形象，争创一流工作业绩”为目标，一方面，健全完善了内部学习制度。坚持每周二组织全体干部职工学习讨论政策理论、业务知识和法律法规，并定期进行笔记展评、综合考核，在全局上下形成了抓学习、比业务的良好氛围，有效增强了局机关的凝聚力和战斗力。另一方面，积极组织人员外出学习。一年中，先后选派 7 名干部参加了国家信访局和省信访局举办的业务理论培训班，拓展了视野，开阔了眼界，借鉴了先进经验，增长了业务水平。各县（市、区）、各有关部门也从各自实际出发，围绕建设高素质的信访干部队伍，探索了好办法，采取了新举措，开展了不同形式的培训工作，取得了明显效果。（张　明）

党校工作

【概述】　2005 年，是党校“三年打基础，五年上台阶”的关键一年。在市委的正确领导下，在省委党校的大力支持下，围绕着“以人为本，科学发展，再上台阶”为指导思想，团结一致，求真务实，迎难而上，开拓创新，成绩喜人。（市委党校）

【举办各类培训班，发挥党校熔炉作用】　2005 年，围绕办班这个全校的中心工作，共举办各类培训班 36 期，培训 8000 多人，充分发挥了党校“三个阵地、一个熔炉”的作用，为全市的“三个文明建设”和干部队伍建设做出了贡献。①举办了 2 期先进性教育活动工作和督导人员培训班，计 400 多人；②举办了 3 期市直副处以上干部保持共产党员先进性教育活动培训班，计 800 多人；③举办了全市信访工作培训班，计 300 多人；④举办了 2 期市直党组织书记培训班，计 600 多人；⑤与市妇联联合举办了市县乡村四级妇女干部培训班、全市副科以上优秀妇女干部理论培训班和一期巾帼文明岗培训班，共培训 583 人；⑥社会主义学院举办了 2 期培训班，共培训 320 人；⑦举办了 4 期市直《公务员法》培训班，计 1472 人；⑧举办了第六期县处级领导干部轮训班和中青年后备干部培训班，计 113 人；⑨举办了 4 期全市县处级领导干部和市直党群口干部《公务员法》培训班，计 1225 人；⑩举办了一些专业班。如两期乡镇书记、乡镇长信访条例学习培训班，一期司法局培训班，一期信用社人员培训班，三期导游人员培训班，一期公安缉毒人员培训班，等等。同时，中央函授本科班录取 801 人，省函授专科班录取 444 人。理论进修部的大专班继续举办，省委党校本科班和研究生班陆续毕业。政法学校的招生和管理有了很大进步。（市委党校）

【党员先进性建设和党风廉政建设】　在加强党员先进性建设上，坚持“围绕中心抓党建，抓好党建促发展”的指导思想，狠抓机关党建工作，在全校深入开展“两抓三促”活动，即：抓学习，抓保持共产党员先进性教育活动，促素质提高，促业务工作，促改革发展。

开展了保持共产党员先进性教育活动。2 月 3 日起，认认真真抓学习，搞好“六个一竞赛”活动；诚诚恳恳听意见，细化“七个环节”；扎扎实实搞整改，主要问题有着落；坚持“两不误”、“两促进”，推动党校全面发展，基本达到了“提高党员素质，加强基层组织，服务人民群众，促进各项工作”的预定目标。校党委被市委授予“先进基层党组织”，被市直工委授予“十佳党委”。

狠抓了全员学习。全校教职工共撰写文章 137 篇，写讲稿 84 篇，读书 447 本，剪贴 55 本，整理软盘 85 张，记笔记 4374 篇 557.96 万字，超额完成了学校安排的学习任务。

全面推进党的组织建设，增强了党组织的凝聚力。制定了年度工作计划及考核办法。下发了《2005 年工作要点》、《2005 年支部工作考核评分表》、《2005 年党员考核评分表》。党委和支部坚持按照计划认真落实。积极参加市直工委举办的党务干部培训班。高质量完成了党费收缴工作。认真搞好民主评议党员工作，并在“七一”对评出的先进党支部、优秀党员和优秀党务工作者进行了表彰奖励。认真做好入党积极分子培养发展工作。

在加强党风廉政建设上。①加强了教育，及时组织大家学习中央和上级纪检部门有关党风党纪的文件精神，特别是认真组织副处级以上干部学习《建立健全教育、制度、监督并重的惩治和预防腐败体系实施纲要》，使全校人员特别是副处级领导干部牢记“两个务必”，实践“三个代表”。②实行了“六包”责任制。从校委到科室、从党委到支部，全校的党风廉政建设实行了“六包”责任制：即包学习、包工作、包业务、包安全、包精神文明、包反腐倡廉，将党风廉政建设责任制落实到全校各项具体工作中。哪里出现问题，追究哪里的责任。③狠抓了清房工作。把清房工作作为2005年校党风廉政建设的重头戏，按照市清房工作领导组的要求，做到了100%的申报率和纠处率，补交房款合计10.3169万元。④做到了民主公开透明。凡涉及党校全局的大事，都要召开校委会，集体研究，民主决策。工作计划、干部的提拔任用、重大工程项目的确定、数目较大的财务开支等。凡涉及党校的重大事项，都要进行公示，接受全校人员的监督。如评选先进，评定职称，入党提干和水电费收缴等。全面实行招投标制度。在工程项目、农场的承包、锅炉的用煤等关键环节上，都公开招投标，杜绝不正之风。凡办公用品的购置，都实行了政府采购制度或三人以上联合采购。⑤严禁了大操大办。不管是领导干部，还是一般人员，都能严格按照《运城市党员干部职工婚丧嫁娶申报办法》和《文明从简操办红白事的规定》办事，没有出现任何违规违纪行为。⑥严肃了考风考纪。对党校系统的各种考试，严格执纪，做到了加强教育，加强管理，加强监督。

（市委党校）

【三项改革】　2005年，在教学改革上，抓了教学手段现代化，新建起了一个多媒体教室，为专职教师配备了U盘；组织有关领导和教学人员到井冈山干部培训学院、延安干部培训学院、山西省委党校、太原市委党校和延安市委党校进行考察学习；召开了全校教学改革会议，创新党政领导干部培训模式，并落实到人。在考核改革上，制定下发了《岗位责任制考核办法》。在后勤社会化改革上，以垃圾社会化改革为突破口，下发了《垃圾社会化管理办法》。加强细节管理，堵塞水电暖的浪费漏洞，提高资源利用率。（市委党校）

【四个创建】　在创建学习型党校上初见成效。创新学习方式，做到了“六个坚持”：坚持每月一次中心组学习，坚持每两个月一次全校集中学习，坚持每周四下午科室固定学习，坚持个人自学，坚持多种形式学习，坚持检查考核。创新学习内容，全校教职工学习了《(中共中央关于加强党的执政能力建设的决定)辅导读本》和《细节决定成败》两本书，副处级以上干部还学习了江泽民的《论加强和改进执政党建设》(专题摘编)；党委组织全校教职工进行了四次集中学习，听取了五次报告，检查了五次学习笔记，举办了两次学习成果展；每人还自学了一本业务书，学习了胡锦涛总书记视察山西时的重要讲话，学习了中共十六届五中全会精神。抓检查考核，每月科室检查一次，每季支部检查一次，每半年党委检查通报一次，年终进行考核评比（包括总结、考试、展评、奖惩、建档等）。副处以上干部每月党委还要检查学习一次。实行学习“一票否决制”，凡完不成学习任务的科室和个人，取消各类评先资格。通过扎实有效的学习，全校教职工基本实现了由“要我学”到“我要学”的根本转变，由“单纯学”到“实际用”的根本转变，由“数量型”到“质量型”的根本转变，提高了理论素质和业务素质。

在创建环境友好型党校上初见成效。坚持“和为贵”，处理好了与市委、市政府及有关领导和有关部门的关系，解决了党校的160万元历史外债、校园道路的硬化、中央党校研究生班的开办等问题，促进了为党校发展营造了良好的外部环境。

在创建平安党校上初见成效。校委制定下发了《加强校园治安保卫工作的实施意见》；抓了综合治理责任制的落实；加强了车辆管理；完善了安全设施，栽种了刺柏墙，安装了防盗网和拦车杆等等。

在构建和谐党校上初见成效。在全校开展了创建“双文明科室”、“文明职工”、“文明家庭”活动，让教职工人人讲究文明、个个树立新风。年终，学校给予了表彰奖励和挂牌。在全校坚持“三必到”：凡教职工婚丧大事，凡教职工生病住院，凡教职工家有大事，校领导必到。在全校创建了良好的人文环境。给全校教职工进行了体检，维修了休息台，安装了健身器材，改善了群众的生活环境。加强教职工的思想政治工作。要求大家处理好人与人之间的关系，家户与家户的关系，在职人员与退休人员的关系，本校人员与驻校人员的关系，在全校树立起“进了党校门，就是党校人，同立党校志，共创党校业”的观念，营造了干事业的良好氛围。同时，对一些不和谐的问题进行严肃的处理。（市委党校）

【党校综合工作】　狠抓了六项工作，即狠抓了科研工作、老干部工作、“三项学习教育”工作、校史编纂工作、“十一五”规划的制订工作和对下级党校的业务指导工作。

在科研工作上，全校共发表各类文章112篇，其中国家级5篇，省级37篇，市级70篇。同时各类报刊发表通讯报导达33篇，有力地宣传了党校。校刊《求真论坛》越办越有特色。

在老干部工作上，下发了《关于加强离退休人员管理工作的意见》，加强对离退休人员的管理和服务；组织老同志进行了两次参观学习；坚持周三派专车为老同志看病取药不动摇；增加了老同志的春节福利补助。

在“三项学习教育”活动上，成立了领导机构，制订了实施方案，召开了培训动员会，使全市党校系统的专兼职教师都受到了一定的教育。

在校史编纂工作上，成立了校史编纂委员会，到临汾市党校进行了考察；确定了体例，任务分解到具体人。在“十一五”规划的制订上，拿出了初稿，征求了全校教职工的意见。并在校委会进行了研究。

在加强业务指导上，(1）在召开了全市党校工作会议；(2）去年7月份，召集各县（市、区）委党校的常务副校长汇报各县（市、区）委的落实情况；(3）对全市县级党校落实全市党校工作会议精神的情况进行了检查；(4）分别向市委黄书记和市委常委会汇报了全市的党校工作；(5）组织了一批反映基层党校的稿件，在《山西党校报》进行了报导，促进全市县级党校进一步落实全市党校工作会议精神。绛县党校从城外搬到城内，万

荣县委党校独立固定校址的解决，使本市党校基础设施建设名列全省前列。（市委党校）

讲师团工作

【积极开展保持共产党员先进性教育活动】 2005年，讲师团积极参加了全市第一批保持共产党员先进性教育活动。整个活动从思想发动到评议整改，经过三个阶段，历时六个月，经群众满意度测评总分值达99.75分，取得了预期效果，成效明显。

主要表现在：思想认识进一步提高，明确了行为规范。通过开展先进性教育活动，旨在保持共产党的先进性。①思想理论上的先进性，用邓小平理论和“三个代表”重要思想武装自身；②思想觉悟的先进性，就是要坚持马克思主义的世界观，坚定共产主义远大理想，对建设中国特色社会主义的前途具有坚定信念和对党的事业忠诚执着；③实践作为上的先进性，就是把全体党员锻炼成“三个代表”重要思想的坚定实践者，脚踏实地为实现党在现阶段的基本纲领而奋斗，使每个党员始终充满生机与活力，永葆党的先进性。根据市委要求，讲师团制定了单位共产党员先进性标准和党员个人先进性标准。讲师团共产党员先进性标准是：“坚持理想信念，忠诚党的事业；坚持勤奋学习，提高业务素质；坚持联系实际，服务工作大局；坚持爱岗敬业，争创一流业绩；坚持自律自爱，自觉遵纪守法；坚持诚信团结，共建和谐单位。”

结合先进性教育活动，积极开展党员“送温暖、献爱心”活动。讲师团三名党员分别为在校的贫困学生和孤寡残疾老人捐款800元，并为他们送去了油、面等慰问品。3月中旬，副团长张玉焕一行深入到夏县泗交镇访贫，走访了生活困难群众，了解他们的生产、生活情况，为他们讲解了中央对“三农”问题的关注和出台的有关优惠政策，鼓励他们增强信心，更新观念，拓宽致富渠道。当了解到有两名小学生因家庭困难，面临辍学时，当场为他们每人捐资500元现金，并鼓励他们好好学习，早日成才建设家乡。

解决了突出问题。讲师团通过改选党支部，使党组织建设得到了加强；更新办公设施，改善了办公条件，提升了讲师团的对外形象。建立一系列长效机制即出勤签到制度，明确了具体要求和规定；周一学习例会制度，坚持每周一上午集体学习，专人负责，形式多样，轮流辅导，共同进步；岗位责任制度，根据单位业务特点和日常工作，划分出不同的工作岗位和职责，分解到人，各尽其责，各司其职；工作目标量化制度，要求有职称的理论教员，每年写三篇不少于3000至5000字的调查报告或论文，公开发表一篇作品；单位给予物质奖励，对没有完成工作目标的，规定扣除本年度相关的奖励和奖金。

（吴新凯）

【市委中心组理论学习呈新特点】 党的十六大以来，以胡锦涛同志为总书记的党中央，适应全面建设小康社会奋斗目标的新形势、新任务，进行了一系列的理论创新，诸如科学发展观、社会主义和谐社会、党的执政能力建设和党的先进性建设等，各级领导干部的学习任务很重，讲师团通过努力做好服务工作，促使2005年市委中心组的学习呈现出三个特点。（一）学习内容丰富。讲师团服务于市委中心组集体学习20余次，内容主要有党的十六届五中全会精神、山西省关于制定国民经济和社会发展十一五规划的建议、科学发展观、构建和谐社会、党风廉政建设、加强和改进执政党建设、保持共产党员先进性教育、党员教育先进性电视专题片《永远的先锋战士》、提高党的“五种”执政能力、中国共产党关于加强多党合作和政治协商制度、《干部任用条例》、如何理解“三个代表”重要思想是我们党必须长期坚持的指导思想等等。（二）形式多样。既有讲师团理论教员辅导，又有市委党校教员辅导，还聘请有关专家讲授，收看专题录像片，形成了教员与领导互动，辅导与讨论相结合多种学习形式。（三）力度加大。2005年，市委中心组集体超额完成了上级党委规定的学习次数3倍之多；编写了5期理论学习参考。主要内容有：构建社会主义和谐社会、建设节约型社会、解读《信访条例》、国际国内形势、学习十六届五中全会精神等。

（吴新凯）

【学习宣传中共十六届五中全会精神】 2005年，（一）外派人员赴北京大学马列学院研究班，进行为期一周的培训，共培训了十讲：主要内容包括“十一五”规划、循环经济发展战略、自主创新与产业技术开发升级、“十一五”时期能源供求格局等。（二）编印学习宣传专刊。为配合学习宣传十六届五中全会精神，讲师团精心编辑了一组学习资料，及时印发给全市县处级以上领导干部。（三）深入市直和各县市宣讲。讲师团先后深入到永济、临猗、盐湖区和市直等单位，就“十一五”规划的一个亮点、一条主线、六个要点、七大任务分别进行辅导，受到了广大听众的一致好评。（四）为市委中心组成员购买了学习十六届五中全会精神导读和学习问答等辅导读物百余册。

（吴新凯）

【内强素质，外树形象】 2005年，讲师团注重开展“内强素质，外树形象”活动。“内强素质”主要抓：全力提高理论教员素质，就是要求理论教员必须坚持不懈地学习马列主义、毛泽东思想、邓小平理论和“三个代表”重要思想，把学习作为一种政治责任和一种精神追求，自觉抵制当前社会上存在的拜金主义、享乐主义。理论工作者要甘于清贫，树立正确的世界观、人生观、价值观，进一步增强做好理论工作的责任感和使命感。加大理论教员外出进修力度，并责成专人负责此项工作。仅下半年就外派理论骨干三人，先后赴北京、河南、湖北、福建等地，就五中全会精神、关公文化旅游产业研究等进行培训、学习和考察。讲师团2005年报刊征订工作突破以往数量，仅党报就订18份，各类杂志22余份，除此以外，还给专业骨干每人增订报刊、杂志各一份。坚持周一集中学习，全体成员的思想素质和业务素质都较以前明显提高。

“外树形象”主要抓：①改善

工作环境和条件，对原有办公设施进行全部更新，新增了办公房间，缓解了办公用房长期紧张，改变了单位对外形象。②严把外出讲课、备课关，努力提高教学质量。8月份为配合宣传系统开展的“三个代表”重要思想，马克思主义基本立场、观点方法和职业道德及职业精神等“三项教育”活动，讲师团对每位参加授课教员都从讲课提纲和主要内容等方面进行集体研究和把关，培训结束后，反响良好。

（吴新凯）

【理论研究出精品】 2005年，①为落实文化强市战略，与宣传部有关同志合作，为市委领导撰写的《在建设文化强市实践中弘扬党员先进性》一文，在省委刊物《前进》杂志上发表，后又被《人民日报》出版社收录在《中华颂歌获奖作品》一书中。②历时一年的软科学课题《关公文化旅游产业研究》拿出初稿，正在修改之中，下一步将进入专家论证阶段。③撰写了《深入学习“三个代表”重要思想，全面推进新的伟大工程》一文，收编于《中国现代理论成果汇编》一书中，并获中国现代管理成果评审委员会和《中国管理科学论坛》等四家联合评审的“首届中国现代化管理成果”一等奖。④撰写了《关公忠义仁勇精神与中华大一统思想》，拟在《晋阳学刊》发表。⑤撰写了《西部经济对中国经济的影响》。⑥历经三年之久，单独编写的《马克思人本哲学概论》一书，初稿正在修改，预计2006年上半年定稿。（吴新凯）

【落实党风廉政建设责任制，发展“保先教育”成果】 在保持共产党员先进性教育活动中，讲师团全体成员反复学习了《中国共产党党内监督条例》和《中国共产党纪律处分条例》，从思想上进一步树立起勤政廉政意识，增强了为人民掌好权、用好权的责任感。在“三项治理”工作中，从2003年9月份起，讲师团全体成员以积极的态度按照市“三项治理”办公室的要求认真自查。做到了奢侈浪费的现象没有，违规超标车没有，清房工作如实申报。单位没有违规违纪的人和事。

在肯定成绩的同时，讲师团自查出的问题有：领导班子不健全，影响战斗力；领导干部素质同新形势新任务新要求不适应，特别是在能力上差距明显，胆子不够大，开拓性不强，经验不足，方法简单；在制度建设上，还存在落实不够、机制不健全等问题。以上各方面存在的不足，对讲师团的工作带来很大影响，不能很好地履行理论武装工作的职能，不能很好地调动全体成员的积极性，不能很好地服务于市委市政府的工作大局。对此，讲师团干部职工形成了共识，这就是要坚持以“三个代表”重要思想和科学发展观为指导，在班子建设上下功夫，在领导干部能力建设制度落实上下功夫，在求真务实，以人为本上下功夫，构建和谐单位，强化团队精神，上下一股劲，为运城全面建设小康社会做出新贡献。

（吴新凯）

纪检监察工作

【概述】 市纪委始终站在加强党的执政能力建设和全面落实科学发展观的高度，协助市委、市政府继续坚持以落实党风廉政建设责任制为龙头，紧紧抓住责任分解、责任考核、责任追究三个关键环节，做到市委、市政府的工作推进到哪里，党风廉政建设就跟进到哪里，各级各部门的权力行使到哪里，严格的监督就跟进到哪里，有力促进了全市反腐倡廉工作向纵深发展。市委、市政府和市纪委监委被省委、省政府授予2002—2004年度落实党风廉政建设责任制优秀单位，市纪委监委连续三年在全省纪检监察系统工作考核中排名第一。

（王纪峰）

【坚持“一岗双责”，细化任务分解】 2005年年初，按照“谁主管、谁负责”的原则，将40项工作任务明确分解到市委、市政府领导班子成员和46个职能部门；市委主要领导与各县（市、区）和市直工委签订了《党风廉政建设目标责任书》，各县（市、区）和市直单位也都结合各自实际，将全年的党风廉政建设和反腐败工作任务进行了再分解、再安排、再落实，进一步重申和明确了各级党政班子一把手要对反腐倡廉工作负总责、班子成员要各负其责；并继续严格实行责任制考核“一票否决”。通过层层建立责任制，逐级签订责任书，在全市形成了横向到边、纵向到底的落实党风廉政建设责任网络，各级领导班子、领导干部明显感觉到肩上压上了担子，普遍增强了抓好反腐倡廉工作的自觉性和紧迫感。

（王纪峰）

【认真督促检查，强化责任考核】 继续坚持率先在全省实行的由市级四大班子成员亲自带队，对落实责任制情况进行年中督查和年底考核的作法。7月，对各县（市、区）、开发区和市直各单位上半年工作情况进行了督促检查；年末，结合先进性教育活动，对全市落实责任制情况进行了认真检查考核。检查和考核中，根据重新修订完善的工作方案，统一部署，统一要求，严格检查，公正评价，有力地促进了各项任务的落实。

（王纪峰）

【兑现考核结果，严格责任追究】 对在责任制考核中满意率不达三分之二的6名县处级领导干部进行了诫勉谈话，对市直某单位1名连续两年在责任制考核中满意率不达三分之二的县处级领导干部，市责任制办公室建议市委研究后，按照有关规定予以调整。对领导不力、甚至放任不管，分管范围内出现重大问题的领导干部，实施严格的责任追究，全市共有146名科级以上党员领导干部受到党纪政纪处分。

（王纪峰）

【深入开展“三项治理”】 2005年，坚持把“三项治理”工作作为深化领导干部廉洁自律，推进反腐倡廉工作的重中之重，进一步健全机构，充实人员，加大力度，全力推进。进一步巩固清车工作成果，对全市所有行政事业单位、国有企业的公务用车统一张贴“公务用车”标志，建立健全长效机制，严格管理监督，并查处违规使用公车272辆，还在盐湖区、永济市、闻喜县等地开展了公务用车货币化改革试点工作。率先在全省通过清房检查验收，全市各级各类干部职工多占多购住房问题基本纠正处理到位，其中县处级干部681人、乡科级干部1263人，清退住房35套，收回清房退补款2038万元，给予党纪政纪处分21人。严格执行制止奢侈浪费各项规定，进一步完善了接待管理、领导干部职务消费公示办法等一系列规定，并开展不定期检查，查处违纪金额2009.6万元。继续持之以恒、毫不动摇地下大力气狠刹大操大办、借机敛财歪风，共制止大操大办67起，给予党纪政纪处分15人。4月6日，《中国纪检监察报》报道了运城市连续四年狠刹大操大办歪风的做法，并给予充分肯定。（王纪峰）

【加强对领导机关和领导干部的监督】 深入贯彻落实《中国共产党党内监督条例》，完善监督制约机制，重点加强对领导机关、领导干部特别是主要领导干部的监督。各级领导班子严格执行民主集中制各项制度，结合开展保持共产党员先进性教育活动。普遍召开了专题民主生活会，深入查找了领导班子和领导干部个人存在的问题，并制定了切实可行的整改措施。认真抓好领导干部述职述廉、廉政谈话、诫勉谈话和纪委负责人同下级党政主要负责人谈话等制度的落实。全年共开展任前谈话、诫勉谈话和监督谈话1546人，进行述职述廉3847人。（王纪峰）

【严格执行廉洁从政各项规定】 重点加强对各级干部执行“四大纪律”、“八项要求”和“五个不许”规定情况的监督检查。从严治理领导干部违反规定收送现金、有价证券和支付凭证问题，查处违纪金额11.3万元，处分3人；认真落实《关于建立领导干部配偶、子女从业个人申报制度和公示制度的意见》和《关于加强领导干部身边工作人员教育管理的实施意见》，对2004年度领导干部配偶、子女从业情况进行了清理公示，责令平陆县一名县级领导辞去了某公司董事长职务；严格落实领导干部个人重大事项的申报备案制度，有效预防违纪行为；认真开展治理党员领导干部参与赌博工作，对18名参赌的党员干部进行了严肃处理，查处赌资18.7万元；进一步规范完善领导干部因公出国（境）报告制度，对未经批准擅自出国（境）的一切费用一律拒付，仅市会计核算中心就拒付60余万元。（王纪峰）

【加强党风廉政宣传教育】 多渠道、多形式、多层次开展《实施纲要》的学习宣传和贯彻落实活动，起草制定了关于贯彻落实《实施纲要》和省委《意见》的实施细则。结合开展保持共产党员先进性教育，广泛开展了“六个一”教育活动。组织编写了《基层廉政文化建设实用指南》，积极推动廉政文化进社区、进农村、进企业、进学校、进家庭。深入开展示范教育和警示教育，组织优秀共产党员先进事迹报告团在全市开展巡回演讲；召开全市警示教育大会，对3起违法违纪典型案件进行了深刻剖析；组织观看警示教育专题片，认真学习运城市的典型案例汇编，通过正反两方面教育，进一步增强了广大党员干部廉洁从政的自觉性。（王纪峰）

【重点解决群众反映强烈的热点难点问题】 在解决“上学难”问题上，全面推行“一费制”收费办法，严格执行限分数、限人数、限钱数“三限政策”，查处教育乱收费问题76个，处分58人。在解决“看病难”问题上，进一步完善医药集中招标采购，严格规范医疗服务项目和医务人员的诊疗行为，查处非法行医、假劣药品和医疗器械、违法广告等问题186件，处分21人。在解决“行路难”问题上，深入开展了“规范执法无三乱，创优环境保畅通”达标活动，对辖区内重点路段实行重点监控，共查处“三乱”案件23件，处分24人。在解决“负担重”问题上，进一步加大监督检查力度，全年减轻农民负担1162.5万元，查处加重农民负担案件28件，处分27人。继续开展以“树立行业新风，优化发展环境”为主题的民主评议政风行风活动，将参评范围扩大到48个部门，实现市、县、乡三级联动；开办“政风行风面对面”电视节目，拓展《监督热线》电台栏目，实现电台、电视台、报纸、内参四种媒体的互联互动，参评单位与普通百姓零距离接触，直接对话，共督办解决各类问题593件，形成了全市政风行风评议工作的鲜明特色。4月14日，新华通讯社《内部参考》对这一做法作了重点报道。（王纪峰）

【行政监察工作】 2005年，围绕提高工作效率，继续深入开展效能监察工作。市、县、乡三级均设立行政效能投诉中心，对群众投诉的热点、难点问题，直查快办，认真处理。全市各级行政效能投诉中心共受理投诉589件，结案558件，追究责任人员538人，处分154人。

围绕解决损害群众利益的突出问题，强化监督检查。大力纠正征用农民土地、城镇房屋拆迁、企业重组改制和破产中侵害群众利益以及拖欠农民工工资等问题。为农民工追讨工资724万元。坚决纠正企业违法排污问题，对运城市银玻镁业有限公司多次撕毁封条、违法生产，严重影响周边群众的生产生活一案进行了严肃处理。

围绕深入推进依法行政，认真实施专项执法监察。对全市27宗土地招拍活动进行了严格监督，共收回土地出让金2.16亿元；依法查处了垣曲县和河津市三起私挖滥采煤炭资源案件，处理39人；认真开展责任事故查处和安全生产整顿工作，严肃查处了平陆曹川渡口翻船、芮城烟花厂爆炸案，并配合省纪委查处了临猗特大沉船事故案，对涉案的57名责任人提出了责任追究意见；对国家机关工作人员投资入股煤矿问题进行了认真清理，纠正了3起国家机关工作人员投资入股煤矿问题，清退股金155.2万元。（王纪峰）

【重点查办大案要案，加大惩治腐败力度】 坚持以查办发生在领导机关和领导干部中滥用权力、谋取非法利益的违纪违法案件为重点，进一步加大查办案件工作力度，继续对腐败分子保持高压态势。全市共受理群众来信来访、电话举报1635件（次），立查案件775件，处分各类违纪人员742人，其中县处级干部21人、乡科级干部225人，合计占到受处分人员的三分之一。在查办案件工作中，把中纪委、省纪委要求和干部群众的呼声结合起来，下大力气查处了形象不佳、口碑不好、群众反映强烈的一批典型案件。主要措施：①落实责任。市、县两级纪委认真落实领导包查案件责任制，并及时向党委、政府主要领导汇报查处情况，取得他们的理解和支持，从而保证了查办案件工作顺利开展。②拓宽案源。各级纪检监察机关创新信访举报方式，实行信访预约制度，并采取专项执法监察、深入基层走访、听取群众意见以及加强与有关部门联系等多种方式深挖案源，保证了查办案件的数量。③强化督察。市纪委明确要求各县（市、区）纪委每季末向市纪委书面详细报告一次查办案件工作情况；市纪委分管案件的常委经常深入各县（市、区）办案一线，实地督查，协调解决办案中遇到的问题。④加强管理。不断完善和创新案件检查工作机制，建立完善了《办案工作纪律》等办案工作制度，对信访初核、立案、审理等主要环节严格把关，实现了案件查处工作各环节的科学衔接和有效运转。实行案件工作考评办法，科学细化考评内容，对基层实施有效的检查指导。这些制度的制定和实行，有效地促进了依纪依法办案，调动了办案人员的积极性，对推动办案工作起到了十分重要的作用。⑤注重治本。在不断加大查办案件工作力度的同时，十分注重发挥查办案件的治本功能。选择2001年以后，市县两级纪检监察机关查处的有影响、有震动、有教育意义的典型案件，深刻剖析案件发生的深层次原因，并汇编成书，作为警示教育读本。10月，召开了全市警示教育报告会暨警示教育大会，对3起违纪违法典型案件进行了通报。（王纪峰）

【深入推进行政审批制度改革】“专门受理、一站式服务、在线办公、限时完成”，“一个窗口对外”的电子网络行政审批运行机制，建立预警提示、日情监督通报、网上公示等立体监督系统，进一步加强了对行政审批行为的监督。市直部门共在网上办理行政审批事项6753项，按时办结率达99%。积极推进网络审批机制向县、乡两级延伸，有11个县（市、区）建立了电子网络审批机制，其中永济市实现市、乡两级联网，为实现市、县、乡三级联网探索了新路子。（王纪峰）

【继续深化财政管理制度改革】进一步完善财政制度综合配套改革，市级国库支付中心、会计核算中心、政府采购中心实行三分离，形成了各司其职、互相联系、互相制约的工作机制。继续规范政府采购工作，深化收支两条线管理改革，继续搞好行政事业性收费和政府性基金项目清理公示工作，加强对行政性公司（中心）收费问题的监管。深化部门预算，市直181个单位的预算细化到项目支出上，并由市人代会审议。（王纪峰）

【逐步推进干部人事制度改革】继续推行领导干部公开选拔、任前公示、竞争上岗、民主推荐等制度，创新干部竞争选拔机制，并逐步推行干部选拔任用票决制。市、县两级普遍实行了由纪检监察、组织、人事、公安、计生、审计、信访等部门参加的干部监督联席会议制度，对干部选拔任用工作实施有力监督。同时，对76名领导干部进行了经济责任审计。（王纪峰）

【积极推进司法体制改革】　以解决群众反映强烈的司法腐败问题、“执行难”问题为重点，在全市实行了到期末执行判决信息社会发布制度，促进了司法公正。（王纪峰）

【认真落实产权交易制度】　督促建议产权交易中心建立了完整的信息发布和管理模式，实现“阳光”操作，进一步规范产权交易工作。经产权交易中心规范交易国有资产23宗，成交额为7391.3万元，会同产权交易中心及时发现纠正“场”外交易2起。（王纪峰）

【继续推行“三公开”制度】　深化政务公开，市委办公厅、市政府办公厅印发了《关于进一步推进政务公开的实施意见》，进一步规范政务公开的内容、形式和程序，不断完善工作机制，逐步健全贯彻《意见》的督查、评估、考核、责任追究等保障措施，从制度上保障政务公开规范运行、持久开展。同时，结合村民自治，以财务公开为重点，进一步健全和完善村务公开和民主管理工作。结合企业改革，稳步推进厂务公开。在医院、学校和其他与群众利益密切的公用事业单位实行了办事公开制度。（王纪峰）

【纪检监察队伍自身建设工作】大力加强组织建设力度。在2004年组织建设取得重大突破的基础上，积极协调，将市委（2004）第13号会议关于加强纪检监察机关组织建设的7项决定全部落实到位。加大干部提拔交流力度，全市共提拔交流干部58人，激发了干部队伍的活力。

切实改进干部队伍作风。不仅注重强化内部监督，而且注重发挥外部监督的作用。3月份，市纪委通过监督员了解到一些借用人员打着纪检监察干部的旗号，干了一些损害纪检干部形象的事情。为此，对全委机关借用人员全部作了清退。起草了《关于对市纪委监委领导班子及成员、各室及室主任进行民主评议的实施意见》，由县（市、区）纪委室主任以上干部、市直纪委（纪检组）书记和市纪委特邀监督员进行评议，并成立了评议工作领导组及办公室，对评议的指导思想、范围、内容、程序和要求作了明确规定。通过强化内部监督和外部监督，有力地促进了队伍作风转变。

不断提高干部队伍整体素质。注重加强干部的政治理论学习和业务培训，对15名新调入人员进行了岗前培训。积极组织全市纪检监察干部参加上级举办的各种学习培训活动，参培人员达137人（次）。通过培训学习，进一步拓宽了干部的视野，提高了干部队伍的整体素质。同时，市纪委进一步修订完善了县（市、区）纪委监委工作考核办法、市直纪检监察工作考核办法及市纪委内部各室工作考核办法，坚持实行以“明确目标、细化任务、量化考核、按季通报、严格奖惩”为主要内容的纪检监察工作考核激励机制，激发了各级纪检监察机关和广大干部的工作热情，推动全市纪检监察工作不断取得新成效。（王纪峰）

人大工作

【概述】 2005年，是全面完成“十五”计划任务的关键之年，也是全面建设和谐社会、小康社会的重要一年。在过去的一年里，市人大常委会在省人大常委会的指导下，在中共运城市委的领导下，以邓小平理论和“三个代表”重要思想为指导，全面落实以人为本的科学发展观，继续坚持党的领导、充分发扬民主、严格依法办事的工作原则，深入贯彻市委一届七次全会精神，认真履行法定职责，为推进全市社会主义物质文明、政治文明和精神文明的协调发展做出了新的贡献。（詹　鹏）

［**运城市第一届人民代表大会第七次会议**］ 2005年4月10—4月14日，运城市第一届人民代表大会第七次会议在运城召开。会议听取和审议了运城市代市长胡苏平《关于政府工作的报告》；听取和审议了运城市发展计划委员会主任张玉忠《关于运城市2004年国民经济和社会发展计划执行情况与2005年国民经济和社会发展计划草案的报告》；审查和批准《运城市2004年国民经济和社会发展计划执行情况的报告》与《2005年国民经济和社会发展计划》。听取和审议了运城市财政局局长孙太平《关于运城市2004年总预算及市本级预算》（草案）；批准了《运城市2004年市本级预算执行情况的报告和2005年市本级预算》。听取和审议了运城市人民代表大会常务委员会主任陈永信《关于运城市人民代表大会常务委员会工作的报告》；听取和审议了运城市中级人民法院院长任连友《关于运城市中院人民法院工作的报告》；听取和审议了运城市人民检察院代检察长王国宏《关于运城市人民检察院工作的报告》；对政府工作报告、人大工作报告等六个报告作出决议。补选梁天管为运城市人大常委会副主任，补选王国宏为运城市人民检察院代检察长。表彰运城市优秀人大代表和运城市优秀人民公仆及先进代表活动小组。（詹　鹏）

［**运城市第一届人大常委会第二十九次会议**］ 2005年1月7日，运城市第一届人大常委会第二十九次会议在运城召开。会议审议通过《运城市人大常委会工作报告》（征求意见稿）；审议通过《运城市人大常委会关于召开运城市第一届人民代表大会第七次会议的决定》（草案）；审议通过运城市人大常委会《关于授予毛金元等同志运城市优秀人大代表和王战平等同志运城市优秀人民公仆荣誉称号的决定》（草案）；审议《关于组织省十届人大代表视察的情况报告》（书面）；审议《食品卫生法》和《省食品卫生条例》执法检查的情况报告（书面）；审议《行政许可法》执行检查的情况报告（书面）；补选令政策同志为山西省第十届人民代表大会代表。（詹　鹏）

［**运城市第一届人大常委会第三十次会议**］ 2005年2月19日，运城市第一届人大常委会第三十次会议在运城举行。会议审议《关于推迟召开运城市第一届人民代表大会第二次会议的议案》；通过了运城市人大常委会《关于召开运城市第一届人民代表大会第七次会议的决定》（草案）。（詹　鹏）

［**运城市第一届人大常委会第三十一次会议**］ 2005年3月16日，运城市第一届人大常委会第三十一次会议在运城举行。会议审议《关于推迟召开运城市第一届代民代表大会第七次会议的议案》；审议《运城市人大常委会工作报告》（修改稿）；表决通过了运城市人大常委会《关于召开运城市第一届人民代表大会第七次会议的决定》（草案）。（詹　鹏）

［**运城市第一届人大常务会第三十二次会议**］ 2005年3月28日，运城市第一届人大常委会第三十二次会议在运城召开。会议审议《关于推迟召开运城市第一届人民代表大会第七次会议的议案》；审议运城市人大常委会《关于市一届人大第六次会议代表议案、建议办理情况的报告》；审议通过了运城市人民政府《关于市一届人大第六次会议代表建议办理情况的报告》；审议通过了运城市中级人民法院《关于市一届人大第六次会议代表建议办理情况的报告》；审议通过了运城市人民检察院《关于市一届人大第六次会议代表建议办理情况的报告》；审议《关于程志忠同志辞去运城市人民检察院检察长职务的请求》，并作出决定；通过了运城市人大常委会《关于召开运城市第一届人民代表大会第七次会议的决定》（草案）。（詹　鹏）

［**运城市第一届人大常委会第三十三次会议**］ 2005年4月8日，运城市第一届人大常委会第三十三次会议在运城召开。会议审议了市一届人大第七次会议建议议程；审议通过了运城市一届人大第七次会议主席团和秘书长建议名单；审议通过了运城市一届人大第七次会议列席人员名单（草案）；审议通过了市一届人大第七次会议议案审查委员会组成人员建议名单；审议通过了市一届人大第七次会议计划和预算审查委员会组成人员建议名单；审议通过了市人大常委会代表资格审查委员会《关于代表变动情况及补选代表的代表资格审查报告》；审议通过了市人大常委会任命名单（草案）；审议通过了《关于王国宏代表运城市人民检察院检察长职务的决定》（草案）；审议通过了《关于接受潘新端辞去市人大常委会副主任职务请求的决定》（草案）；审议通过了《关于接受米安兴辞去市人大常务会委员职务请求的决定》（草案）。根据市人大常委会主任会议的提名决定王国宏代理运城市人民检察院检察长。（詹　鹏）

［**运城市第一届人大常委会第三十四次会议**］ 2005年5月24日，运城市第一届人大常委会第三十四次会议在运城举行。

会议听取审议市人民政府《关于人民调解工作情况的报告》；听取审议市人民政府《关于运城市市

本级2004年财政决算情况的报告》，通过了市人大常委会《关于批准运城市市本级2004年财政决算的决议》；听取审议市人民政府《关于运城市市本级2004年预算执行和其他财政收支的审计工作报告》；根据运城市人民政府市长胡苏平的提请，决定任命张玉忠为运城市发展和改革委员会主任；曹醒侨为运城市建设管理局局长。决定免去杨泽生运城市建设管理局局长职务。根据运城市中级人民法院院长任连友的提请任命张建峰等13名同志为运城市中级人民法院审判员。免去史加龙运城市中级人民法院副院长、审判委员会委员、审判员职务；孙世芳运城市中级人民法院审判委员会委员、审判员职务；张安太等4同志的运城市中级人民法院审判员职务。（詹　鹏）

[运城市第一届人大常委会第三十五次会议] 2005年7月5—6日运城市第一届人大常委会第三十五次会议在运城市举行。

会议听取审议市人民政府《关于上半年经济运行和新型加工制造业基地建设情况的报告》；听取审议市人民政府《关于全市旅游产业开发情况的报告》；听取审议市人民政府《关于贯彻实施〈市人大常委会关于加快城市建设，实行土地预征、统征和储备的决议〉情况的报告》；听取审议市中级人民法院《关于加强执行工作，认真解决执行难的情况报告》，审议通过了《运城市人大常委会关于〈运城市错案和执法过错责任追求暂行办法〉的补充意见》（草案）；审议裴都红辞去运城市人大常委会委员职务的请求，表决通过了《关于接受裴都红辞去运城市 常委会委员职务请求的决定》（草案）。根据运城市人民检察院检察长王国宏的提请，任命吕天祥为运城市人民检察院检察委员会委员；师兆琳为运城市人民检察院检察员；荆为民为运城市人民检察院检察员；张效伟为运城市人民检察院检察员；李雪红为运城市人民检察院检察员；秦金萍为永济董村地区人民检察院检察员；韩卫国为永济董村地区人民检察院检察员；冯勇强为永济董村地区人民检察院检察员；免去翟北安运城市人民检察院副检察长、检察委员会委员职务；李申旺运城市人民检察院检察委员会委员、检察员职务；南友民、武天成、李增盛、王引弟、武爱琴等运城市人民检察院检察员职务。赵红泽永济董村地区人民检察院副检察长、检察委员会委员职务。（詹　鹏）

[运城市第一届人大常委会第三十六次会议]

2005年9月8日运城市第一届人大常委会第三十六次会议在运城市举行。会议听取和审议市人民政府《关于利用开发银行贷款实施城市建设项目进展情况的报告》；听取和审议市人民政府《关于增加农民收入减轻农民负担工作情况的报告》；听取和审议市人民政府《关于全市科技行政执法情况的报告》；审议《关于〈中华人民共和国防洪法〉、〈山西省河道管理条例〉执法检查情况的报告》（书面）；审议《关于〈中华人民共和国土地管理法〉和〈山西省实施（中华人民共和国土地管理法）办法〉、〈山西省基本农田保护条例〉执法检查情况的报告》（书面）；审议刘书田辞去运城市人大常委会委员职务的请求；通过了《关于接受刘书田辞去运城市人大常委会委员职务请求的决定》（草案）；根据运城市人民政府市长胡苏平的提请决定免去李小虎运城市科技局局长职务。

（詹　鹏）

[运城市第一届人大常委会第三十七次会议] 2005年11月10日运城市第一届人大常委会第三十七次会议在运城市举行。会议听取审议运城市人民政府《关于2005年市本级财政超收使用方案的议案并作出决议》；听取审议运城市人民政府《关于2004年市本级预算执行情况审计查出问题的整改工作报告》；审议《关于2005年“三晋环保行”记者团在运城市采访检查情况的报告》（书面）；审议《关于〈山西省人大常委会关于全面推进资源节约与综合利用的决定〉执行检查情况的报告》（书面）。（詹　鹏）

政府工作

【概述】 经济实力显著增强。2005年，全市生产总值470.83亿元，比2004年增长13.3%，年均增长15.1%；财政总收入55.6亿元，增长27.8%，其中，一般预算收入18.41亿元，增长21.4%；规模以上工业增加值185.2亿元，增长20.9%；全社会固定资产投资160.5亿元，增长16.3%；外贸进出口总额6.5亿美元，增长21.5%。河津市跨入全国经济百强县（市）行列。（翟俊彦　晋泽军）

【经济结构不断优化】 2005年，全市规模以上农副产品加工企业发展到83家，农副产品加工转化率达到40%以上。维之王、农之龙、胃乐等18家龙头企业进入全省百龙企业，新绛蔬菜批发市场、粟海、忠民、丰润4家企业成为国家级重点龙头企业。5年间，全市共实施重点技改项目149项，其中80%达产达效，累计增加销售收入472亿元，利税78亿元。大项目、大企业、大集体对经济发展的带动作用明显增强，规模以上工业企业发展到486家，对经济增长的贡献率达到54.3%。氧化铝、电解铝、金属镁等工业产品在全省乃至全国占到相当的市场份额。一批名牌产品市场份额日益扩大，出现了2个中国名牌，20个省级名牌。旅游业收入年均增长36.2%，达到28.1亿元。服务业也有了长足发展。非公有制经济发展势头强劲，对财政的贡献率达到70%。海鑫、阳光、振兴、通达4家民营企业进入全国民营企业500强。（翟俊彦　晋泽军）

【基本设施建设成效明显】 全市新增灌溉面积7533.3公顷，新增节水面积2万公顷。公路通车总里程达到8881千米，公路网密度每百平方千米达63.5千米。在全省率先实现了全部建制村通水泥（油）路的目标。南同蒲铁路侯马至东镇段复线工程已经完成。新（绛）稷（山）河（津）天然气管道建成供气。新增发电装机容量167.6万千瓦。山西大唐国际运城电厂开工建设。广播电视人口覆盖率达到97.5%。每百人拥有电话46.2部。

（翟俊彦　晋泽军）

【改革开放不断深化】　积极推进行政管理体制改革，撤并乡镇73个。建立了国有资产监管机构，90%的国有企业完成了多种形式改制。企业主辅分离和剥离社会职能顺利推进。部门预算管理、政府采购和收支两条线等财政体制改革取得了明显成效。5年全市进出口总额累计完成19亿美元，年均增长57.2%；实际利用外资1.3亿美元，年均增长11.6%；大力实施“走出去”战略，鼓励企业参与国际市场竞争，全市有进出口业绩的企业达87家，商品出口到94个国家和地区。（翟俊彦　晋泽军）

【环境资源保护力度加大】　积极推进资源节约、综合利用和清洁生产，对产量在60万吨以下的焦化企业分阶段予以关停。对市区1100多台燃煤锅炉分类处置，有效改善了大气环境质量，中心城市空气质量二级以上天数达到211天。大力开展环保专项行动，取缔关闭工艺落后、污染严重的企业1000余家，主要污染物排放总量得到有效控制。5年完成植树造林14万公顷，治理水土流失面积15万公顷。努力提高水资源重复利用率，每年节水近1亿立方米。（翟俊彦　晋泽军）

【人民生活水平不断提高】　坚持把就业作为发展的重要目标，5年新增就业岗位12.3万个，2.1万名下岗失业人员实现了再就业，城镇登记失业率控制在3%以内。建立了社会统筹和个人账户相结合的城镇企业基本养老保险制度，参保率和基金征缴率达到98%，社会化发放率达到100%。逐步完善城镇职工失业、医疗、工伤、生育等保险制度，“两个确保”达到100%。城市和农村低保人数分别达到7.4万人和7.3万人，低保补助标准逐年提高。城镇居民人均可支配收入8633元，增长12.7%；农民人均纯收入2806元，增长8.5%。解决了20万名农村贫困人口的脱贫问题。城乡居民人均住宅使用面积分别达到25.5平方米和29.1平方米。

（翟俊彦　晋泽军）

【2005年经济工作重要举措】　全面启动新型加工制造业基地建设，积极转变经济增长方式。市政府先后制定出台了铝和铝材加工、钢铁和冶炼、重型卡车和汽车配件等“八大基地”3年推进计划。列入其中的139个项目，总投资近400亿元，开工25项，其中山铝80万吨氧化铝、华泽铝业28万吨电解铝、芮城亚宝工业园二期等一批重大调产项目建成投产。在抓好冶金、焦炭两大传统支柱产业改造升级的同时，积极发挥比较优势，重点培育装备制造、新型化工、新型材料、农副产品加工、中医药、旅游文化等六大新的支柱产业。努力转变经济增长方式，涌现出一批资源综合利用的示范企业。同时，对61家不符合国家产业政策的焦化企业和100家高耗能、高排放、高污染、低效益企业坚决予以关停，使有限的资源用于优势企业的发展。

（翟俊彦　晋泽军）

【促进农业增收和农民增收】　认真落实国家、省惠农政策，全部免征了所有农业税及其附加。全市总付粮补资金5992万元，农机具补贴资金137万元，农民群众的生产积极性进一步提高。2005年，全市农林牧渔业总产值95.9亿元，粮食总产量159.3万吨，水果总产量165.4万吨，肉、蛋、奶产量分别达到9.7万吨、7.8万吨、2万吨。优化种植业结构，无公害农产品基地达到8.6万公顷，设施农业4万公顷，绿色农产品认证26个。农产品营销体系和专业市场建设力度加大，市农业会展中心和农产品质检大楼投入使用。大力发展劳务经济，全年新转移农村劳动力14万人。新解决15.5万人的饮水困难。农村完成新建、改建村通和巷道硬化工程10750千米，在2004年实现村村通油路的基础上，又实现了村村通客车。80%的建制村主巷道硬化，50%的建制村实现了“户户通”。

（翟俊彦　晋泽军）

法制工作

【先进性教育】　2005年，组织党员赴河津、新绛县农村先进典型村参观，开展了“学先进看行动”活动，群众满意率测评为99.9%；市级新闻媒体和省法制办、市委简报多次报道了市法制办的典型做法。

（市政府法制办公室）

【调研活动】　2005年，举办了依法行政工作论文研讨活动，出版了优秀论文书集；兴调研之风，全办在省、市媒体和刊物上发表业务论文17篇，其中办领导3篇。

（市政府法制办公室）

【行政复议】　对某县政府办理行政复议案件中违法不当行为开展了监督检查，促其进行了整改；多次参与了由市政府组织的《许可法》网吧和治超工作检查活动。复议工作突出方式创新。对重大疑难案件实行了质证会；依法撤销了4起违法不当具体行为。

（市政府法制办公室）

【行政执法责任制试点】　省政府将运城确定为全省试点城市，市法制办作为具体牵头单位，组织了全市责任制部署动员会议，起草了实施方案，完成了市直执法部门职责梳理汇编工作和执法主体确认公布工作，工作进度名列全省前茅。

（市政府法制办公室）

民政工作

【村务公开和民主管理工作】　2005年，在村务公开和民主管理上，成立了以市长胡苏平担任组长、副市长安德天担任副组长，市委、市政府办公厅、纪检、组织、民政、农业等十几个职能部门参加的村务公开和民主管理协调领导机构。

各县（市、区）均建立健全了党委和政府统一领导、有关部门共同参与、民政部门组织协调的工作运行机制。下发了《关于做好村务公开和民主管理工作的若干意见》，从公开的内容、形式、时间、监督、程序、反馈、档案七个方面，规范了全市农村民主管理、民主决策、民主监督工作制度。市、县两级召开了规模大、规格高的动员大会，落实具体任务，形成层层有人抓，事事有人管的督促指导责任机制。4月26日，市民政局在临猗县召开了全市村务公开民主管理现场会，参观了村务公开示范乡村，总结推广了先进经验，使全市村务公开和民主管理工作向着规范化、程序化方向迈进。在此项工作上，市民政局十分注重发挥典型的示范、辐射和带动作用。先后树立了临猗县、平陆县、芮城县典型，临猗县猗氏镇、盐湖区金井乡、夏县水头镇等39个示范乡镇，临猗县楚候乡董家庄村、猗氏镇兴教坊村、绛县古绛镇东关村等130个示范村，较好地起到了示范引路的作用。2005年，3183个村，90%以上开展了此项工作。建立了村务公开监督小组3102个，成员达12359人。建立村民民主理财小组3145人，成员达11631人。实行村务公开的村3099个，建有村务公开栏和设立村务公开意见箱的村3105个，占村总数的96.4%；农村财务能实行“四签字”审批程序的村3116个，占97.6%。切实促进了全市村务公开和民主管理工作向着规范化、程序化建设。

（李俊明）

【第七届村民委员会换届准备工作】 2005年，为及时掌握农村第七届村民委员会换届选举工作面临的新情况和新问题。市民政局印发了调查提纲，并召开民政局长例会，要求各县（市、区）民政局组织人员有针对性地对新情况和新问题进行调查研究，掌握村情民意，做到心中有数。广泛宣传省人大新颁布的《山西省村民委员会选举办法》。在7月29日省人大通过的选举办法是规范全省村民委员会换届选举的权威性地方法规后，为使法规内容做到家喻户晓，全市通过出动宣传车，开辟宣传栏，印发宣传单等多种形式进行了广泛宣传。拟定了选举领导组文件、实施方案，认真准备第七届村委会换届培训班和动员大会有关事宜。根据全省第七届村民委员会换届选举电视电话会精神，和市委、市政府主要领导意见，民政部门认真组织了10月16日、11月2日、11月8日全市第七届村委会动员大会和全市基层党组织建设动员大会，根据会上市委常委组织部长王安庞和黄有泉书记指示精神，督促指导各县（市、区）成立了以县（市、区）委书记和各乡（镇）党委书记担任组长的第七届村民委员会换届选举领导组，充分履行第一责任人职责，真正把工作抓到手上，落到实处。截至年底，13个市（县、区）形成了党委领导、人大监督、政府组织、部门实施，有关单位齐抓共管机制。

（李俊明）

人事工作

【全面提升人事部门整体服务水平】 2005年，市人事部门全面提升服务水平。抓学习培训，坚持学以致用。①出课题，带着问题学。结合人事部门工作实际，研究制定了人事部门以强化“九种意识”为内容的先进性具体要求，让每位党员干部都对照标准及表现，找差距、找问题、找不足、定措施，增强了学习的针对性和实效性；②精选教材，结合实际学。除组织党员学习指定的必读篇目外，增加了《中华人民共和国公务员法》、《公务员行为规范》等内容，开展了上党课、扶贫帮困、举办演讲比赛、保持共产党员先进性大讨论、重温入党誓词等活动；③坚持“五措并举”。领导带头撰写学习笔记、心得体会，带头参与研讨交流；建立了考勤、请销假、补课等制度；设立保持共产党员先进性专栏和先进性教育活动简报；局党组书记给全体干部上党课，深化了活动效果；建立联络员制度、学习检查验收制度，达到了激励先进、鞭策落后的目的。

抓征求意见，坚持“四方切脉”。①“上请”，向人大代表和政协委员发放征求意见表，广泛征求了他们对人事部门的意见和建议。②“下求”，向所属13个县（市、区）人事局发放征求意见表，通过召开座谈会、谈心等形式，从执行政策、工作作风、工作效率、廉政建设、工作实绩等方面向服务对象征求意见。③“内听”，分五个层次征求了意见，党组向各支部征求意见，各支部向党员个人征求意见，各支部之间相互征求意见，党员之间相互征求意见，党员向群众征求意见。④“外访”，局党组成员带队，分头深入基层，开展社情民意大调研活动。共发放各类征求意见表102份，征求到意见和建议11条。领导班子成员共征集到意见和建议10条。

抓党性分析，坚持触及思想。以“查、摆、议”活动为载体，按照“五对照”、“五查摆”、“五改进”的要求，通过群众提、自己找、领导点、互相帮，引导党员结合征求到的意见，联系自身的思想和工作实际，从思想作风中找不足、从工作实践中找差距、从存在问题中找教训，把新时期共产党员的先进性标准要求作为尺子。

抓整改提高，坚持步步深入。结合评议阶段群众提出的意见和建议，认真制定和严格落实整改措施。坚持边学边改、立查即改、边查边改的方针，围绕处理好会议整改与督办整改、文件整改与制度整改、临时整改与长期整改、“小整改”与“大整改”、个别整改与集体整改等“五种”关系，突出整改工作的针对性、可操作性和实效性。

解决长效机制问题，坚持制度先行。立足于巩固、发展教育活动成果，从适应新时期对人事工作的新要求出发，从制度上查找原因，建立了长效机制，完善了各项规章制度，强化了干部管理，提高了工作效率。

（张　晓）

【以“人才强市”服务全市经济社会可持续发展】 全市人才工作会议强调“小康大业、人才为本”。就是要从找准人事人才工作服从服务于全市经济社会可持续发展的结合点和着力点出发。

加大引才引智力度。4月9日至10日、4月20日至21日，分别组团参加了山西省人才与智力交流大会和山西省2005年北京招才引智大会，共登记应聘人才1334人，其中博士2人，硕士38人，本科1224人，专科57人，具备高级职称的13人。根据省人事厅对引进海外高层次人才和智力的要求，组织参加2005年海外留学人才山西创业项目洽谈会、北京第三届外籍人才招聘会。共申报62个项目，其中医院2项，学校17项，企业43项。

扎实推进人才评价。深入贯彻落实《关于深化职称改革的若干意见》，以建立科学的人才评价机制为目标，努力构建以业绩为依据，由品德、知识、能力等要素构成的评价指标体系，完善评审条件，改进答辩方式，规范评审程序，不断提高评审的客观公正性。选拔表彰2004年度143名市级拔尖乡土人才，推荐13名同志为2005年度省级乡土拔尖人才。

创新市场服务功能。首创人才市场与高校联办毕业生就业洽谈会的新模式，与幼师、运城学院、农学院联合成功举办三场高校毕业生就业洽谈会，为大中专毕业生就业服务开辟了一条新途径。全年共举办周日招聘会40场，应聘人数达12489人，初步达成意向1817人。

（张　晓）

【切实加强公务员队伍建设】 2005年，大力提升公务员能力素质。不断创新培训方式，更新培训内容，强化公务员学习能力、实践能力和创新能力的培养。继续抓好信息化与电子政务培训，掌握计算机操作的基本技能。加强培训考核，拓宽培训渠道，探索建立终身学习机制，鼓励公务员在职自学和参加培训。为做好2006年1月1日《中华人民共和国公务员法》实施前的宣传培训工作，市人事局会同组织部积极开展《公务员法》的培训考试及知识竞赛工作。

逐步规范公务员表彰奖励。积极参与各部门的表彰奖励工作，有效发挥人事部门的职能作用。联合市统计局对全市统计工作34名模范个人和13个先进集体进行了表彰。推荐全国先进集体3个，先进个人4名，省级先进个人14名，先进集体10个。

公务员年度考核圆满完成。对公务员年度考核，建立了公示、优秀比例提前审核、优秀人员考察以及年初目标制定等制度，做到了以考核促能力，以制度促规范，对不参加培训的，年终考核不能评为合格；对不能完成培训课时和要求的，年终考核不能评为优秀；对单位呈报的年度优秀公务员，人事部门逐人进行考核。2004年市直行政机关公务员年度考核共有32个单位1222人参加了考核，其中优秀152人，称职1058人，基本称职2人，未定等次7人。（张　晓）

【推进事业单位人事制度改革】

（1）以科学设岗为重点。市中心医院对全院各科室的机构设置和人员配置实行了动态调控管理。临床科室以床位定编，合理调整，设立了综合护理站，解决了过去有的科室床位使用率仅有30～50%留有大量的余床，而有的科室床位使用率高达120—150%却无床可用的问题。对行政科室进行整编合并，达到了裁减机构，精简人员的目的。（2）以竞争上岗为重点。《运城日报》社对科级干部以竞争上岗的方式进行动态管理，根据核编核定的岗位和人员职数，共选拔出15个科室23名中层干部，对下一轮竞争上岗中落聘的中层干部，不再保留原级别待遇。（3）以推行聘用合同制为重点。稷峰一中实行了“公开招聘、严格考核、签订合同”的用人办法，并实行了末位淘汰制。（4）以人事代理为重点。结合实际，制定了《运城市人事局事业单位聘用合同鉴证实施办法》，共为市中心医院、市文工团等11家单位825人办理了合同鉴证。（5）以分配制度改革为重点。市人民路学校实行了校内结构工资制，教职工在任期内首先保证财政拨付的基本工资足额发放，校内结构工资的来源为财政拨付的第13个月工资和校内自筹部分，学校原则上变福利津贴为岗位结构工资，既体现了差别，又体现了效率。（6）先入轨、后规范，突出重点、逐步完善，全面推行以聘用制为重点的工作方案。在定职定岗，竞争上岗的基础上，与现有职工签定聘用合同。遵循新人新办法，老人老办法的原则，单位职工，原则上都要在定职定岗、竞争上岗的基础上签定聘用合同。所有空缺编制和新进人员，必须坚持“凡进必考”的原则，公开招聘。

（张　晓）

【加大政风行风建设工作力度】

注重动员部署。局党组先后召开8次党组会、局办公会，以及各县（市、区）纪检组长会和科长会议专题研究部署行评工作，制定了《运城市人事局2005年政风行风建设工作日程安排》、《2005年运城市人事局政风行风建设服务点》、《关于民主评议政风行风工作的说明》等，从环节、时间、工作内容、要求、承办科室、负责人、局领导七个方面细化量化。

注重调查研究。印制普遍调查表对人事部门的有关热点问题进行了调查；印制了专项调查表，对人事部门专业技术人员管理、公务员管理、职称评定、军转安置，做了专项调查；通过电话回访，到其他单位对人事系统的群众满意度进行了调查。在监督检查中坚持行风评议工作与日常管理工作同步检查、同步考核、同步奖惩的“三个同步”；实行公开承诺、文明用语、宣传标语、行风征询意见表、行风监督员聘任书的“五个统一”。

注重做好自查。通过聘请“行风监督员”、召开座谈会、发放调查问卷、组织到基层调研等形式，进行自查。并聘请市委办公厅、市人大、市政府办公厅、市政协、市纠风办以及基层服务对象单位17位同志作为“行风监督员”。先后两次组织局领导带队到基层向群众征求意见。①查深化人事制度改革，创新人事人才政策环境、选人用人机制和服务内容，促进经济发展方面的工作是否有力。②查转变职能，推行政务公开，深化行政审批制度改革，提高办事效率，落实中央和省、有关政策规定等情况如何；③查在优化净化人才竞争环境，执行公务员“凡进必考”和人事考试纪律及职称评聘等群众关心的热点问题是否公正、公开。针对群众提出的热点和难点问题采取积极的措施进行整改，在全局广泛开展了大家学、大家做、大家谈活动。大家做，就是围绕政风行风评议工作，把各项任务都分解到分管局长、科长和科员，责任到人，年终考核，使人人头上压担子，人人树立责任感。大家谈，就是为营造全局抓行风评议工作的氛围，广开言路，集中召开会议，大家谈如何搞好全年行风评议工作，谈如何整改，真正把行评工作目标落到实处。（张　晓）

【开展“服务年”活动】 网上行政审批，共受理、办结360项；清房工作圆满无误。对纳入清理纠正范围的需清理人员进行了认定性审核。在清理政策适用、地段价格确认，超标面积认定上做到了适用政策准确，程序规范，纠正到位率达100%。对确定为非清理纠正人员，也全部进行了排除性审核，做到了执行政策无走样、无变通。全年共申报76套房，列为清理纠正对象的18人，共缴超标款82372.23元，退房1套。

竭力做好企业军转干部解困和信访工作，全力维护社会稳定。按照上级要求，成立了“信访联席会议企业军转干部问题专项治理小组”，在信访工作中，接待热情、笑脸相迎、耐心细致、解决问题、化解矛盾，确保了企业军转干部的稳定，多年来无一例企业军转干部集体上访。全市企业军转干部工资补差全部到位，为167人办理了养老保险，390人办理了医疗保险。

严格考风考纪，实行数码摄像，为计算机考场安装“监视器”，成功组织了全国专业技术人员职称外语、经济专业技术资格考试4548多人次，对全市各类专业技术人员和管理人员进行了Windows98操作系统等八个类型累计13000多个模块的培训和考试，参考人员合格率达到98%以上。

向各评委会推荐高级参评人员431名，中级参评人员1750名，初级参评人员422名。妥善安置军转干部90人，接收自主择业34名，随调随迁家属9人。完成营林造林、园林绿化、种苗花卉、电工、仓库保管、文秘资料等六个工种1987名初级工、2299名中级工培训考核。协助省厅在本市成功举办了全市机关事业单位技师培训考核1123人次，高级工培训考核45个工种1519人次。利用完善的人员数据库，完成了市直单位16345人次两年一次正常工资晋升。

牵头主办了为抗日老战士颁发“中国人民抗日胜利60周年纪念章”的活动。对市直事业单位新进大中专毕业生实行聘用制管理，共办理83人次，保证了重点行业的人才需求。积极做好夹马口引黄管理局、盐化中学人员的移交工作。严格执行上级计划，加强宏观调控工作，下达复退军人安置指标28名，人事年报工作正在进行之中。干部任免、辞职辞退、档案管理、信息收集等工作也取得新的进展。

（张　晓）

地方志工作

【全面启动运城市新一轮修志工作】　盛世修志，这已成为一条社会规律。自1981年国家提出重新编纂社会主义新志以来，运城市及下辖的13个县（市、区）的14部志书，于1999年底全部完成。2002年前后完成了垣曲县、河津市两部续志，在全省处于领先地位。2005年，根据中国地方志指导小组要求，在全市启动第二轮修志工作。通过深入发动和督导、检查，本年启动续修志书的有临猗、平陆、闻喜、绛县；准备启动的有万荣、芮城、新绛、盐湖等。其中，临猗在统一规划的前提下，把修志工作分解到各个部门的做法，不仅加快了修志的速度，而且为全市的新一轮修志提供了借鉴。

（张武虹）

【加强队伍建设为新一轮修志打好坚实基础】　加强队伍建设是新一轮修志的重要保证。为了提高编纂人员的政治素质和业务素质，组织大家进行必要的政治理论学习外，还以各种方式组织修志人员进行专业知识学习。7月，经请示分管市长同意，组织参与新一轮修志的骨干力量，外出学习考察；两次派人赴省参加全省业务培训班的学习，收到了很好的效果。12月，方志系统举办了全市业务骨干培训班，对各县（市、区）的同志进行了系统的培训。

在组织建设方面，健全完善了市、县两级地方志编纂委员会；还提拔了5名中层领导干部；发展了一名新党员。

在改善办公条件和工作环境方面，粉刷了办公楼。增加了电话、复印机、办公车辆等必要的办公设施。还通过督导、检查、指导，促使闻喜、新绛、万荣等县，为县志办配备了电脑、车辆等必要的办公设施。

为全力启动新一轮修志工作，在宣传工作方面，利用广播电视和新闻媒体，开展了一系列的宣传报道工作。平陆、芮城、临猗等县，通过电视、报纸，对本县新一轮修志的启动情况，进行了全面深入地宣传报道。通过这一系列的工作，使全市修志工作有了长足发展，使新一轮修志形成了一个很好的开局。

（张武虹）

【充分发挥志鉴作用，为领导决策和社会经济发展提供服务】　2005年，提供市情，搞好服务。市方志办始终把“服务领导、服务两办（市委办、政府办）、服务媒体、服务社会”作为工作重点。2005年来，通过为两办（市委办、政府办）、为媒体、为社会提供服务，即为运城市发展做出了贡献，又宣传和展示了方志事业的重要性。在纪念抗战胜利60周年之际，协助省、市电视台录制了侵华日军在运城地区的暴行电视节目，起到了很好的宣传教育效果。协助运城三晋文化研究会搞了万人签名活动和编撰出版了《中条抗战实录》一文。协助运城楹联协会撰写了《河东楹联文化的特点》等文章，为运城创建楹联文化大市做出了贡献。协助运城舜文化研究会为宣传、推介舜帝文化，撰写和组织了学术论文。

（张武虹）

档案工作

【增强服务意识，加大收集力度】　2005年，全市各级档案部门坚持把服务大局放在档案工作各项任务的首位，紧紧围绕党委、政府的中心工作，加强对馆（室）藏档案信息的整理、研究与开发，为党委、政府提供了决策依据。同时，进一步增强服务意识，加大收集力度，并同时向社会公众开放，努力满足社会公众对档案信息的利用需求，为全市国民经济与社会发展服务。据统计，全市市、县两级14个综合档案馆现有馆藏以卷保管的档案有457739卷，以件保管的档案有17278件，馆藏资料174118册，录音录像、影片档案有300盘，照片档案有45437张，底图档案有2035张，磁带档案有94盘，磁盘档案有

12张，光盘档案有18张。2005年共接收进馆档案13465卷，录音、录像、照片档案35盘，照片档案311张，磁盘档案4张，光盘档案2张，接受捐赠档案5件，接受寄存档案4件。在所有馆藏档案中明清以前档案有1件；明清档案376卷，5件；民国档案840卷，3030件；革命历史档案4160卷，13825件；建国后档案452363卷，417件。

为方便查阅利用，各级档案馆还编制了各种检索工具。其中案卷目录2277本，全引目录1144本，专题目录薄式53本，卡片式12401张，重要文件目录96本，机读目录案卷级300条，文件级目录10.22万条。共开放建国前档案6900卷，2176件；建国后档案78393卷。开放各种档案目录案卷级31.06万条，文件级37.41万条。2005年市县两级档案馆为社会各界11388人（次）编史修志、工作查考、学术研究、经济建设以及宣传教育等提供利用建国前档案1379卷，325件，建国后档案34582卷。通过利用档案，解决了土地纠纷、复转军人的工资待遇、民办教师的工资待遇等与老百姓切身利益息息相关的问题，拉近了档案与百姓的距离，为实现社会稳定起到了很重要的作用。

（薛燕萍）

【加强学习培训，提高全员素质】 为加强档案人员继续教育的管理，提高档案人员的综合素质，适应档案事业发展的需要，市档案局受省档案局的委托，10月10日至14日举办了档案工作人员持证上岗培训班，来自全市各单位的档案人员共130人参加了培训学习，并参加了10月15日至16日的全省统一考试。2005年底，全市已有381人通过考试，150人取得上岗证书。另外，市、县两级档案局还针对档案业务知识的更新和各自的实际情况，举办了各种业务知识培训班。据统计，全市市、县两级共举办培训班14次。培训人数达1360人(次)。通过培训，大大提高了档案人员的业务素质和掌握现代化知识的能力，为进一步全面提升档案管理水平奠定了基础。（薛燕萍）

【宣传贯彻《档案法》，全面推进依法治档】 《档案法》的颁布与实施，为档案执法提供了重要的法律依据，增强了可行性和操作性。为此，市、县两级14个档案局都利用12月4日的法制宣传日，走上街头，设立档案咨询台，进行档案法律法规的宣传。据统计，共悬挂横幅14条，散发《档案法》、《档案法实施办法》及《山西省档案管理条例》等宣传资料56000余份，咨询人数达2300余人次。通过宣传，使社会各界认识了档案，了解了档案的法律作用，为档案工作尽快走上法律化轨道奠定了基础。

档案执法检查是促进档案工作的另一有效手段。为此，各级档案部门采取听汇报、问情况、查档案的方式，对各单位领导重视、支持力度，学习、宣传《档案法》情况，档案现代化管理水平，档案的安全保管及基础设施情况进行了检查。对在检查中发现的问题，严重者提出整改意见，并限期整改；重者进行适当的经济处罚，有力地促进了档案工作的顺利开展。据统计，全市共组织执法检查14次，受检单位达687个。

通过档案法制宣传和档案执法检查，加大了全民档案意识，营造了良好的工作氛围和工作环境，得到了社会和领导的重视和支持，促进了档案事业的发展。（薛燕萍）

【强化业务指导，全面提升档案管理水平】 为使各机关和企事业单位的档案管理工作进一步规范和科学化，继续开展以定、升级为中心的业务建设活动，全面提高档案工作的整体管理水平。（一）农业和农村档案工作稳步发展。全市3325个行政村，已建档3313个，建档率达94.2%。（二）机关和企事业单位档案目标管理成绩显著。全市机关档案室定、升级累计完成1084个，其中省三级714个，省二级226个，省一级144个（2005年共完成省三级31个，省二级4个，省一级6个）；企业档案目标管理认定累计完成215个，其中省级159个，国家二级54个，国家一级2个。（三）科级事业单位档案目标管理认定累计完成37个，其中省级30个，国家二级7个。（四）企事业单位档案工作规范化管理等级认定完成A级2个，AA级4个，AAA级1个。乡镇企业累计建档197个。

（薛燕萍）

【改善馆库设施，拓宽服务领域】 2005年，为进一步做好全省档案工作，解决制约和影响档案事业发展的问题，山西省人民政府办公厅以晋政办函［2005］9号文件，就档案管理资金、体制等有关事项下发通知。市各级档案部门接到通知后，积极努力，争取政府和有关部门的支持。①关于馆库建设。市县两级档案馆都发生了很大的变化，档案保管条件得到了很大的改善，现代化管理水平得到了进一步提高。市政府积极为市档案局建设适应社会发展的新的档案馆，市建设局为此全面规划。稷山、临猗、永济等县、市政府也正为本县新建档案馆库做积极的准备工作。芮城县档案馆喜迁新馆。盐湖区、绛县档案局在县政府的支持下对馆库进行了加固和维修。河津、芮城、平陆、稷山、绛县等县政府分别为档案工作配置了足够的密集架、灭火器等。市档案馆、河津、垣曲、临猗、闻喜、夏县、芮城、平陆、稷山等11个档案馆已相继成立了现行文件利用中心，河津市、夏县、绛县档案馆分别被授予“爱国主义教育基地”。现行文件利用中心的建立，为广大人民群众提供积极有效的服务，架起了一座党和政府密切联系群众的桥梁。②关于档案保护费。按照市、县分别按每年每卷1.5元、1元的要求，各级政府对本县档案馆的馆藏分别拨付2—3万的档案保护费。③关于档案人员岗位津贴。除市局、夏县全部足额发放外，永济、河津、芮城、绛县、垣曲5个县市已落实部分人员，其余县市正在落实。（薛燕萍）

机关事务管理

【开展保持共产党员先进性教育活动】 2005年，先进性教育是贯穿全年的一项重要政治任务，上半年开展了集中教育活动，下半年主要是建立长效机制、巩固扩大教育成果。全局八个党支部、103名党员以饱满的政治热情、良好的精神状态和求真务实的工作作风投入到先进性教育活动，活动从2月3日动员大会开始，到6月28日群众满意度测评后，集中活动基本结束，整个活动分学习动员、分析评议、整改提高三个阶段，按要求高标准、高质量地完成了十三个规定动作。同时，在学习动员阶段，为了落实市委提出的“六个一”竞赛，坚持了“八个确保”，每个党员都完成了2—3万字的学习笔记、一篇3000字的体会文章，答了100道竞赛题，参加了演讲比赛，并且每个党员捐款100元，为平陆贫困地区献爱心送温暖。在分析评议阶段，广开言路，查找问题，发放征求意见表、召开征求意见座谈会、设立意见箱，前往河津阳光集团、三联集团和龙门村进行社情民意大调研，深入开展四项活动，每个党员认真撰写党性分析材料，深刻进行自我剖析，以严肃认真、民主和谐的态度召开了领导干部民主生活会和支部组织生活会，以坦诚相见、开诚布公的态度展开相互谈心，沟通了感情、交流了思想、增进了团结。在整改提高阶段，针对涉及机关办公区和家属院广大服务对象切身利益的实际问题，坚持“着力解决、认真解决、切实解决”的原则，局领导班子、各党支部和全体党员分别制订整改方案，建立解决突出问题责任卡，公开承诺，认真整改。6月29日。全市第一批先进性教育活动总结大会上，本局被市委授予“先进基层党组织”，上官纪昌同志被授予“优秀党务工作者”、赵宝昌同志被授予“十佳余热生辉党员”。（郑文胜）

【机关办公大楼的服务质量全面提高】 市政协、市人大于2004年11月5日和19日搬入新楼后，市直各单位也陆续搬入，截止2005年5月，46家市直单位全部搬回新建办公大楼。机关事务局积极提高办公大楼的服务质量，机关会议楼精心服务每一次会议，全年共接待各类会议393次，并于3月4日顺利通过了市级“青年文明号”验收。（郑文胜）

【荟萃花园全面竣工并交付使用】 5月，荟萃花园北区40栋住宅楼全部竣工并通过验收；8月底幼儿园完工，9月10日开学上课；10月室外管网、亮化和锅炉房建设完工，11月15日正式向住户供暖，11月完成会所装修和道路硬化，北区的绿化工程和中心广场也加紧施工。荟萃花园南区的各项工程进展较快，10月，近2万m^2的住宅楼工程全部竣工并通过初验，11月道路工程完工，现在网球场和绿化等配套工程正在加紧进行。为了搞好荟萃花园的服务，6月，成立了荟苹小区服务中心，同时通过市政府网站，面向全国公开招聘高水平的物业公司。8月1日，与山东明德物业公司签订了为期三年的前期物业服务合同。（郑文胜）

【进一步提高后勤服务质量】 安全文明创新绩。机关汽车队48名司机、65部车辆连续第四年安全无事故，实现安全文明四连冠。同时，他们还积极支持和参加军队预备役建设，4月，汽车队整体加入山西省预备役八十三师炮兵团建制汽车连；11月17日，汽车连开展了“爱车节油比武大赛”

积极改进机关后勤服务条件。积极改善后勤服务的硬件设施，先后完成了机关餐厅和机关洗浴中心的改扩建工程。机关餐厅于6月11日开始营业，机关洗浴中心于8月1日开始营业。幼儿园办园水平也获得了显著提高，两项国家级课题研究圆满完成，4月通过了国家学前教育委员会专家组的验收。10月，国家学前教育研究会批准结题。荟萃幼儿分园于9月1日开学。（郑文胜）

政协工作

【概述】 2005年，市政协坚持以“三个代表”重要思想为指导，全面贯彻中共十六大、十六届三中、四中全会和市委一届七次全会精神，坚持和落实科学发展观，以加强制度化、规范化、程序化建设为基础，以增强科学参政、民主议政能力和增强构建社会主义和谐社会的能力为重点，以提高建言献策的质量和水平为目标，以学习、考察、视察、调研为手段，广泛动员和团结各党派、团体和各族各界人士，为推进新型加工制造业基地建设和优秀旅游城市、文化强市建设献计出力，为实现全面建设小康社会的宏伟目标做出了积极贡献。（刘东吉）

【以“三个代表”重要思想统领政协工作】 市政协组织全体委员进一步学习马列主义、毛泽东思想、邓小平理论和“三个代表”重要思想，努力在武装头脑、指导实践和推动工作上下功夫；进一步学习中共十六大和十六届三中、四中全会精神，深刻认识政协组织在加强党的执政能力建设中的重要地位和作用；进一步学习市委一届七次全会和全市经济工作会议精神，深入了解全市经济社会发展的重点所在；进一步学习新修订的《政协章程》，系统掌握履行政协职能所需要的基本知识。各级政协组织坚定不移地坚持中国共产党对政协工作的领导，认真贯彻落实《中共中央关于进一步加强中国共产党领导的多党合作和政治协商制度建设的意见》精神，继续贯彻落实《中共山西省委关于加强新时期人民政协工作的决定》，切实把《意见》和《决定》精神贯彻落实到政协各项工作之中。市政协党组自觉肩负起党委赋予的工作职责，带头遵守《政协章程》，推动参加政协的各党派、团体和各族各界人士自觉地坚持中国共产党的领导，使中国共产党的主张成为全体委员的共识。政协机关中的共产党员，按照市委的统一部署，认真开展保持共产党员先进性教育活动，重点解决在思想、作风、组织以及工作方面存在的突出问题。通过扎实开展先进性教育活动，使机关干部进一步增强了立党为公、执政为民意识，进一步增强了民主、团结和服务意识，树立了良好的形象。（刘东吉）

【为促进运城全面发展建言献策】 2005年，市政协围绕市委、市政府的中心工作和广大人民群众关注的热点难点问题，履行职责，积极推进工作。

围绕建设新型加工制造业基地参政议政。市、县两级政协组织政协委员按照市委、市政府提出的建设新型加工制造业基地的思路，结合当地加工制造业发展的实际情况，深入调查研究，积极建言献策。市政协专门召开一届二十二次常委会，听取市政协常委和县（市、区）政协的典型发言，汇集和反映社会各界人士的真知灼见，进一步为新型加工制造业基地建设献计献策。同时号召政协委员积极为新型加工制造业基地建设出实招、办实事、鼓实劲、做贡献。

围绕农民群众看病难、看病贵的问题展开调研。市政协组织专门调研组深入到医疗部门和各县（市、区），深入调查了解农村医疗卫生的现状和问题，深刻剖析农民看病难、看病贵的根源，并把如何破解农民看病难、看病贵的问题作为一个专题在一届二十一次常委会上专门研究，从而向市委、市政府提出了一系列可行性建议。同时，各专委会结合实际，突出特色，发挥作用，选择农民返贫、公路“三乱”、城市供热锅炉污染等热点难点问题，搞好小型专题调研，积极建言献策。

积极参与招商引资上项目工作。各级政协组织和广大政协委员在参与招商引资工作中强化监督、加强协商、发挥作用。充分发挥政协组织的网络优势和政协委员联系面广的优势，积极参与招商引资工作，为运城经济发展做出了贡献。

（刘东吉）

【为构建和谐运城凝聚力量】 市政协把为构建和谐运城凝聚力量作为一项重要任务，牢牢把握团结和民主两大主题，切实有效地发挥自身的独特功能和作用。

市政协支持各民主党派按照参政党《章程》的要求积极开展活动，鼓励他们在政协活动中充分发表意见和建议。规范政治协商的程序，积极探索“在参与中支持、在支持中服务、在服务中监督”的政治协商新途径，认真搞好对事关运城发展的大政方针以及政治、经济、文化和社会生活中的重要问题在决策之前和决策执行过程中的协商。

市政协切实加强以建议和批评为主要形式的民主监督。通过开展领导重点分包、舆论重点监督、跟踪落实到位等有效形式，强化提案的监督功能；通过专题视察、交叉视察、无陪同视察和暗访等形式，增强民主监督的深度；通过推荐委员担任执法执纪部门和“窗口”行业的监督员，参与专项监督和行风评议活动。畅通委员知情知政的民主渠道，有计划地邀请党政部门领导向委员进行情况通报，积极推荐委员参与重大事项的社会听证、重大决策的咨询论证，推进民主决策。

市政协坚持以人为本，一切以人民群众的利益为出发点和落脚点，积极协助党委、政府维护好和实现好最广大人民群众的根本利益。在党委、政府大政方针出台前的协商中，协助党委、政府正确处理改革的力度、发展的速度和社会可承受程度的关系，从工作决策上减少矛盾；在提出提案和反映社情民意时，突出反映群众关心的热点问题和利益碰撞的焦点问题，努力促使问题解决在萌芽状态；在开展调查研究时，着力研究涉及群众切身利益的实际问题，研究影响社会稳定的深层次问题。引导政协委员和各族各界人士，既真实地反映社情民意，维护各个方面特别是弱势群体的利益，又站在全局的高度体谅和理解政府的难处，多做协调关系、理顺情绪、化解矛盾的工作，使社会各个方面在深化改革中同心协力，和衷共济。（刘东吉）

【加强履行职能的“三化”建设】 对照《政协章程》，本着“巩固、规范、提升”的原则，学习借鉴外地经验，建立健全了《政协全体会议工作规则》、《常委会工作规则》、《主席会议工作规则》、《秘书长会议工作规则》、《专委会工作规则》以及《反映社情民意信息工作条例》、《视察工作条例》、委员意见和建议反馈制度、委员管理考核办法等。适应社会主义民主政治建设的要求，逐步建立完善各种程序，包括履行职能的程序，各种会议的程序等等，进一步推进政协工作的制度化、规范化、程序化建设。

（刘东吉）

【认真总结五年来的工作】 市政协把全面总结五年来的政协工作当作一件大事，认真抓好。完成了《首届运城政协》的组稿、编纂、出版工作；从总结政协履行职能的情况入手，对几年来的工作成绩和不足进行认真的思考，总结工作经验，探索工作规律，为今后工作提供了有益的借鉴。（刘东吉）

政协例会

【一届五次全会】 2005年4月10日至13日，政协第一届运城市委员会第五次会议在市委大楼南风厅隆重召开。323名委员出席了会议。中共运城市委、市人大、市政府领导、市直各部门负责人、各县（市、区）政协秘书长和驻运省政协委员列席会议。会议听取并审议了市政协副主席李玉燕代表市政协常务委员会所作的工作报告和副主席王琦代表市政协常委会所作的提案工作情况报告；全体委员列席了运城市第一届人民代表大会第七次会议，听取并讨论了政府工作报告和其它报告；补选安永全同志为政协第一届运城市委员会主席，审议通过了有关决议。中共运城市委书记黄有泉、新当选的市政协主席安永全分别在闭幕式上作了重要讲话。（刘东吉）

【一届十七次常委会】 2005年1月17日至18日，政协第一届运城市委员会常务委员会第十七次会议在运城大酒店召开。市政协副主席李玉燕、王琦、王七庚、史海涌、王正选、杨泽生，秘书长孟昭民及常委共54人参加了会议。各县（市、区）政协主席、市政协机关副处级以上领导干部列席了会议。会议进行了八项议程：①运城市市长胡苏平通报了《2004年全市经济运行情况》；②市政府副秘书长郭建平通报了市政府承办的市政协一届四次会议以来提案办理情况；③特邀省委党校教授董启程同志辅导学习了中共十六届四中全会精神；④讨论通过了关于提交市政协一届五次会议审议的《政协第一届运城市委员会常务委员会的工作报告》（讨论稿）；⑤讨论通过了关于提交市政协一届五次会议审议的《政协第一届运城市委员会第四次会议以来提案工作情况的报告》（讨论稿）；⑥讨论通过了《政协运城市委员会关于学习贯彻中共十六届四中全会和中共运城市委一届七次全会精神的意见》（讨论稿）；⑦讨论通过了市政协一届五次会议有关事项；八、市政协副主席王琦作了重要讲话。（刘东吉）

【一届十八次常委会】 2005 年 4 月 9 日,政协第一届运城市委员会常务委员会第十八次会议在运城大酒店召开。市政协副主席李玉燕、王琦、王七庚、史海涌、王正选、杨泽生、薛靛民,秘书长孟昭民及常委共 57 人参加了会议。会议由市政协副主席李玉燕主持,进行了四项议程：一、由市政协秘书长孟昭民作了《关于市政协一届五次会议议程、日程变更的说明》;二、市委统战部常务副部长罗俊林作了《关于市政协一届委员会委员调整情况的说明》;三、审议通过《关于同意郭来庄、张建芳同志辞去市政协委员请求的决定》(草案);四、审议通过《关于增补安永全等同志为市政协一届委员会委员的决定》(草案)。（刘东吉）

【一届十九次常委会】 2005 年 4 月 12 日。政协第一届运城市委员会常务委员会第十九次会议在运城大酒店召开。市政协副主席李玉燕、王琦、王七庚、史海涌、王正选、杨泽生、薛靛民等，秘书长孟昭民及常委共 58 人参加了会议。会议由李玉燕主持，共进行了七项议程：①、市委组织部副部长相生勤作《关于人事调整情况的说明》；②审议通过提交市政协一届五次会议表决通过的《关于李天样同志辞去市政协主席职务请求的决定》（草案）；③审议通过提交市政协一届五次会议表决通过的《关于同意郭来庄等同志辞去市政协常委请求的决定》（草案）；④审议通过《关于王小明等同志职务任免的决定》（草案）；⑤审议通过《政协第一届运城市委员会主席候选人名单》（草案）；⑥审议通过提交市政协一届五次会议表决通过的《大会选举办法》（草案）；⑦审议通过提交市政协一届五次会议通过的《大会总监票人、监票人、总计票人名单》（草案）。（刘东吉）

【一届二十次常委会】 2005 年 4 月 13 日，政协第一届运城市委员会常务委员会第二十次会议在运城大酒店召开。市政协主席安永全，副主席李玉燕、王琦、王七庚、史海涌、王正选、杨泽生、薛靛民，秘书长孟昭民及常委共 52 人出席了会议。各县（市、区）政协主席和市政协机关副处以上领导干部列席会议。会议讨论通过了《常委会 2005 年工作要点》。（刘东吉）

【一届二十一次常委会】 2005 年 7 月 12 日，政协第一届运城市委员会常务委员会第二十一次会议在运城大酒店召开。市政协主席安永全，副主席李玉燕、王琦、王七庚、史海涌、王正选、杨泽生，秘书长孟昭民及常委共 49 人参加了会议。会议进行了五项议程：①运城市副市长吴菊仙作《关于新型农村合作医疗制度工作情况的通报》；②市政协副主席史海涌作《关于加快建立我市新型农村合作医疗制度建议的说明》；③大会发言；④讨论通过了政协运城市委员会有关工作制度；五、市政协主席安永全讲话。（刘东吉）

【一届二十二次常委会】 2005 年 9 月 21 日，政协第一届运城市委员会常务委员会第二十二次会议在运城大酒店召开。市政协主席安永全，副主席李玉燕、王琦、王七庚、史海涌、王正选、杨泽生、薛靛民，秘书长孟昭民及常委共 48 人参加了会议。中共运城市委办公厅、市政府办公厅、市发改委、国资委、政研室、安监委、城建局、环保局、中小企业局等有关部门的负责同志列席了会议。会议共进行了七项议程：①运城市副市长张建喜通报全市新型加工制造业基地建设情况；②市政协副主席杨泽生作《关于加快建设新型加工制造业基地的建议》的说明；③市政协秘书长孟昭民作《关于委员管理考核办法》起草情况的说明；④讨论通过《关于加快建设新型加工制造业基地的建议》（讨论稿）；⑤讨论通过《运城市政协委员管理考核办法》（讨论稿）；⑥大会发言；⑦市政协主席安永全讲话。（刘东吉）

重要活动

【各界人士迎新春“宇达杯”乒乓球赛】 2005 年，为了进一步活跃各级政协组织和委员的文化生活，不断扩大各方面的沟通和交流，2005 年 1 月 13 日—14 日，由市政协主办，山西宇达集团、中国农业银行运城分行、山西天龙标志服装有限公司、闻喜宏伟玻璃器皿有限公司、运城腾飞包装有限公司协办的运城市政协各界人士迎新春“宇达杯”乒乓球赛在运城市瑞星乒乓球俱乐部隆重举行，市政协机关、市各民主党派、侨联、各县（市）政协共 18 支代表队参加了比赛。（刘东吉）

【运城市统一战线各界人士迎新春联谊会】 2005 年 1 月 28 日晚，由市政协办公厅、市委统战部联合举办的“运城市统一战线各界人士迎新春联谊会”在通达集团四楼多功能会议厅隆重举行。市委副书记安永全、市人大副主任柴瑞霭、市政协副主席李玉燕、王琦、王七庚、史海涌、王正选，与市各民主党派、工商联、无党派人士，民族宗教界人士，归侨、侨眷、台胞、台属代表欢聚一堂，畅谈改革发展，共谋兴运大计，进一步巩固了最广泛的爱国统一战线。（刘东吉）

【全国政协赴运调研农村饮水安全】 2005 年 6 月 4 日至 6 日，全国政协人口资源环境委员会副主任、原农业部副部长刘成果一行 15 人，在市政协主席安永全、副主席李玉燕、王七庚陪同下，赴临猗、永济就本市农村饮水安全问题进行了考察调研。（刘东吉）

群众团体

运城市总工会

【“建会维权百日活动”成效显著】 2005 年 3 月，各县市签订了工会组建、发展会员任务分解责任书；

4月，制定了组建工会、吸纳会员、实名制登记的奖励办法，要求进电脑、上微机，并拿出20万元作为奖励；5月，召开了县市主席汇报会，汇报情况，交流经验，研究推进；6月，统一安排在全市举办了“建会维权宣传周”；7、8、9三个月开展声势空前的以“进百家企业，解百道难题，交百名工友，撰百篇调研，树百家样板”为主要内容的“建会维权百日活动”。为了把活动引向深入，起到典型带动作用。8月17日到18日召开了建会维权临猗现场会。百日活动之后，组成两个检查组，用半个月的时间，对十三个县（市、区）和三个开发区的建会维权工作进行了严格细致的检查验收。

在建会维权百日活动中。明确重要性，提高认识：从执政党的建设高度上去认识；从构建和谐社会上认识；从经济社会变化上认识；从凝聚进步力量来认识。要求各级工会在建会维权方面做到声音更响，力度更大，措施更加有力，作用更加明显。注重科学性。把党建同工建相结合，做到抓党建带工建，以工建促党建；把建会同维权结合，做到抓建会搞维权，以维权促建会；把务实工作和宣传造势相结合，做到宣传造势为务实工作加力，务实工作为宣传造势添彩；把重点突破和全面推进相结合，做到重点突破为全面工作开路，全面工作为重点突破强基。把握严肃性，坚持原则。合力共建的原则、奖优罚劣的原则、实事求是的原则。真正形成了“党委重视、政府支持、各方配合、工会运作”的建会维权工作格局，各级党委领导支持，人大、政府、政协、各级领导班子和组织、财政、工商、税务各部门密切配合。运城市委、常委扩大会多次专题研究工会工作。

（王　凡）

【开展“党建带工程，工建促党建”工作】　市委2005年先后下发了《关于进一步加强和改进新时期工会工作的意见》和《关于开展“党建带工建、工建促党建”工作的实施意见》。明确指出：哪里有职工，哪里必须建工会；乡镇要设定工会干部编制；非公有制从业者入会要作为重点；要将建会工作纳入党建目标责任制管理；要优先考虑工会主席进班子；工会财产不得侵占挪用等。在《关于开展“党建带工建、工建促党建”工作的实施意见》中规定：①配备好市、县系统、机关工会主席。机关工会主席按同级副职配备或兼任，副主席按同级中层正职配备或兼任，本级机关职工人数较多的，要设专职工会主席。凡直属基层单位3个以上、职工人数在200人以上的系统，原则上要建立系统工会，设专职系统工会主席，系统工会主席按同级副职配备。②加强县（市、区）工会领导班子建设。在经济发达、职工人数多的县（市、区），工会主席进入同级党委、人大、政协领导班子或由同级党委、人大、政协副职职级的领导兼任工会主席。③成立开发区总工会。运城经济技术开发区、风陵渡经济技术开发区、华信经济技术开发区要建立总工会，设定工会编制，工会主席按同级副职配备，同时配备1～2名专职工会干部。④开展乡镇（街道）建立总工会试点工作。各县（市、区）在二、三产业比较发达、所辖企业10个以上、职工人数2000人以上的乡镇试点成立乡镇总工会，按同级副职配备专职工会主席。⑤建立村级工会联合会。在二、三产业比较发达、企业3个以上、职工人数200人以上的行政村，要建立村级工会联合会，工会主席由各村委主任兼任或其他人担任。

在具体建会工作中，各级工会依靠人事局、编办的支持，摸清机关事业单位的情况；依靠统计局、劳动局的支持，摸清国有集体和国有集体控股企业的情况；依靠民营企业管理局等部门支持，摸清规模以上非公有制企业的情况；依靠统计、工商的支持，摸清规模以下非公有制企业的情况；依靠工商、街道乡镇等，摸清个体经营户、外出务工农民的情况；依靠国有集体企业工会，摸清本单位协议工、临时工入会情况。

（王　凡）

【维护工会会员合法权益】　在百日活动中，市总工会先后和市中心医院、福瑞特购物超市、大韵律师事务所等十一家单位签订了优惠服务协议。绛县、闻喜、永济、夏县、临猗、平陆等10个县市也采取不同形式，为会员在购物、就医、方面提供优惠服务。全年已直接发放工会会员优惠卡20000张，特困会员证100个；已有500名会员在福瑞特超市享受到打折优惠，有50名会员在市中心医院看病享受到优惠，优惠金额达万元以上。对建会不积极、阻挠拒建的个别老板和业主，除了曝光通报批评教育之外，工商部门不予年检；煤管安监不准生产，税务征收工会经费筹备金；评模记功一票否决。

根据王殿民主席的批示，4月、5月在全市13个县（市、区）和3个开发区开展了“春雷行动”，1万余份印有“12351”维权热线电话号码的宣传材料，散发到每一处有农民工的工地上，专人24小时接听维权热线。同时，各级工会组织对可能存在虐待农民工的砖瓦厂、家庭作坊、建筑工地等展开地毯式检查。在“春雷行动”中，各级工会共解救110名农民工，有效地遏制了黑工头虐待农民工的势头，给运城30万名外来务工人员带采了春天般的温暖。

“百日活动”期间，重点举办了两期工会干部培训。①举办了全市“首期私营企业工会干部适应性岗位培训”，培训内容贴近私营企业工会工作的实际，有120余名民企工会干部参加了学习。②举办了全市新建工会干部岗位培训，市、县两级不同类型的新建工会和新到工会岗位的工会干部共300余人参加了培训。市委常委、市总工会主席王殿民、省总工会干校教授张安顺等就新形势下的工会工作、工会基础理论、厂务公开制度和当前国际国内形势等进行授课。

全年，全市共新增加工会组织698个，新发展工会会员22.1万人，比省总下达的任务指标超额完成3万多人。全市已建工会组织达3801个，共有工会会员47.8万人。

为动员和激励社会各界人士积极携手维护职工合法权益，市总工会决定在全市范围内开展第二届“维权卫士”评选活动。“12·4”是第五个法制宣传日，在南风广场摆起了《工会法》宣传台，散发宣传《工会法》、《山西省实施〈工会法〉办法》、《劳动法》、《集体合同规定》、《最低工资规定》等法律法规500余本，宣传材料3000余份。全年，共受理职工来信来访案件82起，其中：集体案件16起，涉及职工2570人次，个人案件66起；来信25起；采访42起；“12351”热线电话受理15起。　　（王　凡）

【各项维权机制建设不断推进】

（一）2005年进一步完善以职工代表大会为主各项维权机制建设。在制定全年工作计划时，提出了建立健全政府联席（系）会议制度，保障源头参与渠道畅通；建立职工（代表）大会向上级工会报告制度，保障指导、帮助和协调的作用；建立提案落实制度，保证职工群众参与企业管理的主人翁积极性；建立职工（代表）大会民主评议领导干部制度，加强对企事业领导的绩效考核；建立职工代表培训制度，提高职工代表的素质，保证职工（代表）大会的质量；建立职工代表竞选制，体现职工的主人翁地位；建立职工董事、职工监事制度，保证职工的参政议政权力；建立厂务公开管理制度，保证职工群众的知情权及监督权等多种民主管理机制，完善职工（代表）大会各项制度，形成以机制促规范、以规范促创新、以创新出机制的工作思路。

在总结多年实践经验的基础上出台了《运城市企事业民主管理工作规范》。创制了《运城市职工代表大会工作程序规范图》、《运城市厂务公开民主管理工作程序规范图》，从职权行使到决议落实，规定了严格的程序，为职工（代表）大会和厂务公开的标准化建设、规范化运行，提供了依据。为创建非公有制企业劳资双方和谐、民主、共建的互动机制，组织开展了“关爱员工、实现双赢”的评比活动。在联合市国资委、经委、纪律检查委员会等部门下发《关于建立健全职工董事、监事制度，完善法人治理结构的通知》对职工董事、监事的权利和义务、任务以及产生的程序、当选的条件等15个方面进行了详细的规定，要求建立五种机制，即：信息沟通机制、咨询参谋机制、监督机制、保护机制、工作指导机制，来保证职工、董事、监事切实履行职责。在厂务公开工作方面，由市委办公厅下发了《关于规范全市厂务公开、职工代表大会工作程序的通知》。市委、市政府在出台《关于进一步加快深化国有企业改革的实施意见》中明确规定，国有企业改革中，未经职代会通过的职工安置方案视为无效，把厂务公开纳入了市委的“阳光政务工程”，并列为党风廉政建设的考核项目。加强劳动安全卫生工作，制定了工会劳动安全卫生责任制，特别是煤矿复产验收没有工会盖章不能批准。

年底，职工代表大会制度在国有及其控股企业建制率100%，集体及其控股企业建制率100%，非公有制企业200人以上建制率86%，200人以下建制率78%，教代会召开率100%。厂务公开制度在国有及其控股企业建制率97%，集体及其控股企业建制率95%，非公有制企业200人以上建制率86%，200人以下的建制率62%，事业单位建制率70%。建立职工董事、职工监事制度的单位262个，设职工董事的公司有168个，工会主席进入董事会的单位70个；设职工监事的公司有157个，工会主席进入监事会的单位126个，职工董事、监事向职工（代表）大会报告的单位125个。非公有制企业建立民主议事会、民主座谈会等单位118个。

（二）进一步完善以工资谈判为主要内容的平等协商集体合同制度。2月初至4月中旬，在全市13个县（市、区）及市以上企业范围开展了为期两个半月的最低工资标准执行情况的大调研。为进一步贯彻落实《劳动法》、《工会法》，推进集体合同和劳动合同制度的实施，加强三方协商机制建设，有效促进调整劳动关系，建立和谐社会，市委、市政府研究决定，下发了运厅字［2005］17号文件，成立推进集体合同和劳动合同制度领导组，组长由市委常委、市总工会主席王殿民担任，副组长由市总党组书记、常务副主席师自明和市政府副秘书长陈省平、市劳动和社会保障局局长罗明友、市经委主任卫明泽担任，成员由劳动局、市总工会、经委等相关人员组成。

年底，全市应签集体合同企业数为1108个，已签895个，占80.8%；建立平等协商机制的企业827个，占92.4%；推行工资集体协商企业798个，签订专项工资协议的企业771个。　　（王　凡）

【劳动竞赛、劳模管理得到创新】

2005年，围绕建设工业大市，开展“名牌企业、名牌产品、明星员工”竞赛；围绕建设教育大市，开展“名校、名师、名课”立功竞赛和“三育人”活动；围绕建设旅游大市，开展“比服务、创一流”竞赛；围绕重点工程建设，开展“保质量、求安全、比进度”竞赛；围绕把运城建设成黄河金三角地区工贸旅游中心城市，开展“尊重劳动者、关爱农民工、招商引资建设新运城”竞赛；上半年开展了旅游行业服务技能大赛，下半年开展了餐饮行业烹饪技术大赛；在全市卫生系统开展了“十佳医生、十佳护士”评选活动。围绕如何发挥劳模作用，提出了“镜子不能失真、榜样不能落后、旗帜不能变色”的指导思想和“领跑者要迈新步伐、建言要有新思想、争先要有新风尚、服务要有新举措”的具体措施，不断创新劳模管理，有力地引导了“新劳模竞风流，老劳模立新功”的不断超越态势，形成万众一心谋发展，一心一意建强市的巨大合力。　　（王　凡）

【帮扶送温暖活动深入开展】　在市委、市政府领导就高度重视和大力支持，市总工会针对全市困难企业、困难职工的实际情况，及时起草了文件，市财政在财政资金十分困难的情况下，每年拿出40万元作为送温暖资金，从而确保了送温暖资金的及时到位，使困难职工在两节期间体会到党的温暖和政府的关心。2005年各县（市、区）总工会以及各单位的送温暖资金超过230万元。

市总工会把一年一度的元旦、春节送温暖的活动同中秋节以及平时救助特困职工结合起来，把送温暖活动拓展为送温暖工程。前半年在全市困难企业、困难职工调查中，根据特困职工生活困难的实际情况，加大平时救助的力度，对那些无劳动能力、无生活来源、无法定赡养人、得重病花去巨款医药费、因天灾人祸的困难职工给予一定的救助。

依托困难职工帮扶中心这一平台，为困难职工排忧解难。（一）在生活救助方面，使1万余户困难职工家庭进入低保；发放《运城市特困职工优惠证》570个，为这些特困职工求医就诊实行减免达36000多元，对特困职工子女在九年义务教育阶段发放助学金68480元。大力开展金秋助学活动，对1705名困难职工子女因经济困难上不起学提供了及时救助。联合卫生局到特困企业免费义诊送药3次，对因患大病自费负担过重导致生活困难的200余名求助职工提供多达5000元、少则1000元的大病帮助，为被解救的外地民工送食品、衣服达150多人次。（二）在信访接待方面，接待各类职工来信来访300多人次，解决各类实际困难20多件。（三）在法律援助方面，法律援助职工、企业7次，聘请运城衡霄律师事务所为运城汽校、为民营建筑企业拖欠工资30多万元、为永济电机厂职工因病下岗等等进行了法律援助。（四）在就业帮助方面，召开了运城市再就业功臣、明星评选活动，对9个再就业先进单位，23名再就业先进个人授予了功臣、明星奖牌。（五）与盐湖区信用联社、运城市劳动和社会保障局联合下发文件，为下岗职工再就业提供优惠担保贷款，贷款资金从3万元到2万元不等，已办理15人。

（王　凡）

【大力宣传劳模事迹】 5月下旬，与市电视台、《运城日报》社、市广播电台联合组成“劳模宣传月”摄制、采访、宣传、报道组，重点宣传报道2005年的全国劳动模范和部分省“五一”奖状（奖章）获得者的单位和个人，在市电视台、《运城日报》、市广播电台开设“河东精英”专栏，报道了全国劳模狄跃生、任武贤、薛靛民、原贵生、“省五一劳动”奖状获得者贺仙娥、周爱国及“五一奖章”获得单位运城移动分公司等集体和个人的先进事迹。

（王　凡）

【增强工会的学习、丰富文娱生活】

9月8日召开了全市工会系统通讯员会议，成立了由150多人组成的通讯员队伍。同时创办了《河东工友》杂志和《运城工人》报，连同原有的《工会信息》、《山西工人报》、运城记者站，形成了“一报”、“一刊”、“一站”、“一信息”四大平台，累计编发宣传期刊、信息简报69期，登载文章390余篇，向外发行报纸刊物2.1万份。

开展了学习笔记展评。为了将全市“创建学习型工会组织、争做知识型工会干部”活动推向高潮，3月29日又对全市工会主席的笔记进行了认真的评比排队，并将参展人员和评比结果进行了通报。全市共有县（市、区）总工会、市以上企业、事业、系统工会50个单位，正副主席92人的学习笔记106本，心得体会42份参加了展评。

举办了全市工会系统“迎新春百名书圣为职工义写、赠春联”活动。各县（市、区）总工会、大企业工会共同联动，在当地设立分会场，邀请当地有影响力的书法家为职工义写、义赠春联。约有120余名书法家参加了此次活动，为2000余名职工义务书写了6000多幅春联，收到了良好的社会效果。

组织了“五一”专场文艺晚会。在“五一”国际劳动节即将到来之即，4月24日，在河东会堂组织了一场高标准、“五·一”专场文艺晚会。

组织了职工乒乓球大赛。10月10日至14日举行了运城市“供电杯”职工乒乓球比赛，共有29支代表队，148名选手参加了比赛。

（王　凡）

【保持共产党员先进性教育活动】

2月到6月，历时半年时间，扎实地开展了保持共产党员先进性教育活动。通过保先教育活动，党员干部的思想和精神面貌发生了很大变化，党组织的战斗力进一步加强，机关面貌发生了可喜变化。

结合保先教育、党风廉政建设和省总财务审计，对照要求找差距，积极整改，不断完善各种制度，收到了良好效果。先后制定党建工作制度13项，并汇编成册；完善了机关内部和全市各级工会工作责任制考核，制定了具体方案；先后下发了《经济审计工作规范》、《民主管理工作规范》、《评模记功规范》、《收缴经费地税代征责任制》等各项工作制度；经审办在加大下审一级力度的同时，加大了对本级机关的审计力度；进一步完善了机关财务报销制度、探视病人制度、出差报销制度、接待管理制度等机关管理制度。（王　凡）

【山西省“五一”劳动奖状获奖单位】 ·山西移动通信有限责任公司运城分公司·2004年，该分公司在省公司和市委、市政府的正确领导下，紧紧围绕“业务和服务”双领先的战略目标，以客户为中心，以发展为重点，全体员工积极努力，勤奋工作，开拓创新、拼搏争先，全面超额完成了年度工作任务，综合指标在全省名列前茅。完成运营收入5.16亿元，超年度计划23%，同比增长44%，客户放号完成24万户，超年度计划126%，新业务收入完成7291万元，同比增长78%，上缴国家利税2.02亿，同比增长54%。在客户服务中推出11项服务承诺，增加大客户服务项目13项，新增服务网点45个，服务网点达650个。在网络建设中，新建基站140个，新增载频1481个，基地总数达529个，载频总数达3524个，全市基本实现无缝隙覆盖。在劳动竞赛和文明创建活动中，五个营业部进入全省“十强”，稷山营业部陈捷被省公司评为“创新能手”，五个服务窗口被授予市级“青年文明号”，盐湖营业厅被全国妇联授予“巾帼文明岗”。

·运城市交通局·2004年，在省交通厅、市委、市政府的正确领导下，运城市交通局按照“交通要率先发展”的战略部署，着力实施“三民工程”，深化四项改革，打好五个硬仗，苦干实干，克难攻坚，各项工作成效显著。

农村公路建设实现重大突破，“双百”建设取得了决定性胜利。

完成通村水泥（油）路4018公里，是省下达计划任务1000公里的4倍，受到省政府表彰，被省交通厅评为“村通水泥（油）路先进市”第一名；全市地方公路建养共完成投资9.8亿元，比上年增长172.2%；新增公路通车里程114.3公里；新增高级、次高级路面201公里；建设文明路227.7公里；改造危桥10座836千米；县乡公路好路率达81.6%，综合值达75.85；2004年底，全市公路通车里程达8724.7公里，其中二级以上高等级公路已达1347公里，占全市公路总里程的15.4%，占全省二级以上高等级公路总里程的10.5%。

客货运输市场更加繁荣，行业管理进一步规范。深入开展了“三无车辆、危货运输、汽车维修、驾驶员培训、公交车、出租车超范围经营”等五项运输市场专项整顿，净化和规范了运输市场。大力开展“客运村通利民工程”努力解决群众“出行难”的问题。

交通综合执法改革快速推进，治理超限超载工作取得阶段性成果。成立了交通综合执法大队，彻底解决多头执法和多家上路问题，杜绝了公路“三乱”，被省厅确定为试点单位。超限超载车辆比例从原先的80%左右，下降到4%以下。

交通规费征收再创新高，项目筹建和融资进展顺利。共征收拖养费4400余万元，运管费2362万元，客运附加费1930万元；市重点项目汽车客运中心即将完工运营；市重点工程运稷一级公路前期准备工作基本完成；交通融资工作运作平稳，业绩突出。

2004年的“村通”工作受到省政府的表彰，被省交通厅评为“村通水泥（油）路先进市”第一名，在市直精神文明创建活动中，荣获“文明单位”称号；业务工作年终综合评比在全省名列前茅，获省厅“先进单位”；各单项业务工作获省厅或全市优秀。

·运城市建设局·中心城市建设和管理工作在市委、市政府的领导下，市人大、市政协监督下，认真落实“三个代表”重要思想和十六大、十六届三中、四中全会精神，圆满完成了城建工作的目标任务。

积极推进和加快城市基础设施建设，全年完成投资3.9亿元，完成了10项重点工程建设项目，建设道路里程20公里。先后完成人民中路改造、学苑路（高专东路）、河东街延长线、圣惠南路、机场路、槐东路、魏南大街建设工程和五个十字路口拓宽改造工程，南风广场于4月30日正式对外开放并投入使用。

大力开展城市环境综合整治活动，违章建筑得到拆除，广告牌匾基本规范，城市夜景更加迷人，四纵四横主要街道道路照明亮灯率达95%，城市绿化浓墨重彩，新增绿化面积71万平方米，城市绿化覆盖率由18.71%增加到21.11%，完成人行道硬化6万余平方米，交通秩序初步规范，主次干道环境卫生明显干净，市容市貌更加靓丽。

强化建筑市场和房地产业管理，中低价位住宅建设、清理拖欠工程款和农民工工资工作都位列全省前茅，经济适用住房建设全面启动，建筑工程质量明显提高，安全隐患明显减少，各类事故明显下降。

全年先后组织了两次大型城建法规宣传活动，组织10次执法培训学习和《行政许可法》考试，培训人员1400人次，三项治理工作进展良好，成效显著。

·山西省电力公司运城供电分公司·运城供电分公司是国家大型企业，担负着13个县（市、区）的电力建设和90.3万用户的供电任务，辖13个支公司和19个直属单位，共有职工3339人，固定资产30.55亿元。

2004年，该公司在电力短缺70万千瓦的情况下，不断加快电网建设，千方百计保证供应，扎扎实实搞好服务，赢得了政府放心、群众满意。

全年完成电网建设投资4.68亿元，220千伏新建投运1站，改扩建4站，增加落地负荷30万千瓦。新建和改扩建一大批110千伏和35千伏输变电工程。为了满足风陵渡工业园的用电需求，他们特事特办、急事急办，克服雨季给施工带来的重重困难，仅用4个月建成投产。为了保障运城机场建设进度，他们垫资600万元，建成了35千伏机场变电站。特别是为了缓解电力供需矛盾，他们多方筹资4000余万元，79天建成110千伏陕西渭南向运城跨网、跨省、跨黄河远距离输电工程，引进周边富裕电力7万千瓦。

他们积极探索出“三查四定五监督”的管理经验并在全省推广，按照“先生活、后生产”的原则，合理安排停限电序位。做到了有保有限、有序供电，全市平均供电负荷率达到95．4%，同比提高了1.5个百分点。春浇春灌期，多方组织40万千瓦抗旱负荷，按期完成140万亩棉田和160万亩麦田灌溉任务；夏季三伏天，他们积极争取38万千瓦居民空调降温负荷，保证了居民生活用电需求。

他们强管理，严考核，堵漏增收，增供扩销，全年售电85.31亿千瓦时，同比增长10.07%。销售收入24.87亿元，同比增长21%。通过实行预算管理，节约费用开支570.9万元。公司各项生产经营指标均创历史最好水平，安全生产、电价增幅、利润增长和职工增收取得了新的突破。上缴国家利税同比增长22%。安全生产、资产经营、党风廉政建设和企业稳定四项目标责任制考核成绩名列山西省电力系统第一名。

他们深入调研论证，积极参与地方经济项目建设，先后开辟了与昌鸿、阳光、志信集团合作经营项目，多种经营年产值2.6亿元，实现了地方经济、电力企业和职工协调发展。　（市总工会）

共青团运城市委

【保持共产党员先进性教育活动】 2005年2月初，团市委机关按照市委的部署开展了为期半年的保持共产党员先进性教育活动。在督导组的帮助指导下，对全体党员进行了发动，明确了开展先进性教育活动的目标、任务和要求，全体党员集中学习和自学，在内容上和时间上都达到或超过规定的要求，全体党员对“三个代表”重要思想的时代背景、实践基础、科学内涵、精神实质和历史地位的认识有了进一步深化。根据新时期共产党员保持先进性的总体要求，每个党员结合自身实际和岗位要求都提出了自己标准。在分析评议阶段，党组征求了每个党员群众的意见，每个党员也征求了其他党员和群众的意见，找准了存在的问题，进行了广泛的谈心活动，民主评议扎实认真，批评与自我批评深刻到位，分析评议结果得到群众认可。在整改提高阶段，党组根据存在的问题制定了整改方案，对每个问题的解决办法都提出了整改措施，填写了解决突出问题责任卡，并就能立即解决的突出问题进行了整改。

团市委根据全团的总体部署，以共产党员先进性教育活动为契机，在全市大力开展增强共青团员意识主题教育活动。结合全市具体情况，制定了关于开展以学习实践“三个代表”重要思想为内容的增强共青团员意识主题教育活动的实施方案。下发了团委基层情况摸底表，团员基本情况汇总表，主题活动记录表，团员民主评议情况表等七种表格，为开展好此项工作奠定了基础。广大团员青年在活动中认真学习，积极参与，切实增强了政治意识、组织意识和模范意识。

（崔鸿鸽）

【深化青年志愿者行动】 2005年，团市委组织广大青年志愿者走上街头，深入社区，为社会提供志愿服务。如市直中专学校的志愿者在纪念毛泽东同志“向雷锋同志学习”题词42周年之际，深入姚暹渠改造工地，为农民工免费体检，送医送药；“六·二六”国际禁毒日，大中专学校的志愿者开展禁毒宣传；幼师、卫校、财校、医科学校团组织与市光荣院、干休所、聋哑学校等开展“一帮一”长期结队服务。在服务中体现团组织的温暖和凝聚力，提高了广大青年志愿者的公益意识和服务能力。为帮助引导青年学生身体力行“三个代表”重要思想，团市委在全市范围内开展了以“受教育、长才干、做贡献”为宗旨的大中专学生暑期“三下乡”社会实践活动。全市共8所院校的200余名青年志愿者分三批到国家级贫困县平陆，进行了为期半个多月的实践活动。据统计，共举办各类专题讲座30余场次，发放宣传资料2万余份，赠送科技书籍3000余册，送医送药1000余元，受教育人数达2000余人次，丰富和充实了农民生活，也给农民带来了实惠。在“百万青年志愿者助残行动”中，市艺校范剑青同志被团中央、中央残联联合评为“先进助残”个人。

（崔鸿鸽）

【狠抓重大节日纪念活动】 隆重纪念“五四”运动86周年。4月24日，全市各界3000余人在南风广场隆重集会，纪念这一重要节日。大会对全市“十佳共青团干部”、“十佳共青团员”和“青年文明号”爱心助学单位进行表彰，举行了“青年文明号”单位结对助学捐赠仪式，20名家境贫寒但品学兼优的中学生每人得到了1000元的救助。市直部分学校的团员青年展示了青春风采，表演了文艺节目。庆祝“六一”国际儿童节。5月31日上午，庆祝活动在南风厅隆重举行。会上对十佳雏鹰大队、十佳少儿工作者、十佳好校长、十佳辅导员、十佳少先队员进行了表彰。

（崔鸿鸽）

【开展救助贫困生上大学行动】 7月份，团市委发起救助贫困生上大学行动，团市委要求各级团组织对2005年考上大学但无力求学的贫困学生情况进行调查，然后确定了12名重点救助对象，经过策划在市电视台《第一时间》栏目推出了“我想上大学”的系列报道。团市委此举搭起了有识之士为贫困大学生献爱心的桥梁，在社会上引起了良好反响。经过多方呼吁协调，12名同学共获得资助达40余万元。团市委还争取到省希望办5万元的支持，救助了10名特困大学生。

（崔鸿鸽）

【希望工程再传捷报】 2005年，团市委在贫困县援建8所希望小学。继上年“首届全国希望小学运动会”之后，8月份，垣曲县再次作为山西省唯一一支代表队赴京参加“首届全国希望小学歌咏大赛”。在大赛设置的五个奖项中取得了才艺项比赛二等奖、校园歌曲比赛三等奖、综合奖项第7名和最佳组织奖的优异成绩。（崔鸿鸽）

【预防青少年违法犯罪工作】 在市综治委的具体指导下，团市委围绕促进青少年健康成长这个主题，积极履行自身职责，结合本市实际，开展了法制宣传教育、优化青少年成长环境、青少年自护教育、社区远离毒品、安全放心网吧建设、挽救失足青少年、维护青少年合法权益等工作，大力营造有利于未成年人健康成长的良好社会环境，有力地推动了预防工作的深入开展，取得较为显著的成效。

（崔鸿鸽）

【“青年文明号”创建活动】 “青年文明号”创建工作在向基层站所、柜组、班组、车间、生产一线全面推进的基础上，向私营企业拓展，机制逐步完善，内容不断深化，大大促进了职工职业道德建设和企业经济效益提高。2005年全市有7个先进集体获得省级“青年文明号”，73个青年集体获得市级“青年文明号”称号。2005年底，全市共创省级以上“青年文明号”53个，市级147个，县级270个。税务系统团委，结合创国家级文明号，在全系统大力开展“青年文明号”创建工作，致力创建“青年文明号”。创建“青年文明号”国家级2个，省级9个。2005年，市“青年文明号”创建工作领导小组成员深入到有关单位进行督查，发现问题责令立即整改，对于不符合条件的“青年文明号”集体限期整改或摘牌，有利维护了“青年文明号”这块金字招牌的良好声誉。同时，加强了全市11个表现突出的“青年文明号”单位的宣传，拍摄了11集《“青年文明号”风采录》专题片，在社会上产生了良好反响。（崔鸿鸽）

【“红领巾小选民”活动】 全市第七届村民委员会换届选举启动之后，11月28日，市少工委就下发了《关于在第七届村民委员会换届选举中开展“红领巾小选民”活动的实施意见》。各基层少先队组织依照意见，联系本地实际，创造性开展了活动。让少先队员充分参与到选举活动中来，在实践体验中接受教育，增强了他们的民主意识、责任意识和法律意识以及参与社会的能力，促进了换届工作的进行。特别是万荣团县委、少工委与该县通化镇党委、政府，开展的红领巾与选民手拉手活动更为突出。他们设立了红领巾宣传专栏，编发了换届手抄报，并把自己的家庭作为首选阵地进行宣传。较好地发挥了红领巾的宣传、协助、监督作用。有力地促进了换届选举工作。此举得到了市委的充分肯定。12 月 6 日，新华社对该县“红领巾小选民”活动的经验进行了报道。随后《人民日报》、《人民日报》（海外版）、《光明日报》、《人民代表报》、《农民日报》等一百多家报刊、全国 23 个省、市、自治区 407 个网站进行了刊发。12 月 20 日《山西日报》作为要闻进行了编发。（崔鸿鸽）

【青工战线创新创效活动】　大力开发青工人力资源。全市各级团组织积极引导外出务工青年返乡创业，并在资金、技术、信息、经营场所、土地征用等方面竭力为他们创造条件，动员社会各方面力量给予他们大力支持，吸引一批务工青年返乡创业，为家乡的经济发展做出了贡献。以开发青年职工资源为着力点，立足行业（部门）工作实际，对青年职工进行广泛的职业技术培训、技术比赛。市共青团在全市范围内建立青年职业技能培训点 7 家，利用再就业培训基地，对 3000 余人进行了操作技能、职业指导，培训各项技术人才 5000 余人，组织青年职业技能培训会 7 次。先后推荐刘力源等同志分别获得“山西青年创业明星”称号。在 2005 年山西省杰出（优秀）创新能手评选中，王泽云等 8 名同志获得“杰出青年创新能手”称号。在全省“青年安全生产示范岗”评选中，山西铝厂、南风集团、中条山有色公司有三家集体分别获此殊荣。由本市推荐 3 名同志获得山西省“优秀青年岗位能手”称号。与此同时，大力引导企业青工爱岗敬业，强化诚信教育，鼓励青工积极参加以“四个一”和“五小”为主要内容的技术创新、管理创新、营销创新、和服务创新的活动，取得了良好效果。（崔鸿鸽）

【青农战线服务青年农民增收成才活动】　继续深化青年中心工作。按照团中央、团省委的要求，在垣曲、平陆等县积极开展青年中心试点工作，并将平陆县作为省级试点县。通过抓队伍建设，抓阵地建设，抓服务项目建设，抓制度建设，制定了《青年中心章程》，明确了青年中心性质、工作职责、部门设置、运作机制等，确保了青年中心建设工作的规范化运作。开展青年科技培训活动。9 月份，共青团市委与农委、劳动保障局等单位就培训农村青年人才做出了部署，就培训内容、教育管理和资金落实等进行了落实。举办了“农产品营销和青年经纪人”培训班，共培养 200 余名青年经纪人，有效地服务了农村经济建设。开展乡村青年文化节活动。以“送春联、送年画、送温暖”为主题，积极参加“文化、科技、医疗、法律”四下乡活动。（崔鸿鸽）

【未成年人思想道德建设】　共青团市委与教育局、关工委、市妇联联合，从 2004 年开始，深入到临猗、永济进行调研，在调研的基础上地提出了创建“三结合”育人学校的想法，并得到了市委的支持和肯定。市政府以运政办发［2004］77 号文件下发了《运城市人民政府办公厅关于创建“三结合”育人学校的意见》。为确保“三结合”育人学校在思想道德建设工作中的重要作用，还制定了“三结合”育人学校创建标准。共青团市委在对全市 13 个县市区及市直、厂矿 26 所中学的团组织建设和中学生团校、高中、业余党校进行专题调研，认识到“两校”建设的重要性，也更加认识到“两校”建设的严峻性。并确定新绛中学为“两校”建设试点，以期在全市推广学习，从而进一步推动全市学校团组织建设。（崔鸿鸽）

【少先队工作】　2005 年，少先队工作坚持以少年儿童为本，以少年儿童发展为本，坚持把竭诚为少年儿童健康成长服务，作为全部工作的出发点和落脚点，初步形成了“起点高、基础实、重创新、有特色”的工作格局。

①用全国第五次少代会精神统领全市少先队工作。市少工委紧紧围绕全会精神和八部委联合文件精神，采取多种形式，认真组织全市少先队工作者有针对性地学习、讨论、分析、反思。还专门召开座谈会，听取了第五届全国少工委委员杨洁同学对少代会精神的宣讲。同时市少工委下发文件，对学习贯彻落实全国第五次少代会精神作出了全面部署。

②强化少先队机制建设。市少工委相继出台了《发挥五老志愿者辅导员在未成年人思想道德建设中的重要作用的通知》、《加强信息工作的意见》、《年度考核量化评优标准》。并确定了工作例会制度和辅导员选任制度。

③创新少先队工作思路和方式，实现工作特色化发展。结合新形势下对少先队发展的新要求，市少工委提出了有高度才有力度；创新决定思路，思路决定特色，特色决定出路的工作思维。要求各级少先队组织做到理念、思路、内容、方法、形式、组织发展、课题研讨、队文化发展等方面都要有创新，把创新贯穿于所有环节。通过不断创新，各级少先队组织呈现出特色化发展的良好势头。每个基层少工委都有自己的特色工作品牌，都有自己的特色大队、特色小队。临猗县少工委围绕市少工委提出的“一校一个特色、一校一个重点、一校一个品牌”的思路，开展“三争三创”活动，即学校争创特色学校，大队争创红旗大队，学生争创阳光少年。盐湖区实验小学开展“书香校园特色活动”、盐湖区解放路第三小学分校科技创新特色活动。夏县少工委实施的“红领巾双百工程”，即建立一百个红领巾知心小屋，成立一百支红领巾特种部队等等。

④实践活动广泛开展。民族精神代代传活动高潮迭起，手拉手活动推陈出新，雏鹰争章活动不断创新，“四个一”节约活动务实有效。

⑤特色典型影响大。经过各级少先队组织的共同努力，在上级组织的支持下，全市涌现出了一大批先进典型，少先队员杨洁被推选为第五届全国少工委委员；盐湖区实

验小学少先大队总辅导员杨红娟被共青团中央、国家教委、全国少工委授予“优秀少先队辅导员”称号；河津市柴旭达被评为第十届全国十佳少先队员；运城市少工委总辅导员王刚被全国少工委授予十佳辅导员提名奖；运城市志愿者辅导员王英军被全国少工委授予十佳志愿者辅导员提名奖。（崔鸿鸽）

【清房工作圆满结束】 2003年9月份以来，根据三项治理办公室文件及全市清房工作会议精神，从宣传发动入手，严格按照程序，积极主动申报，开展自查自纠，圆满完成了清房任务。共申报住房12套941.35平方米。经审核，列为清理纠正对象的3人，其中县处级干部1人，乡科级干部2人。住房超标需缴款的3人。经过书面征求本人意见、公示，并下达缴款通知书后，至2005年11月14日，清理纠正工作全部到位。（崔鸿鸽）

【狠抓共青团的基层组织建设】 2005年，为了全面落实《关于共青团中央进一步加强团的基层组织建设的决定》和《山西省委共青团关于进一步加强团的基层组织建设的意见》精神，全面加强和推进市团委的基层组织建设，制定了共青团运城市委《关于进一步加强团的基层组织建设的实施意见》，要求各级团委的一把手作为基层团组织建设的第一责任人，各级团的组织部门要切实履行职责，积极主动，牵头总抓。其它部门要从各自的职责出发，在各条战线上推动本领域团的建设，形成基层组织建设的合力。经过努力，逐步建立健全与社会主义市场经济相适应的基层组织体系。不断深入“三级联创”活动，活跃团的基层工作。确定了河津团市委为全省团建先进县创建单位，运城经济技术开发区团委、运城市直机关团工委为全省“五四”红旗团委创建单位，运城供电分公司输电工区团支部、南风化工集团股份有限公司日化销售部团总支，中铝山西分公司水电分厂电气检修车间团支部为全省“五四”红旗团支部创建单位，并于11月，被团省委确定为创建单位。2005年，又有三家团组织被团省委确定为创建单位。加强基层建团工作，经过团市委书记会研究决定，重新恢复了河津杜家沟煤矿团委的组织关系。（崔鸿鸽）

运城市妇女联合会

【概述】 2005年，市妇联在市委、市政府的重视支持下，在上级妇联的正确指导下，坚持科学发展观，以能力建设为主线，围绕中心，服务大局，认真履行职责，带领全市妇女开展了卓有成效的工作，有力地促进了全市妇女事业的进步和发展。（景　红）

【精心组织、开展保持共产党员先进性教育活动】 根据市委保持共产党员先进性教育活动的安排部署，市妇联从2月3日起全力投入保持共产党员先进性教育活动，全体党员干部积极主动参与其中。五个多月来，工作教育两兼顾，较好地完成了各项任务，达到了预期的目标。

全力以赴抓学习，认认真真搞动员。首先是成立了先进性教育活动领导小组，明确了“一把手”负责，制定了活动实施方案。其次是认真学习有关文件，参学率达100%，市妇联主席郑风梅为全体党员和非党群众作了一次《坚持党的宗旨，做好本职工作》的专题辅导。活动期间还举办了学习笔记、学习心得体会展览及先进性教育知识考试、学习体会演讲、先进性认识大讨论等。推选市妇儿工委办主任杨云英和新党员杨瑞妮，参加了市委机关和市直单位举办的演讲赛，杨瑞妮取得了市委机关第二名、杨云英夺取了市直单位决赛第一名的好成绩。

学习先进找差距，客观公正搞评议。①4月5日，全体党员前往运城市烈士陵园和夏县堆云洞革命教育基地。开展“缅怀革命先烈，重温入党誓词”活动。6日，前往新绛中村北村、河津龙门村参观学习。②召开了由妇委会主任、人大女代表、政协女委员、社会各界妇女代表、机关全体干部和下属单位领导参加的7个座谈会，面对面征求意见。③开展“面对面”的谈心活动，征求意见、沟通思想、消除隔阂。根据征求到的意见，全体党员撰写了认识深刻的党性分析材料，召开了党员组织生活会和班子民主生活会，重点解决工作作风等方面存在的问题。

扎扎实实搞整改，不断完善和提高。整改期间针对本单位存在的学习风气不够浓厚、工作作风不够扎实、内部管理不够规范、农村工作不够深入等突出问题，制定了市妇联整改措施、整改方案和公开承诺，建立了“解决问题责任卡”，把需要解决的突出问题按照职责相符的原则，落实到具体部门和责任人。（景　红）

【切实解决群众关心的热点难点问题】 2005年，市妇联开展了一系列扶贫济困、表彰先进、弘扬正气的活动。

①扶贫帮困献爱心。市妇联全体党员分三组前往闻喜县河底镇大峪村、芮城县风陵渡镇谭郭村和西小侯村慰问了11户贫困家庭。在全市开展的“爱心帮困护春蕾”活动，资助了120余名贫困生重返校园。

②关注“开水灶”，帮助贫困生。6月，在全市开展了“关注开水灶，帮助贫困生”系列活动，组织了“关注开水灶，帮助贫困生”启动仪式，组织各县（市、区）妇儿工委办公室主任、妇联主席、市直各单位妇委会主任等人士观看“开水灶”纪实片，安排部署此项活动。6月1日，市妇联领导慰问了贫困山区平陆县西侯小学236名“开水灶”学习，赠送了学习用品、体育器材和食品。6月15日、16日为平陆县常乐镇西侯工行爱心学校和留史爱心学校举行了揭牌仪式。活动期间，共收到捐款13万余元，捐物价值10万余元，帮助平陆西侯、留史等8个学校585名学生彻底告别了“开水灶”。

③开展巾帼先锋评选表彰活动。3月7日召开了隆重的“三八”表彰大会，表彰了20名“巾帼先锋”，并把她们的先进事迹编成节目进行演出。“三八”节前后，《运城日报》、《山西妇女报》、运城电

视台开辟专题专栏对20名巾帼先锋进行广泛宣传。

④召开廉内助活动总结表彰大会。3月8日，市妇联与市纪委监委联合召开了全市“廉内助”活动总结表彰大会。对2004年全市争当促进党风廉政建设模范廉内助活动进行了总结，表彰了69名模范廉内助和20个先进集体。通过电视、报刊等媒介将模范廉内助的先进事迹进行大张旗鼓地宣传。对2005年廉内助活动进行了安排部署，在全市开展“十个一”倡廉活动。

（景　红）

【维权工作实施六大举措，切实维护妇女儿童合法权益】 2004年市妇联实施六大举措，加大维权工作宣传力度：(1) 成立妇女法制宣传领导组。(2) 开通了“2668148”维权热线。(3) 在运城市妇联信息网上开辟了维权网站，内设法规文献、热点问题、律师咨询、以案说法、维权举报等栏目，与广大妇女群众在网上进行交流探讨。(4) 12月1日组织市、县、乡专职妇联干部和市直、县直单位妇委会主任进行了《妇女权益保障法》知识考试；开展了大型的“艾滋病”防治知识宣传活动，市妇联在南风广场设立了咨询台，散发宣传资料，组织全市13个县（市、区）统一时间、统一内容播放了“红丝带飘起来”文艺晚会。(5) 在“12.4”法制宣传日，开展了法律咨询活动，并在《运城日报》开辟“发挥妇联职能，维护妇女权益”专栏，采访了市妇联主席郑凤梅。在市电视台“法制扫描”栏目中，开辟一天一条妇女法知识宣传。(6) 编印了一本《维权工作实用手册》。一年来，市妇联和全市各级妇联共接待来信来访案件390余件，经过各级妇联与各有关单位协调处理，基本上达到案案有着落，件件有结果，平均结案率达93%。（景　红）

【预防艾滋病，健康全家人】 2005年，开展预防艾滋病宣传教育活动。市妇联与卫生局联合在全市范围内联合开展“预防艾滋病，健康全家人”活动。9月全球基金山西省艾滋病防治项目在芮城、夏县、绛县、新绛、稷山5个县启动后，各县妇联立即行动，成立了领导组，制定了全球基金艾滋病防治项目近期计划，活动方案和艾滋病防治妇女宣传教育（2006—2010年）规划。

全国妇联、卫生部在本市召开艾滋病综合防治示范区妇女“面对面”宣传教育活动总结推广会。11月9日—12日，全国妇联、卫生部艾滋病综合防治示范区妇女“面对面”宣传教育活动总结推广会在运城市召开，全国妇联、卫生部、国台办有关领导；31个省区市和新疆生产建设兵团妇联主席；28个省（区、市）卫生厅相关职能部门负责人；全国127个示范区的县（市、区）妇联负责人；省委、省政府领导、省妇联领导、各地市妇联主席；市委、市政府领导，各县（市、区）妇联主席，新闻记者等300余人参加了此次大会。

会议期间与会代表分别考察了盐湖区和夏县妇女“面对面”宣传教育工作。

盐湖区在妇女“面对面”宣传教育工作中，坚持做到思想、领导和工作“三到位”，充分发挥妇联组织的网络优势，组织大型宣传活动6次；进家入户对妇女“面对面”宣传教育156793人；“大篷车”宣传队在17个乡（镇、办）巡回演出30余场，直接受教育群众达18万人次；印制发放宣传资料、公开信等宣传品十万余份。取得了突出的社会成效，使全区妇女艾滋病防治知识知晓率达到75%。夏县在妇女“面对面”宣传教育工作中积极创新工作方法，不断拓宽宣传领域。通过在主要街道悬挂宣传横标、张贴标语、树立广告牌；在《文卫在线》开辟宣传专栏，每天播放有关艾滋病防治知识；举办艾滋病防治知识竞赛；开展“防艾知识进校园”活动；举办“妇女健康知识”讲座等形式广泛宣传艾滋病防治知识。成立“红丝带工作室”，深入到艾滋病感染者当中面对面宣传教育，帮助艾滋病感染者寻找资金投资致富项目，组织艾滋病患者集中进行学习、交流，全县15～49岁女性艾滋病防治知识知晓率达到85%。

会议期间全国妇联副主席莫文秀作了《妇女权益保障法》专题讲座；国艾办示范区管理办公室常务副主任韩孟杰作了《示范区的总体情况和进展》专题讲座，并就与会代表提出的问题进行了现场解答；山西省妇联、湖省卫生厅、河南省上蔡县妇联等7个代表在大会上作了典型发言。就艾滋病面对面宣传教育工作进行了经验交流。

大会宣传推广了运城市艾滋病妇女“面对面”宣传教育工作经验，同时提高了本市妇联干部妇女权益保障法理论知识水平，学到了其他地市的先进经验，为此后更好地进行艾滋病妇女“面对面”宣传教育工作打下了坚实的基础。

（景　红）

【“巾帼建功”和“双学双比”创建活动】 在城镇继续深入开展“巾帼建功”创建活动。调整了运城市创建“巾幅建功”活动领导组成员，对近年来荣获“巾帼文明岗”的单位进行登记造册，完善并规范了“巾帼文明岗”的创建和管理机制。9月11日至14日举办了“运城市巾帼文明岗培训班”。学习“巾帼文明岗”的创建与管理，召开了一次“巾帼文明岗经验交流会”，国家级和省级的“巾帼文明岗”获得者在大会上作了经验发言，组织争创文明岗单位负责人到深圳市宝安区地税局新安税务所、广州市劳动力市场妇联分市场等地进行了考察学习，学习了当地争创“巾帼文明岗”的先进经验，使争创单位获益匪浅。

在农村继续开展“双学双比”创建活动。①强化培训，提高技能。全市各级妇联围绕农业产业结构调整，以市场为导向，坚持实用、实际、实效的原则，加大对农村妇女进行文化科技培训的力度。共举办各类培训班百余期，培训妇女25万人次。②开展科技三下乡活动，深入基层积极开展科普知识宣传、科技信息咨询、实用技术培训等活动。③培育典型，示范带动。针对城乡妇女素质差异和就业愿望的不同，在全市范围内开展层次不同，内容不同的各类培训班，对下岗妇女、农村剩余妇女劳动力进行培训，全市共培训人数5万人，转移富余劳动力1.5万人，大大提高了农民的收入。10月份市妇联在全市城乡广泛开展“关爱农村妇女，赠送良师益友”活动，动员市、县（市、区）、乡（镇、办）各级党政机关、企事业单位、干部职工，为家在农村的母亲、姐妹和其他亲朋好友征订赠送《农家女》杂志。

（景　红）

【倡导文明新风，开展“敬老养老好媳妇”活动】 为了充分发挥妇联组织和广大妇女在构建和谐社会中的重要作用，创建和谐家庭促进构建和谐社会，在全社会形成敬老养老爱老助老的良好风尚，市妇联在全市上下广泛开展了“敬老养老好媳妇”评选表彰活动，10月11日召开了“运城市敬老养老好媳妇表彰大会”，表彰了尚春娟等100名“敬老养老好媳妇”。会上向全社会发出了“敬老养老好媳妇”倡议书，号召全市妇女姐妹们要向受表彰的“敬老养老好媳妇”学习，争当敬老养老模范，让所有的老人都能够安度晚年。（景　红）

【推动“两纲”、“两规”实施，优化妇女儿童发展环境】 2005年是“十五”规划的最后一年，对“两纲”、“两规”进行了终期监测评估，经过评估运城市荣获山西省实施妇女儿童发展“十五”规划标兵单位1个、先进集体4个、标兵1名、先进个人9名。在“十五”规划顺利完成的基础上，10月底成立运城市妇女儿童“十一五”规划编制组，并起草下发《关于做好妇女儿童发展“十一五”规划编制工作的通知》，在财经学校开展“两纲”、“两规”有关知识宣传授课，广泛宣传“两纲”、“两规”的重大意义。

市妇联妇儿工委充分发挥自身优势，主动加强与各成员单位的联系与沟通，开展了一系列活动：与市卫生局联合，成立了运城市“降低孕产妇死亡率和消除新生儿破伤风”项目领导组和专家技术指导组，以保证“降消”项目工作的顺利开展。与教育局、关工委、团委联合到永济检查“三结合”育人学校贯彻实施情况，筹备“三结合”育人学校现场会。与市委老干部局、市关心下一代工作委员会和市老年书画研究会联合举办运城市直纪念抗日战争胜利60周年老少书画联展，再次回顾中国人民从鸦片战争以来，一百多年反侵略战争伟大胜利。6月，以市妇儿工委名义表彰家庭教育先进单位和个人以及优秀家长。9月在全市开展“家庭道德教育宣传实践月”活动，开展家庭教育征文，共收到征文40余篇，向省妇联推荐的21篇文章中一等奖1名、二等奖6名、三等奖5名，编印了《以德育人》一书，收集了《将思想道德教育做到未成年人心里》等44篇文章。与市妇幼院联合开展妇女“体检”活动；与市直6家医疗单位联合开展“尊重生命尊重爱——婚前医学检查知识宣传教育普及活动”。

组织妇女体检。为了有力地预防妇科疾病，开展组织了市直各单位妇女进行健康体检，达到有病早治，无病预防；并组织联系博爱医院为人大女代表、政协女委员和双语幼儿园、蓝天少年宫的教职员工进行免费健康体检；还在博爱医院成立孕产妇女学校。举办妇女病健康和婚检知识宣传，邀请市妇幼院副院长刘亮进行专题讲座。

在全市开展“尊重生命尊重爱——婚前医学检查知识宣传教育普及活动”。在世界卫生日，组织6家市医疗单位宣传“婚检”知识；并组织了婚前医学检查知识问答活动。在运城市四级妇女干部培训班上，邀请市妇幼院副院长柴青春讲授婚检相关知识；并购买发放《婚检知识130问》书130余册；组织各单位职工参加婚检知识问卷。

（景　红）

【抓组织、强队伍，提高妇联组织创新发展的能力】 全市各级妇联按照提高妇联组织“五个能力”的要求，努力改进工作作风，巩固和发展组织网络和基本队伍，积极探索新的组织形势，提高妇联组织创新发展的能力，在“山西省妇联建会55周年评选表彰”活动中，共获得18个先进集体和30个先进个人。

为了进一步提高妇女干部的理论水平，市妇联分别于6月下旬、7月上旬和9月上旬举办三期妇女干部理论培训班。来自各县（市、区）妇联干部，市直各单位妇委会主任、副科级以上优秀女干部，巾帼文明岗负责人等350余人参加了培训。主要从妇联工作业务、法律知识、写作知识、构建和谐社会的能力、城市化建设问题、当代中国社会阶层问题、女性领导与创新思维、女性成才、女性礼仪、形象塑造、巾帼文明岗创建与管理等内容进行培训。培训采用专题讲座、经验交流、讨论等形式，期间特邀省妇联主席梁豫秦作了“加强妇女能力建设”专题讲座。（景　红）

运城市侨联

2005年，在中共运城市委、市政府的正确领导下，在山西省侨联和运城市委统战部的具体指导下，运城市侨联以邓小平理论和“三个代表”重要思想为指导，认真贯彻落实中国侨联和省侨联会议精神，紧紧围绕市委、市政府中心工作，充分发挥侨界优势，开展了加强组织建设、拓宽对外联谊、保持共产党员先进性教育活动、加大为经济建设服务和为侨胞服务力度等项工作，为运城市小康社会建设和构建和谐运城做出了积极的贡献。

（王文娟）

【保持共产党员先进性教育活动】 市侨联和县、市（区）侨联机关前半年开展保持共产党员先进性教育活动，在市委统战部和县、市（区）委统战部的统一组织下，两级侨联机关党员同志认真参加了这一活动。通过这项活动，侨联机关干部党性明显提高，工作作风和能力明显改善，精神面貌焕然一新，为搞好侨联工作打下坚实的基础。同时，市侨联还要求侨联机关中的非党干部向党员同志学习，认真学习有关文件，自觉提高自己的政治素质和理论水平。

市侨联在认真开展保持共产党员先进性教育的基础上，加大了政治理论和业务知识学习力度。市、县（区）侨联中心组坚持一月一次政治理论和业务知识学习，机关干部一周一次政治理论和业务知识学习，并且进行学习笔记和理论文章的评比活动。通过这些活动，极大地调动了侨联干部学习的积极性和主动性。市侨联举办了两次学习报告会，组团参加了省侨联干部学习班，在运城市委党校进行了轮训，全年集中学习时间达24天。

（王文娟）

【推进重点县、市侨联组织建设】 省侨联基层组织建设晋城现场会结束后，市侨联高度重视，并根据运城市侨情特点，确定2005年至2006年为运城市基层组织建设年，在充分调研的基础上，总结盐湖区侨联组织建设经验之后，作出了重点解决永济市和闻喜县侨联组织建设的目标。即“总结经验、狠抓重点，分步进行”的原则，逐步实现市、县（区）都有侨联组织。同时为了促进组织建设，市侨联还把一些招商引资项目、人才和技术、资金向重点县（市）倾斜。向重点县（市）党政主要领导宣传侨务政策，侨联工作的特点和优势，解决主要领导对侨联工作的认识问题。永济市、闻喜县党政领导，充实了侨联干部，解决了办公经费。

（王文娟）

【以侨青委工作为载体，加大对外联谊的力度】 市侨联主席范安龙是中国侨联青委会委员，省侨青委主席，市侨联充分发挥这一优势，动员市侨界青年积极参与，前半年，向海外华人华侨、侨团和侨企发送介绍运城市招商引资项目和改革开放大好形势的画册120份，后半年发送介绍运城市古老文化遗产的《五千年文明话运城》光盘112份，并邀请祖籍运城的华人华侨28人来运城参观访问，举办学术讲座6次，洽谈合作项目8个。9月30日央视四频道播出“让世界了解你，中国运城和美国盐湖”之前，市侨联和侨青委委员分别向有联系的海外运城籍人士200余人通了电话或发E－mail，告诉他们播出时间。胡苏平市长和美国盐湖城市长对话的精彩镜头，运城那么多的世界第一以及优美的家乡歌谣令海外侨胞感到惊讶；纷纷来电盛赞家乡巨变，“加拿大·山西同乡会”理事丁理女士还专门给胡市长写了信。海外运城籍人士纷纷表示要为家乡经济发展献计出力。　（王文娟）

【积极开展为侨服务工作】 2005年，市侨联响应市委统战部号召，积极探索如何开展侨界群众工作。在全市侨界发起了以“做构建运城和谐社会推动者”为主题的活动，要求全市各级侨联和广大归侨、侨眷积极参与，结合侨情特点，确定“十项承诺”，即为社会和侨界群众办十件好事。各级侨联组织和侨界群众以不同方式广泛参与。①市侨联医院为侨界30位家庭困难的归侨、侨眷免费体检，并赠送药品1万元。②为中日合资炊香食品有限公司引资100万元。③解决16位归侨、侨眷子女就业。④免费为24位归侨、侨眷和扶贫点村民进行岗前培训。⑤为归侨、侨眷较多的闻喜县礼元镇王家园村解决吃水资金5万元。⑥为国家级贫困县平陆县曹川镇太寨村解决吃水资金3万元。⑦为侨联扶贫点及侨界群众销售苹果、梨和辣椒、花椒20多万斤，价值30多万元。⑧为市侨资企业引进1名高级管理人才，定期举办讲座和培训企业管理干部。⑨为市侨界家庭困难的30名中、小学生提供学费10万元。⑩为6户从事养殖业、种植业的侨户解决资金20万元，引进技术和项目6个。　（王文娟）

【提高侨资企业管理水平】 为运城市招商引资服务。市侨联邀请国内六个侨企负责人来运城参加市政府组织的产学研会议，促成了天津市两个旅游企业与运城合作，合作金额800万元。

为运城侨资企业引进人才。市侨资企业大都属中、小企业，缺少高素质管理人才。市侨联与香港世聪集团联系后，由该集团派高级管理人才定期来本市侨企讲课，根据需要不定期举办培训班。讲课两次，举办一次30人参加的培训班。

积极为侨资企业技术改造、引进技术和资金，帮助企业发展。市侨联为中日合资炊香食品股份有限公司引进一项技术，解决技术改造资金100万元，帮助企业在贵州和云南打开销路，促进了该企业的发展。盐湖区、永济市和闻喜县侨联根据各自实际情况，积极帮助企业销售产品，引进技术，帮助归侨、侨眷销售农副产品20余万斤。

（王文娟）

【宣传贯彻《归侨侨眷权益保护法》】 修订后的《归侨侨眷权益保护法》颁布后，市、县（区）侨联先后印发3000余份，送到归侨、侨眷手中，并召开会议学习贯彻，组织机关干部到基层调研，了解归侨、侨眷及侨资企业生产生活中存在的问题和困难，积极给予协调解决，并把一些主要事件由侨联主要领导督办。全年市、县（区）侨联共协调解决归侨、侨眷住房问题6起，解决侨企和个人经济纠纷18起，挽回经济损失30多万元，为侨界群众提供法律服务46次。市、县（区）侨联还根据工作需要，聘请了侨联法律顾问，长年免费为归侨、侨眷提供服务。　（王文娟）

【积极参政议政，反映人民群众心声】 2005年，市、县（区）两级侨联非常重视参政议政工作。市、县（区）“两会”之前，市侨联专门召开会议，研究“两会”上大会发言和提案问题，市侨联副主席兼秘书长朱建中、盐湖区侨联主席范安师在大会上发言，获得了好评。市、县（区）侨联委员共写提案26个，采纳21个，其中朱建中获“提案第一人”，并在提案表彰会上受到表彰。侨联作为政协组成单位，其作用得到充分发挥。

市侨联十分重视调研工作，在市、县（区）调研64天，主要进行了基层组织建设、维护侨益、归侨、侨眷生产生活状况、侨资企业面临的困难和问题、留学人员及家属等五个方面。其中基层组织建设是重中之重。通过调研，确定了工作方向，经过努力，所定目标顺利完成。　（王文娟）

（责任编辑：张武虹）

军　事

运城军分区

【战备训练】　2005年4月份，全区进行了民兵应急独立连比武考核，科目有警棍盾牌操、野战救护、通信等。通过考核，提高了民兵应急独立连的综合素质，增强了分区机关的组训能力。10月份，军分区组织2000名行业系统民兵进行了军事训练，接受了省军区首长的检阅。参训官兵斗志昂扬、精神焕发，展示了行业系统军事训练的成果和精神风貌，受到了省军区首长的好评。5月至8月份，参加北京军区在山西省组织召开的第四次国防动员委员会会议；组织指挥地方进行了20余次演练，提高了分区机关的组织指挥能力。同时，对“三室两库”进行了改建，新购置了多种战备物资，保障了平时应急的需要。在省军区组织的考核中，分区取得了总评优秀的好成绩。

（樊旭红）

【全省“运城会议”】　2005年10月11日至13日，山西省军区“运城会议”在军分区召开，内容包括“司令部规范化建设现场会”、“行业系统民兵建设现场会”和“山西省军区作战会议”。会议虽然准备时间长，参加人员和动用车辆多，但经过大家的共同努力，使“三会”获得圆满成功。这次会议展示了分区司令部建设和行业系统民兵组织建设的丰硕成果，为提升全省军分区司令部规范化建设与行业系统民兵组织建设提供了经验、标准，做出了表率，得到了山西省军区首长、兄弟单位及全体与会人员的高度评价。　（樊旭红）

【从严治军】　2005年，军分区多次召开会议，分析形势，部署任务，总结讲评，保持了对从严治军工作的坚强领导和有力指导。利用“条令条例学习周”，组织各级人员学习法规制度，研究方法措施，提高了各级干部的工作能力。深入开展作风纪律整顿，认真进行安全、管理大检查，解决了法规意识不强、执法不严等问题。精心筹划，严密组织，安全上缴了百余吨报废武器。

组织正团职干部积极参加省军区理论集训班,深化了对“三个代表”重要思想的认识。两级党委中心组以《江泽民论国防和军队建设》为基本教材,利用每个季度6天的理论学习日,深入学习研究国防后备力量建设的重大现实问题,促进了理论向实践的转化。在两级党委机关和基层民兵中深入开展保持共产党员先进性教育实践活动和培养战斗精神教育,强化了组织,焕发了活力,坚定了敢打必胜的信念。

分区组织各人武部召开了地方党委会议和党管武装工作述职会议，聘请国防大学金一南教授，为市四大班子领导和各县（市、区）长、书记作了《近期国际形势和国家安全》报告，使地方各级主要领导增强了忧患意识，牢固树立了履行职责管武装、落实制度抓武装的思想。一年来，地方党委、政府划拨经费300余万元，对武装工作提供了坚强有力的支持。（樊旭红）

【“双服务”活动】　军分区组织协调军地力量，紧紧围绕促进和谐运城建设，为国防和军队建设提供服务，广泛开展多种形式的互利共赢活动，促进了经济建设与国防建设协调发展。军分区筹措资金15万元，在垣曲县新建了第2所“希望小学”，解决了11个自然村适龄儿童上学难的问题。全区为帮扶学校捐赠图书5000余册、电脑10台、桌椅110余套、教具2000余套；支助贫困学生203名，学费2万余元，受到人民群众的高度赞誉。组织发动民兵在科技兴农、山川绿化、河流治理等重点工程建设中挑重担、当主力，极大地促进经济建设，调动了全社会共同关心支持国防建设的积极性。2005年，地方党委、政府安排随军家属13人，各级司法部门维护了75名军人军属的合法权益，各行业系统和重点企业集团对民兵工作给予了大力支持，广大人民群众的国防意识明显增强。

（樊旭红）

【后勤保障】　军分区实施了以军事行政区、军人公寓区、军事保障区、家属住宅区和军体训练休闲中心为主要内容的“四区一中心”建设。先后建成了32套干部公寓、8套首长公寓和可容纳200余人就餐、70人住宿的干部培训中心，解决了军分区机关干部住房难及召开会议保障难的问题；对供暖系统进行了增容和改造，保证了取暖效果；启动了军械修理所向南山民兵装备仓库迁建的方案；完成了西马路硬化、管网改造和“三线入地”工程；响应市政府号召，对营区北侧临街一线进行了“拆墙透绿”改造。军分区被省军区评为“六好”建设和第二个后勤建设三年规划达标先进单位。　（樊旭红）

武警运城支队

【概述】　2005年，支队党委坚持以“三个代表”重要思想和胡锦涛主席一系列重要指示为指导，以武警部队和总队两级党委扩大会议以及两级党代表大会精神为依据，坚持信息主导，注重能力建设，始终按“两个确保”要求狠抓落实，谋求发展，部队的全面建设明显提高。支队被总队评为安全工作先进单位、新闻报道工作先进单位、四类经费管理先进单位；政治处依法开展政治工作成效明显。司令部和后勤处分别被总队评为先进司令部和先进后勤处；三中队被总队评为基层建设标兵中队；四中队、临猗县中队、夏县中队、稷山县中队被总队评为基层建设先进中队；作训股、宣传股、财务股被总队评为先进股室。（李玉飞）

【党委建设】　坚持用党的创新理论和高科技知识武装班子成员头脑，由要我学向我要学的转变，由党委机关分开学向党委机关“捆绑”学的转变，由就理论学理论向以理论指导实际工作转变，由重点记笔记、写心得向掌握党的创新理论精神实质转变，增强班子成员的敬业精神和责任意识，提高科学文化素质；认真在党委机关开展“保持先进性、提高四个本领”教育活动，通过学理论、查问题、定措施、建机制，党委班子的领导能力明显提高；认真落实《党委工作条例》，坚持“信任、理解、支持、配合”共事，注重公开、公平、公正决策议事，党委班子的凝聚力、战斗力明显增强；严格贯彻“十条禁令”、“十条戒律”，扎实开展“读书思廉”活动，注重发挥纪委监督作用，筑牢班子成员拒腐防变的思想防线。（李玉飞）

【思想政治建设】　紧紧围绕“强化警魂意识，培育战斗精神，永远做党和人民忠诚卫士”这一主题，开展五个专题教育和十个主题教育。教育中注重抓好教育准备会的组织与实施，注重改进教育的方式与手段，注重发挥战士的主体作用，增强教育的针对性和实效性，全体官兵政治信念更加坚定，争当忠诚卫士更加自觉。紧紧抓住战士思想活跃期，不失时机召开思想形势分析会，认真开展以密切内部关系为主题的教育整顿，扎实抓好个别人教育转化工作，提出“允许个别人相对后进”的新理念，为基层官兵发放“连心卡”，确保官兵的思想稳定。认真落实《基层文化工作二十八条》，为基层购买图书、投影仪、电脑以及其它文体器材。广泛开展学唱《忠诚卫士组歌》活动，举办“庆八一壮军威，争当忠诚卫士”为主题卫士杯篮球比赛，丰富基层文化活动。（李玉飞）

【中心工作任务圆满完成】　以《正规化执勤等级评定标准》为依据，坚持依法治勤，扎实开展正规化执勤等级评定工作，13个基层单位达到一级执勤单位；认真落实《支队首长机关执勤检查实施方案》，加强勤务检查，有效督促各级执勤人员恪尽职守，履职尽责；组织开展以“打基础、强素质、保中心”为主题的勤务专项教育整顿，提高执勤人员的中心意识，强化官兵依法执勤、文明执勤的思想观念，解决执勤中的常见病和多发病；全区哨位实现可视化查勤管理，执勤工作的科技含量增加；通过总队与省储备系统共同组织召开的“三共”活动现场会，对守卫勤务“三共”活动、执勤形式、反恐怖袭击等内容进行规范，深化“三共”活动，带动和促进整个执勤环境的有效改善；主动与市公安局协调，联合召开看守系统现场会，为妥善解决长期影响执勤的老问题、老隐患奠定了基础；依据总队《处置特大劫持人质恐怖事件预案》，制定反恐战斗方案，并协调市林业局配置防火服、灭火弹、风力灭火器等装备，确保遇有情况能够成功处置。全年共出动兵力438人次，圆满完成“2·23”运城市、河津市元宵节系列活动安全保卫任务以及武装押解、现场警戒、武装抓捕等临时勤务，受到地方党委、政府和公安部门的一致好评。（李玉飞）

【基层建设】　坚持以《纲要》和《三十条》为依据，抓住队伍建设这个关键环节使长劲，围绕经常性基础性工作下功夫，扭住基层建设的末端抓落实，进一步夯实基层建设的基础，促进基层整体建设水平的提升。坚持把提高党支部“三个能力”作为领导机关蹲点调研帮建的一项重要任务，帮助支部解决“按纲抓建思路不清、抓大事议大事能力偏弱、决策议事质量不高、党管干部招数不多”等问题。在基层干部中开展“强化自律意识、纯洁道德情操、永葆政治本色”专题教育，着力解决“四不”问题。大力开展“学法规、知法规、用法规”活动，机关依法指导、基层依法抓建的意识逐渐形成。先后筹集资金680万元用于“四配套”建设，完成建设的中队12个，正在建设的中队2个，列入搬迁的中队3个；投资42万元，为基层购置训练器材，为教导队新建攀登楼，改建训练馆；投资59余万元，为基层购买图书、投影仪、微机和娱乐器材，极大改善基层的基础配套设施。（李玉飞）

【部队“四个秩序”明显正规】　支队坚持用条令条例加强部队管理，规范部队秩序，强化官兵养成，提高部队的正规化建设水平。坚持把条令条例学习教育贯穿到日常工作生活中，层层举行条令条例知识竞赛，进一步强化官兵的条令条例意识；统一规范基层单位的内务设置、种类库室和营院建设，部队的“四个秩序”明显正规。（李玉飞）

【后勤综合保障】　大力加强后勤队伍建设，利用“司务长之家”对后勤人员统一进行计算机操作技能辅导，提高工作效率；制定《基层财务管理办法》、《业务经费管理办法》、《标准经费管理办法》、《接待经费管理办法》、《差旅费管理办法》，规范“四类经费”管理使用，提高经费的使用效率，95%的基层单位达到“三好五无”要求；在直属三中队召开伙食管理工作现场会，解决基层中队伙食管理质量不高，伙食标准执行不好的问题；严格落实支队制定的《物资采购实施办法》，成立政府采购小组，努力减少采购环节，加强流程管控，提高采购效益；围绕服务型的要求，为垣曲县中队安装锅炉，为一中队接通自来水，为各中队配发节能灶和常用药品，并4次组织医疗小组对基层官兵进行巡诊，解决官兵吃水难、取暖难、看病难等问题。（李玉飞）

【总部、总队首长检查指导工作】　6月28日，省储备系统、守卫勤务“三共”活动试点现场会在运城支队直属二中队召开。叶景亮总队长、李志斌参谋长、朱刚副参谋长、王明德副部长等总队首长、省储备局徐局长、谷副局长等省局领导、运城市市委副书记唐大雄、市公安局长段绪忠以及来自全省各储备仓库的处长、书记、保卫科长、各支队支队长、驻库中队中队长等参加现场会。这次现场会的重点是贯彻落实《国家物资储备局、武警总部关于深化“思想共建、队伍共管、安全共保”活动意见》精神。

9月24日，叶景亮总队长，对运城支队的“四配套”建设、执勤和部队管理工作进行了指导调研。先后在平陆县中队、夏县中队、教导队和直属一中队视察。就高标准高质量实现“两个确保”提出具体的指示和要求。

11月11日，宋广义政委在运城支队深入到闻喜、新绛、稷山、万荣、临猗、直属一中队和盐湖区中队进行调研。宋政委每到一个中队，亲切与官兵交谈，了解基层部队思想政治建设、民主建设和执勤信息化建设情况，了解基层官兵的工作、生活情况。

10月15日,詹海观主任由运城支队到平陆县中队、夏县中队进行检查调研。詹主任一方面对部队建设情况给予了充分的肯定,另一方面勉励官兵要珍视“四配套”建设成果,为构建和谐警营作出贡献。

11月23日，李志斌参谋长率领总队工作组圆满完成对运城支队党委班子建设和部队建设的考核考察调研帮扶。（李玉飞）

【支队“四配套”建设全面启动】 2月25日，为确保总队党委两年完成“四配套”建设任务的总体目标，周文银支队长带领“四配套”领导小组有关成员，到基层中队，实地查看，科学设计，做到因地制宜，落实标准，并与当地政府主要领导进行现场办公。（李玉飞）

【支队机关进行“四项技能”比武】 2005年6月下旬武警运城市支队机关干部进行“四项技能”比武活动，把综合成绩前五名同志的头像用灯箱形式悬挂，激发机关干部提高自身能力素质的内在动力。（李玉飞）

【总队工作组在支队进行“科技强勤”调研】 8月10日，总队通信处相逸参谋、作战勤务处徐全州参谋和山西大学的三名教授在孙建平参谋长的陪同下，对支队守卫勤务“科技强勤”的现状及发展趋势进行调研，并参观支队守卫勤务的信息化建设。三名教授结合支队守护勤务特点，围绕勤务的发展趋势，对查勤系统的性能及安装提出合理化建议，为支队信息化建设指明方向。（李玉飞）

【支队第二次党代会】 8月26日，运城支队第二次中国共产党代表大会胜利闭幕。大会审议并通过支队党委和纪委向大会所作的报告，选举产生运城支队第一届党的委员会和纪律检查委员会，选举产生运城支队出席总队第二次党代表大会代表。（李玉飞）

【圆满完成全国农村人口文化大院经验交流会警卫任务】 9月11日至9月14日，全国农村人口文化大院经验交流会在运城市召开。运城支队周密部署，精心安排，圆满完成经验交流会的警卫任务。这次交流会在运城召开，是运城市的一次盛会，参加会议的领导有：国务委员彭佩云、国家人口计生委主任张维庆、中国人口文化促进会常务副会长王夫棠以及各省市分管人口计生委的领导。（李玉飞）

【圆满完成“国际关公文化节”开幕式现场安全保卫任务】 9月25日晚，“二〇〇五中国运城第十六届国际关公文化节”开幕式在运城市南风广场隆重举行。支队出动兵力90人，车辆5台，担负关公文化节开幕式现场安全保卫任务。（李玉飞）

【协助公安机关处置恶性敲诈袭警事件】 10月19日下午18时57分，稷山县刑满释放人员黄石焕对本县翟店镇翟东村五金装潢门市部进行敲诈勒索，民警接到报警赶到后，罪犯拉响随身携带的手榴弹，造成现场两名群众、两名干警受伤，一名干警因伤势严重，在送往医院后抢救无效死亡。19日晚23时30分，支队值班室接到报告，支队长周文银和副参谋长张新禄带领官兵赶往案发现场，并对临近的部队下达出动命令，对犯罪分子可能出现地域的主要交通要道进行设卡堵截。于10月20日上午11时将案犯抓获。（李玉飞）

【开展“末位”通报和“季度测评”活动】 为提高基层干部按《纲》抓建的能力素质，培养按《纲》建队的明白人和实干家，支队在基层干部中开展了“末位”通报和“季度测评”活动。支队利用每月的中队长集训、政治指导员活动日、司务长活动日等时机，对基层干部按照《军事训练大纲》规定的内容进行考核，并按照每次考核的情况，对排在最后三名同志进行通报批评。每季度支队派出工作组到基层中队，基层官兵对干部的理想信念、政治学习、遵纪守法、完成任务、能力素质、奉献精神、模范作用等方面进行评议，支队下发通报基层干部民主测评情况。（李玉飞）

【周伟同志荣立个人二等功】 周伟，男，汉族，山西省大同市人，一级士官警衔，1985年12月出生，2003年12月入伍，2005年10月入党，现任闻喜县中队班长。2004年底被支队评为优秀士兵，并荣记三等功一次，2005年底被总队评为优秀士兵标兵，总队给予荣记个人二等功一次。（李玉飞）

（责任编辑：景惠西　李红兵）

法　制

检察工作

【严打斗争】 全市检察机关坚持"严打"方针，认真履行批准逮捕和提起公诉职责，共批捕各类刑事犯罪案件1282件2048人，提起公诉1539件2372人。正确适用宽严相济的刑事政策，共依法对171件335人作出不批准逮捕决定，对24件33人作出不起诉决定。

严厉打击"三类"重点犯罪。继续把爆炸、杀人、抢劫、绑架等严重暴力犯罪、黑恶势力犯罪和抢夺、盗窃等多发性犯罪作为打击重点，共批捕上述三类重点犯罪案件532件906人，占批捕总人数的44.2%；提起公诉638件1059人，占起诉总人数的44.6%。

依法惩治破坏社会主义市场经济秩序犯罪。积极参加整顿和规范市场经济秩序工作，共批捕制售伪劣商品、金融诈骗、偷税骗税、侵犯知识产权等严重扰乱市场经济秩序、危害人民群众身体健康的犯罪案件48件75人，提起公诉35件61人。深入开展查办破坏和扰乱社会主义市场经济秩序渎职犯罪专项活动，共立查此类案件13件18人。

（王俊燕　王文涛）

【查办和预防职务犯罪】 全市检察机关继续坚持"稳定数量，提高质量，突出查办大要案"的工作思路，共立查各类职务犯罪案件165件201人。其中贪污、贿赂、挪用公款等职务犯罪案件118件133人，渎职侵权犯罪案件47件（含以事立案6件）68人。

把查办重点领域、重点部门职务犯罪案件作为突破口，共立查"三机关一部门"职务犯罪案件57件62人，分别占立查总数的43.3%和46.6%；立查司法人员渎职侵权犯罪案件23件47人，分别占立查此类案件总数的48.9%和69.1%。立案查处贪污、贿赂、挪用公款等职务犯罪大案65件78人，立案查处涉嫌贪污、贿赂、挪用公款等犯罪的县处级干部9人，立案查处重特大渎职侵权罪案10件，侦查终结贪污、贿赂、挪用公款等职务犯罪案件117件131人，移送审查起诉115件129人，侦查终结渎职侵权罪案26件43人，移送审查起诉25件38人。

按照高检、省院关于预防工作的总体要求。结合实际，以提高预防工作能力，增强预防工作实效为目的，着力开展了以案前预防、案中预防和案后预防为主要内容的"三抓三看"活动。共深入有关系统、部门开展职务犯罪警示教育活动和预防职务犯罪法律知识讲座86次，走访发案单位39次，推动发案单位建立健全管理制度35项，提出纠正违法26次，发出检察建议74份，防止了国有资产流失。

（王俊燕　王文涛）

【诉讼监督】 在2004年开展制假售假、侵犯知识产权犯罪立案监督专项活动的基础上，为进一步扩大战果，开展了形式多样、声势浩大的宣传活动。建议行政执法机关移送涉嫌犯罪案件10件13人，行政执法机关主动移交公安机关5件6人，批捕5件6人。监督行政执法机关移送10起非法经营案，公安机关全部立案，并批捕5件6人，法院作出有罪判决3件4人。

侦查监督。对侦查机关应当立案而不立案的案件，要求说明不立案理由128件，侦查机关主动立案64件74人，执行通知立案8件9人。对应当逮捕而不逮捕的，纠正漏捕16人，应当起诉而不移送起诉的，纠正漏诉5人。在以纠正刑讯逼供为重点的专项侦查监督活动中，共督办刑讯逼供案件2件6人，决定逮捕2件5人，直接起诉1人。全年共办理立案监督案件152件，创历年立案监督数量之最。

审判活动监督。对认为确有错误的刑事判决、裁定提出抗诉20件，支持抗诉7件，改判1件1人。受理民事申诉案240件，立案222件，建议提请抗诉44件，提请抗诉60件，抗诉34件，改判5件。支持弱势群体起诉4件，代表国家起诉刑事附带民事诉讼案件17件。

刑罚执行活动监督。立案查处监管干警职务犯罪案件5件5人；纠正超期羁押71起83人，向监管单位发出检察建议43份，纠正各类违法41起90人。

依法保护人权，促进司法公正。坚持有罪追究，无罪保护，严格执法，客观公正的原则，既注意防止和纠正打击不力，又切实保障诉讼当事人的合法权益。对侦查机关不应当立案而立案的案件提出纠正意见20件26人，已纠正19件25人。在以纠正刑讯逼供为重点的专项侦查监督活动中，共立案查处侦查过程中对诉讼当事人进行刑讯逼供的案件2件6人，决定逮捕2件5人，直接起诉1人。查办国家机关工作人员利用职权侵犯人权犯罪案件9件27人。（王俊燕　王文涛）

【执法规范专项整改活动】 按照中央、省、市委及省院关于开展"规范执法行为，促进执法公正"专项整改活动的部署，两级院都认真制定整改措施。一些影响公正执法的突出问题得到了初步解决，全市检察机关执法规范化建设得到进一步加强。

完善检察业务流程，强化了内部监督制约。在对原有制度和规范性文件进行全面清理的基础上，制定了反贪污贿赂、渎职侵权检察、侦查监督、公诉、民事行政检察、监所检察、控告申诉检察等七个业务部门的办案工作流程、并下发各基层院和市院机关各部门执行。使每一个执法环节、执法行为都有章可循、防止执法的随意性。

联系实际，组织了以“规范言行，做文明检察人；规范执法，做严格执法检察官；规范接访，做群众满意检察官；规范管理，做形象良好检察院”为主要内容的“四规范、四做”活动，开展了“规范执法行为大接访”专项整改活动以及培训考核等项工作。

（王俊燕　王文涛）

【接受人大监督】 全市检察机关不断增强接受人大监督的意识，自觉地把检查工作置于人大及其常委会的监督之下。加强了对人大代表意见、建议的办理工作。对市一届人大七次会议期间，代表们提出的涉及检察机关建设、队伍建设、基层基础建设等方面的20条建议、6件具体案件，先进性教育活动中社会各界提出的6件案件和政协委员的1件提案，及时召开党组会进行了专题研究和分解落实，对办理情况、办理结果及时答复了相关人员，稳步推进人民监督员制度试点工作。两级院高度重视，精心组织实施，落实各项工作制度，全市共有52件65人进入人民监督员监督程序，经过人民监督员独立评议表决，同意检察机关拟定意见的49件62人，不同意的3件3人，经检委会讨论决定采纳人民监督员表决意见，有效地保证了案件质量。

（王俊燕　王文涛）

【队伍建设】 扎实开展保持共产党员先进性教育活动。按照提高党员素质，加强基层组织，服务人民群众，促进各项工作的总体目标要求，周密部署，精心组织，认真落实各阶段要求。开展了专题辅导、笔记展评、演讲比赛、观看专题教育片、扶贫帮困送温暖等形式多样的活动。市院机关以97.58分通过了先进性教育活动满意度测评。全市14个基层院的满意度测评最低的为93%，有四个院达到100%，取得了满意的效果。盐湖区院被市委评为“第一批先进性教育活动先进基层党组织”。全年先后有20个单位和38名个人受到上级机关表彰。（王俊燕　王文涛）

【狠抓廉政建设】 加强廉政教育，坚持正面引导和反面警示结合，先后组织开展了重温入党誓词、参观革命圣地、缅怀革命英烈、廉政宣誓、廉政承诺、发出廉政倡议等活动。搞活了教育形式，增强了教育效果。严查违法违纪案件。共收到各类举报材料30份，其中批转下级院、同级其它部门办理案件12件，直接初查16件，完成上级交办案件7件。开展了多层次、全方位的警示教育活动。通过召开专题民主生活会等形式的活动，要求每个单位、每个部门、每位干警结合反面典型，切实吸取教训，进一步增强“立检为公、廉洁从检”意识，进一步筑牢拒腐防变的思想道德防线，进一步完善了预防自身腐败的长效机制。（王俊燕　王文涛）

【大力开展检察宣传】 围绕工作中心，突出宣传检察英模和检察业绩。全年共在各类新闻媒体发表稿件642篇，其中在中央级媒体发表145篇，省级媒体发表101篇，市县级媒体发表396篇。全市检察宣传工作在省院组织的年终考核中取得了第二名的好成绩。

（王俊燕　王文涛）

法院工作

【概述】 2005年，全市两级法院共受理各类案件23296件，审执结22072件，“结案率为94.8%，中院共受理各类案件2548件，审执结2435件，结案率为96.0%。同时，中院还办理减刑、假释126人，完成司法鉴定91件，对外委托鉴定45件，赔偿委员会审理国家赔偿案件7件。中院研究室在各级媒体发表新闻稿件155篇，对宣传法院工作，产生了很好的社会效果。

（姚运兴　卫爱元）

【打击刑事犯罪，维护社会稳定】 2005年，两级法院共受理刑事案件2549件，审结2505件，其中，中级法院受理刑事一审、二审案件423件，审结421件，结案率为99.5%，判处死刑、死缓、无期徒刑43人，有期徒刑1286人，其它刑事处罚659人。

（姚运兴　卫爱元）

【调处民商事法律关系，努力构建和谐社会】 2005年，中院立足构建和谐社会，积极调处了一批社会矛盾和纠纷。民事审判庭共受理一、二审民商事案件1499件，审结1454件，结案率为97.0%，依法保护了公民的合法权益，维护了社会和谐稳定和经济秩序的正常运行。

（姚运兴　卫爱元）

【开展行政审判，促进依法行政】 2005年，行政审判庭认真研究新类型行政案件，不断总结经验，积极开创案源。全年受理行政诉讼一、二审案件118件，审结113件，执结行政非诉案118件，既依法支持和监督了行政机关依法行政，又保护了公民、法人和其他组织的合法权益。（姚运兴　卫爱元）

【审判监督工作不断得到强化】 2005年中院审判监督庭共受理再审案件75件，审结64件，结案率为85.3%，审判监督案件较以往大幅减少。在省高院统一部署下，中院审监庭和研究室组成联合调查组，在6月中旬对辖区内的13个基层法院和中院审判监督工作5年来的情况进行了专题调研，总结了工作经验，提出了建议，为领导决策提供了第一手资料和依据。

（姚运兴　卫爱元）

【创新执行机制，强化执行工作】 2005年7月份，全市法院召开执行工作专项整改会议，围绕“9个重点问题”制定了专项整改方案，并向运城市人大常委会递交了专题报告。会后，两级法院在加大内部管理的同时，采取了“八项措施”，即主动请示汇报，争取领导支持执行；采取“三权”互动，形成合力促进执行；借助新闻媒体，运用舆论推动执行；发挥三统一优势，突破障碍强化执行；借鉴外地经验，结合实际创新执行；推行执前保全措施，抓好时机确保执行；坚持强制执行与说服教育相结合，讲求方法灵活执行；建立联动执行，发挥社会力量保障执行。通过创新执行思路，强化执行手段，使一批“老大难”案件得以顺利执结。

（姚运兴　卫爱元）

【“规范司法行为，促进司法公正”专项整改活动】 2005年，按照统一部署，中级法院认真开展了保持共产党员先进性教育和“规范司法行为，促进司法公正”专项整改活动。成立了整改活动领导组，设立了办公室，制定了具体实施方案，两项教育活动，有三个突出特点：(1) 参加活动具有广泛性。先进性教育和专项整改活动是历年来法院开展各项活动参加人数最多，范围最广、受教育最大的一次，离退休老干部和临时工作人员普遍参加了整改。全体干警在整改活动中，思想上受到深刻教育。(2) 自查自纠具有自觉性。在教育和整改活动期间，大家敢于解剖自己，开诚布公，坦诚相见，院党组通过登门拜访和召开座谈会等方式，先后主动征求人大、政协、检察院、公安局等相关部门和社会各界以及13个基层法院的意见，先后发放征求意见表540份，召开座谈会7次，共征集到8个方面39条意见102条建议，使整改更具针对性。(3) 整改方式具有多样性。在两项教育活动中，针对查找和梳理出来的问题，采取了多渠道、多层面、多样性的教育形式。执行局及时召开工作会议，总结经验，解决问题。法警队对四名违纪法警进行了通报，并进行了为期一周的作风纪律整顿。全院先后组织干警开展了法律文书展评、学习体会交流会等活动、演讲比赛、学习宋鱼水先进事迹座谈会，组织全体党员去革命圣地，接受革命传统教育。

先进性教育和专项整改活动，收到很好的效果：广大党员理想信念、党性观念进一步加强，政治素质明显提高，各级党组织得到加强，组织机构、组织制度、组织活动进一步完善，组织作用得到了充分发挥；服务群众意识得到增强。首问责任制、院长接待日、信访接待全日制更加完善；审判管理、队伍的作风建设得到了进一步加强。

（姚运兴　卫爱元）

【以制度建设为重点，加强机关正规化管理】　2005年，中院党组结合开展“规范司法行为，促进司法公正”专项整改活动，从制度建设入手，依靠制度加强队伍建设，运用制度规范机关管理，有力促进了各项工作效率的不断提高。

进一步加强队伍的政治理论学习。院党组制定了每月一次的中心组学习制度，各庭室和党支部也都制定了集中学习和自学计划，落实了每月一次全院干警集体学习和每周五下午政治业务专题学习制度。同时，对15名法官进行了晋级业务培训，对190名在职法官进行了业务轮训，组织干警分4批在市委党校参加了公务员法培训，分三批对全市236名任命的人民陪审员进行了培训。8月份还组织全市法院开展了首届学术研讨，使广大法官学习业务的积极性空前高涨，3名同志通过了全国法官资格考试。

建立健全各项制度，进一步规范机关管理工作。修改完善了审判管理、队伍建设、行政管理三大类24项管理制度，并对办公秩序进一步进行了规范，上下班签到、请销假登记等工作普遍落实，机关的工作秩序有了明显好转，工作效率不断提高。从优待警，解决了干警关心的实际问题。上半年为13名审判员和5名助审员解决了审判职称，充实和加强了审判队伍。院里挤出6万元资金给所有干警进行了全面体检，并邀请医院专业人员上门给大家讲解保健常识课，为老干部建立了活动中心，配备了车辆。为第二家属院安装了锅炉，进行了道路维修和线路改造。

坚持教育为主，狠抓了党风廉政建设。层层签定了《党风廉政建设责任书》，编印了《法官行为提示》手册，纪检组还制定出台了《党风廉政建设和反腐败工作实施意见》，坚持半年一次领导干部述廉制度和对新任审判员廉政诫勉谈话制度。结合对邵建伟、候伍杰等领导干部受贿案件的通报，在全院广泛开展了警示教育系列活动。

（姚运兴　卫爱元）

【联动大接访活动】　2005年，运城中院以“首问责任制”为龙头，把解决涉诉信访、化解矛盾作为整改活动的重点，采取措施，下大力气，解决了一批涉诉上访问题。开展联动大接访活动以来，全市法院上下联动，积极配合，集中解决了一大批涉诉上访案件。建立了“一把手亲自抓，分管院长具体抓，立案庭牵头抓，其他庭室共同抓”的大信访格局。实行信访案件月报告分析制度，一月一清，减少了新的信访案件的产生。建章立制，规范程序，制定了《全市法院联动大接访工作方案》，坚持了院长接待日和领导包案责任制。在联动大接访中，全市法院共收到省高院交办案件73件，其中转基层法院处理20件，由中院直接处理53件，定人、定案、定期限。年底前，均已妥善处理。为了便于群众上访，他们提前公告领导接待时间和接待案件类型，使解决问题更有针对性。2005年，中级法院共接待涉法来访群众3005人次，来信312件，其中院长接待千余人次，现场处理上访案件80件，化解了一大批矛盾。

（姚运兴　卫爱元）

司法行政

【概述】　2005年，市司法局在扎扎实实开展先进性教育活动的同时，按照省厅年初工作要点，充分运用先进性教育活动产生的巨大精神动力，推动了各项业务工作的全面快速发展。全年，律师办理案件6475件，公证员办证11526件，人民调解员调解纠纷34150起，法律援助人员办理援助案件500余件，基层法律服务人员办理案件2152件，司法鉴定人办理鉴定案件110件，圆满完成了2005年的各项工作任务，为促进本市经济社会全面和谐稳定发展做出了积极的贡献。

（张军荣）

【普法教育工作】　从2005年元月份开始，市局与运城日报社联合开展了《“四五”普法巡礼展》，每周在《运城日报》上刊登一家司法或行政执法单位的普法经验，全年共刊登了44家行政执法单位的行业依法治理和学法用法经验文章。4月份，市局根据市委依法治市领导组的安排对全市的“四五”普法情况进行了全面系统的总结，并向市委常委会作了专题汇报，得到了市委、市政府充分肯定和大力支持，使许多多年来未能解决的问题逐步得到解决。市委依法治市领导组从7月份开始在全市组织开展了“四五”普法检查验收工作。9月20至22日省委依法治省领导组对全市依法治理工作进行了检查验收，检查验收中汇编了34万字的经验材料，并将其中一些具有典型指导意义的文章以《依法治市简报》形式向全市予以转发。

法制宣传方面，集中组织了两次较大规模的普法宣传活动，一次是在春节前组织全市部分律师、公证员、法律援助工作者和基层法律工作者参加了市、县两级党委组织的文化“四下乡”活动；一次是在5月份与市公安局一起共同组织了全市范围内的戒毒宣传活动。各县（市、区）司法局还结合法律、法规纪念日开展了专业法宣传活动。针对农村特点开展了丰富多彩的法进山村、法进社区、法进校园活动。进一步加大了与新闻媒体的合作力度，全市共有10篇法制新闻获得“山西省法制好新闻奖”。与市教育局一起对全市中小学法制教育工作进行了抽查，督促各县（市、区）配齐了法制副校长，全部开设了法制课程，并在永济市和万荣县成立了两个青少年课外法制教育基地，依托监狱、劳教所、看守所对青少年学生进行生动的法制宣传教育。闻喜、绛县、垣曲、芮城、河津、稷山等县（市、区）还采用以典型案例作教材，以法律服务人员作教员的办法为全县中小学校定期开展了法制教育。

依法治理方面，在总结2004年经验的基础上，继续开展了依法治理示范点创建活动。通过精心组织、重点帮扶、完善制度、严格评比四道程序，全市共有200多家单位被命名为县级依法治理示范点，96个单位被命名为市级依法治理示范点，有24家单位通过了省级依法治理示范点验收，1家单位通过了国家示范单位验收。涌现出许多依法治理的先进典型和先进经验，带动了全市依法治理工作的广泛深入开展。（张军荣）

【人民调解工作】 2月份，市局与市中院联合下发了《关于联合开展人民调解“四联”活动的通知》，对活动的意义、目的、方法、内容、步骤等作了具体的安排，并要求各县（市、区）司法局和法院重点依托乡镇司法所和法庭联合开展人民调解“四联”活动。“四联”活动的开展适应了当前构建和谐社会、维护基层社会稳定的形势发展需要，得到了各级党委、政府的高度重视和大力支持，受到了广大人民群众的热烈拥护。活动开展以来，摸索出了许多行之有效的调解经验，实现了人民调解与行政调解、信访调解、司法调解的有机结合，构建了社会化大调解服务格局。全年全市共联调各类矛盾纠纷598起，调解成功率达98.3%。

聘请法官对全市所有民调员普遍进行了一次业务培训，大多数县市法院已将人民调解文书作为直接采证的依据，既提高了民事案件审判的效率，又促进了人民调解工作的持续深入开展。各县（市、区）还通过定期联访，为基层社会排查了大量的矛盾纠纷隐患。

为了进一步优化全市的人民调解工作环境，解决人民调解工作中所遇到的实际困难，5月份，局长晋学苏同志向市人大常委会作了《关于全市人民调解工作开展情况的报告》。对人民调解的专项经费等问题，市人大以《意见转达书》的形式督促市委、市政府落实解决。目前市绝大多数调委会解决了办公用房和工作报酬问题，调解组织发展到3651个，人民调解员发展到13955名，每个调委会均达到了三名以上调解员的工作要求，人民调解工作基本走上“调防结合，预防为主”的良性发展轨道。

（张军荣）

【安置帮教工作】 在1996年建立起全市各级安置帮教工作领导协调小组的基础上，又适时对各级领导小组进行了调整充实。到2005年底，全市建立各级安置帮教领导小组14个，村（居）民委员会帮教小组3504个，工作人员6995人，乡镇（街道）安置帮教工作站149个，形成了纵向到底，横向到边的市、县、乡、村四级安置帮教工作网络，构筑起了全市上下贯通的安置帮教管理体系。

健全完善了“四定、三包”责任制和四项帮教措施，积极开展了“三有、四防、两谈心”活动。“三有”即有帮教机构、有帮教人员、有帮教制度；“四防”即防重新犯罪，防无正当职业、防混迹社会流浪、防和有劣迹人员来往；“两谈心”即帮教人员与帮教对象定期不定期谈心、帮教人员与帮教对象家庭成员定期谈心。通过以上制度和措施的落实，帮教工作开展得有声有色，取得了明显成效。

在刑释解教人员的安置工作中，采取了四种办法：即哪来哪去，由原单位接纳；帮助刑释解教人员自谋职业；帮助刑释解教人员解决好责任田；联系动员社会经济实体，主动承担安置任务。全年全市有439名刑释解教人员被原单位接收安置，80%的刑释解教人员都回原户籍所在地务农，全市共有各类安置帮教基地28个。全年共接收刑释解教人员600余名，安置率达98%，帮教率达100%，重新犯罪率控制在3%以下，有力地维护了社会的稳定，促进了经济发展。

（张军荣）

【法律援助工作】 2005年市局在全市继续开展了法律援助“暖民心”活动，并将工作重点放在“办一案、送一法、破一题”上，统一向各县（市、区）印发了“办一案、送一法、破一题”登记表，市中心根据报表定期通过电话或走访受援人的办法了解办案情况，实施跟踪监督。各县（市、区）均办理了一些影响社会稳定的法律援助案件，取得了显著的社会效益。绛县、闻喜、垣曲制作了典型案例图解，长期深入基层开展宣传；临猗定期深入到各乡镇向群众开展宣传咨询服务。为严格办案质量和办案程序，8月上旬，市局组织专人对全市的法律援助工作进行了全面的检查和调研，并向省司法厅、市委、市人大、市政府、市政协写出了《全市法律援助工作现状调研报告》，引起了有关领导的重视与支持。10月份，市局与市委信访局联合下发了《关于在信访工作中开展法律援助服务活动的意见》，规定了服务项目和服务方式，到年底全市法律援助中心人员编制、办公场所全部得到解决。（张军荣）

【法律服务工作】 市局先后在全市组织开展了“合伙律师事务所规范建设年”活动、“公证教育规范树形象”活动和“规范基层法律服务”活动。先后处理了两起律师违纪行为和三起公证违规案件，在全市法律服务队伍中引起了很大震动。同时在律师工作中实施了“一案一表”制，在公证工作中实施了“办证评议卡”制，在基层法律服务工作中实施了“一案一卡”制，要求律师、公证员、基层法律服务工作者每办一个案件或公证事项都要认真填写一张办案登记表或“办证评议卡”，每季度向市局报送一次，重大疑难案件一案一报。市局各业务科室每月根据基层报采的报表向当事人抽查一次，发现问题及时查处；每季度向局领导写出一份综合分析报告。为不断提高法律服务人员的业务素质，6月份召开了一次全市公证员业务培训会，8月份召开了一次基层法律工作者业务培训会。8月上旬。由市局监察室牵头对全市律师、公证员、基层法律服务工作的办案质量和服务态度面向社会进行了一次公开问卷调查。从调查结果来看绝大多数群众对司法行政系统的服务质量比较满意。（张军荣）

【司法鉴定考试工作】 按照《山西省司法鉴定条例》的要求狠抓了设立机构的服务管理和预设机构的筹建工作。对开业的四家鉴定机构严格按照“三章九制一本子”的要求建章立制，规范管理，服务群众，赢得了社会各界的一致好评。预设机构的筹建工作加紧进行，年底前，完成机构筹建的有万荣、稷山、盐湖三个县（市、区），基本完成的有闻喜、永济两个县（市）。司法考试工作方面，2005年的司法考试参考人员有运城、临汾两地共979人，在人员多、情况复杂的情况下市局严格按照司法部提出的“组织严密，程序严谨，标准严格，纪律严明”的总要求周密部署、科学安排、认真组织、精心实施，顺利完成了2005年国家司法考试工作任务。（张军荣）

公安工作

【维护国家安全】 2005年，全市公安机关始终把维护全市政治稳定作为工作重点，加强隐蔽战线斗争，强化情报信息工作。全市共获取情报信息250余条，上报省厅88条，被省厅采用60条，基本做到未雨绸缪。5月6日，市局根据情报，在盐湖区一举抓获“东土耳其斯坦开创伊斯兰组织”重大暴力恐怖组织骨干成员8人，其中4人为该组织1号、3号、5号、6号头目，受到公安部高度赞扬，省厅专门致电祝贺，省委副书记金银焕，省委常委、省公安厅厅长杨安和、副省长梁滨及市委书记黄有泉、市长胡苏平、副书记唐大雄等领导都明确给予褒奖。全市收缴“法轮功”反动宣传材料1000余份，光盘213张。元月份在河津市、盐湖区组织了对“实际神”邪教组织的“1·06”专项行动，捣毁2个非法印刷厂，查获宣传资料24920册、《话在内身显现》PS版105张，抓获邪教成员17人。5月份全省公安机关防范处理邪教犯罪工作暨经验交流现场会在运城召开，运城公安工作受到省委610办和省厅、市委、市政府领导以及兄弟单位的充分肯定和好评。在处置群体性事件中，妥善处置了河津“3·11”集体上京上访、稷山“4·30”阻挠企业施工、闻喜“6·24”阻断交通等一批重大群体性事件。（郝云峰）

【打击各类严重刑事犯罪】 2005年，全市公安机关共破获各类刑事案件3533起，打掉犯罪团伙103个403人，抓获刑事作案人员2322人，提请逮捕1852人。其中破获各类命案74起。在开展打击“两抢一盗”专项行动中，共打掉犯罪团伙40个，破获“两抢一盗”案件266起。在打击文物犯罪专项斗争中，共破获文物案件15起，打掉文物犯罪团伙9个，缴获文物46件。特别是芮城“6·5”盗掘古墓葬案件发生后，在不到3天的时间内就将该团伙10名犯罪嫌疑人中的8名成员抓捕归案，打了一场漂亮仗，受到国家文物局的表彰奖励，省公安厅在全省给予通报嘉奖。同时抓获了2004年2月芮城县盗掘古墓案开枪打伤公安民警的重大逃犯和华，缴获七连发和单管猎枪各一支。尤其是省厅督办的“4·15”绛县宇进铸造冶炼有限公司涉嫌接受虚开的可抵扣废旧物品发票案（涉案金额13亿元）取得重大突破，抓获犯罪嫌疑人9人，受到公安部和省厅专案组的充分肯定。与此同时，在监所大力开展深挖犯罪工作，全市共深挖破案40余起。河津市5年前发生的儿童被杀案和以申国印为首的8人盗窃变压器、电缆线39起、总价值达百万余元的大要案都是监管部门通过深挖犯罪破获的。11月11日，市公安局召开电视电话会议，在全市范围内部署开展为期3个月的冬季严打整治专项行动取得硕硕战果，破获了一批大要案件，打掉一个集抢劫、强奸、盗窃机动车等多种犯罪于一体的特大犯罪团伙。（郝云峰）

【开展禁毒禁赌斗争】 在“6.26”国际禁毒日期间，市局与市禁毒委联合组织召开了声势浩大的禁毒人民战争誓师大会暨禁毒志愿者成立仪式大会，开展了“珍惜自我、健康抉择”、“参与禁毒斗争、构建和谐社会”大型宣传活动。全年共破获毒品案件125起，抓获违法犯罪人员119人；缴获海洛因121.4克、咖啡因766公斤，鸦片994克，罂粟壳16公斤，铲除罂粟2165株。在为期半年的禁赌斗争中，全市公安机关共立案查处涉赌案件135起，打掉赌博团伙7个，摧毁赌博窝点128个，抓获参赌人员681人，缴获赌资57万余元，收缴罚没款73万余元。特别是市局在平陆打掉特大跨省赌博团伙和盐湖区重大赌博窝点，有力地震慑了赌博犯罪活动，遏制了赌博违法犯罪活动上升的势头。（郝云峰）

【打击经济犯罪】 在打击经济犯罪斗争中，共查处各类经济犯罪案件156起，破案138起，挽回经济损失4679万余元。（郝云峰）

【狠抓治安防控体系建设】 市公安局以“金盾工程”建设为重点，投资650余万元建起了110指挥平台，完成市区各主要交通路口、公共复杂场所和重点部位等21个电子监控点建设。同时，在市区内增加10辆治安巡逻车，加大了对社会面的控制，有效预防和控制了可防性案件，增强了群众的安全感。

圆满完成了全市人口信息系统软硬件的升级改造和操作人员的应用培训、人口数据的提取、转换、人像照片的采集扫描以及排查纠错、数据报送等工作。到2005年9月已采集照片2891975张，16周岁以上人口相片采集率为76.03%，9月25日顺利通过公安部的测试验收，并入公安部数据库，提前40天完成了省厅下达的工作任务。

全市公安机关经过不间断地对爆炸物品和化学危险品的监督检查，共收缴炸药5757公斤，雷管60万枚，导火索4519米。特别是芮城县公安局接连两次在风陵渡查获用卡车非法运输雷管53万枚，及时消除了一批治安隐患。市局组织开展了维护校园及周边治安秩序专项行动，选派350名优秀民警担任校园法制教员，严厉查处校园的各类治安案件26起，有效维护了校园安全。

大力推行安全技术防范系统建设，不断加强对首脑机关、重点单位、重点部门的监督检查力度，发现隐患及时纠正，限期整改，确保了内部单位治安秩序的平稳。交警部门以压事故、保畅通、树形象为指导思想，有效遏制了交通事故的发生。全年全市交通事故起数、死、伤人数、直接经济损失分别比2004年同期下降了14.88%、18.76%、19.9%、9.42%。消防部门加大对宾馆、车站等公共场所的监督力度，坚决杜绝群死群伤的重特大火灾事故的发生，全市火灾起数、死、伤人数、经济损失分别比2004年同期下降31%、20%、20%、76%。圆满完成各项警卫任务。警卫部门全力以赴，密切协作，全年安全行驶10万公里，完成各级警卫任务125起。特别是9月下旬，圆满完成“528团”1级安全警卫工作，受到上级领导的表扬。

（郝云峰）

【保持共产党员先进性教育活动】 2月4日上午，在市局机关召开了保持共产党员先进性教育动员大会，明确了先进性教育活动的指导思想、目标要求和基本原则，强化了民警搞好教育的主动性和自觉性。从2月5日开始，市局机关、交警支队和三个分局的所属支部纷纷组织所属党员顶风冒雨，登门看望扶贫对象，为困难群众解决生产生活难题，使920名困难群众获得了帮助。2月份，组织全体党员先后观看了电影《郑培民》、《暖秋》，录像片《牛玉儒同志先进事迹报告会》和《塌方后的反思》。通过正反两方面教育，使广大党员强化了宗旨意识，确立了正确的世界观、人生观和价值观。2月21日晚，在河东会堂举办了全市公安机关“海鑫杯”共享平安文艺晚会，通过一个个生动、感人的故事，讴歌了公安机关打造“平安运城”、真诚服务群众的光辉业绩，激发了广大民警奋发有为、再创佳绩的信心和决心。3月8日上午，市局机关组织375名党员开展重温入党誓词宣誓活动，使广大党员深刻感受到党员的神圣责任和崇高义务，更加坚定了共产主义信念，更加相信党、拥护党、依靠党、捍卫党，以实际行动为党旗增辉，为警营添彩。同时，段绪忠局长还以《如何保持共产党员先进性》为题，对全局保先教育进行深入全面动员，阐述了在新时期保持共产党员先进性的重要性、必要性及应持的态度。组织机关副科以上干部进行了保持共产党员先进性活动学习笔记展评，评出优秀学习笔记10名。3月10日，推荐三名同志参加市委督导组组织的先进事迹报告会学习体会演讲比赛，取得了团体第1名；两人取得第2名，一人取得第3名；3月11日，在各支部演讲的基础上，选出28名同志参加了市局机关组织的心得体会演讲比赛，评出一等奖1名、二等奖2名、三等奖3名。4月28日参加市直督导组织的知识竞赛取得团体三等奖。6月8日上午，市局召开了公安英模事迹报告会，用身边的典型教育、激励广大民警，弘扬正气，鼓舞斗志，忠实地履行党和人民赋予的神圣职责。七一结合纪念建党84周年，对12个先进党支部、11名优秀党支部书记和67名优秀共产党员予以通报表彰。同时开展“五比五看”活动。特别是把学习任长霞作为先进性教育活动的一项重要任务。

进入第二阶段，局党委征求各方面意见和建议387条，梳理归纳为14个方面50条。在梳理归纳的基础上，以党委扩大会的形式向党委成员和支部书记进行了反馈。局党委成员和每个党员对待群众的意见和建议，按照“六对照、七检查、八剖析”的要求，撰写党性分析材料。对于查摆剖析出来的问题，具备整改条件的马上改，不等、不靠、不推、不拖。治安支队针对群众反映强烈的窗口单位“冷硬横推”，在治安系统大张旗鼓地开展了以改善服务态度为重点的情系百姓“十个一”活动。出入境管理科为把“窗口”亮起来，使办证人员更加快捷方便，向广大人民群众公开十项承诺服务，受到人民群众广泛赞誉。经侦支队针对个别党员党性差、标准低、作用发挥不明显的问题，从严格组织生活制度入手，点滴抓起，使党员成为学习的榜样，追赶的目标。

对一些事关大局而又难度较大的问题，组织力量专门研究解决这些问题的办法。市局党委集思广益，充分听取各方面意见，制定出台16个方面25个要着手整改解决的问题实施方案，明确总负责人、主要负责人、承办单位，实实在在抓落实。（1）打掉了“三班仆人派”反动势力组织，公安部和省委发了慰问电，省厅在运城召开了反邪教经验交流会。（2）以侦破命案为龙头、打击“两抢一盗”为重点的专项行动取得辉煌战果。据统计，1—5月份刑侦部门破获各种刑事案件1238件，其中重特大案件559件；抓获网上逃犯170名，追回被盗抢机动车辆12辆；经侦部门破获各类经济案件75起，挽回经济损失800多万元，受到市委、市政府和公安厅的高度评价。（3）“大接访”活动取得了显著成效。5月9日，公安部、省厅“大接访”电视电话会议后，市局行动迅速，及时部署，精心组织，要求市、县两级公安局长一把手要把集中处理信访问题作为一项重要政治任务，亲自接待信访群众，亲自倾听他们的诉求，亲自协调、解决他们的问题。截止6月上旬，各县（市、区）局、分局共接待上访案250件，处理解决信访案件42起，退赔上访款额25500元。(4) 加强了社会面的防范控制工作，街头犯罪得到了有效遏制。110、治安、内保、警卫工作力度加大，禁毒支队开展了禁毒人民战争，文物科开展了百日打击文物犯罪活动。(5) 基础业务建设有了明显进步。国保、内保、治安、刑侦、技侦、技术、监管、出入境、通讯、法制、计财、办公室、110指挥中心、信访、制证所等各部门的基础业务建设都有了新的进步。(6) 队伍建设有了明显变化。政治部、纪委、监察、督察加大了对队伍的教育整顿和管理。(7) 消防、道路交通、内部管理、治安防范得到加强。(8) 人民群众对公安工作和社会治安的满意度得到了明显提升。经过大家的共同努力，市局先进性教育受到市委表彰，局党委被评为先进党委。

(郝云峰)

【大练兵活动】 2005年，市公安局认真贯彻落实公安部和省厅开展大练兵工作的有关指示精神，把开展全员大练兵作为加强公安队伍建设的战略举措。针对部分基层单位和民警对开展大练兵工作出现应付思想和松懈情绪，市局党委高度重视，召开专题会议研究部署2005年全市公安机关大练兵工作，明确提出2005年大练兵工作要围绕省厅下发的《关于全面推进全省公安民警大练兵的意见》来进行，结合运城实际，重点突出专业知识和业务技能练兵。

制定下发了2005年全市公安机关开展大练兵活动意见和实施方案，对2005年大练兵工作做了详细规划，明确提出了任务要求。

对全市公安机关2004年度大练兵工作进行总结表彰，表彰先进，鞭策后进。3月29日，在全市公安工作会议上，就2005年大练兵做了专题安排部署，并对永济市公安局等4个先进单位集体和陈立强等26名先进个人进行了表彰。充实加强了全市公安机关大练兵领导机构，加强对全市公安机关大练兵工作的组织领导。市局大练兵办公室和基层16个县(市、区)公安局、分局大练兵办公室人员全部得到了充实加强，各地都结合各自实际，制定了2005年大练兵活动实施方案，对练兵重点和目标作了系统规划。市局派出教官组到基层对大练兵工作进行巡回督导和指导，帮助基层单位开展练兵活动，促进和推动了全市公安机关大练兵活动不断深入发展。

通过深入持久地开展大练兵，队伍的整体素质有了明显提高，战斗力得到显著增强，对社会面的控制力度进一步加大，全市的社会治安形势得到明显好转。据统计，1—12月份全市公安机关共立刑事案件4824起，同比下降3.75%，破案2812起，破案率58.29%，民警的伤亡数为死亡人，伤16人，同比下降5.2%。大练兵活动的开展，带来了公安队伍战斗力的增强，促进了社会治安形势的好转，人民群众对公安机关满意程度明显上升，达到97%，同比上升1%。

(郝云峰)

【教官培训】 针对基层单位练兵教官队伍业务水平参差不齐的状况，市局于5月23日组织了一期武装越野搜索培训班，各县(市、区)局和机关共26名教官参加了培训。培训期间，专门请了省厅前卫体协的教官授课，手把手做示范动作，讲解要领。受训同志苦练巧练，业务水平有了较大提高。这些教官回到基层后，又为基层训练出了一批小教官，有力推动了全市练兵工作的开展。6月份，省厅举行全省武装越野搜索竞赛，从基层单位选拔了9名训练尖子组队参加，分别取得了较好成绩。(郝云峰)

【纪律整顿】 结合开展保持共产党员先进性教育和大接访活动，市局从5月下旬开始，利用2个月时间，在全市公安机关组织开展了一次深入持久的纪律作风教育整顿。对队伍存在的纪律作风涣散、宗旨观念不强、执法不作为等七个方面的问题进行重点整顿。整顿中，各地对发现的问题，不迁就、不护短，严肃处理，使全市公安队伍的纪律作风有了明显改观，活动成效得到初步显现。(郝云峰)

【健全管理机制】 在2004年工作的基础上，对各项训练、管理机制做了进一步完善，为全市5000余名公安民警全部建立了大练兵电子档案，每名民警综合素质考核、体能考核、业务考核全部录入微机。这一措施的实施，使每名民警在练兵过程中都能自加压力，刻苦训练，力争达标。5月，市局练兵办下发通知，对全市2004年度大练兵基本理论考核不及格人员或因故未参加人员统一进行补考，经过近两个月的紧张准备，6月底，在市局设立考场，对全市166名民警统一进行了补考。补考过程中，严明纪律，严格把关，参加补考的同志认真做答，全部取得了及格以上的成绩。10月26日，全市公安机关刑侦战线的118名刑警云集运城，进行了手枪实弹射击、体能竞赛、电脑操作技能、命案卷宗比评、刑事技术和检验鉴定等项目比武，经过激烈紧张的比赛，永济、平陆、夏县等公安局获得团体优秀奖，41名刑警获得个人全能和单项优秀奖，其中有8名女刑警在比武中脱颖而出，展示了女刑警的风采。治安支队组织了全市基层派出所民警大练兵，从户籍管理、办案程序、特行管理、体能技能等方面进行全方位练兵，使基层派出所民警素质有了较大提高。(郝云峰)

【“大接访”活动】 5月9日，公安部、省公安厅召开“集中处理群众信访”问题电视电话会议后，按照“人人受到局长接待、件件得到依法处理”的目标和要求，全市公安机关领导高度重视，市、县两级公安局都成立了专门的领导小组，制订了实施方案和具体意见，开展了局长亲自接访工作。市局先后召开四次电视电话会、两次工作会进行安排部署和通报督促。同时两次组织由市局领导带队的包县工作组进行督导，使“大接访”第一阶段工作取得了重要的阶段性成果。芮城县和平陆县公安局分别评为公安部、省公安厅的先进集体。全市公安机关共接待群众信访案件734起，结案652起，停访息诉669起，息诉率90.7%。7月18日至22日，市局局长亲自接待处理属市局管辖和信访人对县级公安机关处理意见不服的案件上访人63人，当场解决6起，责成市局领导包案调查和复查的15起，转交县级局长限期答复和解决的42起。依法解决了一大批群众关心的和一些老大难问题，受到社会各界和人民群众的好评。

（郝云峰）

【市禁毒志愿者支队成立】 6月3日，运城市禁毒委、市委宣传部、共青团运城市委、市妇联、市总工会、市教育局等单位联合在南风广场隆重召开禁毒人民战争誓师大会、运城市禁毒志愿者支队成立仪式暨“6·26”国际禁毒日宣传活动启动仪式。运城市委副书记唐大雄、市政府副市长、市禁毒委主任柴林山、市人大法工委、市妇联、市政法委、市委宣传部、共青团运城市委、市禁毒委成员单位的领导出席了这次活动。百名禁毒志愿者和政法、卫生、文化、药监、工商、武警、大中小学校以及13个县（市、区）禁毒委成员单位，社会各界人民群众的代表近5000余人参加了活动。活动由市公安局局长段绪忠主持。

（郝云峰）

【情系百姓“十个一”活动】 为进一步推动保持共产党员先进性教育活动向纵深开展，巩固和加强派出所执法工作以及内部管理集中教育整顿活动的成果，市公安局党委从2005年4月至12月在全市公安机关治安系统开展了情系百姓“十个一”活动，具体内容为开好一个会，结好一门“亲”，见好一次面，架好一座“桥”，学好一典型，读好一本书，看好一部剧，办好一竞赛，评好一起案，树好一面旗。活动围绕“执法为民”核心，紧扣“情系百姓”主题，取得了丰硕成果。据不完全统计，全市治安系统民警和老百姓结亲共1980对，召开警风警纪监督员会议共497次，进行警务公开解答群众咨询21277人次，为群众排忧解难、解决求助求救、办好事4910件，送证到户20754次，调解各类民事纠纷2120起，在省、市、县三级媒体上发表稿件618篇。通过开展此项活动，民警同人民群众的联系普遍加强，社会各界和人民群众对民警的认知程度和赞誉度明显增加，各级领导和新闻媒体对民警的关注力和表彰力明显加大；市委“保先办”对开展情系百姓“十个一”活动给予了高度赞扬；6月6日，省公安厅治安总队转发了“十个一”活动方案，并加了编者按，要求全省治安系统学习借鉴；12月17日，省委常委、政法委书记杜玉林到盐湖分局陶村派出所检查工作时，对情系百姓“十个一”活动予以充分肯定；公安部大接访督查组和公共安全督查组领导在检查运城市治安工作时，也对“十个一”活动给予了赞扬和肯定；《人民公安报》、《山西日报》、《山西电视台》、《运城日报》、《运城电视台》等媒体对此项活动进行广泛报道。此项活动在全市184个派出所评出了20个示范单位和60个示范标兵。（郝云峰）

【开展“三个一”活动】 在2005年全市公安工作会议暨“双先”表彰会上，市局党委对公安宣传工作提出了明确的任务和目标，要求各级公安机关的领导特别是一把手要对公安宣传高度重视，认识到位，支持到位，并给以人力、财力上的倾斜。大力开展以“设立一个宣传科（站），配置一台摄像机（或一部照相机）、每个民警每年最少要撰写发表一篇宣传稿件”为主要内容的“三个一”宣传活动。为了更好地深入开展“三个一”活动，于8月2日至6日抽调有关人员分4组对各县（市、区）公安局、分局及市局各科室所队“三个一”宣传活动开展情况进行了检查通报。通过开展此项活动，每个单位都形成了人人争着动笔写稿、人人争做宣传报道的比、学、赶、超的良好宣传氛围。一年来，全市公安机关在县级以上报刊、电台、电视台等新闻媒体共发表稿件10748篇（条），全市民警平均发稿2.1（篇）。其中：中央级126篇（条），特别是《运城一父子贩毒在京判刑》在中央电视台《法治在线》栏目播出；《消息来自何方》在中央电视台《今日说法》栏目播出；《运城捣毁一跨省赌博大案》在中央电视台晚间新闻栏目中播出；《生死揭秘》在中央电视台《道德观察》栏目播出。省级1852篇（条），市级5600篇（条），县级3170篇（条）。“三个一”活动的开展，极大地促进了全市各级公安机关宣传工作建设。截止2005年底，全市13个县（市、区）局、分局成立了宣传科（站），并选配了专业人员从事宣传工作。有10个县（市、区）局、分局配置了照相机或摄像机，为全市公安宣传工作打下了良好的基础。

（郝云峰）

【“三台合一”报警平台正式投入运行】 2005年，在市公安局党委的科学决策、正确领导下，在市局有关部门特别是计财、通信、交警、消防等部门的热情关心、大力支持下，市局指挥中心民警和施工人员经过一年多的加班加点、精心施工，12月12日零时，投资近700万元的市局“三台合一”报警平台正式启动运行。

省公安厅《关于做好110、119、122三台合一的工作通知》下发后，市局党委多次召开三台合一工作会议进行研究部署。成立以段绪忠局长为组长、崔长胜常务副局长为副组长的工作领导组，努力解决三台合一中的一系列问题。为解决高标准建设110、119、122报警服务台与市局经费紧张的矛盾，特别是防止引进设备和技术短期内落后淘汰问题，市公安局按照模式超前、技术先进、功能完备、运用便捷的原则多方考察、反复论证。党委书记崔长胜、党委委员、办公室主任高贯峰等局领导先后赴外地考察学习三台合一的具体模式和先进经验，写出了《晋城、长治、大同市局三台合一考察报告》，制定了《市局“三台合一”接处警系统建设意见》，有力推动了市局三台合一工作的全面开展。

市公安局指挥中心“三台合一”报警平台包含接处警系统，350兆无线指挥调度系统、电子地图信息系统、城区道路要害部位监控系统、DLP大屏幕显示系统、LED电子显示屏系统、后备保障系统七大系统。它的建成，实现了“统一指挥、反应灵敏、协调有序、运转高效”，充分整合警力资源，发挥各警种、各部门的作用，进一步提高了市局的综合指挥能力、快速反应能力和社会面控制能力，为下一步实现“110”一号接警奠定了坚实的基础。（郝云峰）

【市公安英模事迹巡回报告团赴各县演讲】 为了进一步推动全市公安机关保持共产党员先进性教育活动深入开展，确保集中整顿纪律作风教育取得实效，市局党委从全市公安机关涌现出的先进典型中选调7名代表组成公安英模事迹报告团，于6月1日至6月8日赴各县（市、区）局开展巡回报告演讲活动。

这次报告团成员有全国特级优秀人民警察、全国优秀人民警察，有运城市劳模、全市优秀人民警察。各县市公安机关不同警种、不同岗位，在他们的身上集中体现了新时期公安精神，体现了共产党员的先进性。每到一处，报告团成员爱岗敬业、默默奉献、无私无畏、疾恶如仇的感人事迹深深打动了会场的每一位民警。大家表示要以英模为榜样，进一步坚定信念，牢记宗旨，切实解决“为谁执法，为谁服务”的问题，用实际行动唱响“人民公安为人民”的主旋律。

6月8日，报告团在市局机关最后一场报告会结束后，段绪忠局长号召全市公安机关广大民警向英模学习，始终牢记全心全意为人民服务的宗旨，立足本职，实实在在地为人民群众办实事；始终忠实地履行党和人民赋予的神圣职责，秉公执法，捍卫宪法和法律的尊严；始终坚定共产主义理想信念，克己奉公，保持人民公安本色；始终保持强烈的事业心和责任感，恪尽职守，充分发挥共产党员的先锋模范作用，为全市的经济发展、人民安居乐业构建稳定和谐的社会环境。

（郝云峰）

【捣毁跨省赌博团伙】 2005年1月21日凌晨，市公安局治安支队根据群众举报，经缜密侦查和精心部署，30余名公安民警在支队政委魏隆邦的直接带领和平陆县公安局的配合下，一举将位于平陆黄河岸边的“益明园”内的特大赌博团伙捣毁，涉赌的60名人员无一漏网，当场收缴赌资和赃款16万元，查扣涉赌车辆10部以及其它一批涉赌工具。经查，该团伙是以河南省三门峡市的刘杰（男，36岁）为首，于2004年10月份租用平陆县政协常委王明郎（男，53岁）的房子开办的。长期以来，该团伙以“扑克牌”和“百家乐”的形式，利用晚上大肆豪赌，并配有对讲机和车辆进行联络、接送。这次抓获的60名涉赌人员大部分是河南省三门峡市人，还有部分是平陆县人。该团伙规模之大、组织之严密，均属罕见。这也是市公安局禁赌专项行动打响之后的第一仗。 （郝云峰）

【联手破获特大系列命案】 2005年5月23日，发生在河津市禹门辖区——山西铝基地毓秀区18栋4门2层的“5·14”入室抢劫杀人案，在市公安机关与黑龙江省七台河市警方的联手攻坚下，成功告破。抓获抢劫、杀人犯罪嫌疑人2名（左连进，男，33岁，黑龙江省七台河勃利县长兴乡红旗村人；张久满，男，35岁，七台河勃利县人），并相继挖出以左连进为首的系列抢劫杀人犯罪团伙，破获系列杀人案件9起（杀死11人），破获抢劫、盗窃案件数十起。经查，犯罪嫌疑人左连进于2004年在中央电视台新闻节目中看到山西铝厂三期扩建工程，国家投资100亿后，萌生邪念，勾结犯罪嫌疑人张久满和刘文兴进行疯狂作案。2004年3月在侯马市抢劫杀死一人，盗窃猎枪一支。2004年4月5日、7日、25日、26日，左连进犯罪团伙在山西铝基地生活区的朝霞区、雁塔区、太华区等处采用撬盗门窗入室捆绑、威胁当事人抢劫、盗窃等作案手段，连续作案多起，抢劫价值一万余元。2004年5月14日，趁夜闯入姚礼斌家持械将姚氏夫妇杀死。在河津市、侯马市杀人、抢劫、盗窃作案数十起。2004年8月，该团伙又返回山西铝厂盗窃作案多起。2005年5月22日，禹门公安分局在左犯亲戚家缴获了犯罪嫌疑人作案用的猎枪、斧头、匕首等凶器。

（郝云峰）

【“10·19”袭警案告破】 2005年10月19日18时57分许，稷山县翟店镇刑满释放人员黄石焕（男，28岁，2001年4月13日因伤害本镇任俊虎被判刑两年，2002年12月7日释放后一直寻机报复任俊虎）到翟店镇任俊虎经营的五金装璜门市部伺机报复，任俊虎妻子见状拨打110，110报警服务台给翠店派出所下达指令，该所民警黄云峰（男，28岁，三级警司）、协警贺国峰（男，20岁，蔡村乡柴村人）等4人出警。在制止黄的违法行为过程中，犯罪嫌疑人黄石焕突然引爆隐藏在身上的爆炸物，在场的民警黄云峰、贺国峰、群众任俊虎、雷全生4人不同程度被炸伤，其中民警黄云峰伤势严重，经抢救无效死亡。事发后，市局段绪忠局长立即带领市局刑侦、技侦有关人员赶赴现场，组织指挥侦破案件。根据段局长的指示，稷山县公安局全体民警兵分多路，以翟店镇为中心，向四周辐射至侯马、乡宁、河津、万荣、垣曲一带，展开围追堵截。经过16小时的努力奋战，犯罪嫌疑人黄石焕落网。 （郝云峰）

【绛县“4.15”特大涉税案】 自4月22日至11月25日，市公安局经侦支队28名民警，在市局副局长冯养合的带领下，驻扎山西省绛县华信技术开发区，历时七个月，成功侦破绛县华信技术开发区宇进铸造冶炼有限公司涉嫌接受虚开用于可抵扣废旧物资专用发票案。经侦查认定，河南、河北、湖北等13家单位为绛县宇进公司虚开用于抵扣税款的发票计7628份，涉案金额达13亿余元，给国家造成税款流失1亿余元，抓获犯罪嫌疑人13人，其中批准逮捕7人，取保6人。

该案是4月16日公安部经侦局要求山西省经侦总队对临汾、运城涉案企业立案查处的部督案件，并被列为公安部和国家税务总局联合督办案件。原省委书记田成平、省长张宝顺、省委副书记金银焕、省委常委、公安厅长杨安和等领导都对此案作过重要批示。（郝云峰）

（责任编辑：杨春英）

经济管理

计划管理

【全市经济和社会发展情况】 2005年，全年全市生产总值完成470.8亿元，同比增长13.3%；财政收入55.6亿元，同比增长19.3%，其中：一般预算收入18.4亿元，同比增长19.9%；规模以上工业增加值185.2亿元，同比增长20.9%；固定资产投资160.5亿元，同比增长16.3%；外贸进出口总额6.5亿美元，同比增长22%；城镇居民人均可支配收入7507元，同比增长10.3%；农民人均纯收入2806元，同比增长8.5%；社会消费品零售总额158.2亿元，同比增长10.3%；居民消费价格总水平上涨幅度控制在3%以内。

全市经济运行有四个特点：(1) 增速较快。全市生产总值增长速度高出全国平均增速3.4个百分点，高出全省0.8个百分点。(2) 质量有所改善。全年全市规模以上企业经济效益综合指数达到159.1%，同比提高1.4个百分点。(3) 大企业带动作用更加明显。十八大旗舰企业完成总产值275.2亿元，占全市规模以上工业总产值的55.4%。(4) 县域经济呈现新态势。尤其是平陆、新绛、垣曲等县市一改多年低速发展态势，增速均高于全市平均增幅2个百分点以上。

（梁国栋）

【以项目建设推进经济结构调整】

1. 一批重大工业项目建设取得新进展。围绕建设“七大产业”、“八大基地”，山铝80万吨氧化铝、华泽铝业28万吨电解铝、亚宝工业园二期、阳光焦化、银光镁业镁合金、盐湖区海升果汁、闻喜晋丰化工、芮城中鲁果汁等项目已经建成投产，丰喜10万吨甲醇、稷山东方铁合金、万荣汇源果汁、临猗恒晟纺织等项目进展顺利，本年可建成投产。据初步测算，这些项目投产达效后，年可新增销售收入210多亿元，折合工业增加值68亿元。与此同时，海鑫集团改扩建、中信通达重卡、华雄纺织、鑫源家具工业园、丰瑞煤化工1830等一批带动性较强的项目正在加紧运作和实施，这些项目对全市“十一五”时期加快发展将产生重大的推动作用。

2. 一批重大基础设施项目前期工作取得实质性进展。围绕缓解电力紧张、运力不足等“瓶颈”制约，在加快永济电厂2×30万千瓦机组、电网改造、新禹高速、临猗至河津一级公路、县乡道路等在建项目建设的同时，积极推进电力、交通基础设施等重大项目前期工作，在较短时间内取得了重大进展。电力方面，总投资53亿元，装机2×60万千瓦的大唐电厂项目，已经国家发改委批准立项并正式开工；总投资96亿元，装机2×100万千瓦的河津二电厂项目通过国家初审，为项目立项铺平了道路；总投资24亿元，装机2×30万千瓦的永济热电厂供热机组改造项目立项思路和具体操作办法基本确定；运城50万伏站2号主变及双回线路、河津50万伏新建工程和22万伏输变电等电网项目前期工作进展顺利。交通方面，总投资45亿元的东镇至蒲掌高速公路、总投资12亿元的运城西南环城高速公路和总投资4.9亿元的运风高速公路改造等三条高速公路项目已经省发改委批准立项，并落实省配套资金19.6亿元；三门峡黄河大桥、风陵渡黄河大桥、南同蒲铁路复线、侯西铁路复线等项目的前期工作也都有较大进展。社会事业方面，市中心医院迁建工程已动工，运城大学、运城师范学院、南山自然生态旅游区、市体育馆、博物馆、图书馆、科技馆等项目前期工作正在加紧运作。

3. 做大做实“十一五”规划项目库。项目是规划的主体。在各级领导的高度重视和精心组织下，本市“十一五”规划项目库创建工作起步早、力度大、进展快。2005年，全市入库重点项目231项，总投资1877亿元。其中入围省“十一五”重大项目占全省总数的18.1%；入围省“十一五”利用外资项目排名全省第二，仅次于太原市。

（梁国栋）

【转变经济增长方式，加快建设新型加工制造业基地】 2005年运城出台了铝和铝材加工、钢铁和冶炼、重型卡车和汽车配件等“八大基地”三年推进计划。列入其中的139个项目，总投资近400亿元，现已开工25项。其中山铝80万吨氧化铝、28万吨电解铝、60万千瓦发电机组、闻喜银光镁业镁合金深加工等一批重大项目建成投产。“十八大旗舰企业”进一步做大做强，全年完成总产值和工业增加值占到全市规模以上企业总额的55.4%和58.9%。同时，发挥比较优势，重点培育装备制造业、新型化工产业、新型材料产业、农副产品加工业、中医药产业、旅游文化产业等六大新的支柱产业。此外，全市对61家不符合国家产业政策的焦化企业和100家高耗能、高排放、高污染、低效益企业予以关停，进一步加大对传统支柱产业的改造提升，大力倡导循环经济，延伸产业链条。经过一年的努力，全市涌现出一批资源综合利用的示范企业，对转变经济增长方式起到了良好的带动作用。

（梁国栋）

【做好“三农”工作，加快高效生态农业基地建设】 2005年，全市认真落实国家、省惠农政策，全部免征了农业税及其附加，全市兑付粮补资金5992万元，农机具补贴资金137万元。围绕“高效生态农业基地”建设，运城市进一步优化种植结构，无公害农产品基地达到

128.5万亩，设施农业达到49万亩，绿色农产品认证达到26个，无公害名优品牌达到8个。全市粮食总产量15.9亿公斤，果品总产量27.5亿公斤，棉花总产量0.9亿公斤，肉、蛋、奶产量同比分别增长5.6%、2.5%、22.9%。全年全市新转移农村劳动力14万人。新解决15.5万人的饮水困难问题。农村公路建设取得新成绩，完成新建、改建村通和巷道硬化工程10750公里。完成天然防护林工程6.8万亩，三北防护林0.8万亩。（梁国栋）

【狠抓招商引资，加快推进改革开放】 2005年，全市进一步加大行政审批制度改革，市本级减少行政审批事项180项，并出台了进一步深化国有企业改革的实施意见，出台了《运城市招商引资奖励办法暂行规定》等政策性文件。层层落实招商引资责任，全年全市招商引资到位资金93亿元，超过年初目标32亿元，同比增长160%；直接利用外资3531万美元，同比增长50%。（梁国栋）

【积极争取国家和省支持，推动投资较快增长】 2005年全市全社会固定资产投资完成160.5亿元，同比增长16.3%，总量位居全省第二位，仅次于太原市。在工业、农业、城建环保、交通、科教文卫、旅游、商贸、以工代赈、公检法司等方面共争取国家和省投资17.6亿元，比历史最高年份多3.2亿元，再次刷新了争取资金的纪录。

（梁国栋）

【努力构建和谐运城，各项社会事业全面进步】 全市进一步加强科技创新体系建设，民营科技企业总数达到24家。“双基”成果不断巩固，上年全省高考文理科状元均在运城。新型农村合作医疗试点的农民参合率达到84.3%。城镇登记失业率控制在4%以内。国有企业下岗职工基本生活保障与失业保险并轨工作稳步推进，企业离退休人员养老金发放率达到100%，纳入城乡低保人数14万人。新增城镇就业岗位4.7万个，1.3万人通过各种途径实现再就业。中心城市空气质量二级以上天数达到211天。与此同时，文化、体育、民政、广电、人口等各项社会事业得到全面发展。（梁国栋）

【群策群力编制“十一五”规划】 按照市委、市政府的部署，根据中央、省关于编制十一五规划的要求，全市“十一五”规划编制工作在广泛调研、整理分析了本市10多个行业相关资料的基础上，编写了《运城市国民经济和社会发展第十一个五年规划基本思路》，起草了《中共运城市委关于制定国民经济和社会发展第十一个五年规划的建议》。依据《建议》，编制了全市“十一五”规划实施《纲要》（人大审议稿）。（梁国栋）

国土资源管理

【耕地保护基本国策严格落实】 耕地保护是我国的一项基本国策，也是国土资源管理的重中之重。市国土资源局认真采取多种措施，不断加大保护力度。

1. 严格非农建设用地审批。随着全市经济的快速发展，建设用地量陡然增大，土地供需矛盾日益突出。为此，市国土局在本年的建设用地审批过程中，严格执行国家有关土地供给政策，实行土地利用总体规划和年度计划管理，严把“六关”即规划用途关、产业政策关、供地政策关、占补平衡关、农民补偿关和用地指标关，确保耕地总量不减少质量不降低。2005年全市共审查报批各类非农建设用地53宗，总面积393.8公顷，其中：农用地336.3公顷，有效控制新增建设用地规模，土地利用水平稳步提高。同时，紧紧围绕全市经济发展这一中心，按照区别对待、有保有压的原则，全力为重点工程（项目）提供用地保障。在重点工程项目报批过程中，专人负责，提前介入，出谋划策，优化程序，提高效率，搞好服务，为用地项目审批开辟了快速通道。

2. 确保“占补平衡”制度严格落实。耕地占补平衡是落实耕地总量动态平衡的重要措施之一，也是衡量耕地保护工作的一项重要指标。2005年市国土局在全市范围内组织了一次补充耕地验收工作，验收总面积1638.27公顷，验收合格率为100%。与本年全市非农建设占用耕地面积336.3公顷相比，超出了1301.97公顷，超额300%完成了补充耕地任务，达到了补大于占。

3. 大力开展土地开发整理工作。2005年本市共上报土地开发项目8个，其中国家级2个，分别为芮城县黄河滩涂开发项目和闻喜白水滩土地开发项目，另外还有5个省级重点项目和1个省级补助项目，全部项目共申请资金3142.89万元，可新增耕地1428.64公顷。

4. 积极开展基本农田保护。基本农田保护工作事关国计民生和社会稳定，对此市国土局严格落实目标责任，对基本农田实行特殊保护，与县、乡、村层层签订了基本农田保护责任书，并认真组织落实，定期组织检查。年底，全市已划定基本农田保护地块为67299块，建立基本农田保护标志4566个；签订的基本农田保护责任书到村的3303份，到组的15958份，到户的746084份，使基本农田保护政策层层得以落实。（杨　超）

【国土资源市场机制逐步确立】

1. 严格推行经营性土地招拍挂制度。继续巩固和推行经营城市主要是经营城市土地的理念，大力推行经营性土地招拍挂制度，2005年一年，全市以招拍挂形式共出让土地132宗，面积171.58公顷，收取出让金3.3亿元；仅市本级就完成国土收益任务1.77亿元，为城市建设和经济发展开辟了一条新的重要通道。

2. 积极盘活存量土地。在规范和完善土地市场过程中，市国土局不断强化存量土地管理，积极探索存量土地管理的新路子，通过盘活闲置、低效利用的土地资产，保证了存量土地最大限度的保值增值。2005年通过对西花园等3宗共计162.89亩盘活存量土地实行公开拍卖，实现土地收益5430.09万元，另外原运城地区物资贸易中心和原市木材公司共计约214亩的存量低效用地也已实施收回，纳入了政府土地储备库，正在积极运作拍卖前的准备工作。存量土地的有效盘活提高了城市土地的集约、合理利用水平，缓解了新增建设用地的压力。

3. 矿业权市场不断规范。积极推行矿业权公开出让制度，2005年一年，先后出让采矿权55宗，共取得采矿权价款272.5万元。另外还完成了264万元矿产资源补偿费征收任务，超额完成了省厅150万元任务指标。

4. 煤炭资源整合工作成效显著。按照省政府对煤炭工作提出的“控制总量，优化布局，调整结构，提高效益”的要求，积极开展了煤炭资源整合和有偿使用工作，成立了工作领导组，并起草了《运城市煤炭资源整合和有偿使用工作的指导意见》，重点对河津市煤炭资源进行了全面整合。通过整合，河津市煤矿由原来的61个矿，缩减到42个矿，减少了31%；矿区面积由原来的53.63平方公里减少到现在45.47平方公里，矿区面积减少了15.2%，且生产能力均达到了9万吨以上，促进了矿产资源的合理开发利用。（杨　超）

【国土资源市场秩序全面好转】 2005年3月初，省厅下发了晋国土明电（16）号要求深入开展严厉打击非法采矿专项整治工作，国土局高度重视，及时向有关市领导作了汇报，并列入重要议事日程多次召开会议专题研究了打击非法采矿工作，制定了《运城市关于严厉打击私挖乱采及非法矿业活动实施方案》，并在全市范围内开展为期100天的打击非法采矿活动专项整治工作。在打击非法采矿活动中，根据整个国土资源执法监察工作的要求，市国土局针对重点县（市）的重点区域，每半月突查一次借以监督和强化执法巡查力度，增强打击非法采矿活动的效果。通过排查摸底、专项打击等手段摸清了全市采矿所有矿井、坑口的底子，并对15个非法采矿坑口全部予以关闭取缔，没收非法设备21件，移送公安机关拘留违法人员11人，暂扣采矿许可证51个，有力地遏制了全市非法采矿活动，维护了正常的矿产开发秩序。

土地市场秩序治理整顿方面，2005年加大了对土地市场的监管力度，进一步完善了执法巡查网络体系，全市共清理出未批先占等各类土地违法案件137宗，至年底这些案件已全部结案，并对相关责任人依法进行了处理。本年下半年，为了巩固整顿成果，防止反弹，抽调盐湖区国土局30余名执法队员，采取动态巡查和分片包干等方式，保持对城市周边及土地市场中存在的违法违规行为严查严打的高压态势，实现了全市土地市场秩序的明显好转。（杨　超）

【国土资源基础业务管理】 1. 地籍调查全面铺开。通过近三年的城镇地籍调查，全市已有8个县（市）完成建成区的城镇地籍调查并通过省级验收。运城市建成区地籍调查，已完成40平方公里的186个街坊，3万多宗土地的权属调查和细部测量。准备在3月底同另外4个县（市）一同接受省厅验收。

2. 地质灾害防治纳入日程。积极搞好“汛期地质灾害”的防治工作，提高全市汛期突发性地质灾害的防治快速应急反应能力，加强汛期地质灾害工作的巡查力度，制定了紧急预案。开展建设用地地质灾害危险性评估和矿山地质环境影响评价调查的认定和备案工作，为政府防灾、减灾提供基础性、科学性依据。

3. 有证矿山管理进一步规范。按照“三率”考核标准和矿山开发利用方案对有证矿山进行规范化管理。煤矿九万吨以下全部关闭，非煤矿矿山按照“关小上大”的原则进行整合，全面提高矿山生产规模，优化矿山地质环境，提倡可再生资源的开发，加大资源综合利用率。

4. 测绘管理稳步推进。在完成市区45平方公里1：500地形图、1：2000及1：5000数字影像图的基础上，又申报了周边46平方公里的基础测绘项目。同时启动了县积基础测绘工作，开展了地图市场秩序和测绘市场整顿，为本市测绘管理奠定了良好的基础。（杨　超）

【国土资源法制宣传】 法制宣传教育是贯彻落实国土资源管理法律法规的先导。坚持宣传，既大张旗鼓，又注重实效。在宣传教育中，充分利用各种传媒，如电视、电台、报纸、刊物和广场大屏幕等；充分抓住各种时机，如开会、庙会、集会、晚会等；充分使用各种形式，如出动宣传车、上街游行、公开咨询、召开座谈、举办晚会等，大力营造国土资源法制舆论氛围。本年围绕第15个“土地日”、“节约集约用地，促进科学发展”这一主题，组织了一台“大地飞歌”专场晚会，将国土资源法律法规及办事程序，通过群众喜闻乐见的文艺形式表现出来，收到了良好的社会效应。

另外，2005年市国土局投入资金五万元，以宣传国家支持编创土地政策为主题的现代剧《金土情缘》，社会反映强烈。（杨　超）

【国土资源队伍建设卓有成效】 机构改革工作不断深入。按照国土资源体制改革工作要求，2005年上半年市国土局对各县（市）班子进行了重新配备，并严格按照《党政干部任用条例》规定的程序、标准和组织原则开展此项工作，通过民主测评和公开公示等方式全面考核。现已将县（市）领导班子全部收回并任命，各县（市、区）国土所改革方案已报市政府，待研究确定后实施。

加强理论和业务学习。深入开展提高素质年活动，坚持以学习促素质，狠抓队伍自身建设。首先，坚持了周一例会制度，组织学习、讨论问题、部署工作，既明确了工作，又畅通了政令，还锻炼了干部。其次，结合“四五”普法教育和依法行政工作，重点组织和认真参与各种专门法律法规和业务培训活动。采取“走出去”和“请进来”的办法，积极参加国土资源部、厅组织的每期业务培训，有的放矢地派业务骨干到河南等先进地市考察学习先进经验，还数次特邀有关上级领导和专家、教授来授课。2005年重点组织了国土资源系统干部培训，由分管土地、矿产和有多年执法经验的执法队长分别从土地、矿产及执法监察等方面授课，取得了一定成效。

全面推行政务公开。为切实保障公众对国土资源工作的知情权、参与权与监督权，根据“十六大”关于“认真推行政务公开制度”、“完善公开办事制度”的精神，市国土局制定了“政务公开实施方案”，对全局各科室的工作职责、办事程序、办事依据、办事标准、办事纪律、办事时限、投诉渠道等全部予以公开。特别是，全面推行“一站式”网上行政审批，集中了全局所有审批项目，全部实行“窗口受理——内部一条龙作业——窗口回复”的“保姆式”服务。制定并向社会公布了行政审批公开承诺、窗口服务、超时默认、首受责任、责任追究、审批听证等一系列规章制度，使行政审批工作逐步纳入了规范化轨道，增强了工作透明度，提高了行政效率，密切了与广大群众联系，受到社会各界的好评。

狠抓党风廉政建设。与坚持依法行政一样，把坚持廉洁勤政也作为一面旗帜来抓，认真落实党风廉政建设目标责任制。建立了“一纳入、二规范、三治理、四教育”的党风廉政建设体系：“一纳入”即把党风廉政建设纳入了议事日程；“二规范”就是严格按照“四大纪律、八项要求”和廉洁自律的各项规定来要求和规范自身行为；“三治理”就是做好清房、清车和制止奢侈浪费工作；“四教育”就是开展了国土资源部“五条禁令”和“十项便民措施”的学习宣传、“公道正派树形象”等四项教育活动。为此，市国土局注重推行约束机制，建立健全各项规章制度30余项，从源头上有效预防和治理不正之风及腐败行为。内部建设卓有成效。建章立制，规范内部管理，先后建立了例会、网上审批、信访接待等30余项规章制度，不仅提高了工作效率，强化了服务功能，而且从制度上保证了廉洁勤政。局机关100余名干部职工，无一人因廉洁问题受到举报或查处。另外，还建立健全了政务督查体系，由办公室及监察室牵头，对全局各项工作进行督察。

先进性教育活动取得明显成效。按照中央的统一部署，2005年1——6月，深入细致地开展了以实践“三个代表”重要思想为主要内容的保持共产党员先进性教育活动，并取得了明显成效。活动中，市政府董一兵副市长多次莅临指导工作，并认真参加了领导班子民主生活会。特别是结合国土资源部门工作实际，制定和落实了“坚定理想信念、发挥先锋作用、落实基本国策、合理利用资源、树立全局观念、增强服务意识、坚持依法行政、注重廉洁高效、加强团结协作、不断开拓创新”的党员先进性具体标准。通过开展先进性教育活动，党的理论联系实际、密切联系群众、批评与自我批评的优良传统和作风得到大力弘扬和生动体现，广大党员的政治意识、大局意识和责任意识明显增强，思想政治素质、党员意识和党性观念明显提高，思想观念和工作作风明显转变，党组织建设得到加强，有力地促进了国土资源系统的各项工作的深入开展。（杨　超）

工商行政管理

【整顿规范市场经济秩序】 2005年以省工商局部署的“五项执法行动”为重点，深入整顿规范市场经济秩序，全年查处各类经济违法违章案件7497起，收缴罚没款943万元。

1．“五项执法行动”扎实推进，取得阶段性成果。

（1）在食品安全专项整治中，认真贯彻国务院《关于进一步加强食品安全工作的决定》和国家工商总局《工商所食品安全监督管理工作规范》，组织开展了儿童食品、农村食品、水产品、畜产品安全专项检查、含“苏丹红”（一号）食品、饮品、奶制品、月饼市场等专项整治行动，查处了498起制售假冒伪劣食品案件，捣毁制假售假窝点28个。行动中，与《运城日报》联办了“食品安全整治”专栏，发布消费警示，介绍鉴别假冒伪劣食品的方法，曝光违法案件。

（2）在打击商标侵权专项执法行动中，推广了临猗“所所查办商标案、人人查办商标案”的做法，提出“打破界限、全员办案”的要求，将打击商标侵权专项执法行动的各项任务，细化分解到商标监督管理、经济检查、企业注册监督管理、消费者权益保护和基层工商所，形成系统上下齐抓共管的执法合力。同时，推行案源信息通报制，信息互通、资源共享，推动了专项整治工作的开展。全年查处商标侵权案件3327起，销毁侵权商标标识60万套。

（3）在打击传销和变相传销专项执法行动中，针对传销方式更加隐蔽、欺骗性更强、暴力抗法事件时有发生的新情况，广泛宣传《直销管理条例》和《禁止传销条例》，并与公安部门联合开展了“双盾出击、打击传销”专项执法行动。全年共查处了“湖北孝感林枫服饰有限公司”、“山东永春堂生物科技有限公司”、“上海日晖发展有限公司”等16起非法传销案件，取缔传销窝点36个，摧毁传销网络3个，遣散传销人员800人，维护了社会稳定。

（4）在打击虚假违法广告专项执法行动中，积极向市政府汇报，以市政府名义，成立了领导组，建立了部门联席会议制度，明确各自职责，形成执法合力。同时，充分发挥广告监测中心的作用，加大对各级电视台发布的医疗广告、保健品广告的监测力度。全年查处92起广告违法案件，广告市场秩序有了明显好转。

（5）在打击合同欺诈专项执法行动中，全系统认真总结2004年以来开展的“打合同欺诈、保交易安全”所取得的经验做法，把打击重点放在与人民群众密切相关的商品房买卖、建筑装饰、加工承揽、中介旅游、重要生产资料等合同上来，组织合同监管骨干深入企业，对重要合同进行排查，同时发动群众对侵害消费者权益的霸王条款进行举报，扩大案源线索。全年共查处574起合同违法案件，与往年相比，案件质量有了明显提高。

2．进一步加强了对重点市场的整治，维护了消费者的合法权益。

（1）“红盾护农”行动中，重点推行了四项监管制度：种子留样备查制。全市对122家经营户经营的1464个品种的小麦、玉米、棉花种子进行了索样封存，以备秋后算帐；不合格农资商品退出制。通过入市留样、日常巡查、质量抽查等手段，对5家经销不符合质量要求的农资商品以强制退出、限期召回、责令整改、就地销毁等方式清退出市场；农资连锁经营制。以临猗县为试点，通过理顺经营渠道、推行连锁经营、培育龙头企业等措施，扶持具备条件的农资经营企业推行连锁经营、代理专卖、物流配送等营销方式，实行统一门牌字号、统一采购配送、统一贴标销售、统一管理制度、统一销售价格“四统一”；信用分类监管制。将农资经营户的信用状况划分为A、B、C、D四个等级，在“经济户口”档案中分别用绿牌、蓝牌、黄牌和黑牌表示，实行分类动态管理。通过上述措施，初步建立起农资市场长效监管机制。全市已对1887户农资生产经营单位的信用等级进行了评定。一年来，全系统查处农资违法案件464起，受理农民投诉1932起，为农民挽回经济损失200万元。

3月28日，省工商局在本市举行了“2005红盾护农”行动启动仪式，召开了农资市场监管现场会。7月份，国家总局在本市检查“红盾护农”工作时，肯定了市工商部门推行的种子留样备查制。12月，国家工商总局授予市工商局“2005红盾护农先进集体”称号。

（2）煤炭市场整治取得实效。8月份，以市政府名义下发文件，发布通告，开展了以取缔无证无照经营和打击掺杂使假为重点的煤炭市场专项整治。组织力量对全市182户煤炭经营户逐一排查，取缔无照经营户97户，查处煤炭违法案件44起，规范了全市煤炭市场经营秩序。

（3）市场防控高致病性禽流感工作有序进行，成效明显。制定了《市场防控高致病性禽流感应急预案》，层层成立应急分队，建立了禽类市场巡查、禽类产品挂牌经营、禽类产品进销货备案等十项制度，检查养殖户2381户，禽类产品经营户874户，关闭了372个活禽交易市场，全市未发生禽流感疫情。

（4）棉花、食盐、汽车等重要市场监管得到进一步加强。全市检查棉花收购加工点700户，立案查处非法收购棉花案件220起；查处非法经营食用盐案件28起，没收工业盐、劣质盐、卤水盐12吨；查处非法回收、拆解、拼装报废汽车案件8起，收缴报废汽车“五大总成”及零部件31吨；查办公用企业、垄断行业限制竞争案件9起，商业贿赂案件5起。配合有关部门开展了“安全生产检查”、“劳动力市场秩序整治”、“铁路沿线五查五整整治行动”、“创建优秀旅游城市专项整治”、“关闭取缔无证照小水泥厂整治”以及扫黄、打非等工作。劳动力市场秩序专项整顿受到国家工商总局、人事部、社会劳动保障部、公安部的联合表彰。

（5）消费者权益保护工作稳步推进。一年来，在全市各大商厦、超市、集贸市场增设123个“12315消费者维权站（点）”，聘请义务监督员1000名，完善了中心、站、点三级维权网络，方便了消费者申诉举报。全年受理消费者申诉2307起，解决2090起，处理率达91%，为消费者挽回经济损失260万元。

（张祎　王登峰）

【充分履行职能，改进服务方式】 1. 简化办事程序，为企业提供优质服务。在全系统全面推行“一窗口对外、一条龙服务、一口清告知、一次性办结”的工作制度，严格执行名称预先核准“审核合一”制和企业注册“一审一核”制，减少审批环节，简化办照程序，对符合条件、手续齐全的，当场受理，当场登记，促进了各类企业的发展。本年底，全市各类企业发展到15897户。另外，积极响应市政府招商引资的号召，共引进5个项目，协议投资总额6600万元。

2. 切实执行国家积极就业政策，进一步促进了就业、再就业工作。认真落实国家就业和再就业优惠政策，对下岗职工和高校毕业生，开辟“绿色通道”，实行优先受理、优先登记、优先发照，积极引导下岗人员和高校毕业生从事个体私营经济。同时，对持有下岗证的人员减免登记费，免收工商管理费。全年共扶持2350名下岗职工从事个体私营经济，减免费用281万元。本年底，全市个体工商户发展到51929户，比上年增长了12.7%。

3. 实施商标战略，提升了本市产品的市场竞争力。积极向政府建言献策，将商标战略纳入全市经济发展规划。市政府专门召开常务会议，听取汇报，出台了《关于落实科学发展观大力推进商标战略的意见》。全系统通过举办商标知识培训班、现场指导等方式，对企业选择、使用、管理、运作及自身保护商标方面给予指导和帮助，全市商标注册总量增长到2680件。在服务农村经济发展中，确立了“商标兴农，品牌富农”的目标，通过组织参加农展会、帮助申报农副产品商标、宣传商标知识等形式，提高农民的商标意识，全市农副产品商标注册达到368件。

（4）加强“订单农业”监管，维护农民利益。成立了“农业订单格式条款案审查委员会”，对全市涉农企业的订单合同调查摸底，收集了部分条款，邀请部分农户代表和农业专家、律师对合同条款进行评审和论证，维护了企业和农户的合法权益。（张祎　王登峰）

【推进企业信用体系建设】 “335信用网络工程”，搭建起企业信用网络平台。先后开了外网、内网、专网三条“信息高速路”，搭建了综合业务、OA办公、信息发布三个平台，建立了信息中心、企业电子档案扫描中心、广告监测中心，改建了12315投诉中心、“一站式”受理中心，初步完成了全市企业的电子档案录入工作，工商业务软件全面投入应用。

积极开展各种信用创建活动，引导企业诚信经营。在全市组织了“守合同、重信用”、“消费者信得过单位”、“诚信单位”评选活动，提高了企业的信用意识；开展了“百城万店无假货”、“光彩服务周”活动，引导个私企业诚实守信，依法经营。全年全市共推荐省级“守合同、重信用”企业49家，市级92家；评选出一批市级“诚信经营个体户标兵”。10月份，牵头成立了“运城市信用企业协会”，加强了行业管理和企业自律，推进了企业信用体系建设。

（张祎　王登峰）

【提高工商队伍整体素质】 1. 以保持共产党员先进性学习教育活动为契机，切实转变工作作风，为基层解决实际问题。

从年初开始，严格按照中央的要求和市委的安排，认真扎实地开展了保持共产党员先进性学习教育活动。活动中，严密组织，精心安排，狠抓落实，在确保每个党员都能够系统地进行马克思主义理论的再教育和经受严肃的党性锻炼的同时，注重“边学边改、边议边改”，切实把教育的成果体现并落实到具体行动上。

（1）转变工作作风，努力加强对基层工作的指导。针对工商系统体制改革以来，强调条管和服从意识，作指示多，提要求多，开会多，发文件多，下基层少，与基层同志沟通少，调查研究少，解决实际问题少的问题，出台了《进一步改进工作作风，加强对基层工作指导的意见》，要求机关干部多下去，沉下去，轻车简从，放下架子，与基层同志同吃同住，面对面地沟通与交流。市工商局班子成员带头，下基层不住宾馆，不吃饭店，直接住在工商所，吃在机关食堂，倾听基层意见，了解基层实情，进行工作调研。

（2）扎扎实实帮助基层解决实际困难和问题。工商系统体制、机构改革中，由于超编人员多，使运城市城区分流到各县工商局工作的同志就有120多人。针对这部分同志两地生活不方便、思想不稳定、工作不安心的问题，市工商局专题进行调研，在加强思想教育工作的同时，对这部分同志的交通费用进行补贴，吃住妥善安排，工作时间合理调整，确保了基层队伍的稳定。另外，为机关科室和基层工商所配备了93辆办案用车，提高了监管执法能力；投资十余万元对机关家属院进行了改造，改善了同志们的生活环境；在空港开发区征地40亩，动工兴建空港分局。由于在先进性教育活动中注重边整边改，注重解决工作中存在的突出问题，局机关党委被市委评为“第一批党员先进性教育活动先进单位”，被市直工委评为“十佳党委”。

2. 以工商廉政文化建设为重点，进一步加强了党风廉政建设。

认真贯彻落实《建立健全教育、制度、监督并重的惩治和预防腐败体系实施纲要》，以工商廉政文化建设为重点，进一步加强了党风廉政建设。在工商廉政文化建设中，重点抓了三个方面。（1）出台了《加强工商廉政文化建设的实施意见》，对全系统廉政文化建设提出了明确的目标和要求。（2）开展了形式多样的工商廉政文化建设实践活动。在全市树立了一批廉政典型，组织基层优秀党员在全系统巡回演讲，设立了廉政园地，开展了“唱响廉政歌曲，征集廉政书画作品”活动，在“运城红盾”网设立了廉政文化专栏。（3）狠抓了各县（市）局的廉政文化建设工作。永济局实施了“六个一”廉政文化建设工程，设立了“廉政长廊”，编印了“廉政家书”；临猗局编写了“廉政办案七字歌”，组织了读廉政书籍、廉政演讲、廉政承诺等多项活动；新绛、芮城等县（市）局统一为干部职工手机设立了廉政彩铃，接受群众监督。

在党风廉政建设工作中，注重发挥纪检监察部门的作用，严肃查处行政执法过程中出现的各类违规违纪案件。全系统查办违纪案件4起，给予党纪处分2人，其它处理2人，并向两个县（市）局下发了监察建议书。

3. 围绕“六有”目标，加强了基层工商所建设。

全市原有138个工商所，后经省工商局核定，保留72个。全省黎城现场会后，市工商局按照“压缩工商所、组建中心所，建设‘精局强所’”的思路，将省核定的72个工商所再次压缩到68个。在基层建设中，按照省提出的工商所“六有”目标的要求，充分调动一切积极因素，发扬艰苦创业的精神，投资1608万元，对基层工商所进行新建和改扩建。年底，完成了62个所的建设任务（其中新建所29个，改扩建所33个），12个县（市、区）局的53个工商所达到“六有”要求，通过了省工商局验收。

（张祎　王登峰）

物价管理

【圆满完成控制物价目标，保持市场物价基本稳定】 2004年，本市居民消费价格总水平实际涨幅为1.4%，完成了省下达的3%的调控目标。市物价局采取的主要措施：1. 严格控制调价项目。除国家和省安排的调价项目外，对市、县物价部门的调价项目坚决从严控制，慎重决策，合理安排。2. 加强对市场价格监管。完成了对340多种重要商品价格监测和向国家直报任务。3. 发挥价格调控基金作用，平抑节日市场价格。在元旦、春节和中秋、国庆期间，共拿出400多万元价调基金，用于主要副食品补贴，有效地稳定了节日期间市场肉、蛋、菜价格。4. 严厉打击各种价格欺诈和哄抬价格行为。在元旦、春节、中秋、国庆等重大节日期间，组织市场价格检查500多人（次），查处各种价格欺诈和哄抬价格行为2500多起，有效维护了广大群众的切身利益。（解伟龙）

【积极稳妥推进价格改革目标任务】 1. 大力推进城市水价改革，促进节约用水。针对运城水资源缺乏，浪费严重的实际，市物价局立足于促进节约用水，在闻喜、稷山、垣曲、河津四县、市全面推行了阶梯式计量水价和居民超计划用水加价办法。上年10月份，针对运城城区供水成本过高，供水企业亏损严重的现状，通过认真审核城市供水成本，在组织有关人员赴夏县、永济水源地考察的基础上，召开调整水价听证会，拿出了运城市城市水价调整方案，下步报请市长办公会议研究后再报省物价局审批。

2. 积极稳妥地调整煤气、供热价格，促进公用事业发展。上年以来，由于煤炭、交通运输、电力等价格的上涨，造成煤气、供热、供暖等生产成本加大，尤其供气、供热企业负担重、亏损大，市物价局先后对运城市煤气焦化厂、经纬燃气公司、永济市供热公司有关小区的供暖成本进行了监审，制定出指导价。2005年度供暖基准价为11.84元/平方米，比上年降低了0.2元/平方米。

3. 制定调整相关价格，支持城市环保事业的发展。根据省上安排，2004年，市物价部门先后制定出台了盐湖、永济、新绛、芮城等县市的污水处理费征收标准。组织召开了开征运城城市生活垃圾处理费听证会，并研究制订实施方案，并报政府领导批准后出台。

4. 调整提高了旅游门票价格，促进了旅游业发展。按照市委、市政府建设旅游大市的目标，经过与毗邻地区的旅游业价格水平进行衔接，适时适度地调整了常平关帝庙、永济五老峰、关帝祖茔等景点的门票价格；制定了新开发的天盘山、历山约会猴园、钥匙沟等景点的收费标准，直接为这些旅游景点增加效益达200多万元。

（解伟龙）

【加大清费治乱减负力度，优化投资和发展环境】 1. 严格《收费许可证》审验，杜绝乱收费。上年，与财政部门联合对全市所有收费单位《收费许可证》进行了统一的年度审验，做到了逐单位对、逐项目审、逐标准核，该废的废、该取的取，共审验单位2973家，取消不合理项目7项，降低过高收费25项，直接减轻社会和群众负担500多万元。

2. 编制公布了《运城市行政事业性收费项目目录》。通过清理核实，将现存的事业性收费项目统一编印下发和公布，不仅摸清了全市收费项目的数量，而且进一步强化了行政事业性收费管理，方便了社会和群众对收费单位的监督。

3. 积极推行医疗服务项目价格改革。在《山西省医疗服务项目价格》出台后，市物价管理部门立即着手，组织卫生部门和医院的有关人员进行培训，并严格要求于七月底前，将新的收费标准全部公示，8月15日，市物价局又组织人员到各县、市、各医疗单位进行检查，年底，新的项目价格不仅全部公示完毕而且达到了规范化标准，大大减轻了患者的就医负担。

（解伟龙）

【规范市场价格秩序】 2005年，市物价局围绕价格秩序比较混乱的行业和群众反映突出的价格问题，组织开展了医疗服务和药品价格、教育收费、铁路延伸服务收费、成品油价格、农业生产资料价格等多项专项检查，共查处各类价格违法案件4130件，查出价格违法所得金额1547万元，实施经济制裁700多万元。主要表现在：1. 处罚力度加大。在检查中，广大检查人员严格执法，秉公办案，充分运用调查、提醒、告诫等多种行之有效的手段，采取多种措施，加大检查力度，效果非常明显。2. 注重了退还工作。在所有检查中，坚持退还为主的方针，共向广大群众退款达424万元。其中，在查处的闻喜县西官初中超标准、自立项目收费一案中，一次性向学生退款达9万元，得到了广大学生家长的好评。3. 举报查处力度大。积极发挥12358价格举报电话和《监督热线》节目的作用，多渠道接受群众举报。先后共接到群众来电，来信278件，对这些举报，市、县物价部门都高度重视，全力以赴，市局还专门建立了举报受理查处领导问责制。据统计，1—1月份，全市通过受理举报，共查处违法金额78.1731万元，退还群众49.1731万元。4. 煤炭价格稽查力度大。三次走出去配合省上稽查，直接收缴专项基金115万元，同时，组织开展了全市煤炭价格稽查，力度比往年大大增强，共收缴金额150余万元，大大规范了煤炭生产经营环节的价费行为。 （解伟龙）

【整顿规范餐饮业价格秩序，促进旅游中心城市的建设】 为了优化招商引资环境，促进旅游业发展，2004年以来，市物价局把整顿规范餐饮业价格秩序作为各项工作的重中之重来抓，采取了一系列积极有效的措施。（1）深入调研测算，为整顿工作作准备。这项工作已在年初的物价工作会议上安排部署，但由于餐饮业价格比较复杂，政策难以把握，所以未急于开展，而是从调研着手，于7月份组织了两次大的调研，第一次由有关局领导带队，深入盐湖、河津的部分宾馆、饭店进行调查摸底；第二次邀请人大、政协、经营者、消费者代表和新闻单位参加，召开专门座谈会征求意见和建议。在此基础上，经过反复讨论，多次修正，数易其稿，慎重制定出台了整顿工作方案和相关政策规定及评审标准，并以市政府名义发布了整顿通告。（2）广泛宣传发动，营造整顿的良好氛围。各项准备工作完成后，8月1日，市物价局邀请省、市、县三级三十多家新闻单位和全市二百多家餐饮经营者参加，适时召开了全市整顿规范餐饮业价格动员暨新闻发布会。与此同时，在全市设立了三十多处咨询台，出动了十八辆宣传车，印发了八万多份宣传资料，在所有餐饮店张贴了三千份整顿通告、通过电视、报纸等不间断地进行宣传。还专门组织省、市的电视台、报社参加，通过暗访的形式，对盐湖、河津两县、市的四家不法经营者进行了公开曝光，依法惩处，从而在全市掀起了整顿工作热潮。（3）周密安排部署，层层抓好落实。为了加大整顿力度，全市成立了由市政府分管物价工作的柴林山副市长挂帅，物价、工商、宣传、公安、卫生防疫等有关部门参与的领导组，分工负责，共同抓落实。这次整顿具体安排了宣传发动和摸底申报、评审规范、监督检查三个阶段，对各个阶段的工作，市物价局都进行专门汇报、专门安排，制定具体的阶段工作步骤、方法和实施意见。年底，第一、二阶段的工作已经基本完成，正在对三级以上的餐饮店发放牌匾和证书。

（解伟龙）

【价格服务意识明显提高】 价格认证工作是物价部门为社会提供的一项公共服务，去年以来，市、县物价部门积极开拓服务领域，除了涉案评估和车损鉴证外，还相继开展了保险、汽车消费信贷、打假等方面的认证。到年底，全市涉案物品评估达650起，交通事故车辆损失鉴定达390起，非涉案评估110件，评估总金额2亿多元，较好地发挥了物价部门的公共服务职能作用，为社会提供了更有效的服务。

价格信息工作得到了进一步加强，市物价局专门编发了《市场价格动态》，对市价格走势和动态进行分析把握，并与有关新闻媒体联系发布，为政府、企业及农民起到了“耳目”、“参谋”和“助手”的作用。行风建设和党风廉政建设工作扎实。“为政府负责、为老百姓办事、为经济发展服务”的“三为”方针成为物价部门的一种自觉行为，物价部门的作风极大改观，形象大大好转，社会知名度越来越高。（解伟龙）

【深入开展保持共产党员先进性教育活动】 开展保持共产党员先进性教育活动是全党、全国的一项重要政治任务，也是物价管理部门本年主抓的一项重要工作。根据中央和各级党委的要求，市物价局经过充分动员、广泛发动和全局干部职工的共同努力，顺利完成了各阶段的工作任务，不少工作得到了市直督导组和群众的好评及肯定。

组织领导到位，思想发动比较充分。为了提高广大党员和群众对先进性教育活动的认识，增强参与教育活动的自觉性、积极性和主动性，在各个阶段，市物价局都先后召开党组会、党员会、党支部会议进行层层发动，并通过组织学习，聘请市委党校专家辅导和党组成员分别授课，收听了牛玉儒事迹报告，观看电影《暖秋》、《郑培民》等多种形式，统一大家思想，提高大家认识。组织参观学习孙锁来先进事迹，在全局掀起了“四有三争三创”活动，提高了大家学先进、比先进、赶先进、争先进和参与教育活动的热情。在整个教育活动中，局党组成员身先士卒，亲自研究、亲自安排、亲自部署、亲自带头讲课，起到了先锋模范作用，为先进性教育活动的顺利开展奠定了坚实的基础。

教育工作扎实，规定动作完成得较好。在这次教育活动中，物价局按照市委的要求，认认真真地完成了动员学习、分析评议、整改提高三个阶段的规定任务，共组织各种形式的学习活动40多次，制定市物价局先进性标准10条，发放征求意见表1500多份，群众测评、党员测评、服务单位测评的满意率达到了98%以上。同时，在教育中本着发现问题、解决问题的原则，还组织开展了主动上门征求意见、召开服务单位座谈会、帮扶贫困学生、一对一帮扶困难群众等多种有意义、见实效的具体活动，大大提高了教育活动的水平和质量。

边整边改，教育活动取得了明显成效。在整个教育活动中，本部门把整改工作贯穿始终，坚持边学边改，边议边改，边整边改，先后解决了拖东巷路面破损、新家属院煤气管道安装、一号楼小单元楼体裂缝、旅游景点门票优惠政策、化肥价格上涨、机关学风会风、个别学校乱收费、民政部门自立项目乱收费、盐湖区第二运输公司不执行有关优惠政策等问题，达到了立竿见影的效果。整个教育活动中，全体党员和广大干部职工热情参与，自觉接受教育，大大提高了党组织的凝聚力和战斗力，机关风气大大好转，工作纪律明显增强，工作秩序大有改观，干部职工的工作热情显著提高。（解伟龙）

质量技术监督管理

【强化市场监管工作】 一年来，市质监局围绕“三重一大”，大力整顿和规范市场经济秩序，严格把关，深入打假，全力为人民群众营造放心满意的购物环境、公平竞争的市场环境、良好安全的投资环境。全年共办理各类行政案件2821起，其中立案查处案件1573起，现场处罚案件1248起，万元以上案件146起，20万元大案1起。

1. 对无证（照）水泥生产企业进行专项整治。水泥是本市工业主导产品之一，居全国第四位。由于种种因素的影响，全市水泥工业无证经营、非法竞争的问题十分突出。近年来，全市质监系统对严厉打击无证（照）生产水泥违法活动高度重视，进行了多次集中治理，取得成效明显。但是，非法生产水泥活动并没有绝迹。截至年底，全市仍有36家无证（照）水泥生产企业，占全市水泥企业的54%，这些无证（照）水泥企业工艺落后、设备简陋、缺少检测手段、产品质量不稳定，造成了国家资源能源大量浪费、扰乱市场正常秩序、影响产业结构调整的严重后果。为了维护国家和人民利益，保护人民生命财产安全，整顿和规范市场经济秩序，2005年，质监部门在水泥整治工作上狠下功夫。首先是充分调研排查的基础上将底数摸清，其次是着手起草《关于对无证水泥生产企业进行治理整顿的意见》，及时向当地政府作了汇报。之后在政府和各有关部门间充分协调，终于促成了市政府办公厅以运政办发［2005］89号文件下发了《关于对无证（照）水泥生产企业进行专项整治的通知》。其中明确了公安、经委、质监、工商等相关部门的职责，并规定了在12月20日前，由各县（市、区）政府组织领导组成员单位集中整治专项行动，采取强硬措施，彻底取缔无证水泥企业。从而为下一步从根本上遏制违法生产水泥的行为，使其在全市范围内真正绝迹打下了良好的基础。

2. 农资打假专项工作。本年春耕即将开始之际，根据市委、市政府的安排，市质监局就制定了《落实整治区域性化肥质量问题责任制工作实施方案》，并组织开展农资质量大检查活动，突出了对重点产品、重点市场、重点区域的监督检查。全市质监系统共出动执法人员960余人（次），查办农资案件128起，查获假冒伪劣农资标值42.6万元，公开销毁假冒伪劣农资产品785件，对制假售假者起到震慑作用。在农资市场整治活动中，做到多管齐下，一方面通过在日报上开辟专栏，加大宣传力度，引导农民正确消费，一方面从源头抓质量，组织执法人员对农资生产企业进行检查，打击制售假冒伪劣农资的行为。同时还开展“农资打假下乡”活动，深入农村田间地头，宣传相关法律法规知识，提供技术咨询服务，受理举报投诉。

3. 加大对生产许可证方面的有证监管和无证查处力度。对获证企业系统上下都注重日常监管，大多采取召开座谈会或与其签订责任书的形式督促其按照相关规定生产，确保产品质量。在对取证企业进行年度审验时，均严格把关，对个别企业存在的标识不全、制度不完善等问题，及时指出，责令其限期改正。

不断加大对全市玛钢扣件、钢材等工业产品无证生产的查处力度。其中，绛县质监局对该县原有的12家无证扣件企业进行了专项整治。年底，4家转成生产缝纫机头铸件，5家停产，2家拆除了设备，1家申请办证并且签订了责任书。稷山、绛县、平陆等县局对县域内“地条钢”违法生产企业和“土炼油”违法窝点都持续给予高压态势，严防其反弹，确保其彻底死心。（李国强）

【确保食品质量安全】 *严查食品市场，确保食品安全。*①在食品质量安全月期间认真组织开展了食品安全大检查行动。此次行动共出动执法人员1360人（次），检查了糕点、煮饼、小麦粉、小食品等1080余家，查处不合格产（商）品标值132万余元，确保人民群众过一个安全祥和的春节。

②严查“苏丹红”食品。根据省质监局要求，3月8日至27日，全市共出动执法人员800余人次，检查食品生产加工企业182家（包括：蜜饯、果脯、罐头、饮料、含辣椒制品等企业），化工染料生产企业7家，现场均没有发现使用或生产“苏丹红一号”的行为。

③组织了对食品生产企业的调研工作。3月24日至26日，市质监局主要领导带队，深入企业对本地食品生产企业卫生状况进行专题调研，着重对本市食品工业的质量状况进行全面了解。调研结束后，立即对全市今后一个阶段的食品安全监管工作制定出了极具针对性的切合实际的工作措施。

*组织面粉市场整治“回头看”活动。*经过两年的整顿，运城市面粉市场过量添加增白剂的现象在一定程度上得到遏制，为巩固成果，加大整顿力度，确保广大消费者吃上放心面，在年初“两节”到来时，在全市范围内组织了一次面粉市场整治“回头看”活动。对运城市范围内已取得食品生产许可证和已申证的107个小麦粉生产企业进行了100%全覆盖式的监督抽查，共抽取样品122个批次，严格进行检验，检验后还及时将抽检结果在报纸上进行了公告，有力引导了广大消费者的科学、安全消费。对于其中43个批次的小麦粉中增白剂含量超标的生产企业，依法进行了区别处理，整个活动收到了良好的社会效果。

*对全市食品生产加工企业现状进行详细摸底并建立电子档案。*9月份，按照省质监局的安排部署，全市质监系统投入了大量的人力、物力，对全市范围内含季节性小作坊在内的所有食品生产加工企业现状进行了详细的摸底调查，根据要求建立了食品质量安全电子监管系统的基本数据，并按规定划分了“A、B、C、D”四型企业，确定了分类监管的具体工作方法。整个摸底行动部署周密，安排细致，基本做到了纵向到底、横向到边、不留死角、不余盲点，保证了数据的全面真实。

*加强获证企业的证后监管工作。*年初，组织执法人员对全市84家已获得《工业生产许可证》企业和105家已获得《食品生产许可证》企业开展了监督检查。3月17日，又组织召开了全市食品质量安全卫生工作会议。在会上，与全市104家食品生产加工获证企业签订了《质量安全卫生承诺书》，进一步明确了职责，增强了食品生产企业的责任感。

*做好食品质量安全宣传活动。*9月22日上午，市质监局在市区繁华路段举办了“食品质量安全月”宣传咨询活动，市局机关、检测所及20余家企业的有关人员参加了此次活动。活动现场，已取得QS标志的食品企业集中展出了乳制品类、粮油类、饮用水类、肉蛋类等一批名牌产品。市检测所的工作人员还精心准备了食品样本，教授百姓如何识别假冒伪劣食品，现场群众反响强烈。与此同时，按照市局的统一安排，全市13个县（市、区）局也都在当地举办了宣传咨询活动。（李国强）

【确保特种设备安全】 在特种设备安全监察工作方面，按照市委、市政府和省质监局的部署，组织了安全工作大检查和特种设备普查登记活动，确定了本辖区内的重大危险源和重点设备，并对特种设备操作人员进行了培训考核和发证。除此以外，还结合运城实际，极富特色地开展了四项工作：

*建立了安全监察工作例会制度。*每月8日，都要召集市质监局有关领导、特监科、锅检所、特检所主要负责人，各县（市、区）局分管领导和承办股室负责人，召开特种设备安全监察工作例会。在会议中了解各县上月特监工作情况，探讨存在的问题及解决办法，提出对安全监察工作的建设性意见，并安排近期工作。

*逐步完善了特种设备安全监察两个网络建设。*为了使特种设备安全监察工作长效化、机制化，在省质监局的指导下，完成了信息网数据库的建设。同时还组建了特种设备安全监察协管员网络。

*开展土锅炉专项整治工作。*根据晋质监局发［2005］110号文件精神，专门组织召开工作会议，安排部署了全市范围内的土锅炉整治工作。明确要求各县要结合本行政区域内的实际情况，深挖细找土锅炉存在的区域及分布状况，依法对土锅炉进行查处和取缔。会后，各县按要求向地方政府进行了汇报，分别以政府的名义发出文件，并与相关部门联动，展开了大规模的整治活动。截至年底，对普查上报的194台土锅炉全部取缔。

*突查液化气市场。*液化气安全使用关系着广大人民群众日常生活和生命财产安全。据统计，运城市区至少有10万支液化气瓶，一些报废的液化气瓶流转于居民家中，对百姓的生命安全构成了极大威胁。市质监局自2003年开始先后对液化气瓶市场进行过多次整治，并深入充气站和经销点广泛宣传。但一些充气站和经销点认识不到问题的严重性，和执法人员玩“捉迷藏”游戏，每遇检查，他们便将存在问题的液化气瓶隐藏起来，给监督工作带来较大困难。为了肃除隐患，6月14日中午，从各县（市、区）抽调50余名执法人员，兵分7路，划片包干，采用突袭方式，对液化气

使用量最大的运城市城区进行了一次拉网式检查。当天即检查了7家液化气充装单位，40余家液化气经销门市部。共查扣存在重大安全隐患的液化气瓶230个、氧气瓶12个。其后又安排了全市范围内的液化气市场整治活动，盐湖、永济等地先后对查扣的报废气瓶进行了公开性的技术破坏。据统计，截至年底，共查处报废或超检验周期的气瓶900余只，每月送检气瓶达1000余只。执法人员对超期服役的液化气瓶均进行了强制报废，并对存在问题的站、点依法进行处罚，责令限期整改。此次活动影响面大，收效良好。《山西经济日报》、《山西商报》、《运城日报》、《运城晚报》、运城电视台等多家媒体都进行了报道，液化气使用方面的安全知识也因此得以更广泛的宣传。

（李国强）

【质量管理工作取得突破性进展】 组织召开全市质量工作会议，全面推进运城市质量立市工作。经过长期的准备工作，在市委、市政府的大力支持下，于6月11日召开了全市质量工作会议。在这次会议上，由市质监局起草的《运城市质量立市实施方案》以运政办［2005］07号文件下发，确定了运城市“全市质量总体水平到2010年达到或接近全国中上游水平，支柱产业、优势产业、重点产品的质量水平到2010年达到全国中上游水平”的总体目标，使质量立市工作在全市范围内得以铺开。市长胡苏平、省质监局局长孙桂芳、分管副市长张建喜均到会作了重要讲话，部署了运城市的质量立市工作，并对市质监局多年来在质量监督方面取得的成绩给予了充分肯定。

推动政府出台对名优企业的奖励措施。在市质监局的积极建议和充分协调下，运城市政府于10月底出台了《关于大力实施名牌战略，努力推进新型加工制造业基地建设的意见》，明确从2005年起，对于获得中国名牌产品、中国驰名商标的企业，由省人民政府一次性、不重复给予100万元的奖励；对于获得国家免检产品和山西省标志性名牌产品的企业，由市人民政府一次性、不重复奖励20万元；对于获得山西名牌产品的企业，由市人民政府一次性、不重复奖励10万元。从而使本市名牌战略工作取得重大突破。另外，在名牌工作方面，除按省部署组织2005年度山西省名牌产品、质量信誉等级评定工作活动和组织全市名牌企业参加山西省首届国际营销节外，还在“3·15”期间组织全市21家名牌企业进行集中展示活动，起到了介绍本市名牌产品，促进品牌运城建设的双重效果。

精心组织“全国质量月”期间系列活动。九月质量月，为了使质量意识深入人心，从9月中旬以来，连续开展了质量知识电视竞赛、质量知识报刊征答、开办特种设备安全监察工作电视专栏等系列活动，形成了强大的宣传攻势，创造了“人人关心质量安全，人人创造质量安全，人人享受质量安全”的良好氛围。其中，质量知识电视竞赛由13个县（市、区）局和海鑫集团等6家企业参与。这次是对全市系统及各有关企业学习掌握质量、计量、标准、认证认可、特种设备安全知识的一次大检阅。由运城电视台全程录制决赛实况并于黄金时间先后两次进行了时间长达70分钟的播出。

充分发挥协会组织在质量工作中的作用，做好质量管理知识的宣传贯彻。在5月10日至13日，由运城市质量与名牌协会牵头联合了市总工会、市科协等单位，组织召开了一次别开生面的全市质量管理成果创新经验交流会。永济电机厂、中铝山西分公司等20余家企业在会议上用镭射影像展示和专业人员现场解说相结合的方式，发表了自己的QC（质量管理）成果，交流了质量管理的先进经验。运城当地新闻媒体给予了高度关注，并及时进行报道。这次活动使运城各行业尤其是大型企业进一步认识了QC小组活动在新形势下的重要作用，使质量管理小组的活动领域得以拓展，群众参与水平得到提升，对增强企业竞争力和促进运城市经济建设发挥重要的积极的作用。

邀请知名学者作质量管理工作培训。11月4日，组织举办的李晓光博士质量管理报告会在市委南风厅召开，全市系统及企业管理人员共400余人听课。会上，中国人民大学博士、知名质量管理学者李晓光教授从80年代美日企业的质量竞争、中国质量管理25年来的发展经历、卓越绩效管理等三大方面深入浅出地讲解了质量管理的意义、模式、问题和对策，阐述了卓越绩效管理的理念、原则和要求。翔实的数据和颇具说服力的事实，引起了参会人员对质量管理工作的深层次了解和认识，报告对全市质量管理工作上台阶将起到积极的促进作用。

（李国强）

【基础性工作稳步发展】 标准化工作。借全省农业标准化电视电话会召开这一契机，加快了农业标准化示范区建设的进程。临猗县经层层筛选评定，又增加了10个苹果示范园，普及到全县10个乡镇，做到了典型引路，滚动发展。永济、万荣、闻喜等地的山西省农业标准化示范项目在继续完善中。按照省质监局要求，积极推进企业标准化体系良好行为试点工作，多次赴试点企业检查工作，为企业提供咨询服务，为企业标准化良好行为规范工作顺利进行做了大量前期准备工作。在“世界标准化日”，按省质监局要求走上街头开展了宣传咨询活动，向群众发放宣传资料2000余份，取得了很好的社会效果。另外，为做好标准化工作，市质监局对原有标准目录等工具书进行了更新，·并购买了新标准。

计量管理工作。2005年以来，在计量管理工作除按要求开展对加油机和眼镜等计量器具的检定工作外，主要还加大了对投诉案件的查处力度。4月14日，市质监局对永济热电有限责任公司原料煤入库的计量行为进行了执法检查。发现了其计量操作不公开、不透明，电子衡器的显示屏未按规定进行对外安装，及变造计量数据的问题。经缜密调查，巧取证据，最终依法对其作出处以20万元罚款的决定，保护了煤炭运输户的合法权益。另外，还根据长治维特公司的举报，对区域内假冒维特台秤的违法行为进行了查处，仅在河津市就一次查扣180多台假冒产品，从而有效地保护了获证企业的合法权益。

检验检测工作。全市系统各检

测机构在上年大幅度提高检测手段和检测能力的基础上，本年继续在进一步规范检验行为上下功夫，取得了一定的成绩。市检测所共计检定计量器具10631台件，检验样品1832批次。其中监督检验1446批次，委托检验386批次。出具检验报告1733份，办理组织机构代码证书2348家，组织机构代码年检1650家，发放IC卡2348张，条形码新办43家，续展30家，年底共完成经济收入266万元。锅检所完成锅炉定期检验381台，压力容器定检867台。特检所共进行起重机械定检276台，塔吊验收检验35台，电梯定检135部。各县也分别加大了对检验检测设备的投入力度和规范检验检测行为的力度，分别收到了良好效果。（李国强）

【规范行政执法行为】 为提高全市系统执法文书的质量与水平，规范行政执法行为，市质监局将2005年确定为“办案质量年”，并于3月和10月，组织召开了两次由各县（市、区）局分管行政执法领导、监督股长、一线执法骨干共300多人（次）参加的办案质量年活动暨行政执法文书制作使用培训会议。培训中对14种质量技术监督通用文书和15种质量技术监督执法用文书的具体结构、使用范围、制作要求、常见错误进行了详细讲解，并现场组织了“实战演练”。

另外，还抽调全系统案卷819份进行评比检查，其中立案案卷464份，现场案卷75份。从中筛选出20份现场处罚案卷和45份立案案卷参加省质监局案卷文书评比。运城市现场处罚案卷抽查评比获全省第四名，稽查分局的1份立案案卷被评为优秀案卷。该活动的举行，起到了督促办案质量提高，促进执法行为规范有力作用。

（李国强）

统计管理

【全年统计工作综述】 2005年是全面实现“十五”计划目标，衔接“十一五”规划发展的重要一年。一年来，在省统计局和市委、市政府的正确领导下，市统计局以十六大精神和“三个代表”重要思想为指针，按照全省统计工作“618”战略构想，不断深化统计改革，以服务地方经济建设和经济普查及1%人口抽样调查为重点，千方百计确保统计数据质量，不断推进全市“12445”统计工程，锐意进取，开拓创新，较好地完成了全年各项统计工作目标任务。各项工作受到了国家统计局、省统计局和市委、市政府领导的好评和表彰：经济普查被国家统计局、省统计局评为先进单位；“五一”劳动节被市委、市政府评为模范集体一等功；四月份被市政府授予工业服务先进集体奖；全省统计工作综合评比获特等奖；统计年报被评为先进单位；统计宣传工作被国家统计局、省统计局评为先进单位；先后有40余人被国家、省、市评为先进个人。

（王涑波）

【经济普查取得较好成绩】 全国第一次经济普查是一项涉及范围广，参与部门多，技术要求高，工作难度大的重大社会系统工程，是最近两年全市经济活动中的一件大事，也是事关统计工作全局的大事。

*千方百计筹措普查经费，确保各项工作顺利实施。*省政府明传电报下发以后，市统计局立即行动，向市政府汇报，积极贯彻、督促各县（市、区）经费到位。2月22日市人民政府办公厅下发了《关于尽快落实经济普查经费的紧急通知》，明确了2005年度贫困县原则上经费不低于10万元，其他县（市、区）不低于15万元，普查经费任务大的县应适当提高标准。2005年市级预算经费70万元，已经到位70万元，各县（市、区）正在积极争取中。

*扎扎实实搞好质量抽查和数据评估工作。*3月11日，省召开了各市经济普查办公室主任会议，安排了全省质量抽查和数据评估工作。市局随后立即召开了市经普办各组组长和专业人员会，3月19日又召开了各县（市、区）办公室主任会议，绘制了市县两级经济普查数据审核流程图。市普查办主任宁涛与各专业组组长和专业人员签订了数据审核质量目标责任书。市普办下发了运经普办字［2005］5号文件《运城市经济普查数据质量抽查和评估办法》。市统计局对各县（市、区）数据审核实行联合办公、集中联审。安排了各县（市、区）质量抽查和评估工作。通过报表专业联审，加强了专业间的配合与协调，提高了基层表的填报质量，确保了各项数据的准确、衔接。

*加大统计执法力度，确保经济普查数据质量。*在经济普查登记工作已经基本结束之际，对于在审核和工商联审中发现的问题，市统计局来了一个回头看，数据不实的，进行了据实更正，对于一些人为造成数据失真的单位，进行了依法查处，以确保统计数据质量，以此推进保持共产党员先进性教育活动深入开展。

*加班加点，确保普查数据按时按质上报。*按照国家和省统一安排，市普查办全体人员在市统计局领导的带领下，加班加点，于规定的时间，以高质量的普查数据上报给了省普查办，在全省普查数据质量抽查验收中，本市各项普查指标都符合省普查办要求。

*全员发动，资料开发全面铺开。*根据省经普办统一部署，年底前市县两级已经根据省普查办反馈的数据进行资料加工整理和开发应用。市普查办专门下发了运经普办［2005］11号文件，出台了《运城市第一次全国经济普查资料开发应用规划》，从总体思路、组织实施、主要形式、工作安排和参考题目都作了明确规定和要求，各专业科室已将分析报告的题目开发应用作了全面部署。（王涑波）

【1%人口抽样调查工作有序开展】 全国1%人口抽样工作，在市委、市政府的正确领导下，在省1%人口抽样调查办公室的具体指导下，经过全市各级人口调查人员的共同努力，顺利地完成了登记阶段的各项工作。

*加强组织领导，层层建立机构。*1%人口抽样调查工作涉及面广、难度大、政策性强，其工作步骤和程序类似于人口普查。所以，市统计局首先抓好各级人口抽样调查机构的组建工作，全市13个县

（市、区）在8月底前全部成立了领导机构和办公室，调查指导员和调查员的选调工作也进展顺利，8月份全市召开了1%人口抽样调查工作会，各县（市、区）的分管领导、统计局长参加了会议。在会上，分管副市长柴林山同志与各县（市、区）领导签定了责任书，在组织上保证了人口抽样调查工作的顺利开展。

积极努力，争取调查经费的落实。按照国务院和省政府的要求，开展调查所需经费，按照分级负担的原则，由各级财政共同负担，并列入相应的年度财政预算，按时拨付使用。从2004年11月份开始，市统计局局长邓梦海多次找市政府领导、财政局，想方设法，积极争取将1%人口抽样经费列入财政预算，首先争取调查经费20万元，保证了调查工作的顺利开展，9月份争取追加调查经费30万元，为人口抽样调查工作打好了坚实的基础。为了督促各县（市、区）做好1%人口抽样调查经费的落实工作，分管副局长程传芳带领人口抽样调查办公室的同志先后深入到新绛、稷山、平陆等十个县（市、区）协调督办检查经费到位和落实情况。

加强宣传工作，使1%人口抽样调查家喻户晓。按照国务院1%人口抽样调查办公室的要求，全市13个县（市、区）积极做好1%人口抽样调查的宣传工作，运城市电视台、运城报社等新闻单位多次报道1%人口抽样调查工作进展情况，运城日报还专门刊登了全国1%人口抽样调查知识，运城电视台专门录制了分管副市长柴林山同志关于做好1%人口抽样调查工作的电视讲话，全市各级人口抽样调查办公室工作人员和调查指导员、调查员结合调查登记中的问题，针对性地做好宣传解释工作，把宣传和调查登记紧密结合起来。按时将国务院1%人口抽样调查办公室下发的《致调查户的一封信》发到各调查户手中，各种宣传画按时下发了各级人口抽样调查办公室。调查小区的巷道张贴宣传标语，让群众充分了解1%人口抽样调查工作的重要意义。

做好试点培训工作，把好调查业务关。8月24日至27日，市1%人口抽样调查办公室主任程传芳带领办公室人员参加了全省在太原市杏花岭区的综合试点工作，这次综合试点是此次人口抽样调查全过程的试点，它包括整个1%人口抽样调查各个环节的工作。9月24日至28日，市人口抽样调查办公室组织13个县（市、区）的抽样调查办公室主任和业务骨干共30余人参加了全省在吕梁市召开的全省1%人口抽样调查培训会议。参加会议的同志认真听课，积极讨论发言，把问题解决在培训会上。并参加了全省1%人口抽样调查表的考试，全部合格，为县级人口抽样调查工作打下了坚实的基础。

认真开展摸底和正式入户登记工作。在人口抽样调查工作的摸底和正式入户登记阶段，分管副市长柴林山同志、市统计局局长邓梦海同志深入到盐湖区西城办事处调查小区，走访调查户，了解入户登记情况，了解群众对人口抽样调查工作的认识程度，争取群众对调查工作的支持。副局长程传芳于11月1日当天带人口抽样调查办公室的同志深入到临猗、河津等县的乡村看望基层调查员，检查调查员入户登记情况。在正式登记过程中，省人口办的王英娟、王玉风同志深入到运城市的绛县、闻喜、垣曲、万荣等县具体指导工作，解决了调查存在的问题，使全市的1%人口抽样调查工作顺利开展。 （王涑波）

【年报工作再创佳绩】 国民经济统计年报工作，是整个统计工作的重头戏，而要唱好这场戏，需要精心的安排和全体人员的通力合作，为了做好2004年年报工作，认真学习了省关于做好年报工作文件精神。制定了具体的工作目标及措施。

措施到位，从制度上保证统计年报工作的正常运行。年报期间，各县（市、区）统计部门做到了思想到位，领导到位，服务到位，人员到位，后勤保障到位。县（市、区）政府重视和支持统计年报，确保年报所需人力、物力、财力。为了搞好年报，市统计局以市政府文件下发了《关于做好国民经济统计年报工作和定期报表的通知》，要求各县（市、区）按照文件要求组织好年报工作。县（市、区）统计局局长要对年报工作负总责，本着“一切服务于年报，一切服从于年报”的原则和要求，创造良好的内部、外部环境，全力保证年报工作顺利开展。

整合资源，从基础上保障统计年报的正常运行。优化配置统计部门现有的人力、物力、财力资源，追求有限资源使用效益的最大化。积极争取政府和部门支持和协作，树立全局一盘棋的思想，合理调配人员和设备，调动方方面面的积极因素，激励和激发统计人员忠诚统计，乐于奉献的热情。

不出假数，从质量上保证年报工作的正常运行。朱镕基在视察国家统计局讲话中提出：力求准确是最重要的，是统计的宗旨。统计年报是统计的重要成果，数据质量的高低，主要在年报结果中体现。因此，统计年报中各个环节，各项措施都非常重要。为此，市统计局作到了严把两关：（1）学习培训关，组织好专业人员的学习，掌握好从制度改革、指标增减、上报时间、调查方法到数据处理的变化和要求，把表吃透；（2）质量审核关，坚持逐级建立质量目标责任制，积极探索提高统计数据质量的途径，通过逐县逐表逐项审查，确保年报数据“真实可信”，符合本市发展实际。

落实责任，签定目标责任制。为了确保年报工作及时、准确完成，由分管领导负责，层层落实责任。各专业分工到人，任务到人，目标到人。年报工作开始后，同志们加班加点，没有节假日，没有星期天，夜以继日地工作。在全体人员的共同努力下，一年来，全局30多个专业在全省评比中榜上有名，统计年报工作被省局评为先进单位。 （王涑波）

【统计方法制度改革进展顺利，统计优质服务有新提高】 统计属于上层建筑范畴，反映经济并随着经济体制的变化而变化。那么，作为统计基本要素的统计方法和制度也要随着不断变化的经济社会生活而不断调整和完善。党的十六大明确提出到2020年全面建设小康社会，这就要求统计部门监测全面小康社会的指标体系更加全面，不仅包括物质方面、社会方面，而且包括政治方面、文化方面。必须主动适应新形势、新要求，不断建立完善新的方法和制度，为全面建设小康社会提供科学决策服务。

统计方法制度改革稳步推进。（1）实施了与国际接轨的新的国民经济核算年报体系和方法。GDP核算是政府的核算，GDP核算数据之间的衔接在一定程度上体现了政府的诚信度。2005年全年，根据省局安排，召开了三次GDP联审会议；（2）普遍推行了抽样调查方法；（3）工业发展速度计算方法改革（价格缩减法取代不变价格法）运行良好；（4）工业企业、房地产企业实现了联网直报，并实行了超级汇总。

*在统计优质服务上有了新的突破。*要求在全市统计系统全年人均完成4篇以上调查分析报告的基础上，从年报到季报、月报，每完成一次报表任务，每完成一项专项调查，各专业都要写出分析报告和统计快报。同时为了促进这项工作的更好开展，采取了得力措施。（1）加强了与市委、市政府信息科、综合科、政府网站、电台、电视台、报社等新闻媒体的联系，召开专门会议，邀请有关人员座谈指导，并责成专人负责向有关部门、新闻媒体、各级领导报送分析报告、统计快报，进一步加大直接快速服务力度。（2）为了进一步促进优质服务水平提高，市县两级建立了各项奖惩办法。（3）围绕全市市、县两级经济结构调整和全面建设小康社会对统计部门提出的新要求，确定了统计服务主题，重点围绕五个方面开展工作：①加大经济运行监测力度，及时提供预警分析；②开展重大课题分析研究，积极服务宏观决策；③开展专项调查，敏锐捕捉重要信息；④加强新闻宣传，服务社会公众；⑤关注领导和社会关心的焦点、热点、难点等问题开展调查服务。一年来，全局用统计有关资料及时为市、县两级政府提供经济运行情况，充分利用经济运行月度监测、运城统计、企业调研、统计报告、统计快报等各种刊物，公报、提要、年鉴等多种形式，及时高效地为党政领导和社会经济发展提供决策依据。

*在统计服务地方经济上拓展了新的领域。*每年统计公报被人大、政协列为两会参阅文件，市统计局紧紧围绕市委、市政府争先发展目标，主动出击，全年完成专题调查30余次。据初步统计，全年市县两级共完成统计调查分析报告1421篇，被各级党政领导和新闻媒体采用1153篇，采用率达到81.1%。其中：国家级采用14篇；省级采用302篇；市级采用235篇，县级采用602篇。（王涑波）

【统计法制工作有声有色】 国民经济快速发展对统计工作的标准和要求越来越高，因而统计法制建设就摆在了重要位置。怎样保证统计工作的顺利开展，确保统计数据及时、快速汇总上报，以及统计数据真实可靠，就必须加大统计执法和监督检查力度。一年来全市统计法制工作，紧紧围绕统计改革和建设大局，完善统计法制制度，加强统计执法检查和监督，加大统计普法宣传力度，充分发挥统计法制在改善统计工作环境、维护统计工作秩序、保障统计数据质量方面的作用，收到了显著效果。

*坚持开展普法宣传教育活动。*为提高全民统计法律意识，改善统计法制社会环境，开展了群众性的普法宣传教育，认真组织了4月份的“普法宣传月”活动，全市各级统计机构和统计人员坚持利用各种形式进行普法宣传活动，充分利用广播、电视、报刊、网络等新闻媒体和座谈会，上街游行、咨询、文艺晚会等形势，广泛宣传统计法律知识。在连续四次普查工作中，把统计普法宣传和各项普查宣传相结合，普及统计法律知识。市统计局党组成员上街设定咨询台，向群众进行宣传。一年来全市累计发放宣传册20000余份，宣传单70000余张，咨询人数达20万人次，使普法活动开展得有声有色。同时全市市县两级统计部门采用各种形式全面开展了“四五”普法教育，并成立了以局长为组长的统计“四五”普法领导组，制定了普法责任制，在各县市开展了“四五”普法培训班，县级领导统计法培训班，参加人数达3000余人。培训内容为《统计法》、《统计法实施细则》及相关法律知识、专业统计报表制度等，并进行了培训考试。8至9月市统计局对全市13个县（市、区）统计“四五”普法工作进行了考核验收。

*推行全员执法责任制。*全市13个县（市、区）统计部门，在统计日常工作中，严格规范统计工作，从源头数据抓起，做到数出有据，有法可依。认真推行全员统计执法责任制，从专业统计人员抓起，对被调查单位的统计报表数据质量、报送时间、报表规范严格审查，并建立统计报表登记卡，发现统计违法行为，及时向法制人员提供，并积极协助查处案件。

*加大统计执法检查力度。*根据全国人大执法检查计划，全市认真贯彻，积极组织统计执法检查工作。一年来，先后下发了《关于开展经济普查重点执法检查的通知》等文件，明确了检查的内容：①各级领导以及普查机构、普查人员自行修改或者强令、授意篡改、编造普查数据的行为；②拒绝或者妨碍接受经济普查机构、经济普查人员依法进行调查的，提供虚假或者不完整的经济普查资料的，未按时提供与经济普查有关的资料，经催报后仍未提供的；③《全国经济普查条例》贯彻执行情况，包括经济普查机构、经济普查经费、经济普查人员落实情况；④统计法贯彻执行情况和统计执法队伍等基础建设情况；⑤统计数据质量情况。检查GDP、工业发展速度、固定资产投资、城镇居民收入等指标是否存在失实的问题。全市13个县（市、区）和3个开发区，积极响应，深刻领会，认真贯彻落实文件精神，全面开展了自查和抽查活动。据不完全统计，全市共自查400个单位，自查率达到95%以上，抽查150个单位，抽查率达到了38%，立案50起，结案35起，对违法单位进行了处罚。通过检查，使统计法贯彻执行情况落到了实处。（王涑波）

【实现国家、省、市、县四级联网，统计信息化建设取得突破性进展】 统计工作水平的提高和统计事业的快速发展有赖于统计技术装备的优化，有赖于统计手段的现代化。上年，根据国家、省局的要求，市局党组把实现国家、省、市、县四级联网作为全市统计信息化重点工作紧抓不放。经过多次汇报，取得了市委、市政府重视支持。年初市政府专门下发文件，要求各县（市、区）政府重视统计系统信息化联网工作，明确要求每个县（市、区）财政要解决10—20万元专款搞网络建设。市统计局要求各业务主管部门、乡镇统计工作站、规模以上工商、建筑企业、房地产开发企业都要为统计岗位配备一台以上微机，实现与政府统计部门联网，建成一个以县以上政府统计部门为主干，以内容丰富、结构合理、高效安全、信息共享为特征，覆盖政府相关部门、乡镇和企业的现代化统计信息网络。为了加强对联网工作的领导，保证联网工作的顺利开展，局党组对计算站负责人和局领导的分工重新进行了调整，并对各县（市、区）网络建设经费到位情况进行了检查。通过督查和各县（市、区）统计局的积极努力争取，临猗、河津、永济、盐湖、芮城、闻喜、新绛等县（市、区）政府领导十分重视统计网络建设，保证预算资金到位，为网络建设奠定了基础。临猗县在分管县长多次过问支持下，解决了经费，首先实现了与市统计局的联网。年底，全市13个县（市、区）共计投资90余万元，完成了网络建设工程，实现了国家、省、市、县四级联网。据初步统计，13个县（市、区）网络建成联通后，全市计算机总拥有量已达到300余台，IP电话156部，不少县（市、区）还新增了激光打印机、扫描仪、传真机等自动化办公设备。 （王涑波）

【统计制度建设】 强化统计制度建设是推动统计事业发展的有力手段和重要保证。一年来，市统计局各项制度建设不断充实完善，注重人本管理，强化制度建设，积极探索以制度推动整个工作，以制度监督全面工作的管理机制，重新修定了一整套规章制度。1. 要求市县（市、区）两级政府统计部门、各业务主管部门以及各乡镇统计站、企事业单位，必须建立健全统计调查管理制度，统计报表报送制度，统计台账制度，统计资料使用公布制度，数据质量检查评估制度，目标考核奖优罚劣制度，岗位目标责任制度，财务行政管理制度等等。并在此基础上，重点抓好落实，与个人提升晋级等切身利益结合起来。同时建立了统计工作周报告制度，建立了督察制度和重要信息报告制度。2. 完善了县（市、区）工作量化考核机制。为了进一步提高县（市、区）统计工作质量和服务水平，以促进基础基层工作。制订了《运城市县（市、区）统计工作考核评比办法》，从统计报表、优质服务、基础工作、法制建设、其他工作五个方面对县（市、区）采取百分制计分、月登记、季通报、年终奖惩兑现的办法，进行全方位评比，每年年底由政府进行表彰。3. 制定了岗位目标责任制。根据省统计局考核及评比办法，结合市局科室及个人分管的专业，将岗位目标责任具体到人，考核目标具体到奖惩，时间要求到年、月、日，分工细致，责任明确，每个人对全年的工作，完成时限，任务目标，奖惩条件一目了然，克服了以往责任不明确，工作协调推诿扯皮，验收考核没有标准的问题，极大地调动了各级统计人员的积极性，促进了各项统计工作规范运转。

抓好各项工作，队伍建设是关键。2005年狠抓队伍建设，最大限度地调动人的潜能和积极性，增强队伍的凝聚力。组织引导好政治理论学习，提高统计人员的基本业务素质。一年来，按照订立的学习制度，局内多次组织了政治理论、统计业务知识和计算机应用技术的学习培训，增加学习资料，给每一位同志发放了政治学习和业务学习笔记本，尽可能为大家提供、创造好的学习环境和条件。同时鼓励大家参加统计函授、电大统计职称等继续学习培训。其次，注重传统教育和廉政教育，不断改进工作作风。组织全局人员赴夏县红色旅游胜地堆云洞参观学习，九九重阳节组织全市离退休老局长河东游活动，三八妇女节召开座谈会并举行文艺表演。通过这些活动，使统计人员受到了爱国、艰苦奋斗、无私奉献、拼搏向上的革命传统教育，增强了统计人员的责任感和使命感，提高了统计人员的职业道德。2005年还认真贯彻了市委关于开展保持共产党员先进性教育活动的指示精神，2至8月份严格按照实施方案，认真做好动员教育，学习，查找问题，整改与回头看等阶段的工作。春节组织了扶贫活动，整改阶段组织向贫困县贫困生捐助活动，经上级检查组考核，保先活动教育的全部内容达到了要求。 （王涑波）

审计监督

【概述】 2005年，全市审计系统广大干部职工在市委、市政府和省审计厅的正确领导下，以“三个代表”重要思想为指导，以先进性教育活动为契机，紧紧围绕全市全面建设小康社会的奋斗目标和经济发展的各项任务，求真务实，开拓创新，认真开展审计监督，为全市经济持续快速健康发展起到了保驾护航作用。本市审计机关共审计单位412个，查出各类违纪违规金额38640万元，应上缴财政9794万元，已上缴财政1232万元，应归还原渠道资金5870万元，应自行纠正资金5362万元，向司法机关移送案件1案4人，向纪检监察部门移送案件2案2人。 （景　磊）

【预算执行审计工作】 从3月中旬至4月底，市审计局集中力量，集中时间，围绕财政资金这条主线，突出重点领域、重点部门和重点资金，分别对市财政局、地税局、农业局、公安局、人事局等17个单位及其所属二、三级预算单位实施了市本级2004年预算执行和其他财政收支审计。存在问题主要表现在：（1）部分行政性收费和煤炭专项资金仍未纳入预算内管理。市财政为了不扩大收支规模，仍将应纳入预算管理的部分行政性收费在预算外专户核算，财政预算外专户直接分配应纳入预算管理的煤炭专项资金，影响了预算收入的真实性。(2) 征管工作仍显偏松。城镇公用事业附加费未及时上缴国库；交警规费收缴工作管理不严，存在着欠收严重和征收失衡的问题；通过审计调查发现，地税征管工作不到位影响了财政收入的稳定增长。(3) 法规规定支出安排不到位问题。（景　磊）

【排污费征收管理及支出预算情况的专项审计调查】 根据省审计厅提出的“统一组织、上下联动、一次审计、多项成果”的新思路，积极组织力量，抽调精兵强将，全市共组成13个审计小组，同时进点，圆满完成了此次审计任务。发现的主要问题：1. 排污费征收环节中存在问题：应征排污费底数不清；排污费未及时、足额上缴财政专户；未按规定费额征收，采取协议或合同收费，欠征问题严重。2. 排污费拨付使用环节中存在问题：污染治理资金投入不足，大量排污费滞留；专项资金利用效益不高，用于污染治理资金比例太低；存在挤占挪用、截留坐支排污费问题。

（景　磊）

【外资运用项目审计】 对世界银行贷款共13个单位的审计按时结束，本市利用外资项目总投资11290万元，其中外资128万元，查出违规违纪金额61万元，其中：违规金额57万元，管理不规范金额4万元。主要问题有：截留挤占挪用、项目资金不到位、项目资金不落实和交付资产不实等。

（景　磊）

【企业审计】 共审计了18个单位，查出各类违规违纪金额15200万元，其中：违规金额493万元，管理不规范金额2890万元，损失浪费金额34万元，主要问题表现在：虚报、隐瞒、转移收入、少计虚列成本费用、国有资产流失、账外资产、少计少缴税金、资产不实等。

（景　磊）

【严谨细致，提高质量年】 求真务实，预算执行审计工作推出四大新举措。市审计部门结合保持共产党员先进性教育活动，紧紧围绕国务院427号令《财政违法行为处罚处分条例》，精心组织，统一部署，推出预算执行审计工作新举措：审计公示，扩大透明；廉政举报，双向监督；送达审计，提高效率。使审计人员要牢牢把握审计质量和廉政建设两条“生命线”，树立主动服务经济建设的政治意识、大局意识和创新意识。(1) 审计公示。对每个预算单位的审计在审前进点会上，要求中层以上干部参加，宣读审计重点和要求；审后，再次召开审计见面会，通报审计结果，强化干部职工的知情权和扩大审计工作的公开透明程度。(2) 廉政监察。为加强审计机关的廉政建设，纪检监察室随审计组一同进点，宣读审计工作纪律和注意事项。并在审计组设廉政监察员，进行自我监督。(3) 监督举报。在每个被审单位设立举报箱，不仅被审单位干部职工对本单位的财务收支违反财经法纪情况可以进行举报，为审计人员提供线索，使审计监督有的放矢；而且对审计人员在被审单位中的行为也可进行举报，加强审计人员的廉政建设。(4) 送达审计。在2005年的预算执行审计中，要求预算执行单位全部实行送达审计，即被审单位将会计资料及与审计有关的其他文件资料送达市审计局的相关科室进行审计。这种做法可以有效减轻被审计单位的负担，提高审计工作效率和审计质量，同时也促进了审计干部的党风廉政建设。

争先创优，积极调动审计人员工作热情。为了进一步推动本市审计事业不断向前发展，在全市系统掀起“比学赶超”的高潮，加大执法力度，扩大审计影响，树立审计形象，促进审计质量的不断提高，更好地为本市经济建设服务，我局决定2005年在全市审计系统继续开展“争先创优”竞赛活动。竞赛活动以计划任务完成情况、执法力度和成果转化为主要内容，采取工作量化和动态管理的办法，随时计分，月月上榜，一季一插旗，半年一通报，年终总结评比表彰，从审计业务、全局活动、日常工作三个方面，明确了考核计分标准，保证了这次竞赛活动紧张有序地开展。“争先创优”竞赛活动的开展，将竞争机制引入了日常审计工作，激励先进，鞭策落后，坚持以人为本，最大限度地调动积极性，为审计工作注入了活力。因此，此项活动得到了市局各科室和各县市区审计局的积极响应。与以往相比，广大审计人员积极性更高了，要求更严了，工作效率更高了。

深化管理，努力打造现代型审计机关。随着审计事业的不断发展，审计队伍的不断壮大，进一步规范审计机关的内部管理已成为摆在面前的一项迫切任务。为此，市审计部门把加强和完善机关内部管理作为重中之重，坚持与时俱进、锐意改革的工作思路和“保证工作，方便节约；以人为本，惠及多数”的工作宗旨，积极探索新形势下审计机关内部管理的新路子，力求将机关的一切行政行为纳入目标管理、制度管理、动态管理和民主管理的轨道。通过机关管理委员会对各项管理制度进行的全面的梳理和完善，使机关内部每一个管理环节都能够有章可循，实现了管理的制度化。在各项制度的落实中，力求做到细致具体，如接待慰问明确规定了什么情况下什么标准，履行什么程序、燃油修理明确规定了每一部车的燃油指标和修理费指标及履行的程序等，最大限度地限制管理中的弹性。规定了管理委员会的议事程序，重大事项由有关部门提出草案，委员会讨论通过交由党组决定，实现了管理的科学化；机关管理委员会每月召开一次例会，通报机关重大事项和重大开支，反馈决定执行情况，每季通报各科室经费收支情况和争先创优活动开展情况，实现了动态管理。由于严格细致的管理，节约了开支，化解了矛盾，为同志们创造了公开、公平、公正的工作环境，为审计事业的全面发展提供了良好的平台。

（景　磊）

【严格业务审定提高审计质量】 为了加强审计业务管理，规范审计行为，借鉴先进地市审计局经验，2005年年初本局中层以上干部一行18人赴临汾、长治、晋城市审计局进行学习考察，取人之长，扩大视野，取得了明显成效。又结合《审计机关审计项目质量控制办法（试行)》和《财政违法行为处罚处分条例》，重新完善了审计业务审定制，制定了《运城市审计局业务审定暂行规定》，成立了“审计业务审定委员会”，扩大了审计业务审定范围，对所有审计项目实行集体审定，使审计过程更加公开、透明，确保审计结果客观公正。截至年底市审计局完成的审计项目都经过了审定会的通过才出具审计报告，进一步促进审计机关正确履行职责，防范审计风险，提高审计质量。（景　磊）

【保持共产党员先进性教育成效明显】 2005年上半年开展的先进性教育活动，是在党的十六届四中全会就加强党的执政能力建设作出全面部署的情况下进行的，任务重、要求高，时间长。教育期间，局党组把先进性教育活动作为关系全局和长远的一件大事，始终摆在重要位置，精心部署，周密安排，认真工作，确保每个阶段、每个环节不走过场，在完成“规定动作”的同时，积极进行了一些“自选动作”，比如，组织了“祭奠革命先烈、重温入党誓词”、“一帮一扶贫”等活动，有效地增强了先进性教育活动的效果。

强化理论学习，提高了党员的思想政治素质。搞好理论武装，打牢思想基础，是这次先进性教育活动的重要内容，也是检验这次先进性教育活动的重要标准。每个党员读书笔记都在三万字以上，学习心得都在三千字以上，还有六名同志的读书笔记得到了市委、市政府保先办的表彰。把读原著与专题讨论结合起来，读原著与党课辅导结合起来，集中学与自学结合起来，理论学习取得了很好的效果。从验收的情况看，广大党员对“三个代表”重要思想的时代背景、实践基础、科学内涵、精神实质和历史地位的认识进一步深化，贯彻执行党的路线方针政策的自觉性进一步增强，对建设中国特色社会主义的信念更加坚定。

建立长效机制，规范了党建工作的开展。探索建立新形势下党员“长期受教育、永葆先进性”的长效工作机制，是确保这次先进性教育活动取得实效的一个重要内容，也是先进性教育活动的一个重要成果。市审计局根据审计工作实际，结合这次先进性教育活动的要求，从党员教育培训、监督管理、评价考核、组织处理和党员发展，以及机关党组织的地位、作用和任务等方面，制订了一系列的规章制度。在这次活动中特别注重发挥了各党支部的作用，三个支部根据党建工作实际和自身的薄弱环节，从制订活动方案到实施改进措施，严谨认真，扎实有效，发挥了各支部应有的作用。

紧密结合实际，增强了保先活动的效果。运城市审计局党组认真贯彻市委党员先进性教育活动领导小组的有关要求，积极落实“六个一”竞赛活动，以学习提高为重点，以典型宣传为手段，以督查评比为动力，开展了扶贫助困、党课辅导、演讲竞赛、笔记展评、心得体会、知识考试等一系列活动，使保持共产党员先进性教育活动效果明显。3月3日，通过举办市审计局保持共产党员先进性演讲竞赛和知识考试，激发了全体党员和干部职工，团结一致，与时俱进，奋力投身于审计一线的工作热情。局党组又以保持共产党员先进性教育为契机，开展扶贫助困送温暖活动，组织全体党员到扶贫点平陆县杜马乡马村、上卓村，与困难群众进行“一帮一”结对帮扶，带动他们脱贫致富，把党员的先进性体现在解民忧、帮民富的实际行动中，充分发挥了党组织的战斗堡垒和党员模范先锋作用。组织全体共产党员到革命老区平陆县杜马烈士陵园进行了以“缅怀革命先烈、永葆党性先进”为主题的党日活动，全体党员在革命烈士纪念碑前面向党旗再次举行庄严宣誓仪式，缅怀革命先烈，表达了继承革命先烈遗志、立志弘扬革命精神，永葆共产党员先进性的信心和决心。（景　磊）

（责任编辑：石少青）

农林水牧

农业综合开发

【完成投资情况】 2005年，全市国家农业综合开发项目共完成投资10363.47万元，占计划101%。资金构成为财政资金完成3223万元，占计划100%；地方财政配套资金完成1723.43万元，占计划的100.5%；自筹资金完成5007.03万元，占计划116%。 （农发办）

【土地治理项目高标准完成】 2005年，共治理改造中低产田9.88万亩，完成农业生态工程0.45万亩，累计新打和修复配套机井239眼，占计划100.8%；新架和改造输变电线路62.88公里，占计划100%，埋设地下输水管道498.91公里，占计划99.6%；发展喷滴灌面积1500亩，占计划100%。改良土壤5.96万亩，占计划100%；购良种13.09万公斤，占计划106.7%；配套农机具29台、套，占计划100%；开辟硬化机耕路198.55公里，占计划100.5%。栽植农田林网树木23.8万株，折合面积0.24万亩，占计划100%。技术培训5.63万人次，占计划100%；购置仪器设备3台，占计划100%；示范推广1.59万亩，占计划100%。 （农发办）

【产业化经营项目进展顺利】 万荣县中药材种植、盐湖区奶牛养殖、垣曲县康源蜂产品基地养殖、临猗县果品加工、平陆县果品加工、稷山县农副产品储藏保鲜等7个产业化经营项目都严格按照国家计划批复执行，按项目可行性研究报告内容建设。多数企业已经投入运营，经济、社会效益明显，带动辐射作用大大增强。特别是临猗康奇仕、垣曲康源蜂业、芮城中药材的新厂区建设，起点高、标准高，完全按照食品、药品的标准要求进行，各项产业化经营项目进展顺利。 （农发办）

【“十五”农发工作】 “十五”期间，全市农业综合开发涉及新绛、稷山、河津、万荣、临猗、永济、盐湖、芮城、平陆、夏县、垣曲等11个县（市、区），主要包括土地治理、产业化经营和科技推广综合示范等项目。5年来，全市各项目区都能按照“田、林、路、水、井、渠、机、电”综合配套标准认真开展农业综合开发，累计共完成投资35940万元。其中，中央财政资金13442万元，地方财政配套资金10110.60万元，群众自筹资金10247.40万元，银行贷款2140万元。经过5年努力，全市共完成土地治理面积66万亩，发展产业化经营项目25个。 （农发办）

【农业基础设施得到了改善，综合抗灾能力大大增强】 5年间，新打机井和配套旧井1250眼，建设灌排渠系工程2074.5公里，输变电线路配套359公里，修建机耕路1101公里，改良土壤25万亩；新增灌溉面积11.3万亩，改善灌溉面积29.3万亩，新增节水面积29.5万亩，年约节水量1096.7万立方米。

（农发办）

【种植结构调整优化】 大多数的项目区粮棉油等传统产业品种优化、单产提高，经济作物比例明显上升。项目区设施农业已占到20%左右。 （农发办）

【项目区的生态环境有所改善】 结合中低产田改造，项目区共栽植各种苗木19.5万亩，不仅对农作物起到了防风固土的屏障保护作用，形成了有利于农作物生长的田间小气候，而且涵养了水源、美化了环境，为项目区农业可持续发展创造了一个良好的生态环境。

（农发办）

【增产增收目标实现】 项目区新增生产能力：粮食5033.3万公斤，棉花297.7万公斤，油料287.2万公斤，干鲜果品4100万公斤，蔬菜3613.5万公斤，优质饲料作物2010.7万公斤，其它农产品均有较大幅度增长。 （农发办）

【选项管理】 2005年，全市综合开发共评估上报土地治理项目11个，产业化龙头项目7个。

（农发办）

【项目招投标】 2005年，按照国家农业综合开发招投标管理暂行办法，在总结近年来各地土地治理项目招投标管理先进经验的同时，对搞好全市项目工程招投标，提出了四条措施：①不论是土地项目，还是骨干工程都要实行招投标；对产业化项目也要逐步完善招投标，确保项目的科学可行，对那些企业信誉不高，市场前景不好，带动辐射面不大，资金下放、回收困难的企业坚决不能上报立项。②在一定范围通过报刊、电视、广播、报纸等新闻媒体发布项目招标公告；③对投标单位进行认真的资格审查和实地考察；④召开竞标会，公开评标打分、揭标、中标并签订中标合同，切实把项目区选择在资金条件好，经济实力强，村级班子团结，群众积极性高的地方，把工程交给技术力量雄厚、有资质证书、讲信誉的施工队。临猗县不光对项目实行严格招投标制，对重点工程也推行招投标制，提高了项目透明度，体现了公开、公平、公正，杜绝了暗箱操作，收到了好的效果。

（农发办）

【无偿资金县级报账制】 2005年，进一步修订完善了《运城市农业综合开发资金管理办法》。各项目县和项目建设单位都能高度重视财务管理；严格实行县级报帐制，严把资金使用关，做到了报帐流程基本规范，各种统一的票据使用正确，填写清晰，科目规范明细，账本凭证整齐化一。通过实行县级报帐制，确保了资金跟着项目走，拨款跟着进度走，用款跟着计划走，从而有效提高了资金使用效益。特别是盐湖、临猗、河津、垣曲等县（市）做得比较好。（农发办）

【项目公示制】 2005年，重点抓了三个公示。（1）项目申报前公示；（2）项目实施时公示；（3）项目竣工后公示。河津市坚持项目公示制，在项目审报前向群众公示项目的建设地点、规划方案、农民筹资投劳等内容。工程实施时向群众公示项目建设的主要工程、资金使用等情况。项目竣工时，建立永久公示牌，全方位接受群众和社会监督、受到省办领导的高度好评。

（农发办）

【农发工程监理制】 2005年，根据国家农发［2004］49号有关工程监理的政策规定，对2004年度农发土地治理项目全面实施了工程监理。责成专人，择优选择工程监理单位，专门成立了以分管主任为组长，以工程、计划科室及市水利工程监理中心负责人为成员的农发工程监理领导组，责成市水利工程监理中心抽调15名有经验的专业监理工程师，组成农发工程监理部，并根据农发工程的特点，实行现场监理，严把工程建设五道质量程序关。即：工程开工关、材料质量关、施工程序关、工程进度关、质量验收关。通过严把“五关”，使整个工程建设的材料质量、施工工序、工程进度及资金使用始终处于受控状态，不仅有效保证了资金的规范使用，提高了资金的使用效益，而且确保了工程建设的质量。全市16个项目区农、林、水三个单位的101个分部工程、822个单元工程质量全部合格。其中，65个分部工程和552个单元工程还达到优良标准。（农发办）

【精心组织农发工程项目检查验收】 5月31日至7月27日，对全市2004年度农发项目进行了全面、认真、细致的市级检查验收。直接到项目现场查行查验。严格按照计划批复，参照工程监理资料，对本年项目区所有新建工程全部进行检查，96眼新打机电井眼眼必到必查。对修复工程进行抽查，115眼修复井，抽查了85眼，占74%。为了赶时间，争速度，经常加班加点，查档案、看帐簿、阅资料，常常忙碌到深夜。7月14日至25日，省农发办代表国家对稷山、河津、盐湖、永济四个县（市、区）进行了抽查验收，对全市2004年度农发工作给予了高度评价。（农发办）

【财务培训】 9月下旬，利用一周时间对各县（市、区）农发办会计、项目工程指挥部报帐员、市农发办干部进行了培训。培训主要围绕《农业综合开发财务管理办法》、《农业综合开发会计制度》中的内容，结合全市农发财务管理工作中遇到的一些问题，着重就农发财务管理、资金会计概要、会计核算办法、资金使用和支出管理，工程成本管理等问题进行了培训。

（农发办）

【工程监理培训】 ①采用以会代训的方式，对各县（市、区）项目法人、技术负责人、监理人员、联络员及市农发办有关人员进行全面业务培训。内容包括：工程监理的目标任务、程序办法、规范要求，项目区单位工程、分部工程、单元工程的划分依据，农发项目主要工程施工流程、材料设备检验及主要项目监测的标准和方法，监理日记、监理月报及监理档案资料整编等。②定期召开市级监理例会。把每月5号确定为市级监理例会时间，专题召开监理会议，通报监理工作的经验与问题，并统一提出整改意见。③组织观摩交流。通过召开农发工程监理现场会，实地讲解交流监理工作的成果与做法。④组织资料展评会。组织参会人员对监理资料进行观摩，并聘请三位专家组成评审组，对监理资料进行认真评审，并面对面提出整改意见。

（农发办）

农村经济

【概况】 2005年，全市农业系统紧扣“农业增效、农民增收、农村稳定”这个中心，稳步推进以“稳定粮食增产，推进设施农业和特色农业发展，加快农村沼气化和农业无害化进程，加强农技推广体系、农村社会化服务体系、农业执法、农村政策落实和农业部门自身建设”为主要内容的“1225”工程，实现了粮食生产稳定，农民收入增长和农村经济全面协调发展的目标。

据统计部门统计，全年农作物播种总面积993.75万亩，比去年增加89.88万亩，增10%。其中：粮食作物播种面积782.82万亩，比去年增加145.26万亩，增22.8%。总产16.16316亿公斤，与上年基本持平，超过省下达任务15.4%。其中小麦面积470.985万亩，比去年增加102.3万亩，增27.7%，受严重春夏连旱影响，总产7.36912亿公斤，比去年减17.2%。秋粮面积311.835万亩，比上年增加60.96万亩，增24.3%，总产8.794亿公斤，比上年增20.3%，其中玉米面积252.72万亩，比上年增68.01万亩，增36.82%；总产7.75亿公斤，比上年增1.65亿公斤，增27.1%。棉花播种面积118.82万亩，比去年149.13万亩减少30.31万亩，减20.32%。总产9523.6万公斤，比上年减12%。平均单产89.1公斤，比去年增7.5公斤，增加工工业0.3%。今年籽棉价格每公斤在5.4元左右，棉花亩效益比去年平均增加300元。据农业部门统计，全市蔬菜播种面积在135.1万亩，比上年132万亩增加3.1万亩，总产量31.08亿公斤，与上年基本持平。

（姜惠民）

【农村经济】 2005年，全市农村经济总收入持续增长，各业在总收入中所占比重更趋合理。据农经部门统计，全市农村经济总收入333.4亿元，比去年增长7.76%。其中：农业收入85.4亿元、林业收入2.6亿元、牧业收入9.8亿元、渔业收入0.9亿元，分别占总收入的25.6%、0.8%、2.9%、0.3%。工业、建筑业收入分别是159.1亿元、16.1亿元，占总收入的47.7%、4.8%。运输业、餐饮业、服务业及其它收入分别是22.5亿元、15.4亿元、9.6亿元、12.3亿元，占总收入的6.7%、4.6%、2.9%、3.7%。全市农村经济总费用为217.5亿元，占总收入的65%，比去年增长19.6%。全市农村经济净收入1159亿元，比去年增加3.1亿元。全市农民所得总额120.3亿元，农民人均所得2899.3元，比去年增加209元，增长7.8%。其中：第一产业人均所得1303.3元，比去年增加221.4元，增长29.5%；第二产业人均所得618.1元，比去年减少47.6元，降低7.2%；第三产业人均所得648.4元，基本和去年持平；农民外出劳务收入329.6元，比去年增加39元，增长13.4%。

（刘敏洁）

【农村财务】 2005年，全面推行农村会计委托代理制度，不断强化农村财务管理职能，推动全市农村财务公开工作向规范化、制度化方向发展。市委、市政府办下发了《关于全面推行农村会计委托代理制度，切实加强村级财务管理的意见》。4月26日，市政府召开全市农村村务公开会议，对推行农村会计委托代理工作进行了专门的动员和部署。10月12日全市又在永济召开全市推行农村会计委托代理制现场会，全面推广盐湖区金井乡、永济市张营乡、稷山县稷峰镇工作经验，并实地参观了张营乡农村会计委托代理服务中心工作流程。4月24日至30日，市站利用一个星期时间，分两批对全市农村会计委托代理中心主任、总会计、总出纳共300余人进行了培训，收到良好效果。截止12月底，全市实行财务公开的村有2815个，其中按财政部、农业部要求达到规范化公开的村2023个，分别占到行政村总数的84%和60%。公开前实行乡级审核和村级民主理财小组监督的村达2815个，占总村数的84%。全面推行农村会计委托代理制的乡镇有78个，占总乡镇数的52%。

（王海[illegible]）

【农民负担专项治理】 2005年，全市减轻农民负担工作，在积极开展共产党员先进性教育活动的推动下，按照农业部、国务院纠风办等六部委《关于进一步做好减轻农民负担工作的通知》（农经发［2005］3号）精神，进一步加大督办查处力度，狠抓党的各项农民减负和惠农政策措施的落实。①在2003年税改试点全面完成和2004年从总体上对农业税税率再降低一个百分点的基础上，认真贯彻执行省委、省政府关于“我省2005年全部免征农业税”的决定，又减轻农民税费直接负担13148.4万元，人均减负31.9元，使本市农民没有任何税费直接负担了。加上2003—2004年连续两年减轻的数额，全市共减轻农民税费直接负担3.4亿多元，人均减负83.33元。②在市纠风办、市财政局和市农业局的密切配合下，按照“五查五看”政策规定，对全市2004年粮食直补款和2005年小麦直补款发放到户情况，进行了一次全面检查和专项治理。不仅纠正了粮补工作中存在的问题，而且促使了粮补工作的规范完善和直补款的及时足额发放。③在推行农村会计委托代理制和农民专业合作组织这两项工作任务重、时间紧的情况下，分两批对2004年税改转移支付资金及农业税附加、2004年农村集体生产公益事业“一事一议”筹资筹劳，以及2003—2004年国家对乡、村集体经济组织征地补偿费和扶持资金等惠农政策的落实情况，继续开展农民负担专项审计。④全市各级不仅开展农民负担检查93次，而且查处解决农民负担案件8起。其中，市农民减负办和市纠风办共同督办督查三起。

（牛秦鹏）

【农产品批发市场】 2005年，在原有新绛县蔬菜批发市场、运城果品中心市场、稷山县格富达红提红枣市场、运城蔬菜果品批发市场等4个农业部定点农产品批发市场的基础上，本市又有河津小关农产品批发市场一家被确认为省农业厅定点农产品批发市场，并积极申报部级定点市场。以上5个部、省定点农产品批发市场2005年农副产品交易总量270.766万吨，比上年度增长14.5%。其中：蔬菜交易量214.5万吨，比上年增幅14.5%；水果交易量54.7万吨，比上年增幅20.0%；粮食交易量0.81万吨，比上年增幅42.1%；其他交易量0.586万吨，比上年增幅31.1%。年交易总额611000万元，比2004年增长11.7%；年利润2480万元，增幅15.6%。

（徐隽铭）

【信息网站建设】 2005年，进一步督促、指导各县（市、区）搞好信息服务平台和二级网站维护，加快县、乡两级信息服务站建设认证工作，把农村信息员认证和培训工作作为工作重点。

信息工作培训方面。2005年，市农业局先后组织了三次大型农村信息员培训工作，培训县、乡、村三级农村信息员500多名。严格按照培训一批、成熟一批，成熟一批、发展一批的原则。2005年新增乡镇信息服务站23个，完成农村信息员资格认证登记500个，使全市县、乡两级信息服务站和农村信息员数量分别累计达到65个和1150个。其次，在农业部中国农业信息网“一站通”发布信息累计达到2万余条。

采编信息方面。截止2005年年底，运城农业信息网共发布文本信息5万余条，添加数据库文件800余条、农业专家40人，名特优新产品150项，发布供求信息4500余条，上传各类科技和娱乐视频文件98个。

（陈高波）

【人事劳资】 2005年，全市农业系统职工总数2745人，与上年同期相比增加136人。其中专业技术人员1578人，占总人数57%；具有高级职称76人，占专业技术人员总数5%。其中正高4名，副高72名。具有中级职称539人，占专业技术人员总数34%。具有初级职称611人，占专业技术人员总数39%。未评职称人员352人，占专业技术人员总数17%。在专业技术人员队伍中，具有大学本科学历262人，占专业技术人员总数17%，具有专科学历500人，占专业技术人员总数32%；工人778人，占总人数28%。其中技师28人，占工人总数24%。高级工120人，占工人总数15%。中级工231人，占工人总数30%。初级工344人，占工人总数45%。普通工人数47人，占工人总数6%。全市农业系统干部职工全年工资总额20915千元。人员月平均工资635元。

（袁　文）

种 植 业

【旱作农业建设】 2005年，全市农业建设继续以实施规范化旱作节水农业工程为主要内容，各项旱作节水技术应用面积累计2005.0万亩次。其中坡地梯改0.5万亩次、沟垄耕作4.7万亩次、保护耕作（少耕、免耕和秸秆覆盖）347.0万亩次、地膜覆盖173.1万亩次、种植抗旱品种304.1万亩次、机械深松耕（包括秋深耕施肥）52.8万亩次、农化抗旱保水105.6万亩次、节水灌溉24.1万亩次、灌溉技术及方式改革39.9万亩次、抗旱坐水种20.1万亩次、集雨补灌面积3.2万亩次、旱地温棚面积2.8万亩次、种植结构调整63.6万亩次、聚肥蓄水6.8万亩次、落实各项培肥措施(包括秸杆直接翻压还田、种压绿肥、增施有机肥和平衡施肥等）856.7万亩次。各县（市、区）围绕旱作农业新技术示范基地所实施的旱作高效工程田累计完成46.2万亩，辐射面积达327.4万亩。其中旱地温棚2.5万亩、秸秆覆盖24.3万亩、集雨补灌0.8万亩、少免耕9.1万亩、节水灌溉7.9万亩、高效立体种植1.6万亩。旱作节水工程田小麦平均亩产139.3公斤，比旱作田亩增产48.1公斤，增产率52.7%。 （孟晓民）

【土壤肥力监测】 2005年是土壤肥力动态监测自1990年以来的第15年、第12次运转。盐湖、永济、临猗、稷山、万荣等5县（市、区）380个点位的监测结果表明：全市耕地土壤有机质含量呈波动的上升趋势。本年度监测平均值为12.8g/kg，虽然比历史最高年份2003年减少了0.6g/kg，但与1990年和全国第二次土壤普查相比，分别增加了1.1g/kg和3.8g/kg，上升幅度分别为9.4%和42.2%。

全氮含量在逐年上升后趋于平稳的变化趋势。监测平均值为0.81g/kg，与2003年、1990年和全国第二次土壤普查相比，分别增加了0.01g/kg、0.13g/kg和0.13g/kg，上升幅度分别为1.2%、19.1%和19.1%。

有效磷含量基本上呈逐年的上升趋势。监测平均值为16.8mg/kg，是历史最高年，与2003年、1990年和全国第二次土壤普查相比，分别增加了3.4mg/kg、8.2mg/kg和11.9mg/kg，上升幅度分别为25.4%、95.3%和242.8%。

速效钾含呈S形的变化态势，近6年来呈逐年上升趋势。本年度监测平均值为214.1mg/kg，是历史最高年，与2003年、1990年和全国第二次土壤普查相比，分别增加了20.5mg/kg、12.5mg/kg和23.1mg/kg，上升幅度分别为10.6%、6.2%和12.1%。 （赵国平）

【农作物新品种选育】 2005年，围绕农业生产发展和农业产业结构调整的需要，按照上级有关部门安排，全市进一步加大新品种试验示范工作力度，共承担8大类作物、44个区组、103个试点、526个品种的试验任务。通过试验示范，通过省级品种审定委员会审定的品种有10个，棉花有晋棉42号、晋棉43号、浙大3号、石抗434、TC—03、运彩8283；小麦有运旱2335、临选2035、临优2069、临优2018。尤其令人可喜的是，省棉花所自育的旱地小麦品种运旱22.33和河东农科所培育的旱地品种河东TX—006通过了国家审定，山西金鼎生物种业股份有限公司自育的玉米“金玉6号”、棉花“金棉杂1号”、“金棉6号”及油葵“金葵2号”已通过省品种审定委员会专家组田间鉴定，有望在2006年给以审定。

2005年全市农作物新品种推广应用步伐进一步加快。据统计，2005年全市常规农作物良种普及率99%以上，杂交种普及率100%。小麦上省确定的优质专用新品种统供推广面积238万亩，占播种面积的60%。主要推广品种为：水地以烟农19、临丰615、运9805为主；旱地以临旱536、运旱21.30为主；棉花上转因抗虫棉“晋棉26”、“GK19”和高产抗病“邯郸109”等新品种的普及推广，进一步简化了棉花栽培管理，节本增效效果突出，促进了本市棉花生产的快速发展。农大108、郑单958等玉米新品种和系列油葵新品种的推广普及，在农业生产发展中发挥了重要作用，良种在引导农业产业结构调整和促进农业生产发展中的作用进一步凸显。 （马永管）

【农产品营销体系】 2005年，全市培育发展各类农产品销售市场67个，居于全省之首。全市发展各类农副产品营销组织2565个。农民经纪人年交易额在5万元以上的20984人。农产品年经销量20.13亿公斤，年营销总额25.44亿元，占全市农牧业总收入87.73亿元的29%；占全市农牧业农产品出售收入45.07亿元的56.45%。

（董 斌）

【科技培训】 2005年，全市农业科技培训工作，以农业科技入户、新型农民科技培训工程为依托，大力开展技术培训。以临猗、芮城、万荣为重点，通过政府推动、市场引导、项目带动三个环节。以工程为载体，培育科技示范户和核心农户3000户，辐射带动6万户。全市各级组织技术骨干培训260场次，下发各种技术资料和光盘130多万份，培训技术骨干68万人。

临猗县承担了农业部农业科技入户工程小示范县的项目。确定小麦科技示范户1000户。从确定方案、良种到技术指导员的筛选都按规范进行，取得了较好成绩。

万荣县、芮城县实施新型农民科技培训工程项目，都分别完成了1000个核心农户的培训任务。

（党移山）

【行政执法】 2005年，全市农资打假工作紧紧围绕“一打一扶、两提高”的主题思想，积极开展明察暗访行动，建立重大案件协查通报制度，加大农资市场监督检查工作力度。省、市、县三级共抽检各种磷肥、复合（混）肥100余品种、农药50余个品种，全部送化验部门进行了检测，合格率达到了80%以上，确保农民用上“放心农资”。2005年全市共立案查处假劣农资案件281件，已结案268起，没收、封存假劣农资11070件、127445公斤，处罚款65余万元。其中市局立案32起，罚款13.1万元。体系建设情况：至2005年8月，市、县两级已全部成立了由编制部门批复的农业行政综合执法大（支）队，其中，新绛县、永济市、河津市、夏县、绛县、平陆、垣曲7个县（市、区）农业综合执法大队已为编制部门批复为副科级建制。网上行政审批工作运转顺利。年底，市局已在网上受理、办结审批项目81个，其中，种子生产许可证49个，种子经营许可证14个，农药经营许可证17个，植物检疫登记证1个。2005年市局的网上行政审批工作先后四次接受省、市检查验收，受到通报表扬。（王根玉）

【新技术、新产品展销会】 由运城市人民政府、中国农业科学院、山西省农业厅联合举办的第五届农展会，于10月20至24日在新落成的农业会展中心举行。此次农展会参观人数超过了30万人次。新技术展示达到了960项，农副业新产品展示2000多项计8000多个，达成国内外合作项目228项，合同金额达2.8亿元。农业展厅的“运达”牌无公害蔬菜、黄河系列良种、标记杂交棉3项产品分获名优产品奖，市农业局获得组织特等奖。

（党移山）

【市农广校工作】 2005年，市农广校紧紧围绕“稳定中专，向两头延伸，工作重心下移”的办学思路，市、县两级办学人员共同努力，千方百计拓生源，采取得力措施，成效显著：中专招生取得新突破，全市共招收367人次。其中，业余班195人次，脱产班172人。较2004年的181人增加186人，增长率达100%以上，在全省农广校系统名列前茅；多层次办学持续发展，和电大联办的“一村一名大学生”在校生达35人次；农民科技培训和绿色证书培训人数达4.5万人次；日常教学管理常抓不懈，先后组织了2003级、2004级学员涉及10余个专业、30余门课程约500人参加的两次统考和考卷评分工作，并办理了2002级337人次的毕业证书。在2005年农业广播电视教育工作中，成绩显著，被评为先进单位，受到省厅的表彰。（董映妮）

【设施农业及蔬菜产业化】 截止2005年底，全市蔬菜播种面积135.1万亩，蔬菜总产量31.08亿公斤，总产值25.54亿元，农民人均蔬菜纯收入456.8元，大中型蔬菜批发市场44个，各类蔬菜加工厂23个。

设施农业总面积56.2万亩，其中日光温室16.5万亩，大中小拱棚39.7万亩。2005年蔬菜工作的重点是大抓无公害蔬菜产地认证，树立品牌战略，以蔬菜协会形成满意服务菜农。截止2005年底，全市已被认证的无公害蔬菜产地面积50.775万亩，其中新绛县20万亩，闻喜县6万亩，夏县16万亩，永济市8.775万亩，并在国家工商局注册了七个蔬菜品牌，即新绛的“绛州绿”蔬菜品牌、夏县的“禹王青”蔬菜品牌、闻喜县的“汤王山”品牌、永济市的“蒲坂绿”品牌、运达示范园的“运达牌”、万荣县的“万泉牌”大葱、垣曲县的“佛云山牌”辣椒酱。

全市的蔬菜协会共1.5万名会员，并在10个县（市、区）成立了32个分会，54个分支。62个正副会长，并制定出了会徽，发放了会员证。（尹林红）

【沼气工程建设】 2005年，全市农村沼气“一池三改”国债项目建设任务6125户，总投资达2737.5万元，其中国债资金730万元，共涉及临猗、芮城、夏县、万荣、稷山等5县。由于项目县的带动示范，全市各县均启动农村沼气工程建设。截止2005年10月31日，全市项目县建设工程进度达11811户（含2004年部分任务），非项目县共建设农村户用沼气工程3576户，全市共新建农村沼气14757户，全市累计达26138户，正常使用20873户，使用率达80%以上。

（农业局）

【农业无害化工程建设】 2005年，全市无害化工程建设速度加快，市农业局在农业无害化工程建设中，主抓盐湖区和垣曲县无公害农产品整体推进工程，分别完成无公害产地认定面积25万亩和15.5万亩，并取得无公害农产品产地认定证书，使全市农业无公害产地认定面积累计达128.5万亩。同时在省级认证转为国家认证的过程中，顺利地完成了新绛、闻喜两县到期证书的转换和延续，确保了认证转换过程中，两县（区）共完成40.5万亩产地认定任务，本市无公害农产品的产品认证全部达标。（石建军）

【运城农业会展中心建成】 运城农业会展中心占地46.4亩，建筑面积10173平方米，总投资2630余万元。展厅长124米，宽88米，高27.5米，为椭壳状网架结构，设计新颖，构造独特，外观漂亮，气势宏伟。不仅是农业科技传播与推广的重点工程，更是城市建设的亮点景观工程。

中心工程于2003年5月3日开始筹建，2004年3月8日破土动工。工程建设由安德天副市长挂帅，市农业局承办，省建工（集团）公司承建，运城万瑞监理公司监理。在市委市政府的高度重视下，在各方共同努力下，经过一年半的精心建设，于2005年10月顺利完成了工程建设任务。10月20日，全市第五届农业新技术、新成果展示展销会首次在宽敞、明亮的中心展厅内召开，收到良好效果。

农业会展中心一次可容纳200家单位参展，年可接待100万人次参观交流，年交易农副产品量50～100万吨，是全市农业科技成果展示的平台、农副产品交易的市场、高技术培训的讲坛、内外信息交流的窗口。

农业会展中心不仅是农副产品展示展销的场所，也是工业、商贸、科教、文化等产业新技术、新产品展示展销的平台，对完善城市功能、提升城市品位必定起到积极作用。（吉力宏）

【植物检疫】 2005年，调运检疫签证104998批次9590214万公斤465万株。其中，省间调运种子类57批次93.998万公斤，苗木89类批次450.9万株，植物产品类5238批次13434.1万公斤，绿色通道81192批次9529749万公斤；省内调运种子类8批次10.45万公斤，苗木类21批次14.05万株，植物产品类3742批次2432.2万公斤，绿色通道14651批次44494万公斤。

全年开展产地检疫：种子类7.1184万亩992.135万公斤；苗木0.201万亩11605万株；植物产品类193.02万亩335417万公斤。全市发生疫情0.85万亩，防治5万亩次，平均防效率达89%，有效控制了苹果棉蚜的危害。（高佑枝）

【病虫害防治】 2005年，全市各种农作物病虫草鼠害总体上为中等发生年份，发生总面积5145万亩，较2004年的4524.93万亩次多20.07万亩次，防治3600.5万亩次。其中虫害发生面积2930.6万亩次，略多于2004年的2863.15万亩次，防治2088.1万亩次；病害发生1149万亩次，高于去年的790.66万亩次，防治829.1万亩次；草害发生面积605.4万亩次，略低于去年的634.12万亩次，化学防治363.3万亩次；农田鼠害发生面积450万亩次，较去年的288万亩次多192万亩次，防治320万亩次。发生特点是虫害重于病害，鼠害重于草害，经济作物病虫发生重于粮食作物，常规病虫发生重于暴发性病虫。大发生的病虫有苹小卷叶蛾、棉花黄枯萎病、棉花红叶枯病、蔬菜根线虫病；中等偏重发生的有麦穗蚜、一代棉铃虫、农田鼠害、棉花苗蚜、棉红叶螨、黄脊螽嘶、小菜蛾、苹果黑点病、蔬菜霜霉病和灰霉病、番茄早、晚疫病；中等发生的有小麦红蜘蛛、二、三代棉铃虫、东亚飞蝗、土蝗、苹果黄蚜、桃小食心虫、果树叶螨、蚧壳虫、地下害虫、玉米红蜘蛛、玉米螟、玉米蚜虫、金纹细蛾、菜青虫、美洲斑潜蝇、小麦白粉病、小麦条锈病和叶锈病、苹果褐斑病、果树白粉病、麦田杂草等。（谢文杰）

【农业专项资金】 2005年全市农业专项资金指标共2641.9万元，比上年1784.05万元增加875.85万元。其中：省级专项资金2077.3万元，比上年的985.4万元增加1091.9万元；市级507万元，比上年的626.2万元减少119.2万元；县级57.6万元，比上年的172.45万元减少114.85万元。

截至年底，到位2567.3万元，到位率97%。其中：省级专项资金到位2042.7万元，到位率为98.3%；市级专项资金到位467万元，到位率为92.1%；县级专项资金全部到位。

全市13个县（市、区）专项资金，10个县（区）资金全部到位，3个县（市）部分资金未到位，未到位资金全部结转下年继续使用。（薛艳丽）

林　业

【概况】 2005年，全市“小康林业”建设工作取得整体突破。完成了国家林业重点工程14.95万亩，省林业厅下达的任务53.2万亩，市委、市政府下达的通道绿化任务1692公里，园林村建设224个，校园绿化220个，厂矿企业绿化151个，机关绿化138个，工业用材林工程5万亩，义务植树基地建设18个。（林业局）

【林业重点工程稳步推进】 2005年，按照“巩固成果，确保质量，完善政策，稳步推进”的要求，加强退耕还林工程，并层层签定责任状，认真落实各项政策，抓好粮款兑现和林权证发放。同时，对全市5万亩国槐进行了早生槐米、双季槐米嫁接改造，引导农民进行养蜂采蜜，以此最大限度地增加农民收入；天然林保护工程以森林管护和公益林建设为重点，以大力增加和恢复植被为中心，充分发挥林区资源优势，积极培育林业后续产业，逐步形成了比较完善的森林管护责任体系，在全省率先创立了以大户区域治理为特点的管护治理模式。野生动物保护工程，着重抓好珍稀动物和湿地保护工作。特别是针对禽流感，及时成立领导组及办公室，迅速部署防控工作，分组包片，不留死角。全市32处野生动物监测点，24小时全天候监测。同时，皂角林基地一年完成5万亩，日元贷款植树造林工程也已圆满完成，工业用材林工程以鑫源骏达木业有限公司为龙头，采取“公司+农户+基地”的办法，同样呈现出了良好的发展态势。（林业局）

【“小康林业”建设】 2005年，全市林业系统按照市委、市政府“小康林业”建设规划，紧紧围绕“五三”林业建设新格局，以建设三大生态工程，打造三大特色经济林基地，拓展三大林产工业为重点，着重抓好了四个方面工作。①完成了以退耕还林、天保工程为主的国家林业重点工程，加快了荒山荒沟荒坡的治理步伐；②结合村村通油路，搞好省、县、乡、村道路绿化；③积极倡导身边增绿，继续实施了“四个十”绿化工程，进一步改善了人民群众生产生活环境；④加快旅游景点绿化步伐，为打造“旅游强市”提供了良好的生态环境。（林业局）

【造林质量稳步提高】 为了进一步提高各项林业生态建设工程特别是国家林业重点工程的成活率和保存率，市局从作业设计、技术规程到核查验收、政策兑现、林权发证都制定了严格的操作程序。并始终将造林质量与群众利益相挂钩，造林成效与干部责任挂钩，切实增强了农民群众管护的自觉性和干部的责任心。同时，发布封山令，全面实行舍饲圈养，有效地减少了人畜对造林成果的破坏。坚持科技兴林，广泛推广运用容器育苗、抗旱保水剂等高新技术。严把苗木关、栽植关、管护关，努力提高了造林的成活率和保存率，象盐湖舜帝陵、河津、闻喜、稷山大树栽植和道路绿化基本都做到栽一株，活一株，造一片，绿一片。（林业局）

【区域经济发展取得明显成效】 2005年，根据全市区域经济发展的特点，围绕农民增收和财政增收这个目标，建立以果品加工、果汁加工为主的果品深加工龙头企业，以人造板加工为龙头的木材深加工企业，着力打造了板枣、相枣、冬枣、梨枣、屯屯枣五大名枣品牌，大力发展柿子、花椒、核桃、香椿、板栗等经济林，使之成为继苹果之后又一增加农民收入的富民工程。以芮城、平陆为主的花椒基地，以稷山、临猗为主的红枣基地，以万荣、永济、临猗为主的柿子基地，以盐湖、永济为主的香椿基地，以黄河、汾河、涑水河流域为主的工业用材林基地初具规模，区域经济已经成为增加农民收入一个新的经济增长点，走出了一条具有运城特色的林业发展新道路。（林业局）

【科技下乡服务有声有色】 针对2004年，全市干果经济林结果率低、品质差、产量低、抗逆性差等问题，广大林业科技人员经常深入田间地头，积极开展科技下乡活动，就群众关心的干果经济林管理技术，邀请到英国营养学专家德伊考尔博士、省红枣协会会长张子善等教授专家，到运城检查指导工作。一年来，先后召开多种形式的培训会20余场（次），发放科普资料5万余份，切实提高了广大林农的管理技术水平，也进一步增强了抗击市场风险的能力。（林业局）

【林业严打整治】 2005年，全市共查处各种林业案件238起，其中行政处罚207起，刑事案件31起，补交育林基金和植被恢复费22.71万元，没收非法所得14.54万元，收缴各种木材494.1立方米，及时有效地打击和遏制了偷砍滥伐森林资源的犯罪行为。推行“五公开、三公示、一监督”的工作机制，违法违纪的人员，坚决予以清理整顿，全面提高了木材检查站依法行政的水平。（林业局）

【森林防火工作】 近年来，全市气候干燥，少雨无雪，全市森林防火形势十分严峻。2005年，全市发生火情21起，由于组织协调基层部门迅速采取扑救措施有效，将森林火灾的损失降低到最低程度。同时，加大防火宣传力度，强化全民防火意识，从而保证了连续5年未发生一起大的灾情。（林业局）

【森林病虫害防治工作】 2005年，共检疫苗木225万株，木材25245方，销毁带病疫苗木23000余株，挽回经济损失760万元。尤其是在白蚁防治工作中，聘请江苏、湖北、浙江等地专家，共同研究确定了防治办法，取得了一定的效果。（林业局）

【野生动物保护】 2005年，全市林业系统进一步深入贯彻《野生动物保护法》，精心组织，统一部署，联合公安、工商等部门在全市开展了一场以重点打击非法猎捕、繁育、贩卖野生动物的“春雷行动”，收缴各种野生动物2000余只。同时，加大野生动物保护宣传力度，积极开展“爱鸟周”及“山西野生动物摄影大赛”等活动。此外，做好申报国家级湿地自然保护区的前期准备工作。（林业局）

【保持共产党员先进性教育活动】

2005年，市林业局是参加全市第一批先进性教育活动的单位。(1)认真抓好理论学习，在理论学习阶段，党组主要领导都亲自对党员干部作了以保持共产党员先进性教育和加强党风廉政建设为主题的党课教育，同时认真做好学习笔记和撰写心得体会；(2)严格组织对党组成员及党员个人存在问题的排查，在整个排查问题工作中，始终按照市委的要求，对近年来自己在工作、生活、学习中存在的问题，通过与群众、党员及科（室、站）负责人广泛谈心，虚心听取干部职工意见，既找准了自身存在的问题，也进一步密切了党群、干群关系。同时，民主生活会开得热烈，批评与自我批评广泛、深入，开诚布公，真正触及灵魂；(3)积极进行整改，根据向各方面征求到的意见和群众提出的问题，局党组进行了认真的讨论，对能及时解决而没有解决的问题立即整改，对合理的意见一时条件还不成熟解决的向群众作了说明，消除了误解，增进了交流。同时，党组专门召开会议，对以前机关制定的规章制度在充分征求干部职工意见的基础上，进行了认真的修改，特别是党组议事规则、局务会议事规则、机关后勤管理制度、定点接待制度等进行了认真的修订，得到了干部职工的欢迎和认可。市林业局还被市委表彰为“先进基层党组织”。（林业局）

水　务

【概况】 2005年，全市共完成抗旱实灌面积1303万亩次，占计划1290万亩次的101%；发展节水面积6.2万亩，占计划6万亩的103%；治理水土流失面积45.02万亩，占计划45万亩的100.04%，生态修复90.03万亩，占计划90万亩的100.03%；解决饮水困难人口15.5万人，占计划15万人的103%；水产品总量达到18345吨，占计划18250吨的100.5%，渔业总产值达到8924万元，占计划8310万元的107.4%；完成小水发电量200万度，占计划180万度的111%。（鲁秋庚　李　杰）

【农村饮水解困和饮水安全工程】

2005年，水务部门抓住省委、省政府实施饮水解困和饮水安全工程建设的机遇，坚持以解决缺水困难村庄为重点，共完成投资5340万元，建成饮水工程421处，解决了513个自然村，15.5万人的饮水问题。在工程建设中，各县结合当地实际，应用先进的信息化技术，初步实现了自动化控制管理，针对部分地区地下水资源短缺，水质差，氟、砷含量严重超标的实际，跨区域实施了水资源优化配置工程建设。在省里组织的评比中，市水务局获“全省农林水气五一劳动奖状”、“2003—2005年农村饮水解困先进集体”等荣誉称号。

（鲁秋庚　李　杰）

【城市水务建设】 为解决城区部分地段暴雨时排水不畅的问题，2005年，市水务局组织人员对城区8万米的主排水涵洞进行了地毯式拉网排查，在齐胸深的污水中，拆除了工农街、河东街、禹都大道等城市主干道排水管涵内的28处阻水墙和各种阻水物，共完成城区主干道排水管涵清淤清障80余公里，清除清运淤泥10000多方，修补下水道井盖3000余套（处）、处理冒水300处，排除险情100处，为城区防洪减灾提供了有力保障。同时，还完成了姚暹渠城区东段改造前期规划和设计工作，工程于今年10月份顺利通过了竣工验收。改造后的姚暹渠已成为运城市区一道靓丽的风景线。市水务局被评为姚暹渠改造工程突出贡献单位。

（鲁秋庚　李　杰）

【农业节水工程】 本市人均占有水资源量为263m³，亩均168m³，均全省倒数第一，仅为全国人均、亩均占有量的12%和10.87%。自2003年，市水务局引进了新疆石河子市的膜下滴灌节水新技术，在永济市进行了试验示范，该技术有效解决了堵塞问题，与传统的大水漫灌相比，节水80%以上，且省工省时，真正实现了由“浇地”向“浇作物”的转变，为彻底结束高科技节水技术因堵塞问题长期不能健康发展的历史找到了出路。2005年，市水务局克服资金严重不足等困难，在全市共发展以膜下滴灌为主的各类节水灌溉面积6.2万亩，把本市的农业节水工作大大向前推进了一步。 （鲁秋庚 李 杰）

【水保生态建设】 水土保持工作的效益主要体现在种植苗木、绿地的成活率上。为此，在水保生态环境建设上，水务部门围绕经济、社会、生态三大效益，根据本市的实际情况，提出了“三个原则、四个结合”的水保治理方针，即：先低后高，先有水后无水，先交通方便后偏远的原则；把水土保持同改良土壤，优良品种，节水工程、植物保护结合，力求建一处，成一处，受益一处。2005年，全市共建成骨干坝、淤地坝60座，初步治理水土流失面积45.02万亩，生态修复面积90.03万亩。查处水保违法案件58起，征收规费168万元。

（鲁秋庚 李 杰）

【防汛工作】 水务部门坚持工程措施与非工程措施两手抓，两手硬，使防洪工程建设向高标准迈进。黄河、汾河、涑水河防洪堤坝建设累计完成266.5KM，其中以汾河生物固堤工程为主的生态建设，完成堤防造林115KM。栽植各种树木123万株，成活率达到了80%以上，并严格落实管护措施，效益显著。四座中型水库上马、苦池两座除险加固工程，于2005年11月份进行了竣工验收，中留水库除险加固改造计划已经下达，2006年组织实施，吕庄水库前期工作已全部完成，计划已报水利部及国家发改委，汾河入黄口项目初步设计正在通过省计委审批。同时，今年汛前，水务部门认真抓好防汛责任制落实、防汛检查、制定防洪预案、备足抢险物料、落实抢险队伍等工作，确保了中型水库、重点河道、重点城市、在建工程的防洪安全，没有出现大的险情，安全度过了汛期。 （鲁秋庚 李 杰）

【灌区管理】 水务部门在去年就制定出台了《运城市水利工程管理体制改革实施方案》，为各县（市、区）水管单位明晰产权、明确权责、提高效益，提供了科学合理的依据。今年市直8个水管单位的定岗标准已通过市编办审核，在此基础上，水务部门还大力推广夹马口管理局“泵站管理企业化，干渠对支斗渠层层买卖商品化，硬件管理信息化，引导农民产业化”的“四化”先进经验，实施技术改造，降低运行成本，提高信息化、自动化水平。继海鑫引水使尊村引黄经济翻身后，禹门口工业供水一期工程于12月25日开机上水，日供水10万吨，前景十分广阔。大中型灌区作为农业抗旱夺丰收的骨干工程，做到了物价上涨水价不涨，老天大旱农田不旱。面对今年的特大干旱，以大中型灌区为龙头的27000余处水利工程发挥了巨大作用，全年上水7.15亿方，有力地保证了粮食生产安全和农村经济的稳定发展。同时，大中型灌区依托水利工程，突出生态建设，全年种植各类花卉、草坪等绿地面积2560m²，种植各类苗木12.7万株，正朝着“一个泵站要建成一座绿洲，一条渠道要建成一道绿色风景线”的目标迈进。市水务局被评为全省水利工程管理先进集体。

（鲁秋庚 李 杰）

【水务前期和基建工作】 先后组织编制了全市水务（水利）发展“十一五”规划，确定了“十一五”规划水利重点建设项目46项，估算总投资73.94亿元。审查上报较大项目前期成果10余项，配合项目单位落实到位资金9743万元。大型基建工程，先后完成了禹门口、夹马口、尊村、大禹渡四大灌区节水改造2003年度项目的扫尾工程，2004年度四大灌区节水改造完成工程总投资3475万元。同时，加强在建项目的监督管理，使全市所有项目的招投标工作规范有序，基本实现了建设制度落实到位、规范操作到位、质量控制到位、安全防范到位、管理目标到位的“五到位”目标。 （鲁秋庚 李 杰）

【保持共产党员先进性教育】 市水务局作为第一批参加单位。为确保教育活动顺利进行并取得实效，坚持做到宣传发动到位、思想认识到位、制度措施到位“三到位”，使实践活动始终贯穿一条主线，与水务现代化“12457”相结合，与开展“六个一”竞赛活动相结合，与优质服务相结合，立足于“广、高、准”，认真分析评议，落实整改措施，扎扎实实整改，取得了显著成效。在先进性教育活动中，市水务局组织的知识考试活动得到了市委组织部王安庞部长的充分肯定。局党委被市委授予“先进基层党组织”和“十佳党委”、市直先进性教育知识竞赛一等奖、纪念中国人民抗日战争暨世界反法西斯战争歌咏市直唯一特等奖和省委宣传部“太行吕梁颂”大型演唱会二等奖、党报党刊征订工作先进单位等荣誉称号，局党委办公室被市直工委评为先进集体。同时，市水务局还顺利通过了省级文明单位和市级文明单位验收。

（鲁秋庚 李 杰）

【黄河小北干流国债转贷资金得到彻底解决】 1998年，由原行署水利水保局担保承贷的黄河小北干流4000万元国债转贷资金，因还本付息给本市水务（水利）发展带来严重影响。截止2003年，已扣除水利支农专项资金884.5万元偿还利息，2005年8月又要扣缴911.8万元本息，并停拨了所有水利工程建设资金，致使全市水务工作完全处于停滞状态。自2001年以来，市水务局就先后多次向国家、省、市有关部门及主要领导反映过这一问题，先后见过温家宝总理、张宝顺书记、于幼军代省长、范堆相常务副省长等领导同志，并取得了各位领导的批示，但问题一直久拖未决。今年以来，市水务局冯进喜局长又带领财经科、防办负责人，多次上北京、跑太原，通过人大、政府、新闻媒介等途径，向有关部门、领导反映情况。11月2日，省财政厅厅长郑建国批示："今年应归还的本息可由省财政垫付，暂不扣运城市(去年已扣的不再退还)，如明年中央财政解决不了，可列入水利基金、基建等有关支出中解决。"为了解决今年已扣除的911万元国债本息，在省水利厅的大力支持下，12月1日省财政厅下达了黄河小北干流国债转贷资金预算指标611万元，其余300万元由运城市从支农贷款资金中支付。至此，长期困扰本市水务（水利）发展的4000万元国债转贷资金偿还本息问题终于得到了彻底解决。

（鲁秋庚　李　杰）

【精神文明建设】　在精神文明建设上，市水务局党委、团委、工会、妇委会等组织利用"五一"、"五四"、"七一"、"十一"、"九九重阳节"、"春节"等重大节日，组织开展各种活动，丰富干部职工的业余文化生活，先后开展了一系列精神文明创建活动，使全局"两个文明"建设呈现出协调发展的良好局面。2005年9月，在全国机关党建研讨会运城现场会上，市水务局党委以"加强党建促发展，推动水务现代化"为题，作了典型发言。市水务局被市委、市纪委监委、市妇联联合授予"争当党风廉政建设模范廉内助活动先进单位"。

（鲁秋庚　李　杰）

【水资源管理】　水资源管理工作以摸清底子，强化管理，合理配置资源为出发点，突出抓了二次水资源评价、水资源费征收、水行政执法三项重点。水资源二次评价工作历时3年，于7月22日通过了省专家组审查验收，为全市"十一五"水利规划和"十一五"发展规划提供了翔实可靠的科学依据。取水许可管理共办理各类深井审批313家。水政监察举行了一次声势浩大的"世界水日"和"中国水周"宣传活动，制作版面56块，散发宣传材料和宣传画3万余份。水资源费征收，规范程序，交流经验，交叉检查，以表计量，按表收费，依法办事，全年征收水资源费首次突破3000万元大关，占全省的四分之一，受到省办通报表彰，并被推荐为2005年度全国水资源管理先进单位。（鲁秋庚　李　杰）

【农田水利基本建设】　农建工作面对农村税费改革之后出现的难组织、难发动、投入下滑的新情况、新问题，不断创新机制，通过"一事一议"、民主决策，初步解决了筹资难的问题，围绕夺杯竞赛，强化责任抓精品，以高质量、高效益示范项目带动群众搞农建，使全市农建工作高潮迭起、深入开展。在10月25日召开的全省农田水利基本建设工作会议上，本市连续第四个年度囊括了"禹王杯"竞赛评比的所有奖项，荣获了"禹王杯"先进县、红旗县、民营农建大户和先进农建办四项大奖，获以奖代补资金22.5万元。（鲁秋庚　李　杰）

【水务科研】　实现了独立完成科研课题的历史性突破。"离心筛网一体式微灌过滤器研制与应用"项目的研究通过了由省科委组织的专家技术鉴定，达到了国内领先水平；膜下滴灌施肥罐研究，解决了目前国内同类产品在施肥过程中，浓度无法控制以及施肥肥量不直观的不足和问题，彻底消除了农民群众在应用过程中的疑惑和顾虑。

（鲁秋庚　李　杰）

【水产养殖】　因地制宜，发展特色，在群众养虾面积和产量上有了进一步增长，年产对虾12万公斤，占全省同类产量的80%以上。针对小浪底水库建成后，渔业生产秩序混乱的现状，广泛开展了有关法律、法规的宣传活动，渔政执法成效显著。垣曲县娃娃鱼保护站建设初具规模，已收养大小娃娃鱼105条，繁育试验的准备工作已经就绪。（鲁秋庚　李　杰）

【小浪底水库移民工作】　完成了275米高程608户2232人的房建和搬迁安置任务，圆满结束了本市移民搬迁安置工作。加快了后期生产开发扶持步伐，完成投资376万元，顺利实施了垣曲县750亩高效农田改造工程，寨里、小赵、下马等7村的筑坝保地、打坝造地工程，完成了种植业、养殖业等10余个生产开发项目，为移民经济发展和尽快脱贫致富创造了条件，基本实现了"搬得出、稳得住、富得起"的移民安置目标。（鲁秋庚　李　杰）

【城市节水】　全面贯彻各项节水法律、法规，努力创建节水型城市，对新建、改建、扩建的建设项目使用节水器具10万件（套），改造不合理卫生洁具1万余件（套），计划用水管理率由去年的88%提高到88.6%，工业用水重复利用率由去年的76%提高到76.8%，年节水280万立方米，全年征收污水处理费59.58万元，超计划加价费92.2万元。（鲁秋庚　李　杰）

果　业

【概况】　2005年，全市水果面积315万亩，其中苹果面积220万亩。果品总产量27.5亿公斤，其中苹果产量18.1亿公斤。全市果品销售形势喜人，其中苹果出口量5万吨。以苹果为主的果品贮藏总量达80.35万吨。其中气调库贮量0.35万吨，恒温库贮藏量35万吨，土窑洞贮藏45万吨；全市果汁加工量达到16万吨，可消化果品110万吨。全市果品销售收入达到40亿元，全市农民人均果业收入980元。

产销情况：①面积稳中有升，全市水果面积一直处于稳中有升的动态发展过程。2005年全市水果面积达315万亩，比2004年净增15万亩。②销售形势良好，减产不减收。全市水果减产15~30%，但由于套袋等新技术推广到位，商品率提高，且市场看好，果价涨幅达到50%，从而实现了果农减产不减收。③贮藏能力扩大，贮藏设施改善。全市果品贮藏能力逐年扩大，其中机械制冷恒温贮藏发展势头强劲，土窑洞贮藏量逐年减少，恒温气调库发展呈上升趋势。④加工企业增多，果品加工业发展态势良好。随着海升、汇源两大果汁加工企业落户运城，全市以果汁、果脯加工为主的大型加工企业达到了14家，年加工果汁量达16万吨，年加工果脯量达18.68万吨，极大地提高了果业效益。

全市桑园面积达到3.2万亩，

其中垣曲3万亩。全市今年养蚕11700张，其中春蚕5600张，秋蚕6100张。全年总产茧51.23万公斤，蚕茧收购价16元/公斤左右。蚕茧总收入820万元。其中垣曲养蚕10000张，产茧45万公斤，蚕茧收入800万元。全市蚕茧白厂丝实际加工量90吨。

全市中药材栽培总面积为32.8万亩，其中新种面积13.4万亩，总留床面积13.2万亩，采挖面积6.2万亩。野生面积5.6万亩。全市已建成药材示范园4万亩。2005年中药材总产量为3.1万吨，总产值达2.8亿元。主栽品种以柴胡、远志、生地、黄芪等10多个品种为主。

芮城、新绛、绛县、临猗、万荣先后成立了中药材协会，结合当地情况，制定技术规程，提供技术服务。如芮城药材协会有本科以上高级管理人员6人，他们与药农、科研院所以及各大医药加工企业联营，建成人工药源基地万余亩，GAP科研基地1000亩。还重点发展种植了菊花、丹参、生地三个品种，其中菊花2000亩，并与浙江一家中药材出口企业合作生产加工菊花，产品全部出口，出口合作商表示，要在芮城县建设全国最大的菊花出口基地，现在已建成一座日加工鲜花30吨的标准化中药材加工厂。 （杨建斌）

【以技术培训提高果农素质】 2005年，以推行无公害标准化生产为主线，在全市范围分类型、全方位、多形式、多渠道、多层次地开展了规模宏大的技术培训工作，全年受训果农、蚕农、药农达75万余人次。市、县两级果业部门先后邀请国内外果树专家、学者、教授50余人次来传经讲学，开展技术培训，极大地提高了全市果树、蚕桑、中药材管理骨干的技术水平。4月份，市果业局又先后两次组织全市果业技术骨干100余人次赴陕西洛川等地参观学习果树高光效树型改造技术。之后又组织各县、市苹果生产区果农参观平陆、万荣等县的优质无公害示范园区，学习其先进管理经验，收到了很好的效果。9月份，市果业局又组织各县、市蚕桑业务骨干到垣曲召开了蚕桑生产现场会，通过学习垣曲在桑园的栽植、蚕茧生产及加工方面的先进经验，促进了全市蚕桑业的发展。2005年，结合开展百人千场10万人次的技术大培训活动，组建了果业科技服务团，深入全市各重点乡村，蹲点包片，手把手指导果农的一线生产，极大地提高了果农生产的科技水平。同时继续免费给果农发放《果业科技与信息》，全年累计达12余万份，既指导了生产，又服务了销售。 （杨建斌）

【以果实套袋提高果品质量】 2005年，根据农业部、省厅及果业总站的部署安排，平陆县、盐湖区承担了农业部苹果套袋补贴项目。围绕创建优质苹果出口基地这一目标，结合该项目的实施，利用平陆、盐湖这两个套袋项目区的示范、引导、带动作用，在全市范围内开展了大规模的苹果套袋普及工作，进一步改善市苹果的综合品质，最大限度地降低农药残留量及污染程度，生产出符合国际标准的绿色果品，为运城果品走出国门、走向世界打好基础。2005年，全市果品套袋总数达110亿个，其中优质纸袋达45亿个。 （杨建斌）

【以无公害基地建设提升规模优势】 无公害基地园区建设始终是市果业工作的重点。根据市果业区域化种植、规模化经营、特色化发展的总体思路，本着“发挥优势、统筹规划、合理布局、突出特点、相对集中”的原则，市建成了10个各具特色的优质无公害生产基地。（1）以平陆、芮城为主的中条山40万亩苹果无公害生产基地；（2）以临猗、万荣、盐湖为主的峨嵋岭60万亩苹果无公害生产基地；（3）以盐湖区为主的5万亩酥梨无公害生产基地；（4）以稷山、夏县为主的5万亩葡萄无公害生产基地；（5）以永济、夏县为主的2万亩杏、李无公害生产基地；（6）以平陆、盐湖、万荣为主的8万亩桃无公害生产基地；（7）以绛县为主的1万亩山楂无公害生产基地；（8）以夏县、万荣、新绛为主的1万亩设施水果栽培基地；（9）以垣曲为主的2万亩蚕桑生产基地；（10）以万荣、新绛、闻喜、芮城为主的10万亩中药材生产基地。基地建设引导规模优势，规模优势促进产业优势。通过10大基地的示范引导，果业、蚕桑、中药材在全市相应区域内已成为了当地农业增效、农民增收的主导产业。 （杨建斌）

【以果业宣传提升运城果品知名度】 继去年参加了泰国国际水果展览会后，2005年市局又根据国家农业部和商务部的安排，于2005年10月8—12日组织全市“运红”牌系列果品赴德国参加2005科隆国际食品博览会。在展会期间先后与德、法、意、美、泰、土耳其、挪威等10余个国家40多家企业或贸易公司进行了积极的交流洽谈，并表示出共同开发市场的意向。尤其是石榴产业引起外商浓厚的兴趣，这将成为全市小水果进入欧洲市场的一个亮点。

同时，积极参加国内的各类水果展销会，并通过多种媒体，多种形式，全方位、多层次地宣传打造“运红”品牌，使国内外客商全面了解运城果业，极大地提升了运城果品市场知名度。 （杨建斌）

【以环境优化促进果品营销】 2005年，在全市卓有成效地开展了优化果品销售环境的绿色大行动。①优化环境，构筑了绿色通道。结合国家和省政府的有关精神，在优质服务、质量监督、营销秩序、规范经纪人队伍、禁止乱收费和乱查扣等方面，做出了明确规定，并向社会做了公开承诺。②由果业、公安、法院、交通、工商、农业等部门的人员，组成果品销售综合办公室，办公室昼夜值班，为果农、果商办理有关手续，设立了举报电话，随时为果商排忧解难，做到了接报就查，随时服务。2005年累计接受投诉38起，全部得到了有效处理。③整顿经纪人队伍，规范交易市场。工商部门与果业部门合作，对全市的果业经纪人组织培训，持证上岗，并对经纪人的行为和收费标准进行了规范，保证了果品市场的正常秩序。相关部门还及时查办了多起坑骗果农、果商案件，严厉打击了有损于运城果业销售环境的不法

行为，大大优化了市果品销售的大环境。（杨建斌）

【以招商引资推进果业产业化进程】 截止2005年，已有湖滨、恒兴、海升、中鲁、巨浪、汇源等六家企业先后落户临猗、万荣、盐湖、芮城、平陆等县（市、区），兴建了8家果汁加工公司，总投资达5.8亿元，年生产能力可达20万吨果汁，年可消化果品140万吨，与绛县维之王、垣曲山里红、稷山胃乐等企业形成了市果品加工业的主力军。延长了果业产业链条，增加了果业附加值，推进了市果业产业化的进程。全市加工用残次果价格由往年的0.4元/公斤左右骤涨到0.6～0.7元/公斤，且供不应求。仅残次果一项为农民增收近3亿元。市蚕茧加工龙头企业——垣曲泉鑫茧丝绸有限公司采用“公司＋协会＋农户”的模式，实施订单农业，提供全方位技术服务，包收全部产品，使桑农平均亩收入达到1500～2000元，成为大旱之年农业方面的一枝独秀。为了进一步扩大生产营销规模，改变“藏在深山人未识”的处境，已协商该公司入住运城，提升企业知名度，在全市推行产业化模式，图谋更大的发展。（杨建斌）

畜 牧 业

【概述】 2005年底，全市牛、羊、猪、鸡存栏分别达到32.2万头、71万只、72万头和1530万只，同比分别增长0.63%、4.41%、3.69%和6.84%；出栏分别达到7万头、41万只、87万头和1250万只，同比分别增长3.09%、8.87%、9.19%和15.06%；肉、蛋、奶总产量将分别达到9.9万吨、8.5万吨和2.9万吨，同比增长10.0%、8.98%和22.88%。畜牧业总收入可达到13亿元，农民人均牧业收入360元，同比增长9.09%。

（董素芳）

【扎实开展保持共产党员先进性教育活动】 市局作为第一批参加保持共产党员先进性教育活动的单位，于2005年2月至6月下旬，开展了以实践“三个代表”重要思想作为主要内容的保持共产党员先进性教育活动。按照市委保持共产党员先进性教育活动领导小组的安排，圆满完成了“深入思想发动、扎实开展学习培训、广泛征求意见、认真撰写党性分析材料，扎实整改、切实落实各项整改措施”三个阶段的任务。通过学习教育，使全体党员明确了共产党员先进性标准和具体要求，加深了对“三个代表”重要思想的时代背景、科学内涵、精神实质、历史地位的认识和理解，党员的宗旨意识有了明显增强。大家进一步统一思想，端正态度，自觉加强理论学习，在工作中努力提高服务水平，党员的理论修养和综合素质有了显著的提高。基本实现了“提高党员素质、加强基层组织、服务人民群众、提高各项工作”的基本要求。（董素芳）

【积极防控禽流感】 去年以来，全国部分地区相继发生了高致病性禽流感疫情，个别地方还呈局部暴发，且有人员感染。为了打好禽流感阻击战，确保全市畜牧业持续、健康发展和人民群众生命安全，运城市委、市政府对全市高致病性禽流感防控工作高度重视。先后召开三次电视电话会议和两次领导成员单位会议，对禽流感防控工作进行安排部署，并成立了防控禽流感指挥部，充实健全了应急预案和各种机制。认真普查，加强监测。在11月6日电视电话会议后，开始对全市所有养禽企业和养禽户、加工厂进行拉网式普查，并强调把普查的重点放在养殖专业村、大型养殖场周围3公里范围内和黄河滩涂湿地及湖泊，对水禽、鸟类和散养禽类重点普查，发现问题，就地处理，并立即上报。以防为主，强制免疫。下半年以来，全市家禽的免疫情况较好。在普查的基础上进行了强化免疫，消除了免疫空白点和免疫死角，确保了免疫密度达到100%。同时还加强了禽流感疫苗的采购、发放和市场监管工作，防止假劣疫苗影响防疫效果。在全面普查的基础上，对全市的禽场、禽舍及禽场周围普遍进行了一次彻底消毒，并制定措施，同时指导规模养殖户建全防疫制度，严格按免疫程序免疫，并做好登记，做好防野鸟接触的防范措施。加强检疫，确保安全。市防控禽流感指挥部办公室下发两个公告。（1）关闭所有活禽交易市场；（2）对出售的禽类及禽类产品，严格检疫，检疫合格后方可出售；（3）严格调运，强化外堵，在高致病性禽流感流行期间，禁止从疫区调入禽类及其产品，对出入的交通要道，动物防疫监督检查站设岗值班，对市内5个省界边检站坚持24小时值班，强化对出入境禽类的检疫和运输工具的消毒工作，杜绝疫情传播；（4）对所有的病死禽类，进行无害化处理，坚决不允许随意丢弃；（5）坚决打击和取缔收购和加工病死禽类的黑窝点，并公布了举报电话；（6）要求散养禽类圈养，鸟类笼养；（7）严密监测候鸟活动，发现意外死亡，立即上报动物防疫部门。同时：还在防止人感染禽流感上做了大量宣传，特别是防疫人员和养殖人员的预防工作，防止在工作中受到感染。（董素芳）

【科学规划，加大结构调整力度】 按照资源优势、特色优势和市场需求，狠抓了畜牧生产布局、畜禽种类和生产结构的调整。年初根据实际制定了畜牧业结构调整方案，着力宣传了结构调整中涌现的典型，大力扶持适合结构调整的项目，促使畜牧结构由适应性调整向战略性调整过度。生猪和禽蛋生产实现了稳定增长，牛、羊和兔等草食畜发展势头迅猛，畜牧业生产布局、结构进一步优化。（1）重点建设的“两带八区”已初步形成；（2）入围省“1311”调产规划项目的粟海集团、北方鹅业和东方神鹿三大畜牧龙头企业，进一步得到壮大，规模养殖蓬勃发展；（3）畜禽良种得到普及，全市良种覆盖率平均达到83%以上；（4）奶业生产突飞猛进，奶牛由年初存栏的7971头增加到目前的8800头，增长了10.4%；（5）肉牛养殖初具规模化、区域化、专业化，并初步形成山区繁育，平川育肥的生产模式，目前全市百头牛场已达48个；（6）养羊业成为山区农民的重要增收产业，舍饲养羊初具规模。（董素芳）

【以科技兴牧战略，提高畜牧业科技水平】 2005年，把依靠科学技术改造传统畜牧业，作为提高畜牧业整体质量和效益的重要措施，大力开展了以“丰收计划”为主的畜牧业高产、优质、高效技术推广和普及，加大了畜牧科研、高新技术推广应用和农民培训的力度。(1)引进和推广小尾寒羊、波尔山羊、无角道赛特、萨福克肉羊，皮特兰、大白、长白、杜洛克瘦肉型种猪，黑白花高产奶牛，皮尔蒙特、夏洛来、西门达尔肉牛等优良畜禽品种10余个800余头（只），冻精20万粒。推广肉牛杂交改良6万头，肉羊杂交改良18万只，瘦肉型猪杂交改良10万头，使本市优种畜禽覆盖率达到80%以上。(2)新引进优质牧草苜蓿W1323、美国金皇后、墨西哥玉米、鲁梅克斯等新品种8个，人工种草新增面积6.5万亩，改良牧坡5万亩。(3)推广了种草养畜配套技术、舍饲牛羊技术、草产品加工技术、秸秆青贮、氨化技术、畜禽疫病程序化免疫技术和畜产品生产安全配套技术等。(4)承担的省科技厅“三黄鸡北繁南养产业化技术推广”农村技术承包项目，承担了省科技厅“晋南牛高档牛肉生产技术研究与开发”攻关研究课题，进一步提高了畜牧业科技含量。（董素芳）

【依法治牧工作】 2005年，市局根据有关畜牧兽医法律法规的要求，坚持“预防为主、综合防治”的防疫方针，全面认真落实和执行各项动物防疫措施，加强基础设施建设，有效防止了畜禽疫病的发生和流行，降低了畜禽发病率和死亡率。全市共使用兽用生物制品2亿头（只）份，使大牲畜、猪、鸡死亡率由原来的2%、5%、8%分别下降到1.8%、4%和6.5%，直接挽回经济损失2200余万元。在检疫方面，全市共检疫牛10万头，羊16.5万只，猪25万头，禽类1万只，其它畜禽1万头（只），病害畜禽产品1.8吨，消毒运载工具0.9万辆（次）。同时对全市兽药、饲料生产企业及市场进行调查摸底和检查，共查出假冒伪劣兽药2000余袋（盒），饲料2吨，全部予以封存或销毁。通过严格依法治牧，有力地引导了从事畜牧业的单位和个人自觉遵守国家法律、法规，有效地保证了畜产品的安全，保障了人民群众的身体健康。（董素芳）

农业机械

【概况】 2005年，全市农机系统以促进农业增产、农民增收为指针，以保持共产党员先进性教育为动力，各项工作均取得了显著成绩。全市农机总动力达到472万千瓦，农用拖拉机保有量达到7万台，其中大型拖拉机7000余台，农用运输车达到25.9万台，拖拉机配套农机具数量129000台（件），农机经营总收入达到5.8亿元。全市完成农业机械检验17598台，驾驶员审验13387人，新训考驾驶员3006名，新上户挂牌机车4955台。农机化管理服务网络体系健全，到年底，全市农机专业户达到10万多个。农机服务市场化、社会化程度明显提高。全市各级农机部门组织开展了“三夏”、“三秋”农业机械跨区作业活动，完成机耕面积774.2万亩，机播面积813.7万亩，机收面积380.4万亩。重点推广了玉米机械化收获、小麦和玉米精量半精量播种、机械化肥深施等农业节本增效技术，到年底，全市玉米联合收获机达到84台，机械化深施化肥面积达到657.5亩，化肥深施机械达292台，机械精少量播种面积达411.7亩，精少量播种机械新增342台，机械秸秆直接还田技术推广面积达到302.7万亩，秸秆还田机械达到4396台。由于各项成绩突出，市农机局先后被省、市评为先进单位、运城城市环境综合整治工作先进集体等称号，局长麻石娃被授予运城市“优秀人民公仆”称号。（农机局）

【农业机械化实现新突破】 在主要农作物方面，本市作为小麦主产区，已基本实现了小麦全过程机械化。通过加大玉米联合收获机的推广力度，全市玉米收获机械化技术得到了发展。其中河津、临猗、盐湖、平陆、芮城、永济、绛县等市、县尤其发展深入。通过多种形式宣传，使全市玉米联合收获机的保有量达到110多台（今年新增84台，其引进玉米收获机8台，小麦联合收割机改造玉米收获机75台，芮城县自行研制1台），实施面积达到4.07万亩。同时在小麦联合收割机改制玉米收获机的问题上，通过几年的生产考核试验，损失率、脱净率、破碎率得到降低，生产效率得到很大提高。

2005年，通过狠抓机具落实、宣传培训，示范规划建设等基础性工作，使机械化保护性耕作在全市得到大面积实施。全市建立了30多个示范区，示范推广面积已达12.2万亩。有11个县（市、区）被列为省级示范县，永济市被列为国家示范县。全市今年新增保护性耕作关键机具351台，投资额达594万元，其中集中采购的机具109台，投资33.6万台，占全省下达项目补助资金的30%以上。截至年底，全市项目区大中型拖拉机达到397台，与之配套机具1152台；小型拖拉机达到264台，与之配套机具323台。

（农机局）

【农机科研推广和项目建设】 围绕农业产业结构调整，本市在农机科研推广和项目建设上加大了新技术、新机具的推广力度，使农机项目建设健康发展。在设施农业机械化配套工程中，为解决温室蔬菜生产过程中，农药化肥残留超标和温室内高温、高雾所造成的作物生产环境不良等问题，自行研制开发了YD—600型烟气净化二氧化碳气肥器、3BC—600型温室病害臭氧防治器、DFC—600型温室电除雾防病促生仪和黄光诱虫类，均比市场同类产品价格低2/3以上，有的处于全省乃至全国先进水平，有的还弥补了市场空白。同时研制开发的双跨悬臂式、牵引式两种卷帘机和自制加温炉等设施，先后在300个示范棚得到试验推广，全市新增设施农业机具1200多台。在优质小杂粮生产机械化方面，实施面积40万亩，新增机具150台（件）；牧草机械化实施面积6万亩，新增机具300台（件）；薯类机械化新引进10台；秸秆综合利用技术实施面积300万亩，新增机具151台（件）。在科研方面，市农机研究所、推广站完成了谷子脱粒机、拔柴机的试制鉴定工作，牧草压扁收割机、谷子收割机的设计、安装、试验及小麦收割机改玉米收割机的试制、试验工作，其中谷子脱粒机、棉柴收获机都处于国内领先水平，填补了国内空白。（农机局）

【农机管理工作】 2005年，围绕农机安全工作，集中对全市的拖拉机、农用四轮车、农用三轮车、联合收割机、手扶拖拉机以及驾驶员进行了清档和摸底，逐一登记造册，做到情况明、底数清。截止11月中旬，共有新持牌报户5370台，新办证2896人，检验机车23282台。结合“春耕”、“三夏”、“三秋”生产，在全市范围同相继开展了“规范执法无三乱，创优环境保畅通”达标活动及拖拉机、农用车的集中专项整治工作，重点检查了农机事故隐患、黑车非驾、农用运输车违章载人等问题。全市安全检查30余天，纠正违章车辆3000余台，打击了“黑车非驾”、违章载人等严重违章行为，同时按照市局要求，组织实施了农机培训校社会化办学的申报工作。到年底，13个县（市、区）农机培训校已全部经省局监理部门验收。在“三夏”机收工作中，市、县两级农机部门都成立了三夏农机工作领导小组和跨区作业指挥中心，组建了小麦机收跨区作业队，设立了跨区作业接待服务站，派专人值班，实行机车维修，零配件和油料供应及后勤等一条龙服务。完成机耕面积774.2万亩，占耕作面积94.3%，超计划2%；机播面积813.7万亩，占播种面积87%，超计划50%。机收大会战中共出动1750多台联合收割机，1600台割晒机，12600多台拖拉机，完成全市380.4万亩机收面积，占小麦播种面积的82%，其它作物机收面积6.67万亩，占收获总面积的23%。同时，组织1100多台联合收割机动员到外地进行机收，取得经济效益7000多万元。为了全面贯彻落实中央一号文件提出的“两减免，三补贴”支农惠农政策，采取了因地制宜、分类指导的原则，充分把有限的国家资金扶植到农业关键环节的机具补贴上去，共对100余台大型主机、120余台配套机具进行了购置补贴，补贴资金达到134.52万元，受益农户208户。（农机局）

【农机质量监督和农机维修管理】 农机维修市场管理和职业技能鉴定工作方面，按照上级部门要求，先后三次召开会议作了安排部署，下发文件提出明确要求，重点加强了农机行业管理及修配点年审工作。对全市的农机维修网点进行了专项检查，共检审验农机维修企业650个，新发证20个，修理农机具10万余台（件），并在万荣试点规范管理农副产品加工户160户。重点抓了联合收割机和大中型拖拉机驾驶操作人员的职业技能鉴定工作，合格发证126个。

农机产品的质量监督方面，组织开展了“3.15”活动。与省农机局合作，在河东广场启动了“全省农机打假维权‘3.15’活动仪式”，对假冒伪劣产品和不法经销点进行集中整治，共计查处假冒伪劣农机产品200多台件，价值60余万元。6月中旬，国家农机试验鉴定总站刘宪副站长一行四人来运调研，对取得的这一成就予以充分肯定。狠抓农机产品质量投诉工作，受理投诉14起。参加了时风配件供销商座谈会，进行《农机化促进法》大培训，受教育人员达百余人，为时风集团和销售企业搭起了销售服务桥梁。组织实施了富田欧豹拖拉机质量跟踪调查。共调查用户30个，涉及到7个县（市、区）12个乡镇、17个村。并对58台机具质量进行调查取证，提供咨询服务200多人次。提出建议140余多，发现共性问题8个，个性问题10个，促使福田重工责任有限公司从7月20日起对全市近400台欧豹拖拉机进行售后培训、检修、更换配件等服务。两局配合，农机市场专项整治工作成效明显。为了贯彻落实好晋农机科字［2005］12号文件精神，进一步规范农机市场销售行为，对全市农机市场进行了两个多月的专项整治。各县（市、区）农机、工商两部门密切配合，形成合力，对各自辖区内的生产、销售企业进行了拉网式大检查。截止8月底，全市共查处无照经营户26家，补办营业执照19份。同时，在清查过程中，还摸清了全市农机企业的基本情况，对全市218家农机企业建立了档案。其中生产企业13家，销售企业205家。为规范市场行为，打击假冒伪劣产品提供了第一手资料。参加了运城市第五届农业新技术新产品展示展销会。共邀请参会代表50多家，参展机具共600多台件，现场销售额突破250多万元，再创历史新高。会后，被授予大会一等奖。（农机局）

（责任编辑：景惠西　赵新慧）

工业商贸

经贸工作

【概述】　“十五”期间，全市工业经济快速发展。2005年，全市工业企业完成工业总产值617亿元，工业增加值247亿元。其中，规模以上工业企业完成现价工业总产值497.2亿元，年均增长22.7%；完成工业增加值185.2亿元，年均增长19.7%，高于GDP年均增幅4.6个百分点；实现销售收入477.3亿元，年均增长24.4%；实现利税65.2亿元，年均增长26.4%；实现利润33.4亿元，年均增长31.9%。第二产业对经济增长的贡献率上升到68.8%，比“九五”期末高3.4个百分点，其中工业对全市经济增长的贡献率最大，达57.2%，已经成为全市经济发展和社会稳定的重要支撑。　（任永强　冯锁栋）

【企业装备水平进一步提高】　“十五”期间，全市工作顺应经济全球化、一体化要求，重视与国际经济接轨，引导和支持企业不断改进技术和装备。如华圣铝业20万吨电解铝，华泽铝电28万吨电解铝均为300KA预焙电解槽；海鑫集团80万吨棒材、70万吨高线等装备达到国际领先水平；关铝碳素6万吨预焙阳极生产装置引进法国ECL公司焙烧多功能机械手和法国SETABM公司燃烧系统；南风集团引进意大利自动灌浆机等等，企业的装备水平不断提升，竞争力明显增强。

（任永强　冯锁栋）

【企业技术水平进一步提升】　“十五”时期，广大企业将先进的信息技术与生产实践相融合，努力推进企业信息化进程。丰喜集团的“30—52”项目采用国际先进的DCS计算机集散控制系统，海鑫集团采用高炉富氧喷煤、转炉溅渣护炉、高炉压差发电、铁水预处理、切分轧制等先进工艺，亚宝集团针剂生产线GMP改造采用先进的自动化控制技术，芮城福斯特公司引进捷克和美国的PPE生产技术，稷山丰海纳米氧化锌、芮城华新纳米碳酸钙均达到了国内同行业先进技术水平。　（任永强　冯锁栋）

【企业规模进一步壮大】　经过“十五”期间工业结构的调整和重大工业调产项目的实施，全市工业企业规模不断发展壮大，规模以上企业由2000年的421户上升到2005年的478户，其中大型企业10户，中型企业84户，小型企业384户。从工业总产值来看，上50亿元企业2户（海鑫、中铝山西分公司），上10亿元企业5户，上5亿元企业8户，上亿元企业52户。从主导产品来看，氧化铝占全国的20%，全省的100%；电解铝占全国的4%，全省的61%；金属镁占全国的34%，全省的52.8%，世界的29.4%；合成洗涤剂占全国的5.4%，全省的89%；合成氨占全省的25.3%。同时，钢铁、农副产品加工、纺织服装和新型材料等行业也取得了长足发展，在省内具有一定的影响。

（任永强　冯锁栋）

【支柱产业初步形成】　经过“十五”时期工业结构调整和发展，全市已经形成冶金、焦炭、化工、机电四大支柱产业。2005年，工业四大支柱产业所占比例为：冶金50.27%，炼焦11.84%，化工9.8%，机械8.89%，已占到全市工业总量的80%以上，全市工业已由单个企业优势向产业链、产业群优势拓展。　（任永强　冯锁栋）

【优势企业不断壮大】　“十五”时期，中铝山西分公司、海鑫、南风、关铝、中信机电进入全省工业30强，海鑫、中铝山西分公司、南风、关铝、丰喜、阳光、振兴、中条有色、北车集团跨入全国大型企业行列，海鑫集团位列全国500强第279位，通达、振兴、阳光等企业跨入全国民企500强行列。特别是比较优势突出，核心竞争力强的18大旗舰企业，完成销售收入占到全市工业的59.2%，实现利税占到74.8%，对全市工业的辐射带动作用日益增强。（任永强　冯锁栋）

【园区经济得到发展】　南风工业园、盐湖工业科技园、风陵渡亚宝工业园、新绛煤化园等二十个产业关联度强、资源共享、优势互补的工业园区初具规模。规划面积3.46万亩，实际建设面积万余亩，园区建设投资3.4亿元。已入驻企业116家，总投资48.8亿元，企业总资产78.6亿元。2005年实现销售收入100亿元，利税12亿元，为全市经济发展注入了新的活力。

（任永强　冯锁栋）

【产品品牌正在做强】　近年来，全市企业共研制开发出国家和省级新产品117个，培育发展了一批名牌产品。南风集团的“奇强”牌洗衣粉、“奇强”牌液体洗涤剂被评为中国名牌产品，海鑫集团的“海鑫”牌低碳钢盘条等6家企业的6种产品被评为山西省标志性名牌产品，阳光集团的“典民”牌冶金焦炭等20家企业20种产品被评为山西省名牌产品，产品的市场份额日益扩大，企业的竞争实力不断增强。

（任永强　冯锁栋）

【国有企业改革全面推进】　积极适应市场经济需求，加快建立现代企业制度步伐，通过股份制、拍卖、破产、兼并、重组等形式，全面推进国有企业改革步伐，取得了明显成效。全市90%以上的国有企业已经不同程度地完成了产权制度改革，企业焕发出了新的生机和活力。特别是南风、关铝、亚宝等企业的成功上市，为全市工业企业转机建制、快速发展取得了宝贵经验。　（任永强　冯锁栋）

【民营企业迅速发展】 2005年，出台了《关于进一步发展民营经济的若干补充规定》，开放民营经济进入领域，放宽非公有资本市场准入，使全市民营经济得到了快速发展。截至年末，全市民营企业发展到85373家，其中，达到规模以上企业的有357家，占到全市规模以上工业企业的74.6%。2005年，全市民营企业完成工业增加值188.1亿元，实现销售收入665.3亿元，完成出口交货值38.9亿元，上缴税金24.1亿元，为农民提供人均纯收入1050元，分别是2000年的298%、279%、540%、402%和219%，撑起全市工业经济的“半壁江山”，为经济社会发展做出了重要贡献。（任永强 冯锁栋）

【外资和合资企业逐步增多】 通过“引进来，走出去”，大力发展外向型经济，在加大招商引资力度的同时，引进国内外先进的人才、技术、装备。同时引导和鼓励企业到境外投资发展。全市自营进出口企业已发展到110家，对外贸易拓展到64个国家和地区，出口产品达300余种，“三资”企业达47家。全市外贸进出口总额6.53亿美元，是2000年的9.6倍，总量和增速均居全省前列。（任永强 冯锁栋）

【技术创新能力不断增强】 突出企业在技术创新中的主体地位，注重经济与科技间的融合，将科技成果转化、产业化应用和市场开拓，作为提高企业自主创新能力的重要内容。通过大力推进产学研间的合作交流，破解技术难题，共建技术中心，有效提升了工业企业的自主研发能力和核心竞争能力。2000年以来，连续举办了五届大型产学研合作与交流洽谈活动，与100余所院校500余名专家进行了广泛的合作交流。累计签署合作协议589项，其中23个项目取得知识产权，160个项目实现产业化，产学研合作项目实现销售收入11亿元，利税3.6亿元。南风集团、永济电机厂被认定为国家级企业技术中心，关铝、银光镁等11户企业建立了省级企业技术中心，数量居全省之首。同时，培育发展了夏县宇达、闻喜煤机、盐湖翔宇等13户省级科技型企业。（任永强 冯锁栋）

【循环经济起步发展】 以节能降耗、清洁生产、环境治理、资源节约和综合利用为主题，全面推进全市循环经济健康发展。（1）大力清理整顿全市焦化行业。依法关停炭化室高度在2.8米以下的小焦炉，共有61家企业约1000万吨焦炭生产能力被淘汰。（2）继续关停淘汰五小企业。通过有目的限电停电，关停高耗能、高排放、高污染、低效益的“五小”企业。同时，积极推广清洁生产，提倡资源节约与综合利用，有效地节约了资源，净化了环境，全市300余家工业企业实现了污染物全面达标排放，市区二级以上优良环境质量的天数由2002年的84天增加到2005年的211天。（3）召开全市循环经济现场推进会，制定全市发展循环经济的目标、思路和重要措施。据不完全统计，全市各种资源综合利用项目年创产值18.5亿元，实现利润5.6亿元，在促进经济快速发展的同时，有力地促进了全市生态环境的改善。（任永强 冯锁栋）

【工业经济存在的矛盾和问题】 结构性矛盾依然突出。钢铁、电解铝、焦炭、金属镁等产业占比较大，全市工业结构偏重，且均属国家宏观调控的重点。加之多数产品是基础性的上游产品，链条短、加工程度粗放、技术含量和附加值低、资源依赖性强，明显感到发展后劲不足。

多数企业规模偏小。全市工业布局分散，规模偏小，生产集中度低，专业化协作能力不强。如上规模的钢铁企业仅海鑫一家，60万吨以上的焦炭企业占不到焦炭企业的十分之一，90余家金属镁企业中，上万吨的仅仅只有四、五家等，基本没有规模效益。

增长方式粗放。整体来看，全市工业仍然以高投入、高消耗、低产出的外延粗放增长为主导，内涵式的集约型增长方式仍未形成。特别是金属镁、焦炭等主导产业依然沿用落后的生产工艺和技术，工业企业技术工艺水平低，且自主创新能力薄弱，缺乏自主的知识产权，多数企业的产品停留在引进和仿制阶段。

人才极度匮乏。缺乏掌握现代经营管理知识的优秀企业家，缺乏具有特长的专业技术人才，缺乏娴熟操作机器设备的熟练工人。且因本市地处内陆，经济欠发达，城市化水平不高，一些社会服务的软硬件设施跟不上，难以吸引或留住人才。特别是一些民营企业的经营者，文化程度低，又没有经过必要的学习，严重地影响着企业的经营和进一步发展。

（任永强 冯锁栋）

电力工作

【概述】 2005年，在省公司和市委市政府的正确领导下，运城供电分公司紧紧围绕建设“一强三优”现代公司目标，按照“三抓一创”工作思路，全力实施“0311”工程，主要经营指标超额完成任务，“0311”第二阶段奋斗目标全面实现。至2005年底，拥有35千伏及以上变电站146座，总容量5784.1兆伏安，其中500千伏变电站1座，容量750兆伏安，220千伏变电站8座，容量2190兆伏安，110千伏变电站43座，容量1835.6兆伏安，35千伏变电站94座，容量1008.5兆伏安。35千伏及以上输电线路251条，总长度3236.86公里，其中500千伏线路1条，长度114.94公里，220千伏线路16条，长度520.31公里，110千伏线路81条，长度1277.08公里，35千伏线路153条，长度1324.53V。（陈秋萍）

【安全生产和电网运行】 严格执行“写实报告”制度，重点抓一把手和分管领导职责到位。组织全员进行新《电力生产安全规章》培训。强化现场安全管理，完善《现场作业指导书》和《事故应急预案》，实行“一工一卡”规范化作业。投资1155万元用于11项重点反事故措施落实，改造了3座110千伏老旧变电站和4项城网工程。狠抓季节性安全生产工作，深入开展反事故斗争，在全市供电负荷居高不下的严峻形势下，全员、全方位、全过程加强设备和人员管理，圆满完成了迎峰度夏任务。10月20日，省公司安全生产座谈会在运城召开，交流推广运城供电分公司“一谈二建三投入，倾心尽力四服务”的安全生产长效机制建设经验。农网安全管理经验在大同现场会上进行交流。多经、交通、消防、治安等安全保持了良性态势，荣获省公司“安全生产优胜单位”称号。（陈秋萍）

【电网建设】 制定了“十一五”电网发展规划。开展运城500千伏“双线双变”及平陆、永济、金鑫3座220千伏变电站建设的可行性研究。220千伏盐湖输变电工程，龙门站3号主变增容，110千伏姚村、110千伏城北、35千伏柏林等输变电工程相继竣工投运。圆满完成农网二期改造工程，顺利通过省政府组织的验收。县级城网改造按计划顺利实施。运城城区7条10千伏配电线路改造完工。500千伏输变电工程被评为“国家优质工程”。生产调度大楼建设进入施工阶段。

（陈秋萍）

【营销服务】 全年新增客户1.3万户，报装容量233万千伏安，同比增长114万千伏安。推广农村供电所用电抄核收分离工作，13个支公司全部分离到位。缩短周期，增加频数，实行责任追究，在十分困难的情况下电费回收全部结零。开展“三清理一规范”和煤矿供电整顿。加快用电营销自动化系统建设，大用户、盐湖、平陆3个单位开始试运。积极兑现“十项承诺”，及时处理各类故障报修，积极参加《监督热线》。开展“供电优质服务、营造和谐社会”宣传活动，深化用电需求侧管理，圆满完成了春浇春灌任务。严格执行“十个不准”，开展明察暗访，规范服务行为。公司在全市行风评议中，再次夺得社会服务行业第一名的好成绩。

（陈秋萍）

【精神文明建设】 运城供电分公司党委直属各支部和13个县、市支公司党支部共978名党员参加了先进性教育活动，两级党组织的战斗力普遍增强，党员队伍的素质明显提高，整个活动受到省委、市委和省公司党组的肯定。以先进性教育活动为契机，大力建设“四好”领导班子，先后对中层干部进行了综合素质和预防职务犯罪等培训。积极开展争先创优竞争，公司再次被授予省“五一劳动奖状”，4个先进集体和14名先进个人分别受到省、市表彰，狄跃生同志荣获“全国劳动模范”称号。公司被省公司授予“综合先进单位”、“先进性教育优秀组织单位”，公司党委荣获华北电网有限公司和运城市委“先进党组织”称号。（陈秋萍）

城镇集体工业

【主要经济指标超计划完成】 工业总产值2005年预计完成22亿元，是2000年的2倍，五年平均增长速度在15%以上，比原规划“十五”末的20亿元超出10%，占全省城镇集体工业总产值的13%，居全省十一个地市前茅。

工业增加值2005年预计完成8亿元，是2000年的2倍，五年平均增速在17%以上。

实现利税2005年预计完成3.5亿元，是2000年1.6倍，平均每年增长速度在15%以上，实现了“十五”规划目标。

实现利润2005年预计完成2.3亿元，是2005年1.25亿元的1.8倍。平均增速在15%以上，实现了“十五”规划目标。

（城镇集体工业联合社）

【以自身建设确保联社机构稳定】 在继2003年市联社和少部分县市联社机构改革与定位完成后，市联社就把“建立上下一致，理顺关系，全面巩固市县两级联社合法权益，加强联社法人定位，推进联社自身建设”作为一项重要工作来抓。2005年以来，通过市联社的正确指导与各县（市、区）委、政府支持及各县（市、区）联社的努力，运城13个县市基本按照市联社的做法，全部保留了联社机构，相当一部分县（市、区）还通过做好当地党委政府工作，核定了编制，给了一定数额的财政供养指标，这为全市城镇集体工业的发展提供了有力的组织保证。其中，河津联社在已定的政府直接领导的正科级建制、财政全额事业单位的基础上，2004年联社根据《条例》，多次向市委、市政府领导汇报，终于在10月份政府批准河津联社为行政执法单位，并恢复原来的行政职能，联社挂上了行政执法单位的牌子，并给联社干部颁发了行政执法证书，使联社的地位、权力进一步得到巩固和统一。平陆联社主任葛君贤同志带领班子成员，先后60余次向县委、县政府请求、报告，最终于2004年8月份解决了机关工作人员和退休人员多年存在的财政供养问题，同时征得主管县长同意，继续在系统内向企业收取联社资产占用费，为联社正常业务的开展提供了资金保证。

（城镇集体工业联合社）

【以企业改革发展新型集体经济】 结构调整是企业发展永恒的主题，也是联社系统经济工作的中心任务。几年来，以李思科主任为核心的市联社领导班子紧紧围绕市委、市政府提出的“11251”调产方案，狠抓技改投人，加大产品结构调整力度，取得了明显成效。尤其是在15户优势企业中，运城制版集团在刘克礼董事长和王丹平书记等一班人的带领下，通过股份制改造，实施“一扩、一升、两跨越”战略（即扩大生产规模、推进产品升级换代、实施跨国跨行业经营），使企业成为一个拥有54个分布在国内外的分公司，资产总额达到20亿元，生产规模及生产能力均居世界同行业之首的大型企业集团。其产品覆盖国内除西藏外所有省市，国内市场占有率达70%以上。临猗华盛公司经过改制，建立现代企业制度后，企业经营效益明显提高。利用现行新的机制优势，2004年6月，该公司又抓住机遇，同全国最大的粉末冶金企业一宁波东睦新材料股份有限公司实行强强联合，通过内引外联，改进技术装备，开拓产品市场，综合指标排名居全国同行业前十位。闻喜煤机公司收购“九五”医院与“八一”厂和租赁长治、榆次两个破产企业的设备与厂房。扩张企业规模，自行研发生产设备20余种；利用国债资金6400

万元进行洁净煤装备制造技术改造项目；尤其是该公司高效涡轮离心选煤机获国家发明专利和实用性专利，填补了全国选煤工业生产中煤泥脱硫精尖技术空白，2005年完成工业总产值近两亿元。山西宇达工艺集团青铜产品制作和大型城市雕塑技术水平位居全国榜首。

8月份，市联社积极协调银行、法院、社保等部门，彻底解决了恒运公司历史包袱沉重，职工生活无保障，企业举步维艰的问题，处理了银行不良贷款，保障了企业利益、职工利益和联社利益，为恒运公司的健康发展铺平了道路。

（城镇集体工业联合社）

【以责任目标考核规范机关管理】 2005年，市联社机关为了更好地组织指导联社成员单位深化改革，调整结构、推进技术进步。探索城镇集体经济的有效实现形式，并对各级联社的集体资产实施有效监督管理。在机关内部，根据年初工作安排和本年度工作要点，从联社主任到各科长及一般科员，制定了一套完整的“年度岗位目标责任制百分考核办法”，做到人人头上有任务、有考核，从而规范了机关工作人员的工作态度，增强了责任心和使命感，提高了工作效率，为推动联社各项工作顺利进行起到了积极有效的作用。

（城镇集体工业联合社）

【物质文明与精神文明建设同步并举】 市联社党委带领全体党员干部认真学习“十六大”及十六届三中、四中、五中全会精神，忠实实践“三个代表”，加强党的组织建设、思想建设和作风建设，开创了联社党建工作新局面。按照《党章》要求与市直工委安排，市联社党委及时召开了联社系统第二次党员代表大会，选举产生了新一届党委班子与纪委班子。加强了党组织的力量，为进一步搞好联社领导干部党风廉政建设，强化党员干部的宗旨意识，提高拒腐防变能力，保持联社领导集体廉洁勤政，高效务实工作，奠定了坚实的基础。去年11月份成立了系统工会，为开创联社经济建设新局面和联社物质文明建设铺平了道路。今年5月份，单位获市工会颁发的“五一”劳动奖状。 （城镇集体工业联合社）

【存在的困难和问题】 全系统存在的主要问题和困难是：（1）全系统职工24267人，年均工资4289元，远低于城镇职工年平均工资6000元的水平。（2）8700名下岗职工就业无门，部分离退休人员退休费2583万元欠发。（3）61户企业无力参加并交纳社保费，共有10057人未进入社保系统。建议市委、市政府，制定符合全市实际的操作性较强的集体企业下岗职工和离退休人员基本生活保障和资金支持政策规定，参照国家和省市有关文件精神，把集体企业下岗职工的再就业工程纳入同级财政和专项基金预算，拨补必要扶贫解困资金；在危困企业职工安置工作中，允许在集体资产变现和出让部分土地使用权收入所得安置下岗和退休职工，免收土地使用权出让金。

（城镇集体工业联合社）

【制定“十一五”规划】 指导思想以邓小平理论和“三个代表”重要思想为指导，全面落实科学发展观，紧紧围绕建设新型加工制造业基地的总体要求和基本思路，坚持深化改革与扩大开放相结合，转变经济增长方式与结构调整相结合，以明晰产权为重点，进行资源整合，培养自主品牌，发展多种形式的循环集体经济。以招商引资为手段，发展壮大系统优势企业规模，立足科学发展，着力自主创新，优化产业结构，促进产品升级换代，实现全市城镇集体工业新的跨越。

（城镇集体工业联合社）

粮油购销

【粮食购销工作】 2005年是粮食市场放开后的第二年，购销形势比较严峻。为了掌握主动，加强调控，平衡市场，狠抓资源。早在年初，市局就组织召开了全市粮食工作会议，全面安排部署了2005年的粮食购销工作。为了搞好今年的夏粮收购工作，全市粮食部门早部署、早安排，提前进入夏收战备状态，在做到腾仓并库，购置器材、校验磅称，积极培训夏粮收购人员的同时，还要求各单位要转变观念，改变收购方式，改善服务态度，彻底摒弃过去坐、等、靠的官商作风，积极主动上门收购，提高自身在市场上的竞争力。面对收购主体多元化的激烈竞争，与粮食市场化后价格变化波动。夏收期间，要求各县（市、区）根据各地不同情况，积极搜集各种粮食信息，制定相应对策，确保粮食购销企业在收购中处于主导地位，发挥自身主渠道作用，有力地维护了粮农的利益和市场秩序，打击了少数不法商贩乘机压称、压价，损害农民利益的行为，为搞好收购工作打下了基础。同时，针对运城粮源相对不足的现实，要求各县市派出得力人员，到河南、山东、河北等地，加强外采，以确保运城市场总量平衡。由于措施得力，工作到位，2005年全市小麦收购任务完成比较好，到12月底，已收购小麦2.79亿公斤。 （市粮食局）

【宏观调控和市场监管】 2005年，针对粮食市场全面放开后出现的新情况，新问题，市局进一步搞好宏观调控，加强市场监管，以确保全市粮食安全。从年初开始，就要求市、县两级粮食行政管理部门，狠抓机关职能转变工作，由过去主管粮食购销，企业经营等方面转变到管理全社会的粮食工作，尤其是要做好新形势下市场监管和全社会粮食统计工作，为上级领导机关科学决策，提供可靠依据。今年，全市共办理粮食收购许可证177家。还于8月份组建了运城市粮食市场管理执法大队。同时，大多数县市已向政府写出专题报告，积极筹建建立市场监管机构，按照《粮食流通管理条例》，全面做好粮食市场管理工作，构建新形势下粮食宏观调控与市场监管工作的新框架。

（市粮食局）

【粮食仓储管理】 仓储工作是粮食工作的基础，仓储工作的好坏直接关系着粮食企业的兴衰和社会稳定，面对粮食工作新形势，新问题，市局始终把管住管好库存粮油作为粮食工作的基本点和出发点，有针对性地开展工作。首先是领导重视，把仓储工作放在重要议事日程。出台了《运城市粮食局关于进一步加强仓储工作的实施意见》。各县（市、区）都成立了一把手为组长的储粮安全领导组，并签定了储粮安全责任书，对领导机构和保管队伍建设，做出了明确规定和要求，把管理制度、工作措施和实施目标，同关心保管人员生活，强化奖惩机制等仓储工作的各个环节都进行了明确的量化和要求，坚持“一符四无”，继续完善“四定四保”的单仓核算责任制，有力地推动了全市安全储粮工作的开展。其次是科学储粮，加快知识更新，确保储粮安全。在全市仓储条件差，储粮费用紧张的情况下，摸索出了用塑料布密闭储粮是一种能够缓解粮食陈化、降低费用开支、减少粮食污染的绿色环保项目。经过科学实践论证，认为具有大力推广的空间，于是组织全市在芮城召开了推广现场会，促进了这一工作的开展，实现了全市科学保粮的目标，保证了全市6.25亿公斤存粮的仓储安全。（市粮食局）

【粮食流通体制改革】 2005年是粮食流通体制改革的第二年，也是关键的一年。全市在2004年工作的基础上，本年度的粮改工作取得了突破性进展，截至2005年12月底全市已分流职工1968名，占全市在册职工5814名的32%。同时，全市已有部分县市进行了产权制度改革，共撤并购销企业68家，占全市粮食企业总量的33.8%，使全市粮改工作走在了全省前列。首先是领导重视，层层落实责任。3月21日省政府粮改会议后，市政府高度重视粮改工作，组织相关部门认真研究，并及时督促召开各县（市、区）粮食局长会议，汇报改革进展情况，拟定下一步改革进程。市局班子也召开会议，传达省会议精神，认真研究落实相关措施，重点突破，整体推进粮改工作。同时，市政府及时明确了各县（市）政府在粮改工作中的相关责任，使大家心中有数，提早安排粮改工作。针对改革中存在的情况和问题，市局于9月初组织各县（市、区）粮食局长赴与本市粮食工作条件相近的中西部参观学习，取长补短，借鉴外地经验，增强了改革的信心。回来后又召开专题座谈会，各县（市、区）谈感想，交流想法，统一思想，明确思路。其次是突出重点，积极稳妥推进改革。在改革中，本着因地制宜，一企一策的原则，积极灵活搞改革。新绛、闻喜两县在进行财务挂帐审计的同时，积极推进企业改革，果断进行人员分流，一礼拜时间800多名职工全部分流，进展比较平稳。芮城县在人员分流结束后，及时进行了产权制度改革，撤并原有的17个粮食购销企业，成立一个国有独资公司，组建10个有限责任公司。第三是分门别类，统筹规划，合理确定改革模式。根据全市实际，经过认真调查研究，对全市13个县（市、区）分三个类型，区别对待，采取不同措施。以芮城、临猗为代表的产粮大县，由于粮源丰富，实力雄厚，有一定物质基础，可先行一步搞；对新绛、闻喜、万荣等中型县（市、区）存粮不多，人员不少，可根据本县特有条件，在取得当地政府支持后，择机进行；最后是对一些偏远山区的小县，夏县、垣曲、绛县、平陆等人员思想观念较滞后，基础差，底子薄，信息闭塞，要求他们充分做好改革准备工作，针对山区实际，坚持因地制宜，分块分批搞，各个击破，不搞“一刀切”，以免发生震荡，取得了较好效果。（市粮食局）

石油销售

【概况】 2005年1月至10月份完成成品油销售23.74万吨，占年计划75.48%，比去年同期增长10.83。其中零售完成17.82万吨，占年计划72.73%，比去年同期增长1.2%；直销配送完成5.2万吨，首次突破性地完成了省公司下达的任务；润滑油销售完成5900吨，比去年同期增长210.53；吨均费用91.51元/吨，比去年同期降低37.82%，创历史最好水平。完成利润1787.32万。

（运城石油分公司）

【落实科学发展现，开拓经营新局面】 2005年，全年任务下达之后，运城石油分公司及时召开专题会议，把全年任务层层分解，与各县（市）片区签订了目标责任书，把经营压力层层传递，教育和引导干部员工，确立科学发展观，用发展的眼光看待全年的经营任务，激励干部员工振奋精神，迎难而上，接受任务不讲条件，完成任务不打折扣，用实实在在的工作，确保市场供应。具体措施上，全市系统进行了新一轮加油站经理竞聘上岗和小站承包，建立和完善了县（市）片区的考核机制，出台了具体的促销办法，把竞赛的好形式嫁接到日常管理工作中。市公司设立了排行榜，《运城石油》开辟了竞赛台，每周一次经理办公例会，每月一次经营分析会，月月排队，不断总结经验，寻找差距，制定措施，提高经营质量。还召开了一次市公司领导和片区经理对话会，上下沟通，各抒己见，共同研究解决经营中遇到的突出问题。市公司领导分头深入一线，搞调查研究，增强市场预测的主动性、前瞻性、准确性，把握市场动态和销售环节，不断给干部员工鼓劲加油，坚定完成各项任务的决心和信心。

（运城石油分公司）

【开展保持共产党员先进性教育】 2005年，按照市委的统一安排部署，认真开展保持共产党员先进性教育活动。在活动中，分公司认真落实胡锦涛总书记“关键是要取得实效”的要求，坚持边学边改，边记边改，边整边改的工作思路，每个党员都系统地学习了有关文献和《保持共产党员先进性教育读本》，记有学习笔记，写有学习心得，人人有党性分析和整改措施，先后举办了学习笔记展评、学习体会展评、整改措施交流，组织党员和入党积极分子赴河东革命圣地——堆云洞，追忆革命先烈丰功伟绩，重温入党誓词，参加了市直单位保先教育领导干部笔记、学习心得展评。党员领导干部召开了民主生活会，结合自身工作中存在的问题，开展批评和自我批评，增强每个党员干部自我改进、自我提高、自我完善的自觉性。针对员工反映强烈的热点、焦点和难点问题，通过意见箱、填写征求意见卡、问卷调查、召开座谈会等形式，归纳整理，分类排队，认真加以解决。通过开展保持共产党员先进性教育，党员受教育，员工得实惠，机关每个党员下基层站点帮助解决一个实际问题，对特困户进行一次慰问，每个党员资助一个困难户，党员还为平陆山区贫困生捐款6000余元，并为贫困生购买了书包、文具，亲自送到他们手中，使员工亲身体验到开展保持共产党员先进性取得的实际效果，从而调动了广大干部员工的工作积极性，激发了党员在营销实践中的先锋模范作用，为做好各项工作，提供了智力支持和政治保障。（运城石油分公司）

【开展揭短管理，提升管理水平】 2005年，分公司把开展揭短管理，打造广开言路的信息平台，作为强化管理的重要措施。为了使揭短管理形成制度化、经常化、规范化，分公司在全市系统设立了意见箱、揭短管理热线电话，各单位确定一名信息员，把干部员工的意见和建议及时收集整理，每月统一汇总，市公司编写成《运城石油情况反映》，如实照登，公开亮短亮丑，让干部员工监督整改，对好的建议和意见实行奖励制度，引导和调动干部员工提意见和建议的积极性。并且把“发现不了问题就是‘不称职’，发现问题不解决就是‘失职’，发现问题不敢处理就是‘渎职’”，作为检验各级领导干部工作的标准，把“查找问题是责任，发现问题是水平，处理问题是关键，解决问题是政绩”作为领导干部工作的准则。开展揭短管理以来，分公司以员工满意为标准，见到实效为目的，先后解决了员工反映经营管理方面和生活的十余个老大难问题，员工关心的焦点、热点、难点问题，通过上下沟通，形成共识，件件有着落，事事有回音。不仅密切了干群关系、上下级关系，而且极大地增强了干部员工的主人翁责任感，有效地促进了企业管理，对提升管理水平起到重要的推动作用。（运城石油分公司）

【加快企业改革，推行市县一体化管理】 2005年，分公司重点完成了汽车队、物业公司的改制和市县一体化改革，为了做到改革改制经营两不误，按照集团公司的相关政策和省公司的要求，做深入细致地思想政治工作，用改革引导，算帐对比开导，换位思考，稳步操作，积极推进，使员工在高度自愿的前提下，积极主动地投身改革、参与改革。经过努力，汽车队和物业公司平稳过渡，完成了股权结构和法人治理结构，成立了董事会、监事会，按照公司章程，稳步运作，达到了初期目的。市县一体化管理是营销体制改革的重大措施，分公司按照省公司的统一部署，广泛宣传，积极引导，宣传集团化运作的现代企业理念，引导干部员工放宽眼界向前看，从思想上与时俱进，充分理解市县一体化改革是外势所趋，内部所迫，是社会进步、世界经济全球化和现代企业管理的客观要求，引导干部员工树立整体意识、全局意识。尤其是对县级公司领导，分公司采取重点引导，认真学习省公司的文件精神，领会精神实质，制定落实措施，帮助转变观念，深刻认识市县一体化管理是发展的必然趋势，从而丢掉任何幻想，轻装上阵，当好市县一体化管理的实践者。由于宣传到位，干部员工的认识到位，具体措施到位，使市县一体化改革稳步、健康、有序地推进，在潜移默化中得到了贯彻落实。全市系统十二个县（市）分公司，从改变名称开始。领导班子按ME确定指数，管理人员重新定岗、定编、定薪，竞聘上岗，明确片区工作职能，其余职能全部上移，实行一体化管理，机关科室按照扁平化、专业化的管理要求，撤销了原有的12个科室，新组建了“六部三室”，机构、人员、职能定型全部到位，取得了较好的效果。（运城石油分公司）

【强化安全意识，构筑安全大堤】 2005年，分公司紧紧抓住安全这个根弦不放松，举一反三查隐患、定措施、抓整改。年初与16个基层单位签订了安全生产目标责任书，与1355人签订了安全承诺书。结合机构改革，补充修订安全生产岗位责任制50余条，持续开展以抓“三基”，反“三违”为重点的全员安全教育，不断开展岗位练兵，消防演练。全市系统举行各种演练50余次，参加受教育人数达1400余人次；以安全管理为重点，不断查找安全管理上的问题和不足，克服低标准、老毛病、坏习惯，以人为本，强化管理。今年以来，还对210座加油站点，两座在用油库进行安全检查和督查，查出各种问题和隐患340余条，立即整改的250余条，下发整改通知书34份，跟踪督导整改，整改率达到95%以上；还通过各种方式，对全市系统1300余名干部员工进行了安全知识培训，全员进行了安全考试。在全市系统举办了安全知竞赛和“我要安全演讲比赛”，以各种活动为载体，强化全员安全意识。在“六月安全月”活动中，分公司积极营造氛围，大造声势，加油站点、油库、车队都悬挂大幅横标300余条，用黑板报、《运城石油》小报宣传安全知识，认真开展“六个一”活动。半坡油库还举行了夜间消防实践演练，各片区加油站都进行了消防演习，不断增强全员的安全意识，责任意识、忧患意识，扎扎实实搞好安全工作。

（运城石油分公司）

【IC卡营销业务】 （1）层层动员，任务分解，开展全员销售。市公司出台了全员推广IC卡销售办法，每人头上有指标，月月进行考核；（2）大造声势，营造宣传推广氛围。内部宣传和电视、广播、报纸互动，运城广播电台、电视台、运城晚报，先后以专题和新闻进行深层次的报道宣传。还将IC卡业务知识编排成小品，借助电视媒体，让公众在寓教于乐中了解IC卡、使用推广IC卡；（3）借助各种渠道，加大推广的力度。积极开展“油中感谢”积分增值服务活动，为顾客提供尽善尽美的优质服务。通过各方面的努力，IC卡推广业务逐步开始拓展，到十月底已销售22352张。

（运城石油分公司）

【润滑油销售】 2005年，润滑油销售是营销的重头戏，特别是运城，滑油市场竞争十分激烈，存在着进货渠道乱，销售价格乱，掺假弄假秩序乱，加上这几年对润滑油市场开发力度不够，市场流失比较严重。运城石油分公司先后层层动员，任务层层分解，整合优势，落实责任，把滑油公司、直销、片区、加油站各方面的营销资源进行整合，信息共享，资源共用，联手互动，提高市场核心竞争力，增强占领市场的凝聚力。2005年，出台了润滑油销售奖励办法和全员促销办法，领导带头跑市场，带头销滑油，自加压力，并与工资直接挂钩，月月兑现。以片区和加油站点为主阵地，细化市场，抓大户，攻难点，销轻油带滑油，互惠互利连动，充分发挥品牌优势，打好品牌战略，提高长城品牌知名度，积极引导公众消费理念，用品牌打造强势，用强势拓展市场，最大限度地把丢失的市场份额夺回来，使滑油销售稳步提升。

（运城石油分公司）

【提升规范经营管理】 企业《内控制度手册》是企业经营管理的行为准则。2005年，分公司把学习贯彻执行《内控制度手册》作为规范经营管理，提升管理水平的一项重要任务来完成。先后组织副科级以上干部进行学习动员，按照内控制度手册的各个控制点，印发给每个科室、部门、单位，落实到每个岗位。(1)强化学习领会力度，把学习内控制度，领会精神实质，作为规范管理的基础工作来抓。采取个人自学，集体辅导的方式，人人学习掌握内控手册的内容，了解执行内控手册的重要性和必要性，把学习内控制度手册变成每个人的自觉性；(2)认真对照内控制度手册，分析反思以往工作中有哪些与制度相抵触的问题，如何整改落实，增强学习执行内控制度的自觉性和主动性；(3)按照内控制度手册的要求，结合机关改革后的定岗定编，理顺职能，分清责任，落实内控点，逐条逐点落实到人；四是强化力度，制定相应的落实措施。制度关键在落实，分公司坚持执规必严，违规必纠，不断巩固完善。对于执行内控制度手册中发现的问题，及时解决和处理。使内控制度手册的落实沿着程序走，照着规定办，一级带着一级干，不断提高贯彻执行内控制度手册的严肃性、准确性、实效性。

（运城石油分公司）

【强化加油站规范化管理】 2005年，运城石油分公司不断加强督导督查，确保加油站规范化管理保持良好的势头。上半年重点抓了改制加油站和农村网点的规范化管理。(1)领导亲自抓。市公司班子成员分片包县，各县（市）片区领导直接包站，强管理、强服务，积极推进和提高农村网点的规范化管理水平；(2)以片区为单位进行自查，站与站之间进行互查，相互学习，共同提高。各片区按照市公司的要求，周检查，月评比，使加油站规范化管理水平在探讨中不断提高；(3)典型引导，提升水平。认真总结了绛县片区改制加油站和农村网点，与加油站一样的管理，一样的要求，一样的标准，从细从严从实管理的经验。在稷山召开了加油站促销工作交流会，推动了加油站规范管理水平的提升；(4)加强督导督查，增加督导频率，加大督导力度。对所属加油站点进行三次督导督查和改制加油站、农村网点规范化管理专项检查，共发现各种问题70余（次）条，现场整改40余条，下发整改通知书30余条，处罚各种违规行为50余（次）起，罚款1340余元。对三个片区借涨价抬高销量违规行为进行了通报批评和处罚，进一步严肃了经营纪律，确保规范管理工作的持续开展。

（运城石油分公司）

【直销配送】 2005年，运城石油分公司重新调整了直销队伍，制定直销配送奖惩办法，对全市的直销配送市场进行认真细化，落实责任，攻难关，抓大户，实行差别化营销。一户一策，40公里内免费送货等措施，先后开发了北方铜业股份公司、河津铝厂等二十余个直销大户。同时，还采取走出去请进来，让顾客了解石化，让石化产品走进万家。稷山片区加大直销力度，月销量达到500吨以上。2005年全系统直销配送超额完成任务，首次实现了历史性突破。

（运城石油分公司）

【确保运城机场飞机用油】 2005年，运城石油分公司投资1700余万元兴建了与运城机场相配套的供油设施。由于民航供油行业性强，进入航油供应在全国尚属首例，办理准入手续比较艰难。为了确保运城机场开航，运城石油分公司与中航油太原分公司达成油品供应和咨询服务协议，用汽车从太原往回拉油，一切费用、损耗全部由分公司承担，而且价格倒挂。为了扭转这种被动局面，分公司积极与华北民航局联系协调，完成了对航油供应设施的验收和试运营。在准入证办理前，为机场供油提供人力、物力、财力全方位的服务，承担了飞机加油技术、后勤保障、油品损耗和中航油太原公司咨询服务人员的全部费用近百万元，为运城民航事业的发展尽心竭力。

（运城石油分公司）

烟草专卖

【概况】 2005年，全市行业经济效益创历史新高。完成卷烟销量158092箱，比去年同比增长5.48%；实现利润1.7036亿元，比省局下达任务的11500万元，增长了48%；完成税收9042万元，利税总额达2.6078亿元。

（市烟草专卖局）

【“两个维护”大学习、大讨论】 2005年市烟草局（公司）党组下发了“关于在全市行业开展‘牢固树立国家利益至上的共同价值观，努力做到切实维护国家利益和消费者利益，没有烟草行业自身的特殊利益’大讨论活动的通知”，成立了专门的领导机构，对大讨论活动进行了认真部署。为了将大讨论不断引向深入，全市行业自下而上层层开展演讲活动。4月29日，各县局（营销部）选拔3名同志，参加市局（公司）组织的“两个维护”演讲比赛。市局（公司）选派平陆县的刘英霞同志参加了省局和国家局的演讲比赛，荣获省局一等奖、国家局二等奖。为了便于互相交流，市局（公司）还将全市行业干部职工的学习体会收集、整理，汇编成《“两个维护”大讨论文汇》，下发到各县局（营销部）和市直机关各科室、中心，让大家互相学习，引深效果。并将“两个维护”的学习讨论与行业的工作实际有机结合起来，以学习促实践，又在实践中深化认识，使“两个维护”的共同价值观深入人心，成为行业改革发展的指针和动力，成为行业一切工作的出发点和落脚点。

（市烟草专卖局）

【保持共产党员先进性教育活动】 2005年，根据市委安排，市局制定了全机关保持共产党员先进性教育活动实施方案，成立了组织机构，于2月5日召开了动员大会。并以学习马克思主义政治理论为先导，组织开展了“六个一”竞赛活动，即笔记展评一次、主要领导辅导一次、谈体会一次、举办讲座一次、献爱心一次、树立典型一名。在献爱心活动中，全体党员向平陆县常乐镇南留史村贫困户捐款3550元。经过学习动员、自我剖析、整顿提高三个阶段，全局（公司）保先教育顺利结束，经市委验收通过。保先教育对提高市局（公司）广大党员的党性党纪党风水平，促进先锋模范作用的发挥，产生了重要的推动作用。（市烟草专卖局）

【内部管理监督工作和党风廉政建设】 2005年，全系统在内部监管和党风廉政建设方面，（1）成立了全市行业加强内部监管和党风廉政建设工作领导组，明确了各级、各部门一把手为内部监管和党风廉政建设第一责任人，建立了全市行业副科级以上干部的“廉政档案”。（2）年初，相继召开了全市行业纪检监察工作会议与加强内部监管工作会议，对党风廉政建设和内部监管工作进行了认真安排。并先后制定了《专卖管理监督实施办法》、《烟叶管理监督实施办法》、《财务管理监督实施办法》等一系列有关内部监管的办法和章程，下发了《关于加强廉洁自律的通知》、《狠刹大操大办不良风气》、《坚决制止奢侈浪费》等一系列关于加强党风廉政建设的文件，使内部监管和党风廉政建设伸展到行业工作的方方面面，做到那里有烟草工作，那里就必须受到监督，就必须廉洁从政、廉洁经营。并要求各级、各部门尽量做到财政公开、企务公开、帐务公开，增强工作透明度。（市烟草专卖局）

【烟草专卖法律法规宣传】 2005年，市烟草专卖局先后四次组织全市行业统一活动，采取张贴标语、悬挂条幅、印发宣传材料、宣传车走街串巷、新闻媒体呐喊助威，大力宣传烟草专卖法律法规，并将省局的《第1号通告》和《致卷烟零售户一封公开信》发放到每一位经营户；8月8日，在盐湖区张孝村口召开声势浩大的焚烧假冒卷烟现场会，当场焚烧假冒烟机4台、烟丝14.2吨、嘴棒3万支、原辅材料2.5吨、假冒伪劣卷烟4198.94件，总标值达500余万元。在社会上产生了强烈影响，对制假、贩假、售假分子予以有力的打击和震慑。

（市烟草专卖局）

【打击烟草领域违法犯罪活动】 为了充分发挥有关部门在打击烟草领域违法犯罪活动的职能作用，把行业行为上升为政府行为和社会行为，市局努力争取市委、市政府支持，积极协调同相关部门联合行动，在本年度的上半年与下半年分别开展了两次大规模的“百日大会战”。特别是在下半年的“百日大会战”中，以市政府文件印发了《关于开展全面整顿卷烟市场经济秩序，严厉打击制售假冒卷烟违法犯罪活动百日大会战实施方案》，下发到各县（市、区）人民政府、各开发区管委会，以市政府名义召开了烟草公安联合打击制售假冒卷烟百日大会战动员大会。会战期间共出动车辆2572车次，出动人员13190人次，查处案件1272起，查扣卷烟5824余件，取缔非法经营户153户，刑拘犯罪嫌疑人10人，取得了明显的阶段性成果。

2005年共查处各类违法案件1511起，其中5万元以上大要案18起；共打掉7个制假烟厂（窝点）；查扣违法卷烟12086件，其中假冒伪劣卷烟7352件，总案值1000余万元；刑事拘留违法犯罪分子16人，逮捕5人，判刑4人。

（市烟草专卖局）

【创新农村烟草专卖新模式】 2005年是取消县级法人、确定市公司的营销主体地位的第一年，原来的网络模式与新的行业体制、新的市场形势越来越不适应，与国家烟草专卖局在大连会议上提出的网建目标差距越来越大。在这种严峻形势下，市烟草专卖局没有照搬上海、大连等发达城市的做法，而是立足于运城农业大市的实际，锐意创新，大胆开拓，走出了自己的网建之路。根据省局李泽华局长的指示精神，结合运城实际，确定了“阵地前移，服务下伸，网线到边，专销到底，重点突破，整体推进”的网建新思路。根据这个新思路，在农村创建了烟草管理服务大厅，设立了诚信示范店，并以邮政储蓄为依托，大幅度提高电子结算率，以此形成农网建设的“三大骨架”。然后以“三大骨架”为平台，采取科学、务实、高效的运作方式形成新的农网运行模式。在这方面，先是以稷山、永济两县作为试点，然后对两县的实践进行认真总结，经过反复研究，最后形成了全市统一目标要求，统一运行方式，统一工作机制，统一管理办法，于本年度在全市行业统一部署，全面铺开。

（市烟草专卖局）

【规范烟草专卖服务大厅】 2005年，市局对农村烟草管理服务大厅的规划原则是：其位置必须远离县城，并对周边两个以上的乡镇具有辐射力，数量以大县3个、中小县2个为宜，全市35个左右。大厅的职能主要有七项：即宣传执行烟草专卖法律、法规；审查、办理卷烟零售许可证；展示名优卷烟，开展价格指导；接待客户及消费者的投诉和咨询；采集、分析、反馈农村市场信息；开展客户关系管理，就近服务客户；引导维权小组，开展维权活动。大厅的管理办法和运行方式，主要从三个方面入手，采取严谨的制度、科学的流程和切实的考核来实施管理，规范运行，强化员工的积极性、主动性和责任感。

（市烟草专卖局）

【诚信示范店】 2005年，市局对诚信示范店的布局原则是，尽可能做到分布均衡，覆盖面广，数量以大县40至50户、中小县30户至40户为宜，全市总量在500户左右。诚信示范店的主要职能有七项：在守法经营上起示范作用，在培育品牌上起带头作用，在引导消费上起促进作用，在行业政策上起宣传作用，在联系感情上起纽带作用，在市场管理上起监督作用，在公司经营上起帮助作用。其管理办法和运行方式，主要采取目标驱动、协议制约和情感激励的办法来实施管理和推动运行。（市烟草专卖局）

【推行电子结算业务】 2005年，市烟草专卖局在电子结算方面，主要是采取邮政储蓄流动上门服务的方式，使客户足不出户就能享受到便捷的服务，很好地解决了农村客户的电子结算难题，使广大农村零售客户参加电子结算的主动性大大提高，电子结算率由年初的48%提高到90%，其中8个县级营销部达到了100%。（市烟草专卖局）

【农村卷烟销售网络】 农村卷烟销售网络五大优势：（1）实现了市、县职能的有机结合，解决了机制如何与体制相适应的问题；（2）实现了先进的现代营销手段与相对落后的农村实际的有机结合，解决了农业大市如何按照行业的标准与要求进行网络建设的问题；（3）实现了专卖管理与营销服务的有机结合，解决了专销两张皮的问题；（4）实现了他律与自律的有机结合，为解决专卖制度下强化行业监督开辟了一条有效途径；（5）实现了“两个维护”的理论认识与行业的改革发展实际的有机结合，解决了理论认识如何与工作实际统一的问题。在2005年11月下旬召开的“山西省农村卷烟销售网络建设发展工作座谈会”上，国家局领导与省局党组对运城的农网建设予以了充分肯定和高度评价。

（市烟草专卖局）

【“工商联手”推行“订单供货”】 2005年，在“山西省农村卷烟销售网络建设发展工作座谈会”上，国家烟草专卖局副局长何泽华传达了国家局的安排意见，把山西省作为全国订单供货的试点省。像上海、杭州、大连这样的发达城市进行“订单供货”难度都很大，运城作为农业大市，如果没有新思路、新举措，肯定肩负不起这个试点任务。新思路、新举措从何而来？市烟草专卖局认为首先应从国家局“工商联手”的整体战略上去探求。此前，市烟草专卖局虽然多次提出要“工商联手”，但只停留在口号上，并没有迈出实质性的步伐，工商两家只是站在各自的岗位上互相“招手”，并没有站在一个平台上实现“联手”。所以要实现真正意义的“联手”，必须创建“联手”的平台。要寻求这样的平台，只有从市场切入，把市场作为工商两家共同实现价值的载体。因此市局决定，聘请工业企业的有关人员担任全市行业的市场经理或客户经理、品牌经理，并利用全市行业管理服务大厅等有利条件，开展市场调研，进行品牌培育，共同搞好“订单供货”工作。已聘任昆明、玉溪、宝鸡、新郑、长沙、河北等18家烟厂驻运代表为全市的市场经理。以后，还要根据有关烟厂同全市行业业务关系等情况继续聘任市场经理或客户经理、品牌经理。

（市烟草专卖局）

【营销中心工作】 2005年，营销中心工作，首先在货源的购进上从满足消费者需求出发，科学调整购进计划，优化货源结构，较好地解决了供求矛盾。特别是凭借全市农村管理服务大厅的优势，加强对农村市场的调控力度，尽量调整一些满足农村市场的低档烟货源。下半年增补、调整五类烟计划1500余箱，得到了农村消费者的好评。其次加强工商联手，优化品牌培育，打造比较合理的品牌体系。针对在全市占主导地位的黄泉、白泉、白红梅、黄美登的货源供应矛盾非常突出的问题，加大了同价位的软猴王、软红山茶的市场培育，并成功地引起了盖清香哈德门、红旗渠、长河之韵、黄金叶、蓝钻石等品牌，收到了良好效果。第三采取完善客户信息数据库、完善客户评价体系、完善市场经理和客户经理制度等措施，深入推进客户关系管理，竭力实现企客双赢。四是订单部努力提高电访员素质和服务水平，采取了一户多拨、货源引导等有效措施，使订单成功率由去年的80%提高到90%以上，电话访销成功率达94.81%，呼叫准确率达99.9%。全市持证零售户入网率100%，卷烟入网销售率100%，分拣到户率100%，零售户对货源的满意度达到80%，零售户经营毛利率达到10.4%，工业企业满意度达到95%，品牌集中度同比提高2.5个百分点，品牌号卷烟销量占总销量的98%。（市烟草专卖局）

【物流配送工作】 2005年，物流配送工作，不断强化了制度化、规范化和科学化管理，使保管员、接站员、分拣员、扫码员、配货员、交货员、送货员、系统管理员、内勤管理员及送货司机等人员，人人都有明确的岗位目标，项项工作都有严格的制度规范，并实施百分制考核、绩效挂钩，不断强化了员工的使命感和责任感，提高了工作效率。分拣差错率由原来的万分之三降低为万分之一，送货准确率达100%，客户满意率达99%以上。本年度本着合理、优化、高效、降低成本的原则，在整合配送线路上不断做文章，全市除一些山区县的部分乡镇外，全部纳入一级配送，一级配送户数占到全市总经营户的77%，一级配送销售量占到全市总销量的80%以上。对二级配送线路进行了大刀阔斧的科学整合，12月中旬又裁减了45条线路，减少了15辆送货车。配送线路的不断整合与优化，既降低了成本，又提高了效率，为大市场、大流通上交了一份“大配送”的满意答卷。

（市烟草专卖局）

【信息化建设】 2005年，信息化建设坚持以需求为向导、以应用促发展的方针，紧紧围绕何泽华局长提出的“统一平台、统一网络、统一标准”的目标，着重开展了五项工作：(1)启动了浪潮软件的新功能，完成了浪潮应用软件的完工验收工作；(2)积极配合省公司切实做好2005年信息化工作的“一号工程”；(3)完成了农村管理服务大厅的网络搭建，开通了全市所有业务应用人员的局域网通信工具，给各大厅均开通了局域网邮箱；(4)开通了省市之间ZM数字电路(SDH)；(5)配置了数据库存异地备份服务器。这些有力的工作使全市的信息化建设与全省同步，同市场共进，基本上达到了信息的现代化水平。信息工作的现代化，保证了商流、物流、资金流的现代化，促进了全市行业的办公自动化。（市烟草专卖局）

【财务工作】 2005年，财务工作在严格执行财经纪律、搞好日常业务的前提下，突出地抓了提高财务人员素质、增强现代流通服务意识与能力。在取消县级法人、确立市公司的经营主体地位后，财务工作立即转变为对县级营销部资金管理实行收支两条线，收入户货款全部通过网上银行划收到市公司帐户，对其费用实行专户总额控制、预算下拨，尽快地完成了良性转轨过程。并通过对财务运行情况的分析，透视烟草经营和流通情况，把握流通规律，发挥了财务工作在现代流通中的积极作用。

（市烟草专卖局）

【烟叶收购工作】 2005年，烟叶收购工作实施严格监管，认真按合同办事，严把收购关。全市有5个县28个乡镇种植烟叶，共签订生产收购合同6882份，落实合同面积42540亩，实际移栽面积43000亩，圆满完成了本年度9万担的收购任务，比去年超额了0.9万担。

（市烟草专卖局）

【县级营销部和管理服务大厅工作】 2005年，市烟草专卖局并没有因取消县级法人而忽视县级营销部的作用，而是对其管理更加扎实，更加到位。在不断加强县级营销部领导班子的基础上，对专管员队伍和客户经理队伍不断进行筛选和强化，使其能够适应新的市场形势。为了提高县级营销部监管市场、促进营销的积极性，市烟草专卖局采取公示成绩、竞赛排队的方式，使全市行业出现了你追我赶的局面。在全年的竞赛中，12面红旗被河津市扛走了10面；稷山、永济两县虽然并没有多大客观优势，但由于充分发挥管理服务大厅的作用，也一直位居全市上游，稷山在11月份夺得了红旗，铝厂、新绛、绛县、盐湖等县也创佳绩，为全市行业的经济发展做出了贡献；最贫最弱的夏县由于发挥了服务大厅的作用，将长期鞭长莫及的泗交一带山区也吸纳于农网之中，甩掉了落后帽子。

（市烟草专卖局）

【后勤保障服务工作】 2005年，后勤保障服务工作本着一切有利于行业发展的原则开展工作，电访、信息、物流配送、管理服务大厅等营销工作各个部位所需的硬件设施，该到位的全部购置到位；今年新增各种车辆20多辆；准备建设的办公大楼、物流配送基地、职工宿舍楼及盐湖区的办公楼，征地手续已全部按有关政策规定办妥；安全保卫设施有所增强；职工的福利待遇有较大提高；扩建了职工食堂，使市直机关职工全部在食堂就餐。后勤服务工作效益的提升，保证了行业各项工作的正常运转，在全市行业这部大机器中发挥出了自己这个特定部件的重要作用。由于该花的钱一定要花、不该花的钱坚决不花，在后勤保障服务效果明显提升的情况下，本年度的费用支出却比省公司下达的费用计划数节约1500万元。 （市烟草专卖局）

商务工作

【概况】 2005年，城乡消费品市场全面增长。全市社会消费品零售总额完成158.2亿元，比上年增长10.32%。

对外贸易持续高速增长。全市完成进出口总额65277万美元，比上年增长21.97%，比2000年的6796万美元增长860.52%。

利用外资直线上升。新批外商投资项目9个，协议利用外资17781万美元，同比增长206%；实际到位外资3547万美元，同比增长85%，在全省名列前茅。

对外经济合作前景看好。2005年底，全市有境外企业17家，分别是萨瓦莱斯制版集团在印度、缅甸、孟加拉、埃及等国建企业10家，市进出口公司在保加利亚1家，临猗京华针织厂在保加利亚1家，山西宝迪隆公司在坦桑尼亚1家。闻喜县煤焦设备有限责任公司在印度承包2000多万美元的工程和设备，劳务输出1000人。胡市长访问巴西圣保罗州阿拉拉瓜拉市后，市局积极做好了迎接回访工作。

开发区发展势头强劲。三个开发区科工贸总收入99.84亿元，同比增长17%，国内生产总值19.93亿元，同比增长33.3%，工业总产值43.01亿元，同比增长18.68%，财税收入2.44亿元，同比增长41%，出口总额553.08万美元，同比增长30%，利用外资475.88万美元。 （市商务局）

【“万村千乡市场工程”】 2005年，被列为试点县的有盐湖区、临猗县、平陆县三个县（区），试点县所建农家店年底经验收合格的72个，其中，村级农家店67个，乡级农家店5个，建成配送中心2个，得到国家商务部和省商务厅的肯定。 （市商务局）

【市区商业网点规划】 2005年，结合运城市实际，邀请北京中商流通生产力促进中心总经济师、博士等亲临现场，实施步勘，召开大型批发市场和流通企业负责人座谈会，向市民发放问卷调查，向城建局、市发改委等单位征集意见，对全市经济发展情况进行了初步调研分析，为制定规划奠定了良好的基础。 （市商务局）

【表彰奖励】 运城市商务局被山西省整规办授予2003—2005年全省整顿和规范市场经济秩序先进单位、被山西省商务厅授予市场运行检测先进单位、受到运城市政府的奖励。商务局党组书记、局长邓援朝被国家商务部授予“万村千乡市场工程先进个人”；运城市人民政府副市长张建喜、商务局局长邓援朝、商务局干部孙孟春被山西省整规办授予2003—2005年全省整顿和规范市场经济秩序先进个人；商务局干部闫红秋被山西省商务厅授予市场运行检测先进个人。

（市商务局）

物资经销

【概况】 2005年，市物资系统国有资产经营中心紧紧抓住保持共产党员先进性教育活动的契机，围绕年度的工作思路，坚定信心、开拓进取、奋力拼搏，圆满地完成了各项工作任务。局机关和市直物资企业按照市委安排分别参加了第一批和第二批先进性教育活动，局党委紧紧把握五个坚持，贯彻五个始终，严格标准，严格程序，切实把

“提高党员素质、加强基层组织、服务人民群众、促进各项工作”落到实处，达到了预期目的。同时，各项工作进展顺利，企业改制稳步深入，结构调整趋于优化，党建、精神文明建设等工作成效明显。

（赵培京）

【物资营销工作】 企业的经营继续沿着上年度的两大块进行。各企业利用有限的资金和有效资产，以全新的经营服务理念，在专营物资上下功夫，在优化资产和优质服务上向市场要效益。在管理方面，继续与企业签订年度目标责任书，责任书共涉及十个方面，其中包括利润指标、工资发放、社保医保缴纳、反腐倡廉等几项否决性指标。

（赵培京）

【企业改制工作】 2005年的改制工作主要分两块进行。①正常运营的五个企业，着重抓了银行债务的核销工作，到年底基本上解决了这个影响系统改制的最大瓶颈。②瘫痪破产企业的工作。建材公司的破产经过两年多的艰辛工作，本年全部终结；市物资贸易中心的破产从去年底进入了法律程序，运行正常有序；市物资材料公司的行政清算列入日常工作，整个系统改制工作，进展顺利。（赵培京）

【党建与稳定工作】 2005年，党建工作是围绕先进性教育活动而开展的，许多工作在活动中都不同程序上得到加强，党风廉政建设也取得了新成效。稳定方面，特别是利用党员干部带头、思想工作先行、困难职工包干、强化社区治安、积极倡议募捐、强化机关作风等手段，使得系统上下齐心协力，共渡难关，实现了全局稳定。在年底，由局统一出面，全市首家邀请市社保中心领导来系统考察，合理解决了陈旧性社保个人帐户和破产企业整个拖欠的老大难问题，对全局稳定做出了贡献。（赵培京）

（责任编辑：武建华）

建设环保

城乡建设

【概述】 2005年，市政基础设施建设投资完成2.2亿元；城市道路开工建设5条，完成2条；城市绿化新增绿化面积74.24万平方米，超额完成省建设厅确定的绿化任务；安康居住工程完成房屋建筑面积47.74万平方米，超额完成省政府确定40万平方米的建设任务；清欠目标任务完成89.7%，超额9.7个百分点完成了省政府确定的目标，连续两年在全省排名第一。9月12日，全省城建考察座谈会在运城召开，省领导对运城城市建设所取得的成绩给予高度评价。

（市建设局）

【城市规划和编制监管力度加大】 （1）高起点编制十大城建工程规划。无论是总体规划，还是修建性详规，都聘请全国一流的规划设计单位来编制。全年完成运城东部新区详细规划、城市供气、供热、消防专项规划，盐湖景观区规划，二郎庙片区和阜巷片区旧城改造规划；（2）县域城镇规划编制进展顺利。全市的12个县（市）所在地已全面完成总体规划，79个建制镇已有23个完成总体规划；（3）审批监管力度得到加强。在城市规划审批中，通过完善审批程序，严格执行“一书两证”制度，使各类工程建设项目有序进行，监管到位。全年拆除违章建筑15处，检查建设项目209项，下达停工通知书39份，追缴规费80余万元，违法违规建设行为得到有效遏制。

（市建设局）

【城市建设速度加快】 十大城建工程中，市建设局承担运城东部新区建设、老城区综合整治改造、城市集中供气供热和环卫设施安装三大工程，共14个工程项目，实际完成投资2.2亿元。具体实施有城市拆迁，拆迁房屋599户，拆除建筑面积13.5万平方米，拆迁补偿资金7551万元；城市道路建设，潞村街、铺安街已竣工投入使用，人民北路、禹西路、盐湖大道尚在建设当中；城市主次干道人行道硬化工程全面完成，共铺设彩砖面积25.5万平方米；环卫基础设施和城市供气供热尚在进行工程建设的前期工作。

（市建设局）

【强化管理手段，提升管理水平】 2005年，通过出台《城市管理实施细则》和开展了两次规模较大的城市环境综合整治活动，使环境卫生、市容市貌、园林管护、路灯照明、道路维修、公交客运等管理工作得到了全面加强。环境卫生，坚持每天三次清扫，全天保洁；垃圾清运，内部承包，日产日清。市容管理，加大管理力度，重拳出击整治“城市牛皮癣”，抓获各类违章行为为89人，其中11人被移交公安机关处理。道路照明用电，完成了计量改造，安装电表42块，实行计量交费，每月可节约电费15万余元。道路维护，先后对破损严重的解放南路、凤凰南路、老东街等主要路段进行挖补维修，更换路沿石2万余平方米。公交客运司乘人员，实行持证上岗，文明行车，优质服务。对燃气市场开展专项整治，取缔不合格换气点，查处不合格燃气器具，减少了安全隐患。同时，随着城建信息中心的建立和12319城建服务热线的开通，使城市管理水平和工作效率得到有效提高。

（市建设局）

【城市绿化成绩显著】 7月12日，市委、市政府召开2005年创建省级园林城市暨市区拆墙透绿动员大会，提出奋战三年实现省级园林城市的总目标，得到了社会各界的广泛支持。全年共实施了4项绿化工程：（1）市区拆墙透绿。共计拆除围墙2679米，拆除围栏2153米，拆除房屋13676平方米。（2）公园游园建设。完成建北立交桥、文苑小游园、环保局等10处游园绿地建设；人民公园改造和槐东文化苑在实施建设，盐湖公园、北郊公园、圣惠公园的建设工作开始启动。（3）道路绿化建设。完成了潞村街、铺安街、魏南街、中银路等15条街路的行道树和花木的栽植工作。（4）居住小区和单位庭院绿化，完成了禹都花园、御溪苑、运中新校等9个单位的绿化达标。经过一年的艰苦努力，全年新增城市绿化面积74.24万平方米，城市绿化覆盖率提高到22.13%，绿地率达到15.5%，人均公共绿地面积达到4.17平方米，超额完成了省政府确定的指标。

（市建设局）

【完善房地产产业体系】 为遏制房价上涨，完善住房供应体系，规范小区物业管理，提高市民的生活质量，一年来，在房地产业方面有了新的突破。（1）实施了“海天花苑”经济适用房建设项目。一期工程竣工面积7万余平方米，617套住房面向社会，公开销售完毕。在住房分配上，实行阳光操作，严格资格审查，新闻媒体公示，全社会监督，入围住户抽号选房，广大住房户十分满意，社会反响很好。（2）安康居住工程。共完成住宅面积47.74万平方米，廉租住房保障对象79户，落实廉租住房资金13.1万元，超额完成省政府确定的目标。

（市建设局）

【健全建筑市场机制】 加大清理拖欠工程款和农民工工资的工作力度，严格执行《建筑市场不良行为记录公示管理办法》，建立欠薪保障制度，截止12月31日，据建设部网站统计，全市拖欠工程款总额为6.586亿元，清理解决5.91亿元，清欠率为89.71%，超额完成省政府确定的清欠目标。其中，政府投资工程项目拖欠款总款2.71亿元，清理解决2.54亿元，清偿率达93%以上，在建和新开工程项目没有发生新的拖欠，总清偿率连续两年在全省排名第一。(2)对城市居住建筑和公共建筑抗震性能、建筑节能、供水、供气、供热情况进行了全面普查，取得了第一手的管理资料。为提高建筑工人技术水平，还开展了对水暖工、钢筋工等20个工种一线操作人员的培训与鉴定工作，有2400余人领取了职业技能岗位证书。(3)工程质量逐步提高，安全生产态势平稳。通过两次规模较大的工程质量和安全生产大检查，47家施工企业取得安全生产许可证。全年竣工工程330余项，安全文明工地140个，文明工地达标率达到40%以上，工程质量监督覆盖率和验收合格率均达100%，工程优良率达到30%，建筑业百亿元产值死亡人数控制在2人以内，进入全省先进行列。此外，规划设计、村镇管理、劳保统筹、档案管理、工程定额、质量监管、建筑执法、房产交易等工作也都取得了较好成绩。（市建设局）

环境保护

【概述】 2005年，大气环境质量方面，市区二级以上天数达到209天，比2004年增加41天；地表水环境质量方面，汾河、涑水河污染综合指数比2004年分别下降27.76%和15.95%；环境噪声、辐射放射源得到有效控制，生态环境保护和建设初见成效，各项工作任务圆满完成，区域环境质量明显改善。（邵高波　辛运鹏）

【环保宣传】 (1)“六·五”世界环境日，副市长董一兵接受市电视台记者专访并发表讲话，向广大人民群众阐述了市委、市政府实施可持续发展战略、加强环境保护的明确要求和具体措施。(2)广泛开展绿色社区、绿色企业、绿色学校创建活动。对评选出来的10家模范企业，6家绿色社区颁发了奖牌和荣誉证书。(3)举办《蒲乡红》和《创建绿色家园》等多场环保文艺晚会，在市电视台、《运城日报》、《运城经济报》等新闻媒体开辟专版进行环保宣传。通过贴近群众生活、反映百姓呼声的宣传活动，充分发挥了社会监督、舆论监督的力量，健全了公众参与环保工作的制度。（邵高波　辛运鹏）

【查处环境违法行为】 (1)开展环保专项行动。全市先后出动执法人员5000多人次，检查企业2200多厂次，清理整顿了72家不法排污企业，关停违法生产企业26家，对10家重点污染企业实行了挂牌督办，严厉打击了一批违法排污企业，解决了一批人民群众关注的环境热点问题。(2)开展中小型企业排污状况普查，澄清了1300余家企业的排污状况，发现有问题的企业近700家，对存在的问题及时进行了纠正处理。(3)对全市93家再生纸生产企业开展专项清理整顿，取缔关闭5家擅自改变生产原料，违法使用麦草进行生产的企业，责令2家违法建设的企业停止建设、停止生产，对36家企业下达了限期治理决定。(4)开展自然保护区专项检查，对芮城圣天湖湿地自然保护区、垣曲历山自然保护区、夏县太宽河自然保护区和河津、永济等地的黄河湿地自然保护区的生态建设和保护情况进行了检查。(5)认真处理群众来信来访。受理群众举报案件59起，接待群众来访60余次160余人，处理省局转办的环境信访案件36件，结案率达100%。在《监督热线》收到群众反映的案件35起，全部予以处理并及时向当事人进行了反馈。(6)强化排污费核定征收，全年征收到位1.26亿元，其中市局征收4890万元。（邵高波　辛运鹏）

【污染治理】 (1)加强对黄河、汾河、涑水河沿线重点排污企业的监管，对15家化工、造纸、印染企业安装了在线监测仪器。(2)对汾河、涑水河沿线的9个县（市、区）开展县界断面水质监测月报。(3)对新绛龙泉造纸厂和稷山合盛工贸有限公司等重点污水排放企业采取了限产限排的控制措施。通过强化环保管理，企业污染治理水平明显提高。列入全省重点工业污染源全面达标规划的404家企业，已通过验收133家，依法关停或自然停产145家，达标率为70.3%，完成治理任务待验收的企业49家，占总数的12.1%，正在治理的71家，占总数的17.6%。列入省政府限期治理名单的18家燃煤电厂49台机组，7台机组完成治理任务，2台机组停产，属纯煤气的机组7台，治理完成率为40%，其余机组正在治理之中。列入全省第一批环境污染末位淘汰企业名单的80家企业，自行淘汰关停（设施）的有69家企业，其余11家未淘汰关停（设施）的企业均为焦化企业，按照省政府关于焦化企业分类处理意见，分批逐一淘汰关闭。（邵高波　辛运鹏）

【建设项目环保管理】 (1)落实中央宏观调控政策，严格环保准入，对拟建的钢铁、水泥等项目从立项阶段就进行严格控制，一些能耗高、效益低、污染重，不符合国家产业政策的拟建项目得以否决，一些选址不合理的建设项目得到制止。(2)依法查处违法建设项目。对未按规定履行环评报批手续、未批先建的项目，一律责令停止建设，有效地督促了企业执行环评制度，提高了环评执行率。(3)加大建成项目的环保验收力度，督促19个建设项目完成了竣工验收，对不符合竣工验收标准的，责令其限期整改。(4)服务经济发展大局，做好八大基地项目建设的环保管理和服务。明确环保管理要求，规范企业环保行为，为八大基地的健康、有序发展提供有力的环境保障。（邵高波　辛运鹏）

【环保综合整治】 烟尘治理方面，开展了控制市区燃煤污染专项行动。对市区范围内的829台燃煤锅炉及营业性炉灶实施分类处理，在冬季采暖期到来之前，更换燃料（即使用型煤）370台，治理180台，强制拆除7台，基本完成了烟尘治理任务。

机动车辆尾气控制方面，全面加强在用机动车的监督抽测。对拥有车辆比较多的出租车公司、省运输公司、盐化运输队等10多个单位进行了抽测，抽测车辆4800多辆，检测出不合格车辆500多台。

噪声控制方面，继续开展中高考期间环境噪声控制专项行动。对产生噪声的施工工地限时作业，严禁夜间施工，对商业娱乐、歌舞厅、街头卡拉OK等单位进行重点查处，有效地减少和控制了噪声污染，给广大考生创造了一个安静、舒适的学习生活环境。

（邵高波　辛运鹏）

【生态环境保护】 2005年，全国生态示范区建设试点县平陆县基本完成《生态示范区建设规划》的编制工作，芮城县正在加紧编制，绛县、临猗、永济、垣曲县开始了生态示范县试点申报，这些都为建设生态市奠定了坚实的基础。永济市城关镇、临猗县庙上乡积极开展了环境优美乡镇创建活动。“十一五环保规划”初稿编制完成，全市环境保护及相关产业调查全面结束。

（邵高波　辛运鹏）

【夯实环保基础】 （1）市环境监测站通过了山西省计量认证评审，在正规化、法制化建设方面迈上了新台阶，业务能力进一步得到提升。在辖区内集中式生活饮用水源地水质月报，国控和省控黄河水质月报，汾河和涑水河县（市）交界断面、大气降水、运城市区环境空气质量日报，以及为社会提供各类服务性监测方面都取得了丰硕成果。（2）突发性污染事故应急监测能力提高。在临猗翔宇化工有限公司氯磺酸泄漏和盐湖区西城液态氨泄漏事件中，及时监测，为有关部门出具了详实可靠的监测数据，为有关部门的科学决策提供了依据。（3）运城环保网建成并正式开通，为社会公众提供了多渠道、全方位环境信息服务，取得良好效果。（4）环保系统自收自支事业单位人员工资全额纳入财政预算，解决了长期困扰环保部门的经费和人员工资不足问题，环境监测站招聘了5名专业人员，人员素质得到提高；同时，环保研究所还实现了资质升级，业务范围得到扩大。

（邵高波　辛运鹏）

【保持共产党员先进性教育活动】

在先进性教育活动中，市环保局结合工作特点，精心谋划，周密部署，发放征求意见表200多份，召开座谈会5次，到各县（市、区）环保局、各重点企业听取意见10多次，个别谈心150多人次，征求到意见120条。通过教育活动，使广大党员的思想认识有了很大提高，政治意识、大局意识、责任意识得到明显增强，全心全意为人民服务的宗旨意识更加牢固；使广大党员彻底改变了过去对党员行为标准的模糊认识，明确了今后努力的方向，给全体党员提供了一次正面教育、自我教育、真正提高的良机，使广大党员的组织观念、纪律观念、党员意识得到增强，进一步激活了党的基层组织的肌体和细胞。同时，有效地促进了机关作风的转变，广大党员干部的服务意识、大局意识、创新意识、责任意识、竞争意识、法律意识和效率意识得到了很大提高，达到了干部受教育，群众得实惠的目的，实现了“提高党员素质，加强基层组织，服务人民群众，促进各项工作”的预期目标。

为切实加强党风廉政建设和反腐败工作，市环保局制定了《全市环保系统党风廉政建设和反腐败工作目标责任书》，起草了《环境保护联席会议制度》、《环境违法违纪案件移送制度》、《环境保护目标责任制》等多项制度，从源头上建立起反腐倡廉的工作机制。在“三项治理”工作中，认真做好科级干部及一般人员的清房工作，对部分人员的超标住房问题进行了纠正处理，补交了房款。同时，还召开行风评议暨听证对话会，广泛征求群众对环保工作的意见和建议，收到了良好的社会效果。

2005年，市委、市政府多次召开专题会议，听取环保工作汇报，研究解决环保方面的突出问题。市政府下发了《关于进一步加强环境保护工作的意见》，成立了“蓝天碧水工程”领导组，市委常委、常务副市长董洪运，分管工业的副市长张建喜和分管环保的副市长董一兵分别带领环保、经贸、监委等有关职能部门，分赴各县市检查环保工作。人大、政协两会期间，参会代表积极为环保工作建言献策，有力地推动了全市环保事业的快速发展。　（邵高波　辛运鹏）

（责任编辑：杨春英）

交　通　邮　电

公　路

【重点公路建设】　高速公路建设。2005年，经过紧张的筹备和多方争取，总长83.4公里的蒲掌至东镇高速公路列入全省交通规划。蒲东高速公路东与济源至邵源高速公路相连，西接大运高速公路，贯穿垣曲、绛县、闻喜3县，为运城市的第4条高速公路，计划2006年10月开工建设。（陆峰波）

【国道改建工程】　国道209线临猗至河津段50.8公里一级公路路网改造项目，在省、市、县各级政府和有关部门的重视及沿线群众的支持下，在全体建设者的艰苦奋斗、连续拼搏下，至12月底实现了全线通车。（陆峰波）

【县际公路改造工程】　运城公路分局规划的10项241公里县际公路改造项目，经过近3年的不懈努力，于2005年8月全部竣工。经山西省交通建设工程质量监督站初次检验，全部达到优良标准。（陆峰波）

【“村村通”工程】　2005年，运城市交通局将“村村通”工程作为破解“三农”问题、统筹城乡发展、构建和谐社会的切入点，作为帮民、便民、富民的“为民工程”来抓，提出“乡乡循环、村村互通、巷道硬化、道路绿化”的乡村道路建设目标。为此，运城市委、市政府及交通部门采取了强化领导责任，制定优惠政策，调动各级政府的积极性等措施。在各县（市、区）职能部门的密切协作及广大人民群众的积极参与下，建成农村公路10750.978公里，其中：水泥路9958.258公里，沥青路784.45公里，其它路8.27公里。全市80%的行政村完成了主巷道硬化，50%的行政村实现了“户户通”。10月下旬和12月上旬，国家交通部冯正霖、黄先耀两位副部长先后到运城调研，并作了重要指示。（陆峰波）

【公路养护】　2005年，全市公路通车里程为8881公里，其中：国道229公里，省道1118公里，县道1996公里，乡道5358公里，专用公路181公里。按公里技术等级为：高速公路217公里，一级公路70公里，二级公路1090公里，三级公路1813公里，四级公路5621公里，等外公路70公里。按路面等级为：高级路面580公里，其中水泥路341公里，次高级路面6868公里，中级、低级路面1163公里。全市交通系统按照建设是发展，养护也是发展的工作思路，对养护工作提出“力度不减、投资不降，标准提高，再上新台阶”的要求，以创建安全公路、绿色公路、文明公路、科技公路为目标，大力度、创造性地开展养护工作，取得了丰硕成果。

高速公路由运城高速公路有限责任公司负责养护。全市217公里高速公路路面质量指数MQI平均94.9，其中：侯运高速公路97.2，运三高速公路97.1，运风高速公路90.5。

运城公路分局坚持“大投入，大治理”的养护策略，致力创新路况水平。2005年，结合县际公路改造，共完成路基达标里程237公里，绿化里程428.6公里，新建文明路330公里。年底，分局所辖的1137公里国、省道平均好路率达82.9%，综合值为77.6。

市交通局在致力实现“村村通工程”目标的同时，完善了“县上统揽、乡镇主管、部门协调”的“三位一体”养护管理模式，使全市地方道路实现了有机构管、有人养、有钱养，使县乡公路养管走上了正规化、科学化轨道。全市养护的1997公里县公路，好路里程达到1659公里。全年平均好路率为82.7%，养护质量综合值为77。（陆峰波）

【路政管理】　运城市路政管理分别由高速公路路政大队、运城公路分局路政大队和市交通局综合执法大队负责。市交通局按照省交通厅有关指示精神，起草了《关于进行综合执法试点工作的实施方案》，把夏县、新绛、平陆3县作为试点，进行交通执法改革和总结综合执法的改革经验。

全市路政管理人员紧紧围绕“依法行政、执法为民”的工作主旨，在大力宣传爱路、护路的同时，坚持文明执法、热情服务，较好地解决了执法规范化和精神风貌方面的问题，有效地遏制了“三乱”在市域内公路上发生。高速公路路政大队共查处各种路政案件2614起，收回路产赔偿费261.8万元，确保了建筑红线控制率达到100%。国、省道路政大队共发现路政案件2988起，查处路政案件2987起，追回路产赔偿费131万元，路政案件发现率和结案率分别为99%和100%。市交通执法大队按照《公路法》、《公路管理条例》、《路政管理规定》、《道路运输条例》、《水路运输管理条例》等法律、法规，秉公办案，热情服务，对鲜活农副产品等重要经济物资，严格实行不扣车、不卸载、不罚款的“三不政策”，受到人民群众称赞。2005年共组织大的执法行动13次，其中：运输管理稽查4次，路政执法2次，征费稽查1次，路面治超3次，海事检查3次。共查处无牌、无证车辆240辆，“三无”船舶1艘，取缔非法维修企业（厂家）20户，纠正各类违规违章车辆1300余车次，拆除违章建筑10处630平方米，查处各类路政案件4107起，结案4102起，路政案件查处率为99%。查处超限超载车辆847辆，卸货4420余吨。（陆峰波）

【运输生产】 2005年，全市参加营运的国有、集体和个体汽车为17138辆，其中：载客汽车3856辆，57396客座；载货汽车13132辆，96590.3吨位。参加营运的其它机动车23151辆，17911吨位；轮胎式拖拉机5769台，8342吨位。全年完成客运量4980.4万人，客运周转量255277万人公里；其中：其它机动车完成客运量22.7万人，客运周转量8433万人公里；货运量3088.7万吨，货运周转量50973万吨公里；其中：其它机动车和轮式拖拉机完成货运量分别为180.7吨和187.6吨，货运周转量分别为7070万吨公里和8433万吨公里。在国有、集体和个体多渠道运输生产中，山西运城汽车运输集团有限公司仍然发挥了国有企业的骨干作用，全年完成客运量2019.5万人，客运周转量103649万人公里；货运量401万吨，货运周转量50973万吨公里。

在运输生产中，市交通运输管理处按照2004年制定的《运城市农村客运发展规划》和《运城市村村通客车实施方案》，遵循“以县城为结点，向各乡镇辐射；以乡镇为结点，搞好农村循环”的工作思路，按照“合理规划，重新调整，就近设点，电话预约，乡镇建站，多元管理，政策扶持，规范服务”的方针，进一步完善农村客运网络，大力开展“村村通客车”工程。截止2005年12月底，全市参加农村客运的企业23家，公司化经营车辆达985辆，占到农村客运车辆的77%。为方便群众乘车，在全市256条客运班线上筹建乡镇客运场站68个，设立候车亭199个及停靠站、点（悬挂标志牌）2148个。全市乡镇通客车率达100%，行政村通客车率达100%，基本实现了客运线路网络化，营运车辆标准化，班车运行公交化，服务设施规范化。（陆峰波）

【运输管理】 《道路运输管理条例》的颁布实施，对运管部门依法行政、依法治运，推进道路运输健康稳定发展提供了强有力的法律保障。2005年，各县（市、区）运管所按照市交通局运管处的安排部署，在加强学习的同时，积极宣传《道路运输管理条例》。7月1日，在纪念《道路运输管理条例》颁布实施一周年之日，全市出动宣传车32辆，散发传单10万多份，悬挂横幅168条，设立咨询台28个，解答群众疑惑2000余人次。全年在市电台、电视台举行专题宣传162次，受教育群众达100余万人次。

以“三无车辆、危货运输、汽车维修、驾驶员培训、公交车、出租车超范围经营”五项工作为重点，开展了治理整顿。先后对1573辆客车、164辆危险货物运输车辆和1073辆客运出租车进行了拉网式排查，查扣“三无”客运出租车104辆、危险货物运输车辆47辆、各种违规车辆1531辆，帮助补办各种有关手续300多辆；追缴补缴规费50余万元。

对危险货物运输进行治理整顿。集中对全市7家危货运输企业及其361辆运输车辆进行了严格审查，对236名危货运输从业人员进行了业务培训和考试，使其技术等级全部达到一级标准。同时，市交通运输管理处与各县（市、区）运管所下大力气抓好“村村通客车”工程。全年新增更新客车200辆，其中：大型高级车25辆，中型高级车130辆，使农村班线运营的1273辆客车全部实现标准化。12月28日，运城客运中心站正式投入运营，进一步规范了汽车客运秩序，改善了服务环境，提高了服务质量。（陆峰波）

【维修行业管理】 2005年，市交通局运输管理处与各县（市、区）运管所在公安、工商等部门配合下，按照国务院九部委《关于开展汽车维修市场专项整治工作的通知》精神，在加强宣传《通知》和《机动车管理规定》及开展“维修质量月”活动的同时，以打击不办理手续和违法、违规经营行为为重点，开展了对汽车维修市场的治理整顿。

在“维修质量月”活动中，全市120家维修企业共制作版面80块，设立咨询台120个，散发传单6万余份，现场检测、调试、处理车辆200余辆。活动结束后，市运管处组织35家企业建立完善了汽车维修救援网络，设立了值班电话，配备了救援车辆，为全市维修企业由坐等经营向服务性经营的转变，迈开了可喜的一步。

2005年，全市共查处违规经营企业68家，取消无证经营21家。同时，统一制作了全市机动车维修标志，并对10家汽车维修星级企业进行了表彰。既规范了企业的经营管理，又维护了汽车维修行业市场的正常秩序。（陆峰波）

【驾校管理】 2005年，市运管处结合贯彻省运管局关于加强对营运驾驶员职业培训各项管理工作的有关文件精神，对汽车驾驶员培训学校进行了治理整顿，重点打击了乱设教学点、不按交通部统编教材教学、擅自缩短课时和教学内容及只收费、不培训等违规行为。按照《机动车驾驶培训许可条件》，对全市10所驾校的资质进行了严格审验，其中对2所问题较多的驾校，分别下发了停业整顿、限期整改通知书，并建立健全了各项规章制度和管理档案，使驾校管理走上规范化、制度化管理轨道。

2005年，市运管处在确保营运驾驶员职业培训质量的基础上，办理机动车驾驶员从业资格证7290个。（陆峰波）

【规费征收】 2005年，全市交通规费征收人员以“外树形象、内育忠诚”为工作思路，严格推行责任制，坚持源头征费，联合作战，上路稽查，宣传教育，较好地完成了规费征收任务。全年共征收汽车养路费和货运补偿费2.7705亿元，拖拉机养路费4499万元，运输管理费2516万元。高速公路通行费共完成3.3亿元，其中：大运高速公路侯运段1.66亿元，运三高速公路8474万元，运风高速公路和风陵渡公路大桥7900万元。侯风线侯马至运城段完成通行费征收913万元，禹门口站完成通行费1346.6万元，南樊站和横水站完成通行费768.2万元；闻喜至垣曲二级公路完成通行费1573万元。运城征稽分局和拖拉机养路费征稽部门代征铁路道口管理费分别为107万元和8.8万元，运管部门代征站场建设费1908万元。

同期，运城车辆购置税附加征收办公室共征收车辆购置税1.287亿元。（陆峰波）

【安全生产】 2005年，全市交通系统按照以人为本抓安全生产的总体思路，以道路客货运输安全、工程建设安全和水路运输安全三项整治为重点，始终把安全生产贯穿于交通工作中。年初，交通系统各部门先后成立了“一把手”负责的“安全生产工作领导组”，层层签订《安全生产目标责任书》，实行“安全一票否决制”，从而确保了交通系统的安全生产。在工程建设、公路运输和水路运输生产中，市交通系统以“安全生产重于泰山”为宗旨，在大力宣传交通安全法规，增强全民交通安全意识的同时，针对春运、“五一”和“十一”长假等季节性安全工作薄弱环节和事故多发区，由各部门主要领导分组带队，按照“谁检查、谁签字”，深入到工程建设现场、客运停车场站、客货车辆及水路运输航道进行安全检查。还开展了“安全生产月”等活动，确保了全市交通系统的生产安全。

2005年，全市公路运输事故发生率为0.03次/万车公里，事故责任死亡率0.058人/万车公里，事故伤人率0.05人/万车公里。公路施工事故发生率，事故死亡率，事故受伤率均为零。水上运输没有发生任何责任事故。（陆峰波）

【精神文明建设】 2005年，运城市交通系统党组（委）根据上级的安排部署，在本部门深入开展了保持共产党员先进性教育活动，并结合本单位的实际，制订出实施方案。普遍做到了“四结合”，即先进性教育与职工队伍建设相结合，与行风建设相结合，与党风廉政建设相结合，与促进安全生产相结合。通过教育活动，广大党员干部在各项工作中，积极发挥先锋模范作用，涌现出一批胸怀全局、心系群众、奋发进取、开拓创新、无私奉献的先进典型。运城公路分局向贫困群众伸出援助之手，铺路引水、科技兴农，促使4个村1000多户脱贫致富；帮助新建3座小学校舍；捐助12名贫困学子圆了大学梦。绛县运管所28名党员为东下吕贫困村修路捐款2800元；永济运管所党员采取“一帮一”的办法，帮扶20名贫困生。运城市交通局组织编排的曲艺说唱节目《八姐妹夸“双通”》在太原举行的“全国农村公路建设座谈会”文艺汇演中，受到国家、省、市领导的一致好评。2005年，运城市交通系统6个单位被评为省、市“文明单位”。（陆峰波）

【县际公路改造工程全部竣工】 2005年7月，运城公路分局实施的10项241.136公里县际公路改造项目全部顺利竣工。

这10项改造工程分两期付诸实施，第一期5项分别为：108国道西王至河律段、临风线临猗至永济段和运永线解州至永济段，均按平微二级公路标准改建，临夏线阳王至凹底段和沁东线垣址坪至二里半段，按重丘三级公路标准改建，此5项工程先后于2003年3月开工，至2004年7月竣工；第二期5项分别为：万临线万荣县城至南张段和王横线下亳城至新城段分别按平微二级和重丘二级公路标准改建，台运线沙沟至稷山县城段、临陌线解州至娘娘庙段和前凹村至岭底村段、王横线英言至允河段和西峰山至狮子铺段、平风线平陆县城至张峪段等项，均按重丘三级公路标准改建，此5项工程先后于2004年3月开工，至2005年7月竣工。

承担县际公路改造任务的运城、河津、永济、临猗、万荣、稷山、新绛、闻喜、绛县、垣曲、平陆、芮城等公路管理段，采取公开招标、择优录用的办法，选择了15支一流的施工队伍，并组成由段长负责的质量监理组，严把工程质量关。各施工队在管理段精心组织下，严格按合同要求和设计文件规定进行施工和工程自检，从而使工程建设顺利进展。2004年6月，省公路局在运城召开了“全省县际公路改造现场会”，推广了运城公路分局的经验。2005年8月，10项241.136公里县际公路改造工程经省公路局、山西省交通建设工程质量监督站初次检验，全部达到优良标准。（陆峰波）

【“交通杯”诗词楹联大赛活动】 为了配合和促进县委、县政府召开的全县村道、巷道建设三干会提出的“全民总动员，实干80天，争取500公里，实现村村主巷道全部硬化、支巷道硬化50%目标”任务的完成，万荣县交通局和万荣县诗词楹联学会于2005年10月联合举办了“交通杯”诗词楹联大赛，举办此类活动在省内为第一家。

万荣县交通局和万荣县诗词楹联学会为了搞好此次大赛，成立了由诗联学会会长张启序为组长、交通局局长张贵忍为副组长的领导组。在领导组主持下，成立了由杜成春、杨坷、陈振民、解放、董一行、王天柱等参加的评委会。评委会以认真、公平、公正为原则，采取无记名编号的办法，经过初评、复评、再评和反复比较、优中选优，于11月1日从来自全市13个县、市、区的400余幅楹联、120首诗词中，评出诗词、楹联特等奖各1名、一等奖各1名、二等奖各3名、三等奖各5名、优秀奖各15名。并为获奖者颁发了荣誉证书，以资鼓励。（陆峰波）

【“腾飞之路”摄影大赛活动】 2005年11月3日至12月3日，运城市摄影家协会为配合和支持全市“村村通水泥（油）路”工程建设，与市交通局联合举办了“腾飞之路”摄影大赛。

为了搞好全市首次“腾飞之路”摄影大赛，市交通局在向全市征集摄影作品的同时，组织了两支摄影小组，奔赴工程第一线拍摄照片，以再现如火如荼的“村村通”工程瞬间。

经过近月余天的采风和征集，共收到近百名作者的参赛作品360余幅。12月6日，由市摄影家协会主席杜东明、常务副主席樊晋英、副主席李学东、名誉主席郭凤鸣和张宝国、张富安、郑沈晋、席红霞等组成评审小组。评审小组以认真负责、公平、公正为原则，采取参赛作品无署名编号的办法，进行了严格地评审，共评出一等奖1名，二等奖3名，三等奖6名，优秀奖20名。随后，以市摄影家协会和市交通局的名义，为获奖者颁发了荣誉证书，以资鼓励。

一等奖：温徐旺《山区公路网》；

二等奖：王琪琳《村通攻坚战》；文军红《油路通到山沟沟》；阎士奇《希望之路》；

三等奖：黄赞民《移民新村》；胡艾艾《机械展神威》；栗卢建《质量第一》；张套狮《领导调研》；陆峰波《山间水泥路》；胡学明《村通会战》。（陆峰波）

【举办全省"村村通"工程楹联大赛】 2005年11月下旬，在运城市"村村通"工程进入攻坚战阶段，在市委书记黄有泉提议下，运城市交通局和运城市楹联学会发起了"村村通"全国有奖征联大赛。

征联活动自11月30日开始，到12月20日截稿之日止，共收到来自全国31个省、市、自治区和运城市的联界名家以及楹联文化爱好者1300余人的应征作品5500多副。特别是香港特别行政区政府环境保护署环境保护主任李裕蹈先生，在公务繁忙之余，寄来了19副联作，高度赞扬运城市在全国率先实现公路"村村通"壮举。

为了公平、公正地评选出优秀作品，市交通局和市楹联学会组成了由副局长解建功和名誉会长岳民立，会长薛起珠，副会长杨振生、薛礼堂、董文立、樊毓英、马长泰、及郑沈晋、侯忠礼、陆峰波等参加的评审委员会。评委们按照议定的评审程序和评审原则，分别在无署名编号的应征作品中选出30副优秀作品。随后，以公开评议的办法，从初选出的237副优秀作品中评选出132副入围作品，评出一、二、三等奖和优秀奖计32副。为飨读者，将一、二、三等奖作者及作品分录于后。

一等奖（2名）：

路硬化，村美化，城进化，改革深化，市民强化康庄道；

心沟通，物流通，业亨通，政令畅通，农户连通富裕桥。

福建厦门　曾清严

大政起春风，村村戴满珍珠链；

小康催化雨，路路牵回宝马车。

山西运城　戾军宣

二等奖（4名）：

乡村利好，万条锦路通衢，串珠拼出康庄大道；

运市昌平，一脉官淳民朴，迎面吹来尧舜遗风。

联都网站　沈　浪

道畅业兴，车水两行流富韵；

村荣民乐，春风一路荡天香。

河南汝州　谢振功

比天下名城，因始祖无人能比；

行人间大运，唯双通有志先行。

山西盐湖　张登洲

扎青蒿当枕，就野地为床，朝霞尽染小康道；

掰面饼充饥，捧山泉解渴，丽日长照大德功。

湖北随州　程开新

三等奖（8名）：

运际中天，处处欣荣添活力；

城歌盛世，村村通畅满生机。

香港　李裕韬

车轮滚滚流，为山野拉来城市；

马达声声唱，把村庄送进银行。

湖南新化　刘凤湘

油路是丰碑，在乡村亦在民心里；

清廉化美德，于天地更于国祚中。

福建南平　常满山

泥水巷变水泥巷，圆多年梦想；

爱民人是民爱人，听百姓赞声。

山西盐湖　王连科

五中雨沛，双百人和，富冠八方登盛境；

万里路兴，三农业盛，经传九域拓新天。

北京海淀区　毕润敏

村村通路，唯盛世方来此举；

寨寨流金，只今朝不待他年。

山西垣曲　马力勇

拓羊肠小道，填谷削山，已通油路千条线；

看车水马龙，装金载玉，不负运城万古名。

甘肃玉门　苏纪利

值金鸡唱凯，瞩目晋南大地，遐想欲飞。曾记舜都永济，禹凿龙门，嫘授蚕桑，稷传稽稼。告别蛮荒，文明由此而兴。数关云长一腔忠义，裴中立四度枢机，柳宗元洁身安域治，杨深秀铁血护维新。林林总总，几多俊杰。俱往矣！且看时贤，谋亲民善举，修柏油公路，纬织经编成网，村村通达康庄道；

迎玉犬呈样，骋怀河左名城，豪情陡涨。漫夸春揽条山，夏漂死海，秋游普救，冬浴温泉。躬逢圣代，胜概于今更美。吟凤凰谷十里晴岚，鹳雀楼千年百日，风陵渡天堑架飞虹，蒲津桥晓烟遮古迹。莽莽苍苍，不尽妖娆。共陶然！恍临化境，赏披彩晨霞，染沃野芳林，莺啼婉转如歌，处处和谐雅颂声。

河北张家口　董汝河

（陆峰波）

【全市农村公路总里程突破1万公里】 2005年12月19日，山西省农村公路检查验收组公布：运城市在"村通"工程建设中，农村公路建设总里程达10750.978公里。这个数字相当于省交通厅规划的全省2005年"村通"任务的总和。

2004年，运城市委、市政府及交通部门抓住全省实现村村通的大好机遇，采取了强化领导责任，制定优惠政策，调动各级政府的积极性等措施。市政府明确规定：在省补每公里两万元的基础上，市财政每公里油路再补助0.5万元，水泥路再补助1万元；市、县两级财政要从地方财政收入中拿出不低于1%的资金，用于地方公路建设、养护、管理工作。并要求县（市、区）财政要对"村通"工程实行倾斜补助。同时，广泛发动社会力量为"村通"工程筹集资金，从而确保了"村通"工程的顺利实施。当年，全市共建成农村公路10750.978公里，其中：水泥路9958.258公里，沥青路784.45公里，其它路8.27公里。全市80%的行政村完成了主巷道硬化，50%的行政村实现了"户户通"。

2005年12月11日，省政协委员视察团在对运城"村通"工程的反馈报告中评价道："运城市委、市政府把"村通"工程作为建设社会主义新农村的基础工程，作为拉动农村内需的重要手段，在全市掀起了群众性修路高潮，推动了农村基础设施建设，促进了农村三个文明建设，率先在全国拉开了投资向农村倾斜，刺激农村内需增长的序幕。"

在12月19日召开的全省农村公路检查验收座谈会上，与会代表一致认为，运城市农村公路建设抓得实，抓得细，质量高，效果好，

为全省起到了示范作用，值得借鉴和大力推广。 （陆峰波）

【运城市汽车客运中心站投入使用】 2005年12月28日，经过3年建设的运城市汽车客运中心站投入使用。运城市汽车客运中心站位于运城市黄河大道通往大同至运城高速公路的黄金地段，建设规划为一级站，也是秦、晋、豫黄河金三角地区的枢纽站。客运中心站占地86亩，其中建筑面积2万余平方米，并拥有街心花园和站前广场等附属设施。中心站设计停车位达600多个，最高聚集旅客1700人，可同时发车24辆，年平均日发送旅客2.5万人次。

客运中心站由运城市交通局主持并筹资建设，具有旅客运输项目与管理、中转、换乘、多式联运功能及通讯、信息、综合服务功能等。整体布局寓庄重、气派为一体，体现出“以人为本”的设计思路，展示出“新运城、新交通、新形象”的建设理念。工程建设于2002年12月19日正式启动，2005年11月底竣工，12月28日投入使用。全部工程投资4000余万元。

（陆峰波）

【运城市在全省率先实现村村通客车】 运城市交通局运输管理处根据省交通厅和省运输管理局的安排部署，经过3年努力，于2005年10月实现了全市146个乡镇通客运班车率达100%、3256个行政村（不含30个需移民村）全部通行客车，在全省率先实现了村村通客车。

2003年初，市交通局运输管理处根据交通部《关于加快发展农村客运和开展农村客运网络化试点工作的通知》精神，在市委、市政府“交通立市、交通兴市”战略思想的指导下，着手部署实施“村村通客车”工程。为科学规划农村客运网络，市运管处及各县（市、区）运管所分别抽调专人，在处（所）长带领下，采取包乡镇包村、包线路包车的办法，掌握了第一手资料。在此基础上制定了《运城市村村通客车实施方案》。同时，市运管处处长荆永勤和分管副处长杜明率领客运科有关人员赴万荣县，同运管所人员顶烈日、冒酷暑，行程300多公里，对全县17个乡镇281个行政村进行了考察，绘制出“万荣县村庄交通分布图”，调整了客运线路，在全市率先实现了村村通客车。为此，市运管处提出了“合理规划，重新调整；就近设点，电话预约；乡镇建站，多元管理；政策扶持，规范服务”的工作思路，并及时在万荣县召开现场会，推广了万荣县经验。

2004年，市运管处紧紧围绕“村村通油路、水泥路”工程建设，以“开得通、留得住、有效益”为关键，在努力做到与县（市、区）域经济发展相适应、与人民群众的实际需求相适应的情况下，摸索出8种通达方式：①农村班线型，即以县城为中心，以乡镇为结点，辐射行政村的客运班线。②干线串联型，即位于国道、省道不足1公里的行政村，由途经之长途班车、夜宿农村班车来为村民出行服务。③班车出租结合型，即距公路网主线或距城镇较近的行政村，本村且有从事出租客运的车辆，由当地运管部门组织其按班车规定要求朝发夕至，承运出行村民。④集会班线型，即居住深山或路途较远的断头村，客运量较少，根据当地风情，逢集会日开通客运班车。⑤旅游班线型，即开往旅游景点的客运班车专线。⑥公交班线型，即以城市公交车为主，将其运行线路适当延伸。⑦专车接送型。即学校双休日、厂矿上下班，客运量集中，由客运企业与学校、厂矿企业签订客运协议。⑧电话预约型。即为居住条件及客运量等较差且需出行的村民服务。这8种通达方式，既确保了偏远山区群众有车坐，又确保了经营户的经济效益，从而受到了广大群众和客运经营户的欢迎。

截止2005年10月，全市共开辟农村客运线路415条，投入客车1273辆、座位24187个。同时，建成或正在建设的乡镇客运站68个，新建候车棚199个，制作安装停靠站牌2148个。全市146个乡镇通客运班车率达100%，3286个行政村除30个被政府列为移民村外，其余3256个行政村全部通行客车，村通率占全市应通行政村的100%。

（陆峰波）

【蒲掌至东镇高速公路可行性研究报告获得批准】 2005年11月8日，山西省发展和改革委员会以晋发改交通发［2005］1009号文，印发了《山西省发展和改革委员会关于垣曲蒲掌至闻喜东镇公路可行性研究报告的批复》，同意该项目建设计划。

蒲东高速公路是晋南地区又一条重要的出省通道，东起垣曲县蒲掌乡王古垛（省界），接尚在建设的河南省济源至邵源高速公路；路线西向而行，经允西河大桥、华峰乡、亳清河大桥、垣曲县城、中条山隧道群、绛县冷口和横水，终止闻喜县东镇东姚村，接入大运高速公路。路线全长83.4公里。

该公路按山岭区和重丘区高速公路技术标准设计。其中：王古垛至冷口段66公里，行车速度采用80公里/小时，路基宽度为24.5米；冷口至东姚村17.4公里，行车速度采用100公里/小时，路基宽度为26米。全线需修建特大桥、大桥42座15254米，中桥6座516米，小桥1座30米，涵洞110道。桥涵荷载标准为：汽车－－超20级，挂车－－120；建隧道16座8485米，行车速度采用80公里/小时。全线设互通4处，服务区2处，停车区1处。另按平微区一级公路技术标准建绛县连接线11.1公里，行车速度采用80公里/小时，路基宽度为24.5米。

蒲东高速公路项目总投资442600万元，其中：主线432300万元，连接线10300万元。资金由省公路建设基金安排35%资本金，其余部分申请银行贷款解决。建设工期为3年。该高速公路的建设，是实施山西省高速公路网规划的需要，对于完善山西省公路网、缓解连云港至霍尔里斯高速公路关键路段开封经洛阳至三门峡间交通压力以及加强运城市与中原地区的联系，促进沿线地区经济和旅游事业发展具有重要意义。山西省交通规划勘察设计院和内蒙古交通设计有限公司通力合作，全力进行《初步设计文件》编制工作，计划2006年10月开工建设。 （陆峰波）

【侯马至禹门口高速公路开工建设】

经过3年多筹备，由侯禹高速公路建设有限公司负责承建的侯马至禹门口高速公路于2004年3月正式开工建设。

侯禹高速公路是国道主干线二连浩特至河口公路路段，也是山西省“大”字形高速公路的一段，起自大运高速公路赵康枢纽互通，经新绛、稷山和河津三县（市），止于晋陕交界处的禹门口黄河西岸，与陕西省在建的禹门口至阎良高速公路相连，全长66.584公里（含陕西境黄河公路大桥长2200米，桥头引道长1280米）。全线采用双向4车道标准设计建设，计算行车速度120公里/小时，路基宽度为28米，桥涵与路基同宽；设计荷载采用汽车—超20级，挂车—120，抗地震基本烈度为7度。主要工程量：路基土石方、路面铺装、特大桥2座(其中禹门口黄河特大桥长4566米)，大桥和中桥各7座，互通式立交4处，小桥涵洞及通道等。全线工程核定总概算为23.0755亿元(含建设期贷款利息)，其中：山西段（含黄河特大桥）22.735亿元，陕西段0.34亿元。

侯禹高速公路由山西省交通规划勘察设计院设计，由侯禹有限责任公司通过公开招投标择优选用的施工和监理单位分别进行施工和工程监理。建设工期4年，将于2007年3月竣工。（陆峰波）

水　运

【航运管理和港监船检】 2005年，黄河运城航段上共设渡口24处，其中：公路渡口6处，民用渡口18处。投入运营船舶43艘，总吨位2207吨，总载重量1032吨，净载重量987.5吨，载客量540客座，总功率4651千瓦。其中：客船17艘，1800千瓦，400客座；客货船9艘，276.5千瓦，77吨位，140客座；货船17艘，1610吨位，2574千瓦。全年完成客运量5.35万人次，客运周转量108.3万吨公里；货运量45.5万吨，货运周转量360万吨公里。

为确保水上运输安全，市海事部门以2004年9月23日临猗县发生特大沉船事故为借鉴，首先协同市政府与沿黄河8县（市）政府、县（市）政府与乡（镇）政府、乡（镇）政府与村委会、村委会与船舶经营户，层层签定了《水上安全生产责任书》共400余份。并按照省交通厅、省海事局和市政府的有关指示精神，对水运市场进行专项治理整顿，取缔了未达到质量标准的船舶21艘，新建造和改造船舶3艘和4艘，使全市内河航运基本达到“一集中、三统一”。即：船舶集中管理，统一签证、统一票据、统一结算。同时配合市交通综合执法大队，加大了港监船检力度，从而确保了水上运输没有发生任何责任事故。（陆峰波）

航　空

【运城关公机场建成】 2005年2月7日上午9时，由首都北京机场起飞的客机在运城关公机场着陆。这标志着全省首座地方机场投入使用。

1997年，运城地委、地区行署为扩大对外开放，改善投资环境，加快旅游资源开发，决定将空军第十二航校停用的张孝机场改建、扩建成民航机场，并责成行署副专员安德天具体负责该项目的筹备申报工作。经300余人次进京赴并，求助拜访了30多个部门和百余名专家领导，完成了机场可行性研究、空管、设计等多方面的申报。1999年1月，地区行署与北京军区、空军司令部达成使用张孝机场协议。同年12月9日至10日，通过了运城民航机场改扩建项目可行性研究报告。2000年10月，经国家发展计划委员会和解放军总参谋部正式批准立项，在原空军张孝机场的基础上按国内旅游支线机场进行建设。

运城民航机场按4C级支线机场建设，总投资2.3亿元，其中：国家计委批准国债资金5000万元，民航总局投资4500万元，省政府2800万元省长基金，运城市政府自筹3000万元，工业园8000万元土地收益。机场占地总计2900亩，跑道全长2400米，宽45米，道面厚30公分，可起降波音737—300至800等机型。

为了高标准、高质量建成机场，运城市人民政府于2001年2月18日成立了机场建设总指挥部，由常务副市长董洪运担任总指挥，并委托西北民航招标公司对机场飞行区、工作区的十余项工程进行公开招投标，择优选用了空军第一、第二、第十工程总队分别承担机场跑道的土方工程强夯和道面混凝土施工任务。2001年12月1日，机场改扩建工程破土动工。经过第一、第二、第十工程总队官兵890个日日夜夜的艰苦奋战，机场主体工程—跑道道面于2003年7月30日胜利合垄。参加工程建设的官兵发扬艰苦奋斗和连续作战的作风，又完成了航站大楼、通讯导航、供排水、围界等工程的建设任务。2004年11月29日，经市委、市政府研究决定，机场定名为“运城关公机场”。12月3日9时45分，从天津起飞的中国国际航空公司的波音737—300型客机顺利降落在关公机场，试飞取得成功。12月6日，由中国民航校验中心历时7天校验，关公机场校飞工作取得了圆满成功。运城关公机场拟申请开通北京、广州、上海、昆明、厦门、深圳、沈阳、武汉等8条航线。届时，波音373、多尼尔等型飞机将把运城与全国各大城市连接在一起。（陆峰波）

邮政　电信

邮　政

【概述】 2005年，运城邮政局紧紧围绕“业务发展、基础管理、机制创新”三项重点，深化改革，强化管理，改善服务，提升网络支撑能力，提高队伍素质，实现了经济运行质量、邮政综合服务水平的全面提升和企业核心竞争力的不断增强。

运城市邮政局辖12个县（市）局，内设6个职能部室，1个绿苑公司（属后勤保障部门），13个专业局（公司），4个现业分局。有职工659人，其中合同制工人389人、劳务工 270 人。全市邮政拥有固定资产 1. 78 亿元，各类邮政汽车 108 辆，各类微机设备 339 台，邮资机 27 台，ATM 柜员机 16 台，POS 机 35 台。邮路总数 69 条，邮路总长度 3889 公里。全市邮政局所、服务网点 223 处，其中电子化支局所 45 处；邮政报刊图书销售点 93 处，集邮品销售点 18 处；邮政储蓄网点 130 处，联网率达 100%。

1－12 月份全市邮政业务总量完成省局计划的 110.29%，同比增幅 28.5%；全市邮政业务总收入完成省局计划的 117.63%，提前两个月完成全年计划，同比增长 27.38%，完成计划进度和增幅均列全省第一位；提前一个月完成了省局业务总量和收支差额计划；经济增长立功竞赛连续三个季度位列全省第一。（吕国姣）

【基础网络平台功能不断强化】 在数据库平台建设上，完成了经营服务和个性化名址信息的采集及维护工作，并于 6 月底全部上线。先后采集经营服务性名址 2 万余条，个性化名址 3 万余条，维护信息 2 万余条。

投递平台建设在分类、分层、分网投递的基础上，调整优化、科学组网、统一形象、分步实施，组建了由分发中心、社区管理中心、城乡投递中心组成的投递网络体系，按照“两段三站”的框架进行了调整改造，截止 2005 年末，第一阶段工作基本完成。

11185 平台通过资源整合，实现了 11185 系统与各县（市）局资源共享，初步解决了服务时间、服务标准不统一，服务质量缺乏保障等问题，增加了预订机票、火车票和回访跟踪售后服务、核实客户名址等服务功能。（吕国姣）

【实物网功能不断得到优化】 合理调整了发运计划和邮件分拣封发关系，进一步理顺了内部作业流程，加快了邮件传递时限；按照省局要求，确保了两网子系统按时切换上线，顺利运行；选择了十余种报刊在市区范围内实施了二频次和小夜班投递，加快了畅销报刊和主要党报党刊的传递速度，增强了邮发报刊的市场竞争力。

新增、更新邮运车辆 14 辆，提高了运能，更新了标准信箱 66 个，满足了人民群众的用邮需求。同时，为加强指挥调度管理，出台了车辆管理办法、邮运调度实施细则等制度，建立健全了车辆、设备管理台帐。

按照“总量适度，布局合理”的原则，实行省定网点与市定网点双管齐下的策略，适时调整网点布局，严格做好预算、监督工作，确保了网点改造的进度及工程质量。2005 年，全市共投资 290 余万元，对 26 个网点进行了改造；投资 110 万元，对安防设施、报警器材进行了购置、更新和维护；新增 ATM 机 13 台，新增邮储代收费终端 36 个，使网点的硬件设施和生产条件得到明显改善。（吕国姣）

【信息网功能不断得到延伸】 在全省各地（市）中率先实现了网上办公，提高了工作效率；实现了两网互通；完成了 38 个电子化支局统版建设和 26 个绿卡网点储汇合台改造工作，以及速递子系统统一版本上线和两网子系统升级、功能完善工作；对报刊订销新系统、分发系统进行了安装、更新；加快了量收系统和财务信息系统的建设和应用。（吕国姣）

【不断夯实企业管理基础】 1 月 8 日，运城邮政局为进一步夯实管理基础，增强企业执行能力，使企业各项规章制度真正落到实处，在全市开展了思想、纪律、作风“三项整顿”活动。活动把转变干部队伍的思想和作风作为重中之重，通过落实“五要”、“五性”，克服思想、纪律、作风上存在的保守主义、经验主认、悲观主义、自满情绪、形式主义、好人主义、自由主义、官僚主义、个人主义和享乐主义等“十种倾向”，初步解决了干部队伍思想不统一、步调不一致，安于现状、作风漂浮的问题，切实加强了干部队伍建设，以其思想观念和工作作风的转变，带动了职工观念和作风的转变。3 月 10 日，在巩固和深化三项整顿成果的基础上，运城局又在全市组织开展以《基础（重点）管理 60 条》、“一个办法两个规范”为主要内容，以强化过程控制为手段的“管理年”活动。针对企业经营和经济运行中出现的不稳定、不健康因素和企业基础管理中的薄弱环节，制定了详细管理目标，出台了重要工作事项督办、月工作质量考评、四级动态管理考核和内部分配等管理办法，细化管理标准，明确执行方法，不断强化对管理过程的控制。同时，抓住关键环节，以各专项管理活动为载体和平台，进行不间断、高频率的监督检查，严谨细致的验收评价。不打折扣的整改提高，使企业管理的基础性工作和薄弱环节得到不断加强，切实提高了企业执行能力，在全市营造了不畏困难、争先发展、服务大局、团结协作、求真务实、爱岗敬业的良好氛围，从而为生产经营工作提供有力支撑和保障，达到了全市上下思想统一、步调一致、强化管理、增强执行力，促进企业经营快速发展的目的，使企业呈现出同心同德谋发展、群策群力谱新篇的良好发展局面。

（吕国姣）

【全省首家实行全市职工工资集中管理统一发放】 2005 年元月份，运城邮政局针对往年职工工资由所在基层单位自行考核，在发放中随意性较大，工资结构参差不齐，执行省局相关工资制度不严格，列支工资总额与劳务费互相交叉占用，财务支出负担较重，职工意见大等一系列制约企业经营良性发展的问题，结合实际，对企业内部分配办法进行了修订，在全省首家实行全市职工工资集中管理统一发放。

实行全市工资统一发放有四个优点：①有效控制企业工资总额，达到实时监控的效果，保证工资总额计划和劳务费支出计划的完成；②有效的规范了财务列支渠道；③与企业内部考核制度组成一个完整的分配体系，加强了人员编制的控制，杜绝了违规操作和克扣职工工资等现象的发生，确保了局务公开工作真正公平、公正、公开；④发挥了工资分配的激励作用，职工队伍明显稳定。干部职工的劳动报酬与工作业绩紧密联系，管理人员工作效率大大提高，生产人员营销劲头十足，劳务工有了归属感，切实稳定了劳务工队伍，为推动企业经营的快速发展奠定良好的基础。

（吕国姣）

【开展保持共产党员先进性教育活动】 2月份，运城邮政局按照市委的总体部署和要求，在市直督导组的指导帮助下，在全市全面开展了保持共产党员先进性教育活动。全市邮政部门保持共产党员先进性教育活动，从2月4日召开动员会起至7月5日，历时半年时间，涉及范围达7个支部23个科级单位140名党员，完成了三个阶段十三个工作环节的全部内容。在学习动员阶段，层层开展了“六个一”竞赛活动，共完成学习笔记408万字以上，心得体会200余篇，制定党员先进性具体要求36条，为扶贫点捐款捐物共折合人民币75840元；在分析评议阶段，细化了“七个环节”，开展了“四项活动”，共发放征求意见表160份，设置意见箱15个，党员之间相互谈心807人次，征求意见364条，参加党性分析材料撰写的党员达134人；在整改提高阶段，建立了“两项制度”和“两个机制”，共制订解决突出问题责任卡67张，连同“三项整顿”工作，共为企业和职工解决突出问题300余条。同时，领导干部采取深入基层调研走访和参加民主生活会、协调解决突出问题等方式指导工作，坚持“从群众中来，到群众中去”的方法，邀请入党积极分子、群众代表、离退休职工和社会服务监督员广泛参与，把先进性教育活动的目的意义宣传贯彻到全局，引起全局干部职工的共同关注，既调动了职工参与先进性教育活动的积极性，又让职工在“开门搞教育”的实效中看到了企业的希望。经过测评，全局先进性教育活动群众满意度达98.96%。

（吕国姣）

【加大行业监管力度】 为进一步规范邮政行业秩序，净化市场环境，3月17日，运城局针对市区部分学校、商店非法购销邮票、信封屡禁不止的现象，从企业实际出发，在联合有关部门，开展联合执法，加强市场监管的基础上，把单一的市场检查，转变为提供咨询、上门配送、现场办公、听取意见，以服务为主，监控为辅，堵疏相结合的监管方式，为邮政行业的发展创造了一个良好的外部环境。

市邮政局由专人负责代售点服务工作，不仅送票上门，当场兑付酬金，而且配送质量优、价格合理的国标信封，让票品代售人员真正感受到邮政贴心服务，使他们自觉地履行邮政代售网点的职责和义务。同时，进一步规范代售审批手续，重新换发了全市的邮票代售证，重新签定代售协议，详细登记每个网点进购的票、封数量，在代售证上规范填写邮票版号。通过严格手续，不仅对各代售点票品销售的监管提供了依据，而且使配票人员在实际工作中便于及时发现异常情况，通过执法人员进行及时查处工作，有效地监管和规范了票品销售市场。（吕国姣）

【建立人力资源四级动态管理模式】 机制的不断创新是企业实现快速发展的不竭动力。3月31日，运城邮政局为在企业内部营造一种上下结合，多方联动，人人争先，竞位谋发展的良好发展氛围，真正解决束缚邮政发展的体制性、机制性等深层次矛盾，在全市出台《运城市邮政局科级干部动态管理考核办法》、《运城市邮政局县（市）局局长助理动态管理考核办法》、《运城市邮政局管理人员动态管理考核办法》和《运城市邮政局生产人员动态管理考核办法》，建立了四级“能上能下、优胜劣汰”的动态管理考核机制，充分调动了广大干部职工的工作主动性、创造性，在全局形成了人心思“危”、人心思“干”、人心思“进”、人人争“先”的良好发展氛围，全力推动企业持续协调健康快速发展。

动态管理的依据和核心是量化考核内容，一切用数字说话。为客观评价一个部门、一位干部和一名员工的工作业绩，运城局根据季度、年度相关考核办法，对考核对象的德、能、勤、绩、廉进行量化考核，按照数字排队实行“优胜劣汰”，实现以数字为依据的“选人”目的。

市邮政局将全局所有科级干部分为机关部室、县市局、专业局、现业分局等四个小组，对工作业绩、民主评议、理论考试、加减分因素等方面进行严格的考核，并针对考核的累计得分进行排队，实行优胜劣汰。对于优胜人员，作为评先选优、晋级晋职的重要依据，同时对于排列后三名的干部进行戒勉谈话、扣罚岗位津贴、黄牌警告或降职使用，其中对最后一名坚决实行淘汰制。同样，局长助理、管理营销人员和一线生产人员三个层面也都实行动态考核，建立起与工作业绩紧密挂钩的薪酬职务体系，不仅决定着员工的薪酬变化，而且定夺着干部的晋升调迁，真正实现了“选人、选干”的目的，达到了“优胜劣汰、补充新鲜血液”，“留精去粕、增强活力”的目的，彻底打破员工抱着“铁饭碗”，干部坐着“铁交椅”，人人拿着“铁工资”的局面。

竞争机制的引入，激活了企业中最关键、最活跃的因素，调动了企业员工的工作积极性和主动性，干部职工面貌焕然一新，珍惜岗位的责任意识、敬业意识、团队意识和学习意识明显增强，全局形成了全体员工关心企业发展、支持企业发展、参与企业发展的良好氛围，全局的各项工作取得了突破性进展，特别是在服务、安全、市场拓展等方面，实现了质的飞跃。2005年全局用户满意度、邮件全程时限准时率、全网一体化物流信息反馈率等省局考核的通信和服务质量指标均圆满完成，其中，在2005年度全省用户满意度测评中，邮局服务用户综合满意度达到94.55分，列全省首位。（吕国姣）

【运城邮政局出版《员工手册》】 5月20日，为不断推进“管理年”活动的开展，提升员工队伍整体素质，打造企业文化建设氛围，促进企业健康快速发展，依据《中华人民共和国劳动法》、《工会法》和相关法律、法规，在认真听取各方面意见，纳谏广大员工的建议，精心策划，出版了《运城市邮政局员工手册》。

该手册由企业文化、行为规范、职工权益三大部分组成，内容涵盖了48项内容。第一部分为企业文化，分为内涵理念体系（企业精神、企业目标、企业理念、企业价值观、企业哲学、企业道德、企业制度、企业生态、心智模式、企业形象）、精神行为体系（倡导员工树“三观”、讲“三德”、做“三好”、塑“三型”）和标识体系；第二部分为行为规范，包含核心行为准则、人际关系行为准则、办公作业行为规范、团队意识行为规范、礼仪服务标准、机关工作人员日常行为规范、生产人员日常行为规范、员工行为管理办法、局规局纪；第三部分为员工的权益，包括员工（劳动就业权、签订劳动合同与集体合同权、休息休假权、劳动报酬权、劳动安全卫生保护权、职工培训权、社会保险和福利权、提请劳动争议处理权、民主管理权、参加工会）十种权利、工会会员的权利和义务、劳动保护、企业营销积分考核办法。

《运城邮政局员工手册》是一部激励员工奋发，启发员工觉悟，规范员工行为，提升企业核心竞争力的企业“法典”，是企业管理、文化建设、改革创新的精髓。该《手册》的出版发行充分体现了运城邮政以文化育人、文化造市、文化兴邮、文化强局深层底蕴，标志着运城局又向规范化、制度化、科学化、现代化管理迈出了更扎实的一步。（吕国姣）

【发行运城关公机场首航开通纪念封】 2月7日，运城关公机场正式通航。运城机场的建成和通航结束了晋西南地区无民用机场的历史，填补了晋、陕、豫黄河金三角地区的空中交通空白，对推进中西部交流，促进运城市和山西省政治、经济、旅游、科技、文化等各项社会事业的发展具有十分重要的战略意义。运城局就此主题，制作了500套首航纪念封为运城关公机场首航日助兴。（吕国姣）

【荣获“2005年度全国通信行业优秀QC小组”称号】 6月2日，以“提高邮政绿卡系统网点营业率”为主攻课题的运城局QC小组，被中国通信企业协会授予“2005年度全国通信行业优秀QC小组”，成为全省邮政系统唯一获此殊荣的单位，并赴宁夏银川参加了2005年度全国通信行业优秀QC小组成果交流表彰会，为山西邮政争得了荣誉。

针对一、二期绿卡系统频繁发生通讯线路中断、网点服务器宕机等故障，严重影响绿卡系统安全稳定运行的现状，运城局QC小组对绿卡运行日志和维修质量进行了认真分析，从而得出通讯网络故障和网点服务器故障是解决上述问题的两个关键环节，外线通信介质不稳定、网点服务器运行环境较差、系统监控不到位、网通X·25交换机设备陈旧是导致故障产生的四个主要原因的结论。该小组针对确立的四个要因，发挥群体智慧，逐一制定对策、逐一明确目标、逐一落实，取得了较好的效果。绿卡网点故障率由实施该方案前的平均12次/月，降低为平均2.5次/月。同时通信线路也由原来的27条减少为20条，每年可为企业节约通信费用5.04万元。（吕国姣）

【邮政局成功研发邮储系统应用软件】 7月份，运城邮政局为进一步提高邮政储蓄系统服务水平和市场竞争能力，全面推进邮政金融信息化，在全省首家成功研发了邮储代收付数据转换软件和绿卡网点营业监测软件。经投入使用，大大降低了营业人员劳动强度，提高了工作效率。

邮储代收付数据转换软件，使邮储代收付业务具备了批量进行业务办理和数据统计的功能，改变了以往营业人员办理业务逐笔录入，费时费力、工作效率低下的状况，有效提高了工作效率，同时也为用户提供了方便、快捷的服务，促进了代收付业务的快速发展。绿卡网点营业监测软件，实现了对邮储网点营业情况的实时监测，使监测人员及时发现和解决网络运行中的问题和故障，进一步提高了邮储系统运行质量，增强了邮储服务水平和竞争实力。（吕国姣）

【运城市公安集邮协会成立】 继太原、长治、吕梁公安集邮协会成立之后，运城市公安集邮协会于10月28日成立。公安集邮协会的成立，进一步丰富了警民文化共建活动内容，促进了广大人民群众与公安民警之间的相互沟通、相互了解，充分展现公安民警能文善武的风采。尤其通过集邮文化活动，以及公安特色集邮品的开发，激发公安民警献身公安事业的热情和建功立业的事业心，使集邮文化根植于公安部门，宣传公安，带动集邮，特别是对推动全市集邮事业发展、构建和谐运城发挥积极的作用。运城局特意赠送了50本《集邮读本》，以表祝贺，并表示将大力支持公安集邮协会工作，积极提供帮助，解决实际问题，努力做好服务性、支撑性和保障性工作。运城市政府、省公安集邮协会、省邮政局邮资票品部、省集邮协会、运城市公安局、检察院、法院等单位参加了成立仪式，公安集邮协会当日举办了首届公安集邮展，共展出21部60框96个贴片，多数是反映公安工作、生活的邮集。（吕国姣）

移动通信

·运城移动通信分公司·

【概述】 2005年，运城移动强化以客户为中心、以效益为导向的经营思想，全面实施发展、稳定、提高三大市场策略，强化品牌营销工作，深入挖掘市场潜力，不断拓展市场空间，提升整体营销能力，企业营运表现良好。运营收入保持了高速增长态势，完成年目标的106%。盈利水平持续提升，客户规模保持快速增长，客户总数达到88万户。实施村通电话工程，全力推进农村信息化。新业务、数据业务收入比重大幅提高，成为总体收入增长的重要驱动力。行业解决方案在政府、气象、金融等行业得到广泛应用，逐步成为政府、企业推进信息化建设的重要合作伙伴。

（运城移动通信分公司）

【营销服务能力加强】 2005年，运城移动全面实施了服务短木板提升工程，牢牢把握客户导向、重心前移、整体作战的原则，从客户的需求出发，解决制约服务工作的深层次问题，服务竞争力不断提升。在硬件上，加强营业厅规范化建设和硬件设施配置，新建7个自办营业厅，按照CI标准对94家营业网点进行了装修改造，保障营业厅环境与秩序良好。在软件上，实施服务短木板改善方案，加大客户投诉解决力度，强化服务人员主动服务意识，开展服务竞赛活动，加大对客户经理、营业员素质提升培训及考核力度，举办8期300余人次的培训班，打造高素质服务团队。同时，进一步深化差异化服务优势，建立个人客户经理、集团客户经理和产品经理三位一体的大客户服务结构，设立全球通专柜、VIP俱乐部、VIP专席，为大客户提供“绿色通道”服务、24小时客户经理全天候服务和“个性化话费预警”服务。开展了机场易登机、休息厅、生日鲜花礼仪、手机限额免费维修等特色服务，营造高层次、高品位的服务品牌效应。加强与高端客户的沟通，启动全球通VIP游泳俱乐部、羽毛球俱乐部，开展亲子乐园等一系列大客户联谊活动，赢得客户心灵份额。同时，不断提升渠道服务能力，规范自办、代办营业厅建设工作，营销服务渠道进一步完善，客户的方便程度进一步提高。

（运城移动通信分公司）

【网络服务能力增强】 2005年，运城移动围绕市场和客户需求，坚持科学的建设投资策略，继续深入打造精品网络，网络覆盖、网络质量领先优势进一步扩大。积极开展3G建设各项准备工作，对3G网的前期规划进行了论证。深入开展网络优化和运行维护工作，不断提高网络质量和支撑能力。依法做好互联互通工作，及时妥善地处理网间互联争议，促进网间通信质量不断改善，各项网络指标均达到全省优秀指标。积极做好应急通信保障工作，出色地完成了抢险、救灾、重要活动等通讯保障任务。大力推进村通工程建设，克服工期紧张，建设任务繁重，建设环境恶劣等种种困难，架设光缆400余公里，新建基站35座，移动信号覆盖垣曲、绛县、闻喜、夏县、稷山、万荣6个县75个目标村，圆满完成了第一阶段工程建设任务，并完成第二阶段50座基站铁塔、房屋、设备安装等配套建设工作，树立了良好的企业公民形象。

（运城移动通信分公司）

【管理水平提高】 运城移动从组织机构、管理制度、管理流程、管理手段等方面入手，推动管理模式的转变，深入打造企业发展的核心竞争优势。在组织机构方面，实施了机构改革，强化和整合客户界面人员结构和数量，客户界面员工数占员工总数的74%，增强了市场拓展和客户服务能力。在管理制度方面，建立完善各项管理制度，实施管理制度年度汇编制，提升了基础管理能力。在管理流程方面，重点梳理和优化管理流程，有效调动了生产经营积极性和整体运营效率。在管理手段方面，实施员工绩效回报和员工末位淘汰、升降级制度，促进员工绩效的不断提升；岗位公开竞聘的范围和层次进一步扩大，向社会招聘大学生充实到客户服务和网络维护岗位。加强员工队伍建设，将教育培训与岗位锻炼相结合，提升员工整体素质。加强全面质量管理工作，分公司网络维护优化项目部QC小组荣获“山西省优秀质量管理小组”。深化全面预算管理，分公司整体预算进度控制良好，主要运营指标均优于预算计划。企业信息化应用进一步拓宽，工程管理、MIS系统投入使用。组织开展内部财务检查工作，加强了经营风险防范与控制。另外，认真落实安全生产责任制，提高安全防范能力，杜绝了重大安全事故的发生，分公司各项管理目标顺利实现。（运城移动通信分公司）

【三个文明建设】 运城移动按要求顺利完成了共产党员先进性教育活动，实现了教育活动与生产运营“两不误、两促进”，被市委评为“先进基层党组织”。同时，分公司党委积极抓好党组织建设和党员的教育、管理和发展工作，实现“三无”目标，党建工作进一步提高，被评为市直“十佳党委”。各级工会组织召开了多种形式的文体活动，活跃和丰富了员工精神文化生活。开展综合性竞赛和专业性劳动竞赛，激励和调动员工的生产工作积极性。将教育培训和岗位锻炼相结合，启动“创建学习型组织，争做知识型员工”活动。在品牌知识竞赛和DV大赛活动，分公司获得“品牌大赢家知识竞赛”团体三等奖和集体优秀组织奖。精神文明建设取得新成果，分公司通过了省级文明单位验收；申报了新绛营业部省级和盐湖营业部国家级两个“青年文明号”集体，创建了河津、永济、夏县、绛县、网络维护优化项目部5个市级“青年文明号”集体，创建总数达到8个。企业形象得到进一步提升，分公司被授予“山西省五一劳动奖状”；获得“全市百佳诚信单位”、“省级诚信单位”称号；被评为“2004年度行风建设先进单位”和“2004年度档案工作先进集体”；盐湖中心营业厅获全国“巾帼文明岗”称号。

（运城移动通信分公司）

·中国联通运城分公司·

【通信工程建设】 截止2005年10月，运城联通圆满完成了移动通信GSM130十一期、CDMA133三期及本地接入网工程建设任务，使G网网络容量达到25万户，基站数达到260个；C网网络容量达到10万户，基站数达到240个，基本实现了对城区、县市、主要乡镇、村和大运、运风、运三等高速公路的无缝隙覆盖；本地接入网工程完成了ATM、IP网到各县市的延伸；随着运城联通通信网络的不断延伸和完善，联通综合电信业务如移动、数据、长途、互联网等业务得到了均衡、快速的发展，成为运城市独具综合业务优势，业务功能强大，服务质量较高的电信运营企业，在运城市的通信领域占有举足轻重的地位。（中国联通运城分公司）

【综合业务全面发展】 截止2005年10月，运城联通累计完成投资3亿多元，实现综合业务收入1个多亿元。GSM130移动用户发展数达到10万多户，网上用户数达到20多万户；CDMA133移动用户全年共发展2万多户，出帐用户达到6万户；数据业务共接入各类专线用户180多家，其中建行、工行、中行三大银行的专线接入全部完成；193

长途注册用户发展20000多户，193长途、17910、17911 IP卡类业务实现销售收入100多万元，语音专线（1P电话超市）全部进入运城市区各大、中专院校。

（中国联通运城分公司）

【适时推出新业务、新资费、新产品业务】 2005年，运城联通公司从满足用户需求的角度出发，不断开发出各种新产品、新资费、新政策，更大限度的让利于用户。为使广大用户早日使用上133CDMA环保、健康的新一代移动通信，运城联通推出了“百元彩屏和弦手机普及风暴”等一系列促销活动，使更多的133手机走入寻常百姓家。

2005年进一步丰富了“联通无限”业务，“联通无限”业务具有很大的技术优势，用户可以通过“互动视界”业务轻松下载图片铃声。为用户的生活增姿添彩；“彩e”业务可以实现手机与手机、手机与互联网间的电子邮件互发，最多支持5000字的文本邮件，方便用户的办公生活；“掌中宽带”业务让用户在有中国联通网络覆盖的地方随时随地实现153.6kbs的高速无线上网等，“联通无限”的出现，使手机由单一的通话工具变成了集通话终端、电脑终端、电视终端于一体的超级掌上终端。

（中国联通运城分公司）

（责任编辑：杨春英）

财税金融

财　政

【全市总预算及市本级预算变动情况】 2005年市一届人大七次会议审查通过的全市财政总预算及市本级的预算，在执行中，根据上级追加、追减专项指标和各级预算调整情况，作了适当变动。全市一般预算收入由154082万元调整为155501万元，增加1419万元，主要是增值税退税由中央财政负担收入增加1419万元。全市一般预算支出由年初的312600万元调整为512516万元，增加199916万元。其中：上级下达专款增加支出67201万元，上级转移支付补助增加支出45687万元，使用上年结转增加支出28756万元，动用上年净结余增加支出31676万元，使用当年超收增加支出29995万元，使用调入资金增加支出2938万元，其他支出减少6337万元。

市本级一般预算收入由68371万元调整为69108万元，增加737万元，主要是增值税退税由中央财政负担收入增加737万元。市级一般预算支出由69334万元调整为114014万元，增加44680万元，主要是上级下达专款增加支出5334万元，上级转移支付补助减少支出969万元，使用上年结转增加支出13860万元，动用上年净结余增加支出11423万元，使用当年超收增加支出8549万元，使用调入资金增加支出1091万元，其他支出增加支出5392万元。　（市财政局）

【全年总预算执行情况】 2005年，全市一般预算收入完成184077万元，为调整预算（下同）的118.38%，超收28576万元，比上年增长19.86%，增收30503万元。其中：工商税收完成116567万元，为预算的103.63%，比上年增长21.76%，增收20833万元；农业四税完成1943万元，为预算的180.58%，比上年降低82.34%，减收9062万元；企业收入完成15799万元，为预算的103.26%，比上年增长8.49%，增收1237万元；其他各项收入完成49768万元，为预算的186.84%，比上年增长54.21%，增收17495万元。

一般预算支出执行437358万元，为预算的85.34%，比上年执行数353935万元增长23.57%，增支83423万元。其中：生产建设性支出60017万元，为预算的85.33%，比上年增长43.64%，增支18233万元；各项行政事业支出335205万元，为预算的89.95%，比上年增长17.72%，增支50468万元；其他各项支出42136万元，为预算的60.60%，比上年增长53.70%，增支1427万元。

全市财政平衡情况：2005年，全市一般预算收入完成184077万元，免抵未调库归还收入1980万元，上级财政各项补助收入265219万元，国债转贷收入2881万元，国债转贷资金上年结余1690万元，上年结余收入60432万元，调入资金2938万元，收入总计为519217万元。当年一般预算支出437358万元，专项上解949万元（周转金上解结算），拨付国债转贷资金及转贷结余4571万元，调出资金1181万元，支出总计为444059万元。收支相抵，年终滚存结余75158万元，减结转下年支出64268万元，年终累计净结余10890万元，再减去上年批复决算后的累计净结余6169万元，当年净结余4721万元，实现了收支平衡。同时，全市13个县（市、区）也都实现了收支平衡。

另外，2005年全市财政基金预算收入完成22529万元，为预算的192.16%，超收10805万元，比上年增长62.31%，增收8649万元；基金预算支出26830万元，为预算的68.55%，比上年增长86.89%，增支12474万元。　（市财政局）

【市本级预算执行情况】 2005年市本级一般预算收入完成76920万元，为预算的111.30%，超收7812万元，比上年增长31.26%，增收17298万元。其中：工商税收完成51192万元，为预算的102.01%，比上年增长24.48%；企业收入完成11396万元，为预算的89.27%，比上年增长3.29%；耕地占用税完成250万元，为预算的144.51%，比上年增长44.51%；行政性收费、罚没、专项及其他收入完成14082万元，为预算的235，21%，比上年增长124.52%。

市本级一般预算支出执行86990万元，为预算的76.30%，比上年增长45.76%，增支27309万元。其中：生产建设性支出20693万元，为预算的86.70%，比上年增长203.06%，增支13865万元。各项行政事业支出57645万元，为预算的84.30%，比上年增长17.88%，增支8745万元。其他各项支出8652万元，为预算的39.75%，比上年增长118.87%，增支4699万元。

市本级财政平衡情况：2005年，市本级一般预算收入完成76920万元，免抵未调库归还收入805万元，国债转贷收入及资金上年结余1530万元，上年结余收入25283万元，调入资金1091万元，县级上解收入14388万元，收入总计120017万元。当年市本级一般预算支出86990万元，专项上解4458万元，拨付国债转贷资金及转贷结余1530万元，调出资金15万元，支出总计为92993万元。收支相抵，年终滚存结余27024万元，减结转下年支出17862万元，年终累计净结余9162万元，剔除待上解8510万元后，当年净结余652万元。

（市财政局）

【争取各种财政资金保障发展】 2005年，在市委、市政府的高度重视下，在各职能部门的密切配合下，财政部门积极争取资金，为运城发展提供财力保障，共向上级部门争取各种资金264706万元，其中：各项税收返还45151万元；各种专款67201万元；各种转移支付补助152354万元。（市财政局）

【运用财政政策，扶持企业发展】 2005年全市共拨付资金3412万元扶持企业发展，其中：企业挖潜改造资金512万元，外经贸发展促进项目等资金400万元，增值税退税2500万元。（市财政局）

【增加农业投入，促进农村经济发展】 全年支农支出37885万元，有力地促进了农业增效、农民增收和农村经济发展。（市财政局）

【确保资金到位，促进科教文事业发展】 2005年，全市科教文事业投入104016万元，其中：科学事业费514万元，科技三项费1430万元，教育支出88301万元，文体广播事业费13971万元。

（市财政局）

【大力推进城建事业发展】 2005年用于城市建设的资金29087万元，其中：省开发银行贷款19530万元，配套9557万元，主要用于铺安街(一期)、人民北路、高专东路延长线、盐湖大道、潞村街、禹西路拆迁和道路建设以及10个城市绿化项目，使运城市的城市面貌发生了进一步变化。（市财政局）

【落实工资发放责任制，严格工资专户管理】 全年共发放公教人员基本工资162637万元，及时拨付县级一般性转移支付补助49734万元，使全市13个县（市、区）全部兑现了财政供养人员的基本工资。

（市财政局）

【支持社会保障体系建设】 以扩面、提标为重点，大幅增加社会保障投入。2005年全市拨付社会保障补助16264万元、抚恤和社会福利救济费18033万元，支持城乡社会救助体系建设，促进社会保障制度的完善。73617名城市贫困人口纳入了低保范围，67399名农村低保对象享受到财政补助，6880名“五保”对象纳入了财政供养范围，5882名国有企业下岗职工基本生活费和53456名企业离退休人员基本养老金按时足额发放，70%的下岗职工实现了出中心向失业保险并轨，有力地维护了社会的和谐稳定。（市财政局）

【支持公共卫生事业发展】 2005年，全市医疗卫生支出17805万元，增支1359万元，大力支持乡村医疗卫生事业发展，开展推进了“县乡保健院、防疫站、卫生院建设”、“农民健康工程”和“农村卫生服务体系建设”，改善了农村公共卫生条件。在河津市开展了新型农村合作医疗改革试点，农民参合率达到83，7%，提高了财政应对突发公共卫生事件的能力。面对禽流感等突发疫情，千方百计筹措防治资金，切实保障人民群众生命安全。同时还积极支持建设覆盖省、市、县三级疾病预防控制体系，在平陆、盐湖、河津3个县（市、区）启动了城市医疗救助试点，在盐湖、临猗、稷山、闻喜、夏县、绛县、平陆、垣曲8个县（市、区）实行了农村医疗救助试点，提高了公共卫生保障水平。（市财政局）

【支持维护社会稳定】 2005年全市公检法司支出28121万元，比上年增长33.71%，增支7089万元。支持了各级政法机关装备建设、监所维修和严打办案等，有效地保障了广大人民群众生命财产安全，有力地维护了社会稳定。

（市财政局）

【积极推进预算管理体制改革】 国库集中收付制度改革不断完善，政府宏观调控能力增强，财政资金使用效率进一步提高。市级全面实行部门预算，176个单位纳入了部门预算管理，资金总额77438万元。其中：财政拨款47269.4万元，预算外收入24945.6万元，政府性基金5223万元，使财政资金在阳光下运行，预算约束力增强。依法推行政府采购，实行“管采分离”，采购范围规模进一步扩大，2005年采购资金总额达17950万元，节约资金2402万元，节支率13.1%。实行“票款分离、收支脱钩”，“收支两条线”工作不断深化。农村税费改革顺利推进，全市免征农业税及其附加，减少农民税费直接负担1.3亿元，人均减负31.9元，农民负担进一步减轻。（市财政局）

【努力缓解县乡财政困难】 积极落实省对县增收节支激励约束机制，有力地调动了县级增收节支保平衡的积极性，县级财政自我保障能力不断增强。（市财政局）

【创新资金管理模式，提高财政支出效率】 对与人民群众生产生活密切相关的财政支出，如粮食补贴、计划生育家庭奖励等进行了直补；强化了农业综合开发项目、资金的管理和监督，积极开展了投资参股经营试点。此外，各级财政部门还积极支持了粮食流通等相关领域的改革，取得了明显成效。

（市财政局）

【不断提升财政管理法制化水平】 不断加大贯彻执行《预算法》、《会计法》等法律法规工作力度，严格预算约束，强化会计监管。有力地整顿和规范了财经秩序。加大监督检查、投资评审、绩效考评工作力度，致力构建程序合法、制约有效、执行透明的财政监督机制，重点监管社会保障、支农、教育等与人民群众生产生活密切相关的财政支出，努力提高财政资金使用效益。不断完善事前投资评审、事中跟踪监督、事后绩效考评相结合的监督机制。加大财政投资评审力度，2005年共评审项目39个，送审金额56455万元，审定金额37596万元，审减金额13994万元，平均审减率25%。（市财政局）

税务

国家税务

【领导班子建设】 2005年，全市国税系统按照政治坚定、求真务实、开拓创新、勤政廉政、团结协调的要求，切实加强领导班子的思想、组织、制度和作风建设，全系统认真开展保持共产党员先进性教育活动，通过理论学习、党性剖析、整改措施的落实和民主生活会等形式，在思想政治素质、理论水平和理想信念等方面得到很大提高。在先进性教育活动市委督导组进行的群众满意度测评中，市局满意率达99.48%，被评为“第一批保持共产党员先进性教育活动先进基层组织”，各县（市、区）局也取得非常好的效果。认真落实中心组理论学习制度，召开了以“实施人才兴税战略、着力构建和谐国税”为主题的中心组理论学习扩大会议，提出了实施人才兴税战略、构建和谐国税的任务目标，统一了思想，坚定了信心和决心。认真落实民主集中制，自觉遵守集体领导和分工负责相结合的制度。在领导班子和领导干部中开展了思想整顿，市县两级都召开了以“依法治税、强化责任、转变作风”为主题的党组（扩大）民主生活会，重点解决了理想信念、坚持民主集中制、班子团结、工作作风等十个方面的问题，增强了领导班子的凝聚力和战斗力。（侯宏伟）

【税收执法检查】 2005年，在全市系统开展了税收执法检查。各单位利用一个多月的时间，对近年来的税收执法工作进行了一次全面自查。市局在认真梳理总结自查情况后，下发了通报，并对盐湖、永济、河津、闻喜进行了重点剖析检查，对税收执法、政策执行、票证管理和稽查业务等方面存在的90类问题，深入分析了原因，提出了整改建议。省局“9.26”会议之后，又开展了执法检查和基础管理检查，进一步推动了依法治税。

（侯宏伟）

【税负分析工作】 2005年，全市系统加强税负分析工作，先后测算了全市252个行业的税收负担率和抵扣率，对全市2583户纳税人进行了行业鉴定，筛选出600余户税负畸低的纳税人，开展了针对性的税负核查分析，对有问题户进行重点检查，查补税款近2000万元。

（侯宏伟）

【整顿和规范税收秩序】 2005年，全市系统开展了以查处虚假申报、骗取抵扣增值税进项税额为重点的煤焦生产及运销企业、水泥生产企业、废旧物资回收经营企业等专项检查；重点查处了以取得虚开增值税专用发票抵扣进项税额的涉税犯罪行为；以煤焦生产企业、农副产品加工企业、废旧物资经营企业为重点，对全市利用“四小票”抵扣税款的企业进行了全面排查；狠抓大要案查处，共对11户涉案企业进行了查处。全年共查处各类纳税人625户，查补税款、罚款和加收滞纳金共4630万元，入库率达到97.49%。（侯宏伟）

【组织收入】 2005年，全市系统坚持组织收入工作原则，严格执行组织收入工作纪律，税收收入保持基础比较扎实、进度比较均衡、质量比较高的良好发展态势。2005年共完成税收收入407001万元，占省计划的105.07%，比上年同期增长18.12%，增收62432万元。

（侯宏伟）

【税源管理】 2005年，全市系统认真做好税收收入分析预测，预测误差率控制在了3%以内。认真落实税收管理员制度，建立了税收管理员管户责任制和岗位责任制，堵塞了管理漏洞。加大清缴欠税力度，共公告欠税纳税人285户，清理欠税12796万元。（侯宏伟）

【税收基础管理】 2005年，全市系统规范基础资料管理，实现了纳税人资料的“一户式”存储，提高了电子档案资料的应用效率。加强个体集贸市场税收管理，制定了集贸市场内查帐征收户、“双定户”不达起征点户和免税户、临时经营户的分类管理办法，为规范集贸市场税收征管奠定了基础。加强对各类税控装置运行、维护的管理与协调工作，确保了税控装置的有效运行和“据实征收”的推行。加强税收票证管理，组织开展了票证管理内部检查，对普通发票进行了换版启用。强化征管质量考核，对纳税申报率、非正常户管理、欠税管理、税种鉴定等情况进行了适时监控和考核，促进了税收征管质量和效率的提高。（侯宏伟）

【税种管理】 2005年，全市系统强化金税工程运行质量的监控，存根联采集率均达到了100%，超过了总局99.5%的考核指标。认真开展滞留发票信息专项调查工作，受到了省局好评。加强出口退税管理，开展了民政福利企业、废旧物资回收企业的专项清理检查。加强所得税管理，对事业单位、社会团体、学校和医院进行了全面清查。认真开展机场、房地产、医疗卫生机构企业所得税征管调研和所得税专项检查，提高了所得税管理水平。加强车购税管理，共征收车购税12965万元。（侯宏伟）

【税收管理信息化】 2005年，全市系统按照“一体化”要求，配合省局完成征管系统、增值税管理系统、进出口退税管理系统数据以及各类硬件资源的整合工作。认真搞好综合征管软件推广应用工作，克服时间紧、任务重、难度大等困难，扎实进行上线前的数据清理、数据核对、设备配备和人员培训等项工作，2006年1月1日正式上线并正常运行。进一步加强信息安全管理和运行维护工作，定期进行检查，确保了各个应用系统安全运行。（侯宏伟）

【教育培训工作】 2005年,在税收队伍教育培训工作中,一方面,绝大多数单位以总局印发的新教材为标准开展全员培训,重点组织了税收法制、财务会计、稽查审计、办公技能、税收信息化应用等为主要内容的培训。采取集中学习辅导、个人自学、专家讲解、随机抽查、定期考试等多种形式,每季度组织一次全员考试;三季度,市局组织全市国税系统1081名税务干部进行了业务统考,并对考试成绩进行了通报。另一方面,利用多年来与山西财税专科学校、运城学院、省局培训中心等院校建立的长期培训协作关系,提高税收队伍业务教育培训工作的层次和水平。2005年,128人取得了大学或专科毕业证书,在读研究生达到了13人。（侯宏伟）

【精神文明创建活动】 2005年，全市系统加强思想政治工作，开展捐资助学、为贫困山区捐款捐物等一系列活动；进一步优化纳税服务，大力推行“一窗式”管理、“一站式”办结的纳税服务模式，积极推行“文明办税八公开”和税务行政许可“八公示”，发挥“12366”纳税服务热线的网络优势，得到了纳税人的好评。积极开展争创“青年文明号”、“文明单位”活动，营造了学习先进、争当先进、争创一流的浓厚氛围。先后有绛县国税局被命名为“全国精神文明建设先进单位”，盐湖区国税局办税服务厅被命名为国家级“巾帼建功文明岗”，市地税局机关和芮城、夏县、万荣、永济、稷山、闻喜等七家单位被评为省级文明单位。

（侯宏伟）

【党风廉政建设】 2005年，全市系统坚持标本兼治，综合治理，关口前移，以人为本，不断推动党风廉政建设工作走向深入。认真落实党风廉政建设责任制，并受到了市直工委和市纪委的充分肯定。召开了“市直机关落实党风廉政建设责任制工作经验交流国税现场会”。加强廉政教育，先后组织开展了“人该如何做、权该如何用、法该如何执”大讨论活动，进行了“信访条例知识测试活动”和“两个纲要知识测试”，增强了国税干部拒腐防变的能力。加大案件查处力度，以查处滥用职权，谋取私利的违法违纪案件和解决群众反映的突出问题为重点，坚决纠正损害群众利益的不正之风，进一步巩固行风建设成果，市地税局荣获政风行风评议执法监督部门第一名。组织开展了税收执法监察工作，实现对税收执法权和行政管理权的全程监督制约，建立健全了预防腐败的制度和机制。（侯宏伟）

【开展调查研究】 2005年，市局虚心征求基层意见，力求吃透实情，力求每一项工作决策都符合实际；在制定工作措施时，深入群众了解基层工作实际，力争抓住工作中的主要矛盾；在了解和掌握重大部署和重点工作的落实情况时，组织人员深入基层开展调研，进行督查督办，促进工作的落实。比如，在筹备召开中心组理论学习扩大会议，了解“两个”电视电话会议精神落实情况等，都进行了大量的调研工作。还召开了依法治税研讨会，对税收法治工作进行了积极而有益的讨论和探索。（侯宏伟）

【大兴创新之风】 2005年，全市系统建立健全激励创新机制，鼓励税务干部开拓创新，创造性开展工作。加大创新力度，把创新列入了目标责任制的考核范围，在目标责任制中特设了“创新奖”，对有特色、有指导价值和意义、影响范围广的工作，进行奖励。年末，各单位向市局共申报创新项目77个，局长办公会研究确定了8个，即新绛的建立个体户网络分布图和建立立体交叉考核机制，万荣的健全户籍制度，稷山的国、地税联合稽查，绛县的农副产品管理，夏县的建立突发性事件处理应急机制，平陆的税务处罚记分办法，盐湖的税务网站宣传等。（侯宏伟）

【开展作风整顿】 2005年，市局针对省局“9·26”电视电话会议通报，及时召开了全市国税系统副股级以上干部电视电话会议，在机关和全体税务干部中开展了以“转变作风，狠抓落实”为主题的纪律作风大整顿，重点解决了政令不通、作风漂浮、管理松懈、责任不明等十个方面的问题，使税务干部的工作作风有了新的转变。（侯宏伟）

地方税务

【概况】 2005年，全市地税系统共组织各项税收收入102063万元，占市政府下达任务的108.6%，较上年同期增长24.13%（剔除2005年农业税停征因素）。其中：税收收入完成100120万元，占省局下达任务的110.89%，较上年同期增长24.19%；农业税收完成1943万元，占年计划任务的102.3%，较上年同期增长21.1%。同时还组织入库各项规费收入12008万元。各项收入呈现出超计划、超同期、超历史的良好态势。（市地税局）

【信息化建设】 2005年，为了充分发挥信息机房的整体效能和现代化作用，市地税局建立了专门的信息化建设项目监督管理机构，抽调专人，明确职责，分工到位，确保信息化建设有序、安全推进。首先，完善了计算机机房各区域硬件设施建设，强化了机房的各系统功能和作用，进一步规范机房建设的各种资料、软件及各项文档，如期完成了机关办公大楼的综合布线工作。其次，认真做好网络贯通和局域网建设。为配合省局顺利完成全省地税系统“四级广域网”的建设，在全市地税系统范围召开了两次动员大会，重点强调了市局机房建设的完善以及征管改革后信息结点的统计、VOIP电话等工作，就全市各县的具体情况做了认真的统计，并将问题提到会议上来解决，有效地保证了信息化建设的高质量布局。同时，还充分发挥和使用好现有的计算机专业人才，加强了对系统信息化技术的师资培训，积极培养一批既懂技术、又熟悉业务工作的骨干，为下一步信息化技术的运用奠定了基础。年底各县的局域网建设、机房建设、及其它准备工作已基本到位。（市地税局）

【依托信息化建设，加快征管改革步伐】 2005年根据省局《关于进一步深化税收征管改革的实施意见》精神，市局制定了具体的《实施方案》，经省局批复后，一并进行了转发，并对全市13个县（市、区）局的征管改革方案进行了研究批复。截止11月20日，全市13个县（市、区）局的征管改革已全部到位。通过这次征管改革，（1）专业化税收征管办法得到了稳妥积极地推行。进一步明确了征收、管理、稽查等环节的职责分工，完善岗责体系，优化业务流程，加强业务衔接，做到分工不分家。市（县）城区范围内实现了征收、管理、稽查的外分离，市（县）城区以外实现了征收、管理的内分离；（2）大幅度压缩了税务所。特别是农村税务所由原来的144个压缩到80个；（3）规范统一了直属机构和派出机构的名称。将原来的各征收分局改为直属分局，将原来的管理分局和征收管理分局统一按地域或第一、第二等称谓改为税务所；

(4) 进一步调整了征管职能，规范了业务流程。明确了登记征收部门以前台窗口服务为主，税源管理部门以后台基础管理为主，税务稽查部门以税务案件查处为主的职能配置。同时，按照纳税服务“一站式”和税收征管资料“一户式”的管理要求，制定了《专业化税收征管业务规程》，进一步简化了办税程序，减少了传递环节，优化了纳税服务。（市地税局）

【强化税务稽查】 2005年，全市税务稽查部门认真落实“123”工作目标，积极推行稽查案件首查责任制，强化稽查工作目标考核，突出重点行业税收稽查，不断加大稽查工作力度，取得明显成效。全年共检查各类纳税户328户，查补各项收入2202.16万元，其中市局稽查局共检查各类纳税户45户，查补各项收入1256.71万元，追缴欠税200万元。同时，还借协助省局开展对北京泰可思网络有限公司的检查的有利时机，对全市5个县市9户企业进行了调查；先后对采自全国14个省市26个税务机关发来的66份公路货物运输发票进行了协查，查出虚假公路货物运输发票50份，涉及金额3138.65万元。

（市地税局）

【全面推行“一表式”综合申报表】 2005年为了做好申报纳税过程中的优化服务工作，针对目前各税（费、基金）申报表种类繁多，填写复杂，办税繁琐的现状，对现行的申报表进行了改革，把各税（费、基金）申报表、代扣（代收）代缴报告表、委托代征报告表等16种表格简并为一种，命名为《运城市地方税务局税（费）综合申报表》，自7月1日起在全市推行。“一表式”申报表的全面推行，收到了三方面的成效：方便了纳税人办税。由于缩减了填表数量，减少了纳税人重复劳动，节省了办税时间，因而大大提高了办税效率。降低了税收征管成本。简并申报表后，由于表格种类和印制份数的减少，将大大节省印制经费。提高了征管质量。“一表式”申报表便于税务征收人员审核、录入、传递、分析和应用，也便于税源管理环节对申报资料的“一户式”管理，大大提高了工作质量和效率。

（市地税局）

【管户基础管理】 2005年，全系统利用征管改革的契机，在全市范围内开展了一次管户大摸底、大清查，对发现的漏征漏管户及时进行了处理并纳入正常的税务管理，坚决杜绝“黑户”的存在。全市共清查出漏征漏管户6214户。

（市地税局）

【营业税管理】 2005年，全系统先后共对124户纳税户进行税收资料普查，占全市营业税户数的1016户的12.2%；涉及营业税8744万元，占入库营业税24893万元的35%。并针对欠税情况较严重的建筑安装行业、房地产行业等详细分析了原因，提出了相应的征管意见，为今后的重点税源征管与监控提供了依据。（市地税局）

【资源税管理】 2005年，市局在全市范围内开展了一次煤炭资源税大普查，着力宣传调整后的煤炭资源税定额（新定额为3.2/吨，原定额为1.6元/吨），并清理从2004年7月1日起实施新定额前的欠税，共征回欠税740余万元。同时，印发了《运城市资源税已税证明单使用管理办法》，强化了与邻近省、市资源流通领域的资源税征收管理，规范了已税证明单的使用管理，堵塞了税款流失。

（市地税局）

【土地使用税和涉外税收管理工作】 2005年，土地使用税征管方面，主要是综合上半年的征期，将2004年1月1日新定额、新范围实施后的欠税进行了一次大清理，建立了新的城镇土地使用税税源数据库，并清理欠税745余万元，以管促收。截至6月底完成2882万元，占全年任务2161万元的133%，提前半年超额完成全年任务。在涉外税收管理方面，10月中旬，组织开展了涉外企业税务审计工作。在审计中，严格执行政策，审计面达到了100%，入库率达到了90%以上。截至年底，全市58户涉外企业共缴纳各种税款合计2732万元。在此基础上，还在全系统建立征管基础数据库，明确数据的管理权限，并将基础数据录入微机进行管理。同时，对基础数据实行了动态管理，确保征管基础数据与实际相符。

（市地税局）

【所得税汇算清缴工作】 2005年，在汇算清缴工作中，市局专门成立了市县两级汇算检查领导组，统一时间，统一部署，分解任务，明确责任。通过以会代训、举办辅导讲座、设立咨询台等多种形式，辅导企业1000余户，培训各级税务干部、企业财务和办税人员1500余人，发放各类宣传辅导材料20000余份，为汇缴工作奠定了基础。尤其是进入重点检查阶段后，各县市局均要求稽查局和管理所以企业所得税检查为主，各税统查，对于不负责任，造成税收流失的严格追究有关人员的责任。继续健全完善了“六表一台帐”，强化动态管理，对不符合税法规定的进行了纳税调整，补征税款。全市2005年共汇算各种经济类型的地方企业2622户，汇算清缴查补净增所得税1266万元，比上年同期增长10.03%，绝对额增加127万元。（市地税局）

【开展重点检查，落实税收政策】 2005年，对医疗卫生机构企业所得税征管情况进行了专项调查。调查显示，全市营利性医疗机构共有506户，2005年度共缴纳企业所得税193.7万元。其次，对个人所得税开具完税证明进行了调查。截止10月底，市局实行明细申报的扣缴义务人共有1838户，扣缴人数达128463人次，代扣代缴税款凭证共开具1265份。针对调查发现的企业或单位开具的代扣代缴凭证，不能真实反映纳税人的适用税率以及实行一人一票，可能造成税收成本和工作量加大等问题，充分利用“办税服务大厅”的对外窗口，提高每个办税人员的业务素质和操作水平，加强绩效考核，从而调动征纳双方的积极性。（市地税局）

【税收票证管理】 2005年，为了确保基层税收票证和国家税款的安全完整，根据省局安排，市局于4月份对税收票证进行一次全面清理检查。从抽查情况来看，各单位基本能按照票证管理规定执行，做到颁发有据，登记有帐，相互签字，结报缴销及时，手续齐全。11月份，市局又结合省局4月份开展的税收票证清查及征管改革等工作，组织人员在全市范围内开展了税收票证检查工作。主要看改革中税收票证移交的程序和数量是否符合规定、税收票证日常管理工作中保管、领用、填开和缴销是否符合规定、税款是否能及时足额入库。此次票证检查共抽查税务所（包括征收大厅）82个，占到用票单位的55.56%，抽查票证394118份，差错3439份，平均差错率为0.87%。通过这次票证清查和检查，进一步规范了全市地税系统发票证管理工作。（市地税局）

【财务管理工作】 2005年，市局出台了《运城市地税系统内部财务审计实施办法》，办法明确了内部审计组织机构及其工作职责以及接受内审的审计对象及审计办法，制定了内部审计的工作流程，并进一步细化了审计内容，审计内容主要包括日常收费收支情况、债权和债务情况、固定资产购置、管理和处置情况以及基建项目支出情况。办法的出台对于充分发挥内部财务审计在促进单位加强“两权”监督、维护财经纪律和提高资金使用效益等方面起到积极作用。

（市地税局）

【完善欠税管理办法】 2005年3月，根据省地税局安排，市地税局全面落实《欠税公告办法》，进一步加强欠税管理。（1）认真学习，广泛宣传。通过新闻媒体、设置咨询点、办专栏、发放宣传资料等方式宣传《办法》的重要意义和欠税应承担的法律责任。（2）采取措施，督促清税。公告前，对欠税大户，发放《税务约谈通知书》进行欠税约谈，约谈中，详细记录约谈内容，讲明欠税公告的意义及对企业的影响。并通过召开欠税企业座谈会，通报欠税情况，告知欠税企业应承担的法律责任，对欠税企业进行提示和辅导，引导纳税人主动缴清欠税。通过以上措施，全市共有63户纳税人主动缴清欠税43万余元。（3）严格程序，依法公告。各单位成立欠税审核组，认真分析欠税形成的原因，对欠税情况进行确认，对欠税数字逐一进行了核对，确保数据真实准确。然后，通过在办税服务厅公告栏张贴欠税公告，在电视、报纸等新闻媒体上进行欠税公告的方式，全市共对516户企业进行了欠税公告，并向欠税人下达了《欠税公告书》。（4）依法催缴，强化监控。公告后，税务人员将欠税公告的时间、公告的方式、公告的内容及时录入存档，并对欠税户依法进行催缴，直至采取强制执行措施。同时，根据省局安排，从10月10日起在全市范围内开展了欠税核查工作，摸清了欠税的总量规模、主要构成以及欠税在企业类型和行业上的分布等基本情况，从而夯实了欠税底数，完善了分类治理对策，使欠税核查真正成为贯彻落实组织收入原则、加强税收征管、提高欠税管理水平的有效措施。（市地税局）

【积极落实税收管理员制度】 2005年，按照总局的《税收管理员办法》首先明确了税收管理员的工作权限、工作职责、工作标准，使税收管理员明白该干什么，该怎么干和干到什么程度；其次是加强了对税收管理员的考核，主要考核管户登记率、纳税评估面、按期申报率、税款入库率等。三要加强征管分析，适时召开由基层税源管理单位参加的征管分析会，分析征管现状，明确工作重点，取得了较好的效果。（市地税局）

【对集贸市场税收实行分类管理】 2005年，根据全市集贸市场的发展情况和年纳税额的大小，市局将集贸市场划分为大、中、小三类，实行分类管理。对大型集贸市场，由所在地税务机关负责管理；对税源零星的小型集贸市场，可以按照有关规定实行委托代征的办法。同时对市场内的纳税人，也进行了合理的分类，将所有纳税人分为查帐征收户、定期定额征收户、未达起征点户和免税户、临时经营户四类，采取相应的管理措施。

（市地税局）

【规范税收减免工作】 2005年，按照国家税务总局《税收减免管理办法（试行）》的要求，市地税局将减免税分为报批类减免税和备案类减免税，对减免税的申请、申报和审批进行了具体的细化和明确；同时，加强了对减免税的监督管理，按照谁审批、谁负责的原则，将减免税审批纳入岗位责任制考核体系之中，建立起了审批跟踪反馈制度、审批案卷评查制度和层级监督制度，从制度上规范了减免税的审批工作。（市地税局）

【完善个体税收征管措施】 2005年，对定额实行集体核定，推进个体税收征管的“阳光作业”；建立个体税源分析制度，客观评价不同行业的税收征管情况，及时对税收征管的薄弱环节进行研究，加以完善；采取定期核查的方式，加强对重点税源和未达起征点业户的动态管理，探索和完善对未达起征点户的后续管理工作。（市地税局）

【税务重大案件办理】 2005年，全市稽查案件125件，重大税务案件审理20件，占稽查案件总数的16%。其中，维持初审案件数17件，发回复查数1件，改变调查部门拟处理意见数2件。市局审理了“海鑫实业有限公司涉嫌偷税案”、“南风化妆品有限公司涉嫌偷税案”，涉税金额合计3886510.51元。在审理过程中，坚持以事实为依据，以法律为准绳，严把政策执行和程序关，力求定性准确，适用法律法规准确，拟处理意见恰当。对每个税案在审理前都与有关科室进行论证和广泛讨论。对初审意见中引用法律、法规与税收政策不适当及证据不充分的给予更正和补充，从而既保护了纳税人的合法权益，又维护了税法的严肃性。全年未发生一起行政复议和行政应诉案件。同时，对案件中出现的问题加以评析，及时反馈相关单位，限时整改。（市地税局）

【税收执法检查】 按照国家税务总局和省地税局要求，自2005年10月份起，市局组织开展了税收执法检查。通过检查，查出各类违法违章事项共计15类45项，查补税款1172.22万元，清理欠税1403.29万元，下发税收执法纠正通知书16份，企业处理建议书17份。共对76人768户次进行了执法过错责任追究，其中，批评教育并给予经济惩戒20元21人518次，责令作出书面检查并给予经济惩戒30元46人80户次，通报批评并给予经济惩戒50元9人70户人次，追究金额16260元。（市地税局）

【落实下岗再就业税收优惠政策】2005年，为了进一步贯彻落实国家关于下岗失业人员再就业的税收优惠，市地税局修订出台了《运城市地方税务局下岗失业人员再就业税收优惠审核、审批、管理办法》，规范了下岗失业人员再就业各项税收减免的优惠和监督管理。同时，继续强化管理，优化服务，阳光作业，为下岗失业人员开辟“绿色通道”，多渠道、多种方式加大政策的宣传力度，使全市地税系统再就业税收优惠政策落实工作有了大幅提高。7月份，又组织开展了再就业税收优惠政策落实情况的专项检查，采取对内查资料与对外实地检查相结合的方式，共取消15户个体户的税收优惠资格，并对38户违反税收管理的业户进行了处罚。截至年底，市局共为1812户个体、5户企业办理了税费减免4510715元，是去年同期的2.05倍。（市地税局）

【做好农业税扫尾工作】（1）做好农业税减免发放工作。2004年度农业税减免的落实，是在历史性停征农业税情况下的一项重要的扫尾工作，难度更大，困难也更多。为此，全系统实施一把手工程，采取由金融机构代行发放这一“票款两线运转”的农业税减免办法，确保了减免款项直接落实到农户。至5月底，省局下达的减免指标1092万元全部由银行直接兑现到户。（2）及时做好农业税相关资料和税票整理归档工作。要求县（市）局对未使用的农业税、农业特产税完税凭证，按照有关规定，以县（市、区）局为单位，上报票证的领、用、存情况，及时进行清理清缴，办理缴销手续，确保了农业税、农业特产税相关资料的真实、完整和票证的及时清缴。（市地税局）

【强化耕地占用税、契税的管理】2005年，开展了全市耕地占用税、契税税收专项检查。检查中，市局把两税税源大、矛盾问题比较集中的盐湖区、运城经济开发区、河津市作为重点突破对象。全体参检人员紧紧抓住执法程序和执法依据两个政策性强的关键问题，严密检查程序，正确使用各类检查文书，使“两税”检查工作扎实有序推进并取得明显的成效。同时，加强对重点工程——侯禹高速公路税源的全程监控，主动加强与相关部门的联系，及时掌握批占地动向和施工进展情况，以便及时清收税款。根据所涉及县（市）的实际占地，预计该工程应纳耕地占用税567.88万元，已预征519万元（其中去年预征300万元），占到全市耕地占用税年任务的86.5%，占到该项工程应纳耕地占用税总额的91.39%。（市地税局）

【全面落实税收执法责任制】2005年，省地税局执法责任制实施办法下发之后，市局认真组织贯彻落实，专门召集了6名精通税收业务、征管流程、有丰富基层工作经验的人员，历时一个多月，讨论制作了税收执法事项说明书。对46个执法岗位的执法职责、执法规程、执法权力、责任追究进行分解。在制作过程中，市局着重对执法权力和权力点、责任追究适用的条款进行了认真、反复的分解、核对，对存在异议的地方反复推敲，确保执行过程中的可操作性和适用性。使每一个岗位的执法事项说明书都职责明确、规程严谨、权力清晰、追究适用。9月底，已将所有的税收执法作业书下发到每个执法人员手中。之后，还召开专门会议，明确提出，每个执法人员都要能够熟悉和掌握执法责任制，并熟练运用于工作之中。（市地税局）

【强化税收宣传】2005年，在税收宣传月期间，市地税局高度重视、精心组织，主要开展了“一个集中”即：集中开展“税收宣传月”活动；突出抓了五项工作：（1）大力宣传下岗失业人员再就业税收优惠政策。不仅加强了对广大企业及下岗失业人员的宣传，也加强了对税务干部的宣传；不仅加强了税收优惠政策具体内容的宣传，也加强了办理优惠政策具体程序的宣传。（2）加大对民营企业税收政策的宣传。（3）加强对个人纳税有关的税收政策宣传。（4）加强办税服务的宣传。（5）开展依法诚信纳税，构建和谐社会的宣传。利用媒体、网络、办税大厅等渠道开展了九项活动；召开座谈会，开展纳税服务问卷调查，开展“结对、三送”，反面曝光，以案释法，税收宣传进市场，税收宣传进旅游景点，税收宣传进校园，税收宣传进农户，现身说法搞税宣。由于措施得力，方法得当，宣传工作取得了良好的宣传效果。（市地税局）

【保持共产党员先进性教育活动】2005年，市地税局按照市委和省地税局的统一部署，利用半年时间认真扎实地开展了保持共产党员先进性教育活动，圆满实现了预期的各项目标，得到了运城市委和督导组的高度评价。在运城市委先进性教育总结大会和市直工委“七一”表彰大会上，市局分别被授予“先进基层党组织”和“十佳党委”光荣称号。（市地税局）

【教育培训】2005年，市地税局引深创建学习型机关活动，通过多种方式加强队伍的思想教育和业务培训。组织党员干部观看抗战题材影片，参观抗战胜利60周年图片展，引导广大党员干部进一步增强宗旨意识、坚定理想信念，保持党的先进性。开展了廉政文化进机关活动，全市地税系统都在各自机关组织了廉政漫画、廉政短信、廉政格言等丰富多彩的廉政文化活动，通过生动活泼的漫画及名言警句对广大干部进行了教育。组织干部参加省局组织的体育比赛，取得了团体第四名，一块金牌、三块铜牌的良好成绩。同时，认真组织计算机师资、税收业务师资、科级干部任职等培训工作，在认真搞好市级业务能手的选拔工作的基础上，组织了税收业务封闭培训，在10月省局组织的全省第三批省级业务能手竞赛中有23人获得了省级业务能手称号，其中3名选手考入前10名。全市地税系统共有1032人参加了全国计算机等级考试，取得合格证书的924人，优秀比例达36.9%，总通过率达90.2%，为全市地税系统信息化建设奠定了坚实的基础。深入开展创建文明行业活动，在全系统已有6个单位获得省级文明单位的基础上，本年度有5个单位申报省级文明单位，市局今年还荣获了“全国文明单位”，李晋芳局长被邀请参加了全国精神文明建设表彰大会。（市地税局）

【深化领导干部廉洁自律工作】 2005年，市地税局针对党员干部特别是班子成员在作风方面存在的突出问题，（1）组织开展了党性党风党纪教育、廉政法规教育、从政道德教育和党的优良传统教育。尤其抓了《建立健全教育、制度、监督并重的惩治和预防腐败体系实施纲要》的学习教育；（2）坚持领导班子及班子成员定期述职述廉制度；(3) 对新提拔的和改任的20余名副科级干部进行了一次任前廉政谈话，反复重申了领导干部自觉加强廉政建设的重要性，要求每个领导干部要在加强自身廉政自律、做好表率的同时，管好自己身边的人。并要求各县（市、区）局也要对在这次机构改革中提拔上任的股级干部进行一次廉政谈话；（4）组织全市地税系统副科级以上干部签订了廉政承诺书；（5）认真开展了税务干部参与投资办矿的情况调查，有效制止了税务干部借用职务之便，违纪投资办企业的问题。（市地税局）

【廉政教育】 2005年10月，市局针对个别税务干部代开发票不收税或少收税、征收管理偏松、定额偏低、随意调额、擅自变通税收政策、扩大减免税范围和执法不规范等问题，在全市地税系统开展了一次以“强素质、严执法、树形象”为主题的廉政教育月活动。整个活动共分宣传动员、廉政学习、警示教育、总结回顾四个阶段。在这次活动中，主要采取了六种方式：(1) 读书思廉。在全市地税干部中广泛开展“四读四思”活动，即读廉政法规，思为官之责；读名人故事，思修身之德；读警示案例，思贪欲之害；读《治家格言》，思为人之道。（2）清风送廉。在机关办公走廊两侧营造“清风长廊”，设立廉政箴言宣传牌、建立“五项禁令”行政管理权监督等内容的宣传栏和人事任免、责任追究、物品采购、经费收支、基建管理公示栏，时刻提醒税务干部远离“高压线”。(3) 美德养廉。结合职业道德和美德教育，把握循序渐进、潜移默化的原则，通过制作廉洁公益广告牌、开设廉政文化园地、发放廉政短信等载体活动，营造廉政文化的氛围，在润物无声中见成效。（4）文明促廉。大力弘扬正气，遏制歪风，积极创建名符其实的“文明行业”和“青年文明号”。（5）家庭助廉。向全市税干家属发放了《争当廉内助，树立好家风》倡议书。开展“倡导清廉家风，建设幸福家庭”主题教育活动，把预防和抵制腐败的东风吹到每个家庭，真正使税干家庭成为远离腐败的廉洁港湾，以家庭的和谐促进社会的和谐。（6）警示促廉。各单位都组织税干到劳教所同服刑人员开展面对面现身说法警示教育，观看廉政教育片等活动，进一步提高了税务干部遵纪守法、廉洁自律的意识，树立了为家人幸福远离职务犯罪的意识。（市地税局）

【深化“两权”监督】 首先围绕重点环节，加强对税收执法权的监督。围绕征收、管理、稽查、处罚方面，从税源管理、缓欠税审批、税款入库、个体私营企业的征管、纳税定额核定，停歇业户管理以及稽查、处罚依据和程序等环节入手，深化改革，强化管理，加大追究，进一步规范地税人员的执法行为。其次，围绕人、财、物，加大对行政管理权的监督。6月份，分两组对各县（市、区）局的2004年经费使用情况进行了全面检查，强化了对行政管理权监督。（市地税局）

【加强政风行风建设】 （1）强化内外监督。外部监督方面，坚持“走出去，请进来”，召开特邀监察员座谈会、发放征求意见卡、接听举报电话，接受社会各界和群众的监督；内部监督方面，对基层地税机关和税务干部的税收执法情况进行检查，重点是通过明察暗访、走访纳税人、审计监督等活动，来规范税务人员的执法行为。（2）做好宣传。要求基层单位都要在当地电视台开设地税宣传专栏，每月制作一期宣传节目，宣传地税系统依法治税，服务地方经济，服务纳税人所做出的成绩，以及涌现出的先进典型事迹。（3）抓好组织协调。要求各县（市、区）局都要加强上下级之间的联系，要按照当地政府纠风办的要求，定期汇报工作。加强与地方党委、政府、人大、政协等部门的联系，多征求意见。经过不懈的努力，全系统的政风行风评议工作取得良好成绩。市地税局在全市组织的政风行风评议中获得第二名（评议得分与第一名相同）；16个基层单位在当地组织的政风行风评议中有11个获得第一名，5个获得第二名。（市地税局）

【案件查处工作】 一方面注重抓好群众来信来访工作，认真查处举报案件；另一方面主动出击，通过落实责任制、内部审计、执法监察、明察暗访等渠道发现案源。由于市局敢于动真碰硬，从细微处着手，多方面开展案件查处工作，全年共受理群众来信来访案件5起，其中上级批转2起，直接受理3起，均进行了调查了解，全部予以圆满解决。全系统共立案28起，查结26起，尚有2起正在处理，办结的案件，件件量纪准确，处分到位。（市地税局）

金　融

中国人民银行运城市中心支行

【概况】 2005年，全市经济金融平稳健康运行，其主要表现是：(1) 各项存款总量大幅增加，同比增速加快。12月末，全市金融机构本外币各项存款余额达435.31亿元，较年初增加67.08亿元，增长18.27%，同比多增27.14亿元，增速提高6.1个百分点。人民币各项存款余额为433.51亿元，较年初增加67.17亿元，增长18.34%。其中：企业存款比年初增加9.99亿元，增长27.72%；储蓄存款比年初增加45.89亿元，增长16.02%。(2)各项贷款总量小幅增加，同比增幅回落，投向主要集中于优势企业和农业。截止12月底，全市金融机构本外币各项贷款余额373.12亿元，较年初增加13.36亿元，增长3.7%，同比少增18.37亿元，增幅回落5.96个百分点（剔除工商银行剥离不良资产和农村信用社央行专项票据置换因素的影响，实际比年初增加33.36亿元，增长9.27%）；人民币各项贷款余额372.71亿元，比年初增加13.48亿元，增长3.75%。(3)现金投放基本满足经济发展需要。1—12月，全市金融机构累计现金收入1684.30亿元，累计现金支出1700.58亿元，收支相抵净投入现金16.28亿元，同比少投放5.13亿元，基本满足了全市经济发展的用现需求。(4)金融机构流动资金充足，资产质量好转，盈利能力增强。12月末，全市金融机构备付金率为14.63%。其中，国有独资商业银行超额备付金率4.86%，农业发展银行备付金率为8.66%，农村信用社备付金率为32.69%，基本保持了正常的流动性水平。同时，各金融机构积极应对金融改革，加大了对不良资产的处置力度，资产质量明显好转，盈利能力明显提高。12月末，全市金融机构实现帐面结余66308万元，比去年同期增加31917万元。其中国有商业银行结余58349万元，农村信用社结余6904万元，农业发展银行结余1055万元。(5)各项外汇业务指标再创历史新高。1—12月，全市外汇指定银行结售汇总额达到47005万美元，较去年同期增长12.76%，其中：银行结汇收入23489万美元，较去年同期增长6.75%，银行售汇支出23516万美元，较去年同期增加19.49%，收支基本持平。

金融业的稳健运行，有力地促进了全市国民经济的持续、快速、健康发展。预计全年GDP完成475亿元，同比增长13%，人均GDP达到1180美元；财政总收入55亿元，同比增长19%，规模以上工业增加值完成185亿元，同比增长19.5%；固定资产投资160亿元，增长15.9%，外贸进口总额6.6亿美元，增长23%；城镇居民人均可支配收入7500元，同比增长10.2%，农民人均纯收入2800元，同比增长8.2%；社会消费品零售总额158亿元，增10.5%；居民消费价格总水平上涨幅度控制在3%以内。

（人行运城中心支行）

【调研和信息工作】 2005年，为了加强辖区经济金融发展趋势的监测、分析和调研信息反馈，中支与市经委建立了经济金融信息交流共享机制，建立了十大行业和十大贷款户定期监测制度。各支行建立并认真开展了季度经济金融运行形势分析例会。通过定期监测，分析经济金融热点和重点问题，进行调研和信息反馈，提高了监测、分析的广度和深度，为实施稳健的货币政策提供了强有力的信息支持和服务。全年全行共完成了7篇全市经济金融运行情况报告和货币监测报告，有针对性地开展了民间融资、房地产金融等20余项专题调查，全辖所撰写的调研文章被省级以上刊物采用137篇。为进一步深入研究经济金融运行中的问题，提高调研信息服务领导决策的能力，还于今年10月上旬成功举办了以“经济发展、宏观调控与政务信息”为主题的黄河金三角区域金融信息论坛。通过交流与合作，进一步发挥了信息服务领导决策的作用。编发的金融信息被国办采用1条，总行采用7条，其中，“基层人民银行应加紧实施‘对外’战略，履行职责要突出‘社会性’”和“运城市反假宣传问卷调查反映出的问题及建议”两条信息分别被总行周小川行长和李若谷副行长批示，创造了近年来中支调研和信息工作的最好成绩。

（人行运城中心支行）

【调整信贷结构和投向】 2005年，为使货币政策在辖区得到有效落实，年初，中支就与市经委和银监分局联合制定了《建立地方政府银企合作长效机制的实施意见》，并以运经发［2005］27号文件印发运城市各商业银行、信用社执行。同时，还通过金融联席会议等多种形式，及时向金融机构传递宏观调控意图，引导金融机构贯彻落实区别对待、有保有压的原则和全省焦化项目的分类处置意见，调整信贷结构，优化信贷投向，保持了辖区各项贷款的合理有效增长，支持了全市具有比较优势的产业和“三农”发展。全年全市金融机构对电解铝、焦炭、化工等全市经济的主导行业增加贷款14.3亿元。截止12月底，全市农村信用社农业贷款余额增加8.52亿元，增长14.83%。同时，针对企业流动资金紧张的现状，全市各金融机构大力发展票据融资业务。12月底，票据融资比年初增加8000万元，增长2.97%，为企业发展提供了大量的信贷资金。特别是入秋后，运城市境内部分县市出现了高致病性“禽流感”疫情，家禽养殖及加工业损失严重。为此，市、县两级行密切关注禽流感疫情的发展态势及其对当地经济运行、农副产品价格走势、信贷资金投放和金融安全产生的影响。同时引导金融机构积极支持疑似“禽流感”疫情防治和家禽业发展，取得了较好的效果。全年全市金融机构共向禽类养殖、加工企业发放贷款6300余万元，其中95%以上支持了亚洲规模最大的肉鸡饲养、加工、出口一体化企业——永济粟海集团，保障了企业正常的生产经营。截止12月底，该企业累计实现销售额5.9亿元，实现利润4100万元，同比增幅均在55%以上。

（人行运城中心支行）

【支农再贷款管理工作】 2005年，全市支行再贷款平均年周转在一次以上，到期收回率100%。截止12月底，全市累计发放支农再贷款41510万元，收回44824万元，余额为33650万元。最大限度地支持农村信用社增效和农民增收。据统计，通过支农再贷款支持了全市150个乡镇、15万户农民的农业生产和产业结构调整，占到全市农户的30.6%。与此同时，信用社的经营状况大为改善。12月底，全市农村信用社不良贷款率较年初下降了8.3个百分点（剔除票据置换的48339万元不良贷款因素，实际下降3.2个百分点）盈余社数达到172

个，占全市营业总社数的74.5%，盈余额达9638万元，创历史新高。4月，太原中支根据总行“对支农再贷款管理使用好的将调增再贷款限额”的精神，给运城增加了6000万元的限额。此外，中支还根据商业汇票业务快速增长和金融机构可用信贷资金趋紧、难以满足经济发展需要的实际情况，积极申请建立再贴现“窗口”，努力拓宽融资渠道。（人行运城中心支行）

【落实货币信贷政策工作】 2005年，中支根据各项政策的不同要求，结合掌握的各方面信息，先后转发货币信贷政策文件30余份，发出信贷政策指示和风险提示5次，使辖区金融机构能够正确把握信贷投向，优化信贷结构，提高资产质量和经营效益。同时，还组织开展对金融机构进行现金、账户、反洗钱、反假币、支付清算等多项检查，对金融机构违法违规行为发出行政处罚决定书62份，处罚78万元。督促劝导金融机构切实把各项货币政策落到实处。11月29日，组织召开了由市政府各职能部门、各金融机构以及银监部门等23个成员单位负责人参加的运城市反洗钱和反假货币工作联席会议，并印发了《运城市反洗钱工作联席会议制度》和《运城市反假货币工作联席会议制度》。一个全市各部门密切配合、齐抓共管、协同作战的反洗钱和反假货币良好局面已初步形成。（人行运城中心支行）

【支持推动辖区农村信用社深化改革】 2005年，在支持推动辖区农村信用社改革方面采取的主要措施是认真执行政策和标准，严格审核其新增股本金、资本充足率的真实性和准确性。同时，统一审查审核标准，规范具体操作行为，把好发行审核关，并认真做好季度考核工作。9月份，全市13个县（市、区）信用联社分三批与当地人民银行签订了认购专项央行票据协议书，认购总额70753万元，促进了辖区金融改革发展稳定工作。

（人行运城中心支行）

【信用宣传与普及】 2005年，全系统利用电视专访、公益广告、网站等多种方式，开展了声势浩大的以普及征信知识、培养信用意识、建设诚信文化、弘扬重诺守信风气为主要内容的征信宣传活动，深入人心，效果明显。特别是在今年9月份运城学院新生开学的当天，中支以“珍爱信用记录，享受幸福人生”为宣传主题，在校园内开展了大规模的征信宣传活动。活动当天，共向高校新生发放征信宣传小折页3000余份，征信宣传资料2500余份、20000余张。信用户、村、乡（镇）建设也有了新进展。截止2005年12月底，全市已评定出信用户644117户，评出信用村1005个，信用乡（镇）6个。

（人行运城中心支行）

【不良贷款清收】 2005年，中支大力开展不良贷款清收，使金融机构信贷资产质量明显提高。全市金融机构不良贷款比年初下降21.19%，其中农村信用社不良贷款比年初下降了22.54%。

（人行运城中心支行）

【不良债权处理】 2005年，中支积极处理金融机构历史遗留的不良债权问题。继去年中行、建行剥离可疑类不良资产后，今年6月份全市工行又剥离不良资产15.28亿元；8月份农村信用社申购了70753万元的央行票据，将48339万元不良贷款和历年挂帐亏损进行了置换。对历史遗留的逃废金融债务问题，也本着实事求是的原则，采取积极有效措施进行化解，争取在五年内实现全部化解金融历史逃废债。

（人行运城中心支行）

【投资环境持续改善，“资金洼地效应”初步形成】 通过打造良好的经济金融生态环境，运城的知名度逐步提升，许多外地企业家纷纷来运城空港等工业园区投资，招商引资取得显著成果。本年全市引资78.5亿元，其中上亿元的项目达30个。（人行运城中心支行）

【各支行金融生态建设】 2005年，辖区支行在推进金融生态建设方面也取得了明显成效。闻喜县支行结合本地实际制定了《闻喜县金融生态建设规划（2005—2009）》，并以“闻政发［2005］65号”文件下发全县贯彻执行。绛县政府出台了《金融支持产业结构调整，促进地方经济持续发展指导意见》、《关于清收农村信用社不良贷款的决定》等一系列文件，明确要求各单位“一把手”为第一责任人，把金融改革成效与各单位当年政绩考核相挂钩，确保了清收工作和农村信用社增资扩股的顺利开展。芮城县政府召开了金融生态建设座谈会，建立了金融生态建设长效机制，把金融生态建设推向了一个新的高潮。太原中支在全省总结推广的山西省“两市三县”金融生态环境建设模式中，就包括闻喜和平陆两个县，即以闻喜县为典型的产业成功转型地区模式和以平陆县为典型的金融高风险地区模式。

（人行运城中心支行）

【健全完善金融稳定协调机制】 2005年，在维护辖区金融稳定方面，中支进一步健全完善了金融稳定协调机制。市政府还以运政办发［2005］6号文件批转了人民银行拟定的《运城市金融机构突发事件应急处置预案》，明确了各部门的职责分工和工作流程，对各部门规范有序地处置辖区金融机构突发事件带来的风险具有重要的现实意义和指导意义。在具体工作方面，主要是成立由多个部门参加的“运城市区域金融稳定分析小组”，完成了《2004年运城市区域金融稳定报告》。同时，进一步加大对金融稳定再贷款使用管理情况的监督检查力度。组织对辖内1999年以来的紧急贷款、地方政府向中央银行专项借款、人行自办金融机构贷款等金融稳定再贷款管理情况进行了全面检查，并依法逐笔落实担保手续和偿还责任，确保了全市地方政府向中央专项借款2.7亿元资金的“专款专用、专户管理、封闭运行”，没有出现挤占挪用等问题。11月11日，省银监局批准撤销平陆、芮城两家城市信用社后，中支立即与政府和银监部门合作，出台了《运城市金融稳定再贷款清收制度》，达成了成立债权债务清算协调组的意向。通过各方的积极努力工作，有效落实了管理职责，强化了责任意识，最大限度地维护了再贷款的安全，确保了全辖区的金融稳定。

（人行运城中心支行）

【同业融资业务】 2005年，中支严密监测同业融资业务开展情况，确保全市货币市场健康稳定发展。严格按照“严格准入、限额管理、规范运作、信息透明”的原则，认真落实上级行提出的同业拆借“严内控、重两头、查中间”的要求，对参与货币市场交易的农村信用社内控制度建设情况进行了重点监督，在确保支农资金需要的前提下，防止其超比例、超期限拆借。从5月下旬开始至6月15日，对全市金融机构市场准入资格、信用拆借业务、债券交易情况等货币市场业务进行了一次综合性的全面大检查。重点对全市农村信用社2003年、2004年同业借款业务情况进行了检查，均符合同业借款规定。同时，还积极指导，严格审查报批了运城市农村信用联社加入全国银行间同业拆借市场，进一步促进了全市货币市场的健康稳定发展。

（人行运城中心支行）

【外汇管理和服务工作】 2005年，中支认真落实关于外商直接投资的有关规定，开展“外汇管理和服务质量年”活动，简化境外投资项目的资金来源审查手续，提高办事效率，为全市“发展七大产业、培育八大新型产业基地”，引进外资提供方便，推动了全市新型加工制造业基地的建设。1—12月累计，全市外商企业投资总额为32908万美元，到位资金448万美元。审核出具资本项目外汇业务核准件49份，办理询证业务15家，询证金额2266.52万美元。办理资本金结汇1371万美元。同时，配合汇率形成机制改革，做好宣传工作，积极引导市场主体适应汇率机制改革和外汇市场发展的要求，改进经营和风险管理。7月21日，全国开始实行以市场供应为基础、参考一篮子货币进行调节、有管理的浮动汇率制度，人民币汇率当日上浮2%。据调查，在产品的国际市场价格不变的情况下，全市出口企业下半年将减少收入2300余万元，企业面临的压力增大，亏损状况将加剧。对此，中支积极做好汇率改革的政策宣传解释，引导企业加强市场结构调整，加大技术投入，努力降低成本，提高适应汇率浮动和应对汇率变动的能力，使其平稳渡过改革调整期。 （人行运城中心支行）

【征信系统建设】 2005年，中支针对贷款卡发放和年审等柜台业务的特点和行政许可的有关制度规定，制定了《中国人民银行运城市中心支行银行信贷登记咨询系统行政复议制度》，修改和完善了《贷款卡发放和年审制度程序》、《档案管理制度》，增强了依法服务和管理的意识，切实提升了服务水平和工作质量。今年1—12月累计，共办理贷款卡880张，年审合格的企业1803户，比去年同期增加3304户。全市各金融机构利用系统累计查询次数达18924次，月均查询1577次，比去年增加了894次，对加强金融监管和有效防范信贷风险起到了积极作用。同时，积极开展个人非银行信用信息采集工作。通过向政府汇报、上门宣传等方式，深入到社保、住房公积金管理机构、通讯公司、税务、工商等多家单位进行沟通协商，取得了有关职能部门对个人征信的认同和支持。全辖去年共签定采集信息协议书130余份，采集数据近万条，征信体系建设取得了积极进展。

（人行运城中心支行）

【初步构建辖区现代化支付结算体系】 2005年，中支在辖区积极推广应用支付结算方面的四套系统，于2月21日正式运行了中央银行会计集中核算系统，4月11日大额支付系统成功上线运行，这标志着全市人民银行系统会计核算跨入了现代化支付快车道。同时，为畅通农村信用社的结算渠道，加快农村信用社支付结算的现代化进程，中支还积极协调，帮助盐湖区信用联社和永济市信用联社采用PC单机版方式加入大额支付系统，使其结算服务比以前更快捷方便。6月6日，全国统一的人民币银行帐户管理系统成功开通运用。11月14日，正式运行了会计集中核算事后监督系统。四套系统在辖区的高效、安全、稳定运行，使社会资金周转速度进一步加快，帐户管理工作进一步规范化、科学化。今年全辖共核准开立基本存款账户11599户，清理消户数13111户；开立一般存款账户1404户，清理消户数389户；开立核准类专用存款账户1165户，清理消户数504户；开立临时存款账户280户，清理消户数291户，圆满地完成了各类账户的清理整顿业务，使运城市的账户管理工作步入规范化管理的轨道。

（人行运城中心支行）

【国库资金安全有效运行】 2005年，中支充分发挥经理国库职能，保证国库资金安全有效运行。严格按照《国库会计管理规定》、《国库会计核算业务操作规程》等规定，坚持日清月结，准确及时地办理各级预算收入的收纳、划分、报解，对预算资金支拨认真把关，认真做好对帐工作，并于4月11日成功运行了国库支付系统，保障了各级库款及时足额入库和国库资金的完整。据统计，中心支库全年累计完成各级预算收入95.92亿元，办理财政预算拨款62.16亿元，接、发送国库内部往来金额116.8亿元，组织各商业银行共发行五期凭证式国债1.83亿元，均实现了无差错的目标，有力地保证了全市国库资金的安全有效运行。

（人行运城中心支行）

【货币金银工作】 2005年，中支落实“适当集中、合理摆布、灵活调拨”的发行基金调拨方针，认真组织好上级行调拨命令的实施和辖区发行基金调拨工作，合理摆布市场票面结构，全年安全调运发行基金81车次，金额93.15亿元，确保了旺季现金供应和夏粮收购用现需求。认真做好2005年版第五套人民币的发行和损伤人民币回收复点、销毁工作，全年共四次移送太原中支钞票处理中心销毁残损人民币13.43亿元，提高了流通中人民币的整洁度。积极开展“反假货币工作年”各项工作，全年共收缴假币132.44万元，是2004年的两倍多。12月8日，中心支库和闻喜、永济支库顺利通过总行二级库达标验收。安全平稳地撤消了辖内芮城、临猗、夏县三个发行支库，停止了河津支库人民币发行业务的办理，使辖区县级发行支库资源得到进一步整合优化，发行基金管理风险大幅度降低。（人行运城中心支行）

【银行业务中科技手段的应用】2005年，中支不断加大科技工作力度，为推动人民银行工作再上新台阶提供了优质的信息服务和技术支持。完成了辖区内联网扩容改造工程，增加了一条2M光纤专线，与原来线路形成双路备份，在大大加快信息传递速度的同时，确保了通讯安全。积极创新，实施“金科安捷服务”，在全辖范围内部署完成了WINDOWS操作系统自动更新服务，实现了系统补丁的自动更新，提高了工作效率，保证了系统的安全。做好大额支付系统、银行信贷登记咨询系统、人民币银行结算账户管理系统、货币金银管理系统等项重要业务系统的推广、升级以及银行卡联网通用工作，保障了全行电子设备的正常运转，圆满完成了各项任务。此外，积极做好内联网扩容外联监测和电子信息传输管理工作，保障了电子信息传输渠道的畅通和文件的高效率传递。

（人行运城中心支行）

【创建特色支行和品牌工作】2005年，全行上下围绕中支党委2005年工作部署，抓特色，树品牌。年初分别确定了支行13项特色（创新）工作项目和17项科室品牌（创新）工作项目。通过一年的积极努力工作，中支机关的标准化管理，闻喜、平陆两个支行的金融生态环境建设，永济支行的个人征信工作，万荣支行的人性化管理，芮城支行的行员积分量化考核等等都各具特色，各有千秋。树立了办公室的“政务信息”国库科的“学习型支库”，外汇管理和国际收支科的“外汇管理与服务”，国库科的“内部往来业务提醒系统”，调控科的“金融生态环境建设”等一批在全省和天津辖区有一定影响和位置的品牌工作项目。其他支行和科室的工作创新也取得了一定成效。

（人行运城中心支行）

【安全防范工作】2005年，中支认真执行上级行下发的各项安全工作规范化管理规定以及中支的各项内控管理制度。全年市、县两级行共进行综合大检查70余次，对要害部位安全检查160余次，配合公安部门对辖区金融系统进行安全大检查20余次，有重点地维护了中支电视监控报警系统，对中支办公大楼消防设施和机关门房进行了改造，有效防范了计算机病毒和系统风险，并做了系统的备份和安全管理，提高了对突发性、灾难性事故的处理恢复能力，有效地防止了各类事故发生。

（人行运城中心支行）

【内部审计与事后监督】2005年，中支完成了三项离任审计和四项专项审计工作，并配合天津分行内审组对中支内控状况和资本项目外汇管理工作进行了专项审计。事后监督中心审核核算业务26.6万余笔，审核税票及国库凭证24.8笔，发出事后监督通知书89份，纠正规范操作183笔。通过强化监督和审计，全行各项业务核算质量和规范化程度明显提高，有效地防范了资金风险，保证了资金的安全。

（人行运城中心支行）

【标准化管理工作】2005年，中支建立健全了内部控制和绩效考核制度，继续深化标准化管理工作。并结合辖区实际，制定全市人民银行业绩考核管理办法和实施细则，明确业绩工资分配管理办法。编印77万字的《中国人民银行运城市中心支行内控制度汇编》。明确20个部门，189个工作岗位，9228项工作职责，234项工作制度和102个操作程序。10月9日，中支机关IS09000质量管理体系顺利通过了北京认证公司的复审，标志着中支机关标准化管理得到进一步巩固和提高，有力地促进了全行服务水平的提高，收效良好。

（人行运城中心支行）

【开展资源节约，坚持集中采购】2005年，中支严格控制会议的规模和召开次数，全年未举行任何庆典活动，迎来送往严格执行公务接待标准，招待费用开支严格控制，未突破上级行核定的标准。8月份，中支机关在保证工作需要的同时，根据群众关于节约费用建议，关闭了机关科室35部不需要开通的长途电话，仅此一项，每年可节约费用10万余元。各支行也从节约一度电、一滴水、一张纸做起，开展了大规模的节约活动，全辖初步形成了节约光荣、浪费可耻的良好风尚。同时，继续坚持集中采购制度，真正实现了采购的“透明化”、“集约化”。中支机关在消防改造、车辆保障、电子设备购置等基建工程和大宗物品采购中均坚持了招投标制度和集中采购，共节约资金60余万元，做到了程序规范、透明度高、物美价廉。

（人行运城中心支行）

【加强基层党组织建设】2005年，中支以邓小平理论和“三个代表”重要思想为指导，坚持民主集中制和中心组理论学习。重点强化领导班子和党员干部思想建设。中支党委理论学习中心组成员集中12次，认真学习研讨党的十六届五中全会精神和上级行工作会议精神以及人民银行行政许可实施办法等专题。组织全体党员和职工学习《江泽民论加强和改进执政党建设》读本以及马克思主义发展史，进一步提高了领导班子和党员领导干部的政治理论素质。机关党委经过精心策划，认真部署，扎实推进各支部和机关党委的换届选举工作，于7月8日胜利召开了全行第二次党员代表大会，总结党建工作经验，明确了新阶段的工作任务，选举产生了第二届中支机关党委委员，为全辖党建工作的顺利开展提供了组织保障。在党员发展工作方面，严格按照“坚持标准、保证质量、改善结构、慎重发展”的方针，全年发展预备党员12人，转正党员10人，为党组织增添了蓬勃生机和新鲜活力。（人行运城中心支行）

【开展保持共产党员先进性教育活动】从年初开始，中支就积极做好先进性教育的各项准备工作。按照中央和总、分行党委的具体部署，8月11日至11月17日，中支党委班子和全辖12个党组、16个党支部和333名党员全部参加了历时99天的先进性教育活动。活动中，中支与分行党委督导组密切配合，通力合作，紧紧抓住学习实践“三个代表”重要思想这条主线，始终围绕“提高党员素质、加强基层组织、服务人民群众、促进各项工作”这一先进性。教育活动目标，结合实际，精心组织，科学安排，扎实推进，狠抓落实，保质保量地完成了先进性教育活动学习动员、分析评议、整改提高各阶段各环节的工作，做到了先进性教育活动和各项业务工作“两不误、两促进”。各级党员领导干部坚持做到亲自动员，亲自部署，亲自把关。坚持边学、边议、边改，坚持带头学习、带头评议，带头整改。各级党组织和广大党员积极参与，扎实推进，学习动员，形式多样；分析评议，实事求是；整改提高，求真务实。确保先进性教育活动收到了实效，经测评，群众满意度为92%，基本满意度为8%。通过先进性教育，使全辖广大党员思想认识不断提高，党员的理想信念进一步坚定，党性意识进一步增强。存在的突出问题逐步得到解决，党风行风进一步好转，党群、干群关系进一步密切。保持党员先进性的长效机制建设取得阶段性成果，有力地促进了全行各项工作。

（人行运城中心支行）

【党风廉政建设工作】 2005年，全系统层层签定了目标责任书，通过一级抓一级，把工作任务逐项落实，形成了党委统一领导，一把手负总责，纪检监察组织协调，各职能部门齐抓共管，群众积极参与的格局。年内，出台了全市人民银行系统党风廉政巡察工作办法和运城中支纪检监察联系点工作制度等。深入开展了党风廉政宣传教育月活动，认真落实了党风廉政建设责任制和党风廉政建设工作报告制度，开展了6项执法监察，强化行政监督。对年前新任的4位支行行长进行了廉政谈话。在执行领导干部廉洁自律规定方面，市县两级班子成员都能做到自重、自省、自警、自励。带头执行《廉政准则》，带头执行“四大纪律八项要求”和“九个不准”等廉洁自律各项规定。

（人行运城中心支行）

【文明单位建设】 2005年，全系统认真落实中支《文明单位建设工作规划》，抓好对各级文明单位的创建和管理。今年，所辖平陆、永济、万荣、闻喜等支行已公示为分行级文明单位。稷山等3家支行荣获中支级文明单位。在工作中，注意培养典型、树立典型、宣传典型，辖区涌现出一批青年文明号和青年岗位能手，文明家庭，巾帼建功标兵等先进人物。认真开展岗位任职资格培训。聘请专业教师为全行职工辅导公文写作等四门公共课程，共72个课时，提高了干部职工的业务素质和履行职责能力。今年，中支荣获全省国库专业技术比武团体第二名和知识竞赛二等奖；荣获“青春央行——2005年中国人民银行天津分行青年职工系列英语大赛（山西赛区）”团体第一名和分行辖区“团体二等奖”及大赛“优秀组织奖”以及全省银行卡之春宣传活动“优秀组织奖”等。与此同时，结合运城实际，注重抓好思想政治工作，关心干部职工思想，解决干部职工困难。召开了老干部、妇女等各类座谈会，广泛征求群众意见和建议。在经费比较紧张的情况下，切实加强管理，压缩一切不必要的费用开支，把有限的资金用在全行事业发展和提高职工福利上，为干部职工创造优良工作环境等，营造出了全系统和谐文明的工作生活氛围。

（人行运城中心支行）

中国农业银行运城分行

【各项存款稳步增长】 截止12月底，全行人民币各项存款余额达到871126万元，较年初净增133982万元，完成省分行计划149100万元的89.80%，同比少增15116万元。其中储蓄存款较年初净增42928万元，完成省分行计划77000万元的55.75%；对公存款净增54801万元，完成省分行计划68000万元的80.58%；同业存款净增35516万元，完成省分行计划4100万元的866.24%。其中有盐湖区支行、禹都支行、河津支行、闻喜支行4家支行存款净增超过亿元，分别达到22856万元、12065万、12756万元、11188万元，河东、芮城、绛县等7家支行超额完成了全年计划。

（宋利平　裴振平　周　青）

【不良贷款清收效果明显】 截止12月底，全行不良贷款绝对额较年初上升8077万元，剔除新进不良贷款因素，净压2731万元，完成省行任务1200万元的227.58%。累计清收不良贷款13244万元，完成省份行下达清收任务9500万元的139.41%。

（宋利平　裴振平　周　青）

【中间业务收入不断增加】 截止12月底，全行实现中间业务收入2310万元，同比增加310万元，完成省分行计划2550万元的90.59%。其中，银行卡手续费收入1343万元，同比增加317万元；代理保险手续费收入122万元，同比少增138万元；结算手续费收入585万元，同比增加60万元；代收代付手续费收入166万元，同比增加60万元。

（宋利平　裴振平　周　青）

【银行卡工作快速推进】 截止12月底，全行发卡量达到331652张，当年新增81026张，完成省分行计划70000张的116%。银行卡消费额达75978万元，完成省分行计划42000万元的180.90%；网上银行客户数达到734户，较年初新增加388户，完成省分行年计划375户的103.47%；网银交易额达到248628万元，完成省分行计划175000万元的142.07%，全年共实现银行卡综合业务收入1810万元。

（宋利平　裴振平　周　青）

【国际业务发展良好】 截至12月底，全行国际结算量达到11586万美元，同比增加421万美元，完成省分行年计划1亿美元的115.86%。同时，办理结售汇业务12220万美元，办理出口押汇1917万美元，对外开办进口信用证10762万美元，实现综合国际业务收入计人民币1100万元。

（宋利平　裴振平　周　青）

【经营效益创历史新高】 截至12月底，全行实现总收入44043万元，同比增加7848万元，总支出33821万元，同比减少663万元。收支相抵，账面利润实现10222万元，较同期增加8511万元，完成省分行年计划9906万元的103.19%。全行消化历史包袱365万元，完成省分行年计划433万元的84.30%。实现经营利润10587万元，同比增加3895万元，完成省分行年计划10339万元的102.40%。

（宋利平　裴振平　周　青）

【冠名赞助《蒲乡红》栏目年终擂主总决赛】 2005年春节前，冠名赞助了声势浩大的《蒲乡红》栏目去年的年终擂主总决赛。运城分行党委书记、行长刘满喜在决赛现场做了精彩致辞，并现场为10户优良企业现场颁发了“AAA”级信用证书，充分利用该栏目在黄河金三角及周边地区的强大影响力，展示了农行的雄厚的资金实力、齐全的业务品种和优秀的企业文化，提高了农行的社会知名度和大众影响力。

（宋利平　裴振平　周　青）

【主办“农行杯”元宵节民间社火表演活动】 主办了以“辉煌·农行”为主题的运城市2005年“农行杯”元宵节民间社火表演活动。在市县两级行的高度重视和相关部门的通盘谋划、精心准备下，13个县、市支行分别展示了异彩纷呈的彩车，表演了锣鼓、高烧、舞龙等12个民间精品节目。演出当日，盛况空前，市委四大班子领导亲临活动现场，现场观众达3万余人。市电视台进行了全程转播，当地电台、报社等10多家媒体现场进行了采访报道。

（宋利平　裴振平　周　青）

【开展丰富多彩的宣传营销活动】

2005年春节前，全行各网点统一悬挂横幅、灯笼、POP彩旗等喜庆物品，营造节日氛围。与此同时，为回报新老客户，全行各网点广泛开展兑换新币活动，全市各网点开展“走千家，进万户”迎新春优质服务竞赛活动，深入街面商铺，为客户送春联、年画、灯笼、钥匙扣等精美宣传品，使中国农业银行运城分行的字样深入千家万户。另外，还认真组织开展了“庆祝全省农行各项存款超亿元”、“银行卡之春”等产品营销活动，开展了“反假币宣传活动”、“反洗钱宣传活动”等金融秩序维护活动，在各县市广场、学校、医院等地方设点散发产品宣传册，提供业务咨询，介绍理财产品，营销金穗银行卡，普及假币识别知识和技巧，全面提升了农行的社会知名度和公众认可度，为存款增长打下了坚实基础。

（宋利平　裴振平　周　青）

【强化联动力度，主攻法人类客户】

2005年，市县两级班子和职能部门加强了联动力度，捕捉信息，跟踪公关，主攻法人类客户。万荣支行争取了万荣县城财政供养人员的工资代发业务，涉及户数5000余个，金额达430万元；女子金融超市公关了煤炭运销公司、运城日报社、有线电视台等优良客户，进一步增强了全行公存业务的实力。

（宋利平　裴振平　周　青）

【实施圆心工程，着力开展营销】

2005年，各营业网点全面实施圆心工程，拉网过筛，陌生拜访，开展一揽子产品营销，最大限度地抢占市场份额。在市分行党委的统一安排部署下，各支行都抽调精兵强将，组成营销小组，利用一切有效时间，对所在网点周围5—10公里以内的所有客户，不论认识不认识，不论是否与农行有业务联系，全部登门拜访。每到一户都认真听取客户的意见和建议，全面了解客户的金融需求，针对需求推荐合适的金融产品，重点介绍理财产品，并借以改进服务质量，真正体现了以市场为导向，以客户为中心的现代经营理念。万荣农行在年初开展的“访百户，进千家”营销活动中，仅两个月，储蓄较年初净增2444万元，完成市分行下达的“用心服务，春到万家”活动任务1800万元的135.78%。平陆支行营业部储蓄专柜和五一路分理处认真践行“用心服务，春到万家”优质服务，2个月储蓄存款各增加528万元和579万元，分别完成一季度计划额度的132.00%、116.00%。

（宋利平　裴振平　周　青）

【加强银企互动，做好存量客户维护工作】 2月2日，由市分行组织召开了一次大型银企联谊会，海鑫、阳光、振兴、运城学院等34家省内乃至国内有重大影响的企业参加了联谊会。银企双方推心置腹，坦诚交流，对银企合作中的服务问题、诚信问题、金融政策和产业政策等问题深入交换了看法，并提出了改进办法和建议，实现了彼此信息对称。7月8日，河东支行借九周年行庆之际，邀请40多家客户代表做客该行，就金融体制改革中过程中如何更好地改进工作作风，提高服务质量，更好地促进银企合作进行座谈。并就进一步增强教育产业、增设自助银行设施、提高办事效率、方便客户服务等客户要求上达成了共识。通过银企互动，了解了经营状况，沟通了产业信息，实现了银行与企业间的信息对称，促进了银企合作纵深化。

（宋利平　裴振平　周　青）

【抓明星所柜，提高规模经营能力】

2005年，为了充分发挥精品网点的示范带动作用，在认真总结以往明星所柜成功经验的基础上，分行继续在提高规模效益和集约化经营水平上下功夫、做文章。全行共确定了39个明星所柜，并专门出台了《明星所柜奖励办法》，极大地调动了明星所柜争先创优的积极性。到12月末，全行明星所柜储蓄净增达41737万元，占全部储蓄净增额的97.22%，明星所的战略地位和主导作用进一步凸现。通过实施明星所柜战略，还促进了全行“上台阶、争速度”工程的进展。到12月末，全行储蓄余额达5000万元所柜36个。其中：亿元所柜12个，新达8000万元所柜5个，新达5000～8000万元所柜5个。当年新增超2000万元的所柜9个，新增1000～2000万元的所柜14个。

（宋利平　裴振平　周　青）

【落实“双优”战略，调整信贷结构】 2005年，全市各行牢牢锁住“国计民生”项目和较低风险区域，不断加大国家性、基础性、垄断性行业客户和大中型龙头骨干企业的营销力度，取得了明显成效。全行自主类贷款较年初增加了7.6亿元，重点支持了垄断性行业山西烟草公司运城分公司、山西煤炭运销总公司运城分公司和南风集团、曙光煤焦集团、丰喜环球房地产开发有限公司以及禹都汽车销售有限公司等黄金优良客户，同时对运城学院、康杰中学、运城中学、永济中学和市实验中学等一批当地教育龙头给予了大力扶持。

（宋利平　裴振平　周　青）

【实施政策倾斜，投放低风险贷款】

首先是采取“考核一面，放开一面”的办法，鼓励全行拓展营销贴现业务。全行累计办理贴现50.4亿元，实现利息收入6196万元，为全行经营效益的提高做出了贡献。其次是积极稳妥地推进房地产信贷业务发展。截止12月底。全市共受理一手楼按揭合作项目12个，涉及贷款22324万元；开发住房项目贷款5700万元，部分经营行营销住房公积金存贷业务取得较大进展，全市住房公积金存款余额达6046万元，较年初净增4092万元。同时，根据上级行要求，制定了房地产客户准入标准，同步提高了贷款准入门槛，并据此制订了各类房地产贷款品种的管理办法和操作流程，确保了全行房地产信贷业务在规范高效、风险可控的前提下稳健发展。

（宋利平　裴振平　周　青）

【加大责任追究力度，从源头上控制不良攀升】 2005年，分行对经营行领导班子实施“不良贷款上去，行长必须下来”的强硬手段，确保全行信贷资产的有效运作。同时，加大了在线监测力度。对新发生不良贷款的经营行，除及时下发《信贷资产质量风险警示书》外，还对其产生的原因认真分析，督促清收，并记录在案，以便对法人客户在今后信用等级评估及投放信用上给予限制，对出现风险较大的企业做好信贷退出准备，以最大限度降低信贷风险。

（宋利平　裴振平　周　青）

【开展客户信用等级评定，严把客户准入关】 2005年上半年，分行组织了大量的人力、物力对全行300余家企业进行了信用等级评定。各行严格把关，统一标准，市分行对各行上报的AA级（含）以上的企业严格进行筛选、初评，最后上报省分行审定，确定了AB级企业88个，AA级企业189个。

（宋利平　裴振平　周　青）

【规范发展质押贷款业务】 2005年，分行在规范质押贷款手续，狠抓纠改，彻底杜绝部分支行存在的不合规现象。首先在3月份对2004年发放的前50户大额质押进行了调档检查，共检查50笔，涉及金额19000万元。其次于5月初对当年新发放的50万元以上质押贷款调档检查，共检查62笔，涉及金额8200万元。再次对上月发放的100万元以上的质押贷款月月检查，共检查64笔，涉及金额14257万元。同时，分行还在质押贷款档案管理上实行统一化管理，做到合同规范，凭证真实，手续合规，环节合法，有效地化解了贷款风险。

（宋利平　裴振平　周　青）

【稳步收缩汽车消费贷款业务】 2005年，在省分行的统一安排部署下，分行对汽车消费贷款进行了“一对一”核实。各行共投入人员55人，并明确要求五个步骤进行核实：第一步，经销商逐户核对，建好银行内部台帐；第二步，深入经销商，核清客户在经销商处还款情况，建立客户还款明细台帐；第三步，逐户核对两个台帐，并对还款差额进行落实；第四步，根据核实情况逐户核对借款人购车及债务的真实性，并逐户填写汽车消费贷款，到户检查工作底稿；第五步，规范还款方式并与借款人、经销商签定还款协议。经过两个多月的努力，全面完成“一对一”核实工作任务，共核实4705笔、余额32210万元，为下一步清理汽车消费不良贷款打好了基础。

（宋利平　裴振平　周　青）

【运用法律手段清收】 2005年，针对全行清收任务重，清收难度大的情况，分行加强了对纠纷案件的管理，依法维护农行的权益。共受理各类案件41起，涉及标的额13888万元，被告的纠纷案件中胜诉9起，挽回经济损失120余万元，节约诉讼费用65余万元，保全资产2820余万元。万荣支行与法院配合清收，仅以飞云宾馆实物拍卖所得款，就收回所欠贷款本金107万元，利息23万元。

（宋利平　裴振平　周　青）

【狠抓大户清收】 大户清收作用大，收回一户可抵几十小户甚至上百小户，因此分行把收贷的重点放在大户清收上，对新规则前发放形成的不良贷款，要求各经营行搞好调查，每个行选择2～3个额度大的企业，进行重点清收。市分行风险处建立清收台账，指导、通报清收进度。闻喜支行除银企双方签订盘活协议外，分管行长还对行长签有承诺书，承诺对已盘活的贷款到期全额收回，否则自愿停职停薪下岗清收，直到清偿完毕为止，目前已盘活闻喜县隆凯铸造有限公司不良贷款193万元中的一部分。还通过采取资产置换和重组的办法，成功收回1200万元大额不良贷款。

（宋利平　裴振平　周　青）

【力抓责任清收】 2005年，分行把信贷新规则后发放贷款形成的不良，一律纳入了“专职清收”人才库，实行动态管理。由市分行收贷大队负责，专抓全行责任贷款的清收，督导各责任人认真对待，积极清收，上半年共清收责任贷款68万元。（宋利平　裴振平　周　青）

【坚持抓“扫沙子”清收】 在对待小额贷款清收上，分行充分利用总行下发的减免息和核销政策，以招标和打包清收为主攻目标，重点清收万荣、夏县、平陆、垣曲和闻喜五个贫困县的万元以下不良贷款。到12月底，共清收回万元以下小额不良1286万元，清收回千元以下小额不良208万元。

（宋利平　裴振平　周　青）

【与公安联手清收】 2005年，在全市推广闻喜支行清收经验，专门成立公安局打击逃废、诈骗银行贷款办公室，聘请公安人员，重点打击四种行为：假借他人名义贷款的行为，以虚假理由申请贷款并转移贷款用途的行为，将原抵押物私自出让、出卖，隐匿财产以逃废银行贷款的行为，将贷款化整为零，多人贷款一人使用的行为。尤其是将有还款能力的场面人物作为主要对象，把人大代表、政协委员和村镇干部等贷户作为突破口，大力开展清收。截止12月底，全市经公安人员货币清收各类不良贷款本息达353万元，其中，有问题贷款本息为110万元，保全银行资产120万元。（宋利平　裴振平　周　青）

【银政联手搞清收】 2005年，面对社会信用环境差、不良贷款清收难度加大，以至支持地方经济发展受资金制约后劲乏力等不利形势，稷山支行积极探索新的清收办法，加强了同县委、政府的互动交流。从9月份开始，银政双方携起手来，共同打造诚信稷山，在全县展开了一场清理农行不良贷款的专项行动，掀起了一个“两清”工作的新高潮，并取得了阶段性成果。截止10月20日，先后催收签约双呆贷款830笔900余万元，货币清收不良贷款1493万元，完成全年任务750万元的199%，其中清收回双呆贷款本金57万元，收回表外利息68万元。

（宋利平　裴振平　周　青）

【加强现金管理，最大限度降低非生息资金】 ①在年初分行就根据各行存款余额、地理位置、业务量大小，给各行核定了库存限额，并严格实行超额处罚制度。上半年，共对全辖39个行次6000万元进行了处罚。②加大了检查力度。市分行计划部门利用下午下班款包收缴以后，多次组织人员对城区网点库存现金进行突击检查，有效预防和杜绝了白条抵库现象。同时，市分行党委还明确要求各支行行长、分管行长、会计股长要不定期联合突击查库，有效防止库存现金成为藏污纳垢之地。

（宋利平　裴振平　周　青）

【强化利率管理，实现收益最大化】 2005年，市分行根据相关政策，对所有贷款利率全部实行上浮，各种消费贷款不享受优惠利率，对贴现贷款利率确定了最低执行标准，同时严格执行加罚息制度，对挤占挪用贷款、逾期贷款严格执行罚息和挤占挪用贷款利率。为保障烟草结算项目的正常运行，充分利用现有银行资源，为烟草结算量体裁衣，采取网上银行和中间业务平台二种方式代理各县级烟草销售贷款结算。即各县级公司间采取网上银行结算，烟草结算户在中间业务平台结算的方式。对烟草公司的业务需求，提供优质服务，受到烟草公司的好评。截止12月底，全行共开立烟草结算储蓄（卡）户3975个，结算金额达13亿元，占全市烟草结算额41.90%。

（宋利平　裴振平　周　青）

【加快业务创新，发展网上银行业务】 2005年，市分行采取有力措施，大力推进电子银行业务和以电子银行为载体的银行卡业务。加快银行卡业务创新，使全行的网上银行得到较快发展。首先以集体性客户、大客户、高中端个人客户为重点目标，针对个性需求，设计不同方案，开展特色营销，为客户上门营销，并进行现场演示培训。4月份，先后集中人员对大唐电力有限公司和各县市烟草公司等一批黄金客户，采取上门服务，现场辅导，以促进集团客户的应用水平和技能，效果明显。5月份，又组织开展了全市网银业务知识培训，采取当前较流行的投影教学方式，并邀请部分企业客户参加，参会人员达80余人，取得明显实效。同时，做好网银升级和系统改造工作。5月底，全部完成网银3.0版的升级换代，进一步完善了网银功能，对网银业务发展起到了良好的促进作用。截止12月底，共发展网银客户388个，结算金额达248628万元，在全省排名第一。

（宋利平　裴振平　周　青）

【积极发展国际业务】 2005年，市分行结合运城外汇业务发展的实际，努力挖掘业务潜力。首先加快了外汇经办行建设，又有河津、营业部、夏县、绛县4个行开始开办国际业务。其次加大对重点客户和大客户的营销力度。对大的创汇企业，由市分行公司处牵头，各外汇经办行和企业所在地支行联合营销，实行利益分成，从而促进了国际业务的发展，使国际业务日益成为全行经营效益增长的新亮点。与此同时，代收代付、代理保险、结算等业务也取得不同程度的进展，成为全行业务收入的重要补充。

（宋利平　裴振平　周　青）

【召开全年工作部署会议】 在3月10日召开的全行300余名股级以上干部参加的全年工作部署会议上，行党委要求全行上下必须牢固树立全面的风险管理意识，严守制度，按规操作，合规经营，为提高全行发展质量和经营效益提供有力保障。同时，向全行发出了“翻箱倒柜找问题，严防死守堵漏洞”的号召，并就做好银监局、财监办通报问题的整改工作做了详尽而具体的安排部署。

（宋利平　裴振平　周　青）

【支行行长、分管财务行长会议】 在3月19日全省农行临汾现场会议后，分行立即在3月22日组织召开支行行长、分管财务行长、财务科长、会计事后监督中心负责人会议，认真传达了临汾现场会精神，深入剖析了运城农行在财务、信贷等业务经营中存在的问题，对加强管理，防范风险工作做了全面部署，要求全行迅速动员起来，翻箱倒柜找问题，严防死守保安全，确保全行业务快速、健康、有效发展。（宋利平　裴振平　周　青）

【财会监管工作会议】 在4月1日召开了全行分管财务行长、委派主管会计、财务部门负责人共200余人参加的健全防范机制，强化财会监管工作会议，专门就防范结算领域风险和会计操作风险进行了安排，并提出了目标和要求。

（宋利平　裴振平　周　青）

【贯彻总分行电视电话会议】 在4月4日总分行经营机构操作风险专项大检查电视电话会议和4月6日省银监局加强防范操作风险暨案件专项治理电视电话会后，市分行又立即召开电视电话会，对在全行开展大检查工作进行了安排部署。市县两级行都成立了由一把手任组长的检查领导小组；确定各级财会部门为领导组办公室，具体负责检查工作的组织和开展，抽调业务能力强、综合素质高、有高度责任心的业务骨干组成了检查分队，对全行网点合规经营情况进行拉网式大检查。同时，要求全行要严格按照总分行和银监局的要求，扎扎实实组织好检查，真正找准操作环节的风险点，采取切实措施，防止出现风险，为全行业务发展创造一个安全的经营环境。5月12日，再次召开各支行行长、分管行长、财务科长、营业网点负责人共200人的大会，对遏制案件的各项措施再完善、再落实。由于行党委高度重视并多次进行强调要求和安排部署，从而使全行上下充分认识到了新形势下防范风险的迫切性和重要性，有效地提高了全员的风险防范意识。（宋利平　裴振平　周　青）

【开展规章制度和法规法纪教育】 利用一个月时间，组织全辖员工认真开展信贷、会计基本制度的学习以及《人民银行法》、《商业银行法》、《银行监管法》等法律法规的学习。在全年工作会议上，还专门把《中国农业银行关于员工违反规章制度处理办法》、《中国农业银行山西省分行员工严重违反规章制度处理规定》和省分行的“六个一律”以及银监会的“4+1”、“十三条措施”等内容印发给一线员工，要求全员认真学习，深入领会，使广大员工都知道自己所在岗位哪些应做能做，哪些不应做不能做，做了要承担什么后果，从而能够自觉地规范自己的行为。

（宋利平　裴振平　周　青）

【开展典型案例教育】　把近期金融系统发生的一些案件的形成原因、造成后果、要接受的教训等进行了整理分析，特别是用本行原来发生的案件，即用身边的人和事来教育广大干部员工，并组织大家广泛进行讨论，起到了很好的警示作用。（宋利平　裴振平　周　青）

【自查自纠】　2005年，市分行要求全辖各行利用20天时间，对信贷、财务、储蓄等业务岗位制度执行情况拉网过筛、不留死角，进行一次全面的自查自纠，对发现的问题梳成辫子，迅速整改。对自己没有检查出来，上级行抽查出的实行连带责任追究制，在追究直接责任人的同时，还要追究县级支行、市行机关相关处室及分管领导的连带责任。并设立举报箱，举报电话，对举报有功人员进行重奖。

（宋利平　裴振平　周　青）

【整改工作】　2005年，市分行要求全行积极做好银监局、财监办通报问题的整改工作及全省农行操作风险大检查中问题的整改。针对2004年财监办和银监局在全行检查发现的问题，要求凡涉及的单位，一把手要亲自负责，认真组织整改，并建立了有方案、有督办、有反馈的整改机制，明确了承办部门、经办人员、办理要求和办理时限，要求相关部门及人员密切配合，共同做好整改，堵塞漏洞，纠正错误，预防案件。

（宋利平　裴振平　周　青）

【组建违规违纪突击检查大队】　为了有效震慑犯罪，3月28日，分行组建了由信贷、会计、保卫、个人等部门人员组成的违规违纪检查突击大队，不定期到一线网点进行突击检查，并于当日就由市分行刘满喜行长、张建河副行长亲自带队，对所辖万荣、稷山、河津3个支行的5个网点的业务经营合规合法性进行了突击检查。每到一处，看传票、查记录、核帐务，对风险防范认识不到位、操作不规范现象提出了严肃批评并限期纠改。为了将业务督查制度化，5月份抽调业务骨干组建了突击检查大队，将库存现金等12项内容作为检查重点，不定期开展工作。9月份，又组织办公室、人事处、监察室等处室人员组成检查小组，对全辖网点员对银监局提出的“十三条”和“四个一律”进行了全面检查。

（宋利平　裴振平　周　青）

【出台《中国农业银行运城分行业务经营案件防范措施试行办法》】　2005年，市分行依据事前防范、重点防范、全员防范为主的原则，把业务操作中的风险易发点梳理成15个章节，46条，系统条理地列出了各岗位及主要业务品种的风险易发点、关键部位风险点、主要防范措施及各岗位人员违规行为督查要求。要求各职能部门要按照该办法规定的督查内容和督查方法，定期严格督查。每次检查时要认真填写《中国农业银行运城分行业务经营案件督查表》，督查结束后及时报送主管领导。同时，明确规定对违规违纪案件处理，依据《中国农业银行员工违规处理暂行办法》和《中国农业银行山西省分行员工严重违反规章制度处理规定》进行处罚。

（宋利平　裴振平　周　青）

【严肃查处违规违纪责任人】　3月10日，分行召开全市农行违规违纪责任人公开处理大会，对8名违规违纪责任人进行了公开处理，其中科级干部1人，一般干部7人，行政开除1人，行政开除留用察看1人，行政记大过1人，行政记过1人，行政警告3人。4月1日会议上，又对违规违纪突击检查大队在信贷、会计、安全保卫等方面查出的问题进行了通报，对数名违规责任人视情节处以不同额度的罚款，并限期纠改；对市分行“翻箱倒柜找问题，严防死守堵漏洞”精神落实不力的三名分管行长进行了通报批评，并分别处以1000元罚款；市分行行长刘满喜、分管行长张建河还分别作了自我检查，并自罚1000元。通过从严执纪，对违规违纪行为予以严厉打击，使违规违纪者受到应有惩处，为业务经营创造了良好的运行环境。4月下旬，对盐湖区圣惠路分理处案件有关责任人进行了严肃查处：王新光开除，移送司法机关；会计员张萍开除；主任卫光武开除留用察看一年；盐湖区分管行长丁志强、财务科长陈丽红记过，并要求全行以此为鉴，吸取教训。

（宋利平　裴振平　周　青）

【实行上级委派主管会计制】　为了更好地发挥一线网点主管会计的职能作用，分行改原来的各网点主管会计由支行委派为市分行直接委派，并特别强调各支行无权调动和更换主管会计，不得对主管会计分配其它业务考核任务，主办会计的工资、奖金不与所在行的任务挂钩。明确主管会计在其岗位上不办理具体柜台业务，而是严格按主管会计职责开展工作，对支行及所主任提出的不合理要求有权抵制，可以直接向市分行财务处和市分行分管行长汇报。主管会计对自己所经手的按财务制度所规定的各项要求、监管责任负责，凡发生不按规定制度办事、不认真履行职责，在检查中发现问题的将给予严肃处理。（宋利平　裴振平　周　青）

【组建会计事后监督中心】　2005年，市分行采取公开条件、严格标准、优中选优的办法，在全市会计队伍中公开选拔了有丰富工作经验的业务骨干，组建了市分行会计事后监督中心，对城区网点每天的会计事项进行集中审查。各县市支行也挑选作风硬、业务强的同志相继成立了会计事后监督中心。每日营业终了，各网点要将当日的会计资料及时报送至会计事后监督中心，监督员于一日内审查完毕，根据审查情况填写相关登记簿，发现问题及时处理。同时，在事后监督中心设置了会计事后监督专用档案库，配齐了档案密集架及防火、防潮等设备，设立了专职的档案管理员，制定了严格的档案交接、归档、调阅制度，保证了会计资料安全、完整和及时归档。立足防范风险和案件，还制定出台了《会计事后监督实施办法》、《会计事后监督实施细则》及一整套相应的查纠、反馈、处罚、考核办法，使事后监督工作一起步就做到处处有章可循、有据可依。同时，把事后监督中心运行情况纳入到财务大检查中和全行考核当中，并同效益工资挂钩，定期进行排队通报，从而有效提高了监督人员的责任心。全年累计审核凭证7785878笔，监督面达到100%；对可疑业务发查询查（复）通知书794份，对违规操作行为发差错通知书2709份，查处并追究重大违规操作3份，当年处理预警信息47757条，会计事后监督工作在省分行统计连续12次名列同业第一。

（宋利平　裴振平　周　青）

【强化财会监管员职责】　2005年，分行规定财会监管员主要负责对各网点的监管，特别是对主管会计履行职责进行监管。除每月定期检查外，财会监管员可以邀请审计部门一并进行现场检查复核（包括重要凭证管理，各种登记簿登记是否认真，密码是否按时更换等）。如果财会监管员对主管会计及会计出纳履行职责监督不力，发生问题将负重要责任并要给予严肃处理。

（宋利平　裴振平　周　青）

【加强防御系统建设】　首先明确了专人，专司监测职能，直接向行党委负责，利用CMS信贷管理系统，对全行信贷业务进行实时监测，发现问题，及时汇报。其次全面推行运行中心的财会预警系统，对操作风险点进行全面控制和监测。再次全面推行以基层行的事后监督为中心的五大防御系统工程。对其它防御系统也将按照省分行统一布置，尽快落实。

（宋利平　裴振平　周　青）

【重要空白凭证和印章管理】　2005年，为了进一步加强会计操作风险控制，分行结合经营机构操作风险专项大检查中发现的问题，制定了“八条规定”，从授权、密码、柜员卡的管理到印鉴、凭证以及对账、现金库房等八个方面提出了要求，要求各支行认真开展自纠自查，有问题的尽快整改，以规范操作行为。9月份又对全辖网点、机构的凭证进行一次彻底的清理，进一步完善了重要空白凭证的调拨、保管、领取、使用、出售、销毁等环节的管理办法。并于10月上旬组织会计、审计、保卫等部门对全辖所有网点已停用的重要空白凭证及业务印章进行了统一销毁，做到了重要空白凭证实物与销毁清单以及账表相符，17个支行共计销毁各类业务印章2542枚，汇票、支票、存单、借记卡等重要空白凭证59类，共834941份。

（宋利平　裴振平　周　青）

【保持共产党员先进性教育活动】　（1）精心组织，广泛发动。在市行党委的精心组织和广泛发动下，全市农行系统14个党委、1个党总支、46个党支部、741名党员（其中在岗党员471名，离退休〈内退〉党员270名）全部参加了学习动员、分析评议和整改提高三个阶段十二个规定程序的活动，并组织开展了形式多样的自查动作，党员参与率达到100%。（2）学习形式，灵活多样。在组织学习阶段，全行共组织党委中心组学习52次，两级行领导班子成员集中学习平均学时达到24小时以上，平均记笔记达5万字以上，共撰写学习体会134篇。全行先后召开不同层次的座谈会23次，组织讨论40余次，写出学习讨论体会472篇。（3）分析评议，见真见实。在分析评议阶段，累计发放各类征求意见问卷1482份，收回问卷1476份，收回率达到99.59%。对有关部门和重点客户共发放征求意见函300余份。共征求到对党委意见和建议124条，对党委成员个人意见59条，加快发展、深化改革、内部管理、队伍建设、工作作风等方面的意见和建议638条，经梳理归纳64条。（4）整改提高，重点突出。在整改阶段，两级行党委班子成员针对各自存在的突出问题及意见，认真研究制定了整改措施，对班子存在的问题，逐一分解落实到了有关部门和单位，并建立了严格的反馈、通报制度，抓紧进行整改落实。已整改88条，正在整改的6条。（5）主题活动，丰富多彩。同运城市委组织部、宣传部、市直工委联合举办了为期10天的“《红色丰碑》全国百座城市爱国主义教育联展运城展”。首次用大量的党史文献、历史图片、邮币卡、诗词书画、军事地图等藏品实物900余件，生动、真实地展现党的创立、发展、壮大及领导全国人民从胜利走向胜利的光辉历程，展示改革开放以来，特别是党的十三届四中全会以来，中国社会主义现代化建设取得的伟大成就，使全体党员接受了一次党的基本理论、基本路线、基本纲领和基本经验的系统教育和一次中国革命、建设、改革的历史教育和爱国主义教育。机关党委还组织全体党员分批分次到夏县堆云洞中共河东特委旧址进行了参观学习。永济支行班子成员及部分党员还深入到革命老区永济市卿头镇尚志村，召开座谈会、捐款献爱心、慰问特困户、看望贫困生，受到当地政府和村民们的一致好评。（6）舆论宣传，及时到位。活动期间，全行统一组织宣传，悬挂条幅，开辟学习园地，张贴学习笔记和体会；全行共编发《先进性教育活动简报》246期，其中市分行编发29期，被省分行先进性教育活动办公室采用8期；在分行党委机关报《农行人》上开辟了先进性教育活动专栏，先后刊登活动动态、经验做法等20余篇；全行先后制作板报版面70余个，同时利用报纸、电视、广播等媒体广泛宣传开展先进性教育活动的重大意义，宣传各级行党组织、党员和党员领导干部中的先进典型和先进事迹，宣传一线的先进典型和先进事迹，用身边典型的人和事教育身边的人。及时总结和推广先进性教育活动的好经验、好做法，宣传教育活动取得的成效，为先进性教育活动的健康开展营造良好的舆论氛围。

由于思想重视，认识到位，组织严密，措施得力，全行先进性教育活动取得了比较好的成效：党员思想认识有了新的提高，党群、干群关系呈现出新的气象，行风和机关作风有了新的转变，广大党员干部办好现代商业银行的责任感和使命感有了新的增强，全行业务经营有了新的发展，受到了总分行领导的一致肯定。

（宋利平　裴振平　周　青）

【“创争”活动富有成效】　2005年年初，总行党委向全行发出了“创建学习型组织，争做知识型员工”的号召，并将分行盐湖区支行确定为全国农行“创争”活动试点行。为了保证总分行“创争”活动试点工作效果，分行专门成立了“创争”活动领导组，并多次深入盐湖区支行机关及示范网点，和基层员工一起研究探讨“创争”活动的方法、内容和效果。在活动开展阶段，重点做了以下几方面工作：(1)对员工重点进行制度知识、政治觉悟、优质服务，营销知识等方面的教育。规定了各项内容统一学习的书目和资料，统一下发了测试试卷，要求员工认真学习。(2)加大了宣传力度，在市行《农行人》报刊上开设“创争”专栏，宣传全行学习型职工典型，并刊发了10多期“创争”活动简报。(3)在6月上旬，组织全行科以上干部参加了运城市银行业高级管理人员金融理论培训学习，听取了中央财经大学、中国政法大学、南开大学等专家学者作的讲座，着重了解了金融风险防范、金融形势、商业银行竞争态势等内容，开阔了眼界，增长了知识，效果很好。(4)5月份参加了纪念中国工会成立80周年系列活动，组织全体员工积极参与全总知识竞赛活动，为总行筛选推荐美术书法作品13件。(5)在七一前夕，通过各种形式开展职工教育活动。市分行机关开展了系列庆祝活动，主要有结合入党宣誓对全行员工进行共产党员先进性教育；开展五类体育比赛活动；组织员工进行野外有氧健身娱乐活动等，通过这些活动，调整情绪，鼓舞斗争，凝聚人心。(6)组织员工观看大型音乐报道剧《牛玉儒》专题宣传晚会，号召全体员工学习牛玉儒同志立足本职，积极进取，争创一流业绩。由于全行“创争”活动富有成效，6月15—16日，总行制定“创争”活动评价体系座谈会在分行召开，分行的做法和取得的成绩受到了总行工会工作部领导、省分行王炳奎副行长、省分行工会领导及来自山东、福建、江西、海南四省分行工会负责人的一致好评。

（宋利平　裴振平　周　青）

【开展“送温暖”活动】　2005年春节前，全行共慰问特困职工123名，发放慰问金68000余元，慰问品400余件，折合人民币约21000元。全行共安排了37个慰问组(队)，深入特困职工家中炕头嘘寒问暖，征询交流，使每个受慰问的对象都能分享到农行的发展和实惠，感受到组织的关怀和温暖。

（宋利平　裴振平　周　青）

【开展关心女职工活动】　2005年，“三·八”妇女节期间，各行为女职工举办了形式多样的文化娱乐活动，使女职工在紧张的工作之余心情得到愉悦，感情得到交流，情绪得到调节。市行机关组织女职工到“黑泥洗浴中心”进行水疗，为女职工安排身体检查，保证了女职工的身心健康。另外，还组织市县两级行的女工干部参加了地方工会组织的女职工权益保障法律法规考试，使女工干部增长了法律知识，提高了法律意识，增强了女工工作的信心。

（宋利平　裴振平　周　青）

【员工俱乐部】　2005年七一前夕，建成了机关《员工俱乐部》，设有乒乓球、台球、跳棋、象棋、扑克五个项目，为广大员工提供了一个交流感情、切磋技艺、健身娱乐的好场所。

（宋利平　裴振平　周　青）

【参加省分行职工摄影大赛】　2005年11月，市分行为“农行山西省分行职工摄影大赛”选送了70幅摄影作品，从不同的角度反映了近年来改革发展的变化和祖国山川美景以及近年来营销宣传活动。

（宋利平　裴振平　周　青）

【“职工之家”建设】　芮城支行和禹都支行2003年被评为省分行级“先进职工之家”。分行按照省分行文件精神对这两个行的职工之家建设情况进行了检查考核。同时，市分行机关也加快了职工之家建设，新建了职工俱乐部，配备了活动用具，争创本年度省分行级“先进职工之家”。

（宋利平　裴振平　周　青）

中国建设银行运城分行

【各项业务平稳发展，综合竞争能力进一步提高】　2005年来，筹集百亿元资金，参与、支持和服务了中国铝业华泽铝电、关铝集团、丰喜肥业、阳光集团等一大批优势国有、高新技术、绩优中小骨干企业的建设和生产，支持了工业、城建、交通、通讯、房地产、化工、贸易等支柱产业的发展和壮大。到2005年9月底，各项贷款达到59.6亿元，近三年净增加30亿元。支持了个人住房、汽车等消费的需求，个人住房贷款达到4亿元，帮助数千户居民圆了住房梦；个人汽车消费贷款达到1亿元。

（建行运城分行）

【服务体系建设】　建立和完善了由营业网点、自动柜员机、电话银行、网上银行组成的分销渠道和服务体系，满足了运城人民金融便利的需求。到2005年9月底，各项存款余额达到60亿元。

（建行运城分行）

【综合盈利能力】　全行上下进一步明确以效益为目标的价值理念，综合盈利能力继续增强，赢利水平连续六年在全省系统排名第一，累计实现帐面利润近十亿元。

（建行运城分行）

【风险管理和内部控制】　以落实“三道防线”为中心，完善规章制度，加强党风廉政建设，加大内部审计监管力度，建立健全以自控、互控和监控为重点的内控体系。以信贷改革为契机，全面实行审贷分离，进一步规范贷款审批和贷后管理。出台和实施了一系列制度和措施，明确目标，落实责任，强化考核，深入挖潜，继续将压不良攻坚战向纵深推进，信贷资产质量和结构得到较大的改善，抓住契机，通过回收、处置、盘活、核销、剥离等多种措施，基本解决了不良贷款绝对数过大、包袱沉重的问题。

（建行运城分行）

【改革历史创新能力增强】　运城分行从信贷、会计、财务、人事、后勤等单项到全面实行股份制改造，在深思中变革，在变革中突破，一个合理、有效的信息流动和财务资源配置机制正在逐步形成；一个制衡、高效的信贷决策和经营机制正在逐步形成；一个以“职务能上能下、员工能进能出、薪酬能增能减”为核心的激励约束机制正在逐步形成。积极推进股份制改造，实施集约经营，网点和人员分别精简。（建行运城分行）

【积极实施“科技兴行”战略】
1986年开始运用计算机处理业务，此后相继开通了多用户系统、总帐传输系统、城市柜面综合系统、龙卡网络系统、信贷信息管理系统、人力资源管理信息系统、办公自动化系统，以及总帐管理信息系统，开通了自助银行、网上银行、手机银行、电话银行，基本实现了所有面向客户的业务产品自动化操作，有效降低了运营成本，提高了办公效率，拓宽了金融服务手段，支撑各项业务快速发展。

（建行运城分行）

【企业文化建设】 运城分行在建设国家、服务大众、培育员工、奉献社会的过程中，形成了许多优良传统。特别是20世纪90年代以来，逐步形成了具有鲜明个性的企业价值观、经营理念、制度规范、行为准则和品牌形象。秉承“团队精神、敬业精神、创新精神、奉献精神”，创建“诚信亲和、严禁规范、求真务实、拼搏进取”的建行作风；牢固树立“实现价值最大化”的核心价值观，以市场为导向，以客户为中心，与近百万客户团结协作，携手共进，互动双赢，共同建设美好家园；深化改革、不断创新，不断提高金融服务的能力和水平，为促进经济建设和社会发展，提升民众物质和精神生活质量做出贡献。紧密结合党的建设、精神文明建设、思想政治工作、行业作风建设、“职工之家”建设和“青年文明号”等活动，组织八百名员工广泛开展爱“家”园、建“家”业、谋“家”策、学“家”规、正“家”风等群众性活动，建设美好家园。（建行运城分行）

运城市农村信用联社

【概况】 截止2005年底，全市农村信用社各项存款余额达1316391万元，较年初净增176037万元，同比多增56408万元，存款增长率为15.4%。其中储蓄存款余额1225507万元，较年初增加162791万元，同比多增58617万元，增长率15.3%。股本金余额63610万元，当年增（扩）股金18712万元，同比多增7132万元，增长率41.7%。各项贷款余额932719万元，当年累计发放贷款943679万元、同比少放130359万元；当年净投放49829万元，加上票据置换因素实际投放98168万元，同比少投13834万元，增长率5.6%；存贷比例为70.9%，剔除支农再贷款后存贷比例为68.3%，较年初降低5.9个百分点，当年新增比例为30.2%。农业贷款余额672730万元，比年初增加66996万元。其中农户小额信用贷款余额266942万元，比年初增加57144万元。农户联保贷款余额69476万元，比年初增加24019万元。不良贷款余额212790万元，其中逾期贷款4469万元，双呆贷款208321万元，分别占各项贷款的22.8%、0.5%和22.3%，不良贷款占比分别较年初下降了8.3、1.0和8.2个百分点。当年累计绝压不良贷款61910万元（含专项票据置换不良贷款48339万元），其中绝压逾期贷款453万元，绝压双呆贷款61457万元，不良贷款实现“双下降”的目标。流动风险基本控制，存款备付金率达26.5%，流动性资产和流动负债比重合理，资金头寸把握基本适度，未出现拆借资金支付存款的现象。新业务开发进展顺利，市联社进入全国银行间同业拆借市场及开办银行卡业务已报请省联社等有关部门批准，正在积极筹备中；在盐湖、河津联社率先开办了票据贴现业务；在盐湖、河津、闻喜联社开办了签发票承兑汇票业务，且进展顺利、运行良好；全辖信用社全部取消了手工存单，储蓄微机化管理普及率达100%。同时通存通兑、网点建设、贷款微机化管理等项工作取得了新的进展。增盈创利成效显著，累计实现贷款利息收入72418万元，同比多收14167万元，收息率为76%。全辖实现利润6901万元，231个核算单位中，亏损社59个、亏损金额2737万元，盈余社172个、盈余金额9638万元，加上视同利润的9439万元，实际盈余达16340万元，经营效益稳步提升。

（运城市农村信用联社）

【稳步推进“三制”改革】 （1）抓好产权制度改革。全市按照组建1个农村合作银行、8个以县（市）为单位统一法人、4个两级法人的产权制度改革思路，积极开展相应的筹建申请准备工作。围绕年初确定的深化改革工作总体要求及方法步骤，扎实细致地做好河津组建农村合作银行的申报工作，选择临猗、盐湖联社积极开展一级法人试点。河津组建合作银行工作已报省银监局，临猗、盐湖一级法人准备工作也基本就绪。（2）积极参与筹建省联社的管理体制改革。按照有关程序，市联社及13个县联社在自愿的基础上出资入股390万元，并通过社员代表大会，选举产生了出席省联社社员代表和理事候选人，积极参与省联社的筹建工作。（3）推进经营机制改革。结合全市农村信用社经营管理状况，以科学发展观为指导，通过进一步改革用人机制和分配制度，不断拓展新业务种类，加大电子化建设等举措，实施机构整合、人员整合、资金整合，实现科学规范管理。

（运城市农村信用联社）

【增资扩股为深化改革奠定基础】

增资扩股的真实性、合规性，直接决定着专项票据兑付、决定着深化农村信用社改革的大局。2005年市联社连续下发文件，多次召开专题会议，研究部署增资扩股及股金规范工作。在各级党委政府及有关部门的支持帮助下，全市农村信用社把增资扩股作为深化改革的一个重要内容，重新设置股权，合理调整结构，公开信息披露，规范原有股金，确保真实合规。通过党政干部带动入股、优惠政策激励入股、联谊座谈动员入股、优质服务吸引入股、发动内部职工入股等方式，努力扩大股金总额，从而使全市农村信用社增资扩股工作呈现出党政干部踊跃带头、各界群众争先恐后、增股配股顺利进展的良好局面。垣曲县新城镇党委书记、镇长在扩股工作一开始就分别向信用社入股1万元，长直乡政府39名工作人员入股共计2.6万元；平陆县委、政府专门组织举办了“支持信用社改革，现场入股仪式”，四大班子28名干部向信用社入股28万元，县财贸系统13个一把手入股6.5万元；万荣县副县长高彩青、闻喜县常务副县长谭淑珍都分别带头到信用社入股3千元、1万元；绛县35家企业向信用社入股357万元；临猗联社在全县开展了集中兑现股金红利工作，大造声势、广泛宣传，在社会上引起了极大反响，短短几天时间全县便有6460户自然人、29个企业法人入股154万元。截至年底，全市农村信用社净增股金18712万元，股金余额达到63610万元，同比多增7202万元，基本达到了股权结构多样化、投资主体多元化的要求，13家信用联社均完成了增资扩股计划，并全部认购了央行专项票据。

（运城市农村信用联社）

【落实扶持政策加快发展步伐】 (1) 在全市规定全部选择专项票据认购办法，13家联社已全部达到认购专项中央银行票据标准，其中盐湖、芮城、河津三家联社已首批认购2005年第一季度专项中央银行票据17453万元，用于置换不良贷款13006万元、弥补历年亏损挂账4447万元；永济、临猗、新绛、稷山、夏县、绛县、垣曲七家联社认购第二季度专项中央银行票据29023万元，置换不良贷款19533万元、弥补历年亏损挂账9490万元；万荣、闻喜、平陆三家联社认购第三季度票据24277万元，用于置换不良贷款15800万元、弥补历年亏损挂账8477万元。全市信用社累计认购央行专项票据70753万元。(2) 根据全省统一安排，全市农村信用社的保值储蓄利息补贴已按照有关程序，经省财经办等有关部门审查验收通过。(3) 在税务、财政等部门的大力支持下，农村信用社按照国家有关规定，享受三年内免征所得税和减征营业税的优惠政策得到落实，首批退税（2004年度）的1352万元已全部到位。(4) 为了保证农村信用社改革总体要求的圆满实现，根据银监会及省政府关于地方政府资金支持农村信用社发展等具体要求，市政府决定自2005年起，每年从财政预算中列支300万元，以实际行动保障农村信用社改革与发展的顺利进行，止年末已将100万元拨付到位。

（运城市农村信用联社）

【专项治理工作】 2005年，为确保专项治理活动扎实深入开展，市联社专门成立了由理事长兰创国负总责的“加强内控制度建设防范操作风险专项治理活动领导组”。领导组下设学教办公室、综合办公室和督查办公室。同时，要求各联社、信用社分别成立相应机构，并层层签订专项治理活动目标责任书，实行一级抓一级，一级对一级负责。4月15日，组织召开了由13个县（市、区）联社班子成员及有关人员参加的“运城市农村信用社防范操作风险暨案件专项治理会议”，传达上级文件精神，对全市农村信用社防范操作风险、强化案件专项治理工作进行了全面安排部署。按照市联社的安排，各联社、信用社结合实际，分别采取会议动员、学习讨论、交流思想、案例分析等形式，将案件专项治理的精神层层传达到全体员工，提高了广大干部职工对案件防范治理工作重要性和必要性的认识，营造了案件专项治理的良好氛围。

（运城市农村信用联社）

【“防范风险”活动】 2005年4月，市联社根据案件专项治理工作的需要，编写了《加强防范操作风险强化案件专项治理工作知识问答》，印刷4000余份，做到人手一册，由各联社组织全员认真学习领会，并开展案件防范知识竞赛、心得笔记展评、风险防范演讲等活动。盐湖、永济、芮城、临猗、万荣、河津、夏县7个县（市）还组织全员进行了防范操作风险强化案件专项治理知识考试，参考人员达2254人；7月11日，市联社举办了以“防范操作风险”为主题的演讲比赛，通过开展内容丰富、形式多样的活动，为维护全市农村信用社安全、有序、高效运行的良好局面起到了积极的促进作用。

2005年，围绕员工道德风险、经营管理风险、安全防范风险、内控制度建设、案件查处5个方面28项内容，先后在全辖组织开展了4次大检查，为全面提高风险识别和控制能力、有效防范操作风险奠定了良好的基础。4月中旬，在全市农村信用社、县（市、区）联社开展了为期10天的全面自查，自查面达到100%，并抽调各联社监事长、稽核骨干组成13个督查组全程督查；4月下旬至5月初，由市联社抽调2名稽核专员和13名稽核员，对盐湖等5个县（市、区）联社进行了重点抽查；7—9月份，以县（市、区）为单位，组织业务、财务、稽核骨干，进行全面普查，普查面达到100%；10月下旬至11月初，在全市进行交叉复查，复查面占到辖内法人机构的50%。通过4次大检查，累计排查员工3668人；受查单位各项存款、重要凭证、印章密押、账务、固定资产购置、票据结算以及营业场所安全防卫等核查率均达100%，各项贷款核查率70%（其中10万元以上大额贷款核查率为100%）。

（运城市农村信用联社）

【加强会计岗位管理】 2005年，为了加强对会计要害岗位的管理，6月上旬，对全辖234名信用社主管会计进行了集中对账及为期10天（两个结账日）的岗位轮换。各联社在不打招呼的前提下，统一时间、统一地点，由监事长亲自带队，组织各信用社主管会计对本辖的联社往来、社内往来、大额汇款、提现、在途资金等会计账务进行集中核对、交叉核查，联社现场监督。在核实账务的基础上，现场轮岗移交，并进行离任审计，通过此举及时发现和纠改问题。

（运城市农村信用联社）

【社会监督行风社纪】 为端正社风社纪，纠正和消除各种不良思想行为，全系统一手抓行业整顿，一手抓社会监督，不断将防范操作风险及案件专项治理活动引向深入。(1) 全市信用社设立意见箱231个，并责成各联社监事长于每月5日专人开启，收集意见，如实整理上报市联社。(2) 针对农村信用社点多面广、员工众多、良莠不齐，以及少数信用社经营方向出现偏差、干部职工工作飘浮的实际，为进一步端正社风社纪，巩固案件专项治理活动成果。市联社自9月1日起利用两个月时间，在全市农村信用社开展了一场轰轰烈烈的思想、作风、纪律大整顿活动，并在运城电视台、《运城日报》发布公告，公布市联社及全辖13个联社的监督电话，建立举报奖励制度，公开接受社会监督。(3) 市联社理事长、监事长、主任联名下发了“致全市农村信用社员工的一封公开信”，印刷4000份，发到全辖信用社每个员工手中，并要求以社为单位组织学习讨论，人人回信，谈体会、表决心。“公开信”下发后，广大干部职工热烈响应、积极讨论，纷纷回信，表示要立足本职、努力工作、报效信合，并针对信用社改革和发展提出了许多建议。市联社“三长”已收到回信3000余封。(4)专门印发了《关于公开接受社会监督、改进服务支持三农的公告》，印刷6000余份，分发到全辖营业机构，张贴到每个网点及村镇。9月19日市联社六位领导亲自挂帅，各带一组分赴各县（市、区）进行抽查，共走访了32个信用社、90个行政村，听取了广大干部职工及农民群众的意见、建议和要求，并对少数在接受监督中思想不重视、工作不到位的联社进行了通报批评，及时加以改进。4月份以来，全辖通过“意见箱”、“电话举报”，群众来信等途径收集群众举报78件，已处理68件，结案率87%。经调查走访，群众对处置结果较为满意。（运城市农村信用联社）

【以制度规范员工行为】 市联合社将2001年元月出台的《运城地区农村信用社内部管理制度》，修订、补充、完善为《运城市农村信用社内部管理制度》。制度共16项，经市联社主任办公会组织拟定、理事会讨论通过后，汇编印发至全市联社、信用社，于2005年10月1日起执行。同时，要求各县（市、区）联社结合本辖工作实际和深化改革要求，在该制度基础上抓紧增补、完善、修订出本县（市、区）的内部管理制度，使之具有更强的针对性和适用性，达到内部管理制度化、规范化。

（运城市农村信用联社）

【内控制约堵塞管理漏洞】 2005年，全系统坚持把“道德风险”评判作为吸纳新员工的首要条件，把任人唯贤、德才兼备作为选拔干部的重要标准，利用理论学习、专业培训培养人才，通过严格的德、能、勤、绩考察选拔人才，建立了公开选拔、公平竞争、竞聘上岗的用人新机制。同时，定期对辖内会计、出纳、押运、守库等易发案件的重要岗位人员进行全面审查，发现有不良苗头的，立即予以调整撤换，并视情况对其进行教育或行政处理。今年全市共审查要害岗位人员2892人，调整不合格人员83人，及时消除了案件隐患。今年全面实行员工互保，全辖每个员工由两名信用社员工对其道德、行为进行担保，若出现违规违纪现象，一并追究担保人教育失误、监督失察的责任。全市落实员工互保3719人，通过相互监督制约，进一步规范和约束员工行为，增强了全员自控能力和遵规守纪的自觉性。

（运城市农村信用联社）

【查处清理历史积案】 2005年，根据各级银监部门的安排，市联社在全面落实防范操作风险工作的同时，将工作重点集中到49起历史案件的清查清理上。今年以来，先后依照有关规章制度对196名违规人员作出了处理，其中通报批评51人、警告112人、严重警告1人、记过18人、记大过4人、免职2人、撤职1人、辞退临时工2人、开除3人、党内严重警告1人、移交司法机关处理1人，经济处罚8840元。通过严明纪律，严查重处，有效增强了全员遵规守纪观念。（运城市农村信用联社）

【内控管理促进业务经营】 为了实现风险防范与业务经营两不误、两促进，市联社把案件专项治理与经营管理工作紧密结合。(1)逐级落实风险防范预警机制。市联社按月对13个联社进行风险状况分析和预警提示，督导农村信用社防化风险、合规经营。(2)全面取消手工储蓄存单。为彻底消除凭证风险，市联社经过充分准备，统一取消全市农村信用社手工储蓄存单，于8月1日正式实行储蓄业务微机操作，以彻底消除使用手工储蓄存单引发的案件。通过采取一系列扎实有效的措施，全市信用社实现了案件防范与业务经营工作齐抓并进，基本实现了“贷款无违规、新贷无沉淀、凭证无虚假、支付无停滞、财产无损失、员工无违纪、经济无案件、安全无事故”的“八无”目标。

（运城市农村信用联社）

【支农服务】 改善服务、支持“三农”，进一步提高金融服务水平和效率，是深化农村信用社改革的最终目的和衡量改革成功与否的重要标准。为此，市联社要求各联社、信用社切实把支农服务放到促进农业、农村经济发展和帮助农民增收、支持农村小康社会建设的战略高度，进一步端正经营思想，加大对农业和农村的信贷投入。为农民生产生活和农村经济结构调整提供便捷、高效的资金服务。年初以来，市联社专门下发了《关于做好全市农村信用社春耕备耕支农服务工作的通知》等文件，并利用每月主任例会、阶段性工作安排会议及经验交流，反复强调、精心部署，要求各级农村信用社端正经营思想，增强做好支农服务工作的自觉性，切实把支农工作放在心上、喊在口上、落实在行动上。

（运城市农村信用联社）

【推广农户小额信用贷款和联保贷款】 (1)继续做好农户小额信贷和农户联保贷款的推广工作，对未评定信用等级的农户，加快进度，边评定边发放，及时满足农民春耕备耕所需资金。(2)根据当地农村经济发展实际、农户信用等级、农村信用社资金实力等情况，及时调整农户小额信用贷款限额，在核定的信用贷款额度内，做到随到随办、不误农时，尽力满足需求。(3)进一步扩大规模、简化手续、加强管理，提高小额信用贷款的使用效率和社会、经济效益。(4)结合本地实际，积极拓宽农户小额信用贷款的服务范围，积极推广联保贷款，切实解决农民“贷款难”。(5)进一步健全和完善信用贷款管理制度，规范贷款发放、管理、收回等各个环节的操作规程，建立行之有效的贷款管理激励与约束机制，严格控制和防范风险。全辖根据当地农村经济发展实际、农户信用等级状况、农村信用社资金实力等情况，及时调整农户小额信用贷款限额，进一步扩大规模、简化手续、强化管理，提高小额农贷的使用效益。(6)进一步深入细致地做好评定信用户、创建信用村（镇）工作。全市结合信用户年检，对已评定的信用户重新认定，对部分不按期归还贷款的予以降低信用等级或取消信用资格，维护评级授信工作的严肃性。今年，全辖新评定信用户22228户，完成计划的222.3%。当年又有五个乡镇基本达到“信用乡（镇）”标准，且对芮城东垆信用乡进行了验收授牌。截至年底，全辖信用户总数达到64.3万个、占比66%，信用村993个，信用镇6个；累计发放农户小额信用贷款270066万元，同比增加52284万元，余额达到266942万元，发放农户联保贷款78238万元、余额69476万元。

（运城市农村信用联社）

【支持农村产业结构调整】 2005年，各联社充分发挥农村信用社点多面广、根植农村、贴近农民、了解农情的优势，集中时间、集中力量，组织人员到农村、进农田、入农家、听农言，详细了解农民购买种子、化肥、地膜、农具、农药等方面的资金需求情况，认真搞好资金测算，有计划、有重点、有步骤、有目标地做好支农工作。①认真分析当前农业和农村经济发展的新情况、新形势，以及由此带来的农民金融服务需求的新变化，摸准农民增收和农村产业结构调整的脉搏，注重研究农户群众日益发展的多层次、多元化的金融服务需求，通过深化服务内涵、拓宽服务领域、创新服务品种、改革服务方式、提高服务层次，大胆创新与农相宜的金融服务品牌，不断增强金融服务的适应性；②发挥自身点多面广与农民联系密切的优势，大力吸收农村闲散资金，加大资金组织力度，增加支农资金的供应；③根据各级政府农业发展规划，结合当地经济发展特点，因地制宜地制定信贷计划，合理确定投向投量，确保当前信贷资金重点向粮食生产、棉花种植、果树管理等项目以及节水灌溉等设施农业倾斜，进一步扩大发放面、加大投放量。“三农”资金不能满足的县、社，其它贷款一律停止发放，确保“三农”贷款尽量满足、及时发放。全年累计发放“三农”贷款702946万元，其中发放种植业贷款255901万元，大力支持粮棉生产，使以涑水河流域为中心的400万亩优质麦棉产业带进一步巩固；发放高科技特色农业贷款33430万元，因地制宜支持无公害蔬菜、优质苹果、立体种植等特色农业，使汾河流域50万亩无公害蔬菜产业带初具规模，峨嵋岭台地和中条山麓200万亩优质苹果产业带不断壮大，着力打造了“运红”苹果、“绛州绿”蔬菜等一批名牌产品，无公害农产品产地认证面积达到88.5万亩，使特色农业的产值占到农业总产值的60%以上；累计发放畜禽养殖业贷款156442万元，支持农民发展山区畜牧、河滩养鱼，使中条山和吕梁山麓优质畜牧产业带逐步形成；累计发放农副产品加工企业贷款52226万元，重点扶持果品、芦笋、脱水蔬菜、肉食品加工等农副产品转化增值企业。尤其是加大对粟海、金源、骏达木业等“公司十农户”企业的扶持，有力地支持了全市农产品转化加工企业的发展，在全市形成“公司牵龙头、龙头带基地、基地连农户”的农业生产新格局，有效促进了农业增产、农民增收。

（运城市农村信用联社）

【创新经营理念】 2005年全市农村信用社牢固树立科学发展观，不断创造性地开展工作，努力建设一流网点，提供一流服务，营造一流企业。市联社经深入调研，选择辖内地理位置优越、资金相对集中、发展潜力较大的盐湖区联社开办试点，组织制定出“盐湖区农村信用社超常规跨越式发展规划”，决定经过重点培养和分步实施，逐步在运城市区内树立一批设施先进、功能齐全、服务一流的明星网点，着力打造农村信用社的经营特区。从而以点带面、整体推进，提升全市信用社同业竞争能力，逐步统一标识、统一形象、统一着装、统一彩铃，形成有农村信用社行业特色的崭新形象。同时各联社、信用社充分发挥点多面广的优势，不断研究，挖掘潜力，多策并举，控制资金分流。尤其是在当地政府的大力支持和有关部门的密切配合下，遏制民间借贷，妥善处理邮政储蓄分流农村资金的问题，基本做到了农村市场不失控，城区市场不失利，提升了存款市场占有份额，使存款总量稳居全市金融机构之首。

（运城市农村信用联社）

【拓展业务种类】 2005年，全市信用社大胆借鉴商业银行成功的管理模式和管理手段，并加强与商业银行和社会各部门的合作，积极开办委托业务、代理业务、中间业务以及国际业务，努力提高农村信用社新业务的市场份额。全系统根据市场需求有效实施业务创新策略，通过对新、老业务的有机结合，以及对新业务的规范性、目标性、主导性、可行性进行研究和分析，找准业务创新突破点，适时推出新的金融产品，满足客户需要。市联社多方协调、反复论证后，申请办理“关公银行卡”，开办了一卡通、购物消费、储蓄存款转存、自动查询、代收代付、自动存取款等业务。经省联社和银监部门审核批复，此项工作已进入紧张的筹备阶段。同时，按照“大众化、简约化、快捷化、效益化”的原则，因地制宜积极做好通存通兑，做好票据业务和签发承兑汇票业务，做好各类消费贷款业务等。河津、盐湖、临猗、闻喜等联社的票据贴现及承兑汇票业务进展顺利，运行良好。其中河津联社开办银行承兑汇票半年多来办理的贴现业务54笔、金额7177万元，仅此一项增收86万元，实现了资产多元化、多样化，提高了信用社的核心竞争力。经报请省联社审批，市联社将积极筹备，先行进入全国银行间同业拆借市场，进一步拓展资金调剂融通渠道，提高资金营运效益。

（运城市农村信用联社）

【更新服务水平】 ①借助改革转换全员思想，创新服务思路，着重在倡导服务理念、强化服务意识、改善服务手段、拓展服务领域、提高服务效率上下功夫，从长远发展和培育优质稳定客户群体角度，编印《员工基本素质培训教材》，为各类金融服务创新创造了良好的条件；②加强金融创新人才梯队建设，为各类金融服务创新提供有力的智力支持。全系统多次组织开展各类培训，先后举办了由全市联社、信用社主要负责人参加的“农村信用社专业理论学术讲座”，特邀大连理工大学三位教授系统讲解了“领导学、领导艺术”等专业知识，举办了农村信用社员工基本素质培训，举办了贷款五级分类、统计、稽核、保卫干部培训等，共培训4000余人（次），使广大干部职工理论素质和专业水平大幅度提高；③积极构建运行规范的长效服务机制，完善内部激励措施，营造服务创新氛围，引入考核竞争机制，建立以客户为中心、以盈利为目的的营销体系，增强金融服务和市场经济的融合力。

（运城市农村信用联社）

【提升服务层次】 ①不断加强设施建设，有步骤、有重点地改建或扩建办公楼，统一形象设计，统一行业标识，逐步建设了一批高标准、高质量的办公场所，优化办公条件、改变社风社貌、扩大社会影响，取得了社会各界的支持和信任，提高了存款自然增长率；②加大科技投入，加强电子化建设，改善信用社的结算不畅问题。永济、盐湖、河津已相继开办农村信用社通存通兑业务，在总结盐湖、永济联社开办网上银行业务经验的基础上，逐步试行网上银行业务，深入推广通存通兑业务；③深入客户群体和同行业调查、分析、预测，根据各地信用社经营管理情况和不同的经济环境、区域优势等因素，适时推出一些市场潜力大的金融产品和受客户欢迎的服务方式及手段，不断增加客户总量，做到巩固一批、培植一批、渗透一批、发展一批，积极扩大农信社优良的客户群体，培植信用社的效益基地。

（运城市农村信用联社）

【开展活动扩大信合影响力】 促使社会各界逐步了解信用社改革、支持信用社发展。各联社以两节为契机，通过电视讲话、冠名和组织社火表演、送戏下乡、精彩剧目赞助点播等活动，多形式、多渠道地宣传农村信用社改革与发展的成就，进一步提高了社会知名度。万荣、闻喜、绛县等联社分别制作巨幅宣传版面，精心组织了信合方队、彩旗队、狮子队、锣鼓队等参加元宵节游行表演；河津等联社通过在电视台进行精彩电视剧冠名点播、飘字等方式加大宣传，均收到了良好的效果；临猗联社在承办大型社火表演、首届“信合杯”农民篮球赛红红火火，不仅丰富了人民群众的节日文化生活，而且对信用社的服务方向、支农政策和资金实力作了进一步宣传；新绛联社组织承办了信用联社大戏台，特邀全国戏曲梅花奖得主武俊英率团于正月十七至十九为农民朋友送上五场精彩的蒲剧大戏；平陆联社特邀运城市文工团、县蒲剧团在元宵节期间举办“信合之春”文艺晚会，为全县人民献上一份丰盛的文化大餐，得到了广大干部群众的一致好评；盐湖、芮城、稷山等联社深入开展了送年画、送新币、送春联活动。全市农村信用社在春节前夕，共为广大农民及客户送年画、春联等230余万张，兑换新币6000余万元，进一步扩大了行业宣传，促进了业务发展。当年全辖各项存款净增176037万元，余额达1316.391万元，存款实现了大幅增长的目标。

（运城市农村信用联社）

【确保贷款形态真实准确】 2005年，据调查和检查发现部分联社、信用社未能严格执行贷款“四制”管理办法，到期贷款催收不力，不同程度地存在贷款形态不实的问题。为此，市联社于10月9日在稷山县清河信用社召开信贷管理现场会，进一步完善四制操作规程，要求达到四个到位，并不折不扣地按照“一逾两呆”口径，实事求是地反映贷款的真实形态，并采用多方措施认真清理，该收的收、该调的调、该罚的罚，各联社主要领导亲自抓、具体管、严把关，层层落实任务，严格进行考核，确保了贷款合规真实。

（运城市农村信用联社）

【促进信贷工作规范营运】 2005年，全市信用社严格执行有关信贷管理规定，认真解决好贷款管理中存在的问题，有效防范信贷风险。①解决贷款借新还旧比重过大问题。严格执行贷款借新还旧标准，凡不符合规定的，无特殊情况一律不得办理借新还旧手续，对已到期的贷款要明确责任，限期清收，严禁用借新还旧的办法消化不良贷款，要求辖内借新还旧贷款比例不能高于30%；②解决违规放贷问题。坚决控制以贷结息、以贷转贷、以大化小、无效担保抵质押、多头放款等违规放贷行为，一经发现从严处理。已经发放的明确责任、限期收回，造成损失的追究直接和相关人员责任；③解决吃拿卡要、索贿受贿问题。凡发现信用社领导及工作人员有接受贷户礼品、收取礼金等问题的，一律从重处罚，对违规放贷人员从严处理，绝不手软，进一步净化了行业风气。

（运城市农村信用联社）

【企业、个体工商户评级授信工作】 2005年，全系统在深入做好农户信用等级评定工作的同时，扎实深入地做好企业、个体工商户信用等级评定工作，按照市场需求和贷户的信用等级、经营能力做好信贷营销，科学决策，合理发放。市联社制定出《运城市农村信用社企业、个体工商业评级授信管理暂行办法》，要求各联社、信用社认真做好民营企业和个体工商户的信用等级评定工作，做到贷款发放有重点、有目标、克服盲目性、随意性，弱化信贷风险，确保资金安全。各联社依据信用等级评定标准、具体方法、工作程序等相关要求，逐户审查，严格把关，确保了评级授信工作严密细致，达到资料齐全、档案完整的要求，为发放企业和个体工商业户贷款提供重要依据。坚持做到辖内所有贷款先评级、再发放，有效杜绝了盲目放贷和跨区、多头贷款行为。

（运城市农村信用联社）

【营造良好清贷氛围】 2005年，各级党委、政府把清理不良贷款列入深化农村信用社改革的重要环节，按照市委、市政府的统一部署，13个县（市、区）党委、政府高度重视，积极行动，分别制订方案，扎实铺开不良贷款清理工作。盐湖区政府把清理公职人员贷款作为一项政治任务落实，对限期不还的，由纪检委、法院、检察院、公安局、银监部门和联社联合下发通知，实行“三停五不”措施（即停职、停薪、停岗，不提拔、不调动、不评先、不加薪、不晋级），并进行诫勉谈话，促使61名国家公职人员主动归还贷款本息188万元；万荣县政府层层下达不良贷款清收任务，制定限期清贷时间表，并与乡（镇）及县直有关单位一把手签订目标责任书，严格考核，定期通报；新绛县政府通过书面通知、当面谈话、冻结工资等方式督促党政干部归还贷款本息10余万元；闻喜县政府主要领导亲自挂帅，组成百余人的清贷大队，在全县范围内印发公告，集中力量扎实清理；芮城、垣曲、平陆等县政府将清收党政干部贷款作为突破口，逐人下发催收通知书，对观望等待、有钱不还、态度消极以及逃债赖债的党政干部电视曝光，直至停职停薪，推动了清贷工作的开展。截至年底，全市已借助各级政府力量清收不良贷款1348户、本金2200余万元。

（运城市农村信用联社）

【多策并举扎实清收】 2005年，市联社明确要求全辖信用社将6类不良贷款作为重点清理对象：（1）党政干部本人贷款及为他人担保贷款或私贷公用的贷款；（2）各级金融机构或个人在信用社的贷款及提供担保的贷款；（3）信用社工作人员本人贷款；（4）各种以个人名义贷款集体使用的；（5）有钱不还，逃、赖、废信用社债务的钉子户；（6）其它难以收回的贷款。市联社、信用社运用行政、法律等手段，对“重点不良贷款”按种类和区域澄清底子、梳成辫子、细化类别、逐笔清理，形成强大的清贷攻势。

为了深挖收贷潜力，全市信用社将不良贷款清理情况分类统计、输入电脑、建立台账、三级销号，对帮清组及专职清贷员发放保障工资和联效工资，采取依法起诉、薪酬激励等措施，有效促进了清贷工作的开展。芮城联社运用法律手段，维护信用社债权，协同法院行政庭、风陵渡法庭、陌南法庭分三组依法清收全县17个信用社的历年积案和不良贷款，并召开依法公处大会，依法拘留不履行法院判决的18个“钉子户”，起到了较强的震慑作用，累计清收不良贷款167万元；绛县联社营业部通过对逃废赖债户进行依法起诉，收回不良贷款48.9万元；夏县联社通过印发公告催收、分类进行处置、建立激励机制、强化检查监督等办法，绝压不良贷款53万元。与此同时，各县（市、区）联社，通过将不良贷款清收任务层层分解、联效计酬、成立清贷专业队、信贷员逐户逐笔催收等措施，有效促进了不良贷款的清收。全市广泛动员，积极发动，建立了一支由公检法司、纪检委等职能部门骨干组成的3000余人的清贷队伍，集中精力开展了不良贷款清收活动，清贷工作取得了较好效果，实现了群众自觉还贷意识普遍增强、不良贷款大幅下降的目标。在狠抓不良贷款清理的同时，对新放贷款从严管理，大多数联社、信用社能够按照“四制”要求严把信贷关口，全市已有95个信用社通过“四制”实现了新放贷款形态实、无逾期，有效控制了不良贷款沉淀的源头。年初以来累计绝压不良贷款61910万元（含票据置换48339元）；占比较年初下降了8.3个百分点。

（运城市农村信用联社）

【强化财务管理，努力增收节支】 2005年，全市信用社牢固树立“以效益为目标”的经营理念。（1）努力吸收存款，扩大新的盈利资产。今年全辖各项存款净增18亿，贷款纯投5亿，为增盈创利奠定了良好基础。（2）加强财务核算，降低资金成本，严格会计、出纳、结算、储蓄等一线业务岗位的工作流程和操作标准，保证各岗位职责明确、相互衔接、相互制约，不断提高核算质量。（3）严格控制费用开支，按照“提足专用部分、确保个人部分、节约公用部分”的要求，最大限度地克服跑、冒、滴、漏现象，压缩一切不合理开支。（4）积极拓展中间业务，增加新的收入渠道，部分信用社已开办了代收代付等中间业务，提高了非利息收入比重。（5）继续做好增盈创利重点帮扶，严格落实扭亏增盈监测报告制度，按照“扭亏增盈流程图”有计划、有目标地帮助经营难度大的联社、信用社做好减亏增盈工作。全辖累计实现贷款利息收入72418万元，同比多收14167万元，收息率为7.6%。实现利润6901万元，231个核算单位中，亏损社59个、亏损金额2737万元，盈余社172个、盈余金额9638万元，经营效益稳步提升。

（运城市农村信用联社）

中国人寿保险公司运城分公司

【概况】 2005年，分公司股份公司总保费、新单保费及长险首年新单三项业务，增幅在全国系统80个大中城市排队中连续六个月保持前三名。尤其是总保费增幅，连续8、9、10三个月获得了总排第二的好成绩。截止12月底，全市系统保费总规模达到了7.93亿元，同比增长20.21%。股份公司保费收入6.77亿元，同比增长26.41%，实现年计划6.4亿元的105%，比2004年全年规模超出了1.33亿元。其中，完成个险新单2.38亿元，同比增长10.93%，实现年计划2.08亿元的114%；收回个险期交保费9391.9万元，同比增长5%，实现年计划9050万元的104%；团体寿险完成816.39万元，同比增长57.54%；短险完成3493.65万元，同比增长106%，其中意外险完成1500.19万元，同比增长31.29%，实现年计划2150万元的70%。兼业代理业务完成1.31亿元，同比增长48.01%，实现年计划1.4亿的94%。

（人寿保险运城分公司）

【个险业务】 2005年元月开展了“鸿裕浪潮”趸交业务竞赛活动，提出了“一鼓作气战严寒，任务争取十日完”的奋斗口号，做到了“抓先进，带中层，推后进”，全市系统收回鸿裕险保费1.48亿元，完成目标任务的123.2%，全市系统16个营业单位全线飘红，赢得了全面胜利。之后，迅速向期交转型，开展了声势浩大的“鸿鑫闪耀”期交业务竞赛活动，收回期交保费2085.63万元，完成首季计划1450万元的144.04%，调整后计划1850万的112.74%。二季度，根据省公司要求，再次锁定鸿鑫，展开冲刺，开展了“热火朝天上鸿鑫”个险期交竞赛活动，利用健康说明会和理财说明会炒热市场，坚持精英带头，全员举绩，大单抓，小单促的方法，激发了营销伙伴的展业热情。到四月底，全市共实现期交保费1385.52万元，完成了四月份任务的100.4%。五、六月份，按照省公司“销售追踪大行动”，配套出台了“迎接四大挑战，实现人均两万，冲刺65大行动”企划案，再次掀起了签单的高潮。进入三季度，为了更好地贯彻落实省公司“三太梯队、五大挑战、销售千人培训激励大行动”个险企划案精神，确保个险期交新单85%目标的实现，在全市系统开展了《赢得五大挑战，力保人均1.5万，金秋会师越南，85目标一定实现》活动方案，截止到9月底，全市共完成期交保费2027.75万元，占三季度1960万元任务的103.45%。四季度，又推出了以抓全员，促精英为目的的“全员上阵战四季，大干快上六十天，千名精英达万元，欢庆胜利迎新年”销售追踪大行动个险业务企划案，再次掀起了业务高潮，截止11月底实现保费1625.52万元。

（人寿保险运城分公司）

【“短、平、快”业务冲刺竞赛】 2005年6月，针对全市系统业务进度较慢的状况，在永济、河津两个支公司试点开展了“十天突破二百万”的个险期交业务冲刺活动，在奖励上利用精神激励和团体旅游相结合的办法，在追踪上采取了“任务到人，目标到天，分片包干，逐级负责”的方法，十天时间，两个支公司分别收回期交保费二百余万元给全市系统带好了头。随后，分公司总结两公司的试点经验，在全辖进行推广，分公司营业部开展十天冲刺一百万活动，收回保费110余万元，获得圆满成功；平陆支公司开展十天短期活动，掀起了业务竞赛高潮，收回个险期交保费88.3万元，占到季度任务109万元的81%，在全市系统率先实现了三季度个险期交任务80%的目标；垣曲支公司开展了个险期交业务“冲刺十天”活动，实现保费132.32万元，完成140万任务的94.51%。除此之外，新绛支公司、分公司营销部等单位也纷纷出台短期方案，取得了良好的效果。（人寿保险运城分公司）

【学生险业务】 2005年，学生险方面，①召开了两级会议获得教育部门支持。四月初就和教育、物价、纠风等部门联席召开了全市学生安全与保险工作会议，对今年的工作提前进行安排，为业务开展创造了优越的外部环境。全市学生保险会议之后，各支公司行动迅速，又分别与当地教育部门联合召开了学生险联席会议，达成共识，取得支持，扎实有效地做好了学生保险开展的前期准备工作。②分片包点，深入沟通，“三比”赢得竞争。根据省公司有关要求，在学生会后立即以“务实”的工作态度，对全市学校分片包点开展工作。各单位按照分公司企划编制了“辖区学校包点作战示意图”，步步为营展开工作。在沟通中，采取了与同业公司“一比服务，二比实力，三比优势”的方法，进一步宣传了公司，打消了学校的顾虑，使全年在巩固发展的基础上，实现学生险规模的增长。（人寿保险运城分公司）

【分散型业务】 2005年，分散型业务方面，继续坚持靠队伍销售的传统，通过晨会宣导、集中培训等方式，使广大业务员对销售卡折式保单产生了浓厚的兴趣，又把几个意外险主打产品介绍汇编成册，发放给基层公司。还编写了各险种的销售话术、产品卖点等，有效地帮助业务员理解和记忆险种。今年以来，全市系统通过业务队伍共收回卡折业务保费612万元，同比增长28.8%。（人寿保险运城分公司）

【意外险业务】 2005年，分公司根据各基层公司的市场特点，鼓励开办新险种，并且取得了初步的成效。比如万荣县支公司在居民自建房屋工人意外险业务方面，永济、河津市支公司在工伤补充保险业务方面，分公司营业部在司乘险业务方面都积累了较好的经验，取得了初步成效。

（人寿保险运城分公司）

【中介业务】 2005年，分公司把发展中介业务当作一项重要的工作来抓，取得了显著成效。①统一思想，高度重视中介代理业务的发展，成立中介部；②强势攻关，与代理单位达成共识；认真企划每次活动，坚持做好推动方案的制订和落实工作；③加强队伍建设，提高整体素质，全面提升全市客户经理的数量和质量；④加大培训力度，使公司客户经理和代理单位销售人员迅速成为销售能手。⑤对市场加强调研，深入分析，积极寻找潜力市场；⑥及时通报业务发展动态，为基层公司业务拓展营造良好氛围。（人寿保险运城分公司）

【信息技术】 2005年，信息技术方面，①加强基础工作，规范内部管理，努力提高技术后勤保障工作。积极配合业务部门，作好基础工作，并进一步规范内部管理，，明确岗位权限职责。②坚持与时俱进，不断创新的精神；促进信息化建设工作上新的台阶。主要是自主研发程序，不断创新，完成分公司网上考勤系统；积极推进信息化建设，促进集团数据清理、8版升级及404等各项工作同步发展。③全面加强自身能力建设，提升了部门业务工作水平。

（人寿保险运城分公司）

【财务管理】 2005年，财务管理方面，①顺利完成了2004年度会计决算工作和2005年中期报告工作。②牵头完成了经济普查工作。③阶段性完成了404项目遵循性工作。④切实履行代理协议，认真做好集团公司数据清理工作，有效维护公司的整体利益。⑤结合省公司要求，搞好财务预算，进一步完善了考核指标及绩效考核办法。

（人寿保险运城分公司）

【业务管理】 ①保证了日常工作的顺利开展。今年已经实现个险出单71494件，短险121809件。核保123800件。其中，标准体承保123250件，特约承保500件，拒保保额180万；全年共体检200人次，生存调查400起。②做好单证管理，降低经营风险，有效服务一线。③完成数据清理，保证八版的顺利上线。（人寿保险运城分公司）

中国人民财产保险股份有限公司运城分公司

【主要经营指标完成情况】 2005年，人保财险运城分公司全年实现保费收入17512万元，完成省公司调整计划的101%，同比增收901万元，增幅为5.1%。从分险种情况看，企财险2422万元，完成计划的106%，同比增收256万元，增长11.8%；车险13254万元，完成年计划的96.9%，同比增收724万元，增长5.8%；货运险593万元，完成年计划的81.5%，同比减少70万元，降幅10.6%；意外险收入456万元，完成年计划的105%，同比增收65万元，增幅16.6%；家财险收入78万元，完成年计划的50.5%，同比减收70万元；团险及其它险（包括农业险、工程险等）收入708万元，完成年计划的94.7%。全年累计支付赔款8049万元，同比减少507万元，下降5.9%，已决简单赔付率46.2%，综合赔付率为86.7%，香港口径赔付率58.62%，费用率为22.78%，综合成本率81.4%；年末实现香港口径利润1850万元，完成省公司下达利润计划1496万元的124%。年末提取自决赔款准备金4555万元，较2004年增加了667万元，准备金提取充足。（人保财险运城分公司）

【摩托车险业务】 2005年市分公司决定从10月1日到12月31日在全市系统开展摩托车险竞赛活动。并制定了详细的活动实施方案。主要以费用奖励的措施鼓励各县（市）支公司、营业部、营销服务部大干三个月，想方设法开展好摩托车险竞赛活动。活动开展以后，全市系统积极采取各种行之有效的措施开展业务。临猗支公司负责人刘丙德，在市分公司摩托车险竞赛活动开展以后，立即安排部署本部的活动，同时与当地交警部门协作亲自上路，开展该项活动，取得了良好的效果。

（人保财险运城分公司）

【认真开展分散性业务组合产品推广活动】 2005年，市分公司认真开展分散性业务组合产品推广活动，活动之初，市分公司进展不够理想仅收回保费9.3万元，大大落后于其他地市分公司。为了扭转这一不利的形势，市分公司决定加大分散性业务组合产品推广力度，以实收保费划分档次按8%、10%、12%、15%的标准给予费用奖励。这样就极大地激发了展业人员的积极性和主动性，为该业务全年计划的完成提供了坚强的保证。

（人保财险运城分公司）

【“三个中心”建设】 “三个中心”是公司各项工作的管理平台，是整个公司运行中极为关键的一环。它的运行顺利与否，成功与否，直接关系到公司的经营管理水平。为此，分公司把以三个中心建设为主的基础建设作为今年工作的十分重要的一环，坚持不懈，抓好、抓实。去年年底，省公司已经将总公司的《三个中心操作指南》（2005版）和省公司制定的《三个中心操作指南实务细则》、《三个中心整改验收细则》印发下来。根据新的验收标准，结合分公司的实际，逐条逐项进行整改，全面认真进行自查自纠。三个中心的全体人员也思想上高度重视，行动密切配合，各自以高度的责任感和使命感对本中心、本岗位的工作进行多次认真细致的梳理。同时，及时回头看，发现问题，集中整改，抓住重点、难点问题集中解决。三个中心的负责人各负其责，全面仔细的规范完善本中心的各项工作，业务管理部全面协调指导，分管领导相互沟通协调。同时，制定了严格的规章制度，对于违反三个中心操作指南细则的人员，一经发现，严肃处理。凡是三个中心人员出现吃、拿、卡、要、报，里勾外连，加大公司赔案损失的一经发现，坚决予以严肃处理。

（人保财险运城分公司）

【数据质量建设】 在去年数据质量清理整顿的基础上，分公司的五大系统的数据质量有了明显改善，基础更实，底子更清，为公司的有效决策提供了极大的便利。2005年，分公司进一步加大了数据质量建设的工作力度。今年省公司实行数据质量建设月报、季奖罚的考核办法，标准不断提高，要求也越来越严。为了巩固去年数据质量建设的工作成果，规范各项操作，确保数据的真实、准确，分公司加大了对各类数据的清理力度。①提高公司信息技术服务的水平，②加大对出单员的培训力度，全面提高其操作技能和熟练程度，尽量减少错误数据的输入。③严格各项制度。对于不是因技术问题而是由于出单员的操作失误，造成垃圾数据，将对相关人员提出严肃批评，对于多次出现失误的人员，要其暂时离岗进行业务培训后再重新上岗。

（人保财险运城分公司）

【学习教育】 2005年，除市分公司党委中心组带头坚持按学习计划学习外，还要求各基层公司一把手不能放松学习和忽视学习的重要性，不管工作有多忙，一定要抽出时间看书学习，以改善知识结构，提高自身的综合素质，提高解决问题和处理问题的能力。同时，市、县两级公司坚持集体学习制度，组织员工每周两次学政治、学业务、学法律、学科学、学先进人物事迹等，使员工在学习中受到潜移默化的教育，提高明辨是非能力，提高思想觉悟，增强干好本职工作的积极性和主动性。

（人保财险运城分公司）

【职能培训】 随着知识更新速度的加快和保险条款的不断变化，以及电子化应用程度的不断提高，对员工的从业要求也越来越高，为此分公司在积极参加上级公司组织培训的基础上，又先后采取各种方式对员工进行培训。同时，分公司鼓励和支持有条件的员工积极参加各种形式的自修学习。

（人保财险运城分公司）

【廉政建设】 为提高干部职工的拒腐防变能力，增强反腐倡廉的自觉性，首先按照省公司的统一安排，分公司党委与市、县两级班子成员人人签定了党风廉政建设责任状；其次是认真学习中纪委有关会议精神，采取标本兼治、治本为主的方法，积极开展思想政治教育工作，经常以“十字行风”和“六条禁令”的内容严格要求大家，做到警钟长鸣；第三是坚持一年召开两次民主生活会制度，根据工作要求和任务特点，在党委（组）成员中开展批评与自我批评，在班子成员之间化解矛盾，清除隔阂，统一思想，增强团结和凝聚力；第四是坚持分片包县责任制，分公司党委委员每人包三个县支公司，分工明确，责任到人，从业务发展到廉政建设，从内部管理到队伍建设，方方面面负全责。不但保证了各县支公司任务指标的完成，而且使员工的思想作风、工作作风发生了根本转变。（人保财险运城分公司）

【保持共产党员先进性教育活动】 2005年8月，为期三个月的第二批保持共产党员先进性教育活动在全系统上下轰轰烈烈开展起来。活动开始以来，市分公司党委、总经理室高度重视，把其作为公司政治生活中的一件大事，深入开展下去。市分公司成立了以党委书记、总经理上管晓红为组长，其他几位副总为副组长，各部、中心负责人为成员的人保运城市分公司保持共产党员先进性教育活动领导小组。下设办公室，办公室设在综合部。全面负责公司的保持共产党员先进性教育活动。市分公司严格按照省公司要求，认真安排部署各项工作。全市系统所有党员积极分子包括退休的老党员都全程参加了此次非常重要的党内政治活动。按照省公司的要求，市分公司的保先活动分学习提高、分析评议、整改提高三个阶段。活动之初，市分公司安排全体党员认真学习了党章等一系列文件。学习在40课时以上。同时，在全体党员之间认真开展批评与自我批评，认真查找自己在思想工作等方面的差距，立足本职，以党员的标准重新审视自己，认真学习，提高理论修养和自身素质，增强使命感、责任感和大局意识，认真工作、埋头苦干，为公司的业务发展多做贡献。

（人保财险运城分公司）

【认真制定考核计划，分段进行奖惩兑现】 全省人保工作会议后，根据省公司下达的计划指标，结合运城分公司面临的实际，重新对上年末制定的首季开门红奖惩考核办法及时进行了调整补充，分公司自带紧箍咒，抓管理，严格推行责任制。在具体指导上，坚持分类指导、整体推进的原则，抓两头，带中间，县域环境好的，要求其不受任务指标的限制加快发展，业务发展相对困难的公司要求其不甘落后，变压力为动力，迎头赶上。在任务面前，各基层公司八仙过海，各显神通，有的早计划、早安排、早动手，掌握主动权；有的抓大户、抓重点、抓竞争，突出工作中心，均较好地保证了任务的完成。在落实奖惩兑现上，坚持当奖则奖，当罚则罚的原则，不管什么原因，不听客观理由，政策面前，一视同仁。对每季完成任务的给予奖励，完不成任务的坚决处罚。

（人保财险运城分公司）

【强化联企联户责任制，力促客户按期续保】 大中型企业是人保公司生存的基础，企财险历来是人保公司的骨干和效益险种，机动车辆险占业务规模的60%以上，是龙头险种。由于保险市场竞争主体的增加和经济形势的不景气，为巩固市场份额，市县两级公司做了大量卓有成效的工作：①分公司领导经常保持与政府职能部门的联系，以取得他们的支持和配合。今年车辆审验期间，分公司派专人又一次与交警部门合作，参加了对13个县市的机动车辆审验，为宣传普及保险知识，扩大运工险覆盖面，提高汽车承保率作出了贡献；②为了保证意外险市场的开拓，各县市支公司八仙过海，各显神通，想方设法发展意外险，经过多方努力取得了突破性的进展。意外险一枝独秀保持了较高的增长率，尤其是营业部和闻喜公司更是成绩喜人。③继续实行联企联户责任制，为续保工作奠定基础。2005年市财产险业务虽然遇到了激烈竞争的局面，但在分公司总经理室的正确领导下，各支公司面对竞争，临阵不乱，采取有效措施沉着应对，较好地保证了阵地不丢，业务不失。河津铝厂是人保的黄金客户，历来是多家公司的竞争重点，在市、县公司的多方努力下，今年这一大块业务又由人保公司完成承保。

（人保财险运城分公司）

【整顿和规范保险市场经济秩序】 2005年，为整顿和规范市场经济秩序，分公司首先成立了领导组和工作机构，实行“一把手”负责制；由分管领导直接抓落实，工作人员具体承办；其次是制定清理整顿方案，明确重点，提出要求；第三是严格按标准，逐项逐条进行清理规范。各县支公司严把“病从口入”关，坚持验险承保，剔除垃圾保费，提高承保质量。

（人保财险运城分公司）

【加大对疑点案件的调查力度】 2005年，公安、保险联手打击诈骗、盗抢和骗赔行为。全年侦破组的两个同志不辞辛苦，连续作战，共调查各类案件94起，其中查出有骗赔行为的28起，拒赔金额达96万元，为维护保险资金安全作出了突出贡献。

（人保财险运城分公司）

【自带“紧箍咒”推行责任制】 2005年，分公司党委、总经理室又针对理赔质量年活动出台了责任制考核办法，将赔付率、结案率、业务质量、数据质量建设等项指标与公司一把手、分管领导和业务科室主要负责人、两个中心工作人员挂起钩来，明确分工，责任到人，强化领导员工的责任意识。

（人保财险运城分公司）

【积极搞好清收工作】 2005年，按照省公司的统一部署，对每一个经销商，每一个卖车人和每一家合作银行反复接触，想方设法清理和压缩逾期贷款，对不守信用者坚决取消合作资格。经过几个月的连续工作，分公司的清收工作经省公司检查验收，其业务质量、家底情况都比较清楚，逾期贷款和潜在的风险在全省系统内是比较少的得到了省公司领导和业务管理部门的肯定，受到上级部门的表彰。

（人保财险运城分公司）

【清理应收保费和未决赔案，夯实业务基础】 清理应收保费和赔案综合情况是一项时间紧、任务重、要求严的工作，分公司首先成立了清理工作领导组，加强对应收保费工作的领导；其次是调专门人员全力以赴工作；第三是合理分工，责任到人，各司其职，确保工作的质量。在清理应收保费中，公司财务、信息技术中心，密切配合，加班加点，一丝不苟，认真工作，使应收保费业务数据库中的数字与财务部门的帐面数字相互一致且真实可靠。 （人保财险运城分公司）

【认真抽查赔案、进行赔案质量回头看】 2005年，分公司经理室除要求业务部门定期检查外，还要求业管部门不定期地对各支公司的承保单和赔案进行抽查把关，并及时发出通报。11月份，市分公司在开展执法监察之际，抽调业务、财务、承保、综合等部门分四个小组对各县市支公司开展执法监察。同时检查组到自己所属县支公司现场抽查30件赔案。其中车险25件，非车险5件，意外险5件。通过检查，认真查找案卷中存在的问题并现场予以反馈，同时要求其针对发现的问题认真进行整改，并写出书面报告。（人保财险运城分公司）

【做好纪检监察工作，加大监察力度】 2005年4月省公司召开了全省纪检监察工作会议。为贯彻省公司会议精神，分公司在全体员工会议上，传达学习了省公司纪检监察工作会议文件，并成立了党风廉政建设领导组，分公司党委书记、总经理上官晓红与各县支公司、分公司各部门负责人签定了党风廉政建设责任状，明确了考核内容和责任范围，考核办法，同时制定2005年执法监察方案，于11月中旬对2004年党风廉政建设责任制落实情况进行了执法监察。今年，上半年先后有3个县支公司经理，履行了严格的离任交接手续，通过离任交接，明确了责任，交清了家底。

（人保财险运城分公司）

【落实上级指示精神，切实搞好防灾工作】 防灾是维护国家利益，确保保险标的安全的重要环节，也是人保公司管理工作的重要内容。为切实搞好防灾工作，将防灾工作纳入制度化、规范化管理的轨道。分公司依据上级公司要求，先后四次下发文件部署，①对全市承保业务的保险标的安全大检查；②做好汛期防洪工作；③做好保险标的防火防爆工作等，并组织专人深入到重点企业和保户进行检查，发现问题，限期整顿。此项工作认真扎实、效果明显，使公司所承担的企业没有发生大的灾害事故，为经营效益的实现作出了贡献。

（人保财险运城分公司）

【充分发挥“专线”功能，着力搞好“窗口”服务】 从95518专线电话设立以来，为方便群众咨询，受理客户报案，接受客户投诉提供了一条方便快捷、全天候的服务热线，在保证及时查勘现场，提高第一现场到位率，减少事故损失，堵塞造假行为，发挥了积极作用。95518专线的服务范围更加广泛，服务功能更加完善，服务水平不断提高。（人保财险运城分公司）

【谋发展开门纳谏，商大计保企座谈】 大中型企业和广大保户是保险公司赖以生存和发展的基础，为了更好地密切与广大保户之间的关系，全系统在“走出去”上门征询意见的同时，又采取“请进来”的办法，诚邀各大中型企业的领导和保户代表上门谏言，对公司各方面工作多提意见和建议，针对这些建议和意见，市分公司结合公司的实际认真加以研究解决。

（人保财险运城分公司）

【树立行业新风，优化发展环境】 为了贯彻落实好省公司《关于印发树立行业新风优化发展环境行风评议工作实施意见的通知》精神，分公司成立了行风评议领导组，按照文件要求，针对群众反映强烈的违规承保，以理谋私，受理案件无故拖延，向保户吃拿卡要报，强行指定保户去定点修理厂等不正之风进行清理整顿，扼制了歪风邪气的蔓延，净化了行业风气，树立了公司的形象。11月14日邀请地方有关职能部门，市分公司聘请的行风监督员、保户代表及地方新闻媒体等50余人召开人保运城市公司2005年行风评议民主听证对话会。会议就市分公司行风中存在的问题向社会各界广泛征求意见。公司的服务态度、服务质量如何？服务水平如何？有无吃、拿、卡、要、报现象？95518专线服务态度如何？通过召开听证会，广泛征求社会各界的意见和建议，对改善公司的服务质量和服务水平，提升人保公司的形象起到了良好的作用。

（人保财险运城分公司）

（责任编辑：武建华）

教　育

基础教育

【义务教育标准化建设】 2005年，市教育局把中小学布局调整、危房改造、标准化学校建设和示范高中建设作为推进城乡教育均衡发展、打造教育公平的重要内容，进一步推进改善办学条件工作。继续加大中小学布局调整力度，山区以建设寄宿制学校为重点，撤并教学点；平川地区以扩大规模、整合资源为重点，实行联村办完全小学；城区中小学以规范办学为重点，控制班容量。2005年全市新建学校400所，撤并学校315所，中小学布局进一步趋向合理。

全市危房改造工程本着“牢固、实用、够用、方便学生”的原则，下大力气优先改造布局调整中保留学校的危房，首先解决D级危房。市、县成立了危改领导组，建立政府和教育部门“一把手”双线责任制，目标落实到校，责任落实到人，实施中严把资金使用关、工程质量关，确保危改工程高速度、高标准、高质量。全市总投资1.6亿元，危改学校165所，改造危房21.5679万平方米；正在施工学校106所，改造危房面积13.5173万平方米。

标准化学校建设，统筹安排，整体部署，认真落实目标责任，明确完成时间和奖惩办法。7月19日，市委、市政府召开全市山老区义务教育工作会议，市政府列资300万元专款，各县（市、区）政府拿出100万元专款，确保山老区学校尽快达到标准化学校要求。2005年，建成标准化学校700所。截至年底，全市共建成标准化学校2000所。永济、稷山、芮城三个县（市）积极推进义务教育标准化县建设。按照“目标责任落实到位、建设资金落实到位、职能部门服务到位”的原则，加大学校布局、校园校舍、设施设备等建设力度，做到机构健全、人员配齐、经费落实、工作到位、成效明显，正在迎接省政府验收。

加快示范高中建设步伐，全市6所高中投资200多万元，购买图书10万多册，购置教学设备2万多件，学校教学改革和教师队伍建设明显加强，学校面貌和办学条件得到明显改善，运城中学、临猗中学、芮城中学已经顺利通过了省级示范高中验收。市教育局12月份将组织专家对永济涑北中学、新绛二中进行市级示范高中验收。另外，全市教育局还采取得力措施，确保进城务工就业农民子女都能按时就学，享受同等待遇。（贺晓东）

【确保全市所有适龄儿童顺利完成义务教育】 按照山西省“两免一补”工作方案的要求，成立了“运城市‘两免一补’工作领导组”，并制定了《运城市农村义务教育阶段家庭经济困难学生实行“两免一补政策实施方案》，“两免一补”工作在全市开始全面实施。方案明确了：

1. 全市实施“两免一补”政策的目标。根据国务院《关于进一步加强农村教育工作的决定》要求，根据本市实际情况，从2005年春季开始实行“两免一补”，力争到2007年全市义务教育阶段家庭经济困难学生全部享受“两免一补”（免杂费、免书本费及补助寄宿生生活费）。

2. 全市实施“两免一补”政策的总体要求，以普及、巩固、提高九年义务教育为目标，集中中央专款和省、市、县财政补助资金，资助家庭经济困难学生，帮助农村贫困地区完成普及九年义务教育任务，促进全市基础教育的均衡发展。年底，河津市在义务教育阶段全部实行免费教育，其余12个县（市、区）家庭经济困难学生全部享受“两免一补”政策。全市总投资4468.30万元，除上级拨款外，市、县两级配套资金1227.71万元，其中市财政拨付450万元，保证了每一个贫困生不失学。2005年春季，全市15.16万名农村家庭经济困难学生免收教科书费，13.3812万名农村家庭困难学生免收杂费，5.5587万名家庭经济困难学生享受生活补助。2005年秋季，16.9746万名农村家庭困难学生免收教科书费和杂费，5.5587万名家庭经济困难学生享受生活补助，1.9974万名城市低保家庭学生免收教科书费和杂费。（贺晓东）

【全面完成国家二期“危房改造”任务】 年初，市政府就将中小学危房改造工作列为2005年市政府重点工程之一，作为促进城乡教育均衡发展的重点工作来抓。运城市教育局在市委、市政府的正确领导下，紧紧围绕省教育厅确定的目标，在全面总结2004年危改工作阶段性成果的基础上，确定了2005年改造危房30万平方米的奋斗目标。在危改中，实行危改“一把手”目标责任考核制，千方百计筹措危改资金，加大投入，严把工程质量关。全市上下盯准目标、迎难而上，集中攻坚，圆满完成了年初确定的目标任务。

实行危改“一把手”工程。建立健全领导机构，进一步完善责任机制。市委书记黄有泉多次带领教育、财政等部门负责人深入到万荣、垣曲、临猗等县的偏远乡村，调查中小学危改情况。市长胡苏平亲自组织召开全市标准化学校建设会议，就危房改造、中小学布局调整、教育信息化建设等重点工作进行部署。各级党委、政府把改造中小学危房作为爱民、帮民、富民的“为民工程”，做到了“认识到位、感情到位、资金到位、责任落实到位、督查到位”，努力实现“村无辍学、校无危房、每个学生都能够上学”的目标。

严格实行危房改造责任目标考核制。市、县（市、区）在危改领导组的统一组织下，把危改责任目标作为年终考核的重要内容，建立起政府和教育部门“一把手”双线责任制，目标落实到校，责任落实到人。市政府专门成立了危改督察组，坚持月月检查通报，确保工程进度。

多渠道筹措危改资金。全市充分发挥政府财政拨付主渠道的作用，动员全社会力量，通过“上级拨、政府投、部门帮、乡村筹、社会捐”五轮驱动，共筹资1.6亿元。市、县两级财政部门专门设立了中小学危改资金专户，将上级专款和自筹危改资金全部纳入专户管理，及时下达专项资金，坚决查处将危改专款挪作他用等违纪行为。

严把工程质量关。全市上下严格按照“牢固、实用、够用、方便学生”的原则，认真做好项目校的规划和设计工作。各职能部门统筹协调，密切配合，加强工程监管和监督，确保危改工程高速度、高标准、高质量。

年底，全市共投资1.6亿元，新建学校166所，改扩建、迁建和维修学校87座。改造危房31.09万平方米，超额完成省定任务（22.845万平方米）8.25万平方米，正在施工的危改面积还有4.34万平方米。（贺晓东）

【2005/2006学年教育统计】 全市共有小学2403所，在校生510063人，教职工29755人；初中374所，在校生306779人，教职工31427人；高级中学85所，在校生116956人，专任教师7233人；职业中学54所，在校生43382人，教职工4231人；幼儿园368所，在园幼儿108579人，教职工3691人；特殊教育7所，在校生751人，教职工106人。（贺晓东）

【严格规范中小学办学行为】 规范中小学办学行为，是2005年全市基础教育工作的重中之重，在年初的市教育工作会议上作重点安排，明确本年度要加强教育教学管理，突出解决超规模轨制、超班容量和举办补习班问题。市教育局先后下发了《关于进一步规范运城市普通高中教育管理的意见》、《关于2005年全市中小学招生工作的意见》、《关于严格控制普通高中举办复读班的通知》、《关于进一步加强和规范普通高中学籍管理的意见》等一系列文件，为把省教育厅4号、5号文件精神和市教育局的有关要求落到实处，主要采取以下措施：①为了加强课程建设和管理，3月上旬，对全市中小学开足、开全课程工作进行了全面检查，并将检查情况向全市进行了通报。②5月中旬，专门召开了各县（市、区）教育局分管局长、教育股长规范办学行为情况汇报会，同时针对各县实际，就规范办学行为作了进一步的安排部署。③8月中旬，召开各县（市、区）分管局长、教育股长会议，传达省教育厅关于高中举办补习班的有关规定。根据本市实际，决定分阶段、有步骤地做好全市停办补习班工作，强调普通高中举办补习班须经县教育主管部门审批，并报市教育局备案。④严格规范普通高中的规模轨制。在中考前，组织力量根据办学条件、师资力量等情况对每所普通高中的规模轨制进行了认真的审定，纠正了少数普通高中学校的规模轨制，最后报省教育厅审批。⑤规范高中招生行为。2005年高中招生之前，召开了几次会议，专门研究，制定措施，采取全市统一组织录取的办法，即统一录取、统一发放通知书、统一进行备案。同时严格规定，凡经市统一录取的学生，任何学校不得再进行录取，学生自行择校或学校随便接收已录取的学生，一律不予备案；同时要求各高中要严格执行国家、省、市有关招生工作的政策规定，不准提前单独招生，不得随意扩大招生计划。不得超范围、超班容量招生。⑥10月中旬，对部分普通高中学校招生情况（包括规模、轨制、“三限”、停办补习班等）进行了检查，纠正了教育教学管理中存在的问题。

在本年度的规范中小学办学行为工作上，由于重点突出，工作扎实，全市中小学办学行为明显规范。在高中招生工作中，所有高中都严格执行“三限”政策。在限人数上，全市普通高中都能严格执行省批的规模轨制，班容量都严格控制在56人以内。在限分数上，本市招生的最低录取线维持上年的390分，低于390分的学生不予备案。特长生分数线适当降低到350分。在限钱数上，本市扩招生的收费最高为3万元，调节性计划最高收费9600元。

在初中和小学招生工作中，继续按照划片、就近、免试入学的原则进行，原则上实行整班、整校对直升的办法。全市小学未出现一名学生入不了学的情况，初中入学率达98%以上。由于工作细致、措施得力，本年初中和小学招生中无一起上访告状事件。

关于取消补习班工作，盐湖区教育局举办高考复读学校，运城中学停办补习班。康杰中学按照“六独立”的要求，与康杰二中进行了彻底分离，原在康杰二中任课的教师已全部回到本校，补习班由康杰二中举办。临猗中学北校已更名为猗氏中学，成为一所独立的民办学校，其主要任务就是搞好高考复读。芮城中学的补习班也交回县教育局举办。据初步统计，年底全市补习班学生共120个班，近6000人。全市有20所高中本年未办补习班。全市将在2007年取消所有公办高中补习班。

另外，全市小学、初中课程开设和教材使用情况良好。各校能够开足、开全课程。全市中小学教材的征订和使用严格按照省教育厅用书目录进行，在全市统一检查中没有发现盗版教材和规定以外的教辅与资料。（贺晓东）

【未成年人思想道德建设】 2005年，全市上下坚持育人为本的思想，把未成年人思想道德建设摆在更加突出的位置，开展了以“中小学生思想道德建设”为主题的征文、演讲比赛、知识竞赛等活动，强化了弘扬和培育民族精神教育、理想信念教育、诚信教育、日常行为规范养成教育、心理健康教育，加强了师德师风建设、班主任队伍建设、校园文化建设、青少年校外活动场所和综合实践基地建设。成立了运城市心理教育协会，编写了《中小学心理教育》手册，对全市250余名班主任和德育骨干教师进行了心理教育培训。11月，市教育局邀请团中央《知心姐姐》杂志社心理健康教育全国巡回报告团来本市做专题报告30余场，受教育的家长15000余人。积极创建“三结合”(学校、家庭、社会）育人学校，共办家长学校2711所，受教育家长达300万人次。全市有8个县（市、区）建起青少年校外活动中心。狠抓学校法制教育，加强校园周边环境治理，与公安等部门联合，取缔非法网吧53家。加强德育示范学校建设，新建省级德育示范学校4所、市级德育示范学校20所、青少年活动中心5所。省政府德育工作检查组对本市德育工作给予高度评价。本市河津柴旭达同学荣获“全国十佳少先队员”称号。

（贺晓东）

【学校体育工作】 ①组织了四次市级大型运动会。3月17日——20日，在运城中学举办了全市初中软式排球运动会，共有10个县、市和市直学校13个单位、20个男女代表队参赛。盐湖区、市实验中学、永济市荣获男子前三名；市实验中学、新绛县、铝厂二中荣获女子前三名。

4月27日——29日，在运城体育中学举办了全市中小学生田径运动会，67名运动员参赛。康中、运中、东镇中学获得高中团体总分前三名；盐湖、河津、新绛荣获初中组团体总分前三名；盐湖、临猗、河津荣获小学组团体总分前三名。

10月19日——22日，在运城篮球学校举办了全市普通高中软式排球运动会。康中、铝厂二中、盐湖中学获男子前三名；新绛二中、铝厂二中、东镇中学获女子前三名。之后，在11月23日——26日，市教育局又举办了全市普通高中篮球运动会。康中、新绛二中、运中荣获男子组前三名；运城中学、临晋中学、万荣中学获女子组前三名。

②10月份相继选派康中、运中、铝厂二中、新绛中学、新绛海泉中学、盐化中学等校参加了由山西省中学生篮球、足球、门球、定向越野、健康操等比赛，多数项目取得比较好的名次。

③成功组织了2005年初中毕业生升学体育考试工作，于5月26日——6月6日圆满完成对全市80914名中考生的体育测试工作。另外，4月7日——13日，组织体育专家对全市中小学执行《新课程标准》及体育课开课情况进行全面检查，对各县（市、区）体育教学中存在的问题进行纠正，确保全市体育教学正常开展，学生体质健康得到有效保障。

（贺晓东）

【学校卫生工作】 ①根据中国联合国开发计划署艾滋病合作项目，在本市闻喜、夏县两县开展了《运城市提倡积极行为改变的信息教育和交流合格项目》工作。闻喜、夏县两县7万余名师生接受了预防艾滋病防治教育，取得了良好效果。

②9月份对全市37名新建或扩建学校的食堂、小卖部、医疗室进行了专项检查。对检查中发现的问题提出整改意见并限期整改，并将检查结果在全市进行了通报。在此次检查中评出了8所一类学校，24所二类学校和5所三类学校。

③扎扎实实开展学生心理健康教育工作。心理健康教育是提高学生心理素质的主要举措，根据近几年来学生心理素质下降的局面，市教育局在各级各类学校中，特别是高中学生扎扎实实地开展了心理健康教育工作。为了更好地开展此次工作，11月份选派了30名高中学校的校长、副校长参加全省高中校长心理健康教育培训班。

（贺晓东）

【艺术教育工作】 为了进一步提高本市中小学音乐美术教师业务素质，充分展示艺术教师的教学水平，推进学校音美课程改革，6月28日～30日，本市开展了一次中小学音美教师基本功大赛。全市参赛教师共68人，经过三天紧张有序、精彩激烈的角逐，评出综合素质一等奖10名，二等奖10名，三等奖10名，优秀奖24名，单项奖32名，组织奖6名。

8月12日～13日，本市荣获综合素质一等奖的10名选手参加了在太原幼儿师范学校举办的山西省第四届音美教师基本功比赛，音乐教师秦红运、杨明圆和美术教师张欣分别荣获综合素质二等奖；获三等奖教师3名、优秀教师奖4名，本市组织工作同时受到省教育厅表扬。

另外，还组织两项大型活动：一项是由省教育厅、林业厅、野生动物保护协会组织的“鸟·自然·人”主题征文。市教育局按照要求，广泛发动，并以此次征文活动为契机，在广大学生中深入开展“保护生态环境，爱我地球家园”等宣传活动，极大地鼓舞了学生们的环保热情，得到了全市大、中、小学校和师生们的热烈响应。学生们踊跃参与，积极投稿近千篇。此次评选结果收获颇丰，共39人获奖，其中一等奖4名，二等奖12名，三等奖23名，市教育局获优秀组织奖。另一项是组织全市小学语文、数学课堂教学名师选拔赛。由普教科和市示范小学协会共同组织此次比赛，各省级示范小学踊跃参加。在认真评选的基础上，向省示范小学校长协会推荐了6名参赛教师，全部荣获一等奖，总成绩在全省名列前茅。

（贺晓东）

【教育行风建设】 教育系统党风廉政建设和行风建设，关乎人才培养，涉及千家万户，直接影响党和政府的形象，影响人民群众的切身利益。2005年，全市教育系统以建立“廉洁、勤政、务实、高效”的行风政风为目标，进一步加大了依法行政、依法治教和依法治校力度，规范学校办学行为。继续完善“以县为主”义务教育管理体制，强化政府行为，不折不扣落实义务教育阶段“一费制”政策，有效地遏制了学校乱收费行为。

市、县两级进一步加大贫困生资助力度。河津市2005年秋季开始，全市义务教育阶段中小学生全部免费接受义务教育。其余12个县（市、区）家庭经济困难学生也都享受“两免一补”政策。全市总投资4468.30万元，2005年春季，151600名农村家庭经济困难学生免收教科书费，133812名农村家庭困难学生免收杂费，55587名家庭经济困难学生享受生活补助；2005年秋季，169746名农村家庭困难学生免收教科书费和杂费，55587名家庭经济困难学生享受生活补助，19974名城市低保家庭学生免收教科书费和杂费。除上级拨款外，市、县两级配套资金1227.71万元。
（贺晓东）

职业、成人教育

【增强职业成人教育服务经济建设功能】 职业教育发展坚持以就业为导向，不断增强教育服务经济发展的能力。市财政2005年划拨1000万元，各县（市、区）配套100万元发展职业教育。在全市11个县（市、区）建起了职教中心，努力扩大招生规模，增加对口专业，采取得力措施，对未能升学的初、高中的4万名毕业生进行专业培训；加大农村富余劳动力转移，转移富余劳动力40万人以上，年经济效益在40亿元以上。以信息工程学校为依托积极组建运城职业技术学院。

在实施“科教兴县、兴乡”工程中，采用了合并、联办、共建、划转、撤销、资产转换等六种途径，整合职成教育资源；着眼育人、信息、项目、技术、产品等五项服务，建好学校劳动实践基地；坚持市、县、乡、村四级联动，统筹城、乡培训力量，注重实效，打造农民教育新模式。对新增劳动力采用长短式职业培训，对富余劳动力突出定单式转移培训。对科技致富骨干注重项目式专业培训，对普通劳动力坚持拉网式技术培训，初步实现了“每县一个主导行业，每乡一个劳动力品牌，每村一名科技大学生，每户一名科技当家人，每人一项实用技术”目标。省教育厅在临猗县召开了全省科教兴县现场会，推广本市先进经验，并对临猗县科教兴县情况进行达标验收。年底，全市有1个县（临猗县）、37个乡、400多个村经验收达到了科教兴县、兴乡、兴村的标准。另外，还有1个县（盐湖区）、40个乡镇、500个村已达到科教兴县、兴乡、兴村的标准，并积极准备接受验收。
（贺晓东）

幼儿教育

【对全市各级各类幼儿园实行动态管理】 从2003年调整收费标准以来，市教育局对全市幼儿园实行动态管理，优者上，劣者下。每年5月份，各园在自查申报的基础上，先由所在的乡、县检查验收。达标的一、二类幼儿园由各县（市、区）送报市教育局，市教育局结合工作实际，对所报的幼儿园进行抽查。本年达标的一类A级园12所，一类B级园22所，二类A级园58所，二类B级园158所，市教育局进行了通报，实行幼儿园的类别与收费挂钩，极大鼓励了各幼儿园改善办园条件。
（贺晓东）

【幼儿教育课题研究】 以教研促科研，以课题研究提高幼儿园保教质量。市教育局要求有条件的省级示范园带头搞课题研究，结合本园实际情况，针对幼儿园教学活动中存在的问题，研究制定课题，依据研究的理论来指导实践。近几年来，本市幼儿园的老师积极搞课题研究，如临猗县第一幼儿园承担的国家级课题“一物多玩教育价值的研究”，市委政府机关幼儿园的“幼儿教师在教学活动中消极控制行为的研究”，通过三年的研究实践，于本年4月24日－28日，省专家组一行6人对两所园承担的课题进行了鉴定，通过查资料、听汇报、实地察看、询问家长、教师答卷，测试孩子等一系列检查，专家组一致认为，两个课题均达到省级水平，同意结题，并给予了很高的评价，于10月份在桂林颁发了结题证书。

同时承担省级课题的盐湖区实验幼儿园，研究的“利用当地资源开展幼儿户外活动”，通过研究，于12月1日在省里结题，该园的资料和录像在结题大会上进行了交流，受到了与会同仁的一致好评。
（贺晓东）

教师队伍建设

【中小学人事制度改革工作】 为不断增加教育发展的后劲和活力，市教育系统以推进工资分配制度改革为重点，进一步巩固成果，深化改革，建立了更加完善的学校用人制度和分配制度。

1. 中小学校长和教师聘任制更加完善。2005年初，市委、市政府在稷山县召开了中小学人事制度改革工作现场会，会议对全市中小学人事制度改革工作作了阶段总结，交流了稷山、闻喜等县（市）的成功经验，并提出了今后的工作要求和思路。会后，各县（市、区）按照稷山现场会精神，在全面推行校长和教师聘任制的基础上，巩固成果，扫除死角，理顺体制。完善机制，使校长归口管理制度、校长选聘工作机制、教师聘任合同制度、教师专业考试与考核制度等进一步制度化、规范化。4月份，由市委督察室牵头，教育、人事、财政、编制等部门组成联合督查组，深入到各县（市、区）和部分学校，就中小学人事制度改革情况进行了专项督查，进一步推动了全市中小学人事制度改革深入开展。

2. 工资分配制度改革逐步推行。2005年8月，市教育局制定下发了《关于进一步深化教师工资分配制度改革的意见》文件，各县、校按照“效率优先、兼顾公平、按绩取酬、多劳多得”的原则，坚持向教学一线倾斜，向骨干教师倾斜，向成绩突出者倾斜，做到一线与二线分开，在岗与离岗分开，津贴与职务工资分开，积极实行教师结构工资制。年底，13个县（市、区）逐步推行了工资分配制度改革。其中，盐湖、芮城、稷山、垣曲4县（区）已经完全理顺了工资拨付渠道，彻底改变了教师工资通过银行发放的办法；河津、新绛、万荣、闻喜4县（市）采取先县城后农村的办法，正在逐步推进；永济、临猗、绛县、夏县、平陆5县（市）实施方案已经制定。

3. 教师专业技术职务考核进一步加强。各县（市、区）、学校坚持客观公正、民主公开、注重实绩的原则，采取领导和群众相结合、平时与定期相结合、定性和定量相结合的办法，从教学、德育、教育教学研究、考勤等方面，对教师德、能、勤、绩、廉五方面进行了全面量化考核。为教师聘任和实行结构工资提供了依据。2005年，全市中小学教师考核等级为优秀的共有7324人。

4．城乡教师交流力度加大。全市按照“因地制宜、市县统筹、政策引导、城乡互动”的原则，建立和完善城乡教师交流制度，开展城镇中小学教师到农村学校轮换任教活动。大力推广稷山县“定点支边，轮换任教”的经验做法。2005年，各县（市、区）共有560名城镇优秀教师到农村和山区学校支教，市直7所中小学（幼儿园）共有46名教师到稷山、夏县、平陆和闻喜4县薄弱学校进行支教。从本年度起，全市教育系统把城镇教师支教作为教师晋职的条件之一，没有支教经历的，一律取消晋职资格。稷山县针对城区学校超编，偏远山区教师短缺的实际，实行城区教师到山区学校轮岗支教制度。山区学校的教师编制、学校管理、教学成绩全部纳入城区序列，进行“捆绑式”考核，形成了城乡一体化的管理新机制。该县5年来教师轮岗支教达320人次。（贺晓东）

【中小学教师中级职务评审】　2005年，全市中小学中级职务评审共有1653名教师参评，通过1611人，通过率为97.5%。

为了增强评审工作的公正性和透明度，通过文件、会议、报纸等形式对职称评审各项政策进行广泛宣传，制定了一系列严格的制度规定，使评审工作做到了“五公开”：条件公开、指标公开、程序公开、时间公开、结果公开。

为了发挥职务评审的管理导向功能，在指标分配、晋升条件、讲答要求等方面实行了“三个倾斜”：在同等条件下，向老教师倾斜，向农村学校和薄弱学校教师倾斜，向教学一线人员倾斜。对城镇教师没有农村支教工作经历的，一律取消其资格。市教育局还改革讲答评分办法，制定了科学的讲答评分标准。全面考察教师的教育教学能力，对教师讲答实行当场打分，当面点评。通过政策导向，促进教师自觉实施素质教育，有利于教师提高专业化水平，有利于推进新课程改革。同时，面向社会公布了职务评审监督电话，设立了监督举报箱，对投诉事件认真严肃处理，确保了评审工作圆满完成。

（贺晓东）

【教师资格认定工作步入制度化规范化轨道】　2005年是全市面向社会认定教师资格的第二年。在上年工作的基础上，总结经验，完善制度，严格把好理论考试和能力测试关，实行网上行政审批工作制度，规范资格审查程序，使教师资格认定工作步入了制度化规范化轨道。

1．教育心理学考试和教育教学能力测试工作组织得力。3月27日，在省教育厅的统一安排下，以严肃考风考纪为重点，在盐湖区组织了全市教师资格认定教育学和教育心理学考试。全市共有2413人参加，参考4222科次，及格1490科次，及格率为38.7%。根据省教育厅要求，本年认定各类教师资格的教育教学能力测试工作由市级教育部门统一组织。7月1日—8日，在黄河大厦组织了全市中职、高中、初中、小学和幼儿园教师资格认定教育教学能力测试工作，共有1245人参加，合格1205人，合格率为96.7%。由市教育局统一组织教育教学能力测试、有效解决了原来测试工作中评价标准不统一、组织难度大、权威性不强等问题。

2．受理程序不断完善。为提高工作效能，2005年在受理申请认定中职和高中教师资格人员时，首次实行了网上行政审批制度。凡申请认定中职和高中教师资格人员，以县为单位统一到市教育局行政审批窗口送交材料，并上网登记，条件合格者30个工作日内将被通知到受理窗口领取资格证书。由于网上行政审批采取了专人受理、限时办理等制度。使教师资格认定工作更加规范高效，得到了广大申请认定教师资格人员的好评。

3．资格审查更加规范。为了增强资格审查的权威性，在认定资格的关键环节，成立了教师资格审查专家委员会，行政审批办受理的全部材料由7名专家组成的委员会进行资格审查，合格后，由专人负责打印证件。2005年，全市申请认定中职和高中教师资格的共有1418人，经资格审查通过1370人，其中属社会人员认定523人，属师范教育类直接认定847人。（贺晓东）

【教师节庆祝活动】　2005年是第21个教师节，全市教育系统围绕“教育需要爱”这一主题，坚持热烈、简朴、务实的原则，开展了丰富多彩的庆祝活动，有力地加强了师德建设，进一步营造了尊师重教的良好氛围。

教师节前，市、县两级教育部门在全市教育系统广泛开展了评选“优秀教师”和“优秀教育工作者”活动，评选采取层层推荐、严格审查、逐级表彰的办法进行。全市共评选出市级“优秀教师”和“优秀教育工作者”200名。同时，在《运城日报》、《运城教科》、《运城电视台》等报刊媒体上对一批热爱教育、热爱学生、成绩突出的优秀教师典型事迹予以了集中宣传报道，激励广大教师和教育工作者忠诚于党和人民的教育事业，自觉加强师德修养，提高综合素质，为办人民满意的教育做出更大贡献。9月8日晚，由市教育局主办、运城学院稷山师范分院承办的以“爱满天下”为主题的教师节文艺晚会在河东会堂隆重举行，为广大教师和教育工作者送上了节日的祝福，市委副书记尚平安、副市长吴菊仙等市领导与市教育局、市直各单位、教师代表及社会各界群众共1000多人观看了演出。（贺晓东）

社会力量办学

【促进民办教育快速发展】　2005年，市教育局认真贯彻《民办教育促进法》及《实施条例》，坚持“强化政府行为，优化发展环境，突出特色办学，提升竞争实力”的工作思路，提出“只服务不收钱，只管理不为难”的宗旨，下大力气规范民办学校的招生行为，规范公参民学校的办学行为，规范董事长和校长行为，稳定教师队伍，提高整体素质，使民办教育由贵族化走向平民化，由量的扩张走向质的提升，始终保持着持续、快速、健康发展的强劲势头。2005年底，全市民办学校已发展到725所，在校生20.1万人，总投资20亿元，呈现出“教育体系完善、城乡齐头并进、特色办学鲜明、优质资源充足、引领教育改革、拉动经济增长”六个特点。10月15日，全省民办教育现场会在本市召开，运城市民办教育发展速度和经济效益继续在全省保持领先地位。（贺晓东）

电化教育

【稳步提高信息化建设水平】 全市教育信息化建设坚持配备和应用并重的原则，积极发展远程教育工程，促进教育教学质量进一步提高。在基本实现“校校通”之后，2005年运城被列入“山西省农村中小学现代远程教育工程实施”首批地市之一。市教育局率先在全省建起了市级中小学远程教育中心网络，建立了康杰中学、运城中学、市实验中学和人民路学校优质资源辐射点。全市建起校园网的学校新增160所，多媒体教室新增558个，计算机网络教室600余座，200余所学校安装了卫星宽带数字网，配备成套光盘资料播放设备学校1300余所，300余所学校建立了电子备课室或电子阅览室。（贺晓东）

教学科研

【概述】 2005年，全市教育系统以全面提高教育教学质量为目标，以基础教育课程改革为中心，以优化课堂教学为重点，加强过程管理，注重常规落实，抓机制、抓队伍、抓课堂、抓评价、抓基地，抓住中心，突出重点，科学实干，取得了一定的效果。高考成绩斐然，囊括文科、理科全省状元；达线总数比上年增加340人，万人达线率由上年的13.34增加到14.04。义务教育课程改革成效明显，市教研室被评为省课改先进单位，2人荣获先进个人，5个县获课改先进县，27所学校获课改先进基地校；三项省级科研课题圆满结题，受到专家好评；21节优质课获省一等奖，50篇教学设计获省一等奖，53篇教学论文获省优秀教学成果一等奖，8篇调研报告编入省课改成果册。（贺晓东）

【深化改革，全面提高教育教学质量】 2005年，市教育局紧紧围绕教育教学质量这一主线，一手抓高考质量提升，一手抓义务教育课程改革，向管理要质量；向教科研要成绩，坚持推行局领导包片、科长包校制度，加强对教育教学督导与评估，强化对学校的管理，目标落实到校，落实到人，继上年高考达线人数跃进全省之首，本年稳中有升。全省文、理科状元全被运城市囊括，尖子生群体优势更加明显。

义务教育课程改革按照“以校本教研为突破，建立学习型学校；以研究型学习为突破，建立新的学习方式；以课堂教学为突破，建立新的课堂教学模式；以学生评价为突破，建立新的评价体系”的工作思路，制订《运城市新课程实验评价方案》，召开了全市课改工作现场会。开展丰富多彩的课改活动，互相研讨，交流经验。在全市建立20所市级“基地校”、50所县级基地校，发挥示范带头作用。开展学科说、讲、评课堂研讨活动、百名课改骨干评选活动、教学能手评选活动、教师技能大赛活动，以活动促课改质量的提升。加强对初中、小学校长新课改理论知识的考核，以考促校长素质的提升。省科学规划领导组对“十五”规划课题《互动教学研究与实验》的研究成果给予高度评价，运城市被评为全省基础课程改革先进市。（贺晓东）

【加快普通高中改革与发展】 市教育局按照“分类推进、示范第一”的发展思路，加快示范高中建设步伐，积极扩大优质教育资源，充分发挥示范高中的示范、带动和导向作用。在学校申报、政府审定支持的基础上，确定了2005年运城中学、芮城中学、临猗中学接受省级示范高中学校评估验收，涑北中学、新绛二中接受市级示范高中评估验收。为了保证创建工作的顺利进行，4月8日在对运城中学、临猗中学、芮城中学三所学校申报材料审定之后的基础上，召开了这三所学校的校长会议，就三所学校创建工作中存在的问题进行了研讨，6月13日又组织市级示范高中专家组对三所学校的创建工作进行了试评。11月中旬市教育局对新绛二中、涑北中学的申报材料进行了审定，并准备组织专家于12月底对这两所学校的市级示范高中创建工作进行评估验收。运城中学、芮城中学、临猗中学已于10月份通过了省示范高中评估验收专家组初评，专家组对三所学校政府支持、领导重视、学校全员参与的创建工作给予了充分的肯定，在示范高中学校的创建过程中，全市普通高中的办学理念和管理水平正在逐步提升。

2005年全市成功组织高一、高二两个年级近六万名学生九门文化课的毕业会考。整个会考考风考纪良好，没有发生任何泄密事故和安全事故。为了提高全市高中教育质量，会考结束后，又组织专人对当年的会考试卷及考试情况进行分析并通报全市，为学校提高教学质量提供有益借鉴。（贺晓东）

【深入推进基础教育课程改革】 2005年是本市基础教育课程改革深入推进的第一年，全市13个县（市、区）小学和初中的多数年级进入了新课程实验，课程改革任务艰巨而繁重。

*召开运城市基础教育课改阶段性工作推进暨永济现场会。*会议认真总结了课改三年来本市在组织管理、课堂教学、校本教研、综合评价等方面所取得的喜人成绩；明确了2005－2007年全市课改的工作任务和目标；出台了《关于2005－2007年深入推进基础教育课程改革工作的意见》（运教普［2005］62号）和运城市2005－2007年基础教育课堂教学改革行动计划、校本教研实施行动计划、基础教育评价与考试改革行动计划、综合实践活动与校本课程行动计划。在现场会上，部分先进县市进行课改经验介绍，为其它兄弟县市提供了方法和思路。如永济市强化课程改革的全程督导和评估，狠抓基地校建设，充分调动各级学校的主动性和能动性，涌现出了一批各具特色的课改

先进校；盐湖区介绍了2005年的中考改革和高中招生方案，课改工作全面实施，发展均衡，成效明显；临猗县每周一次以校为本、划区联片的“课标支持——教材分析——交流研讨——责任分担——反思交流”集体备课模式，提高了教材、课标和课堂教学研究的实效性，新绛、绛县、芮城、平陆、夏县等也进行了经验介绍。

指导盐湖区做好初中毕业考试与普通高中招生制度改革工作。盐湖区作为11个省级课改实验区之一，在市教育局指导下，严格按照省教育厅《关于印发<山西省基础教育课程改革实验区2005年初中毕业与普通高中招生制度改革的实施意见>的通知》（晋教基［2005］40号）精神，扎实、认真地进行中考评价和招生制度改革工作。在中考前，多次研究、讨论，就盐湖区的中考评价和招生制度改革做了大量工作。中考工作结束后，市、区两级教育部门严格按预定方案，考试成绩分为初中毕业综合素质评定和中考成绩评定两部分，中考成绩按分值阅卷，等级制呈现。高中招生“按志愿、分批次、采用等级制”统一提档录取。由于盐湖区在本市率先进行此项改革工作，遇到了一定的压力和阻力，但市、区两级教育部门克服各种困难，连续在《运城日报》、《运城晚报》和运城电视台等媒体反复向学生家长进行改革宣传工作，得到全社会的理解和支持，此项工作得以顺利实施。由于缺乏经验，今后在中考成绩等级划分方面还需认真进行研究，使其更合理、更科学。

扎实做好暑期课改培训工作。为确保全市课改实验顺利开展，市教育局在5月下旬召开会议，认真研究2005年课改培训工作，下发了《关于做好2005年基础教育课程改革培训工作的通知》（运教普［2005］58号），就培训原则、任务、内容、时间、参会人员及县级培训工作详细安排。6月份，与各出版社联系，协商培训事宜。8月1日——10日，就课改起始年级和起始学科进行了10天集中培训，培训科目涉及初中、小学20个学科。虽然培训者均由各出版社聘请，但为保证质量，每个学科由一名学科教研员负责会议的组织和协调，并结合专家讲解内容，对教师进行帮助和指导。此次培训共有13000余名教师参加，为保证培训质量，市教育局从参训人员的选拔、报到、食宿、车辆等方面进行了周密细致的安排，参训教师普遍感到效果明显、受益匪浅。8月10日——20日，市教育局就各县的课改滚动培训工作进行了随机检查，并要求各县市开学后对培训工作认真总结，查缺补漏，确保课改工作顺利实施。（贺晓东）

高等教育

【大力发展高等教育】 2005年，市委、市政府从建设现代化新运城的战略高度，把抓高等教育摆到重要议事日程，进一步扩大规模，创新专业，提升品位，服务社会。成立了以市委书记黄有泉、市长胡苏平为组长的运城大学筹建领导组，召开了运城大学专业设置研讨会。10月，由董洪运副市长亲自带队，对上海、珠海、广州、武汉四地的大学城进行了为期一周的考察，为运城大学的高标准建设探取经验。争取用1－2年时间，把运城学院办成占地3500亩，可容纳学生3万名的运城龙头大学。运城大学建设的规划、资金、土地等各项工作正在有条不紊地全面展开。同时，以运城师范、稷山师范和运城幼师为基础积极组建运城师范专科学校。运城师范专科学校建设已制定了规划，同建设运城大学一起，统筹规划，列入议事日程，积极落实。

（贺晓东）

【进一步拓宽大中专毕业生就业渠道】 2005年，全市共接收大中专毕业生7600人，其中本科生900人，专科生3200人，中专生3500人，本科生大部分为省内院校毕业。为不断提高本市大中专毕业生就业率，创新机制，优化环境，加强引导，突出服务，使优秀大中专毕业生回得来，留得住。

1．就业环境进一步优化。全市教育系统从转变职能入手，着力提高办事效率和服务质量，制定出台了一系列优惠政策，优化了就业环境，实现了政策留人、环境留人、待遇留人。对来本市就业的大中专毕业生，实行“不限生源，不限专业，不限时间，随到随办”的政策，积极为其办理就业手续，解决户籍、人事档案等问题。为鼓励大中专毕业生到乡镇基层单位就业，部分县（市）还出台优惠政策：凡是到农村基层就业的毕业生，户口可保留在县城，工资上调一级；到乡镇企业和私营小企业就业的毕业生，档案可保留在县级人才交流中心，身份按干部对待，及时给予转正定级和调资。

2．教师招聘录用工作机制初步建立。市教育局规定，从2005年凡是各级各类学校的自然减员，都要通过公开招聘的形式予以补充，并优先用于录用师范类应届毕业生。2005年，河津、平陆、万荣、夏县等县（市）都组织了面向社会具有教师资格的大中专毕业生公开招录教师活动，共安排了800多名大中专毕业生就业。市实验中学也通过公开招聘的形式择优录用了15名教师。夏县和闻喜县政府在招聘教师工作中还出台了优惠政策。他们规定：凡是大学本科及以上学历的师资人才，不论籍贯，不论时间，一经录用，当日签订合同，当日办好一切手续，当月兑现工资，当面补助3000元安家费。

3．就业工作信息化水平不断提高。为提高大中专毕业生就业工作信息化水平，2005年，建立了“运城市大中专毕业生就业信息网”，把未就业大中专毕业生的基本情况、专业特长、求职意向、联系方式等输入信息网，建立人才资源信息库，为企业选才提供服务。凡是有关大中专毕业生就业政策的文件及信息资料，都将在信息网上公布。同时，尽快与民企、外企、国企、国家事业单位等取得联系，建立企事业单位用人信息库，为大中专毕业生就业创造机会。

（贺晓东）

（责任编辑：石少青）

科学技术

科协工作

【自身建设和精神文明创建活动】 2005年，市科协通过继续完善并长期坚持周一集中学习制度，科协机关内部学习风气愈浓，科协工作者的整体素质普遍得以提升；通过着力落实系列规章制度，机关内部各项工作有章可循，井然有序，步入了规范化和正规化的管理轨道；通过组织开展保持共产党员先进性教育活动，查摆出了机关内部存在的问题，制定出了具有针对性、实效性和操作性的整改方案，并建立起长效机制；通过配备和完善机关各项硬件设施，使得办公条件再度改观，初步实现了办公环境香化、美化和办公操作自动化。与此同时，科协机关的作风建设进一步增强，充分展现了科协人的整体精神风貌和团队精神。

将市科协建设成为市级精神文明单位，是市科协党组近年来不懈的追求。2005年，在市科协全体工作人员的共同努力下，科协机关的文明创建工作终于取得了阶段性成果，并于年底顺利通过了市直文明委的检查验收，受到了检查组成员的一致好评，其挂牌命名工作有待完成。（李伶旗）

【科技馆建设列入运城市“十大”建设项目】 2005年3月16日，科技馆权属之争终于敲定，科技馆建设正式列为全市城市建设“十大”重点工程项目。这一天，是全市科技工作者铭记心中的特殊日子，权属的回归，预示着运城市科技馆筹建工作的全面启动。在这一年里，市科协党组始终将科技馆的筹建工作视为开拓科协工作的最大抓手和经营科协的最大产业，为此倾注了极大的精力和心血。(1) 组建起了筹建领导组，并多次研究谋划前期各项准备工作；(2) 成立了四人外出考察团，轻车简从，分别前往北京、天津、济南、上海四地，就科技馆的规划、设计、筹资、建设、布展及管理运营情况进行了详细考察，后经多方座谈论证，初步拿出了科技馆设计的总体构思和设想；(3) 诚邀北京、天津两地三家建筑设计院，设计出了三套不同风格的方案，经多次汇报并接收省市领导检查观摩后，赢得了普遍好评和充分认可；(4) 广泛开展了各种形式的宣传筹资工作。面向青少年，市科协会同市教育局、团市委、少工委联合在全市中小学生中广泛开展了“我为科技馆建设献爱心”活动。面向全社会，发出了“致全市企业家及社会各界热心人士的一封公开信”，恭请大家共同关心、了解、支持科技馆建设工作。此外，市科协还通过市发改委，完成了省市两级的立项工作，并向世界银行中国项目部递交了贷款申请，科技馆的筹建高潮即将来临。

（李伶旗）

【科普“惠农行动”和“科普运城”启动仪式】 2005年，是全省科协系统新一轮“市、县科协重点工作年”。一年来，全市科协系统紧紧围绕“为经济建设作贡献”这一主题，出全力、谋发展，以“科普惠农行动计划”为代表的各项科普工作均取得了明显绩效。(1) 以建设“一站、一栏、一员”，推动了本市科普惠农“四大工程”（信息工程、技术工程、人才工程和物资工程）的顺利开展。面对运城财力不足的窘境，市科协创新思路，提出了“以栏养栏，市场化运营”的工作思路，经苦苦寻觅，多方洽谈，最终与“明名”、“惠苑”两家广告公司达成了合作协议。截至年底，以市场化运营的方式，已在全市建立“科普信息栏”200块，为全省“信息栏”建设创出了一条新路；(2) 利用现代传媒手段，广泛开展科普影视传播行动，全年利用市电视台的“田野风”栏目，累计播放农业新技术、新品种50余项，深受农民群众欢迎；(3) 以现场促进的形式，推动了“市、县科协重点年”工作的创新和发展，使得全市农村科普工作呈现出良好的发展势头；(4) 科普示范县、科普示范基地、农函大教学试验基地等创建工作迈上了一个新台阶；(5) 不同形式的送科技下乡活动备受基层农民青睐，《运城日报》和运城电视台曾多次予以报道。

“卓里杯”、“科普运城”系列活动启动仪式堪称2005年市科协着力打造的一项知名科普品牌。启动仪式上，彩旗飘扬，锣鼓喧天，来自全市各条战线的2000余名科技工作者排成整齐的方队，站立在广场中央，108名科普志愿者传递了“科学圣火”，34名“科普功臣”受到表彰和奖励。启动仪式结束后，市直各学会、协会、研究会还组织开展了大型为民服务活动和科普展示活动。启动仪式规模之大、规格之高、内容之丰富前所未有，创全省“科普日”活动之冠，受到了省、市有关领导和市民们的广泛赞誉。至此，全市科普志愿者分赴乡村、社区、学校和厂矿企业广泛开展了形式多样的科普系列活动，从而掀起了全市科普工作的新高潮。此外，在系列活动期间，市科协还面向市直副科级以上干部，隆重举办了“科学就在我们身边”大型科普报告会。（李伶旗）

【学会改革和创新工作】 运城市学会改革和创新工作近年来一直走在了全省的前列。2005年，市科协在原有的基础上，再度加大了新型学会的创建力度，全年先后对8家申请成立的新型学会组织进行了实地考察，对10家先进学会集体和12个先进个人进行了表彰奖励；狠抓了学会学术交流工作。全年全市科协系统举办的各类大型学术报告活动层出不穷，学术周和学术月活动异彩纷呈，学术科研和国际民间学术交流工作也有了新起色，省市第十三届优秀学术论文征集和评选工作亦取得了良好的绩效。据统计：全年共组织开展学术交流47次，邀请省内外专家来运讲学136场，交流论文689篇，出版各类刊物350余期，提交合理化建议20余条。

动员和组织学会为经济建设服务，是学会工作的一项重要职能，2005年，市科协精心组织学会参加了市、县两级的重点科普宣传活动，并面向企业、农村、社区和学校广泛开展了多渠道的技术推广和科技培训工作。据不完全统计，全市共开展科技咨询215项，实现经济效益150余万元，举办各类科技培训班128期，受益群众2万余人，签定厂会协作项目10项，实现经济效益数十万元。与此同时，市科协还在促使学会争取社会职能工作方面取得新进展，学会建"家"和维权步伐亦明显加大。（李伶旗）

【青少年科技教育活动朝气蓬勃，科技咨询业稳步发展】 面向青少年，市科协组织开展了第二十届青少年科技创新大赛，全市共有58件（幅）优秀作品获省级奖励，3件（幅）作品获全国优秀项目奖，芮城凤陵渡中学获全国优秀组织奖。举办了《梦圆神州——大型航天及陆海空军事兵器科普教育展》。开展了世界珍奇低等动物和关爱青少年预防艾滋病科普知识展览活动；面向青少年科技辅导员，市科协组织开展了科技辅导员论文征集评选活动，共有17篇优秀论文获省及全国奖励。组织开展了大手拉小手科普报告系列活动，并组织部分优秀科技辅导员观摩了全国青少年科技创新大赛。

市科技开发咨询中心属自收自支型事业单位。2005年，咨询中心进一步强化了内部管理，推行了项目与工资挂钩的浮动工资制度，并加强了中心硬件建设，更换了工作用车，连通了全省科技咨询信息网，并具体承办的注册科技咨询师的考核、评审和推荐工作，经省专家组评定，全年共完成高中级注册科技咨询师58名。全年累计签定科技咨询项目50余项，实现合同额130余万元。市科技开发咨询中心亦因成绩突出，再度荣获全省"金牛奖"和先进集体一等奖。

（李伶旗）

防震工作

【概况】 2005年，在市委、市政府和省地震局的正确领导下，市地震局在机关认真开展了保持共产党员先进性教育活动，坚持先进性教育和防震减灾工作两不误、两促进，努力创建创新型、学习型、法制型、和谐型机关。在防震减灾工作上，他们积极贯彻落实防震减灾法律法规，围绕年初本市防震减灾工作思路和目标，依法行政，加强管理，通过大宣传、大演练推进了地震监测预报、震灾预防、应急救援三大工作体系建设。全年主要进行了召开全市防震减灾工作会议、开展防震减灾基础数据收集、建立应急指挥中心、举办"安居杯"防震减灾之歌文艺汇演、开展地震系统应急演练和稷山县地震应急综合演练等大型工作，圆满完成了年初的工作目标任务。本年5月，在全国市级防震减灾工作年度综合评比中荣获二等奖，在省评比中荣获一等奖，被省人事厅、地震局表彰为地震系统先进集体，被省依法治省办公室、省地震局表彰为全省法制工作五佳先进单位。（胡宗勇）

【防震减灾法制建设】 制定规范性文件。为加强建设工程抗震设防要求管理，市政府印发了《关于重大工程必须做好地震安全性评价工作的通知》（运政办发［2005］5号）。文件明确规定，本市区域内的所有重大工程、生命线工程和可能发生次生灾害的建设工程的可行性研究报告和初步设计报告应附有地震安评报告，建设单位必须到工程所在地的县级以上地震工作主管部门进行申报和审批，应进行安评而未做的要进行补做。该规范性文件的出台，使全市工程抗震设防要求管理配套规范性文件得到完善。

修订行政执法责任制。为健全执法制度，市地震局对本局执法责任制重新修订，新修订的执法责任制健全了执法领导组以及行政复议机构和执法监督机构，对3个许可项目和18个处罚事项，法律依据、职能职责配置进行了明确规定。

落实防震减灾执法检查制度。12月，市地震局对全市13个县（市、区）完成2005年目标责任、市直有关单位应急工作及"百村百校科普宣传达标活动"落实情况进行考评和检查。市政府专门以明传电报下发了检查方案，由市地震局领导带队，分四组按照"八个二"工作目标、省应急工作自查通知和开展百村百校地震科普宣传达标活动三方面内容，通过听汇报、查资料、看场地、访群众、汇总评比的办法，检查了全市13个县（市、区）政府、40余个行政村、40余所学校、50多个宏微观观测场（点）以及市直10多个重点单位。

通过检查可以看到，2005年，在市委市政府和省地震局的正确领导下，在县（市、区）政府、市直有关单位的大力支持下，经过全市地震系统干部职工的努力工作，全面完成了年度工作目标任务，有效地推动了防震减灾三大工作体系建设。实践证明，全市防震减灾工作通过大宣传促进大演练，大演练推进三大体系建设的总体思路是正确的。各级党委和政府对防震减灾工作的认识越来越高，做到在经费上投入，工作上支持。各县（市、区）地震部门的办公条件、交通通讯、监测设备都得到明显改善；全市地震工作队伍训练有素、敢打硬仗、勇于创新、团结拼搏，一年来完成了一项又一项艰巨任务；通过开展百村百校科普宣传活动，完善了农村和学校的地震科普宣传工作，全市中小学校将地震科普知识培训纳入教学计划，开展了丰富多彩的宣传教育活动，广大群众的防震减灾知识和防震意识得到普及和增强。民居安全工程示范点已初见成效，取得经验。（胡宗勇）

【地震监测预报】 改造电磁波网络。全市各点的电磁波仪器在运行中因多种原因，故障频发，影响监测数据。在省地震局的指导下，市地震局多次督促检查，使10个点上的电磁波仪器全部更新成B型电磁波仪器。更新后的电磁波仪器，反应灵敏，操作方便，很适合地方地震监测，保障了监测实效。

有感地震应急。1月底2月初本市发生多次大面积慢地震。市地震局立即召开震情会商，派出总工带领考察人员到有关县（市、区）进行考察，划出了有感范围，作出分析意见。地震发生后，省、市领导相继作出重要批示，要求严密监视，做好地震应急准备工作，有情况及时上报。为认真落实领导批示精神，市地震局采取以下应急措施：（1）立即召开全市地震局长、分析预报人员参加的会商会，与省地震局专家对当前的地震发展趋势作出分析意见。（2）向县（市、区）地震系统下发了《关于做好春节前后地震应急工作的通知》，要求各单位要加强震情监测、地震应急和稳定宣传等各种防范工作。(3) 加强震情值班，规范信息速报工作。市地震局先后作出三期震情上报市委政府和省局，为领导决策提供正确的依据。(4) 为加密观测，省地震局派出以分析预报中心闫民正主任一行4人连夜赶到运城永济虞乡地震台架设数字流动地震观测仪。(5) 2月28日，组织召开了晋陕豫三省七市地震联防区震情会商会，对当前的震情趋势形成了分析意见。（胡宗勇）

【地震联防工作】 针对运城发生的慢地震，2月28日，组织召开了晋陕豫三省七市地震联防区震情会商会，对当前的震情趋势进行分析。山西省地震局副局长樊琦、市政府副市长吴菊仙等领导到会并作了重要讲话。中国地震局分析预报专家赵永、高福旺，山西省地震局监测处处长郭跃宏、夏县地震台台长秦良玉及有关专家应邀参加了会商会，联防区临汾、渭南、西安、咸阳、洛阳、三门峡市地震局领导和专业人员，运城市地震局科以上干部，运城市有关县（市、区）地震局领导共60余人参加了会议。

会上，中国地震局、省地震局专家、联防区各市地震局在会上进行了资料交流，对三省交界区的震情趋势作了分析。

省地震局副局长樊琦在会上讲，防震减灾工作是关系到社会经济发展和人民生命财产安全的一件大事，作为地震重点监视防御区，对当前的地震活动，既要高度重视，把做好防震减灾各项工作作为实践“三个代表”重要思想、保持共产党员先进性的具体行动。还要科学探索，继续加强监视和研究，提高地震预报的科技能力和对自然现象的认识能力。还要未雨绸缪，要汲取印度洋地震引发的海啸惨痛教训，努力做到预报、预警、预案三落实。副市长吴菊仙希望联防区各市地震局要充分发挥地震联防的优势，加强交流和探索，作出科学价值较高的分析意见，为政府提供正确的决策参考意见。地震部门要依靠法制、依靠科技、依靠全社会，努力提高地震监测预报能力、震灾防御能力和应急救援能力，为当地经济社会发展做出贡献。

（胡宗勇）

【市防震减灾应急指挥中心建设】 为建立健全市级地震应急指挥系统和技术平台，根据本地工作实际，在市政府的重视支持下，3月，市地震局决定在局办公楼加盖一层建立指挥中心大厅。在实施基建的同时，开展防震减灾基础数据收集工作，为指挥中心建立灾害预测信息管理数据库。为完成数据收集工作任务，在省地震局的指导下，市政府成立了副市长吴菊仙为组长，副秘书长史凌云、地震局长王满顺为副组长的数据收集工作领导组。3月13日，吴菊仙副市长召开了数据收集工作动员会，向有关单位进行动员安排。之后省局专家来运进行数据收集人员业务培训会，对工作任务进行分解。收集工作分普查、详查和资料汇总三个阶段。资料收集涉及的范围广、标准高、工作量大，在收集工作中，各组收集人员不怕苦、不怕累，放弃双休日和“五一”黄金周休息时间，加班加点，三个阶段均提前完成了数据收集工作任务。中国防灾学术委员会、震害预测专家冯启民博导来运进行资料验收，对资料收集工作的做法和资料数据质量给予充分肯定。

11月15日，在新建的市防震减灾指挥大厅进行应急指挥信息系统演示汇报会。省地震局局长赵新平，市委常委、秘书长张建合、副市长吴菊仙、市政协副主席王正选等以及市直有关重点单位负责人等参加了汇报会。

市地震局王满顺局长汇报了指挥中心建设和市防灾减灾基础数据收集工作。中国规划学会城市安全与防灾学术委员会副主任冯启民博导讲述了灾害应急工作的重要意义，灾害应急信息技术系统的作用，并对运城震害预测信息管理进行了演示。省地震局赵新平局长讲，达到具备抗防御6级左右地震的能力，是全国防震减灾会议提出的目标，也是小康社会建设的需要。要达到这个目标，工程建筑要抗震，广大公众懂得避险防震，应急救援及时。要做到临震忙而有序、救灾及时，既要有科学健全的决策指挥系统，还要有功能完备的技术支持系统。运城震害预测工作起点高，决策强。从演示的效果看，是个一流的项目，先进的社会成果。它一专多用，对政府在重大突发事件处置方面提供了决策依据，对数字运城、数字政府建设增砖添瓦，是一个对运城人民功德无量的项目。

市政府吴菊仙副市长表示，对市地震应急指挥中心信息建设工作要再完善，投入上再支持，管理中再规范，形成功能完备、信息齐全的技术平台，为政府应急指挥决策服务，提高政府突发灾害的应急处置能力，为保护人民生命财产安全、经济社会发展做出贡献。

（胡宗勇）

【工程抗震管理】 为加强房地产工程抗震管理，7月份市地震局召开了房地产企业工程抗震管理座谈会。10月下旬，副局长张兴龙带领执法人员深入市区20多个房地产开发企业对其建筑工程抗震设防管理进行执法检查。检查采取“一听汇报、二实地勘察、三查看图纸资料、四下发整改通知、五归档、六通报”的程序进行检查。检查组每到一个单位，先进行防震减灾法规和抗震知识宣传，对场地勘察资料和工程抗震结构图进行技术审核。对每个企业建筑工程检查出的问题，及时下发整改措施，并利用电视、报纸和本局文件进行通报。12月30日，市地震局召开全市首批工程抗震管理先进单位授牌大会，授予中房天泰、鑫源、金鑫、荣盛、亚航、金兆六家房地产企业“工程抗震先进单位”铜牌和证书。市地震局局长王满顺在会上讲，城市防震减灾的重点是工程抗震，提高工程抗震能力的关键是房地产开发企业。做好工程抗震设防工作，一是法律法规的要求，地震部门作为防震减灾法的执法主体，对房地产开发企业工程建筑抗震设防工作依法实施管理，工程建筑单位要自觉接受管理。二是震情的要求，作为全国地震重点监视防御区，搞好工程抗震管理是长效措施，希望房地产单位对检查提出的问题要抓好整改工作，努力提高全市的工程抗震能力。房地产企业代表表示今后要继续接受工程抗震设防要求管理，在建筑中用一流的专家设计、一流的建筑材料、一流的高素质施工人员，共同打造对人民负责、让人民放心的安居工程。

在农村民居抗震工程建设上，全市以万荣、永济为示范点，万荣县成立了农村民居抗震工作领导组，加强对示范点上的村民进行抗震知识宣传教育，对该县的建筑公司以及包工队负责人进行抗震设防知识培训，绘制了适合农村建房抗震样板图纸，在集义、麻沟、临河三个村建立了统一规划、统一设计、统一施工的农村民居抗震示范样板工程。（胡宗勇）

【防震减灾宣传】 为搞好“7·28”纪念唐山地震29周年宣传活动，市委宣传部、市地震局决定在7月举办大型文艺汇演活动。他们多次召开不同层次的会议进行动员安排，与文工团精心策划编导节目，组织市直有关单位进行节目录制、保障场地、营造场外宣传氛围等工作。经过两次节目审查，两次预演，使这次参加汇演的13个县市和3个企业的文艺节目内容丰富，形式多样，表演生动。

7月24日下午三点，运城市纪念唐山地震29周年“‘安居杯’防震减灾之歌”文艺汇演在河东会堂进行。副市长吴菊仙在演出之前作了简短讲话。她要求要继续强化防震减灾宣传，加强工程抗震设防管理，在全社会营造良好的防震减灾氛围，为构建和谐运城做出贡献。省地震局局长赵新平在市领导刘冠生、吴菊仙、史海涌以及市委宣传部副部长黄勋会、市地震局局长王满顺等陪同下观看了演出。晋陕豫七市地震联防区地震局领导、市退下来的老领导和市直有关单位、企业学校、医院等单位负责人和22个房地产企业负责人观看了演出。

当天，河东广场上有关单位和企业架设了10个气球、3个彩虹门宣传标语，营造了浓厚的宣传气氛。舞台正中悬挂的地动仪和“防震减灾之歌”标志引人注目。会场后面悬挂着“坚持以人为本，做好防震减灾，构建和谐运城”的巨幅横幅。台下来自市直12个单位的观众方块队手举宣传牌和横幅进行互动宣传。

舞台上表演的文艺节目从内容上看，有的歌颂防震减灾事业发展，有的反映群测群防和地震人的风采，有的反映在唐山大地震和东南亚大地震中社会积极捐助献爱心等内容。从形式上有小品、舞蹈、歌曲、快板、相声等。特别是永济市表演的《地震应急救援志愿者风采》节目，朗诵声情并茂，舞蹈优美整齐，生动艺术地反映了志愿者救援工作的部分环节。

经过评委组认真评比，永济荣获一等奖，万荣、稷山获得二等奖。赵新平、刘冠生、吴菊仙、史海涌等领导上台为获奖单位颁奖。赵新平局长对文艺汇演给予了高度评价和充分的肯定。他说，文艺汇演把娱乐和教育结合起来，把文艺和防震结合起来，寓教于乐，你们精彩的演出，为运城的防震减灾宣传工作做出了贡献。

全市地震系统还利用“3·1”、“7·28”、“12·4”等时机在各辖区开展多种形式的宣传活动。

（胡宗勇）

【加强防震减灾工作领导】 5月20日，全市2005年度防震减灾工作会议在市委政府关铝厅会议室召开。会议提出，坚持以人为本的科学发展观，全面推进防震减灾事业发展，为构建和谐运城做贡献。山西省地震局副局长樊琦、市人大副主任刘冠生、市政府副市长吴菊仙、市政协副主席史海涌、运城军分区副司令员工艾文、市委宣传部副部长黄勋会、市地震局局长王满顺等参加会议并讲话。

会议由市政府副秘书长史凌云主持。王满顺同志在会上回顾总结了2004年防震减灾工作，对2005年全市防震减灾工作“八个二”的工作任务进行了安排部署：实施市防震减灾指挥中心建设和遥测台网数字化改造两项工程；完善电磁波和地下水网两大监测网络；开展百村百校防震减灾达标和“7·28”纪念唐山地震29周年文艺汇演两个活动；搞好县市地震应急综合演练和社区地震应急志愿者两个演练；落实宏微观监测人员和“五员一体”的宣传员两个培训；成立地震协会和地震应急志愿者两个协会；加强农村民居抗震示范点和危房普查工作；强化重大工程安评和农村民居抗震工程管理，全面提高全市综合防震减灾能力。

吴菊仙副市长在会上要求各级政府、各有关单位要提高认识，增强做好防震减灾工作的使命感，认真履行防震减灾法律法规赋予的职责任务，牢固树立“宁可千日不震，不可一日不防”的忧患意识，在思想上、行动上作好减轻地震灾害的各种准备，为人民积累安全。各县市政府要高度重视、加强领导，各有关单位要大力支持、密切配合，全社会要履行义务，积极参与，共同完成好2005年防震减灾工作任务，促进防震减灾事业健康持续发展。

市人大副主任刘冠生要求与会同志要树立责任意识、忧患意识、法律意识，要贯彻落实防震减灾法律法规和省、市人大防震减灾执法检查成果，做好“两个纳入”、“两个到位”，即将防震减灾工作纳入经济社会发展计划，经费纳入当年财政预算；地震应急准备工作和工程抗震设防管理到位。市政协副主席史海涌强调防震减灾工作要做到认识到位、经费到位、设施到位、落实到位，确保防震减灾工作任务的落实。市委宣传部副部长黄勋会强调要健全防震减灾宣传工作领导体系，要求2005年要在“7·28”文艺汇演、百村百校防震减灾达标、宣传员培训上下工夫，努力使本市防震减灾宣传工作在形式、质量、规模、品位、实效上有新突破。

省地震局副局长樊琦在会上首先对本市防震减灾工作取得的成绩给予充分的肯定，对做好2005年防震减灾工作提出了新的要求和希望。她讲，要汲取东南亚地震引起的海啸造成巨大人员伤亡的惨痛教训，抓住当前保持共产党员先进性教育和经济迅速发展、政府执政理念转变的机遇，强化大局意识、责任意识、忧患意识，做好四项工作：（1）履行法律法规，健全工作机构，提高地震综合防御能力；（2）落实“两个纳入”，保障防震减灾事业发展；（3）加快防震减灾指挥中心建设，提高决策能力；（4）完成遥测台数字化改造，提高地震监控能力。

会上，市政府与各县（市、区）政府签定了2005年防震减灾目标责任书。13县市政府分管领导、地震局长，3个经济开发区管委会分管领导，大中型企业负责人，市直重点单位负责人以及市地震局科以上干部共180余人参加了会议。

（胡宗勇）

【地震应急演练】 2005年，修订了运城市地震应急预案。市地震局对机关地震应急预案进行了认真修订，对各县（市、区）和市直单位修订预案进行指导和审批备案。

建立了应急救援队伍。市、县两级和市直各有关重点单位基本上都建立了灾害综合或专业救援队伍。在全市积极推广永济城市社区地震应急志愿者工作经验，全市共建立志愿者队伍24支，配备了必要的抢险、抢救、抢修器材，并适时开展训练。

（1）地震系统进行演练。8月，市地震局向全市地震系统下发了开展地震应急演练的通知。26日，市地震局在机关进行了地震应急预案启动演练。震情监视组、宏观考察组、震害考察线、分析预报组、后勤保障组按照各自的职责任务、工作任务、应急程序进行了演练。局领导组观摩了每个组的演练工作，并分别指出问题。经过多次演练验收，提高了局机关应急工作能力。与此同时，各县（市、区）地震局也分别在辖区进行演练。

（2）社区志愿者开展演练。8月，市地震局要求加强对社区地震应急志愿者组建培训和演练工作，各县（市、区）分别在辖区进行了社区地震应急志愿者组建培训和演练工作。特别是永济市新组建了清华水泥厂、董村、虞乡农场等五支志愿者队伍，永济市政府于9月10日在市武装部举行了授旗仪式。

（3）稷山县地震应急综合演练。为搞好稷山县地震应急综合演练，市政府下发了明传电报，成立了演练工作领导组。市地震局积极组织实施，协助策划演练科目，制定程序方案。10月21日稷山县召开了综合演练动员会，派出副局长胡吉星带领震防科有关人员蹲点指导。之后，由市政府副秘书长史凌云、地震局局长王满顺带队的督导组多次到稷山进行督导检查，为稷山县演练成功奠定了基础。

11月15日，稷山县城大街防震减灾宣传横标随处可见，稷王小学演练现场搭起了背景为地动仪与城市建筑画面的主席台。参加演练的12支队伍和应急抢险救援的车辆、器械机车队伍在主席台下整齐集结，县政府为各支队伍授旗完毕，地震警报骤响，信号弹升空，演练正式开始。

县地震局向指挥部上报震情灾情。县政府召开指挥部成员会议。下达应急命令，安排灾害救援工作。稷王小学、稷山师范的学生在震后立即开展避震、疏散和自救互救。

地震造成房屋倒塌，通信信号中断，供电设施、道路桥梁和供水管损坏。接到震灾抢险命令后，县武装部紧急抢险救援队和社区志愿者队伍手持抢险工具，带着抢险器械机车第一时间赶到灾区，抢救被压埋人员。县医院、中医院以及志愿者队伍组成的医疗抢救组对骨折、窒息、出血的伤员进行救治；网通公司抢修队立即为指挥部架设短波电台、海事卫星和专线电话，组织开展通信线路抢修；电力公司抢修队带着抢修车辆装备进行供电设施和线路抢修；交通局的抢修队伍进行道路抢修和架设战备桥；供水公司对灾区进行临时供水，组织开展供水管道抢修。

为控制震后次生灾害，疾控中心、食品卫生监督所进行疫区消毒隔离，对饮用水和食品进行检验；丰喜集团对化工车间毒气泄露进行处置；一油罐在震后着火，两辆消防车呼啸而来，消防队员架起水枪、泡沫枪喷射，很快将大火扑灭。公安巡警抓捕抢劫嫌疑分子，交警维护交通秩序，保证社会治安。

后勤保障组给灾区送来了粮食、衣被、帐篷等物资，保障灾民生活和救灾需要。整个演练情节紧凑，演练逼真，假戏真做，扣人心弦。特别是他们的蒙眼输液、桥梁抢修、毒气泄露处置、油罐灭火等经典科目使演练达到高潮，演练现场不时爆发出喝彩和掌声。

与会的各级领导和同志们对演练的成功给予了充分的肯定和赞扬。中国地震局李成日处长赞扬演练组织得力、指挥有序、科目科学、演练到位，做到了反应迅速、处置有力。并希望运城各级党委政府继续加强领导，坚持应急演练制度，健全应急指挥系统建设，形成全社会共同抵御地震灾害的局面。山西省地震局赵新平局长在座谈会上讲，防震减灾工作是国家公共安全的重要组成部分。国务院确定的防震减灾三大工作体系，是国内外重大地震血的教训换来的，简单讲就是要报得出，防得住，救得急。在应急能力建设上，要提高各级领导干部应急处置能力，要提高社会的响应能力，要提高各部门的条件保障能力，要提高政府的信息收集能力。要坚持不断的地震应急演练，增强老百姓的防震意识，提高政府应急处置能力，检验预案的可操作性，推进构建和谐社会进程。

有关省、市地震局、晋陕豫七市地震联防区地震局，市直有关部门负责人、13县（市、区）政府分管领导、地震局长，三个经济开发区、有关大中型企业、学校负责人，市地震局机关有关人员参加了

观摩会。（胡宗勇）

气象工作

【气象服务取得明显社会经济效益】 春季发布了强寒潮蓝色警报，并连续发布四级以上森林火险等级警报；麦收期气象服务全力以赴抓好夏收、夏管、夏播的气象服务工作；暑期重点开展高温预警气象服务，先后多次发布高温橙色、红色预警信号；秋播期开展了土壤墒情、雨情、温度等气象情报服务，发布了霜冻警报；在重大社会活动中气象服务深受社会各界好评，受到市委书记黄有泉同志的批示表扬，获中国气象局重要气象服务奖。

通过电视、报纸、网站、电话、手机短信、气象警报网等各种媒介和信息渠道，面向社会公众提供了内容丰富、形式多样的天气预报服务。年内开始执行了重要气象信息新闻发布会制度，市气象局和新绛、闻喜等县局先后召开重要天气的新闻发布会，通过媒体把重要的气象信息送到了千家万户；与中国气象局华风影视技术中心签署协议，在中央电视台开播了运城市天气预报服务窗口。开通了红色线路旅游信箱，其中省内红色旅游景点信箱14个，省外红色旅游景点信箱20个，为本市的红色旅游提供便捷的气象服务。

2005年，全市共组织飞机增雨作业12架次，组织高炮火箭地面增雨作业21次，高炮防雹作业18次，消耗“37”炮弹3600余发，火箭弹80发，关键时期极大地缓解了旱情，确保了夏秋作物获得较好收成；在雷电灾害防御工作方面，通过各种防雷监测和防雷工程等服务手段增强了全市高层建筑、石油、电力、金融等部门和行业的雷电灾害防御能力，有效地减少了雷电灾害事故发生。（冯　钢）

【业务现代化建设成效显著】 市人工增雨基地与雷达监测中心大楼工程完成了主体工程建设，713数字化雷达完成了安装；完成了2MSDH视频会议会商系统宽带线路的调试，并开始运行；完成了垣曲自动气象站的安装任务；完成了中小尺度天气监测加密雨量站布局规划，全市共设计规划出140个监测点，新增加127个加密监测站。更新了“12121”服务系统，进行有效资源整合，重点完善充实了土壤墒情、地温、农业生产关键期天气预报、旅游服务等内容。各类天气预报和地面测报、农业气象等基础业务均保持了较高质量，永济市气象局通过五星级站达标验收。

（冯　钢）

【气象科技服务长足发展】 在气象科技服务工作中，突出抓好了信息服务和防雷服务两个方面工作。信息服务重点抓好“12121”电话、手机短信息、防灾减灾信息等方面的信息服务；防雷工作对全市技术力量进行了有机整合和优化配置，实现上下联动、集约化、集团化发展，提升了防雷服务的整体实力。同时加大管理工作力度，充分发挥政策机制的激励作用，调动科技服务人员的工作积极性，促进了各项科技服务工作的持续快速发展。

（冯　钢）

【“三大战略”取得初步成效】 在实施拓展领域战略方面，人工增雨继续向为企业生产进行小流域作业拓展，继市气象局与南风集团合作开展人工增雨工作之后，垣曲县年内与中条山有色金属公司合作开展了此项工作；城市气象环境预报服务向更深领域拓展，全面开展了高温、寒潮等气象灾害预警信号制作发布业务，发布各种预警信号18次；与国土资源部门合作开展地质灾害预报服务工作；与民航机场开通了联系热线，随时提供相关航线的气象预报情报资料和气象保障服务工作；在现代化预报预测业务方面，继续抓好了预报业务精细化、重大灾害性天气和气候预报的落区、定量定时化；组建了流动气象台和现场气象服务小分队，并进行技术演练，提高了应急气象服务能力。

在实施“科技兴气象”战略方面，通过应用MICAPS2.0系统、MM5中尺度强对流预报模式成果和应用雨情服务产品制作系统，实现了情报服务的现代化和自动化；通过建设VPN宽带传输网和可视传输系统，实现了市、县两级报文、气象情报与气象信息的网络化高速传输；通过建设VPN远程可视传输系统，实现了重大天气远程可视会商与网络远程会议；运城市气象宽带远程视频会商会议系统、运城市数据库资料查询系统、运城市高温预报系统等投入业务运行；通过投资购置GPS卫星定位技术设备，提高增雨消雹作业效果，增强了防灾减灾能力；完成了三篇科研论文；完成了省局《运城市MICAPS2.0数据库查询系统》科研项目；省科技委科技攻关项目《运城盐池气象条件分析及对盐硝生产的影响研究》科研项目；新立项科技项目，省气象局3项，市科委2项，省科技厅1项；市局与运城农学院在局校合作中开展了专业气象科技信息服务。

在实施“人才强局”战略方面，积极创新领导班子和领导干部的选拔任用与监督机制，把各类优秀的管理人才不断吸收和充实到各级领导干部的工作岗位；委派3名机关中层干部到县局挂职，积累机关干部基层工作经验，同时加强对县局工作的管理和指导，实现县局气象工作在各重点工作领域的突破；通过加强继续教育，全面提高干部职工队伍的整体素质。年底全市本科以上学历达20.7%，专科以上学历达49.3%，比上年分别提高了3.3%和4.8%，其中年内送培博士研究生1名，硕士研究生1名，研究生课程班1人。（冯　钢）

【气象依法行政工作】 认真贯彻实施《行政许可法》，不断完善行政审批大厅工作程序，向社会各界展示了气象部门的良好形象；积极开展法制宣传教育，利用“3·23”气象日、“12·4”法制宣传日开展了多种形式的法制宣传活动，重点学习了《行政许可法》和新《宪法》，参加了普法考试；围绕《防雷减灾管理办法》、《防雷工程专业资质管理办法》和《防雷装置设计审核和竣工验收规定》的颁布实施，对全防雷工作动态进行全方位宣传报道，营造全社会注重防雷工作的舆论氛围；加强防雷安全管理工作，出台了《运城市防雷工作管理办法》，邀请安监、公安等相关部门和新闻媒体单位参与，对全市防雷设施进行了重点行业重点检查，防雷管理工作呈现出良好发展势头；在气象行政执法工作方面，先后查处了平陆一私营企业擅自非法设立探测设备进行气候观测和盐湖区无证施放庆典气球两例重点违法案件。（冯 钢）

水文监测

【顺利通过计量认证复审】 2005年，是水环境监测工作最为紧张和繁忙的一年，也是计量认证复审准备工作进入最关键的时期，本中心面临的工作任务繁重。分局召开专门会议进行安排部署，针对计量复审换证工作提出了具体的要求和工作方法，中心人员思想高度重视，全力以赴投入紧张繁忙的准备工作中。市水文分局上下全力以赴，克服困难，精心组织，充分准备，按照计量认证要求，对实验室仪器设备，环境卫生，文书档案等进行逐条检查对照、补充完整；分中心主任、副主任以及全体分析人员加强学习，苦练内功，熟练操作规程，掌握规范标准，牢记程序文件，提高实战能力，确保考核合格；工作中任劳任怨，一丝不苟，各项工作井井有条。总之在计量认证复审准备工作中，分中心人员发扬水文人特别能吃苦的精神，牺牲节假日，加班加点，连续作战。围绕《评审准则》要求的13个要素、172条逐条检查落实，认真充分地准备。为本中心计量认证复审工作的检查验收奠定了良好的基础。为全省水环境监测中心计量认证复审顺利通过做出了一定的成绩。（宋翠兰）

【水情报汛工作】 2005年，全体水情工作人员坚守工作岗位，严守工作纪律，保证水情电报不出错、不延误、不泄密、不丢失、不损毁，迅速、准确、保密、安全、方便地传递。全年共收到省水文局转来的水情电报1969份，分局转往省局水情电报共计2359份，转往市防办特殊水情电报300份。按时编制了水情快报、雨情快报，及时送达市防汛指挥部有关领导，为各级防汛指挥部门提供快捷、准确的水情信息。各项工作顺利开展，圆满完成了全年的各项工作任务。

（宋翠兰）

【水文测编工作】 强化质量意识，狠抓基础资料质量，坚持从基础工作入手，狠抓资料四随和整编工作，认真学习贯彻执行新的测编规范，严格执行水文资料校核审验标准，完成2004年度六个水文站、72处雨量站的水文资料整编审查及成果打印工作。完成了分局2004年度各项资料整编审查表检工作，进一步提高了水文资料精度，在省水文局组织的2004年资料审查、验收、汇编工作中分局资料在全省资料综合评比中名列第一。

加强雨量站管理工作，按时完成了所有72处雨量站固态存储雨量仪器的安装调试工作，完成了所有固态数据行收集整理工作，使雨量资料精度得到进一步提高。

（宋翠兰）

【地下水监测】 完成140眼水位基本监测井、650眼统测井、5眼水温监测井、3处配套雨量监测站的管理、检查和统测工作，修建井台5处，修建井房1处。

完成了一眼地下水专用监测井的凿建工程。完成了地下水观测井的检查和维修任务。按时完成了2004年地下水资料整编工作。

编制完成了2004年地下水动态分析报告、2005年汛期及年地下水动态简报参加《山西省地下水通报》、《山西省水资源公报》运城部分的分析计算任务。编制完成了运城市地下水动态简报，并发送市水务局、水资办等有关部门，为水资源的科学调度提供了科学依据。

（宋翠兰）

【水环境监测】 按照年度工作任务书，全面完成本年度8站点常规检测工作任务，在常规分析工作中加强质控，严格按照质量管理手册运行，全面完成各项质控任务，检测数据及时上报省中心。按质量要求圆满完成2004年度水质资料整编、验收工作。（宋翠兰）

【城市水文站流域调查工作】 在省水文局领导的大力支持下，城市水文站流域调查工作全面展开，省水文局领导对此高度重视并给予了大力支持，站网处专门派技术专家来分局，亲临现场，会同分局、测站职工一起进行现场勘测、实地调查，研究方案。历时两个月，对城市流域范围内各单位建筑面积、硬化面积、绿化面积、供排水情况等进行调查核实，调查涉及运城市范围300百多个单位15平方公里，对姚暹渠、常硝渠、池神庙三个排水断面实施了24小时过程监测。顺利完成了城市水文站流域调查任务，编制完成了流域调查报告，完成了测验断面的勘察选定工作，为城市水文观测顺利开展奠定了基础。

（宋翠兰）

（责任编辑：石少青）

文　化

群众文化

【概况】 按照市委、市政府年初的安排布置，市文化局认真抓了群众文化“五个一工程”建设，即在全市农村每个村建立一个图书室；组建一支群众业余文化表演队；每个乡镇挖掘开发一项民间传统文化绝活；培养一批文化产品经营户；建设一处文化活动中心。

1. 6月份市文化局召开了全市盐湖区五个一工程建设经验交流会。重点抓了农村图书室和农民书屋的建设。在上年扶持了36个农民书屋的基础上，当年又扶持28个农村图书室（含农民书屋），完成了市委提出的三年内建设一百个标准较高、藏书量较大农村图书室任务的60%。

2. 稷山县的精品项目《河东高台花鼓》参加了山西省第四届广场艺术节。临猗县的《龙舞荷塘》和稷山县的《河东高台花鼓》在太原广场艺术节上展演后，在省城引起轰动，受到很高评价。

3. 与省群众艺术馆联合举办了《交通征稽杯河东书法、篆刻精品展》，展示了河东书法艺术深厚的文化底蕴，受到省城专家的高度评价。

4.《河东高台花鼓》代表山西省文化厅参加了文化部在浙江绍兴举办的中华一绝群众文化艺术表演，荣获银奖。

5. 绛州鼓乐团赴港、澳和东南亚各国展演。参加香港迪斯尼乐园开幕式表演，受到香港各界人士的热烈欢迎。

6. 配合市委、市政府中心工作，承担了一系列重大的演出活动：正月十五大型民间社火表演活动；纪念抗日战争胜利60周年大型晚会；中国运城第16届关公文化节开幕式大型晚会演出。

（陈　明　任红玉）

戏剧艺术

【概况】 为了活跃和繁荣文化艺术事业，努力打造戏剧精品艺术。

1. 2005年，成功地组织了武俊英蒲剧唱腔艺术表演擂台赛。本次擂台赛轰动河东，各地喜爱戏剧艺术的选手纷纷前来参赛。此项活动深受全市各界的一致好评。

2. 9月份，在全市范围内成功举办了第七届运城市“龙门奖”戏剧调演。本次调演好戏连台，新人辈出、反响强烈，是第16届国际关公文化节活动中一道亮丽的风景线。

这次调演坚持了先进文化的前进方向，是推动本市戏剧艺术繁荣发展，打造文化强市的重要举措之一，本次调演规模之大、剧种之多、时间之长、参演人数之众，均前所未有。一大批优秀剧目和优秀演员脱颖而出，全方位展示了本市戏剧艺术整体实力，显示出本市戏剧艺术的巨大潜力和光明未来。

3. 2005年共创作剧目现代眉户剧《山妹》、现代曲剧《花菇岭的弯弯事》、线腔现代剧《烽火一家人》、蒲剧现代戏《金土情缘》和《山村母亲》等剧目。这些剧目，高举弘扬先进文化旗帜，弘扬主旋律，从不同角度反映本市在文化强市建设中戏剧艺术的繁荣发展，反映河东人民在中国特色社会主义现代化建设中与时俱进的精神风貌。

4. 在狠抓创作剧目的同时，还改编移植了剧目8个，分别是蒲剧《赵氏孤儿》、《潘金莲》、《惊蛰》、《蔡乡长菜乡长》、《清官颂》、《酷情》、《香魂女》、《三关排宴》等多台全国推荐的优秀剧目。推出了一大批中青年优秀演员和艺术人才，活跃了演出市场，振兴了地方戏剧，使本市戏剧艺术得到了进一步发展。此外，临猗县眉户剧团代表运城市参加了全国第九届映山红民间戏剧调演，一出现代眉户剧《山妹》艺惊四座，受到专家和观众的一致好评。

（陈　明　任红玉）

【艺术教育工作】 几年来，市文化局坚持抓艺术、抓人才，提升戏剧艺术事业的基础工程，艺术人才培养使本市戏剧艺术不断地繁荣发展。在上年取得两朵“小梅花”之后，本年度中国戏剧“小梅花”奖的戏剧精粹表演中，本市又有五名选手取得戏剧“小梅花”奖。在戏剧专家界引起强烈反响。

（陈　明　任红玉）

报刊通讯

运城日报社

【把握正确舆论导向，高质量完成编辑出版任务】 发挥党报舆论引导作用，推动全市先进性教育活动深入开展。在全党开展保持共产党员先进性教育活动是中央作出的重大决策，是各级党组织和全体共产党员政治生活中的一件大事，也是各级党报当前最重大的宣传主题之一。按照中央的统一部署和省、市委的具体要求，及时制定报道方案，推出专版、专栏，多角度、多侧面、高密度、连续性地报道了全市上下先进性教育活动的开展情况，形成了强大的报道规模和声势，充分展示了党报的敏锐性和责任意识，充分发挥了党报引导舆论的积极作用，推动了先进性教育活动的深入开展。

推出一批优秀党员的先进典型事迹报道，丰富了先进性教育活动的内涵。优秀党员的光辉形象和先进事迹是共产党员先进性最生动、最集中的体现，以优秀党员的先进典型教育广大党员，说服力强，效果好。为此，本报先后推出许多有血有肉的先进党员典型，作为党员学习的榜样。如《本色——记共产党员、市人防办综合科科长张秀霞》、《荒沟播绿者——记优秀共产党员、绛县林业局局长王朝晖》、《根植沃土花自香——记山西省十大女杰、万荣县里望乡党委书记冯彩玲》、《和谐税苑的构建者——记全国税务系统先进工作者、运城市盐湖区国税局局长李军》等都反映了优秀党员无私奉献的典型事迹。

尤其是孙锁来带领群众实现共同富裕的感人事迹《和谐乡村趟路人——孙锁来》、《股份的天空——和谐中北村纪实·共同富裕篇》、《情义的家园——和谐中北村纪实·诚信友爱篇》、《自信的村庄——和谐中北村纪实·活力激情篇》等一系列报道在广大党员、群众中产生了强烈的反响，诠释了共产党员先进性的内涵，使党员在先进性教育中看到自身差距，明确努力目标。2005年4月15日，中共运城市委作出了关于向孙锁来同志学习活动的决定。本报还以较大篇幅开辟了“保持共产党员先进性认真搞好‘六个一’竞赛”、“保持共产党员先进性扎实开展‘四项活动’”、“保持共产党员先进性争为党旗添光彩”、“共产党员谈先进性”及“学习孙锁来事迹搞好先进性教育”、“扎实搞好第二批先进性教育活动”、“保持共产党员先进性始终走在时代的前列”等专栏，共发稿件600余件，为先进性教育提供了生动的教材。

*创造性地开展对落实科学发展观的宣传报道。*2005年7月，为报道各县（市、区）树立和落实科学发展观的成果和经验，本报开辟《科学发展观在河东》系列报道，先后编发了《再赋“更上一层楼”——永济市落实科学发展观统筹城乡发展纪实》、《循环经济：稷山崛起的新支点——稷山县推行循环经济走可持续发展道路纪实》、《硬道理与软实力——临猗县强力推进“科教兴县”战略纪实》、《高扬万荣精神——万荣县以文化牵头整合经济社会工作纪实》、《三大洪流涌春潮——闻喜县树立和落实科学发展观印象》、《踏上创建“东西部互动区”征程——从风陵渡经济开发区看芮城县落实科学发展观的实践》、《凝力蓄势谋高远——平陆县贯彻落实科学发展观纪略》、《富民路，在务实中延伸——垣曲县加快道路基础设施建设纪略》、《在不变中求大变——绛县落实科学发展观纪实》、《用绿色链接富裕与文明——夏县人与自然和谐发展纪实》等。

*持续加强对城建工作的宣传力度。*2005年7月下旬，为响应市政府关于创建省级园林城市的号召，本报开辟了《拆墙透绿建园林城市》等专栏，为打好拆墙透绿战役营造了良好的舆论监督氛围。

*配合市委、市政府中心工作，强化对“三化一招商”的宣传报道。*2005年8月，本报为积极配合市委、市政府实施“三化一招商”工程，在头版开辟了《招商引资兴运富民》等专栏，陆续报道各县（市、区）在招商引资工作方面所取得的成绩和经验，为唱好“三化一招商”这台促进县域经济发展的重头戏造势。

*“抗日老战士畅游新运城”活动，引起良好的社会反响。*为纪念中国人民抗日战争暨世界反法西斯战争胜利60周年，8月份，在晚报版策划和实施了“抗日老战士畅游新运城”活动，社会反响较大，为本报赢得了良好的社会声誉。2005年8、9月份，本报还在正报、农村版及晚报版上特辟纪念抗战胜利专版，刊登本市部分参加抗战的老干部、老战士的回忆录，以及反映普通百姓在抗战时期的不平凡经历的文章，让人们永记那段历史，用抗战精神为中华民族的崛起而努力奋斗。

*成功举办本市首届房地产业展会。*为提高本市房地产业综合开发建设水平，最大程度地满足消费者日益高涨的购房需求，4月22日至24日本社与市建设局联合举办了2005年运城市首届房地产业展会。展会汇集了运城市区及来自太原、西安的16家房地产精英企业和30多家建材、装饰企业参展，总布局面积达到3000平方米，其规模之大，档次之高，在运城房地产业发展史上堪称空前。在历时3天的展会上，总人流量达15万人次，交易量超过3000万元。开幕当天，时任市委书记黄有泉兴致勃勃地参观了各个展位，对本社发挥优势，服务运城城市化建设的做法予以充分肯定和高度赞扬。黄有泉书记说，这样的房展会展现了新运城风采，令人鼓舞，要经常搞。市委常委、宣传部长董鹏翔在参观之后说，这次展会诠释了一种崭新的经营理念，体现了会展经济的魅力，也为发展文化产业开辟出了一条新路。

（王崇杰）

【用科学发展观推进报社整体事业可持续发展】 2005年初，根据全国、全省报业改革的大趋势，报社党组经过充分讨论，结合报社的工作实际，把2005年的工作思路确定为：认真落实科学发展观，弘扬团队精神，实现各块协调推进，整体事业可持续发展。

*引深学教活动，搞好“保先”教育。*继2004年新闻单位开展的学教活动后，2005年初，根据市委的安排部署，以“提高党员素质和舆论引导水平、改进工作、推动发展”为工作思路，又扎实开展了保先教育活动。通过这次教育活动，党员的理论水平、思想觉悟普遍提高，保持共产党员先进性的自觉性也大大提高。结合“保先”教育，还建立和完善了四项制度：通报会制度，向职工和老干部及时通报重大事项；聘用人员的管理办法；体检制度；老干部和退休人员工作制度。由于领导得力，组织严明，报社的学教活动取得较好的效果。

*加大对专业技术人员的培训力度。*为提高采编队伍素质，掌握当代报业先进的采编理念，2005年，日报社先后派遣15名部、室副主任以上的干部到北京中报联接受培训。培训人员回来后在评报会上“传经送宝”，交流学习体会，从而学以致用，达到理论与实践的高度统一。利用开评报会的机会，组织编采人员学习中央文件精神、新闻出版署文件精神，牢固树立了政治意识和责任意识。同时还组织有关专家举行“地市报报业经营形势讲座”和“避免新闻纠纷民族宗教事务知识讲座”等，并自觉地把理论学习和具体工作结合起来，取得了

较好的实效。通过学习和培训，本报编采人员的策划意识不断增强，一个个经过长期酝酿的策划方案付诸实施，一篇篇思路好、视觉新的稿件应运而生，为报纸增辉不少。

二期住房工程主体完工。继一期建房工程完工后，二期住宅楼建设于2005年3月份破土动工，年底主体已基本完工，可望在2006年上半年交付使用。该工程完工后，可解决36户职工的住房困难。

编采条件进一步改善。在“保先”教育活动中，日报社边学边改，在改善采编条件上办了一些实事：给上夜班的同志增加了工作晚餐；办公区全部配备了饮水机；新购了19台电脑用于编采系统扩容；用补助的形式给全体采编人员购置了小型数码照相机等。

不少作品荣获中国地市报新闻奖、山西新闻奖，获奖数量与质量均名列山西省地市报前茅。获中国地市报新闻奖一等奖2件，二等奖8件，三等奖4件；获山西新闻奖一等奖2件，二等奖1件，三等奖2件。 （王崇杰）

广播电视

【坚持正确导向，提高舆论引导水平】 深入宣传“三个代表”重要思想和十六届四中、五中全会精神。在新闻宣传工作中，市广电局牢固树立政治意识和社会责任意识，牢牢把握正确的舆论导向，认真抓好“三个代表”、十六大和十六届四中、五中全会精神的各项宣传工作，开设了《“三个代表”在基层》、《学习贯彻十六届五中全会精神》、《落实科学发展现，实现可持续发展》、《大兴求真务实之风》、《时代先锋》、《河东精英》等新闻专栏。推出了全国见义勇为英雄——闻喜县郦底镇户头庄村冯官成、“时代先锋”新绛县中北村党支部书记孙锁来、平陆县圣人涧镇党委书记张孝敬、市同德医院医生闫金萍等践行“三个代表”的先进典型。孙锁来的事迹随后在中央电视台一套、山西卫视播出，张孝敬还在省城受到了省委书记张宝顺的亲切接见。市广电局通过多种形式，广泛报道各行各业实践“三个代表”的典型和经验，宣传全市各条战线所取得的新成就、新进展，宣传全市广大干部群众学习贯彻“三个代表”重要思想和十六届四中、五中全会精神的实际行动，在全社会形成了积极向上，生动和谐的主流舆论。

集中精力抓好“两会”报道。3月份，人大、政协两会召开期间，市电视台组织精兵强将，成立了“两会”宣传报道组，精心部署、周密安排，要求报道有创新、有实效。组织力量对“两会”进行了全程录制，《运城新闻》、《盐湖新闻》跟踪报道，在《运城新闻》中开辟了“直通两会”专栏，在《运城新闻》之外，开辟了《两会进行时》专栏。通过多种形式，生动展现领导班子改革、务实的工作作风，报道人大、政协委员参政议政的情况和群众的反应。“两会”报道得到了市委、市政府的肯定和群众的好评。

围绕中心、服务大局，为本市的改革开放提供强有力的舆论支持。市广电局紧紧围绕市委、市政府当今的工作目标、思路和新举措，紧紧围绕经济建设这个中心，抓好舆论宣传工作。开辟了《城市环境综合整治大行动》、《农村劳动力大转移》、《调产进行时》、《文化强市》、《来自农村公路建设一线的报道》、《全民招商、人人创业》、《安全生产河东行》等一批有影响的宣传专栏，为本市的经济建设和社会发展营造良好的舆论氛围。在保持共产党员先进性教育活动中，针对不同阶段，突出不同重点，大力宣传保持共产党员先进性教育活动中的先进基层党组织和先进党员。市直18个单位负责人在电视上作出了公开承诺，切实转变工作作风，提高了工作效率和服务质量，有效地促进了整改提高。

在第五届农展会期间，运城电台开辟了《我和农展会有个约会》专栏，在展会现场设立了直播热线。广播电视新闻节目组织了系列报道，全程追踪农展会的进展情况，农科节目《田野风》组织了10期的专题报道，迅速及时向全市及周边地区农民群众发布农业信息，介绍科技知识，传播致富经验。

市电视台还对第16届关公文化节、未成年人教育、抗战胜利60周年等中心工作进行了及时、深入、生动的宣传报道，受到了市委、市政府的表扬和广大群众的欢迎。

实施精品工程，提高节目质量。2005年，电视台把提高广播电视节目质量作为一项重要工作来抓，加大信息量，增强针对性，提高时效性。截止11月底，播出广播新闻5280条，电视新闻7150条，电视新闻省台采用450条，中央台采用17条，广播新闻省台采用32条。12件广播电视作品获“山西新闻奖”（其中电视作品9件，广播作品3件），6件作品获“全省优秀法治好新闻”奖，4件作品获第八届全省残疾人事业好新闻奖，4件广播作品获首届全省农业新闻奖。3件作品荣获山西广播电视奖2004年度电视新闻节目奖，5件作品荣获电视社教节目奖，《第一时间》栏目荣获全省电视新闻“十佳栏目奖”。《监督热线》栏目获全省新闻媒体反腐倡廉优秀栏目评比广播版一等奖，电视版三等奖。运城广播电视报的消息《制片人竞岗记》、通讯《绿叶对根的情谊——青年歌唱家谭晶运城演唱会侧记》等4件作品获全国地市级广播电视报优秀作品评比二等奖。本台两名新闻记者荣获省新闻协会“全省百佳新闻工作者”光荣称号，还有3件作品获全省广播电视节目技术质量一、二、三等奖。在全省2004年度县级电视新闻评选中，本市广电系统24件作品获奖，其中一等奖4件，二等奖9件，三等奖11件，市广电局荣获组织奖，平陆台作为唯一的县级电视台在洪洞召开的全省县级电视新闻颁奖大会上作了典型发言。在全省2004年度播音与主持作品评选中，本市广电系统有13件作品获奖。两项省级评奖，本市广电系统获奖数量和质量居全省各市之首。

名牌栏目《第一时间》一年来接听群众热线电话23000条，接待群众上访700多人次，组织拍摄了《十佳共产党员》、《走进劳模》、《关注“开水灶”，我们共同感受》、《爱心回访》等系列报道，在社会上引起了强烈的反响，收视率和满意度在全台名列第一，被运城团市委授予“青年文明号”单位。《监督热线》栏目进行了改版，加大了对热线问题的落实反馈，进一步督促问题的解决。共接听热线电话1827个，接待群众来信来访来电1360个，解答问题1938个，督办解决问题652个。戏剧擂台赛《蒲乡红》节目，不断丰富内容，改进形式，走进农村，走进社区，极大提高了群众的参与积极性。运城电台还举办了10场流动戏迷演唱会，受到了群众的欢迎。《运城广播电视报》及时推介本台优秀广播电视栏目，开辟了《第一时间》、《监督热线》报纸版，形成了声、屏、报联动的多层次效应。

市广电系统组织了全市广播新闻、广播社教节目评选，组织了全市广播电视播音主持作品、播音主持论文评选，组织了全市广播电视学术论文评选，并推荐参加全省评选。组织了全市第四届电视好新闻大赛和电视好栏目大赛，参赛作品数量是历年来最多的一次，作品质量有了新的提高。市电视台举办了第六届CCTV少儿艺术大赛选拔赛和首届全国青少年普通话大赛运城选拔赛，促进了素质教育，展示了新人风采，丰富了电视荧屏。

根据节目运行情况，对部分广播电视栏目进行了改革、整合。建立、完善了广播电视节目评价体系，建立了播前审查制度和播出监播制度，实行了月评、季评制度和收视率调查制度，考核考评与奖金挂钩。编印了《广播电视节目质量简报》，进行宣传提示，节目点评，经验交流，促进了节目质量的提高。进一步加强通联工作，县、市新闻用稿量占到运城新闻总用稿量的三分之一以上，丰富了新闻的信息量。百姓频道进一步完善了人员百分考核制，对《第一时间》栏目建立了工作日志，对画面、结构、细节逐日点评，把好质量关。

（李立欣　李晓燕）

【加强行业管理，规范节目播出】 在行业管理工作中，采取有效措施，切实加强对新闻宣传、电视剧播出、广告播出、境外卫星节目接收等各个环节的监督管理力度，加强纪律教育，要求完整转播中一、省一、市一和省市公共频道电视节目，严禁播放格调低下、庸俗不堪的武打、调情片，坚决制止电视台非法播放光盘现象。对全市广播电视行政执法人员进行了一次执法培训。加强了电视字幕管理，规范了手机短信管理，加大了稽查力度，共查处私接、截传有线电视信号用户420户，对稷山翟店镇违规承包经营的小片网予以拆除，实施了光缆改造。共收缴地面卫星接收设备一百余件，依法拆除地面卫星站两个。对盐湖区各乡镇的家电市场秩序进行了治理整顿，查处了中国电信运城分公司利用互联网传输视听节目的违规行为。规范了本市广电系统广告管理各项制度，对广告内容从严审查，严格把关，禁止播出不良广告。5月份召开了全市广告管理工作会议，认真落实中央11部局关于整治虚假广告的通知精神，从严审查广告内容，健全了县（市）广告信号监看员队伍，停止了游动字幕广告，规范了广告播出时间，净化了电视荧屏。

（李立欣　李晓燕）

【提高技术，扩大覆盖，提升节目传输质量】 全台建立了广播电视节目监播、监录系统，完成14个栏目1600多期节目的制作任务，完成各类大型节目录制150多场次，完成设备管理、维护1700多次。网络维护中心扩建了收费大厅，全市已安装、改造光缆用户30余万户，运城市区3万户。组织实施并优质完成了河津、闻喜、新绛等县（市）的“三线入地”工程。对8个省的卫视节目执行了落地费，开辟了运城市农行的2M业务，农网建设工作已于4月份全面启动，发展农村用户800户。发射中心和网络维护中心结合工作特点，编印了教材，对上岗人员进行培训。本年1—2季度，市广电局（台）技术维护工作连续两季度在全省排名第二，第三季度在全省名列第一。3月18日，在绛县召开了全市技术工作暨安全播出现场会。为进一步扩大广播电视覆盖，市电视台已经开始筹建开办运城市广播文艺频道。

4月20日，市委、市政府召开了全市村村通广播电视夏县现场会。各县（市）委常委、宣传部长、政府分管副县长、市县广电系统负责人等90人参加了会议。市广播电视局（台）党组书记、局（台）长李慧芳作了动员部署，提出全市广播电视自然村村村通广播电视任务和目标，要求从根本上解决偏远山区百姓听不到广播、看不到电视的问题。市委副书记唐大雄、市委常委、宣传部长董鹏翔、副市长吴菊仙亲临大会指导并作了重要讲话，副市长吴菊仙还和有关县政府负责人签定了村村通广播电视责任书，市政府拿出20万元对非贫困县进行了补助。2005年底，非贫困县村村通任务已全部超额完成，由于国贫县、省贫县设备由省广电局统一采购，本年底省贫县还没有一套设备到位，所以省贫县108个村任务还没有完成一个村。国贫县设备已到位13个村，国贫县25个村任务已完成了13个自然村。市广电局已做好一切前期准备工作，一旦设备到位，立即进入施工阶段，尽快完成所有的村村通任务。（李立欣　李晓燕）

【对邪教组织破坏活动严防死守，确保节目安全播出】 针对“法轮功”邪教组织千方百计破坏和干扰广播电视节目正常播出的形势，市广电局切实加强对广大干部职工的思想政治教育和安全播出教育。全市广电系统健全安全播出制度，强化责任，建立了24小时值班监测制度，建立了“有事报情况，无事报平安”的日报告制度。市广电局（台）加强安全保卫工作，建立了电子监控系统，建立了局领导带班，门卫、保安、机关人员24小时值班制度，有线机房安装了安全播出自动报警系统和自动切换装置，加大了对广播电视网络的巡查，严防死守，确保安全播出，圆满完成了安全播出任务。11月初，省广电局在夏县召开了“全省广播电视安全播出运城现场会”，交流了本市安全播出的管理经验。

（李立欣　李晓燕）

【广电队伍思想建设和组织建设】 市广电局自始至终坚持抓好局党组中心学习组学习制度，抓好对科级干部和一般人员的政治业务学习。组织专题学习了“十六大”精神、“三个代表”重要思想、十六届四中、五中全会精神、行政许可法、广播电视法规等内容。在全局（台）深入开展了“保持共产党员先进性教育”活动，召开了全局动员大会，出台了具体方案，要求认真开展学习教育，每个人至少写一篇心得体会，每个局领导作一次学习辅导报告，每个党支部举行一次学习讲座研讨会，组织一场学习体会演讲比赛，树立1名保持共产党员先进性的典型，开展一次献爱心活动。春节前后，全局118名共产党员积极响应市委号召，深入农村、企业、下岗职工家中访贫问寒解决实际困难。共走访农村贫困户118户，走访下岗职工3户，共慰问贫困户121户，送去了13200多元慰问款和价值24000元的慰问品。2月28日，全局（台）组织了党员学习笔记、体会文章大展评，评出优秀县处级领导干部1名、科级5名、一般党员10名。3月4日，在局机关东二楼会议室对全体党员进行了保持共产党员先进性教育活动集中考试，党委书记、局长李慧芳亲自出题，老局长耿文宽亲自批卷。局领导干部都以普通党员身份参加考试，平均考试成绩达90分以上。3月7日，局党委在三楼演播室开展了全局党员学习演讲比赛。在市直工委举办的“保持共产党员先进性教育演讲比赛”中，局党委选送的“一个共产党员的心灵告白”获优秀奖。

积极学习法律，组织全市广电系统从业人员参加了全市“四五”普法考试。加强行风建设，参与《监督热线》栏目10余次，接收群众咨询，回答群众问题。处理《监督热线》督办卡20个，迅速、及时地解决群众提出的问题，受到群众的好评。加强行业自律，规范广播电视新闻采编人员行为，出台了《运城广播电视台新闻采编人员自律公约》、《关于加强和改进舆论监督、制止虚假新闻的管理办法》等，做好新闻纪律教育和职业道德教育，维护新闻的公正性和公信力，树立新闻工作者的良好形象。

全局（台）建成了内部局域网，实现了办公自动化，做到了资源共享。对家属楼的道路进行了维修，解决了职工上下班行路难的问题。对机关、家属院的水暖锅炉进行了维修改造。“三·八”妇女节时，组织全局已婚妇女接受“三查、两补、一治疗”服务。定期给离退休人员发放老年刊物、聘请医疗专家给他们讲解医疗保健知识，为职工营造了一个良好的工作环境。　（李立欣　李晓燕）

【广电事业改革创新】　2002年，市广电局实行了局台合一机构改革，运城市广播电视局（台）开通到全市13个县（市、区）有线广播电视网络，电视节目由原来的一套增加到三套，广告收入连续两年突破千万元大关。2004年，市广电局（台）又实行了以制片人为龙头的节目改革和人事制度改革，推出了7档新版电视节目。2005年，在深化改革的基础上，又进一步进行完善，对部分栏目进行整合。市广电局曾先后赴江、浙、上海、湖南等地学习，每出去一次，思想就得到了一次解放，广电发展的步伐就显著加快。　（李立欣　李晓燕）

【广电事业产业化发展进程】　在发展内容产业方面，实行新闻宣传与广告经营分离，将娱乐类、服务类、综艺类节目推向市场，走产业化发展的路子。《第一时间》每天广告3分钟，借助名牌效应，由广告公司经营，并承担正式人员工资以外的费用，每年上缴25万元，此项可为本台节约经费220万元。戏剧综艺擂台赛《蒲乡红》节目，首开与社会力量合作的先河，由自办年投资60万元，变为和文化传播公司合办年收益3万多元。《关乡大看台》已利用社会资金100多万元，广播二套节目已与今日MALL达成意向，计划吸引社会力量98万元，争取实现最大的社会效益与经济效益。

在网络建设方面，市电视台贷款3000万元启动工程，本年底固定资产已达4800万元。在广告创收方面，由广告公司经营，对外公开发包拍卖。经营能力提高后，广播电视实力得到进一步壮大。

（李立欣　李晓燕）

文化新闻出版市场管理

【新闻出版事业和印刷产业管理】

巩固报刊治理成果，严厉查处报刊摊派和变相摊派行为。加强对综合性报纸和新闻类、社会生活类期刊的管理。完善网上核验手段，建立对报刊社记者站和记者证的社会监督机制。查处社会和报刊界反映强烈、违规严重和纠正不力的典型案件。全年共查处非法假冒记者案3起，违规报刊6起。

继续开展对印刷复制业的专项治理。通过治理求规范，规范后求发展，发展中求效益，适时召开相关部门的协调会，做好信息宣传工作。以重点市县为主，督办和查处案件，对各地专项整治工作逐一检查、验收。查处在全市范围内有一定影响的违法违规印制案件。始终坚持管理就是服务，千方百计构建印刷业界的和谐发展环境，大力扶持印刷工业园的建设。年底，以盐湖印刷工业园为基地，以萨瓦莱斯制版集团为龙头；以凯达、小学生拼音报印刷厂、运城日报印刷厂的书刊印刷，以恒运、英发、翔宇的包装印刷为两翼的运城印刷新格局已经形成，必将为本市的经济发展注入新的活力。

进一步规范出版物发行秩序。严厉惩处各类违规行为，建立发行企业违规档案，对违规企业定期在有关媒体上予以曝光，进一步完善市场竞争机制。

认真贯彻《行政许可法》。严格按照法定权限和程序实施行政审批。落实国务院行政审批制度改革的规定，巩固改革成果，继续深入改革。探索建立科学合理的审批管理机制、规范高效的审批运行机制、严密完善的审批监督制约机制。全年共为全市400余家各类新闻出版业经营单位高质量经办各项行政审批手续并发放了各类经营许可证。

充实完善行政执法责任制的内容。改进其运行机制，拓展其职能作用，把行政执法责任与评议考核、执法公开紧密结合起来，研究确定科学合理的量化指标体系，建立行之有效的绩效评估和奖惩机制，加强对行政执法责任的约束和监督。

注重对行业协会进行引导和规范，充分发挥其在市场经济中的作用。至2005年底，运城市印刷行业协会在组织、协调、指导、服务全市印刷行业的发展中，正起着不可替代的作用。（陈　明　任红玉）

【出版物市场日常监管】 2005年，市文化局起草并提请以“两办”名义下发《2005年全市“扫黄”“打非”行动方案》，指导、组织、协调各县市及有关部门对出版物市场进行高密度的反复清查，坚决查缴各类非法出版物。协调建立“扫黄”“打非”工作责任制和责任追究制，将“扫黄”“打非”工作纳入到整顿和规范市场经济秩序、社会治安综合治理、精神文明创建活动、纠正行业不正之风的总体工作之中。2005年全市共查处各类“扫黄”“打非”案件80余起，全市共出动各类检查人员1200余人次，收缴各类非法出版物10万余册(盘、套)。

继续稳步推进“扫黄”“打非”和出版物高度综合执法工作，着力解决出版物市场管理工作中存在的多头执法、重复执法、有权无责、权钱挂钩的问题。（陈　明　任红玉）

【坚决打击侵权盗版行为】 2005年，运城市版权局挂牌工作全部完成，为本市以后的版权保护工作奠定了良好的基础。

认真贯彻落实国务院关于《保护知识产权专项行动方案》，强化监管、严格执法，以查处版权大案要案为突破口，以整治盗版光盘、盗版教材教辅、盗版软件和网络侵权案件为重点，对各地的图书、音像制品、电子出版物、软件市场进行全面的整治，集中查处一批反映强烈、情节严重、影响恶劣的重大侵权案件。（陈　明　任红玉）

（责任编辑：石少青）

卫生　医药　体育

卫　生

公共卫生

【疾控国债项目建设】　在省、市有关部门指导下，市县两级卫生、计划、财务等部门密切配合，通力合作，精心组织，及时督导。在上年顺利完成基本建设任务的基础上，3月15日—21日，组织疾控、监督、建设等有关部门专家对项目单位工程设计、招标、监理、资金使用、用房分配、实验室设置等进行了评估验收，对发现的问题及时反馈并规范，编制了运城市疾病控制国债项目建设画册。截至年底，全市13个国债疾控体系建设项目全部交付使用。（李　哲）

【医疗救治体系建设】　全市医疗救治体系建设国债项目共14个单位：市传染病1个，市急救中心1个，县级医院传染病区12个。其中：新建1个，改扩建13个。批准建筑面积17200m²，总投资2344万元。6月1日—9日，市卫生局配合省重大项目稽查办对全市医疗体系建设进行了稽查。所有项目单位都按照国家要求进行了公开招标，实行了项目法人制，功能建设基本能够满足应对突发公共卫生事件能力。年底，已投入使用的有稷山、临猗、闻喜、平陆、夏县、万荣、市急救中心7个项目；垣曲、新绛、河津、永济、芮城均已完工，即将交付使用。（李　哲）

【乡镇卫生院建设】　本市河津、闻喜、夏县、盐湖、永济5个县（市、区）24个乡镇卫生院列入国债投资计划，其中新建3所，改扩建21所，建设面积12650m²，总投资676万元。11月4日，市政府在闻喜县召开了乡镇卫生院国债项目建设现场会，推广了闻喜工作经验。截至年底，国债资金全部下拨至各县（市、区），已有19家完工，其余正在紧张施工中。（李　哲）

疾病预防与控制

【艾滋病防治】　在重点人群中开展了艾滋病检测，最大限度发现艾滋病感染者和艾滋病人。2005年，全市分别在劳教羁押人员、HIV阳性人员配偶子女、涉性服务人员和外来定居人员中开展了艾滋病抗体筛查。其中两劳人员、艾滋病阳性人员配偶子女筛查工作已经完成。两劳人员共筛查1042人，查出确认阳性2人，阳性率0.19%；艾滋病阳性人员配偶子女共筛查683人，发现阳性15人，阳性率为2.2%；外来定居人员共筛查2606人，确认阳性21人，阳性率为0.81%。1－11月全市共报告HIV确认阳性人员171例。

加强艾滋病治疗管理，不断提高管理水平。2005以来，本市艾滋病治疗专家组成员多次深入到重点县进行督导，及时解决治疗工作中遇到的问题。召开专门会议，改进完善治疗管理方案，使艾滋病治疗工作更具科学性和操作性。4月22日－24日，“山西省艾滋病免费抗病毒治疗管理培训班”在本市召开，会议推广了本市治疗工作的经验。截至年底，全市接受免费抗病毒治疗病人累计218人，80人在市二院接受了抗机会性感染治疗，除28人因病情已处晚期不幸死亡外，其余均取得良好疗效。

大力开展艾滋病防治知识宣传，提高群众艾滋病防治知识知晓率。2005年，全市共发放张贴艾滋病宣传画册3万套、6万余张。其中在城市、农村分别张贴海报2万张，大学校园张贴海报3000张，中小学校园张贴5000张，在娱乐场所张贴安全套推广宣传画2000张，在医疗卫生单位张贴自愿咨询检测宣传画5000张。通过海报、画册的发放、张贴，把艾滋病防治知识宣传到了千家万户，收到了良好的社会效果。

“100%安全套推广使用项目”进展顺利。元月31日“全市100%安全套推广使用项目”启动会后，各县（市、区）及时召开培训会，对人员进行培训，揭开了全市安全套推广的序幕。截至年底，10个项目县全部完成娱乐场所情况调查及安全套销售情况、性病感染状况及KADP问卷调查，并依托性病门诊开展外展服务。（李　哲）

【结核病防治】　加大防治知识宣传力度。市、县两级卫生局、疾控中心利用“3·24结核病宣传日”开展街头咨询，展出版面，散发传单，普及了结核病防治知识；3月18日市疾控中心组织13个县（市、区）疾控中心人员在运城电视台“蒲乡红”栏目共同录制了“关注一线结核人员”专场晚会，取得了良好的宣传效果；招募20名大学生志愿者深入农村社区义务宣传，受教育群众达到80万人，结防知识知晓率达到78.5%。

加强督导，提高结核病诊治水平。市县两级疾控人员采取定期、不定期督导方式对每个正在治疗的结核病人进行了督导，及时解决了存在的问题，使病人规范服药率达到90%以上，个体规范服药率达95%以上。现场对专业人员进行培训，使其检验、诊治能力显著提高。

规范结核门诊，不断提高管理水平。通过改进，年底全市13个县（市、区）疾控中心全部建立了符合要求的结核病门诊，诊断室、候诊室、痰检室、药房、网络直报室、X光室6位一体，大大改善了群众的就医环境。截至年底，全市共发现肺结核涂阳病人1911例，完成任务的111.5%，位居全省第一。其中芮城县已于6月底完成全年任务，发现新涂阳病人居全省县级第一，万荣、河津分居全省第二、第三。（李　哲）

【计划免疫、地方病防治及从业体检】 按时完成了消灭脊灰查漏补种工作；按要求完成了2次常规免疫接种报告工作，及时报告率100%，卡介苗、脊灰、白百破、麻疹和乙肝疫苗的接种率分别为97.68%、98.04%、97.66%、97.76%和97.14%；乙肝首针及时接种率为95.50%；在全市开展了风疹疫苗接种工作，共接种26.49万人次。争取到全国2005年公共卫生水氟和水砷中毒监测专项补助项目，年底已采集水样3349份，检出工作正在进行；配合省地病所完成了五县（市、区）碘缺乏病调查。对市区食品、公共场所从业人员1505人及全市684名接触有毒、有害人员进行了体检。

（李　哲）

农村卫生工作

【农村居民建立健康档案工作】 在2004年完成100万农民健康体检建档的基础上，2005年垣曲、临猗、万荣、盐湖、新绛等县（区）两年任务一年完成，其余各县（市）按计划有条不紊展开工作。为了促进该工作顺利进行，市卫生局又筹资30余万元印制农民健康体检表100万份，农民健康档案袋20万份，并为146个乡镇卫生院购置电脑进行补助。截至年底，全市共有56个市县级医疗卫生机构、146个乡镇级卫生机构参与农民健康体检建档工作，为130余万农村居民建立了健康体检档案，其中40万户健康档案实行了电脑化管理。市、县、乡三级医疗卫生机构为农村居民健康体检减免费用1100余万元。各类疾患的筛出率为12%，治疗率达98%，健康体检建档工作受到农民群众的普遍欢迎。

（李　哲）

【农村改厕工作】 全市13个县（市、区）自上年垣曲县改厕现场会后，本年都确定了改厕试点乡镇和改厕试点村，万荣、河津等县市为试点农户补助资金的做法，正在全市范围迅速推广，尤其是河津、夏县有了突破性进展。截至年底，全市共确定改厕试点乡镇19个，试点村53个，3万余户改厕工作已基本完成。县、乡、村农民共投资约200万元，受益群众达24万人。

（李　哲）

【为乡、村培养大中专以上学历的专业技术人员】 上年为乡村培养大专学历人员68名，中专人员880名。本年该项工作已进入单位选择毕业后能长期在农村服务的人员摸底阶段，对志愿前往农村从事卫生工作的医学考生将签订合同书。预计将有1000余名大中专学生进入乡村就业。（李　哲）

【建立填埋式垃圾处理场】 各县（市、区）充分宣传建立填埋式垃圾场的好处，提高了农民对此项工作的认识，争得了群众对此项工作的理解和支持。截至年底已有1/3县（市、区）在试点村选好场地并开始施工，另有1/3县（市）已选定垃圾处理场所，其余县（市）确定了建立填埋式垃圾场的试点村。

（李　哲）

【全市农村卫生现状调研】 为了给政府正确决策提供科学依据，4月11日—16日，市卫生局组织60余名干部职工分13组对全市农村卫生资源现状进行了为期一周的实地摸底大调查。调查范围包括各县（市、区）所有的医疗、疾控、保健、监督机构，乡镇卫生院、撤乡并镇后的社区卫生服务站、预防保健所、门诊部，村卫生所（室）及民营医疗机构。调查涉及2002年—2003年三年时间内的机构数量、人员结构、基本建设、医械设备、经费状况、财务收支、业务开展等内容。调查工作通过实地察看、收集资料、填写表格、核对数据、入户座谈等形式进行。据不完全统计，此次调查共深入到39个乡镇、52个村庄，走访群众近千户，收回农村居民医疗卫生调查问卷11958份。通过此次调查，基本摸清了全市农村卫生现状，尤其是掌握了县、乡、村三级网络建设运行情况及农民群众就医方面存在的具体问题，为下一步全市农村卫生工作打下了坚实基础。（李　哲）

【新型农村合作医疗工作】 河津市作为全省新型农村合作医疗试点县，在省、市有关部门的关怀指导下，试点工作运行平稳。2005年，参合农民22.9566万人，占农业人口的83.7%。截至年底，为7.3397万参合农民补偿医疗费413.09万元，其中住院补偿2549人共计216.5万元，门诊补偿6.8734万人共计187.28万元，参合农民满意度达90%以上。（李　哲）

【以等级评审为契机，加强医院的规范化管理】 根据省卫生厅安排，本市自2004年10月30日全面启动了二级以上医院的等级评（复）审工作，各医院以质量、服务、安全为重点，认真开展创建活动。截至年底，全市共有12所二级以上综合医院通过省卫生厅复审，其中三甲1所，二甲10所，二乙1所。在2005年7月28日—31日召开的全省医院管理暨医院评审经验交流会上，运城市等级医院评审工作受到省卫生厅的充分肯定和高度评价。（李　哲）

【规范整顿医疗服务市场】 在省六部门下发《山西省打击非法行医专项整治行动实施方案》后，市卫生局立即着手安排，特别是全省打击非法行医专项整治行动视频会议后，局领导非常重视，积极与各部门联系，协调工作，及时将运城市《打击非法行医专项整治行动实施方案》，按照省六部门的《实施方案》要求，下发给各县（市、区），同时成立了领导组，设立办公室，建立联席会议制度，制作运城市卫生局打击非法行医专项行动举报受理登记（转办）卡，及时将群众反映的问题转给相关部门或各县（市、区）卫生局，特别是在省厅8月6日的培训会后，本市于8月12日召集各县（市、区）分管局长、医政股长或监督办主任安排部署打击非法行医的突击行动，通过一系列措施，保证了专项整治工作的顺利进行。截至年底，市卫生局共批转、协助和受理28起医疗机构的监督检查；对48家网上发布非法广告的医疗机构进行了监督检查，共罚款57700元；8月15日—25日集中打击非法行医专项突击行动中，全市共出动执法人员1218人次，车辆226台次，查处医疗机构776家，取缔303家，罚款206600元，没收医疗药品、器械折价207840元；并于9月6日－13日对各县（市、区）的打击非法行医专项行动及查处的卷宗进行了督导检查；同时对全市13个县（市、区）及市直单位的149家口腔诊疗机构进行了一次专项检查，共限期整改41家，取缔13家，停业整顿17家。8月19日，省卫生厅打击非法行医专项行动督导组对本市市直、盐湖区、垣曲县的专项行动以及部、省督办的专项案件进行了监督检查，本市及县区的专项整治工作受到了省卫生厅督导组的好评。（李　哲）

【加大卫生支农工作力度】 2005年，市卫生局制定下发了《运城市城市卫生支援农村卫生工作实施方案》，要求县（市）级以上医疗卫生机构与农村基层医疗卫生机构建立长期的对口支援关系，从管理、人才培养、技术水平等方面给予扶持，此项工作已与卫生技术人员职称晋升挂钩。为贯彻全国万名医师支援农村卫生工作，市中心医院与平陆县医院已签订了为期三年的帮扶协议，并派5名副高以上职称卫技人员长期指导工作。6月中旬，市卫生局组织专人对全市卫生支农工作进行检查。11月18日－20日，省厅督导组对本市卫生支农工作进行了督导，充分肯定了全市工作成绩，并亲切看望了部分卫生支农医务人员。（李　哲）

【增强医疗服务透明度】 为还老百姓知情权，促进医疗机构之间良性竞争，从2004年上半年开始就对全市二级以上医院的医疗服务信息每季度公示一次。2005年，为了加强对医疗机构的监督，市局领导及相关科室负责人坚持每月一次参加运城电视台监督热线栏目，现场解答群众就医遇到的各种问题，对群众反映的问题积极调查取证，并于一周内给予书面回复处理结果，努力做到群众满意。（李　哲）

【认真开展医院管理年活动】 5月13日召开了全市医院管理年活动动员会，下发了《关于开展“以病人为中心，以提高医疗服务质量为主题”的医院管理年活动的通知》，转发了卫生部《医院管理评价指南（试行）》和省厅的有关文件，并根据实施方案，于6月13日—17日对医院管理年活动开展情况进行了督促检查。8月9日—10日，11月19日—20日，市卫生局两次配合省厅督导组对市医院管理年活动开展情况进行了检查。督导组对本市将医院管理年活动与保持共产党员先进性教育相结合，与等级医院评审相结合，与解决群众看病难、看病贵问题大讨论相结合，扎实提高医疗服务质量，努力构建和谐医患关系的做法给予了充分肯定。（李　哲）

卫生监督执法

【概况】 2005年，全市卫生系统积极稳妥地推进卫生监督体制改革，理顺了市级和6个县（市）的卫生监督机构，卫生行政许可及执法监督逐渐步入规范化轨道。

4月上旬两会期间，向接待单位派出监督员，对食品卫生、公共卫生等进行了全面检查，保障了“两会”顺利召开。4月下旬，对全市单位职工食堂进行了专项整治，共检查从业单位280户次，提出可行性整改意见书167份，责令改正28户次，停业整顿4家。5月19日—23日，围绕“防治职业病，保护劳动者健康”主题，在全市范围内开展了声势浩大的《职业病防治法》现场宣传咨询活动。同月，还对全市的大、中专学校、中小学校和民办学校的食堂卫生进行了一次集中检查，共检查了食堂和副食店632户次，处罚101户次，责令停止经营7户，罚款7700元。6月30日，市卫生局和市教育局在山西水院联合召开了学校食堂推行量化分级管理现场会，要求全市大、中专院校和中小学校全部达到C级以上，达不到要求一律不得发放卫生许可证，无证经营的要依法查处。为进一步落实全市2005年食品卫生专项整治工作，7月14日—24日，市卫生局抽调各县（市、区）卫生监督所及市监督所共20名业务骨干分五组，对全市进行了夏季食品卫生大检查，共检查餐饮业175家，宾馆93家，超市17家，食品批发、零售店85家，集中式供水9家，取缔无证经营7家，警告120家，责令改正120家，罚款88家12万元。从8月12日开始，用两周时间，出动监督员60余人对全市游泳场馆进行了专项检查。8月29日—9月10日，共出动监督人员11名，对市区内桶装饮用水进行了抽检，共抽检水样24份，合格10份，不合格14份，对不合格单位依法进行行政处罚，并在新闻媒体公示。9月22日，在全市范围内开展了“梦的妮养颜祛斑霜”的专项检查，检查化妆品批发店7家，美容美发店16家。9月23日—25日，省卫生厅食品专项整治督导组对盐湖区、永济市范围内的学校食堂，旅游景区、景点周边食品公共场所进行了专项检查，对本市的卫生监督工作给予了充分肯定。“五一”、“十一”长假期间，以卫生监督工作为重点，共检查车站、宾馆、二次供水设施、各类食品生产经营单位以及旅游景区、景点周边餐饮单位151户，其中旅游景区10个，车站14个，超市16个，宾馆37个，二次供水设施21个，餐饮单位43个，有效预防了食物中毒、涉水传染病的暴发与流行，确保了节日期间人民群众身体健康。（李　哲）

医政药政管理

【概述】 根据年初工作安排，2005年全市纠风工作重点仍然是控制医药价格和医疗服务收费，坚决纠正医药购销和医疗服务中的不正之风。围绕这一重点，一是加强医德医风教育。2月24日，下发了《开展“争创医德医风诚信单位、诚信个人”活动实施方案》，成立了领导机构，要求各县（市、区）卫生局、市直医疗单位、五大厂矿医院积极组织，认真落实，综合考评。二是对医疗收费情况进行检查。7—8月，市卫生局纪检部门牵头，医政、财务部门配合，分四组对各县（市、区）医院、市直医疗单位收费情况进行了检查。针对个别医疗单位仍存在着高收费、分解收费、“一日清单”执行不到位等问题，市卫生局要求各单位及时拿出整改意见，限期整改。2005年，全市共有60余家医疗机构参与药品集中招标，药品价格平均下降27%，为群众减轻负担2000多万元。截至年底，共收到市电视台《监督热线》反映问题9起，妥善解决9起；接到《运城日报》转来信访案件2起，已了解核实；省卫生厅转来信访案件1起，已查处，并将结果报省卫生厅；市纪委转来信访案件1起，查处结果已报市纪委。

（李　哲）

妇幼保健

【概述】　市卫生局认真贯彻“一法两纲”，继续加强孕产妇系统管理，努力提高保健服务质量，有效开展“母婴安全大行动”、“削峰工程”、“三网监测”等工作。市、县两级成立了“孕产妇系统管理”领导小组和技术指导组，制定了管理方案，实行市、县、乡、村四级督导工作机制。截至年底，全市孕产妇住院分娩率达92%，高危孕产妇住院分娩率高达99.96%，超前完成“十五”规划任务。同时，通过大力宣传、强化培训、提高素质等手段，全力推进“削峰工程”工作。全市建立健全了出生缺陷监测网络及出生缺陷筛查系统，规范了妇幼保健表、簿、卡、册的登记和报告制度。全年组织有关人员下基层指导工作94人次，配合省妇幼保健专家六次督导检查，确保了全市“三网”监测的及时性、准确性和完整性。（李　哲）

红十字工作

【概况】　市红十字会积极倡导“人道、博爱、奉献”精神，年初，为印度洋海啸灾区募捐善款21万余元，荣获省红十字会“印度洋海啸救援优秀组织奖”。

5月8日，在全市开展了以“自救互助——红十字会在行动”为主题的世界红十字日宣传周活动，共展出板面50余幅，发放宣传材料10000余份。

7月份，在永济召开了全市红十字会青少年工作现场会。

8月份，在芮城启动了“山西省全球基金艾滋病防治项目HIV/AIDS家属护理、社区关怀与支持”项目，并帮扶芮城成立了红十字会农村基层工作站。

11月30日，在河东广场代表中国红十字总会对稷山、芮城、新绛、盐湖等县（区）发放救灾面粉75.8吨，受益群众3000余户。

（李　哲）

医　药

中医药事业

【概况】　3月11日，市卫生局局长周迎代表市卫生局与贾谦代表的国家级软科学项目“中医药发展战略研究课题组”共同签订了中医药治疗艾滋病合作协议。3月25日，在运城大酒店召开了全市中医工作会议，要求全市实施“三名”战略，大力加强农村中医药工作。

4月16日，本市部分公立、民营医疗机构相关人员在北京国家科技会堂参加了《全国新时期中医药发展战略与对策论坛》会议，副局长田康立作了题为《运城市中医药事业发展历程分析与启示》发言，在大会内外产生积极影响。根据省厅中医药管理局安排，市卫生局确定并推荐18名乡镇卫生院中医临床骨干参加了“全省乡镇卫生院中医临床技术骨干培训班”。

4月27日，特邀全国著名中医专家黄传贵来本市举办了专题学术报告会，市县两级相关人员500余人参加了会议。

5月份，经层层遴选，确定6名农村基层优秀中医参加国家中医药管理局举办的全国300名农村基层优秀中医评选活动。同月，市首届优秀中青年中医临床人才研修班经半年培训圆满结束，学员满意，效果明显。

6月份，在充分调研的基础上，确定永济、稷山作为全市农村中医药工作试点县（市），并启动相关工作。

7月份，组织专家对芮城、永济等8个县（市、区）医疗机构的中药饮片进行了质量抽样检查。

9月份，国家科技部组织有关人员对本市建国五十年来的中医药发展情况进行了专题调研，充分肯定了本市中医药工作成绩。

11月15日，中国·运城第二届中医治疗疑难杂症治疗月活动在市中医院拉开帷幕，来自北京、广州、太原等地的领导和专家莅临运城进行学术交流，在省内外引起较大反响。（李　哲）

体　育

【运城市荣膺“大运体育走廊建设先进市”称号】　10月10日，山西省大运体育走廊建设表彰会在山西省平遥县举行。运城市被评为“山西百镇（乡）、千村（校）大运体育走廊建设先进市”，新绛县和闻喜县被评为先进县。本市经过一年多的动员、宣传、帮助施工、培训，亲自送器材，帮助安装，先后在大运高速沿线4个县（区）15个镇（乡）建成107块标准篮球场地和4条全民健身路径工程。春节期间大运体育走廊各县（区）都举办了农民体育篮球大拜年活动。

（刘　晓）

【体育竞赛工作】　本年度全市共先后派出16支代表队，412名运动员，参加了全省12个项目的体育比赛，共获得金牌15枚，银牌26枚，铜牌31枚，总分1071分，保持全省前六名。另外，在全国第十届运动会上，本市有4名运动员分别参加了自行车、国际式摔跤、武术散打项目的比赛。其中自行车运动员惠国在男子4公里团体赛上夺得银牌，为河东人民争了光。

（刘　晓）

【举办全省农民老年体育工作经验交流会暨柔力球比赛】　5月16—19日由市老年体协承办的山西省农民老年体育工作经验交流会暨柔力球比赛在运城举行。17日大会交流了经验，同时有35支队伍600余人进行了柔力球的比赛。运城参赛队25支，240人取得了好成绩。18日在南风广场进行了大型文体表演。

之后，与会的百余名代表赴本市三县六村进行了参观。省老年体协领导郭裕怀、梁国英、闫元锁、庞耀光、张正书、陈宜出席大会。市委、市人大、市政府、市政协领导同志陪同老领导参观了大型文体表演和基层老年文体活动。

（刘　晓）

【运城市体育系统人才状况】　7月30日至8月31日,市体育局对本市体育系统干部职工、专业技术人员、工勤人员、教练员、社会体育指导队伍人才状况进行了广泛而深入的调查,经调查统计,本市体育系统在编人员共314名,其中男191名,女123名,党员97名,大专以上学历222名,其中体育专业124名,年龄分布35岁以下148名,36—45岁114名,46—55岁51名,56岁以上1名。机关公务员及事业管理人员274名,其中处级干部9名,科级干部60名,科员105名,教练员87名(兼职67名),大专以上学历46名,文化课教师30名(兼职10名),各裁判员41名,社会指导员4名,专业技术人员59名。

（刘　晓）

【体育彩票销售工作】　体育彩票销售中心工作人员积极为投注站和彩民服务，邀请省体彩管理中心的王旭山亲自来运城培训，主抓排列3的销量，销量由上年的60448314元增加到89900000元。（刘　晓）

（责任编辑：石少青）

社 会 生 活

劳动和社会保障

【企业养老保险工作全面推进】 2005年，企业养老保险基金总收入2.9亿元，清欠养老金137万元，全市参保人数15.8万余人，实际缴费人数142404人，占参保人数90%；个人帐户微机建帐率达100%；企业退休人员社会化管理服务率达96%以上，实际缴费人数、缴费基数稽核率达80%；企业离退休人员生存状况资格认证率达95%；企业离退休人员养老金发放率达100%，做到了一厂不漏，一日不拖，一人不缺，一分不少。

全市农村养老保险基金收入604.2万元，超额完成任务140%，养老金发放趋于规范，全市7034名到龄参保人员开始正常享受保险金。发放养老金52.37万元，市对县统收统支试点工作已拿出方案，现正在上报审批中。（郭晓春）

【失业保险工作稳中有增】 全市失业保险参保单位1877个，参保人数25.2万人；失业保险基金总收入3324万元，占年度任务的101.6%；共有27795人（次）享受失业保险待遇，失业人员为5469人；发放失业保险金等其他待遇支出648.7万元，占同期收入的78%。

（郭晓春）

【医疗保险工作规范管理】 医疗保险参保职工26.2万人，完成全年任务的101%，工伤保险参保职工7.3万人，完成全年任务的103%，医疗保险基金总收入11207万元，工伤保险基金总收入757万元，均超额完成任务。实现了收支平衡，略有节余。稳步启动灵活人员参保工作，现已参保1804人。

（郭晓春）

【再就业工作成效显著】 全市下岗失业人员再就业人数达2.09万人，占年度任务的185%，其中"4050"人员实现再就业人数达10263人，占年度任务的190%；全市城镇新增就业岗位6.98万个，占年度任务3.35万个的208%；城镇登记失业率控制在1.8%以内，享受免交行政事业性收费2354人，免交行政事业性收费15万元；享受税收减免的4533人，减免税款91万元；享受社保补贴2741人，社保补贴费47万元；享受社区公益性开发岗位补贴1437人，岗位补贴费31万元；享受职业介绍补贴2368人，职业介绍补贴费36万元；享受再就业培训补贴4457人，培训补贴费112万元，国有大中型企业主辅分离辅业改制享受政策的4442人。国有企业下岗职工基本生活保障率达100%，做到应发尽发，没有新的拖欠。下岗职工基本生活保障与失业保险并轨工作，已完成并轨人数5471人，占完成任务的61%，享受小额担保贷款的下岗失业人员570人。（郭晓春）

【劳动力市场建设逐步健全】 劳动力市场建设逐步加强，全市大部分县市配套建设了人力资源市场，全年共发布用工信息15600余条，转移农村劳动力18.5万人，完成全年任务15.6万人的119%。因地制宜实施培训工程，举办了电脑操作、汽车修理、食用菌栽培、烹饪等实用技能培训，共计培训12000余人/次，为劳务输出储备了可靠资源。每周六举办一次免费招聘会，为140多家用工单位和数以千计的求职者搭建了一个共享的交流平台。（郭晓春）

【劳动保障监察措施加强】 严格执法办案，在全市范围内开展了两次煤炭企业用工专项检查，检查职介机构52家，取缔非法机构23家，处罚1家，拆除销毁各种牌匾、条幅2082余块（幅）；受理举报案件409起，立案查处374起，结案370起，其余4起正在处理中；年检用工单位2487户，涉及职工12.76万人，补签合同12210份，下达整改指令书315份，追回拖欠农民工工资356万余元，有效地规范了用工行为，确保了最低工资制度的贯彻落实。出台了《运城市建设领域劳动合同与工资支付暂行办法》，防止新的拖欠和克扣职工工资问题的发生，维护了劳动关系双方的合法权益。（郭晓春）

【信访仲裁工作名列全省前茅】 信访仲裁受理劳动仲裁案件中央和省联办案件8起，直接受理12起，均全部结案。接待群众来信来访760封/次，全部给予答复或转办，信访结案率达成100%，没有发生一起越级群体上访案件。鉴证劳动合同20000余份，其中私营企业签订劳动合同7800份，职业资格完成鉴定人数2617人，考核工种12个。

（郭晓春）

失业保险管理

【失业保险费扩面征缴工作】 2005年省下达本市参保人数为25万人，比2004年增加0.8万人；基金征缴清欠任务3290万元，比2004年增加635万元，增幅达24%，这两项任务指标的增幅较大，任务比较艰巨。为了确保两项指标圆满完成，全市失业保险系统的干部职工迎难而上，负重赶超，到年底全市参保人数达到25.0329万人，占到任务的100.2%；共征缴失业保险费3408.6万元，占到任务的103.6%，超额完成了当年的参保和基金征缴任务。河津、永济、垣曲、闻喜、临猗、盐湖、芮城、稷山、万荣等9个县（市、区）均超额完成了任务。使全市的参保和征缴工作在连续八年持续增长的基础上，再创新

高。（阴宇晴）

【个人缴费记录工作】 这项工作从2003年启动实施，通过三年的努力，各县（市、区）都不同程度建立了职工个人参保登记表，编制了职工个人失业保险编号，认定了以前的缴费年限，核发了失业保险手册。芮城县在这项工作中做得最好，闻喜、绛县、万荣、临猗等县工作也做得比较扎实。截至年底，全市逐步建立起个人缴费记录，职工参保登记认定人数达193547人，占到应参保人数（25万人）的77.4%，比2004年增长了52%。核发失业保险手册154000册，为建立规范的职工失业保险关系，维护广大参保职工的合法权益，促进失业保险基础管理工作朝着规范化方向发展起到了积极的推动作用。（阴宇晴）

【下岗人员并轨工作】 做好下岗失业人员的并轨工作是摆在市县两级失业保险机构面前的新课题，全市各经办机构从年初开始就高度重视。首先变被动接纳为主动参与，及时了解掌握下岗职工出中心人员的数量和状况。其次是及时掌握实施并轨企业的参保和缴费情况。三是积极主动地开展服务和咨询工作，广泛宣传再就业政策、失业保险法规，使并轨人员普遍了解自身的权益，帮助他们办理失业保险等有关手续，从而实现了5479名下岗职工出中心，其中1643名下岗职工顺利进入失业保险，确保了本市提出的当年要达到50%争取70%的下岗人员出中心的目标，使下岗职工出中心与失业保险并轨工作顺利开展。（阴宇晴）

【失业保险稽核】 稽核工作是项新工作。失业保险管理部门要实现这项工作的突破，确实存在一定难度。人员基本没有进行过相关的业务培训；人员没有配备必要的执法证件；没有现成的模式、办法和经验。但是大多数县（市、区）都能积极摸索，大胆地开展了对参保缴费大户、重点户、特别是那些难户、钉子户的稽核工作。河津市、万荣县根据工作的需要专门设立了稽核科股，配备了得力人员。河津市还完善了与稽核工作相关的法律文书，万荣县稽核股积极争取劳动监察部门配合和支持，依法开展稽核工作。新绛县用了一个月的时间对重点、难点企业进行稽核，通过稽核，建设银行未参保的临时工得到参保，工商银行以前不能正常缴费，现在正常缴了费，信用联社核准了缴费基数，增加了缴费额。平陆县针对企业收费难的问题，由失业保险中心发起、起草文件，劳动部门监察大队牵头，从6月份到9月份利用三个月时间重点对十几家企业进行了失业保险稽核，增收失业保险费达10余万元。（阴宇晴）

【失业人员培训】 各经办机构针对失业人员的特点和需求，确定培训定点单位，落实培训师资，制定教学计划，开办适合失业人员需求的培训专业，如：电脑、烹饪、市场营销、电工、美容美发等专业56期，对8711名失业人员进行了专业技术培训，培训率达到90%以上，同时所有经办机构都针对失业人员对劳动法律、法规政策了解不多和迫切的求职愿望，普遍开展了对失业人员的政策教育。全年共拨付职业培训和职业介绍两项补贴费用421.49万元，充分发挥了失业保险在促进失业人员再就业方面的重要作用。（阴宇晴）

【失业人员管理】 2005年，在失业人员管理上进一步强调了落实和规范，从基础入手，高点起步，真抓实干，稳步推进，围绕操作规程抓管理，坚持以人为本搞服务。经过一年的巩固和发展，失业人员的规范管理工作得到进一步加强，服务质量进一步提升。在失业人员的接收和失业保险金的发放上，严格操作规程，坚持“三审”制度，全年全市共为8711名失业人员及时、足额支付了失业保险金和各项失业保险待遇共计1790.53万元，占当年失业保险基金收入的52.53%。其中发放失业保险金1267.91万元，医疗补助金78.56万元，丧葬补助和抚恤金0.79万元，失业保险待遇支付率达100%，有力地保障了失业人员的基本生活，充分发挥了失业保险的保障功能。（阴宇晴）

【信息网络建设】 为彻底改变本市失业保险信息网络化建设滞后的局面，市中心在与河北省社科院数学研究所联合研发的失业保险管理应用软件基本成熟的情况下，年初决定加快全市失业保险信息网络建设步伐。首先是配备硬件设施，其次是进行软件的推广和使用，并以此推动失业保险参保登记、征缴管理、失业管理等业务工作的管理水平再上一个新台阶。通过一年的努力，各县（市、区）经办机构在财政经费不足的情况下，积极多方筹措资金，购置信息网络建设所需的硬件设备。年底全市各经办机构的硬件设备已基本到位，机构版管理应用软件安装调试已趋于正常，企业申报版管理应用软件使用和推广已逐步推开。截至年底全市已推广企业申报版管理应用软件286张盘，录入单位职工参保缴费信息72795条。其中闻喜县已逐步开始使用软件进行缴费申报。这些都为2006年在全市范围内进一步推广和使用管理软件奠定了良好的基础。（阴宇晴）

【基金管理和监督】 加强基金管理，是失业保险工作的重要内容。一年来，各级经办机构严格执行《社会保险基金财务制度》，按照国家审计署的安排，在对各经办机构的失业保险进行为期一个月的审计调查中，积极配合，自觉自查自纠。在接受审计的同时还在审计局的配合下对重点企业进行了参保缴费情况审计。经审计，各县（市、区）均未发现有挤占、挪用基金等违规行为，有效地保证了失业保险基金的保值、增值和安全，进一步强化了基金管理和监督，堵塞了漏洞。（阴宇晴）

【经办机构人员业务能力培训】 为了尽快提高全体人员的业务素质，市中心决定从2005年开始到今后几年里，将有针对性地组织各经办机构的工作人员进行政策和业务培训。2005年，市中心在抓好政策、业务学习的同时，针对多数人员不会使用或不能熟练操作微机的问题，于5月11日和9月21日两次组织全市各经办机构的计算机操作人员进行了两期失业保险管理应用软件知识和技能的培训，有效地提高了各经办机构计算机操作人员的应用能力。同时，还于9月20日对市直各参保缴费单位的劳资人员集中进行了业务知识和计算机管理应用软件的培训，有力地推动了失业保险计算机管理应用软件的推广和使用。（阴宇晴）

【三优文明窗口建设】 各经办机构紧紧围绕失业保险的中心工作，坚持“两手抓，两手都要硬”的方针，以保先教育和行风建设为契机，深入扎实地开展创建“三优文明窗口”活动。通过不断完善和创新，不断提高服务水平，使广大工作人员都能积极改进工作作风，优化服务环境，规范服务行为，立足本职，优质高效，热情服务，努力为群众办实事，办好事。在创建活动中芮城县被评为省级三优文明窗口先进单位，闻喜县被评为省级三优文明窗口达标单位，万荣县和盐湖区被评为市级三优文明窗口先进单位。为提高全市系统窗口建设水平，维护人民群众的切身利益，重塑失业保险部门的形象树立了榜样。（阴宇晴）

【工作中存在问题】 参保征缴难的问题仍然比较突出。由于经济体制改革，企业关闭、破产、改制，国有企业减少，民营企业增多。使得参保率和基金征缴有下滑趋势，造成参保征缴工作愈来愈难。参保企业底数不清，协议缴费仍然存在；事业单位普遍没有足额缴费，有个别县甚至还没有启动；非公有制企业扩面困难。这些问题若不采取切实有效的措施加以解决，今后的工作将难以开展。

个人缴费记录进展缓慢。失业保险个人缴费记录工作，是整个失业保险管理工作基础的基础，也是2005年工作的重点。但是从年终检查考核情况来看，多数单位重视不够，工作不力，没有达到规定的要求。个别县（市、区）的工作还停留在原来的水平上，单位之间的差距较大，影响了失业保险管理软件的推广、使用、和基础数据资料的录入工作。

信息网络建设工作发展不平衡。造成失业保险管理应用软件推广和使用进度迟缓、工作开展不平衡的主要原因有三方面，（1）设备投入还不到位，少数县（市、区）购置的硬件设备从数量上不适应管理应用软件的使用和推广；（2）部分县（市、区）经办机构的领导对推广和使用管理应用软件认识不足，重视不够，措施不力；（3）使用管理应用软件的业务人员的知识和技术素质亟待提高。（阴宇晴）

收入与消费

【城镇居民收入与消费】 2005年，全市全年城镇居民人均可支配收入7506.8元，比上年增长10.3%；城镇居民人均消费性支出5165.3元，比上年增长9.9%。城镇居民人均住房面积达到25.5平方米，居民家庭恩格尔系数为31.6%。全市在岗职工平均工资12308元，比上年增长8.5%。（市统计局）

【农村居民收入与消费】 全年农民人均纯收入2806.2元，比上年增长8.5%。农民人均生活消费支出1869.3元，增长16.9%。农村居民人均住房使用面积达到29.1平方米。（市统计局）

【城乡居民储蓄存款】 2005年末，全市城乡居民储蓄存款余额332.4亿元，比年初增长16.0%；人均储蓄存款为6689.5元，比上年增长15.3%。（市统计局）

计划生育

【概况】 2005年，运城市人口计生工作在市委、市政府的正确领导下，在省人口计生委的直接指导下，紧紧围绕年初确定的工作目标，真抓实干，开拓创新，各项工作继续保持了良好的发展势头，取得了明显成效。截至当年9月底，全市计划生育报表年末人口为4913841人，人口出生率为8.67‰，自然增长率为3.97‰，采取各种节育措施44153例，其中结扎4691例，上环36613例，综合节育率为86.31%，一孩妇女比30.1%，以上指标均完成了省下达的目标任务。2005年，山西省委、省人民政府授予本单位“全省人民满意公务员集体”荣誉称号；市计生委已通过省文明办“全省文明单位”检查验收。6月，山西省委常委、组织部长任泽民来市人口计生委就先进性教育进行调研，充分肯定了本市人口计生工作；9月，全国农村人口文化大院经验交流会在本市召开，市计生委的工作得到与会领导、专家和代表们的高度评价。（刘菊红）

【加大领导力度，贯彻中央、省会议精神】 人口计生工作能否搞好，领导重视是关键。2005年以来，市委常委会和市政府办公会议先后多次研究人口和计划生育工作。2004年12月9日，全省人口和计划生育工作会议一结束，市委就召开常委扩大会议，听取市人口计生委的工作汇报，12月16日率先在全省召开了由市四大班子一把手、各县（市、区）委书记、县（市、区）长、分管副县（市、区）长、计生局长、计生协常务副会长、市直各单位负责人和计生专干共计200余人参加的全市人口和计划生育工作会议。副市长吴菊仙对全市2005年的工作进行具体安排部署；市长胡苏平同各县（市、区）长签订了2005年人口和计划生育目标责任书；市委书记黄有泉特别强调了三点：（1）建班子，他要求各县（市、区）一定要把计生局的班子配齐、配好、配硬，把班子建设搞好；（2）给票子，要求各县（市、区）财政再紧张，也要想方设法尽量落实计划生育经费和奖励资金；（3）进门子，要加大对群众的服务力度，为群众提供及时有效服务，确保长效节育措施落实。市长胡苏平强调，2005年市政府要加大计划生育事业费和奖励资金的落实力度，财政部门要想方设法，千方百计确保2005年实际投入至少增加600万元。各县（市、区）也要克服困难，增加投入。当天，市人口计生委又召开了各县（市、区）分管计生工作副县（市、区）长、计生局长工作会议，就如何贯彻落实全市人口和计划生育工作会议进行了安排部署。会后，各县（市、区）也相继召开了人口和计划生育工作会议，分析了当地人口形势，明确了全年的工作思路和重点，安排部署了当前工作，签订了目标责任书，使全市人口计生工作有了良好的开局。闻喜县委、政府领导高度重视，抓大解难，县长办公会议作出三项重大决定：(1) 为计生局增加4名编制；(2) 通过公开招聘，为全县13个乡镇各配备一名全额事业编制的技术人员，充实乡镇技术实力；(3) 无论财政多困难，都要保证计划生育家庭奖励费和计划生育事业经费足额到位。稷山县委、政府在全县提出了“奋战三年，基本实现无多胎生育县”的目标，成立了14人组成的稽查队，专门负责全县农村的多胎稽查工作；县委、政府还专门拿出5万元，对2004年实现无多胎的西社镇予以奖励，在全县营造了良好的人口计生氛围。

4月29日全省人口和计生领导小组会议一结束，市政府就召开了全市人口和计划生育领导组（扩大）会议，各县（市、区）分管领导、计生局长及市直领导组成员单位参加了会议。会议传达了省人口计生领导小组会议精神；通报了本市人口和计划生育工作情况；市长胡苏平同各主要成员单位签订了2005年人口和计划生育综合治理目标管理责任书。8月29日，市政府召开市长办公会议，专题研究“全国农村人口文化大院经验交流会”会议筹备工作；9月4日，市政府又召开公安局、文物局、报社、电视台、政府办以及运城大酒店等相关部门会议，就相关责任进行了细化并具体分工到人。由于市、县两级党政领导的高度重视，市级2005年计划生育事业费总投入达到1158万元，其中，计划生育家庭的奖励扶助经费550万，同2004年相比增加了870万元。各县（市、区）财政投入，都保证了奖励扶助落实，事业经费投入也大大多于往年。

（刘菊红）

【计生工作基层基础创建工作】 基础不牢，地动山摇。针对本市计划生育基层基础相对薄弱的现状，市委、市政府决定从2005年开始，利用三至五年的时间，在全市开展创建无政策外生育村、无政策外多胎生育乡镇、计划生育优质服务县（市、区）（简称“两无一优”）活动，并以运办发[2004] 42号文件下发了《实施意见》，成立了创建领导组，组长由市委副书记安永全担任，副组长由市政府副市长吴菊仙担任，成员由市政府办公厅、财政局、人事局、卫生局、民政局、人口计生委的领导担任。各县（市、区）也都结合实际，科学规划，并以县（市、区）委、政府名义出台了实施方案，制定了包乡包村制度以及相关的奖惩措施，纳入经常性工作范畴。绛县在具体工作中，要求乡、村管理员汇报工作不准拿稿子，对本辖区的生育、节育情况和存在的问题做到“一口清”，发现问题，现场培训指导。万荣县利用三个月时间，在全县范围内开展人口与计划生育工作“进百村、访万户、送政策、送技术、送温暖”活动，极大地推动了“两无一优”创建活动的稳步实施。

为了使“两无一优”创建工作取得良好效果，3月9日——12日、3月30日——4月3日，市计生委两次抽调30余人次深入全市申报的“两无”乡村进行了督查，并将督查结果在《运城日报》、运城电视台予以通报。7月8日，市政府召开了“两无一优”创建绛县现场会，与会人员参观了绛县“两无一优”开展好的乡村，听取了稷山、临猗、平陆、绛县的经验介绍，市政府副市长吴菊仙出席会议并作重要讲话。各县（市、区）以绛县现场会为契机，认真借鉴先进经验，查找工作不足，切实制定措施，扎实开展工作。平陆县抽调纪检、组织、监察、财政、人事、计生等部门对2005年规划的34个无政策外生育村进行全面督查，并针对存在的问题，向全县提出建议和意见，有效地推动了创建工作。10月18日——23日，市人口计生领导组抽调90余人，对2005年的人口和计划生育目标责任制落实情况进行了检查验收，考核结果已全部揭晓。由于领导重视，措施得力，全市“两无一优”创建工作进展顺利，成效明显。据统计，全市年初申报无政策外多胎生育乡（镇）43个，实现38个，实现率88.3%；申报无政策外生育村409个，实现312个，实现率76.3%。

在信息化建设上，市计生委成立了以杨金贵主任为组长的信息化领导小组，出台了《运城市建设人口和计划生育区域网的实施方案》，确定了盐湖、芮城、夏县、绛县作为试点，2005年底前建起区域网并实现联通；其余9个县（市）2006年6月底前，全部建起并实现互联互通。年底此项工作资金已全部到位，等待省里统一建设。投资30余万，为机关购置了9台笔记本电脑，安装了多媒体，机关各科室全部配齐了电脑，全部实现了办公自动化，内部资源得到共享。

（刘菊红）

【抓队伍建设，人员素质有所提高】 事业成败，关键在人。市计生部门在抓基层工作上水平的同时，狠抓了基层工作人员的整体素质的提高，在全市开展了岗位技能竞赛活动。成立了竞赛活动领导组，由分管人事、宣传工作的两名副主任共同负责，办公室、宣教科等科室具体组织实施，下设管理（行政、村级）、技术、统计、协调四个工作组。各县（市、区）也成立领导组，制定了《活动方案》，召开了竞赛动员大会，制定了理论学习、技能比武培训计划。全市确定了一批年纪轻、有学历的人员，成立了200多个学习小组，采取以小带老，相互辅导的方法促进自学。垣曲、平陆、夏县、绛县以县局为阵地重点组织乡镇人员学习；以乡镇为阵地重点组织村计生主任学习；新绛、万荣、稷山抽调业务骨干，组织县乡学习辅导班，深入村庄对计生主任现场考核，局机关人员每人都写出不少于2万字的学习笔记；芮城、盐湖、临猗、闻喜采取局机关人员分片包乡镇，集中时间，组织乡、村两级计生人员学习竞赛考试。据不完全统计，全市集中组织学习260多场，参加人员超过2万人次。在组织竞赛阶段，采取“统一命题、统一印卷、统一监考、统一评卷”的考试办法，抽调各类专业人员出题建立试题库，题型采用标准化试题（填空、选择、判断、简述、论述），结合当前工作的发挥题目的比例就占到30－40%，如：结合实际，写一篇计划生育宣传活动的消息；联系实际，谈谈你如何当好一名村计生主任等等。市、县两级理论和技能考试分别在各县（市、区）同时进行，全市共设大小考场36个，参加考试人员2134名。市计生委抽调业务骨干组成巡视监考组，随机抽取了统计信息、技术服务、村计生主任三类人员234名分别进行电脑操作、技术问答和“一口清”技能测试和面试。最后，各类成绩的考试结果在全市进行通报，进行表彰奖励。与此同时，又开展了函授学历教育。年初，以运人口发［2005］1号文件下发了《关于在全市人口计生系统开展函授学历教育的实施意见》，责成培训中心专门负责，抓好落实。据统计，参加山东省人口学校运城函授站大专班的有30人，南京人口学院大本函授班的13人。还专门下发了《关于进一步加强党风廉政建设和行业作风建设的五条规定》，这些举措大大提高了计生干部的管理、服务能力，提升了全市人口计生工作的水平。

在先进性教育活动中，想方设法，采取多种方式确保人口计生系统的先进性。（1）广开言路，多方征求意见。他们向计生系统、市直单位以及社会各界发放意见卡650余份，召开了服务对象、基层干部、机关群众和老干部等五个座谈会，设立了意见箱，通过多种形式，广泛征求了意见。（2）广泛谈心，增进思想交流。通过领导与领导、领导与科长、领导与群众、科长与群众上下左右的谈心活动，交流了思想，联络了感情，增进了友谊，化解了矛盾，为整改提高阶段奠定了基础。（3）广找问题，认真分析评议。紧紧围绕党员先进性要求，从思想深处找原因，从党性修养上挖根源，认真总结教训，明确整改方向。（4）广交思想，开好民主生活会。通过党员组织生活会、领导班子生活会等形式，认真按照先进性教育的标准和要求，只谈不足，不说成绩，深刻查找问题，民主生活会达到了相互理解，相互支持，相互帮助的目的。省委常委、组织部长任泽民在运城调研时，对本委在先进性教育工作中采取的各种具体措施表示满意，特别是对党员整改措施和“一事一卡”给予了很好的评价。他高兴地说：“这个单位的环境不错、工作不错、干部队伍不错，能看出来单位的班子是好的”。（刘菊红）

【抓奖励扶助，群众生育意愿有所变化】 全省计划生育家庭奖励扶助工作会议后，市计生委就紧锣密鼓地向市委、市政府做了专题汇报，召开了党组会议，会同市纪委、监委出台了《关于对在落实计划生育家庭奖励扶助政策工作中违纪问题进行严肃查处的通知》，联合教育局下发了《关于进一步明确全市农村计划生育家庭子女教育优惠政策的通知》；同时，结合本地实际，制定了《全市计划生育家庭奖励工作实施细则》，责成计财、法规科具体负责此项工作。3月1日、4月18日、5月11日、6月16日、9月9日，市计生委先后5次召开农村计划生育家庭奖励扶助政策工作会，就奖励扶助各个阶段的工作进行安排部署、规范培训。各县（市、区）也都结合实际，出台方案，抽调专人，调查摸底，全市奖励摸底工作有序进展，扎实进行。

为了使该受奖励的一个不漏，不该奖的一个不报，市计生委在具体工作中坚持了“五抓”：（1）抓宣传。杨金贵主任就本市奖励扶助问题在运城电视台进行了答记者问，并在《运城日报》、《运城晚报》进行了刊发；在《运城日报》农村版开辟奖励宣传专栏；利用市电视台《监督热线》进行现场解答。同时在本委主办的《人口与计生》上举办了“计生奖扶到我家”有奖征文活动，收到受奖本人和基层工作者撰写的稿件500余篇，至年底这个活动还在进行中，各县（市、区）也印制了26万份奖励宣传单，发放到村、到户，并利用电视、电台、广播、报纸等媒体和公益喷绘广告对政策进行宣传。（2）抓责任。杨金贵主任同各县（市、区）人口计生局长签定责任书，要求县计生局长亲自抓、分管副职具体抓、相关科室负责抓、专职人员专门抓，必须做到责任明确、工作规范，并对工作不力、不细、不实、监督不严的四种情况进行责任追究。各县（市、区）计生局长也同具体责任人签订了工作过失责任书。临猗县猗氏镇计生办主任荆智学对计生奖励扶助工作不认真负责、严重失职被免职，并通报全市。（3）抓领导。在调查摸底进入攻坚阶段，市长胡苏平专门就如何做好计划生育家庭奖励扶助工作给各县（市、区）长写了一封信，进一步严格要求，明确目标。（4）抓督查。市计生委三次抽调业务人员73人次，深入全市48个乡镇92个村341户拟奖励对象家中，采取入户调查和走访群众议查相结合、查看证件与调查本人相结合，对摸底工作进行了督查，并对督查中发现的问题及时通报全市。各县（市、区）也按照市统一要求，组成由四套班子领导参加的督查组，每十天进行一次检查，检查一次排一次队。（5）抓审核。各县（市、区）都成立了奖励扶助审核组，下派包乡镇人员和业务精通的机关干部分赴各乡镇核查，要求核查人员必须亲自入户询问，填写询问笔录，并签字盖章，保证了核查的有效性。同时，核查人员还要深入左邻右舍进行调查，确保核查的真实性。由于严格审核，全市计划生育家庭国家奖励扶助对象就由原来的6085人下降到确认后的3094人。

6月27日，本市率先在全省举行了农村计划生育家庭奖励扶助金首发仪式，省人口计生委安主任、省妇联梁主席、市四大班子领导都参加了首发式，受奖代表在首发会上激动万分，直呼“共产党万岁、人民政府好”。奖励扶助工作的实施，使实行计划生育的家庭经济上得到实惠，政治上感到光荣，也极大地调动了群众实行计划生育的自觉性。仅临猗县2004年以来，领取独生子女父母光荣证的家庭就达4641户，占到全县独生子女领证的60%以上。（刘菊红）

【依法管理，规范执法程序】 人口与计划生育管理，是非常严肃的行政执法行为，无法可依，有法不依，就会失去工作的保障。本年以来，市计生委重点办了四件事：(1) 市人口计生委统一明确了机关规章制度与科室职能，明确了每个执法岗位的具体执法责任和要求，明确了执法审批项目和程序，哪个岗位、哪道程序出了问题，就追究那个责任人的责任。（2）依照国家、省、市出台的《流动人口计划生育管理办法》严格实施管理和服务，建档立卡，规范管理。到年底为止，全市流出人口24397人，办理婚育证明19848人，发证率为81.4%；流入人口23779人，查验婚育证明23644人，验证率为99.4%。(3) 按照“一票否决”的要求，坚持在干部选拔任用、评先、晋升工资等方面进行计划生育情况审核，对违纪超生的人和单位，对搞不好计生工作的地方和单位领导坚决予以否决。2005年，全市共审核个人4062人，单位1873个，其中评先2705人，提拔1457人，其他660人；否决43人，否决单位34个。(4) 与市纠风办、市电视台联合开办了《监督热线》、《县市传真》专栏，每月4日，现场解答群众问题，接受群众监督，2005年1——10月，解答群众咨询70余次，调查核实反馈要结果案件28件，查办省人口计生委交办案件8件，全部按期结案。由于依法行政、文明执法，全市1——10月份，无一起计划生育上访事件发生，群众对计划生育的满意率达到90%以上。（刘菊红）

【加强宣传教育，转变婚育观念】 转变群众的婚育观念，宣传教育是先导。2005年以来，在计生宣传教育工作中，以创新为主线，不断打造富有运城浓厚文化底蕴的人口文化特色，在社会上反响强烈。(1) 大造宣传氛围。在南风广场步行一条街设立了集美观、知识为一体的计划生育宣传一条街；各县（市、区）也把奖励的范围和对象，奖励标准，奖励对象摸底资格审查及公示确认程序，奖励资金发放办法，咨询、监督电话等印制成宣传品，免费发放到村、到户。夏县与本县《禹都之春》报联合举办了计生奖励扶助知识竞赛，参加答题者逾万人。盐湖区利用喷绘，在各乡镇醒目位置宣传奖扶政策；稷山县先后5次在县委广场设立百米咨询服务台，接待群众4万余人。据统计，全市市、县、乡三级组织大型宣传活动1000余次，刷写标语15325条，发放宣传资料120万份，文艺演出6万余场，出动宣传车423次，入户面对面宣传260万人次，制作76期电视节目，村村广播30天以上。（2）提升宣传档次。1——10月份市人口计生委编发的反映计划生育工作的文章被《中国人口报》、《中国纪检监察报》、《山西日报》等新闻媒体、报刊杂志和省人口计生委采用134篇；《中国人口报》头版刊登了本市人口文化大院的主要做法，这对宣传运城起到了很好的效果。《运城日报》连续大版报道了全国农村人口文化大院经验交流会的盛况，这在运城历史上是绝无仅有的。(3) 开辟宣传新径。由国家人口计生委主任张维庆题写书名、中国人口和计划生育宣传中心主任张建写序，市人口计生委主任杨金贵同志主编的《炽情联语》一书，已由山西出版社向全国发行；举办了人口和计划生育民间艺术剪纸大赛，并将精品集结成书，在社会上广为宣传，受到国家人口计生委主任张维庆等领导的高度评价；编排“甜蜜的事业甜蜜情”专题文艺晚会，受到彭佩云委员长等领导的高度赞扬；宣传品进村入户率大大提高。制作了1.1万个带有人口计生宣传内容的中国结挂历，制作了印有奖扶政策的5万把塑料扇子，印制了30万份宣传折页、1万份宣传画册，免费发放到育龄群众手中，深受群众欢迎；继续抓好人口计生电视栏目的制作。市人口计生委投资近10万元，购置了编辑机、录放机、调音台等设备，并培训了制作人员。年底，已制作专题20期，电视栏目54期。各县（市、区）也全部开设了电视栏目；在运城人民广播电台开设“人口计生咨询热线”，现场解答群众提出的问题，共播出15期；抓好人口文化大院建设。9月11日——14日，全国农村人口文化大院建设经验交流会在我市召开，九届全国人大副委员长彭佩云、国家人口计生委主任张维庆、国家人口文化促进会的领导、专家以及全国各省市的同志参加了会议，与会代表发自内心地说：“运城的今天就是我们要实现的明天。”（刘菊红）

【抓优质服务，计生部门形象有所提高】 针对长效节育措施落实数下降的问题，市人口计生领导组研究决定，从全市人口和计生工作会议之后，对各县（市、区）落实长效节育数10天一汇总，10天一通报，并对工作进度比较缓慢的县（市、区）进行全市通报。市人口计生领导组办公室三次抽调42人次，深入13个县（市、区）66个村320户落实长效节育措施的育龄妇女家中进行了“亲情回访”。在检查中，闻喜县桐城镇因落实长效节育措施上报数存在弄虚作假问题，给予计划生育工作“一票否决”，通报全市，产生很大的震动。万荣县在“四术”落实上，一天一汇总，一天一公布，连续3天排在后3名的乡镇，县委、政府通报批评。临猗县计生局长陈建华下大力气，顶住各种压力，狠抓长效节育措施的落实，仅1——3月份，就落实长效节育措施1278例。市人口计生委和各县（市、区）计生部门还在女干部、女职工中开展了关爱女孩“三查两补一治疗”活动。仅市计生指导、生殖保健中心从2月——4月，就为市直单位4300名妇女进行了体检，查出各种妇女病2000多例，其中宫颈癌前期病变1人，畸胎瘤2人，补环300例，并免费为100名环卫工人进行生殖检查。检查项目涉及内科、妇科、心电图、乳腺诊断、B超、肝功五项化验等。优良的环境、优质的服务、务实的作风受到了广大群众的交口称赞。根据国家和省的要求，8月——9月份，市计生委聘请具有副高以上专业职称的医学专家，对万荣、闻喜、盐湖三县的37个乡镇的计划生育技术服务机构进行了评审，否决乡镇5个；对全市计划生育技术服务人员进行了验证考试，共有463人参加，其中验证336人，发证127人，合格率为98%；开展了乳腺病和生殖道感染普查普治活动，出台了规范管理办法。截至年底，乳腺病普查37910人，其中发病人数16236人，查出纤维瘤和肿瘤35例，已手术治愈18例，盐湖、夏县已全部普查完毕，临猗、稷山、万荣、新绛正在普查之中；生殖道感染普查78091人，发病人数70187人，已治愈40123人。另外，市人口计生领导组加强了人口性别比的治理，出台了《运城市治理人口性别比实施方案》，全市乡镇B超室都能做到有记录、有"禁止非医学需要的性别鉴定"的警示牌，并将性别比纳入年终目标责任制的考核范围，全市出生人口性别比已由2003年的113下降到110。（刘菊红）

【存在问题】 计划生育事业费投入仍然不足，农村"四术"免费手术不能正常开展，宣传教育等经常性工作还有差距。

计生部门技术人员不足，水平较低，特别是乡（镇）技术人员缺位，不能适应人口计生工作形势发展的需要。

乡、村两级人员待遇偏低，生活难以保障，影响工作。

社会抚养费征收难度还较大。（刘菊红）

优抚安置

【概述】 2005年城镇退役士兵安置包括2003年、2004年两年冬季退役士兵和历年未安置的退役士兵，全市共有2668人。截至12月底，全市共开出安置卡1241人，签订自谋职业协议1279人，五四一技校定向培训推荐就业25人，共计安置了2545人，占到应安总数的95.4%，解决了一大批历史遗留问题。（李俊明）

【依法依规编制、下达、落实指令性安置计划，确保城镇退役士兵的第一次就业】 2005年，全市城镇退役士兵的安置任务包括2003年、2004年两年冬季退役士兵1313人和历史遗留未安置的1355人，共2668人，任务重、时间紧、难度大。

运城在接到省2004年、2005年两个年度的安置计划后，争分夺秒，想方设法，均用了不到一周的时间便以发改委、劳动和社会保障、人事、市安办四部门名义联合编制下达了安置计划。并随计划下发了市安办的通知，要求有接收任务的单位在接到计划后一个月内拿出接收意见，同市安办联系。对在一个月内没拿出接收意见的单位，视单位没意见，市安办自行确定安置对象并办理安置手续，统一向单位交接。对积极配合在规定时间拿出意见，同市安办协商，达成共识的接收单位，市安办及时办理派遣安置手续。对强调接收安置任务大，要求减少安置任务或计划有偿转移的单位，市安办的同志三番五次上门做工作，讲政策，讲形势，联络感情，据理力争，基本保证了按计划接收。截至12月底，全市企事业单位指令性计划安置了1241人，占到安置任务的46.5%，较好地发挥了指令性计划安置城镇退役士兵的主渠道作用。（李俊明）

【完善和落实优惠政策，大力推进转业士官和城镇退役士兵自谋职业】 国务院办公厅转发民政部等九部门关于扶持城镇退役士兵自谋职业优惠政策意见的通知（国办发［2004］10号）后，市政府及所属13个县（市、区）政府，根据国办发［2004］10号文件精神，结合各自的实际情况，修订完善了各自的鼓励和扶持转业士官和城镇退役士兵自谋职业的若干规定。为鼓励各县（市、区）推进城镇退役士兵自谋职业，市民政局将收取的计划有偿转移资金和市财政列支的安置经费，为县（市、区）自谋职业一名转业士官补助5000元，自谋职业一名退役士兵补贴3000元。与此同时，市、县两级安置部门的同志不厌其烦地向安置对象宣讲自谋职业的优惠政策、当地的就业形势、当前的安置途径和困难、市场用人机制和就业趋向，促使安置对象转变了择业观念，更多地选择了自谋职业。截至12月底，全市已签订自谋职业协议的有1279人，占到已安置人数的47.9%，已成为安置城镇退役士兵的主渠道。（李俊明）

【继续开展定点定向职业技能培训，拓展向民营企业推荐派遣退役士兵的渠道】 2005年，继续在五四一技校开展定点定向培训。对参加培训的安置对象，市民政局继续执行在校培训期间，学费每人每年补1000元，所在县（市、区）民政局发给当地全额低保，作为生活补助费。2005年全市共有25人在校学习，完成学业后校方负责推荐就业，政府不再负责安置工作。

鉴于本市大中型国营企业较少，而民营大中型企业不仅规模较大，而且市场运营和经济效益较好，每年在编制下达计划时都向海鑫集团、阳光集团、振兴集团等六个民营企业正式下达指令性安置计划近200名，通过向安置对象讲企业的经济状况，用工需求、工资待遇及各项福利，2005年又有62名安置对象正式被派往民营企业上班，拓宽了安置渠道。（李俊明）

【军队离退休干部安置及服务管理】 2005年，军队离退休安置工作，在继续落实老干部"两个待遇"的前提下，不断开展各种活动，丰富老干部精神文化生活。

2005年7月份，为了隆重纪念抗日战争和反法西斯战争胜利60周年，市军休干部参加全省书法、摄像、绘画大赛，并荣获书法一等奖两名、二等奖一名，绘画二等奖一名，摄影二等奖两名、三等奖一名。（李俊明）

救济福利

【以城乡低保为主的城乡社会救助体系建设】 城乡社会救助体系建设是市政府本年承诺的十件实事之

一。2005年，结合市委大力实施“为民工程”和在党员先进性教育中开展“六个一”帮扶活动的要求，在城乡社会救助体系建设上具体在五个方面狠抓落实：(1) 进一步加大城市低保工作力度，加快了应保尽保、分类施保步伐，积极落实配套资金，强化资金管理，保证低保金及时足额发放到特困家庭手中。截止11月底统计，全市城市低保共发放低保金4794.5万元，发放对象32757户73617人，人均月补差达69.1元/月。(2) 农村低保工作着重抓了规范运行、巩固提高。重点完善了市、县两级地方性具体操作办法，将因病、因残和因缺乏劳动力而长期贫困“不救不活”的农村特困户全部纳入了救助范围。批准纳入农村低保29072户67399人，发放低保金1009万元，人均月补差达14.2元。(3) 进一步明确了农村五保户政府转移支付政策的落实和实施集中供养的可行性操作调研。扎实开展了五保户调查摸底，市、县、乡三级审批建档工作，审查批准6732人纳入五保户专项救助范围。省厅2004年重点资助的4所敬老院资金拨付全部到位，全面建成，已交付使用。在此基础上，加快了基层中心敬老院和为老服务实施新建、改建、扩建工作。2005年，全市有敬老院73所，床位1168张，供养对象353人。(4) 城乡医疗救助工作稳定步推进。城市大病医疗救助已在盐湖、河津、平陆顺利启动。9月上旬，市民政局在平陆县召开了城市大病医疗救助工作座谈会，从救助范围、救助对象、救助标准、资金来源、审批程序等方面进行了规范。结合全面建立农村新型医疗制度，稷山等8个省级试点县全面制定出台完善了农村大病医疗救助办法，规范了救助范围，扩大了救助对象，共下拨专项救助资金410万元，补助到户334万元，救助大病困难家庭达3483人次。

在城乡特困群众救助工作中，市民政局主要采取四项措施抓落实到位。(1) 进一步摸清底子，夯实基础。按照年初安排，各县（市、区）对城乡特困群众的底子进行了一次全面排查，截上9月底，全市农村特困群众50080户、142968人，其中纳保对象29072户、67399人，占全市农村特困人口47%。纳保和发放情况方面，农村低保覆盖面有明显增加，县级资金投入明显加大，人均月补差有所提高。(2) 加大了督查和整改力度。2005年4月份，市民政局联系财政、邮政部门，利用一周时间，对全市城乡低保资金使用情况进行了大检查；6月份，结合全市民政专项资金检查，对低保资金使用情况又进行了一次“回头看”；9月份，全市利用20天时间，采取入户走访、召开有关人员座谈会、发放调查问卷、在运城日报开辟“走进城乡低保户”专栏等形式贴近低保对象，掌握第一手材料，对政策落实情况进行了细致了解。针对存在的问题，市民政局采取会议安排，低保发放情况定期通报等办法，督促政策落实。(3) 继续在规范管理上做文章。根据城乡低保资金专项情况，针对存在的问题，由市民政局牵头，民政、财政、邮政三家联合下发了“关于切实加强城乡低保资金规范化管理的通知”。进一步明确了民政、财政、邮政的职责特别是在资金筹集、拨付、发放等关键环节上都做了明确的规定。(4) 力争在提高保障水平上求实效。在提高保障月补差标准上下功夫，采取定期通报、会议强调、上门督促、重点倾斜等办法，保证低保家庭不因粮食上涨等因素降低生活水平。2005年城市低保保障水平居全省前列，农村低保保障水平稳定提高。

（李俊明）

老龄工作

【加强法制建设，提高为老优待服务质量】 市老龄委于7月和11月分别配合市人大法工委和省人大内司委对“一法一办法”进行了重点检查，同时还对运政发［2004］39号文件的落实情况进行了检查，有力地推动了各项工作的落实。强化了各有关涉老部门的老龄观念和责任意识，加强了对老龄工作的领导。芮城县在两次检查中以联合执法取得不凡业绩而受到省、市检查组的一致好评。

社会保障方面，全市参加基本养老保障的企业在职职工157367人，其中实际缴费人员141423人，占参保职工的90%；参加基本养老保险社会统筹的企业离退休人数为49810人，其中离休1473人，退休44620人，养老金发放率达100%，社会化发放率100%。全市城镇退休干部职工医疗保险参保人数为51034人。城市离退休人员和老年“三无对象”纳保6364人，占低保对象90%；农村老年“三无对象”和病残对象纳保1万人左右，占到农村低保对象的16%。农村五保对象7832人，已保3733人，其中集中供养353人。

老年教育方面，年底全市共有老年大学52所，开设了英语、书法、绘画、舞蹈等十余门课程，每年有1万余名老年人接受二次教育。

法律服务方面，各级司法部门积极加强老年法律服务工作，大力倡导和鼓励广大律师、公证员和基层法律服务工作者为老年人提供优先、及时、便利、高效的法律服务。几年来共为老年人提供诉讼代理2867件，法律咨询4293件，代书3359件，调解2991件，办理公证645件，各种非诉讼代理1068件，减免费用120件，提供法律援助160件，并且设立了“12348”老年人法律咨询专线。

老年福利方面，政府和社会投资不断加大。临猗、绛县、河津、夏县等县各种老年福利设施相继投入使用；借“星光计划”之机，争取上级资金360万元，资助市县两级老年福利服务机构22个；争取资金65万元，资助乡镇敬老院12个。

（黄　俊）

【落实为老服务优待政策】 为老年人实行优待服务是老龄工作的重要任务之一。2005年，继续落实市政府［2004］39号文件精神，通过监督、检查和指导协调，这项工作得到了明显加强，老年人受优待的服务范围得到扩大，服务质量得到提高。至年底全市的60岁以上老年人游览旅游景点分别受到半费和全部免费，普通门诊免收挂号费，免费进入公园、博物馆等场所，优先购买车、机票。优先托运行李、物品和优先就诊、化验、交费和安排床位。60到69岁老人半费乘坐市内公共汽车，70岁以上老人免费乘坐市内公共汽车。

在老年人优待项目得到全面落实的基础上，老年人办理老年优待证的热情高涨，全年共为老年人办理优待证二万本，其中60到69岁17000本，70岁以上3000本。

（黄　俊）

【开展多种活动，丰富老年人精神文化生活】　开展老年旅游活动，提高老年人生活质量。3月3日至5日，市老龄委响应市委、市政府提出建设中国优秀旅游城市的号召，举办了首届“黄河金三角地区老年旅游产业论坛”。参加论坛的有全国各省市50多家旅行社和山西、陕西、河南、内蒙等周边省份的老龄办负责人。市委、市政府、国家、省老龄办分别派人参加会议。会上介绍了本市近年来开展老年旅游活动的一些经验和做法。同时对本市发展旅游事业的优惠政策和旅游景点进行了宣传和介绍。针对如何开拓老年旅游市场、发展旅游产业，以老年旅游为龙头推动老龄工作和老龄事业的发展，做好为老年人服务的各项工作进行了深入的探讨和交流。在此基础上，各级老龄组织联合旅行社，推出了多条适合老年人出游的线路，组织老年人外出观光，领略祖国的大好河山和改革开放的丰硕成果。绛县、闻喜、平陆、永济、芮城、夏县、垣曲、稷山、盐湖、新绛等县（市、区）先后组织了近万余名老年人外出旅游观光，活跃了老年人的精神文化生活，提高了老年人的生活质量，促进了子女和社会各界的敬老意识。

组织开展老年才艺大赛，展示老年人风采。根据省老龄委的安排，在全市上下广泛开展了老年人才艺大赛，经过层层选拔，优中选优，最后由夏县选送的两个优秀节目参加全省老年才艺大赛。在大赛中本市节目一路过关斩将，最终荣获一优秀奖、一银奖的好成绩，为本市和本市老年人增光添彩。

开展老年文艺演唱作品征文活动。根据年初工作安排，为了认真贯彻“三个代表”重要思想和以人为本的科学发展观，市老龄委在全市范围广泛开展了以弘扬传统道德，倡导新型孝风为主题，以尊老、敬老、孝老、养老、爱老为题材的老年文艺演唱作品征文活动。年底共征集作品五十余篇，现正在进行审核评定，拟于下年汇编出书，并对获奖作者进行表彰奖励。

（黄　俊）

【开展节日庆祝及走访慰问活动】　一年一度的老年节和元旦、春节，各级老龄组织都要协调有关部门对高龄特困老人进行走访慰问，结合老龄工作开展节日庆祝活动。

落实百岁老人养老补助，对高龄特困老人进行一次性补助。根据省老龄办安排，为全市65名高龄特困老人进行一次性补助，每县（市、区）5名，每人一次性补助300元。市老龄委对此非常重视，安排专人负责此项工作，年底前亲自送到老人家中，共发放慰问金近2万元，使这些老人都能欢度春节，共享和谐。

2005年全市的百岁老人有40名，根据标准每位百岁老人每年补助2000元，市、县两级安排专项资金8万元，并由市分管领导和老龄委同志送到百岁老人家中。年龄最大的百岁老人——盐湖区刘香元老人去世，副市长、市老龄委主任柴林山亲自带领老龄委一班人到家中进行吊唁，并在灵堂上对刘香元的儿女们孝敬老人的行为进行了表扬，高度评价了他们的尊老敬老的家风。

搞好老年节庆祝活动，营造尊老敬老的良好社会氛围。2005年本市的老年节庆祝活动丰富多彩。首先各级领导普遍重视，从市到县早安排，早部署；其次各成员单位齐抓共管，“大老龄”工作格局逐步形成；另外社会参与，企业出资，构造双赢格局。市老龄委在市艺校礼堂组织了专场蒲剧老艺人演唱会，市直工委和市直老龄委在康中体育馆举办了老年秧歌大赛，市直各单位均开展了各项敬老活动。各县（市、区）结合工作实际，庆祝活动搞得有声有色，收到了良好效果。河津市县、乡、村三级联动，到处是老年人的欢声笑语。有条件的农村还对老年人发放节日慰问品和慰问金。夏县在欢庆会上还对老龄工作规范化建设进行再次安排部署，用活动促进工作的开展，用工作保证活动的正常进行。进一步增强各级领导和社会的共识。盐湖区老龄委同“三善”酒业文化公司联合举办了敬老好儿女命名表彰大会，在部门的紧密配合下，对尊老敬老方面涌现出来的典型进行了大力表彰。闻喜县对本县2863名老年人进行了减免费体检，优惠老年人达2万余元。临猗、平陆等县也都召开了多种形式的庆祝活动。　（黄　俊）

【老年学术研讨和老龄人才资源的开发】　本市老年学学会和老龄人才资源开发协会均设在市老龄委办公室，对于促进老龄工作的开展和发挥老年人才的作用提供了有利条件。

积极开展老年学术研讨，上年4月份在全市范围内组织撰写老年学论文。共收到各类高质量论文50余篇，这些论文涉及到空巢老人、涉老维权、老年旅游、老人再婚、老龄工作问题等等。9月份在晋城召开的山西省老年学学会“双先”表彰及第十次老年学术讨论会上，本市有8篇论文入选获奖。其中由市委党校教授孙续功与老年学学会副会长李志宽合写的《老龄社会与和谐社会》、芮城县老龄委主任、老年学学会会长韩宗武等同志合写的《保障老年人合法权益，构建社会主义和谐社会》荣获一等奖，并在大会上宣读，受到一致好评。市老年学会被评为先进学会，4位同志授予先进个人予以表彰。

调查摸底，树立典型，继续推动老龄人才发挥余热。2005年对全市老龄人才进行了摸底调查，发掘出一大批农业、教育、医卫战线上老有所为、余热生辉的典型，并对这些典型人才发挥作用的事迹进行整理后以简报形式在全市进行推广，以榜样的力量推动全市老年人才老有所为继续奉献社会，并在农业、卫生系统成立分会。

（黄　俊）

民族宗教工作

【概况】 2月8日，运城市政府任命杨生荣同志为市民族宗教事务局局长。

3月初，市民族宗教事务局，联合盐湖区宗教事务部门，对盐湖区天主教修建教堂事宜，进行了规范，并要求其应认真履行有关呈报手续，以符合城市建设规划的要求。

3月27日，根据省民委等部门下发的《关于下达2005年调整的全国少数民族特需用品定点生产企业的通知》（晋民字［2005］1号），新绛纺织集团被确认为少数民族特需用品定点生产企业。至此，全市共有5家定点企业，2005年共享受国家优惠政策贷款贴息达508万元。

3月31日，市委统战部、市民族宗教局联合召开全市学习贯彻《宗教事务条例》工作会议。各县（市、区）分管副县长、统战部长、民族宗教局长、乡（镇）负责人和市直有关部门负责人共计300人参加。副市长柴林山在会上对全市学习贯彻《条例》工作进行了安排部署，提出了明确要求。市统战、宗教部门负责人对《条例》有关条文规定进行了讲解辅导。

6月，万荣县在通化镇召集部分教民，宣传党的《宗教事务条例》，引导教民认真学习贯彻《条例》精神，依法活动，爱国爱教。

7月15日，市委常委、市委秘书长张建合，副市长董一兵召集盐湖区委区政府、市城建局、市委统战部、市民族宗教事务局主要负责人协调解决盐湖区天主教市区房产落实问题，最终达成共识，形成会议纪要。到11月底，盐湖区天主教市区房产全部落实到位，天主教界人士表示满意。

7月，根据运城市机构编制委员会下发的《关于永济等9个县(市)设立民族宗教事务局的通知》(运编发[2004]73号)，全市不分重点非重点，13个县(市、区)全部单独设立民族宗教事务局，编制4～6人，列入政府序列，授予行政执法权。

7月，市统战部、宗教部门联合垣曲、盐湖区统战、宗教等部门，针对两县、区发生的有关宗教活动，进行说服引导工作，倡导教民依法进行宗教活动。

8月，市统战、宗教部门主要领导赴新绛县督促、指导新绛县委、县政府协调解决县基督教3.3亩基地被非法侵占问题。

12月11日至17日，市民族宗教事务局分两组，采用百分制计分的办法对13个县（市、区）民族宗教工作进行了检查评比，临猗等三个县（市）和平陆等三个县（区）分别被评为一等奖和二等奖。

12月，市民族宗教局被省民委、省宗教局评为“山西省民族宗教事务执法主体建设先进单位”，市民族宗教局局长杨生荣同志被国家宗教事务局授予“全国宗教工作先进个人”光荣称号。（杨连锁）

残疾人事业

【各级领导、各有关部门重视支持残疾人事业】 2005年，各级党委、政府，各有关部门领导对残疾人事业愈来愈重视，把残疾人事业纳入经济社会发展大局，身体力行，关心、支持残疾人工作。市委书记黄有泉同志在“全国助残日”前夕，主动让市委秘书长找闫民智理事长听取汇报工作，提出并亲自参加了助残日慰问活动。常务副市长董洪运同志一贯支持残疾人工作；多年来，在干部人事工作、经费保障工作等方面，给予了特别的关注和支持；分管副市长柴林山同志不仅残联的重要会议都要出席，残联的大型活动都要参加，而且还经常在市长办公会和他所分管部门的各种会议上，宣传残疾人工作。2005年6月份，他在运城电视台“第一时间”栏目中，看到平陆县孤残女孩陈亚梅患重病，无钱就医、上学的消息后，就在第二天全市非公有制协会召开的大会上进行了宣传，号召大家给予帮助，“名人港湾”房地产公司董事长澹台少平先生得知后，当即决定对该女孩给予救助。因他当时手头没有现钱，就先向朋友借了一万元现金。会议刚已结束，副市长柴林山就率领澹台少平先生及市残联闫民智理事长等一起奔赴陈亚梅家看望慰问。临猗县委书记刘建政、县长胡宝同志联名发布倡议书，号召全县各界为残疾人事业募捐，共募集资金20余万元。分管副县长杨建民同志，一年中有230余天做残疾人工作，亲自进村入户，就残疾人扶贫和小康建设问题进行专题调研，并撰写调查报告发表在《山西农民报》、《运城日报》等报刊上，引起了省市领导的高度重视和评价。“冬至”当天，县四大班子主要领导在县委书记刘建政同志的带领下，冒着严寒，慰问了6户特困残疾人，为他们送去了价值3000余元的款物。永济市2005年以来，先后以“两办”名义为市残联下发了财政代扣、工商代征、社区残协建设、福利企业检查等方面的文件，以政府名义组织召开了七次残疾人工作会议，进一步加大了支持残疾人事业的力度。与此同时，残联开展的重要活动，四大班子领导都要参加，市委书记潘和平同志亲自参加为50名肢残人举行的轮椅捐赠仪式；市人大王海雷副主任亲自带队对全市的福利企业进行执法检查。芮城县委书记姚震海亲自出席县残联第四次代表大会，并发表了热情洋溢的讲话，使广大干部、群众特别是残疾人和残疾人工作者深受启发和教育。并在先进性教育活动中，与特困残疾学生结成帮扶对子，先后三次登门慰问救助，帮其解决了就学费用等困难。“全国助残日”活动期间，稷山县委书记李润山、县长乔登州等四大班子领导，亲自冒雨上街散发宣传资料，深入农村慰问贫困残疾人，下到企业看望残疾职工。在他们的感召下，全县有200余名党员与55户62名残疾人结成帮扶对子，帮助他们解决生产、生活中的各种困难。平陆县副县长潘长青同志，亲自兼任县残联理事长，主持日常工作。市财政局长孙太平同志，一年中多次过问市残联工作经费情况，只要是工作需要的，他都亲自安排拨付。市民政局长张建中同志，在“全国助残日”之际，主动拿出20万元经费与残联联合开展了“六帮六助”活动。各级党政领导、各有关部门如此之高、如此之广的参与关注程度，这在残联组建以来是不多见的，充分说明了对本市残疾人事业的重视支持力度和政府主导作用的发挥有了新的提升。

（新北平）

【残疾人事业投资力量加大】 各级财政大力支持残疾人事业发展，全年用于这方面的资金达到892.6万元，其中市级财政460.6万元；残联系统积极向上级争取各种专项资金820余万元；征收残疾人就业保障金536.22余万元；开展多种形式的捐助活动，募集资金260余万元；以上几项总计2508.82万元，为本市残疾人事业提供了有力的经费支持，保证了各项残疾人工作的顺利开展。市残联在基层残疾人基础设施建设方面，全年共投资417万元，其中市残联从就业保障金中下拨给5个县（市、区）40万元，是历年来投资最多的一年。

（新北平）

【2005年——残疾人获得实惠最多的一年】 全市全年直接用到残疾人身上的康复、教育、就业等方面的资金达238万元。市残联与市财政、市民政联合开展的“六帮六助”活动，投入33万元，救助了600名各类残疾人。临猗、闻喜两县危房改造工程，为120户农村贫困残疾人家庭建造了新房。平陆县残联协调有关部门，在实施移民搬迁工程中，给45户残疾人贫困户建造了免费经济适用房（窑洞）54余间。此外，永济、绛县、稷山等县（市）都开展了为残疾人办十件实事活动。其中永济市筹集和投资20万元，为700名贫困残疾人进行体检，为12名贫困白内障患者实施复明手术，为15名贫困盲人赠送盲杖，为15名贫困残疾人配送助行器，为10名贫困低视力学生配送助视器，为180名贫困肢残人赠送轮椅，对50户特困残疾人进行救济，对200名残疾人进行技能培训，对40名残疾人进行集中就业安置，对10个残疾人特困户进行危房维修和改造。一年来，全市免费为132名残疾人做白内障复明手术，免费为375名残疾人赠送轮椅，免费为127名残疾人赠送助听器，免费为30名残疾人赠送助视器，免费为360名残疾人赠送助行器，免费为1100名残疾人进行体检，免费为80名残疾人安装假肢，免费为120名残疾人装配矫形器，免费对1721名残疾人进行就业培训，免费对38名残疾人进行按摩培训，投入资金达131余万元。据统计，全年有4100余名残疾人得到不同程度的康复和服务，有27634名贫困残疾人得到各种扶助，有3010余名有劳动能力的残疾人受到就业指导与培训，有10035名残疾学生或残疾人子女得到资助。 （新北平）

【康复工作】 2005年全年完成白内障复明手术1458例，占年度任务的104%；完成示范区贫困手术100例，占年度任务的100%；为低视力者配戴助视器110例，培训低视力儿童家长28名，分别占年度任务的100%、112%；新招收语训聋儿70名，培训聋儿家长70名，分别占年度任务的104%、169%；完成肢体残疾人康复训练92人，脑瘫儿童训练35人，智残儿童康复训练56人，分别占年度任务的161%、269%、117%；为53名贫困肢残者装配普及性假肢，占年度任务的106%；为120名残疾人装配矫形器，占年度任务的188%。举办3期康复业务培训班，培训了一批业务骨干；在河津市进行新型农村合作医疗试点，残疾人参合率达67%；为残疾人提供特殊用品和辅助用具12种1985件，占年度任务的124%；市及河津、永济2个县级市将康复工作经费列入了财政专项预算。 （新北平）

【特教工作】 残疾儿童少年入学率达到95%；顺利完成省下达的助学项目任务，安利杯“扶残助学春雨行动”项目资助贫困残疾儿童少年20名；福利彩票公益金助学项目资助聋哑学生52名；符合国家录取标准的残疾考生录取率达100%。同时，还筹资30余万元，救助了400名各类残疾学生或残疾人子女。多形式、多渠道开展残疾人职业技术教育，对500名各类残疾人进行职业技术培训，使他们掌握了一技之长。 （新北平）

【扶贫和社会保障工作】 争取到残疾人康复扶贫贷款指标1400万元，残疾人扶贫工作经费30余万元。通过扶贫和帮、包、带、扶等形式，扶助了14088户、14231名贫困残疾人摆脱贫困。新增特困残疾人低保对象12671名，其中城镇4340名，农村8331名，全市累计达到83493名，基本做到了应保尽保。全市新增参加社会保险1360人，累计达到5260人。残联系统元旦、春节期间开展访贫问寒送温暖活动，共慰问了732户810余名残疾人。

（新北平）

【就业工作】 以运政办发［2005］44号文件出台了《关于做好扣除残疾人就业保障金工作的通知》，促进了全市财政扣缴保障金工作；召开残疾人就业工作表彰大会，对40个单位和个人给予了表彰奖励。工商代征保障金工作有效开展，共征收保障金30余万元。完成盲人按摩培训38人，占年度任务的152%；完成城镇技能培训360名、农村实用技术培训2260名，分别占年度任务的100%、179.3%。残疾人就业人数稳步增长，安排城镇残疾人就业537人，全年收取残疾人就业保障金536.22万元，分别占年度任务的198%、101%。个体就业新增237人。举办各类培训班32期，有123人参加了按摩、电脑等技能培训。 （新北平）

【宣传工作】 中残联“两刊”征订任务基本完成，《山西残疾人》征订任务超额完成。市残联制订了《信息工作制度》，建立了信息员队伍，实行了奖励机制；编发《运城残联信息》18期，刊载信息83余篇（条）。市级及各县级主要新闻媒体刊播残疾人工作消息640篇，图片330幅，张贴、散发各类传单标语10000余条，平均每天有3篇（幅）以上宣传残疾人事业。深度报道《残疾弃婴慈母情》、《“能行”县长》两篇文章，分别在《人民文学》副刊第三期和《中国残疾人》第二期上刊发。绛县残联荣获全国“两刊”征订工作先进县，受到中

残联通报表扬。全年上报信息185篇（条），其中127篇（条）被省级以上信息刊物转载。（靳北平）

【维权工作】 市及各县级残联均建立健全残疾人维权工作机构，并实现了有专职工作人员、专门工作场所和专项工作任务目标。举办了残联系统维权工作人员业务培训班，各县（市、区）、市直单位分管领导及工作人员30余人参加培训学习。协调办结涉残案件38个。特别是在解决残疾人机动轮椅车运营管理问题上，充分运用政策，办法措施到位，较好地解决了53名残疾人“摩的”运营问题，维护了残疾人的合法权益。加强残疾人信访工作，市残联全年处理残疾人来信12件，来访72人次。（靳北平）

【文体工作】 组织参加了全省和全国残疾人艺术汇演和“好新闻奖”评选活动，有40人16个（件）节目和作品获奖；举办了全市第二届残疾人艺术汇演。分别与市委宣传部和安利（中国）运城分公司联合举办了两场文艺晚会；建立了市级盲文及盲人有声读物图书室，有图书、物品200余件。选拔特奥会运动员720名；对入选的20名残疾人运动员进行了集中训练；选派10名弱智运动员参加在太原举行的全省运动会，获银牌2枚、铜牌3枚。（靳北平）

【组织联络工作】 全市市、县、乡级残联和村（社区）残协均达到了规范化建设标准，县级残联全部建立了残疾人专门协会，并积极开展工作；志愿者助残活动形式多样，内容丰富，取得明显效果；优秀残疾人才入库量，全市达到465名，其中市级库65名，上报省60名。临猗县角杯乡被中残联授予“全国残疾人工作先进乡镇”称号。（靳北平）

【基金救助工作】 完成12000册“爱心永恒”邮册义购认捐任务；完成安利春雨行动助学任务20名。自筹资金36.13万元，救助残疾学生或残疾人子女960名。救助残疾人特困户725户。配发富士康助行项目轮椅30辆。据统计，全市累计募集扶贫解困资金260余万元，募集物品折合人民币202.18万元。以上几项均完成省下达任务。其中救助特困户占年度任务的161%，募捐资金是年度任务的15倍以上。（靳北平）

【综合设施建设工作】 争取国家投资30万元补贴了垣曲、夏县、平陆3县，省计委投资30万元补贴了市康复中心和万荣县综合设施；年内又有闻喜、万荣、新绛3县建成。至此，本市县级残疾人综合服务设施已达到10个。已建成的综合服务设施，按照国家关于方便残疾人的无障碍设施要求进行了改造。实施“长江新里程计划”残疾人综合服务设施补贴项目的盐湖区禹都社区和葡萄园社区，完成了康复训练器材安装和人员培训，并已开始指导残疾人进行康复训练。（靳北平）

【危房改造工作】 2004年度危房改造工作试点县夏县，80户残疾人危房改造任务全面完成并全部入住。2005年开展此项工作的临猗、闻喜两县，120户（各60户）建房及验收工作已全部结束，并有部分住进新房。省、市、县三级配套资金已全部落实到位。（靳北平）

【抽样调查工作】 市和抽中县（市、区）均建立健全了领导机构和工作机构，工作经费也已落实到位，其中市残联12万元，河津市8万元，盐湖区2万元，临猗县1万元，夏县0.5万元；4县（市、区）二、三、四级样本抽取工作已经完成；参与调查人员正在接受业务培训。（靳北平）

【基层工作创新和发展】 县级残联班子的战斗力得到很大提高。2004年以来，县级残联先后新提拔了7名班子成员，其中4名担任一把手。他们的自身素质普遍较高，表现都比较突出，所在县市的工作都在过去的基础上，有了新的发展和提高。永济、闻喜两市（县）新理事长到任后，锐意进取，奋力争先，在短短一年左右的时间里，整体工作都取得了突出成绩，在年终考核中一举跃入前三名。在县、乡、村残联（协）组织全面建立健全的基础上，全市开展了社区残疾人工作达标竞赛活动，完成了本市基层组织网络建设的最后并网，为残疾人工作提供了健全有力的组织保证。市盲人协会成立一年来，工作热情主动，富有成效，配合市残联积极开展盲人文体活动、按摩培训等工作，受到领导的充分肯定。平陆县肢残人协会主席曹军红同志，积极开展咨询、捐助、医疗等服务活动，为残疾人排忧解难。临猗残联创建的“残疾人公寓”，专门提供给在县城个体就业的单身贫困残疾人免费入住，生活设施、生活物品样样俱全，在公寓如同在自己的家一样，省事、省钱又省心，免去了后顾之忧。省残联张子泉理事长调研后，认为这是“具有方向性和典型性的做法，对全省有很强的指导意义”。夏县残联在实施财政扶贫项目中，积权探索“滚动发展模式”，通过协议方式，扶持了6户残疾人养羊，并对每户提供相应的生产条件，规定每户每年必须给残联交回5只羊，再用于扶持其他残疾人户。经过一年实践，收到明显效果，得到省、市残联领导的一致肯定。永济市残联积极协调工商、税务、城建等部门，给20余名有医疗、保健按摩特长的盲人，开辟了“按摩一条街”，从根本上解决了有一技之长的盲人就业难问题。本年难度较大的“爱心邮册”义购认捐工作，各县（市、区）都能克服困难，完成任务。特别是平陆、闻喜两县还承担了其他县的一部分任务，保证了全市任务全面完成。在全国助残模范李春元先生创办的企业就业的残疾人金国华同志，2005年一人在各级刊物上发表稿件158篇，其中有关残疾人工作的61篇，省级以上刊物刊用19篇，被《山西农民报》评为“优秀通讯员”。（靳北平）

【扶残助残风气日益浓厚】 全市残联系统开展各种形式的扶残助残活动100余次，为数万名残疾人提供了服务。市残联在积极做好各项工作的同时，充分利用新闻媒体宣传残疾人事业，扩大了残联和残疾人工作的影响，提高了各级领导及全社会对残疾人事业的认识，增强了全市上下左右关心残疾人和残疾人工作的自觉性。全社会关爱残疾人、帮助残疾人的风气越来越浓，主动帮助残疾人的人和事越来越多。2005年募捐扶贫解困款物总额达462.18万元，就充分说明了这一点。市残联名誉副主席、全国助残模范李春元老先生，在连续多年为残疾人事业献爱心的基础上，本年又慷慨捐助达138万余元。盐湖区安邑办三家庄村残疾人王红瑛一家的悲惨遭遇，在10月20日的《运城晚报》头版以“不幸农家演绎人间至情，残疾姐姐甘愿舍身救弟”为题报道后，引起社会强烈反响，市民政、市残联的领导及时赶往医院看望慰问，社会各界人士也纷纷伸出援助之手，前去看望并给予救助。先后有132人（次）捐助达数万元，使处于生活困境中的王红瑛家人，感受到了社会主义大家庭的温暖，增强了他们战胜病魔、坚强生活的信心。据不完全统计，全市一年来积极主动帮助贫困残疾人的人和事有300余人（次）。

（新北平）

（责任编辑：石少青）

旅　　游

旅游业

【概述】 2005年，全市共接待入境旅游者3.5万人次，同比增长38%，创汇713万美元，同比增长40%；共接待国内游客人数652万人次，同比增长12%，国内旅游收入27亿元，同比增长101%；全市旅游业总收入达到28.1亿元，同比翻了一番。（孙红斌）

【对外宣传促销工作】 2005年，本市旅游对外宣传促销的力度是历年来所没有的。从年初开始分管副市长柴林山就带领旅游促销队伍，先后在北京、上海、广州、长春、福州、泉州、厦门等20多个城市巡回举办旅游推介会和新闻发布会，同时还邀请了全国各地近300家主流媒体和大旅行社来运踩线，“走出去”和“请进来”的广度和深度前所未有，产生的影响和成效比较显著。周边一级客源市场继续稳步增长，京沪粤二级客源市场开始陆续启动，福州、杭州、厦门、汕头等以前从没有给运城送过团队的地方也开始有了反应；景区景点宣传的积极性普遍增强，几家联合在西安、太原、郑州等地广告推销自己，收获不小；关帝庙全年门票收入突破700万，同比增长55%，中国死海全年旅游收入超过1500万，同比增长35%。中旅、青旅等大旅行社在广州、北京、上海等地设立办事处招徕游客，地接团队也比上年翻了一番。（孙红斌）

【旅游景点开发建设】 2005年，旅游业发展面临的大好形势和机遇，为各县市加快发展旅游业提供了新的动力。河津市投资50万元编制旅游整体规划，修建城内至黄河大坝、新108国道至薛仁贵寒窑的两条旅游路，并投资700多万正式启动黄河滩和薛仁贵故里一期工程；永济市引资1200余万，兴建五老峰索道，2006年3月可投入运营；万荣县引资1个亿，对孤山旅游风景区进行全面开发，投资800万的一期工程已经上马，在黄河滩涂开发兴建黄河金三角伟尼斯休闲度假城，一期工程投资8000万，正在加紧施工，预计下年“五一”可对游人开放；芮城的永乐宫外围扩建工程筹资1700余万，大瀛湖、梅花苑、停车场、休闲广场基本完工，整体工程进入扫尾阶段；垣曲县与世界银行签订意向贷款3个亿，准备对历山的旅游资源实施整体开发，计划在3—5年内把历山景区建成年收入5000万的大型生态景区；夏县推出堆云洞红色之旅旅游品牌，吸引了不少游客；盐湖区筹资近千万，加大对舜帝陵景区的文化内涵和配套设施建设，正在申报国家4A景区。（孙红斌）

【增强旅游产业自身活力】 2005年，全市星级饭店由32家增加到38家，旅行社由上年的47家增加到60家，还增加了1个旅游汽车公司和1所旅游学校，不仅延伸了产业链，而且酒店、景点、旅行社和汽车公司的经营效益都比往年有了很大的提高；在服务质量上，采取不同的形式和手段，分阶段、分领域、分层面对全行业从业人员的业务素质和服务技能进行了全面提升，对全市300余名导游进行了大轮训和大培训，在酒店行业开展了创建优美环境和优质服务的“双创建”活动，与市工会联合举办了首届星级饭店技能大比武立功授奖活动，使旅游全行业的整体服务水平上了一个新的台阶；在辐射带动作用上，旅游团队在确保航线的上座率上发挥了积极的作用，在旅游部门的组织协调下，从2004年7月1日开始，运城中旅以承包的方式经营广州航线，7——10月飞得都比较好，上座率一直在85%左右，其中团队占到了65%，11月份进入旅游淡季，客源有所下降，但经过多方努力，12月份上座率回升到60%以上，基本实现了预期的“以航线促旅游，以旅游带航线”的双赢目标。（孙红斌）

（责任编辑：石少青）

人　　物

全国劳动模范

【狄跃生】　（1958.11～　），男，临猗县人，中共党员，大专学历，运城供电分公司变电运行工区王村变电站站长。

他20年如一日，敬业爱岗，无私奉献在变电运行岗位上，实现个人安全生产7209天无责任事故，操作无差错累计69718项，发现设备缺陷485项，其中重大缺陷28项。近5年来，他实现个人安全生产1857天，发现缺陷185项，其中重大缺陷18项，为企业和社会的安全生产和经济发展尽到一名供电运行工的责任。

他善于学习，钻研业务，在班组管理上总结出："严""全""勤""清""实""细""准""责""硬""恒"的十字经验，在省公司班组建设经验交流会上推广。他坚持以人为本抓管理，创建一流变电站，刻苦学习科学文化和专业技术知识，在华北电网供电运行主岗统考中，获得山西省110KV主值第一名。他联系工作实际撰写的7篇论文，已成为公司同专业岗位的指导理论。2003年他以优异的业绩被公司聘为变电运行技师。在他的倡导和带领下，全站7名职工克服年龄、家庭、工作和学习的矛盾，参加了全国成人高考，经过四年的坚持不断的学习，全部毕业，成为公司生产班组中唯一全员获得大专学历的班组站。他和班组同志的学习经验，推动了公司学习型班组的创建工作。他善于总结，不断创新，2002年主持了运城主网变电站《变电运行规程》的编写工作，为企业的变电运行规范化、科学化管理做出了贡献。2004年他共为企业培训了13名电校毕业实习生。他团结同志，严于律已，发挥模范带头作用，关心每一名职工、使全站同志团结一致，把班组建成了职工的小家，他时时处处以一名一线党员的身份在各项工作中起到表率作用，实践了在"知"与"行"上的统一，成为新时期一线供电企业的楷模。

5年来，他以站为家、爱站如家、全身心的投入工作，确保该站安全运行25年无责任事故；先后38次受到省、市公司表彰奖励；2000年8月被评为山西省电力公司"标兵班组"；2002年变电站规范化管理中率先达到了省公司"一流班组"。

【任武贤】　（1960.5～　），男，芮城县人，中共产党，研究生学历，1997年参加工作，山西亚宝药业集团股份有限公司总工程师。

他长期从事公司的技术工作。2000年以来，他先后为公司主持研发了国家级新药及仿制药品56个，申报专利415项，本人为发明人的19项，其中"宝宝一贴灵"、"银杏叶缓释片"等27项取得了国家专利证书。

"宝宝一贴灵"产品开创我国中药透皮制剂现代化生产的先河，通过提高质量标准，成为国内名牌产品，年销售收入达1.25亿元，5年来已为企业创利润达2.3亿元。他主持向国家申报商标112个，领取证书24个，申请商品条码105个，为公司形成了巨大的无形资产和核心竞争力。在他的主持下，企业生产的"甲硝唑片"、"小儿酚氨咖敏颗粒"两个产品提高了质量标准，编入中国药典2000版增补版，被全国医药企业所采用。"曲克芦丁原料药"精制品被中国生物制品检定所指定为全国药用标准品。他主持了企业4条生产线的技术改造和投资3.5亿元年生产能力20亿元的两个新型工业化园区的建设，使企业全部剂型通过国家GMP认证。他主持企业环境治理工作，实现了企业"三废"达标排放。5年来，他在技术工作方面做出了突出贡献，为企业创造了显著的经济效益，使企业成为山西省医药行业首家上市企业、全国中成药五十强企业、全国重点化学制药利润50强企业，2004年财政贡献占当地财政收入的一半。

【原贵生】　（1954.10～　）男，河津市清涧街道办事处龙门村党委书记。2000年以来，以集体经济为主体，股份、联户、个体经济共同发展的"四轮驱动"模式，带领村民共同富裕。形成了煤、焦、电、铝、运输、建材、旅游循环经济的产业链。从2000年至今共纳税1.43亿元，人均纳税4.2万元；2004年全村工农业总产值9.2亿元，全村纳税3700万元，人均纳税1.1万元，人均纯收入1.5万元。2004年9月，中共河津市委发出通知，号召全市人民向原贵生同志学习。

他担任党委书记以来，实施了"十大工程"：（1）安居工程。投资6000万元建成18幢村民住宅楼，全部实现了水、电、暖、煤气、热水、闭路电视、程控电话及宽带"七通"。（2）便民工程。投资1000余万元对东西大街及15条主巷道全部进行了硬化、亮化、绿化、美化。（3）希望工程。投资500万元建成了配套设施齐全的现代化教学大楼，并且每年拿出55万元，为初中、小学、幼儿园提供教育经费及考取学生、优秀教师的奖金。（4）朝阳工程。投资500万元兴建了禹门口公园。（5）精神文明建设工程。投资1500万元兴建了文化活动中心及广场和旅游接待中心。（6）就业工程。先后安置就业人员1600余名。（7）服务工程。投资140万元建成了大型停车场。（8）强农工程。9年来坚持做到"10不收"即：农业税、教育经费、农业用水和生活用水费、优抚照顾费等，全村没有一个贫困户。(9) 防洪工程。投资140万元，修筑防洪大坝，确保农业稳产、高产。(10) 富民工程。5年来集体分红总款达900万元。还先后为附近贫困村建校、修路、困难子女上学及平陆灾区捐款达35万元。

【郑忠民】　(1958.～　)，男，中共党员，大学文化，永济市卿头镇许家营村党委副书记。

他积极组织全村企业顺利完成体制改造，使企业焕发出勃勃生机，食用油加工能力由5年前的150T/D增加到现在的2500T/D，肉鸡加工能力由5年前的300万只/年增加到现在的2000万只/年，使该村成为中国中西部地区最大的食用油加工基地和肉鸡加工基地，5年来全村企业总产值达70余亿元。他坚持以人为本带动农民致富，组织建设两条棉花加工生产线，总加工能力达到800T/D，年消化棉花达10万吨，有效解决了老百姓卖棉难问题。带动了永济乃至周边县市20万棉农致富，带动了3900余户肉鸡饲养户致富。2004年，该村农民人均纯收入达到6500元，远远高于全国平均水平。他积极发展公益事业，实现了路、水、电、电话、有线电视“五通”，村内各项公益事业实现了“全免费”。他以身作则，永葆共产党员先进性，树立了一名基层农村干部的良好形象。

【薛靛民】　(1959.1～　)，男，山西阳光焦化（集团）有限公司董事长。

1986年，伴随着改革开放的时代步伐，出身于农家子弟的薛靛民伙同几个农民一起靠跑运输、创办小型洗煤厂起步，不断滚动发展。1992年，在当地政府的支持下，他在河津市清涧镇创办了全市规模最大一家以焦化生产为主的乡镇企业——阳光焦化集团。作为一个乡镇企业家，他不断抢抓机遇，致力把企业做强做大。尤其是2000年以来，他积极响应落实国家以及省、市政府有关产业政策，着力加快企业结构调整，近5年累计投资20亿元，先后规划建设了70万吨焦炉技改、320万吨重介质选煤、2×1.5万千瓦煤矸石发电、自备铁路一期、二期扩建工程以及110万吨焦炉改造等一大批极具产业优势的大项目。使今日阳光集团总资产达30亿元，员工3500余名，已成为集原煤洗选、炼焦化工、自备发电、铁路发运、煤气外供、自营出口为一体的享誉全国的乡镇企业。5年来，他带领的阳光集团先后被运城市命名为“明星集团”，被山西省政府确立为“全省300万吨以上三大焦化工业园区”之一，被山西省乡镇企业局授予“省级乡镇企业集团”称号。5年来，集团累计上缴国家税金达4.4亿元，为运城市乃至山西省的经济和社会发展作出卓越贡献。农民出身的他富而思源、富而思进，先后拿出2000余万元资助社会公益事业、光彩事业和再就业工程，目前阳光集团已安置农村剩余劳动力1980名，下岗失业人员达800余人，此举赢得了社会各界的广泛赞誉。

【李兆会】　(1981.3～　)，男，山西海鑫钢铁集团有限公司董事长兼总经理。

他上任以来，团结和带领海鑫员工，迎难而上、负重奋进，5年先后投资34亿元，完成11大工程，投资8.05亿元，完善9大项目，使企业技术装备达到了国际领先水平；年生产能力剧增，焦100万吨、铁260万吨、钢260万吨、材220万吨，产品品种增加到4大系列20多个品种130余种规格；产品质量达到国家免检，成为世界最大的跨海大桥——杭州湾大桥的首选钢筋；企业年产值达73亿元、年销售收入达71亿元、年创利税达11亿元，分别比2000年增长386%、343%、450%，并跻身全国钢铁企业34位、山西省工业企业第5位；近年累计纳税9.1亿元。其中2003年纳税2.7亿元（9195万元关税除外），占到县财政的69.9%，2004年纳税3.66亿元（1.77亿元关税除外），占到县财政的70.4%，与2000年相比，两年纳税分别增长350%、510%；5年安置农村剩余劳动力、大中专毕业生和国企下岗职工3280余名；每年支付当地运输费、原料费等达18.1亿元；先后拿出1.33亿元用于扶贫济困、兴学助教等社会公益事业。

海鑫集团曾获得“全国乡镇企业科技园区”、“全国质量管理先进企业”、“全国守合同重信用企业”、“全国五一劳动奖状”。

【李晋芳】　(1960.8～　)，男，研究生学历，中共党员，1997年参加工作，山西省运城市地方税务局局长。

他自2000年担任现职以来，以自己丰富的工作经验和执著的敬业精神，使运城市的地方税收由2000年的5.5亿元增长到2004年的9.2亿元，5年累计为国聚财35.9亿元，代征各项收入3.2亿元。在全国税务系统率先成立了“地税110”服务中心；率先成立了党委（系统），全省地税系统党建观摩研讨会在该局召开，该局党建工作经验作为唯一一家地市级单位在全国税务系统党建研讨会上进行了交流；率先实行了张榜公布、银行发放、本人领取的农业税减免款发放办法；在全省地税系统首家建成了计算机城域网，计算机控税面由过去的78%提高到目前的97%；首家实行了征收、管理、稽查分离的征管模式；2000年以采，在全省地税系统的目标责任制考核和党风廉政建设考核中连年名列前3名；在全省开展的行风评议中连续两年被当地评为第一名。

他于2002年和2003年连续两次荣获“山西省五一劳动奖章”，2004年荣获“山西省特级劳动模范”称号，同年荣获全国“人民满意的公务员”称号，12月又被中宣部确定为加强党的执政能力建设的先进典型。省委组织部、宣传部、文明办、人事厅和运城市委、市政府均作出了向李晋芳同志学习的决定。他所领导的单位于2002年获得“山西省模范公务员集体”，“全国创建文明行业示范点”、“全国创建文明行业工作先进单位”等殊荣。

山西省“五一”劳动奖章获得者

【张胜杰】　(1971.10～　)男，

汉族，技校毕业，中共党员，现为山西省中条山有色金属集团有限公司机电设备分公司加工车间钳工班长。

他刻苦学习钻研技术，5年间读完了20余册专业书籍，写下20多万字的技术笔记，逐步成长为岗位技术能手。先后，完成重点项、急项、难项150余项，并带出7名合格徒弟，为企业的发展做出了突出贡献。

他在发明创造和技术革新中做出了显著成绩。发明了侧底双刃钻头，使锥形平底盲孔的加工一次完成，提高工效3倍多。在钳工划线方面成功地创造出"错位划法"、"分位划法"、"分工序划法"、"伞齿轮近似圆弧代替渐开线划法"等一系列先进实用的划线方法，且全部用于生产实践，不仅使划线效率提高3—8倍，而且保证了加工精度和质量。他首创了内燃机车轮箍原地车削加工方法，为企业节省资金50余万元。他组织技术攻关，首次成功试制出氟化铝预反应器，填补了国内制造业的一项空白。他还完成了30多项技术革新，为企业创造直接和间接效益120多万元，每年增加产值50多万元。并通过开发系列产品，为企业开辟了200多万元的市场。

他情系企业，竭诚奉献，平均每年完成6100多工时，等于1年完成两年的工作量。5年来共义务献工210多天。许多厂家想高薪聘请他，都被他断然拒绝。

2002年，被评为集团公司优秀党员、生产标兵、青年岗位技术能手；2003年，被评为集团公司技术创新能手、劳动模范，荣获运城市"十大技术创新能手"、运城市五一劳动奖章；2004年，被评为集团公司劳动模范，授予山西省劳动模范称号。

【李晋杰】 （1958.2～ ），男，中共党员，大学文化，1973年参加工作，运城市教育局党组书记、局长。

他开拓创新，锐意改革，带领全市教育工作者坚持以邓小平理论和"三个代表"重要思想为指导，认真落实科学发展观，殚精竭虑抓大事，着力解决教育改革发展中的重大问题和紧迫问题。高考成绩大幅度提升，一举扭转徘徊不前局面，本科达线7463人，比上年增加2301人，10年来首次跃居全省第一。中小学人事制度改革卓有成效，建立了"人员能进能出，职务能上能下，待遇能高能低"的用人机制，285名优秀教师走上领导岗位，561名不合格校长被淘汰，195名在编不在岗教师和3129名临时代课老师被辞退。学校面貌焕然一新，新建学校941所，改造危房45.5万平方米，撤并学校230所、教学点350个。13个县（市、区）实现了"校校通"，全市被确定为"国家面向农村中小学远程教育百亿工程"投资地市。丰富多彩的未成年人思想道德建设扎实有效，为广大中小学生创设了良好的成长环境。职业和成人教育服务功能明显增强，11个县（市）建起了县级职教中心，培养科技当家人、致富带头人，培训农村富余劳动力45万余人次。民办教育持续快速发展，新建学校132所，在校生增加4.8万人，继续在全省保持领先地位。教师队伍素质稳步提高，先后培养和培训教师13万余人次。贫困生资助机制更加完善，2万余名贫困生受到资助，免费为11.8万贫困生提供教科书，全市无一名贫困生失学。教育行风建设成效显著，查处乱收费1831.3万元，51人受到党纪政纪处分。全市多项先进经验在全国、全省推广。在全省2005教育工作会议上，本市教育工作综合考评、危房改造、行风建设均名列全省第一，受到省政府表彰。

【杨金贵】 （1956.7～ ），男，中共党员，研究生学历，1976年8月参加工作，现任市人口计生委主任。

他多年来，勤勤恳恳、兢兢业业、正正派派、为党和人民工作，多次受到中央、国家、省、市奖励。2004年，他继续发扬勤奋学习，善于思考，爱岗敬业，踏实肯干，锐意改革，开拓创新的精神。在建立学习型机关、团结型机关、工作型机关、法制型机关、廉洁型机关、快乐型机关和人口计生干部素质建设，提高工作能力上，主持实施了一系列有效措施，使各项工作取得长足进展。全市人口计划生育工作基础不断提升新水平；依法管理不断完善新规范；宣传教育不断打造新特色；优质服务不断展示新形象。他组织了全国"关爱女孩"征联活动，并主编了《炽情联语》一书，由山西人民出版社出版，国家人口计生委主任张维庆题写了书名。全市人口出生率为13%。自然增长率为6.8%0，继续保持"低出生、低增长"的良好水平。计划生育信访结案率达100%。市人口计生委被山西省委、省人民政府授予全省"劳动模范集体"荣誉称号；被山西省人民政府授予"全省人民满意的公务员集体"荣誉称号；被国家人口计生委授予"全国行风建设先进集体"荣誉称号；被运城市精神文明建设指导委员会授予"市级文明单位"称号；被中共运城市委授予"2002—2004年度党风廉政建设先进单位"称号。市计划生育协会被国家计生委、中国计生协会评为全国计生协会先进集体。他被市直工委评为十佳带头抓党建领导干部。各级新闻媒体共报道本市人口计生工作131次。

【李明造】 （1956.8～ ），男，中共党员，大学文化，1978年参加工作。

曾任运城地委组织部组织科长、市委机关事务管理局副局长。2001年2月任运城民航机场管理局局长，运城空港集团总公司董事长。他带领一班人开拓创新、顽强拼搏、艰苦奋斗，使各项工作取得了空前的突破。

他是一个事业心极强的"务实"型干部。他在机场建设上，从严要求，着眼高起点、高标准，带领一班人经过3年艰苦奋战，终于建成了全国一流的支线机场，2005年2月7日顺利地实现通航。专家看后说，运城机场候机楼全国半数干线机场比不上，堪称全国68个支线机场第一。他也是一个勇于开拓进取的"创新"型干部。为了建机场，养机场，经市委、市政府批准，他带领一班人，率先在全国第一家建起了机场城，受到国家民航总局局长杨元元的肯定。形成了一个以机场为窗口，以机场城为依托，以机场大道为纽带的极具活力的机场经济圈，机场城面积将达到20平方公里，财政税收达5个亿，相当10个县的财政收入。还是一个具有战略眼光的“超前”型干部。为了与机场运营和发展运城旅游业相配套，他还实施了度假村工程。建设了一个集住宿、餐饮、游泳、洗浴、健身、娱乐等为一体的高档次、多功能、高品位的度假、会展中心，成为支持机场和旅游业发展的新亮点。他更是一个与群众心心相印的“爱民”型干部。对失地的农民，工程建设在本村、本组的地域，由本村、本组能人牵头组成劳务队，安排项目所在村、组的劳力进厂务工，对世世代代的当地农民，只要年满60岁，均享受每人每月100元的生活补贴，使农民人均收入猛增到4000元以上。

2004年5月，运城市委、市政府授予他特级劳模称号；2005年2月，市委、市政府还授予他机场建设特等功臣称号。

【张建成】　(1962.8～　) 男，山西稷山县人，研究生文化程度，中共党员，1988年参加工作，山西省农科院棉科所研究员。

他近年来共主持国家及省农业科研课题和推广项目6项，2004年取得4项科研成果，其中“花果丰—氨基酸微肥研制与应用”、“棉花抗逆营养剂—棉康”分别获山西省科技进步二等奖，“河东乌麦（黑小麦）专用品种选育”被山西省农作物品审委审定并命名为“运黑28号”小麦新品种，“棉花促早避霜剂”获国家发明专利。以上4项成果已在省内外广泛应用，累计推广面积达1881.6万亩，增创社会效益达15.3亿元。近年来共在省级以上学术刊物上发表论文38篇，其中第一作者15篇。

他不仅在科研工作中硕果累累，而且在科技成果转化和推广上也取得了显著成绩。担任本所农化厂厂长4年来，他以勇于开拓、不断创新的精神，带领员工先后开发研制出7个农化新产品被农业部登记生产，使企业扭亏为盈，年利税实现80万元，连续3年被省农科院评为“先进（模范）企业”。为了更好地服务“三农”，2002年以来，他组织科技人员深入农村向农民传授科学技术50余次；发放农科书籍及宣传材料30万册（份）；为贫困村农民无偿赠送农化产品5吨，价值1万元；免费为农民订阅《农业信息周刊》报500份，免费赠送《果树高光效开心形栽培技术》挂图2000套，价值3万元，为农业增效、农民增收做出了突出贡献，2002年获运城市直“十佳”优秀共产党员称号，2003年获运城市优秀共产党员、省农科院优秀共产党员称号，2004年被本单位评为科技创新模范和经营创收模范。

【刘喜存】　(1957.2～　)，男，中共党员，1977年参加工作，南风化工集团原料分公司四工段工段长。

他担任段长以来，爱岗敬业，无私奉献，忠实履行党和人民给他的权力，踏踏实实干一番事业。

在技术革新上，他吸取前人研制铲硝机械化的经验，自己投资，自行设计，自行研制，于1998年成功地研制出串联皮带运输机样机，代替了人工拉硝的生产工艺，减少了三分之二劳动力。

1999年他研制的串联皮带运硝机由1998年的一台样机，发展到7台，2000年又扩展到15台。现在整个原料分公司已有53台串联皮带运输机，承担了80%以上的水硝生产任务。

2002年他又不满足串联皮带运硝机，只运硝不会收硝的缺憾，着手研制收硝机，经过2年的摸索、实践，终于于2004年11月，他自行研制的“螺旋收硝机”在四工段硝池成功地与原先的串联皮带运硝机相匹配，使铲硝工艺由半机械化发展到了全机械化，2005年元月“螺旋式收硝机”正式下池作业，每小时收硝60—80立方，一天可收装水硝600—800立方。他的研制成果为集团公司的水硝生产降低劳动强度，提高工作效率，增强市场竞争力做出了贡献，是水硝生产史上的一项革命。

他多次荣获南风先进工作者称号，并于1996年获运城地区劳动模范，于2003年获运城市“技术创新能手称号”、“五一劳动奖章”称号，于2005年被南风集团记个人特等功一次，是“创建学习型组织，争当知识型员工”的光辉典范，被南风集团誉为许振超式的南风员工。

【贺仙娥】　(1953.1～　)，女，汉族，山西省河津市下化乡人，高中文化，无党派人士，现任山西礼铭铝电科技集团有限公司董事长兼总经理，运城市民营企业协会副会长。

她1975—1976年在下化学校任教；1987—1993年任河津县黎明能源开发总公司副董事长，1993年8月任董事长。1997年组建山西礼铭煤焦化集团有限公司，任执行董事。2000年组建山西礼铭铝电科技集团有限公司，任执行董事。2001年10月任山西礼铭集团董事长兼总经理。2003年9月当选为河津市三届政协常委。2004年当选为运城市工会代表。

她带领集团全体员工，认真贯彻以效益为中心的方针，大力推进企业经营和建设，2004年共产原煤26万吨，焦炭10万吨，水泥5万吨，实现销售收入17100万元，当年完成利税6510万元，上缴税收510万；落实“以人为本，安全为天”的管理理念，实现全年无事故；按照市政府的要求，加快产业结构调整步伐，筹备和建成设施和环境堪称河津一流的“礼铭大酒店”。年增加销售收入2000万元，利税190万元。

积极参与社会福利和慈善事业，先后为临猗沉船事故困难家庭、本市下化山区希望学校、柴家乡贫困地区文化建设、僧楼镇困难村集资建校以及市政府规划的工业园区路建设出资280余万元。

【周爱国】　(1956.3～　)，男，中共党员，大学文化，夏县人，1979年参加工作，盐湖区供电支公司经理。

身体力行“三个代表”重要思想，深入贯彻十六大精神，紧紧围绕盐湖区委、区政府“三强一大”经济工作目标，坚持人民电业为人民，盐湖供电为盐湖，与时俱进，求真务实，在盐湖区工业园区化、农业产业化实施上，扩充投资2200余万元进行电力设施建设，为盐湖经济的发展提供了原动力。电网建设历史空前，在大规模的两网改造工程中，他千方百计跑项目，争资金，亲临网改现场精心指挥，从严管理，为盐湖电网建设出谋划策，呕心沥血，至2004年如期完成2.6亿元的城、农网改造任务，共减轻农民负担2650余万元，两改工程荣获原国家计委先进单位，省电力公司、国家电网公司分别召开现场会推广两改管理经验。优质服务6年连冠，他大胆创新，务实进取，在全公司率先提出了“只要客户一个电话，其余由我们来做”；推出了“零点服务”、“跟踪服务”等六项特色创新服务，该公司连续6年被区委、区政府评为“行风建设先进单位”和“服务经济成效显著”荣誉称号。企业发展实现新跨越，他内严管理，外求发展，在他的领导下，公司实现了“强基础，增实力，争一流，创品牌”6年六大步历史性跨越，2004年进入全国一流供电企业行列。造就了一支过硬的职工队伍，他集思广益，发扬民主，在他的带领下，公司领导班子精诚团结，开拓创新，公司员工爱岗敬业，努力拼搏，连年完成各项生产经营指标，为公司的可持续发展奠定了坚实基础。

【王家有】　（1955.10～　），男，中共党员，稷山县人，山西稷山县信用联社理事长。

2004年该社各项存款余额达78067万元，净增9525万元，占全县总市场份额的51%；各项贷款余额61280万元，累计发放各项农业贷款68976万元，农业贷款占比为全县金融机构的96.2%；全年增扩股金867万元；完成全年计划的666.9%；绝压不良贷款393万元，完成任务的151.2%，占比较年初下降了4个百分点，实现了余额、占比“双下降”；年末，实现利润810万元，完成全年利润目标的115.7%，综合排队在全市信合系统名列榜首。

作为运城市农村信用社劳动用工和工资制度改革试点县，积极打破用人身份界线，推行全员劳动合同制和效益工资。通过改革；全县招收大中专院校毕业生52名，精简人员35名，职工人均收入较上年大幅增长。本着以农为本的指导思想，当年累计发放各项农业贷款68976万元，全力支持辖区农业增产、农民增收。同时，新评信用户2610个，创建信用村16个，并召开了全市信用工程创建现场会。目前，全县7个乡（镇）有4个达到信用乡镇标准，已符合信用县的条件和标准，正申请成为运城市第一家“信用县”。

实现各项收入4989万元；各项支出4178万元，实现盈余810万元，连续第三年实现社社盈余目标，连续第八年被运城市联社评为“先进工作单位”，同时，作为全省五家县级联社代表之一参加了国家银监委李伟副主席主持召开的经营改革座谈会，并被中国人民银行天津分行评为“改整规农村信用社先进单位”；被运城市委、市政府授予“百佳诚信单位”、“市级安全文明单位”、“市级文明单位”等荣誉称号。

【王兵娟】　（1966.3～　），女，大专文化，民建党员，兵娟制衣有限公司总经理。

她于1983年北京服装设计学院毕业后，谢绝了院方高薪留聘任教的盛情，回到临猗创办了“兵娟高档服装裁剪学校”。10个春秋，先后办培训班208期，结业学员达几万人；为实现她的人生价值，1993年白手起家创办了“兵娟制衣有限公司”。企业“依靠科技进步、塑造知名品牌、强化内部管理、促进企业发展”的宗旨，实施“以人为本、以德办企、以诚信求发展”的经营理念，企业10年实现了四次飞跃，迈上了三个台阶，由家庭作坊式一跃成为新型现代化企业。

她热心社会公益事业，先后为抗洪救灾、抗击“非典”、抢险、扶贫、兴建学校，捐款26.5万元；企业开发生产的30多个行业制服，远销全国各地，颇受广大用户好评。为了搞好售后服务，她2004年跟踪调查、上门服务和联系业务，行程9.8万公里；2003年，自筹资金，在临猗高新工业园区投资8000万元，征地47538m²，建筑面积为23000m²，创建年产100万/套服装产销企业，新增当今世界先进设备2600万元；企业注册资金3000万元，总资产1.2亿元，职工408人，是集科研、设计、制作、培训与售后服务为一体，组成十条生产流水线，实行规范生产。“兵娟”牌商标被评为“山西省著名商标”；并通过IS090012000质量管理体系认证；2002年被国家林业局确定为“2001”式林政服定点生产企业；2003—2004年，在全国警服投标和资格审查活动中，被国家公安部确定为“99”式人民警察服装定点生产企业；被山西省技术监督局、粮食厅、交通厅确定为制服生产定点企业；2003年，在抗击“非典”斗争中，被山西省药检局确定为卫生用品定点生产企业；山西省安监局确定为普通防护服定点生产企业；山西省中、小学生校服定点生产企业；企业年产值和利税逐年成倍增长。2004年，产值多达9738万元，利税3115万元，新增员工全部到位、设备满负荷运行可年产值超过1亿元，实现利税3200万元，安排劳动力就业岗位800余个，职工工资月平均达600元以上。

【李培谦】　（1955.5～　），男，大专文化，中共党员，万荣县人，1970年参加工作，万荣县急救中心主任。

实施严格管理，不断完善规章制度；注重培养急救人员良好的医德医风；不断提高急救人员的业务技术素质。为了提高急诊能力，做到“有求必应、有诊必接”，更新了一大批先进的抢救设备，增加了具有丰富临床经验的医护人员充实急诊力量，安排了120电话专人接听员。为了充分调动全员学业务和比技术的积极性，于2004年4月份举办了一次“医护急救技术大比武”活动，极大地增强了大家的急诊意识；在7月份参加全县地震应急模拟演练中，队员们紧张有序、一丝不苟、高效快捷地完成了演练规定的五个课题，受到了县领导的一致好评。为促进急救中心医护人员整体素质的提高，他经常带领医护人员进行业务学习，对重点病例进行讨论，并且毫不保留地把自己的临床经验传给大家，使大家的业务水平不断得以提高，为全县群众的急诊求救提供了有力的保障。勤于学习，勇于实践，刻苦钻研业务知识，在医疗领域内不断探索创新，多次到省、市及四军大医院进修学习，专业技术日趋精湛，率先在万荣县开展了“开胸实施肺叶切除术”，腹腔镜胆囊、卵巢囊肿、子宫肌瘤切除术，前列腺微创电切术等手术，被誉为“万荣外科一把刀”。

【吉有芳】　(1965.3～　)，女，大专文化，中共党员，1975年参加工作，运城市蒲剧团国家一级演员。

荣获第21届中国戏剧梅花奖：以《西厢记》（饰红娘）、《藏窑》（饰阴丽华）、《杀狗》（饰焦氏）参加第21届中国戏剧梅花奖推荐演出，受到北京观众的热烈欢迎，被全国专家誉为“浑身是戏”、“光彩的演员”、“难得的花旦演员”。4月18日，由中国戏剧家协会、扬州市人民政府、《扬子晚报》，在扬州联合举办“烟花三月下扬州——梅之韵”颁奖晚会，荣获“梅花奖”。在两场晚会上演唱《西厢记》红娘唱段，受到好评。

参加15省市元旦戏曲晚会“花好月圆”录制。11月16日至18日，作为山西省电视台推荐的唯一一个戏曲演员，赴湖北省武汉市参加“15省（市）2005年元旦戏曲晚会”录制工作，主演的《表花》受到全国观众的好评。

时刻不忘保持为广大观众服务的宗旨，全年下乡演出200多场，受到城乡人民的普遍欢迎。主演的《西厢记》在中央电视台多次播出，在全国产生广泛影响，在本地演出也由一场2000元陡升为万元以上，获得了极好的经济效益和社会效益。

【张喜民】　(1950.2～　)，男，高中文化，中共党员，河津市人。

靠自身发展，从不贷款，抓企业生产，促使企业规模不断壮大，产业链条不断延伸，已形成洗煤、炼焦、煤气发电、化工生产一条龙。

抓企业管理，使企业逐步走上现代企业的轨道，同时强化纳税意识，主动交纳各项税金，2004年喜民焦化公司上缴国家税1257万元，人均上缴税金6.55万元，成为全市的纳税大户和模范纳税单位。

抓工会工作，关爱员工生活，投资20余万元用于改善员工生活、工作条件，及时兑现员工工资，多年来未发生一起劳动争议案。

抓安全生产，努力做到投入到位、措施到位，及时整改安全隐患，多年来未发生一起重大工伤事故。

慷慨解囊回报社会，热心公益事业，2004年捐资100万元建喜民教学大楼一幢。捐资95万元修东赵路一条，给赵家庄教学楼捐资20万元。

【王世界】　(1942.6～　)，男，初中文化，中共党员，临猗县孙吉支部书记。

1960年至1976年担任队长、主任和党支部书记；1976年至1989年担任孙吉公社副主任、黄河农场场长，之后创办民营企业“黄河鞋厂”，1997年至今，又担任村党支部书记。45年来一直奋战在农业第一线，满腔热忱，积极创业，带领广大群众走上致富之路。

积极为农村发展办实事、创大业。先后带领群众铺设水泥硬化巷道四五公里，改善了交通和生活环境；建成提水高灌站和1200米输送管道80与60渠道3000米，增加扩浇水地4000亩，促进了农村经济发展；新建成3000平方米教学校舍两幢，配备教学电脑12台以及修建校门、铺路，全面优化了教学环境和条件。并重新盖了村委会，总投资达到250多万元。

热情带领群众发展经济，促农增收。引导群众进行科学调查，亲自引进油葵、籽麻、大豆等优种，帮助全村农民年增收150万元，人均500多元；1998年成立集市，促进流通，搞活经济，帮助100余人投入第三产业，帮农民增收30多万元；支持村发展巨型养猪场7个，养鸡场5个，纸箱厂和果库、泡沫纸袋厂等15个企业，促进了经济全面发展；引导36名村民，奔赴北京等地，务工经商，每年帮助增收300多万元。使全村农民人均收入达到3500元以上，跨入富裕型小康村行列。

带头勤劳致富作表率，当好领头人。在改革大潮中，率先兴办民营企业，为村民走向市场起了带头作用。担任干部期间带头开发优种柿、枣，带动全村扩大面积150多亩，真正成为群众致富的带头人。

连年被县、镇两级评为优秀党员、模范干部；2004年度被评为中国农村改革新闻人物，受到国家级表彰和国家领导人的接见。

【朱文峰】　(1966.10～　)，男，大学文化，中共党员，平陆县人，1984年参加工作，临猗县人民检察院检察长。

能始终坚持以查办职务犯罪案件为突破口，带动其他。在反贪工作创新办案机制、改革办案模式，全年立案14件，侦结、移诉13件，全部被法院做有罪判决，取得了撤案、不诉、退补、超时限、无罪判决五个零指标，有罪判决率名列全省前茅。在运城市院组织的年终总评中该院12项工作进入先进行列，4项名列第一。公诉、反贪、控申、民行、纪检监察等五项工作的先进经验和做法，被省院肯定并在全省检察系统转发推广。加大处理涉法上访案件工作力度，彻底解决了13年来12起涉法上访积案，特别是河南杭世魁连续13年赴京上访案圆满解决，受到了最高人民检察院胡克惠副检察长和省市领导的好评。加强内部管理，亲自主持制定出台了38项制度，装订成册，人手一本。在全省率先成立了检务督察室。率先建立了高标准的警务区和办案餐厅、办案公寓。使全市完善制度，创新机制确保司法公正现场会和市检察机关执法机制建设现场会在该院召开。他领导的临猗县院荣获山西省检察院“先进检察院”、“五好检察院”、“文明接待室”；反贪局荣获“先进集体”、“办案质量先进单位”；被运城市委、市政府、市政法委授予“市级安全文明单位”、“百佳诚信单位”、“首问责任制先进集体”、“执法检查先进集体”；被运城市检察院授予“先进检察院”，整体工作受到上级的充分肯定。

【王培明】 （1960.9～ ），男，中共党员，研究生文化，1976 年参加工作，晋城市人，现任中国工商银行运城分行行长、高级经济师。

担任运城分行行长以来，面对严重亏损的局面，坚持与时俱进，锐意改革，勇于创新，使运城分行各项业务突飞猛进，经营效益一年一个新台阶，4 年迈出四大步。2001 年一举扭亏为盈，全行实现封闭利润 5876 万元。2002 年实现两大利润大幅盈利，全行实现账面利润 8823 万元，封闭利润 8958 万元。2003 年经营效益刷新历史纪录，实现账面利润 8238 万元，封闭利润 12450 万元。2004 年，经营效益再创历史新高，全行实现经营利润 16737 万元，账面利润 16344 万元，较 2000 年增长了 756%。全辖 14 个支行中，盈利行由 2000 年的 8 个增加到 12 个，盈利面由 57% 上升到 85.71%。其中有 5 个支行跻身全省城区支行“效益十强”和县支行“效益五强”行列。短短数年，该行消化财务包袱 1 亿多元，经营绩效等级由 B 攀升到 A，连升 4 个级次；4 年间，该行行长责任目标绩效综合考核得分持续名列全省前列，连续 11 个季度名列全省第一，行长经营绩效考评等级跻身全国二级分行第 49 位。全辖 14 个支行全部荣获市级“文明单位”称号，二级分行和 3 个支行荣获省级“文明单位”称号。该行先后被山西省工行表彰为“先进单位”、“先进集体”等 20 多次，被山西省税务局授予“A 级纳税单位”，被省体育局授予“全民健身先进单位”，被山西省总工会授予“山西省财贸系统优质服务先进单位”和“创建优质服务品牌模范集体”等荣誉称号。他个人曾多次被评为省、市级“先进工作者”和“优秀共产党员”；连续两年被省政府评为 70 名优秀厂长、经理之一；2001 年，被工总行列为“跨世纪百名人才”之一；2002 年，荣获山西省“五一”劳动奖章；2004 年，被运城市委、政府表彰为“特级劳动模范”。

【毛基永】 （1953.5～ ），男，大学文化，中共党员，1973 年参加工作，现任河津市人民法院院长。

任基层人民法院院长 11 年来，能认真接受人大和上级法院的监督指导，扎实工作，开拓创新，大胆改革，真抓实干，严格管理。顺利地解决了河津市人民法院长期没有进行的机构改革难题，成功地进行了审判机制的改革，选任了审判长、执行长；出台了权利责任一体化管理新机制；科学地规范了法院各项工作，出台了岗位目标一体化管理新机制；开展了”司法为民”活动，制定了 25 条便民措施；举办了“司法公正树形象”演讲赛，“先进性教育法官之声”文艺晚会和“先进性教育”知识竞赛。开创了法院各项工作新局面，树立了人民法院新形象，各项工作受到各级领导和广大人民群众的好评和认可。在工作岗位上，他总是身体力行，发挥表率作用，在母亲病危的时刻，他没能在母亲身边尽孝，照顾母亲，强忍内心痛苦，依然为法院机构改革和审判执行工作殚精竭虑，费尽心血，直到母亲去世，他才返回家中。在他的精神感召下，全院干警掀起了比学习、比办案、比技能、比创新、比作风的竞赛高潮，促进了全院各项工作任务的圆满完成。多年来，他先后被山西省高级人民法院荣记个人二等功，评为先进工作者，授予“百名好法官”称号，被运城市劳动竞赛委员会授予“杰出公仆”称号，并多次受到县、市的表彰。

【高建光】 （1958.5～ ），男，大学文化，中共党员，稷山县人，1977 年参加工作，现任运城宾馆客房部主任，经济师。

先后提出了“优化客房结构，提高客房出租率”、“坚持以会议为主，散客为辅”、“开放式营销”等方略，建立了专职与兼职相结合的 20 余人的营销队伍，使客房出租率达到 72%，回头客达到 50%。2004 年，客房收入达到 1200 万元。

制订了从仪表到质量的“八项达标”、“十项规定”和走动式动态管理机制；做到了标准化服务、承诺服务兑现和向感情服务、超值服务延伸“三到位”。

他坚持用理论武装员工，用达标规范员工，以培训竞争激励员工，用关心和温暖凝聚员工，培养和造就了一支思想好、业务精、能吃苦、作风硬的员工队伍，为荣膺“三星”级宾馆奠坚实的基础。

他对自己能够严格要求。与同志团结共事，大事讲原则，小事讲风格，在班子之间、中层干部和客户之间发挥了突出的协调作用。他恪尽职守，无私奉献，全年加班累计超过 200 天，以求实、务实、清廉、高效的作风，赢得了宾馆上下的一致好评。

多年来，他能够立足本职，服务大局，兢兢业业奋战在接待工作第一线。多次被宾馆评为“最佳管理者”、“优秀管理人员”。2001 年荣获运城市“劳动模范”。

（人物资料由市总工会提供）

（责任编辑：景惠西　赵新慧）

县（市、区）概况

河 津 市

【概况】 2005年，全市人民在市委、市政府的正确领导下，以“三个代表”重要思想和十六大以及十六届三中、四中全会精神为指导，紧紧围绕“龙门三级跳”战略构思，坚持以科学发展观统揽全局，以建设现代化新型工业城市为目标，继续加大经济结构调整力度，积极营造良好的投资环境，加快改革发展的步伐，取得了新的成绩。全市国民经济运行呈现快速、高效、健康发展的良好态势，“十五”计划顺利完成。在国家统计局发布的全国经济百强县市2004年度排名中，河津市由95位上升为83位，前移了12位。

综合 国民经济持续快速增长，总量再上新台阶。据初步核算，2005年全市完成生产总值（GDP）131.8亿元，比上年增加28.6亿元，按可比价格计算，比上年增长16.2%。人均生产总值由上年的28787元增加到34529元，比上年增长15.5%。全市完成财政总收入20.8亿元，同口径比上年增长26%，其中地方一般预算收入完成4.6亿元，比上年增长42%。

三次产业全面发展。第一产业完成增加值2.65亿元，同比增长15.2%；第二产业仍是全市经济增长的主要推动力量，完成增加值97.2亿元，同比增长14.9%；第三产业完成增加值32亿元，同比增长20.7%。三大产业占GDP的比重为2.0：73.7：24.3。

社会经济发展中存在的主要问题是：农业生产条件还比较落后，农业产业化经营水平不高，农产品加工相对滞后，农民收入较低，城乡差距拉大；经济增长方式较为粗放，经济社会发展与资源环境的矛盾仍显突出，民营经济产业单一，产品科技含量低，市场竞争力不强；就业和再就业压力仍然较重，社会保障体系尚待进一步完善，居民收入、消费差距继续扩大等。

农业 2005年，在多灾的气候因素不利条件下，认真贯彻统筹城乡发展战略，坚持“多予少取放活”的方针，强化各项支农政策，促进粮食增产，农民增收基础上，又取消全市九年制义务教育阶段学杂费，不断减轻农民负担，加大了反哺农业力度，极大地调动农民种粮积极性，提高了粮食综合生产能力。2005年，全市全年完成产业产值4.4亿元，比上年增加0.9亿元，按1990年不变价计算，比上年增长17.1%。其中：（一）农业完成现价产值3.3亿元，比上年增长26.9%。（二）林业完成产值359万元，比上年增长385.1%。（三）牧业完成产值6635万元，比上年减少5.8%。（四）渔业完成产值390万元，比上年增长8.9%。据抽样调查统计，全年粮食播种面积48.3万亩，比上年增长38%，粮食总产量达到11331.7万公斤，比上年增长1.0%；其中：小麦播种面积24.1万亩，比上年增长26.8%，小麦产量4945.0万公斤，比上年减少5.9%；秋粮播种面积18.8万亩，比上年增长17.5%，秋粮产量6368.7万公斤，比上年增长7.2%；棉花播种面积0.2万亩，与上年持平，棉花总产量139.7万公斤，比上年减少26.4%；油料播种面积9000亩，比上年增长93.5%，油料总量141.4万公斤，比上年增长160.0%；蔬菜播种面积0.26万亩，比上年增长8.3%，蔬菜总产量4474.6万公斤，比上年增长58.6%；水果产量1567.7万公斤，比上年减少4.5%。

农业结构调整和产业化经营取得新进展。2005年全市发展特色农业，建成2000亩无土栽培蔬菜、2万亩优质粮食、3万亩芦笋、2万亩红薯、6万亩优质苹果和400头牛养殖基地，四条区域性特色农业初步形成，积极扶持农产品加工龙头企业，全市形成7个“公司+农户”、“公司+基地”经济联合体，农业产业化进程大大加快。畜产品产量保持平稳的发展态势，全市全年肉类总产量456.3万公斤，比上年增长8.1%，其中：猪肉产量350.5万公斤，比上年增长8.8%；奶类产量177.2万公斤，比上年减少2.4%，禽蛋产量444.5万公斤，比上年减少9.5%；大牲畜年末存栏4621头，比上年降低18.8%；生猪存栏4.5万头，比上年增长21.6%；羊存栏2.5万只，家禽年末饲养量78.1万只。

农业基础设施不断完善，抵御自然灾害能力不断增强。2005年，全市农业水浇地面积18371公顷。农业机械化水平达到11949万千瓦时，农村化肥用量（折吨）10858吨，农用柴油使用量达4067吨。

工业和建筑业 工业生产继续保持较快的增长势头。2005年，全市工业企业完成工业总产值188.9亿元，比上年增长22.3%，完成工业增加值91.1亿元，比上年增长14.4%。国有工业企业及销售收入在500万元以上的非国有工业企业完成工业增加值80.3亿元，比上年增长13.0%。其中：中央企业完成增加值34.4亿元，比上年增长19.9%。在地方工业中：县及县以下工业企业完成工业增加值40.0亿元，比上年增长11.1%。

工业经济运行质量和效益明显提高。全市全年规模以上工业总产量达到166.6亿元，比上年增长20.4%，实现产品销售收入159.8亿元，比上年增长22.1%，产品销售率达95.9%，实现利税37.9亿元，比上年增长6.8%。

民营企业发展后劲不断增强，更加有力地推动全市经济和社会发展。2005年，全市乡镇企业个数

3527个，从业人员55003人，完成产值160.5亿元，同比增长21.3%；完成增加值45.2亿元，同比增长24.6%；营业收入完成154.9亿元，同比增长21.9%；上缴税金9.6亿元，同比增长39.1%；利润总额完成9.5亿元，同比减少6.9%。

受国家宏观调控的影响，主要工业产品产量有升有跌。原煤133万吨，减少59.1%；焦炭672万吨，增长15.5%；水泥86万吨，减少15.7%；电解铝7.5万吨，增长4.2%；生铁70万吨，增长29.6%；氧化铝151万吨，增长7.9%；发电量66.3亿度，下降6.3%。

建筑业生产经营发展迅速。据初步统计全市建筑业共完成增加值6.1亿元，增长22.3%。

固定资产投资　固定资产投资受国家宏观调控影响增速有所缓减，但仍然保持增长态势。2005年，全市共完成固定资产投资52.4亿元，比上年同期增长0.4%。其中：新建投资完成34.3亿元，扩建投资完成14.7亿元，改建和技术改造完成投资3.4亿元。

重点工程进展顺利。建康集团万吨精铝、龙门集团5000吨电解铝、远东特铝三期扩建新项目建成投产、龙门集团节能电厂、昌鑫公司煤气发电、达康电厂、东方冶金电机全部建成投产。与此同时，中铝山西企业80万吨氧化铝和华泽铝电28万吨电解铝项目建成投产。这些项目的顺利建设，为全市经济发展提供了新的增长点。

交通和邮电业　2005年是实施“十五”规划的最后一年，也是本市道路建设实现质的提高和量的飞跃的一年。全市共铺开市乡道路13条，总里程39.98公里。在村通及巷道硬化方面，投资2亿元，共改建、新建各级各类道路1000余公里，公路密度百平方公里达到143公里，这一年，全市修路的总里程是解放以后50多年修路总和的2倍。2005年全市公路客运量407万人次，增长1.8%；公路货运量728万吨，增长13.9%；全社会旅客周转量2.9亿人公里，比上年提高3.6%；货物周转6.2亿吨公里，比上年增长12.7%。

邮政电信业务进一步扩大。全年完成邮电业务总量18891万元，年底全市固定电话达到100833门，其中市话类42768门，农话58065门。年末移动电话用户达到14.3万户，其中移动达到9.9万户，联通达到4.4万户，宽带用户达10098户，小灵通用户发展到19213户。

国内贸易和市场物价　商业企业以加快结构调整、发展新型商业业态为首，努力改善消费环境，扩大市场销售。2005年，全市社会消费品零售总额完成21.8亿元，比上年增长19.9%。按行业分：批发零售贸易业零售额12.4亿元，比上年增长32.5%，餐饮零售额8.3亿元，比上年增长9.0%，其他行业零售额1.1亿元，比上年下降7.5%。按经济类型分：国有经济零售额5.9亿元，比上年增长51.6%，集体经济零售额4.5亿元，比上年下降9.4%，个体经济零售额8.7亿元，比上年增长11.0%，其他经济零售额2.7亿元，比上年增长81.7%。

市场物价保持稳定，总体呈现稳中略升格局。2005年全市各类商品价格指数如下：居民消费品价格总指数103.8%；商品零售价格总指数102.0%。其中：食品类指数为103.6%，粮食指数为110.7%，油脂类指数为99.4%，肉禽及其制品指数为96.7%，服装、鞋帽类指数为96.8%，书报、杂志类指数为104.6%，日用品类指数为99.8%，燃料类指数为110.0%，建筑装璜材料类指数为100.0%；消费服务项目价格总指数为101.2%。

财政、金融和保险　财政收入增幅较快。全市全年财政总收入完成20.8亿元，增长26.0%。一般预算收入完成4.6亿元，增长42.0%，一般预算支出完成5.5亿元，比上年增长41.0%。

金融存贷款规模进一步扩大。年末全市金融机构各项存款余额达到67.1亿元，增长23.1%，其中：城乡居民储蓄存款余额达到50.1亿元，增长29.5%。金融机构各项贷款余额75.6亿元，增长17.4%。全市全年金融机构累计现金收入273.7亿元，现金支出299.3亿元，现金纯投放25.6亿元。

保险业务加快发展，2005年全年保费收入10508万元，比上年增长14.8%，其中人保8750万元，财保1758万元。

教育、卫生、体育　2005年，全市坚持把教育摆在优先发展的战略地位，加大教育投入，整合教育资源，优化学校布局，鼓励社会力量办学，减免九年制义务教育阶段杂费，农村撤并初中5所，小学8所，建成标准化学校100所，完成了阳村、下化、清涧三个乡镇初中布局调整，城区建成二小、二园，涌现出苗苗、育才、明星等一批优秀民办学校，各级各类学校办学条件明显改善，教育质量稳步提高，中高考成绩位居运城市前列，全省高考文科状元桂冠被本市考生摘取。2005年，全国高考中全市正式达线的大专、本科学生388人，高中录取学生3146人。普通中学在校29987人，普通高中在校9601人，小学在校人数45481人，幼儿在校学生达到12957人，学龄儿童入学率达100%。职业教育继续发展，在校人数为837人。农村成人文化技术培训学校149所，教职工149人，图书藏量5800册。

以改善服务、提高质量为主题，积极推动医保、医疗、医药联动改革，满足市民群众不同层次的医疗服务要求，卫生事业取得新的成绩。2005年，全市229566名农民加入新型农村合作医疗，占农村人口的83.78%。完成9个乡（镇、街道办）11所卫生院改造，建成了卫生妇幼大楼和市医院传染病病区，三级医疗网络进一步健全。2005年末，全市共有各级医疗卫生机构855个，其中国家办医18个，社会办医11个，村卫生所148个，个体行医578个，全市卫生技术人员达到683个，其中拥有高级职称41人，中级职称252人，初级职称390人。

体育事业取得新成就。2005年，在运城市运动会上取得金牌31枚，银牌30枚，铜牌27枚，打破5项市记录，向上级输送各类体育人才11人。

城市建设和环境保护　城市化进程加快，城乡环境建设继续推进。2005年，全市全年投资3亿多元，完成了龙门大道、永兴路改造工程、中兴路改造工程、振兴东路改造工程、汾滨南街改造工程等十四项城乡建设工程，是河津建设史上投入最多、规模最大的一年。其中龙门大道投资1.5亿元，全长8公里，宽90米，三线入地，雨污分流，绿化、亮化、美化一次到位，大大拓展了城市发展空间，拉近了与重点企业的距离，搭建了全新的城市骨架。城市道路网络的逐步完善，为本市实现“龙门三跳”插上了腾飞的翅膀。2005年，城区面积发展到18平方公里，城市绿化率达到23%，并建成19个园林式单位和7个园林式小区。城市路灯发展到4000多盏，城市面貌发生巨大的变化。

环境质量得到提高。2005年，根据全省精神，先后淘汰了小机焦炉30座，淘汰率达83%。据初步测算，全市焦化业由此年减少烟尘排放48532吨、二氧化硫排放11040吨。限期对11座100m^3以下小炼铁炉和全市所有小耐火倒焰窑进行了淘汰，削减烟尘排放0.93万吨。本年1—12月份，全市城区环境空气质量二级以上天数达104天，三级天数增加139天，四级天数减少48天，五级天数减少158天，主要污染物SO_2均值由0.149mg/m^3下降到0.069mg/m^3，NO_2均值由0.056mg/m^3下降到0.019mg/m^3，环境空气质量有了明显改善。在城市生态环境建设上，城市绿化面积增加11.6万平方米，市区人均绿地面积由0.5平方米提高到1.5平方米。

人口、人民生活和社会保障保持低速增长。2005年，全市总人口382708人，其中男性人口200622人，女性人口182086人。全市人口出生率11.77‰，人口死亡率6.66‰，人口自然增长率5.11‰。全市男女性别比例为110.18∶100。

城乡居民收入继续增加，生活质量显著改善。全市在岗职工人数为37318人，年平均工资20583元，比上年增长6.1%。2005年，城镇居民人均可支配收入9801元，比上年增长15.8%。农民人均纯收入达到5716元，比上年增长12.9%。根据抽样调查，城镇居民人均住房面积达到30.75平方米，农民人均住房面积37.26平方米。

社会保障体系进一步完善。全年新增就业岗位4621个，安置下岗失业人员1121名，完成农村劳动力转移6197人。全年共清理建筑拖欠工程款39宗，3515万元，受理拖欠农民工工资案件95起，追付农民工工资110万元。企业离退休人员工资发放率和下岗失业人员基本生活费发放率100%。全年发放城乡低保426万元，涉及困难职工和特困家庭4606户。2005年，全市民政事业费总支出1076.7万元，敬老院达到5个，床位194张、收养人数128人，福利工厂达到17个，年末职工人数842人。

注：1. 以上为初步统计数。

2. 生产总值、各产业增加值绝对数按现价计算，增长速度按可比价计算。

3. 人口数据来源于2005年1%人口抽样调查数。

（河津市志办）

【龙门大道竣工通车】 正当全市上下认真贯彻党的十六届五中全会精神，满怀豪情地全力实施“龙门三跳”战略构想，建设现代化新型工业城市的重要时刻，河津人民盼望已久的龙门大道全面竣工，于2005年11月6日正式剪彩通车。龙门大道的开通是河津市委、市政府带领全市人民开拓进取的又一伟大创举，她再一次向世人展现了河津人勇为人先的世纪风貌，河津的城市建设从此跨上了高速轨道。

龙门大道是河津市总体规划确立的一条连接新耿区和龙门区的城市主街道，全长6.37公里，总投资1.1亿元，设计宽度78米，由南北段和东西段组成。南北段为未来城市的中心街道，长4.22公里，东西为连接段，长2.15公里。东起紫金街与新兴路交叉口，向西穿越高40米台地，再向北与山西铝厂7号路相连。设计标准为快车道32米，路中间有6米宽的绿化带。两边各设7米宽的慢车道和9米宽的人行道，快慢之间各有4米宽绿化带，两边管道为暗埋式，并进行绿化和亮化。龙门大道工程分两期建设，一期工程东段1000米，2004年完工。2004年河津提前实现争创全国百强的目标，当年10月29日，河津市委、市政府举行了隆重的龙门大道开工仪式，市长刘振华主持了会议，市委书记雷郭堂发出了打通龙门大道，誓叫“卧龙”变“飞龙”的进军号。

龙门大道工程浩大，整个工程涉及到城区街道办、清涧街道办、阳村乡等3个乡镇共10个村。为了保证工程的顺利进行，市委、市政府成立了龙门大道指挥部，工程总指挥由常务副市长薛振忠担任，工程领导组由市人大、政协及市直有关部门负责人及部分乡镇主干组成。在搬迁过程中，市领导雷郭堂、刘振华、薛振忠、袁建顺等多次现场办公，就居民拆迁、地表附着物清理等问题做了耐心细致的思想工作，保证了工程的顺利进行。

龙门大道建设拆迁任务艰巨，共涉及到居民152户，其中清涧街道办范家庄村、清涧二村和清涧三村共132户，拆迁面积达20000平方米。其中范家庄拆迁任务最重，搬迁户达126户。为了保证搬迁工作顺利开展，2005年4月6日市委、市政府在范家村召开搬迁动员大会。市领导雷郭堂、卫学瑞、薛振忠、薛猛堂等出席了会议，会上市委书记雷郭堂作了重要讲话，运城市工矿协调办副主任、清涧街道办党委书记李琦作了动员。为了做好拆迁工作，村党支部、村委会安排将全村剩余有限的房屋腾出来让给拆迁户住，并做好拆迁户的思想工作，保证了拆迁工作的顺利进行。从2005年3月12日开始对附着物进行赔偿登记，至5月8日3个乡镇街道办10个村地面附着物赔偿到位。共拆迁房屋152户，拆迁面积22800平方米。

为了保证龙门大道工程按期保质完工，工程指挥部分3个标段对工程进行了公开发标。市建总公司路桥公司竞得一标（2.1公里），运城路桥公司六处竞得二标（2公里），市政公司竞得三标（1.27公里）。2005年4月18日，3支施工队近千名筑路大军开进工地，龙门大道建设全面开工。通过3个标段6台挖掘机、17辆铲车、160余辆土方运输车近千名施工人员6个多月的紧张施工，全长5.37公里的主车道全线贯通。至10月底路面硬化全部完工，全线15万平方米绿化面

积全部完成，路灯安装全部到位，绿化、亮化工作全面完工，一条高标准的现代化街道展现在全市人民面前。（河津市志办）

【领导人名录】

县委书记	雷郭堂
副书记	张建文　崔会民　葛作民
人大主任	杨万良
副主任	陈西京　刘志毅　原慧芳　卫学瑞　武建军
市长	刘振华
副市长	薛振忠　闫新民　师文科　郭建立　董耿　马振河
政协主席	王锡义
副主席	尚根仓　薛猛堂　郭苏凯　薛靛民

临猗县

【概述】　2005年，全县人民认真贯彻党的十六大和十六届五中全会精神，以“三个代表”重要思想为指导，以实现传统的农业大县向新型的工业强县转变为目标，以先进性教育活动为主线，把握四个重点，强化六项保障，与时俱进，创新发展，各项工作取得了显著的成绩。全县国内生产总值完成37.97亿元，同比增长10.6%；财政收入完成1.3883亿元，剔除农业税免征、丰喜分公司增值税全免等不可比因素，同比增长25.7%；农民人均纯收入达到3658元，同比增长6.1%；城镇居民可支配收入达到7088.9元，同比增长8.5%。同时，党建工作、教育工作、文化工作、综治工作均受到省、市表彰。

（程明清）

【先进性教育活动取得实效】　在全县开展的保持共产党员先进性教育活动中，使全县党员干部受到了教育，广大人民群众得到了实惠，增强了各级党组织的创造力、凝聚力和战斗力，增强了干部服务群众的责任感，促进了全县经济的发展。全县36项经济社会发展重点工程有26项完工，招商引资完成14.5亿元，落实项目35个，取消行政审批事项138项，医疗小分队为群众义诊5000余人次，党员干部与困难群众结对子2512对，送帮扶资金300余万元，送戏下乡80场次，为群众义务体检建档48万人次，发放宣传资料10000余份，推行农业新技术29项，群众满意率达98%，先进性教育活动取得了实实在在的效果。（程明清）

【“三化一招”工业化进程步伐加快】　企业改制方面，先后对银湖纸业、康美、金宇、华恩、化工总厂等6家企业进行破产终结、改制重组，甩包袱1.2亿元，盘活资金8000万元，使企业在改制中焕发活力。其中华晟粉末冶金公司与浙江东睦公司挂靠联合后，2005年投资3000万元铺开150亩的新厂区建设，效益节节攀升。技术改造方面，投资6.3亿元，新上了15项工业重点工程，其中6项建成投产。3000万元以上项目1个，1500万元以上项目2个，1000万元以上项目3个。其余9项跨年度的工程正在加紧建设中，预计2006年上半年，可全部建成投产达效，预计新增产值5个亿，新增利税5000万元。园区建设方面，自2001年以来，高标准、高质量规划建设了高新、丰喜、卓里、食品四个工业园区。年底，四大园区的基础设施、电力、通讯、道路、供排水工程基本配套完善，共入驻企业28家。其中，占地3000亩的高新工业园，入驻企业19家，产值达2亿元；占地4000亩的丰喜工业园入驻企业3家，年产值达10亿元；占地2000亩的食品工业园入驻企业5家，年产值达4亿元；预计到2010年四大园区入驻企业达到50家。总投资6000万元新建的丰喜大道，把高新、卓里、丰喜三大园区连为一体，形成本县一个新型的工业走廊。2005年，全县工业总产值完成34.39亿元，同比增长14.3%。其中，规模以上工业完成产值22.99亿元，同比增长8.88%，实现税收8812.5万元，同比增长7.3%。（程明清）

【农业产业化步伐加快】　全县认真贯彻“一号文件”精神，以“稳粮棉、抓林果、促销售、深加工、输劳务、强基础”为重点，狠抓农业生产，发展农村经济，全县农村经济总收入达到42.6亿元，同比增长8%，农民人均纯收入达3658元，同比增长6.1%。全县粮食播种面积70万亩，同比增长1.7%，总产量2.11亿公斤，同比增长1.4%。其中小麦播种面积41万亩，同比增长4.6%，总产量9000万公斤，同比下降16.7%，秋粮复播面积19万亩，与上年基本持平，总产量1.21亿公斤，同比增长21%。棉花生产稳步发展，全县播种棉花面积30万亩，棉花总产量2700万公斤，同比增长28.6%，林果业实现减产不减收。由于天灾，本年林果产量下降，全县林果面积83万亩，11.2亿公斤，同比下降31%。其中，苹果总产量9.1亿公斤，同比下降79%；梨枣总产量1亿公斤，同比增长30%；石榴总产量3000万公斤，同比增长20%。本年果价较高，销售收入比上年的17.38亿元增加了1.12亿元，增长6.5%；农民人均果业纯收入比上年的2085元增加了135元，达到2220元，占到农民人均纯收入的61%。畜牧业快速发展，全县年收入2万元的规模养殖户达到10000户，其中万只鸡场28个、千头猪场8个、百头牛场2个。全县畜禽存栏达到190万头（只），肉类总产量达到9000吨，奶类总产量3500吨，蛋类总产量6800吨。实现畜牧业收入1.9亿元，人均畜牧业收入350元。（程明清）

【城镇化建设取得新进展】　县城建设上，高标准、高品位、高质量完成了北城区的整体规划。投资100万元，改造了府前广场；投资500万元，开通了华晋大道；投资180万元改造了建设北路；投资300万元修复了临猗双塔；投资700万元完成了县城主街道的人行道铺装和“三线”入地，在县城主街道设立垃圾中转箱29处；投资1390万元完成了丰喜大道二期工程。同时规范命名了县城主街道名称。市政建设上，投资1900万元，改善了城市供水管网工程，使县城日供水量达到1.6万立方米。开工建设了县委大楼、电信大楼、审计大楼、疾控大楼、公路大厦等一批标志性建筑。道路建设上，投资1.2亿元配合完成了临河一级路临猗段拓宽改造工程。乡村两级，重点实施了“双通两改一硬化”工程，全年光缆入户率达到3万户。同时加快了小城镇建设步伐，孙吉镇、临晋镇等一批乡镇跨入全国、全省重点乡镇建设行列。（程明清）

【招商引资成绩喜人】 县委、县政府坚持把招商引资当作发展县域经济的一号工程，2005年成立了招商引资领导组，出台了7个招商引资优惠政策文件，分别在北京、太原、西安召开了临猗籍人士联谊会，倡导全员招商、全民引资、多渠道招商。全年共引资14.5亿元。其中，到位资金6.5亿元，落实项目35个，千万元以上项目8个，百万元以上项目5个。（程明清）

【科教发展实现新突破】 1. 全年共组织科教下乡18次，开展技术咨询10场，举办实用技术培训28场，发放实用型科技资料10万份。农业科技入户工程上，通过科学引导、平衡施肥、合理用药、节水灌溉，引导农民科学耕作，使全县10个乡镇、100个村、1000户农户受益，示范推广1.15万亩，辐射带动25万亩。承担国家“863”智能化农业信息处理系统推广应用项目，先后在7个乡镇50个行政村进行了推广。申报各类科技计划35项，其中国家级5项、省级10项、市场20项，全年荣获省市科技进步奖25项。

2. 全县“普九”水平进一步巩固提高。小学“四率”保持100%，初中“四率”达99%以上。6月份，全省“实施科教兴县工作经验交流会”在本县召开。高考达本科线690人，绝对数名列全市前列。投资1000余万元，在全县266所学校建成卫星教学收视点模式，在29所初中建成计算机教室模式，为9所学校新装计算机59台，安装多媒体教室27座，安装地面卫星接收设备64个。投资8000万元，开工建设了“临猗三中”。社会力量办学方面，全县共有各类民办学校131所，总投资2.3亿元。

3. 卫生工作成效明显。全年共对16个乡镇（区）、460家个体诊所及71家药店进行规范整顿，建立了县、乡、村三级医疗预防网络。全县农民体检建档完成485100人，提前一年完成建档任务。投资300余万元，建成面积达4000平方米的孙吉医院门诊大楼，县妇幼院整体搬迁工程发改委已立项，城建部门已规范到位，正在办理土地手续。

4. 文化事业蓬勃发展。实施“以文兴县”战略，眉户剧团全年下乡慰问演出80余场，观众达16万人次，眉户现代戏《山妹》参加了河南举行的第八届“映山红”民间戏剧节，受到好评。建立健全了以县城为中心的县、乡、村三级群众文化网络，开展了农村民办文化“五个一”工程。年底，全县有农村文化室317个，农民夜校311个，图书室（村校联办）303个，体育健身指导站266个，体育器材1099件，舞台192个，篮球场134个。（程明清）

【领导人名录】

县委书记		刘建政
副书记	胡　宝	路香芳
	金永德	孙正来
人大主任		肖定虎
副主任	陈志兴	范奎伟
	董海水	陈正道
		杨文斌
县长		胡　宝
副县长	周邦稳	王玉民
	杨建民	杨　混
	张富有	陈竹琴
政协主席		邹通玺
副主席	罗西文	王家骥
		王前科

稷山县

【气候】 2005年，全县年平均气温14.4℃，年极端最高气温42.3℃（6月20日），年极端最低气温−12.9℃（1月1日）。年日照时数为2296小时。年总降雨量370.0毫米。初雪日（11月12日），终雪日（2月18日），最大积雪深度为2厘米。最深冻土层为38厘米。初霜日10月26日，终霜日2月22日，年无霜期为248天。（稷山县志办）

【人口】 2005年全县人口自然增长率为6.2‰，年末，全县总人口为335953人，其中：男性171294人，女性164659人，性别比为104.03。城镇人口70013人，乡村人口265940人，城镇化率达20.84%。（稷山县志办）

【经济建设】 综合　经济总量持续增强。2005年全县生产总值为210633万元（按经普口径计算），比上年增长12%。其中：第一产业增加值完成25167万元，增长6.2%；第二产业增加值完成122248万元，同比增长13.7%；第三产业增加值完成63218万元，增长11.3%。人均GDP达到6270元，增长11.3%。

农业　农村经济稳定发展。2005年全县上下积极调整产业结构，加强农业基础设施建设，加大农村劳动力转移。2005年全县农村经济总收入达359274万元，同比增长30.9%。农林牧渔业总产值为51024万元，同比增长8.7%。其中：农业产值为36476万元，增长4.3%；林业产值为336万元，增长4.0%；牧业产值为11637万元，增长1.7%；农林牧渔服务业产值为2600万元。

种植业结构不断优化。2005年全县粮食总产达113452吨，同比下降13.9%。其中：小麦总产为63076吨，同比下降20.4%；秋粮总产为55940吨，同比增长6.4%。棉花总产为1483吨，同比下降38.0%；水果产量为50186吨，下降1.2%；油料产量为2502吨，下降8.9%；蔬菜产量为41336吨，增长87.7%；红枣产量为1642万公斤，增长16.5%；葡萄产量为2000万公斤，增长18.4%。全年造林面积66公顷，零星植树75万株，义务植树42万株。

畜牧业生产平稳发展。大牲畜存栏下降，家禽增加，主要畜产品和大牲畜存栏如下：

指标名称	数量	比上年增长%
大牲畜年末存栏(头)	7931	-8.4
牛年末存栏(头)	7024	-1.8
猪年末存栏(头)	34517	-2.1
羊年末存栏(头)	32343	-5.1
家禽年末存栏(只)	2952267	18.8
家兔数(只)	28891	-11.4
养蜂数(箱)	730	-0.4
当年肉类总产量(吨)	5416	-0.5
猪牛羊肉产量(吨)	3538	-4.5
禽肉产量(吨)	1570	-2.4
奶类产量(吨)	650	42.5
蜂蜜产量(吨)	16	平
禽蛋产量(吨)	13680	0.1

农村基础设施和生产条件进一步改善。2005年全县新增有效灌溉面积18.3千公顷。新增旱涝保收田6.34千公顷，新增节水灌溉面积0.02千公顷，新打机井4眼，累计1635眼。年末全县拥有农业机械总动力441930千瓦；农用拖拉机和农用运输车分别达到3323台和25350辆；全年农村用电量18897万千瓦小时，增长138.6%。

工业 2005年全县规模以上工业企业完成工业总产值220975万元，同比增长22.9%；完成增加值82443万元，同比增长34.8%；实现销售收入203079万元，增长13.7%；实现利税17455万元，增长1.3%。工业经济运行的主要特点：

1.民营经济引擎作用凸显。规模以上工业企业中民营企业占91.7%。2005年规模以上的民营企业完成产值193958万元，占总产值的87.8%；完成增加值74523万元，占总增加值的90.4%；完成销售产值183115万元，占总销售收入的87.2%；上缴税金14498万元，占财政收入的66.6%。全县纳税大户有：东方铁合金公司3781万元，永恒工贸公司2247万元，华宇镁业公司2083万元，丰喜纯碱公司1795万元，秦晋焦铁公司1622万元。

2.支柱产业拉动力度增强。2005年五大支柱产业的产值达21.5亿元，占规模以上工业总产值的97.3%。镁铁冶炼、焦化产业、医药化工、农副产品加工、造纸包装业五大产业实现产值分别为102148万元、43503万元、34064万元、30215万元、5060万元，占总产值的份额分别为46.2%、19.7%、15.4%、13.7%、2.3%。

固定资产投资 固定资产投资对经济拉动作用增强。2005年全社会固定资产投资总额6亿元，同比增长70.9%。其中：城镇固定资产投资完成57943万元，比上年增长121.1%；农村固定资产投资810万元，下降0.8%；房地产投资完成1247万元。

投资结构不断改善，投资效益继续提高。2005年在全部投资中分行业看：工业投资为55375万元，比上年增长2.7倍；建筑业投资500万元，同比增长95.3%；教育事业投资为760万元，增长45.9%；电力、燃气及水的投资1400万元，下降0.8%；科学研究、技术服务投资935万元，下降0.5%；交通运输投资1068万元，下降0.2%。2005年全年施工项目38个，建成投产项目32个，项目建成投产率84.2%；投资中房屋施工面积65969平方米，竣工面积65969平方米，竣工率达100%。

招商引资成效显著。2005年全县已引回各种招商项目89个，到位资金6.65亿元。其中，股份资金3.42亿元，贷款2.38亿元，无偿资金0.42亿元。正在实施和洽谈的项目32个，总投资可达4.5亿元。2005年主要竣工项目有：华宇公司投资2000万元的3万吨镁合金生产线；永恒工贸投资的2500万元焦炉项目；永东化工投资1500万元的三显法造粒碳黑生产线；大佛路的拓宽改造工程等。正在兴建中的上亿元项目有：东方铁合金5亿元二期扩建工程；恒泰焦铁投资2.2亿元的6000kw发电机组；长兴化工投资3亿元的对甲酚工程。

批零贸易和市场物价 消费品市场购销两旺。2005年，全县社会消费零售总额为52350万元，比上年增长10.0%。其中：县以上零售额27712万元，增长13.1%，县以下零售额24638万元，增长6.8%。全年进出口总额3155万美元。其中，进口总额1144万美元，出口总额为2011万美元，贸易顺差867万美元，折合人民币7170万元。

市场物价稳中有升。2005年全县居民消费价格总水平比上年上涨2.9%。其中：食品类上涨1.0个百分点，烟酒及用品类上涨1.5个百分点，衣着类上涨11.0个百分点，家庭设备用品及维修上涨1.5个百分点；医疗保健和个人用品下降2.3个百分点；交通和通讯类上涨1.4个百分点；娱乐教育文化用品及服务类上涨3.5个百分点；居住类上涨5.0个百分点。商品零售价格上涨2.0%。农业生产资料价格上涨。

交通、邮电、城市建设 交通事业成绩喜人。2005年侯禹高速公路基础工程已经完工，闻苍线建设、台运线和108国道城东段翻修改造、村村通油路、户户通巷道硬化等工程完成1100公里，提升了本县交通运输水平，促进了城乡发展。2005年全县公路货运量达107万吨公里，公路客运量110万人次。

邮电通讯业稳步发展。全县邮政业务总量为767万元，同比增长17.8%。2005年末全县城乡固定电话用户达56432部，小灵通13237部，比上年增长4.4%；宽带用户4087户。手机用户达72021户，比上年增长5.7%。百人拥有手机21.4部。

城市建设卓有成效。2005年全县共投资3500余万元，实施并完成大佛南路、稷峰街东端拆迁拓通硬化工程、丰喜路北端和南端翻修改造工程。

财政、金融、保险业 财政收入大幅飙升。2005年全县财政总收入突破两亿元大关，完成21775万元，同比增长35.8%，增速位居全市之首。其中：国税完成16970万元，增长38.1%；地税完成4003万元，增长41.8%；财政完成802万元。2005年，全县财政一般预算支出20821万元，增长27.0%。其中：教育支出5178万元，增长19.4%，行政事业支出3228万元，减少59.2%。

金融形势看好。2005年末全县金融机构存款余额达188303万元，增长16.6%；其中城乡居民储蓄存款余额为162999万元，增长16.7%，年末金融机构贷款余额为146559万元，比上年减少6.1%，其中新增小额支农贷款5022万元，现金总收入865017万元，比上年增长4.4%；现金总支出884442万元，比上年增长4.4%。收支相抵向市场净投放货币19425万元。

保险事业持续发展。2005年全县财产险承保总额40429万元，保费收入531万元，财产险支付赔款252万元，人身险实现保费收入3025万元，人寿险支付赔款130万元。

科技、教育　科技事业不断发展，2005年全县拥有各类技术人员4302人，其中高级职称86人，中级职称1299人，初级职称2917人。2005年不断加大科技创新力度，全县共申请科技项目12项，其中国家级2项，省级6项，市级4项，项目总投资1.2亿元，申请科技资金700余万元。同时于2005年11月15日全县地震演练工作顺利完成。

教育工作再创佳绩。2005年，全县拥有各级各类学校158所。其中：高中3所、初中16所、小学129所、民办10所。专任教师3318人。在校学生62981人，其中：高中生5151人，初中生20377人、小学生39693人。全县拥有幼儿园18所。全县135所学校硬件建设进一步完善，62所学校实现了“班班通”。本年高考达线人数173人，再创历史新高。中考成绩跃居全市第五位。

文化、文物、卫生　2005年全县在继续整顿文化网络市场的同时，组织实施“五个一”工程。全县7个乡镇共有文化大院35个，业余文艺表演队70个，农民书屋30户，文化活动中心30个。举办的“首届飞龙杯蒲剧唱腔大赛”和“戏迷联谊会”参与群众之多，影响之大，尚属首次。剧协编排的《三关排宴》获市第七届戏剧龙门奖；电影公司拓宽思路，引领“一尊红牛”落户稷山，开辟餐饮业的先河；县蒲剧团全年演出400余场，收入达18万元；苏安福的唢呐绝活亮相于中央电视台，引起各位专家和观众的关注；原旭东的书画入展《“康有为”杯全国书法家作品展》和《第三届中国书法艺术作品联展》并获金奖。

文物工作空前发展。本县现有国家、省级以上文物保护7处，市县级109处。2005年全社会集资捐款400余万元对大佛寺进行扩建修复。稷王庙也由原来的5.1亩扩建到15.1亩，大大提高文物景点的档次。截至年底，大佛寺、稷王庙、青龙寺、宋金墓已全面开放，全年共接待游客10万余人次，旅游收入达40余万元。

卫生事业成绩斐然。2005年末县成为首批新型合作医疗试点县，每年1200万元无偿资金，大大缓解农民看病贵、看病难问题。年底，全县已为13万农民建立健康档案。预防接种工作有序进行，全年共开展6次常规免疫接种，全县“五苗”覆盖率达95%；全球艾滋病防治项目在本县全面启动，通过多渠道、多形式宣传艾滋病知识，健全三级防治网络，开展基层调查，真正落实“四免一关怀政策”；医药食品工作紧抓不放，净化医药市场，规范诊疗行为，年内对全县256家个体诊所进行审核，取缔无证行医12户，拆除牌匾16块，共发放“卫生许可证”417个，并对456名食品公共场所从业人员进行严格体检。

环境保护　环保工作步步深入。2005年全县对46家重点企业下达环保全面达标期限，对16家达标企业发放排污许可证，同时对23家非化学制浆造纸企业进行卓有成效的整治。全县共督促50家企业，完成主要污染排放达标验收工作。累计投入污染治理资金7500余万元，规范完善35个建设项目的环保审批手续，累计取缔落后焦炉1400余座，爆破违法企业烟囱75根，引导帮助8家企业实施了转产。2005年，环保部门全年共开展十九次专项行动，出动重型机械30余台次，捣毁复燃土焦窝80余坑，摧毁复燃小机焦炉8座。为实施“碧水蓝天”工程奠定良好的基础。

人民生活、劳动保障与社会福利事业　城乡居民生活进一步提高。2005年全县城镇居民人均可支配收入6645元，增长8%；人均消费性支出3612元，增长13%；全县在岗职工平均工资为7915元，增长8.1%。农民人均纯收入2828元，增长8%。年末城镇居民每百户拥有彩电126台，冰箱70台，空调器88台，洗衣机108台，家用电脑28台；每百户农民拥有彩电103台，冰箱50台，空调器20台，洗衣机91台，摩托车69辆。

社会保障事业稳步推进。2005年向全县2320名退休职工按时足额发放养老金1257万元，发放失业救济金68万元。同时对31个国有企业的下岗职工完成并轨工作，并全部纳入事业保险。2005年新增就业岗位2800个，安置“4050”人员342人。年底，全县医疗保险参保人数达11210人，基金征收426万元，支付医疗费381万元，除个人帐户外库存积累逾200万元，基本达到了收支平衡，略有节余；农村养老基金征缴10万元，发放农民养老金3万元。

社会福利事业继续发展。2005年，全县共为1822户，5288名农村低保对象发放救助金80万元；对386户因病生活困难，178户子女上学困难，768户患慢性病优抚对象，16827个缺粮户，875个贫困大病医疗对象实行救助，共发放各类救助金104.3万元。在城镇共为3897名低保对象发放低保金247.8万元。安置退伍士兵35名，发放自谋职业补助费30.5万元。2005年全县享受定期定量救助人数为12146人，比上年增长45%，发放救助金735万元，是上年的1.56倍。　（稷山县志办）

【领导人名录】

县委书记		李润山
副书记	闫甲午	杨忠庭
		董旭光
人大主任		郭崇学
副主任	畅春梅	卫冬生
	兰虎全	兰文力
		乔挨选
县长		乔登州
副县长	高吉华	高根立
	辛福集	王梅生
	午志维	武胜强
政协主席		马卯录
副主席	黄伟祖	杜中效
	苏真明	任绣稼

新绛县

【概况】　位置　新绛县位于山西省南部，运城北端，临汾盆地南缘，汾河下游。地理坐标：北纬35°27′19″～35°48′18″，东经111°1′36″～111°20′26″。

四邻　新绛县毗邻四县一市。北依吕梁山，西北与乡宁县连接，东北与襄汾县接壤；南靠峨眉岭，与闻喜县毗连，东与侯马市相连，西与稷山县为邻。

境域　据1984年运城行署航测,本县境域总面积为593.4平方公里。境域轮廓为一不规则四边形,周界总长160公里。北起泽掌镇老凹沟,南至横桥乡卧龙庄,南北相距41公里。东起龙兴镇南梁村,西至北张镇马首官庄,东西相距25公里。

气候　2005年度气候特征的重要表现是:气温偏高热量充足,降水偏少,日照偏多。1.气温:年平均气温13.9℃,比历年平均值13.1℃偏高0.8℃,年度极端最高气温40.3℃,出现在6月26日,极端最低气温零下11.7℃,出现在元月25日。2.降水:年总降水量395.0mm,同比偏少94.1mm,年内出现了一次暴雨天气过程(2005年6月30日,降水量54.7mm)。3.日照:年日照时间2379.0小时,同比偏多156.9小时。4.灾害性天气:年内出现四次7级以上大风天气(3月20日,3月31日,6月21日,9月17日)。

人口　人口自然增长率继续下降。年末全县总人口为317959人。其中,男性人口为162198人,女性为155761人。全县非农人口为39013人,乡村人口为278946人,全年全县出生人口5428人,出生率为17.11‰;死亡人口3462人,死亡率为10.92‰,自然增长率为6.20‰。

民族　截止2005年底,本县共有汉、回、满、蒙古、藏、拉祜6个民族,其中汉族人口为316674人,回族1265人,满族10人,蒙古族2人,藏族2人,拉祜族4人。

宗教　宗教本县属运城市宗教大县。截止2005年底,境内共有天主教、基督教、伊斯兰教、佛教四种宗教,教民10472人,伊斯兰教1265人,佛教1788人。教民中男性3384人,女性7088人。有教堂、寺院11处,宗教活动点19个,其中天主教有主教2人,神甫8人,修女15人,长老2人;佛教有和尚2人,尼姑2人;伊斯兰教有阿訇1人。

区划　2005年末,全县设8镇1乡及商贸开发区即:龙兴镇、三泉镇、泽掌镇、北张镇、泉掌镇、古交镇、阳王镇、万安镇、横桥乡及商贸经济开发区。6个居民区,220个行政村。　　（新绛县志办）

【国民经济和社会发展】　概述　2005年,国民经济总体运行状况良好,改革和发展的目标基本实现。

国民经济保持了较快的增长态势。全年全县共完成生产总值214213万元,比上年增长9.3%。其中,第一产业完成增加值35230万元,增长1.7%;第二产业增加值103877万元,增长14.5%;第三产业增加值75106万元,增长7.7%。国民经济和社会发展中存在的主要问题是:农民收入增长相对较慢;就业和社会保障任务较重。

农业　种植业结构继续调整。棉花面积比上年减少13578亩,油料面积减少1235亩,全年粮食播种面积比上年增长,其中,小麦面积增加92114亩。

粮食产量大幅增长,全年粮食产量137811吨,比上年增长18.9%。其中,小麦产量71226吨,增加0.5%;秋粮产量66586吨,增产47.8%。

棉花、水果、油料产量均有不同幅度减少。全年棉花产量2634吨,比上年减少8.4%;水果产量52988吨,比上年减少19.8%;油料产量1838吨,比上年减少1.7%。

蔬菜产量有所减少。全年全县蔬菜产量为141149吨,比上年减少26.4%。其中,大棚蔬菜产量为106480吨。

畜牧业发展较快。截至2005年年末,全县大牲畜存栏5.11万头,比上年减少20.4%;羊存栏4.22万只,比上年增长3.9%。全县全年肉类产量为6900吨,禽蛋产量为7026吨,分别比上年增长22.0%和22.2%。

林业生产稳步发展。全年全县完成造林面积1353公顷,林业保护、管理工作进一步加强,全县绿化面积进一步扩大。

工业和建筑业　2005年,全县国有工业企业和年销售收入500万元以上非国有工业完成产值142825万元,其中,县及县以下完成116160万元。国有工业企业和年销售收入500万元以上的企业完成销售产值133638万元,其中,县及县以下完成167961万元。全县国有工业企业和年销售收入500万元以上的非国有工业企业全年实现利税12705万元。

2005年,全县主要工业产品波幅较大,焦炭产量大幅增长。主要产品产量如下:

项目	产量	比上年增减%
焦炭	87.83万吨	39.7
水泥	70.85万吨	-26.4
塑料制品	1179吨	-69.9
生铁	10万吨	25.0
棉布	4200万米	13.8
纱	14217吨	13.9

建筑业生产增速较快,经济效益进一步好转,全年全县建筑业完成增加值9834万元,比上年增加12.4%。

固定资产投资　2005年,固定资产投资力度加大,全县固定资产投资共计完成85368万元,比上年增加23.4%。其中,基本建设投资55698万元,更新改造投资22410元,其他投资7260万元,在投资力度、投资额度及投资效益上都有新的加强和改善。

交通和邮电　交通运输业发展较快。全年全社会客运量为66.6万人,比上年增长5.2%,客运周转量为3063万人公里,比上年增长1.2%;货运量为89.3万吨,比上年增长5.1%,货运周转量为4667万吨公里,比上年增长0.2%。

邮电通讯事业依然保持了快速增长势头。全年全县完成业务总量5909万元,比上年增长13.8%。其中,电讯业务总量为2675万元,比上年减少6.4%;邮政业务总量为934万元,比上年增长21.3%;移动电话业务量达到了2300万元,比上年增长11.7%。截止2005年末,全县电话机拥有量为91139部,比上年增长11.7%。其中,移动电话拥有量为35900部,比上年增长15.7%;小灵通拥有量为10153部,比上年增长41.8%,固定电话45086部,增长4.0%。

商业和市场物价　2005年,随着国民经济的稳定增长和消费者信心的进一步增强,全县消费品市场稳定增长。全年社会消费品零售总额达90095万元,同比增长12.6%。其中,全县的零售额达47848万元,比上年增长13.7%;县以下的零售额为42247万元,比上年增长11.4%。

2005年,全年全县物价指数稳中有升,全年平均商品零售价格指数为102.7%;居民消费价格指数为104.3%。

财政、金融　2005年，由县上组织的财政收入完成15173万元，占年初预算的105.9%，比上年同期增长15.6%。其中，一般预算收入完成3622万元，占年预算的132.1%；上划中央收入完成8611万元，占预算的99.3%；上划省收入完成1552万元，占预算的100.9%；上划市收入完成1388万元，占预算的101.2%。

全县财政总支出执行19286万元，剔除专款因素，县级一般预算支出执行16266万元，较上年同期增长22.2%。其中，教育支出4632万元，占年预算的115.7%。较上年同期增长17.2%；社会保障补助支出450万元，占预算的113.1%，比上年同期增长4.7%。

金融业保持了稳定增长态势。截止2005年底，全县金融机构各项存款余额为177926万元，比年初增加20716万元，增长13.2%。其中，企业存款余额为11112万元，比年初增加2120万元，增长23.6%。全县金融机构各项贷款余额为123587万元，比年初减少8356万元，减少6.3%。其中，工业贷款10806万元，比年初增加524万元；农业贷款49266万元，比年初增加1718万元。

2005年，全县金融机构现金收入累计完成691562万元，累计比上年同期增加17409万元，增长2.5%；金融机构现金支出累计为657422万元，比上年同期增加883万元，增长0.1%。收支相抵，货币回笼34140万元。

保险事业在市场经济中快速发展，为全县经济发展起到了保驾护航的作用。全年全县财险、人寿险两大公司承保总额为12.76亿元，减少8.8%。其中，财险承保总额为5.96亿元，人险承保总额为6.8亿元。保费收入为5023.4万元，比上年增长20.8%。其中，财产险保费收入为1023.4万元，比上年增长13%；人寿保险费收入为4000万元，比上年增长15.0%；支付赔款金额中，财产险共赔付448万元，人寿险赔付206万元。

科技、教育、文化和卫生体育　科技队伍稳定发展。科技意识进一步增强，质量标准化、计量建设和天气预报等项服务进一步加强。

2005年，全县各类教育工作取得了较大发展。教育投入不断增加，素质教育、义务教育和扫盲教育稳步推进；学前教育继续加强，各级各类职业技术教育发展良好；社会力量办学继续发展。

群众性文化体育生活日益活跃。2005年，全县组织了象棋、围棋、戏曲、卡拉OK比赛以及篮球、乒乓球比赛等，极大地丰富了广大群众的文化娱乐生活。广播电视事业进一步发展，有线电视网络建设步伐加快，历史文化名城建设取得新成就，旅游事业发展迅速。

医疗卫生条件不断改善，至2005年末，全县共有医院、卫生院（包括个体医疗诊所）418所，床位645张，医院、卫生院技术人员630人，全社会医疗水平进一步提高。

人口　人口自然增长率保持在较低水平。年末全县总人口为318900人。其中，男性人口为162566人，女性为156334人。全县非农人口为38507人，乡村人口为280393人，全年全县出生人口3386人，出生率为10.6‰；死亡人口987人，死亡率为3.10‰；全年净增人口2399人，自然增长率为7.54‰。

人民生活　城乡居民收入稳定增长，生活水平继续提高。2005年，全县职工工资总额达134015万元，职工平均工资9677元，比上年增长11.1%；城镇居民人均可支配收入达6715.6元，比上年增长10.0%；农民人均纯收入为2859元，比上年增长8.0%。

城乡居民储蓄存款继续增长。截至2005年底，城乡居民储蓄存款余额为154612万元，比上年增加17372万元，增长12.7%。

（新绛县志办）

【领导人名录】

县委书记		李景发
副书记	高　峰*	王志峰
		卢天狮
	李　峰*	范宽衍
常　委	赵顺太	徐少峰
	王功成	任望平
人大主任		平兴旺
副主任	崔建平	许邦焕
	梁重九　王宝奎	马新立
县　长	高　峰*	王志峰
副县长	李铁路	李尧林
	杨振龙	赵高棠
	田艺彬	尚根全
		卫保平
县长助理		王永仁
政协主席		马怀茂
副主席	朱淑珍	李吉麟
	许永红	王喜明

闻喜县

【概况】　2005年，闻喜县通过大力实施“科教兴县、工业富县、可持续发展”战略，全面推进“新型工业化、农业产业化、特色城镇化”进程，在培育优势产业、转变增长方式、统筹城乡发展、扩大招商引资、加强基础设施建设等方面实现了新的突破，全县经济持续快速增长，由过去的一个国家贫困县跨入全市乃至全省经济强县的行列。全县班子非常团结，经济快速发展，社会和谐稳定，风气越来越好，呈现出前所未有的良好发展态势。

经济实力显著增强。全县各项主要经济指标综合考评连续多年在全市名列前茅。2005年，全县生产总值达到54.6亿元，比上年增长15.3%（比2000年纯增35.8亿元，年均增长23.7%）。财政收入达到6.58亿元，比上年纯增1.31亿元，增长25%（比2000年纯增5.2亿元，年均增长36.3%）。规模以上工业总产值108亿元，增长13.7%（比2000年纯增83.8亿元，年均增长34.8%）。固定资产投资完成21.1亿元，增长25.5%（比2000年纯增17.48亿元）。城镇居民人均可支配收入7260元，增长10.6%（比2000年纯增3109元，年均增长11.8%）。农民人均纯收入2630元，增长3.9%（比2000年纯增537元，年均增长4.6%）。社会消费品零售总额8.9亿元，增长8%（比2000年纯增4.7亿元，年均增长15.9%）。

结构调整取得实效。在工业结构调整上，围绕建设“新型工业基地”的目标，以“传统产业新型化，新兴产业规模化”为方向，不断改造传统产业，开拓新兴产业，使钢铁、镁业、玻璃、化工、建材、机械等八大主导产业的规模不断扩张，培育形成了海鑫、银光、晋丰、云海、鑫光、森特、红星、宠伟等一大批优势企业。

2005年年底，全县钢铁行业已形成260万吨铁、260万吨钢、220万吨材的生产能力，海鑫钢铁公司成为全省最大的民营企业。金属镁业形成16万吨镁锭、10万吨合金、1万吨镁粉、5000吨牺牲阳极和型材的生产能力，成为全国最大的金属镁生产出口基地。玻璃行业拥有电熔炉生产线10条、煤气池炉7座、环保圆炉200盘，年生产能力达到20万吨以上，成为全国玻璃器皿主要生产基地之一。在农业结构调整上，培育形成了“粮、果、菜、药、畜”五大主导产业，农业结构不断优化。全县小麦面积63万亩，成为全省小麦面积第一大县；“南菜北药”布局形成规模，蔬菜面积发展到13.6万亩，药材等经济作物面积达到8.8万亩，农副产品加工企业发展到120余家，产业化进程不断加快。全县农村劳动力向非农产业转移的总人数达到9.9万余人，占到农村劳动力总数的60%以上，工资性收入占到农民人均纯收入的68%，全县农民基本做到了“有粮吃、有事干、有钱花”。

引资上项成效显著。近年来，闻喜县委、县政府坚持把招商引资、培育亮点作为经济工作的重中之重，全党抓经济，重点抓工业，关键抓招商，年年都上新项目，年年都有新亮点。2005年，全县确定招商引资项目66个，投资总额达37.6亿元，完成投资19.6亿元。其中，海鑫公司投资50亿元的老区技术改造工程正在加紧实施，到2007年底一期工程实施完成后，海鑫将形成500万吨铁、500万吨钢、240万吨钢材、260万吨板材的综合生产能力，年销售收入可达200亿元。晋丰煤化工公司“1830”项目，银光集团镁合金压铸件生产线、鑫光20万吨矿渣细粉生产线、云海公司3万吨镁合金生产线、东方新闻纸业再生新闻纸生产线以及宏伟、宏业、英发等玻璃企业电熔炉、煤气池炉生产线等一批重点项目相继建成投产，形成了一批新的经济增长点。

民营经济快速发展。通过大力实施“构筑以非公有制为主体的县域经济新框架”的战略思路，努力把民营经济比重往“高”的调，规模往“大”的调，结构往“优”的调，使民营经济成为闻喜经济的主体。年底，全县民营企业发展到800余家，规模以上企业达到87家，其中产值50亿元以上的企业1家，5亿元以上的企业2家，亿元以上的企业6家，5000万元以上的企业8家，千万元以上的企业36家，500万元以上的企业34家。民营经济从业人员达到8万余人。非公有制经济占全县GDP和财政收入的比重均达到95%以上。

基础面貌明显改观。城市建设上，按照“政府规划，市场运作”的思路，大力实施城市建设攻坚战，先后投资5亿多元，实施完成了人民广场、人民会堂、西湖公园、太风路和新开路改造、兴闻街拓宽改造、城东大街等30多项重点工程，城南大街、城西大街等重点工程正在加快实施，县城一环已经形成，县城框架由原来的7平方公里拉大到12.5平方公里，县城人口由3万人增加到8万人。公路建设上，先后投资3亿多元，实施完成了闻垣线、闻夏线、临夏线和闻郭公路、侯郭公路等多条主干道路改造工程；完成村通及巷道硬化1450公里，全县公路里程达到1583公里，基本形成“四条干道贯平川，八大出口通周边，南北两垣大循环，村村户户路相连”的交通网络。电力建设上，建成1座220千伏变电站、4座110千伏变电站和8座35千伏变电站，实施完成了农网改造和城网改造工程。水利建设上，先后投资2300余万元，完成农村饮水解困工程212处，解决了10万人口的吃水困难。年内，被省政府授予“全省农村饮水解困红旗县”称号。同时，教育、商贸、通讯、卫生等基础设施都得到明显改善。

社会事业全面进步。科技工作，大力实施“科技创新”战略，科技项目开发力度不断加大，一大批先进适用技术得到推广应用，有力地促进了经济发展。教育工作，大力调整中小学布局，撤并高中2所、小学单人校和教学点100个，建成标准化学校36所。基础教育进一步加强，社会力量办学快速发展。职业教育取得实效。医疗卫生工作，狠抓公共卫生和医疗服务体系建设，完成10个乡镇卫生院建设改造，公共卫生和农村医疗卫生条件进一步改善；新型农村合作医疗全面铺开，全县农民参合率达到83.1%。计划生育工作，狠抓“两无”创建工作，严格落实计划生育长效节育措施，人口自然增长率控制在4.06‰以内；认真落实计划生育奖励扶助政策，2161人(户)享受到了奖励扶助。社会保险工作，全县企业离退休人员养老金和下岗职工生活费发放率达到100%，城市居民最低生活保障金按时足额发放。文化工作，大力实施农村文化“五个一”工程，建立农村宣传文化活动中心101个，建立高标准图书室26个，167个村通上了光缆电视，光缆入户发展到2.5万余户。各项社会事业都取得新的成绩，经济社会呈现协调发展的良好局面。　（佀延寿　吉朱莲）

【领导人名录】

县委书记		荆青莲
副书记	裴良杰	李晋学
	张英生	杨勤荣
		闫　宏
人大主任		史炳仁
副主任	张平安	邢炜平
	李瑶璋	杨文龙
	罗创业	任龙太
县长		裴良杰
副县长	谭淑珍	萬旭元
	吕士学	裴宝珠
	曹秦峰	杨正义
		王海生
政协主席		王延平
副主席	田水旺	王金狮
	吉意明	李天虎

夏　县

【概况】　2005年，全县人民在县委、县政府的正确领导下，以邓小平理论和“三个代表”重要思想为指导，深入贯彻党的十六届三中、四中、五中全会精神，全面落实科学的发展观，认真贯彻国家加强和改善宏观调控的各项措施。围绕全县经济工作重点，以加快发展为总基调，着力优化发展环境，积极应对县内外形势的新变化，扎实工作，开拓创新。全县经济保持稳步协调发展，教育、卫生等各项社会事业全面进步，居民收入进一步增加，全县经济继续朝着全面、协调可持续的方向发展。

综合　国民经济稳步发展，综

合经济实力进一步增强。据统计，2005年全县生产总值完成92970万元,比上年增长3.8%,人均生产总值2645元,比上年增长4.1%。第一产业实现增加值26602万元,比上年增长1.1%;第二产业30144万元,增长3.5%;第三产业36224万元,增长6.1%。三次产业比重分别为28.6%、32.4%和39.0%,三次产业对经济增长的贡献率分别为8.2%、86.5%和5.3%。

农、林、牧、渔业　农、林、牧、渔业经济不断发展。增加值26602万元,比上年增长1.1%。

受政策调节影响,粮食作物种植面积比上年增加,其余作物减少。由于自然灾害的影响,棉花、油料、蔬菜等经济作物单产下降。全年粮食种植面积39.47千公顷,比上年增加8.28千公顷;豆类种植面积0.99千公顷,减少0.33千公顷;棉花种植面积6.01千公顷,减少3.79千公顷;油料种植面积0.92千公顷,减少0.53千公顷;蔬菜种植面积3.7千公顷,减少1.34千公顷。

主要农产品产量如下:

产品名称	产量(吨)	比上年增减(%)
粮食	121268	7.4
油料	1091	－49.7
棉花	6296	－40.5
烟叶	344	91.1
药材	162	－87.8
蔬菜	139672	－28.2
瓜果	15609	－11.7
水果	32883	36.0
其中:苹果	17246	11.0

工业　工业生产平稳快速增长。全年完成工业增加值25344万元,按可比价计算,比上年增长8.3%。工业增加值占全县生产总值的比重为27.3%,对全县经济增长的贡献率为57.4%。其中,规模以上工业增加值14971万元,规模以下10373万元。

规模以上工业企业总产值、增加值完成情况

单位名称	总产值(千元)	增加值(千元)	增加值份额(%)
合　计	611279	149714	100
山西启真镁业有限公司	156774	45295	30.3
山西晋新双鹤药业有限公司	98722	28135	18.8
山西省运城节能风机有限公司	83618	24822	16.6
山西运城地区顺天制粉有限公司	22450	7499	5.0
山西宇达集团有限公司	18000	7200	4.8
山西武昌钢铁有限公司	36210	4646	3.1
山西好医生华禹制药有限公司	7046	4387	2.9
山西夏县冠宇化学有限公司	64027	3631	2.4
夏县华龙镁业有限公司	38392	3610	2.4
夏县中森木业有限公司	5225	3463	2.3
夏县天立电缆有限公司	16395	3104	2.1
山西省运城地方国营夏县制胶厂	13501	2928	2.0
山西夏县格菲玻纤有限公司	7501	2692	1.8
山西省夏县鑫丰水泥有限责任公司	10560	2619	1.7
夏县盛源昌电机制造有限公司	8857	2338	1.6
山西省运城市瑞马纸业有限公司	11850	1682	1.1
夏县早安铁矿有限公司	11830	1526	1.0
山西省夏县自来水公司	321	1375	0.1

固定资产投资　投资完成额有所下降。限额以上固定资产投资完成16702万元，比上年减少21.2%。从类型来看，城镇投资完成12077万元，比上年减少30.2%；农村投资完成4625万元，比上年增长18.9%；从投资项目来看，共有47个。本年投资完成额超过1000万元的项目2个：夏县温泉开发工程1440万元，夏县交通局村通、巷道硬化工程1560万元。800一1000万元的项目3个，夏县教育局教学楼工程975万元，夏县交通局村通、巷道硬化工程830万元，夏县早安铁矿有限公司水洗沙工程1000万元。500－800万元的项目7个，夏县运力化工厂年产3000吨糖醋生产装置工程800万元，交通局村通、巷道硬化工程项目2个，分别完成750万元和690万元，夏县禹王乡政府挂面纸、卫生纸工程720万元，鑫源丰制钢有限责任公司地条铁转产工程600万元，夏县城建局供水工程570万元，山西天益调味食品有限公司甜面酱、红胡萝卜精投资工程551万元。500万元以下项目35个。

批发零售贸易、餐饮业与物价指数　消费品市场繁荣活跃。居民收入增加、消费意愿增强，消费品市场销售额进一步增加。全年社会消费品零售总额55141万元，比上年增长2.0%。从行业分类来看，批发、零售业47847万元，增长2.0%；住宿和餐饮业5047万元，增加8.7%；其他2246万元，增加2.0%。从经济类型来看，国有经济4325万元，增加4.8%；集体经济2333万元，减少－62.2%；个体经济47011万元，增加11.1%；其他1472万元，增长1.9%。

物价基本平稳。商品零售价格总指数为98.7%。消费价格总指数为101.4%，其中，消费品价格指数为98.7%。农业生产资料价格指数为101.8%。

财政、金融　财政收入略有增加，支出也有所增长。财政收入完成5839万元，与上年同口轻相比增长1.2%。其中，工商各税4684万元，农业税全免，行政性收费374万元，罚没收入532万元。支出有所增长，本年执行21039万元，比上年增长9.9%，增支1898万元。其中，教育事业费支出5861万元，行政事业单位离退休经费支出2907万元，行政管理费支出3219万元，林业支出909万元，支援不发达地区支出806万元。

货币信贷规模得到适度控制。金融机构年末各项存款余额132022万元，比上年增长13.8%。其中，企业存款6692万元，财政存款901万元，机关团体存款7112万元，储蓄存款112383万元，农业存款2372万元，委托存款2万元，其他存款2560万元。金融机构年末各项贷款余额114731万元，比上年增长2.0%。其中，短期贷款105974万元，中长期贷款7557万元。

教育、卫生　教育事业进一步转变。一是务实创新，努力转变机关职能。机关股室由原来的18个精简为12个，机关人员由原来的113个精减为53个。二是从严治教，不断深化中小学人事制度改革。4月份，对全县科教系统财政供养人员进行了一次集中清查，共查出在职非在岗人员203人，非在职人员162

人，因各种情况注销财政工资80人。根据县委、政府的统一部署安排，又对全县进行了新一轮中小学教育人事制度改革，从53名竞聘的校长候选人员中择优聘任了33名中小学校长，从3500余名课任教师中择优选聘了3137名专任教师，115名临时代教被清退，217人提前休息，75人被分流，20名无故不在岗人员被除名。三是努力做好贫困生帮扶和中小学危房改造工作。全县共有12081名农村中小学生享受到了“两免一补”政策，共落实发放资金224.24万元。同时，给全县411名初中生和344名小学生发放保学金146130元，共有18726名农村中小学生和1217名城市贫困生受到资助。全县共完成了危房改造面积1.7万平方米，超额完成了县政府下达的任务近5000平方米。四是强力推行农村中小学远程教育覆盖工程。为全县农村14个教学点、164所小学和16所初中安装了远程教育工程设备，全县共计配备电脑724台，电视机374台，激光打印机180台，DVD194台，卫星接收、避雷和消防设备各180套，控制台16套，各种稳压电源和辅助设备若干套。全县共新建多媒体教室16个，计算机教室16个，DVD播放系统194个，卫星接收及办公机房180个。五是全面推进科教兴乡、兴县工程。全县共创办县级成人文化技术学校1所，乡镇农校11所，村级农校215所，其中达国家级标准的农技校3所，市级24所，县级188所。全县共有农科示范村102个，达国家级标准的农科示范园3个，省级5个，市级24个。全县共有科技示范户6669户，科技当家人81500名，基本上达到了户均1人。

卫生工作取得新的进展。一是抓好医疗整顿，确保医疗安全。共出动车辆30余台次，人员120余人次，检查各级各类医疗机构600余家，查出存在问题个体诊所24家，无执业资格的假医生9人，无医疗机构执业许可证的黑诊所2家，处理群众举报案件1例。二是抓好疾病控制，提高防病能力。本年共运转疫苗5种6次，其中糖丸20000余粒，麻疹12000余份，卡介苗5000余份，百白破15000余份，接种率调查建卡率100%，卡痕率89.5%，卡介苗接种率100%，糖丸97.1%，百白破97.6%，麻疹97.6%，乙肝疫苗首针及时接种率70.5%，四苗全程接种率达95.2%。三是抓好妇幼工作，提升保健水平。动员城乡妇女进行妇女病普查，免费接送，为她们提供方便快餐，共普查4111人，查出患病3165人，患病率达77%，其中宫颈糜烂1487例，宫颈炎486例，阴道炎345例，子宫肌瘤75例，卵巢囊肿64例，宫颈癌29例，均得到及时治疗和健康指导。四是抓好为民工程，构建和谐社会。年底，全县累计进入235个村完成105210人的体检建档工作，其中男53128人，女52082人，体检阳性人员12800人，其中高血压1200余人，冠心病670人，关节炎920人，胃炎843人，妇科疾病1628人，其它6539人。

人口和居民生活 2005年年末，全县总人口351003人。居民生活水平进一步提高，农民人均纯收入2004元，比上年增长0.3%；城镇居民人均可支配收入5660元，增长10.7%。在岗职工平均工资8791元，增长1.9%。（夏县县志办）

【领导人名录】

县委书记		苏安乐
副 书 记	侯卫河	黄保龙
		赵州平
人大主任		张有道
副 主 任	柳月件	裴三伍
	段永生	郑景山
		张创立
县　　长		李晋学
副 县 长	张随年	陈发祥
	姚仁义	高小俊
	祁彦军	田成贵
		张高学
政协主席		王　琨
副 主 席	刘长业	张大平
		陈全狮

绛　　县

【概况】 *地理位置* 绛县位于山西省南部，运城地区东北端。县境东部和南部由中条山环抱，高峻而挺拔；西部和北部由平川和盆地构成，低凹而平坦。东部与翼城县毗连，西部和闻喜县接壤，南跨中条山与垣曲县相邻，北部自东而西由翼城、曲沃两县和侯马市环绕。地理坐标为：东经110°24′～110°48′，北纬35°20′～35°38′。东西长49.1公里，南北宽35.4公里，总面积993.49平方公里。

县治在绛山南古绛镇。以公路里程计，西距闻喜县城39公里，东离翼城县城53公里，北距曲沃县城37公里、距侯马市48公里，南距垣曲县51公里，距运城市83公里，距省会太原市395公里，距首都北京841公里。

地貌特征 本县地貌总的形势为东南高峻，西北平缓，中条山横亘县境东南部。紫金山位于县境西北角，全县处于中条山东段西北坡倾斜部分。中条山主峰舜王坪距县不远。县境内海拔一般在550—750米之间，最高海拔2047米（磨里镇垣址坪村南山），最低481米（南樊镇尧都村沟底）。总面积为993.49平方公里，其中，山区670.61平方公里，占总面积的67.5%；丘陵台塬178.83平方公里，占18%；平川144.06平方公里，占14.5%。县境内按浍河水系和涑水河水系分为塬上和塬下两大部分。塬上有卫庄、陈村、古绛、冷口、横水、郝庄6个乡镇，面积619.78平方公里，占总面积62.38%；塬下有南樊、大交、安峪、磨里4个乡镇，面积373.71平方公里，占37.6%。

建置沿革 唐尧、虞、夏、商本境属冀州地。

春秋属晋。周惠王八年（前669），晋献公派大夫士蒍建都城聚（聚，县城南5公里南城村，名车厢城），将群公子全部杀光，始将此地命为绛，从此即定晋都于绛（《史记》称“始城都绛”）。夏，献公为使宫殿更广大，命大司空士蒍修筑绛城。周简王元年（前585），晋景公迁晋都于新田（今侯马市一带），命新田为绛，故称原晋都绛为故绛。周安王二十五年（前377），韩、赵、魏灭晋，三分其地，晋亡。绛属魏曲阳地。

秦始皇嬴政二十六年（前221），置绛县，属河东部。西汉高祖元年（前206），县境东北为翼城县，西南为闻喜县。属河东郡。东汉建武十一年（35），改绛县为绛邑县，属河东郡。魏正始八年（247），属平阳郡。北魏太和十二年（488），复置绛县（今翼城县）属正平郡。北魏太和十八年（494），置南绛县（今浍河以南）、北绛县（今浍河以北），南绛县治所车厢城。仍属正平郡。北魏建义元年（528），置南绛郡，治所浍交川（今大郡村），属正平郡。辖南绛、小乡二县。西魏大统五年（539），侨置建州于郡。二十年（554），去南字，为绛郡绛县。北周建德六年（577），改绛郡绛县为绛县，属正平郡。隋开皇元年（581），属绛郡。隋开皇三年（583），郡废，绛县属绛州。隋大业三年（607），州废，绛县属绛郡。唐武德元年（618），绛县治所由车厢城迁至今治，属浍州。四年（621），浍州废，属绛州。五代时期，绛县属河东道绛州。明洪武二年（1369），绛县属平阳府绛州。清顺治元年（1644），绛县属平阳府直隶绛州。中华民国（以下简称民国）3年（1914），绛县属河东道。民国26年（1937），属山西省第七行政公署。民国32年（1943）春，属晋冀鲁豫边区太岳区第四行政公署。民国34年（1945）12月，属晋冀鲁豫边区太岳区第二行政公署。民国37年（1948），属晋冀鲁豫边区太岳区第四行政专署。1949年3月22日，属翼城临时专署。1949年9月13日，属运城专署。1954年，属晋南专署。1958年11月，绛县建制撤销，东部归翼城县，西部归闻喜县，县境隶属同上。1961年5月，县建制恢复，隶属晋南专署。1970年，晋南专署分为临汾、运城两专署。1984年后改为行政公署，绛县属运城行政公署，迄今已有2226年的历史。

民族宗教　在绛县绝大多数居民为汉族，占99.43%，少数民族仅占0.53%。据2005年初步统计，县城内有回族、满族、蒙古族、朝鲜族、彝族、壮族、锡伯族、白族、土家族9个少数民族，计1700多人，主要是回族，计1200多人，分布在大交、城关、横水三大集镇，有金绛和誉恒两家生产清真食品企业和25家经营清真食品单位。全县基督教、天主教、伊斯兰教、佛教、道教五教俱全，有宗教信徒9212人，其中基督教7460人，伊斯兰教1199人，天主教485人，佛教13人，道教55人；正式登记的活动场所22个，其中，基督教16个，伊斯兰教3个，天主教、佛教、道教各1个，有4个宗教爱国团体：基督教“三自”爱国运动委员会、伊斯兰教协会、天主教爱国委员会、道教协会。

气候概况　本县属北温带大陆性气候，四季分明，春季温暖，多风干燥，夏季炎热多雨，冬季凉爽晴朗，冬季严寒少雪。气候特点为光照长、热量足，降水分布不均且少。2005年平均气温12.0℃，比历年值偏高0.3℃；本年总的降水量561.1毫米，比历年值偏少8.5毫米；本年日照时数2428.0小时，比历年值偏多146.9小时，属正常年份。（一）春旱。本年2月18日至3月15日，连续26天无有效降水。3月份总降水量5.9毫米，较历年严重不足。罕见的春旱对小麦的拔节、孕穗极为不利，是造成小麦减产的主要原因。（二）持续高温。自6月11日开始，气温居高不下，持续到27日。最高时曾一度达到39.4℃（6月23日），创下了历史新高。像这种在6月份就出现持续高温，在过去的三十年里是罕见的，给人们的生活带来了极大的不便。（三）暴雨。全年降水分布不均，大到暴雨出现次数较多。尤以6月30日最严重。据统计，农作物受灾面积670公顷，绝收面积227公顷。洪水冲毁梯田350亩，毁坏树木、果树800余株，冲毁村级道路3600余米，房屋进水312户，568间。

本年总的气候概况，气温偏高，降水略少，日照充足。

（绛县县志办）

【国民经济和社会发展】　2005年，全县人民在县委、县政府的正确领导下，以邓小平理论和“三个代表”重要思想为指导，认真贯彻党的十六大和十六届三中、四中全会精神，牢固树立科学发展观和正确的政绩观，坚决贯彻落实中央宏观调控的各项政策措施，紧紧围绕建设经济强县的宏伟目标，以创新体制、调整结构、优化环境、全面发展为主题，加快推进各项改革，实现了全县经济和社会发展的预期目标。全县经济继续保持平稳较快的发展态势，经济活力明显增强，运行质量进一步提高。社会和谐发展，科技、教育、文化、卫生、体育等各项事业全面进步，城乡居民生活继续得到改善。

综合　国民经济持续增长。初步测算，全年实现地区生产总值20.1亿元，按可比价格计算，比上年增长8.6%。其中，第一产业实现增加值1.9亿元，增长14.6%；第二产业实现增加值10.5亿元，增长6.7%；第三产业实现增加值4.7亿元，增长10.6%。全县人均地区生产总值为7173元，比上年增加了450元，增长6.7%，全县居民消费价格总水平比上年上涨2.6%，商品零售价格上涨1.3%，劳动就业工作基本稳定，年末全县从业人员15.1万人。

全县国民经济运行中存在的主要问题是：结构性矛盾仍比较突出，第三产业发展不足；非公有制经济所占比重仍然偏小；安全生产形势依然严峻；政府职能转变还不到位，经济发展的软环境还不够宽松；外资企业很少，经济外向度很低；社会保障和就业压力仍然较大等。

农业　2004年，党中央颁发了六年以来第一个加强农业，促进农民增收的一号文件，并相继出台了粮食直补、良种补贴、农机补贴、降低农业税税率、加大对农村教育、医疗、环境等社会发展项目的投入等一系列政策措施，有效地促进了农村经济发展和农民增收，极大地调动了广大农民发展农业生产的积极性，2005年，农业和农村工作继续保持良好形势。

农业生产快速发展。2005年，全县现价农林牧渔业总产值完成4.63亿元，按可比价计算比上年增长26.2%。

粮食生产有喜有忧。2005年，全县粮食播种面积达51万亩，比上年增长了9.3%；总产量11914万公斤，比上年减少639万公斤，下降5.1%。其中：小麦总产达4881.6万公斤，比上年减少2133.1万公斤，下降30.4%；秋粮总产达7032.5万公斤，比上年增加1952.5万公斤，增长38.4%。

畜牧业生产稳步发展。全年全县肉类总产量6923吨，比上年增长3.1%，牛奶产量168吨，比上年下降4.5%；禽蛋产量4523吨，比上年增长9.8%。年末大牲畜存栏2.29万头，比上年末增长1.3%；牛存栏2.2万头，比上年末增长1.7%；猪存栏6.1万头，比上年末增长10.9%；羊存栏7.1万只，比上年末下降1.8%。

退耕还林成效显著，造林绿化工作稳步推进。

工业和建筑业　2005年，继续把工业作为全县经济结构调整的重中之重，坚持提升传统产业和培育新兴产业两手抓，工业经济结构发生了明显的变化，总量和增速都上了一个新的水平，各项指标保持良好态势。

工业生产继续保持稳定增长。全年全县完成工业增加值11.3亿元，比上年增长6.1%。其中，规模以上工业企业（即国有工业企业及年产品销售收入500万元以上的非国有工业企业）完成9.5万元，按可比价计算比上年增长5.1%。

建筑业稳步发展。全年全县建筑业实现增加值9040万元，比上年增长15.8%。

固定资产投资　固定资产投资快速增长。投资在全县国民经济增长中的贡献率不断上升。全年全社会固定资产投资完成5.02亿元，比上年增长20.9%。其中：建筑安装工程完成总投资2.86亿元，比上年增长12.6%。

交通、邮电和旅游　交通事业快速发展，营运效率进一步提高。近年来，县委、县政府一直把公路交通设施的改善作为一项重要工作来抓。2005年，全县“村村通”工程继续保持全市先进。截至年末，全县通公路村达到205个，占全县行政村总数的100%。

截止2005年底，全县运输车辆达16120辆，比上年增长5.7%；民用汽车拥有量为3850辆，比上年末上升18.3%。机动车驾驶员4215人，比上年增长10.9%。

邮电通信事业快速发展。全年全县完成邮电业务总量969万元，比上年增长6.3%。全年新增固定电话用户3400户，累计达到7521户（其中包括小灵通用户），比上年增长15.1%；移动电话拥有量4.45万部，比上年增长13.8%。

城乡贸易　消费品市场稳中见旺。全年全社会消费品零售总额完成4.72亿元，比上年增长37.2%。其中，县的零售额2.93亿元，增长38%；县以下的零售额1.79亿元，增长35.9%。分行业看，批发零售贸易业零售额完成4亿元，增长35.7%；餐饮业零售额完成0.62亿元，增长38%；其他行业零售额完成0.1亿元，增长128.7%。分经济类型看，国有经济、个体经济和其它经济都发展较快，分别比上年增长36.7%、38%和132.4%。

财政、金融和保险业　财政收入稳步增长，收入结构进一步优化。2005年，全县财政总收入累计完成18696万元，比上年增长10.9%，完成一般预算收入3952万元，比上年增长9.3%。全年一般预算支出完成23128万元，本级财政支出18454万元。

金融形势稳定。2005年，全县认真贯彻执行国家宏观调控政策，各项存款稳步增长，贷款投放重点突出，信贷资产质量继续提高，金融机构存差进一步扩大，现金继续呈现回笼态势。年末全县金融机构各项存款余额达17.7亿元，比上年末增长17%；全县金融机构各项贷款余额达15亿元，比上年末下降37.1%。

保险事业继续发展。

科技、教育、文化、卫生和体育　科技研究开发及产业化取得较大进展。2005年，全县科技工作面向经济主战场，树立科技为经济发展先导的新思维，大力推进科技体制改革，积极引进专利和先进技术，科技项目实施取得了良好成效。2005年，全县三项经费支出170万元，比上年增长13.3%。专业技术人员数达6703人，万人拥有专业技术人员数达252人。科普经费10万元。申请专利数达25件，申请发明专利数7件。

教育事业进一步发展。全年全县共有各级各类学校177所，其中：高中1所，完中2所，初中14所，中等职业学校2所，一贯制学校3所，小学119所，教学点36个；年末全县在校生3.7万人，其中：高中生2839人，初中生11635人，职中生191人，小学生22380人；年末全县共有幼儿园26所，在园幼儿3836人；全县共有教职工2823人。九年义务教育普及率继续上升。

卫生事业加快发展。年末全县共有卫生机构23个；卫生技术人员953人，其中医生578人。全县共有卫生防疫、防治机构1个；妇幼保健院（所、站）1个、万人拥有医护人员59人，比上年增长11.3%。

人口、人民生活和社会保障　人口自然增长率继续降低，城镇人口比重有所上升。2005年末全县常住人口为27.98人，其中城镇人口5.3万人，乡村人口22.7万人。

城乡居民生活继续得到改善。2005年，全县城镇居民人均可支配收入6390元，比上年增长10.6%；农村居民人均纯收入2674元。全县在岗职工年平均工资为9668元，比上年增长2.97%。

社会保障工作进一步加强。社会福利事业持续发展。全县9981名职工参加了失业保险。16251名职工参加了养老保险，6430名离退休人员领取了养老保险金，688名遗属领取遗属补助。全县参加基本医疗保险的职工人数达到19272人。全年得到城镇最低生活保障救济的人数达4398人。

环境保护及城市建设　环境保护事业得到高度重视和发展。2005年，随着科学发展观的贯彻和落实，全县加大了对环境保护的投入力度，环境保护工作取得明显进展。全县有环境保护机构1个，县级以上环境监测站1个。

城乡建设迈出新步伐。城镇公共交通、水电气供给、购物休闲和服务设施得到进一步改善。

注：1. 以上部分数据为初步统计数。2. 地区生产总值（GDP）和各产业增加值、产值绝对数按现价计算，增长速度按可比价计算。

（绛县县志办）

【领导人名录】

县委书记　张　冠

副书记 梁潞阳 李百选 李国平 张新进
县委常委 李服役 李旸 李清水 杨书林
人大主任 荆军武
副主任 王定康 魏守峰 郭文奎 魏金发 王永华
县长 梁潞阳
副县长 韩廷海 赵永强 马建萍 潘俊武 陈力田 董稷强
县长助理 张贤勋
政协主席 田茂忠
副主席 张永霞 刘永昌 史秉福 刘波

平陆县

【概况】 2005年，平陆县辖6镇4乡1区，228个村（居）民委员会，1154个自然村。全县总面积1173.5平方公里，总户数69052户，总人数245939人，其中农业人口222526人、非农业人口23413人。人口出生率9.84‰，死亡率3.85‰，自然增长率为5.99‰。

2005年，全县共完成生产总值95966万元，按可比价格计算，比上年增长7.2%；第一产业增加值14323万元，下降4.6%；第二产业增加值46083万元，增长10.8%；第三产业增加值35560万元，增长9.5%。财政收入完成9299元，比上年增长50%。农民人均纯收入达到1148元，比上年增长0.4%。城镇居民人均可支配收入5307元，比上年增长4.2%。社会消费品零售总额为45020万元，比上年增长12.2%。固定资产投资完成60615万元，比上年增长98.7%。年末全县金融机构各项存款余额144169万元，比年初增加17677万元，增长14.0%。全县保费收入4110万元，比上年增长53.2%。

农业生产由于受干旱影响，粮、棉、油产量均有所减。全县粮食作物播种面积30560公顷，比上年增加2455公顷；产量6242.3万公斤，比上年减少24.3%，其中，夏粮播种面积17860公顷，增加1764公顷；产量3068.6万公斤，比上年减32.2%；秋粮播种面积12700公顷，增加692公顷；产量3173.7万公斤，减少14.6%。全县棉花种植面积180公顷，减少174公顷；产量10.0万公斤，下降52.6%。蔬菜种植面积727.7公顷，减少30.3公顷，产量2472.7万公斤，下降14.3%。

造林绿化有新的进展，全县共完成造林面积10700公顷。其中营造防护林10518公顷、经济林182公顷，干果产量9.8万公斤。

畜牧业生产稳步发展。全年肉类总产量482.1万公斤，比上年增长2.0%。年末大牲畜存栏11688头，下降37.5%；羊存栏29125只，下降28.7%；猪存栏31506头，下降17.2%；家禽存栏32.3万只，下降20.0%。

工业生产增长较快。全年全县全部工业总产值为118031万元，比上年增长54.7%。全部工业增加值33354万元，按可比价格计算，比上年增长14.5%。全县全年产品销售收入500万元以上国有企业及非国有工业企业共完成工业总产值95021.4万元，比上年增长64.5%；工业增加值26451.2万元，按可比价格计算，比上年增长54.1%；销售收入完成84547.1万元，比上年增长51.68%。主要产品产量：原煤69.72万吨，比上年增长46.6%；化肥产量（折纯）5.1万吨，比上年增长65.7%；发电量5111万千瓦时，比上年增长12.4%；生铁4406吨，比上年增长266.3%；水泥7.51万吨，比上年增长11.4%；铁合金产量30625吨，增长173.9%；铝产量14047吨，比上年减少8.8%。（平陆县志办）

【财政收入增幅位居全市第一】 2005年，全县煤电铝工业体系逐步形成，工业总产值历史性地突破10亿元大关，达到11.8亿元。年上缴税金超百万元的企业由2000年的4个猛增到2005年的20个，其中煤电铝企业14个，占到70%。昌鸿铁合金公司成为平陆有史以来第一个年上缴税金超千万元的企业。工业经济的迅速发展，全县财政收入增加到9299万元，在2000年5806万元的基础上翻了近一番，比2004年的6285万元纯增3014万元，增长47.90%，增幅位居全市第一。（平陆县志办）

【县城建设突飞猛进】 平陆县城1958年由老城迁移而来。2003年以前，不是丁字路，就是断头路；建城区面积仅4平方公里。从2003年起，围绕特色城镇化建设，平陆县委、县政府首先完成了新一轮县城发展总体规划，并以此拉开了老城改造、新城扩建的序幕。在对圣人大街实施“洗脸化妆”的基础上，先后对圣人大街西段、春元街、五一路、南北大街、周仓沟等老城区进行了开通、改造、硬化、亮化、绿化和美化工程。2005年初，又投资8000多万元，于12月17日开通了全长12公里的茅津路、条山大街、黄河大道三条主干街道，县城面积由原来的4平方公里增加到17平方公里，全长15公里的县城循环路全部开通，为县城人口的增加和招商引资项目的落地搭建了良好的载体和平台。（平陆县志办）

【招商引资名列全市首位】 县委、县政府以平陆籍在外工作人员和傅氏宗亲为纽带，先后在北京、太原、上海、湖南、广东、福建等省市举办了联谊回访活动。2005年农历四月初八，与世界傅氏宗亲联谊总会一道，在平陆又成功组织了四国两地十八省傅氏宗亲代表参加的傅说诞辰3340周年大型纪念活动，并赴新加坡参加南洋赖、罗、傅三家公会联合纪念庆典活动，全面掀开了“让平陆走向世界，让世界了解平陆”的崭新一页，推动了招商引资向纵深发展。先后引回了太原北仓集团、运城武圣集团、太原合洋公司、香港兴荣控股公司、山西国际电力公司与国家开发投资公司、湖北凯迪公司等企业来县投资兴业。2005年，落地项目102个，到位资金达到3.5亿元，居全市首位。（平陆县志办）

【基础设施建设规模空前】 为了缓解全县工农业生产生活用电紧张的矛盾，2005年先后实施和完成了110千伏双回线路改造、11万伏变电站扩容和城网农网改造等重点工程，使全县的供电能力由2002年的

3.1万千伏安增加到了12万千伏安，保证了本县工业发展用电需求。道路建设，先后对东沿河路、西沿河路、东中塬路等3条120多公里骨干道路进行拓宽改造，完成巷道硬化1000多公里，实现了村村通油路、通客车的“双通”目标。水利建设解决了4.8万口人、6300头大牲畜的吃水困难问题，改善水地16.7万亩。学校建设快速推进，新建教学楼、公寓楼62幢，改造危房3万平方米。（平陆县志办）

【扶助贫困大学生基金会成立】 为了建立扶助贫困优秀大学生长效机制，2005年8月22日，县委、县政府召开会议，决定启动贫困优秀大学生扶助奖励基金，对平陆籍当年被录取的优秀大学生给予一次性奖励，对当年被录取的贫困大学生给予一次性入学扶助。在资金筹集上，县委、县政府采取“财政拿一点、干部职工捐一点、企业社会捐一点”的办法。具体标准为：财政供养人员每人每年10元，自收自支和财政补贴单位每人每年10元，垂直管理单位每单位每年500～1000元，产值在500万元以上规模的企业每年3000元左右，产值在500万元以下规模的企业每年500～1000元。同时，县财政每年将拨付5～10万元作为扶助奖励基金。本年，县财政拨款10万元，社会捐资10多万元，救助扶助78人。

（平陆县志办）

【王骏获殊荣】 2005年9月23日，共和国经济建设功勋人物事迹报告会暨兴企报国经验交流会在首都人民大会堂三楼会议室召开。坡底乡碾道煤矿董事长王骏参加会议。在会上，王骏作了《依法经营，关爱员工，回报社会》的典型发言。从2000年创建碾道煤矿以来，他依法经营、关爱员工、奉献社会，捐资200多万元，用以扶贫帮困、筑路架桥、尊师重教。先后被誉为“中国改革百名优秀企业家”、“中国经济建设功勋人物”、“中国煤炭行业诚信经营企业家”、“山西省关爱员工民营企业家”、“山西省扶贫捐资模范”。（平陆县志办）

【领导人名录】

县委书记 姚十保

副书记 王正风 廉广锋 杨彦康 王新征 苏政辉（挂职）

县长 王正风

副县长 马李魁 赵建新 牛铁锁 徐王治 王引平 潘长青

人大主任 王再刚

副主任 关陕平 赵占民 刘阳娥 关玉生 王纪刚

政协主席 陈平果

副主席 李勇 赵友廷 毛振中

垣曲县

【位置面积】 垣曲地处东经111°30′～112°05′，北纬34°59′～35°26′之间，东接河南省济源市，东北与阳城、沁水县毗连，北、西北与翼城、绛县接壤，正西方衔闻喜，西南方连夏县，南隔黄河与河南省新安、渑池县相望，极点直线距离东西65公里，南北48公里。县治位于县境西北的新城镇，距运城市115公里、省城太原440公里、首都北京910公里。（王建民）

【气候 水文】 气候 2005年平均气温13.3℃。最高气温40.3℃，出现在6月22日；最低气温10.7℃，出现在12月18日；年均风速2.0m/s，最大风速14.3m/s，出现在1月28日。年总日照2199.6小时。全年无霜期232天，年均空气相对湿度64%。

水文 2005年总降水量573.4mm，与正常年份相比，偏少23.3mm，日最大降水量46.1mm。最大降水出现在9月28日。水资源总量为2.5亿立方米。（王建民）

【自然资源】 土地资源 2005年底，全县土地面积243万亩，其中耕地面积26.4万亩，园林面积3.5万亩，林地面积105万亩，牧草地55.97万亩，水域面积18.8万亩，全县城乡居民用地8.56万亩，交通用地1.4万亩，难以利用和未利用土地面积22.5万亩。

生物资源 植物有木材植物、药用植物、淀粉及糖类植物、油脂类植物、芳香油类、纤维植物、观赏植物、食用菌类等。动物有鸟类、兽类、爬行类、鱼类、昆虫类等。

矿产资源 迄今探明矿藏46种，金属矿产有铜、铁、金等。铜储量为270.98万吨，多分布于胡家峪、老宝滩、桐木沟、篦子沟、铜矿峪、洛家河等地，铁储量为1800万吨，分布在毛家湾、皋落、长直、解峪、窑头、同善等。金矿分布于望仙河、淘金河、文堂、沙金河、胡家峪等，非金属矿产有煤、石灰石、白云岩、重晶石、磷矿、大理石、铝土矿等。（王建民）

【国民经济与社会发展】 2005年，在县委、县政府的正确领导下，全县国民经济平稳运行，综合经济实力进一步增强。共完成国内生产总值152450万元，同比增长5.7%。其中，第一产业完成增加值11976万元，同比下降9.4%；第二产业完成增加值101740万元，同比增长10.4%，其中工业完成增加值94985万元，同比增长5.8%；第三产业完成增加值38734万元，同比增长3.8%。与上年相比，第二产业比重提高了9.5个百分点，其中工业增加值占生产总值的比重达到62.3%，人均国内生产总值完成6750元，比上年增长5.28%。

农业 2005年，农作物播种面积增加，种植结构进一步调整。大灾之年，农业生产保持了平稳发展。全县共完成农林牧渔产值24421万元，同比增长1.11%。其中，农业产值完成9467万元，同比增长1.05%；林业产值完成1510万元，同比增长3.8%；牧业产值完成10908万元，同比增长0.6%；渔业产值完成1236万元，同比增长0.01%。种植业总播种面积355935亩，粮食总产量达33155吨，其中夏粮产量21137吨，秋粮产量12018吨；林业发展取得积极成效，全县全年共完成造林面积2.87万亩，同比增长30.4%。其中，退耕还林面积5000亩，荒山造林5700亩，封山育林10000亩；畜牧业生产稳步发展，年末大牲畜存栏64736头，猪存栏78809头，羊存栏113727只，家禽存栏809405只，全县全年肉类总产量9156吨；渔业生产发展迅速，全县水产品产量2528吨。

工业　建筑业　工业经济保持高位运行，2005年规模以上工业企业共完成88029万元，同比增长6.1%，实现销售值182920万元，同比增长51.11%，工业产品销售率达93.78%，比上年提高3.64个百分点；全县规模以上工业企业实现销售收入188127万元，同比增长27.5%，实现利润26123万元，同比增长23.43%；规模以下工业企业完成总产量14800万元，其中农村个体企业完成总产值5100万元，其它工业企业完成总产值9700万元。建筑业快速发展，全县具有资质等级的建筑企业完成总产值6654万元，同比增长98.27%，施工面积51887平方米，比上年增长53.11%，房屋竣工面积26833平方米，竣工产值2120万元。

固定资产投资2005年全县固定资产投资共计29372万元，同比增长70.5%。其中，国有资产投资25902万元，同比增长2.6倍。城镇工矿区私人建房投资完成2720万元。

批零贸易和市场物价　消费品市场保持稳步增长势头。2005年，全县社会消费品零售额完成41523万元，同比增长12.4%；市场物价总水平保持平稳，全县商品零售价格总指数为99.9%（以上年同期为100）；居民消费价格总指数为101.5%；农业生产资料价格指数为108.1%。

交通、邮电、通讯业　交通事业快速发展，全县各种运输方式完成客运量241.6万人次，同比增长0.29%，货运量176.5万吨，同比增长12.35%，全社会旅客周转量10943万人公里，同比增长5.9%，货物周转量14729万吨公里，同比增长0.07%；邮政、电信通讯事业仍然发展迅速。年末全县交换机总容量达到53968门，同比增长1.87%；固定电话用户达57051户，同比增长7.34%；移动电话用户达48000户，同比增长14.29%；互联网用户达2956户，同比增长4.75%；电话普及率25.22部/百人；全年全县邮电业务总量完成3733万元，同比增长0.24%。其中邮政业务总量1287万元，同比增长23.28%；电信业务总量2446万元，同比下降8.73%。

财政、金融、保险　财政收入快速增长，2005年全县财政总收入完成13047万元，同比增长21.65%，其中一般预算收入2748万元，同比增长10.54%。财政一般预算支出20671万元，同比增长19.8%；2005年末全县金融机构各项存款余额达209660万元，同比增长14.07%。其中企业存款20857万元，同比增长24.36%，城乡居民储蓄存款168337万元，同比增长12.67%。各项贷款余额124928万元，同比增长3.32%。全年全县金融机构现金收入536363万元，现金支出566912万元，收支相抵净投放现金30549万元，同比增长17.48%；保险事业发展稳定，全年全县保费收入6299万元，同比增长14.15%，其中财险保费收入1011万元，同比增长11.84%，寿险保费收入5288万元，同比增长14.61%，支付各类赔款及给付1906万元，同比增长7.93%，其中财产险赔款409万元，同比增长4.87%，寿险赔款及给付1497万元，同比增长8.79%。

教育、卫生和旅游　2005年，全县各级各类学校共183所，比上年减少7.85%。各级学校中，在校学生54520人，同比增长6.18%，毕业学生11345人，同比增长6.99%，教师3032人，同比增长3.09%；卫生条件进一步改善，2005年末全县共有卫生机构（含诊所）24个，床位1296张，技术人员1115人；2005年全县旅游景区、景点共接待外地游客7.5万人次，收入600万元，其中门票收入120万元。

人口和人民生活　人口低速增长，2005年末，据人口抽样调查推算，全县总人口226201人，其中男115721人，女110480人，性别比104.74（女为100），人口出生率11.76‰，死亡率8.69‰，人口自然增长率为3.07‰。城乡居民收入稳步增长，2005年全县城镇居民人均可支配收入5720元，同比增长5.61%；城镇居民人均消费支出3955元，同比增长6.49%；全县农民人均纯收入1087元，同比增长0.46%；城乡居民居住条件改善，年末城镇居民人均居住面积27.62平方米，农村居民人均居住面积31.9平方米。　（王建民）

【城市建设】　2005年，本县在城市基础设施建设上，共投入资金2200余万元，实施了八路一桥一公园共十项工程。截至年底，友谊路大桥、舜王南大街改造、新城大街北伸、历山东路、新城南大街及变电北路、滨河公园二期、下寺桥道路改造工程已全部建设完成，南环路西进、东环路南延北伸路基工程已经完成，铺油工程将于2006年实施。同时，还完成东环路树木绿化956株，街道树木补栽500余株，冬青苗补栽近万株。这些工程项目的建设完成，使县城面积由上年的12.6平方公里，增加到现在的13.8平方公里；城市道路总长达到42公里，人均道路面积10.6平方米；县城建成区绿化总面积达到44.77万平方米，绿化覆盖率19%，人均绿化面积5.3平方米。

在城市建设规划管理方面，本县始终坚持“规划先导、全面统筹”的规划管理原则。一是成立了垣曲县城乡规划委员会，加强规划工作领导。二是严格执行“一书两证”审批制度。所有项目全部按照县领导同意——规划审查——分管局长、局长汇签的审批程序进行审批。近年来，本县聘请省规划研究院完成了中条大街、滨河公园、舜乡公园、中心广场等详细规划以及防震、供电、供水、供气等专业规划，近期建设规划正在编制当中。同时，古城镇的小城镇规划编制已由黄委会组织实施完成。

在市容管理工作上，一方面是加强日常管理力度，首先将环卫队伍由2个队扩编为4个队，环卫人员由110余人增加到190余人。把环卫任务落实到队，清洁保洁责任落实到人，确保县城52万平方米的清扫保洁任务的完成；其次是加强城市管理人员执法培训，要求执法工作人员必须经过培训考核合格后，方可执证、挂牌上岗；三是加大城市宣传力度，并将宣传工作分配给城管机动大队，每周六、日上街开展宣传活动。同时，狠抓“门前五包”责任落实，努力促进同创共管局面的形成；四是完善垃圾倾倒点，严格垃圾倾倒时间，使生活垃圾全面实现统管统运，日产日清；五是在城市出租汽车管理上，文明服务与严格执法相结合、宣传教育与严厉打击非法营运相结合，进一步规范了客运市场秩序，全年无投诉事件发生。另一方面，本县于2005年年初和八月份分别开展了市容环境综合整顿和交通秩序专项整顿活动，共取缔马路市场4个；清理门外店、店外摊200余个；涂刷小广告、小标语3000余条；规划搬迁夜市市场一个；设置路牌23个。使县城的“脏乱差”和违规占道、乱停乱放现象得以有效遏制，流动摊点基本取消，市容环境有了明显改善。（王建民）

【产业结构调整】 为有效缓解小浪底水库淹没后，本县人多地少矛盾，使有限的耕地资源产生最大的经济效益，本县着眼市场需求，按照“龙头＋基地＋农户”的农业产业化发展思路，扶持龙头，扩大基地，2005年初步形成了具有本县特色的“畜、桑、烟、果、椒、蜂”六大产业体系。壮大了以泉鑫茧丝绸、山里红食品、金叶公司、民生农副产品加工、康源蜂业等为代表的一批龙头企业，发展订单农业2万余亩，农业种植结构得到初步调整。泉鑫茧丝绸公司被评为2005年“全国扶贫龙头企业”。年底，该公司正在实施500吨白厂丝一年生产线和5万亩蚕桑基地建设项目，投产后可带动2.5万户农民脱贫，年创收8000余万元；山里红食品有限公司“圣女”牌系列产品填补国内市场空白，被国家科技部确定为“星火计划”项目，500吨果品气调库扩建工程正在建设中；同时在建的还有民生农副产品扩建工程，以及康源蜂业5000吨蜂蜜加工生产线扩建项目。（王建民）

【村村通工程】 2005年，“通村达户”水泥（油）路工程，全县188个行政村，除落凹、花石、安兴、陟坡、和平五个条件较差的行政村外，159个行政村都在大搞通村富民工程。截至年底，全县已完成新建33个村，续建126个村，完成总里程1120公里，其中：水泥路1087公里，油路33公里。

在“村村通”工程建设中，本县严格实行“三监督”、“五把关”。一是县交通局派出工程技术人员包片监督，严格按照《水泥路面施工程序》、《水泥路面裂缝原因及防治》、《施工稳定土基施工工艺》等技术要求蹲驻村通工地，对施工每个环节进行监督；二是各级领导巡回监督，县乡主要领导、分管领导坚持经常到各工地巡回检查，发现问题，及时整改；三是群众及社会舆论监督，新闻单位开辟专栏，对各乡、村工程建设跟踪报道，施工村选出责任心强，敢说话、讲原则的村民代表进行监督，把村通工程当作自己家里的事来落实。在工程施工中，严把五关，一是路基关，做到平整、压实；二是材料关，不达标准不准进入工地；三是配比关，水泥、砂浆、石子的比例严格按要求配比；四是浇铸头，做到震动到位，碾压夯实；五是养护关，全部用地膜、草帘覆盖。为确保工程顺利进行，共为“村村通”工程协调水泥32000吨。同时还加大了宣传力度，从“村村通”工程实施以来，采取了用版面、稿件、简报等多种形式的宣传活动，在《山西经济日报》上发表了“会当历山笑愚公”的专题报道，在《山西工人报》上发表了“视百姓如父母，凝众志筑通途”的专题报道。

为巩固“村村通”农村道路建设成果，全县八个乡镇建立了乡镇道路管理站，组建了近200名农村道路养护专业人员，由县交通局培训后持证上岗。县财政每年将22万元养护费列入农村转移支付，每公里补助180元，专款专用，还制定了村村通道路养护和检查评定办法。做到了五个统一，即：统一标志，统一管理、统一要求、统一报酬、统一培训。实行巷道户管、组道村管、村道乡管、考评县管的四级管理机制。做到：周维护、月养护、季发薪，小损养护员、大损总动员，形成了机构健全、人员到位、责任明确的农村道路养管体系。（王建民）

【领导人名录】

县委书记		崔克信
副书记	晋　勇	张春吉
		刘景峰
人大主任		卫绍德
副主任	李广彬	郭恒志
	王丰俊	靳绍香
		李爱民
县　长		侯伟建
副县长	郭儒社	鲁建功
	杜兰纯	王维学
	赵廷杰	刘社院
政协主席		靳建邦
副主席	刘绪成	董康典
	车增民	加志荣

（责任编辑：石少青）

附　　录

中共运城市委
运城市人民政府
关于鼓励、支持和引导非公有制经济发展的决定

（2005 年 5 月 16 日）

为深入贯彻国务院《关于鼓励支持和引导个体、私营等非公有制经济发展的若干意见》和山西省委、省政府《关于进一步加快非公有制经济发展的决定》精神，进一步加快我市非公有制经济发展，推动我市新型加工制造业基地建设，推动全市经济社会和谐发展，特就鼓励、支持和引导非公有制经济发展做出如下决定：

一、提高战略地位，明确发展目标

1、非公有制经济是社会主义市场经济的重要组成部分，是促进社会生产力发展的重要力量，是经济结构战略性调整的重要推助器，是增强区域综合实力的重要增长极。要按照构建社会主义和谐社会的要求，牢固树立和认真落实科学发展观，将发展非公有制经济与产业结构调整、县域经济发展和对外开放有机结合起来，按照“政治平等、法律保障，政策公平、放宽准入、重点扶持、放手发展”的原则，全力推动我市非公有制经济超常规、跨越式发展。到 2010 年力争使非公有制经济占到全市经济总量的 90%以上。

二、放宽市场准入，给非公有制经济公平待遇

2、坚持“不禁止，则自由”的原则，凡法律、法规无明令禁止的领域，均允许非公有制经济进入。

鼓励和支持非公有制企业以独资、参股、控股、合作、联营和特许等方式，参与水利、交通、能源、公交、供水、供气、供热、垃圾处理、污水处理、环卫设施等城乡基础设施和公益事业。支持非公有制企业参与教育、科研、文化、卫生、体育、旅游、中介服务、物业管理、社区服务等社会事业和社会服务业的建设和经营。

允许非公有资本进入金融服务业。符合条件的非公有制企业可以发起设立金融中介服务机构。允许符合条件的非公有制企业参与银行、证券、保险等金融机构的改组改制。

允许非公有制企业按有关规定参与军工科研生产任务的竞争以及军工企业的改组改制。鼓励非公有制企业参与军民两用高技术开发及其产业化。

鼓励非公有制企业通过并购和控股、参股等多种形式，参与国有企业和集体企业的改组改制改造。

3、创办非公有制科技型、农产品加工型、扶贫型企业以及下岗失业人员创办非公有制企业，其非关键条件一年内可完善的，工商部门核发为期一年的营业执照，准允其发展完善。

4、工商行政管理部门要规范个体、私营等非公有制企业登记，实行一条龙服务，对手续齐全的保证在 3 个工作日内完成登记注册。

5、各级政府和部门要废除或修订带有所有制差别和对非公有制企业在申请立项、进出口自营权、投融资、税收、用地、人才引进、职称评定、办理证照、收费等方面存在不公平待遇的政策规定，认真落实各项有关税收优惠政策。

6、对技术含量高、经济运行好的大型非公有制企业集团，经批准，可享受国有重点企业集团的同等待遇。凡非公有制企业通过收购、控股、参股等方式参与国有、集体企业改制的，享受国有企业改革政策待遇，有关债务清偿、职工安置、土地使用、规费解缴等方面的优惠政策，要一视同仁地予以兑现。

7、非公有制企业申报的符合产业结构调整政策的项目，与国有企业同等享受现有的技改资金、科技研发资金、农业产业化资金及财政贴息、财政资助和低息贷款等优惠政策。

三、加大扶持力度，为非公有制经济发展创造条件

8、按照国家规定，对符合条件的从事高新技术、环保、社会福利等国家鼓励行业的非公有制企业，以

及安置吸纳国有企业下岗职工、失业人员的非公有制企业，给予税收优惠。对新创办的服务型（除广告业、桑那、按摩、氧吧外）、商贸（从事批零兼营以及其它非零售业务商贸企业除外）非公有制企业，当年新招用下岗失业人员达到职工总数30%以上（含），并与其签订三年以上期限劳动合同的，经劳动保障部门认定，税务机关审核，3年内免征企业应缴纳的营业税、城市维护建设税、教育费附加和企业所得税。

9、新办非公有制企业各项行政事业收费，除省以上人大、政府规定外，其它按第一年免收，第二年减半征收，第三年按最低标准收取。有关税收，根据国家有关规定进行免征、缓征、减征。非公有制企业经营所需水、电、路等基础设施优先安排，免收基础设施配套费，二年内缓交用电增容补贴费。

10、非公有制企业在原设计规定的产品外，综合利用本企业生产过程中生产的，且在《资源综合利用目录》内的资源作主要原料生产的产品所得，自生产经营之日起，5年内免征所得税。

11、对非公有制企业采取行政规费集中收取、多家分成办法，首先在集贸市场、经济园区等个体经营户和非公有制企业集中的经营区域组织实行。

12、经科技部门认定为新上的高新技术产业的非公有制企业，进行设备投资和科技应用开发投资，年度内投资在100万元以上的，贷款优先支持，可享受政府部分贴息资金，贴息期限为一年，贴息资金由县市两级财政设法解决。

13、非公有制企业投资在千万元以上，研制开发、生产符合国家产业政策规定的产品，享受扶持潜力产品和重点技改项目的各项优惠政策。非公有制企业研究开发新产品、新技术、新工艺所发生的各项费用，可据实列入成本，税前扣除。从事技术成果转让，以及在技术转让过程中发生的与技术转让有关的技术咨询、技术服务、技术培训所得，年净收入在30万元以下的免征企业所得税。

14、对非公有制企业集团，优先审批技改基建项目，优先安排信贷资金，优先申报进出口自营权。鼓励企业培育名牌，力争每个县（市、区）都形成一批特色龙头企业和拳头产品。从2005年起，对获得全国驰名商标、省著名商标的非公有制企业，除享受省政府奖励外，市政府也给予奖励。

四、拓宽融资渠道，切实解决非公有制企业资金问题

15、各级金融部门要加大对非公有制企业的信贷支持力度，开展非公有制企业信用等级评估。在保证贷款质量的同时，逐步提高贷款比重。建立信用登记、信用评估、风险预警、风险管理等企业信用评估机构和管理制度，提高非公有制企业信用透明度和知名度。

16、积极鼓励非公有制企业通过各种方式对外招商，与国外、境外、省外、市外投资者合资、合作创办企业，支持民间投资项目申请利用国外政府和国际金融机构贷款。鼓励和支持公司制的非公有制企业，特别是符合产业政策的企业创造条件上市融资和发行债券。非公有制企业在资本市场上发行上市与国有企业一视同仁。鼓励符合条件的非公有制企业到境外上市。鼓励非公有制经济以股权融资、项目融资等方式筹集资金。允许符合条件的非公有制企业依照国家有关规定发行企业债券。

引导企业建构科学的财产组织形式和法人治理结构，完善企业内部的决策体制和经营管理体制。鼓励、引导、支持非公有制企业积极运用股份制、股份合作制等形式，集中民间资金转化为非公有制资本，实现低成本扩张，走集约化经济、规模化发展之路。

17、支持非公有制经济设立商业性或互助性信用担保机构。鼓励有条件的地方建立中小企业信用担保基金和区域性信用再担保机构。非公有制企业之间可以互相担保或联合担保。有条件的地方可依法建立互助风险金，也可以采取非公有制企业自愿参加的方式建立非公有制企业项目贷款担保资金。

非公有制企业可联合成立不发生存贷业务的民间投资公司。鼓励发展企业互助担保和商业担保业务。对不以营利为主要目的的中小企业信用担保和再担保机构从事担保业务的收入，按照《国务院办公厅转发国家经贸委关于鼓励和促进中小企业发展的若干政策意见的通知》（国办发［2000］59号）的有关规定3年内免征营业税。

18、按照《中华人民共和国中小企业促进法》，市、县（市、区）两级财政要将扶持中小企业发展资金列入财政预算。从2005年起，市财政每年安排200万资金，主要用于支持中小企业创业辅导和服务、招商引资、信用担保体系建设、技术创新、人员培训、信息咨询等。各县（市、区）也要安排一定的资金支持中小企业的发展。具体管理办法由市、县财政局和中小企业局（民营经济发展局）商定。

五、创新人才机制，为非公有制经济发展提供智力支持

19、外地来我市投资经营符合国家产业政策项目，固定资产在10万元以上的业主，允许其家属子女随迁本市落户。县（市、区）、乡（镇、街道办事处）非公有制企业引进本科学历或中级职称以上的各类专业技术人才，可在县城或城区落户。临时居住的，其子女入学、入托、入伍、就业享受本地居民同等待遇。

20、机关、事业单位的在职人员经批准自愿离职到非公有制企业工作的，3年内原单位发给基本工资。3年期满，继续留在非公有制企业的，按规定办理辞职手续，人事档案和组织关系转入政府人事局所属的人才交流中心管理；符合提前退休条件的，可提前办理退休手续；要求回原单位工作的，由本单位报同级劳动保障、人事部门批准后给予安排工作。

大中专毕业生、研究生、留学回国人员、转业军官以及引进的各类人才到非公有制企业工作的，实行人事代理制度，由各级政府人事部门所属的人才交流中心，办理人事代理手续。以上人员到非公有制经济单位工作，报到之日起，计算参加工作时间，工作单位变动后，工龄连续计算。

21、鼓励、引导科技人员兼职创办非公有制科技企业，或从事高新技术成果的转化工作。大专院校、科研院所的科技人员和管理人员离岗创办科技企业或从事科技成果转化工作的，保留编制及工作。对在非公有制企业工作的科技人员和管理人员，可申报参加国务院和省政府特殊津贴和优秀专家及有关荣誉称号的评选，以及全国和省、市劳动模范的评选。凡在高新科技成果转化工作中取得显著成绩的科技人员，可推荐申报授予国家有突出贡献的中青年专家称号和享受政府津贴。

22、市、县两级财政每年拿出非公有制企业新增税收部分的一定资金作为奖励基金，用于奖励优秀非公有制企业家以及在引资、纳税、科技开发等方面有突出贡献的人员。

六、加强领导，优化非公有制经济发展环境

23、各级党委、政府要把发展非公有制经济作为一项重要战略任务，纳入国民经济和社会发展总体规划，摆上重要议事日程，齐抓共管，共同促进非公有制经济发展。市县两级要成立主要领导担任组长的发展非公有制经济领导组，建立促进非公有制经济发展的工作协调机制和部门联系会议制度，加强部门之间的配合，形成促进非公有制经济发展的强大合力。市、县中小企业局（民营经济发展局）负责对非公有制经济发展进行规划、指导、监督、协调、服务。工商联要发挥桥梁与纽带作用，加强非公有制企业与党和政府的沟通。

24、非公有制企业依法进行的生产经营活动，任何单位和个人不得干预。依法保护企业主的名誉、人身和财产等各项合法权益。非公有制企业合法权益受到侵害时提出的行政复议等，政府部门必须及时受理，公平对待，限时答复。坚决制止对非公有制企业的乱收费、乱罚款、乱摊派行为。除国家法律法规和国务院财政、价格主管部门规定的收费项目外，任何部门和单位无权向非公有制企业强制收取任何费用。

25、各级各部门既要旗帜鲜明地支持非公有制企业做大做强，又要依法加强对非公有制企业的监督管理，帮助非公有制企业遵纪守法，诚实守信，照章纳税，公平竞争，对偷税漏税，制假售假，违法经营的，要大胆管理，依法惩处。

积极推进建立非公有制企业党的工作委员会的试点工作，认真开展在非公有制企业中建立党组织和发展党员的工作，努力提高非公有制企业党的建设和精神文明建设水平，促进非公有制经济健康发展。

26、各级各部门要增强服务意识，提高办事效率，及时了解和掌握非公有制经济发展中遇到的新情况、新问题，为他们排忧解难。要推行政务公开，简化办事手续，对非公有制企业实行一站式审批、一条龙服务。对工作不力甚至阻碍、刁难非公有制经济发展的，要严肃批评和查处。

27、各县（市、区）和市直有关部门要根据本决定制定服务和促进非公有制经济发展的实施细则。市委办公厅、市政府办公厅要及时对本决定贯彻落实情况进行督促检查。

中共运城市委
运城市人民政府
关于运城市创建省级园林城市
的实施方案

（2005 年 7 月 11 日）

为加快城市园林绿化建设步伐，改善城市人居环境，提高城市生态质量，营造优美城市景观，促进城市可持续发展，根据山西省园林城市标准，特制定本实施方案。

一、指导思想

以“三个代表”重要思想为指导，以创建生态型现代化省级园林城市为目标，以加强城市生态环境建设、营造优美的人居环境与投资环境、促进城市可持续发展为中心，坚持“政府组织、群众参与、统一规划、因地制宜、讲求实效”的原则，以植物造景为主，乔、灌、花、草相搭配，高起点规划、高标准设计、高质量高速度推进城市公共绿地、单位绿地、居住区绿地、道路绿化、生产绿地和风景林地建设，提高城市绿化品位和档次，形成总量适宜、分布合理、品种多样、特色鲜明的城市绿地系统，努力把运城建设成为具有良好生态效益和丰富地域文化内涵的北方园林城市。

二、创建目标

按照省级园林城市的标准，加快园林绿化建设步伐，到 2008 年实现山西省园林城市目标。

1、绿化目标：至 2008 年，新增绿化面积 680 万 m^2，绿化覆盖率达到 35%，绿地率达到 30%，人均公共绿地达到 $8m^2$。道路绿化普及率达到 90%，达标率 70%；市区主干道绿化带面积占总用地面积不低于 25%，生产绿地占城市建成区面积 1%以上，苗木自给率实现 70%以上，新建居住小区绿地率 35%，改造居住小区绿地率 30%以上；全民义务植树成活率 80%以上；公园绿化面积占陆地总面积达到 70%以上。

2、其它目标：万人拥有公交车 10 标台；生活垃圾无害化处理率 60%以上；污水处理率 30%以上；大气污染指数达二级标准；主干道亮灯率 98%以上；用水普及率 98%以上，水质综合合格率 100%。

三、主要任务

加强建成区的绿化建设，尽快改变建成区绿地不足的现状，特别是城市中心区的绿化要有大的改观，尽快形成各类绿地合理布局，以植物造景为主，乔、灌、花、草有机搭配，城郊一体的城市绿化新体系。

（一）修编审批城市绿地系统规划

完善的绿地系统规划是创建园林城市的基础，是实现园林城市的重要要求。在新一轮城市总体规划指导下，按照省级园林城市标准，充分利用自然景观资源和历史、文化资源，注重植物地带性风貌特色，并广泛征求市民、专家和学者意见，修编城市绿地系统规划。通过规划手段来规范城市公共绿地、居住区绿地、单位附属绿地、道路绿地、生产绿地、防护绿地及风景林地的合理布局，确保城市绿地系统建设总量适宜、分布合理、形式多样、景观优美。

（二）加快城市绿地建设

1、多管齐下，增加城市绿量。随着建成区面积的不断扩大，必须通过规划扩绿、拆墙透绿、见缝插绿、租地造绿、小区补绿等途径，大幅度增加城区绿化总量，保持城市各项园林绿化指标的逐年增长。具体任务：

（1）城市道路绿化建设。到 2008 年完成盐湖大道、禹西路、学苑北路等 16 条新建或改造街道的绿化建设工程，新增绿化面积 82.1 万平方米。

（2）A 型公园绿化建设。到 2008 年新建森林公园、北郊公园、圣惠公园、盐湖大道公园、人民北路公园及槐东文化苑共 6 个公园，新增绿化面积 357.67 万平方米。

（3）绿地、小游园建设。到 2008 年对 6 个城市出入口、6 个办事处、8 个城中村以及解放路、中银大道、河东街、盐湖大道等 37 处新增绿地进行绿化建设，扩建 5 处共 42 处绿地、小游园，新增绿化面积 40.3 万平方米。

（4）防风林带绿化建设。到 2008 年完成防风林带 3000 亩（二期、三期），新增绿化面积 200 万平方米。

（5）单位庭院和居住小区绿化建设。新城区绿地率达到 35%以上，旧城区改造绿地率达到 25%以上，学校、医院、休疗养院所、机关团体、公共文化场所、部队等单位不低于 40%。按照创建指标要求，到 2008 年，园林式居住区绿化达标率达到 60%以上，绿化达标单位达到 70%以上，其中先进单位占 15%以上。不达标的又确无地绿化，按照《运城市城市绿化实施细则》、《运城市城市绿线管理办法》，进行易地绿化。

（6）小街小巷绿化建设。市区内的小街小巷内以大冠树为主进行绿化，积极拓展绿化空间，弥补市区绿量不足的现状。

（7）苗圃绿化建设。到2008年，建成城市绿化苗圃30万平方米，绿化苗木基本达到自给。

2、讲究特色，提升绿化品位。充分利用我市旅游资源和人文资源的有利条件，打造城市绿化的个性品牌。坚持以绿为主、乔灌花草相结合的绿化理念，使城市绿化实现立体绿化有景、平地绿化有花，别具一格，错落有致的新格局。在绿化建设过程中，要把建筑小品、城市雕塑作为重要内容，与当地的历史文化相融合，丰富城市绿化的韵味和品味。在巩固现有绿化成果的基础上，抓好森林公园、防风林带、槐东文化苑、盐湖大道等绿化项目建设，使之成为城市绿色景观亮点。

3、全民参与，拓展绿色空间。根据全国人大全民义务植树规定，凡年满11周岁（男60岁以下，女55岁以下）的公民，每人每年完成5株义务植树任务，可实行以资代劳，收取绿化费（按当年当地2个劳动日计算），每人每年30元。每年市里以三月份的“植树节”为依托，广泛发动，全民参与，深入开展义务植树活动，并进一步搞好庭院绿化和绿地认建认养活动，大力推广城市垂直绿化、阳台和室内摆花养草，构建立体型、复合型的绿色空间。

（三）加强城市景观的保护和管理

1、保护历史文化资源。遵从“重在保护、合理开发、谋求发展”的方针，挖掘当地历史文化底蕴，重点搞好森林公园、人民公园、槐东文化苑、圣惠公园、盐湖公园、北郊公园的建设改造与开发利用工作。紧跟时代步伐，规划建设一批特色鲜明的文化设施，使之成为城市新的亮点。

2、保护城市古树名木。贯彻和落实《运城市古树名木保护管理规定》，进一步健全古树名木保护档案，明确责任分工，落实有力措施，严禁各种破坏古树名木的行为。积极采用先进科技成果，做好古树名木的复壮、病虫害防治措施，提高古树名木的保护水平，发挥古树名木的良好景观特征。

3、实施城市景观工程。到2008年，力争建设15条景观路。巩固亮化、美化成果，不断增强城市夜间景观效果。

（四）配套城市基础设施

要把城市市政基础设施作为创建的重要内容，加快配套设施建设步伐，不断增强城市的总体功能和承载水平。抓好污水处理厂、垃圾无害化处理场建设及供气、供热、供水、排水和环境治理工作。

四、主要责任单位及任务分工

（1）市发改委

及时审批各项绿化建设项目计划，确保创建工作进度。

（2）市财政局

负责创建活动中各项绿化建设资金、管护资金的落实。

（3）市委、市政府督查室

负责创建任务完成的督导检查工作。

（4）市建管局

负责修编城市绿地系统规划，严格实施绿线控制和绿色图章制度；

负责市区内所有绿化建设设计方案的审批工作；

负责实施完成承担的市区道路、公园、小游园的建设；

负责市区内居住小区、单位庭院绿化达标的验收工作；

负责全市创建省级园林城市活动的协调工作；

负责创建省级园林城市工作任务的质量检查、竣工验收及阶段性任务完成的评比工作；

负责完成公交、供气、供热、垃圾处理、路灯照明的创建达标工作；

负责古树名木普查与挂牌工作；

负责创建省级园林城市的申报工作。

（5）市国土局

负责新建、扩建各类绿化土地的征用租用工作；旧城区内现阶段用作绿地的土地调整工作。

（6）盐湖区政府

负责落实市区小街小巷的绿化建设和城乡结合部的综合治理工作；开展庭院的垂直绿化活动；城区六个办事处各建一个不小于20亩的小游园，8个城中村建5—10亩的小游园；搞好盐湖新区的绿化工作。

（7）市经济技术开发区

负责经济技术开发区的绿化建设达标工作。

（8）市林业局

组织落实城区防风林带建设、义务植树及城乡道路两侧绿化工作。

（9）市环保局

落实完成城市大气环境污染整治工作，两年内使市区大气质量达到二级标准。

（10）市水务局

负责污水处理厂的建设，完成全市水质综合合格率到2007年达到100%的达标工作。

（11）市文物局

组织落实对市区范围内文物的保护与管理工作任务。

（12）市广播电视局

大力宣传报道创建活动的意义、绿化法规、先进人物以及非法毁绿、占绿事件，使创建活动广泛深入群众，造成全社会创建园林城市的浓厚氛围。

（13）市日报社

设置固定栏目，报道创建园林城市活动开展进度情况等。

（14）市民航局

完成本局的绿化建设任务。

（15）铁路工务段

完成铁路沿线两侧绿化任务。

五、实施步骤

第一阶段宣传发动（2005年7月11日至2005年

7月31日）。召开动员会，宣传创建园林城市的目的意义、标准、任务和相关要求；各机关、企事业单位和各职能部门根据目标任务制定各自的具体实施方案。房地产开发公司将各自的开发小区现有绿化面积及绿化达标计划和市区各单位将现有绿化面积及绿化达标计划提交到创建省级园林城市活动办公室。

第二阶段组织实施（2005年8月1日至2007年12月31日）。到2005年11月30日要求要完成目标总任务的30%，到2006年12月15日要求再完成目标总任务的40%，剩余任务到2007年12月31日前完成。每个绿化任务阶段结束以后，要进行一次检查验收、评比、排队工作。各机关单位要根据责任目标，进行责任分工，狠抓落实，积极推进创建活动进度，确保创建任务的如期完成。

第三阶段整体验收（2008年1月1日至2008年1月31曰）。对创建活动的目标任务完成情况进行总体验收。

第四阶段申报评审（2008年5月至2008年10月）。准备评审材料，接受省创建园林城市评审团的评审验收。

六、组织领导

为搞好创建省级园林城市工作，加强组织领导力度，确保创建目标任务的如期完成，特成立创建省级园林城市活动工作领导组。

顾　问：黄有泉

组　长：胡苏平

副组长：尚平安　唐大雄　周振华　陈永信
安永全　马东波　董洪运　张建合
李文瑞　王安庞　董鹏翔　王殿民
石丙录　焦阳生　刘振龙　柴瑞霭
刘冠生　张道中　梁天管　安德天
柴林山　吴菊仙　张建喜　董一兵
李玉燕　王　琦　王七庚　史海涌
王正选　杨泽生　薛靛民

成　员：牛守正　闫　勇　王国宏　任连友
段绪忠　于　波　曹醒侨　张玉忠
孙太平　秦世昌　闫有善　谢爱玲
冯进喜　王占平　李晋杰　史惠玲
李慧芳　赵参军　王建康　周　迎
张文成　贾建明　李明造　梁仰高
孙来虎　焦　鹏

办公室主任：董一兵（兼）

副　主　任：闫　勇（兼）　曹醒侨（兼）

七、主要措施

创建国家园林城市是一项复杂的系统工程，涉及面广，工作量大，要实现预期目标，必须采取有效措施，狠抓各项工作的落实。

（一）统一思想、狠抓落实

要充分认识到创建省级园林城市，对于改善城市生态环境和景观环境，提高人民群众生活质量，促进城市经济、社会的可持续发展具有重要意义。要切实增强责任感和使命感，树立全新的发展观，把行动、措施落实到创建工作中去。市创建省级园林城市领导组负责统一指挥和组织协调，有关单位要成立机构，落实专人负责。按照“谁主管、谁负责”的原则，坚持“以块为主，条块结合，上下配合，多方联动，分工负责”，实行目标责任制，层层分解任务，加强检查考核，确保各项工作任务的落实。

（二）深入宣传，广泛动员

创建省级园林城市需要全市人民的参与和支持，各新闻媒体要积极宣传创建省级园林城市的重要意义和有关城市绿化的法规政策，使创建工作成为各级政府、各部门、企事业单位和广大市民共同关心、共同参与的活动。同时，要充分发挥舆论的监督作用，要把创建省级园林城市工作作为年终考核、文明单位评比的重要内容，定期进行督查，设立举报电话，开展明察暗访，推动创建活动的深入开展。

（三）严格执法，依法行政

深入贯彻执行《城市绿化条例》、《城市绿线管理办法》和《山西省城市绿化管理办法》等有关法规规章，严格执行绿色图章制度，新旧工程一律退让绿线。认真把好新建、改建、扩建项目的绿化审核关。对在新区开发、旧城改造、小区建设、道路施工、住宅建设中未按有关规定达到绿化指标的单位和个人，建设项目一律不予审批，不予核发《建设工程规划许可证》和《房屋产权证》，已建项目不予组织验收，确保城市绿化各项指标的落实。建立健全建设项目绿化工程方案审查、实施管理和施工验收制度，加强城市绿化的全程跟踪监察，促使建设项目绿化指标的全面落实。加大行政执法力度，任何部门和个人不得擅自改变绿化用地，对任意侵占绿地、非法砍伐、破坏绿化的行为予以依法查处。

（四）理顺体制，强化管理

按照“管养分离、管干分离、作业放开”的要求，加大城市园林绿化养护的市场化改革力度，改变当前城市园林绿化管理、建设施工、养护、监督混为一体的状况，把园林绿化推向市场，在竞争中增强实力，提高绿地施工水平。实行城市公共绿地和道路绿化养护改革，通过公开招标形式将养护作业推向市场，同步跟进养护质量监督，切实提高城市绿化养护水平。加强园林绿化管理队伍建设，使园林绿化管理队伍能适应当前城市绿化建设管理和创建工作的要求。

（五）广辟渠道，加大投入

要建立以政府投资为主，各方筹资为辅的多渠道、多层次的投资体系。对于政府投资的绿化建设项目，相关职能部门要早计划、早落实，确保绿化资金如期到位（新建道路绿化建设资金要占道路建设总投资的8%以上），保障创建工作顺利开展。突破园林建设由政府包办的模式，在统一规划的前提下，实行“谁投资、谁管理、谁受益”的政策，坚持国家、集体和个人投资兴办园林绿化事业，并在政策上给予扶持。对有收益的园林建设项目，努力开辟和扩大利用融资渠道，通过合资、合作、推行股份制等市场运作的形式多方筹资建设，通过宣传和引导，鼓励动员工商企业、苗木生产大户发展城市苗木基地的建设，特别要结合城市生态林带建设和农业生产结构调整，建设大型苗木基地。要严格各项绿化收费，对政策规定收取的易地绿化费、绿地临时占用费和毁坏绿化的罚没收入等要按规定收足，全部用于园林绿化建设。

（六）依托科技，提高水平

要充分发挥运城市园林有关学术、科研机构的作用，积极开展城市园林新技术、新设备、新材料的研究应用和园林造园造景方面的科学研究，提高选种育苗、栽培管护的科技含量。要大力维护城市绿化的科学成果，加强城市绿化科技服务体系建设，搞好技术培训和技术指导，促进科学成果的推广和应用，促进城市绿化水平的不断提高。

（七）加大督查，严格奖惩

创建省级园林城市活动领导办公室将定期和不定期进行工作督查，对完成任务较好的单位进行通报表扬，在每年年底工作中给予奖励并授牌，对动作缓慢，力度不大的单位进行通报批评，以确保创建省级园林城市工作任务的顺利完成。市委、市政府将制定严格的奖惩制度，对积极推进工作进展，取得良好成效，在创建工作中作出突出贡献的给予重奖；对工作不力、完不成任务，严重影响创建工作的，追究相关责任人的责任。

（责任编辑：杨春英）

索　　引

说　明

1. 本索引采用主题分析索引方法，按汉语拼音字母（同音字按声调）顺序排列。
2. 主题名称后的数字表示内容所在的页码，数字后的字母（a、b、c）表示该页自左至右的栏别。
3. 文献、大事记、附录、彩图等不作索引。

2004

A

J

M

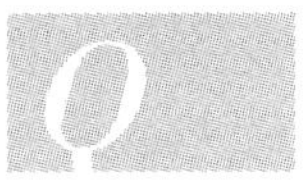

R

S

T

Z

2005

A

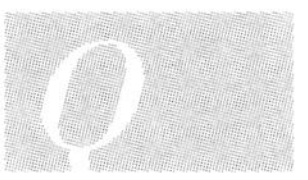

2006

A

B

C

（责任编辑：武建华　石少青　张武虹）